景宁畲族自治县志

Jing Ning She Zu Zi Zhi Xian Zhi

1993—2010

景宁畲族自治县地方志编纂委员会 编

方志出版社
Publishing House of Local Records

图书在版编目（CIP）数据

景宁畲族自治县志：1993—2010 / 景宁畲族自治县志编纂委员会编. --北京：方志出版社，2018.12
ISBN 978-7-5144-3251-0

Ⅰ.①景… Ⅱ.①景… Ⅲ.①景宁畲族自治县—地方志—1993—2010 Ⅳ.①K295.54

中国版本图书馆CIP数据核字(2018)第298076号

景宁畲族自治县志（1993—2010）

编　　者：景宁畲族自治县志编纂委员会
责任编辑：刘方圆

出 版 人：冀祥德
出 版 者：方志出版社
地址　北京市朝阳区潘家园东里9号（国家方志馆4层）
邮编　100021
网址　http://www.fzph.org
发　　行：方志出版社图书经销中心
电话(010)67110500
经　　销：各地新华书店
印　　刷：丽水市旺盛印刷有限公司

开　　本：889 × 1194　1/16
印　　张：77
字　　数：1962千字
版　　次：2018年12月第1版　2018年12月第1次印刷
印　　数：0001~3000册

ISBN 978-7-5144-3251-0　定价：800.00元

景宁畲族自治县地方志
编纂委员会

主　　任　钟海燕

副 主 任　雷应江　陈　兵　罗德伟　叶金堂

成　　员　王　庆　毛南荣　毛南俊　叶　峰　朱小平　朱剑兵
（按姓氏笔划排列）
刘爱忠　许　靖　杨灶松　何伟东　沈才忠　张兆清
陈　谢　陈丽成　陈培春　林　敏　林一兵　林长春
林旭虹　林建锋　周　恩　周卫林　季晓东　胡华君
柳贤旺　梅振飞　梁一春　童小平　蓝廷洪　蓝利明
蓝建中　雷魏芬　潘华珠

《景宁畲族自治县志（1993—2010）》
编　辑　部

主　　编　彭岳舜

副 主 编　潘少华　潘作仁

编　　辑　钟林芳　潘巧美　刘德法　陈伯坚　刘睦生
吴建强　任妙琴

英文翻译　潘作仁

◀ 1994年5月3日，全国人大常委会委员、全国人大民族委员会副主任委员伍精华（右二）到景宁考察民族工作。

◀ 1995年12月21日，中共浙江省委副书记、省长万学远（左三）到景宁沙湾中学考察扶贫建校工作。

▶ 1996年9月21日，中共浙江省委书记李泽民(前左二）调研景宁香菇产业发展和扶贫工作。

◀ 2000年5月21日，全国政协民族宗教委员会副主任赵延年（中三）到景宁调研指导民族工作。

▲2001年5月20日，全国人大常委会委员、全国人大民族委员会主任委员王朝文（前排右五）到景宁考察民族工作。

▶ 2001年10月18日，国家民族事务委员会副主任李晋有（左二）到景宁调研民族工作。

▶2002年3月24日，全国人大常委会委员、全国人大民族委员会副主任委员尹克升（前右二）到景宁调研民族工作。

▶2002年7月7日，中共浙江省委副书记、省长柴松岳（前左三）到景宁调研滩坑电站移民安置工作。

◀2006年9月8日，中共浙江省委副书记、省长吕祖善（前中）到景宁毛垟乡指导救灾工作。

◀2009年5月9日，全国人大民族委员会副主任委员牟本理（左二）到景宁调研民族区域自治法和自治条例贯彻落实情况。

◀2009年5月19日，浙江省政协主席周国富（中）到景宁民族小学调研民族教育工作。

▶2005年7月29日，绍兴县首批景宁滩坑移民搬迁入住欢迎仪式。

▶1985年4月22日，在县城鹤溪镇召开景宁畲族自治县成立庆祝大会。

▶1994年10月18日，在县体育运动场召开景宁畲族自治县成立十周年庆祝大会。

◀2004年10月18日，在县体育运动场召开景宁畲族自治县成立二十周年庆祝大会。

◀2007年7月3日，浙江省人大常委会在省人民大会堂召开《浙江省景宁畲族自治县自治条例》施行座谈会。

▲2009年3月26日，县委召开全县农民增收六大目标工作动员会。

▲2005年8月30日，县六届人大常委会举行第十六次会议暨评议会议。

▲2008年5月29日，县政府召开“两会”建议提案交办会。

▲2010年7月19日，县政协举办2010年政协畲族文化发展基地论坛。

▶ 1994年3月30日，浙江景宁梅墟扶贫经济开发区管委会成立仪式。

▶ 2006年3月8日，举行景宁外舍防护工程开工典礼。

◀ 2009年8月28日，丽水经济开发区东扩二期暨景宁民族工业园开工典礼。

◀ 2006年6月2日，县委召开全县民族工作暨民族团结进步表彰大会。

▶ 2008年3月22日，党政机关畲族干部服饰日启动。

◀ 2008年11月24日，台州市与景宁结对，实施“少数民族低收入群众增收帮扶行动计划”。

▶ 2009年3月23日，《景宁畲族语言简本》举行首发仪式，并在民族中学建立畲族语言培训基地。

▲ 蔬菜加工

◀ 节能灯芯生产车间

▲ 瓯江胶囊生产流水线

▲英川一级装机4万千瓦水力发电站

▲白鹤一级装机2.5万千瓦水力发电站大坝

▲华东500千伏电压输送网

▲220千伏电压变电站

▲2008年冰雪灾害抢修线路

▲惠明茶生态园

▲稻田秋色

▲香菇基地

▲竹荪栽培

▲大漈冷水茭白

▶笋竹两用林

▲吊瓜基地

▲厚朴基地

▲生态公益林

▲山羊养殖场

▲库塘养鱼

▲生态放养

▲香水百合栽培

▲多肉花卉培育

◀ 电子商务大厅

▲ 景商回乡创业座谈会

▲ 第二届千人来料加工技术大比武

▲ 绿色市场

▲ 云寿线S228（52省道）景宁汇田段公路

▲ 千峡湖古传渡口

▲ 沙湾镇叶桥至陈田康庄公路

▶ 绿谷巴士进乡村

▲ 府前桥夜景

▲ 景宁母亲河——鹤溪河

◀ 引用水源一级保护区

▲ 城南自来水厂

▲ 溪口污水处理厂

人民中路

县城夜景

城北新区

▲ 邮政电信大楼

▲ 畲乡鸿宾大酒店

▲ 客运汽车站

▲ 供销超市

▲ 新华书店

▶ 广播电视台

▲ 畲乡文化中心（博物馆、图书馆、演艺中心）

◀2007年4月19日，在县体育运动场举办“2007年中国畲乡三月三暨中央电视台《乡村大世界》走进景宁活动”大型文艺演出。

▶2008年4月8日，在县体育运动场举办“海峡两岸各民族欢度三月三节庆活动暨2008年中国畲乡三月三活动”。

▲2009年3月28日，在县体育运动场举办“2009年中国畲乡三月三暨大型畲族风情歌舞《诗画·畲山》首演活动”。

▶2008年4月9日，举行“海峡两岸少数民族发展座谈会暨景宁民族中学与台湾屏东来义中学交流结对仪式”。

◀2010年4月16日，由中央宣传部、中央文明办、教育部、文化部、广电总局、总政治部、全国总工会、共青团中央、全国妇联、中国文联主办的“爱国歌曲大家唱——浙江·景宁篇”大型活动在县体育运动场举行。

▲2010年4月16日，举办“中国畲乡 三月三”大联欢活动期间，举行“畲乡集体婚礼大典暨行嫁踩街活动”。

▲ 保护民族民间文化座谈会

▲ 板龙闹元宵

▲ 舞狮庆佳节

▲ 花鼓乐满堂

▲ 鱼灯迎丰年

▲ 英川菇民戏

▲ 大漈抢猪节

▲ 雁溪木偶戏

▲景宁中学

▲民族中学

▶城北中学

▲民族小学

▲首届农民运动会

▲传统体育——千人押加

▲传统体育——问凳

▲全民健身日——万人健步走活动

◀老年人体育健身项目展示活动

▲传统体育——操石磉

▲传统武术——板凳花

▲县人民医院

▲景宁利德医院

▲鹤溪镇社区卫生服务中心

▶2009年5月22日，浙医一院与县人民医院“协作医院签约揭牌暨网络医疗服务平台开通仪式”。

▲雾沐山村

▲民居排屋

▲移民新村

▲定婚喜礼

▲节日庆宴

畲鄉報
She Xiang Bao 创刊号 今日四版
1995年2月20 星期一 农历乙亥年正月廿一
中共景宁畲族自治县委机关报

温岭景宁联谊结对扶贫攻坚
陈铁雄书记一行赴温岭友好访问

县委县府动员全县人民向贫困宣战
打好扶贫攻坚战 脱贫致富奔小康

县四套班子领导与乡镇负责人签订95年度工作责任书

创刊词

抓住战机 快速行动 打好扶贫攻坚战
本报评论员

畲乡农村十佳致富带头人

我县四人获地区社科优秀成果奖

▲《畲乡报》创刊发行

▲幸福吉祥

◀《民族大团结·畲族》邮票

▼畲族婚嫁迎亲

▲畲族妇女传授织彩带

▲祖传上刀山绝活

◀九龙山石将军

◀九龙山石峰

▲飞云江源头

▲上山头杜鹃林

▲雪花漈

▲敕木山云海

▲渔漈坑原始阔叶林

▲上标湖

▲小佐梯田

▲千峡湖航标

▲大仰湖湿地群

▲望东垟高山湿地省级自然保护区

▲畲乡之窗AAAA景区

▲大均皮筏漂流

▲千峡湖

▲全国重点文物保护单位——时思寺

▲大均古街

▲鹤溪潘家大屋

▲包凤村潘氏孝节坊

▲鹤溪孔庙

▲鹤溪古城四合院

▲石印公园

▲鸬鹚马仙殿

▲石印山碉堡遗址

▲寨山革命烈士陵园

▲惠明寺

▲ 大漈柳杉王

▲ 草鱼塘北美红杉

▲ 梅山南方红豆杉

▶ 大均唐樟

▲国家一级保护植物——莼菜

▲国家一级保护植物——伯乐树

▲景宁晚樱

◀松叶蕨

▲沼生矮樱

▲景宁木兰

▲国家一级保护动物——黑麂

▲国家二级保护动物——黄麂

▲国家二级保护动物——勺鸡

▲国家二级保护动物——白鹇

▶国家二级保护动物——千峡湖鸳鸯

▲国家一级保护动物——黄腹角雉

▲国家一级保护动物——白颈长尾雉

▲国家二级保护动物——娃娃鱼

▲国家二级保护动物——细痣疣螈

▶2004年9月3日，景宁被水利部授予全国第一个“中国农村水电之乡”。

▶2008年6月7日，景宁“畲族三月三”被国务院公布列入第二批国家级非物质文化遗产名录。

◀2008年11月3日，景宁被文化部授予“中国民间文化艺术之乡”。

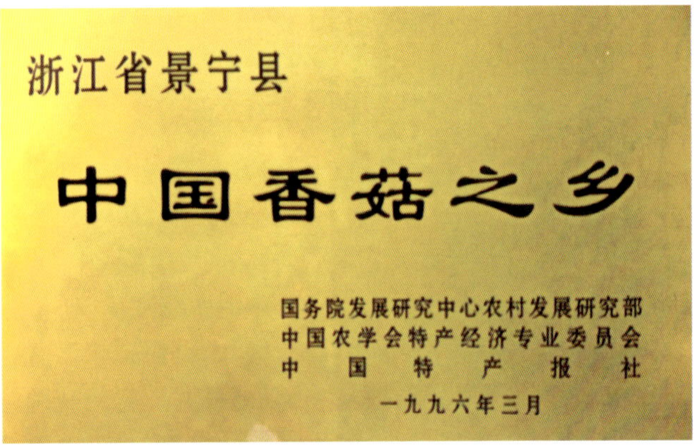

▲1996年3月，景宁被国务院发展研究中心农村发展研究部、中国农学会特产经济专业委员会、中国特产报社授予“中国香菇之乡”。

▲2000年9月15日，景宁被科技部授予“全国科技工作先进县”。

◀2005—2010年度景宁被评为浙江省平安县，被省委、省政府授予“平安鼎”。

▲2010年9月17日，景宁被省委、省政府授予“浙江省教育强县”。

▲2010年9月20日，“金奖惠明茶”在2010年上海世博会名茶评优中获“绿茶类”金奖。

▲2010年9月，景宁被中国国际茶文化研究会授予“中国茶文化之乡”。

序

欣逢盛世，新修《景宁畲族自治县志（1993—2010）》即将付梓，这是景宁文献工作的一大盛事和值得全县人民庆贺的一件喜事。县志得以问世，是各部门和社会各界热情支持、专家学者帮助指导的成果，是编纂者六年如一日，甘于淡泊，乐于奉献的结果。值此新志出版之际，我们谨代表县委、县政府向所有为修志工作作出贡献的人士表示衷心感谢！

景宁置县于明景泰三年（1452），几度变更，1984年6月30日，经国务院批准以原景宁县地域建立景宁畲族自治县。作为全国唯一的畲族自治县，景宁沐浴党的民族政策的阳光雨露，承载习近平总书记的特殊关爱，享受省、市党委政府及有关部门的特别支持与兄弟县（市、区）的热忱帮助，17万畲汉等各族人民团结一心，忠勇担当，开拓创新，艰苦创业，全面推进经济社会发展，1998年成功摘掉国家级贫困县的帽子，加快走在全国120个民族自治县的前列。

往事历历，为将景宁发展历程载入史册，县委、县政府作出修志决定。积数年之功，终成新志。本县志是1995年版《景宁畲族自治县志》的续志，上溯1993年，下讫2010年，全面翔实地记述18年间的历史变迁和发展成就，客观真实地反映工作中的成败得失，严谨科学地揭示事物的发展规律，录历史变迁于笔底，绘世事风情于帙间，再现全县各民族共同团结奋斗、共同繁荣发展的主旋律，体现时代精神和地方风貌。续志是一部研究景宁的百科全书，更是一部彰往昭来、资政当今之作。它将发挥“存史、资政、教化”和对外交流的价值。

“治天下者以史为鉴，治郡国者以志为鉴”，一志在手，洞烛县情；一志相传，激励民众。九届县委、县政府正处于“两个一百年”的历史交汇点，面对新的要求，承载新的期盼，将带领全县人民认真学习贯彻习近平新时代中国特色社会主义思想，坚定不移沿着“八八战略”指引的路子走下去，以“绿色发展、科学赶超、生态惠民”为主线，全面开启打开“两山”新通道，富民兴县再赶超，加快建设美丽幸福新景宁的新征程，不断朝着“两个高水平”“三个走在前列”宏伟目标奋进。

承先旨在启后，前人已写下光辉而自豪的一页，抚今追昔，成绩属于过去，未来有待于后人创造。我们将以《景宁畲族自治县志》为鉴，与时俱进，开拓进取，团结带领全县各族人民，按照习近平总书记“志不求易、事不避难”的要求，以更加坚定的信心，更加饱满的热情，更加务实的作风，更加坚实的步伐，谱写出无愧前人、造福今人、惠及后人的壮丽篇章。

丽水市人民政府副市长
中共景宁畲族自治县委书记　陈　重

中共景宁畲族自治县委副书记
景宁畲族自治县人民政府县长　钟海燕

2018 年 10 月

凡　例

一、本志以马克思列宁主义、毛泽东思想、邓小平理论、三个代表重要思想、科学发展观、习近平新时代中国特色社会主义思想为指导，编纂坚持辩证唯物主义的立场、观点和方法，全面系统记载志书断限时期景宁的自然、政治、经济、文化和社会发展。

二、本志为《景宁畲族自治县志》续志，记载上限为1993年，下限为2010年，补苴前志罅漏、记叙事件起因后果关系，时限适当上溯或下延。

三、本志运用述、记、志、传、图(照)、表、录等综合体裁，按总述、大事记、自然生态、经济、政治、文化、社会、人物为序排列。设41篇，篇下设170章、604节。卷末设附录、后记。

四、大事记以编年体为主，辅以纪事本末体，按时序纵述大事、要事、新事。

五、人物传略、人物简介主要收录对景宁经济、社会有较大影响的本籍、寄居景宁的客籍、寓外知名人士。前志已录人物无重要更正者不再重录。人物表收录革命烈士、省级以上劳动模范、先进人物、出席省级以上党代表、人大代表、政协委员、共青团、工会、妇联代表；县内评聘的本籍或外籍副高以上的高级科技人员。县寓外正高以上科技人员、博士、正县(团)级以上党政军干部；"非遗"传承人。

六、本志纪年，清代(含)以前用皇帝年号纪年，括注公元纪年，省去"公元"两字，日期用汉字；民国纪年用阿拉伯数字括注公元纪年；中华人民共和国成立后，用公元纪年，阿拉伯数字。中华人民共和国成立前后，指1949年10月1日前后。"景宁解放前后"，指1949年5月12日前后。"改革开放以来"，指1978年12月中国共产党十一届中央委员会第三次全体会议以来。

七、本志采用第三人称记述。景宁畲族自治县，简称景宁。各时期的地名、行政机构、党派群团、职官名等，均以当时的称谓，直书其名，不加褒贬。使用古地名时，括注现行标准地名。所有名称在第一次出现时用全称，括注简称使用。涉及外国名称，均使用新华通讯社发表的译名。

八、本志的数字和数据，按1995年国家技术监督局颁布的《出版物上数字用法规定》执行。凡列入国家统计范围的数字和数据，统一使用统计部门的为准，统计部门缺的，采用有关单位调查核实的数字。数据凡称以上、以下，包括本级数字。计量单位名称、符号，按照《中华人民共和国法定计量单位》规定执行。涉及历史上使用的计量单位照实记载，有确定换算值的括注今值。

九、本志文体采用规范的现代语体文、记述体。除引用古文外，文字一律以国家语言文字委员会1986年10月重新公布的《简化字总表》为准。标点一律以2012年6月1日起修订的《标点符号用法》(GB/T15834—2011)为准。编写行文质量规范，以《〈景宁畲族自治县志(1993—2010)〉行文通则》为准。

十、本志资料来自历史档案、前志、各部门志、有关年鉴、书籍、报刊、家谱、文物与社会调查、座谈会及单位专题资料等，经考证后入志，一般不注明出处。特定事物或尚属存疑的采用夹注和页末注。有关人士提供的文稿、图片等经考证鉴别后，酌情载入。

目　录

第二篇 自然环境

第三篇 人口 生育

第四篇　环境保护

第五篇　土地管理

第六篇　城乡建设

第七篇　交　通

第八篇 水 利

第九篇 电 力

第十篇　邮政　电信

第十一篇　农　业

第十二篇　林　业

第十三篇　工　业

第十四篇　贸　易

第十五篇 旅 游

第十六篇 特色产业

第十七篇 财政 税务

第十八篇 金 融

第十九篇　扶　贫

第二十篇　综合经济管理

第二十一篇 中国共产党地方组织

第二十二篇　地方人民代表大会

第二十三篇　地方人民政府

第二十四篇　人民政协地方组织

第二十五篇　人事 劳动 民政

第二十六篇　社会团体

第二十七篇　精神文明建设

第二十八篇　政　法

第二十九篇　军　事

第三十篇 教 育

第三十一篇　科学技术

第三十二篇　文　化

第三十三篇 卫 生

第三十四篇　畲　族

第三十五篇 移 民

第三十六篇 社会服务

第三十七篇　人民生活

第三十八篇　习俗　宗教

第三十九篇　方　言

第四十篇　古建筑遗存

第四十一篇　人　物

CONTENT

Part 2 Natural Environment

Part 3 Population Fertility

Part 4 Environmental Protection

Part 5 Land Management

Part 6 Urban and Rural Construction

Part 7 Transportation

Part 8 Water Conservancy

Part 9 Electric Power

Part 10 Postal Telecommunication Service

Part 11 Agriculture

Part 12 Forestry

Part 13 Industry

Part 14 Trade

Part 15 Tourism

Part 16 Featured Industries

Part 17 Fiscal Taxation

Part 18 Finance

Part 19 Poverty Alleviation

Part 20 Comprehensive Economic Management

Part 21 Local Organization of CPC

Part 22 Local People's Congress

Part 23 Local People's Government

Part 24 Local Organization of CPPCC

Part 25 Personnel, Labour and Civil Administration

Part 26 People's Organizations

Part 27 Spiritual Civilization Construction

Part 28 Politics and Law

Part 30 Education

Part 31 Science and Technology

Part 32 Culture

Part 33 Health

Part 34 She Ethnic Group

Part 35 Migrants

Part 36 Social Services

Part 37 People's Life

Part 38 Customs Religions

Part 39 Dialects

Part 40 Remains of Ancient Buildings

Part 41 Personages

Appendix

总　述

凤凰于飞，翙翙其羽。

景宁位于浙江省西南部，丽水市南部，东邻青田、文成，南衔泰顺、福建省寿宁，西枕庆元、龙泉，北毗云和，东北连丽水市莲都区。县域位于北纬27°39′04.72″—28°10′43.29″，东经119°13′50.73″—119°58′22.97″。域内东西最大直线距离71.33千米，南北最大直线距离58.53千米。2010年，全县辖鹤溪、沙湾、东坑、渤海、英川5个镇；澄照、大均、梅岐、梧桐、标溪、大地、毛垟、秋炉、鸬鹚、葛山、大漈、景南、雁溪、家地、郑坑、九龙16个乡。总面积1938.84平方千米[①]。其中，陆地1885.14平方千米，占97.23%；水域53.69平方千米，占2.77%。全县总人口17.19万人，常住人口10.71万人。汉族为主，还有畲族、蒙古族、回族、藏族、维吾尔族、苗族、彝族、侗族、黎族等少数民族24个。其中，畲族人口1.45万人，占常住人口13.57%。

景宁是中国畲族的重要聚居地，是浙江畲族的发祥地，是中国唯一的畲族自治县，也是华东地区唯一的民族自治县，被称为“中国畲乡”；同时是“革命老根据地县”，先后获得“中国香菇之乡”“中国农村水电之乡”“中国民间文化艺术之乡”“中国茶文化之乡”等美誉。

一

揭开中国畲乡的层层历史面纱，古老的畲乡历尽沧桑，景宁建县后隶属多次变更，数易其名，从历史中缓缓走来。西周时期，景宁属越。春秋时期，景宁属越地。三国时期，景宁属临海郡。隋开皇九年(589)，废永嘉、临海二郡，置处州，设括苍县，辖景宁地域。明景泰三年(1452)，兵部尚书孙原贞因“山谷险远，矿徒啸聚”，单独置县，始称景宁县，隶属处州府。清沿其制。民国元年(1912)，景宁隶属处州军政分府。民国3年(1914)，隶属瓯海道。民国16年(1927)，直属民国浙江省政府。民国34年(1945)9月，隶属浙江省第九行政督察区。民国37年(1948)4月，隶属浙江省第六行政督察区，同年7月，改属浙江省第七行政督察区。1949年5月12日，景宁县城解放。同年7月1日，景宁县人民政府成立，隶属丽水专区。1952年，丽水专区撤销，改属温州专区。1960年，并入丽水县，仍隶属温州专区。1962年，原云和县、景宁县辖地从丽水县划出，设置云和县，隶属温州专区。1963年5月，恢复丽水专区建置后，云和县(含景宁)隶属丽水专区。1968年，恢复设置丽水地区后，云和县(含景宁)隶属丽水地区。1984年6月30日，经国务院批准以原景宁县地域建立景宁畲族自治县。1985年4月22日，景宁举行

① 根据2007—2009年第二次全国土地调查数据。

畲族传统的“三月三”盛会，庆祝中国第一个畲族自治县正式建立。

景宁属于亚热带季风气候，雨量充沛，温暖湿润，四季分明；冬夏长，春秋短，热量资源丰富。境内植被良好，森林覆盖率 77.9%。因地形复杂，海拔高差悬殊，气候垂直差异明显，海拔每升高 100 米，气温约降低 0.59℃。县城年平均气温 17.5℃。1 月份为全年最冷月，月平均气温 6.6 ℃；7 月份为全年最热月，月平均气温为 27.7℃，县域极端最低气温-8.3℃，一般年份最低气温为-3℃~4℃，极端最高气温为 40.5℃，一般年份为 38℃左右。年平均无霜期为 241 天，最长 259 天，最短 230 天，平均初霜期为 11 月中下旬，终霜期为 3 月份上旬。年平均降水量 1542.7 毫米，年日照时数 1774.4 小时，年太阳辐射量 102.2 千卡/平方厘米，年平均日照百分率仅为 40%，为全省日照时数最少的县之一。

景宁地处浙南山地中部，山川气势独特，虎踞龙盘，钟灵毓秀，山、水、林融为一体。洞宫山脉自西南向东北渐倾，峰峦耸立，千米以上山峰 779 座。属洞宫山脉的敕木山，海拔 1519.1 米，面积约 52 平方千米，主要由火山岩构成。曾因汤夫人显灵运栋梁贵木于朝，获宋高宗降敕褒封敕木山之说而显得更加神秘灵秀。境内海拔高低悬殊，最高为大漈上山头，主峰海拔 1689.1 米，登顶瞭望，可雄视浙闽两省四县。最低为陈村乡海拔 80 米。大漈高山盆地，平均海拔 1060 米，十里平畴，有“九狮十三垟”之说，千年古村落素称“云中桃源”。白云山尖海拔 1611.1 米，山高林茂，空气纯净，飞云江源头之水清凉甘畅。地貌以深切割山地为主，发源于洞宫山脉的瓯江支流小溪，自西南向东北贯穿全县，境内流域狭长地带构成“两山夹一水”“众壑闹飞流”的地貌特征，将县境分为南北两部分。景宁属华夏陆台浙闽地质组成部分。出露地层单元以中生界侏罗系、白垩系、火山系为主，第四系不发育。自震旦以来，构造以上升为主，没有巨厚的海相沉积。在历次地壳运动中，以燕山运动最为深刻，曾发生多次火山活动，有深厚的火山岩（侏罗系）覆盖层及穿插其间的侵入岩体（主要为燕山晚期各次侵入的花岗岩类）。凝灰岩与花岗岩面积占全县总面积 96.57%。景宁是全省地壳厚度最大的地域之一。

景宁土地类型丰富，山地居多。全县土地总面积 193883.69 公顷。其中，耕地 17654.61 公顷，占 9.11%；园地 2672.53 公顷，占 1.38%；林地 158874.99 公顷，占 81.94%；草地 1830.74 公顷，占 0.94%；居民点及工矿用地 1769.55 公顷，占 0.91%；交通用地 1124.01 公顷，占 0.58%；水域及水利设施用地 5369.27 公顷，占 2.77%；其他土地 4587.99 公顷，占 2.37%。景宁耕地土质优良，土壤结构好。土壤种类有红壤、黄壤、潮土、水稻土 4 个土类，10 个亚类，27 个土属，52 个土种。被誉为“地球之肾”的湿地，景宁分布较为丰富，总面积约 80 多公顷，县域内有 3 个较为集中的高山湿地群：望东垟高山湿地、大仰湖湿地、仰天湖湿地。其中，望东垟高山湿地，海拔 1230 米，面积 40 多公顷，湿地内江南恺木林属省内罕见，国内也属凤毛麟角。

景宁境内有瓯江小溪、飞云江两大水系。瓯江小溪在境内流长 124.6 千米，流域面积 1725.56 平方千米；飞云江在境内流长 31.9 千米，流域面积 224.44 平方千米。水能资源理论蕴藏量 66.62 万千瓦，可开发水能资源 53.04 万千瓦。瓯江小溪和飞云江上游落差大，水位涨落迅速，每遇暴雨，水位陡涨陡落。径流量季节分配不均，雨季 4 月、5 月、6 月 3 个月的径流量约占径流总量的 50%；枯水季每年的 11 月、12 月至次年的 1 月 3 个月仅占年总量的 15%左右。径流量年际变化大，丰水年径流量要比枯水年径流量大 2~3 倍，含沙量小，水质好。

大自然赐予景宁丰富的宝藏，县域内发现或探明的矿种有铁、锰、铅、铜、钼、钨、金、银、叶蜡石、萤石、硫铁、高岭土、石英、紫砂、大理石、花岗岩等 20 多种，产地 100 多处。其中，钼矿储藏量占全省首位。景宁动植物资源丰富，尤以上标望东垟高山湿地保护区最为突出，全县有植物 178 科、691 属、1552 种。植被以马尾松、杉木等针叶林为主，夹杂着阔叶林和针阔混交林、竹林、灌丛、草甸等。其中有国家重点保护植物伯乐树、南方红豆杉、鹅掌楸、福建柏、香果树、银杏、厚朴等30多种。野生动物有国家一类保护动物黑麂、白颈长尾雉、黄腹角雉、云豹、金雕、短尾猴等44种。共有脊椎动物31目、78科、272种。

二

沿着景宁漫长的历史曲线，可以看到一串串反映景宁不同历史时期发展轨迹的数字。秉承悠久的历史沉淀，浸润滔滔的鹤溪灵气，景宁在建置历经多次“建（县）、撤（县）、并（县），设（自治县）”的变迁后，特别是1984年建立畲族自治县以来，得到国家民委和省委、省政府特殊关爱，享受民族优惠政策，使景宁迅速腾飞。

由于历史与自然等原因，景宁土地资源紧缺，发展空间狭小，发展基础薄弱，工业化进程滞后，是典型的“老、少、边、穷”地区。长期以来，景宁财政自给率均低于浙江省与全国民族自治地方，在财政收入、民营经济与居民脱贫致富等方面已成为浙江省最为落后的县。1999年，景宁地方财政收支总额分别为4636万元和14085万元，财政自给率为32.91%。而同期全国民族自治地方的财政收支总额分别为437.2亿元和1003.8亿元，财政自给率为43.55%；浙江省的财政收支总额分别为244.5亿元和344.1亿元，财政自给率为71.05%，差距分别为10.64%和38.14%。

1984年，建立景宁畲族自治县后，县委、县政府立足畲乡县情，用好用足民族政策，依托上级党委、政府的特殊关爱和帮扶，心怀感恩，砥砺前行，借势赶超。1993—2010年，先后实施“以林兴县”“以电兴县”“发展四色经济”“念好山水经，走活特色棋”“创畲乡生态优势，建风情旅游名城”“一三四八”[①]等发展战略，大力推进改革创新，加快产业结构调整，围绕“一产抓提升、二产抓飞地、三产抓旅游”的产业发展思路，全面推进产业振兴。并战胜史无前例的非典型性肺炎（简称“SARS”）疫情、百年一遇的洪灾、五十年一遇的超强台风与大旱、冰冻等一系列重大自然灾害，使景宁经济发展走上良性发展轨道。1992年，全县国内生产总值（按90年不变价计算）2.11亿元，2010年，景宁国内生产总值26.64亿元，人均生产总值2万元（按常住人口初步数据计算），年均增长10%。三次产业结构不断优化，三次产业结构从2005年的21.2:37.0:41.8，调整为16.5:38.2:45.3。景宁县域经济基本竞争力在全国2001个县的排名中，从2005年的1163位上升至2009年的839位，在120个民族自治县（旗）中的排名从28位上升到13位，并跻身于全国县域经济竞争力提升速度最快的百县（市）之列。从1993年到2010年，十八年沧桑巨变，十八年春华秋实。这是凝心聚力、奋发图强的十八年，是建设最快、发展瞩目的十八年，是备受关爱、心怀感恩的十八年。畲乡步入历史上争取外部支持最多、经济实力上升最快、城乡面貌变化最大、群众得到实惠最多、畲汉群众幸福指数最高的时期。

景宁的发展一直受到国家民委、省、市党委、政府的关照和厚爱。1985年，浙江省委、省政府专门安排沿海发达地区的鄞县与景宁结对扶贫，1994年至1996年，温岭市、长兴县先后与景宁结对扶贫。1994—2010年，省、市有70多个部门、200多批次、2000多人次到景宁挂钩结对帮扶，扶持项目350多项，帮扶资金5000多万元。1994年，浙江省委、省政府将“输血式扶贫”调整为“造血式扶贫”，同意批

① 一三四八发展战略：即一个战略定位、三个战略方针、四项总体要求、八项战略举措的概括。其中，一个战略定位是打造中国畲乡，建设和谐景宁，努力在经济社会发展上走在全国民族自治县的前列；三个战略方针是畲乡风情名县、特色产业兴县、绿色生态立县；四项总体要求是打基础、兴产业、展风情、促发展；八项战略举措是基础建设、城市带动、产业振兴、体制创新、人才支撑、文化凝聚、社会和谐、生态协调。

复景宁在鄞县建立浙江景宁梅墟扶贫经济开发区，并以温州扶贫经济开发区享受规定的优惠政策为比照，开发区规划面积为68.8公顷。从1995年产生财政收入开始到2007年实行属地管理之前的12年时间里，景宁从扶贫经济开发区得到的财政总收入为4.7亿多元，平均每年近4000万元；地方财政收入为1.7亿多元，平均每年1400多万元。2002—2005年，省委书记习近平先后两次到景宁调研，十分关心和重视景宁民族地区经济和社会发展，并强调景宁"生态优势不能丢""要走绿色生态可持续发展的道路""畲乡的特色要充分展现出来"。2006年以来，浙江省根据"党委决策布局、政府统筹规划、地方具体实施、民间追随跟进"的理政经验，帮助景宁谋划发展政策。习近平亲自倡导加大力度扶持景宁加快发展，作出批示："……在全面建设小康进程中，景宁作为全省唯一的少数民族自治县如何跟上时代的步伐，应重点研究并采取进一步的举措，予以支持。……"2008年，中共浙江省委、省政府出台《关于扶持景宁畲族自治县加快发展的若干意见》（浙委〔2008〕53号）文件，提出"到2012年，使景宁经济综合实力进入全国120个民族自治县前10位，接近全省基本实现全面小康社会的目标，并成为全国畲族文化发展基地"的三大目标。浙江省委书记赵洪祝亲自将景宁定为工作联系点，指导景宁规划发展路径。浙江省直部门的主要领导深入景宁对接和调研指导工作达70多人次。省发改委、财政厅等18个直属部门专门出台帮扶文件，制定帮扶措施200多条。30多个省直机关部门采取各种措施帮扶景宁。2009年，中共中央政治局常委、书记处书记、中华人民共和国副主席习近平给景宁县委、县政府复信，勉励景宁："……努力在推动科学发展、促进社会和谐、增进民族团结上走在全国民族自治县的前列"。

1993—2010年，景宁深化经济领域改革开放，全面推动从计划经济向市场经济的转变，为解放生产力，改善生产关系，注入新的活力。深化农村经济体制改革，延长土地承包期和山林承包期，推行承包权流转，鼓励农林产业化发展，给农民吃了自主经营和发展多种经营的"定心丸"，打开封闭的"山门"，让农村劳动力从狭小的"田地"中解放出来，冲破"体制"与"计划"的束缚，推进工交商贸体制改革，以市场为导向，以效益为中心，优化组合配置生产要素，卸负轻履，实行现代化经营管理，让工交企业和商贸流通市场放开搞活。实施财政金融体制改革，以政策为导向，开源聚财，扶优筑强，保障民生，为经济社会发展起到"杠杆"与"后盾"作用。

2003年，滩坑水电站立项开工建设。该项目是浙江省"百亿帮扶致富"① 重点工程，景宁是移民重点县。库区涉淹景宁6个乡镇47个行政村，淹没面积36.11平方千米，移民总计7128户，20994人。景宁举全县之力、集全县之智、聚全县之能，推进移民工作，至2010年末，县外安置4658户15972人，县内安置2470户5022人，圆满完成库区移民外迁内聚安置工作，确保电站顺利建设。

景宁有民族工作重点乡镇7个，民族村41个，畲族人口1.75万人。1993年后，牢牢把握"共同团结奋斗，共同繁荣发展"的民族工作主题，深入贯彻民族政策法规，深化畲族村经济社会发展及扶持工作，加强基础建设，培育特色产业，发展民生事业，全力推进各民族群众共奔小康社会，不断巩固和发展各民族团结和睦大好局面。逐步提高少数民族群众生活水平，农民人均年收入从2005年的2251元，提高至2010年的6685元，同比增长143%。实施少数民族群众参加城乡医疗保险补助政策，全县少数民族参加新型农村合作医疗21803人，占92.46%。按照"全国畲族文化中心，民族文化发展样板"的目标定位创建文化基地，实施畲族文化氛围、保护、产业、品牌、人文五大精品工程，民族文化工作成

---

① 百亿帮扶致富工程：向欠发达地区投资的项目建设，为支持"一方水土养不了一方人"地区的下山移民，打通乡镇到村的公路，加快水电站等工程建设，省委、省政府决定实施"百亿帮扶致富工程"。

效明显。2005年12月，县政府被省政府授予“全省民族团结进步模范集体”称号。

景宁县委、县政府坚持依照党中央两个文明一起抓的战略方针，把精神文明建设放在与物质文明建设同等重要的位置，加强爱国主义教育，着力开展以提高公民思想道德素质和科学文化素质为重点的社会主义精神文明建设，挖掘提炼畲乡精神，加强社会公德、职业道德、家庭美德建设，引导畲乡人树立共同理想和正确人生观、价值观，培育有理想、有道德、有文化、有纪律的畲乡新型公民，为物质文明的发展提供思想保证、精神动力和智力支持。组织开展大规模群众性精神文明创建活动，涌现出大批文明单位、文明社区、文明村和文明家庭，文明新风不断涌现，并实现创建省级文明县城目标。

三

城乡建设日新月异。1984年，景宁建立畲族自治县之初，县城人口不足1万人，城区面积仅0.69平方千米。2010年，初步形成老城区“南拓北进”“一新一老一副城”的城市发展格局，城区面积扩展至85.31平方千米，建成区3.07平方千米。按照“做强产业、做大规模、做优功能、做美环境”的要求，全面推进人民北路延伸工程与“十里长街”南北贯通工程，实施“净化、绿化、美化、亮化”工程，绘画“中国畲乡、小县名城”新蓝图。2010年，外舍新区建设进展迅速，城市发展空间得到拓展，城市道路、供水、排水、排污、防洪、卫生设施日趋完善、城区道路宽畅快捷、公共设施配套齐全、商贸服务繁华便利、居住环境优雅宜人、城市品位逐步提升，一座充满生机和活力的现代化新兴畲乡小城市已展现在世人面前。农村危旧房改造、地质灾害避险、农村饮用水更新、“十村示范、百村整治”等系列惠民工程建设进展顺利，乡村面貌明显改变。2006—2010年，自然村整村搬迁156个、改造农村危旧房8756户、异地转移农民2724户，10717人，整治行政村村庄214个，建成省级示范村5个、市级示范村10个。

2006年，县城日供水能力达到4万立方米，供水普及率96.8%。实施农村饮用水安全、千库保安、万河整治、节水灌溉、塔墈、大均等重点项目与堤防水利工程，新增日供水能力1890万千克，改善11.4万人饮用水问题，解决农田有效灌溉面积5000公顷；完成防洪堤建设10多千米，山塘水库除险保安100多座。

1984年，景宁公路（包含简易公路）总里程仅312千米，没有一条水泥路和中等级以上公路，交通不便一度严重阻滞景宁的发展步伐。1993年后，景宁秉承“要想富、先修路”的理念，大手笔规划、大资金投入、大力度建设，全力打造便捷、畅通、高效、安全的交通运输网络，交通条件明显改善，交通服务功能明显增强，交通面貌得到极大改善，公路里程大幅增加，公路等级大面积提升，交通事业取得令人瞩目的成绩，区位优势得到显著提升。1995年，景宁实现“乡乡通公路”，2010年，全县公路通车总里程达到1815千米，与1984年相比增长5倍。完成县内干线公路砂改油，提升乡村公路等级的康庄工程，行政村等级公路通村率达到97%，路面硬化率92%，直接受益达251个村，滩坑库区公路复建工程进展顺利，省级文明公路创建工程基本完成。云景高速公路建设快速推进，实现高速公路零的突破，从根本上解决长期制约景宁发展的交通瓶颈问题，使景宁如愿融入全省四小时交通圈。

景宁电信事业遵循高起点、新技术、严要求的发展战略，采用多种手段加大现代化通信网建设力度，使邮电通信网实现由单一业务向多样化业务转变。相继建成数字数据网、会议电视网、多媒体通信网，实现传输数字化。设县之初，景宁通信状况十分落后，全县唯一的通信设施是磁石式交换机，容量仅

1270 门，电话用户 481 户，邮电业务总收入 50 多万元。2010 年，全县电话用户数 2.1 万户，254 个行政村全部通上电话，移动、联通手机信号实现乡镇全覆盖，移动电话用户 7.3 万户，国际互联网用户 8536 户。

景宁是个典型的农业县，农业是经济发展的主要支撑，但产值一直处于低位徘徊。1984 年，全县农业总产值仅 3816 万元。1993 年来，贯彻落实中央各项支农惠农政策，扶持农业生产，发展效益农业。特别是 2008 年后，县委、县政府加大农业产业化培育力度，出台一系列专项产业政策，发展“茶竹菌果菜药花苗”等农业产业。2008—2010 年，县财政每年安排 1100 万元专项资金支持茶叶、食用菌、毛竹、高山花卉、高山蔬菜“五大产业”发展，打造农民增收主平台，拓宽农民收入渠道。2009 年，又增加对山茶油、草本药材项目的扶持，制订食用菌质量安全生产标准。2010 年，全县实现农业总产值 7 亿元，比 1984 年增长 1742%。惠明茶分别荣获浙江省十大名茶、全国重点名茶、上海世博会金奖；景宁获得“中华茶文化之乡”“中国名茶之乡”称号。“山山牌”香菇、黑木耳荣获浙江省农业博览会金奖，被确认为中国名牌产品。南野食品、奇尔茶叶、金奖惠明茶荣获浙江名牌产品、浙江省著名商标。金奖惠明商标被司法认定为中国驰名商标。

景宁工业经历由无到有、由小到大、由弱变强发展过程，逐渐步入科学、持续、加速的发展轨道。充分用好用活当地资源，合理开发利用水电、矿产、林业资源，优化工业经济结构，鼓励个体私营企业发展，初步形成电力、泵阀、食品、医药、采掘、机械、金属、化工、印刷、造纸、竹木、纺织、服装、家具、饮料、茶叶、灯具、玩具等制造与加工业 20 个。其中，电力工业和阀门制造业成为景宁工业的主要产业。水为景宁宝贵资源，水电资源开发取得令人瞩目的成就。2010 年，全县累计建成投产小水电站 154 座，总装机容量 33.79 万千瓦，年水电发电量 9.25 亿千瓦时，产值近 2.63 亿元，占景宁工业产值的五分之一，无愧于“中国农村水电之乡”的荣誉称号。2010 年，境内开发的矿产有铁矿、钼矿、萤石矿、叶蜡石矿等，开采企业 8 家，矿石开采总量 23750 万千克，矿业产值 1017.8 万元。工业企业运行机制得以完善，质量不断提高，通过国家质量体系认证的企业不断增加，数十个产品赋予市场准入条形码。开创异地发展工业经济新模式，积极拓展工业发展空间，“飞地政策”得到上级党委、政府的支持落实。位于丽水经济开发区规划范围丽水城南七百秧区块内的浙江丽水经济开发区景宁民族工业园(以下简称丽景民族工业园)，占地 4 平方千米，其战略定位为国家少数民族地区异地扶贫开发试验区、中国少数民族工业城、金衢丽产业带特色制造业基地重要组成部分。2009 年 8 月，丽水市政府出台《关于设立丽水经济开发区景宁民族工业园的决定》，正式批准成立丽景民族工业园。2009 年，丽景民族工业园一期工程启动，占地 80 公顷，基本完成基础工程，开始向企业供地，二期工程开工。全面推进城北工业园区块、王金垟复合产业区块和东坑等乡镇工业功能区开发建设。2010 年，全县工业总产值 23.2 亿元，比 2005 年增长 52.9%，工业税收突破亿元大关。

景宁积极探索“民族总部经济”运作模式，总部经济平台逐渐成形，商贸物流、房地产、金融等现代服务业健康发展。2010 年，服务业增加值 12.1 亿元，占地区生产总值的比重从 2005 年的 41.8%提高到 45.3%，人均服务业增加值 8900 元，服务业从业人员比重逐年上升。2010 年，社会消费品零售总额 12.6 亿元，比 2005 年增长 75.7%。至 2010 年，全县自营出口业务逐步扩大，获外贸企业自营进出口权企业 20 家，产品销往 20 多个国家和地区。市场交易日趋活跃，年平均交易额达到 9.8 亿元；各种超市、连锁店、专卖店不断增加，商品配送中心、放心店 165 家。入驻丽景工业园总部经济 4 家，入驻县民族经济开发区销售企业有娃哈哈等多家。

2002—2010 年，景宁高度重视“绿色生态屏障”保护，坚持“走绿色生态可持续发展的道路”，加强“绿色生态立县”工作和生态示范区建设，生态环境质量不断优化。至 2010 年，景宁建成乡镇所在地污水处理设施18个，村级污水处理整治工程145个，建成县污水处理厂、垃圾填埋场，实现县城生活污水、垃圾集中处理，化学需氧量、二氧二硫、烟尘等12项污染物排放总量控制在国家规定的排放总量指标内。有效完成节能减排任务，基本完成"十一五"减排目标，省级生态县通过现场验收，省级森林城市创建工作全面推进，建立省级以上生态公益林86182.65公顷。经过努力，景宁成为"国家级生态示范区""浙江省畲族文化生态保护区""省级生态县""省级文明县城""省级卫生县城"；成功创建"全国科技进步县"、浙江省6个"非物质文化遗产保护综合试点县"之一；获"国家首批绿色能源示范县"称号，为浙江省被授予此称号的3个县(市)之一。生态环境质量稳居全国前五。2010年，全省16个省级生态县景宁名列第二。其中，人居环境评价位居首位。

景宁在努力增加财政收入的同时，合理调整支出结构，千方百计聚集财力，支持经济建设与社会事业发展。2010年，县财政总收入38039万元，同比增长35.2%，比2005年增长60%。其中，地方财政收入22412万元，同比增长31.7%，比2005年增长83.3%。在全力做好增收节支的同时，积极向上争取资金，加快地方发展。2010年，景宁用于重点项目财政性资金2.8亿元；农业产业发展资金1830万元；工业经济发展资金11522万元；旅游景区建设项目资金1335万元；新农村建设资金2.7亿元，加大对新农村建设资金投入。金融事业得到较快发展，信贷规模不断扩大。2010年，全县金融机构各项存款余额42.05亿元，比2005年增长161.5%；金融机构各项贷款余额24.35亿元，比2005年增长159.3%。

四

景宁文体事业蓬勃发展，全国畲族文化发展基地建设渐趋成形。菇民戏、花灯、木偶戏、花鼓戏等民间艺术生动丰富。一年一度的"中国畲乡三月三"系列节庆活动年年出新，精彩纷呈，品牌知名度与影响力不断扩大。2001年，大型畲族风情歌舞剧《畲山风》参加第二届全国少数民族文艺会演，荣获创作和演出双金奖。2008年，景宁被文化部命名为"中国民间文化艺术之乡"(畲族山歌之乡)。至2010年，投资8000多万元建成畲族文化中心，投入千万元建设乡镇综合文化站。完成400米跑道田径运动场和体育馆改造项目；全县建成体育场地204个，面积近11万平方米，人均0.63平方米。实现有线电视"村村通"、广播"村村响"，有244个行政村能收看到32个频道电视节目，文化体育娱乐设施得到改善。2010年，有线电视用户25557户，电视人口覆盖率99.5%，广播人口覆盖率98.7%。成功举办畲族风情歌舞《千年山哈》首演、"中国畲族民歌节"、少数民族体育传统项目选拔赛等一系列文化体育活动，其中《千年山哈》应邀赴台湾演出交流。中国畲乡"三月三"海峡两岸大联欢暨中央电视台《激情广场》走进景宁系列活动圆满成功。成功承办浙江省首届体育大会子项目少数民族体育竞技比赛。畲族民歌与畲族祭祀仪式被省政府列入非物质文化遗产。少数民族文化保护与民族文化应用更加喜人，《印象山哈》、畲家风情微电影、畲医保健、生态农业和"鸬鹚马仙文化节""带溪文化节""章坑尝新节""雁溪迎神节""汤氏文化节""景南忠孝节""九龙鱼灯节"等民族节庆的举办，不仅使景宁成为文化部评定的"中国民间文化艺术之乡""中华民族艺术之乡""中国廊桥之乡""浙江省民间文化艺术之乡""省级畲族文化生态保护区"与6个非物质保护综合试点县之一，也使景宁从过去的"经济洼地""民族穷地"逐渐改变为"文化高地"和"旅游胜地"。

"十一五"期间，景宁举全县之力加大城区教育设施投资力度，一年建成一所新学校，再造一个景宁“新教育”。五年投资3亿多元，完成景宁中学、民族中学、民族小学、实验幼儿园等新建工程和城北中学、职业高中、第一实验小学等迁建工程。新增城区学校面积11万平方米，创建一批省级标准化的花园式校园。县城就读的学生比例，从2005年小学的39.8%、初中的52.9%、高中的76.6%上升至2010年小学的79.6%、初中的85.2%、高中的100%，基本实现“小县大城”教育目标。投资4580万元，用于全面启动困难学生资助、爱心营养、食宿改造、教师素质提升工程。有22所学校在义务教育阶段达到省标准化要求，达标率为95.7%。投资2800多万元，用于提升学校教育技术装配，使中小学都建有多媒体教室和配备计算机。50%以上的乡镇建成省、市级教育强乡镇。学龄儿童入学率100%、小学入学率100%、初中入学率99.91%、初中升高中比例97.58%、高中毕业升学率90.17%。成功创建省级教育强县。

景宁在全省率先完成乡镇卫生院体制改革，城乡社区卫生服务机构全面实施国家基本药物制度；成功创建省级卫生县城。县妇幼保健院、县疾病预防控制中心、新建卫生监督综合大楼、县药品监督检验所先后建成投入使用，启动县人民医院创建“二甲”工程，完成景宁医院住院楼改造。基本完成乡镇卫生院危旧房改造，开展城乡社区卫生服务体系建设，基层卫生院全面转型。全县有近13万名农村居民参加新型农村合作医疗。疾病防控工作有效开展，基本公共卫生服务项目综合达标率90%以上；农民免费体检率逐年提高。儿童“五苗”全程覆盖率98%以上，1998—2010年连续多年无孕产妇死亡。人群健康状况进一步改善，人均寿命逐渐延长。

建于唐代千年古刹惠明寺[①]得以修复，香火延续。隐于高山群峰的“云中大漈”，山地丘峦多姿，村落景致宜人，雪花漈“一水拍天”，龙舌漈“龙舌喷珠”，是名副其实的“世外桃源”。宋代文物时思寺[②]，穿越历史时空的隧道，传颂着远古的人文情怀，时思寺被列为国家级重点文物保护单位。兴于大唐经岁月洗礼的“中国畲乡之窗”大均[③]古村，装点山清水秀的沃野膏壤，迸发唯美的风光，绘就一帧美轮美奂的画卷。千峡湖生态特色景观、炉西坑峡谷自然景观与九龙山火山熔岩遗迹景观，三融交合，浑然天成，为景宁天然的“陆海仙山”。境内留存着形态各异古色古香的木廊桥49座，是景宁引人注目的标志性建筑。中国畲乡腾飞的金色梦如漫山遍野的杜鹃花正盛开绽放。

钟灵毓秀的敕木山、清柔灵气的鹤溪河，长期孕育出景宁崇文重教、开放兼容、融合交汇的多元文化，形成以“山哈的忠勇孝道和坚强的保家卫国精神”为特征的景宁畲乡人文精神。宋朝尚书右司员外郎潘特竦、北宋时期经史名家潘翼、南宋宰相汤思退、畲乡名医陈言，名臣学士还有民国叶仰高、梅师俞、严品端，当代陈宝东、陈典等青史留名。历史遗存遍布城乡，时思寺、东坑下桥、何八公古墓、大张坑青花窑址等，更有散布大街小巷的历史建筑、文物遗迹，以及畲族民歌、中国畲乡“三月三”、畲族婚俗、畲族彩带编织技艺、畲语、畲族服饰等为代表的非物质文化遗产，凡此种种构成内涵丰富的景宁文化图腾。

特殊风味的美食透视着畲乡绵远的文化，回味悠长，“畲乡十大碗”“畲乡十小碟”，掀开畲乡美食天堂一角。“龙凤呈祥”“畲族粘角(粽子)”“乌米饭”让人食髓知味、留连忘返。景宁不但拥有悠久的

①惠明寺：建于唐咸通二年(861)。清嘉庆十九年(1814)重建正殿。清同治四年(1865)修建后堂及左右轩。20世纪60年代寺毁，1999—2001年重建。

②时思寺：宋代建筑，全国重点文物保护单位。建于宋绍兴十年(1140)。相传梅氏六岁幼童梅元质守祖父墓，居庐三年，不离其侧，宋高宗闻报，旌表其人为“孝童”，其庐为“时思院”。明洪武元年(1368)刘基书额“时思道场”，明宣德元年(1426)改院为寺。

③大均村：村名取自孔子“大道之行也，天下为之；有国家者，不患寡而患不均”的论述而用之。

历史文化与传奇，而且不断创造崭新的历史，书写新的传奇。景宁人对山山水水的精心雕琢，让山川大地如盛装蹁跹，让千古景物流光溢彩、别具风情。

一张张旅游新名片为景宁旅游产业添上新的注解。景宁规划“神奇畲乡、秀美山水、休闲胜地”的旅游发展目标，制定《关于建设民族风情旅游名县的若干意见》等一系列政策措施，推进旅游产业发展。至2010年末，景宁成功创建“畲乡之窗”“云中大漈”国家AAAA级景区；“中国畲乡之窗”景区被评为浙江省非物质文化遗产旅游经典景区，并成功实现营销外包。望东垟高山湿地、草鱼塘森林公园、九龙地质公园、炉西峡等景区处于规划开发中。启动环敕木山畲族风情旅游度假区、西汇民族风情度假村前期，获得“中国国际旅游文化目的地”“中国最佳民族风情旅游名县”殊荣。当景宁掀开旅游崭新一页的时候，精心打造的各处景区、休闲胜地、生态农业观光、“中国畲乡三月三”节庆等，旅游内涵更加丰富，一景有一景的神韵，一地有一地的风情，吸引着一批又一批游客。景宁旅游厚积薄发，呈现一派方兴未艾、蓬勃向上态势。2010年，全县接待国内外游客175.5万人次，实现旅游总收入7.36亿元，分别比上年增长31.3%和33.1%，旅游收入在全市九县(市、区)中排位逐步前移。

五

2010年，景宁148个低收入农户集中村实现省、市、县三级部门结对帮扶全覆盖，70%低收入农户实现脱贫，纳入低保、五保扶持对象的低收入农户6622人。通过实施各项惠民政策，加快经济发展，使大多数居民收入普遍增加，逐步实现由基本温饱向总体小康转变并向全面小康迈进。 2010年，景宁县城镇居民人均可支配收入17901元；农民人均纯收入达到6202元，比全国平均水平高出283元。居民储蓄存款余额171535万元，人均储蓄存款余额9980多元。收入和积累增加，大批农民奔赴城市经商创业，发展“三小”经济，在全国各地经营小水电、小宾馆、小超市，为当地的经济发展作出贡献。2010年，景宁于北京、西安开超市近3万人，于西部办电站有上千人，外出经商务工近5万人。经商创业使城乡居民的居住条件与生活环境起较大改善。城乡一体化建设步伐加快，布局合理、环境美化的城镇住宅小区楼盘林立。新农村建设如火如荼，昔日的农家草舍、泥瓦房，变成美观、古朴、整齐的田园农家、魅力畲寨、农家酒醇，环境优美，宾至如归。

2010年，全县社会消费品零售总额125802万元，比2005年增长75.7%。曾被老一辈奉为至宝的“老三件”自行车、手表、缝纫机，早已变得微不足道；取而代之的“新三件”电视机、洗衣机、电冰箱，更是十分普通。汽车、电脑、空调、热水器、油烟机、手机等“新N件”进入百姓之家，升级换代步伐不断加快。居民消费结构明显改善，城乡居民盖房、买房逐步增加。居民用于饮食的支出比重下降，用于改善住房条件与子女教育的支出比重上升，用于添置衣饰、家庭设备、交通通信、医疗保健、文化教育、娱乐活动支出日益增加。

20世纪90年代，开始在城镇企业职工中实行养老保险制度、失业保险制度，随着社会保障体系的日臻完善，城乡差别缩小，城乡一体化格局逐渐形成。2010年末，实现养老、医疗保险制度城乡全覆盖，基本养老保险参保人数14506人，农民养老保险参保人数65270人，基本医疗保险参保人数13885人，参加农村新型合作医疗人数127281人，失业保险参保人数10052人，参加工伤保险人数9823人。2010年，全县获政府最低生活保障居民6616人，国家优待抚恤居民570人，国家临时救济居民3924人次，“五保”供养居民441人。农村“五保”和城镇“三无”人员集中供养率88.2%，农村政策性住房保险面98.6%。

社会和谐稳定，百姓安居乐业。2010年，景宁接待来访群众430批，1723人，信访案件办结率100%，办理“县长信箱”来信136件，矛盾纠纷调处率与成功率分别为100%、98%，安全生产事故起数、死亡人数、受伤人数分别比上年下降5%、45%与21%。连续六年获得省级“平安县”称号。“法治畲乡”建设连续两年获省级“法治县（市、区）创建活动先进单位”。荣获首批“全国法治县（市、区）创建活动先进单位”，成为全省15个获此殊荣的县市区之一。

景宁在发展进程中也暴露出一些问题：发展内生动力不足，经济总量偏小，产业支撑能力较弱，尤其是工业发展水平低，市场的开放度、活跃度不够；城乡统筹特别是城镇化进程缓慢，城镇基础功能与加快发展的要求不适应；转型时期，社会管理面临许多新情况、新问题有待破解；民族文化、民生事业与群众日益增长的需求还有差距；保护绿水青山，激发干部群众的创新力和创造力，加快经济社会发展面临新的挑战。

站在新的历史坐标，景宁人将遵照习近平总书记对景宁提出“志不求易，事不避难”的重要嘱托，坚持走生产发展、生活富裕、生态良好的生态文明道路，努力在推动科学发展、促进社会和谐、增进民族团结上走在全国民族自治县的前列。

大　事　记

1993 年

1 月 1 日，全面放开粮食购销和价格，取消居民粮油票证。

2 月 4 日，县政府出台《关于加快发展我县小水电事业的若干规定》。

3 月 15 日，县长雷文先出席第八届全国人民代表大会第一次会议。在出席第八届全国人民代表大会第一次会议和第二次会议期间，分别受到全国人大常委会副委员长陈慕华、全国人大常委会委员长乔石接见并合影。

同月，景宁实现“农房、森林、农用变压器、袋料香菇、农民平安、财政国有资产”六项保险统保，是浙江省第一个统保县。

3 月 31 日—4 月 3 日，中共景宁畲族自治县第四次代表大会召开，确定“农村奔小康，企业增效益，城镇上水平，两个文明一起上”发展战略。

4 月 29 日，省委副书记、省长万学远到景宁现场办公，解决惠明茶开发等实事 11 件。

同月，英国学者普莱恩到景宁考察高山马铃薯栽培技术。

5 月 10—14 日，政协第四届景宁畲族自治县委员会第一次会议召开。

5 月 15 日，景宁畲族自治县第四届人民代表大会第一次会议，审议通过《调整国民经济和社会发展十年规划和“八五”计划主要经济指标》。

同月，美国爱德基金会代表菲力浦•魏克利到景宁考察竹笋基地、水改项目。

6 月 3 日，团县委被共青团中央和国家民族事务委员会授予“全国各族青年团结进步先进集体”称号。

同月，景宁畲族自治县水利电力局分设为景宁畲族自治县水利水电局和景宁畲族自治县电力工业局。

7 月 10 日，景南乡东塘村白云尖被确定为飞云江源头，举行“飞云江源头”揭碑仪式。

7 月 26—29 日，日本学者城井智子、松技知宣、星野红、笠井、官田绂等到景宁考察畲族风情。

9 月 7 日，国家以工代赈扶贫项目——景宁至龙泉公路景宁段通过验收并通车运行。

9 月 16 日，英川镇黄谢圩村 120 位村民从县保险公司领到公费医疗保险证，是景宁第一个农民实行医疗保险行政村。

10 月 12 日，县政府出台《景宁畲族自治县城镇住房制度改革实施方案》。

11 月 7 日，景宁邮电局光电缆工程竣工，开通 5000 门程控电话。

11月18日,景宁授予104名人民警察警衔。

同日,景宁山珍大市场开业,建筑面积9275平方米,总投资400万元。

12月31日,据第一次全国第三产业普查统计,全县第三产业单位2030个,单位职工9556人,个体户3790户,从业人员4681人。

同年,鹤溪镇开通有线电视,覆盖1800户,收看8套节目。

1994年

1月16日,县政府公布全县列为对外国人开放地区。

1月24日,省委副书记、省长万学远到景宁考察,为山珍市场题词"兴市场,促流通,求发展,利山民"。

同月,广播电影电视部地方司批准建立景宁畲族自治县有线电视台。

2月,景宁外贸工具总厂专利产品——多功能棘轮扳手获埃及政府颁发的金字塔奖。

3月30日,省政府批准,在宁波市鄞县梅墟建立浙江景宁梅墟扶贫经济开发区,12月31日,更名为浙江景鄞扶贫经济开发区。1995年6月20日,国家民族事务委员会批准为国家民族事务委员会扶贫开发试验区。

4月15日,景宁被国务院扶贫开发领导小组列入《国家八七扶贫攻坚计划》扶持的国家级贫困县。

4月22日,景宁第四届人民代表大会第二次会议,审议通过《景宁畲族自治县社会主义精神文明建设实施办法》。

5月3日,全国人大常委会委员、全国人大民族委员会副主任委员伍精华到景宁考察民族工作,为自治县成立十周年题词"弘扬民族精神 振兴畲乡经济"。

5月6日,英川镇王宅村个体户吴爱花被授予"全国先进青年个体劳动者"称号。在表彰会期间,受到国务院副总理李岚清、全国人大常委会副委员长王丙乾、全国政协副主席万国权接见。

6月,全国人大常委会副委员长陈慕华为自治县成立十周年题词"景宁物华天宝 畲乡人杰地灵"。

8月8日,景宁城关35千伏输变电升压至110千伏改造工程动工兴建。1995年8月23日投入运行。

8月12日,县政府出台《关于加快开发景宁畲族自治县小水电资源的意见》。

8月21日,景宁受17号强台风袭击,降水量320毫米,山洪暴发,死亡24人,直接经济损失1.65亿元。其中,澄照乡仙山行政村东岸自然村发生山体滑坡,毁房7座,死亡10人,受伤8人。

8月23日,副省长龙安定到景宁考察灾情,指导抗灾救灾工作。

8月26日,县长雷文先带领县民间歌舞团15人参加"1994年福井环日本海国际文化艺术节",演出《织彩带》《畲山听樵》等5个民族歌舞节目。

同月,省政府批准在县城北面设立浙江景宁经济开发区。

同月,省委常委、公安厅厅长斯大孝为自治县成立十周年题词"民族团结 经济繁荣"。

9月5日,省委副书记、省长万学远为自治县成立十周年题词"增团结兴畲乡 创新业奔小康"。

10月,省委书记李泽民为自治县成立十周年题词"增强畲汉民族团结 促进景宁发展繁荣"。

同月,全国人大民族委员会副主任委员李学智为自治县成立十周年题词"团结奋进 繁荣幸福"。

10月18—19日,景宁畲族自治县成立十周年庆祝活动在县体育运动场举行。全国人大民族委员会、国家民族事务委员会发贺电并派国家民族事务委员会教育司司长周明甫到景宁祝贺。省委、省人大常委会、省政府、省政协发贺电。以省委副书记、省政协主席刘枫为团长，省人大常委会副主任毛昭晰、副省长龙安定、省政协副主席吴仁源为副团长的代表团到景宁祝贺。

10月18日，云和至寿宁公路景宁岚头岭段改建工程竣工通车。

10月21日，省人大民族工作座谈会在景宁召开。

同月，副省长刘锡荣到景宁调研经济发展情况。

11月28日，由省、地、县三级联合股份开发的第一座小水电——上标二级电站开工兴建，总投资7000万元，总装机1万千瓦，年发电量2530万千瓦时。1997年6月28日发电。

1995年

1月19日，省政府下发《关于在景宁畲族自治县实施企业所得税优惠政策的通知》。

1月24日，县委决定建立中共景宁畲族自治县鹤溪、渤海、东坑、沙湾、英川工作委员会。

2月9—11日，县委、县政府召开实施"八七"扶贫攻坚动员大会。3月1日，县委、县政府出台《景宁畲族自治县"八七"扶贫攻坚计划实施意见》。

2月20日，县委机关报《畲乡报》创刊发行。

同月，省林业厅批准草鱼塘分场为省级森林公园。2001年9月开园。

3月14日，县委办、县府办转发《温岭市与景宁县挂钩扶贫近期工作意见》的通知。

3月15日，"国防兵役义务费"实行全县统筹。

3月23—24日，省军区司令江茂葆少将到景宁考察民兵预备役工作。

3月28—4月6日，国家民族事务委员会副主任文精考察浙江景鄞扶贫经济开发区。

4月1日，县人民医院从即日起取消看病挂号制度。

4月12日，县政府出台《景宁畲族自治县农村社会养老保险实施办法(试行)》。

4月14日，景宁第四届人民代表大会第三次会议，审议通过修改《浙江省景宁畲族自治县自治条例》决定。4月29日，浙江省第八届人民代表大会常务委员会第十八次会议批准，第一次修正后自治条例从5月30日起施行。

4月15日，华东区首届希望小学联谊会的江苏、浙江、江西、山东等省60多位希望小学校长和青年成才基金会负责人到景宁考察。

4月16—17日，出现强对流天气，乡镇14个，行政村89个普降冰雹，受灾5.6万人，直接经济损失4250万元。

4月20日，县政府出台《景宁畲族自治县公费医疗统筹管理办法(试行)》。

7月18—19日，县委、县政府召开"强行启动、大干快上、两年翻番"誓师大会。

7月28日，全县开始实施劳动合同制。

7月30日，全县开始实行碘盐专营。

8月12日，鹤溪镇双后岗畲族村开通程控电话，是浙江省第一个开通程控电话的畲族村。

8月18日，县委、县政府举行"抗日战争胜利50周年纪念章颁章仪式"，向王正英、徐继康、叶邦厚等六位离休干部颁发纪念章。

8月30日，县妇联主席雷香兰参加国家民族事务委员会组织的全国少数民族参观团，到吉林、辽宁参观并列席世界妇女大会。

9月4日，省林业厅批复《关于扶持景宁建立林业综合开发示范区》。1996年实施，至1998年建成示范基地587.33公顷，是浙江省第一个林业综合开发扶贫示范区。

同日，景宁会议电视电话系统开通。

9月23—25日，浙江省扶贫工作座谈会在浙江景鄞扶贫经济开发区召开，省委常委、副省长刘锡荣出席会议。

9月25日，外舍乡外舍村发生重大火灾，受灾21户115人，烧毁房屋25间，直接经济损失43.52万元。

10月6—9日，省政协副主席陈法文带领省政协组织的科技扶贫团到景宁开展科技扶贫活动。

10月12日，景宁举行“创建文明县城万人签名活动”。

10月15—19日，全国民族事务委员会系统直属公司（集团）经理座谈会在浙江景鄞扶贫经济开发区召开。国家民族事务委员会副主任文精等出席会议。

10月17日，国家民族事务委员会副主任文精到景宁考察民族工作。

10月18日，景宁首届全民田径运动会在县体育运动场举行。国家民族事务委员会副主任文精等出席开幕式。

同日，景宁开通“129”无线寻呼。

10月26日，“山山牌”香菇、黑木耳获第二届中国农业博览会金质奖。

11月7—8日，景宁工商业联合会（总商会）召开首次会员代表大会。

11月9日，省委常委、省委秘书长吕祖善到景宁双后岗畲族村、滩坑电站库区考察。

11月10日，德国布莱梅海外研究与发展协会迪马到景宁考察水锤泵推广应用情况。

同月，景宁列为浙江省第一批小流域综合治理试点县。

12月1日，景宁一中被省教育委员会确定为省级重点中学。

12月8日，景宁畲族自治县气象局成立。

12月12日，省人大常委会副主任杨彬到景宁调研瓯江流域水污染情况。

12月20日，浙江省烟草专卖局（公司）景宁畲族自治县烟草局（分公司）成立。

12月20—21日，省委副书记、省长万学远到景宁考察农业和林业综合开发、扶贫建校工作。

12月21日，浙江省“扶贫建校”重点工程——城北中学奠基。1997年8月23日竣工。

12月26日，标溪乡处基村高坪自然村发生火灾，死亡1人、受灾6户25人，直接经济损失22.74万元。

12月28日，标溪乡丁埠头至大地乡公路建成通车，全省实现乡乡通公路目标。省委常委、副省长刘锡荣出席剪彩仪式。

12月31日，据第三次全国工业普查统计，景宁工业企业和生产单位1943个，从业人员12440人，工业总产值5.14亿元。

1996年

2月28日，《景宁畲族自治县志》（1995年版）出版发行。

3月29日，景宁畲族自治县人民武装部收归军队建制。

同月，景宁被国务院发展研究中心农村发展研究部、中国农学会特产经济专业委员会、中国特产报社授予“中国香菇之乡”称号。

4月12日，景宁第四届人民代表大会第四次会议，审议通过《景宁畲族自治县国民经济和社会发展“九五”计划和2010年远景目标纲要》《景宁畲族自治县依法治县总体规划》，总体规划从5月起施行。

4月18—19日，省委常委、副省长刘锡荣带领省政府办公厅、省扶贫办、省农办、省交通厅、省民政厅、省财政厅等部门领导到景宁考察扶贫工作。

4月25—26日，省政协副主席陈法文带领省扶贫调查组到景宁调研指导扶贫工作。

5月10—11日，副省长龙安定带领省民族宗教委、省旅游局等部门领导到景宁考察民族工作。

5月19—21日，鹤溪镇包凤村党支部副书记雷汤菊出席全国民族地区杰出青年经验交流会，获“全国民族地区杰出青年”称号。

5月28日，县人民医院开通“120”急救电话。

5月29—30日，浙闽两省景宁、庆元、龙泉、泰顺、寿宁、政和、松溪、周宁等8个县市土管工作经验交流会在景宁召开。

6月8日，省人大常委会副主任李德宝考察民族中学。

6月28日，副省长张启楣带领省财政厅、计经委、国资局、省高级人民法院等15个部门领导到景宁现场办公，重点解决景宁造纸厂治污等问题。

8月5日，浙江省政务信息网络景宁工作站开通。

8月12日，中共丽水地委、丽水地区行署批准《景宁畲族自治县党政机构改革方案》，改革后，党政机构从48个缩减为29个。

8月14日，一辆农用面包车在景寿线29千米处坠落，死亡6人，重伤3人，轻伤9人。

9月10日，“园丁新村”举行奠基仪式。

9月21日，省委书记李泽民带领省委常委吕祖善、省长助理李长江及省林业、农业、水利等13个厅局负责人到景宁调研农业开发和扶贫工作。

10月16日，景宁首届民兵代表大会在县体育运动场召开。

10月18日，52省道景宁至泰顺线景宁段改建工程开工兴建。2004年1月5日竣工验收，决算投资1.97亿元。

10月25日，景宁基本扫除青壮年文盲工作通过省政府评估验收。

11月20—21日，省军区副政委王长贵少将到景宁检查指导征兵工作。

11月23日，省委副书记王金山到景宁调研扶贫攻坚情况。

12月11日，省人大常委会副主任李德葆带领12位在浙全国人大代表到景宁考察“八七”扶贫攻坚情况。

12月12日，《浙西南马铃薯发展途径及高产高效技术研究》课题被国际马铃薯中心授予杰出项目奖，获第一名。

12月20—23日，日本国新泻大学教授福田之细男、中国北京师范大学教授刘铁梁带领中日江南农耕民俗文化考察团到大漈等乡镇考察人文古迹、畲族文化。

12月23日，省委常委、副省长刘锡荣，省委常委、温州市委书记张友余带领全省山区开发暨扶贫工作会议代表到景宁参观农业综合开发基地。

12月30日，景宁举行造纸(集团)有限公司成立暨封球仪式，封存3只木浆蒸球，结束38年化学制浆历史。

12月31日，据第一次全国农业普查统计，全县286个行政村(居委会)，从事生产经营活动的农村住户32768户，138544人。

1997年

1月1日，景宁邮电局新营业大楼落成对外营业。

同日，中国农业发展银行丽水地区分行派驻景宁畲族自治县信贷组成立。

同日，中国人民保险公司景宁畲族自治县支公司更名为中保财产保险有限公司景宁畲族自治县支公司，停办老人福寿险业务。1998年8月，退还老人福寿保险费。

1月6日，副省长刘锡荣到景宁慰问贫困户、五保老人和金钟乡敬老院孤寡老人。

1月27日，县委办、县府办印发《长兴县与景宁畲族自治县互助合作共同发展座谈会纪要》的通知。

1月28日，梅岐乡陈坪自然村通电，景宁1830个自然村实现村村通电。

2月18—19日，县委、县政府召开"全县扶贫攻坚"大会。

2月24日，景宁举行预备役军官授衔仪式。授予少校军衔2人，上尉军衔4人，中尉军衔1人。

3月28日，环城东路石印山隧道开工兴建。1998年8月竣工使用。

4月10日，副省长叶荣宝到景宁考察玻璃纤维厂、大自然食品有限公司、造纸(集团)有限公司、惠明茶开发有限公司。

4月25日，岚头岭隧道收费站开始收费。2003年12月24日24时，停止收费。

5月1日，浙江移动有限公司景宁畲族自治县分公司成立。

5月8日，国务委员、国家民族事务委员会主任司马义·艾买提，省委副书记、省政协主席刘枫到景宁考察民族工作。司马义·艾买提为景宁题词"团结奋斗 振兴景宁"。

5月20日，景宁开通"121"天气预报电话自动咨询业务。

5月23—24日，县委、县政府召开"合力扶工"动员大会，出台《关于鼓励扶持工业经济发展的若干意见》《景宁畲族自治县工业企业发展资金若干规定》。

5月28日，景宁商贸城开工兴建，建筑面积1.07万平方米，总投资1200万元。1998年8月8日运营。

6月10日，省军区副司令张天富到景宁检查民兵应急工作。

6月13日，国务委员、国家民族事务委员会主任司马义·艾买提考察浙江景鄞扶贫经济开发区。

同月，启动全县户籍制度改革。

7月3日，英川镇山洪暴发，洪水倒灌英川二级水电站施工隧洞，死亡2人，重伤1人。

7月11日，澄照乡漈头村朱岩生获"浙江省见义勇为纪念章"。

8月21日，景宁被中国食用菌协会授予"全国食用菌行业先进县"称号。

同月，景宁开通"110"电脑报警服务台。

9月10日，雁溪乡浮亭岗行政村31户自装电话，家庭装机率88.5%，景宁最高，是第一个"电话村"。

9月12—18日，鹤溪镇包凤村党支部书记雷汤菊出席中国共产党第十五次全国代表大会。

9月18日，省政协副主席、省委统战部部长耿典华到景宁调研扶贫工作。

10月1日，景宁建立住房公积金制度。

10月6日，英川镇温堆村柳八漈自然村发生火灾，烧毁建筑368平方米，受灾5户22人，死亡2

人，直接经济损失 10.22 万元。

10 月 10 日，国家民族事务委员会副主任文精带领全国少数民族代表团考察浙江景鄞扶贫经济开发区。

10 月 17 日，景宁普及九年义务教育工作通过省政府评估验收。

10 月 23 日，丽水地区编制委员会批复，同意成立景宁畲族自治县风景旅游局。

10 月 26 日，“山山牌”黑木耳被第三届全国农业博览会认定为名牌产品。

11 月 9 日，省委副书记、代省长柴松岳到景宁考察通天门水果基地、景泰公路改建工程。

11 月 12 日，景宁 24 个乡镇实现通信传输光缆化、交换程控化、乡乡通程控光缆目标。

11 月 16—17 日，国家督学李仁和到景宁督查“两基”工作。

同月，景宁造纸(集团)有限公司关停。

12 月 16 日，浙闽赣毗邻地区第二联防区第二十六次年会在景宁召开。

同日，景宁被省政府授予“基本普及九年义务教育、基本扫除青壮年文盲县”称号。

12 月 18 日，蓝二峰设计《龙泉宝剑》IC 电话卡，入选中国第七套 IC 电话卡，是浙江省第一次向全国和世界发行 IC 电话卡。

12 月 29 日，省委常委、副省长刘锡荣带领省委、省政府慰问团到景宁访贫慰问。

12 月 30 日，景宁被国家教育委员会授予“普及九年义务教育、扫除青壮年文盲县”称号。

1998 年

1 月 1 日，景宁至深圳长途客运班车开通，是丽水地区第一条开往深圳长途客运班车线路。

1 月 5 日，省委、省政府宣布景宁畲族自治县“光荣脱贫县”。

1 月 13 日，景宁畲族自治县人民广播电台成立。17 日，景宁畲族自治县人民广播电台和景宁畲族自治县有线电视台合并为景宁畲族自治县人民广播电视台。

2 月 26 日，景宁畲族自治县工商行政管理局开通“96315”举报投诉电话。

3 月 24 日，景宁畲族自治县人民政府教育督导室成立。

3 月 24—27 日，中共景宁畲族自治县第五次代表大会召开，确定“坚持开发富县、工业强县、商贸活县、科教兴县，念好‘山水经’，走活‘特色棋’”发展战略。

3 月 26 日，省军区政委贺家弼到景宁检查指导人武部工作。

4 月 6—9 日，政协第五届景宁畲族自治县委员会第一次会议召开。

4 月 8—12 日，景宁畲族自治县第五届人民代表大会第一次会议召开。

4 月 9 日，英川镇英川村发生火灾，无家可归 14 户 42 人，直接经济损失 80 多万元。

4 月 29—30 日，县委、县政府召开执行国家公务员制度(参照)动员大会。

5 月 15—17 日，国家民族事务委员会党组副书记、常务副主任陈虹到景宁考察民族工作。

5 月 28 日，白鹤电站开工兴建，总投资 1.89 亿元，总装机 2.5 万千瓦，年均发电量 6067 万千瓦时。2000 年 6 月 16 日发电。

6 月 3 日，鹤溪镇环城东路一居民区发生爆炸，死亡 1 人，受伤 1 人。6 月 8 日破案。

6 月 8 日，县委决定撤销景宁畲族自治县鹤溪、渤海、东坑、沙湾、英川工作委员会。

6 月 12—30 日，发生特大梅汛洪灾，受灾乡镇 24 个，行政村 283 个，受灾 10.9 万人，直接经济损失 13590 万元。

6 月 22 日，毛垟乡新建垟自然村发生特大泥石流灾害，死亡 19 人，失踪 4 人，受伤 54 人，受重灾 36 户 128 人。

7 月 1 日，省委副书记、省长柴松岳，副省长章猛进到景宁毛垟乡新建垟村慰问灾民和干部群众，指导抗灾救灾工作。

同日，景宁畲族自治县科学技术委员会和景宁畲族自治县科学技术协会分设办公。

7 月 25 日，省人大常委会副主任孙优贤到景宁考察民族工作。

8 月 16—18 日，国际薯类研究中心戴彼特博士，到金钟乡徐山村、鹤溪镇旱塔村和下张村等地考察番薯高产试验项目。1999 年 8 月 27 日，戴彼特博士到景宁考察《甘薯定向高产栽培及综合利用研究》课题实施情况。

8 月 26—28 日，省政协副主席、省委统战部部长李青到景宁调研扶贫工作。

9 月 2 日，景宁畲族自治县邮政局和景宁畲族自治县电信局分营挂牌。

9 月 16 日，浙江省 14 个县市政协联谊会第七次会议在景宁召开。

9 月 22 日，中央军事委员会原委员、开国上将萧克为大地乡张坑村公路题词“红军路”。

10 月 1 日，英川镇黄谢圩村到龙泉县龙南乡大庄村公路开通。

10 月 12—14 日，“1998 年浙江景宁畲乡风情节”在县体育运动场举行。全国人大农业和农村工作委员会委员许行贯等出席开幕式。

10 月 17 日，振兴景宁经济温州联谊会举行十周年纪念会。

10 月 22 日，全国人大民族委员会副主任委员韦继松到景宁考察民族工作。

11 月 1 日，鹤溪镇至外舍和三枝树公交车开通。

11 月 8—14 日，大型歌舞《畲山风》进京成功演出。1999 年 12 月，获浙江省第六届精神文明建设“五个一工程”奖。2001 年 9 月 25 日，获第二届全国少数民族文艺会演创作金奖和演出金奖。2002 年 5 月，获浙江省第四届鲁迅文学艺术奖。

11 月 9 日，省政协副主席、省委统战部部长李青出席鹤溪镇三枝树村传化光彩学校落成仪式。

11 月 12 日，副省长章猛进到景宁访贫问苦，指导农村工作。

12 月 3 日，景宁被省政府批准为第二批“浙江省生态环保示范县”。

同年，景宁实施城乡低收入对象生活保障制度，城镇最低生活标准 80 元/月，农村最低生活标准 50 元/月。

同年，第一轮广播电视“村村通”工程实施。至 2005 年，镇 2 个，行政村 17 个，自然村 54 个联网，用户 9512 户。

1999 年

1 月 26 日，省政协副主席、省慈善总会会长孙家贤到景宁慰问“三老”[①]人员。

1 月 28 日，县委、县政府出台《关于进一步加强我县少数民族工作的若干意见》。

1 月 29 日，省委书记张德江、副省长李长江到景宁鹤溪镇旱塔村和敬老院访贫慰问，指导工作。

① “三老”人员指中华人民共和国成立前入党的农村老党员、老游击队员和老交通员。

2 月 10 日，大地乡蔡放村仰天湖发生一起森林火灾，过火面积 29.4 公顷。

3 月 15 日，景宁畲族自治县技术监督局开通“96316”技术监督产品质量投诉举报电话。

3 月 30—31 日，浙闽边界第五届区域经济研讨会在景宁召开。

4 月 15 日，景宁在北京临时中国共产党支部成立。2002 年 3 月 13 日，成立景宁畲族自治县人民政府驻北京办事处党支部。

4 月 16 日，省委原书记铁瑛考察畲乡。

4 月 17 日，“1999 年浙江景宁三月三畲乡风情旅游节”开幕仪式暨迎宾文艺晚会在影城举行。省委原书记铁瑛等参加开幕式。

6 月 16 日，景宁连续降雨，发生洪涝灾害。秋炉乡冲毁民房 60 多间，无家可归 7 户 34 人，受灾 2000 多人，直接经济损失 713 万元。

同月，景宁一中学生吴苗青高考获全省理科“状元”。

同月，景宁通天门殡仪馆投入使用，占地面积 6791 平方米，建筑面积 1110 平方米，总投资 300 万元。

7 月 2 日，县政府出台《关于在全县推行殡葬改革实行遗体火化的通告》。8 月 12 日零时起，鹤溪镇范围内实行遗体火化。2001 年 8 月 12 日零时起，全县实行遗体火化。

7 月 8—12 日，景宁普降大雨，局部大暴雨，12 日，渤海镇 24 小时降雨量 132.2 毫米。渤海、沙湾、澄照、毛垟等 8 个乡镇受灾 4 万人，直接经济损失 173 万元。

7 月 15—16 日，省委副书记周国富到景宁考察扶贫工作。

7 月 23 日，中国联通景宁移动电话开通使用。

8 月 7—8 日，省委副书记刘锡荣带领省计经委、民族宗教委、财政厅等 10 个部门负责人到景宁调研民族工作。

8 月 18—19 日，副省长章猛进到景宁调研农业和农村工作。

8 月 28 日，惠明寺举行修复奠基典礼。2001 年 10 月 18 日对外开放。

同月，上标林场职工柳建青在枫水垟林区发现国家一级保护动物——白颈长尾雉。

9 月 6 日，景宁第一座综合福利院开工兴建，建筑面积 1980 平方米，核定床位 100 张，总投资 190 万元。2000 年 11 月竣工。

9 月 15 日，景宁奇尔茶叶农业标准化生产通过省、地验收，是浙江省第一个县级农业标准化项目。

9 月 23 日，景宁“山山牌”香菇、黑木耳评为“1999 年中国国际农业博览会名牌产品”。

9 月 25 日，景宁首届老年运动会在县体委球场举行。

9 月 26 日，省委副书记刘锡荣召集 11 个省级部门和浙江大学领导，专题研究帮扶景宁措施。

9 月 29 日，景宁人民武装部被国务院授予“全国民族团结进步先进集体”称号。

同日，县委向离休老干部颁发中华人民共和国成立五十周年纪念章。

10 月 1 日，景宁举行《中华人民共和国成立五十周年—民族大团结》纪念邮票畲族篇首发仪式。

10 月 15 日，景宁首次开展无偿献血活动，参加献血 563 人。

10 月 17—20 日，县政府与浙江省作家协会联合举办“作家当畲民”活动，叶辛、叶文玲、黄亚洲、何水法等 50 多位知名作家、艺术家到景宁双后岗畲族村与村民同吃、同住、同劳动，感受畲乡风情，体验畲民生活。

11 月 3—4 日，省委常委、省委秘书长王国平到景宁调研山区开发工作。

11月18日，景宁被省林业厅确定为浙江省首批生态公益林建设试点县。

11月23日，蓝延兰作品——《畲族彩带·皇帝朝纪》(字带)，在“1999年浙江中国民间艺术展”上获特别金奖。

11月24日，副省长王永明到浙江景鄞扶贫经济开发区调研。

12月8日，副省长卢文舸带领省计经委、重点办等部门负责人到景宁检查指导滩坑电站前期准备工作。

12月8—9日，全国政协委员、中国人民解放军军事科学院百科研究部副部长、少将邵华，中国文联党组成员、书记处书记董良翚等200多名摄影者到景宁摄影采风。邵华为《畲乡报》副刊题字“雪花漈”，并题祝词“愿畲乡人民生活越来越美好”。董良翚为《畲乡报》题词“畲族文化是五十六个民族中的一种，充满了生气和活力”。

12月21—23日，省人大民族工作会议在景宁召开。

同月，景宁大均乡梅山村、大地乡郑公洋村等发生火灾6起，烧毁房屋22幢499间，受灾74户263人。

同月，英川一级电站开工兴建，总投资3.2亿元，总装机4万千瓦，年发电量11000万千瓦时。2002年5月27日发电。

2000年

1月20日，景宁体育馆开工兴建，建筑面积3665平方米。2001年10月9日开馆。

2月13日，金童幼儿园开园招生，是社会力量投资创办第一所大型幼儿园。

4月1日，省人大常委会副主任斯大孝考察英川电站工地。

4月12日，国家知名专家林祖庚带领南京爱德医疗队6人到英川义诊。

4月29日，景宁启动县级领导班子和领导干部“三讲”教育活动。

5月1日，“2000年景宁畲乡风情旅游节”在影城前开幕。

5月9—10日，副省长王永明到景宁调研民族和开发区工作。

5月19—21日，全国政协民族宗教委员会副主任赵延年到景宁调研指导民族工作。

5月24日，联合国粮农委处长、国际香根草网络中心主席格雷姆肖到景宁考察云寿线试种的香根草项目。

5月30日，县委、县政府出台《景宁畲族自治县精神文明建设委员会关于开展创建省级文明县城活动的实施意见》。

7月4日，中央“三讲”教育检查组组长、全国政协常委黄璜到景宁检查指导“三讲”教育工作。

7月5日，景宁畲族自治县小水电协会成立。

7月29日，浙江林学院教授李根有在上标林场枫水垟林区发现国家一级保护植物——伯乐树。

8月9日，浙江景鄞扶贫经济开发区发展问题协调会在杭州召开，会议形成统一意见，开发区税收征管用三年时间向属地管理过渡，过渡期内税收征管体制不变。副省长王永明，省级有关部门、宁波市、鄞县和丽水市、景宁负责人参加。

8月22日，景宁遭第10号强台风“碧利斯”袭击，倒塌房屋385间，受灾5.7万人，直接经济损失

2132 万元。

9 月 15 日，景宁被科技部授予“全国科技工作先进县”称号。

11 月 1 日，据全国第五次人口普查统计，景宁有 48108 户，常住人口 153011 人。

11 月 8 日 ，省政协副主席王务迪到景宁调研民族工作。

11 月 13 日，景宁与浙江大学科技扶贫结对仪式在杭州举行。聘任陈子元院士等 18 位教授为县政府名誉顾问、顾问和科技经济专家。省人大常委会副主任孔祥有参加结对仪式。

12 月 12 日，景宁“农技 110”信息服务中心成立。

同年，景宁财政收入 11340 万元，首次突破亿元大关。

2001 年

1 月，《景宁畲族自治县志》(1995 版)被列入全省 68 部新志书之一，编成《浙江省新编县市志资料集萃》光盘出版发行。

2 月 3 日，县委第五届第七次全体(扩大)会议，审议通过《中共景宁畲族自治县委关于制定景宁畲族自治县国民经济和社会发展“十五”计划和 2015 年远景目标纲要的建议》。

2 月 4 日，副省长王永明到景宁参加农村“三个代表”重要思想学习教育活动动员大会。

2 月 7 日，华东电网金华到福州 500 千伏输电线路景宁段开工兴建。7 月竣工。

2 月 22 日，景宁畲族自治县人民政府办事服务中心成立。

4 月 12 日，景宁第五届人民代表大会第五次会议，审议通过《景宁畲族自治县国民经济和社会发展第十个五年计划纲要》《景宁畲族自治县水资源管理条例(草案)》。6 月 29 日，浙江省第九届人民代表大会常务委员会第二十七次会议批准，水资源管理条例从 7 月 9 日起施行。

4 月 12—13 日，省政协副主席汪希宣到景宁调研农民减免增收工作。

5 月 10 日，省人大常委会副主任祝耀祖到景宁考察司法工作。

5 月 20—22 日，全国人大常委会委员、全国人大民族委员会主任委员王朝文到景宁考察民族工作。

5 月 23—24 日，副省长王永明到景宁检查农村“三个代表”重要思想学习教育活动。

6 月 25 日，大漈时思寺被国务院列入第五批全国重点文物保护单位。

7 月 12 日，景宁畲族自治县第一届运动会在县体育运动场举行。

7 月 26—27 日，县委第五届第八次、县政府第五届第五次(扩大)会议，贯彻落实县委、县政府提出的“创畲乡生态优势，建风情旅游名城”发展战略。

7 月 27 日，110 千伏景宁变电所扩容工程开工兴建，主变容量 315 千伏安，总投资 800 多万元。

9 月 1 日，省军区副司令员陈传法少将到景宁检查人武部工作。

9 月 15 日，省委常委、省军区司令员袁兴华少将到景宁指导人武部工作。

9 月 22 日，“世界摄影家看浙江——杭州之约”采风团 30 多人到景宁畲村摄影采风。

9 月 26 日，景宁第五届人大常委会第二十四次会议，审议通过《景宁畲族自治县房屋拆迁管理暂行办法》，从 10 月 1 日起实施。

10 月 5 日，省人大常委会副主任斯大孝考察英川电站工地。

10 月 17—18 日，副省长鲁松庭到景南、东坑、民族中学、县人民医院等单位，调研指导教育卫生文化事业发展工作。

10月18日,“2001年中国畲乡风情节”在县体育运动场举行。国家民族事务委员会副主任李晋有、副省长鲁松庭等出席开幕式。

10月30日,县政府出台《景宁畲族自治县城镇职工基本医疗保险暂行规定》。

同月,景宁一中被省教育厅确定为浙江省三级重点普通高中。

11月8日,景宁金奖惠明茶、“山山牌”香菇、黑木耳被2001年中国国际农业博览会认定为“中国名牌”产品。

11月9日,副省长鲁松庭召集省教育、卫生、文化、广电、科技、体育等部门主要负责人专题研究景宁社会事业发展工作。

11月12日,丽水市委、市政府批准《景宁畲族自治县党政机构改革方案》,改革后,县级党政机关行政编制精减20%。

12月4日,景宁畲族自治县环境保护局成立。

12月17日,景宁一中生物馆被省委宣传部、省科技局、省教育厅联合命名为“浙江省科普教育基地”。

12月24日,副省长王永明到景宁指导村级“三个代表”重要思想学习教育活动。

12月27日,省委书记张德江和省委常委、省委秘书长张曦到鹤溪镇、鸬鹚乡、澄照乡调研指导欠发达地区发展途径。

12月28日,景宁第二水厂(三枝树电站)开工兴建,供水工程总投资3200万元,发电工程总投资1.13亿元,装机1.26万千瓦,年发电量2974万千瓦时。2005年8月一级电站发电。2007年7月二级电站发电。

2002年

1月4日,52省道云寿线景宁段改线工程4标段52千米处1号拱桥发生倒塌,死亡8人,受伤15人。

2月19日,县委出台《关于贯彻〈中共中央关于加强和改进党的作风建设的决定〉的意见》。

2月28日,英川镇英川村55人食物中毒,无死亡病例。

3月4日,梅岐乡岳崇村66人食物中毒,无死亡病例。

3月14日,省委副书记乔传秀到景宁考察奇尔茶叶公司、双后岗畲族文化村、澄照乡三石村茶叶基地。

3月24日,全国人大常委会委员、全国人大民族委员会副主任委员尹克升到景宁调研民族工作。

4月18日,“首届畲族三月三民间歌会”在澄照乡封金山举行。

5月17日,景宁畲族自治县药品监督管理局成立。

5月27日,英川电站举行发电庆典。省人大常委会副主任斯大孝,省委原常委、省军区原司令黎清出席。

5月29日,“飞云峡”“大漈雪瀑”被丽水市委宣传部、丽水市旅游局分别评为“浙江绿谷·十大峡谷”“浙江绿谷·十佳景点”之一。

5月31日,景宁被省委授予“农村‘三个代表’重要思想学习教育活动先进县”称号。

6月6日，召开“旧城区拆迁改造工程”① 动员大会。

6月18日，鹤溪镇扫口村党支部书记蓝水梅，当选中国共产党第十六次全国代表大会代表。11月8—14日，出席中国共产党第十六次全国代表大会。

7月7—8日，省委副书记、省长柴松岳和副省长卢文舸到景宁调研滩坑电站移民安置工作。

7月16日，“英川牌”高山蜜梨通过国家绿色食品认证，为浙江省第一个通过绿色食品认证梨品，全国第一个通过绿色食品认证砂梨。

8月9—10日，省人大常委会副主任李志雄到景宁考察山区农业结构调整、农业产业化发展和农村税费改革工作。

8月17日，省军区司令张怀泗少将到景宁检查人武部工作。

8月21日，县委决定将大仰村从大仰林场划归东坑镇管辖。

8月31—9月8日，景宁连续9天8夜围捕持枪劫持出租车罪犯，抓获犯罪嫌疑人。县公安局被省公安厅荣记集体二等功1次，景南乡党委、政府受到通报表扬。9月25日，景宁举行破获“8•31”持枪抢劫案表彰大会。

9月7日，景宁受“森拉克”台风正面影响，大漈降雨量178毫米，县城街道积水0.3米。全县倒塌房屋100间，受灾8万人，直接经济损失600万元。

10月29日，中国书法家协会副主席、浙江省书法家协会主席朱关田等6人到景宁指导书法创作。

11月6—8日，浙江省少数民族传统体育运动项目选拔赛在景宁举行。

11月25—26日，省委书记、代省长习近平带领常务副省长吕祖善、副省长章猛进到景宁调研滩坑电站库区、县城拓展工程和双后岗畲族村建设情况。

12月9日，省人大常委会副主任鲁松庭到民族中学、县妇幼保健所调研指导工作。

12月9—10日，副省长王永明到敕木山村调研指导民族经济发展工作。

12月10—11日，省委副书记周国富到景宁鸬鹚乡下山脱贫点、澄照乡惠明茶开发基地调研指导工作。

12月11日，省政府决定，浙江景鄞扶贫经济开发区现行税收征管体制再延续三年。

12月27日，县委第五届第十一次全体会议，审议通过《“创畲乡生态优势　建风情旅游名城”——景宁畲族自治县发展战略实施纲要》《关于认真贯彻落实党的十六大精神，努力推进小康建设，力争与全市、全省同步基本实现现代化的决定》。

12月31日，景宁第五届人民代表大会常委会第三十六次会议，审议通过《“创畲乡生态优势　建风情旅游名城”发展战略实施纲要》。

同年，景宁实现“两改一同价”②。

2003年

1月22日，景宁林业总场党总支书记、草鱼塘分场场长蓝钱根当选第十届全国人民代表大会代表。3月5日，出席第十届全国人民代表大会第一次会议，并受到中共中央总书记、国家主席胡锦涛接见。

---

①“旧城区拆迁改造工程”指东至石印山，南至民主弄，西至人民南路，北至青少年宫，占地面积3.3万平方米，拆迁总建筑面积3.8万平方米，动迁企事业单位11家，居民261户。

②“两改一同价”指农村电网改造、农电管理体制改革，城乡同网同价。

3月10—14日，中共景宁畲族自治县第六次代表大会召开，深入实施“创畲乡生态优势 建风情旅游名城”发展战略。

4月13—17日，政协第六届景宁畲族自治县委员会第一次会议召开。

4月14—18日，景宁畲族自治县第六届人民代表大会第一次会议召开。

4月16日，县政府出台《景宁畲族自治县非典型肺炎应急处置方案（试行）》。

5月19日，副省长陈加元到景宁指导滩坑移民工作。

6月20日，省军区副政委张玉书到景宁检查指导人武部工作。

6月28日，县城石印山居住小区（一期）地块，以8020万元拍出，景宁有史以来最大一宗国有土地使用权拍卖。

7月18日，省军区司令员张怀泗到景宁检查指导人武部工作。

7月22日，“奇尔牌有机绿茶”通过中国农业科学院茶叶研究所有机茶研究与发展中心有机茶认证。

7月23日，景宁召开纪念抗美援朝胜利50周年座谈会。景宁籍参加抗美援朝126人，战场牺牲28人。

同月，景宁出现50年一遇大旱，连续35天平均气温38.7℃，最高气温41.6℃，降雨量44.7毫米，河流干涸，农田龟裂，庄稼枯死，人畜饮用水困难，直接经济损失1.4亿元。

8月22—26日，景宁万茂物产有限公司经理雷冬美出席中国妇女第九次全国代表大会。

8月27日，景宁第六届人大常委会第三次会议，审议通过《景宁畲族自治县县城总体规划（修编）》。

9月22日，景宁林业总场党总支书记、草鱼塘分场场长蓝钱根出席中国工会第十四次全国代表大会。

同月，景宁成立县乡村康庄工程建设领导小组，启动康庄工程建设。至2010年，建成通村等级公路220条1271千米，通达乡镇（管理区）22个，行政村249个。

10月26日，景宁中学整体搬迁项目开工兴建，占地面积10.33公顷，建筑面积47736平方米，总投资7160万元。2006年9月投入使用。

同月，景宁生态示范区建设通过国家考核验收。

12月25日，景宁第二水厂动工兴建，占地面积1.33公顷，建设规模日供水4000万千克，总投资3039万元。2006年6月14日投入使用。

2004年

1月1日，景宁从即日起免征农业税。

2月9日，中国残疾人联合会主席邓朴方给葛山乡岭头村残疾青年刘传足打电话，勉励他自信自强，振作精神，不向困难屈服。

2月16日，景宁启动滩坑水电站移民动迁工作，先后抽调干部724名，协助库区乡镇做好移民工作。至2010年，完成安置移民7128户20994人。

3月25日，景宁畲族自治县惠明茶协会成立。2008年3月，更名为景宁畲族自治县惠明茶行业协会。

同日，省军区政委马以芝到景宁检查指导人武部工作。

3月30日，县政府出台《景宁畲族自治县扶助残疾人若干规定》。

4月7日，鹤溪镇被建设部、发改委等六部委公布为全国重点镇。2009年9月8日，被省政府批准为浙江省历史文化名镇。2010年7月22日，被住房和城乡建设部、国家文物局公布为第五批中国历史文化名镇。

4月8日，副省长陈加元带领省民政厅、劳动保障厅等部门领导到景宁调研滩坑移民工作。

4月17日，全国人大民族委员会副主任委员、民进中央副主席王立平到景宁调研民族工作。

4月19日，英川镇底垟村发生一起森林火灾，受灾面积56.6公顷。

4月21日，“2004年畲乡·景宁三月三节庆活动”在澄照乡封金山举行。

5月27日，“金奖惠明茶”被省农业厅、省茶叶产业协会评为首届浙江省十大名茶。

5月28日，县政府出台《景宁畲族自治县水电资源开发管理办法(试行)》。

6月18日，景宁农村五保户和城镇“三无”①人员实行集中供养，4所敬老院，集中供养350人。至2010年，5所敬老院，集中供养449人。

6月29—30日，台湾少数民族文化交流团43人到景宁交流访问。

7月12日，县委第六届第四次全体(扩大)会议，审议通过《关于建设“平安景宁”促进社会和谐稳定的决定》。

7月24日，景宁电力局开通“95598”客户服务系统。

8月16日，鹤溪河环境综合治理工程启动，治理河道8000米，总投资3313万元。

8月20日，中央电视台4套(国际频道)《走遍中国》栏目组，到景宁拍摄《千年山哈》节目。11月9日，在央视4套节目播出。

8月24日，景宁第六届人大常委会第九次会议，审议通过《景宁生态县建设规划》。

9月3日，景宁被水利部授予全国第一个“中国农村水电之乡”称号。

9月7日，国家民族事务委员会主任李德洙为自治县成立二十周年题词“争做民族团结进步模范”。

9月8日，全国人大常委会副委员长司马义·艾买提为自治县成立二十周年题词“畲汉一心 共奔小康”。

同日，英川镇古廊桥——“茶堂桥”，修建于清朝康熙三十五年(1696)，因英川一级电站建设，迁建北京中华民族博物院畲族博物分馆，恢复保护。

10月1日，《中国民族》杂志第11期，为景宁畲族自治县成立二十周年出专刊。

10月18日，“景宁畲族自治县成立二十周年庆祝活动暨第二届中国畲乡风情节”在县体育运动场举行。全国人大民族委员会、国家民族事务委员会为自治县成立二十周年发贺电。省委书记习近平、省长吕祖善为自治县成立二十周年发贺信。副省长钟山、省政协副主席王玉娣等出席开幕式。

10月28日，景宁第六届人大常委会第十次会议，审议通过《关于建设生态县的决定》。

10月31日，滩坑水电站主体工程开工兴建。2005年10月13日大坝截流。2008年4月29日下闸蓄水，8月16日第一台机组发电。

同月，省政协主席李金明为自治县成立二十周年题词“坚持科学发展观 建设现代新畲乡”。

同月，省政协原主席刘枫为自治县成立二十周年题词“繁荣畲乡”。

同月，省委副书记梁平波为自治县成立二十周年题词“畲汉团结奔小康”。

---

① “三无”人员指城镇居民中无劳动能力，无生活来源，又无法定赡养、抚养义务人或者其法定赡养、抚养义务人无赡养、抚养能力的人员。

同月，省委常委、宣传部部长陈敏尔为自治县成立二十周年题词“景气和畅”。

同月，省委常委、宁波市委书记巴音朝鲁为自治县成立二十周年题词“畲乡儿女竞风流 黑客方家喜欲狂”。

同月，省委常委、省军区政委马以芝为自治县成立二十周年题词“汉畲一家亲”。

同月，省人大常委会副主任鲁松庭为自治县成立二十周年题词“青山长不老 春色满畲乡”。

11月18日，副省长茅临生到景宁调研农业农村工作。

12月28日，景宁第六届人大常委会第十一次会议，审议通过《关于外舍防护工程建设的决定》。

12月31日，据第一次全国经济普查统计，全县从事二、三产业法人单位986家，产业活动单位1211家，个体经营户4369户。

2005年

1月13日，景宁普降暴雪，县城积雪6厘米，交通和多处通电线路中断，农作物、简易棚不同程度受损。

3月9—10日，省委副书记、政法委书记夏宝龙到景宁调研“平安浙江”建设工作。

4月10日，省人大常委会副主任孙优贤带领省人大代表民族华侨组到景宁调研民族华侨工作。

4月11日，“2005年中国畲乡·景宁三月三歌会”在县体育运动场举行。

4月20日，景宁畲族自治县新型农村合作医疗报结中心成立，全县参保农民70123人。至2010年，参保农民127281人。

5月10日，南京中国近代史遗址博物馆来函，称用景宁奇尔茶叶(南京“总统府”接待用茶)招待到访的中国国民党主席连战，受到好评。

5月18日，“畲族民歌”“畲族祭祀仪式”被省政府列入浙江省第一批非物质文化遗产名录。

5月19日，省委副书记乔传秀到景宁调研指导保持共产党员先进性教育活动。

同日，景宁一中被省教育厅确定为浙江省二级重点普通高中。

5月27日，县教育局被国务院授予“全国民族团结进步模范集体”称号。

同月，启动第二代居民身份证换发工作。

6月6—7日，美国、澳大利亚、印度等国际水电中心《今日论坛》代表30人到景宁考察农村水电发展情况。

6月15日，景宁畲族自治县地震数字观察站开工兴建。11月14日，并入全省地震数字网。

6月18—23日，景宁连续强降雨，山塘水库暴涨，沙湾水文站最高水位229.56米，是1960年来最高洪水位。全县冲毁房屋339间，受灾8.5万人，失踪1人，死亡1人，直接经济损失6110万元。

7月22日，省委副书记梁平波到景宁指导抗灾救灾工作。

8月8日，县委、县政府召开“7·19”紧急营救2名四川籍落水民工表彰大会。

8月10—11日，省委书记、省人大常委会主任习近平到景宁中信实业有限公司、东坑镇平桥村地质灾害点、澄照茶山调研。

8月31日，县委第六届第七次全体(扩大)会议，审议通过《关于加快建设文化畲乡的决定》。

9月1—2日，景宁受13号台风“泰利”袭击，持续暴雨，百年一遇，县城29小时降雨267毫米，东坑杨斜监测站实测降雨量385.9毫米。受灾13.9万人，公路塌方670处，受灾学校25所，直接经济损失近2亿元。

同日，东坑石竹岙公路站站长鲍伟平为解救一辆被困中巴车和车上13名旅客，献出生命，时年35岁。2006年1月3日，省政府批准鲍伟平为革命烈士。2007年12月，鲍伟平被评为“浙江交通十大感动人物”。

9月3日，省委常委、常务副省长章猛进，副省长茅临生带领省水利厅、交通厅、民政厅、国土厅等部门负责人到景宁指导抗灾救灾工作。

9月6日，副省长陈加元带领省政府办公厅、发改委、移民办、重点办等部门有关领导到景宁检查指导滩坑移民工作。

9月20日，“金奖惠明”绿茶被确定为国务院机关事务管理局机关服务局专用茶。

9月23日，国际地科联主席、中国徐霞客研究会会长、地矿部原副部长张宏仁带领60名专家学者到景宁考察畲族风情。

9月26日，景宁畲族自治县人民法院审判综合大楼落成。省高级人民法院院长张启楣参加庆典仪式。

10月13日，《金钱豹》特种邮票全国首发仪式暨发展民族医药经济洽谈会在景宁召开。

10月27日，景宁通过全国第一批农村水电站电气化达标验收。

11月7—8日，省委副书记乔传秀、副省长钟山到景宁专题调研民族工作。

11月14日，国务院参事、中国林科院博导、研究员盛炜彤和中国林科院博导、研究员惠刚盈，到景宁草鱼塘省级森林公园考察千亩高山柏树引种基地。

11月22日，庆景青公路滩坑库区景宁淹没段复建工程开工兴建，全长80.4千米，投资42299万元。2011年5月19日通车。

12月22日，县政府被省政府授予“全省民族团结进步模范集体”称号。

12月30日，景宁民族经济开发区通过国家发改委审核。

2006年

1月20日，省军区副政委陶正明到景宁检查指导人武部工作。

2月6日，景宁广播电视台开播《畲语新闻》电视节目，浙江省广播电视媒体首次采用少数民族语言播音。

2月13日，“云中大漈”被省政府命名为第六批省级风景名胜区。

3月8日，外舍防护工程开工兴建，总投资4.8亿元，提供300公顷开发建设用地。2009年12月30日工程竣工。

3月15日，景宁新一轮广播电视“村村通”工程启动。至2008年，“村村通”工程全部完成，乡镇22个，行政村254个，20户以上自然村409个实现“村村通”。

3月21日，省军区副司令员卢立银少将到景宁检查民兵预备役工作。

3月29日，景宁第六届人民代表大会第五次会议，审议通过《景宁畲族自治县国民经济和社会发展第十一个五年规划纲要》。

3月31日，“2006年中国畲乡三月三暨景宁乡村旅游展”在县体育运动场举行。

4月20日，省委常委、宣传部部长陈敏尔到景宁调研新农村建设及农村文化体制改革工作。

同日，民间艺人蓝延兰参加在杭州举行的“2006年国际民间工艺节”。

4月22—23日，加拿大馨香茶馆业主嘉斯敏、弗朗索和艾莉莎到景宁考察惠明茶、玉簪茶生产加工情况。

5月12日，景宁被省政府授予“2004—2005年度无偿献血先进县”称号。

6月1日，县委、县政府出台《关于进一步加强民族工作 加快畲族自治县经济社会发展的意见》。

7月21日，景宁畲族自治县慈善总会成立大会暨第一次会员代表大会召开。

8月7—8日，省人大常委会副主任孙优贤到景宁检查《中华人民共和国民族区域自治法》及配套法规实施情况。

8月10—11日，景宁受8号超强台风“桑美”袭击，大暴雨，出现每秒25米以上狂风，受灾7.6万人，倒塌民房110户1350间，损坏房屋16107间，受灾农作物3100多公顷，直接经济损失1.24亿元。

8月22日，实验一小学生张淇萱参加中央电视台主办的《拥抱明天》国庆特别节目全国声乐、器乐、舞蹈比赛，获浙江赛区少儿声乐B组金奖，北京复赛铜牌。2006年国庆期间参加在中央电视台三套播出的“拥抱明天——知荣明耻，我们先行”大型公益晚会。

9月1日，全县小学和初中学生从即日起免收学杂费。

9月5日，县委、县政府召开全县旅游工作会议。8日，县委、县政府出台《关于建设民族风情旅游名县的实施意见》。

9月8日，省长吕祖善带领省财政厅、民政厅、交通厅、国土厅等部门负责人到毛垟乡指导救灾工作，慰问灾区干部群众。

9月10日，省委书记习近平，就9月8日省人大常委会副主任孙优贤反映景宁目前在经济社会中遇到的问题，提出加快景宁发展步伐建议的来信批示：“孙优贤同志建议值得重视。在全面建设小康进程中，景宁作为全省唯一的少数民族自治县如何跟上时代的步伐，应重点研究并采取进一步的举措，予以支持。请猛进同志和省委政研室同志一起研究提出建议，并加以协调解决。”

9月11日，县委第六届第十一次全会，审议通过《关于贯彻〈中共浙江省委关于建设“法治浙江”的决定〉的实施意见》《关于完善经济社会发展重大事项决策机制的规定（试行）》。

同月，《畲家谣》代表浙江省参加第三届全国少数民族文艺会演，荣获创作金奖等13个奖项。

10月4日，省人大常委会副主任鲁松庭到景宁调研指导教育卫生文化工作。

10月18日，省委常委、常务副省长章猛进主持召开省委、省政府扶持景宁加快发展专题协调会。省委和省政府办公厅、省委和省政府政策研究室、省农办、省人大法工委和民侨委、省发改委、教育厅、民宗委、移民办、财政厅、国土厅、建设厅、交通厅、水利厅、文化厅、国资委、旅游局、法制办、电力公司、铁投集团等省直部门单位负责人参加会议。

10月24日，景宁实现“户户通电”。

10月30日，副省长陈加元带领省政府办公厅、发改委、民政厅、移民办等部门负责人到景宁考察滩坑电站移民和复建工作。

同日，景宁参加第三届浙江省少数民族传统体育运动会，获金牌3块、银牌5块、铜牌6块，列12个参赛代表团金牌及奖牌总数第三名。

11月23日，220千伏鹤溪变电所开工兴建，总投资1.38亿元。2008年11月20日投入运行。

12月11日，溪口污水处理工程开工兴建，占地面积5000平方米，日处理废水500万千克，总投资3120万元。2007年5月调试运行。

12月15—19日，中共景宁畲族自治县第七次代表大会召开，确定“一三四八”发展战略。

12月31日，据第二次全国农业普查统计，全县284个行政村（居委会），从事生产经营活动的农村住户26265户，103063人。

2007年

1月12日，景宁中学被省教育厅确定为浙江省一级重点普通高中。

2月19日，民族中学“小小艺术团”表演原生态畲族山歌——《敬酒歌》，在中央电视台农业与军事频道的农民春节联欢晚会上播出。

3月15日，省政府批准建立望东垟高山湿地省级自然保护区。

3月17—21日，政协第七届景宁畲族自治县委员会第一次会议召开。

3月22日，景宁畲族自治县第七届人民代表大会第一次会议，审议通过修改《浙江省景宁畲族自治县自治条例》的决定。5月25日，浙江省第十届人民代表大会常务委员会第三十二次会议批准，第二次修正后的自治条例从6月5日起施行。

3月24—25日，财政部财政科学研究所区域财政研究室主任傅志华到景宁调研少数民族地区财政体制与转移支付情况。

4月19日，“2007年中国畲乡三月三暨中央电视台《乡村大世界》走进景宁活动”大型文艺演出在县体育运动场举行。

4月24日，县委、县政府出台《景宁畲族自治县乡镇机构改革方案》。

5月23日，国际奥委会委员、中国奥委会名誉主席何振梁到景宁考察，题词“发展畲乡体育　建设和谐景宁”。

5月24日，省最高人民法院院长应勇到景宁调研法院工作。

6月5日，“畲族三月三”“菇民戏”“问凳”“畲族彩带编织技艺”“畲族婚俗”被省政府列入浙江省第二批非物质文化遗产名录。

6月8日，省政府下达《关于景宁畲族自治县部分行政区划调整的批复》，撤销外舍乡、金钟乡建制，并入鹤溪镇；撤销大顺乡、陈村乡建制，合并建立九龙乡；调整渤海镇行政区划。

6月13日，民族中学被全国民族中学教育协会批准为“全国民族中学理事校”。

6月28日，畲族文化中心开工兴建，占地面积26500平方米，总投资8000多万元。2012年3月25日投入使用。

7月3日，《浙江省景宁畲族自治县自治条例》实施座谈会在省人民大会堂召开。省人大常委会副主任孙优贤出席会议。

同月，外舍西坑村庙岗开工兴建97万立方米存量垃圾填埋场，分二期实施，总投资3488万元。

8月3—4日，全国人大常委会委员、全国人大民族委员会副主任委员武连元到景宁检查《中华人民共和国民族区域自治法》实施工作。

8月6日，省委书记赵洪祝把景宁确定为工作联系点。

8月9—10日，省委书记赵洪祝和省委常委、秘书长李强及副省长茅临生到景宁专题调研推进少数民族地区和欠发达地区加快发展工作。

8月10日，"2007年海峡两岸(浙江·景宁)农业产业发展研讨会"在景宁召开。

8月17—20日，景宁受第9号超强台风"圣帕"袭击，平均降雨量209.5毫米，最大雨量点上标枫水垟实测降雨量513毫米，受灾5.6万人，直接经济损失5026万元。

同月，县政府出台《景宁畲族自治县经济体制改革规划(2006—2010)》。

9月5日，副省长陈加元到景宁检查滩坑水电站建设和移民工作。

9月14日，国务院稽察特派员、国务院国情调查中心主任刘吉带领国家预防腐败局、国家廉政事务局筹备组织办公室、中国三农发展促进会、中国三农发展网络等部门负责人到景宁考察。

9月17日，县政府决定设立"外舍管理区"。

9月17—19日，景宁受热带风暴"韦帕"袭击，平均降雨量108.0毫米，最大雨量点白水漈水库测点降雨量198.5毫米，受灾1.3万人，直接经济损失2300万元。

9月25日，县委、县政府出台《景宁畲族自治县电子公文和信息交换管理暂行规定》。

10月9日，景宁畲族自治县人民检察院技侦综合大楼投入使用。

10月15—21日，沙湾镇张庄村党支部书记蓝晓娟出席中国共产党第十七次全国代表大会。

10月16日，人民日报社、中央人民广播电台、中国体育报社、中国教育报社、农民日报社、华奥星空等中央新闻媒体采访团到景宁采访民族体育工作。

11月1日，副省长钟山带领省政府办公厅、民宗委、外经贸厅等部门负责人到景宁调研民族和城镇化建设工作。

11月10—18日，景宁参加第八届全国少数民族传统体育运动会，"赶野猪" 表演项目获二等奖，民族武术获第五名，押加获第八名，并获"浙江省参加第八届全国少数民族传统体育运动会先进集体"称号。

11月19日，沙湾镇沙湾村发生火灾，受损37户，死亡1人，直接经济损失30.58万元。

12月，沙湾镇"农民艺术团"参加浙江省首届农民文化艺术节，获"文化大省建设在浙江——浙江省百镇新风文艺会演"金奖。

2008年

1月2日，县委第七届第五次全会暨县政府七届二次全会，审议通过《中共景宁畲族自治县委关于认真贯彻党的十七大精神 扎实推进创业富民创新强县的决定》。

1月11日，国家民族事务委员会副主任杨健强到景宁考察民族工作。

同日，中央电视台海外中心、丽水市委宣传部联合举办"相约丽水"全国电视易地采访活动在景宁开展拍摄工作。2月，《畲乡风情》和《车游丽水》专题片在中央电视台国际频道、广东电视台、上海电视台播出。

1月中旬—2月上旬，景宁遇历史罕见连续低温雨雪天气，高山冰雪封冻，乡镇(管理区)22个、行政村260个、自然村958个中供电受影响39169户，受灾48850人，电力、交通、农林等部门受灾严重，直接经济损失1.4亿元。2月28日，全面恢复供电。

1月22日，县委副书记、县长钟昌明当选第十一届全国人民代表大会代表。3月5日，出席第十一届全国人民代表大会第一次会议。

1月24日，中央电视台海外中心《2008—情暖中华》摄影组在景宁摄制《中国畲乡》专题片，春节期间在中央电视台4频道播出。

1月25日，副省长陈加元带领省政府办公厅、省能源集团公司、省发改委、民政厅、交通厅、移民办等部门有关负责人到景宁慰问滩坑电站库区移民干部和移民。

2月21日，景宁畲族自治县畲族文化研究会成立。

3月20日，龙丽温（泰）高速公路云和至景宁段开工兴建，公路全长12.16千米，总投资14.61亿元。2013年4月10日建成通车。

3月22日，景宁第七届人大第二次会议和县政协第七届第二次会议上，全体人大代表和政协委员共同倡议，发布《保护生态家园·景宁宣言》。宣言认为“生态兴则文明兴，生态衰则文明衰”。

4月2—3日，省政协副主席王永昌带领省政协社会法制委员会、省民族宗教事务委员会负责人到景宁调研民族宗教工作。

4月8日，“海峡两岸各民族欢度三月三节庆活动暨2008年中国畲乡三月三活动”在县体育运动场举行。全国人大常委会原副委员长布赫，国家民族事务委员会原副主任、中华民族团结进步协会会长江家福，副省长钟山，及百名台湾同胞等参加开幕式。

4月9日，举行“海峡两岸少数民族发展座谈会暨景宁民族中学与台湾屏东来义中学交流结对仪式”，国家民族事务委员会原副主任、中华民族团结进步协会会长江家福出席。

同日，省委书记赵洪祝专题听取景宁工作汇报时强调：“不断加大帮扶力度，继续坚持自力更生，使景宁畲族自治县走在全国民族自治县前列”。

4月11日，副省长王建满带领省政府办公厅、发改委、交通厅、港航局、公路局等部门负责人到景宁调研交通工作。

同日，景宁畲族自治县革命老区开发建设促进会成立。

4月18日，浙江省高招委、省教育厅出台《2008年浙江省普通高校招生工作实施意见》规定：“根据省人大审议批准的《浙江省景宁畲族自治县自治条例》有关规定，对户籍在景宁畲族自治县，且在当地完整完成高中阶段教育的汉族考生，可以在其高考统考成绩总分的基础上加5分投档，由各高校审查决定是否录取。少数民族考生，仍在其高考统考成绩总分基础上加10分投档，由高校审查决定是否录取。”

5月16日，省委、省政府出台《关于扶持景宁畲族自治县加快发展的若干意见》。

5月17日，景宁人寿保险公司蓝李峰代表畲族参加2008年北京奥运会温州站第74棒火炬传递。

5月21日，省人大常委会副主任吴国华带领省人大民侨委到景宁调研民族工作。

5月23日，县政协第13辑文史资料《水下故园》发行。

同月，景宁首次开展手足口病防治工作。

6月7日，国务院公布景宁“畲族民歌”列入第一批国家级非物质文化遗产扩展项目名录，“畲族三月三”列入第二批国家级非物质文化遗产名录。

6月10—13日，郑坑乡团委书记雷洁畅出席共青团第十六次全国代表大会，当选团中央候补委员。

7月3日，国家民族事务委员会党组成员、驻国家民族事务委员会纪检组组长杜鹃到景宁调研民族工作。

同日，县人民医院与浙江大学附属第二医院结为协作医院。

8月6日，“2008年海峡两岸（浙江·景宁）山区经济发展研讨会”在景宁召开。

8月11—12日，国家林业局湿地保护管理中心副主任严承高到景宁考察望东垟省级自然保护区。

8月31日，省委书记赵洪祝在《浙江信息》111期上对景宁专报材料批示：“这一段景宁的工作积极主动，省直部门也都积极参与帮扶工作，希望景宁要扎实抓好各项落实工作”。

10月15—16日，景宁畲族自治县运管稽征杯首届农民运动会在县体育运动场举行。

10月17—21日，鹤溪镇私营企业工会联合会女工委主任、浙江景昌建设有限公司职工雷小英出席中国工会第十五次全国代表大会。

10月20日，县政府被省政府授予“滩坑电站移民工作先进单位”称号。

10月22日，景宁召开“第一次归侨侨眷代表大会暨归国华侨联合会成立大会”。

10月21—22日，省政协副主席王永昌带领省政协民族和宗教委、浙江新远文化集团领导到景宁开展少数民族地区经济社会发展情况调研。

10月23日，县委、县政府出台《全国畲族文化发展基地建设纲要（2008—2012）》。

10月28—31日，鹤溪镇副镇长雷魏芬出席中国妇女第十次全国代表大会。

同月，“中国·景宁‘三月三’民歌节”被省文化厅列为浙江省重点文化节庆活动。

11月3日，景宁被文化部命名为“中国民间文化艺术之乡”。

同日，县委决定设立中共景宁畲族自治县大漈省级风景名胜区工作委员会。

11月12日，全国政协常委、台盟浙江省委会主委、普天东方通信集团有限公司总裁张泽熙到景宁考察。

11月17日，省委常委、省军区司令员王贺文少将到景宁考察人武部工作。

11月22日，景宁中学新生物馆投入使用。

11月24日，台州市与景宁结对，实施“少数民族低收入群众增收帮扶行动计划”。

12月3日，副省长王建满到景宁检查指导交通工作。

12月17日，丽水市机构编制委员会下发《关于同意设立丽水经济开发区景宁民族工业园管理委员会的批复》。

12月31日，据第二次全国经济普查统计，全县有法人单位1171个，多产业法人所属的产业活动单位274个，个体户5128户。

2009年

1月1日，公路养路费等6项收费即日起取消。

1月23日，景宁被省爱委会授予“浙江省卫生县城”称号。

2月2日，副省长陈加元带领省政府办公厅、民政厅、建设厅、移民办等部门有关负责人到景宁慰问滩坑库区移民。

2月3日，省委书记赵洪祝在《景宁畲族自治县工作情况汇报》上批示：“2008年景宁县在全省各方面的大力支持下，经过全县上下的共同努力，取得了令人欣喜的成绩；2009年要继续加倍努力，创造更加优异的成绩。”

2月17日，副省长龚正到景宁调研民族和外经贸工作。

3月8日，景宁外舍西坑村殡仪馆开工兴建，占地面积14932平方米，建筑面积4635.86平方米，总投资1965万元。2010年4月22日投入使用。

3月23日，《景宁畲族语言简本》举行首发仪式。

3月28日，“2009年中国畲乡三月三暨大型畲族风情歌舞《诗画·畲山》首演活动”在县体育运动场举行。省人大常委会副主任吴国华、省政协副主席黄旭明等参加首演式。

4月20日，省政府批准设立景宁民族工业园。同意争取原授予浙江景鄞扶贫经济开发区的国家民族事务委员会扶贫开发试验区移至景宁民族工业园。

4月27日，中共中央政治局常委、中央书记处书记、中华人民共和国副主席习近平对景宁县委、县政府汇报近年工作情况的来信复信。勉励景宁：“……努力在推动科学发展、促进社会和谐、增进民族团结上走在全国民族自治县的前列。”

4月28日，省人大常委会原副主任卢文舸到景宁调研乡村旅游工作。

5月9—10日，全国人大民族委员会副主任委员牟本理到景宁调研民族区域自治法和自治条例贯彻落实情况。

5月15日，慈心慈善事业基金会创办人、董事长谢政达，基金会执行长温婉伶等参加澄照慈心医院奠基仪式。2010年12月25日参加落成典礼。

5月19日，省政协主席周国富到景宁调研，开展文化、卫生、体育三下乡活动。

5月21—22日，省委书记赵洪祝带领省委常委、秘书长李强，副省长茅临生到景宁考察外舍防护工程、云景高速公路溪口大桥工地、东坑镇深垟村、大漈乡、鹤溪镇三枝树村农村危旧房改造等工作情况。

5月22日，县人民医院与浙江大学附属第一医院结为协作医院。

6月22日，“畲语”“赶野猪”“操石磉”“畲族服饰”“抢猪节”“菇民习俗”被省政府列入浙江省第三批非物质文化遗产名录。

6月25—26日，省委常委、宣传部部长黄坤明到景宁约访信访群众，检查指导信访工作。

6月28日，“金奖惠明茶”被省农业厅评为第二届浙江省十大名茶。

7月15—16日，副省长郑继伟带领省政府办公厅、省卫生厅有关负责人到景宁调研卫生工作。

7月23—25日，中宣部文艺局原巡视员、中国影协电影文学创作委员会主任、中国台湾电影研究会会长张思涛，国家中影集团一级演员张连文，国家广电总局高级编辑、中央电视台电影频道编审杨淑英等到景宁调研指导工作。

7月26日，景宁被中华文化促进会旅游文化研究中心、中国国际旅游文化研究办授予“中国国际旅游目的地”称号。

7月28日，省国土资源厅批准建立“浙江景宁省级地质公园”。

8月9—10日，景宁受台风“莫拉克”袭击，受灾6.5万人，农田受损2966公顷(其中绝收773公顷)，损坏房屋675间，企业停工停产30家，公路、水利堤渠毁坏70处11.2千米，直接经济损失1.03亿元。

8月10日，副省长王建满带领省政府办公厅、交通运输厅、公路局、运管局等部门有关负责人到景宁检查指导抗台救灾工作，慰问干部群众。

8月11日，景宁被省委授予“2008年度创建法治县(市区)工作先进单位”称号。

8月15日，18名上海“驴友”徒步穿越炉西峡探险，3名“驴友”罹难。

8 月 16 日，景宁被亚太旅游联合会、中国营销学会、中国国际旅行家协会授予“中国最佳民族风情旅游名县”称号。

8 月 18 日，全国政协编辑《畲族百年实录》文史资料工作座谈会在景宁召开。全国政协文史与学习委员会巡视员王合忠、广东省政协副主席周天鸿、浙江省政协副主席盛昌黎，以及浙江、福建、江西、湖南、贵州等省政协领导出席会议。

8 月 23—25 日，“2009 年海峡两岸（浙江·景宁）山区经济发展研讨会”在景宁召开。全国政协常委、台盟浙江省委会主委、普天东方通信集团有限公司总裁张泽熙出席会议。

8 月 28 日，丽水经济开发区东扩二期暨景宁民族工业园开工兴建。

9 月 15 日，省森林资源监测中心教授级高级工程师陈征海在大仰湖溪源湿地发现国家一级保护植物——莼菜。

9 月 21 日，县委、县政府向全县 79 名离休干部颁发“庆祝中华人民共和国成立 60 周年纪念章”。

9 月 26 日，县广播电视台被国务院授予“全国民族团结进步模范集体”称号。

9 月 29 日，景宁“畲山韵”民族合唱团，参加首届浙江文化艺术“庆祝中华人民共和国成立 60 周年全省合唱大赛”，获演唱金奖和特色风采奖。

10 月 1 日，景宁中学学生蓝舒怡代表畲族少年赴京参加“庆祝中华人民共和国成立 60 周年庆典”。

10 月 16 日，景宁首次报告甲型 H1N1 流感病例。11 月 21 日，出现首例甲型 H1N1 流感重症病例。

10 月 31 日，全国政协民族和宗教委员会副主任、国家民族事务委员会原副主任周明甫到景宁调研。

同月，景宁被中国茶叶流通协会授予“2009 年全国重点产茶县”称号。

11 月 8—9 日，省高级人民法院院长齐奇到景宁指导法院工作。

11 月 19 日，省军区政委林恺俊少将到景宁考察人武部工作。

11 月 30 日，县政府出台《关于加快丽水经济开发区景宁民族工业园企业发展的若干意见》。

12 月 1 日，景宁被省文化厅授予“廊桥之乡”称号。

12 月 9 日，县城老凤翔金店发生一起入室抢劫黄金首饰案件。2010 年 2 月 9 日侦破案件。

12 月 28 日，“中国畲乡之窗”景区被国家旅游局认定为国家 AAAA 级旅游景区。

2010 年

1 月 1 日，景宁启动城乡居民社会养老保险基础养老金发放工作，2 万多名投保老年人每月领到养老金 60 元。

1 月 18 日，景宁被省委、省政府授予“浙江省文明县城”称号。

1 月 19 日，省委书记、省人大常委会主任赵洪祝，省委副书记、省长吕祖善，副省长王建满考察丽水经济开发区景宁民族工业园。

1 月 28 日，景宁城市管理监督指挥中心成立，“数字城管”系统投入试运行。

2 月 24 日，全县乡镇卫生院即日起统一实施国家基本药物制度，是浙江省首批 30 个试点县之一。

3 月 3—4 日，省委副书记、代省长夏宝龙到景宁调研民族工作。

3 月 5 日，景宁实现乡镇“零负债”，得到中共中央政治局常委、国务院副总理张德江在全国人代会浙江团讨论时肯定。

3月16日，副省长陈加元到景宁调研滩坑电站移民和交通复建工作。

3月23日，景宁第七届人民代表大会第四次会议，审议通过《景宁畲族自治县民族民间文化保护条例》，7月30日，浙江省第十一届人民代表大会常务委员会第十九次会议批准，民族民间文化保护条例从10月1日起施行。

3月24日，省委书记、省人大常委会主任赵洪祝，省委常委、秘书长李强，省委常委、副省长葛慧君等到鹤溪镇惠明白茶基地、惠明寺、景宁中学、中国畲族博物馆、鹤溪镇卫生服务中心、中国“畲乡之窗”景区、大均水碓垟生态移民小区、外舍管理区岗石村等地调研。

4月15日，台湾南投县少数民族文化艺术团到景宁访问并专场演出。

4月15—16日，“2010年中国畲乡三月三暨中央电视台《激情广场》走进景宁活动”，海峡两岸民族大联欢活动在县体育运动场举行。省委常委、宣传部部长茅临生，省政协副主席王永昌等出席开幕式。

4月25日，省军区司令员傅怡到景宁检查指导人武部工作。

4月28日，《畲族百年实录》浙江省部分的文史资料征集协作会在景宁召开。省政协副主席盛昌黎出席会议。

5月7日，民族中学被省文化厅、教育厅授予“浙江省非物质文化遗产‘问凳’传承教学基地”称号。

5月12日，省军区司令员徐金才到景宁指导人武部工作。

5月19日，省政府批准《景宁畲族自治县县域总体规划(2007—2020)》。

5月24日，国家质检总局批准对“惠明茶”实施地理标志产品保护。

6月1日，“中国景宁新闻网”开通运行。

6月2日，县政府决定撤销“县政府驻北京联络处”。

6月18日，举行吉利集团资助景宁教育签字仪式，省人大常委会原副主任、省扶贫基金会会长孔祥有，吉利集团副总裁、浙江省李书福资助教育基金会理事长陈文明出席签字仪式。

7月6日，副省长王建满带领省政府办公厅、交通厅、公路局有关领导到景宁检查指导交通工作。

8月11日，《景宁畲族自治县城市绿化补偿费收费标准》施行。

8月21日，望东垟高山湿地保护建设项目被列入中央预算内投资项目投资计划，总投资1163万元。

8月22日，“2010年海峡两岸(浙江·景宁)山区经济发展研讨会”在景宁召开。全国政协常委、台盟浙江省委主委、普天东方通信集团有限公司总裁张泽熙，4位台湾农业产业专家等参加会议。

8月23日，滩坑水库(人工湖)通过征名活动，定名“千峡湖”。

同月，景宁电视台机房与丽水华数数字电视机房进行信号对接，可接收100多套高清数字电视节目。

9月17日，景宁被省委、省政府授予“浙江省教育强县”称号。

9月20日，“金奖惠明茶”在2010年上海世博会名茶评优中获“绿茶类”金奖。

9月25日，县委出台《景宁畲族自治县事业单位岗位设置管理实施意见(试行)》。事业单位将固定用工转为合同用工。

9月29日，《景宁畲族自治县大东景省级现代农业综合区规划》通过省级评审，10月18日，大东景省级现代农业综合区被浙江省现代农业园区建设工作协调小组办公室公布为第三批省级现代农业综合区创建点。

9月30日，县委、县政府出台《关于进一步加强民族工作 深化少数民族经济社会发展扶持工作的意见》。

同月，惠明茶被中国国际茶文化研究会授予“中华文化名茶”称号，同时授予景宁“中国茶文化之乡”称号。

10月28日，景宁被国家能源局、财政部、农业部授予“国家首批绿色能源示范县”称号。

11月1日，据全国第六次人口普查统计，景宁有38832户，常住人口107106人。

11月9日，浙江省首届体育大会民族体育大联欢活动在景宁举行，国家体育总局副局长冯建中等出席开幕式。

11月25日，九龙乡一位村民被丽水市中心医院临床诊断为“狂犬病”，是景宁第一例“狂犬病”死亡病例报告。

11月26日，景宁参加浙江省第四届少数民族传统体育运动会，获金牌3块、银牌5块、铜牌9块，奖牌总数第四，并获“优秀组织奖”和“体育道德风尚奖”。

11月29日，省委书记、省人大常委会主任赵洪祝，省委常委、副省长葛慧君，考察参加“2010年浙江农业博览会”的景宁企业。

12月2日，省委、省政府与景宁等6个重点扶持欠发达县签订责任书，启动特别扶持政策。

12月10日，县委常委(扩大)会议召开，研究《关于深入推进重点村整治 扎实开展美丽乡村·魅力畲寨建设的实施意见》和《关于加快民族总部经济发展的若干意见》。

12月19日，公安天网工程社会治安动态视频监控系统投入使用。

12月21日，“云中大漈”景区被国家旅游局认定为国家AAAA级旅游景区。

12月25日，S228(52省道)岚头岭至汇田大桥段改建工程开工兴建，全长6.7千米。其中，景宁段4.03千米，总投资25206.86万元。

第一篇 政 区

明景泰三年(1452),析青田县鸣鹤乡(一作沐鹤乡)和柔远乡之仙上里、仙下里等地置县,取"景泰绢宁"之义,故名景宁。编户56里,名称无考。清同治十一年(1872)设七都,领十八图,四坊。民国17年(1928),划5个区域,施行村里制。民国20年(1931),改编乡镇,设5区,1镇,67乡,编981闾,4828邻。民国23年(1934)废闾邻,立保甲;设1镇,22乡,266保,2652甲。1949年5月12日,景宁县解放,废除保甲制度,相继建立乡村人民政权。1950年7月,设4区,1镇,20乡。1951年1月,增设大漈、大地2区,共6区,1镇,52乡。1952年10月,增设英川区,全县为7区,1镇,73乡。1954年3月,吴坑乡划属庆元县。1956年6月,云和县新四乡高沈、高岩、王湾、岭里4个村划归渤海区;云和县包山乡杨坑、潘坑2个村划归金钟乡。1958年9月,始行人民公社制,全县为8个人民公社,41个管理区。1960年1月7日,国务院批准撤销景宁县,并入丽水县。1962年6月,以景宁、云和原县域建云和县。1984年3月,政社分设,实行乡、村制,以原人民公社区域建乡,生产大队改建村民委员会。1984年6月,建立景宁畲族自治县,为全国第一个畲族区域自治地区。1992年撤区扩镇并乡之后,年末辖5个镇,19个乡,285个行政村,8个居委会,1380个自然村。由于滩坑电站建设移民和地质灾害避险搬迁,乡镇及行政村作适当调整,2010年末,辖5个镇,16个乡,1个管理区,254个行政村,8个居委会,1031个自然村。

景宁畲族自治县,地处浙江省西南部,丽水市南部。位于北纬27°39′04.72″—28°10′43.29″,东经119°13′50.73″—119°58′22.97″。东邻青田、文成县;南衔泰顺县和福建省寿宁县;西枕庆元县、龙泉市;北毗云和县,东北连莲都区。县境东西直线距离71.33千米,南北直线距离58.53千米,总面积1938.84平方千米。其中,陆地1885.14平方千米,占97.23%;水域53.69平方千米,占2.77%。

第一章 建置沿革

景宁，在夏、商、周时，属古扬州。春秋战国时属楚。秦属闽中郡。西汉惠帝三年（前192）属东瓯国，隶会稽郡；始元二年（前85）属回浦县。东汉章和元年（87）属章安县；建安四年（199）置松阳县后，属松阳县。隋开皇九年（589）置处州府及括苍县后，属括苍县。唐景云二年（711）置青田县后，属青田县。五代十国、宋、元一直未变。

第一节 建 置

明景泰三年（1452），兵部尚书孙原贞巡抚浙江，以“青田县西南五百余里，山谷险远，矿徒啸聚”奏析青田县鸣鹤乡曳练里、真固里、在下里、在上里、升天东里、升天西里和柔远乡之仙上里、仙下里、连云里等地置景宁县，属处州府，隶浙江承宣布政使司。清顺治元年（1644）仍属处州府，隶浙江省。宣统三年（1911）辛亥革命后，属处州军政分府，隶浙江军政府。1912年直属浙江省都督府。1914年属瓯海道。1927年直属浙江省政府。1932年6月属第十二县政督察区；10月改为第三特区。1935年6月改为丽水行政督察区。1936年4月属省第九行政督察区。1948年4月属省第六行政督察区；7月属省第七行政督察区，隶浙江省。

1949年5月，景宁县城解放，7月，成立景宁县人民政府，驻鹤溪镇，隶浙江省丽水专区。1950年7月，辖城区、沙溪、渤海、东坑4个区，鹤溪为镇，城西、外舍、大均、澄照、梅溪（梅岐改）、沙溪、鸬鹚、英川、大地、隆川、渤海、金钟、大都、大顺、小顺、东坑、北溪、上标、大漈、景南20个乡。1951年2月，增设大漈、大地2个区，辖6个区，1个镇，52个乡。1952年1月，改属温州专区。同年10月，增设英川区，辖7个区，1个镇，73个乡。1954年3月，吴坑乡划属庆元县。1956年3月，撤城区、沙溪、大漈3个区；6月，云和县新四乡高沈、高岩、王湾、岭里4个村划归渤海区；云和县包山乡杨坑、潘坑2个村划归金钟乡。1957年3月，复设沙溪区，辖沙溪、标溪、七里、梧桐、鸬鹚5个乡；黄湖乡析黄湖、茶园2个乡，时辖6个区，1个镇，37个乡。1958年3月，外舍乡改为外舍民族乡；5月，学田、张村2个乡改设民族乡；9月，城区改红星公社，渤海区分设渤海、大顺公社，东坑区分设东坑、大漈公社，沙溪、大地、英川3个区改公社。时辖8个公社，41个管理区。1959年7月，鹤溪管理区改为县属镇。1960年1月撤县，并入丽水县，属温州专区。1961年9月，恢复红星、沙溪、渤海、东坑区级建制，改管理区为公社。辖区设4个区，1个镇，28个公社。1962年6月，划丽水县原云和、景宁2个县辖地置云和县，仍属温州专区。1963年5月，复设丽水专区，景宁属之。1965年3月，鸬鹚公社改路兹公社，苛岱公社改春岱公社。1968年5月，区革命领导小组、公社（镇）革命委员会取代区、公社（镇）职能。同年11月，丽水专区改称地区，属丽水地区。1978年9月，区革命领导小组改为区公所。1980年冬，恢复人民公社管理委员会、镇人民政府建制。1981年9月，析沙溪区英川、鸬鹚（路兹改）、葛山、隆川、黄湖5个公社置英川区；10 月，张村、北溪、春岱公社分别改为张春、白鹤、家地公社；12 月，红星区改为景宁区，沙溪区改为沙湾区，毛垟公社析置秋炉公社，大都公社析置郑坑公社。时辖区设 1 个镇，5 个区，30 个公社。

1984 年 3 月，政社分设。澄照公社分设澄照乡、漈头畲族乡，外舍公社分设外舍畲族乡、白岸乡，张春公社改建张春畲族乡，大均公社改建大均畲族乡，莲川公社分设莲川乡、叶桥乡，陈村公社分设陈村乡、顺利乡，郑坑公社改建郑坑畲族乡，白鹤公社分设白鹤乡、北溪畲族乡；同年 6 月 30 日，国务院批准设立景宁畲族自治县行政区域，隶丽水地区；同月，析景南乡东垟、西垟、下垟 3 个村和雁溪乡渔漈村置上渔乡；12 月，改景宁区为城郊区；年末辖 5 个区、1 个镇、36 个乡。1986 年 11 月，沙湾乡改设沙湾镇，属沙湾区；取消漈头、外舍、大均、张春、北溪、郑坑 6 个畲族乡名称，恢复原乡名。1988 年 5 月，浙江省人民政府批准景宁为革命老根据地县。1990 年 9 月，东坑乡改建东坑镇，属东坑区；年末辖 5 个区，1 个县属镇、2 个区属镇，34 个乡，279 个行政村，6 个居委会。1992 年，进行撤区、扩镇、并乡，年末辖 5 个镇，19 个乡，285 个行政村，8 个居委会。2010 年末，辖 5 个镇，16 个乡，1 个管理区，254 个行政村，9 个居委会。

第二节　县　域

民国《景宁县续志》载：县境东距西 178 千米，南距北 87 千米，东南距西北 162 千米，东北距西南 167 千米。东至青田县界鹤口并长山岭(上山岭)86 千米；西至庆元县界黄茅岭 98 千米；南至福建省寿宁县界青草隘 69 千米，又南至泰顺县界蜂桶隘 47 千米；北至云和县界泗洲岭 17 千米；东北至丽水县界平盘后 69 千米；西北至龙泉县界 75 千米。自明、清迄民国未变。1954 年 3 月，吴坑乡划属庆元县管辖。1956 年 5 月，云和县新四乡、高沈、高岩、王湾、岭里划归景宁县渤海区，云和县包山、杨坑、潘坑划归景宁县金钟乡。

1997 年 8 月至 2000 年 10 月，景宁与相邻 8 个县市联合开展县界勘查和界定工作。景宁四周边界线 406.61 千米，分别与 45 个有关乡村签订《边界线协议书》，完成《边界协议书附图》标绘，并设立两面界桩 11 个，三交点界桩 3 个，县内设置界桩不锈钢警示牌 6 块。其中，景宁与云和界线全长 82.25 千米，在景宁鹤溪镇(外舍管理区)岚头村与云和安溪乡黄家地村交界处立界桩；景宁与庆元界线全长 88.55 千米，分别在景宁秋炉乡山下突村与庆元合湖乡黄水村交界处，景宁秋炉乡伏岩村与庆元左溪镇湖边村交界处，景宁英川镇木岱根村与庆元百山祖乡龙岩村、龙泉龙南乡岱根村三村交界处立界桩；景宁与龙泉界线全长 36.47 千米，分别在景宁英川镇黄谢圩村与龙泉龙南乡大庄村交界处，景宁鸬鹚乡仁字坑村与龙泉龙南乡黄万岱村、云和云丰乡后垟村三村交界处立界桩；景宁与莲都界线全长 51.43 千米，分别在景宁九龙乡高沈村与莲都峰源林场鸡赛坑林区交界处、景宁九龙乡庙斜村与莲都峰源乡金

景云线——岚头岭界桩

坑村、青田祯旺乡昌其村三村交界处立界桩；景宁与青田界线全长 49.37 千米，在景宁九龙乡鹤口村与青田岭根乡马坳村交界处立界桩；景宁与文成界线（称：丽温线景文段）全长 43.11 千米，分别在景宁东坑镇杨斜村与文成石垟乡下垟村交界处、景宁梅岐乡桂远村与文成石垟石角林区交界处立界桩；景宁与泰顺界线（称：丽温线景泰段）全长 34.92 千米，在景宁景南乡东塘村与泰顺司前镇榅垟村交界处立界桩；景宁与寿宁界线（称：浙闽线景寿段）全长 34.92 千米，分别在景宁上标林场与寿宁坑底乡李家垟村交界处、景宁上标林场与泰顺碑排乡马子坑村、寿宁坑底乡李家垟村三村交界处立界桩。

2006 年 5 月，因滩坑库区淹没，景宁与青田两县对原埋设在陈村乡鹤口村的青景线 1 号界桩进行迁移。2008 年，进行第二轮行政区域界线联合检查。2009 年 11 月，对每个界桩进行硬化固定。

2009 年景宁界线界桩（一）

表 1-1-1

序号	界线名称 界线代码	界线 长度（千米）	界桩代码 界桩号	界桩所在地	纵坐标 （X）	横坐标 （Y）	海拔高程 （米）
1	景云线 33112527	82.25	33112527001	云和安溪乡黄家地村 景宁鹤溪镇岚头村	3104990	40463840	560
2	景庆线 33112627	88.55	3311262701	庆元合湖乡黄水村 景宁秋炉乡山下突村	3072600	40437800	800
			3311262702	庆元左溪镇湖边村 景宁秋炉乡伏岩村	3062670	40437800	410
			3311262781s03	庆元百山祖乡龙岩村 龙泉龙南乡岱根村 景宁英川镇木岱根村	3082385M	4024855	670
3	景龙线 33112781	36.47	33112781001	景宁英川镇黄谢圩村 龙泉龙南乡大庄村	3086665	40427772	660
			3311252781S-1	龙泉龙南乡黄万岱村 云和云丰乡后垟村 景宁鸬鹚乡仁字坑村	30389281	40439900	955
4	景莲线 33110227	51.43	3311022701	莲都峰源鸡赛坑林区 景宁九龙乡高沈村	3110820	40476583	1043.5
			3311022127s-1	莲都峰源乡金坑村 青田祯旺乡昌其村 景宁九龙乡庙斜村	3117700	40489410	866
5	景青线 33112127	49.37	33112127001	青田岭根乡马坳村 景宁九龙乡鹤口村	3099540	40492840	349.3
6	丽温线 （景文段） 330311	43.11	330311002	文成石垟乡下垟村 景宁东坑镇杨斜村	3082972	40478629	871.7
			330311003	文成石垟石角林区 景宁梅岐乡桂远村	3090261	40483625	936.3
7	丽温线 （景泰段） 3303	34.92	330311001	泰顺司前镇榅垟村 景宁景南乡东塘村	3070299	40467872	994.2
8	浙闽线 （景寿段） 3335	23.53	015	景宁上标林场 寿宁坑底乡李家垟村	3062320	462444	1246.1
			016	景宁上标林场 泰顺碑排乡马子坑村 寿宁坑底乡李家垟村	3062109	463571	1491.9

2009 年景宁界线界桩（二）

表 1–1–2

序号	界桩类型	界桩材质	所在图幅号	1 号方位物		
1	单立双面型	青石		距离（米）	磁方位角	方位物名称
2	单立双面型	青石	H–50–144–（51）	143	59°30′	高地
	单立双面型	花岗岩	G–50–11–（45）	140	88°40′	岩峰
	单立三面型	青石	G–50–10–（62）	75	149°10′	田埂
3	单立双面型	花岗岩	G–50–11–（28）	1250	231°09′	扒窟
	单立三面型	花岗岩	G–50–11–（21）	270	0°24′	792.0 高地
4	单立双面型	花岗岩	G–50–11–（15） G–50–11–（23）	225	20°16′	峰桶岩
	单立三面型	青石	H–50–144–（31）	340	45°50′	1043.7高地
5	单立双面型	花岗岩	H–50–144–931	345	46°20′	小山包
6	单立双面型	花岗岩	H–50–144–（63）	110	65°26′	小路交汇点
	单立双面型	花岗岩	G–50–12（29）	220	101°16′	丁步坑房屋左边墙
7	单立双面型	花岗岩	G–50–12（14）	315	114°52′	933.8 高地
8	单立双面型	花岗岩	G–50–12（51）	485	79°48′	1053.7 高地
	单立双面型	花岗岩	G–50–12–（58）	510	41°54′	涵洞

2009 年景宁界线界桩（三）

表 1–1–3

序号	2 号方位物			3 号方位物			备注
	距离（米）	磁方位角	方位物名称	距离（米）	磁方位角	方位物名称	
1	355	217°45′	高地	290	267°15′	高地	共管
	130	286°55′	小山包	280	318°55′	小路与田埂交点	庆元管
	420	211°40′	田埂	180	146°10′	公路与小路交点	景宁管
2	1110	39°00′	岱根	1130	187°00′	木岱根	龙庆景三交点
	240	186°09′	788.0 高地	435	271°24′	烂梅岘	景宁管
3	260	125°16′	上寮山头突	500	248°46′	676.8 米无名高地	龙云景三交点
	100	145°0′	1068.4 高地	165	285°30′	1090.1 高地	共管
4	50	140°35′	小山包	215	263°50′	上井屋角	莲青景三交点
5	100	173°26′	马坳房屋角	165	228°56′	狮子岩 高地	青田管
	579	145°09′	963.0 高地	245	282°10′	1055.2 高地	景宁管
6	210	216°51′	986.7 高地	322	323°23′	816. 高地	文成管
7	420	253°33′	1028.0 高地	270	347°33′	1068.1 高地	共管
	430	213°06′	路弯	1250	323°06′	山垟尖	景宁管

第三节　地　名

1980年12月中旬，由云和县地名普查领导小组（景宁畲族自治县设立之前）组织第一次地名普查，1981年9月结束。查清县境地名，在地名图上增补和删除部分地名，对一些有损民族尊严和民族歧视的地名作了更正，进行地名标准化处理，建立地名档案。

地名管理

1994年5月，设立景宁畲族自治县地名委员会，下设办公室，负责区划地名管理工作。同年11月14日，颁发《景宁畲族自治县地名管理规定》，共17条38款。主要确定县地名委员会工作职能，地名命名、更名审批权限及程序，地名标志设置和管理，地名书写规范化等内容。

地名更新

2001年10月，开展地名补查和资料更新工作，2002年末结束，共制作各类成果表2649张。其中，行政区划和居民点名称1838条，各类专业名称38条，名胜古迹和游览地14条，人工建筑名称210条，自然地理名称326条（其中属废止地名71条）。填写村名表152张，标注1:50000地形图一套。标绘镇区平面示意图5幅。

2010年3月，县民政局与丽水学院共同编制《景宁畲族自治县城区地名总体规划（2007—2020）》。本规划以《景宁畲族自治县县域（县城）总体规划（2007—2020）》为依据，加强地名整体性与科学性，强化地名功能，突出景宁自然地理、历史文化、风俗民情。

地名志书

1989年12月，县地名办公室编纂《景宁畲族自治县地名志》，1990年12月，由遂昌县印刷厂承印。该地名志由曾涛题撰书名，柳意城为主编。全书由综述、政区地名、专业部门、名胜古迹、人工建筑、地理实体、地名艺文、文件汇编及附录等组成，共收录地名2472条，地名图41幅，照片30帧，约60万字。

第二章　行政区划

1984年6月30日，国务院批准建立景宁畲族自治县，以原景宁地域5个区，1个镇，35个乡为行政区划。至1990年末，全县辖5个区，1个县属镇，2个区属镇，34个乡，8个居民区（居民委员会），279个行政村，1380个自然村。（详情见1995年版《景宁畲族自治县志》）。

1992年5月，撤销城郊、沙湾、渤海、英川、东坑5个区；黄湖、隆川、英川3个乡合并，建英川镇；莲川乡、叶桥乡并入沙湾镇；大都、渤海2个乡合并，建渤海镇；北溪乡、白鹤乡并入东坑镇；张春乡并入鹤溪镇；漈头、澄照 2 个乡合并，建澄照乡；顺利、陈村 2 个乡合并，建陈村乡；新四、大顺 2 个乡合并，建大顺乡；白岸、外舍 2 个乡合并，建外舍乡；上渔、景南 2 个乡合并，建景南乡。郑坑、金钟、葛山、鸬鹚、秋炉、毛垟、大地、标溪、梧桐、大均、梅岐、雁溪、大漈、家地 14 个乡按原建制不变，年末辖 5 个镇，19 个乡，285 个行政村，1380 个自然村。2007 年 6 月，撤外舍、金钟 2 个乡，并入鹤溪镇（设外舍管理区）；撤大顺、陈村 2 个乡，设立九龙乡，全县年末辖 5 个镇，16 个乡，4 个社区居委会，4 个居委会，283 个行政村。2008 年 7 月，设立外舍社区居委会。2010 年末，辖 5 个镇，16 个乡，1 个管理区，9 个居委会，254 个行政村，1031 个自然村。因电站、公路建设及地质灾害迁移，比 1992 年减少 2 个乡、29 个行政村、349 个自然村。

第一节 乡

大均乡

大均乡位于县城西南，东倚鹤溪镇，东南连澄照乡，西南接梧桐乡，西邻云和县境，北倚外舍乡。乡人民政府驻大均村，海拔 170 米，距县城 13 千米。

清属三都，民国 20 年（1931）年建乡，属第一区。中华人民共和国成立后称大均乡。1958 年，属红星人民公社。1984 年，改建大均畲族乡。1986 年，复称大均乡。面积 86 平方千米，辖大均、垟坑、伏叶、泉坑、梅山、三格、新亭、李宝、大赤坑，行政村 9 个，自然村 60 个，村民小组 83 个。2010 年末，全乡户籍人口 1131 户，4479 人。其中，畲族 400 户，1486 人，占 35.4%。1993—2010 年，有 15 个自然村实施迁并，其中：泉坑行政村张荒岱自然村 5 户，22 人，垟坑行政村垟屺、黄寮、野猪湖自然村 30 户，133 人，下山移至水碓垟生态移民小区；李宝行政村十二秤、老鹰岩自然村迁并至李婆坑，新庄行政村黄八坑自然村，32 户，94 人迁并至新亭自然村，伏叶行政村小赤自然村 6 户，32 人、香菇厂自然村 32 户，72 人、坑头自然村 30 户，60 人、半山自然村 19 户，81 人迁至伏坑村，梅山岭村 36 户，116 人下山移民到鹤溪镇沐鹤小区安置。

大均乡地图

生态环境　地处瓯江支流小溪溪谷，整个地势由西北和东南向中部倾斜，小溪自西流向东北，境内诸水汇入小溪，呈“两山夹一水”，林多地少。全乡耕地262.33 公顷，人均 0.06 公顷。林地

7466.67公顷。其中，毛竹林800公顷，人均分别为1.67公顷和0.18公顷。森林覆盖率89.1%，活立木蓄积量29.5万立方米。名木古树保留颇多，2010年，全乡挂牌保护的各种古树190棵。

地方经济　属县中部低山粮、菜、果、畜、药综合农业区。粮食种植为水稻、番薯、大豆；中药材传统种植金银花、厚朴、杜仲、茯苓，并引进元胡、玄参、太子参、白术、浙贝、玉竹、芍药、桔梗、天麻等。全乡中药材种植面积166.67公顷。其中，木本中药材（厚朴）113.33公顷，草本中药材53.33公顷，年产值650万元。境内水力资源丰富，建成小水电站10座，总装机容量6375千瓦。2010年，有企业7家，农业合作社9家，经商务工农民993人，全乡实现地区生产总值3589万元，农村经济总收入3590万元，农民年人均纯收入0.59万元。

基础设施　景庆公路贯穿全境。2010年末，开通康庄公路的行政村9个。农村电网、自来水、电视、通信设施全覆盖。1996年后，村校20所全部撤并至乡中心学校。1997年，撤销大均乡中心学校初中部，并入城北中学。2007年，乡中心学校"爱心楼"落成，2010年，在校学生83人，在岗教职工18人。

2001年3月，投资65万元，在大均村镇龙街新建卫生院，占地面积657.5平方米，建筑面积179.4平方米，次年3月竣工投入使用。2009年9月，改称大均乡社区卫生服务中心。在编职工7人。其中，大专学历6人，执业医师2人，主管药师1人，执业助理医师1人，执业护士2人。设全科门诊、中医科、注射室、输液室、药房、儿童保健科、孕产妇保健科、预防接种科、化验室、B超室、心电图室、健康宣教室。

1996年，先后撤销供销社、信用社、电影队、水管站。

景区景点　大均乡境内旅游资源丰富，是全县发展旅游业较早乡镇之一。2009年，建"中国畲乡之窗"AAAA景区，将历史人文、畲族风情、自然景观、原生态资源融为一体，丰富旅游文化内涵。2010年，景区创建成功，全面开放。景区依托瓯江支流良好的水资源及"浮伞仙渡"等名胜景观和优美生态环境，开发漂流、沙滩游乐和畲族婚俗等水上娱乐项目及风情表演；景点有：畲族风情博物馆、大赤坑廊桥、大均唐樟、大均古街、浮伞祠（一级）、均潭印月、垟滩雪浪、龙岗叠翠、坟树围青、李氏宗祠等；建成伏叶、李宝等畲族村休闲农家乐。

古风民情　大均古村始建于唐末五季初期，历史上曾是瓯江支流小溪流域的重要水陆交通枢纽，商贸经济繁荣，耕读风尚厚重，形成"三杆"民俗，即笔杆、秤杆、竹杆（撑篙），靠写契约、文书、做水上贸易和撑船放排谋生。

澄照乡

澄照乡位于县城西南，以其境内澄照寺而得名。东邻东坑镇，南倚大漈乡，西连梧桐乡、大均乡，北接鹤溪镇。乡人民政府驻叶源村，海拔395米。距县城6.5千米。

清属五都，民国20年（1931）设乡，属第一区。1949年7月，建立澄照乡人民政府，1956年，澄照、朱坑、金丘、东岱、漈头5个乡合并为澄照乡，1957年8月，归城关区管辖。1958年，分为澄照、漈头2个管理区。1961年9月，改为人民公社。1968年12月11日，建立澄照公社革命委员会，1984年，划出漈头、米岩山、炉西、仙山、后山行政村，建漈头畲族乡。1992年，漈头畲族乡并入澄照乡。2010年末，全乡总面积84.8平方千米，辖三石、金丘、四格、东畔、东升、米岩山、漈头、张后山、炉西、仙山、东岱、白沙岱、梅枫、朱坑、朱排，行政村15个，自然村69个。总人口2186户，7028人。其中，畲族492户，2116人，主要分布在米岩山、张后山、四格、东岱、金丘、三石等行政村。劳动力5007人，外出务工1639人（县内887人，县外省内404人，省外267人）。张后山、仙山、炉西岭3个村系抗日战争时期革命老区。

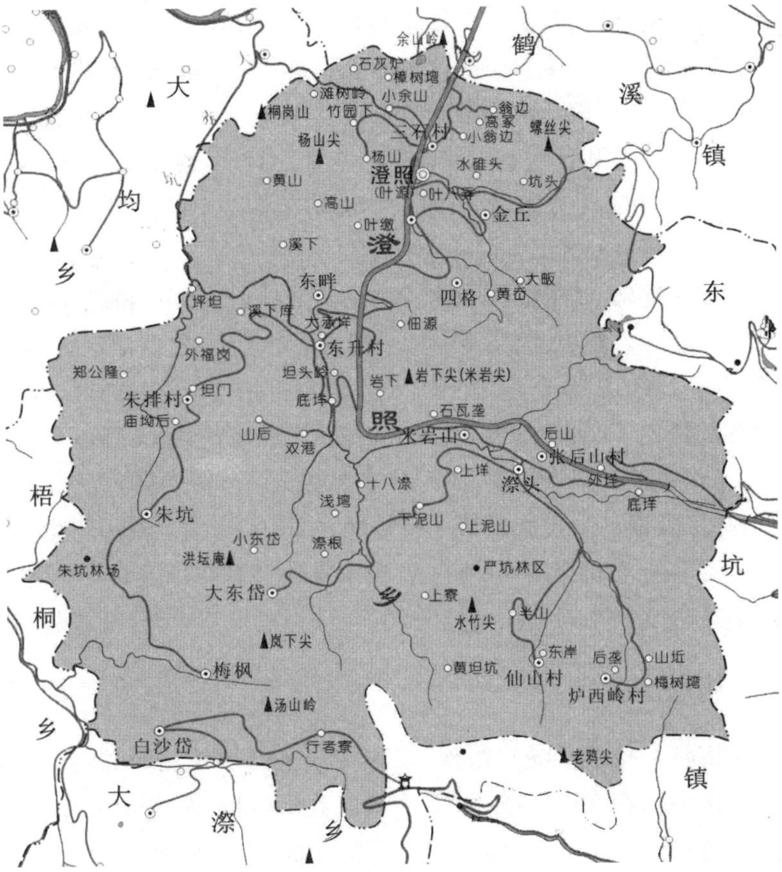

澄照乡地图

生态环境 地势自西南向东北倾斜，山林面积5991.3公顷，森林覆盖率70.6%；海拔千米以上的山峰26座。其中，东岱村的坳后大尖海拔1216米。诸山之水注大赤坑入小溪。全乡可开发水能资源5000千瓦。至2010年，建成小水电站10座，总装机容量3850千瓦。境内地质复杂，属地质灾害易发区，共有各类地质灾害隐患险情点15处。1994年8月21日，因暴雨引发山洪，仙山行政村东岸自然村发生山体滑坡，泥石流冲毁民房7幢，死亡10人。2005年，实施地质灾害点搬迁2处，朱排行政村底窟自然村搬迁至毛竹垟。张后山行政村张山自然村搬迁至张山新村。

地方经济 澄照乡气候温和，光照充足，雨量充沛，属中部低山的林、粮、茶、果、畜、药综合农业区。全乡耕地面积2278.4公顷，在产业结构调整前是景宁粮食主产区之一。经农业综合开发，成为惠明茶主产地，2010年，种植茶叶812.2公顷，年产干茶10.48万千克。全乡茶叶加工企业7家，茶叶专业合作社12家。2003年始，漈头、三石、米岩山等村茶农先后开展夏、秋茶加工生产，进一步提高茶农收益。2010年，在三石村新建全县第一个茶青交易市场，面积875平方米，形成茶叶产供销的产业链，荣称“茶叶之乡”。有毛竹林310.13公顷，红山栀基地66.67公顷，厚朴基地92.27公顷，板栗基地62.27公顷，油茶基地15.47公顷，红豆杉基地2.67公顷。2010年，乡内各类企业29家，农民专业合作社39家，农家乐5家，全年农产品加工、水力发电、铸造业、矿产开发等工业总产值11900万元，农村经济总收入6192.2万元，农民年人均纯收入0.45万元。

社会事业 澄照乡交通方便，云(和)寿(宁)线穿境而过。1993—2010年，新建通村公路东畔至东畔岙1千米，三石至水碓头3.3千米，东升至梅枫12.8千米，童岭峡经东升至望牛岗5千米，后山至炉西6.1千米，坑口亭至仙山3.45千米，林区道路19.23千米。至2010年，15个行政村通公路。农村电网高压70.01千米、低压59.653千米，全民普及用电。2008年，三石村、东升村完成旧村改造。2010年，安装自来水、程控电话、有线电视联网全覆盖。三石朝阳小区已建成移民安置房和下山脱贫安置房共239直，入住205户。

1993年，澄照乡初中撤并至民族中学，1994年，全乡村校撤并至乡中心学校。澄照中心学校占地面积3093平方米，设1—6年级，教学班6个，学生158人。其中，畲族学生73人，占45%；新建附属幼儿园1所，入园儿童82人。2008年9月，动工兴建多功能文化中心综合楼，占地面积243平方米，建筑面积1418.7平方米，室外气排球和羽毛球等活动场地1300平方米，2010年4月，投入使用。有村级花鼓戏班 3 支、畲族山歌队 1 支、秧歌队 1 支、婚俗表演队 1 支。

1992 年，漈头乡卫生院改名为澄照乡漈头卫生院，后再改名为澄照乡漈头社区卫生服务站。1996 年，澄照乡卫生院迁至原澄照乡供销社用房，后改为澄照乡社区卫生服务站；2008 年，得到中央投资建设项目扶持和台湾慈心慈善事业基金会赞助，投资 220 万元，在三石朝阳小区新建医疗办公用房，占地面积 1666 平方米，建筑面积 648 平方米，2010 年 1 月投入使用。同年 10 月，澄照乡社区卫生服务站改名澄照乡社区卫生服务中心。

古建遗风　澄照历史文化名胜古迹丰富，民族风情独特，人才辈出。古建筑保护尚好的有漈头、金丘等古村落。其中，漈头潘、雷两姓共建“行宫”、仿西洋建筑“大和药号”“潘家大院”、潘氏二十五世潘蔡姑“贞孝坊”。金丘“蓝氏宗祠”、潘家祖先潘申友建的四合院“居正堂”、清代建筑“夏家古宅”等古建各具特色。2004 年，开发“封金山寨”民族风情景区，有留宝轩、山哈院、蓝氏祠堂、斜漈、观瀑台、城楼、婚俗表演等景点景观，成为景宁畲族文化风情的展示窗口之一，被列为浙江省国际名俗摄影采风创作基地、浙江省畲族风情采风基地、中国美院学生书画写生基地。城楼上“封金山”三字系文化部艺术品鉴定委员会委员、浙江省美术家协会副主席吴山明所题。2007 年 5 月，国际奥委会委员、中国奥委会名誉主席何振梁携夫人梁丽娟，登上留宝轩，挥毫题写“发展畲族体育，建设和谐景宁”。

梅岐乡

梅岐乡位于县城东南部，东与文成县西坑镇相毗邻，南靠东坑镇，西接鹤溪镇，北与郑坑乡相邻。区域面积 86.7 平方千米，乡政府驻梅岐村，海拔 640 米，距县城 37 千米。

清属三都，民国 20 年(1931)设乡，1936 年 3 月，红军挺进师一纵队行动委员会书记刘达云在梅岐一带发展中共党员，并在桂远村建立景宁第一个中共地下党支部。至 2010 年，健在老党员、老交通员、老游击队员仍有 30 人。1949 年设梅溪乡，同年 7 月，建立梅溪乡政府，梅岐村因沿溪两岸多梅树，后改名梅岐乡。1951 年 1 月，属东坑区，1957 年 7 月，划归城郊区，1958 年 9 月，改称管理区，1961 年 9 月，改建人民公社，1984 年，复称梅岐乡。辖梅岐、竹山、栋头、岗楼、高门、潘坪、留钱、鹤崇、桂远，行政村 9 个，自然村 40 个，村民小组 49 个，耕地面积 179.6 公顷，人均 0.044 公顷。2010 年末，户籍人口 1049 户，4195 人。

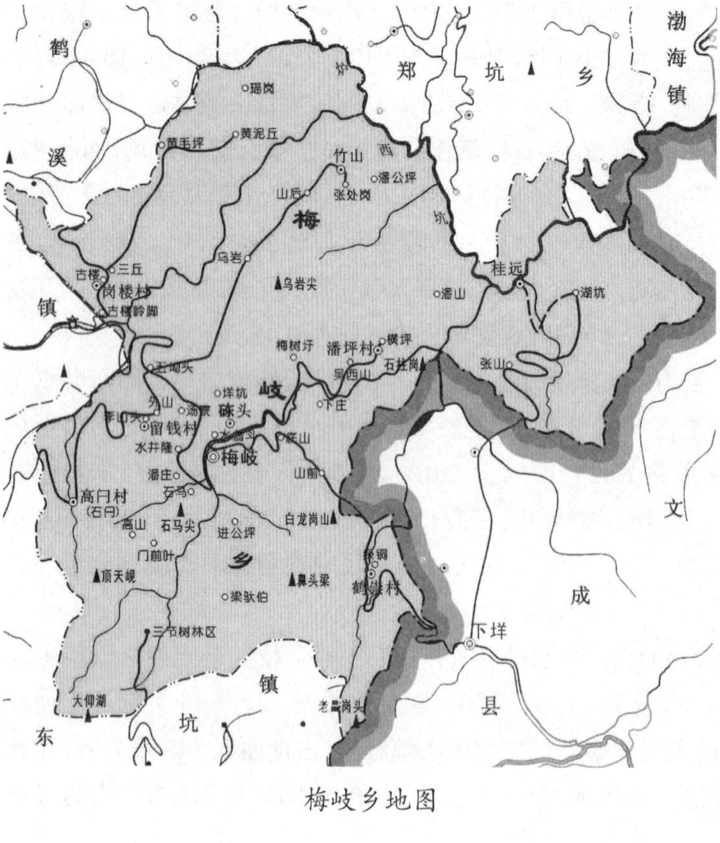

梅岐乡地图

生态环境　全乡森林繁茂葱郁，峰崖沟壑纵横，森林覆盖率 91.7%，复杂的地形地貌形成了一处处奇特景观。有山林面积 6034.4 公顷，人均 1.44 公顷。其中，生态公益林 2873 公顷。境内属中亚热带季风气候，四季分明，雨量充沛，全年平均气温 15.6℃，最高气温为 7 月，平均 26.3℃,最低气温为 1 月,平均气温 4.3℃。年降水量 1530.6 毫米，降水日数 135 天，年太阳辐射量每平方厘米 101 千卡，年日照时数 1755 小时，年无霜期 223 天。梅岐、留钱、高门、栋头、岗楼 5 个行政村的小溪水源汇入龙潭桥水库，为县城居民饮用水的源头保护区域。

地方经济 梅岐以农业为主，属东南部低中山林、粮、畜、药、食用菌综合农业区。有小水电站 8 座，装机容量 6305 千瓦。乡办林场 1 个，面积 80 公顷，为杉木、松木基地林。梅岐是“劳务输出乡”，全乡外出人口 3400 人，年创利 5000 万元。2010 年，实现地区生产总值 5466 万元。其中，农业产值 3318 万元，工业产值 1516 万元，农村人均年纯收入 0.79 万元。

基础设施 2005 年 7 月，三枝树至梅岐公路全线贯通，从梅岐到县城的行程由原来 87 千米缩短为 37 千米。2010 年末，通康庄公路的行政村 9 个。梅岐中心村新建民房 6 幢，入住村民 19 户。程控电话、移动、联通信号、自来水安装，电视覆盖率、农网改造覆盖面 100%。

社会事业 梅岐乡卫生院，占地 256 平方米，建筑面积 148 平方米。设中西医门诊、药房、妇产科、注射、卫生防疫等科室。2010 年，有医务人员 4 人。其中，医师 1 人，医士 3 人。

原有村校 9 所，1996 年，撤并至乡中心学校。2009 年末，乡校共有教职工 5 人，在校生 5 人。同年 9 月再撤至鹤溪镇张村小学。

古建遗迹 梅岐母子廊桥，位于梅岐村中心，始建民国元年（1912），当年被洪水冲毁，民国 14 年（1925）重建。该桥为东西走向，7 架梁左右廊抬梁式，7 柱 5 边木拱桥廊有廊屋 11 间。桥屋面两坡，悬山顶带披檐，造型美观，保存较好。

第二次国内革命战争时期，革命先辈刘英曾与当地群众一起对敌人进行浴血奋战，留下一个斑迹可见的炮台。景宁第一个中共地下党支部活动的房屋被烧毁。1952 年，政府拨款复建，大门采用石门梁建造，有石刻楹联：“组织起来，走共产党的路、听毛主席的话”。

大漈乡

大漈乡位于县城西南部，东邻东坑镇，南靠景南、雁溪乡，西连标溪、梧桐乡，北接澄照乡。大漈村尾有直落千仞的大瀑布，雨水丰沛时犹如九天悬河，潭水时而团团下坠，时而漫天飞舞，宛若雪花飘逸，谓之雪花漈，大漈因此而得名。乡人民政府驻西岸底村，距县城 48 千米，海拔 1030 米。

大漈建村于宋代，明景泰三年（1452）前，归青田县鸣鹤乡管辖；清同治十一年（1872），景宁设七都，领十八图，四坊，大漈属五都管辖；民国 17 年（1928），划五个区域，实行村里制，大漈归第五区管

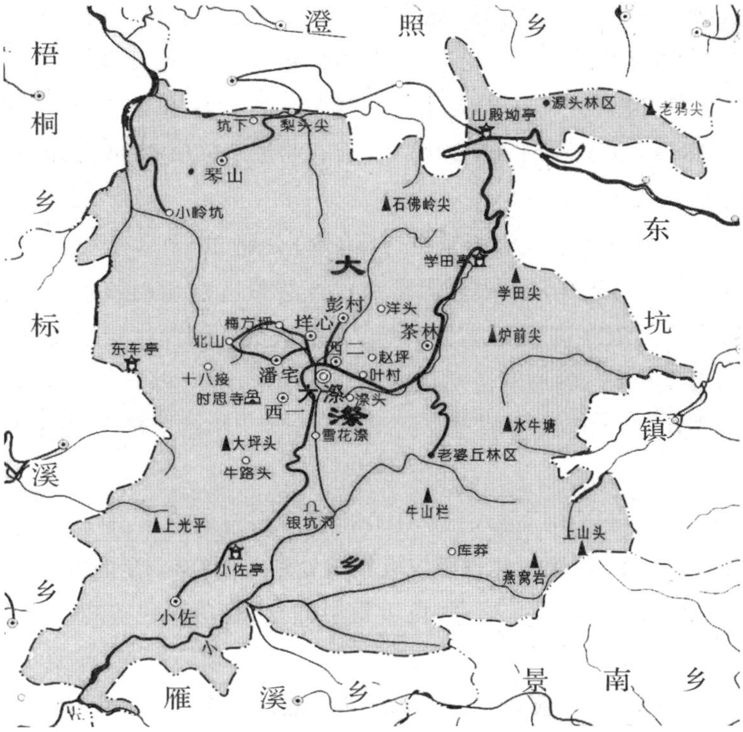

大漈乡地图

辖；民国20年（1931）改编乡镇，大漈设乡，归第五区管辖。1949年5月，县人民政府曾迁驻大漈40多天。中华人民共和国成立后乡名沿用。1950年7月，大漈乡归东坑区管辖；1951年2月，增设大漈区，辖大漈、景南、上标、梅坞、叶谢、高演、东岱7个乡；1952年，大漈区增漈头、雁溪两乡。1956年3月，撤大漈区，大漈乡重划入东坑区管辖。1958年9月，成立人民公社，大漈从东坑区分设出大漈公社，下辖大漈、何庄、景南、雁溪、芎岱5个管理区。1961年9月，恢复区级建制，大漈人民公社归东坑区管辖；1984年3月，改大漈乡。1985年，上标电站库区移民，迁入垟心行政村。2010年，全乡总面积56.9平方千米，辖西一、西二、琴山、彭村、潘宅、茶林、小佐、垟心，行政村8个，自然村21个，村民小组35个。总人口924户，3148人。

生态环境　大漈辖区56.9平方千米，盆地面积5.9平方千米，东西宽7千米，南北长8千米，四周高山屏障，1000米以上山峰50座，境内有景宁最高峰——上山头，又名最上山，由驮尖和细尖二峰组成，驮尖海拔1689.1米，细尖海拔1549米，两峰巍峨高峻。清光绪潘至诚有诗云："最上山头著大名，周围峦翠护峥嵘，我来测绘峰巅望，百里云烟足下生。"峰体面积为5.5平方千米，山体由中生代侏罗纪凝灰岩构成，景色秀丽，云雾缭绕，植被以短叶松、杉、木桦、栲槠林为主，立木约10万立方米。并产人参、白术、川芎、黄连、桔梗等多种野生药材，且多珍稀动物。有猴头杜鹃150公顷，每年5~6月，杜鹃竞相开放，景色壮美，故有"十里花海"之称。地势从北向南倾斜，海拔高，落差大，水流湍急，有龙溪、沐鹤溪及雪花漈、蘑菇漈、婆丘漈、九重漈等瀑布，诸水南流标溪港入小溪。乡境内年平均气温13℃，夏季最高温不超过32℃，被誉为"浙江的庐山"。温度相对稳定，日照充足，除有霜冻外，自然灾害少，无霜期210天，年降雨量约2000毫米。地表、地下水资源丰富。

地方经济　大漈经济以农业为主，属县西南部高中山林、粮、畜、药、食用菌综合农业区，建有万亩高山冷水茭白基地。2010年，种植茭白面积333.34公顷，占全县45%。高山冷水茭白产业已成为大漈乡一大主导产业，亩产值0.7万元，总产值3500万元，带动农民增收。大漈乡耕地总面积271.13公顷，宜种单季稻，米质特好，遇干旱年景，稻谷产量越高，故有"晒死何庄，大漈盖仓"之说。山林面积4231.93公顷（其中，生态公益林1827.93公顷），厚朴基地533.33公顷、毛竹基地466.67公顷、高山蔬菜基地200公顷。并已开发中小型水电站5座，总装机容量4175千瓦。乡内企业5家，农民专业合作社18家，农家乐51家。2010年，工农业生产总值4080万元。其中，工业总产值580万元。农民年人均纯收入0.7万元。

基础设施　大漈距景（宁）泰（顺）公路20千米，经县道白（鹤）大（漈）线连接，全线22.18千米。2009年，为配合云中大漈国家AAAA级景区建设，县政府投资1000万元，对白大线的线型及全线半径过小的道路进行改造。2010年，对白大线的路面进行全面整修，安装钢质护栏10632米，水泥混凝土护墙435米。村道有潘宅至雪花漈3千米，西岸村至垟心1.39千米，漈头至茶林1.10千米，西岸村至小佐6.37千米，西岸村至彭村1.82千米，十字岙至琴山12.5千米，梅坞隆岙至赵坪0.5千米。修建林道22千米。

有线电视和广播入村率100%，实现村村通电话，移动网络全覆盖。农村电网高压32.6千米、低压21.95千米。垃圾池建设和垃圾集中处理率100%。全面实施绿化、硬化、净化、亮化、美化"五化"工程，实施改栏改厕、污水处理、垃圾集中处理、院落绿化等村庄整治村8个，彭村、茶林、小佐村相继完成"美丽乡村"建设。

全乡完成农村安全饮用水工程建设，饮用水达标率100%。2005—2010年，实施地质灾害点搬迁2处，林源排自然村搬迁至叶村，彭村后山搬迁至村尾新村。

社会事业　1998年，全乡有村校10所，全部合并到大漈乡中心学校。2010年，有教学班6个，在校小学生107人，在岗教职工18人，小学高级教师7人。有幼儿园1所。

大漈乡卫生院，占地500平方米，建筑面积600平方米。2010年，改为大漈乡社区卫生服务中心，有医务人员6人，设中西医、中药房、妇产、注射、医疗、卫生防疫等科室和病房。

2008年，投资30万元，将原大漈人民大会堂改建为乡文化中心，总占地面积1100平方米，总建筑面积3270平方米，集影剧院、图书室、棋牌室、书画室、乒乓球室、台球室、卡拉OK室等多功能为一体。文化中心拥有宣传栏5个，老人门球场300平方米。乡有老年协会，养鱼协会，村有抢猪节表演队、板龙舞狮队、腰鼓队、老年健身队。

1993—1998年，先后撤销大漈粮管所、供销社、邮电所。2010年，设农村信用合作社大漈分社，有员工5人。同年，设立邮政储蓄银行代办点。

风景古迹　境内自然景观秀丽，田园风光宜人，被誉为"云中桃园"，2010年建成"云中大漈"国家AAAA级旅游景区。大漈人杰地灵，文物古迹众多，明清时期有进士9位、举人23位。有时思寺、护关桥等古建筑群。非物质文化遗产13项（省级3项、市级1项、县级9项，传承人13人）。有柳杉王、古刺柏、红豆杉等古树名木和黄腹角雉等珍稀动植物，有宗祠、牌坊、古居等明清建筑及"抢猪节""大漈罐""花鼓戏"等民俗特色文化。

民国26年(1937)因抗日战争爆发，由杭高、杭初、杭师、杭女中、杭州民众教育实验学校、嘉兴中学和湖州中学等7所学校组成"浙江省立临时联合中学"（简称"联合中学"），南迁至丽水碧湖。民国31年(1942)，日寇进犯丽水，联合中学再次南迁至景宁一带，部分师生迁至大漈时思寺继续教学，在时思寺内三清殿横梁上留下"浙江省立临时联合中学修，时在民国三十一壬午岁九月七日"字迹。时任浙江省教育厅长许绍棣还在雪花漈右侧石壁上书勒"雪花漈"。

景南乡

景南乡位于县城东南部，地处浙闽两省、景（宁）、泰（顺）、寿（宁）、庆（元）四县交界处。东邻东坑镇并接泰顺县，南接福建省寿宁县，西倚雁溪乡，北连大漈乡。乡人民政府驻忠溪村，海拔980米，距县城48千米。

清属五都。民国属第五区之忠石乡。1949年5月，建景南乡。民国20年(1931)建上渔乡，后改称上标乡，属第五区，中华人民共和国成立后称上标乡。1956年，合并为景南乡。1958年，属东坑人民公社，改称管理区。1961年，成立景南人民公社。1984年3月，复建景南乡，

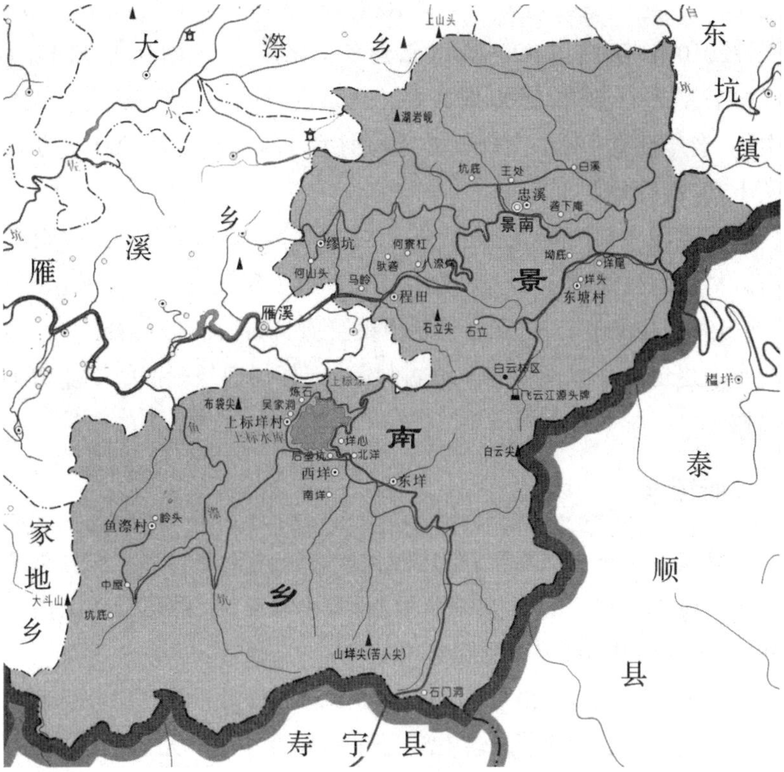

景南乡地图

同年6月划上标垟、西垟、东垟3个行政村归上渔乡。1992年,景南乡、上渔乡合并为景南乡。系第二次国内革命战争时期革命老区。

2010年,景南乡辖忠溪、东塘、程田、缪坑、上标垟、东垟、西垟、渔漈,8个行政村,30个自然村,56个村民小组。户籍总人口4551人,农村劳动力2680人。其中,外出劳务人员660人。2010年,人均纯收入0.59万元。

生态环境　景南乡属中亚热带季风气候区,地处高山,温暖湿润,四季分明,雨量充沛,春季雨水多,夏季清凉舒爽,秋季降温早,冬季霜期较长。植被丰富,森林覆盖率92%。因地形复杂,海拔高差悬殊,最低为程田村,最高为渔漈村。境内溪流密布,两大水系,一部分流入瓯江支流,一部分流入飞云江。飞云江发源于境内。水源充足,水质清澈。境内有上标水库及望东垟高山湿地。每年6—9月多暴雨,易发生洪涝、山体滑坡等自然灾害。

地方经济　辖区面积95平方千米。其中,林地6510.27公顷,耕地599.99公顷。主导农业产业,有毛竹面积1133.33公顷;高山蔬菜200公顷。其中,种植茭白166.67公顷;食用百合60公顷;食用菌360万袋及水库鱼、牛、羊、家禽(畜)等特色畜牧产业。毛竹加工企业2家,铁矿储存量8000万千克。水力资源丰富,已建成渔坑漈、蚊子岭,上标小水电站3座,总装机容量2580千瓦。

基础设施　景南乡交通方便。行政村、自然村均通公路。上标至渔漈11.3千米,上标至西垟1.89千米,蜡石矿至缪坑5.1千米,忠溪至白溪2.53千米,童石线至石立2.52千米,童石线至东垟1千米,村道10条共39.35千米。开通林区道路85千米。至2010年末,投资413万元,修建防洪堤1.8千米,水渠22千米,农田机耕路10千米。投资200万元,完成程田、缪坑、忠溪、西垟、东垟、上标垟、渔漈7个村自来水工程,农村安全饮用水普及率100%。

社会事业　2010年末,全乡设中心学校1所,在校生99人,教师15人。中心幼儿园1所,在园幼儿39人。全乡适龄儿童入学率100%,初级中等教育完成率95.6%,实现九年义务教育全覆盖。

2010年初,投资420万元,新建乡文化楼,占地面积1492.17平方米,建筑面积2609.09平方米。设农村书屋7个,藏书3800册。乡文化站内设图书阅览室、电子阅览室、健身房、议事厅、群众文化活动中心、老年活动中心。室外气排球和羽毛球等活动场地700平方米,村级舞龙队1个、忠溪村特色表演队1支、铜管乐队1支。

有乡卫生院2所,分别设在忠溪村和西垟村,设中西医、妇产、注射、医疗、卫生防疫等科室和病房。村级卫生医疗点2家。2010年,乡卫生院改为景南乡社区卫生服务中心。

1991—2006年,先后撤销景南粮管所、供销社、信用社。

古建遗存　景南乡有东垟古村落、于春司建筑、徐氏宗祠、东垟行宫,主要分布在东垟、渔漈、忠溪等村。

雁溪乡

雁溪乡位于县城南部,据传因大雁盘于溪上而得名。东南邻景南乡,西接家地乡,北连大漈乡和标溪乡。境内森林覆盖率78%,气候温和,雨量充沛,系第二次国内革命战争时期革命老区。乡人民政府驻雁溪村,海拔480米,距县城63千米。

清属五都,民国20年(1931)属景南乡,归第五区。中华人民共和国成立后建雁溪乡,总面积42.8平方千米。至2010年末,辖雁溪、黄桐、石梯、柘湾、大丘田、上东山、梅坞、浮亭岗,行政村8个,自然村24个。总人口978户,3506人。2007—2010年,柘湾行政村梨树坪2个自然村搬迁到柘湾村。黄桐行政村高坪自然村搬迁至鹤溪镇双后岗安置。

生态环境　地势由南向北倾斜，海拔千米以上山峰15座，两山夹一水，多山川峡谷，水注标溪港，汇入瓯江支流小溪。水力资源丰富，有蓄水发电水库2座，境内已建水电站9座，总装机3.8万千瓦。

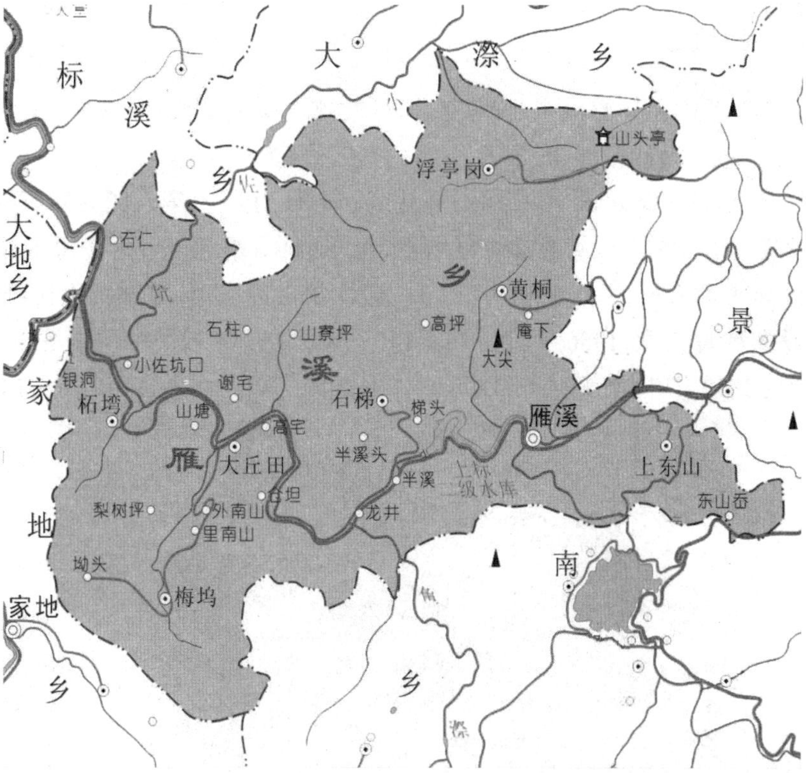

雁溪乡地图

地方经济　雁溪乡经济以农业为主，耕地面积196.87公顷。其中，水田174.27公顷。林地3490.2公顷。其中，竹林385.53公顷。农村主要发展茶叶、竹笋、食用菌、药材、高山蔬菜、水干果、畜牧养殖和水产养殖。全乡垦复改造笋竹两用林133.33公顷，发展油桃基地8公顷、金银花基地10公顷、茶叶基地20公顷。2010年，工农业生产总值6551万元。其中，农业生产值1301万元。农民年人均纯收入0.47万元。有企业29家，农民专业合作社12家，农家乐2家。

基础设施　数字电视、广播、信息覆盖率100%；通康庄公路8个行政村，路面硬化100%。通过“改水、改栏、改厕、改路、美化环境”，组织实施“十村示范、百村整治”工程，2010年，完成整治行政村8个。设有保洁公司，实施垃圾中转，建成垃圾池5个，公厕4座，垃圾箱32个。

2010年，设立邮政储蓄银行代办点。程控电话装机270门，有线电视实现联网。

社会事业　1993年，撤并乡校初中部，1994年，全乡村校撤销，并入乡中心学校。2010年，乡中心学校占地面积1852平方米。学前儿童就学率和义务教育入学率100%。

1993年，投资10万元，新建雁溪乡卫生院医疗业务用房387平方米。2009年，改称为雁溪乡社区卫生服务站，隶属景南乡社区卫生服务中心，后改为社区服务中心。有职工9人，设全科门诊、药房、收费、注射、儿童保健、妇幼保健预防接种科室7个。

雁溪乡文化中心楼占地面积421.17平方米，建筑面积1505.08平方米，文化站内设：图书阅览室、电子阅览室、艺档室、健身房、多功能厅、青少年服务中心。室外有地掷球、门球、气排球和羽毛球等活动场地1000平方米。有花鼓戏班1支、木偶戏班1支、马灯表演队1支、舞龙队2支、舞狮队8支。

地方特色　雁溪境内自然风光秀丽，民俗风情独特。县级文物保护单位何马二仙宫，建于清乾隆十五年（1750）。古建筑有何氏宗祠、徐氏宗祠、胡氏宗祠、叶氏宗祠。当代著名书法家叶根友，连笔空心字是吉尼斯世界纪录保持者，其五笔同书为世界首创。东山村徐国庭是市级提线木偶非遗传承人。

2007年，举办“雁溪古风·摄影节”，融合民间“迎神”民俗，“摄影节与谢神节”同时举办，逐渐成为传统文化节日。2010年，被丽水市摄影协会授予“市级摄影绘画创作基地”。

郑坑乡

郑坑乡位于县城东北部，东北、西北靠渤海镇，南临梅岐乡，东南邻文成县。乡人民政府驻郑坑村，海拔 660 米，距县城 45 千米。

清属一都，民国 20 年（1931）建乡，属第二区，中华人民共和国成立后仍称郑坑乡。1956 年，并入大都乡。1957 年，从大都乡分出，重建郑坑乡。1958 年，为渤海人民公社所属大都管理区。1961 年，改建大都人民公社。1981 年 12 月，再次从大都撤出，设郑坑人民公社。1984 年，复建郑坑乡，同年改设郑坑畲族乡，1986 年，改称郑坑乡。辖郑坑、吴布、柳山、张坑下、羊角岗，行政村 5 个，自然村 42 个。2010 年末，户籍人口 1208 户，3368 人。其中，畲族 1401 人，占总人口 43%，是县内畲族人口主要聚居地和革命老区。

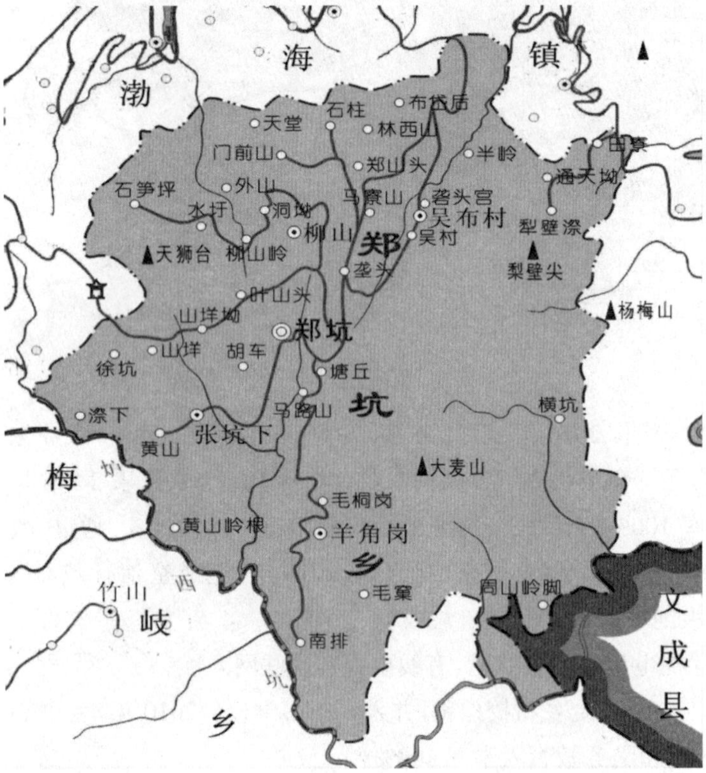

郑坑乡地图

生态环境　属中亚热带季风气候，温暖湿润，雨量充沛，四季分明，冬夏长，春秋短，热量资源丰富。因地形复杂，海拔高度悬殊，气候存在着垂直地带，年平均气温 15℃~13℃。1 月为全年最冷，月平均气温 5.6℃。7 月为全年最热，月平均气温为 26.7℃，年平均无霜期为 241 天，年平均降水量为 1542.7 毫米。地势自东南向西北倾斜，诸山之水注入小溪。具有典型的山区丘陵特征，境内有天然的炉西坑峡谷，为华东第一峡。还有红豆杉、罗汉杉等古树名木。

土壤大多属水稻土、红壤、土地肥沃。境内有吴布村梯田，2009 年 5 月 9 日，举办魅力郑坑“畲村田韵”摄影节，吸引了省内外 300 多名摄影家和摄影爱好者前往摄影采风。

地方经济　以农业为主，属县西南部低中山林、粮、畜、药、食用菌综合农业区。全乡面积 33.5 平方千米，耕地 178.2 公顷，主产水稻、杂粮。林地 3589.8 公顷，产松、杉、杂木、毛竹、建有油茶、茶叶基地。2010 年，全乡粮食作物播种面积 203.33 公顷，总产量 125 万千克。建有高山蔬菜和植保专业合作社 2 家，科技示范户 30 户。种植高山蔬菜 66.67 公顷，药材 66.67 公顷，高山油菜 58 公顷，茶叶 66.67 公顷，黑木耳 57 万袋，香菇 137 万袋。建有小水电站 2 座，装机容量 100 千瓦。2010 年末，全乡实现生产总值 2243.85 万元，农民人均年纯收入 0.45 万元。

基础设施　1998 年，简易公路通到县城，乡道按三级路标准，通康庄路的行政村 5 个。村办公楼及相关设施配置齐全，完成自来水建设行政村 3 个，实现行政村通电话、通路、通电、通有线电视。2010 年，漈下自然村实施危房改造，全村 8 户、42 人搬迁到黄山新村。同年，设立邮政银行代办点。

社会事业　2010 年末，全乡设中心学校 1 所，教学班 6 个，在校生 82 人。乡校附属幼儿园 1 所，在园幼儿 28 人。省二级成人文化技术学校 1 所。投入 150 万元，新建乡综合文化站，占地面积 340 平方米，建筑面积1260平方米，集文化中心、客运站于一体的多功能综合楼。内设图书阅览室、电子阅览室、棋牌室、艺档室、多功能厅、文化中心、青少年服务中心、老年活动中心，室外设篮球场等活动场地，共1800平方米。有花鼓戏班1支、畲族山歌队1支、秧歌队1支。

郑坑乡卫生院，有医务人员4人，取得执业医师2人。2010年，改称郑坑乡社区卫生服务中心。

民族风情　郑坑沿袭古老的畲民风土人情、生活习惯，畲族文化内容丰富，气息浓郁，有“生活着的畲族博物馆”美誉。其祖传头饰饰品、练火、做功德祭祖、编制彩带、唱山歌等民族技艺，为文化瑰宝。畲民生产劳动，以歌为乐；婚姻恋爱，以歌为媒；喜庆节日，以歌为贺；社会交往，以歌代言；丧葬祭祀，以歌代哭。春节和元宵，是郑坑乡最隆重的节日，以闹龙灯、舞狮、演花鼓戏增添喜庆气氛，并杀猪宰羊供奉土地神，以求来年风调雨顺，谷物满仓。

九龙乡

九龙乡位于县城东北，东接青田县，南邻文成县，西连渤海镇，北倚莲都区。2007年，因滩坑电站建设，将大顺乡、陈村乡合并而建。乡政府驻王湾村，海拔164米，距县城51千米。

原大顺乡位于县城东北。东与陈村乡为邻，西与渤海镇接壤，南与青田县相连，北邻莲都区。乡政府驻大顺村，海拔100米，距县城45千米。清属一都。民国时属第二区。中华人民共和国建立时，仍称大顺乡，是第二次国内革命战争时期革命老区。1952年，分大顺、田坑2个乡。1956年，2个乡合并，称大顺乡。1958年，为大顺人民公社所属大顺管理区。1961年，改称大顺人民公社。1984年6月，复称大顺乡。1992年，新四乡并入，仍称大顺乡。因滩坑电站水库建设，原大顺乡的大顺、圭背、新长汀、王湾、桂根、炉西坑6个行政村涉淹，移民1059户，3071人。

原陈村乡位于县城东北，东南与青田县、文成县交界，西与大顺乡为邻，北与莲都区接壤。乡政府驻陈村村，海拔85米，距县城50千米。因滩坑电站水库建设，原陈村乡的陈村、金田、黄寮、鹤口、井边、鲍岸、顺利、塘堡8个行政村涉淹，移民1949户，6190人。

2010年，九龙乡总面积214平方千米，辖金山、鹤口、顺利、鲍岸、库坪、大顺、王湾、后坪、高岩、半岭、高沈、岭里、田坑、徐垟，行政村14个，居委1个，自然村80个。户籍人口2771户，8838人。其中，畲族71户，118人。劳动力4848人，外出务工1989人。其中，县内823人，县外675人，省外491人。

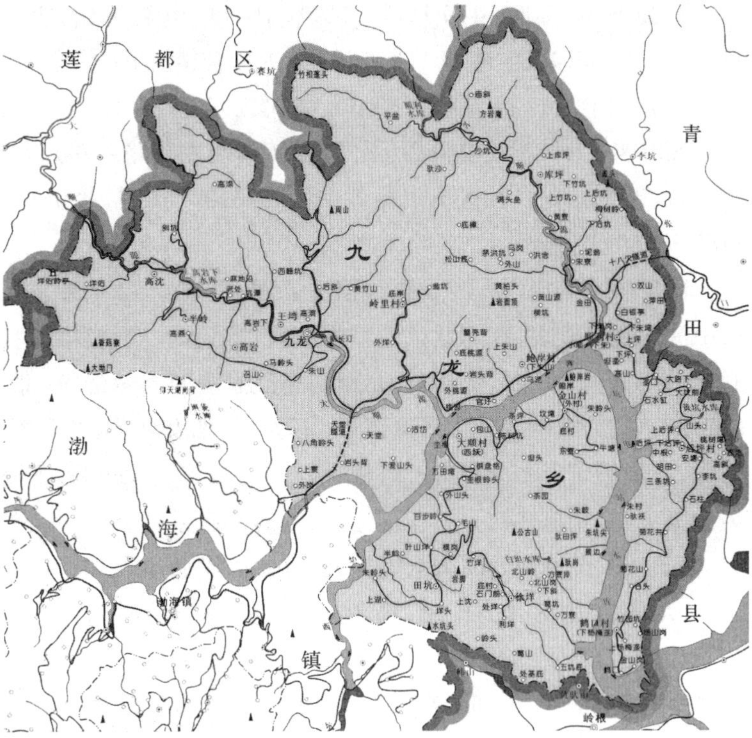

九龙乡地图

生态环境　九龙乡处于瓯江小溪流域，地形复杂，峡谷众多，地势呈西北向东南倾斜。境内土壤大多属水稻土、红壤、岩性土，土地肥沃。滩坑水库贯穿全境，可供开发的水利资源丰富，主要有炉西坑、小顺源流域，汇入瓯江小溪。九龙乡属地质灾害易发区，共有各类地质灾害险情点13处。其中，大顺桂根村和岭里村为山洪灾害易发点。

地方经济　九龙乡主要以农业、林业为主，工业经济薄弱。因地制宜，实行"基地+农户"模式，形成林、瓜、笋、姜、豆、生态养殖六大农业特色产业。2010年末，建立毛豆基地166.67公顷，中药材基地20公顷，生姜基地10公顷，吊瓜基地33.33公顷，番薯基地10公顷，水干果基地30公顷。年出产毛竹5万支，高沈、王湾、田坑、库坪、岭里、金山出产笋干4万千克。药用蜈蚣养殖基地2个，山羊养殖31户，存栏780头。第二产业主要以发展来料加工为主，全乡境内已建成小型水电站9座，总装机容量16655千瓦。来料加工企业2家，集镇小超市7家、宾馆5家、餐馆酒店6家。2010年，全乡实现地区生产总值4693万元，农民人均纯收入0.45万元。

基础设施　2010年，完成庆(元)景(宁)青(田)公路九龙段建设。通康庄公路的行政村14个，总长94千米，康庄小巴2辆。修建码头14座、候船亭9个，投入客渡船4艘、车渡1艘，设立"两纵三横"航线，农民出行交通便利。

2008年，渤海供电所迁至乡政府驻地王湾村。供电所职工5人，专职电工15人。供电高压10千伏128.99千米，低压0.4千伏130.64千米，公变容量2135千伏安。

同年，畚斗湾下山脱贫点完成场地平整、护坡、挡墙、排水渠道等工程，工程概算1412万元，平整土地规划总面积70696.3平方米。其中，总建筑面积66453.05平方米(移民建房)，拟安置顺利、大顺、鹤口及王湾等村1500人。2010年，启动移民建房228直。

2009年，王湾、田坑、岭里村完成"村庄整治"，拆除简易厕所208个、猪牛栏2500平方米，浇注水泥路面11800平方米，建卫生厕所162个，公厕3个，垃圾池26个，路灯33盏。

2010年，西岙下山脱贫安置点实施土地平整、排水渠、挡土墙等工程，工程概算800万元，平整面积30550平方米，设计建房170直，拟安置徐垟、大顺、金山等村下山移民500人。

社会事业　2006年9月，撤并大顺、陈村、小顺3所学校，新建九龙乡中心学校。学校占地面积11419.2平方米，教学楼804平方米，学生宿舍楼1262平方米，食堂380平方米，总建筑面积2446平方米。设教学班6个，在校生181人，教职工22人。九龙乡中心小学是九龙渔灯的传承教学基地。

2005年1月，投资240万元。于龙湾居委龙翔路新建九龙乡卫生院，2006年6月投入使用。2009年9月，改为九龙乡社区卫生服务中心。2010年5月，投资90万元，扩建1幢3层业务综合用房，建筑面积450平方米。

休闲胜地　境内九龙山省级地质公园，距县城52千米。九龙山自然景色、生态环境良好，景区内火山活动遗迹众多，在穹状火山体中部酸性熔岩区，形成雄伟壮丽的火山岩峰林地貌，石笋雄伟挺拔，石林千奇百怪，瀑布气势磅礴，是浙南自然景观的一朵奇葩。景区地势陡峻，切割强烈，景观奇特，由石将军、石观音、石钟峰三大景区组成。石将军、仙女献花、乌阴潦、迎宾老人、卧蛳峰、石马、石钟峰、丹佛恐龙、石蛋等景观十分稀奇。奇峰、怪石、飞瀑、深潭、幽洞，千姿百态，移步换形，自然景观与人文景观美仑美奂，原始植被锦上添花，各类景观错落有致，构成绝妙的"人间仙境"。

千峡湖：千峡湖为滩坑水库之人工湖，因湖两岸峡谷奇峰众多而名。滩坑水库是浙江省第二大人工湖，水库面积78平方千米，贯穿九龙乡全境，是旅游观光的休闲胜地。

古建遗存　岭里村古代建有徐、张、季三姓宗祠，季姓宗祠于民国元年(1912)被洪水冲毁。其中，有岭里村建于乾隆年间的会龙桥、岭里外垟村的明代大型古墓、底岸村桅杆底老住宅、外垟张守忠故居遗址等。名胜古迹有岭里村的屏风山、羊嘅山、鸡冠山、观音岩、古樟等。

九龙乡自古有舞鱼灯的民俗民风，每当丰收时节，当地村民会以舞鱼灯庆祝丰收，祝福年年有余。九龙鱼灯被列为县第一批非物质文化遗产名录。

李振彪烈士墓 李振彪先后担任中共青田、景宁、云和、丽水特派委员、丽云区委书记。1943 年 7 月 13 日，李振彪与中共青景云特委负责人张金发等在新四畚斗湾村召开重要会议，由于叛徒告密，突遭国民党军包围，战斗中李振彪壮烈牺牲。1956 年，县人民政府在高演村正东面大洋潭边，建造李振彪烈士墓。2007 年，因滩坑电站建设影响，迁至王湾后斜门岗。

梧桐乡

梧桐乡位于县城西南，东邻澄照乡、大均乡，南连标溪乡，西邻沙湾镇，西北界于云和县林丰乡。乡人民政府驻梧桐村，海拔 195 米，距县城 26 千米。

清属二都。民国 20 年(1931)建乡，属第一区，以驻地村得名。中华人民共和国成立后析为梧桐乡和山前乡，1956 年，山前乡并入梧桐乡。1958 年，改为梧桐管理区，属沙湾人民公社。同年又将何庄管理区的高演、王山头、东源 3 个大队并入梧桐管理区，建梧桐人民公社。1984 年复称梧桐乡。1993—2009 年，梧桐坑村的大湾头、长田、金昌岗、处基后、八条颂 5 个自然村先后迁到庙圩生态移民小区。2009—2010 年，林进村的白岩头、山前村的山后寮、王山头村的叶振自然村先后迁移至鹤溪镇和梧桐村。

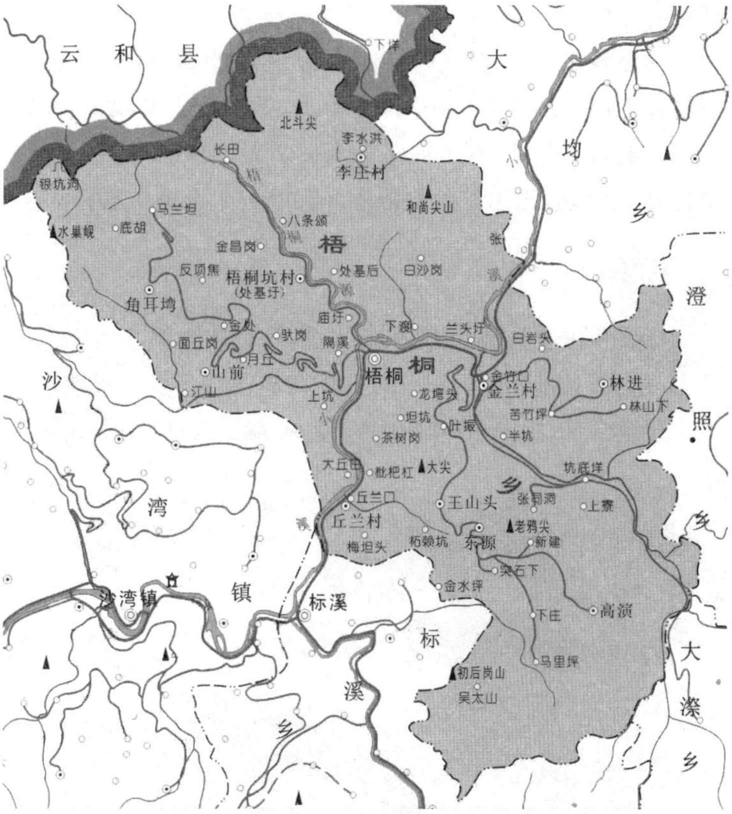

梧桐乡地图

2010 年，全乡面积 65 平方千米。辖梧桐、李庄、梧桐坑、角耳湾、山前、金兰、林进、王山头、东源、丘兰、高演，行政村 11 个，自然村 47 个，人口 1750 户，5795 人。

生态环境 地势从西北和东南向中部小溪倾斜。主要山峰北斗尖，海拔 1127 米，与云和县林丰乡分界。和尚尖和大均乡分水，朱后岗与标溪乡相邻，石门洞山口直通大漈乡；南部大尖，老鸦尖，凤山三峰耸立。主要山涧梧桐坑自西北向东南注入小溪，金兰坑从南向北注入小溪。气候温和，无霜期较长。

地方经济 属县中部低山，为粮、茶、果、畜牧、中药材综合农业区。耕地面积 316.33 公顷。其中，水田 288.8 公顷，旱地 34.8 公顷。造林 208 公顷，迹地更新 66.67 公顷，封山育林 2618.93 公顷，年生产木材 1723 立方米，毛竹 2.1 万根。茶园面积 104.67 公顷，茶叶产量 3.7 万千克。果园面积 74.47 公顷。水果品种包括柑橘、梨、桃、杨梅、柿子、葡萄等，年产量 52.4 万千克。年出栏猪 1498 头，羊 364 只，家禽 16930 羽，兔 751 只，年畜禽产品产量 19.69 万千克。梧桐乡水利资源丰富，境内已建成小水电站 6 座，即金坑源、金坑、金秋、金丝坑、金兰坑、金坑二级，共 17 台机组，库容总量 120 万立方米，总装机容量 13000 千瓦，年产总值 1300 万元。有竹木加工、玻璃钢厂等企业。其中，景宁远东特钢有限公司，年产值 2300 万元。矿产资源主要有金岚萤石矿，年产值 320 万元。2010 年，全乡工农业总产值 9920 万元，农村经济总收入 7770 万元，农民人均年纯收入 0.51 万元。

中药材之乡　梧桐乡是“中药材之乡”，全乡共经营厚朴育苗面积 23.33 公顷，是浙江省最大的厚朴苗圃基地，拥有厚朴、杜仲、白术、浙贝、金银花等中药材 1192 公顷，境内有万亩人工厚朴林，为全国最大的人工厚朴林基地。

基础设施　庆(元)景(宁)公路穿境而过，交通便利，区位优越，通康庄公路的行政村 10 个。1998 年，梧桐至高演村康庄公路建成，全长 13.7 千米，途径王山头、东源村。2008 年，梧桐至角耳湾村康庄公路建成，全长 19.8 千米，途径山前村。2002 年，梧桐大桥建成，全长 183 米，宽 7.7 米。2009 年，下渡桥建成，全长 240 米，宽 7 米。农村用电、数字电视全覆盖。1989—2003 年，供销社、邮电所、粮管所、广播站先后撤销。

社会事业　1997—1998 年，21 所村校相继撤销，合并为梧桐乡校，分为初中部和小学部。2002 年，撤销初中部。2010 年，小学部 6 个班，学生 164 人，幼儿班 2 个，学生 65 人，教职员工 25 人。

梧桐乡卫生院，有专业医务人员 7 人。1993 年，爱国侨胞沈炳麟资助的乡卫生院“德恩楼”建成。2010 年，梧桐乡卫生院改称梧桐乡社区卫生服务中心，

标溪乡

标溪乡位于县城西南，东倚大漈乡，南接雁溪乡，西连沙湾镇、大地乡，东北毗梧桐乡。预章、叶谢、马山、岱头、处基系抗日战争时期革命老区村。乡人民政府驻标溪村，海拔 220 米，距县城 32 千米。

清属二都，民国 20 年(1931)设乡，属第三区，中华人民共和国成立后仍称标溪乡。1958 年，称标溪管理区，属沙湾公社，1961 年，何庄管理区与标溪管理区合并为标溪人民公社。1984 年 6 月，复建标溪乡。2010 年，全乡总面积 49.75 平方千米，辖标溪、预章、枫林口、何庄、叶谢、处基、马山、东车、岱头，行政村 9 个，自然村 37 个，村民小组 48 个。1993—2009 年，标溪村的标溪亭、枫林口村的黄山潭、预章村的梅坦岗、窍岩、叶谢村的上章村、处基村的五格村、岱头村的砻头、坳下 8 个自然村先后迁并。全乡人口 1395 户，4654 人。其中，畲族 102 人。

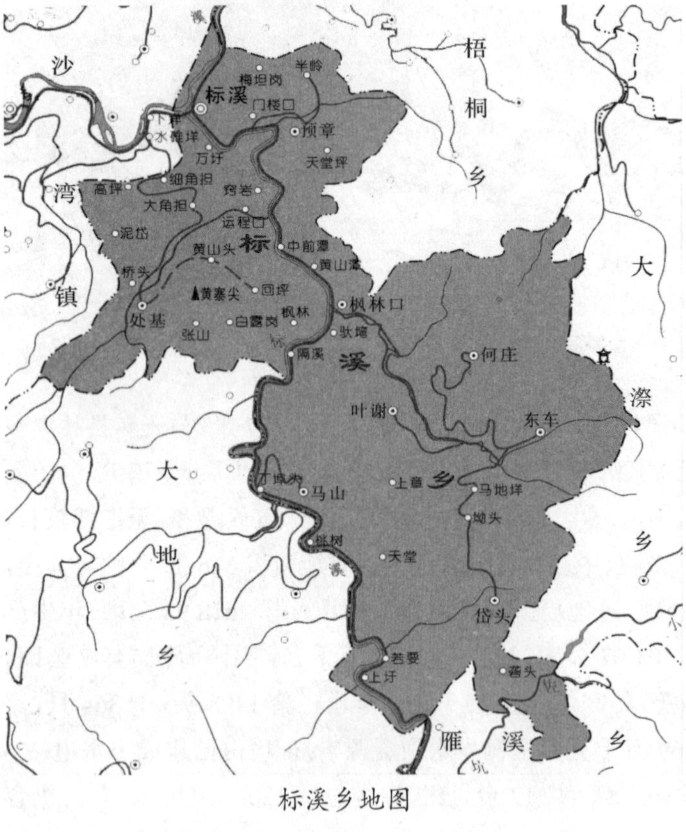

标溪乡地图

生态环境　境内气候温和、湿润，阳光充足，雨量充沛，水利条件较好。地势从东南向西北倾斜，标溪港曾是木材运输的重要航道，小水电开发后，航道被废。

地方经济　标溪经济以农业为主，属中部粮、茶、果、药、畜综合产业区，耕地面积 192 公顷。其中，水田 163.4 公顷。森林

覆盖率78.1%,山林面积4327.27公顷。其中,毛竹林面积406公顷。1993年以来,改造毛竹低产林233.33公顷,新造及扩大毛竹林面积96.06公顷,茶叶面积44.8公顷。2009年,种植白芨、太子参、元胡、白芍、天麻等草本药材,总面积49.06公顷。厚朴、杜仲等木本药材97.33公顷,梅花鹿、芦花鸡、蜜蜂、清水鱼养殖等各类农民专业合作社21家。2010年,农村经济总收入5109万元,农民年人均纯收入0.47万元。

标溪乡水利资源丰富,境内建电站10座,机组24台,总装机容量10900千瓦,年发电量3830万度。

基础设施 交通方便,景(宁)庆(元)公路过境,标(溪)上(标)公路沿标溪港贯穿全乡。农村电网高压29.18千米,低压28.98千米。2010年,联网行政村7个,安装调频广播20只。设移动机站6个,电信机站4个,程控电话村村通。实施村内道路硬化、改栏改厕、垃圾集中处理、村庄整治的行政村8个。标溪、马山村安装村内路灯。自来水全覆盖,新建、修建村办公楼的行政村8个。1995年,电影队、供销社、信用社、邮电所先后撤销。2009年,设立邮政储蓄银行代办点。

社会事业 1996年,将村校17所、教学班23个,并到乡中心学校。2000年,乡初中班撤销。2010年,教学班6个,在校学生82人,附属幼儿班1个,教职工16人。学校占地面积4263.83平方米,建筑面积2267.44平方米。乡校设特色体育科目"抖空竹"。

2008年1月,新建乡卫生院业务用房投入使用,建筑面积300平方米。2009年9月,乡卫生院改称标溪乡社区卫生服务站,医务人员5人。

古建遗存 据处基村严氏宗谱记载,严天功,道光十三年(1833)生,严德监,光绪二年(1876),父子两代同是贡生,贡元匾保存完好无损。感动大清皇帝的《割股救母》故事,其主人公系东车村徐氏先祖徐敬宽。

保存完整的建筑有马山村马氏仙宫、枫林村感应宫、张山村白鹤仙宫、东车村马仙宫、预章村刘家祠堂(稽山中学旧址)等。绍兴市稽山中学不定期组织师生前往寻访该旧址,参观稽中亭,开展爱国主义教育。

家地乡

家地乡位于县城南部,浙、闽两省三县交界地,东临雁溪乡,东南与福建省寿宁县为邻,西南与庆元县接壤,乡人民政府驻家地村,海拔430米,距县城60千米。系第二次国内革命战争时期革命老区。

清属四都,民国20年(1931)属张坑乡,归第五区。中华人民共和国成立后称芎岱乡,1984年改家地乡。2010年,辖家地、梅山头、谢坑、石碧、坪坑、芎岱,行政村6个,自然村15个。全乡户籍人口681户,2364人,劳动力1390人,外出务工1014人,占全乡劳动力的73%。

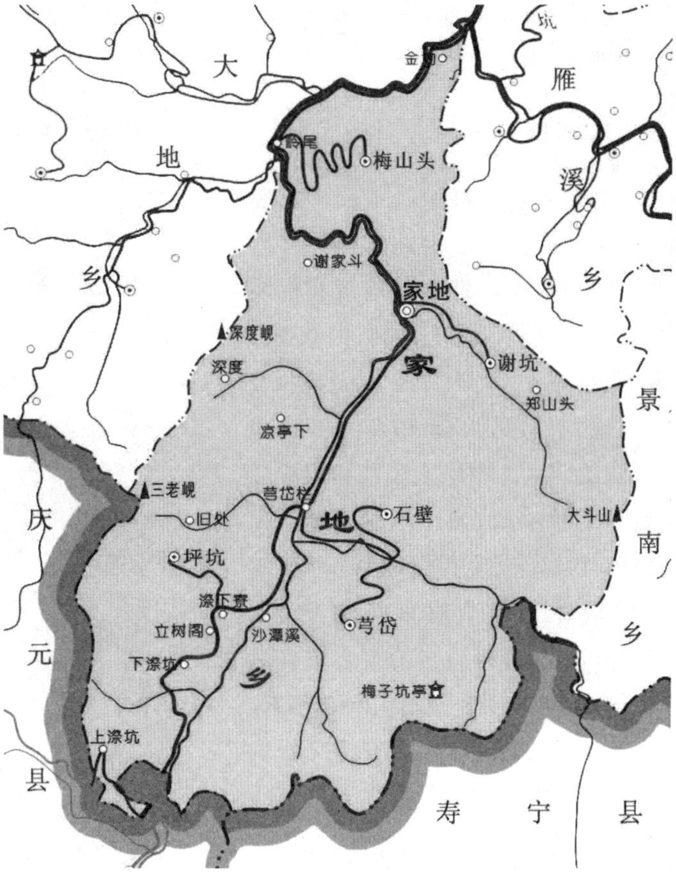

家地乡地图

生态环境　家地乡地处浙南山地南部，地貌以深切割山地为主，发源于洞宫山脉的河流，自南向北贯穿全境，森林覆盖率 87.8%。

地方经济　全乡总面积 49.6 平方千米。经济以农业为主，属中部低山粮、茶、果、畜、中药材综合农业区。耕地面积 111.13 公顷，林地面积 4659.8 公顷，毛竹面积 214.93 公顷。至 2010 年末，种植香榧 13.33 公顷，养殖山羊 1000 只，稻田养鱼 31.53 公顷，笋竹高效两用林 33.33 公顷，食用菌 90 万袋。工农业生产总值 2650 万元，农民人均年纯收入 0.4 万元。建成春岱楼、温头口、三条漈、家地小水电站 4 座，总装机容量 1.8 万千瓦。成立景宁富来草牧业专业合作社山羊生态养殖场、景宁天珍香榧专业合作社等 10 家。2009 年，富来草牧业专业合作社被评为市级规范化合作社，并在国家商标局注册“富来草”商标，2010 年，通过无公害山羊产地认证及产品认证。

基础设施　2010 年，全乡通公路行政村 6 个。2009 年，坪坑村立曙格、家地村凉亭下村下山脱贫迁至家地村，坪坑村莒岱栏村 9 户，34 人，迁移至鹤溪镇双后岗。有线电视、自来水、农村用电全覆盖。建垃圾池 50 个，垃圾箱 10 个及日处理垃圾 0.2 万千克的焚烧炉 1 座。

社会事业　1997 年，全乡村校撤并至乡中心学校，乡校设教学班 6 个，学生 221 人。2009 年，乡中心学校撤销。

2007 年，投资 39.3 万元，重建乡卫生院业务用房，占地面积 600 平方米，建筑面积 350 平方米。2010 年，乡卫生院改称乡社区卫生服务中心。设公共卫生科等科室 6 个，职工 4 人。其中，执业医师 1 人，助理医师 1 人。

古建遗存　莒岱岭脚木拱廊桥，建于清同治九年（1870），为县级文物保护单位。南北走向，尾架为 7 架梁抬梁式，屋面两坡悬山顶，桥神台被冲毁，桥面横铺枕木，再铺木板，桥上建廊屋 11 间，东西两侧为坐凳，供行人休息和纳凉。

大地乡

大地乡位于县城西南部，东邻家地乡、雁溪乡，南连庆元县官塘乡，西毗毛垟乡，北接沙湾镇和标溪乡。乡人民政府驻大地村，海拔 823 米，距县城 67 千米。

清属四都，民国 30 年（1941）建乡，属第四区。中华人民共和国成立后仍称大地乡。1961 年，建大地人民公社。1984 年，复称大地乡。系第二次国内革命战争时期革命老区。1993 年，桃垟行政村的余主坑自然村迁并至丁埠头自然村。2010 年末，辖大地、驮垟、粗垟、柳山头、叶坑下、桃垟、净水、董岭、张坑、郑公垟、余公岱、蔡放、水溪，行政村 13 个，自然村 38 个。全乡户籍人口 1898

大地乡地图

户,7800 人。

生态环境 大地乡属中亚热带季风气候,境内气候温和湿润,阳光充足。2001 年,蔡放仰天湖林场和张坑后山次生林带为县第一批森林类自然保护小区。其中,仰天湖林区天然林 266.67 公顷,人工林 133.33 公顷,林中有湿地 13.33 公顷,有草湖、山洞、古树、石坟、风冠、玉带、石马、瀑布、山泉等旅游资源及穿山甲、山羊、鹿、蛇等野生动物。

地方经济 大地乡面积 105 平方千米,乡属县中部低山林、粮、畜、药、食用菌综合农业区。林地面积 8209.8 公顷,耕地面积 266.67 公顷,森林覆盖率 82.9%,林木绿化率 85.5%。毛竹资源丰富,毛竹林面积 643.2 公顷,主要集中在蔡放、郑公垟、柳山头、粗垟村。气候条件适应杜仲、茯苓等多种中药材的生长。形成高山蔬菜、特色养殖、药材种植、食用菌主导产业。有高山蔬菜、紫薯、烟叶、香菇种植等各类专业合作社 23 家。至 2010 年末,全乡工农业总产值 3742 万元(其中农业总产值 3386 万元,占 90.5%,工业总产值 356 万元,占 9.5%),年农民人均纯收入 0.56 万元。

基础设施 1995 年 12 月 28 日,丁埠头至大地公路建成通车。1998 年 9 月,"红军路"建成通车,2006 年 10 月,大地至郑公垟"康庄工程"完工。至 2010 年,完成水溪、余公岱、柳山头、郑公垟、蔡放、董岭、粗垟等 7 个行政村的康庄公路建设及路面硬化,乡村公路总里程 90.73 千米。

1996 年,先后建成景埠、黄坑、大隆小水电站 3 座,总装机 4040 千瓦,年产值 192 万元。2002 年 12 月,完成农村电网改造。设大地村邮政储蓄点及大地、董岭、叶坑下、驮垟村邮站 4 个。广播电视、自来水全覆盖。

社会事业 1996 年,全乡 23 所村小学校先后撤并。1999 年 7 月,投资 40 万元,新建乡中心小学教学楼,2000 年 7 月竣工投入使用,更名浙江智通大地希望小学。2010 年,有 7 个教学班,在校生 109 人,教职工 15 人。

1999 年 8 月,大地乡卫生院投资 38.5 万元,改建卫生院门诊部,2000 年 6 月,竣工投入使用。设全科门诊、妇保科、药房、输液室、收费室、预防接种科、儿保科、B 超室、公共卫生科、会议室。2010 年,改称大地乡社区卫生服务中心,职工 6 人。

1996 年,先后撤销乡文化站、广播站、电影队、供销社、信用社、邮电所。

毛垟乡

毛垟乡位于县城西南,有史记载,最早由毛姓祖先居住,故以得名。东倚大地乡,南界庆元县境,西接秋炉乡,北邻沙湾镇、英川镇。海拔 325 米,乡人民政府驻毛垟村,距县城 63 千米。

清属四都,民国 20 年(1931)设乡,属第四区。1951 年 2 月为库头、秋炉 2 个乡,属大地区。1952 年 10 月,分设为毛垟、秋炉、下圩、库头 4 个乡。1956 年 3 月,合并为毛垟、秋炉 2 个乡。1958 年 9 月,设立毛垟公社,辖毛垟、秋炉、大地、莲川 4 个管理区。1961 年毛垟、秋炉 2 个管理区合并,仍称毛垟公社。毛垟公社析出秋炉公社。1984 年,复称毛垟乡。1993—2008 年,燕安村的库头岭和水涵自然村、陈坪村的西山自然村迁并到沙垟的新建垟小区。炉西村的黄秀、滴水自然村迁并至炉西村。沙垟村的新坑迁并至底垟村。毛垟村的章舟粗、章舟坪、滗头、仓基自然村迁至毛垟村、鹤溪镇安置。黄秀自然村处黄秀尖北麓,民国 24 年(1935)至 26 年(1937)间,闽东红军独立师二纵队在此建立游击区,开展景宁、庆元、龙泉和福建省寿宁县游击斗争。系第二次国内革命战争时期革命老区。2010 年,辖毛垟、库头、燕安、上坑头、沙垟、炉西、陈坪,行政村 7 个,自然村 21 个,总人口 1371 户,4675 人。

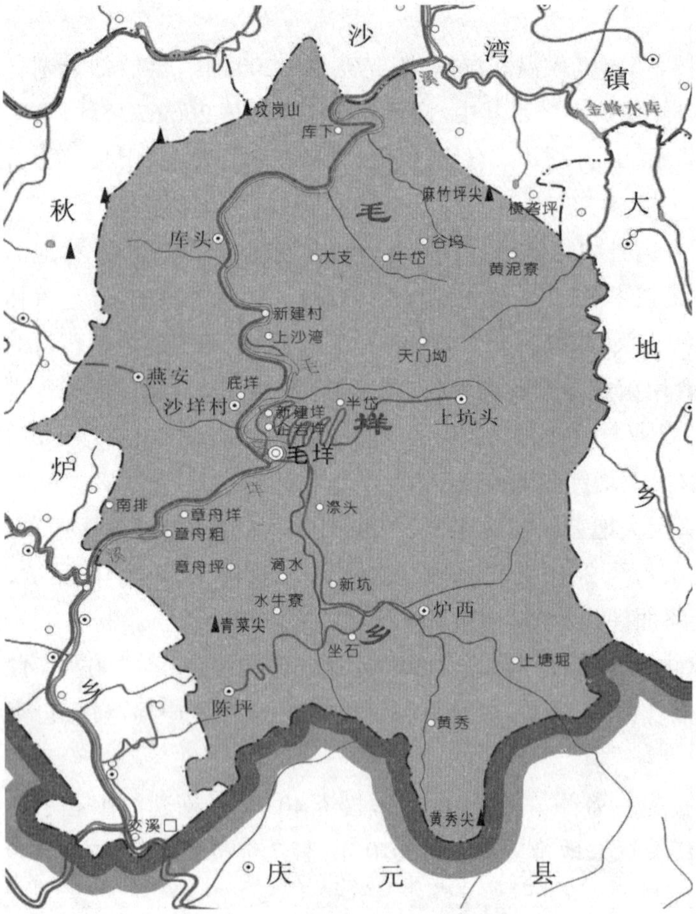

毛垟乡地图

生态环境　全乡总面积57.3平方千米。地势自东南向西北倾斜，境内多山。南面黄秀尖海拔1587.9米。毛垟港是小溪上游主溪流。毛垟乡属亚热带季风气候，温暖湿润、雨量充沛、四季分明，冬夏长，春秋短。多年平均气温17.5℃，气候温和，无霜期较长。自然灾害主要是泥石流、雹灾等。

地方经济　经济以农业为主，属县西南部低中林、粮、食用菌、畜、中药材综合农业区。耕地面积129.33公顷，人均0.027公顷，可利用林地面积4400公顷。水利资源丰富，境内有毛垟、景润、永库、银库、炉西、炉西坑小水电站6座，库容总量360万立方米，总装机容量24290千瓦。拥有高山湿地突头垟景点，年接待游客3000人(次)，旅游收入40万元。2010年，全乡地区生产总值6950万元，农村经济总收入3890万元，农民人均年纯收入0.69万元。

基础设施　毛垟乡交通方便，景(宁)庆(元)公路穿境而过。1999年，炉西石拱桥建成，宽4.5米，长36米。2002年，毛垟至炉西康庄公路建成。2003年，带溪大桥建成。2004年，毛垟至陈坪康庄公路竣工，全长13.6千米。2005年，坐石至炉西电站康庄公路建成，全长3.5千米。2007年，石印大桥建成。2010年，上沙湾村两岸交通大桥竣工。燕安村康庄公路开通。

电信企业1家，服务网点1个。固定电话用户96户，移动电话用户2150户，宽带接入用户58户。

1999—2004年，供销社、粮管所、邮电所改制撤销。

社会事业　2004年，毛垟中小学合并，2005年，撤毛垟中学。2010年，小学1所，在校生71人，教师17人，小学适龄儿童入学率、初中入学率、小升初升学率、九年义务教育覆盖率100%。同年，创办毛垟小学幼儿班。年末，在园幼儿35人，专任教师2人。

2010年，有公共图书馆(室)1个，建筑面积60平方米，藏书3546册。毛垟乡卫生院改称毛垟乡社区卫生服务中心，固定资产总值120万元，专业卫生人员6人。其中，执业医师3人，注册护士1人。农村安全饮用水普及率100%，农村卫生厕所普及率78%。

重大灾害　1998年6月22日，新建垟村因暴雨引发历史上最严重的泥石流灾害，死亡19人，失踪4人，受伤54人，36户，128人房屋被冲毁。

2006年8月10日，毛垟乡遭遇8号超强台风“桑美”袭击，沿岸新建垟、毛垟、库头等村受灾严重，公路被毁，交通、电力、通信中断，造成民房倒塌256间，民房浸水545间，27户，99人受害，直接经济损失2836万元。

秋炉乡

秋炉乡位于县城西南部，东邻毛垟乡，西南接庆元县境，北靠英川、沙湾镇。乡人民政府驻秋炉村，海拔 390 米，距县城 67 千米。

清属四都，民国 20 年（1931）建乡，属第四区。中华人民共和国成立后仍称秋炉乡，1961 年 9 月，并入毛垟公社，1981 年 12 月，建秋炉公社。1984 年，复称秋炉乡。2008 年，田寮自然村 20 户搬迁至坑边村。派坦自然村 30 户，92 人，迁移至鹤溪镇双后岗。至 2010 年末，辖秋炉、半山、第一坑、后坑、新塘垟、山头、伏岩、坑边、下圩，行政村 9 个，自然村 31 个，村民小组 50 个。全乡 1245 户，5208 人。

生态环境 秋炉乡面积 54.2 平方千米，以山地为主，海拔千米以上山峰 10 座，最高峰 1378 米。地势从西北向东南倾斜，森林覆盖率 75.8%，生态公益林面积 2086.33 公顷。境内两条支流均源于百山祖南麓庆元县境内，一条流经交溪口、坑边、下圩，另一条流经坑口、秋炉、凤口、五大垟，于朝局汇入毛垟港。

境内属中亚热带季风气候，四季分明，雨量充沛，全年平均气温 16℃，最高气温为 7 月，平均为 28℃，最低气温为 1 月，平均气温 6℃。境内有黄角腹鸡、娃娃鱼等珍稀动物。有香樟、苦槠、木荷等古树名木 211 株。

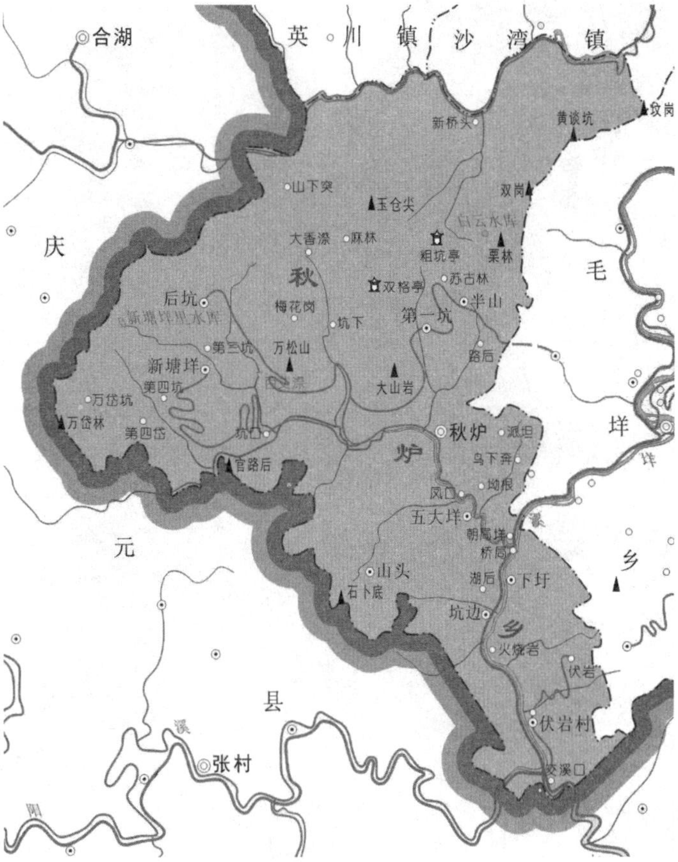

秋炉乡地图

地方经济 属县西南低中山林、粮、畜、药、食用菌综合农业区。有耕地 151.67 公顷，林地 4604.47 公顷，竹林 158.4 公顷。主导产业有林业、粮食、黑木耳。至 2010 年，全乡建小水电站 3 座，总装机容量 1 万千瓦。实现农村经济总收入 2748.1 万元，农民人均年纯收入 0.5 万元。

基础设施 景（宁）庆（元）公路经过朝局、下圩、湖后、坑边、伏岩口、交溪口。乡内公路 33.4 千米。2008—2010 年，先后建成秋炉至第一坑、半山、朝局、后坑、新塘垟及交溪口至伏岩康庄公路。农村电网高压 40 千米，低压 19 千米。用电全覆盖，实施村内道路硬化、改栏改厕、垃圾集中处理等村庄整治行政村 8 个。安装调频广播 6 只，移动机站 4 个，电信机站 1 个，联通机站 1 个。完成农民饮用水工程行政村 9 个。秋炉、伏岩、坑边、下圩 4 个行政村完成办公楼修建。

社会事业 1993 年，有乡中心学校 1 所，村小学 15 所，在校生 488 人。1996 年后，村小学撤销。2010 年，乡中心小学 1 所，在校生 35 人。

2008 年，秋炉乡重建卫生院，面积 300 平方米。2010 年，秋炉乡卫生院改称乡社区卫生服务中心。有医务人员 5 人，设儿保科、妇保科、内科门诊、外科门诊、放射科、卫生防疫等科室。

1998 年，信用社、供销社先后撤销。

鸬鹚乡

鸬鹚乡位于县城西，东靠沙湾镇，东北界云和县境，南接沙湾镇，西南连英川镇，西与葛山乡相邻，西北界龙泉市境。乡人民政府驻鸬鹚村。海拔 285 米，距县城 50 千米。

清属三都，民国 20 年（1931）建乡，属第三区。中华人民共和国成立后仍称鸬鹚乡。1961 年，建鸬鹚人民公社。1984 年，复称鸬鹚乡。2009 年，实施搬迁外弄、毛科、驮坪、后龙、地坤、牛基库、桃园基、大路后等自然村 8 个。2010 年，辖鸬鹚、仁字坑、南坑下、夏山头、徐崇、茶亭、黄桑南、山下、驮戬行政村 9 个，村民小组 74 个。总人口 1847 户，6153 人。其中，畲族 506 人，占乡人口的 8.19%。劳动力 3716 人。其中，从事农业生产 1157 人，外出务工 2676 人。

鸬鹚乡地图

生态环境　全乡面积 47.9 平方千米，地势自北、南向中部溪港倾斜。山峡谷地鸬鹚垟较为平坦，森林覆盖率 77.9%，已建成生态公益林 1333.33 公顷。属瓯江水系之支流小溪，主要有英川港、南坑源两条溪流，汇入瓯江支流小溪。河流均为山溪性河流，水位涨落迅速，径流量季节分配不均，丰水年径流量比枯水年径流量大 2~3 倍，雨季 4 月、5 月、6 月的径流量占径流总量的 50%，每遇暴雨，水位陡涨陡落，洪峰滞留时间短，落水 1~2 天便到常见水位。由于流域内经济发展水平低，无工业污染，各大小支流水质均达国家Ⅱ级以上饮用水标准。多山的地形、良好的植被和比较悬殊的海拔落差，孕育了丰富的水力资源。

地方经济　经济以农业为主，属县中部低山粮、茶、果、畜、中药材综合农业区。耕地面积 261.07 公顷，人均 0.088 公顷，大部农田可种二至三熟。林地 3389.93 公顷。产松、杉、杂木。2008 年，稻田养鱼面积 86.67 公顷。自强稻田鲤鱼养殖业合作社被评为省级示范性专业合作社、县“十佳专业合作社”。“山哈”牌稻田鲤鱼干产品曾两度上央视专题片，2007 年、2010 年获省农博会金奖。2010 年，全乡工农业总产值 6750 万元，农民年人均纯收入 0.6 万元。

水力资源比较丰富，境内有南坑下电站等小水电站 8 座。2010 年，发电量 5819 万千瓦时，产值 2360 万元。

基础设施　鸬鹚乡是全县较早实施下山移民（集镇建设）的乡镇之一。1999—2010 年，先后投入资金 1500 万元，实施下山搬迁、农村危旧房改造和地质灾害避险工程。2001 年 12 月 27 日，浙江省委书记张德江亲临调研指导下山移民工作。2003 年，下山移民小区一期项目建成。2005 年，开工建设下山移民小区二期项目，建房 2 幢 10 直。2009 年，全面实施 28000 平方米下山移民小区（二期、三期）建设。驮戥村外弄自然村实施搬迁 39 户，138 人，拆房面积为 3600 平方米，零星搬迁 9 户，41 人。在鸬鹚村建房 47 户，185 人。2010 年，毛科、驮坪自然村实施搬迁，共 42 户，125 人，零星搬迁 2 户，8 人。其中，县城购农民公寓房 24 户，84 人。在鸬鹚村建房 22 户，57 人。实施危旧房改造 27 户，105 人。后龙、地坤自然村实施搬迁 15 户，55 人，零星搬迁 8 户，30 人。该项工作 2009 年度获全县综合考核一等奖、2010 年度获二等奖。

社会事业　1996 年，8 所村校撤至乡中心小学，设 1~6 年级，教学班 6 个，在校学生 85 人。附属幼儿园 1 所，入园幼儿 42 人。2010 年，乡卫生院改称社区卫生服务中心，设村级卫生室 4 个，村级卫生巡查点 4 个。

鸬鹚乡文化资源丰富，有马仙传说、板龙、迎神、花鼓戏、黄粿制作技艺等县级非物质文化遗产 7 项。古建筑有马仙宫、古民居、祠堂等 25 处。马天仙忠孝文化独具特色。

葛山乡

葛山乡位于县城西部，东与鸬鹚乡相连，南与英川镇相邻，西北与龙泉市龙南乡接壤，乡人民政府驻葛山村，海拔 965 米，距县城 60 千米。

葛山，其山多葛藤，故名葛山。民国年间属鸬鹚乡，1951 年建葛山乡。1961 年，改为葛山人民公社。1968 年，建葛山公社革命委员会。1984 年，恢复葛山乡。2010 年，辖葛山、粗砻、岗头、岙根、印章、岭头、林胡、西山、金岱，行政村 9 个，自然村 23 个，村民小组 59 个。全乡总人口 1524 户，5059 人。人口密度高于全县平均人口密度 2~3 倍。有 80%的劳动力外出务工经商。

生态环境　葛山乡境面积 25.5 平方千米，地势自西北向东南倾斜，北缘炊天饭甑，海拔 1466.7 米，诸水源出龙泉市境，汇入英川港，气温偏低，枯水期长。境内自然条件优越，气候宜人，冬无严寒，夏无酷暑，全年平均气温在 13.9℃，年降水量 1815 毫米，相对湿度 80%。

地方经济　葛山乡经济以农业为主，耕地面积 220.53 公顷，农业主产水稻、番薯、马铃薯。山林面积 2041.8 公顷，林业主产松、杉、杂木，毛竹林 33.33 公顷，厚朴基地 13.33 公顷，板栗基地 22 公顷，油茶基地 6.67 公顷。2010 年，建有小水电站 4 座，工业总产值 400 万元，农村经济总收入 5453.2 万元，农民年人均纯收入 0.67 万元。

基础设施　葛山乡地处高山，交通不便。1994 年前，全乡 9 个行政村均不通公路。1995 年，茶亭至葛山公路通车。2010 年，实现村村通公路。

社会事业　1996 年，全乡有村小学校 8 所，先后撤并到乡中

葛山乡地图

心小学，设1~6年级6个教学班。2008年9月至2009年7月，只设1~3年级，4~6年级撤并到鸬鹚乡中心小学。2009年7月，葛山乡中心小学撤并到鸬鹚乡中心小学。

2009年，葛山乡卫生院，改称葛山乡社区卫生服务站，隶属于鸬鹚乡社区卫生服务中心。2010年，又改称葛山乡社区卫生服务中心。

习俗风情　每年小暑后的申日为葛山村的迎神吉日，村民要举办为期3天的迎神节。期间，香火不断，钟鼓齐鸣，专人轮守。头天，村民集队举旗擎伞，抬神座到村“三房”供奉，轮流祭拜。第二天下午，将神座抬至村亭，让神座回趟“娘家”。过一夜后，再以最隆重的方式将其迎回神殿。所到之处，村民祭拜，香火缭绕，场面十分隆重，祈求风调雨顺，国泰民安。作为葛山村的传统节日，迎神节由各村民小组轮流举办，每年由一户人家作“迎神头”，筹备相关事项。“迎神头”要早作准备，养大肥猪，其他农户则有钱出钱，有力出力。节日期间，“迎神头”要大摆筵席，招待村民及四方宾客。

古建遗存　葛山村有宋代古戏台，明代解元碑和清代葛山方井。分布在粗砻、印章、岗头、岭头等村。有蒋氏、王氏、叶氏三姓宗祠、清代廊桥、石拱桥等古建遗存10多处。

第二节　镇

鹤溪镇

鹤溪镇位于景宁中部偏北，海拔190米。东邻梅岐乡，南倚澄照乡，西连大均乡，北接外舍乡。是县人民政府驻地和全县政治、经济、文化中心。1993—2010年，深化改革，调整经济结构，加大农业综合开发，优化工业发展要素，繁荣商贸流通市场，提升城镇服务功能，初步形成生态农业、生态林业、生态工业、生态旅游、生态城市五业并重的生态经济格局。

汉朝初，浮丘伯携双鹤隐居此间，筑台垂钓，沐鹤于溪，鹤溪镇因溪而名。明景泰三年(1452)，景宁置县，始为县治。明崇祯十三年(1640)，知县徐日隆叠石为城，周长二里许，建承恩、行春两门及小东门、南门、小南门、西门，遂有城郭。清代，设行春、锦衣、西河、统政4坊。1984年6月，景宁从云和县析分，单独设置景宁畲族自治县。其中，城区面积0.69平方千米。1992年6月，张春乡并入鹤溪镇，辖区面积由28平方千米扩至108.6平方千米。2010年，鹤溪镇辖城南、城西、红星、仙童社区4个，鹤溪、扫口、浮丘、包凤、城西、城北、周湖、双后岗、张村、旱塔、严村、惠明寺、三枝树、东弄、王木坑、滩岭、敕木山行政村17个，自然村65个，村民小组92个。户籍居民13156户，33925人。常住人口19228户，49768人，暂住人口6072户，15843人。其中，畲族人口2716户，8142人。

2007年9月17日，县人民政府决定：撤外舍乡、金钟乡建置，合并建立外舍管理区。行政区域归鹤溪镇辖区，独立行使工作职权。金钟乡徐山、岭根行政村，合并改称岭根源行政村，绿草、杨山行政村合并改称杨绿湖行政村，金钟、小粗、陶州行政村合并改称小金州行政村。外舍西汇、白岸、石龙、新华行政村并入岭北行政村，大常、汇田、坑下行政村并入岗石行政村。外田头、麻坑、石尖头、半岭、干坑、新寮、岭脚、田塘、官田、西坑、香椹山、后坪、天堂、苦株岭、大坪、陈坑、土株坑、鸟岗、呑垢岗、田寮、外村、陈原头、笋山、耳朵坑、郑山、上园、吴山岗自然村自然消失。外舍管理区临时行政办公地点设在外舍村原供销社土产公司仓库。2008年1月，迁至鹤溪镇玄坦殿村15号(胜利路87号)。辖外舍、王金垟、岗石、岭北、坑山后、岚头、小金州、杨绿湖、岭根源、金包山、大吴山、潘坑，行政村12个，自然村103个，村民小组177个，人口3170户，10005人。其中，畲族人口1745人，占管理区人口17.44%。

生态环境 全镇境内以低山丘陵为主，海拔千米以上山峰28座，气温湿润，日照充足，雨量充沛，属亚热带季风气候。森林植被优良，矿藏资源丰富，有铁、钼、锌等金属矿产，有含多种矿物质微量元素的优质山泉水。宜耕宜休，养身福地。敕木山，系镇境内主峰，海拔1519.1米，史称“邑之镇山”。山中盛产惠明茶，镇内鹤溪、张村为山峡谷地，曾称“鹤溪洞天”。

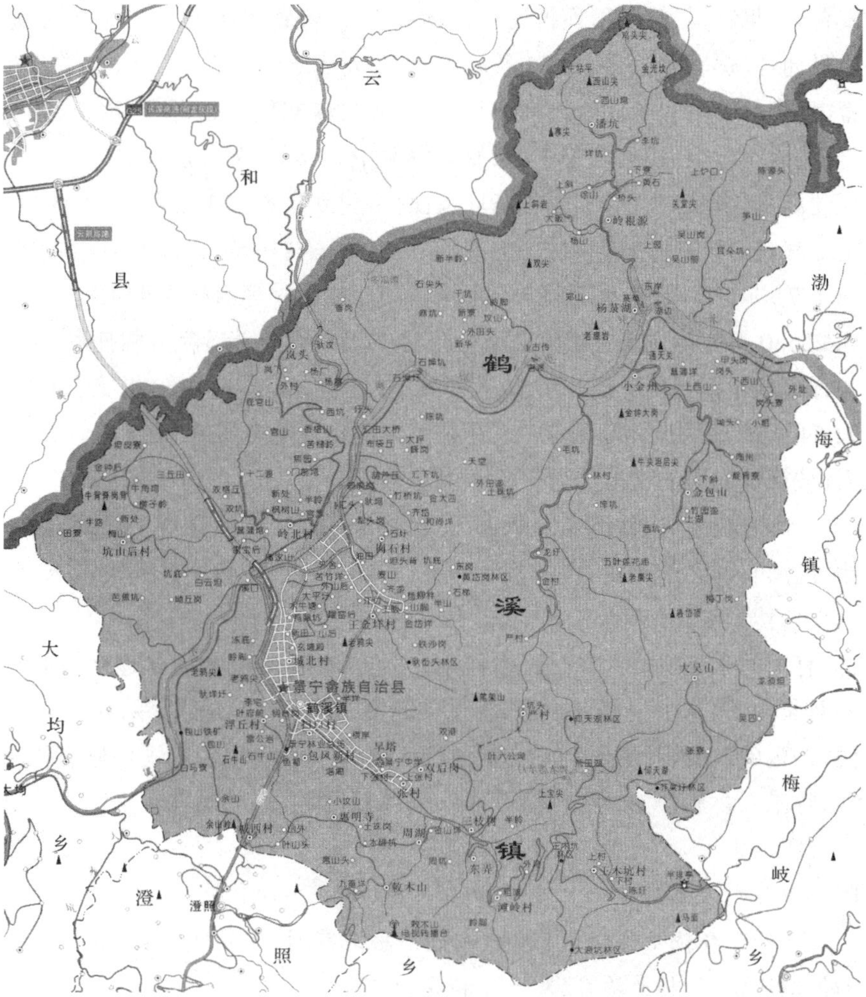

鹤溪镇地图

地方经济 镇域土地面积12362公顷。其中，耕地面积340公顷，山地面积6438公顷。林地面积5584公顷，属中低山林、粮、菜、果、茶、竹、药、菌综合农业区，森林覆盖率74.5%。2010年末，全镇农民生产合作社81家，农家乐18家，农村劳动力转移就业655人。全年实现农业总产值5679万元。粮食作物播种面积328.5公顷。其中，水稻种植面积145.2公顷。种植黑木耳150万袋，香菇1140万袋。建有茶叶基地688.88公顷，竹笋两用基地433.33公顷，水(干)果基地148.67公顷，无公害蔬菜基地420公顷。工业有农副产品加工、采矿冶炼、水电、酿造、建筑、服饰加工、制药包装、印刷等门类企业68家，实现工业总产值96900万元。产品销售收入84800万元，产销率为71%。其中，规模以上企业10家，完成产值68800万元(占全部工业产值的76%)，实现销售收入63900万元。来料加工业产值11800万元，来料加工收入4350万元，经纪人队伍67人，月加工人数6500人。农贸市场2家，百货批发37家、超市4家，车行3家、家电112家、维修业321家，住宿宾馆163家、饮食酒店737家、娱乐场所44家，个体工商经营户7273户，社会零售销售总额10557.57万元。2010年，全镇地区生产总值82000万元，农村经济总收入16900万元，年均农民纯收入0.55万元，城镇居民人均年可支配收入10400元。

社会事业 1993—2010年，鹤溪镇贯彻县委提出“小县名城”发展战略，加快改造老城区，扩大建设新城区。先后调整县城规划2次，建成区面积从1990年2.12平方千米增至2010年的3.02平方千米，相继完成旧城童弄街、石印山居住区拆迁改造和城南道路、团结东路、环城东路、人民北路拓宽改造，开发完成鹤溪花园、金农、石印山、正达阳光城、金园丽景、鑫景商城、英川电站移民安置、滩坑移民安置、金惠移民安置、城西拆迁安置、城南拆迁安置等居民小区。主要街道人民路南北延伸3600米、四面贯通环城公路，公交线路3条。供电、供水、供气、通信、电视、消防、排污等配套设施齐全。文化、教育、卫生等公共服务场所增加和扩大，完成畲族文化中心、体育场馆、景宁中学、民族中学、第二实验小学、民族小学、县疾病防控中心、妇幼保健中心、人民医院以及县人民法院、县人民检察院等一批新建、迁建和扩建重点工程。加强生态环境保护，建立生态保护公益林4503.67公顷，至2010年，鹤溪镇推进下山移民、危旧房改造和村庄整治，建设完成三枝树、双后岗、旱塔、包凤等下山移民新村5个，搬迁农户187户，630人，完成半垟、严坑、敕木山、城北村等旧村改造工程4个，排除危房78户，新建房屋面积22680平方米。开通康庄公路行政村17个，67千米。完成村庄整治6个。社会保障能力提高，全镇实行最低生活保障555户，754人。其中，农村居民304户，378人；城镇居民185户，310人；重度残疾人54人；"五保户"和"三无"对象12人；发放救助金130.39万元。参加城镇居民养老保险人数3213人，被征地农民的失地养老保险参保总数620人。

古建遗存　鹤溪镇名人辈出，民族艺术斐然。自然景观、古村落、古民居、古建筑较为丰富。明朝始，鹤溪有闻名的鹤溪春水、莘岭寒泉、石印呈祥、卓峰拱秀、鸦顶晴云、敕峦霁雪、牛峭朝岚、铁岩夕照八大自然景观。有鹤溪古城、畲族原生态古村落。有潘家大屋、孔庙、惠明寺等民宅、寺庙、祠堂古建筑群。有民间工艺、民俗节庆、民歌舞蹈、文物典籍等非物质文化遗产。1993—2010年，投入6500万元，加强石印山、敕木山生态保护，修缮保护鹤溪古城、孔庙、惠明寺、包凤、东弄、周湖、双后岗等古村落、古民居、古建筑群，开展非物质文化遗产研究、传承和开发，建成乡村文化演艺大舞台、非遗馆，完成畲族"三月三"、畲族服饰、手工编织彩带、公德舞、原生态山歌等非物质文化遗产保护和传承工作。

附1：

原外舍乡位于县城东北部。乡政府驻北岸村，距县城3.8千米，海拔140米，东邻金钟乡、渤海镇，南倚鹤溪镇，西接大均乡，北连云和县云坛乡。

清属一都。民国属第一区，称北舍乡。中华人民共和国成立后，称外舍乡。区域面积84.6平方千米。辖外舍、岭北、岗石、王金垟、坑山后、金村、岚头、白岸、西汇、汇田、石龙、新华、大常，行政村13个，自然村106个。1958年、1984年曾改称外舍畲族乡，系抗日战争时期革命老区。

2004—2007年，因滩坑电站库区建设，涉淹石龙、大常、白岸、圩头、汇边、汇田、汇下、杉树湾、岭脚、北岸、外舍等自然村，移民1125户，2996人。其中，安置奉化市48户，171人，义乌市54户，196人，诸暨市105户，343人，鄞州区33户，106人，莲都区342户，1137人，缙云县38户，121人，遂昌县14户，48人，县内城南、王金垟、双坑口、澄照等486户，866人。

境内地势由东南和西北向中轴峡谷倾斜，沿瓯江支流两侧稍平，四周山高谷深，驮源顶山峰海拔1173米，泗州坳山口为通往云和古道要隘。气候属中亚热带季风气候，四季分明，冬季阳光充足，春季早暖。属县内粮、渔、果、禽、水土涵养林综合农业区。耕地面积1079.25公顷，林地面积17812.4公顷，其中，国家级生态公益林5760公顷。农业综合开发后，主要经济作物有枇杷、杨梅、美国黑李、西瓜、花生、柑橘、翠冠梨、蜜桃、茶叶、香菇、油茶籽、竹笋。王金垟工业园区投资4079万元，征用土地55.13公顷，企业23家，总产值16692万元。经商、运输、采砂、常年外出劳务等劳动力2493人，农民专业合作社11家，农家乐6家。

云(和)寿(宁)公路、景(宁)青(田)公路过境，交通方便。康庄公路和库周公路共13条，总长9501千米，路面全程硬化贯通。广播、电视、电信网络全面覆盖，农电网普级。滩坑电站建设，带动下山移民和新农村建设。外舍防护工程总投资48000万元，开发新城区。王金垟移民安置点面积19.5公顷，建造98幢1005直房屋，安置滩坑移民、下山脱贫、危旧房搬迁对象707户，1718人。双坑口新村安置点面积13公顷，建造83幢571直房屋，安置下山脱贫、危旧房改造、无房户、高速公路、县垃圾场等拆迁对象434户，1293人。绿草安置点面积88公顷，建造11幢91直房屋，安置陈原头、笋山、耳朵坑、郑山、上园、英山岗6个村，63户，207人。

附2：

原金钟乡位于县城东北。民国20年(1931)属绿草乡、杨徐乡，1941年改名金钟乡，属第二区。中华人民共和国成立后，仍称金钟乡。东邻渤海镇，南接梅岐乡、鹤溪镇，西与外舍乡相连，东北界莲都区。乡人民政府驻金钟村，海拔130米，距县城17千米。境内地势从南北向中部溪谷倾斜，以丘陵为主，诸水均汇入瓯江小溪流域。

辖区面积104平方千米，耕地264.5公顷，林地10442公顷，水域面积0.13平方千米。辖金钟、潘坑、绿草、徐山、杨山、岭根、陶州、包山、小粗、大吴山，行政村10个，自然村42个，村民小组83个。全乡户籍人口1395户，5336人。其中，畲族416人。劳务输出1615人，地方经济总收入2215万元，农民年人均纯收入0.28万元。

地方经济以农业为主。主产水稻、番薯，马铃薯及花生、绿豆、芝麻、雪梨、西瓜、柑橘等经济作物。林业主产松、杉、毛竹、杂木。“金钟雪梨”是景宁的特产之一，以皮薄、肉脆、汁多、味甘著称。境内水资源丰富，建有三重漈、古传、李坑、陶州4座小水电站，总装机容量4200千瓦，年总产值600万元。1994年，开发的小粗口铅锌矿，年产值495万元。1999年，建绿草圩火炮厂。2005年，因滩坑电站建设，铅锌矿和火炮厂先后关闭。

水陆交通方便，通康庄公路行政村10个，并实施路面硬化。广播、电视、电信网络全覆盖，农村电网改造后实现城乡同网同价。

滩坑电站建设，涉淹行政村10个，自然村15个。金钟行政村的马山根、湖边、金钟、金钟亭、高半垟、独山、古传、官渡、石门楼自然村；绿草行政村的大粗、汇头、东岸、夏山、外村自然村；小粗行政村的小粗口自然村，共移民724户，2108人。分别安置于东阳、绍兴、诸暨、莲都、缙云、松阳、遂昌及县内澄照、九龙等地。

东坑镇

东坑镇位于县城东南，东与文成县交界，东南与泰顺县接壤，西邻大漈、澄照乡，西南与景南乡相连，北倚梅岐乡。镇人民政府驻东坑村，海拔590米，距县城30千米。2008年10月，镇政府迁入文化路新办公楼。

清属五都、六都。民国20年(1931)分设东坑、北溪、桃源3个乡。中华人民共和国成立后，设东坑、北溪2个乡。1951年，东坑乡析出章坑、杨斜乡，北溪乡析出深垟乡。1956年，东坑、杨斜、章坑合并为东坑乡，北溪、深垟乡合并为深北乡。1958年，分别改称东坑管理区、北溪管理区，均属东坑人民公社。1961年，分别改建为东坑人民公社、北溪人民公社。1981年，北溪人民公社以驻地名改称白鹤人民公社。1984年，复建东坑乡，白鹤人民公社析为白鹤乡、北溪乡。1990年，东坑乡改建为东坑镇。1992年，撤白鹤乡、北溪乡，并入东坑镇。2010年，撤并自然村16个。辖东坑、罗山、马坑、何村、竹埠、章坑、徐砻、北山、杨斜、深垟、桃源、白鹤、根底岘、大张坑、汤北、方徐、吴山头、茗源，行政村18个，自然村47

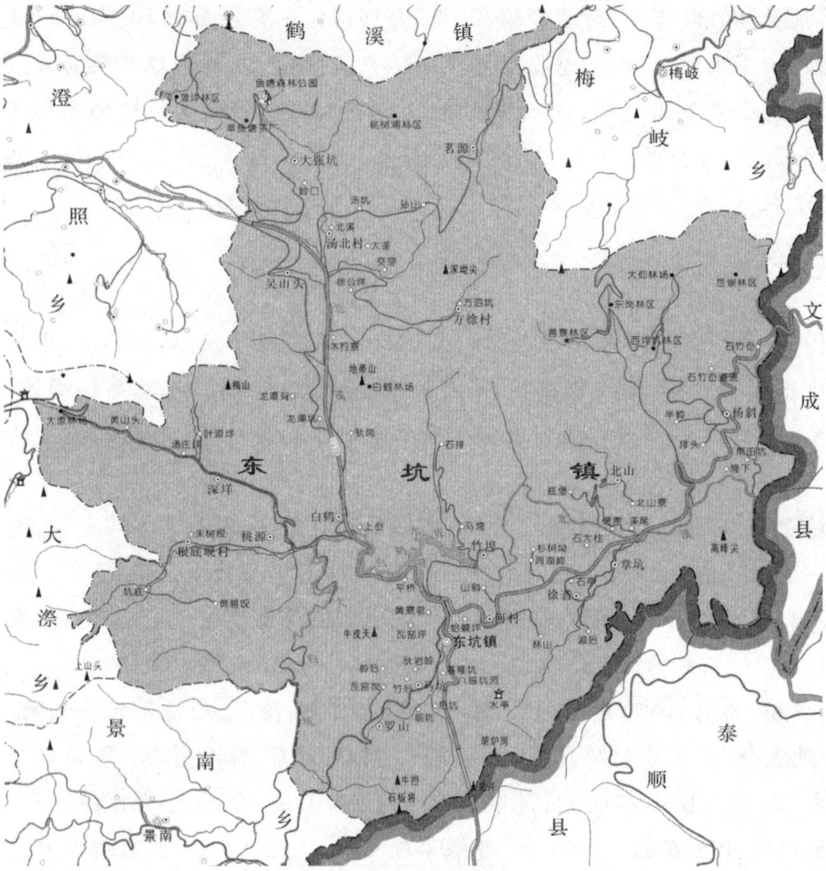

东坑镇地图

个，居民委员会 1 个。全镇户籍人口 2428 户，8789 人，常住人口 1761户，5257 人，外出人口 4048人，外来人口 516 人。全镇有畲族村 7 个，畲族人口 414户，1946 人。其中，大张坑、吴山头、马坑为畲族集聚村。马坑、深垟、白鹤、章坑、竹埠、北山、大张坑行政村系抗日战争时期革命老区。

生态环境　东坑境内群山延绵，地形属西南低中山，山脉走向交错复杂。千米以上山峰 45 座，中部地帚山孤峰突起，海拔 1208 米，大仰湖主峰为最高峰，海拔 1556 米，山顶台地有沼泽群，与梅岐乡分水。汤坑、大张坑、方泗坑诸水注入北溪，南流至白鹤，会西部桃源、根底岘、大白坑、东坑诸水，而后东折出境汇入飞云江。独茗源一水北流，注入炉西坑，为县城饮用水源头保护区。

地方经济　全镇总面积 173.2 平方千米，其中，耕地面积 490.4 公顷，林地面积 1.41 万公顷，有国家级生态公益林 1982.4 公顷，省级生态公益林 5389.93 公顷。经济主要依托山区农林资源，主产粮食，盛产杉、松、杂木、毛竹，属县西南林、粮、畜、药、食用菌综合农业区。1993—2010 年，实施"大东景"省级现代农业（林业）综合区建设规划，推进农村经济综合开发，初显现代农业规模效益。开发白玉仙茶 46.67 公顷，笋竹两用林 280 公顷，香榧 66.67 公顷，种植高山蔬菜 20 公顷、杨梅 25.33 公顷、中药材 10 公顷、高山茭白 12 公顷、食用菌 108 万袋、花卉 3.33 公顷。有养殖合作社 31 家，发展生态竹园土鸡、山羊、黄牛、生猪。借助生态、民族和古村落优势，发展农家乐 24 家，推动乡村旅游业。1999 年，建白鹤一级电站。2005 年，建白鹤二级电站，有中型水库 1 座，总库容 1603 万立方米。镇域内建成小水电站 7 座，总装机容量 32850 千瓦。探明有钼、铁、铜等矿产资源，1998 年，由浙南钼业有限公司开发钼矿 1 处，年产值 1700 万元。2010 年，全镇工业总产值 41000 万元，农业总产值 5228 万元，农村经济总收入 7109 万元，农民人均年纯收入 0.53 万元。

基础设施　东坑镇交通方便，云（和）寿（宁）线 S228 公路、瑞(安)东（坑）线 S330 公路穿境而过。1993—2010 年，两条省道多次进行路面改造，道路级别提升，路况改善，是景宁通往温州、福建的交通干线。白（鹤）大（漈）线，从 S228（52）省道 K27 处（东坑镇白鹤村口）西转，经镇内桃源、深垟村，至大漈国家级 AAAA 景区。镇内村庄公路建设完善，北溪至茗源 10.7 千米，张山岙隧道洞口至草鱼塘 6.2 千米，章坑至徐砻 4.6 千米，深垟至叶源垟 1.2 千米，杨斜至大仰 9.07 千米，桃源至根底岘 4.45 千米，垟桥头至竹埠 5.3 千米，北溪至方徐 8.2 千米，章坑至北山 7.45 千米，林区道路

86.58 千米。全镇行政村完成道路硬化、改栏改厕、村庄整治，垃圾集中清运处理工程。客运站日发客运汽车 20 班次。农村电网高压线路 30.19 千米，低压线路 41.81 千米，全面普及用电。2009 年，建成东坑镇自来水站，建立供水站行政村 18 个，年供水 75 万立方米。2010 年末，铺设排水管道 120 千米。马坑村下山移民点建设初见成效。

社会事业　2010 年，镇幼儿园 1 所，在园幼儿 123 人，专任教师 8 人。中心小学 1 所，在校生 259 人，专任教师 32 人，小学适龄儿童入学率 100%。初中 1 所，在校生 128 人，专任教师 21 人，初中适龄人口入学率 100%，小学升学率 100%，九年义务教育覆盖率 100%。有文化站 1 个，建筑面积 1315 平方米。公共图书馆（室）1 个，建筑面积 200 平方米，藏书 13000 册，村级文化娱乐场所 18 个。农村通信设施共享率提高，设有线广播电视站 1 个，通有线电视和广播行政村 18 个。公共广播喇叭 102 只，有线电视用户 1901 户，入户率 74.7%。设邮政网点 1 个，投递路线单程总长度 50 千米，投递点 18 个，乡村通邮率 100%。电信企业 2 家，服务网点 2 个。电话交换机总容量 2800 门，固定电话用户 500 户，移动电话 5000 户，电话普及率 95%。

1993 年，东坑镇卫生院改称东坑镇中心卫生院。2009 年，改为镇社区卫生服务中心，村卫生室 6 个，有专业卫生人员 22 人。其中，执业医师 2 人，执业助理医师 9 人，注册护士 1 人，检验师 1 人，药师 2 人，乡村医生 7 人。

2008 年，东坑供销社实施改制，撤销水管站。

名胜古迹　东坑境内有飞云峡、大仰湖、白鹤湖、九重漈、石蛙潭瀑布、草鱼塘森林公园等山水奇观。有五显帝殿、马天仙殿、汤夫人庙、何八公庙、吴驮公庙、深垟孙氏宗祠、大张坑雷氏宗祠、青花瓷窑址等古老建筑，有深垟、桃源、茗源等古民居村落。有历史长久、风格各异的古廊桥 15 座。

渤海镇

渤海镇位于县城东北部。镇政府驻渤海村，海拔 125 米，距县城 35 千米。东与青田县、文成县交界，南与郑坑、梅岐乡相邻，西接外舍乡，北连九龙乡。景（宁）青（田）公路穿境而过，水陆交通方便，素有“水上门户”之称。2004 年，滩坑电站水库建设，镇政府驻地渤海村涉淹。2006 年底，镇人民政府迁至鲍山头村垟岗，海拔 425 米。

渤海，陈姓先祖“银王”陈鎏最先徙此，用老松树填底建屋。原系蒲草丛生之沼泽地，溪水环流，昔称为蒲

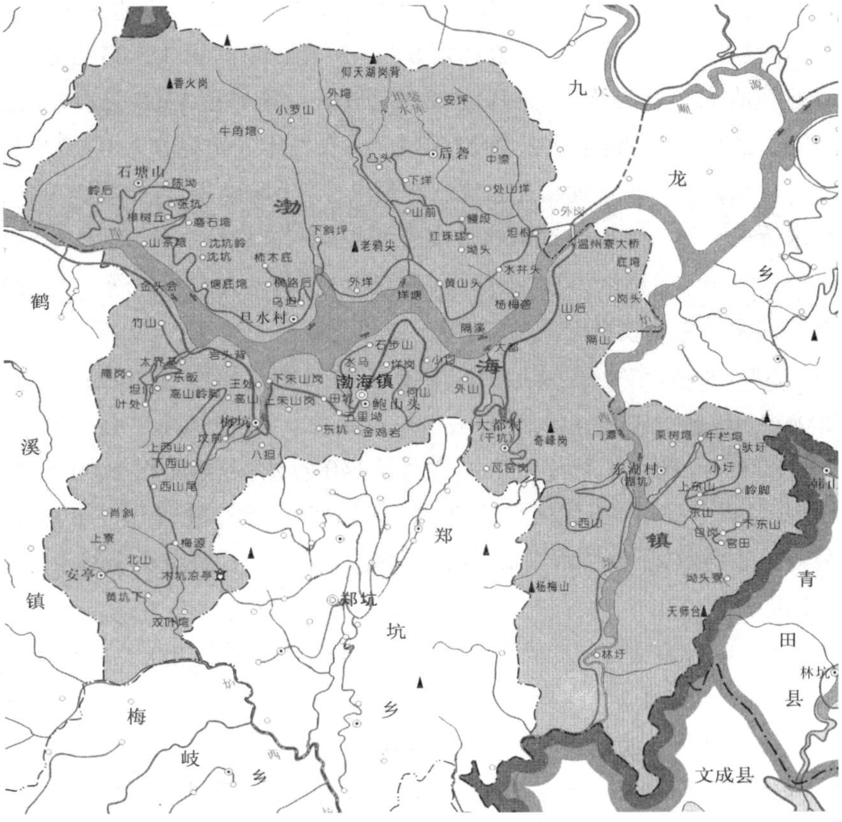

渤海镇地图

海，后以谐音演变为渤海，明属青田县柔远乡连云里。清为一都，民国20年（1931）建乡，属第二区，历为乡建制。系第二次国内革命战争时期革命老区。中华人民共和国成立时为渤海乡。1958年，改设渤海人民公社。1984年，复称渤海乡，属渤海区。1992年，撤区并乡，渤海、大都乡合并建渤海镇。辖渤海、石塘口、石塘山、沈坑、旦水、叶处、鲍山头、梅坑、安亭、大都、外湾、后砻、鳗段、门潭、湖坑、东山，行政村16个，自然村96个，村民小组118个，居委1个，人口2725户，10227人。其中，农业人口9735人，非农人口662人。2003年5月，滩坑水电站建设，涉淹辖区渤海、旦水、大都、石塘口、沈坑、叶处、鲍山头、梅坑、门潭、湖坑、鳗段、后砻等行政村12个，自然村20个，移民1691户，6630人。2010年末，辖鲍山头、梅坑（梅坑、叶处合并）、安亭、石塘山（石塘口、石塘山合并）、旦水（沈坑、旦水、外湾、鳗段合并）、后砻、大都（大都、门潭合并）、东湖（湖坑、东山合并），行政村8个，居委1个，自然村87个，村民小组77个。面积108.4平方千米，人口1586户，6283人。其中，非农业637人，畲族1119人。

生态环境　境内地势东北为低山丘陵，西南部稍高而向中部溪流峡谷倾斜，且小溪两岸地形平坦，余为丘峦沟壑。最高峰为圣塘岗，海拔1170米；次之仰天湖岗背，海拔1109米；天师台海拔1010米，余峰多数在500~1000米之间。有原生态的华东第一峡谷——炉西峡。四周各支流溪水注入滩坑水库，形成千峡湖，境内湖长27.4千米。有梅坑、旦水小水电站2座，装机容量1410千瓦。有农田灌溉小水库12座。其中，后砻坦代水库容量15万立方米，面积0.75平方千米。

气候温和，四季分明，雨量充沛，全年平均气温12℃，最高气温为7月，平均28℃，最低气温为1个月，平均气温2.3℃。年降水量1530.6毫米，降水日数135天。年太阳辐射量每平方厘米101千卡，年日照时数1755小时，年无霜期223天。

地方经济　渤海镇属低山丘陵粮、林、果、渔、禽等种养殖综合农业区。至2010年末，耕地面积449.57公顷，山林面积10968.8公顷。以杉木、松木，杂木、毛竹为主，有林地8649.2公顷。其中，生态公益林面积5233公顷。镇、村办林场6个。粮食种植面积325.33公顷，年产量155万千克。开发笋竹两用林基地122.33公顷，水果基地23.33公顷，山羊养殖1500头。外出劳务人员2779人，收入1174.36万元。2010年，经济总收入2822.31万元，农民年人均纯收入0.45万元。

基础设施　全镇通康庄公路行政村8个，道路硬化、电视覆盖率100%。移动、联通、电信信号、自来水覆盖全镇。农网改造100%，实现城乡同网同价。

1995年，撤销供销社、工商所、粮管所、水利站及农机站等机构；2007年，渤海镇林业站等机构按改革方案并入镇政府，公安派出所迁到九龙乡。

2006年前，全镇有学校3所。其中，初中2所（渤海中学和渤海民办中学），小学1所（镇中心小学）。2006年末，撤销民办中学、渤海中学并入城北中学，撤销镇中心小学并入育才学校（后称红星小学）。

2006年，在垟岗新建镇卫生院投资140万元，占地面积2000平方米，建筑面积800平方米，2007年12月投入使用。卫生院设内科、外科、妇产科、治疗室、药房、注射室、手术室、化验室、心电图、B超、公共卫生科等，卫生技术人员14人。村级设后砻、石塘山两个村卫生室及安亭、旦水、大都、东湖四个巡回医疗点。

2010年，镇文化中心设公共图书馆（室），建筑面积300多平方米，村级文化活动中心3处，各类图书室3个，藏书1万册。

名胜古迹　明朝国师"刘基母富氏墓"坐落门潭村，建于元代至正二十二年（1362），墓地坐西朝东，占地面积130平方米。2008年，电站库区淹没，迁建于炉西峡峡口，属县级文物保护单位。

明代尊称"银王"的陈鎏庵墓安葬于原渤海村后，建于明嘉靖八年（1529）。滩坑电站水库建设，该墓保持原貌向后上移 60 米，系县级文物保护单位。

安亭金灵殿，始建于 18 世纪，初为土地庙，后经安亭村多次修缮为金灵殿，面积 80 平方米，每年七月初三吸引大批香客朝拜。

沙湾镇

沙湾镇位于县城西南，东邻标溪乡、梧桐乡，南接大地乡、毛垟乡，西与鸬鹚乡毗邻，北连英川镇和云和县林丰乡。村建河湾旁沙圩，地呈月牙形，素有“半湾村傍月，一曲水鸣雷”之喻，故得名，镇人民政府驻沙湾村，海拔 225 米，距县城 38 千米。

明为鸣鹤乡升天东里，清属二都，民国 20 年（1931）设乡，属第三区。旧地图曾称沙湾市，后设沙湾乡。中华人民共和国成立后，分建沙湾、季庄、七里 3 个乡，1956 年，3 乡合并，仍称为沙湾乡。1958 年，改为沙湾人民公社，辖沙湾、季庄、七里 3 个管理区。1961 年，上述 3 个管理区再次合并为沙湾公社。1984 年，改称沙湾乡。1986 年 11 月撤乡建镇。

1992 年 6 月，莲川乡、叶桥乡并入沙湾镇，辖沙湾居民委员会及沙湾、坑头、蔡湖、张庄、季庄、林斜、毛山头、七里、仙姑、陈司坑、道化、水井、严坑、莲川、旺水、小地、上处垟、赤岩、本岱、叶桥、林坑、何处、李处、流坑、东堡、陈田，行政村 26 个，自然村 108 个，村民小组 177 个。2010 年末，辖区常住 5562 户，17126 人。其中，畲族 357 户，891 人，主要分布在沙湾、道化、张庄、季庄、林斜、严坑、毛山头、七里等村。镇辖面积 122.7 平方千米。

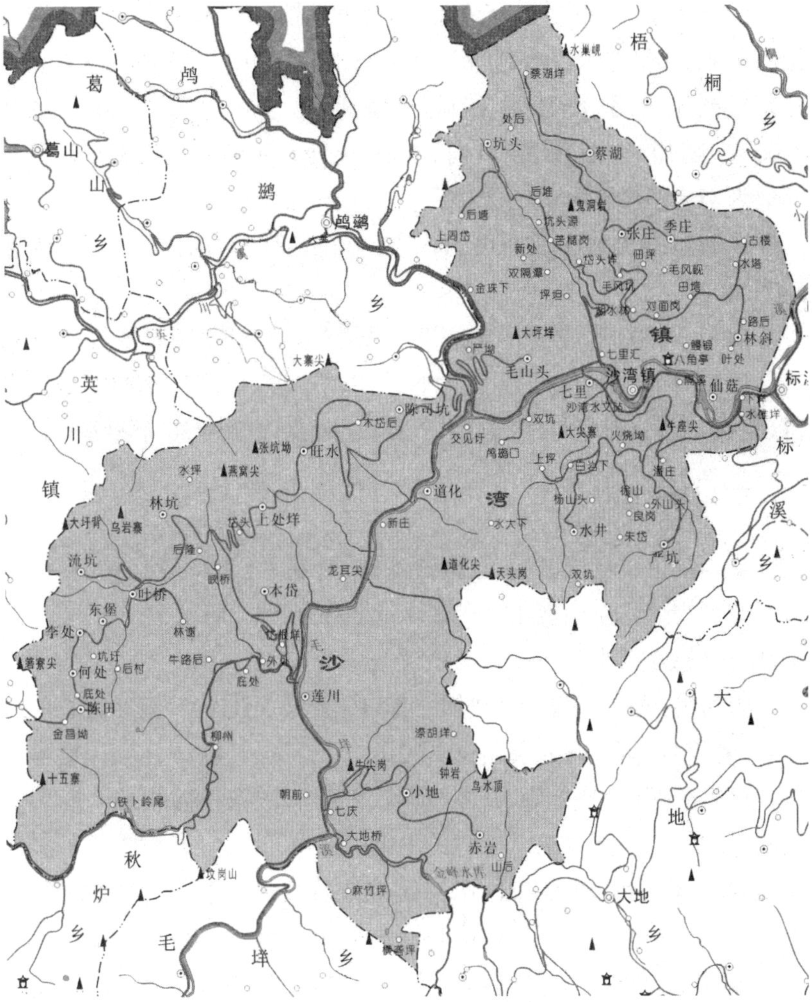

沙湾镇地图

生态环境　沙湾镇地处瓯江支流小溪溪谷地带，地势由西南向东北渐倾，主要山峰有鬼洞岩、毛凤岘、大坪垟、大尖寨、牛座尖、道化尖、北斗尖、鸟水顶、大圩背、乌岩寨等，最高峰箬寮尖海拔 1465.7 米，与英川镇隆上、凤垟村分水为界。

瓯江支流小溪在沙湾境内流程 13 千米，小溪原是重要的运输要道，沙湾埠头曾是水路交通的集散地。后因陆地交通发达，河水被电站截流，水上航道不再繁荣。

地方经济　经济以农业为主，属中部低山粮、茶、果、药综合农业区。耕地面积 610.57 公顷（其中水田509.4公顷，旱地101.17公顷)，占全镇面积的5.12%。山林面积9541.2公顷，占全镇面积的79.4%。1993年后,发展食用菌、烟叶、高山蔬菜、中药材、食用百合等产业。2010年,农村经济总收入13513万元,农民年人均纯收入0.63万元。

基础设施 交通便利,通康庄公路行政村26个,等级公路通村率92.3%,路面硬化率88.5%。景(宁)庆(元)公路经沙湾顺毛垟港而上。景宁至云和、龙泉方向可经沙湾到达,每天均有固定班车。

水电资源丰富,建成景润电站、鸬鹚电站、仙菇电站、峡桥一、二、三级电站、金峰电站、黄水坑等电站。2008年,全面完成农村电网改造,实现有线电视村村通工程。2010年,进入有线电视数字化。电信、联通、移动等网络覆盖全镇。有邮政网点1个。农村饮用水工程入户率95%。建有垃圾中转站1个,各种规格垃圾桶567只,在主干道及公共场所配置大型垃圾桶,每1~3户配置小型垃圾桶1个。

2008年,七里、林斜、严坑、毛山头、沙湾等5个村完成旧村改造。七里村建成容纳120户,600人下山移民安置小区,严坑村受地质灾害影响,全村避让搬迁至七里村安置小区。

社会事业 1997年,全镇43所村小学校合并为3所。2007年,3所小学合并为沙湾中心小学,校园面积4120平方米,校舍面积5264平方米。1996年,3所中学合并为沙湾中学。2004年,幼儿园6所,分别设在莲川、季庄、新庄、沙湾、本岱、小地,共6个班。2005年8月,建沙湾中心幼儿园,共5个班。2006年,莲川、季庄、新庄、沙湾、本岱、小地6所幼儿园撤并至沙湾中心幼儿园。2009年8月,撤高中部成为初级中学。

沙湾镇文化站先后通过丽水市“山花工程”和浙江省“东海明珠”工程验收。镇阅览室拥有图书5000册。

1996—2000年,沙湾人民法庭、供销社、工商所、粮管所等单位先后撤并。

1993年,沙湾中心卫生院改称沙湾镇中心卫生院。2009年,更名为沙湾社区卫生服务中心。设内科、外科、儿科、妇产科、中医科、五官科、康复治疗等28个科室,床位24张。

英川镇

英川镇位于县城西南,东接沙湾镇、鸬鹚乡,北倚葛山乡,南与庆元县百山祖乡毗邻,西、北与龙泉市龙南乡交界。东西宽15千米,南北长13千米,面积121平方千米。镇人民政府驻英川村,海拔430米,距县城63千米。

明为鸣鹤乡升天西里,清属三都,民国20年(1931)建乡,属第三区。1990年建镇,1992年,撤销黄湖乡、隆川乡建置,并入英川镇。2010年,辖英川、坑垟、董川、底垟、梅漈、叶坪头、耀垟、王宅、金林、新村、鲍岱、黄谢圩、外处坳、石漈、湖后、木岱口、茶园、温堆、隆川、黄垟口、白坦、隆上、张川、寨后、凤垟,行政村25个,自然村72个,村民小组190个。

1999年9月,建英川电站,库区涉淹行政村3个,自然村6个:木耳口行政村的木耳口、西坑口、茶堂自然村,鲍岱行政村的郑元、桥头自然村,湖后行政村的半岭自然村。共有移民254户,874人。其中,库边后靠安置4户,8人。投亲靠友安置82户,312人,迁至龙泉市、云和县。无土安置168户,554人,安置于鹤溪镇鹤川小区。

2010年末,全镇人口4261户,15326人。其中,畲族435人。全镇有80%的人口常年外出务工、经商,外出人口12247人。其中,以县城鹤溪镇(4034人)、云和(2923人)、丽水市区(1524人)最为集中,外出人员主要从事农林牧渔业(3018人)、采掘业(1542人)、制造业(2187人)等。

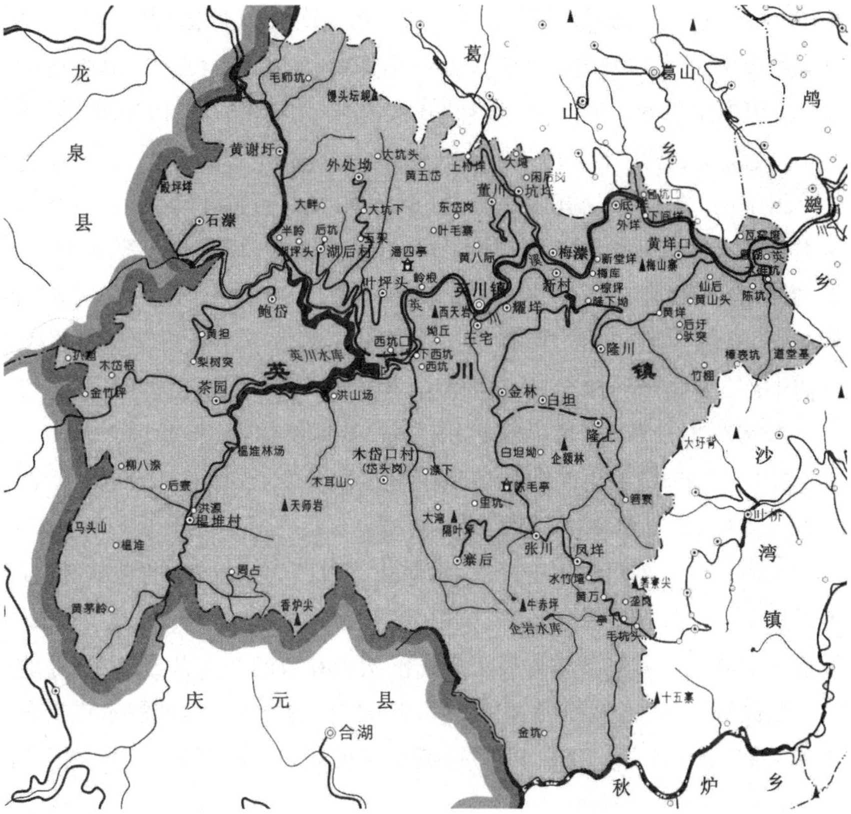

英川镇地图

生态环境 英川镇属高山丘陵地区，地势自西南向东北倾斜。重峦叠嶂、群峰林立、高耸入云。平均海拔 1100 米。主要山峰海拔在 1400 米以上有马头山、猪窟岘、香炉尖、寨后山、天师岩、箬寮尖等。海拔 1000 米以上有隔叶坪、牛赤坪、企额林、驮垟岘、铁尊岩等山峰。英川村周围梅山寨、叶毛寨、西天尖山峰海拔为 800 米。且多山多水，与庆元县境分水，主要山口合湖隘通往庆元县境。发源于龙泉市凤阳山的黄谢圩坑、坑垟坑汇入英川港，白坦、箬寮、凤垟、张川诸水北出黄垟口入英川港，南部黄水坑东入毛垟港。英川地表有 3~5 米厚为含粉砂质黏土，黄色、中密、稍湿，含砂 20%~30%，系残破积成因，下层为二长花岗岩。沟谷处见不同程度基岩裸露，岩性为二长花岗岩，浅肉红色，中等风化。岩体未见裂隙发育，山谷其他地覆盖 1~2 米厚的残坡积层。境内寨后村一株蓝果树，树龄 500 年以上。

地方经济 全镇经济以农业、林业为主，属县西南低中山林、粮、禽、药、食用菌综合农业区。耕地面积 573.3 公顷，占镇域总面积的 4.7%(人均耕地不到 0.04 公顷)。林业用地面积 8481.27 公顷。其中，生态公益林面积 3600 公顷，占镇域总面积的 70%(人均林地面积不足 0.6 公顷)。1993 年始，重点开发英川板栗、高山蜜梨、薄壳田螺、稻田鲤鱼、木本药材、食用百合等特色产业，英川密梨种植基地 234.13 公顷。2007 年，引进食用百合试种成功，逐步形成产业。2009 年，先后成立英川镇董峰合作社、和顺百合专业合作社。推出英川高山蜜梨、田螺、南瓜子、英川百合等绿色食品。2010 年，实现经济总量 16645 万元，其中，农业总产值 5672 万元，工业总产值 7300 万元，劳务输出收入 3673 万元。农民年人均纯收入 0.47 万元。

境内季风气候显著，雨量充沛，水力资源丰富。至 2010 年，先后建成小水电站 11 座，装机容量 6.7 万千瓦，年发电量 10876 万千瓦时。英川电站 2002 年 12 月竣工，装机 4 万千瓦，投资 3.15 亿元，水库容量 3731 万立方米。

基础设施 2002 年，康庄公路建设，开通梅潆(坑口桥)至坑垟、上村垟 2 千米。2005 年 4 月至 2006 年 12 月，开通罗湾至寨后 12.9 千米、湖后至外处岙 10.5 千米。2006 年，开通英川至董川 5.47 千米。2007—2008 年，开通陈田经凤垟至张川 7.7 千米。2008—2009 年，开通英川电站水库大坝至洪源 7.15 千米。2008 年 8 月至 2010 年 1 月，开通半岭至石潆 7.91 千米。2009—2010 年，开通半岭至鲍岱 4.55 千米。2009—2010 年，开通黄垟口途经白坦、隆上至若寮 16.3 千米。2010 年，开通石潆至梨树突 8.8 千米。至

2010年末，通康庄公路行政村23个。农村居民饮用水、广播、有线电视全覆盖，完成电视联网自然村33个。

社会事业　1992年，全镇共有中学1所、附属中学2所、中心小学3所、村小学42所。初中教师32人，初中学生604人。小学教师80人，小学生1560人。1996年，撤并村小学8所；1998年，撤并隆川完小、黄湖完小初中部。1999年，撤并村小学13所。2000年，撤并村小7所。2001年，九年一贯制学校1所、中心小学1所、幼儿园2所、村小学10所。初中教师52人，初中学生639人。小学教师62人，小学生387人。幼儿教师7人，幼儿84人。2002年，撤并村小学5所。2003年，撤并村小学3所。2004年，撤并英川镇第二中心小学高段(3~6年级)。英川镇第二中心小学改名为英川镇隆川教学点。撤并黄谢圩、洪源小学。2005年，撤并英川镇隆川教学点和隆川学校附属幼儿园。2009年，撤并英川中心学校初中部。2010年末，全镇保留中心学校1所、附属幼儿园1所。小学班级6个，幼儿园2个班。

1996—2002年，先后撤销英川法庭、英川供销社、粮管所。2001年，英川工商所并入沙湾镇工商所。2010年末，镇卫生院改称英川镇卫生服务中心，职工16人。其中，编内职工9人，编外职工7人。有邮政支局、广播电视站、信用社等机构。

民间传统　英川镇有菇民戏、木偶戏、龙灯庙会、板龙、迎神节等民间文化。英川板凳龙历史悠久，每年正月十五，村民隆重举行舞龙祭祀活动，独具特色。由英川、王宅、耀垟3个村，分别组建1条板凳龙，每条长200米。元宵节成为英川人民仅次于春节的盛大节日，一些外地游客专程到英川观龙灯庆元宵。

菇民戏又称“生戏”“英川乱弹”，2004年，通过审核，被丽水市文化局正式命名为“菇民戏”。英川功夫又称“菇民拳”。2006年3月，英川菇民戏、菇民拳均被浙江省列为非物质文化遗产保护项目。

2010年景宁行政区划一览

表1-2-1

乡镇	行政村及所含自然村名称		社区(居委会)
鹤溪镇(外舍管理区)	城北	学田、仙童、学前、玄坛殿、栋底、新田、山后、岭脚、溪口、石垟、坑底、鸭卵坑、掌岸、金仙寺、李宅	城南、城西、仙童、红星、外舍社区
	鹤溪	鹤溪、半垟、扫口、金惠小区A区、双后岗生态移民小区	
	城西	余山、城西新村	
	包凤	金惠小区B区、叶山头、包凤、山外	
	浮丘	叶府前、石牛山、钓台岗、包山新村、浮丘新村	
	周湖	周湖、黄山、香炉丘、汤塆、驮垟	
	双后岗	双后岗、双后岗新村、双港新村	
	张村	上张村、下张村、枫树垄	
	严村	严村、坑头	
	旱塔	旱岗、塔堪、旱塔小区	
	惠明寺	惠明寺、惠山头、坟山、岗尾、水碓坑	
	敕木山	敕木山、九重垟	
	三枝树	三枝树、金山垟	
	东弄	东弄、东弄新村、周坑、岗头	
	滩岭	外塆、内塆、枫车塆	
	王木坑	上村、下村	
	王金垟	王畈、齐垄、杨柳栏、金岱垟、山脚、江边、东岗、麦山、山后	
	岗石	石圩、犁头岗、驮塆、杉树塆、鹊岗、和尚垟、金大四、汇下坑、葫芦丘、金村	

续表 1-2-1

乡镇	行政村	所含自然村名称	社区(居委会)
鹤溪镇(外舍管理区)	岭北	北岸、底官山、官山、十二渡、半岭、双坑、菖蒲塆、雷宝后	城南、城西、仙童、红星、外舍社区
	坑山后	梅山、芭蕉坑、金钟后、九丰岭、岗脚、坦皮寮、横子岭、三丘田、新朱、田寮、牛路、白云坦、坳丘岗、坑底	
	岚头	岚头、岚下、岚下外村、杨梅岗、猫岗、杨广、杨赛、驮坟、香岗	
	杨绿湖	杨山、大畈、新绿草	
	岭根源	岭根、徐山、上斜、黄石	
	潘坑	潘坑、李坑、杨坑、西山塆	
	小金州	小粗、林村、陶州、上西山、下西山、菖蒲垟、坳头、毛坑、库坑	
	金包山	金包山、下斜、上湖、西坑、梅丁岗、竹园垄	
	大吴山	大吴山、龙须坦、吴四、张寮	
沙湾镇	沙湾	沙湾、七里汇、洪畈	沙湾居委会
	坑头	坑头、后塘、坑头源、新处、苦槠岗	
	蔡湖	蔡湖、蔡湖垟、处后	
	张庄	张庄、毛凤岘、佃坪、岱头垟、毛凤坑、岘后、胡水林	
	季庄	季庄、古楼、水塔	
	林斜	林斜、田湾	
	毛山头	毛山头、坪坦、严坳	
	七里	七里、白岩下	
	仙姑	仙姑、隔溪、水碓垟、下垟	
	道化	道化、新庄、鸬鹚口、交见圩	
	陈司坑	陈司坑、木岱后	
	水井	水井、上坪、徐山、杨山头	
	严坑	严坑、潘庄	
	莲川	莲川、岱根垟、黄水坑、大地桥、七庆、麻竹坪、横砻坪、朝前	
	旺水	旺水	
	上处垟	上处垟、岱头、水坪	
	本岱	本岱	
	赤岩	赤岩、山后	
	小地	小地	
	叶桥	叶桥、峡桥、林谢	
	林坑	林坑、后隆	
	何处	何处	
	李处	李处、坑圩	
	流坑	流坑	
	东堡	东堡、后村	
	陈田	陈田、底处	
东坑镇	东坑	东坑、蛤蟆垟、垟桥头	东坑居委会
	罗山	罗山	
	马坑	马坑、基隆坑、前坑、后坑	

续表 1-2-1

乡 镇	行政村	所含自然村名称	社区(居委会)
东坑镇	何村	何村、林山、平桥、周湖岭、杉树坳	东坑居委会
	竹埠	竹埠、马垮	
	章坑	章坑、溪尾、傍岸	
	徐碆	徐碆、石亭、源后	
	北山	北山、底堡	
	杨斜	杨斜、排头、半岭、隆下	
	深垟	深垟、黄山头、叶源垟、汤庄垟	
	桃源	桃源	
	白鹤	白鹤	
	根底岘	朱树根、坑底	
	汤北	北溪、汤坑	
	方徐	方泗坑、徐公垟、交芽	
	吴山头	吴山头、西山新村	
	大张坑	大张坑、岭口、草鱼塘	
	茗源	茗源、孙山	
英川镇	英川	英川、岭根	英川居委会
	王宅	王宅	
	耀垟	耀垟	
	叶坪头	叶坪头	
	董川	董川、上村垟、东岱岗、黄伍岱、黄八漈	
	坑垟	坑垟、大湾、处后岗	
	梅漈	梅漈	
	新村	新村、梅库、新堂垟	
	底垟	底垟、石塘抖、外垟、包坑口、下间垟	
	黄垟口	黄垟口、仙后、黄山头、驮突、后圩、竹棚、樟表坑、陈坑、水堆坑、雁湖、瓦窖湾	
	隆川	隆川	
	白坦	白坦、隆下坳、里坳	
	隆上	隆上、箬寮	
	凤垟	凤垟、水竹湾、黄万、垄岗、亭下、毛坑头	
	张川	张川、白坦岙	
	寨后	寨后、大湾、漈下	
	金林	金林	
	木岱口	岱头岗、西坑口、木耳山、洪山场	
	茶园	茶园、梨树突、木岱根	
	榅堆	榅堆、洪源、后寮、柳八漈、黄茅岭、周占	
	鲍岱	鲍岱、黄坦、郑元后	
	石漈	石漈	
	黄谢圩	黄谢圩、毛师坑	
	湖后	湖后 后坑、湖坪头、半岭、五架、大坑下	
	外处坳	外处坳、大坑头、大畔	

续表 1-2-1

乡 镇	行政村	所含自然村名称	社区(居委会)
渤海镇	鲍山头	鲍山头、石步山、凸头、水马、何山、前岗隆、五里坳、金鸡岩	渤海居委会
	梅坑	梅坑、东坑、上朱山岗、下朱山岗、上西山、下西山、高山、坟前、寨坳、马里赛、叶处	
	安亭	安亭、北山、上寮、底梅源、外梅源、双叶湾、黄坑下	
	石塘山	石塘山、陈岙、岭后	
	旦水	旦水、沈坑、张坑、山茶湾、乌坦、柿木底、垟水头、官山、水牛慎、外湾、黄山头、鳗段、乌珠龙、坦根、磨石墙、沈坑岭、樟树丘、塘底墙、下斜坪、横路后、横岩寨、犁斜坑、坪头、小罗山、牛角墙、山前、牛头山	
	后砻	后砻、安坪、外山垟、凸头、中漈、下垟	
	大都	大都、隔溪、温州寮、水井头、白水漈、岗头、山后、隔山、小均、外山、干坑、瓦窑岗	
	东湖	湖坑、驮圩、小圩、上东山、下东山、岭脚、官田、包岗	
澄照乡	三石	三石、叶源、叶八弄、小翁边、高冢、翁边、小余山、樟树湾、石灰炉、杨山、竹园下、朝阳小区	—
	金丘	水尾、水碓头、坑头、大畈	
	四格	四格	
	东畔	东畔、佃源、溪下、黄山、高山、叶缴、滩树岭	
	东升	大赤垟、双港、底垟、岩下、溪下库、坦头岭	
	米岩山	石瓦垄、朱路下、大园底、下坭山	
	漈头	漈头上、漈头下、底垟	
	张后山	张山、后山	
	炉西	梅树墙、后砻	
	仙山	东岸、半山、上寮、黄坦坑	
	东岱	大东岱、小东岱、行者寮、漈根	
	白沙岱	白沙岱	
	梅枫	梅枫	
	朱坑	朱坑	
	朱排	外福岗、底窟、郑公隆	
梅岐乡	梅岐	梅岐、进公坪、梁驮伯、塘亭、水井隆、潘庄、上张、石马	—
	竹山	竹山、山后、乌岩、菜园田、跳鹿砻	
	栋头	栋头、五坳头、汤寮、垟坑、梅树圩、下庄、畲客寮	
	岗楼	瑶岗、古楼、黄毛坪、黄泥丘、古楼岭根、三丘	
	高闩	高山、石闩	
	潘坪	横坪、潘山、吴西山	
	留钱	李山头、外山、田垟	
	鹤崇	鹤崇、底山、山前	
	桂远	桂远、湖坑、张山	
梧桐乡	梧桐	梧桐、下渡、上渡	—
	金兰	金竹口、兰头圩、处后、半坑	
	林进	林山、苦竹坪、林山下	

续表 1-2-1

乡镇	行政村	所含自然村名称	社区(居委会)
梧桐乡	高演	高演、坑底垟、下庄、吴太山	—
	东源	东源、上寮、张司洞、突石下、金水坪、新建	
	王山头	王山头、外塆、坦坑、柘赖坑、松树坳	
	丘兰	丘兰口、梅坦头、上坑、茶树岗、枇杷岗、大丘田	
	山前	山前、金处、驮岗、月丘、面丘岗、江山	
	角耳湾	角耳湾、底湖、马兰坦、反项焦	
	梧桐坑	山岗头、庙圩、处基圩、榜岸	
	李庄	李水洪、白沙岗	
标溪乡	标溪	标溪、万圩、标溪亭	—
	预章	预章、半岭、运程口、志坊、砻头、门楼口	
	处基	处基、黄山头、回坪、白露、大角坦、高坪、泥岱、桥头、细角坦、张山	
	枫林口	枫林口、驮湾、隔溪、枫林、中前潭	
	何庄	何庄	
	叶谢	叶谢	
	东车	东车、马地垟	
	马山	马山、天堂、桃树	
	岱头	岱头、坳头、箬要、上圩、底处、砻头	
大地乡	大地	大地、陈坑、半垟、垟头	—
	驮垟	驮垟、吴澳	
	柳山头	柳山头	
	粗垟	粗垟、窟斗、金坑、垟白岱	
	桃垟	桃垟、丁埠头、大坪	
	叶坑下	叶坑下	
	净水	净水、孙湖	
	董岭	岭头、黄坑、董家坪、曲坑、滌下岭、太公丘	
	张坑	张坑、爬拿岗、石竹坑	
	郑公垟	郑公垟、西坑	
	余公岱	余公岱	
	蔡放	蔡放、安俸、梅山头	
	水溪	水溪、何庄、新处、下圩、后处、山后坑	
毛垟乡	毛垟	毛垟、白象、章舟垟、仙岩垟	—
	沙垟	底垟、上沙湾、新建垟	
	库头	库头、库下、大支	
	燕安	燕安	
	陈坪	陈坪	
	炉西	炉西、坐石、上塘堀	
	上坑头	上坑头、半岱、黄泥寮、谷坞、牛岱	

续表 1-2-1

乡 镇	行政村及所含自然村名称	社区(居委会)
秋炉乡	秋炉 秋炉、交湾寮	—
	半山 半山、苏古林、岭后	
	第一坑 第一坑、山下突、大香漈	
	后坑 后坑、梅花岗、坑口	
	新塘垟 新塘垟、第三坑、第四坑、万岱坑	
	山头 山头	
	下圩 下圩、桥局、五大垟、凤口	
	伏岩 火烧岩、伏岩上处、伏岩下处、伏岩口	
	坑边 坑边、湖后	
鸬鹚乡	鸬鹚 鸬鹚、垟细丘、下周岱、库桥	—
	仁字坑 仁字坑、榅枫、小榅枫	
	南坑下 南坑下、底岗、花桥头、底寮、油坑湾、驮吾、岭边、吾山、包齐、玉尚庵、毛窠、后龙	
	夏山头 夏山头、黄弄、坑根、苦枝林、企岩头、桃园基	
	徐崇 徐崇、焦坑	
	茶亭 茶亭、牛皮山、罗岗头、驮派、对村、隔溪对村、山刺湾、地坤、罗坑、垟登、罗坑头、双坑、牛迹库	
	黄桑南 黄山、桑湾、南山	
	山下 山下、曹球、文岙、塔后、驮坪	
	驮戥 驮戥、外弄、坑底、大路后	
大漈乡	西一 西一、坦下、漈头、梅坞垄	—
	西二 西二	
	潘宅 潘宅、北山、任家队、梅坊坪、十八接	
	彭村 彭村、垟头	
	茶林 茶园、桥上垟、库莽、叶村	
	小佐 小佐	
	琴山 琴山、坑下、小岭坑、犁头尖	
	垟心 垟心	
景南乡	忠溪 忠溪、坑底、上店、白溪、王处	—
	东塘 垟头、垟尾、坳底、石立、姜家村	
	程田 程田、何寮岗、八漈垟、驮砻、马岭	
	缪坑 缪坑、何山头、桥头塆、高隆	
	西垟 西垟、南垟、北垟	
	东垟 东垟、垟上	
	上标垟 吴家洞、炼石、垟心、后砻坑、垟头底	
	鱼漈 岭头、中屋	
大均乡	大均 大均	—
	垟坑 大北坑、黄寮坑	
	三格 三格、坑头、过坑、前岗	
	伏叶 伏叶、伏坑、叶坑、潘寮、东岗、南林、十二锅、白锄、黄泥田、口赤、半山	

续表 1-2-1

乡镇	行政村	行政村及所含自然村名称	社区(居委会)
大均乡	泉坑	水碓垟、畔灶、张荒岱、半岭、白泥岗、泉岱、埠头、茶子棒、田寮岭、中央岗、中央外岗、岩背、田寮、横岗、横片后	—
	新庄	新亭、派庄、砻下、梅花圩、沙罗坑、底圩、新寮、麻寮、张寮口、齐桶、张寮、张寮坑、后窟、处基、江滚漈	
	李宝	李婆坑、三宝石、外砻、树岗、跃坑头、长大后、长泗、大门坑、吴山头、毛桐岗	
	大赤坑	大赤坑、大赤坑口、梅山岭脚	
	梅山	梅山、阔坳、十五秤、湖坪、溪下坑	
家地乡	家地	家地、凉亭下、深度、谢家斗	—
	梅山头	梅山头、金岙	
	谢坑	谢坑、郑山头	
	石碧	石碧	
	坪坑	坪坑、上漈坑、下漈坑、漈下寮、旧处、芎岱栏、立曙格	
	芎岱	芎岱	
葛山乡	葛山	葛山、坳头	—
	粗砻	粗砻	
	岗头	岗头、山楂坑	
	坳根	坳根	
	印章	印章、半岭	
	岭头	岭头、山后、黄场、大坪、地棚坑	
	林胡	梅花岗、林茆、胡处	
	西山	西山、西山下、铁汤湾	
	金岱	金榜、岱头、瑶长、上坞	
郑坑乡	郑坑	郑坑、塘丘垒、塘丘、砻头、叶山头、桃山、胡车、马湾、马露山、塘丘坳	—
	吴布	吴村、布袋后、垄头宫、林西山、半岭、郑山头、冷水湾、通天坳、梨壁漈、马寮山	
	柳山	底村、外处、石柱、天堂、门前山、半岭、水芋、外山、洞坳、石笋坪、山垟	
	张坑下	张坑下、山垟坳、徐坑、漈下、黄山、外山	
	羊角岗	羊角岗、横坑、毛桐岗、毛窠、南排	
九龙乡	王湾	王湾、高演、畚斗湾、高漈、西峰坑、麻地沿、老处、后斜、黄竹山、坑潭、高岩下、朱山	—
	高沈	高沈、斜坑、垟佑	
	半岭	半岭、高燕	
	高岩	高岩、召山、马岭头	
	岭里	底岸、翁坑、外垟、后砻顶	
	库坪	库坪、庙斜、平盆、沙坑、驮沙	
	鲍岸	下朱山、上朱山、黄柏头、外山、松山底、上桃园、底桃园、外桃园、蟹壳背	
	顺利	下朱、上朱湾、下朱湾、白银亭、上坪、下坪、横坑、萍田、双山	
	后坪	下后坪、上后坪、胡田、石水缸、砻口、大坟前、大路下、李坑、双格、安塘、石柱、高斜、山头、桃树湾、底湾	
	鹤口	五坑底、杨梅垄、上杨梅垄、金山、菊花井、菊花山、朱岐、驮袄	
	金山	外村、底村、朱岭头、坟湾、茶坪、坦头、茶园、牛塘、东寮	
	大顺	大顺、西岙、包山、棋盘格、桂根岭头、外山头、百步岭、毛山	

续表 1-2-1

乡 镇	行政村及所含自然村名称	社区(居委会)
九龙乡	田坑 田坑、叶山垟、横岗、半岭、垟头、朱岭头、上湖	—
	徐垟 外村、驮田坪、竹垟、北山岗、方寮排、底村、北山岭、下斜、石门前、上沈、外垟、岭头、葛山	
雁溪乡	雁溪 雁溪	—
	黄桐 黄桐、庵下	
	石梯 石梯、梯头、半溪、半溪头	
	柘湾 柘堬、石仁	
	大丘田 大丘田、高宅、谢宅、石柱、山塘、仓坦	
	上东山 上东山	
	梅坞 梅坞、坳头、里南山、外南山	
	浮亭岗 浮亭岗	

第二篇　自然环境

景宁地处浙南山区，距省会杭州259千米，距浙西南中心城市丽水80千米，为温州港口与浙西南的后花园，属以上海为中心的长江三角洲经济圈和东南沿海经济开放区。景宁处洞宫山脉中段，属华夏陆台浙闽地质组成部分，以近南北向、北西向、北东向三条规模较大的断裂为主，三条断裂交汇处各向断裂交错发育，基底前寒武系变质岩褶皱较复杂。地质构造对成矿形成较为有利，矿产资源比较丰富。地势由西南向东北渐倾，地貌以深切割山地为主，整个地面千皱万褶，峰峦簇拥，峡谷纵横交错。村落分布区域海拔高度差异悬殊。属中亚热带季风气候，温暖湿润，雨量充沛，四季分明，冬夏长，春秋短，热量资源丰富。境内有瓯江小溪、飞云江两大水系。瓯江小溪在境内流长124.6千米，流域面积1725.56平方千米；飞云江在境内流长31.9千米，流域面积224.44平方千米；山涧溪流密布，山体陡峭，水流落差幅度较大，水能理论蕴藏66.62万千瓦，成为华东地区水力资源最丰富县之一。县境山多地少，土壤肥沃，森林覆盖率77.9%，盛产毛竹、木材、中药材、香菇、木耳、茶叶、食用菌、淡水鱼、高山茭白等农产品。

第一章　地　　质

景宁属华夏陆台浙闽地质组成部分。自震旦纪以来，构造以上升为主，没有巨厚的海相沉积。地质构造以断裂为主，基底前寒武系变质岩褶皱较复杂，火山岩盖层呈宽缓的背、向斜。断裂构造以近南北向、北西向、北东向三条规模较大的断裂为主，三条断裂交汇处，各向断裂交错发育，岩石破碎，黑云母二长花岗岩产于其中，面积98平方千米。

景宁黑色金属、有色金属和非金属矿资源较为丰富，主要包括铁、钼、铅、锌、铜、金、银、叶蜡石、萤石、石英、高岭土、大理石等20多种，矿种多而规模小。经地质勘查，包山、敕木山、白溪、小粗等地有铁、铅及混合矿源，三枝树、吴山头、外舍等地有钼矿源，景南缪坑、梧桐、鹤溪等地分别有叶蜡石、萤石、石英、大理石等饰面石材。

第一节　构　　造

地层

景宁出露地层单元有前泥盆系陈蔡群，下侏罗统枫坪组，上侏罗统火山岩系，下白垩统馆头组，下白垩统朝川组，上更新统冲积、洪积层、全新统冲积层。其中，以中生界侏罗系、白垩系为主，第四系不发育。

前泥盆系陈蔡群　主要出露于鹤溪镇滩岭、敕木山、包山，渤海镇渤海坑等局部地区一套浅变质的白云石英片岩，白云片岩及大理石岩层，面积约18平方千米，与铁、铅、锌、钼等金属矿产有密切关系。

下侏罗统枫坪组　为一套火山岩陆相含煤屑沉积岩系，地质普查为不具工业价值的煤矿体，出露于鹤溪镇(外舍管理区)绿草、岭根、潘坑等村局部地区。

上侏罗统火山岩系　为一套火山喷发堆积岩系，以纹流岩晶屑熔结凝灰岩、流纹岩为主，夹砂岩、泥岩，遍布全县，厚度数千米，与萤石、叶蜡石等非金属矿产有关。

下白垩统馆头组　主要出露在鹤溪镇(外舍管理区)潘坑局部地层的页岩、凝灰质砂岩等岩。

下白垩统朝川组　为一套紫红色砂砾碧为主，砂岩、泥质粉砂夹安山玄武岩，厚近千米，主要出露在金钟一带的紫红色砂岩夹凝灰岩层。

上更新统冲积、洪积层、全新统冲积层　主要出露在小溪及北溪沿岸地带洪冲物地层，厚度数米至十多米，以砂石料为主要层位。

岩石

在历次地壳运动中，以燕山运动最为深刻，曾发生多次火山活动，有深厚的火山岩(侏罗系)

覆盖层及穿插其间的侵入岩体(主要为燕山晚期各次侵入的花岗岩类)。凝灰岩与花岗岩类的面积占全县总面积96.57%,地层基底层由复杂的变质岩系组成。各类岩石主要分布区及其比例:火山喷出岩类(流纹岩、安山岩等)主要在沙湾片各乡镇、渤海片大部分和东坑片部分地区,占总面积81.8%;火山侵入岩类(花岗岩、花岗斑岩等)以鹤溪片、东坑片为多,英川片次之,渤海片又次之,占总面积14.77%;沉积岩类(凝灰岩、紫红色砂岩、砂页岩等)在渤海出露,占总面积1.52%;变质岩类(片麻岩、大理岩、石英岩等)主要在鹤溪镇滩岭、敕木山、包山,渤海镇渤海坑等地,占总面积1.91%。

构造

景宁位于中国东南部新华夏系第二隆起带南段,江山—绍兴深大断裂东南侧的浙闽隆起区,新华夏系上虞—丽水—寿宁断裂带,龙泉—奉化地幔凹陷区,是浙江省地壳厚度最大的地域之一。

华夏系构造　主要由北东向变质岩基底断块隆起及一系列约北偏东50度方向的层性断裂构造。属于庆元—海口构造带中段,表现为鹤溪、渤海、九龙一线的陈蔡群变质岩层北东向断续出露。

新华夏系构造　表现为北偏东10度至30度方向一系列强烈的断裂带及白垩系向斜盆地,属上虞—丽水—寿宁断裂带中丽水—景宁断裂区段。岩体呈北东向沿断裂侵入,分叉往南西延伸,分别于庆元县举水、江根一带入福建。断裂带不但控制地层分布反岩浆活动,还时有变质岩基底沿断裂断续出露。

其他构造　山字型构造:泰顺山字型,脊柱在景宁一带,西翼在庆元县青竹至五大堡一带,而前弧在与景宁相邻的寿宁县南阳一带,东翼在泰顺盆地一带。脊柱景宁一带,为南北走向的鼻状背斜,轴部出露陈蔡群变质岩,燕山晚期岩体呈南北向侵入,新构造运动剧烈上升,侏罗系酸性火山岩岩性坚硬,构造地形明显,山脉、河流、盆地、陡崖等均沿构造线方向延伸,构成典型山区地貌。

第二节　矿　　藏

地质构造条件对成矿较为有利,矿产资源比较丰富。境内经地质勘查探明、基本探明和已发现的矿藏以黑色金属、有色金属和非金属矿产资源占优势,包括铁、钼、铅、锌、铜、金、银、叶蜡石、萤石、石英、高岭土、大理石等20多种,矿产地(矿床、矿点、矿化点)近百处。以矿种多,矿产规模小为特点,主要矿产有铁、钼、铅锌、叶蜡石等。大部分矿区地质勘测程度较低,提交可开采矿产资源储量较少。查明资源储量的矿种,有铁、铅、锌、钼、叶蜡石、萤石等。

铁矿

铁矿分布相对较广,发现矿床(点)12处,经地质勘查的3处,即包山、敕木山、白溪铁矿,以矽卡岩型磁铁矿为主,呈层状、似层状产出,均为小型矿床。至2009年末,境内保有铁矿石资源储量82600万千克。其中,基础储量5490万千克。

钼矿

境内发现矿床(点)4处，经地质勘查的3处。其中，中型矿床1个，小型矿床2个。分布相对集中，石英脉型，呈脉状产出，总体地质工作程度较低，主要有三枝树、吴山头、外舍钼矿3处。至2009年末，境内累计保有钼矿石资源量1642000万千克，钼金属量1069.3万千克。其中，基础储量矿石量2400万千克，钼金属量13.04万千克。主要集中在三枝树矿区，金属量占全部保有量的95.76%，地质工作程度低，矿石质量差。吴山头钼矿外围区域钼矿勘查成果较好，预计可新增钼矿资源储量。

铅锌矿

境内发现矿床(点)3处，经地质勘查的2处，分别为小粗铅锌矿和包山铁矿中的共生铅锌矿，均为小型矿床。小粗铅锌矿保有矿石资源量11900万千克，金属量：Pb 227.8万千克、Zn 509.4万千克，但大部分资源储量位于滩坑库区160米水位线以下，可采矿石资源储量仅2100万千克，金属量Pb39.7万千克、Zn89.1万千克。包山铁矿中的共生铅锌矿查明矿石资源量65910万千克，金属量：Pb 413.3万千克、Zn 1713.9万千克，景南乡白溪铁矿区外围有较好的资源前景。

叶蜡石

境内发现矿床(点)1处，为景南缪坑叶蜡石矿，小型矿床，呈层状产出。至2009年末，叶蜡石保有资源量13500万千克。

萤石

境内发现2处矿产地。梧桐萤石矿，属小型矿床，呈脉状产出，向下延伸厚度变小，品位变低趋势。至2009年末，保有萤石矿石资源量13300万千克，矿物量7230万千克。

饰面石材

境内发现矿床(点)4处，矿产地主要分布在鹤溪镇包山、五格下，未做地质勘查。县域内花岗岩矿资源量丰富，具有较好的开发利用前景。

石英矿

境内发现矿点2处，分布在鹤溪镇。其中，敕木山脉石英矿矿体呈脉状产出，厚度稳定，矿石SiO2平均为98.49%，但规模小，保有资源量1130万千克。

建筑石料

县域内建筑石料以凝灰岩、花岗岩为主。2010年5月，县国土资源局委托浙江省第七地质大队探测，并提供《浙江省景宁畲族自治县境内建筑石料矿(机制砂)资源调查报告》，表明资源储量丰富，有良好的开发利用前景。

第二章 地貌 水文

景宁以深切割山地为主，源于洞宫山脉的瓯江支流小溪，自西南向东北贯穿，将县境分为南北两半部，形成南北各约124.6平方千米狭长的溪谷叠峰峦绵地带，构成“两山夹一水，众壑闹飞流”的地貌格局，有山地、台地和谷地3种类型。

山地，包括海拔250米以上的丘陵、低山、中山三部分，面积约19.11万公顷，占全县总面积的98%。

台地，主要是大漈垟、上标垟、忠溪垟等，在海拔千米左右的中高山平坦小盆地，面积约353公顷，占全县总面积的0.2%。

谷地，分布在海拔250米以下沿溪两岸，成土母质以溪流冲积物为主，面积约3587公顷，占全县总面积的1.8%。

从高空俯视，整个地面千皱万褶，峰峦簇拥，云雾缭绕，甚为壮观。

境内降雨量较多，水资源丰富。多年平均降雨量34.31亿立方米，平均水资源总量为21.73亿立方米，但径量有年际变化，年内季节也不均。河流有瓯江小溪、飞云江源两大水系。其中，瓯江小溪水系在景宁境内流长124.6千米，流域面积1725.56平方千米，占全县总面积88.5%；飞云江源水系在景宁境内流长31.9千米，流域面积224.44平方千米，占全县总面积11.5%。小水电开发建成一批中小型水库，水域面积得到较大增加。

境内峡谷与湿地众多。炉西峡、飞云峡、龙井峡、封候谷、带溪峡等，是具有代表性的峡谷。湿地主要有大漈垟、望东垟、大仰湖、仰天湖高山湿地群。

第一节 山脉 山峰

山 脉

景宁处于洞宫山脉中段。洞宫山脉源于闽北政和、寿宁两县境，左右两支山脉自西南向东北延伸，贯穿景宁全境。左翼出政和，经庆元分支入龙泉、景宁。其入境至县西毛垟又北折，会龙泉支脉，兼串云和半壁，掠丽水南缘，诸山连绵起伏，拱列县境小溪北面。右翼源自寿宁，经青草隘入境，分支迤逦交错，罗布小溪南面县域。全县海拔千米以上山峰779座。最高山峰位于右翼大漈乡与景南乡交界的上山头（又名最上山），海拔1689.1米，短针松、杉、木桦、栲槠林为主的原始森林植被保持比较完整，是鸟、兽栖息的良好场所；150公顷野生猴头杜鹃林尤为独特；其山体由燕山运动地质时期花岗岩侵入体构成，主峰周围群山逶迤起伏，簇拥相依；山麓北面是开阔平缓的夷平面——中山台地大漈垟。渔漈山垟尖（又名苦人尖），海拔1636.7米，其山体由燕山运动地质时期凝灰岩构成，岩类坚硬细密，隐呈晶质斑状，难以风化，形成山体较为陡峭、山顶尖耸、峰峦交错，为景宁、寿宁两县天然屏障。县境四方雄关锁扼，东为上山岭，南为青草隘，西为黄茅岭，北为泗洲岭。中部为敕木山山麓，主峰海拔1519.1米。

主要山峰

敕木山　位于洞宫山脉景宁县境东南，距县城直线距离7.5千米，海拔1519.1米，远处仰视高接云霄，谓邑之镇山，立于顶峰可望及数百里。相传宋高宗南迁时，山神汤仙女显厥灵异，运木于朝廷，以资国用，高宗大喜，降敕褒封，故名敕木山。敕木山有敕峦霁雪、石乳洞、石井、石龛、小石碣等胜迹。主峰隆冬积雪，终月不化，登临远眺，四野冰封雪裹，如同置身北国。东侧石壁间蹑足下行数百步，悬崖如垂乳，中有洞穴，即石乳洞。崖勒“浣香泉”3字，笔致腴润，款识模糊，不知何代何人所书。另有乾隆年间（1736—1795）崖刻，记海宁曹汉文造石井事20多字。井旁有石龛，高3米，宽6米，深进6米。柱雕龙，额凿字，中塑仙女汤妙玄坐像。石龛旁有康熙二十九年（1690）所立石碣一方。

敕木山森林植被垂直分布明显，山顶以耐寒灌木树种为主，有少量矮化黄山松和壳斗科、樟科、茶科植物。中部南坡以人工林为主，有杉木、黄山松、福建柏等乡土树种，有日本冷杉、花柏及美国红杉等引育栽培良种，名为草鱼塘森林公园。中部北坡以天然阔叶林为主，间有人工杉木林和竹林，植物种类资源相当丰富。北坡以人工经济林为主，是金奖惠明茶基地，间有水干果。登敕木山游步道四通八达，北面可从周湖村、敕木山村、塔堪村、惠明寺村、九重垟村登顶；西南坡可从三石村、金丘村、大张坑村、草鱼塘森林公园登顶。

上山头　又称最上山，位于景宁县境南部的东坑镇、大漈乡、景南乡三地交界处，距县城直线距离21千米。属洞宫山脉右支主峰，山顶有两峰，如驮峰对峙，驮峰顶尖海拔1689.1米，次峰顶尖海拔1549米，两峰巍峨高峻，为景宁境内最高峰，故名最上山。上山头常年隐现于云雾间。清光绪潘至城有诗云：“最上山头著大名，周围峦翠护峥嵘，我来测绘峰巅望，百里云烟足下生。”主峰周边高山幽谷，连绵原始次生林，森林覆盖率96.5%，野生动植物资源丰富。植被以猴头杜鹃、云锦杜鹃、鹿角杜鹃、短叶松、杉木、木荷、栲槠为主，并产白术、川穹、黄连、桔梗等多种野生药材，还有红豆杉、银杏等珍稀树种。上山头山顶以分布在驮峰西北部的千亩云锦杜鹃、猴头杜鹃林而闻名，随着山势时起时伏，郁郁葱葱，气势恢宏。杜鹃树胸径在10~20厘米之间，树高在2~5米之间，每年5月开花，争奇斗艳，场景壮观，故有“十里花海”之称。上山头年平均气温11.8℃，年平均降雨量1918毫米，年日照时间1717.6小时，无霜期为196天。云豹、黄腹角雉、鬣羚（野山羊）等野生动物栖息其中。上山头北面是国家AAAA级旅游景区——“云中大漈”；东南坡是天然阔叶林，与景南乡万亩竹林相连；西北坡是万亩人工杉木和黄山松林。上山头已成为生态旅游者登山、野营、摄影佳地，青少年野外科普教育基地。

九龙山　位于景宁县境东北部九龙乡，面积1130多公顷，距县城58千米。西北与丽水市莲都区接壤，东北连接青田县，东南为滩坑电站库区（千峡湖），西南是九龙乡所在地。九龙山，海拔1050米，四周谷深坡陡，沟壑纵横。其主体为九里坪组喷溢层状流纹（斑）岩及球泡流状流纹岩，局部为崩落相流纹质集块角砾熔岩，是侏罗纪形成的火山岩峰地貌。山中有“石将军”“仙女献花”“乌阴漈”“迎宾老人”“卧蛳峰”“石马”“石钟峰”“丹佛恐龙”“石蛋”等奇峰、怪石、飞瀑、深潭、幽洞，千姿百态，移步换形，错落有致，加上流传久远传说，妙趣横生。地处边陲，交通闭塞，保持原始自然状态，森林植被为天然次生阔叶林，以壳斗科，樟科，茶科，木兰科、杜鹃花科等为主，植物种类丰富。林中有黑麂、猕猴、鬣羚等国家一、二级保护动物10多种，两栖类、爬行类动物种类繁多。

2009年7月28日，经浙江省国土资源厅批准建立"浙江景宁九龙省级地质公园"，总面积为98.88平方千米（主要地质遗迹面积48.96平方千米），有各类地质遗迹和地质景观68处。其中，九龙湾至炉西峡园区面积36.80平方千米（主要地质遗迹面积10.9平方千米），大漈园区面积41.33平方千米（主要地质遗迹面积29.26平方千米），望东垟至上标园区面积20.75平方千米（主要地质遗迹面积9.8平方千米）。

白云尖　位于景宁境内东南方向，与温州市泰顺县交界，距县城直线30千米，山峰尖顶海拔1611.1米，为温州市境第一高峰，又是景宁境内第三高峰。东邻乌岩岭国家级自然保护区，西为望东垟高山湿地省级自然保护区。白云尖北麓白云林区，是飞云江发源地。而百米之隔的南麓，是瓯江支流源头。一座山顶，分流之水入两江，成为瓯江与飞云江两大水系分割线。

白云尖区域周围群峰耸拔挺秀，山间清流静谷。植物资源丰富，种类繁多。保护区内生长维管束植物2000多种，占浙江省植物种数50%以上。200多种林木分别在一年四季开花。丰富的植物资源为动物提供良好栖息和觅食环境。在这片原始森林或天然次生阔叶林里，有陆生脊椎动物300多种，昆虫1000多种。包括国家一级保护动物黄腹角雉、云豹、黑麂等等，是专家研究动植物科考天然之地。

景宁千米以上海拔主要山峰一览

表2-2-1

乡镇	山峰名称	海拔（米）	乡镇	山峰名称	海拔（米）
大漈	上山头（最上山）	1689.1	家地	大斗山	1522.5
	学田尖	1435.4	毛垟	黄秀尖	1587.9
	大坪头	1355.7	秋炉	石师夹	1378
	石佛岭尖	1305		玉仓尖	1355.4
东坑	大仰尖	1556.9	沙湾	栗　林	1317.4
	石板将（罗山）	1476.9		水巢岘	1302.2
	老昌岗头（大仰岗头）	1336	大均	白鹤仙尖	1470
	三姐妹排	1278		老炉岗背	1320.5
	水牛山	1472.5	鹤溪	敕木山	1519.1
景南	湖　岩	1546.3		仰天湖	1420.7
	山垟尖（苦人尖）	1636.7	英川	马头山	1610.8
	白云尖	1611.1		天师岩	1467.6
	布袋尖	1303		箬寮尖	1465.7
梅岐	顶天炎	1435		牛赤坪	1324
	鼻头梁	1320	葛山	蒸天馒头	1466.7
大地	仰天湖	1574		馒头坛岘	1434.8
	驮垟尖	1347.7	鸬鹚	白马仙尖	1309.3

第二节　河流　峡谷

景宁水力资源丰富。2000—2010年《丽水市水资源公报》表明：景宁境内多年平均降水量34.31亿立方米，多年平均径流量21.72亿立方米，多年平均总水资源量为21.73亿立方米，过境水资源量10.85亿立方米，多年人均拥有水资源量20120.37立方米，属水资源丰富地区，但县域内径流量年际变化大，年内季节分配不均。

景宁为浙江省降雨量较多地区之一。1996—2010年，年平均降水量为1623.8毫米。由于地形、地域差异较大，东南部降雨较多，西北部降雨较少，高山地区多，河谷地区少，降水年际变化大。2010年降水最多(2163.5毫米/年)，1996年降水最少(1229.4毫米/年)，年际差934.1毫米。一年中6月、8月两个月降水最多，12月最少，最大月降水量573.6毫米，最少月降水量3.4毫米，月际差570.2毫米。日降水量大于或等于50毫米的暴雨日数平均每年4.9天，连续降雨最长是1998年6月8日至26日，19天降水量545.2毫米。

据气象部门观测记录，1996—2010年，年均总蒸发量1284.6毫米。其中，2003年蒸发量最多，达1637.1毫米；2005年蒸发量最少，为805.7毫米。7月高温，蒸发量最多，年均191.8毫米。1月冰雪，蒸发量最少，年均45.1毫米。

河流

洞宫山脉穿越景宁县境，南北两麓地势连绵起伏，沟壑纵横，溪涧多属山溪性河流，具有源短流急、暴涨暴落的特点。河流属瓯江小溪、飞云江两大水系。大小河道662条(属县级管理河道54条)，总长1863千米。其中，小溪是景宁第一大河，瓯江第一大支流；飞云江源头在景宁，上游主要河流为大白坑和北溪。

瓯江小溪　发源于庆元县大毛峰山麓。景宁境内自西南向东北斜贯全境，沿途纳毛垟港、英川港、七里汇坑、七里坑、水碓垟坑、标溪港、秋兰坑、梧桐坑、金兰坑、张寮坑、新亭坑、沙罗坑、大均坑、伏叶坑、大赤坑、扫口坑、鹤溪、北岸坑、油田坑、白岸坑、大坑、古传坑、石门楼坑、陶州坑、岭根坑、耳朵坑、石塘口坑、沈坑、渤海坑、上源坑、锁匙坑、旦水坑、山前坑、大都坑、坦根坑、炉西坑、大顺源、陈树坑、小顺源、竹漈垟坑、松潭坑、朱岐坑、菊花垟坑、水碓坑、徐坳坑等大小港、坑、涧之水，出九龙乡(原陈村乡)入青田县境。景宁境内流长124.6千米，流域面积1725.56平方千米，占全县总面积88.5%，多年平均径流量18.6亿立方米，比降24‰，落差296米，是景宁境内唯一水上航道。

飞云江源　源头位于景泰边界的景南乡海拔1611.1米的白云尖北谷——漈坑。以漈坑为流程起点，向北下行为东塘溪，汇合忠溪、白溪之水，进入大白坑，在桃源村口纳入朱树根、深垟两条溪坑之水后，转向东流至白鹤，汇入源于敕木山的北溪向东流，纳东坑、雷同库坑、沙湾坑、北山坑、杨斜坑、章坑、陈潭坑诸水，至里塘口出境流入泰顺、文成、瑞安等县(市)境，在瑞安市上望镇新村入东海，河长198千米，流域面积3713平方千米。干流在景宁境内31.9千米，流域面积224.44平方千米，占全县面积的11.5%，平均流量8.75立方米/秒，自然落差920米，平均坡降23.06‰。流经之处系山坑溪涧，均属中高山地带，有海拔1000米以上山峰100座，峰峦巍峨，坑床陡狭，谷沟纵横，险滩接踵，无法水运。

主要峡谷

炉西峡探秘

炉西坑　又名炉西峡，位于景宁县境东南部，含“华山之险峻，黄山之大气，三峡之蜿蜒”，被誉为“华东第一大峡谷”。炉西坑，瓯江上游小溪中一条支流，全长约41.1千米。发源于景宁梅岐乡绿桐溪、东坑镇茗源溪、鹤溪镇王木坑溪，三条溪流汇合于梅岐乡桂远村，折北经文成县周山村，流经渤海镇林圩、门潭，在九龙乡炉西坑口注入瓯江小溪。炉西坑两边森林茂密，以天然阔叶次生林为主，基本保持原始风貌。溪水清冽甘甜。峡谷河床10~20米宽度，甚是罕见。潭水倒影山峦，显现千姿百态。其中，梅岐乡下庄村至渤海镇门潭村约26千米峡谷，山峰奇秀，沟壑纵横；两岸山峦蜿蜒叠翠，林木奇俊秀丽，自然景色优美。森林中植物种类几百种，脊椎动物有100多种。在炉西坑范围内，已分别建立“景宁洞背猕猴自然生态保护小区”和“文成周山猕猴自然保护小区”，有黑麂、大鲵、猕猴、鬣羚、鸳鸯、中华秋沙鸭、小麂等野生动物，数量以猕猴为最多，鸟纲雁形目鸭科动物种类数量次之。

飞云峡　位于东坑镇、景南乡境内，距县城23千米，属飞云江源头第一峡。飞云江源头之水，经过直线距离3千米流到景南乡东塘村尾，转入飞云峡。飞云峡起点东塘村尾，海拔930米；终点到东坑镇桃源村下游河流交叉点，海拔580米；峡谷南北走向，直线7.3千米，内有25个回头弯，空中俯视犹如一条盘龙。峡谷地形以谷地、山地、台地为主，有万亩原始次生阔叶林，有多种珍稀动植物种类；南段有集中连片万亩竹林。其山、水、林组合优势堪称一绝，流泉飞瀑，跌潭绝壁，翠崖峰林，形态各异，是原始生态景区。2002年被评为“浙江绿谷十大峡谷”之一。

龙井峡　位于澄照、大均乡交界区域，距县城15千米，瓯江上游小溪一条支流，全长约15千米。发源于澄照乡朱坑村，流经朱排村，在大均乡大赤坑口注入瓯江小溪。龙井峡源头海拔1000多米，峡尾在大赤坑口，海拔180米，峡坡高差达800多米。幽谷深潭，悬崖峭壁，飞瀑流泉，连绵俊秀。两岸山脊相依恋锁，从大赤坑口到朱坑有99铡，形成一道道天然屏障。其中，朱坑村水口如屏风，东山雄狮盘踞，西山凤凰飞舞，南有猛虎下山；黄山寨、白鹤仙尖云雾缭绕，寨中石壁高800多米，壁中有银坑洞。峡中龙井潭、酒桌、牛鼻洞、小龙井、五龙抢珠、三桥瀑、龙井瀑等奇景。峡谷两岸植被为茂密森林，青冈枥、花榈木、鹅掌楸、厚朴等珍贵树种分布其间；栖息着猕猴、穿山甲、黑麂、白鹭、五步蛇、大树蛙、锦鸡等诸多珍稀动物。龙井峡具有幽、秀、奇特征。

封侯谷　位于“中国畲乡之窗”大均乡垟坑村，距乡政府所在地6千米，有林地1067公顷。原始次生林植被，珍稀树种繁多。猕猴、黑麂等野生动物生活此区域。溪流清澈，林木葱郁，是宜游天然氧吧，为提升国家AAAA景区品位重要之处。

标溪港　小溪支流，位于景宁县城东南部。发源于福建省寿宁县坑底乡、浙江省庆元县官塘乡两条山涧溪流，纳景宁县境家地、景南、雁溪、大漈、标溪5乡山涧水源，自南向北，在雁溪、家地、标溪三乡结合部交溪口汇合，穿过标溪乡境，于标溪村口注入小溪。沿溪滩多流急，乱石嵯峨，比降大，曲折多。其间，东车坑水流湍急，瀑布众多，有黄麻漈、龙井漈、关岳漈、稻桶漈、山羊漈、大坑漈、霄汉漈、九里漈等。干流长45千米，流域面积362平方千米。水力资源丰富，已建水电站18处，总装机容量16560千瓦。其源头之一上标漈上游，由中央和地方合资开发上标电站，建蓄水库2159万立方米。

带溪峡　又名毛垟港，位于景宁西南毛垟乡境内，距离县城63千米。因毛垟溪水环村而过，犹如腰带，故名带溪。上游左溪、南洋溪和秋炉坑汇聚带溪港，并留存带溪、库头渡口和景庆古道等历史遗迹。带溪峡内奇峰秀瀑，危岩多峭，风景宜人，有龙井峡、白水漈瀑布群、饭蒸笼等众多景点。在峡谷源头黄秀尖，海拔1587.9米。红军挺进师粟裕、刘英部队曾在这一带开展游击战。峡谷上游突头垟，有千亩高山湿地。带溪峡两岸有原始阔叶林和千年古樟及国家二级保护植物蛛网萼、花梨木等珍贵物种。

雪花漈　丽水市"浙江绿谷十佳景点"之一。位于国家AAAA级旅游景区——"云中大漈"核心景区内，集大漈十三垟之水于沐鹤溪顺流而下，南奔里许，经一马平川，遂遇东西两侧青峰围抱，斜峡封口，外为断崖峭壁，下临莽莽深渊，水流猛冲出峡，哗然飞瀑百米，犹如雪花飘扬，声震幽谷，故名雪花漈。清人李璜在《大漈观瀑》诗描述："万山随地耸，一水拍天浮"。四周深沟大壑，高峰巍峨，漈水拍天喷涌而浮动倒泻。清人张琢到此吟诗："叠雪喷珠景最奇，我来相对却相宜，胸中尘俗多如许，借与清泉一洗之"。据《景宁县志》载："大漈瀑高六十余丈，气势雄伟，风景独特。"大漈因此而得名。站在山崖绝壁之下翘首仰望，形、势、声与众不同，飞瀑形同滚滚雪团，势如万马奔腾，声似惊雷震谷。正如古诗中描述大雪纷飞景象那样："战胜玉龙千百万，败鳞残甲满天飞"。雪花漈观瀑让人真切地感受到其雄壮、博大的气势。民国31年(1942)秋，浙江省教育厅长许绍棣慕名而往，触景启兴，于其右侧石壁上书勒："雪花漈"3个大字；女画家孙多慈，爱瀑若痴，无畏烈日当空，不惮鸟道崎岖，早去晚归，化时一周，精心绘制一幅大小1米多的巨幅油画"雪花漈"。

景宁主要河道概况

表2-2-2

水系	河流名称	起止地点		境内流域面积（平方千米）	境内河道长度（千米）	河道坡降（‰）
		起点	终点			
瓯江小溪	小溪	庆元大毛峰	景宁鹤口	1725.56	124.60	2.40
	毛垟港	亭下	交见圩	227.20	25.70	12.50
	英川港	百山祖北坡	交见圩	391.40	54.40	28.90
	标溪港	苦竹尖	标溪	362.70	45.00	22.80
	梧桐坑	陈坞	梧桐	137.40	31.90	27.10
	大赤坑	后垄	大赤坑口	84.00	17.60	31.10
	鹤溪	梨树岙	鹤溪口	50.00	14.00	34.47
	炉西坑	茗源	坑口	202.90	41.10	31.40
	大顺源	黄泥坦	大顺	157.80	35.60	23.50
飞云江源	大白坑	漈坑	景泰交界	224.44	31.90	23.06

第三节 湿地 湖泊

景宁有丰富湿地资源。湿地类型可分为河流、高山湿地(沼泽和沼泽化草甸)、库塘以及水稻田4大类。高山湿地可分为溪源湿地和乔木生态湿地。据调查,景宁湿地面积26966公顷。其中,高山湿地保护区9543公顷;滩坑水库、白鹤水库、上标水库、英川水库等人工湿地119处,面积8650公顷;水稻田面积5465公顷,各乡镇均有分布,大漈垟、上标垟、周山垟、蔡湖垟等为连片典型区;瓯江支流小溪、飞云江源大白坑、鹤溪河等河流湿地面积3308公顷。除望东垟省级自然保护区、大仰湖县级自然保护区外,有大地仰天湖、景南大垟湖,澄照、大漈、东坑、英川湿地小群体等10多处重点高山湿地。

景宁古代称"湖""塘"之地,多为处于中高山区台地,属沼泽和沼泽化草甸混合类型湿地。开垦为农田耕地,称"垟"或"田畈",保留天然湖少,且水域面积小,有大仰湖、仰天湖、望天湖等。今称"湖""塘"者,是现代水利建筑人工湖、水库和饮水、灌溉水塘,主要有千峡湖、上标湖、白鹤湖、蒲垟湖、天堂湖等。

主要湿地

望东垟高山湿地　由望东垟、见头垟、茭白塘、双桥圩、白云坪、畚斗团等山地沼泽群组成,属典型的高山湿地,是温州市最大水系飞云江源头和瓯江水系发源地之一,是浙江省乃至华东地区乔木生态类型高山湿地。2007年3月15日,浙江省政府批准建立望东垟高山湿地自然保护区,以内陆湿地特有生态系统和野生动植物为保护对象,总面积1194.8公顷。保护区森林覆盖率为97%,200公顷天然次生阔叶林和珍稀濒危植物,国家保护植物有江南桤木、南方红豆杉、伯乐树等43种,国家保护动物有云豹、金雕、黄腹角雉、白颈长尾雉等39种。

大仰湖湿地群　位于景宁东南部,主要由大仰湖(又名莲花湖)、菖蒲湖、仰天湖(又名牛塘湖)、水牛塘等山地沼泽群组成,总面积151.8公顷。其中,大仰湖面积最大。周边与景宁、文成两县6个乡镇44个行政村及浙江乌岩岭国家级自然保护区、文成铜铃山国家级森林公园和景宁望东垟高山湿地省级自然保护区相毗邻。植被属中亚热带常绿阔叶林北部亚地带,有常绿阔叶林、常绿落叶阔叶林、山地灌丛等垂直带谱群落。在善辽林区和大浪坑林区保留较大面积天然次生阔叶林。植物有维管植物178科699属1486种。其中,国家一、二级保护植物45种。奇花异卉,秀木嘉果,四季不断。区内有药用植物862种。动物资源有脊椎动物5纲31目90科335种。其中,国家一级保护动物有黑麂、云豹、豹、金雕、黄腹角雉、白颈长尾雉等6种。国家二级保护动物有短尾猴、猕猴、穿山甲、鬣羚、金猫、豹猫、鼬獾、红胸啄花鸟、叉尾太阳鸟、栗头蜂虎、五步蛇、大树蛙等39种。浙江省重点保护动物46种。

大漈垟　位于海拔1000多米的AAAA级景区大漈乡,由史上开发沼泽草甸10多个而成田垟得名,约25平方千米。古代彭姓、梅姓、潘姓、叶姓、林姓、严姓等太祖来到四周青山怀抱的大漈盆地开基立业,在田垟种植稻谷、玉米、大豆等食物济养家族。在田垟之间留下9座不宜整为稻田的小山岗,形状犹如神态各异的狮子。后人习惯以"九仔十三垟"来形容大漈垟,至今已有800多年历史。"仔"寓"狮子",含坟庵戏球狮子、仰天狮子(也称向天狮子)、岗头狮子、母子狮子、落垟狮子、伏山狮子、落山狮子、出洞狮子。"十三垟",从景宁到大漈坐车翻过学田岙,见到第一个田垟,称学田垟;往前是株树垟、桥上垟、坑边垟;穿过梅后垄岙进入西岸底村(也称大漈村),看见面积最大的中垟(也称宫垟);中垟西面有发洪前垟、水碓垟,南面是后路垟(也称胡后垟)、潘宅垟,下垟;绕山垟、上垟(也称白垟路垟)、上

郑坑乡吴布村梯田

塘垟。大漈垟里的“九狮十三垟”，不仅蕴藏着一个个流传久远的美丽动听故事，而且一年四季展现出一幅幅如诗似画的优美田园景象。

郑坑梯田　位于华东第一峡谷——炉西峡入口处之一的郑坑乡，距县城景宁17.5千米。梯田分布在郑坑乡吴布村、柳山村、郑坑村等区域，雅致秀丽，倍受摄影爱好者青睐。观赏时间一般在每年3—10月，分为春耕、秋收、油菜花季。景观地点在吴布村、柳山村半岭自然村的梯田为佳。同时，郑坑乡较完整保留原生态畲族生活风貌，传承祭祖、炼火、织彩带、唱山歌、传统服饰等畲族习俗及劳作模式，有“生活着的畲族博物馆”美誉。

小佐梯田　位于AAAA级景区大漈乡的小佐村，有千亩梯级水稻田。于高处鸟瞰，田畈阔野凸显着三个独特的端，呈“品”字型，鼎立于四季黄、绿、褐、白交替变化的梯田中央。“清光绪府十县前茅，支赏七品衔”严品端之名立意，寓家乡梯田景象。小佐梯田与四周竹园、原始森林交相辉映，更为一方独特的田园风光。“层峦处，架云梯。绿葱葱，良田万亩。犁耙笙歌秋千粟，红树里，装点帷幔。”正是对小佐梯田的真实写照。清·诗人严用光被家乡人情美景感动，写下言志诗：“千叠层峦百转湾，鹤溪深处众峰环。桃源仙境隔尘寰，竹里风光开画本。家居梅岘云山里，久在渣川烟水间。耕田识字推吾辈，为士为农未许闲。”小佐人世代分享梯田劳作丰收果实，赋予梯田各种各样富有情趣的美名：鲤鱼坵、长坵、花格坵等等，优雅、形象，留下的许多梯田传说与故事，增添古老山村文化风韵。在AAAA级景区带动下，一年四季游客爱上这里的梯田，逐渐成为摄影基地。

东坑“心田”　坐落东坑镇马坑村，距县城32千米。马坑村后梯田层叠百层，从山脚盘绕而上，层层叠叠，高低错落，稻田湿地类型面积20.5公顷。内有一坵1066平方米的心形稻田，故名“心田”，与周边300多坵梯田浑然成一体。“心田”创意农业开发，增添“田园风光”亮点，吸引各地游客前往观光和摄影采风。东坑镇顺势建设“爱情小镇”，把“心田”打造成寻情、定情、忆情的爱情圣地。

主要湖泊

仰天湖　坐落于景宁县境大地乡、毛垟乡和庆元县境官塘乡交界处，离景宁县城38千米，系湿地自然保护小区。东临庆元官塘乡横坑村，南至景庆两县分界线，西连大地乡安俸村，北邻大地乡西坑村，总面积260.13公顷。其中，湿地4.4公顷。最高峰海拔1574米，最低海拔1255米，平均坡度28度，山高雾浓，植被良好。森林资源植物有50多种，以松杉为主，阔叶树，灌木层以杜鹃、绣球类植物为主。其中，浙江仅有的江南桤木林面积大，生长茂盛。动物资源丰富，野生动物主要有18种。年平均温度12.5℃，最高温度34℃，最低温度为-14℃，光照充足，平均降水量为1917.5毫米，无霜期196天。

千峡湖　位于瓯江支流小溪中段，上至景宁大均乡大赤坑口，下至青田滩坑水电站大坝，以蓄水发电为主，兼顾防洪、电网调峰和其他调节性能，带动发展环湖旅游和渔业，是浙江省仅次于千岛湖的第二大人工湖。整个湖区，小溪两岸群峰合围，峰间峡谷横生，汇集大大小小峡谷50多条，包括炉西峡、郎回峡、樟树湾峡、石赤岭峡、石柱峡、神道门峡、九龙湾峡、小顺峡，金钟峡、石门峡、古传峡等，干流回水总长度约80千米。其中，景宁境内60千米。湖面约78平方千米。其中，景宁境内43平方千米。湖体水容量41.5亿立方米。其中，景宁境内10.3亿立方米。湖周涉大均乡、鹤溪镇、外舍管理区(原外舍乡和金钟乡)、渤海镇、九龙乡，青田北山、岭根、巨浦等8个乡镇。

上标湖　位于景南乡上标下垟村，距县城68千米，系中央与地方合资开发的上标电站水库，兼农田灌溉20公顷。在上标滃上游以非溢流混凝土双曲薄拱坝拦截蓄水而成。大坝高50.7米，坝顶弧长105米。湖区正常蓄水位987米，总容量2159万立方米。湖周为东垟、西垟、北垟、下垟村庄和上标林场、望东垟自然保护区。周边群山环抱，涵养林茂密，湖面宽广，水质优良，淡水鱼类资源丰富。空气湿润清新，气候冬暖夏凉，宜游宜居。

白鹤湖　位于东坑镇竹埠行政村，距县城32千米，离52省道景泰线1.5千米，系地方股份制企业开发的白鹤电站水库，兼农田灌溉13.33公顷。1998年7月破土动工，2001年6月完工发电。大坝以非溢流混凝土双曲薄拱坝拦截蓄水，坝高65米，坝顶弧长120米。湖区正常蓄水位560米，总蓄水容量1603万立方米。湖面宽广，水质优良，湖周森林茂密，年平均气温14.7聂氏度，年平均降水量1870毫米，冬暖夏凉，湿润宜人。2002年，成立白鹤湖资源开发有限公司，集养殖、种植、光观旅游发展于一体。

第三章　土　壤

由于史上地质燕山地壳运动改变地层，原始森林植被腐化地表土壤，人类先祖对土地开垦利用和改良，景宁境内土壤结构可分为红壤土类、黄壤土类、水稻土类和潮土类，且有垂直分布特征。其中：红壤土类，包括红壤、黄红壤、侵蚀型红壤3个亚类，主要分布在750米海拔以下的低山丘陵区，面积8.7万公顷。黄壤土类，包括黄壤、侵蚀型黄壤、表潜黄壤3个亚类，主要分布在750米海拔以上的中山区，面积有8.23万公顷。水稻土类，包括渗育型、潴育型、潜育型3个水稻土亚类。

第一节　类　型

1959年、1987年两次土壤普查表明，景宁土壤可分为4个土类，10个亚类，27个土属，52个土种。

红壤土类

包括红壤、黄红壤、侵蚀型红壤3个亚类，主要分布在750以下低山丘陵区，面积8.7万公顷，占土壤总面积45.07%。有红泥土、黄泥土、砂粘质红土、粉红泥土、红砂土、红松泥、石砂土、白岩砂土8个土属；红泥土、黄泥土、黄泥砂土、黄砾泥、砂粘质红土、紫红泥土、红砂土、红松泥、石砂土、白岩砂土10个土种。母质主要为各类火山岩、部分沉积岩与变质岩风化体的原、坡积物，具A(B)C

型完整土体构型，有红、酸、粘特性。

黄壤土类

包括黄壤、侵蚀型黄壤、表潜黄壤3个亚类，主要分布在海拔750米以上中山区，面积8.23万公顷，占土壤总面积42.61%。有山地黄泥土、山地黄泥砂土、山地石砂土、山地草甸黄泥土4个土属；山地黄泥土、山地砾石黄泥土、山地香灰土、山地红黄泥、山地黄泥砂土、山地砾石黄泥砂土、山地乌黄泥砂土、山地石砂土、山地石坪香灰土、山地白砂土、山地石砂土11个土种。母质以花岗岩类等风化体的残、坡积物为主，有机质含量3~5%，有A00A0A1（B）C型或A0A1（B）C型土体构型。

水稻土类

包括渗育型、潴育型、潜育型3个水稻土亚类。有山地黄泥田、黄泥田、白砂田、红泥田、红砂田、红松泥田、洪积泥砂田、黄泥砂田、泥砂田、山地黄泥砂田、烂灰田、烂滃田12个土属；山地黄泥田、山地砂性黄泥田、山地砾黄泥田、黄泥田、砂性黄泥田、砾黄泥田、白砂田、红泥田、红砂田、红松泥田、山谷泥砂田、山谷砾泥砂田、山谷砾心泥砂田、谷口泥砾田、谷口砾泥砂田、谷口砾心泥砂田、黄泥砂田、砾心黄泥砂田、黄泥粗砂田、泥砂田、砾泥砂田、砾心泥砂田、溪滩砂田、山地黄泥砂田、烂灰田、烂灰滃田、烂黄泥田27个土种。面积2.31万公顷，占土壤总面积11.94%，具有APWC型，部分为APWFeC型或APWFeMnc型。

潮土类

主要在小溪沿岸滩圩地，含潮土亚类。有洪积泥砂土、清水砂、培泥砂土3个土属；砾山滩、卵石滩、清水砂、培砂土4个土种。母质为近代溪流洪水冲积物。面积727公顷，占土壤总面积0.38%，滩坑电站建设后基本被水库淹没。

第二节　分　布

土壤分布与地质构造密切相关。景宁地质构造以北偏东20—30度新华夏构线及其垂直伴生的一组影响最大；北偏东及近正南北的两组穿插其间，也有一定影响。

在构造运动强烈、新构造运动剧烈上升、侏罗酸性火山岩岩性坚硬等因素的作用下，构造地形明显。山脉、河流、谷地、陡崖等均沿构造线方向延伸。如鹤溪—漈头—大漈—家地一线谷地，按北偏东20度伸长；鹤溪——沙湾主要河段大方向为北偏东50度，但其中为若干北偏东20—30度的小河段及一些垂直急弯所组成。地形特征也正是土壤界线或土壤分区轮廓的走向。

侵蚀型红壤与黄红壤砂土，沿北偏东50度或北偏东20—30度方向山脊分布，南部多于北部，凝灰岩地层更加明显，而花岗岩因容易崩解风化，石砂土相对减少。

水稻土集中在一些中山台地的夷平面上，坡度相对平缓，高山的浅盆地内尤多，诸如大漈、景南等地。沿构造线延伸的河流两岸也有水稻土，而坡度较大的切割山地就较少。

变质岩上发育的红壤，土层深厚，通称红松泥。因变质岩层位较深，只在一些断裂谷地两侧出露，决定了红松泥分布。

景宁土壤面积与分布

表 2-3-1

土类	亚类	土属	土种	面积（公顷）	占总面积（%）	主要分布区域
红壤	红壤	红泥土	红泥土	1171.33	0.60	东坑镇、鹤溪镇包山等地
	黄红壤	黄泥土	黄泥土	29079	14.91	沙湾、渤海、英川、东坑、鹤溪
			黄泥砂土	7217.87	3.70	英川、沙湾、东坑、鹤溪、九龙
			黄砾泥	6324.27	3.24	梧桐、沙湾、东坑、鹤溪
		砂粘质红土	砂粘质红土	2954.73	1.52	鹤溪、澄照
		粉红泥土	粉红泥土	109.73	0.06	沙湾、梧桐
		红砂土	红砂土	1291	0.66	金钟、绿草至潘坑一带
		红松泥	红松泥	662.33	0.34	渤海、鹤溪
	侵蚀型红壤	石砂土	石砂土	37885.47	19.43	全县均有分布
		白岩砂土	白岩砂土	370.13	0.19	澄照及粗晶花岗岩区域
	黄壤	山地黄泥土	山地黄泥土	25198.47	12.92	全县均有分布
			山地砾石黄泥土	22249.60	11.41	英川、东坑、景南、鹤溪、梅岐
黄壤	黄壤		山地香灰土	3055.4	1.57	大地、大漈、英川、梅岐、鹤溪、梧桐、大均、东坑
			山地红黄泥	854.07	0.44	景南乡忠溪至东塘一带
		山地黄泥砂土	山地黄泥砂土	10479.07	5.37	英川、沙湾、东坑、家地、澄照、鹤溪
			山地砾石黄泥砂土	446.20	0.23	英川、景南、澄照
			山地乌黄泥砂土	1146.67	0.59	东坑、英川
	侵蚀型黄壤	山地石砂土	山地石砂土	17362.53	8.90	全县均有分布
			山地石坶香灰土	700.27	0.36	沙湾、九龙
			山地白砂土	792.73	0.41	大漈、标溪、澄照
	表潜黄壤	山地草甸黄泥土	山地草甸黄泥土	15.80	0.01	枫树垟、大仰湖、仰天湖、草鱼塘
潮土	潮土	洪积泥砂土	砾山滩	9	<0.01	沿溪洪积扇裙地段
		清水砂	卵石滩	630	0.32	小溪沿岸较开宽冲积地段
			清水砂	15.87	0.01	
		培泥砂土	培砂土	74.27	0.04	
水稻土	渗育型水稻土	山地黄泥田	山地黄泥田	4394.47	2.25	全县均有分布
			山地砂性黄泥田	3509.27	1.80	全县均有分布
			山地砾坶黄泥田	412.60	0.21	英川、大地、景南、东坑、郑坑
		黄泥田	黄泥田	6785.27	3.48	全县均有分布
			砂性黄泥田	3345.40	1.72	全县均有分布
			砾坶黄泥田	455.67	0.23	英川、标溪、东坑、鹤溪
		白砂田	白砂田	1331.80	0.68	大漈、澄照、鹤溪
		红泥田	红泥田	493	0.25	东坑上村、何村、章坑，鹤溪包山
		红砂田	红砂田	110.34	0.06	金钟绿草至潘坑一带
		红松泥田	红松泥田	306.07	0.16	渤海坑、叶处、鲍山头一带
			山谷泥砂田	121.73	0.06	东坑、澄照、渤海溪坑两岸
			山谷砾坶泥砂田	254.53	0.13	毛垟、景南、澄照、鹤溪溪坑两岸

续表 2-3-1

土类	亚类	土 属	土 种	面 积（公顷）	占总面积（%）	主要分布区域
水稻土	潴育型水稻土	洪积泥砂田	山谷砾心泥砂田	21.87	0.01	梧桐溪坑两岸滩地
			谷口泥砂田	24.27	0.01	九龙、鹤溪溪流谷口地段
			谷口砾坤泥砂田	174.93	0.09	沙湾、鹤溪谷口地段
			谷口砾心泥砂田	61.40	0.03	标溪、鹤溪谷口地段
		黄泥砂田	黄泥砂田	468.07	0.24	鸬鹚、沙湾、鹤溪、九龙
			砾心黄泥砂田	95.93	0.05	梧桐
			黄泥粗砂田	35.47	0.02	东坑、澄照
		泥砂田	泥砂田	118.80	0.06	鹤溪、沙湾等沿溪两岸冲积滩
			砾坤泥砂田	87.40	0.04	鸬鹚、鹤溪等沿溪两岸冲积滩
			砾心泥砂田	8.60	<0.01	
			溪滩砂田	35.13	0.02	沙湾、鹤溪沿溪滩地
		山地黄泥砂田	山地黄泥砂田	283.53	0.15	英川、大地、大漈、九龙等乡高山谷地、山垄梯田
	潜育型水稻田	烂灰田	烂灰田	110.20	0.06	英川、大漈、景南等乡
			烂灰滃田	17.27	0.01	秋炉、澄照等乡村局部山垄梯田
		烂滃田	烂黄泥田	3.80	<0.01	沙湾镇局部山垄洼地
黄壤	黄壤		山地香灰土	3055.40	1.57	大地、大漈、英川、梅岐、鹤溪、梧桐、大均、东坑
			山地红黄泥	854.07	0.44	景南乡忠溪至东塘一带
		山地黄泥砂土	山地黄泥砂土	10479.07	5.37	英川、沙湾、东坑、家地、澄照、鹤溪
			山地砾石黄泥砂土	446.20	0.23	英川、景南、澄照
			山地乌黄泥砂土	1146.67	0.59	东坑、英川
	侵蚀型黄壤	山地石砂土	山地石砂土	17362.53	8.90	全县均有分布
			山地石坤香灰土	700.27	0.36	沙湾、九龙
			山地白砂土	792.73	0.41	大漈、标溪、澄照
	表潜黄壤	山地草甸黄泥土	山地草甸黄泥土	15.80	0.01	枫树垟、大仰湖、仰天湖、草鱼塘
潮土	潮土	洪积泥砂土	砾山滩	9	<0.01	沿溪洪积扇裙地段
		清水砂	卵石滩	630	0.32	小溪沿岸较开宽冲积地段
			清水砂	15.87	0.01	
		培泥砂土	培砂土	74.27	0.04	
水稻土	渗育型水稻土	山地黄泥田	山地黄泥田	4394.47	2.25	全县均有分布
			山地砂性黄泥田	3059.27	1.80	全县均有分布
			山地砾坤黄泥田	412.60	0.21	英川、大地、景南、东坑、郑坑
		黄泥田	黄泥田	6785.27	3.48	全县均有分布
			砂性黄泥田	3345.40	1.72	全县均有分布
			砾坤黄泥田	455.67	0.23	英川、标溪、东坑、鹤溪
		白砂田	白砂田	1331.80	0.68	大漈、澄照、鹤溪
		红泥田	红泥田	493	0.25	东坑上村、何村、章坑，鹤溪包山
		红砂田	红砂田	110.33	0.06	金钟绿草至潘坑一带
		红松泥田	红松泥田	306.67	0.16	渤海坑、叶处、鲍山头一带
			山谷泥砂田	121.73	0.06	东坑、澄照、渤海溪坑两岸

续表 2-3-1

土类	亚类	土属	土种	面积（公顷）	占总面积（%）	主要分布区域
水稻土	潴育型水稻土	洪积泥砂田	山谷砾埘泥砂田	254.20	0.13	毛垟、景南、澄照、鹤溪溪坑两岸
			山谷砾心泥砂田	21.87	0.01	梧桐溪坑两岸滩地
			谷口泥砂田	24.27	0.01	九龙、鹤溪溪流谷口地段
			谷口砾埘泥砂田	174.93	0.09	沙湾、鹤溪谷口地段
			谷口砾心泥砂田	61.40	0.03	标溪、鹤溪谷口地段
		黄泥砂田	黄泥砂田	468.07	0.24	鸬鹚、沙湾、鹤溪、九龙
			砾心黄泥砂田	95.93	0.05	梧桐
			黄泥粗砂田	35.47	0.02	东坑、澄照
		泥砂田	泥砂田	118.80	0.06	鹤溪、沙湾等沿溪两岸冲积滩
			砾埘泥砂田	75.40	0.04	鸬鹚、鹤溪等沿溪两岸冲积滩
			砾心泥砂田	8.60	<0.01	
			溪滩砂田	35.13	0.02	沙湾、鹤溪沿溪滩地
		山地黄泥砂田	山地黄泥砂田	283.53	0.15	英川、大地、大漈、九龙等乡高山谷地、山垄梯田
	潜育型水稻田	烂灰田	烂灰田	110.20	0.06	英川、大漈、景南等乡
			烂灰滃田	17.27	0.01	秋炉、澄照等乡村局部山垄梯田
		烂滃田	烂黄泥田	3.80	<0.01	沙湾镇局部山垄洼地

第四章　气　　候

景宁属中亚热带季风气候，温暖湿润，雨量充沛，四季分明，冬夏长，春秋短，热量资源丰富。据1996—2010年气象资料，年平均气温17.9°C，冬春低，夏秋高，且随海拔高差变化而出现垂直温差特征，400米以下低谷丘陵区域年平均气温18°C左右，800米以上高海拔山区年平均气温13°C以下。年平均降雨量为1617.6毫米，是浙江省雨量较多的地区之一，呈现东南部偏多，西北部偏少；高山区阴雨天多，低海拔区域晴天多的特征，并受季风影响，年际和月份差异较大，梅汛期暴雨异常。年平均日照总时数1473.8小时，年际和月份日照时数有较大差别。在全球气候大环境变化影响下，气候呈变暖趋势，1996—2010年，年平均气温上升0.4°C。

第一节　气象要素

气　温

1996—2010年，年平均气温17.9℃，最低年平均气温17.2℃（1996年），最高年平均气温18.3℃

(2007年)。县内100米以下的河谷低丘地区,年平均气温17℃左右。200~300米的丘陵地区年平均气温18℃左右;400~600的丘陵低山区,年平均气温14~15℃;800米以上的山区,年平均气温13℃以下。

一年中1月份气温最低,平均气温7.2℃。一般年份极端最低气温-4~5℃,县城极端最低气温-7.6℃(1999年12月23日)。一年中以7月份最热,平均气温27.8℃,县城极端最高气温41.6℃(2003年7月25日)。年平均高温天数(大于或等于35℃)为35.3天。

降水

1996—2010年,年平均降水量1617.6毫米,为浙江省雨量较多的地区之一。由于地形的作用,降水地域差异较大,总的分布特点是:东南部多,西北部少,高山多,河谷少。降水年际变化大,2010年最多(2163.5毫米),1996年最少(1229.4毫米),年际差934.1毫米。一年中6月、8月两个月降水量最多,12月最少。最大月降水量573.6毫米(1998年6月)。日降水量大于或等于50毫米的暴雨日数平均每年4.9天。年最长连续降水量545.2毫米(1998年6月8日至26日)。

日照

1996—2010年,年平均日照总时数1473.8小时,最多1935.4小时(2003年),最少1061小时(2005年),年际差874.4小时。一年中,7月的日照时数最多,年均195.7小时;2月的日照时数最少,年均85.4小时。

风

1996—2010年,年均风速0.7米/秒,最大0.9米/秒(1998年、2007年、2008年),最小0.3米/秒(2006年)。风向以北风和西南风为主。

蒸发量

1996—2010年,年均总蒸发量1245.0毫米,最多1637.1毫米(2003年),最少805.7毫米(2005年)。一年中,7月蒸发量最多,年均191.8毫米;1月蒸发量最少,年均45.1毫米。

霜

1996—2010年,每年12月至次年2月均有霜出现,12月最多,1月和2月次之。年均无霜期297.7天,最长为2002年,359天;最短为2005年,267天。初霜最早是2010年11月3日,最迟是2000年12月21日。终霜最早是2002年1月6日,最迟是2005年3月14日。

雪

1996—2010年,年均降雪日数为1.8天,1996年降雪最多,6天;1997年、2001年、2006—2008年无降雪。降雪最早12月3日(1998年),最迟2月3日(2004年);雪终日最早12月27日(2002年),最迟3月13日(2005年、2006年)。最大积雪深度11厘米(2010年12月)。

1996—2010 年景宁气温月极值统计

表 2-4-1 单位:℃

月最低气温	1月	2月	3月	4月	5月	6月	年极值
	-5.9	-4.0	-2.9	2.3	9.9	13.8	-7.6
	7月	8月	9月	10月	11月	12月	
	19.7	19.0	12.8	5.8	-0.3	-7.6	
月最高气温	1月	2月	3月	4月	5月	6月	年极值
	29.5	30.3	35.7	35.1	38.5	38.3	41.6
	7月	8月	9月	10月	11月	12月	
	41.6	40.6	36.6	35.2	33.2	26.6	

1996—2010 年景宁月降雨量极值统计

表 2-4-2 单位:毫米

月最小值	1月	2月	3月	4月	5月	6月	年极值
	28.9	23.9	72.6	60.8	55.8	94.8	3.4
	7月	8月	9月	10月	11月	12月	
	44.7	36.6	14.8	5.5	10.3	3.4	
月最大值	1月	2月	3月	4月	5月	6月	年极值
	166.6	126.1	233.6	240.2	377.3	573.6	573.6
	7月	8月	9月	10月	11月	12月	
	397.0	328.7	286.2	215.9	185.7	106.4	

雾

1996—2010 年,水平能见度小于或等于 1000 米的大雾,全年除 7 月外其余各月均有出现,以 11 月最多,12 月次之,7—8 月最少。15 年雾日年均出现 42.9 天。

雷暴

1996—2010 年,全年各月均有出现,盛夏 7—8 月最多,隆冬上年 12 月至下年 1 月很少出现。年均雷暴日数 35.8 天。2010 年最多,47 天;2000 年最少,27 天。初雷最早 1 月 16 日(2002 年),最迟 4 月 25 日(2000 年)。终雷最早 8 月 25 日(2001 年),最迟 12 月 7 日(1997 年)。

第二节 气候变化

景宁地处浙江省南端,地属中亚热带季风气候,温暖湿润,雨量充沛,四季分明,冬夏长,春秋短,热量资源丰富。冬季主要受干冷的极地冷高压控制,夏季主要受副热带高压控制,因此冬季多干冷、晴朗少雨天气,夏季湿热,多雷暴、阵雨天气。但因地形复杂,海拔高度悬殊,气候有明显垂直带分布。1996—2010 年气候变化的趋势:

气候变暖

主要标志在于年平均气温波动中升高、霜日减少、无霜期加长、降雪积雪期缩短、结冰日数减少。1981—1995 年的 15 年中，年平均气温 17.5℃。1996—2010 年的 15 年中，年平均气温 17.9℃，年平均气温上升 0.4℃。1998 年达到 18.7℃，呈明显的阶梯形上升态势。

降水量减少

由于受气温升高、梅汛期暴雨异常等多种因素的影响，1996—2010 年的降雨量与前 15 年相比总体上略有减少。

日照减少

1981—1995 年日照年平均总时数为 1589.9 小时。1996—2010 年日照年均总时数为 1471.8 小时。后 15 年比前 15 年日照年均总时数减少 118.1 小时。

1996—2010年景宁主要气象要素

表2-4-3

年份		1996	1997	1998	1999	2000	2001	2002	2003	2004	2005	2006	2007	2008	2009	2010
年平均气温(℃)		17.2	17.8	18.7	17.9	17.8	17.7	18	18.1	17.7	17.6	18.1	18.3	18.1	18.2	17.9
年日照时数(小时)		1543.1	1356.1	1441.3	1493.1	1291.1	1365.9	1330	1935.4	1634.1	1061	1413.7	1472.2	1627.3	1697.4	1445.3
年降水量(毫米)		1229.4	1804.2	1705.3	1573.9	1709.7	1596	1815.4	1210.8	1463.7	1878.6	1832.3	1532.8	1267.4	1481.5	2163.5
雷暴	初日	15/3	16/3	14/2	18/3	25/4	24/2	16/1	2/4	29/2	7/2	9/4	1/4	9/4	26/2	10/2
	终日	30/8	7/12	27/8	3/10	3/10	25/8	18/12	20/9	21/9	29/8	6/9	1/9	26/9	10/11	27/9
霜	初日	6/12	6/12	10/12	9/12	21/12	16/1	20/11	4/1	1/12	11/12	7/12	17/12	29/11	28/11	3/11
	终日	18/2	19/2	8/2	22/2	8/2	30/1	6/1	6/2	8/3	14/3	10/1	4/2	4/3	25/1	10/3
	无霜日	291	293	303	301	327	293	359	297	277	267	340	297	268	281	272
雪	初日	—	7/1	3/12	12/1	1/2	1/2	27/12	27/12	3/2	28/12	5/1	—	—	26/1	5/1
	终日	10/3	14/2	21/3	12/1	28/2	7/3	27/12	12/2	8/2	13/3	13/3	—	—	27/1	17/2
	最大深(厘米)	7	—	2	1	2	—	2	5	3	6	—	—	—	1	11
结冰	初日	6/12	6/12	10/12	9/12	20/12	15/1	23/12	10/12	1/12	11/12	6/12	18/12	31/12	28/11	19/12
	终日	24/2	19/2	8/2	22/2	8/2	30/1	6/1	6/2	10/2	14/3	10/1	4/2	28/2	25/1	11/3
最低气(≤0.0℃)	初日	6/12	6/12	10/12	9/12	121/12	15/1	22/12	10/12	1/12	11/12	6/12	18/12	31/12	28/11	19/12
	终日	11/3	19/2	8/2	21/2	8/2	30/1	6/1	6/2	10/2	14/3	10/1	4/2	28/2	25/1	11/3
高温≥35℃	天数	29	13	43	12	29	24	20	53	48	44	35	43	49	45	42
年最长连续降水	起止日期	5/28~6/10	2/7~15/7	8/6~26/6	7/7~23/7	3/3~16/3	17/6~27/6	5/8~13/8	5/8~15/8	8/9~16/9	10/2~19/2	31/5~9/6	17/8~27/8	30/10~8/11	25/2~9/3	14/6~27/6
	降水量(毫米)	155.1	246.7	545.2	364.0	77.7	163.8	114.3	104.2	78.7	70.9	247.1	152.8	47.0	128.2	345.9
雾		35	54	48	30	27	64	55	56	72	36	58	56	23	12	18
雷暴天数		41	45	37	35	27	35	31	29	38	31	38	33	31	39	47
年蒸发量(毫米)		1265.8	1119.6	1234.3	1123.8	1188.3	1262.7	1274.7	1637.1	1405.3	805.7	1224.4	1274.4	1396.9	1323.1	1138.8
年平均风速(米/秒)		0.8	0.8	0.9	0.7	0.6	0.5	0.5	0.5	0.5	0.4	0.3	0.9	0.9	0.8	0.8
年最多风向频率		C,67	—	—	C,64	C,66	C,72	C,73	C,72	C,73	C,76	C,84	C,21	C,26	C,37	C,38
		NNE,8	—	—	N,13	N,10	N,7	N,5	N,5	N,5	NNE,4	N,4	SW,11	SW,12	SW,10	SW,10

第五章　生　　物

景宁属中亚热地带，山多地少，季风气候，雨量充沛，阳光充足，适宜植物生长、动物栖息和微生物寄生繁殖，生物种类资源丰富。自然生态植被主要为针叶林、阔叶林、针阔混合林、毛竹林和经济特产林等。其中，以樟科、木兰科、山茶科和金缕梅科为主的常绿阔叶林是代表性森林植被类型。境内植物种类有苔鲜类58科，253种；蕨类41科，305种；种子植物166科，2163种。动物种类有兽类43种，鸟类162种，爬行类40种，两栖类29种。微生物种类繁多，野生真菌类尤为丰富。1985通过鉴定的野生真菌种类有468种。其中，可食用的真菌230种，可药用的真菌39种，有毒性的真菌35种。

第一节　植　物

景宁属中亚热带常绿阔叶林带北部亚地带，属浙闽山丘甜槠、木荷林植被区。全县植被类型主要为针叶林（马尾松、杉木林）、阔叶林、针阔混交林、毛竹林、经济特产林等。常绿阔叶林是当地具有代表性的森林类型，其上层以常绿阔叶树种组成，以壳斗科、樟科、木兰科、山茶科和金缕梅科为主，林内通常都有一至数个优势树种。乔木以青冈属、栲属、石栎属等为常见。灌木中多数为常绿种类，常见有冬青、檵木、柃木属和杜鹃等。常绿阔叶树种被采伐后，往往形成大面积的马尾松次生纯林。中山上部形成黄山松纯林，中山下部和低山，分布或栽培有杉木和马尾松林，成为全县木材重要供应基地。在众多植物中，有优良的用材树种，绿化观赏树种和药用植物。

境内已知有苔藓类58科253种，蕨类41科305种，种子植物166科2163种。茯苓、灵芝、黄连、白术等中草药68科124属，356种，其中有黑龙须菌、江苏木马、仙蒿、台闽巨苔、卷毛红草、心叶凤毛蕨5个新发现品种；高等植物种类丰富，种质资源起源古老，含有特有属和孓遗种，具有多样性和过渡性自然地理分布特点，成为浙江省生物多样性典型县之一；东坑、景南、澄照、大漈、大地等地多处分布着湿地生态系统。

全县拥有较丰富的国家重点保护野生植物资源，国家一级保护植物有南方红豆杉（Taxus wallichiana var. mairei）、伯乐树（Bretschneidera sinensis）、莼菜（补充拉丁名：草本）等；国家二级保护植物有福建柏（Fokienia hodginsii）、香果树（Emmenopterys henyi）、榧树（Torreya grandis）、厚朴（Magnolia officinalis）、凹叶厚朴（M. officinalis ssp. biloba）、鹅掌楸（Liriodendron chinense）、野大豆（Glycine soja）等；省级重点保护植物有景宁木兰（M.sinostellata）、黄山木兰（M. cylindrica）、短萼黄连（Coptis chinensis var.brevisepala）、银钟花（Halesia macgregorii）、八角莲（Dysosma versipellis）、闽楠（Phoebebournei (Hemsl.) Yang）、花榈木（Ormosia henryi Prain）、红豆树（Ormosia hosiei Hemsl. et Wils.）、香樟（Cinnamomum camphora (L.) Presl.）等40余种。浙江省珍稀植物有大叶三七（Panax japonicus）、乳源木莲（MangLietia Yuyuanensis）、七叶一枝花（Paris polyphylla）、江南油杉（Keteleeria cyclolepis）等30种。

景宁境内水生生物可分为植物、动物和微生物三类。水生植物包括浮游植物和高等水生植物等。浮游植物有全藻门、甲藻门、硅藻门、裸藻门、绿藻门和蓝藻门等。

景宁木兰

1984年,杭州植物园专家裘宝林与省森林资源监测中心教授级高级工程师陈征海在景宁发现木兰新种,1989年,命名为景宁木兰,落叶灌木,花期极短,仅在3月25日至4月10日之间。自然分布区狭窄,种群数量少。1997年发现结有少量果实。浙江省内仅有2个分布点,属于极小种群的濒危珍稀植物。

伯乐树

2000年7月29日,浙江林学院教授李根有在上标林场枫水垟林区发现目前浙江最大的伯乐树。伯乐树,又名钟萼木或山桃花,从Bretschneidera音译而来,拉丁学名:Bretschneidera sinensis。伯乐树为落叶(常绿)乔木,罂粟目,是中国特有树种,国家一级保护植物,被誉为"植物中的龙凤"。它在研究被子植物的系统发育和古地理、古气候等方面都有重要科学价值。

莼菜

2009年9月15日,省森林资源监测中心教授级高级工程师陈征海,在大仰湖溪源湿地群保护区发现国家一级保护植物——莼菜。

北美红杉

1972年,美国总统尼克松访华,第一次与毛泽东会见时,把北美红杉种子作为象征中美友谊礼物之一赠送中国,杭州植物园将种子进行育苗,再由杭州植物园移种景宁林业总场草鱼塘分场(草鱼塘森林公园),生长良好。

第二节 动 物

境内山林广阔,地形复杂,垂直高差悬殊,植被类型多种多样,适于多种野生动物栖息、生存、繁殖。据《浙江动物志》《浙江林业自然资源·野生动物卷》《丽水市志》《景宁畲族自治县森林资源规划设计调查成果报告》等文献资料检索整理,境内有陆生野生动物274种,隶属26目84科。其中兽类8目18科43种;鸟类13目47科162种;爬行类3目11科40种;两栖类2目8科29种,国家重点保护动物有61种。国家一级保护动物有:黑麂(Muntiacus crinifrons)、云豹(Neofelis nebulosa)、金钱豹(Panthera pardus fusca)、金雕(Aquila chrysaetos daphanea)、黄腹角雉(Tragopan caboti)、白颈长尾雉(Syrmaticus ellioti)、白鹳(Ciconia ciconia boyciana)、中华秋沙鸭(Mergus squamatus);二级保护动物有:猕猴(Macaca mulatta)、短尾猴(Macaca arctoides)、穿山甲(Manis pentadactyla)、黑熊(Selenarctos thibetanus)、水獭(Lutraspp.)、金猫(Felis temmincki)鬣羚(Capricornis sumatraensis)、天鹅(Cygnusspp.)、白鹇(Lophura nycthemera)、鸳鸯(Aix galericulata)、勺鸡(Pucrasia macrolopha)、锦鸡(Chrysolophusspp.)、大鲵(Andrias davidianus);省级重点保护动物有:毛冠鹿(Elaphodus cephalophus)、豪猪(Hystrix hodgsoni)、豹猫(Felis bengalensis)、狐(Vulpes vulpes)、大白鹭(Egretta alba)、中白鹭(Egretta intermedia)、白鹭

(Egretta garzetta)、戴胜(Upupa epops)、斑啄木鸟(Picoides major)、凤头鸊鷉(Podiceps cristatus)、喜鹊(Pica pica)、眼镜蛇(Naja naja atra)、眼镜王蛇(Ophiophagus hannah)、五步蛇(Deinagkistrodon acutus)、大树蛙(Rhacophorus dennysi)。

国家二级保护动物——猕猴

水生动物包括原生动物、水蚯蚓、螺、蚬等。浮游动物有原生动物、轮虫类、技角类、桡足类以及其他甲壳类动物的幼体。水生微生物有的可直接作为鱼的饵料，有的是鱼类的致病菌。境内溪流流水较急，氧气充足，流域内基本无工业污染，适合底栖植物和底栖动物的生长，为鲢、鳙、鲤、鲫、鲴等鱼类提供了大量的天然饵料。

据查，境内瓯江溪流中有鱼类84种，隶属11目、21科。有列为国家二级重点保护的水生动物大鲵(娃娃鱼)、鹰嘴龟、水獭和花鳗鲡等。主要经济鱼类除“四大家鱼”外，还有园吻鲴、唇鱼骨、花鱼骨、喀氏倒刺鲃、鳜鱼、台湾突吻鱼、光唇鲃、马口鱼、宽鳍鱲、鳗鲡、鲶鱼、黄颡鱼、青鱼以及软体动物，甲壳动物，爬行动物和两栖动物等珍稀动物。

第三节　真　菌

境内微生物资源种类繁多，特别是野生真菌类极其丰富。1982—1984年，由浙江省农科院、农业大学、桐乡真菌研究所、丽水地区林科院、龙庆景三县专业科技人员组成调查组，对浙南山区野生真菌资源进行调查。在景宁景南乡上标、雁溪乡浮亭岗、家地乡家地、苣岱等地林区，以及泰顺县乌岩岭、庆元县百山祖林区，连续3年进行野生真菌生长期的定期、定点实地调查和常年性观察，共采集样本和标本1973个。1989年8月16日，《浙南野生真菌》课题得到浙江省人民政府表彰，荣获科技成果三等奖。

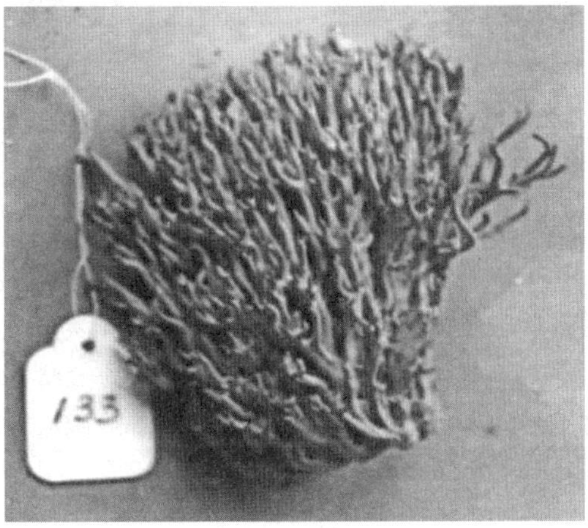

野生珊瑚菌标本

1985年通过鉴定468种，分别为担子菌亚门和子囊菌亚门的4纲14目45科122属。其中，国内新记录2种，省内新记录335种，包括可食用的真菌230种、药用菌39种、毒菌35种。调查组认为景宁野生真菌资源尤为丰富。在上标、浮亭岗、家地等一带采集到牛肝菌40多种，在家地村后山采集到珊瑚菌12种。尤其惊喜的是野生香菇，有洁丽香菇、近课香菇、虎皮香菇3个品种。

景宁可食(药)用野生菌种名录一览

表 2-5-1

品种数量	品 种 名 称
238	朱砂色银耳、银耳、金耳、木耳、毛木耳、皮齿耳、花瓣状亚侧耳、白黄侧耳、小白侧耳、糙皮侧耳、肺形侧耳、灰白侧耳、紫革耳、革耳、漏斗革耳 香菇、洁丽香菇、近裸香菇、虎皮香菇、烟色红菇、铜绿红菇、白红菇、黑白红菇、革色红菇、黑紫红菇、金红菇、矮狮红菇、壳状红菇、兰黄红菇、梨菇、美味红菇、蜜褶红菇、粉柄红菇、臭红菇、叉褶红菇、绵粒黄菇、叶绿菇、全绿红菇、乳白红菇、鳞盖红菇、淡紫红菇、黄红菇、绒紫红菇、厚皮红菇、黑红菇、黄白红菇、蓖形红菇、美红菇、玫瑰红菇、粉红菇、茭红菇、葡萄红菇、变绿红菇、红边绿菇、黄孢红姑、粘乳菇、浓香乳菇、白杨乳菇、皱皮乳菇、松乳菇、暗褶乳菇、红汁乳菇、湿乳菇、劣味乳菇、细质乳菇、沥青乳菇、辣乳菇、微甜乳菇、粘柄乳菇、潮湿乳菇、多汁乳菇、银丝草菇、灰光柄菇、洁小菇 牛排菌、褶裂菌、山地刺孢多孔、鸡油菌、朱红鸡油菌、小鸡油、金黄喇叭菌、喇叭菌、芳香喇叭菌、灰色锁瑚菌、冠锁瑚菌、雪冠锁瑚菌、红顶枝瑚菌、黄枝瑚菌、棕黄枝瑚菌、美丽枝瑚菌、长茎黄枝瑚菌、长茎枝瑚菌、马地枝瑚菌、光孢黄枝瑚菌、红枝瑚菌、偏白枝瑚菌、棒瑚菌、白珊瑚菌、紫珊瑚菌、虫形珊瑚菌、恰人拟锁瑚菌、银朱拟瑚菌、宽鳞枝孔菌、漏斗棱孔菌、树花多孔菌、雅致多孔菌、硫色干酪菌、桦革裥菌、线柄松塔牛肝菌、光盖松塔牛肝菌、小牛肝菌、淡灰小牛肝菌、虎皮小牛肝菌、松林小牛肝菌、褐园孔牛肝菌、兰园孔牛肝菌、黑盖粉孢牛肝菌、黄盖粉孢牛肝菌、紫色粉孔牛肝菌、中国粉孢牛肝菌、黄粉末牛肝菌、铜绿乳牛肝菌、白炳粘盖牛肝菌、乳牛肝、雅致乳牛肝、点炳乳牛肝、褐环乳牛肝、金乳牛肝、褐绒盖牛肝、红绒盖牛肝、拟绒盖牛肝、砖红绒盖牛肝、绒牛肝、云绒盖牛肝、橙黄疣柄牛肝菌、红疣柄牛肝菌、黑疣柄牛肝菌、皱盖疣柄牛肝菌、褐疣柄牛肝菌、铜色牛肝菌、美味牛肝菌、红柄牛肝菌、灰褐牛肝菌、半白牛肝菌、土褐牛肝菌、紫红朱牛肝菌、花脚牛肝菌、小美牛肝菌、鳞柄牛肝菌、黄褐牛肝菌、紫牛肝菌、红黄褶孔菌、兰丝膜菌、长柄丝膜菌、紫色丝膜菌、兰紫丝膜菌、血红丝膜菌、黄丝膜菌、革丝膜菌、锐鳞环柄菌、高环柄菌、褐盖黄柄菌、粗鳞环柄菌、堆金线菌、毛金线菌、宽褶金线菌、长根金线菌、鳞柄长根金线菌、鸡枞菌、疣皮密环菌、白环菌、黑根须腹菌、梅尔枝瑚菌 蘑菇、小白菇、小蘑菇、双环菇、林地蘑菇、紫菇、薄垂幕菇、毡绒垂幕菇、酸涩口蘑、油口蘑、黄褐口蘑、紫盖口蘑、锈口蘑、皂碱口蘑、紫晶口蘑、棕灰口蘑、条纹口蘑、灰褐香蘑、网纹马勃、头状秃马勃、彩色豆马勃、深红鬼笔、茯苓、树舌、柴芝、灵芝、杂色云芝、 晶盖粉褐蕈、角孢斜盖伞、密簇斜盖伞、金蜡伞、蜡伞、象牙白蜡伞、朱红蜡伞、太平洋蜡伞、红紫蜡伞、美丽蜡伞、隐花青褐伞、长根鬼伞、金盖鳞伞、绒圈鳞伞、毛柄鳞伞、尖鳞伞、地鳞伞、安洛小皮伞、脐顶小皮伞、嗜栎小皮伞、硬柄小皮伞、合生杯伞、杯伞、条缘灰杯伞、漏斗形杯伞、卷边杯伞、漆亮杯伞、漆亮杯伞紫色变种、大杯伞、赭杯伞、 片鳞鹅膏、橙盖鹅膏、赤褐鹅膏、金疣鹅膏、雪白鹅膏、戴盖鹅膏、角鳞白鹅膏、灰鹅膏

第三篇　人口　生育

改革开放以来，人口流动加速。一方面，世代务农青年，大量外出务工经商。1992 年末，景宁户籍人口为 172631 人。2000 年，第五次全国人口普查，景宁常住人口 153011 人，2010 年，第六次全国人口普查，常住人口 107106 人。另一方面，城镇发展、下山脱贫与扶贫小区建设及英川电站、滩坑电站库区移民等工作的推进，人口不断向县城和乡镇所在地集聚。乡村人口剧减，城镇人口增多，城乡人口密度发生较大变化。随着人民生活水平的改善，社会人均寿命、人口质量明显提高。2010 年，景宁进入老龄化社会。

1993—2010 年，贯彻实施新《婚姻法》，新婚夫妇依法登记率提高，社会婚姻关系整体比较稳定，家庭户型结构趋向小型化。家庭婚姻观念转变，涉外婚姻增多，离婚人数呈上升趋势。

1993 年后，景宁把人口生育指标，纳入经济社会发展重要指标体系，层层落实人口与计划生育工作目标责任，加大计划生育行政执法力度，生育服务任务加重。年轻人生育观念发生转变，优生优育理念逐步形成。各级政府加强人口生育政策宣传，执行人口生育制约政策，落实奖励优惠措施，严格把握生育审批手续，推进知情选择与“两免”服务。2010 年，景宁被评为“浙江省计划生育优质服务县”。

第一章 人口状况

人是社会中最积极、最活跃、最具能量的潜在因素。1978年前，景宁人口大部分稳定在农村，流动较少；1980年后，全面实行改革开放政策，市场交流活跃，青壮年外出务工经商增多。1993—2010年，人口向城镇、小集镇、中心村集聚，城乡人口比例发生变化，农村留守老人与留守儿童居多。

第一节 总 量

人口数量

1992年末，景宁户籍人口为172631人。其中，男性92381人，女性80250人。2004年末，户籍人口首破18万人，随后，滩坑水电站库区移民外迁，户籍总人口出现较大幅度下降。2008年后，有所回升。2010年末，全县户籍人口171867人。其中，少数民族人口18810人，户均家庭人口3.13人。

人口变功

自然变动　1993—2010年，景宁出生人口41511人，年均2306人。死亡19179人，年均1066人。

1993—2005年景宁人口自然变动情况一览

表3-1-1

年份	户数（户）	总人口（人）	出生（人）	死亡（人）	自然增长率（‰）	年份	户数（户）	总人口（人）	出生（人）	死亡（人）	自然增长率（‰）
1993	44895	173147	1656	1046	3.53	2002	51698	178932	2621	810	10.17
1994	45138	173518	1886	1091	4.59	2003	52661	179296	2764	965	10.04
1995	44845	173724	1789	1122	3.84	2004	53755	180018	2796	920	10.44
1996	45431	174225	1968	1086	5.07	2005	54481	177252	2817	1601	6.81

说明：本表为《景宁统计年鉴》数据

迁移变动　1993—2010年，迁入35750人，年均1986人。迁出58936人，年均3274.22人。平均每年迁出比迁入多1288.11人。

2004—2008年，滩坑水电站库区移民县外安置4658户、15972人，分布于金华义乌市、东阳市、永康市、浦江县；绍兴市绍兴县、诸暨市；宁波市鄞州区、奉化县；丽水市莲都区、龙泉市、遂昌县、松阳县、缙云县等地。

2000年，第五次全国人口普查，外出人口47137人（跨乡镇半年以上）。2010年，第六次全国人口普查，外出人口90497人(跨乡镇半年以上)。其中，在省内79644人，占外出人口88.01%；在省外10853人，占11.99%。2010年，县外人口常住景宁半年以上5825人。其中，户口在省外2205人，在省内外县、市(区)3620人。

1993—2010年景宁人口迁移变动情况一览

表3-1-2

年　份	迁移变动			年　份	迁移变动		
	迁入(人)	迁出(人)	人口净增减(人)		迁入(人)	迁出(人)	人口净增减(人)
1993	1611	1726	-115	2002	3877	4563	-686
1994	1115	1464	-349	2003	2313	3301	-988
1995	979	1449	-470	2004	1863	2599	-736
1996	1110	1590	-480	2005	2937	7012	-4075
1997	1278	1578	-300	2006	2374	11021	-8647
1998	1660	2009	-349	2007	2038	3941	-1903
1999	2005	2428	-423	2008	2117	5187	-3070
2000	2644	2937	-293	2009	1750	1602	148
2001	1973	2545	-572	2010	2106	1984	122

说明：本表为《景宁统计年鉴》及公安提供数据

第二节　构　成

民族

2000年，第五次全国人口普查，景宁境内共21个民族，常住人口153011人，其中汉族人口136505人，占总人口89.21%；畲族人口16144人，占总人口10.55%；其他19个少数民族人口362人，占总人口0.24%。

2010年，第六次全国人口普查，景宁有25个民族，比2000年增加4个。常住人口107106人，其中汉族人口91922人，占总人口85.82%；畲族人口14529人，占总人口13.57%；蒙古族、回族、藏族、维吾尔族、苗族、彝族、壮族、布依族、满族、侗族、白族、土家族、哈尼族、哈萨克族、傣族、黎族、傈僳族、佤族、拉祜族、水族、纳西族、土族、布朗族等23个少数民族人口655人，占总人口0.61%。

性别

1993年末，景宁户籍人口173147人。其中，男性92689人，占53.53%；女性80458人，占46.47%。

2010年末，景宁户籍人口171867人。其中，男性91077人，占52.99%；女性80790人，占47.01%；男女性别比(以女性为100∶112.7)。2006年后性别比逐年下降。

1993—2010 年景宁人口性别构成情况一览

表 3-1-3

年　份	男性(人)	女性(人)	性别比(%)	年　份	男性(人)	女性(人)	性别比(%)
1993	92689	80458	115.2	2002	95731	83201	115.1
1994	92938	80580	115.3	2003	95813	83483	114.8
1995	92913	80811	114.98	2004	96141	83877	114.6
1996	93141	81084	114.87	2005	94564	82688	114.4
1997	93239	81404	114.5	2006	90774	79249	114.5
1998	93458	81466	114.7	2007	90482	79212	114.2
1999	93735	81749	114.66	2008	89675	78806	113.8
2000	94596	82241	115.02	2009	90395	79776	113.3
2001	94869	82408	115.1	2010	91077	80790	112.7

说明:本表为《景宁统计年鉴》数据

文化程度

1993 年后,受过中等、高等教育人口增加,受初等教育人口有所减少,每十万人拥有受高等教育人数比例增加。2010 年"六普"数据显示,景宁受教育程度人口结构发生变化,高学历人口增长迅速,人口文化素质明显提高。

2010 年景宁 6 周岁及以上人口受教育情况一览

表 3-1-4

	2010 年"六普"		2000 年"五普"		"六普"与"五普"比较	
	人数(人)	比例(%)	人数(人)	比例(%)	人数±(人)	比例±(%)
合计	99107	92.53	142504	93.13	-43397	-0.6
未上过学	11506	10.74	18222	11.91	-6716	-1.17
小学	41267	38.53	66820	43.67	-25553	-5.14
初中	28689	26.79	43408	28.37	-14719	-1.58
高中(含中专)	10699	9.99	11616	7.59	-917	2.4
大学专科	4445	4.15	2082	1.36	2363	2.79
大学本科	2472	2.31	349	0.23	2123	2.08
研究生	29	0.03	7	0.00	22	0.03

说明:本表为人口普查数据

景宁每十万人中拥有各类受教育程度人口数一览

表 3-1-5

	大专以上(人)	高中(含中专)(人)	初中(人)	小学(人)
2000 年"五普"	1593	7592	28369	43670
2010 年"六普"	6485	9989	26786	38529

说明:本表为人口普查数据

第三节　分　布

城镇

1993 年后，扶贫小区建设、小规模自然村搬迁、滩坑电站库区移民安置及城镇化建设步伐加快，人口迅速向县城和乡镇所在地集聚。2010 年末，景宁 5 个镇面积达 730.64 平方千米，占全县总面积 37.47%，人口 75959 人，占全县总人口的 79.92%。鹤溪镇人口密度最大，为 200.39 人/平方千米；人口密度增加最快，比 2000 年增加 42.23 人/平方千米，增长 27.51%。

农村

1993 年，景宁多数人口在农村。之后，乡村人口逐年减少，至 2010 年末，16 个乡总面积 1268 平方千米，仅占全县总面积 62.53%，人口 34537 人，仅占全县总人口的 20.08%。梅岐乡人口密度为全县最低，每平方千米仅 14.19 人。比 2000 年 33.80 人/平方千米，减少 58.01%。

景宁“六普”“五普”乡镇人口密度一览

表 3-1-6　单位：人/平方千米

乡　镇	2010 年“六普”	2000 年“五普”	2010 年 2000 年±%	乡　镇	2010 年“六普”	2000 年“五普”	2010 年 2000 年±%
全县	54.93	78.47	−30.00	景南乡	28.31	44.66	−36.63
鹤溪镇	200.39	157.16	27.51	雁溪乡	30.08	84.65	−64.46
渤海镇	16.97	63.29	−73.18	葛山乡	38.31	150.52	−74.55
东坑镇	33.04	46.66	−29.19	鸬鹚乡	41.71	102.05	−59.12
英川镇	30.88	105.00	−70.59	梧桐乡	39.67	64.78	−38.76
沙湾镇	48.79	111.52	−56.24	标溪乡	32.46	68.41	−52.55
大均乡	25.73	38.78	−33.65	毛垟乡	27.09	68.83	−60.65
澄照乡	46.92	61.47	−23.67	秋炉乡	22.99	79.34	−71.02
梅岐乡	14.19	33.80	−58.01	大地乡	19.86	57.13	−65.23
郑坑乡	48.33	64.00	−24.49	家地乡	16.75	41.79	−59.91
大漈乡	37.61	51.71	−27.26	九龙乡	16.32	45.90	−64.45

第二章　婚姻家庭

1993—2010 年，景宁贯彻实施新《中华人民共和国婚姻法》，家庭婚姻观念转变，新婚夫妇依法登记率提高，补领结婚证增多，家庭婚姻关系整体比较稳定。随着改革开放步子加大，人口流动量大，申请涉外婚姻登记也日渐增多,离婚率有所上升。

第一节 婚 姻

国内婚姻

1993—2000年,县民政部门开展《婚姻法》宣传贯彻与实施,做好婚姻登记与管理工作,提高婚姻登记率与合格率,配合开展计划生育宣传工作。按照丽政办〔2000〕36号文件,2001年1月,婚姻登记开始集中管理。2001年,共办理婚姻登记1308对,离婚登记42对,出具婚姻状况证明书14本,出具夫妻关系证明书16本。2002年9月,成立县婚姻登记处。2004年5月,结婚对象婚姻登记集中办理,办证窗口设于县行政审批中心办事大厅内。2006年7月,婚姻登记机构从县行政审批中心办事大厅分出,设在县民政局内。2006年,办理结婚登记2163对,补领结婚证50对,离婚登记165对。婚姻登记处被省民政厅评为省婚姻登记机关规范化建设窗口单位。2009年1月,景宁婚姻登记处被民政部授予"2007年至2008年全国婚姻登记机关规范化建设窗口单位"称号。2010年,办理结婚登记1912对,再婚人数123人,离婚登记235对,补领结婚登记248对,出具无婚姻登记记录证明1758份。1994—2010年,申请婚姻登记共计25708对,平均每年婚姻登记1512.2对。1998—2010年,离婚人数从26对增加到235对,呈上升趋势。

涉外婚姻

1996年前,涉外婚姻登记办理在县民政局,1996年后,改由地区(市级)民政局婚姻登记处。2004年,申请涉外婚姻登记结婚1对。其中,1人为华侨。2005年,申请涉外婚姻登记结婚4对。其中,港澳台胞1人,华侨3人。2006年,申请涉外婚姻登记结婚2对。其中,华侨2人。2007年,申请涉外婚姻登记结婚6对。其中,华侨6人。2008年,申请涉外婚姻登记结婚1对。其中,华侨1人。2009年,批准申请涉外婚姻登记结婚9对。其中,华侨8人,越南1人。2010年,申请涉外婚姻登记结婚5对。其中,越南3人,柬埔寨2人。

第二节 家 庭

家庭人口

1993—2010年,家庭户规模逐渐缩小,主要原因是独生子女户家庭增加、年轻人婚后独立居住及空巢老人增加等。

2000年,第五次全国人口普查资料显示,景宁家庭户47808户。家庭户人口组成比例,1人户占总户数14.86%,2人户占17.57%,3人户占29.72%,4人户占21.55%,5人以上户占16.3%,以3人户最多。

2010年,第六次全国人口普查资料显示,景宁家庭户38355户。家庭户人口组成比例,1人户占总户数 19.09%，2 人户占 31.79%，3 人户占 26.69%，4 人户占 13.45%，5 人以上户占 8.98%，以 2 人户最多。

2010 年，家庭户人口 10.22 万人，家庭户平均人口 2.66 人，比 2000 年减少 0.49 人。

家庭代数

2010 年，家庭代数与 2000 年比较有较大变化。2000 年，一代户占总户数 27.43%。2010 年，一代户占总户数 44.13%，比 2000 年多 16.7%。2000 年，二代三代四代户占总户数比例分别为 55.06%、16.67%、0.84%。2010 年，二代三代四代户占总户数比例分别为 42.67%、12.63%、0.57%。家庭生活以小型户为主，大户家庭减少。

2000 年和 2010 年景宁家庭代数与家庭人口组成情况一览

表 3-2-1

年份	家庭代数组成（户）				家庭人口组成（户）									
	一代户	二代户	三代户	四代户	一人户	二人户	三人户	四人户	五人户	六人户	七人户	八人户	九人户	十人及以上户
2000	13112	26325	7970	401	7105	8400	14206	10303	4859	1863	653	246	96	77
占总户数（%）	27.43	55.06	16.67	0.84	14.86	17.57	29.72	21.55	10.16	3.90	1.37	0.51	0.20	0.16
2010	16927	16367	4841	220	7321	12193	10238	5158	2287	743	239	90	45	41
占总户数（%）	44.13	42.67	12.63	0.57	19.09	31.79	26.69	13.45	5.96	1.94	0.62	0.23	0.12	0.11

第三章　生育服务

1956 年，景宁开始进行计划生育宣传。1957 年，开始推行节制生育措施。1980 年始，普遍提倡并推行“一对夫妇生育一个孩子”。1984 年，建立景宁畲族自治县后，县、区、乡均建立计划生育专门机构，配备计划生育专管员，推行生育服务任务包干和人口规划目标管理责任制，遏制人口超生现象。1993 年，县委、县政府制定计划生育有关政策规定，依法办事，加强基层基础工作，提高生育服务质量，人口、经济、社会、资源、环境协调发展。2010 年，景宁被省计生委评为“浙江省计划生育优质服务县”。

第一节　政策法规

1993—2010 年，依据中央和省市人口和计划生育政策法规，把人口和计划生育工作摆在经济社会发展的全局和可持续发展战略首位，被列入重要议事日程，党政领导亲自抓、负总责，完成人口和计划生育目标管理任务。

人口生育政策

人口生育制约政策　1993年11月1日，县委制定《关于进一步加强计划生育工作的补充规定》。1996年7月8日，县政府出台《关于进一步强化计划生育工作的若干规定》，把人口发展指标作为约束性指标，纳入经济社会发展重要指标体系，层层落实人口与计划生育工作目标责任制，加大计划生育行政执法力度。

少数民族生育政策　景政发〔1999〕83号《景宁畲族自治县人民政府关于贯彻执行〈浙江省计划生育条例〉的补充规定》，对少数民族计划生育问题作出具体规定：夫妻双方均是农业户口的畲民，可以安排第二胎生育，一方是少数民族并具有本县两代以上户籍的，经批准，可以安排第二胎生育；夫妻双方都是少数民族的，经批准，可以安排二胎生育；少数民族计划生育其他问题适用《浙江省计划生育条例》有关规定。2007年9月28日，浙江省第十届人民代表大会常务委员会第三十四次会议通过《关于修改〈浙江省人口与计划生育条例〉的决定》，废止1990年9月10日浙江省第七届人民代表大会常务委员会第十八次会议通过的《浙江省少数民族计划生育的规定》，景宁相应调整有关少数民族计划生育政策。2007年9月以后，少数民族计划生育政策按《浙江省人口与计划生育条例》有关规定执行。

奖励优惠政策　1993年以后，建立以财政投入为主的人口和计划生育经费保障机制，按照“足额预算、分级负担、逐年提高、规范管理”的要求，对人口和计划生育投入增长幅度要高于经常性财政收入增长幅度，确保法律法规规定的各项奖励优惠政策能够执行到位，确保计划生育服务机构基本建设、队伍建设、计划生育经常性工作与法定免费服务等经费得到落实。

1998—2000年，推行扶贫与计划生育相结合，开展新家庭计划活动，在扶贫资金、扶贫项目、帮扶责任、扶贫政策、扶贫规划上向实行计划生育户倾斜，帮助计划生育户发展生产，脱贫致富。县计划生育协会发挥“带头、宣传、服务、监督、交流”作用，先后扶持创办金奖惠明茶、绿色无公害蔬菜、中药材、水干果等项目基地，引导和帮助广大育龄群众走少生快富奔小康之路。全县累计落实帮扶资金100多万元，帮扶2535户家庭实现脱贫。

2003年12月6日，县政府出台《景宁畲族自治县实施〈浙江省人口与计划生育条例〉办法》。2004—2006年，县政府出台《景宁畲族自治县计划生育公益金管理暂行办法》《景宁畲族自治县计划生育家庭参加新型农村合作医疗实施办法》《景宁畲族自治县农村部分计划生育家庭奖励扶助制度实施方案》等计划生育奖励优惠政策，基本构建覆盖城乡的计划生育利益导向机制体系框架。

2006年9月29日，实施农村部分家庭奖励扶助制度。首批600名对象得到每年600元奖励扶助金。同年9月11日，浙江省马寅初人口福利基金会《结对助学》启动仪式在梧桐乡中心小学举行。2008年6月10日，举行全县“生育关怀行动”启动仪式。2006—2010年，落实农村部分计划生育家庭奖励措施，扶助3885户、特别扶助75户，奖励扶助资金260.34万元；发放新型农村合作医疗计划生育家庭补助、计划生育困难家庭补助、独生子女家庭奖励、高考优秀生奖励、各类计划生育先进个人奖励等计划生育公益金138.77万元，惠及6万多人。

生育调节与审批

人口生育审批手续　1996年7月，为加强生育管理工作，县政府对人口规划提出具体实施意见：符合《浙江省计划生育条例》规定生育第一个子女的，由夫妻双方提出书面申请，经村（居）民委员会、计划生育协会或所在单位签署意见后，报乡镇人民政府审批；生育第二个子女的，经乡镇人民政府审核后，报县计划生育委员会审批；特殊情况生育子女的，由乡镇人民政府审核后，按规定程序逐级上报审批。婚后5年不避孕未生育者，经县计划生育委员会指定的医疗单位诊断为不孕症；要求收养一个子女的，须本人申请，经乡镇人民政府审核，报县计划生育委员会审批后，到县民政局办理收养手续。符合《浙江省计划生育条例》规定经批准再生育一个子女的，须达生育间隔规定年限。

计划生育管理体制　2002年9月，县政府出台《关于推进计划生育综合改革意见》，在沙湾镇开展试点并向全县推开。在管理体制上由“按人口计划指标生育”转为“按生育政策生育”；从“户籍地为主管理”转向“以现居住地为主管理”；农村由“乡村两级行政管理为主”转向实行“村民自治、民主管理”；城区由“单位负责，条条保证，以块为主，条块结合”转为“属地管理，单位负责，居民自治，社区服务”；实行宣教、管理和服务三者联动，寓管理于服务之中。建立和完善计划生育利益导向机制，实施少生快富和计划生育社会保障工程；完善人口与计划生育的综合治理机制，强化主管部门的综合管理职能，增强协调落实综合措施能力，形成齐抓共管合力。通过推进人口与计划生育工作综合改革，基本建立起“依法管理、村民自治、优质服务、政策推动、综合治理”的管理体制，形成人口与发展综合决策、综合治理的工作局面。2008年12月28日，县委出台《关于贯彻落实〈中共中央国务院关于全面加强人口和计划生育工作统筹解决人口问题的决定〉的实施意见》，各党政机关、企事业单位、乡镇、村居认真执行实施意见，抓好落实，至2010年末，景宁人口和计划生育工作平稳扎实推进。

1993—2010年景宁生育状况一览

表3-3-1

年份	出生								政策内生育		独生子女父母光荣证		
	人数（人）	出生率（‰）	一孩数（人）	一孩率（%）	二孩数（人）	二孩率（%）	多孩数（人）	多孩率（%）	人数（人）	计划生育率（%）	已婚育龄妇女（人）	领证人数（人）	领证率（%）
1993	1662	6.41	1261	75.87	377	22.68	24	1.44	1568	94.34	30254	1650	5.45
1994	1872	7.21	1397	74.63	438	23.40	37	1.98	1783	95.25	30881	1719	5.57
1995	1774	6.83	1307	73.68	445	25.08	22	1.24	1701	95.89	31786	1800	5.66
1996	1934	7.41	1400	72.39	515	26.63	19	0.98	1856	95.97	32619	1902	5.83
1997	1736	6.64	1337	77.02	381	21.95	18	1.04	1690	97.35	33054	2025	6.13
1998	1819	6.94	1390	76.42	409	22.48	20	1.10	1721	94.61	34055	1925	5.65
1999	1965	7.47	1503	76.49	441	22.44	21	1.07	1878	95.57	34642	2280	6.58
2000	1990	7.53	1534	77.09	446	22.41	10	0.50	1967	98.84	36111	2451	6.79
2001	2010	7.59	1534	76.32	463	23.03	13	0.65	1958	97.41	37132	2828	7.62
2002	2213	8.30	1738	78.54	465	21.01	10	0.45	2097	94.76	38592	3131	8.11
2003	2031	7.56	1540	75.82	473	23.29	18	0.89	1940	95.52	39134	2976	7.60
2004	2536	9.42	1802	71.06	703	27.72	31	1.22	2350	92.67	40448	3342	8.26
2005	2465	9.18	1721	69.82	722	29.29	22	0.89	2304	93.47	39760	4247	10.68
2006	2331	8.89	1601	68.68	708	30.37	22	0.94	2143	91.93	40446	2714	6.71
2007	2379	9.33	1613	67.80	754	31.69	12	0.50	2206	92.73	39383	4440	11.27
2008	2248	13.29	1396	62.09	827	36.79	25	1.11	2074	92.25	38482	4944	12.85
2009	2078	12.27	1242	59.77	796	38.31	40	1.92	1898	91.34	39216	5785	14.75
2010	1916	11.2	1084	56.58	803	41.91	29	1.51	1731	90.34	39745	6426	16.17

第二节 基层工作

1984年，刚建立景宁畲族自治县之初，计划生育工作难度较大。1989年始，县委、县政府把工作重点放在夯实乡村基层基础建设上，开展人口与生育合格村创建工作，每年进行检查考核与评估，计划生育工作顺利推进。2010年，生育基础知识普及率89.23%；已婚育龄夫妇综合避孕节育率88%，育龄夫妇应随访对象得到随访服务率80%，“独生子女父母光荣证”领证率从1993年的5.45%上升到16.17%，提高10.72个百分点。群众对人口与生育管理和服务工作的满意程度达90%，合格村占全县行政村总数的85%。

宣传教育

1993—2010年，在人口和生育服务工作中，始终把宣传教育放在首位。发挥计划生育宣传协调部门优势和作用，依托各级党校和乡镇人口学校，利用大众传播媒介普及人口和生育服务基础知识。各乡镇先后建立人口学校，各村居建立生育服务活动室。县委党校每年有组织、有计划地举办村级干部培训班，开展人口和生育服务基础知识专题讲座。县广播电视台、《畲乡报》开设《人口与生育》专栏，及时宣传相关政策。

1999年始，开展“婚育新风进万家”活动，宣传晚婚晚育、少生优生、优育优教、性别平等、夫妇同责的生育观念，传播青春期、新婚期、孕产期、育儿期、中老年期生殖健康知识，传播独生子女教育法，倡导文明健康生活方式，倡导家庭美德和社会公德。

2007年，开展《中共中央国务院关于全面加强人口和计划生育工作统筹解决人口问题的决定》与《中华人民共和国人口与计划生育法》实施五周年大型宣传活动。

2008年，将农村人口与计划生育工作纳入新农村建设的总体部署，加强农村生育文化建设，建成生育文化示范村22个。

2009年始，以学校为阵地、以小学高年级和中学生为重点，开展青少年青春期健康教育和服务，每学年小学六年级、初中段6课时，高中段4课时。并印制《青春期健康教育培训教材》10000本，发放到学校、企事业单位。

2010年9月，举办纪念《中共中央关于控制人口增长问题致全体共产党员共青团员的公开信》发表30周年大型文艺会演。

服务网络

1995—2010年，先后建成鹤溪、东坑、渤海、沙湾、英川5个镇计划生育中心服务站和17个乡级计划生育服务站。2010年，县、乡、村技术服务网点65个，村级普及率达100%。

1995年后，强化育龄妇女信息化管理，22个乡镇(管理区)配备电脑，建立《基层育龄妇女信息管理系统》，实行网络操作和管理，实现办公自动化。

2001年，开展村自管理、村民自治工作。

2003年6月，县计生、公安、民政联合制订《景宁县计划生育统计改革实施方案》，把计划生育统计改革具体工作延伸到村一级，杜绝出生人口瞒报、漏报和错报，提高人口计生基础信息质量。

2005年7月，县政府出台《关于加强人口和计划生育基层基础规范化建设的意见》，推行“依法管理、村居民自治、优质服务、政策推动、综合治理”工作机制，形成“县指导、乡镇负责、村为主、户落实”的工作格局。

2008年始，开展“加强源头管理、推进优质服务”活动，在全县“清理政策外生育人员、落实社会抚养费征收；清理政策外怀孕人员、落实补救措施；清理避孕节育人员、落实长效节育措施，清理重点“三查”对象，落实责任制；清理育龄妇女基本情况、落实计算机信息化管理；清理排查流动人口、落实生育管理责任”，解决历史遗留问题。

2010年，县政府出台《景宁畲族自治县全面实施乡村计划生育示范创建工程评估方案》，列入年度人口与生育目标管理责任考核。

知情选择

2000年始，景宁实施避孕方法知情选择工作。2001年10月，县政府出台《景宁县计划生育优质服务工作意见》；2002年4月，县政府办转发《关于景宁畲族自治县计划生育避孕方法知情选择的实施意见》；2003年10月，县政府出台《关于进一步规范计划生育避孕节育知情选择工作的意见》，进一步明确乡镇、村居开展知情选择工作条件、方法和步骤，指导育龄群众选择安全、有效、适宜的长效避孕措施和方法；2010年共发放避孕药具1.1万副，避孕药具使用率和有效率均达99%。

“两免”服务

2009年5月6日，县政府出台《关于免费婚前医学检查和免费孕前优生检测工作的实施意见》，对在景宁登记结婚的男女青年进行婚前医学检查，领取《生殖健康服务证》和《再生育证》的待孕妇女进行孕前优生检测，并确定婚检单位为县妇幼保健所，孕检单位为县计划生育宣传技术指导站。至2010年末，新婚和待孕夫妇优生咨询指导率达100%，病残儿父母再生育二孩优生指导和服务率达100%。免费婚前医学检查率从45.27%提高到94.56%，免费孕前优生检测率83.57%。

第三节　流动人口生育服务

随着经济社会发展，景宁近4万人口外出全国各地经商创业，占全县总人口的20%以上，给流动人口计划生育管理和服务增加难度。2009年8月，为做好外出人口管理，在杭州、温州、宁波、上海等重点聚居地成立流动人口计划生育协会，采取以外管外、就地管理模式。以建立外出创业人员党支部为契机，落实流动人口计划生育管理工作的相关职责，完善内外联系沟通、内外支持配合的管理机制。

行业协管

2002年以后，利用卫生、计生合署的优势，与全县卫生医疗单位签订《出生人口性别比综合治理工作责任书》，落实各医疗单位的责任，做到资源共享、优势互补、效益双赢。

部门联管

县建设、交通、工商、民政等部门把流动人口计划生育管理纳入日常安全生产检查、工程质量管理、年检年审等工作之中，及时向计生部门反馈有关信息。公安部门主动配备协管员，配合计生部门开展流动人口管理。教育部门配合计生部门开展学生家长“三查”(查环、查孕、查病治病)。

区域协作

2004年9月，浙闽边界人口与计划生育协作区出生人口性别比升高问题整治工作联席会议首次在浙江省泰顺县召开，浙江省的泰顺、苍南、文成、平阳、景宁5县，福建省的寿宁、霞浦、柘荣3县及福鼎、福安2市等10个毗邻县市的计划生育局局长、分管副局长参加会议，并邀请丽水市、温州市、宁德市计生委领导到会指导，签订《浙闽边界人口与计划生育协作区性别比升高问题联合综治协定》，决定建立协作区联席会议制度，建立协作区性别比升高问题综合治理互动机制、流动人口委托管理机制、计划生育个案协商机制以及经常计划生育工作交流机制。2008年10月，闽浙边界人口与计划生育协作区第四次联席会议在景宁召开，签订《加强流动人口计划生育管理和服务区域协作联合协定》和《关于加强毗邻县市(区)流动人口计划生育管理和服务区域协作工作备忘录》，建立并实施流动人口计划生育综合治理各项制度，突出重点对象的管理服务，加强对外来育龄妇女的跟踪管理和服务，流动人口计划生育管理区域协作工作取得新进展。

1998—2010年景宁流动人口生育管理情况一览

表3-3-2

年份	18—49周岁外来人口		验证数(人)	验证率(%)	18—49周岁外出人口		发证数(人)	发证率(%)	回函率(%)	来信来访总数(件)
	总数(人)	育龄妇女(人)			总数(人)	育龄妇女(人)				
1998	3758	1854	3204	85.26	10897	5995	9981	91.59	100	2
1999	3973	1902	3538	89.05	18088	9320	16253	89.86	100	17
2000	4653	2279	2098	92.06	25926	13819	12743	92.21	100	13
2001	4981	2510	2339	93.13	31088	16195	14567	89.95	100	27
2002	5991	2963	2618	88.35	38420	19778	17686	89.42	100	32
2003	5287	2475	2238	90.42	39280	20006	18015	90.05	100	48
2004	5532	2608	2387	91.53	43795	21657	19617	90.58	100	75
2005	5550	2701	2378	88.04	43434	21633	20889	92.86	100	25
2006	5859	3051	2598	85.15	46612	22912	19774	86.4	100	50
2007	1158	566	521	92.04	35844	15889	13855	87.2	100	22
2008	2713	1966	1822	92.67	36703	20637	18212	88.24	100	35
2009	3307	1929	1678	86.9	36315	18642	16769	89.95	100	38
2010	3145	1949	1831	93.94	27637	13777	11885	86.2	100	45

第四节　机构队伍

机构

行政管理机构　1984年，成立县计划生育委员会，各乡镇成立计划生育办公室。1998年4月，成立县流动人口计划生育管理办公室。2001年11月，政府机构改革，县计划生育委员会与县卫生局合署，成立景宁畲族自治县卫生（人口和计划生育）局，下设办公室、医政防保科、计划生育政策统计科、计划生育宣传技术科、计划财务科5个职能科室。

技术服务机构　1984年6月，成立县计划生育宣传技术指导站，承担计划生育服务。针对农村育龄群众妇科病较普遍的现状，县计划生育宣传技术指导站、妇幼保健所开展生殖、生理健康规范化课堂教育，每季度开办生殖保健培训班，开展“三查一治”（查环、查孕、查病、治病）上门服务活动，面对面向育龄群众讲授、传播生殖健康知识。通过派遣上挂、横向交流等途径，提高技术人员能力和水平，同时引进无痛人流技术，拓展先进服务技术的探索与应用。严厉禁止和打击“两非”（医疗机构非法性别鉴定，非法接生），确保为广大群众提供科学、优质的计划生育技术服务。

自我服务机构　1989年10月，成立景宁畲族自治县计划生育协会。此后，乡、村计划生育协会陆续组建。1998年，县委出台《关于加强计划生育协会工作的通知》。2001年8月，县委出台《关于进一步加强计划生育协会工作的意见》。2002年，制定《景宁畲族自治县计划生育协会事业“十五”发展规划》。2006年，县委出台《关于进一步加强新时期计划生育协会工作的意见》，明确计生协会地位、作用和加强自身建设的要求。开展“优秀会员之家”“示范协会”等创建活动，发挥计生协会在村（居）民自治中民主参与和民主监督的作用，帮助群众实现自我教育、自我管理、自我服务。至2010年，全县254个村级协会有2个达到示范标准，有138个达到“优秀会员之家”标准，有111个达到合格标准。2010年12月，根据县编委《关于同意县计划生育协会列入群众团体序列的批复》，将县计划生育协会列入县机构编制部门直接管理的群众团体序列。县计生协会理事59人，常务理事19人；基层协会337个，协会会员17937人，占全县总人口的10.44%。

队伍

计划生育专干　1984年，配备区、乡镇计划生育专职干部（简称计生专干，下同）。1993年，全县各乡镇均有1人以上计生专干。2000年10月和2004年8月，分别对5人和2人长期从事乡镇计划生育工作的临时工予以转正。1995—2010年，从大（中）专毕业生中招考计生专干31人。至2010年末，全县22个乡镇（管理区）配备计生专干55人（其中，公务员11人，事业编制44人），文化程度分别为大专以上48人，占87.2%；中专7人，占12.73%；2006—2010年，计生专干有8人被提拔担任乡镇副科以上领导职务。县卫生（人口和计划生育）局有干部职工23人。其中，本科6人，占26.09%；大专9人，占39.13%；中专6人，占26.09%；高中2人，占8.7%。

村居服务员　1984年后，根据工作需要，在行政村和居委会设立计划生育服务员，其职责为宣传计划生育法律、法规、方针、政策；传授避孕节育、优生优育优教知识；掌握育龄人员计划生育基本情况；建立健全计生台账；做好避孕药具领取、保管、发放、登记和新婚、怀孕、产后随访；组织村居育龄妇

女开展“三查”服务；协助育龄妇女落实四项手术；协助对违法生育对象开展社会抚养费征收工作等。至2010年末，全县262个村居配备计划生育服务员320人。村级计生服务员报酬，1984年36元/人年，1993年120元/人年，2010年2000元/人年。

协管员　2000年起，根据公安系统户籍管理要求，需在城镇配备暂住人口协管员。按暂住人口500:1的比例，全县配备协管员40人。2007年，在鹤溪镇城南、城西、红星、仙童4个社区再增设1人流动人口管理员，进一步落实流动人口计划生育管理工作相关职责。

第四篇　环境保护

1998年12月3日，省环保局批准景宁为第二批生态示范区建设试点县之一。1999年12月2日，国家环保总局批准丽水地区为国家级生态示范试点地区，景宁由此进入首批国家级生态示范区建设。2001年，景宁面对加快发展和保护生态双重压力，提出“创畲乡生态优势，建风情旅游名城”战略构想，2003年10月，景宁生态示范区建设通过国家考核验收。2004年，县委作出建设生态示范县的决定。在国家环境监测总站对2348个县、市（区）生态环境质量抽样调查中，根据卫星遥感数据和生态环境现状调查数据，包括生物丰度、植被覆盖、水网密度、土地退化、污染负荷等五项指标，综合计算生态环境指数排序，景宁生态环境质量位居全国第五位。

2004—2010年，景宁开展“治水、治砂、治矿、治城、治林、治墓”等综合治理活动，并相继开展饮用水源保护、污染企业限期治理、排污口规范化整治、推行清洁生产、生活污水处理、生活垃圾处理、万里清水河道、畜禽养殖场污染治理、空气质量自动监测站建设、环境监测监控中心建设、环境监察和监测机构标准化建设等十余项环境整治专项行动，提升了城乡环境质量。生态环境状况指数（EI值）达101.8，位居全省第三位；全年县城空气质量良好率95.72%；地表水功能区和饮用水环境质量达标率均为100%。其中，Ⅰ、Ⅱ类水质占95%。

1993—2010年，每年开展一次区域环境噪声、功能区环境噪声、交通噪声监测。县城区监测区域环境噪声布点100个，功能区环境噪声监测布点7个，交通噪声监测布点6个。2010年，县城环境噪声达标面积2.48平方千米。

第一章 生态建设

1998—2003年，景宁开展生态示范区建设，并通过国家考核验收。2004年，县委、县政府作出建设生态示范县的决定。2005年始，从国家级生态示范区建设转入生态县建设。全县界定省级以上重点生态公益林86182.65万公顷。绿化造林、封山育林、林业生态重点工程、城镇周边阔叶林改造工程、退耕还林工程等生态工程建设全面推进，提升生态环境质量。2006年，实施“一三四八”发展战略，落实“绿色生态立县”“生态协调”的战略举措。2010年，提出生态立县、产业富县、文化名县“三县并举”发展战略，更加明确生态创建目标定位。按照“生态立县”要求，确定“生态畲乡、景秀人宁”创建主题，先后编制《景宁畲族自治县生态县建设规划》等6部生态建设规划。同时，将生态建设和保护的各项目标任务融入经济社会事业发展各项规划之中，“该保护的严格保护，可开发的科学开发，该修复的限期修复”，形成“优势在生态、未来靠生态”全民共创氛围。

第一节 生态示范县建设

生态示范点建设

1998—2010年，举办生态示范区建设论坛、有奖征文、生态环保知识竞赛、生态摄影展等活动，利用环境日等节日，将生态建设宣传教育面向广大社区、学校和农村扩展。2001年，县委、县政府提出“创畲乡生态优势，建风情旅游名城”战略构想。2002年末，建成14所绿色学校，仙童社区为省级绿色社区，城西、城南社区为市级绿色社区。同时，完成《景宁县生态示范区建设总体规划》《景宁县环保示范工程规划》《鹤溪镇环境保护专项规划》以及生态农业、生态林业、生态工业等5个生态工程专题子规划的编制；编制并实施10个生态示范村镇建设规划。确定并实施生态示范区建设工程项目60个，生态示范村镇试点30个，在此基础上经筛选，形成10个重点生态示范村镇、10个重点生态工程、10个生态示范点。其中，梧桐乡高演村以全国最大的人工厚朴基地为基础，推行GNP标准化建设和品种改良，实现“生态脱贫、生态致富”；133.3公顷的英川高山蜜梨绿色食品基地通过国家绿色食品认证，成为全市首个国家水果类绿色食品基地。

城乡环境治理

2006年，实施“一三四八”发展战略，立足生态立县，深入开展生态示范县创建活动。在城乡环境整治中，对深山伐木运输拉钢丝索现象进行重点整治；对采砂场（厂）采取限批拒批、边整改边治理、关停、责任包干等措施进行整治；对规模以上养殖场重新进行环境评估，符合养殖条件的进行“二分三化”和种养结合等生态综合措施，加以整改；以“铁的决心、铁的手腕、铁的措施”整治水环境，组织拆除滩坑库区两沿乱搭乱建污染源，千峡湖水库水环境进行综合保护，县城饮用水源地龙潭桥水库进行综合治理；先后清理炼铜厂、洗牛皮厂、塑料颗粒加工厂，关停景宁造纸厂、钢铁厂等一批污染重、效益低的企业，形成小水电、食品加工、医药加工三大支柱产业。2008年，开展景宁经济开发区环境污染整治行动并通过验收，依法关停环境污染严重、群众反响较大的工矿企业。

生态经济发展

1998—2010年，全面实施生态公益林扩面、千万农民饮用水和万里清水河道等工程；重视生态多样性，加强溪源湿地保护，建设国家级自然保护区、省级自然保护区、省级地质公园。实施"十村示范、百村整治"等工程，推动农村环境综合整治，建成一批独具特色的"泥巴房""石头屋""田园村""畲族寨"，村容村貌和生态环境得到显著改善。

2003年末，全县共区划界定生态公益林5.67万公顷，退耕还林1000公顷，森林覆盖率77.9%。开展自然保护小区、水源保护区等生态功能区的创建，建立仰天湖等29处森林和野生动物类自然保护小区，总面积达5145公顷。草鱼塘森林公园被正式批准为省级森林公园。同时，通过工业污染源综合整治，完成国务院提出的"一控双达标"任务，化学需氧量、二氧化硫、烟尘等12项主要污染物排放总量控制在国家规定排放总量指标内，部分污染物比1998年大幅度削减。其中，化学需氧量削减50.8%，铅削减85.06%，烟尘削减7.6%，工业固体废弃物削减20.65%，工业企业污染源达标排放率达到100%。

生态示范区建设经过五年努力，27项考核指标全部达到国家标准，2003年10月，通过国家考核验收。从2005年始创建生态示范县，经过6年努力，2011年，通过省级验收。

第二节 环保设施建设

2004—2010年，围绕建设"碧水、蓝天、绿色、清净、宜居"新畲乡，每年确定一批生态重点工程和生态点建设项目。至2010年，共安排生态建设项目148个，累计完成投资21.4亿元。

城区污水排放处理

2006年12月至2007年11月，建成城区污水处理厂，规模为500万千克/日处理量。采用硅藻精土处理工艺，厂区占地面积4290平方米，总投资3120万元。其中，厂区910万元，管网2210万元。2007年7月和10月，分别通过主干管网和厂区工程验收，进行试运行，污水处理厂出厂水各项指标均达标排放。2008年5月1日投入运行。

城区供水管网维护

1993—2010年，坚持控制城区供水管网漏损，采取全方位落实综合治理措施，组织专业检漏队伍对全城管网查漏检修。其中，2009年共检修管道漏点225处，全年供水管网漏损率12.54%，低于全省同期13%的平均水平。

城乡垃圾处理设施

2005年，澄照乡金丘村建成首个农村生活污水处理设施。2006年，沙湾镇首个垃圾焚烧炉建成投入使用，之后各乡镇相继建设垃圾处理设施，2009年末，行政村垃圾集中收集处置实现全覆盖。2010年，出台《农村生活垃圾集中处理实施方案(试行)》，全县农村垃圾实行"户集、村收、乡运、县处理"，227个有康庄公路的村庄垃圾得到无害化处理。

西坑庙岗垃圾填埋场

2007年7月，开工建设西坑庙岗垃圾填埋场，为城区生活垃圾处理设施。该填埋场设计填埋库存量为97万立方米，使用年限25年。分两期实施，总概算3488万元。其中，一期工程投资2470万元，用地面积32748平方米，库存量为36.5万立方米，使用年限9年。2008年10月，完成主体工程建设，2010年7月，附属工程建设竣工并通过验收，8月投入使用。

乡村生活污水治理

2006年，景南乡忠溪村建成首个乡镇所在地污水处理设施。此后，投入8000多万元建设资金，全面推进乡村污水处理工程建设。2010年末，建成18个乡镇所在地生活污水处理设施，日处理污水能力220万千克。其中，污水处理厂3个。145个村庄建成生活污水处理设施。

环境监控网

2007年末，建成环境监测中心，有8套在线监测系统。其中，不锈钢企业排污口安装6套，浙南钼业和污水处理厂各1套，并成功与省市联网。

第三节 生态产业建设

2006—2010年，推进现代农业园区和粮食生产功能区建设，每年安排2000万元资金，对惠明茶、毛竹、高山蔬菜、食用菌、中药材、山茶油等农业产业进行扶持，努力培育鹤澄、大东景、千峡湖、沙川等四个现代农业综合区。全面推进林权抵押贷款、林木火灾保险、土地林地流转等工作，及时发放生态公益林补助资金。探索异地发展工业路子。按照"内优外拓、内外并重、错位发展、做大总量"工业经济发展思路，优化县内工业产业结构，逐步淘汰落后产能，发展外向型经济，推动经济开发区扩容提升工作。弘扬生态文化，在"中国畲乡三月三"、世界环境日等活动中，突出畲乡生态文化先导作用，建设全国原生态畲族文化发展基地，推进畲族文化、茶文化、农耕文化、香菇文化传承和发展，促进畲族文化与生态旅游业的融合。

生态农业

发展高效低碳农业，保护生态环境，实现农业可持续发展。

利用土肥植保新技术　开展测土配方，实施科学施肥。至2010年末，完成农业部"耕地、园地土壤样品"测土配方施肥项目650个、"土壤容重样品"采集210个；实施浙江省沃土工程《商品有机肥推广应用》项目33个，《作物高效生态施肥模式示范推广》项目27个，建立水稻、茶叶、蔬菜等各种农作物测土配方示范基地36个，面积1380公顷；推广配方施肥215万千克，面积3500公顷。合计推广农作物测土配方面积10250公顷。

2010年末，实行水稻重大病虫综合防治面积3507公顷，农药减量、控害增效面积2080公顷，农作物病虫害专业化统防统治面积1386公顷。其中，鹤溪、澄照、东坑、大漈、景南等乡镇为农业部“万亩”农作物病虫害专业化统防统治示范区。

推广农村环保新能源　2008—2010年，实施建沼气池、改猪栏、改厕所、改厨房“一池三改”，农村沼气建设3058户，沼气容积24464立方米。2008—2010年，农村太阳能热水器用户1.2万户，集热面积23510平方米；推广太阳能杀虫灯218盏。2010年，景宁跻身全国108个国家绿色能源示范县行列。

推广生态循环农业项目　主要建设澄照生态循环农业示范区；金丘茶园鸡生态循环农业发展、生源良种母猪养殖场废弃物处理利用、四季春养殖场排泄物资源化利用、推广废弃农作物秸秆应用于大球盖菇生产等省级生态循环示范项目；建设鹤澄现代农业综合生源畜禽粪便集中处理中心。

生态林业

生态公益林　2001年，开展公益林首次区划界定工作，初步划定公益林面积55267公顷。2003年，完善区划界定方案，确定生态公益林面积56667公顷。

2004年，对省级以上重点公益林作进一步调整完善，确定全县重点生态公益林48040公顷，占林地总面积43%。其中，国家级重点公益林27939公顷，占重点公益林58.2%；省级重点公益林20101公顷，占重点公益林总面积41.8%。同年，启动重点公益林森林生态效益补偿制度，每公顷每年补偿120元。2005年，落实《景宁畲族自治县重点生态公益林管护实施意见》，建立管理保护体系。

2006年，新增集体林重点公益林691公顷；2008年，新增国有林场重点公益林1287公顷。经过两次小幅扩面后，全县重点生态公益林建设面积50017公顷。

2009年，开展省级公益林扩面区划界定工作，新增省级重点公益林36118公顷。其中，国有林场新增447.87公顷，集体及个人新增35670公顷。2009年后，省级以上重点生态公益林建设面积86135.2公顷，占全县林业用地总面积的53.3%。其中，国家级生态公益林32541公顷，省级生态公益林53593.87公顷；国有林场公益林6909公顷，村组集体及个人公益林79225.87公顷。重点分布于22个乡镇（管理区），231个行政村和26个国有林场林区，形成“一环三带四块”生态网络格局。

自然保护区　包括望东垟高山湿地省级自然保护区、大仰湖高山湿地群省级自然保护区等2个森林沼泽湿地，总面积3326公顷。景宁山多地少，自然植被茂密，林类树种丰富，保留较多原生态森林。进入21世纪，以原生态森林资源为基础，以高山湿地为特色，以国有林场为龙头的生态自然保护区建设，纳入林业发展和生态建设轨道。

2001年8月14日，县政府出台《关于抓紧做好申报望东垟省级高山湿地省级自然保护区各项筹备工作的通知》。经五年努力，完成规划科考、可行性研究、立项评审、申报审批。2007年3月15日，省政府同意建立望东垟高山湿地省级自然保护区。保护区分为望东垟和鱼漈坑两个区块，总面积1194.8公顷。其中，核心区面积636.5公顷，缓冲区面积290.2公顷，实验区面积268.1公顷。同年8月，国家林业局同意《景宁望东垟高山湿地保护与恢复工程建设项目可行性研究项目》。2009年4月，设立景宁畲族自治县望东垟高山湿地自然保护区管理局。2010年3月，浙江省林业厅组织评审并通过《景宁畲族自治县望东垟高山湿地省级自然保护区生态旅游规划》。8月，首次获得中央预算内湿地保护建设资金465万元，地方建设资金698万元。12月，浙江省林业厅在杭州组织专家评审《望东洋高山湿地保护与恢复工程初步设计》予以通过并同意实施。

2008年3月始，开展大仰湖溪源湿地群自然保护区申报工作，2013年8月，省政府下发《关于建立景宁大仰湖湿地群省级自然保护区的批复》。

迹地更新　1993年“灭荒造林”通过省级验收后，以火烧迹地、采伐迹地更新造林为重点。对采伐迹地实行采造挂钩制度，用采伐押金进行更新造林；对火烧迹地更新造林给予经济扶持，不同阶段经济扶持政策有所不同，补助从1993年300元/公顷逐渐增加到2009年1350元/公顷。2005年，开展“迹地更新年”活动，组织技术人员对迹地进行全面调查，设立“迹地更新造林专项资金”，每公顷补助从600元提高到750元；开展示范基地建设，对示范效果明显的基地每公顷增加450元补助；对成效显著的个人给予奖励。2005年，完成迹地更新造林799.73公顷，计划完成率120%，质量合格率96.8%，景宁在全省“迹地更新年”活动中被评为全省先进单位，荣获二等奖。1993—2010年，全县完成火烧迹地、采伐迹地更新造林12068.8公顷。

生物防火林带　2006年始，以木荷为树种，推广营造水平宽度20米以上生物防火林带，当年补助资金标准3345元/公顷，2009年当年补助标准提高到5250元/公顷。2006—2010年，全县营造生物防火林带188.6公顷。

沙川生态林业示范区　为加快沙湾、英川、鸬鹚、葛山等生态薄弱乡镇的迹地更新和生态治理，2010年，县政府出台《关于开展沙川现代农业综合区生态治理和用材林培育示范区建设的通知》，投入资金600万元，在沙湾、英川区域开展生态治理和用材林培育示范基地666.67公顷。

生态工业

节能降耗　从20世纪90年代始，随着工业化产业发展进程，带来能源耗损、环境污染等问题，建设生态工业刻不容缓。依靠科技进步，加强节能管理，实行双控。节能降耗工作取得较大进展，万元GDP能耗从2005年的480千克标准煤/万元，下降到2010年的410千克标准煤/万元，达到市政府下达的指标；工业固体废弃物综合利用率达到100%（目标值大于等于92%），工业危险废物严格按规定作无害化处置，处置率达到目标要求。

加大电网改造力度，降低技术损耗；完成全县用电企业谐波源用户的谐波测试；实施新农村电气化村建设；制定《景宁县错峰限电实施方案》及《景宁电网2008年超电网供电能力限电序位表》；举办节能宣传周活动，做好有序用电，节约用电的宣传和实施工作。

加快节能型综合交通运输体系建设，提高车辆使用效率，降低燃油消耗量，调整运力结构，发展公共交通与现代物流集约配送、提高运输效率，降低运输能耗。

浙江景宁洁净钢管有限公司，通过改造、升级设备，把煤气退火炉换成感应退火炉，节约25%能耗。该公司还于2009年采用污水处理厂排放水重新利用，实现污水零排放。

清洁生产　实施清洁生产，推行清洁生产审核、创建绿色企业。县控重点耗能企业、重点耗水的浙江景宁大自然有限公司等企业的清洁生产审核稳步推进。

2007年4月到11月，重点审核节电、减少废水排放，实施清洁生产方案20个，无低费方案19个，总计投入7300元，获得效益3.30万元，实施率100%。高费方案1个，投资10万元，获得效益3.12万元。总效益为6.42万元，完成清洁生产目标。20个清洁生产方案实施率100%。企业通过清洁生产认证。

循环利用　浙江奇尔茶业、浙江景宁绿阳木业等一批企业在发展特色经济过程中采用循环经济发展模式。浙江奇尔茶业有限公司等茶叶生产加工企业根据循环经济要求，以老枝老叶还山等方法建设有机生态茶园。加工技术节能降耗改造、生产车间清洁化改造、水循环系统等内容的循环经济技术运用。浙江景宁绿阳木业有限公司等竹木加工企业采取短截、开片等工艺，使原来弯曲、开裂等残次材和木梢及锯末得到利用。其中，锯末用于食用菌生产，竹木利用率提高10%以上，减少采伐量，有利于保护自然生态环境。景宁安泰矿业有限公司注重资源综合利用，其废弃石用作铺路石，创建绿色生态环保型矿山，矿产资源开发利用指标一直领先同行业。2009年浙江景宁洁净钢管有限公司经过技术改造，采用污水处理厂排放水循环利用。每千克钢管节水：800千克水/每1000千克钢管×280万千克=224万千克水/年。中海阀门制造有限公司利用机械加工后的边角料为主要原材料，生产各类阀门、法兰等铸体。

淘汰污染企业　地方国营景宁造纸厂由于大量使用松木，破坏生态，其废水严重污染瓯江流域，影响下游两岸居民饮用水安全，于1996年关停。1997—2004年关闭17家地条钢生产企业。2005年始，禁止污染企业在县域内生产。2010年5月，县政府重申污染企业、能耗不能达到要求的企业不得立项和生产。

发展节能行业　1996年始，严格执行新建筑节能强制性标准，开展建筑节能设计图审查和建筑节能专项检查，发展节能、节材型建筑。

1996年，成立县散装水泥办公室，推广使用散装水泥和发展新型墙材，分步禁止生产和使用粘土实心砖。2009年，新建节能建筑6600平方米，新建建筑新材应用率达到97%以上。

2010年，新型墙体材料产量为2600万块标砖，使用新型墙体材料比例为70%；散装水泥使用量6204万千克，占水泥使用量37.73%。

第二章　污染防治

2001—2010年，针对工业废水排放污染饮用水质量的现象着手进行整治，严格控制排放量，降低污染。推进小溪境内段污染防治，提高污水和生活垃圾处理率。强化养殖畜禽粪便污染监控。为确保饮用水安全，2003年，兴建第二水厂龙潭桥水库。2009年，新增水土流失治理面积9.5平方千米，完成塔堪村鹤溪沿岸堤防建设和河道疏浚工作。2010年，开展城镇环境综合治理，提高城区污水截污纳管集中处置率。强化大气污染防治监控和噪声污染防治管理。采取措施淘汰污染严重的物粘土砖瓦厂、阀门铸造、造纸厂等，积极推广农村沼气建设，化污染物为洁净能源。

第一节　水污染防治

2001—2005年，工业废水排放量有升高的趋势。2002年10月，对饮用水保护区以及附近的一些污染源着手进行整治。新建东坑镇和英川镇2个合格饮用水源保护区。2005年，养殖行业是废水排放量最大的行业，占总排放量32.1%。其次，是铸造行业，占总排放量12.71%；化学原料及化学制品制造业，占总排放量5.74%，三个行业累计占总排放量50.55%。经采取有效的废水污染防治措施，废水中各项污染物均有削减，但工业废水排放量仍呈现上升趋势，部分污染物排放总量仍维持在较高水平。

2006—2010年，工业污染源治理取得显著成效。工业废水排放总量836620万千克，废水达标排放率比2001—2005年净增31.46%，达到93.01%。2006年，重点整治县城鹤溪镇、沙湾镇、英川镇，改变取水水源地，调整和重新划定饮用水源保护区，重新制定饮用水源保护区管理办法。

2007年7月，着手第二水厂龙潭桥水库合格饮用水地表水源保护区创建工作。投入专项资金，用于全县饮用水水质监测，实行定期、定时、定点对供水水源水质监测，动态管理供水点水质状况。2008年，出台《景宁畲族自治县生活饮用水源保护区管理办法》。

2009年，启动并推进小溪境内段水污染防治工作，保障饮用水源安全,实施城市污水、生活垃圾集中处理，提高污水和生活垃圾处理率。2009年9月末，开发区污染整治通过省级验收。2009年，新增水土流失治理面积9.5平方千米。其中，黄坑水库、企岩水库、白水漈水库上游涵养林治理4平方千米，上标二级水库集水范围内治理3平方千米，白鹤二级水库集水范围内治理2平方千米，其他建设工程范围内绿化工程治理0.5平方千米。完成塔堪村鹤溪河沿岸堤防建设和河道疏浚工作。其中，右岸堤防长1141.39米，左岸堤防长1200米，新建堰坝5座。

2010年，开展城镇环境综合整治工作，提高城区污水截污纳管集中处置率。污水处理厂投入运行后，年污水处理量达到设计能力90%以上，污水处理率70.14%。

地表水水质

境内地表水主要由瓯江支流小溪和飞云江组成，监测断面主要分布在这些水域中，以上水系的监测信息用来宏观分析和反映地表水环境质量状况。

监测断面布设　1993—2010年，地表水监测断面分为沙湾上、包山铁矿下、渤海、镇上、岭根、外舍、镇下7个。水质类别除外舍、镇下水质为Ⅲ类水以外，其余水质均在Ⅱ类标准以内。

监测频次　按照国家环保总局《环境监测技术规范》和《浙江省环境监测实施细则》，国控、省控监测断面，逢单月采样监测1次，市、县控监测断面2个月采样监测1次。集中式生活饮用水水源地每月采样1次。

对列入必测项目的挥发酚、氰化物、氟化物、砷、汞、六价铬、铅、镉、氟化物，饮用水源地还需要加测硝酸盐氮、粪大肠菌群等指标。各项目分析方法按国家环保总局《水和废水监测分析方法》执行。

评价项目　根据国家技术规范和景宁地表水水质污染特点，污染指数评价项目确定溶解氧、高锰酸盐、五日生化需氧量、氨氮、总磷、挥发酚、氰化物、砷、汞、镉、铬（六价）、铅等12项。城市重要饮用水源地水质评价选择国家技术规范中饮用水源地的必测项目。

县境内地表水环境质量总体良好，水质属清洁，从沙湾上、包山铁矿下、渤海、岭根、外舍等断面统计分析，所有测值均达到相应功能区的要求，河段的主要污染物为高锰酸盐指数、总磷、氨氮等。按浙江省地表水环境保护功能区划分，外舍、镇下功能类别为Ⅲ类，其余断面均为Ⅱ类。参与评价的项目有高锰酸盐指数、生化需氧量、氨氮、挥发酚、氰化物、总汞、总铅、总镉、砷、六价铬、总磷等十二个项目，其中挥发酚、氰化物、总汞、总铅、总镉、砷、六价铬等7项均未检出，浓度以毫克/升计。Ⅱ类水断面占总断面的71.5%，Ⅲ类水断面占总断面的28.5%。7个断面均达到相应的功能类别，即达标率100%。

1993—2010 年景宁地表水水质评价结果一览

表 4-2-1

年份 \ 断面	沙湾上	包山铁矿下	外舍	渤海	鹤口	镇上	镇下
1993	Ⅱ(优)	Ⅱ(优)	Ⅲ(良好)	Ⅱ(优)	Ⅱ(优)	Ⅱ(优)	Ⅲ(良好)
1994	Ⅱ(优)	Ⅱ(优)	Ⅲ(良好)	Ⅱ(优)	Ⅱ(优)	Ⅱ(优)	Ⅲ(良好)
1995	Ⅱ(优)	Ⅱ(优)	Ⅲ(良好)	Ⅱ(优)	Ⅱ(优)	Ⅱ(优)	Ⅲ(良好)
1996	Ⅱ(优)	Ⅱ(优)	Ⅲ(良好)	Ⅱ(优)	Ⅱ(优)	Ⅱ(优)	Ⅲ(良好)
1998	Ⅱ(优)	Ⅱ(优)	Ⅲ(良好)	Ⅱ(优)	Ⅱ(优)	Ⅱ(优)	Ⅲ(良好)
1999	Ⅱ(优)	Ⅱ(优)	Ⅲ(良好)	Ⅱ(优)	Ⅱ(优)	Ⅱ(优)	Ⅲ(良好)
2000	Ⅱ(优)	Ⅱ(优)	Ⅲ(良好)	Ⅱ(优)	Ⅱ(优)	Ⅱ(优)	Ⅲ(良好)
2001	Ⅱ(优)	Ⅱ(优)	Ⅲ(良好)	Ⅱ(优)	Ⅱ(优)	Ⅱ(优)	Ⅲ(良好)
2002	Ⅱ(优)	Ⅱ(优)	Ⅲ(良好)	Ⅱ(优)	Ⅱ(优)	Ⅱ(优)	Ⅲ(良好)
2003	Ⅱ(优)	Ⅱ(优)	Ⅲ(良好)	Ⅱ(优)	Ⅱ(优)	Ⅱ(优)	Ⅲ(良好)
2004	Ⅱ(优)	Ⅱ(优)	Ⅲ(良好)	Ⅱ(优)	Ⅱ(优)	Ⅱ(优)	Ⅲ(良好)
2005	Ⅱ(优)	Ⅱ(优)	Ⅲ(良好)	Ⅱ(优)	Ⅱ(优)	Ⅱ(优)	Ⅲ(良好)
2006	Ⅱ(优)	Ⅱ(优)	Ⅲ(良好)	Ⅱ(优)	Ⅱ(优)	Ⅱ(优)	Ⅲ(良好)
2007	Ⅱ(优)	Ⅱ(优)	Ⅲ(良好)	Ⅱ(优)	Ⅱ(优)	Ⅱ(优)	Ⅲ(良好)
2008	Ⅱ(优)	Ⅱ(优)	Ⅲ(良好)	Ⅱ(优)	Ⅱ(优)	Ⅱ(优)	Ⅲ(良好)
2009	Ⅱ(优)	Ⅱ(优)	Ⅲ(良好)	Ⅱ(优)	Ⅱ(优)	Ⅱ(优)	Ⅲ(良好)
2010	Ⅱ(优)	Ⅱ(优)	Ⅲ(良好)	Ⅱ(优)	Ⅱ(优)	Ⅱ(优)	Ⅲ(良好)

2007—2010 年龙潭桥水库水源水质监测结果(年均值)一览

表 4-2-2　　单位:毫克/升(pH 除外)

检测项目	2007 年	2008 年	2009 年	2010 年	Ⅱ类标准
铅	<0.01	<0.01	<0.01	<0.01	0.01
镉	<0.001	<0.001	<0.001	<0.001	0.005
铜	<0.001	<0.001	<0.001	<0.001	1.0
锌	<0.005	<0.005	<0.005	<0.005	1.0
铁	<0.3	<0.3	<0.3	<0.3	0.3
锰	<0.1	<0.1	<0.1	<0.1	0.1
pH	6.68	6.63	6.72	6.69	6~9
氨氮	0.07	0.071	0.068	0.073	0.5
总磷	0.016	0.011	0.016	0.014	0.025
CODmn	1.72	1.66	1.44	1.63	4
DO	8.75	9.11	8.93	9.02	6
BOD5	1.63	1.92	1.88	1.93	3
氟化物	0.09	0.11	0.09	0.10	1.0

续表 4-2-2

检测项目	2007 年	2008 年	2009 年	2010 年	Ⅱ类标准
挥发酚	<0.002	<0.002	<0.002	<0.002	0.002
总氰化物	<0.004	<0.004	<0.004	<0.004	0.05
总砷	<0.007	<0.007	<0.007	<0.007	0.05
六价铬	<0.004	<0.004	<0.004	<0.004	0.05
石油类	<0.05	<0.05	<0.05	<0.05	0.05
总氮	0.2	0.2	0.2	0.2	0.5
总汞	<0.00005	<0.00005	<0.00005	<0.00005	0.00005

饮用水源水质

龙潭桥饮用水源水质自动监测站

2007 年始，鹤溪镇居民生活饮用水主要取自龙潭桥水库，建自来水厂 1 座，日供水量约 1000 万千克，占全县供水量 85%。根据国家主管部门和城市定量考核的要求及相关规定，每月对饮用水源水质进行定期监测，监测项目有水温、pH 值、溶解氧、高锰酸盐指数、化学需氧量等 29 项。全年共获得有效数据 2200 个，根据水源水质监测结果统计，pH 值、硫酸盐、氯化物、硝酸盐氮、总磷、高锰酸盐指数、生化需氧量、溶解氧、汞、六价铬等均未超标，完全符合《地表水环境质量标准》(GB3838—2002) Ⅱ类标准，各项指标超标率为 0，水质良好。挥发酚、氰化物、氟化物、镉、铅等项目均低于方法的最低检出限，饮用水水源地水质达标率为 100%。

第二节　大气污染防治

2001—2005 年，全县工业废气总排放量为 82776 亿标立方米，全部为燃烧废气。二氧化硫排放量为 197.94 万千克；烟尘排放量为 181.72 万千克，去除量为 424.86 万千克，工业废气及其污染物排放总量仍维持在较高水平。

环境空气自动监测点

2006—2010 年，工业废气排放总量为 105763 万标立方米。其中，燃烧废气 105623 万标立方米，占 99.87%，工艺废气 140 万标立方米，占 0.13%。二氧化硫排放量为 240.63 万千克，去除量为 12.61 万千克，工业废气、二氧化硫、烟尘和工业粉尘排放量均呈逐年下降的趋势，且后两年呈现大幅下降，主要是实施节能减排工作，环境保护力度加大，特别是控制废气污染物（二氧化硫、烟尘、工业粉尘）总量，除尘效率提高，工业废气排放量明显下降。

2006年9月，开工建设环境空气自动监测站，2007年2月，进入调试运行，同年9月，通过省级验收并正式运行，自动监测因子：O_3、SO_2、NO_2、PM10和气象五参数（风向、风速、温度、湿度、气压等）。

根据城区实际污染现状和环境空气质量状况，主要监测来自于燃料燃烧产生的烟尘、机动车尾气、扬尘，以及厂矿企业生产工艺过程中排放的废气。

2006—2010年，环境空气质量类别为二级，空气质量良好。

大气、降水监测点和降尘监测点均设在县环境监测站楼顶，每月监测1次，为手工监测数据及评价结果。1993—2010年，景宁城区大气、降水、降尘监测及评价结果见下表。

2006—2010年景宁城区空气质量评价结果一览

表4-2-3

年份	API均值	评价结果			良好率(%)
		优(天数)	良(天数)	轻度污污(天数)	
2006	53.0	183	177	5	98.63
2007	41.0	161	197	7	98.08
2008	44.0	145	213	8	97.81
2009	58.0	107	249	9	97.53
2010	58.0	174	172	19	95.00

1993—2010年景宁城区降水监测情况一览

表4-2-4

年份	采雨(个)	酸雨样品(个)	PH均值	年份	采雨(个)	酸雨样品(个)	PH均值
1993	110	5	6.02	2002	109	7	5.73
1994	115	7	5.71	2003	102	6	5.87
1995	105	4	5.65	2004	112	8	5.72
1996	109	3	5.86	2005	105	9	5.81
1997	97	5	5.92	2006	123	11	5.75
1998	103	6	5.89	2007	119	8	5.70
1999	111	4	5.93	2008	111	12	5.79
2000	106	8	5.71	2009	109	7	5.84
2001	101	6	5.77	2010	144	8	5.79

1993—2010年景宁城区降尘监测及评价结果一览

表4-2-5 单位：千克/平方千米•月

年份	降尘	评价结果	年份	降尘	评价结果
1993	5270	达标	2002	4100	达标
1994	4200	达标	2003	3800	达标
1995	3800	达标	2004	4400	达标

续表 4-2-5 单位:千克/平方千米·月

年份	降尘	评价结果	年份	降尘	评价结果
1996	3800	达标	2005	4250	达标
1997	3100	达标	2006	4170	达标
1998	3200	达标	2007	4290	达标
1999	3300	达标	2008	4350	达标
2000	3100	达标	2009	4410	达标
2001	4200	达标	2010	4280	达标

第三节 噪声污染防治

环境噪声功能区,以县城规划建成区为功能区划范围,覆盖面积 2.48 平方千米,覆盖人口约 2 万人;划定 I 类标准适用区(居民文教区)1 个,Ⅱ类标准适用区(混合区)2 个;Ⅲ类标准适用区(工业集中区)1 个;Ⅳ类标准适用区(交通干线道路两侧)3 个。Ⅱ类环境噪声标准适用区域:人民南路段Ⅱ类-1 区,东至环城东路山脚,南至鹤溪新村,西至鹤溪南路,北至钟楼路以南;环城西路段Ⅱ类-2 区,东至浮丘路,南至钓台降,西至山脚,北至岭脚。Ⅳ类环境噪声标准适用区域:东至玄堂殿山脚,南至团结路以北,西至鹤溪北路,北至环城北路区域。Ⅳa 类环境噪声标准适用区域:52 省道交通干线的环城西路路段。按《浙江省环境监测实施细则(试行)》(噪声部分)有关技术规定,共布设区域环境噪声测点 100 个,道路交通噪声测点数 6 个,功能区定点噪声测点数 7 个。2002 年、2004 年分别开展县城环境噪声达标区工作,综合整治,达标区面积 2.11 平方千米,总覆盖率 85.1%。2003—2005 年,每年定期开展县城建成区环境噪声常规性普查监测,城区环境噪声平均等效声级 56.0dB,道路交通噪声平均等效声级 70.0 dB 内。

区域环境噪声年均值,2006—2008 年呈上升趋势,2009—2010 年呈下降趋势,但幅度较小。主要原因是机动车和人口流量增加、社会生活噪声污染时间和空间范围扩大等。

1993—2010 年景宁环境噪声评价结果一览

表 4-2-6 等效声级单位:分贝(dB)

监测项目/年份	区域环境噪声	交通噪声	功能区噪声	评价结果	监测项目/年份	区域环境噪声	交通噪声	功能区噪声	评价结果
1993	53.90	60.90	39.90	达标	2002	54.31	63.54	39.95	达标
1994	52.30	63.15	39.45	达标	2003	52.73	61.68	39.87	达标
1995	51.23	61.95	39.78	达标	2004	51.44	64.53	39.61	达标
1996	53.76	60.81	39.23	达标	2005	52.37	63.94	39.22	达标
1997	51.97	62.31	39.82	达标	2006	54.72	65.12	39.83	达标
1998	54.10	63.47	39.51	达标	2007	51.96	64.75	39.77	达标
1999	52.83	61.67	39.56	达标	2008	54.10	66.06	39.50	达标
2000	53.25	64.03	39.62	达标	2009	51.39	60.80	39.10	达标
2001	51.29	62.92	39.34	达标	2010	52.20	62.70	45.17	达标

第四节　污染源整治

化学物减排

2006—2010年，减排二氧化硫和化学需氧量为两个约束性指标，以2005年环境统计数据为基数，至2010年末，排放总量分别削减15.0%、15.1%。通过减排，化学需氧量排放总量从228.41万千克降至193.92万千克，二氧化硫排放总量从82.46万千克降至67.66万千克。污染物减排目标纳入年度考核，完善污染减排统计、监测、考核"三大体系"，实行污染物减排"一票否决"制度。增加基础设施建设资金投入，推进工程减排。2006—2010年，化学需氧量累计总削减量为76.66万千克。其中，化学需氧量累计削减新增量为42.17万千克，累计化学需氧量净削减量为34.44万千克，累计净削减率为15.1%。二氧化硫累计总削减量为24.81万千克。其中，二氧化硫累计削减新增量为11.94万千克，累计二氧化硫净削减量为14.80万千克，累计净削减率为17.95%。污染源化学需氧量排放主要是生活污染源排放。2006—2010年，以生活污水处理为重点，削减化学需氧量排放量。至2010年末，共投入减排基础设施建设资金2.1亿元，新扩（改）建污水收集管网17千米，管网服务人口约4万人，日污水处理量500万千克/日，达到满负荷运行。

淘汰落后产能，集中整治阀门铸造、黏土砖瓦加工、造纸行业等主要污染物排放行业，先后关停景宁永泰纸业有限公司等2家造纸企业、玄坦殿村黏土砖瓦窑等6家黏土砖瓦窑、渤海阀门有限公司、景宁东海泵阀制造有限公司等阀门铸造企业，减少能源消耗和污染物的排放，实行结构调整，减排化学需氧量28.64万千克、减排二氧化硫25.8万千克。

建立污染源监督性监测、企业自行监测和重点源自动在线监测相结合的环境监测体系，实行重点减排项目月报表制度。改造景宁县生猪定点屠宰场、景宁诚大包装材料厂污水简易处理设施，2007—2008年污染处理设施正常运转，减排化学需氧量19.23万千克。

固体废弃物治理

2001—2005年，固体废物的排放有上升趋势，进一步加大固体废物的综合治理力度，共综合利用固体废物1.23万千克，占44.9%，比2000年上升11.9个百分点；共处置固体废物0.64万千克，占废物产生量的24.1%；贮存固体废物0.39万千克，占废物产生总量的14.5%。2005年工业固体废物的综合利用量、处置量分别为0.40万千克、0.33万千克，分别占废物产生总量的49.6%、12.4%。

2006年，开展工业危险废物管理台帐试点工作，对危险废物环境管理存在的不规范行为限期整改。2010年8月，将位于城镇禁养区及库区等限养区内养殖场关停转迁，并实现畜禽养殖排泄物的无害化、资源化、生态化利用。在禁养区内共拆除20户生猪养殖户，合计拆除栏舍3795平方米，搬迁生猪1197头。2006—2010年，固体废物的产生总体呈下降趋势，固体废物的综合利用呈逐年上升趋势，固体废物排放量逐渐递减。其中，2007—2010年为零排放。

辐射源管理

2006—2010年，全县有射线装置应用单位8家，各类射线装置10台，属于Ⅲ类，均用于临床诊断。分别为:县人民医院、鹤溪中心卫生院、东坑中心卫生院、英川中心卫生院、渤海中心卫生院、沙湾中心卫生院、县红十字西医会所、南山林氏骨科门诊等8家卫生医疗机构,于2008年12月前完成辐射安全许可证申报工作。2009年1月,按规定核发《辐射安全许可证》,辐射安全许可持证率达100%。

2009年,对县境内11家阀门铸造行业、8家医疗机构、2家废旧钢铁回收等单位开展专项检查。要求熔炼企业需配备便携式辐射监测仪,并按批次对原料和产品的放射性进行全面监测,彻底杜绝放射性污染事件的发生。完成辖区内使用Ⅲ类射线装置医疗机构《辐射安全许可证》的审查、发放工作。

2010年,经市环境监测中心两次监测表明:辖区内的辐射环境质量总体良好,维持在往年水平。辖区内上半年环境辐射剂量率为106nGy/h;下半年为118nGy/h,与往年天然放射性水平调查时基本一致。河流和饮用水源地均未监测到人工放射性核素污染,天然放射性核素仍保持在本底水平。土壤未受人工放射性核素污染,天然放射性核素仍保持在天然本底水平。

2010年,市中心站对广播电视发射塔周围电磁辐射水平开展监测,监测结果表明,景宁广播电视总台发射塔,其周围环境电磁辐射水平均低于国家规定限制(电场强度<5.1V/m),对公众的照射水平安全。

农村沼气建设

2002年10月,鸬鹚乡山下村作为沼气试点迈出农村环境治理的第一步。编制《环保沼气技术应用推广专项规划》和《环保示范工程建设项目沼气技术可研报告》,县政府出台《关于在全县农村推广沼气应用技术的通知》。2006年,印发《农村沼气工程建设国债项目实施意见(试行)的通知》,对发展沼气项目的目标、补助标准、工作职责等作出明确规定。到2010年末,全县已建有污水净化沼气池农户2920户。

2005—2010年景宁主要污染物排放量一览

表4-2-7

年 份	减排指标		
	名称	化学需氧量	二氧化硫
2005	排放量(万千克)	228.41	82.46
2006	排放量(万千克)	228.26	79.66
	净削减量(万千克)	0.16	0.34
	同比削减率(%)	0.07	3.4
2007	排放量(万千克)	217.72	76.33
	增量削减(万千克)	11.81	8.85
	净削减量(万千克)	10.54	3.28
	累计削减率(%)	4.68	7.38
2008	排放量(万千克)	207.70	74.23
	增量削减(万千克)	10.40	1.19
	净削减量(万千克)	10.02	2.1
	累计削减率(%)	9.07	9.93

续表 4-2-7

年　份	减排指标		
	名称	化学需氧量	二氧化硫
2009	排放量（万千克）	200.75	69.77
	增量削减（万千克）	15.42	1.01
	净削减量（万千克）	6.95	4.50
	累计削减率（%）	12.11	15.39
2010	排放量（万千克）	193.92	67.66
	增量削减（万千克）	4.54	0
	净削减量（万千克）	6.83	2.11
	累计削减率（%）	15.1	17.95

第三章　环境监管

1984 年，成立县城乡建设环境保护局，设置环保股、环境监测站等内部机构，环保工作功能不健全。随着环保需求加大，1998 年，设置环境监理站。2001 年成立环境保护局，为事业单位。2004 年 8 月升格为行政局。全县环保系统各类工作人员由 1999 年末的 8 人增至 18 人，2008 年、2009 年，监测站分别增加事业编制 2 人和 3 人。2010 年末，全系统编制 25 人。

2002 年 10 月，设立环境监察大队。2004 年，环境监察大队从事业单位过渡到依照国家公务员制度管理。2006 年，在 6 个乡镇的经济发展办公室增挂环境保护办公室牌子，其余乡镇则在经济发展办公室内设置环保监管职位。

第一节　环保综治行动

2005—2010 年，开展两轮环境污染综合整治三年行动。2005—2007 年为第一轮，重点在化工、医药、制革、印染、味精、水泥、冶炼、造纸等 8 个重污染行业开展整治。2008—2010 年为第二轮，以实现工业污染防治、生态环境质量综合指数等 8 个方面的目标，确保主要污染物减排、推进水污染防治、深入开展城镇环境综合整治等 8 个方面工作得到落实，并强化环境法治、完善环保基础设施、发展环保产业等 11 项政策保障措施。

饮用水源保护

2007 年完成瓯江小溪、鹤溪饮用水源合格化、规范化创建。7 月份，开始龙潭桥水库合格饮用水地表水源保护区的创建工作。2009 年，开展合格饮用水源保护区建设。在保护区范围内涉及的鹤溪镇王木坑、东坑镇茗源、金钟乡大吴山、梅岐乡高门、留钱、梅岐、岗楼、栋头等 8 个行政村 30 多个自然村，开展整治。2010年，实施瓯江小溪水污染防治“十一五”规划，加强瓯江小溪水环境保护，保证瓯江小溪水系景宁境内水质满足水环境功能要求。合理划定和调整饮用水水源保护区，累计完成6个规范饮用水保护区建设。

污染企业治理

2005年，对各市控、县控重点企业进行专项检查，对包山铁矿等六家环境污染企业实施限期治理。对市控、县控企业“三同时”落实情况、污染防治设施的建设、运行情况及整改进度进行全面的督查，对未执行环境影响评价即开工建设的4家企业，责令停止建设，并限期补办手续。

2006年，督促重点污染企业开展限期治理。县人民医院、浙江景宁洁净钢管有限公司等2家污染企业被列入2006年限期治理企业名单。通过治理，县人民医院污水处理项目通过环境保护竣工验收。浙江景宁洁净钢管有限公司异地扩建搬迁，污染防治设施与主体工程同时投入施工，2家污染治理企业已按期完成污染治理任务。

排污口整治

2005年，开展对工业企业排污口规范化整治行动，对全县所有的工业企业的排放口进行大检查，对11家水污染企业进行了排污口规范化整治，并实行不定时监督检查。

阀门铸造业是景宁一大产业。2007年，先后对景宁威龙机械制造有限公司、景宁合力泵阀制造有限公司等20多家阀门厂进行检查，发现少数企业污染处理设施运转不正常、弃渣堆放不规范等行为，责令业主整改，造成环境污染的依法处罚。

2009年，对市、县重点监管排污企业和不锈钢管企业排污口安装自动在线监控装置，加大对污染源在线监控系统的日常管理。

2005年，出台“禁养区”“限养区”划分方案，制定平衡施肥技术推广计划并组织实施，规模化畜禽养殖场粪尿综合利用率91%，“限养区”内散养畜禽存栏量削减18%。

2010年，严格执行畜禽养殖禁养区、限养区制度，修改划分方案。实行规模化养殖场排污申报登记制度和排污许可证制度，新建规模化畜禽养殖场严格执行环境影响评价和“三同时”制度，推进规模化畜禽养殖场污染治理和水产养殖污染防治。

第二节 环保执法

环保执法机构设立以来，平均每年开展6次专项行动，有效整治违法排污企业，维护群众环境权益。至2010年末，共出动执法人员5800人次，检查企业1900家次，立案查处企业150家，共处罚金额150万元，关停企业75家。

环境监管

实行污染事故预防机制和处置机制，推进环境应急管理体系建设。及时处置2007年11月4日景宁东升纽扣厂储油罐倒翻污染事故，2009年9月19日浙江景宁富宁金属科技有限公司电解水泄漏事故，2010年6月19日景宁特华太阳能科技有限公司污染事件，解决受影响居民生活生产用水安全问题，维护社会稳定。

排污费征收

1997年始征收排污费。因多数企业效益较差、规模很小，排污费征收成为环保工作的难点。在积极做好政策法规宣传，加强与企业沟通的同时，不断规范排污费征收工作，到2010年末，共征收排污费380多万元。

环境安全

1993—2010年，对排污重点企业、重要建设项目、敏感区域的餐饮娱乐服务业等群众关注的领域，加大现场监察力度和矛盾纠纷排查，做到早介入、早调处、早化解，消除不稳定因素。着重做好“元旦”“春节”“五一”“国庆”等节假日期间的矛盾隐患排查工作。至2010年末，共处理来信来访与投诉案2018件，调处办结率达100%，群众满意率95%以上。

建设项目环境监管

1993—2010年，对违反《中华人民共和国环境影响评价法》《建设项目环境保护管理条例》，不断加大力度，查处未依法进行环境影响评价及报批、未执行“三同时”制度、未进行环境保护设施竣工验收的项目。并对建设项目进行定期清理与监察，配合项目审批部门单位做好项目审批和竣工验收等各项工作。

“绿色护考”行动

1998—2010年，连续开展“绿色护考”行动，严格控制或禁止工业企业、商业等的噪音污染，确保考生有一个安静的高考环境。

第五篇　土地管理

1988年2月，成立景宁畲族自治县土地管理局。2001年12月，根据党政机构改革方案，不再保留县土地管理局，划入原县经济委员会地质矿产办公室职能，组建县国土资源局。国土资源局主管土地、矿产等自然资源和资产及地质环境的规划、管理、保护与合理利用。2004年，按照国务院要求，省级以下国土资源主管部门实行垂直管理。2010年末，局内设6个行政科室，核定行政编制12人；下属7个事业单位，5个基层国土资源所，核定事业编制56人。

1989—2010年，先后开展第一次全国土地调查（土地利用详查）和第二次全国土地调查。根据2007—2009年第二次全国土地调查结果显示，景宁土地总面积为193883.69公顷。由于两次调查测量与计算方法不同，第二次调查比第一次调查减少土地面积217.9公顷。经过第二次土地调查，摸清境内耕地、林地、草地、水域等土地结构和城乡村庄、工矿企业、交通运输、水利设施等用地情况。为与经济社会事业发展规划相协调，三次编修全县土地利用总体规划，三次界定基本农田保护区。通过土地开发、整理、建设用地复垦、灾毁耕地复垦和标准农田建设，新增耕地1787.95公顷，有效缓解耕地后备资源不足与建设用地供需矛盾的突出问题。严格建设用地管理，每年开展土地变更调查，控制耕地转为非耕地，合理调整基准地价，严肃国有土地出让招投标，依法推进国土资源监察和矿政管理，坚持矿产资源开发利用与生态环境保护并重，实施地质灾害防治。

第一章　土地利用

根据2009年全国第二次土地调查，县境土地总面积193883.69公顷。其中，耕地17654.61公顷，占9.11%；园地2672.53公顷，占1.38%；林地158874.99公顷，占81.94%；草地1830.74公顷，占0.94%；城镇村庄及工矿用地1769.55公顷，占0.91%；交通运输用地1124.01公顷，占0.58%；水域及水利设施用地5369.27公顷，占2.77%；其他土地4587.99公顷，占2.37%。

1990年6月至2010年末，先后完成基本农田保护划定界工作。1994年7月至2010年11月，先后进行三次土地规划修编。为缓解土地供需紧张矛盾，保障合理用地需求，从1993年开始进行土地零星开发；2002年开始推进土地整理项目开发；同时，结合移民搬迁、下山脱贫、地质灾害搬迁、灾毁耕地复耕等开展土地综合利用工作。

第一节　资　源

第一次全国土地调查(土地利用详查)

1989年6月，开始进行第一次全国土地调查即土地利用详查工作，1993年12月完成。土地利用详查采用1:10000地形图及航片工作底图，按土地三级分类，经土地利用现状的外业调查、航片转绘、面积量算、统计汇总、县界接边、质量检查等阶段工作，查清全县24个乡镇，285个行政村，193858.60公顷土地的数量、质量和分布状况，并编写景宁土地利用现状详查报告，进行各类土地利用现状分区和评价，针对存在主要问题，提出合理利用土地资源的意见和建议。土地详查成果于1993年12月通过省土地管理局鉴定验收，荣获浙江省土地管理局科技进步三等奖。

土地利用现状详查结果：景宁县域面积194101.59公顷(土地权属面积193858.60公顷)。其中，耕地面积为18122.66公顷，占9.34%；园地面积为1662.89公顷，占0.86%，林地面积为155395.40公顷，占80.06%；居民点及工矿用地面积为1233.40公顷，占0.64%；交通用地为546.64公顷，占0.28%；水域用地面积为2972.03公顷，占1.53%；未利用地面积为14168.58公顷，占7.29%。县境全长382.36千米，涉及31个乡镇，78个行政村，2个林场。由于历史等原因，与8个相邻县(市)接壤中有7个县境计23处地段存在争议，争议土地面积1623.43公顷。全县行政区域界线，由省土地管理局土地资源调查办公室针对争议土地情况，确定行政土地临时工作界线。

第二次全国土地调查

第二次全国土地调查(简称土地二次调查)，景宁于2007年7月1日全面启动，以2009年12月31日为标准时点汇总二次调查数据成果。此次调查，首次采用统一的土地利用分类国家标准；首次采用政府统一组织、地方实地调查、国家掌控质量的组织模式;首次采用覆盖全国遥感影像的调查底图,统一组织启用行政勘界界线,统一组织测算田坎系数和坡度级的数据工作方法,实现图、数、实地一致。对主要地类数据、耕地数量按坡度划分分布状况、耕地数量增减质量比较状况等数据资料进行了汇总。土地二次调查结果,全县土地总面积193883.69公顷。其中,耕地面积17654.61公顷,占总土地面积的9.11%。

全县耕地按坡度划分分布:2度以下耕地302.97公顷,占1.72%;2—6度耕地179.09公顷,占1.01%;6—15度耕地1850.5公顷,占10.48%;15—25度耕地11130.14公顷,占63.04%;25度以上耕地4191.91公顷,占23.74%。耕地构成:水田14070.11公顷,占79.70%;旱地3584.5公顷,占20.30%。耕地数量增减状况:2009年末耕地面积与1996年时耕地面积相比,总体增加2794.24公顷,增幅达18.8%。其中,旱地增加1017.38公顷,增幅39.63%,水田增加1776.86公顷,增幅14.45%。由于第二次调查采用新的坡度和田坎系数数据,使田坎大幅减少,而耕地面积相应增加2447.67公顷,两者相比较,实际水田面积减少670.81公顷。

第二节 规　划

规划修编

首次规划编制　1994年7月,开展全县土地利用总体规划编制工作,于1995年6月完成。规划以1990年为基础期,与国民经济发展规划协调一致,至2000年,全县土地利用总目标是确保16139.43公顷耕地面积不减少,建设占用土地总量控制在1651.48公顷以内,土地开发总量不低于2976.99公顷,基本消除不合理开发土地所造成的危害,初步实现土地资源优化配置和有计划合理利用,使用土地结构趋于合理,土地资源保护取得初步成效,土地利用集约程度有较大幅度提高。

第二次规划修编　从1998年1月始至同年12月结束,总结首次规划的实践经验,重新修订县级和24个乡镇土地利用总体规划。此次规划修订以1996年为规划基期,2000年为规划中间控制年(近期),2010年为规划期(远期)。修订的基础数据采用省土地管理局确认的1996年10月土地利用现状变更调查数据,以保护耕地,保障发展,确保耕地面积减少相对稳定为总目标,确定1997—2010年控制耕地减少460公顷,经土地开发整理与复垦补充耕地260公顷,净少200公顷;至规划期末2010年,县城建设人均占地达到88平方米,建制镇建设人均占地达到46.7平方米,农村人均用地达到77.14平方米;全县耕地面积14660.38公顷,划定基本农田保护区总面积12461.32公顷。

第三次规划修编　随着工业化、城镇化快速发展,保护农用地形势日趋严峻,特别是耕地后备资源不足,建设用地供需矛盾突出,统筹协调土地利用的任务艰巨,对土地利用规划提出更高的新要求。第二次修编的《景宁县土地利用总体规划(1997—2010年)》,在实施中部分用地指标已使用完毕,不能适应经济社会发展的需要。2005年10月,正式启动新一轮土地利用总体规划修编工作。经前期准备、基础研究、编制大纲、确定规划修编方案等五个阶段,于2010年11月完成《景宁县土地利用总体规划(2010—2020年)》修编工作,并获得省政府批准,明确规划期内控制指标为基本农田保护面积12373.33公顷以上,标准农田面积2393.33公顷以上,耕地保有量13113.33公顷以上。

基本农田保护区

首次基本农田区划定界　在总结1990年澄照乡试点经验基础上，于1993年6月完成全县划定基本农田保护区工作。基本农田划区定界以1989年为基础年，期限至2000年。全县2000年的基本农田面积为6829.33公顷，保护率为97.2%。

第二次基本农田区划定界　1998年12月，在完成《景宁县土地利用总体规划（1997—2010年）》修编工作同时，划定基本农田保护区总面积为12461.323公顷，耕地保护率85%。将基本农田保护任务落实到乡镇、落实到地块。对分布在城镇近期建设规划范围周边的农田；村庄建设用地周围的农田；公路沿线的农田；坡度小于25度，有水利灌溉设施，生产条件好，集中连片产量较高的耕地；实行严格的用途管制。禁止占用基本农田进行城镇、村镇、开发区和工业小区建设，禁止占用基本农田建窑、建房、建坟或擅自挖沙、采石、取土、堆放固体废弃物等。

第三次基本农田区划定界　根据国土资源部《关于划定基本农田实行永久保护的通知》《关于加强和完善永久基本农田划定有关工作的通知》要求，落实上级下达的基本农田保护任务，在新一轮土地利用总体规划基础上，建立土地利用数据库。至2010年末，将基本农田保护面积12373.33公顷的任务，分解落实到各乡镇。

第三节　开　发

1993—2010年，通过土地开发、整理、建设用地复垦项目建设共计新增耕地1787.95公顷，有效缓解土地供需紧张的矛盾，保障合理的用地需求，连续17年实现耕地占补平衡。

土地开发

1993—2001年，以零星开发为主，主要分布在鹤溪、景南、澄照、毛垟、大地、鸬鹚等多个乡镇，零星开发地块点多而面积少。据统计，零星开发新增耕地总面积7.6公顷。从2002年开始，土地开发项目均通过规划设计包装立项后实施。至2010年末，共实施土地开发项目58个，开发总面积468.02公顷，新增耕地402.19公顷，总投资5000万元。

土地整理

2002年，开始实施土地整理项目。至2008年，共实施土地整理项目45个，整理农用地总面积12198.87公顷。其中，整理耕地5361.09公顷，新增耕地1178.40公顷，总投资2.1亿元。

建设用地复垦

2005年，开始实施建设用地复垦项目，对移民搬迁、下山脱贫、地质灾害搬迁等农村居民点实施建设用地复垦，将闲置的农村宅基地复垦为耕地。至2010年末，共实施建设用地复垦项目64个，复垦总面积218.79公顷，新增耕地199.77公顷，总投资6000万元。

灾毁耕地复垦

1993—2010年，灾毁耕地复垦农田800公顷。复垦区域分布在各乡镇及英川港、毛垟港、沙湾港、大赤坑、鹤溪河、渤海港、东坑港等水系流域两岸农田受灾区，投入资金1500万元。

第四节　收　储

1993—1998年，根据建设项目用途性质和建设用地规划要求进行土地征收。经县级以上人民政府批准征收后，办理建设项目用地审批手续。1999年始，为确保土地的保障与保护平衡关系，实行有计划对土地征收分批次报省级以上人民政府审批。1999—2010年，共报省级以上人民政府审批土地征收面积2863.56公顷。

土地收储

2001年12月，成立县土地储备中心，人员编制7人。2002年7月1日始施行《景宁畲族自治县土地储备实施办法》。2009年4月14日，修订《景宁畲族自治县土地储备实施办法》。同年11月26日始，同时实施《关于加快推进城区企业"退二进三"土地收储工作的实施意见》，积极发挥土地储备功能，加强土地调控，规范土地市场运行，盘活存量土地资产，促进土地节约集约利用。2003—2010年，完成国有企业、零星土地收储面积11.29公顷，支付土地补偿款4876.42万元。2007年，对县城人民南路实行拓宽改造工程和城南建设延伸工程土地征收30公顷收储入库，支付土地征收资金2250万元；2010年，收储征收王金垟工业区块面积22.86公顷。至2010年末，收储土地库存面积28.03公顷。

征地农民基本生活保障

2003年，县政府出台《景宁畲族自治县被征地农民基本生活保障试行办法》。2004年，出台《景宁畲族自治县城市规划内村集体二、三产业及公建项目留地使用暂行规定》。从而，妥善解决村集体建设和农民被征用土地后的生产、生活出路问题，加强和改进征地工作。根据村集体组织项目的包装，政府实行回购村集体二、三产业及公建项目留地指标，由政府支付留地指标款。2007年，出台《关于调整被征地农民基本生活保障标准的通知》，解决被征地农民的基本生活保障。至2010年，项目报批属准许参加被征地农民基本生活保障2588人，已参加社保人数1083人，其余部分被征地农民未有参加社保，主要原因是由于村集体没有经济来源，村集体承担部份基本上要由被征地农民个人交纳，而被征地农民征地补偿款不多，对交纳基本生活保障费存在经济困难，因而造成多数被征地农民未能参保。

2006—2020 年全县土地利用规划主要控制指标一览

表 5-1-1

乡镇名称		2020年耕地保有量（公顷）	保护面积（公顷）	标准农田（公顷）	土地违法案件立案查处（公顷）								耕地减少（公顷）			耕地补充（公顷）				集约用地目标（平方米）			
					城乡建设用地	建制镇	集镇	村庄	采矿地	独立建设用地	新增建设占用土地	新增建设用地	小计	建设占用耕地	其他减少	小计	开发	复垦	整理	人均城镇工矿用地	人均城镇建设用地	人均农居点用地	万元增加值用地量
城区		1560.18	1487.39	240.53	845.07	661.43	—	176.5	3.33	3.81	557.31	547.28	867.57	239.41	628.16	216.04	167.97	25.02	23.05	72.67	71.90	96.25	52.10
其中	鹤溪	740.18	700.59	35.53	681.49	550.89	—	125.3	3.24	2.04	433.07	424.74	689.44	192.09	497.35	73.51	55.88	16.24	1.39	71.86	71.18	91.15	50.30
	澄照	820.00	786.80	205.00	163.58	110.54	—	51.18	0.09	1.77	124.24	122.54	178.13	47.32	130.81	142.53	112.09	8.78	21.66	76.98	75.72	111.26	53.80
渤海镇		797.93	758.86	2.80	36.45	9.41	—	27.04	—	—	19.29	19.29	167.22	9.80	157.42	90.62	82.61	8.01	—	47.03	47.03	96.54	63.20
东坑镇		858.65	805.37	215.00	110.13	52.98	—	54.99	2.16	—	65.42	64.56	272.80	23.11	249.69	94.57	22.36	7.36	64.85	55.14	52.98	99.98	57.50
英川镇		1125.33	1072.98	170.00	59.80	16.45	—	43.35	—	—	15.48	14.82	205.73	2.77	202.96	192.48	120.41	18.30	53.77	54.82	54.82	94.23	63.50
沙湾镇		1001.27	919.85	180.00	117.55	42.23	—	75.15	—	0.17	31.76	31.03	338.65	10.93	327.72	109.73	17.88	13.97	77.88	70.66	70.38	102.95	58.30
大均乡		451.51	428.47	20.00	21.29	—	4.27	16.68	—	0.34	10.98	10.89	106.11	4.90	101.21	23.86	17.67	6.19	—	—	—	91.02	75.30
梅岐乡		528.56	500.71	80.00	14.20	—	3.61	10.46	—	0.13	39.73	39.46	36.32	11.18	25.14	27.19	—	1.96	25.23	—	—	93.72	78.50
郑坑乡		475.41	473.91	100.00	10.78	—	2.71	7.01	—	1.06	15.50	15.21	25.42	2.49	22.93	115.09	56.82	9.47	48.80	—	—	107.92	77.40
大漈乡		260.68	243.23	220.00	36.18	—	7.86	28.32	—	—	17.00	16.93	52.87	7.09	45.78	30.76	27.85	0.00	2.91	—	—	90.42	73.60
景南乡		626.66	605.62	130.00	38.40	—	3.91	34.43	0.06	—	1.67	1.67	62.05	1.43	60.62	167.59	151.96	10.42	5.21	—	—	112.75	79.20
雁溪乡		389.89	369.75	20.00	20.01	—	5.01	15.00	—	—	0.99	0.93	63.50	0.36	63.14	6.48	—	6.48	—	—	—	100.03	78.90
葛山乡		448.07	424.92	150.00	16.69	—	5.07	11.62	—	—	4.04	4.02	34.81	1.90	32.91	53.53	26.68	7.57	19.28	—	—	95.27	80.60
鸬鹚乡		559.75	529.01	—	28.42	—	10.2	18.20	—	—	4.91	4.72	97.12	3.45	93.67	40.44	30.60	9.84	—	—	—	101.48	82.10
梧桐乡		595.74	566.60	245.00	34.00	—	6.26	26.46	0.56	0.72	8.17	8.17	117.73	3.18	114.55	58.21	3.93	2.92	51.36	—	—	93.46	76.40
标溪乡		334.31	314.79	—	23.60	—	1.87	21.73	—	—	4.04	4.04	69.32	1.33	67.99	5.33	—	5.33	—	—	—	104.86	74.80
毛垟乡		310.33	296.85	—	24.47	—	4.79	19.68	—	—	3.78	3.73	76.67	0.85	75.82	25.84	14.24	11.60	—	—	—	97.84	81.40
秋炉乡		453.79	431.95	50.00	19.68	—	2.90	16.78	—	—	6.36	5.96	36.50	1.14	35.36	141.47	84.07	21.43	35.97	—	—	98.37	82.50
大地乡		702.38	653.17	420.00	27.07	—	1.52	25.55	—	—	11.99	11.96	88.78	1.91	86.87	106.87	6.25	15.11	85.51	—	—	111.8	77.90
家地乡		277.90	265.35	100.00	4.87	—	4.37	0.50	—	—	6.10	6.10	31.11	0.35	30.76	88.22	43.56	12.50	32.16	—	—	83.84	83.20
九龙乡		1354.99	1312.82	50.00	37.34	9.24	—	28.1	—	—	19.22	19.17	132.38	11.29	121.09	151.03	130.67	10.97	9.39	46.20	46.20	96.23	60.70
预留		—	88.27	—	—	—	—	—	—	—	108.26	—	—	60.00	—	—	—	—	—	—	—	—	—
合计		13113.33	12373.33	2393.33	1526.00	791.74	64.3	657.5	6.11	6.23	952.00	829.94	2942.66	398.87	2543.79	1745.3	1005.5	204.45	535.37	69.92	68.85	98.40	67.50

第二章 土地监管

1989—2010年，景宁全面开展地籍调查、土地变更调查，并进行土地确权登记和发证工作，加强地籍管理。

1992年5月19日，首次举行公开出让城北新区国有土地投标；1993—2010年，累计出让国有土地996宗2157.93公顷；通过审批划拨各类建设用地51063.72公顷。1992年12月，首次完成鹤溪基准地价评估，并于1996年、2002年、2010年进行基准地价调查，加强地价管理。

1998年8月，建立县土地监察中队；2003年调整升格为监察大队，加强对违法批地、违法管地、违法用地的监管和"乱占地、乱搭建、乱设摊、乱燃放、乱张贴、乱丢弃、乱停放"的监管。2008年后，通过卫星遥感土地执法检查，并经土地区片执法人员调查核实制度，及时对违法用地行为进行行政处罚。

第一节 地籍管理

土地变更调查

1996年始，每年开展变更调查工作。按照《浙江省土地利用变更调查技术规定》的要求，经过外业调查、转绘、面积量算汇总、报告编写和档案整理等工作程序，对各类土地变化情况进行汇总统计分析研究。

地籍调查

1989年6月至1996年12月，完成全县24个乡镇的城镇和农村初始地籍调查任务，发证数达4.25万宗，发证率达92%，编写了鹤溪镇地籍技术报告，于1997年1月11日通过地区土管局鉴定验收。2008—2010年，开展城镇、村庄地籍调查，应调查建制镇面积1105公顷，已完成调查882公顷；应调查农村居民点面积3583公顷，已完成调查1083公顷。

土地确权登记

1993年1月1日至2010年1月30日，全县建设用地调查土地确权登记发证共发建设用地土地使用权证52130宗。其中，国有建设用地土地使用权发证13445宗，集体建设用地土地使用权发证38685宗。

第二节　建设用地管理

认真贯彻执行“十分珍惜、合理利用土地和切实保护耕地”的基本国策，严格控制耕地转为非耕地。建设占用土地，涉及农用地转为建设用地的，严格按照土地管理法的规定上报上级政府办理建设用地农用地转用审批手续。1993—2010年，全县上报国土资源部、省、市人民政府办理建设用地农用地转用审批土地总面积4476.92公顷。其中，1995—2010年，重点建设项目22个，报批土地面积4337.66公顷。

建设用地划拨

1993—2010年，审批划拨建设用地1038宗，面积51063.72公顷。其中，商服用地5宗0.38公顷；工矿仓储用地16宗2.10公顷；住宅用地736宗60.19公顷；公共管理与公共服务用地232宗46834.77公顷；交通运输用地26宗281.92公顷；水域及水利设施用地21宗3882.54公顷；特殊用地2宗1.82公顷。

1995—2010年景宁重点建设项目用地审批情况一览

表5-2-1　单位：公顷

序号	年份	项目名称	用地总面积
1	1995	上标二级水利发电站	42.43
2	1997	52省道景泰公路景宁段改建工程	20.04
3	1998	英川水电站	130.06
4		52省道景宁段改建工程	40.67
5		52省道景泰公路景宁段改建工程	8.67
6		白鹤水电站	95.26
7		第二自来水厂	1.77
8	2004	景宁一中迁建项目	10.77
9	2006	县民族小学	5.27
10		220千伏鹤溪(景宁)输变电工程	2.64
11	2007	县民族中学迁建	7.04
12		龙丽温(泰)云和至景宁(景宁段)	20.79
13		外舍防护工程	69.70
14	2008	县鹤溪中心幼儿园	0.88
15	2009	庆景青公路滩坑电站淹没段复建工程(景宁段)	145.97
16		县外舍新区道路网一期工程	26.23
17		滩坑水电站12个移民安置点	66.83
18	2010	滩坑水电站库区(景宁段)	3562.91
19		52省道岚头岭段(景宁段)	6.07
20		交见圩至叶村公路改建工程	49.5
21		渤海鲍山头集镇迁建工程	11.93
22		九龙集镇迁建工程	12.25
合计			4337.66

2010年景宁城区级别基准地价一览

表 5-2-2 单位:元/平方米

级别	范围	商业用地基准地价	住宅用地基准地价	工业用地基准地价
一	环城北路-环城东路-石印路-人民南路-环城南路-鹤溪路-果园路-城市建设用地范围线-金仙路-鹤溪路-环城北路	2410	1230	280
二	一级地以外，环城东路-建设用地范围线-民族路-鹤溪-环城南路-叶府路-山脚线-高速公路出口-建设用地范围线-环城东路	1460	1010	200
三	一、二级以外,规划道路-宝石路-环城东路;建设用地范围线-规划路-鹤溪-民族路；鹤溪-建设用地范围线-环城西路-叶府路；	900	730	180
四	环城东路-建设用地范围线-高速公路出口处-鹤溪-规划路	710	510	160
五	一至三级以外,建设用地范围线-规划路-人民南路;规划王金垟复合产业区规划中心区域	500	350	150
六	一至四级以外，规划王金垟复合产业区规划区；余山移民安置区;三支树村居住区	420	280	140

说明：
1. 地价基准日:2010年7月1日
2. 地价内涵:按熟地界定,即达到大市政基础设施配套的“五通一平”要求(宗地红线外通路、电、上下水、通讯,宗地红线内土地平整)
3. 基准条件:商业用地基准地价的容积率、建筑密度为2.0%、50%,宗地进深为30米;住宅用地基准地价的容积率、建筑密度为1.5%、30%;工业用地基准地价的容积率、建筑密度为1.0%、40%
4. 土地使用年期:商业用地40年、住宅用地70年、工业用地50年
5. 具体范围见基准地价图
6. 以道路为级别界线的情况,道路两侧30米范围内的土地同属分界线两侧的高土地级别

2010年景宁乡镇级别基准地价一览

表 5-2-3 单位:元/平方米

乡镇	级别	范围	商业用地基准地价	住宅用地基准地价	工业用地基准地价
沙湾	Ⅰ	朝阳街中心地段	410	190	120
	Ⅱ	沙湾两座桥之间除一级地之外的范围,七里东至小溪,南至小河,西至规划线	290	160	
	Ⅲ	洪畈地块,七里和沙湾除一级、二级之外的地块	220	140	
	Ⅳ	估价范围的其它区域	160	130	
东坑	Ⅰ	环城西路两侧,向广场延伸到小溪	380	190	120
	Ⅱ	河西除一级外,河东规划路以西部分	240	150	
	Ⅲ	估价范围的其它区域	160	130	
英川	Ⅰ	双桥街中心地段	330	170	110
	Ⅱ	英川两桥头间规划大路以南,溪以北除一级地块之外的范围	210	140	
	Ⅲ	估价范围的其它区域	150	120	
九龙	Ⅰ	现状建成区中心区域部分	350	180	110
	Ⅱ	一级地以外,详规确定的其余范围	220	140	
	Ⅲ	估价范围的其它区域	150	120	

续表 5-2-3　单位:元/平方米

乡镇	级别	范　围	商业用地基准地价	住宅用地基准地价	工业用地基准地价
渤海	Ⅰ	一期已建住宅、二期部分以及规划公建预留地部分	300	170	110
	Ⅱ	一级以外,控制性详规确定的其余范围	200	140	
	Ⅲ	估价范围的其它区域	150	120	
大均		—	350	180	110
澄照		—	300	150	110
梧桐		—	200	140	110
鸬鹚		—	180	130	106
毛垟		—	180	130	106

国有土地使用权出让

1992 年 5 月 19 日,举行国有土地出让投标活动,首次公开出让城北新区国有土地 19 直,1520 平方米的使用权。1993—2010 年,累计出让国有土地 996 宗 2157.93 公顷,土地出让金 78283.46 万元。其中,商服用地 148 宗 471.47 公顷,土地出让金 22882.55 万元;工矿仓储用地 164 宗 528.49 公顷,土地出让金 8854.47 万元;住宅用地 537 宗 260.58 公顷,土地出让金 33226.88 万元;公共管理与公共服务用地 58 宗 288.94 公顷,土地出让金 4852.10 万元;水域及水利设施用地 89 宗 608.45 公顷,土地出让金 8467.46 万元。

地价管理

1992 年 12 月,首次完成鹤溪镇基准地价评估工作。1996 年进行基准地价调整。1999 年 10 月始,进行鹤溪镇基准地价全面更新调整工作,建立以 1999 年 12 月 31 日为基准日的商业、住宅、工业用地级别基准地价和标定地价修正体系。2002 年末,再次对基准地价进行更新,建立以商业、住宅、工业三类用地为主的分类基准地价体系。2010 年 1 月,重新启动基准地价更新工作,建立以 2010 年 7 月 1 日为基准日的全县范围分类基准地价体系,基准地价更新统一划分商业、住宅、工业综合级别,总共划分 6 个级别。

第三节　国土资源监察

1988 年 8 月,建立景宁畲族自治县土地监察中队。2003 年 11 月 8 日,设立景宁畲族自治县国土资源监察大队,履行国土资源执法监察职能,核定全额事业编制 5 人。2007 年,增加编制人员 2 人。

1991—2000 年,全面开展创建土地管理无违法批地、无违法管地、无违法用地的“三无”乡镇活动,有 7 个乡镇受到丽水地区土地管理局的表彰,评为年度地级土地管理“三无”乡镇活动先进单位。

1993—2010年，全面开展“国土资源维稳大接访”活动，受理群众来信741件，接待来访357人次，通过认真细致的工作，按程序全部办结，报结率达100%，息诉息访率达到98%。

1995年，开展土地执法大检查。主要检查1992年以来，擅自下放土地审批权和土地出让权，越权批地、开发区土地抛荒、乡镇企业未批先用土地、单位未批先建用地、小水电资源开发未批用地、擅自出让土地使用权和非法转让土地使用权及毁田占地建砖瓦窑等违法行为。检查重点放在城镇范围内单位建设用地。同年3月始，对未批先建，擅自出让、转让土地使用权、毁田占地非法建砖瓦窑等违法行为进行一次全面检查。共查处各类土地违法案件64件，占地面积3.34公顷,处理罚没款10万多元。

2001年始，全面开展创建“土地执法模范乡镇”活动。2003—2006年，24个乡镇创建“土地执法模范乡镇”，经考核，达标合格率从70.8%上升至83.3%。2007—2010年，“土地执法模范乡镇”达标合格率每年均达90%以上。

2006年，开展整治“乱占地、乱搭建、乱设摊、乱燃放、乱张贴、乱丢弃、乱停放”等现象为主要内容的“洁城行动”。组织拆除违法用地建筑336宗，土地面积3.64公顷；立案查处各类违法用地案54件，土地面积10.5公顷（其中耕地0.04公顷），收罚款、没收款70.91万元。

2007年，开展土地执法百日行动，重点查处2005年1月1日以来新增建设用地和“以租代征”、违反土地利用总体规划扩大工业用地规模、未批先用的违法用地行为。全年共立案查处各类违法用地案件31件，土地面积0.6公顷（其中耕地0.53公顷），收罚没款44.48万元。

2008—2010年，转为卫星遥感土地执法检查。通过卫星遥感土地执法检查监测图斑共有383个，土地面积677.15公顷（其中耕地103.41公顷）。经土地卫片执法人员调查审核判定，卫片监测图斑涉及宗地数222宗，包括新增建设用地52宗，土地面积369.72公顷（其中耕地90.18公顷）；实地伪变化170宗，土地面积307.43公顷（其中耕地13.24公顷）；新增建设用地中涉及违法用地18宗，违法用地面积38.95公顷（其中耕地10.28公顷），全部立案并作行政处罚，收罚没款124.50万元。

2010年，对滩坑库区沿线的乱搭滥建和非法占地行为开展专项整治。共出动联合执法人员420多人次，执法工程车（船）40辆（艘）次，大型机械工具5辆次，依法强制拆除违章建筑121处，建筑物（构筑物）面积0.8万多平方米，涉及土地面积0.8公顷。

1993—2002年，共查处违法用地案件543件，涉及土地面积19.71公顷。2003—2010年共查处土地（矿产）违法案件280件（其中矿产6件），涉及土地面积54.92公顷。

2003—2007 年景宁国土资源违法案件立案查处情况一览

表 5-2-4

年份	土地违法案件立案查处																	矿产违法案件	
	合计			村、组集体			企事业单位			个人			拆除处理			没收处理		查处件数	处理罚没款（万元）
	件数	涉及土地面积（公顷） 总数	耕地	件数	涉及土地面积（公顷） 总数	耕地	件数	涉及土地面积（公顷） 总数	耕地	件数	涉及土地面积（公顷） 总数	耕地	件数	建筑物占地面积（公顷）	建筑物面积（万平方米）	没收建筑面积（万平方米）	收缴罚没款（万元）		
2003	75	0.79	0.16	0	0	0	0	0	0	75	0.79	0.16	27	0.23	0.22	0.55	36.18	0	0
2004	30	0.64	0.15	1	0.01	0	7	0.5	0.15	22	0.13	0	6	0.06	0.06	0.23	16.06	0	0
2005	32	0.32	0.02	1	0.03	0	6	0.08	0.02	25	0.02	0	10	0.18	0.18	0.14	54.59	0	0
2006	54	10.05	0.04	1	0.03	0.03	23	9.77	0.01	30	0.25	0	6	0.06	0.06	0.47	70.91	0	0
2007	31	0.60	0.53	—	—	—	3	0.50	0.47	28	0.10	0.06	4	0.55	0.55	0.27	44.48	6	10.4
合计	222	12.4	0.90	3	0.07	0.03	39	10.86	0.65	180	1.29	0.22	53	1.08	1.08	1.66	222.22	6	10.4

2008—2010 年景宁卫星遥感土地执法情况一览

表 5-2-5

年份	土地执法检查情况														立案查处各类违法用地案件及执行情况				
	合计				新增建设用地							实地伪变化			件数	违法用地面积（公顷）	自行履行件数（件）	人民法院执行案件（件）	处理罚没款（万元）
	图斑数（个）	宗地数（宗）	土地面积 总数（公顷）	耕地（公顷）	宗地数（宗）	土地面积 总数（公顷）	耕地（公顷）	宗地数（宗）	违法土地面积 总数（公顷）	耕地（公顷）	罚没款（万元）	宗地数（宗）	土地面积 总数（公顷）	耕地（公顷）					
2008	259	181	629.89	87.14	32	337.97	83.38	11	36.91	9.71	85.38	149	291.92	3.76	28	38.17	27	1	103.04
2009	8	7	4.89	2.99	2	2.08	1.52	1	0.63	0.07	18.8	5	2.81	1.47	15	1.72	11	4	42.55
2010	116	34	42.37	13.28	18	29.67	5.28	6	1.42	0.50	20.32	16	12.69	8.01	9	2.64	9	0	53.62
合计	383	222	677.15	103.41	52	369.72	90.17	18	38.95	10.27	124.50	170	307.43	13.24	52	42.53	47	5	199.21

第三章 矿政管理

地质与矿产资源是土地管理的重要内容之一。为掌握和利用矿产资源，1993—2010年，开展对境内的铁、钼、铅锌、金银等矿产资源勘查，根据勘查的具体情况，遵循"公开、公平、公正"原则，采取协议、招标、拍卖、挂牌等方式，出让矿业权。编制《景宁县矿山生态环境保护与治理规划(2003—2012年)》，健全监督机制，实现边开采、边治理。

境内山高坡陡，台风暴雨频发，山洪、泥石流灾害较为严重，2005年组织实施"百村避险工程"，地质灾害隐患点调查，2006—2010年，开展地质灾害隐患点搬迁工作，有13个乡镇461户，1614人通过搬迁，摆脱地质灾害威胁。

第一节 地质勘查

1993—2010年，地质勘查以鹤溪区域的钼、银、铅锌等多金属成矿远景区为重点。加大商业性矿产勘查政策支持力度，促进地质找矿的开展。矿产勘查划分为鹤溪—雁溪勘查区(KA1)：该区位于景宁县境中部，面积654.6平方千米，为钼、铁Ⅰ级成矿远景区，县内主要的铁、钼、铅锌、金银等矿床(点)分布区。2000—2007年，设探矿权详查4处，分别为吴山头钼矿炉西岭—张山矿段、鹤溪镇王木坑地区钼矿、澄照乡黄坦坑地区钼矿、景南乡白溪铁矿。同时，对包山铁矿、吴山头钼矿等老矿山进行攻深找矿及外围找矿勘查工作，寻找接替资源，延长服务年限。

矿产资源勘查

2000年后，开展地质勘查，主要矿种为铁、钼、铅锌矿。其中，铁矿分布相对较广，已发现矿床(点)12处，经地质勘查的3处，即包山、敕木山、白溪铁矿。钼矿发现矿床(点)4处，经地质勘查的3处，即三枝树、吴山头、外舍钼矿点。铅锌矿发现矿床(点)3处，经地质勘查2处，分别为小粗铅锌矿和包山铁矿中的共生铅锌矿，均为小型矿床。

地质灾害调查

景宁境内山高坡陡，地形、地貌、地质条件复杂，降雨量充沛，台风暴雨易引发山洪、泥石流灾害，为全省地质灾害重点防治县之一。2005年，组织实施"百村避险工程"地质灾害隐患点调查，发现需防治的地质灾害隐患点119个，涉及全县23个乡镇，威胁7074人生命财产安全。其中，"A"类隐患点4个，"B"类隐患点13个，"C"类隐患点27个，"D"类隐患点75个。对已发现的地质灾害隐患点，县、乡镇政府分类采取措施，边预防边治理，取得明显成果。因多次受严重强降雨、强台风等自然因素影响，造成山洪暴发，山体滑坡，崩塌、泥石流灾害，多个村庄山体开裂、地面下沉等，地质灾害隐患点在增多，至2010年，发现需防治的灾害隐患点为158个，涉及21个乡镇，威胁6246人的生命财产安全。其中，“A”类隐患点为2个，“B”类隐患点9个，“C”类隐患点52个，“D”类隐患点95个。灾害类型以滑坡为主，崩塌和泥石流次之。

第二节　矿业管理

1993—2010年，坚持矿产资源开发利用与生态环境保护并重，“谁开发谁保护，谁破坏谁治理，谁投资谁受益”。

出让采矿权

2003年，包山铁矿采矿权有偿出让给景宁安泰矿业有限公司。此后，遵循“公开、公平、公正”原则，采取协议、招标、拍卖、挂牌等方式，实行“净采矿权”一次性整体出让，结束无偿使用采矿权的历史。至2010年，全县共出让9宗矿业权，收回有偿出让价款616.76万元，出让开采的矿种主要有铁、钼、叶蜡石、萤石、建筑用石料矿等。在9家矿山中，铁矿2家，钼矿3家，萤石矿1家，叶蜡石1家，建筑石料2家，矿山规模均为小型。

矿区治理

2002年始，实行矿山自然生态环境治理备用金制度。至2010年末，共收取矿山自然生态环境治理备用金249.7万元，收取率100%。

2003年，编制《景宁县矿山生态环境保护与治理规划(2003—2012年)》，确定矿山生态环境保护与治理的近远期目标、步骤与措施，开展矿山治理，落实矿山生态环境保护与治理的主体责任，签订责任书，建立定期检查和监督机制。生产矿山落实“边开采、边治理”目标，做到不破坏和不污染环境，不影响景观。废弃矿山采取消除隐患，生态复绿，恢复林地等措施。

第三节　灾害避险

2006年始，开展地质灾害避让搬迁工作。根据不同类型，分为三种方式进行避险和防治。第一种是异地搬迁避让，统一建设安置小区。由政府统一规划、统一征地、统一安排，统一建设(自主建房)。第二种是分散安置或货币安置，自行在其它安全区域规划建房或购房搬迁避险。由搬迁户在其它安全区域购房、建房等，政府给予搬迁经费补助，鼓励往经济发达地区搬迁。第三种是在政策允许范围内以其它方式搬迁避险。如果搬迁人不同意第一、二种避险方式，且搬迁户已有其它方式搬迁避险方案的，向县国土资源局提出书面申请，经批准后搬迁。2006—2010年，地质灾害隐患点搬迁工作重点在鹤溪、英川、澄照等13个乡镇展开，使461户、1614人彻底摆脱地质灾害的威胁，共完成项目投资1621.64万元。

第六篇　城乡建设

1993—2010年，景宁经济社会处于快速发展期，城乡建设得到相应发展。按“小县名城”建设目标，先后三次修编城乡建设规划，强化规划指导，对中心城区、集镇、中心村建设做到规划上深化、细化，不断完善和提升，城乡建设力度持续加大。

至2010年末，县城中心城区面积增至85.31平方千米，新增城区道路32.87千米，路面44.38万平方米、桥梁4座、公园绿地23公顷；新增供水能力1750万千克、供水管道54.37千米、排水排污管道37.04千米。先后建成鹤溪花园、金农、石印山、正达阳光城、金园丽景、鑫景商城、滩坑移民安置、金惠移民安置、王金垟移民安置、城西拆迁安置、城南拆迁安置等居住小区。公共建筑日益增多，先后新建城北中学、景宁一中、民族中学、民族小学、幼儿园等教育设施，相继建成体育馆、畲族博物馆、畲族文化中心等公共文化设施和畲乡鸿宾大酒店等地标性建筑物，公共事业建筑新增44.9万平方米。新建环卫综合楼2180平方米，污水处理厂1座，改建公厕19座，垃圾中转站1座，转运站2座，垃圾填埋场1处，配置小区垃圾房20座，拥有市容环卫专用车辆25辆，机械化清扫面积17万平方米。城区道路、公园绿地大幅增加，市政基础设施日趋完善，环境质量明显提高，服务功能大幅提升，初步建成宜业宜居宜游小城。

通过村庄整治、危旧房改造、下山脱贫、美丽乡村、魅力畲寨等新农村建设，集镇、乡村服务和基础设施日趋完善，人居环境得到改善，乡村面貌发生很大变化。

第一章　城乡规划

认真执行《中华人民共和国城乡规划法》和《浙江省规划条例》，依法严格实施城乡规划管理。县城、集镇和乡所在地中心村规划区内建设项目实行核发建设项目选址意见书、建设用地规划许可证、建设工程规划许可证“一书两证”制度，办证率达100%。2007年，村镇规划服务站设立后，村庄建设项目纳入规划管理，实行核发乡村建设规划许可证制度覆盖全县集镇、乡村，办证率100%。规划审批公正、透明，个人建房批前公示，重点公建项目批后现场公示。在规划批后实施过程中，加强跟踪管理，实行规划巡查、建设工程竣工规划验收等措施，对超建违建等规划违法行为视情节依法采取制止、责令整改、拆除等措施，维护城乡规划的严肃性，保证城乡建设的健康发展。

第一节　县域规划

景宁对县域先后进行四次规划。1998年，委托浙江省城乡规划设计研究院编制《景宁畲族自治县城镇体系规划(1999—2020年)》。2003年，委托浙江省城乡规划设计研究院编制《景宁畲族自治县县域村庄布局规划(2003—2020年)》。2006年，委托浙江省城乡规划设计研究院编制《景宁畲族自治县城乡一体化规划(2005—2025)》。2009年，委托浙江大学城乡规划设计研究院编制《景宁畲族自治县县域总体规划(2007—2020年)》。将县域城镇体系和村庄布局规划为1个中心城区、2个片区中心镇、2个一般集镇、170个行政村(中心村55个)。县域总体规划为经济社会发展和城乡建设提供了科学依据。

第二节　县城规划

景宁县城先后修编四轮总体规划。第一轮县城总体规划始于1984年，1985年11月由浙江省城乡规划设计研究院编制完成，1987年8月，经丽水地区行政公署批准实施。第二轮县城总体规划始于1997年，1998年由浙江省城乡规划设计研究院编制完成，2001年6月，经浙江省人民政府批准实施。第三轮县城总体规划始于2002年，2003年由浙江省城乡规划设计研究院编制完成，2005年，经浙江省人民政府批准实施。第四轮始于2008年，2009年在《景宁畲族自治县县域总体规划(2007—2020年)》中，由浙江大学城乡规划设计研究院编制完成景宁县域中心城区总体规划，2010年5月，经浙江省人民政府批准实施。该版县城总体规划面积85.31平方千米。近期规划2007—2010年，远期规划2011—2020年。根据城乡一体化规划，随城乡发展与运行状况，进行长期调整、不断修订、持续改进和完善。县规划管理部门对规划不断深化、细化、完善、提升，相继修编县城各区块控制性详细规划和道路、给排水、绿化、环卫、燃气等专项规划，以及鹤溪历史文化名镇保护规划、畲族核心聚居区文化保护规划等专题规划，为城市建设发展提供科学依据，对指导、规范、推进城市建设起到重要作用。

第三节 村镇规划

景宁所辖集镇除渤海镇因滩坑电站建设迁建只编制过一轮城镇总体规划外，东坑、沙湾、英川三镇分别修编过二轮城镇总体规划。2007 年设立村镇规划服务站，加强乡镇建设的规划服务管理，至 2010 年末，县域总体规划保留的 170 个行政村的村庄建设与整治规划全部编制完成（其中中心村建设与整治规划 55 个）。由县规划设计室主编的《景宁县澄照乡金丘村建设与整治规划》，获得中国城市规划协会 2009 年度全国优秀村镇规划设计评选一等奖、中国民族建筑研究会颁发的中国民族建筑文化传承奖、浙江省住房和城乡建设厅颁发的浙江省第四届“千村示范万村整治”工程村庄规划评选一等奖。村镇规划的编制完善和规划服务管理有力助推新农村、新景区建设。

第二章 城区建设

1984 年，县城鹤溪镇建成区面积 0.69 平方千米。1985—1992 年，新建 1.38 平方千米，达到 2.07 平方千米。1993—2010 年，县城建设得到快速发展，城区面积在 1992 年基础上扩展到 3.07 平方千米。实行五大旧城改造项目，市政基础设施建设成绩斐然，城市公用事业、居民小区建设、公共建筑、园林绿化日新月异，县城文明卫生程度大幅提升，容貌焕然一新。2010 年 7 月 22 日，住房和城乡建设部、国家文物局公布了第五批中国历史文化名镇名村名单，并举行授牌仪式，县城鹤溪镇跻身中国历史文化名镇行列，成为丽水市首个、浙江省第十五个国家级历史文化名镇。

景宁新城区一瞥

根据国家发展战略和区域经济社会发展需求，《景宁畲族自治县县域总体规划（2007—2020）》确定县城区范围：东至乌坪头、驮险高尖、代个尖山脊线，西至台湖岭、石牛山、岩下尖山脊线，南至澄照乡四格、东升、螺丝尖以及鹤溪镇敕木山、金山顶和滩岭一带，北至外舍椀扼岭、西汇一带。包括鹤溪镇城南、仙童、红星、城西 4 个社区，鹤溪、城北、扫口、城西、浮坵、周湖、双后岗、包凤、张村、旱塔、三支树、东弄、惠明寺、敕木山 14 个行政村，外舍管理区外舍、岗石、王金垟和岭北 4 个行政村，澄照乡驻地三石及金丘、四格、东畔、东升 5 个行政村。中心城区面积 85.31 平方千米。

1993—2010 年间，县城新增各类建筑物 194 万平方米。其中，公共建筑 44.9 万平方米，个人建筑 59.3 万平方米，商品房、集资联建房、经济适用住房、建设工程拆迁移民、灾害险情搬迁、下山脱贫安置房等 73.5 万平方米，厂房、仓储用房 16.3 万平方米。新增道路 40.6 万平方米，新增公园绿地 60.8 公顷。随着城镇基础设施建设资金不断增加投入，一批中学、小学、幼儿园新建迁建，体育馆、博物馆、畲乡文化中心等公共建筑相继建成，正达阳光城等多个居住小区成功开发。至 2010 年末，县城建成区面积扩展到 3.07 平方千米。

第一节　旧城改造

景宁建立畲族自治县之初，对人民中路西侧、体育场新区和街道建设范围内的民居进行了拆迁。1996 年拆迁敕木山路两侧部分民居，解决交通瓶颈。1999 年，为改变城市面貌，改善民居环境，提升城市品位，县委、县政府决定启动旧城改造工作，至 2010 年末，完成较大的旧城拆迁改造项目有 5个。

童弄街居住区拆迁改造

1999 年 8 月始，实施童弄街居住区拆迁改造项目，拆迁范围：东至童弄街，南至原青少年宫以北，西至人民中路，北至府前路，1999 年 10 月完成。动迁 130 户、单位 3 家，拆迁占地面积 2.1 公顷，建筑面积 2.2 万平方米。拆迁户异地安置于城西果园路、金仙路一带，拆迁房屋建筑面积 3.7 万平方米。拆迁地块建设用地公开拍卖出让，建筑面积 4.7 万平方米。此次拆迁未将童弄街东侧至石印山脚的旧民居列入拆迁范围。

石印山居住区拆迁改造

2002 年 6 月始，进行石印山居住区拆迁改造，拆迁范围：东至石印山，南至民主弄，西至人民南路，北至青少年宫，2002 年 12 月完成。投入资金 4700 万元，动迁 261 户、单位 11 家。拆迁土地面积 3.3 公顷，建筑面积 3.8 万平方米。实行异地土地安置 47 户，安置于文化公园南，建筑面积 1.9 万平方米；货币安置 206 户；产权置换安置 8 户，建筑面积 0.10 万平方米。

城南道路拓宽拆迁改造

2008 年 10 月，启动城南道路拓宽工程，拆迁范围:东至大众街，南至环城南路，西至鹤溪河，北至市场路。2010 年 10 月完成。投入资金 20300 万元，动迁 537 户、单位 10 家，拆迁土地面积 10.14 公顷、建筑面积 7.1 万平方米。实行土地异地安置 206 户、建筑面积 7.25 万平方米，安置于城南小区；货币安置 241 户；产权置换安置 90 户，建筑面积 0.8 万平方米。

团结东路拓宽拆迁改造

2008 年 11 月，动工团结东路拓宽拆迁改造，拆迁范围：团结东路两侧。2009 年 4 月完成改造工程。投入资金1850万元，动迁65户、单位2家，拆迁土地面积0.39公顷、建筑面积0.63万平方米。实行土地异地安置37户、建筑面积1.73万平方米，安置于团结东路北侧地块，货币安置15户，产权置换安置13户、建筑面积0.17万平方米。

城北团结路

环城东路、人民北路拓宽改造

2010年2月，动工拓宽改造环城东路、人民北路，拆迁范围：东至后山脚，南至环城东路北段路边，西至老公路外侧，北至鸭卵坑，至同年末，基本完成拓宽改造工程。共投入拆迁资金4100万元，拆迁土地面积1.02公顷，建筑面积2.3万平方米。动迁187户。其中，实行异地土地安置110户，建筑面积5.13万平方米；货币安置1户；产权置换76户，建筑面积0.84万平方米。

第二节　公共事业建设

1984年前，县城鹤溪镇市政基础设施几近空白。1985—1992年，新建、拓宽道路面积15.92万平方米（其中部分为泥石路面），新建城市桥梁2座，铺设供水管道21千米，排水排污管道12.96千米。1993—2010年，不断加大市政建设资金投入，新增城市道路32.87千米、新增道路面积44.38万平方米、新增桥梁4座、新增公园绿地面积23公顷、新建污水处理厂1座、垃圾填埋场1处、新建改建水冲式公厕19座、垃圾中转站1座，转运站2座、新增供水能力1750万千克、新增供水管道54.37千米、排水排污管道37.04千米，市政基础设施日臻完善。其中，2006—2010年投入城市建设资金4.17亿元。

2000年，为加强市政工程建设和管理，适应公共基础设施市场化要求，建立建设项目法人制度，形成市场化的城市建设体系，县政府批准成立景宁畲族自治县城市建设发展有限公司，理顺城市基础设施建设机制。

城市供水

1982年前，鹤溪镇饮用水主要取自溪水或井水。1982年始建鹤溪镇自来水厂，日供水能力50万千克，属镇办企业。1988年，改建为县自来水厂，1992年后经多次改造扩容，日供水能力先后达到250万千克、500万千克、1000万千克。

1993年，县自来水厂设节约用水管理科室，根据建设部《城市节约用水管理规定》，开展节水工作，对企业和居民实行计划供水，对超计划用水用户收取超计划用水加价水费。1997年单独设立县节约用水办公室，加强节水管理。2007年第二水厂建成供水后，根据景宁实际，撤消了县节约用水办公室，继续提倡节约用水，停止按计划用水，停收超计划用水加价水费。

由于自来水厂规模较小，无法满足县城发展的用水需求，2003年12月，兴建第二水厂，2006年6

月建成运行。设计日供水能力4000万千克，一期建成日供水能力2000万千克。取水水源以县东南部的龙潭桥水库为主，该水库总库容量600万立方米，集雨面积54平方千米。鹤溪河取水口以上集雨面积12平方千米作为预备水源。2006年10月始，改造县城供水管网25千米，于2010年12月完工。同年，全城供水管网总长度达到75.37千米，建成区供水管网密度23.82千米/平方千米，用水户数9587户，年供水309000万千克。

2009年11月1日，理顺供排水体制，形成供排水一体化。在原自来水有限公司、污水处理有限公司的基础上，组建景宁畲族自治县供排水公司，为国有独资企业，注册资金1224.47万元，职工77人。公司地址：鹤溪镇人民南路998号。

第二水厂建成后，原第一水厂停止供水，2008年在旧城拆迁改造中拆除。

城市供气

1989年，县自来水厂设立液化气供应门市部。同年，液化气始进景宁普通居民家庭。之后，需求不断增加。1993年9月，县自来水厂自筹资金，在张村旱岗建立县液化气储配站。1998年，该站改制为股份制企业，更名为景宁畲族自治县实达液化气有限公司。至2010年，储气能力200立方米，年供气量117万千克。

2007年，由民间资本投入，在城西五格下湾新建液化气储配站1座，储气能力130立方米，年供气量50万千克。2010年，全县液化气用户17550户，县城燃气普及率99.45%。

公共建筑物

1995年出版的《景宁畲族自治县志》记载“城区1984年前约有公共建筑13.8万平方米。1984—1992年间新建公共建筑35.31万平方米。”经核实，计算口径有误，应剔除生产用房和公有住房，1984—1992年新建公共建筑实为14.69万平方米。1993—2010年，新增公共建筑44.9万平方米，新建城北中学、景宁一中、民族中学、民族小学、幼儿园等教育设施，相继建成体育馆、畲族博物馆、畲族文化中心等公共建筑和钟楼、畲乡鸿宾大酒店等地标性建筑物。

人民公园钟楼

1993—2010年景宁县城主要公共建筑物一览

表6-2-1

名　称	建筑面积（平方米）	层数	地　点	建设年份
广播电视大楼	2903	7	府前路1号	1994
金鹤大酒店	3423	7	人民路西团结路北	1995
县体育馆	3665	1	建设路北体育路东	2000
中心菜市场	2300	1	钟楼路南鹤溪路东	1998
群鹤楼（老干部活动中心）改建	1936	4	建设路南	2009
鄞州楼（县医院门诊楼）	5208	7	鹤溪中路1号	2003

续表 6-2-1

名　称	建筑面积（平方米）	层数	地　点	建设年份
地税信息培训中心	7200	8	团结西路南侧	2001
法院综合审判大楼	9285	6	环城东路东侧	2002
老年活动中心	630	3	人民广场东	2002
绿色市场	8200	2	团结西路南侧	2003
丹迪林商贸综合楼	9303	9	人民北路西胜利路北	2005
烟草大楼	3010	6	人民中路东侧	2005
检察院技侦综合大楼	4634	6	环城东路与中垟路交叉口北	2005
畲乡鸿宾大酒店	18838（主楼）	14	团结路南鹤溪路东	2006
畲族博物馆	3554	2	鹤溪南路东环城南路南	2007
畲族文化中心	5603	2	人民南路西鹤川路北	2007
信用联社综合楼	6487	9	人民中路西复兴路南	2008
县标准体育场	21152	—	复兴路南建设路北	2009
鹤溪大酒店	23221	10	人民南路东侧	2010
12315 综合服务中心	5719	5	城北 B23 区块	2010

第三节　城区道路建设

景宁县城鹤溪镇，四面环山，一水穿流。1990 年末，城区主干道及分区域街巷道路长 8.23 千米，路面 13.30 万平方米。其中，人民中路长 1200 米，鹤溪路长 1200 米，环城西路长 2000 米；寨山桥、府前桥、晋仙（金仙）桥跨越鹤溪河。

进入“八五”以来，城区按照“神奇畲乡，秀美山水、休闲胜地”的城市定位规划和建设，初步形成“二横三纵”的道路框架网。即南北向的环城西路、鹤溪路、人民路；东西向的复兴路、团结路。改造复兴路及人行道，新建浮坵路等。1992 年前城区道路总长度 10.03 千米，路面 15.92 万平方米（其中部分为泥石路面）。

1993—2010 年，新建环城东路、环城北路、环城南路、团结路、惠明路、曙光路、邮电路、胜利路、宝石路、鹤川路、中垟路、浮丘路、金仙路、果园路等道路，延伸人民北路、人民南路、鹤溪北路、鹤溪南路、新华北路；将创新路、车站路、体育路、红星路等泥石路面铺设为混凝土路面。基本形成城区南北向以人民路、鹤溪路、环城西路；东西向以复兴路、团结路为主干的道路

人民中路

网架。至2010年末，共建成城市道路42.9千米，路面60.3万平方米(含人行道22万平方米)，比1990年分别增加35.33千米，48.31万平方米。其中，40千米道路为混凝土土砼路面，安装照明灯1417盏。

城区主要道路

人民路　南北向主干道。南起景宁一中门口，北交环城北路，长4454米，宽南路34米、中路20米、北路32米。

鹤溪路　南北向主干道。南起塔堪，北至凤凰大道，长3942米，宽南路23米、中路22米、北路36米(含景观带)。

环城西路　南北向主干道。南起金惠小区路口，北至溪口大桥，长4314米，宽12~18米，为过境公路。

府前路　东西向主干道。东起环城东路，西至府前桥，长560米，宽文化路西段18米，东段12米。

复兴路　东西向主干道。东起环城东路，西至晋仙桥，长663米，宽20米。

团结路　东西向主干道。东起环城东路，西至永安桥，长786米，宽20米。

环城东路　南北向次干道。南接环城南路，北交环城北路，长2200米，宽16米(其中石印隧道长200米，宽9米，高5.2米，混凝土衬墙，1998年建成)。

惠明路　东西向次干道。西起鹤溪路，东至环城东路，长765米，宽12米(因道路高差大，东向车辆只通至红星路)。

新华路　南北向次道。南起建设路，北至环城北路，长1200米，宽8米。

旧城区内原有宽6米以下巷弄前志已载，新增金仙一弄至六弄、岭脚一弄至九弄15条巷弄，宽2~6米不等；其余各小区内通道，没有命名。

城市桥梁

1992年前，县城有寨山桥、府前桥、晋仙桥3座桥梁。1993—2010年，新建永安桥、鹤苑桥、民族桥、廊桥4座桥梁。2009年对寨山桥、晋仙桥、永安桥进行改造装饰，使之与鹤溪河景观带相协调。

城区内有汇田大桥、溪口大桥、溪口1号、2号桥、张村桥、三枝树1号、2号、3号桥等多座公路桥梁。

永安桥　位于栋底，连接团结路和环城西路，T型铅板桥，长71米，宽13米，1997年动工，2000年建成。

鹤苑桥　位于鹤溪花园新村，连接鹤溪路和浮丘路，T型铅板桥，长66米，宽9.5米，1997年动工，1998年建成。

民族桥　位于塔堪村，连接塔堪和鹤溪南路，T型铅板桥，长57.05米，宽10米。2010年动工，2011年建成。

廊桥　位于栋底，连接环城北路和环城西路，为木棋廊桥，属城市景观桥梁，不通车辆，供游人步行游憩。长71.92米，宽6.95米，2009年动工，2010年建成。

府前桥　连接府前路和环城西路。桥建于1991年，上承式钢筋混凝土结构，长65.5米，宽8米，高5.5米。因车道过窄，于2013年2月拆除重建。新建府前桥为钢筋砼拱桥，长62米，宽17.5米，在主桥桥墩处建桥头堡和观景平台，总投资1465万元，于2013年底建成通车。

第四节　居民小区建设

鹤溪花园(右上)与鑫景商城小区(左下)

1992年前，单位干部职工都住单位公有住房。大多数单位建房前排为办公营业用房，后排为干部职工住宅，致办公、商业、金融、学校等用房与住宅混杂，没有连片集中居住小区。2000年后，县城先后建成鹤溪花园、金农、石印山、正达阳光城、金园丽景、鑫景商城、滩坑移民安置、金惠移民安置、王金垟移民安置、城西拆迁安置、城南拆迁安置等居住小区。据县统计局抽样调查，2010年，县城人均居住面积38.45平方米，市民居住环境得到改善，居住质量有极大提高。正达阳光城实行全封闭物业管理，石印山小区由业主自行组织聘请人员负责清洁卫生和绿化维护。其余小区没有物业管理介入。

鹤溪花园小区

位于城西浮丘路，2000—2004年，景宁敕峰房地产有限公司开发建设，占地1.23公顷，开发商住楼16幢，商品房303套，建筑面积5.23万平方米。

鑫景商城小区

位于人民南路西侧，东至人民南路、南至县第一实验小学、西至鹤溪路、北至市场路，2010年，福建省鑫城房地产有限公司开发建设。占地3.08公顷，开发商品房112套，商铺322间，建筑面积3.98万平方米。

金农小区

位于县城城西，2000—2004年，景宁金农房地产公司开发建设，占地1.34公顷，开发商品房219套，建筑面积3.5万平方米。

石印山小区

位于人民南路东，东至石印山脚、南至民主弄、西至人民路、北至人民广场，2004—2006年，景宁石印山房地产有限公司开发建设。占地2.9公顷，开发商住楼14幢，商品房308套，建筑面积5.49万平方米。

正达阳光城小区

位于团结路北侧，东至新华路、南至团结路、西至鹤溪路、北至环城北路。2006—2010年，丽水正达房地产公司景宁分公司开发建设。占地8.71公顷，开发商住楼44幢，商品房984套，建筑面积15.7万平方米。小区内有3幢高18层的商住楼，为景宁首次出现的高层住宅。

金园丽景小区

位于人民南路西侧，东至人民南路、南至民族路、西至鹤溪南路、北至宝石路。2010年，景宁金园房地产有限公司开发建设。占地7.42公顷，开发商住楼41幢，商品房872套。建筑面积11.87万平方米。

第三章　城区管理

全面实施住房制度改革，改变居民的住房观念，住房私有率逐年提高。随着城镇人口增多，城区面积逐步扩大，建设部门加大园林绿化、环境卫生的投入和管理力度，城区管理走上依法管理轨道。

1993—2010年，城建监察大队、环境卫生管理所、园林管理所、城镇管理监督指挥中心等城镇管理机构逐步完善，专业队伍得到充实、提高，管理日趋规范，县城环境干净、市容整洁、路平灯明、交通顺畅、景观优美，先后通过省级文明县城、卫生县城评审。

第一节　住房制度

正达阳光城小区外景一角

1993年，《景宁畲族自治县城镇住房制度改革实施方案》经浙江省住房制度改革领导小组办公室批准实施。城镇住房制度改革，包括调整公有住房租金、出售公有住房、集资合作建房、建立住房公积金制度。其后，陆续出台《景宁畲族自治县深化城镇住房制度改革实施方案》之二、之三，增加建设经济适用住房、实行住房分配货币化等改革措施。依照实施方案，县住房制度改革领导小组办公室制定各单项改革实施细则，经县政府批准实施。1993年始，相继进行调整公有住房租金、出售公有住房、集资合作建房等单项改革。住房制度改革的实施，改变人们的住房观念，由“住房靠单位”转变为“住房靠自己”，住房私有率逐年提高，2010年达98%。

公有住房改革

1993年11月，景宁开始实施公有住房出售。《景宁畲族自治县公有住房出售实施办法》出台，鼓励夫妻双方在城镇没有私有住房，也没有参加集资合作建房而承租单位公有住房的职工，以房改价向产权单位购买住房。购房价格分综合价(270元/平方米)、标准价(180元/平方米)二种,以综合价购房,个人拥有全部产权,以标准价购房个人占68%产权,原产权单位占32%产权。扣除折旧、工龄补贴等折扣因素后实际购买价用综合价购买的在150元/平方米上下,用标准价购买的每平方米在100元上下,受工龄长短、折旧年限等因素影响实际购买价因人而异、因房而异。当时职工家庭收入尚低,约有50%的职工家庭选用标准价购房,其后陆续补交房款改为综合价,至2010年末,仍为标准价的购房户已为数不多。全县80个行政企事业单位出售单位自有住房,购房职工家庭1825户,购房建筑面积11.93万平方米,筹集房款1721.6万元。

集资合作建房

1993年末,《景宁畲族自治县职工集资合作建房实施细则》出台,鼓励有条件的单位以职工个人出资为主,单位给予适当补助的形式组织夫妻双方在城镇没有私房,也没有购买过公有住房的职工家庭参加集资合作建房,解决住房困难。1993—2000年,县城有22家行政企事业单位,450多户职工家庭参加集资合作建房,建设集资房5.06万平方米。建房形式是"个人出大头,单位出小头",单位出建房用地,个人出建房资金,产权全部归个人所有。集资合作建房解决了部分职工家庭的住房困难,缓解了单位住房压力。2000年后停止集资建房,改为建设经济适用住房。2000年前后在红星路西侧建设经济适用住房1.2万平方米、100多套。2009年,在正达阳光城建限价商品房2.39万平方米、194套,解决行政事业单位部分退休干部职工住房困难。

住房补贴

2009年县政府出台《景宁畲族自治县行政事业单位干部职工住房分配货币化实施办法》,2009年至2011年,给离休干部以及退休干部中担任过实职副处级以上职务、具有副高以上技术职称的人员87人先行发放住房补贴204.28万元。其中,2009年77人,发放179.65万元;2010年6人,发放18.62万元;2011年4人,发放6.04万元。

住房公积金

1993年10月21日,景宁畲族自治县编制委员会下发《关于设立景宁畲族自治县住房基金管理中心机构的通知》,同意建立景宁县住房基金管理中心,为自收自支事业单位,隶属县房改领导小组领导,下设财务股和业务股,定编7人,与景宁畲族自治县住房制度改革领导小组办公室实行二块牌子一套班子,合署办公。1998年6月,景宁畲族自治县住房基金管理中心独立办公。2003年8月,经丽水市机构编制委员会14号文件批复,设立丽水市住房公积金管理中心景宁分中心,相当于副科级自收自支事业单位,编制6人,领导职数1人。2005年2月,丽水市住房公积金管理中心7号文件批复,同意景宁分中心内部机构设置综合科、归集管理科、使用管理科。2010年12月21日,按景政办发〔2010〕134号文件精神,成立景宁畲族自治县住房制度改革委员会办公室与丽水市住房公积金管理中心景宁分中心机构分离工作领导小组。

1996年10月18日,出台《景宁畲族自治县住房公积金实施办法》。1997年6月8日,出台《景宁畲族自治县公房出售成本价和公房租金标准》。同年11月25日,下发《关于建立住房公积金制度的通知》。自1997年10月1日始,在区域内全面建立住房公积金制度。根据1998年7月6日县政府《关于提高住房公积金缴存率的批复》,1999年8月1日始,住房公积金缴存率由原来的5%提高到6%。

2001 年 3 月 28 日，根据景政办财抄〔2001〕25 号批示，同意住房公积金的缴存比例从 6%提高到 8%，自 2001 年 1 月 1 日始按职工工资 8%提取缴存，企业和非财政拨款单位，可按 10%提取缴存。景宁公积金中心自 2002 年 3 月始，按照《浙江省个人住房政策性贷款委托办法》的规定，开展住房公积金个人贷款业务。2002 年 9 月 4 日，公布施行《景宁畲族自治县住房公积金个人住房政策性委托贷款实施细则》。

从 2003 年 1 月始，住房公积金缴存比例从现行职工工资的 8%提高至 9%。2005 年 4 月 13 日，景宁分中心适当调整住房公积金贷款额度，双职工最高贷款额度 16 万元，单职工最高额度 8 万元。2006 年 4 月 10 日，经浙江省人民政府办公厅同意，景宁住房公积金缴存比例调整为 12%。2010 年 8 月 24 日，丽水市住房公积金管理中心 33 号文件批复，同意景宁分中心提高住房公积金贷款最高限额：夫妻一方缴存住房公积金的，最高贷款额提高到 30 万元；夫妻双方缴存住房公积金的，最高贷款额提高到 50 万元。

第二节　园林绿化

昔日景宁无人文公园，而敕峦霁雪、鹤溪春水、石印呈奇、牛峤朝岚、卓峰拱秀、鸦顶晴云、莘岭寒泉、铁岩夕照等自然景观被誉为"鹤溪八景"，前贤颇多题咏。1984—1992 年，新辟石印山公园、街心公园、人民公园、鹤溪路绿化带。然多为划地为园，建设粗放。1993—2010 年，根据"神奇畲乡、秀美山水、历史名镇、休闲胜地"的城市定位和"小县名城"主题，加大城市景观和公园绿地建设力度，新建人民广场、鹤溪河景观带（一期）、畲族文化公园等，新增公园绿地 23 公顷；改建人民公园、石印山公园、寨山烈士陵园等公园绿地 27 公顷，并新增溪口大转盘、人民路绿化带以及新建小区、单位附属绿地。至 2010 年末，县城总绿化覆盖面积 96 公顷，园林绿地 85 公顷，公园绿地 58 公顷，建成区绿化覆盖率 31.13%，绿地率 27.81%，人均公园绿地面积 10.68 平方米。

2010 年 5 月，建立专业化园林管护队伍，试行市场化养护模式，园林绿化养护日趋规范。

石印公园

位于人民中路东侧石印山，面积 15.37 公顷，属山体公园。石印山（又名桂山），山上一石昂然独立，方正如印，上部突出如柄。清康熙年间（1662—1722）知县张琢隶镌"*石印*"2 字并诗于石，故名。石印题刻为县级第三批文物保护单位。据传该山昔有古桂苍松，阴如华盖。景宁畲族自治县成立后辟为公园，1986 年景宁县建筑工程公司、鹤溪镇建筑工程公司、临海市建筑工程公司分别于园中赠建敕峰亭、怡心亭、临景亭，园林部门在山上劈简易步行道，公园初成雏形。2005 年对公园进行改造，在公园西、北、东方向修建石板游步道，在山腰修建河卵石环山游步道，开辟多处休憩小场地，新建沐鹤亭。经多年建设管护，石印山公园亭阁飞檐碧瓦，道路曲径通幽，四周松柏新树相映，和人民公园、寨山烈士陵园组成城市横向景观轴，是城市主要开放空间和绿色视廊。游览该园感受晨曦初露，若明若暗，云雾迷蒙；黄昏夕照，红紫相间，趣味盎然。

1994 年，时任全国人大常委会副委员长陈慕华为石印公园题撰园名。

鹤溪河景观带

景观带位于鹤溪河两岸。南起寨山桥，北至鸭卵坑，为鹤溪河两岸狭长带状游憩公园。一期工程占

鹤溪河景观带一景

地面积5.15公顷。于2008年动工，2009年建成。公园以弘扬景宁历史文化内涵，展示畲族风情风貌为主题，营造出浓郁的人文公园气息。景观带采用错落阶梯式布局，建设亲水平台和游步道，突出滨河绿地亲水性的特色，是景宁较具品位的公园绿地，四季晨昏游憩市民络绎不绝。鹤溪河景观带一期工程荣获浙江省2009年度"优秀园林工程"金奖，2010年度全国"优秀园林工程"银奖。

畲族文化公园

位于人民南路西侧，环城南路南。包括畲族文化中心、畲族博物馆、广场、绿地和水面。占地面积2.65公顷。其中，绿地0.57公顷，水面0.02公顷，广场、道路1.05公顷。公园体现畲族历史和文化内涵，集旅游观光、休闲娱乐为一体，具有民族特色的综合性。

原位于人民路和复兴路交叉处西南侧的街心公园，2004年经县人民政府批准改变用地功能，调整为商业用地，建成信用联社综合大楼。

第三节 环境卫生

1972年，建立鹤溪镇环卫队，1989年，设立县环境卫生管理所，隶属城建局。至2010年末，在职在编干部职工27人，退休职工21人，从事城市道路环境卫生清扫作业临时工140人。

设施及装备

2001—2010年，环卫设施逐步完善，装备水平不断提高。至2010年末，有新型生活垃圾卫生填埋处理场1座，城区生活垃圾中转站1座、生活垃圾转运站2座，水冲式公厕19座（三类以上4座），高档果皮箱90多只，新建地面垃圾池148只、新建地下垃圾池135只、修建地下垃圾池30只，配置小区垃圾房20座；拥有市容环卫专用车辆25辆，机械化清扫面积达到17万平方米。2004年原环卫用房整体迁建，迁至县城胜利路50号，新建环卫综合楼总面积2180平方米。

保洁清运

随着城区扩展，常住人口增多，环境清扫保洁、垃圾清运任务逐年增加。1993年环卫清扫面积为15.92万平方米。2010年，县环卫所担负城区主、次街道69万平方米面积清扫、保洁、垃圾收运、洒水降尘以及公厕清洁任务，比1993年增加53.08万平方米。年清运垃圾2660万千克，粪便140万千克，垃圾清运量增加3倍。2008年开始对垃圾进行无害化处理，2010年垃圾无害化处理量2660

万千克，生活垃圾无害化处理率100%。

第四节 城管执法

1994年11月，成立景宁畲族自治县城建监察大队，为股级事业单位，定编8人，隶属县建设局。从事城市规划、建设工程、市政工程、公用事业、园林绿化、市容环境卫生等方面的执法监察。为了创建文明、卫生县城，2004年5月28日，县编委批准设立景宁畲族自治县城镇管理综合执法大队，为全额拨款事业单位，定编30人，在原城建监察大队编制8人的基础上增加全额拨款事业编制22人。综合执法大队由县创建文明卫生县城领导小组办公室直接领导，挂靠县建设局。受县建设局、公安局、水利局、工商局、交通局委托行使城镇管理相关职能。2010年5月17日，县编委《景编办〔2010〕0036号》文件决定撤销县城镇管理综合执法大队，将其行使的职能调整后划入县城建监察大队。城镇管理综合执法大队原有人员身份不变，纳入县城建监察大队管理。调整后的城建监察大队为全额拨款事业单位、定编30人，下设办公室、财务室，综合、规划、市容、广告等5个中队。

市容市貌管理

2004年，城镇管理综合执法大队设立后，城建综合、市容、广告监察中队日复一日对县城流动摊点、占道经营、乱停乱放、乱搭乱建棚架、店外乱堆乱放、违章乱挂广告标语、牌匾等影响市容市貌行为坚持“一劝、二导、三警告、四处罚”执法程序，维护市容市貌和道路畅通。2004—2010年，年均劝导、警告、处罚违章行为20000多起，保持县城常年整洁有序，道路通畅。

违章建筑监管

进入21世纪后，受高房价利益驱动，城镇违章建筑呈蔓延势头。为遏制违章建筑蔓延，打击规划违法行为，城建规划监察中队建立违章建筑片区巡查责任制，加大巡查力度和密度，发现违章建筑坚决依法查处。2006年1月至2010年末，累计制止违章建筑1015宗，建筑面积15950平方米，责令整改137宗，建筑面积4760平方米，当场拆违145宗，建筑面积4475平方米。

市政设施维护

随着城市建设的发展，市政设施维护管理的任务日益繁重。2010年末，城区道路总长42.9千米、面积60.3万平方千米、安装路灯的道路40千米，园林绿地85公顷，排水排污管道50千米。为保证路面平、路灯明、管道通、景观美，城市建设管理部门加强市政基础设施的维护管理，对道路、卫生设施进行改造更新，路面破损、路灯损坏及时修复，排污管道定期清淤。“十一五”期间投入城市维护资金9363万元，增强市政设施对经济社会发展的承载力，逐渐提升城市品位。

第五节 数字化管理

2007年初，启动景宁数字城管项目建设，2009年1月，落实项目资金600万元(其中100万元为浙江省建设厅以奖代补专项资金),至年末,景宁数字城管项目建成。项目整合网络资源、视频资源、现有数据资源,通过电子政务网,搭建数字城管协同平台,实现政府网络和信息资源的整合共享,完成全县27个责任单位数字城管分平台的接入,实现与公安治安视频监控系统的对接,将涉及城市管理的27个部门和责任单位、六大类111个小类部件、五大类66小类事件进行责任主体确权和统筹监管,形成一个信息共享、处置及时、职责分明、管理闭合、评价科学的数字化城市管理平台,并无缝接入丽水市数字化城市管理共享平台。

2010年1月28日,景宁畲族自治县城市管理监督指挥中心揭牌试运行。数字城管平台的投入运行,提高了发现问题的能力,缩短了处置问题的时限,为提高城市管理水平、及时有效应对和处置突发事件创造了条件。

第四章 村镇建设

1993—2010年,沙湾、英川、东坑小集镇建设有序推进,除渤海因滩坑电站建设受影响外,各镇均编制两轮集镇总体规划。通过旧城拆迁改造,危旧房改造等措施,推进道路、广场、自来水、环境卫生设施,园林绿化基础设施,集镇功能不断提升。同时,逐步完善文化教育、医院卫生、商业金融、餐饮服务等公共服务设施,集镇面貌得到很大改观。

村庄建设紧紧围绕中心村、小康示范村建设为切入口。开展“千村示范、万村整治”活动。稳步推进村委办公场所、老年活动中心、体育健身场所、自来水、公厕、垃圾收集等基础设施建设。供电、广播、电视、网络等全面提升。并把弘扬畲族文化融入村庄整治,打造出一批特色鲜明的“畲家院”“石头寨”“泥巴村”等。

第一节 集镇建设

景宁除县城鹤溪镇外,下辖沙湾、东坑、英川、渤海4个镇。沙湾于20世纪80年代建镇,其他镇建于20世纪90年代。根据县域总体规划,沙湾、东坑为片区中心镇,英川、渤海为一般集镇。1993年以来,集镇规划不断深化,建设步伐逐年加快,基础设施逐趋完善。但由于所辖各镇规模小,人口少,集镇规模难以形成,功能发育不全,辐射功能有限。

除渤海镇外, 其他各镇都编制两轮集镇总体规划。1997年、2010年分别两次编制沙湾镇总体规划,定位为西部片区中心镇,性质为片区服务中心、以农林特产加工和贸易为主的生态型城镇。其规划区面积2.7平方千米,人口近期(2010年、下同)0.4万人,远期(2020年、下同)0.6万人。1998年、2010年分别两次编制东坑镇总体规划,定位为南部片区中心镇,性质为以山区农林资源加工、水电开发、加工工业为主,以旅游开发为辅的生态型城镇。其规划区面积13.8平方千米,人口近期0.4万人,远期1万人。2002年、2009年分别两次编制英川镇总体规划,性质定位为以小水电、生态农业及其加工、生态旅游为特色的生态型城镇。规划区面积9.25平方千米,人口近期0.2人,远期0.3万人。渤海镇原址渤海村因建设滩坑电站水库于2007年淹没，迁至新址鲍山头复建。2004年，渤海镇政府委托华东勘察设计院编制渤海镇迁建修建性详细规划。其后，县域总体规划对渤海镇规划重新做了梳理，定位为东北部服务中心，性质为以山区农林产品加工和库区产业为主的生态型城镇。人口近期0.13万人，远期0.2万人，用地规模近期15.6公顷，远期25.36公顷。

1993—2010年，景宁所辖各镇加快基础设施建设，通过旧城拆迁改造、危旧房改造等措施促进市政基础设施建设，新建、拓宽、硬化集镇道路、建设自来水供水设施、设置集镇环境卫生设施，集镇功能逐趋完善。至2010年末，4个镇道路广场面积达11.21万平方米。其中，沙湾镇4.5万平方米，东坑镇3.2万平方米，英川镇2.83万平方米，渤海镇0.68万平方米。可通车桥梁9座。其中，沙湾4座、东坑3座、英川2座。各镇均建成自来水设施，沙湾镇设自来水厂，日供水能力20万千克，其余镇设供水站，能满足集镇生产生活用水需求；卫生公厕、垃圾箱、垃圾转运站等卫生设施合理配置，生活垃圾由保洁公司清运至垃圾填埋场作无害化处理；沙湾镇建有日处理垃圾2500千克垃圾焚烧炉1座，东坑镇建有日处理污水100万千克水处理厂1座，集镇基础设施的日趋完善。

沙湾、东坑、英川3个镇文化教育、医疗卫生、商业金融、餐饮服务、交通通讯等服务设施配套相对齐全，3个镇有机关、学校、幼儿园、医院、商业、金融等各类公共建筑11.24万平方米。其中，沙湾镇4.47万平方米、东坑镇4.5万平方米、英川镇2.27万平方米。渤海镇受人口外迁、区位等因素影响，基础设施建设投入少，镇区仅有政府机关、卫生院等少量公共建筑。

第二节　村庄建设

中心村建设

2005年，按照县域总体规划、城镇体系结构组织与城乡一体化的总体要求，景宁在全县规划选定55个中心村，现状人口49794人。中共十六届五中全会提出建设社会主义新农村以来，通过实施“千村示范、万村整治”等工程，景宁农村加快建设步伐，农村基础设施和人居环境全面改善，中心村培育工作初见成效。至2010年末，全县55个中心村村庄建设与整治规划全部编制完成，为农村科学发展提供了依据，推进村庄建设。55个中心村都通自来水，村民生活饮用水得到有效解决；村村公路通达，村庄交通道路和村内道路实现硬化；公厕、垃圾收集、村委会办公楼、老年活动场所、体育健身设施普遍设立；供电、广播、电视、网络线到村入户；乡所在地中心村小学、幼儿园、卫生院等公共服务设施配套齐全。通过村庄整治、旧村改造、改栏改厕等工程的实施，农村村容村貌和居住环境明显改善，美丽乡村、魅力乡村频现。

鹤溪镇三枝树新村

小康示范村建设

1998年始，工作重心从扶贫攻坚转移到致富奔小康，县委、县政府先后出台《关于分步实施致富奔小康战略的若干意见》和《关于巩固扶贫成果分步实施小康战略若干意见》。至2010年11月，全县实现农业总产值7亿元，农村居民人均纯收入达到6200元，增幅超过14.6%；累计发展农家乐休闲游村5个，农家乐休闲旅游点18个，发展经营户82户，从业人员839人，完成农家乐经营户星级评定78户；修建康庄公路、行政村等级公路通村率达97%，路面硬化率92%，直接受益达251个村。其中，梧桐乡梧桐村在抓好一、二产业的同时，注重公共设施建设，完成800多平方米学校教学楼、两纵三横街道、10000多平方米新居住宅建设，自来水、程控电话、移动电话投入使用，新建梧溪大桥。景南乡忠溪村在加快竹笋基地建设、花菇生产、高山蔬菜三大支柱产业发展的基础上，狠抓基础设施配套建设，建成教学楼、卫生院和新村小区，一个新型的农村小集镇已初具雏形。大漈乡西一村发展高山冷水茭白26.67公顷；建立粗皮红米生产基地；农家乐经营户5户，从业90多人，年接待游客5万多人次，旅游业收入100万元；2007年当年农民人均收入4215元，村集体经济收入20.36万元，2008年1月，被省委、省政府授予全面小康建设示范村称号。

村庄整治

2003年以来，景宁启动实施"十村示范、百村整治"工程，出台《景宁畲族自治县"十村示范、百村整治"工程实施意见》，成立工作领导小组。

2004年，全县投入资金2664.33万元。其中，县财政专项资金投入352万元，各类项目资金投入972.63万元，农户自筹房屋建设资金1100万元。投入资金中用于基础建设1523.33万元。完成34个整治村的环境建设和启动10个省、市示范村工程建设。实现路面硬化面积5.95万平方米，新装自来水30处，改厕521个（公厕13座），新增垃圾箱126个，新增绿化面积1.15万平方米，新建拦河坝1.21千米，拆除危旧房面积1.11万平方米，新建房屋72直，2.48万平方米。

大漈乡村容整治工作座谈会

2005年，全县共投入资金2496.6万元。其中，县财政专项资金投入230万元，各类项目资金投入1169.9万元，农户自筹1096.7万元，农民投工投劳5.4万工。完成村庄道路硬化面积8.02万平方米，新装自来水32处，新建拦河坝4.43千米，新装路灯132盏，新增垃圾池290个，外墙粉刷2.10万平方米，改厕734个（公厕17座），拆除危旧房面积0.63万平方米，新建房屋350直，88万平方米，绿化面积1.40万平方米。

2006年，在搞好规划的基础上，突出重点，把旅游村、民族村、全面小康示范村、主要公路沿线村列入2006年的村庄整治范围，采取以政府投资带动农民集资和社会筹资的策略，完成1个省级示范村、2个市级示范村、5个重点整治村、12个一般整治村的村庄整治工程。全县共投入资金2318.5万元。其中，县财政专项投入200万元，项目建设投入78.85万元，农民自筹460万元，村集体投入78.4万元。完成村庄道路硬化1.08万平方米，新装自来水3处，解决2600户农民安全饮水问题，改厕715个（其中室内卫生间156个）、新建公厕15个，新增农村户用沼气池80户，粉刷外墙9.59万平方米，修建排水沟5250米、垃圾池268个，安装路灯210盏，村庄绿化7000平方米，整治河道1.95千米，拆除乱搭乱建459处。安装地下排污管800米，恢复古街300米，建村庄步行街500米，休闲亭2座，安装河道护栏700米，建停车场4个。

2007年，全县共投入资金2448万元。其中，县财政专项资金投入425万元，部门配套资金1709万元，村集体资金55万元，农户投工投劳6.85万工。完成村庄道路硬化25.50千米，建成通村公路35.2千米，改造自来水管3.4万米，受益人口0.65万人，整治河道长2.1千米，新建防洪堤600米，新增绿化面积8500平方米，新建公厕19座，改栏改厕875处，安装路灯132盏，粉刷外墙3.15万平方米，新建排污管880米，排水沟3580米，开展污水处理的村52个，新建沼气池812个，拆除简陋厕所、棚、寮1145处。到2007年，累计启动示范村13个，完成示范村建设8个，启动整治村建设85个。

2008年是实施新一轮村庄整治工程的第一年，完成40个整治村，1个规范化农村新社区，1个市级示范村，9个生活污水治理提升村的建设任务。重点开展村庄道路硬化、农村卫生改厕、垃圾收集处理、污水处理、美化村庄等环境整治。

2009年，完成1个规范化农村新社区、1个新农村示范村、42个村和9个提升村整治，并推进2个乡镇整治，打造出一批特色鲜明的畲乡“名村”。把弘扬畲族文化融入村庄整治建设，打造“畲家院”。坚持“修旧如旧、新建如旧”的原则，保护古村落、古文化，打造“石头寨”。整治建设与彰显古民居、古村落、农家风韵、生态绿色相和谐，打造“泥巴村”。坚持以生态环保的理念与田园风光、自然山水相协调，打造“田园屋”。102个村庄开展污水治理，210个行政村建立村庄保洁制度，开展农村生活垃圾集中收集处理的行政村覆盖率达到82.6%。

2010年，立足村庄面广量大，情况千差万别的实际，因村制宜开展整治建设，充分挖掘和利用各地山水资源和古村落、古民居等历史文化资源，结合村庄发展定位和个性特色，以民族风情村、生态保护村、乡村旅游村、民间文化村、移民安置村和普通整治村六个类型，进行分类整治，打造生态优势突出、民族风情浓郁、地方特色明显的村庄“金名片”。2010年，共投入建设资金3334.31万元，完成45个待整治村的整治建设，推进2个乡整乡整治连片建设，144个村庄开展污水治理，210个行政村建立村庄保洁制度，农村生活垃圾收集处理的行政村覆盖面提高到95%；农村生活污水治理的农户新增5055户，农户覆盖率提高15.09%；新建农村卫生公厕1座，新增农民卫生厕所5113个，农户覆盖率提高16.42%，消除露天粪坑5500个。

危旧房改造

2009年，为改善农民居住环境，景宁开始实施农村危旧房改造，成立县农村危旧房改造领导小组，出台《景宁畲族自治县县城农民公寓实施意见》《景宁畲族自治县乡镇农民公寓项目管理办法》《景宁畲族自治县农民异地转移实施办法》等政策措施。2009—2012年全县改造旧村50个，改造危旧房13588户。其中，拆旧建新5963户、修缮7625户、低保标准150%以下困难户改造3098户。拆除危旧房面积43.7万平方米，新建房屋建筑占地面积44.7万平方米，完成投资7.5亿元，乡村农民居住环境显著改善。

2010年景宁乡镇中心村分布情况一览

表6-4-1

序号	乡镇	村数	村　名	序号	乡镇	村数	村　名
1	鹤溪	4	东弄、双后岗、周湖、三枝树	13	雁溪	1	雁溪
2	澄照	5	四格、金丘、三石、漈头、东升	14	沙湾	2	张庄、叶桥
3	大均	3	大均、伏叶、泉坑	15	梧桐	5	梧桐、梧桐坑、王山头、秋兰、金岚
4	梅岐	1	梅岐	16	大地	1	大地
5	外舍	4	王金垟、岭北、岗石、岭根源	17	毛垟	1	毛垟
6	东坑	4	白鹤、深垟黄山头、汤北、章坑	18	家地	1	家地
7	景南	2	忠溪、东西垟	19	秋炉	2	秋炉、坑边下圩
8	大漈	1	大漈	20	标溪	3	标溪、岱头上圩、枫林口
9	英川	3	黄垟口、黄谢圩、隆川(下)	21	郑坑	3	郑坑、柳山、吴布
10	葛山	1	葛山	22	九龙	4	鹤口、岭里、高沈、后坪
11	鸬鹚	1	鸬鹚	合计	22	55	—
12	渤海	3	梅坑、安亭、东湖				

第三节　公共设施

1993年以来，乡村公共设施建设得到重视。2002年，启动建设“农民饮用水工程”，当年解决1.25万人饮用水问题。2003年，景宁列入浙江省第一批“千万农民饮用水”工程实施县。至2010年止，累计投资9909.9万元，实施完成246个行政村饮用水工程，受益人口13.4万人。至此，全县254个行政村农民饮用水基本得到解决。2003年实施村庄整治以来，全县所有行政村村内道路实现硬化，新增硬化道路87.9千米；新增村庄绿化面积4.1万平方米；整治村完成改栏改厕，消除农厕6500个，新增卫生公厕59座，新增垃圾箱(池、房)630个。22个乡镇(管理区)建成垃圾焚烧炉26座，配备垃圾运输车55辆。184个村设置体育健身器材，建设体育路径198条。建立农家书屋258个。发展农家乐休闲旅游村5个、农家乐休闲旅游景点18个、农家乐79家。至2010年末，通过康庄工程等道路建设工程实施，254个行政村有249个村公路通达，5个行政村在建。

第四节　测绘服务

2008年5月，编制景宁畲族自治县新农村建设测绘保障服务示范工程项目建议书。同年6月，经浙江省测绘局上报国家测绘局申请立项，9月8日国家测绘局国土测绘司批复确定景宁纳入2008年社会主义新农村建设测绘保障服务试点县。同年10月，项目总体实施方案经省测绘局报国家测绘局审批，12月获国土测绘司批准实施。项目具体工作从2008年7月开始，2010年5月建成，包括六大部分：CORS系统建设，建立CORS基准站一座；沙湾、东坑、英川、毛垟3镇1乡所在地建成区1:500数字地形图测绘10平方千米；1:2000数字地形图航测164个村，135平方千米；制作《景宁畲族自治县交通旅游图》、景宁全域范围的卫星影像挂图；新农村建设地理信息服务平台开发，包括电子地图、影像地图、专题地图和三维仿真四个频道；新农村建设地理信息综合服务平台示范应用系统开发，包括建设规划辅助地理信息系统、旅游地理信息系统和农业专题地理信息系统。项目总投资345.89万元。其中，国家测绘总局扶持20万元、浙江省测绘局投入280.89万元，景宁投入45万元。同年8月21日通过国家测绘局验收。项目由浙江省第一测绘院完成，获中国测绘学会2011年度优秀测绘工程金奖。

第五章　房产业管理

1993年以来，景宁房地产和建筑业发展较快。2010年，景宁本地4家房地产开发企业完成房地产开发产值9120万元，是1993年1025万元的8.89倍。二手房交易面积11.47万平方米，交易额2.35亿元，是1993年0.35万平方米的32.7倍和43.24万元的543倍。2010年，完成建筑业产值3.175亿元，是1993年1883万元的16.86倍。进入21世纪后，景宁房地产市场产销两旺，建筑市场健康有序，房地产业和建筑业有长足发展。

第一节　房产用地

县城现状和规划住房建设用地分为外舍、王金垟片区，城中、城北片区，城西片区，城南片区四个居住片区和澄照居住组团，总面积312.53公顷。

外舍王金垟居住区

规划居住用地面积63.46公顷，形成四个居住组团。外舍组团,通天门东北面，地处区块中部，人民路南侧。布置二类居住用地，局部为商住用地。双坑组团, 地处外舍小溪西岸山谷地，以多层为主，局部结合山体绿地布置低层住宅。王金垟组团,地处地块东南部王金垟岙一带，布置二类居住用地，平地多层，坡地低层为主。坡地组团,地处外舍东北部，利用缓坡山体建设具有畲族风情的坡地住宅。

外舍王金垟居住区一角

城中城北居住区

规划居住用地面积72.64公顷，形成三个居住组团。城北组团,城市用地向北延伸至通天门山头的居住地块，建造与自然有机结合的小高层或低层住宅。城中组团，以保留现状为主，完善基础设施；将区内现状工业用地置换为居住用地。城东山地组团，城东低丘缓坡地块以二类居住用地为主，结合地形建设特色山地住宅。

城西居住区

位于鹤溪以西的居住用地，规划居住用地面积63.8公顷，形成二个居住组团。城西组团，豸山以北地块，以改善现状居住环境为主。浮丘组团，豸山以南地块，将现状工业和仓储用地置换为居住用地，建设保障性住房。

城南居住区

规划居住用地97.88公顷，形成三个居住组团。老城组团，对老城区进行梳理、完善，降低建筑密度，理顺街巷网络，改善居住环境。城南组团，以二类居住用地为主，鹤溪沿岸地块布置滨水景观住宅。张村组团，在南端的畲族风情区内，结合现存畲族村落，建设畲族特色民居；同时结合旅游进行开发。

澄照独立居住组团规划居住用地面积14.75公顷，除保留规划区内村庄民居点外，主要安排园区企业员工公寓，适当安排部分移民住宅。

第二节　房产交易

在实施房屋产权登记发证制度以前，景宁房产交易没有纳入政府有效监管，多为私下交易。交易双方订立契约，买方凭契约管业。1989年，开始房屋产权登记发证，1993年，县房管处设立房产交易所，加强房产交易管理，房产交易市场得以健康发展。1993—2010年，房产交易除个别年份受内外因素影响产生较大波动外，以稳中有升、小幅增长、相对稳定的态势发展。1993—2010年，二手房累计交易3849宗，交易面积55.37万平方米，交易额9.01亿元。

1993—2010年景宁房产交易情况一览

表6-5-1

年份	交易宗数	交易面积（万平方米）	交易额（万元）	每平方米均价（元）	年份	交易宗数	交易面积（万平方米）	交易额（万元）	每平方米均价（元）
1993	28	0.35	43.24	123.5	2003	410	5.5	5390	980
1994	33	0.39	185.72	476.2	2004	259	3.87	4117.55	1063.9
1995	19	0.22	108	490.9	2005	274	3.06	3590.60	1173.3
1997	110	0.85	420	494.1	2006	635	7.37	12756.66	1730.8
1998	35	0.27	162	600	2007	397	4.72	9734.42	2063
1999	62	0.99	649	657.1	2008	204	2.35	5743.52	2444
2000	191	3.03	2125.4	701.4	2009	294	5.3	16252.11	3066.4
2001	274	3.87	3097.3	800	2010	440	11.47	23500	2048.8
2002	458	5.6	5320	950	合计	4123	59.21	93195.52	—

第三节 房产登记

1989年，景宁开始房屋产权登记发证。先从县城公有房产开始，取得经验，锻炼工作队伍后，在县城全面铺开。至1994年10月，基本完成县城公私房产确权、测绘、登记发证工作，并通过上级业务主管部门验收。其后，转入正常申报登记。至2010年末，县城登记在册住宅252.6万平方米，其它各类房产83.4万平方米。之后，逐步在各镇开展房产登记工作，但力度相对减弱，只是对物主有要求的给于确权登记发证。

第四节 白蚁防治

景宁气候温暖湿润，宜于白蚁滋生。1993年4月，县房管处设立白蚁防治站。对县境内房屋建筑实施白蚁检查、灭治和预防处理，防范白蚁对境内建筑造成危害，控制白蚁在境内蔓延。白蚁防治开始不易被人们接受，经过多年努力，防治面积逐年增多，防治率不断提高。1993—2010年，白蚁防治面积110.25万平方米。其中，2010年防治10.96万平方米，防治率95%。2007年，县白蚁防治站被评为浙江省白蚁防治先进集体。

1993—2010年景宁白蚁防治面积一览

表6-5-2 单位：万平方米

年份	1993	1994	1995	1996	1997	1998	1999	2000	2001
面积	1.57	6.04	2.80	2.70	6.10	3.68	6.25	11.46	5.43
年份	2002	2003	2004	2005	2006	2007	2008	2009	2010
面积	1.73	5.56	7.78	9.88	9.44	15.63	1.10	2.14	10.96

第五节 房产企业

1987年，景宁仅有1家国有房地产开发企业，具三级开发资质，于2001年改制后解散。1997—2009年，先后有景宁县建设房地产开发有限公司，三级开发资质；景宁县敕峰房地产开发有限公司，三级开发资质；景宁县金农房地产开发项目公司，四级开发资质；景宁县石印山房地产开发项目公司，四级开发资质等房地产开发企业。以上公司在2010年没有开发项目，没有提供资质年检资料。2010年，只有景宁县金园房地产开发公司一家，属暂定开发资质。景宁在建(续建)房地产项目多为县外房产企业承担开发。本地房地产开发产值1993年1025万元，2010年9120万元。

随着旧城拆迁改造工作的推进，拆迁事务日益增多。2003年11月，成立景宁畲族自治县宏龙房屋拆迁事务所，注册资金30万元，性质为普通合伙企业，从业人员8人，城市房屋拆迁临时资格资质。能承接丽水市范围内3万平方米以下城市房屋拆迁项目业务。事务所成立至2010年末，先后受托完成县城环城东路、人民北路道路拓宽工程、景宁一中迁建工程、团结东路道路工程等18个城市房屋拆迁项目，累计拆迁房屋建筑面积9.1万平方米。

1993—2010年景宁房产开发产值一览

表6-5-3

年份	产值(万元)	增长率%	年份	产值(万元)	增长率%
1993	1025	—	2002	4502	17.9
1994	1208	17.8	2003	5306	17.8
1995	1424	17.9	2004	6255	17.8
1996	1678	17.8	2005	6702	7.10
1997	1978	17.8	2006	6490	-3.1
1998	2332	17.9	2007	7520	15.8
1999	2749	17.9	2008	8132	8.10
2000	3240	17.8	2009	8670	6.60
2001	3819	17.8	2010	9120	5.10

第六章 建筑业管理

2004—2010年末，景宁没有专门的房屋建筑设计和勘察企业，房屋设计主要由外地企业承担。建设局行使建筑业行业管理和施工安全生产监督管理。

1986年，设立景宁建筑工程质量监督站，授权代行政府房屋建筑工程质量监督。1998年，设立招投标管理中心，负责管理建筑工程设计、监理、施工指标监督业务。建设行政主管部门，贯彻“安全第一、预防为主”的方针，依法核发工程施工许可证，强化工程质量监督，及时督促指导施工企业建立健全安全生产责任制，落实群防群治制度。1993—2010年，未发生重大施工事故。

第一节 设计 勘察

设计 勘察企业

1984年，设立景宁畲族自治县建筑设计室，属事业编制企业化管理丁级设计单位，2004年歇业解散。2005—2010年末，景宁没有房屋建筑设计和勘察企业，房屋建筑勘察设计业务均由县外企业承担。只有行业勘察设计单位4家，分别为：景宁畲族自治县规划设计室，丁级设计资质；景宁畲族自治县水利水电勘测设计所，丙级勘测设计资质；景宁畲族自治县畲乡林业勘察设计所，丙级勘察设计资质；景宁畲族自治县永强林业勘察设计有限公司，丙级勘察设计资质。

测量标志保护

县境内有重点保护测量标志点41个。其中，一、二等三角点15个、二等水准点18个、GPSC级8个。测量标志就近选聘保管员保管，按年度发给保管津贴，管理部门经常对保管员联系指导，定期不定期进行检查，测量标志全部保护完好。

第二节　施工管理

县建设局具体负责全县建筑业的行业管理和施工安全生产监督管理工作。1986年，建设局设立建筑工程质量监督站，对全县房屋建筑工程实施质量监督管理。监督站原为自收自支事业单位，根据授权代行政府房屋建筑工程质量监督职责，按建筑面积收取少量监督费。2009年1月1日始，改为全额拨款事业单位，停收质量监督费。

工程招(投)标管理

为保证建筑市场公平竞争，1998年后，政府加强建设工程招投标管理，县设招投标管理中心，规范招投标工作，建设局设招标办公室具体负责建筑工程设计、监理、施工招标监督业务。凡符合要求的建设项目均通过公开招投标确定施工、设计、监理单位。评标办法采用合理低价法，以下浮8~15%随机确定中标单位，招投标市场平稳有序，实现了公开、公平、公正的目标。“十一五”以来，景宁建设项目增多，每年招投标项目均在50个左右。2010年设计、监理、施工招标项目68个。其中，施工项目55个，监理项目9个，设计项目4个，招标率100%。

工程施工许可

建筑工程开工前，建设单位须向县建设行政主管部门申请领取建筑工程施工许可证，建设行政主管部门受理建设单位建筑工程开工申请后，在15个工作日内给符合《中华人民共和国建筑法》规定条件的建筑工程核发建筑工程施工许可证。2000年后，景宁建设项目增多，年均核发施工许可证近40份，2010年核发建筑工程施工许可证41份，施工建筑面积23万平方米。

工程质量监督

县建设行政主管部门对本行政区域内的建设工程质量实施监督管理，县建筑工程质量监督站受托对本行政区域内的建筑工程实施质量监督。办理建筑工程质量监督手续后，县质量监督站依据“建筑工程质量监督条例”的规定对建筑工程实施全程规范监督。1993—2010年，景宁区域内没有发生重大建筑工程质量事故。2010年，县建筑工程质量监督站新登记受监建筑工程26个，受监建筑面积10.6万平方米。全年主体结构验收55个工程，抽查混凝土强度185组，取芯抽查混凝土强度106组，不定时抽检工程使用材料。组织工程质量检查1次，对施工、监理单位人员不到位及违反工程强制性标准的个人及企业进行记分处理，全年上报违规计分单位及人员15人次。签发质量整改通知书132

份，局部停工通知书1份。无三级及以上质量事故发生。

施工安全生产管理

1993年后，县建设行政主管部门对施工安全生产坚持“安全第一、预防为主”的方针，通过督促指导建筑施工企业建立健全安全生产责任制和群防群治制度、开展安全宣传教育、安全检查、创建平安工地等活动加强施工安全生产管理。1993—2010年，考核范围内未发生过重大施工事故。2010年，组织安全生产检查4次，发出整改通知单151份，停工整改通知单4份，给违规企业和个人计分47次，不良记录3人次。召开安全生产会议4次，悬挂安全宣传条幅69幅，培训职工200多人。创县级建筑安全文明标准化工地1个、丽水市“九龙杯”建筑安全文明施工标准化工地1个、平安工地30个，考核范围内未发生死亡事故。

第三节 建筑企业

1992年前，有景宁畲族自治县建筑工程公司、鹤溪镇建筑工程公司、景宁市政工程处三家建筑施工企业，另有等外施工单位10家，年建筑业产值1400万元。以上企业除市政工程处外其余改制重组，等外施工单位则被淘汰。至2010年末，景宁有各类建筑施工企业7家，分别为：浙江景昌建设有限公司，水利水电工程施工总承包二级，矿山采掘施工、市政公用工程施工总承包叁级，土石方专业承包叁级企业；景宁景厦建筑有限公司，房屋建筑工程施工总承包三级企业；景宁宏盛建筑有限公司，房屋建筑工程施工总承包三级企业；景宁宏业建筑工程有限公司，房屋建筑工程施工总承包三级企业；景宁市政工程处，市政公用工程施工总承包三级企业；丽水七星电力建设有限公司，架线及设备工程施工专业承包三级企业；景宁群星电力建设有限公司，送变电工程施工专业承包三级企业。

全县建筑业产值，1993年1883万元，2010年3.18亿元。

浙江景昌建设有限公司

2002年4月22日公司成立，位于景宁县城人民中路101号，属民营企业，公司注册资金5000万元，拥有固定资产5000万元，流动资金8000万元。公司员工418人。其中，项目经理40人、高级职称人员17人、中级职称人员61人、初级职称人员140人、技工150人。年承包工程施工合同金额平均达1亿元，2010年完成工程施工产值1.86亿元。

公司是浙江省质量信得过单位、浙江省重点工程首选企业，2003年通过ISO 9001质量管理体系认证。公司成立以来完成水工大坝、水电站、泵站、防洪等工程130多项，隧洞工程50多千米。先后获浙江省劳动保障诚信单位、浙江省抗台救灾先进集体、浙江省重点水利工程建设管理先进集体、浙江省工商企业AAA级守合同重信用单位、丽水市建筑业诚信企业、丽水市先进建筑业企业等荣誉。

景宁宏业建筑工程有限公司

2006年1月23日注册成立，公司原为景宁畲族自治县鹤溪镇建筑工程公司，经拍卖解散后重组成股份制企业。位于鹤溪镇童弄街4弄21号，公司注册资金700万元，员工122人。其中，二级建造师12人、中、初级技术人员61人、各类持证上岗人员49人。公司属房屋建筑工程施工总承包叁级资质企业，2010 年，完成工程施工产值 2938 万元。

景宁畲族自治县市政工程处

1985 年 3 月，成立景宁畲族自治县市政工程处，属集体企业性质，位于县城人民中路 280 号。注册资金 510 万元，员工 53 人，具有专业技术和经济职称人员 51 人。其中，专业技术人员 37 人，中级职称人员 9 人，初级职称人员 28 人，属市政公用工程施工总承包叁级资质企业。除承揽市政工程施工业务外，主要承担县城市政设施维护和抢险应急任务。2010 年完成施工产值 3490 万元。

1993—2010 年景宁建筑业产值一览

表 6-6-1

年 份	产值（万元）	增长率%	年 份	产值（万元）	增长率%
1993	1883	—	2003	8038	7.3
1994	2327	23.5	2004	9259	15.1
1995	3366	44.6	2005	8360	-9.7
1996	4212	25.1	2006	13050	56.1
1997	5082	20.6	2007	18360	40.6
1998	5160	1.50	2008	23330	27
1999	5689	10.2	2009	25133	7.7
2000	6410	12.6	2010	31750	26.3
2001	6976	8.80	累计	185875	—
2002	7490	7.30			

第七篇 交 通

1992年，景宁通车公路36条，总里程444.18千米。其中，省道2条，全长93.28千米；县道7条，全长205.17千米；乡道9条，全长74.58千米；共有94个行政村通汽车，占33.69%；均为等级低、未硬化的砂石路面。1993—2010年，交通事业历经“八五”至“十一五”4个“五年计划”建设，得到迅速发展。1990—1995年，“改建结合、乡乡通公路、主攻南北路、改造东西线、镇乡建油路、发展乡村路”，于1995年12月，实现乡乡通公路目标。1996—2005年，“建设主通道、改造县乡道、发展黑色路、改造通村路、扶持旅游线、服务现代化”，改造52省道（景泰段）公路，建设通村公路，先后有89个行政村建成通车道路。2006—2010年，推进“大港口、大路网、大物流”三大交通建设，为景宁经济发展注入运输动脉的活力。

至2010年末，境内有公路里程1808千米。其中，等级公路里程1762.18千米，比1992年增加4.6倍；等级公路通乡率100%，行政村通车率98.03%。1993—2010年，建设公路桥梁114座，5703.7延米；等级公路和城市道路隧道10座，7895.8延米；高速公路隧道1.5座，3923米（右线）。2010年末，有客运车辆131辆，客运量209万人次；货运车辆542辆，货运量105000万千克；汽车站场占地面积达3.21万平方米。建成千峡湖水库水运码头30座。其中，设渡口12处，开通客运航班。

第一章　公路交通

1993—2010年是景宁公路建设快速发展时期，县乡道公路、村道公路、简易公路、康庄工程、机耕路、专用公路快速建设，对交通环境改善和经济发展起着巨大的推动作用。

2008年，主线全长12.16千米（景宁段6.16千米）的云景高速公路开工建设，标志着景宁将融入全省4小时交通圈，交通落后环境得到极大改变。与此同时，桥梁建设得到快速发展，公路桥梁从65座，2268.3延米增加到163座，7213.8延米。

1998年，县城至外舍和三枝树公交车开通。人力车、电动车快速发展，居民出行较为便捷。

第一节　公路建设

1992年末，境内有公路457.99千米（含专用道路18条71.15千米）。其中，等级公路386.84千米。至2010年末，有等级公路249条，1762.18千米。其中，省道2条，境内72.214千米；县道13条，310.13千米；乡道14条，154.77千米；通村公路1225.07千米；在建高速公路6.16千米（景宁段）；临时连接线0.93千米。其中，2008年，全县乡村公路子项目67个，建设公路里程376.2千米，总投资12213.9万元（中央投资占22.09%，省补资金占32.48%，县、乡、村自筹资金5548.7万元，占45.43%）。

等级公路

云景高速公路　2008年3月20日，云景高速公路工程开工典礼在景宁溪口1号桥头举行。项目投资概算从98654.11万元修正为146147.49万元。同年11月15日，主体工程正式开工建设。公路起点接国高网G25长深线丽水段（云和）丽龙高速云景互通枢纽（k0+635.47），终点位于景宁鹤溪镇西北（左线ZK12+132.69，右线YK12+158.64）。主线全长12.16千米，景宁段6.16千米（右线），临时连接线长0.93千米，主线技术标准为双向四车道，设计时速80千米。2013年4月10日，云景高速公路建成通车，景宁融入全省4小时交通圈，也被誉为景宁的“民族之路”“希望之路”。

省道公路　2010年末，县境内省道公路2条。

云寿线S228（52省道）云和至寿宁（闽）公路，云景段39.4千米，投资430万元。1956年2月，开工建设云和至景宁39千米公路，次年通车，占全省公路里程4962千米的7.86‰。1964年1月，全线贯通，公路里程170.2千米。景宁境内先后进行建桥撤渡、改起点、修隧道、库区复建等7次改建，改建里程54.9千米，降低高差456米。云和至景宁缩短公路里程9.4千米，景宁段建成二级公路8.52千米（全长19.64千米），三级公路9.76千米（全长13.29千米），减少弯道300多个。

瑞东线（S330省道）原为S356省道（56），始于瑞安市飞云江大桥南（G1951+300），经文成县城，在干坑岙（K123+250）入县境，在东坑垟桥头接S228省道（K57+662），全长145.1千米，景宁段长22.05

千米(K123+600~K145+650),投资389.02万元。普查后,S330起止桩号为K123+250~K145+060,四级公路里程21.81千米,2005年砂石路面改为沥青路面。

县乡道公路　1992年末,县境内有县、乡道公路16条,293.56千米;2010年末,有县、乡道公路27条,467.9千米。

瓯北线又称青北线,原编号为10-B-02C,现线路编号为X-201,青田县瓯江大桥至景宁北岸。1992年1月,青北线景宁境内53.90千米全线通车。2005年11月22日,开工复建青景庆公路。始于青田县湖边,向西经青田县北山等乡村,进入景宁九龙、鹤溪、毛垟等乡村,终点杉树湾(庆元),线路全长226千米。景宁境内复建公路里程70.26千米;始于十八欠隧道〔K46+713〕,终点大均乡(K105+690),其中包括九龙乡支线3.9千米三级公路。工程批复投资42299万元,2009年12月28日交工检测。2011年5月19日交工验收。

白大线　即白鹤至大漈公路,原编号为10-C-04R,1981年9月由"民办公助"建成的乡道公路,2002年10月提升为县道公路,编号X805,里程21.80千米,四级公路,路面简易铺装,起点接S228(52)省道K27处西转,通达国家级AAAA景区大漈,海拔1030米,是全县海拔最高的县道公路。白大线建成30多年中,多次改造,由砂石路面改为沥青砼路面。

丁大线　即丁埠头至大地乡政府所在地大地村,编号Y806,起止桩号K0+000~K21+831,即标交线K9+950处分道,21.83千米水泥砼路面的准四级乡道公路。1995年12月28日,省委常委、副省长刘锡荣亲临大地,为全省最后1条通乡公路通车典礼剪彩,全省实现乡乡通公路目标。2010年,丁大公路在油路基础上拓宽改建。起点丁埠头(标上线K10+020),终点大地乡,准四级公路,公路里程20.42千米,批复投资828万元。2010年7月开工建设,建设工期18个月。

乡村公路

村道公路　2010年末,通村等级公路里程1225.07千米,通达249个行政村。汽车通达率98.03%,班车通达率68.11%(173个行政村)。其中,畲族村通等级公路41个村,占97.67%,革命老区村通车97.58%。

简易公路　景宁境内手拉车路始于民国36年(1947),即县城至外舍5千米小马路。1997年,根据浙江省山区扶贫会议精神,启动"以工代赈""民办公助",修建农村简易公路。先后兴建张庄、竹山、张坑等89个行政村简易公路560千米。至2001年,232个村通公路或有简易公路(机耕路),通达率82%。

康庄工程　2003年4月,省委、省政府把乡村公路建设列入浙江交通建设跨越式发展"交通六大工程"之一。同年6月23日,省委、省政府确定实施"乡村康庄工程"。景宁抓住机遇,县乡村联动,全面实施"康庄工程"。2003—2010年,实施康庄工程139个建设项目,公路里程1053.62千米,中标价为32522.89万元。其中,单线10千米及以上35条,527.42千米。

机耕路　1990年末,共建成机耕路128条,308.6千米,涉及37个乡镇。全县220条康庄公路中,有165条是村民自发筹资修建的机耕路。澄照乡后山村修建机耕路4.7千米;大吴山村龙须坦、吴四2个畲族村110人,自筹资金修建村道,连接机耕路8.2千米。2010年末,县境内有机耕路71条,236.16千米。其中,1991—2010年建造60条,189.01千米。

专用公路　主要是林区道路,工程建设道路。1992年末,县境内有专用道路18条,74.15千米,投入资金162.8万元。其中,林业部门投资11条,水电站投资3条,农业、水利、电力、矿产等投资4条。据2000年公路普查统计,专用道路有116条,269.35千米。其中,电厂、电站等专用公路11条,11.6千米；林区公路 15 条，52.45 千米；行政村内有 90 条，205.3 千米。

第二节 桥梁 隧道 涵洞

1992 年末，景宁境内有公路桥梁 65 座，2268.3 延米。2010 年末，公路桥梁 163 座，7213.8 延米，桥长百米以上 15 座，共 3433.8 延米。至 2010 年末，建成公路桥梁 98 座，4945.5 延米。其中，大桥 13 座，3149.9 延米。滩坑水电站建设中淹没公路桥 12 座，760.28 延米。库区建设公路桥 14 座，2655.6 延米。其中，大桥 8 座，2310 延米。

汇田大桥

1990 年末，县境内有民间桥梁 369 座，8632.5 延米，主要有木廊桥、石拱桥、石梁桥、铁索桥等 10 多种。其中，中华人民共和国成立后建造的现代民间桥梁 221 座，5903.5 延米。2004 年末，县境内有各类现代民间桥梁 390 座，9390.34 延米。2008 年末，滩坑水电站库区淹没 59 座，1147 延米。其中，古桥 4 座，电站建设拆迁、水毁、火毁木廊桥 8 座。2010 年末，有现代民间桥梁 392 座，8680.32 延米。现代民间桥梁中有铁索桥 9 座，720 延米，分布在瓯江支流小溪上 5 座，其余分布在标溪港和大顺坑。其中，建于 1990 年前 3 座，120 延米。

至 2010 年末，景宁境内有隧道 11.5 座，11618.8 延米。其中，公路隧道 9 座，7695.8 延米；城区道路隧道 1 座，200 米；云景高速公路隧道 1.5 座，3923 延米（右线总长 8008 延米）。

景宁山高坡陡，溪流纵横，小坑山涧无数，为排流水，公路涵洞众多。据统计，白大线公路里程 21.80 千米，有涵洞 145 个，每千米 6.65 个。13 条县道共 310.13 千米，有涵洞 1084 个，平均每千米有涵洞 3.5 个；29 条省、县、乡道公路有涵洞 1639 个，平均每千米有涵洞 3.05 个。

公路大桥选介

温州寮大桥 2005 年 10 月，开工建设温州寮大桥。该桥位于渤海镇大都村，跨越瓯江支流小溪。桥梁中心桩号 K38+662.8，全长 286 米、净宽 8 米、高 82 米，起点桩号瓯北线 K38+520.68，终点桩号 K38+804.92，跨径总长 270 米，单孔最大跨径 128 米，地面高程 179.92 米，为境内最高、单跨最长的公路桥梁。由江苏润扬交通工程集团有限公司承建施工，2008 年 4 月完工。

高畔垟大桥 2005 年 12 月，开工建设高畔垟大桥。该桥位于原金钟乡高畔垟村，跨越陶州坑。全长 400 米，净宽 7 米，高 40 多米，跨径总长 390 米，单孔最大跨径 30 米，上部结构为 13—30 米，后张法预应力砼 T 梁，是景宁第一长公路桥梁。13 个桥墩采用人工挖孔灌注桩，平均深度为 16 米。由临海市交通工程建设有限公司承建施工，2008 年 2 月完工。

民间桥梁选介

大都铁索桥 位于渤海镇原大都行政村，连接隔溪自然村直达瓯北公路。桥长 146 米、桥宽 1.5

米，铺木板作桥面，投资58.24万元，于1995年5月建成通行，是景宁境内最长的一座铁索桥。2008年滩坑水库水位上升，铁索桥拆除。

伏叶铁索桥　1993年末开工建设。大桥位于大均乡伏坑自然村，跨越小溪，桥南面连接溪杉公路。铁索桥长126米、桥宽2.15米，南北两端的桥台长10米、宽4米，水泥混凝土浇灌而成，左、右各用5支钢索牵引铁索桥。桥面距小溪北面高20米，耗资40多万元，于1997年建成通行。桥头立2块石碑。一块是“丽水地区计经委扶贫项目　伏叶大桥 感谢省计经委　省交通厅大力支持　拨款壹拾伍万元　大均乡政府伏叶村委立　一九九三年十二月二十日”。另一块碑记述38个单位各捐资500~20000元不等；个人捐资不一，共461元；1998年元月立。

韩湘子石拱桥　位于景南乡东塘村，跨越飞云江源头，“韩湘子”桥以“八仙”取名之一，村民陈世平个人投资9万元建成。桥长13米、宽5.5米、高6米，单孔石拱，可通汽车，2004年建成。为东塘村21世纪新建的3座桥之一。

大均埠头廊桥　位于大均乡泉坑村，跨越泉坑。桥长30米，宽6米，高5米，单跨20米；木质楼面、石块地面、混凝土柱墩，可通汽车。投入资金190万元，泉坑村委建设，2009年7月建成。

塔堪水泥桥　塔堪水泥桥位于鹤溪河南侧。1981年建成塔堪石拱桥，桥长24米、宽4.2米。1994年8月17日受台风“海棠”影响，洪水冲毁石拱桥。杭州中瑞公司资助5万元，当年修复，桥面由石板改为水泥浇筑。2008年9月，台风“莫拉克”袭击，塔堪水泥桥被洪水再次冲毁。2010年1月6日开工重建塔堪桥，投资133.33万元，浙江佳途勘测设计有限公司设计，浙江正浩建设有限公司施工建设，丽水市丽通工程监理有限公司监理。桥长57.05米，宽10米（人行道2×1.15米、护栏2×0.35米），高8.5米，3×17.35米预应力砼简支空心板桥结构。桥面为水泥混凝土，人行道花岗岩镶面，青石雕花栏杆。2011年3月2日竣工。

隧道选介

省道公路隧道　省道S228（52省道云寿线公路）公路上有隧道4座，即岚头岭、马岭头、张山岙和龙井隧道。其中，岚头岭隧道位于云寿线岚头岭地段，1992年6月开工建设。起点桩号K13+380、中心桩号K13+936、全长1062米（景宁段630米），按山岭重丘三级公路标准建设，净空5米，净宽7米，左右人行道各0.75米，由景宁交通局工程队施工，有照明设备、自然通风，路面和衬墙均为水泥混凝土。1994年6月，隧道贯通投入使用，景宁段公路里程缩短4.3千米，降低高差184米。

县道公路隧道　青景庆县际公路上有十八欠隧道和天堂隧道2座；鸬叶线有隧道2座。其中，十八欠隧道于2005年开工建设，位于县道青景庆复建公路青田县和景宁县鹤口交界处，按山岭重丘三级公路标准，景宁段入口桩号K15+800、终点桩号K16+330，隧道全长1101米，景宁境内530米，净宽8.5米（人行道0.75米×2）、净高5米，2007年建成，总造价783.76万元，高压纳灯照明、采用自然通风，衬砌和路面均用水泥混凝土。

农村公路隧道　主要有叶六公岙隧道。1998年10月开工建设，2003年12月建成。位于鹤溪镇严坑村坑头自然村，长1103米，净宽3.7米，净空3.5米，采用自然通风，无照明设施。隧道贯通缩短了村民进城、林木和毛竹等物资运输里程20千米。

高速公路隧道　云景高速公路景宁境内隧道右线合计长3923延米。泗州岭隧道（景宁段）2009年5月10日开挖，单向独头掘进，隧道（右线）长6780米，景宁段2695米，2012年3月20日贯通（右线）。溪口隧道2009年4月28日开挖，2010年8月贯通。

2010 年千峡湖库区(景宁)公路大桥一览

表 7-1-1　　单位:米

桥梁名称	桥梁长	跨径总长	单孔跨径	全宽	全宽	单孔跨径	开工日期	完工日期	施工标段
溪口大桥	247.6	224	35	9.1	T 梁钢构	双柱墩	—	1996.9	诸暨路桥工程公司
松寮大桥	217	210	30	8	预应力砼T 梁	薄板	2005.7	2009.6	一标段
温州寮大桥	284	270	128	9	预应力砼连续钢构箱梁	薄壁墩立柱	2005.10	2009.9	二标段
篬村大桥	346	330	30	9	预应力砼T 梁	薄壁墩立柱	2005.10	2009.9	二标段
汇田大桥	330	330	30	10	预应力砼T 梁	立柱	2005.11	2008.10	五标段
溪口 2 号桥	279.8	270	30	8	预应力砼T 梁	立柱	2005.11	2008.10	五标段
白马寮大桥	219.5	210	30	8	预应力砼T 梁	立柱	2005.11	2008.10	五标段
高畔垟大桥	400	390	30	8	预应力砼T 梁	薄壁墩立柱	2005.12	2008.2	四标段
石门楼大桥	220	210	30	8	预应力砼T 梁	薄壁墩立柱	2005.12	2008.2	四标段

2010 年景宁民间桥梁一览

表 7-1-2

乡镇	原有桥梁现存数		1991 年后新建桥梁		其中木廊桥		桥梁总数	
	座	米	座	米	座	米	座	米
鹤溪	7	126	9	197.92	1	71.92	16	323.92
外舍	12	142	1	7	—	—	13	149
澄照	6	98	3	25	—	—	9	123
梅岐	5	140	3	92	—	—	8	222
渤海	3	45	1	146	—	—	3	45
郑坑	1	70	—	—	—	—	1	70
九龙	4	125	5	174	—	—	9	299
东坑	41	547	19	395	1	15	60	942
大漈	18	190.4	4	43	—	—	22	233.4
景南	29	489	15	141.5	—	—	44	630.5
雁溪	14	290	—	—	—	—	14	290
沙湾	28	661	4	131	—	—	32	792
毛垟	1	60	1	94	—	—	2	154
秋炉	11	268	5	188	—	—	16	456
大地	14	307	12	263	—	—	26	570
家地	6	202	1	47.5	—	—	7	249.5

续表 7-1-2

乡镇	原有桥梁现存数		1991年后新建桥梁		其中木廊桥		桥梁总数	
	座	米	座	米	座	米	座	米
标溪	10	296	11	217	—	—	21	513
梧桐	8	175	5	110	—	—	13	395
大均	9	456	5	281	2	47	14	737
英川	29	742	1	30	—	—	30	772
鸬鹚	11	215	6	170	—	—	17	385
葛山	7	154	8	175	—	—	15	329
合计	274	5898.4	118	2781.92	4	133.92	392	8680.32

1958—2006年景宁铁索桥一览

表 7-1-3

桥　名	所在乡镇村	跨越水系	全长(米)	全宽(米)	高度(米)	孔数	建成年月
王湾铁索桥	新四乡王湾	大顺坑	55	1.8	9	1	1958
云程口铁索桥	标溪乡云程口	标溪港	60	3	10	1	1990
岭尾铁索桥	家地乡岭尾	家地坑	50	2	—	—	1990
枫林口铁索桥	标溪乡枫林口	标溪港	76.5	—	—	—	1992
章舟铁索桥	毛垟乡章舟	毛垟港	60	1.7	18	1	1993
大都铁索桥	渤海镇大都	小溪	146	1.5	20	1	1995
伏叶铁索桥	大均乡伏坑	小溪	126	2.15	20	1	1997
上沙湾铁索桥	毛垟乡上沙湾	小溪	80	—	—	1	1998
新庄铁索桥	大均乡新亭	小溪	110	2	—	—	2006

1990—2010年景宁农村公路通车情况一览

表 7-1-4

年份	公路网里程(千米)	县乡道(千米)	村 道(千米)	行政村(个)	通汽车村(个)	通班车村(个)	通汽车村%	通班车村%	乡镇(个)	通车比例%
1990	444.18	279.75	—	279	94	—	33.69	—	33/37	89.19
1992	457.99	293.56	—	282	98	—	35.13	—	19/24	79.11
1995	754.99	—	—	283	147	—	51.94	—	24/24	100
2000	1269.48	—	—	283	—	—	—	—	24/24	100
2005	1527.90	—	—	283	137	—	48.41	—	22	等级 100
2006	1575.90	—	—	283	174	125	61.48	44.17	22	等级 100
2007	普查 1036.52	1576	—	283	217	154	76.68	54.42	22	等级 100
2008	等级 1533.50	—	—	283	239	165	84.45	58.30	22	等级 100
2009	1564.30	464.90	1027.19	254	229	161	90.16	63.39	22	等级 100
2010	普查 1808.15	464.90	1271.04	254	249	173	98.03	68.11	22	等级 100

第三节　城区交通

1998年11月1日，开通县城至外舍和三枝树公交车线路，《浙江日报》予以报道。2000年10月，开通王金垟至三枝树城内公交线路。2001—2009年7月，先后开通县城至漈头、大均、岚头3条城乡公交线路。2006年，开通九龙至岭里、高演至梧桐坑、沙湾至张庄、大地至柳山头等4条乡村康庄小巴士。2010年末，有8条城区、城乡、乡村公交线路，14辆车，每日60班次，行程144千米。

公交车

2009年前，均使用中、小型客运车辆，主要为31座的宇通客车、19座的悦西以及5座、8座的昌河、捷达等小面包车。2009—2010年，新增加40座的宇通客车等车辆。

人力车

1989—1990年，景宁始有人力三轮车，俗称黄包车。1990年末有50多辆，2010年末有803辆。黄包车为城市居民出行提供了便利。

自行车

1990年末，经公安部门登记，景宁拥有自行车11200辆,平均15人拥有1辆。并有三轮自行车，用以短途货运、购物和出行。此后，摩托车、电动车逐步替代两轮自行车。残疾人专用人力车有三轮、四轮车，有手推、手摇、电动三种类型。

电动车

2000年后，景宁开始流行电动车。2001年有“尼康”，2002年有“北京新日”，2003年有“小飞哥”。之后，“五星钻豹”“绿驹”“绿佳”“绿源”等陆续上市，有轻便型、摩托型，有两轮，也有三轮的电动车。

第四节　公路管理

1990—2010年，重点放在通乡、通村、出县通道的公路建设，制定并实施路面硬化、等级公路、高速公路、水上交通、站场配套和公路网络等交通发展规划，形成大项目、大工程和大投资。1990年后，国道、省道、县道公路建设投资，实行以国家为主，地方配套。农村公路建设改投工为投资，采取多方面筹集资金，国家定额补助，政策零处理。乡镇政府主要承担农村公路建设筹资、政策处理、无障碍施工及建设管理，县交通部门负责建设项目规划、测绘设计、技术指导和施工管理。

工程管理

质量监管　在开展大规模工程建设中，认真落实“指挥部监督，监理组监控，施工单位自检”三级质量保证体系，建立“建设业主、监理单位、施工队伍(项目部)”三级责任主体制度。实施合

同管理,严格按照设计方案和合同办事;推行工程实体质量监管,严格落实责任;加大执法力度,严格实地检查和现场监控,建立自查、抽查工程质量制度;定期定标对建材和施工质量等进行试验检测管理,达到试验数据准确,测验结论真实可靠,确保工程的实体质量。如康庄公路建设的质量监督,每个建设项目每月不少于2次,每季联合抽查1次,有记录、有反馈,并做出质量鉴定报告。

招投标　20世纪90年代后,20万元以上的公路建设项目,以招投标形式确定施工队伍和监理单位。2009年2月16日,浙江省交通厅出台新的公路工程招投标办法,严格把价格下浮比例控制在10%以内,遏制围标、串标行为。

工程安全　工程调研立项、施工设计、规范操作、质量管理、竣工验收、移交使用及正常维护等重要环节,列入工程安全。工程安全和质量从立项到验收,严格按照规程和设计,业主、施工、监理既配合协作又相互监督,行使各自职责和权力,日常检查和检测建立台账,从细节处发现安全隐患或质量问题,及时纠正。制订落实高边坡、临水临崖的用电、气焊、爆破等作业规范制度、工程爆破材料专项审批,专车运送,专人保管使用制度、异常天气野外作业等制度,并严格执行,加强现场检查防范。云景高速公路项目部悬挂"安全责任流程图",强化安全生产责任制。

公路养护

1993年后,公路管养进入良性发展轨道。2010年末,县公路管养省道2条72.22千米,县道13条310.13千米,乡道14条154.77千米,村道567千米。坚持打造"五型公路"和"畅、洁、绿、美、优、安"标准,坚持"排水为重点,加强全面养护"。对公路及其工程设施进行预防保养和修补,清理边沟、涵洞等排水系统,加强养护人员安保设施的检修。

东坑公路管理站

1993年以来,因自然灾害影响交通中断较为严重有15次。每当灾情发生,交通、公路部门及时定组、定人、定机械、定范围、定职责,按指令,立即启动"应急预案"。坚持"先省道""先抢通"原则,立牌警示,观察险情,防止次生灾害发生,排险保畅通。

1998—2003年12月,52省道对路基路面进行改造35.1千米。2000—2003年,投资1570多万元,改造沙湾过境、茶葛、丁大、渤郑4线共51.7千米。三梅公路投资1058万元,续建18.8千米,县城至梅岐比绕道文成县下垟减少行车里程41千米。

1995年,从大均至沙湾19千米,建成全县第一条砂改油路面。1999—2002年,砂石路面改造为沥青路面107千米,投入资金1850多万元,白鹤至大漈等县道干线公路黑色化。2006年末,29条省、县、乡道公路路面全部硬化。通行政村简易公路改造为准四级公路。

1992—2010 年景宁专业养护公路里程一览

表 7-1-5　单位:千米

年份	公路里程	省道	县乡道	村 道	二级	三级	四级	水泥砼路面	沥青砼路面	简易铺装(砂石)
1992	424.23	93.3	330.93	9.4	—	—	414.83	6.5	—	417.74
1993	424.53	93.3	331.23	9.1	—	—	415.43	6.5	—	418.04
1994	424.43	93.3	331.13	13.6	—	—	410.83	6.5	1.9	416.04
1995	432.03	80.5	351.53	13.6	—	8.2	410.23	6.5	45	380.54
1996	436.83	81	355.83	13.6	—	18.5	404.73	6.5	74.8	355.54
1997	436.71	92.15	344.56	13.6	—	18.53	404.58	10.41	82.24	344.06
1998	436.89	91.9	344.99	2.56	—	18.53	415.80	10.38	81.48	345.03
1999	436.71	92.15	344.56	2.56	—	19.63	414.52	10.41	83.34	342.96
2000	436.89	77.64	359.25	2.56	—	19.63	414.70	10.38	109.48	317.03
2001	500.09	71.61	428.48	71.13	39.52	18.40	371.04	9.19	226.96	263.94
2002	500.09	71.61	428.48	71.13	39.52	18.40	371.04	9.19	226.96	263.94
2003	499.43	71.61	427.82	53.81	39.52	20.80	385.31	9.19	236.25	253.99
2004	499.43	71.61	427.82	53.81	39.52	20.80	385.31	9.19	329.77	160.48
2005	499.43	71.61	427.82	53.81	39.52	20.80	385.31	9.19	422.57	67.67
2006	536.74	71.61	465.13	7.11	39.52	19.61	470.50	50.99	484.10	1.66
2007	537.3	72.17	465.13	—	39.52	19.28	478.51	33.16	502.53	1.61
2008	537.3	72.17	465.13	—	39.52	19.28	478.51	33.16	504.15	—
2009	537.07	72.17	464.90	—	39.52	19.28	478.28	33.16	503.91	—
2010	537.11	72.21	464.90	—	44.41	14.39	478.28	33.16	503.96	—

规费稽征

公路规费包括公路养路费、公路运输管理费、公路建设专用基金(公路养路费附加费和公路客货运输附加费)及车辆购置费(税)等 4 种。景宁从 1987 年开始征收公路规费,1987—2008 年,共征收规费 10425 万元,年均 474 万元,超过 500 万元的有 13 年,2008 年征收 853.3 万元。

2008 年 12 月 22 日,国家财政部、发展改革委、交通运输部、监察部、审计署联合下发《关于公布取消公路养路费等涉及交通和车辆收费项目的通知》,从 2009 年 1 月 1 日起,实施燃油税费改革,取消公路养路费、航道养护费、公路运输管理费、公路客货运附加费、水路运输管理费、水路客货运附加费。2010 年征收船舶检验费 55741 元。其他项目没有收费。

路政管理

1996 年 11 月 12 日始,施行《浙江省公路路政管理办法》。1998 年 1 月 1 日,正式施行《中华人民共和国公路法》。2004 年,国家《中华人民共和国道路交通安全法》《浙江省公路路政管理条例》等法律、法规颁布实施,交通法制建设日趋完善,路政管理走上法制轨道。

1991 年以来,公路段实施行政许可事项 12 项,清理后保留 8 项,改审批为行政许可。1991—2010 年共受理行政许可事项 259 项。

表 7-1-6

1991—2010 年景宁交通行政执法情况一览

年 份	上路检查（人次/天）	行政处罚（件）	罚金（元）	受理行政许可（件）	路政许可（件）	路政案件查处率(%)	投诉（件）	查处案件（件）	清理堆积物（立方米）	治理超标车			道路补偿费（元）
										检测（辆）	卸载(万千克)	罚款（元）	
1991	792/264	—	—	13	13	—	0	22	4460	—	—	—	15112
1992	828/276	—	—	11	11	—	0	18	4980	—	—	—	9695
1993	864/288	—	—	9	9	—	0	24	4327	—	—	—	16457
1994	528/264	—	—	17	17	—	0	38	5300	—	—	—	6086
1995	552/264	—	—	19	19	—	0	47	6170	—	—	—	6800
1996	828/276	—	—	22	22	—	0	66	7980	—	—	—	25000
1997	1008/288	—	—	13	13	96.8	0	58	4360	—	—	—	38200
1998	1104/288	—	—	12	12	97	0	50	6390	—	—	—	28048
1999	1442/288	—	—	16	16	94	0	83	6790	—	—	—	43312
2000	1440/288	—	—	15	15	99.7	0	74	5480	—	—	—	36602.5
2001	1103/288	—	—	18	18	98.5	0	73	7210	—	—	—	57120
2002	1106/288	—	—	8	8	99.3	0	64	6340	—	—	—	41122
2003	1447/230	—	—	27	27	99.4	0	174	24172	—	—	—	71487.8
2004	1396/263	—	—	34	34	98.7	0	135	17818	—	—	—	79894.6
2005	1858/273	102	89360	13	13	93	0	146	10114	101	93.41	88860	109516.8
2006	1978/354	17	14200	13	13	100	0	47	15762	13	26.30	14000	114628.5
2007	2760/365	—	—	18	18	100	0	42	15819	—	—	—	135530.6
2008	1987/336	—	—	2	2	100	0	97	16098	—	—	—	98193
2009	2583/365	3	150	1	1	100	0	372	25442	—	—	—	138715.0
2010	3088/365	6	20100	2	2	100	0	409	32912	—	—	—	74450.0
累计	26992 人次	128	123810	283	283	—	0	2039	227924	114	119.72	102860	1145970.8

1992—2008 年景宁公路规费征收情况一览

表 7-1-7

单位:元

项目 / 年份	汽车养路费	养路费附加费	公路建设基金	公路运输管理费	车辆购置附加费	拖拉机养路费	摩托车养路费	代征税	站场建设基金	代征工商管理费	代征城镇建设基金	年度征收总额
1992	869624	183397	152189	118120	135082	80837	5150	445513	1081	10609	—	2001602
1993	1279091.8	201689	604221	261105	148587.36	91330	5450	503208.04	50464	21095	—	3166241.2
1994	1509538.7	220081	752041	281345	263872	113360	7025	608378.18	56685	38592	139900	3990817.9
1995	1646945.5	226066	906281	319208	379832	151740	24100	642408.78	88813	60176	144000	4589570.2
1996	2018923	257853.32	968152.76	366178	579899	159300	29725	743577.09	61577	55988	81400	5322573.1
1997	2020226.7	259738	1442823	369470	414040	223260	45600	872146.84	75010	71244	56300	5849858.5
1998	2213469	267414	1611411	324127	445489	174960	32050	874504.72	34416	71273	85400	6134513.8
1999	2099983.1	248422	1683813.9	352102	804255.17	158220	59800	916696.5	—	61843	3600	6388735.7
2000	2069063.4	233745	1816317	279409	882210.89	170370	661750	816580.03	—	67861.6	—	6997306.9
2001	2062752.6	222602	1832967	275187	516310	205610	81725	475913.03	—	55947.6	—	5729014.2
2002	1991767.6	204906	1820947	257741	868837	217350	119575	738763	—	45923	—	6265809.6
2003	1962467.3	219672	1410583	224428	976436	213970	141075	578139	—	20081	—	5746851.3
2004	2548567.3	310587	1604875	221693	917633	201650	161200	616007	—	24763	—	6606975
2005	3229792	—	1357794	349326	—	196320	144945	616361	—	21273	—	5915811
2006	3784239	—	1354721	546068	—	192510	217250	658542	—	21766	—	6775096
2007	4714478	—	1320248	569953	—	296190	674125	641635	—	26959	—	8243588
2008	5624000	—	1389000	530000	—	306000	684000	—	—	—	—	8533000

行政许可项目包括公路范围内施工许可(6项)、林木采伐许可(1项)和超限运输许可(1项)等共8项。公路路政许可事项在20个工作日内办理完成。

1993—2010年,受理行政许可259件,路政许可483件;行政处罚128件,罚金12.38万元;治理超限车检测114辆,卸载119.76万千克,罚款10.29万元;查处案件1999件。2006—2010年查处率均为100%,零投诉。1993—2010年,清理堆积物218484立方米。其中,2003—2010年累计清理堆积物158137立方米,占72.38%。累计上路检查26992人次,收取道路补偿费113.63万元。

第五节 公路运输

运输管理部门重视运输管理工作,力求规范有序、高效安全,保证"出行便捷,物畅其流",不断促进经济社会发展。

公路运营

1993年,客运量84.6万人次,周转量4346.4万人千米。2010年,客运量209万人次,客运周转量9958万人千米,其客运量为1993年的3倍。2010年末,县境内有客运车辆131辆,2096座,客运班线46条,日发班车212.5班次,比1993年日发38班次增加174.5班次。

景宁至景南乡客运班车

境内货运方式有长途运输、短途运输、集装箱运输、危货运输,还有托运、快递、物流等快速运输服务。2010年末,有货运汽车537辆,1758吨位,货运量105000万千克,货运周转量12592万千克/千米。货运汽车、货运量、货运周转量分别是1993年末的1.74倍、3.08倍和4.25倍。

运输管理

1993年,全县汽车货运量3410万千克、货物周转量2965000万千克/千米。2010年,汽车货运量105000万千克、货运周转量12592000万千克/千米。

2001年前,运输管理部门依法、规范、有序管理运输市场、车辆、维修服务业。2002年2月,按《浙江省道路旅客运输经营权招投标管理实施规则(试行)》实施,经营权向社会开放,行政审批、实行招投标、核定经营年限,客运市场等服务进一步规范、有序、和谐。

2007年5月,发布《景宁县道路运输业"十一五"发展规划》《景宁县道路客运公共交通网络建设实施方案》,农村道路客运进行班线整合和经营区域划分,确定长运和汇丰2家公司各自的经营区域,赋予企业经营区域内班线改造、调整、清理挂靠等部分主动权。

客运管理 1998年以来，先后开通王金垟至三枝树等4路城区和城乡公交车，提高班车通村率，整顿企业组织、提升技术等级。2002年，发布《关于加强道路运输安全管理的通知》，整顿规范道路运输市场。2006年，开通梧桐坑至高演等4条“康庄小巴”，4条班线4辆车，24客位，通车里程167千米，惠及26个行政村54个自然村7460人（户籍人口）。2008年，客运市场实行公交化模式、片区化经营，即定路线、定时间、定票价、定班次、定站点，统一排班、统一调度，有效控制和预防客运市场恶性竞争，并主动与相关部门联系、沟通，将中央财政对农村客运、公交车、出租车的补贴及时发放到位。更换技术性能差、排放污染严重的老、旧客车，新购22辆欧Ⅲ排放标准的金龙客车，查扣处理违法违章载客的电动三轮车28辆。

货运管理 2010年，全县有货运人员572人。其中，货运驾驶员550人，全部持证上岗。针对货运业“小、散、弱”现状，调整货运车辆总量、车型结构，发展载重8000千克以上重型柴油货车和集装箱牵引车辆，并以载重量8000千克为分界线，形成重型长途货运、轻型短途集散运输格局；调整运输经营结构，组建货运企业，发展和使用科技含量高、技术性能先进、高效低耗环保的运输车辆；调整生产组织形式，改变个体单干现状，组建专业货运企业。发展快件和零担货物运输，在农村逐步用小型货车替代拖拉机运输。运用信息技术，推进网络干线货运和货运交易市场的联接，实现“货畅其流”，提高物流运输效率。

加强危险货物运输管理，客运站严查危险货物进站上车。严禁没有资质的车辆及个体运输户从事道路危险货物运输经营活动。只许一级车和持证驾驶员从事道路危险货物运输经营。2005年，重新建立基础档案；完成5辆危货运输车辆GPS卫星定位系统安装；“道路危险货物安全卡”一车一卡，随车携带。2010年，全县危货运输企业有驾驶员15人、押运员5人，全部持证上岗。

运价管理 1990年3月，省物价局、省交通厅调整燃料差价补贴，同年4月10日始执行，公路汽车客运运价从每人千米0.4分调为1.2分。1996年1月，客运运价又作调整，同时取消1.2分的燃料差价补贴。“春运”45天的客运票价普遍上浮15%，“春运”结束恢复原票价。

县内道路班车客运运价自2005年调整后，2010年景改价〔2010〕18号文件，决定对道路班车客运票价再次进行调整。核定景宁至景南等12条道路班线为特殊线路；景宁至东坑等8条道路班线为普通线路。核定起讫地的旅客票价，并按规定做好明码标价工作，接受社会监督。2010年9月22日始执行。春节等节假日期间，上级没有明文规定，客运票价不再进行上浮。

2009年10月21日，召开城市公共汽车票价听证会。同时，下发景发改价〔2010〕9号文件，规定县城公共汽车客运票价采用一票到底制，票价1.50元/人·次，70周岁（含）以上老人、盲人、残疾人实行免费乘坐，60~69岁每人次0.5元，自2010年5月8日始执行。

1990年3月，省物价局、省交通厅调整燃料差价补贴，自4月10日始执行。货运运价每吨千米3分调整为7分。1992年12月始，执行省物价局、省交通厅颁布的《浙江省汽车运价实施细则》。1995年以后随着市场经济逐步形成，运价逐步放开，随行就市。

绿色通道 按照国务院为平抑物价的16条新政统一部署，景宁从2010年1月始，整车运输鲜活农产品减免通行费，落实“绿色通道优惠政策”。

2010年县内道路班车客运票价一览

表7-1-8 2010年9月22日起执行

起点	讫点	车辆等级	座位数（位）	营运里程（千米）	旅客票价（元）	备注
景宁	东坑	小型中级	17	32	9.00	—
景宁	雁溪	小型中级	17	60	15.00	—
景宁	家地	小型中级	17	56	14.00	—
景宁	秋炉	小型中级	19	66	16.00	—
景宁	英川	小型中级	19	64	16.00	—
景宁	沙湾	小型中级	19	37	10.00	—
景宁	毛垟	小型中级	19	61	15.00	—
景宁	大均	小型中级	17	15	4.00	—
景宁	大地	小型中级	19	66	18.00	—
景宁	葛山	小型中级	19	64	17.00	—
景宁	叶桥	小型中级	19	61	16.00	—
景宁	梅岐	小型中级	17	40	11.00	—
景宁	郑坑	小型中级	19	43	13.00	—
景宁	大漈	小型中级	17	53	14.00	—
景宁	景南	小型中级	17	50	14.00	—
景宁	上标	小型中级	17	56	15.00	—
景宁	高沈	小型中级	19	64	17.00	里程变动
景宁	李山头	小型中级	17	42	11.00	里程变动
景宁	九龙	小型中级	19	53	16.00	—
景宁	十八欠	小型中级	19	71	19.00	新路段

站场车辆

汽车站场　1990年末，有景宁、上标、东坑、渤海汽车站场4个，合计占地面积13908.03平方米，建筑面积4449.7平方米，停车场面积5433平方米。2010年末，全县有景宁、东坑、上标、沙湾、九龙等客运站6个，有渤海、郑坑、沙湾、英川客货一体站4个。10个站房共有占地面积21964.88平方米，建筑面积8356.82平方米，停车场8493平方米。

1987年，景宁汽车站开工兴建，位于鹤溪镇环城西路151号（原88号），客运站（汽车站）占地面积11067.43平方米，站房面积3189.98平方米，候车室面积467.2平方米，停车场面积4553平方米，1989年元旦投入使用。汽车站由长运公司经营。1993年，有客运汽车22辆，580座，客运量84.6万人次，客运周转量4346.4万人千米。2010年末，有客车131辆，2096座。其中，客运班车81辆，1773座。客运量209万人次，客运周转量9958万人千米。

货运站场　2010年，有“宏发”停车场1个，占地面积8211平方米。其中，建筑面积3170平方米，大车、小车停车位5000平方米。

1993 年末，景宁有长途运输、短途运输、集装箱运输、危货运输、托运、快递、物流等货运汽车 308 辆，990 吨位。2010 年末，有货运汽车 537 辆，1758 吨位。其中，农用车从 1993 年的 182 辆，91 吨位降至 2010 年的 19 辆，25 吨位。

运输企业

2010 年末，从事客运、货运、物流等经营企业、个体户 487 家，为 1991 年的 1.8 倍。其中，个体经营 478 户。

汽车长途运输公司　原为交通部三级道路运输企业，根据丽水地区行署〔1992〕82 号文件精神，体制下放县管理。1992 年 10 月 1 日，成立“景宁县汽车长途运输公司”。2002 年 12 月 31 日再次下放，隶属县交通局管理。1993 年末，景宁汽车站有客运车辆 22 辆（其中 16 辆所有权为丽水总公司），日发班车 38 班次。2002 年 12 月，拥有二级客运站、加油站等 8 个子公司，6 个客货运一体站，在册职工 101 人。2010 年，长运公司有客运车辆 61 辆（含出租车等），日发班次 138 班次，年客运量（单程计算）36.3 万人次，固定资产达 1250.8 万元，比 1990 年增加 1006.8 万元。主要经营省际、市际、县际和县内的客运，以及公交车运行管理等。

汇丰公司　2005 年 9 月 28 日成立，由保宁公司牵头，朝龙等 4 家公司进行资产重组而成。拥有客运班线 22 条（含公交班线 1 条），客运车辆 44 辆，665 座。

出租车公司　1994 年，县三联公司购置昌河牌小面包车 5 辆（7 座型）作为出租车，后成立行业协会。2010 年末，有出租车 42 辆，182 座。涉及出租车业务的有长运、汇丰、联运 3 家公司。

人力三轮车服务公司　1992 年 11 月，由 50 多辆人力三轮车车主发起，成立人力三轮车服务站。县政府出台《人力三轮车管理办法》。2006 年，人力三轮车的管理由运管部门移交给城镇执法大队。三轮车实行统一装饰、统一编号，统一着装黄马褂。

物流公司　2008 年，景宁的物流业开始起步。2010 年末，有畲乡物流有限公司等 5 家物流企业，车辆 23 辆，从业人员 121 人。建立放心商品配送中心 1 个、乡级建 2 个站、村级建放心店 120 多个，商品配送网络覆盖 22 个乡镇（管理区），175 个行政村。

2010 年景宁客货运输站场情况一览

表 7-1-9　**单位：平方米**

站场名称	占地面积	建筑面积	停车场面积	建成年月
合计	21964.88	8356.82	8493	1973—2010
上标车站	759.6	270.76	480	1973
东坑车站	1881	450	300	1974
景宁汽车站	11067.43	3657.18	4553	1989.1
沙湾汽车站	1190.2	352.5	850	2008
沙湾中转站	1000.29	624	—	2009.6
九龙汽车站	1200.46	1151.78	450	2010.12
渤海客货一体站	2000	130	500	2010
郑坑客货一体站	1200	1000	360	2010

续表 7-1-9 单位:平方米

站场名称	占地面积	建筑面积	停车场面积	建成年月
沙湾客货一体站	1000	600	500	2010
英川客货一体站	665.9	1120.6	500	2010

2010 年物流企业基本情况一览

表 7-1-10

公司名称	占地面积(平方米)	建筑面积(平方米)	停车场面积(平方米)	驻地	货运车辆(辆)	从业人员(人)	成立时间	年运输量(万千克)
畲乡物流	680	209.89	500	团结路 19 号	5	25	2009.9	1800
任一物流	800	240.13	600	李宅路 2 号	3	15	2009.9	1460
顺达物流	520	53.59	500	绿色市场南门 21-23	6	30	2009.9	1200
晨丰物流	458	60.0	400	胜利路 28 号	6	18	2009.12	1230
东川物流	2458	563.61	2000	人民南路 111 号	3	33	2006	5490

第二章　水路交通

瓯江支流小溪水上运输始于隋、唐,是景宁史上客、货运输大动脉。史载外舍渡口曾出现过日停船过百、过往行人近千人次的繁荣景象。古时,货运船顺水方向会搭载少数旅客,货人混载。1957 年,部分河段开通水路客运。公路发展后,陆地运输为主,水路运输减少。滩坑水电站建设、库区水运设施投入,迎来水运业的复兴。依托 30 座码头(渡口),开辟库区航线 4 条,定时航班 12 班次。与通村公路衔接,形成库区农村物流配送网络。首批确立 65 个行政村,399 个自然村为水运物流配送网点。2010 年末,直接由水路配送生产和生活资料 50000 万千克,通过水路转运的物资 120000 万千克,运送沿江群众和游客 80 多万人次。

《中华人民共和国港口法》的实施,促进区域港口岸线资源使用的规划、调节、审批与管理,保障港口岸线资源的合理开发与利用。1991 年建立船舶年审制度。1994 年开始,把水运市场的源头治理作为重点,加强检查监督。海事部门负责水上运输、渡口、通航的管理,以及水上应急救助、水上交通事故调查与处理等,水路交通走向规范化管理的轨道。

第一节　水路运输

水路客运始于 1957 年。当时,外舍航管组与民货运输合作社投资建造 5 艘舴艋船,开通外舍至沙湾(3 船、40 千米)和外舍至渤海(2 船、35 千米)的客运航班,直至公路开通、延伸,弃渡、弃船。1991—2010 年,辅路建桥 26 座,撤销 24 渡,渡口从 47 个减至 8 个。

2005 年后,千峡湖库区增设渡口 12 处,输送 6 个乡镇移民 18878 人。其中,2005 年渡运 1.72 万人次。据县港航管理所资料,2008 年小型客轮投入渡运后 3 年时间里,库区设航线 4 条 12 个日航班,30个码头年渡运 88.56 万人次,3 年总计渡运 255.27 万人次。2008 年 12 月,开通九龙至桂根的学生接送船,航程 15 千米。

水路货运

陆地公路交通事业快速发展,水路运输日趋萧条,专业船只多转往青田、温州经营。

水路货运工具为船和排,以载运木、竹、薪、炭及特产为主。水运旺于 20 世纪 60—70 年代,衰于 20 世纪 90 年代。

1992 年货运量 30 万千克、货物周转量 3560 万千克/千米。

1993—2010 年,水路累计货运量 107303 万千克,年均货运量 5960 万千克,主要货运业务在外县市,重点为采砂等。

2008—2010 年,30 座码头年货运量 1000 万千克,年渡运车辆 16.35 万辆。

运输企业

景宁县运输公司　又称航运公司。1984 年成立,驻外舍大桥南侧,经营小溪至青田航道和各种物资的运输集散。2009 年,采取破产解散的形式进行改制。

青宁旅业有限公司　2010 年 10 月 27 日成立。公司经营千峡湖库区水路运输,有普通客船 2 艘,116 客位;普通游船 2 艘,20 客位。共计 156 客位,130 总吨位。

浙江丽水云水旅游投资管理有限公司　2010 年 7 月 23 日成立。公司经营旅游开发及咨询服务,有竹排 4 艘,40 客位;有 PC 管排 5 艘,40 客位;橡皮筏 10 客位 15 艘和 5 客位 7 艘。2010 年水上漂流 1.2 万人次。

第二节　水运设施

景宁水路交通设施主要有:航道、码头、渡口和交通工具等。

航道

瓯江支流小溪,为景宁的水路交通要道,史上出现货运较早。1957 年,水路客运开通沙湾至外舍、外舍至渤海航道,里程 70 千米。2010 年,景宁航道里程 132.71 千米。其中,可通航的 V1 级航道 70.49 千米、支线航道 43 千米(未定级),尚不能通航的 V1 级航道 19.22 千米。千峡湖库区水域面积 70.93 平方千米,有水域监管面积 36.11 平方千米。

航班

2008 年 6 月始,开通九龙至桃园(支航道)至鹤口(支线航道)的航班。2010 年末,千峡湖库区景宁段有航线4条，航线总长130.49千米。

码头渡口

码头　1993年末，景宁有码头2个、渡口47处。2010年末，有码头34个、渡口20处。其中，老渡口有梅花圩等8处，新渡口有滩坑库区鹤口、门潭、绿草等12处。

外舍码头、渤海码头建于20世代60—70年代，被千峡湖库区淹没。2007年8月库区码头开始复建。根据浙江省交通厅浙交复〔2006〕277号文件，景宁库区水上交通复建码头33个，投资1935.76万元。至2010年末，实际建成码头30个（设渡口12处）。其中，100吨级码头10个，50吨级客渡码头20个。

滩坑电站库区老渡口

鹤口码头于2007年9月2日开工建设。码头所在地九龙乡（原陈村乡）鹤口乌岩。100吨级踏步式和五坑底村、方寮渡口形成对江渡。为与青田县岭根车渡码头对接（岭根码头为斜坡道式），新建斜坡道车渡码头长242.63米、宽7米，顶面标高160.5 米，底标高136.5米，占用港口岸线长约38米，100吨级车渡泊位1个，按准四级公路标准设计。工程于2010年2月1日开工，同年12月1日建设完工，合同造价502995元。有二车渡钢质机动船1艘。工程由长江航运规划设计院设计，浙江泰顺交通工程有限公司施工。

渡口　2004年新建、修理渡埠8处（其中修理被水毁渡埠6处）。2008年末，库区29个渡运码头竣工并投入使用。同年，完成梅花圩、底圩、兰头圩、上坑等4个渡埠改造。

水运工具

水运工具主要有竹筏、木船、机动船，以及库区的小型客轮、钢质渡船等，由人力工具向机动工具转变，提高了运载量和效率。

人力工具　即排、舴艋船、木帆船、漂流筏、橡皮筏等，1993年景宁有木质船46艘，至2002年，木质船不再作为渡运工具。2010年末，大均水上漂流有各类漂流筏、橡皮筏31艘265客位。

机动工具　即机帆船、挖砂船、运砂船、小型客轮、二车渡钢质渡船等。1998年，渤海下渡钢质船投入渡运。2010年末，境内有钢质渡船19艘，30客位小客轮7艘投入渡运。个人合资购买钢货船7艘，242总吨；采砂船2艘，297总吨。

安全设施

2008年，对梅花圩、底圩、兰头圩和上坑等4个老渡埠进行改造，增设渡埠护栏300多米。

2009—2010年，千峡湖库区建成蓄水后，在航道沿岸山坡上醒目位置设置安全警示牌7块，渡口指示牌12块和渡口牌116块；渡口守则31快、码头护栏8000米、码头（渡口）边坡防护29884平方米。复建30座码头及附属设施，总计投入资金2704.34万元。

2010 年千峡湖库区（景宁段）复建水运码头一览

表 7-2-1

乡镇	码头名	吨位	所在地	码头功能	对江渡	结构 长×宽（米）	投入资金（万元）	渡运	辐射人口（人/村）	开工日期	完工日期
九龙	鹤　口	100	乌　岩	客、货运	√	踏步 54×9	38.32	2	306	2007.9	2007.10
	五坑底	50	大田坪	客　渡	√	踏步 54×4	19.73	—		2007.10	2007.11
	桃　园	100	桃　源	车、客渡	√	斜坡 270×7	225.11	1	3402/9	2007.9	2008.7
	桂　根	100	西　岙	车、客渡	√	斜坡 270×7	254.98	—		2007.12	2008.7
	朱　歧	50	朱　坑	客　渡	√	踏步 54×4	18.29	—	—	2007.10	2007.12
	方　寮	50	坑心岗	客　渡	—	踏步 54×4	24.77	—	—	2007.11	2007.12
	朱　村	50	朱　村	客　渡	√	踏步 54×4	8.90	1	—	2008.2	2008.3
	牛　塘	50	陈村对面	客　渡	√	踏步 54×4	8.86	—	1145/2	2008.3	2008.4
	后　坪	50	陈　村	客　渡	√	踏步 54×4	19.01	1	—	2008.4	2008.5
	新长汀	50	新长汀	海事、客渡	—	踏步 40×4	21.12	—	2050/5	2008.5	2008.5
	活　岱	50	活　岱	客　渡	—	踏步 54×4	21.62	1	—	2008.6	2008.8
	下朱山	50	罗卜垟	客　渡	√	踏步 54×4	6.38	1	—	2008.7	2008.8
	金　山	50	金　山	客　渡	√	踏步 54×4	18.16	1	698/2	2008.9	2008.11
	顺　利	50	横　坑	客　渡	—	踏步 54×4	15.40	—	1483/5	2008.10	2008.11
	鹤　口	100	鹤口	车渡	√	斜坡 54×9	50.3	—	—	2010.2	2010.12
渤海	石步山	100	金树丰	车、客渡	√	斜坡 380×7	192.75	1	1385/5	2007.10	2008.4
	旦　水	100	黄狗盘窝	车、客渡	√	斜坡 270×7	164.85	—		2007.9	2008.2
	塘底湾	50	塘底湾	客　渡	√	踏步 54×4	34.63	—	783/2	2007.12	2008.2
	金头会	50	小粗口	客　渡	√	踏步 54×4	38.49	1	—	2007.12	2008.3
	梅　坑	50	王处屋后	客　渡	—	踏步 54×4	44.96	1	1558/2	2008.1	2008.4
	门　潭	100	底　车	车、客渡	√	斜坡 270×9	103.36	1	1021/2	2008.2	2008.7
	湖　坑	100	坑　口	车、客渡	√	斜坡 355×9	193.03	1		2008.3	2008.7
外舍	东　岸	50	大粗口	客　渡	—	踏步 54×4	15.73	—	—	2007.12	2008.4
	湖　边	100	湖　边	车、客渡	√	斜坡 270×7	206.15	—	2217/5	2008.1	2008.6
	绿　草	100	绿　草	车、客渡	√	斜坡 270×7	177.91	1		2008.1	2008.6
	古　传	50	古传口	车、客渡	√	斜坡 210×4	87.39	1	—	2008.2	2008.5
	汇　头	100	汇　田	海事、客、货运	—	踏步 54×25.5	559.41	—	—	2008.2	2008.6
	官　渡	50	官　渡	车、客渡	√	斜坡 224.5×4	145	—	—	2008.3	2008.7
	石埠坑	50	新　华	客　渡	√	踏步 54×4	33.36	—	201	2008.4	2008.7
	石埠圩	50	石　龙	客　渡	√	踏步 54×4	26.67	1		2008.3	2008.6
大均	白马寮	50	大赤坑	客　渡	—	因电站建设暂缓					

第三节　水运管理

依据《中华人民共和国港口法》规定，县级以上地方人民政府港口行政管理部门，行使本行政区域港口岸线资源使用的规划、调节、审批与管理，保障港口岸线资源的合理开发与利用。

航道管理

航道管养　外舍、大顺、炉西坑3条主、支流航道曾在20世纪50—60年代先后开通客运航班，航道畅通。主航道沙湾至陈村客运持续到90年代。1991年疏浚航道55千米，修复水坝1座。2000年以后，畲乡旅游业兴起，为保证大均水上漂流安全畅通，2004年完成大均梅花圩至溪口段9处险滩的疏浚治理。

航道岸线管理　2009年7月，由北海库区开发管理处牵头，县交通、公安、外舍等部门依法对滩坑库区周边、庆景青公路沿线的非法占地、违法建设行为进行集中整治，拆除违章建筑物。拆违19宗，1200平方米，为整个库区规划创造合理、有序的环境。

航道清障　在滩坑电站库区建设中，按照清库设计方案要求进行清理。封堵矿厂1家，清理砖瓦窑等200多座(个)及各种线路设施。迁建坟墓(县级文物)1座，构筑物清理全部完成，1420.37公顷林木全部砍伐后运出库外。51株名木古树移栽(清运)库外。安葬时间在15年内的1655穴坟墓全部清理出库。"十一五"期间，完成航道清障797690.9平方米。

运政管理

船舶管理　1991年，建立船舶年审制度，累计渡船年审795艘，更新渡船6艘，购置渡轮6艘。2008年12月，9艘30客位小型客轮首次出现在景宁滩坑库区。

1994年，开展"船舶登记证、船舶检验证、船舶营运证、船员适任证"的"四证"换发工作，并于9月底完成。执行《内河船舶法定检验技术规则》，做好船舶检验和船舶、吨位记录等工作。1997年，协助乡镇签订"乡镇船舶安全管理责任书"。2008年，梧桐乡底圩渡购置钢质渡船，全县渡口最后一艘木质渡船退出渡运。2009年，对无证在库区营运的渡船、捕鱼木船进行集中整治和有序管理。

运输市场整顿　1990—1992年，连续3年对水运市场进行治理整顿。1994年始，把水运市场的源头治理作为重点，加强检查监督。1997年12月7日，省交通厅颁发《浙江省水路运输审批工作规程》，对水路客货运输的开业、变更、新增运力、新开航线的审批作出严格的规定。1998年4月，执行交通部《关于修改〈水路运输管理条例实施细则〉的决定》，规定设立运输企业必须具备5项条件。2001年始，每年都把整顿和规范运输市场秩序作为水路运输管理的中心工作。

经营资质管理　2002年，按照交通部《国内船舶运输经营资质管理规定》和省港航局部署，港航部门重点抓好水路客运市场和个体乡镇船舶的经营资质整顿工作。2004年，按照《浙江省水路运输企业经营资质预警制度》，多次组织开展预警、运政大检查。至2010年，港航部门在经营资质管理中，对船舶新建、改建、过户和换发营运证工作，依法依规办理。

水运价格管理

1992年8月15日，依据省物价局、交通厅《关于调整浙江省水路货物运价的通知》，自1992年9月1日零时起，水运运价作适当调整，执行停泊基价由3元/1000千克调整为4元/1000千克。航行基价：运距150千米以内(含)由0.03元/1000千克调整为0.04元/1000千克；运距150千米以上部分由

0.024 元/1000 千克·千米调整为 0.034 元/1000 千克·千米。粮食(大米、稻谷、小麦、面粉)、化肥的水路运价,继续实行优惠,按新运价的 85%计收。由于国内成品油价格不断上涨,水运运输成本大幅度增加,2000 年 11 月 27 日,省物价、交通厅再次作出适当调整内河重点物资运输价格的决定,于同年 12 月 1 日起执行,在现行的运价费率标准上提高 0.01 元/1000 千克·千米。

2001 年 3 月 6 日,根据国家计委、交通部《关于全面放开水运价格有关问题的通知》,自 5 月 1 日始,放开水运客货运输价格,实行市场调节价,严格执行明码标价。

海事管理

依据《中华人民共和国内河交通安全管理条例》,海事部门负责水上交通指挥,船舶、浮动设施和船员管理,航行、停泊和水上水下作业管理,危险货物水上运输管理,渡口管理,通航保障与管理,水上应急救助,水上交通事故调查与处理等。坚持对渡口评估、渡工考核奖励,促进渡工队伍稳定。1994—1997 年,组织新上岗 16 名渡工培训,持证上岗。2008 年 3 月和 9 月两次 41 人参加全市船员培训,并经过水上实际操作练习和考试合格后持证上岗。2010 年,召开渡工(筏工)学习会 8 次,培训筏工 20 人。

安全设施　重视水上安保,增设限速、单向通航、码头、安全等指示牌,增设航渡监控点、护栏、边坡防护,渡口守则牌和航道疏浚,共投入资金 2300 万元。

监督检查　1991 年,县港航所进行渡口安全大检查 6 次,协助乡、村重新签订《渡口安全管理责任书》。1997 年,景宁港航管理所被评为"全省渡口安全管理先进集体"。至 2004 年末,全县 40 多处渡口连续 49 年渡运安全。2004 年,县港航部门制定"景宁县重点水域、时段监督管理工作方案",重点渡口一月一查,努力为移民服务。成立节日安监小组,责任到人,24 小时值班。加强安全宣传,2004 年县港航所被省、市、县级报刊录用安全宣传稿件 18 篇。2008 年,县港航(海事部门)在每艘渡船上配备 1 名安全监督员,制订、印发《水上交通安全知识读本》3000 本,发放安全警示卡 1500 张。2010 年查处违法生产经营企业 2 家,扣押"三无"船舶 6 艘次,办理行政处罚案件 6 件,严查非法渡运、严查酒后驾驶、严查无证经营。

制度建设　2010 年 4 月,建立"水上交通安全例会"制度,加强涉渡乡镇和部门之间的联系与沟通。2008—2010 年,有 11 艘船舶办理营运证。

根据《浙江省渡口安全管理办法》和《丽水市渡口安全管理办法》,按照"谁经营、谁管理、谁负责"的原则,海事管理机构负责渡船和船员的安全监督管理职能,强化基础工作。督促乡、村、企业的各级组织建立安全管理组织,签订"渡口安全管理责任书",全面落实渡口的安全措施,定期或不定期检查渡口的安全生产和营运情况。2008—2010 年,共签订渡口安全责任书 138 份。在"春运""黄金周"和旅游高峰期、汛期期间,加强渡口、渡船现场安全检查。

规费征收

港航部门征收船舶检验费、规费、航养费、货物港务费、船舶港务费等 6 种规费。根据国家有关文件规定,于 2009 年 1 月 1 日始停止收取。1991—2008 年,收取船舶检验费、航养费等 6 类规费 62.76 万元。其中,795 艘次 3094 吨位的船舶检验费 12.16 万元,船舶规费 4.98 万元,航养费 27.44 万元,货物港务费 8.04 万元,船舶港务费 9.51 万元,港航费 0.63 万元。

1991—2010 年景宁水路运输量及规费征收情况一览

表 7-2-2

年份	船只(艘)	总吨位(吨)	货物运输量(万吨)	货物周转量(万吨/千米)	水上漂流(人次)	船舶检验费(元)	船规费(元)	航养费(元)	货物港务费	船舶港务费(元)	港航费(元)
1991	46	92	0.05	4.34	—	1030	—	10392	6936	6377	580
1992	46	102	0.03	3.56	—	9907	2456	11203	7314	6907	48
1993	46	102	0.96	23.73	—	11294	5613	50605	16466	18717	—
1994	46	102	14.17	296.16	—	19040	23507	51827	21010	21010	90
1995	46	102	11.58	133.60	—	18018	—	40808	—	12992	120
1996	46	102	12.51	1108.28	—	10800	6548	70800	—	—	—
1997	46	102	10.19	954.19	—	9800	—	25584	12151	—	518
1998	46	114	13.00	1235.00	—	12360	—	26172	1193	12844	1057
1999	46	114	14.67	1246.52	—	12405	10896	45754	15287	15236	—
2000	46	114	14.65	1245.75	—	550	—	186	—	—	—
2001	46	114	0.28	56.00	—	1460	—	—	—	—	423
2002	41	155	1.30	66.50	15000	—	—	6060	—	—	3460
2003	41	155	1.20	60.00	16000	12650	—	120	—	90	—
2004	41	155	8.00	13.00	18000	3338	—	2412	—	—	—
2005	41	155	0.40	2.00	17400	1115	—	—	—	—	—
2006	41	155	0.40	2.00	17500	1476	770	3300	—	—	—
2007	31	145	—	2.00	18900	3105	—	—	—	—	—
2008	31	145	1.00	2.00	17400	4094	—	—	—	954	—
2009	22	869	1.00	2.00	15000	3837	—	—	—	—	—
2010	25	1467	1.00	2.00	16000	5571	—	—	—	—	—

第三章 交通安全

交通运输从车辆、技术、门检制度、从业人员信用等方面强化安全措施，“抓好源头、抓好预防、抓事前监督”，认真执行《浙江省道路客运安全管理办法》，安全生产贯穿于交通工程建设、道路运输、水上交通等。

第一节 道路安全

整治三乱

1995 年，根据省政府《关于清理整顿公路检查站的通知》，开展以纠正公路乱设卡、乱收费、乱罚款为主要内容的整顿活动。1997年，公路“三乱”出现回潮，县运管、交警部门加强道路运输安全管理，制止“三乱”回潮，巩固1995年以来“三乱”治理成果。

排险保畅通

农村公路大多是依水傍山而建，高边坡、高落差、高临崖随处可见，路基冲毁、塌方、泥石流等自然灾害频发，因此而常见交通中断。自1991年以来20年间，因严重自然灾害交通中断达15次。

1992年，澄照乡岩下地段发生泥石流，经过30天排险才抢通。1998年6月，新建垟特大泥石流，历时3个月排险，公路才得以恢复通车。2005年9月1—4日，13号台风“泰利”影响，平均降雨量241毫米，局部地区300多毫米。百年一遇的自然灾害使29条省、县、乡道公路严重毁损，直接经济损失8255万元，交通中断9天。抗灾中，东坑石竹岙公路站站长鲍伟平为解救被困中巴车和13名旅客而光荣牺牲。2006年6月，鸬叶线K23+300处塌方，经过60天抢通。

抢修冰封雪路

2008年1月的冰冻雪灾，致全县交通基本瘫痪，中断交通5天。全县共组织3300多人次参加抗灾抢修(其中交通部门出动1200多人次)，投入各类物资65.5万千克，机械285台(班)，连续5天时间排除岚头岭至张山岙公路雨雪冰冻障碍。

2005年、2006年和2008年3年中，共发生5次自然灾害，合计投入抢险保畅通资金1647万元，机械物资710.5万千克、6653台班、人工74600工日。

2009年8月9日，受台风“莫拉克”影响，公路受损，鹤溪镇旱塔畲族村“中瑞桥”冲毁。副省长王建满、交通厅副厅长郑黎明等到现场指挥。公路抢修人员用31小时架设战备钢桥，快速解决旱塔畲族村抗灾避险通道。

安全培训

1990年末，景宁持有机动车驾驶执照1728人。其中，汽车471人。驾驶人业务和安全培训主要在丽水地区公安汽校或龙泉汽校。1997年，首次组织汽车驾驶从业人员上岗培训。其中，客运驾驶员28人、货运驾驶员156人。2000年组织33人参加丽水地区客运驾驶员“上岗证”培训。2002年，丽水市车管所制作“学习证”，并组织驾驶人考试。2004年驾驶年审，记满12分的组织考试或吊销证照等，建立责任倒查制。2005年1月25日，成立华泰、鸿运、长运3家机动车驾驶员培训学校。2007年2月3家联合运营，有职工32人，长运公司占股31.44%。有教练车19辆、场地10000平方米。2007年，补证、换证工作开始在县车管所办理。2008年，严禁酒醉驾及诚信考核的措施和制度落实，强化驾驶人队伍素质提高。2009年末，全县(在景注册)机动车23368辆。其中，小轿车3856辆(景宁牌照)。2005—2010年累计培训毕(结)业共4186人次。

1992—2009 年较大自然灾害、交通设施损失情况一览

表 7-3-1

年份 日期	自然灾害简介	受灾交通设施	损失情况
1992.8.31	52 省道澄照乡岩下段 水毁	公路路基冲断 300 米	交通中断 30 天
1994.8.21	52 省道漈头—张山岙 水毁	公路路基冲断 5 处	—
1996.8.22	景青线因台风影响	大粗口公路桥冲毁	交通中断 45 天
1998.6.22	台风、新杉线 k58—k59+300	特大泥石流，公路冲毁、村毁、人亡	交通中断，代省长柴松岳到景宁慰问
1999.7.15	四次短时连降暴雨，引发山洪、泥石流	冲毁桥梁 3 处，路基 1.4 千米，挡墙 11000 立方米/84 处	2 条省道，7 条县道，10 条乡道交通中断，损失 636 万元
2004.12.28	大雪、东坑—文成	—	班车停开 4 天
2005.1.13	大雪	—	全县班车停开
2005.6.18—23	台风 24 小时降雨量 90 毫米 公路水毁、高山班车停开	溪杉、鸬叶线中断、52 省道塌方 7 处 41k~58k+400	经济损失 350 万元
2005.7.18	5 号台风“海棠”	沙湾、毛垟、澄照、大均等公路水毁	—
2005.8.5—6	9 号台风“麦莎”	东坑、大漈、郑坑、梅岐等乡镇公路受损严重	—
2005.9.1—2	13 号台风、百年一遇“泰利” 29 小时降雨 253.3 毫米	云寿、瑞东、溪杉等公路塌方 295 余处，路基缺口 173 处，中断交通 9 天	公路站鲍伟平牺牲，公路设施损失 8255 万元
2006.8.10—11	8 号台风“桑美”	公路水毁，中断交通 10 天	损失 3514.9 万元
2007.8.18—19	9 号台风“圣帕”	19 日除岚头岭外，交通中断	—
2008.1.27—2.10	50 年一遇冰冻雪灾	省、县、乡道大部班车停开，出动扫雪人员 3300 多人次	公路交通瘫痪5 天，经济损失 210 万元
2008.7.29	8 号台风“凤凰”	省、县、乡道公路受损 6 条、塌方 100000 立方米	经济损失 100 多万元
2009.8.9—10	8 号台风“莫拉克”	“中瑞桥”冲毁，多处公路水毁	—

第二节 运输安全

严把运输经营者市场准入关、营运车辆技术状况关、营运驾驶员从业资格关、对运输车辆实行择优选配、适时更新和报废全程综合性管理；督促驾驶员认真学习《中华人民共和国道路运输条例》《中华人民共和国道路交通安全法》《中华人民共和国道路交通安全法实施条例》等法律、法规和政策。运管部门依照有关法律法规，陆续制定《驾驶员安全管理制度》《GPS 卫星定位系统和行驶记录仪使用监管制度》《道路客运安全管理制度》《道路危险货物运输安全管理制度》等 10 多项规章制度。客运中心建立执勤点，监管车站安全和营运秩序，处理旅客投诉等项事宜。

酒后驾驶整治

根据《中华人民共和国道路交通安全法》《浙江省实施〈中华人民共和国道路交通安全法〉办法》，交警部门对酒后驾驶一直保持常抓不懈，整治力度大，持续时间长，形成严管常态。2009 年 8 月 7 日，全省公安机关电视电话会议后，公安交警部门严格执行“三个严禁”，杜绝“说情风”，强力推进“酒驾”

的整治行动。2010年，公安交警部门严格落实省公安厅关于严重交通违法行为5条常态严管措施，把“禁酒驾”作为全年的重点工作、中心工作强势推进，做到决心态度不变、工作力度不减、处罚标准不降。不管白天、黑夜，无论工作日、节假日、休息日，交警都上路“禁酒驾”，有效促进道路运输安全。

“四小车”集中整治

2000年6月始，大规模开展县城机动三轮车运输市场的治理整顿。规定凡持有《道路运输证》从事客运的所有机动三轮车，一律限时退出客运市场，由交警和运管所收回车辆客运经营牌、证，报废64辆。全县机动三轮车全部从客运市场淘汰。强化从业人员资格培训425人次；强化稽查，打击“黑车”无证经营、车辆超(载)员、出租车超范围经营和危险品运输从业人员无上岗证等，并予以处罚；从严查处客车漫游、站外组客、“甩客、宰客、卖客、倒客”及货运业主垄断货源、欺行霸市等行为。2008年2月21日始，县府办、交通、公安等11个部门联合开展“四小车”百日整治活动，对在城区范围内非法营运的三轮摩托车、电瓶三轮车、残疾人机动轮椅车和非法安装机械动力装置的人力三轮车依法整治，依法查扣。农村小客运，三轮车、拖拉机、无牌无证车辆违法载人，客车超载、超速，驾乘摩托车不戴头盔等违法、违规行为予以整治、处罚。

客运安全管理

客车营运专项整治　2004年5月1日，《中华人民共和国道路交通安全法》和《中华人民共和国道路交通安全法实施条例》开始施行。运管部门依照有关法律法规对客运单位进行安全情况普查，检查企业环境、车辆运行、安全责任书、门检制度落实情况等，杜绝超载车和病车出站上路。2005年底完成GPS卫星定位系统和行车记录仪安装工作，并于2005年11月始，进行为期100天的营运客车专项整治，确保客车安全行驶。

学生接送车安全　配置学生接送车为学校的“安全工程”，实行政府领导、部门分工、各方共管。学生接送车实行“定人、定车、定点、定座位、定线路、定接送时间”，学生错时放学，进行学生接送车监管、年审，安装GPS和车载监控，严禁超载超速，学校专人负责等措施，保证学生安全。2006年开通学生接送车。至2010年，共投入学生接送车52辆。2008年12月，九龙码头至桂根码头航线开通，九龙乡校周末有14名学生由航班免费渡运，航程15千米。

货运安全管理

2002年，对182人货运从业人员，全部进行安全培训，并取得上岗资格证。2005年12月，5辆从事危险品运输的货运车辆都安装GPS行车记录仪。2009年末，从事道路货物运输经营的货车390辆、拖拉机316辆；危险品运输企业1家、运输车5辆。

第三节　重大事故

1993—2010年，发生交通安全事故19起。其中，工程建设11起，水运、行车8起。死亡22人、伤22人。

2002年1月4日，S228(52省道)景泰公路建设中，改线工程4标段52千米处1号石拱桥施工坍塌,造成8人死亡、15人受伤,直接经济损失232万元。2005年3月8日,渤海下渡渡船与车渡船碰撞,事故死亡1人;行车事故2件、死亡1人。2006年道路交通事故2件,死亡2人;工程建设事故3件,死3人。2007年工程建设事故2件,伤2人;长运公司行车事故1件,死亡1人。2008年工程建设事故2件,死2人,伤2人;行车事故1件,死亡1人。2009年10月29日,白大公路改造,死亡1人;同年12月,三格康庄路建设事故1件,伤3人;汇丰公司行车事故1件,死1人。2010年高速公路事故1件,死亡1人。

第四章　交通管理

随着经济体制改革的进展和交通事业的快速发展,景宁不断深化交通体制改革。先后进行公路养护管理、交通规费征收、交通工程企业、交通运输企业等方面改制和转换经营机制。为适应道路交通事业的发展形势,1993年,交通管理从管理型转向服务型。1999年,"县乡公路养护管理所"更名为"景宁公路管理段"。2010年10月,更名为"景宁畲族自治县公路管理局"。1993—2010年,加强县乡公路路政管理和养护,强化公路、航道、水运行政执法。

第一节　运管稽征

1984年12月,组建运输管理站。1987年,部分职能划归公安部门,改设运管稽征所。1996年3月,增设"车辆购置附加费征收办公室(简称:购车办)",编制3人。2004年,车购办划归国税局,人员分流。同年,县编制办批复同意增设"法制股"。 根据国务院"费改税"精神,2009年1月1日始,停止征收公路养护费等2项规费,人员稳步分流。2010年末,运管稽征所干部职工13人。

1994年10月18日,岚头岭隧道建成通车。根据省政府办公厅〔1997〕84号文件,景宁于1997年4月25日始收取车辆通行费。岚头岭公路收费站位于隧道景宁出口处,为事业单位,职工26人。收费站正常运行6年。2003年12月24日24时,根据浙江省交通厅326号文件精神,景政43号文件决定撤销收费站,停止收费,26名职工实行货币安置。

第二节　交通企业

交通工程公司

1986年5月,经景政18号文件批准,景宁交通局基建股与工程队人员组合,成立"景宁交通局工程队",为事业单位,实行企业管理、独立核算、自负盈亏,有职工16人。1995年12月28日,交通局工程队与工程公司合并，成立“景宁交通工程公司”。2001年1月31日，县企业改革领导小组同意交通工程公司改制。同年3月，交通工程公司以“整体公开拍卖、一次性安置职工”实施改制，公司所有权经公开投标拍卖。职工23人一次性发放基础安置费每人5000元、工龄补贴每人每年800元。对退休人员、遗属、因病丧失劳动能力的人员及大病医疗费报销、公司固定资产、债权、债务等作出规定。职工与公司签订的劳动合同自行解除。

运输公司

1959年2月，成立景宁运输公司(原名航运公司)，系地方国营运输企业，驻外舍大桥南侧，辖外舍、大顺、金钟3个合作社，经营小溪至温州运输业务。办公用房占地面积2915.1平方米、建筑面积5080平方米。随着公路事业发展，交通运输工具多样化，水路运输业务急剧下降，职工下岗失业，虽经多次改革，仍难解公司生存困难，2009年，采取破产解散的形式进行改制。

2002—2009年，先后动工兴建滩坑水电站和外舍防护工程，期间，县政府先后5次召集县民政、财政、交通、经贸、人事等部门，就运输公司(航运公司)改制、职工安置、移民和下岗职工生活困难等政策问题进行专题研究，形成3个会议纪要。2009年3月30日，县政府景政函10号作出《关于同意解决城镇集体企业部分未参保职工基本养老保障问题的处理工作方案的批复》，明确企业改制中移民资格确认、社保统筹、资产补偿、资产分配四个方面相关政策。同年11月，办理187名退休人员社保统筹手续，并全部领到养老金，未到退休年龄的104名职工也按规定办理相关手续，运输公司体制改革完成。

第三节　机　构

交通局

1990年，内设5个股室，在编干部职工10人。1993年后，为适应现代化交通发展需求，从管理型转向服务型。2002年6月，根据县政府“三定”方案，内设3个科室，行政、事业编制各10名。2003年5月，成立“农村公路管理办公室”。2010年末，县交通局内设7个科室，在编20人，领导干部职数7人。

公路段

1984年，交通局内设养护股，并成立隶属丽水地区公路管理处的景宁公路段。1988年，在“养护股”基础上建立“县乡公路养护管理所”。1999年10月，鉴于公路段、县乡公路管理所在县(市)境内承担相似任务，将两者合并，实行“条块结合，以县(市)为主”的体制。同年11月，更名为“景宁公路管理段”，主管全县省道、县道日常养护、大中修，抗灾抢险保畅通，保护公路路产、路权行政执法等事务。同年12月下放到县管理，隶属县交通局。2010年10月14日，公路段更名为“景宁畲族自治县公路管理局”，内设办公室、养护股、工程股、安全综合股等4个股室；路政大队下设鹤溪中队和东坑中队。

2002年4月，依照《浙江省公路管理体制与运行机制改革的指导意见》和丽水市交通局相关交通改制文件精神，将公路段与公路管理所合并，称"公路管理段"；县公路段路政大队与县乡公路管理所路政队合并，称"路政大队"；事业与企业分开、公路养护与公路管理分开。按县政府《关于县公路管理体制与运行机制改革方案的批复》，落实公路段退休职工30人和在职职工28人养老统筹及全员医疗保险。根据浙公路《关于核定市、县级公路管理机构管理人员的通知》，竞聘管理岗位和路政大队人员，同年12月完成改制工作。2003年，组建"景宁畲族自治县腾鹰公路养护有限公司"，实行"自主经营、自负盈亏"机制。

2004年4月，本着"尊重历史、实事求是、关爱农工、推进和谐"精神，解决80位原县乡公路养护退职农工养老统筹、医疗保险及经济补偿等历史遗留问题。

2010年末，全县管养公路里程1104.11千米，占全县公路网里程的61%。腾鹰养护公司辖5个公路站及14个农民工承包养护站，有正式事业编制职工51人，管养公路里程399.39千米。农村公路管理办公室接养景宁乡村公路567千米，22个乡镇（管理区）建立养护组织22个，养护工125人。

公路运管稽征所

1987年，设立公路运管稽征所，全民事业单位。1996年3月，增设"车辆购置附加费征收办公室"，承担全县公路运输管理、规费征收、稽征执法等事务。2010年末，干部职工13人，协管员9人。

1990年，成立"路政管理队"。1999年，路政管理队更名为"景宁县公路路政管理大队"。2002年12月，"公路路政管理大队"与"县乡公路路政管理大队"合并，成立"景宁畲族自治县公路路政管理大队"，编制20人，受交通行政主管部门的委托行使县域公路行政执法职权。2004年4月，根据《浙江省公路路政管理条例》，直接授权县公路管理段（路政大队）行使县域行政执法职权。2010年末，景宁路政大队辖鹤溪、东坑2个中队，在编14人，编外2人。

港航管理所

1951年，建立港航管理所。之后，曾数次更名。1988年称"航运管理所"。2003年9月，更名为"港航管理所"，增挂"县地方海事处"。主管全县的航道、水路运输、渡工管理及行政执法工作。2010年末，正式职工4人，协管员4人。

县乡公路管理所

1988年6月，成立县乡公路管理所，受丽水地区县乡公路管理处领导，定编10人。2002年设道班19个，工人72人（含合同制民工），主要管理养护县乡公路225千米。

第八篇　水　利

中华人民共和国成立以来，景宁水利注重蓄水工程、引水工程建设，通过开挖库塘、修渠筑堰，增强抗旱排涝能力，扩大农田灌溉面积，保证农业增产增收。

20世纪90年代始，景宁坚持“水利是国民经济的基础产业”，从促进社会经济发展的高度，加强水利建设和水域综合治理。2001年6月，《景宁畲族自治县水资源管理条例》颁布实施，水资源管理更加规范，更具地方特色。此后，加强水域资源管理，重视水生态建设，把清查占用水域、清理阻塞河道、河道采砂等作为水政管理和执法重点。农田水利、河道整治、水源保护、水土保持、渔业管理等工作逐步走上依法管理轨道。

境内有瓯江、飞云江两大水系。小溪为瓯江一级支流，发源于庆元县的大毛峰山麓，境内流长124.6千米，流域面积1725.56平方千米，占全县总面积的88.5%。飞云江水系发源于景宁景南乡白云尖北麓，境内流长31.9千米，流域面积224.44平方千米。小溪可通航2吨位船只和放运竹木筏，是境内唯一水上航道，水浅、滩险、河道弯、暗礁多，平均流量111.86立方米/秒。枯水期水浅礁多，难于航运。

1994年8月，鹤溪河山洪暴发，历年修建的鹤溪防洪堤毁于一旦。1995年，鹤溪河堤防工程被列入全省第一批小流域综合治理试点项目。2000年7月，编制完成《景宁畲族自治县城市防洪工程可行性方案》，启动城市防洪工程建设。全县城防工程及村镇水利设施建设全面启动，保障城市及村镇的安全，美化环境，为景宁的国民经济和社会发展奠定基础。

第一章 水利工程

20世纪80年代后，随着陆运交通的发展，加之小溪沿途水资源开发，蓄水发电等人为因素，致多处河流改道、水生态环境改变、水流量减少，使小溪水运功能衰竭停废。

2004年10月31日，滩坑电站开工建设，电站水库蓄水上至景宁鹤溪扫口，下至青田滩坑水电站大坝。小溪水流经大赤坑扫口汇入滩坑电站水库（又名“千峡湖”）蓄水发电，包山铁矿以下沿途溪滩、生态景观沉眠库底。

第一节 蓄水工程

1992年，全县水库、山塘蓄水量3547万立方米，有效灌溉面积4600公顷。2000年起相继建成白鹤、英川一级2座中型电站水库，蓄水5334万立方米；三枝树、景润等小（一）型电站水库9座，蓄水2715.15万立方米。

至2010年末，全县共有小（二）型以上水库43座，山塘89座，堰塘121座，蓄水量1.21亿立方米（未含滩坑电站水库）。其中，上标、英川、白鹤等3座中型电站水库，蓄水量7493万立方米（上标水库2159万立方米、白鹤水库1603万立方米、英川水库3731万立方米）；小（一）型水库9座，蓄水量3041.84万立方米；小（二）型水库31座，蓄水量1379.17万立方米；1~10万立方米的山塘89座，蓄水量172.7万立方米；1万立方米以下的堰塘121座，蓄水量67.71万立方米。22个乡镇（管理区）均有山塘及堰塘。其中，沙湾镇有山塘29座，堰塘30座。蓄水工程主要功能：电站水库以发电为主，其他水库、山塘、堰塘为农业灌溉和农村人畜饮用水水源。

上标电站水库

位于景宁南部的景南乡上标盆地内，四周环山，山体雄厚，库岸岸坡平缓，离县城68千米。上游与泰顺县和福建寿宁边界相连，水库上游集雨面积25.7平方千米，主流长度9.78千米，并跨流域引水入库集雨面积4.4平方千米（无压拱型隧洞长2860米），多年平均年径流深1280毫米。水库总库容2159万立方米，正常库容1763万立方米，属多年调节中型水库。校核洪水位991.35米，正常蓄水位987米，发电死水位962米，汛期限制水位986米。上标电站水库于1985年8月正式动工兴建，1989年2月28日截流蓄水，1990年7月21日,两台机组相继投产发电。

上标电站水库以发电为主，兼顾防洪、供水和农田灌溉。坝址区为峡谷地段，河流深切成多处跌水，两岸地形对称。坝址基岩广泛出露，为肉红、浅灰色流纹斑岩，岩性坚硬完整。大坝为非溢流双曲混凝土拱坝，坝顶高程991.71米，坝顶弧长105.0米，坝顶宽5.0米，最大坝高50.7米。副坝位于大坝左岸的垭口处，垭口高程986.0米，坝型为均质土坝，坝顶高程为991.7米，坝顶宽5.0米，最大坝高 6.0 米。

溢洪道布置在大坝和副坝左侧另一垭口处(垭口高程 986.0 米),溢洪道为开敞式,现状堰顶高程 986 米,堰宽 20.0 米,溢流堰长 16.85 米,最大下泄流量 339 立方米/秒,自由出游、挑流消能。堰上设单跨公路桥 1 座,桥面高程 992.78 米。

白鹤一级电站水库

位于飞云江水系的北溪港,水库坝址在东坑镇北面约 4 千米处,集雨面积 149.4 平方千米,多年平均降雨量 1906.5 毫米。水库总库容 1603 万立方米,正常库容 1419 万立方米,正常蓄水位 560 米,死水位 532 米,汛期限制水位 560 米。水库工程于 1998 年 5 月 28 日开工,2000 年 5 月 23 日下闸蓄水。水库以发电为主,兼顾防洪功能。白鹤电站总装机容量为 2.5 万千瓦。

水库大坝为混凝土双曲拱坝,拱坝体型为抛物线变厚拱。坝顶高程 562.5 米,防浪墙顶高程 563.7 米,坝底高程 497.5 米,最大坝高 65 米,坝顶长 193 米,坝顶宽 4.3 米。

水库泄洪方式为坝顶表孔溢流,共 6 孔,每孔净宽 8 米,总净宽 48 米,堰顶高程 554 米,上设弧形工作闸门,固定式卷扬机启闭,泄洪消能方式为挑流,辅以二道坝水垫。表孔最大单宽流量 47.98 立方米/秒,最大挑距 61.3 米,最大冲坑深 18.6 米。二道坝为单园筒拱坝,高 12 米,距大坝 170 米。

英川一级电站水库

位于瓯江小溪上游的英川港,距县城 58 千米,水库坝址设英川镇木耳口与鲍岱村交汇处的西坑口,坝址以上集雨面积 199 平方千米,主流长度 4.0 千米,河道比降 28.6%,多年平均降雨量 1990.7 毫米。水库总库容 3731 万立方米,正常库容 3038 万立方米,正常蓄水位 555 米,死水位 518 米,设计洪水位 557.66 米,校核洪水位 560.81 米,按 50 年一遇洪水设计,100 年一遇洪水校核。设计下泄流量 1451 立方米/秒,校核下泄流量为 2314 立方米/秒。水库以发电为主,兼顾防洪等其他综合功能。英川一级电站总装机容量为 4 万千瓦。

大坝采用混凝土面板堆石坝,坝顶高程 561.0 米,防浪墙顶高程 562.1 米,最大坝高 87.0 米,坝顶长度 250 米,坝顶宽 6.0 米,上下游坡均为 1:1.3。

大坝左岸布置正堰溢洪道,堰顶高程 549 米,上建 3 孔宽 8 米,高 6.5 米的泄洪闸,弧形钢闸门挡水高度 6 米,末端建挑流鼻坎,泄洪挑出后顺山坡进入老河道。

英川一级电站水库于 1999 年 12 月动工建造,2002 年 5 月投产发电运行,总体工程于 2002 年底完工。

高岩下电站水库

位于九龙乡大顺源,坝址以上流域面积 104.7 平方千米,多年平均降雨量 1652 毫米。水库总库容 525.29 万立方米,正常库容 330 万立方米,死库容 116.35 万立方米,正常蓄水位 258 米,死水位 245 米。设计洪水位时最大下泄流量 875 立方米/秒,校核洪水位时最大下泄流量 1230 立方米/秒。

拦河主坝为双曲拱型混泥土坝,最大坝高 46 米,坝顶高程 265.5 米,坝顶长度 106.9 米,坝顶宽 2.1 米。副坝为砼重力坝,最大坝高程 265.5 米,坝顶长 42.9 米。设计开敞式正槽溢洪道,堰顶宽 40 米。工程于 1998 年 11 月开工,2000 年 6 月下闸蓄水,2003 年 6 月竣工投产,以发电为主,兼顾农田灌溉。

三枝树电站(龙潭桥)水库

位于小溪支流炉西峡上游梅岐乡龙潭桥，集雨面积31.2平方千米，引水面积24.7平方千米，多年平均入库径流量6800万立方米。其中，引水径流量1950万立方米。水库总库容794.3万立方米，正常库容600万立方米，正常蓄水位630米，设计最大下泄流量215.9立方米/秒，校核洪水位时最大下泄流量256.1立方米/秒。水库供水设计日供水4000万千克，为景宁县城的饮用水水源，供县城居民的饮用水和生产用水。

拦河坝采用砼砌石堆石坝，坝顶高程635.8米，坝顶宽5.1米，坝底高程573米，最大坝高62.8米。水库泄洪采用开敞式侧槽自流溢洪道，侧堰长26.8米，堰顶高程630米。

2003年12月，工程动工兴建，2006年6月竣工投产。工程建设移民19人，房屋拆迁772平方米，淹没耕地1公顷、山林25公顷，永久占用耕地山林6公顷、旱地3.8公顷，淹没岭根400千瓦电站1座。

滩坑电站水库

滩坑电站水库（又名千峡湖），位于瓯江流域小溪支流中段，上至景宁鹤溪扫口，下至青田滩坑水电站大坝，呈峡谷型，为全省第二大人工湖。坝址以上集雨面积3330平方千米，总库容41.90亿立方米，正常库容35.20亿立方米，调节库容21.26亿立方米，防洪库容3.5亿立方米。正常蓄水位160米，死水位120米，设计洪水位165.87米，校核洪水位169.15米，台汛期限制水位156.50米，是集发电、生态、旅游、防洪、供水、灌溉为一体的多功能大型水库。水库面积70.93平方千米，景宁区域面积39平方千米，干流回水长度80千米，占比51%，广阔的库区水面为景宁的渔业、旅游事业发展提供了得天独厚的自然条件。滩坑水电站水库以发电为主，电站具有多年调节性能，设计装机容量60.4万千瓦(3×20+0.4万)，年发电量10.23亿千瓦时，年利用小时数1694小时。

拦河坝为钢筋混凝土面板堆石坝，坝顶高程171米，最大坝高162米，坝顶长507米，坝顶宽12米。溢洪道位于左岸垭口，采用开敞式溢洪道，总长1500米，溢流堰坝高程148米，设有6个闸孔，最大泄流量14335立方米/秒。泄洪洞由施工导流洞改建而成，位于左岸，洞内设有1个闸孔，最大泄流量1729立方米/秒。

2010年景宁小(一)型水库一览

表8-1-1

水库名称	总库容（万立方米）	正常库容（万立方米）	坝顶高程（米）	最大坝高（米）	正常水位（米）	所在流域
高岩下	525.29	330	265.5	49.5	258	大顺源
上标二级	316	218	465	43	459	标溪港
龙　川	185	154.2	903.6	56.6	900	英川港
景　润	243	178	404.5	38.5	400	黄水坑
苎岱楼	389.5	281.4	474.3	50.3	468.8	家地溪
白鹤二级	216	138	383	35.4	390	飞云江
温头口	303.75	259.32	652.85	48.85	650	家地溪
毛　垟	69	69	337	18.5	342	毛垟港
三枝树	794.3	600	635.8	62.8	630	小溪支流
合　计	3041.84	2227.92	—	—	—	—

2010年景宁小(二)型水库一览

表 8-1-2

水库名称	所在乡镇	集雨面积(平方千米)	坝 型	坝高(米)	坝顶高程(米)	总库容(万立方米)	正常水位(米)	建成年份
白水漈	鹤溪	1.07	粘土心墙坝	30	1140.3	34	1137.4	1988
蒲垟	澄照	2.1	粘土心墙坝	33	1064	65	1061.4	1984
白坦	九龙	1.24	粘土心墙坝	16.36	627.11	11.03	625.8	1982
黄坑	九龙	0.67	粘土心墙坝	14.2	478.05	10.4	476.7	1982
坦岱	渤海	0.76	粘土心墙坝	18.5	787.42	12.97	785.82	1975
企岩	英川	0.28	粘土心墙坝	13	1219.35	10.2	1218.5	1958
陶山	红星	15	砼拱坝	37.6	307.5	83	305	2004
大粗	红星	10.45	砼拱坝	27	320	35	318	2004
陈潭	东坑	13.2	砼拱坝	27	621.62	23	617.5	2004
北溪(东方站)	东坑	38.3	砼重力坝	17	454	44.2	450	2000
金牛坑二级	大漈	4.2	砌石拱坝	16.95	797.5	13.32	795.15	1998
渔漈坑	景南	9.8	砼拱坝	29.3	813.3	45	811.8	2000
金峰	沙湾	41.75	砼拱坝	44	409	95	404.5	2000
大地黄坑	大地	30	砼重力坝	23.45	577.2	15.95	573.5	1970
均垟	大均	22	砼重力坝	21	372	15.3	369	2007
五垟一级	秋炉	24	砼重力坝	32	518.5	90	515	2005
五垟二级	秋炉	32	单曲拱坝	16.3	433.3	25.7	430	2007
南坑源	鸬鹚	17	砼拱坝	35	789	95	785	2003
粗垄	英川	8.5	砼拱坝	18.7	1058.4	42.5	1057.2	2004
白殿坑	九龙	14	埋石重力坝	22.5	495	23	490	2000
桃源库下	东坑	27.52	砼拱坝	30	738.12	30	734	2000
双银坑	东坑	8.08	砌石砼双曲拱坝	25	1111	32	1108	2009
石银一级	标溪	37	砼拱坝	54	474	63.2	474	1999
岭头桥	家地	145.6	砼重力坝	26.5	376.5	44.6	370.95	2005
石洞门	梧桐	21.8	双典拱坝	39	360.5	80.4	356	2003
顺利一级	九龙	42	砼拱坝	35	263.9	98	261	1999
顺利二级	九龙	61.4	砼拱坝	25.8	238.8	40.5	233	2010
银库	毛垟	638	翻板坝	13.4	286.4	60.6	281	2008
漈头电站	澄照	3.8	拱坝	18	837	11	835	2003
三条漈	家地	15.9	砼拱坝	42.5	881.5	89.3	878	2006
东公一级	鹤溪	16	砌石砼重力坝	25	405	40	402	2005
合计	—	—	—	—	—	1379.17	—	—

滩坑水库淹没涉及青田、景宁两县11个乡镇81个行政村,共移民近5万人。其中,景宁有鹤溪、外舍、金钟、渤海、大顺、陈村等4个乡、2个镇,移民20994人。水库影响区征收土地1684.13公顷。其中,耕地1515.67公顷,水田13.33公顷,园地155.13公顷。工程于2004年10月31日开工,2005年10月13日截流,2008年4月29日下闸蓄水,8月16日第一台机组发电。2010年7月达到正常蓄水位。

蓄水后的滩坑水库(千峡湖),坝锁瓯江小溪,高峡出平湖,库区出现众多岛屿、半岛、岬角、港湾、湖峡等自然景观和大坝、电站、大桥等人文景观,集峰、湖、岛、岩、林等多种独特景观于一体,形成“秀、幽、奇、神”的特色,犹如一幅绚丽多彩的美丽画卷,令人赏心悦目。

第二节 城防工程

景宁城市防洪工程,主要围绕于鹤溪河两岸。鹤溪河全长12.7千米,流域面积58平方千米,为县城中心河道,承担着行洪减灾的使命。

鹤溪堤防工程

1995年,鹤溪河堤防作为全省第一批小流域综合治理试点项目,县财政投入资金793万元,修建防洪堤8.56千米,新建堰坝3座,河道疏浚6.5千米,保护土地200公顷,于1999年6月完成工程建设。

县城防洪堤坝

2004年,建成鹤溪河城区中心段堤防工程,新建干堤2320米,加固干堤3500米,河道疏浚2270米,修建堰坝5座,378米,投资4450万元,防洪标准为20年一遇。

2008年5月,实施鹤溪河鸭卵坑堤防工程。工程位于县城北部鹤溪河右岸,新建防洪堤410.8米,加高加固堤防255.7米,新建堰坝2座,疏浚河道1.8千米,投资1600万元,于2009年4月竣工。同年12月,实施塔堪堤防一期工程,工程位于鹤溪镇塔堪村鹤溪河右岸,新建右岸堤防1141米,堰坝5座,投资2099万元,于2010年4月竣工。

2009年3月,实施鹤溪河塔堪堤防二期工程,工程位于鹤溪镇塔堪村鹤溪河左岸,新建左岸堤防1149米,投资991万元,于2010年10月完工。

外舍防护工程

2002年,以滩坑电站建设为契机,利用电站库区库尾淹没的外舍村1.5平方千米和王金垟村1.5平方千米可开发土地,在水库蓄水前开工建设外舍防护工程。工程于2006年3月开工,2009年12月竣工,总投资4.8亿元。新建外舍村至杉树湾防护堤2198.98米,堤坝为碾压堆石体,坝顶高程为海拔164.9米,坝底部宽110米,平均堤坝高度为29米,堤坝顶部宽8米;堤坝迎水面坡比1:1.7,背水面坡比为1:1.4;迎水面在海拔高程160米以下,为C20混凝土面板,下部基础为C15混凝土大方脚和C20挡墙,外侧采用大块石护脚,按50年一遇洪水(相应洪水为163.81米)和3级堤防标准设计。

开挖原外舍乡校至岭北村新河道1条(长1500米,河底宽172米,顶宽度250米,底高程138米),将原流经外舍的河道截弯取直后沿小溪左岸延伸,改道后的河道转弯段左岸局部通过山体开挖拓宽,保证河道流势顺畅入库。

开挖王金垟排洪渠1条2320米，沿原王金垟小溪右岸山脚开挖明渠改道，由干渠、支渠组成排洪渠道，渠底宽6~8米，渠顶部宽18米，土方开挖3.1万立方米，石方开挖2.6万立方米，石渣回填28.8万立方米，砼浇筑4200立方米，C10砼垫层2344立方米，钢筋制安15万千克，按10年一遇洪水标准设计。

二期工程投资2.3亿元，开挖通天门降坡和防护堤内侧低洼回填等项目。

第三节　流域治理

1992末，全县建有防洪堤堰186处，总长46.7千米。2002年10月，委托浙江省水利水电勘测设计院编制河道整治规划。2003年3月，规划编制完成。同年8月，规划开始实施。至2005年，全县共投入水利建设资金6795万元，完成水利工程362处，投工300.2万个，总工程量118.93万立方米。修复水毁工程93处，加固堤防8.1千米，河道整治8千米，河道疏浚11.8千米，治理小流域13条，(主要是鹤溪、梧桐、沙湾、毛垟、东坑、家地、雁溪、澄照等8个乡镇所在地的河道整治工程建设)。从2007年开始大规模实施主要流域河道治理。

2007年，投资530万元，建成梅岐、后溪、三枝树、毛垟防洪堤工程。其中，梅岐防洪堤长930米，投资180万元；鹤溪后溪改河工程630米，投资170万元；三枝树防洪堤142米，投资30万元；毛垟防洪堤工程新建堤防548.1米，投资150万元。

2008年10月，建成景南乡东塘村东塘堤防工程。新建防洪堤609.5米，拆除重建老堤防92.5米，河道疏浚430米，新建堰坝3座，投资93.55万元。

2009年，建成王木坑、沙湾、标溪、梅坑、大均防洪堤工程，投资3844.26万元。

2010年投资7345.26万元，分别建成西汇、马坑、双坑、林圩、三石、黄谢圩防洪堤工程。

1993—2010年，全县完成水利工程1607处，总投资25893.6万元。其中，国家财政拨款5176.34万元；国家扶贫款2343.94万元；省级财政拨款8613.84万元；市级财政拨款13.48万元；地方财政9746万元。

1995—2010年景宁建成的主要防洪堤一览

表8-1-3

防洪堤名称	所在河流	所在位置	防洪标准	投资(万元)	建成时间
鹤溪中心段	鹤溪河	县城	20年一遇	1243	1995—1998
梅岐堤	小溪支流	梅岐村	10年一遇	49.34	2007.4
毛垟堤	毛垟港	毛垟村	20年一遇	150	2007.9
后溪堤	鹤溪河	后溪村	20年一遇	170	2007.8
三枝树堤	鹤溪河	三枝树村	20年一遇	30	2007.10
东塘堤	飞云江	东塘村	10年一遇	93.55	2008.10
外舍堤	小 溪	外舍	50年一遇	25000	2008.12
王木坑堤	鹤溪河	王木坑村	10年一遇	79.16	2009.2
沙湾堤	小 溪	沙湾村	20年一遇	231.94	2009.4
鸭卵坑段堤	鹤溪河	县城	20年一遇	1600	2009.4
标溪堤	标溪港	标溪村	20年一遇	67.93	2009.6

续表 8-1-3

防洪堤名称	所在河流	所在位置	防洪标准	投资（万元）	建成时间
梅坑堤	小 溪	梅坑村	10 年一遇	3152.06	2009.10
大均堤	小 溪	大均村	10 年一遇	313.17	2009.11
马坑、坑底堤	飞云江	马坑、坑底	10 年一遇	47.44	2010.7
西汇堤	小溪	西汇村	20 年一遇	642.27	2010.4
塔堪段堤	鹤溪河	县城	20 年一遇	3090	2010.10
双坑堤	小溪支流	双坑村	20 年一遇	4915.4	2010.11
林圩堤	炉西坑	林圩村	20 年一遇	1376.57	2010.11
三石堤	大赤坑	三石村	20 年一遇	138.86	2010.12

第二章 水源利用

景宁水资源较为丰富，但由于降水不均，地势落差大，造成水流失较为严重，因此加强水利工程建设，是事关农业灌溉、工业用水和城乡供水安全的民生大事。

1993—2010 年，全面起动水源利用工程项目建设，至 2010 年末，共有小型自流灌区 164 个，可灌溉耕地 2945.4 公顷；工业用水的利用，重在电力开发。1993—2010 年期间新建水电站 130 座。至 2010 年全县共建水电站 154 座，装机 33.79 万千瓦，充分利用水资源打造出“中国小水电之乡”。

水源利用涉及人畜饮用水安全。1992 年，全县乡村除鹤溪镇建有标准净化水厂外，其他乡镇村居民、农户几乎全部直接饮用没经处理的水源。1993—2010 年抓项目和工程实施，政府、部门、农户通力合作，基本解决饮水安全问题，各乡镇村居民均能饮上干净安全的自来水。

第一节 农业灌溉

1993 年后，景宁重视农田水利基础设施建设，投入大量资金加快农业灌区改造和建设。至 2010 年末，全县有小型自流灌区 164 个，分布 22 个乡镇（管理区），可灌溉耕地面积 2945.4 公顷。

2006 年始，中央、省级财政下拨专项资金支持景宁小型农田水利基础设施建设，县财政每年“以奖代补”方式用于农村水利设施维修。2007 年开始实施小型自流灌区改造工程，主要小型灌区有沙湾、鹤溪、鸬黄、澄梅等 4 个灌区。其中，沙湾、鸬黄、澄梅灌区为“浙江省千万亩十亿方节水工程”项目，鹤溪灌区为中央财政支持的“小型农田水利工程”项目。

沙湾灌区

沙湾灌区工程分为标溪、叶桥两个片区施工，总投资 536.7 万元。于 2008 年 11 月开工，2010 年 7 月完工。改造干渠 17.4 千米，支渠 14.4 千米；改造放水口 4 处；新建引水堰坝 4 座。灌区运行后，灌溉水利用系数从 0.56 提高到 0.72，保证率从 52%提高到 75%，改善灌溉耕地面积 433.33 公顷，新增耕地灌溉面积 100 公顷，年粮食增产 160 万千克，经济作物增产 68 万千克，节水 35 万立方米。

鸬黄灌区

鸬黄灌区工程分鸬鹚、葛山、英川三个片区施工，总投资 479.46 万元。主要建设内容为新建和维修灌渠 42.34 千米；新建取水建筑物 20 座引水渠道 287.6 米。灌区运行后，灌溉水利用系数从 0.55 提高到 0.8，新增耕地灌溉面积 146.6 公顷，改善耕地灌溉面积 300 公顷，年农业增产 117 万元，节水 54 万立方米。

澄梅灌区

澄梅灌区工程分为澄照、梅岐两个片区施工，总投资 569.8 万元。于 2007 年 1 月开工，当年 12 月完工。改建干渠 15 千米，支渠 14.2 千米，衬砌防渗渠道 15 千米，U 型槽 14.2 千米；拦水坝 2 座；分支渠分水闸 8 个，进水闸 2 个，退水闸 6 个；汇流入水渠 5 处，涵洞 5 处。灌区运行后，灌溉水利用系数从 0.56 提高到 0.72，保证率 70%提高到 75%，改善耕地灌溉面积 333.33 公顷，新增耕地灌溉面积 253.33 公顷，年粮食增产 185 万千克，经济作物增产 85 万千克。

鹤溪灌区

鹤溪自流灌区改造工程位于鹤溪、外舍、大均、澄照、梅岐等 5 个乡镇，总投资 202.74 万元。于 2007 年 3 月开工，同年 12 月完工。新建渠道 5 千米，改造渠道 33.6 千米；新建水源工程 3 处，改造水源工程 9 处。灌区运行后，农田灌溉水利用系数从 0.45 提高到 0.75，灌溉保证率从 50%提高到 78%，新增耕地灌溉面积 43.33 公顷，改善耕地灌溉面积 373.33 公顷，年增产粮食 7.52 万千克，增收 112.8 万元。

2007 年，投资 800 万元完成澄照、东坑两个小型灌区自流改造工程，新建管道 35 千米，扩大灌溉面积 130 公顷，新增旱涝保收面积 186.67 公顷。

2007—2011 年，通过“十万亩千亿方节水”“小型农田水利”工程建设，新增农田灌溉面积 672.67 公顷，改善农田灌溉面积 1626.67 公顷，总投资 2588.7 万元，改善区域小型农田的灌溉条件，为农民增收节支奠定坚实基础。小型自流灌区能充分利用现有的水资源，对农业、农村、农民的生态环境、居住环境、生活质量等方面都有较大的改善。

第二节　工业用水

电力工业

景宁水力资源理论蕴藏量 66.62 万千瓦，可开发水力资源 173 处，装机 53.04 万千瓦，占浙江省水力资源可开发量的十分之一。

至 2010 年末，已建水力发电站 154 座，装机 33.79 万千瓦，年总发电量 9.25 亿千瓦时。其中，1993—2010 年新建水电站 130 座，装机 28.99 万千瓦，年发电量 7.51 亿千瓦时，总投资 18.02 亿元。

其他工业

景宁工业基础薄弱，工业用水占比不高。1997年前工业用水量最大的景宁造纸厂，其生产用水，采用两台水泵在鹤溪河抽水供水，生活用水靠打水井供水。景宁钢铁厂挖井深9米，圆形直径5米，装设电动机1台13千瓦，解决本厂生产生活用水。20世纪90年代后期，随着饮用水工程的全面实施，工业用水条件得到全面改善。2010年，大自然食品有限公司等19家工业企业年用水4578万千克。

第三节　城乡供水

1992年末，景宁除鹤溪镇有标准化净化水厂外，其他乡镇、村庄都是直接饮用河水、井水、山泉水，部分乡村自筹资金建水池引山泉水进村到户。先后经个人、集体投资和国家适当补贴，投入改水资金118.5万元，建成农村简易自来水站410处，有14.23万人饮用卫生自来水，占乡村总人口88.99%。其中，畲族村建自来水站15处，830户畲民装上自来水。但还有2260户靠塑管或竹管引用过滤池水，有308户单家独户居住的农户靠挑水解决饮用水。

1993年，县城区1.8万人口，年供饮用水154950万千克。随着县城建设规模不断扩大和居住人口逐步增加，至2003年，原县自来水厂日供水量较小，取水供水源不足，不能满足县城用水量的需求。

县城供水

2003年始，建设景宁第二自来水厂工程，供水源头为龙潭桥水库，通过6千米的隧洞引水至鹤溪上游三枝树村发电，发电尾水经3.2千米的发电输水隧洞引水至张村电站，张村电站发电尾水经2根DN500输水管自流至景宁水厂。水质经丽水地区环境监测站监测，硫化物为II类水质，其余均为地面水I类，库区被划分为II类水质多功能区，库区植被达63%。

2006年1月，建成县第二水厂，6月投入运行。设计日供水能力4000万千克，一期日供水2000万千克，年供水720000万千克，向县城4.52万居民提供生活饮用水和生产用水，彻底改善县城区供水量不足和水质污染的问题，城区输水主管线长达33千米，利用自然压力，重流式供水，供水普及率达98%。

2009年11月，在原景宁自来水有限公司、景宁溪口污水处理有限公司的基础上组建景宁供排水有限公司，为国有独资企业。公司坐落于县城人民南路998号，新建厂区占地面积2.25万平方米。

乡村供水

1994年，国家开始实施“八七扶贫攻坚”计划，景宁逐步解决农村人畜饮用水难题，至1997年末，解决67个村的人畜饮水困难问题，受益2.95万人，牲畜1.35万头。2000年，启动“农民饮用水工程”，改善解决1.25万人的饮水条件和困难。2003年，景宁被列为浙江省第一批“千万农民饮用水工程”项目实施县。从此，开始大规模实施农村饮用水工程，逐步解决农村居民饮用水困难。同年8月，实施沙湾、东坑自来水工程，投资340万元。其中，省级财政资金100万元，地方配套资金240万元，供水4个行政村8500人，供水规模0.17万立方米/日，于2004年9月竣工。

2008年，建成葛山、大均、滩坑库区、白沙岱等乡村的饮用水工程。投资2273万元。其中，中央投资210万元，省级补助资金877万元，县级财政和农民自筹资金1186万元，供水69个行政村，32186人。

2003—2010年，相继完成沙湾、东坑、英川、鹤溪、澄照、九龙、景南、家地、梅歧等18个乡镇，188个行政村安全饮用水工程，总投资7508.6万元。其中，中央财政支持874万元，省级财政补助2706万元，县级财政和农民自筹资金3928.6万元。新增供水规模1.79万立方米/日，受益人口114616人，农村生活用水得到全面改善。

2010年，针对居住高山地区的4.71万农村人口仍存在饮水不安全问题，制定《景宁畲族自治县农村饮水工程（2010—2013年）目标任务》，分年新建集中供水工程106处，总投资5883.5万元。

2000—2010年景宁水资源量一览

表8-2-1　单位：亿立方米

年　份	年降雨量	年总水资源量	年地表水资源量	年地下水资源量
2000	34.31	27.33	27.33	—
2001	37.52	24.49	19.04	5.45
2002	37.71	24.92	19.40	5.50
2003	26.8	14.66	10.08	3.86
2004	33.58	17.43	12.61	4.82
2005	42.79	29.75	23.60	6.15
2006	41.99	29.10	23.04	6.06
2007	35.16	22.28	17.23	5.05
2008	32.12	19.04	14.45	4.59
2009	34.44	21.46	16.52	4.94
2010	44.00	31.65	25.30	6.35

第三章　防灾排险

景宁是地质灾害多发区域。由于山势陡峭，小溪峡谷密布，源短流急，表土常受梅汛期和台汛期影响，导致山洪暴发、山体滑坡、泥石流，江河漫溢，造成洪涝，淹没、冲毁田园乃至村庄。如遇连续天晴，溪流枯竭，极易造成干旱。历史上旱涝灾害十分频繁，百姓深受其害。

第一节　灾　害

1993—2010年，境内共发生较大的水灾、旱灾、山体滑坡、泥石流、冰雹冰冻等自然灾害21起，因灾害造成的直接经济损失18.68亿元，死亡42人，失踪9人，受伤107人。

台风水灾

1993—2010年，共发生较大水灾16次。其中，1994年、1998年、2005年、2006年、2007年、2009年分别发生6次大雨，山洪暴发，造成泥石流灾害，损失严重。

1994年8月21日，17号强台风袭击，降雨量达304毫米，8月22日降雨量121毫米，山洪暴发，民房、农田、交通、水利、水电、通讯设施受损严重，死亡24人。据统计，“8•21”洪灾使水利电力设施遭受巨大损失，冲毁防洪堤234处，计22千米；损坏防洪堤146处，计23千米；冲毁水渠18千米，堰坝149座，水泵站11处，水电站17座，计8000千瓦；倒塌电杆410支，电力线路中断5条，计62千米；冲毁、淹没鱼塘、河蟹塘8公顷，稻田养鱼173.33公顷，冲走鱼种苗62万尾，直接经济损失1.65亿元。

1998年6月12日至21日20时，降雨569.5毫米。其中，19日降雨149.1毫米，沙湾水文站水位达6.46米；沙湾村民房进水0.5米，毛垟乡新建垟村进水，人员撤离；渤海镇下圩农田全部淹没，村尾进水。洪灾致全县10.9万人受灾，死亡19人、失踪4人、受伤107人、537人无家可归，直接经济损失1.36亿元。其中：农作物受灾面积7460公顷，绝收166.67公顷、毁坏耕地800公顷；稻田养鱼损失233.33公顷；袋料香菇损失430万袋，冲走木头150立方米，牲畜死亡450头，毁坏房屋5025间；毁堤38.5千米，决口11.9千米，毁堰坝39座、渠道桥涵1座。3座电站进水，1座电站设备受淹，5座电站厂房受损，自来水工程毁坏惨重；冲毁桥涵洞145座、路基153.5千米；护岸、挡墙等防护工程287处，计9.02万平方米、路面128千米、路基153.5千米；大小塌方654处，滑塌泥石计14.54万立方米；损毁10千伏线路730档72千米、低压线路92千米、10千伏配电变压器28台；广播、电信倒断杆线650档；企业停产2家，半停产25家；学校受淹1所，毁坏校舍9所，15处；卫生院1所、仓库2个。

2005年，先后遭受“6•18”梅雨洪水和5号台风“海棠”、9号“麦莎”、13号“泰利”、15号“卡努”4个强台风袭击，造成2人死亡，4人失踪，直接经济损失6.17亿元。全县倒塌房屋2984间，受损房屋17810间；道路塌方1190处，计385千米；防洪堤损毁500处，计46.7千米；电站受损107座，10千伏线路受损24条，电力通信线路损坏370千米；发生泥石流、山体滑坡1100起，危害村庄45起；企业停产140家，受灾转移人次18142人。

2006年6月5日至6月7日，全县各地持续普降大暴雨，24个乡镇受灾，受灾5.1万人，倒塌房屋78间，损坏房屋250间，死亡1人，失踪1人，死亡牲畜80头，农作物受灾面积1200公顷，成灾面积80公顷，绝收400公顷，减收粮食1530万千克。直接经济损失2548万元。其中，水利设施损失210万元。

同年8月10日17时25分至11日5时，遭50年一遇超强台风“桑美”袭击，风速25米/秒以上，境内普降大暴雨，平均降雨量135毫米，最大降雨量172毫米，台风致民房倒塌110户1350间，损坏房屋16107间，农作物受灾面积3100公顷，受灾7.6万人，直接经济损失1.24亿元。

2007年，连续遭受“圣帕”“韦帕”“罗莎”等多次强台风的袭击，造成11.5万人不同程度受灾，直接经济损失1.6亿元。其中，水利基础设施直接经济损失达3000万元。

2009年，受8号台风“莫拉克”袭击，造成农业受灾2966.67公顷，绝收773.33公顷，企业停工停产30家，损坏房屋675间，水利堤防70处11.2千米，受灾6.5万人，直接经济损失1.03亿元。

重大旱灾

1993—2010年，景宁发生3起严重旱灾。1994年7月10日至8月20日，连续干旱41天，农田受灾2133.33公顷。直接经济损失5171万元。1998年7月25日至8月26日，连续干旱32天，农田受灾6933.33公顷。直接经济损失1430万元。2003年7月起，连续35天平均气温为38.7℃。旱情属50年一遇，致1.5万户5.6万人饮水困难，直接经济损失1.4亿元。

其他灾情

1994年8月21日，澄照日降雨量304毫米，次日降雨量121毫米，导致仙山行政村东岸自然村发生山体滑坡，毁房7座，死亡10人，受伤8人。

2003年4月12日，渤海等18个乡镇受暴风雨和冰雹影响，损失1500多万元。

2008年1月中旬至2月上旬，遭历史罕见的连续25天雨雪冰冻天气，全县22个乡镇(管理区)、260个行政村、958个自然村、39169户供电受到影响，农林业、电力、通信、交通、水利设施损失严重，直接经济损失1.4亿元。其中，水利损失1398万元。

第二节 防 洪

1984年，成立县防汛防旱指挥部，依据防汛防台总体预案与防指成员单位责任分工确定组织指挥体系。

乡镇设立防汛防旱指挥部与防汛办，各村设立防汛防旱工作组。县级指挥机构由县委县政府主要领导与单位负责人组成，乡镇级和村级指挥机构由乡镇主要领导及各村委会成员组成。

县防汛防旱指挥部下设防汛防旱办公室，与县水利局合署办公。1991年以来，每年3月进行汛前检查，重点部门和乡镇成立抢险小分队。全县组建33个民兵应急小分队共800多人。县城防汛方案和山塘水库层层签订行政首长责任书，落实大坝巡查人员，进行业务培训。1999年制定《景宁畲族自治县防御洪水预案简表》，按百年一遇5个级别，对指挥人员、部门单位、水利工程调度、人员安全撤离、抢险物资到位等七方面作出明确规定。各水管站建立雨量站，安装“卫星云图接收系统”，建立“水情信息采集分中心和遥测站”。

2008年，22个乡镇(管理区)建成会商系统并完成设备安装调试工作，实现省、市、县、乡镇四级实时会商功能，在汛期投入使用。

汛情监测

2007年，建成24个雨量、水位监测站，进一步健全水情雨情信息监测系统，完善山洪灾害监测预警网络平台，提高了汛情监测和洪灾的预警能力，为科学防汛及时抢险提供第一手决策依据。

洪水调控

景宁众多水库不仅起到蓄水防旱作用，同时也具有调控洪水的功能。每年汛期之前，各级防汛防旱指挥部和水利部门，对水利工程进行认真检查，排除隐患，及时抢修，落实措施。汛期来临时，由县防汛防旱指挥部统一调度，适时将水库水位降低到限制水位，以调节和减轻大小溪流的行洪压力。英川水库、上标水库、白鹤水库，每年的水库控制运用计划，报市局审批，每当汛期来临，则直接由县防汛防旱指挥部下达指令进行调度。

第三节 抗 旱

2003年7月，持续干旱，35天平均气温达38.7℃。其中，有10天达40℃，7月25日达41.6℃，为历史最高纪录。35天降雨量为44.7毫米，是历年平均降水量的24%，35天蒸发量370.9毫米，是历年平均蒸发量的168%。50年一遇的严重旱情使河流干涸，农田龟裂，庄稼枯死，人畜饮水困难，食用菌受灾惨重。县委、县政府组织工作队下村指导抗旱，按“抗旱预案”，坚持“先生活、后生产、先节水、后调水、先地表、后地下”的取水原则，使水利设施在抗旱中发挥应有作用。如蒲垟水库确保了266.67公顷农田用水；白水漈水库缓解了鹤溪镇居民饮用水困难和66.67公顷农田的旱情。

2004年3—4月，正值春耕生产的关键时期，各地出现旱情，受旱面积726.67公顷，因缺水未播种118公顷。景宁组织5支抗旱队伍深入灾区，帮助寻找水源，调处水事纠纷，并下拨10万元组织自救，维修一批水源和引水工程，降低旱灾损失。

第四节 排 险

1994年8月21日，17号台风暴雨致县城鹤溪河上游暴雨倾盆，山洪咆哮，大片农田、堤坝、渠道、村庄被冲毁。县委、县政府组织企业抢救物资，撤离居民，组织群众抢险。22日凌晨2时，县城防洪堤多处决口，县武警中队的官兵急速赶到府前桥防洪坝决口，在暴雨中经过3个多小时的奋力拼搏，终于堵住决口。清晨4时，县城上游塔勘村4户居民被洪水围困在房屋里，公安干警赶赴现场，与鹤溪镇干部一起，将4户10多人转移到安全地带。

1998年6月12日至21日20时，景宁暴雨成灾，小溪水势凶猛，山体滑坡，公路主干线全部中断，沙湾、渤海两镇部分进水，县城鹤溪镇积水，紧急转移400多人。外舍乡石龙村、澄照乡翁边村发生泥石流，房子被毁，7人受伤。灾情发生后，当地政府、村委会立即组织抢救，把伤员送到景宁医院治疗。民政等部门干部赶赴灾区，组织援救，安置灾民，做好善后工作，共出动3万多名干部群众开沟排水、抢修水利设施等。

鹤溪塔勘村灾后抢修搭建钢桥

次日上午7时30分，毛垟乡新建垟村对岸的山体大面积滑坡，导致10万立方米的泥石流淹没新建垟村，致村里14幢房屋瞬间被毁，36户128人无家可归，19人死亡，4人失踪，54人受伤。新建垟村重大灾情发生后，县委、县人民政府迅速组成抗灾抢险指挥部，主要领导立即率领公安、民政、交通、水利等200多名机关干部、民警、武警及民兵应急小分队奔赴灾区抢险。当日下午，浙江省委书记李泽民、省长柴松岳来电询问灾情，当晚省水利厅、民政厅领导到达景宁。7月1日，省长柴松岳、副省长章猛进带领省水利厅厅长张金如等有关部门领导赶赴灾区慰问指导救灾工作。在抗灾救灾中，共派出5000多人次进驻灾区，实施紧急救援，抢救受伤村民54人，挖出19具遇难村民遗体。

2004年8月12日，在抗击14号台风“云娜”中，动员1000多名民工、菇民、菜农安全迁移。指导英川、白鹤电站弃水10小时2000万立方米。灾后，景宁水利局迅速组织抢修水毁工程，发动群众开展生产自救重建家园。

2005年7月，受5号台风“海棠”袭击，狂风暴雨，洪水泛滥。19日22时30分，梧桐乡金兰采砂场两名四川籍民工在设法固定一艘铁制采砂船时不慎连人带船被洪水冲走。景宁防汛指挥部紧急调动救灾抢险应急小分队，公安、消防、水利、电力等部门180多人，派出22辆车前往下游渤海方向施救，发动沿岸乡镇干部群众400多人参与搜寻，分别在外舍、渤海、大顺、陈村等地设卡。20日1时35分，一人在大顺乡炉西坑口被成功解救，一人不幸遇难。

2009年8月15日，上海驴友队18人徒步穿越炉西峡，突遇暴雨山洪，3名驴友和1名向导被洪水冲走。县人民政府立即启动应急预案，组成8个搜救小组，经11小时的搜救，向导成功获救。经120小时搜索，找到3名遇难驴友遗体。

2010年6月25日开始连日暴雨，葛山乡山后自然村两栋房屋地基出现裂痕，村防汛工作组第一时间报告，并会同乡、村网络管理人员及时撤离4户6名留守老人。26日凌晨4时30分，山后自然村29户105人的房屋轰然倒塌，变成废墟。由于转移及时，没有人员伤亡。

同日，郑坑乡吴布村通天凹发生泥石流，造成6户30人的房屋倒塌。由于村两委预先组织群众撤离，无人员伤亡。

1994—2010年景宁洪涝干旱冰雪台风主要灾情一览

表8-3-1

发生时间	灾害类别	受灾范围	受灾人口（人）	死亡（人）	失踪（人）	受伤（人）	经济损失（亿元）
1994.8	台风	全县	—	18	—	—	1.65
1994.7—8	干旱	全县	—	—	—	—	0.52
1996	台风	全县	—	—	—	—	0.54
1997.7	洪水	全县	—	—	—	—	0.05
1998.6.22	洪水	全县	109000	19	4	107	1.36
1998.7—8	干旱	全县	—	—	—	—	0.14
1998.6.16	洪水	秋炉	—	—	—	—	0.07
2002.9.7	台风	全县	—	—	—	—	0.06
2003.7—8	干旱	全县	—	—	—	—	1.4
2003.4.12	冰雹	渤海	—	—	—	—	0.15
2004.8.12	台风	全县	—	—	—	—	0.4
2005	台风	全县	139000	3	4	—	6.17
2006.6.5	洪水	全县	51000	1	1	—	0.25
2006	台风	全县	76000	—	—	—	1.24
2007	台风	全县	115000	—	—	—	1.6

续表 8-3-1

发生时间	灾害类别	受灾范围	受灾人口（人）	死亡（人）	失踪（人）	受伤（人）	经济损失（亿元）
2008	台风	全县	22500	—	—	—	0.28
2008.1	雨雪冰冻	全县	48850	—	—	—	1.4
2009.8.15	洪水	炉西峡	—	3	—	—	—
2010	洪水	全县	—	—	—	—	1
合　计	—	—	561350	44	9	107	18.68

·小记·

新建垟村特大山体滑坡抢险救灾纪实

1998年6月12日，境内普降大暴雨，至6月21日，已降雨569.5毫米。6月22日7时30分，距县城65千米的毛垟乡新建垟村发生特大山体滑坡，距村160余米外的一山头发生特大山体滑坡，泥石流一泻而下，越过小溪，扑向新建垟村，约10万立方米的泥石流淹埋了14幢房屋。数万方的泥石流阻断了小溪，瞬间形成巨大的堰塞湖，3分钟后，“堤坝”溃决，夹裹着泥石的河水又汹涌奔腾而去。

山体滑坡发出的巨响，惊动了河对面的毛垟村、底垟村的村民，两村村民立即自发绕山路赶到新建垟村，抢救被压在房屋下的幸存者。同时迅速派人赶赴20千米外的庆元县左溪乡，向景宁县委、县人民政府报告灾情（因毛垟至景宁的电信线路已被冲毁中断）。

新建垟村支书吴世昌首先从被淹没的泥石流中爬出，面对巨大的灾难，吴世昌没顾及自己的家，立即组织村民自救。底垟村民吴芝华不顾危险钻入倒塌的房屋，同其他村民一起救出一名14岁的孤儿吴城，用竹子扎了一副“担架”，把吴城送往沙湾医院抢救。

景宁县委书记金建新、县长蓝春土等领导接到灾情电话后，立即组织公安、水利、交通、民政等部门的200多人火速前往灾区抢救，汽车驶到大赤坑被山洪挡住了去路，他们陡步翻山，下午1时05分，终于赶到了新建垟村灾区现场。随后，公安干警、武警、消防官兵、人武部、民兵应急小分队、县机关干部、县人民医院、沙湾镇卫生院的医务人员相继赶到灾区，地委副书记焦光华也于当日下午赶到灾区指导抗灾救险。

在抢救现场，公安干警、消防、武警官兵冒着山体继续滑坡的危险，冲进倒塌的房屋，扒开残砖碎瓦，掀起断木折梁，工具断了，就用手扒、用脚踹，许多人手上、脚上、脸上被划出了血，全然不顾，连续奋战七、八小时，连饭都顾不上吃。

22日下午，浙江省委书记李泽民、省长柴松岳来电询问灾情，当晚省水利厅、民政厅领导到达景宁。22日晚8时，县委、县人民政府召开紧急会议部署抗灾救灾和生产自救，县委办专门发出《关于认真做好抗灾救灾工作的紧急通知》，抗灾人员坚守灾区一线。同时，县委办等3家联合举办《抗洪救灾快讯》，第一时间报导灾区救灾情况。7月1日，省长柴松岳、副省长章猛进带领省水利厅厅长张金如等有关部门领导赶赴灾区慰问指导救灾工作。

新建垟村灾情发生的4天时间里，县委、县人民政府共派出5000多人次进驻灾区，实施紧急救援，抢救出受伤村民54人，挖出遇难村民尸体19具。6月23日，80条棉被、2000多件衣服、2000千克大米和75千克食用油等救灾物资讯速运到灾区，发放给128位灾民。县五大班子带头，全县及兄弟县市共捐款147万元支援灾民重建家园。

第四章　水利管理

水利管理，主要包括水资源保护、河道管理、山塘水库管理、以及渔政管理等。

1993—2010年，加强对水资源的保护。1997年11月，关闭对水资源造成严重污染的景宁造纸(集团)有限公司以及一些小矿产。2001年，《景宁畲族自治县水资源管理条例》经浙江省第九届人民代表大会常务委员会批准实施，正式进入依法治水的时期；2006年，兴建景宁污水处理厂；2008年，启动和实施河道管理范围划界，将重要河道列入禁止采砂区域。全面落实责任制，对山塘水库的安全进行观测预防，及时发现和修建，开展防治白蚁危害处理工作，加大行政执法和综合治理，对河道鱼类的保护和合理投放，合理放养，服务于社会。

第一节　水资源保护

1993年，出台《景宁畲族自治县水资源费征收管理暂行办法》，开始依法征收水资源费，并对用水企业和单位实行取水用水定额管理和取水用水许可制度。1997年以来，通过依法关闭造纸(集团)有限公司、整治矿山、兴建污水处理厂等措施，使县域一江清水的自然生态环境逐步恢复。

2001年7月9日，浙江省第九届人民代表大会常务委员会第二十七次会议批准公布施行《景宁畲族自治县水资源管理条例》。至此，景宁的水资源保护，开发利用和管理步入有法可依，依法治水的轨道。

2005年，全面开展取水口、入河排污口调查，摸清全县水资源利用保护现状。同年9月，县人民政府颁布《龙潭桥水库饮用水地表水源保护管理办法》，明确源头水保护区，严格禁止一切开发性行为。

2006年4月，依据《浙江省水功能区、水环境功能区划分方案》，全县水域共划分为15个不同分区，在各分区安装全省统一制作的水功能区界碑。

2010年，对15个水功能区断面水质进行常态化监测。

厂矿废水整治

1958年，景宁造纸厂建立，年产300万千克木浆水泥包装纸，造纸污水长期直排溪河，严重污染瓯江小溪，造成下游溪水不能饮用，水生动物不能生存。小溪沿岸的金钟、渤海、大顺、陈村等乡镇以及青田、温州等地，两岸居民深受其害。1997年11月，景宁造纸(集团)有限公司被依法关停，还其下游沿江两岸人民一江清水。

景宁敕木山铁矿有限公司和景宁泰鹤矿业有限公司采矿、选矿的废水，直接影响鹤溪镇饮用水源。经省、市环境监测部门监测，鹤溪镇饮用水源部分指标超过国家饮用水源标准，饮用水源已经受到严重污染，威胁供水安全。依据《中华人民共和国水污染防治法》《中华人民共和国水土保持法》《中华人民共和国防洪法》的有关规定。2004年8月，责令景宁敕木山铁矿有限公司和景宁泰鹤矿业有限公司立即停止排放污染物，包括停止排放采、选矿废水和废矿石，并进行综合治理，确保鹤溪镇饮用水源和人民生命财产安全。

兴建污水处理厂

2006年，兴建景宁污水处理厂，共投资3120万元。污水处理工程（一期）位于溪口村，项目设计处理污水能力500万千克/日，厂房占地面积5000平方米。工程主干管沿鹤溪河两岸高于水位线布设，随管设置防渗漏检查井、沉沙井、过江管道井113座，共布设DN500、DN300（并列双管）主干管11.2千米。2007年9月，污水处理厂一期工程完工投入运行，集中处理县城生活、生产污水，改善鹤溪河水生态环境。

第二节 河道管理

1992年1月，县人民政府颁发景政〔1992〕4号《通告》，对鹤溪河道乱采砂石的现象明令禁止，遏制鹤溪河道乱采乱取砂石料行为。2005年，首次对坑边水电站项目实行水资源论证制度。

2008年，启动河道管理范围划界工作。11月，县水利电力勘测设计所受委托编制完成《浙江省水域管理范围划界（小溪干流景宁段）专题报告》。2009年，为保护水生态环境，将溪口大桥至沙湾段河道列为采砂禁采区。

2010年6月7日，将小溪流域省级河道堤防和鹤溪河道堤防（城防）建设、管理、维护职能划归河道管理所承担。8月，建立河道保洁专门机构，投入专项资金，配备专业保洁员。同时，制定印发《景宁畲族自治县河道堤防巡查制度》和《河道堤防工程巡查记录表》，各乡镇、街道指定专人，落实责任，定期巡查辖区内的河道堤防，及时记录并上报。河道管理所定期组织巡查鹤溪河和小溪河道，制作200块警示牌，安装于各主要河道和堤防工程醒目位置，禁止任何单位和个人向水域内抛掷垃圾、动物尸体及排放污染物，严格控制占用河道行为，使河道管理有章可循，步入制度化、规范化管理轨道。

第三节 库塘管理

1993年前，小(二)型水库由乡镇审批报县水电局备案，小（二）型以下水库、山塘、堰塘由村审批报乡镇备案，白水漈、蒲坪水库由乡镇政府报县水电局审批。白水漈、蒲坪水库设有专人负责管理。水库工程的维修经费主要靠工程本身的收入或集资、投劳来解决。农村实行家庭联产承包责任制后，乡村的水库一般靠灌溉受益乡村农民劳动积累工解决。有的管理人员定时间定稻谷（稻谷折成人民币）补贴，由受益户按农田面积摊派，有些重点工程维修支出较大，由乡、村农民集资和国家适当补助来解决。

1998年10月，发现蒲坪水库白蚁侵害严重，邀请湖北省白蚁防治研究所的专家到景灭蚁。白蚁防治专家从蒲坪水库坝肩挖出11巢白蚁，有上千万只黑翅土栖白蚁，巢深1~2米，当场投放灭蚁粉，致白蚁群传染互相残杀全部死亡，达到标本兼治的目的。

2001 年，对白水漈和驮岙头等 16 座水库实行空塘运转，保证鹤溪镇和乡村汛期安全。2003 年 7 月，建立县水利安全生产专门机构和工程质量监督站合署办公，签订《水电工程质量监督书》，对水工程加强质量监督。

2004 年 4 月，加强推进病险水库和千库保安工程建设，把病险水库、山塘除险加固列入“强塘固防”工程之一，先后实施完成蒲垟等 6 座小(二)型水库的除险加固工程。是年，县防汛防旱指挥部分别和 24 个乡镇签订年度防汛防旱及小(一)、小(二)型水库业主签订水库安全责任书，公布 79 个重点山塘、大坝安全管理责任人名单，做到职责到位，责任到人。

第四节 渔政管理

1985 年，设立景宁畲族自治县渔政管理站。依据《中华人民共和国渔业法实施细则》，管理全县水域，与公安、环保等部门配合，查处渔政违法案件，依法治渔，以法兴渔。1997 年 3 月，建立景宁畲族自治县水政监察大队，县渔政管理站职能并入水政监察大队。2003 年 11 月，水政监察大队更名为水政渔政执法大队。其主要职能是：承担全县区域水政监察、水资源管理、河道采砂管理、渔政管理、水土保持监督、水行政规费征收、水事渔业案件查处、渔船检测和防汛抗旱应急抢险等。2004 年，设立渤海渔政分站。2008 年，设立驻水利局公安联络室，配备专职协警 2 人，在沿溪乡镇聘用渔政协管员 9 人。2009 年 11 月，将秋炉、毛垟、沙湾、英川、鸬鹚、标溪、梧桐、大均、鹤溪等 9 个乡镇区域范围内的河道渔业管理权赋予当地人民政府管理。2010 年，水政渔政执法大队增挂县渔业船舶检验中心牌子。

1994 年，划定交见圩以下的小溪流域列为重点保护河段，七里潭、大均潭、溪口潭、大顺潭和外舍滩等“四潭一滩”列为全封禁区。依据《渔业法》规定，实行征收渔业资源增值保护费，发放渔业捕捞证、渔业许可证制度。

1998 年 7 月，县渔政、公安、工商联合组成渔业执法组，查处违法电鱼 6 起，炸鱼 4 起，毒鱼 1 起，收缴电鱼工具 6 套，雷管 22 只，炸药 1.5 千克，有效地打击炸、毒、电鱼的违法行为。

1999 年 12 月 20 日，小溪流域渤海境内发生一起恶性毒鱼事件，毒鱼犯为抓鱼谋利，将 8 瓶剧毒农药“灭扫利”(每瓶 250 毫升)倒入溪流中，致渤海至青田 50 千米的水面漂满死鱼，沿溪鱼苗几乎全部死亡。2 名违法毒鱼者被依法处理。

2000 年 3 月，溪流实施全面禁渔，颁发渔业捕捞许可证和渔业船舶登记，实施凭证捕捞，维持江河捕捞秩序，查处违规捕鱼现象，打击电、毒、炸鱼等不法行为。

2004 年 6 月，开展“绿箭行动”，依法渔政巡查 456 人次，查处渔政违法案件 23 起，没收电捕鱼工具 13 套，网具 136 副，竹筏 5 副，受治安刑事拘留 2 人，办理捕捞许可证 62 本。

2009 年，针对影响恶劣的大顺乡炉西峡毒鱼案件，联合公安、当地乡镇党委、政府严打毒鱼违法行为。

至 2010 年，依法开展渔政检查 1210 次，被检 3371 人，办结案件 225 件，移送公安机关治安拘留 5 人，留置审查 20 人，处以罚款、赔偿、收取资源增值保护费 19.35 万元，办理捕捞许可证 332 本，没收电捕鱼工具 48 套，网具 2121 副，鱼雷 1 箱，竹筏 8 副，罚款 31.28 万元上缴国库，切实保护瓯江小溪渔业资源。

第九篇　电　　力

1952年，景宁始有电，历经变迁，逐步壮大。进入20世纪90年代，随着电力体制改革不断深化，电力事业稳步发展。1991年12月，成立电力工业局，属县政府办电管电职能部门，负责全县电力建设和行业管理工作。

电源开发和电网建设并举。在加快水电开发，增加电能的同时，加快电网建设步伐，相继完成110千伏景宁输变电等电网建设工程，逐步形成以220千伏、110千伏为主网，35千伏、10千伏为基础的供电网络格局。

20世纪90年代，城乡生产、生活用电进入急剧增长时期。实施城乡电网建设与改造，加强电力调度自动化建设，逐步形成输、配、变全方位满足社会供电需求，扭转90年代初期居民生活限量用电的局面。

1993—2010年，是电力事业从弱势转为强势的历史时期，供用电逐渐跨上适应经济社会发展的良性轨道。1997年1月，全县实现村村通电。2006年10月，实现户户通电。2010年末，全县用电总量升至1.27亿千瓦时，为1992年的4.22倍。2006年3月，县电力公司跻身省一流供电企业。2009年11月，跨入国家一流县级供电企业行列。

第一章 电网建设

1991年至1995年，景宁初步形成35千伏电网框架。此后，电源开发和电网建设步入快速发展时期。1995年8月，建成全县第一座110千伏变电站。2001年至2005年，电网进入新一轮的发展时期。2000年起对全县城乡电网进行全面建设与改造，对滩坑库周电力网络进行复建。2008年11月，首座220千伏鹤溪变电所正式投入运行。日益强大的电网，为经济社会发展提供坚强的电力保障。

第一节 变电站

变电站简况

1992年，有变电站6座，分别为：景宁35千伏变电所、东坑35千伏变电所、英川35千伏变电所、鸬鹚35千伏升压站、渤海35千伏变电所、雁溪35千伏变电所(临时)。

至2010年末，有220千伏鹤溪变1座，主变1台，容量150兆伏安；110千伏变电站1座，110千伏升压站2座，主变4台，变电容量128兆伏安；35千伏变电站10座，变电容量97.65兆伏安。35千伏用户变压器968台，总容量为106.69兆伏安。

220千伏鹤溪变电所

2006年11月23日，220千伏鹤溪变电所动工建设，2008年11月20日投入运行。所址坐落鹤溪镇半垟村，属省电力重点项目，变电所工程投资21616万元。安装150兆伏安主变压器2台，220千伏出线2回，110千伏出线4回，35千伏出线6回。建成220千伏鹤溪变电工程，使农村小水电发展有了可靠依托。

景宁220千伏鹤溪变电所开工仪式

2010年景宁农网高、中压变电站一览

表9-1-1

序号	变电站	电压等级(千伏)	主变(兆伏安)	容量(兆伏安)	投运年份
1	鹤溪	220	330	330	2008
2	景宁	110	63	63	1995
3	外舍	35	20	20	2009

续表 9-1-1

序号	变电站	电压等级(千伏)	主变(兆伏安)	容量(兆伏安)	投运年份
4	包凤	35	10	10	2006
5	东坑	35	10	10	1988
6	雁溪	35	8.15	8.15	2002
7	毛垟	35	8.15	8.15	1998
8	英川	35	12.6	12.6	1992
9	鸬鹚	35	8	8	1986
10	渤海	35	5	5	2007
11	九龙	35	3.15	3.15	2007
12	梧桐	35	12.6	12.6	2010

第二节 电力线路

1992 年末，全县 10 千伏线路 579.86 千米，低压线路 757.39 千米。35 千伏线路 8 条，180.33 千米。此后，多举措加快电力线路建设，至 2010 年末，县内已建成 220 千伏线路 2 条，长 85.72 千米；110 千伏线路 5 条，长 78.88 千米；35 千伏线路 17 条，总长 178.89 千米；10 千伏线路 45 条，总长 1171.66 千米；380 伏线路 650 条，总长 1198.06 千米。

220 千伏线路

220 千伏象鹤 4P28 线，起于 500 千伏万象变至 220 千伏鹤溪变，总共杆塔 159 基，线路全长 63.31 千米，由丽水正阳电力设计院设计，丽水正阳电力建设有限公司施工，2009 年 12 月 14 日投入运行。

110 千伏线路

110 千伏上宁 1083 线，起于上标电站至 110 千伏景宁变，总共杆塔 99 基，线路全长 40.50 千米，由丽水正阳电力设计院设计，丽水正阳电力建设有限公司施工，1995 年 8 月 8 日投入运行。

2010 年景宁农网高、中压线路一览

表 9-1-2

序号	线路名称	电压等级(千伏)	导线型号	线路长度(千米)	序号	线路名称	电压等级(千伏)	导线型号	线路长度(千米)
1	畦溪 2Q74	220	LGJ-300/40	22.41	1	景外 3821	35	LGJ-185/30	2.84
2	象鹤 4P28	220	LGJ-300/40	63.31	2	鸬英 3826	35	LGJ-240/40	9.20
1	上宁 1083	110	LGJ-150/25	40.50	3	景毛 3822	35	LGJ-120/20	37.26
2	云宁 1084	110	LGJ-240/40	16.80	4	英毛 3830	35	LGJ-185/30	10.53
3	鹤宁 1299	110	LGJ-240/40	2.72	5	景渤 3823	35	LGJ-185/30	24.74
4	杨宁 1295	110	LGJ-300/25	16.99	6	英崇 3828	35	LGJ-240/40	4.05
5	鹤景 1298	110	LGJ-240/40	1.87	7	渤龙 3834	35	LGJ-95/15	9.63

续表 9–1–2

序号	线路名称	电压等级（千伏）	导线型号	线路长度（千米）	序号	线路名称	电压等级（千伏）	导线型号	线路长度（千米）
8	景东 3824	35	LGJ–120/20	26.84	35	2# 纸厂 180	10	LGJ–120/20	4.60
9	景东3824上标 T 接线	35	LGJ–120/20	13.76	36	白岸 189	10	LGJ–120/20	2.03
10	上雁 3825	35	LGJ–120/20	0.82	37	大赤坑 182	10	LGJ–120/20	3.05
11	鹤凤 3812	35	LGJ–240/40	3.44	38	外舍 187	10	LGJ–185/30	5.63
12	溪凤 3813	35	LGJ–185/30	3.44	39	新城 183	10	LGJ–120/20	5.06
13	溪外 3814	35	LGJ–185/30	2.99	40	张春 186	10	LGJ–120/20	4.55
14	溪宁 3810	35	LGJ–240/40	1.51	41	中继 191	10	LGJ–35/6	56.42
15	包桐 3832	35	LGJ–185/30	16.22	42	矿山 185	10	LGJ–120/20	9.06
16	鸬桐 3840	35	LGJ–185/30	11.61	43	大顺 126	10	LGJ–120/20	9.70
17	澄照 116	10	LGJ–185/30	39.26	44	高沈 129	10	LGJ–120/20	37.37
18	草鱼塘 113	10	LGJ–150/25	14.86	45	鹤口 127	10	LGJ–120/20	16.95
19	城西 111	10	LGJ–150/25	6.55	46	秋炉 171	10	LGJ–70/10	49.91
20	新亭 112	10	LGJ–150/25	46.84	47	毛垟 172	10	LGJ–95/15	46.90
21	梅岐 114	10	LGJ–120/20	49.38	48	黄水坑 175	10	LGJ–70/10	33.22
22	苗圃 115	10	LGJ–150/25	16.72	49	王金垟 201	10	LGJ–185/30	18.21
23	绿草 122	10	LGJ–120/20	24.44	50	溪口 203	10	LGJ–185/30	2.47
24	渤海 120	10	LGJ–120/20	5.17	51	金钟 202	10	LGJ–120/20	20.21
25	郑坑 123	10	LGJ–70/10	15.88	52	上渔 158	10	LGJ–70/10	71.72
26	大都 121	10	LGJ–120/20	26.99	53	家地 156	10	LGJ–70/10	9.08
27	章坑 144	10	LGJ–70/10	29.62	54	雁溪 151	10	LGJ–70/10	21.83
28	景南 145	10	LGJ–70/10	27.76	55	英川 165	10	LGJ–120/20	84.92
29	大漈 142	10	LGJ–70/10	47.29	56	隆川 162	10	LGJ–120/20	1.06
30	东坑 141	10	LGJ–70/10	33.67	57	黄湖 164	10	LGJ–120/20	34.60
31	蒲垟 184	10	LGJ–120/20	6.06	58	梧桐 133	10	LGJ–70/10	23.43
32	钢铁厂 188	10	LGJ–120/20	3.09	59	南坑下 132	10	LGJ–70/10	37.88
33	大均 193	10	LGJ–95/15	21.93	60	莲川 134	10	LGJ–50/8	54.29
34	1# 纸厂 181	10	LGJ–120/20	7.81	61	鸬鹚 131	10	LGJ–70/10	42.61

第三节　电网改造

1999 年 3 月，根据国务院〔1999〕2 号文件精神，对景宁农村电网建设和改造作了部署，2000 年 8 月始实施，2003 年末完成，实现国务院确定的通过改造农村电网，实现城乡用电同网同价的目标。2004 年 4 月始，实施县城电网建设与改造；2005 年 1 月始，实施滩坑电站库周电力设施复建工程；2007 年 1 月始，实施新农村电网建设与改造工作。与此同时，电网调度自动化建设、“户户通电”工程和农村电气化村建设取得预期成效。连续 10 年的电网建设与改造，共投入资金 3 亿多元，电网结构得到改善，供电能力全面提升。

农网改造

2000年8月始，开展农网改造，分两期实施。第一期110千伏工程项目3个，投资额为2617.61万元，35千伏及以下农网建设与改造项目可研总投资为3105万元。其中，35千伏电网556万元，10千伏电网640.35万元，低压电网1908.55万元。2001年8月丽电计〔2001〕226号文批复自供区改造项目可研投资917万元。

景宁110千伏电网变电所

第二期农网建设与改造项目可研投资2502万元。其中，10千伏项目817万元，低压项目1685万元。一、二期总批复可研资金6524万元。其中，10千伏及以下5968万元。完成110千伏项目3个，资金2284.74万元。完成35千伏7个项目，资金922.88万元；10千伏改造项目126个，资金1721万元。新建线路80.65千米，改造400.25千米；低压线路368个项目，新建53.9千米，改造925.84千米；新增配变99台，改造台区535个，改造户表39714户，资金为3993万元。至2003年4月，完成一、二期农网改造，总投资8921.32万元。

城网改造

2003年，根据国家电网公司、省电力公司部署，对县城电网改造进行规划，2004年4月始实施。共完成35千伏项目2个，资金1466.84万元，新增主变2台20000千伏安，线路2条计13.8千米；10千伏改造项目19个，资金720.115万元，新建线路31.68千米，改造线路69.90千米；低压线路28个项目，新建线路26.28千米，改造线路27.41千米，新增配变25台，改造台区5个，改造户表3668户，资金1009.54万元。至2005年5月，完成全部工程项目，完成总投资3196.49万元。

滩坑库区电力复建

2005年，滩坑水电站库周电力复建始实施。项目可研投资为4088.2万元。其中，35千伏项目2341万元，10千伏及以下电网资金1709.7万元。至2007年12月，电力复建工程结束。共完成35千伏项目2个，资金2161.44万元，新增主变2台，8150千伏安，线路2条35.0千米；10千伏改造项目54个，资金1508.81万元，新建线路159.24千米，改造线路109.4千米；低压线路项目8个，新建22.2千米，改造16.41千米，新增配变28台，改造台区8个，改造户表1750户，资金380.45万元。总投资4050.7万元。

电气化村建设

2007年，启动电气化村建设。根据总体规划，建成电气化乡镇10个、电气化村79个，按照“统筹规划、示范先行、分步实施”的原则，在鹤溪镇周湖村、双后岗村和大均乡的大均村开展试点，2008年全面实施。周湖、双后岗、大均成为首批通过验收的电气村。至2010年末，累计投资5960万元，完成电气化建设乡镇10个和电气化建设村87个。

2007年景宁新农村电气化村验收授牌仪式

电力调度自动化

1997年6月始,对电网调度自动化建设进行规划,1997年末,分别对英川、鸬鹚、东坑、渤海等厂站载波通道、二次回路以及110千伏景宁变至调度大楼通信电缆进行改造、建设和完善。1998年初实施调度自动化主站系统建设,4月末完成安装调试,6月1日始投入实用化运行考核,12月通过省公司实用化考核验收。至此,覆盖景宁、上标、英川、鸬鹚、东坑、渤海6个变电所的调度自动化系统正式进入实用化运行。

2006年始,对电网通信、信息和自动化系统实施建设与改造,先后建成通信光缆200多千米,实现应用业务全覆盖。35千伏变电站光纤覆盖率达100%。同时,完成老旧变电所的综合自动化及调度自动化主站系统软硬件的升级改造,使调度自动化系统升级为具备四遥(遥信、遥测、遥控、遥调)功能的新系统,为供电企业顺利实施减员增效、推进调控一体化建设、变电站无人值守提供可靠的技术支持和保障。

重大电力故障及事故处置

景宁电网基础簿弱,在重大自然灾害面前承受着巨大的压力。2005年第13号台风"泰利"对境内电网造成严重影响。先后出动抢修人员980人次,出动车辆118台次,迅速开展抢修,为灾后生产自救提供坚强的电力保障。

2008年1月中旬,一场50年不遇的冰雪灾害造成电网大面积停电,电力设施严重损毁,设备故障直接经济损失1398万元。面对突来其来的灾害,县政府启动应急预案,组织电力等部门人员,放弃春节假休,全力抗击冰雪灾害,先后出动抢修6773人次,车辆1035台次。在县外电力部门的援助下,至2008年2月末,全面恢复供电。

第二章 电力服务

随着经济和社会的发展,用电需求逐步扩大,电力供需矛盾日趋尖锐。在利用丰富的水资源进行水电开发的同时,深化农电管理体制改革,加快电网建设步伐,加强电价管理,提升优质服务水平,以适应社会发展对电力的需求。1991年1月,景宁电网并入浙江电网,供电能力与用电水平逐步相适应。

用电量增长点主要集中在工业用电和生活用电上。1992年,全县用电量4530.79万千瓦时,2010年,达到1.27亿千瓦时。其中,工业用电占总比47.11%,生活用电占总比30.16%,总用电量是1991年并入浙江电网时的1.58倍,年均增长9.8%。

第一节 生产用电

工业用电

1992年,全县工业用电量3344.84万千瓦时。

1992—1995 年，铸造业兴起，工业用电量增长较快，年平均增长率为 20.5%，占全县用电量 88.3%左右。1995 年，用电量 8636.57 万千瓦时。其中，工业用电量 6345.46 万千瓦时，占当年全县用电量 73.5%。

1996—2000 年，工业发展更加注重质量，相继调整关停一批高能耗企业，工业用电量增长速度放缓，年平均增长率为-7.9%，占全县用电量 77.4%左右。至 2000 年，工业用电量 4443.61 万千瓦时。

2001—2005 年，工业实现跨越式发展，工业用电量增长加速，用电集中在大工业用电，阀门铸造等成为用电大客户，工业用电量年平均增长率达到 3.4%，工业用电量占全县用电量 72.63%左右。

2006—2010 年，实施"水电之乡""以电兴县"等发展战略，工业用电量保持高速发展态势，年平均增长率为 2.7%。2010 年，工业用电量 5999.72 万千瓦时，占全县用电量 47.11%。

农业用电

农业用电包括农、林、牧、渔业用电。1992 年，农业用电量 46.3 万千瓦时，占全社会用电量 1.1%。农业生产以劳力为主，用电量增长缓慢。 2010 年，农业用电量为 42.64 万千瓦时，与全社会用电量占比仅 0.33%，与 1992 年相比下降 0.77%。

商贸用电

1992 年，商贸用电量 41 万千瓦时，仅占全县用电量的 1%，比农业生产用电量少 5.3 万千瓦时，位居全县行业用电量第三位。从 1993 年开始，随着改革开放深入，市场经济逐步完善，第三产业得到发展，从事商贸人员增多，商贸用电量逐年增长，超过农业用电量。1995 年，突破 113 万千瓦时，2000 年达 173 万千瓦时， 至 2005 年， 每年增幅都超 35 万千瓦时，2006 年达 392.11 万千瓦时，2010 年达 752.79 万千瓦时。1992—2010 年为商贸用电量年增长率最高时期。

第二节 生活用电

1992 年，全县生活用电量 909.75 万千瓦时。1994 年所有乡镇通电，城乡居民生活用电达 1194.5 万千瓦时。1991 年至 1995 年，城乡居民生活用电年平均增长 16.2%，1996 年至 2000 年，年均增长 0.2%，生活用电占社会总用电量的 16.4%。进入 21 世纪，随着用电范围的扩展以及家用电器的普及，城乡生活用电量迅猛增长。1993—2010 年城乡居民生活用电年平均增长 5.3%。

景宁电力以"畲乡山花"为品牌依托，在全县服务行业中率先设立"畲语专岗"，积极实施优质服务"阳光工程"，推广"春风助企"和"电力惠农"活动，并向各行政村派驻台区经理，为畲乡百姓提供便捷的个性化电力服务，为"美丽畲寨"建设提供更加稳定可靠的电力保障。

为畲族用户设立"畲语专岗"服务

1993—2010年景宁城乡居民生活用电量一览

表 9-2-1 单位:万千瓦时

年份	用电量	年份	用电量	年份	用电量
1993	986.77	1999	1892.29	2005	2355.77
1994	1194.52	2000	1823.90	2006	2534.87
1995	1402.27	2001	1727.82	2007	2782.66
1996	1817.65	2002	1823.05	2008	3199.61
1997	1958.78	2003	2351.15	2009	3495.67
1998	1914.83	2004	2420.79	2010	3840.73

第三节 特殊用电

电力企业为全县重大活动和节庆活动提供可靠的电力供应和保障。使1994年设县十周年和2004年设县二十周年等大型庆祝活动,2006年举行的畲族“三月三”节庆活动以及中央、省、市新闻媒体现场采访、录制、实况转播活动的电力供应得到有效保障。

为每年召开“两会”“中高考”和各类节庆活动提供更好的电力保障和服务,专门成立保供电领导小组,组织专门力量加强对保供电设备的特殊巡视、运行维护、突发事故的抢修工作,确保重大活动顺利进行。

每年组织开展供电服务队上门走访茶农活动,已成为电力企业的例行工作。每年开春,主动服务茶农,为茶农用电把关“号脉”,开通用电绿色通道,帮助茶农解决春茶加工期间的用电问题,确保茶农生产用电。

积极为“两保户”办理免费用电业务。加强与民政部门的沟通和联系,积极组织免费用电政策宣传,完成全县“两保户”资料的收集,并针对“两保户”的特殊性,走进敬老院、边远山村和孤寡老人家里,上门办理“两保户”免费用电业务。

第三章 电力管理

20世纪90年代,农电的管理机构由县农村电力管理总站、乡镇农电管理站和村管电小组三级组成。1999年,丽水电力局与景宁县政府签订代管协议;2004年,完成乡镇电管站体制改革,撤销农电管理总站,相关职能与业务归口电力局用电科,农村集体电力资产移交县供电部门管理。

第一节 农电体制

20世纪90年代始,以“地方为主、县为实体、统一规划、集中调度、分级管理”为指导原则,进行农电体制改革，理顺并建立符合景宁农村经济发展的农电管理体制，提高用电服务水平，逐步实现城乡用电同网同价。为理顺农电管理体制，减轻农民不合理的用电负担，将乡镇电管站改为县级供电企业所属的供电所或营业所，其人、财、物纳入县级供电企业统一管理。1999年9月2日，丽水电力局与县政府签订代管协议，标志着景宁农电体制改革进入实质运作阶段。2000年4月，景宁完成乡镇电管站体制改革。此后，全县范围内实行劳动关系解除和建立、劳动和社会保障事务代理、供用电机构设置等6方面的基本统一。开展农村集体电力资产盘查、评估，并将全部资产移交供电部门管理，农村电网建设和维护也由供电部门负责。2004年10月，实行劳动和社会保障事务代理的用工形式，对乡镇供电营业所的电管员实行劳动和社会保障事务“综合代理”；对农村电工实行劳动和社会保障事务“部份代理”。到2005年1月，完成农电体制改革工作。经过改革，人员从182人精减到137人。所有人员均签订人事代理合同。至2010年末，全县有电管员29人，专职农电工72人，兼职电工55人。电管员和专职电工实行人事代理制。

第二节　电价政策

1993年，对居民生活用电、非居民照明用电、计划内工业用电、计划外工业用电、营业性照明用电及农业排灌用电进行电价调整。

1993年景宁部分电价调整分类情况一览

表9-3-1　单位：元/度

用电分类	项目	新目录电价	综合附加费	合计电价
照明	城镇居民	0.25	0.05	0.30
	农村居民	0.25	0.05	0.29
	城镇居民非照明	0.34	0.06	0.40
	农村居民非照明	0.33	0.06	0.39
计划内工业用电	平均综合价	0.31	0.14	0.45
	高峰价	0.31	0.19	0.50
	低谷价	0.31	0.04	0.35
计划外工业用电	平均综合价	0.31	0.30	0.62
	高峰价	0.31	0.43	0.75
	低谷价	0.31	0.04	0.36
其他	营业性照明用电	0.34	0.27	0.62
	农业排灌用电	0.05	—	0.05

1996年，居民生活用电量增长过快，电价结构和电力供需矛盾突出，为缓解负担过重问题，城镇居民生活用电由千瓦时0.30元调整为0.45元，农村居民由每千瓦时0.29元调整为0.44元。2000年，深化电费电价改革，规范执行电价流程，统一销售电价水平，并对小水电、小火电上网价格实行分类指导；清理整顿加价问题。同年，开始实施城镇居民“一户一表”改造工程，为同网同价做好前期准备。

2005年，对承担有序用电任务的两部制电力用户试行电费补偿。2006年，浙江省电网销售电价平均每千瓦时提高1.89分，用于疏导煤运价格上涨引起的电价矛盾，适当调整销售电价分类和结构；扩大峰谷分时电价执行范围，大工业和普通工业用户除另有规定以外，分别在2006年末至2007年末前全部执行六时段分时电价。

2006年景宁调整后电网销售电价一览

表9-3-2　单位：元/度

用电分类	电压等级		总售电价			
			电度电价	尖峰	高峰	低谷
居民生活	不满1千伏“一户一表”居民用户0	50及以下	0.54	—	0.57	0.29
		51~200	0.57	—	0.60	0.32
		201及以上	0.64	—	0.67	0.39
	不满1千伏合表用户		0.56	—	—	—
	城镇1~10千伏及以上合表用户		0.54	—	—	—
	农村1~10千伏		0.51	—	—	—
大工业	1~10千伏两时段		0.61	—	0.73	0.45
	1~10千伏六时段		0.61	1.03	0.81	0.39
	35千伏两时段		0.59	—	0.71	0.44
	35千伏六时段		0.59	0.10	0.80	0.38
普通工业	不满1千伏两时段		0.81	0.90	0.64	—
	1~10千伏两时段		0.79	0.88	0.63	—
	不满1千伏六时段		0.81	1.33	0.98	0.55
	1~10千伏六时段		0.79	1.29	0.96	0.53
	35千伏两时段		0.77	0.86	0.62	—
	35千伏六时段		0.77	1.26	0.94	0.52
非工业	不满1千伏		0.84	—	—	—
	1~10千伏		0.82	—	—	—
	35千伏		0.80	—	—	—
	部队、狱政用电	不满1千伏	0.62	—	—	—
		1~10千伏	0.60	—	—	—
商业	不满1千伏		0.94	—	—	—
	1~10千伏		0.92	—	—	—
农业生产	农业排灌、脱粒用电	不满1千伏	0.39	—	—	—
		1~10千伏	0.37	—	—	—

2008年，电网销售电价平均每千瓦时提高3.21分，用于缓解煤价上涨引起的电价矛盾，逐步理顺电网输配电价，适当补偿冰雪灾害造成的损失，筹措地方水库移民后期扶持资金，促进可再生能源发展，落实燃煤机组脱硫项目扶持政策。适当调整销售电价结构并简化销售电价分类，提高两部制电价中基本电价的比重；扩大六时段分时电价执行范围，进一步拉大峰谷电价差，相应取消大工业二时段

分时电价；将商业用电（含原执行非工业电价的旅游宾馆饭店用电）、普通工业用电合并为“一般工商业用电”。

2009年，执行新的电价政策，完善销售电价结构，提高两部制电价中基本电价的比重，将需量电价、容量电价分别统一为40元/千瓦·月和30元/千伏安·月；扩大各电压等级差价，10千伏及以下用电价格适当多提，35千伏及以上用电价格适当少提；取消一般工商业用电二时段分时电价；增设20千伏电压等级用电价格。对分时电价执行情况进行调整，分时电价执行范围为除中小化肥、电解铝以外的大工业用电、一般工商业用电及居民生活用电。新增大工业用户、1~10千伏及以上一般工商业用户一律执行分时电价；不满1千伏一般工商业用户可选择执行分时电价或电度电价。

2010年景宁电网销售电价一览

表9-3-3 单位：元/度

用电分类	电压等级		总售电价			
			电度电价	尖峰	高峰	低谷
居民生活	不满1千伏	50及以下	0.54	—	0.57	0.29
	“一户一表”	51~200	0.57	—	0.60	0.32
	居民用户0	201及以上	0.64	—	0.67	0.39
居民生活	不满1千伏合表用户		0.56	—	—	—
	城镇1~10千伏及以上合表用户		0.54	—	—	—
	农村1~10千伏		0.51	—	—	—
大工业	1~10千伏两时段		0.61	—	0.73	0.45
	1~10千伏六时段		0.61	1.03	0.81	0.39
	35千伏两时段		0.59	—	0.71	0.44
	35千伏六时段		0.59	0.10	0.80	0.38
普通工业	不满1千伏两时段		0.81	0.90	0.64	—
	1~10千伏两时段		0.79	0.88	0.63	—
	不满1千伏六时段		0.81	1.33	0.98	0.55
	1~10千伏六时段		0.79	1.29	0.96	0.53
	35千伏两时段		0.77	0.86	0.62	—
	35千伏六时段		0.77	1.26	0.94	0.52
非工业	不满1千伏		0.84	—	—	—
	1~10千伏		0.82	—	—	—
	35千伏		0.80	—	—	—
	部队、狱政用电	不满1千伏	0.62	—	—	—
		1~10千伏	0.60	—	—	—
商业	不满1千伏		0.94	—	—	—
	1~10千伏		0.92	—	—	—
农业生产	农业排灌、脱粒用电	不满1千伏	0.39	—	—	—
		1~10千伏	0.37	—	—	—

农网改造前，农村到户电价分为三档，即：0.65 元/千瓦时，0.75 元/千瓦时，0.85 元/千瓦时，平均到户价为 0.74 元/千瓦时。

农网改造后，平均到户电价降至 0.53 元/千瓦时，每千瓦时下降 0.21 元，每年减轻农民电费支出 190 万元。农村低压综合线损率从原来的 33%下降到 16.5%，农村销售电量从改造前 700 千瓦时增至 2002 年 900 千瓦时，年递增 14.2%。

第三节　管理机构

20 世纪 90 年代始，农电管理机构由县农村电力管理总站、乡镇农电管理站和村管电小组三级组成。

县农电总站

1991 年，成立县级农电总站，站长由电力局分管局长兼任。1993 年始，由总站编制定员定编方案，电管员由总站招聘，村电工由乡站招聘。随着农电体制改革的不断深入，至 2002 年，撤销县农电总站，有关职能与业务归口到电力局用电科管理。

乡镇农电站

乡镇农电站是县农电总站的派出机构，属非独立核算单位。条块结合、以条为主管理模式。至 2004 年末，乡镇农电站编制撤销，组建直接隶属县电力局的供电营业所，管理农村 10 千伏及以下电压等级的供用电服务。

村管电小组

村管电小组由村两委班子主要成员、电工、会计组成，负责行政村范围内低压电网运行、维护和用电设备检查以及电费收取等工作。1993 年始，对农村用电征收农电维护费，对村电工实行统筹补助，逐步落实劳动待遇和养老保险。2001 年农网改造完成后，村电工纳入县电力企业统一管理，村管电小组陆续撤销，其职能由电工服务组替代。

第十篇 邮政 电信

1989年11月,新建邮电综合大楼开业。1992年,县邮电局下设沙湾、英川、东坑、渤海邮电支局4个,邮电所3个,代办所29个,邮政储蓄6处,邮票代售6处,在册职工166人,邮电业务总量为266万元。1998年9月,邮电分营,分别设立景宁畲族自治县邮政局和景宁畲族自治县电信局。

邮电分设后,邮政业务得到快速发展。邮政作业逐步由人工操作转为技术手段操作。函件、包裹、机要通信、邮政快件得到加速运转。报刊发行、邮政储汇、集邮、邮政礼仪、邮政贺卡、中邮专递广告等业务得到长足发展。2010年,全县邮路总数25条,委办汽车邮路10条,其他邮路99条,邮路里程1650千米;投递业务函件55.72万件,邮政贺卡发行72.12万张,包件0.45万件,代理速递38710件,汇兑8872笔(不含邮储银行),邮政储蓄绿卡客户54809户、存款余额18760.4万元。

随着信息科技的发展,长途直拨电话、公用电话、传真、无线寻呼、移动电话、电子邮件、数据通信、互联网应运而生,走进千家万户。2010年,电信公司固定电话19251户,宽带7244户,移动电话10056户,ITV用户1395户;移动公司移动电话52753户、宽带用户602户;联通公司宽带固话用户数达到10399户。

至2010年末,信息产业形成邮政、电信、移动、联通多家经营,平等竞争,共同发展的格局。国际互联网用户数9564户,邮电通信业务收入达到9075万元。

第一章　邮　　政

1951 年 9 月，景宁县邮政局与电报局合并，设立景宁县邮电局，局址在鹤溪镇府前街 12 号。1989 年，景宁畲族自治县邮电局迁入人民中路 209 号新建邮电综合大楼，邮政用房 1159 平方米。

1998 年邮电体制改革，分别设立景宁邮政局和电信局，资产分离，分别挂牌，独立经营。景宁邮政局实行三级管理，邮政局内设人力资源部、运营部、财务部、综合办公室。

2008 年 1 月 ，国家邮政体制改革进入正式实施阶段。经银监会批准，2008 年 5 月 30 日，成立中国邮政储蓄银行景宁畲族自治县支行。2009 年，成立浙江省邮政速递物流有限公司景宁县营业部，邮政速递物流业务专业化经营，暂时挂靠景宁县邮政局管理。2010 年 1 月经营部独立运营。至此，邮政局金融、速递物流业务由自主经营转为代理经营。

改革后，景宁邮政局内部机构设"一室一部一专业局"：综合办公室、市场经营部和金融保险业务局。综合人力资源、计划财务，安保职能并入综合办公室，视察职能并入市场经营部。市场运营部下设大客户部、发投公司、集邮公司、机要室；金融保险业务局下辖城关、城中、城南 3 个储蓄所，东坑、九龙、英川、沙湾 4 个邮政支局。2010 年末，邮政业务总量 675 万元。

第一节　邮　　路

1992 年末，景宁邮路总数 17 条，单程邮路总长度 365 千米。农村投递路线 32 条，总长度 1085 千米。2010 年，全县邮路总数 25 条，无自办汽车邮路，委办汽车邮路 10 条（分别是景宁至东坑、景宁至英川、景宁至沙湾、景宁至九龙、景宁至郑坑、景宁至梅岐、景宁至大漈、景宁至景南、景宁至雁溪、景宁至大地），委办汽车邮路里程 1420 千米；其他邮路 99 条，邮路里程 1650 千米；农村投递段长度（单程）33 千米，城市投递长度（单程）28 千米，摩托车邮路 13 条。

邮件投递

邮件投递分为按址投递和局内投交两种方式。按址投递是按照书写的地址投交邮件，普通专递按址投交收件人，平常函件投递到收发室、传达室或信报箱；保价邮件、存局侯领邮件、包裹、高额汇款通知单等，由邮局填发领取邮件通知单投递给收件人，收件人凭通知单到发单局办理领取邮件手续。

邮政投递

市内投递　报刊投递实行信报合投，每天投递1次。1992年，开设甲、乙、丙、丁投递段，各段投递一次。电报和机要件另设专人投递。2001年5月，调整市内投递频次，从日投1班改为2班，保证县城订户看到当日的党报。2010年，投递段道增设2条，邮政报刊亭3个，全县住宅楼房319幢，安装信报箱319幢，装箱率为100%。

农村投递　1992年，农村投递路线32条，单程总长1085千米。其中，步班1013千米。每日投递的有23个乡镇、35个行政村；隔日投递的47个行政村；三日投递的90个行政村；39个行政村委托稍转。1999年1月1日起，城乡邮路实行全额浮动经济承包责任制，投递员的收入与投递里程、主要报刊的收投份数、报刊流转额、邮件的投递件数挂钩。2010年，农村投递路线调整为18条，单程总长592千米，乡镇、行政村通邮率100%。

邮政编码

1986年6月，邮电部核定景宁邮政编码为323500。同年11月，省邮电管理局核定县局和各支局所投递区域的邮政编码。1991年1月，全部实行邮政编码，达到信封标准化。

景宁各乡镇邮政编码一览

表10-1-1

乡镇名	邮政编码	乡镇名	邮政编码
鹤溪镇	323500	英川镇	323508
渤海镇	323503	东坑镇	323504
沙湾镇	323507	外舍乡	323500
大顺乡	323503	陈村乡	323503
景南乡	323504	澄照乡	323500
毛垟乡	323507	秋炉乡	323507
大地乡	323507	梅岐乡	323500
郑坑乡	323503	葛山乡	323508
金钟乡	323503	大均乡	323500
梧桐乡	323507	大漈乡	323504
标溪乡	323507	家地乡	323507
鸬鹚乡	323508	雁溪乡	323504

第二节　业　务

函　件

中华人民共和国成立初期，开办的函件业务有信函、明信片、印刷品、盲人读物、普通挂号、保价信函、特种挂号及各种票证、粮户关系迁移证的邮寄。1979年始收寄台湾信函。1989年4月，全面推行使用标准信封和邮政编码。1991年11月，开办贺年有奖明信片业务。1995年4月1日始，国内挂号函件采用条形签码，5月5日，开办中国邮政礼仪信函业务。1996年，根据邮电部《关于重新印发对台通邮有关规定的通知》，规定两岸互换的函件种类包括平常及挂号信函、明信片、印刷品、盲人读物和印刷品专袋。

20世纪90年代电信通信手段的多样化和普及，函件的业务量一度萎缩。1990年全县函件业务量为89.89万件，1998年函件业务量为57.22万件，呈逐年下降趋势。随着邮政体制的改革和市场化经营，在传统业务函件业务基础上，推出邮政贺卡、账单、数据库商函等新函件产品。2010年，全县函件业务量为55.72万件，邮政贺卡承揽单位128家，发行72.12万张，全县人均4.2张。

包 件

1949年，景宁包裹业务量0.01万件。中华人民共和国成立后，邮政包裹业务有普通包裹、保价包裹、快递小包三种。1990年7月，快递小包业务停办。1995年寄递业务量达1.58万件。2001年8月1日，开办国内快递包裹业务。2006年1月1日起国家对邮政普遍服务和特殊服务业务实行免征营业税的政策。邮政普通包裹业务被列为普遍服务业务，与函件、印刷品、邮政汇总同等享受免税的待遇。2010年，包件业务量为0.45万件。

进畲家送快递包裹

汇 兑

邮政汇兑，也称"邮政汇款"，是邮政传递货币的一项传统业务。1981年8月始，每张汇票最高限额由人民币300元提高到5000元，电报汇款无限额，并规定500元以上的为"高额汇票"。1987年开办汇转储业务。1989年，开办"快件汇款"业务，实行全国通汇，汇率为1%，手续费由原来的贴花、剪格改为汇款通知。1990年1月1日始，使用居民身份证领取汇款。1992年，全县汇票汇出1.82万张，汇入1.46万张，汇费收入2.84万元。1996年6月1日，邮政自办机构单笔汇款由5000元提高到10000元。1999年，开办国内邮政礼仪汇款业务。2002年开办电子汇兑业务。2006年12月，开办邮政网汇e业务。2010年开发汇票8872笔(不含邮储银行)。

邮政储蓄

民国8年(1919年)7月1日，创办中国邮政储金。后由于物价飞涨，币值贬落，群众对储蓄失去信心，储蓄业务日趋衰落，1958年9月，全县停办邮政储金业务。1987年4月23日，恢复邮政储蓄，有整存整取、零存整取、活期储蓄和有奖储蓄等，至年末，全县储户1.52万户，储蓄存款余额47.80万元。1992年末，储蓄余额529.70万元。1998年末，储蓄余额3619.56万元。2009年3月，景宁邮政与银行在大漈乡和秋炉乡联合开展"商易通"小额助农取款服务试点工作，为当地百姓，特别是为享受政府"民政资金"和"新农保"补助的老、弱、病、残、留守人员提供方便快捷的邮政取款服务。2010年8月，经中国人民银行总行批准，景宁成为全国首家开展"银行卡助农取款服务"的试点单位，全县共建立助农取款服务站点55个。同月即为全县农村居民办理取款业务1487笔，总金额33万元。按8万户偏远农村居民每人每季度往返乡、镇、县城网点取款一次平均10元交通费计算，每年可为农村居民节省交通费320万元，解决了农村居民取款难问题，减轻农民负担。至2010年末，全县邮政储蓄存款余额18760.4万元，城乡居民邮政储户11.57万户，持有邮政储蓄绿卡客户54809户。

景宁恢复邮政储蓄业务后，至2010年，已拥有邮政储蓄网点6个，ATM机5台，与全国36000个邮政储蓄网点实现联网。

报刊发行

报刊发行邮发合一。1993年，全县订销报纸累计258.24万份，杂志12.3万份，报刊流转额46.15万元。1995年，邮电部规定邮发报刊国内发行均由邮局统一办理，报刊社不得另辟发行渠道。1997年报刊要数实行微机联网，结束人工订单要数的历史。1998年报刊流转额111.06万元。2003年9月，开始采取“私订公助”方式，订阅范围为《人民日报》《浙江日报》《求是》等党报党刊。2010年订销报纸累计181.74万份，杂志24.58万份，报刊流转额200.96万元，占邮政业务收入25.32%。

集　邮

1986年7月，景宁邮政局设集邮门市部，出售邮票、集邮册及其他集邮用品，当年集邮业务收入5100元。1990年7月，成立景宁畲族自治县集邮协会，会员最多时达289人，2010年有会员72人。1999年10月1日，《中华人民共和国成立五十周年——民族大团结》纪念邮票畲族篇首发仪式在景宁举行，全国集邮联会长罗淑珍为邮票首发题词：“发展集邮事业，弘扬畲族文化”。同时启用“时思古寺”“风雨桥”两枚风景日戳。2005年10月13日，《金钱豹》特种邮票全国首发仪式在景宁举行。一套两枚，每枚面值80分；版张规格128毫米×194毫米，整张8枚，选自著名画家刘继彪先生的作品，由北京邮票厂印制。国内发行量仅为960万套，自发行之日起，在全国各地邮政局出售，出售期限6个月。同期，“2005·丽水集邮展览”在县体育馆开幕，共展出22部，80框，1280贴片。1998年集邮业务量44.31万枚，集邮业务收入43万元。2010年集邮业务收入92.82万元。

特快专递

1995年8月15日，开办国际国内邮政特快专递业务。2003年2月，开办邮政礼仪专递业务，办理特快礼仪礼品、月饼等业务。2003年，实行特快专递业务经营承包责任制。2008年特快专递业务量30717件。2009年3月12日，成立景宁邮政速递物流经营部，挂靠景宁县邮政局管理，开始走专业化经营之路，并于次年初脱离景宁邮政局，直接隶属丽水邮政速递物流公司管理。2010年，代理速递业务量38710件，代理速递业务收入20.25万元。

第三节　资　费

1990年7月31日，在信函平信外埠0.08元执行40年后，经国务院批准，国家发改委、国家邮政局发出通知，对国内邮政资费进行第八次调整：将信函平信从本埠0.04元调整为0.1元、外埠平信从0.08元调整为0.20元；明信片从本埠0.015元调整为0.04元、外埠从0.03元调整为0.08；挂号信由0.12元调整为0.30元。这是从1950年7月1日第五次邮资调整后，再对所有邮资进行调整。

1996年12月1日，进行国内邮资第九次调整：取消本埠、外埠之分，统一资费标准：信函调整为0.50元、明信片调整为0.40元、印刷品调整为0.30元、挂号信调整为1元。

1999年3月1日，经国务院批准，对国内邮政资费进行结构性调整：恢复本埠、外埠资费之分，信函本埠为0.60元、外埠为0.80元；明信片资费为0.60元；印刷品本埠为0.30元、外埠为0.60元；挂号信资费调整为2元。

2004年1月1日，国家邮政局下发通知，对国内邮件挂号信资费进行调整，将国内挂号信资费从2元调整为3元。

2006年1月1日，国家邮政局下发通知，对国内印刷品资费进行调整，将国内印刷品资费调整为：本埠0.40元、外埠0.70元。同年11月15日经国务院批准，国家邮政局下发通知，对国内信函和明信片资费进行第十三次邮资调整：信函本埠为0.80元、外埠为1.20元；明信片资费为0.80元。

第二章　电　信

1989年11月25日，坐落于人民中路71号新建的邮电综合大楼竣工投入使用。其中，电信用房2381平方米，安装纵横制HJ921型2000门自动电话交换机，长途电话DD14半自动对端设备开通使用。

1997年，移动电话从邮电局剥离，5月1日，成立浙江移动有限公司景宁分公司；中国联合网络通信有限景宁分公司的前身为景宁寻呼公司，是1998年8月从景宁邮电局分营出来的独立机构；1998年9月分别成立景宁县邮政局和景宁县电信局。

2008年9月，中国电信成功并购中国联通CDMA网的移动业务，10月1日，电信公司正式开办C网业务。2010年末，景宁电信业务总量8418万元，国际互联网用户数9564户。

第一节　运营商

2010年，景宁县电信企业运营商有中国电信股份有限公司景宁分公司（通称县电信局）、中国移动通信集团浙江移动通信有限责任公司景宁分公司（简称移动公司）、中国联合通信有限公司景宁分公司（简称联通公司）三家。

电信公司

1998年9月2日成立景宁县电信局。电信局内部机构设综合办公室、财务部、人力资源部、运营部，另设非管理岗位质量监督中心、网中心。2000年7月，根据中国电信集团公司《关于中国电信集团浙江省电信公司组建方案和公司章程的批复》，对原电信运营机构进行变更：景宁县电信局变更为浙江省电信公司景宁县电信局，不作为独立财务核算单位。2002年10月，全省电信机构再次更名，景宁电信局更名为"浙江省电信有限公司景宁县分公司"。2008年2月29日，公司改名为"中国电信股份有限公司景宁分公司"。其主要职责：担负景宁广大人民的日常通信任务，还承担党、政、军重要通信、抢险救灾、应急通信、普遍服务的义务，为社会各界提供综合信息应用服务。

电信公司内设综合管理部、市场部、网络运营部以及政企客户部。辖沙湾、英川、东坑、渤海电信支局。2010年，有干部、职工106人。固定电话19251户，宽带7244户，移动电话10056户，ITV用户1395户，业务收入2019万元。

移动公司

1997年5月1日，从景宁县邮电局剥离成立浙江移动通信有限责任公司景宁分公司，1998年6月16日，浙江移动景宁分公司开张营业，公司地址在景宁鹤溪镇人民中路3号，公司成立初期员工人数为9人。至1998年6月，浙江移动景宁分公司已有手机用户948户。其中，A网475户，G网473户。2002年，景宁移动搬迁至复兴西路31号，并成立移动复兴西路营业厅。公司内设综合部、市场部、网络运营部以及政企客户部。2005年8月至9月，分别成立石印山营业厅、沙湾、英川、东坑、渤海营业厅，2007年、2009年分别撤离渤海营业厅、英川营业厅。至2010年末，保留复兴西路营业厅、石印山营业厅、东坑营业厅、沙湾营业厅。2010年，公司在册员工65人。

2002年2月，公司推出虚拟网业务。县政府虚拟网运用最广。用短号拨打或发送短信，操作简便、易记，相互之间通话还可享受资费优惠。2008年4月1日始，所有客户虚拟网漫游主叫0.59元/分钟，虚拟网漫游被叫0.39元/分钟，不再另行加收国内长途通话费。至2010年末，县政府虚拟网使用人数累计达到36141户。

2003年10月始，公司开启移动公司客户，支持与联通、电信之间的点对点彩信、彩E互发业务。2009年1月1日始，全球通和神州行的网内外彩信单价统一调整为0.3元/条，动感地带的网内外彩信单价统一调整为0.15元/条，接收免费。

公司除提供基本话音业务外，还提供传真、数据、IP电话、信息点播、手机银行、全球通WAP等多种增值业务，拥有"全球通""神州行""动感地带"等著名服务品牌，网号"139、138、137、136、135"已家喻户晓。2004年末134号段陆续推出，2006年4月启用159号段，2007年2月启用158号段，2007年10月启用150号段，2008年启用151号段，2009年1月启用152号段。

至2010年末，公司通信服务收入4808.37万元，税金160.46万元，利润456.1万元。移动新增通信用户数10499户，累计通信用户数52753户，通话市场占有率82.87%，同比提升0.17%。2010年启用移动宽带业务，同年末，新增宽带用户602户；网络新建2G基站12个。

联通公司

中国联合网络通信有限公司景宁分公司前身为县寻呼公司，1998年8月，从景宁邮电局分营出设为独立机构，2000年8月，与中国联通公司丽水分公司合并经营，正式更名为"中国联合网络通信有限公司景宁县分公司"，是中国联合网络通信有限公司丽水市分公司在景宁的分支机构，有员工29人，3个部门，1个中心，2家营业厅和63家社会代理门店。主要负责联通公司在2G、3G、固网等全业务经营，承担网络建设和支撑、渠道建设和服务、用户拓展和维系等工作。

景宁分公司共投资上千万元用于基站建设和小区宽带固话接入工程，2010年末，共有基站98个，信号覆盖全县各乡镇，3G信号覆盖公路沿线和主要风景区，4G信号覆盖县城，宽带覆盖主城区及周边主要村庄，综合通信能力显著加强。2010年末，联通用户数达到10399户。公司通信服务收入430万元，税金11万元。

第二节　电　话

固定电话

1993年5月20日，开通东坑邮电支局256回线小程控交换机，这是景宁第一台程控交换机。同年11月7日，县城开通5000门程控交换机，同时开通配套光缆，标志着景宁通信技术从模拟到数字技术的飞跃。1995年1月15日，丽水地区C3网建成，撤销景宁C4网，电话号码由5位升至7位。长途区号统一使用0578，停用原05888区号。18日，沙湾、英川开通各500门程控交换机和光缆。同年12月8日，开通渤海镇500门程控交换机和光缆。

移动电话基站

1996年3月23日，市话5000门程控电话扩容工程竣工，景宁成为万门程控电话局。9月4日，毛垟、秋炉乡开通程控电话。18日，景宁至东坑光缆工程竣工，同时程控电话扩容500门，达到1000门。

同年10月30日，开通景南、雁溪乡程控电话，31日，开通澄照乡程控电话，11月10日开通金钟乡程控电话，12月21日开通渤海、大顺、陈村程控电话。1997年共有交换机容量：市话：10240门、农话：5120门，实现乡乡通程控。

2010年末，全县有固定电话用户19379户。其中，城市电话用户14647户，农村电话用户4732户。固定电话普及率（主线普及率）11.28线/百人。254个行政村通电话。

2001年5月，景宁安装开通“个人手持电话系统PHS”，是固定电话网络的补充和延伸，也称为无线市话“小灵通”。至2005年末，建成基站109个，信道621个，用户数达到9218户。因其仅为市话的延伸，覆盖面小，尤其在复杂环境下使用信号较弱，影响发展，至2010年末，其用户数降至2031户。

移动电话

1993年10月23日，在鹤溪镇寨山建成高51米的移动电话铁塔，12月20日，全区邮电局同时开通900兆模拟蜂窝移动电话，初期只在县城建成一个电话基站。1996年，GSM数字电话网正式开通。移动电话实现全国漫游，并开始提供国际漫游服务。1993年至1997年9月，经营移动电话业务的有县邮电局、县电信局；1997年10月至1998年，经营移动电话业务的有移动公司、联通公司；2008年9月，中国电信并购中国联通CDMA网的移动业务成功，电信公司重新经营移动业务。同年10月1日，电信公司正式承接 C 网业务。2010 年末，全县移动电话用户 73208 户。

第三节 数据通信

电报 传真

电报通信分为有线电报和无线电报。无线电报一般只用于应急及气象水文等，不作为公众通信工具使用。1993 年后，无线电台除按规定保持定期定时联络外，基本退出电信经营业务。国内公众电报根据不同服务对象和业务性质有普通电报、天气电报、水情电报、公益电报、礼仪电报、鲜花礼仪电报。程控电话开通后，由于各种新的通信技术投入运行，电报业务逐年递减。至 2002 年末，停办电报业务。

1993 年，由于传真机与数据宽带的出现，电报业务量逐年滑落。为适应人民群众及社会各界之间日益增长的礼仪性社会交往需要，1997 年 4 月 10 日零时起增开庆贺、请柬、吊唁 3 种慰问礼仪电报业务。

无线寻呼

1992 年 12 月 25 日，开通无线寻呼业务，至 1993 年末，发展用户 198 户。经过不断升级，至 1995 年末，无线寻呼台实现了全省联网。由于无线寻呼初期投资相对较少，而收益却比较可观，一些有能力的社会机构如公安、安全等部门陆续涉足寻呼业务，开始出现激烈的竞争局面。至 1998 年，景宁有用户 8151 户。1999 年 6 月，国家信息产业部决定，将全国无线寻呼业务成建制划归中国联通公司经营，景宁电信公司不再经营无线寻呼业务。

互联网

1984 年 10 月 1 日，县邮电局成立后，开办会议电话业务，用闸刀和交换机塞子汇接，之后，使用单向汇接台和双向汇接台。邮电局没有专用的电话会议室，将二楼会议室兼做电话会议室，面积 50 平方米，参会人员只能听不发言。1995 年 9 月 4 日，景宁邮电局投资 120 万元，开通可视电话会议系统，实现双向通话，能看到会场及参会人员。

1995 年，县邮电局开通因特网，迈进网络互联时代。1999 年，数据宽带用户数为 185 户。电信局以“全速率、全覆盖”的网络优势，安全高效不断线，承担着景宁县党政机关公务网、公安网、教育网、国税网、金融网、农村党员远程教育网等政府、企事业单位大型主干信息网络建设，为推进景宁经济发展起到信息化主导作用。

1999—2010 年景宁国际互联网用户一览

表 10-2-1 单位:户

年 份	1999	2000	2001	2002	2003	2004
用 户	185	644	2874	3964	3854	5356
年 份	2005	2006	2007	2008	2009	2010
用 户	6211	6314	5874	6381	7614	9564

第十一篇　农　业

1993—2010年，农业经济进入从传统农业向现代农业转变阶段。期间，景宁因地制宜，改变“以粮为纲”和分散经营的低效农业生产，以效益为中心，以市场为导向，发挥地域生态优势，探索综合开发农业新路子，调整农业产业结构和农村经济结构。在稳定粮食生产的同时，通过延长土地经营承包期，推动土地经营权流转，加大政策扶持和科技投入，引进新品种，推广新技术，突出发展茶叶、食用菌、高山蔬菜、中药材、水干果、畜牧业等具有地方优势的“优质、高产、高效”农业产业。通过制定农产品生产地方标准，实行农户、基地、合作社（公司）集约经营，激发规模效益，推动产业升级，提高产品市场竞争力，加快农业增效，农民增收，农村致富奔小康的步伐。

2010年，全县农村经济总收入12.99亿元，是1993年的10.3倍。2010年与1993年相比，农业收入在农村经济总收入中所占比重从69.85%下降为63.27%；工业收入从13.94%下降为10.42%，建筑、运输、批零、餐饮等行业收入从16.22%上升至26.31。2010年，在农村经济收入构成中，农民家庭经营收入为10.98亿元，占84.5%；乡镇工业为7329万元，占5.64%；其它经营收入占9.86%。2010年，农业总产值比1993年增加5.83倍。农业占农业总产值比例从1993年36.12%增至67.79%，林业从39.28%降至17.74%，渔业从0.55%增至1.15%，牧业则从16.34%降至12.23%，农民人均纯收入6202元，比1993年增长13.42倍。

第一章　农业生产关系变革

1993—2010年，贯彻落实国家一系列涉农惠农政策，农村经济体制改革不断深入，农业生产经营方式发生深刻变化。在第一轮农村土地承包期的基础上，1998年推进第二轮土地承包工作，并采取一系列政策措施，推行土地承包经营权流转，鼓励农业产业化发展，扶持和培育具有景宁特色的食用菌、中药材、惠明茶、高山蔬菜等农业主导产业，引导种养业、加工业、运输业的经营户、专业合作社、农业龙头企业向集约化、规模化、专业化、产业化转型发展。

第一节　土地承包

第二轮土地承包

1997年，景宁第一轮农村土地承包期满。根据国家土地承包期再延长30年的政策，1998年始，开展第二轮农村土地承包工作，承包期延长到2028年。在延长土地承包期工作过程中，贯彻中央文件精神，结合县情实际，坚持"稳定中求完善"、尊重多数农民意愿、有利于发展生产等原则，缓步推进，于2000年末结束全县第二轮土地承包工作。全县285个行政村，1866个村民小组，40378户农民，参加第二轮土地承包有204个行政村，1280个村民小组，24810户农民，签订承包合同23287份，发放承包经营权证23270本。由于滩坑电站库区移民及其它原因，有79个行政村，586个村民小组，14974户农民暂缓延包。2004年6月，在大均乡开展完善二轮土地承包试点，并推进全县第二轮土地承包后续完善工作。

承包经营权流转

县领导深入农村调研

2009年，县政府出台《关于加快推进农村土地流转的实施意见》，按照"依法、自愿、有偿"原则，引导和鼓励农户采取转包、转让、互换、租赁、股份合作等方式，推进农村土地承包经营权流转，并对规模流入方给予适当的资金奖励。2010年，承包耕地流转总面积1737公顷。其中，转包341.13公顷、转让3.67公顷、租赁919.53公顷、股份合作6.67公顷，其它流转方式66公顷。流转承包耕地的农户 6292 户，签订耕地流转合同 3520 份。

第二节　产业政策

2008 年之后，按照省委、省政府《关于扶持景宁畲族自治县加快发展的若干意见》和省农业厅《关于加快景宁畲族自治县现代农业发展的扶持意见》，县政府相继出台系列扶持农业发展政策，鼓励农业主导产业发展，培育农业产业发展主体，着力提升特色农产品附加值和品牌建设能力。

食用菌产业每年生产规模 1 亿袋（其中，香菇 3000 万袋，黑木耳 5000 万袋，珍稀菌类 2000 万袋），产值 3.5 亿元，新增效益 2 亿元。2008—2010 年，县财政每年安排 200 万元食用菌专项扶持资金。

高山茭白产业每年种植面积 666.7 公顷，产值 6600 万元。2008—2010 年，县财政每年安排专项资金 100 万元。其中，新种植茭白每公顷补助 2250 元，低收入农户和少数民族农户每公顷补助 3000 元，以乡镇为单位新发展 20 公顷以上的，另外奖励翻耕机 2 台，高压喷雾器 5 台。

惠明茶产业到 2010 年茶园面积 2932.4 公顷，每年新增名茶基地、改造低产茶园各 266.7 公顷；产量 148.5 万千克，产值 2 亿元，2 万茶农人均增收超 1000 元。2008—2010 年，县财政每年安排惠明茶产业发展资金 500 万元。其中，扶持品牌建设 100 万元，基地建设 200 万元，市场促销等 200 万元。对低收入农户和少数民族农户发展茶叶基地每公顷增加补助 1500 元。

草本药材产业从 2009 年开始，每年递增种植面积 66.7~133.3 公顷，新增效益 600 万元，形成以大均、梧桐、标溪、沙湾等乡镇为中心，建立白术、玄参、金银花、元胡、浙贝等规范化、标准化示范基地，同时辐射带动周边乡镇。2009—2010 年，县财政每年安排资金扶持发展草本药材，连片种植面积 2 公顷以上的每公顷补助 3000 元。

2002—2010 年，连续实施“浙江省山区海岛特色畜牧业项目”，对梧桐、郑坑、景南、沙湾、英川、雁溪、东坑、鹤溪、梅岐、家地、大顺、渤海等乡镇 14 个山羊养殖示范基地和鸬鹚乡 1 个肉兔养殖示范基地进行了扶持补助，补助资金 500~8000 元不等，累计扶持资金 300 万元。其中，引进良种山羊 6427 头，种兔 1400 只，种植牧草 253.33 公顷。

2007 年以来，国家发改委、浙江省农业厅重点扶持饲养 500 头以上养猪场。根据养殖规模大小，分别实行 20 万元、30 万元、50 万元、80 万元发展资金的扶持政策。至 2010 年，共扶持 10 个规模养殖场，资金 280 万元。2009—2010 年，每年每头能繁母猪补贴 100 元（资金由省财政负担 80%、地方财政负担 20%）；能繁母猪政策性保险费每头 60 元（其中，省财政补贴 80%，县财政补贴 10%，投保养殖户承担 10%，即 60 元保费中政府补贴 54 元，投保养殖户自负 6 元），保险额为每头 1000 元。2009 年，全县存栏能繁母猪为 1881 头。2010 年末，全县存栏能繁母猪 1855 头。

第三节　经营模式

1993—2010 年，在政策推动、扶持和鼓励下，农村经济和农业生产经营向规模化、专业化、产业化转变，种养业、加工业、运输业等规模经营专业户、专业合作社、农业龙头企业和专业行业协会快速发展，农业经营方式和农村产业结构得到调整。

自主经营

农村建立联产承包生产责任制之后，农民有生产经营自主权，面向市场发展农业生产。

1993—2010年，县政府多次出台扶持农业发展政策，鼓励和扶植种养业生产大户，带动身边农户致富。2004年开始，实行粮食生产直补，对种植面积1.33公顷以上种粮大户每公顷补贴300元。2010年，全县有种养业大户4975户。其中，种粮371户、水果303户、茶叶786户、食用菌3350户、畜禽养殖165户。

农户利用互联网开设网站、网页，注册农民信箱，在网上介绍和发布产品供求信息，学习交流技术，开展订单农业业务。至2010年末，在《景宁农业信息》《农民信箱》注册企业42家、专业合作社127家、农家乐58家、农机大户262家、专业户898家；用户有普通户5174户、种养户1105户、涉农企业224户、专业营销118户。

龙头企业

至2010年末，先后培育省级骨干农业龙头企业4家、市级骨干农业龙头企业17家、县级骨干农业龙头企业7家。2009年6月，景宁大自然食品有限公司被中国食用菌行业协会黑木耳分会授予"全国黑木耳行业龙头企业"。2010年10月，景宁畲族自治县中信实业有限公司被中国食用菌行业协会评为"全国食用菌行业龙头企业"。

专业合作社

2001年12月5日，景宁畲族自治县敕木蓝氏茶叶专业合作社以股份形式登记注册。其后，农民专业合作社迅速发展。至2010年末，景宁农民专业合作社401家。其中，成为省级示范性农民专业合作社12家。

专业协会

1985年3月，成立县食用菌行业协会，共有会员138人。协会主持实施农业科技项目15个,引进大球盖菇、猴头菇、北冬虫夏草等食用菌新品种，建立新品种新技术新机械示范基地20多个。

2004年3月9日，成立景宁畲族自治县惠明茶协会。2008年1月，改名为景宁畲族自治县惠明茶行业协会。协会有团体会员18个，个人会员80人。协会成为政府与会员、会员与国内外经济、贸易、科研组织联络的纽带和桥梁。

2002—2010年景宁省市级农业龙头企业一览

表11-1-1

序号	评定年份	单位名称	级别
1	2002	浙江景宁大自然食品有限公司	省级
2	2006	景宁畲族自治县中信实业有限公司	省级
3	2008	景宁畲族自治县惠明茶业有限公司	省级
4	2010	浙江奇尔茶业有限公司	省级
5	2002	景宁畲族自治县农业开发总公司	市级
6	2003	景宁畲族自治县新绿色食品市场开发有限公司	市级
7	2004	景宁华丰生态农业发展有限公司	市级

续表 11-1-1

序号	评定年份	单位名称	级别
8	2005	景宁畲族自治县生源良种母猪养殖场	市级
9	2005	景宁畲族自治县香雨茶业有机茶有限公司	市级
10	2006	景宁原野食品有限公司	市级
11	2006	景宁畲族自治县鹤泉酒厂	市级
12	2008	浙江博士园生物技术有限公司	市级
13	2008	景宁畲族自治县金林竹木工艺厂	市级
14	2008	景宁畲族自治县白云间茶业有限公司	市级
15	2008	景宁畲族自治县绿兴农业发展有限公司	市级
16	2008	景宁畲族自治县畲山贡茶叶有限公司	市级
17	2009	浙江景宁大新食品有限公司	市级
18	2010	景宁畲族自治县鹤云茶叶有限公司	市级
19	2010	景宁德凯农业开发有限公司	市级
20	2010	景宁天野大鲵养殖有限公司	市级
21	2010	浙江景宁畲族自治县自强稻田鲤鱼养殖发展有限公司	市级

第四节　农经管理

农村集体经济

2010年，景宁行政村254个，村民小组1768个，村(组)报账会计352个。全县农村集体经济总收入1420.39万元。

1996年8月，鹤溪镇实施“村财镇管”；1999年6月，在大均乡开展村(财)务公开暨村级换届选举试点工作，同年推进全县村(财)务公开暨村级换届选举工作。2001年8月，在景南乡开展村级会计委托代理制试点工作，并总结经验，在全县推行村级会计委托代理制和电算化管理工作。2002年始，县农村经济审计站进一步加强农村集体经济审计工作。2006年，全面推进农村集体经济三年一轮审计制度和1/3村审计工作计划。2007—2009年，在滩坑电站移民乡镇开展行政村撤并清产核资工作。2009年始，全面加强农村集体“三资”管理工作。2010年10月，丽水市农村集体“三资”管理工作现场推进会在景宁召开。

农民负担监管

1994年8月，建立县减轻农民负担工作领导小组，领导小组办公室设在农业局，负责全县农民负担监督管理日常工作。监管工作贯彻落实党政一把手负责制，严格执行公示、一费制、限额制、责任追究制等制度。2002年7月1日始，开展农村税费改革，全面取消乡统筹费和屠宰税。村集体生产、公益事业所需劳务，实行“一事一议”和上限控制，由村民合理负担；2004年1月1日，全县免征农业税，免征金额91万元。2006年始，全县小学和初中学生免收学杂费，免收金额645.45万元。监督惠农政策及时实施到位，促进农村经济发展。

1993—2010 年景宁农业总产值构成一览

表 11-1-2

年份	农业总产值		农业总产值年增减(%)	农业		林业		牧业		副业		渔业		农业人口人均纯收入(元)
	合计(万元)	占工农业总产值(%)		小计(万元)	占农业总产值(%)	小计(万元)	占农业总产值(%)	小计(万元)	占农业总产值(%)	小计(万元)	占农业总产值(%)	小计(万元)	占农业总产值(%)	
1993	18328	44.4	20.98	8032	43.82	7200	39.28	2995	16.34	1412	7.7	101	0.55	462
1994	25246	43.81	37.75	8848	35.05	11460	45.39	4872	19.3	1721	6.82	65	0.26	485
1995	31206	35.61	23.61	14949	47.9	10867	34.82	5319	17.04	2303	7.38	71	0.23	586
1996	36153	36.44	15.85	16149	44.67	13337	36.89	6501	17.98	2781	7.69	166	0.46	787
1997	35446	31.56	-1.96	11948	33.71	20297	57.26	2968	8.37	3675	10.37	234	0.66	1530
1998	38687	32.76	9.14	17240	44.56	17554	45.37	3572	9.23	3400	8.79	321	0.83	1650
1999	39922	31.15	3.19	17576	44.03	18516	46.38	3568	8.94	3524	8.83	262	0.66	1753
2000	41618	28.01	4.25	32546	78.2	5077	12.2	3751	9.01	3934	9.45	244	0.59	1896
2001	43502	32.94	4.53	32826	75.46	6088	13.99	4243	9.75	3344	7.69	345	0.79	2057
2002	43571	30.13	0.16	32006	73.46	6785	15.57	4289	9.84	—	—	491	1.13	2270
2003	45876	27.81	5.29	32093	69.96	6633	14.46	4636	10.11	2060	4.49	454	0.99	2397
2004	48286	24.72	5.25	33097	68.54	7275	15.07	5355	11.09	2100	4.35	459	0.95	2603
2005	48217	24.14	-0.14	33462	69.4	7528	15.61	5175	10.73	1575	3.27	477	0.99	2805
2006	48156	27.91	-0.13	34795	72.25	7538	15.65	4754	9.87	500	1.04	569	1.18	3017
2007	52085	26.65	8.16	36246	69.59	8970	17.22	5831	11.2	570	1.09	468	0.9	3237
2008	58238	25.08	11.81	40198	69.02	9998	17.17	6815	11.7	644	1.11	583	1	3901
2009	62315	25.15	7	43768	70.24	9997	16.04	7202	11.56	702	1.13	646	1.04	5409
2010	69125	22.98	10.93	46857	67.8	12265	17.7	8452	12.23	756	1.09	795	1.15	6202

1993—2010 年景宁农村经济总收入构成一览

表 11-1-3

年份	农村经济总收入(万元)	农业		工业		建筑运输批零餐饮等	
		金额(万元)	占总收(%)	金额(万元)	占总收(%)	金额(万元)	占总收(%)
1993	12615	8811	69.85	1758	13.94	2046	16.22
1994	14845	10293	69.34	2064	13.9	2488	16.76
1995	19582	12658	64.64	3360	17.16	3564	18.2
1996	24442	16693	68.3	4246	17.37	3503	14.33
1997	38397	27539	71.72	4675	12.18	6183	16.1
1998	40303	28998	71.95	4602	11.42	6703	16.63
1999	42415	30420	71.72	4566	10.77	7429	17.52
2000	47404	33046	69.71	4806	10.14	9552	20.15
2001	53800	34798	64.68	8175	15.2	10827	20.12

续表 11-1-3

年份	农村经济总收入(万元)	农　业		工　业		建筑运输批零餐饮等	
		金额(万元)	占总收(%)	金额(万元)	占总收(%)	金额(万元)	占总收(%)
2002	69377	43044	62.04	9428	13.59	16905	24.37
2003	77682	47712	61.42	9714	12.5	20256	26.08
2004	81806	49734	60.8	9621	11.76	22451	27.44
2005	86195	51999	60.33	10987	12.75	23209	26.93
2006	85783	51497	60.03	10520	12.26	23766	27.7
2007	88998	53896	60.56	10605	11.92	24497	27.53
2008	99078	59911	60.47	11402	11.51	27765	28.02
2009	115940	74400	64.17	12260	10.57	29280	25.25
2010	129907	82193	63.27	13536	10.42	34178	26.31

第二章　种 植 业

1993—2010 年，粮食生产耕作制度发生较大变化，种植结构进入全面调整期。“种养结合、稳粮增效、水旱轮作”等多种农作制度并存，粮食—经济作物、粮食—饲料、粮食—肥料等多熟制耕作在全县推广应用，农业向优质、高产、高效迅速发展。2010 年，因滩坑库区淹没和退耕还林等因素，粮食播种面积从 1.26 万公顷下降为 0.91 万公顷，减少 27.75%。杂交水稻全面推广，单位面积产量增加，但总产量仍减少 25.47%。

农业经济作物种植，主要有大豆、油菜、蔬菜、水果、蚕桑、花卉、茶叶、草本药材等。1993—2010 年，水果、蔬菜、茶叶、草本药材得到快速发展，形成效益较好产业。花卉是新兴产业，经济效益虽佳，但投资大，技术含量高，并受市场和环境因素制约，难以形成规模经营。蚕桑产业因主产区外舍至渤海桑树基地被滩坑电站库区淹没，形不成规模产业。

第一节　粮食作物

水稻

水稻是景宁主要粮食作物之一。1993—2010 年，种植面积从 6753.33 公顷下降至 4046.67 公顷，平均每公顷产量从 6510 千克上升至 7320 千克，粮食总产量下降至 2950.5 万千克。1993 年水稻占粮食总产量 82%，2010 年下降到 70%。水稻品种分为杂交稻和常规稻两大类，以单季稻种植为主。杂交稻主要品种有：Ⅱ优 63、Ⅱ优 92、Ⅱ优 3027、Ⅱ优 46、Ⅱ优 6216、Ⅱ优明 86、汕优 63、汕优 10 号、粤优 938、两优培九、国丰 1 号、中浙优系列(1 号、8 号、2838、86)、甬优系列(4 号、6 号、10 号)等。常规稻品种主要有赤峰稻、双南红粘及其它常规粳糯稻。赤峰稻属于景宁本地改良的优质品种，俗称“赤皮稻”，谷壳米衣紫红色，谷芒紫黑色，长4~5厘米，山上野猪不敢伤害，又称“野猪怕”，栽培历史悠久，产自海拔800米以上的高山地区，米质营养丰富；1993年种植面积3.33公顷，2010年种植面积21.33公顷；2006年被选入国务院机关事务管理局机关服务局精特产品配送中心（产品编号为011005）。从2000年开始引进常规稻双南红粘，当年种植面积66.67公顷，2010年面积300公顷。此外，有部分农民种植其它常规粳、糯稻，年种植100公顷左右。

地方保护品种——赤峰稻

1993—2010年景宁水稻种植面积、平均每公顷产量、总产量一览

表11-2-1

年份	杂交水稻（公顷）	赤峰稻（公顷）	双南红粘（公顷）	其它常规稻（公顷）	合计（公顷）	平均每公顷产量（千克）	总产量（万千克）
1993	6616.67	3.33	—	133.33	6753.33	6510	4396.40
1994	6303.33	3.33	—	133.33	6439.99	6540	4210.00
1995	6188.00	5.33	—	126.67	6320.00	6780	4285.00
1996	6116.67	6.67	—	123.33	6246.67	7050	4404.50
1997	6046.67	6.67	—	113.33	6116.67	6885	4243.90
1998	6116.00	8.00	—	102.67	6226.67	6990	4349.20
1999	5996.67	10.00	—	100.00	6106.67	7020	4285.20
2000	5641.33	12.00	66.67	86.67	5806.67	7125	4135.80
2001	5406.67	13.33	100.00	100.00	5620.00	7155	4014.90
2002	5098.00	15.33	120.00	93.33	5406.66	7140	3803.40
2003	4816.67	16.67	133.33	80.00	5046.67	6660	3357.80
2004	5150.00	16.67	153.33	66.67	5386.67	6945	3742.70
2005	5162.00	18.00	180.00	66.67	5426.67	6750	3663.20
2006	4888.67	18.00	200.00	86.67	5193.34	6795	3530.90
2007	4581.33	18.67	233.33	86.67	4920.00	6975	3428.10
2008	4580.00	20.00	253.33	80.00	4934.66	6990	3444.70
2009	4180.00	20.00	280.00	80.00	4560.00	7320	3337.10
2010	3625.33	21.33	300.00	100.00	4046.33	7290	2950.50

玉米

玉米，俗称苞萝，因属五谷之外，被称为“六谷”，为主要旱粮作物之一。随着人们膳食观念的改变，鲜食玉米的需求量逐步扩大。1993年，全县种植240公顷，2010年为600公顷，每公顷产量从1380千克上升到2460千克，总产量从33.8万千克上升到147.7万千克，占旱粮总产的5.6%和8.5%。玉米品种有：苏玉1号、丹玉13；糯玉米：苏玉糯1号、浙凤糯2号、浙糯玉1号；甜玉米：超甜3号、超甜204、华珍等品种。

甘薯

甘薯，俗称番薯。种植面积占旱粮作物的22%~30%，1993—2010年，全县种植面积从1400公顷增至1426.67公顷，每公顷产量从3720千克提高到4305千克，总产量从527.1万千克上升到720.8万千克。2005年为最高年份，种植面积1813.33公顷，产量720.8万千克。景宁广泛种植的甘薯品种有：南瑞苕、广东红、红皮白心六十日等。20世纪90年代后，引进甘薯的新品种为徐薯18、浙薯13和荆56。

马铃薯

马铃薯，俗称洋芋。种植面积占旱粮作物的29%~40%，1993—2010年，全县种植面积从1760公顷降为1486.67公顷，每公顷产量从1845千克上升到3405千克，总产从324.7万千克提高到425.9万千克。2004年为最高年份，种植面积2240公顷，产量611.5万千克。1997年，农业局组织完成《浙西南马铃薯发展途径和高产高效技术研究》课题，获浙江省人民政府科学技术进步三等奖、丽水地区科学技术进步一等奖。

1993—2010年景宁玉米种植情况一览

表11-2-2

年份	种植面积(公顷)	公顷产量(千克)	总产量(万千克)	年份	种植面积(公顷)	公顷产量(千克)	总产量(万千克)
1993	240	1410	33.8	2002	493	1770	87.3
1994	280	1380	38.6	2003	493	1605	79.2
1995	320	1500	48.0	2004	560	1575	88.2
1996	320	1455	46.5	2005	626	1710	107.2
1997	313	1545	48.4	2006	613	1845	112.8
1998	320	1620	51.8	2007	600	2085	125.1
1999	373	1695	63.2	2008	587	2610	152.9
2000	407	1635	66.5	2009	607	2355	143.2
2001	420	1725	724	2010	600	2460	147.7

1993—2010年景宁甘薯种植情况一览

表11-2-3

年份	种植面积(公顷)	公顷产量(千克)	总产量(万千克)	年份	种植面积(公顷)	公顷产量(千克)	总产量(万千克)
1993	1400	3765	527.1	2002	1687	4050	683.1
1994	1453	3915	566.9	2003	1573	3720	585.3
1995	1580	3885	613.8	2004	1740	3885	676.0
1996	1593	3810	607.1	2005	1813	3975	720.8
1997	1593	3990	619.7	2006	1760	4080	717.2
1998	1580	4080	644.6	2007	1647	4305	710.2
1999	1620	4050	656.1	2008	1620	4230	685.3
2000	1553	4185	650.0	2009	1567	4110	643.9
2001	1593	4140	659.6	2010	1427	3930	560.1

1993—2010年景宁马铃薯种植情况一览

表11-2-4

年份	种植面积(公顷)	公顷产量(千克)	总产量(万千克)	年份	种植面积(公顷)	公顷产量(千克)	总产量(万千克)
1993	1760	1845	324.7	2002	2400	2220	532.8
1994	1973	1875	370.0	2003	2167	2250	487.5
1995	2100	1800	378.0	2004	2240	2730	611.5
1996	2233	1980	442.2	2005	2007	2685	538.8
1997	2460	1995	490.8	2006	2580	2790	533.8
1998	2473	1905	471.2	2007	1747	2925	510.9
1999	2467	1965	484.7	2008	1653	3030	501.0
2000	2460	1995	490.8	2009	1540	3405	524.4
2001	2420	2250	544.5	2010	1486	2865	425.9

第二节 油料作物

大豆、油菜、花生是景宁主要的油料作物,以大豆为主。

大豆

大豆年种植面积稳定在1300公顷左右,由农家自食为主转变为农贸市场鲜食销售商品。1993年种植1140公顷,总产量181.0万千克;2010年种植1146.67公顷,总产量251.07万千克。

油菜

油菜种植较少,但逐年增加。1993年全县种植50.7公顷,总产量4.2万千克。2010年种植220公顷,总产量23.55万千克。

花生

1993年种植73.33公顷,总产量5.9万千克;2010年种植66.67公顷,总产量17.22万千克。花生产量受气候因素影响很大,产量极不稳定。2005年种植120公顷,产量仅为13.2万千克。2006年种植100公顷,总产量达21.7万千克。

1993—2010年景宁油料作物播种面积及产量一览

表11-2-5

年份	大豆		油菜		花生	
	面积(公顷)	产量(万千克)	面积(公顷)	产量(万千克)	面积(公顷)	产量(万千克)
1993	1140	181.0	50.67	4.2	73.33	5.9
1994	1140	180.7	73.33	5.6	93.33	7.9
1995	1240	204.5	153.33	11.5	100	9.7
1996	1200	207.6	220	18.9	93.33	9.2

续表 11-2-5

年份	大　豆		油　菜		花　生	
	面积(公顷)	产量(万千克)	面积(公顷)	产量(万千克)	面积(公顷)	产量(万千克)
1997	1140	186.1	186.67	16.1	64	7.0
1998	1080	177.2	206.67	18.4	86.67	8.8
1999	1160	190.84	200	18.3	80	8.1
2000	1206.67	206.7	213.33	19.1	86.67	8.3
2001	1280	228.3	226.67	21.8	93.33	9.1
2002	1320	225.2	233.33	22.0	100	10.7
2003	1320	211.5	180	19.9	113.33	12.8
2004	1400	236.4	180	19.5	120	13.6
2005	1533.33	254.4	193.33	21.5	120	13.2
2006	1493.33	255.22	206.67	25.8	100	21.7
2007	1400	279.6	173.33	17.18	73.33	14.98
2008	1353.33	314.4	180	24.1	66.67	14.6
2009	1340	287.54	220	34.2	66.67	16.0
2010	1146.67	251.07	220	23.55	66.67	17.22

第三节　经济作物

水果

水果种植主要有柑橘、梨、杨梅、桃、枇杷、柿等。

柑橘　有宽皮柑橘、柚、橙、杂柑四大种类，主要品种为温州蜜柑、椪柑、宫内伊予柑、瓯柑、杂柑、胡柚、甜橘柚、红心柚、甜橙、脐橙等；以温州蜜柑和椪柑种植面积最大，主要分布在沙湾、鹤溪、大均、标溪、梧桐等乡镇。2002 年，农发牌椪柑获浙江省柑橘博览会优质奖；2003 年，获全国柑橘博览会银奖。

1993 年，景宁柑橘种植面积 778 公顷，占水果总面积的 60.69%。1997 年，因市场疲软，出现柑橘价格暴跌。1999 年，柑橘产量 644.2 万千克，占水果总产量 74.66%。2008 年，“虫橘事件”造成严重的柑橘低价滞销现象。由于部分果园退化、果树老化及建设工程损毁等因素，2010 年，种植面积 524 公顷，比 1993 年减少 32.65%，产量 297.0 万千克，比产量最高的 1999 年减少 53.9%。鹤溪镇城北山后柑橘基地面积 21.3 公顷，种植品种以温州蜜柑、椪柑、胡柚为主，2008 年，从丽水市农科所引进“丽椪 2 号”无籽椪柑、特早熟温州蜜柑“大分早生”，改接胡柚 8 公顷。

梨　景宁本土以金钟雪梨为最佳，1998 年被评为浙江省优质农产品。随着农业综合开发，品种有翠冠、黄花、青魁、清香、西子绿、雪清、金钟雪梨、518 等，以翠冠、黄花、青魁、金钟雪梨为主。2010 年全县梨种植面积 309 公顷，为 1993 年的 3.96 倍；产量 76.8 万千克，为 1993 年的 1.48 倍。主产地在鹤溪、英川、金钟、澄照等乡镇。

鹤溪镇城北山后村和英川镇金林村为梨的主要基地。1997年，鹤溪镇城北山后村无公害水果基地由景宁县农业开发公司开发，景宁畲丰果业专业合作社承包经营，面积33.3公顷，主要种植有翠冠、黄花、518等品种，2007年注册"农发"商标，同时制定"农发"牌梨地方标准和企业标准。"农发牌"梨品获2003年浙江省农博会优质奖；2005年7月，获得浙江省早熟梨优质农产品奖，同年11月获浙江农业博览会优质奖。2000—2004年，英川镇在浙江省教育厅的资金扶持和浙江大学张放教授的技术指导下，在海拔600米以上的金林、张川等村发展132.4公顷高山蜜梨基地，总投资61.5万元，2005年后基地陆续投产。2006年建立景宁英川高山蜜梨专业合作社，注册"英川牌"高山蜜梨品牌。2002年7月16日，"英川牌"高山蜜梨通过国家绿色食品认证，为浙江省首家通过国家绿色食品认证的梨品，也是全国第一个通过绿色食品认证的砂梨品种，2003年7月获浙江省优质早熟梨金奖。

2007年，景宁新星雪梨专业合作社注册了"澄照"牌商标。澄照乡东升村山后自然村13.3公顷梨园获浙江省无公害水果基地、绿色基地和有机产品认证；2009年7月，"澄照"牌青魁梨获浙江省优质早熟梨奖。

2009年，景宁梨产业被列为国家现代农业生产发展专项资金水果产业提升项目，建成核心基地33公顷，辐射基地350公顷。

杨梅　1993年前，杨梅的主产区在沙湾、澄照、鹤溪、外舍等乡镇；2000年后，杨梅在全县多数乡镇有种植，鹤溪镇面积最大，沙湾镇次之。2010年，全县杨梅种植面积275公顷，为1993年的2.06倍；产量81.48万千克，为1993的6.53倍。

杨梅品种原以本地野生杨梅、荸荠为主，1995年引进高产优质、个大汁多、酸甜可口的良种东魁，成为杨梅首选品种，2000年后种植面积迅速扩大。

澄照乡三石村马岭头杨梅基地，种植东魁杨梅10公顷，2007年成立亿龙杨梅专业合作社，有社员58人，为丽水市规范化农民专业合作社之一；2008年注册"畲佳红"品牌。2010年杨梅产量2万千克，加工杨梅干0.12万千克，产值18万元。2009年，获浙江省无公害水果产地、丽水市绿色农产品基地。

桃　2010年，全县种植面积140.87公顷，比1993年增加60.86公顷；产量25.2万千克，比1993年增加14.3万千克，主产区为澄照、沙湾、标溪、梧桐、家地等乡镇；品种有曙光、艳光、迎庆桃、大珍宝赤月、新川中岛、早凤凰、春蜜、春美、江南1号等，以大珍宝赤月、迎庆桃为主。

枇杷　景宁有农家房前屋后种枇杷的传统，1993年后才出现大面积种植，主产于鹤溪、外舍、沙湾等乡镇。至2010年，全县种植面积41.4公顷，产量13.0万千克。品种有大红袍、解放钟、本地白枇杷等。

柿　主要种植区域在雁溪、金钟、渤海、大漈等乡镇。品种有牛心柿、本地柿等。2010年，全县种植面积60.13公顷，比1993年减少37.67公顷；年产量4.3万千克，比1993年减少2.14万千克。2010年，大漈乡从贵州省贵阳市引进高糖强矮柿20公顷试种。

景宁水果还有李、葡萄、枣、猕猴桃、南方苹果、山楂、石榴、无花果等，多为零星种植。

蚕桑

蚕桑生产主要分布在渤海、沙湾、外舍、梧桐、金钟、标溪等乡镇。1993年，全县桑树种植面积540公顷，2010年273.33公顷。蚕茧产量1993年7.2万千克，2010年1.2万千克，桑树面积、蚕茧产量均呈大幅度减少态势。桑树品种有湖桑、桐乡青、团头荷叶面等；春蚕品种有东肥*华合，杭7*杭8；秋蚕品种有东34*芳12。

1994年，全县蚕种订养量2357张，全年生产总量8.25万千克，总产值141万元，创税利45万元，为历史上最好时期。1996年后，蚕茧市场疲软，价格低落，蚕桑生产严重萎缩，面积和产量逐渐下滑，沙湾、东坑等乡镇桑园失管、荒芜严重；蚕种订养量大幅度下降。

1999年，推广“方格蔟”养蚕新技术，蚕茧产量可提高10%~20%，蚕茧质量明显提高。2002年，蚕茧产销形势严峻，蚕茧滞销。2003年，在外舍乡、鹤溪镇引进种植果叶两用型蚕桑“大10”基地6.7公顷。“大10”桑果个大、无核、汁多、味甜，每公顷产桑果0.45万千克。

花卉

景宁花卉种植面积不大。主要分布在景南、大漈、东坑等乡镇，花卉品种有凤梨、鸟巢、常春藤、蟹爪兰、红掌、一品红等。

雅景花木专业合作社基地

2004年，景宁华丰农业发展有限公司从荷兰成功引种东方型香水百合等高山花卉。2005年，花卉产业被列入全县七大主导农业产业之一。同年10月，华丰农业发展有限公司鲜切花产品获得全国鲜花博览会三等奖(鲜切花类一等奖)。2007年，景南乡和大漈乡香水百合种植面积33.33公顷，总产量200万枝，500多户农民户均增收近万元。2008年，花卉产业以景宁华丰生态农业发展有限公司为主体，不断扩大生产规模，开辟云南生产新区，主要种植百合、进口菊花等品种，种植面积66.67公顷。

2009年12月，景宁雅景花木专业合作社成立，社员213户；在东坑镇深垟村种植高山花卉33公顷，生产郁金香、仙客来、常春藤、吊兰、倒挂金钟、香水百合、彩马等品种，年产值100万元；2010年2月，引进一品红(中国红)种苗1万株，3月份扦插繁殖成活近4万株，扦插成活率达到85%。

茶叶

惠明茶基地

茶叶是景宁农业特色产业之一，历届政府重视并持续扶持茶叶产业。1993—2010年，加大力度促进茶叶产业化发展。1993年全县茶园面积1093.67公顷，茶叶产量31.8万千克；至2010年，全县种植面积2932.4公顷。其中，良种茶园1906.67公顷，良种茶叶覆盖率达65%，名列全省前茅。2002年、2005年、2010年3次被评为浙江省茶树良种化先进县。2010年，茶叶产量148.5万千克，产值1.5亿元，成为景宁农业经济增长重要产业。(详见特色产业篇惠明茶一章)

草本中药材

以草本为主的中药材种植在景宁具有悠久历史，但以零星种植为主。随着农业产业结构的调整，中药材产业规模开发取得长足发展。1993—2010年，种植面积从126.67公顷上升到733.33公顷、总产值从216.7万元上升到4257万元。草本药材主要品种有：金银花、白术、元胡、太子参、瓜蒌、百合等；

菌类药材主要品种有：灵芝、北冬虫夏草、茯苓等，主要分布在大均、梧桐、标溪、沙湾、英川、毛垟、秋炉、九龙、郑坑、澄照等乡镇。

1993—2010 年景宁中药材种植情况一览

表 11-2-6

年份	面积(公顷)	产值(万元)	年份	面积(公顷)	产值(万元)
1993	126.67	216.7	2002	353.33	590
1994	66	115.57	2003	560	623
1995	66.67	189	2004	573.33	617
1996	80	141	2005	580	599
1997	266.67	379	2006	633.33	763
1998	173.33	378	2007	593.33	1777
1999	133.33	355	2008	686.67	3961
2000	186.67	520	2009	713.33	3882
2001	240	566	2010	733.33	4257

第四节　病虫防治

1993 年，县病虫观测站从鹤溪镇张村村迁移到澄照乡水碓垟村，安装自动虫情测报灯取代老式虫情测报灯，虫情测报设施得到改进。

2000 年前，主要以粮油作物监测为主，后随种植结构的调整，从粮食作物拓宽到粮油作物、茶叶、蔬菜、水果、烟草、中药材和花卉等作物的监测预报；利用县政府网"关注三农"、景宁"农技 110"、广播、电视和报纸等媒体发布病虫害信息，指导农户进行科学防治，减少病虫害造成的损失。

农业部门对植物检疫对象进行普查、监测和制订防治措施，先后制订《景宁县植物检疫性有害生物防控应急预案》《景宁县柑橘黄龙病防控工作实施方案》《景宁县加拿大一枝黄花秋季防控方案》。

主要病虫害

粮食作物　水稻主要病虫害有纹枯病、稻瘟病、稻曲病、黑条矮缩病、细菌性基腐病、赤枯病，水稻螟虫(大螟、二化螟)、稻纵卷叶螟、稻飞虱(白背飞虱、褐飞虱)、黑尾叶蝉等。

杂粮病虫害有玉米螟、斜纹夜蛾、番薯黑斑病、蔓割病、番薯瘟、番薯小象甲等；马铃薯有晚疫病、青枯病、霜霉病等。

1997 年，毛垟、梅岐、陈村、沙湾、郑坑、英川等乡镇 450 公顷单季稻发生严重穗颈瘟，减产 20%~50%，以汕优 63、汕优 64 等种植多年的杂交水稻感病最重。

2010 年，秋炉、家地、东坑、景南、梅岐、梧桐、大地等乡镇 500 公顷单季稻发生严重穗颈瘟，减产 20%~50%。以中浙优 1 号、丰两相优 1 号等杂交水稻感病最重。

2007—2009 年，沙湾、东坑、鸬鹚、大均、澄照、渤海、大地等 10 多个乡镇水稻细菌性基腐病流行，发生面积 390 公顷，平均丛发病率 2.80%，株发病率 4.31%，病指 0.30，产量损失 15~20%，严重田块减产80%甚至绝收，常规稻和杂交水稻感病品种都能发生危害。

茶叶 有茶炭疽病、茶饼病、茶小绿叶蝉、茶卷叶蛾、茶橙瘿螨、茶黄毒蛾（茶毛虫）、茶黑毒蛾、茶尺蠖、黑刺粉虱等。2006年茶树黑毒蛾和茶黄毒蛾（茶毛虫）出现大暴发。在400—600米地区的鹤溪镇镇办茶场、塔堪、惠明寺、红星茶场、澄照乡三石马岭头等地避风向阳山凹茶园发生。茶黑毒蛾暴发期在4月中旬至5月底，一代幼虫亩虫量达8.77~51.63万条，高的达100多万条；二代幼虫亩虫量11.57万条~61.06万条。茶黄毒蛾（茶毛虫）发生4月中旬至6月底，幼虫亩虫量达5.63万条至46.22万条，高的达100多万条。两虫共发生危害面积600公顷。其中，严重暴发成灾甚至绝收面积45公顷。毁灭速度以每天1.33公顷推进。

茶饼病（Exobasium vexans Massee）又名疱叶枯病、叶肿病。迎霜品种发病较重，乌牛早、龙井长叶、鸠坑等品种较轻。2010年，在澄照乡翁边村首次发生，面积133.3公顷。其中，危害较为严重2公顷。

蔬菜 有软腐病、灰霉病、菌核病、炭疽病、锈病、病毒病、白绢病、番茄早疫病、叶霉病、瓜类白粉病、霜霉病、疫病、晚疫病、蔓枯病、枯萎病、绵疫病、细菌性角斑病、根结线虫病，白粉虱、烟粉虱、美洲斑潜蝇、蓟马、蚜虫、蜗牛、地下害虫（蛴螬、小地老虎、蝼蛄）、小菜蛾、菜粉蝶（菜青虫）、斜纹夜蛾、甜菜夜蛾、黄曲条跳甲、猿叶甲，瓜类瓜实蝇、瓜绢螟，豆类豆野螟、豆荚螟、茄子黄斑螟等。

果树 梨有锈病、梨黑星病、梨轮纹病、梨蚜、梨星毛虫等；杨梅有赤衣病、小叶病、褐斑病、牡蛎蚧、卷叶蛾等；桃有流胶病、桃疮痂病、缩叶病、桃蚜、小绿叶蝉、桑白介壳虫等；柑橘有疮痂病、柑橘炭疽病、果实贮藏病、梨木虱、食心虫、红蜘蛛、梨蚜虫、潜叶蛾、介壳虫、瓜实蝇等。

疫情防控

1993—2010年，相继对有可能传入景宁的梨枯梢病、柑橘溃疡病、柑橘黄龙病、水稻细菌性条斑病、霜霉病、甘薯病、红火蚁、柑橘小实蝇、扶桑绵粉蚧、稻水象甲、葡萄根瘤蚜、马铃薯甲虫、三叶斑潜蝇、庶扁蛾、美洲斑潜蝇、假高粱、加拿大一枝黄花等植物疫开展定点定期监测调查和拉网式全面普查，在经普查明确疫情发生与分布的基础上，有效开展疫情防控扑灭工作。

1996—2010年景宁主要植物疫情发生与防控扑灭情况一览

表11-2-7

植物疫情	起止年限	分布地点（乡镇：村）	发生为害程度
水稻细菌性条斑病	1996—2004	鹤溪：城北；外舍：外舍	累计发病14.6公顷，割除烧毁12.6公顷，改种2.0公顷
柑橘溃疡病	1998—2005	外舍：外舍、王金垟、岗石；沙湾：毛山头	累计发病14.3公顷,历时8年扑灭
柑橘黄龙病	2002—2010	外舍：外舍、王金垟、岗石、西汇、岭北；大均：大均、伏叶、泉坑、新庄；沙湾：沙湾、毛山头；梧桐：梧桐、梧桐坑、金兰、丘兰；标溪：预章、枫林口	累计发病109.9公顷，挖除病株8281株
美洲斑潜蝇	1996	鹤溪：城北。2000年扩散到22个乡镇	成为常发性害虫
蔗扁蛾	2001—2003	鹤溪：鹤溪、城北	2个花圃染疫,共烧毁疫染发财树77株
柑橘小实蝇	2007	外舍：外舍。2010年扩散到16个乡镇，79个行政村	成为常发性害虫

第三章 养 殖 业

畜牧业在景宁农村历来以农户零星饲养为主,有猪、牛、羊、兔、家禽等;除完成国家统购统销外,一直维持于自产自销的发展水平。1993—2010年,畜牧业发展呈现“两降三升”态势,猪、牛饲养逐渐减少,羊、兔、家禽逐步增加;逐渐呈现零星散养养殖户减少,规模养殖场(户)增加的良性养殖方式。随着“畜牧进山、养殖上山”和“山区海岛特色畜牧业”项目的实施,一批畜禽饲养企业和养殖户凸现,向规模化、品牌化、生态化方向发展。2010年,全县有饲养量万羽养禽场7个、500头以上养猪场17个、100头以上养羊场18个,50头以上养羊户113户。

1993—2010年,农村水电开发带来水域面积扩大,给渔业发展创造有利条件,库塘养鱼、江河养鱼、稻田养鱼、鱼种繁殖等全面开发,逐步形成新的产业。

第一节 畜类养殖

猪

生猪养殖 为景宁畜牧业的主体。多以散养为主,规模小而面广,涉及各个村庄。1993—2010年,农家零星散养大幅减少,规模饲养较快发展。1993年,景宁畲族自治县养殖公司成立(后改名“景宁畲族自治县畜牧发展公司”),为全县第一家规模养猪场,当年出栏生猪1000多头,当时在丽水地区也较为领先。通过逐步发展,至2010年,先后创办“景宁生源良种母猪养殖场”“景宁畲乡养殖场”等500头以上规模猪场17个。其中,澄照乡5个、东坑镇5个,鹤溪、外舍、郑坑、梧桐、九龙、景南、大地等乡镇各1个;年出栏生猪50头以上养殖场42个。先后获得省级扶持资金500万元。

规模猪场采用雨污分离,干湿分离、建立沼气池,以“养猪—沼气肥料—牧草果树—养猪”循环生态模式,降低饲养成本,减少环境污染,提高养殖效益。

景宁生源良种母猪养殖场是景宁第一个大型规模猪场,创办于2002年8月,有场房22幢,占地面积1.72公顷,年饲养外二元母猪600头,年出栏生猪7500头,常年存栏生猪3000头,2006年获第一批省级现代畜牧生态养殖园区、丽水市农业龙头企业。

野猪驯养 2006年,东坑镇大张坑村雷伟华,先后向当地猎户购得野猪公猪1头、野猪母猪3头,进行人工饲养并获得成功。经过3年饲养与繁殖,2009年饲养规模达190头。2010年初,养殖场迁移至澄照乡四格村,与蓝传振等农户合办,建立“景宁澄照张山养猪专业合作社”。该场主要从事利用捕获野猪人工饲养、繁殖二代留种;采取捕获野公猪或经繁殖二代公猪与“碧湖猪”品种母猪杂交繁育商品猪。2010年末,猪饲养规模400多头。其中,野公猪、二代公猪、野母猪、二代母猪及“碧湖猪”母猪30多头。

牛

在农村产业结构调整进程中，耕作方式发生转变，农村养牛耕田发生变化，牛饲养量随之骤减，从 1993 年 13024 头存栏减至 2010 年 5908 头。农村显现饲养耕牛向饲养菜牛和规模养殖转变。2010 年，饲养 20 头以上规模的有 38 户，外舍乡小金洲村、包山村和澄照乡仙山村 100 多头规模养殖村。

牛的养殖以本地黄牛为主，占 80%，品种有秦川牛、温岭高峰牛、西门塔尔良种牛的血统；水牛占 20%。1995 年，引进 2 头黑白花奶牛，产鲜奶供应市场，因经济效益欠佳停养。2010 年，引进西门塔尔肉牛 108 头，由于畜主把肉牛当本地牛饲养，加上气候不适应、饲养粗放，牛死亡率高，造成较大损失。

羊

羊的饲养品种以本地山羊为主，体型较小，善爬山，耐粗食，繁殖力强。2000 年始，浙江省出台山区海岛特色畜牧业扶持政策，对景宁养羊业发展起到较大推动作用，年饲养量从 1993 年的 10746 头增加到 2010 年的 24351 头，增 126.6%。2002 年从庆元县引进黄羊种羊 39 头；2003 年从临安县引进纯种波尔山羊种羊 158 头；2005—2006 年从龙泉引进杂交波尔山羊 189 头，推进了羊品种改良步伐。

波尔山羊养殖场

兔

兔品种主要为肉兔，俗称“月兔”，有少量长毛兔、獭兔的后裔血统兔。养殖多以零星散养，也有上百只小规模养殖。1999 年、2006 年在家地乡、秋炉乡分别创办饲养规模 1000~2000 只的獭兔养殖场，均以效益不佳而停养。1993 年，兔饲养量 8.7 万只，2010 年饲养量 11.8 万只。

犬

犬品种多为本地品种，成年体重在 20 千克左右，全县农村有零星饲养。2010 年饲养量 1.5 万头。在城镇有少量宠物狗，品种有藏獒、哈士奇、松狮、金毛等，体重 2~50 千克大小不等。

1993—2010 年，城镇对宠物犬大部分注射犬五联苗(狂犬病、犬温热、犬副流感、犬丝病毒、犬细小病毒病)疫苗，进行防疫。

第二节 禽类养殖

鸡

20 世纪 90 年代以前，养鸡多为农户散养方式，品种以蛋鸡为主。2000 年，在大均乡过路廊村出现年饲养量在 0.4 万羽规模养殖户，后逐年增多。2010 年，全县规模养鸡户 6 户，年饲养量达 10 万羽，主要集中在东坑、标溪、大均、澄照等乡镇。品种有本地蛋鸡、三黄鸡、芦花鸡、青脚麻鸡等。1993—2010 年，全县平均年饲养量 32 万羽，最多年份 2002 年饲养量 35 万羽。

2008—2010 年，东坑镇深垟村孙伟忠户饲养野鸡(七彩山鸡)，年饲养量 1000 羽。

鸭

鸭品种以番鸭为主、麻鸭次之，有少量木鸭、北京鸭。1999 年，标溪乡预章村出现第一个规模养鸭户，2010 年，全县发展到规模养肉鸭户 8 户，年饲养量 13.5 万羽。麻鸭以产蛋为主，为数不多；农村散养以番鸭为主。1993—2010 年，全县平均年饲养量在 28 万羽左右。1993 年饲养量 19 万羽，最多年份 2002 年饲养量 33 万羽。

鹅

鹅有少量饲养，品种以白鹅为主，年均饲养 1 万羽左右。2006 年，鸬鹚乡山下村有一户饲养灰天鹅，年饲养量 3000 羽。

鸽子

1993—1999 年，以零星散养为主，年饲养量 3000 多只。2000 年后，规模户开始发展，2010 年有规模饲养 3 户；种鸽以白羽王鸽为主，种鸽规模 8000 对，年饲养量 10 万多只。其中，“利农生态养殖专业合作社养殖场”，坐落鹤溪镇半垟村，占地面积 1 公顷。养殖场基础设施、养殖管理按标准建设，种鸽规模 5000 对，年出栏商品鸽 7 万只。该场鸽产品于 2010 年注册“飞越世界”商标；产品被农业部认定为无公害农产品(乳鸽、鸽蛋)；无公害产地；鸽场获丽水市绿色农产品基地称号；合作社被认定为丽水市示范性农民专业合作社；县级农业标准化推广项目；县级十佳创业项目等。

鹌鹑

2005 年，澄照乡三石村“四季春养殖场”饲养鹌鹑(产蛋鹌鹑)，存栏量蛋鹌鹑 5 万羽。2006—2010 年年存栏稳定在 8 万羽。

1993—2010 年景宁畜牧业生产情况一览

表 11-3-1

年份	生猪年末存栏头数		年内肥猪出栏头数	生猪全年饲养头数	牛(头)	山羊(头)		家兔(只)		家禽(只)	
	合计(头)	其中:能繁母猪(头)			年末存栏数	年末存栏数	年内出栏数	年末存栏数	年内出栏数	年末存栏数	年内出栏数
1993	80362	1609	48443	128805	13024	7755	2991	41125	44850	324368	190012
1994	82473	1560	48854	131327	12878	8349	3263	47540	40696	305678	207041
1995	81354	1584	50991	132345	13128	8958	3472	43420	37366	334616	243506
1996	83414	1536	49950	133364	13171	9323	3089	44635	45615	361501	346082
1997	65371	1524	41062	106433	12074	7651	2523	38908	39891	361996	272970
1998	53431	1466	33249	86680	11701	8536	4107	46917	45872	399072	305413
1999	59380	1409	37851	97231	11569	8714	3986	47697	41278	382199	333759

续表 11-3-1

年份	生猪年末存栏头数		年内肥猪出栏头数	生猪全年饲养头数	牛(头)	山羊(头)		家兔(只)		家禽(只)	
	合计(头)	其中:能繁母猪(头)			年末存栏数	年末存栏数	年内出栏数	年末存栏数	年内出栏数	年末存栏数	年内出栏数
2000	56404	1202	35997	92401	10546	12858	5353	72466	58743	366284	311909
2001	56558	1534	35983	92541	10078	14711	7400	82521	62487	422339	369485
2002	55443	1352	37652	93095	9647	16312	9176	68078	66099	368579	390791
2003	54400	1400	39200	93600	8892	16000	9800	71500	67300	376500	360300
2004	47562	1675	42202	89764	8101	17824	12323	72426	62491	315373	370800
2005	42919	1037	40184	83103	7736	17645	13547	66228	73258	290562	360838
2006	33750	631	34890	68640	5796	12909	12590	54037	55886	243660	276790
2007	30602	1011	35838	66440	5767	12384	10993	54059	48702	229165	258843
2008	31138	1367	34006	65144	5775	12831	9834	51175	42486	242075	284301
2009	31611	1964	38678	70289	6112	13819	10756	54038	59148	255173	336838
2010	34510	1961	41943	76453	5908	13194	11157	57391	60222	322367	383556

第三节　鱼类养殖

景宁可利用渔业养殖水面 3853.33 公顷(未含滩坑电站水库)。其中,可利用稻田养鱼 3000 公顷、瓯江小溪可利用水面 557 公顷、上标水库 80 公顷、英川、白鹤水库 173 公顷,山塘水库 40 公顷、坑塘和稻田改塘 6 公顷。滩坑电站水库(又名千峡湖)面积 70.93 平方千米,景宁区域 39 平方千米,占比 51%。广阔的库区水面为淡水养殖提供了得天独厚的自然条件,有利于渔业生产发展。

2005 年,水产品总产值 593 万元,2009 年增加到 915 万元,渔业发展由量向质转变。2007 年 7 月 1 日,《中华人民共和国农民专业合作社法》正式施行后,渔业合作社快速发展,从 2006 年的 1 家发展至 2010 年的 40 家。除梅岐、秋炉、外舍 3 个乡(管理区)外,其他乡镇均注册成立渔业合作社。其中,鹤溪镇 12 家,占全县总数的 30%。2007 年后,县水利局先后组织 4 家渔业合作社争取省级以上财政资金 55 万元,用于扶持合作社发展。同时,对各养殖合作社进行稻田标准化养殖示范推广,制定操作规范和标准,加强对水产养殖生产过程和投入品种的监督,生产无公害、绿色水产品。2010 年有 4 家合作社通过无公害产地、产品双认证。

库塘养鱼

水库养殖　1995 年 4 月,从吉林省引进池沼公鱼在上标一级水库试养成功。1998 年被丽水地区列为科技课题,1999 年获浙江省科技进步三等奖。2004 年 3 月,从庆元兰溪桥水库调运 1000 尾倒刺鲃隔年鱼种,投放白鹤水库进行网箱养殖试验成功。2005 年引进湘云鲫鱼种投放白鹤水库和县鱼种场试验成功。同年 7 月,产品在全省第二届渔博会上获得一个金奖和一个银奖。2006 年,在上标水库进行高山溪水渔业养殖、育种。2010 年,在千峡湖水库放养 8 个品种,共 776 万尾鱼种苗,全县水产品总量达 103.5 万千克。其中，捕捞 5 万千克。养殖产量 98.5 万千克，渔业经济收入 1635 万元。

山塘养殖　1993 年，引进淡水白鲳、异育银鲫和建鲤在县鱼种场试养成功；1994 年，在鹤溪镇半垟村 1.33 公顷鱼塘放养罗非鱼 12000 尾试养成功。1998 年，引进江西粉鳅、乌鳢鱼养殖成功，在全县推广。2004 年，推广山塘养殖罗非鱼项目，落实主养罗非鱼山塘水库面积 8 公顷。2010 年改造鱼塘 13.33 公顷，扩大山塘养殖规模。

江河养鱼

1990 年，在瓯江上游小溪进行河蟹养殖试验成功，之后计 8 批次投放河蟹苗。2003 年，投放瓯江彩鲤、小甲鱼等四个品种，投入资金 243 万元。2006 年始，向瓯江小溪投放本土溪流鱼类、甲鱼及“四大家鱼”等品种。至 2010 年，共向瓯江小溪投放本土溪流鱼类 160 万尾，甲鱼 7 万只，彩鲤 150 万尾，鲢鱼、鳙鱼 1260 万尾，达到预期的增殖效果。

江河放养鱼苗

稻田养鱼

景宁农民有稻田养鲤鱼传统，每年“谷雨”前后，将鱼苗放入秧田，与秧田同时精心管理。农户常以鲜鲤鱼款待客人。随着耕作制度的改变，浅水灌溉，冬种草籽，施用农药等原因，故稻田养鱼面积曾一度减少，产量下降。

稻田试验养鳖

1994 年，在澄照乡叶八弄和叶源村 20 公顷稻田放养罗非鱼 7000 多尾，试养成功。1996 年，景宁被列为全省稻田养鱼“421”工程试点县之一。澄照乡叶八弄村和叶源村的 7.67 公顷稻田作为示范点，共投放鱼种 2.5 万尾，当年鱼产量达 520 万千克，创产值 5.2 万元。“1996—2000 年稻田养殖模式应用推广”项目获丽水市 2000 年度农业丰收一等奖。县水利局编写的《实用养鱼技术》为全县中学生乡土教材。2001 年 3 月，英川镇新村稻田养田螺试验成功，成为一大品牌，在浙江省首届渔博会获优质产品奖。

2004 年，调运 42 万尾瓯江彩鲤夏花投放全县各乡镇、村推广稻田养殖。2005—2008 年，共调运 297 万尾鱼种鱼苗赠送稻田养殖户。2009 年，采取养殖户自筹和补助相结合方式进行配套补助，扩大稻田养殖 6.67 公顷。2010 年，在澄照乡实施稻田养鱼省级试点项目，获得一亩(0.07 公顷)稻田产值(千斤粮，百公斤鱼)超万元的经济效益。并在金丘等村开展稻田养鳖试验获得成功。

鱼种繁殖

境内鸬鹚乡徐崇、毛窠、柳坑湾和葛山乡印章等自然村村民具有培育田鲤鱼苗种的悠久历史，每年清明前后将苗种肩挑各地销售，为近邻乡村农民提供苗种放养田鲤鱼。县水利局塔勘鱼种场设立鱼种繁育基地，每年向外地调入夏花鱼苗，再培育冬化鱼种，为养鱼户提供鱼苗。1990 年从金华、丽水运入各种夏花鱼苗 10.3 万尾，精心养殖，向养鱼户提供冬片鱼种 7.2 万尾，为农村养殖业结构调整服务。同年，水产技术推广站派技术干部在鹤溪镇学田、张村搞罗非鱼种温泉越冬试验，被列为县科委研究课题，试验成活率达 70%，经丽水地区水产技术推广站、县农委、县科委、县水电局等单位组织现场验收，具有推广价值。

1995 年 4 月，塔勘鱼种场从吉林引进池沼公鱼孵化卵在上标一级电站水库移殖成功，为丽水地区推广"池沼公鱼移殖、增殖和受精卵制作"基地，向邻近县、市供应池沼公鱼受精卵。1998 年引进江西粉鳅、乌鳢鱼养殖试点，对二龄粉鳅进行人工催产孵化试验，通过管理培育，人工繁殖粉鳅试验成功，在全县推广。

2006 年，景宁山水渔业合作社开始在上标水库进行高山淡水渔业的养殖、育种，2011 年 2 月，被列为浙江省现代渔业精品园创建点。

第四节　特种养殖

蜜蜂

蜜蜂品种有本地品种（中蜂）和外来品种意蜂（意大利蜂）二种。中蜂多采用圆木桶放在房前屋后呈零星固定饲养；意蜂采用方形木箱以规模流动放养为主，每年春季出省外，秋季回县内过冬。1993 年全县饲养量 3.2 万群（箱、桶），后逐渐减少。2010 年饲养量为 2.4 万群（箱、桶）。因以散养而自产自销为主，产量效益难以统计。

梅花鹿

2009 年，标溪乡东车村村委利用集体林场林间草源，引进梅花鹿 12 头，饲养效果不佳。鹤溪镇徐山村潘明亮从吉林长春引进 40 头饲养（舍养）获得成功，发展到 55 头。

竹鼠

2008—2010 年，澄照乡翁边村夏云龙户引进竹鼠饲养，年饲养量 1000 只左右。

石蛙

石蛙，学名：棘胸蛙，因喜欢藏匿于石缝中，故称石蛙，是一种十分珍贵的两栖动物。石蛙肉质细腻，富含矿物元素，营养价值和经济价值都远远高于普通蛙类，是一道上座率极高的名贵山珍，被美食家誉为"百蛙之王"。

2005 年，景宁开始进行人工养殖石蛙试验，先后建立了景宁山野、景宁王木坑、景宁云山涧、景宁瓯江源等石蛙养殖专业合作社。并通过多年试养取得成功，石蛙养殖规模不断扩大，产品销售供不应求，经济效益逐年递增。

景宁云山涧石蛙养殖专业合作社基地，位于鹤溪镇三枝树村，基地面积 1500 平方米，蛙池 120 个，年产值 120 多万元，被授为丽水学院教学实习实训基地。

大鲵

大鲵属两栖纲，隐鳃鲵科，因在求偶季节会发出类似婴儿啼哭声，故又称娃娃鱼，为现存最大的两栖动物，有很高的药用和食用价值，是国家二级重点保护动物。据清同治《云和县志》卷十五载："姜师闵翼鱼说：景宁山溪有翼鱼，四足，飞立树梢，张口注水，鸟见水就饮，渐闭口，饮水之鸟伺其腐而吞之。"

1994年，县科委将大鲵人工养殖列为科技攻关项目，并成立科研攻关小组，对大鲵人工养殖进行专门研究，基本掌握境内大鲵的分布情况及生活习性，初步掌握人工养殖经验。

2008年8月，成立景宁天野大鲵有限公司，在大均乡伏叶村设立大鲵人工繁育和驯养繁殖基地。公司已新建科研楼1幢，室内养殖房2幢，室内养殖池38个，室外养殖池60个，引水设施1套，人工养殖恒温隧洞1个，生态养殖基地3个。公司下设大鲵人工繁育研发中心、基地建设、产品初加工、销售、大鲵驯养繁殖基地等部门，形成年产繁殖幼苗1.5万尾，年产商品大鲵1万尾，年产值1500万元的规模。产品主要销往杭州、上海、南京、广州等国内市场。

第五节　畜牧兽医

1993—2010年县动物卫生监督所向从事畜禽饲养、屠宰、收储与销售的单位和个人发放《动物防疫条件合格证》548份。常年对外来畜禽进行检疫监管。2010年，检疫检验猪3.5万头。

1993—2010年，每年春秋两季全面开展防疫工作，主要对猪瘟、猪口蹄疫、牛羊口蹄疫、禽流感疫病实行免疫。2006年后，增加高致病性猪蓝耳病免疫；规模猪场增加猪细小病毒、猪乙脑、猪肺疫等免疫。

2003年，在省农业厅扶持下，投入资金80万元，建立县动物诊疗实验室，配备试验仪器和动物防疫专用车辆等设备。2007年，在国家发改委、省农业厅扶持下，投入20万元资金，建设动物检疫和监督基础设施。

第四章　食用菌业

食用菌产业是景宁农村经济的支柱产业之一，县委、县政府一直高度重视其产业发展，在"八七"扶贫攻坚中，为全县实现脱贫目标起到重要作用。1993—2010年，县委、县政府从多方面出台系列产业扶持政策，建立"以基地为基础，以企业为龙头，以市场为导向，内外销结合"的产销格局，形成"市场、企业、菇农一体化生产，产供销一条龙服务"的产业化体系，做大做强食用菌产业。景宁"山山牌"香菇、黑木耳于1995年，获第二届中国农业博览会金奖；1999年、2001年分别被评为中国国际农业博览会名牌产品；2000年，获浙江农博会金奖。2006年，景宁香菇被浙江农业厅评为"浙江十大名菇"。1996年3月，国务院发展研究中心农村发展部、中国农学会特产经济专业委员会、中国特产报社授予"中国香菇之乡"。2008年，景宁被省人民政府授予"浙江省农业特色优势产业食用菌强县"。2010年，食用菌生产规模达5870.7万袋，食用菌鲜品总量4870万千克，产值2.5亿元。

第一节　菌种生产

景宁人工栽培香菇、黑木耳、平菇、茯苓等食用菌历史悠久。1993—2008 年，全县有 11 个菌种站年生产原种 5 万瓶，年提供生产种 150 万瓶，供应面占全县 90%。2009 年“景宁县景元食用菌研究所”等 5 家菌种站具有《菌种生产合格证书》，年生产原种 10 万瓶，生产种 75 万包，除供应本县菇农生产外，还远销江西、广东、云南、安徽、内蒙古、新疆等地。为确保香菇、黑木耳菌种质量和生产用种需求，实行定点生产菌种，技术人员经过专业培训。

随着食用菌产业的结构调整，2000 年后，引进杏鲍菇、大球盖菇、秀珍菇、灰树花、北冬虫夏草、白背木耳、猴头菇、茶树菇、灵芝等珍稀品种，丰富了食用菌的种类和市场供应。2010 年，食、药用菌栽培种类达 18 个。其中，香菇以 135、庆科20、9015（系列）、241-4 等品种为主；黑木耳以新科、916 品种为主。

第二节　栽培技术

栽培技术种类

高架立体栽培　高效立体培育技术在花菇种植中应用，适应对温度较为敏感的“9015”“939”“135”等品种低温或中温偏低地区大面积栽培，主要用于袋料菇棒生产，宜早春接种，秋季菌棒转色后排场出菇，次年晚春结束；采用多层菇架、立体栽培，节省场地；不脱袋，在菇蕾顶部划破塑料袋壁出菇，菇蕾长至 1 厘米时，选优汰劣，每袋保留 3~5 个；出菇期采用通气、干燥管理法，菌棒失水时补充水分，气候条件不利花菇形成时，可转变成普通菇栽培管理法。

半地下式栽培　香菇半地下式栽培技术适用以中温偏高的早熟品种，如 9015、L26、Cr04 等。一般在低海拔地区的秋冬菇栽培时采用，品种菌龄生长期在 50~70 天左右。栽培时菇场选择周围环境清洁，无杂菌污染及病虫滋生，空气流通，有清洁水源，排灌方便的农田。菇床宽 1.1~1.2 米，凹型，凹深 35~40 厘米，一行可排放菌棒 6~7 袋，长度以便于管理为宜。走道宽 40~50 厘米，菇床床底的中间挖一条小水沟，深 5~7 厘米，宽 6~8 厘米，床底及四周打实拍平，进水口一端要略高于出水口一端。在菇床两壁每隔 25 厘米、高 20~25 厘米处，横插一条粗约 2 厘米的竹竿或木棒作菇架。在菇床两边每隔 1 米左右插一支 2 米左右长的拱形竹篾，上盖 2 米宽的薄膜。用稻草编扎约 2 米长的草帘，盖在薄膜上方遮阳和保暖。

半地下式栽培香菇基地

反季节高温栽培　反季节高温栽培技术主要用在中低山地区的半覆土地栽培模式与高山地区的露地脱袋立式香菇栽培模式；选用武香1号、9319等适合高温栽培香菇品种，应用高温防烂棒复合配方及综合配套技术；适合推行标准化生产。

无棚架袋料栽培　无棚架袋料栽培适用黑木耳栽培。适宜栽培性状稳定、品质优良的“新科”“916”品种；栽培季节根据海拔高度与气温安排，一般在9月上、中旬制作菌棒，高海拔地区可适当提前，生产冬耳9月下旬前制袋。配方：一般采用杂木屑72.5%，麸皮10%，棉籽壳5%，砻糠10%，碳酸钙1%，石灰1%，糖0.5%。采用木耳—稻谷轮作和标准化生产技术；防烂棒、防虫害综合配套技术；配套微喷设施应用。

循环生产技术

大球盖菇栽培季节一般在10月中旬，培养主料为稻草、玉米秆和茭白茎叶等农作物秸秆，填充料为谷壳。配方为主料80%+谷壳20%，于同年11月下旬开始出菇，至次年5月底采收结束。采收结束后菌渣还田作有机肥，并进行单季稻种植。单季稻于5月上旬播种，6月上旬移栽，全生育期为140天左右，至9月底收割。收割后的稻草又用来栽培大球盖菇的培养基。菇稻循环轮作，成为景宁发展循环农业的一个典型。

第三节　产业发展

产业规模

1993—2006年，食用菌栽培遍及县内24个乡镇、256个行政村，3万多劳动力从事食用菌产业。至2010年末，全县食用菌生产规模达5870.7万袋。其中，袋料香菇4369.2万袋、袋料黑木耳1289.5万袋、珍稀菌212万袋、大球盖菇23.33公顷、灵芝6.67公顷。食用菌鲜品总量4870万千克，产值2.5亿元，规模和产值位居全国前列。2007年被浙江省政府评为“浙江省特色优势食用菌产业强县”。

产业结构

2007年前，景宁食用菌栽培品种以香菇为主。2008年6月，县政府出台《关于加快景宁县食用菌产业试行办法》等扶持政策，从单一香菇栽培发展为多品种栽培，逐步形成以香菇、黑木耳、珍稀食药用菌（大球盖菇、北冬虫夏草、杏鲍菇、茶薪菇、灰树花、猴头菇、秀珍菇、茯苓、灵芝等）多品种生产结构，促进景宁从香菇大县向食用菌强县转变和提升。

市场体系

1993年11月、2003年10月，景宁分别建成山珍大市场和绿色食品市场，共有经营面积3万平方米，摊位600个，从业人员4000多人，年销售量达1000万千克，总交易额7亿多元；产品远销美国、日本、东南亚等20多个国家和地区，内销全国各大中城市。同时，在鹤溪、东坑、景南等香菇主产区建有鲜香菇加工厂30多家；2009年，建立大山农产品展示展销中心和畲山水韵农产品展示展销中心，通过与旅游产业结合，为景宁食用菌产品打开市场。

第五章 农业机械

景宁农田多为零星山垄田畈，农业生产机械化耕作程度低。随着农村产业转型和结构调整，耕作机械应用更少。农业机械使用，主要在农产品加工、灌溉、植保及农用运输等方面。

1993 年，全县农机总动力 27500 千瓦，重点机械是低速高耗的工农-12 型手扶拖拉机，计 517 台，还有粮食加工机械 1460 台，机动脱粒机 47 台、茶叶机械 105 台。

2010 年，全县农机总动力 76102 千瓦，比 1993 年增长 36.1%。重点机械是功率为 17.6 千瓦的大中型拖拉机，计 355 台，总动力 6271 千瓦；工农-12 型手扶拖拉机基本报废，小型耕作机械、机动脱粒机和茶叶机械大幅度增加，分别为 258 台、1842 台和 1026 台。

第一节 机械器具

耕作类

景宁地处山区，耕作机械发展缓慢，1993—2005 年，从事农田作业的拖拉机很少，全县只有景南乡、大漈乡等少数地方农民购买使用 3 马力水田耕整机，全县共计 11 台。2006 年以后，随着中央购机补贴政策的实施和国内小型耕作机械的发展，4~6 马力的农乐-31 和农腾 1ZS-20 耕整机发展较快，至 2010 年为 258 台。此外，有园林管理机 5 台。全县塑料大棚 12600 平方米，育秧盆 700 只。

排灌机械　全县农田排灌机械使用较少，基本上都在建设施工工地、食用菌生产基地使用，使用较多的是水锤泵，计 1258 台。

植保机械　主要有手摇喷雾器和机动（电动）喷雾器两种，2008—2010 年，随着经济合作社和水果产业的发展，机动（电动）喷雾器得到广泛使用。

收获机械　主要以机动脱粒打稻机为主，1993—2005 年，主要使用人力打稻机。2006 年后，在澄照、郑坑、东坑、外舍等乡镇（管理区）机动脱粒打稻机得到广泛推广使用，其动力主要为 3 马力汽油机和柴油机，部分使用电动机，至 2010 年，全县机动脱粒打稻机 1842 台。

种植机械　2008 年引进手扶插秧机一台，在东坑镇的白鹤村推广使用，由于地理条件差，没有得到很好的使用。

加工类

食用菌加工机械　1993—2010 年，食用菌产业的机械化程度一直很低，主要机械有：锅炉、柴油机、封口机、微型水泵等。冷藏保鲜设备 93 套，计 12073 平方米。

农产品加工机械　农产品加工机械以农村的磨粉机、碾米机和切料机为主。2010 年，全县碾米机 4166 台，以家庭小型碾米机为主；切料机主要在城郊一带农户的畜牧养殖场使用。

茶叶加工机械　茶叶机械使用较早，至1993年，全县有各类茶叶机械152台，以揉捻机、杀青机、烘干机为主，主要在鹤溪镇和澄照乡等茶厂使用。随着惠明茶叶种植面积不断扩大，茶叶机械逐年增加，修剪机、理条机、割灌机、采茶机、扁茶炒制机等得到广泛应用，2010年，全县有各类茶叶机械1026台。

运输类

1993—1996年，本县农业运输主要以工农-12拖拉机为主，基本保持在年600台左右。1997年，永康正宇机械有限公司生产的正宇ZY—182DH运输型拖拉机得到快速应用，年新增77台，至2006年农机普查时，共计555台，主要有：宝石BS1810DAG、彪马BM1410和BMT1810等型号。而后逐年下降，至2010年末，运输型拖拉机330台；农用运输车增加，有242辆。

第二节　农机监理

农机培训

景宁一直未建立农机培训学校。为适应拖拉机和农机行业发展，丽水地区（市）农机管理站委托景宁农机管理站对全县拖拉机驾驶员进行业务培训。1993—1997年，主要组织手扶拖拉机驾驶员培训，每年保持60人左右。其中，1994年培训120人。1998年后，主要培训小型拖拉机和大中型拖拉机驾驶员。

农机管理

全县农业机械安全监管工作由景宁农机监理站负责。1993—2010年，主要开展拖拉机驾驶员的考核发证、法律法规宣传、驾驶员审验、拖拉机上牌、年检、农机安全检查、拖拉机报废等业务工作。2005年后，陆续建设澄照乡、东坑镇等省级平安农机示范乡镇和金丘村、吴山头村等平安农机示范村。2008年，农机监理站和县公安交警队建立了“警农联络室”。1993—2010年，没有发生3人以上重大农机事故；2003年和2008年分别被浙江省农机局评为“文明监理、为民服务”窗口单位。2010年，对全县到年限和检验不合格的拖拉机全面报废，共计750台。

农机补助

2006年后，根据国家政策，办理“农机购置补贴”工作，到2010年办理各类农业机械购置补贴2860台。

第六章　农业管理

1993—2010年，为推进农业产业发展和经营方式转变，政府对农村经济和农业生产的管理由指令性调控转向指导性服务。县级政府机构在先后四次改革中，县农业局与县农村工作办公室（扶贫领导小组办公室）其农村农业管理职能也进行调整转变。2001 年 12 月，为适应农村和农业发展新形势的需求，县农业局与县农村工作办公室（农办）合署办公。先后将县农村工作办公室下属单位县农业开发公司（县特产局）、县食用菌办公室、县蔬菜公司转为县农业局下属单位，将县农村能源办公室职能从县林业局划归县农业局，县畜牧兽医站升为县畜牧兽医局，整合提升农业管理服务功能。1992—2010 年，实施科教兴农战略，制订和实行农业产业技术标准，推动种养业和加工业新品种、新技术的引进、应用、推广和培训，推广开发沼气、省柴灶、太阳能等农村新能源，加强农业行政执法，做好农产品产供销管理和病虫害监测防控及农业安全生产。先后引进种植、养殖等各类新品种 67 个，引进试验和示范推广农业新技术 46 项。

第一节　新品种技术应用

新品种应用

1992—2010 年，从荷兰、中国台湾地区和国内省内外引进水稻、茶叶、蔬菜、草本药材、花卉、食用菌、畜禽新品种 67 个，并进行试验示范，得到普遍推广应用。

新技术应用

1991—2010 年，为加快农业技术在生产中的应用、先后引进试验示范推广农业新技术 46 项，促进种、养业经济效益的提高。

1992—2010 年景宁品种引进及种养示范地情况一览

表 11-6-1

类 别	品种名称	年 份	引进产地（单位）	试种（养）示范地
水稻	赤峰稻（常规）	2000	本县选育	大漈乡
	双南红粘（常规）	2000	江苏省	澄照乡
	中浙优 1 号（交杂）	2008	浙江勿忘农公司	全县各乡镇
	中浙优 8 号（交杂）	2008	浙江勿忘农公司	全县各乡镇
甘薯	刑 56	1992	浙江省农科院	金钟乡徐山村
	浙薯 13	1992	浙江省农科院	金钟乡徐山村
	徐薯 18	1993	浙江省农科院	金钟乡徐山村
茶叶	安吉白叶 1 号	1993	浙江·安吉	澄照乡
	龙井长叶	1999	中茶所（杭州）	鹤溪镇
	中茶 102	2000	中茶所（杭州）	鹤溪镇
	龙井 43	2000	中茶所（杭州）	鹤溪镇
	浙农 139	2001	浙江农业大学	澄照乡
	浙农 137	2001	浙江农业大学	澄照乡
	浙农 113	2001	浙江农业大学	澄照乡
	景白 1 号	2003	景宁惠明寺	澄照乡、东坑镇
	丽早香	2004	丽水·莲都	澄照乡
	景白 2 号	2005	景宁惠明寺	澄照乡、东坑镇

续表 11-6-1

类别	品种名称	年份	引进产地(单位)	试种(养)示范地
茶叶	黄金芽	2008	浙江·宁波	鹤溪镇
	中茶 108	2009	中茶所(杭州)	澄照乡
水果	曙光(桃)	1992	浙江·金华	鹤溪镇山后基地
	迎庆(桃)	1992	浙江·金华	澄照乡金丘村
	翠冠(梨)	1994	浙江·金华、杭州	英川、澄照、鹤溪
	西子绿(梨)	1994	浙江·杭州	外舍乡
	东魁(杨梅)	1995	浙江·黄岩	澄照、外舍、沙湾
	大红袍(枇杷)	1995	丽水·莲都	沙湾镇
	青魁(梨)	1998	浙江·杭州	澄照乡张山后村
	高糖强矮柿	2010	贵州·贵阳	大漈乡、郑坑乡
	春美(桃)	2010	丽水·莲都	鹤溪镇山后基地
蔬菜	高山冷水茭白	2003	浙江·缙云	大漈乡
	杭椒 1 号	2004	浙江省农科院	沙湾镇叶桥村
	松花菜(庆农 65)	2005	中国·台湾	景南乡上标村
	食用百合	2009	浙江·长兴	英川镇董川村
药材	元胡	1992	浙江·磐安	大均乡
	吊瓜	1999	浙江·长兴	陈村乡
	浙贝	2000	浙江·磐安	大均乡
	金银花	2009	山东省	大均乡、梧桐乡
花卉	(东方型)香水百合	2003	荷兰(进口)	景南乡
	金丝桃	2005	上海市	景南乡
	孔雀桃	2005	上海市	景南乡
	南国红豆	2005	上海市	景南乡
	食药兼用百合	2010	湖南·龙山	景南乡
	一品红(中国红)	2010	广东·怡华	东坑镇深垟村(雅景花卉基地)
食用功	香菇 9015	1994	浙江·庆元	鹤溪镇张村村
	北冬虫夏草(食药兼用)	2006	辽宁省	鹤溪镇张村村
	香菇庆科 20	2007	浙江·庆元	鹤溪镇、英川镇
	香菇 L808	2008	丽水·莲都	鹤溪镇周湖村
	黑木耳 916	2008	浙江·龙泉	英川镇湖后村
	大球盖菇	2008	山东省	鹤溪镇城西村
	杏鲍菇	2009	浙江·磐安	大地乡陈坑村
	灰树花	2009	浙江·庆元	鹤溪镇周湖村
	白背木耳	2009	丽水·莲都	澄照乡佃源村
	秀珍菇	2010	丽水·莲都	澄照乡佃源村
	猴头菇	2010	福建省	鹤溪镇下张村村
畜类	“长大”二元母猪	1992	浙江·金华	鹤溪镇鸭卵坑
	杜洛克公猪	1992	浙江·金华	鹤溪镇鸭卵坑
	獭兔	1999	福建省	家地乡谢坑村
	江南黄羊	2002	浙江·庆元	梧桐乡高演、黄山头村

续表 11-6-1

类 别	品种名称	年 份	引进产地(单位)	试种(养)示范地
畜类	波尔山羊	2005	浙江·临安	草鱼塘林场
	新西兰肉兔	2006	浙江省农科院	鸬鹚乡
	竹鼠	2008	江西·资溪	澄照乡翁边村
	梅花鹿	2010	吉林·长春	鹤溪镇城西村
禽类	北京鸭	1996	浙江·宁波	鹤溪镇三枝树村
	白羽王鸽	1998	山东·费县	鹤溪镇塔堪村
	鹌鹑	2003	山东·费县	澄照乡三石村
	小三黄鸡	2004	福建省	金钟乡左权村
	七彩山鸡	2007	福建省	东坑镇深垟村
	仙居鸡	2010	浙江·仙居	东坑镇深垟村

1991—2010 年景宁农业新技术首次应用情况一览

表 11-6-2

类 别	技术名称	年份	试验示范地(场)
粮食作物	马铃薯—水稻栽培	1991	景南乡上标村
	春大豆—水稻—冬菜栽培	1998	陈村乡
	春大豆—水稻—冬菜栽培	1999	渤海镇
	香菇—水稻栽培	2001	梧桐乡梧桐坑村
	西瓜—水稻栽培	2002	沿溪乡镇
	单季晚稻“五改”栽培	2003	全县各乡镇
	水稻轻型栽培	2004	东坑镇徐砻村
	水稻“强化”栽培	2005	东坑镇白鹤村
	药—稻栽培	2005	大均乡李宝村
	黑木耳—稻栽培	2009	梧桐乡梧桐坑村
蔬菜	菜—稻轮作	1992	高山乡镇(高海拔地域)
	测土配方施肥	2004	澄照、鹤溪、大漈、沙湾、东坑等乡镇
	高效节水灌溉	2006	景南乡上标村
	蔬菜避雨栽培	2007	鹤溪、澄照、景南、大漈、沙湾等乡镇
	病虫绿色防控	2008	景南乡上标村
	穴盘育苗	2009	景南乡上标村
	瓜果嫁接	2010	澄照乡东升村
果花桑	柑橘高产模式栽培	1992	外舍乡
	脐橙速生、优质高产栽培	1998	鹤溪镇城北山后基地
	脐橙商品基地建设与开发	2000	鹤溪镇
	“方格蔟”养蚕	2003	外舍乡桑场
	高山反季节花卉种植	2006	景南乡
	无公害干水果节水灌溉	2009	鹤溪镇城北山后基地

续表 11-6-2

类 别	技术名称	年份	试验示范地(场)
果花桑	茶果套种丰产栽培	2010	鹤溪镇城北山后基地
药材	浙贝一稻栽培	2003	大均乡李宝村
	元胡一稻栽培	2005	大均乡李宝村
	吊瓜套种生姜栽培	2008	毛垟乡毛垟村
	金银花套白术栽培	2010	梧桐乡高演村
食用菌	花菇高产立体栽培	1994	鹤溪镇周湖村
	香菇半地下式栽培	1997	梧桐乡梧桐坑村
	反季节高温香菇栽培	2000	东坑镇茗源村
	无棚架袋栽培黑木耳	2003	鸬鹚乡徐崇村
	食用菌循环生产	2008	鹤溪镇城西村
	香菇标准菇棚	2010	鹤溪镇周湖村
综合技术	农药减量增效	2006	东坑、澄照等乡镇
	测土配方施肥	2006	东坑、澄照、大漈等乡镇
	病虫害统防统治	2007	全县各乡镇
	频振式杀虫灯	2009	大漈茭白基地
	太阳能杀虫灯	2010	奇尔、惠明茶叶公司
	黄板(诱虫)	2010	奇尔、惠明茶叶公司
	昆虫性诱剂	2010	奇尔、惠明茶叶公司
	推广商品有机肥	2010	沙湾、东坑、景南、大漈等乡镇
养殖技术	定位栏、产仔栏应用	2001	景宁生源母猪养殖场
	厌氧发酵处理养殖排泄物	2005	景宁生源母猪养殖场
	仔猪保育栏应用	2007	畲乡养殖场
	湿帘降温系统应用	2007	畲乡养殖场

第二节 项目技术服务

能源开发

1984 年,成立农村能源管理机构,归口县林业局。2006 年 6 月,其管理职能划归县农业局,并设立"农村能源办公室"。能源推广项目主要有户用沼气、省柴灶和太阳能等。1987 年,景宁被列入浙江省改灶节柴试点县,推广省柴灶,革新灶型。1989 年 11 月,完成改灶节柴试点任务,通过省级验收,全县累计推广省柴灶 2.38 万户。之后,随着煤气灶的广泛使用,省柴灶没有得到进一步推广。

农村沼气　2002年，县环保部门在鸬鹚乡山下村、沙湾镇流坑村、雁溪乡大丘田村、大均乡伏叶村开展农村沼气工程建设试点建成的沼气池，但使用效果不佳，未得到利用与推广，一直处于空白状态。

2007—2009年，面对国家不断加大生态建设力度的历史性机遇，经过多方努力，在农业部和省、市主管部门的大力支持下，连续三年被农业部和国家发改委列为农村沼气建设项目县，实施生态家园，富民行动工程。新增服务网点建设项目，全县建立农村沼气乡村服务网点26个，配置沼气池进出料设备、检测仪器、维修工具等各26套，每个服务网点有人员、有场所、有设备、有配件、有原料。同时建立县级农村沼气服务站，形成村、乡镇、县三级联动服务体系，为全县沼气用户提供优质便捷的后续管理服务。通过建池技术改进和应用，推进农村沼气建设，进行"一池三改"(改猪栏、改厕所、改厨房)，既保护生态环境，改善农村农民的生活条件，又为农户提供清洁能源，节省开支。三年累计共建沼气池24464立方米，3058户农民得益。

2007—2009年景宁沼气建池及其分布情况一览

表11-6-3

年 份	建池户数	主要分布乡镇
2007	1300	鹤溪、东坑、大漈、雁溪、家地、澄照、外舍、大均、郑坑、沙湾、梧桐、标溪、毛垟
2008	560	九龙、大地、英川、葛山、梅岐、秋炉、大漈、沙湾、郑坑、渤海
2009	1198	大地、英川、葛山、梅岐、秋炉、大漈、沙湾、鹤溪、东坑、雁溪、家地、澄照、外舍、大均、郑坑、梧桐、标溪、毛垟、鸬鹚

太阳能　20世纪80年代初，有少数居民使用太阳能热水器，2000年前，以闷晒式为主。2000年始，推广保温好、集热效率高的真空管式太阳能热水器。2005年，真空管热水器已推广到城乡各地，太阳能热水器用户达1.2万户，集热面积23510平方米。

2005年后，结合高山生态蔬菜、无公害果园、茶园的发展，大力推广太阳能杀虫灯的使用，共计推广太阳能杀虫灯218盏。

科技推广

积极与高等院校合作，加快技术改造，加速科技成果转化。1993—2010年，县、乡镇和有关部门开展农业技术培训，指导农民学技术、用技术，解决生产上出现的实际问题。培训对象、内容、方式等方面都发生了很大变化，培训内容从单一的农作物栽培管理技术向农业产业结构调整、农业标准化生产、农业信息化、生态循环农业、农村劳动力转移技能等多元化、多方向扩展；培训对象涵盖了农民、合作社、企业、下山脱贫农民等；组织培训部门除了农业、林业、水利等职能部门外，县扶贫办、人劳社保局、县妇联、团县委、县关工委、县

"地头课堂"讲授农业技术

科委、县残联等多部门参与。通过创建农业培训新机制，整合科技力量和培训资源，建立县、乡级农技培训中心，依托农广校、农业信息网络远程教育等农业推广机构和手段，形成培训农民的主体阵地，发展农民培训事业，培养有文化、懂技术、会经营的新型青年农民。1993—2010年，全县农业科技应用培训达8.6万人次，“绿色证书”培训26个班，领证1560人；县农业广播电视学校培养种、养专业毕业人员583人。

1993—2010年，获农业部农业丰收奖2项，省农业丰收奖52项、农业科技进步奖31项，市、县农业丰收奖、科技进步奖85项。其中，1997年12月，《浙江省景宁县马铃薯高产高效栽培技术推广》项目被农业部评为全国农牧渔业丰收奖三等奖。

地方标准

企业按照地方标准、技术规范、生产技术准则和质量管理要求进行生产，使农产品符合绿色、有机、无公害产品的标准，提高农产品的质量和市场销售价格，增加农民收入。1993—2010年，县质监局发布由农业局制定的20个农产品地方质量标准，主要包括地方标准、技术规范、生产技术准则等。

1998—2009年景宁农业企业标准目录一览

表11-6-4

序号	标准规范名称	发布年份	标准编号	标准级别
1	奇尔牌令箭茶标准	1998	DB/T332529·X55·002-1998	县级
2	雪松牌茄子标准	2000	DB/T331127·B31·005-2000	县级
3	南川牌蜜梨标准	2002	DB/T331129·B31·009-2002	县级
4	雪松牌西兰花标准	2002	DB331127/T·B31·011-2002	县级
5	雪松牌小辣椒标准	2002	DB331127/T·B31·010-2002	县级
6	英川牌高山蜜梨 产地环境	2002	DB/T331127·B11·006-2002	县级
7	英川牌高山蜜梨 苗木	2002	DB/T331127·B11·007-2002	县级
8	英川牌高山蜜梨 生产技术准则	2002	DB/T331127·B11·008-2002	县级
9	奇尔牌茶叶 苗木技术规范	2003	DB331127/T·B11·002-2003	县级
10	奇尔牌茶叶 茶园建设技术规范	2003	DB331127/T·B61·003-2003	县级
11	奇尔牌茶叶 鲜叶加工技术规范	2003	DB331127/T·B05·004-2003	县级
12	农发牌梨 产地环境	2003	DB331127/T·B11·012-2003	县级
13	农发牌梨 苗木	2003	DB331127/T·B61·013-2003	县级
14	农发牌梨 生产技术准则	2003	DB331127/T·B05·014-2003	县级
15	农发牌李 产地环境	2003	DB331127/T·B11·016-2003	县级
16	农发牌李 苗木	2003	DB331127/T·B61·017-2003	县级
17	农发牌李 生产技术准则	2003	DB331127/T·B05·018-2003	县级
18	玉簪茶叶标准	2003	DB331127/T·B55·020-2003	县级
19	惠明牌惠明茶标准	2006	DB331127/T·X55.025-2006	县级
20	“硕圆”牌北冬虫夏草子实体（子座）升地方标准	2009	DB33/748.1-2009（代替）Q/331127.B39.227-2008	县级

第三节 行政综合执法

1998年始，农业部门先后制订完善日常工作、人员管理、监督廉政等16项农业行政执法制度。2000年12月，成立“农技110”信息服务中心。2006年6月，开通“12316”农业投诉举报电话，维护农民合法权益。利用“放心农资下乡进村宣传”“3·15”国际消费者权益日、食品宣传周、科普宣传周、组织培训等时机，开展国家《种子法》《植物检疫条例》《畜牧法》《农产品质量安全法》等有关农业法律法规和《农产品质量安全手册》及“禁用限用农药”“农药科学选科和合理使用”“新旧种子辨识”等科学生产知识宣传。

每年组织400多人次开展宣传执法活动，以“绿剑”行动为载体，对农资市场及种养殖基地进行检查监督，严厉查处销售假冒伪劣种子、农药、肥料、兽药、饲料和饲料添加剂、瘦肉精、毒鼠强等违规违法行为。

1998—2010年，共立案查处违法案件121起，罚没款7.45万元，进一步维护农资市场秩序，促进农业生产安全。同时，开展农业生产事故调解工作，维护农民合法权益。2008年，制订经营守则，44家农资店全部进入农资信用管理数据库，实行经营可追溯管理。

第四节 管理机构

1993—2010年，在政府职能转变中，加强“三农”服务，农业管理机构得到强化。2001年12月，县农业局与县农村工作办公室合署，“两块牌子、一套班子”；2005年12月，县农业局与县农村工作办公室分开办公，恢复“景宁畲族自治县农业局”。其下属单位进行多次调整和变动。

农业开发公司（县特产局）

1990年9月，在推进农业综合开发中，将隶属县农业局的特产股及各区农技站特产专业人员单列划出，组建“景宁畲族自治县农业综合开发公司”，隶属县农经委；公司在编人员39人。其中，特产辅导员13人。1991年9月，成立“景宁畲族自治县特产局”，实行“两块牌子，一班人马”，隶属县农经委副局级单位。1992年12月，安置自收自支农转非人员12人。1997年12月，机构改革“三定”改为“景宁县农业开发总公司”，额定事业单位人员20人。2001年12月，县农业局与农办合署后，隶属县农业局（农办）下属股级单位。2004年，13个特产辅导员分流到各乡镇。2005年12月，县农业局与农办分开后，隶属农业局下属股级单位。2006年6月，成立“景宁畲族自治县经济作物总站”，将其并入，但仍保留“景宁县农业开发总公司”牌子。

基层农技站

1992年，撤区并乡机构变革时，由于山区农业基层工作的特殊性，仍保留农业局派出机构区农技站，并更名为“区域农技站”。2007年11月，农业机构变革时撤销区域农技站，原人员分流到各乡镇。

2003年3月，在滩坑电站建设中，为与乡镇行政机构相配，撤销外舍乡、金钟乡农技站，并入鹤溪镇农技站；撤销渤海镇、大顺乡、陈村乡农技站，复建渤海镇、九龙乡农技站。

蔬菜公司

1994年1月，原隶属县农经委下属的景宁畲族自治县蔬菜公司划归县农业局，为农业局下属股级单位。2008年蔬菜公司撤销。

农业行政综合执法大队

1998年成立，2004年县编办〔2004〕15号文件正式批文，人员编制7人。

种子公司

2003年9月种植业体制改革，设立种子管理站，为农业局下属事业单位。

畜牧兽医局

2005年12月，将农业局下属的景宁畲族自治县畜牧兽医站改为景宁畲族自治县畜牧兽医局，隶属农业局下属副局级单位。内设办公室、畜牧产业科、防疫监督科、动物疫病监测实验室4个科室，并挂动物卫生监督所牌子，核定全额拨款事业编制9人。同时，在鹤溪、沙湾、东坑、英川、渤海5个区域设立畜牧兽医监督管理站，共核定全额事业编制12人。

农村能源办公室

2006年6月，农村能源管理职能从县林业局划归县农业局，设立农村能源办公室，为农业局下属股级单位。

食用菌办公室

2006年1月，原隶属县农办的景宁畲族自治县食用菌办公室、食用菌研究所划归县农业局，隶属农业局下属股级单位。

农业产业科

2008年6月，为强化农业产业化服务工作，在农业局下属设立农业产业科。

农场

景宁农场原为地方国营农场，始建于1952年2月，隶属县农业局，主要承担农作物良种与畜禽新品种引进、试验、选育及农业新技术示范推广，故又称良种场。1988年，在推进体制改革中转为自收自支企业性管理的事业单位，良种推广职能逐步退出。同时，随着县城建设需要，农场土地被政府征用。农场利用土地出让金（每平方米120元），与景宁投资公司组建金农房地产开发公司，持40%的股份（于2005年11月退出该公司所有股份权益）；并先后投资建成金农宾馆679平方米、城西市场1616平方米、金农小区店面500平方米、综合楼863平方米、景仙楼综合服务部1849平方米、仓库和厂房11000平方米，以租赁和承包方式取得经济收入，从第一产业转向第三产业。1995年，农场创建景宁畲族自治县富利达木制工艺品有限公司，后改为股份制企业。1996年，利用土地出让金为退休职工20人落实社会养老统筹。至2010年，农场有退休职工16人，遗属4人。在职职工13人。其中，管理人员5人，自谋职业职工8人。

第十二篇　林　业

景宁是浙江省重点林区县之一。森林属中亚热带常绿阔叶林北部亚区——浙闽山丘甜槠木荷林区，生物资源丰富。1993—2010年，先后进行三次林业资源调查。根据2008年森林资源调查，全县有林地面积15.03万公顷，占土地总面积83.01%，占林业用地面积93.01%，森林覆盖率77.9%。林业的经济效益、生态效益、社会效益，在景宁民生大计中历来显现重要地位。景宁历届县委、县政府高度重视林业建设和发展，坚持依法治林，倡导"兴林脱贫""兴林致富""以林立县""生态立县"，综合开发利用森林生态资源，从林业重点县向林业强县跨越。

1993—2010年，继1983年稳定山林权、划定农户自留山、确定生产责任制的"林业三定"和1989年进一步完善林业生产责任制后，2006年，山林承包期明确延长30年，稳定山林权属。1998年6月，在推进"政企分开"和"政府部门职能转变"的改革中，将林业行政管理工作转到统筹规划、依法行政、信息引导、组织协调、提供服务和检查监督上来，加强林业经济活动和生态环境建设的宏观调控。先后全面开展国有林场、森工企业、乡村林业管理体制和经营机制改革，调整林业生产关系，推动森林资源流转，多次编制和修订林业发展规划与阶段性、专项性实施计划，使林业生产与管理适应市场经济发展和社会进步需求，从资源消耗型转向生态保护型，促进林业稳定健康发展。

至2010年末，消灭荒山、向世界银行贷款造林、经济林开发、迹地更新、阔叶林培育、珍贵树种造林、木本油料产业提升等绿化造林1.94万公顷；杉木、松木为主的用材林面积5.85万公顷；省级以上重点生态公益林建设面积8.62万公顷。

第一章 林业生产关系变革

1993—2010年,景宁林业生产关系随农村改革深化而发生变化,在发展中改革,在改革中发展。通过贯彻落实党和国家一系列林业发展建设的方针政策,开展延长山林承包期和林权制度改革,推进森林资源流转,创新林业发展机制,改革国有林场、森工企业,通过完善林业生产经营管理,稳定林权,调动各方积极性,促进林业发展,提高林业综合效益。

第一节 林权制度

延长山林承包期

2006年,贯彻中共中央、国务院《关于加快林业发展的决定》和省委、省政府《关于全面推进林业现代化建设的意见》,开展延长山林承包期工作。同年3月17日,林业部门抽调23人,历时一个月完成大均乡延长山林承包试点。确定保持山林承包权稳定性和连续性,自留山保持长期不变,不可强行收回;已承包到户的责任山继续由原承包户承包,承包期再延长50年,对未满法定承包期的责任书,原则上一并延长到2055年12月31日;明确集体统管山的经营主体,加强分类指导,规范经营行为,探索良性循环、可持续发展的经营方式;完善承包合同管理,规范合同标的、格式和条款,明确承包期限、合同双方的权利与义务、变更解除条件、违约责任等内容。通过"延包",自留山、责任山和统管山统一发放《中华人民共和国林权证》。同年6月1日,县政府出台延长山林承包期工作实施方案,6月5日全面展开。至10月末,完成19个乡镇、2个国有林场、221个行政村、1405个村民小组、31400户延长山林承包期工作,核发《中华人民共和国林权证》47302本。其中,集体山林所有权证3760本,统管山证1145本,自留山和责任山证42316本,发证率达到99.5%。签订责任山合同20096份,合同签订率99.9%。妥善解决山林纠纷944起(发生山林纠纷1007起),纠纷调处率93.7%。建立4套完整、规范的山林权属档案,装订成册档案2283卷,分别由行政村、乡镇、县林业局、县档案局保存。考虑省级重点工程滩坑电站库区有关乡镇移民外迁因素,经请示,同意暂缓开展渤海、外舍、金钟、大顺、陈村等4乡1镇延长山林承包期工作。

森林资源流转

2007年,根据丽水市政府《关于推进森林资源流转工作的意见》和县机构编制委员会《关于同意设立景宁畲族自治县林权管理中心和森林资源收储中心批复》,林业部门设立林权管理中心,负责林权登记,林权交易,林权抵押贷款的业务管理和相关手续办理。同时,设立森林资源收储中心,负责对森林资源进行收购及对收储的森林资源进行管理和处置;为林权抵押提供担保与反担保，在林农与银行之间发挥纽带作用，化解银行金融风险；解决建设项目征用林地直接与林农发生关系和林地补偿不平衡、不规范问题；同年11月15日，由县国有资产投资有限公司出资注册景宁绿业森林资源担保有限公司和景宁绿业森林资源收储有限公司，以国有独资企业运行，规范森林资源收储流转业务。至2010年，景宁绿业森林资源担保有限公司为林农提供林权抵押贷款担保1250万元。

集体林权制度改革

2008年4月18日，景宁召开林权制度改革工作会议，贯彻《中共中央国务院关于全面推进集体林权制度改革的意见》《中共浙江省委浙江省人民政府关于进一步深化集体林权制度改革的若干意见》。同年6月2日，成立县林权制度改革工作领导小组，县政府出台《景宁畲族自治县深化集体林权制度改革工作方案》《关于开展景宁县林木火灾保险的实施方案》。从此，林权制度配套改革全面展开，在全省率先以政府买单的投保形式，为15.34万公顷森林统一实施火灾保险。

林权勘界

2009年5月6日，县政府出台《关于景宁畲族自治县明晰林权工作方案的通知》，着手开展以所有权为单位进行林权勘界，各乡镇按管辖界限进行实地核查并勾图，聘请浙江农林大学将全县林业所有权界限地形图统一录制为林权身份证，形成可查询林权基本信息库，建立林权信息管理系统。除滩坑电站库区未开展延长山林承包期和换发林权证工作外，其他所有林权证信息全部进入管理系统。

林权抵押贷款

2009年9月5日，县政府出台《关于深化林权抵押贷款和小额贷款支持低收入农户增收的通知》，各商业银行开始进行林权抵押贷款。同年，全县林权抵押贷款153户，贷款金额1013万元。至2010年末，全县林权抵押贷款农户累计3149户，贷款金额2.14亿元。省财政厅、林业厅给规定用途的林权抵押贷款用户年息3%的财政贴息。为鼓励金融支持林权抵押贷款，盘活林业资产，县委、县政府出台《关于全面推广"林权IC卡"进一步深化金融支持集体林权制度改革的实施意见》，首次对林权抵押贷款的商业银行按年度贷款余额3‰的奖励，并在县财政局建立林权抵押贷款风险基金专户，按上年度林权抵押贷款余额5‰比例提取风险补偿基金，专款专用。至2010年末，全县提取林权抵押贷款风险补偿基金87万元。

第二节　国有林场

林业总场

1956年10月，成立景宁县林场，地址在鹤溪镇叶府前。1965年12月，云和县人委批准景宁、东坑两场合并，成立景宁林业总场，地址设草鱼塘，1968年迁到叶府前苗圃。1984年10月，改称景宁畲族自治县林业总场，1991年迁到鹤溪镇府前西路2号林业总场办公大楼。

林业总场辖大仰、草鱼塘、荒田湖、大漈、鹤溪5个分场，28个林区，经营面积5913.33公顷。

1993—2010年，更新造林1423.47公顷。其中，生物防火林带34千米，阔叶林工程125公顷，珍贵树种造林214.27公顷；中幼林抚育5866.33公顷。1993—2010年，采伐林木累计15.85万立方米，生产木材9.51万立方米。2010年，全场森林活立木总蓄积56.95万立方米，毛竹63.45万株。乔木林分单位平均蓄积量110.25立方米/公顷。2003—2008年，经规划界定国家级、省级重点生态公益林4869.67公顷，占总经营面积的82.5%。同时，界定大仰湖等7个湿地、次生阔叶林和野生动植物类型省级森林自然保护小区。2008年11月，县政府批准设立林业总场大仰湖湿地群自然保护区。2010年，开展大仰湖湿地群省级自然保护区申报工作。

1993—2005年，林场实行"一级所有、两级核算、三级管理"的管理体制。1994年，调整产业结构，探索生产经营转型，县政府批准建立"景宁畲族自治县绿业集团"，各分场建立分公司。1994—2000年，先后创办总场招待所、木竹工艺厂、汽车修理厂、民族工艺厂、万里工艺厂、机械厂、基建队、工贸公司、综合商场等企业。因体制、经营等问题，2000年，全部停业转制。

1995年2月，经省林业厅批准建立草鱼塘省级森林公园，2001年9月开园，当年产值60万元。2002年，评定为AA级景区。

1999年12月，《景宁林业总场人事制度综合配套改革方案》《景宁林业总场场内结构工资实施办法》《景宁林业总场全员聘用合同制试用办法》，经县人事劳动局批准试行。与县社会保险事业管理处签订协议，林业总场通过银行借款、职工借资和变卖部分店面资产筹集资金，向县社保处一次性补缴1988—1999年未缴的养老保险费360万元。至此，全部职工进入社会养老保险体系。

20世纪90年代始，计划经济向市场经济转变，木材市场疲软，价格下滑，场员多，工资涨幅大，林场逐年亏损。据《2001—2005年财务收支审计报告》和会计资料反映：2005年末，林业总场资产负债总额为1548.55万元。

2005年9月，县委、县政府决定深化林业总场改革，11月成立改制(改革)协调领导小组。2006年3月10日，相关部门组成改革工作组入驻林业总场。同年8月4日，景事改办批复同意《景宁畲族自治县林业总场改革和发展的方案》，10月27日，县政府出台《关于县林业总场改革后机构编制核定和人员返聘有关事宜的通知》，确定林业总场为生态公益型林场，内设办公室、生态建设技术科、资源管理科、林政(森防)管理科4个职能科室，下设大仰、大漈、草鱼塘、鹤溪、荒田湖5个分场，事业编制77人，编外用工3人。2007年县财政补助增加至240万元。2009年4月17日，丽水市编委批复：设立景宁畲族自治县望东垟高山湿地自然保护区管理局。同年6月，林业总场与管理局挂牌合署办公。

2007—2010年，林业总场筹集资金总计1298.5万元，新建善辽、夕阳坑等13个林区护林用房；改造大漈、荒田湖、大仰分场场部和3个林区职工宿舍，合计2463平方米；新建林区道路16千米，修复、拓宽、改造林区道路32.6千米；建成容积10—15立方米蓄水池4个、1立方米16个，铺设引水管道2880米，完成大仰、大漈、荒田湖、草鱼塘4个分场场部和9个林区的饮用水安全改造工程。2008年特大雨雪冰冻灾害，林区用电线路严重毁坏，全面改造5个分场场部和23个林区36.7千米照明用电线路，新增变压器3台、迁移3处，5个无电林区安装了照明太阳能，解决全场职工用电，改善林场生产和职工生活条件。

上标林场

原为上标伐木场，始建于1959年，是以伐木销售为主要收入来源的国有森工企业，设上标、白云、枫水垟、渔潦坑 4 个工组。2010 年，在职职工 42 人。林场土地总面积 2203.27 公顷。其中，林业用地面积 2039.67 公顷，非林地面积 163.6 公顷。1988 年，从林业局划出由县木材公司管辖，每年上交税利 30 多万元。1998 年，通过改革转制，归县林业局直属管理。2008 年，全场林木蓄积量 19.8 万立方米，森林覆盖率 98.8%。林业用地面积全部界定为省级以上生态公益林，经浙江省林业厅批准上标林场（伐木场）转为上标国有林场，享受国有林场有关待遇，实际成为国有生态公益型林场，但其体制仍为企业。

2000 年始，申报生态自然保护区。2007 年 3 月 15 日，浙政函〔2007〕35 文件批复同意在上标林场区域内建立望东垟高山湿地省级自然保护区。保护区面积 1194.8 公顷，占林场总面积的 54%。2009 年 4 月 17 日，根据丽编委〔2009〕29 号文件批复设立景宁畲族自治县望东垟高山湿地自然保护区管理局，景政办发〔2009〕143 号文件《景宁畲族自治县人民政府办公室关于印发〈景宁畲族自治县望东垟高山湿地自然保护区管理局（林业总场）职能配置、内设机构和人员编制方案〉的通知》明确为全额事业单位，编制 33 人，与林业总场合署办公。上标林场为管理局下属独立核算单位。同时，在原上标林场职工 42 人中，通过公开、公平、公正考试和考察，择优录用工作人员 28 人，理顺望东垟自然保护区管理体制和相关关系，落实机构、级别、编制、经费和管理权限等问题。推进上标林场的改革，对未转制员工采取在职在岗人员原身份待遇不变，继续留用；在职不在岗人员继续实行停薪留职；借用人员由林业局负责分流安排；选择一次性货币安置者按企业改制标准执行；距法定退休年龄不足 5 年的，由本人申请实行内部退养等办法妥善安置。

第三节　森工企业

1988 年始，景宁畲族自治县木材公司（简称县木材公司）为独立企业法人，主要经营木材，下设英川、渤海、城郊、东坑、沙湾 5 个森工站及古传森工合作林场、林业卫生所、森宝竹木有限公司（以下简称森宝公司，独立法人）等机构。至 2007 年 4 月 19 日止，在职职工、离退休职工、精减下放人员、遗属人员累计 597 人。其中，在职职工 154 人、提前解除劳动关系 72 人、离退休 165 人，精减下放 88 人，遗属 118 人。由于社会经济发展、林业体制改革、木材营销市场放开、森工职能转变等原因，县木材公司原有管理体制、经营机制不适应市场经济发展，造成企业亏损、负担沉重、难以生存。

2006 年 3 月始，林业部门派工作组深入各森工站（场）走访干部职工 700 多人次，听取意见和建议，专题研究森工企业改制。2007 年 4 月 9 日，景宁畲族自治县国有资产管理委员会（简称县国资委）批准同意实施解散县木材公司的方案。同年 4 月 19 日，县国资委批准同意解散森宝公司。国资委分别成立木材公司清算组、森宝公司清算组。依照县政府〔2005〕16 号专题会议纪要和景政发〔1998〕9 号、〔1999〕21 号、〔2002〕23 号等文件的有关规定，对企业资产进行清算，确定分类安置职工。职工工龄计算至 2007 年 5 月止，落实兑现职工安置经费共计 2824.29 万元。经核实，县木材公司职工身份，符合列入改制范围职工 597 人。其中，退休职工 165 人、精简下放 88 人、遗属 118 人、距法定退休年龄不足 5 年 25 人、工伤 3 人、在职职工 126 人、提前解除劳动关系 72 人。至 2007 年 11 月末，安置离退休人员、精减下放人员和遗属人员 471 人、依法解除劳动关系 106 人、领取安置费 80 人。

第四节 乡村林业

乡镇林业工作站

2007年，根据浙江省政府《关于改革和加强基层农业技术推广体系的通知》、省林业局《关于认真贯彻国务院、国家林业局、省政府办公厅有关基层林业技术推广体系建设文件精神的通知》和《景宁畲族自治县乡镇机构改革方案》《关于乡镇机构改革人员分流实施意见》精神，在推进农村综合改革中，实行乡镇林业工作站机构改革。同年6月12日，举行乡镇林业工作站改革动员会。随后，对林业局机关、各区域林业工作站、乡镇林业工作站人员进行身份核对，参加乡镇机构改革人员136人。其中，乡镇招聘干部84人、纳入乡镇林业工作站管理人员17人、事业编制人员31人、木检编制4人。同年9月17日，报经县人事劳动社会保障局审核同意，将已在乡镇的事业人员、招聘干部、纳入乡镇林业工作站管理人员共122人落实到乡镇，7人落实到木检站。身份待落实6人、提前退休17人、辞职1人。本次改革撤销了城郊、东坑、沙湾、渤海、英川5个区域林业工作站。改革后，乡镇林业工作站编制由154人调整为77人，实行"块管为主，条块结合"管理，林业局负责对乡镇林业工作站的业务指导。

乡村林场

乡村林场源于1965年学田乡新华农林生产合作社林业专业队，发展于20世纪70年代。据1990年调查，有乡村林场117个，林木蓄积30.26万立方米。落实林业"三定"政策后，林权拍卖、转让及纠纷等原因造成乡村林场存量急剧减少。至2010年，持续的乡村林场21个，总面积1828.41公顷，蓄积量5.66万立方米，树种主要是杉、松。原金钟乡大吴山林场于2007年7月18日公开竞价拍卖，以231万元将林场森林经营权转让给个人，乡办林场林权转制，成为私营林场。

股份制合作造林

1985年，在原张村乡严坑村岱根创办第一个合作林场，面积44.33公顷。1988年，为加快林业发展，县林业局林科所与营林公司合并，成为集科研与生产为一体的营林公司，利用租山造林、合作造林、股份制造林、活立木转让等形式，按5个区域林业站、营林公司下属3个林场和林业局直管基地，建立9个合作林场(挂靠营林公司和区域林业站)。其中，渤海片的田坑、旦水、坦根、绿草、后坪5个林区合作造林616.67公顷；鹤溪片的扫口、漈头、朱坑、张村、大均、外舍、仰天湖7个林区合作造林686.4公顷；东坑片的东坑、章坑、大干坑、火夹坑、大漈5个林区合作造林473.8公顷；沙湾片的毛垟港、枫树哨、标溪港、大斗山、坑底垟5个林区合作造林1059.67公顷；英川片的黄湖、英川、隆上、隆下、黄垟口、白坦场6个林区合作造林988.4公顷；石门楼的大常、山望栏、林村3个林区合作造林681.13公顷；城北的十二渡、外舍、山后、杨山4个林区合作造林324.53公顷；大白坑、根底岘、驮岗3个林区合作造林757.4公顷；局直属的外舍、岭北、鸭卵坑3个林区合作造林39.73公顷；合作造林遍及全县22个乡镇。1991年后，森工企业开始租山造林，县农业开发公司、农业局等企事业单位参与股份开发，同时激励科技人员个人科技优势，投资山地开发。1985—1997年，开发林地8666.67公顷，以非公有制造林为重点，以营造杉木用材林为主。1990年，为加强中幼林后续管理，县政府出台鼓励中幼林转让经营政策，活立木转让1200公顷。1995年之后，转到发展“短、平、快”干水果基地、笋竹两用林基地和木本药材基地，形成以县营林公司、农业开发总公司为龙头的非公有制造林两大经济实体，其中县营林公司下属3个林场造林面积1800公顷，包括松杉用材林1533.33公顷，经济林266.67公顷；林业总场48.27公顷；农发公司开发干水果经济林585.93公顷。

股份制合作造林依据造林规模、种类特点和多元投资成份，有租山造林、合作造林、股份投资造林和活立木转让等形式。租山造林以经营单位或个人向集体、个人租赁山地造林，租金一次性支付或按年度支付，租费按地价50~100元不等，期限30~50年。合作造林以农民个人或村集体投山、投劳，经营单位投资、负责造林技术和经营措施，利益共享，比例分成，期限一般为20~30年。联合股份投资合作造林以林地折价入股（一般为25%），投资者投资、投劳，利益共享、风险同担。活立木转让以林权所有者（个人或村集体）将中幼龄或残次林作价转让给投资者，由投资者自主经营，转让期一般为30~50年。

2010年景宁乡村林场情况一览

表12-1-1

林场名称	坐落地点	所在乡	所在村	建场年月	面积（公顷）	主要树种	蓄积量（万立方米）	管理体制
金交椅	金交椅	郑坑	吴布	1977.10	73	杉、松、厚朴	1.7	村集体
大麦山	大麦山	郑坑	郑坑	1976.9	122.2	杉、松、厚朴	2.7	村集体
安亭	小斜	渤海	安亭	1971.3	33.33	杉	0.5	村集体
金山	门前岗	九龙	金山	1973.8	113.33	杉、松、油茶	0.25	个人承包
忠溪	白溪胡尾	景南	忠溪	1980.3	35.83	杉	0.3	村集体
忠溪	梨树岗	景南	忠溪	1972.3	41.87	杉	0.2	村集体
东塘	童岭头	景南	东塘	1972.3	18.67	杉	0.1	村集体
上村	罗山后	东坑	马坑	1971.11	40	杉	0.7	镇所有
马坑	马坑	东坑	马坑	1975.8	46.67	杉	0.5	村集体
杜周	杜周	东坑	白鹤	1973.12	33.33	杉	0.4	村集体
伏叶	老炉基	大均	伏叶	1973.3	87.53	杉、松、厚朴	0.2	村集体
五七	泮坟	梅歧	栋头	1971.7	80	杉	0.4	乡村共有
东岱	东岱岙	澄照	东岱	1975.7	46.66	杉、松	—	村集体
漈头	银坑	澄照	漈头	1975.7	42	杉	0.1	村集体
牛苍坑	牛苍坑	沙湾	道化	1969.1	100	杉	0.4	村集体
家地乡	新路岙	家地	家地	1976.3	82.33	杉	0.4	乡村共有
大地乡	仰天湖	大地	大地	1973.9	109	杉松	0.82	乡所有
大地村	水牛湖	大地	大地	1979.8	87.73	杉松	0.66	村集体
叶坑下	南山	大地	叶坑下	1974.10	23.33	杉松	0.18	村集体
高演	高山	梧桐	高演	1971.10	550.93	厚朴、杉、茶	—	村集体
茶林	金交椅	大漈	茶林	1972.6	66.67	杉	0.8	村集体

第二章 森林资源

开展森林资源调查，为林业发展决策提供依据。1984年后，全县共开展5次森林资源调查。其中，1994—2010年，开展3次森林资源调查和重大森林资源灾害调查。

1994年3—7月，抽调37名技术人员，分为6个调查分队12个调查组，完成《景宁畲族自治县第三次森林资源调查报告》。经调查，在19.53万公顷土地面积中，林业用地15.57万公顷，有林地12.91万公顷，活立木蓄积量为439.05万立方米，森林覆盖率68.7%。

1998年7月，抽调59人组成森林资源调查队，开展第四次全县森林资源调查。同年12月完成外业抽样调查和小班调查。1999年1—5月，完成内业计算和统计。经784个固定样地和小班调查，在19.53万公顷土地面积中，林业用地16万公顷，有林地14.76万公顷，活立木蓄积量424.86万立方米，森林覆盖率78.9%。同时，完成名木古树调查、生态公益林规划、毛竹分类经营方案设计。

2008年，开展第五次森林资源规划设计调查。抽样调查任务由浙江省森林资源检测中心承担完成。2008年5月开始外业调查工作，同年10月底结束。经调查，全县土地总面积16.49万公顷，林业用地面积16.16万公顷，非林业用地面积3.3万公顷。森林覆盖率77.9%。2009年2月，完成内业工作和地理信息系统研建。本次小班调查采用2001年航摄图，比例尺为1/10000叠加等高地。对林木资源的种类、数量、质量与分布情况，建立档案和地理信息系统，为森林资源日常管理、林业发展决策、森林生态建设、森林资源动态监测体系建立、森林经营方案编制和全县经济社会发展规划制定，提供可靠的基础资料。

第一节 林 地

根据2008年森林资源清查，全县土地总面积中林业用地面积16.16万公顷，占总面积的83.01%；非林业用地面积3.3万公顷，占总面积的16.99%。

在林业用地中，有林地面积15.03万公顷，占林业用地面积的93.01%；疏林地面积480.67公顷，占0.3%；灌木林地面积4038.6公顷，占2.50%；未成林造林地面积3079.8公顷，占1.91%；无立木林地面积2503.2公顷，占1.55%；宜林地面积945.73公顷，占0.58%；辅助生产林地面积237.6公顷，占0.15%。

在灌木林地中，国家特别规定灌木林地1346.9公顷，占33.35%；其它灌木林地2691.67公顷，占66.65%。

在无立木林地中，采伐迹地453.4公顷，占18.11%；火烧迹地1785.33公顷，占71.32%；其它无立木林地面积264.47公顷，占10.57%。

在宜林地面积中，宜林荒山荒地 599.2 公顷，占 63.36%；其它宜林地 327.4 公顷，占 34.62%；宜林沙荒地 19.13 公顷,占 2.02%。

全县森林面积 15.17 万公顷（包括乔木林、竹林、国家特别规定灌木林地之和），森林覆盖率 77.9%（有林地面积与国家特别规定灌木林地面积之和所占全县土地总面积的百分比）。全县林木绿化率 79.4%（有林地、灌木林地、四旁树占地面积之和所占全县土地总面积的百分比）。

1993—2010 年景宁森林资源清查数据一览

表 12-2-1

项　目	第三次（1994）	第四次（1998）	第五次（2008）	备　注
土地总面积（公顷）	195327.53	195327.53	194665.40	—
林业用地面积（公顷）	155659.80	159889.93	161598.67	—
有林地面积（公顷）	129047	147586.47	150313.07	—
森林覆盖率（%）	68.7	78.9	77.9	第五次与第三、四次的计算方法不同
活立木蓄积（立方米）	4390775	4248586	7614639	—
毛竹立竹量（株）	13046000	19937200	40171600	—
古树名木（株）	2872	—	8089	分别为 1996 年、2002 年调查数据

第二节　林　木

根据 2008 年森林资源清查结果，全县活立木蓄积量 761.46 万立方米。其中：林分蓄积 757.37 万立方米，占 99.46%；疏林 0.45 万立方米，占 0.06%；散生木 16075 立方米，占 0.02%；四旁树 2.04 万立方米，占 0.28%。

在乔木林分面积中，防护林 3.98 万公顷，占 29.68%；特用林 2339.4 公顷，占 1.74%；用材林 8.93 万公顷，占 66.57%；经济林 2684.47 公顷，占 2.01%。在乔木林分蓄积中，防护林 206.98 万立方米，占 27.33%；特用林 28.12 万立方米，占 3.71%；用材林 519.87 万立方米，占 68.64%；经济林 2.41 万立方米，占 0.32%。

全县各优势树种面积为：马尾松 5.06 万公顷，占 37.74%；湿地松 33.07 公顷，占 0.02%；杉木 3.69 万公顷，占 27.51%；柏木 96.33 公顷，占 0.07%；硬阔叶树 4.37 万公顷，占 32.6%；软阔叶树类 46 公顷，占 0.03%；乔木经济类树种（以下称乔经类）2723.33 公顷，占 2.03%。

全县林木蓄积量，松类、杉类蓄积占比例大，阔叶树蓄积占比例小。各优势树种蓄积为：马尾松 314.93 万立方米，占 41.58%；杉木 259.08 万立方米，占 34.21%；柏木 1.64 万立方米，占 0.22%；硬阔叶树 179.16 万立方米，占 23.66%；软阔叶树类 0.15 万立方米，占 0.02%；乔经类 2.41 万立方米，占 0.31%。

全县竹林面积 1.62 万公顷，毛竹立竹量 4023.62 万株。其中，林分毛竹 4017.16 万株，散生毛竹 6.46 万株。

2008 年景宁林地面积分布普查情况一览

表 12-2-2

单 位	土地面积（公顷）	林业用地（公顷）	有林地（公顷）	乔木林地（公顷）	竹 林（公顷）	灌木林地（公顷）	森林覆盖率	
							%	排序（位）
九龙乡	21016.67	17289.53	16521.73	15130.47	1391.27	20.33	78.7	13
外舍管理区	17660.80	14996.27	14316.80	12519.20	1797.60	219.93	81.4	10
东坑镇	16391.47	14064.60	13408.40	11242.13	2166.27	5.20	81.8	9
沙湾镇	12153	9541.20	7924.87	7479.60	445.27	994.67	67	22
英川镇	11943.80	9068.33	8010	7496.60	513.40	50.80	67.3	21
渤海镇	10968.80	8649.20	8420.87	7028.60	1392.27	23.33	76.8	15
大地乡	9472.93	8209.80	7850.47	7204.87	645.60	232.67	82.9	7
大均乡	8433.60	7587.53	7469.07	6651.20	817.87	644	89.1	3
澄照乡	8297.47	5991.27	5594.47	4817.67	776.80	262.33	70.6	19
鹤溪镇	8141.87	6437.93	5584	4557.80	1026.20	707.27	74.5	17
景南乡	7295.93	6510.27	6025.60	4910.40	1115.20	84.13	80.8	11
梅岐乡	6853.60	6034.40	5949.73	5209.47	740.27	0.20	86.8	5
梧桐乡	6323.07	5035.47	4530.93	4314.27	216.67	72.87	72.4	18
毛垟乡	5899.67	75832	66619	63203	3416	6453	75.4	16
秋炉乡	5583.87	4604.47	3902.07	3743.67	158.40	44.07	70	20
标溪乡	5139.93	4327.27	3976.60	357.60	406	87.20	78.1	14
家地乡	4897.93	4382.13	4327.73	4002.20	325.33	22.27	88.4	4
大漈乡	4750.73	4143.67	3985.93	3442	543.93	71.4	83.9	6
鸬鹚乡	4588.40	3268.73	2651.33	2439.47	211.87	76.93	59.5	23
雁溪乡	4291.67	3611.07	3531.33	3145.80	385.53	23.13	82.3	8
郑坑乡	3546.53	2910.07	2801.33	2509.80	291.53	72	79.6	12
葛山乡	2905.60	1969.87	1629.07	1328.13	300.93	14.53	56.5	24
上标林场	2203.27	2039.67	2017.13	1975.73	41.40	7.93	98.8	1
林业总场	5904.80	5870.47	5442.53	5169	273.53	80.13	92.7	2

2008 年景宁林木蓄积量普查情况一览

表 12-2-3　　单位:立方米

单 位	活立木总蓄积量		乔木林地蓄积		用材林蓄积		竹林	
	蓄积	排序	蓄积	排序	蓄积	排序	蓄积	排序
东坑镇	988392	1	971718	1	722248	1	57773	1
九龙乡	659887	2	659887	2	387675	3	31249	5
林业总场	538041	3	537294	3	163879	12	6309	18
外舍管理区	492460	4	490434	4	307368	5	51942	2
梅岐乡	446713	5	446284	5	418561	2	21809	6

续表 12-2-3　　单位:立方米

单 位	活立木总蓄积量		乔木林地蓄积		用材林蓄积		竹林	
	蓄积	排序	蓄积	排序	蓄积	排序	蓄积	排序
大地乡	421272	6	419358	6	381643	4	14432	10
景南乡	369284	7	366462	7	293060	6	35315	3
英川镇	337029	8	336165	8	267296	7	10240	13
澄照乡	314071	9	312789	9	249611	24	17900	9
沙湾镇	300437	10	298089	10	186141	11	7529	16
大均乡	295014	11	292777	11	148393	15	21682	7
家地乡	278455	12	277512	12	237417	9	8332	15
标溪乡	260633	13	257505	13	198911	10	10536	12
渤海镇	249998	14	248073	14	140170	17	34681	4
鹤溪镇	211277	15	209598	15	63951	22	20090	8
毛垟乡	204511	16	202688	16	152846	13	3871	22
上标林场	198810	17	198622	17	42666	24	858	24
雁溪乡	184325	18	183748	18	151251	14	9532	14
梧桐乡	183839	19	182431	19	144436	16	3883	21
秋炉乡	179086	20	177146	20	132455	19	2735	23
大漈乡	170037	21	167396	21	139868	18	13258	11
鸬鹚乡	149382	22	148225	22	128415	20	5523	20
郑坑乡	127937	23	126495	23	94524	21	6691	17
葛山乡	53749	24	53497	24	45827	23	6192	19

第三节　古　树

古树是一个地域历史与文化的见证,称之绿色活化石。1996 年、2002 年对全县的古树名木进行全面调查。经 2002 年清查登记,全县有古树名木 8089 株。列入一级保护 260 株,二级保护 1042 株,三级保护 6786 株,名木 1 株。其中,散生分布 2623 株;古树群分布 241 片,5466 株。散生古树数量最多为枫香、苦槠、柳杉、马尾松、樟树五个树种,约占总量的 68%;最多的乡镇为鹤溪、外舍、大均、东坑、大漈、英川 6 个乡镇,约占总量的 44%。古树群中数量最多的树种为苦槠、马尾松、枫香、米槠、柳杉,约占古树总量的 62%;数量最多乡镇是英川、沙湾、东坑、大漈、大地、梅岐,约占古树总量的 59%。

经济社会文化发展,人们对名木古树认识提高,保护意识和呼声越来越增强。林业部门加大保护名木古树宣传,增加资金投入,完善保护措施。对名木古树进行逐株登记编号挂牌,建立资源数据库;对生长不好的古树落实围堪围堤、加固、培土、输营养液、防治病虫害等重点管理措施;对林区边、村边、路边的古树群开设防火线。2008 年,对国家 AAAA 级旅游区"云中大漈"时思寺的"柳杉王"、古刺柏投入 26 万元,请浙江省林学院古树名木救护有限公司编制《景宁县大漈乡古树名木保护工程设计方案》,进行保护。至 2010 年,全县累计投入保护古树名木资金 103.1 万元。

第三章 林业生产

1993—2010年，林业建设和发展一直列为全县“八五”“九五”“十五”“十一五”经济社会发展计划的重点。1991—1995年，县委、县政府出台《关于深化改革，绿化荒山，振兴景宁林业的决定》，确定“二年准备，四年消灭荒山，八年绿化景宁”的林业发展计划和相应政策措施，以消灭荒山、绿化造林为重点，完善林业生产责任制；借助世界银行贷款，实施国家造林项目，中山高山发展用材林，低山缓坡发展经济林，宜林荒山封山育林；推广速生丰产造林技术；建设林业综合开发示范区。

1996—2005年，围绕“八七扶贫攻坚计划”，县委、县政府出台《关于深化改革，绿化景宁，加快林业现代化建设步伐的决定》，“以林立县”，把“兴林脱贫”“兴林致富”作为全县林业工作重点，保护森林资源与林业综合开发“两手抓”，突出建设“短平快”“高产高效”经济林基地。

2006—2010年，林业发展进入新的转折期。围绕实施“一三四八”发展战略，总结生态示范县建设经验，按前瞻性、指导性和可行性原则，重点突出生态林业建设项目，从资源消耗型转向生态保护型。

第一节 发展规划

1993—2010年，在全县经济社会总体发展规划和各个“五年计划”的指导下，从景宁生态环境实际出发，运用全县森林资源调查成果，多次调整林业建设思路，编制和修订林业发展规划与阶段性、专项性实施计划，使林业生产与管理适应市场经济发展和社会进步需求。

林业区划

根据森林资源调查显示的林业现状和自然生态，景宁林业建设和发展的总体布局，东北部以防护林、经济林为主；西部以用材林、水源涵养林为主；东南部以用材林、生态公益林为主。

东北部林区面积7万多公顷，包括鹤溪、外舍、澄照、金钟、渤海、大顺、陈村、郑坑等2镇6乡。林区地处县城周围和小溪两岸，地貌以低山缓坡为主，土壤以红壤砂土为主，海拔较低，气候温和，阳光充足，回春较早，以绿化防护公益林和发展种植经济林为主，重点建设水干果和惠明茶基地。

西部林区面积7.2万公顷，包括大均、梧桐、标溪、沙湾、大地、毛垟、秋炉、英川、葛山、鸬鹚等2镇8乡。林区以海拔500~1000米的中低山分布，山坡多为峻峭，25度以上的山地占93%，土壤以黄泥土为主，溪流峡谷交错，水能资源丰富，既是全县小水电建设重点区域，又是全县木材主要产区，重点建设用材林和水源涵养林基地。

东南部林区面积4.93万公顷，包括梅岐、东坑、大漈、景南、雁溪、家地等1镇5乡及景宁林业总场的大仰、大漈、荒田湖、草鱼塘分场，上标林场，大白坑合作林场，林区为中高山地域。其中，有大漈、上标、景南等高山台地，主要山峰海拔均在1000~1600多米，土壤以黄泥土为主，间有山地香灰土及台地草甸黄泥土，植被多为天然次生林和封山绿化林，针叶类、阔叶类、野生竹类等植物品种丰富，重点建设用材林和生态公益林。

森林分类区划

2001年11月18日，全面部署分类区划界定工作。经全县69名林业技术骨干努力和乡镇村干部配合，2002年1月完成区划界定工作。本次区划根据《国家公益林认定办法(暂行)》《浙江省森林分类区划界定操作细则》，结合县内生态区位、森林环境和经济发展水平，生态公益林和商品林合理比例分布，充分尊重群众意愿，认真、细致进行现场界定，合计签订《公益林现场界定书》290份，界定公益林55471.33公顷，分布全县24个乡镇和2个国有林场7688个小班。2002年1月25日，丽水市林业分类经营领导小组评审通过景宁森林分类区划界定结果。

重点公益林区划

2004年，在2001年森林分类区划基础上，进行重点公益林区划界定。根据《国家公益林认定办法(暂行)》《浙江省森林分类区划界定操作细则》《景宁畲族自治县重点公益林区划界定完善工作方案》，结合生态环境建设要求和经济发展水平，充分考虑生态公益林与商品林合理比例和分布，于同年8月30日完成全县重点公益林区划，共签订《重点公益林现场界定书》209份，现场界定重点公益林48039.53公顷，6382个小班。其中，国家级重点公益林界定书82份，面积27938.53公顷；省级重点公益林界定书127份，面积20101公顷。2008—2009年，开展省级公益林扩面区划界定工作，新增省级重点公益林38095.67公顷，全县省级以上重点生态公益林建设面积达到86182.65公顷，占全县林业用地总面积的53.3%。2010年末，公益林分布于全县22个乡镇(管理区)254个行政村和2个国有林场26个林区，形成“一环三带四块”的生态网络布局(一环，指滩坑库区周围第一重山脊线以内的林地；三带，指省道公路、瓯江小溪、飞云江干流两侧第一重山脊线以内的林地；四块，指城镇饮水源头、自然保护区、草鱼塘森林公园、岩石裸露山体坡度36°以上采伐后难以更新的林地)，为全县生态文明建设构筑了绿色生态屏障。

专项规划

望东垟高山湿地自然保护区总体规划　2006年，委托浙江省自然博物馆、浙江省林业调查规划设计院完成《景宁望东垟高山湿地自然保护区科学考察报告》《景宁望东垟高山湿地自然保护区总体规划》。同年9月29日，县政府委托浙江省林业厅组织专家组通过论证。望东垟高山湿地自然保护区资源丰富，湿地特色明显，科考报告和保护规划符合实际。

低丘缓坡综合开发利用规划　从时间和空间上对低丘缓坡土地利用作出统筹安排，明确各区域开发利用低丘缓坡土地的功能定位，以及对低丘缓坡建设用地、耕地开发控制和林地占补平衡的保障措施。

大东景省级现代农业(林业)综合区建设规划　2010年7月，委托浙江省现代规划设计研究所完成《景宁畲族自治县大东景省级现代农业(林业)综合区建设规划》，同年9月29日，在杭州通过省林业厅有关领导和专家的评审。该规划总体布局为毛竹主导产业示范区、用材林主导产业示范区、花卉主导产业示范区、高山蔬菜主导产业示范区、白玉仙茶精品园、鱼共育精品园和草鱼塘森林休闲观光园、茭白茎叶综合利用——茭白茎叶种菇生态循环技术应用和示范基地，即“四区、三园、一配套”。项目涉及东坑镇、景南乡、大漈乡和草鱼塘森林公园，建设面积2687公顷。

森林城市建设总体规划　2010年7月，县林业局委托浙江省林业调查规划设计院完成《景宁畲族自治县森林城市建设总体规划》，围绕森林生态网络、森林生态保护、森林生态文化三条主线，提出了“一环、三区、三廊、多点”的森林城市建设总体布局，制定总体目标和分阶段目标，统筹安排各项建设任务，明确近期建设重点和部门责任。

重点区域生态景观林建设规划　2009年，景宁林业局委托国家林业局调查规划设计院、浙江省林业调查规划设计院共同承担编制《浙江省景宁畲族自治县重点区域生态景观林建设工程总体规划(2011—2020)》《浙江省景宁畲族自治县重点区域生态景观林建设工程总体设计》，于2010年12月3日通过省级专家评审。应用“模拟自然”手法，通过林分改造、人工造林、封山育林及森林保护等技术规范与措施，对城区、重点乡镇、重点景区等主要区域的林分，进行重点培育与保护，建设多类型、多树种、多层次、多色彩、多效益生态风景林；指导创建森林城市、改善人居环境质量、促进社会经济与环境的协调持续发展。

森林可持续经营规划　2010年10月，由浙江省林业调查规划设计院和景宁林业局共同完成《景宁畲族自治县森林可持续经营规划(2011—2020)》。根据发展现代林业、建设生态文明、推进“森林景宁”建设的要求，在综合景宁森林资源现状、森林可持续经营能力的基础上，对立地类型、森林经营类型及森林功能区进行了分类，并就森林培育、森林利用、非木质经营、森林游憩、生物多样性保护、基础设施建设等作系统的规划。

2009年景宁公益林分布情况一览

表12-3-1　　单位：公顷

乡镇	合计	国家级	省级	乡镇	合计	国家级	省级
标溪乡	2348.55	—	2348.55	鸬鹚乡	2123.4	—	2123.4
渤海镇	5328.45	4468.2	860.25	毛垟乡	2654.7	—	2654.7
澄照乡	2821.8	869.7	1952.1	梅岐乡	2890.35	—	2890.35
大地乡	3797.1	—	3797.1	秋炉乡	2088.3	—	2088.3
大漈乡	1966.8	—	1966.8	沙湾镇	4164.3	—	4164.3
大均乡	4043.25	3084.6	958.65	梧桐乡	2619	799.35	1819.65
东坑镇	6046.8	1982.4	4064.4	雁溪乡	1607.4	—	1607.4
葛山乡	825.6	—	825.6	英川镇	3126.6	—	3126.6
鹤溪镇	11753.1	9129.6	2623.5	郑坑乡	1690.35	826.95	863.4
家地乡	2277.15	—	2277.15	林业总场	4869.6	876.6	3993
景南乡	2557.2	645	1912.2	上标林场	2039.7	126.45	1913.25
九龙乡	12543.15	9777.15	2766	合计	86182.65	32586	53596.65

第二节　绿化造林

1993—2010年，景宁开展消灭荒山、世界银行贷款造林、经济林开发、迹地更新、阔叶林培育、珍贵树种造林、木本油料产业提升等绿化造林工作，全县共造林1.94万公顷。其中，用材林1.16万公顷，经济林3059公顷，防护林3927公顷，竹林605公顷，生物防火林带188公顷。森林覆盖率从66.1%提高到77.9%。林地面积从15.65万公顷增加到16.16万公顷，实现林地面积和森林蓄积的双增长，基本建成较为完善的林业生态体系、发达的林业产业体系、繁荣的生态文化体系。每年制定绿化造林扶持政策。2010年，县政府出台《沙川现代农业综合园区生态治理和用材林培育示范区建设》，确定以沙湾、英川、鸬鹚、葛山等乡镇为重点，发展生态治理和用材林培育示范基地666.66公顷。

森林植被

灭荒造林

1989年，县委、县政府确定“二年准备，四年消灭荒山，八年绿化景宁”工作目标。至1993年，全县完成人工造林3653.33公顷、封山育林5873.33公顷、荒山绿化率达97%。1994年，省政府授予景宁“荒山绿化先进县”。1998年4月，全县森林覆盖率达到68.7%，城区绿化率达到25.2%，通过省委、省政府验收，成为全省首批绿化达标县。

世界银行贷款造林

1991—1995年，采用良种壮苗、全面整地、深挖施肥、每年两次劈山铲穴、连续抚育三年的模式，实施世界银行贷款造林项目，1995年12月完成造林任务，1997年完成抚育任务，项目营造速生丰产林、薪炭林、药用林5325公顷，最低投资1800元/公顷，总投资1649万元。在五年实施中，各项造林质量指标均达到部颁标准，连续3年被评为浙江省国家造林项目优秀工程，两年被评为良好工程。1999年11月，通过省林业厅、省世界银行贷款造林项目办公室组织的竣工验收。

森林抚育

森林抚育以未成林造林地抚育和中幼龄林抚育为主要类型。未成林造林地实行一造管三年的模式，每年进行一次劈山抚育，连续3年列入经济补助扶持造林预算。世界银行贷款造林对抚育要求高，除每年二次劈山铲穴外，还要求每亩施进口化肥5千克。为加快林木成林成材，林农还对自留山、责任山的中幼龄林进行劈山抚育、间伐抚育。中幼龄林劈山抚育主要集中在森林基础好，人均林地多的东坑、鹤溪区域。1993—2010年，全县森林抚育面积7.67万公顷。其中，未成林造林抚育4.07万公顷，中幼龄林和其它林抚育3.6万公顷。

2010年，为实现全国森林面积森林蓄积量“双增”目标，开展中央财政补贴森林抚育试点工作，林业总场被列为第一批森林抚育补贴试点单位，抚育试点面积666.67公顷，中央财政补助资金100万元。

退耕还林

1999年，启动退耕还林试点。2003年之前，景宁退耕还林以农户对抛荒园地进行毛竹及厚朴、板栗等经济树种的零星造林为主，没有专项补助政策。2004年，对退耕还林进行专项补助，每亩补助50元。2005年，退耕还林按造林项目进行补助，每亩最高补助500元。1993—2010年，全县退耕还林940.33公顷。其中，人工造林270公顷，封山育林670.33公顷。

村庄绿化

绿化示范村建设 1993年，实施农村建设庭院经济计划，林业部门投入10万元，在渤海镇石塘山、英川镇新村、沙湾镇道化、东坑镇何村、外舍乡岭北等10个村开展试点，种植甜柿、板栗、杨梅、柑橘等水干果进行庭院绿化，成为村庄绿化的早期模式。2003年始，结合村庄整治开展村庄绿化，从生态经济型逐渐走向生态景观型。2005年，在村庄整治基础上，开展市级、省级绿化示范村创建活动，因村布局，科学设计，对村镇周围、房前屋后、沟渠路旁等空地用乡土树种、珍贵树种为主，乔、灌、花、草相结合模式营造环村（镇）林带、生态片林、小绿地、小公园，形成绿树环村、“绿满园、果飘香”的生态园林型村庄。到2010年，先后建成鹤溪镇周湖、外舍管理区岗石、杨山、东坑镇深垟、章坑、沙湾镇仙姑、七里、季庄、大均乡伏叶、梅山、大漈乡茶林、小佐、毛垟乡毛垟、景南乡东塘、雁溪乡黄桐、标溪乡叶谢、郑坑乡吴布等17个市级绿化示范村。1993—2010年，共计投入资金184万元，建设鸬鹚乡鸬鹚、梧桐乡梧桐、大均乡大均、东坑镇东坑、深垟、鹤溪镇周湖6个省级绿化示范村。

省级森林城市创建 2010年，制定《景宁畲族自治县创建省级森林城市工作实施方案》，启动以“绿色城市、绿色村庄、绿色屏障、绿色通道、景观林改造”为主要内容的省级森林城市创建。2010年6月7日，县政府专题全面部署创建工作，确定到2012年，县城建成省级森林城市及大均、东坑、沙湾3个省级森林乡镇。经过整合，投入资金2.2亿元，建设生态旅游、美丽乡村、城市绿化、城市基础设施，畲族文化中心公园、鹤溪河森林生态廊道、城市道路绿化、绿色学校（小区）园林等省级森林城市工作。

义务植树和四旁绿化 1993—2002年，以四旁绿化建设为主，结合农村庭院经济建设，林业部门向有关村庄赠送甜柿、板栗、杨梅、柑橘等苗木，在村镇周围、房前屋后、沟渠路旁等四旁地块进行绿化。2003年始，四旁绿化走向生态景观型和生态园林型。每年植树节前后，各乡镇积极宣传发动，义务植树活动得到蓬勃发展。1993—2010年，全县义务植树和四旁绿化353万株。

1993—2010年景宁造林林种类别及面积一览

表 12-3-2　单位:公顷

年份	合计	林种类别							
		用材林		经济林		防护林		竹林	生物防火林带
		小计	其中珍贵树种	小计	其中油茶	小计	其中阔叶林		
1993	2019.07	1945.6	—	73.47	—	—	—	—	—
1994	1415.13	1236.47	—	178.67	—	—	—	—	—
1995	1273.20	1003.2	—	270	—	—	—	—	—
1996	1273.73	977.33	—	296.4	—	—	—	—	—
1997	981.13	601.2	—	379.93	—	—	—	—	—
1998	1007.53	572.87	—	434.67	—	—	—	—	—
1999	979.6	855.87	—	99.6	—	—	—	24.13	—
2000	963.34	827	—	80.67	—	—	—	55.67	—
2001	597	369.33	—	34.47	—	150.53	—	42.67	—
2002	600.47	300.2	—	28.67	—	171.6	—	100	—
2003	597.74	360.4	—	8.6	—	215.27	—	13.47	—
2004	712.47	112.93	—	154.47	—	401.8	—	43.27	—
2005	1032.79	402.6	—	205.33	—	367.53	189.27	57.33	—
2006	1003.41	601.4	—	58.67	—	301.27	68.93	40.67	1.4
2007	845.15	311.93	66.67	32.47	—	325.4	67.2	93.93	105.4
2008	666.66	214.33	—	35.33	—	353.33	160.67	36.47	27.2
2009	2288.39	651.8	61	360.73	308.06	1232.33	170.67	35.53	8
2010	1102.87	234.47	87.33	327	273	408.47	75.33	86.33	46.6
合计	19359.69	11578.93	215	3059.15	581.06	3927.53	732.07	629.47	188.6

1999—2009年景宁当年造林补助标准一览

表 12-3-3　单位:元/公顷

年份	珍贵树种	阔叶林	毛竹	生物防火林带	经济林	迹地更新
1999	—	—	450	—	600	300
2004	—	3150	1800	—	750	600
2005	—	—	2250	—	—	750
2006	—	—	—	3345	—	—
2007	3300	—	—	—	—	1050
2008	—	—	4500	—	—	—
2009	5250	3600	—	3345	3600	1350

1993—2010 年景宁造林类别及育苗面积一览

表 12-3-4 单位:公顷

年 份	造 林				四旁植树	抚育	育苗
	合 计	人工造林	迹地更新	低产林改造			
1993	2019.07	—	—	—	0.8	—	12.6
1994	1415.13	—	—	—	0.8	—	13.07
1995	1273.20	—	—	—	0.67	—	12.27
1996	1273.73	—	—	—	11	—	8.4
1997	981.13	—	—	—	0.53	—	6.53
1998	1007.54	—	—	—	0.53	—	3.33
1999	979.6	—	—	—	2.33	7400	2.87
2000	963.34	182	478.67	302.67	2.07	5415.33	2.73
2001	597	200	200	197	2.13	466.67	3
2002	600.47	286	309.13	5.34	0.87	—	19.2
2003	597.74	296.6	234.74	66.4	1	—	—
2004	712.47	189.27	472.8	50.4	2.27	1000	2.33
2005	1032.79	233.07	799.72	—	2.2	1096.2	2.67
2006	1003.41	71.27	878.14	54	34	1000	2.67
2007	845.15	70.4	774.75	—	0.67	1000	1.33
2008	666.66	53.33	413.33	200	35	1000	—
2009	2288.39	268	2020.39	301.06	0.67	1000	6.67
2010	1102.87	226.47	876.4	273	0.67	1133.33	6.67
合计	19359.69	2076.41	7458.07	875.81	23.53	20511.53	106.33

第三节 产业培育

毛竹产业

景宁是浙江省毛竹重点县之一。竹林总面积 1.62 万公顷,位居丽水市第四。毛竹立竹 4023.62 万株,每公顷立竹平均 2505 株。竹林在全县 22 个乡镇(管理区)、国有林场均有分布,区域性强,东南部的乡镇相对集中,西北部则分布较少。其中,毛竹林面积 670 公顷以上的乡镇有 9 个,67 公顷以上的村有 85 个。东坑镇 2147.47 公顷,渤海镇梅坑村 456.27 公顷,是面积最大、储量最多的镇、村。

1998 年始,重视毛竹产业发展,实施“茶山竹海”发展战略,加大毛竹造林的经济扶持力度,经济补助从 1999 年 450 元/公顷逐年增加到 2009 年 4500 元/公顷。1999—2010 年,全县毛竹造林 629.47 公顷。其中,笋竹两用林 400 公顷。

2006—2010 年,县委、县府先后出台《景宁畲族自治县关于加快毛竹产业发展的实施办法》《关于加快毛竹产业发展的补充意见》《毛竹产业提升项目实施方案》,推动全县竹品产业快速发展和提升。

景南乡万亩毛竹基地

2008年始，县财政每年安排200万元用于竹林恢复重建提升工程。通过五年努力，完成6667公顷受灾竹林恢复重建。其中：完成竹林清理3333公顷，劈山抚育2000公顷，建成高效毛竹现代示范园1333公顷。每年完成竹林抚育改造666.67公顷，修建竹林道(作业便道)50千米，建造灌溉设施10套。并以竹林灾后恢复为扶持重点，以村为单位，对竹林面积相对集中、面积在20公顷以上的村，进行清园、劈山抚育及立竹结构调整，验收合格每亩补助50元；对面积6.67公顷以上的连片毛竹林，经过垦复、立竹结构调整的每公顷补助4500元；经过垦复、施肥及竹龄结构调整，每公顷补助3000元。其中，少数民族、低收入农户开展竹林垦复、施肥的，在相应标准上每公顷增加补助450元。新造基地0.33公顷以上的连片毛竹林，每公顷补助4500元。经林业部门统一规划，长度在1千米以上，按照省林道示范工程标准建设的竹林道，每千米补助5万元；对宽2米以上的竹林道扩建成标准林道的，每千米补助2万元；原有林道修复的，每千米补助5000元；建宽1.5米以上，长度在500米以上的作业便道，每千米补助2000元。2010年在《关于加快毛竹产业发展的补充意见》中，对竹林道建设调整为每千米补助3.5万元。

通过实施大东景现代林业园区、现代农业生产发展、现代毛竹示范园区、笋竹两用林等项目建设，推广笋竹两用林先进技术和《无公害竹笋》生产标准等栽培措施。至2010年，全县完成毛竹低产低效林改造6000多公顷，建立笋竹两用林基地3000多公顷。开设竹林道120.5千米，受益竹林面积达2000多公顷，毛竹运输成本从每百斤的10~15元下降到3~5元。同时，发展竹制品企业15家，产品有竹地板、竹筷、竹粒、竹香芯、竹片及工艺品等10多种。组建竹业专业合作社6家。分别注册“胖胖冬笋”“皎皎冬笋”“畲竹”等商标。

2010年，全县竹业总产值1.5亿元。其中，一产产值0.6亿元，二产产值0.9亿元。

油茶产业

油茶是景宁农村传统的食用油主要来源之一。20世纪70年代，全县大力发展油茶，面积达1330公顷。主要分布在瓯江小溪沿线一带的鹤溪、渤海、九龙、英川、沙湾、鸬鹚等乡镇。20世纪80年代后停滞发展，据2008年森林资源调查，全县成片油茶林保存只有248.87公顷，分布在12个乡镇，39个村。

2009年，县委、县府出台《景宁畲族自治县加快油茶产业发展试行办法》(景政办发〔2009〕90号)，实施油茶产业提升项目。根据油茶树生长的特性和条件，建立“一带两中心”油茶产业发展布局，即以瓯江小溪沿线为油茶产业发展带，滩坑电站库周的九龙、渤海、外舍等乡镇(管理区)和英川、鸬鹚、沙湾、梧桐等乡镇为重点的油茶产业发展中心。同年，景宁被列入省级首批油茶产业提升项目建设县，新造基地最高补助15000元/公顷，低产林改造补助6000元/公顷，推动油茶产业快速发展。到2010年，新造油茶基地441.8公顷，低产林改造139.27公顷。

种苗产业

厚朴苗圃

1984—1996 年，采取营林公司+农户的模式，以杉木、松木、厚朴良种育苗为主，在金丘、三石、何村、梧桐、黄垟口等地开展计划育苗，营林公司每公顷补助育苗户 4500 元，合格苗木定价包销。1993—1997 年，育苗 46 公顷，杉木每公顷产合格苗 61.5 万株，松木每公顷产合格苗 133.5 万株。1993 年，19 个育苗专业户被评为农民技术员。1997 年后，育苗户根据市场需要实行自主育苗，自由销售。在杉木、松木、厚朴良种育苗的同时，桤木、枫香、木荷、马褂木、板栗、杜仲等品种开始育苗。厚朴是主要的育苗品种，种子从湖北、四川、贵州等地采集，年育厚朴苗少则 3.33 公顷，多则 13 公顷，苗价 0.3—0.5 元/株，每公顷产值 15 万元以上。梧桐乡是厚朴苗木最大的培育和交易基地。2004 年 5 月，厚朴苗木生产基地被国家林业局评为全国特色种苗基地。2001 年始，进行绿化大苗培育，以桂花、香樟、乐昌含笑、山杜英等常用绿化苗木为主，满足县内村庄绿化、庭院绿化、通道绿化用苗。2007 年后，因绿化苗木品种少、交通不便、全球经济运行下滑等因素影响，绿化大苗培育面积逐年减少。

花卉产业

2000 年 4 月 12 日，成立景宁花卉协会，首届会员花卉盆景展在景宁林业总场大楼举行。2004 年，景宁华丰生态农业发展有限公司与浙江省农科院合作攻破香水百合的生产主要技术难关，研发出适合高山气候条件的东方型香水百合种球无公害标准化生产技术。2005 年，景南、大漈、东坑等乡镇建立香水百合生产基地 35 公顷，产值达 800 多万元。2006 年，华丰生态农业发展有限公司被评为浙江省百佳花卉企业。2008 年，县委、县府出台《景宁畲族自治县加快花卉产业发展试行办法》，县财政每年安排 100 万元专项发展资金，从品牌建设、基础设施建设、技术创新和基地建设方面进行扶持，利用高山独特的气候条件，推广种植香水百合等高档名优品种。2009 年，景南、东坑、大漈、澄照、英川、葛山等 6 个乡镇开始种植花卉，品种有香水百合、康乃馨、郁金香、一品红、仙客来等近 20 多个，连栋大棚 5300 平方米，单体大棚 25350 平方米，种植面积 40 多公顷。年产鲜花 300 多万支，盘花 80 多万盘，年产值 1000 多万元，带动 1000 户以上农户增收，基本形成“产、供、销”三位一体产业体系的特色花卉生产、加工、供应基地。2009 年，英川镇从云南引种食用百合获得成功。2010 年，食用百合种植 70 多公顷。同年，取消财政对花卉产业的扶持政策。

第四节 基地建设

用材林

1993 年末，用材林面积 10.72 万公顷。1993 年后，经过世界银行贷款造林、灭荒造林、迹地更新改造、推广珍贵树种等项目造林，至 2000 年，用材林面积达到 11.72 万公顷。2000 年以后，实行森林分类经营，着力建设生态公益林。至2010年，全县省级以上重点生态公益林建设面积8.62万公顷，以杉木、松木为主的用材林面积下降到5.85万公顷。

2001年始，为提高用材林基地的经济效益，先后实施薪炭林、工业原料林、珍贵树种、阔叶林发展工程、大径材基地培育。挖掘乡土珍贵树种资源，引进新优品种，以零星种植、连片规模造林、疏林补植等多种形式相结合，扩大用材林基地规模；以森林抚育、间伐等形式，促进中幼龄用材林生长，增加蓄积量。2001—2010年，培育用材林基地3559.4公顷。其中，新造珍贵树种215公顷,薪炭林362.07公顷，工业原料林92.6公顷,阔叶林发展工程732.07公顷，杉木大径材基地2157.67公顷。

经济林

1993年消灭荒山后，县委、县政府提出“苦战五年，在山上再造一个景宁”，造林重点向用材林与经济林并重转移，进入多林种、多成份、高投入、高产出的经营时期。县直有关部门在鹤溪城北建立经济林示范基地。英川镇黄垟口村成为县内最大的板栗基地，城北后山为县内最大的水果基地。1993—1998年，省委、省政府领导李泽民、万学远、刘枫、刘锡荣、柴松岳等曾先后到城北水果基地调研，被誉为“景宁模式”加以推广。2006年，引种“2+2”香榧良种苗5000多株，在原有榧树分布的家地、大地等乡种植，当年成活率达95%以上，年平均新梢生长达15厘米。2009年，推广木本油料——油茶产业提升项目。1993—2010年，新造各种经济林3064.13公顷。其中，新造、改培油茶581.07公顷。2010年末，全县经济林保存面积4764.33公顷。其中，厚朴1516.93公顷，茶叶840.4公顷，板栗764.06公顷，油茶690.67公顷，成为主要的四个经济林品种。

特种用途林

薪炭林　2002年，为解决农村燃料能源，提供以燃料为主要目的林木，开始薪炭林培育，补助标准1950元/公顷。其中，当年补助1350元/公顷，第二、三年抚育各补助300元/公顷。2002—2004年，全县培育薪炭林362.07公顷。

工业原料林　2004—2005年，丽人集团为解决人造纤维板原材料，自筹资金在英川、沙湾等乡镇以租山形式营造工业原料林92.6公顷。

阔叶林发展工程　2005年，为调整林种树种结构，在全县实施阔叶林发展工程，补助标准4050元/公顷。其中，当年补助3150元/公顷，第二、三年抚育各补助450元/公顷；2009年，补助标准4500元/公顷。其中，当年补助3600元/公顷，第二、三年抚育各补助450元/公顷。2005—2010年，全县阔叶林发展工程造林732.07公顷。

珍贵树种造林　发展珍贵树种，“蓄宝于山，藏富于民”。2007年，开始实施珍贵树种造林，补助标准4500元/公顷。其中，当年补助3300元/公顷，第二、三年抚育各补助600元/公顷；2009年，补助标准7500元/公顷。其中，当年补助5250元/公顷，第二、三年抚育各补助1125元/公顷。2007—2010年，全县珍贵树种造林215公顷。

第五节　木材营销

1985年1月，贯彻中共中央《关于进一步活跃农村经济的十项政策》，取消木材统购，开放木材市场，允许林农和集体木材自由上市、议价议销，木材公司挂牌收购，林农凭证采伐、木材票上市交易木材，个体木材经营户参与购销。木材收购仍以森工企业收购点为主，采用边收边调运购销方式，木材逐步不进仓存储保管。1990年，县人民政府确定县木材公司为主营单位，以商品材销售形式固定给木材公司，结合林农采伐进行议购议销。1993年，出台《关于景宁造纸厂、景宁纺织器材厂进山收购木材的有关问题的通知》，明确规定除森工部门、景宁造纸厂、县纺织器材厂及森工部门委托的县内木材加工企业可以直接进山收购木材外，其他任何单位和个人不得收购木材；木材调运必须经森工部门调运外销。

2003年12月，景宁畲谷竹木开发有限公司成立，参与木材经营。2005年2月5日，畲谷竹木开发有限公司与县木材公司签订《木材经营协议书》，开展木材合作经营。同年8月31日，双方又签订《关于木材经营协议的补充条款》，至2007年4月，县木材公司改制，合作经营期限结束。

县林业总场实行自产自销，集体育林基金、更新改造资金先征上交省林业厅，而后返还林场用于林业发展。县营林公司合作林场木材实行自产自销。

2007年4月9日，县木材公司解散。林农及木材经营户直接产销。

1993—2010年，销售木材约873769立方米。因建筑原料替代木材，木材市场价格下跌。1996年起，木材市场滞销，木材产量、销售量减少。松、杉、杂（阔叶林）销售价格，每立方米分别为：1000元、700~1500元、1000元左右。

1993—2010年景宁竹木销售量情况一览

表12-3-5 单位：立方米

年份	木材							竹材			
	合计	原木原条	成品	半成品	木柄棍	旧屋料	柴	合计	原竹	竹片	竹制品
1993	53847	51847	—	2000	—	—	—	—	—	—	—
1994	42488	39788	—	2700	—	—	—	—	—	—	—
1995	46667	43167	—	3500	—	—	—	—	—	—	—
1996	27808	22308	—	5500	—	—	—	—	—	—	—
1997	18032	11532	—	6500	—	—	—	—	—	—	—
1998	11679	4979	—	6700	—	—	—	—	—	—	—
1999	24500	18000	—	6500	—	—	—	—	—	—	—
2000	12562	5762	—	6800	—	—	—	—	—	—	—
2001	23700	17000	—	6700	—	—	—	—	—	—	—
2002	24750	18000	—	6570	—	—	—	—	—	—	—
2003	24000	17000	—	7000	—	—	—	—	—	—	—
2004	149100	76620	12235	22377	1154	844	35870	334.08	126.90	31.52	175.65
2005	119484	78049	13405	19195	846	1181	6814	280.50	84.02	6.73	189.75
2006	74614	51113	8864	6867	334	6227	1229	168.53	44.08	17.92	106.50
2007	75938	64491	5439	5096	294	—	618	193.23	82.47	24.16	86.61
2008	40712	36142	1909	2074	108	—	479	49.86	14.37	3.69	31.81
2009	67336	64140	1620	1551	25	—	—	110.04	87.90	1.25	20.89
2010	53753	50129	2820	792	11	—	—	51.47	44.09	7.38	0.00

第六节　技术推广

1993 年后，景宁林业部门先后推广杉木、油茶、香榧生态丰产栽培、高效笋竹两用林、毛竹低产林改造、无公害竹笋、“一竹三笋”、毛竹测土施肥等新技术。

2000—2010 年，景宁林业系统技术人员积极参与林业基础技术研究和林业技术推广。主持完成林业科研项目 11 项。其中，获省科技兴林奖 5 项，市科技兴林奖 3 项，市科学技术进步奖 2 项，县人民政府进步奖 1 项。先后有 3 人获 8 项科研荣誉。

2000—2010 年景宁林业科研课题成果一览

表 12-3-6

年　份	课题名称	荣获奖项	课题主持人
2000	浙江省景宁林业综合开发示范区	省科技兴林三等奖	麻建清
2004	栀子病虫害种类研究及防治技术	丽水市科学技术进步三等 浙江省林业厅科技兴林三等奖	叶玉珠
2005	浙江省地方标准《无公害厚朴》	标准水平达到省内领先水平，填补国内空白 景宁县编制的第一个省级地方标准	林　敏
2007	方竹丰产栽培及示范推广	浙江省科技兴林三等奖	周建青
2008	景宁县林业生物多样性调查及主要病虫害研究	丽水市科学技术进步三等奖 浙江省林业厅科技兴林三等奖	叶玉珠
	厚朴种子园营建技术研究	丽水市科技兴林二等奖	周建青
	胡柚高接换种技术研究	丽水市科技兴林三等奖	张少华
	无公害竹笋标准化栽培推广示范	景宁畲族自治县人民政府进步奖	刘日林
2009	景宁县古树名木资源种类调查及保护复壮技术研究	省林业厅科技兴林三等奖	袁　媛
2010	2009 年油茶产业提升项目	市科技兴林三等奖	严邦祥

第四章　森林保护

1993—2010 年，景宁一直把森林资源保护作为林业稳定发展的首位工作。1993—2000 年，贯彻《浙江省宜林荒山育林实施办法(试行)》，推行封山育林，新封与轮封相结合之策，规范管理，全县封山育林面积 3.57 万公顷，2001 年起将封山育林转为生态公益林，加以保护。1997 年始，实行森林火灾综合治理，“县长—乡长—村长—户长”四级签订护林防火责任书，建立县、乡、村三级森林防火队、督查队、义务扑火队，完善和健全森林防火组织指挥体系、处置森林火灾事故应急预案、林区野外用火管理办法、森林防火责任追究制度，开展闽浙赣毗邻地区护林联防工作，并加强森林病虫害防治和野生动植物的保护工作。

第一节 封山育林

1993 年，为加强封山育林管理，根据《浙江省宜林荒山育林实施办法（试行）》，制定《景宁畲族自治县封山育林有关规定与注意事项》。每个封山小班签订封山育林合同，每个行政村设立护林员，每年对封山区进行一次检查验收，每年每公顷补助封山育林资金 7.5 元，规范封山育林管理工作。封山期 5 年，实行新封与轮封相结合。1993—2000 年，封山育林 3.57 万公顷。2001 年始，封山育林转为生态公益林管理。

第二节 灾害防治

1993—2010 年，林业部门与乡镇把森林灾害防治放在林业工作首位。2000 年 12 月，省森林防火指挥部确定景宁为全省 11 个"重点整治"县之一，一期工程建设三年，投入 67.39 万元（县级配套资金 20 万元），建成防火指挥室、储备库、蓄水池，安装大、中型森林防火宣传牌 27 块，维修赤木山瞭望台，营造防火林带 10 千米。

护林防火

规章制度　1997 年，景宁被省森林防火指挥部定为森林火灾综合治理试点县。"县长—乡长—村长—户长"四级签订护林防火责任书，组建森林防火队 308 个，成员 2561 人，森林防火督查队 24 个，义务扑火队 314 支，队员 5354 人。印发宣传卡 2 万张，宣传标语 3429 幅，制定《林区野外用火管理办法》《森林防火工作评分考核标准》《护林防火制度》《火灾统计报告制度》等规章。

2003 年 1 月 21 日，建立《景宁畲族自治县森林火灾责任追究制度》，各森林防火责任单位认真执行。森林火灾发生后，上报县委、县政府，由县纪委、县监察局等有关部门进行调查，并根据事实进行处理。

2007 年，出台《景宁畲族自治县森林火灾事故应急预案》，进一步健全森林消防工作联系制度，相继组建县林业局森林火灾应急救援队伍，武警景宁畲族自治县义务森林消防队，景宁民兵应急森林消防队。

2008 年，出台《关于进一步加强森林消防工作的意见》，明确森林消防的指导思想和总体要求。落实领导责任，建立森林防火工作新机制，规定一年内未发生森林火灾的乡镇（国有林场）发给工作奖金 2 万元。每个行政村配备护林员 3~5 人，组建一支 10 人的森林扑火队。全县共配备 2570 套扑火服装。同时，出台县综合工作考核的森林消防考核办法。2010 年，县政府成立森林消防指挥部，并公布指挥部成员名单。同时，撤销县人民政府森林防火指挥部。

毗邻联防　2006—2007 年，景宁担任闽浙赣毗连地区护林联防委员会第二联防区第三十一次工作值班县（10 年一轮，两年一届，有福建政和、松溪、寿宁，浙江庆元、景宁等 5 个县）。

病虫害防治

测报与防治　1993—2010 年，每年测报病虫情 5.51 万公顷，测报准确率达 90%以上；累计发生病虫害面积 1560 公顷，防治面积 1867 公顷，有效救治古树 1107 株。其中，1998 年，鹤溪镇滩岭村、渤海镇梅坑村毛竹园发生刚竹毒蛾三级危害，面积 157 公顷。2002 年，发生柳杉毛虫、马尾松毛虫危害，面积 379 公顷，平均虫口 60 条/株，最高虫口达 800 条/株。发现虫情后，县森检站立即组织有关技术人员开展全面调查，分别采用施放白僵菌粉炮、喷烟、高压喷雾、注杆等防治措施，虫害得到有效控制。

除治松材线虫病　2009 年 2 月 11 日，鸬鹚乡徐崇村焦坑自然村发现 2 株松木枯死，树高 25 米，胸径 90 厘米，活立木蓄积合计达 14 立方米，经浙江省林业有害生物防治检疫局专家鉴定，确定为松材线虫所致。疫情发生后，林业部门成立"211"松材线虫病专案组，在省、市专家指导下，围绕松材线虫病疫点，对电力、电信、有线电视等单位的工程建设可能携入外来包装物开展全面调查，最终确认疫源来自宁波东方导线科技有限公司生产的带疫松木电缆盘。同年 3 月，全面展开松材线虫病疫情普查工作。经调查，疫点涉及鸬鹚、英川、葛山、沙湾四个乡镇 7 个行政村 10 个小班 92 公顷林地，林木蓄积 3658 立方米。县政府为迅速防控松材线虫病，与各乡镇（街道）及涉木单位签订《松材线虫病防治责任书》，明确除治和预防任务。为确保防控工作，县财政每年落实防控资金 100 万元。林业部门组建 6 人除治队伍，专门清理全县枯死松木，发现 1 株清理 1 株。同时，采取挂注专治松材线虫病注射液，设置松褐天牛诱捕器，安装太阳能杀虫灯，喷施噻虫啉微胶囊粉剂等综合防治措施。改造林相，提高森林综合抗病能力。2009—2010 年，疫点乡镇累计完成林相改造 1066.7 公顷。2010 年，经省林业有害生物防控指挥部检查，确认景宁县基本消除疫情，获防治奖励 10 万元。

森林灾害处置

1999 年 2 月 10 日下午 1 时许，大地乡蔡放村一村民在仰天湖（与庆元县官塘乡横坑村交界处）进行林事作业用火，引发一起重大森林火灾。受害面积 29.4 公顷，损失活立木蓄积 427 立方米，幼树 18770 株。县政府领导组成临时指挥部，亲临现场，组织大地乡和林业系统干部职工 300 多人进行扑救，当日深夜扑灭火灾。

2004 年 4 月 19 日 14 时 30 分，英川镇底垟村时年 70 岁村民吴岩生，在梅山地块烧泥灰，引发森林火灾。经县、镇、周边村扑火队员奋力扑救，大火于次日凌晨 1 时 38 分扑灭。火灾致 1 人死亡，受害森林面积 56.6 公顷，烧毁林木蓄积 902.5 立方米，幼林 1.6 万株。分管副乡长记大过处分，林业站长、村干部被撤销职务。

2008 年 1 月下旬，出现近 50 年罕见的持续雨雪冰冻天气，造成森林资源大面积受灾。全县 22 个乡镇（管理区）和 2 个国有林场的森林都受到不同程度损害。按照《浙江省雨雪冰冻灾害森林资源损失调查评估实施细则》《浙江省森林资源规划设计调查技术操作细则》等文件要求，林业部门抽调 120 名林业技术骨干开展专项调查工作，同年 5 月完成《景宁县雨雪冰冻灾害森林资源损失调查评估报告》。据调查统计数据显示：全县森林严重受灾面积 3.36 万公顷，其中有林地受灾 3.28 万公顷，未成林造林地受灾 740.73 公顷。有林地受灾面积占全县有林地面积 22.71%，损失林木蓄积 65.35 万立方米，损失毛竹 414.67 万株，损失种苗花卉 15 万株。冻裂、冻爆给水管线 12 千米，毁损供电线路 100 千米，毁损机耕路、林区道 280 千米，损毁房屋 900 平方米，造成直接经济损失 21421 万元。

2008 年 3 月 3 日 11 时 10 分，秋炉乡新塘垟行政村第四坑自然村村民陈方瑶在本村土名"下处突头"山边农田违法烧田堪引起森林火灾，并迅速蔓延。火灾扑灭后调查统计，过火面积为 175.13 公顷。其中，林地 96.6 公顷，林木蓄积 3418 立方米，幼树 4.35 万株，毛竹 2.8 万多株。烧毁房屋 3 幢 5 户。根据丽森防指〔2008〕7 号文件《关于对新塘垟村"3·3"森林火灾事故追究责任意见》，县森林防火指挥部、县监察局、县林业局组成联合调查组，于2008年5月19—20日对该起森林火灾案进行了调查处理，追究相关人员的责任。乡驻队干部受行政记过处分，村书记、村长受记过处分。

第三节　野生动植物保护

野生动植物保护教育宣传

《浙江省陆生野生动物保护条例》颁布后，每年4月开展保护野生动物宣传月及“爱鸟周”活动。1999年4月，开展“恩泽鸟兽，荫及子孙”野生动物保护和“爱鸟周”宣传活动。2000年4月，展示黄腹角雉、金猫、白鹇、穿山甲等重点保护动物标本，组织“保护野生动物千人签名”，在县电视台播放野生动物保护公益性广告。2004年4月，林业局、景宁中学联合举办“爱鸟周”“野生动物宣传月”，千名儿童画鸟活动。

2002年9月，全县普查古树名木，对8089株古树名木进行实地调查和造册登记，建立保护名录档案。其中，古树群5466株，散生古树2623株，分别实行挂牌保护措施。

2003年2月12日，一头省级保护动物小鹿闯入东坑镇供电所，被值班人员收养3天，14日会同林业部门将小鹿放归大自然。

2006年5月10日，林业、公安局联合举办狩猎知识讲座，宣讲《中华人民共和国陆生野生动物保护实施条例》《浙江省陆生野生动物保护条例》《中华人民共和国枪支管理法》等法律法规。同年6月24—26日，浙江大学生命科学院教授诸葛阳等专家在“望东垟高山湿地”调查，发现白眶鹟莺(Seiercus affinis)，为浙江省鸟类新记录。

2007年4月23日，县森林公安民警将1只国家二级保护动物——猕猴，放生于望东垟高山湿地自然保护区。

2009年4月，以“人·鸟·自然——和谐发展”为主题，在全县中、小学生中开展保护野生动物征文活动，收到征文520篇。经过评选，其中获一等奖12篇，二等奖25篇，三等奖35篇；优秀指导师23人；优秀组织奖3人。5月，景宁中学被浙江省野生动植物保护协会授予第二批浙江省野生动物保护教育示范学校。12月，景宁中学被国家林业局、中国野生动物保护学会授予“斯巴鲁生态文明学校”。

2010年10月，县政府召开全县资源林政工作及林业行业预防职务犯罪业务培训会，与各乡镇、自然保护区签订《景宁畲族自治县森林资源保护和管理工作责任书》，明确乡镇负责本辖区内野生动植物和古树名木的保护管理工作。

依法打击野生动植物违法犯罪

1994年3月18日，查获并严肃处理发生在荒田湖分场吴山头林区捕杀国家一级保护野生动物——云豹事件。

1997年，林业、公安、工商、环保等部门对城镇酒家、饭店、宾馆、农贸市场、野生动物收购点，开展形式多样的不定期检查和“夏季保护野生动物专项整治”。全年共查获各类保护野生动物37条(只)给予放生，并处罚捕猎、收购者。

1998年9月22日，沙湾林业工作站在沙湾镇黄水坑巡逻检查时，发现炉西岘村吴某出售非法猎捕国家二级野生保护动物鬣羚羊的皮肉，依法没收其猎获物，对违法人员进行了行政处罚。

1999年8月23日，根据群众举报，经县公安局查核，大均乡大均村沈某在大均“过路壤”地段猎捕1只省级保护野生动物——“花面狸”。对沈某进行国家《野生动物保护法》有关知识教育，没收其“铁闸”等猎捕工具，并依法处罚。

1999年10月15日，县林业局、公安局林业分局、工商局、鹤溪林业工作站等单位联合开展蛙类保护专项执法检查活动。检查组对鹤溪镇15家宾馆、酒家和农贸市场，进行突击检查，并向广大经营单位和居民分发《关于禁止捕杀、经营蛙类的通知》和有关蛙类保护的科普知识宣传印刷品。

2000年4月20日始，林业、工商行政管理部门联合在全县农贸市场、养殖场、饭店、宾馆等场所，开展为期2个月的陆生野生动物保护专项执法检查，集中打击乱捕滥猎、非法出售、收购、邮寄、运输、携带、倒卖、经营利用、无证驯养、走私国家和省级重点保护野生动物资源的违法犯罪行为。依法没收一批重点保护蛇类、棘胸蛙、花面狸等野生动物及产品，并对非法经营户进行批评教育和处罚。

2000年10月，县公安局林业分局破获一起由砍伐伙柴而引发的盗伐古树案，主犯毛某受到刑事处分。

2001年，县林业、工商、公安等部门4次对农贸市场、养殖场、饭店、宾馆等场所开展4次陆生野生动物保护专项执法检查，共查处非法经营野生动物案件5起，收缴野生动物76头(只)，挽回经济损失7.1万元。对发现的问题令其限期整改，并对违法人员依法处罚。

2003年3月3日，根据群众举报，县公安局森林分局破获一起从高沈至县城的客运班车上贩运野生动物鬣羚羊(俗称“山羊”)案，并查获1头被猎杀的省级保护动物小麂。同年4月，县林业局、工商等部门联合开展“春雷行动”，在全县各市场、酒店、收购点进行野生动物检查，并处理1起非法收购野生动物案件。

2004年3月，林业、公安部门联合集中统一组织力量，开展“候鸟二号行动”，打击破坏野生鸟类资源违法犯罪行动。

2005年2月16日至4月20日，林业、公安部门联合开展严厉打击非法猎捕陆生野生动物行动。重点打击利用“电猫”“铁闸”等各种土制工具非法猎捕和非法经营野生动物违法犯罪活动。

2006年8月21日，县林业局查处涉嫌违法经营野生棘胸蛙的雷某，依法没收雷某收购的81只野生棘胸蛙，并送到望东垟自然保护区放生。

2007年4月10日，根据群众举报，县上标林场会同乌岩岭国家级自然保护区跟踪调查望东垟高山湿地省级自然保护区与乌岩岭国家级自然保护区交界处非法狩猎人员，狩猎者弃下两头价值上万元的猎犬匆忙逃走，猎犬被上标林场扣留。

2008年3月28日，森林分局查处九龙乡朱山村村民刘某某在后下村使用猎枪猎杀国家二级重点保护野生动物鬣羚羊案，依法没收刘某某非法猎获的鬣羚羊肉，追缴非法所得，并将依法对其做出行政处罚。

规范狩猎及经营

1993年4月25日，县林业局、财政局、物价局、工商局联合发文，明确对野生动物经营、运输办理及收费，规定非国家重点保护的野生动物及其产品，由各区域、乡、镇林业工作站按照《陆生野生动物保护实施办法》处理。

1997年，依据浙江省人民政府《关于划定猎区问题的通知》，划定秋炉、英川、鸬鹚、葛山、东坑、大漈、景南、雁溪、郑坑、陈村、沙湾、梧桐、家地、大地、标溪、毛垟、鹤溪、大均、外舍、澄照、梅岐、渤海、金钟、大顺为景宁猎区，允许以乡(镇)或行政村为单位组建狩猎队伍，配置必要的猎枪。1998年，林业、公安部门严格审查猎民资格，全县发放狩猎证98本。

1999年8月5日，召开陆生野生动物经营利用工作会议，决定实施驯养繁殖许可制度和经营利用核准制度。同年，成立野生动物管理和利用办公室，负责驯养、经营和利用野生动物单位的许可、核准工作。至2006年，核准办理野生动物经营利用许可证14本。2010年，新办野生动物驯养繁殖、经营利用许可证2本，完成野生动驯养繁殖产值调查和建档工作，全县野生动驯养繁殖产值98万元。

第五章　林政管理

2002年6月，原由水利部门承担的宜林地区防治水土流失职能划入县林业局。2007年4月27日，县机构编制委员会重新核定县直机关事业单位领导职数，县林业局增设总工程师1人。2009年6月11日，县机构编制委员会核销木材检查站（巡查大队）差额拨款事业编制，重新确定木材检查站（巡查大队）为全额拨款公益类事业单位，编制50人。同年8月5日，县林业局增设法制科。

2010年10月，调整和完善林业局下属事业机构设置，撤销县林业工作总站，合并县林权管理中心和县森林资源收储中心，设立林业种苗管理站、林业生态工程服务中心、森林消防指挥部办公室、县林业产业发展服务中心（县林业技术推广中心与县林业产业发展服务中心合署）。在县人民政府处理山林纠纷办公室增挂县农村土地承包经营纠纷仲裁委员会办公室牌子。围绕林业生产实际，加强林业信息化基础设施建设，建立网上办证系统、森林消防远程视频监测系统，开通电子政务办公协同系统，逐步实现网上办公。

第一节　林地管理

林地管理政策

1995年5月24日，县财政、林业、物价、建设银行联合出台《关于征用、占用林地缴纳补偿标准及管理问题的规定》。从1995年5月20日始，凡因勘测，修筑设施（包括公路、机耕路、水库、建水电站、渠道、架设电信线路等），采石、采矿、取土、取沙、造坟等改变林地用途，征用和占用林地的单位和个人按规定缴纳林地补偿费、林木及其他地上附着物补偿费、森林植物恢复费、安置补助费、征用占用林地资源保护费等五种补偿费用，明确不同地类的补偿标准。同年7月，根据《浙江省林地管理办法》及有关林业法律法规，结合景宁实际，制定《景宁畲族自治县林地管理实施办法》《关于征用、占用林地审核批准手续等有关通知》，自1995年始，实行“使用林地许可证”。

1996年6月10日，县政府出台《关于对葬坟征占用林地审批手续和收取费用等问题通知》，禁止在县境“二沿二区”（沿溪、沿公路；城区、风景区）周边视线100米内修建坟墓，对101米至300米、300米以外修建坟墓占用林地作出相应规定。

2000年，县政府出台《景宁畲族自治县森林资源林政管理细则》。

2004年6月16日，县政府出台《景宁畲族自治县征用土地综合补偿标准暂行规定》，明确全县林地、林木、地上附着物补偿标准。

2008年起，征占用林地实行定额管理。《关于进一步加强资源林政管理工作的通知》下发后，强化林地保护，实行征占用林地定额管理和监督检查。至2010年，林地征占用定额每年节余，不存在定额指标分解、结转追加、提前使用等情况。

征用林地审批

据统计，2002年1月至2010年12月，全县审核审批林地144起，1932.21公顷。其中，长期占用有林地106起，1837.23公顷；临时用地22起，16.66公顷；林业生产占用16起，78.31公顷。

占用林地清查

1997年，林业部门对非农业建设使用林地开展清查工作。2000年，开展保护"森林资源3号行动"，全面清理征占用林地项目，并针对英川、白鹤电站至景宁110伏高压输电线路等重点工程存在少批多占、未批先占林地的行为进行整顿，共审核报批林地23.72公顷，规范林地使用审批制度。

2002年9月10日至10月31日，开展严厉打击毁林开垦和乱占林地违法犯罪行为专项整治。

2004年4月，开展"征占用林地清理整顿大检查活动"，依法检查2000年1月后使用林地66个项目。其中，依法补办林地征占用手续3起，处理未批先占林地1起。

2005年1月至2006年3月，检查征占用林地项目的林地使用和临时占用林地的植被恢复情况，立案查处非法占用林地13起，面积4.39公顷。

2007年，针对历年来在电站建设、开矿工程中存在的一些非法占用林地现象，查处3起非法占用林地案件，收缴罚没款62650元。

生态公益林区界定

2004年7月，开展重点生态公益林区划界定工作，于2004年8月30日基本完成。共签订《重点公益林现场签订书》209份，现场界定全县24个乡镇和2个国有林场6382个小班。之后，经省林业厅批准同意，在2006年、2008年分别对集体林和国有林进行小范围增加省级公益林现场界定工作。2009年5月23日至8月中旬，完成22个乡镇(管理区)177个村、1个国有林场(自然保护区)3730个小班，9000多户农户的省级公益林扩面区划界定工作。取消毛竹林和群众不愿意的生态公益林地共607公顷。2010年，全县省级以上重点公益林8.62万公顷，占全县林地的53.3%。

2002—2010年景宁征用林地审批情况一览

表12-5-1

年　份	审批、审核		长期占用		临时占用		林业生产占用件数面积	
	数量(件)	面积(公顷)	数量(件)	面积(公顷)	数量(件)	面积(公顷)	数量(件)	面积(公顷)
2002	45	81.05	34	66.15	9	11.59	2	3.31
2003	11	4.33	7	2.65	4	1.68	—	—
2004	6	29.03	5	27.68	—	—	1	1.35

续表 12-5-1

年份	审批、审核		长期占用		临时占用		林业生产占用件数面积	
	数量(件)	面积(公顷)	数量(件)	面积(公顷)	数量(件)	面积(公顷)	数量(件)	面积(公顷)
2005	19	20.70	14	19.92	5	0.79	—	—
2006	14	20.14	13	20.03	1	0.12	—	—
2007	12	1633.36	12	1633.36	—	—	—	—
2008	22	84.24	13	24.88	—	—	9	59.36
2009	6	23.23	2	10.22	1	0.6	3	12.40
2010	9	36.10	6	32.35	2	1.88	1	1.87
合计	144	1932.20	106	1837.23	22	16.66	16	78.30

·小记·

庆景青公路滩坑水电站淹没段(景宁段)复建工程征占用林地案

国家林业局驻合肥森林资源监督专员办，于2008年7月28—29日，对景宁“庆景青公路滩坑水电站淹没段复建工程(景宁段)”征占用林地行政许可的被许可人进行监督检查，对抽查的五个小班进行实地勘察，听取林地征占用情况汇报。检查组将该征占用林地检查情况进行反馈，在肯定成绩的同时，指出该项目存在未批先占、临时征占用林地、无证采伐林木等问题。景宁县委、县政府高度重视，成立以县委副书记为组长的协调领导工作小组，组织相关部门对存在的问题进行认真分析和研究，部署并落实查处和整改措施。县林业局抽调了相关业务技术人员，在业主部门配合下，历时近一个月时间，查明庆景青公路滩坑水电站淹没段复建工程(景宁段)征占用林地193个小班，实际使用永久性林地113.53公顷，2007年7月20日，经国家林业局审批永久性征占用林地122.1公顷。据庆景青公路指挥部的景青公路滩坑水电站淹没段复建工程(景宁段)开工资料，经现场核对，在2007年7月20日前使用林地有5个标段10个点63个小班，面积39.75公顷。庆景青公路滩坑水电站淹没段复建工程(景宁段)全线193个小班中79个小班临时占用林地，面积15.5公顷。合肥专员办检查组抽查的5个小班(98、104、114、119、138小班)使用林地3.1公顷(2007年7月20日5个小班审批林地为3.22公顷)。庆景青公路滩坑水电站淹没段复建工程(景宁段)由于滩坑水电站库区部分移民的外迁及建房的需求，在庆景青公路开工前后已陆续地造成部分林分采伐。随着工程的进展，公路开挖过程也造成部分小径阶林木和幼树的损失。根据实际做出了相应的处理和整改。针对“庆景青公路滩坑水电站淹没段复建工程(景宁段)”涉嫌非法占用林地，景宁公安局森林分局成立了专案组进行受案初查。该工程指挥部负责人到公安机关进行投案自首，并交代有关违法行为，景宁公安局森林分局立案侦查了事实。景宁畲族自治县公安局、检察院、法院召开联席会议，专题研究“庆景青公路滩坑水电站淹没段复建工程(景宁段)”涉嫌非法占用林地案件，认为该项目审批的工期要求与施工建设客观需要的倒逼，是造成非法占用林地的根本原因，虽在客观上存在部分工程非法占用林地的事实，但对景宁的森林资源和生态环境所造成的影响不大，未在社会上产生恶劣影响，且指挥部没有非法占用林地的故意，其非法征占用林地的行为可以不认为是犯罪，建议公安机关予以撤销案件，由林业部门对该案做出林业行政处罚。按照县公安局、检察院、法院的联席专题会议纪要，县林业局根据《浙江省林地管理条例》第46

条规定，依照《中华人民共和国森林法》第43条“每平方米处10元以上30元以下的罚款”的规定，对庆景青公路滩坑库区景宁淹没段复建工程建设指挥部在建设过程中未批先占用林地39.75公顷，未批占用临时林地15.5公顷，共非法占用林地55.26公顷，罚款552.56万元；根据《浙江省森林管理条例》第五十三条第一款“未经批准毁林开垦、筑路、筑坟等的，责令停止违法行为，并处实际损失价值的二至五倍的罚款”的规定，对滥伐林木蓄积1649.7立方米，处以罚款26.67万元。同时，县政府通报批评了庆景青公路滩坑库区景宁淹没段复建工程建设指挥部，县纪律检查委员会对庆景青公路滩坑库区景宁淹没段复建工程建设指挥部责任人进行了党纪处分。

第二节 采伐运输管理

1996—2010年，年森林采伐限额以森林资源调查数据为基础，按国家林业局“模拟测算法”，进行合理年伐量测算，分别作出《景宁畲族自治县“九五”期间年森林采伐限额编制成果报告》《景宁畲族自治县“十五”期间年森林采伐限额编制成果报告》《景宁畲族自治县“十一五”期间年森林采伐限额编制成果报告》。根据“采伐限额必须少于合理年伐量”等原则，结合上一期森林采伐限额执行情况，确定本期森林采伐限额，并经省政府上报国务院。国务院审核后由省政府下达到县，以森林蓄积指标控制采伐限额：1996—2000年为19.57万立方米、2001—2005年为20.88万立方米、2006—2010年为19.77万立方米。

采伐控制

林木采伐限额管理后，以森林资源调查为基础，以采育平衡为原则，结合国家和省调控额度，确定五年计划的年度森林采伐限额。全县森林采伐限额分集体林、林业总场、上标林场三个单位编制。集体林采伐由乡镇人民政府负责发放林木采伐许可证，林业总场和上标林场由县林业局负责发放林木采伐许可证。林木采伐由林农向村委会申请，村委会安排采伐限额，再由乡镇林业工作站实地做采伐作业设计，商品林由乡镇人民政府审批发证；生态公益林、天然阔叶林由乡镇人民政府签具意见后报县林业主管部门审批发证。从2006年开始实行网上办理《林木采伐许可证》《木材运输证》，由村委会实行伐前公示。

“十五”期间，全县年森林采伐限额为208780立方米。按采伐类型分，主伐90580立方米，抚育采伐70620立方米，其他采伐47580立方米。按消耗结构分，商品材126310立方米，农民自用材26520立方米，烧火55950立方米。商品材综合出材率55%。

全县年森林采伐限额为197710立方米，按采伐类型分主伐78200立方米，抚育采伐61140立方米，更新采伐6590立方米，低产低(效)林改造采伐39430立方米，其他采伐12350立方米；按消耗结构分，商品材124700立方米，综合出材率60%；非商品材73010立方米。

“十一五”期间，全县发放林木采伐许可证11654份，采伐林木蓄积595778立方米，生产木材353203立方米。其中，2006年发证2851份，采伐林木蓄积107654立方米，生产木材63529立方米。2007年发证2198份，采伐林木蓄积98993立方米，生产木材58464立方米。2008年发证2758份，采伐林木蓄积171546立方米，生产木材100790立方米。2009年发证2344立方米，采伐林木蓄积113278立方米，生产木材67745立方米。2010发证1503份，采伐林木蓄积104307立方米，生产木材

62675立方米。2008年，因雨雪冰冻灾害，森林资源毁坏严重，使商品材采伐限额不足，经省林业厅追加采伐限额，雨雪冰冻和森林火灾损坏林木得以清理，减少林农损失。除2008年特殊情况外，每年采伐林木蓄积低于县下达的年森林采伐限额。

调运检验

1993年以来，木材调运出售管理实行“凭证采伐、凭证运输”制度。林农凭“林木采伐许可证”到乡镇林业站和国有林场申请调运木材，经乡镇林业站和国有林场林政管理人员到木材集材点进行实地检验后，开具“木(竹)合法来源证明”，县内方可运输。原木和原条出县凭“木(竹)合法来源证明”，由县行政审批中心林业窗口办理“木材运输证”。加工企业县内运输凭“木(竹)合法来源证明”“企业木材计划储存通知单”进行运输；木材加工后凭“企业木材计划储存通知单”和企业开具的“木材及其产品运输(检尺)码单”，由县行政审批中心林业窗口办理“木材运输证”出运产品。

规费征收

1993年以来，主要是征收“集体林育林基金、更新改造基金”(简称“两金”)。特殊树种和规格林木的林业“两金”，按销价15%由县林业局核实后征收；木材加工半成品按原条原木的林业“两金”标准征收，采挖林木的林业“两金”按县规定的标准征收。2008年根据浙江省林业厅、财政厅、物价局《关于暂缓集体林育林基金、更新改造基金的通知》，林业“两金”实行缓征。为保障林业各项基础设施、林业生态建设，省财政转移支付585万元，专项用于森林培育、资源管理、森林生态安全、生物多样性保护、湿地保护等发展事业。

1993—2007年景宁林业规费“两金”征收标准一览

表12-5-2

名称/项目	单位	征收基准(元)	林业“两金”(元)			森检费(元)	合计(元)	备注
			合计	育林基金	更改基金			
杉木(含柳杉)	立方米	500	75	45	30	1.5	76.5	—
松木		550	82.5	49.5	33	1.5	84	—
杂木		680	102	61.2	40.8	1.5	103.5	—
特许证加工企业(木制品成品)		280	42	25.2	16.8	5	47	—
其他企业杉木成品		350	52.5	31.5	21	5	57.5	—
其他企业松木成品		387	58	34.8	23.2	5	63	—
其他企业杂木成品		477	71.5	42.9	28.6	5	76.5	—
小杉松木及其枝桠材		300	45	27	18	1.5	46.5	限6厘米以下
杂木枝桠材及杂木薪材		400	60	36	24	1.5	61.5	限6厘米以下
杉木、松木板皮		150	22.5	13.5	9	1.5	24	—
杂木板皮		200	30	18	12	1.5	31.5	—
木片		200	30	18	12	1.5	31.5	—
自用材		200	30	18	12	1.5	31.5	—
原竹	支	5.5	0.5	0.5	—	0.02	0.52	—
毛竹制品	支	3.2	0.32	0.32	—	0.03	0.35	—
竹尾、水杂竹	1000千克	222	20	20	—	2	22	—

1993—2007 年景宁竹木制品林业规费"两金"征收标准一览

表 12-5-3

项目＼名称	单位	林业"两金"(元)			森检费(元)	合计(元)	备注
		合计	育林基金	更改基金			
特许证加工企业(木制品成品)	立方米	42	25.2	16.8	5	47	先征后返
特许证加工企业(竹制品成品)	支	0.1	0.1	—	0.13	0.13	先征后返
其他企业杉木成品	立方米	52.5	31.5	21	5	57.5	先征后返
其他企业松木成品	立方米	58	34.8	23.2	5	63	先征后返
其他企业杂木成品	立方米	71.5	42.9	28.6	5	76.5	先征后返
毛竹制品	支	0.32	0.32	—	0.03	0.35	先征后返

说明：1.原木、原条、原竹等按原标准征收；2.木材加工半成品按原条原木的林业两金标准征收；3、采挖林木的林业两金按县林业局规定的标准征收

第三节　违法案件查处

设县以来，重视森林公安工作。1984 年 10 月，成立景宁畲族自治县公安局森林派出所，1989 年，改设为景宁畲族自治县公安局林业公安分局。2002 年，更名为景宁畲族自治县公安局森林分局，行政上归县林业局管理，业务上归县公安局管理。

依法治林，违法必究，犯法严惩。1993—2010 年，先后组织开展"雷霆""利剑""天网""铁拳""亮剑"等系列行动，查处和侦破滥伐(盗伐、哄抢)林木、重大森林火灾、破坏林业生产、非法采伐(毁坏)国家重点保护植物等各类涉林违法犯罪案件 1257 起，依法处理 1322 人次，收缴罚没款 937.95 万元。

第四节　山林纠纷调处

山林纠纷调处工作以明确山林权属，稳定林业生产，促进社会和谐为目标，坚持"调解为主、裁决为辅"的原则，采取"先易后难，分级负责，就地解决"的办法，开展主动全面排查和重点集中处理。1993—2010 年，全县调处山林纠纷 468 起，涉及山林面积 1785.93 公顷(省际 2 起、市际 1 起、县际 13 起)，落实争议面积 2140.47 公顷。大漈乡茶园村与景宁林业总场大漈分场对学田后山场历时四年的山林纠纷案，于 1999 年 12 月 1 日，丽水地区中级人民法院作出终审判决，共 8 大片，面积 213.33 公顷，解决了国有林场与当地农村最大的山林纠纷。

2009 年，实施《农村土地承包经营纠纷调解仲裁法》省级试点县工作，成立县农村土地承包经营纠纷调解仲裁委员会和各乡镇(村)农村土地承包经营纠纷调解组织，健全各项工作制度，开展业务培训等，使农村土地承包经营纠纷调解仲裁工作顺利推进。

2010 年，县政府出台《关于进一步加强山林权属纠纷调处工作的通知》《关于处理山林纠纷实行集体讨论制度的通知》，率先在全市、全省建立处理山林纠纷工作分级负责的新机制。进一步规范公平、公正处理山林纠纷的程序，加强山林纠纷调处队伍建设，提高调处山林纠纷的能力，完善山林纠纷案件调解、裁决多方联合商议制度，减少山林纠纷历史积案。

第十三篇 工　　业

景宁山区交通不便、信息闭塞、技术落后，工业发展一直滞后。随着交通运输和通信环境的改善，工业逐步得以发展。1992 年，工交企业 985 家。其中，乡级以上企业 156 家，职工 6552 人。固定资产原值 6841 万元。工业总产值 16317 万元，占工农业总产值的 51.85%。其中，国有企业占 18.43%，集体企业占 67.2%，私营企业占 14.37%。

1993—2010 年，实施 4 个经济和社会发展五年计划，县域经济总体从单一农业经济向多元综合经济转型，推进农工商体制改革，冲破“体制”与“计划”的束缚，以市场为导向，以效益为中心，优化组合配置生产要素，卸负轻履，实行现代化经营管理，让工业企业与商贸流通市场放开搞活。工业随之有较快发展。1993 年，工业总产值 2.14 亿元，突破 2 亿元，首次超过农业总产值。1995—2000 年，工业经济步入快速发展阶段。2000 年，32 家工业企业成为 500 万元以上年产值的规模企业，工业总产值实现 10.70 亿元，首次突破 10 亿元大关。到 2005 年末，工业总产值实现 15.15 亿元，但仍处于工业化初期。2006—2010 年，工业呈起落徘徊波浪式发展形态。2006 年，工业总产值 12.44 亿元，同比下降 17.89%。2008 年 5 月，省委、省政府出台《关于扶持景宁畲族自治县加快发展的若干意见》，多举措扶持景宁工业发展，按照“一三四八”战略部署，形成“合力兴工”氛围，2010 年，工业总产值达到 23.17 亿元，比 1992 年增加 14 倍，翻了三番。

第一章　工业类型

1993—2010年，在国民经济从计划经济过渡到市场经济的新形势下，工业企业经营管理体制迈向全面改革。景宁工业企业发展受资源和环境制约，加上计划经济时代统购统销、“大锅饭”、公益性企业经营等“统大公”弊端影响，进入市场经济之后，面临举步维艰困境，改革、开放势在必行。为加强对全县工商企业改革的指导，1996年12月，将原县经济体制改革办公室改为县经济体制改革委员会，与县政府办公室合署办公。1997年，全面贯彻《中共浙江省委、省人民政府关于进一步促进我省乡镇企业改革发展与提高的若干政策意见》《浙江省企业国有产权转让管理暂行办法》等文件精神，成立县改制工作领导小组。1998年，县政府出台《关于全面推进国有、城镇集体企业产权制度改革的实施意见》，制定改制配套政策，确立明晰产权、政企分开、完善经营机制的改制方向，以国有、集体资产保值增值为目标，结合企业实际与职工意愿，采取嫁接、出售、兼并、租赁、歇业重组、破产等形式，盘活资产、分流人员、销减债务，引入现代企业经营管理机制，推进工业企业发展。

第一节　国营企业

1992年，景宁地方国营工业有包山铁矿、造纸、钢铁、酿造、轴承、织造、电光源7家企业，固定资产1690.31万元，职工872人，年产值3007万元，占全县工业产值的18.43%。1997年，根据中央对国有企业改制精神，以“积极支持、正确引导、总结经验、逐步规范”为原则，在明确和界定产权的基础上，通过资产评估、核销、剥离、提取，对企业负资产、共有资产处理后，进行歇业重组、破产、兼并、出售、租赁，建立有限责任公司、股份合作公司、独资经营企业，适应市场经济发展形势。

包山铁矿

1969年10月创建。经过30多年开采，资源接近枯竭。1997—2005年，包山铁矿多次进行探索改制。至2005年9月30日，资产评估价值782.49万元，审计评估净资产17.13万元，负债611.16万元，企业面临重负。2005年10月14日，由在职职工出资，以资产评估为基础、按有效净资产（含采矿权评估值）挂牌协议出让形式重组，退出国有资产，原在岗干部职工80人身份置换，按基础安置费每人7000元，工龄按每年700元计发补贴进行改制。2006年11月，重新组建景宁安泰矿业有限公司，不承担原包山铁矿的债权债务。

安泰矿业有员工100人，主要产品为铁精矿粉，副产品为建筑石料。公司注重资源综合利用，创建绿色生态环保型矿山，矿产资源开发利用指标一直领先同行。2006—2010年，平均工业年产值1500万元。

造纸厂

1958年创办。至1992年，有职工447人，产值1801万元，固定资产原值386万元。为景宁工业骨干企业，主产纯木浆纸袋纸。由于耗材大，成本高，废水废气污染严重等原因，1985年，投资1400多万元进行技改和污水处理，但收效甚微。1996年，县委、县政府决定，对其实行破产，并利用其可盘活资产组建景宁造纸(集团)公司，辖全资企业造纸厂、控股企业白板纸厂、合资企业电光源灯芯公司三个企业。注册资本1500万元，职工425人，遗属和被精减工人27人。1998年6月末，公司总资产2489.8万元，总负债1068.7万元。根据企业改革的有关文件精神，结合公司实际情况，再度以“盘活部分资产、减员增效、实物安置、逐步推进”方案，实行改制。至1999年5月31日，全厂职工(包括领导干部)解除劳动合同，工龄统一计算至1996年12月，按基础安置费人均13500元、工龄补偿每年420元标准，进行安置。

钢铁厂

1972年创办。由于电力不足，几度停业，1985年重新生产。随着市场经济体制的不断完善，靠享受优惠电价发展生产已不适应新形势，2001年作歇业安置。歇业时间为1997年6月30日，在册职工96人，给予每人一次性基本安置费4600元，工龄补偿每年400元、失业生活补助费(含大病保险费)230元。

轴承厂

1991年创办。属县经济委员会直属企业。由于轴承生产技术发展更新很快，产品滞销，经营不善，资产负债率高，扭亏增盈无望。经县政府批准于1997年9月关闭，实行停产改制。改制时，有职工51人。每人发放基础安置费5000元、工龄补助费每年500元。

织造厂

1985年7月创办。主要产品为棉毛衫裤、腈纶运动衫裤。1992年，固定资产原值50.3万元，有职工72人，产值128万元。由于设备落后，生产经营不善等原因停工歇业，资不抵债。1997年厂房、设备整体出售，所得资金偿还银行贷款。1999年，实行破产，发放正式职工每人一次性安置费6000元和工龄补偿每年400元。

电光源厂

1989年创办。隶属县经济委员会。主要生产碘钨灯、新闻摄影灯、汽车灯等。1996年，正式职工27人，资产120.2万元。由于市场变化等原因，负债达121.7万元。2002年3月底，采用转变企业性质，转换职工身份，解除全部职工劳动关系等形式进行改制。企业所有资产转让给巨星照明电器有限公司，对职工实行全员安置和补偿。发放每位职工基础安置费5000元，工龄补偿每年500元。

第二节 集体企业

1992年，有民政、教育、城建、林业、商业、电力、交通、供销等部门集体工业24家，生产包装、皮革、日用化工、罐头食品、粮油制品、水泥制品、竹木制品、砖瓦、玩具、五金、印刷、文具等产品，职工897人，年产值3678万元，占工业总产值的22.53%。

二轻工业

1984年10月，景宁二轻工业局从云和县二轻工业局分建，工作经费1万元。之后，得到省二轻局支持，援助资金65万元，用于建造办公用房和扶持二轻工业发展。1996年，随着国家政府职能部门撤并，工业局、二轻局、乡镇企业局合并，设立县经济委员会。2001年，物资局、商业局、外贸局、经济技术协作办公室并入县经济委员会，改名为经济贸易局。增挂"景宁畲族自治县中小企业局""景宁畲族自治县人民政府经济技术协作交流办公室"两块牌子。同年，原在县经济贸易局的矿管办划到土地管理局。2005年，安全生产管理职能从县经济贸易局分出，组建县安全生产监督管理局。

1992年，景宁二轻工业集体企业11家，职工853人，固定资产原值759.03万元，产值2295万元，占全县工业总产值的14.07%。1993年后，改制工作领导小组决定对扭亏无望的企业，实行资产出售或关闭解散处理。二轻集体企业、供销合作企业的产权界定，按企改政策执行。集体资产评估由资产所有者管理和监督，实行产权制度改革的企业在清产核资的基础上，委托资产评估机构进行评估。对有问题的资产，按照《企业财产通则》《企业会计准则》和清产核资有关规定，通过冲销坏账准备金、资产公积金、基本金等办法处理。同时，对企业的社会、历史包袱问题，从企业总资产中剥离与提留一部分资金来解决。至2010年，有8家二轻工业企业按解散或破产方式处理。

玻璃纤维厂　1992年创办，是一家生产玻璃纤维及其制品的企业。改制时总资产1404.99万元，总负债1297万元。1998年，由集体企业改造为股份有限公司，收购原玻璃纤维企业所有者权益，承担债权、债务。在职职工安置采用职工身份转换补助，按工龄每年补助500元。

纺织器材厂　1966年2月创办，主要生产木制纺织器材，为省纺织行业定点企业。由于市场竞争激烈，纺织行业经济滑坡，企业生产不景气，大部分职工下岗，生活困难。2001年9月末，总资产185.06万元，总负债109.52万元。结合企业拆迁实际，进行终结清算，置换职工身份，以解散原纺织器材厂的形式，对该企业进行改制。改制时职工119人，按工龄每年补助费1500元进行安置。改制时间至2001年末。

纺织厂　1989年创办，生产毛华达呢、直贡呢等产品。1992年职工212人，生产化纤布137万米，产值1359万元，固定资产原值228.46万元。由于资不抵债，1996年7月实行破产，厂房抵押给工商银行景宁支行，机器设备拍卖，所得资金用于发放工人安置费。1997年2月完成破产善后工作。

医疗器械厂　1965年创办，为当时浙江省唯一一家生产骨科医疗器械的专业厂家和卫生部定点企业。主要生产骨科、腹外科、胸外科等所需的医疗器械，产品有40多个品种，100多个规格。2001年总资产236.13万元，总负债213.25万元。因市场疲软，销售萎缩，资不抵债，生产经营举步维艰，企业停产。

农机实验厂　1953年创办。1989年改为景宁印刷机械厂，生产印刷机械。因生产设备落后，产品不能更新换代，于2000年破产。破产时，安置职工120人，退休(含内退)26人。

塑料厂　1993年由景宁木器厂和景宁包装材料厂合并组建。利用原木加工生产民用家具、办公桌椅和化妆柜等。1996年后，复合材料上市应用，机器生产技术提高，原木桌椅失去产品成本和销售市场优势。2010年，生产停业。

包装材料厂　1985年10月创办，属民政福利企业。1990年，县包装材料厂更名为县包装工业总公司，辖县包装工业总公司第一分厂和县集装袋厂。县集装袋厂，由县农业局良种场和县包装工业总公司合资组成。1992年，总公司有职工216人（其中残疾人员50人），生产编织袋599万条，年产值1337万元，固定资产原值289万元。1994年，总公司破产停业。

乡镇工业

1992年，景宁乡镇企业934家，职工3297人，固定资产原值2350万元，产值7337万元，占工业总产值44.97%。1993年后，乡镇企业随着市场经济发展实行优胜劣汰，小规模、劣产品、低效益的企业或停产歇业、或转让拍卖，或合并改制，大多数成为私营企业和股份制企业。1996年12月，县乡镇企业局撤销，其职能及原有人员并入经济贸易局。之后，乡镇企业统计口径改为乡镇工业。

瓯江胶囊有限公司　1986年成立，占地面积3976平方米，建筑面积3996平方米，是一家药用空心胶囊专业制造企业。 拥有4条胶囊全自动生产线，年生产空心胶囊15亿粒，生产技术、产品质量走在国内同行前列。产品销往全国各地制药企业。公司有健全的现代企业管理制度和激励机制，始终坚持"质量第一、信誉至上"的宗旨，确立"高技术、高质量、严管理"的目标。2001年始，连续5年被评为AA级信用企业。2008—2010年，先后被评为"劳动关系和谐企业""丽水市节能示范企业""创业新星"。2010年产值1002万元。

矿产有限公司　1986年7月成立，为景南乡工办企业，经营蜡石矿、萤石矿等矿产品，职工14人，1994年4月歇业。

地方工业总公司　1992年成立，为乡镇企业局企业，主要经营农副产品，非正式职工4人，1994年4月歇业。

电声器材厂　1987年12月成立，为乡镇企业局企业，非正式职工57人，主要经营耳机等电子产品生产。1996年歇业。

浙江景功竹制品有限公司　1992年5月成立，中外合资，县乡镇企业局直属企业，非正式职工150人，主要经营竹凉席等产品。1997年4月歇业。

地方工业供销公司　1984年10月成立。主要经营黑木耳、香菇等农副产品，职工18人。1997年4月歇业改制。

第二章　工业企业

景宁工业总量小且发展滞后，企业规模小而分散，产业结构单一，产品附加值低。1993年，全县工业总产值2.41亿元。其中，竹木加工0.16亿元；农副产品加工0.13亿元；金属冶炼与加工0.19亿元；造纸业0.18亿元；通用设备0.21亿元；医药包装0.18亿元；矿产0.10亿元。20世纪90年代中后期，立足本地资源，以市场为导向，整合资源，大力开展对外引资，调整产业结构，淘汰造纸、纺织、陶瓷业，逐步形成以竹木制品为主的农副产品加工、金属冶炼与加工、通用设备制造、医药等工业生产门类。2010 年，全县工业总产值 23.17 亿元中，农副产品加工 4.33 亿元；金属冶炼与加工 1.53 亿元；通用设备 5.18 亿元；医药包装 0.31 亿元；电力 6.89 亿元。

第一节　门　类

冶金加工

景宁开采冶炼工业历史悠久，主要源于境内有铁、锰、铅、铜、钼、钨、金、银、叶蜡石、萤石、硫铁、高岭土、石英、紫砂等 20 多种矿资源。其中，钼矿的储藏量占全省首位，为矿产业发展提供条件。2010 年，有矿产企业 4 家。按矿产类型分为铁矿、钼矿、萤石矿。其中，铁矿企业有景宁安泰矿业有限公司（原景宁县包山铁矿）、景宁敕木山铁矿、景宁浙南钼业有限公司、景宁圣杰矿业有限公司。2008 年因受国际金融风暴影响，大多数矿山处于停产或半停产状态。 2010 年，景宁持证的小型矿山 8 家，从业人员 183 人，矿石开采总量 23750 万千克，矿业产值 1017.8 万元，实现利税 173 万元。开采的矿种主要有铁、钼、叶蜡石、萤石、花岗岩、建筑石料等。

20 世纪 90 年代初期，利用中频炉冶炼地条钢的小铁厂逐年增加。1992 年，景宁钢铁厂固定资产原值 117.5 万元，职工 93 人，生产铁合金 1444 万千克，产值 645 万元。1993 年达到 30 家。因产品质量差，1997 年后有 10 家关停或迁往其他地区。2004 年，根据国家产业政策调整和省、市的统一部署，关闭 17 家地条钢生产企业。至 2010 年末，全县金属冶炼及延压加工企业集中在鹤溪镇、东坑镇、澄照乡，产品主要为各类不锈钢管。浙江景宁洁净钢管有限公司、景宁正一钢业有限公司等 13 家企业，完成年工业产值 1.36 亿元。

制药包装

景宁医药包装业发展于 20 世纪 70 年代。20 世纪 90 年代后，通过招商引资，先后引进、创办景宁瓯江胶囊有限公司、景宁明龙医药包装有限公司等一批制药包装企业。2004 年,完成产值 2000 万元。其中，规模以上企业 1 家，完成年产值 886.2 万元，产品有药用塑料瓶、空心胶丸等。2010 年，制药包装行业有瓯江胶囊公司和明龙医药包装 2 家，员工 107 人，产值 3102 万元。

通用设备

通用设备制造业从 20 世纪 90 年代开始发展，主要分布在鹤溪、沙湾、东坑、大均、梧桐、外舍等区域，以生产阀门为主，机械配件次之。1997 年，创办的景宁华龙实业有限总公司铸钢阀门厂，因电力设施配套不足，不能满足生产需求而关闭。2010 年，全县规模以上的通用设备制造业 9 家，年产值 5.18 亿元，占工业年总产值的 7.29%。

农产品加工

农产品加工是从自产自销的家庭作坊向商品化批量规模加工生产转化的传统产业。1995 年后，景宁出现一批民营企业、农民专业合作社和种植大户专门从事农产品加工。县委、县政府把发展食品加工业作为工业发展的主攻方向，出台优惠政策，大力扶持和培育加工骨干企业。以骨干企业带动加工业的发展，成为工业主导产业之一。2004年，有农副产品加工企业181家。其中，规模以上企业3家，实现年产值2600万元。大自然食品有限公司、奇尔茶业有限公司、惠明茶业有限公司、中信实业有限公司4家成为省、市级农业龙头企业。随着市场变化和品牌效应，企业竞争激烈，自然出现优胜劣汰。2010年，农副产品加工企业32家，实现年总产值2.31亿元。其中，规模以上企业6家。

食品加工　景宁物产丰富，盛产香菇、黑木耳、野菜、笋干、吊瓜、南瓜子、山哈酒等。将传统农产品加工优势转化为现代商品市场优势，成为提升农产品附加值，促进加工工业发展的重要途径。食品加工企业主要有加工销售香菇、黑木耳、清水竹笋、保鲜蔬菜为主的浙江景宁大自然食品有限公司（前身景宁县综合食品厂）、一直致力于"山哈酒"酿造技艺开发的景宁畲族自治县鹤泉酒厂等骨干企业。"南野牌"系列产品为浙江名牌产品，销售市场遍及全国主要城市，并拓展国外市场，远销欧洲、东南亚、美国、非洲、日本等国家。山哈酒、青梅酒、蕲蛇酒、绿曲酒，清香纯正、绵甜净爽。

干菜加工以脱水蔬菜、高山土特产、传统名品干菜等为主，加工的蔬菜类产品有花菜干、莴苣干、豇豆干、萝卜叶干、茭白干、笋干、茄干、四季豆干、黄瓜干、芥菜干、蒲瓜干等；野菜类产品以苦槠干、苦益菜干、马兰头干为大宗。加工产品原材料主要产自乡村、山间的绿色无公害蔬菜、野菜。经传统纯手工制作而成，口感好，深受广大消费者喜爱。同时，多家合作社建立直营店、生产基地特产专营店和网上店，与省内外客户建立良好的合作关系。

茶叶加工　景宁种茶、采茶、制茶起于唐代，历史悠久。因茶叶品质卓越，明代就成为贡品。1989年，景宁畲族自治县惠明茶业有限公司成立，注册"惠明"商标，专注从事"金奖惠明茶"的生产、加工、销售。2010年，企业总资产达1.2亿元。建有综合办公楼2200多平方米，茶叶加工厂房6000多平方米，配建大型冷库300多平方米，并紧密联结周边5000多户茶农的茶园1000多公顷。1994年，浙江奇尔茶叶有限公司成立，主要从事茶叶生产与经营。2005年，"奇尔茶"被南京"总统府"特选为接待用茶。企业生产的白玉仙茶，发明了5个加工制作专利，茶叶形靓味美，享有"金奖惠明茶皇冠上的明珠"和"白茶中的珍品"之美誉。

景宁茶叶加工业发展迅速。至2010年末，有景宁畲族自治县香雨有机茶有限公司、景宁畲族自治县畲山贡茶叶有限公司、景宁畲族自治县九重阳茶叶专业合作社等茶叶加工企业、专业合作社20多家。

竹木加工　1993年以来，县政府致力于推动竹木加工业发展，出台一系列扶持优惠政策，培育骨干龙头企业，促使竹木加工业成为主导产业。2004年，有企业287家，年产值1.3亿元。产品有木制儿童智力玩具、木制象棋、细木工板、竹筷等30多类1000多个品种，产品远销美国、日本等国际市场。2010年，规模以上竹木加工企业10家，年总产值2.02万元。

建材

1993—2010年，随着商品房的开发，景宁先后成立4家制砖企业，生产实心砖、多孔砖、水泥砖。2008年起，商品房和政府机关、事业单位、学校、医疗卫生部门用房建设不再使用实心砖，改用多孔砖和轻质砖，砖厂也改为生产多孔砖。

景宁张村制砖有限公司　占地2.33公顷，总投资210万元，轮窑18门，员工60人。产品为烧结粘土多孔砖、实心粘土砖，年生产标砖1500万块，年产值600多万元。

景宁鸿衡建材有限公司　1996年1月1日，建于外舍王金垟，占地1公顷，总投资500万元，员工

40 人。产品为烧结粘土多孔砖、实心粘土砖，年生产标砖 2500 万块，年产值 900 万元。

景宁富强水泥预制品有限公司　1993 年前建厂，原名鹤城水泥预制品厂。2008 年，新厂建在鹤溪镇潘山岭，总投资 300 万元，员工 30 人。产品为普通混凝土小型空心砌块、混凝土砖、混凝土多孔砖，年生产标砖 2500 万块，年产值 700 万元。

景宁金鼎水泥制品厂　2007 年 1 月 6 日建于大均乡大赤坑，占地 0.67 公顷，总投资 250 万元，员工 33 人，年生产标砖 2500 万块。产品为普通混凝土小型空心砌块、混凝土砖、混凝土多孔砖，年产值 600 万元。

酿造

1993—2010 年，景宁畲族自治县鹤泉酒厂、浙江景宁祖林生物科技有限公司、景宁洋龙酒业有限公司、景宁绿宴酒饮发展有限公司等酿酒企业成立。

景宁畲族自治县鹤泉酒厂　1995 年创办，1998 年取得白酒生产许可证。2002 年注册“山哈牌”商标，通过 ISO 9000 质量体系认证，生产具有畲乡民族特色的系列“山哈酒”。竹筒装“山哈酒”于 2003 年获省农博会银奖，2004 年起连续 4 年获省农博会金奖。2006年、2008 年“山哈牌”商标获丽水市著名商标。2009 年，“山哈酒”酿造技艺被县政府列入非物质文化遗产名录。2010 年，酒厂被评为景宁食品加工示范企业。

浙江景宁祖林生物科技有限公司　2009 年 10 月成立，注册资金 111 万元，为科研、生产、经营销售及技术推广一体化企业。主要产品为柿子酒，产品商标“世畲醇”，年产量 4 万千克。旺季用工 30~40 人，淡季用工 10 多人。拥有柿子育苗基地 10 公顷，柿子种植示范基地 480 公顷。带领景宁农民 300 户、外地农民 200 户种植柿子树。在陕西渭南及浙江千岛湖、兰溪、天台、永康、永嘉等地成立柿子购销合作社，投产合作基地近 4000 公顷。

景宁绿宴酒饮发展有限公司　1993 年创办，先后建立绿宴蛇类、畲族医药科学研究所。开发生产“陈氏”系列蛇酒、青梅酒及畲药酒等产品，获得国家专利，“绿宴”商标为“丽水市著名商标”，公司获“优秀企业”“浙江省放心消费单位”等 20 多个奖项。

服饰

1992 年，全县城乡有个体制衣店 71 家，年产服装 11.63 万套。随着市场经济的发展，人们普遍购买成衣。2010 年，县城保留 20 多家个体制衣店。2005 年以来，畲族服饰逐渐恢复，先后创建景宁龙凤民族服饰有限公司、晓琴民间陈列馆、景宁畲艺坊鞋业有限公司等企业。

景宁龙凤民族服饰有限公司　2006 年成立，注册资金 338 万元，注册商标“畲山凤”，企业占地面积 1500 多平方米，建筑面积 4000 多平方米，员工 230 人。该公司是集民族服饰生产、民族文化艺术展览、美术工艺培训于一体的综合性企业。从事研究、设计、生产畲族服饰（工作装，演出服）、工艺品 10 大类 800 多种规格型号的产品，富民族特色。产品销往福建、广东、江西、台湾等 20 多个省市，并远销美国。公司被定为全国少数民族特需商品定点生产企业，浙江省非物质文化遗产生产性保护基地。服装、头饰、银器等 50 多个产品取得知识产权专利。

景宁畲艺坊鞋业有限公司　2005 年 5 月成立，厂房 1000 平方米。为一家自主创新、设计、加工、销售为一体的股份制企业，以生产畲乡布鞋为主，款式 130 多种。2010 年注册“畲艺坊”商标，获得国家专利 31 项，在各大城市设立 138 家专卖店。2010 年，有职工（含厂外加工职工）125 人，年产值852万元。

第二节 规模企业

1998—2010年，景宁年主营收入在500万元及以上的规模企业按乡及乡以上的口径统计呈上升趋势。2007年以后增幅较大。2010年，规模以上企业77家，年产值14.41亿元，占工业总产值的61.13%。

大自然食品有限公司

前身称景宁笋罐头厂，系供销企业。1998年，改制重组为股份制企业，主要生产脱水食用菌、保鲜蔬菜和食品罐头，为全国食用菌行业龙头企业，浙江省农业龙头企业，省林业龙头企业，省级绿色企业，浙江省农业科技企业研发中心，省信用管理示范企业。先后承担了山珍系列食品开发、森林蔬菜系列产品深加工（2002年国家星火计划项目），森林蔬菜、蕨菜产品的开发利用研究等省级以上科技项目。产品在上海、江浙和日本、美国、欧洲、东南亚市场有较高的知名度和影响力。2002—2010年连续被评为浙江名牌产品。浙江省农博会授予优质奖、金奖。景宁首家销售收入突破亿元工业企业。2010年，有固定员工212人，季节性员工500多人，员工中有高级职称1人，中级职称5人，初级职称15人。在全国同行业中排名前十，全省排名前三。

竹笋罐头加工

中信实业有限公司

1995年创建，厂房面积10000多平方米，技术管理人员及职工300多人，为一家拥有自营进出口权，以生产、加工、销售"金信(JIN XIN)"牌香菇、黑木耳等食用菌类产品为主的专业公司。坚持"以质量求生存，以信誉求发展"的宗旨，引进国外先进的设备和现代化管理模式，通过了ISO 9001:2001质量管理体系认证、ISO 14001环境管理体系认证，产品销往美国、日本、新加坡、马来西亚、欧洲等30多个国家、地区及国内市场。

公司及其产品先后被政府和有关部门评为"全国工人先锋号""全国食用菌行业优秀龙头企业""2010和谐中国·优秀诚信示范单位""浙江省农产品加工示范企业""浙江省信用管理示范企业"、浙江省第二批"廉政文化入企业示范点""浙江省第八届消费者信得过单位""浙江省民企党建百家助推转型升级引领示范典型""浙江省革命老区创业创新先进集体""丽水市农业科学发展创业创新优秀典范""丽水市诚信企业"，获得"丽水市出口名牌""首届景宁县政府质量奖"等荣誉。

浙江景宁洁净钢管有限公司

2002年成立，注册资金1680万元，为一家专门从事研发、生产、销售小口径不锈钢管、不锈钢无缝盘管的高新技术企业。公司占地面积23000平方米，标准厂房10000平方米，员工110人。最初生产食品、医药、啤酒等行业卫生级不锈钢管。2004年始，研发生产不锈钢无缝盘管、精密仪表管、小口径不锈钢直管，长度4~6米，不锈钢无缝盘管长度1000米左右。直管以出口为主，适用于仪表控制系统、液晶面板、太阳能电池板等半导体企业气体输送管路。盘管主要是空气源热泵、地源、太阳能等热水器换热盘管，适用于石油钻井平台、船舶等液压控制管道。2008年，组建浙江景宁钢管技术研发中心。先后通过ISO 9001质量管理体系、清洁生产、测量管理体系认证，取得丽水市著名商标、丽水市知识产权示范企业、国家高新技术企业认定，获国家有效专利13项。其中，发明专利1项。

浙江强盛不锈钢有限公司

2007年成立，公司位于景宁澄照乡四格工业功能区，注册资金308万元，占地面积1.2万平方米，职工90多人。主要生产和销售不锈钢工业无缝管，生产技术达到美国、德国、欧盟标准，年产量300万千克。产品广泛用于石油、化工、军工、航空航天等领域，在国内同行中享有盛誉。公司是丽水市诚信民营企业和重合同守信用企业、景宁创业新星和节能示范企业。通过ISO 9001质量管理、ISO 14001环境管理、OHSA18001职业健康安全管理体系认证。2007年，取得自营出口权，产品主要销往内地和台湾、香港地区，出口南非、中东、欧美等国家。

浙南钼业有限公司

1997年11月成立，属中国钼联体成员，注册资本288万元，员工300多人。景宁钼矿属石英脉型钼矿，两个矿区控制矿脉8条，矿物组合以石英、辉钼矿为主，偶见方解石及萤石组合。1998年10月至2010年12月，矿区经浙江省第七地质大队普查，有一定的工业储量，具有较大的开采价值。公司有一支年富力强、结构合理的管理队伍及技术人员（地质、采矿、选矿工程师）。先后被评为县级“骨干企业”“纳税大户”“守合同重信用”单位。2002年，通过ISO 9001国际质量管理体系认证。2002—2010年，在吴山头—炉西矿段投入技改及探矿、采矿配套资金4000多万元，在吴山头矿区投入1000万元进行技改及探矿。2008年，产值5000万元，实现税利400多万元。2009年，投入800万元进行3号尾矿库建设。2010年，销售收入1700多万元，交税100多万元。

景宁安泰矿业有限公司

公司前身属国有企业景宁包山铁矿。2006年11月，改制成为小型矿山企业，员工100人。主要产品为铁精矿粉，副产品为建筑石料，工业年产值1500万元。公司注重资源综合利用，创建绿色生态环保型矿山，矿产资源开发利用指标领先于同行业。

浙江名龙医药包装有限公司

1998年成立，注册资金300万元。生产员工50人，管理人员8人。其中，高级技术人员2人，中级技术人员2人。经国家食品药品监督管理总局批准，成为浙江省丽水市唯一一家生产口服固体、液体药品包装塑料瓶生产企业。企业占地面积7150平方米，全封闭式厂房2000多平方米，有符合制药行业GMP标准的十万级净化生产车间、精密检验仪器和相配套的模具车间以及不同规格的全自动注塑、吹塑、吸塑等现代化先进生产设备，年产值2000多万元。

中海阀门制造有限公司

2003年成立，固定资产1900万元。为景宁上规模的阀门铸造企业，员工50多人。公司有研发、生产、营销、财务和行政五个科室。产品主要利用机械加工后的边角料为原材料，生产各类阀门、法兰等铸体，通过温州阀门制造基地远销东南亚、欧洲各国。通过安全生产标准化达标评审和ISO 9000国际质量体系认证，取得特种设备生产许可证。为丽水市节能示范企业和节能工作先进集体，获景宁企业跨越奖。

远东特钢有限公司

2007年成立，为股份制合作企业，注册资金500万元，占地12000平方米。有员工90人，管理人员10人，高级技术人员2人、中级技术人员28人。具现代化的产品质量检测设备，主要铸造生产中外多种材质的铬钼钢、不锈钢等材质的阀门、水泵和多种机械配件毛坯。产品销往上海及欧美国家。2010年工业产值2100万元。先后获“景宁县企业跨越奖”“创业新星”等荣誉。

富利达木制工艺品有限公司

1988年7月成立，注册资本300万元，厂房8000多平方米，总资产860万元。固定职工130多人，季节性职工180多人。有自主知识产权的专利技术32项。产品通过国家相关部门商检，取得国际ISO 9000质量管理体系认证，有自营出口权。2010年，实现销售1700多万元，上交利税120多万元。为浙江省、丽水市林业龙头企业，获景宁县“创业新星”奖。

宏强竹制品有限公司

1999年成立，2006年改制为有限公司，注册资本300万元。主要生产竹地板、竹菜板、竹板材、竹制洁具用品、竹碳等产品。企业不断开发各种规格与型号的新产品，由作坊式经营发展到规模化生产。产品主要销往福建、广东、义乌、杭州、上海、云和等地，部分产品出口至韩国、日本。2010年，产值2156万元，销售收入1767万元。固定资产654万元，建设原料毛竹林454.73公顷，生产用房11200平方米。管理人员和生产人员169人。其中，专业技术人员35人，专业销售及服务人员20人。

竹制品粗加工车间

金林竹木工艺厂

2002年成立，固定职工185人，季节性员工286人。总资产1634万元，固定资产981万元。主要生产智力玩具、国际象棋及玩具配件。产品通过ISO 9001质量管理体系认证。企业与上海、杭州、宁波、深圳、东莞等地的外贸公司建立合作关系。2010年，取得自营出口权，实现销售收入1662万元。先后获得浙江省林业龙头企业、浙江省农业示范企业、景宁县工商局“AA信用等级”企业称号。

隆尚工艺品有限公司

2009 年成立，注册资金 200 万元，厂房面积 8500 平方米，固定资产 684 万元。职工 106 人，管理人员 9 人。主要生产竹制家具、沐浴用刷、沐浴套装、火车轨道配件、玩具配件、木柄等，具环保、绿色的 12 个系列、50 多个规格与型号的产品。长期与上海、杭州、广州、温州等地的外贸公司建立合作关系。至 2010 年 12 月，采用“公司+基地+农户”方式，连接种植基地面积 39.8 公顷，带动当地农民 625 人开发经济林，企业提供技术、种苗、化肥等服务，双方订立收购合同，保障种植户的利益。2010 年产值 1509 万元，销售收入 1353 万元，上交税收 42 万元。

1998—2010 年景宁规模以上企业情况一览

表 13-2-1

年份	企业个数(个)	工业总产值(亿元)	规上企业销售收入(亿元)	资产(亿元)	从业人员(人)
1998	21	1.79	1.69	0.88	2067
1999	31	3.00	2.81	1.72	3362
2000	32	3.70	3.95	1.48	2646
2001	33	4.11	4.34	2.57	5252
2002	34	5.07	34.00	5.07	3026
2003	38	6.49	6.49	4.90	3592
2004	40	9.41	9.30	14.19	3721
2005	47	10.74	10.44	15.02	4742
2006	45	7.67	7.55	14.36	3352
2007	42	8.76	8.14	15.43	3566
2008	52	10.70	9.81	16.72	3549
2009	66	11.44	10.52	20.31	3905
2010	77	14.41	14.22	22.33	4430

第十四篇 贸　易

1984年10月，景宁相继成立粮食局、商业局、物资局、供销合作社。20世纪90年代之前，生产生活用品由国家商品供应计划调控，粮食、商业、物资、供销部门为城乡居民生产生活必需品供应的主要渠道。中共十一届三中全会后，推进市场经济发展，针对长期的计划经济影响和制约，打破“吃大锅饭”现象，解决产权归属不清，经营机制不活，国营、集体企事业单位债务包袱和人员负担沉重等问题，改革国营商业、供销商业一统物资流通领域的经营体制，私营经济、个体商业悄然兴起，形成国营、集体、个体经济优势互补、平等竞争、共同发展的新局面。

1993—2010年，随着国家放开搞活经济方针政策落实、商品流通体制改革和政府管理经济职能转变，粮食、商业、物资、供销、外贸等部门全面推行体制改革和经营机制转换，从商贸经营主体转为行业管理服务。除粮食储备和石化、烟草、食盐、炸药、农药等保障国家安全的重要物资实行专管专供外，其它城乡民众生产生活必需品供应走向多成份组合，多元化产销，多渠道供应。农副产品快速发展，品质提高，市场供应量充足，促进大众饮食结构多样化。日常用品种类大幅增加，高档生活用品供需逐年提高，城乡居民生活水平得到较大改善。2010年，全县社会消费品零售总额12.58亿元。

景宁对外贸易始于1989年，主要出口商品有：农产品、中药材、医疗器械、工艺品、纺织服装、机械产品和化工产品，以农产品为主。1995年2月，外经贸部赋予景宁对外贸易公司进出口经营权，跨入自营出口轨道。1993—2010年，积极开拓国际市场业务，出口商品遍布五大洲20多个国家和地区。2010年，自营出口总额847万美元。

第一章　商贸流通

20世纪80年代前，商品流通和贸易，在国家统购统销计划调控下，主要由粮食、商业、物资、供销等部门及其下属单位负责调运和营销。随着国家经济体制改革全面开展，取消统购统销计划，放开流通渠道，搞活贸易市场，允许国营、集体、私营企业和个体工商户多元经营主体产销结合，参与商贸领域营销活动。1993—2010年，在从计划经济转向市场经济的改革过程中，粮食、商业、物资、供销等行业成为商品流通领域改革的“前沿”。

第一节　粮　食

中共十一届三中全会后，随着国家大力调整和改革粮食统购统销制度，开放粮食集贸市场，恢复粮食议购议销，允许农民在完成粮食定购任务后将余粮进行多渠道经营，粮食部门独家经营的格局被打破。

1984年10月，成立景宁畲族自治县粮食局。设城郊、沙湾、英川、渤海、东坑5个粮管所，职工178人。其中，企业职工161人。全系统设有35个粮油购销、供应站，1个粮油食品厂（属城郊粮管所下设单位）。粮食仓容1810.5万千克，固定资产原值165.79万元，年经营量2396.2万千克。

粮食购销体制调整

1985年，中央发布1号文件，取消从1953年开始实行的粮食统购统销政策，改为合同定购。同时，调整农村粮食购销价格，粮食定购实行“三挂钩”政策，奖励售粮大户。之后，粮食收购取消挂钩政策，改为价外补贴，直至粮食定购实行保护价收购。粮食企业推行定额管理和经济承包责任制，财政对粮食的补贴基本上实行实报实销办法；1989年粮食局与县财政局签订粮食财政补贴包干合同，由粮食局对下属粮食企业进行定额补贴核算。1989年成立县粮油贸易公司，粮油食品厂与城郊粮管所分离，承担粮食加工，饲料生产等业务。粮食流通实行定购统销和议购议销“双轨制”。在“双轨制”政策推动下，主营粮食议价收购和议价销售。1990年后，把发展多种经营提到与购销同等地位，坚持一业为主，发展多种经营。1992年4月，粮食实行购销同价，1993年1月1日，粮食购销和价格全面放开，取消居民粮油票证。各粮管所分别成立粮油经营公司，实行二块牌子，一套班子。

1995年，按照“统一领导、两线运行、明确责任、分别核算、稳定市场、搞活经营”的原则，实行两线运行改革，国有粮食购销企业的政策性业务与商业性经营活动彻底分开。粮食企业与县财政局签订二轮财务包干合同，继续实行定额管理费用包干的经营责任制，并对政策性粮油发生的费用实行“代理费补贴包干，节余超支自理”，对大宗费用如修理费、折旧、银行利息、离退休职工等劳动保险支出，由县粮食局统一核补。1996年初，为适应政企分开，两线运行，成立粮食集团总公司，7月起在职工自愿提出的前提下，与企业签订解除劳动合同，给予经济补偿政策；并开始对粮食系统的边、远、偏空闲仓站仓点转让出售。1997年，全系统粮食仓站由28个减到13个，出售了大地、梧桐、陈村等仓点闲置资产，回笼资金15万元，累计与企业签订解除劳动合同人员34人，支付经济补偿46万元。

1998年，粮食体制改革进一步深入，实行政企分开、中央与地方责任分开、储备与经营分开、新老财务挂账分开，完善粮食价格机制的“四分开一完善”政策，以“敞开收购、顺价销售、收购资金封闭运行，加快粮食企业自身改革”的“三项政策一项改革”和“取消粮食定购，放开粮食收购、放开粮食市场、放开粮食价格”的“一取消三放开”为主要内容的一系列粮食流通体制改革。并相继出台多项深化粮改的政策，深刻触及粮食企业和整个粮食行业。

粮食企业改制

1998年7月，县政府出台《关于全面推行我县国有、城镇集体企业产权制度改革的实施意见》，把县粮油贸易公司、县粮油工贸公司(米厂)、县养殖公司三家列入企业改制。同年9月，成立县粮食局企业改制领导小组。1999年7月，县政府正式批复同意《景宁县粮食流通体制改革实施意见》，8月，筹建粮食收储公司，在原粮食管理所中全面推行双考竞争上岗，人、财、物全面到位。

2000年4月，对东坑、沙湾等4家粮食管理所(粮油经营公司)进行改制。同年6月21日，县企业改革领导小组《关于景宁县沙湾粮油综合经营公司等四家企业改制实施方案的批复》，明确4家企业计提职工安置资产和债务处置资产后的资产余额；按照市场竞争方式处置上述公司资产；为确保退休职工大病医疗费的支付能力，对退休职工及距法定退休年龄5年内职工的大病医疗保险统筹资金，按人均1~1.5万元之间确定标准计提。4家企业于2000年6月改制结束。同年12月，按县企业改革领导小组《关于同意景宁县粮油综合经营公司进行改制的批复》，对景宁县粮油综合经营公司(城郊粮食管理所)进行改制。

2001年，县粮食局与景宁畲族自治县发展计划局合署，挂县粮食局牌子，设粮食调控科。

2004年实行以“放开购销市场，直接补贴粮农，转换企业机制，维护市场秩序，加强宏观调控”为主要内容的改革，同年5月，实施国务院颁布的《粮食流通管理条例》，粮食流通体制基本上走上市场化、法制化轨道。

第二节　商　业

1992年，县商业局管理百货公司、糖业烟酒公司、五金交电化工公司、石油公司、食品公司、饮食服务公司、燃料公司、商业大楼等国有商业单位。随着国家取消商品统购统销调控计划，放开搞活流通渠道，民众生活必需品供应迅速向市场化发展，商业部门从计划经济的“宠儿”变为市场经济的“潮儿”。面对新形势，1992年5月，县商业局成立景宁畲族自治县国营商业总公司，与商业局实行两块牌子，一套班子，合署办公。原商业局干部的编制、人员身份不变，实行统一领导，分级核算，自主经营，自负盈亏，照章纳税。1997年，县商业局改组为景宁畲族自治县商业集团总公司。1999年7月，成立县商业管理办公室，与商业集团总公司合署办公，为全额拨款正科级单位，保留商业局原有编制，履行商业行政和行业管理职能。商业集团总公司正、副总经理兼任县商业管理办公室正、副主任。2002年6月，县商业管理办公室、商业集团总公司(商业集团总公司所属企业分别改制）与县经济委员会、乡镇企业局、二轻局、外贸局、物资局等部门组合，成立县经济贸易局，承担全县商业行政管理职能。2002 年 10 月，设立县行业管理办公室，履行原商业办、物资办等行业管理职能。

百货公司

1984 年 10 月成立。为商业局直属单位，1993 年 12 月，处于关停状态，部分职工调入其他单位，留下的职工全部并入商业系统组建的商业贸易有限公司。1996 年 11 月，百货公司宣布破产，资产拍卖，所得资金安置 200 名职工，安置费按基础部分加工龄部分计发。

饮食服务公司和商业大楼

1988 年 1 月，成立饮食服务公司，隶属县商业局，为全民所有制企业，实行独立核算，自负盈亏。1996 年 4 月，商业大楼兼并饮食服务公司。1996 年 10 月，商业大楼宣布破产，进行改制。改制后，为便于工作与衔接，撤销国有商业大楼，办理企业法人终止注销登记，企业尚未完结的部分债权债务由县商业管理办公室企业改制领导小组负责处理。1997 年 9 月，商业大楼房产拍卖，对 62 名职工以基础安置费加工龄补贴的方法安置，解除劳动关系。

食品公司

1984 年 12 月成立。随着市场经济的发展，经营管理体制越来越不适应，效益与效率低下，产生连年亏损。1988 年企业进行体制改革，将资产整体出让，其资金按照基础安置费 7000 元/人以及工龄每年 700 元/人，对职工进行一次性安置。

五金交化公司

1984 年 10 月成立。1991 年成立景宁畲族自治县华侨友谊公司，与景宁五金交电化工公司实行两块牌子，一套班子管理，为全民所有制企业，隶属县商业局。随着国家五金交电化工产品经销放开，公司逐渐陷入困境，企业包袱越来越重，至 1996 年 6 月，出现资不抵债，累计负债 98.11 万元，资产负债率达 120.84%，同年 10 月宣布破产，其房产拍卖收入，解决职工安置费。安置费按基础安置费加工龄补贴计发。

烟糖公司

1990 年 12 月，景宁烟糖公司增挂“景宁畲族自治县盐业公司”牌子，实行两块牌子，一套班子，确定专人管理，人员由烟糖公司内部调剂。1992 年 3 月，商业局增设盐政股，负责辖区内盐政执法工作，两块牌子，一套班子管理。1996 年，设立景宁畲族自治县盐务管理局，与县商业局实行两块牌子，合署办公。1997 年 12 月，县盐务管理局与县国营商业总公司实行两块牌子，合署办公。

1989 年 9 月，成立景宁畲族自治县烟草专卖局，与县烟糖公司实行两块牌子，一套班子管理，不增加行政事业编制，县烟草专卖局办公室设在烟糖公司。1993 年，建立景宁畲族自治县烟草公司，承担景宁卷烟批发业务，烟糖公司作为新组建的烟草公司下设批发部门，烟草公司与国营商业总公司实行两块牌子，一套班子管理，烟草专卖局机构不变。

第三节　物　资

1984年10月，成立物资局，内设办公室和财务科，下属包括燃料公司、金属材料公司、生产资料公司、化工建材公司、机电公司、农业机械公司、物资再生利用有限公司7家国有企业。1996年10月，景宁物资局设立物资集团总公司，实行两块牌子，一套班子管理。1998年7月，改为景宁物资行业管理办公室，设人秘综合科、财务科、业务科。1999年7月，根据景宁编制委员会《关于成立物资行业管理办公室的通知》，物资行业管理办公室为事业单位，与物资集团总公司合署办公。2001年12月，与商业局、经济委员会、二轻局等合并，组建景宁经济贸易局。

燃料公司

1984年10月成立。为景宁物资行业管理办公室下属独立法人单位，主要从事石油煤炭购销业务。1985年12月，公司挂"浙江省石油公司景宁畲族自治县公司"和"景宁畲族自治县燃料公司"两块牌子，一套班子，分别建账，单独核算。1987年1月始，石油、煤炭经营机构分别设立"浙江省石油公司景宁畲族自治县公司"和"景宁畲族自治县燃料公司"，实行自主经营，独立核算，照章纳税，自负盈亏。2000年，景宁燃料公司有在职职工12人，退休职工1人，总资产180万元。其中，固定资产53万元，账面累计亏损47万元。按景企改〔2000〕4号文件，景宁燃料公司进行改制，职工实行货币安置，解除劳动关系。

化工建材公司

1990年成立。为国有企业，独立核算，自负盈亏。由化建公司出资90%，景宁物资再生利用公司出资10%，共30万元注册资本，成立景宁畲族自治县平安民爆器材配送服务有限公司。1994年，根据景宁企改办《关于同意县化工建材公司改组为股份合作制企业的批复》进行改制，改制后称"景宁畲族自治县化工建材有限公司"，为国资企业。2001年6月1日，景宁公安局转发化建公司《景宁民用爆破器材配送实施方案》，同月5日始，所有民用爆炸物品凭公安机关签发的《购买证》、化建公司开具的购买发票，由公司采用全封闭式专用车统一配送。2010年，公司员工22人，退休3人。

物资再生利用有限公司

1996年9月，由景宁物资总公司投资，经县政府批准组建。注册资本50万元，1998年投入经营。因物资集团总公司资金困难，实际注册资本未到位，也不符合国家《公司法》。根据景政〔1998〕9号、13号文件精神，采取"国有控股，职工入股"形式改制，注册资本50.18万元（国有股份占37.13%，再生公司占21.25%，8位职工入股占62.87%）。改制后公司担负汽车报废政策性业务，员工实行聘任制。

机电设备公司

1990年成立。为景宁物资集团总公司下属企业。至1998年3月，总资产73万元，总负债81万元，被欠未收回20万元，欠银行贷款利息10万元。1998年，经县政府批准，实行破产改制。职工解除劳动关系，按规定发给安置费。

金属材料公司

1994年，按景宁企改办《关于同意县金属材料公司改组为股份合作制企业的批复》，完成改制工作。职工解除劳动关系，实行货币安置。

生产资料公司

1984年成立，1996年3月17日申请破产。经县政府批复同意，县法院依法裁定，破产工作于1996年11月4日终结。按相关规定，给职工发放安置费，解除劳动关系。

农业机械公司

1984年成立，从事批发销售拖拉机、农用车等农业机械配件业务。由于市场变化，1996年破产改制，房产收为国有，按规定发给职工安置费。

第四节 供 销

1984年10月，成立景宁供销合作社联合社。1989年10月28日，在景宁工商行政管理局注册登记，实行企业化管理，性质为集体企业。1992年11月24日，经景委〔1992〕53号文件批准，增挂景宁畲族自治县兴业（集团）总公司牌子，名称为：景宁畲族自治县供销社合作社联合社（兴业集团总公司），简称县联社（总公司），注册资本1090万元，实行“两块牌子，一套班子”的组织管理，受县政府委托，为农民推销农副产品，供应生产生活资料，提供产前产后服务。内设财务、人事、业务指导、监察审计、办公室5个职能科室，在编干部25人。1993年，景宁供销系统共计注册资本1800万元，基层合作社6个，县属公司7个，供销分社25个，商场7个，经营网点287个，在职干部职工667人。

2000年1月，县联社机关办公从人民中路49号迁至振兴路12号。2005年3月9日，县联社（总公司）变更为景宁畲族自治县供销合作社联合社。同年5月16日，从振兴路12号迁至复兴西路43号。

2007年9月30日，县政府批复同意《景宁畲族自治县供销合作社联合社职能配置，内设机构和人员编制方案》，确定县联社职能职责10项，全额拨款事业编制12人，内设：办公室、财务科（社有资产管理科）、业务科（合作经济指导科）3个职能科室。2009年7月14日，按丽人劳社〔2009〕11号文件精神，县供销合作社联合社经景宁畲族自治县事业单位登记管理部门登记，改为事业单位，参照公务员法管理。2010年2月4日，为负责改制后县级社集体资产运营与管理，故又向景宁工商行政管理局申请变更登记为“景宁畲族自治县供销合作社”。

机制转换

1993年，在国家取消统购统销形势下，深化供销系统综合改革，实施转换经营机制，推行“社有个营”举措，即按定库存、定销售、定人员、定抽资、定税费的“五定”进行承包经营；边、小、亏的网点实行大包干经营；全系统零售柜组实行风险金抵押抽资承包；直属公司、厂、队、基层供销合作社商品采购实行调控，农副产品收购实行定单收购。1991年11月，在鄞县建立民贸办事处，开展贸易经营。1994年，为拓展业务，创办大中型商场。景宁工业品公司、副食品公司、第二砖瓦厂、批发总公司驻云和经销公司、供销车队等企业相继歇业。城关基层供销社与鹤溪供销社合并。整合歇业的县社企业所有资源，组建景宁供销大楼，创办上桥商场和石印山商场，同时在各基层供销社所在地建立500平方米以上的综合商场10个。

1995年，实行全员劳动用工合同制度改革。1997年，县联社（总公司）把"求生存、争发展、提效益、减亏损"作为改革目标，出台减员增效、鼓励自谋职业的暂行规定，允许县联社（总公司）机关干部职工和企业副职以上人员办理停薪留职自谋职业，也可以联系调出供销系统。自谋职业人员第一年发给80%的档案工资，第二年发给60%的档案工资，第三年发给50%的档案工资，3年后保底50%的档案工资为生活费。对所属企业管理人员实行定岗定员，富余人员进行分流就业。

供销企业改革

1998年，根据县政府〔1998〕13号文件规定，对基层供销社及直属企业全面实行以产权制度改革为核心的企改，采取产权连同债务整体出让企业；母体保留，企业全员实行安置分流；企业全员安置分流后，企业解散；以股份制形式重组新的企业等政策措施。在多种形式改革中，企业资产经中介机构评估，企业的债权债务经企改领导小组组织清算。职工安置、退休人员资产提留等严格按景政〔1998〕9号、〔1999〕21号文件执行。同时，职工一次性置换身份，解除劳动用工合同。县联社（总公司）机构保留不变，按"一社两体"要求，人员只出不进，只减不增，改革分步实施。

直属企业改制　1998年12月2日，经景企改〔1998〕15号批复同意，将大自然食品有限公司及综合食品厂转让兼并给深圳新鹏丰投资有限公司，原企业的债权债务由深圳新鹏丰投资有限公司负责偿还，职工按县政府有关文件规定由县联社负责安置。土特产公司、农业生产资料公司，经景企改〔1999〕11号、13号批复同意，职工安置后，重组新的有限责任公司。供销大楼，按景企改〔2000〕19号批复，景政办抄〔2000〕56号、景企改〔1999〕11号文件精神，于2000年7月20日，由县联社社务扩大会议表决同意，将人民中路82号供销大楼资产（占地面积1791平方米，建筑面积4718平方米）经房地产中介机构（以当时景宁房地产市场价格）进行评估，县政府批准：以810万元出让给景宁邮政局。资产盘活收益用于职工安置、县联社办公经费及企业改制成本，剩余资金投资泰顺县洪溪二级电站、筹建办公楼经费等。大楼职工置换身份后，企业自然解散。县联社（总公司）将改制企业有效资产和业务进行重组，按照现代企业制度，以控股、参股形式，组建兴业烟花爆竹有限责任公司，农业生产资料有限责任总公司，土特产有限责任公司，惠农公司，供销超市等5家股份制企业。其中，县联社（总公司）参股1家，控股3家，至2010年，累计投入股金579.7万元，分红收益302.9万元。

基层社综合改革　1999年，根据县政府《关于基层供销社企业体制改革总体方案》的批复，对英川、沙湾、东坑、渤海、鹤溪5个基层供销社实施"母体保留"的整体改革。5个基层供销社的债权债务清算和资产评估后，核定改制成本，按照景政（1998）9号、景政（1999）21号文件精神，盘活社有资产。英川供销社资产全部拍卖盘活，实行全员安置，置换身份；距法定退休年龄5年的员工与精减、遗属等人员按标准提取现金分年兑现。沙湾、鹤溪供销社盘活部分资产，对职工实行全员安置，置换身份。东坑供销社实行系统内负债改制，以盘活资产、安置职工。沙湾、鹤溪、东坑供销社距法定退休年龄还有5年的人员以及精减、遗属人员参照景企改文件规定提留社有资产，分年兑现。渤海供销社因滩坑电站建设补偿工作未到位，成立理、监事会，以模拟形式安置职工，滩坑电站补偿款到位后兑现职工安置，置换身份。在所有事务处理完毕后，理、监事会自然解散。

1998—2000年，连续进行企改，9家企业彻底转换经营机制，职工置换身份、解除用工劳动合同476

人，企业供养距法定退休年龄5年的员工81人，离退休员工168人，精减下放员工及遗属74人，支付改制成本2310万元，清退社员股金5万元。2001年，县联社（总公司）充分利用民族贸易政策，相继引进并创办中大、新丰、惠明、东南、银海、山海、恒力、实意等10家民贸企业。2002—2006年，实现总经营收入20915万元（含改制企业），利润2501万元，社会贡献额4585万元，上缴税费626万元，工业总产值7346万元。从1999年始，景宁财政每年定额补贴县联社（总公司）机关行政事业办公经费15万元。

资产管理

1994年始，鹤溪、东坑、沙湾、英川4个基层供销社下属分社资产相继进行出让拍卖，至1998年，转让拍卖了梅花圩、叶源、漈头、三支树、梅岐、上标、东塘、大丘田、家地、白岳、北溪、景南、章坑、大漈、梧桐、标溪、枫林口、大地、秋炉、叶桥、岱根垟、莲川、郑元、木耳口、黄谢圩、隆下、张坑、茶亭、毛坑口等29个网点，转让拍卖店面13930平方米，资产收益534.5万元。

1997年4月，鹤溪供销社因旧城改造，人民商场、红星旅馆、百货中转仓库等被拆除（占地1064平方米，建筑面积1164平方米）。2000年，第二轮旧城改造，人民南路上桥商场、鹤溪供销社人民南路120号建百商场被拆除（占地1247平方米，建筑面积3135平方米）。2008年，第三次旧城改造，鹤溪供销社的五金百货、利民、棉百店及工商弄的战备食盐仓库等被拆除（占地1537平方米，建筑面积2536平方米）。

1999年，环城西路177号的10直店门房（占地面积580平方米，建筑面积502平方米），划给大自然公司、土特产公司职工和偿还债务。复兴西路43号的农资、副食品、工业品仓库（3000平方米），经评估定价后划给新组建的农业生产资料有限责任公司。人民中路82号二直半门店（150平方米），经评估定价后划给新组建的土特产股份有限公司。同年，将英川、沙湾、东坑、鹤溪4个基层供销社所在地的资产分别转让、拍卖。转让拍卖店面21909.38平方米，资产收益2389.35万元。

2007年10月，因滩坑电站建设相继竣工，外舍土特产、茶叶、农资储备仓库，西汇、白岸、外舍、金钟、绿草、小顺、大顺、陈村、大都、新四、鹤口、门潭、渤海、下爰等门店和店面，累计62452平方米被水库淹没，渤海基层供销社整体消失。

至2010年末，景宁供销社资产净值累计存量2882万元，基层供销社资产净值累计存量864万元。

第二章　粮油购销

1993年始，景宁取消粮票，放开粮食购销和价格。1998年，成立粮食收储有限公司，实施全县粮油购销、调拨和储备任务。2001年2月始，停止征收粮食附加税和粮食补偿金，3月，放开粮食流通，取消定购任务，实行订单收购。5月，取消“城镇居民粮食供应转移证明”。2003年4月，景宁制订粮食供应应急预案。2006年，在全县范围确定21个粮食应急供应点，3个应急加工企业，3个价格监测点。粮食、财税、农发行每年组成联合检查组，对粮油库存情况进行大检查，加强粮食经营监管。至2010年末，确保成品粮库存充足、品种多样、市场价格稳定。

第一节　供　应

1993年1月1日，景宁全面放开粮食购销和价格，取消粮油票证。为防止出现粮价上扬，粮食部门印发《城镇居民粮食证》，以备政府干预粮食市场，平抑粮价。1996年8月，浙江省粮食局对国家专项储备粮油、省级储备粮油实行“统一领导，垂直管理”和“资金统贷，费用直拨”办法。2001年2月1日始，浙江省停止征收粮食附加税和粮食补偿金。同年5月1日，全国取消“城镇居民粮食供应转移证明”；城镇居民户口在全国范围迁移，以及农业户口转为非农业户口，不再办理粮食关系转移手续和城镇居民的粮食关系。浙江省随即取消“农村粮食关系转移证明”及“准许转移粮食关系通知书”。2001年6月29日后，执行《浙江省地方储备粮油管理若干规定（试行）》。2003年4月，制定《景宁畲族自治县粮食供应应急供应预案》。2006年，按照国务院《国家突发公共事件总体应急预案》要求，进一步修订完善粮食安全应急预警方案，基本建立有序、顺畅的粮食安全应急系统。在全县范围内确定21个粮食应急供应点，3家应急粮食加工企业，3个粮食价格监测点。同时，落实应急储备成品粮，分别由县城5家私营企业代储。粮食收储公司确保省市政府下达县级粮油储备任务。以各私营企业及个体户为主，满足市场粮油供应。县粮食局、县财政局、农发行景宁分行每年联合组成检查组，对县内国有粮油库存进行大检查；县粮食局对各粮食经营点及粮食供应站进行监管，及时了解市场动态。至2010年，景宁域内各粮食经营点及粮食应急供应站成品粮库存量充足，品种多样，粮油市场价格基本稳定，市场供应正常。在粮食市场价格、粮源、供应等方面发生苗头性问题时，能应对迅速，处置得当，确保粮食市场基本稳定。

居民粮食证

2000—2010年景宁粮食部门供应与销售情况一览

表14-2-1　单位：万千克

年份	粮食销售数量	年份	粮食销售数量
2000	229.1	2006	17.7
2001	430.1	2007	22.5
2002	1.2	2008	19.4
2003	1.4	2009	21.3
2004	2.4	2010	22.2
2005	12.6		

第二节　收　购

1992年4月1日始，国家同时提高粮食定购价格和销售价格，基本上实现购销同价。在此基础上，陆续放开粮价、取消粮票。1998年,成立粮食收储有限公司,按"敞开收购、顺价销售、收购资金封闭运行,加快粮食企业自身改革"要求,组织实施全县粮油购销、调拨和储备业务,粮食收购资金供应准备充分,布点合理,支持政策性粮食收购的各项措施全面落实到位。2000年1月,浙政2号文件明确浙江省大、小麦退出定购和保护价收购范围。2001年3月,景宁放开粮食流通,取消定购任务,实行订单收购。对用于储备轮换的"订单粮食"实行政府直接补贴,在市场收购价基础上再加政府补贴。2004年根据《粮食流通管理条例》,景宁粮食部门对全域粮食收购实施行政许可。2006年始,全国粮食供销市场一体化、社会化,粮价对供求关系作用更为明显,景宁国有粮食企业所需储备粮食基本从外省购入。

2000—2005年景宁粮食储备收购情况一览

表14-2-2　单位:万千克

年份	收购数量	年份	收购数量
2000	246.4	2003	17.4
2001	112.4	2004	13.3
2002	65.0	2005	33.1

第三节　储　运

为确保粮食调拨储存安全,改善粮食仓储条件,1989年,兴建金仙粮库仓容325万千克,加强对现有仓储设施的提升改造,进一步增强粮食储备基础设施能力。粮食购销市场化之后,政府宏观调控得到加强。2001年,为规范粮油仓储工作,把张村仓库改建成景宁中心粮库,总仓库储量为600万千克,粮油仓储能力逐步提高。同时,扩大地方储备粮规模,从275万千克增加到450万千克,比最低周转粮200万千克储备粮规模的要求扩大一倍。严格执行粮食仓储管理办法,严格按照储粮技术规范进行管理,推广应用机械通风、地上笼通风、环流熏蒸等储粮新技术,加大检查指导力度,保证各项管理措施落到实处,大幅度提高全县仓储技术管理水平。每年完成粮食轮换任务,库存粮油"账账相符、账实相符",储备粮油质量符合国家规定标准。2009年,景宁中心粮库创建"三星级粮库",规范化管理水平进入全市先进行列,被市发改委授予"丽水市粮油仓储规范化管理优秀企业"的称号。

第三章　商品供应

1993—2010年,实施科教兴农战略,建设并依托农贸市场、山珍市场和绿色市场,发展以香菇、木耳、雷笋、小尖椒、松花菜、四季豆、冷水茭白等为主的优质高山反季节蔬菜基地,建立柑橘、板栗、杨梅、梨、桃、柿等为主的水(干)果和茶叶、厚朴、油茶、笋竹等经济特产基地,从自产自销走上规模化生产，市场化营销。2010年，景宁蔬菜种植面积6120公顷，总产量10630万千克，总产值9992万元；水(干)果保存出产面积2023公顷，总产量556.2万千克；其它经济林面积4764.33公顷；猪牛羊兔禽等肉类上市供应量528.93万千克。农副产品生产发展，品种增多，供给充裕，价格平稳，贸易活跃，市场繁荣。

商品流通体制改革后，居民日常生活用品供应，除粮食安全储备、烟草与食盐专管调控外，其它商品包括粮油、副食品、日用百货服装、五金交电、化装品等供应全面放开，走向社会化、市场化，主力供应商是服务性企业和个体工商户。1993—2010年，景宁供销部门发挥资产与网络优势，以现代流通方式改造传统经营网络，参与"千村连锁超市、万村放心店"工程建设，继续专营农业生产资料。2010年，景宁社会消费品零售总额为12.58亿元。

第一节 农副产品

蔬菜产业

蔬菜是农业主导产业之一。1993—2010年，景宁种植面积2100~6120公顷，平均每公顷产量11175~18735千克，总产量2352.5万千克至10631.3万千克，总产值628.3~9992万元。1993—1999年，种植规模小，蔬菜以自产自销为主。2000年，以大漈为中心建立666.6公顷高山冷水茭白基地，以景南为中心建立66.66公顷松花菜基地，以沙湾为中心建立66.66公顷小尖椒基地，以沙湾、英川为中心建立133.33公顷四季豆基地。2010年，景宁高山优质蔬菜基地面积达4148公顷，总产值近亿元。

1993—2010年景宁蔬菜种植情况一览

表14-3-1

年份	蔬菜			年份	蔬菜		
	面积(公顷)	产量(万千克)	产值(万元)		面积(公顷)	产量(万千克)	产值(万元)
1993	2100	2352.5	628.30	2002	5540	10631.3	8663
1994	2153	2461.3	715.86	2003	5545	10621.0	8411
1995	2147	2211.0	578	2004	5506	9452.1	8043
1996	2155	2364.0	649	2005	5940	10066.4	8607
1997	2233	2832.5	776	2006	6120	10532.8	9269
1998	2280	3678.0	1161	2007	5580	9829.7	9717
1999	2285	3635.2	1191	2008	3587	6549.5	7536
2000	2373	3872.1	3881	2009	4047	7510.3	8340
2001	4973	8420.1	6838	2010	4148	7772.0	9992

水果产业

1993—2010年，水果生产处于开发与管理并重时期。2010年，景宁水果种植面积1259公顷，比1993年减少23公顷，减少1.79%；水果产量556.2万千克，比1993年增加208.0万千克，增加59.74%。

主要水果品种有柑橘、梨、杨梅、桃、柿等，种植面积以柑橘最大，梨次之；柑橘、梨、杨梅已成水果主要产业。2010 年，柑橘、梨、杨梅种植面积共 1108 公顷，占水果总面积的 88%；产量 455.28 万千克，占水果总产量的 81.85%，其他水果面积 151 公顷，产量 100.92 万千克。

1993—2010 年景宁水果种植面积、产量一览

表 14-3-2

年份	合计		其中					
			柑橘		梨		桃	
	面积(公顷)	产量(万千克)	面积(公顷)	产量(万千克)	面积(公顷)	产量(万千克)	面积(公顷)	产量(万千克)
1993	1282	348.2	778	203.3	78	51.9	50	10.9
1994	1489	452.0	887	226.7	84	46.8	53	11.3
1995	1528	495.3	903	256.8	83	49.3	49	12.8
1996	1562	561.8	942	259.8	83	50.1	51	17.2
1997	1473	655.6	868	313.1	83	55.4	68	19.0
1998	1321	470.3	873	286.5	86	50.6	68	18.1
1999	1352	862.8	865	644.2	117	55.4	62	28.1
2000	1453	451.8	838	216.8	151	65.4	98	27.5
2001	1455	640.1	820	404.6	187	52.2	—	29.8
2002	1545	586.1	774	379.5	262	47.2	—	25.0
2003	1665	581.3	762	371.9	330	47.4	—	23.8
2004	1653	600.9	751	390.1	346	50.9	—	21.4
2005	1540	616.6	709	375.8	358	53.9	—	27.4
2006	1467	579.9	699	373.7	355	56.6	—	26.3
2007	1428	533.4	674	347.3	343	56.7	—	25.0
2008	1310	493.0	585	323.1	321	53.8	—	21.3
2009	1265	574.5	541	321.8	305	74.8	—	18.3
2010	1259	556.2	524	297.0	309	76.8	275	17.6

肉蛋 水产

1993—1997 年，景宁城乡以家庭饲养生猪为主要方式，自宰自给。1993 年，景宁生猪出栏 4.84 万头，产量 400.3 万千克。

1997 年，在鹤溪环城西路 75 号设立县生猪屠宰场(前身为县食品公司屠宰场)，开始实行生猪定点屠宰。以收购外地生猪为主，采取传统手工屠宰方法操作。全年屠宰生猪 9125 头，供应猪肉 91.25 万千克。

2008 年 8 月 1 日，贯彻落实国务院《生猪屠宰管理条例》，实行生猪定点屠宰、集中检疫制度，县工商、卫生、经贸、公安等部门开展联合执法，打击私屠乱宰，取缔非法经营，维护屠宰市场秩序，确保肉品质量安全。2010 年，景宁供应猪牛羊兔禽肉 528.93 万千克。其中，猪肉 398.45 万千克。景宁屠宰场全年屠宰生猪 2.37 万头，供应猪肉 237.3 万千克。

1993—2010 年景宁肉蛋产量情况一览

表 14-3-3

年份	肉类(万千克)猪牛羊兔禽肉	其中猪肉产量	蛋产值(万元)	水产销售量(万千克)	肉禽蛋销售量(万千克)	年份	肉类(万千克)猪牛羊兔禽肉	其中猪肉产量	蛋产值(万元)	水产销售量(万千克)	肉禽蛋销售量(万千克)
1993	432.5	400.3	164	—	—	2002	435.0	336.5	—	—	—
1994	475.6	431.9	181	—	—	2003	450.8	360.5	—	—	—
1995	523.65	473.61	210	—	—	2004	503.6	398.8	—	—	—
1996	560.1	510.4	199	—	—	2005	497.6	385.8	—	—	—
1997	425.9	371.35	99	—	—	2006	411.71	315.86	—	—	—
1998	389.69	328.6	187	—	—	2007	425.4	329.4	—	—	—
1999	420.94	350.63	176	—	—	2008	413.7	325.7	—	—	—
2000	414.64	340.7	220	—	—	2009	450.72	351.03	—	—	—
2001	412.1	328.5	—	—	—	2010	528.93	398.45	365	232.8	590.7

第二节 日常用品

1993 年后，农村人口快速流动，商品购买市场趋于城镇。景宁供销社采取“占城镇、办商场、进市场”的策略，至 1995 年，景宁基层供销社扩建商场 5 个，新增网点 8 个，维持日用百货、家电、五金、棉布、针织、胶鞋等生活日用品经营，品种上万个。1996 年，生活用品市场迅速向个体经营发展，供销大楼、鹤溪建百、沙湾朝阳、渤海家电等商场经营面临困难，景宁联社将柜组商品卖断给承包人，由承包人放开经营。同年，景宁供销社在丽水粮油副食品市场建立专营康师傅方便面，后因企业体制改革出让个人专营。1997 年，县以上批发专业公司业务停业，各信贷部门对供销社系统全面停止贷款，供销社系统生活用品供应量不到全县消费品的 10%。

进入 21 世纪，按照全国供销总社“四项改造”和省社“三社一化”建设要求，景宁供销社系统发挥资产网络优势，以现代流通方式改造传统经营网络，参与“千村示范、万村整治”和“千村连锁超市、万村放心店”工程建设。2004 年在鹤溪、沙湾等地创办 3 家综合服务社，发展农村连锁超市和便利店。2006 年培育沙湾豪杰、渤海供销超市和鹤溪百利等一批龙头超市。2007 年 10 月，县联社控股组建享有浙江供销社超市品牌的景宁供销超市有限公司，至 2010 年，景宁供销超市经营的副食品、百货、日用、酒类、化妆品、床上用品等，品种超万个，年营业额 4000 万元，同时成立配送中心，吸收多家零售企业加盟。

2000 年，电子商务新型商业运营模式出现。第一家快递企业申通入驻景宁。2003 年，景宁第一批网商诞生。2004 年，第一家淘宝店开业。2009 年，举办景宁第一期电商培训班，31 人参加培训。2010 年，景宁召开电商青年交流大会，42 人参加会议。2010 年末，全县网店 45 家，网络零售 860 万元。

1993—2010 年景宁全社会消费品零售总额一览

表 14-3-4　单位:万元

年份	全社会消费品零售总额	其中:限上企业	年份	全社会消费品零售总额	其中:限上企业
1993	12355	—	2002	44078	—
1994	16048	—	2003	49455	3441
1995	20484	—	2004	56280	6341
1996	25471	—	2005	63310	8291
1997	27884	—	2006	71429	8035
1998	30038	—	2007	81975	7922
1999	32114	—	2008	97336	8274
2000	35486	—	2009	106777	5225
2001	39425	—	2010	125802	6830

第三节　生产资料

根据 1992 年国务院《关于加强化肥农药、农膜经营管理的通知》,1993 年始,供销部门专营农业生产资料储备,供应改为主渠道,农业三站和生产企业为辅渠道,形成“一主两辅”政策,其他任何单位和个人一律不得经营化肥、农药。供销社各农资部门,发挥化肥流通主渠道作用,配合工商、物价、技术监督部门,取缔非法经营。景宁供销社在全系统内实行“统一计划、统一进货、统一价格、统一销售”的统一经营。1998 年 11 月,国家允许化肥生产企业将自产化肥销售给各级农资公司、农业三站和以化肥为原料的企业,或直接销售给农户,销售价格实行市场调节,形成供销社、农业三站、农资生产企业“三分天下”竞争局势。此后,农资市场放开,景宁农资公司在各乡镇设立零售供应点。

景宁供销社始终坚持为农服务宗旨,得到县委、县政府的支持,在上级社的统筹安排下,承担起景宁农业生产资料储备、供应工作。1998 年,县农资公司在全县设 30 个农资供应点,全年销售化肥 542.4 万千克,占全县供应量 70%,同时销售农药 6 万千克、农膜 2 万千克。同年,国家取消粮肥挂钩政策,零售价实行市场价,化肥供应转为市场调节。2001—2005 年,化肥、农药等价格完全放开。2006 年 12 月,县供销社总公司会同县工商局对景宁农资供应市场进行清理整顿,根据上级供销社关于农资连锁配送和放心店建设要求,县联社制定《景宁县农资连锁经营网络建设的实施意见》,按照统一进货,统一配送,统一价格,统一建账,统一门店标识,统一规范服务“六统一”,为农民提供安全、放心农用商品。

2007 年,由景宁联社控股,职工参股。组建景宁惠农农业生产资料连锁配送有限责任公司,同时建立 1 个农资连锁配送中心,负责全县 24 个乡镇 30 个零售网点化肥配送工作。定点授牌,签订连锁协议,保证农资商品质量。年末,销售化肥 947.9 万千克,农药 21.3 万千克,农膜 5.3 万千克,各类种子 0.4 万千克,化肥、农药占景宁销售总量 95%,发挥供销社农资经营主渠道作用。2008 年景宁供销社系统有 28 家农业生产资料连锁店被评为县“农资放心店”。至 2010 年供销社供应农用化肥、农药占有量为景宁需求量 98%。

1993—2010 年景宁生产资料主要品种销售情况一览

表 14-3-5

名称 年份	农业生产资料				名称 年份	农业生产资料			
	销售额(万元)	化肥(万千克)	农药(万千克)	农膜(万千克)		销售额(万元)	化肥(万千克)	农药(万千克)	农膜(万千克)
1993	614	—	—	—	2002	—	310.0	7.0	2.0
1994	—	—	—	—	2003	—	480.0	5.0	3.0
1995	—	—	—	—	2004	—	751.1	9.8	1.5
1996	1407	—	—	—	2005	—	947.9	21.3	5.3
1997	1340	—	—	—	2006	—	722.3	16.6	1.2
1998	—	542.4	6.0	2.0	2007	—	738.1	15.4	—
1999	507	—	—	—	2008	—	595.4	15.2	—
2000	—	—	—	—	2009	—	627.6	15.8	2.0
2001	—	—	—	—	2010	—	602.0	15.8	—

第四章 专卖物资

1993—2010 年，依据国家经济管理法律法规和政策，对烟草、食盐、燃料等特殊商品，实行专管专营。1995 年 12 月，景宁烟草专卖局与县商业局分离，并成立浙江省烟草公司景宁畲族自治县分公司，为独立法人单位，实行行业与地方双重管理，在辖区内履行国家《烟草专卖法》《烟草专卖法实施条例》及相关法规赋予的职责，负责烟草专卖品的销售、管理和监督，2010 年全县卷烟销售额 1.32 亿元，维护卷烟市场稳定。1996 年 1 月，成立景宁盐务管理局，与景宁盐业公司合署办公，实行"两块牌子，一套班子"，兼具专营管理与食盐批发经营双重职能，负责居民加碘食用盐及生产加工用盐的供应，2010 年碘盐销售量 71 万千克。燃料，包括石油、煤炭、液化气、民用炸药等易燃易爆物资。2000 年后，煤炭、液化气投放市场营销，石油、民用炸药仍属于专管专营。1998 年 5 月前，景宁石油公司隶属县商业局，业务受浙江省石油总公司指导。同年 6 月始，划为中国石油化工集团公司统一管理，改称中国石油浙江丽水景宁石油支公司，实行垂直管理，发挥自身优势，提升站点服务功能，2010 年网点布局增至 5 个，成品油总销售量 1550 万千克，油品直分销批发业务 42 万千克。民用爆炸物品由景宁化建公司专营。2004 年 5 月 1 日，成立景宁平安民爆器材配送服务有限公司，负责统一配送。2006 年 9 月 1 日始，全面实施《民用爆炸物品安全管理条例》，禁用工业火雷管和导火索，改用塑料导爆雷管和导爆管，并从 2009 年起 TNT 炸药退出市场，使用 2 号岩乳化炸药。应建设工程需求，2010 年景宁使用炸药 84 万千克，雷管 30 万发，塑料导爆管 40 万米。

第一节 烟 草

1989 年 12 月，成立景宁畲族自治县烟草专卖局，与景宁商业局合署办公。1995 年 12 月，浙江省烟草专卖局(公司)批准成立浙江省烟草公司景宁分公司，独立法人单位，实行行业和地方双重管理。2002 年 7 月 28 日，坐落鹤溪镇人民中路 2 号烟草大楼落成，同年 8 月 19 日迁入。2005 年末，烟草行业实行资产重组，县级局(公司)财政上划。2008 年，更名丽水市烟草公司景宁分公司，取消法人资格，成为分支机构，称景宁畲族自治县烟草专卖局(分公司)，两块牌子，一套班子，属中央直属企业。2010 年 12 月末，有干部职工 63 人。内设办公室、专卖管理科、财务科、业务科，专卖管理科下设稽查大队、专卖管理所，业务科下设市场部、送货部。1 个自营零售店[隶属丽水市烟草专卖局(公司)投资管理处]。烟草专卖局在辖区内履行《中华人民共和国烟草专卖法》《中华人民共和国烟草专卖法实施条例》及相关行业法规赋予的职能，宣传贯彻烟草专卖法律法规，负责烟草专卖品的销售、管理和监督工作，维护卷烟市场稳定。

卷烟销售

1996—2010 年，先后建立沙湾批发部(1996.8.13—2004.3)、渤海批发部(1996.8.13—2000.2)、英川批发部(1998.6.30—2000.3)、东坑批发部(1997.5.17—2001.3)、流动批发部(1998.4.8—2001.2.9)等 5 个卷烟批发销售网点。随着社会商品流通不断放开，为加强烟草专卖品市场管理和调控，1998 年 4 月 8 日，成立景宁县公司卷烟配送中心，2000 年 12 月 25 日，更名为景宁分公司卷烟配送中心。景宁卷烟销售量基本稳定在 5500~6000 箱，2007 年销售量最多，达 6511.6 箱。营业额从 2004 年的 6207.24 万元上升到 2010 年的 13225.32 万元。毛利润从 2004 年的 1337.81 万元提高到 2010 年的 3163.11 万元；上交税费从 2004 年 460 万元增加到 2010 年的 899 万元。

2004—2010 年景宁卷烟销售情况一览

表 14-4-1

年份	销量(箱)	销售额(万元)	毛利(万元)	年份	销量(箱)	销售额(万元)	毛利(万元)
2004	5674.24	6207.24	1337.81	2008	6105.08	11767.8	2893.1
2005	5713.34	6569.45	1545.31	2009	5886.27	11995.66	2928.63
2006	6063.09	8276.39	1882.47	2010	5843.93	13225.32	3163.11
2007	6511.6	9660.21	2674.07	—	—	—	—

烟叶生产

烤烟 鉴于景宁农村土地富余，部分农民缺乏致富门路的实际，本着国有企业回馈社会的精神，2001 年引进“云烟 85”优质烤烟品种，在沙湾镇鸬鹚口村试种 2.53 公顷，产量和效益较为理想。次年，又在沙湾镇水井村、渤海镇旦水村、东坑镇章坑村开展多海拔地区试种，获得较好收成并取得种植经验。2003 年在全县推广种植，面积扩大，最多达到 95 公顷。烟草公司给予无偿供应种子、每座烤房补助 1000 元、无偿提供技术服务等优惠措施，香料烟　2009 年，从新昌县引进香料烟（又称土耳其烟、东方型烟，原产于地中海沿岸国家，是生产混合型卷烟的主要原料）。在东坑镇吴山头村试种 0.18 公顷获得成功。2010 年 25 户继续试种 2 公顷，卖出香料烟 2982.2 千克，平均每公顷产量 1485 千克，每公顷净产值 4.22 万元。

2004 年，由国家局组织全国 21 个省的抽样检测，景宁烟叶的外观质量被评为第三名，内在指标检测多项数据名列前茅。2005 年，浙江省杭州卷烟厂技术中心原料室抽样检测，对 X2F、C3F、B2F 三个样品进行质量检测评定，景宁生产的烤烟可以作为高档卷烟产品的优质主料和填充料烟叶。为提高烟叶质量，局（分公司）与丽水市烟草公司、绍兴市烟草公司联合开展《景宁县香料烟试种环境适宜性及技术可行性研究》，后因政策因素，香料烟退出市场，研究终止。

第二节 食　盐

1990 年 2 月前，景宁糖业烟酒公司兼营城镇居民食用盐和工业用盐，乡村居民生活用盐由当地供销社供应。同年 3 月，设景宁盐业公司，主营景宁居民食用盐和工业用盐。1996 年 1 月，成立景宁畲族自治县盐务管理局，与盐业公司合署办公。2005 年 8 月，景宁盐务管理局与省盐业集团景宁畲族自治县盐业有限公司合署办公，由省盐务管理集团公司直属领导，实行两块牌子，一套班子，兼具专营管理与食盐批发经营的双重职能，是景宁畲族自治县唯一法定食盐专营单位，担负着全县人民加碘使用盐及生产加工用盐的供应任务。

质量管理

全省盐业行业统一由省盐务管理局与省盐业集团公司管理，统一购进、包装、加碘与调拨，景宁县盐业公司在购进盐产品后，对盐产品的质量和碘含量进行抽样检测，对每批次盐产品实行跟踪管理，严格登记进仓时间、数量、质量检测数据及销售时间、数量与销售对象。景宁预防疾控中心的工作人员每月到公司取样检测，以保证供应 100%合格碘盐，让人民群众吃上“放心盐”。

食盐加碘

食盐加碘补充人体必需元素，防治碘缺乏病。1993—2001 年，食盐加碘由县盐业公司操作，购进大包装，通过加碘，再包装成小包装销售。2002 年始，景宁盐业公司不再进行食盐加碘加工，由省盐务管理局调拨，直接购进包装好的加碘食盐。随着人们生活水平的提高，含碘的食物增多，食盐碘的含量比以往有所降低。

盐政执法

依据国务院颁布的《盐业管理条例》《食盐加碘消除碘缺乏危害管理条例》《食盐专营办法》和轻工部发布的《盐业行政执法办法》，1992 年 4 月，景宁商业局成立盐业行政管理科，抽调人员参加省盐业行政执法培训学习。盐政执法人员每年都对全县各乡镇、村庄，特别是偏远山区的村庄进行普遍巡查，对超市、学校和工厂的食堂、快餐店、酒店进行不定期检查。每年的 5·15“防治碘缺乏病日”，与景宁预防疾控中心、广播电视台、畲乡报等媒联合进行“碘缺乏危害”知识宣传，自觉抵制购买私盐，提高群众科学补碘的意识。

营销与价格

1995 年 7 月，全县开始实行碘盐专营。景宁盐业公司负责县城市场的供应销售，县城各供应网点实行直接配送制；较远乡镇如沙湾、东坑、英川等则设立转批点，由转批点销往村庄零售商店，为较远商户与群众提供方便。通过直接配送和转批点相结合的运销体系，减少运输环节，巩固食盐专营市场，缩小私盐贩销活动空间，提高碘盐消费普及率。

盐产品主要分为三大类：食用加碘盐（居民日常生活用盐）、加工食用盐、工业盐。销售价格均由物价部门统一核定，不实行市场定价。1993 年，景宁销售食盐 130 万千克，销售额 98 万元。2010 年，碘盐销售量 71 万千克，营业额 133 万元。

2004—2010 年景宁调控盐价一览

表 14-4-2　　单位：元/包、元/千克

规　格	产品名称	批 发 价	零 售 价
400 克/包	加碘海盐	0.86	1
350 克/包	精制食盐	0.86	1
300 克/包	日晒自然盐	1.40	1.70
500 克/包	健康平衡盐	3.15	3.50
500 克/包	低钠盐	3.15	3.50
1000 千克	加工食用盐	940	—
	工业用盐	850	—

第三节　燃　　料

石油

1984 年 10 月，成立景宁县燃料公司，主要经营汽油、柴油、煤油、润滑油、煤炭等业务。1987 年，原景宁燃料公司改称为景宁县石油公司。1993 年，本着产权明晰，管理科学的现代企业要求，景宁石油公司转制改成景宁石油有限公司，为第一批股份制试点单位之一。从设县始至 1998 年 6 月，景宁石油公司一直隶属于商业局管理，业务受浙江省石油总公司指导。1998 年 6 月后，景宁县石油有限公司划入中国石油化工集团公司统一管理，改称中国石化浙江丽水景宁石油支公司。

1984—1991 年末，成品油销售全部由国家计划管理，凭票供应，全县仅设 1 座加油站，年销售成品油约 100 万千克。

1992 年后，随计划经济向市场经济转轨，成品油开始部分放开经营，国家对成品油在资源分配上实行计划分配与市场调节相结合办法，打破石油公司独家经营局面，实行放开经营，进行市场竞争。从 1994 年 5 月 1 日始，国家对成品油流通体制进行改革，实行统一定价，清理整顿不符合规定条件、规范要求不达标的零售网点。1995 年，进一步完善成品油流通体制，发挥石化总公司销售系统、储运设施和成品油经营市场的主渠道作用。1996 年 12 月，国家对成品油的进口体制进行调整，成品油统一由石化总公司进口，按国内出厂价格供应各省、市石油公司。

1998年5月,中国石油天然气集团公司和中国石油化工集团公司成立。同年6月,原景宁石油有限公司被上划到中国石油化工集团公司浙江石油分公司,人财物实行垂直管理,地方政府部门负责行业指导。之后,中石化景宁石油支公司发挥自身优势,加强与地方协调,确保加油站网络发展实现新突破。同时,积极推进加油站扩能改造,提升站点质量,加快发展加油站业务。2000年,投资100多万元对景宁加油站进行扩建改造,相继租赁标溪个体加油点和外舍个体金城加油站(后因建造滩坑电站而拆除),增设寨山桥头石油商店,收购农业局所属的东坑加油点,并对网点硬件设施进行改造。至2010年,中石化景宁石油支公司的网点布局从1个增加到5个,有效提升公司市场竞争力。

2007年后,中石化景宁石油支公司始终把履行社会责任,保障市场稳定供应放在首位,尤其是在出现油品供需紧张的情况下,进一步加大成品油市场投入和开发力度,加快发展优质加油站,改造提升原有加油站,大力发展直分销批发和非油品业务,千方百计增资源、保供应。至2010年,中石化景宁石油支公司成品油总销售1550万千克,油品直分销批发业务420万千克。非油品业务年销售额102万元。

中石化景宁石油支公司把安全环保和节能减排工作摆在突出位置。坚持"安全第一、预防为主、全员动手、综合治理、改善环境、保护健康、科学管理、持续发展"的HSE方针,以《安全生产禁令》为抓手,强化过程监控,层层落实安全责任制,完善应急救援体系,逐步实现由"要我安全"到"我要安全"的转变,在经营规模不断扩大、经营形势日益复杂的情况下,总体保持安全稳定生产。

煤炭

景宁县内煤炭主要用于造纸、酿酒、砖瓦烧制、胶丸制造、企事业机关食堂及制作煤球,最大用户是造纸厂。造纸厂关停后,煤炭用量大幅减少。

1986年前,煤炭由景宁县燃料公司经营。1987年,景宁县燃料公司改称为景宁县石油公司;另成立燃料公司,专营煤炭。1992年,实行市场经济后,煤炭不再由燃料公司专营。2000年始,煤炭经营完全放开。

全县煤炭使用量1993年100万千克,1994年110万千克,1995年达到高峰为120万千克,1996年后,由于造纸厂关停,煤炭用量锐减,2000年50万千克。

炸药

炸药是民用爆炸物品,由景宁化建公司专营。1993年,全县使用炸药4.5万千克;雷管3万发;导火索2万米。

2004年5月1日,成立景宁县平安民爆器材配送服务有限公司,实行爆破器材统一配送,并且实施《爆破安全规程GB6722—2003》。2005年,景宁化建公司在澄照四格村新建民爆物品仓库,统一实行民爆物品仓储管理。

2006年9月1日始,实施《民用爆炸物品安全管理条例》,进一步加强民爆物品的安全使用管理。禁止使用工业火雷管和导火索,改用塑料导爆雷管和塑料导爆管。

2009年4月1日,成立景宁捷安爆破服务有限公司,从事县城内无等级爆破作业项目。2009年始,县域TNT炸药退出市场,使用2号岩乳化炸药。

2003—2008年期间,景泰二级公路、景宁外舍防护工程、云景高速公路相继开工建设,炸药用量骤增。三大工程建设使用炸药148万千克。

2010年,全县使用炸药84万千克、雷管30万发、塑料导爆管40万米。

第五章　对外贸易

景宁农工贸发展滞后，外贸基础薄弱。外贸收购始于 1989 年，按国家进出口年度计划，由景宁对外贸易公司组织采购。随着经济体制改革开放进程，景宁对外贸易体制从国家计划调控向外贸市场开放转型，挖掘具有一定规模、地方特色和市场优势的农产品，外贸从无到有，稳步发展，逐步推向国际贸易市场。企业自营出口商品始于 1993 年。1993—1999 年，组织香菇、黑木耳、中药材、水煮笋、竹制品等农产品和医疗器械出口，销往日本、韩国、东南亚和欧洲。1999 年，成立景宁进出口有限公司。至 2010 年，外贸商品主要是农产品、服饰品、工艺品、化工品和机械等五种门类。

第一节　出口商品

1989 年，按计划收购出口商品，主要有农产品、中药材、医疗器械、工艺品、纺织服装、机械产品和化工产品。其中以传统的农产品为主。1993—1999 年香菇、黑木耳、中药材、水煮笋、医疗器械和竹制品等销往日本、韩国、东南亚和欧洲。

1999 年，成立景宁进出口有限公司，除继续组织本地农产品出口外，还收购纺织服装、轻工工艺品和机械产品出口。2000—2010 年，积极培育外贸经营主体，优化出口商品结构，先后有高山蔬菜、不锈钢管、木制玩具和化学工业品等，实现自营出口。

2010 年，共有五类产品出口。农产品 365 万美元，占 93%。其中，干香菇 166 万美元，占 42%；干木耳 127 万美元，占 32%。机械 12 万美元，占 3.05%。纺织服装 12 万美元，占 3.05。轻工工艺品 3 万美元，占 0.76%。化工产品 1 万美元，占 0.25%。

第二节　外贸收购

外贸收购最早档案记录始于 1989 年，按照当时丽水地区外经贸局分配的年度计划，由景宁外贸易公司组织采购。1993 年，组织收购香菇、黑木耳、中药材和水煮笋等出口，全年实现外贸出口收购值 2733 万元，完成年度计划 2000 万元的 137%。1995—1996 年连续两年没能完成出口收购计划。1997 年后，国家实行自营出口制度，不再分配出口收购计划。1998 年，实现出口收购值 16770 万元，比 1993 年增加 14037 万元。1998 年后，国家打破传统计划体制下的产品收购，开始全面放开企业自营出口，结束 10 年的外贸出口收购体制。1998—2010 年，景宁实现外贸出口收购值 58583 万元和 443.83 万美元。

第三节 自营出口

景宁企业自营出口商品始于1993年，景功竹制品有限公司（三资企业）为景宁第一家外贸自营出口企业，主要出口竹制品，销往韩国，当年出口商品0.74万美元。1995年2月，外经贸部赋予景宁对外贸易公司进出口经营权后，自营出口跨入正常发展轨道。1995年，实现自营出口402万美元，占当年全丽水地区总额的4.8%。1993—2010年，先后有11家企业实现自营出口，累计自营出口商品额10930万美元。其中，流通企业5家，累计实现自营出口8480万美元；生产企业5家，累计实现自营出口2449万美元，三资企业1家，累计实现自营出口1万美元。1993—2010年，出口企业积极开拓国际市场业务，出口市场遍布五大洲20多个国家和地区。

1995—1998年，自营出口的主体为景宁对外贸易公司，既按计划实行出口收购又开展自营出口业务，四年累计实现自营出口1702万美元，为景宁发展自营出口打下基础。1998年8月，景宁对外贸易公司改制，组成景宁进出口有限公司。改制后的景宁进出口有限公司成为全县第一家股份制私营自营进出口企业，主要以组织本县和收购县外产品开展自营出口业务。2003年实现自营出口1233万美元，使景宁首次跨入自营出口千万美元行列。2005年始，景宁进出口有限公司逐渐减少出口业务，至2007年8月份，全面停止出口业务。1999—2007年，景宁进出口有限公司共累计实现自营出口6239万美元。

1995年，成立景宁畲族自治县中信实业有限公司，公司经营的食用菌产品销往日本、韩国、新加坡、马来西亚、美国、印度及欧洲等20多个国家和地区。1995—2010年累计产值10多亿元，创税利8000多万元。2001年，公司实现自营出口761699美元。

2000年，景宁畲族自治县大自然食品有限公司（2008年更名为浙江景宁大自然食品有限公司），实现自营出口7887美元，成为景宁第一家生产型自营出口企业，主要出口香菇、黑木耳和水煮笋等。

2005年，浙江景宁洁净钢管有限公司实现自营出口181848美元，主要产品为无缝钢管，成为景宁第一家工业品生产型出口企业。

2007年，浙江景宁万好进出口有限公司实现自营出口111277美元，该公司主要组织本县香菇、黑木耳和笋罐头出口，弥补了景宁进出口公司停止出口业务后的外贸流通企业空白。

2009年，浙江沃洲贸易有限公司和丽水市惠通国际物流代理公司分别实现自营出口1947196美元和122176美元。

2010年，浙江景宁宏泰不锈钢管制造有限公司和景宁县金林竹木工艺厂分别实现自营出口6834美元和44537美元。其中，金林竹木工艺厂为景宁第一家木制玩具生产型自营出口企业。

2010年，全县实现自营出口总额847万美元，同比上升115.52%。其中，流通企业出口405万美元，同比增长2.13倍，占全县总额的47.82%。生产企业出口442万美元，同比上升67.42%，占全县总额的52.18%。

1993—1998年景宁外贸出口收购情况一览

表14-5-1　单位:万元

年份	全社会计划	收购出口额	其中:系统内收购	
			系统内计划	收购出口额
1993	2000	2733	1200	2087
1994	4000	5251	2000	1450
1995	11000	10184	—	4200
1996	12000	10804	—	1822
1997	—	12841	—	4244
1998	—	16770	—	4821

1993—2010年景宁外贸自营出口情况一览

表14-5-2　单位:万美元

年 份	自营出口总额	流通公司	生产企业	三资企业	年 份	自营出口总额	流通公司	生产企业	三资企业
1993	1	—	—	1	2002	949	824	125	—
1994	—	—	—	—	2003	1333	1233	100	—
1995	402	402	—	—	2004	1338	1162	176	—
1996	209	209	—	—	2005	772	579	193	—
1997	511	511	—	—	2006	496	281	215	—
1998	580	580	—	—	2007	519	79	440	—
1999	687	687	—	—	2008	418	5	413	—
2000	900	899	1	—	2009	393	129	264	—
2001	575	495	80	—	2010	847	405	442	—

第十五篇 旅　　游

自汉代浮丘伯隐居景宁，得“鹤溪洞天”美誉，隐士与贤达纷至，开启景宁旅游历史篇章。此后，封建各朝乃至近代，虽有兵徒偶顾，却为隐者所爱。因崇山峻岭，通信不便，优美生态而鲜为人知。畲族自治县设立，逐渐揭去神秘面纱，畲族风情、历史人文、自然生态无不透现出令人神往之魅力。

景宁旅游资源丰富。2003年普查显示：景宁旅游资源单体212个，全面覆盖国家《旅游资源分类、调查与评价》标准8个主类，优良级与普通级成“金字塔”型。在类型、储量、品质上相对集中，形成畲族风情旅游区、云中大漈风景旅游区、望东垟高山湿地生态旅游区、九龙风景旅游区为主的四个旅游资源集合区。

景宁现代旅游新兴于20世纪末，处于起步发展阶段。进入21世纪，生态旅游异军突起，国有政策，县有措施，畲乡民族风情彰显特色，景宁旅游迎来前所未有的发展机遇。2001年，大漈被命名为市级风景名胜区。2002年，大均列入国家AA旅游景区。2006年，大漈升格为省级风景名胜区。2007年，大均创建国家AAA旅游景区——“畲乡之窗”。2009—2010年，大均“畲乡之窗”与大漈“云中大漈”风景区先后建成国家AAAA级旅游景区，开启景宁旅游发展新篇章。2010年，启动建设环敕木山畲族风情省级旅游度假区。全县旅游总收入从1998年621万元上升至2010年7.35亿元。

第一章　旅游资源

景宁历史悠久、山川秀丽、人杰地灵。畲汉两族人民用勤劳勇敢智慧创造了文明的历史，灿烂的文化。务农者开山为田、辛苦耕耘，刻画一片浓郁的田园风光。习文者孜孜攻读、名人辈出，留下厚实珍贵的文宝墨迹。境内瓯江支流小溪纵贯全境，山转水复，峰峦叠嶂，峡瀑连绵，茂林绿水，集聚奇、险、幽、野、趣等多元单体。独特的民族风情、人文瑰宝和自然景观，沉积开发旅游的丰富资源。

据旅游资源普查，境内旅游资源丰富，具体包括地文景观、水域风光、生物景观、天象与气候景观、遗址、建筑与设施、旅游商品、人文活动八大类。其中，旅游资源五级2个，四级8个，三级21个。

第一节　资源储量

据2003年旅游资源普查，景宁旅游资源单体212个，全面覆盖国家《旅游资源分类、调查与评价》标准8个主类。在31个亚类中有24个，占77.4%。在155个基本类型中有56个，占36.1%。基本类型中，地文景观类10项，占27.3%；水域风光类6项，占40%；生物景观类6项，占54.5%；天象与气候景观类1项，占12.5%；遗址类1项，占8.33%；人文活动类9项，占60%。

按主类分，建筑与设施类旅游资源储量最多，地文景观达60个单体。其次，水域风光27个；生物景观类28个；人文活动类22个；旅游商品类10个；天象与气候景观类、遗址遗迹类各1个。

炉西峡

按亚类分，地质地貌过程形迹类旅游资源储量最多，达53个单体。其次，综合人文旅游地类13个，居住地与社区类5个，景观建筑与附属型建筑类5个，单体活动场所馆类13个，交通建筑6个、地方旅游商品类各为8个，综合自旅游地类旅游资源3个，树木类22个，瀑布类15个，社会经济文化活动遗址遗迹类2个，归葬地、水工建筑类各为5个，河段类1个、民间习俗类各为9个，草原与草地3个、现代节庆类1个，野生动物栖息地类2个。

按基本类型分，奇特与象形山石类旅游资源储量最多，达41个。其次，宗教与祭祀活动场所类

5个，祭拜场馆类13个，峡谷段落类4个，建筑小品2个、桥类各为6个，传统与乡土建筑类8个，特色社区类3个，山丘型旅游地类2个，丛树类11个，凸峰类2个，岩石洞与岩穴类3个，悬瀑类14个，岩壁与岩缝类3个，农林畜产品与制品类4个，观光游憩河段类1个，墓（群）类4个，水库观光游憩区段类旅游资源4个，菜品饮食类1个，峰丛类3个，潭池类5个，跌水类1个，园林游憩区域类2个，人物类各为3个，独树类9个，景物观赏点类2个，传统手工产品与工艺品类2个，特色街巷类2个，林地类2个，草地类1个，废弃寺庙类2个，陵寝陵园类1个，地方风俗与民间礼仪类6个、民间演艺类4个。

2003年景宁旅游资源普查情况一览

表15-1-1

系　列	标准数目（个）	储量数目（个）	所占比例（%）
主类	8	8	100
亚类	31	24	77.42
基本类型	155	56	36.13
一、地文景观	37	10	27.03
综合自然旅游地	7	2	28.57
沉积与构造	7	0	0
地质地貌过程形迹	14	7	50
自然剧变遗迹	7	1	14.29
岛礁	2	0	0
二、水域风光	15	6	40
河段	3	1	33.33
天然湖泊与池沼	3	3	100
瀑布	2	2	100
泉	2	0	0
河口与海面	3	0	0
冰雪地	2	0	0
三、生物景观	11	6	54.55
树木	3	3	100
草原与草地	2	1	50
花卉地	2	1	50
野生动物栖息地	4	1	25
四、天象与气候景观	8	1	12.5
光现象	3	0	0
天气与气候现象	5	1	20
五、遗址	12	1	8.33
史前人类活动场所	4	0	0
社会经济文化活动遗址遗迹	8	1	12.5

续表 15-1-1

系　列	标准数目(个)	储量数目(个)	所占比例(%)
六、建筑与设施	50	18	36
综合人文旅游地	12	6	50
单体活动场所	5	1	20
景观建筑与附属型建筑	11	3	27.27
居住地与社区	8	4	50
归葬地	3	3	100
交通建筑	5	1	20
水工建筑	6	1	16.67
七、旅游商品	7	5	71.43
地方旅游商品	7	5	71.43
八、人文活动	15	9	60
人事记录	2	1	50
艺术	2	2	100
民间习俗	7	7	100
现代节庆	4	1	25

第二节　资源品级

景宁旅游资源单体优良级与普通级成“金字塔”形。在212个旅游资源单体中，优良级较多、品质较高，总体保护较完好，人为影响较少。优良级旅游资源31个，占总数14.6%；普通级旅游资源181个，占总数85.37%。在主类中，地文景观类优良级旅游资源8个，普通级旅游资源53个；水域风光类优良级旅游资源6个，普通级旅游资源19个；生物景观类优良级旅游资源1个，普通级旅游资源21个；天象与气候景观类优良级旅游资源1个；建筑与设施类旅游资源优良级2个，普通级旅游资源57个；旅游商品类优良级旅游资源1个，普通级旅游资源7个。

在优良级资源中，五级旅游资源有景宁畲族风情、大漈时思寺等2个。四级旅游资源有望东垟高山湿地、大漈柳杉王、金奖惠明茶、渔漈坑森林、九龙湾火山岩、大均漂流、金奖黑木耳、畲族婚俗表演等8个。三级旅游资源有草鱼塘森林公园、封金山、惠明寺、雪花漈、标溪小三峡、大赤坑廊桥、大仰湖、龙门峡、群狮戏水、飞云峡、山哈寨、上标漈云海、畲族茶道、畲族山歌、石将军、乌阴漈、畲族服饰、畲族祭祖、中国畲乡风情节、《畲山风》、上标漈等21个。原汁原味的畲族风情，苍翠浩瀚的森林景观、秀丽壮观的溪瀑景观、神秘动人的民间传说和先人遗迹，具有“畲族风情醉人，山水风光诱人”的特色，为人们理想的游览观光、避暑度假、休闲游憩的生态旅游胜地。

2003年景宁县旅游资源单体名录一览

表15-1-2

级别	编号	单体名称	基本类型	代号	所在乡镇
五级	0001	景宁畲乡风情	地方风俗与民间礼仪	HCA	鹤溪
	0118	时思寺	祭拜场馆	FBB	大漈
四级	0030	望东垟高山湿地	沼泽与湿地	BBB	景南
	0033	渔漈坑森林	林地	CAA	景南
	0051	金奖惠明茶	农林畜产品及其制品	GAB	鹤溪
	0092	景宁金奖黑木耳	农林畜产品及其制品	GAB	鹤溪
	0108	景宁大均漂流	观光游憩河段	BAA	大均
	0120	大漈柳杉王	独树	CAC	大漈
	0122	九龙湾火山岩	火山与熔岩	ADE	九龙
	0002	畲族婚俗表演	民间演艺	HCC	鹤溪
三级	0004	畲族茶道表演	地方风俗与民间礼仪	HCA	鹤溪
	0005	中国畲乡风情节	旅游节	HDA	鹤溪
	0006	歌舞风情剧《畲山风》	文学艺术作品	HBB	鹤溪
	0011	畲族服饰	特色服饰	HCH	鹤溪
	0015	山哈寨	山丘型旅游地	AAA	鹤溪
	0018	畲族祭祖表演	地方风俗与民间礼仪	HCA	鹤溪
	0031	上标漈	悬瀑	BCA	景南
	0040	大仰湖	沼泽与湿地	BBB	东坑
	0060	封金山	山丘型旅游地	AAA	澄照
	0065	草鱼塘森林公园	园林游憩区域	FAD	东坑
	0104	景宁龙门峡	峡谷段落	ACG	沙湾
	0037	飞云峡	峡谷段落	ACG	东坑
	0109	群狮戏水	奇特与象形山石	ACG	渤海
	0112	雪花漈	悬瀑	BCA	大漈
	0119	大赤坑廊桥	桥	FFA	大均
	0121	石将军	奇特与象形山石	ACG	九龙
	0203	标溪小三峡	峡谷段落	ACG	标溪
	0049	惠明寺	宗教与祭祀活动场所	FAC	鹤溪
	0090	上标漈云海	云雾多发地	DBA	景南
	0208	乌阴漈	悬瀑	BCA	九龙
	0013	畲族山歌	民间演艺	HCC	鹤溪
二级	0003	传师学师表演	民间演艺	HCC	澄照
	0007	浙江畲族民间艺术团	文艺团体	HBA	鹤溪
	0008	畲族"三月三"	地方风俗与民间礼仪	HCA	鹤溪
	0009	畲族分龙节	民间节庆	HCB	鹤溪

续表 15-1-2

级别	编 号	单体名称	基本类型	代 号	所在乡镇
二级	0010	畲族民间舞蹈	民间演艺	HCC	鹤溪
	0012	景宁畲族彩带	特色服饰	HCH	鹤溪
	0014	畲族建筑	特色社区	FDC	鹤溪
	0016	山哈寨古村落	特色社区	FDC	鹤溪
	0017	山哈寨古树群	丛林	CAB	鹤溪
	0019	猎俗表演	地方风俗与民间礼仪	HCA	鹤溪
	0020	畲家欢乐夜	民间演艺	HCC	鹤溪
	0021	畲家乐	地方风俗与民间礼仪	HCA	鹤溪
	0022	山哈寨祭天坛	建筑小品	FCK	鹤溪
	0023	上标电厂度假区	康体休闲游乐度假地	FAB	雁溪
	0027	东塘银杏树	独树	CAC	景南
	0029	上标湖	水库观光游憩区段	FGA	景南
	0032	白云尖	景物观赏点	FAK	景南
	0036	飞云江源头	自然标志地	AAF	景南
	0041	石蛙潭瀑布	悬瀑	BCA	东坑
	0043	庙岗风水林	丛树	CAB	东坑
	0050	叶乙照墓	墓(群)	FEB	鹤溪
	0053	鹤溪镇孔庙	文化活动场所	FAE	鹤溪
	0054	石印山公园	园林游憩区域	FAD	鹤溪
	0055	寨山烈士陵园	陵寝陵园	FEA	鹤溪
	0058	严坑黄老仙殿	宗教与祭祀活动场所	FAC	鹤溪
	0064	敕木山汤夫人殿	祭拜场馆	FBB	鹤溪
	0069	五钟岩	峰丛	ACC	沙湾
	0070	渔漈坑夫妻伯乐树	独树	CAC	景南
	0071	雁溪乡龙井	悬瀑	BCA	雁溪
	0079	大漈千亩杜鹃	林间花卉	CCB	大漈
	0080	十里云鹃画廊	林间花卉	CCB	大漈
	0086	沐鹤溪观鱼	动物与植物观赏地	FAH	大漈
	0088	草塘曲柳	丛树	CAB	鹤溪
	0089	望景亭	景物观赏点	FAK	鹤溪
	0093	澄照天堂湖	水库观光游憩区段	FGA	澄照
	0095	雁溪银杏丛	丛树	CAB	雁溪
	0096	何八公庙	宗教与祭祀活动场所	FAC	雁溪
	0098	杨山古屋	传统与乡土建筑	FDA	鹤溪
	0099	隆下岙福善寺	宗教与祭祀活动场所	FAC	英川
	0102	西坑殿	祭拜场馆	FBB	大地

续表 15-1-2

级别	编 号	单体名称	基本类型	代 号	所在乡镇
二级	0103	盘龙掌	独树	CAC	大地
	0105	龙门瀑布	悬瀑	BCA	沙湾
	0106	吴噢峰	凸峰	ACA	大地
	0107	大均唐樟	独树	CAC	大均
	0110	小佐牌坊	建筑小品	FCK	大漈
	0114	磨菇漈	悬瀑	BCA	大漈
	0115	大漈钟楼	楼阁	FCC	大漈
	0116	渡溪龙门潭	潭池	BBC	大漈
	0117	九龙石马	奇特与象形山石	ACE	九龙
	0123	仰天湖湿地	沼泽与湿地	BBB	大地
	0124	仙女献花	奇特与象形山石	ACE	九龙
	0125	九龙石钟峰	奇特与象形山石	ACE	九龙
	0126	丹佛恐龙	奇特与象形山石	ACE	九龙
	0127	九龙天门	奇特与象形山石	ACE	九龙
	0129	卧狮峰	奇特与象形山石	ACE	九龙
	0130	七峰林	奇特与象形山石	ACE	九龙
	0132	九龙春笋	奇特与象形山石	ACE	九龙
	0134	松梅恋	丛树	CAB	九龙
	0135	九龙猕猴	陆地动物栖息地	CDB	九龙
	0136	梅崇廊桥	桥	FFA	英川
	0137	英川蜜梨	农林畜产品及其制品	GAB	英川
	0141	吴噢富士山	独峰	ACB	大地
	0144	牛龟望月	奇特与象形山石	ACE	大地
	0146	郑公垟红洞	岩石洞与岩穴	ACL	大地
	0148	天湖石坟	奇特与象形山石	ACE	大地
	0151	吴噢魔窟	岩壁与岩缝	ACF	大地
	0153	黄麻漈	悬瀑	BCA	标溪
	0154	红军崖	碑碣(林)	FCH	标溪
	0157	大漈银坑洞	岩石洞与岩穴	ACL	大漈
	0163	大漈护关桥	桥		大漈
	0168	英川乱弹	民间演艺	HCC	英川
	0169	英川舞龙	民间节庆	HCB	英川
	0176	官道古林	丛树	CAB	毛垟
	0180	龙眼潭	潭池	BBC	沙湾
	0181	骆驼峰	奇特与象形山石	ACE	沙湾
	0182	龙门石钟峰	奇特与象形山石	ACE	九龙

续表 15-1-2

级别	编号	单体名称	基本类型	代号	所在乡镇
二级	0184	大均古街	特色街巷		大均
	0185	猴子林	陆地动物栖息地	CDB	九龙
	0187	驼峰眺望	奇特与象形山石	ACE	九龙
	0188	布帐潭	潭池	BBC	九龙
	0189	毛窠峰	峰丛	ACC	九龙
	0198	高演万亩厚朴林	中草药材及制品	GAD	梧桐
	0199	梧桐坑峡谷	峡谷段落	ACG	梧桐
	0201	英川木偶戏	民间演艺	HCC	英川
	0204	九龙湾阴阳界	山丘型旅游地	AAA	九龙
	0207	九龙蛋	奇特与象形山石	ACE	九龙
	0209	景宁箬寮尖	独峰	ACB	沙湾
	0211	龙潭瀑布	悬瀑	BCA	标溪
	0212	小地古屋	传统与乡土建筑	FDA	沙湾
一级	0024	缪坑嵩岩庵	废弃寺庙	EBC	景南
	0025	东塘万亩竹海	林地	CAA	景南
	0026	何八公墓	归葬地	EEB	景南
	0028	东塘红豆杉	独树	CAC	景南
	0034	上标野生牛肝菌	菜品饮食	GAA	景南
	0035	西垟风水林	丛树	CAB	景南
	0038	白鹤湖	水库观光游憩区段	FGA	东坑
	0039	东坑廊桥	桥	FFA	东坑
	0042	孙山水口林	丛树	CAB	东坑
	0044	五显爷殿	祭拜场馆	FBB	东坑
	0045	茗源古民居	传统与乡土建筑	FDA	东坑
	0046	吴承元	人物	HAA	东坑
	0047	梅岐廊桥	桥	FFA	梅岐
	0048	桃源村	特色社区	FDC	东坑
	0052	惠明寺枫香树	独树	CAC	鹤溪
	0056	景宁山珍大市场	社会与商贸活动场所	FAG	鹤溪
	0057	严坑石头寨	特色社区	FDC	鹤溪
	0059	严坑石峰	峰丛	ACC	鹤溪
	0061	坑头巨石	奇特与象形山石	ACE	澄照
	0062	夏雨径故居	传统与乡土建筑	FDA	澄照
	0063	蒲垟水库	水库观光游憩区段	FGA	澄照
	0066	双后岗红豆杉	独树	CAC	鹤溪
	0067	蓝氏地头庙	宗教与祭祀活动场所	FAC	鹤溪

续表 15-1-2

级别	编号	单体名称	基本类型	代号	所在乡镇
一级	0068	东弄怪石	奇特与象形山石	ACE	鹤溪
	0072	垛垟风水林	丛树	CAB	东坑
	0073	民族风情包	传统手工产品与工艺品	GAE	鹤溪
	0074	梅方坪排屋	特色社区	FDC	大漈
	0075	大漈罐	传统手工产品与工艺品	GAE	大漈
	0076	彭村古柏长廊	丛树	CAB	大漈
	0077	彭村祠堂	祭拜场馆	FBB	大漈
	0078	猛虎出林古墓	墓(群)	FEB	大漈
	0081	望天湖	水库观光游憩区段	FGA	大漈
	0082	龙舌喷珠	奇特与象形山石	ACE	大漈
	0083	石马潜渡	奇特与象形山石	ACE	大漈
	0084	大漈抢猪节	民间健身活动与赛事	HCD	大漈
	0085	大漈咸菜	菜品饮食	GAA	大漈
	0087	潘宅千年银杏树	独树	CAC	大漈
	0091	上标龙井	悬瀑	BCA	景南
	0094	雁溪香樟树	独树	CAC	雁溪
	0097	大仰湖草地	草地	CBA	东坑
	0100	吴噢猿人	奇特与象形山石	ACE	大地
	0101	弥勒石佛	奇特与象形山石	ACE	大地
	0111	雾中刺柏	丛树	CAB	大漈
	0113	大漈严氏宗祠	祭拜场馆	FBB	大漈
	0128	迎宾老人	奇特与象形山石	ACE	九龙
	0131	九龙螺蛳峰	奇特与象形山石	ACE	九龙
	0133	珠帘瀑布	悬瀑	BCA	九龙
	0138	英川田螺	水产品与制作	GAC	英川
	0139	鸬鹚殿	宗教与祭祀活动场所	FAC	鸬鹚
	0140	吴噢长城岭	峰丛	ACC	大地
	0142	吴噢马头岭	奇特与象形山石	ACE	大地
	0143	吴噢断剑崖	奇特与象形山石	ACE	大地
	0145	悬崖叠翠	岩壁与岩缝	ACE	大地
	0147	朝阳台	楼阁	FCC	沙湾
	0149	双峰漈	悬瀑	BCA	沙湾
	0150	夫妻岩	奇特与象形山石	ACE	沙湾
	0152	浮伞祠	祭拜场馆	FBB	大均
	0155	大骨漈	悬瀑	BCA	标溪
	0156	上台漈	跌水	BCB	标溪

续表 15-1-2

级 别	编 号	单体名称	基本类型	代 号	所在乡镇
一级	0158	羊岚寨	岩壁与岩缝	ACF	大漈
	0159	二泉映月	悬瀑	BCA	大漈
	0160	神童望月	奇特与象形山石	BCA	九龙
	0161	蜡烛峰	奇特与象形山石	ACE	九龙
	0162	龙眼	奇特与象形山石	ACE	九龙
	0164	大顺古街	特色街港	FDB	九龙
	0165	陈坦庵墓	墓(群)	AEB	渤海
	0166	英川水库	水库观光游憩区段	FGA	英川
	0167	包坑口五显大帝庙	宗教与祭祀活动场所	EBG	英川
	0170	小龙峡	峡谷段落	BCA	标溪
	0171	葛山八字门楼	楼阁	FCC	鸬鹚
	0172	葛山刘氏古屋	传统与乡土建筑	FDA	鸬鹚
	0173	秋炉陈氏古居	传统与乡土建筑	FDA	秋炉
	0174	斧劈峰	独峰	ACE	标溪
	0175	库头陈氏古屋	传统与乡土建筑	FDA	毛垟
	0177	吴噢殿	祭拜场馆	FBB	大地
	0178	驮垟毛氏祠堂	祭拜场馆	FBB	大地
	0179	家地廊桥	桥	FFA	家地
	0183	龙门河马	奇特与象形山石	ACE	沙湾
	0186	双乳峰	奇特与象形山石	ACE	沙湾
	0190	珍珠潭	潭池	BBC	九龙
	0191	仙人棋盘	奇特与象形山石	ACE	大漈
	0192	葫芦潭	潭池	BBC	大漈
	0193	将军岩	奇特与象形山石	ACE	沙湾
	0194	鳄鱼戏水	奇特与象形山石	ACE	大漈
	0195	仰天吼狮	奇特与象形山石	ACE	大漈
	0196	牛蛙望月	奇特与象形山石	ACE	大漈
	0197	高演环胜桥	桥	FFA	梧桐
	0200	雪花漈	悬瀑	GAB	大漈
	0202	刘基疑冢	墓(群)	FEB	鹤溪
	0205	九龙观音	奇特与象形山石	ACE	九龙
	0206	金田陈氏古屋	传统与乡土建筑	FDA	九龙
	0210	婆丘漈	悬瀑	BCA	大漈

第三节 资源分布

景宁旅游资源单体分布较广，涉及全县共4个镇、17个乡。旅游资源储量比较集中，品质优良级旅游资源单体也相对集中。其中，鹤溪镇旅游资源43个，大漈乡旅游资源37个，九龙乡旅游资源21个，3个乡镇占旅游资源总数的47.8%。从类型、储量、品质三个方面，评定4个旅游资源集合区。

畲族风情旅游区

畲族风情旅游区包括鹤溪、澄照、梧桐、大均、外舍等5个乡镇（管理区）。其中，鹤溪镇是景宁畲族自治县政府所在地，全县政治、经济、文化中心，也是全县的旅游中心。该集合区主要旅游资源有畲乡风情、山哈寨、封金山、惠明寺、大均漂流等53个单体旅游资源。在8项主类中有7项旅游资源单体，覆盖率87.5%。在31项亚类中，有13项旅游资源单体，覆盖率41.9%。主类储量最多为建筑与设施类，有17个；其次是人文活动类，有5个。亚类资源最多为民间习俗类，有12个；其次，综合人文旅游地类有6个；还有瀑布类、树木类等4类，各1个。基本类型最多是地方风俗与民间礼仪类，有6个。其次，民间演艺类有4个，还有旅游节、特色社区等14类，各1个。

在53个旅游资源单体中，优良级旅游资源13个，占总数的24.5%；普通级旅游资源40个，占总数的75.5%。其中，五级1个，四级3个，三级9个，二级20个，一级20个。主类中的15个人文活动类单体旅游资源品质较高，优良级旅游资源占主类总数的53.3%，普通旅游资源占该主类总数的46.7%。其次，17个建筑与设施类旅游资源单体，优良级旅游资源占35.2%，普通级旅游资源占64.8%。

云中大漈风景旅游区

云中大漈风景旅游区位于景宁畲族自治县大漈乡。该集合区有时思寺、柳杉王、雪花漈等旅游资源单体36个。其中，在8项主类中有7项旅游资源单体，覆盖率为87%；亚类有15项旅游资源单体，覆盖率为48.3%；基本类型有20项旅游资源单体，覆盖率12.9%。主类储量丰度，地文景观类为最多，有11个。其次，建筑与设施类9个。亚类最多是地质地貌过程形迹类9个；基本类型最多是奇特与象形山石类8个，悬瀑类4个。

该集合区在36个旅游资源单体中，五级1个，四级1个，三级3个，二级9个，一级22个。五级、四级、三级为优良旅游资源，共5个。二级、一级为普通级旅游资源，共31个。主类中生物景观类旅游资源品质较高，6个旅游资源单体中四级1个，三级2个，优良级和普通级各占50%。其次，建筑与设施类5个旅游资源单体，四级1个，三级1个，二级2个，一级1个，优良级旅游资源占主类40%，普通级旅游资源占主类60%。地文景观类11个旅游资源单体中，三级1个，二级1个，一级9个，优良级旅游资源占该主类总数9%，普通级旅游资源占该主类总数91%。

望东垟生态旅游区

望东垟高山湿地生态旅游区，包括东坑、景南、雁溪、大地等4个乡镇。该集合区主要旅游资源有望东垟高山湿地、渔漈坑原始森林区、上标云湖等49个旅游资源单体。49个旅游资源单体覆盖8项主类，18项亚类，覆盖率58%。在基本类型中覆盖32项，覆盖率20.6%。旅游资源单体储量按主类分，最多的是建筑与设施类，共有15个。其次，地文景观类有10个，占总数的20.4%。按亚类分：旅游资源单体最多的是地质地貌过程形迹类，共有11个，占集合区总数的22.4%。其次是树木类，共有10个，占集合区总数的20.4%。还有居住地与社区类、地方旅游商品类、社会经济文化活动遗址遗迹类，均为1个。基本类型旅游资源单体最多的是丛树类，共有7个。废弃寺庙类、桥类等6类，均为1个。

该集合区优良级旅游资源9个，占总数的18.3%。其中，四级旅游资源2个，三级旅游资源7个。普通级旅游资源40个，占总数的81.6%。其中，二级旅游资源11个，一级旅游资源29个。在主类中，地文景观类资源品质较高，四级1个，三级1个；其次是水域风光类，四级1个，三级2个。在亚类中，天然湖泊与沼泽类品质较高，有四级旅游资源1个，三级旅游资源1个。基本类型是沼泽与湿地类资源品质较高，有四级旅游资源1个，三级旅游资源1个。

九龙风景旅游区

九龙风景旅游区包括渤海、九龙、郑坑、梅岐4个乡镇。该集合区主要有九龙阴阳界、炉西坑景区等32个旅游资源单体，覆盖主类6项，占75%；覆盖亚类13项，占41.9%，覆盖基本类型24项，占16.8%。主类储量丰度最多的旅游资源单体属地文景观类16个，占总数的50%。其次，属建筑与设施类、水域风光类、景观类各4个，占总数的37.2%。亚类中旅游资源单体最多的属地质地貌过程形迹类15个，占总数的48.2%。还有瀑布类、天然湖泊及池沼类、交通建筑类各2个，占总数的19.8%。按基本类型分，旅游资源单体最多的属奇特与象形山石类16个。其次，属悬瀑、潭池与桥梁等3类各2个。

该集合区优良级旅游资源6个，占总数的19%。其中，四级旅游资源1个，三级旅游资源5个。普通级旅游资源26个，占总数的81%。主类资源品质较高的属地文景观类，有三级旅游资源4个。其次，水域风光类，有三级旅游资源1个。亚类中资源品质较高的属地质地貌过程形迹类，有三级旅游资源单体2个。按基本类型分，旅游资源品质较高的属奇特与象形山石类，有三级旅游资源3个。其次，属悬瀑类，有三级旅游资源单体1个。

第二章　景区景点

根据《景宁畲族自治县风景旅游发展总体规划(2005—2015)》，景宁旅游景区景点围绕“一个中心旅游环线，三个旅游核心区”建设，即以环敕木山畲族风情旅游区为中心旅游环线，以云中大漈风景旅游区、望东垟生态旅游区、九龙风景旅游区为旅游核心区的发展总体格局。

第一节　景　区

中国畲乡之窗

中国畲乡之窗，始建于1998年，融历史文化、民族风情和自然生态风光为一体，位于大均乡，距县城13千米。2002年被批准为国家AA级旅游景区，2007年被评定为国家AAA级景区，2009年12月，跨入国家AAAA级旅游景区行列，被命名为浙江省畲族风情采风基地、浙江国际民俗摄影采风创作基地、中国民族艺术家采风创作基地。

大均村古街

景区以大均村为中心，包括梅花圩、泉坑、垟坑、伏叶、大赤坑等村庄及其周边环境，分为大均核心区(畲乡风情演艺中心)、梅花圩皮筏漂流线和大均竹筏漂流线、古村落历史文化区、垟坑猕猴观光区、伏叶田园风光区、大赤坑山地经济旅游区等“一心二线四大区”。

畲乡风情演艺中心，有畲族民俗表演(迎宾、茶俗等)、绝技表演(炼火、攀刀梯等)、畲族婚俗表演、畲族风情一台戏、民俗文化展示馆、浮伞仙渡景观等游览和互动项目。其中，一台戏分为“畲族对歌节”(4—6月)、“洗井泼水节”(7—9月)、“畲山火神节”(10月至次年3月)，“白天游玩互动，夜晚特色展示”，形成“丽水夜游在景宁”的品牌效果。

漂流，分为大均橡皮艇漂流和竹筏漂流两种。上游是橡皮艇漂流，起点为大均乡梅花圩村，终端为大均村头，全程4000米，长滩连深潭，滩潭相接，流急浪大，既安全又刺激，深受游客喜爱。漂流线评定时，专家认为该漂流是浙江省当时18条漂流河段中最好的一条。下游为竹筏漂流，起点为大均村前埠头，终端一为大赤坑口，终端二为鹤溪镇溪口。因多种因素，竹筏漂流经营难以为继。大均漂流，让人欣赏青山秀水、鸟鸣浪涛之美，留下亲临一场诗画合韵的自然神曲演艺之感。

四大观光区块中，大均古村落历史文化区和伏叶田园风光区内涵最为丰富。大均村由唐末皇族李姓的分支辗转迁移至此而繁衍发展，自古商贸繁华，注重耕读，形成了笔杆(读书人)、秤杆(生意人)、竹杆(撑船人)的“三杆”民间风尚。古村“一门三进士”建筑(尚遗留墙门)和具有明清风格的前店后院式山区商贸古街，风貌独特迷人。古时大均在瓯江支流小溪上游，凭借水路，与温州通商，村里上下埠头隔三差五泊舟数百，商贸繁盛，街面店铺林立，300米古街40多户财主，“秤杆之村”名副其实，有“小溪明珠”之美称。清朝贡生李鉴堂一生忠厚诚恳，精研书画，创建“明德书斋”，鼎盛时有30多位学生，方圆百里求学之处，是景宁现存最早、规模最大的民间书院，有景宁“最高学府”美誉。大均求学名士众多，此谓“笔杆”也。1999年，浙江省作家协会党组书记黄亚洲带领江浙沪一批知名作家、艺术家莅景采风。黄亚洲在大均闻之村史民情，眼见古街卵石泥墙青石路与街旁特色民居美食，竟然与谢晋导演的《芙蓉镇》场景相似，即冠其“浙南芙蓉镇”。大均村周围景致优美，千年古樟、澄潭印月、垟滩雪浪、坟树围青、杰阁撑云、浮伞仙渡等引人入胜。

畲乡之窗景区历史文化蕴涵深厚，民族特色鲜明，地方风味浓郁，自然风光旖旎，溪流清澈湍急，农家庭院韵味别致，集自然与人文为一体，是走进畲乡山水，亲历畲族风情的上佳窗口。

云中大漈

云中大漈，位于景宁南部大漈乡，生态和民俗两相宜。距景宁县城53千米。景区海拔1030米，总面积16.4平方千米，高山台地，十里平川，“九仔十三垟”；四周群山环绕，峰入云端。最上山（上山头），海拔1689.1米，属景宁最高峰，其峰周围天然次生林和数千亩高山云锦杜鹃蔚为壮观。从20世纪90年代末始，以“生态旅游”为亮点承纳游览。2001年定为市级风景区，2006年列入浙江省风景名胜区，2010年12月跨进国家AAAA级旅游景区行列，成为浙江国际民俗摄影采风创作基地、中国民族艺术家采风创作基地。

大漈钟楼

大漈景区有“三古三奇”的自然、人文、田园风光旅游线。景观丰富，集山水田园风光、古迹人文风情、民俗技艺风味于一体。大漈的古树古寺古桥奇观，一直为人们所赞叹。以千年柳杉王为代表的古树群，可品一方千古沧桑，柳杉王直径4.47米，勘称亚洲第一，观者流连忘返，啧啧称奇。国家级文保单位时思寺古建筑群，始建于南宋绍兴十年，后经明清两朝不断延展丰富，增添祠堂、寺院、三清殿、钟楼等建筑，形成构架庞大的古建筑群，有着“宋明清三代同堂，寺祠院三观同址，儒释道三教同炉，寺树桥三古同辉”的美誉，蕴含着深厚的崇文文化、孝道文化等中国传统精品文化。时思寺古建筑群的奇特之处，是建筑物有自净功能，无需洒扫，瓦梁窗棂无灰尘蛛网，更无鸟雀鼠窝，建筑上纯用榫卯斗拱完成，无一颗钉子，堪为建筑奇迹，是江南宋元时期遗存的3座木构古寺院中保存最为完好的一座。大漈的桥是古廊桥，以胡桥、护关桥为著称。胡桥是宽度超过长度的多功能桥梁，涵盖集会、娱乐、仓储、交易、通行等功能。护关桥的桥面构建三层式桥楼，分别将关公和文曲星同入共拜，寄托人们对文武全才的敬仰、崇拜和希冀。“三古”之外还有气象、风物、田园景色“三奇”。山间田里清晨云雾缭绕，仙气盎然，常有“人行其中，雾绕周身”的景象。晴天碧空湛蓝如洗。春来满山遍野杜鹃绽放，夏日清凉无暑，冬天雾凇迷人。尤为称奇的是大漈的气温与水，冷而不寒、热而不焖，泉高不竭，久旱不枯。

景区中的雪花漈，2002年入选丽水市浙江绿谷十大景点之一。“瀑高六十余丈，气势雄伟”，飞瀑形如滚滚雪团，势如电掣，声如平川万马奔腾。正如古诗云：“战胜玉龙千百万，败鳞残甲满天飞”。雪花漈让人真切地感受到其雄壮、博大的气势。清人李璜在《大漈观瀑》诗中写下：“万山随地耸，一水拍天浮”。清代景宁知县张琢到此吟诗：“叠雪喷珠景最奇，我来相对却相宜，胸中尘俗多如许，借与清泉一洗之”。民国浙江省教育厅长许绍棣慕名而往，触景启兴，于其右侧石壁上书勒：“雪花漈”。女画家孙多慈爱瀑若痴，化时一周，精心绘制巨幅油画“雪花漈”。

漈头龙舌喷珠、石马潜渡；漈外小佐梯田、贞节牌坊；中垟林斜古墓、梅氏状元府、彭村古柏长廊、潘宅银杏古树等装点整个景区。纯朴民风，热情好客，“大年花鼓”“元宵板龙”“粗陶祭典”“抢猪庆丰”等传统民俗活动广迎八方宾客。

大漈物产丰富，特色明显。种养的动植物因生产周期长，富含营养，诸如红米、茭白等高山特产非常抢手。农家乐、民宿炖的“猪脚煲”，被游人赞为一方美味。陶土烧制的“大漈陶罐”，更是独特物产。

畲族风情旅游度假区

2010年9月，启动建设景宁畲族风情省级旅游度假区，2011年9月获省政府批准，是浙江省23个度假区之一。度假区以畲族文化挖掘、传承与演绎为主题，以展现畲族古村落与自然山水文化为主要内容，建设立体式高品质畲族风情休闲度假胜地，成为畲族文化体验与交流、乡村休闲旅游度假的重要基地。规划投资40.4亿元，建设期为15年。

度假区重点建设集中式畲族文化体验中心和10个畲族村寨，构成"一核两翼"旅游发展格局。县城及周边畲族风情旅游为核心区；千峡湖水上观赏及周边湖峡休闲度假旅游为"东翼"；高山避暑民俗休闲养身旅游为"西翼"。

畲族文化体验中心，既是景宁畲族风情旅游度假区的接待中心，又是景宁一级旅游接待中心。度假区结合资源特色，划为畲乡原始森林、畲族古村风情、畲族山水人居三大景观段，成为特色明显的休闲风情走廊。以县城东北部小溪沿岸为重点，建设具有畲族生活风味的人居建筑群，形成畲族山水人居景观区。以草鱼塘森林公园为重点，创建森林生态体验区。以环敕木山村寨为主，创建10个畲族村寨，形成畲族文化展示和畲乡生活体验区。畲族村寨采取点轴式开发，显现各自不同特性和主题，建成动寨（双后岗）、食寨（周湖）、文寨（东弄）、禅寨（惠明寺）、仙寨（敕木山）、红寨（大张坑）、福寨（汤北）、和寨（漈头）、喜寨（金丘）、吉寨（包凤），形成一品一村的格局，创新旅游业态和发展方式，提升旅游景区品质。

第二节 景 点

畲族博物馆

中国畲族博物馆，坐落于景宁畲族文化中心。2007年动工，2010年完成布展。展厅面积1500平方米，临时展厅面积600平方米。博物馆以畲族发展史为主线，通过大量文物实物和图片，利用现代声、光、动画等高科技表现手法，向人们真实再现畲族发展历程。陈展厅分为序厅、起源与迁徙、环境与聚居、生产与交换、饮食与服饰、习俗与信仰、文化与艺术等8个厅，有生产生活用具、畲族服饰、文献、祭祀道具等1800多件藏品，重点为畲族祖图、畲族服饰、族谱以及狩猎器具等。为全国最有影响力的畲族文化展示交流中心。

雁溪何八公殿

雁溪

雁溪，位于景宁南部，离县城60千米，村内民俗风情众多，人文地理独特，有"宋风遗韵，曲水流芳"之美誉。主要有何八公殿、马天仙殿等古迹，有石佛龙涧、清秀水、红枫金杏、原始次生林、鱼漈坑、百丈漈等自然风光。以龙、狮、木偶和花鼓戏为主要内容，民俗文化有良好传承。从2007年开始举办“雁溪古风”摄影节，每年一届，吸引了众多摄影爱好者。

深垟

深垟，位于景宁南部，属东坑镇，距县城38千米。该村以“石头山寨”为著称，极富特色。村庄四面青山，木构石屋濒溪而建，前庭后院，石墙封顶。前庭开阔通透；后院天井幽深。2007年始，发展农家乐，2009年为丽水市第四批市级农家乐特色村。据考，深垟人姓孙，为东吴孙权之后裔，于宋末迁入，距今已有700多年历史；黄山头村以畲族“雷”姓为主，属清·康熙年间雷氏“祖孙开基”，也有340多年历史。目前，孙氏宗祠、畲族宗祠基本保存完好。村口风水林、好汉林古木参天。清代大相师雷仁祥，师从莆田少林，艺成后得骨伤秘方，回家授拳行医，自成一派，已传承五代。

马坑

马坑，位于景宁东南部，属东坑镇，距县城33千米。该村为畲汉混居的山村，出名于“心”形农田。2003年，一幅题写“我心依旧”的照片获得观众评选“最美的心”。此后，不断有摄影者登临拍摄。四季不同，晨昏不同，角度不同，各种各样的“心田”不断见诸于媒体。马坑创建“心心广场”，创办“爱在心田”爱情文化节，推动了乡村旅游。

梧桐坑

梧桐坑，位于景宁中西部，属梧桐乡，距县城28千米。该村沿梧桐坑流域依山傍水而居，与梧桐村隔溪相望。该村充分利用优美的自然风光和每家每户“庭院花果、四季飘香”优势发展休闲“农家乐”，组建以老年人为主要服务人员的农家乐度假有限公司，36户农家乐为股东，实行统一规划、统一培训、统一标准、统一管理，家家户户强化温馨而体贴的服务。2005年后，成了城里人的“度假村”。

上标

上标，位于景宁东南，属景南乡，距县城56千米。该村海拔1000米以上，毗邻泰顺和福建寿宁，有闽浙通道经过之便。依托上标湖高山水库和望东垟高山湿地的绝佳风光，乡村旅游一直不淡。农村民俗风情仍保持原汁原味，电影《十七》曾在村里拍摄过很多场景。上标水库养有中华鲟、胭脂鱼等珍稀鱼种，游客可品尝珍稀鲜鱼。上标千变万化的湖光山色和纯朴幽静的农村生活，以及神秘的望东垟高山湿地，给游人留下深刻印象。

伏叶

伏叶村属大均乡，位于景宁县城西部，距县城13千米，距大均“畲乡之窗”旅游点1.5千米。隔溪隐于山中，过桥入山乃豁然开朗，让人有内美不外泄的感觉。村庄座落瓯江小溪旁，处于山凹之中，依山傍水，环境幽静，景色秀丽。中心村伏坑青山环绕，绿树成荫，屋舍三两成群，村容整洁，环境清幽，移步异景，具有浓郁的田园风味，为体验农家淳朴生活、欣赏乡野自然风光、领略畲族民俗风情最佳之处。

李宝

李宝村属大均乡，位于县城西面，距县城19千米，距国家AAAA景区大均“畲乡之窗”6千米，海拔495~526米。该村是一个典型的山地村落，纯畲族村，村寨风貌浓厚。民居依山而建，以泥木结构二层院落格局为主，建筑造型舒缓妥帖。公共服务设施有村委会、村老年协会活动场所和农家乐、农家民宿等。村内道路全部实现硬化，基础设施齐全。

经过美丽乡村·魅力畲寨建设，全村民居整修一新，既保持畲族村寨的民族风貌，又干净整洁。一个魅力畲寨已经呈现在世人面前。

大均乡李宝畲族村

鸬鹚

鸬鹚，位于景宁西部，距县城50千米。据《吴氏家谱》载，“宋代称鸬鹚为卢山，后因村旁鸬鹚殿香火繁盛，遂以鸬鹚名之。”南北两水会于村口，向东注入小溪，古有“高山好合湖，低山好鸬鹚”之说。横山下有鸬鹚殿，内供马天仙，又称马孝仙、马佛、马夫人。明万历年间(1573—1620)改建为祠。2006年鸬鹚村评为“省级绿化示范村”，开展村庄道路、河道、宅旁路旁及公共休闲绿地建设，推进庭院绿化美化，改善农村居民的生产和生活环境。全村的生态环境大为改观，为发展乡村旅游打下坚实基础。

九龙

九龙，位于景宁东北部，距县城51千米。该村在千峡湖畔，为九龙乡政府所在地，是千峡湖水库建成后的新建村。倚九龙山地质公园而成为乡村旅游热点。九龙山地质公园又名九龙湾火山熔岩景区，风光秀丽，树木葱郁，岩洞、瀑布、白云、花鸟点缀其间，尤其称绝的是石将军和仙女献花这对天下第一的自然石阳具和阴户，天造地设，毗连而生，使阴阳谷口外的九龙声名鹊起。

郑坑

郑坑，位于景宁东北部，距县城43千米。地处华东第一峡谷——炉西峡的入口处，属千峡湖旅游圈。这里生态环境良好，森林资源丰富，梯田雅致秀丽，倍受户外运动和摄影爱好者青睐。郑坑属畲族乡，仍完整保留原生态的畲族生活风貌，传承了祭祖、炼火、织彩带、唱山歌、穿戴服饰等畲族文化及传统习俗、劳作模式，有“生活着的畲族博物馆”美誉。

东坑镇章坑接龙桥

章坑

章坑，位于景宁东部，属东坑镇，距县城40千米。该村至今保留多座古廊桥，村庄生态良好，风景秀丽。古建接龙桥是县内临水最高、保存完好的廊桥之一。传统习俗"尝新"已有300年的历史。即秋收时节，每家都会用新收稻米，煮成白米饭或打糍粑，并杀鸡宰羊，奉敬天地谷神，邀请四邻和亲朋好友一起"尝新"，举行家宴共庆丰收。章坑村恢复中断50年的尝新节，祭谷神，举行开镰割稻、尝新仪式等内容丰富的活动，展示传统农具石磨、石凳、石臼、石脚盆、石水槽、家畜石食槽，还有石棋盘、习武练功用的石锁等石器。

茗源

茗源，位于景宁中部，属东坑镇，距县城27千米。"三溪汇庙前，远望莲湖大。宫岭环傍下，镜台护外边。风随曲水去，雾结横山巅。马鞍高峰耸，茗源八景全。"这是茗源《吴氏家谱》记载的一首诗，描绘茗源之美。茗源村是"华东第一峡"——炉西峡的源头之一，也是景宁县城饮用水源头之一，海拔1000多米，境内有大仰湖、菖蒲湖等高山湿地群，森林资源丰富。夏季最高气温不超过32℃，是电影《十七》拍摄地之一。"福"文化从南宋延续至今，源远流长。村里花鼓戏是景宁最早流传的民间戏。古时候"十年稻草九年荒"，而茗源海拔高，地处偏远，没有受到战乱影响，民风淳朴，勤劳厚道，五谷充盈。一天，凤阳花鼓戏班至此，善良的村民热情招待他们，花鼓戏班为了答谢，将谋生的戏曲免费传授给茗源村民。此后，每逢节日喜庆时刻，村民们都以花鼓戏来庆贺。每年正月，还挑上道具到邻村献演。

根底砚

位于县城西南，隶属东坑镇，距县城31千米，距东坑镇驻地11千米，距大漈风景区20千米。

根底砚村是一个典型的山地村落，坐落在海拔632~750米的凹地上，一条溪涧从山上流下，穿村而过。生态环境较好，村容自然清新，是一个宜居宜业宜养宜游的地方。村民在沿溪两边建起宅院，利用石头建起院墙，斑驳的石墙一路延续，舒缓的坡屋顶鳞次栉比，村落结构简单而错落有致，村落建筑风貌保存良好。民居多采用院落格局形态，体现了典型的江南民居特色，建筑与地形地貌紧密结合，人与自然和谐发展。基础设施相对齐全，各家争相完善餐饮、住宿条件，被评为"丽水市兴林富民示范村"。竹韵与松涛和弦，农耕兼登山养生，度假条件优越。

酒香不怕巷子深，根底砚村以其山清水秀的美丽风光，清新宜人的空气，干净整洁的村容村貌吸引了身居闹市的人来村租房居住养生。从根底岘出发，可通往县内最高峰、浙江省第三高峰——上山头。

第三节　线　路

一日游经典线路

中国畲乡之窗景区一日游　接待中心→梅花圩漂流→畲族婚俗（拦路对歌、借镬杀鸡、对歌行嫁、拜堂留火种）→大均古村（古街一门三进士墙门、明德书斋、老宅门、浮伞祠、观音阁、龙岗叠翠）→适时中晚餐→畲家欢乐夜（7至9月泼水节、10月至次年2月火神节、3至6月对歌节）→游玩辐射村落：李宝村（畲医畲药、金银花）、伏叶村（田园风光、庭院经济、大鲵生态园）、大赤坑村（木拱廊桥、山地经济）→结束愉快行程。

云中大漈景区一日游　接待中心→观景楼（九仔十三垟）→高山农业观光园（美人腿茭白、红米、高山蔬菜）→阳岚寨(九曲云梯或森林浴道)→雪花漈→护关桥→时思寺古建筑群→柳杉王→大漈陶瓷研究中心→梅冬魁举人桅杆→中国第一个乡村电影博物馆→古溪观鲤→适时中晚餐→辐射村庄：途中有桃源村、深垟村，景区内有赵坪、彭村、潘宅、垟心、西一、西二、小佐古村落观赏等→结束愉快行程。

畲族风情省级旅游度假区一日游　线路一：畲族博物馆→双后岗听山歌→东弄看织彩带→惠明寺品茶→敕木山村寻觅史图博足迹→返程。线路二：周湖村民俗→食用菌生态展示馆(灵芝、香菇、木耳等)→惠明寺茶园→马岭头杨梅基地→天堂湖茶苑→返程。

千峡湖水上一日游　外舍码头上游艇→西汇→古传→石龙→大常→金钟→杨山→石塘口→渤海→叶处佛殿→梅坑→旦水→鳗段→大都→水井头→后垄→温州寮大桥→天堂村→炉西峡口→下爱→大顺龟背→鲍岸→金山→顺利金田→陈村→鹤口（出景宁)→岭根→北山大桥→滩坑大坝→返程。

封金山畲寨一日游　金丘村→封金山斜漈→水碓头村(畲族婚俗)→坑头桃林→坑头村→仙凡隔故事（度假村遗址、石牛石龟石观音)→民俗农事体验→适时中晚餐→畲乡情未了篝火晚会→返程。

草鱼塘森林公园一日游　景宁→草鱼塘→草塘曲柳→森林景观→蒲垟水库(休闲度假中心)→登顶敕木山→汤夫人庙→适时中晚餐→返程。

九龙山地质公园一日游　景宁→九龙→驴行至山顶→地质遗址中心→中餐后返程。

望东垟高山湿地一日游　景宁→景南东塘→飞云江源头→望东垟湿地核心区块→鱼漈坑原始森林景观→上标水库→大坝→上标百丈漈→辐射游玩：高山百合基地、万亩竹林基地→适时中晚餐→返程。

二日游经典线路

畲乡风情游　D1：景宁接团中饭后→中国畲乡之窗景区→激情漂流→畲族婚嫁→农家乐晚餐→畲寨欢乐夜→住县城；

D2：景宁出发→参观中国畲族博物馆→原生态畲村双后岗、东弄、惠明寺听山歌、织彩带、看茶→中饭农家乐→敕木山村畲族古迹→周湖村民俗菌菇生态园→晚上《印象山哈》→结束愉快行程。

高山避暑休闲游　D1：景宁→云中大漈(时思寺、胡桥、护关桥、乡村电影博物馆、雪花漈、田园风光)→住大漈。

D2：大漈出发→望东垟高山湿地探险→鱼漈坑原始森林游→上标水库(垂钓、农家生活)→结束愉快行程。

特色线路

畲乡风情游——大均畲族婚俗表演、大均畲寨欢乐夜、封金山畲族婚嫁活动、畲族风情歌舞篝火晚会、中国畲族博物馆、《印象山哈》每周六大型演出、东弄非遗传承经典景区。

田园观光游——大漈高山田园游、小佐梯田古村游、伏叶乡村田园游、郑坑梯田风情游、马坑心田爱情游。

休闲养生游——草鱼塘森林公园度假游、惠明茶采摘品茗游、菌菇灵芝基地养生游、梧桐坑度假养生游。

峡谷探险游——炉西峡驴行探险游、望东垟高山湿地探险游、九龙山地质公园寻奇游、飞云峡九重漈探源游。

小水电探奇游——张村电站、雁湖电站、上标电站等，从发电站循压力管道溯源到电站水库的寻奇探险游，领略“中国农村水电之乡”神韵。

第三章 旅游服务

随着旅游产业的不断发展壮大，旅行社、宾馆酒店、旅游商品得到发展、提升与逐步完善。至2010年，有景宁畲族自治县畲乡旅行社有限公司、景宁畲族自治县旅行社、景宁畲族自治县旅游集散中心有限公司、浙南民族风情旅行社有限公司和景宁畲族自治县诗画畲山旅行社有限公司五家旅行社。畲乡鸿宾大酒店、城市嘉盈商务宾馆及万福、卡乐时尚等酒店为指定游客接待宾馆、酒店。具有景宁特色的畲族服饰、惠明茶、食用菌、灵芝孢子粉、特色酒、南瓜子、雪（蜜）梨、竹木制品等旅游产品深受游客喜爱。

第一节 旅 行 社

2010年，景宁有5家旅行社和旅游服务公司。

景宁畲族自治县畲乡旅行社有限公司

1999年成立，许可证号：L-ZJ00886，法人代表李青宗，主要经营入境旅游、国内旅游、文艺演出业务，浙江省旅行社协会常务理事单位，丽水市旅游行业协会常务理事单位，主要承接丽水及景宁地接线路，2001—2010年连续位居景宁地接第一名。公司下设组团部、地接部、导游部、销售部、质检部、景区营销部、财务部及后勤配套等部门。门市和散客中心，让游客享受“散客享受团队价，一人也能游天下”的便捷服务。公司导游获浙江省导游大赛优秀导游1人，丽水市十佳金牌导游1人，丽水市优秀导游员1人。公司坚持“诚信经营、经典服务”和“质量是金、服务为本”理念，管理制度完善、分工明确、职责分明，形成一套完整的旅游管理体系及质量控制体系。

景宁畲族自治县旅行社

1999年成立，为县长运公司下属股份制企业，许可证号：L-ZJ-GN10023，2010年因承包经营不善而停止营运。

浙南民族风情旅行社有限公司

2007 年 3 月成立，许可证号：L-ZJ00891。主要承接团队旅游观光、休闲度假、外出学习考察和散客旅游业务，并提供旅游租车、代订机票、船票、住宿、餐饮等业务，为海内外莅景旅游者提供具有浓郁民族风情特色的“吃、住、行、游、购、娱”一条龙服务。

景宁畲族自治县诗画畲山旅行社有限公司

2010 年 5 月成立，许可证号：L-ZJ01551。主要经营国内旅游及相关业务，组织个人、团队赴全国各地旅游和商务考察，接待各地游客到景宁旅游及航空票务等。主推景宁旅游，业务精纯，诚信服务。公司导游获丽水市十佳金牌导游 1 人，丽水市优秀导游员 1 人。

诗画畲山旅行社

景宁畲族自治县旅游集散中心有限公司

2010 年 12 月成立，为县长运公司下属国有旅游企业，许可证号：L-ZJ016661，以旅游地接、旅游组团为主要业务，涵盖散客、商务旅游、旅游车辆、旅游客运、航空机票等相关业务于一体的综合性旅游服务机构。公司拥有 18—53 座豪华空调旅游车 6 辆，秉承“以诚信树形象，以质量求生存”的理念，坚持规范化操作标准，致力于打造畲乡特色游。

2000—2010 年景宁各旅行社旅游接待服务情况一览

表 15-3-1 单位：人次

旅行社 / 年份	畲乡	景宁	浙南民族风情	诗画畲山	集散中心
2000	6050	3540	—	—	—
2001	8360	7200	—	—	—
2002	9050	8250	—	—	—
2003	9840	9380	—	—	—
2004	21270	18380	—	—	—
2005	15360	15870	—	—	—
2006	17250	14530	—	—	—
2007	17650	15350	850	—	—
2008	19350	17820	1520	—	—
2009	21181	16140	1547	—	—
2010	34200	2680	2880	5153	198

注：本表数据来自国家旅游局网站行业财务与统计报表，个别数据根据浙江旅游网统计数据补充调整。

第二节 宾馆酒店

2010年，景宁县城有星级酒店5家，客房375间，床位565张。

畲乡鸿宾大酒店

位于鹤溪河畔，酒店主楼高14层，裙楼4层，总建筑面积2.4万多平方米，集餐饮、住宿、娱乐、休闲、商务会议为一体的现代化涉外商务酒店，丽水市客房最多的星级酒店，也是景宁标志性建筑。2006年奠基建造，2008年试营业。2010年产权转让给法人叶华杰。同年，创建成四星级酒店和浙江省绿色饭店。酒店设施完备，功能齐全，拥有大型宴会厅、中小型餐厅和别具风格的雅间28个，14楼设有空中花园及VIP包厢，有1600平方米配置LED显示屏的豪华宴会厅，总餐位1800个，客房208间，床位280张。

景宁宾馆

位于人民中路，前身是县府招待所，为政府对外接待单位。1995年改制为独立企业法人单位，仍为县政府招待服务单位。2002年通过星级评定为二星级旅游涉外宾馆，从事旅游接待，有客房47间，床位85张。2007年，景宁宾馆被巴西华侨所购，并投入建设和装修。2009年初，因宾馆原建筑设计不符合装修设计要求，巴西华侨退出投资，由政府回购修葺为政府办公楼，一楼大厅及门店部分租给中国银行。

新金鹤大酒店

位于人民中路，为县国税局房产，因位置和设计优越，1997年楼房落成即经营酒店。2003年对外承包经营，更名为“民族大酒店”。2007年承包易主重新装修营业，再更名为“新金鹤大酒店”。2008年10月评定为二星级旅游涉外宾馆，拥有客房47间，床位83个，餐位200个，有大小会议室2个，停车位30个。

鸿宾大酒店

位于人民中路，1996年11月建成开业，建筑面积2000多平方米。酒店坐落县城中心，交通便捷，自开业以来，本着“人和业旺”理念，创新经营管理模式，在全县享有较好的声誉。2007年11月被评为二星级旅游饭店、市级青年文明号单位。2010年以新颖、舒适、典雅为目标装饰整修，有客房24间，床位40张，200个餐位，以优质服务引领经济型酒店发展。

城市嘉盈商务宾馆

位于县城人民北路，交通便利，设施完善。内设有畲族特色房、日韩式房、豪华房、浪漫圆床房，客房舒适。2007年开业，取名“休斯顿商务宾馆”，2009年4月评定为二星级旅游饭店，后易主更名为“城市嘉盈商务宾馆”，并新增百乐惠部分客房，拥有客房98间，175张床位。

万福大酒店

位于人民中路，酒店集客房、餐饮、足浴、美容于一体，为综合服务型酒店。有单双人标间、豪华套房等38间64张床位。2007年11月评为二星级旅游涉外宾馆。

卡乐时尚酒店

位于府前西路2—4号，原为林业总场招待所，有客房31间，床位56张。2009年3月评定为二星级旅游饭店。

第三节　旅游商品

1993—2010年，随着旅游业的不断拓展，旅游商品的开发和利用得到快速发展。发挥民族文化和地方特色优势，从丰富旅游生活出发，挖掘、研制、生产、销售旅游日用品、纪念品、工艺品，包括惠明茶、食用菌、田野菜、特色酒、畲族服装、金银首饰、竹木制品、花卉石玩等传统工艺名优特产，倍受游客亲睐，较好地助推旅游经济发展。旅游商品商场主要为“山珍市场”“绿色市场”。

绿色市场“山珍”选购点

畲族服饰

畲族服饰在明清时代闽浙粤赣等地基本相同。随着时代变迁和习俗时尚进步，至今闽浙两地的畲族服饰尚保留较为鲜明的传统民族服饰特色，服饰图案多为自用而不受商品需求的制约，在设想和制作过程中随心所欲、独出心裁。制作技法上或挑中带绣或织绣结合，一切从日常生活出发，从而使这些服饰图案花团锦簇、溢彩流光，显示了畲族精华艺术特色和较深的文化内涵。在推进畲乡风情旅游中，对畲族服饰（包括服装、首饰、腰包、花边彩带、布鞋、棕鞋）进行挖掘、筛选、研制，取其工艺精华，引入现代时尚元素，不断创新，成为旅游纪念品。

惠明茶

惠明茶出产于景宁敕木山惠明寺周围山地，茶以僧名，人谓“仙茶”。清乾隆五十四年（1789）惠明茶列为贡品。1915年在庆祝巴拿马运河通航的旧金山万国博览会上获金质褒奖。现已发展成为景宁名优特产，多次获得国内、国际金奖，是绿茶中的珍品。

食用菌

景宁是世界人工栽培香菇的发源地之一，1996年，荣获“中国香菇之乡”称号。食用菌栽培有香菇、黑木耳、大球盖菇、平菇、金针菇、杏鲍菇、茶树菇等40多个品种。全县年均生产约5000万袋。因生态环境好，品质优异，1995年，景宁“山山”牌香菇、黑木耳同获第二届中国农业博览会金质奖，被评为中国国际名牌产品。景宁食用菌(包括香菇、黑木耳及其它食用菌)通过精加工，制成鲜品、干品和即食包装品，成为旅游商品，特别受游客欢迎。

灵芝孢子粉

灵芝自古以来就被认为是吉祥、富贵、美好、长寿的象征，有“仙草”“长生不老药”之誉，中华传统医学一直视为滋补强壮、固本扶正的珍贵中草药。景宁境内山多林大，气候温暖湿润，是灵芝种植的理想产地。2008年，景宁博士园生物技术有限公司生产加工灵芝破壁孢子粉。2009年通过国家绿色食品认证。

北冬虫夏草

北冬虫夏草，又称蛹虫草。由景宁畲族自治县博士园生物技术有限公司负责起草的《北冬虫夏草栽培技术规程》，2009年，经浙江省质量技术监督局审查批准正式发布实施，成为全省北冬虫夏草栽培行业的唯一通用标准。北虫草为景宁著名旅游商品。

畲乡特色酒

景宁畲乡“绿曲酒”采用传统技艺进行生产与加工，独具特色。“山哈酒”用优质大米、高粱为原料，以白酒当水用畲族传统酿酒技艺，经双酿而成，用竹筒包装具有竹清香、外观美的特点。“世畲醇”用天然果品柿子为原料，利用高新技术酿制而成。以及“畲乡红”等均是畲乡酒类特色旅游商品。

英川南瓜子

英川南瓜子以果肉饱满、色亮味香著称，于2001年获得中国浙江国际农业博览会优质产品奖，经深加工、精包装，成为游客喜爱的旅游商品。

金钟雪梨

金钟雪梨产于金钟乡，有300多年的栽培历史。曾以“香盈齿颊如蜜、皮薄肉细品质上”闻名于世。香甜可口，消暑化痰，颇有润肺止咳、生津通便之功效，是老少咸宜的补益果品。

英川高山蜜梨

“英川牌”高山蜜梨已通过国家绿色食品认证，具有生津润燥、清热化痰之功效，特别适合秋天食用，药用能治风热、润肺、凉心、消痰、降火、解毒。现代医学研究证明，雪梨确有润肺清燥、止咳化痰、养血生肌的作用。

竹木制品

以富利达和美杰为代表的竹木制品，设计独特、工艺精湛、色泽高雅，具有不变形、不虫蛀、手感舒适等特点，既是生活用品，也是装饰工艺品，具备观赏性，又有实用性，令人一见倾心。

第四章 旅游管理

1997年10月，丽水地区编制委员会批复同意成立景宁畲族自治县风景旅游局。内设机构：办公室、行业管理科、规划建设科（市场开发科），编制10人。其中，股级职数3人。景政办发〔2002〕73号文件将内设机构合并为综合科和开发科2个科室。2004年8月，局机关行政工作人员参照公务员管理。2007年恢复3个科室，核定编制14人。2008年4月，设立县旅游服务（导游管理）中心和旅游执法大队，为局下属股级全额拨款事业单位。2007年9月，由县国资公司出资成立县旅游开发公司，经营旅游资源开发、旅游项目投资、旅游景区管理。

第一节 规划管理

1998—2010年，先后投资1000万元资金，制定《景宁畲族自治县旅游发展总体规划》等30个旅游项目规划，为旅游业启动、招商及开发建设打下基础。

1999年5月，开展全县旅游资源全面调查，并委托浙东旅游科学研究所编制景宁旅游发展总体规划，经过10个月的调查和策划，2000年3月，景宁第一个旅游发展规划，形成“一环二线三大区块”编制方案。2002—2003年，再次开展全县旅游资源普查，按照普查标准查明全县旅游资源为213个，其中三级以上的优良级旅游资源38处。2004年，委托金华旅游职业学院编制景宁第二轮旅游发展总体规划，至2006年，先后完成新的旅游规划评审工作，对畲乡风情旅游发展和“一环二线三区”的旅游发展格局作进一步明确和细化，2007年经批准实施。2009年和2010年，成功创建“畲乡之窗”和“云中大漈”2个国家AAAA级旅游景区。为快速推进景宁旅游业发展，县旅游局委托杭州点金旅游规划设计研究院进行《景宁畲族自治县旅游目的地规划和旅游业“十二五”发展规划》，从前二轮侧重于对人文风景和观光型资源分析转向侧重于对休闲型资源的整理和运用，第一次进行旅游目的地的规划编制研究。

1999—2010年景宁旅游发展规划编制情况一览

表15-4-1

规划名称	承编单位	时间
景宁畲族自治县旅游发展总体规划（1999—2010）	浙东旅游科学研究所	1999.5
景宁畲族自治县旅游发展总体规划（2004—2015）	金华旅游职业学院	2004.11
滩坑库区旅游开发总体规划	金华旅游职业学院	2006.5
炉西峡旅游景区总体规划、控制性详规、修建性详规	浙江大学风景旅游规划设计研究中心	2007.11
云中大漈省级风景名胜区规划	浙江省建设厅	2007.12
望东垟高山湿地旅游区规划	浙江大学风景旅游规划设计研究中心	2008.6

续表 15-4-1

规划名称	承编单位	时间
大均景区总体规划	浙江旅游职业学院	2008.10
双后岗村(农家乐)建设发展规划	浙江大学风景旅游规划设计研究中心	2008.2
周湖新农村建设发展规划	浙江大学风景旅游规划设计研究中心	2008.4
深垟村村庄发展规划	浙江大学风景旅游规划设计研究中心	2008.6
世外杨山旅游区概念性规划	浙江林学院城乡园林规划研究所	2009.4
飞云峡旅游度假区总体规划	浙江大学城市与区域发展研究所	2009.10
西汇民族风情度假村规划、设计方案	香港博远建筑景观设计有限公司	2009.6
中国畲乡之窗 AAAA 景区创建实施方案	杭州汇兰科技股份有限公司	2009.4
云中大漈 AAAA 景区创建实施方案	杭州汇兰科技股份有限公司	2009.5
景宁畲族自治县畲族风情旅游度假区规划思路	浙江悦景旅游规划设计有限公司	2010.11
九龙省级地质公园建设工程设计方案	浙江省地质矿产研究所	2010.10
景宁畲族自治县旅游目的地规划(2010—2020)	杭州点金旅游规划设计研究院	2010.11
景宁畲族自治县旅游业十二五发展规划(2011—2015)	杭州点金旅游规划设计研究院	2010.12

第二节　市场营销

1992 年，举办浙江景宁畲乡文化节，拉开民族文化与旅游发展相结合的序幕。之后，开拓景宁“幸福之旅”品牌，创新方式，实施多元营销，提升美誉度和知名度。通过节庆活动和媒体宣传，将景宁畲乡民族风情及其旅游活动推向国内外。1994—2000 年，利用设县十周年、十五周年庆典活动、浙江景宁畲乡风情节、“景宁温州汽车拉力赛”等主题，推动旅游市场开发。2001—2010 年，以“中国畲乡三月三风情节”为平台，采取举办“畲族风情民歌节”“浙江景宁旅游资源开发研究峰会”“中央电视台乡村大世界走进畲乡”“央视激情广场走进景宁·海峡两岸民族大联欢”等方式，培育旅游市场。

展销推介

2003 年以来，每年组织参加国内国际旅交会 3~10 次，包括国家旅游局组织的各地旅交会，省、市政府、旅游局组织的赴各地旅游推介会，如北京旅游推介会、上海旅游推荐会、南京旅游推介会、广东旅交会、台湾旅交会、湖南旅交会、国际旅游商品博览会、云南旅交会等各类旅交会，发放县域旅游形象、旅行社、旅游商品宣传资料，独具特色的畲乡风情旅游受到各地旅行商、游客的宠爱和好评。先后获评为中国国际旅游文化目的地、中国最佳民族风情旅游名县、中华最佳文化生态旅游胜地、长三角最佳休闲旅游城市。

媒体宣传

2006 年，建立景宁旅游网站。2008 年，改版提升畲乡旅游网。建立景宁畲族自治县风景旅游局新浪、腾讯微博官方账户，开展“微”宣传，实时更新，每年创新。

2009年始，景宁重视旅游媒体宣传，主动与媒体合作，以专题、专版、专题片等形式加强县域旅游总体形象宣传。主要有央视《朝闻天下》的全市旅游拼盘广告、浙江卫视科技频道、浙江卫视民生休闲频道、浙江之声电台、浙江交通之声电台、上海第一财经广播等媒体，同时，在杭州、温州等主客源地利用公交车、社区广告、灯箱广告等平台，宣传畲乡旅游品牌。

区域合作

与文成、泰顺、云和、遂昌等周边旅游景区合作，对外推介中国最美乡村旅游线。与云和等县联合开通杭州旅游直通车，利用杭州旅游集散中心综合平台功能，形成营销合力。与上海、江苏、温州、金华等长三角目标客源市场重点组团社开展合作，借助外力推动畲乡旅游产业的发展。

1998—2010年景宁旅游市场统计一览

表15-4-2

指标 年份	入境人数（人）	国际旅游收入（万美元）	国内旅游人数（万人）	国内旅游总收入（万元）	旅游总收入（万元）	旅游直接就业人数（人）
1998	221	8	2.8	564	621	120
1999	335	13.5	5.8	1350	1543	265
2000	530	32	8.8	2630	2876	470
2001	759	45.5	13.2	3850	4370	650
2002	869	36.9	16.1	5960	6717	778
2003	760	41.2	20.6	7500	7800	820
2004	1023	49.3	28.1	10000	10400	920
2005	974	48	44.88	17500	17950	1020
2006	1268	72.3	50.12	19970	20370	1530
2007	1650	88.3	66.8	26600	27300	1720
2008	2322	116.3	101.85	41300	42214	2000
2009	3694	168.5	133.4	54040	55216	2300
2010	5113	227	175	73020	73500	2550

第三节　监督管理

责任签约

落实旅游安全生产管理责任制，景宁风景旅游局每年与各旅行社、星级宾馆、各主要旅游区签订安全生产目标管理责任书、突发事件应急预案，联合消防、卫生监督、工商管理部门等进行专项检查，对存在安全隐患的景区景点、游玩项目、旅行社车辆、宾馆设施所在单位发放整改意见书，确保安全落实到位。按照“安全、秩序、质量、效益”四统一的要求，重点对元旦、春节、三月三、五一、十一等各大节日期间的旅游市场加强整治和动态巡查力度，杜绝各类安全隐患。

开展对旅行社年检和导游员工作考核、IC卡年检，对管理混乱、不符合要求的旅游行业单位给予警示和责令限期整改，直至取消相应级别资格，以确保旅游安全。

政策激励

2006—2010年，县政府先后出台《关于建设民族风情旅游名县的实施意见》和《关于加快发展旅游产业的若干意见》，鼓励企业做强做大。每年安排旅游发展专项资金2000万元，用于旅游项目前期、行业管理、人才培训、信息化建设、招商引资、公共服务设施建设维护等方面的政策性奖励或补助。

培训提升

以省旅游局专门扶持景宁旅游发展政策为契机，加强旅游管理人员和服务人员的培训和进修。1998—2010年，每年组织领导干部参加省旅游局为景宁举办的乡村旅游高级研讨班学习。同时，每年定期举办乡村旅游（农家乐）提升发展专题培训、景区导游培训考试，组织参加旅游执法、微博、安全等培训。

旅游标准化体系建设

以“吃、住、行、游、娱、购”等旅游六要素，开展畲乡旅游标准化工作。旅游局会同质监局制定31个单项标准，挑选17家旅游企业，推行畲乡特色游标准化试点工作，并进行挂牌实施。

第十六篇　特色产业

景宁地处浙南山区，沟壑纵横，山多地少，山区优势明显。长期以来，受自然环境及交通闭塞等客观条件影响，经济发展水平低下。1949 年，中华人民共和国成立后，党和政府重视发展经济，千方百计提高人民生活水平。1984 年，建立景宁畲族自治县，畲汉人民发挥独特山区优势，因地制宜促进经济发展，逐步形成具有地方特色的茶叶种植、香菇栽培、水电开发三大产业。

种茶起于唐代。1915 年，景宁惠明茶获巴拿马万国博览会金奖。1984 年后，县政府重视惠明茶发展，农业部门及时指导茶叶规模生产，组建专业公司、专业户，使茶叶生产逐步实现专业化、企业化、规模化，产量逐年提高。至 2010 年末，景宁茶园面积 2932 公顷，产量 148.5 万千克。各茶叶公司、专业合作社产业兴旺，商店繁荣。惠明茶产品质量日臻成熟，获得“全国名茶”“浙江十大名茶”等多项称誉。景宁被中国茶学会授于“中国名茶之乡”。

景宁是世界人工栽培香菇发源地之一。种植香菇历经砍花栽培、菌种栽培、代料栽培三个阶段。20 世纪 60 年代后，科技人员研制培育出香菇菌种，先后利用段木和代料栽培香菇取得成效，21 世纪初，菇业发展达到高峰。2000 年，景宁香菇栽培乡镇覆盖面达 100%，香菇产值占农业总产值 50%以上。半个多世纪来，景宁香菇生产从自然生长到人工栽培，香菇生产历经历史性跨越。20 世纪 80 年代，菇民不仅在本地种菇，还走出景宁到全国 10 多个省种菇，外出最多时达 4 万多人。景宁香菇产品质量优良，享有“中国香菇之乡”之殊荣。

景宁水能资源丰富。水电理论蕴藏量 66.62 万千瓦，可开发利用 53.04 万千瓦。景宁年平均降水量为 33.96 亿立方米，多年平均径流量为 22.15 亿立方米。其中，地表水资源 12.38 亿立方米，占总量的 80.9%。地下水总量为 2.94 亿立方米，占总量 19.1%。1996 年，县委、县政府提出“以电兴县”的经济发展战略，农村小水电产业得以快速发展。1993—2010 年，增加水电站 123 座。2010 年末，投产电站 154 座，装机 33.79 万千瓦。景宁电站股东、能人筹资 50 多亿元，到全国 10 省 47 县收购、开发小水电，水电业成为景宁经济发展重要产业。景宁被水利部授予全国第一个“中国农村水电之乡”称号。

第一章　惠　明　茶

唐初龙朔年间(661—664),高僧惠明禅师从江西来到景宁南泉山(今惠明寺)隐居三年。于山间识茶、驯茶、用茶,并指导山民种茶、制茶、饮茶,开启景宁种茶之先河。千多年来,南泉山一带山民,种茶、育茶、采茶、炒茶,创制了惠明茶;煮茶、泡茶、品茶、斗茶,积淀了茶文化。1915年,惠明茶送展美国旧金山巴拿马赛会获得金奖。20世纪50—70年代,县政府鼓励倡导农民种茶。1984年后,历届景宁县委、县政府与职能部门更加重视惠明茶发展,激励茶农种茶,不断加大人力、财力投入,加强产业规模发展与基地建设;通过引进、培育新品种、引进新科技,推进规模种植,使惠明茶成为农业主导产业。先后荣获"全国名茶""浙江老字号"等多项名茶称号;惠明茶注册商标被司法认定为"驰名商标";景宁成为"中国名茶之乡"。

第一节　生产历史

景宁自唐代开始种植茶叶,千多年来,从种茶自饮发展为驰名中外的商品,从田头地角散种发展为上规模的成片基地,从手工采制发展为机械采制,从坛罐散装发展至冷藏瓶制包装,茶叶生产发展,走过漫长历程。

茶叶溯源

惠明寺远眺

据广陵书社2007年出版的《景德传灯录》和2003年出版的《六祖坛经》等史料载,唐代龙朔年间(661—664),高僧惠明禅师云游至处州景宁南泉山,隐居山中,结庐修禅。惠明禅师懂茶、嗜茶,发现南泉山有原始野生茶树生长,便进行驯化培育,并制成干茶满足清修习禅之需。高僧以茶解渴、供佛,并施茶水于山民治病。山民见茶叶有解渴除病等功效,甚是喜爱,遂向高僧求教。高僧向村民传授种茶技术、制茶技艺。村民于田头地角广而种之,巧制成干,常年饮用,将此茶称作"惠明茶"。

序至唐咸通二年(861),后代山民为谢高僧之恩,于南泉山建造寺院,称为"惠明寺"。故而,从唐代始,茶与寺、茶与禅情缘难分,这一僧一寺一茶,千年延续。宋、元、明、清历代寺院和尚亦在寺旁种茶。惠明寺外有处地名叫"茶湾"。寺茶引种民间后,迅速蔓延,凡有村有人处皆有种之,故有以茶命村名、山名、地名,如:南宋淳祐年间(1241—1252)建村的大漈乡茶园村;因盛产好茶而得名的东坑镇茗源村；清顺治年间（1644—1661）建村的英川镇茶园村。明清时，畲民开垦于敕木山村的一处山场亦称茶园。

明清以后，种茶已经较为普遍，茶叶被列为税种及贡品。据明万历十一年（1583）知县姜师闵修、敕汝霖纂的《景宁县志》载：年收“……牲口银五十五两一钱二分，果品银二十六两，茶银九十二两三钱二分八厘九毫四丝八忽六微七尘一漠、蕈笋银九两二钱，已上四项银一百八十二两六钱四分八厘九毫四丝八忽六微七尘一漠。加沠蠟茶银四十三两三钱三分九厘七毫，加沠蕈笋银三两一钱八分一厘八毫……”可见茶税已列为明代官府的农业税收项目。明代贡茶实行四方制，据《处州府志》第二十卷景宁篇载：成化十八年（1482）“贡·芽茶两斤”。清代也实行四方贡茶，据《清会典》记载，全国有37府县贡茶，数量为4230斤。浙江为10府，数量为505斤。处州是贡茶府之一。据《处州府志》载：清乾隆五十四年（1789），上贡惠明新芽茶三斤。在清代，民间还有以茶抵租现象，据漈头《潘氏家谱》卷三载：清光绪十五年（1889），村民张夏法向潘月崖诸位租种养绿三石樟树湾等处松杉各木，“年完纳茶叶一斤八两自承之后自能养绿照劄（札）完租无欠。”

国际获奖

清宣统三年（1911），美国议会为庆祝巴拿马运河开凿成功，决定于1915年在旧金山举办万国博览会，民国元年（1912）获总统塔夫脱批准，并派员到世界各地征物参展。民国2年（1913）5月中国政府作出决定，由工商部、农林部、教育部、财政部协同筹备参展有关事宜，于当年6月28日成立“巴拿马赛会事务局”，青田人陈琪任中国赴美赛会监督处处长，动员各省筹办参展物产。

惠明茶获万国博览会一等证书

惠明茶获万国博览会金质奖章

浙江省政府积极响应，成立“筹备巴拿马赛会出品协会”，行文征集参赛产品。景宁亦成立“景宁县出品分事务所”，负责采集产品事务，得到本邑工商实业界人士积极响应，惠明茶被列入采集范围。

景宁出品分事务所将征集的参赛产品，按要求统一送省编列汇转出国。根据国家赴赛展品分类方法，惠明茶编列浙江省（官厅）红、绿茶。此次参赛产品征集范围甚广，凡农村矿药、手工制品及兽皮、蛇干为采集范围。经浙江省出品协会审定参加巴拿马博览会的是茶叶、黄豆、赤豆、铁沙、生铁块、锡矿石6个产品，但最终惟惠明茶荣膺赛会最高奖——大奖章（Grand　Prize）。由于当年景宁交通不便，信息不畅，惠明茶获大奖章的佳音到民国5年（1917）才得知，直至民国7年（1918）才接到浙江省实业厅厅长云韶的领奖指令。

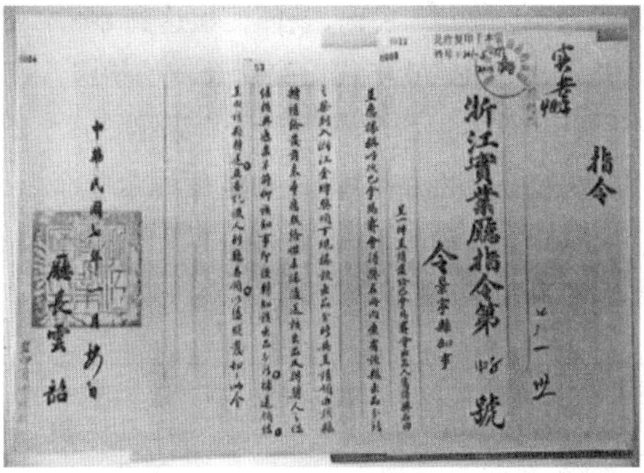

浙江实业厅厅长指令

浙江实业厅指令景宁县知事

呈一件请发给巴拿马赛出品人应得奖品由

呈悉，据称此次巴拿马赛会得奖名册内查有该县出品分所之茶叶列于浙江金牌项下。现据该出品分所具呈请领，由该县转请发给。前来本应照给，唯未据送该出品得奖人之保结，核与通案不符，仰该知事即便转知该出品分所，补送领结，呈由该县转送，并委托便人到厅具领，以凭照发。切切此令。

中华民国七年一月廿四日

厅长　云　韶

景宁县知事陈景元接到指令，即批转筹备巴拿马赛会出品景宁县分所，同年三月三日分所出具领条向省实业厅领回奖品。

筹备巴拿马赛会出品景宁县分事务所今于与领结事　今领得奉发巴拿马赛会奖品金牌壹枚所领是实。

中华民国七年三月三日景宁县出品分事务所(印)

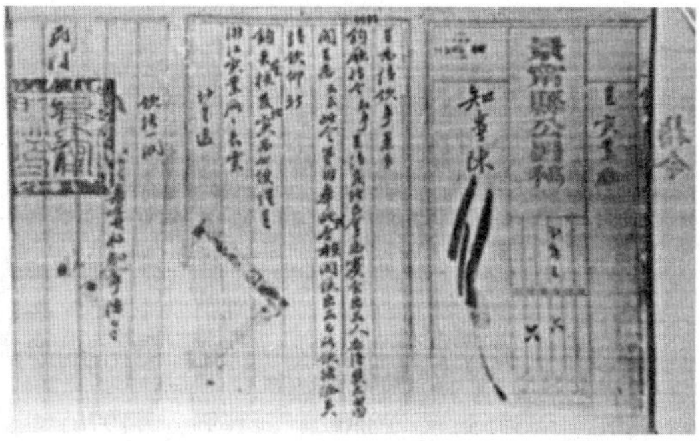

景宁县出口分事务所出具的领奖证明

种茶规模

民国前，景宁农民种茶主要为自饮。规模小、产量低，很少有商品茶。民国后，种茶规模逐渐扩大，产量有所上升。民国5年(1916)《调查浙江丽水等八县报告书》载："景宁县，景邑植物之出产……茶叶次之，岁出约达二万斤上下，而品质甚佳，去岁巴拿马赛会时，曾奖以一等金章。"民国16年(1927)，本邑工商实业人士叶桐(字介凡)荐举为县政府实业科主任，建设科长，曾倡导发展惠明茶。民国22年(1933)，柳景元主编《景宁县续志》载："茶叶各区皆有，惟惠明寺及漈头村出产尤佳，民国四年得美利坚巴拿马万国博览会一等证书及金质褒章……，全邑输出额数约达四五万斤。"柳意城主编1995年版《景宁畲族自治县志》载："民国25年(1936)，有零散茶园2600亩，产茶29.9吨。"农户零星种植的茶叶，树高，冠宽，采长叶，手工炒烘，配以土椿，茶香、味浓、耐泡。

1949年10月，中华人民共和国成立后，县政府提出"立即恢复培植原荒芜茶园，改进技术，提高品质，逐渐扩大"的号召，要求各地组织茶叶产销合作社发展茶叶。1958年发起"茶叶大跃进"，茶园面积从1949年的153.3公顷扩大到1959年的236.9公顷。受"大跃进"思想影响，茶叶采摘只管指标完成，不顾自然规律，打破常规，采净秋叶，"片叶还家"，当年产茶15.26万千克，比1949年的4万千克增长3.8倍。因过量采收，茶树赤膊过冬，导致生机衰退。20世纪60年代，茶园荒芜，产量锐减，茶业萎缩。20世纪70年代，县政府作出"恢复挖掘历史名茶—惠明茶"的决策，把发展茶叶作为农民增收致富的主要产业，制订政策，加强引导，完善机制，鼓励农民种茶。并从上虞、新昌、泰顺、缙云等县聘请茶叶师傅15人，在乡村集体茶场蹲点带面指导生产。此后，茶园规模不断扩大，茶叶生产迅速恢复。

1982年惠明茶被评为全国名茶。同年，县计委向省呈报惠明茶开发项目，1983年被省计委立项，由省财政下拨专项发展资金70万元。1982—1983年，开发新茶园292.5公顷，茶园面积达到808.1公顷，分布于5个区37个乡镇的269个村和6个农林场。其中，80%是70年代以来新开发的梯级水平条植高标准基地，所有权、经营权均属乡、村、队、场集体所有。敕木山惠明茶区一带有茶园361.5公顷，占总面积44.7%。1983年，景宁茶叶产量达24.62万千克，为历史产量最高年。1984年因茶叶滞销，茶价下跌，生产萎缩。

1949—1984年景宁茶园面积、茶叶产量、收购量情况统计一览

表16-1-1

年份	面积（亩）	产量（担）	收购量（担）	年份	面积（亩）	产量（担）	收购量（担）	年份	面积（亩）	产量（担）	收购量（担）
1949	2300	800	—	1961	2500	1092	447	1973	3100	1750	1064
1950	2300	900	—	1962	2500	884	425	1974	4600	1820	1058
1951	2320	1072	—	1963	2000	920	452	1975	5600	2100	1396
1952	2350	1160	113	1964	2000	1015	548	1976	7000	2500	1481
1953	2500	1221	153	1965	2000	1200	630	1977	7700	2800	1792
1954	2650	1168	185	1966	2200	1400	728	1978	11200	3400	2312
1955	2800	1226	464	1967	2500	1501	851	1979	14000	3800	2483
1956	2960	1434	808	1968	2500	1100	564	1980	15332	4200	2731
1957	3120	1850	857	1969	2500	1140	705	1981	16601	4300	3313
1958	3553	2850	1169	1970	2500	1250	829	1982	18357	4567	3645
1959	3553	3052	1959	1971	2700	1450	966	1983	20988	4921	3339
1960	3000	1700	1159	1972	3000	1520	1009	1984	17318	4115	2473

说明：①本资料引用于县农业局（原农牧特产局）编著种植业区划《茶叶生产区划》专题报告，原著：王建林执笔，罗建标审阅，文本存档县档案馆，编号B-132-230。1986年编。

②本表历年茶园面积、茶叶产量、收购量，由于历史资料不完整，加上分、并县关系等，经查核有关历史资料分析推算，仅供参考。

1984年，建立景宁畲族自治县后，县政府根据茶叶产大于销之实际，按照浙江省人民政府浙政〔83〕19号、国务院〔84〕75号文件精神，提出“稳定面积、提高单产、保证质量、适销对路、薄利多销、开拓市场”的茶叶生产经营方针，调整购销政策。同年12月，农业部门对乡村集体茶场实行专业承包制，形成专业户、专业公司，激励承包者增加投入，逐渐实现茶叶生产专业化、企业化、规模化。随后组建成立第一家茶叶经营实体——景宁农工商服务公司，专业从事惠明茶购销。此时，除供销社收购茶叶，茶农自产自销外，乡镇企业、个体商贩皆可参与茶叶经销。生产责任制的落实与流通体制的改革，激发了茶农生产、营销热情，惠明茶业在逆境中稳定发展。1985年，景宁茶叶基地1154.5公顷，年产茶叶19.10万千克。1999年，茶叶基地1228.4公顷，年产茶叶36.50万千克。“十五”至“十一五”期间，惠明茶发展达鼎盛期。2004年、2007年，景宁被评为浙江省初制茶厂优化改造先进县；2002年、2004年、2010年，被评为浙江省茶树良种化先进县。

2010年，景宁高效高标准生态茶基地2932.4公顷。其中，良种茶园1906.7公顷，良种覆盖率65%，名列全省前茅。规范化名优茶加工厂28家。其中，国家认证的绿色、有机茶厂5家，获食品生产许可QS认证茶厂12家，名优茶加工环境全面优化。2010年末，有茶叶公司10家，专业合作社24家，从业人员23500人。年产惠明茶148.50万千克，产值1.5亿元。

1985—2010年景宁茶园面积、茶叶产量情况一览

表16-1-2

年 份	茶园面积(公顷)	茶叶产量(千克)	年 份	茶园面积(公顷)	茶叶产量(千克)
1985	1154.53	191000	1998	1133.13	328000
1986	1154.53	205000	1999	1228.4	365000
1987	1154.53	245000	2000	1387.4	380000
1988	791.27	245000	2001	1531.53	392000
1989	791.27	211000	2002	1841.8	405000
1990	791.27	215000	2003	1974	426000
1991	798	215000	2004	2080	475000
1992	1063.33	285000	2005	2226.67	554000
1993	1093.67	318000	2006	2400	920000
1994	1125.53	324000	2007	2533.33	1012000
1995	1109.73	349000	2008	2638.67	1230000
1996	776.4	360000	2009	2796.67	1380000
1997	1083.33	319000	2010	2932.4	1485000

说明:本表摘自年报统计数据。

第二节　生产环境

鹤溪镇城南南泉山(惠明寺)及漈头村一带坡坦地肥,常年云遮雾蒸,有适宜茶树生长的独特小气候环境,生产的茶叶品质优良,驰名中外的金奖惠明茶生产地即发源于此。

气候因素

南泉山(今惠明寺)、漈头村一带,气候温和,雨水充沛,年均气温15.2℃,10℃以上积温4745℃,年降水量1829毫米,空气相对湿度84%。南泉山海拔600~800米,东临鹤溪畦地,南靠敕木山巅。境内群峰耸峙,绿树婆娑,光照柔和,暖湿相间,春秋朝夕露雾蒸腾,汇成浩瀚雾海,笼罩山体,形成独特小气候,极利茶树生长发育。冬季,雪积高山,经月不消,具有灭虫杀菌之效。

1983年惠明茶产区气象因素观察记载一览

表16-1-3

观察点 气象因素	张村茶场	三石茶场	惠明寺	漈头村	草鱼塘林场
日照(小时)	(3中~5中)205.3	(3中~5中)156.3	(3中~5中)193.6	(3中~5中)156.7	(4上~5中)104.5
气温(13-18℃)天数	(3下~5上)13	(3下~5上)18	(3下~5上)21	(3下~5上)20	(4上~5中)30
雾日(天数)	(3中~5中)0	(3中~5中)3	(3中~5中)42	(3中~5中)27	(4上~5中)17
雨天(天数)	(3中~5中)51	(3中~5中)46	(3中~5中)56	(3中~5中)55	(4上~5中)35
相对湿度%	(3中~5中)82	(3中~5中)82	(3中~5中)84	(3中~5中)85	(4上~5中)86

土壤因素

惠明寺、敕木山、漈头村一带茶区属酸性砂质黄壤土与香灰土，土厚肥沃，全土层深 0.8~1 米以上，PH 值 4.5~5.5，有机质 2%~4%，全氮、速钾、速磷较为丰富，茶树在这种特殊土壤中生长，自然根深叶茂。

1986 年惠明茶产区土壤理化性质测定一览

表 16-1-4

村名	采样地点	海拔（米）	坡向	采样深度（厘米）	全土层（厘米）	分析项目					质地
						有机质（%）	全 N（%）	速 p (ppm)	速 k (ppm)	pH 值（A 层水浸）	
惠明寺	茶湾	630	东南	0–60	130 以上	3.11–0.94	0.143–0.044	55–1	67–44	5.6	重壤土
惠明寺	寺后岗	630	东南	0–70	130–150	2.74–3.01	0.120–0.022	53–1	67–11.5	4.8	重、中壤土
漈头	严坑后	660	东南	0–40	70–100	4.10–2.69	0.238–0.208	35–14	168–134	5.7	轻壤土
敕木山	宫湾	730	东南	0–60	70 以上	3.47–2.80	0.121–0.137	1	72.5–94	5.4	中壤土

水质因素

南泉山清泉长流，甘醇清冽。惠明茶重点产区主要有惠明寺南泉、汤夫人庙石乳（浣香泉）、漈头严坑泉等多处泉眼。其中，尤以南泉著名。清乾隆年间（1736—1795）训导陈元颖曾作《惠泉山诗》：“漂渺峰头朔雪寒，天然石室色琅轩；烟霞晓起铺如海，会向岩头试一看。”南泉山为缓坡山岭，植物茂密，竹木参天，表土地层下是透水性良好的砂质黄泥土和花岗岩层，雨水进入砂质壤土缝隙中，经自然过滤，顺岩层往下渗出的泉水细菌、杂质少。各处山泉绢绢细流，终年不涸，泉水滋润茶园，促成培育的茶叶品质优良。以纯净甘甜的水质，用来沏泡惠明茶，香味更易发挥，为三杯饮尽味犹存的独特品位奠定基础。

第三节　生产技术

景宁以种绿茶为主。绿茶茶种相对稳定，但受土质与特殊小气候及环境影响，有单株变异白茶出现。可为分大叶茶、竹叶茶、多芽茶和白茶等 4 类。

选育品种

敕木山村“惠明茶王”

惠明茶种　惠明茶种俗称“老品种”“菜园茶”，具有分枝多，持嫩性好，抗逆性强，适应性能广等特点。其单棵长势旺盛，部分生长成古茶树、大茶树，在英川镇寨后村、澄照乡金垟坑头村均有发现。敕木山村的“惠明茶王”尤为大，覆盖面阔，生长骨架枝多，高 6 米，树冠 22 米，骨架枝 93 枝，

惠明寺白茶

最大枝地径 20 厘米，胸径 16 厘米，每年可采春茶嫩芽 50 千克。惠明茶种茶条肥壮紧结，色泽绿翠毫显，汤色清澈明净，旗枪朵朵排列，其味甘醇爽口，花、果幽香。可谓一杯淡，二杯鲜，三杯甘又醇，四杯五杯韵犹存，堪称名茶极品。景宁茶区绿茶品种均以惠明茶种为主。

白茶茶种　白茶为变异的珍稀茶树品种。惠明寺旁有枞白茶，生长年代已久，每年春季新发芽头为浅绿色，然后慢慢变嫩黄呈白色。鲜叶洁白如玉，干茶色泽金黄，香气浓、茶味鲜。茶树每年 6 月现花芽，10 月开花，但成果量少，均为无效果实，长期孤本在世，不绝不发，十分神奇。

1973 年，茶叶科技人员为着手保护、开发白茶，从种质资源、育苗繁殖等方面开展品种选育工作，并进行扦插繁殖、采样感官审评等技术试验研究。1974 年，浙江省农业厅茶叶技术推广研究员、著名茶学家王家斌到景宁对惠明寺白茶品种进行实地考察。1982 年，农业局茶叶技术人员发现张村亦有自然变异白化茶树单枞。1986—1999 年对其进行保护，并开展植物学特征特性观察，结果发现张村自然变异白化茶树单枞与惠明寺白茶单枞明显不同，叶色呈黄色白化，不仅春季新萌芽头具有黄色白化现象，7—8 月虽叶色复绿，但 9—10 月秋季小阳春气温回落，萌发新芽又呈黄色白化，黄色白化特征与春茶无殊。2000 年，县科技局设立《特异茶选育及其生长特性研究》课题，开展白茶品种品质系列研究。同年，农业部门茶叶技术人员对景宁白茶种质资源开展实地调查，发现白茶除惠明寺、张村外，在塔堪、敕木山、三枝树、周湖、漈头等地均有单枞。为开展科技育种，着手建立景宁白茶漈头种质资源圃及三石高冢、东坑深垟两个品种选育试验园。2003 年，张村黄色白化单枞母树移入漈头种质资源圃种植保护研究。经历年对各优选单枞开展大田短穗扦插繁殖试验，对优选单枞进行形态特征、生育特性、生化检测同园种植观察测定，最终筛选出氨基酸含量高于常规品种 2~3 倍、茶多酚却低于一半的两个优质白茶品种，即惠明寺白茶与张村白茶。惠明寺白茶，属惠明茶树品种基因自然演变突变体，2002 年，采样经农业部茶叶质量监督检验测试中心检测：氨基酸7.4%、茶多酚 21.6%、水浸出物 43.0%、咖啡碱 4.8%。乳色白化，芽头肥壮，适制性广，品质优良；耐寒、耐高温干旱。干茶外形肥壮呈燕尾状，入口鲜爽浓醇。张村

张村白茶

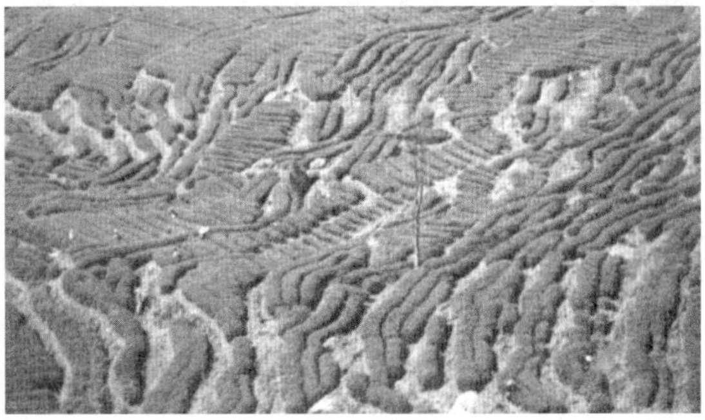
枫树垄茶园

白茶，属惠明茶树品种基因自然演变突变体，2009年，采样经国家茶叶质量监督检验中心检测：氨基酸9.2%、茶多酚19.4%、水浸出物44.3%、咖啡碱1.8%。黄色白化，开采期早，产量高，品质优，适制名优茶，无性繁育成活率高，耐高温干旱，耐寒性较强，适推广种植，干茶外形与惠明寺白茶接近。

经多年研究、栽培、采制，2003年，景宁经济作物总站将惠明寺白茶定名"景白1号"、张村白茶定名"景白2号"，并报省茶树新品种审定。经浙江省非主要农作物品种审定委员会第11次会议审定通过，並推广种植[品种审定证书编号：景白1号浙（非）品审2014063；景白2号浙（非）品审2014064]。

生产管理

品种改良　惠明茶区有自成特点的惠明茶树品种。茶区的土壤、小气候特别适宜茶树生长，惠明茶种是金奖惠明茶的优质良种，更是20世纪70—80年代推广的主栽品种，景宁种植面积754公顷。20世纪70年代，为实现良种化，先后引进有性鸠坑品种、福鼎大白茶、政和大白茶、毛蟹、绍兴5801、腾茶、黄叶早、乌牛早、迎霜、劲峰、翠峰、福安菜茶、安吉白叶1号、龙井长叶、浙农139、浙农137、中茶10。1982年、1986年，商业部分别在长沙、福州举办全国名茶评选会，景宁以惠明寺及漈头村的惠明茶芽采制茶叶参评，两次都被评为全国名茶。2001年，县政府决心大面积发展名优茶基地，为改变以往种茶必从外县调苗的被动现象，指定农业部门实施订单育苗，技术人员采取大田、砻式、短穗、秋插，竹弓覆塑、覆荫网抗寒冻、防高温干旱等技术，开展规模化无性系良种繁殖扦插育苗取得显著成效。

种植方式　景宁的传统种茶方式是种子有性丛栽。房前屋后、田头地角、林下岩边皆种茶树。此法"源于自然"，管理方便，茶体健壮，品质优良，病虫害少，自唐至今，农户乐此不疲。20世纪50年代后，县政府为发展农村经济，发动农民开垦新茶园。1956年，在张村集中种植6.5公顷有性条植茶园。60—80年代初，茶园面积快速扩大，还出现高产典型。澄照乡三石茶场，1983年，条植栽培试验0.7公顷茶园，产干茶2520千克；1976年，种植400平方米密植速生茶园，产干茶260千克。此后，集中大面积开发单行条植常规茶园，茶叶生产逐步趋向专业化。20世纪80年代后期，开始少量引种无性良种扦插茶苗双条密植。2000年后，良种应用与名优茶开发技术提升，无性系良种茶苗自繁自用，推行单条适度密植，此法短期内封行免耕，省工、省本，利于耕作施肥，茶树个体发育完全，可促进茶芽的壮发、多发，提高产量和品质，为茶园机剪、机采奠定合适的蓬面基础，提升茶叶生产机械操作率。

无性单条适度密植种植技术的推广，促进科学种茶技术的变革与进步，由坡地种植发展到梯级水平种植及大田大面积种植。形成一套提高茶苗种植成活率的完整技术体系。山地凹沟为深植，大田、平地为砻式栽培，栽植时间一般在11月到翌年2月底至3月初，具体据天气和劳力情况灵活安排。早生栽培，实施特早生（乌牛早），早生（迎霜）、有性晚生（惠明种、鸠坑种）品种搭配种植，不仅提早上市，还缓解采工紧张之矛盾。推广无性良种单条适度密植茶园，提高土地利用率，产生一年种，二年收，三年四年出高效的良好效果。种植1公顷茶园，年产精品名茶150~225千克，每公顷产值45000~75000元，高产高效茶园可达15万元；种植珍稀惠明白茶，年产值可突破30万元。

茶园管理　传统的茶园耕作，只在管理时附带中耕、除草，施焦泥灰、猪牛栏肥、农家土杂肥。20世纪60—70年代发展条栽常规茶园后，改传统的茶园耕作法，每年春、夏、秋施追肥，对茶园各进行一次浅耕除草；每年或隔年秋末、冬初进行一次深翻改土。山地梯级茶园，内侧勤翻；平地、大田茶园全面深翻。开始使用化学有机肥料，并形成中耕除草开沟深施覆土、茶树病虫防治叶面喷施并举的"一基多追"施肥管理模式。20世纪90年代后期开展测土配方施肥。从20世纪60年代始，改变传统任其自然生长的状况，注重茶树树冠管理。对条栽常规茶园的幼龄茶树，采用"三刀"定型修剪技术，即按茶树生长年限分别在长到离地面15~20厘米、30~35厘米、45~50厘米时剪顶修剪。通过定型修剪，塑造高度适中、骨架粗壮、层次分明、蓬面宽阔的丰产树冠。20世纪80年代后，对低产低效茶园，推广“四改三关”茶园综合改造技术，即改土、改园、改树、改管与采摘关、施肥关、病虫防治关。20世纪90年代后期，为适应名优茶采摘技术的提升，采摘茶园普遍推广“茶园立体树冠留养”修剪技术，即在春夏茶采摘后的6月上中旬，对茶树进行重修剪或台刈。不采后期夏秋茶，经两季自然生长至50~70厘米的新抽枝条，形成相对平面的立体树冠。立体留养茶树树冠能提早春季茶芽萌发，提高单位面积萌芽量，且芽体肥壮，大小均匀，品质良好。茶园管理还要重视病虫防治和抗旱防冻。茶树虫害主要有小绿叶蝉、茶叶螨类、毒蛾类、尺蠖类、粉虱类、象甲类。主要病害有炭疽病、芽枯病、茶叶白星病、赤星病、茶饼病。农艺防治方法是分批勤采、茶树修剪、耕锄壅土、清园疏枝、人工采摘、保护天敌、灯光诱杀、色板诱杀。药剂防治为预测预报、对症下药、适时适量用药，严格把握采收安全间隔期。预防性可选栽抗性茶树品种，合理套种改善环境。及时落实铺草遮阴、修建排蓄水系统、加强肥培、刈草铺园等抗旱防冻措施。

第四节　采摘加工

采制技术

传统采制　唐代开始种茶，制茶方法为炒烘结合，全程手工操作。明代制茶技术有重大变革，明洪武年间（1368—1398）明太祖下诏罢造福建建安团茶，此后团茶逐渐衰落，散茶（芽茶、叶茶）开始兴盛。清代完善炒制技术。民国时送美国旧金山国际博览会参展荣获金奖的惠明茶，纯为手工炒制，采制技艺讲究，色、香、味齐全。将茶芽放锅里，均匀拌炒，使水汽走散，不可炒焦，适时起锅，略行辗转搓挪，后入焙笼烘燥，保持茶叶色绿，表披白毫。传统采茶是留顶养标一次采收，只采春茶不采夏秋茶，采制方法一直沿用至20世纪70年代。1985年9月，县科委、农牧特产局在漈头茶场召开“提高惠明茶品质研制探讨会”，用秋茶芽研制惠明茶，经省农业厅、浙农大茶叶系、丽水地区农业局、丽水茶厂教授专家鉴定，具有兰花初绽幽香，色香味可与春茶相媲美。

手工炒茶

机械制茶　20世纪80年代后，茶叶产量大幅增加，传统手工炒制已不适应茶叶生产发展要求。各茶场从实际出发，购买各种不同型号制茶机具184台，创办初制茶厂40座，大部分场队实现手工与机械制茶。1984年，县农牧特产局、土产公司、澄照乡政府联合于三石村筹建精制茶厂，年加工能力达10万千克（2000担）。并在惠明茶区各茶场配备手工炒茶灶50口，电热炒茶锅17台，引进电热杀青机和烘干机。根据国内外市场以营销茉莉花茶为主的实际，许多场队由制炒青绿茶改为制烘青绿茶。1983年，炒青绿茶8.85万千克（1770担），占茶总量的36%，而烘青绿茶达15.77万千克（3154担），占64%。1993—2010年，景宁茶叶各专业户、专业合作社、茶叶公司除制作名茶外，普茶基本为机械炒制。

名茶采制　惠明茶一向以自然品质优异，采制技艺精湛久负盛名。惠明茶属精品名茶，讲究外形，原料要求高。长期来对鲜叶采制形成单芽采和细嫩采两种方式，单芽采：为特级惠明茶加工原料，鲜叶要求粗壮芽头，一般长25~30毫米，宽3~4毫米，芽柄长2~3毫米。采茶时用手指将芽头折断，断面要整齐，忌掐采。做到雨天不采，细瘦芽不采，风伤芽不采，虫伤芽不采，开口芽不采，空心芽不采，有病弯曲芽不采，过长或过短芽不采。采摘时需用特制小竹篓盛茶，采后要对不合规格茶芽进行拣筛。细嫩采：鲜叶要求一芽一叶至二叶初展，大小长短一致；茶篓要洁净、透气，芽叶轻放篓中不能紧压；不采雨水叶、露水叶，当天采摘当天炒制；不采紫芽、瘦弱芽、病虫损伤芽，不带鱼叶、单片、鳞片及其他任何夹杂物。1972年，为挖掘历史名茶，丽水地区农业局、丽水茶厂、县农业局、县供销社茶叶科技专家赵鸣、杨星海、邓洪范、罗建标、吴锡金先后率科技人员，深入惠明茶区进行自然资源和历史渊源调查，开展制作工艺探讨，使传统手工炒制工艺得以恢复完善。炒制工艺分为摊青、杀青、揉捻、理条、提毫整形、摊凉、炒干七道工序。道道工序严谨规范、细致、标准。

名茶评选

惠明茶虽然荣获国际大奖章，并被载入民国22年(1933)编纂的《景宁县续志》，但受战乱等诸多因素影响，民间却无人知晓。至20世纪70年代，才引起职能部门重视，开始扶持漈头、惠明寺、敕木山等村级集体经营的茶场，着力恢复惠明茶种植，积极鼓励惠明茶参与国内名茶评选、评优等活动，使惠明茶知名度逐年提高。1978年10月7—9日，浙江省茶叶公司在德清县莫干山召开全省名茶座谈会，著名茶学家唐力新提议：借鉴“金奖白兰地”的成功经验，应正名惠明茶为“金奖惠明茶”。1979年10月31日至11月2日，在临安县天目山召开全省名茶总结会，将惠明茶正式定名“金奖惠明茶”。

国际名茶评选　2010年10月，世界茶联合会(国际社团)在台湾举办第八届国际名茶评比，景宁香雨有机茶有限公司参选的金奖惠明茶荣获金奖。

全国名茶评选　金奖惠明茶多次参加全国性名茶评选，均夺全国名茶殊荣。1982年6月，商业部在湖南长沙进行全国名茶评选，对全国各省选送的82个样品，以明评与密评、评分与推荐相结合的方法，最终评选出30个“全国名茶”，金奖惠明茶被列其中。1986年5月，商业部在福建福州举办全国名茶评选，金奖惠明茶再获“全国名茶”称号。2010年9月，上海世博会名茶评选组委会(由中国茶叶学会等国字号社团组织及世博会有关部门组建)组织名茶评选，金奖惠明茶荣获“绿茶类”金奖。2010年11月，经中国茶叶学会评选授予景宁“中国名茶之乡”称号。

省级名茶评选　金奖惠明茶多次参加浙江省名茶评选活动，先后被评为浙江名茶与浙江十大名茶。1979—1982年，金奖惠明茶经全省第一至第四届名茶评比，连续四次被评为浙江名茶，1982年5月，省农业厅颁发“浙江名茶证书”。1999年6月，经全省第三届名茶复评，金奖惠明茶因品质优异，质量稳定，省农业厅授予“浙江名茶证书”。2004年5月，浙江省开展十大名茶评选，根据申报名茶的品质、规模、包装、知名度、标准化、产业化等6个方面42个因子进行逐项评分，听取候选名茶申报县陈述、答疑，经评委会投票确定，金奖惠明茶被评为首届“浙江省十大名茶”。2009年6月，浙江省开展第二届十大名茶评选，通过对品质、规模、包装、知名度、标准化、组织化、管理、文化等八大项因子逐项评分，听取候选名茶申报县陈述答疑，经评委会投票确定，金奖惠明茶蝉联第二届“浙江省十大名茶”称号。

文化名茶评选　1991年，在中国杭州国际茶文化节上，金奖惠明茶被授予“文化名茶”称号。2010年9月，经中国国际茶文化研究会评定，授予金奖惠明茶“中华文化名茶”称号。同时，授予景宁“中国茶文化之乡”称号。

名牌产品评选　1979—2010年间，景宁多次参加省级有关部门和社会团体举办的名茶评比、评优、评定、展示等，开展茶文化宣传。在历届中国国际农博会、中国精品名茶博览会、中国农村产品及实用技术博览会、浙江国际农博会、浙江精品名茶博览会上，景宁有"惠明""奇尔""香雨""漈头""六江源""畲山贡"等品牌参加，先后32次荣获优质名茶、一类名茶、名茶新秀、名牌产品、名牌农产品、农业博览会金奖、精品名茶博览会金奖等荣誉证书。1998年11月，"惠明"牌茶叶获浙江省人民政府优质农产品金奖。2007年11月，"惠明"牌惠明茶被浙江省农业厅认定为浙江名牌农产品。2008年12月，"奇尔"牌茶叶被浙江省质量技术监督局认定为浙江名牌产品。

地理标志产品保护　2008年，县政府提出《关于要求划定惠明茶地理标志产品保护范围的请示》(景政〔2008〕40号)，2009年，国家质量监督检验检疫总局予以受理(2009年第90号)。2010年，国家质量监督检验检疫总局颁布第52号文件批准实施地理标志产品保护。

第五节　茶叶经营

20世纪末，随着茶叶基地规模的扩大，茶叶产量逐年增多，为适应市场发展需要，各茶叶生产经营大户纷纷注册为茶叶公司与专业合作社，在城区或县外开设茶叶专卖店、经营部。

茶企

1985—1992年，经工商登记在册从事茶叶生产经营的有景宁土特产公司、景宁农业开发总公司、景宁农工商服务公司三家专业企业。1993—2010年，茶叶专业公司、茶叶专业合作社迅速发展至34家。其中，景宁惠明茶业有限公司、浙江奇尔茶业有限公司为省级骨干农业龙头企业；景宁香雨有机茶有限公司、景宁鹤云茶叶有限公司、景宁畲山贡茶叶有限公司、景宁白云间茶业有限公司为市级骨干农业龙头企业；景宁九重阳茶叶专业合作社为浙江省示范合作社。惠明茶业、奇尔茶业、香雨有机茶三公司经过中国方圆委认证中心、埃尔维质量认证中心审核确认，通过ISO 9001:2000质量管理体系认证。

1993—2010年景宁惠明茶生产经营企业一览

表16-1-5

序号	茶企名称	开设地址	备注
1	景宁土特产公司	鹤溪镇人民中路18号	县供销社下属企业，2000年改制歇业。
2	景宁农业开发总公司	鹤溪镇人民北路259号	茶叶管理职能归口农业局，2001年名茶公司歇业。
3	景宁农工商服务公司	鹤溪镇复兴路51号	县农业局下属企业，1997年歇业。
4	景宁惠明茶开发有限公司	鹤溪镇人民南路56号	中国人民保险总公司景宁支公司下属企业，1998年6月歇业。
5	景宁惠明茶业有限公司	鹤溪镇人民北路51号	—
6	浙江奇尔茶业有限公司	鹤溪镇团结路102号	—
7	景宁香雨有机茶叶有限公司	鹤溪镇府前西路28号	—
8	景宁漈头茶叶有限公司	鹤溪镇人民中路170号	—
9	景宁畲山贡茶叶有限公司	鹤溪镇府前西路27号	—
10	景宁鹤云茶叶有限公司	鹤溪镇人民中路170号	—

续表 16-1-5

序号	茶企名称	开设地址	备注
11	景宁六江源茶叶有限公司	鹤溪镇鹤北路 153 号	—
12	景宁雷氏茶叶有限公司	鹤溪镇府前西路 7 号	—
13	景宁白云间茶叶有限公司	鹤溪镇团结西路 9 号	—
14	浙江九曲农业开发公司	郑坑乡郑坑村	—
15	景宁香香茶叶专业合作社	鹤溪镇复兴西路 5 号	—
16	景宁畲民茶叶专业合作社	澄照乡金丘村	—
17	景宁双龙茶叶专业合作社	鹤溪镇敕木山村	—
18	景宁大丽花茶叶专业合作社	鹤溪镇惠明寺村	—
19	景宁天堂玉茗茶叶专业合作社	澄照乡三石村	—
20	景宁畲农茶叶专业合作社	鹤溪镇惠明寺村	—
21	景宁九重阳茶叶专业合作社	鹤溪镇敕木山村九重阳 12 号	—
22	景宁澄照乡茶叶专业合作社	澄照乡三石村	—
23	景宁鹤岚茶叶专业合作社	鹤溪镇惠明寺村	—
24	景宁鹤峰茶叶专业合作社	鹤溪镇鹤溪中路 29 号	—
25	景宁景源茶叶专业合作社	鹤溪镇东弄村	—
26	景宁深山翠芽茶叶专业合作社	澄照乡三石村	—
27	景宁雷成女茶叶专业合作社	鹤溪镇惠明寺村	—
28	景宁畲茗坊茶叶专业合作社	鹤溪镇胜利路 28 号	—
29	景宁标溪四角坦茶叶专业合作社	标溪乡细角坦村	—
30	景宁叶山头茶叶专业合作社	鹤溪镇叶山头村	—
31	景宁山浓情茶叶专业合作社	鹤溪镇张村	—
32	景宁佳奇茶叶专业合作社	澄照乡三石村	—
33	景宁毛垟茶叶专业合作社	毛垟乡毛垟村	—
34	景宁白沙岱茶叶专业合作社	澄照乡白沙岱	—
35	景宁欣荣茶叶专业合作社	澄照乡金丘村	—
36	景宁芬芳茶叶专业合作社	鹤溪镇鹤溪花园小区	—
37	景宁云里香茶叶专业合作社	鹤溪镇复兴西路 56 号	—
38	景宁黄桐茶叶专业合作社	雁溪乡黄桐村	—

茶店

2009 年，景宁在澄照乡朝阳小区兴建茶青交易市场，茶农直接将茶青送市场交易。1993—2010 年，各茶企茶商不仅在城区开设惠明茶专卖店，还在北京、天津、南京、上海、济南、杭州、丽水等大中城市开设（加盟）惠明茶专卖店。景宁香雨有机茶有限公司利用惠明茶生态、有机绿色过硬品质，吸引加拿大客商来景宁采购惠明茶，将惠明茶销往国外。至 2010 年末，在县城鹤溪镇开设惠明茶专卖店、经营部 21 家，在全国各大中城市开设惠明茶专卖店、经营部 22 家。

2010 年景宁县城惠明茶专卖店一览

表 16-1-6

序号	专卖店名称	开设企业(业主)	注册商标	开设地址
1	白玉仙茶馆	浙江奇尔茶业有限公司	白玉仙	鹤溪镇团结西路 102 号
2	奇尔金奖惠明茶专卖店	浙江奇尔茶业有限公司	奇尔	鹤溪镇复兴路 79 号
3	奇尔金奖惠明茶专卖店	浙江奇尔茶业有限公司	奇尔	鹤溪镇建设路 19 号
4	金奖惠明茶旗舰店	景宁惠明茶业有限公司	惠明	鹤溪镇人民北路 51 号
5	景宁雨巷惠明茶专卖店	景宁香雨有机茶有限公司	雨巷	鹤溪镇府前西路 28 号
6	景宁漈头惠明茶专卖店	景宁漈头茶叶有限公司	漈头	鹤溪镇人民中路 170 号
7	敕峰蓝氏惠明茶店	景宁鹤云茶叶有限公司	敕峰蓝氏	鹤溪镇人民中路 171 号
8	景宁香香惠明茶专卖店	景宁香香茶叶专业合作社	畲珍源	鹤溪镇复兴西路 5 号
9	景宁六江源惠明茶专卖店	景宁六江源茶叶有限公司	六江源	鹤溪镇鹤北路 153 号
10	畲农惠明茶店	景宁畲农茶叶专业合作社	畲农	鹤溪镇复兴西路 31 号
11	景宁畲山贡惠明茶专卖店	景宁畲山贡茶叶有限公司	惠明寺	鹤溪镇府前西路 27 号
12	景宁九重阳惠明茶专卖店	景宁九重阳茶叶专业合作社	腾云金龙	鹤溪镇复兴西路 43 号
13	景宁白云间惠明茶经营部	景宁白云间茶叶公司	白云间	鹤溪镇团结西路 9 号
14	景宁春茗醇惠明茶专卖店	景宁天堂玉茗茶叶专业合作社	惠明寺	鹤溪镇复兴西路 56 号
15	景宁双龙惠明茶专卖店	景宁双龙茶叶专业合作社	敕木山	鹤溪镇团结西路 11 号
16	景宁鹤岚惠明茶茶叶店	景宁鹤岚茶叶专业合作社	—	鹤溪镇鹤溪中路 21 号
17	景宁鹤峰惠明茶茶叶店	景宁鹤峰茶叶专业合作社	—	鹤溪镇鹤溪中路 29 号
18	景宁雷氏惠明茶专卖店	景宁雷氏茶叶有限公司	—	鹤溪镇府前西路 7 号
19	景宁云里香惠明茶经营部	景宁云里香茶叶专业合作社	—	鹤溪镇复兴西路 56 号
20	蔡华弟茶叶经营部	蔡华弟	—	鹤溪镇人民中路 163 号
21	吴兰英惠明茶叶店	吴兰英	—	鹤溪镇复兴西路 56 号

2010 年景宁县外惠明茶专卖店一览

表 16-1-7

序号	专卖店名称	开设地址
1	惠明茶业公司杭州分公司经营部	杭州市江干区采荷路 70 号
2	沈阳市金奖惠明茶叶经销店	沈阳市沈河区市府大路 288 号 A 区一层 111
3	北京景宁惠明茶庄	北京市宣武区马莲道路 6 号院 5 号楼
4	上海市闸北区惠明茶叶店	上海市闸北区满堂春茶叶市场 2-11 号摊位
5	南昌市青山湖区惠明茶经销店	江西南昌上海北路大附中商业街 35 号茗雅堂
6	海口龙华景宁惠明茶经营部	海口市海甸三西路 7 号省投资咨询公司
7	奇尔茶业公司南京玄武经营部	南京市玄武区中山东路 281 号
8	奇尔惠明茶南京经营店	南京市长江路 292 号南京总统府西花园
9	奇尔惠明茶丽水专卖店	丽水市大洋路 256 号

续表 16-1-7

序号	专卖店名称	开设地址
10	济南市天桥区双龙惠明茶叶店	山东省济南市天桥区黄台茶叶批发市场 104 号
11	济南市天桥区敕峰惠明茶叶店	天桥区黄台茶叶批发市场 103 号
12	济南金奖惠明茶专卖店	济南市天桥区黄台茶叶批发市场 305 号
13	天津金奖惠明茶专卖店	天津市河西区解放南路 475 号
14	六江源惠明茶丽水专卖店	丽水市丽阳街 623–631 号
15	六江源惠明茶杭州专卖店	杭州市马市街 22–9–10 号
16	六江源惠明茶宁波专卖店	宁波市兴宁路 38 号
17	六江源惠明茶上海专卖店	上海市青浦区新府中路 1500 号
18	青岛市城阳区景宁惠明茶经营部	山东省青岛市城阳街道南幢
19	香雨金奖惠明茶专卖店	丽水市莲都区城东路 112 号
20	香雨金奖惠明茶专卖店	松阳县浙南茶叶交易市场 1 区 10–11 号
21	香雨沈阳大东区金奖惠明茶叶经销处	沈阳市大东区德增街 19 号荣碧达茶城 21 号
22	西安景宁惠明茶销售部	西安市莲湖区围亭市场 B 区 2 排 20 号

茶企选介

景宁惠明茶业有限公司 2002 年成立。前身系 1984 年 12 月组建的“景宁农工商服务公司”，景宁畲族自治县为农牧特产局下属经济实体。1986 年公司向国家商标局申请注册“惠明”商标，1989 年正式核准使用。1997 年农工商服务公司实行改制，公司歇业，但“惠明茶”生产经营并未停滞。同年 12 月，经营者在鹤溪镇惠明寺村水碓坑自然村创办惠明茶厂。2002 年，在惠明茶厂基础上注册景宁惠明茶业有限公司，法人代表、总经理蓝育明。

2002 年 2 月，“惠明”商标被评为丽水市著名商标。同年，公司被评为浙江省诚信企业推广单位、丽水市重点农业龙头企业。2003 年 1 月，“惠明”商标被认定为“浙江省著名商标”；同年 7 月，余山 20 公顷茶叶基地获得有机茶认证；同年通过 ISO 9000 质量管理体系认证。2005 年 11 月，公司被评为浙江省首批农业扶贫龙头企业。2007 年，公司通过 QS 认证，同年，惠明茶厂被评为浙江省农产品加工示范茶厂。2008 年 1 月，公司被浙江省中小企业局、浙江省乡镇企业局评定为浙江省农产品加工示范企业。同年 6 月，“惠明”牌商标成功获得国家司法认定“驰名商标”称号，成为丽水市首个被认定为国家“驰名商标”的农产品品牌。同年 7 月，被浙江省农业厅等单位认定为第五批“浙江省骨干农业龙头企业”。同年 10 月，浙江省经贸委认定景宁惠明茶业有限公司为第一批浙江省老字号企业。同年 12 月，被中华老字号协会评定为第五届消费者最喜爱的老字号品牌。2010 年 4 月，公司被认定为“浙江省知名商号”。

2002 年、2004 年、2006 年，公司选送的“惠明”茶参加浙江农业博览会，分别获 3 次金奖。2003 年、2007 年，分别获浙江农业博览会优质产品金奖。2007 年获中国（杭州）国际茶暨第二届浙江绿茶博览会金奖。同年，被浙江省农业厅评为“浙江省名牌农产品”。2010 年，“金奖惠明茶”被评为“中华文化名茶”称号。

2004 年公司与北京张一元茶叶有限公司合作，签订 10 年期产销合同，并成立景宁张一元茶叶有限公司，创建金奖惠明茶产业园项目，为公司发展打下良好基础。同年 8 月，国务院国家机关事务管理局机关服务局局长张晓天、副局长刘成斌到景宁实地考察公司茶叶基地，对公司实施有机生产，茶叶品质各项指标均符合国家规定标准十分满意。2005年9月20日，授予公司茶叶基地为国家机关事务管理局机关服务局专用茶生产基地。并与公司签订协议，将公司生产并获得有机茶证书的“金奖惠明”绿茶确定为国务院机关用茶，2005—2007年，每年用茶1200千克。

公司注重茶文化和畲族文化的融合，组建畲族茶艺表演队，自创“惠明迎客茶”“惠明禅茶”等5套茶艺。公司在惠明寺、余山等地开发和承包茶叶基地13.33公顷。先后在北京、天津、杭州等城市设立加盟店和专卖店。惠明茶品位逐步提升，知名度不断提高，公司规模越做越大。2008年4月，公司及经营部、茶艺馆迁入鹤溪镇人民北路51号综合楼。2010年末，公司资产3000万元，经营茶叶基地185.3公顷。

浙江奇尔茶业有限公司　1994年成立，前身系景宁惠明茶开发有限公司，属中国人民保险总公司接受国务院指定任务，与景宁结对扶贫，并选定茶叶为产业扶贫载体而成立的一家公司，计划恢复光大景宁传统历史名茶金奖惠明茶。1997年公司注册“迈挺”牌惠明茶商标。

1997年，国家政策规定金融机构要与其创办的企业脱钩。1998年6月，景宁惠明茶开发有限公司歇业。1998年8月21日，成立景宁畲族自治县奇尔茶业有限公司，投资50万元，注册“奇尔”商标，延续承包原惠明茶开发有限公司基地开展生产经营。公司及厂址设人民南路56号，法人代表、董事长叶有奇。

1999年，奇尔茶公司提出实施“万户畲民万亩茶致富奔小康工程”建议，得到县委、县政府及上级有关部门支持，并由公司承担实施。同年，公司导入ISO 9000国际质量管理体系，于2000年7月25日获得认证，成为浙江省首家通过质量管理体系认证的茶叶生产加工企业。同年末，公司与厂址迁至环城南路126号。2001年12月，公司产品“奇尔茶（绿茶）”通过国家绿色食品发展中心的“绿色食品”认证，成为丽水地区首家绿色食品认证企业。2002年9月，奇尔茶被评定为“浙江名牌产品”，同月，公司实施的“现代茶叶科技示范园”获丽水市科技进步二等奖。

2003年3月，公司被评定为首批“浙江省诚信示范企业”。同年7月，奇尔茶通过中国农业科学院茶叶研究所有机茶研究与发展中心审定的“有机茶”认证。同年8月27日，公司更名升格为“浙江奇尔茶业有限公司”，注册资本300万元。

2004年1月，公司被省工商局认定为浙江省首批“浙江知名商号”。2005年1月，“奇尔”商标被认定为“浙江省著名商标”。同年4月27日，台湾原国民党主席连战率团首访大陆到南京，奇尔绿茶被南京“总统府”特选为接待用茶。连战品尝后盛赞：“好茶，好茶，好茶！”2006年，公司赠茶给连战，连战名誉主席办公室回函致谢。此后，奇尔公司与南京“总统府”管委会合作，联合开发南京“总统府茶”。同年9月，奇尔茶厂被省农业厅认定为“浙江省示范茶厂。”

2006年7月，通过食品安全QS认证，9月，被评定为“浙江省农产品加工示范企业”。2006年、2010年，奇尔牌金奖惠明茶2次荣获浙江省农博会金奖。2007年8月，公司被评定为首批“浙江省工商企业信用AAA级‘守合同重信用’单位”。2008年12月，公司被省科技厅认定为“第九批浙江省农业科技企业”。2009年1月，奇尔茶被评定为“浙江省经营企业协会推荐产品”。同年10月，公司在澄照乡三石村天堂湖，开工建设新的奇尔茶叶加工中心。

2010年2月，注册资金增加到500万元。同年10月，公司被省农业厅等单位认定为浙江省第六批骨干农业龙头企业。同年，公司分别在北京、南京、丽水等地设立分公司和办事处，在北京、上海、南京、山东文登市、丽水市和景宁开设直销店和加盟门店。同年12月，办公地址迁入团结西路102号，开设奇尔“白玉仙茶”茶馆。

公司确立“生态、绿色、可持续”发展思路，提出“让人放心，给人品位”的经营理念，建设“实”字企业文化，形成明显的奇尔品牌特色。自1994年起，连续多年对生长在惠明寺旁的孤本惠明白茶进行繁育试验，但未获成功。2002年6月，公司引聘浙江大学骆跃平副教授，利用茶树劈接嫁接繁育技术，在孤本白茶周围嫁接200多株，成活率仅5%，但嫁接成活株长势旺盛，打破惠明寺白茶不能繁育的神话。

鉴于惠明白茶的独特之处，2003年，浙江大学茶学系博士生导师、浙江省茶叶学会名誉理事长刘祖生教授给景宁惠明寺白茶定名为“白玉仙茶”。为实现惠明寺白茶产业化，2003年6月起，由公司总经理叶有奇、科技人员吴锡金、刘慧平等组成课题组，在劈接嫁接基础上，进行多种模式技术研究，力求解决苗木繁育技术。结果发现其中一组8株全活，原因是方法独创，后来被正式命名为“罩袋增湿法”嫁接技术。2004年后，公司运用自主创新的“罩袋增湿法”嫁接技术嫁接惠明白茶，并不断探索完善，使成活率从70%提升至95%，先后建成惠明白茶基地66.67公顷。

2006年4月5日，丽水市科技局主持召开白玉仙茶嫁接快繁评审会，浙江省茶叶学会名誉理事长、浙江大学茶学系刘祖生教授，中国国际茶文化研究会副会长姚国坤研究员，浙江省茶叶学会理事长、省农业厅经作局副局长毛祖法研究员，浙江大学茶学系胡月龄教授、杨贤强教授、汤一副教授，中华供销总社杭州茶叶加工研究院施海根研究员和李强副研究员等8位知名专家，考察白玉仙茶实验园，并组成评审委员会，对“白玉仙茶嫁接快繁技术”进行评审，结论为：“白玉仙茶是来源于景宁惠明茶群体品种中的珍稀种质资源，具有重要的开发价值与应用前景；自行试验改良的‘劈接罩袋增湿法’嫁接技术成果达到国内同类研究的领先水平；白玉仙茶是景宁惠明茶产业的新亮点，建议尽快形成产业化”。

2007年3月，“作物保湿罩”获得专利授权，为公司第一个专利。

2008年3月，“白玉仙”获得国家商标注册权。同年11月1日，中共中央政治局委员、国务院副总理张德江在江苏省领导陪同下，在南京“总统府”奇尔茶品尝室，兴致勃勃地品尝白玉仙茶。

2009年10月，公司实施的“白玉仙茶嫁接快繁技术研究”项目获丽水市科技进步二等奖；同年10—12月，公司获“心字茶包装盒”等6项外观设计专利证书；同年12月，奇尔牌白玉仙茶获浙江省农博会金奖。

2010年3月23日，中共浙江省委书记赵洪祝视察奇尔茶叶有限公司并指出：“茶叶市场空间十分广阔，欠发达地区就要抓住特色产业做好文章，推动山区经济加快发展。”并亲手栽种一株白茶苗。

第六节　茶　文　化

用茶饮茶，为景宁乡村普遍习俗。围绕惠明茶，历代僧人、国际学者、友人和文人墨客，从种茶、制茶、用茶、饮茶诸方面，写下许多诗词楹联文章，吟下无数脍炙人口的茶诗、茶歌、茶联，让后人像品茶一样分享其韵，在生活中形成底蕴深厚的茶文化。

用茶习俗

传统习俗　茶除饮用之外用途甚广。古时在农村，媒婆到姑娘家提亲时，必须带包好茶，俗称问茶，女方若同意提亲就收下茶叶，若不同意就原封不动让媒婆把茶叶带回。男方去女方问聘，不能直接问多少钱，而是要问几两茶，俗称问茶钱。还有些特殊习俗：用茶叶做成香袋给孩童佩戴身上可以驱虫；幼儿受惊，请巫婆“收惊”，道具中必放茶叶；送殡的人随身带些茶叶，在回来的路上撒于路边，可以驱邪避晦；在置过尸体的房间焚烧茶叶，以烟闭熏，除邪消毒；在祈雨或求神拜佛做道场时泡茶施地，以示敬重和诚心。此外，在扫墓、祭祖时普遍要用茶水和米酒供拜先祖。这些传统习俗至今仍在民间流传。

敬茶礼俗 用茶敬客为迎宾礼仪，客来沏茶，以茶相待。景宁人习惯于无论来者是何等客人，主人都会泡上一杯热腾、醇香的惠明茶。农历正月待客还会在茶中加点白糖，土话称为“糖霜稀茶”，表示尊重热情。做客饮茶，至少要喝两道，不可喝一道便走，俗话说“喝一碗是无情茶”。另说，“头碗苦、二碗补，三碗洗洗嘴”。惠明寺周围一带盛产的惠明茶香远味浓，耐冲泡，数冲有味。作客时若客人多喝几道，主人更是高兴。

施茶习俗 历史上，景宁在各地的驿站、凉亭、道观、寺庙均设有茶堂，用以招待宾客、休闲品茶乃至斗茶。茶堂置大缸或木桶，在夏秋季，每天泡满缸、满桶的茶水，盖上搁着茶碗或茶杯，让过往行人可自行饮用以降暑解渴，这种好习俗至今仍有些地方保留。施茶展示淳朴厚道、乐善好施的传统美德。

茶道茶艺

沏茶饮茶有讲究。在农村中饮茶，主妇极其讲究冲泡技艺。先是涤器，茶杯要用开水冲洗烫温，再倒入少许开水；再是润茶，杯中掐入3~5克惠明茶，用80℃左右开水冲泡至茶杯八成满即可。或将开水先倒入杯中再置茶叶，茶入杯中即沉杯底，不加盖，杯中之茶绿芽漫舞，犹如白云翻腾。品尝时，先闻茶香，后吸茶汤，不急将茶汤下咽，在呐舌间来回缓含，细细品尝，滋味甘醇，清香袭人，沁入心脾。惠明茶艺从唐代开始就与佛教文化紧密相融，世代相传，底蕴深厚。2005年浙江省农业厅主办的浙江十大名茶香港美食博览会，景宁畲族茶艺表演献艺香港得到好评。2010年末，惠明茶艺仍在公司茶艺馆展示。

刊著记载

明清时期除记述贡茶之类数据外，未见有关茶的刊著。民国时期也仅见民国22年(1933)出版的《景宁县续志》，把惠明茶得美利坚巴拿马万国博览会一等证书及金质褒章载入其中。

中华人民共和国成立后，浙江的茶叶产销和科学研究得到快速发展和重视，浙江茶业著述，茶业宣传影视大幅增多，金奖惠明茶亦频频入选。1979年9月，浙江人民出版社出版的《中国名茶》，以惠明茶为目，介绍了其历史渊源、产地环境、采制技巧、品质特色及产销概况，以精湛的语言赞誉“惠明茶·南泉水”为景宁畲乡二绝，震撼茶界茶人。1983年6月，以景宁畲汉人民发展惠明茶为素材，由珠江电影制片厂摄制的《喜鹊岭茶歌》影片在各地上映。

1985年1月，浙江科学技术出版社出版的《浙江茶叶》，以金奖惠明茶茶名为目，具体介绍了惠明茶的历史、品质特色、制作要点等。1992年5月，上海文化出版社出版的《中国茶经》，介绍1915年巴拿马赛会惠明茶获奖情况及惠明茶的历史、茶区环境、采制工艺。1998年1月，上海科学技术出版社出版的《浙江名茶》，介绍惠明茶的生产情况、采制工艺及发展趋势。2001年7月，由《中国茶树品种志》编委会编撰，上海科学技术出版社出版的《中国茶树品种志》将惠明茶种载入其中。

第七节 政策 管理

1996—2010年期间，国家民委和省委、省政府十分重视景宁欠发达地区的经济社会发展，出台系列优惠政策扶持景宁发展。茶叶是景宁茶产区农民收入的重要来源，受到各级政府重视，有关部门从生产发展、良种引进、技术改造、产品销售、品牌宣传、政策扶持、质量监管、经营机制等各方面予以支持，加强领导，强化服务，推进产业发展。

政策扶持

1999年，县民族宗教事务局向国家民委、财政部申报“万户畲民万亩惠明茶”开发项目获得支持。1999年冬至2000年春，新建无性系良种茶园133公顷。2001年，县委、县政府作出“茶山竹海”战略决策，出台《关于全县惠明茶产业发展的实施意见》，要求做大做强惠明茶产业。2005年8月10日，浙江省委书记习近平深入茶区，对惠明茶产业发展开展深入细致的调研。2008年省委、省政府出台《关于扶持景宁畲族自治县加快发展的若干意见》。省委书记赵洪祝亲自蹲点景宁，指导惠明茶产业发展。为贯彻落实省委、省政府53号文件精神，省农业厅出台《关于加快景宁畲族自治县现代农业发展的扶持意见》(浙农发〔2008〕46号)，将惠明茶产业列入特色优势产业加以培育。县委、县政府把茶叶作为特色产业、效益农业和农业种植结构调整的重点，相继出台政策，扶持惠明茶产业发展。2006—2011年，县科技局向国家科技部、财政部申报“惠明茶产业化开发”科技富民强县专项行动开发项目并组织实施。2008年8月,县政府批准县农业局制定的《景宁畲族自治县茶产业发展规划(2008—2012)》，出台《加快惠明茶产业发展试行办法》，确定每年安排500万元资金，专项扶持惠明茶产业开发、产品加工、市场营销和品牌宣传。

开发性政策　以强化土地流转为切入点，扶持茶叶龙头企业、茶叶公司、茶叶专业合作社、种植大户形成专业村和优势区域规模种植。由农业部门与茶农签订协议，实施种子种苗工程订单育苗，统一安排育苗，统一技术指导，统一调配品种，统一规划种植。扶持所有新开发茶园采用无性系品种苗木，开展无害化生产，实行生态种植。扶持茶企申报国家有机、绿色、无公害基地认证。

加工性政策　扶持茶企组织食品安全QS认证和ISO 9000质量管理体系认证；扶持加工企业建设标准化厂房，优化名优茶加工环境；扶持兴建惠明茶加工包装服务中心，为茶农提供加工、包装、培训服务，实现惠明茶品牌统一、质量标准统一、产品包装统一、指导价格统一；扶持茶叶生产企业、农民专业合作社、种植大户、专业户购买使用茶叶生产、机械采摘、机械加工、机械包装等先进设备，提升茶叶机械化生产水平。

营销性政策　扶持兴建茶青交易市场等营销基础设施建设；扶持茶企、专业大户在全国各地开设茶叶专卖店、销售专柜；兴建惠明茶电子商务服务中心；扶持茶叶龙头企业和茶叶专业合作社开展网上营销活动，提高营销能力。政府牵头举办惠明茶产品销售推介会，鼓励企业参加名茶评优活动，对获奖企业及获得省、市级龙头企业、示范性专业合作社称号的给予奖励扶持。

监督管理

质量监管　2000年后，随着茶产业发展规模的扩大，县农业局等职能部门重视对产品质量的监管，由工商、质监、农业、行业协会等部门成立县级惠明茶质量监督管理小组，采取定期与不定期对惠明茶的生产、加工和营销开展全程管理和监督；2009年，组织编制浙江省地方标准《惠明茶》。2010年8月，浙江省质量技术监督局颁布实施，并建立由县农业、工商、质检、茶叶协会等职能部门和团体联合组织的质量管理体系，加强营销监管。同时制订《惠明茶苗木技术规范》《惠明茶茶园建设规范》《惠明茶鲜叶加工技术规范》《惠明茶施肥用药操作规程》四个支撑性技术规程。2010年颁布《地理标志产品惠明茶》省级地方标准，县农业局编辑惠明茶标准化生产技术推广手册，专职技术人员对茶叶规范加工、标准化种植、茶园平衡施肥、农药安全合理使用等技术开展指导把关，使标准化生产技术推广覆盖到各乡镇产茶单位；健全质量管理服务体系；开展农产品生产记录登记，实施质量可追溯生产，从而使全县惠明茶质量大大提升。

品牌管理　2006年3月，县政府针对茶企、茶名、商标使用不规范等现象，决定在县内统一使用"惠明"商标，对商标品牌实施"四制"管理，即统一"惠明茶"名制、惠明茶协会会员使用品牌一年一度申请制、产品包装印制备案制、品牌宣传统一制。由县政府统一组织在央视2频道、4频道、网络传媒、报纸上开展宣传，以户外广告、宣传册、敬老茶会等茶事活动为载体，大力宣传"金奖惠明茶"公共品牌。

组织管理

行政管理　1952年，县政府设建设科，主管茶叶等产业建设发展。1953年2月，建设科分设农林科。1956年实行农业合作化，农林科改设农业水利局、林业局，直至大跃进、人民公社时期。1960年1月7日，景宁撤县并入丽水县，1962年改属云和县，至1978年，茶产业一直归口县林业局林业股主管。1979年1月，为加快茶产业发展，云和县政府决定，划茶、桑、果设立特产股。1982年10月，为理顺省、市(地区)管理关系，特产股划并县农业局。1984年建立景宁畲族自治县后至1990年9月，茶叶产业发展一直由农业局主管。1990年11月，县政府决定成立景宁农业开发总公司和特产局，实行二块牌子，一套人马，归县农办(农工部、农经委、农村工作政策研究室)主管。2001年11月，县农办设立茶叶产业办公室，人员由农业开发总公司茶叶技术人员组成。2002年1月，县农办、农业局合并。2005年12月，县农办、农业局分署办公，农业开发总公司并入农业局，设立经济作物总站，主管茶产业规划、发展培训、技术指导。至2010年，茶产业属农业局主管。

从1952年始，国家将茶业列入三类农副产品，实行统购统销。至1983年，茶叶一直归供销部门负责收购包销。1984年始，国内茶叶产大于销，政府改革流通体制，实行多渠道流通，除供销社收购茶叶外，允许农业、乡镇企业、个体商贩从事茶叶经销。1984—2010年，景宁全面实行改革开放，茶农完全可以自产自销，茶叶产销走上市场化轨道。

行业协会　2004年，县委、县政府决定成立惠明茶协会。县农业局(农办)向县民政局提交"景宁畲族自治县惠明茶协会(筹)成立申请书"，筹备小组起草《景宁畲族自治县惠明茶协会章程(草案)》。2004年3月25日，县民政局正式登记为社会团体，核准团体会员22个，个人会员73人。景农〔2004〕16号批文同意成立景宁畲族自治县惠明茶协会。根据景宁茶叶商标不规范的实际，协会把统一惠明品牌作为头等任务。为此，协会与"惠明"商标持有单位惠明茶业有限公司就县内茶企统一共享、统一商标管理等问题，进行多次沟通协调，于2006年3月17日达成共识，签订《"惠明"商标许可使用协议书》。与此同时，县政府决定"惠明茶协会"正式挂牌。2006年7月15日，惠明茶协会召开成立大会，会议选举产生惠明茶协会理事会。会议明确协会在加强惠明茶品牌管理、品牌宣传、统一制定标准和加强包装设计规范化等方面的工作职能。

2006年11月，惠明茶协会出台《惠明茶》县级地方标准、《惠明茶茶园建设规范》《惠明茶鲜叶加工技术规程》《“惠明”商标使用管理办法》《惠明商标标识使用协议》等系列规章，制订惠明茶统一品牌、统一标准、统一包装、统一宣传的管理制度。

2007年12月，县发改委和体改委出台《关于景宁畲族自治县行业协会与行政机关脱钩的实施意见》(发改体改〔2007〕1号文件)，将协会更名为行业协会。2008年1月28日，惠明茶协会召开理事会扩大会议，将“景宁畲族自治县惠明茶协会”更名为“景宁畲族自治县惠明茶行业协会”，选举产生景宁畲族自治县惠明茶行业协会理事会。2008年3月13日，县民政局审核通过更名申请。

2008—2010年，行业协会认真履行职能，坚持“四统一”管理制度，认真组织参加第二届浙江省十大名茶、上海世博会名茶等重大名茶评优、评选、认定工作，为景宁赢得多项名茶荣誉作出努力。

第二章　香　　菇

“山山牌”香菇金质奖

龙泉、庆元、景宁三县相邻地带是世界人工栽培香菇的发源地。自宋代利用朽木繁殖香菇开始，人们逐渐认识香菇生长规律，发明砍花法香菇栽培技艺。在产业发展兴旺繁荣的明清及民国时期，景宁有几万菇民离乡背井，冬去春回，远赴江南各省林区发展菇业。1949年10月，中华人民共和国成立后，科技不断进步，特别是20世纪60年代后，科技人员研制培育出香菇菌种并在全国推广。景宁菇民最早接受栽培新技术，先后利用菌种和替代木材用料栽培香菇取得成功。半个多世纪来，景宁香菇生产从原木到段木、从木料到代料、从依赖自然环境生长到人工调控环境栽培，香菇生产进入鼎盛期，景宁设立畲族自治县后，县委、县政府持之以恒，培养科技人才与落实措施，加大投入，促进发展。香菇产业成为景宁农村经济第一支柱产业，香菇产值占20世纪90年代农业总产值的50%。1995年，“山山牌”香菇、黑木耳荣获第二届中国农业博览会金质奖。1996年，景宁获“中国香菇之乡”称号；1997年，景宁被授予“全国食用菌行业先进县”。

第一节　生产历史

香菇原为野生食用菌，人类从发现并学会培植至今，其发展过程历尽艰辛，有起有落。进入信息科技时代，菇农利用现代科技扩大生产规模，使香菇产业成为振兴山区经济的重要支柱。

香菇起源

人类发现香菇于宋代。在景宁菇乡，菇民传说是五显大帝首先发现香菇，菇民都把五显大帝奉为菇神、财神，在乡间建造许多庙宇供奉五显大帝神像。自北宋起至元代，龙、庆、景三县菇民都在山上砍伐树木待其腐烂出菇，成为世界人工栽培香菇发源地。至南宋早期，吴三公又发明了香菇生产“砍花法”和“惊蕈术”，此后人工栽培香菇有了较为完整的技术。据庆元县黄皮村光绪七年(1881)修《吴氏宗谱》载，“吴三公，讳昱生于宋建炎四年(1130)，安人刘氏”。其先祖吴子瑛住景宁鸬山村(今鸬鹚乡鸬鹚村)，宋嘉祐年间(1056—1063)迁往龙泉龙岩村(今属庆元县)。吴三公在兄弟中排行第三，故名吴三。因出身贫寒，家境困难，吴三以上山狩猎与外出担盐为生。他上山发现阔叶树倒地腐烂后，凡被刀斧砍过之处容易出菇，且所长之菇形状美观，甚为惊异。次年，他将树木砍倒后故意砍些缺口，任其自然腐烂出菇，3 年后，香菇产量大增。吴三成了香菇“砍花法”生产发明者。可有一年树不出菇，吴三非常生气，便用斧头随意敲击腐木，过数日，吴三上山发现，被他敲过的腐木都长香菇。吴三大喜，就将砍倒的腐木普遍敲击，结果腐木都能出菇，这就是吴三发明的“击木惊蕈”(催菇)术。为感恩吴三的发明，后代菇民纷纷建祠立庙，供奉“吴三”塑像，尊称他为“吴三公”。800 多年来，每年 3 月 17 日吴三公出生日，或逢年过节，或进山种菇，或收菇下山之时，菇民必朝拜、纪念吴三公的功德。

发展简况

北宋时期，野生性栽培香菇，产量很低。元代，利用砍花法栽培技艺，菇量增多。明代种菇规模不断扩大。据民国 13 年(1924)叶辉庭编著《菰业备要》载，明太祖朱元璋洪武元年(1368)登基后连遭旱灾，民不聊生，宫廷贡品减少。朝庭御史中丞刘伯温到各地收取贡品，得知龙、庆、景生产香菇，就到这一带收集香菇进献宫廷。朱皇尝之味美鲜纯，连声称好。刘伯温顾念龙、庆、景三县山多地少，地瘠民穷，奏章皇上，求太祖给三县以种菇专利。朱皇便下旨，授予龙、庆、景农民“年年生产香菇，年年进献宫廷”。此后，龙、庆、景一带乡民便以种菇为业，不断扩大经营规模，将发展香菇作为谋生主业。从那时起，菇农为纪念刘伯温功德，也以立祠、立像、立榜、立位等方式纪念他，菇民编写“朱皇封给龙庆景、国师讨来做香菇”的楹联，一直在菇乡留传。

随着“砍花法”栽培技艺的完善和菇木资源的减少，菇民纷纷离乡赴外县外省种菇谋生。明代后期，英川、鸬鹚、葛山、沙湾等地每年外出菇民达 3 万多人。至清代，龙、庆、景三县菇民已遍布福建、江西、安徽、广东、广西、湖南、湖北、四川、云南、贵州等 10 多个省，100 多个县。从清代至民国中期、抗日战争前，砍花法为栽培香菇旺盛期，菇民区扩展到标溪、大地、大均、家地、雁溪、梧桐、大漈、东坑、景南等地，每年外出菇民达 4 万多人，年产干菇 80 万千克。龙庆景三县菇民达 13 万人之多。

20 世纪 30—40 年代，受战乱影响，菇民外出剧减。1953 年后，菇民外出受集体化制约，甚少。1966—1978 年，农民不可外出，菇业受阻。20 世纪 70 年代后期，香菇科研有新成果，以菌种点种新技艺替代砍花法得到应用，菇业开始恢复。东坑区供销社首办菌种站，独创香菇新老结合栽培法，在树木上点种香菇菌种，其法出菇早、产量高、周期短，很快被菇农接受。1979—1982 年，数万菇民赴外省利用新法栽培香菇。1983 年后，林木凭证砍伐，菇材受限，菇业再次低落。1984 年，景宁建立畲族自治县后，县委、县政府把香菇生产列为重要产业。至 2010 年，景宁香菇生产为历史最旺盛时期。

第二节 栽培技艺

人工栽培香菇是人类对菌类生物学有深度认识而发展的栽培技艺。从北宋开始，把树木砍倒依赖自然气候出菇，到人为利用环境科学栽培香菇，历时1000多年，其技术变革，经历原木砍花栽培、菌种接种栽培和利用代料栽培三个阶段。

砍花栽培

砍花法栽培香菇

树木腐烂自然出菇

砍花栽培是代代相传的民间技艺。最初，人类故意砍倒树木，任其自然腐烂出菇。在栽培中，人类又发现，不同的山坡、不同的树木，香菇产量有很大不同。而同一类树木，生长于不同山地及不同季节砍伐、砍后倒于不同方向、不同落地条件、不同的留枝留叶方法，都与出菇多少有很大关系。根据这许多不同，菇农认真选山场、选菇木、选季节，这是初始阶段。继而菇农又发现，腐木的干燥与潮湿程度，对出菇量有很大关联。于是菇民设法在砍倒的树木上削置排水口和滞水口，创造砍花和保水技艺，摸索出选山、选树、砍树、砍花、报水、遮衣、管理、采收、烘焙等一套较为完整成熟的生产技艺，这是砍花栽培香菇的完善阶段。

选山　菇民叫“踏山”。要六看，即看山势：山前开阔，空气流通。看坐向：坐北朝南，冬暖夏凉。看菇木：菇木树多，冠大枝繁。看树色：树皮厚润，略带红色。看土质：腐土层厚，吸水性强。看水源：水源充足，供水方便。

选树　菇木是香菇生长的基床，好菇木有红栲、白栲、枫香、藿香、檀香、甜槠、米槠、苦槠、麻栎、白栎、石栎、银栗、金栗、毛栗、乌岗、鹅耳枥、橄榄、三七、杜红等几十种。为便于记忆，菇民编成山歌①：

最好菇木是三栲，红栲白栲和毛栲。顶好头年出的本，第二三年更肯生。
第二菇木是三槠，米槠乌槠和苦槠。发出香菇多又好，其中最好是米槠。
第三菇木是三香，枫香化香和檀香。三香都是好路树，小心枫香水过多。
第四菇木是三栎，麻栎白栎和石栎。选用三栎人心乐，白栎出菇年数多。
第五菇木是三栗，金栗银栗和毛栗。小心遮衣不可晒，出菇也算一般多。
第六菇木是两岗，树木坚硬青乌岗。出来香菇不算多，香菇质量厚又花。

① 山歌中的树名是菇民方言，有的与学名不一致，如马料树，学名为鹅耳枥。

第七菇木还很多，橄榄三七也不差。杜红肝心也可用，出菇体小数量多。

第八菇木马料树，生在高山低山无。如有马料不可失，发出香菇叠叠生。

砍树　农历立冬至来年惊蛰为砍树最佳季节，但在冬至到大寒期间砍伐更好，树木处于休眠期，皮与木紧粘坚固，含水适中，营养丰富。砍伐宜早砍含水多的树，迟砍含水少的树。树木倒向有讲究，根据树种、土质、山势来确定，含水多的树木向下方倾倒，含水量适中的树木向遮阴树多的方向倾倒，以使含水量适合菇的生长。

砍花　又称点花，在砍倒的菇木两侧，以每隔 3~4 寸间距砍几行伤口，砍口深浅要看场地、树种来确定，不同场地，不同树种，有所不同；同一场地，同一树种砍口深浅度要一致，这是种菇重要技艺。砍花（伤疤）深浅，不以尺寸来量，而以大米等物来作参照。对树大而皮厚的菇木在皮层外表砍花叫留花，有弹燥、弹黄、三破两等几种。一般菇木砍花都砍入木质部分，其深浅分薄篾、半粒米、细粒米、驮粒米、粒米、玉米粒等。

景宁不同树种报水、砍花标准例举一览

表 16-2-1

树木名称	树木生长地带	开放水口方法	砍花深浅标准		树木名称	树木生长地带	开放水口方法	砍花深浅标准	
			砍花	留花				砍花	留花
红栲	低中山	光堵	细粒米	三破两	枫香	低中山	光堵	驮粒米	—
白栲	低中山	光堵	薄篾	弹黄	鹅耳枥	高山	草堵	细粒米	—
化香	中高山	草堵	粒米	三破两	白栎	中高山	草堵	驮粒米	三破两
乌槠	中高山	光堵	细粒米	弹黄	苦槠	低中山	光堵	细粒米	—
米槠	低中山	光堵	细粒米	三破两	檀香	低山	光堵	驮粒米	—
乌岗	高山岩山	草堵	驮粒米	—	黄柒	中低山	八字水	细粒米	—

说明：表内名称按菇民习惯叫法编写。

报水　也叫放出水口。报水有报阴水、阳水、顺水、反水、光水、毛水之分，菇民分草堵和光堵两种。草堵适应含水量少的坚硬树种，光堵适用含水量多、木质嫩的树种。报水操作方法是在树木砍倒后，视树木大小及长短，在原木二分之一或三分之一处砍 1~2 个口。砍口两边光滑叫光堵，有利于多排水少吸水，一边光一边粗叫草堵，有利多吸水。

遮衣　遮衣是保持菇木湿度的重要措施，有利孢子萌发和菌丝在菇木上生长定植，防太阳暴晒，安全越夏。因此要保护好菇木周边遮阴树。给菇木遮衣，其操作方法是把树枝树叶遮盖在砍好花的菇木上，遮衣时先用粗大树枝树叶支撑，后盖细小树枝树叶，保持遮衣层与菇木有一定距离，这叫空衣，能保持菇木周边空气流通，容易接受在空气中飘浮的香菇孢子，并给飞落的孢子创造孢子萌发相适应的温度和湿度。

管理　出菇管理期，要把遮盖在菇木上的树枝树叶揭开，清除菇木周边的枯枝烂叶、杂草、乱石等，同时做好“整山”和“装山”。整山即整好路道便利通行，装山即安装捕捉各种飞禽走兽的设施。清除兽害是出菇管理期的重要环节，每个菇农都要掌握捕捉野兽的技艺。菇山的老鼠、松鼠、野鸡、白鹇、黄麂、青麂等都爱吃香菇。兽害不除，菇木不仅没好收成，甚至会绝收。为多产多收，菇民把管理内容编成顺口溜：

第一管理要克勤,操衣开槒自小心。操日存算回日事,槒头槒尾开分明。

第二管理自操心,未见天亮便出门,夜晚见光不可转,恐怕邻近有坏人。

第三管理早装山,登缚放索并聚弦,满山槒棚都放有,不怕飞禽走兽强。

第四管理路开光,就是夜行也不妨,恐怕夜里强盗贼,夜间守菇望月光。

第五管理赶山勤,切莫懒走不去寻,恐怕落雨菇烂了,又怕野兽会生虫。

清明前后,出菇期结束,菇民准备返乡,必须在菇木上再次盖上树枝树叶,这称“回衣”,能使菇木在阴凉条件下越夏。

采收 立春前采收的香菇叫冬菇。立春前温度低,子实体发育慢,产量低,但质量好,多数是厚菇。若遇多晴少雨气候还会长出花菇。立春后采收的香菇叫春菇。立春后是产菇旺季,香菇生长快,多为薄菇,若采收不及时会烂菇。香菇七分成熟便要采收,大卷边期采收的菇为厚菇,质量好,价格高。菇盖展开小卷边时采收为薄菇,若菌褶有锈色斑再采收,则价值低。

香菇采收

烘干 采收香菇前要做好烘焙香菇的器具:木炭、火坑、烘架、焙笼。香菇采回要及时摊在篾簟上,小心轻放,厚薄适度。烘焙要及时、温火,无烟、防止烘熟,勤换篾簟,干湿分烘,菇柄、菇盖相连处坚硬为干燥。烘焙好的菇为金黄色,香味浓。烘干一批挑选一批,清除杂质,花菇、厚菇、薄菇、丁菇、大片,分类包装,于干燥阴凉处保存,编号记名,待送出售。

接种栽培

从砍花法栽培到菌种接种法栽培是香菇栽培技术的重大突破。自有放大镜和显微镜之后,科技工作者发现肉眼看不到的香菇孢子是香菇的繁殖单位(种子),只要研究出具备香菇孢子萌发、菌丝生长、发育的所需条件,就能科学栽培香菇,破解人们认为香菇没有种子的误解。1957年,上海农科院首先研制培育出香菇菌种,景宁香菇科技工作者如获至宝,引进技术和试管种(母种)。1968年,于砍花法栽培的蕈寮进行菌种点种(接种)替代砍花试种,用传统方法进行出菇管理获得成功,创立景宁独有的新老结合法栽培香菇技艺,栽培菇木成活率高、出菇早、周期短,产量比原来提高3~5倍。20世纪70年代始,菇农接受接种法栽培,将山上菇木砍倒切成段木,集中运到接菌点栽培。段木栽培香菇技艺的流程为:

选场 选择向阳、空气流通、地势平坦、土质肥沃、坐北朝南,冬暖夏凉、水源近便之地,集中栽培。

备料 不用针叶树、樟树和青皮香树。选树龄10年左右、直径8~16厘米的菇木。菇木砍伐半个月后剃去枝梢,锯成1~1.2米长,运到菇场,断面涂上石灰水。水分适中的平放堆叠备用,水分多的以“井”字形堆叠风干。

接种 又称点种,把培养好的菌丝体菌种移植到段木上。接种期选在早春桃花开时最适宜。在阴天或避阴处接种,用电钻在菇木上打孔,孔穴直径为1.2~1.4厘米。深度入木质部1.5厘米,孔距15~20厘米,行距6~10厘米,行与行之间的孔为“品”字形,再把菌种塞入孔穴,松紧适合,盖上树皮,敲平打紧。

发菌　菇木接种后有个发菌期，要做好发菌管理。菌种是好氧性真菌，对温度很敏感，24℃~26℃最利生长。其抗低温能力很强，在零下几十度还能生存，但不耐高温，38℃以上菌丝死亡。最适宜菌丝生长的基床含水量在35%~45%，根据其生长所需条件，段木接种后采用顺码式、复瓦式或直立式堆叠。上堆后盖上树枝树叶，厚度适中，利于通风。发菌期间要经常翻堆，促使菇木各部位都能接受到良好的外界条件。若遇高温久晴造成菇木干燥，要增加遮阴物和适量人工喷水；并防治白蚁危害。

排场　经过发菌的段木摆放到先前备好的场地。一般采用人字形排放，即架设80厘米高横梁，菇木靠横梁两边整齐排放，便于遮阴、喷水、采收等操作管理。

出菇　香菇是刺激性菌类，其子实体形成要靠温差、湿差、光照等刺激，否则不出菇。气温多变是出菇的最好条件，若无这种条件，可用遮阴物进行变温和光照调节，白天让光照直接射入菇场，提高菇场、菇木温度。夜里揭开遮阴物，自然降温。若菇木太干不利出菇，可人工喷水进行湿差刺激，在适温适湿条件下，香菇生长发育很快。若遇适温但空气干燥，湿度低，香菇内部组织发育快，菇盖皮层会受到抑制导致开裂，形成畸形菇，这种菇正是人们追求的花菇。进入出菇期，保护好菇木和香菇子实体，防止阳光暴晒、杂菌侵蚀及动物、蜒蚰和白蚁等危害。

代料栽培

在培养香菇菌种过程中，科研人员发现菌种袋也会长香菇。受此启发，探索不用原木用代料也许可以栽培香菇，于是着手替代木材培养料的研究。1986年，县食用菌实验厂实施“星火计划”进行代料栽培研究试验，当年取得成功。在各种代料试验比较后，筛选出以木屑为主料，附加麸皮或米糠效果最好，1987年全面推广。1991—1992年，通过改品种、改菇棚、改管理，在景南乡上标进行花菇栽培试种成功，鲜菇市场价每千克由原来的1元多上升到10元多，实现优质、高产、高效。代料可利用的原材料广泛，培养料可制作成块状、袋状、柱状，栽培方式有半地下式，园畦式和层架式，各地引用花菇栽培新技术迅速发展。

设施准备　代料栽培香菇可在空地、田地、园地和山地进行，但须具备平坦、向阳、通风、水足、便利等条件搭建菇棚和寮蓬。寮蓬用于堆放原材料、制作筒袋、发菌养菌；菇棚用于筒袋排放和出菇管理。生产设备有装袋机、灭菌灶、接种箱和锄头、铁锹等。若以工厂化生产，要有自动化切片机、粉碎机、拌料机、装袋机、微压灭菌锅、冷却室、无菌室以及各环节之间的自动输送带等流水作业设备。此外，还要备好石膏、碳酸钙、灭菌用燃料、塑料筒袋、扎线、接种用酒精、酒精灯、接菌钳、打孔棒、消毒药品等。禁用有毒药品。

原料准备　代料原材料包括树枝、树梢、树叶；木材加工厂丢弃的边皮、碎片、断头、刨花、木屑；农作物的秸杆、稻草、麦杆、豆杆、豆壳、玉米杆；野生植物芒杆、郎衣、茅草等，除木屑、米糠以外，都要经过粉碎加工。如制作10000只香菇筒袋，要准备好干木屑7800千克、麸皮或细米糠2000千克、石膏100千克、蔗糖100千克。

筒袋制作　培养料按香菇生长的营养要求搭配原料，通用配方配比为木屑78%，麸皮或细米糠20%，蔗糖1%，石膏1%，料水比1∶1。制作时将以上原料混合反复拌匀，用石膏、石灰、过磷酸钙等调整酸碱度（pH值5.5—6.5），做到料匀、水分匀。培养料拌好后及时装袋，以防培养料发酵引起酸化。装袋时把塑料筒袋套在装袋机出口筒上，手压筒袋底，将料装入漏斗开通电源，料自动装入袋内，松实度要一致，在不损坏筒袋的前提下，以实为好。用塑料线扎紧袋口，用火烧溶密封。

灭菌接种　筒袋制成后须快速进行常压灭菌或高压灭菌，杀灭培养料中的一切微生物。常压灭菌是将筒袋放入灭菌灶，温度加到100℃后连续保持8~10小时；高压灭菌是将温度加到压力表0.5千克/平方厘米时放冷气，再加温，压力升到1.5千克/平方厘米时，连续保持2个小时。

接种是在无菌条件下将菌种移植到筒袋培养料中的工序。经灭菌的筒袋，温度降到30℃以下就可接种。接种前，接种室、接种箱要消毒；筒袋、菌种和工具装入接种室或接种箱内还要再次进行消毒。操作工要穿好经过灭菌的工作衣、帽和口罩。接种时先在筒袋上打孔，再将菌种移植到孔内，孔口贴胶布或地膜，以防杂菌污染。

发菌培养　经接种的筒袋，移入培养室或排放在阴凉、通风、干燥、清洁的场所进行发菌培养。培养期温度要控制在22℃~25℃，温度低发菌慢，温度高会抑制菌丝发育。若发现菌丝生长慢，颜色变淡，说明筒袋缺氧，要掀开胶布或地膜，或刺孔通气。菌丝恢复生长会放出热量，须注意通风降温，防止“烧堆”。经50天左右培养，菌丝定植在培养料中会出现深褐色水珠和少量原基，筒袋表层转为茶褐色，说明筒袋已具备出菇条件。

排场出菇　发菌成功的筒袋要按时排放到菇棚或地畦。出菇管理期要进行人工调节光、热、水、气的变差刺激。通过调节温差、湿差、光照、振动等提高出菇量。出菇后菌丝筒水分消耗大，须定时人工注水、浸水或喷水。

代料栽培香菇，易发青霉、曲霉、毛霉、根霉、木霉（绿霉）和链孢霉等霉菌，并有白蚁、蛞蝓、跳虫、香菇蛾和螨类等虫害，要加强防范。

第三节　生产　销售

景宁香菇生产，在宋元明清及中华民国时期，均以砍花栽培为主，技术含量低，产量少。受自然资源、客观条件制约，大量菇农到外省生产香菇，在外地设立菇行进行产品销售。20世纪50—60年代，受集体化和“文化大革命”影响，香菇生产规模偏小。1984年景宁建立畲族自治县后，县委、县政府重视香菇生产，把香菇作为经济发展主导产业，并注重科技应用，积极推广代料栽培、脱水加工等新技术，实施改品种、改菇棚方式、改出菇管理方法的三改措施，使香菇生产得到快速发展，实现了优质、高产、高效的要求。1984年，生产干菇20万千克，2000年，达到532.3万千克，2010年，由于城区菇棚搬迁及加强林木资源保护，产量有所回落，但仍达394.28万千克。香菇产量增多，香菇销售经营户随之增多，景宁先后创办香菇市场和绿色市场。香菇产品主要销往美国、日本、东南亚等30多个国家和地区，最高年份销售干菇500万千克，总交易额达4亿元。

生产

1984年，国家科委提出实施“星火计划”。丽水地区科委组织龙、庆、景三县科技人员实施“代料栽培香菇星火计划”，景宁实施区由刘世祥承担课题负责人。1985年，创建食用菌实验厂，研究替代木材用料。1986年，利用木材厂木屑配以麸皮等替代木材试验栽培香菇取得成功。1988年，省农业厅牵头组织龙、庆、景三县实施“高产模式栽培香菇丰收计划”又获成功，得省科技进步三等奖。1993年，县食用菌办公室在上标进行花菇栽培试验，取得高产。1994年，刘世祥提出《就食用菌生产的现状提几点建议》被县政府采纳，县政府把代料栽培香菇作为农村脱贫致富攻坚项目。1995 年，香菇产量 324.7 万千克，达到 1949 年前全国总产量，相当于世界香菇生产第二大国日本年产量的两倍。1995—2000 年，景宁香菇栽培覆盖所有乡镇，有 90%的行政村、80%的自然村、70%的农户从事香菇生产，香菇等食用菌产值占全县农业总产值 50%以上。2000 年，香菇产量 532.3 万千克。2001 年后，政府引导菇农进行集约化、标准化、基地化（菇棚）栽培，香菇生产从分散到集中，从山区到集镇，实行产业转型升级，2005 年，香菇产量 378 万千克。2006 年后城镇建设拓展，征用大量农田，原建菇棚被迁移至城镇郊区。2010 年末，香菇仍为农村经济主要产业，香菇产量 394.28 万千克。

景宁历代香菇生产情况一览

表 16-2-2

朝代与年份	栽培技艺	产干菇量（万千克）	简　况
宋朝	砍花法	少量	把树木砍倒，在自然条件下，接受香菇孢子萌芽出菇，属野生性栽培
元朝	砍花法	1~5	在英川、葛山、鸬鹚等地初步发展，黄湖、寨后、南坑下等村与庆元、龙泉县相邻的林区初步形成砍花法栽培技艺
明朝	砍花法	5~40	在明太祖朱元璋授于龙、庆、景三县栽培香菇专利以后，景宁菇民相继向外地发展。早期约 5000 多菇民赴云和、遂昌、松阳、台州、温岭、仙居等地深山老林栽培香菇。公元 1500 年前后约有 10000 多菇民赴福建、江西、安徽等深山老林栽培香菇
明清	砍花法	30~60	清代是景宁菇民的活跃时期，景宁菇民扩展到广东、四川、湖南、贵州、云南、广西等 10 多个省。中后期约有 3~4 万菇民，在每年秋收后就去外省栽培香菇，清明前后返乡种田
中华民国	砍花法	40~80	继清代后期蓬勃发展，直到抗日战争以前都十分兴旺。抗日战争，解放战争时期，受到战争影响，菇民外出减少
1950—1957	砍花法	70~20	土地改革以后，香菇发展势头好。农村实行互助组、合作社、人民公社时期，菇民外出由集体安排，香菇生产年年减少
1958—1977	砍花法	5~4	文化大革命初期和后期，有少数菇民生产香菇，中期种菇人极少
1978	新老结合法	5	开始推广以菌种替代砍花法栽培香菇
1979	新老结合法	8	推广新老结合的原木栽培和段木栽培，主要产地在县内
1980	新老结合法	10	推广新老结合法的原木栽培和段木栽培
1981	新老结合法	18	在本县继续扩大栽培的同时，有不少菇民向外地发展
1982	新老结合法	30	具有新技术的菇民去江西、安徽等省林区生产香菇、县建立菇民委员会，并在景德镇设立驻赣办事处，帮助菇民发展生产
1983	新老结合法	30	大量菇民在江西安徽等省扩大香菇生产
1984	新老结合法	20	菇民与栽培地山林纠纷增多
1985	新老结合法	10	菇民与生产地山林纠纷严重，迫使菇民回乡而停产，开始研究代料栽培技艺
1986	代料栽培法	8	在县内实行段木和原木栽培的同时，研究试验代料栽培香菇成功
1987	代料栽培法	73.5	推广代料栽培香菇新技术
1988	代料栽培法	75	实施高产模式栽培香菇的丰收计划
1989	代料栽培法	73.1	实施高产模式栽培香菇的丰收计划
1990	代料栽培法	110.7	实施高产模式栽培香菇的丰收计划
1991	代料栽培法	152.4	全面推广代料栽培香菇，开展研究试验花菇栽培法

续表 16-2-2

朝代与年份	栽培技艺	产干菇量（万千克）	简　况
1992	代料栽培法	238	袋栽花菇取得成功，全面推广应用
1993	代料栽培法	258.9	全面推广花菇栽培法
1994	代料栽培法	291.3	全面推广花菇栽培法
1995	代料栽培法	324.7	新技术、新品种、新工艺推广，提高质量、生产扩大，市场活跃
1996	代料栽培法	417.4	“三新”推广，稳定发展
1997	代料栽培法	509.1	选用优良品种，发展花菇栽培，应用脱水加工新工艺，提高产品质量
1998	代料栽培法	389.2	选用优良品种，发展花菇栽培，应用脱水加工新工艺，提高产品质量
1999	代料栽培法	480.2	选用优良品种，发展花菇栽培，应用脱水加工新工艺，提高产品质量
2000	代料栽培法	532.3	选用优良品种，发展花菇栽培，应用脱水加工新工艺，提高产品质量
2001	代料栽培法	295.8	菇民开始向城镇郊区栽培
2002	代料栽培法	391.5	菇民继续向城镇效区发展
2003	代料栽培法	375.6	菇民继续向城镇和外乡发展生产
2004	代料栽培法	420.5	菇民向城镇和大城市效区发展生产
2005	代料栽培法	378	菇民向城镇和大城市效区发展生产
2006	代料栽培法	273.8	开始在城镇效区建立连片生产基地
2007	代料栽培法	393.59	继续扩大城镇郊区生产基地
2008	代料栽培法	371.39	继续扩大城镇郊区生产基地
2009	代料栽培法	379.72	继续扩大城镇郊区生产基地
2010	代料栽培法	394.28	开展无公害生产基地建设

说明：中华人民共和国建立前各朝代的数据是根据菇乡调查资料分析和外出菇民数量测算而得出的，因历史无资料和各年气候不同，香菇产量变化很大，其数据仅作参考。从 20 世纪 80 年代初开始的数据为真实统计。

销售

菇行销售　宋至明代初期，香菇仅在龙、庆、景一带生产，数量不多，香菇产品由菇民自行推销或托人代销。明代“皇封”授予龙、庆、景栽培香菇专利后，大量菇民赴外省林区栽培香菇，产量增多，掌握市场信息的菇民在人口集聚地建立菇行。从清代至民国期间，菇行逐渐增多，据民国 27 年（1938）统计，景宁人在上海、江西、福建、广东各地开设的菇行有 40 多家。菇行不仅专业从事香菇销售，还为菇农介绍菇木资源；预付启动资金；及时向各菇寮提供菇业信息；以菇行名义争取地方政府支持，帮助菇民调解有关纠纷等，菇行成为从生产到消费的桥梁和纽带。民国 19 年（1930），英川农民王祖熬前往江西婺源租山搭寮种菇。3 年后香菇丰收，再扩展为 3 个菇寮。资本壮大后，又把邻近菇山全部租下，组合菇民入股，发展菇寮 87 个，菇民 500 多人。香菇产量增多，在上海开设王元利菇行，成为景宁最大香菇商。

统购统销　1949 年 10 月，中华人民共和国成立后，农产品基本上是随行就市，自主买卖。1953 年，全国建立供销合作社，农村各地的粮、棉、油、麻、竹、木、柴、炭、丝、茶、糖、菜、烟、果、药、杂等产品都由供销社统一经销。香菇作为林特产品，又处于计划经济年代，被列入政府统一经销范围。各级供销社把香菇生产作为农村多种经营项目来抓，积极扶持组织生产，统一开展产品购销。每年召开菇民代表会，听取生产、营销意见和建议。冬、春季专门派员到菇区菇寮去看望菇农，主动上门收购香菇。由供销社经销的模式延续至20世纪70年代。

市场营销　1978年，中共十一届三中全会召开，市场逐步放开，香菇经销转向市场调节。1986年，代料栽培香菇技术普及，香菇生产由外省转回县内，由传统菇区种植转到景宁各地，产量猛增。1991年，鲜菇产量达1524万千克。1992年，县政府兴建“山珍大市场”，建筑面积2万多平方米。大批个体经营者到香菇产区收购产品进市场交易，香菇、黑木耳产品年贸易额达4亿元，年增税收450万元。2001年，又动工兴建“景宁绿色市场”，占地面积14000平方米，2003年竣工投入使用，总建筑面积30087平方米，交易使用面积10242平方米。入住菇业公司10家，经营部5家，菇行100多家，经营户500多家。2004—2010年，景宁绿色市场均保持稳定运行水平。

2007—2010年，景宁香菇栽培基地稳定在400公顷左右，代料栽培规模5000多万袋。2010年末，产干香菇394.3万千克，从事香菇产品经营达4000多户。其中，近1000户在外地设立经销窗口，食用菌产品向国际市场开拓，产品销往30多个国家和地区。

第四节　香菇文化

在近千年的香菇生产过程中，菇民创造了优秀的香菇文化。菇民劳作辛苦，生活清苦，每年秋后即备好草鞋、干粮，择定出行吉日，去菇神庙上香祈拜，然后结伴前往江西、福建等省搭寮种菇，长达半年之久，至次年清明，才能回乡，过着“*枫树落叶夫妻分别，枫树抽芽丈夫回家*”的菇民生活。返乡前买些饼干带回，分发给左邻右舍的孩子，俗称“蕈客饼”。菇民家境贫困，受条件制约，难送子识字读书，只能通过家教、请先生或师父（拳师）传教，学文习武。这种特定的菇民生活，长此以往，自然形成不变的菇民文化。

菇寮生活

菇民在菇山取木料、毛竹、树皮、茅草等搭建菇寮，多为一户一个，也有几户或十几户合建一个。规模较大的菇寮有200—300平方米，可供菇民吃、住，还能置放加工香菇的烘焙火坑、焙笼、烘架、篾略等器具。

菇寮规矩　菇民实行一套历代流传的股份制规矩。一是菇寮不论规模大小、不论合伙人多少，都按10股（10呈）分摊，其中一呈为五显大帝所有，叫干呈（不摊成本和费用参加分红，即干股）。二是在菇寮期间，不准讲地方话，一律要讲菇寮行语。三是菇寮内设神位，菇寮外设土地庵，每月农历十四、廿九日为菇寮敬神日。寮内神位设于正堂壁正中央，摆放香炉，贴香火榜。

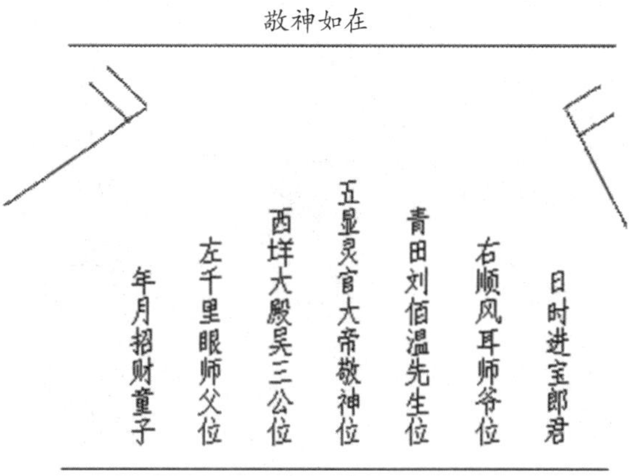

菇寮香火榜

每逢敬菇神日，寮主下山到集市买些酒、肉、菜和香、纸、烛等，于当日晚餐烧好饭和肉、菜，各盛一大碗，先摆在香火桌上，点香叩头，敬奉菇神。再盛一碗饭，放上三块肉，送到土地庵（寮外附近平坦处用石块简单磊成），点香敬奉土地公。后回寮内，与伙计们一起一声不响地静坐片刻（其意是恭候菇神和土地公领享敬意)。过一会,起身先去土地庵,在未到达庵时,先打3个咳嗽(其意是告诉土地公我来了),再收回米饭肉等回寮。接着点燃松明灯走出寮门,一手拿斧头或柴刀,一手拿火篮灯,大声呼叫:“上山、守蕈、赶书、烧炭、吃饭喽!”寮内伙计们同声回答:“噢!”此后寮内就活跃起来,大家有说有笑、快乐用餐。

在菇寮过春节叫松明灯过大节,大节的饭菜比每月两次的敬菇神日要丰盛。正月初一日,寮主带着伙计们上山砍一株树或从事一些其他劳动。回寮时砍一株枝繁叶茂的小杂木插在寮门外,视作摇钱树。过了正月初一,相邻的菇寮相互拜年,访友联谊,互祝新年。甲寮到乙寮要带鞭炮,当临近乙寮时要先鸣鞭炮,以示有客来了,寮主走出寮门接客,也鸣鞭炮相迎,客说:“向你拜年!拜年!拜年!拜你开衣当旺樯(菇木旺盛出菇之意),年内收菇七八百,年外出菇凑成千。”寮主答:“我好,你好,大家好!寮寮丰收,钱财滚滚,千万洋钱带回来……”然后供水、供茶、供点心。

菇寮行语　菇民在菇寮期间,一律讲菇寮行语,又称“蕈寮白”。尽管龙、庆、景三县菇民生活、生产和语言各自有别,但三县菇民的菇寮行语完全一致。

景宁菇民部分菇寮行语一览

表16-2-3

名称	术语音	拼音	名称	术语音	拼音
猪	乌杯	Wubei	刈	蟹	Ha
牛	天仓	Tiancong	吃	胡	Hu
鸡	地下棒	Diyobong	砍	粘	Nie
鸭	扁切	Bianqia	油	脂老	Zilao
狗	地羊	Diyang	肉	横老	Wanglao
鱼	柴林	Ralin	米	网	Mong
野猪	野乌杯	Yowubei	饭	天	Tian
山羊	山仓天	Songtiancong	酒	鼻老	Bilao
老虎	莆楼	Bulou	粥	平碗	Binwo
鹿	四章	Sijiang	豆腐	水欢	Xuhnan
猴子	久炎	Jiuye	好	女	Nu
山兽	囊	Nong	大	责	Za
大老鼠	大来	Dalai	小	考	Kao
小老鼠	落桑	Losong	烧火	尧窑	Niaoyao
松鼠	长久冲	Jiangjiucong	走	溜	Liu
朋尾松鼠	朋泽	Bengza	跌倒	横倒	Wandao
黄鼠狼	秋(嗅)精	Qiugin	洗脚	洒章	Sajiang
鸟	山鹰	Songying	睡	横	Wan
小鸟	鸟再	Niaozai	赶行	赶书	Guexu
山鸡	山地下棒	Sodiyobong	天黑	孟	Mang
竹鸡	竹地下棒	Diudiyobong	客	甫缸	Pugong
白鹇	白山鹰	Basoying	贼	桂老	Julao

续表 16-2-3

名称	术语音	拼音	名称	术语音	拼音
蛇	屯精	Dangin	小孩	标网再	Biaomongzai
放兽吊	放软绳	Fongnuejin	老人	老担	Laodang
放鼠压	聚石恼	Xushinao	先生	高担	Goudang
打	妥	Tuo	妇女	占担	Jiedang
缚	龙	Liong	生病	甘	Ge
柴刀	柴弯	Rawang	过年	过责担	Gozadang
草刀	草弯	Caowang	过节	过担	Godang
斧头	邦	Bong	下雨	洒腾章	Sadenjiang
锄头	锄恼	Zonao	下雪	横白老	Wanbalao
饭甑	空再	Kengzai	晴天	有日恼	Youneinao
锅	乌潭	Wude	霜	白老担	Balaodang
锅灶	乌潭灶	Wudezao	冰	硬良	Yingliang
锅超	乌潭界	Wudega	大雨	责雨	Zayu
菜刀	菜筷	Caikuo	红椮	红章	Henjiang
碗	弯	Wang	白椮	白章	Bajing
筷	快手	Kuoxiu	檀香	檀聪	Docen
锅刷	扫邦	Saobong	肝心	肝里心	Guelisang
罐头	罐恼	Guonao	驮甲于	责甲于	Zagoyu
桌	弹子	Danzi	头	恼	Nao
凳头	凳恼	Dengnao	耳朵	耳精	Niging
松灯	聪光	Cengong	眼睛	光笼	Gonglen
炭	乌精	Wugin	鼻子	鼻恼	Bienao
石头	石恼	Shinao	口	扣	Kou
粪	死老	Silao	头发	千春	Qianqun
虫	软老	Nuelao	骨头	硬子	YingZi
香菇	香佬	Xielao	血	赤针	Cizhen
菇厂	蓬	Beng	—	—	—

捕捉禽兽　深山老鼠、松鼠、白鹇等是危害香菇的天敌，豺、狼是伤人猛兽。兽害不除，受其糟踏，无菇采收。菇民不用枪、不用毒，只用绳索、铁夹、毛竹等材料，以压、夹、吊、捆捕捉飞禽走兽。山老鼠危害最大，菇民用老鼠压、老鼠夹、老鼠筒、老鼠巢、老鼠笼、老鼠锤、老鼠撞、老鼠剪等10多种器具捕之。捕山羊、野猪等大野兽则用绳索高弓吊缚（菇民叫“放索”）。

菇民教育

家教　菇民半年种田半年外出，无钱无力送子读书的只能自教家教。父辈或以故事寓教，或以格言传教，传授做人品德与生产技艺。教子要勤俭持家：“一寸光阴一寸金，寸金难买寸光阴”“做人要做事，不做不成人；勤是人之本，懒是恶之源”“一年之计在于春，一日之计在于晨”“春天一锄头，秋天满碗头”“一日省一口，一年多几斗”。教子要以和为贵：“众人拾柴火焰高”“家和万事兴”。教子要积德行善：“修桥补路添人寿”。教子要安分守己：“学武为强身防身，不准犯人，若遇人犯我，得先退三步。”家教虽片言只语，但易懂易记。

菇民外出做香菇，大都结伴而行合伙经营，会发生投资、投工、分红等经济关系。家教还要使年轻人学会记账、学会算账。学算盘，先要背熟16两秤的口诀，叫作求斤两口诀，念10625、2125、31875、425、53125、6375、74375、8作5……如计算1两的价值，用0625乘以单价。学懂求斤两还得学加、减、乘、除。加法口诀是：逢一得一、逢二得二……。减法口诀是：逢一去一、逢二去二、逢三去三……。乘法口诀与现在一样。除法口诀较为复杂，如：除数为5：被除数6以上者去五进一，5以下数五一倍作二，五二倍作四，五三倍做六，五四倍作八……

师教　由几户人合办私塾班，自备桌凳，三个月为一期，称“学一冬”，先生的工资由各户凑足。常用课本有《三字经》《布线》《初开》《千字文》等。课本实用性强，如《布线》共七章，有布线衣裳、人生食用、家常器用、起造屋宇等家庭常用字。第六章出门求财，专为菇民栽培香菇所写，摘录如下：

红沙债不[①]，恶神避之。天月二德，吉星可行。三兄五弟，伯叔亲人。

相限日期，某日起程。生借银两，记账分明。或做香椹[②]，是某山名。

店中安歇，折戥用钱。仔细收集，请事小心。买货杂项，来到主人。

家下等件，缺少借添。山判定当，可以上蓬。砍木做厂，俱要成功。

做前[③]守椹，几百前工。十四念九，过日虔心。上山登缚，打猎山禽。

买米买货，账记分明。香菇大出，讨托人工。香椹烘燥，买竹做篓。

摘若细篓，篓皮号明。顺字一二，三四五六。上上金钱，浙字景邑。

某名姓记，马[④]字写明。舵出埠头，讨般直[⑤]钱。发到行口，起岸某行。

关津隘口，切莫用强。讶郎相讨，主顾相逢。卖的高价，财帛弄明。

回头转家，防拐贼寻。路上行用，另仓碎银。回家清吉，感谢神明。

菇民功夫

菇民功夫

历史渊源　自明代形成香菇产业以来，龙、庆、景三县菇民相继奔赴南方各省做香菇成为常态。为求平安生存，防止猛兽侵害和盗贼偷窃，习武自卫蔚然成风。久而久之，形成注重拳法、紧守门户、下盘稳固、招式古朴等特点的防身功夫，也被称为菇民功夫。拳术套路有“七步”“八步”“五虎”“五虎落洋”等；棍棒术套路有三步、封崩、小四门、十二门等；其他器械有板凳、铁尺等。菇民功夫未入流派，也未见其有谱籍记载，农闲传教，能者为师，代代相传，至今已八百多年。

当代传承　菇民功夫动作简朴、实用，风格独特，注重攻防兼备。讲究学武是防身之需，不可主动攻击的武德。景宁菇民功夫起于明代，以晚清民国为最盛。20世纪80年代，代料香菇栽培技术推广，菇民相继告别候鸟式

①不，原读音短。②椹，指的是蕈。③前，指的菇木。④马，指码。⑤直，指值。

传统种菇生活，习武之风由盛转衰。2006 年，景宁首次承办丽水市体育局主办的传统武术比赛，英川镇组建武术代表队，以菇民功夫参赛，获 6 金 1 银，居全市各队前列。2007 年，中国畲乡三月三暨中央电视台《乡村大世界》走进景宁，英川武术传人再次展示武艺。2008 年，景宁武术协会换届，设立以菇民武术为主的地方拳分会，菇民武术传承人林平当选县武协副主席并兼任分会长。至 2010 年，地方拳分会组织林明伟、吴马成、吴国林、吴国兴、吴式形、林平等人，先后参加丽水市第二、第三届传统武术比赛及莲都区邀请赛，获金牌 10 多枚。2010 年，杭州市举办第七届传统武术比赛，林平获拳术、板凳、铁尺 3 枚金牌。同年，菇民武术被列入县级非遗名录。

娱乐生活

菇民娱乐生活，主要为看菇民戏、唱山歌、玩乐器、舞龙灯、舞狮子、跳花鼓、说故事、猜谜语等。

看菇民戏　菇民戏也称"生戏"，发祥于宋元，形成于明代，盛行于清末。菇民戏乡土气息浓郁，菇民热衷，在景宁英川、沙湾与龙泉、庆元交界一带及江西、福建菇区较为流行。每年定期在英川包坑口菇神殿、隆下坳福善寺、庆元西垟殿、龙泉凤阳山等 10 座五显大帝庙举行庙会，菇民戏隆重演出。演员皆为菇民，不仅在举行庙会时演，也会在劳作空隙与聚会时演，戏目有《京胡戏》《毛胡戏》《横唢戏》等 100 多部。

唱歌拉琴　菇民唱的山歌名目、唱调很多，有一人自编自唱、两个对唱，多人对歌，还有赛歌。男女老少都会唱的词调有：

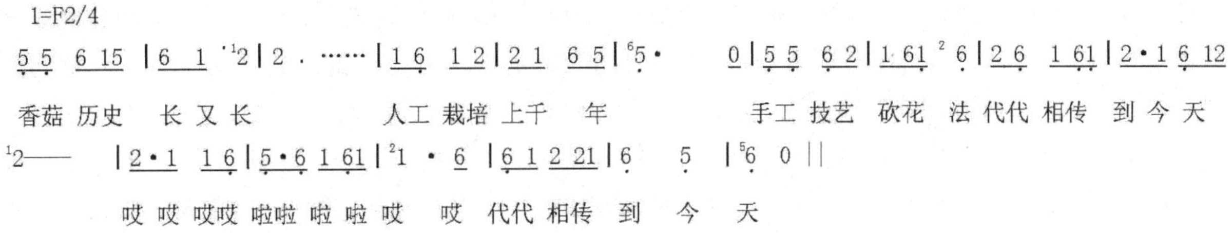

常唱的山歌歌词，可按以上曲调每四句一个反复续唱：

禾字加日就是香，香菇原是树上生。砍倒三年自发起，摘来烘干自生香。

草头加姑本是菇。浙江青田刘伯温。多蒙洪武钦奉旨，龙庆景县做香菇。

十月稻谷收上仓，菇帮伙计走路忙。一日步行一百里，十日左右到菇蓬。

春到三月清明边，菇收结束回家乡。夏秋两季把田种，冬春两季再离乡。

一年之计在于春，一日之计在于晨。一家之计在于和，一生之计在于勤。

好烟吃筒喷喷香，好茶吃碗心头凉。好酒吃杯慢慢醉，好花插枝满路香。

好听山歌人人欢，好戏看了大家夸。胡琴锣鼓真好听，乐得人人眉开颜。

此外，香菇栽培歌、两人斗唱歌、男女恋爱歌、孟姜女哭长城歌菇民都爱唱。除唱山歌之外，菇民娱乐形式还有拉琴、亨曲。拉胡琴是大多数菇民的特长，学拉琴有独特的曲调，叫《万头（调）定》。古传的曲调为：

上士上尺工合士，尺工上上士合工，

六工尺上尺工六，六工五六尺工六，

六工五六六上尺，尺工上合工上尺，

尺上工六六上尺，六工尺工尺上士，

士合士合士上尺，工六尺工合士上。

用现行的曲调译谱如下：

16 12 15 6 —|23 11 65 3 —|

53 21 23 5 —|53 65 23 5 —|

53 56 53 2 —|23 15 31 2 —|

21 35 51 2 —|53 23 21 6 —|

65 65 61 2 —|35 23 56 1 —|

菇乡过节

庙会　历代菇民都把五显大帝奉为菇神。从宋代开始，相继在菇乡建五显大帝殿庙，塑五显大帝神像。历代所建的菇神庙，县内名声较大的有英川下垟五显大帝庙、英川包坑口、英川隆下坳福善寺和沙湾峡桥五显大帝庙（已毁）。英川包坑口五显大帝庙又称“三合堂菇帮公所”，每年定期隆重举行庙会活动，主题是敬奉菇神、菇业董事会商讨香菇产业大事、要事。庙会每年两次，农历正月初七至初十举办第一次；七月十二日举办第二次，用时5~10天。隆下坳福善寺五显大帝庙庙会每年农历七月廿二日举办，用时5~10天。下垟五显大帝庙庙会每年六月初六举办，用时5天。庙会期间，英川菇民戏分赴各庙会演出五天，费用由庙会董事会负责，超出的天数由菇民自愿出资。菇民从四面八方来到菇神庙，祭祀奉神，商谈菇事，切磋技艺，交易产品，看戏娱乐，场面热闹，此俗一直传承。

年节　菇乡节日有春节、元宵节、清明节、端午节、迎神节、中秋节、新米节、进士节、重阳节等。过春节最为隆重，家家户户搞卫生、做年糕、做豆腐、杀鸡鸭，但少杀猪，猪要等到外出种菇的丈夫回家才能杀。家家门上都贴对联，横额有：香菇茂盛、生意兴隆、财源广进、敬神如在、人丁庆吉等。常用对联有：

浙放香菇龙庆景　江游各省靠相邻

朱皇封给龙庆景　国师讨来做香菇

除夕至元宵菇乡很热闹，有菇民戏、木偶戏、花鼓戏、舞狮子。狮子、花鼓会到各村巡演，送祝福。元宵节活动内容更为丰富，有舞龙灯、放“天灯”（孔明灯）等活动。

菇民草医

菇民久居深山，患病靠采集草药治疗。在实践中积累成行之有效的传统偏方①。如发冷发热、少儿麻疹、浓疮、肿毒，分别用黄连、黄柏、黄芹、香菇等防治。对各种肿毒、肿瘤，用“三妙膏”治疗。所谓“三妙”，指肿毒发生在初期贴即散毒，中期贴即拔脓，后期贴即痊愈。特别对妇女乳房肿毒具有神效之功。跌打损伤，断骨取苏木、杉木炭末等，用白砂糖薰化热贴；伤筋用韭菜、月季花等捣烂外敷；青肿内伤用白木耳、生大黄、半夏等外敷；内伤积血用当归、生地、川芎、桃仁、生大黄、红花等煎服；有碎骨且内部化浓用田螺肉捣烂加酒糟拌匀外敷；久伤留下后遗症，随气候变化而发作用益母草熬膏（忌用铁器）为丸，以酒伴服；发生破伤风用玉真散等。若被狗咬伤、野兽伤害，用胡椒、生甘草、熟牛屎等洗毒与外敷；

① 偏方来自古传和简摘《菇民备要全书》。

疯狗伤内服韭菜汁，每隔七日服一碗。毒蛇咬伤用精膏（即烟筒杆内油）水冲服。蜈蚣咬伤用指甲磨水外敷。黄蜂叮咬用蚯蚓屎调水外敷。狼咬伤用姜末厚敷。虎咬伤用猪血敷贴，随贴随化随换，并速用生地榆、三七、苦参研末和匀使用，血止痛消。菇民急救也自有办法。如中暑，土名“作痧”，出现头痛、全身不适等症状时，用“扭痧”的方法治愈，重者用针刺破皮肤挤出黑血效果更好。若局部有痛感，可在痛处按摩、推拿或吸筒（拔罐）治疗。若出现休克、不省人事的，以拍、压、吸或扎人中穴等方法进行抢救。

第五节　政策　管理

政策扶持

1984年，景宁建立畲族自治县之初，人均收入低，财政扶持生产能力薄弱。1986年，实施代料栽培香菇星火计划，1987年全面推广，但资金短缺，发展缓慢。1989年，县政府把代料栽培香菇项目纳入扶贫计划，上报省扶贫办、省农业、科技部门和国家民委，得到上级高度重视，连续数年下拨贴息贷款扶贫资金700多万元，有力扶持景宁香菇产业发展。至1997年，景宁从事香菇产业13778户，从业人员4万多人，食用菌产值占农业产值50%以上。

20世纪90年代后期，为保护生态环境和优化资源配置，县政府决定适当控制生产规模，以建设无公害、示范性、标准化生产基地为主，促进产业升级，香菇从业人员和产量产值相应减少。至2010年，景宁香菇生产从业人员25000人，食用菌产值2.4亿元。

行业管理

行政管理　1949年10月，中华人民共和国成立后，县政府根据香菇发展需要，确定分管和主管单位。20世纪50年代初至80年代，由县财贸部分管，供销社主管。1984年后，县政府成立食用菌生产领导小组，确定分管农业的副县长为组长。成立县食用菌生产协调小组，农业、林业、财政、银行、科委、经贸等部门负责人为成员。1985—1986年，县科委为主管单位；1987—1988年，县乡镇企业局为主管单位，发放菇民证，使菇民外出有合法身份，菇民在栽培所在地，可凭证与当地管理单位联系，取得政府支持和帮助；1989—1999年，县农村经济委员会为主管单位；2000—2010年县农业局为主管单位。

菇民证

20世纪90年代后，县政府把代料栽培香菇列入农村脱贫攻坚项目，各乡镇指定一名干部为食用菌专管员。1989—2007年，建立县食用菌办公室，其职能是负责管理香菇、黑木耳等食药用菌的生产、科研和贸易，当好政府参谋。组建菌种管理站、研究所，帮助菇农解决香菇生产中遇到的各种难题。

菇民委员会　20世纪80年代，景宁有数万菇民在福建、江西、安徽等省数十个县从事香菇生产。县政府决定建立县菇民委员会，每年秋季召开菇民代表会，听取代表意见，研究部署香菇生产。改革开放后，菇民委员会组建驻外管理机构，在江西省景德镇市建立办事处，为菇民解决生产经营中的纠纷或协同有关部门查处违法事件。

食用菌学会 1986年9月，成立县食用菌学会，有会员15人。学会编写《景宁香菇》《景宁香蕈栽培记》《代料栽培香菇实用技术手册》《香菇栽培基础知识问答》等技术小册10多种，教材20多篇。创办《景宁食用菌》简报，及时传授新技术新信息。1987—1994年，举办香菇和食用菌生产技术培训班135期，为各乡镇村培训技术骨干和栽培示范户，共培训12497人次。在菇民技术考核中，获得农民技师职称2人、助理技师26人、技术员70人、助理技术员14人、菌种制作合格技术员416人、具有菌种制作技术1000多人、独立掌握栽培技术1万多人。20世纪后期，香菇成为景宁农村脱贫致富的支柱产业。

食用菌协会 2003年成立县食用菌协会，参加单位20个，会员320人，协调香菇产前、产中、产后服务各项工作。

食用菌商会 2007年2月，经县工商联（总商会）批准，成立县食用菌商会，会员187人。商会选举会长1人，常务副会长、副会长17人，秘书长1人，常务理事及理事39人。商会设政策研究、组织联络、市场营销、市场协调、维权调解、财务监管、后勤服务、安全保卫等8个工作组。2007—2010年，食用菌商会会员建立生产基地333.4公顷，在国内各大中城市建立经营窗口1000多个，产品销至30多个国家和地区。商会积极协调与沟通行业关系，建立贷款审议领导小组，加强与银行交流沟通，为会员解决资金周转困难；在保护会员合法权益、化解社会矛盾、宣传产业优势、提高景宁食用菌产业知名度等方面发挥积极作用。同时组织会员向四川汶川地震灾区和困难菇民捐款。

第六节 企业选介

浙江景宁大自然食品有限公司 1995年成立，前身为1987年成立的景宁县综合食品厂，公司主要从事香菇、黑木耳等食用菌产品销售，为浙江省农业骨干龙头企业。2002—2003年，分别被评为省级农副产品加工龙头企业、省级林业龙头企业、浙江省级绿色企业。公司占地面积18000平方米，固定资产1.5亿元，固定职工212人，季节性员工300多人。公司建有标准基地1335公顷，带动省内外农户9632户，直接或间接创造就业岗位3万多人。公司通过ISO 9001质量管理体系认证、HACCP国际食品卫生安全管理体系认证、清洁生产认证等。公司“南野”牌产品为浙江名牌产品，丽水市名牌产品，“南野”牌商标为浙江省著名商标，丽水市著名商标。1997年12月，经国家外贸部批准为自营进出口企业，产品销往欧洲、美国、日本、东南亚、港澳、非洲、澳洲。与这些国家或地区建立200多家经销网络。公司拥有成熟的经营管理经验与国际贸易团队，年总销售产值达1亿多元。

景宁中信实业有限公司 1995年成立，公司以生产、加工、销售“金信”牌食用菌产品为主，拥有自营出口权，为省级重点农业、林业龙头企业。公司有工人300多人，引进国外先进设备和现代化管理模式，建立严格管理体系，通过ISO 9001质量管理体系认证、LSO 14001环境管理体系认证、食品安全管理体系认证、绿色食品认证、有机食品认证。公司“金信JINXIN”牌商标被认定为“浙江省著名商标”，产品被评为“浙江省名牌产品”“丽水市出口名牌产品”。产品销往亚、欧、美等洲30多个国家和地区，年产值达亿元。2000年被评为浙江省营销大户。2000—2010年，公司先后被评为“全国食用菌行业优秀龙头企业”“2010和谐中国优秀诚信示范单位”“省新世纪质量服务双优企业”“浙江省农产品价格示范企业”“ 丽水市诚信企业”“景宁县外贸出口先进企业”“景宁县劳动关系和谐企业”。

景宁绿源菇业有限公司　1993年成立，专业生产销售香菇、黑木耳等食用菌，产品销往日本、东南亚、欧美等国家。年加工干菇20万千克，产值1000多万元，创汇200多万美元。

景宁鹤西食用菌经营部　1994年创办，专业从事香菇、黑木耳等食用菌批发、代购、代销，年交易量10多万千克，常年安排就业80多人。

景宁信鑫食用菌经营部　2001年创办，专业从事香菇、黑木耳等食用菌产品，产品外销日本及东南亚国家和地区，内销全国各大城市，年交易量50多万千克，产值5000多万元。

景宁银丰香菇行　1992年成立，专业经营香菇、黑木耳等食用菌，产品外销东南亚国家和全国各大城市，年销售量20多万千克，交易额2000多万元。1998年菇行被县政府命名为“重合同、守信用”企业。

景宁宗祥精品山珍行　1993年创办，专业经营香菇、黑木耳等食用菌产品，2008年被省工商行政管理局授予省级“诚信工商户”；丽水市首届“消费者满意企业”；2010年被景宁县工商行政管理局授予“A级守合同重信用单位”。

第三章　小　水　电

景宁地形起伏，海拔落差悬殊，植被优良，雨量充沛，水资源丰富，利用效能高。水电资源理论蕴藏量66.62万千瓦，可开发利用53.04万千瓦，开发水电有着得天独厚的自然条件。自1957年建第一座水电站后，水电业逐渐成为景宁主要产业之一。1989年12月，通过全国第一批农村初级电气化试点县验收，至1992年末，景宁建成小水电42座，装机容量27786千瓦，发电量7434.8万千瓦时，产值1858.7万元，水电产业初具规模。1996年，县委、县政府提出“以电兴县”经济发展战略，坚持走“政府支持、政策优惠、体制灵活、投资多元”的水电发展路子，推进水电产业快速发展。2004年9月，被国家水利部授予全国第一个“中国农村水电之乡”称号。2005年10月，通过全国第一批农村水电电气化达标县验收。2010年末，建成投产电站154座，装机容量33.79万千瓦，累计投资24.49亿元，形成固定资产20.15亿元，年产值2.63亿元，“水电之乡”特色明显。

第一节　水能资源

景宁属中亚热带季风区，温暖湿润，雨量充沛。受地形变化影响，南坡温度高于北坡，气候垂直差异与层次分布明显。受季风气候影响，梅雨季节和台风季节时间长、多暴雨。

洞宫山脉起于闽北，自西南向东北延伸，贯穿景宁全境。境内地面千皱万褶，峰峦叠嶂，沟壑纵横、群山林立、水系发达、落差悬殊，海拔1000米以上山峰779座，最高峰为大漈乡上山头山峰，海拔1689.1米；最低处为陈村乡塘堡村，海拔80米。处处呈现“两山夹一水，众壑闹飞流”自然景象。

森林属中亚热带常绿阔叶北部亚地区，浙闽山丘甜槠木前林区。据林业资源调查，2008年，景宁森林覆盖率77.9%。大面积的森林对调节气候、防止水土流失、涵养水源发挥极为重要作用。境内植被覆盖层海拔300米以上较为深厚，300米以下基本上为陡坡峭壁，断崖外露，覆盖层薄。山林多落差大等自然资源优势为小水电产业发展提供有利条件。

境内溪涧属瓯江和飞云江两大水系，为山溪性河流，其流量受降雨控制明显。瓯江最大支流小溪，自西南向东北贯穿全境，境内流长124.6千米，流域面积1725.56平方千米，占全县总面积88.5%。其中一溪（鹤溪）、二源（小顺，大顺源）、三港（毛垟、英川、标溪港）、四坑（黄水坑、梧桐坑、大赤坑、炉西坑）是水电发展重要流域。飞云江为浙江八大河流之一，源头处于景南乡白云尖北谷，海拔1611.1米，流经景南、东坑等乡镇入泰顺县，境内流长31.9千米，流域面积224.44平方千米，占全县总面积11.5%。据1987年水能资源普查，景宁水能资源理论蕴藏量66.62万千瓦，年电能可达18.56亿千瓦时。

东南部山区由于地形对气流的抬升作用有利于降水的形成和增大，成为景宁的多雨区，年降水量在1800毫米以上，小溪沿岸河谷地带属降雨低位区，降水量在1500毫米左右。多年平均量为33.96亿立方米，多年平均径流量为22.15亿立方米。其中，地表水资源12.38亿立方米，占总量的80.9%。地下水总量为2.94亿立方米，占总量19.1%。1949年后，景宁建成蓄水3万立方米以上的水库、堰塘65座，总容量1.26亿立方米。

2010年景宁境内主要水系流域面积、塘库和电站分布一览

表16-3-1

流域名称	水系		境内					备注
	名称	流域面积（平方千米）	境内流域面积（平方千米）	塘库		电站		
				座	库容（万立方米）	座	装机（千瓦）	
瓯江小溪	鹤溪	51.7	51.7	2	659.4	5	18600	从炉西坑引水54平方千米
	小顺	82.7	58	1	89	2	2890	—
	大顺	156	92	3	545	6	10490	—
	毛垟	781.2	227.14	9	1304.65	15	48755	从黄水坑引水62.3平方千米
	英川	391.4	184.2	8	4066	30	93805	—
	标溪	363.9	363.9	13	3582.85	28	71440	—
	黄水	125.2	82.2	2	8.3	5	5525	—
	梧桐	145	11.5	—	—	4	9360	水库在云和县境内
	大赤	85.8	85.8	4	76	13	5510	—
	炉西	227.3	202.3	2	35	10	7420	—
	其他	—	366.82	12	299.3	23	20625	—
	合计	—	1725.56	56	10635.5	141	286220	—
飞云江	上游	—	224.44	9	1961.7	13	43470	—
全县		—	1950	65	12627.2	154	337890	—

第二节　水电建设

旧时景宁贫穷落后，农村照明用的是松明及火篾，“辣椒当油炒、火篾横横倒”为生活写照。中华人民共和国成立之前，农民从未见过电灯。中华人民共和国成立后，景宁水电建设经历了从无到有，装机容量从小到大，发供用电量从少到多，电压等级从低到高，电网覆盖从局部到全境，供用电保证率从劣到优的发展史。在发展过程中，伴随改革开放的步伐，兴办电站出现多种形式多种体制，推进景宁小水电发展。

建设

多种办电模式　1952年10月，景宁鹤溪锯木厂以煤气机带动0.5千瓦发电机发电成功，民众第一次在锯木厂门口看到了电灯。1953年10月，锯木厂同样以煤气机带动一台12千瓦发电机发电，初次安装照明电灯300盏。1956年7月1日，成立景宁电厂，利用火力发电，装机24千瓦，自此，景宁有了第一个发电企业。

1957年5月，张村高级合作社在下张村建造景宁首座水电站，以水碓轴加皮带轮带动发电机发电，装机1.2千瓦，发电成功。同年7月，鹤溪镇红星高级社用木制水轮机建成径流式水电站，装机12千瓦，安装电灯300盏。从此迈开小水电开发第一步。

1963年12月，由大漈公社筹资，在雪花漈动工兴建电站，装机50千瓦，于1967年5月竣工投产，成为景宁第一座社办集体电站。1978年12月，隆川公社在黄垟口动工兴建电站，于1983年建成投产，装机500千瓦，为景宁最大的社办电站。

1965年2月，大赤坑一级电站动工兴建，次年10月竣工投产，装机400千瓦，景宁第一个国营电站诞生。1970年10月，动工兴建鸬鹚电站，装机2500千瓦，在没有现代机械施工设备的情况下，凭手工进行拦水坝浇筑、开挖渠道，于1974年10月竣工，成为景宁最大国营电站。

1977年5月，动工兴建黄湖公社茶园电站，装机250千瓦，因水毁停发。至1986年7月，经社站职工协商以股份制恢复生产，景宁首次出现股份制电站。

上标一级电站厂房

1983年7月，动工建造峡桥三级电站，1986年12月竣工投产，装机800千瓦，为县、社合资兴建的电站。

1985年8月，动工兴建上标电站，装机2×8000千瓦，总投资4271万元，于1989年1月投入试运行，中央与地方合资兴建的电站诞生。

1992年末，景宁建成中央与地方合资、县办、乡办、村办等国有及集体性质电站31座，总装机26905千瓦。

1993年，景宁水电开发呈现股份合作开发成新趋势。

1999年12月，动工兴建英川电站，2002年5月竣工，装机2×20000千瓦，为景宁引资兴建的第一座大型电站。

1993—2010年，先后建成中小型水电站129座。

利用最佳水能　利用水资源开发水电有径流式和调峰式两种。径流式靠自然流水发电，没有调峰能力，电量与质量相对较差，人称“蓑衣电”。调峰式是以筑坝建库拦截上游来水与就近引水，通过蓄水发电，峰谷电量可自行调度，电能质量明显较好。

水能的利用，根据水源海拔和水头落差高程选择发电机械设备，运用机械将水能转换为电能。主要有冲击式、斜击式、混流式和轴流式等4种方式。冲击式适应于高水头，斜击式、混流式适用于中等水头，轴流式为低水头所用。

引水工程是建造小水电水能利用最为重要的基础工程。景宁发展小水电虽有较好的资源，但山高峡深的客观条件与恶劣环境，也给引水工程的建造带来诸多困难。1970年10月，鸬鹚电站动工兴建，其引水明渠长达7280米，为景宁最长发电引水渠道。工程建设机械化程度极低，开工后向各乡村抽调大批民工，浇筑大坝、开渠引水都靠手工操作，工程建设用时3年多。

1985年8月，上标电站动工兴建，水库大坝建在景南乡上标下垟村水口，水库集雨面积31.1平方千米，库容2159万立方米。厂房建于雁溪乡雁溪村，设计利用水头高差478米，水头落差之高居景宁电站之最。

1998年5月，白鹤一级电站动工兴建，水库集雨面积150平方千米，水库大坝高65米，为景宁最高的双曲混凝土拱坝。

1999年12月，英川电站一级电站动工兴建，2002年1月下闸蓄水发电，水库库容3731万立方米，属景宁最大调节水库。其有压引水隧洞长6819.5米，为景宁最长的有压引水隧洞。

2010年末，在景宁建成的154座电站中，高水头水电站25座，占总数的16.2%。斜击式、混流式水电站102座，占总数的66.2%。轴流式27座，占总数的17.5%。在建水电站5座。其中，高水头2座，轴流式水电站3座。高水头增容1座，斜击式增容1座。

效益

从20世纪70年代开始，经过几十年的开发，县域内可开发的水电资源几乎都被开发利用，重点河流河段被梯级开发，水资源被反复利用，1斤水的效益超过1斤油的价值，水电开发取得丰硕成果。

经济与生态效益凸现　小电站的开发建设，取得明显社会经济效益。至2010年末，景宁有1000多名城镇下岗职工和农村富余劳动力在电站安置就业；农户土地、山林等生产资料被电站建设征用后得到政策补偿4.32亿元；全县有3万多人通过投资或土地山林折价入股得到电站盈利分红；水电建设带动农村基础设施投资1100多万元，电站新建与改造农村机耕路52条，长160多千米；电站业主捐资帮扶农村贫困学生完成学业实现大学梦累计100多万元；帮助农村安装自来水、电视接收器等公益事业建设累计资助850万元，实现农村通电率100%。小水电的发展，不仅使农村农民直接或间接受益，改善生活、生产条件，带动农村发展，还增加了国家财政收入。据统计，2001—2010年，景宁发电量为57.44亿千瓦时，产值22.83亿元，上交国家和地方税费3.81亿元。小水电为可再生清洁能源，景宁建成小水电调峰水库38座，使小流域行洪得到有效控制，水土得到保持，水库坝下村庄、农田、道路得到保护。2001—2010年，景宁的发电量，按5000大卡热量需500克煤发1千瓦时电计算，可替代原煤28.72万千克，减排二氧化碳66.45万千克，二氧化硫0.43万千克。

练就一批办电能人　2010年末，景宁建成小水电154座，一批开发业主不仅充分利用景宁资源，还将积累的资金资本投向外县外省，有70多位小水电股东响应国家开发中西部战略号召，前往中西部12个省69个县收购、合资、独资开发小水电，投资额50多亿元。浙江正明水电集团董事长严振明，

1996年开始投资开发小水电，分别于1997年和1999年建成石银一级和二级电站。1999年投资开发庆元县大岩坑水电站，此后又成功投资建成景宁景润、银库、龙石潭等水电站。2003年组建浙江正明水电集团，为景宁县第一家民营集团企业，也是丽水市首家小水电集团企业和小水电龙头企业。至2010年末，集团共有水电成员企业6家，拥有水电站7座，装机规模53000千瓦，年发电能力1.8亿千瓦时，年销售收入8000万元，年缴纳各项税费1200~2100万元，资产总值逾5亿元。水电开发先行者林建华，1991年5月起从事小水电开发管理，1995年7月组建景宁县三川水电开发有限公司，先后开发雁湖、华发、黄垟口、龙川等小电站。2002年公司更名为浙江三川水电有限公司，与浙江中大集团联合在千岛湖、湖南炎陵、云南盐津、禄劝和盈江等地扩展发展空间。2003年投资2亿元，在云南组建盐津发电有限公司，开发白水江流域8万千瓦梯级电站。2008年9月成立三川能源有限公司，进驻“世界屋脊”西藏发展，获得山南和林芝地区两条流域水电开发权，设计总装机70万千瓦，概算总投资100亿元。其中，拉康扶贫电站，设计装机24万千瓦，投资30亿元。至2010年末，公司拥有电站21座，投产发电装机24.57万千瓦，总资产达22亿元。

雁湖电站厂房

建成中国水电之乡　水电产业的规模发展，为景宁的经济发展注入活力，“以电兴县”目标基本实现。至2003年末，景宁建成小水电106座，装机17.84万千瓦。2004年1月4日，县水电局根据申报“中国水电之乡”的基本条件，向县政府报送《关于要求申报“中国小水电之乡”的请示》，县委、县政府高度重视，组成申报班子，着手编制申报资料。同年4月9日，县政府向浙江省水利厅报送《关于要求转报国家水利部命名景宁“中国小水电之乡”的请示》。9月3日，水利部授予景宁全国第一个“中国农村水电之乡”称号，同年10月18日，于庆祝建县20周年之时，国家水利部农村水电与电气化发展局局长程回洲到景宁授牌。

表 16-3-2

1992 年景宁运行小水电站基本情况一览

序号	电站名称	体制	电站型式	集雨面积（km^2）	设计流量（m^3/s）	设计水头（m）	装机容量（千瓦）	年平均利用小时	开工时间	竣工投产时间	设计年发电量（千瓦时）	并网时间
1	上标	中央地方合办	混合式	30.1	4.4	478	16000	2266	1985.8	1989.1	3626	1990.7
2	鸬鹚	县办	引水	284	8.8	48	4100	5062	1970.10	1974.1	1340	1982.1
3	南坑下	县办	引水	76	1.2	70	650	4208	1965.10	1968	280	1982.1
4	东风	县办	引水	1140	3.4	6	150	5474	1968.2	1970.7	90	1982.1
5	大赤坑一级	县办	引水	81.5	1.2	48	400	6250	1965.2	1967.3	200	1974.1
6	大赤坑二级	县办	引水	83	1.6	13	150	1533	1965.10	1968	80	1974.1
7	大仰	林场	引水	39	0.14	102	100	300	1984.9	1985.5	41.1	1994.10
8	峡桥一级	县办集体	引水	4	0.15	74	75	2400	1971.9	1975.2	15	1985.5
9	峡桥二级	县办集体	引水	7.8	0.22	124	200	3142	1972.10	1976.7	75	1985.5
10	峡桥三级	县办集体	引水	11	0.64	167	800	2206	1983.7	1986.12	230	1986.12
11	桥头垟	乡办	引水	12	0.15	95	215	2727	1973.8	1976.8	22	1984.10
12	黄垟口	乡办	引水	15.3	0.4	174	500	2578	1978.12	1983.10	110	1983.10
13	茶园	乡办	引水	46	0.7	43	250	1746	1977.5	1987.4	45	1987.5
14	岭头	乡办	引水	19	0.22	94	150	3880	1977.7	1982.5	58	1985.8
15	坑下	乡办	引水	20	0.3	90	200	3220	1975.12	1977.10	65	1984.4
16	枫林口	乡办	引水	20	0.3	67	155	2227	1978.11	1982.6	10	1985.5
17	金坑	乡办	引水	134	1	57	400	4650	1979.1	1982.6	200	1982.12
18	春岱	村办	引水	23	0.32	68	150	237	1985.1	1987.12	40	1990.1
19	柘湾	乡办	引水	90	1.2	34	250	845	1979.12	1987.12	62	1989.8
20	漈门	乡办	引水	15	0.25	86	200	3733	1970.12	1976.7	55	1988.9
21	雪花漈一级	乡办	引水	11	0.20	46	75	—	1964	1967.6	20	1989
22	大赤垟	乡办	引水	46	0.36	18	75	—	1976.10	1968.7	43	1984.1
23	章坑	乡办	引水	153.7	0.66	18	320	1936	1978.10	1979.5	85	1991.1
24	蒲垟一级	乡办	混合式	2.17	0.17	119	150	2733	1981.7	1984.9	40	1984.11
25	蒲垟二级	村办	混合式	2.17	0.17	120	150	2666	1982.4	1985.9	40	1989.9
26	蒲垟三级	村办	引水	15	0.24	85	150	3672	1986.7	1986.7	60	1986.7
27	新亭	乡办	引水	7.8	0.22	164	250	3200	1981.1	1984.12	85	1985.1
28	泉坑	乡办	引水	24.6	0.4	48	140	3785	1971.10	1975.1	55	1976.12
29	白水漈	乡办	混合式	1.27	0.12	150	125	2680	1973.9	1976.10	26	1985.7
30	红旗	乡办	引水	46	0.23	86	200	1200	1971	1992.5	70	1992.5
31	梅坑	乡办	引水	72	0.15	138	175	2733	1971.10	1974.6	40	1989.1

2010年景宁小水电站基本情况一览

表 16-3-3

序号	电站名称	集雨面积 (km²)	库容 (万 m²)	水头 (m)	资源开发方式	装机容量 (kw)	动能机组	年发电量 (万 kwh)	总投资 (万元)	并网时间	企业体制	输送网络
1	上标一级	31.1	2159	447	调峰引水	16000	冲击式	4500	5100	1989.1	股份制	市网
2	鸬鹚	374	—	48	引水	4100	混流式	2000	1640	1974.1	国有制	县网
3	南坑下	76	—	70	引水	1650	混流式	600	660	1971.1	国有制	县网
4	东风	1140	—	6	引水	385	轴流式	210	154	1968.5	国有制	县网
5	大赤坑一级	84	—	47	引水	720	混流式	400	228	1967.4	国有制	县网
6	大赤坑二级	83	—	13	梯级引水	150	混流式	80	60	1969.1	国有制	县网
7	大均泉坑	24.6	—	50	引水	140	混流式	55	56	1975.2	集体制	县网
8	坑下	20	—	—	引水	1600	斜击式	480	1040	2004.7(增)	股份制	县网
9	三重漈	6.5	—	124	引水	520	斜击式	80	208	1981.3	股份制	县网
10	岭头	19	—	120	引水	1150	斜击式	350	747.5	2003.6(增)	股份制	县网
11	丰林口	20	—	67	引水	350	混流式	100	140	1982.6	股份制	市网
12	蒲垟一级	2.2	57.4	119	调峰引水	150	斜击式	400	160	1984.9	股份制	县网
13	大均新亭	7.8	1.5	164	引水	890	斜击式	85	445	1984.12	股份制	县网
14	白水漈	2.2	32.4	568	调峰引水	1200	冲击式	268	780	2004.4(增)	股份制	县网
15	峡桥三级	11	—	167	引水	800	斜击式	230	320	1986.12	集体制	县网
16	春岱	23	—	68	引水	320	混流式	90	128	1987.12	股份制	县网
17	梅坑二级	7.2	—	138	引水	285	斜击式	70	142.5	1991	股份制	县网
18	郑坑下圩	5	—	65	引水	80	斜击式	25	40	1991.4	集体制	县网
19	七里	7.3	—	87	引水	125	斜击式	35	62.5	1991.12	股份制	县网
20	漈门	15	—	85	引水	720	混流式	185	360	1992.4(增)	股份制	县网
21	红旗	26	—	94	引水	325	斜击式	140	130	1992.5(增)	股份制	县网
22	后坪	0.8	1.0	96	引水	55	斜击式	20	27.5	1992.8	集体制	县网
23	桥头垟	12	—	94	引水	410	混流式	120	205	1992.12(增)	股份制	县网
24	吴布	4	—	75	引水	115	混流式	40	57.5	1992.12	股份制	县网
25	草鱼塘	5	4	80	引水	100	混流式	40	50	1992.12	集体制	县网
26	峡桥一级半	—	—	—	引水	125	混流式	15	62.5	2003.1(增)	股份制	县网
27	炉西坑	26	4	67	引水	650	混流式	130	325	1993.8(增)	股份制	县网
28	滩岭	10.9	—	94	引水	200	混流式	70	100	1993.9	股份制	县网
29	梅崇	23	—	22	引水	125	轴流式	50	75	1994.1(增)	股份制	县网
30	水尾	4	1	76	调峰引水	40	混流式	18	24	1994.2(增)	集体制	县网
31	粗砻一级	9	42	140	调峰引水	925	斜击式	270	601	1994.2	股份制	县网

续表 16-3-3

序号	电站名称	集雨面积（km^2）	库容（万 m^2）	水头（m）	资源开发方式	装机容量（kw）	动能机组	年发电量（万 kwh）	总投资（万元）	并网时间	企业体制	输送网络
32	茶园	46	1	43	引水	325	混流式	135	162.5	1994.3(增)	股份制	县网
33	大赤垟	36	—	24	引水	200	轴流式	55	100	1994.4(增)	股份制	县网
34	金坑一级	53	—	56	梯级引水	1200	混流式	340	720	1994.6(增)	股份制	县网
35	垟溪	38	—	38	引水	400	轴流式	150	240	1994.6	股份制	县网
36	金坑二级	163	—	12	引水	410	轴流式	90	246	1994.6	股份制	县网
37	华发	9.3	1.5	58	引水	125	混流式	45	75	1994.1(增)	股份制	县网
38	蒲垟二级	2.2	—	230	梯级引水	400	冲击式	120	240	195.4	股份制	县网
39	蒲垟三级	15	5	86	梯级引水	360	混流式	167	206	1995.5	集体制	县网
40	黄谢圩	59	—	18	引水	160	轴流式	65	96	1995.5	股份制	县网
41	库下翘	590	—	6.5	引水	320	混流式	135	192.5	1995.6	股份制	县网
42	粗砻二级	9.3	—	205	梯级引水	1015	冲击式	340	630	1995.6	股份制	县网
43	南坑源三级	39	—	18.4	梯级引水	640	轴流式	200	320	2003.5	股份制	县网
44	金牛坑三级沙坑	8.5	—	44	引水	125	混流式	38	75	1995.6	股份制	县网
45	夕垟坑	5	6	210	引水	320	冲击式	100	192	1995.6	股份制	县网
46	双银坑	11.3	—	90	梯级引水	520	混流式	122	312	1995.6	股份制	县网
47	隆下	9.3	1.5	65	引水	200	混流式	83	120	1995.11	股份制	县网
48	桥银坑	16	—	120	梯级引水	1260	斜击式	469.6	756	1995.11	股份制	县网
49	大垟	20	—	44	引水	320	混流式	120	192	1996.1	股份制	县网
50	银水漈	28	—	53	引水	250	混流式	125	150	1996.1	股份制	县网
51	洪源	38	—	58	引水	500	混流式	190	300	1996.3	股份制	县网
52	猢狲坪	39	—	120	引水	840	斜击式	320	504	1996.5	股份制	云和网
53	利民	10.3	5	130	引水	500	斜击式	180	310	1996.5	股份制	县网
54	景埠	8	—	44	引水	125	混流式	35	75	1996.6	股份制	县网
55	新村	220	—	10	引水	285	轴流式	110	171	1996.8	股份制	县网
56	溪下坑	56	—	58	引水	800	混流式	306	480	1996.9	股份制	县网
57	东叶坑	10.2	—	80	引水	200	混流式	88	120	1996.6	股份制	县网
58	安亭外垟	9	1	59	引水	75	混流式	45	35	1996.1	股份制	县网
59	蚊子岭	21	—	80	梯级引水	500	混流式	251	325	1997.1	股份制	县网
60	坑垟	19	—	23.8	引水	160	轴流式	68	85	1996.7	股份制	县网
61	金牛坑	3.5	13.32	253	调峰引水	500	冲击式	185	350	1997.1	股份制	县网
62	上标三级	278	3	12.6	梯级引水	1000	轴流式	518	650	1997.2	股份制	市网

续表 16-3-3

序号	电站名称	集雨面积（km^2）	库容（万 m^2）	水头（m）	资源开发方式	装机容量（kw）	动能机组	年发电量（万 kwh）	总投资（万元）	并网时间	企业体制	输送网络
63	富仁坑	6.2	5	290	引水	500	冲击式	248	326	1997.7	股份制	云和网
64	古传	13.8	3	90	引水	400	混流式	157	245	1996.12	股份制	县网
65	岭根	12	—	126	引水	450	斜击式	189	240	1996.9	股份制	县网
66	龙潭	8.4	4	105	引水	480	斜击式	117	312	1997.5	股份制	县网
67	大白坑	39	—	58	梯级引水	1430	混流式	448	925.5	1997.7	股份制	县网
68	鱼漈坑	11	—	200	梯级引水	1040	冲击式	350	624	1996.7	股份制	县网
69	家地电站	96	—	27	引水	840	轴流式	320	504	1996.12	股份制	市网
70	上标二级	56.3	324.7	141	梯级调峰	10000	斜击式	2530	7000	1997.6	股份制	市网
71	石银二级	37	—	130	梯级引水	1890	斜击式	650	1228.5	1997.8	股份制	市网
72	峡桥一级	4	—	76	引水	200	混流式	55	75	1998.7	股份制	县网
73	雁溪上标一级半	42	—	28	梯级引水	1260	混流式	430	819	1998.1	股份制	市网
74	雁湖	280	—	18.5	梯级引水	4520	轴流式	1200	2980	1997.8	股份制	县网
75	金峰	41.75	95	97	调峰引水	2400	混流式	750	1560	1997.8	股份制	县网
76	上标四级	280	10	12.5	梯级引水	1500	轴流式	550	975	1998.12	股份制	市网
77	大源坑	6.5	10	290	引水	800	冲击式	229	523	1999.2	股份制	莲都网
78	猢狲坪二级	39	—	45	引水	400	混流式	150	230	1999.4	股份制	县网
79	雪花漈二级	14.8	—	408	引水	2500	冲击式	800	1625	1999.5	股份制	市网
80	鱼漈坑一级	9.8	45	85	调峰引水	400	混流式	150	415	1999.7	股份制	县网
81	景标	350	—	12.6	引水	1890	轴流式	600	1230	1999.7	股份制	市网
82	顺利一级	41.5	89	55	调峰引水	1000	混流式	357	700	1999.8	股份制	市网
83	石银一级	37	63.1	45	调峰引水	600	混流式	204	500	1999.8	股份制	市网
84	雪花漈一级	10	—	46	引水	250	混流式	88	162	1999.1	股份制	市网
85	鱼漈坑尾水	18	—	18	引水	125	轴流式	30	70.5	1999.11	股份制	县网
86	北溪一级	38.3	44.2	50	调峰引水	960	混流式	307	960	2000.1	股份制	县网
87	永库	571.6	8	29.1	引水	3750	轴流式	1400	2437	2000.6	股份制	县网
88	顺利二级	61.4	—	57	梯级引水	1890	混流式	628.8	1500	2000.8	股份制	市网
89	高岩下	105	380.7	68	调峰引水	4000	混流式	1280	3300	2000.7	股份制	市网
90	大均垟下	1846	—	4.2	引水	625	轴流式	286	406.2	2000.5	股份制	县网
91	白鹤	150	1603	140	调峰引水	25000	斜击式	5925	18000	2000.6	股份制	市网
92	南坑桥	25	—	98	梯级引水	1500	混流式	515	875	2000.1	股份制	县网
93	高沈	64	—	112	梯级引水	2400	斜击式	660	1360	2000.9	股份制	莲都网

续表 16-3-3

序号	电站名称	集雨面积（km^2）	库容（万 m^2）	水头（m）	资源开发方式	装机容量（kw）	动能机组	年发电量（万 kwh）	总投资（万元）	并网时间	企业体制	输送网络
94	双坑	11	—	150	引水	800	斜击式	220	420	2001.1	股份制	莲都网
95	王湾	112.7	—	17	梯级引水	1000	轴流式	350	650	2001.2	股份制	莲都网
96	杨佑坑	6.15	—	165.5	引水	400	斜击式	100	300	2001.4	股份制	莲都网
97	上标五级	300	—	12	梯级引水	2520	轴流式	650	1400	2001.12	股份制	市网
98	英川一级	199	3731	192	调峰引水	40000	冲击式	11000	32000	2002.5	外资	市网
99	南坑源一级	17	95	244.8	调峰引水	3200	冲击式	869.1	2400	2003.5	股份制	县网
100	英川三级	292.1	—	29.1	梯级引水	7500	混流式	1890	5410	2002.8	股份制	县网
101	蒲坑	3	—	144	引水	500	斜击式	96	261	2003.5	股份制	县网
102	新桥头	43.73	2.8	100	梯级引水	3200	斜击式	630	2400	2003.6	股份制	庆元网
103	漈头电站	5	10	320	调峰引水	630	冲击式	180	442	2003.8	股份制	县网
104	石柱口	29.2	—	51	引水	640	混流式	245	410	2003.12	股份制	县网
105	蒲垟四级	18.2	—	49	梯级引水	400	混流式	130	280	2004.1	股份制	县网
106	底垟	37	5	43	引水	800	混流式	230.8	506	2004.3	股份制	县网
107	黄垟口	10.5	—	239	引水	1600	冲击式	496	1120	2004.3	股份制	县网
108	景润	62.3	850	115.3	调峰引水	6400	斜击式	1546	5050	2004.3	股份制	庆元网
109	金田	24.5	9	225	引水	3200	冲击式	928	2410	2004.4	股份制	莲都网
110	陶山	15	83	150	调峰引水	1600	斜击式	411	1250	2004.1	股份制	县网
111	龙川	35.05	185	313	调峰引水	10000	冲击式	2526	7169	2004.8	股份制	市网
112	西阳坑	10	7.5	170	引水	1000	斜击式	242	626	2004.8	股份制	县网
113	大隆	7.8	9	160	引水	640	斜击式	134	480	2004.1	股份制	县网
114	蚊子岭一级	18.75	8	45	引水	520	混流式	154.6	426	2004.1	股份制	县网
115	金锋二级	44.5	—	17	引水	500	轴流式	135.2	410	2004.8	股份制	县网
116	黄坑	30	15.95	162	调峰引水	3200	斜击式	990	2400	2004.1	股份制	县网
117	石洞门	35	80.4	84	调峰引水	1600	混流式	379.8	1200	2004.3	股份制	县网
118	东公	18	—	127.8	梯级引水	1600	混流式	400	1120	2004.6	股份制	县网
119	毛垟	570	171	17	调峰引水	6400	轴流式	1837	4800	2005	股份制	庆元网
120	桂竹三级	38	—	90	引水	1890	混流式	500	1228	2005	股份制	文成网
121	梧桐坑	138	—	62	梯级引水	3750	混流式	640	2550	2005	股份制	云和网
122	旦水	7.5	11.48	245	调峰引水	1260	冲击式	274	945	2005	股份制	县网
123	交溪口	138.6	25.1	13	梯级调峰	1890	轴流式	750	1450	2005	股份制	市网
124	三支树	54	627	268.5	调峰引水	12600	冲击式	2974	11348	2005	股份制	市网

续表 16-3-3

序号	电站名称	集雨面积（km^2）	库容（万 m^2）	水头（m）	资源开发方式	装机容量（kw）	动能机组	年发电量（万 kwh）	总投资（万元）	并网时间	企业体制	输送网络
125	金坑垟	2.35	5.45	230	引水	1000	冲击式	285	750	2005	股份制	庆元网
126	大粗	10.45	35	158	调峰引水	1000	斜击式	260	728	2005	股份制	县网
127	岭头桥	134	134	68	梯级引水	6400	混流式	1715	4968	2005	股份制	市网
128	东公一级	16	40.0	44	调峰引水	630	混流式	207	630	2005.12	股份制	县网
129	金丝坑	7.7	9	340	引水	1600	冲击式	370	1200	2006.2	股份制	云和网
130	陈潭	13.2	23	115	调峰引水	1260	斜击式	330	1008	2006.7	股份制	县网
131	大白坑一级	36	30	89	调峰引水	1890	混流式	450	1421	2006.8	股份制	县网
132	白水漈二级	2.2	—	135	梯级引水	400	斜击式	95	300	2005.3	股份制	县网
133	金坑三级	143	—	39.6	梯级引水	4000	混流式	800	2600	2006.12	股份制	云和网
134	半岭	58	9.18	8	梯级引水	800	轴流式	200	775	2006.5	股份制	市网
135	均垟	22	15.3	200	调峰引水	1890	冲击式	700	2200	2007.7	股份制	县网
136	茶园	24.5	9	165	引水	3200	斜击式	821	3500	2008.1	股份制	市网
137	洪水岭	26.2	6	164.5	引水	3200	斜击式	825	2789	2008.1	股份制	市网
138	张村	55.9	—	88	梯级引水	4400	混流式	1050	4400	2007.6	股份制	市网
139	炉西电站	5.5	—	450	引水	1890	冲击式	400	1964	2008.1	股份制	县网
140	新坑	6	—	50	引水	500	混流式	100	416	2008.1	股份制	县网
141	五垟一级	24	99.5	74	调峰引水	1600	混流式	430	1633	2008.5	股份制	庆元网
142	五垟二级	36	25.7	94	梯级引水	1890	混流式	518	1859	2008.5	股份制	庆元网
143	龙潭库	—	—	16	引水	1250	轴流式	178	834	2008.7	股份制	县网
144	预章	4.2	4.5	220	引水	800	冲击式	249	660	2008.12	股份制	县网
145	春岱楼	—	389.5	76	调峰引水	4000	混流式	1168	3130	2007.8	股份制	市网
146	龙石潭	400	6	11.15	引水	2400	轴流式	680	1930	2008.4	股份制	县网
147	银库	638	9.5	51	引水	3200	轴流式	1070	4425	2008.8	股份制	庆元网
148	三条漈	15.9	89.3	386	调峰引水	5000	冲击式	1332	5000	2008.9	股份制	市网
149	白鹤二级	149.4	216	44.25	梯级调峰	8000	混流式	2120	7500	2008.8	股份制	市网
150	双银坑一级	6.08	32	174	调峰引水	1000	斜击式	281	1150	2008.12	股份制	县网
151	温头口	41.82	303.75	164.5	调峰引水	8000	斜击式	2110	7600	2009.1	股份制	市网
152	白殿坑	20.48	23	200	调峰引水	1890	冲击式	540	1290	2009.2	股份制	莲都网
153	黄坑圩二级	28	—	17	引水	200	轴流式	50	120	2004.3	股份制	云和网
154	庆阳电站	262	30	67	梯级引水	8000	混流式	3300	10700	2007.5	股份制	庆元网
合　计		—	12627.2	—	—	337890	—	92497.9	2446640	—	—	—

第三节　政策　管理

20世纪60年代后，特别是改革开放以来，景宁依托得天独厚的水能资源和千奇百态的地形地貌，兴起水电开发热潮，县委、县政府及时出台系列政策，主管部门加强行业管理，使水电资源得到充分开发和利用，小水电建设科学合理有序推进。

政策

1996年后，县委、县政府提出“以电兴县”发展战略，将水电开发列为发展农村经济，实现脱贫致富的重点工作，制定出台《关于加快开发小水电资源的意见》《关于调整小水电上网电价的通知》等优惠政策，坚持“谁投资、谁所有、谁受益”的原则，推行股份制办电模式，采取“政府重视，部门配合；理清思路，讲究方法；建立体系，多方融资；科学规划，提高效益”等措施，推动产业发展。

优惠政策激发群众办电热情，吸引大量社会资金，出现全社会投资兴建小水电的现象。农民以山林、土地、劳动力折资入股，社会民众积极融资入股。2005年6月，美国、澳大利亚、印度等国际小水电中心代表到景宁考察农村小水电发展情况。至2010年，景宁建成投产电站154座：其中，国有5座，占总数3.2%；集体6座，占3.8%；股份制142座，占92.2%；外资1座，占0.6%。

管理

行政管理　1956年，县政府将农林科改为农林水利局，下设水利股，为水利水电建设行政主管部门。1984年建立景宁畲族自治县后，同年10月，设立县水利电力局，下设水利股、小水电管理站、水利水电勘测设计室、水产股等。隶属国有企业，有县电力公司、县水产供销公司；集体企业有小水电建设服务公司。1991年12月，分设县电力工业局，1999年1月，电力工业划省电力公司代管。2002年设县水利局，内设水电开发管理站。

规划管理　县水电开发管理站是小水电建设的职能管理机构，在小水电开发建设中，对水能利用、合理开发、科学规划、规范操作实施全过程管理。

1987年，在水资源调查基础上，县水利电力局组织技术人员，科学论证，经济评估，对境内各小流域的水资源开发作全面规划，建立小水电开发项目库，科学提出小水电开发目标为53.04万千瓦。

1995年，水利主管部门作出规定，小水电建设须由开发人申请，征得建设地乡（镇）村同意，报县水利局立项，发改局受理后再作项目可行性研究，经评估后进行初设。同时要对建设地的山林、土地等政策补偿进行协商，办理土地征用手续，报土地管理部门审批。要进行环境评估，通过编制水土保持方案，由业务主管部门牵头，县发改、国土、环保、电力及设计单位共同参加设计审查，待通过后由发改局列入投资建设计划并签订上网协议，建设业主才能作工程前期准备，进入项目招投标，开展三通一平。建设业主须办理所有合法审批手续后，才能凭开工令进行项目建设。施工结束后还需通过竣工验收。

业务管理　景宁小水电企业多而散，县水利局重视运行队伍业务素质与技术水平提高，定期对职工进行业务培训，规定员工必须持证上岗。为确保重点水电工程安全运行，不定期到各站进行检查。对水库大坝等水工程及设备，每年坚持在汛前普遍检查，定期进行技术安全鉴定。2008年县水利局还将省、市有关水电经营管理、安全生产、定期年检等文件进行汇编，发到各电站，使各电站有章可循，依法运行。1993—2010年，水利局与小水电企业负责人签订安全责任书，各电站再将安全责任落实到人，保证电站安全生产。有调峰水库的电站，每年都得向县防汛办报送防汛预案。在严格管理的同时，主管局还及时为各企业提供良好服务和技术指导。在枯水期，根据平时检查情况及时督促相关电站对设备进行检修养护。每年召开企业负责人大会，对上年度电站经营管理、安全生产进行评估并提出下年度工作意见。硬件与软件齐抓，经营与安全并举，小水电企业效益逐年提高。

协会管理　1998年后，景宁小水电建设达一定规模，各电站业主对成立小水电协会呼声颇高。2000年7月5日，县民政局批准同意成立景宁小水电协会，7月13日，召开首次会员代表大会，选举产生协会班子，至2010年历时三届。根据《景宁畲族自治县小水电协会章程》赋予的职责，协会制定行业规章制度，配合主管局抓好各电站经营管理和安全生产，协调水电企业与电力部门关系，搭建企业与政府的桥梁，发挥纽带作用，依法维护小水电企业的合法权益。2001年，协会根据景宁电量输出难、上网难与电价低影响小水电企业效益等困难，多次向电力部门联系沟通，积极争取再架设一条输电线路。2007年，电力部门架设起景宁至云和第二条110千伏输电线路，并动员部分电站就近向邻县电网输出，初步缓解电量输出难问题。2009年12月，鹤溪220千伏变电路建成投入运行，小水电送出难问题终于得到解决。此外，协会根据小水电上网电价过低的实际，一方面积极向县政府反映，另一方面书面报告并直接赶赴省市物价部门要求，得到支持，及时调升上网电价。2000—2010年，小水电协会在行业管理中发挥着应有作用。2010年，景宁县小水电协会成为全省价格协会理事单位、省水电行业协会理事单位、国际小水电联合会会员单位。

第十七篇 财政 税务

20世纪90年代以来，随着改革开放和经济建设的不断推进，实施财政税务体制改革，以政策为导向，开源聚财，扶优筑强，保障民生，为经济社会进步发展起到“杠杆”与“后盾”作用。景宁国民经济快速发展，财税体制逐渐完善，财政收支规模不断扩大，财税在县域经济和社会事业发展中发挥着重要作用。1992—2010年，地方财政预算收入占地方生产总值的比重由3.36%提高到8.37%。

1994年10月1日，按照分税制改革的要求，设立县国家税务局，与县地方税务局、县财政局合署办公，“三块牌子一班人马”，办公地点设在人民中路146号。局机关内设12个职能股室，下设7个基层财税所：直属一所、直属二所及城郊、沙湾、英川、东坑和渤海所。1997年全省国税、地税两局分设，县国家税务局独立办公，内设人教、计财、税政、征管、发票管理所及稽查局；2001年5月，丽水市国税系统以市为单位集中征收，县国税局组织机构进行调整，内设办公室、监察室、管理一科、管理二科、管理三科、办税服务厅、信息中心，稽查局划归丽水市稽查局直接管理。地方税务局与财政局合署办公，内部机构进行调整。2003年，撤销基层财政所与地方税务所；局机关内设18个科室。财政局下设县会计核算中心，属全额拨款事业单位。地方税务局下设第一分局、第二分局和稽查局。

第一章　财税体制

1994年，实施分税制，省与县实行增收分成，景宁得80%。1995年始，景宁享受贫困县在确保中央“两税”收入任务完成和当年财政收支平衡的前提下，省财政补助和奖励与地方财政收入比上年增长部分相挂钩的“两保两挂”政策。为加大农业生产的扶持力度，2002年停征农业特产税；2004年免征农业税；农民占用耕地建房征地税收减半，实施税率归并，土地出让、房屋买卖等统一调整为3%。

1987年，建立乡镇财政组。1990年，实施划分范围，核定基数，超收分成，超支不补一定三年政策。2002年，根据各乡镇的不同情况，把乡镇分成四类管理机制，使其与县按比例分成，乡镇分别为50%、60%、70%和90%。

第一节　财　政

财政体制的演变主要经历过三个阶段，即1950—1979年实行“统收统支”财政体制；1980—1993年实行“划分收支，分级包干”财政体制；1994年始实行“分税制”财政体制。

县级财政体制

1993年，延续实行“划分税种、核定收支、分级包干、定额补助”体制。1994年，实施“分税制”，地方财政收入除排污费、教育费附加、能源交通重点建设基金和国家预算调节基金外，以1993年为基期年，从1994年始，省与县实行增收分成，实际收入比基数增长部分，省财政得20%，县财政得80%。1995年始，浙江省财政对景宁等17个贫困和次贫困县（市）实行“两保两挂”财政政策：在确保中央“两税”收入任务完成和当年财政收支平衡的前提下，省财政的补助和奖励与地方财政收入比上年增长部分相挂钩，每增长1个百分点，省补助增长0.5个百分点；地方收入每增加100万元省财政奖励5万元，3年不变。1998年，根据“大稳定、小调整，既不鞭打快牛、也不鼓励落后”原则，将“两保”中“保中央‘两税’收入”任务改为“保逐年消化累计赤字”，同时延长实施期限，5年不变。2008年，“两保两挂”统一调整为“分类分档激励奖补机制”。

乡镇财政体制

1985年筹建乡镇财政。1987年，建立乡镇财政组，实行“划分税种、核定基数、进行环比、增收分成”的财政体制。1990年始，推行“划分范围、核定基数、超收分成、超支不补、收入基数一定三年，支出基数一年一定”的乡镇财政管理体制。2002年，根据农村税费改革政策精神，推行“确保工资发放和公务正常运转，加大转移支付，区分四类地区实施体制分成，对超收、消化赤字及实现财政综合平衡实行奖励的激励机制”，确定鹤溪、沙湾、渤海、英川、东坑为一类体制乡镇，实行地方财政收入总额按50%比例分成；大均、外舍、澄照、雁溪、金钟、梧桐、标溪、鸬鹚为二类体制乡，实行地方财政收入总额按60%比例分成；大顺、陈村、景南、大漈、毛垟、秋炉、家地为三类体制乡，实行地方财政收入总额按70%比例分成；郑坑、梅岐、大地、葛山为四类体制乡，实行地方财政收入总额按90%比例分成。为适应农村综合改革要求，2004年，分片设立鹤溪、沙湾（英川）、东坑、渤海4个区域性的乡镇财务核算中心，取消乡镇财政总会计岗位，精简24个乡镇财政机构。2009年，撤销区域性分设，建立全县集中统一的乡镇财务核算中心，乡镇财政实行"集中管理、统一开户、分户核算"，达到"乡财乡用县管"。

第二节 税 务

实施分税制

国税局、地税局联席会议

1994年，根据事权与财权相结合原则，国家调整中央与地方的税收划分，将与经济发展直接相关的主要税种划为中央税、中央与地方共享税，适合地方征管的税种划为地方税。

县国家税务局征管的税种15类。景宁开征增值税、消费税、中央企业所得税、中央与地方联营企业、股份制企业所得税、地方和外资银行及非银行金融企业所得税、海洋石油企业所得税、资源税、证券交易税（未开征）、境内外商投资企业所得税、出口产品退税的管理、集贸市场和个体工商户的消费税、中央税的滞补罚收入、国家能源交通重点建设基金、国家预算调节基金、金融保险营业税税率从5%提高到8%后，按提高3%税率计征部分的税收；储蓄存款利息所得税（1999年11月1日起恢复征收）。1997年9月县国税局单独分设，隶属上级国税部门垂直管理。局机关于1997年11月2日迁至人民北路1号国税综合办公大楼暨国税培训中心办公。国税征管分局（办税服务大厅）于1997年10月1日起迁至人民中路251号建行房地产部一至三楼办公。

县地方税务局征管的税种共17类。景宁开征营业税、个人所得税、土地增值税、城市维护建设税、车船使用税、房产税、屠宰税、资源税、城镇土地使用税、固定资产投资方向调节税、地方企业所得税、印花税、地方税的滞纳处罚收入、教育费附加、集贸市场和个体工商户的营业税、个人所得税和其它地方税收、境内外商投资企业和外资企业营业税、个人所得税和其它地方税等。景宁财政局、地方税务局延续合署办公，2004年9月，局机关搬迁至县城团结路59号办公。

工商税制改革

1993年国家税制改革前，工商各税共有32个税种。其中，流转税类有产品税、增值税、营业税；

资源税类有资源税、城镇土地使用税、盐税；所得税类有国营企业所得税、国营企业调节税、集体企业所得税、私营企业所得税、城乡个体工商户所得税、个人收入调节税；特定目的税类有国营企业奖金税、集体企业奖金税、事业单位奖金税、国营企业工资调节税、固定资产投资方向调节税、燃油特别税、筵席税、城市维护建设税、特别消费税；财产和行为税类有房产税、车船使用税、印花税、屠宰税、集市交易税、畜牧交易税；涉外税类有外商投资企业和外国企业所得税、个人所得税、工商统一税、城市房地产税、车船使用牌照税。

1994 年始，改革工商税制，实行以增值税为主体的流转税制度。同时，设立消费税，调整营业税，废止对外商投资企业和外国企业征收的工商统一税；改革企业所得税，将国营企业所得税、集体企业所得税和私营企业所得税合并为统一的企业所得税，废止适用于国营大中型企业调节税和各种利润承包办法，统一内资企业所得税；将对外国公民征收的个人所得税和对中国公民征收个人收入调节税、个体工商户所得税合并为统一的个人所得税；开征土地增值税，取消燃油特别税、奖金税、工资调节税和特别消费税；全面调整资源税，取消集市交易税、畜牧交易税。改革后，工商税制的税种由 32 个减少至 18 个。

农业四税改革

农业税　实行地区差别比例税率。为了进一步加大对“三农”特别是农业生产的扶持力度，根据省财政厅《关于做好对种植粮油农户免征农业税的通知》(浙财农税字〔2004〕1 号)，自 2004 年 1 月 1 日始，对农业税计税土地上种植粮食和油菜的农业收入免征农业税，标志着建立为农民减负的长效机制迈出重要一步。

农业特产税　农业特产税适用税率根据农产品分类执行，从 5%~31%不等。根据浙江省农村税费制度改革精神，对农业欠发达地区从 2002 年 1 月 1 日始停征农业特产税。

耕地占用税　根据省政府有关文件规定，对占用国家所有和集体所有的耕地、林地、牧草地、农田水利用地、养殖水面以及渔业水域滩涂等其他农用地征收耕地占用税。景宁境内耕地占用税每平方米为 25 元。占用基本农田的，其适用税额在规定的税额标准基础上再提高 50%，即每平方米为 37.5 元。农村居民占用耕地新建住宅，按照当地适用税额减半征收，即每平方米为 12.5 元。2010 年，耕地占用税由县财政局转为县地方税务局负责征收管理。

契税　国有土地使用权出让，土地使用权转让，包括出售、赠予、交换；房屋买卖、赠予、交换；以土地、房屋权属折价投资、入股；以土地、房屋权属抵债；以获奖方式承受土地、房屋权属；以预购方式或者预付集资建房款方式承受土地、房屋权属，交纳契税。2004 年，根据省财政厅文件规定，实行适用税率归并调整，统一为土地 3%、房屋 3%(其中个人购买普通住宅 1.5%)。2010 年，契税由县财政局转为县地方税务局负责征收管理。

1993—2010 年景宁农业四税收入一览

表 17-1-1　　单位：万元

年 份	农业税	农业特产税	契税	耕地占用税	年 份	农业税	农业特产税	契税	耕地占用税
1993	10	89	—	—	1996	125	433	12	56
1994	—	—	12	18	1997	71	336	19	65
1995	109	356	9	44	1998	125	441	5	24

续表 17-1-1 单位:万元

年 份	农业税	农业特产税	契税	耕地占用税	年 份	农业税	农业特产税	契税	耕地占用税
1999	106	537	19	447	2005	—	—	216	20
2000	96	328	119	27	2006	—	—	902	61
2001	58	58	112	23	2007	—	—	635	30
2002	96	1	126	11	2008	—	—	287	241
2003	68	—	170	23	2009	—	—	113	763
2004	—	—	483	11	2010	—	—	2062	368

第二章 财政收支

1993 年以来,财税部门依法治税,依法理财,地方财政收支逐年增加,财政预算体系不断完善,预算外资金逐步纳入财政专户管理。建立国库集中支付与核算制度,优化财政支出结构、资源整合与配置,初步构建起公共财政框架,财政的各项职能作用得到发挥。

第一节 收 入

从 1994 年实行分税制改革后,县财政总收入划分为地方财政收入和上划中央"四税"收入(按规定比例上划中央的增值税、消费税、企业所得税和个人所得税收入)。2006 年,政府收支分类改革后,财政收入主要由税收收入和非税收入组成。税收收入包括工商税收、农业税收、个人所得税等,非税收入包括行政事业性收费、专项收入、罚没收入、国有企业上缴利润及亏损弥补(抵减收入)等。1993—2010 年,随着经济的平稳发展,县财政收入逐年递增,从 1159 万元增加到 38039 万元。其中,2000 年 11340 万元,首次实现财政收入突破亿元大关。2005 年上划中央"四税"收入 11530 万元,首次超过亿元大关。

县级财政一直入不敷出,依靠省级财政的补助即转移支付,保障各项支出和财政预算收支平衡。1984 年后,通过实行"定额补助""两保两挂"与"分类分档激励奖补"等政策,逐步完善省县之间财政体制及省对县财政转移支付制度。同时,充分利用国家对民族自治地区的扶持和财政体制的优惠政策,争取省财政不断加大对景宁的财力补助,以满足不断增长的经济和社会发展需求,更好地发挥财政职能作用。1993—2010 年,包括"定额补助""两保两挂"补助、税收返还、专项补助、其他补助等上级补助收入逐年递增,补助总额从 2568 万元增加到 97050 万元。

1993—2010 年景宁财政收入情况一览

表 17-2-1 单位:万元

年份	财政总收入	地方财政收入 合计	其中 税收收入	其中 非税收入	中央四税收入	年份	财政总收入	地方财政收入 合计	其中 税收收入	其中 非税收入	中央四税收入
1993	1159	1159	1180	-21	—	2002	15019	7470	6604	866	7549
1994	1306	745	926	-181	561	2003	16900	8706	7229	1477	8194
1995	1929	1201	1170	31	728	2004	17452	10295	7401	2894	7157
1996	3020	1872	1774	98	1148	2005	23754	12224	9054	3170	11530
1997	4031	2356	2205	151	1675	2006	23706	13238	9928	3310	10468
1998	7465	3681	3435	246	3784	2007	24191	14071	10590	3481	10120
1999	9202	4636	4534	102	4566	2008	27978	16241	12279	3962	11737
2000	11340	5309	4790	519	6031	2009	28142	17022	13387	3635	11120
2001	11681	6436	6428	8	5245	2010	38039	22412	19575	2837	15627

1993—2010 年景宁财政体制补助收入情况一览

表 17-2-2 单位:万元

年份	合计	“两保两挂”体制补助	税收返还	专款补助	其他补助	年份	合计	“两保两挂”体制补助	税收返还	专款补助	其他补助
1993	2568	1050	—	915	603	2002	19988	11766	2157	5252	813
1994	3904	1155	496	1348	905	2003	22331	10220	2437	4340	5334
1995	4895	2482	633	1485	295	2004	26309	11677	2391	5397	6844
1996	6518	3814	682	2022	—	2005	30542	12186	2667	8338	7351
1997	7498	4115	722	2661	—	2006	41584	15552	2849	12029	11154
1998	9019	4616	995	3178	230	2007	52494	16712	2742	14835	18205
1999	10125	5019	1056	3182	868	2008	63842	17783	2785	26736	16538
2000	11761	5397	1158	3895	1311	2009	86221	16509	2701	37422	29589
2001	14832	8816	1165	3808	1043	2010	97050	19042	3000	34008	41000

第二节 支 出

财政支出按政府职能相联系,包括一般公共服务(行政管理费)、经济建设支出、科教文卫支出、农林水事务支出等分类。1993—2010 年,为适应经济社会发展和公共服务需求,在上级财政加大转移支付和地方财政收入大幅增加的基础上,县级财政支出逐年递增,从 3998 万元增加到 124976 万元。其中,公共服务支出从 826 万元上升到 17599 万元,国防及公共安全支出从 272 万元提高到 7347 万元,经济建设支出从 339 万元增加到 28779 万元,科教文卫事业支出从 1355 万元增加到 25237 万元,农林水等事务支出从 243 万元上升到 17548 万元,社保抚恤经费支出从 123 万元上升到 8182 万元,其它项目支出从 840 万元增加到 20284 万元。

经济建设重点支出

1993—2010年，县财政积极扶持地方经济发展，对工业、农业、林业、商贸等行业进行重点扶持。1996年，投放周转金1500万元，用于农业综合开发、商业网点、山珍大市场、景鄞经济开发区等项目建设；1997年，投放周转金1120万元用于大自然食品公司、县造纸集团、电光源厂等一批重点项目建设；2010年，投入1500万元支持茶叶、油茶、食用菌产业发展，统筹财政资金9200万元，支持丽景民族工业园区建设。

基础设施建设重点支出

1993—2010年，县财政投入大量资金扶持基础设施建设，使全县交通、市政、电力、农田水利等基础设施得到极大改善，促进经济和社会发展。2002年，投入1961万元，重点扶持农田水利基础设施建设；2006年，安排财政资金9515万元用于外舍防护工程、移民安置点及城区基础设施建设，筹集4960万元用于新农村建设；2007年，筹集9230万元用于滩坑库区复建、220千伏输变电、污水处理等重点工程建设；2008年，投入5440万元用于城区基础设施建设，投入8787万元用于农村民生工程建设，安排3000万元用于农民下山脱贫基础设施建设；2010年，投入500万元支持52省道岚头岭公路改建，安排500万元用于交见圩至叶村公路改建。

1993—2010年景宁县级财政支出情况一览

表17-2-3 单位：万元

年 份	合 计	一般公共服务	国防及公共安全	经济建设	科教文卫	农林水事务等	社保抚恤	其 他
1993	3998	826	272	339	1355	243	123	840
1994	4764	1162	302	446	1792	279	249	534
1995	6175	1400	455	497	2329	245	199	1050
1996	7799	1763	743	1003	2192	296	382	1420
1997	9825	1920	718	1037	3014	365	285	2486
1998	12178	2604	688	3043	2491	507	424	2421
1999	14085	3132	867	3695	3568	755	469	1599
2000	16478	3794	1350	4027	4005	926	541	1835
2001	18973	4963	1122	4124	4757	1299	512	2196
2002	26210	5146	1428	6700	6274	1442	488	4732
2003	30285	5285	1588	5205	7101	1547	1196	8363
2004	34740	6328	2365	3874	8616	2921	1602	9034
2005	41917	7721	2742	5101	10239	4364	3215	8535
2006	47431	9262	3021	3714	13392	6659	4772	6611
2007	59560	12249	3885	3880	16286	6388	2983	13889
2008	74305	14542	6040	5883	23941	8855	3663	11381
2009	89554	16890	5358	9789	25191	12278	3197	16851
2010	124976	17599	7347	28779	25237	17548	8182	20284

社会事业发展重点支出

1993—2010年，景宁社会各方面，尤其是教育、文化、卫生、民生等事业得到蓬勃发展。2002年安排专项资金330万元投入文教卫事业；2003年，安排2000万元支持景宁中学迁建等；2008年，投入5867万元用于民中、民小迁建、城北中学扩建等。筹集2000万元启动望东垟、大漈景区、炉西峡景区旅游项目建设；2009年，支出社会保险基金8392万元，支出医疗保障2009万元，投入1210万元改善县医院、社区卫生服务中心、乡镇卫生院条件，安排1200万元推进畲族博物馆和畲族文化中心建设。2010年，安排1000万元建设乡镇文化中心。

第三节　基　　金

1993—2010年，县级财政基金收支（包括政府性基金和社会保险基金），规模逐年扩大。

政府性基金

1996年前，政府性基金称为预算外资金，1997—2006年称为财政基金，为不列入一般预算的具有专项用途的财政性资金。政府性基金的征集和使用纳入财政部门专项管理。景宁政府性基金收入来源主要有地方教育费附加、水利建设资金、粮食补偿金、生猪稳定发展基金、国有土地转让收入等。从2011年始，除教育收费纳入财政专户管理外，根据《财政部关于将按预算外资金管理的收入纳入预算管理的通知》（财预〔2010〕88号）有关要求，其他预算外资金全部纳入预算管理。政府性基金收支由财政部门单独编制预算，与其他预算构成财政预算体系。

社会保险基金

社会保险基金主要由基本养老保险基金、基本医疗保险基金、失业保险基金、工伤保险基金和生育保险基金组成。依照《浙江省社会保险费征缴办法》等规定，社会保险费按照参保关系由县地税局实行属地征收管理。基本养老保险费从1998年10月始征收，基本医疗保险费从2002年1月起征收，失业保险费从2004年1月起征收，工伤保险费从2004年7月起征收，生育保险费从2005年7月起征收，县地税局成为丽水市第一个把5项社保费全部开展征收的县局。

1993—2010年景宁政府性基金收支情况一览

表17-2-4　　单位：万元

年份	收入	其中：国有土地转让收入	支出	年份	收入	其中：国有土地转让收入	支出
1993	28	—	15	1999	132	—	153
1994	10	—	—	2000	229	—	100
1995	22	—	59	2001	281	—	124
1996	86	—	41	2002	171	—	691
1997	155	—	171	2003	186	178	228
1998	125	—	28	2004	215	1294	1455

续表 17-2-4 单位:万元

年份	收入	其中:国有土地转让收入	支出	年份	收入	其中:国有土地转让收入	支出
2005	603	—	2608	2008	6020	5076	18123
2006	666	178	3110	2009	9065	7815	12190
2007	1961	1294	6796	2010	24718	22686	27104

2001—2010 年景宁社会保险基金收支情况一览

表 17-2-5 单位:万元

项目 \ 年份	2001	2002	2003	2004	2005	2006	2007	2008	2009	2010
收入	1203	1812	2621	3122	4335	3943	5006	6063	6694	8435
支出	803	1267	1842	2342	2514	2793	3120	4147	5266	6698
当年收支结余	400	545	779	780	1821	1150	1886	1916	1428	1737
滚存结余	1499	2044	2823	3603	5424	6574	8460	10376	11804	13541

第四节 管 理

预算管理

1993 年后,景宁实施《行政事业单位经费包干办法》,严格按照预算进度拨款,控制经费支出。2002 年,推进预算管理改革,实行细化预算,改变行政事业单位原经费包干办法为细化预算办法,对全额拨款单位实行确保国家规定的行政事业单位工作人员、离退休人员工资津贴和离退休金;确保基本正常公务经费。按照单位"三定方案"确定的职能,安排业务经费、公用经费和专项经费,以轻重缓急支付专项经费。所有支出取消基数,实行零基数预算。2003 年,开始推行部门预算试点。2004 年度选择教育、农业、公检法司等 10 部门为实行部门预算的试点单位,并予以落实。2005 年,强化预算约束,对县级单位和 24 个乡镇全面实现部门预算,将行政事业性收费收入全部纳入国库管理,实行预算内外资金统一编制部门预算,做到一个部门一本预算。

预算外资金管理

1994 年 8 月 29 日,县政府部署在全县范围内开展预算外资金专项检查,并于 1995 年 4 月 8 日成立预算外资金专项清理领导小组及办公室。同年 5 月 1 日始,实施《景宁县预算外资金管理实施细则》。同年 12 月 10 日,县政府进一步明确预算外资金统筹、使用、管理和审批具体规定。1996 年 3 月,确定"对部门掌握的预算外资金,政府集中 15%,用于各项建设和事业发展""各单位缴存统筹资金实行按月计缴,季度结算清缴"办法。景政办〔1998〕36 号文件明确预算外资金是国家财政性资金,纳入财政管理。

1999 年,根据乡镇预算外资金清理检查和行政事业性收费票据检查情况统计,全县 1999 年度预算外收入 2249 万元,支出 2034 万元。预算外资金纳入财政专户管理后,从 1995 年的 350 万元增加到2000年11月的2697万元，增长近9倍。全县执收单位63户，全部纳入财政管理，专户率为100%。

2000年12月，推行《浙江省行政事业性收费及政府性基金管理信息系统》，建立"单位开票，银行代收，财政统管"的现代化管理模式。针对乡镇预算外资金落实"收支两条线"和财政票据专项检查发现的问题，规范乡镇财政票据使用行为，促进乡镇各项事业健康发展。

从2003年1月1日始，预算外调节资金征收比例为20%，实行按季预缴，年终结算清缴征收办法。行政事业单位按国家规定收取（或提取）所形成的收费收入计缴预算外调节资金。

2007年11月23日，开展政府非税收入征管信息系统建设，2008年1月1日始，全面运行新版政府非税收入征管信息系统。新版政府非税收入征管信息系统是实行财政、单位、银行3家实时网上共享信息的系统，各执收单位通过政府网或专用与财政数据库联接。

控购与政府采购

1989年，对社会集团购买17种商品进行审批。同年3月，成立县控制社会集团购买力办公室。

1990年2月始，开展全县机关团体、企事业单位、乡镇企业和个体工商户的小汽车和大轿车普查。6月普查结束，全县各单位共有小汽车、大轿车124辆。其中，违控11辆，对违控单位处以罚款。

1998年7月始，机关行政事业单位凡用预算资金采购物品都要通过采购办公室统一采购。1999年，公布第一批政府采购目录。2000年，成立县政府采购中心。

2001年，机关事业单位所有办公用品、办公设备、公共设施、服务项目、汽车保险实行政府采购。

2004年11月，政府采购项目采取财政直接支付方式，采购资金纳入财政支付中心统一支付。

2006年6月，政府采购活动纳入市统一招投标，"管采分离"，采购办公室负责监督。

1999—2010年，政府集中采购预算金额28889万元，中标金额24665万元，节约资金4223万元。其间，制定和实施《政府采购工作制度》《政府采购中心工作守则》《政府采购中心办事工作运作流程表》《政府采购廉政制度》《政府采购工作规程》《政府采购聘请专业人员暂行管理办法》。

国库集中支付

2010年8月1日始，进行预算单位实施财政国库集中支付改革试点。同年12月底，4家试点单位共发生国库集中支付业务247笔，财政直接支付金额321.4万元。由县会计核算中心（财政国库支付中心）承担财政国库集中支付执行职能，初步建立起从会计集中核算制度到财政国库集中支付制度的转换机制。实行财政国库集中支付全程网上运行，减少财政资金支付环节，提高透明度和调控能力，由事后监督变为全过程动态监督，保障财政资金使用安全。

乡镇财政管理

2006年8月，开始实行"乡财乡用县管"管理方式。同年12月10日，24个乡镇30多位财务人员进行软件操作培训，12月15日，3个乡镇纳入支付中心核算。12月18日，县政府出台《关于实行"乡财乡用县管"财政管理方式的实施意见》，此后非试点的21个乡镇陆续结清账目，理清债权债务，将银行存款余额划转到支付中心账户。2007年1月5日始，全县24个乡镇全部纳入中心实行会计集中核算。

"乡财乡用县管"以乡镇为独立核算主体，实行"预（决）算共编、账户统设、集中收付、采购统办、票据统管"方式，集中核算财政预算拨款、财政专户拨款、乡镇预算外收入、上级拨入专项资金及其他资金。

乡财县管后，由县财政支付中心代理核算乡镇各项会计业务。乡镇预算管理权、资金所有权和使用权、财务审批权和会计主体法律责任不变；在县财政部门指导下编制本级预算、决算。乡镇财政资金结余归乡镇所有；原有各项债权债务仍由乡镇享有和承担。财权和事权范围内的支出，实行乡镇财政报账和备用金制度，优先保障人员工资，零星支出通过备用金支付，大额、专项支出由财政支付中心直接支付，由乡镇按规定程序审批，并承担相应会计法律责任。乡镇财政预算外资金全部纳入县财政预算外资金专户。

2004年，分片设立鹤溪、沙湾（英川）、东坑、渤海4个区域性的乡镇财务核算中心，取消乡镇财政总会计岗位，精简24个乡镇财政机构，乡镇陆续结清账目，理清债权债务，将24个乡镇银行存款余额划转到相应区域性的乡镇财务核算中心账户。2009年撤销区域财务核算中心，建立全县集中统一的乡镇财务核算中心。

会计管理

1992年，会计专业技术资格实行全国统考，同年8月，全县260人参加考试，8人获会计师资格，15人获助理会计师资格，125人获会计员资格。年末，全县持有会计从业资格证书578人。2005年11月至2006年6月，换发会计从业资格证书，7月1日始，原资格证书作废。

至2010年末，全县取得会计从业资格证1382人。其中，高级会计专业技术资格6人，中级会计专业技术资格58人，初级会计专业技术资格115人。学历结构为本科235人，大专478人，中专361人。

第五节　国有资产

国有企业资产管理

1996年10月，县政府批准成立景宁国有资产管理局，与景宁财政局合署办公。负责管理国有资产营运和保值、增值。2001年5月，县国有资产管理局撤销，其职能并入财政局。2002年9月成立景宁国有资产管理委员会，办公室设在景宁财政局。2008年，颁布《景宁畲族自治县人民政府关于印发景宁畲族自治县加强国有营运公司人事和费用管理试行办法的通知》（景政发〔2008〕26号），加强国有企业人员和费用管理，规定各有关国有企业职工工资薪金、管理费用、小车费用、业务招待费等有关费用支出标准；对国有企业的成本费用支出建立起有效约束机制，提高了国有企业营运效益。

行政事业公房管理

2006年9月，开始整合行政事业单位资产。通过整合，共划转50家行政事业单位111处房产，由县国有资产投资经营有限公司统一经营管理。同年12月，对各划转的房产进行确权登记，办理调拨、补出让手续。经城建、国土部门重新确权，本次划转房产面积合计109270平方米。其中，商业用房10112.66平方米，办公用房96159.34平方米，其他用房13974.90平方米。土地面积125952平方米。其中，商业用房3860.12平方米，办公用房119962.76平方米，其他用房2129.60平方米。重新核发土地使用证97本，房产证121本。划转房产原值合计7466.87万元。通过本次整合，县城范围内行政事业单位房产基本上集中到国资公司进行统一经营管理，有效防止国有资产流失，并发挥其最大效益。整合后，为景宁发改局、住房公积金中心、残联、红十字会、畲乡报社、党史办、档案局、老干部局、编办、招商局、生态休闲养生（养老）经济促进会等75个部门和单位提供了办公场所，有效解决一些单位房产闲置浪费等问题；对出租房屋统一收回管理，进行公开拍租，有效防止行政事业单位利用政府资源私设“小金库”、房租体外循环等财务漏洞，消除资产管理上的腐败行为。

第三章　国家税务

1994年，成立景宁国家税务局。国家税务坚持“为国聚财、为民收税”，大力组织收入，推进依法行政，创新税收征管，优化纳税服务，涵养税源，落实税收优惠政策，规范执法，文明征税，有力地支持了畲乡经济社会发展。2004年度县国税局被省委命名为省级“文明单位”。

景宁国税税源由电力、医药行业、矿产业、木制品行业、烟草、企业所得税等和景鄞扶贫经济开发区税收组成。1994年至2005年，景鄞扶贫经济开发区为税收重要税源，每年占景宁总税源三分之一。2006年景鄞扶贫经济开发区实行属地管理，景宁税源大幅度减少。2007年国家税务局对景宁税收计划进行调减。

1997—2010年，国税征收从传统的征收方式逐步转向以信息技术为基础的现代征收方式。实行规范执法、纳税服务和稽查相结合，推进税务工作有序开展。

第一节　收　入

2010年国税收入14335万元，比1997年分设时同口径增长531%，税收收入的持续稳定增长，为景宁经济社会事业发展提供财力支撑。

税源

1994—2005年期间，景宁国税税源由县域内与景鄞扶贫经济开发区两部分组成。1994年，经省政府批准，在宁波市鄞县建立浙江景鄞扶贫经济开发区，该开发区也是国家民族事务委员会确定的国家民族扶贫开发试验区和中国少数民族工业城。1994—2005年，来自景鄞扶贫经济开发区的税收成为景宁重要税源，每年税收收入占景宁县总税收入的三分之一以上。1997年12月25日，景宁国税局设立景鄞征收处，自2006年1月1日始，浙江景鄞扶贫经济开发区税收实行属地征收管理。景宁、鄞州两县（区）税务部门于3月30日顺利完成开发区税收征管资料移交和衔接工作。

2008年7月27日，浙江省国税局同意设立丽水景宁民族经济开发区税务分局，分局为正股级，人员从局内调整。

2010年，景宁电力行业共入库增值税5209万元，同比增收1862万元，增长55.63%，占全部税收收入比重的36.34%，拉动税收增长18.48%，有力地支撑国税收入增长。2010年，景宁民族经济开发区商贸企业共入库增值税1948万元，同比增收29.52%。

税收

景宁国家税务局征管的税种15类。1994年以来，严格税收征管，走出一条欠发达地区税收事业科学发展的新路子，保证税收稳定增长。

1995—2004年，国税收入处于“八增二减”态势，但国税入库绝对数从725万元上升到9522万元，平均年增长率为121.34%。

2005年，累计收入13562万元，首次突破亿元大关，比上年同期增收4040万元，增长率为42.43%，完成年度计划指标的129.95%。其中，“两税”收入累计入库13332万元，比上年同期增收3989万元，增长率为42.70%；累计入库企业所得税74万元；累计入库车辆购置税59万元；累计入库储蓄

2009年与2010年国家税收分行业对比统计一览

表17-3-1 单位：万元

年份 行业	2010年		2009年		本月增减	累计增减
	本月入库	累计入库	本月入库	累计入库		
(一)工　业(增值税)	466	7257	244	4970	222	2287
1、电　力	215	5209	147	3347	68	1862
其中:电力公司	26	2048	6	1150	20	898
2、木制行业	22	170	10	102	12	68
3、矿产业	76	290	15	164	61	126
4、阀门制造	23	258	-50	362	73	-104
5、医药制造业	9	88	1	74	8	14
6、金属制品业	29	286	15	116	14	170
7、电气机械及制造业	8	168	17	106	-9	62
8、其它制造业	84	788	89	699	-5	89
(二)商　业(增值税)	696	5026	353	3962	343	1064
1、烟草公司	18	539	10	515	8	24
2、商贸(民族开发区)	179	1948	36	1504	143	444
其中:康宁医药	0	453	18	355	-18	98
3、废旧物资	445	2058	359	1633	86	425
4、其它商贸	54	481	-52	310	106	171
(三)企业所得税	2	1313	-81	528	83	785
1、金融业	0	609	-92	299	92	310
2、其他	2	704	11	229	-9	475
(四)个人所得税	0	7	0	32	0	-25
(五)消费税	0	6	0	4	0	2
(六)车购税	50	726	49	581	1	145
合　计	1214	14335	565	10077	649	4258

1995—2010 年景宁国税收入情况一览

表 17-3-2

年份	收入（万元）	比上年（增减）（%）	备注	年份	收入（万元）	比上年（增减）（%）	备注
1995	725	—	—	2003	9687	7.49	—
1996	1149	58.48	—	2004	9522	-1.72	—
1997	2272	97.74	—	2005	13562	42.43	首次突破亿元大关
1998	5140	126	—	2006	11810	-12.92	—
1999	5996	16.65	—	2007	9884	-16.31	完成年度计划 105.8%
2000	8103	35.14	—	2008	11640	17.77	—
2001	7553	-6.79	—	2009	10077	-13.58	—
2002	9012	19.32	—	2010	14335	42.25	—

利息个人所得税 157 万元。

2006 年，浙江景鄞扶贫经济开发区税收实行属地管理，税源总量减少三分之一，国税收入增收形势严峻。年度累计收入 11810 万元，与上年同比下降 12.92%，减少 1752 万元。

2007 年 12 月，省国家税务局对景宁国税年度税收计划调减为 9342 万元，全年实际入库 9884 万元，完成年度计划 105.8%。

2008 年，在应对国际金融危机冲击中，认真落实结构性减税政策。全年共组织各项税收收入 11640 万元，同比增收 1756 万元，同比增长 17.77%，完成年度计划的 100.02%。

2009 年，共组织各项税收收入 10077 万元，完成年度计划的 100.77%，由于受国际金融危机影响，同比减收 1584 万元，下降 13.58%。

2010 年国税收入总体较快增长，收入规模创出新高。本年实现税收收入 14335 万元，同比增长 42.25%，高于全市收入增幅 11.61%，超出年度计划 34.03%，创下国、地税分设以来年度税收收入最高值。

第二节　征　管

征管改革

1997—2010 年，国税征收管理从传统的征收方式向以信息技术为基础的现代征收方式转变，是国税征管进行密集改革的时期。

1998 年，实施“以县为单位，以城镇为中心，集中征收，重点稽查，以计算机网络为依托，税务代理配套服务的”税收征管改革新模式，按照《景宁县税收征管改革实施办法》实现了人员、机构、职能调整、农村税收征管办法与措施、税务代理五个到位。

1999 年 4 月，制订《景宁县邮寄申报工作的具体实施方案》，并在沙湾、渤海、东坑等 4 个建制镇推行农村邮寄申报工作。同年 12 月，直属单位税务师事务所在“编制、人员、财务、职能、名称”方

民族经济开发区工贸企业座谈会

面实现彻底脱钩。

2001 年 5 月，国税部门人事机构和以市为单位集中征收的征管模式二项改革工作圆满完成。行政编制人员 52 人，换岗轮岗交流 28 人，分流安置 7 人。组织机构设置为办公室、监察室、管理一科、管理二科、管理三科、办税服务厅、信息中心。撤并原有的人教科、计财科、税政科、征管科、发票管理所、稽查局。稽查局归丽水市稽查局直接管理，设为稽查十科。

2006 年，车购税费改革，车辆购置税业务统一划转国税部门。

2010 年，开展征收管理创新活动，开发应用了征税监控软件，降低个体税收零申报比例，并成功入选省局项目库，荣获 2010 年度全市国税系统管理创新集体奖。

规范执法

先后制定《行政执法责任制》《执法过错责任制》等 30 多项规章制度，强化制度管理，推进规范执法。

2001 年 12 月，根据 ISO 9001 国际质量标准建立税收质量管理体系，通过中国质量协会质量保证中心专家的认证审核，成为全县首家通过 ISO 9001 认证的行政机关。

2000 年 5 月，制订《景宁县国家税务局主管主办责任制实施办法》，并依此办法对工作进行考核。在全省国税系统工作目标考核中，景宁局被评为 2005 年度全省国税系统工作目标考核优秀单位，被评为 2008 年度全省国税系统工作目标考核优秀单位。

2000 年 12 月 1 日，以 94.6 分通过省二级档案验收。2001 年 12 月 5 日，以 97 分通过省一级档案考评验收。由此，景宁国税局成为全省国税系统第二家省一级综合档案工作达标单位。

纳税服务

优化办税环境　按照《办税服务厅标识系统规范》要求，加强办税服务厅标准化、规范化建设。明晰办税工作区、自助服务区、等候休息区等功能区域；规范办税服务厅内外标识和服务窗口功能标识；优化完善智能排队叫号系统和自助服务。推行农民方便办税卡，为农民带去实实在在的优惠和便利。落实办税"免填单"服务和"授权提效"服务，简化涉税流程。推行以财税库银横向联网为依托的电子缴税方式，实行网上开具缴款凭证。做好网络发票推广工作。2002 年，推行全程服务制度和"一窗式"管理模式，优化自助服务区的设备配置，搭建纳税人自主办税平台。

提升专业化服务　对重点税源企业开展逐户上门服务，倾听和采集企业需求，提供政策咨询和辅导。2000 年 3 月 25 日，举办全县增值税一般纳税人税收知识培训班，厂长(经理)近 100 人参加，具体讲解 1994 年实行新税制以来增值税、消费税有关法规和征管规定等内容。

简化审批程序　2000 年 9 月，实施行政审批制度改革，保留审批事项 9 项、审核事项 4 项、核准事项 5 项、收费事项 2 项和备案事项 1 项共 22 个项目；调整审批权限、取消和合并"专用发票自行保管"等 12 个审批项目和环节，减少审批项目和环节达 35%，最大限度地为纳税人创造良好的服务环境。

税收信息化建设

2001 年 1 月始运行《公文处理系统》，实现办公无纸化。同年 2 月，县国税局与农业银行全面启动“银税联网”工程，并于 3 月份纳税申报期开始推行“银税一体化、电话申报”的纳税办法，县城有 760 多户纳税户纳入电话申报，成功实现实时扣款业务。同年 9 月 1 日，上线运行全国统一税收征管软件——中国税收征管信息系统（简称 CTAIS），综合征管软件 V1.5 上线使用，逐步实现以市地为单位集中征收的税收征管体系。

2002 年 9 月 18 日，推行使用增值税防伪税控共享服务系统。2003 年 3 月，最后 1 户企业推行防伪税控系统,实现全县 142 户一般纳税人防伪税控系统全覆盖。

2004 年 8 月，个体税收管理信息系统启用，新开业个体户的定额将全部通过个体税收管理信息系统核定。

惠税政策

国税局中心组学习会

1995 年，省政府对景宁企业所得税采取优惠政策：凡在景宁范围内新办的企业，从开业之日起，可免征企业所得税 5 年；对少数困难的老企业，按规定纳税确有困难的，经批准可酌情给予 1 至 2 年减征或免征企业所得税的照顾；投资方从在景宁所办的联营企业中分得的税后利润，回原地后不再补交企业所得税；景宁的企业从外地（包括经济特区和上海浦东新区）分回的税后利润，经批准可不再补交企业所得税；除了上述优惠政策外，现行的企业所得税优惠政策可以同时享受。具体执行时可选择适用其中一项最优惠政策，不能两项或几项优惠政策累加执行。

2008 年 9 月 2 日，经省政府批准，省财政厅、省国税局、省地税局联合出台对景宁企业实行企业所得税优惠政策：凡在景宁注册的新办企业，给予 3 年至 5 年减征或免征属于地方分享部分企业所得税的照顾；对景宁少数困难的老企业，按规定纳税确有困难，经批准可酌情给予 1 年减征或免征属于地方分享部分企业所得税的照顾。

在用好用足少数民族自治县税收优惠政策，涵养税源的同时，2010 年，税收优惠政策兑现力度加大，全年共兑现各项税收优惠 4833 万元。其中，出口退税 592 万元，同比增加 467 万元，增长 373.6%；先征后退 620 万元；企业所得税征前减免 3265 万元。

第三节　稽　　查

1994 年以来，从税务稽查入手，打击涉税违法犯罪，维护税法。2003 年，景宁国税、地税、公安三家联合开展打击涉税违法犯罪专项行动，实施稽查案件 22 件，查结 17 件，查补入库税款 14.65 万元，罚款 14.33 万元，滞纳金 9.38 万元，处罚率 97.8%。

2009 年，开展清理欠税，强化稽查查补力度。加大欠税曝光力度，落实以欠抵退、以票控税等办法，督促欠税企业主动自觉补缴税款，确保欠税规模持续下降。稽查部门稽查拖欠补收税款 218.09 万元，清理陈欠 11 万元，欠税增减率为-4.87%。景宁国税稽查局参加 2009 年度全国税务稽查业务考试，平均成绩位居全市第二名。

2010 年，采取促进企业自查的方式，减轻处罚，降低纳税风险。本年共检查企业 31 户，其中企业自查补税 15 户，稽查结案 13 户。累计查补入库总额 264.36 万元。其中，企业自查入库税款总额 250.68 万元。通过立案稽查补收入库总额 13.68 万元，包括查补入库税款 5.74 万元、滞纳金 0.97 万元，罚款 6.97 万元。

1997—2010 年景宁国税收入情况一览

表 17-3-3　　单位：万元

年份 税种	1997	1998	1999	2000	2001	2002	2003	2004	2005	2006	2007	2008	2009	2010
外资企业所得税	0	—	—	77	38	10	—	—	1	—	—	—	—	—
增值税	2207	5059	5913	7830	7307	8784	9492	9334	13321	10950	8988	9835	8932	12283
营业税	45	73	69	77	64	33	6	—	—	—	—	—	—	—
消费税	20	8	3	3	4	12	49	9	11	9	10	4	4	6
企业所得税	—	—	11	28	9	33	12	17	74	579	597	1162	528	1313
个人所得税	—	—	—	88	131	141	128	162	157	203	210	98	32	7
车辆购置税	—	—	—	—	—	—	—	—	59	69	79	562	581	726
免抵调	—	—	—	—	8	11	11	2	13	14	14	20	23	34
出口退税	239	210	445	375	538	228	834	1710	519	440	295	160	125	592
税收合计	2272	5140	5996	8103	7553	9013	9687	9522	13621	11810	9884	11661	10077	14335

第四章　地方税务

景宁地方税源主要有营业税、企业所得税、个人所得税、土地管理税、房产税、印花税、城市维护建设税、车船税、资源税、屠宰税、契税和耕地占用税等 20 个税种。地方税总收入从 1993 年的 1159 万元增至 2010 年的 19595 万元。此外，还有非税征集项目，包括地方教育费附加、粮食补偿金、水利建设专项资金、残疾人就业保障金、社会保险费等。

1993—2010 年，对相关工商企业和个人依法减免营业税、所得税，促进地方经济的发展。1995 年、2000 年，分别减免多家企业所得税，以及水利建设专项资金、土地增值税。税务部门积极推进税务登记，严格票据管理，强化征收渠道的管理，努力开辟税源。

第一节 税 源

1993 年，景宁税收收入 1192 万元。2010 年，景宁以营业税、企业所得税、个人所得税为主，税收共收入 24532 万元。第二产业税收收入 15130 万元，占全部税收收入的 61.67%。其中，工业税收收入 10730 万元，占全部税收收入的 43.74%。第三产业税收收入 6971 万元，占全部税收收入的 28.42%。

营业税

1993 年 12 月，《中华人民共和国营业税暂行条例》《全国人大常委会关于外商投资企业和外国企业适用增值税、消费税、营业税等税收暂行条例的决定》发布，自 1994 年 1 月 1 日起施行。在国内提供条例规定的劳务、转让无形资产或者销售不动产的单位和个人，为营业税的纳税义务人，依照条例缴纳营业税。对外商投资企业和外国企业征收营业税，按照全国人大常委会有关决定执行。1994 年 1 月 1 日起，税务局执行营业税起征点为：按期纳税的起征点为月营业额 400 元；按次纳税的起征点为每次（日）营业额 50 元。

2003 年 1 月 1 日始，依据浙江省地税局《关于提高营业税起征点的通知》，将按期纳税的起征点提高到月营业额 2000 元，按次纳税的起征点提高到每次（日）营业额 100 元。2005 年 7 月 1 日，依据浙江省地税局《关于促进第三产业发展的若干意见》，将按期纳税的营业税起征点起提高到 5000 元。

营业税按行业分别为交通业、建筑业、金融保险业、邮电通信业、文化体育业、娱乐业、服务业、转让无形资产、销售不动产 9 个税目，实行差别比例税率。

2010 年景宁营业税按行业差别比例税率一览

表 17-4-1

税　目	征 收 范 围	税　率(%)
交通运输业	陆路运输、水路运输、航空运输、管道运输、装卸搬运	3
建筑业	建筑、安装、修缮、装饰及其他工程作业	3
金融保险业	金融、保险	5
邮电通信业	邮政、电信	3
文化体育业	文化业、体育业	3
娱乐业	歌厅、舞厅、卡拉 OK 歌舞厅、音乐茶座、台球、高尔夫球、保龄球、游艺	5~20
服务业	代理业、旅店业、饮食业、旅游业、仓储业、租赁业、广告业及其他服务业	5
转让无形产	转让土地使用权、专利权、非专利技术、商标权、著作权、商誉	5
销售不动产	销售建筑物及其他土地附着物	5

同年 1 月，根据财政部、国家税务总局《关于营业税若干政策问题的通知》，进一步调整和明确营业税的征收范围、适用税目、计税依据、纳税义务发生时间、纳税地点等，并规定可以差额征税的

范围和减除项目凭证管理。

2009年1月1日始，施行国务院修订后的《中华人民共和国营业税暂行条例》和财政部、国家税务总局发布的《中华人民共和国营业税暂行条例实施细则》，将营业税纳税地点从“劳务发生地”调整为“机构所在地”，将按月或按季纳税的纳税期限，自期满之日起10日内申报纳税延长至15日内；对境内应税劳务、兼营行为的销售额划分等重新作出规定，并明确单位或个人将不动产或土地使用权无偿赠送其他单位或个人的情形视同发生应税行为。新条例规定，医院、诊所和其他医疗机构提供的医疗服务免征营业税。景宁地方税务局按此调整相应政策。

娱乐业营业税　1994年1月1日始，执行娱乐业营业税，税率为10%。至2010年，先后进行了5次调整。1999年7月1日始，对娱乐业税目中的“歌厅”“舞厅”“卡拉OK歌舞厅”和“游戏机活动场所”适用税率调整为13%。2000年7月1日始，对电子游戏厅税率调整为20%。2001年5月1日始，夜总会、歌厅、舞厅、射击、狩猎、跑马、游戏、高尔夫球、保龄球、台球等娱乐行为的营业税按20%的税率执行。2004年7月1日始，对台球、保龄球减按5%的税率征收营业税，税目仍属于“娱乐业”。2010年1月1日始，高尔夫球适用10%税率，其他娱乐业征税项目适用5%税率。

金融业营业税　1997年1月1日始，将金融保险业营业税税率由5%提高到8%，对国家政策性银行减按5%的税率征收，对农村信用社营业税在1997年12月31日前减按5%征收。提高金融保险业营业税税率后，其中按原5%税率计征的部分，仍由地方税务局负责征收，按提高3%税率计征的部分，由国家税务局负责征收。随后，按财政部、国家税务总局规定，对农村信用社自1998年1月1日起至2001年9月30日止，减按6%税率征收营业税；自2001年10月1日始减按5%税率征收营业税。从2001年至2003年，金融保险业营业税税率每年下调1个百分点，分3年从8%降低到5%。从2003年1月1日始，浙江省统一调整农村信用社营业税税率按3%征收。

销售不动产营业税　依据财政部、国家税务总局《关于调整房地产市场若干税收政策的通知》，1999年8月1日始，对个人购买并居住超过1年的普通住宅销售时免征营业税；不足1年的普通住宅销售时按销售价减去购入原价后的差额计征；个人自建自用住房，销售时免征营业税。支持住房制度改革，对企业、行政事业单位按房改成本价、标准价出售住房的收入，暂免征收营业税。对1998年6月30日以前建成尚未售出的积压空置商品住房，销售时应缴纳的营业税在2000年底前予以免税优惠。2001年1月1日始，依据浙江省地税局《关于调整住房租赁市场税收政策的通知》，调整住房租赁市场税收。2005年6月1日后，依照国家税务总局、财政部、建设部《关于加强房地产税收管理的通知》，调整个人住房营业税。2006年6月1日后，依照国家税务总局《关于加强住房营业税征收管理有关问题的通知》，调整个人住房营业税征收。2009年1月1日至12月31日，根据财政部、国家税务总局《关于个人住房转让营业税政策的通知》，调整个人住房转让的营业税征收。2010年1月1日始，按照财政部、国家税务总局《关于调整个人住房转让营业税政策的通知》，对个人将购买不足5年的非普通住房对外销售的，全额征收营业税；个人将购买超过5年(含5年)的非普通住房或者不足5年的普通住房对外销售的，按其销售收入减去购买房屋价款后的差额征收营业税；个人将购买超过5年(含5年)的普通住房对外销售的，免征营业税。

企业所得税

1993年前，企业所得税按不同企业所有制性质征收，分别为国营企业所得税、集体企业所得税、私营企业所得税和个体工商户所得税。1994年税制改革后，取消按企业所有制性质设置所得税，除外资企业和中外合资企业外，实行统一企业所得税，个体工商户征收个人所得税。取消国营企业、集体企业原允许税前扣除项目的优惠政策。除外商独资企业和中外合资企业外，增加一些适用于所有企业的新规定：企业为取得无形资产所发生的费用允许在一定年限内进行分摊并在税前扣除；企业发给职工的工资统一按计税工资标准在所得税前扣除，超过计税工资的部分不得在税前扣除；企业向保险公司投保的企业财产保险费允许在所得税前扣除。企业所得税的纳税义务人为国营企业、集体企业、私营企业、联营企业、股份制企业、有生产经营所得和其他所得的其他组织。

企业所得税采用比例税率，分别为年所得额在 10 万元以上按 33%征收，设定两档照顾税率：年应纳税所得额在 3 万元（含 3 万元）以下按 18%征收；年应纳税所得额在 3~10 万元（含 10 万元）以下按 27%征收。

2010 年景宁各行业应税所得率一览

表 17-4-2

行　业	应税所得率（%）	行　业	应税所得率（%）
农、林、牧、渔业	3	交通运输业	7
制造业	5	建筑业	8
小水电	15	饮食业	8
批发和零售贸易业	4	娱乐业	15
		其他行业	10

2001 年 1 月始，停止征收个人独资企业、合伙企业的企业所得税，改为向投资者个人征收个人所得税。2008 年 1 月 1 日始，取消外商投资企业和外国企业所得税。同年 1 月 1 日始，房地产开发企业所得税采用分月按率预缴，年终汇算清缴管理办法，预缴率为 1.5%。按月预缴的企业所得税额=（收入总额+本期新增预售开发产品收入-以前期预售转为本期销售对应的预收开发产品收入）×预缴率。预售收入的利润率，暂按 15%执行。

个人所得税

1994 年 1 月 1 日始，个人所得税课税对象分 11 个大类：工资、薪金所得；个体工商户生产经营所得；承包、承租所得；劳务报酬所得；稿酬所得；特许权使用费所得；利息、股息、红利所得；财产租赁所得；财产转产所得；偶然所得；经国务院财政部门确定的其他所得。个人收入调节税并入个人所得税。适用税率分 4 项：工资、薪金所得，税率 5~45%；生产经营，承包、承租所得，税率 5~35%；劳务报酬所得，税率 20~40%；特许权使用费、利息、股息、红利所得、财产租赁、财产转让、偶然所得和其他所得，使用 20%比例税率。

2005 年，提高对工资薪金所得税税前扣除标准，从 1994 年以来每月税前工资扣除额 800 元调为税前扣除标准每月 1200 元（含 2004 年浙江省个人每月误餐补贴 200 元、旅差费津贴 200 元不征个人所得税），2006 年调整为 1600 元，2008 年调整为 2000 元。

2006 年，落实《个人所得税自行纳税申报办法（试行）》，开展对年所得 12 万元以上纳税人自行纳税申报受理工作。同年 8 月 29 日，对个人转让住房、营业用房及其他非住宅用房的所得，按照“财产转让所得”项目征收个人所得税；对纳税人未提供完整、准确的房屋原值凭证，不能正确计算房屋原值和应纳税额的，实行按房产转让收入的 1%核定应纳个人所得税额。

2009 年 10 月，对个人股东股权转让所得个人所得税征收，以股权转让的收入额减除股权原值和合理费用后的余额为应纳税所得额，按照“财产转让所得”项目，适用 20%的税率计算缴纳个人所得税。

土地增值税

1993 年 12 月，依照《中华人民共和国土地增值税暂行条例》，土地增值税纳税对象为转让国有土地使用权、地上建筑物及其附着物并取得收入的单位和个人。计税依据为转让房地产所取得的增值额(纳税人转让房地产所取得的收入减除规定扣除项目金额后的余额即为增值额)。土地增值税实行四级超率累进税率，分别为 30%、40%、50%、60%。采取预售方式转让房地产的，可按预收金额 1~3%内预征土地增值税，待项目竣工后进行清算，多退少补。对不同时段不同类别的房地产开发项目适用不同的核定征收率。

2008 年 11 月，按照《财政部、国家税务总局关于调整房地产交易环节税收政策的通知》，对个人销售住房暂免征收土地增值税。

2001—2010 年景宁房地产开发项目增值税税率一览

表 17-4-3 单位:%

时　间	住　宅　类	其他开发项目	税　率
2001—2003.12	0.5	0.5	1
2004.1—2007.9	1	1	2
2007.10—2008.11	1	2	3
2008.12—2010.6	0.5	0.5	0.5
2010.7—	2	2.5	5

房产税

1986 年 10 月 1 日始，实施《中华人民共和国房产税暂行条例》，开征房产税。房产税税率以房屋的账面原值一次减去 30%后的余值计征，年税率 1.2%；按房屋租金收入计征，年税率 12%。对涉外企业和个人征收城市房地产税。

2001 年 1 月，对个人按市场价出租的居民住房，房产税按 4%的税率执行。个别建制镇征收有困难，同年 8 月报经省财政厅批准暂缓开征房产税。

2004 年 8 月，调整有关房产税减免政策，停止执行对微利企业和亏损企业的房产在一定期限内暂免征收房产税的规定；停止执行“对企业停产或撤销后，原有房产闲置不用，需经省、自治区、直辖市税务局批准后暂不征收房产税”的规定。

2005 年 12 月，停止执行《关于房产税、车船使用税若干具体问题的解释和暂行规定》中“为鼓励利用地下人防设施，暂不征收房产税”的规定；停止执行《浙江省财政厅关于房产税、车船使用税若干问题的规定》中“整座房产完全设在地下的，暂不征收房产税”的规定。

2006 年 5 月，在计算房产税时，以企业在账簿“固定资产”科目中记载的房屋原值按规定减除一定比例后的余值计算缴纳房产税。同年 7 月，对房产税的征收范围调整为：用于生产、经营的房产，均应缴纳房产税。

2008 年 3 月，对个人出租住房，不区分用途，在 3%税率的基础上减半征收营业税，按 4%的税率征收房产税；对企事业单位、社会团体以及其他组织按市场价格向个人出租用于居住的住房，按 4%的税率征收房产税。同年 9 月，调整房产税减免审批权限，对纳税人缴纳房产税确有困难，需要减税或免税的，报经市、县（市、区）主管地方税务部门批准，给予临时性减税或免税。

2009 年 1 月 1 日始，废止《中华人民共和国城市房地产税暂行条例》，外商投资企业、外国企业和组织以及外籍个人依照《中华人民共和国房产税暂行条例》规定缴纳房产税。

印花税

1988 年 10 月 1 日，重新开征印花税。县域印花税应税凭证范围为购销、加工承揽、建设工程勘察设计、财产租赁、货物运输、仓储保管、借款、财产保险、技术合同和产权转移书据、营业账簿、权利许可证照等。印花税采用比例税率和定额两种，比例税率为财产租赁合同、仓储保管合同税率 1%；财产保险合同税率 0.3‰（1990 年 7 月 1 日起改按保费收入 1‰）；购销合同、建筑安装工程承包合同、技术合同税率 0.3‰；加工承揽合同、建筑工程勘察设计合同、货物运输合同、产权转移书据、营业账簿（固定资产原值与自有流动资产总额）税率 0.5‰；借款合同税率 0.05‰；其他营业账簿、权利许可证照按件贴花 5 元。

2006 年 3 月 1 日始，除印花税税目税率表中的“营业账簿”“权利、许可证照”和实行预征税款的行业外，其他企业的应税凭据均实行按经营收入预征印花税。同年 7 月 1 日始，施行“应税合同金额占比”，工业为 80%，商业为 50%，其他行业为 100%。

城市维护建设税

城市维护建设税以纳税人缴纳的产品税、增值税、营业税、消费税的税额为计税依据。税率为：县城及建制镇 5%；不在县城的或建制镇 1%。

2003 年始，地方政府不再享有城市维护建设税困难减免的审批权。除国务院另有规定或财政部、国家税务总局根据国务院指示精神确定的减免税外，各级财政、税务机构不得自行审批决定减免城市维护建设税。

2005 年 1 月 1 日始，对生产企业出口自产货物免抵的增值税按规定征收城建税和教育费附加。同时，在 2005 年 1 月 1 日前已按免抵的增值税税额征收的城市维护建设税和教育费附加不再退还，未征的不再补征。同年 5 月，对“三税”实行先征后返、先征后退、即征即退。除另有规定外，对随“三税”附征的城市维护建设税和教育费附加，一律不予退（返）还。

2010 年 12 月 1 日始，对外资企业和外籍个人征收城市维护建设税和教育费附加，统一内外资企业的征收标准。

车船税

1986 年 10 月 1 日始，开征车船使用税，车辆、船舶所有人或管理人为车船税的纳税人。车船使用税适用年定额税率，根据不同类型车船的辆、净吨位、载重吨位，规定不同的年度车船使用税税额。

2007 年始，施行《中华人民共和国车船税暂行条例》，取消车船使用牌照税和车船使用税。2008

年5月，由从事机动车交通事故责任强制保险业务的保险机构代收代缴车船税。摩托车仍由稽征部门代收代缴。

2010年景宁车船税税额一览

表17-4-4

税目	计税标准	税额(元)
载客汽车	大型客车：载客人数大于或等于20人的每年每辆	540
	中型客车：载客人数大于9人且小于20人的每年每辆	480
	小型客车：载客人数小于或等于9人的每年每辆	360
	微型客车：发动机气缸总排气量小于或者等于1升的每年每辆	240
载货汽车	按自重每年每吨(包括三轮汽车、低速货车、专业作业车和轮式专用机械车)	60
摩托车	每年每辆	60

资源税

1994年1月始，取消盐税，将其纳入资源税征收范围，对开采非金属原矿的单位和个人为资源税的纳税义务人，确定单位税额，实行从量计征。

2006年4月1日，对开采建筑用石的单位和个人开征资源税，以购入炸药数量换算矿产品开采量，委托县安达民用爆破器材配送服务有限公司代扣代缴。采石场开采征收标准为：炸药数量(千克)×1元/1000千克；其他开采形式征收标准为：炸药数量(千克)×1元/1000千克×30%。2009年8月1日始，征收标准为：炸药数量(千克)×1元/1000千克。

屠宰税

1994年后，屠宰税下放到地方管理。同年，省政府发布《关于做好屠宰税征收工作的通知》，屠宰税纳税义务人为屠宰或收购猪、牛、羊等牲畜的单位和个人。屠宰税按头(只)定额征收。其中，牛每头14元，猪每头10元，羊每头2元。税务机关委托屠宰场、食品公司及乡财政等单位代征。2000年，取消屠宰税。

契税 耕地占用税

2010年1月1日起，契税、耕地占用税征管职能由县财政局划转到县地方税务局。

1993—2010 年景宁地方税征收情况一览

表 17-4-5　　单位:万元

税种＼年份	1993	1994	1995	1996	1997	1998	1999	2000	2001	2002	2003	2004	2005	2006	2007	2008	2009	2010
增值税	284	183	283	381	552	—	—	—	—	—	—	—	—	—	—	—	—	—
营业税	435	215	274	504	962	1151	1171	1195	1573	2643	3172	3133	2905	3235	3880	4478	4497	6572
企业所得税	71	46	50	84	114	135	236	514	1721	599	447	339	405	862	1016	1564	1200	1446
个人所得税	-	28	28	43	80	127	207	266	560	488	509	831	1488	1386	1888	2112	2697	4446
资源税	3	1	39	5	4	7	6	3	45	15	13	12	9	—	160	125	78	120
城市维护建设税	42	41	34	71	86	162	141	171	338	332	366	424	638	550	497	552	505	730
房产税	32	32	2	49	45	57	53	56	72	92	127	139	226	189	277	295	296	550
印花税	2	3	—	3	2	16	10	34	16	24	46	99	82	109	122	162	162	221
城镇土地使用税	4	8	—	7	6	6	9	8	6	6	7	6	41	25	28	121	89	176
土地增值税	—	—	—	—	—	—	—	1	1	6	17	93	95	31	79	170	57	466
车船使用税	4	7	10	7	11	9	14	17	13	28	34	34	36	40	50	80	103	134
屠宰税	5	6	11	10	14	12	17	19	10	—	—	—	—	—	—	—	—	—
烟叶税	—	—	—	—	—	—	—	—	—	—	—	—	—	36	10	19	70	23
农业税	9	20	78	117	50	125	82	75	43	83	59	—	—	—	—	—	—	—
农业特产税	40	204	321	390	302	441	483	295	164	1	-	—	—	—	—	—	—	—
耕地占用税	18	18	42	53	61	24	420	26	22	11	24	11	20	61	50	241	763	368
契税	2	11	8	10	16	5	16	101	97	126	171	483	216	902	30	287	1113	2062
个人收入调节税	1	—	—	—	—	—	—	—	—	—	—	—	—	—	—	—	—	—
产品税	237	—	—	—	—	—	—	—	—	—	—	—	—	—	—	—	—	—
工商统一税	3	—	—	—	—	—	—	—	—	—	—	—	—	—	—	—	—	—

第二节 征 收

地税征收

依据税法规定，全县地方税征收20个税种，地方税总收入从1993年的1159万元上升到2010年的19575万元。其中，增值税从284万元增加到2261万元；营业税从435万元增加到6572万元；企业所得税从71万元增加到1446万元；个人所得税从1994年28万元上升到4446万元；契税从2万元上升到2062万元。

非税征集

地方教育费附加 从1986年7月1日始，对缴纳增值税、营业税、消费税的单位和个人，按实际缴纳税额的4%征收教育费附加。从2006年5月1日始，按《浙江省人民政府关于开征地方教育费附加的通知》，对缴纳增值税、营业税和消费税的单位和个人，按实际缴纳以上三税税额的2%征收地方教育费附加。同时停征农村教育事业费附加。

粮食补偿金 1989年4月1日始，除财政拨款的行政、事业单位和已按规定缴纳粮食附加税的乡镇村工业、建筑安装、交通运输企业外，粮食补偿金按企事业单位在册职工人数每人每月3元征收，个体工商户按从业人员每人每月5元缴纳。1992年1月1日，调整为私营企业统一征收粮食补偿金每人每月3元。2001年2月1日始，停征粮食附加税和粮食补偿金。

水利建设专项资金 1994年1月1日始，根据浙江省政府《关于水利建设专项资金征集办法的通知》，开征水利建设专项资金。凡有销售收入或营业收入的企事业单位及个体经营者，按上年销售收入或营业收入的1‰征集水利建设专项资金；银行（含信用社）和保险公司的业务收入按0.6‰征集水利建设专项资金。在保证水利建设专项资金收入有一定增长的前提下，经地方税务机关审核，符合减免条件的单位及个体工商户，可酌情给予减免，减免金额10万元以下由县主管地方税务部门审批；减免金额10万元以上由省地方税务部门审批。

残疾人就业保障金 从2002年始，景宁地方税务部门代为征收残疾人就业保障金。2009年11月《浙江省残疾人保障条例》出台，正式确定地方税务部门为残疾人就业保障金代征单位。国家机关、社会团体、企业事业单位、民办非企业单位等各类用人单位为缴纳单位。缴纳金额由县残联部门按规定标准核定，地方税务部门予以征收。

社会保险费五费合征 2007年12月，《景宁畲族自治县人民政府关于推进社会保险费五费合征工作的实施意见》确定，从2008年1月份始，实施“五费合征”改革，参保登记、征收机构、征缴基数、征缴流程和数据信息等“五统一”，同时申报，建立稳定的社保筹资机制。社会保险费“五费合征”是社会保险工作一次探索性的突破性征缴改革，取得预期改革成效。

第三节　减　免

1993—2010年，税务部门对境内相关工商企业和个人依法依规减免营业税、所得税等，支持地方经济发展。1995年，为12家企业减免所得税38.97万元，为外贸公司办理出口退税135万元；1999年，为企业减免税收3784万元；2000年，为53户企业减免企业所得税300多万元，减免30户困难企业水利建设专项资金14万元，减免102户个人销售普通住宅营业税20万元；为55户企业减免企业所得税577万元，减免50户水利建设专项资金23.8万元，减免17户房产税17.6万元，减免201户个人销售普通住宅营业税73万元，减免土地增值税29万元。2002年，为53户企业减免企业所得税300多万元，减免30户困难企业水利建设专项资金14万元，减免102户个人销售普通住宅营业税20万元。

第四节　征　管

税收宣传

从1992年始，税务系统每年4月份按照国家税务总局制定的指导思想和宣传主题，集中开展税收工作宣传，称为“税收宣传月”。1992—2010年，税收宣传月主题鲜明，内容丰富。包括“税收与发展”“税收与改革”“税收与法制”“税收征管与市场经济”“税收与文明”“税收管理与依法治国”“依法治税 强国富民”“税收与未来”“税收与公民”“诚信纳税·利国利民”“依法诚信纳税·共建小康社会”“依法诚信纳税·共建和谐社会”“税收·发展·民生”等方面。

专管员制度

1994年前，实行税务专管员管户制度，专管员在其管辖的片（区）内，对税务事项履行“征、管、查”职能，各税种统管的管理模式。

1994年税制改革后，建立“以纳税申报和优化服务为基础，以计算机网络为依托，集中征收、重点稽查”的征管模式，相应取消专管员管户制度，设立“办税大厅”，实行纳税人自行申报办税制度，建立“集中办税、优质服务、科学管理、重点稽查”相结合的税收征管模式，减并基层税务所，设立税务分局、税务师事务所，充实税务稽查力量，从机构编制上取消专管员形式。

税务登记

从2006年9月21日至11月末，景宁对税务登记证件进行统一更换。为方便纳税人，提高办理税务登记效率，降低登记成本，国家税务局、地方税务局实行联合办证，统一核发一本税务登记证。2007年1月1日始，一律使用新税务登记证件。

票据管理

1992年10月，清理旧版发票。1993年1月1日，启用全国统一新版发票。2002年2月，在全县开展发票使用、保管情况专项检查。2004年，纳税人领购地税发票（不包括具名发票），须在发票联上加盖纳税人发票专用章，发票管理员对盖章情况当场监督；发票用量控制为一个月，实行“交旧购新”；国有集体性质或实行查账征收的，实行“验旧购新”。2005年2月，成立货物运输业发票审核检查工作组及其办公室，明确相关部门的职责分工。2006年10月，开展旧版发票清缴工作。2008年1月始，在全县推广应用“开票软件”。2010年4月，在全县推广应用电脑版普通发票工作。

征收管理

行业税务征管　加强对建筑安装业、交通运输业等税收重点行业的管理。1993—2010年，在建筑安装业，通过清理施工队伍、检查税务登记证、施工项目登记，对建筑安装业纳税环节、期限作明确规定，对施工过程采购应税材料制定管理办法，强化施工单位财务管理；通过调查、测算应税材料（原木、砂石料）核定材料计税价，按照工程用料量折算占工程造价的比重，在征收营业税中同时征收应税材料产品税（增值税）。在交通运输业中，通过货物运输业发票审核检查，加强征收管理。2010年10月，对2009年度营运车辆税费进行清收工作，核定定额标准，对未达起征点的给予免征；货运车辆税费继续委托县公路运管稽征所代征，实行源泉控管。

个体税收管理　2004年，按《浙江省地方税务局关于加强个体私营经济和集贸市场地方税收征管工作的通知》规定，办理税务登记，无论是否达到起征点，一律纳入税源监控，未办理税务登记予以处罚；加强对起征点以下经营户的管理和检查，按月汇总备案；加强个体私营经济和集贸市场地方税收检查，开展漏征漏管户和基础数据清理工作。

2009年7月，对县级纯地税行业的个体工商户税收实行分类管理。同年10月，县国税局与地税局联合制定《景宁畲族自治县个体工商户税收定期定额核定标准》，规范个体工商户税收定期定额征收管理，维护个体户公平税负的合法权益，促进个体经济的健康发展。

个人出租房产税收征管　2010年5月至9月，在全县开展房产税税源清查。依据《中华人民共和国房产税暂行条例》《浙江省个人出租房产税征收管理办法》，对县城鹤溪镇的个人出租房产税和土地使用税进行全面清理，落实《景宁县地方税务局个人出租房产税和土地使用税清收实施方案》，共清理1506户，入库1504户，入库税款100多万元，入库率达到99.87%。摸清个人出租房源，掌握县城出租房产的出租人、承租人、租金、面积、房产税实际负担等情况，打下个人出租房产税的征管正常化和规范化基础。

第十八篇　金　融

1993—2010年，景宁县级金融机构共13家。其中，各类银行机构10家、保险机构3家。1996年，信用联社从中国农业银行景宁县支行析出。1993年、2008年、2010年，先后设立城市信用社、中国邮政储蓄银行景宁县支行、聚丰小额贷款公司。2004—2009年，中国建设银行、中国工商银行、中国农业银行先后实行股份制改革。2010年末，景宁从事银行业务金融机构8家，从业人员322人。人民币存款余额420453.19万元，各项贷款余额243501.82万元。

1993年以来，景宁货币流通量稳步增加，每年的货币投放额大于回笼额。1993—2010年，发放各类贷款共75亿元，有力支持地方经济发展。正常发行三年期和五年期国债及电子式储蓄国债。随着景宁外出创业人员的大幅增加，小水电、小超市、小宾馆等私营产业逐渐兴起，出现民间融资、民间借贷现象。

1997—2009年，景宁县保险业快速发展，先后成立中保人寿保险公司景宁办事处、中国人民财产保险股份有限公司景宁支公司、中国太平洋财产保险股份有限公司景宁支公司。保险业立足服务“三农”，服务全局，保障经济社会稳步发展。

第一章 货币流通

1993—2010年，景宁地方经济快速发展，促进社会货币投放与回笼，在重大项目带动下，货币投放大于回笼。人民币的存款，集财政性存款、行政事业单位存款、企业存款及个人储蓄，并多次发放国债吸收民间资金。银行在吸纳存款的同时，大力支持地方重点工程、基础设施建设与经济发展。其中，对交通公路、水利电站、城防市政、电信通信等重点建设项目发放贷款16亿元，各类工商企业发放贷款19亿元，向居民生产生活方面累计发放个人贷款40亿元。

由于全县外出创业人员不断增多，小水电、小超市、小宾馆等一大批私人企业涌现，民间借贷在1993—2010年期间较为活跃，成为货币流通的一种形式，扩展融资市场。

第一节 存款 贷款

存款

1993—2010年，景宁存款均为人民币存款，人民币存款分为财政性存款、行政事业单位存款、企业存款、个人储蓄存款等，各项存款处于稳步发展态势。

1993—2010年景宁金融机构人民币存款情况一览

表18-1-1 单位：万元

年份	人行	工行	农行	建行	信用联社	邮储银行
1993	—	3276	4349	2906	3469	—
1994	—	4400	4501	4137	4874	—
1995	505	5507	4773	2842	6696	—
1996	351	7053	6162	3536	7769	—
1997	549	9055	9629	5729	10467	—
1998	1391	12940	11899	6295	13926	—
1999	975	15499	15670	6842	15266	—
2000	1275	17008	15149	9304	16225	—
2001	768	18987	19142	12029	21535	8864
2002	4784	22873	26430	12137	25732	10292

续表 18-1-1　单位:万元

年份	人行	工行	农行	建行	信用联社	邮储银行
2003	5239	25482	36589	17948	32381	10501
2004	5696	27691	39095	20881	35500	11233
2005	3559	29906	48136	25368	40025	12650
2006	8354	37018	56820	37998	48038	16341.91
2007	—	39237	61452	44617	54869	14234.87
2008	—	51694	80354	58556	68963	19489.07
2009	—	66527	94891	66177	88294	30625.67
2010	—	73123	117472	76043	107234	46581.19

说明：1. 人行存款数据为商业银行上缴备付金　2. 2001—2007 年邮储银行数据为邮政储蓄存款

贷款

1993—2010 年，景宁银行业机构积极发放各类贷款，支持重点工程、地方基础设施建设与地方经济发展，对过境公路、英川电站、外舍防护工程、城南拆迁、丽景民族工业园、水电、交通、通信等项目建设累计发放贷款近 16 亿元；向国营、集体、股份、私营、乡镇等工商企业发放贷款近 19 亿元；向全县居民累计发放个人贷款 40 多亿元。

1993—2010 年景宁金融机构人民币贷款余额情况一览

表 18-1-2　单位:万元

年份	人行	工行	农行	建行	信用联社	邮储银行
1993	—	4398	5146	1443	1923	—
1994	—	5292	5415	2419	3044	—
1995	1139	5551	5408	1727	4112	—
1996	1139	6004	6101	2066	4830	—
1997	100	6304	7256	3358	6218	—
1998	—	5711	12756	3823	8438	—
1999	—	5616	16187	4019	10127	—
2000	800	3608	15795	5563	11995	—
2001	1400	4990	17085	7273	16510	—
2002	1500	10865	24404	10685	21224	—
2003	2200	16918	29520	15380	24973	—
2004	2800	15701	26416	18810	27864	—
2005	1900	15010	26781	22377	28738	—
2006	200	18544	32044	25406	30706	—
2007	22363	45141	26664	35296	35296	13
2008	—	21791	49117	29327	43487	1335

续表 18-1-2

单位:万元

年份	人行	工行	农行	建行	信用联社	邮储银行
2009	—	29240	68118	34303	60027	7445.9
2010	—	35985	76489	40349	73510	17168.82

说明：人行贷款数据为支农再贷款

第二节 金融市场

货币流通

1993年后,景宁地方经济持续快速发展,社会货币投放和回笼量稳步增加,每年的货币投放额大于回笼额。2003年4月,中国人民银行景宁畲族自治县支行发行库撤销。

1993—2002年景宁现金投放、回笼情况一览

表 18-1-3

单位:万元

年份	投放	回笼	年份	投放	回笼
1993	6314.8	3666.6	1998	24235.6	6194.8
1994	9672.9	3437.3	1999	28254.7	7610.9
1995	13776.4	5164.5	2000	25278	7134.3
1996	15644.6	6043.2	2001	23274.3	12227
1997	19641	6372.7	2002	26970.6	16221.6

债券

1993年,五年期国库券的年利率为11%,5年一次偿还;三年期国库券的年利率为10%,3年一次偿还;两者均不计复利,券面分100元、500元和1000元3种。1994年始,凭证式国债采用填制"国库券收款凭证"的方式发行,可记名、挂失,但不可上市转让。1994—1995年,均发行三年期凭证式国债,年利率分别为13.96%和14%;1996年发行五年期国债,年利率为13.06%;1997年,发行两年、三年和五年期国债,年利率分别为8.64%、9.18%和10.17%;1998年发行三年期和五年期国债,年利率分别为7.11%和7.86%,第三次增发券年利率分别为5.85%和6.42%。1999年始,凭证式国债每年发行期数有所增加,为三到六期不等,同年发行的不同期数相同期限国债利率也有所不同,2006年7月,首次发行电子式储蓄国债(简称为储蓄国债),只面向社会公民、企事业单位、行政机关等机构,投资者不能购买。

民间融资

1993年后,随着景宁外出创业人员的大幅增加,小水电、小超市、小宾馆等私营产业逐渐兴起,社会民间借贷融资保持较为活跃的态势。

第二章 银 行

1993年，景宁有银行7家，包括中国人民银行景宁畲族自治县支行（简称县人行）、中国工商银行景宁畲族自治县支行（简称县工行）、中国农业银行景宁畲族自治县支行（简称县农行）、中国人民建设银行景宁畲族自治县支行（简称县建行）、景宁畲族自治县农村信用合作社联合社（简称县信用联社）、景宁畲族自治县通达城市信用社、景宁畲族自治县邮政局邮政储蓄。

1993年6月，景宁建行设立景宁县建设房地产开发有限公司。同年9月，经中国人民银行浙江省分行批准，成立景宁通达城市信用社，性质为股份制。2003年12月，设立丽水市银监分局景宁监管办事处，对各商业银行、信用联社、邮政储蓄等进行监督管理，维护其合法、稳健运行。2004年，国有商业银行逐步实行股份制改革。

2010年，景宁各银行业金融机构共有在职从业人员322人，各项业务快速发展。景宁银行业机构各项存款余额420453.19万元；各项贷款余额243501.82万元，为推进景宁经济持续健康发展发挥重要作用。

第一节 金融体制

金融政策调整

自1993年下半年起，中国人民银行强化对货币信贷的宏观管理，集中掌握货币发行权、信贷总量和基础货币管理权。1994年始，尝试运用公开市场业务和调整基准利率等政策工具，加强金融调控作用，保证全国统一货币政策的实施。从1994年第三季度起，正式向社会公布金融机构的信用总量和货币供应量等指标。同时，对金融机构的建立、业务范围、资本金来源和法人体制等进行规范化清理。

银行运行体制

国有商业银行股份制改革 2004年9月，中国建设银行实施CIS战略，通过股份制改革，原中国建设银行景宁县支行更名为中国建设银行股份有限公司景宁畲族自治县支行。此后，国有商业银行相继实行股份制改革。2005年10月，成立中国工商银行股份有限公司景宁畲族自治县支行。2009年1月，成立中国农业银行股份有限公司景宁畲族自治县支行。

农村信用联社 1987年9月，经农业银行丽水地区中心支行批准，从原中国农业银行景宁畲族自治县支行信用合作股析离成立景宁畲族自治县农村信用合作社联合社。1996年，信用联社与中国农业银行正式脱离隶属关系。

新型合作金融 2010年7月，成立首家小额贷款公司——景宁聚丰小额贷款股份有限公司。该公司由浙江三川水电有限公司、浙江丹迪琳服饰有限公司及8位自然人共同出资组建，注册资本5000万元，以“短周期、快审批、市场化”的管理模式，服务“三农”和中小企业。

存贷利率调整

1993年8月始，落实中国人民银行颁布的十项规定，不准擅自提高和变相提高存、贷款利率。

1996年5月，根据中国人民银行关于降低金融机构存、贷款利率的通知，景宁开始实施“缩小流动资金贷款利率的最高上浮幅度”。

1998年10月31日始，按中国人民银行决定，扩大对小企业贷款利率的浮动幅度，推进利率体制改革，进一步改善金融服务。商业银行、城市信用社对小企业的贷款利率最高上浮幅度由10%扩大为20%，最低下浮幅度10%不变；农村信用社贷款利率最高上浮幅度由40%扩大为50%。

1999年4月2日始，实施国家新修订的《人民币利率管理规定》，县以下金融机构贷款利率上浮幅度由20%扩大到30%；允许农村信用社进入全国银行间同业拆借；执行修订后的《中国人民银行分行短期再贷款管理暂行规定》和新发布的《经济适用房开发贷款管理暂行规定》。

2004年1月1日后，扩大金融机构贷款利率浮动区间。商业银行、城市信用社贷款利率的浮动区间上限扩大到贷款基准利率的1.7倍，农村信用社贷款利率的浮动区间上限扩大到贷款基准利率的2倍，金融机构贷款利率的浮动区间下限保持为贷款基准利率的0.9倍不变。不再根据企业所有制性质、规模大小分别确定贷款利率浮动区间。政策性银行贷款及国务院另有规定的贷款利率不上浮。

同年10月29日，上调金融机构存贷款基准利率，放开金融机构（城乡信用社除外）人民币贷款利率上限，允许人民币存款利率下浮。金融机构一年期存款基准利率上调0.27个百分点，由1.98%提高到2.25%；一年期贷款基准利率上调0.27个百分点，由5.31%提高到5.58%。其他各档次存、贷款利率也相应调整，中长期存贷款利率上调幅度大于短期。金融机构（不含城乡信用社）的贷款利率不再设定上限，贷款利率下限仍为基准利率的0.9倍。对金融竞争环境尚不完善的城乡信用社贷款利率仍实行上限管理，最高上浮系数为贷款基准利率的2.3倍。实行人民币存款利率下浮制度。所有存款类金融机构对其吸收的人民币存款利率，可在不超过各档次存款基准利率的范围内浮动。

2005年3月17日，调整商业银行自营性个人住房贷款政策：将住房贷款优惠利率回归到同期贷款利率水平，实行下限管理，下限利率水平为相应期限档次贷款基准利率的0.9倍，商业银行法人可根据具体情况自主确定利率水平和内部定价规则。

2006年8月19日，上调金融机构人民币存贷款基准利率。金融机构一年期存款基准利率上调0.27个百分点，由2.25%提高到2.52%；一年期贷款基准利率上调0.27个百分点，由5.85%提高到6.12%；其他各档次存贷款基准利率也相应调整，长期利率上调幅度大于短期利率上调幅度。同时，商业性个人住房贷款利率的下限由贷款基准利率的0.9倍扩大为0.85倍，其他商业性贷款利率下限保持0.9倍不变。

2008年10月27日始，扩大商业性个人住房贷款利率下浮幅度，调整最低首付款比例。商业性个人住房贷款利率的下限扩大为贷款基准利率的0.7倍；最低首付款比例调整为20%。个人住房公积金贷款利率相应下调0.27个百分点。

2010年9月29日始，商业银行严格执行贷款购买商品住房的首付款比例及贷款利率等相关政策，暂停发放第三套及以上住房贷款，遏制房地产市场投机行为。同时继续支持保障性住房建设贷款需求，支持中低价位、中小套型商品住房项目建设；对贷款购买商品住房，首付款比例调整到30%及以上；对贷款购买第二套住房的家庭，严格执行首付款比例不低于50%、贷款利率不低于基准利率1.1倍，引导房地产市场健康发展。

1998—2010 年景宁银行存款准备金率调整情况一览

表 18-2-1

时　间	调整前（%）	调整后（%）	调整幅度（百分点）	时　间	调整前（%）	调整后（%）	调整幅度（百分点）
1998.3.21	13	8	-5	2008.9.25	（大型金融机构）17.5	17.5	—
1999.11.21	8	6	-2		（中小金融机构）17.5	16.5	-1
2003.9.21	6	7	1	2008.10.15	（大型金融机构）17.5	17	-0.5
2004.4.25	7	7.5	0.50		（中小金融机构）16.5	16	-0.5
2006.7.5	7.5	8	0.50	2008.12.5	（大型金融机构）17	16	-1
2006.8.15	8	8.5	0.50		（中小金融机构）16	14	-2
2006.11.15	8.5	9	0.50	2008.12.25	（大型金融机构）16	15.5	-0.5
2007.1.15	9	9.5	0.50		（中小金融机构）14	13.5	-0.5
2007.2.25	9.5	10	0.50	2010.1.18	（大型金融机构）15.5 上调存款准备金率	16	0.5
2007.4.16	10	10.5	0.50				
2007.5.15	10.5	11	0.50		（中小金融机构）13.5	不调整	—
2007.6.5	11	11.5	0.50	2010.2.25	（大型金融机构）16 上调存款准备金率	16.5	0.5
2007.8.15	11.5	12	0.50				
2007.9.25	12	12.5	0.50		（中小金融机构）13.5	不调整	—
2007.10.25	12.5	13	0.50	2010.5.10	（大型金融机构）16.5 上调存款准备金率	17	0.5
2007.11.26	13	13.5	0.50				
2007.12.25	13.5	14.5	1		（中小金融机构）13.5	不调整	—
2008.1.25	14.5	15	0.50	2010.11.16	（大型金融机构）17	17.5	0.5
2008.3.18	15	15.5	0.50		（中小金融机构）13.5	14	0.5
2008.4.25	15.5	16	0.50	2010.11.29	（大型金融机构）17.5	18	0.5
2008.5.20	16	16.5	0.50		（中小金融机构）14	14.5	0.5
2008.6.7	16.5	17.5	1	2010.12.20	（大型金融机构）18	18.5	0.5
					（中小金融机构）14.5	15	0.5

第二节　监督管理

县人行是对全县金融机构实施监督管理的职能机构，1988 年设立后，始终严格履行职责，全方位实行监管，对各金融机构负责人的任职资格进行审定，对机构的设立、迁址、撤并与各项业务的合法规范经营、存贷款利率的执行、企业开户、反假币、反洗钱等进行监管，维护县域金融市场秩序稳定。

机构整顿

1999 年，为严肃金融纪律，强化金融管理，县人行对全县农村合作基金会组织全面进行检查整顿，共查处违规经营的基金会 15 家。

90 年代中期后，由于乡镇撤并和库区移民，银行机构设置相应调整，全县累计撤并信用社营业网点 30 个，商业银行营业网点 12 个。网店撤并后，管理方便，效益提高，但对边远山区交通不便的农村居民存贷款带来不便，金融服务受到一定影响。

秩序整顿

1995 年，县人行对全县金融机构建立了银行结算账户管理核准信息系统，共对 345 户开户企业进行清理，经核准发证 318 户，撤销长期不用的久悬户 27 户。

反假货币

县人行每年对各金融机构业务人员进行反假币知识技能培训、考试，合格者发给上岗证，不合格者不予上岗。同时不定期向广大群众开展反假货币知识和技能宣传，发现假币及时收缴，依法举报不法分子，维护金融市场秩序。

2005 年，县人行及各银行与公安机关共收缴假币 64700 元，2006 年收缴 86531 元，2007 年收缴 104530 元，2008 年收缴 111835 元，2009 年收缴 108620 元，2010 年收缴 74730 元。通过各种形式和渠道的反假货币宣传学习，提高了群众反假币意识，全方位打击假币犯罪行为，对稳定社会经济、保护人民群众利益起到重大作用。

违规查处

1993—1998 年，县人行对县辖各金融机构先后组织 20 多次常规专项稽查，对各种违规现象共罚款罚息 10.62 万元。2005—2008 年，县人行先后对县辖各金融机构进行 5 次反洗钱检查，共对 3 家金融机构罚款 15 万元。

第三节 机 构

中国人民银行景宁畲族自治县支行

1949 年 9 月，建立中国人民银行景宁县办事处。1951 年 4 月，改为中国人民银行景宁县支行。1962 年 4 月，归并云和县人民银行管辖。1988 年 7 月，设立中国人民银行景宁畲族自治县支行。是中国人民银行总行的派出机构，贯彻执行货币政策，依法对县辖范围内的金融机构进行监管，维护金融稳定和提供金融服务。原设办公室、会计股、发行股、稽核股、金管股、综合计划股、保卫股，兼并股室后分为办公室、营业室、信贷调统股、保卫股。2010 年，在职员工 15 人。

丽水市银监分局景宁畲族自治县监管办事处

2003 年，成立丽水市银监分局景宁监管办事处，人员由县人行分出，主要职能为银行监管、业务经营监督、高管审批、机构市场准入、推出及新业务开办审批等，与县人行共同管理景宁金融市场。2006 年 9 月，为最大限度发挥监管办事处效能，银监会对国家银行业监管基层一线队伍机构和人员进行整合，景宁监管办事处监管职责上收丽水市银监分局，人员集中到丽水市银监分局工作。

中国工商银行景宁畲族自治县支行

1984年10月设立。内设计划股、信贷股、会计股、出纳股、稽核股、人秘股，辖属网点3个。分别为新建路储蓄所、商业大楼储蓄所、县府街储蓄所，主要办理人民币存贷、汇款结算等业务。2005年10月，改制为中国工商银行股份有限公司景宁支行。2010年，内设机构有办公室、市场业务部、个人金融业务部、营业部，在职员工28人。

中国农业银行景宁畲族自治县支行

1984年10月设立。当时主要面向农村和农业，办理人民币存贷款、汇款结算等业务，并领导农村信用合作工作。1996年，信用社与农行正式脱离行政隶属关系。2009年1月，改制为中国农业银行股份有限公司景宁畲族自治县支行。2010年，内设综合管理部、客户部、营业中心。在职员工37人。

中国建设银行景宁畲族自治县支行

1984年9月设立，时名中国人民建设银行办事处，是在县财政局基本建设管理股的基础上组建而成。1985年，升格更名为中国人民建设银行景宁支行，负责统一管理全县基本建设的资金、金融业务。1987年9月，设立沙湾分理处、鹤溪储蓄所，开办储蓄业务。1988年8月，经县政府批准设立房地产信贷部，承办房改金融业务。1990年7月，设立浙江省信托投资公司景宁证券代理处。1993年6月，设立县建设房地产开发有限公司。1994年4月，设立丽水地区信托投资公司景宁办事处。1996年3月，根据总行统一规定更名为中国建设银行景宁县支行。2004年9月，因建设银行实施CIS战略，更名为中国建设银行股份有限公司景宁支行，2010年有员工39人， 内设4个科室，1个理财中心，1个信贷中心，1个贵宾理财室。

景宁畲族自治县农村信用合作联社

1954年设立，1987年9月，经农业银行丽水地区中心支行批准，从原农业银行景宁县支行信用合作股析离成立景宁畲族自治县农村信用合作社联合社（简称信用联社）。1996年8月与农行正式脱离行政隶属关系，主要办理人民币存贷款与结算业务，服务于农村、农民、农业“三农”群体。2000年7月，将原景宁县通达城市信用社接收归并为下属信用机构。2005年6月，合并全县各乡镇农村信用社和县联合社，改制成立景宁县农村信用合作联社。20世纪90年代中期，共撤并全县30个信用社营业网点。2010年末，县信用联社共辖1个营业部、4个信用社，有12个分支机构和1个流动服务点，在编员工154人。

景宁畲族自治县通达城市信用社

1993年9月设立，主要为集体企业、个体工商户以及城镇居民提供信贷资金服务。2000年7月1日，由景宁县农村信用合作社联合社（简称信用联社）接收归并为下属信用机构。

中国农业发展银行景宁畲族自治县信贷组

1997年1月设立，为国有政策性银行，原名为中国农业发展银行丽水地区分行派驻景宁办事组，2001年2月，更名为中国农业发展银行景宁畲族自治县信贷组，主要职责是承担国家规定的农业政策性金融业务，代理财政支农资金的拨付，为农业和农村经济发展服务。

景宁畲族自治县邮政局邮政储蓄

1986年9月1日设立，县邮政局邮政储蓄在鹤溪、沙湾、东坑、英川、渤海正式对外营业。1995年9月，全县5个邮政储蓄点全部实现微机化处理。1997年，增置微机20台，城乡储蓄实行微机联网。1999年，首台ATM自动柜员机投入使用。

中国邮政储蓄银行景宁畲族自治县支行

2008年5月30日，成立中国邮政储蓄银行有限责任公司浙江省丽水市景宁畲族自治县支行。内设综合管理部、综合业务部、信贷业务部、会计核算部；下辖自营网点2个（支行营业部、沙湾镇支行），代理网点6个，9台ATM取款机分布县城各网点，与全国37000个邮政储蓄网点实现联网。2010年，从业人员44人。

第三章 保 险

1997年4月，成立中保人寿保险公司景宁办事处。2003年7月，成立中国人民财产保险股份有限公司景宁支公司。2009年2月，成立中国太平洋财产保险股份有限公司景宁支公司。长期以来，景宁保险业立足服务景宁经济社会发展全局，全力保障经济社会发展，在稳步推进人寿保险业的同时扎实开展"三农"保险服务，深度参与社保体系建设，加大产品服务创新力度，不断加强面向农村的保险服务能力建设，持续推进保险产品、服务和人员"三下乡"，热心支持教育、体育和文化公益事业发展。2009年10月，建立全省首个保险服务民生示范区，各保险公司积极参与示范区创建工作，参与政保合作保险探索。2010年，中国人民财产保险股份有限公司景宁支公司荣获县委、县政府颁发的"积极贡献奖"。

第一节 投保 理赔

保险种类繁多，没有固定模式，按照保险标的分类，主要分为财产保险和人寿保险。

财产保险主要包括企事业财产保险、建筑和安装工程保险、货物运输保险、机动车辆保险、船舶险、家庭财产保险、责任保险、信用保证保险、人身意外保险、健康保险、农业保险、政策性保险等险种。人寿保险主要包括人身意外伤害险、医疗健康险、养老险、子女教育险和投资分红险。景宁3家保险支公司综合投保、理赔和车辆投保、理赔情况详见下表。

1993—2010年景宁综合保险理赔情况一览

表18-3-1　单位:万元

项目 单位 / 年份	中国人民财产保险股份有限公司景宁支公司		中国人寿保险股份有限公司景宁支公司		中国太平洋财产保险股份有限公司景宁支公司	
	保费	理赔	保费	理赔	保费	理赔
1993	506.6	348.3	—	—	—	—
1994	731.9	569.2	—	—	—	—
1995	650.2	545.8	—	—	—	—
1996	443.0	364.2	—	—	—	—
1997	551.5	345.4	45.4	—	—	—
1998	601.5	504.3	96.6	—	—	—
1999	605.3	317.9	134.9	—	—	—
2000	625.7	317.0	207.8	—	—	—
2001	758.3	247.9	335.3	—	—	—
2002	700.2	306.2	824.7	—	—	—
2003	721.1	409.0	980.1	—	—	—
2004	783.8	696.5	811.1	74.2	—	—
2005	857.2	674.0	953.3	108.8	—	—
2006	1217.7	718.7	1267.0	114.1	—	—
2007	1491.3	801.9	1321.9	153.8	—	—
2008	1469.3	1161.2	1839.8	131.6	—	—
2009	1883.3	1146.2	2147.8	157.9	152.6	22.8
2010	2102.8	1203.7	2150.8	144.2	501.0	97.4

1993—2010年景宁车辆保险理赔情况一览

表18-3-2　单位:万元

项目 单位 / 年份	中国人民财产保险股份有限公司景宁支公司		中国太平洋财产保险股份有限公司景宁支公司		项目 单位 / 年份	中国人民财产保险股份有限公司景宁支公司		中国太平洋财产保险股份有限公司景宁支公司	
	保费	理赔	保费	理赔		保费	理赔	保费	理赔
1993	154.6	72.0	—	—	2002	492.1	232.9	—	—
1994	207.9	191.6	—	—	2003	499.3	299.9	—	—
1995	263.7	197.5	—	—	2004	534.9	532.1	—	—
1996	340.0	298.8	—	—	2005	546.1	310.9	—	—
1997	436.7	256.3	—	—	2006	659.4	343.2	—	—
1998	468.4	348.8	—	—	2007	691.6	445.9	—	—
1999	476.9	261.7	—	—	2008	663.2	526.1	—	—
2000	472.2	254.5	—	—	2009	855.9	452.2	75.2	10.8
2001	525.0	178.4	—	—	2010	1055.3	497.4	239.4	73.0

第二节 机 构

中国人民财产保险股份有限公司景宁畲族自治县支公司

2003 年 7 月，设立中国人民财产保险股份有限公司景宁支公司，为景宁县最大的财产保险公司，经营除长期人身保险以外的所有保险业务。2010 年有员工 28 人。公司内设办公室、理赔分部和业务部 3 个部门。

中国人寿保险股份有限公司景宁畲族自治县支公司

1997 年 4 月，成立中保人寿保险公司景宁办事处。1999 年 4 月，更名为中国人寿保险公司景宁办事处。 2002 年 4 月，经省保监办批准，升格为中国人寿保险公司景宁畲族自治县支公司。2003 年随公司整体改制为中国人寿保险股份有限公司景宁畲族自治县支公司，为一家隶属中国人寿保险股份有限公司丽水分公司的县级人寿保险公司。2010 年有员工 109 人。公司内设客户服务部、银行保险部、个险业务部和团体业务部和综合部 5 个部门。

中国太平洋财产保险股份有限公司景宁畲族自治县支公司

2009 年 2 月，成立中国太平洋财产保险股份有限公司景宁支公司，隶属于中国太平洋保险股份有限公司丽水中心支公司。2010 年有管理人员 13 人。公司内设总经理室、综合管理科、理赔部和业务部 4 个部门。

第十九篇　扶　贫

20 世纪 80 年代以来，开展反贫困工作，成为世界性时代发展趋势。景宁由于地理区位和历史原因，经济社会发展相对落后。1984 年，景宁农村人均年收入在 150 元贫困线以下有 2.8 万户，12.93 万人，贫困率达 82.66%，被列入浙江省国家级贫困县。1985 年始，落实国家对贫困地区的扶持政策，展开"向贫困挑战""解决温饱""脱贫致富""奔向小康"攻坚战。

1990 年前，围绕"解决大多数群众的温饱问题"，正确处理自力更生与争取外援、治穷与治愚、扶贫与扶志、"输血"与"造血"、富民与富县、基础建设与生产发展"六大关系"，集扶贫"资金、物资、人才、技术"之力，利用资源优势，实行综合开发，加快脱贫步伐。1990 年末，按贫困线标准，贫困户、贫困人口分别下降到 5224 户，2.42 万人，贫困率为 13.82%。

1991—2000 年，"巩固脱贫、鼓励致富"，实施国家"八七"扶贫攻坚计划，走"兴山富民、兴工富县、兴商促全面，贸工农一体化"的路子，举社会扶贫、开发扶贫、教育扶贫、科技扶贫之措，大力开发农业，大办乡镇企业，搞活商品流通，加大基础建设，加速发展经济，整个社会面貌发生深刻变化，群众生活水平得到提高。1997 年，景宁国内生产总值 6.2 亿元，工农业总产值 10.1 亿元，财政总收入 4166 万元，农民人均纯收入 1530 元，整体基本达到国家脱贫标准。1998 年 1 月 5 日，省委、省政府宣布景宁畲族自治县为"光荣脱贫县"。

2001—2010 年，抓住全省"百乡扶贫攻坚""欠发达乡镇奔小康""城乡一体化发展"机遇，锁定进入全国少数民族自治县前列、基本达到小康社会水平、建成全国畲族文化基地的奋斗目标，实施"一三四八"发展战略，提升一产，开发二产，发展三产，实施系列惠民工程，统筹城乡建设。2010 年，城镇居民人均可支配收入 17901 元，农村居民人均纯收入 6020 元，县域经济基本竞争力在全国 120 个少数民族自治县中排名 13 位。

第一章 社会扶贫

景宁贫困源于地理环境封闭、自然条件制约、经济基础薄弱、生产水平低下、社会发展滞后等多种因素。1984年，农村人口年收入在150元贫困线以下2.8万户12.93万人，贫困率达82.66%。1988年农户基本情况、经济生活分类型调查和贫困户贫困原因分析，全县相对宽裕农户占9.4%；人均净收入300—500元、口粮250—300千克之内温饱型农户占72.2%；人均净收入300元、口粮250千克以下贫困型农户18.37%；在6827个贫困农户中，无劳动力（含无劳动能力的五包户）1760户，占25.78%；缺技术578户，占8.47%；缺资金3756户，占55%；缺资源388户，占5.68%；因生病或意外灾害造成贫困的345户，占5.05%。据1990年对“七五”期间贫困户脱贫和返贫情况调查显示，5年扶贫工作使23878户，10.93万人解决温饱问题，脱贫率84.67%。但是，全县仍有5224户，24207人尚未摆脱贫困，贫困率13.82%。其中，不属贫困户或刚过温饱线农户因收入不稳、遇上天灾人祸，脱贫又返贫的902户，4175人，返贫率达14.63%。县情实际存在着扶贫工作的复杂性、紧迫性、艰巨性和长期性。

县乡签订农民增收六大目标责任书

1985年，县委、县政府成立扶贫领导小组，由县委、县政府主要领导和分管领导担任组长、副组长，县委组织部、县府办、农经委、计委、经委、民委、科委、财政、交通、农业、林业、水利、电力、民政、教育、公安、法院、金融、保险等部门为成员单位，专门负责研究和指导扶贫工作。下设县扶贫领导小组办公室（简称“扶贫办”），为日常工作机构，扶贫办与县政府办合署办公（2006年后扶贫办与县农办合署办公）。各区公所、乡镇、村同时建立扶贫工作领导小组，形成四级扶贫工作网络。县委、县政府变压力为动力，坚持以带领群众“解决温饱、脱贫致富、奔向小康”为工作中心，落实年度计划，签责任书，立“军令状”，建立工作目标考核机制，做到“历届书记一本经，历任县长一道令，几套班子一条心，一任接着一任干”。

1985年来，国家民委、省委、省政府、地（市）委、地区行署（市人民政府）及直属部门和挂钩结对的兄弟县市，尽其力，负其责，制订一系列扶贫特殊优惠政策，通过立项扶持、增加扶贫投资、派遣干部和骨干人才、引进技术、提高经营与管理水平等措施；组织结对帮扶，转变发展理念，加大交流合作，形成国家、省、市、县、乡镇、村“六级联动”，在政策、项目、资金、实物、技术、人才上“六管齐下”的合力扶贫攻坚态势。

第一节 特惠政策

1985年，国家确定人均年纯收入200元为贫困线，以县为单位，年人均收入低于150元的县列入国家重点扶持，少数民族自治县和革命老区的标准有所放宽。被列入国家重点扶贫县，须经国务院扶贫开发领导小组办公室认定。1986年，景宁被国家首批认定为全国331个重点扶贫县（又称"国家级贫困县"）之一，得到中央财政扶贫资金和多渠道扶贫项目及资金的帮扶。2008年，省委、省政府为加快景宁畲族自治县经济社会发展，单独出台浙委〔2008〕53号文件，明确扶持工作的实施意见。

温饱攻坚战

1985—1993年，通过"星火计划""丰收计划"，国家和省给予"老少边穷"地区基础设施建设、扶贫开发、企业技改、"以工代赈"、经济开发专项贴息贷款等扶贫政策，支持景宁工农业、商贸、水利、电力、交通（山区机耕路）的基础设施建设和发展教育文化卫生事业等375个项目；扶持贫困户与残疾人发展生产和实用技术培训等33138户（次），到位扶贫资金累计10670万元，化肥892万千克。其中，1991年，国家民委、人民银行、财政部、商业部联合发文，确定景宁畲族自治县为全国民族贸易县之一，享受国家民族贸易一系列优惠政策。1994年，经省政府批准，建立"景宁民族经济开发区"和"景鄞扶贫经济开发区"，探索"以开放促开发、变输血为造血"扶贫新路子，成为国家特许、浙江省独创的扶贫项目。

八七扶贫攻坚

1994—2000年，实施"八七扶贫攻坚计划"，国家和省、市对景宁的农业综合开发，工业商贸流通发展，交通、水利、电力、城建、教育、文化、卫生等基础建设，逐年加大扶持力度，累计投入扶贫资金7.55亿元，扶持贫困户1.3万多户。其中，1997年浙江省供销社、丽水地区纪检委等省、地52个部门以及鄞县、温岭、长兴等结对扶贫县（市），为景宁摘掉贫困帽出谋划策，全力扶持。同年，按全国"八七扶贫攻坚计划"确定的贫困线，景宁总体基本实现脱贫目标，1998年1月5日，省委、省政府宣布景宁脱贫。此时，在浙江省内，景宁与经济发达县市相比，农民人均纯收入、人均GDP绝对值、人均财政收入和社会发展水平，都存在很大差距。省委、省政府将景宁列入全省26个欠发达县市之列，继续享受国家、省扶贫的优惠政策。

百乡扶贫攻坚

大漈乡高山冷水茭白生产基地

2001—2002年，随着国家贫困线标准的提高，年人均收入低于1000元的英川、沙湾、梧桐、大地、大漈、郑坑、鸬鹚、澄照8个贫困乡镇被列入全省"百乡扶贫攻坚计划"之内。由省供销社、省林业局等16个部门单位挂钩结对，实施200多个帮扶项目，扶持各类资金4000多万元，建成沙湾大桥、梧桐大桥、郑坑、大地乡道公路、下山脱贫点建设等一批基础设施项目，建设农业综合开发基地1340公顷。2002年，8个乡镇贫困人口从1999年8353人减少到1816人，下降了78.3%；贫困村从1999年的32个减少到3个，下降90.6%；农民人均收入从1736元增加到2209元，年均增幅8.5%，超过全县农民人均增长幅度。

欠发达乡镇奔小康

2003—2007年，22个乡镇列入浙江省"欠发达乡镇奔小康工程"。其中，12个乡镇列入省重点扶持乡镇。5年间，把“十村示范，百村整治”作为推进社会主义新农村建设的主抓手，启动示范村建设13个，整治村建设105个。经过整治，农村产业发展，农民增收，道路硬化、环境整治、饮水安全、居住改善，面貌发生很大变化。加大对基础设施、农业开发、社会事业等方面的投入，到2007年共投入扶持资金14084.6万元，解决50个行政村3.89万人的饮用水安全问题、开发农林生产基地5840公顷、发展特色养殖14.2万头(羽)。2007年，有18个欠发达乡镇农民人均纯收入超过全国少数民族地区平均水平。

第二节 挂钩结对

挂钩结对，寓责任扶贫、实体扶贫、实业扶贫、爱心扶贫于一体，搭建“政府—社会—贫困乡村”之间的“连心桥”。1985年后，在国家民委和省委、省政府牵线帮助下，上下挂钩，社会联动，干群结对，以富帮贫，推动景宁经济和社会事业发展，加快脱贫致富步伐。

五级联挂帮扶

1985—1997年，国家、省、市、县、乡镇五级层层动员，组织机关单位开展对口挂钩帮扶活动。国家民委、中国人民保险总公司等单位领导多次到景宁乡村实地调查，指导扶贫工作，在谋划扶持政策和扶持项目的同时，选派优秀干部组成帮扶工作组，长驻景宁指导。

在实施“温饱工程”“八七扶贫攻坚计划”“百乡扶贫攻坚计划”“欠发达乡镇奔小康工程”期间，省委、省政府全面动员省级机关单位对口扶持景宁，先后有省民宗委、发改委、农办、财政、林业、农业、水利、交通、供销、粮食、城乡建设、轻工、电力、冶金等省级机关单位挂钩景宁对口帮扶。

1992年5月，杭州汽轮机厂与景宁挂钩结对扶贫，派出技术人员和工人无偿援助景宁创办特种铸钢有限公司，1993年10月18日开炉投产，年产铸钢件100万千克。1994—1999年，省民宗委等挂钩单位共有120批1206人次来景宁挂钩结对帮扶，扶持发展项目200多项。2000—2002年，12个省级部门、28个市级部门挂钩景宁，累计支援资金1300多万元，扶持扶贫项目85个。2003—2007年，省民宗委等16个部门，在基础设施、农业开发、社会事业发展等方面扶持景宁资金2140.18万元。2008—2010年，省发改委、财政厅等12个单位帮助91个低收入农户集中村落实发展项目64个，扶持资金1557.42万元，带动3286户低收入农户增收。

丽水地委(市委)、行署(市政府)每年都组建工作组，指导景宁扶贫。其中，2005年，市级结对帮扶项目3个，帮扶资金4.6万元；2008年市委陈荣高书记等5位市领导及市水利局等13个市直部门，在景宁结对帮扶31个低收入农户集中村，扶持资金275.15万元，带动1068户低收入农户增收。

1985年始，景宁建立“挂乡(镇)、包村、联户、带片”工作责任制。1986年，县直机关67个部、委、办、局以挂钩村为单位，组建扶贫工作组，结合部门业务，以资金、物资、技术扶持发展经济，改善生产生活条件，每个农时季节“点上不离人”，连续挂钩3年，“不脱贫不脱钩”；乡镇干部、党员直接帮扶到贫困户。1989年，选派县机关干部56人，由副科级以上干部领队，到乡镇蹲点扶贫，自带铺盖驻村，与农民实行“同吃、同住、同劳动”，以脱贫成果进行工作目标考评。1996—1999年，县机关部门挂钩扶持贫困村106个、1387户，落实扶贫项目250多个，筹集资助资金、物质等折合人民币540多万元。同时，指派机关干部23人、乡镇干部59人担任指导员，直接驻村指导脱贫致富工作。2000年，71个县直部门单位共为贫困村、贫困户提供资金(物资折价)48.17万元。2007年，全县行政事业单位、国有企业、直管单位、乡镇政府“一个单位帮扶一个村或若干个村”，并落实干部结对贫困户。2008 年，针对全县 148 个低收入农户集中村，县属 82 个部门帮扶 56 个村，实现省市县三级结对全覆盖。2009 年，进行农村危旧房改造，县级领导每人定点联系一个村，实施帮扶项目 57 个。2010 年，副县级以上领导 31 人和 90 个单位，共挂钩结对 135 个低收入农户集中村，扶持各项资金 587.95 万元。

友好县市(区)帮扶

鄞县帮扶 1985 年始，浙江省宁波市鄞县(现鄞州区)响应省委、省政府号召，与景宁挂钩结对扶贫。至 2005 年，鄞县多次由县委、县政府主要领导带队到景宁实地考察，派出经济主管部门领导和部分企业厂长、经理，组成扶贫小组，专门制定帮扶景宁规划和政策，组织部门和乡镇通过技术物资交流、技术承包(转让)、新产品开发、联合办厂(合资开发)、人才培训、劳务输出等多渠道、多层次、多形式，全方位对接扶贫项目 12 个。

1986 年，鄞县胶丸工业公司带资金、技术、产品、人才，与景宁胶丸厂合作创办联营分厂，帮助景宁解决 200 多名待业青年就业，并将胶丸厂建成景宁最大一家乡镇企业。1991 年鄞县印刷机械厂、章水联营厂、狮球微特电机集团总公司等企业，与景宁农机厂、综合食品厂、医疗器械厂等 5 家企业挂钩结对，帮助技术改造。鄞县还组织乡镇和企业先后来景宁合作投资，在大均、外舍、张村、澄照、鹤溪等乡镇创办铸造厂、工艺制帽厂、高档羊毛衫厂等 8 家企业。1996 年 9 月 6 日，鄞县高桥镇长乐，邱隘镇邱一、邱二，古林镇张家潭，石矿镇塘西，五乡镇四安等 6 个村，分别与景宁东坑镇大张坑，英川镇隆下、黄垟口，鹤溪镇滩岭，沙湾镇七里，渤海镇旦水 6 个贫困村“联姻结对”，在农业开发、修建公路、安装自来水、电话通信、扶贫建校等方面，落实扶持和资助项目 7 个。

1992 年，鄞县为扶持景宁工业在富民强县中发展外向型经济，以 8 折优惠价向景宁投资开发有限公司出让梅墟工业区土地 4.8 公顷，扶持创办浙江景宁梅墟扶贫经济开发区。1994 年，开发区域扩大为 5 平方千米。同年 12 月，开发区更名为“浙江景鄞扶贫经济开发区”，1995 年 6 月，被定为“国家民委扶贫开发试验区”。2000—2003 年，全省实施百乡扶贫攻坚，省扶贫办扶持景鄞扶贫经济开发区 600 万元。2005 年，开发区移交鄞州区管理后，2005—2010 年鄞州区每年转移支付景宁财政1500 万元。

温岭市帮扶 1994 年，根据省委、省政府部署，确定沿海经济发达的温岭市与景宁挂钩扶贫。两市县积极开展扶贫工作对接磋商，1995 年 3 月，形成《温岭市与景宁县挂钩扶贫近期工作意见》。景宁先后从机关和乡镇选派 20 多名干部到温岭乡镇挂职。此后，两地及乡镇间加强密切联系，温岭发挥智力、财力、物力资源优势，在基础设施、农业开发、社会事业等方面扶持景宁乡镇村。景宁受灾时，温岭市政府及时捐赠大米及衣被 2500 多件。1996—2002 年，从机关到乡镇，两地扶贫挂钩工作取得显著成效。

2003 年后，省里调整扶贫方式，重点实施“百乡扶贫和欠发达乡镇奔小康工程”。2003—2005 年，温岭市政府扶持鸬鹚乡资金 90 万元，帮扶物资价值 3 万元。主要帮扶项目：环城路防洪堤、土地政策处理、科技培训、移民小区道路建设、下山脱贫小区水泥路、排污、绿化、开发农业。扶持澄照乡资金 96 万元，帮扶物资价值 12 万元，主要项目：金丘村桥梁水毁复建、三石村叶八弄水泥路工程、四格村自来水工程、东畔村水泥路工程、劳动力培训、茶叶基地及茶叶加工、封金山油路。

2006—2007 年，温岭市政府扶持鸬鹚乡资金 60 万元。主要项目：添置学校办学设施、农业产业化发展、机制碳厂补助、下山脱贫点建设、中心村挡土墙、集镇小区建设；扶持澄照乡资金 60 万元。主要项目：村道路建设、科技培训、茶叶基地建设、自来水工程建设、村庄整治建设。

2003—2007 年温岭、鄞州挂钩帮扶景宁乡镇情况一览

表 19-1-1

景宁乡镇	帮扶单位	帮扶项目	帮扶资金(万元)	帮扶物资	帮扶单位到帮扶乡镇		年度
					批数	人次	
鸬鹚	温岭市政府	防洪堤,下山脱贫移民小区道路、排污、绿化,农业开发,科技培训	90	衣服棉被等价值 3 万元	3	79	2003—2005
		学校办学设施,农业产业化发展,下山脱贫点和集镇小区建设等	60	—	3	14	2006—2007
澄照	温岭市政府	金丘村桥梁,叶八弄、东畔村水泥路,四格村自来水,封金山油路等	96	衣服、棉被、大米等价值 12 万元	4	86	2003—2005
		村道路,茶叶基地,自来水,村庄整治,科技培训等	60	—	6	43	2006—2007
东坑	鄞州区集士港镇	河东路防洪堤、集士街、集士广场,松树下小区,毛竹基地等	110.5	食品、衣物等价值 20 万元	5	77	2003—2005
		毛竹基地 82.07 公顷,镇办公大楼,集镇发展规划等	47	—	2	25	2006—2007
大地	鄞州区高桥镇	大地桥,张坑村道,中心村道路,大地村自来水,学校操场等	91	乡购公车桑塔纳补助 10 万元	5	43	2003—2005
		高桥路拓宽、桥梁建设,丁大路修复等	68	5 万元	6	61	2006—2007
毛垟	鄞州区古林镇	毛垟大桥,集镇防洪堤,古林路,科技培训,农业开发,结对贫困生	74.2	礼品 20 份衬衫一批	6	66	2003—2005
		毛垟大桥、古林路、康庄路建设,教育强乡创建等	74.5	—	6	79	2006—2007
大漈	鄞州区邱隘镇	大漈邱隘幼儿园,道路、桥梁建设,特困生补助等	91.6	—	8	101	2003—2005
		云中大漈景区道路建设	60	—	5	78	2006—2007
雁溪	鄞州区云龙镇	大丘田、东山、石梯、梅坞等机耕路建设,防洪堤、竹笋基地建设等	40	—	2	26	2003—2005
		云龙桥修建,柘湾脱贫点建设,村办公楼建设,生态农业建设等	59.5	—	3	25	2006—2007
合计		—	1022.3	价值 60 万元	64	803	2003—2007

2008—2010 年鄞州挂钩帮扶景宁乡村情况一览

表 19-1-2

帮扶单位	结对村数(个)	到村帮扶(人次)		帮扶资金(物资折款)(万元)	实施帮扶项目(个)	发展特色产业基地面积(公顷)	带动低收入农户(户)	帮扶和慰问低收入户及家庭困难学生		
		领导	其他人员					走访(户数)	助学(人次)	资金(万元)
高桥镇	6	12	73	78	16	193.33	535	166	20	17
古林镇	4	22	54	82	16	80.67	308	75	45	6.95
集士港镇	6	15	70	83	13	138.67	737	75	—	7
五乡镇	4	13	13	65	12	92	837	58	18	1
邱隘镇	4	12	38	72	12	246.67	184	37	145	8.7
姜山镇	5	26	23	79.2	20	52.67	162	65	100	8.4
云龙镇	4	26	63	69	10	33.33	170	75	—	4
钟公庙街道	6	19	46	60	12	26.67	254	36	—	—

续表 19-1-2

帮扶单位	结对村数(个)	到村帮扶(人次)		帮扶资金(物资折款)(万元)	实施帮扶项目(个)	发展特色产业基地面积(公顷)	带动低收入农户(户)	帮扶和慰问低收入户及家庭困难学生		
		领导	其他人员					走访(户数)	助学(人次)	资金(万元)
石碶街道	6	26	98	115.4	17	224	1012	125	90	4.4
下应街道	5	27	31	77	15	186.67	655	119	—	—
合计	50	198	509	780.6	143	1274.67	4854	831	418	57.45

长兴县帮扶　1996 年，根据省委、省政府部署，长兴与景宁结对扶贫，“南北挂钩、共同发展”。1997 年 1 月，形成《长兴县与景宁畲族自治县互助合作共同发展座谈会纪要》。之后，长兴县浙江新光源集团有限公司与景宁电光源厂签订帮扶结对协议，由浙江新光源集团有限公司包销景宁电光源厂 80%产品，月供量 150 支灯芯，并提供技术咨询帮助、质量检测设备和资金 30 万元，逐步建成公司灯芯配件生产基地。长兴扶持景宁创办“科技开发示范园”，派出林业技术员指导建立 6.67 公顷农业综合开发科技示范基地，无偿提供银杏、早园竹、青梅等苗木。景宁安排 8 名干部在长兴 6 个乡镇和 2 个部门挂职锻炼。长兴煤山等 6 个乡镇同景宁金钟等 6 个乡镇结对帮扶，实施扶贫项目 10 个。

金融帮扶

1985 年后，在“多争取、使用好”国家扶贫资金和社会支助资金的同时，注重用好国家金融信贷政策，实施扶优限劣信贷策略。坚持改革开放，灵活机动地扩大融资渠道，发挥金融“财团”扶贫“后勤”作用，助推县域经济社会发展。

1985—1993 年，金融机构为全县加快脱贫致富步伐，举全力多方融资，支持工业、农业、商业、交通、文教卫生、物资、森工、邮电、电力等重点项目建设。金融系统共投入 1124 万元，合力支持景宁造纸厂技改项目。工商银行投入 1118 万元，扶持县玻纤厂、纺织厂、邮电局、印机厂等单位技改项目。建设银行投入 795 万元，支持县轴承厂、钢铁厂、景功工艺厂、上标二级电站等建设项目。县农业银行投入资金 1024 万元，配套流动资金 650 万元，支持县胶丸厂、包装厂、电声器材厂等企业技改，同时分片区建立 6 个扶贫小组，全面调查贫困村农户生产生活情况，采取宜粮则粮、宜工则工、宜副则副、长短结合、综合扶助的办法，累计发放扶贫贷款 2400 万元(其中扶贫贴息贷款 1140 万元)，扶持 5800 多户农民开发“农、林、茶、果、药、菌、笋、菜”等产业，使 4850 户贫困农民 1.38 万人摆脱贫困(占扶持户 80%)；帮助 74 个村发展集体经济，支持兴办 19 家以本地资源为基础的加工企业，新增产值 1.5 亿元、税利 900 万元，使 2200 多人得到就业。在“念好山水经、走活特色棋”扶贫战略中，该行调整信贷结构，优化信贷投向，扶持小水电资源开发，至 1999 年合计投放 8188 万元资金，支持建设 13 座小水电站，总装机容量 38835 千瓦。

1988—1995 年，中国人民保险总公司先后采取“资金与保险并举，富民与富县结合”方法，制定“以资金带项目，以科技为先导，以保险作靠山，以增收促脱贫”方法，制定“以资金带项目，以科技为先导，以保险作靠山，以增收促脱贫”四位一体扶贫措施，向景宁发放 170 万元扶贫滚动资金，扶持景宁包装材料总厂等企业进行技术改造；帮助鹤溪镇东弄等村发展香菇、水(干)果、中药材、惠明茶等优势经济产业。

2010 年，全县金融机构年末存款余额从 1984 年 1672 万元上升到 42.05 亿元，贷款余额从 1984

年 1027 万元上升到 24.35 亿元。

干群结对帮扶

1993 年，实施“八七扶贫攻坚”后，组织干部、党员开展结对帮扶贫困户，作为扶贫工作长效机制。“围绕扶贫抓党建，抓好党建促扶贫”，鼓励 3200 多名在农村第一线的共产党员提高致富本领，开展“帮贫赛富”活动，自己敢富、先富、快富，扶持、帮助、带动贫困户脱贫致富，做到“脱贫不落一户，致富不忘一人”“挖穷根，闯富路，跟着村里党支部”。每个党员按“就地就近、自愿结合、方便生产、便于联系”要求，选择 3~5 家贫困户“结对子、找门路、送信息、传技术、助资金”，开发经济，帮贫解困。渤海镇沈坑村支书刘立山为带领村民种菇致富，自己外出学艺，买回技术资料，率先种起香菇，并三番五次跑银行，主动为 50 多家贫困户 12 万元贷款担保，手把手指导村民种菇，1994 年全村生产香菇 350 万袋，人均年收入从 1992 年 250 元提高到 1000 元。经过 3 年党员结对帮扶，全县 1 万多贫困户实现脱贫致富。

1996—2000 年，县机关干部按“帮有项目，助有技术，扶有资金”要求，开展“二人结对帮扶一户贫困户”活动，县、乡、村干部结对帮扶 2458 个贫困户，6127 人。2000 年把做好扶贫工作列入“三讲”整改阶段重点，组织“千名干部下基层”，为民办实事。

2001—2010 年，在实施“百乡扶贫攻坚计划”和“欠发达乡镇奔小康工程”的进程中，采取“一户一策一干部”方法，落实低收入农户的结对帮扶。其中，2007 年，县属 86 个部门单位 3280 名干部职工和 24 个乡镇 599 名干部，与 1936 个低收入农户结成帮扶对子，落实帮扶措施 1700 多项、资金 206.8 万元。2008 年，31 名副县级以上领导结对 31 个村，带动 108 个单位的 3934 名干部结对帮扶低收入农户，募集捐款 200 万元，为 2663 个低收入农户落实增收项目。2009 年，114 个单位 4003 名干部结对帮扶 10923 个低收入农户，募集捐款 206.29 万元；副县以上领导及单位共结对 122 个村，扶持资金 188.35 万元，帮助引进各类项目资金 380 万元。2010 年开展“百名青年干部下百村”活动，选派 315 名农村工作指导员，实现每一个行政村都有 1 名指导员。

第二章　开发扶贫

1985 年始，立足县域资源优势，稳定粮食生产，开发商品基地，培育流通市场，搞活内外贸易，从“救济式”扶贫转向“开发式”扶贫，从“输血型”扶贫转向“造血型”扶贫，从“封闭型”自给经济推向“开放型”商品经济。1993—2010 年，制订优惠政策，采取积极措施，鼓励引导、帮助长期居住在高山、深山、远山的农户“下山”脱贫，认真实施险情村搬迁规划，建设异地搬迁安置点，让农民“搬得出、安得住”。同时，为加快山区经济发展，积极争取上级支持，大力发展交通事业，把交通发展列入扶贫开发重点，实现乡乡通路目标。

第一节　开发农业

景宁属山区农业县。贫困人口主要在农村,扶贫工作重点在农村,脱贫致富的希望在农村。1985年始,坚持把农业综合开发作为发展农村经济的“重头戏”,选择“投资少,风险小,见效快,适合家庭或联合经营”的项目,组织国营、集体、农民联合开发,实行多成份、多层次、多形式,进行适度规模开发,实现“一乡一业、一村一品”,变资源优势为商品优势,引领贫困农民脱贫致富。

开田造地稳粮

景宁山多地少,人均只有6分田。1984年,全县农村人均年口粮不足250千克,“三餐吃得饱”成为“温饱工程”要务。1985年始,借助“以工代赈”项目,应用“宜田则田、宜地则地、宜林则林”农业区划成果,以农民投工为主、国家支持为辅的“民办公助”原则,组织发动开田造地,在土地所有权不变前提下,“谁开发、谁经营、谁受益”。根据土地开发的难易度与土地质量的好差,给予每亩500—700元的资金补助,并优先供应水泥、柴油等必需物资。至1990年冬,全县65%的村参加开田造地,农民累计投入135万个劳动日,新开垦水田52.2公顷,造地346.67公顷,每年增加粮食46万千克。同时,抓住国家实施“丰收计划”机遇,全县推广杂交稻良种,全面提高单位面积产量;推广多熟制耕作和林地套种旱粮,开发“第二粮仓”,缓解农民缺粮问题。1991年以来,在国家农业综合开发项目支持下,共计投入3亿元资金,通过零星土地开发、连片土地整理、灾毁耕地和建设用地复垦等措施,新增耕地1757.79公顷,有效缓解土地供需紧张矛盾,实现耕地占补平衡。

建立商品基地

“靠山吃山,以农惠农。”1985—2010年,利用山区资源优势,发挥农村富余劳动力,开发有市场竞争力的农产品,采取低山、中山、高山梯级布局,种植、养殖、加工优选项目,短期、中期、长期配套规划,农户、基地、公司联合开发的路子,由单家独户零星分散开发转为连片集中适度规模经营,建立“林业、茶叶、水(干)果、蚕桑、药材、食用菌、笋竹、蔬菜”八大商品基地。1997年,全县农村经济总收入4.47亿元。其中,农产品出售收入2.08亿元,占43.92%;在农村人均年纯收入1896元中,近一半来自商品出售,“八大商品”基地成为“八七扶贫攻坚”实现脱贫目标的“半壁江山”。2000—2010年间,随改革开放形势的发展,国家产业政策变化,农村经济结构调整,优质高效农业综合开发,推进“林业、茶叶、水(干)果、中药材、食用菌、笋竹、蔬菜、禽畜养殖”等主导产业发展。与2000年相比,2010年,农业总产值增长66.09%。其中,农业产值增长43.97%,林业产值提高1.4倍,牧业产值增长1.3倍。农村经济总收入12.99

英川镇百合生产基地

亿元，增长97.26%。其中，农产品出售收入5亿元，占总收入的38.54%，提高1.4倍。“八大商品基地”在农村致富奔小康的贡献率中具有“三分天下”。

第二节　下山脱贫

1993年始，引导和帮助“高山、深山、远山”区域农民“下山”脱贫。

1994年，制定《农村工作若干政策规定的意见》《鼓励个体私营经济发展若干政策》，明确农民下山搬迁优惠政策，成立县下山脱贫和险情村搬迁工作领导小组，选择鹤溪镇包山、东弄两村进行试点，县农办、国土、城建等部门进行统一选址和规划。1995年，投入扶持资金6万多元，支持东弄老村搬迁到东弄新村51户，256人；包山村搬迁到浮丘新村、大树垄村31户，165人。

1996年，受8号台风袭击，造成景宁较大损失。经组织相关部门及乡镇对26个险情村逐一进行调查，制定《1997—2000年下山脱贫及险情村搬迁规划》《景宁县高山、远山、深山农民下山脱贫试行办法》《1997—2000年下山脱贫实施方案》，确定搬迁40个村，共443户，1969人。2005年，经全面调查发现地质灾害点119个，危及7074人的安全。县委、县政府出台《景宁畲族自治县地质灾害防治“十一五”规划》，实施“百村避险”工程，确定“地质灾害险情村的群众异地搬迁的补助标准为每人5600元，按时搬迁的再给予每人500元的奖励”。2007年，出台《景宁县下山移民规划（2008—2012年）》《景宁县下山移民实施意见》。2008年后，地质灾害避险搬迁与农民异地搬迁一起实施，按《关于加快农民异地转移促进农民增收的实施意见》进行补助，标准调整为整村搬迁的每人补助11600元，零星搬迁每人补助7600元，农户拆除旧房的给予每平方米50元补助。其中，省财政对低收入农户集中村搬迁给予每人5600元补助，其它配套补助资金全由县财政承担。

1997—1999年，梧桐等4个扶贫小区和鹤溪镇余山新村（城西村）等5个下山脱贫新村开始建设；标溪、梧桐等乡3个行政村及梅坦岗等10个自然村，973人搬入新村。2000年，投资1965万元，12个乡镇兴建15个下山脱贫点，有381户，1502人搬进新村。省扶贫办下达扶持资金145万元，全面启动经省立项的10个下山脱贫新村建设工程。2001年12月，省委书记张德江亲临鸬鹚调研下山脱贫点，肯定景宁下山脱贫工作的成效。2002年，通过深入调查筛选，向省扶贫办、财政厅申报33个扶贫项目。其中，新建下山脱贫点项目2个，续建14个，危房改造安置项目1个。8个乡镇在“百乡扶贫攻坚”中，有4269人安置到下山脱贫点定居。2004—2006年，结合省“五大百亿”工程，进行小集镇、中心村和百村避险工程建设，启动下山移民整村搬迁43个自然村（其中险情村6个）、13个下山移民小区（其中新建3个、续建10个），共完成投资1580万元，下山搬迁移民1812户，7412人。其中，2006年完成重点险情村搬迁274户，1038人。

2007年，建成鸬鹚乡芦山、梧桐乡梧桐、毛垟乡新建垟、东坑镇松树下等4个下山脱贫小区；建成大均乡伏叶、大地乡陈坑、大漈乡叶村、英川镇王宅、沙湾镇七里、莲川、澄照乡东畔岙、雁溪乡柘湾等21个下山移民安置点和地质灾害避险搬迁安置点。全县完成下山移民395户，1503人。其中，完成地质灾害险情点搬迁102户，405人。

2008—2010年，在“万名农民异地转移工程”的实施中，整村搬迁的152个村，搬迁1951户，7142人。其中，地质灾害避险搬迁194户，709人。给予搬迁农户直补资金7960.9万元。其中，县财政补助5568.04万元。

农民安置小区选介

双后岗农民公寓　位于县城城南人民路东侧，规划用地面积37公顷，建筑面积577880平方米，总投资为98247.35万元，安置全县下山移民和地质灾害避险搬迁农户11776人。项目分二期实施。第一期用地面积24365.46平方米（A区块），总建筑面积43470.66平方米。其中，住宅36294.77平方米，车库、储藏室4412.23平方米，商业用房2477.8平方米，物业管理用房254.81平方米。用于解决符合下山移民建房条件的农民安置。建房形式为统一规划设计，挂牌出让土地，由衢州市天欣房地产开发有限公司景宁分公司中标开发建设。农民公寓建成后，住宅用房全由政府限价收购，回购单价确定为2100元/平方米。商业用房由政府限价收购经营。建成17幢，层数6+1层，共计368套。分大、中、小以及单人公寓四种户型。其中，屋顶复式66套，110平方米以上非复式40套，100~110平方米66套，90~100平方米80套，80~90平方米90套，50平方米单身公寓26套。建筑和配套设施均按设计方案与国家、省相关规范、规定、规程、标准等要求进行建设。投资额达9000多万元，安置农户334户，1079人。

双后岗农民公寓

马坑村下山移民安置点　马坑村位于东坑镇南部，距镇政府所在地1千米，原辖7个自然村，188户，663人。其中，畲族人口365人，占总人口的55%。2009年，该村危旧房改造、拆旧建新与下山脱贫安置点建设一并实施，将7个自然村合并为马坑新村，涉132户，435人，均由居民按照规划图纸自行修建，新建房屋29幢，191直，包括配套设施建设建筑面积达3万多平方米，共投资4000多万元。全村新房外立面统一采用畲族彩带和畲族图腾修饰，新建门楼、八角亭等，彰显畲族建筑特色，马坑村成为景宁县唯一的浙江省农村改造示范村。

马坑下山移民新村

第三节　扶贫建路

“人便于行，货畅其流”；公路通，百业兴；要致富，先开路。为加速贫困山区经济发展，争取景宁人民早日脱贫致富，把加快交通建设作为扶贫开发的重点，国家、省、市交通部门领导和专家多次深入景宁实地调查与现场勘察，专题制订交通扶贫规划，在项目安排、资金投入、人才培训方面，大力扶持景宁交通事业发展。

1985—1993年，中央、省、地及有关部门采取“以工代赈”“民工建勤”等多种方式，用粮食、棉布、建材、工业品及配套资金共计1500万元，扶持景宁发展交通事业，发动地方群众投工集资600多万元，建成大均至沙湾、标溪至上圩、大顺至鹤口、岱根垟至叶桥、枫树垟至石门洞、英川至隆川、半岭至田垟尾等四级公路82.44千米，改造北岸至大顺、景宁至东坑、东塘至家地等部分公路地段22千米，开通景宁至寿宁省际公路和景宁至青田、庆元、龙泉的县际断头公路；全县公路总里程达401.33千米（不包括专用公路），每平方千米公路密度从0.16千米提高到0.21千米；形成以县城为中心，四通八达、回旋自如的新格局。同时，修建枫林口至东车、漈头至仙山、北溪至茗源、上标至渔漈、大顺至岭里等机耕路34条，共116千米，架设民间交通桥梁85座，计1950延米；修建民间便道9千米；更新渡船81艘，维修渡船142艘，修筑渡埠28处，提高客货运输能力。全县机动车544辆（其中汽车292辆），各类船舶361艘，3326吨位，1993年，年货运量26340万千克，周转量3360300万千克/千米，年客运量101万人次，周转量为109.2万人/千米。新建县级汽车站，占地1.2万平方米，道班用房6座，1930平方米，交通管理办公楼与职工住宅计5184平方米。大均至沙湾公路，省交通厅扶持360万元，自筹60万元，开通21.8千米等级公路，解决英川、沙湾两区交通运输困难，结束13个乡镇、7万多人绕道云和才能到达景宁县城的历史，路程缩短70千米。此后，梅岐、郑坑、葛山、高演、大地等5条乡道相继建成通车。1995年12月28日，省委常委、副省长刘锡荣为全省最后一条乡道——标溪丁埠头至大地乡所在地的丁大公路通车剪彩，并宣布浙江省乡乡通公路目标实现。

乡村康庄公路

在“八七扶贫攻坚”“百乡扶贫攻坚”“欠发达乡镇奔小康”期间，省市党委、政府及其机关部门和挂钩结对单位，把交通建设作为扶持景宁基础设施建设的重点，从开发机耕路解决运输困难，转为建设标准等级公路。1995年6月20日，经省、地交通部门专家评审认可：南接104国道、北连330国道的省道云（和）寿（宁）线穿越景宁段可缩短路程88千米、降低高程200米的二级公路标准改建工程，作为浙西南跨省扶贫大通道立项建设。

大地乡“红军路”

1997年，中共丽水地委领导带领地区运管处及景宁交通、水利等部门负责人，专程到陈村乡顺利至后坪4个村修路现场，解决40多万元资金，开通7.69千米的机耕路。

1999年11月，中国广厦建筑集团捐助5万元，为红军挺进师曾转战的大地乡张坑村修建“红军路”。2000年，将“红军路”拓宽延伸至大地乡政府所在地，总里程13千米，总造价290万元。挂钩扶贫的省供销社和杭州电子工业学院扶持150万元、省交通厅出资88万元，表达对革命老区群众修公路的支持。同年，杭钢集团扶持英川镇湖后村资金10万元，支持村民修筑盘山公路5千米。

第三章　科技扶贫

科技进步，扶贫如虎添翼。1985—2010年，景宁把科技扶贫贯穿扶贫工作始终，在脱贫致富奔小康进程中，治贫先治愚，着力提高农民素质，大力开展技能培训，让10多万农民受到技术培训。其中，有2万多农民掌握2门以上实用技术，使农民在企业管理、食用菌栽培、种植业、养殖业、加工业、茶叶制作诸多方面发挥技能作用，更让部分青年农民凭一技之长，走出山门，实行劳动力转移，务工经商创业，真正实现科技扶贫。

第一节　技能培训

1985—2010年，景宁投入科技扶贫资金75万元，举办各类型技术培训班3675期，受训18.4万人次。

1991年，编写实用技术培训教材16万字，举办实用技术培训班7期，受训500多人。1992年，举办粮食作物、畜牧业、经济特产、食（药）用菌等培训班1000多期，受训5万多人次，编印技术资料5万多份，印发高产模式图7000多份。1994年，为各乡镇、村订阅（赠送）《浙江经济报》《中国老区报》《农村实用技术》等报刊杂志，赠送各乡镇党校《农村奔小康指南》系列丛书。1995年，举办茶叶制作工艺、名贵药材培植、乡镇企业管理、食用菌生产、牲畜养殖技术、妇女"双学创优"等方面科技培训班30多次，受训400多人。1996年播放科技实用技术录像片25场次，到村开展粮食、食用菌、中药材、茶叶等实用技术授课100多小时，受训1200人次，还邀请省农科院茶叶专家进行茶叶制作技术的传授。1997年，为100多个贫困村赠订《浙江科技报》《丽水日报》报刊。举办实用技术培训80期，受训5000多人次，并邀请全国茶叶技术培训中心的施海根教授举办春季名茶制作工艺培训班。

毛垟乡电工、缝纫技术培训班

1998年，按照乡镇经济发展重点，分别开展科技推广。景南、秋炉、家地、毛垟等产菇大乡举办以花菇栽培技术为主的食用菌技术培训；梧桐、大顺等乡举办以厚朴、杜仲、白术为主的中药材栽培技术培训；鹤溪、澄照等乡（镇）举办惠明茶制作加工技术培训；大漈、葛山、郑坑等乡举办高山蔬菜栽培技术培训；陈村、景南、大均等乡举办新法养猪、竹笋两用林、水干果栽培等技术培训。共有5万名农民参加各种形式的技术培训，2万农民掌握两门以上实用技术。1999年科技扶贫培训15期，受训1000多人次。订《浙江科技报》200份，发到200个村。

2000年，与浙江大学结成科技扶贫对子，签订科技扶贫结对协议书，并聘请浙大陈子元院士等18位专家为科技顾问，提供科技咨询服务。2001—2005年，共举办劳动力素质、茶叶、水干果、养殖技术等培训班450多期，受训人数累计56240多人次，印发科技资料36000份。

2006年，实施“千万农村劳动力素质培训”工程，开展多种形式的劳动力素质和劳动力技能培训。至2010年，共累计完成农村劳动力素质培训54297人次。其中，农业专业实用技术技能培训21215人，农村劳动力转移就业培训16904人，农民务工岗位培训4266人，农村后备劳动力培训1138人，推动劳动力转移培训3076人。

第二节 科技推广

1985年始，全县37个乡镇建立科技推广工作机构，大部分行政村建立科技领导小组，配备乡、镇农技员110人，村级农技员362人，科技示范户629户。建立科技研究会、学会、协会35个，成员3105人。省先后下派钱时青，陈荣高等到景宁任科技副县长，县下派26名机关干部到乡、镇任科技副乡镇长。

1991年，全县技术开发项目9个。其中，列入国家级1个、省级2个、地区级4个。两项科技项目获地区成果奖，县科委被评为1990年丽水地区科技扶贫先进集体。1996年，农办、团委、科委联合建立青年科技扶贫服务队，针对不同季节和不同乡村的需求，开展科技扶贫活动。1998年，引进适合本地发展的新品种，建立茶叶、香菇、水干果、竹笋等优势产业，建示范基地85个、示范乡镇10个、示范村60个，年产值达1.5亿元。1999年，从浙大引进53.33公顷晚熟雪梨，从安吉引进3.33公顷白茶茶苗。2000年，兴办“山边地头”科技培训课堂。食用菌生产，建立新品种新技术推广示范村20个，示范户45个，并以此为培训现场，开展100个行政村的技术传授活动。推广反季节蔬菜栽培技术，引进美国西芹等优良品种40多个，建立示范基地6个，举办培训班41期。开发名优茶叶，推广白茶栽培技术、名茶提纯复壮育苗技术、有机茶基地开发和机制名茶生产先进技术，建立优质名茶基地133.33公顷。2002年，省教育厅科技扶贫项目“英川牌”高山蜜梨通过绿色食品鉴定；“奇尔”茶叶先后取得ISO 9002国际质量认证体系认证、中国食品认证和有机茶认证。

科技特派员现场指导食用菌种植

2003—2005年，建立科技特派员扶贫机制，有省级科研单位和科技人员参与科技扶贫。组织农技骨干到贫困村建立科技扶贫示范村、示范基地，帮助农民提高生产水平。

2009年，完成农业科技成果转化项目2个，创建农业企业研发中心2个，培育农业科技企业1家。2010年，全县22个乡镇（管理区）共有农村科技特派员25人，实现科技特派员乡镇全覆盖。

第四章　教育扶贫

1995年，贯彻实施《义务教育法》，教育扶贫工作得到各级政府和社会各界人士的关心支持。

2003—2007年，全面实施扶困助学工程，投入资金1500多万元，新建或修建学校12所，新建和改造教育用房15288.6平方米，有贫困学生5859人得到资助，有农村中小学生6676人吃上营养餐；低收入农户子女在县内学校就读免交学杂费、书簿费和住校费(包括柴火费)。

2010年，落实"城乡义务教育阶段免交学杂费、免费提供教科书、免除符合入学条件的农民工子女义务教育借读费、免除农村年人均收入4000元以下低收入家庭子女就读中等职业教育学费"的"四免"政策，低收入农户子女就读中等职业学校全部免除学杂费。

第一节　扶贫建校

1995—1999年，开展"扶贫建校"工作。国家教委、团中央、中保公司、省政府、省委统战部、团省委、省财政厅、省教育厅、省计委、省民委、省国信、省供销社、省轻工业厅、省青少年成才基金会、省证券公司、钱江啤酒集团公司、省人民银行、国际信托投资公司、上海市南东信用社、湖州市、绍兴市、鄞县、丽水地区教委、澳门贺田工业有限公司、沈炳麟先生、日本利民援助等扶助资金1593.37万元和美元10万元，对景宁一中教学楼、办公楼、学生宿舍、餐厅；沙湾中学教学楼、男生宿舍楼；英川中学教学楼、学生宿舍楼；渤海中学教学楼、综合楼；道化职业中学学生宿舍楼；东坑中学综合楼、男生宿舍楼；城北中学教学楼、男生宿舍楼、女生宿舍楼、厨房；英川镇小学教学楼；县实验一小教学楼；实验二小教学楼；景南乡校教学楼、学生宿舍楼；毛垟乡校教学楼；金钟乡校教学楼；大地乡校教学楼等42个项目实施扶持建设，总建筑面积2万多平方米，总投资2108多万元。

2003—2007年，22个乡镇实施"欠发达乡镇奔小康工程"，县政府和社会各届投入扶贫建校资金1500多万元，整体迁建梅歧乡校，兴建秋炉乡校综合楼、实验二小综艺楼等工程。新建或修建中小学校12所，新建与改造教育用房15288.6平方米。

1995—1999年景宁"扶贫建校"项目一览

表19-4-1

校　名	项目名称	建筑面积(平方米)	总投资(万元)	扶建单位及个人	扶建资金(万元)
东坑镇小	教学楼	1030	110.6	团省委	18
东坑中学	教学楼	2198.6	111.4	省国信(50)、省财政厅、教育厅(15)	65
	学生宿舍	1977.1	117.17	省财政厅、教育厅(20)、绍兴市府(45)	65
渤海中学	教学楼	1125	63.24	省财政厅、教育厅	39
	学生宿舍	1915.6	121.27	省财政厅、教育厅	66
	综合楼	1082.8	61.98	省财政厅、教育厅	33

续表 19-4-1

校　名	项目名称	建筑面积（平方米）	总投资（万元）	扶建单位及个人	扶建资金（万元）
英川中小学	教学楼	1702.15	99.84	省政府（15）、省财政厅、教育厅（65）	80
	学生宿舍	1359.2	78.11	鄞县	45
	综合楼	2217.8	125.82	省财政厅、教育厅（80）	80
沙湾中学	学生宿舍	1412	95.82	省供销社（15）、省财政厅、教育厅（30）	45
	学生餐厅	804	57.8	省财政厅、教育厅（35）	35
道化职业中学	学生宿舍	769.25	55.19	省轻工业厅（20）、省财政厅、教育厅（5）	25
鸬鹚乡校	综合楼	897	69	省青少年成才基金会（20）	20
	教学楼	1173.28	78.26	省财政厅、教育厅	45
城北中学	教学楼	1899.89	109.08	省人民银行（50）、省财政厅、教育厅（20）	70
	学生宿舍	2271.4	156.69	钱江啤酒（25）、湖州市（20）、省财政厅（72）	117
	学生餐厅	807.49	43.39	省财政厅、教育厅	35
	围墙大门		45	省教委机关（15.6）财政厅、教育厅（33）	48.6
毛垟乡校	教学楼	741. 9	—	团中央（18）、团县委（1.5）	19.5
	教学搂	740	—	团省委	18
毛垟中学	教学楼	1200	62.61	省财政厅、教育厅	15
	学生宿舍	920	62.63	省财政厅、教育厅	30
景宁一中	教学搂	—	—	日本利民援助	美元10万元
	学生宿舍	1298	—	丽水地区教委	4
	办公楼	1106	—	丽水地区教委	4
	餐厅	1415	106. 83	中保司（30）、省财政厅、教育厅（20）	50
城北中学	实验楼	1195.64	73.34	省财政厅、教育厅	61
英川中学	综合楼	1320.64	91.68	省财政厅、教育厅	70
梧桐乡校	教学楼	873	62.57	省财政厅、教育厅	32
大均乡校	学生宿舍	753	49.06	省财政厅、教育厅	22
民族中学	综合楼	2243	—	国家教委、省计委、省民委等	81
家地乡校	教学楼	864	—	上海南东信用社	20
渤海镇小	教学楼	908	—	省民政厅（1）、丽水地区教委（2.5）	3.5
葛山乡校	教学楼	528	—	湖州计委	20
外舍乡校	教学楼	580.36	—	省民委	20
景南乡校	学生宿舍	754	—	省政府	50
	厨房餐厅	350	—	省政府	50
大地乡校	教学楼	578.55	—	省教委（20）、省证券公司（15）	35
陈村乡校	教学楼	370.31	—	省委统战部	15
鹤溪镇小	教学镂	1192.53	—	沈炳麟	13.77
澄照乡校	教学褛	584	—	沈炳麟	8
金钟乡校	教学楼	741.9	—	澳门贺田工业有限公司	20
合计	—	45900.2	2108.38	—	1593.37和美元10万元

第二节　扶贫助学

优惠招生

2005年以来，省委、省政府开展“扶千名人才、促千村发展”计划，浙江林学院面向景宁低收入农户集中村招生，考生入学所需学费、学杂费和教材资料费等由省扶贫经费全额资助。2005—2010年，景宁被浙江林学院录取的30名学生，享受以上扶贫资助。

2007年，县政协秘书长吴建强撰写《关于落实景宁畲族自治县考生在高考录取中依法享有降分录取照顾政策的建议》，由省政协民情热线办公室专报省委、省政府，得到落实。2008年4月18日，浙江省高招委、省教育厅出台《2008年浙江省普通高校招生工作实施意见》第50条规定：“根据省人大审议批准的《浙江省景宁畲族自治县自治条例》有关规定，对户籍在景宁畲族自治县，且在当地完整完成高中阶段教育的汉族考生，可以在其统考成绩总分的基础上加5分投档，由高校审查决定是否录取”。4月23日，《浙江省教育厅关于对景宁畲族自治县高考考生有关录取政策的复函》送达省政协民情热线办公室。同年高考，因有5分的优惠，景宁中学应届毕业生高考第一批上线人数比上年提高11.76%，达19人；有23名汉族考生分数批次分别上移；本科率达56.2%，上线率达98.8%。其中，张荣剑同学加5分后，总分为669分，超过清华大学投档分数线2分，成为当年丽水市唯一被清华大学录取的学子。

捐资助学

1993—2005年，实施“教育券”助学制度，扶持弱势群体。全县畲族中、小学生减免学杂费，实行高中生配套奖励、初中生发放助学金。小学受资助学生17.23%，初中受资助学生11%。2003—2007年，有5859位贫困学生得到资助。2006年，实行《景宁畲族自治县爱心营养餐工程实施办法》和《关于规范“爱心营养餐工程”管理的有关规定》，有6676位农村中小学生吃上营养餐。

2006年秋季始，实施义务教育阶段免收杂费政策，确保经济困难学生顺利入学。助学面小学达35%，初中达30%，高中达30%。县团委、关工委、教育局、慈善总会接受社会捐赠，资助贫困大学生和中小学生。2010年，用于困难家庭学生资助资金达700多万元，改善贫困学生学习条件和生活条件，保障家庭经济困难学生能够正常接受教育。

学前教育

2006年，遵循“积极鼓励、大力支持、正确引导、依法管理”的方针，鼓励和扶持多种形式发展民办教育，形成以公办幼儿园为骨干、示范，以民办幼儿园为主体的格局。对社会办幼儿园和村级民办幼儿园，进行年度考核评估，评为一、二级幼儿园的分别给予奖金和教师工资补助。2010年，乡镇建园率100%，学前一年幼儿入园率97.17%，学前三年入园率85.5%，比2004年提高7%。

接送车

2007年9月，为保障农村学生周末乘车安全，按丽水市教育局《关于切实解决中小学周末班车，加强交通安全管理工作的意见》，全面实施周末放心车工程，开通周末放心车线路31条。镇级以上学校学生乘车率100%，全县学校学生乘车率60%。

第二十篇　综合经济管理

20世纪90年代后，经济领域改革与发展形势突飞猛进，日新月异。在市场经济环境和运行条件下，政府管理国民经济主要体现在制定区域经济发展战略和规划，对经济社会发展实施计划指导和运行监管，优化配置市场要素资源，保持货币与物价稳定等事务。坚持以经济建设为中心，转变政府职能，强化宏观管理，优化经济结构，建立和维护市场经济秩序，创造良好经济运行环境，保障经济主体合法权益，实现经济持续稳定增长和人口充分就业，保持价格稳定，改善民生福祉。同时，注重控制人口数量，提高人口素质，保护和改善生态环境，实现人口、资源与环境的良性循环；促进社会发展和科技进步，实现经济、社会、科技的协调发展；维护社会公平和正义，不断提高人民群众的物质文化生活水平。

1993—2010年，以适应市场经济发展需求，深化政府机构改革，优化组合和科学设置国民经济综合管理部门，强化政府管理经济的服务功能。经济社会发展计划从行政指令性计划转向市场调节为主的指导性计划，从重视微观经济管理转向注重宏观产业结构调控，从追求年度计划任务转向关注长远发展项目建设，从谋求局部突破转向统筹全局发展。加强对经济社会发展情况统计调查和分析，提供科学决策的统计资料和咨询意见，发挥统计工作在综合经济管理中的监督作用。强化固定资产和基本建设投资效益管理，对重点资金、重点行业、重点建设项目，进行专项审计工作。加强工商行政管理，培育贸易市场，推动物流发展，规范物价调控，实行标准化生产，创建地标品牌，提高产品质量和安全生产。

1993—2010年，实施基本建设项目共计1204个，完成总投资额105.28亿元。其中，500万元以上限额投资建设项目492个，完成投资额75.26亿元。

第一章　计划管理

1984年，景宁畲族自治县建立以来，为转变政府经济管理职能，景宁计划管理部门先后经历县计划经济委员会、发展计划局等变更。2005年7月，景宁发展计划局、粮食局、统计局合署办公，改组为发展和改革局，负责研究提出全县国民经济和社会发展战略、规划、建设投资项目，编制起草国民经济和社会发展年度计划、中长期规划及专项行业规划，并对县域经济社会发展情况、年度计划执行情况进行监测分析，为县委、县政府宏观调控提供重要参考依据，对经济和社会发展起到积极的推动作用。

第一节　计划编制

20世纪90年代，随着市场经济的建立与不断完善发展，经济社会发展工作从五年计划转为五年规划（从“十一五”开始改为五年规划）。在编制计划（规划）过程中，突出以提高经济社会效益为中心，注重发挥市场调节作用，工作重心由偏重抓微观、抓当前转向抓宏观、抓长远，从编制年度计划为主，逐步转向年度计划和中、长期规划相结合，以中长期规划为主。计划（规划）工作着眼点转向社会经济发展的方向、布局、重点、速度等重大问题。

在计划管理形式上，加强宏观控制，大幅度削减计划指标，改革单一指令性计划形式，实行指令性计划、指导性计划与市场调节并存体制。由单纯依靠行政命令转变为行政命令与经济手段、法律手段相结合。计划工作从“定指标、列项目、抓投资、分物资”为主，转向侧重研究制定国民经济、社会发展战略目标和方针政策，运用中长期规划、年度计划以及区域发展、生产力布局、城市化、产业化发展等专项规划，综合协调经济社会发展。

年度计划

根据宏观发展环境，结合县域经济社会发展所面临的问题和困难，制定年度工作目标任务、重点项目、具体措施等，推动县域经济社会持续发展。县发改局负责起草每年度国民经济和社会发展计划执行情况与下年度计划草案，由县政府向县人民代表大会报告，经审议批准执行。

五年规划

1991—1995年，为“八五”计划。目标定到2000年力争摆脱贫困，在实现温饱基础上，向小康水平迈进，逐步提高人民群众物质文化生活。在合理调整结构，不断提高效益前提下，到“九五”期末实现国民生产总值比1980年翻两番的任务。

1996—2000年，为“九五”计划。期间，“以开发促开放，以开放促发展，走贸工农一体化的路子；

加快基础设施建设，加快资源综合开发；强化农业基础，强化工业经济，强化科技教育；实现摆脱贫困迈向小康”。2010年实现国内生产总值5亿元，年均递增13.4%。

2001—2005年，为“十五”计划。以“致富奔小康”为总目标，“开发富县、工业强县、商贸活县、科教兴县，念好‘山水经’，走活‘特色棋’”。2005年国内生产总值实现13亿元，年均递增9%。

2006—2010年，为“十一五”规划。实施“一三四八”战略，“打基础、兴产业、展风情、促发展”，2010年全县国内生产总值实现26亿元；地方财政收入年均增长15%；固定资产投资五年累计完成50亿元。产业结构和布局明显优化，三次产业结构比例调整为14:44:42。城镇居民人均可支配收入16000元，农村居民人均纯收入4500元。

专项规划

1993—2010年期间，景宁编制《景宁畲族自治县土地利用总体规划(2007—2020)》《景宁畲族自治县县域总体规划(2007—2020)》《景宁畲族自治县旅游发展总体规划(2007—2020)》《景宁畲族自治县低收入农户奔小康工程总体规划(2008—2012)》等多个专项规划。

第二节 计划实施

计划执行

1991—1995年，县域经济处于提速发展阶段，经济总量有较大扩展，产业结构得到调整，国内生产总值年均增长14.6%，工农业生产总值年均增长26.3%，城乡居民生活得到较大改善。

1996—2000年，经济持续较快增长，社会事业全面进步，人民生活水平不断提高，整体实力明显增强。2000年国内生产总值实现8.2亿元，五年翻了两番多；三次产业结构调整为34:27:39。财政总收入年均增长42.5%；外贸出口年均增长49.6%；农民人均纯收入年均增长9.5%，达到1896元。

2001—2005年，全县国内生产总值达14.74亿元，年均递增10.9%，地方财政收入实现1.22亿元，年均增长18%，三次产业结构调整到22:34:44，农民人均纯收入达到3292元(住户数)，基本实现从贫困走向小康的历史性跨越。

2006—2010年，全县地区生产总值实现26.78亿元，人均地区生产总值24662元，三次产业结构优化调整为16.7:38:45.3，县域经济实力跻身全国120个少数民族自治县前13强。获得“中国茶文化之乡”“中国国际旅游文化目的地”“中国最佳民族风情旅游名县”等殊荣。

投资运行

1993年以来，景宁紧紧围绕脱贫致富奔小康的总目标，抓住机遇，深化改革，放开搞活，招商引资，固定资产投资保持逐年稳定增长趋势。据统计，1991—1995年累计完成固定资产投资2.63亿元；1996—2000年累计完成固定资产投资11.09亿元；2001—2005年累计完成固定资产投资24.98亿元；2006—2010年累计完成固定资产投资67.08亿元。其中，2003年后，在科学发展观指导下，贯彻国家加强和改善宏观调控的各项措施，限额以上(500万元)投资项目增势强劲，投资额度逐年扩大，投资结构明显优化。

1993—2010 年景宁基本建设投资项目一览

表 20-1-1

年份	项目(个)	完成投资额(万元)	增长率(%)	年份	项目(个)	完成投资额(万元)	增长率(%)
1993	77	4408	52.37	2002	46	45206	9.50
1994	60	6388	44.92	2003	84	50187	11
1995	92	10504	64.43	2004	89	58597	16.80
1996	29	16320	55.20	2005	89	54498	-7
1997	52	16823	3.10	2006	85	83491	53.20
1998	35	17378	3.30	2007	69	118013	41.30
1999	51	25265	45.40	2008	83	134347	13.80
2000	47	35090	38.90	2009	83	154200	14.80
2001	40	41278	17.60	2010	93	180827	17.30

2003—2010 年景宁限额以上投资项目一览

表 20-1-2

年份	项目(个)	完成投资额(万元)	增长率(%)	年份	项目(个)	完成投资额(万元)	增长率(%)
2003	54	40179	22.90	2007	51	106921	43.70
2004	59	52796	31.40	2008	53	120205	12.40
2005	68	46986	-9	2009	72	143252	19.20
2006	63	74392	58.30	2010	72	167897	17.20

第三节　项目管理

项目库

依照《浙江省政府投资项目管理办法》和《景宁畲族自治县政府投资项目管理办法》的规定，编制景宁固定资产投资年度计划，加强对项目的综合管理。1993 年基本建设项目 77 个，计划投资 4408 万元；1994 年基本建设项目 60 个，计划投资 6388 万元；1995 年安排基本建设项目 92 个，计划投资 10504 万元；1996 年基本建设项目 29 个，计划投资 16320 万元；1997 年基本建设项目 52 个，计划投资 16823 万元；1998 年基本建设项目 35 个，计划投资 17378 万元；1999 年安排基本建设项目 51 个，计划投资 25265 万元；2000 年安排基本建设项目 47 个，计划投资 35090 万元；2001 年基本建设项目 40 个，计划投资 41278 万元；2002 年基本建设项目 46 个，计划投资 45206 万元；2003 年基本建设项目 84 个，计划投资 50187 万元；2004 年基本建设项目 89 个，计划投资 58597 万元；2005 年基本建设项目 89 个，计划投资 54498 万元；2006 年基本建设项目 85 个，计划投资 83491 万元；2007 年基本建设项目 69 个，计划投资 118013 万元；2008 年基本建设项目 83 个，计划投资 134347 万元；2009 年基本建设项目 83 个，计划投资 154200 万元；2010 年基本建设项目 93 个，计划

2006—2010 年景宁重大投资项目一览

表 20-1-3　　单位:万元

年　份	项　目	投资额	年　份	项　目	投资额
2006	阀门工业基地	10651	2009	外舍防护工程(含王金垟工业区块)	31871
	张春电站	2563		庆景青公路滩坑库区景宁淹没段复建工程	46990
	白鹤二级电站	3380		景宁县城市防洪排涝重点骨干项目城南堤防工程	2300
	滩坑复建电力工程	3800		220kV 鹤溪至睦田线路工程	3422
	人民南路延伸拓宽及旧城拆迁改造工程	2025		X009 县道新桥至高演段改建工程(大大线)	3432
	滩坑库区移民安置小区	3144		城南旧城改造及人民南路三标	12000
	景中迁建工程(含附属工程)	8498		大漈省级风景名胜区	1988
	库区基础设施复建	4805	2010	外舍新区道路网一期工程	14582
2007	乡村康庄工程	32242		农民异地转移工程	26450
	污水处理厂(一期)	2226		鹤溪大酒店	6090
	景宁县民族小学	4585		新农村公路建设(2010 年)	13495
	畲乡大酒店	4298		塔勘堤防(二期工程)	1200
	库区基础设施复建及移民安置点建设	3010		畲族文化中心(包括畲族博物馆)	5296
2008	百村避险重点地质险情村搬迁及下山脱贫工程	3612		王金垟移民安置点基础工程	16250
	220KV(鹤溪)景宁输变电工程	13100		鹤溪北路延伸和景观带工程	1637
	滩坑库周淹没公路复建	4760		江滨小区(正达阳光城)	46143
	新农村公路建设(2008 年度)	42629		35kV 鹤溪至东坑线路工程	1020
	广播电视村村通工程	2457		信用联社综合楼	2703
	民族中学	7362		鹤溪中心幼儿园	1910
				环城东路、人民北路拓宽房屋拆迁工程	2200

1993—2010 年景宁国民经济和社会发展计划主要指标完成情况一览

表 20-1-4

指　标	一	年份 / 单位	1993	1994	1995	1996	1997	1998	1999	2000	2001	2002	2003	2004	2005	2006	2007	2008	2009	2010
一、地区生产总值	绝对值	亿元	2.86	3.87	4.84	5.67	6.20	6.75	7.39	8.34	9.28	10.33	11.75	13.54	14.68	15.58	18.07	21.20	22.85	26.78
	增长	%	20.10	35.10	25.10	17.20	9.30	8.90	9.50	12.90	11.30	11.30	13.70	15.30	8.50	6.10	16.00	17.30	7.80	12.4
一产增加值	绝对值	亿元	1.20	1.78	2.13	2.34	2.37	2.55	2.60	2.73	2.86	2.90	2.94	3.10	3.12	3.08	3.26	3.78	4.04	4.48
	增长	%	21.4	48.7	19.0	10.1	1.1	7.9	1.6	5.0	5.0	1.1	1.5	5.6	0.4	−1.2	5.8	16.0	7.0	4.8
二产增加值	绝对值	亿元	0.67	0.88	1.28	1.66	1.94	2.04	2.34	2.77	3.19	3.66	4.27	5.06	5.43	5.45	6.61	7.88	8.30	10.17
	增长	%	21	30.5	45	30	17.1	5.2	14.5	18.3	15.2	14.8	16.8	18.5	7.3	0.4	21.3	19.1	5.3	16.4
三产增加值	绝对值	亿元	0.99	1.20	1.44	1.67	1.89	2.15	2.45	2.85	3.23	3.78	4.53	5.37	6.13	7.05	8.20	9.54	10.51	12.14
	增长	%	18	21.7	19.4	16.2	12.9	13.9	14	16.2	13.4	16.9	20	18.4	14.3	14.9	16.3	16.3	10.2	11.8
二、工业总产值	绝对值	亿元	2.13	3.24	5.14	6.31	6.55	7.87	8.83	8.60	8.86	10.10	11.91	14.41	15.15	12.44	14.33	17.08	18.54	23.17
	增长	%	52.1	58.6	58.6	22.8	3.9	20	12.2	−2.6	3	14.1	17.9	21	5.2	−17.9	15.2	19.2	8.5	25
三、农业总产值	绝对值	亿元	1.74	2.37	2.95	3.41	3.41	3.87	3.99	4.16	4.35	4.36	4.59	4.83	4.82	4.82	5.21	5.82	6.23	6.91
	增长	%	21.8	36.4	24.4	15.5	−0.05	13.6	3.2	4.2	4.5	0.16	5.3	5.3	−0.14	−0.13	8.2	11.8	7	10.9
四、固定资产投资	绝对值	亿元	0.44	0.64	1.05	1.63	1.68	1.74	2.53	3.51	4.13	4.52	5.02	5.86	5.45	8.35	11.80	13.43	15.42	18.08
	增长	%	52.4	44.9	64.4	55.2	3	3.3	45.4	39	17.6	9.5	11	16.8	−7	53.2	41.3	13.8	14.8	17.3
五、财政总收入	绝对值	亿元	0.12	0.13	0.21	0.30	0.40	0.75	0.92	1.13	1.17	1.50	1.69	1.75	2.38	2.37	2.42	2.80	2.81	3.80
	增长	%	44.9	12.7	57.8	46.5	33.8	85.2	23.3	23.2	3	28.6	12.5	3.3	36.1	−0.2	2	15.7	0.5	35.2
其中：地方财政收入	绝对值	亿元	0.07	0.07	0.12	0.19	0.24	0.37	0.46	0.53	0.64	0.75	0.87	1.03	1.22	1.32	1.41	1.62	1.70	2.24
	增长	%	29.6	12	61.2	55.9	25.9	56.2	25.9	14.5	21.2	16.1	16.5	18.3	18.7	8.3	6.3	15.4	4.8	31.7
六、消费品零售总额	绝对值	亿元	1.11	1.46	2.05	2.47	2.79	2.80	3.21	3.55	3.94	4.41	4.95	5.63	6.33	7.14	8.20	9.73	10.68	12.58
	增长	%	33	31.6	40.8	20.4	13.1	0.48	14.6	10.5	11.1	11.8	12.2	13.8	12.5	12.8	14.8	18.7	9.7	17.8
七、自营出口	绝对值	万美元	—	—	104	209	511	580	687	780	575	949	1333	1338	772	496	519	418	393	847
	增长	%	—	—	—	101	145	13.5	18.4	13.5	−26.3	65	40.5	0.38	−42.3	−35.8	4.6	−19.5	−5.98	115.52
八、农民人均纯收入	绝对值	元	462	485	586	787	1530	1650	1753	2250	2440	2650	2830	3061	3292	3632	4055	4810	5409	6202
	增长	%	16	4.98	20.8	34.3	94.4	7.8	6.2	28.4	8.4	8.6	6.8	8.2	7.5	10.3	11.6	18.6	12.5	14
九、城镇居民可支配收入	绝对值	元	3271	4474	4933	5406	6257	6558	7754	7190	7870	8640	9420	10150	10830	11798	13320	14932	16157	17901
	增长	%	28	36.8	10.3	9.6	15.7	4.8	18.2	—	1.5	9.8	9	7.8	6.7	8.9	12.9	12.1	8.2	10.8
十、人口增长率	—	%	—	4.6	3.83	5.07	3.96	—	5.26	5.39	6.97	10.17	10	10.4	6.8	8.4	9.98	11.8	8.9	9.3

投资180827万元。

重点工程

1993年以来，重大项目建设围绕基础设施、产业发展、基本公共服务均等化等方面，攻坚克难，开拓创新，奋力拼搏，每年建成一批重大项目。1993—2005年，重大项目建设投资累计5.93亿元。其中，投资超亿元的有英川电站、三枝树电站、景泰公路景宁段改建工程等。2006—2010年，建成39个千万元以上的投资项目，为促进社会和谐，民生改善，国民经济平稳较快发展奠定基础。据统计，2006—2010年，累计完成投资40.01亿元。其中，2006年8个重大项目总投资3.89亿元；2007年5个重大项目总投资4.64亿元；2008年6个重大项目总投资7.39亿元；2009年7个重大项目总投资10.20亿元；2010年13个重大项目，总投资达13.90亿元。

第二章　统计管理

1984年9月，设立景宁统计局，至1992年末，有专职干部11人。1996年，县级机构改革时与县计划委员会(后改为发展和改革局)合署办公，为独立法人机构，下设综合统计科、专业统计科和社会经济调查队。2005年12月，经县机构编制委员会批复，设立景宁普查中心。至2010年末，景宁统计局下设综合统计科、专业统计科、社会经济调查队、普查中心。公务员编制6人，依照公务员编制3人，全额拨款事业编制4人，在职在编干部共13人。统计为实行科学决策和管理，对经济社会发展情况进行统计调查、统计分析，提供统计资料和统计咨询意见，发挥统计监督作用。

第一节　统计监管

统计监管网络

1992年以来，除国家规定的周期性普查和抽样调查外，景宁统计局组织实施的调查项目，包括国民经济核算统计、社会经济基本情况、基本单位、工业、能源业、固定资产投资、建筑业、房地产开发、批发和零售业、住宿和餐饮业、劳动工资、服务业、文化产业、城镇和农村住户调查、科技进步统计、妇女儿童监测、文化产业、5‰人口变动、劳动力和“平安浙江”调查、粮食生产统计监测调查、万人评组工等监测、创建法制县工作先进单位民意调查、中心镇培育发展统计调查、分乡镇农民收入调查、低收入农民奔小康统计监测、产业集聚区统计等30多项，内容涉及定期测报、年度测报、监测和调查报表130多种，指标3000多项。

至2010年，统计工作以“企业一套表”为核心，建立基本单位名录库、数据采集处理软件系统、联网直报系统、企业一套表制度，推进统计工作现代化，变革统计数据生产方式，已形成政府、部门和基层企业单位组成的较为完备的统计现代化网络体系。景宁有400多人参加统计资格培训考试，取得统计从业资格证200人；获得统计技术职称53人。其中，统计师31人，助理统计师22人。

统计档案管理

1984年以来，所有统计档案材料全部存于统计局档案室。1992年，购置计算机设备，改善统计计算能力。1992—2010年，共立卷归档统计报表和各种资料700多卷。其中，永久档案500多卷。统计档案建设达到省二级标准。

统计监督

1993年，《中华人民共和国统计法》颁布实施。国家统计局和浙江省人大常委会分别制定《统计法实施细则》《浙江省统计工作监督管理条例》《浙江省统计违法违纪行为处分规定》。此后，利用“四五”“五五”普法等有利时机，组织各级领导干部和统计工作人员学习相关统计法律法规4000多人次，印发各种宣传资料3万多册。1992年以来，统计部门共查处各类统计违法案件100多起，发送催报单300多份，起到良好的警示教育作用。景宁没有出现不作为和乱作为事件，未发生因统计工作而行政复议和行政诉讼案件。

第二节　统计调查

依照《中华人民共和国统计法》规定，搜集、整理统计资料，以周期性普查为基础，以经常性抽样调查为主体，综合运用全面调查、重点调查等方法，并充分利用行政记录等资料。

国情调查

按国家规定，每10年进行4大普查：逢0年人口普查，逢6年农业普查，逢3、8年经济普查。此外，逢5年1%人口抽样调查。

人口普查　2000年，开展第五次全国人口普查，时点为当年的11月1日。普查数据处理由丽水市统计局采用光电录入方式。普查表明，全县常住人口153011人。其中，少数民族人口16506人，男女性别比为115.80，家庭户平均人数3.15人，全县外出人口数为47137人(跨乡镇半年以上)。

2010年，开展第六次全国人口普查，时点为当年的11月1日。普查数据处理由丽水市统计局采用光电录入方式。普查表明，全县常住人口107106人。其中，少数民族人口为15184人，男女性别比为108.12，家庭户平均人数2.66人。外出人口90497人(跨乡镇半年以上)。

第三产业普查　1993年，进行首次全国第三产业普查，普查年度为1991年和1992年。经普查，1992年末，全县第三产业单位2030个，年末单位职工人数9556人。全县第三产业个体户3790户、从业人员4681人。

工业普查　1995年，进行全国第三次工业普查，全县共动员300多人参与此项工作。经普查，1995年末，全县工业企业和生产单位数为1943个，年末从业人员为12440人，工业总产值5.14亿元。

经济普查　2004年，进行全国第一次经济普查。首次将工业普查、第三产业普查和基本单位普查合并，并将建筑业纳入普查范围。普查标准时点为2004年12月21日，全县抽调普查指导员100多人，普查员300多人。经普查，全县从事二、三产业法人单位986家，产业活动单位1211家，个体经营户4369户，基本查清全县二、三产业总量及分布情况。2008年进行全国第二次经济普查，普查标准时点为2008年12月31日，全县共抽调普查指导员、普查员400人。

农业普查　1996年12月31日，进行全国第一次农业普查，普查标准时期为1996年1月1日至12月31日。全县共动员800多人参与此项工作。经普查，1996年末，全县从事生产经营活动的农村住户32768户，138544人。其中，农业户比重为94.57%，非农业户比重为5.43%，在农村住户的收入结构中，家庭收入主要来源于农业的占86.0%，来源于非农业的占14.0%。全县285个行政村，全部通电、通邮的村占67.83%，通公路的村占46.15%，能接收电视节目的村占95.8%，通电话的村占18.53%。

2006年12月31日，进行全国第二次农业普查，普查标准时期为2006年1月1日至12月31日。全县共动员800人参与此项工作。经普查，2006年末，从事生产经营活动的农村住户26265户，103063人。全县285个行政村，通电的村100%，通公路的村占81.6%。

抽样调查

1%人口抽样调查　2005年，进行全国1%人口抽样调查，调查的标准时点为2005年11月1日零时。人口抽样调查的内容，按户填报的项目包括户的基本情况和住房情况；按人填报的项目，包括人的基本情况、迁移流动、人口素质、就业、社会保障和婚姻生育状况等。内容比2000年第五次全国人口普查增加7项，增加的指标主要集中在反映流动人口特点、人民生活、就业状况和收入等方面。全县被抽中5个乡镇共8个村委和社区。

城镇住户、农村住户调查　2003年，成立社会经济调查队。全县城镇居民抽取200户样本户，开展一次性调查。同年末，确定50户居民，开展记帐工作。2007年，根据经济发展需要，将样本户从50户扩展到100户。全县农村居民抽取300户为样本户，开展一次性调查。同年末，确定100户居民开展记帐工作。

规模以下工业抽样调查　2002年始，规模以下工业由原来的全面调查改为抽样调查，全县抽取省、市、县样本企业73家。

限额以下批发零售与住宿餐饮业抽样调查　2006年始，开展限额以下批发零售与住宿餐饮业抽样调查工作。全县抽取样本单位48家，分季度汇总推算。

粮食生产统计监测调查　2010年，开展粮食生产统计监测调查。共抽中14个乡镇、21个样本区(101个地块)，涉1344户农户及7个农业生产经营单位。

专项调查

1993—2010年，先后参与全省欠发达乡镇奔小康工程统计监测调查、全省欠发达乡镇农村居民收入抽样调查；组织开展企业景气调查、5‰人口变动、劳动力和群众安全感调查等专项调查。

第三节　统计服务

资料汇编

1992年以来，县统计局每年编印《景宁统计年鉴》，反映全县经济发展基本情况，为县委、县政府领导及其有关部门提供决策依据。先后于1994年编印《景宁县1993年第一次全国第三产业普查资料》、1997年编印《景宁县1995年全国第三次工业普查资料》、1998年编印《景宁县1996年第一次全国农业普查资料》、2002年编印《景宁县2000年第五次全国人口普查资料》。2006年向丽水市统计局提供《丽水经济普查年鉴》编印材料，囊括景宁统计局报送统计信息等800多条。为社会公众提供统计咨询服务2000多次，提供经济普查相关资料和各类统计分析600多次。

统计信息

1992年来，景宁统计局定期向全社会发布《国民经济和社会发展的统计公报》，做好统计信息工作。其中，《立足生态资源优势　打造特色品牌农业——景宁县培育农业龙头产业惠明茶品牌的思考》《做好限额以下贸易抽样调查工作的思考》《畲乡改革开放三十年》《景宁县电力工业发展问题研究》《关于推进我县工业化的思考》《景宁县特色农业对农民增收的作用研究》《历史性的巨变》《景宁县改善民生的难点与对策》《对我县农民增收问题的思考》《辉煌十一五》等调研文章在省、市评比中获得好评。

第三章　审计监督

1993—2010年，建立健全经济责任审计工作规章制度及联席会议制度，开展领导干部任期经济责任审计、固定资产投资审计和重点行业事项资金审计。累计完成审计项目609个，查出违规资金18692.06万元、管理不规范资金94643.3万元；完成基建工程审计项目1699个，审计金额269438.59万元，核减工程款30893.89万元。向司法、纪检机关移送案件21件、涉案人员32人。

第一节　国家审计

经济责任审计

2000年始开展经济责任审计工作，同年6月，建立经济责任审计工作联席会议制度，公布经济责任审计工作联席会议成员名单，建立健全经济责任审计工作相关规章制度。2001—2010年，累计开展112个单位的领导干部任期经济责任审计151人。其中，机关部门单位63个63人，乡镇49个88人。先后将秋炉乡、鸬鹚乡、葛山乡、景南乡、教育局等单位在经济责任审计中发现的问题移送县纪委或县人民检察院。

固定资产投资审计

2002年设立基建审计中心以来，固定资产投资审计工作得到全面发展，并逐步走上规范化轨道。2002—2010年，累计完成投资项目审计1699个，审计金额269438.59万元，核减工程款30893.89万元。

专项资金审计

1993—2010年，围绕重点资金、重点行业，开展审计专项调查和专项资金审计47项。2008年，开展对林业资金专项审计，调查发现县天工绿化工程有限公司存在违法问题，移送县人民检察院立案侦察。

1993—2010年景宁审计情况一览

表20-3-1

年份	审计项目（个）	违规金额（万元）	管理不规范金额（万元）	移送司法案件	涉案人数	移送纪检案件	涉案人数	基建审计项目（个）	审计金额（万元）	核减工程造价（万元）
1993	31	144.63	—	—	—	—	—	—	—	—
1994	29	553	—	—	—	—	—	—	—	—
1995	33	181.15	—	2	2	—	—	—	—	—
1996	41	2638	—	—	—	—	—	—	—	—
1997	39	1781	—	—	—	—	—	—	—	—
1998	27	1354	—	—	—	—	—	—	—	—
1999	25	1364	—	2	2	—	—	—	—	—
2000	23	149	2041	1	2	—	—	—	—	—
2001	43	3756	—	1	1	2	3	—	—	—
2002	36	773	—	—	—	2	2	2	692.7	70.14
2003	39	1840	1544	—	—	—	—	11	4159	312
2004	47	1165	2312	—	—	2	2	56	6249.29	474.82
2005	45	773	7034	—	—	—	—	138	21339.6	2440.8
2006	31	982	10964	—	—	—	—	209	37802.5	3047.6
2007	36	996	29462	—	—	1	1	265	46237.5	5438.2
2008	29	54	15850	1	6	2	4	305	29934.2	2838.3
2009	29	74	14380	2	2	—	—	434	71401.7	12161
2010	26	114.28	11056	1	1	2	4	279	51622.1	4111.1
合计	609	18692.06	94643	10	16	11	16	1699	269438.6	30893.9

第二节　其他审计

其他审计包括内部审计和社会审计。1993—2010年，只有金融、电力、电信等央企设有内部审计机构，审计情况由央企统计汇总。

根据财政部《关于印发〈会计师（审计）事务所脱钩改制实施意见〉的通知》（财协字〔1999〕37号）文件精神，1999年8月4日，经浙江省财政厅批准撤销景宁审计事务所。

第四章　价格管理

1984年10月，设立县物价局。2001年，并入县发展计划局，挂县物价局牌子。2005年，发展计划局更名为景宁畲族自治县发展和改革局，设价格调控科、物价监督检查分局（原为物价检查所）和价格认证中心（原为价格事务所）。

20世纪70年代，市场物价基本按计划经济模式管理。80年代初期，以计划调节为主，市场调节为辅。从80年代中后期始，逐步放开市场，由计划经济逐渐向市场经济转轨。至2010年，基本形成市场经济管理模式。

第一节　价格监测

1993—2010年，对全县62个主要商品和服务价格进行监测，共建立环城西路建材经营部、农贸市场、惠农农业生产资料连锁配送有限公司、城北粮油经营部、福临门粮油经营店、环城粮油经营部、莲花超市、环城西路35号等12个价格监测点。

1992—1998年景宁主要商品和服务价格监测情况一览

表20-4-1

序号	品种	规格等级	计价单位	价格指标	年份						
					1992	1993	1994	1995	1996	1997	1998
1	菜籽油	一级散装	元/500克	市场零售价	0.72	3.05	4.5	6.00	—	—	—
2	色拉油	一级散装	元/500克	市场零售价	—	3.10	4.20	5.73	4.28	4.43	5.50
3	鲜猪肉	新鲜去骨瘦肉	元/500克	市场零售价	3.00	8.00	9.00	13	14	12	13
		猪排骨	元/500克	市场零售价	—	—	—	13	14	12	13
		猪五花肉	元/500克	市场零售价	—	—	—	10.5	10	9	10
		肋条肉	元/500克	市场零售价	—	—	—	11	10	9	11
4	鲜牛肉	新鲜去骨	元/500克	零售价（平均）	—	18	18	18	25	20	21

续表 20-4-1

序号	品种	规格等级	计价单位	价格指标	年份						
					1992	1993	1994	1995	1996	1997	1998
5	鲜羊肉	新鲜带骨	元/500 克	零售价(平均)	—	—	—	18	19	20	23
6	活鸡	2~3 千克(饲料鸡)	元/500 克	零售价格	—	—	—	8	8.5	8	10
7	鸡蛋	新鲜完整	元/500 克	市场零售价	—	3	3.6	4	3.8	4	5.2
8	番鸭肉	新鲜	元/500 克	市场零售价	—	—	—	9	9	9.5	10
9	带鱼	冻 250 克左右一尾	元/500 克	市场零售价	—	7	10	10	12	13	13
10	草鱼	活 750 克左右一尾	元/500 克	市场零售价	—	5	6	—	—	—	—
11	墨鱼	冻 200 克左右一尾	元/500 克	市场零售价	—	—	—	13	13	13	15
12	鲳鱼	冻 200 克左右一条	元/500 克	市场零售价	—	—	—	—	—	13	15
13	海虾	冻体长 10 厘米左右	元/500 克	零售价(平均)	—	—	—	—	27	35	28
14	鲫鱼	活 400 克左右	元/500 克	市场零售价	—	—	—	—	—	7	7.5
15	鲤鱼	活 500 克左右	元/500 克	零售价(平均)	—	—	—	—	—	6.5	7.5
16	甜椒	新鲜	元/500 克	零售价格	—	—	—	3.5	3.5	4	3.5
17	大蒜	新鲜	元/500 克	零售价格	—	—	—	2	2	5.5	8
18	园白菜	新鲜一级	元/500 克	零售价格	—	1	1	1.3	1.3	1.5	2
19	芹菜	新鲜一级	元/500 克	市场零售价	—	—	—	—	2	2.5	2.5
20	大白菜	新鲜	元/500 克	市场零售价	—	—	—	—	1	1	2
21	油菜(青菜)	新鲜一级	元/500 克	市场零售价	—	—	—	—	1	1	1
22	黄瓜	新鲜一级	元/500 克	市场零售价	—	—	—	3	3	4	3
23	胡罗卜	新鲜一级	元/500 克	市场零售价	—	—	—	2	2	2.5	3
24	罗卜	新鲜	元/500 克	市场零售价	—	—	—	1	1	1.5	1.5
25	青椒(柿子椒)	新鲜一级	元/500 克	市场零售价	—	—	—	3.5	3.5	3	4
26	土豆	新鲜一级	元/500 克	市场零售价	—	—	—	2	2	2.5	3
27	花菜(菜花)	新鲜一级	元/500 克	市场零售价	—	—	—	—	—	—	2.5
28	茄子	新鲜一级	元/500 克	市场零售价	—	—	—	4	4	4	3.5
29	西红柿	新鲜	元/500 克	市场零售价	—	—	—	2	2	3.3	3.5
30	南瓜	新鲜	元/500 克	市场零售价	—	—	—	1.5	1.5	2	3
31	豆角(扁豆)	新鲜一级	元/500 克	市场零售价	—	—	—	—	—	4	3
32	豆腐	无包装	元/500 克	零售价(平均)	—	—	—	—	2	1.8	1.8
33	白砂糖	散装	元/500 克	零售价格	1.2	2.5	2.6	2.5	2	2.8	4
34	圆钢	Φ16 毫米，hpb235	元/吨	交易价格	—	3400	3600	4750	3750	3750	4780
35	螺纹钢	Φ12 毫米，hrb335	元/吨	交易价格	—	3200	3300	4780	3750	3750	4850
36	线材	高线 6.5，hpb235	元/吨	交易价格	—	3150	3200	4700	3850	3800	4750
37	普通硅酸盐水泥	32.5 强度袋装	元/吨	价格	—	300	380	360	350	380	520
38	砖	当地产	元/百块	市场零售价	—	25	35	39	35	38	38
39	液化石油气	14.5 千克±5.5	元/瓶	价格	—	97	91	99	78	98	108
40	尿素	含氨 46%，国产	元/千克	零售价(平均)	0.6	1.9	1.8	2.1	1.96	1.88	2.2

续表 20-4-1

序号	品种	规格等级	计价单位	价格指标	年份						
					1992	1993	1994	1995	1996	1997	1998
41	碳酸氢铵	含氮 17%，国产	元/千克	价格	—	0.66	0.66	0.8	0.9	0.8	0.9
42	过磷酸钙	含磷 12%，国产	元/千克	价格	0.2	0.44	0.44	0.56	0.64	0.52	0.64
43	氯化钾	含氯化钾 50~60%，国产	元/千克	零售价（平均）	—	2.16	2.1	3.2	4	3.5	3.4
44	三元复合肥	含氮.磷.钾各 15%，国产	元/千克	零售价（平均）	—	2.3	2.3	2.9	3.3	2.6	2.7
45	高压聚乙烯横膜	折径 1 米，厚 0.1 毫米±0.02	元/千克	市场零售价	—	13	13.5	14.5	11	12	14
46	草甘磷	41%水剂	元/千克	零售价（平均）	—	4.5	4.5	4.5	5	4.5	4.5
47	三唑磷	乳油 20%，330 毫升	元/瓶	零售价格	—	6	6	6	7	7	7
48	杀虫双	水剂 18%，1000 克	元/瓶	零售价格	—	3.5	4	4	5	4.5	4.5
49	乙酰甲胺磷	30%乳剂	元/千克	零售价格	—	18.5	18.5	7	7.5	7	7
50	乐果	40%乳剂，350 克	元/瓶	零售价格	—	—	—	7	8	7	7
51	敌敌畏	80%乳剂	元/千克	零售价（平均）	—	—	—	8	8	7.5	7.5
52	杂交稻种子	H 优 10，中浙优 1 号	元/千克	价格	—	20	20	—	36	40	44
53	仔猪	25 千克左右	元/千克	零售价格	—	18.6	16.8	26	18	13	14
54	晚籼米	特级	元/500 克	零售价（集市）	—	—	—	1.59	1.68	1.97	2.22
		标一	元/500 克	零售价（集市）	0.53	1.15	1.29	1.48	1.54	1.62	1.96
55	粳米	标一	元/500 克	零售价（集市）	—	1.55	1.58	1.70	1.80	—	—
		东北产特制	元/500 克	零售价（集市）	—	—	—	1.74	1.85	1.90	2.32
56	面粉一	特一粉	元/500 克	零售价（集市）	0.60	1.50	1.65	1.58	1.58	1.63	1.89
		特二粉	元/500 克	零售价（集市）	—	—	—	1.30	1.30	—	—

第二节　物价调控

1985—1992 年，经全面改革，突破传统僵化价格观念，改善严重扭曲的价格结构，高度集中的价格管理体制发生根本转变，市场化的物价在调节商品供求关系中趋向稳定。1993 年起，放开粮油、钢铁产品、煤炭供应销售价格；提高棉花价格；调整农资供应政策，改暗补为明补；进行电价改革。1994 年，实施上级下达的商品价格结构性调整方案，围绕抑制通货膨胀和控制物价上涨目标，进入宏观调控管理。1995 年，以建立健全价格调控机制为重点，深化改革，增强价格监管力度，整顿价格秩序，有计划有步骤地疏理突出的价格矛盾。1997 年 12 月，《中华人民共和国价格法》颁布。1998 年 5 月 1 日始，物价部门依法管理物价。1993—2010 年，对行政事业性收费实行收费许可证制度和年度验审制度，持续开展清费减负活动，取消各种不合理收费项目 700 多项，年减负 2670 万元。形成少数关系国计民生的重要商品和服务价格由政府管理，90%以上大宗商品和服务价格由市场调节的价格机制。

民生商品价格调控

2000 年，改革电力价格，取消统配电、加工电、集资电和超计划加价政策。2001 年，实行城乡同价，推行居民生活用电阶梯式价格，完善峰谷分时电价政策。2003 年 2 月 1 日，对第二期完成农村电网改造的鹤溪镇山后村等184个台区，实行城乡居民生活用电同价，执行城镇居民生活用电到户价0.53元/千瓦时。2004年4月，对已形成规模的水电产业，根据省定上网指导价水平，结合景宁实际，按照“合理分类、同类同价、综合平衡”的原则，对小水电上网电价进行规范管理。

2003年9月15日，居民生活供水实行一户一表、政府定价，收费标准为540元/户·表，此外不收取任何费用。

2004年5月20日，对“团鱼岗”公墓收费标准实行定价：中上“福寿”（双穴）7800元，中档“福禄”（双穴）4700元，低档“禄寿”（单穴）1750元。2006年7月20日，核定“极乐陵园”公墓收费标准，高档“福寿”（双穴）公墓出售价格为12000元。2010年8月20日核定“极乐陵园”公墓收费标准，高档“福寿”（双穴）公墓出售价格为13200元。

2008年9月，根据《浙江省商品房销售明码标价管理规定》，浙江正达置业有限公司景宁分公司商品房销售实行明码标价。

公共服务价格调控

2003年12月20日，对县招投标中心交易服务费、场地租赁费、交易席位费实行政府定价。

2006年秋，免收义务教育阶段中小学生学杂费。同年9月20日，对景宁中学收费进行调整。学费从800元/生·期调整为1000元/生·期，住宿费从140元/生·期调整为160元/生·期。2006年8月核定景宁中学新建学生公寓住宿费收费标准：4人间380元/生·期，8人间240元/生·期。2007年对公办普通高中、中等职业学校、公办幼儿园、民办中小学校实行二年一期的定期定价成本监审。同年6月，对新建的景宁中学（省一级重点中学）收费标准进行调整，学费1200元/生·期。

2009年，出台《景宁县物业服务收费管理实施办法》，并对县城区物业等级进行评定，对物业收费标准进行规范。

同年11月，初次对“云中大漈”“畲乡之窗”2个AAAA级景区门票予以定价。“云中大漈”门票费80元/人次，“畲乡之窗”门票费20元/人次，婚俗表演团体价800元/场，个人40元/场，皮划艇漂流50元/人次，千年山哈门票130元/人次。70周岁以上老人、身高1.2米及以下儿童、残疾人一律实行免票；对年满60周岁以上老人、现役军人及大中小学生实行半票；对旅行社组团的游客具体优惠幅度按有关规定执行。

2003年，“非典”期间，防治消毒服务费从5月4日起执行基准价0.2元/平方米，并从5月7日起对口罩、消毒液等产品原材料实行价格干预。6月20日，解除防治“非典”医药用品和相关商品价格干预。

2008年1月，根据《国家发展改革委关于对部分重要商品及服务实行临时价格干预措施的实施办法》有关规定，经市人民政府公告，对莲花商贸有限公司、供销超市有限公司购物中心、福临门粮店、实达液化气有限公司销售的大米、消费量较大的粮食制品、菜籽油、豆油、调和油、牛奶、液化石油气（价格管理按现行规定执行）等商品进行价格临时干预措施，实行备案管理。

实行价格听证制度

2004年7月，召开垃圾清运费收费标准调整听证会，2005年1月始，执行调整后的垃圾清运费收费标准。

2006年5月29日，召开自来水价格调整及污水处理费听证会，7月28日执行调整后的新标准，并实行污水处理费与城区供水费一同收取。

2009年10月21日，召开城市公共汽车客运票价听证会，2010年5月8日，核定城市公共汽车客运票价。票价1.5元/人次，60—69周岁老人（凭老年优待证）公交车优惠票价为0.50元/人次；70周岁（含）以上老人（凭老年优待证）、伤残军人（凭军人伤残证）、盲人和1—3级肢体残疾（凭残疾证）的残疾人实行免费乘坐。

第三节　监督检查

1984年，成立景宁畲族自治县物价检查所。2003年，更名为景宁畲族自治县物价局价格监督检查分局。

1998年5月1日始，实施《中华人民共和国价格法》。价格管理体制以市场价格自行调节为主，政府实行价格监督检查，不断规范价格行政执法行为。通过“5·1”实施价格法纪念日、“3·15”消费者权益日和“12·4”法制宣传日等大型宣传活动，开展明码标价、禁止价格欺诈等法律法规普及教育和咨询解释。2001年，开通“12358”价格举报电话，建立和完善登记、受理、查处、催办、反馈等工作制度。

1993—2010年，价格监督检查工作沿着法制化、规范化道路健康发展，加强节假日市场价格监管，开展涉农涉企收费、药品和医疗服务价格、教育收费、成品油价格等专项检查，共查处价格违法案件190多件，实施经济制裁总金额980万元。其中，退还用户金额392.5万元，没收违法所得440.3万元，罚款金额147.2万元。2001年，国家计委（现国家发改委）授予景宁价格监督检查所为“规范化物价检查所”，并多次被评为“全省价格监督检查先进集体”。

1992年，成立价格事务所。2000年，价格事务所更名为价格认证中心。

1993—2010年，开展刑事案件价格鉴定1450多件，总鉴定标的额为3050多万元；涉及违纪案件价格鉴定17件，总鉴定标的额为18万元；为小水电上网提供成本测算100多件，总鉴定标的额6亿多元。价格认证鉴定，为司法、行政等部门准确执法提供价格鉴定服务。

第五章　工商行政管理

1978年，县工商行政管理部门恢复重建。随着城乡市场经济发展，基层工商行政管理工作逐步得到加强。云和、景宁分县后，至1986年，一镇四区均建立工商行政管理所。1989年8月建立直属工商所。1993年8月，将直属工商所分为鹤溪工商所和鹤溪市场工商所（1995年鹤溪市场工商所改为鹤溪市场办公室）。1993年11月，设立山珍市场管理办公室。2001年1月，渤海、东坑工商所撤并，成立城郊工商所。同时，英川工商所与沙湾工商合并，成立沙英工商所。同年，按市场管办分离要求，鹤溪市场工商所并入鹤溪工商所。2002年1月，撤销沙英工商所，人员并入城郊工商所，工商局派出机构由1990年的6个减至2个。

1992年，工商局在编干部、职工59人。1996年10月，实行县级机构改革，物价局与工商局合署办公。根据国务院“省以下工商行政管理机关垂直管理”的规定，1998年11月，景宁工商局由省、市垂直管理。1999年4月8日，根据丽水地区工商局党组19号文件精神，物价局与工商局分离。2001年12月14日，工商局与其所办市场实行管办分离。垂直管理后，浙江省工商行政管理局于2001年、2010年先后两次对景宁工商行政管理局的职能配置、机构设置和人员编制作了调整。根据浙工商人〔2010〕116号文件规定，景宁工商局内设机构为“一办六股”：办公室、人事教育股、法规股、企业注册股、个体私营经济监管股（企业监管股）、市场规范管理股、食品流通监管股；并设注册分局（行政审批股）、网络经营监督管理办公室（信息化办公室）、消费者权益保护分局（12315举报申诉指挥中心）3个直属机构；下设经济检查大队（挂经济检查股牌子）、鹤溪工商所和城郊工商所3个派出机构；景宁消费者权益保护委员会、个私（民营）企业协会2个事业单位。2010年工商部门在编公务员54人，事业编制干部7人、职工1人。

第一节　工商企业登记

1992年始，工商企业改革不断深化，计划经济时期单一的公有制转向多成份的所有制形式，形成国有企业、集体企业、股份合作制企业、私营企业、个体工商户等多元化市场经营主体。1993年始，多元化、多成份市场主体在工商流通领域形成强劲的竞争，使原来的公有制国有工商企业和集体工商企业总体呈缩减态势。

国有集体企业

1992年末，登记在册国有企业90家（包括分支机构），集体所有制企业464家（包括分支机构）。1993年，国有企业仅“景宁畲族自治县粮油总公司”办理开业注册登记，办理注销（吊销）登记的国有企业有11家（包括国有独资及控股企业）；集体企业没有开业登记，有65家企业办理注销登记。1993年末，有全民所有制企业51家，集体所有制企业161家。1993—2010年，国有企业开业7家，注销31家，减少57.7%；集体企业开业16家，注销149家，减少64.4%。2010年末，国有企业20家，集体企业25家。

股份合作企业

通过股份合作、劳动合作与资本合作有机结合，成为城市集体企业和国有中小企业改革首选的一种形式。随着改革开放形势的发展和生产经营规模的扩张，股份合作制迅速向其它企业组织形式转化，转向合伙、独资、有限责任公司或股份有限公司。1998年，全县股份合作制企业135家。至2010年末，股份合作制企业仅2家。

个体私营企业

工商行政管理部门依照《个体工商户登记管理办法》及《合伙企业登记管理办法》《个人独资企业登记管理办法》，对个体工商户、私营企业实行登记注册。1993年，共有个体工商户185户，注册资本196万元，私营企业6家，注册资本39974万元。同年，个体工商户新开业登记50户；私营企业新开业注册登记12家，注销登记9户。1997年，新发展个体工商户482户，增长率90%，是历年发展最快的一年。至2010年末，共有个体工商户4168家，注册资本2.64亿元；私营企业563家，注册资本20.58

亿元。

电力、燃气及水的生产和供应业成为龙头行业，批发和零售业及制造业次之。电力、燃气及水的生产和供应业、租赁和商务服务业、制造业、批发和零售业、金融业是投资热点行业。

农民专业合作社

2005 年 1 月 1 日，《浙江省农民专业合作社条例》颁布实施。工商行政管理部门为农民创办专业合作社提供登记注册绿色通道，财政、农业等部门大力扶持，农民专业合作社逐步上升为农村市场主体。2005 年，农民专业合作社登记 9 家，合计注册资本 207.6 万元。2010 年末，登记在册农民专业合作社猛增到 411 家，合计注册资本 17672.4 万元。

2010 年景宁工商企业行业分布情况一览

表 20-5-1

行业分类	实有数（户）	所占企业总数比例(%)	行业分类	实有数（户）	所占企业总数比例(%)
农、林、牧、渔	36	5.33	房地产	9	1.33
采矿	10	1.48	租赁和商务服务	77	11.39
制造	124	18.34	科学研究、技术服务和地质勘察	24	3.55
电力、燃气及水的生产和供应	156	23.08	水利、环境和公共设施管理	7	1.04
建筑	17	2.52	居民服务和其他服务	20	2.96
交通运输、仓储和邮政	13	1.92	教育	3	0.44
信息传输、计算机服务和软件	17	2.52	卫生、社会保障和社会福利	1	0.14
批发和零售	151	22.34	文化、体育和娱乐	1	0.14
住宿和餐饮	6	0.89	其他	0	0
金融	4	0.59	合计	676	100

1993—2010 年景宁个体工商户私营企业年末实有数与注册资金一览

表 20-5-2

年　份	个体工商户		私营企业		年　份	个体工商户		私营企业	
	户数	注册资金（万元）	户数	注册资金（万元）		户数	注册资金（万元）	户数	注册资金（万元）
1993	185	196	6	39974	2002	4289	6086	306	104849
1994	224	266	14	40308	2003	4658	7032	347	116228
1995	267	354	29	45840	2004	2479	4494	400	127588
1996	315	404	39	46793	2005	2268	5075	411	132453
1997	796	873	50	47925	2006	2697	6634	460	140914
1998	1233	1129	78	53763	2007	2167	6357	498	200891
1999	1692	1840	115	66216	2008	3464	11890	494	192893
2000	2958	3257	138	68544	2009	3520	16723	531	202042
2001	3738	4885	183	86842	2010	4168	26400	563	205809

第二节 市场建设管理

市场建设

山珍市场 山珍市场前身为复兴路香菇交易市场。1992年,县政府审时度势,以市场开发带动房地产开发,采用房地产开发形式,建设以食用菌产品交易为主的山珍市场,为扶贫开发服务。1992年10月,动工兴建山珍市场,建筑面积9275平方米,有中型产品交易厅3个,营业用户308间。1993年11月开业,主要交易销售各种规格的花菇、厚菇、普通菇及各等级的黑木耳和其它食(药)用菌,年销售量500万千克,总交易额达4亿多元,产品内销全国各大中城市,外销美国、日本、东南亚等20多个国家和地区,是浙江省干菇交易第二大市场。2002年,为打造全国干菇及食(药)用菌集散中心,开始建设集零售、批发、仓储等多功能交易的新市场——景宁畲族自治县绿色市场。2003年后,山珍市场停业注销,按"顺其自然,因势利导,逐步规范"要求,将其功能向绿色市场迁移。除两间店面由国资公司保留管理外,其他店面资产拍卖给个体户所有及经营。

中心菜市场 建于1998年,占地面积2300平方米,总投资500多万元,有永久性固定建筑1300平方米,大棚结构1000平方米,为全封闭室内市场。内设摊位266个,店面50多个,涉及蔬菜、肉禽、活鱼、粮豆制品、干水海鲜、副食品系等15个系列,经营户310户。

绿色市场 建于2003年,占地面积30087平方米,绿色市场开发有限公司与国有资产经营公司共同组建,业主以留置物业租赁产生经济效益来支撑市场管理。绿色市场为景宁食用菌产业产品交易的唯一集散地,集加工、交易、仓储、科研、信息化于一体,以批发零售为主体的综合性市场,年销售量(干货)800万千克,交易额8.5亿元,

商场超市 景宁主要百货商场及超市有:景宁莲花商贸城有限公司、景宁万家鸿商贸城有限公司、景宁供销超市有限公司,分别成立于2002年、2007年、2008年。经营范围有:日用百货及杂品、针纺织品、食品、熟肉制品、粮油制品、土特产、家用电器、五金交电、文体用品、烟、盐零售;酒、饮料、水果等;经营品种近15000种。景宁莲花商贸城有限公司是加盟浙江莲花商贸城有限公司的县城规模较大的零售卖场之一,为景宁商业街中历史较长的百货商场。

乡镇集贸 从1992年开始分别设立沙湾、渤海、英川、毛垟、东坑5家农村集贸市场。集贸市场实行"开放、吸引、管理、服务"的方针,在管理中坚持"管理、收费、服务"三兼顾原则,积极开展市场"十查""十服务"活动。1999年,全县农村集贸市场成交额达500.98万元。2001年,有农民贩运户240户,市场成交额达1000万元,方便了农村群众的生活。随着城镇化的不断推进,乡村人口逐渐外流,农村集贸市场萎缩,市场被迫注销。

市场规范

1994年,开展市场核准登记和年检。2001年,开展星级文明规范市场创建活动。2002年,景宁工商局将管辖区范围内的专业市场的资产和负债全部交给县财政局,实现工商部门与所办市场脱钩。2009年,景宁中心菜市场和绿色食品市场被市局认定为二星级文明规范市场。同年12月28日,工商部门与景宁市场开发实业有限公司签订中心菜市场委托管理合同,按照"两不变、三定、超额分成,未完成扣减"

的原则，将景宁中心菜市场整体委托工商部门管理，市场托管后，工商局在中心菜市场建立专门的市场管理办公室，派专职人员负责市场日常经营管理工作。

2008年9月1日始，停止征收个体工商户管理费和市场管理费。长达25年之久的两项规费收取工作画上历史的句号。

第三节　经济合同管理

1993年，开展“重合同、守信用”企业评比活动，参加评比的企业为全县范围内的国营、集体和各种联营、合营企业。评比活动每年一次，经审核报上级工商部门审定批准后，工商局对企业授予“重合同、守信用”企业年度证书。1994年，首次评出2家“重合同、守信用”企业。1996年评出3家。此后，每年向省、市推荐“重合同、守信用”优秀企业。至2010年，全县有各级“重合同、守信用”企业累计15家。

1994年8月31日，《中华人民共和国仲裁法》颁布实施，县级经济合同仲裁职能上移到市，但工商部门仍在职权范围内加强对经济合同行使监管权。1993—2010年，坚持开展抵押物登记工作。2010年，办理企业动产抵押物登记2宗，抵押价值132万元，主债权金额456万元；查处合同欺诈案件3起，金额3.6万，帮助企业追回被骗货物1.6万元。

依据浙江省《拍卖合同鉴证试行办法》，工商部门逐步扩大经济合同鉴证范围。1998年，共鉴证经济合同18份。查处合同欺诈案件3起，涉案金额2万，挽回经济损失1.2万元。2000年，合同鉴证范围进一步扩大，共鉴证各类合同32份，鉴证金额187万元。调解合同争议3起，挽回经济损失2.3万元。

2001年，出台《关于规范涉农合同促进订单农业发展的实施意见》。2004年，开展“涉农合同帮扶”活动，在农村专业合作社及农民中，推广使用4种规范的涉农合同文本，促进“订单农业”稳步发展。

2007年，对建筑工程施工、粮食购销、财产租赁、供水、供电、保险、种植等8类格式条款合同，开展登记备案工作。至2010年，8类格式合同共登记备案75份，标的金额324万元，跟踪监督合同履行52份，履约率达到95%以上，为当事人避免经济损失3万元。

第四节　商标管理

从1989年景宁畲族自治县惠明茶业有限公司注册“惠明”商标始，至2010年，全县拥有注册商标总数339件。其中，农副产品商标105件，服务商标48件，驰名商标1件，省著名商标3件，市著名商标7件。2010年，使用注册商标销售额达52616万元。

市级著名商标

2004年，浙江景宁大自然食品有限公司注册的“南野”商标被丽水市工商行政管理局认定为丽水市著名商标。2005年，景宁鹤泉酒厂注册的“山哈”商标、景宁农业开发总公司注册的“玉簪”商标，被丽水市工商行政管理局认定为丽水市著名商标。2007年，景宁畲山贡茶叶有限公司注册的“惠明寺”商标被丽水市工商行政管理局认定为丽水市著名商标。2009年，浙江景宁洁净钢管有限公司注册的

"JIE JING"商标、景宁洋龙酒业有限公司的注册"畲乡红"商标被丽水市工商行政管理局认定为丽水市著名商标。2010年，浙江奇尔茶业有限公司注册的"白玉仙"商标被丽水市工商行政管理局认定为丽水市著名商标。

省级著名商标

2003年，景宁惠明茶业有限公司注册的"惠明"商标被浙江省工商行政管理局认定为浙江省著名商标。2004年，浙江奇尔茶业有限公司注册的"奇尔"商标被浙江省工商行政管理局认定为浙江省著名商标；2006年，景宁中信实业有限公司注册的"金信"商标被浙江省工商行政管理局认定为浙江省著名商标。

中国驰名商标

2008年，景宁惠明茶业有限公司的"惠明"注册商标被江西省上饶市中级人民法院司法认定为中国驰名商标。

2009年2月18日，县政府出台《关于进一步优化环境服务企业发展的实施细则》，鼓励企业掌握自主知识产权，对首次获得中国驰名商标奖励30万元、浙江省著名商标奖励10万元、丽水市著名商标奖励3万元。同年，出台《关于景宁著名商标认定和保护办法》，规范了景宁著名商标认定工作。

2003—2010年景宁获驰名、著名商标情况一览

表20-5-3 单位：件

年　份	中国驰名商标	浙江省著名商标	丽水市著名商标
2003	—	1	0
2004	—	2	1
2005	—	2	3
2006	—	3	3
2007	—	3	4
2008	1	3	4
2009	1	3	6
2010	1	3	7

第五节　广告管理

1995年2月1日始，施行《中华人民共和国广告法》。1995—2010年，广告经营单位57户（取得广告三级资质企业1家），广告从业人员278人，广告经营额3500万元，查处各类广告违法案件72件，罚没款4.32万元。

2002年，依据《浙江省广告管理若干规定》，对药品、医药服务、保健食品广告进行专项整治，检查医药公司门市部3家，个人医疗室6户，个体工商户12户，其他医药经营企业3家；查处违法广告3

户，罚款金额2500元。2004年，针对广告业发展滞后问题，在充分调研、征求意见的基础上，出台《关于大力促进广告业发展的意见》，取消不利于广告业发展的准入限制，有效激活本地广告业的发展。2007年，根据回访因发布广告不规范受行政处罚的企业、个体工商户及全县调研情况，出台《关于创新广告监管方式促进广告业发展的工作意见》，实施“监测点评、指导规范、警示告诫、责任追究”的广告监管模式。

2008年，实施《浙江省广告管理条例》，建立相应的广告部门共管制度。工商局与县药监局、卫生局、文广新局建立联席会议制度、案件移送制度、信息抄告制度、合力指导制度、联署公告制度、共同汇报制度等六项工作制度。同时，加强食品、药品等五类广告的监管，形成齐抓共管态势，取得良好效果。

2009年，针对互联网快速发展趋势，探索运用网络广告监管手段，推进广告管理方式创新，开展了网络性药品、性保健品广告专项整治。首次运用计算机网络监管软件对县内相关网络广告进行搜索监管，对违规企业及时进行查处，对无法查处的发布公告无照经营网络广告的企业，通报有关单位关闭网址，取得良好的成效。据统计检查监测网络“性药品”、性病治疗网站5户，检测违法信息32条，发现网上发布违法广告网站3户，违法广告12条，下发自查通知书8份。

2010年，探索对新型广告媒体的监管。针对移动中巴客车电视、楼宇电视、卖场电视等新媒体广告，初步建立备案制度。以工商对外开放的“红盾网”为平台，对广告违法新动向发布“广告审查提示”，指导媒体把好广告发布审查关。

第六节　经济检查

1993—2010年，共立案查处各类经济违法案件2247件。其中，大要案475件，罚没款1389万元。

1998年，实施国务院《关于禁止传销经营活动的通知》，县工商行政管理部门及时把“打传规直”纳入常规工作。成立打击传销特别行动领导小组，加强对宾馆、酒店、电影院等重点场所的预警宣传，建立聚众群体开会、培训、讲课登记备案制度，遏制传销行为的发生。

2007年，与公安、烟草等行政管理部门建立联动协查执法，查办销售假冒卷烟案12起，没收假冒卷烟6774条，案值25万元。其中，大要案1起，移送公安机关查处。

2008—2010年，与检察、公安、纪检、法院机关建立长效协作办案机制，共查处工程招投标、教辅材料等领域商业贿赂案21起，罚没款83万元。

2008年，与厂家联合进行打假活动，保护知识产权。先后与五粮液、茅台、威龙葡萄酒、伊力、新开河人参、董公酒生产企业，联合开展仿名牌及商标专用权保护专项执法检查。查处经销侵犯注册商标专用权商品案3起、查获假冒五粮液白酒16瓶、假冒茅台白酒7瓶、新开河人参1.1千克，罚款2.9万元；查处仿名牌葡萄酒案2起，查获仿名牌葡萄酒109瓶，罚款4.85万元。

同年，与交警、农业、治安等多部门协同作战、日夜巡查，连续在运输途中查获用于腊菇生产的工业石蜡2.09万千克，货值近19万元。

2009年，在新农村工程建设、国有资产拍卖、网络经济、传销、摩托车下乡、电视购物等新领域，查处一批严重影响经济社会稳定的重大违法行为。全年共查处各类经济违法违章案件141件。其中，大要案36件，罚没款101.16万元。

2010年，建立打击传销工作联席会议制度，明确15个单位及各乡镇的工作职责和任务，为深入开展打击传销工作提供了强有力地组织保障。

同年，围绕群众反映强烈、政府高度关注的热点领域，开展执法办案工作。开展“保护千峡湖青山绿水”专项执法行动，第一时间取缔“千峡湖”周边废旧轮胎炼油窝点1个、牛皮清洗窝点2个、户外广告牌2个，保护库区生态环境。同年，与县检察院联合查处“千万农民饮用水工程”系列案件，抽样送检水样10批次。其中，7个批次不合格，罚款30806元。同时，立案查处该领域串通投标案3件、经销不合格产品案5件、移送检察机关涉嫌犯罪案件线索1条，批捕2人。

第七节　消费者权益保护

1989年5月，成立景宁畲族自县消费者协会。2009年6月25日，召开三届一次全体委员会，正式将“消费者协会”更名为“消费者权益保护委员会”，共有委员单位55家。委员会下设秘书处，为日常办事机构，人员编制为4人。

健全消费维权网络，依托乡镇政府、行政村、学校、集贸市场、公用企业，建立健全12315消费维权联络站点，聘请联络员343人；确定3所国民消费教育学校，并开展日常培训工作，为广大消费者提供一个提升消费维权自我保护意识的平台。1995—2010年，共接受消费者咨询1500多人次，受理消费者投诉467起，成功调解461起，调解率为98.7%，为消费者挽回经济损失45万元。

每年组织开展“3·15”国际消费者权益日宣传纪念活动。其中，2000年3月15日，工商部门会同有关部门开展“3·15”现场咨询和打假活动，现场接受咨询近千人次，受理投诉8起、查处违法行为10多起。

第八节　网络监管

2002年，设立信息化办公室（信息办），开展档案资料信息化扫描；开通市场准入系统，进行注册登记；建立机房。

2005年10月，工商系统启用包括网上开业、年检、变更等模块的企业登记网上审批系统，实行“12315”消费者举报投诉、经济违法案件举报、行风廉政监督等网上受理、处理、答复。同时，使用案件管理系统。

2007年，与14个部门搭建政府、企业信用平台，实现信用数据库互通。征集整合各类市场主体信用信息28788条，数据平均准确率在88.62%以上。2009年，对外开通“政府企业信用系统”，实行资源共享。

2008年，建立档案管理系统，完成档案工作达标。开展企业网络建档、网络标识办理工作。与公安局网监办建立联合监管机制，按国务院三定方案，成立网络经济监管和服务办公室，简称网监办。

2010年，开展涉网主体建档，独立域名网站亮照工作，已建档54户。利用智能搜索平台，开展涉网主体网上巡查，打击侵权和假冒伪劣专项整治行动。

第六章 质量技术监督

1985年9月4日，建立县标准计量管理所，归口县科学技术委员会。1989年，改名县标准计量管理局。1996年10月，建立县技术监督局，与县计划委员会合署办公。1997年，内设全额拨款事业单位县产品质量监督检验所（县标准计量管理所）。1999年，更名为景宁畲族自治县质量技术监督局，负责县境质量技术监督综合管理和行政执法。2001年，实行省垂直管理。同年4月，从人事劳动保障局划入特种设备安全监管职能，设锅炉压力容器安全监察科。2003年11月，设立质量技术监督稽查大队。2005年1月，从县卫生（计生）局划入生产加工环节的食品卫生监管职能。划出西药、中药、医疗器械的质量监督管理职能给药监局；划出产（商）品质量纠纷仲裁职能给人民法院和社会中介组织。2006年12月，为加强食品农产品安全工作，设立食品农产品质量安全检测中心，从产品质量监督检验所（县标准计量管理所）中划出。至此，景宁畲族自治县质量技术监督局基本形成集标准、计量、质量和合格评定综合管理，特种设备、食品和涉及人身健康安全类产品“三大安全”监管，质量技术监督稽查，质量检验检测，计量检定的框架。

第一节 标准化建设

组织机构代码

1993年，全县行政机关、企事业单位和社会团体实行赋码工作。2006年，办理组织机构代码206家，累计385家。2008年，办理新办机构代码及申请变更代码389份；代码证迁出2家，迁入2家；代码年检334家，注销351家。组织机构代码已成为机关、企事业单位和社会团体进行社会交往、商务活动所必需的“身份证明”，工商、税务、银行、公安等相关部门已广泛应用。2010年，办理新办机构代码及申请变更代码664份，代码证迁出2家，代码年检334家，注销41家。

农业生产标准化

1995年，制定首个农业标准《金奖惠明茶》。至2010年，建立“迈挺牌”惠明茶、“雪松牌”大漈高山蔬菜茄子、“南川牌”英川高山雪梨等多个农业标准化示范项目。经鹤溪镇试点，开展无标生产治理工作。1997年，“迈挺牌”惠明茶采用国际标准生产。1998年，通过省技术监督局、省乡镇企业局联合验收，全县标准化覆盖率98%，被评为治理无标生产先进县。2000年4月，景宁奇尔茶业有限公司通过质量保证体系ISO 9000认证。2008年，推行《惠明茶》地方标准及系列支持性配套标准，统一全县茶叶品牌及包装样式，创茶业生产加工“景宁模式”。2010年，省地方标准《地理标志产品 惠明茶》通过审定。

2004年，地方标准“无公害厚朴”列入省级计划，为丽水市第2个省级地方标准项目。

2008年，省级农业标准化推广示范项目《无公害竹笋》通过省农产品协调办专家组的验收。

2009年，大漈雪松茭白专业合作社的高山茭白农业标准化示范项目，通过省级验收；浙江博士园生物技术有限公司《北冬虫夏草栽培技术规程》升格为省级地方标准，为全省北冬虫夏草栽培行业唯一通用标准。

工业企业产品标准

1996年开始，实行企业产品标准登记制度，凯特电子有限公司为第一家登记企业。至2000年，景宁企业产品标准登记共140项。其中，农业地方标准8项。全县完成消灭无标生产工作，得到国家民委、农业部、省财政厅重视和关注，专门拨款200万元，用于茶叶发展。2005年、2006年，开展企业标准化规范工作，累计有备案企业标准217个；21家企业导入ISO 9000质量管理体系；2家企业通过ISO 14000体系认证；5家商品条码成员单位办理续展手续，展续率为82%。2007年，企业产品标准备案8个；4家企业导入ISO 9000、1家导入ISO 14000管理体系认证；制定产品标准"机制炭"，结束了机制炭无标生产的历史。2008年，企业产品标准备案5个，制(修)订产品标准2项。南川食品有限公司导入ISO 9000质量管理体系。开展申报惠明茶国家地理标志产品保护工作，完成申报材料。2009年，开展"质量和安全年""企业服务年"活动，畲山凤民族工艺品有限公司制定"畲族银饰"产品标准；旅游开发公司通过ISO 9000和ISO 14000认证，洁净钢管有限公司通过计量检测体系认证；中信实业有限公司和景宁大自然食品有限公司通过浙江名牌复评；6家工业生产许可证取证企业录入浙江省质量网企业质量档案系统。

国家地理标志产品保护

2007年，提出惠明茶地理标志产品保护申报设想，并深入开展调研，收集相关资料。2008年4月，景宁质监局联合农业局、财政局提出《关于对惠明茶实行地理标志产品保护的请示》和具体实施方案。同年6月，县政府作出《关于对惠明茶实行地理标志产品保护的批复》，成立申报管理委员会，安排专项经费；7月，组建《惠明茶地方标准》起草领导小组；12月，县政府制定《惠明茶地理标志产品保护管理办法》，形成景宁惠明茶地理标志产品保护申报材料，向浙江省质量技术监督局提出《关于要求对惠明茶实行地理标志产品保护的请示》《关于要求划定惠明茶实行地理标志产品保护范围的请示》，完善省质监局的补充意见后正式上报国家质检总局。2009年9月，《惠明茶地方标准》列入第二批地方标准制(修)定计划，由惠明茶行业协会承担标准起草工作。同年9月21日，国家质检总局发布地理标志产品保护受理公告(2009年第90号)，正式受理惠明茶实行地理标志产品保护申请。2010年1月22日，惠明茶国家地理标志产品保护专家技术审查会在龙泉召开，并通过审查。同年5月24日，国家质检总局发布2010年第52号公告，正式批准对"惠明茶"实施国家地理标志产品保护，保护范围为景宁畲族自治县管辖行政区域。5月31日，省地方标准《地理标志产品 惠明茶》审定会在杭州召开。同年8月，浙江省质监局正式批准发布省地方标准《地理标志产品 惠明茶》。

第二节 计量检定

1998年，在集贸市场逐步取缔木杆秤，使用数字显示秤，包括非自行显示秤和模拟显示秤。1999

年，建立血压计(表)检定标准装置。授权自来水公司开展水表检定工作。开展水银血压计检定。2000年，购置两台型号为TG65、TG650机械天平。2001年，开展燃油加油机检定工作，建立燃油加油机检定标准装置。为保证加油机计量的准确可靠，共检定燃油加油机872枪，检修97枪。2002年，计量所购置型号25千克砝码0.6万千克，用于台秤、地磅项目的检定。2003年，建立三等大砝码标准装置，开展砝码检定，共检定砝码3220个。2004年，完成血压计(表)检定装置、衡器检定装置计量标准考核。2005年，建立精密压力表标准装置。开展压力表检定工作，共检定压力表561台(件)。2006年，标准计量管理所顺利通过省级计量考核，法定计量检定机构计量标准新建5项。2007年，完成天平检定装置、加油机检定装置计量标准考核。2008年，完成程序文件、质量手册的改版工作。2009年，首次建立强制检定工作计量器具的建档工作，建档强检器具353台(件)。2010年，计量所复查考核通过F2等级砝码检定装置、燃油加油机检定装置、天平检定装置、血压计(表)检定装置、衡器检定装置、压力表检定装置六项计量标准考核。累计共检定血压计1014台(件)，检修213台(件)。

1993—2010年景宁计量器具检定情况一览

表20-6-1

年　份	1993	1994	1995	1996	1997	1998	1999	2000	2001
台(件)数	339	1458	1524	706	210	323	1173	1005	708
年　份	2002	2003	2004	2005	2006	2007	2008	2009	2010
台(件)数	—	346	—	336	211	597	317	536	557

第三节　产品质量安全监管

“放心店”示范工程

2004—2005年，依据《国务院关于进一步加强食品安全工作的决定》，工商部门负责食品流通环节监管，开展“百村万家放心店”工程建设，景宁112家农村食品经营店确定为“放心店”工程示范店。2006年，建立“放心店”长效监管机制，累计创建放心店总数达到125家(包括校园放心店4家，景区放心店2家)，覆盖率100%。建立放心店商品配送中心，开通行政村“放心店”流动车，食品配送率100%。开展星级食品安全示范店评定，共评出一星级示范店8家，二星级示范店3家，三星级示范店3家，四星级3家。2008年9月12日紧急出动，查处“三鹿牌”婴幼儿奶粉，检查经营户1976户次，查获“三鹿牌”婴幼儿奶粉100包，含三聚氰胺液态奶108箱。监督经营者下架液态奶1076千克、奶粉55千克。

质量安全检测中心

2006年12月，经景编〔2006〕17号文件同意，设立县食品农产品质量安全检测中心。2007年，投入65万元购置气相色谱等相关检测设备。2009年10月，食品农产品质量安全检测中心大楼建成。迁入新址，开展通过省级计量认证准备工作。2010年5月17日，成功取得计量认证/审查认可资质认定证书，包括蔬菜、茶叶、食用菌、酒类等12类产品，涉及农药残留、重金属、添加剂、微生物等115个检测项目，通过资质认定。检测认证种类基本覆盖县内生产的食品和种植类农产品。

产品(食品)质量监管

2005年1月，从县卫生(计生)局划入生产加工环节的食品卫生监管职能。健全和完善食品安全监管体系，实行年审、巡查、回访、监督抽查等监管制度。按照食品质量安全"两追溯"全过程监管工作制度，对获证企业进行监管。组织开展了打击违法添加非食用物质和滥用食品添加剂专项整治、"百日行动"、食品大排查大整治等专项执法检查，用重典、出重拳，形成"重典重处"的威慑力，未出现区域性的食品安全事故。2010年，生产环节食品监督定检合格率为100%。

2007年，开展产品质量和食品安全专项整治工作，完成专项整治8大任务、20个工作目标、12个100%。健全质量保证体系，加强企业规范化管理。

2008年，开展以农村为重点的"十小"行业质量安全整治和规范工作。按照"全面完成、长效巩固、转型发展"的总体要求，工商、公安等9个部门联合进行"十小"行业整治和规范工作。将小食杂店分为基本主体、基本达标主体和优质主体三个层次，实施梯队监管，并对78家小食杂店列为食品安全基本监管主体，推进责任书签订、业主教育普及、小食杂店台账建立及店内制度上墙等工作。

特种设备安全监察

特种设备，包括对人身和财产安全有较大危险性的锅炉、压力容器(含气瓶)、压力管道、电梯、起重机械、客运索道、大型游乐设施、场(厂)内专用机动车辆。景宁有在用特种设备593台件，气瓶8万只，分布在全县16个乡镇。特种设备安全运行的管理，坚持"政府统一领导、乡镇日常监管、行业安全管理、质监安全监察、企业全面负责、社会监督支持"的大监管工作格局，做到"三落实、两有证、一检验、一预案"，全面落实安全主体责任和属地安全监管。

2009年，压力管道元件生产和阀门铸造成为景宁工业主导产业。有近40家压力管道元件生产和阀门铸造企业受《压力管道元件制造许可规则》限制，面临停止生产压力管道元件危机。为破解企业取证难的问题，通过与国家局和省局的多次汇报沟通，争取政策，降低取证条件等措施，便于企业申请取证。15家压力管道元件制造企业和阀门铸造企业取得生产许可资格。

第四节　打假治劣

1994年，丽水地区首次对景宁螺纹钢进行抽检，4批次螺纹钢全部为劣质品，对不合格产品进行没收，责令厂家整改。经过多年"帮、管、促"质量治理和整顿，2001年抽检9批次螺纹钢全部合格。同年9月20日，在县城石印山商场门口，举办伪劣商品展览，现场受理投诉。销毁假名酒、烟、电器、龙荔(假龙眼荔枝)、变质食品等20多种，货值5万元。

1997年5月，开展打假治劣蓝剑活动，"五一"连续检查鹤溪镇商场伪劣商品。查获甜蜜素代替白糖劣质饮料10000瓶，没收并销毁。

2000年1月，市县联合检查景宁7家企业，发现国家明令禁止生产的地条钢7万多千克，依法作处罚。同年3月，在打假保健康的蓝剑行动中，执法人员出动58人次，查获不合格食品985件(瓶)和劣质品16039件(瓶),分3批销毁,价值3万元。同年4月上旬,执法人员出动21人次,检查农药、化肥、种子、饲料等标识不规范、产品无标准、无厂名、无地址、无生产许可证、无生产日期、农药营销“三证”不全的现象。检查中发现部分商品标识不全的问题,责令经销商下架商品,立案整改。

2003年10月,质检、工商部门联合对全县旅游景点、商店、宾馆饭店进行大检查,查出假冒“中华”小牙膏1450支,无生产日期洗发露、沐浴露50千克,过期洗发露、沐浴露3900袋及部分过期变质食品,没收并销毁。

2005年3月,开展“苏丹红(一号)”专项检查,以使用辣椒油、辣椒粉的酱腌菜生产加工企业为重点检查对象,共检查食品企业27家,未发现苏丹红(一号)物品使用。

2007年,开展“打假保节日”行动,对4家经销无QS证、不合格产品的经销单位进行立案查处,责令2家销售无3C认证标志玩具的商店立即下柜和销毁处理。

2008年,开展重点产品、涉奥食品、“三鹿”牌婴幼儿奶粉安全事故专项整治工作,涉奥食品安全,未出现有违法生产加工使用不合格(含三聚氰胺)奶制品。

2010年,协助公安机关查获一起利用电子遥控技术控制剂量器具从中谋利的外来流窜案,挽回经济损失10多万元。

1995—2010年景宁行政执法情况一览

表20-6-2

年　份	1995	1996	1997	1998	1999	2000	2001	2002
处理案件数(件)	—	7	96	105	126	127	106	83
结案数(件)	—	7	96	105	126	127	106	83
罚没款数(万元)	0.12	—	8.50	5.50	7.20	10.00	12.00	11.70
年　份	2003	2004	2005	2006	2007	2008	2009	2010
处理案件数(件)	29	24	5	20	12	21	15	11
结案数(件)	29	24	5	20	12	21	15	11
罚没款数(万元)	17.5	16.00	3.85	10.00	10.47	10.62	5.60	6.00

第七章　安全生产监督

景宁安全生产综合监管和县安全生产委员会(以下简称安委会)办公室日常工作,由县安全生产监督管理局负责承担。直接监管的矿山6家,危化生产和使用企业18家,烟花爆竹批发部1家,烟花爆竹经营点62家。实行综合监管的乡镇(管理区)有22个,部门单位29个,工业企业752个。其中,有500万元产值以上规模企业66家。

2006—2010年,景宁安全生产工作连续5年实现3个“零增长”。丽水市政府安全生产目标管理考核组对景宁的安全生产工作评价较好,多次评为丽水市安全生产责任目标管理考核优秀单位。

第一节 制度建设

2002年始，县政府每年与各个乡镇、安全生产重点部门签订安全生产目标管理责任书，实行风险抵押金制度，逐级落实，做到横向到边，纵向到底，不留死角。将安全生产纳入年度工作考核。从2006年始，县政府对各乡镇，各有关部门实行单项考核和“一票否决”制。对年度考核为先进档次的乡镇和部门予以适当奖励，考核结果不合格或发生安全事故的单位，给予通报批评。同年，出台《景宁县重特大事故应急处理预案》，并在各部门、各单位推行。相关行业结合自身实际，制定重特大事故应急处理预案。

2003年，调整安委会组成人员。安委会下设6个专业安全生产专项工作领导小组，形成安委会工作例会制度。按照国务院有关规定，每季召开安委会成员单位工作例会，通报安全生产情况，分析安全生产形势，针对安全生产工作出现的新问题、新情况，研究对策，及时予以解决。

2005年，县政府出台《关于进一步加强安全生产工作实施意见》《关于安全生产工作若干制度》等一系列文件。2007年，县政府出台《进一步落实生产经营单位安全生产主体责任的若干规定》《安全生产一票否决制度试行办法》《安全生产督查督办工作办法》《安全生产警示制度实施办法》 等监管办法。2009年，县政府出台《生产安全事故报告和调查处理实施办法》《政府及政府有关部门落实安全生产监督管理责任的通知》。2010年9月，县委、县政府出台《关于进一步加强安全生产工作的意见》，更加明确乡镇、部门、企业及从业人员的安全责任，从无章可循到有章可循，从不规范到逐步规范。

第二节 安全宣传

2002—2010年，每年通过广播、电视、报刊、标语、宣传画、黑板报和组织知识竞赛等对安全生产进行宣传。利用“安全生产月”活动，做到早部署、早落实，有声有色。每年6月9日，县安委会组织经贸、消防、公安等12个部门，上街开展现场咨询活动。利用宣传图片，播放录像，分发宣传资料等形式，广泛传播安全生产知识。印发《安全生产法》学习手册，为乡镇、部门、企业等提供学习教材。组织中小学生开展安全生产书画展、演讲比赛及大型广场文艺晚会，在全社会形成关爱生命、关注安全的良好氛围。通过电视台、畲乡报等新闻媒体，对全县安全生产进行跟踪报道。对注册安全主任、安全员、特种作业人员等对象，进行安全生产法律法规和规范操作规程培训工作。

第三节 安全监管

隐患排查

县安全生产委员会每年组织4次以上全县范围安全生产大检查和30多次专项检查及日常检查。对危险化学品、矿山安全、道路交通、人员密集场所、烟花爆竹、小水电、锅炉等，开展安全专项整治。针对存在的安全隐患，限期整改，督促及时落实消除和防范措施。

2008年，开展“基层基础建设年”活动，深入隐患排查治理，强化安全生产百日督查。2009年，开展“安全生产年”系列活动，打击非法建设、非法生产、非法经营。执法、治理、宣传教育并重，自查、抽查、检查相结合，安全隐患得到及时解除，防止和避免事故发生。

综合监察

1993—2005年，每年春节、畲乡“三月三”活动、国庆等重大节假日期间，县安委办组织有关部门开展安全生产专项监察活动。由安监局会同交警、交通、公路、农机等部门开展道路交通安全专项整治，确保交通安全；会同公安消防部门，对城区宾馆、娱乐场所和其他公众聚集场所进行地毯式清查，排查整改各类火灾隐患；会同质监部门对全县特种设备进行检查；配合气象部门对全县各加油站进行防雷检验检测。2006年，联合交通部门对景青复建公路、康庄工程施工现场进行安全监察，并对事故隐患下发整改指令书，及时消除事故隐患；联合水利、公安对水利建设工程及危险品储存仓库进行安全监察，对施工项目部违反安全生产法律法规的行为进行处罚；联合家地乡政府对家地乡三条漈、温头口电站输电线路家地村铁塔工地进行安全督察，把事故隐患消除在萌芽状态。2007年，联合县环保局成功处置景宁东升纽扣材料加工厂“11•4”重油泄漏事故。2008年，与国土、水利部门联系，妥善解决三枝树钼矿尾矿库严重威胁周围群众安全问题。

事故处理

1993—2005年，按发生安全事故坚持事故原因未查清不放过、事故责任人未受到处理不放过、群众未受到教育不放过、事故整改措施未落实不放过的“四不放过”原则，做好事故查处工作。每年对全县发生的企业职工死亡事故结案率为100%。2006年，联合公安、纪检、工会等职能部门，对全年8起安全责任事故立案查处，行政罚款19.7万元，责令8家单位停产停业整顿，1名责任人移送公安机关处理，8起安全生产事故全部结案，做到执法必严、违法必究。2009年，安监局机械制造行业、非煤矿山、危险化学品、烟花爆竹等行业领域开展专项执法检查，共查处案件9起，受理举报案件4起，行政处罚9次，下达整改指令书20份，整改复查意见书20份，强制措施决定书3份，经济处罚37.08万元。

2002—2010年景宁安全生产情况一览

表20-7-1

项目 年份	事故起数（人）	死亡人数（人）	受伤人数（人）	直接经济损失（万元）	项目 年份	事故起数（人）	死亡人数（人）	受伤人数（人）	直接经济损失（万元）
2002	129	29	106	106	2007	53	13	56	106
2003	173	13	81	122	2008	37	11	32	78
2004	166	23	135	119	2009	21	7	24	20
2005	98	13	117	83	2010	21	6	19	33
2006	89	15	124	174	—	—	—	—	—

附文：

2002年"1·4"重大事故处置

2002年1月4日16时50分，位于景宁畲族自治县东坑镇北溪村(距景宁县城30千米)的52省道云寿线景宁段改建工程(二期)，第四标段K52+980处单孔长20米，宽8.5米，高12.4米石拱桥，在拱圈砌筑施工时，拱架突然发生整体坍塌，造成现场施工人员8人死亡，15人受伤(其中3人重伤)的重大事故。事故发生后，省经贸委、省交通厅、省公安厅、省总工会、丽水市政府及有关部门领导和技术人员赶赴现场，并成立事故调查小组，对事故原因和事故性质进行调查取证。经现场勘查和分析，是一起由于施工管理混乱造成的重大责任事故。直接原因是该桥拱架超过其承受能力而失稳，间接原因主要是义乌市交通工程有限公司将K51+000—K55+000段路基桥涵工程非法转包给无资质的个体户。个体户又将K52+980石拱桥的拱架搭设、桥台和拱圈砌筑等分项工程分包，导致实际投入的施工技术力量和施工设备达不到招标文件强制条件的要求，且包而失管，为事故主要责任单位。根据《浙江省劳动保护条例》和《浙江省违反劳动保护法规经济处罚办法》第二条第十款的有关规定，给予义乌市交通工程有限公司罚款5万元。并追究相关责任人的法律责任和行政责任。

第二十一篇　中国共产党地方组织

民国29年(1940)1月,在处属特委领导下,成立中国共产党景宁县工作委员会,以国民党景宁县政府政工队为立足点并开展工作。同年8月,因政工队被国民党顽固派"三明主义青年服务队"所取代。10月,政工队解散,中共景宁县工作委员会随之撤销。1949年4月18日,中共景宁县委员会建立,县委书记由青景丽中心县委执委刘斌发兼任,所属党支部111个,党员2917人。5月12日,景宁县城解放。

1956年5月至1958年7月,分别召开中共景宁县委第一次、第二次党代表大会,选举产生中共景宁县委第一届、第二届委员会和监察委员会。1984年6月建立景宁畲族自治县至2010年,中国共产党景宁畲族自治县(以下简称中共景宁县委)先后召开7次代表大会,分别选举产生各届中国共产党景宁畲族自治县委员会和纪律检查委员会。至2010年末,中共景宁县委下属有基层党委45个,党组44个,党总支部2个,党支部579个,党员10708人。

1993—2010年,中共景宁县委历经第四、第五、第六、第七届任期,历届县委以抓党的建设为第一要务,齐心协力抓党的思想建设、作风建设和组织建设,并结合景宁发展实际,作出设立经济开发区、下山移民、主导产业培育、小水电开发、学校迁建、畲族文化中心建设、滩坑库区移民、外舍防护工程建设、城乡交通网建设、AAAA景区建设等重大决策,推进景宁经济社会发展。

第一章 中共党员

1993年，景宁有中国共产党党员7343人。1993—2010年，新增党员3365人。2010年末，正式党员10708人，预备党员252人。

第一节 队伍发展

1993—2010年，新增党员3365人。至2010年末，有正式党员10708人。其中，女性党员1846人，占17.24%；畲族党员1026人，占9.58%。党员中大专以上文化程度2599人，占24.27%；高中及中专文化程度2068人，占19.3%；初中以下文化程度6041人，占56.4%；年龄在35岁以下党员1957人，占18.3%。

1993—2010年景宁党员基本情况一览

表21-1-1 单位：人

年份	总数	其中			年龄					文化程度			
		预备党员	畲族	女性	35岁以下	36—45岁	46—55岁	55—59岁	60岁及以上	大专以上	中专	高中	初中及以下
1993	7343	437	786	840	1531	1811	996	927	1819	326	635	815	5567
1994	7636	449	819	879	6809	1939	1014	902	1911	386	687	923	5646
1995	7938	602	812	955	2009	2054	1088	835	2002	412	720	958	5598
1996	8402	550	889	1056	2168	2227	1171	690	2146	482	783	1026	6111
1997	8747	523	928	1118	2367	2310	1264	615	2129	584	856	1058	6249
1998	9008	433	949	1202	2349	2411	1412	482	2354	866	895	1079	6171
1999	9267	383	936	1261	2290	2590	1556	415	2416	954	926	1403	5984
2000	9561	370	949	1335	2286	2644	1765	412	2454	989	1039	1222	6311
2001	10465	465	955	1646	1461	2811	2359	921	2913	1459	1104	1300	6602
2002	10365	457	953	1586	1886	2768	2248	746	2717	1329	1139	1318	6579
2003	10264	448	951	1526	2310	2724	2137	570	2523	1197	1174	1336	6557
2004	10446	401	954	1562	2282	2777	2205	675	2507	1450	1099	1297	6600
2005	10374	313	938	1559	2202	2794	2199	725	2454	1660	977	1251	6486
2006	10210	227	892	1557	2069	2744	2221	771	2405	1760	973	1233	6244
2007	10269	310	990	1590	1971	2866	2176	857	2399	2107	839	1179	6144
2008	10287	325	993	1631	1876	2782	2249	907	2473	2191	819	1184	6093
2009	10524	327	1017	1756	1916	2657	2370	1002	2579	2519	766	1281	6048
2010	10708	252	1026	1846	1957	2594	2452	1092	2613	2599	761	1307	6041

第二节　结构状况

2010 年末，全县正式党员 10708 人。其中，1949 年 9 月底前入党的 74 人，占 0.7%；1949 年 10 月至 1976 年 10 月入党的 1652 人，占 15.4%；1976 年 11 月至 2000 年 12 月入党 6611 人，占 61.7%。党员中，国家干部 1260 人，占 11.7%；工人 652 人，占 6.08%；技术人员 1122 人，占 10.48%；农村党员 6164 人，占 57.56%。

1993—2010 年景宁党员结构情况一览

表 21-1-2　　单位：人

年份	入党时间					党员职业分布										
	1937 年 7 月至 1945 年 9 月	1945 年 10 月至 1949 年 9 月	1949 年 10 月至 1966 年 4 月	1966 年 5 月至 1976 年 10 月	1976 年 11 月至 2000 年 12 月	在岗职工						农林牧渔业	乡村医生	个体劳动者	退休人员	其他
						工人职工	营业服务员	专业技术员	国家行政干部	集体干部	乡镇企业干部					
1993	134	193	2184	746	4086	381	107	388	1292	231	64	4468	13	8	355	36
1994	120	178	2078	750	4510	343	385	385	1145	350	70	4572	12	20	361	52
1995	116	169	2038	732	4933	300	151	432	1425	345	62	4797	15	35	250	75
1996	105	158	1988	752	5399	302	113	889	1138	93	64	5059	13	33	381	90
1997	98	148	1913	750	6192	305	103	666	1298	137	54	5255	148	34	538	97
1998	89	141	1851	735	6192	270	386	666	1302	137	54	5236	148	34	538	97
1999	85	132	1808	697	6545	336	92	307	1159	137	54	5530	7	57	515	109
2000	75	124	1765	693	6904	439	91	459	1172	—	54	5648	—	32	507	1285
2001	34	99	1516	652	6904	561	89	567	1184	—	55	4608	—	—	586	2110
2002	34	99	1516	651	6897	584	93	879	1189	—	59	4516	—	—	574	2196
2003	34	99	1516	651	6864	609	90	896	1196	—	65	4424	—	—	562	2282
2004	34	99	1516	651	6839	653	88	945	1197	—	68	5802	—	12	581	1076
2005	29	86	1245	630	6803	685	85	997	1201	—	71	5894	—	33	866	283
2006	27	76	1310	602	6952	730	78	1085	1224	—	75	5887	—	—	807	352
2007	22	74	1271	587	6871	722	78	1093	1228	—	78	5924	—	23	814	341
2008	21	74	1230	568	6722	720	64	1121	1223	—	75	5979	—	28	803	317
2009	16	63	1181	565	6668	694	84	1102	1249	—	74	6090	—	—	832	370
2010	13	61	1097	555	6611	652	81	1122	1260	—	81	6164	—	—	880	431

第二章 党代表大会

1993—2010年，中共景宁县委在县城共举行4次代表大会，每次大会期间，与会代表听取、审议县委书记代表上届县委作的工作报告和县纪委工作报告，选举产生新一届县委员会和纪律委员会，并作出决议。各乡镇先后召开5次中共党的代表大会，选举产生各届乡镇党委。

第一节 代表选举

县党代会代表

中共景宁县委代表选举工作由党代会筹备工作领导小组负责，代表名额、选举办法等，经上级党委批准后实施。党代表候选人，根据代表选举单位多数选举人的意见产生，向组织部门汇报并经同意后，再召开党员大会或党员代表大会，采用差额选举办法选举代表。1993—2010年，中共景宁县委召开第四至第七次党的代表大会。第四届代表人数199人、第五届代表人数206人、第六届代表人数210人、第七届代表人数209人。

出席全国、省、市党代会代表

出席中国共产党第十五、十六、十七次全国代表大会代表，分别由中国共产党浙江省代表大会选举产生。出席中国共产党浙江省第九、十、十一、十二次代表大会代表，由丽水地区党工委党的代表大会和丽水市党代表大会选举产生。出席中国共产党丽水市第一、二次代表大会代表，由中国共产党景宁畲族自治县代表大会选举产生。

1993—2010年景宁出席中国共产党全国代表大会代表一览

表21-2-1

次别	姓名	性别	民族	工作单位及职务
第十五次	雷汤菊	女	畲族	鹤溪镇包凤村党支部书记
第十六次	蓝水梅	女	畲族	鹤溪镇扫口村党支部书记
第十七次	蓝晓娟	女	畲族	沙湾镇张庄村党支部书记

1993—2010年景宁出席中国共产党浙江省代表大会代表一览

表21-2-2

次别	姓 名	次别	姓 名
第九次	陈铁雄 钟琳花 潘介才	第十一次	林 一 蓝水梅
第十次	金建新 蓝春土 赵晓慧	第十二次	武 昌 蓝晓娟

2000—2010 年景宁出席中国共产党丽水市代表大会代表一览

表 21-2-3

次别	姓　名
第一次	王宗绍　叶岳清　吕子春　任韩高　华乃强　刘玉梅　刘汉光　孙乐明　孙伟平　李炀德　吴永水　张燕坤　陈　瑶　陈初南　林晓洪　罗德伟　金建新　周　斐　柳慧英　赵晓慧　钟林芳　夏培玲　麻飞鹤　蓝水梅　蓝石花　蓝春土　雷利德　潘晓泉
第二次	刘毓梅　吴郁郁　吴剑锋　沈永明　张晓强　陈丽海　陈初南　陈瑞田　武　昌　罗德伟　周光洪　郑力平　郑耀汉　赵晓慧　柳敏敏　徐卫峰　翁伟荣　蓝延中　蓝明法　蓝钱根　蓝资霞　雷文先　雷李木

第二节　县党代表大会

1993—2010 年，中共景宁县委举行过 4 次党的代表大会，每次大会听取、审议县委书记代表上届县委作的工作报告，听取、审议县纪委工作报告，并作出决议。每次大会选举产生新一届县委员会和县纪律检查委员会。

第四次代表大会

1993 年 3 月 31 日—4 月 3 日，在鹤溪镇召开，出席代表 199 人。其中，领导干部 127 人，占 63.8%；各类专业技术人员 31 人，占 15.6%；各条战线先进模范人物 58 人，占 29%；妇女 25 人，占 12.6%；少数民族 23 人，占 11.6%。陈铁雄作《认真贯彻落实党的十四大精神　加快我县经济建设和社会发展步伐》工作报告。四届一次全会选举产生县委委员 27 人。选举县委常委 9 人。其中，书记 1 人、副书记 3 人。

第五次代表大会

1998 年 3 月 24—27 日，在鹤溪镇召开，出席代表 206 人。其中，领导干部 132 人，占 64.08%；各类专业技术人员 49 人，占 23.79%；各条战线的先进模范人物 66 人，占 32.04%；妇女 22 人，占 10.68%；少数民族 24 人，占 11.56%。金建新作《高举邓小平理论伟大旗帜 为实现致富奔小康目标而努力奋斗》工作报告。五届一次全会选举产生县委委员 25 人。选举县委常委 10 人。其中，书记 1 人，副书记 2 人。

第六次代表大会

2003 年 3 月 10—14 日，在鹤溪镇召开，出席代表 210 人。其中，领导干部 126 人，占 60%；各类专业技术人员 22 人，占 10.5%；各条战线先进模范人物 60 人，占 28.57%；妇女 29 人，占 13.8%；少数民族 29 人，占 13.8%。林一作《认真贯彻“三个代表”重要思想　深入实施“创建”战略　全面推进小康建设》工作报告。六届一次全会选举产生县委委员 25 人。选举县委常委 11 人。其中，书记 1 人，副书记 3 人。

第七次代表大会

2006年12月15—19日，在鹤溪镇召开，出席代表209人。其中，领导干部126人，占60.29%；各类专业技术人员23人，占11%；各条战线先进模范人物59人，占28.23%；妇女37人，占17.7%；少数民族37人，占17.7%。武昌作《坚持科学发展 紧跟时代步伐 全面实施"一三四八"发展战略为建设繁荣和谐的新畲乡而努力奋斗》工作报告。七届一次全会选举产生县委委员31人。选举县委常委11人。其中，书记1人，副书记3人。

第三节 乡镇党代表大会

1993—2010年，各乡镇先后召开5次中共党的代表大会，换届选举产生新一届乡镇党委。

1993—2006年景宁乡镇党的代表大会情况一览

表21-2-4

乡 镇	届 别	选举时间	代表人数(人)
鹤溪镇	第四届	1993.3.10—11	80
	第五届	1996.2.1—2	83
	第六届	1999.1.12	96
	第七届	2002.1.14	63
	第八届	2006.6	89
外舍乡	第四届	1993.3.2—4	53
	第五届	1996.2.3	51
	第六届	1999.1.12	62
	第七届	2002.1.9	47
	第八届	2006.6	47
大均乡	第四届	1993.3.2—3	45
	第五届	1996.1.29—30	47
	第六届	1999.1.18—19	50
	第七届	2002.1.7	44
	第八届	2006.6	45
澄照乡	第四届	1993.3.11—12	50

续表 21-2-4

乡　镇	届　别	选举时间	代表人数(人)
澄照乡	第五届	1996.1.28	59
	第六届	1998.11.25	59
	第七届	2002.1.7	47
	第八届	2006.6	47
梅岐乡	第四届	1993.3.13.—14	43
	第五届	1996.1.28	45
	第六届	1999.1.4	45
	第七届	2002.1.5	43
	第八届	2006.6	43
渤海镇	第四届	1993.3.13—14	68
	第五届	1996.2.1	63
	第六届	1999.1.14	70
	第七届	2002.1.5—7	55
	第八届	2006.6	55
金钟乡	第四届	1993.3.16—17	53
	第五届	1996.2.5	51
	第六届	1999.1—14	55
	第七届	2002.1—10	44
	第八届	2006.6	45
郑坑乡	第四届	1993.3.2—3	76
	第五届	1996.2.1	41
	第六届	1999.11.3	41
	第七届	2002.16	43
	第八届	2006.6	42
大顺乡	第四届	1993.3.9—10	55
	第五届	1996.2.1—2	57
	第六届	1999.1.16	59
	第七届	2002.1.6	45
	第八届	2006.6	45
陈村乡	第四届	1993.3.5—6	49
	第五届	1996.2.2—3	45
	第六届	1999.1.10—11	48
	第七届	2002.1.15	39
	第八届	2006.6	44
东坑镇	第四届	1993.4.5—7	73
	第五届	1996.2.6—7	77

续表 21-2-4

乡 镇	届 别	选举时间	代表人数(人)
东坑镇	第六届	1999.1.7—8	82
	第七届	2001.12	56
	第八届	2006.8	55
大漈乡	第四届	1993.3.6—7	43
	第五届	1996.1.29—30	45
	第六届	1999.1.14—15	46
	第七届	2002.1.8	44
	第八届	2006.6	44
景南乡	第四届	1993.3.2—3	48
	第五届	1996.2.1	49
	第六届	1999.1.7	49
	第七届	2002.1.8	45
	第八届	2006.6	45
雁溪乡	第四届	1993.1.11—12	45
	第五届	1996.1.9	47
	第六届	1999.1.28—29	47
	第七届	2002.1.10	42
	第八届	2006.6	44
沙湾镇	第四届	1993.3.8—9	81
	第五届	1996.1.28—29	79
	第六届	1999.1.12—13	90
	第七届	2002.1.6	64
	第八届	2006.6	64
标溪乡	第四届	1993.1.14—15	41
	第五届	1996.1.26	49
	第六届	1999.1.7	50
	第七届	2002.1.4	43
	第八届	2006.6	45
梧桐乡	第四届	1993.3.14—15	47
	第五届	1996.2.5	46
	第六届	1999.1.19	52
	第七届	2002.1.8	44
	第八届	2006.6	45
大地乡	第四届	1993.3.23—24	51
	第五届	1996.2.3	51
	第六届	1999.1.6	53

续表 21-2-4

乡　镇	届　别	选举时间	代表人数(人)
大地乡	第七届	2002.1.8	45
	第八届	2006.6	44
毛垟乡	第四届	1993.4.11—12	43
	第五届	1996.1.30	45
	第六届	1999.1.18	49
	第七届	2002.1.7	43
	第八届	2006.6	43
秋炉乡	第四届	1993.3.7—8	44
	第五届	1996.1.5	45
	第六届	1999.1.17	46
	第七届	2002.1.10	43
	第八届	2006.6	43
家地乡	第四届	1993.3.10—11	41
	第五届	1996.3.5	41
	第六届	1999.1.8	43
	第七届	2002.1.8	43
	第八届	2006.6	43
英川镇	第四届	1993.3.28—29	55
	第五届	1995.11.9—10	85
	第六届	1999.1.17—18	96
	第七届	2002.1.1	62
	第八届	2006.6	61
鸬鹚乡	第四届	1993.3.4—5	49
	第五届	1996.1.24	50
	第六届	1999.1.4	52
	第七届	2002.1.10	45
	第八届	2006.6	45
葛山乡	第四届	1993.3.9—10	48
	第五届	1996.1.28	47
	第六届	1999.1.18	42
	第七届	2002.1.16	43
	第八届	2006.6	44

第三章 中共景宁畲族自治县委员会

中共景宁县委、县纪委、县委工作部门、乡镇党委是景宁地方党的组织，根据党章及党内有关法规设置，履行职责，发挥核心作用。1993—2010年，中共景宁县委始终坚持“围绕中心抓党建，抓好党建促发展”的原则，以基层党建为重点，创新体制机制，不断推动基层党员干部在科学发展、管理创新中发挥战斗堡垒和先锋模范作用，以踏石留印、抓铁留痕的干劲，为全县经济社会发展提供强劲组织保证。

第一节 思想建设

创新载体

1993—2010年，中共景宁县委先后开展“三讲”“两思”“三个代表”重要思想学教活动、效能建设、党的先进性教育、作风建设年、解放思想大讨论、学习实践科学发展观、创先争优、双服务双支持等主题实践活动。2009年，搭建“一个窗口受理、一个网络服务、一个平台管理”的村务平台，入选“浙江省十佳民生工程”；总结提升乡会村开机制，成功入选第二届全国基层党建创新优秀案例；创新推行“主题夜”“服务日”等制度。通过一系列载体创新，加强党员干部队伍的思想教育，搭建干群联系沟通平台，营造良好的干事创业氛围。

夯实基础

采取单独组建、区域联建、行业统建等方式，实现党组织由传统领域向新兴领域、社会实体及网络延伸，拓宽党组织覆盖面。至2010年，先后在非公企业、农民专业合作社、各类社会组织中建立基层党组织31个，驻外党支部12个。以提高党员发展质量、创新教育培训、改进管理模式、健全激励帮扶机制、全面提升党员队伍综合素质。

深化考量

建立完善科学的领导干部政绩考评体系，改进政绩评价和考核方法，推行考察预告、任前公示、公推公选、竞争上岗、差额考察、任免票决等制度。重视后备干部队伍建设，加强后备干部培养管理。建立健全领导干部民主生活会、任期审计、个人重大事项报告、约谈、谈话诫勉等制度。全面实行公务员“凡进必考”制度，建立健全干部人事工作的框架、程序和制度体系。完善干部提任、交流、考核、管理、辞职等制度，推进干部人事制度改革制度化、规范化、科学化、民主化。

人才支撑

1993年，全县大学专科以上学历858人。2001年，健全人才工作体制机制，县委先后出台加强高层次人才队伍建设、人才引进、人才管理、专业技术拔尖人才和科技新秀管理等文件。加大柔性引智力度，设立“助力畲乡·人才工作室”，柔性引进省以上相关领域知名高层次专家107人（含16个团队成员），推进21项合作项目。促成浙一医院与县人民医院合作，建立“院士专家工作站”。激发本土人才活力，开展拔尖人才和科技新秀评选，选送景商（畲商）赴北大、复旦大学等地开展创新创业能力提升培训，县高层次人才享受政府岗位津贴185人，入住人才公寓14人，培育“畲乡名师”“畲乡农师”“畲乡名医、名护士”“畲乡演艺”等品牌人才。2010年末，全县具有高级专业技术任职资格人员221人，中级专业技术任职资格人员1351人。其中，享受国务院津贴1人，入选省“151”人才4人、市“138”人才13人、绿谷新秀3人。

第二节　组织建设

干部培养

1993—2010年，中共景宁县委加强干部队伍建设，重视培养畲族干部、年轻干部、妇女干部和党外干部。1996年，加强后备干部培养和使用，提拔35岁以下年轻领导干部33人。其中，机关下派乡镇任职9人。乡镇领导干部调整到县机关部门任职90人。在县直机关机构改革中，提拔年轻领导干部27人。1997年，上报推荐地管后备干部30人。

1998年，执行《党政领导干部选拔任用工作暂行条例》，按民主推荐、组织考察、广泛听取意见、反复酝酿人事调整方案等程序，调整乡科级领导干部227人。其中，提拔23人，“双推双考”3人，交流189人，免职8人，降职4人。1993—1999年，选拔副县级干部18人，任用副科级以上干部279人，培养村级后备干部596人。

2000—2010年，坚持以党校为阵地，举办干部培训班26期，受培训1521人（次）。举办农村支部书记培训班1期，参训200人。举办公务员知识更新培训、现代领导教育工程培训、初任培训等各类培训班20个，参加培训2100人（次）。选送干部到省、地党校培训31人。

班子建设

1993—2010年，中共景宁县委加強基层党建和企业党建，重视乡镇村及企业班子建设，强化党员队伍建设。

1995年，围绕“创五好”奔小康主题，突出“好班子、好路子”两个环节，加强农村基层党组织建设，重点抓后进支部整顿工作，整顿转化后进支部43个。

1997年，根据《中央关于加强和改进企业党的建设的通知》，在全县国有企业开展党组织创“四好”活动：着重建设一个好班子、培养一支好队伍、形成一个好机制、形成一个好制度。

2000—2005年，培养入党积极分子2610人，发展新党员1210人。2006—2010年，开展“党员先进性”“创先争优”主题教育活动。落实“双促进、两不误”，编写《党的先进性教育之歌》。全县610个基层党组织、党员10000多人参加活动。319个“较好”基层党组织有208个实现晋位，晋位比例达到65.2%；175个“一般”基层组织有128个实现晋位，晋位比例73.1%。上级党组织与群众满意率测评中，分别为91.6%和87.5%。全县29个较差党组织实现整转。

编纂组织史

1990年后，成立领导小组，抽调专业人员，开展景宁组织史编纂工作。1992—2009年，分别出版中共景宁县组织史第一至第四卷，共编写文字1590千字。

1992—2009年景宁出版组织史一览

表21-3-1

书名	编辑人员	出版社	出版年月	字数(千字)
中共景宁县组织史第一卷（1936.3—1987.12）	石一芝、诸葛智裕、刘仁灵、刘镇东、刘声凤	新华出版社	1992.12	370
中共景宁县组织史第二卷（1988.1—1993.12）	石一芝、刘镇东、刘声凤	人民日报出版社	1995.6	370
中共景宁县组织史第三卷（1994.1—2000.6）	石一芝、刘镇东	浙江省新闻出版局	2004.4	400
中共景宁县组织史第四卷（2000.7—2005.12）	林　平、柳佩英	浙江省新闻出版局	2009.12	450

第三节　宣传工作

舆论导向

1993—1996年，中共景宁畲族自治县委宣传部(以下简称县委宣传部)宣传贯彻中共十四大精神，组织学习邓小平理论。贯彻执行中宣部提出的宣传工作48字要求与邓小平同志“两手抓、两手都要硬”的战略思想，以深化特色理论学习、创建文明县城、文明集镇为载体，培养“四有”新人，实施“九五”计划、2010年远景规划、“八七”扶贫计划。

1997—2002年，落实中共十五大精神，坚持“以科学的理论武装人，以正确的舆论引导人，以高尚的精神塑造人，以优秀的作品鼓舞人”方针。1996年，在县城、乡镇周边、河道、公路沿线视线内整治滥建坟墓行动，防止青山白化。1998年，电视台赴京拍摄《景宁人在北京》专题片。1999年，协助中央电视台拍摄扶贫宣传片，协助广州电视台拍摄电视专题片《畲族》。由相关部门组成代表团，赴京开展文化经济交流合作活动。举办“畲乡风情节”，创作、编排和演出大型歌舞剧《畲山风》。2000年，制定《全县党员教育意见》，各乡镇、部门、单位，根据自身实际制定相应计划。农村开展以十五大精神、十五届三中全会《决议》为重点的党的重大路线、方针、政策教育，乡镇干部进村入户宣讲《农村党员读本》。2001年，开展“三个代表”重要思想宣传教育活动。《畲乡报》、电台、电视台开办《理论学习》专栏，推动全县理论学习与交流。2002年，开展反对封建迷信教育，制止非法建造寺观教堂、滥建坟墓歪风。

2003—2007年，贯彻中共十六大精神。2004年，举办二十周年县庆、第二届中国畲乡风情节、畲乡“三月三”和中国农村水电之乡授牌等活动。2006年，开展党的先进性教育活动。创作《党员先进性教育之歌》在《人民日报》《浙江日报》、浙江电视台刊登和播出。

2008—2010年，贯彻中共十七大精神。组织“千名机关干部进村入户”宣讲活动。组织“情满畲乡 和谐发展”文艺调演、“我与繁荣和谐新畲乡同行”征文演讲比赛、“身边的新农村”图片展、“我为繁荣和谐新畲乡献一策”和“金点子”征集等系列群众主题教育活动。2008年“三月三”，首次与央视乡村大世界栏目联合举办活动，有“走进中国畲乡”大型文艺演出、“欢乐畲乡”民族联欢活动、音乐家畲乡行、中华畲族山歌邀请赛、民间文艺踩街、特色商品展示、民间传统体育竞技、旅游推介会、经贸洽谈会等九项突显畲族文化的活动。2010年，景宁农民自编自演的“农民十七大说唱团”通俗易懂、灵活生动的文艺形式得到省、市宣传部肯定与表彰，实例入选《宣传教育面对面、解决问题点对点——党的十七大精神主题宣传教育案例精选》在全国推广。

服务中心

1993—2010年，围绕党的中心工作和发展大局，组织开展“七大系列”宣传活动：全国党代会、人代会精神系列宣传、解放思想大讨论系列宣传，以“立足生态、创新创业”“三个怎么办”为专题、对畲乡干群同心奋进跨越、实现脱贫致富、共建生态文明进行报道宣传、围绕县委中心工作、重大决策落实、重点项目推进，开展“三重”务实系列宣传，开展“畲乡改革开放三十周年”成果系列宣传，总结宣传在推进文明建设进程中所取得的成效和经验，坚定人民奋进跨越的信心和决心，以“高举旗帜、创新创业”为主题，通过挖掘、提炼、推荐创新创业先进典型，向社会展示在推进和谐发展中涌现出理念创新、机制创新和业绩创新的人和事，宣传畲乡人民奋发图强、自力更生的良好精神风貌。以“真诚的关爱、奋进的动力”系列宣传感恩之情，将各级组织对景宁的关爱、扶持以及由此产生的综合效应，推进“爱我畲乡、建我家园”内外环境的优化。开展“情满畲乡、和谐景宁”系列形象宣传，《丽水日报》重要版面连续推出“景宁奋进跨越发展巡礼”“畲乡‘三月三’”“‘三情’暖畲乡”“秀美畲乡入画来”“畲乡旅游谱新篇”等9个大型专题专版，全方位、多角度宣传报道畲乡景宁和谐发展、生态文明取得的丰硕成果，提高畲乡影响力和知名度。

弘扬正气

2009年，开展模范人物典型事例推荐征集活动，表彰一批畲乡优秀典型人物。县移民干部沈立荣被省纪委、省委宣传部、省委组织部等部门评为全省勤廉兼优先进典型，受到省委书记赵洪祝的接见，并以先进事迹宣传团成员的身份，在全省11个地、市进行先进事迹巡回宣讲，省内8家知名媒体组成的联合采访团对其先进事迹进行集中采访活动。

全县开展“科技致富能人”评比活动，经过农业局、科协和各乡镇的层层推荐，通过实地了解调查评出九大科技致富能人，带动其他农民群众学科学技术，做致富能人的热潮，树立正气。

外宣工作

宣传部先后策划组织中央、省、市主流媒体“相约畲乡、连线景宁”的“2009年中国畲乡三月三”记者大联动活动、县外20多家新闻媒体包括长三角网络媒体走进畲乡景宁集中采访、畲村“百家宴”庆祝新中国成立60周年等多个主题宣传活动。《漫步浙江》杂志第一次用英文向海外推介畲乡风情，央视少儿频道《异想天开》栏目以畲族风情为背景的少儿摄影专题，积极做好“平安浙江千里行”记者团、“摄影家拍摄畲乡”“丽水巴比松”油画家画畲乡的拍摄采访工作，做好“丽水摄影基地”的评选申报工作，组织实施“五个一”（一本书《畲山之风》、一个片《千年山哈》、一台戏《畲山风》、一本画册、一本书法册《名家写畲乡》）工程。加强民族团结融合平台建设，构建“一节一坛一市场”民族文化交流平台，形成多层面的畲族及其他民族文化传播交流格局。设立两岸少数民族交流基地，丰富海峡两岸文化交流活动，拓展合作领域；加强对中西部少数民族的辐射性交流。

全国畲族文化发展基地建设，《全国畲族文化发展基地总体规划暨重点项目策划》（简称《总规》）通过专家评审。

“2010年中国畲乡三月三暨中央电视台《激情广场》走进景宁”活动，中央电视台、新华社、人民网、浙江日报、浙江卫视、福建海峡卫视等28家国内主流媒体，记者近60人云集畲乡，共刊播、宣传景宁的新闻报道300条。其中，中央和省级媒体100条。

第四节　统战工作

机构建设

1993年，中共景宁畲族自治县委统战部（以下简称县委统战部）调整内部机构，将秘书科更名为办公室。1996年，将政府侨务办公室、台湾事务办公室归口统战部。同年，撤销县民族事务委员会，建立县民族宗教事务管理局（以下简称县民宗局），宗教工作归县民宗局管理。1997年，内设两个职能科室：办公室和侨、台事务办公室。2002年，对外挂侨台事务办公室（县委台湾事务办公室）牌子，原侨、台事务办公室改为侨台事务科。2008年，增挂景宁畲族自治县归国华侨联合会牌子，核增侨联工作全额事业编制1人。

1993—2003年，县委先后出台《县领导联系党外人士制度和党外领导干部定期来统战部约谈制度》《中共景宁畲族自治县委关于同意建立统战口联席会议制度的批复》《中共景宁畲族自治县委关于加强政治协商、民主监督、参政议政的意见》《中共景宁畲族自治县委关于加强统一战线工作的意见》《中共景宁畲族自治县委关于认真做好2000—2003年女干部、党外干部、少数民族干部培养、选拔、管理工作的若干意见》。1995年11月，成立景宁畲族自治县工商业联合会（总商会），加强非公领域工作。同时县委批复同意建立景宁畲族自治县工商业联合会党组，受中共景宁畲族自治县委统战部领导。2000年10月、2006年10月先后召开两次工商联会员大会，产生第二、三届工商联委员会。2007年7月，成立以无党派知识分子为主体的景宁畲族自治县知识界人士联谊会。1994年6月，成立景宁畲族自治县“三胞”眷属联谊会。1999年5月、2004年7月、2009年10月先后召开县“三胞”眷属联谊会第二次、第三次和第四次代表大会。在第四次代表大会上，县“三胞”眷属联谊会更名为县台胞台属联谊会。2008年10月，成立县归国华侨联合会。

党外人士工作

1993—2010年，县委先后召开党外代表人士（干部）座谈会8次，各界人士座谈会（通报会）

10次。期间，县委统战部先后牵头举办民族、党外干部培训班5期，统战委员培训班1期，统战领导班子和党外人士暑期读书会5期，畲族文化研讨班3期。1999—2010年，共推荐39人（次）参加全市党外人士（干部）培训班学习。2000—2010年，共推荐68人（次）参加全市少数民族干部培训班学习。

2002—2010年，实职副科以上党外干部分别为18人、20人、19人、16人、18人、18人、21人、32人、37人。县政协第四、第五、第六、第七届第一次会议政协委员党外委员人数及比例分别为86（61.8%）、84（60.43%）、83（59.3%）、87（60%）。其中，常务委员党外委员（不包含主席、副主席和秘书长）人数及比例分别12（70.5%）、13（76.4%）、11（68.7%）、11（68.7%）；少数民族委员比例为17.27%、18.71%、17.48%、17.9%。第四、第五、第六、第七届县人大第一次会议人大代表党外代表比例分别为16.9%、15.3%、21%、20.6%。2001年，推荐市政协一届委员13人。其中，党外人士8人。2006年，推荐市政协二届委员11人。其中，党外人士6人。1995—2010年，非公经济代表人士86人被安排市、县人大代表或市、县政协委员；4人先后当选全市优秀中国特色社会主义事业建设者。

港澳台工作

2007年，县委统战部台情普查统计，全县香港澳门特别行政区居民37人。留学人员家属16户，65人，留学人员36人。去台人员107人，台胞家属350人，台属企业6家。

1993—2010年，县委统战部接待“三胞”210批（次），520人（次），落实定居台胞3人，每年举办“三胞”中秋茶话会。主要交流活动有：2001年，台湾“清华大学”人文社会学院语言研究所博士生到景宁开展畲族语言文化调研。2004年6月29—30日，台湾少数民族文化交流浙江访问团43人到景宁开展文化交流活动。2005年，平湖市爱心学校董事长王建煊到景宁就扶贫招生进行考察，并招收高一新生21人，学费全免。2008年4月7—9日，中华海峡两岸少数民族交流协会会长华加志为团长的台湾少数民族代表团62人，应邀参加第四届海峡两岸各民族欢度“三月三”节庆活动暨“2008年中国畲乡三月三”活动。其间，召开海峡两岸少数民族发展座谈会；民族中学与屏东来义高级中学签署交流合作意向书。2010年4月15—16日，以台湾南投县副县长陈志清为团长的台湾南投县文化艺术团37人应邀参加“2010年中国畲乡三月三”活动。其间，举办台湾南投县少数民族文化艺术团专场演出和景宁畲族自治县——南投县民族文化发展座谈会。2007—2010年，连续四年举办海峡两岸（浙江·景宁）山区经济发展研讨会。2010年6月，县畲族民间艺术团应邀首次赴台湾南投县考察。

引资促发展

1993—2010年，港澳台、海外人士及侨资企业为景宁教育、卫生、新农村建设等社会公益事业和群众文化捐赠398.62万元。主要捐资项目有：香港大业织造厂有限公司董事长沈炳麟捐资100万元，帮扶兴建鹤溪镇小“庆同楼”、澄照乡小教学楼建设。荷兰侨胞齐振中捐资12万元，帮扶大顺乡岭里小学与村基础设施建设。1994年，香港世界国际宣明会捐资27万元帮扶救灾。1998年，澳门贺一诚捐资20万元，帮扶建造金钟乡教学楼。2004年，华侨（罗马）援助鸬鹚乡校学生18人助学金18万元。2009年，巴西华人文化交流促进会名誉主席尹霄敏捐资20万元，建设“海联卫生室”（景南乡上标村、东坑镇北溪村、英川镇隆川村、鸬鹚乡茶亭村）；慈心慈善事业基金会董事长、美国华侨谢政达捐资25万元，帮扶澄照乡卫生服务中心建设；法国青田同乡会捐资20万元，帮扶澄照乡金丘大畈路面硬化。1997—2010年，先后引进侨台属企业20家，年产值600万元。

1993—2010年，南京基督教爱德基金与省、市统战部门、各民主党派、工商联及兄弟县（市、区）统战民宗部门、宗教界帮扶资金441.34万元（不包含省、市、县少数民族发展资金）。主要有：1993—1997年，南京基督教爱德基金先后捐赠128万帮扶建设笋竹林基地与改水工程；1994—2001年，鄞县统战部、宗教界先后捐赠12.8万元，帮扶张春中心小学、惠明寺小学改善教学条件；1997—1998年，传化集团捐赠42.5万元，援建三枝树光彩小学，支助贫困学生；1997年，省委统战部筹集15.5万元帮扶陈村民办中学办学。2010年，民进浙江省委会、省工商联与台州八县（市、区）委统战部（民宗局）筹集120万元帮扶8个民族村改善基础设施。

第五节　政法工作

中共景宁畲族自治县政法委员会（以下简称县政法委）是县委领导和管理政法工作的职能部门，从宏观上组织领导政法各部门的工作。主要职责为：根据中央方针政策和部署，统一政法各部门思想和行动，对一定时期内的政法工作作出全局性部署，组织协调指导维护社会稳定工作，支持和监督政法各部门依法行使职权，组织推动社会治安综合治理工作，督促、推动县域内大要案查处工作，研究协调有争议的重大、疑难案件，指导政法队伍建设和政法各部门领导班子建设。

执法监督

1999年10月，对县检察院反贪局办理的8件案件、刑二科办理的78件（次）案件和县看守所76名在押人员进行执法检查。2002年7月，对伤害案件开展专项执法检查，查出2000年前未结的伤害案件，办案过程存在问题，从中找原因，研对策，定方案，促整改。

2008年，县政法委牵头开展集中清理执行结案，2010年，组织对全县37件重点案件进行评查，结论为优秀20件、良好14件、合格3件。

社会治安综合治理

1991年3月10日，县政法委制定《关于景宁畲族自治县社会治安综合治理实施意见》。全县5个区、1个县属镇、2个区属镇、34个乡、县机关和企事业单位均建立综合治理机构，成员137人。1994年始，县委、县政府每年与各乡镇签订《社会治安综合治理目标管理责任状》，把社会治安综合治理目标管理列入年度工作考核。在全县开展集中整治社会治安工作，使18个民间纠纷较多的村，纠纷比上年下降60%。1995年，健全全县285个行政村的调解和治保组织。1996年4月，县四届人大四次会议作出《依法治县决议》。1999年，联合综治委、教委、公安局整顿学校及周边地区治安秩序、创建安全文明校园。1999年1月18日，浙江省委、省政府授予鹤溪镇为省级社会治安综合治理先进单位称号。

2000年，县委政法委、综治委开展预防青少年违法犯罪，加强青少年法制教育系列活动，对青少年进行道德和法制教育。2001年，建立乡镇社会治安综合治理委员会。2002年，县综治委为常设机构。

2004 年，全县 285 个行政村、4 个社区居委会建立健全以党支部为核心的综合治理组织。2005 年 3 月始，福建省寿宁与景宁两县综合治理委员会联合开展创建"平安边界走廊"工作。2008 年，全县 24 个重点村和 4 个社区建立综治工作站。2009 年，出台《景宁畲族自治县见义勇为奖励和保护措施》，调整县属学校及乡镇小学法制副校长，全县 44 个重点村全部建成规范化综治工作站。

2010 年 4 月 9 日，出台《景宁畲族自治县矛盾纠纷排查调处工作规程》。开展对无证无照经营棋牌室专项整治和查处取缔黑网吧，并建立长效管理机制。12 月 31 日，县委、县政府授予兰伟锋、吴松鹤"见义勇为积极分子"光荣称号。开展矛盾纠纷调解典型案例征集评选，并将 29 篇获奖案例编成《基层矛盾纠纷调处典型案例选编》。

1993—2010 年，每年发生治安案件查处率 80.07%~100%，成功率 94.0%~97.8%。

维护社会稳定

1999 年 5 月 23 日，成立县委维护社会稳定协调小组，25 日，县委出台《关于进一步做好维护社会稳定工作的意见》。2002 年 4 月 29 日，成立县委维护稳定工作领导小组，下设办公室（以下简称县维稳办），办公室设在政法委。

2001 年，县维稳办排查出较大民间纠纷和不安定因素 98 起，制止和防止可能发生的因民间纠纷引起的自杀及民转刑案件 37 起。

2004 年，全县乡镇、部门成立维护社会稳定领导小组，维稳工作全面展开。2005 年 6 月 1 日，成功处置英川镇黄谢圩村部分村民毁坏电站施工设备事件。8 月 18 日，县委出台《中共景宁畲族自治县处置重大群体性事件实施办法（试行）》《景宁畲族自治县维护稳定工作信息报送制度（试行）》《景宁畲族自治县不稳定因素排查调处工作制度（试行）》《景宁畲族自治县维护稳定工作责任查究暂行规定》等制度，明确维稳工作的相关规章制度，强化处置重大群体性事件的主动性和实效性。

2006—2007 年，景宁维稳工作主要是滩坑电站水库移民、城市建设被征地农民，被辞退民办教师上访等。县外主要与福建省寿宁县合作，排查，调解边界区域的不稳定因素，取得成效。

2008 年，县维稳办开展 5 次集中排查处理矛盾纠纷，排摸出矛盾纠纷 3651 起，调处率 94.8%，成功率 95.3%。奥运会保卫攻坚战和排查处理不稳定因素取得显著成效，成为全市 3 个"零进京"的县市之一。

2009 年 8 月，对排查出的 100 件存在不稳定因素案件，实行层层包案解决。其中，28 个重点信访积案实行县领导包案。在处置"浙江春明置业有限公司非法吸收公众存款案""英川非法吸收公众存款案""炉西峡驴友意外事件"中发挥积极作用，维护社会稳定。

2010 年，继续推行《定期分析社会稳定形势》制度，县委常委会每季度定期召开会议，专题听取维稳形势分析，研究部署维护全县社会稳定工作，全年无影响社会稳定的事件发生。

平安创建

设立建设"平安景宁"领导小组，为县委建设"平安景宁"的办事机构，负责建设"平安景宁"协调指导、调查研究、督促工作的落实。县建设"平安景宁"领导小组下设办公室（以下简称县平安办），在县委政法委，主持日常工作。

1996 年，县平安办创建"平安社区"工作，6 个乡镇无刑事案件发生。1997 年 7 月 14 日，成立县创建"平安社区"工作领导小组，由县府办、县委宣传部、政法系统各单位及鹤溪镇等组成。全县81个行政村、3个居委会、57个单位达到平安创建标准。1998年，充实调整或建立平安创建班子，95个行政村、3个居委、61个单位列入平安创建。1999年，107个行政村、3个居委会、42个单位列入平安创建。

2003年5月8日，县政法委建立创建“平安乡镇”领导小组，县委副书记、政法委书记任组长，综治等五部委(局)联席会议成员单位主要负责人、政法部门主要负责人为成员，下设办公室，开展“平安乡镇”创建活动。同时开展“水上创安工作”，确保“大均漂流”旅游安全，促进旅游业健康发展。

2004年6月10日，县委建设“平安景宁”领导小组在《畲乡报》、景宁广播电视台展开建设平安景宁的宣传。编辑《平安景宁》工作简报，出刊9期。2005年，强化“平安景宁”工作制度。2006年，共排摸出影响平安的重点案件4件，接访案件3件，并及时得到解决。

2007—2008年，县委全面推进“平安景宁”建设，形成“人人创平安，平安为人人”氛围。2008年，平安村(社区、企业、单位)达标率100%，平安家庭创建达标率，社区84.5%，农村86%。

2009—2010年，县委全面开展“平安交通”“平安林区”“平安校园”“平安医院”“平安企业”“平安寺观教堂”“平安工地”“平安边界”“平安家庭”“青少年平安行动”系列宣传活动。运用下基层、电视报刊、手机短信、发放宣传纪念品等方法，提高普通群众对建设“平安景宁”的知晓率和参与度，使平安创建工作取得实效。

2005—2010年，连续6年被省委、省政府授予省级平安创建先进县称号。

队伍建设

1991年1月，县委政法领导小组改称县委政法委。2002年，县编委确定县政法委、县社会综合治理委员会办公室(以下简称综治办)行政编制4人(含后勤服务人员)。2002—2007年，领导职数为县委政法委书记1人(县委领导兼)，专职副书记2人，办公室主任1人(副科)，政治处主任1人(兼)。

2010年，县政法委、县综治办行政编制6人。领导职数为书记1人(县委领导兼任)、专职副书记2人(含兼县综治办主任)、办公室主任1人、政治处主任1人(兼)。职能科室有办公室和政治处(执法监督室)。公、检、法主要负责人为县委政法委委员。42个县属单位为综治委成员单位。全县22个乡镇(管理区)、46个企事业单位建立社会治安综合治理委员会。

县委维护社会稳定领导小组由县委领导任组长，县政府、公安局领导任副组长，有县委办、县府办、县委组织部、县委政法委、县人武部等11家成员单位。领导小组下设办公室，办公室设在县委政法委，县政法委副书记兼任办公室主任。

县委设“平安景宁”领导小组，领导小组由县纪委、县委政法委、县信访局、县公安局等28个成员单位组成，办公室设在县政法委，各乡镇(管理区)成立相应组织。

1992年，县政法委建立健全党员学习和党员组织生活制度，设立党员好人好事和违纪违法登记簿。1996年，政法系统开展“严格执法树形象”、评比十佳优秀干警和先进庭(所)活动，树立干警良好的执法形象，促进干警队伍思想建设。1998年4月16日，在全县政法队伍开展集中教育整顿，组织对1996年后办结的350件案件进行检查，发现存在问题8起，纠正6起。1999年，开展争创“人民满意政法干警(单位)”“干警群众满意领导班子”活动，评出人民满意政法干警10人，人民满意政法单位5个，干警满意政法领导班子1个。

2001 年 9 月，县政法系统内部开展违章驾驶摩托车专项整治，推动全县违章驾驶摩托车专项整治。2005 年，开展以实践“三个代表”重要思想为主要内容的保持共产党员先进性教育活动，促进政法系统党员干警职业道德水准提高。2006 年，在全县政法系统抓教育整改，开展社会主义法治理念教育“规范执法行为、促进执法公正”专项整改、清理干警及亲属从事营利性经营活动。

2007—2009 年，县委政法委机关领导联系平安建设制度，开展“作风建设年”活动。编写《畲乡政法》，出刊 7 期。

2009 年，县政法委建立《政法委员会业务研讨会制度》《政法委员会工作碰头会制度》《政法委领导联系部门、乡镇制度》。坚持“协调不替代、参谋不决策”原则，发挥政法委指导协调作用。举办诗、书、画创作、组织政法系统干警参与全民运动，丰富政法干警的业余生活，提高政法队伍凝聚力。

2010 年，推广“人人主持、人人主讲、人人点评”为基本特征的“庄式学习”法，提高干警政治素质和业务素质。创办《工作简报》，年出刊 28 期，刊登文章 83 篇，汇编成集。其中，11 篇被《丽水政法》转载。2010 年，县政法委获市级政法委工作目标考核二等奖和年度市级政法系统信息宣传与调研工作先进单位。

第六节　党史工作

组织机构

1987 年 8 月，县委成立党史资料征集研究委员会，开展新民主主义革命时期、社会主义革命和建设时期的党史资料征集、整理工作。1993 年，根据省委办〔1990〕25 号文件精神，县委将党史资料征集研究委员会改为中共景宁畲族自治县委党史研究室，开展党史征集、整理、研究、编纂工作，为正科级事业单位。2008 年，县委党史研究室与县地方志办公室合署办公，参照公务员管理事业编制 5 人，主任 1 人由县委办公室副主任兼任，副主任 1 人。

党史编纂

县委党史资料征集研究委员会通过各种途径收集党史资料，并把其中部分资料编成《景宁党史资料通讯》刊物，共 12 期。

2002 年，县委党史研究室启动编纂景宁党史一卷工作，后因人事变动，编写工作停滞。2008 年 5 月，县委组织人员重新启动景宁党史一卷编写工作，在 2002 年形成的党史一卷专题集的基础上，继续收集相关材料，编成景宁《中国共产党历史》(第一卷)。

革命遗址

2009 年，在浙江省委党史研究室组织指导下，县委党史研究室组织人员开展新民主主义革命时期革命遗址普查工作。通过普查并上报省委党史研究室审核，共 43 处新民主主义革命时期留下的革命遗址列入省级革命遗址名录。

2010年景宁省级革命遗址一览

表21-3-2

序号	名 称	地 址
1	寨山烈士陵园	县城鹤溪镇寨山
2	李振彪烈士墓	九龙乡王湾行政村后斜门岗
3	王起元烈士墓	英川镇金林村乌里湾
4	英川镇梨树突村古庙红军标语	英川镇梨树突村马仙宫
5	英川镇梨树突村民居红军标语	英川镇梨树突村叶海林等村民住宅
6	英川镇木岱根村红军屋	英川镇木岱根村柳育钱等住宅
7	英川镇木岱根村红军寮	英川镇木岱根村过埠桥头(山名)
8	英川镇木岱根村红军洞	英川镇木岱根村石沿坑头观音柜
9	英川镇木岱根村闽东红军标语	英川镇木岱根村柳育钱等住宅
10	英川镇木岱根村红军标语	英川镇木岱根村村民仓楼
11	英川镇周占村红军洞(鬼洞岩)	英川镇榅堆行政村周占自然村大尖山鬼洞岩
12	毛垟乡库头村红军抗战标语	毛垟乡库头村古戏台外墙
13	毛垟乡库头村《浙江省战时政治纲领》	毛垟乡库头村古戏台外墙
14	毛垟乡库头村红军标语	毛垟乡库头村民居外墙
15	大地乡张坑村红军路	大地乡张坑村
16	东坑镇大张坑村畲族民兵队队部旧址	东坑镇大张坑村雷氏宗祠
17	东坑镇大张坑村畲族民兵队队长雷景三故居	东坑镇大张坑村
18	秋炉乡万松庵红军隐蔽处	秋炉乡坑口村万松庵
19	湘湖师范道化校址	沙湾镇道化敬老院、韦氏宗祠
20	景宁简易师范遗址	鹤溪镇敬山宫(移民新村边上)
21	郑坑乡毛窠红军医院	郑坑乡毛窠村石谷洞
22	梅岐乡桂远村金鱼共红军洞	梅岐乡桂远村金鱼共大岩下(洞背洞边)
23	梅岐乡桂远村红军屋	梅岐乡桂远村大幢处(“处”屋字方言)
24	浙南特委旧址	梅岐乡桂远行政村湖坑自然村
25	张山会议旧址	梅岐乡桂远行政村张山自然村
26	梅坞红军指挥部	雁溪乡梅坞叶家
27	丽云区工作人员会议朱山遗址	九龙乡朱山村
28	丽云区委高沈旧址	九龙乡高沈村
29	沈余丰烈士故居	九龙乡高沈村
30	周志苍烈士故居	家地乡坪坑村
31	黄秀交通站	毛垟乡黄秀村
32	恢复新区工作会议旧址	外舍乡香岗村王成玖屋
33	黄竹山交通站	九龙乡黄竹山村
34	黄茅岭战场遗址	英川镇黄茅岭村放牛场
35	黄茅岭红军窟	英川镇黄茅岭村麻弯岗头、拦路田头、水岙头

续表 21-3-2

序号	名　称	地　址
36	驮垟激战遗址	大地乡驮垟村
37	朱德章牺牲地	东坑镇周湖岭村撑排潭
38	水笕岙伏击战遗址	东坑镇何村水笕岙
39	大地乡张坑村红军夹	大地乡张坑村大幢处仓楼
40	大地乡张坑村银坑洞红军养伤处	大地乡张坑村浅水湾银坑洞
41	大地乡张坑村红军洞	大地乡张坑村上人岭仙洞
42	英川镇茶园村马仙宫红军隐蔽处	英川镇茶园村马仙宫
43	李振彪牺牲地	九龙乡畲斗湾村

第七节　信访工作

制度建设

1993 年，建立县领导接待日制度（单月接访，1996 年以后改为每月接访）、信访办公会议制度（2004 年以后改为处理信访突出问题及群体性事件联席会议制度）、信访问题处理报结制度。制订县信访局整体岗位责任制度、个人岗位责任制度。各乡镇成立信访工作领导小组。1994 年，建立群众逐级上访制度。各乡镇设立信访接待室，实行挂牌接访。县直机关单位确定信访工作分管领导、专（兼）职信访员。1995 年，出台基层信访工作考核办法，在全县各行政村设立信访员。1996 年，建立县党政领导信访工作责任制，并在县领导接待日开展法律咨询服务活动。2002 年，副省长王永明到景宁开展下访调研活动。2002—2008 年，市委、市政府联系领导每年到景宁开展下访调研活动。2009 年，省委常委、宣传部长黄坤明到景宁开展下访调研活动。2003—2010 年，建立选派优秀年轻干部到县信访局锻炼制度（2007 年前选派县管后备干部，2007 年后选派新提任副科干部）。2004 年，建立领导包案制度和信访工作责任追究制度，出台集体访、异常访处置意见。2008 年，开通政府热线电话 5812345。2009 年，在县政府门户网站上开通“县长信箱”，并每年开展信访干部专题慰问活动。

接访机构

1996 年 10 月，《景宁畲族自治县党政机构改革方案》规定，县委办公室内设信访办公室，对外挂信访局牌子，职责是代表县委、县政府接待受理群众来信来访，为信访人员提供咨询服务；承办上级机关、县委、县政府领导转办、交办的信访件工作，负责督促、检查办理情况；参与协调、处理有关信访问题；指导全县信访工作；为领导提供信访信息和解决问题的方案。信访局共设五个职位，为局长、副局长，接访职位，办信、文秘职位，信访信息、查办职位。2006 年，经景编办〔2006〕14 号批准，信访局内设县人民政府信访事项复查复核办公室，为全额事业单位，编制 1 人。职责是在信访复查、复核工作小组的领导下，承担复查、复核信访事项的组织协调、交办督办、业务指导，沟通联系等相关工作。2007 年，增加副局长职位 1 人。职位为局长 1 人、副局长 2 人，接访、办信职位各 1 人，复查复核办公室 1 人，兼综合、督查督办等工作。2010年，成立服务外出创业人员办公室，办公室主任由信访局副局长兼任，主要负责驻京信访工作。

来信来访

1993—2010年，全县群众信访总量为36137件(人次)。其中，群众来信11171件、来访24966人(次)，群众集体来访934批，14654人(次)，县领导接待群众来访2110批，7120人(次)，办理省、市交办要信145件，领导下访接待群众538批，1241人(次)，包案解决信访问题82件，复查信访事项25件。2003—2006年，有年轻优秀干部18人到县信访局挂职锻炼。2007—2010年，有新提拔副科干部30人到县信访局担任督查专员。

1997年，县信访局在全省信访工作考核中获一等奖，获全省党政系统首批信访“文明接待室”。2004年，信访工作考核成绩为全市第一。2007年，再次获省级“文明接待室”。1993—2000年，5次荣获丽水地区信访工作先进集体；2005年、2007年2次获丽水市信访工作先进单位，2008年，县信访局、标溪乡政府获全市信访工作先进集体。2008—2010年，在全市信访工作目标管理考核中，都为优秀等次。

1993—2010年景宁信访工作情况一览

表21-3-3

年份	总量(件次)	来信(件)	来访		集体访		领导接待		县领导批阅信	要信	领导下访		领导包案	复查
			批次	人次	批次	人次	批次	人次			批次	人次		
1993	1314	890	—	424	9	175	26	41	—	—	—	—	—	—
1994	914	386	—	528	27	334	43	72	—	1	—	—	—	—
1995	836	374	—	462	20	242	47	88	—	—	—	—	—	—
1996	1072	608	—	464	18	179	66	113	—	3	—	—	—	—
1997	894	586	—	308	18	262	88	141	—	2	—	—	—	—
1998	1085	742	—	343	36	840	88	432	—	11	—	—	—	—
1999	2581	788	590	1793	42	730	124	264	—	5	—	—	—	—
2000	2261	702	580	1559	49	725	125	306	—	1	—	—	—	—
2001	3508	718	539	2790	114	2139	95	370	—	2	—	—	—	—
2002	3082	956	603	2126	77	1218	167	1027	—	—	—	—	—	—
2003	2717	739	552	1978	80	1149	236	741	—	18	78	207	—	—
2004	2632	615	560	2017	80	1146	203	536	—	14	—	—	—	—
2005	2427	713	493	1714	53	838	109	316	—	21	31	106	—	—
2006	2610	817	438	1793	65	1060	93	286	—	8	14	34	—	3
2007	1676	441	360	1235	52	629	87	259	—	20	62	149	20	—
2008	2290	445	523	1845	64	958	222	952	—	24	353	745	32	6
2009	2204	340	465	1864	73	1083	151	489	—	9	—	—	21	10
2010	2034	311	430	1723	57	947	140	687	—	6	—	—	9	6

第八节　党校工作

中共景宁畲族自治县委党校(以下简称县委党校)坐落鹤溪镇环城南路敬山宫,占地6431平方米,是全县轮训党员领导干部、培养党的理论队伍,增强干部党性锻炼的熔炉。

1993年5月16日,县委党校综合楼交付使用。8月19日,县教育培训中心成立,保留党校、职校职能和牌子,实行三块牌子,一套人马。县委副书记兼任"中心"主任,副县长任"中心副主任",县委党校校长任"中心"常务副主任。党校设党委,下设党校、职校两个党支部。2009年5月,核定编制16人。其中,参照管理事业编制9人,全额拨款事业7人;设常务副校长1人,副校长2人,股级职数4人。

短期培训

1993—2010年县委党校培训班情况一览

表21-3-4

时 间	班 次	人 数(人)
1993.1	全县建党对象培训班	65
1993.4	县直机关中层干部理论研讨班(第一期)	104
1993.6	乡镇领导干部理论研讨班(共三期)	119
1993.7	县直机关中层干部理论研讨班(第二期)	106
1994.3	乡镇纪检书记组织委员培训班	27
1994.8	县直机关中层干部理论读书班(第一期)	70
1994.8	英川片农村党支部书记、村委主任培训班	80
1994.11	鹤溪片农村党支部书记、村委主任培训班	100
1994.11	县直机关中层干部理论读书班(第二期)	111
1994.11	县直机关中青年干部培训班	42
1994.11	东坑片农村党支部书记、村委主任培训班	78
1994.12	沙湾片农村党支部书记、村委主任培训班	90
1994.12	渤海片农村党支部书记、村委主任培训班	79
1995.5	乡镇青年干部培训班	37
1996.10	县直机关正副科级干部理论读书班(共二期)	163
1996.11	新提拔副科级以上领导干部理论培训班	50
1997.5	全县乡镇青年干部培训班	55
1997.10	全县工商企业领导干部培训班	50
1997.11	中青年女干部、党外干部和少数民族干部培训班	49
1997.12	全县农村党支部书记培训班	95
1999.5	县机关干部中层领导干部培训班(第一期)	62

续表 21-3-4

时 间	班 次	人 数(人)
1999.7	县机关干部中层领导干部培训班(第二期)	54
1999.11	全县青年干部培训班	31
1999.12	县机关干部中层领导干部培训班(第三期)	40
1999.12	中青年干部、少数民族干部培训班	39
2000.11	机关领导干部培训班	53
2000.11	新提拔机关领导干部培训班	30
2000.11	乡镇领导干部培训班	34
2001.5	全县妇联主席(主任)培训班	55
2001.5	全县部门"三个代表"重要思想学习教育骨干培训班	121
2001.8	全县中青年干部培训班	77
2002.3	全县妇联主席(主任)培训班	55
2002.6	党外干部、民族干部培训班	36
2002.8	全县中青年干部培训班	77
2003.7	新上任副科级领导干部培训班	38
2003.9	全县领导干部读书班	56
2003.10	组织人事干部培训班	29
2003.10	全县乡镇组织人事干部培训班	64
2003.11	县直机关党务干部培训班	46
2004.3	办公室主任培训班	52
2004.5	第一期中青年干部培训班	50
2004.7	全县领导干部读书班	46
2004.8	全县少数民族干部培训班	37
2004.11	第二期中青年干部培训班	50
2005.4	全县领导干部读书班	45
2005.5	宣传干事培训班	45
2005.6	党外、少数民族、妇女干部培训班	57
2005.7	全县村干部培训班	119
2005.9	组织人事干部培训班	28
2005.11	专业技术人才研讨班	42
2005.12	农村先进性教育活动党支部书记培训班	150
2006.3	乡村干部驻村连心技能培训班	100
2006.3	新农村建设骨干培训班	110
2006.7	新提任科局级领导干部培训班	106
2006.10	入党积极分子培训班	31

续表 21-3-4

时　间	班　次	人　数(人)
2007.4	第一期全县在沪浙商关爱培训班	52
2007.4	第二期全县在沪浙商关爱培训班	52
2007.5	全县驻村干部农村实用技术培训班	98
2007.5	全县纪检监察干部业务培训班	70
2007.10	全县基层公务员新农村建设干部业务培训班	31
2007.10	全县入党积极分子培训班	45
2008.3	2008 年全县青年干部培训班	46
2008.5	全县乡镇干部国土资源法律知识宣传教育培训班	60
2008.6	县村两委主要干部培训班	88
2008.12	2008 年景宁"大学生村官"岗前培训班	91
2009.2	全县农村党支部书记培训班	100
2009.5	全县中青年干部培训班	53
2009.7	全县村两委主要干部培训班	69
2009.11	新招乡镇公务员事业干部和大学生村官培训班	121
2009.12	新提拔科局级领导干部培训班	66
2010.4	全县农村妇女干部培训班	51
2010.5	全县农村干部"理清思路与提升能力"专题培训班	42
2010.5	全县第一期村团干部"好青年"专题培训班	72
2010.5	欠发达地区农村实用人才培训班(蔬菜种植)	95
2010.5	欠发达地区农村实用人才培训班(茶叶种植)	67
2010.8	全县入党积极分子培训班	115
2010.10	全县后备干部和优秀年轻干部培训班	51
2010.12	全县新招乡镇公务员、事业干部和村官培训班	76

函授教育

1989 年,经中共浙江省委党校函授学院批准,成立县委党校函授辅导站。同年招生,开设公共(行政)管理、经济管理和法律专业专科、本科班。1993—2010 年,共开设专科 19 班(次)、本科 5 班(次);毕业学员 1782 人。其中,专科 1314 人,本科 468 人;副科以上 622 人,副县以上 12 人。

1993—2010 年县委党校大专函授班情况一览

表 21-3-5

届别(级)	学历	专业	毕业(人)
1993	函授大专班	党政管理	48
1994	函授大专班	企业管理	52

续表 21-3-5

届别(级)	学历	专业	毕业(人)
1994	函授大专班	经济管理	57
1995	函授大专班	企业管理	143
1996	函授大专班	经济管理	90
1997	函授大专班	经济管理	73
1998	函授大专班	经济管理	80
1999	函授大专班	经济管理	108
2000	函授大专班	经济管理	73
2001	函授大专班	经济管理	82
2002	函授大专班	经济管理	119
2003	函授大专班	经济管理	114
2003	函授本科班	行政管理	129
2004	函授大专班	经济管理	62
2005	函授大专班	经济管理	44
2005	函授本科班	行政管理	121
2006	函授本科班	公共管理	70
2006	函授本科班	法律	90
2007	函授大专班	经济管理	32
2007	函授本科班	法律	42
2008	函授大专班	公共管理	35
2009	函授大专班	法律	16
2009	函授本科班	法律	35
2010	函授大专班	法律	15

第九节 机要 保密

机要工作

县机要机构(机要室)为县委办内设机构。1993 年以来,强化制度建设,完善业务管理,做好教育培训,以确保密码安全和通信畅通为重点,先后制定值班制度、机务维修、电报办理等制度与工作纪律。制定全县党政机关密码电报使用与管理规定,规范密码电报的阅办管理,制定全县办公系统自动化网络建设方案。2006 年,制定县、乡镇计算机加密信息传输系统建设方案。2007 年,为确保各级党委、政府紧急重要内容和内部敏感信息的安全保密传输,配备加密传输的密码信息设施,开通电子邮件加密通信,实现信息传输的多道防线,多重保密,保证各级党委、政府信息传输的安全、及时准确。至 2010 年,未发生机要工作责任事故,所办的各类电报无压报、丢失和失泄密事件发生。

保密工作

县保密局为县委办公室内设科室，局长（主任）高配副科。1990 年，《中华人民共和国保密法实施办法》实施后，在全县开展保密宣传教育活动。先后对各部门保密机构的设立、定密工作、失密情况等进行全面检查，检查范围逐年扩大到涉密载体的收、发、传和销毁情况、涉密计算机、涉密信息网络等。1999 年，制定领导干部保密工作责任制，并对县直机关各单位涉密人员 300 多人进行持证上岗培训。2008 年，围绕保密法制宣传突出抓好通信和计算机信息系统重点要害部门、重大节日的保密工作，对全县涉密单位进行保密检查。1993—2010 年，县保密机构每年均参与全国普通高校招生、成人高考、自学考试及组织人事部门录用公务员试卷保密工作。建立健全“领导干部保密手册”“机要文秘人员保密手册”“收发、打印人员保密手册”“档案工作人员保密手册”和泄密报告制度等各项保密规章制度。

第十节　工作机构

县委员会

1993 年 4 月 1—3 日，中共景宁畲族自治县第四次代表大会在鹤溪镇召开，出席大会正式代表 199 人，列席代表 39 人。四届一次全会选举产生县委常委 9 人。其中，书记 1 人、副书记 3 人。至 1998 年 3 月期间，中共浙江省委、丽水地委任命县委书记 1 人，副书记 1 人，常委委员 9 人。

中共景宁畲族自治县第四届委员会（1993.4—1998.3）

书　记　陈铁雄（1993.4—1997.8）

副书记　雷文先（畲族，1993.4—1997.6）
　　　　陈龙富（1993.4—1994.2）
　　　　沈剑飞（1993.4—1998.3）
　　　　蓝春土（畲族，1997.6—1998.3）

常　委　雷木森（畲族，1993.4—1998.3）
　　　　刘世书（1993.4—1995.8）
　　　　张盛忠（1993.4—1997.10）
　　　　周士广（1993.4—1998.3）
　　　　周赛华（女，1993.4—1997.9）
　　　　蓝高飞（畲族，1994.2—1998.3）
　　　　吴利文（1995.9—1997.9）
　　　　彭岳舜（1995.9—1998.3）
　　　　叶汝明（1996.4—1998.3）
　　　　孙乐明（1997.9—1998.3）
　　　　金建新（1997.10—1998.3）
　　　　叶岳清（1997.10—1998.3）
　　　　蓝良兴（畲族，1997.10—1998.3）

1998年3月24—27日，中共景宁畲族自治县第五次代表大会在鹤溪镇召开，到会正式代表206人，列席代表39人。五届一次会议选举产生县委常委10人。其中，书记1人，副书记2人。1998年11月至2002年12月，中共丽水地（市）委先后任命县委书记1人，副书记1人，县委常委6人。

中共景宁畲族自治县第五届委员会（1998.3—2003.3）

书　记　金建新（1998.3—2000.12）
　　　　林　一（2000.12—2003.3）
副书记　蓝春土（畲族，1998.3—2002.12）
　　　　沈剑飞（1998.3—1998.11）
　　　　陈　瑶（女，1998.11—2001.3）
　　　　彭岳舜（2001.3—2002.12）
　　　　蓝良兴（畲族2002.12—2003.3）
常　委　叶岳清（1998.3—2001.9）
　　　　周士广（1998.3—2000.6）
　　　　蓝高飞（畲族，1998.3—2001.1）
　　　　叶汝明（1998.3—1999.11）
　　　　彭岳舜（1998.3—2001.3）
　　　　孙乐明（1998.3—2001.3）
　　　　蓝良兴（畲族，1998.3—2002.12）
　　　　甄荣泗（2000.1—2000.7）
　　　　郑利剑（2001.3—2003.3）
　　　　郑力平（2001.3—2003.3）
　　　　任韩高（2001.4—2003.3）
　　　　聂陈杰（2002.10—2003.3）
　　　　王支平（2002.10—2003.3）
　　　　雷华英（女，畲族，2002.12—2003.3）

2003年3月10—14日，中共景宁畲族自治县第六次代表大会在鹤溪镇召开，出席代表210人。六届一次全会选举产生县委委员25人、常委11人。其中，书记1人，副书记2人。2004年8月至2005年10月，中共丽水市委先后任命县委书记1人，副书记3人，县委常委4人。

中共景宁畲族自治县第六届委员会（2003.3—2006.12）

书　记　林　一（2003.3—2005.7）
　　　　武　昌（2005.8—2006.12）
副书记　雷　萍（2003.3—2006.12）
　　　　苏昌晨（2003.3—2004.8）
　　　　蓝良兴（畲族，2003.3—2006.12）
　　　　郑利剑（2003.3—2004.12）
　　　　郑耀汉（2004.8—2006.12）
　　　　郑力平（2004.12—2006.12）
常　委　陈建敏（2003.3—2005.12）

郑力平（2003.4—2004.12）
任韩高（2003.3—2006.10）
王支平（2003.3—2004.8）
聂陈杰（2003.3—2006.10）
雷华英（女，畲族，2003.3—2006.12）
李根林（2004.8—2005.10）
钟昌明（畲族，2004.11—2006.12）
吴盛华（2005.10—2006.6）

2006年12月15—19日，中共景宁畲族自治县第七次代表大会在鹤溪镇召开，出席代表209人。七届一次全会选举产生县委委员31人、常委11人。其中，书记1人，副书记2人。2007年5月至2010年12月，丽水市委先后任命县委副书记2人，县委常委8人。

中共景宁畲族自治县第七届委员会（2006.12—2011.11）

书　记　武　昌（2006.12—2010.12）
副书记　钟昌明（畲族，2006.12—2010.12）
郑耀汉（2006.12—2007.5）
郑力平（2006.12—2008.8）
张晓强（2007.5—2009.5）
严铁华（2009.7—2010.12）
常　委　雷华英（女，畲族，2006.12—2010.3）
周光洪（2006.12—2010.12）
韩颖龙（2006.12—2008.4）
郭海光（2006.12—2010.12）
叶金堂（2006.12—2010.12）
金晓伟（2006.12—2010.12）
姚昭晖（2008.4—2010.4）
厉晓良（2008.4—2009.4）
王　军（2008.12—2010.12）
贲卫红（2009.4—2010.7）
陈锡星（2009.10—2010.12）
蓝小明（畲族，2010.10—2010.12）
胡启强（2010.7—2010.12）

县委工作部门

1993年至1996年8月，县委设办公室、组织部、宣传部、统战部、政法委、机关党委、老干部局7个工作机构。县委直属事业单位和部门管理机构有：机关党委（县委直属机关工作委员会）、县委党校、老干部局、党史研究室、《畲乡报》报社。

1996年8月至2000年6月，县委工作机构调整：县委办公室内设信访办公室、保密委员会办公室（保密局牌子）；老干部局由组织部管理，机关党委改为直属机关工作委员会，与组织部合署办公；侨务、台湾事务行政职能暂由统战部行使，对外挂侨务办公室、台湾事务办公室牌子；直属单位有党校。调整后的县委工作机构共5个：县委办公室、县委组织部（机关工作委员会下同）、县委宣传部、县委统一战线工作部、县委政法委员会。

2007年7月至2010年12月，县委设办公室、组织部（直属机关工作委员会）、宣传部、统一战线工作部、政法委员会5个工作机构。县委办公室内设信访办公室（对外称信访局）、保密委员会（对外称保密局）；直属机关工作委员会与组织部合署办公，老干部局隶属组织部管理；精神文明建设委员会办公室隶属宣传部管理；台湾事务行政职能由统战部行使，对外挂侨务办公室、台湾事务办公室牌子。县委直属事业单位和部门管理机构：县委直属机关工作委员会、县委党校、县委老干部局、县委党史研究室、县畲乡报社、县文明办、县档案局、县电视台。

基层党组织

1992年5月，撤销区5个，合并乡13个。同时随着机构改革的推进，撤销县委下属机关一批党组织，新成立县直机关一批党组织。2010年12月，全县有党委45个，党组44个，总支2个，支部597个。

1993—2010年景宁党的基层组织一览

表21-3-6 单位：个

年份	党委	党组	总支	支部
1993	34	36	17	548
1994	34	35	17	563
1995	38	35	22	568
1996	32	34	—	567
1997	38	34	11	586
1998	38	38	12	584
1999	38	39	5	568
2000	47	44	2	602
2001	47	44	2	604
2002	47	44	2	604
2003	47	44	2	608
2004	47	44	2	608
2005	47	44	2	608
2006	45	44	2	574
2007	45	44	2	578
2008	45	44	2	578
2009	45	44	2	585
2010	45	44	2	597

第四章　中共景宁畲族自治县纪律检查委员会

1990年3月至1993年4月，中国共产党景宁畲族自治县纪律检查委员会与中国共产党景宁畲族自治县委员会届别相同。主要履行《中国共产党党章》赋予的维护党的章程和党内法规，检查党的路线、方针、政策和决议的执行情况，协助党的委员会加强党风建设和组织协调反腐败工作三大政治任务以及教育、保护、监督、惩处四项工作职能。

1993年4月，中国共产党景宁畲族自治县纪律检查委员会(以下简称县纪委)与县监察局合署办公，实行两块牌子、一套班子工作体制，履行党的纪律检查和政府行政监察双重职能，内设6个科室，行政编制22人。2009年，增设干部室、纠风室，共设职能科室10个，核定行政编制30人，事业编制4名，科级纪律检查员、监察员8人。2010年，设立行政效能投诉中心，核定事业编制3人。

中共十五大以后提出坚持标本兼治、综合治理、逐步加大治本力度，通过深化改革从源头上预防和治理腐败的要求。十六届四中全会进一步提出坚持“标本兼治、综合治理、惩罚并举、注重预防”十六字方针。这是党中央在新形势下作出的党风廉政建设的重大战略决策，体现党和政府从教育、制度、监督等各个环节出发，建立标本兼治的综合体系进行廉政建设的宏观战略和清晰思路，迈出廉政建设体系化的坚实一步。1993—2010年，中共景宁县纪律检查委员会(监察局)，紧紧围绕县委中心工作，开展全方位廉政建设，包括廉政教育、制度建设、监督检查等。在检查过程中发现违反党纪政纪的人和事，依照党规党纪严肃处理。至2010年末，共查处各类违法违纪案件315件，党纪政纪处分332人。

第一节　作风建设

1993—1997年，组织开展《以案论纪100例》党员电化教育日、邓小平中国特色社会主义理论和党章学习、“奉献于事业、服务于人民”等主题活动。提出贯彻廉洁自律10条规定实施意见，把礼金礼券、公费进歌舞厅、参与赌博作为整治重点。实行领导干部重大事项报告制度，将个人及亲属购、建、租房，经商办实业等有关情况纳入廉政档案。1997年，制定出台《关于全县党政机关厉行节约制止奢侈浪费行为的实施意见》，开展公费通信工具专项清理。出台《景宁畲族自治县党政机关小汽车配备和更换的有关规定》《关于制止婚丧事大操大办若干规定的实施意见》，对小汽车的配置、报废、更新，婚丧事的用车、用餐及烟花、鞭炮、花圈的使用作出具体规定，全面贯彻落实制止奢侈浪费“八条规定”。

1998—2003年，组织开展“三讲”教育、“三个代表”重要思想学习教育、以“三创”为主题的“两个年”和“从政十德”主题教育等活动。建立重大事项报告制度、定期经济责任审计制度、廉政档案、廉政谈话等一系列制度。继续推进干部人事制度改革，实行公开选拔、竞争上岗、任前公示等制度。

制定和落实领导干部住房、通信工具、交通工具、配偶子女从业、公务活动接待，以及精减会议等一系列规定，进一步规范从政行为。对领导干部违反住房规定开展专项清理，有违反规定的领导干部25人共补交各种款项25.8万元。2001年，开通“581”廉政账户，违规干部上交礼金、礼券、礼卡折合人民币共5.04万元。

2004—2005年，组织开展“阳光投诉”活动，出台《景宁畲族自治县行政效能监察处理办法(试行)》《景宁畲族自治县行政效能监察工作手册》等制度，设立县机关效能监察投诉中心，开通“96178”投诉电话。继续推行分权制衡工作，制定《关于进一步深化分权制衡工作的意见》。加强对领导干部“三圈”的监督，督促财务管理部门尤其是县会计核算中心和各乡镇会计核算中心严格审核经费支出，防止各种不正之风和奢侈浪费行为的发生。组织开展领导干部在企业兼职情况专项清理和整改，重申领导干部不得在企业兼职的规定。开展移民资金管理使用情况专项执法监察。

2006—2010年，开展科学发展观主题教育、干部作风建设等活动。全面推行“设岗定分”绩效考核，干部身份证制度，实行“一人一牌一卡”制度，方便群众办事和监督。出台《机关效能问责实施办法》，对不作为、慢作为和乱作为的干部56人进行问责。加大对党员干部赌博、公车私用等违规违纪行为的检查力度，共查处党员干部20人，被通报批评的单位21个。深入开展“小金库”专项治理，清理“小金库”7个，涉及金额221.2万元。开展农村集体“三资”管理，实现“三资”管理网络化。建立村务监督委员会和村级便民服务中心，6个行政村被评为省级农村基层党风廉政建设示范村。在全省率先推行村级纪检委员专职专推专选，配齐村级纪检员。

第二节 制度建设

1995年，县委开展乡科级领导干部和基层站、所负责人廉洁自律工作，提出贯彻廉洁自律10条规定实施意见，结合实际把礼金礼券、公费进歌舞厅、参与赌博作为重点条款，通过对31个单位的检查，查处礼金礼券3.2万元。1996年，实行领导干部重大事项报告制度，全县科级领导干部210人填写报告表。其中，报告个人及亲属购、建、租房76人，经商办实业等事项112项，并将有关情况纳入廉政档案，作为今后考察任用干部的依据。

1997年，认真贯彻落实制止奢侈浪费“八条规定”，县委出台《关于全县党政机关厉行节约制止奢侈浪费行为的实施意见》，把发扬艰苦奋斗精神、制止奢侈浪费行为同加强社会主义精神文明建设、开展“奉献于事业、服务于人民”主题活动结合起来，促进党风廉政建设。出台《关于加强公费住宅电话移动电话管理的若干规定》及其实施办法。7月开展公费通信工具专项清理，收回资金27.28万元。12月，再次对公费移动电话进行清理，收回资金12万元。出台《景宁畲族自治县党政机关小汽车配备和更换的有关规定》，对小汽车的配置、报废、更新作出明确规定。转发丽水地区纪委《关于贯彻落实制止用公款大吃大喝规定的通知》，全县21个乡镇建立小食堂，公务接待一律在食堂就餐。出台《关于制止婚丧事大操大办若干规定的实施意见》，就婚丧事用车、用餐及烟花、鞭炮、花圈的使用作出具体规定。

1998年，县纪委贯彻落实中央“八条规定”，加强领导干部廉洁自律。继续清理行政事业单位与非私营企业的住宅电话、移动电话，对符合规定的33只企业手机全部予以登记造册，针对企业普遍不景气的现状，规定话费报销参照行政事业单位有关规定执行。进一步规范领导干部移动电话和住宅电话通话费报销，严格控制标准，并先后两次开展监督检查，共检查67家单位，268人，收缴超额报销金额14874.49元。

1999年，县委出台《关于实行党风廉政建设责任制的实施细则》《县委、县政府党风廉政建设和反腐败工作的组织领导和责任分工》《关于公务接待工作的若干规定》，要求县领导带头严格执行通信费报销规定，落实党风廉政建设责任制。对公务接待提出具体要求，规范党员领导干部廉洁从政行为，巩固通信工具清理工作成果。

2001年，县纪委出台《关于加强对党政"一把手"管理监督的意见》等文件，严格执行县领导对"一把手"定期谈心谈话制度、年度述职报告制度，建立健全有效监督机制。全县24个乡镇开办"廉政食堂"，开通统一规范的"518"廉政专户。

2002年，县委加大政府采购力度，着手建立建设工程招投标中心。建立《工程建设项目报告备案制度》，规定在县内进行限额以上的工程建设项目，包括项目的勘察、设计、施工、监理以及重要设备、材料等的采购需向县纪检监察机关备案。

2003年，县委试行县委常委会干部任免无记名投票制，出台《领导干部生活圈、社交圈考察暂行办法》，对领导干部的生活和社交情况进行延伸考察。出台《关于严明纪律确保非典型肺炎防治工作顺利进行的紧急通知》，严明"防非"纪律。在公安、财税等6个部门进行分权制衡工作试点，着力实行职权分解，注重以权制权，建立相互制衡的权力运行体系。正式建立县招投标中心，规定经营性土地出让、建设工程项目、政府采购、产权交易，单项合同估算在20万元以上的，均须纳入中心集中、统一进行招标投标。

2004年，县委设立县机关效能监察投诉中心，开通"96178"投诉电话，出台《景宁畲族自治县行政效能监察处理办法（试行）》等制度，出台《景宁畲族自治县行政效能监察工作手册》，建立健全效能监察制度。继续推行分权制衡工作，在县教育局等18个重点部门实行"一把手四个不直接管"。对2003年以来新提任的科局级领导63人收集登记《领导干部廉政档案基本情况表》，建立廉政档案，并对原来建立的领导干部408人的廉政档案进行补充更新，实行电脑管理。制定《关于进一步规范机关事业单位发放各类补贴和奖金的通知》，一律取消各单位自行发放的包括煤气补贴、水电费补贴等各种生活补贴，实现同城同待遇，对108个单位执行情况进行全面检查，对不规范发放的补贴、奖金和福利等问题进行纠正，县会计核算中心全年退回重办、拒收各种无效原始凭证和其他不符规定的会计业务180笔，累计金额225万元。

2005年，县纪委出台《关于进一步深化分权制衡工作的意见》，在24个重点部门大力推行分权制衡工作。对公务用车实施贴标管理，实行统一标志、统一保险、统一入库管理。

2006年，贯彻落实中共中央《建立健全教育、制度、监督并重的惩治和预防腐败体系实施纲要》，制定《景宁县构建惩治和预防腐败体系实施办法》，着力构建符合景宁实际的惩治和预防腐败体系。

2007年，推进资源配置市场化改革，扩大资源配置市场化范围，重点深化水电、土地矿产、森林、市政公用等资源配置市场化改革，建立健全国有资源配置市场化管理的相关配套制度，及时出台《招投标管理办法》《建设工程招标投标实施细则》《关于限额以下工程建设项目招标投标方式方法的通知》等3个规范性文件。开展村级民主管理规范化试点，加强村集体资金专户管理，设立1个专户，坚持村集体资金"村有、乡镇代管、村用"，实行"三个统一"：统一票据领用、统一资金核拨和开支审批手续、统一招投标管理。

2008年，县纪委制定惩防体系《工作规划》。在全省率先推行村级纪检员专职专推专选，得到省、市纪委主要领导批示，并在全省推开。开展评选"十佳村级纪检员"活动。深入推进国有资源市场化配置，将矿产资源探矿权、中介机构选择等项目纳入市场化配置，要求村级集体所有的林木资源进入县或乡镇招投标平台公开出让。

2009年，县纪委出台《县纪委委员、纪委科室、效能（党风）监督员联系重点工程的实施意见》，加强对重点工程项目建设、工程廉政情况进行跟踪联系并实施监督。深化权力制衡工作，制作工作流程图，全面推行“一把手七个直接不分管”。开展“农村基层党风廉政建设示范村”创建活动，澄照乡三石村和东坑镇深垟村、沙湾镇张庄村获得省级“农村基层党风廉政建设示范村”荣誉称号。加强村务监督委员会建设，在全县254个行政村建立村级民主监督委员会。

2010年，县委在全省率先推行“设岗定分”考核机制，探索干部量化考核新路子，被列为全省干部考核评价机制典型并推广。出台《景宁畲族自治县机关效能问责实施办法》，加大低效干部问责力度。推行干部身份证制度，实行机关干部“一牌一卡”制。开展岗位廉政风险防范机制建设，通过权力“搜索”和界定、查找风险点、制定防控措施，切实强化干部岗位廉政风险防范意识。开展农村集体“三资”（资金、资产、资源）管理工作，全县22个乡镇（管理区）全部实现农村“三资”网络化管理。

第三节 廉政教育

1993年，县委结合换届选举加强党风党纪教育。1994年，县委以乡镇和机关党校为依托抓好党风党纪教育，开展《以案论纪100例》专题学习。1995年4月，确定每月18日为全县党员电化教育日。1996年，组织编印28万字的《党纪政纪条规知识问答》,配合宣传部等部门深入开展邓小平有中国特色社会主义理论和党章学习。1997年，开展以“三讲”为主要内容的党风党纪教育，组织党员干部观看《浙江省反腐败斗争成就展》《钱江作证》等电视片，组织副科级以上干部进行党纪政纪条规知识书面测试，测试成绩列入领导干部廉政档案。1998年，把上党课作为党员干部进行党风党纪教育的有效形式，开展经常性教育活动。在《畲乡报》开辟“反腐倡廉”专栏。对典型问题在电视公开进行曝光，做到警钟长鸣。1999年，开展《中国共产党党员处分条例》专题学习教育，通过电视播放《中国共产党党员处分条例》电教片，县五大班子领导带头参加反腐倡廉知识考试，开展“廉内助”评选活动。组织参加地区廉政座右铭和廉政书画展征集活动，共征集廉政座右铭21条，廉政书画作品43件。其中，6人座右铭获奖，19人书画作品入选、入展。

2000年，县委开展党员干部法律法规学习教育，增强党员干部廉洁从政意识。2001年，实施以“廉内助、廉管家、廉帮手”为主要内容的“三廉”教育工程，举办“全省党风廉政建设和反腐败斗争成果展”。2002年，组织开展“从政十德”主题教育、“十佳公务员”评选、向全县领导干部赠送“廉政台历”等活动。2003年，以宣传贯彻十六大精神为主线，扎实开展“艰苦奋斗、廉洁从政”主题教育，组织县五大班子领导、副县级以上领导干部以及领导干部家属等观看《厅（局）、县（处）级领导干部腐败案件警示录》。组织开展向郑培民、李友星等勤政廉政先进典型的学习活动，组织县直机关副科级以上领导干部配偶、财会人员和全县纪检监察干部共300人参观县看守所，开通畲乡廉政网站。2004年，充分发挥县纪委、县委组织部、县委宣传部、党校等单位优势形成党风廉政大宣教格局，探索建设畲乡廉政文化。2005年，认真参与保持共产党员先进性教育活动，督促相关党组织和党员切实解决在思想、组织、作风及工作方面存在的突出问题。2006年，结合“保持共产党员先进性教育”和“社会主义荣辱观教育”，在党员干部中开展理想信念、党纪条规、学习党章等教育，组织正股级以上领导干部500人听取职务犯罪人员现身说法，先后举办“红船杯”党章知识竞赛、“清风进社区、廉情入万家”艺术周和廉政文化闹元宵灯谜竞猜等活动。2007年，开办《廉政畲乡》电视栏目，制作专题片4部；建立人民中路廉政文化一条街，制作设立廉政公益广告牌20幅；出版廉政诗词专刊，刊出诗词78首、楹联70多幅、格言20条、寓言1个；编写《党风廉政建设读本》。2008年，宣传省级勤廉兼优先进典型事迹，配合省电视台《反腐前线》栏目采访和丽水电视台《风采》栏目专题片录制工作，市、县委均作出向沈立荣同志学习的决定。2009年，组织全县科级以上领导和党员干部900人观看全市巡演的廉政婺剧《却金馆》，开展新任领导干部廉政集体谈话、党风廉政教育课、签订廉政承诺书等为内容的“廉政套餐”，推出“廉政之窗”“廉政短波”“廉政畲乡”等宣传专栏，创办《畲乡惩防工作动态》。根据澄照乡三石村民主管理和民主监督典型，省纪委电教中心制作专题电教片《问计于民——澄照乡三石村民主管理实践》，在浙江电视台《反腐在线》栏目播出。

2010年，县委开展廉政准则学习活动，开设廉政论坛、法院庭审警示教育、发放廉政监督卡、发送手机短信等形式强化廉政宣传教育效果。全面推行公职人员岗位廉政风险防范教育，开展岗位廉政风险防范机制建设，强化干部岗位廉政风险防范意识。卫生（计生）局、鹤溪镇仙童社区被评为省级廉政文化“六进”示范点。

第四节　监督检查

1993年，会同有关部门开展乱收费治理活动，退还不合理收费2万元，取消不合理收费项目53项。其中，涉及农民负担10项。开展乡镇换届选举工作监督检查，组成督导组到各乡镇协助选举工作，严肃查处破坏选举工作的违纪案件，保证换届选举工作顺利进行。

1994年，县纪委针对房改以后少数干部违反房改政策购买公房或参加集资建房，开展党政领导干部违反房改政策专项清理，建立专项举报制度，12月底公布一批符合房改政策的中层干部名单，接受群众监督。开展全县个人借用公款专项清理活动，涉及单位35个、借款金额165.8万元。开展党政机关创办经济实体清理活动，涉及47家经济实体，解除挂靠26家、划转5家、注销3家、保留3家。对1993年以来各单位专控商品进行清理，对违控购置商品单位进行罚款，收缴罚金7万元。会同有关单位对行政事业性收费、统计法执行情况、救灾物资发放等工作开展检查。

1995年，县纪委房改清理工作进入集中处理阶段，对乡科级干部259人进行了解，对32个单位的集资建房情况进行调查，基本掌握参与集资建房情况469户，对不符合房改政策规定的领导干部22人进行处理。1996年，继续巩固房改清理成果，在《畲乡报》公布自查情况，接受社会监督。开展乡镇财务财产清理，清理违纪金额1.4万元，追缴违纪金额1.2万元。开展中小学乱收费治理，突击检查全县13所中小学收费情况，发现违反规定自行增加收费项目、未经批准收取捐资款、代管费过高等问题，涉及金额13.9万元。开展预算外资金清理，清理违纪金额7万元。

1997年，全县处理违反有关房改政策人员251人，涉及科级领导干部15人。其中，清退多购住房20套，1人退出多租公房，30人按商品房价补交房款22.6万元，集资建房超面积的201人补交房款28万元，收回房款50.6万元。开展中小学乱收费治理，清理不符合规定收费2.8万元。

1998年，县委开展精减会议工作，共精减全县性会议6个，节约经费3万元。对1995—1997年涉农资金开展专项执法监察，涉及金额2547.34万元，经查，被不合理使用15万元，抵扣5万元，移用11

万元，均作出处理。

1999年，县委开展“优化发展环境、减轻企业负担”活动，取消收费项目85个、降低收费标准49个，并在《畲乡报》向社会公布，同时成立经济发展环境举报中心，接受群众投诉。制定《招投标管理实施办法》，规范工程招投标管理。制定《政府采购暂行办法》，全面推行政府采购制，全年组织政府采购19次，节约资金30万元。

2002年，县委开展领导干部违反住房规定专项清理工作，对领导干部515人的住房情况进行清理，建立清房档案。

2004年，县委制定《关于严明纪律确保移民工作顺利开展的通知》，提出移民工作人员“十个不准”，严肃移民工作纪律。组织开展“阳光投诉”活动，每期专题“阳光投诉”活动都将活动的时间、投诉内容、参加单位等情况通过县电视台和《畲乡报》进行公告，四期“阳光投诉”共有23个职能部门、76家单位参加，现场共受理投诉127件，为900人（次）作政策咨询和答复。组织开展领导干部在企业兼职情况专项清理和整改，重申领导干部不得在企业兼职的规定。深入开展党政机关违反规定用公款为干部职工购买个人商业保险、党政领导干部拖欠公款或利用职权将公款借给亲友等问题的监督检查。加强对领导干部“三圈”的监督，督促财务管理部门尤其是县会计核算中心和各乡镇会计核算中心严格审核经费支出，防止各种不正之风和奢侈浪费行为的发生。组织清理整顿统一着装工作，对不符合国务院着装规定而擅自着装的14个部门（319人）和符合国务院着装规定的10个部门（461人）着装情况进行检查，共收缴肩章507付、帽徽329只、领花112付、臂章370只、胸牌157块、大檐帽329顶。

2005年，县委开展移民资金管理使用情况专项执法监察，对2002年1月至2004年12月新安江电站和滩坑电站移民资金的收支、使用和管理情况进行专项审计，对11个乡镇、5个部门管理和使用移民资金情况（重点是滩坑电站移民资金使用情况）进行检查，查处违规使用移民资金6.5万元。

2006年，县纪委开展“洁城行动”督促检查，确保保洁行动顺利进行。对一起违规超范围向个人建房包括农民建房收取散装水泥专项资金问题进行调查，退回资金2968.5元。加强水电福利行业监管，对全县水电行业11家福利企业生产经营情况进行专项监察，责令民政部门取消6家福利企业资格。

2007年，县委根据省市要求开展“作风建设年”活动，部署开展“树新形象、创新业绩”主题实践活动、领导干部蹲点调研活动和“走进矛盾、破解难题”专项活动。加强换届选举工作和乡镇机构改革纪律监督，及时制定下发有关纪律要求，实施全过程监督，营造风清气正的换届和改革环境。开展对全县37个单位的机关效能建设情况和副科级以上领导干部的自身建设情况开展评议。开展党政机关和党政机关工作人员投资入股、参与集资等营利性活动的专项清理，涉及金额111.2万元。

2009年，县委开展创新效能环境监测模式，出台《关于设立效能环境监测一点一箱的实施意见》，在重点企业、重点项目、机关部门、乡镇村及社区设25个效能环境监测点和37个效能环境监测箱，对机关效能建设实行“实时监控”。

2010年，县纪委开展涉企、涉农收费专项检查，查处“三乱”案件2起，涉及金额17.29万元，查处4起企业反映强烈的乱收费、培训不规范、中介机构未脱钩等问题。组织开展省政府纠风办、浙江广电集团浙江之声联合推出的“《阳光行动》走遍浙江”大型直播活动，通过开展直播访谈和大型咨询服务活动，认真解决群众关心的热点难点问题。

第五节　违纪惩处

1993—2010年，县纪委(监察局)共查处各类违纪违规案件493件，受党纪政纪处分493人(其中受到党纪处分424人次，政纪处分128人次)，涉及乡(科)级领导干部123人。党纪处分的类别为开除党籍160人、留党察看59人、撤销党内职务13人、严重警告91人、警告101人；政纪处分类别为行政开除16人、撤职43人、降级23人、记大过14人、记过12人、警告20人。按犯错误的类型分为贪污贿赂行为135人、侵犯公民党员权利10人、失职渎职行为34人、违反廉洁自律规定18人、妨碍社会管理秩序201人、其他96人。

1993—2010年景宁党员干部违反党纪政纪处理情况一览

表21-4-1　　单位：人

年份	党纪政纪处分人数	处分类别											犯错误类型					
		党纪处分					政纪处分											
		开除党籍	留党察看	撤职	严重警告	警告	开除	撤职	降级	记大过	记过	警告	贪污贿赂	侵犯公民党员权利	失职渎职	违反廉洁自律规定	妨碍社会管理秩序	其他
1993	11	4	2	—	4	1	1	1	—	—	—	—	4	—	—	1	1	5
1994	21	2	2	1	5	5	—	2	3	1	1	2	2	—	1	—	15	3
1995	16	5	—	2	1	2	—	—	2	2	—	2	1	—	—	1	5	9
1996	17	10	2	—	4	1	—	1	1	1	2	—	10	—	1	1	4	1
1997	23	12	1	—	9	—	—	3	3	1	—	—	7	—	1	1	10	4
1998	28	3	5	—	11	3	—	4	2	2	2	1	3	—	6	—	16	3
1999	18	7	4	3	—	2	—	3	3	—	—	1	4	—	—	1	5	8
2000	22	12	4	1	4	—	—	5	—	2	—	—	12	—	—	2	8	1
2001	22	7	3	1	4	5	—	4	—	—	—	—	9	—	—	3	5	5
2002	19	7	6	1	—	3	—	4	—	—	2	1	2	—	6	1	5	6
2003	13	2	3	—	1	6	—	2	—	—	—	—	3	—	2	1	3	4
2004	31	10	—	—	5	11	2	2	1	—	—	1	5	—	6	2	8	9
2005	38	11	3	—	4	12	1	2	—	1	2	2	8	—	3	—	24	3
2006	35	13	1	1	10	7	—	1	—	2	—	1	8	—	1	—	12	14
2007	40	10	4	1	10	5	1	1	1	1	1	6	11	3	—	—	23	3
2008	43	11	11	—	3	7	5	1	7	—	2	—	22	1	—	2	9	9
2009	38	12	5	1	7	12	4	1	—	—	—	—	10	4	4	—	18	2
2010	43	17	1	—	4	17	2	5	—	1	—	2	10	2	2	—	25	4

第六节 组织机构

县纪律检查委员会

1993—2010 年，县纪律检查委员会历经 4 届，与县监察局合署办公。

第四至第七届县纪委书记名录

表 21-4-2

届别	姓名	出生年月	籍贯	职务	任职时间
第四届	陈龙富	1948.11	浙江缙云	书记	1993.4—1994.2
	蓝高飞（畲族）	1948.12	浙江松阳	书记	1994.2—1997.10
	叶岳清	1947.04	浙江云和	书记	1997.10—1998.3
第五届	叶岳清	1947.04	浙江云和	书记	1998.3—2001.3
	苏昌晨	1956.09	浙江松阳	书记	2001.3—2002.12
	郑利剑	1966.12	浙江缙云	书记	2002.12—2003.3
第六届	郑利剑	1966.12	浙江缙云	书记	2003.3—2004.11
	郑力平	1963.06	浙江庆元	书记	2004.11—2006.11
第七届	郑力平	1963.06	浙江庆元	书记	2006.11—2008.9
	陈锡星	1963.02	浙江永康	书记	2009.10—2010.12

基层纪检组织

1993 年，有乡镇纪委 24 个。2002 年，建立部门纪检组织派驻制度。2008 年，配备乡镇专职纪检干部 27 人，并明确职级和待遇。2009 年，设立经贸局等 15 个直属机关纪委，机关纪委委员 50 人。2008 年，村级党支部设立纪检委员，村级纪检委员 220 人。至 2010 年，全县基层纪检组织 75 个。其中，县直属部门设纪委（纪检组）25 个、派驻纪检组 13 个、机关纪委 15 个、乡镇（管理区）纪委 22 个，纪检监察干部 189 人、专职纪检干部 27 人。

第五章 决策举要

中共景宁县第四至第七届委员会，贯彻中央、省、市委的扶贫攻坚战略，推进景宁经济社会快速发展，深入调查研究，结合景宁实际，先后推出设立浙江景宁经济开发区等 10 项重大决策，并付诸实施，取得实效。

第一节　经济开发区设立

浙江景宁经济开发区

为发展经济，调整产业结构，促进资源优化和产业升级，促使经济增长方式从粗放型向集约型转变，充分利用景宁的资源与政策，向上级党委、政府提出创建景宁经济开发区。1994 年 8 月，省政府批准设立浙江景宁经济开发区，开发区位于县城北面，规划面积 1.51 平方千米，是丽水地区 3 个省级经济开发区之一。开发区成立后，根据“引外联内并举，外资内资并重”的思路，先后到杭州、衢州、湖州等地开展招商引资活动。并积极向上级争取扶持，使开发区可以享受民族自治特殊优惠政策。

立足景宁生态优势，打好“民族品牌”、打造“政策洼地”,形成以总部经济园、绿色食品加工、制药、竹木制品等具有民族区域特色的多区块产业发展格局。完成县城开发区中心区块、澄照佃源工业区块、王金垟复合产业区块、城北 110 千伏变电所工业区块、滩坑库区工业区块、梧桐工业区块、东坑工业区块的规划。优化县域经济的组团式布局，拓展二产、三产发展空间，实现资源优势叠加，促进园区产业集聚和转型升级。至 2010 年末，开发区共有工业企业 9 家，商贸流通企业 53 家。其中，引进商贸流通企业 46 家，知名企业有娃哈哈集团公司、华东电力集团公司、浙江省电力能源总公司、巨化集团、宁波大道投资管理有限公司等。2010 年，开发区内企业实现工业总产值 4.2 亿元，工业、商贸企业实现销售收入 10.97 亿元，上交税费 10500 万元，

浙江景鄞扶贫经济开发区

浙江省委、省政府为加快贫困县脱贫致富步伐，决定动员沿海发达地区的鄞县与景宁县结对扶贫。1985 年，宁波市鄞县与景宁正式建立结对扶贫关系。1992 年，在总结多年鄞景扶贫经验的基础上，分析扶贫工作仍存在企业发展困难、扶贫成果不明显等问题。县委、县政府认为必须正视区位条件差异，要把建立异地扶贫经济开发区作为改变景宁贫困落后面貌、加快脱贫致富步伐的重要举措，即向省委、省政府提出申请，从就地式扶贫向开发式扶贫战略转移。在鄞县梅墟工业区内划出土地建立“景宁畲族自治县梅墟工业基地”,将沿海发达地区的地域优势和国家对少数民族贫困地区的优惠政策结合起来，促进经济发展，提高扶贫效益。1994 年 3 月 30 日，省政府批复同意建立浙江景宁梅墟扶贫经济开发区，规划面积为 68.8 公顷。1994 年 12 月 31 日，省政府批准，开发区更名为浙江景鄞扶贫经济开发区，开发区域扩大为 5 平方千米。并比照温州扶贫经济开发区享受优惠政策。1995 年 6 月，国家民委批准该开发区为国家民委扶贫开发试验区。1997 年 7 月，国家民委批准在开发区内设立“中国少数民族工业城”。

1995—2007 年，景鄞扶贫经济开发区财政总收入为 4.7 亿元，平均每年 4000 万元；地方财政收入为 1.7 亿元，平均每年 1400 多万元。2007 年始，扶贫经济开发区实行属地管理，省政府出面协调，由鄞州区通过财政转移支付，每年划给景宁 1500 万元。同时，保留景鄞扶贫经济开发区。

浙江景鄞扶贫经济开发区对景宁的经济和社会发展起到十分重要的作用，并产生积极而深远的影响。

丽景民族工业园

丽水市委、市政府为确保省委、省政府提出的战略目标顺利实现，根据景宁工业基础薄弱、土地资源紧张和自然生态保护的县情实际，决定在丽水经济开发区规划范围内划4平方千米区块，扶持景宁加快工业经济发展。2008年12月17日，丽水市机构编制委员会出台《关于同意设立丽水经济开发区景宁民族工业园管理委员会的批复》（丽编委〔2008〕108号）文件，明确设置景宁民族工业园管理委员会。景宁民族工业园党工委、管委会为县委、县政府的派出机构。丽景民族工业园为国家民委扶贫开发试验区，享受国家西部大开发的税收优惠政策，享受国家、省对欠发达地区的扶持政策。

丽景民族工业园地处丽水南城南端"七百秧"区块内，以二类和三类工业用地为主，总用地面积400公顷。其中，工业用地307.13公顷，公建用地6.27公顷，道路广场用地43.4公顷，绿地26公顷。总开发投资估算30亿元。

至2010年，丽景民族工业园完成项目建议书编制及报批、环评和地质勘探、可研报告编制和审批、初步设计编制和报批、施工图纸设计和审查、预算审计、施工监理标的发布和开标等一系列项目前期工作。顺利完成一期工程土地测量、地类确认、地上附着物清点登记和土地征收补偿款项支付等政策处理工作。通过"搭桥贷款"的方式成功解决建设资金问题，开始动工建设。

第二节　下山移民

1992年末，景宁有自然村1380个，处于偏远山区800个，生产生活条件落后。全县有21个乡镇发现地质灾害隐患点128个，严重威胁到人民群众的生命财产安全。

1993—2010年，为保障农民的生活、生产安全，县委、县政府确定完善各项扶持政策，采取人口内聚外迁战略，促进人口梯度转移。有计划地扩大中心集镇的行政区域，加快集镇和中心村的基础设施建设，通过重大工程建设、下山脱贫、迁移高山村等工作，促进人口、资源等要素集聚，把城镇建设与下山脱贫、易地致富结合起来，鼓励更多人下山进城谋出路，逐步把政府对高山、深山地区基础设施的投入转移到人口迁移、异地致富上来。通过增加就业机会，吸引大量的农村富余劳动力向非农产业转移，形成以城带乡、以乡促城的城乡协调发展格局。

为解除人民群众的后顾之忧，逐步实施地质灾害避险工程，将受地质灾害影响的村整体搬迁到适宜居住与发展的地方，改善农民的生产生活条件。2000年，县委、县政府加大农民下山移民工作力度，实施下山脱贫和"百村避险"工程，全县投入各类资金4.3亿元。至2010年，完成农民异地转移2724户，10714人。其中，整村搬迁206个自然村，2451户，9749人，占农民异地搬迁总人口的91%；地质灾害搬迁24个村，337户，1216人，占全县总人口6.4%。偏远山区农民群众向县城、中心镇、中心村转移，推进新型城镇化进程。

第三节　主导产业培育

1993—2010年，县委、县政府认真贯彻党在农村的基本政策，立足山区发展实际，认真调整农业产业结构，充分利用现有资源，抓好食用菌、茶叶等产业的开发，大力发展名、特、优产品。1993—2010年，先后获得农业部授予的“中国香菇之乡”、省政府授予的“浙江省农业特色优势产业食用菌强县”以及“中国名茶之乡”“中国茶文化之乡”“浙江十大名茶”等荣誉。

茶叶

2001年，出台《关于全县惠明茶产业发展的实施意见》。2008年，出台《景宁畲族自治县加快惠明茶产业发展试行办法》。2006年3月，惠明茶企业统一使用“惠明”商标，提高惠明茶在全国范围内的知名度。2010年，出台《景宁畲族自治县加快惠明茶产业发展的试行办法》补充意见，明确县财政安排专项资金用于惠明茶产业开发、产品加工、市场营销和品牌宣传。抓好惠明茶基地建设，在全县范围内增加惠明茶种植基地，实施惠明茶基地低改工程，开发高效高标准的生态茶基地，不断提高惠明茶产量和质量，促进惠明茶产业走上产业化规模化的道路。惠明茶产量从1992年的28.5万千克提高到2010年148.5万千克。

食用菌

1993年后，县委、县政府从多方面出台食用菌产业扶持政策，建立起以基地为基础，以企业为龙头，以市场为导向，内外销结合的产销格局，形成市场、企业、菇农一体化生产体系。2008年，县委、县政府出台《景宁畲族自治县加快食用菌产业发展试行办法》，提出在食用菌产业发展上，要注重开发新品种、新产品，提高产品质量，减少资源消耗，改变以前食用菌栽培以香菇为主的产业模式，从单一香菇栽培发展为多品种栽培，逐步形成以香菇、黑木耳、珍稀食用菌等多品种生产结构，促进食用菌产业的转型升级。

通过科学决策部署，食用菌产业发展迅速，成为农民致富增收的重要支柱产业。1992年，全县食用菌产量240万千克(干)。其中，香菇(干)238万千克。2010年，食用菌生产规模5870.7万袋，食用菌产量500多万千克(干)。其中，香菇(干)394万千克。

第四节　小水电开发

景宁境内多溪谷，垂直落差大，水力资源丰富，理论蕴藏量66.62万千瓦，可开发装机容量53.04万千瓦。1993年后，县委、县政府重视水力资源开发利用，积极探索小水电发展路子，提出“谁投资、谁管理、谁所有”“以电兴县，建设中国小水电之乡”的发展战略，广开融资渠道，动员全社会力量投资水电。

县委、县政府相继出台《关于加快发展小水电事业的若干规定》《关于加强开发小水电资源的意见》《景宁畲族自治县水资源管理条例》《景宁畲族自治县水资源开发管理办法(试行)》等一系列优惠的法规和政策，完善与执行水利资源规划、审批、立项、开发、政策处理等制度，规范小水电业发展，促进水利资源开发利用的有序进行。鼓励发展调峰电站和抽水蓄能电站，推进重点水电工程建设，完成电网输出工程建设，使小水电行业成为一个电源结构合理、电网配套齐全、发展有序健康的富民强县支柱产业。

至2010年，全县建成水电站154座，总装机容量33.79万千瓦，年均发电量9.25亿千瓦时，年产值2.63亿元。2004年，景宁被水利部授予全国第一个“中国农村水电之乡”称号。

在加快县域水电建设的同时，小水电业还加快向县域外开发进程。以股份制业主和民营企业家在县境内开发小水电创业成功的基础上，利用积累的经验和资本，积极响应“西部开发”号召，在域外开发水电，涉云南、四川、贵州、湖南、湖北、福建、江西、安徽、广西、陕西、青海、甘肃等12个省、69个县。

第五节 学校建迁

县委、县政府认真贯彻落实党的教育方针政策，秉承“办畲乡人民满意教育”的宗旨，始终把教育事业摆在优先发展的战略地位，逐步改善办学条件，优化教育结构，整合教育资源，合理调整城乡教育布局，提高办学效益。围绕创建“省级教育强县”的目标，突出加快“基础设施建设”和“全面提高教育质量”两大主题，实施教育事业大投入、大建设，举全县之力实施城区教育资源优化整合工程，先后投资2.6亿元，建设“一扩两建四迁”工程①。创办城北中学、民族小学和实验幼儿园等学校，扩大县城学校办学规模，解决县城就学压力大的问题。搬迁景宁中学、职业高中、民族中学和实验一小等学校，改善办学条件，提高教学质量。

1997年8月，城北中学竣工。2008年8月，扩建城北中学校园，校园占地面积28421.95平方米，建筑面积12505.03平方米，有30个班级。

2006年9月，景宁中学迁至新校区，校园占地面积10.33公顷，建筑面积47736平方米，共有42个班级(高中36个班级，初中6个班级)。

同月，职业高中迁至新校区，校园占地面积43369平方米，有31个班级。

2007年9月，新建的民族小学投入使用，学校按省一类学校标准建设，校园占地面积52669.44平方米，建筑面积23802.38平方米，有54个班级。

2008年9月，民族中学迁至新校区，学校按省一类学校标准建设，校园占地面积52372平方米，建筑面积27842平方米，有36个教学班。

2009年4月，实验一小迁至新校区，校园占地面积14000平方米，建筑面积9900平方米，有48个班级。

2010年9月，新建的实验幼儿园投入使用，幼儿园按省一级幼儿园标准建设，校园占地面积8728平方米，建筑面积6701.1平方米，有18个班级。

“一扩两建四迁”工程完工后，县城学校新增建筑面积11万平方米，城区学校面貌焕然一新，教育资源全面优化，办学条件全面改善，极大提高教学基础设施的功能利用。使全县100%的高中生，81%的初中生，70%的小学生可在县城就读。

第六节 畲族文化中心建设

为实现省委、省政府提出的“景宁经济综合实力进入全国120个民族自治县前10位、接近全省基

①一扩两迁四建工程：扩建城北中学，搬迁景宁职业高中、第一实验小学、新建景宁中学、民族中学、民族小学、实验幼儿园。

本实现全面小康社会的目标、成为全国畲族文化发展基地”的要求。2006 年 12 月 16 日，县第七次党代会明确提出“一三四八”发展战略，作出“打造中国畲乡，建设和谐景宁，努力在经济社会发展上走在全国民族自治县的前列”的决定，充分利用全国唯一的畲族自治县这一品牌，展示“神奇畲乡、风情景宁”，让“中国畲乡”全国闻名。2007 年，确定建设畲族文化中心，建成全国最具影响力的畲族文献资料展示和查勘中心，推动民族地区文化事业的繁荣与发展，成为人们了解畲族人文历史，解读畲族民俗的重要窗口，同时满足人民群众日益增长的精神文化建设需求。2007 年 1 月 8 日、3 月 16 日召开专题会议研究畲族文化中心方案设计和建设有关事项。畲族文化中心包含畲族博物馆、文化馆、图书馆、畲族文化公园，总占地面积 26500 平方米，总投资 8000 多万元。2010 年，畲族文化中心被丽水市委、市政府评为“丽水撤地设市 10 周年‘30 个精品工程’”之一。

畲族博物馆

畲族博物馆建筑面积 3554 平方米。博物馆通过大量的文物、实物和图片，以高科技表现手法，展示畲族的发展史和灿烂文化。

文化馆

文化馆建筑面积 5045 平方米，建有小剧场、露天舞台、排练厅、业余团队活动室、钢琴室、古筝室、书画室、畲族音乐室等。定期开展乐器、舞蹈、曲艺、绘画等培训及各类文艺活动和比赛。

图书馆

图书馆建筑面积 3633 平方米，有阅览座位 240 个。藏书 10 万册，期刊 250 种，报纸 60 份，计算机 32 台。其中，少儿室座席 60 个。馆内开设外借阅览室、电子阅览室、采编室、少儿阅览室、畲族文献研究室、自习室。全部免费向读者开放，每周开放 6 天，周平均开放时间 60 小时。

畲族文化公园

景宁畲族文化公园占地面积 18500 平方米，包括广场、道路、绿化及景观小品等。由东向西分为地域起源区、记忆展示区和文化共融区，采用畲族特有的元素，充分表现畲族的日常生活、宗教信仰和文化生活等各个层面的本土内容。

第七节　滩坑库区移民

滩坑水电站是浙江省“百亿帮扶致富”的一项重要扶贫工程、德政工程、民心工程。须举全县之力、集全县之智、聚全县之能，按时完成滩坑水电站库区移民。以滩坑库区移民为突破点，加快县内人口的内聚外迁工作，推进城镇化建设。

2003 年，滩坑水电站立项开工建设，总投资 48.3 亿元，总装机 60 万千瓦，年平均发电量 10.35 亿千瓦。滩坑电站库区涉淹6 个乡镇，47 个行政村，淹没面积 36.11 平方千米，移民总计 7147 户，20994 人。为景宁有史以来外迁内聚人口最多、工作量最大的移民工程，县委专门成立移民和复建工作指挥部，县主要领导担任总指挥。在乡镇及机关部门抽调干部 2072 人(次)。全体移民干部树立“移民利益无小事、移民工作无小事”的思想，并制定“县领导联系、部门包干、乡镇负责”的移民工作机制，形成纵向到底、横向到边、齐抓共管的责任制度。组织人员编制《大中型水库移民后期扶持规划》《大中型水库库区和移民安置区基础设施建设及经济发展规划》及《小型水库移民解困规划》，做好水库移民后期复建工作。

移民安置分设县内和县外两种，县内分别安置在澄照、鹤溪、渤海、九龙4个乡镇，11个移民安置点，县外分别安置在莲都、龙泉、遂昌、松阳、缙云、义乌、东阳、永康、浦江、绍兴、诸暨、鄞州、奉化县（市、区）。移民安置方式分为有土安置、货币安置、自谋出路、自谋职业、清库影响对象。

至2010年末，圆满完成库区移民外迁内置的安置工作，确保滩坑水电站的顺利建设。

第八节 外舍防护工程建设

外舍防护工程位于瓯江支流县城北部外舍段右岸，距县城1千米，属滩坑电站水库库尾防护项目之一，集电站库区防护、县城新区拓展、河流改道排洪于一体，列入浙江省重点工程建设项目。2002年初，决定利用滩坑电站库区库尾外舍1.5平方千米与王金垟一带1.5平方千米可开发土地，在滩坑电站水库蓄水前上马建成外舍防护工程，为城区发展提供土地资源与发展空间，促进产业提升与人口集聚。同年9月27日，县外舍防护工程领导小组及其办公室成立，进入前期准备工作。2004年4月10日，浙江省发展和改革委员会对该项目可行性研究报告进行审查并原则通过。同年4月26日，浙江省水利厅批准项目水土保持方案。同年7月15日，浙江省环保厅对项目环境影响进行审查，作出批复。省发改委于2005年9月29日正式批准项目可行性研究报告，同年11月9日，批准项目初步设计方案。经设计，项目工程任务为库区防护和围滩造地，建成后可形成新城区开发用地3平方千米。2004年9月27日，按市场化运作要求，成立外舍防护工程投资有限公司，作为外舍防护工程法人，负责项目建设资金筹措。2005年4月，组建工程政策处理小组进驻外舍乡，对项目区内4个行政村，878位移民分步安排动迁安置。2006年3月8日开工兴建。工程概算总投资4.8亿元，至2010年12月，实际投资5亿元。外舍防护工程主要包括三大子工程。

河流改道及防护堤

本着在不改变溪流流态和不增高水位的前提下，以裁弯取直方式，沿左岸开挖新河道长1500米，宽250米，使水流顺畅入库。按50年一遇洪水设计标准，沿改道后的河流右岸布置，新建防护堤全长2198.98米，堤坝为碾压堆石体，堤坝顶高程为海拔164.9米，堤坝底部宽110米，河道上口宽250米，平均堤坝高为29米，堤坝顶部宽8米；堤坝迎水面坡比1:1.7，背水面坡比为1:1.4；迎水面在海拔高程160米以下，为C20混凝土面板，下部基础为C15混凝土大方脚和C20挡墙，外侧采用大块石护脚。该子工程于2006年3月开工，建设合同期33个月，总投资1.8亿元，于2007年9月通过新河道通水前阶段工程验收，2008年12月完成合同工程，2009年12月30日通过合同段工程验收。该子工程由中国水电顾问集团华东勘测设计研究院设计，浙江省第一水电建设集团有限公司施工，由浙江省水利工程监理有限公司担任监理，浙江省水利水电工程质量监督中心站担任工程质量监督。

王金垟排洪渠道及工业区

外舍王金垟片区中央，原由一条宽10米、长500米小溪分隔两半，晴天溪流小，雨天洪峰大，水文资料记载，20年一遇洪峰流量为160立方米/秒。为提高该片区土地的利用率，沿原王金垟小溪右岸山脚开挖明渠改道，由干渠、支渠组成排洪渠道，全长2320米，渠顶部宽18米。该子工程于2006年7月31日开工建设，2008年12月28日完工，2009年12月30日通过合同段验收。其主体实物工程量：土方开挖3.1万立方米、石方开挖2.6万立方米、石渣回填28.8万立方米、砼浇筑4200立方米、C10砼垫层2344立方米、钢筋制安15万千克，总投资17050万元。该子工程由中国水电顾问集团华东勘测设计研究院设计，由浙江省水电建筑安装有限公司施工，由浙江省水利工程监理有限公司担任监理，由浙江省水利水电工程质量监督中心站担任工程质量监督。

2008年1月28日，开工建设王金垟工业区块基础设施路网土石方工程，主要是山体开挖与土地平整，工程计划总投资13083.9万元，实际完成投资6419万元。其中，工程直接投资3590万元，政策处理1582万元，其他支出1246万元，于2010年10月竣工验收。

外舍新区道路网

工程主体为县城与外舍新区连接通道和新区道路网，实现外舍新区功能定位和价值。工程分两期实施，计划总投资3.38亿元。一期工程为土石方开挖，于2009年12月28日动工，开挖县城城北经通天门至外舍新区通道（全长1000米，宽350米），开挖外舍油田口段土石方，开挖量800万立方米，同时回填防护堤内侧低洼地，进行新区路网基础碾压。二期是人民北路延伸工程，为人民北路基础管网和路面建设。

第九节　城乡交通网建设

1993年末，景宁辖5个镇、19个乡、285个行政村。其中，通公路乡镇20个，公路总里程401.33千米。通公路或机耕路行政村110个，占全县行政村总数的38.6%。

至1997年末，相继完成岚头岭、通天门公路改造工程，开通郑坑、大地、葛山、梅岐四条乡道公路。完成县城至沙湾、渤海及鸬鹚至英川的油路铺设，完成县内主要公路干线改造、沿线乡镇过境路的水泥路面铺设，实现乡乡通公路目标。加强农村简易公路建设，开通农村简易公路258千米，使行政村通路率从1992年的44.8%提高到1997年的62%。实现行政村“村村基本通路”目标。

以滩坑电站建设为契机，建设庆景青二级公路，形成东衔青田至温州，北接金丽温高速公路至杭州，南连泰顺至福建的区域干线公路网。2003年12月，省交通厅下发《关于龙丽、丽龙一级公路改建为高速公路的通知》，决定将规划中的云景一级公路提升为高速公路，并于2008年3月开工建设。

2007年，县政府提出“建设主通道、改建农村路、复建水运网、配套站场点”思路，努力构建“两纵一横一环四通道”公路交通主框架，建设云景高速公路、景青复建公路、库周公路、库区码头、客运新站和货运中心等重大项目，全面提升县内公路等级标准。加大农村基础设施建设力度，等级公路通村率达到95%以上，路面硬化率85%以上。积极推进52省道、56省道、交见圩至龙泉叶村、家地至庆元官塘、英川至叶桥等公路建设，使出县境交通更加通畅便捷，县城至各乡镇政府驻地公路等级不断提高，乡镇村之间形成大小环线。2008年8月25日，通过《景宁畲族自治县农村公路管理养护办法》并正式实施，加大对县内公路的养护力度。

“八五”计划后，景宁先后完成“乡乡通公路”“省县乡公路”路面硬化工程、滩坑库区交通复建等重大建设任务，完成通行政村康庄工程建设目标，完成创建“文明公路、五型公路”等工作，实现南北向交通干线的贯通，景宁交通事业实现跨越式发展。

第十节 AAAA景区建设

2009年，县委、县政府提出把旅游业作为长远的发展战略来抓，将“畲乡风情名县”列为“一三四八”发展战略的三大战略之一。根据“走在全国民族自治县前列”的目标，将产业体系定位为以旅游业为龙头的生态产业体系。提出“发展大旅游、开拓大市场、培育大产业”的思路，按照“神奇畲乡、秀美山水、休闲胜地”的城市定位，着力做好民族风情文化和山水生态两篇文章，努力打造华东地区独树一帜的民族风情旅游县。

根据景宁的实际情况，提出“中国畲乡之窗”“云中大漈”景区创建国家AAAA级景区工作目标，成立以县长为组长的创建旅游景区工作领导小组。先后编制《中国畲乡之窗 云中大漈创建国家AAAA级旅游景区行动方案》《创建整改工作目标任务分解表》《中国畲乡之窗创建国家AAAA级旅游景区实施方案》《云中大漈创建国家AAAA级旅游景区实施方案》，对重点目标任务进行细化分解。在景区创建期间，县委常委会和县委主要领导及时听取景区创建工作汇报，督促创建工作进度。紧紧围绕“畅通游、舒适游、平安游、绿色游、轻松游、特色游”的目标，做好基础设施、景区生态、景区营销、村景合一等方面工作，每周汇总创建工作推进情况，确保发现问题及时组织整改。

2009年12月，“中国畲乡之窗”创建国家级AAAA景区通过专家组评审。景区融历史文化、畲族风情和自然生态风光为一体，有浮伞仙迹、龙岗叠翠、浮伞祠、一门三进士、大均古街、畲族陈列馆等古迹景观。还有畲族婚嫁、激情漂流、篝火晚会、小溪烧烤、洗井泼水节、火把狂欢节、浪漫对歌节等参与体验性项目。

2010年12月，“云中大漈”创建国家级AAAA景区通过专家组评审。景区集地貌景观、田园风光、古迹建筑、高山农业为一体，主要景点有雪花漈、银坑洞、龙舌吐珠、千亩杜鹃、时思寺、千年柳杉王、古廊桥、阳岚寨、小佐古村、电影博物馆及大漈抢猪节、大漈花鼓戏、大漈陶艺馆等民俗体验项目。

第二十二篇　地方人民代表大会

1993—2010年，景宁畲族自治县人民代表大会（以下简称县人大）历经第四、五、六、七届。根据全国人民代表大会常务委员会关于县、乡镇人大换届同步进行的要求，其中，第六届任期4年，其他每届任期5年。县人民代表大会每年举行1次全体会议。县人民代表大会设立常务委员会（以下简称县人大常委会），每2个月至少举行1次会议。其间，共举行人民代表大会会议20次，举行常务委员会会议134次。

每届县人民代表大会代表的选举工作由县选举委员会主持。选举委员会由县委常委、县人大常委会成员及有关部门负责人组成。县、乡镇选举委员会的组成人员由县人大常委会任命。出席省、市的人民代表大会代表由县人民代表大会选举产生。

建立县人大代表活动小组及联系制度，采取参加小组学习、走访代表或选民、召开座谈会等方式，听取县人大代表和选民的意见。人大代表活动小组，根据实际情况每年进行1~2次视察活动。1993—2010年，围绕县城基础设施建设、中华畲族文化村建设、文明县城创建、英川电站建设、景泰公路建设、生态示范点建设、望东垟高山湿地保护工程、外舍防护工程、文物保护管理、AAAA景区建设、旧城改造、农产品质量安全、“菜篮子”工程建设、丽景民族工业园、滩坑水电站库区复建和库周发展、庆景青公路复建等工作，进行视察和调研86次。

县四届人大一次会议至七届人大五次会议期间，共收到代表建议和意见2837件，闭会后交有关部门办理并开展督办，一般规定在3个月内办结，要求书面逐件答复代表，每年由县人民政府向县人大常委会报告办理情况。

至2010年，召开人大常委会会议134次，听取和审议“一府两院”专项工作报告307个。并对涉及全县政治、经济、教科文卫、社会、人事、人大制度以及基本农田保护区划调整、推行行政执法责任制、调整2010年远景目标纲要中部分经济指标等重大事项作出决定和决议131项。决定国家机关工作人员人事任免事项826人次。开展执法检查，督促“一府两院”严格执法。先后开展对宪法、组织法、刑事诉讼法、森林法、土地管理法、经济合同法、教育法、婚姻法、人口与计划生育法及地方性法规的执法检查，有序推进依法治县进程。

县人大常委会把评议工作列入重要日程。第四至第七届县人大常委会任期期间，对“一府两院”工作进行多次评议，在评议中，将人民代表及群众提出的问题和意见进行归纳整理，以书面形式反馈有关部门，并督促整改到位。

第一章 人民代表

县、乡镇人民代表大会代表由选区选民直接选举产生。选举采用无记名投票方式，实行差额选举。从1993年5月县第四届人大起，县人大代表每届任期改为5年，乡镇人大每届任期仍为3年。根据2004年10月修改后的地方各级人民代表大会和地方各级人民政府组织法规定，乡镇人大从第七届起，每届任期改为5年，此后，县、乡镇人大代表换届选举同步进行。

第一节 代表选举

选举委员会

县人民代表大会代表的选举工作由县选举委员会主持。选举委员会由县委常委、县人大常委会成员、县委组织部、宣传部、纪检委、统战部和县民政局、司法局、总工会、共青团、妇联等部门负责人组成。设主任1人，副主任和委员若干人。县、乡镇选举委员会的组成人员由县人大常委会任命。乡镇的选举委员会受县人民代表大会常务委员会的领导。

选举日

选举日是由选民投票直接选举人大代表之日，也是进行选民登记时依法确定年龄的截止日期，由选举委员会确定并公布选举日，以此界定和审核选民资格和选民人数。第四届至第七届县乡两级人大代表选举日分别是：1993年3月18日，1998年3月10日，2003年3月18日，2007年1月18日。

选区设立

选区由选民组成，按居住状况、生产单位、事业单位、工作单位的选民实际情况，由选举委员会划分确定。每个选区选1~3名人大代表。各选区每1名代表所代表的选民人口数大体相等。县人大代表的选举，第四届为107个选区，第五届为87个选区，第六届为89个选区，第七届为88个选区。

代表构成

第四届人大代表选举　1993年3月，选举产生县四届人大代表237人。其中，妇女22人，占代表总数的9.3%；少数民族代表39人，占代表总数的12.2%。

第五届人大代表选举　1998年3月，选举产生县五届人大代表163人。其中，妇女代表12人，占代表总数的7.3%；少数民族代表16人，占代表总数的9.8%。

第六届人大代表选举　2003 年 3 月，选举产生县六届人大代表 167 人。其中，妇女代表 12 人，占代表总数的 7.2%；少数民族代表 32 人，占代表总数的 19%。

第七届人大代表选举　2007 年 1 月，选举产生县七届人大代表 164 人。其中，妇女代表 10 人，占代表总数的 6%；少数民族代表 30 人，占代表总数的 18%。

景宁第四至第七届人民代表大会代表结构一览

表 22-1-1　单位：人

届别	代表人数	其中			年龄			文化程度				代表结构					
		妇女	中共党员	少数民族	35 岁以下	36 岁至 55 岁	56 岁以上	大专以上	中专	中学	小学以下	工人	农民	军人	干部	知识分子	其他
第四届	237	22	197	39	51	162	24	34	41	128	34	22	105	—	74	30	6
第五届	163	12	138	16	28	127	8	51	—	107	5	13	72	—	61	10	7
第六届	167	12	132	32	22	139	6	74	—	46	47	89		—	47	24	7
第七届	164	10	129	30	17	134	13	84	—	57	23	85		1	70	8	—

全国、省、市人大代表选举

出席全国人民代表大会第四届、第七届、第八届、第十届、第十一届的代表，分别由省人民代表大会会议选举产生。出席省第一届、第二届人民代表大会的代表，由县人民代表大会会议选举产生。出席省第三届、第四届、第六届人民代表大会的代表，分别由云和县人民代表大会会议或地区革委会扩大会议选举产生。出席省第七届、第八届、第九届人民代表大会代表由景宁畲族自治县人民代表大会会议选举产生。出席省第十届、第十一届人民代表大会的代表由市人民代表大会会议选举产生。出席市第一届、第二届人民代表大会代表由县人民代表大会会议选举产生。

1993—2010 年景宁出席全国人民代表大会代表一览

表 22-1-2

届　别	姓　名	性别	民族	工作单位及职务	选举时间
第八届	雷文先	男	畲族	县委副书记、县长	1993 年省人大会议选举
第十届	蓝钱根	男	畲族	林业总场草鱼塘分场场长	2003 年省人大会议选举
第十一届	钟昌明	男	畲族	县委副书记、县长	2008 年 1 月，省十一届人大一次会议选举

1993—2010 年景宁出席浙江省人民代表大会代表一览

表 22-1-3

届　别	姓　名	性别	民族	工作单位及职务	选举时间
第八届	李绍英	男	畲族	浙江省民委副主任	1992 年 11 月，县三届人大四次会议选举
	雷木森	男	畲族	县委常委、县人大常委会主任、党组书记	
	任振芝	男	汉族	梧桐乡高演村委主任	
	徐培金	男	汉族	丽水地区行政公署专员	1994 年 4 月，县四届人大二次会议补选
	郑忠伟	男	汉族	景宁一中校长	

续表 22-1-3

届别	姓名	性别	民族	工作单位及职务	选举时间
第九届	蓝高飞	男	畲族	县委常委、县人大常委会主任、党组书记	1997 年 12 月，县四届人大六次会议选举
	郑忠伟	男	汉族	景宁一中校长	
	徐培金	男	汉族	丽水地区行政公署专员	
第十届	林　一	男	汉族	中共景宁畲族自治县委书记(2005 年 7 月调出)	2001 年 1 月，丽水市第一届人民代表大会第一次会议选举
	武　昌	男	汉族	中共景宁畲族自治县委书记(2005 年 7 月调入)	2001 年 1 月，丽水市第一届人民代表大会第一次会议选举
第十一届	蓝建梅	女	畲族	城北中学教师	2007 年 11 月，丽水市第二届人民代表大会第三次会议选举

2000 年景宁出席丽水市第一届人民代表大会代表一览

表 22-1-4

姓名	性别	民族	工作单位及职务	选举时间
蓝高飞	男	畲族	县人大常委会主任、党组书记	2000 年 12 月 6 日，县五届人大四次会议选举
毛道福	男	汉族	鹤溪镇人大主席	
叶玉珠	女	汉族	县林业局总工程师	
叶金堂	男	汉族	中共沙湾镇委书记	
叶常萌	男	汉族	中共渤海镇委书记	
吕子春	男	汉族	丽水市人民政府常务副市长	
刘晓云	男	汉族	鹤溪镇建筑公司经理	
杜正南	男	汉族	澄照乡东升村党支部书记	
吴少程	男	汉族	毛垟乡底垟村党支部书记	
吴光远	男	汉族	县胶丸有限公司总经理	
汪建云	男	汉族	丽水职业学院院长	
沈秀慧	女	汉族	县供销社副主任	
张少荣	男	汉族	县计划委员会主任	
林　一	男	汉族	中共景宁畲族自治县委书记	
徐华娟	女	汉族	景宁华荣公司总经理	
徐梦璋	男	汉族	丽水市人造板有限公司经理	
商良才	男	汉族	鸬鹚乡鸬鹚村委主任	
董德求	男	汉族	东坑镇桃源村党支部书记	
蒋剑巍	男	汉族	丽水市中级人民法院院长	
蓝良兴	男	畲族	县委常委、政法委书记	
蓝春土	男	畲族	县委副书记、县人民政府县长	
雷一培	男	畲族	县民族文化工作队副队长	
廖良清	男	汉族	县气象局局长	
雷　萍	女	畲族	丽水市总工会副主席	
张盛忠	男	汉族	县人大常委会党组书记、副主任	
王跃飞	男	汉族	县电力局局长	
毛明横	男	汉族	丽水市武警支队长	

2005—2009 年景宁出席丽水市第二届人民代表大会代表一览

表 22-1-5

姓　名	性别	民族	工作单位及职务	选举时间
王昌荣	男	汉族	中共丽水市委常委、秘书长	2005 年 11 月，县六届人大四次会议选举
占志妙	男	汉族	丽水市人大常委会副主任	
任家弟	男	汉族	景宁梧桐鸿达中药材种苗培育中心经理	
刘建平	女	汉族	丽水市邮政局局长	
杜正南	男	汉族	澄照乡东升村党支部书记	
李林余	男	汉族	大均乡伏叶村委主任	
吴惠民	男	汉族	景宁惠民水电有限公司董事长	
沈秀慧	女	汉族	县审计局局长	
张晓强	男	汉族	共青团丽水市委书记	
张盛忠	男	汉族	县人大常委会副主任、代理主任	
陈世平	男	汉族	景南乡东塘村委主任	
陈肖里	男	汉族	县农办主任	
陈晓敏	男	汉族	鹤溪镇人民政府镇长	
武　昌	男	汉族	中共景宁畲族自治县县委书记	
林佩英	女	汉族	中信实业有限公司总经理	
尚建基	男	汉族	县人民医院院长	
季晓伟	男	汉族	县财政局局长	
郑耀汉	男	汉族	县委副书记	
徐华娟	女	汉族	县交通工程有限公司总经理	
徐家胜	男	汉族	景宁移动公司经理	
梅荣健	男	汉族	景宁中学校长	
斯金锦	男	汉族	丽水市中级人民法院院长	
蓝小明	男	畲族	县发改局局长	
蓝晓娟	女	畲族	沙湾镇张庄村党支部书记	
雷　萍	女	畲族	县委副书记、县人民政府县长	
虞鸿鸣	男	汉族	丽水市委常委、宣传部部长	
吴莜琳	女	汉族	共青团丽水市委书记	2006 年 12 月，县六届人大常委会 31 次会议选举
钟昌明	男	畲族	县委副书记、县人民政府县长	2007 年 3 月，县七届人大一次会议增选
蓝良兴	男	畲族	县人大常委会主任、党组书记	
梁细弟	男	汉族	丽水市人民政府副市长	2009 年 12 月 23 日，县七届人大常委会第 20 次会议选举
黄文斌	男	汉族	丽水市中级人民法院院长	

第二节 代表活动

代表小组

县人大代表考察重点工程建设

以乡镇、县直属系统为单位建立县人大代表活动小组,县人大常委会组成人员分别编入原选区所在乡镇和单位的县人大代表活动小组。县人大常委会组成人员与代表活动小组建立固定联系制度;采取参加小组学习、走访代表或选民、召开座谈会等方式,听取县人大代表和选民的意见。商议有关事项。每月 18 日为县人大常委会主任、副主任、专职委员接待代表日。

各人大代表活动小组,根据当地的实际情况,坚持每年进行 1~2 次视察活动,对有关机关和单位的工作进行视察和调研。

1993—1997 年,第四届人大代表视察公路工程建设、县城基础设施建设工程、中华畲族文化村建设规划等工作。

1998—2002 年,第五届人大代表视察文明县城创建、英川电站建设、景泰公路建设等工作。

2003—2006 年,第六届人大代表视察生态示范点建设、望东垟高山湿地保护工程、文物保护管理等工作。

2007—2010 年,第七届人大代表视察重点工程项目、云景高速公路、畲族文化中心、外舍防护工程、AAAA 景区、丽景民族工业园等建设情况。

市人大代表景宁中心组视察滩坑水电站库区复建和库周发展、庆景青公路复建等情况。

代表学习

县人大常委会每年给每位县人大代表订阅《浙江人大》杂志;每一届都举办县人大代表培训班,采取集中培训学习和外出学习考察等形式,丰富代表知识,增强代表素质,提高代表履职能力,充分发挥县人大代表的主体作用。

第二章 代表大会

1993—2010 年,县人大在鹤溪镇召开第四至第七届人民代表大会,每次大会与会代表听取和审议县人民政府工作报告,以及计划、财政预算、县人大常委会、县人民法院、县人民检察院工作报告，并作出相应决议。依法选举县人大常委会主任、副主任、常委会委员，县人民政府县长、副县长，县人民法院院长，县人民检察院检察长（须报经丽水市人民检察院检察长提请丽水市人大常委会批准）。

第一节　县人民代表大会

第四届人民代表大会

第一次会议　1993 年 5 月 11—15 日在鹤溪镇召开，出席会议代表 237 人，列席代表 90 人，特邀代表 9 人。听取和审查政府工作报告、计划、财政预算报告和县人大常委会、县人民法院、县人民检察院工作报告，作出相应的决议。审议通过《调整国民经济和社会发展十年规划和“八五”计划主要经济指标》。选举第四届县人民代表大会常务委员会主任 1 人、副主任 4 人、委员 11 人；选举县长 1 人、副县长 3 人；选举县人民法院院长、县人民检察院检察长各 1 人；选举出席浙江省第八届人民代表大会代表 3 人。收到代表议案、建议和意见 166 件。

第二次会议　1994 年 4 月 19—22 日召开，出席会议代表 234 人，列席代表 114 人，特邀代表 10 人。听取和审查政府工作报告、计划、财政预决算报告和县人大常委会、县人民法院、县人民检察院工作报告，作出相应决议。审议通过《景宁畲族自治县社会主义精神文明建设实施办法》；补选出席浙江省第八届人民代表大会代表 2 人。收到代表议案、建议和意见 106 件。

第三次会议　1995 年 4 月 12—14 日召开，出席会议代表 230 人，列席代表 121 人，特邀代表 14 人。听取和审查政府工作报告以及计划、财政预决算报告和县人大常委会、县人民法院、县人民检察院工作报告，作出相应决议。审议通过《浙江省景宁畲族自治县自治条例》修正案、《景宁畲族自治县普及八年义务教育实施规划》。收到代表议案、建议和意见 130 件。

第四次会议　1996 年 4 月 10—12 日召开，出席会议代表 230 人，列席代表 141 人，特邀代表 12 人。审议通过《景宁畲族自治县国民经济和社会发展“九五”计划和 2010 年远景目标纲要》，以及当年计划、预算报告和县人大常委会、县人民法院、县人民检察院工作报告及关于依法治县总体规划的说明，并作出相关决议。收到代表议案、建议和意见 150 件。

第五次会议　1997 年 4 月 1—3 日召开，出席会议代表 229 人，列席代表 128 人，特邀代表 28 人。听取和审查政府工作报告、计划、财政预决算报告和县人大常委会、县人民法院、县人民检察院工作报告，作出相应决议。收到代表议案、建议和意见 140 件。

第五届人民代表大会

第一次会议　1998 年 4 月 8—12 日在鹤溪镇召开，出席会议代表 163 人，列席代表 122 人，特邀代表 14 人。听取和审查政府工作报告、计划、财政预决算报告和县人大常委会、县人民法院、县人民检察院工作报告，作出相应的决议。选举县人大常委会主任 1 人、副主任 4 人、委员 12 人；选举县人民政府县长 1 人、副县长 4 人；选举县人民法院院长 1 人、县人民检察院检察长 1 人。收到代表议案、建议和意见 335 件。

第二次会议　1999 年 3 月 8—10 日召开，出席会议代表 162 人，列席代表 137 人，特邀代表 16

人。听取和审查政府工作报告、计划、财政预决算报告和县人大常委会、县人民法院、县人民检察院工作报告,作出相应决议。收到代表议案、建议和意见118件。

第三次会议 2000年4月11—13日召开,出席会议代表163人,列席代表137人。听取和审查政府工作报告、计划、财政预决算报告和县人大常委会、县人民法院、县人民检察院工作报告,作出相应的决议。收到代表议案、建议和意见149件。

第四次会议 2000年12月6—8日召开,选举出席丽水市第一届人民代表大会代表27人。

第五次会议 2001年4月9—12日召开,出席会议代表152人,列席代表143人,特邀代表20人。审议通过《景宁畲族自治县关于国民经济和社会发展第十个五年计划纲要》,以及当年计划、预算报告和县人大常委会、县人民法院、县人民检察院工作报告,并作出相关决议。会议补选县人大常委会主任1人、增选副主任1人、委员4人,补选县人民法院院长、县人民检察院检察长各1人。收到代表议案、建议和意见128件。

第六次会议 2002年3月27—29日召开,出席会议代表150人,列席代表158人,特邀代表20人。听取和审查政府工作报告、计划、财政预决算报告和县人大常委会、县人民法院、县人民检察院工作报告,并作出相关决议。收到代表议案、建议和意见144件。

第六届人民代表大会

第一次会议 2003年4月14—18日在鹤溪镇召开,出席会议代表167人,列席、特邀人员171人。听取和审查政府工作报告、计划、财政预决算报告和县人大常委会、县人民法院、县人民检察院工作报告,并作出相关决议。选举县人大常委会主任1人、副主任5人、委员12人;选举县人民政府县长1人、副县长6人;选举县人民法院院长1人、县人民检察院检察长1人。收到代表议案、建议和意见298件。

第二次会议 2004年5月17—19日召开,出席会议代表165人,列席、特邀人员185人。听取和审查政府工作报告、计划、财政预决算报告和县人大常委会、县人民法院、县人民检察院工作报告,并作出相关决议。增选丽水市第一届人民代表大会代表3人。收到代表议案、建议和意见139件。

第三次会议 2005年3月16—19日召开,出席会议代表160人,列席、特邀人员186人。听取和审查政府工作报告、计划、财政预决算报告和县人大常委会、县人民法院、县人民检察院工作报告,并作出相关决议。会议补选县人大常委会委员2人。收到代表议案、建议和意见129件。

第四次会议 2005年11月28—29日召开,出席会议代表159人,列席人员62人。会议选举出席丽水市第二届人民代表大会代表25人。

第五次会议 2006年3月27—29日召开,出席会议代表156人,列席、特邀人员164人。审议通过《景宁畲族自治县国民经济和社会发展第十一个五年规划纲要》,以及当年计划、预算报告和县人大常委会、县人民法院、县人民检察院工作报告,并作出相关决议。补选县人大常委会主任1人,县人民政府县长1人,县人民检察院检察长1人。收到代表议案、建议和意见71件。

第七届人民代表大会

第一次会议 2007年3月18—22日在鹤溪镇召开,出席会议代表161人,列席、特邀人员183人。听取和审查政府工作报告、计划、财政预决算报告和县人大常委会、县人民法院、县人民检察院

县第七届人民代表大会第一次会议会场

工作报告，并作出相关决议。审议通过关于修改《景宁畲族自治县自治条例》决定。选举县人大常委会主任、副主任、委员，县人民政府县长、副县长，县人民法院院长，县人民检察院检察长；增选丽水市第二届人民代表大会代表2人。收到代表议案、建议和意见179件。

第二次会议　2008年3月23—25日召开，出席会议代表157人，列席、特邀人员199人。听取和审查政府工作报告、计划、财政预决算报告和县人大常委会、县人民法院、县人民检察院工作报告，并作出相关决议。收到代表议案、建议和意见104件。

第三次会议　2009年1月13—15日召开，出席会议代表153人，列席、特邀人员212人。会议听取和审查政府工作报告、计划、财政预决算报告和县人大常委会、县人民法院、县人民检察院工作报告，并作出相关决议。收到代表议案、建议和意见50件。

第四次会议　2010年3月20—23日召开，在县城举行，出席会议代表157人，列席、特邀人员203人。听取和审查政府工作报告、计划、财政预决算报告和县人大常委会、县人民法院、县人民检察院工作报告，并作出相关决议。审议通过《景宁畲族自治县民间文化保护条例》。会议增选县人大常委会副主任1人，补选县人大常委会委员1人，补选县人民检察院检察长1人。收到代表议案、建议和意见85件。

第二节　大会选举

1993—2010年，县第四届至第七届人民代表大会第一次会议进行换届选举工作，县人民代表大会常务委员会组成人员、县人民政府县长、副县长、县人民法院院长、县人民检察院检察长，由人民代表大会选举产生。在闭会期间，县人民代表大会常务委员会决定个别副县长的任免，在县长和人民法院院长、人民检察院检察长因故不能担任职务的时候，从副职领导人中决定代理的人选。

第四届至第七届县人大常委会组成人员

第四届县人大常委会

主　任：雷木森（畲族，1993.5—1998.4）

副主任：叶岳清（1993.5—1997.10）

任启年（1993.5—1998.4）

蓝新友（畲族，1993.5—1998.4）

张景新（1993.5—1998.4）

委　员：杨丕然、吴万英(女)、陈世良、周小土、周赛华(女)、郑忠伟、蓝秋美(畲族)、蓝钱根(畲族)、谭素贤(女)、潘作仁、潘育鹏。

第五届县人大常委会

主　任：蓝高飞(畲族，1998.4—2003.2)

副主任：张盛忠(1998.4—2003.4)

蓝新友(畲族，1998.4—2003.4)

张景新(1998.4—2003.4)

周小土(1998.4—2003.4)

委　员：毛海林、田仕军、吴德政、陈晓敏、范延菊(女)、郑忠伟、夏　云、徐士友、蓝钱根(畲族)、雷应梅(女、畲族)、廖良清、潘巧美(女)。

2001年4月12日，第五届县人民代表大会第五次会议补选林一为县人大常委会主任，增选吴德政为县人大常委会副主任，增选邢解放、任力刚、宋心安、张世民为县人大常委会委员。

第六届县人大常委会

主　任：林　一(2003.4—2005.6)

副主任：张盛忠(2003.4—2006.9，其中，2005.9—2006.3代理主任职务)

蓝新友(畲族，2003.4—2006.9)

吴德政(2003.4—2007.3)

陈林生(2003.4—2007.3)

廖良清(2003.4—2004.10)

委　员：王士月、叶　瑛、刘日美(女)、刘晓云、刘睦生、林建华、尚建基、钟林芳(畲族)、徐士友、梅小林、梅利民、蓝钱根(畲族)、潘正亮。

2006年4月29日，第六届县人民代表大会第五次会议补选武昌为县人大常委会主任，增选杜春红(女)、潘晓明为县人大常委会委员。

第七届县人大常委会

主　任：蓝良兴(畲族，2007.3—2010.12)

副主任：陈林生(2007.3—2010.12)

罗德伟(2007.3—2010.12)

吴道法(2007.3—2010.12)

夏培玲(女，2007.3—2010.12)

吴昌亮(2007.3—2010.12)

委　员：卞春华、叶　瑛、叶其财、刘建雄、刘德旺、杜春红(女)、李芳平、汪建平、陈锡星、林松华、柳慧英(女)、蓝钱根(畲族)、雷可灵(畲族)、雷剑锋(畲族)。

2010年3月23日，第七届县人民代表大会第四次会议增选杨唐珠(女)为县人大常委会副主任。

第四至第七届县人民法院院长

第四届县人民法院

院　长：杨远明(1993.5—1997.10)

苏昌晨(代，1997.10—1998.4)

第五届县人民法院

院　长：苏昌晨（1998.4—2001.3）

蓝金法（代，畲族，2001.3—2003.4）

第六届县人民法院

院　长：蓝金法（畲族，2003.4—2006.7）

李栽标（代，2006.7—2007.3）

第七届县人民法院

院　长：李栽标（2007.3—2010.12）

柳启东（代，2010.12）

第四至第七届县人民检察院检察长

第四届县人民检察院

检察长：叶传兴（1993.5—1998.4）

第五届县人民检察院

检察长：谢大松（1998.4—2001.3）

潘志强（代，2001.3—4）

潘志强（2001.4—2003.4）

第六届县人民检察院

检察长：潘志强（2003.4—2006.3）

吴林雄（代，2006.3—2007.3）

第七届县人民检察院

检察长：吴林雄（2007.3—2010.1）

夏逸敏（代，2010.1—2010.3）

夏逸敏（2010.3—2010.12）

第三节　议案和建议

代表议案和建议的办理制度

代表建议、批评和意见的办理，由常委会领导分工负责，人大机关专人负责催办、督办。在人民代表大会期间代表提出的议案和建议、批评、意见，经大会议案审查委员会和大会主席团审议通过后，召开交办会交县人民政府有关职能部门办理，一般规定在 3 个月内办结，并要求书面逐件答复代表，由县人民政府每年向县人大常委会报告办理情况。

代表议案和建议的督办情况

县四届人大一次会议至七届人大五次会议及闭会期间，交办和督办县人大代表建议和意见共 2837 件。其中，第四届 901 件，第五届 874 件，第六届 567 件，第七届 495 件。

景宁第四至第七届县人民代表大会代表议案、建议和意见一览

表 22-2-1 单位:件

项目	议案数	议案的主要内容	建议、批评和意见数
第四届	2	授予荣誉称号、修改自治条例等	899
第五届	5	制定水资源管理条例,编制城市总体规划、房屋拆迁实施办法、库区乡镇区划调整等	869
第六届	4	县城总体规划修编、生态县建设等	563
第七届	12	土地整理项目贷款、滩坑电站景宁库区移民、旧城改造、丽景民族工业园等项目贷款、修改自治条例、制定民族民间文化保护条例和城市管理条例的议案等	483

第三章 人大常委会

1984 年 12 月,县第一届人民代表大会第一次会议开始设立常务委员会,是县人民代表大会的常设机关,由县人民代表大会在代表中选举常委会主任 1 人,副主任和委员若干人组成。每届任期与县人民代表大会任期相同。1993—2010 年,经历 4 次换届选举。

第一节 常委会会议

县人大常委会每 2 个月至少举行 1 次会议,由县人大常委会主任召集并主持。第四届县人大常委会共举行会议 33 次,听取和审议“一府两院”专项工作报告 48 个。第五届县人大常委会共举行会议 40 次,听取和审议“一府两院”专项工作报告 90 个。第六届县人大常委会共举行会议 33 次,听取和审议“一府两院”专项工作报告 94 个。第七届县人大常委会共举行会议 38 次(至 2010 年末举行 28 次),听取和审议“一府两院”专项工作报告 103 个。

第二节 主任会议

县人民代表大会常务委员会主任、副主任组成主任会议。主任会议处理常务委员会的重要日常工作。主任会议每月至少举行 1 次,必要时随时可以召开。主任会议由县人大常委会主任召集并主持。

第三节　立法工作

立法工作机构

2009年7月,县机构编制委员会批复同意设立县人大常委会立法研究室,具体负责立法工作的日常事务。

立法程序

县人大常委会研究制定《景宁畲族自治县制定自治法规程序规定(草案)》,提请县第七届人民代表大会第五次会议审议通过。《规定》分总则、立法准备、法规案的提出、人民代表大会审议程序、常务委员会审议程序、自治法规的通过批准公布、附则等7章30条。

《景宁畲族自治县民族民间文化保护条例》实施座谈会

制定条例

县人民代表大会先后制定一部自治条例和两部单行条例。

修改完善自治条例　1989年4月15日,县第二届人大第四次会议审议通过《浙江省景宁畲族自治县自治条例》,1989年7月1日,浙江省第七届人民代表大会常务委员会第十次会议批准。1989年9月1日起施行。1995年对《自治条例》进行第一次修正;2007年进行第二次修正。修正后的《自治条例》共8章63条。

制定水资源管理条例　2001年4月12日,县第五届人大第五次会议通过《景宁畲族自治县水资源管理条例》,6月29日,浙江省第九届人民代表大会常务委员会第二十七次会议批准,条例从7月9日起施行。条例共23条。

制定民族民间文化保护条例　2010年3月23日,县七届人大四次会议审议通过《景宁畲族自治县民族民间文化保护条例》,7月30日,浙江省第十一届人民代表大会常务委员会第十九次会议批准,条例从10月1日起施行。条例共6章34条。

第四节　决定重大事项

1993年始,县人大常委会先后对人大会议召开、年度财政预算的部分变更、换届选举工作中的有关事项和个别代表的处理,及政治、经济、教科文卫、社会、人事、人大制度等重大事项作出决定和决议。

第四届人大常委会作出基本农田保护区划调整、推行行政执法责任制、调整2010年远景目标纲要中部分经济指标等决定27项。

第五届人大常委会作出滩坑电站景宁库区淹没乡镇复建选址、县城第二轮城市总体规划、城镇体系规划、批准《景宁畲族自治县房屋拆迁管理实施办法》、批准《创畲乡生态优势、建设风情旅游名城——景宁县发展战略实施纲要》、滩坑电站景宁库区乡镇规划调整和复建等决定42项。

第六届人大常委会作出关于"法治畲乡"建设、外舍防护工程建设、外舍防护工程项目贷款担保、景宁中学迁建项目贷款担保、县城总体规划修编、建设生态县等决定29项。

第七届人大常委会作出关于土地整理项目贷款担保、污水处理厂、垃圾填埋场建设项目贷款担保、滩坑电站移民资金贷款、旧城改造工程建设项目贷款、丽景民族工业园流动资金贷款担保等决定33项。

第五节 人事任免

1987年2月19日，县一届人大常委会第十五次会议，通过关于改进人事任免表决办法的意见，采用无记名投票方式进行表决，决定人事任免事项。第三届(1993年)人大常委会任免国家机关工作人员4人(次)，第四届任免196人(次)，第五届任免277人(次)，第六届任免191人(次)，第七届任免162人(次)。1998年4月29日，县五届人大常委会第一次会议通过《关于对提请任命的干部进行法律考试的暂行办法》，凡提请县人大常委会的人事任免，在县人大常委会审议前，对拟任命人员进行法律考试，不合格者将不予审议。

景宁第三至第七届县人大常委会任免国家机关工作人员分类情况一览

表22-3-1　　单位:人(次)

届次	县人大常委会工作机构	县人民政府	县人民法院	县人民检察院	合计
第三届(1993年)	1	1	1	1	4
第四届	45	97	36	18	196
第五届	108	88	56	25	277
第六届	59	86	36	10	191
第七届	53	57	41	11	162
合计	266	329	170	65	830

第六节 依法监督

听取和审议工作报告

县人大常委会每年选择若干关系改革发展稳定大局和群众切身利益、社会普遍关注的重大问题依法开展监督，听取和审议县人民政府、县人民法院、县人民检察院的专项工作报告，分别对各个专项工作报告提出审议意见，并提交"一府两院"研究处理。

1993—2010年，县人大常委会根据各个不同时期的工作实际，重点在国民经济和社会发展计划、财政预决算、城市规划建设、城乡道路交通、义务教育、普及法律知识、城乡医疗卫生、国有企业改制、劳动就业及社会保障、社会治安、打击严重刑事犯罪、环境保护及生态县建设、文明卫生县城创建、城乡饮用水资源保护、城乡基础设施建设、民政、民生、“三农”等方面听取和审议工作报告470个。通过听取和审议专项工作报告，监督“一府两院”依法行政和公正司法，推动全县各项工作。

县六届人大一次会议主席团会议

第四届县人大常委会共举行会议33次，听取和审议“一府两院”专项工作报告48个。第五届县人大常委会共举行会议40次，听取和审议“一府两院”专项工作报告90个。第六届县人大常委会共举行会议33次，听取和审议“一府两院”专项工作报告94个。第七届县人大常委会共举行会议38次(至2010年末举行28次)，听取和审议“一府两院”专项工作报告103个。

法律法规实施情况检查

开展执法检查是县人大常委会依法行使监督的重要举措和途径，县人大常委会坚持有组织、有计划、有重点地开展执法检查工作，督促“一府两院”严格执法。先后开展对宪法、组织法、刑事诉讼法、森林法、土地管理法、经济合同法、教育法、婚姻法、人口与计划生育法及地方性法规的执法检查，有序推进依法治县进程。

视察调研

在县人民代表大会闭会期间，县人大常委会围绕全县各个时期的中心工作和群众普遍关心的“热点”“难点”问题，确定视察专题，有计划地组织县人大代表和上级人大代表进行视察。

第四届县人大常委会组织人大代表对高演公路、建新村奔小康工程、中华畲族文化村等较大规模视察22次。

第五届县人大常委会组织人大代表对文明县城创建、英川电站建设、县城文化基础设施建设、景泰公路、鹤溪河上游县城饮用水资源卫生情况等较大规模视察23次。

第六届县人大常委会组织人大代表对生态示范点建设、民族经济发展和基础设施建设、文物保护管理等较大规模视察21次。

景宁、泰顺两县省人大代表视察景泰公路改建工程并听取汇报

第七届县人大常委会组织人大代表对畲族文化中心、交通事业发展、外舍防

护工程、澄照佃源、城北110千伏工业区块建设、新农村建设、教育、民族村经济社会发展工作、社区、移民安置、城市管理、工业经济发展、康庄工程、AAAA景区建设、人才工作、旧城改造、农产品质量安全、丽景民族工业园、菜篮子工程建设等较大规模视察20次。

开展评议工作

第四至第七届县人大常委会任期期间，通过召开县人大常委会会议和代表小组会议，对"一府两院"的工作进行多次评议。对评议中发现的问题和代表及人民群众提出的意见，常委会归纳整理后，以书面形式反馈给有关部门，并督促有关部门及其负责人认真整改。通过评议，提高"一府两院"及其各部门的服务意识，有力推进依法行政和各项工作的落实。2003年8月27日，县六届人大常委会第三次会议通过《县人大常委会评议工作规定(试行)》。评议包括行政执法评议、司法评议和述职评议。

第四届县人大常委会开展对公安、司法机关的执法评议；听取计经委、农业、粮食、财政、教育、计生、建设、交通、水电、审计、民政等部门局长(主任)的个人述职报告和单位执法情况报告，并进行评议，向有关部门反馈评议意见40条。

第五届县人大常委会听取公安局、检察院、法院、司法局关于队伍纪律作风整顿情况的报告，对法院、检察院进行司法评议；对建设局、水电局进行执法评议和两部门局长进行述职评议；听取和审议农业局和卫生局两位局长的述职报告，向有关部门反馈评议意见25条。

第六届县人大常委会对建设局长进行述职评议；对公安局、工商局的执法工作进行评议；对法院、检察院进行司法评议；对经贸局、民政局局长进行工作评议。在司法评议和执法评议中，常委会重视广泛听取群众意见和建议，在新闻媒体上公告评议内容和投诉热线电话，邀请群众代表参与评议，向有关部门反馈评议意见27条。

第七届县人大常委会分别对县教育局、水利局、建设局、交通局、工商局等局长的履职情况进行调研，并听取五位局长的履职情况报告，结合审计工作报告，共反馈评议意见26条。

规范性文件备案审查

制定《景宁畲族自治县人民代表大会常务委员会规范性文件备案审查办法》。2010年，报经县编委办批准，在常委会办公室设立规范性文件备案科，负责规范性文件的接收、登记、归档等工作。县政府报送的规范性文件经办公室登记后，送县人大常委会法制工作委员会，由法制工作委员会初审后，会同相关工作委员会按照职责进行具体审查，共备案审查规范性文件13件。

第四章　组织机构

依照《中华人民共和国地方各级人民代表大会组织法》规定，县人大常委会各委、办、室的设置经历数次变更，逐步完善。县人大常委会是县人民代表大会闭会期间的常设机构，依法行使在本县区域内，保证国家宪法、法律、法规和上级人民代表大会及其常务委员会决议的遵守和执行，研究、决定政治、经济、教育、科学、文化、卫生、环境和生态资源保护，民政、民族等工作的重大事项，监督县人民政府、人民法院和人民检察院的工作等。

第一节　机构设置

1994年，县人大常委会内设办公室、法制工作委员会、财政经济工作委员会、教育科技文化卫生工作委员会、代表工作民族工作委员会。

1996年，县五届人大常委会设置工作机构为办公室、法制工作室、代表工作室；议事机构为经济工作委员会、教科工作委员会、民族工作委员会。

1997年，县人大常委会设置办公室、法制工作室和人事代表室。

1998年，设立法制工作委员会、经济工作委员会、教科工作委员会和民族工作委员会。2001年12月，改设法制工作委员会、财政经济工作委员会、教科文卫工作委员会、民族华侨工作委员会、代表工作委员会。2007年5月，增设农业资源环境工作委员会，2009年12月增设立法研究室。

2010年，县人大常委会内设1个办事机构和7个工作机构。即办公室、法制工作委员会、财政经济工作委员会、教育科技文化卫生工作委员会、民族华侨工作委员会、代表工作委员会、农业资源环境工作委员会、立法研究室。

第二节　工作职责

办公室

负责承办上级指示和本级人大及其常委会的决议、决定的下达执行；承办代表大会、常委会会议、主任会议和常委会有关会议活动的组织、准备及后续工作；办理提请常委会会议审议的人事任免的具体事项；草拟常委会的文件，做好调查研究、文字综合工作；了解“一府两院”和乡镇人大主席团工作情况，协调县人大常委会各委、办、室之间的工作；负责常委会的文书处理和保密、保卫工作；负责县人大及其常委会的宣传工作；接待处理人大代表和人民群众的来信来访工作；负责县人大常委会机关干部职工的劳动、人事管理工作，组织安排机关干部的政治、业务学习；负责常委会及机关的后勤服务工作，负责接待、机关财务、公务用车管理与调度等工作；负责离退休人员的管理和服务工作；办理常委会和主任会议交办的其他事项。办公室下设秘书科、信访科、行政科、规范性文件备案科等。

工作机构

法制工作委员会　负责督促落实有关工作方面的法律、法规的宣传、实施；了解本县贯彻执行宪法、法律法规和上级、本级人大及其常委会有关司法工作决议、决定的情况；负责本县被认为同宪法、法律、法规相抵触的规范性文件的调查研究，并提出意见；了解、督促本县法制宣传、教育和依法治县工作情况；负责有关法制工作方面的审议、评议、执法检查和调研的具体事项；承办上级人大有关方面的法律、法规（草案）修改的征求意见工作；协助督办代表大会和常委会交办的法制工作方面有关议案和建议；协助处理涉及司法工作方面的人大代表来信来访及人民群众的申诉、控告。

财政经济工作委员会　负责督促落实有关财经工作方面的法律、法规的宣传、实施；督促落实上级和本级人大及其常委会关于财经工作方面的决议、决定；负责财经工作方面的审议、评议、执法检查和调查的具体事项；负责起草有关财经工作方面的决议、决定（草案）和其他文件、材料；承办有关财经工作方面的法律、法规（草案）的征求意见工作；协助督办与财经工作有关的议案和建议；协助处理涉及财经工作方面的人大代表来信来访及人民群众的申诉、控告。

教育科技文化卫生工作委员会　负责督促落实有关教育科技文化卫生工作方面的法律、法规的宣传、实施；督促落实关于教育科技文化卫生工作方面的决议、决定；负责教育科技文化卫生工作方面的审议、评议、执法检查和调查的具体事项；负责起草决议、决定（草案）和其他文件、材料；协助督办议案和建议；协助处理来信来访及人民群众的申诉、控告；协助宣传工作；承办上级人大有关法律、法规（草案）的征求意见工作。

民族华侨工作委员会　负责督促落实有关民族华侨工作方面的法律、法规的宣传、实施；督促落实决议、决定；负责审议、评议、执法检查和调查的具体事宜；负责起草决议、决定（草案）和其他文件、材料；协助督办议案和建议；协助处理来信来访及人民群众的申诉、控告；承办上级人大有关法律、法规（草案）的征求意见工作。

代表工作委员会　负责督促落实有关法律、法规的宣传、实施；负责县人大代表和在景宁的上级人大代表的联络，市、县人大代表补选和罢免的具体工作；负责人大代表的视察等活动，为代表行使职权做好服务；负责审议、评议、执法检查和调研的具体事项；负责代表建议、评议、意见的交办及办理情况的检查与督促；联系和指导乡镇人大换届选举和主席团工作；起草有关决议、决定（草案）和其他文件、材料；承办有关代表、乡镇人大工作方面的法律、法规（草案）的征求意见工作；协助处理涉及代表工作方面的来信来访及人民群众的申诉、控告。

农业资源环境工作委员会　负责督促落实有关法律、法规的宣传、实施；督促落实决议、决定；负责审议、评议、执法检查和调查的具体事宜；负责起草决议、决定（草案）和其他文件、材料；协助督办议案和建议；协助处理来信来访及人民群众的申诉、控告；承办有关法律、法规（草案）的征求意见工作。

立法研究室　研究拟定县人民代表大会的立法计划草案和近期规划草案，并做好立法计划的落实工作；拟订立法实施方案，并做好立法计划的落实；负责组织、协助法规草案起草工作；提出法规草案及其修改稿和其他重要文稿；研究上级国家机关关于民族工作的政策和法律法规。

第五章　乡镇人民代表大会

第四届乡镇人民代表大会始设立主席团，行使保证宪法、法律、行政法规和上级人大及其常委会决议在本乡镇执行，决定本乡镇经济、文化事业和公共事业的建设计划，保护人民群众的合法财产，维护社会秩序，保障公民的人身权利、民主权利和其他权利。乡镇人大代表主席团主席，在本级人民代表大会闭会期间，负责联系本级人大代表、组织代表活动、反映代表和群众的建议意见，并负责处理主席团的日常工作。

第一节　代表选举

县第三届人民代表大会任期内，乡镇人民代表大会（以下简称”乡镇人大”）代表与县人民代表大会代表换届选举同步进行。1995年后，县人民代表大会每届任期5年，乡镇人民代表大会每届任期3年。1996年第五届，1999年第六届，2002年第七届乡镇人大代表换届选举单独进行，设立乡镇选举委员会，主持乡镇人民代表大会代表的选举，县人大常委会成立乡镇人大代表换届选举办公室或指导组，领导乡镇人大代表换届选举工作。根据2004年10月修改后的组织法规定，乡镇人大每届任期改为5年，自此县、乡镇人大代表换届同步进行。

第二节　代表大会

1984年，实行政社分设，恢复乡镇人民政府。景宁畲族自治县设立以后的乡镇第一届至第二届人大会议只选举乡镇长、副乡镇长。1990年始，第三届、第四届，乡镇人大设立主席团，负责乡镇人大会议及闭会期间的有关工作。乡镇人大主席团设常务主席，由乡镇人大会议选举产生，其任期与本级人大主席团相同。1996年始，乡镇人大设主席、副主席，由乡镇人大会议从代表中选举产生，其任期与本级人民代表大会任期相同。

1993年4月，全县24个乡镇召开第四届人民代表大会第一次会议，选举产生乡镇人大主席团常务主席24人，乡镇长24人，副乡镇长30人。

1996年3月，全县24个乡镇召开第五届人民代表大会第一次会议，选举产生人大主席24人、副主席11人、乡镇长24人、副乡镇长38人。

1999年1月，全县24个乡镇召开第六届人民代表大会第一次会议，选举产生人大主席23人，副主席20人，乡镇长22人，副乡镇长30人。

2002年1月，全县24个乡镇召开第七届人民代表大会第一次会议，选举产生乡镇人大主席24人、副主席24人、乡镇长24人、副乡镇长67人。

2007年1月，全县19个乡镇召开第八届人民代表大会第一次会议，包括由县委提名任命的3个乡镇（管理区），共选举产生（任命）乡镇人大主席22人、副主席24人、乡镇长22人、副乡镇长69人（2004年后，滩坑水电站库区的渤海镇、九龙乡、外舍管理区，其乡镇人大和人民政府主要负责人由县委提名任职，管理区人大工委主任、副主任由县人大常委会决定任命）。

第三节　主席团工作

1990年5月，全县37个乡镇在人大换届时，全部设立乡镇人大主席团，主席团成员7~11人，并设主席团常务主席。至1995年末，每次乡镇人大会议均设立主席团。1993年4月，第四届乡镇人大主席团常务主席由乡镇人大会议采用无记名投票选举产生。从1996年始，乡镇人大主席团常务主席改设为乡镇人大主席。1999年后，较大的乡镇增设人大副主席。主席、副主席由本级人民代表大会从代表中选出，任期同本级人民代表大会相同，主席、副主席为乡镇人大主席团成员。根据2004年10月修改的组织法规定，乡镇人民代表大会及其选举产生的主席、副主席任期改为5年。

1990年，全县37个乡镇设专职常务主席11人，兼职常务主席24人。1992年5月，“撤区、扩镇、并乡”后，24个乡镇中设专职常务主席14人、兼职常务主席10人。1993年4月设专职常务主席11人，兼职常务主席13人。1996年，设专职人大主席8人，兼职人大主席16人。1999年全县24个乡镇人大主席由乡镇党委书记兼任，专职人大副主席22人。2002年，全县5个镇设专职人大主席，19个乡人大主席由乡党委书记兼任，专职副主席24人。2007年，全县24个乡镇中5个镇设专职人大主席，19个乡人大主席由乡党委书记兼任，专职人大副主席23人。2007年下半年设5个镇，16个乡，1个管理区。管理区人大主席由工委书记兼任。

全县各乡镇人民代表大会每年至少召开1次会议，由乡镇人大主席团召集并主持。乡镇人民代表大会主席团在本级人民代表大会闭会期间的工作是：检查宪法、法律、法规以及上级人大及其常委会和本级人大决议在本行政区域内的执行情况，检查督促本级人民政府组织实施本级人大决定的事项，检查本级人大批准的财政预算的执行情况；对本行政区域内涉及公共利益的重大问题，向本级人民政府提出建议和意见；主持本级人民代表大会代表的补选；筹备、召集本级人民代表大会下次会议。

第二十三篇　地方人民政府

1993—2010年，景宁畲族自治县人民政府（以下简称县政府），历经第四、五、六、七届任期，每届政府组成人员，依照法律由县人民代表大会选举或者通过县人民代表大会常务委员会任命产生。

县政府工作机构，根据中央机构改革要求，先后进行4次调整。1992年，共37个乡镇，经撤区、扩镇、并乡及电站建设、区划调整。2010年，共5个镇，16个乡，1个管理区，9个居民区，254个行政村。历届县政府从景宁实际出发，贯彻实施好县委"农业奔小康，企业增效益，城镇上水平，两个文明一起上""坚持开发富县，工业强县，商贸活县，科教兴县，念好山水经，走活特色棋""创畲乡生态优势，建风情旅游名城""一三四八"等发展战略和人民代表大会的各项决议。围绕缩小与发达地区差距，在全面脱贫基础上向小康社会迈进的目标，正确处理改革、发展、稳定关系，解放思想，深化改革，扩大开放，遵循强化基础，提高素质，创造优势，富民强县的工作思路。制定一系列施政措施，创新体制机制，以项目建设为抓手，调整产业结构，振兴产业发展，增强区域经济实力，加强城乡基础设施建设，改善城乡发展环境，加快新农村建设，发展乡村旅游，不断提升人民生活水平，推动经济社会协调发展。

第一章 施政方式

县政府施政，由各类会议讨论决定重要事宜，其会议制度有县政府全体会议、县政府常务会议、县长办公会议、县政府专题会议和县政府工作会议等。群众办事实行行政许可和行政审批，为方便群众，政府成立行政审批中心(办事中心)。县政府实行依法行政，成立法制办公室，开展行政复议受理与应诉、规范性文件的审核和备案，行政执法的监督、检查和考核等工作。县政府设立督查室，负责政府决策、领导批示、工作部署和建议办理的督查落实。县政府成立信息中心，加强全县信息化建设。

第一节 会议制度

政府全体会议

县政府全体会议由县长、副县长、县政府组成部门主要负责人组成，由县长召集和主持。县政府办副主任，县法制办专职副主任，各乡镇长，中央、省、市驻景各单位负责人列席会议。视情邀请有关部门、单位负责人参加。县政府全体会议一般每年召开 1~2 次。会议的主要任务是：传达和研究贯彻上级党委、政府及县委的方针、政策、重要指示和决定；决定和部署县政府的全局性重要工作；通报有关全县工作的重要情况；讨论需要县政府全体会议决定的其他事项。

政府常务会议

县政府常务会议，由县长、副县长组成，由县长或县长委托常务副县长召集。邀请县人大常委会、县政协、县人武部领导列席；县府办主任和副主任、县发改局局长、县财政局局长、县监察局局长、县审计局局长、县法制办专职副主任、县政府督查室主任固定列席；有关乡镇和单位主要负责人根据议题需要列席会议。

县政府常务会议一般每月召开 1 次。会议的主要任务是：传达和研究上级党政机关的重要文件及会议精神、指示和决定，讨论贯彻落实意见；讨论决定县政府工作中的重大事项，包括有关改革、发展、稳定的重大措施、政府重大投资项目等；通过县人民政府拟发布的重大决定、命令和政策措施、重要经济指标，包括政府工作报告、年度国民经济与社会发展计划报告和财政预算草案、预算调整草案、预算执行情况报告和财政决算；讨论报请省、市政府审批的重要事项；讨论报请县委决定的事项；讨论提请县人大及其常务委员会审议的事项；讨论通过县政府重要规范性文件和重大行政经济合同；研究城市总体规划、年度计划和重要专项规划等；以县政府名义作出的奖惩、任免；讨论需要由县政府常务会议决定的其他事项。

县长办公会议

县长办公会议，由县长、副县长、县政府党组成员、县府办主任组成，由县长或县长委托常务副县长召集。县府办副主任、县法制办专职副主任、县政府督查室主任、有关乡镇和单位的主要负责人根据议题需要列席会议。

县长办公会议根据工作需要不定期召开。会议的主要任务是：传达和研究贯彻省（市）政府或省（市）有关部门召开的全省（市）性工作会议精神；研究提交县政府全体会议、县政府常务会议讨论的事项；研究处理县政府日常工作中的其他事项。

政府专题会议

县政府专题会议，根据工作需要不定期召开，由县长、副县长召集和主持，或委托办公室主任、副主任召集和主持，并根据会议内容召集相关乡镇、部门负责人参加。县政府专题会议的主要任务是：研究处理属于县长、副县长分管职责范围内需要统筹协调的业务事项；研究处理属于县政府既定工作安排、需要组织实施的业务事项；研究处理全县性重要活动的协调实施事项；研究处理具体问题的协调实施事项；研究突发性事件的处理意见；研究处理中央、省、市领导或县委、县政府主要领导对涉及面广的具体问题所作批示的贯彻落实意见；研究处理县政府日常工作中的其他具体业务事项。

第二节　行政审批

2001 年 1 月，景宁行政审批中心（办事中心）在建设路 2 号挂牌成立。月均办件为数不多，个别部门进驻几个月后，又撤回到原单位办公。

2003 年 5 月，确定行政审批中心（办事中心）属政府派出机构，为主管全县行政审批工作的县政府直属正科（局）级事业单位。并回购原外贸公司 441 平方米办公用房，调剂给县行政审批中心使用。结合本县实际制定《景宁畲族自治县审批中心“审批项目、窗口授权、窗口人员”三到位方案》《景宁畲族自治县审批中心工作人员服务规范》等工作制度。

2004 年 4 月 5 日，行政审批中心举行进驻仪式，县发改计划局等部门 11 个、工作人员 25 人同时进驻行政审批大厅设立窗口，对外开展服务。当年，月均办件 3405 件。

2008 年，办事大厅面积从 441 平方米增加到 2100 平方米，进驻部门从 14 个增加到 19 个，窗口从 11 个增加到 23 个，窗口人员从 25 人增加到 55 人；进中心的行政许可事项从 57 项增加到 150 多项，中心窗口共受理各类办件 54924 件。其中，承诺件 4949 件，即办件 49958 件。

2009 年，成立景宁行政机关“两集中两到位”行政审批职能归并改革工作领导小组，领导小组下设办公室在行政服务中心，并制定县行政机关“两集中两到位”行政审批职能归并改革实施意见。

2010 年，完成“两集中两到位”行政审批职能归并改革工作，行政审批可成建制进驻中心，将原来在中心受理、在部门内部科室流转办理的流程，改为在中心窗口直接完成受理、审批、盖章、制证等整个审批办理过程。改革后的行政审批中心大厅进驻窗口从原来的 23 个增加到 28 个，窗口人员由 55 人增加到 72 人，进中心的行政许可项目由 150 项增加到 277 项。

第三节 依法行政

1990年，设立县政府法制局。2002年，县政府法制局更名为县政府法制办公室。

2004年，县政府法制办公室与县政府办合署办公。

2005年，成立全面推进依法行政工作领导小组，县长担任组长，下设办公室。县政府印发《景宁畲族自治县人民政府关于贯彻落实全面推进依法行政实施纲要的意见》和《景宁畲族自治县人民政府全面推进依法行政五年规划》。

2006年，县政府法制办公室根据《景宁畲族自治县人民政府办公室（县政府法制办公室）职能配置、内设机构和人员编制方案》，其主要职能为负责县政府的行政复议受理与应诉、规范性文件的审核和备案，行政执法的监督、检查和考核工作。

1993—2010年，县政府法制办公室共办理行政复议案件84件，申领浙江省行政执法证件501本。

第四节 政务督查

县政府办公室设立督查室，专门负责县政府决策、各级领导批示事项、县政府工作部署和办理人大代表议案建议、政协委员提案的督查落实。每年召开1次全县政务督查暨办理人大代表议案、建议和政协委员提案工作交办会，对本年度政务督查工作提出明确要求。

政府工作督查

督查室每年对《政府工作报告》部署的工作事项及事关全县发展的重大决策，分解立项，落实到乡镇、部门和单位，并进行跟踪督查。对上级来文、领导批示等明确专人督查。对群众反映强烈的热点、难点问题，开展专项督查。2005年，督查落实热点难点问题7件。2006年9月，对会议会风情况进行督查通报。2009年4月，对全县森林消防工作情况进行督查通报。2009年6月，对县人大代表建议和政协委员提案办理情况进行督查通报；2010年4月，县政府办公室下发《关于进一步加强督查工作的通知》。同年9月，对全县十件实事办理情况进行督查通报。

议案建议提案办理

县人大、县政协全会之后，县政府及时召开专题会议，研究人大代表建议和政协委员提案办理工作，严格办理程序。每年4月与5月份，县政府办公室会同县人大代表工作委员会、县政协提案委员会，对建议、提案办理工作进行督查、复查，保证办理质量和办理时限。1993—2009年，办理人大代表建议2875件，办理政协委员提案1413件，满意率96%以上。2010年，人大代表建议、提案84件，办理84件，回复率100%，满意率98.8%；政协委员建议、提案106件，办理106件，回复率100%，满意率98%。

第五节　电子政务

2001年，县政府成立信息中心，负责全县政府信息化建设的规划、组织实施和监督检查，协调中国畲乡·景宁门户网站集群的建设和维护管理工作，推进信息资源共享和开发利用；负责电子政务网络平台及网络维护管理；负责电子政务安全及组织协调、宣传指导和督促检查；负责电子政务应用系统（协同办公系统）建设组织实施和推广应用。

2004年，政府门户网站开通。将"信息公开、在线办事和公众参与"作为主要功能定位，不断完善政府网站功能架构。围绕"政务要拓展网上办事，服务要提供便民服务，公开要发布权威信息，沟通要构建互动渠道"四大核心任务，把"中国畲乡·景宁"政府门户网站打造成信息之窗、亲民桥梁、便民平台。

2008年，办公系统上线。整合内部资源，协同办公、公文交换、电子公章、电子档案、办公助手等子系统。同年，建成政府视频会议系统，减少政府机构的会议成本，提高行政效率，节约财政支出。2010年，被浙江省人民政府办公厅授予政府门户网站建设优秀单位。

第二章　综合政务

综合政务包含政府践行服务群众、转变职能、简政放权、创新监督等内容，是增强政府公信力和执行力、推动建设人民满意服务型政府的有效措施。县政府把民族工作放在重点，着力扶持民族村特色经济发展和基础设施建设。依法管理宗教事务，确保社会稳定。县政府加强外事、老龄、老区和关心下一代工作，推进社会和谐发展。

第一节　民宗事务

1992年末，景宁畲族人口1.72万人。民族工作重点乡镇7个，民族村41个。1993年后，县委、县政府坚持把民族工作作为重点工作来抓，牢牢把握"共同团结奋斗，共同繁荣发展"的民族工作主题，深入贯彻民族政策法规，深化畲族村经济社会发展及扶持工作，全力推进畲乡各民族群众共奔小康社会，不断巩固和发展各民族团结和睦的大好局面。

加强民族工作

落实民族政策　1993—2010年，县委、县政府始终把民族工作列入重要议事日程，制定出台《关于进一步加强民族工作　深化少数民族经济社会发展扶持工作的意见》等文件。同时保障和维护少数民族公民的各项权利。机关事业单位招考工作人员时单列岗位向少数民族公民招考。重视民族政策法规宣传教育，利用有关载体宣传民族政策和民族工作成果。

扶持基础建设　人口在50人以上的畲族自然村134个，分布在12个乡镇66个行政村，基础设施共享率低。1993年始，加大对民族乡(村)基础设施建设扶持力度，改善畲族群众生产生活条件。至2010年，全县安装有线电视、广播和程控电话民族村41个。开通公路、完成自来水、村级办公楼建设、村庄整治民族村39个。完成民族特色村建设10个，被评为省民族团结进步小康村5个。

培育特色产业　1993—2010年，县委、县政府把产业结构调整、培育支柱产业作为主要任务，加强民族重点乡镇和畲族聚居村产业发展的引导和扶持，有效加快民族经济发展步伐。围绕农业主导产业和农业产业结构调整，积极开展畲族群众劳动技能培训。先后开展以中药材、茶叶、大棚蔬菜、高山茭白、干水果、竹笋两用林、食用菌生产管理和养殖业技术、农家乐、机械等科技项目培训，提高畲族群众转岗就业能力。通过产业扶持政策的实施，少数民族群众生活水平有较大的提高，农民人均年收入从2005年的2251元，提高至2010年的6685元，同比增长143%。

发展民生事业　2010年，县委、县政府在全县实施少数民族群众参加城乡医疗保险补助政策，对享受低保待遇的少数民族群众参加城乡医疗保险，其个人缴费部分给予100%补助，其他则给予50%的补助，并对参加城乡医疗保险的少数民族农村困难居民，另行给予住院医药费5%的医疗补助。在扶持政策的推动下，2010年，全县少数民族参加新型农村合作医疗21803人，占92.46%。

创建文化基地　2009年，县委、县政府制定《全国畲族文化发展基地建设纲要》，成立畲族文化研究中心和全国畲族文化发展基地建设办公室。同年完成《全国畲族文化发展基地总体规划暨重点项目策划》编制，按照"全国畲族文化中心，民族文化发展样板"目标定位要求，深入实施畲族文化氛围、保护、产业、品牌、人文五大精品工程。

宗教管理

按照"全面贯彻党的宗教信仰自由政策，依法管理宗教事务，坚持独立自主自办的原则，积极引导宗教与社会发展相适应"的基本方针，依法进行宗教事务管理，规范宗教活动，发挥宗教社会作用而不被邪教所利用，确保社会稳定发展。

1993年后，景宁宗教事务管理重点是组织开展国务院《宗教事务条例》和《浙江省宗教事务条例》的贯彻实施，组织宗教界人士学习条例。建立县宗教工作联席会议制度，定期召开乡镇民族宗教工作会议，设立乡镇宗教工作联络员。2009年5月，县民族宗教事务局出台《关于开展创建和谐寺观教堂活动的意见》，对创建和谐寺观教堂的指导思想、方法措施、原则要求、组织领导，创建标准、否决事项作出规定。

2010年，经合法登记的宗教有佛教和基督教。宗教活动场所和教职人员基本稳定。

第二节　外　　事

外事工作机构

1995年7月，县政府办公室增挂外事办公室牌子，2007年4月，与县政府办公室合署办公，主要负责因公出国(境)管理和审批手续办理，组织有关外事活动，处理发生在景宁的重大涉外事件，做好对外接待、服务和联络工作。

外宾接待

改革开放后,县政府和部门及企业外事活动增多。1993 年 4 月,英国学者普莱恩来景宁考察高山马铃薯栽培技术。同年 5 月,美国爱德基金会代表菲力浦•魏克利到景宁考察竹笋基地和水改项目。7 月,日本学者城井智子、松技知宣、星野红、笠井、官田绂等到景宁考察畲族风情。1995 年 11 月,德国布莱梅海外研究与发展协会迪马到景宁考察水锤泵推广应用情况。1996 年 12 月,日本国新泻大学教授福田之男、中国北京师范大学中文系教授刘铁梁率中日江南农耕民俗文化考察团到大漈等乡镇考察人文古迹、畲族文化。1998-1999 年 8 月,国际薯类研究中心、亚太地区马铃薯、蕃薯合作研究协作网戴彼特博士,两次到景宁考察《甘薯定向高产栽培及综合利用研究》课题实施情况。2000 年 5 月,联合国粮农委处长、国际香根草网络中心主席格雷姆肖到景宁考察云寿线公路试种香根草(又名:马尼拉草皮)项目。2004 年 4 月,一批日本学生友好访问。2005 年 6 月,美国、澳大利亚、印度等国际水电中心今日论坛代表一行 30 人到景宁考察农村水电发展情况。2006 年 4 月,加拿大馨香茶馆业主嘉斯敏、弗朗索和艾莉莎到景宁考察惠明茶、玉簪茶生产加工情况。2007 年 5 月,日本领事石井哲也一行考察利民工程资助款使用情况。2008 年 5 月, 浙江博士园生物技术有限公司聘请澳大利亚籍世界著名蕈菌学家张树庭教授为首席专家。2008 年 11 月,日本三岛市访问团考察畲族文化。

对外活动

1994 年 8 月,县长雷文先带团到日本参加"1994 年福井环日本海国际文化艺术节"。

2003 年 9 月,县委书记林一随团到奥地利考察访问。2007 年 10 月,县委书记武昌随团到英国、德国进行考察访问。2009 年 5 月,县长钟昌明随团到美国进行考察访问。2001—2010 年,全县参加上级组团出国(境)112 批、共 112 人次,主要是到美国、法国、德国、澳大利亚、瑞典等 24 个国家和地区开展访问、考察、学习等活动。

2001—2010 年景宁干部出国(境)考察情况一览

表 23-2-1

年份	2001	2002	2003	2004	2005	2006	2007	2008	2009	2010	合计
批次	2	8	16	18	8	9	12	13	11	15	112
人数	2	8	16	18	8	9	12	13	11	15	112

第三节 革命老区建设

1986 年 5 月 24 日、6 月 26 日,县人民政府分别批准 124 个行政村和 3 个自然村为革命老根据地村。1986 年 7 月 29 日,丽水地区行政公署批准新四、景南、雁溪、陈村、秋炉、大地、毛垟、东坑、梅岐、渤海、大顺、顺利、大都、郑坑、家地等 15 个乡为第二次国内革命战争时期革命老区乡,标溪、外舍、白岸、漈头、金钟、白鹤、北溪等 7 个乡为抗日战争时期革命老区乡。

2008 年 4 月 11 日,景宁县革命老区开发建设促进会成立,有会员(理事)50 人,单位理事 42 人。2008—2010 年,引进资金 32 万元,募集资金 2.5 万元,联系建设项目 2 个,资助贫困学生 85 人(次)。2010 年末,有革命老区乡镇 19 个,老区村 147 个。

第四节 老龄工作

2001年，撤县老龄委员会，新设县老龄工作委员会。2003年5月，根据县机构编制委员会办公室《关于县老龄工作委员会办公室成建制划转的通知》(景编办〔2003〕4号)文件，将挂靠县委办公室管理的县老龄工作委员会办公室成建制划转县民政局，为县民政局直属副科级事业单位。

老人协会建设

1993年，景宁辖5镇19个乡，285个行政村，总人口17.2万。畲族人口占总人口的10.7%。60周岁以上老年人口22600人，占总人口的13.28%，属老龄化县。县、乡镇先后成立老人协会，组织老人开展各项活动，加强老年人管理。2008年，评定为省级老龄工作先进县。2009年，老龄办被评为全省优秀县(市、区)老龄办，至2010年，成立老年人协会组织行政村237个，占行政村总数的93.5%，老年人协会以“三好、三有、六无”①为标准，逐步向规范化发展。

老人优惠政策

优待证管理 2006年，县政府出台《景宁畲族治县老年人优待办法》，县老龄委出台《关于老年优待证制发和管理办法》，至2010年，全县共制作60周岁以上老年优待证21274张。并实行60周岁老年人半价、70周岁老人免费乘坐城内公交车的优惠政策。

高龄老人补贴 2009年开始，建立“高龄老人长寿保健慰问金”制度。凡本县户籍90~99周岁的老人，每人每年一次性发放300元长寿保健慰问金。本县户籍100周岁及以上老人由原来每月200元提高到每月300元，所需经费列入年度财政预算。

老年电视大学

1998年，成立老年电视大学景宁分校，逐步走向规范化和规模化办学。至2010年，老人电视大学入学人数从122人，增加到2723人，占老年人总数的10.6%，教学点62个。累计毕业(结业)28780人(次)。2009年，东坑村老年电大教学点被浙江省老年电视大学命名为省级老年电大教学示范点。

第五节 关心下一代工作

1991年7月16日，成立县关心下一代工作委员会(简称县关工委)，下设爱国主义宣讲团，承担青少年进行思想道德教育责任。2002年，各乡镇、县直部门和学校相继成立关工委，行政村和社区成立

①三好、三有、六无：“三好”即班子建设好、作用发挥好、制度落实好。“三有”即有活动场所、有经费来源、有教育载体。“六无”即无干预和骚扰当地建设、发展、规划及村级重大事项决定和执行的现象，无用非正常手段筹集活动经费并以自治为由拒绝上级的管理和“村两委”领导的现象，无组织和煽动会员做有损协会形象、影响社会稳定、违反法律法规行为的现象，无老年人因受歧视、虐待而致非正常死亡的现象，无老年人赌博、吸毒的现象，无老年人参与邪教、封建迷信活动的现象。

关心下一代协会(简称关协)。至2010年末,成立乡镇关工委22个,村、社区关协组织242个。

1998—2009年,先后有6人(次)被评为浙江省关心下一代工作先进个人。2010年,县关工委被评为全省关心下一代工作先进集体。

思想道德教育

1993—2005年,县关工委发挥“老干部、老战士、老专家、老教师、老劳模”优势,在每年重大节日和暑寒假中,配合部门,组织爱国主义宣讲团、法制教育报告团进学校、入社区、下农村,对青少年开展以社会主义核心价值体系为主要内容的思想道德教育200场,受教育青少年26000人(次)。

2006—2007年,县关工委与县教育局、团县委、县妇联在全县城乡开展“八荣八耻”教育和县“十一五”规划纲要学习活动,以讲座、座谈、黑板报、演唱会等形式进行164场(次)“知荣耻,爱畲乡”教育,受教育青少年24300人(次)。与团县委联合举行800青年人参加的“18岁成人宣誓仪式”。联合县建设局、县环保局开展“建设生态畲乡,从我做起”宣传教育活动,向青少年赠送中国地图200册、环保知识书籍1000册。组织关工委成员编写青少年科普环保书籍、论文。其中,《生态安全,环境友好》作为景宁的乡土教材出版发行,《创建绿色环境,建设温馨家园》论文,获《中国教育报》等5个单位举办的“绿色杯”全国二等奖,入选国家科协主管的《发现》期刊中;《望东垟湿地环境特征及可持续发展策略》参与全国政协人口、资源、环保等5个单位举办的“绿我中华”全国征文大赛中,以优秀论文入选《绿我中华》大型文集中;以对青少年生态道德教育为主题的《树立生态安全观念,着力改善生态环境》论文,入选《生态建设与浙江》杂志。

2008年后,县关工委开展以“迎奥运树新风”“抗震救灾显真情”“嫦娥奔月感自豪”等为内容的爱国主义教育活动。引导青少年积极参与家乡的卫生城市、文明城市和社会主义新农村建设。联系浙江少儿频道记者录制,以英川镇刘某兄弟虽家境贫寒仍坚持苦读为题材的故事片《兄弟》,2008年10月13日在浙江电视台少儿频道播放。

2009年,县关工委主办“老少同台共庆祖国60华诞”文艺晚会,晚会以民乐合奏、童声独唱、合唱、太极球、畲族服饰秀等形式,抒发对祖国母亲的真挚情感和满腔热爱。与《处州晚报》小记者景宁指导总站联合举办共有小记者500人参加的“母亲节”小记者感恩活动。

2010年,县关工委联合教育局举办“将成功传给下一代”家庭教育方法讲座11场(次),参加听课的中小学学生家长、教师7000人(次)。与县文体广电新闻出版局,县交通局联合举办“新华书店杯”未成年人读书节暨朗诵比赛,“夏日激情”交通杯少儿歌手大赛、书画快乐“六一”节各校书画赛等文化活动。组织开展中小学生思想道德状况调研,形成调研报告送有关部门供研究参考。

县关工委常年协同县公安局、县工商局、县卫生监督所对网吧、影像制品店、游戏厅及校园周边环境进行检查监督和管理,为青少年健康成长创造良好环境。

科技教育指导

1998年,县关工委成立科技教育咨询委员会,组织老科技专家对农村青年创业者、农村种养业合作社、专业户、专业村进行科技咨询与辅导。2008年,开始以老科技专家、科技新秀、大学生村干部三者“三结合”的方法组织开展百名科技人员进百村的“双百”活动。在茶叶、毛竹、雪梨、高山蔬菜、冷水茭白、食用菌、家禽养殖等方面的专业科技联系点开展科技指导活动。老科技专家吴锡金研究的“罩袋增湿”白茶树低位嫁接法,成活率达85%,使惠明白茶由原来的一棵千年老白茶发展为133.33公顷规模。2008—2009年,培训嫁接青年技术人员300人(次),茶叶采摘技术人员500人(次)。组织老科技专家帮助澄照乡张后山村发展雪梨基地13.2公顷，在雪梨基地上套养土鸡、土鸭，套种西瓜、茶叶等，发展药材、大棚蔬菜、杨梅、板栗等产业，取得较好经济效益。

医疗卫生服务

2010年，建立医疗老专家卫生组。由8名具有主任医师、副主任医师资格的离退休老医生组成。组织4次4个点的免费送医送药下乡活动，为每个点免费送价值1000元药品，免费看病365人(次)，并开展防护、急救知识宣讲。

筹资扶贫助学

1998年，开展扶贫助学工作。2008年，成立扶贫助学筹资组。县关工委通过向市关工委、慈善总会推荐贫困生，组织扶贫助学筹资组成员到宁波、余姚、杭州、温州、乐清、上海等城市寻找爱心企业、爱心人士等方式寻求助学资金。1998—2010年，县关工委筹集助学资金503.9万元，资助贫困生1385人，联系单位或个人全程结对助学贫困生100人。

挽救失足青少年

组织老干部采取多种形式，教育、关爱和帮助失足青少年及归正人员，关心其思想、生产、生活情况，帮助解决实际困难。县关工委组织的帮教团队成员有16人，通过帮教，挽救了失足青少年。

第三章 施政纪要

1993—2010年，第四至第七届人民政府，坚持以邓小平理论、“三个代表”重要思想为指导，全面贯彻科学发展观，抓住国家重大发展机遇，全力推进景宁经济社会全面发展。每届政府均结合景宁实际，制定一系列施政措施，加大改革开放力度，加强基础设施建设，实施“科教兴县”“富民强县”战略，调整产业结构，培育产业振兴，改善城乡发展环境，加快新农村建设，推进乡村旅游，不断提升人民生活水平。经济总量大幅度提升，国内生产总值从1992年2.11亿元，上升到2010年的26.64亿元。

第一节 第四届政府纪要

1993年5月至1998年4月，县政府贯彻中共十四大和全国八届人大一次会议精神，从景宁实际出发，围绕努力缩小与发达地区的差距，确立在解决温饱的基础上向小康社会奋进的目标，推动经济社会发展。1997年，全县国内生产总值达到6.1亿元，比1992年增长60%，年均递增10%；财政总收入4032万元，比1992年增长404%，年均递增38.2%，增幅名列全地区前茅；社会消费品零售总额2.7亿元，比1992年增长225.3%，年均递增26.6%。

加大改革开放力度

在坚持和稳定家庭联产承包责任制及双层经营体制的基础上，稳妥发展土地规模经营，进行以粮食购销为重点的农产品流通体制改革，使农村改革不断深化。以产权制度改革为突破口，实施对国有集体企业完成改制，鼓励并引导个体、私营经济的发展，引导专业市场上规模、上水平，使非公有制经济总量有较大提高。1997 年，山珍市场成交额达 4 亿元，上缴税费 445 万元。推进社会保险制度及各项配套改革，城镇国有、集体企业职工养老保险及失业保险覆盖面达 100%。住房制度改革全面推开，建立住房公积金制度，住房商品化步伐明显加快。开展财政、税收、外事外贸、计划、投资、价格、流通和国有资产管理等方面的体制改革。

加快经济发展速度

落实粮食工作分级负责制，加强耕地保护和农田水利建设，强化科技兴粮力度，把农业综合开发作为农村经济主攻方向，围绕资源优势，狠抓开发，突出管理。五年共建成用材林基地 5780 公顷，开发笋竹两用林及各类特产基地 6033.33 公顷，发展袋料香菇 1.86 亿袋，畜牧业、水产养殖业稳步发展，农业总产值达 3.5 亿元，比 1992 年增长 70.9%，年均递增 11.3%。实施合力扶工，适应市场竞争加剧和宏观调控新形势，强化企业内部管理，保持工业经济效益逐步回升。1997 年，工业产值达到 6.5 亿元，比 1992 年增长 254%，年均递增 28.7%。积极促进外向型经济建设，实现全社会外贸出口交货额 1.3 亿元，比 1992 年增长 7.4 倍，外贸自营出口 511 万美元。创建并促进两个省级开发区的迅速发展，浙江景宁民族经济开发区五年创办企业 49 家，引进资金 6498 万元。浙江景鄞扶贫经济开发区，1997 年末，注册企业 225 家，注册资金 2 亿元，成为具有全国知名度的“异地扶贫”示范基地，税收 1100 万元。商贸、金融、保险、住宅等第三产业得到较快发展。

加强基础设施建设

多渠道筹措资金，累计用于基础设施建设投资 5.4 亿元。完成岚头岭隧道、通天门改线工程、景龙公路、城关 110 千伏变电输出工程、光缆通信传输、电话程控交换工程及覆盖全县的移动电话、无线寻呼网、县城万吨自来水厂扩建工程等一批基础设施建设项目。实施景泰公路改造等工程。油路里程发展到 81 千米，开通乡村公路 258.3 千米；建成小水电站 52 座，装机 2.85 万千瓦。实现乡乡通公路，村村通电，62%的行政村通简易公路，50%的行政村通程控电话。

推进科技文化进步

实施“科教兴县”战略，完善和落实加速科技进步、优先发展教育的政策，多渠道增加对科技和教育的投入。提高了群众的科技意识和推广科技的自觉程度。推进了基础教育、职业技术教育以及成人教育、幼儿教育。“扶贫建校”累计完成投入 2122 万元，中小学校基础硬件建设有突破性的改观，实现基本普及九年义务教育和基本扫除青壮年文盲目标。解决民办教师一次性转正问题，“园丁新村”建设改善了教师工作和生活条件，制定和实施《文化发展规划》。广播电视事业进一步发展，民族文化的保存、挖掘和加工有新的成果，城乡文化活动日趋活跃，畲族民间歌舞团参加“1994 年福井环日本海国际艺术节”演出节目，畲族文化艺术第一次走出国门。

提升人民生活水平

坚持把脱贫作为全局中心工作和政治任务，层层落实扶贫攻坚责任制。组织开发扶贫、科技扶贫、劳务输出、下山脱贫，多渠道、全方位深入开展脱贫攻坚。加强“菜篮子工程”、安居工程建设。建立城镇职工最低工资标准和基本生活标准制度，提高人民生活水平。多形式、多途径开展帮扶和服务，帮助下岗职工重新谋业。加强通讯、道路、水、电和文化、卫生等基础设施建设，着力改变农村面貌。1997 年末，农村人口人均收入 1530 元，扣除物价增长因素，比 1992 年增长 15.9%。全县贫困人口比例从 1992 年末的 32.2%下降到 3.2%。1998 年 1 月，脱贫攻坚工作通过省委、省政府验收，宣布景宁为“光荣脱贫县”。

第二节　第五届政府纪要

1998 年 4 月至 2003 年 4 月，县政府认真贯彻中共十五大精神，正确处理改革、发展、稳定的关系，进一步解放思想，深化改革，扩大开放，认真实施“强化基础，提高素质，创造优势，富民强县”的经济工作方针，积极优化环境，加快推进经济体制和经济增长方式的根本转变，努力提高整体竞争能力。国内生产总值从 1997 年的 6.1 亿元增加到 9.9 亿元，年均增长 10.8%。其中，第一产业 2.8 亿元，年均增长 5.2%，第二产业 3.9 亿元，年均增长 15.2%，第三产业 3.2 亿元，年均增长 11.9%。财政总收入从 1997 年的 4031 万元增加到 15019 万元，年均增长 30.1%。其中，地方财政收入 7470 万元，年均增长 26.0%。

调整产业结构

提高茶、竹、菌等经济作物和养殖业在农业总产值中的比重。用足资源，发展水电产业，使之成为最具活力的经济增长点和重要的税收来源，初步形成以电兴县的格局。五年新增水电装机 10.5 万千瓦，全县总装机 16.2 万千瓦。以旅游业为龙头，逐年提高三产占国内生产总值的比重，全社会消费品零售总额实现 4 亿元，年均增长 8.7%。外贸出口持续增长，自营出口 949 万美元，年均增长 13.2%。

推进改革开放

改革开放对完成国有、集体工业企业和商贸流通企业改制任务，增强企业活力，起着推动引领作用。有序推进农村各项改革，基本完成二轮土地承包工作和农村合作基金会的清理整顿，全面启动农村税费改革。实施粮食、财政、税收、金融、外贸、计划、投资、价格、流通、工商、技术监督等改革。推进社会养老保险、职工失业保险、医疗保险、最低生活保障、殡葬制度等各项配套改革。稳步进行党政机关机构改革、干部人事制度改革、住房制度改革。创建景鄞扶贫开发区增加财政收入。推动劳务输出，促进农民增收。依托资源优势开展对外招商引资。

强化基础设施建设

扩大城区规模，新建城区道路 5 千米，4.3 万平方米，改造人行道 18.5 万平方米；城南旧城改造正式启动；完成全县集镇发展规划体系编制，为集镇、中心村建设奠定基础。完成公路路面油路改造 107 千米，新建通村简易公路 390 千米；完成农网改造、云景 110 千伏等一批电力设施项目；实施鹤溪河、梧桐坑等小流域治理，推进生态环境示范区建设改善生态环境质量。县政府在五届人大一次会议上提出景泰公路景宁段改建工程(油路面除外)、白鹤电站、英川电站、体育馆城防工程一期(鹤溪河综合治理一期)等重点基础设施建设项目基本完成，县城防洪能力从5年一遇提高到50年一遇，实施县城改造二期规划，实现6个小集镇建设和自来水工程(二水厂)日供水2000万千克目标。

实施“科教兴县”战略

抓好科技示范工程，“全国科技工作先进县”通过达标验收。同时，重点推进教育体制改革，加强教育基础设施建设，大力推进素质教育，完成学校布局调整，教育教学质量稳步提高。县委、县政府成功举办1998年浙江景宁畲乡风情节，2001年中国畲乡风情旅游节，2002年浙江省少数民族传统体育运动项目选拔赛；《畲山风》喜获第二届全国少数民族文艺会演创作、演出双金奖。大漈时思寺被确定为国家级重点文物保护单位。城乡卫生医疗网络进一步健全，基本完成乡镇卫生院危旧房改造，农村初级卫生保健通过省级评审。

实施富民强县工程

城乡居民收入稳定增长，生活水平、消费水平提高。2002年，城镇居民人均可支配收入8640元，农民人均纯收入2270元，年均分别增长11.8%、7.8%。城乡居民储蓄存款余额由2.4亿元增加到5.0亿元，城乡固定电话普及率由每百人6.7部增加到16.6部，移动电话普及率由每百人0.4部增加到12.6部，城镇居民人均居住面积由5年前11.7平方米提高到14.5平方米。景宁在巩固脱贫成果的基础上，向小康迈出重要一步，有4个乡镇，69个行政村基本实现小康目标。

第三节　第六届政府纪要

2003年4月至2007年3月，县政府实施“创畲乡生态优势，建风情旅游名城”战略，以城镇化为载体，以发展生态旅游为增长点，加快经济社会发展。地区生产总值由2002年9.9亿元增加到2006年15.6亿元，年均增长10.2%；财政总收入由1.5亿元增加到2.37亿元，同口径比，年均增长21.4%，其中，地方财政收入由7470万元增加到1.32亿元，同口径比，年均增长25.2%；全社会消费品零售总额由4亿元增加到7.14亿元，年均增长12.8%。

发展效益农业

农业推进茶、竹、菌、果、菜、药、花、苗和养殖业发展。培育省、市级农业龙头企业12家，成立农民专业合作社29家。统一惠明茶品牌，“金奖惠明茶”“景宁香菇”分别荣获“浙江省十大名茶”“浙江十大名菇”称号，制定《浙江省无公害厚朴标准》，填补国内同类标准的空白。

提高工业发展水平

发挥水利资源优势，推进小水电产业发展，新建电站35座，新增装机容量9.8万千瓦，被国家水利部授予全国第一个“中国农村水电之乡”。继续发展工业经济，启动建设外舍王金垟工业复合园区，有序推进澄照佃源区块前期工作，新增泵阀企业19家，22家泵阀企业实现年产值3.5亿元。

着力推进旅游业发展

2004—2007年，连续4年坚持举办“中国畲乡风情节”和“畲族三月三”活动，扩大畲乡影响力。大漈景区被评为省级风景名胜区，“中国畲乡”被评为全市“十大名片”之一。2006年，共接待游客50万人(次)，实现旅游收入2亿元。积极发展金融保险、商贸物流、信息中介、社区服务业。继续优化经济结构，一、二、三产业结构由2002年28:39:33调整到2006年20:35:45。

加强城乡基础设施建设

六届政府届期内，累计完成全社会固定资产投资24.6亿元。启动实施外舍防护工程、景青公路、220千伏输变电工程、江滨小区等4个超亿元项目与畲乡大酒店、人民南路拓宽改造、民族小学新建、城北中学扩建、污水处理厂等5个超千万元项目，完成景中迁建、县人民检察院技侦大楼、疾控中心综合楼、第二水厂、县人民医院门(急)诊楼、县人民法院审判综合楼等一批重点项目。争取上级对欠发达乡镇帮扶资金1595万元。抓好农村基础设施建设，完成景泰二级公路建设和县内干线公路路面硬化，累计完成乡村康庄工程路基路面改造680千米，解决农村4.1万人的饮水安全问题，实现8个乡镇、40个行政村有线电视联网，完善通信设施，实现乡乡通宽带。

推进滩坑电站移民和库区复建

滩坑电站移民工作，完成第一动迁年和第二水平年移民1.3万人的动迁安置任务，落实第三水平年移民5500人的动迁指标。有序推进鹤溪、澄照等县内安置点建设，完成九龙集镇复建，开展渤海集镇复建。完成库周通村公路和水运码头建设前期工作，并推进移民后期帮扶工作。开展“展移民新风、树景宁形象”主题教育活动，较好地维护库区和安置地的稳定。

整顿市场经济秩序

推进体制机制创新，规范国有资源公开出让行为。开展“治砂、治水、治矿”和“洁城”行动，挂牌出让采砂场8处，整顿福利企业12家，依法对矿山企业进行集中治理，处理县城违法用地4.8万平方米、违章建筑3.6万平方米。完成包山铁矿、县民族经济开发区下属的经济发展公司等国有企业改制任务，推进林业总场改革。妥善解决遗留多年的上标电站权属比例，权属占比由0.38%提高到36.22%。逐步扩大城发公司、交通投资公司、国资公司、土地收储中心等国有公司规模，完成国有资产清查登记，规范国有资本运营方式，促进国有资产保值增值。

第四节　第七届政府纪要

2007年3月至2012年2月，县政府实施“一三四八”发展战略，按照建设繁荣和谐新畲乡的要求，抓项目建设，完善城乡基础设施，振兴产业，增强区域经济实力，创新体制机制，推进经济社会协调发展，全面建设小康社会，加快经济和社会发展。景宁生产总值从2006年15.6亿元增加到2010年32.17亿元，年均增长10.8%；人均生产总值从11796元增加到27345元；县财政总收入从2.37亿元增加到8.05亿元，地方财政收入从1.32亿元增加到3.67亿元；累计完成固定资产投资79.78亿元。2010年，县域经济基本竞争力在全国120个民族自治县中排名从第28位上升到第11位。

着力振兴产业

提升一产发展后劲，启动粮食生产功能区和鹤澄、大东景省级现代农业综合区建设，2010年，大东景现代农业综合区被浙江省现代农业园区办公室公布为第三批省级现代农业综合区创建点。新建惠明茶基地8400公顷、高山蔬菜基地1000公顷、高效笋竹两用林基地2333.33公顷，新开竹林道330千米。新增农业龙头企业50家、省名牌农产品4个。惠明茶蝉联“浙江省十大名茶”称号，并在上海世博会再获金奖。2010年5月24日，国家质检局批准对“惠明茶”实施地理标志产品保护。挖掘二产发展潜力，在丽水经济开发区内争取设立4平方千米的丽景民族工业园并全面启动建设。城北110千伏变电所工业区块、外舍王金垟复合产业区块已向企业供地。澄照佃源区块列入浙江省低丘缓坡重点区块开发规划。夯实三产发展基础，成功创建“中国畲乡之窗”“云中大漈”两个国家AAAA景区，旅游总收入从2.73亿元增加到10.01亿元，年均增长30%。景宁畲族风情旅游度假区通过省政府批复，总部经济、商贸物流等现代服务业健康发展。

推进新农村建设

增加农民收入　全面实施“农民增收六大目标”工程，完成新一轮村庄整治195个，实施农村危旧房改造11541户，新建下山移民安置小区17个，完成农民异地转移3053户，11075人，农村居民的生产生活条件明显改善。农村居民人均纯收入从3632元提高到7412元，年均实际增长7.5%和11.2%。

实施人口“内聚外迁”　滩坑电站移民工作全面完成，2万移民和谐融入安置地。沙湾、东坑中心镇建设启动，渤海、九龙集镇复建工作完成。推进创业和就业，鼓励引导外出发展“小超市、小水电、小宾馆”等产业，帮助大学生和各类群体就业，5年新增城镇就业岗位4501个，城镇登记失业率控制在3.8%以内。

加强农村基础设施建设　深入实施“十村示范、百村整治”“欠发达乡镇奔小康”等农村基础设施建设工程，中心村和美丽乡村·魅力畲寨建设有序推进，建成东坑深垟、外舍岗石、大均伏叶等一批富有畲乡特色的村寨。千万农民饮用水工程顺利实施，累计解决和改善10.3万人的饮用水问题。新建标准堤防23千米，加固山塘16座，治理河道160千米。

改善城乡发展环境

城市建设工程　先后完成外舍防护工程（一期）、城南旧城和环城东路拆迁改造、鹤溪河景观带、复兴西路和鹤溪中路立面改造等一批城区建设工程，新增城市道路13.6千米，新开发正达阳光城、金园丽景、鑫景商城等住宅小区，县城建成区面积达到3.02平方千米。

交通网络工程　云景高速公路正式开工，景青公路、大顺至大港头公路以及广电、通信等基础设施复建工程全面完成，52省道岚头岭段改建、交见圩至叶村公路改建等项目加快推进，新增农村公路835千米。

能源保障工程　优化电网结构，形成以220千伏为主网架、110千伏为骨干、35千伏为支架的输配电网络，建成220千伏鹤溪输变电工程。

社会发展工程　完成民族小学新建、民族中学迁建和城北中学扩建。乡镇卫生院体制机制改革成效明显，建成社区卫生服务中心（站）33个、村卫生室73家、巡回诊疗点144个。推进公共文化服务体系建设，“县有三馆、乡有一站”[①]的目标基本实现。促进畲族文化传承发展，加快建设全国畲族文化发

---

①县有三馆、乡有一站：县有博物馆、文化馆、图书馆；乡有文化站。

展基地。推进社保体系建设，实现城乡居民医疗保险和养老保险全覆盖。

生态环保建设工程　新增省级生态公益林36000公顷，全县森林覆盖率77.9%，望东垟高山湿地成功申报为省级自然保护区。完成县城污水处理厂（一期）、垃圾填埋场建设，建成空气质量自动监测站、环境监控中心和县城饮用水自动监测站。深入推进生态乡镇村创建和农村环境治理，建成18个乡镇所在地的污水处理设施，创建国家级生态乡镇2个、省级生态乡镇17个、市级生态村94个。

第四章　政府机构

1993年，县人民政府序列直属机构57个。其中，委员会9个、办公室12个，局（社）36个。1996年，贯彻执行中共中央关于政府机构改革精神，实行政企分开，建立健全宏观管理体制，增强宏观管理职能。2001年，根据省、市人民政府要求，转变政府职能，精简机构和人员，提高工作效率，逐步实现机构组织、职能、编制与工作程序的法制化。2005年，按照规范政府部门职能，改进管理方式，提高办事效力，逐步形成行为规范、运转协调、公正透明、廉洁高效的行政管理体制和运行机制的要求，再次对政府机构进行调整。至2010年，县人民政府组成部门和工作机构24个。

第一节　县级人民政府

县人民政府依法履行经济调节、市场监管、社会管理公共服务和促进经济社会快速发展职能。第四届至第七届县政府，每届配备县长（畲族）1人，副县长5~7人。

景宁第四至第七届县政府县长、副县长名录

表23-4-1

届　别	姓　名	性别	民族	职　务	任职时间
第四届	雷文先	男	畲族	县　长	1993.5—1997.6
	蓝春土	男	畲族	代县长	1997.6—1998.4
	刘世书	男	汉族	副县长	1993.5—1995.8
	吴利文	男	汉族	副县长	1993.5—1997.9
	林美琴	女	汉族	副县长	1993.5—1998.4
	庄作民	男	汉族	副县长	1993.6—1994.5
	盛晓兔	男	汉族	副县长	1993.6—1995.11
	吴黎明	男	汉族	副县长	1994.1—1996.6
	李卫良	男	汉族	副县长	1994.2—1997.10
	黄宇庭	男	汉族	副县长	1994.12—1995.11
	孙抱平	男	汉族	副县长	1995.5—1997.6
	周士广	男	汉族	副县长	1995.9—1998.4

续表 23-4-1

届　别	姓　名	性别	民族	职　务	任职时间
第四届	蒋　萌	男	汉族	副县长	1997.8—1998.4
	叶　威	男	汉族	副县长	1997.8—1998.4
	连星坛	男	汉族	副县长	1997.9—1998.4
	赖志民	男	汉族	副县长	1997.10—1998.4
第五届	蓝春土	男	畲族	县　长	1998.4—2002.12
	雷　萍	女	畲族	代县长	2002.12—2003.4
	周士广	男	汉族	副县长	1998.4—2000.5
	林美琴	女	汉族	副县长	1998.4—2002.12
	连星坛	男	汉族	副县长	1998.4—2001.3
	赖志民	男	汉族	副县长	1998.4—2001.3
	蒋　萌	男	汉族	副县长	1998.4—1999.1
	叶　威	男	汉族	副县长	1998.4—1998.10
	吴建华	男	汉族	副县长	1999.8—2003.4
	李初夏	男	汉族	副县长	1999.8—2000.8
	骆光林	男	汉族	副县长	2000.9—2002.7
	郑利剑	男	汉族	副县长	2001.3—2002.12
	张少荣	男	汉族	副县长	2001.3—2002.12
	雷　萍	女	畲族	副县长	2002.12—2003.4
	郑力平	男	汉族	副县长	2002.12—2003.4
	曹章兴	男	汉族	副县长	2002.12—2003.4
	徐丽东	男	汉族	副县长	2002.12—2003.4
	钟昌明	男	畲族	副县长	2002.12—2003.4
	李炀德	男	汉族	副县长	2002.12—2003.4
第六届	雷　萍	女	畲族	县　长	2003.4—2006.3
	钟昌明	男	畲族	代县长	2006.3—2007.4
	郑力平	男	汉族	副县长	2003.4—2004.12
	吴建华	男	汉族	副县长	2003.4—2005.2
	曹章兴	男	汉族	副县长	2003.4—2005.4
	徐丽东	男	汉族	副县长	2003.4—2005.7
	李炀德	男	汉族	副县长	2003.4—2006.10
	钟昌明	男	畲族	副县长	2003.4—2006.3
	王叶青	男	汉族	副县长	2003.7—2006.7
	郭海光	男	汉族	副县长	2005.2—2007.3
	叶金堂	男	汉族	副县长	2005.2—2007.3
	柳春华	男	汉族	副县长	2005.9—2006.7
	潘晓泉	男	汉族	副县长	2005.9—2007.3

续表 23-4-1

届 别	姓 名	性别	民族	职 务	任职时间
第六届	江少伟	男	汉族	副县长	2006.10—2007.3
	胡晓红	女	汉族	副县长	2006.10—2007.3
	翁伟荣	男	汉族	副县长	2006.10—2007.3
第七届	钟昌明	男	畲族	县 长	2007.3—2010.12
	张晓强	男	汉族	副县长	2007.3—2009.1
	郭海光	男	汉族	副县长	2007.3—2010.12
	江少伟	男	汉族	副县长	2007.3—2010.12
	胡晓红	女	汉族	副县长	2007.3—2010.12
	潘晓泉	男	汉族	副县长	2007.3—2010.12
	翁伟荣	男	汉族	副县长	2007.3—2010.12
	蓝小明	男	畲族	副县长	2007.5—2010.12
	姚昭晖	男	汉族	副县长	2008.4—2010.6
	叶金堂	男	汉族	副县长	2007.3—2010.12
	张雄文	男	汉族	副县长	2010.8—2010.12

第二节 乡镇人民政府

乡镇人民政府是基层政权机关，是国家为实现政治、经济和文化职能，依法在基层行政区域内设立的国家机关及其所行使的权力统一体。

1984 年 6 月 30 日，设立景宁畲族自治县，辖城郊、沙湾、渤海、东坑、英川 5 个区，鹤溪镇和张春、外舍、白岸、大均、澄照、漈头、梅岐、沙湾、梧桐、标溪、莲川、叶桥、大地、毛垟、秋炉、渤海、新四、大顺、顺利、陈村、金钟、大都、郑坑、东坑、北溪、白鹤、大漈、景南、雁溪、家地、英川、葛山、鸬鹚、黄湖、隆川 35 个乡。

1992 年，撤区扩镇并乡后，全县为 5 个镇 19 个乡，285 个行政村，1863 个村民小组，11 个居委会。

2007 年 6 月，滩坑电站库区乡镇区划调整，撤外舍、金钟 2 个乡，并入鹤溪镇；撤大顺、陈村 2 个乡，建立九龙乡。年末辖 5 个镇，16 个乡，1 个外舍管理区，283 个行政村，8 个居委会。

2010 年末，辖鹤溪、沙湾、渤海、东坑、英川 5 个镇，大均、澄照、梅岐、郑坑、大漈、景南、雁溪、葛山、鸬鹚、梧桐、标溪、毛垟、秋炉、大地、家地、九龙 16 个乡，1 个外舍管理区，254 个行政村，9 个居委会。

1993—2003 年，乡镇人民政府每届任期 3 年，2004 年后，每届任期 5 年。乡镇人民政府由乡镇长 1 人、副乡镇长若干人组成。

第二十四篇　人民政协地方组织

1993—2010年，中国人民政治协商会议景宁畲族自治县委员会（以下简称县政协）历经4届。县政协紧紧围绕县委、县人民政府的中心工作，牢牢把握团结、民主两大主题，切实加强制度化、规范化和程序化建设，履行好政治协商、民主监督、参政议政三大职能。期间，召开全体会议18次，常委会议76次，主席会议119次。收到委员提案1705件，立案1685件，并负责做好提案交办和追踪。听取群众呼声，关注热点难点，组织委员开展调研视察108次，形成专题报告200篇，向县人民政府提交建议案23件，组织委员大会发言366人（次）。编写出版文史资料8辑。2003—2010年，社情民意信息工作得到省市肯定，先后向县政府反映委员心声34期，向全国政协办公厅、省政协办公厅报送社情民意信息，被采用46条。多次举行对外联谊活动，提高景宁知名度和影响力，举办浙闽2省毗邻5县教育协作会议和浙江省部分县市政协联谊会。创建政协之友社、政协书画院，创办《景宁政协》《天堂湖》刊物。政协委员中的非中共人士占委员60%以上，委员凝心聚力、团结合作。2009年，作为政协工作向基层延伸的委员联络组改设为政协工作站后，并挂牌接待群众，政协组织机构设置更趋合理。

第一章 政协会议

县政协会议包括全体会议、常委会会议、主席会议。县政协全体会议，届内每年举行1次，全体政协委员和列席人员参加。常委会会议，原则上每季召开1次，县政协常务委员会委员参加，专委会主任及政协工作联络组（工作站）组（站）长等列席会议。县政协主席会议，一般每月召开1次，根据工作需要，也可临时召开，政协主席、副主席和秘书长参加。

第一节 全体会议

县政协全体会议（简称县政协全会）是县政协履职的最重要议事会议，一般每年举行1次。为与人代会相衔接，会议早于县人代会1天召开，先于人代会1天闭幕。每届政协的第一次全体会议由会议选举主席团主持，其他各次会议由县政协常务委员会召集并主持，第一次全体会议需选举新一届常委会组成人员，其余各次全体会议除需增补常委会组成人员外，主要议程大致相同：听取并审议《常委会上届或上年度工作报告》《提案工作情况报告》；列席人代会听取并讨论《县人民政府工作报告》及县人民法院、县人民检察院工作报告和县发改局经济社会发展计划、县财政局预决算工作报告，听取委员大会发言；通过本次会议决议、提案审查报告等。

1993年5月至2010年12月，县政协召开全会18次。其中，第四届5次，第五届5次，第六届4次，第七届4次。

第二节 常委会会议

县政协常务委员会会议（简称常委会会议）由主席、副主席、秘书长和常务委员组成。常委会会议由主席或副主席主持召开。会议主要内容：决定每届参加单位委员名额和人选及界别设置；召集并主持每次全体会议（每届第一次会议由主席团主持）；审议提交县政协全体会议的文件、议程草案和日程；审议重要建议案、提案、视察报告、调研报告及其他报告；决定县政协各工作机构设置和变动并任免有关人事；协商讨论县委、县政府重大方针政策及社会发展中的重大决策问题；听取县委、县政府及有关部门负责人对重要问题的报告或说明并提出建议和意见。

常委会原则上每季度召开1次，必要时可临时举行。1993—2010年，共召开常委会议76次。其中，第四届19次、第五届23次，第六届16次，第七届18次。召开会议时，副秘书长、各专委主任、联络组（工作站）组（站）长和有关人员列席会议。

第三节　主席会议

主席会议由主席、副主席和秘书长组成。会议视议题邀请县政协党组成员、副秘书长和有关人员列席。

主席会议的议事范围主要分为两大部分：处理常委会的重要日常工作，如审议提交常务委员会的文件；决定召开常务委员会会议和其他有关会议；审议重要的视察、考察和调查报告及其他重要活动的有关事宜。进行高层次协商，如全会闭会期间就党委、政府所要进行的重大决策的协商；党委、人大、政府重要人事任免的协商；邀请党委和政府的有关领导通报情况；审查向党委、人大、政府提出的建议案等。

主席会议由主席根据工作需要安排召开，一般每月召开 1 次，必要时可临时召开。

1993—2010 年，共召开主席会议 119 次。其中，第四届 50 次，第五届 48 次，第六届 48 次，第七届 53 次。

景宁县政协第四至第七届主席、副主席名录

表 24-1-1

届 别	姓 名	性别	民族	出生年月	籍贯	职 务	任职时间
第四届(1993.5—1998.4)	周金全	男	汉	1944.11	浙江景宁	主 席	1993.5—1998.4
	钟琳花	女	畲	1947.4	浙江景宁	副主席	1993.5—1998.4
	朱翰屏	男	汉	1939.7	浙江嘉兴	副主席	1993.5—1998.4
	舒礼熙	男	汉	1935.12	浙江永康	副主席	1993.5—1998.4
	耿敬君	男	汉	1946.2	安徽亳州	副主席	1993.5—1998.4
	章家栋	男	汉	1937.11	浙江乐清	副主席	1993.5—1998.4
第五届(1998.4—2003.4)	周金全	男	汉	1944.11	浙江景宁	主 席	1998.4—2003.4
	曹赤炎	男	汉	1945.9	浙江浦江	副主席	1998.4—2003.4
	耿敬君	男	汉	1946.2	安徽亳州	副主席	1998.4—2003.4
	雷香兰	女	畲	1958.10	浙江景宁	副主席	1998.4—2003.4
	尤建平	男	汉	1963.5	浙江云和	副主席	1998.4—2003.4
	蓝良兴	男	畲	1955.7	浙江云和	副主席	2001.4—2003.4
第六届(2003.4—2007.3)	彭岳舜	男	汉	1952.3	浙江景宁	主 席	2003.4—2007.3
	雷香兰	女	畲	1958.10	浙江景宁	副主席	2003.4—2007.3
	耿敬君	男	汉	1946.2	安徽亳州	副主席	2003.4—2006.3
	尤建平	男	汉	1963.5	浙江云和	副主席	2003.4—2007.3
	周小土	男	汉	1945.10	浙江诸暨	副主席	2003.4—2005.3
	雷华英	女	畲	1967.9	浙江景宁	副主席	2003.4—2007.3
第七届(2007.3—2012.3)	彭岳舜	男	汉	1952.3	浙江景宁	主 席	2007.3—2010.12
	雷香兰	女	畲	1958.10	浙江景宁	副主席	2007.3—2010.12
	吴德政	男	汉	1951.10	浙江景宁	副主席	2007.3—2010.12
	尤建平	男	汉	1963.5	浙江云和	副主席	2007.3—2010.12
	尚建基	男	汉	1961.7	浙江缙云	副主席	2007.3—2010.12
	沈秀慧	女	汉	1968.11	浙江景宁	副主席	2010.3—2010.12

第二章 政协履职

政协委员的主要职能是政治协商、民主监督、参政议政。履行职能方式，是通过参加全体会议审议工作报告、围绕人民群众反映强烈的热点难点问题进行重点调研、专题视察，依法向党委政府提出建议案等。1993—2010年，县政协就粮食生产、小城镇建设、食用菌生产、企业改制、小水电建设、创建文明县城、生态县建设、少数民族经济社会发展等课题进行调研视察活动，并形成专题报告，向县政府提交建议案，为景宁经济社会快速发展起到积极推动作用。

第一节 政治协商

围绕事关全县经济社会发展全局性、综合性、前瞻性的重大问题开展协商讨论。每次全体会议都协商讨论县人民政府、县人民法院、县人民检察院的工作报告以及县发改局经济社会发展计划报告、县财政局财政预决算报告，对做好"一府两院"工作、加快经济发展和社会进步、推进民主法制建设提出意见和建议。常委会围绕县委、县政府中心工作，对事关经济、社会发展大局的课题深入开展调查研究，认真组织协商讨论，并形成建议案，为县委、县政府科学决策提供参考。2009年后，组织召开"加快工业经济发展""打造全国畲族文化发展基地"等专题协商会，分别就工业经济发展、打造全国畲族文化发展基地等问题与县委、县政府领导进行面对面的协商议政。为促进有关问题的解决和落实，主席会议针对社会关注的热点、难点问题开展专题协商。各专门委员会和委员工作联络组发挥对口优势，开展对口协商议政活动，促进部门工作的开展。

2009年县政协专题协商会

第二节 民主监督

2009年县政协委员对污水治理情况开展民主监督

利用提案、调研视察、社情民意信息等开展经常性监督。建立民主监督员委派制度，委派政协委员担任机关部门民主监督员开展民主监督，经推荐和有关部门邀请，六届县政协有20名政协委员，七届县政协有40名政协委员，分别担任有关部门的特邀民主监督员，在法院案件审理、干部选拔、价格听证、规划论证等方面开展民主监督活动。

第三节　参政议政

围绕中心工作和人民群众关注的热点难点问题，采取常委会重点调研、主席会议专题视察、专委会和委员工作联络组（工作站）对口调研等形式，坚持“量力而行、少而精、专而深”的原则，突出重点，选准角度，通过调研视察报告、建议案、委员大会发言以及其他形式向政府部门和其他组织提出意见和建议。1993—2010年，就粮食生产、小城镇建设、食用菌生产、企业改制、旅游业、乡镇管理体制、改善投资环境、创建文明县城、社会民主法制建设、小水电建设、下岗职工再就业、生态县建设、工业经济发展、基层组织建设、农民专业合作社发展、少数民族村经济社会发展、打造全国畲族文化发展基地等课题开展108次调研视察活动，形成专题报告近200篇，经主席会议和常委会审议通过，向县政府提交建议案23件。其中，重点课题调研报告《以科学发展观为指导，打造全国畲族文化发展基地》荣获丽水市党政系统2010年调研成果一等奖。组织委员大会发言366人（次）。

第四节　提案建议

1993—2010年，县政协四届一次会议至七届四次会议共收到提案1705件。其中，立案1685件，转为来信处理20件。经审查立案后的提案，提案委员会根据提案的内容和有关单位的职责确定承办单位，然后由县政府组织召开人大代表建议和政协委员提案交办会，统一交由各承办单位办理。2007年，对重点提案的办理实行县政府领导领办，政协领导督办制度。承办单位领到提案后，一般在3个月内办复，要求提案人在收到答复后15日内对办理情况进行反馈。

2010年，首次开展提案办理民主评议工作，县政协选择涉及提案较多的教育局为评议对象，分别从“提”的角度和“办”的角度，对县教育局3年来的提案办理工作进行评议。评议结束后，向承办单位发出评议通报，对办理过程中存在的问题提出意见和建议，承办单位对整改情况进行书面反馈。

优秀提案每年评选1次，对优秀提案获得者，在下次政协全体会议上给予表彰和奖励。

景宁政协第四届至第七届各次全会提案情况一览

表24-2-1　　单位：件

届次		年份	收到	立案	重点提案
第四届	第一次	1993	134	132	—
	第二次	1994	67	66	—
	第三次	1995	114	113	—
	第四次	1996	64	62	—
	第五次	1997	93	92	—
第五届	第一次	1998	120	119	—
	第二次	1999	82	81	—
	第三次	2000	95	93	—
	第四次	2001	93	91	—

续表 24-2-1

届次		年份	收到	立案	重点提案
第五届	第五次	2002	85	85	—
第六届	第一次	2003	109	108	—
	第二次	2004	97	96	—
	第三次	2005	82	82	—
	第四次	2006	63	63	—
第七届	第一次	2007	123	121	7
	第二次	2008	86	85	8
	第三次	2009	87	86	5
	第四次	2010	111	110	6
合计	—	—	1705	1685	26

第五节　文史修编

政协文史资料体现亲历、亲见、亲闻的三亲特色，具有存史资政、团结育人的功能，是政协履职的重要载体。为加强政协文史工作，2007 年，县政协办增设文史资料办公室，协助文史资料委员会做好政协文史资料的征编和出版发行具体工作。

一至三届政协文史资料委员会征集出版的文史资料以建国前史料为主，四届政协后，文史资料征集以中华人民共和国成立后史料为主。在征集过程中，文史资料委员会通过印发《征稿启事》、召开座谈会、聘请特约撰稿人、查阅有关档案等方法，广泛发动政协委员和社会各界人士参加，对部分在外地或年老体弱的征集对象，还派专人采访记录。至 2010 年 12 月，已征编出版发行《景宁文史》13 辑。其中，第十二辑《水下故园》获丽水市政府 2009 年度社科类科研成果三等奖。第十四辑《畲乡景宁实录》获丽水市政府 2010 年度社科类科研成果一等奖，并在全省政协系统优秀文史资料图书评选中，被评为二等奖。

1994—2010 年县政协出版文史资料一览

表 24-2-2

序号	出版年月	专辑	名称
1	1994	第六辑	《景宁文史》第六辑
2	1997.9	第七辑	《剿匪专辑》
3	2002.3	第八辑	《景宁畲族自治县筹建史料》
4	2003.1	第九辑	《景宁畲族自治县英模专辑》
5	2003.3	第十辑	《闪光的足迹景宁民营企业家纪实》
6	2006.3	第十一辑	《畲族山鹰》
7	2008.3	第十二辑	《水下故园》
8	2010.3	第十三辑	《鹤溪古城》

第六节　联谊活动

1994年，与庆元县政协共同承办首届一次“浙江省部分县市政协联谊会”。1998年，与苍南、庆元三县政协联合承办第二轮第一次“浙江省14县（市）政协联谊会”。2000年，成立县政协诗书画之友社，开展诗、书、画等创作活动。2002年10月，承办浙闽两省毗邻五县政协教育协作会议。2004年，创办社刊《天堂湖》，刊登采风作品，出刊12期。12月，成立县政协艺术团。2006年7月，与青田县政协联合举办“景青两县政协书画展”。2005年6月，《景宁政协》季刊创刊。2007年，建立县政协之友社，为政协老领导发挥余热搭建平台。2008年，成立政协书画院，承办全市政协系统第二次书画作品联展活动。2009年，为纪念人民政协成立60周年和县政协成立25周年，举行庆祝大会暨委员健身活动。5月，做好省政协科教文卫体委开展的“三下乡”活动。2009年8月，承办全国政协《畲族百年实录》文史资料征编工作座谈会。2010年4月，承办省政协《畲族百年实录》文史资料省内协作会议会务工作。

第七节　社情民意

1993—2002年，政协社情民意信息主要通过《政协信息摘编》《情况反映》《委员反映》等刊物向县委、县政府及上级政协反映。2003年，创办《委员心声》，专门向县委、县政府反映涉及县域内的社情民意信息。涉及县域外的社情民意信息，直接以社情民意信息向上级政协报送。至2010年，刊发《委员心声》34期，被全国政协办公厅采用的社情民意信息10条，被省政协办公厅采用36条。其中，被浙江省委书记批示的1条，省长批示的1条，副省长批示的3条，尤其是《关于落实景宁畲族自治县考生在高考录取中依法享有降分录取照顾政策的建议》直接进入省委、省政府决策程序，得到落实。社情民意信息工作在全市县市（区）政协系统中连续获奖。其中，三等奖4次，二等1次。对优秀社情民意信息及撰写者，每年都在政协全体会议上进行表彰和奖励。

第三章　政协组织

根据《中国人民政治协商会议组织法》和《中国人民政治协商会议地方委员会组织条例》的规定，确定政协委员的构成，设置政协机关内部机构以及基层联络组织。

第一节　委员组成

县政协委员会由中国共产党、无党派人士、人民团体、少数民族等各界代表以及特别邀请人士组成。

景宁政协第四至第七届(第一次会议)委员构成一览

表 24-3-1

第四届	人数	第五届	人数	第六届	人数	第七届	人数
中国共产党	7	中国共产党	10	中国共产党	13	中国共产党	16
—	—	无党派人士	4	无党派人士	10	无党派人士	13
人民团体	7	总工会	3	总工会	3	总工会	2
		妇女联合会	3	妇女联合会	3	妇女联合会	5
		共产主义青年团	3	共产主义青年团	2	共产主义青年团	3
工商业联合会(一)	18	工商业联合会	10	工商业联合会	6	工商业联合会	12
—	—	科学技术协会	3	—	—	—	—
文化艺术界	4	文化艺术界	4	文化艺术界	5	文化艺术界	3
科学技术界	7	科学技术界	7	科学技术界	7	科学技术界	7
社会科学界	5	社会科学界	2	社会科学界	4	社会科学界	6
工商业联合会(二)	19	经济界	18	经济界	20	经济界	14
农林界	16	农业界	14	农业界	18	农业界	12
教育界	15	教育界	14	教育界	10	教育界	10
新闻界	3	新闻出版界	3	新闻出版界	2	新闻出版界	2
医药卫生界	8	医药卫生界	8	医药卫生界	6	医药卫生界	9
体育界	1	体育界	2	体育界	2	体育界	2
社会福利团体	2	社会救济福利团体	3	社会福利和社会保障界	4	社会福利和社会保障界	5
少数民族界	10	少数民族界	12	少数民族界	12	少数民族界	10
宗教界	3	宗教界	3	宗教界	3	宗教界	2
特别邀请人士	14	特别邀请人士	13	特别邀请人士	10	特别邀请人士	12
合计	139	合计	139	合计	140	合计	145

景宁政协委员中共党员和非中共人士比例情况(各届第一次会议)

表 24-3-2

届别		第四届	第五届	第六届	第七届
中共党员	人数(人)	53	55	57	58
	占(%)	38.2	39.6	40.7	40
非中共人士	人数(人)	86	84	83	87
	占(%)	61.8	60.4	59.3	60

1993—2010 年景宁浙江省政协委员一览

表 24-3-3

届别	姓名	性别	民族	单位及职务
第七届	钟琳花	女	畲族	县委统战部部长、县政协副主席
第八届	雷香兰	女	畲族	县委统战部部长、县政协副主席
第九届	雷华英	女	畲族	县委常委、统战部部长、县政协副主席
第十届	雷华英	女	畲族	县委常委、统战部部长

2000—2010 年景宁丽水市政协委员一览

表 24-3-4

届别	姓　名
第一届	彭岳舜　雷华英　吴建华　梅巧琴　叶华杰　吴昌亮　严邦献　尚建基　蓝明法　雷松美　蓝荣新　尤建平　斯金平
第二届	彭岳舜　雷华英　吴昌亮　胡晓红　叶华杰　雷魏芬　柳慧英　钟利海　蓝利明　黄应光　陈学智

第二节　委组设置

县政协的机构设置为办公室、专门工作委员会、委员工作联络组。为加强对政协委员的管理，2005 年 9 月 9 日，增设政协专门委员会工作办公室。办公室、专门工作委员会和政协专门委员会工作办公室属政协内设机构。委员工作联络组，是政协工作向基层延伸的创新设置，组长由镇党委副书记兼任。

第四至第七届政协设 8 个专门工作委员会和 5 个委员工作联络组(政协工作站)。专门工作委员会名称有变动，联络组名称一直未变。

第四届政协，设提案、学习、文史资料、教文体卫、祖国统一联谊、经科、农林水、社会法治等 8 个专门工作委员会，设鹤溪、沙湾、英川、东坑、渤海等 5 个委员工作联络组。

第五届政协，1998 年 4 月，将经科委员会更名为经济委员会，农林水委员会更名为农科委员会。

第六届政协，2003 年 4 月，撤销学习委员会，将祖国统一联谊委员会更名为民族宗教台侨委员会，增设人口环境资源委员会。

第七届政协，2007 年 3 月，将教文体卫委员会更名为科技教育文化卫生体育委员会，农科委员会更名为农业农村委员会。2009 年 7 月，将以各镇为主设立的委员工作联络组改建为政协委员工作站，在镇设专门办公室，并实行挂牌服务，接待群众，广泛收集民意和听取群众建议。

第二十五篇　人事　劳动　民政

人事、劳动、民政是县政府的职能部门，代表县政府依法履行职责。县编办是县编委会办事机构，1993—2010年，行使职权与工作职能，严格按省、市要求操作，顺利开展3次县级机构改革和1次乡镇机构改革，减少机构重叠、职能交叉与工作脱节现象，更好地适应社会主义市场经济的需求，推动政府部门和乡镇工作。人事工作负责财政供给单位公务员、专业技术人员和其他工作人员的聘用、调配、培训、考核、奖惩、工资福利、编制管理等，并指导和监督县属其他单位人事工作，以人尽其才为重点，发挥人才优势。加强离退休老干部管理工作。劳动工作，主要负责劳动力培训、就业、社会保障、人力资源管理与开发、劳动维权、争议仲裁、工伤认定及安全生产等工作；落实劳动力转移就业政策、保护劳动者合法权益、调整劳动关系、建立和维护适应社会主义市场经济的劳动制度、促进经济发展和社会进步。民政部门主管社会行政事务，负责开展拥军优属、复转军人接收安置、组织协调救灾救济、发展福利事业、开展医疗救助、对贫困群体实施扶贫解困、依法进行婚姻登记、社团登记管理、指导村级和社区群众自治组织建设，并加强村务公开和民主管理，推进民主政治建设。创办乡镇敬老院，开展五保对象集中供养。开展移风易俗宣传教育，实施殡葬改革，全面推行火化，加强公墓建设管理，防止青山白化。

第一章　机构改革

1992年，县政府序列直属机构共57个。其中，委员会9个、办公室12个，局(社)36个。1993—2010年，根据中央、省、市机构改革要求，景宁先后进行3次机构改革，至2010年，县政府组成部门和工作机构为24个。综合经济管理部门、专业经济管理部门、社会管理部门和政务部门通过机构改革，职责职能更加明确，管理体制更加完善，实行政企分开、人员分流，控制编制，转变政府职能，提高办事效率。乡镇通过机构改革，精简编制，理顺关系，转变职能，推进了基层政权建设。

第一节　县级机构改革

1996年机构改革

根据中共中央〔1993〕7号和省委〔1995〕9号文件精神，1996年，按照地委发〔1996〕36号文件要求，实行政企分开，建立健全宏观管理体系，增强宏观管理职能。

撤销计划经济委员会，建立计划委员会、经济委员会。

撤销标准计量局，建立技术监督局。技术监督局、统计局与计划委员会合署。

乡镇企业管理局、医药管理局与经济委员会合署。

经济体制改革办公室改称为经济体制改革委员会，与县政府办公室合署；县政府办公室增挂外事办公室牌子，法制科仍为县府办内设机构，对外挂县政府法制局牌子。

财政局和地方税务局合署办公并增挂国有资产管理局牌子。

撤销农业经济委员会，成立农村工作办公室，同时挂县委农村工作办公室牌子。

物价局与工商行政管理局合署。

矿产资源办公室改称为地质矿产办公室，为经济委员会内设机构，对外挂牌。

撤销二轻局，手工业联社暂时保留，其行政职能划转经济委员会，挂手工业联社牌子。

物资局、商业局成建制转为经济实体，其行政管理职能分别移交政府有关部门承担。

供销合作社不列入县政府工作机构序列。

撤销城乡建设环境保护局，成立建设局和环境保护局，合署办公，一个机构两块牌子。

人事局与劳动局合并为人事劳动局。

县机构编制委员会办公室为县机构编制委员会的常设办事机构，是县委、县政府主管编制的工作机构，挂靠人事劳动局。

撤销民族事务工作委员会，成立民族宗教事务局。

体育运动委员会改称为体育事业发展局，转为县政府直属事业单位；广播电视局、粮食局、经济技术协作办公室转为县政府直属事业单位；档案局与档案馆合并，保留档案局牌子，为县政府直属事业单位。

调整后，县政府组成部门共24个：办公室（经济体制改革委员会）、计划委员会（统计局、技术监督局）、经济委员会（乡镇企业管理局、医药管理局）、农村工作办公室、农业局、林业局、水利水电局、教育委员会、科学技术委员会、卫生局、计划生育委员会、文化局、建设局（环境保护局）、民政局、人事劳动局、财政局（地方税务局）、交通局、审计局、土地管理局、监察局、公安局、司法局、工商行政管理局（物价局）、民族宗教事务局。

机构改革人员分流主要措施：将部分有条件的专业经济部门成建制地转为经济实体；严格离退休制度，对已达到离退休年龄的人员及时办理离退休手续；清退部分借调人员和临时工；鼓励有特长的机关人员走出机关，兴办经济实体或充实到政法和企事业单位；鼓励机关人员辞去公职，自谋出路。

2001年机构改革

根据中共浙江省委、浙江省人民政府《关于县乡机构改革实施意见》（浙委〔2001〕5号）和中共丽水市委、丽水市人民政府《关于景宁畲族自治县党政机构改革方案的通知》文件要求，转变政府职能，实行政企分开，精简机构和人员，提高办事效率，逐步实现机构组织、职能、编制和工作程序法制化。

综合经济管理部门　原计划委员会改为发展计划局。原经济委员会改为经济贸易局。保留财政局。国有资产管理局的职能并入财政局。

专业经济管理部门　保留建设局、交通局、农业局、林业局。水利水电局更名为水利局。农村工作办公室与农业局合署办公。物价局并入发展计划局，挂物价局牌子；不再保留原事业机构粮食局，成立行政序列的粮食局，粮食局、统计局与发展计划局合署办公。不再保留原事业机构对外贸易经济合作局，其行政职能并入经济贸易局，挂对外贸易经济合作局牌子；乡镇企业局更名为中小企业局，并入经济贸易局，挂中小企业局牌子。

社会管理和政务部门　保留县政府办公室（挂政府外事办公室、政府法制办公室牌子）、监察局、民政局、公安局、司法局、卫生局、审计局、民族宗教事务局。教育委员会更名为教育局，科学技术委员会更名为科学技术局。计划生育委员会更名为计划生育局，与卫生局合署办公。文化局和原事业机构体育事业发展局、广播电视局合并组建文化体育广播电视局，承担新闻出版的行政管理职能。人事劳动局改为人事劳动社会保障局，将民政局承担的农村养老保险、卫生局承担的公费医疗管理、医疗保险制度改革领导小组办公室承担的医疗保险制度改革职能划入人事劳动社会保障局。土地管理局改为国土资源局，划入原经济委员会地质矿产办公室职能。建立经济体制改革委员会，为县政府高层次议事机构，原体改委改为经济体制改革委员会的办事机构，并承担区域内经济与社会发展研究工作，撤销原经济与社会发展研究中心。

原属地方设置的机构已改为省部门直管机构的，根据省有关规定作相应调整和设置。

调整后，县政府组成部门共20个（监察局与纪委机关合署办公、不计政府机构数），另设议事协调机构的办事机构1个。

编制和人员分流　县机关行政编制315人。政法系统专项编制另行核定。县委、县政府工作部门的领导职数一般配备2~3人，不配置部门领导助理。人员编制实行一次性定编定岗，3年完成分流任务。县委、县政府各部门按照新设置机构，重新核定人员编制和领导职数。同时，按照“带职分流，定向培训，加强企业，优化结构”的方针，多途径、多渠道地分流人员。

2005 年政府机构改革

根据《中共浙江省委办公厅、浙江省人民政府办公厅关于印发〈浙江省深化完善市县政府机构改革实施意见〉的通知》(浙委办〔2004〕53 号)和《中共丽水市委、丽水市人民政府关于印发〈景宁畲族自治县深化完善政府机构改革方案〉的通知》(丽委办〔2005〕51 号)》文件要求，规范政府部门职能，改进管理方式，提高办事效率，逐步形成行为规范、运转协调、公正透明、廉洁高效的行政管理体制和运行机制。

改革的主要内容：县政府不单独设国有资产监管机构，由县财政局履行国有资产出资人职责，承担国有资产管理职责，加强对国有资产的监管工作。

将县发展计划局改为县发展和改革局，承担综合研究拟定经济和社会发展政策、主管物价、粮食管理和统计工作、指导经济体制改革的职能。撤销县经济体制改革委员会办公室，将其承担的职能划入县发展和改革局。

将县文化体育广播电视局改组为县文化广电新闻出版局，为县政府工作部门，统一履行文化、广播电视、新闻出版等行政管理职能。同时，设立县体育局，与县文化广电新闻出版局合署办公。

在县药品监督管理局的基础上，组建县食品药品监督管理局，仍实行省以下垂直管理。县食品药品监督管理局继续行使药品监管职能，承担县卫生局保健品许可的相关职能，增加对食品、保健品、化妆品安全管理监督、组织协调和依法开展对重大事故查处的职能。

组建县安全生产监督管理局，为县政府工作部门。承担安全生产综合监管和行政执法职能。县经济贸易局承担的指导县安全生产工作、协调处理重大安全事故的职能划入县安全生产监督管理局。

将县计划生育局更名为县人口和计划生育局，仍与县卫生局合署办公。

将县环境保护局列入县政府工作部门序列。

将原挂牌在县政府办公室的政府法制办公室改为与县政府办公室合署办公。

经上述调整，县政府组成部门共 22 个(县监察局与县纪律检查委员会合署办公，列入县政府序列，不计入县政府机构个数)。

完善管理体制　按照建设服务型政府的要求，大力推进制度创新和管理创新。加强生态功能区调整的体制机制建设，着力消除制约自主创新和科学发展的体制机制障碍，加快实现行政运行机制和政府管理方式向规范有序、公开透明、便民高效转变。进一步理顺县与乡镇的事权关系，明确各级政府履行职责的重点，提高对区域经济社会发展的统筹协调、自主决策、科学决策能力。履行"扩权强县"改革，明确省、市下放的经济社会管理职责，推进"强镇扩权"改革，增强中心镇管理服务功能。进一步理顺垂直管理部门与地方政府的权责关系，建立健全条块结合的协调配合机制，严格执法监管。

严格控制人员编制　实行人员编制总量控制，不突破中央核定的行政编制总额。根据职能调整需要，对人员编制实行实名制动态管理，优化人员结构。研究制定县政府各部门"三定"规定，规范对县政府部门人员编制及领导职数的核定，从严控制机构编制。

2005 年机构改革，其内设机构不包括部门下属事业单位；人员编制为部门机关行政编制；县政府设置工作部门 24 个。监察局与纪律检查委员会合署办公，列入政府工作序列，不计入政府机构个数；法制办公室、人民防空办公室与政府办公室合署办公，人民防空办公室挂民防局牌子；粮食局、统计局与发展和改革局合署办公；体育局与文化广电新闻出版局合署办公；政府办公室挂外事办公室牌子；发展和改革局挂物价局牌子；经济商务局挂中小企业局、政府经济技术协作办公室牌子；住房和城乡建设局挂测绘与地理信息局牌子；水利局挂渔业局牌子；卫生局挂中医药管理局牌子；机构编制委员会办公室和社会保障局合署办公。

2010年县政府组成部门和工作机构一览

表25-1-1　　单位:人

部门名称	内设机构	行政编制
政府办公室(法制办公室、人民防空办公室)	设10个职能科室:(一)秘书科(二)综合科(三)政策研究室(四)财金科(五)政府督查室(六)应急管理办公室(七)信息科(八)政策法规科(九)复议应诉科(十)人防科	22
科学技术局	设2个职能科室:(一)办公室(二)计划综合科	6
民族宗教事务局	设3个职能科室:(一)办公室(二)民族科(三)宗教科	6
民政局	设4个职能科室:(一)办公室(二)社会救济福利科(三)优抚安置科(四)社会事务科	10
人力资源和社会保障局(编委办)	设7个职能科室:(一)办公室(二)政策法规科(三)公务员管理科(四)人才开发管理科(五)工资福利科(六)社会保险科(七)劳动关系科	15
审计局	设4个职能科室:(一)办公室(二)财政金融审计科。(三)行政事业审计科(四)经济责任审计科	10
公安局	设17个职能科室和7个派出所:(一)政治处(二)纪检监察室(三)警务保障室(四)指挥中心(五)国内安全保卫大队(六)经济犯罪侦查大队(七)治安管理大队(八)刑事侦查大队(九)交通警察大队(十)公共信息网络安全监察大队(十一)县禁毒委员会办公室(十二)法制大队(十三)巡(特)警大队(十四)行政审批科(十五)县看守所(十六)县公安局民族工业园分局(十七)指挥中心(办公室)。县公安局下设鹤溪镇、城郊、英川、沙湾、东坑、渤海、水上等7个派出所。	253
司法局	设7个职能科室:(一)办公室(二)社区矫正归正人员管理科(三)法制宣传科(四)基层工作科(五)公证管理科(六)法律援助中心(七)行政法制科	22
农业局	设4个职能科室:(一)办公室(二)科教信息科(三)农业产业科(四)行政审批科	11
林业局	设5个职能科室:(一)办公室(二)法制科(三)绿化造林科(四)资源林政科(五)计划财务科	11
水利局	设3个职能科室:(一)办公室(二)规划建设科(三)水政渔业科	10
国土资源局	设6个职能科室:(一)办公室(二)法规监察科(三)土地规划耕地保护科(四)地籍管理科(五)土地利用管理科(六)矿产资源管理科	11
发展和改革局	设9个职能科室:(一)办公室(二)计划综合科(三)投资综合科(四)基础产业科(五)体制改革科(六)价格调控科(七)粮食调控科(八)综合统计科(九)专业统计科	19
经济商务局	设6个职能科室:(一)办公室(二)综合科(三)企业科(四)行政审批科(五)资源能源科(六)贸易科	12
住房和城乡建设局	设5个职能科室:(一)办公室(二)建筑业科(三)规划管理科(四)城乡建设管理科(五)住房管理科	11
安全生产监督管理局	设3个职能科室:(一)办公室(二)综合安全监察科(三) 危化安全监督管理科	9
环境保护局	设2个职能科室:(一)办公室(二)综合管理科	7
交通运输局	设5个职能科室:(一)办公室(二)计划财务科(三)工程科(四)运输安全科(五)法制科	11
食品药品监督管理局	设4个职能科室:(一)办公室(二)药品医疗器械监管科(三)餐饮服务监管科(四)保健食品化妆品监管科	7
财政局	设19个职能科室:(一)办公室(二)人事教育科(三)政策法规科(四)预算局(五)乡镇财政管理科(六)预算执行局(七)国库支付科(八)财政监督局(九)绩效管理科(十)社会保障科(十一)经济建设科(十二)农业科(十三)综合科(十四)企业科(十五)会计科(十六)税政管理科(十七)征收管理科(十八)计划财务科(十九)规费管理科	20
卫生局	设4个职能科室:(一)办公室(二)医政科(三)公共卫生科(四)食品安全协调与卫生监督科	9
人口和计划生育局	设3个职能科室:(一)办公室(二)政策法规与发展规划科(三)宣传技术科	7
文化广电新闻出版局(体育局)	设5个职能科室:(一)办公室(二)社会文化科(三)文化遗产科(四)广电新闻出版科(五)体育科	10
教育局	设6个科室:(一)办公室(二)人事科(三)计划财务科(四)教育科(五)纪检审计室(六)教育督导室	12

第二节　乡镇机构改革

改革内容

2006年，根据浙江省、丽水市关于推进乡镇机构改革工作的意见，对全县乡镇机构进行改革。

调整区划　由于省重点工程滩坑电站建设影响，库区淹没乡镇村和移民外迁多，根据此实际，对库区移民乡镇的行政区划进行调整。将撤销外舍乡、金钟乡并入鹤溪镇，撤销陈村乡、大顺乡设九龙乡，复建渤海镇。乡镇个数从原来的25个，减少为21个。

转变职能　乡镇职能转换是机构改革的重点。根据省委办文件精神，对乡镇职能进行界定。主要职能为贯彻执行党和政府的各项方针政策、为经济发展提供服务、为群众提供服务、加强社会管理、加强社会治安管理、加强基层组织管理、其他事项等7项职能。

理顺关系　为解决工作中“看得见，管不着，管得着，看不见”的空档问题，制定《加强乡镇执法工作实施办法》，赋予乡镇行政处罚权。主要对在农村发生率高、仿效率高、涉及面广，技术含量低，县里又难以管理的事项，赋予乡镇管理权和行政处罚权，以解决监督检查权与处罚权相脱离现象，树立乡镇在农村的行政权威，落实乡镇人事管理权。乡镇所属事业单位实行条块结合、以块为主的管理体制，全部实行岗位管理。业务主管部门负责其对应岗位人员的业务培训和技术指导工作。部门派驻人员纳入乡镇日常管理，跨乡镇调动须征求乡镇意见。

综合设置　乡镇机关按照职能归口设置综合性办公室。每个乡镇设5个办公室，3个中心。即党政综合办公室、经济发展办公室、社会事务管理办公室、村镇建设办公室、综合治理办公室。社会事务服务中心、农业综合服务中心、社会治安综合治理中心。

精简编制　坚持只减不增，总量压缩，科学调剂的原则，重新核定乡镇行政编制。全县乡镇行政编制省定基数为393人，按行政编制的1:1.3进行重新核定，精减事业编制203人。乡镇党政领导一般为7~9人，人口较多，经济较发达乡镇增加1~2人，人口较少的乡镇则减少1~2人，领导班子成员实行交叉兼职。

妥善分流　制定实施《乡镇机构改革人员定编定岗实施办法》《乡镇中层干部竞争上岗一般干部双向选择实施意见》，实行因事设岗，双向选择，竞争上岗。制定实施《乡镇机构改革人员分流若干意见》，通过培训，安排人员转岗。鼓励自谋职业，自主创业，允许符合条件人员，经本人申请批准后办理提前退休并给予优惠政策，清退乡镇临时人员。

乡镇撤并

1984年设县时，设37个乡镇人民政府：即鹤溪镇、张春畲族乡、澄照乡、梅岐乡、白岸乡、外舍畲族乡、大均畲族乡、漈头畲族乡、渤海乡、金钟乡、大都乡、大顺乡、陈村乡、新四乡、郑坑畲族乡、顺利乡、东坑乡、白鹤乡、大漈乡、景南乡、雁溪乡、家地乡、北溪畲族乡、上渔乡、沙湾乡、梧桐乡、标溪乡、毛垟乡、大地乡、莲川乡、秋炉乡、叶桥乡、英川乡、鸬鹚乡、隆川乡、葛山乡、黄湖乡。

1992年，实行撤区扩镇并乡，撤销城郊、渤海、沙湾、英川、东坑等5个区公所。原辖37个乡镇。其中，3个镇，34个乡。扩镇并乡后调整为24个乡镇。其中，5个镇，19个乡。

1995年，建立中共景宁畲族自治县鹤溪、渤海、东坑、沙湾、英川工作委员会。各工作委员会为县委派出机构，原区辖区域为管理范围。各工作委员会对区域内的乡镇和部门具有领导、管理、协调、督查的职能。1998年，撤销各工作委员会。

2002年，全县24个乡镇划分为三类，即鹤溪镇、沙湾镇、英川镇、东坑镇、渤海镇为一类乡镇，陈村、大顺、澄照、外舍、景南、大地、金钟、鸬鹚、梧桐、大均、毛垟、标溪、雁溪、大漈、梅岐为二类乡镇；秋炉、家地、郑坑、葛山为三类乡镇。乡镇行政编制由省编委原核定510人减至393人，减少117人，精简23%。具体由县编委重新核定到各乡镇(见附表)。

2002年景宁乡镇人员编制情况一览

表25-1-2 单位：人

乡镇名称	原编制	核定编制	乡镇名称	原编制	核定编制
鹤溪镇	37	35	金钟乡	16	14
沙湾镇	30	28	毛垟乡	14	13
英川镇	30	27	秋炉乡	14	12
东坑镇	28	25	大均乡	14	13
渤海镇	26	24	梅岐乡	14	12
陈村乡	18	16	大漈乡	12	11
大顺乡	18	16	雁溪乡	12	11
澄照乡	18	16	葛山乡	12	11
外舍乡	16	15	标溪乡	14	12
景南乡	16	15	家地乡	12	11
鸬鹚乡	16	15	郑坑乡	12	11
梧桐乡	16	15	合计	433	393
大地乡	18	15	—	—	—

说明：原编制510人，分配433人，机动77人；510名按23%精简为393人

第二章 人 事

1993年后，为适应市场经济发展需要，人事管理工作按照中央、省、市的要求，严格编制管理，依照国家法规法律进行公务员制度改革。加强公务员队伍和人事管理，推进公务员培训、合理使用、监督考核工作。实行专业技术干部聘任制，至2010年，全县有专业技术干部2641人。对机关工作人员工资进行多次调整改革，激发干部工作热情和积极性。贯彻落实好党中央政策，加强对离退休老干部的管理。

1996年10月，县人事局和县劳动局合并为景宁畲族自治县人事劳动局。2002年1月，改为景宁畲族自治县人事劳动社会保障局。2010年12月，设下属单位9个，包括县社会保险事业管理中心、县

就业管理服务处、县人才交流中心、县退休干部管理中心、县劳动保障监察大队、县人事劳动仲裁院、县职业技能鉴定中心、县信息中心、县服务外出创业人员办公室，干部职工编制63人。

第一节　编制管理

编制工作

编制工作是党和国家组织人事工作的重要组成部分。编制是对相关组织的人员和数额予以配置，科学设置机构和人员编制，既是提高管理效率的前提，也是有效开展其他工作的依据。编制管理是人事行政管理工作的重要环节，任命干部、配备人员必须控制在核定的编制内，工资总额以人员编制为依据确定。建立精干合理的行政机构，配备精明的工作人员，确保行政组织体系高效协调运转，必须依靠编制管理。能有效防止官僚主义，密切政府与群众关系，有助于节省财政开支。

编制实施

1993—2010年，县委、县政府按照省委、省政府的要求，先后全面实施3次县级党政机关机构改革和1次乡镇机构改革，景宁编委周密制定每一次改革方案，严格按照省政府核定的编制数设置机构、定人员编制，并认真组织实施，确保改革顺利进行。

第二节　公务员制度

公务员制度实施

1993年，国务院颁布《国家公务员暂行条例》和《国家公务员制度实施方案》，在全国行政机关推行国家公务员制度。1998年，按照国家公务员条件和《国家公务员制度实施方案》，对符合条件的行政机关工作人员进行过渡。2006年1月1日，《中华人民共和国公务员法》施行后，对依法履行公职、纳入国家行政编制、由国家财政支付工资福利的工作人员，包括党的机关、法院、检察院等符合公务员条件的工作人员进行过渡登记，全县核准公务员1048人。2006—2010年，根据全县各级机关及经批准列入参照公务员管理的事业单位履行职能需要，按照国家公务员录用规定，通过浙江省公务员公开招录292人，补充公务员队伍。

公务员队伍结构

1993年以来，全县公务员队伍的革命化、年轻化、知识化、专业化程度不断提高。至2010年，公务员队伍年龄在45岁以下776人，占总数57.7%；46—54岁439人，占总数32.64%；55岁以上130人，占总数9.66%；文化程度在大专以上1214人，占总数90.26%；中专以下131人，占总数9.74%；女公务员249人，占总数18.51%；少数民族公务员126人，占总数9.37%；非中共党员公务员218人，占总数16.21%。

2010 年景宁公务员基本情况一览

表 25-2-1 单位:人

项目	合计	身份结构							学历结构				年龄结构					
		女	少数民族	中共党员	博士	硕士	学士	非领导职务	研究生	大学本科	大学专科	中专及以下	35 岁及以下	36 岁至 40 岁	41 岁至 45 岁	46 岁至 50 岁	51 岁至 54 岁	55 岁及以上
合 计	1345	249	126	1127	0	5	67	696	13	741	460	131	283	209	284	269	170	130
副厅局级职务	1	—	—	1	—	—	—	—	—	1	—	—	—	—	—	—	1	—
正县处级职务	3	—	2	3	—	—	—	—	—	3	—	—	—	—	1	—	—	2
副县处级职务	29	6	5	25	—	1	1	1	3	16	9	1	1	1	7	12	3	3
正乡科级职务	346	57	38	326	—	1	2	170	3	136	131	76	15	23	54	82	90	82
副乡科级职务	578	141	65	493	—	2	3	332	5	345	184	44	44	125	184	144	55	26
科 员	172	71	13	108	—	—	45	172	1	135	31	5	123	34	8	3	2	2
三级警长	62	4	1	54	—	—	—	—	—	8	50	4	—	—	5	24	19	14
四级警长	27	7	—	25	—	—	—	—	—	12	15	—	—	3	20	4	—	—
一级警员	24	1	2	20	—	—	—	—	—	15	9	—	1	18	5	—	—	—
二级警员	60	9	2	42	—	—	5	—	—	41	19	—	58	2	—	—	—	—
试用期人员及其他	43	12	4	20	—	1	11	29	1	29	12	1	41	2	—	—	—	—

第三节 人事管理

人员录用

1993—1996 年,按省人事厅有关指标和要求录用人员,主要是政法部门、经济调节和监督部门工作人员及计生系统计育员,经组织人事部门严格审查、考试、考核后,由领导小组集体研究决定。凡被录用后,一律按国家干部要求管理,享受国家干部同等待遇。1997—2010 年,通过干部聘任、公务员录用等渠道增员。至 2010 年末,全县有公务员 1345 人。

军转干部安置

1993—2010 年,景宁按照中共中央、国务院“热情欢迎,积极接收,认真培训,合理使用”的方针,安置军队转业干部32人补充到公务员队伍。其中，团职2人，营职5人，连排职25人。本着“分配与需要、个人志愿与知识才能及在部队表现相结合”的原则，安排适当工作。

公务员培训

遵照《国家公务员培训暂行规定》，景宁通过县委党校，开展在职干部函授学历教育、公务员继续教育和党政机关中层干部、后备干部、优秀中青年干部培训。公务员培训，包括初任培训、任职培训、专门培训和知识更新培训。初任培训，主要对新录用公务员在上岗前，进行政治理论、依法行政、公务员法和公务员行为规范、机关工作方式方法等基本知识和技能的培训，提高适应工作能力。任职培训，主要对拟任领导职务的公务员在任职前，进行政策水平、组织领导能力和专业知识培训，为其履行晋升职务打好基础。专门培训，主要对在职人员进行增新、补充、拓宽相关知识的培训。1993—2010年，平均每年举办5个主题班（次），参加培训300人（次）。

公务员考勤

建立健全公务员考勤考核制度，规范公务员请销假办理程序，进一步提高公务员管理科学化水平。2001年，《关于健全县管领导干部请销假制度的通知》，对县管干部因公因私外出开会、学习、参观、考察，因病因事请假，以及按有关规定享受探亲假、产假、哺乳假、年休假、婚假、丧假等各种假期报批程序进行规范，建立干部出勤登记制度和领导干部出勤报告制度，各单位部门建立工作人员去向牌，详细记载干部的出勤、病假、事假等情况。

全面考核公务员德、能、勤、绩、廉，着重考核工作实绩。领导成员公务员的考核，按照干部管理权限，由党委及其组织部门负责。对非领导成员公务员的考核，由各单位考核确定，并按管理权限由组织人事部门审核审批。被确定为优秀等次的，当年给予嘉奖；连续3年为优秀等次的，记三等功。并将公务员年度考核结果作为调整公务员职务、级别、工资以及公务员奖励、培训、辞退的依据。

公务员奖惩

按照中组部、人事部《关于印发〈公务员奖励规定（试行）〉的通知》、中共浙江省委组织部、浙江省人事厅《关于印发〈浙江省公务员考核实施细则（试行）〉的通知》精神，以激励公务员忠于职守，勤政廉政，提高工作效能，调动公务员工作积极性为目的，坚持以精神奖励为主、精神奖励与物质奖励相结合原则，对工作有显著成绩和贡献，或者有其他突出事迹的公务员及公务员集体，给予奖励，奖励分为：嘉奖、记三等功、记二等功、记一等功、授予荣誉称号等表彰，并给予一次性奖金或者其他待遇。2008年始，年度考核确定为优秀的给予嘉奖，并授予年度“优秀公务员”称号，连续3年年度考核被确定为优秀等次的记三等功1次。对违法违纪，应当承担纪律责任的，给予处分。处分分为：警告、记过、记大过、降级、撤职、开除。至2010年末，全县公务员中受表彰356人（次），受惩戒332人。其中，警告120人，记过7人，记大过10人，降级15人，撤职45人。

第四节　技术职务评聘

1986年，国务院《关于实行专业技术职务聘任制度的规定》明确专业技术职务聘任制度的基本内容、职务的设置、任职基本条件、结构比例及工资额的确定、聘任和任命等。1987年，浙江省职称改革领导小组印发《浙江省关于实行专业技术职务聘任制工作若干政策问题的规定》。1988年，景宁开启专业技术职务聘任工作。2006年以来，主要依据《浙江省专业技术资格评审工作实施细则》，开展各系列专业技术资格评审。实行专业技术职务聘任制度，并相应实行以职务工资为主要的结构工资制度。

1993年，首次开展县内有效专业技术职务评聘工作。评聘范围、对象为县内企事业单位(包括全民企业、集体企业、乡镇企业和驻景中央企业及持有工商部门核发营业执照的私营、个体企业)、自收自支的事业单位中从事专业技术工作或管理工作的专业技术人员及经县组织人事部门批准到企业工作的科技人员。评审系列包括农业、工程、经济、会计、统计、医药、档案等，共有1000人获各类中、初级专业技术资格。

1997年，对机关转体和分流人员进行一次性认定工作，向上级部门推荐高级职称3人，中级50人，经地(市)、县审核认定中级40人，初级14人。

1998年，全县150个企事业单位开展专业技术职务岗位设置工作。按省定专业技术职务岗位结构比例方案，在农业、卫生系统全额拨款事业单位开展岗位设置试点。改进和完善评审办法，对评审和推荐工作做到有指导、有检查、有监督。教育系统首次实行评委库管理。卫生系统对中、初级专业人员实行考试考核。

1999年，县委、县府出台《景宁畲族自治县跨世纪学术和技术带头人培养规划》，由县委组织部、人事劳动局等八家单位联合下发《景宁畲族自治县跨世纪学术和技术带头人培养、规划实施意见》，建立联席会议制度。全年有3人入选“丽水市138人才工程”，成功引进2个国外智力项目。

2000年，首次开展非公有制企业单位专业技术人员职称评审工作，60多人获得初级专业技术任职资格，向市中级评审委员会推荐中级评审对象40多人。1人入选市级跨世纪学术和技术带头人。

2001年，进一步规范事业单位专业技术职务聘任管理工作。全县130个单位调整专业技术岗位，改进人员聘任。

2003年，组织林业系统不具备学历人员74人参加工程系列职称评审，最终71人获得初级专业技术任职资格。

2005年，1人入选“市138人才工程”，2人入选市科技新秀。

2007年，人事劳动社会保障部门会同县工商联、财政局等单位，在北京、天津两地为景宁籍超市经营人员开展职业技能培训中，对41人进行非公有制企业职称评审。

2008年，省人事厅对景宁人才培养采取扶持政策，浙江博士园生物技术有限公司成功柔性引进国外智力1人，申报引智项目2个。通过评审，外籍专家张树庭获“西湖友谊奖”。博士园生物公司列为“省引进国外智力示范推广基地”。免费为景宁举办3个专业技术人员培训班。组织农、林、水、医及景宁特色产业等方面专家15人，对景宁开展科技服务；省外国专家局请外国优秀文教专家赴景宁开展“暑期中小学英语教师教学能力和口语培训活动”等。1人获得享受国务院特殊津贴待遇。

2009年，2人入选省“151人才工程”第三层次人选，1人入选市“138人才工程”第二层次。

1995—2010 年景宁专业技术人员评审(考试)新增任职资格情况一览

表 25-2-2　单位:人

年份	总人数	高级	中级	初级	年份	总人数	高级	中级	初级
1995	419	5	92	322	2003	628	20	200	408
1996	424	5	129	290	2004	408	20	128	260
1997	573	9	108	456	2005	526	38	172	316
1998	593	5	100	488	2006	375	28	156	191
1999	583	8	95	480	2007	436	28	187	221
2000	662	11	169	482	2008	438	30	185	223
2001	641	14	156	471	2009	544	32	161	351
2002	628	23	140	465	2010	375	37	116	222

2006—2010 年景宁专业技术人员情况一览

表 25-2-3　单位:人

年份	专业技术人员总数	高级	中级	初级
2006	2895	96	1111	1688
2007	2899	108	1157	1634
2008	2838	117	1202	1519
2009	2933	153	1343	1437
2010	2641	132	1185	1324

第五节　工资调改

在职人员待遇

国家从改革的全局出发,在总结和吸取前两次工资制度改革经验基础上,结合机构改革和公务员制度推行,从 1993 年 10 月始,对机关、事业单位的工资制度进行全面改革。机关工作人员(除工勤人员外)实行职级工资制。其工资按不同职能,分为职务工资、级别工资、基础工资和工龄工资四部分。其中,职务工资和级别工资是职级工资构成的主体。

1997 年 7 月,机关行政人员基础工资标准由原每人每月 90 元提高到每人每月 110 元;

1999 年 7 月,机关行政人员基础工资标准由每人每月 110 元提高到 180 元,级别工资标准由十五级至一级的 55~470 元提高到 85~720 元。

2001 年 1 月，机关行政人员基础工资由 180 元提高到 230 元，级别工资由十五级至一级的 85~720 元提高到 115~1166 元。

2003 年 7 月，机关公务员各职务层次职务工资的起点标准由最低 100 元至最高 850 元提高到 130~1150 元。

2006年7月，实行第四次工资制度改革，公务员基本工资构成由职务工资、级别工资、基础工资和工龄工资4项调整为职务工资和级别工资2项，取消基础工资和工龄工资。一个职务对应一个工资标准，将公务员对应的级别数由15个增加到27个，各职务对应的级别数相应增加，科员、办事员从原对应的6个级别增加到对应9个级别，副科级从原对应5个级别增加到对应8个级别，给低职务公务员提供了充分的级别晋升空间。每一职务层次对应若干个级别，每一级别设若干个工资档次；实行年终一次性奖金，发放第13个月工资。正常晋升工资有：晋升职务、按年度考核结果晋升级别和级别工资档次。年终考核结果累计5年称职及以上的，在所任职务对应级别内晋升一个级别；年度考核结果累计2年称职及以上的，在所任级别对应工资标准内晋升一个工资档次。

按照国家规定，公务员享受住房、医疗等补贴、补助和有关福利待遇。

离退休人员待遇

离休待遇　县老干部局履行管理离休干部的职能，贯彻党中央和上级有关老干部政策，落实离休干部政治、生活待遇，解决老干部的实际困难，做好老干部思想工作，密切联系关注易地安置的老干部，探索新时期老干部工作。

从1998年10月始，老干部的“两费”（离休费、医药费）实行统筹，并对企业离休干部的离休金、医疗费等9项经费实施统筹，由所在企业将统筹经费，一次性划入社会保险事业管理处，离休干部的房改政策全面落实。2008年，对离休干部的护理补贴费标准重新调整和提高，抗日战争前期、抗日战争后期和解放战争时期参加革命工作的离休干部护理补贴费为每人每月650元、580元、500元；生活完全不能自理的离休干部护理补贴标准为每人每月900元。对85周岁以上的离休干部发放高龄护理费，标准为每人每月900元。2009年7月，落实离休干部规范性补贴，参照同职级在职人员的90%标准落实，企事业单位离休干部按其享受的行政职级予以解决。

离休干部的医疗保障参照丽水市政府2003年4号专题会议纪要。到2009年，先后执行《关于提高部分离休干部医疗待遇的通知》（丽组通〔2009〕43号）等6个有关老干部医疗保健工作的文件。2005年7月，《关于丽水市离休干部用药问题的通知》（丽人劳社〔2005〕43号）下达后，在《浙江省基本医疗保险药品目录》的基础上，增加离休干部常见病用药的范围，9种西药和中成药列入审核报销范围。同时，对离休干部确需长期服用的药品，给予一次最长不超过1个月的门诊配药量。离休干部医疗备用金标准为每年1800元/人。县社保中心在每年初将当年医疗备用金一次性划入离休干部医疗卡，离休干部按规定可以报销的医疗费用首先从医疗备用金中支付，当年医疗备用金不够支付部分的医疗费用按规定予以实报实销，当年医疗备用金支付不完的，在年终将余额一次性付给本人。

2008年1月始，提高县（处）级以下级别的离休干部体检费标准，由原来的每人每年300元提高到450元。同时离休干部健康休养费标准为每人800元，年终生活补贴费每人1500元。在原有基础上再增加31种离休干部常见病治疗性用药报销范围。

2009年，在落实离休干部规范性津补贴后，为提高其政治待遇，保留离休干部的年终生活补贴、参观考察费、健康休养费、破产和改制企业离休干部管理服务费。同时，提高离休干部的医疗服务质量，建立离休干部生病住院慰问制度和县人民医院对离休干部住院告知制度。

2010年末，全县有离休干部75人。

退休待遇　1982年，《中共中央关于建立老干部退休制度的决定》（中发〔1982〕13号）要求，“老干部离退休以后，基本政治待遇不变，生活待遇还要略为从优，并注意很好地发挥他们的作用。”县委成立老干部工作领导小组，为老干部做好事，解难事、办好事，“年年有进步，提高满意度”，不定期召开会议，通过上门走访、问卷调查、征求意见等形式，及时了解老干部的思想状况和所思所想，把老干部关心的热点、难点问题作为重中之重工作来抓。

2003年11月5日，根据（景编办〔2003〕22号）《关于同意设立景宁畲族自治县机关事业单位退休干部管理中心》精神，成立县机关事业单位退休干部管理中心。退休干部管理工作逐渐规范，管理人员、活动场所、活动经费逐步落实。针对老干部高龄、高发病的“双高期”实际，创新服务方式，提高服务水平，建立和落实一系列有效制度。每年组织老干部代表听取县委、县政府领导工作通报，创办发行反映退休干部政治学习、文娱生活等精神面貌的内部刊物《红夕阳》。

1993—2009年，按照相关文件规定，对退休干部的退休费，先后进行了8次调整增加。2010年末，景宁共有退休公务员422人。

第三章 劳 动

劳动就业是民生之本。1993年以来，景宁实施就业优先战略，把促进就业作为保障和改善民生的头等大事，放在经济社会发展的优先位置。全面实施《中华人民共和国劳动法》《中华人民共和国劳动合同法》《中华人民共和国就业促进法》等法律法规，深化体制改革，完善就业政策，实现从政府“统包统配”向“政府引导、市场调节、自主择业”转变。建立覆盖城乡的就业服务和职业培训体系，重视农村劳动力、下岗职工培训，鼓励劳动力转移，使就业渠道趋于多元化，就业服务得到加强。保护劳动者合法权益，调整劳动关系，建立和维护适应社会主义市场经济的劳动制度，促进经济发展和社会进步。在劳动力总量增多、就业竞争压力加大的情况下，景宁就业规模不断扩大，城乡就业趋势稳定。

第一节 劳动力培训

1994年以来，以培训促就业，构建以县职业高中和民办职业培训机构为主导，以用人单位为主体的技能培训、农村劳动力转移就业培训和创业培训，逐步扩大就业培训对象与范围，增设培训专业，提高劳动力综合素质，有效促进劳动者就业和再就业。

下岗职工就业培训

随着社会主义市场经济的建立和经济结构的调整，县内国有企业和集体企业相继改制，导致企业部分职工下岗失业。景宁人事劳动社会保障部门积极为下岗失业人员就业提供岗位需求信息，开展职业指导和再就业培训。

1994年，采取联合培训方式，为下岗失业人员举办7个长期、短期培训班。开设专业有电工、机械、食品加工、文秘、计算机应用、服装缝纫等实用技术，参加培训256人，实行培训与就业一条龙服务。

1999—2001 年，开展就业前培训和再就业培训工作。先后举办美容美发、餐厅客房服务员、汽车修理工、爆破员等业务培训班，参加培训 2300 多人。

2002—2010 年，结合经济社会发展实际，为下岗失业人员举办计算机操作和应用、厨师、家政服务、市场营销等专业技能与再就业职业技能培训班，参加培训 1500 多人。

农村劳动力培训

农村餐饮技能培训

2002 年，人事劳动社会保障部门与沙湾镇人民政府联合举办种植业、养殖业等相关产业技术培训 4 期，受训人员 242 人。聘请高级农艺师和专业技师授课，组织学员到奇尔茶叶公司和茶叶基地参观学习，就业培训为面向农村开了先河。

2003—2010 年，人事劳动社会保障部门委托职业高中、方圆培训中心等培训机构，举办计算机操作与应用、电工、电焊工、中式烹饪、餐饮服务、导游、高山蔬菜种植等专业培训，与澄照、沙湾、英川、秋炉、雁溪、大漈等乡镇合作开展种植业、养殖业定向培训。同时，与浙江省江能建设公司、杭州富春江发电厂、景宁飞鹤水电公司开展订单培训，参加培训 27000 人。

创业培训

2007—2010 年，根据市场和用人单位的用工需求，以“订单培训”和“定向培训”为主的培训方式，开展进城务工人员和下岗失业人员职业技能提升培训。同时，围绕县域经济发展，开展农家乐、超市经营人才、乡土厨师、风情旅游导游、茶道、制茶等畲乡特色培训，提高产业层次和服务水平。其中，2008 年，以提升创业创新能力、提供劳动保障和社会保障服务为内容，实施“景商服务工程”，推动“提升千名老板、鼓励万人创业、带动十万人就业”活动。同年 5 月 13 日，县政府出资 40 多万元，在北京大学百年讲堂举办“首届景商创新创业能力提升班”，在京津地区经营超市的景宁籍企业老总 62 人参加培训班。“景商服务工程”被列入北大教学案例。

职业技能鉴定

1993 年 7 月，劳动部颁布《职业技能鉴定规定》，在技术等级制度上，首次提出“职业技能开发”和“职业技能鉴定”等重要概念，计划经济体制下运行 40 年的工人技术等级考核制度开始向符合市场经济要求的国家职业技能鉴定制度转轨。1994 年 3 月颁布的《职业资格证书规定》，对推行职业资格证书制度作了总体部署。

自 1994 年始，景宁向市一级推荐技能人才参加职业技能考核，帮助取得相应等级的职业资格证书。1999 年，正式开展职业技能培训与鉴定工作，117 人参加美发师技术培训，113 人取得上岗证，广电系统 87 人参加技术等级培训，驾驶员 32 人参加技术等级培训。协助县职业高中进行职业技能鉴定，75 人取得计算机操作员、电工初级工证书。此后，职业技能培训与职业技能鉴定工作逐步进入常态化轨道。鉴定工作程序，包括鉴定中心、考评员、命题、考务管理和证书颁发等5个环节，相关规定与国家职业技能鉴定管理要求同步。2009年，设立县职业技能鉴定中心。2010年，鉴定工种30多个，鉴定人数近2000人次。

第二节　劳动力转移

2000年，景宁开展农村劳务输出情况调查。调查结果显示，全县农村劳动力70200人，外出劳动力34133人，占48.56%。实现跨县、市和跨省、市转移流动就业的城乡劳动力48500人。其中，农村劳动力39600人，城镇劳动力8900人，农村劳动力占流动总人数的81.6%。2006年末，全县实现转移就业的农村富余劳动力47600人。其中，转移进城1200人。

2010年，开展农村劳动力资源专项调查。调查结果显示，全县农村劳动力77119人，已转移就业49235人，占总量63.84%；留在农村共21557人，占总量27.95%；在转移就业的农村劳动力中，实际转移就业区域，县内2038人，主要集中在县城；县外、省内23289人，主要在云和、温州、杭州等毗邻县市；省外5562人，主要在京津创业就业。转移就业的行业岗位，主要从事第三产业，有38831人，占总量78.9%。从事第二产业7455人，占总量15.1%。

来料加工培训

从事第一产业2949人，占总量6%。就业形式以务工为主，有37811人，占总量76.8%，自主创业11424人，占总量23.2%。

县内集聚

2010年，在已转移就业的农村劳动力中，县内就业20384人，主要集中在县城和集镇，近15000人；从事第一产业的农村农业劳动力较少，仅2949人，占总量的6.0%。进城农民工主要从事房产建筑、公路施工、经商贸易、住宿餐饮、企业打工、黄包车、社会服务等行业，尤其是来料加工行业，成为农村女劳动力就近就地转移的重要途径，从事来料加工行业的农村劳动力5170人，经纪人361人。

县外创业

随着第二产业、第三产业的快速发展，用工需求加大。第一产业对农村富余劳动力的承载力减弱。大量农村劳动力纷纷离土弃耕，进入城镇经商务工，成为农村劳动力转移就业的主要趋势。农村的农民（包括退伍军人、大中专院校毕业生）从事非农职业，曾一度称为“农民工”。自20世纪90年代以来，随着国家改革开放步伐加快，全国掀起新一轮投资创业高潮，来自农村的“农民工”成为城镇建设和各行业发展的主力军。根据县情实际，景宁适时提出“跳出田园谋发展，走出山门闯世界”战略。通过政策鼓励，自身帮带，一大批景宁人走出大山，异地创业。2001—2010年间，景宁外出创业人员45000多人，形成具有景宁特色“小超市”“小宾馆”“小水电”“小企业”的“四小”产业。外出创业成为农民增收致富有效途径，形成景宁经济社会跨越发展的一个亮点。

小水电　分布在江西、福建、安徽、湖南、贵州、云南、湖北、广西、陕西、青海、甘肃、四川12个省（自治区）69个县市，拥有100个业主，采取收购、新建、开发投资电站150座，总装机200万千瓦，总投资110亿元，从业人员（施工、技术、管理人员）1500人。年人均收入超过2.5万元。

小宾馆　借助国际小商品市场的发展，在义乌经营中低档宾馆有160家，占义乌中低档宾馆业的80%，总投资1亿元，从业人员2000多人，年人均收入3万元以上。并依托旅游城市，逐步向杭州、宁波、温州及省外城市延伸，在杭州地区小宾馆业已超过200家。

小超市　20世纪80年代末，景宁渤海一批农民以血缘、亲缘、地缘为纽带“北上烤饼”，最盛时期达5000多人，分布在湖北、河北、陕西、内蒙古、新疆一带。20世纪90年代，市场逐步开放，“便利店”被“小超市”替代，大部分“烤饼师傅”转为“开店老板”。21世纪初，景宁农民在京城开店吸引越来越多人北上开小超市。先集中于北京三环外、五环、六环区，后逐步向天津城乡、河北唐山、山东青岛、陕西西安、甘肃兰州、四川自贡等地区延伸扩散。大部分小超市开办在城乡人流集散区、新开发区或人口密集的街道、乡镇，生意红火，经济收益较可观。景宁人在各地开办的中小型超市有3300多家，从事超市商贸30000多人，年销售额超过50亿元。其中，北京1200家，从业13500人；天津600家，从业2400人；河北唐山230家，从业1100人；陕西西安300家，从业1200人；甘肃兰州70家，从业300人；四川各地420家，从业1700人；其他地区500家，从业1300人。景宁“小超市”成为中国农民创业一大亮点。原全国工商联副主席、《人民日报》副总编保育钧把景宁农民办超市作为中国农民创业的一种重要途径，进行专题研究。北京大学民营经济研究院将景宁农民办超市列为教案进行教学。

小企业　“先打工学技术，后办厂当老板。”景宁人外出创业领域较广泛，路子走得较平稳。温州、宁波等沿海开放城市成为外出创业的首选之地。景宁人在沿海地区创办经济实体1200多家，从业人数近10000人。其中，在温州创办企业和开店经营500家，从业8000多人，主要从事服装加工、皮革制造、医药卫生、娱乐服务、五金家电等行业。在宁波创办经济实体200家，从业人数1000多人，主要以物流业为依托，从事塑料制品、塑钢门窗、医疗卫生、餐饮服务、服装贸易等行业。在广州等地区从事各种行业近700人，创办各类经济实体近400家。在中西部矿产开发300多人，创办矿产企业20家。

“四小”创业群体几经打拼，步入成熟阶段，部分企业在行业内拥有一定知名度。其中，浙江飞达物流、金华恒飞电工、北京住美佳业、温州一元电器、宁波德辉塑料、义乌大枝门窗、西安张良酒店等企业年产值超亿元，成为景宁人外出创业群体中的领军人物。

2010年景宁乡镇外出务工创业人员统计一览

表 25-3-1 单位:人

乡 镇	县城	云和	丽水	青田	龙泉	温州	义乌	宁波	杭州	云南 湖北	四川 贵州	西安	兰州	天津 上海	北京	山东	国外	其 他	合 计
鹤溪镇	547	105	250	—	—	40	44	16	106	24	115	74	1	88	183	—	19	6	1618
外舍管理区	736	368	243	—	—	162	38	52	84	9	117	33	51	139	271	—	18	280	2601
大均乡	652	150	58	—	—	50	17	13	41	—	10	23	6	16	40	—	14	50	1140
澄照乡	1159	146	258	—	—	167	32	52	142	5	27	24	—	90	84	—	42	250	2478
梅岐乡	1456	77	91	—	—	359	54	22	77	4	27	36	—	99	53	—	10	241	2606
东坑镇	1068	270	277	—	—	397	98	171	184	25	67	65	4	108	56	—	28	308	3127
大漈乡	342	236	171	—	—	154	—	18	34	4	—	17	—	26	27	—	10	50	1089
景南乡	570	205	156	—	—	154	23	26	181	4	11	2	3	109	65	—	5	56	1570
雁溪乡	976	33	84	—	—	110	11	10	44	4	5	2	—	52	11	—	—	13	1356
渤海镇	638	172	177	—	—	211	135	126	320	21	19	138	18	118	341	17	13	—	2452
郑坑乡	184	56	86	—	—	57	46	62	86	—	92	56	—	24	109	—	2	32	892
九龙乡	1564	601	905	274	—	737	230	283	401	33	104	64	16	102	477	—	52	34	5877
沙湾镇	2138	1249	1016	—	—	376	206	167	488	40	115	64	10	228	143	—	37	490	6767
梧桐乡	805	501	304	—	—	178	101	59	206	56	55	42	6	59	66	—	10	136	2584
标溪乡	740	339	220	—	—	66	17	31	66	3	49	50	—	49	27	—	—	289	1946
家地乡	560	168	218	—	—	169	11	36	108	10	20	6	8	69	55	—	9	192	1637
大地乡	1393	386	482	—	—	192	57	70	153	14	131	122	21	298	92	—	—	155	3566
毛垟乡	367	147	255	—	—	89	84	57	129	10	53	28	38	35	5	—	8	197	1502
秋炉乡	1224	388	580	—	—	249	173	320	130	—	4	3	—	20	—	—	—	67	3158
英川镇	4034	2923	1524	—	—	179	101	204	359	45	13	—	1	56	95	—	23	345	9902
鸬鹚乡	1970	2448	546	—	—	289	152	99	258	14	16	4	1	44	45	—	4	380	6270
葛山乡	850	2150	210	—	215	185	55	25	75	5	6	—	—	55	35	—	—	300	4166
合 计	23973	13118	8111	274	215	4570	1685	1919	3672	330	1056	853	184	1884	2280	17	304	3871	68304
占%	县内35%	市内31%		市外省内18%						全国各地与国外16%									100%

2010年景宁乡镇外出务工从业人员统计一览

表25-3-2 单位：人

乡镇	农林牧渔	采掘业	制造业	电水产供	建筑业	商贸业	交运仓邮	宿餐美浴	软件通信	金融房产	科研技术	旅游环境	家政维修	教卫体乐	其他	合计
鹤溪镇	202	10	75	20	173	498	47	358	2	52	4	57	92	24	4	1618
外舍管理区	376	17	307	22	233	1028	47	162	6	15	1	—	88	14	285	2601
大均乡	206	1	85	21	116	341	55	95	4	4	—	—	40	5	167	1140
澄照乡	160	24	325	71	372	707	106	300	28	19	—	—	232	43	91	2478
梅岐乡	307	1	36	20	124	430	11	167	—	—	—	5	1317	—	188	2606
东坑镇	459	44	482	44	216	598	88	390	57	24	4	30	133	32	526	3127
大漈乡	17	10	175	39	73	316	172	154	5	10	—	—	55	6	57	1089
景南乡	46	5	273	40	236	319	60	405	10	2	—	4	51	12	107	1570
雁溪乡	56	—	207	21	103	90	5	77	5	4	4	5	89	13	677	1356
渤海镇	151	3	419	11	119	1208	128	219	—	21	—	2	165	6	—	2452
郑坑乡	215	—	64	10	139	229	12	139	4	22	15	6	35	2	—	892
九龙乡	829	4	458	15	429	2454	523	906	6	87	—	—	113	—	53	5877
沙湾镇	2011	455	567	177	719	615	259	482	69	76	6	124	278	146	783	6767
梧桐乡	403	49	489	30	253	418	123	218	5	19	4	47	76	66	384	2584
标溪乡	310	10	319	1	40	339	370	202	9	—	—	—	—	—	346	1946
家地乡	143	9	597	6	199	220	26	85	—	10	—	21	158	27	136	1637
大地乡	1039	20	367	36	270	1045	28	273	7	22	20	13	90	4	332	3566
毛垟乡	111	83	224	88	164	198	92	200	52	21	2	15	73	44	135	1502
秋炉乡	1381	115	301	27	540	119	240	216	36	11	—	13	51	3	105	3158
英川镇	3018	1542	2187	318	828	735	—	258	20	25	—	—	347	20	604	9902
鸬鹚乡	1407	48	861	210	1050	762	171	654	79	13	—	35	205	40	735	6270
葛山乡	150	25	1650	120	215	250	150	515	15	—	—	—	195	35	846	4166
合计	12997	2475	10468	1347	6611	12919	2713	6475	419	457	60	377	3883	542	6561	68304
占%比	19%	第二产业占31%				第三产业就业人员占总务工人员50%										100%

第三节　劳动就业安置

1984 年 10 月，景宁成立劳动服务公司，开展职业介绍、社会劳动力管理等业务。1990 年 2 月，改称县就业管理服务处，属劳动局下属事业单位。县就业管理服务处组织失业人员和城乡劳动者职业技能培训和创业培训、职业指导和职业介绍；负责就业、失业登记管理以及失业保险待遇的审核与发放，对失业人员建档管理、劳动保障事务代理、职业介绍等事务，并监督落实帮扶下岗失业人员再就业优惠政策，包括“4050 人员”[①]的社保补贴、就业困难补贴、税费减免政策等，妥善解决改制企业下岗职工再就业问题。

培育劳动力市场

1994 年，贯彻中央《关于建立社会主义市场经济体制若干问题的决定》后，劳动力市场发展加快，就业服务体系不断完善，市场在劳动力资源配置上发挥基础作用。以县劳动力市场为龙头，健全乡镇劳动力管理站，促进劳动力双向选择自主有序流动。同年，县内安置（包括政策性安置）216 人。其中，全民集体企业 114 人、机关事业 71 人。

2001 年 9 月，成立县博业职业介绍中心，开展职业介绍、职业指导、劳动保障事务代理等业务。先后向杭州、宁波、新安江、富春江等地介绍劳务人员近 500 人。

2008 年，开设 LED 电子大屏幕，滚动播放就业信息。

2009 年，创办“景宁电视台人力市场信息专栏”，免费为用人单位发布招聘信息。至 2010 年，累计发布就业岗位 5000 多个。每年组织“春风送岗位”大型招聘会活动，为求职者提供职业介绍、就业指导等公共服务。通过举办人力资源招聘会和大学生就业招聘会等求职平台，使高校毕业生、下岗失业人员和城乡劳动者重新就业、转移就业、就近就业。

人才交流工作

1987 年，成立县人才交流中心。1997 年 12 月 1 日经景政办〔1997〕59 号文件审定核准，为县人事劳动局下属具有独立法人资格的全额拨款事业单位。负责管理人才市场中介组织和发布人才供求信息；承担机关工勤人员、新进事业单位工作人员、大学生村官的档案管理；承担公益性人才招聘活动组织实施；流动人员人事档案管理、户口挂靠、出国政审和人事代理、收集、整理、储存等工作；着力做好大中专毕业生档案管理、人事代理、人才培养、就业推荐等工作。至 2010 年末，累计存档 3004 卷。2001 年、2002 年、2003 年先后被评为全市人才交流工作先进集体。2007 年、2009 年，先后被评为浙江省人才交流系统先进集体。

2001 年，设立湖南大学远程教育教学点，开设工商管理、会计学、计算机科学与技术、法学等专业的高升专、高升本和专升本网络远程教学，98 人取得湖南大学网络教育学历证书。

同年，设立宁波教育学院景宁教学点。2001—2010 年，有 242 人取得宁波教育学院成人教育本科学历。其中，118 人取得汉语言文学专升本学历证书、47 人取得英语专升本学历证书、78 人取得法学

---

① 指处于劳动年龄段中女 40 岁以上、男 50 岁以上，本人就业愿望迫切，但因就业条件较差，技能单一等原因，难以在劳动力市场竞争就业的劳动者。

专升本学历证书、9人取得美术专升本学历证书。

2002—2007年，为全县机关事业单位在职工作人员举办浙江计算机三级培训33期，共计培训学员2500多人（次）。2007—2010年，为全县专业技术人员报考全国专业技术人员计算机应用考试，提供服务1299人（次），共计2882个模块考试。

再就业工程

1996年，乡镇全面建立劳动管理服务站，县粮食系统为分流内部职工建立劳动服务站，全县共有25个服务网点。在工业和流通企业生产经营不景气情况下，把失业人员安置重点放在乡镇企业、股份制企业、私营企业、个体工商户等经济组织。同年，县内安置192人，占上年失业人数506人的34.28%。1997年，国有、集体企业破产、转产、歇业，职工646人失业。为此，开展困难（特困）、下岗、失业职工情况调查，成立解困再就业工作领导小组，采取“财政拨一点，失业保险金提一点”等方式，多渠道筹集解困与再就业专用资金21万元。对破产、歇业企业及早介入，制定职工安置方案，做好平稳分流，全年组织失业职工120人和下岗职工186人参加再就业工程，净安置174人。其中，失业职工再就业90人。

1998年，为落实破产企业失业职工的基本生活保障与再就业措施，对全县66家企业，4060名职工进行摸底调查，了解职工下岗现状。按浙江省委、省政府《关于贯彻〈中共中央、国务院关于切实做好国有企业下岗职工基本生活保障和再就业工作的通知〉的意见》，制定《关于贯彻省国有企业下岗职工基本生活保障和再就业工作会议实施方案》。以“谁主管谁负责”为原则，企业主管部门和企业相应成立下岗职工基本生活保障和再就业领导小组。同年，建立再就业服务指导中心1个，再就业服务中心11个，工作站13个，指定代管6个，实现“建中心、进中心、发生活费”三个100%。全年下岗职工自谋职业和多渠道分流1090人，失业职工再就业104人。组建三轮车营运服务公司，为下岗、失业职工提供50个再就业岗位。

1999—2001年，贯彻落实中共中央“两个确保”工作目标，按“三三制”筹资原则，督促企业再就业服务中心按时足额发放下岗职工基本生活费（含社会保险费）100.24万元。多形式多渠道分流安置下岗职工和失业职工819人。至2001年10月，下岗职工全部得到妥善分流和安置。

自主创业

2003年，全县下岗失业人员2936人。其中，“4050”人员410人，夫妻双方失业963人，单亲家庭失业38人，享受低保的失业人员3人。在倡导自主创业和自谋职业中，开发就业安置岗位，净增就业岗位503个，社区就业岗位157个，下岗失业人员354人实现再就业，发放《再就业优惠证》210本。

2004年，组织走访失业群体。至6月底，失业6121人。其中，未就业大中专毕业生1001人（大专以上毕业63人，中专毕业938人），被征地农民3397人（其中，适龄劳动力2807人）。开发就业岗位257个，与民族大酒店、天威电子厂、大自然食品有限公司、绿阳木业有限公司等企业洽谈，推荐下岗失业人员72人实现再就业，发放再就业优惠证301本。

2005—2010年，出台再就业扶持政策，稳步推进“4050”人员灵活就业。在落实失地农民和就业困难人员生活补助前提下，通过职业技能培训、引导就业和职业介绍等方法，帮助下岗失业人员实现再就业2006人，新增就业岗位5117个，共发放再就业优惠证1493本。

第四节　劳动权益保障

1994年，首次实施最低工资标准制度。按全省最低工资标准200元/月执行。之后历经11次调整。2010年，最低工资月标准上调到800元，小时标准为6.5元。职工工资水平在国民经济发展基础上稳步增长，广大职工分享经济社会发展成果。2010年，社会在岗职工平均年工资22404元。

实施劳动合同制

1995年，劳动部门全面推行劳动合同制度，把其列为工作重点。全县推行劳动合同者共6597人，包括城镇全民、集体企（事）业单位职工5000多人和乡镇企业、个体私营企业730人。其中，原已订立劳动合同仅3019人。参与医药公司与县邮电局“改制”试点经验，结合景宁实际，出台景政（1995）78号文件，对实行劳动合同制的范围、对象、劳动合同的签订与管理等有关政策及组织领导作出规定。同年年末，国有企业有邮电局、医药公司、粮食企业、商业系统、木材公司、电力工业局、上标电站、水电系统、电光源厂、物资系统；集体企业有供销系统、纺织厂、印机厂、玻璃纤维厂、峡桥电站的职工及机关事业单位的勤杂工共4787人在“改制”中完成劳动合同签约，占改制总数的85%。

劳动报酬

1993年7月始，事业单位专业技术人员实行职务等级（岗位）工资制、管理人员实行职员职务等级工资制、工人实行技术等级（职务）工资制。基本工资分为职务工资和岗位津贴两部分。职务工资为固定工资，每一职务等级分若干工资档次。专业技术人员起点标准为150~390元。管理人员起点标准为145~480元。技术工人起点标准为145~245元。普通工人等级工资标准为135~314元。岗位津贴为活工资，按经费预算分全额拨款、差额拨款、自收自支3种不同类型分别确定。全额拨款单位岗位津贴为基本工资的30%。差额拨款单位岗位津贴为40%。自收自支单位岗位津贴比例最高不得超过50%。正常增资机制有3种，即考核晋升职务工资档次；晋升职务等级后增加工资；定期调整工资标准，改革奖金制度。对年度考核合格以上人员发放年终一次性奖金，奖金标准为本人当年12月份的月基本工资。

1993—2003年景宁事业单位工作人员职务工资增资起点执行标准一览

表25-3-3　单位：元/月

执行年月／职务名称	1993年7月	1997年7月	1999年7月	2001年1月	2002年10月	2003年7月
专业技术人员	150~390	164~404	236~544	288~668	324~785	346~880
管理人员	145~480	159~494	230~665	286~832	322~968	343~1109
技术工人	145~245	159~259	224~368	280~442	315~498	336~557
普通工人	135~314	149~382	213~453	268~523	303~571	324~592
岗位津贴		按国家和省规定的工资构成比例相应提高				

2006年7月始，事业单位实行岗位绩效工资制度。岗位绩效工资由岗位工资、薪级工资、绩效工资和特殊岗位津贴补贴四部分组成。其中，岗位工资和薪级工资为基本工资。事业单位岗位分为专业技术岗位、管理岗位和工勤技能岗位。专业技术岗位设置13个等级，13—1级岗位工资标准为550~2800元。管理岗位设置10个等级，10—1级岗位工资标准550~2750元。工勤技能岗位分为技术工岗位和普通工岗位，技术工岗位设置5个等级，5—1级岗位工资标准545~830元，普通工岗位工资标准540元。专业技术人员和管理人员设置65个薪级，薪级工资标准80~2600元。工人设置40个薪级，薪级工资标准70~915元。不同岗位规定不同的起点薪级。完善工资正常调整机制，对考核合格及以上等次的工作人员每年正常增加一级薪级工资；岗位变动后，调整岗位工资标准。实施绩效工资后，取消原年终一次性奖金，将1个月基本工资的额度纳入绩效工资。

2009年1月，义务教育学校实施绩效工资。绩效工资总量按规范后的津贴补贴和学校工作人员上年度12月份基本工资额度核定。绩效工资分为基础性绩效工资和奖励性绩效工资。基础性绩效工资占绩效工资总量的70%，设立生活补贴、岗位津贴、工龄补贴、班主任津贴和农村教师任教津贴5个项目，全县实行统一标准，按月发放。奖励性绩效工资占绩效工资总量的30%，由学校完善内部绩效考核制度和制定奖励性绩效工资分配办法，根据绩效考核结果发放。同年10月，公共卫生与基层医疗卫生事业单位实施绩效工资。

2010年1月，除教育、卫生系统外的其他事业单位实施绩效工资，总额由规范后的津贴补贴与相当于单位工作人员上年度12月份基本工资额度构成。绩效工资分为基础性绩效工资和奖励性绩效工资。基础性绩效工资占绩效工资总量的60%，设立生活补贴、岗位津贴、工龄补贴，实行统一标准、按月发放。奖励性绩效工资占绩效工资总量的40%，由事业单位制定内部绩效考核制度和奖励性绩效工资分配办法，根据考核结果发放。

1994—2010年景宁最低工资标准一览

表25-3-4

序号	最低工资标准（元/月）	最低小时工资（元/小时）	执行时间	序号	最低工资标准（元/月）	最低小时工资（元/小时）	执行时间
1	200	—	1994.5	7	440	3.8	2004.10
2	230	—	1995.10	8	490	4.2	2005.12
3	230	—	1997.1	9	540	4.6	2006.9
4	320	—	1999.7	10	620	5.3	2007.11
5	340	—	2001.4	11	690	5.7	2008.9
6	390	3.5	2003.9	12	800	6.5	2010.4

劳动监察

1993年，根据劳动部《劳动监察规定》，成立劳动监察队。通过劳动用工综合治理、农民工权益保障专项检查等劳动保障监察工作，开展各种维权行动。1994年，在全县范围内进行用工大检查，取缔两家非法中介机构。成立《中华人民共和国劳动法》宣传领导小组，举办厂长、经理和人事干部、劳资干部、工会主席《中华人民共和国劳动法》培训班2期，组织《中华人民共和国劳动法》知识竞赛1期，同年10月9日开展《中华人民共和国劳动法》咨询日活动。

1995 年，依据《中华人民共和国劳动法》，全面推行劳动合同制，改革现行的固定工制度，实现用工单轨制。县医药公司和县邮电局首先顺利实行“改制”工作试点。依据景政〔1995〕78 号文件，实行劳动合同制的范围、劳动合同的签订与管理，制定有关政策及确定领导权限。同年，除停产半停产企业与机关事业单位个别工人缓订合同外，合同签订率名列丽水地区前列。同时，12 人取得监察员资格证书。

1997 年，开展劳动执法月活动。建立劳动年检制度，开展集体劳动合同的审核工作。同年 12 月，县编委批准县劳动监察大队为全额拨款股级事业单位。

2004 年，开通“12333”举报电话。2005 年，实施国务院《劳动和社会保障监察条例》、浙江省《劳动和社会保障监察条例》。2007 年 10 月，联合建设局，对房屋建筑、水电和交通建设的施工单位全面实行考勤卡制度。

2008 年，实施《中华人民共和国劳动合同法》。聘请法律专家举办法律知识培训班 3 次，企业负责人、劳资干部 588 人参加培训。并会同国资办，首次开展国有营运单位公开招聘员工。通过笔试、面试、体检、考察等程序，录用工作人员 8 人。

2010 年 12 月，推进劳动保障监察“网格化”管理。在沙湾、东坑、澄照、梧桐 5 个乡镇劳动保障和社会救助中心挂“劳动保障监察中队”牌子，并向社会公开招聘劳动保障监察专职协管员。

1998—2010 年，在全县开展“整治非法用工，打击违法犯罪专项行动”“用人单位遵守劳动合同法情况专项检查”“劳动用工隐患大排查”“防范与处置农民工工资支付”“清理整顿人力资源市场秩序”“粉尘与高毒物品危害预防宣传与治理”“防拖欠百日行动”等多次专项检查，办结举报投诉案件 350 件，追回劳动者工资及经济补偿金金额 800 万元。

劳动仲裁

1988 年，成立景宁畲族自治县劳动争议仲裁委员会，下设办公室（在劳动局内）。加强仲裁员、调解员队伍建设，规范指导各用工单位成立调解组织。2002 年 8 月，成立景宁畲族自治县人事争议仲裁委员会，办公室设在县人事劳动局。仲裁委及时受理调处投诉案件，通过调解裁决方式为劳动者挽回经济损失。2010 年 5 月，设立景宁畲族自治县人事劳动仲裁院，为人事劳动社会保障局下属股级全额拨款事业单位。

1993 年，调处劳动争议案 4 件。其中，立案 1 件，案外调解劳动争议 3 件，涉及固定工 6 人、合同工 36 人。健全基层劳动争议调解组织 74 个。鉴证劳动合同 422 份，包括临时工 30 份，续订 82 份。

1994 年，及时调解处理胶丸厂和医疗厂部分职工罢工事件。为健全充实基层调解队伍，举办 1 期业务培训班。共鉴证劳动合同 578 份。1995 年，县仲裁委聘任专、兼职仲裁员 7 人。1997—2007 年，共受理仲裁案件 97 起，结案率 100%，为劳动者追回工资及相关费用共计 66.2 万元。

2008 年始，为提高办案效率，简化仲裁程序，推行快审、快立、快调、快结“四快”办案模式，大幅提升行政效能，挽回结案经济标的额 23.38 万元。2009 年，结案经济标的额 86.54 万元。2010 年，推行“流动仲裁庭”办案模式，及时快速解决纠纷。

第四章 民 政

经济发展与社会进步，促进社会事业的发展。1993—2010年，景宁因地制宜开展社会保障工作，逐步完善保障体系。1999年，县政府制定《转业志愿兵和退伍军人安置工作暂行办法》，对安置对象、安置原则、安置范围、安置办法等作出规定，进一步完善优抚政策，提高优抚标准，推动优抚安置工作。1993年后，政府重视群众民生问题，关心受灾及困难群众生活，及时发放救助救济资金。1995—1997年，3年建成乡镇敬老院24所。并标准核定五保供养对象和城镇“三无”人员，采取集中供养方式，解决五保老人的后顾之忧。推动社会福利事业发展，使困难群体、困难学生及时得到救助。加强对福利企业的管理，使有劳动能力的残疾人及时得以就业。同时，加强村民委员会和居民委员会群众自治组织建设，及时依法换届选举。加强民间组织登记管理和殡葬管理，促进社会和谐进步文明。

第一节 优抚安置

重点优抚

1993—2000年，重视做好优抚工作，逐步完善优抚政策，改变抚恤、补助、优抚分兵把口、单项推进做法，实行国家、社会、群众三结合的优抚对象保障制度，不断提高优待抚恤标准，定期发放老游击队员、老交通员生活补助经费，稳定优抚对象生活。

1993年，扶持在乡退役义务兵发展生产资金4万元。1996年，扶持8万元。1996—2004年，累计发放伤残军人抚恤金、烈属定期定量抚恤金、复退军人定期补助费860万元，以保障重点优抚对象的基本生活。为农村籍的重点优抚对象免费纳入新型农村合作医疗保险，并落实发放重点优抚对象门诊医疗费，其中，重点优抚对象住院的医疗费用按照相应比例进行补助。1996年，义务兵年优待金提高到450元。1997年，提高到600元。

2001年，再次提高革命伤残人员、革命烈士家属、因公牺牲军人家属、病故军人家属和在乡复员军人共388人的定期抚恤（补助）金标准，年人均提标145元；2003年，开展重点优抚对象普查工作，查清各类重点优抚对象628人的基本情况（烈士家属11人、因公牺牲军人家属6人、病故军人家属5人、革命伤残军人51人、革命伤残人民警察2人、在乡复员军人256人、病退军人297人），为科学决策打下坚实基础。2005年，县民政局颁发《关于建立重点优抚对象优抚标准自然增长机制的通知》。2006年，对优抚对象632人进行全面核查，并再次提高伤残军人、“三属”和复员军人补助标准，发放重点优抚对象定补（恤）金147.06万元。

2010年，义务兵年优待金提高到5409元。发放重点优抚对象570人定期抚恤补助金312.68万元、老交通员和老游击队员126人生活困难补助33.21万元、优抚对象165人临时生活困难补助14.11万元。

复退安置

1993年后,认真做好退役军人安置工作。1999年,出台《景宁畲族自治县城镇退伍军人、转业志愿兵安置工作暂行办法》,制定安置对象、安置原则、安置范围、安置办法等措施。安置对象为:在部队获得大军区以上单位授予的荣誉称号、或荣立三等功以上的退役士兵;对因战因公致残被评定为三等甲级以上的伤残军人、志愿兵、女兵和西藏高原地区退役士兵实行指令性安置。加大城镇退役军人安置改革力度,拓宽安置渠道,采用“择优安置,双向选择”的办法,试行资金补偿方式安置。2000年,安置对象90人。其中,非农户口27人,符合指令性安置7人。安置到烟草、土管、广电等22个单位。接收单位视实际用工情况,决定安排工作或货币安置,县财政一次性下拨安置金。按照“从哪里来,到哪里去”原则,安置农村63人。建立退伍安置保障金制度,落实安置保障金60万元。

2001年起,推行退伍军人安置改革。安置工作坚持指令性安置与货币安置相结合,采用“择优安置,双向选择”安置,并试行资金补偿方式,拓宽安置渠道,实现退伍安置改革3年“三步走”工作目标。对在部队立功受奖者,给予分等级奖励,激励战士在部队多做贡献。2003年,县政府制定《景宁畲族自治县拥军优抚若干规定》,落实拥军措施,每年从财政中支出一定的资金解决重点优抚对象的生活与医疗困难。

2003年12月,颁发《景宁畲族自治县退役士兵安置暂行办法》(景政发〔2003〕54号),在安置方式上,逐步由政府指令性安排工作向安排工作与自谋职业相结合过渡。城镇安置实行重点安置、政策扶持、经济补偿、鼓励自谋职业等多形式、多渠道保障就业,对自谋职业的,发给一次性安置金。

2009年冬,全县退役士兵(含复员士官)71人、转业士官5人。按《景宁畲族自治县军人抚恤优待实施细则》规定,为城镇退役士兵12人发放安置金24万元,为复员士官17人发放安置补偿金14.6万元。转业士官5人实行工作岗位安置,退役士兵安置率为100%。为立功退伍士兵49人发放奖金4.16万元。1992—2004年,安置退伍士兵880人。其中,城镇退伍士兵224人。农村安置在办理相关安置手续的同时,积极推荐到杭州、温州、宁波、绍兴、深圳等地金融、电力系统创业或从事经济民警等工作,使历年军地两用人才开发使用率达90%。外舍乡山后村科技示范户蓝文庆,被省民政厅、省军区政治部表彰为省开发使用退伍军人两用人才先进个人。2006年后,民政部门以提高退役士兵科学文化和劳动技能素质为目标,认真做好退役士兵就业培训工作,开展就业指导,增强其就业竞争能力,切实维护他们的合法权益。鼓励退役士兵积极参加职业技能培训,提高退役士兵自谋职业、自主创业就业竞争能力。

2010年,根据《景宁畲族自治县退役士兵安置暂行办法》规定,对城镇退役士兵12人实行货币安置,对 复员士官17人发放安置补偿金,对转业士官5人实行工作岗位安置,7月底前全部安置到位,退役士兵安置率为100%。2005—2010年,全县安置转业士官52人,接收退伍士兵206人。

第二节 救济救助

救灾救济

1993年,发放救灾款、物40多万元。1994年,受台风影响,死亡27人,受伤57人,倒塌房屋2681

间，832 人受灾，发放救灾救济款 133 万元，大米 15.5 万千克，衣被 36891 件。1998 年，发生“6•22”洪灾，损失 1.54 亿元，发放救灾款 188 万元，大米 1.9 万千克，衣被 7300 件。4515 户，1.4万人得到救助。

2000 年，制定《灾害救助暂行办法》《自然灾害救助预案》《社会救济办法》《乡镇灾害等级划分标准及救灾职责规定》等，实行记灾到户、救灾到户，建立“分级管理、分级负担”的救灾救济新体制，推进救灾救济工作法制化、规范化进程。

2004 年，开展春荒期间灾民缺粮情况调查，县政府成立春荒救助领导小组，出台《景宁畲族自治县春荒救助工作实施方案》，明确救助原则、救助范围、审批程序、救助方式、救助组织、管理模式和资金筹措。2005 年，景宁遭受“6•18”洪灾之后，又连续遭受“海棠”“麦莎”“泰利”等台风袭击，特别是百年一遇强台风“泰利”给景宁农业生产、交通、电力、通信等方面造成严重损失，24 个乡镇 13.9 万人不同程度受灾，直接经济损失 6.17 亿元。灾情发生后，按自然灾害救助应急预案，下拨救灾资金 347 万元，慰问灾民 229 户，下发救灾棉被、衣裤 15600 件。至 12 月末，312 户房屋倒塌户重建 255 户 1686 间，完成率 83.3%，在建 57 户，337 间。房屋损坏 462 户，3057 间，修复 449 户，2972 间，完成率 97.2%。

2008 年 1 月，景宁遭遇 50 年一遇冰雨冻雪天气，22 个乡镇 48850 人受灾，直接经济损失 1.4 亿元，发放救灾资金 130 万元。投资 180 多万元，建成避灾点 40 个，建筑面积 9800 平方米。

2010 年，冬季为保障灾民基本生活，发放救灾救济资金 99 万元，救助困难群众 2588 户。发放临时救助资金 31.8 万元，救助困难群众 455 户。

医疗救助

2005 年，为切实解决城乡困难群众基本医疗需求，在广泛征求社会各界意见的基础上，出台《景宁畲族自治县城乡困难群众医疗救助暂行办法》（景政发〔2005〕17 号），明确医疗救助工作原则、组织机构、职责分工、救助对象、救助程序和资金来源。当年安排救助资金 54 万元，对城乡低保对象、农村五保对象、农村特困救助对象、特困优抚对象及经县级人民政府批准认定需要救助的对象共 302 人实施医疗救助。

2006 年，民政局与财政、卫生等部门联合制定下发《关于贫困医疗救助的补充意见》，对癌症、白血病、精神病、红斑狼疮等特殊病种实行医前、医中救助，并实行“按季救助制度”。2009 年，县财政按全县总人口人均 7 元的标准安排城乡困难群众医疗救助资金，列入年度财政预算。按照医疗救助办法，对 1138 名符合救助条件的群众进行医疗救助，共支付救助资金 117.6 万元。2010 年，医疗救助资金按全县总人口人均 8 元的标准列入年度财政预算。至 12 月 20 日，已对 795 名符合救助条件的对象实施救助，发放救助资金 140 万元。

救助站

2004 年，落实县综合救助管理站工作人员 2 人，安排专项救助资金 3 万元。根据浙政发〔2003〕30 号文件，成立县社会困难群众救助工作领导小组，并在鹤溪、沙湾、英川、东坑、渤海等 5 个镇建立劳动保障和社会救助服务中心。救助站建立后，2004—2010 年，进一步加强对流浪乞讨人员的劝导和救助，并视实际情况，对其提供救助服务。2008 年发放救助金 4.1 万元，为流浪乞讨 260 人提供救助服务。

2010 年，共接收救助对象 295 人。其中，男 270 人，女 25 人；本省 70 人、外省（市）225 人，发放救助资金2万多元。

第三节 社会福利

五保对象供养

敬老院机构 1992年1月，第一批优抚对象10人进入敬老院养老。1995年12月，建乡镇敬老院12所，占应建率的50%；1996年，新建6所，占应建率的75%；1997年，新建6所，至此，共建敬老院24所，覆盖率100%，达到省民政厅“每个乡镇有敬老院”的要求，具备五保集中供养基本条件。2000年11月，县综合福利院竣工验收，建筑面积1980平方米，2001年12月20日开业使用，向社会开放。

2001年，利用乡镇撤并、村校合并时留下的闲置房产，改建道化、漈头、北溪、鸬鹚、鹤溪、渤海等6所中心敬老院，供养床位800张。2004年11月，完成道化、漈头、北溪3所中心敬老院扩建。2005年10月，改建鸬鹚中心敬老院。2006年12月，新建九龙中心敬老院。

供养对象 2004年4月，按照法定程序和严格标准进行核定，确定五保供养对象共495人，其中，农村五保479人，城镇“三无”人员16人。2010年12月，景宁农村五保和城镇“三无”供养对象449人。其中，农村五保442人，城镇“三无”人员7人；集中供养对象400人（户院挂钩32人），集中供养率89.09%，户院挂钩率8%。同年，全县农村五保和城镇“三无”供养对象支出供养经费193.54万元。

2010年景宁乡镇敬老院情况一览

表25-4-1

单位名称	建成时间	占地面积（平方米）	建筑面积（平方米）	投入资金（万元）	床位（张）	人数（人）
道化中心敬老院	2004.11.17	4400	2700	50	117	120
漈头中心敬老院	2004.11.26	1400	1600	40	56	55
北溪中心敬老院	2004.12.15	1500	1500	60	70	56
鸬鹚中心敬老院	2005.10.18	1300	1400	30	60	57
九龙中心敬老院	2006.12.12	4000	2000	450	88	56

福利事业

福利彩票 1993年，开展有奖募捐20多万元。1999年，开展400万元福利彩票销售活动，成功销售298万元，筹集福利基金56万元，完成50万元赈灾彩票发行。2000年，贯彻《浙江省社会福利事业“九五”发展规划》，在省、市民政部门的指导和县相关部门配合下，开展“浙江风采”百万大奖电脑福利彩票发行等福利事业社会化工作。开展全省“福利彩票2000慈善爱心活动”，为景宁41名孤儿、特困学生解决就学和生活困难问题。2001年，贯彻全国福利彩票发行工作会议精神，开展即开型福利彩票销售活动，发行彩票近30万元。开展“中华风采”电脑福利彩票、贺岁彩票销售活动，设销售网点8个，销售福利彩票11万元，名列全省前列。

福利企业　1993年，景宁福利企业8家，企业职工360人。其中，残疾人就业占35%。1995年，新办福利企业8家，16家企业年产值1880万元，上交税收45万元，实现利润39万元。2000年福利企业28家，年检合格24家，取缔不合格4家，职工270人，安排残疾人就业104人，占43%，年产值1896万元，税利284万元。2008年参检福利企业11家，合格率100%，安排残疾职工275人，占45.6%。发放工资336.98万元，人均12253元，完成产值1.6亿元。

2010年，根据《浙江省民政厅关于开展2010年全省福利企业年检年审资格认定工作的通知》(浙民工〔2010〕35号)及全市福利企业年检年审工作总体部署，会同国税、地税等部门开展福利企业年检年审资格认定和安全生产监管工作。至12月末，在册11家福利企业完成工业总产值13947万元，实现销售收入12458万元，缴纳增值税630万元，各项指标同比均有较大幅度增长。企业从业人员591人。其中，残疾职工217人，占从业人员的36.72%。发放工资1135万元，人均19204元。

第四节　社会事务

基层民主政治建设

村民委员会换届选举　1993—2010年，村两委换届选举工作先后进行6次。1996年，开展村(居)民委员会组织法宣传，指导两委换届选举工作。1999年5月，贯彻村(居)民委员会组织法，在东坑镇开展村委会换届选举试点，采用"直接、平等，差额，无记名投票"方式，选举新一届村委会班子成员33人。7月，民政局印发《村委会选举办法》《村委会换届选举流程》《村委会组织法》等换届选举资料1500份。同年，285个村委会顺利开展换届选举，选出村干部1058人。

2002年4月，在澄照乡开展村委会换届选举试点工作，选举新一届村委会班子成员57人。其中，村委主任13人、副主任15人、委员29人。至11月末，全县285个村委会，换届率98%；选举产生村委会成员1026人。其中，主任261人、副主任240人、委员525人，村干部平均年龄42岁。

2005年1月，在沙湾镇开展村委会换届选举试点。3月，全县开展第七届村委会换届选举工作，除滩坑电站库区38个村暂缓换届选举外，245个村皆进行换届选举，选出村委会干部917人。2008年3月，在梧桐乡进行村委会换届选举试点后，开展第八届村民委员会换届选举。221个行政村完成换届，换届率100%；选举村委成员954人。其中，村委会主任216人，女委员205人，党员228人，高中以上文化程度136人。2008年底，启动滩坑库区村级换届工作，至2009年4月底全面完成，选举产生党支部成员135人，村民代表928人，村委会成员162人。其中，村委会主任30人，女委员22人。

2010年11月，在东坑镇开展第九届村民委员会换届选举试点。选举产生村委会主任18人、村委会成员82人。其中，女主任2人、女委员20人。

村务管理　1996年，开展村委会主任培训，以增强民主自治意识并提高工作能力。2000年，开展村民自治示范活动，按3年实现村委会自治100%的目标，确定东坑、大顺、金钟为示范乡镇，建立领导小组，健全各项自治制度，推行村务公开，加强民主政治建设。2006年，实施村务公开民主管理规范化建设。大均乡被评为浙江省村务公开民主管理示范乡镇；鹤溪镇三枝树村、大均乡大均村、东坑镇桃源村被评为省级村务公开民主管理示范村。

2010年，加强村务公开和民主管理，制定《景宁畲族自治县关于开展村务公开和民主管理"难点村"治理工作方案》。经走访调查，在5个乡镇排查出村务公开和民主管理5个"难点村"，结合村委会换届选举采取"一村一方案、一村一办法"进行分类治理。

社区居委会建设 2001年，鹤溪镇将仙童、红星等11个居委会合并，设立仙童、红星、城西、城南4个社区居委会。2008年，新设立外舍社区居委会。

2002年，召开居民代表大会，选举产生社区居委会主任、副主任和委员。制定并通过社区自治章程，建立居民代表活动、居务公开、居民监督联系等制度。2005年，进行社区居委会换届选举，选出居民代表172人，选举产生社区居委会成员20人。2006年，对居委会主任进行培训，对做好本职工作的能力有所增强。2008年，县委出台《关于全面推进和谐社区建设工作的实施意见》(景委〔2008〕36号)，逐步理顺社区管理体制和运行机制，建立新型社区服务体系。2009年，开展第三届社区居民委员会换届选举工作，产生居民委员会成员20人，主任4人。其中，女主任2人。并选举产生新一届议事委员会。同时，举办社区"邻居文化节"，增进邻里间的团结友爱、守望相助的良好风尚，创建市级示范社区和民主法制社区。下拨社区建设经费13.3万元，扩大仙童、红星社区办公和活动场所用房面积，完成用房装修，建成面积50平方米的仙童社区阅览室，藏书2000多册。增设老年活动室、室外体育活动场所。

2010年，加强城乡社区建设，健全党建、社区主任例会、干部季会、考核、出勤等相关制度。对6名城镇社区干部进行跨社区交流。推进农村社区建设。制作农村社区服务中心标识牌、制度牌。2010年末，建成21个乡镇社区服务中心和105个农村社区服务中心。城南、红星社区分别被命名为全国、全省基层低保规范化建设典型单位；仙童社区被命名为省级文明社区。

民间组织登记

1993年，经注册登记社团41个，完成年检、统一代码标识、换证、发证工作。1996年，年检44个，注销2个，新增1个。1997年，开展社团清理登记工作。1998年，经过清理整顿，保留26个符合登记条件的社团，限期整改15个，合并8个，撤销1个。

2000年，县民政局制定《民办非企业单位复查登记工作方案》。针对景宁民间组织管理存在的问题，成立领导小组，协同有关部门对境内气功类社团进行专项清理，制订专项清理工作实施方案，对登记注册的"景宁香功协会"，依法给予注销。对未登记注册的"中华养身益智功"，宣布其为非法社团，予以解散。结合社团年检年审，按省民政厅《关于开展全省社会团体下设机构登记备案工作的通知》精神，对原有31个社团进行全面清理，注销3个、新登记1个。2001年，根据省《关于认真做好民办非企业单位复查登记工作的通知》，经调查摸底，有民办非企业机构109家(其中，教育行业42家、科技行业25家、体育行业3家、卫生行业30家、劳动行业1家、中介机构8家)，对符合条件的28家予以发证。2005年，组织民办非企业单位自律诚信回报社会活动，举办培训班340人(次)，咨询服务130人(次)，接待群众1.3万人(次)，新批社团10个、民办非企业单位7个。2007年，制定《关于景宁畲族自治县行业协会与行政机关脱钩的实施意见》，有4个行业协会实行脱钩，脱钩人员16人。2008年，44个社团、26家民办非企业单位参加年检。对小水电协会等3个收费的社会团体进行收支情况专项检查，收费标准符合章程规定，额度适当，制度完善，收支规范透明。2009年，新登记社团、民办非企业单位8家，变更5家。2010年，新登记社会团体6家、民办非企业单位2家；注销社会团体分支机构1家、民办非企业单位3家。同年，根据《浙江省社会团体管理办法》《浙江省民办非企业单位管理暂行办法》等有关规定，开展社会组织"诚信服务先锋"创先争优活动，建立指导小组和联系制度，出台实施意见。同时，做好丽水市新社会组织评先推荐、浙江省民间组织基本信息登记、新社会组织学习实践活动统计，以及社会团体“小金库”治理等工作。

殡葬管理

1993 年，加强殡葬和公墓管理，积极宣传推行火葬制度。1996 年，在城镇周围、公路沿线、小溪两岸、景区周边视线内全面开展乱建坟墓专项整治，清理青山白化现象。

1997 年 9 月，县殡仪馆在通天门动工兴建，总占地面积 6791 平方米。1998 年 9 月，完成主体建筑 1110 平方米。1999 年 7 月，县政府先后印发《景宁畲族自治县殡葬管理实施办法》和《关于在全县推行殡葬改革实行遗体火化的通告》，根据通告规定，于当年 8 月 12 日零时起，在鹤溪镇范围内推行殡葬改革，实行遗体火化。2000 年 4 月 5 日零时起，在全县范围内通公路的村推行殡葬改革，实行遗体火化，当年火化遗体 759 具，火化区域内火化率 100%，初步形成推行火葬、改革土葬的新风尚。2001—2002 年，东坑、渤海、大顺、大地、毛垟、秋炉、鸬鹚、大均、英川、沙湾、景南和雁溪先后建成乡村公墓。2007 年，全县建生态墓区 15 个，生态墓葬覆盖率 75%。同年，外舍新区开发，县殡仪馆规划动迁至西坑，占地面积 14932 平方米，总建筑面积 4635.86 平方米，预算投资 2135 万元。

2010 年，调整县殡葬改革工作领导小组成员，出台《景宁畲族自治县人民政府关于“两沿四区”[①]坟墓专项整治通告》《景宁畲族自治县“两沿四区”坟墓专项整治工作实施方案》等文件；召开“两沿四区”坟墓专项整治工作动员大会，对“两沿四区”坟墓专项整治工作作出全面部署。各乡镇(管理区)及各相关部门共同努力，至 12 月 20 日，全县“两沿四区”应整治的 4447 穴坟墓按照要求整治 4234 穴，整治率 95.2%，基本实现“治旧控新”整治目标。完成县殡仪馆迁建工作，推进公墓建设，落实公墓管理人员，巩固殡葬改革成果。

---

① 两沿：指公路沿线、河道沿岸。四区：风景旅游区、城镇规划区、火葬区、禁坟区。

第二十六篇　社会团体

人民团体，是群众性团体组织的简称。纳入县编委机构管理编制的群众团体有县总工会、共青团、妇女联合会、科学技术协会、工商业联合会。其他社会团体，有文学艺术界联合会、残疾人联合会、红十字会、慈善总会和其他学（协）会等组织。

1993—2010年，县总工会围绕县委工作大局，加强基层工会建设，注重职工思想政治工作，对职工进行维权帮困送温暖。共青团把青少年思想政治教育放在工作首位，以特有的政治氛围、政治导向、政治要求构筑青少年精神支柱，注重开展形式多样、生动活泼的主题教育活动，树立青少年正确的人生观、世界观和价值观。妇女联合会积极引领妇女在建设繁荣、和谐新畲乡中建功立业，维护妇女儿童合法权益，深化“双学双比”等活动，发挥妇女在社会各个领域中的作用，促进各项事业发展。科学技术协会动员科技工作者为振兴景宁经济努力工作。工商联发挥“桥梁、纽带和助手”作用，加强各地商会建设，积极参政议政，助推经济发展，为促进非公有制经济健康发展和非公有制经济人士健康成长，构建社会主义和谐社会作出积极努力。县残联履行“代表、服务、管理”三大职能，致力于残疾人事业。红十字会以“人道、博爱、奉献”为宗旨开展工作，慈善总会以募集善款与救助帮扶为重点，实施助学、助困、助老、助残等慈善救助项目，推动慈善事业发展。

第一章　人民团体

人民团体是党紧密联系群众的桥梁和纽带，主要有县总工会、中国共产主义青年团委员会、妇女联合会、科学技术协会、工商业联合会等团体组织。在社会发展各个时期，各人民团体成为政府联系群众的纽带，为党和政府联系社会各届群众发挥重要作用，及时向群众传达党的政策，真诚为群众向政府反映愿望与要求。

第一节 总 工 会

代表大会

1992年1月至2010年12月，景宁畲族自治县总工会（以下称县总工会）先后召开第三、第四、第五次代表大会，选举产生各届领导班子。

1996年12月17—19日，召开第三次代表大会，出席代表150人。其中，女代表42人、畲族代表22人。大会审议上届委员会工作报告，选举产生县总工会第三届委员会和经费审查委员会；主席1人，副主席2人。

2002年8月11—13日，召开第四次代表大会，出席代表148人。其中，女代表47人、畲族代表24人。大会审议上届委员会工作报告，选举产生县总工会第四届委员会和经费审查委员会；主席1人，副主席1人。

2007年10月28—30日，召开第五次代表大会，出席代表138人。其中，女代表35人、畲族代表28人。大会审议上届委员会工作报告，选举产生县总工会第五届委员会和经费审查委员会；主席1人，副主席2人。

主要工作

1993—2010年，县总工会组织开展劳动竞赛、岗位练兵活动。参加活动单位共192个，参赛职工12000人（次），职工参加安全培训2512人（次），参加技能培训1500人（次），提出合理化建议1880条，创经济效益125万元。县农业局职工林春福获得省级“百行百星”称号。

参与林业总场和包山铁矿等企业的改制，做好职工的思想工作，保障职工的合法权益。

参与造纸厂破产后职工安置和人民中路拆迁单位职工的稳定工作，妥善安置造纸厂380名职工。

组织交通、电力、电信、消防、建设等87个单位，3802名职工参加“安康杯”活动，参与率100%，竞赛规范、评判严格。县电力局、电信公司等8家单位被评为省、市级优秀组织单位、企业和竞赛优胜企业。县总工会被评为“全国安康杯”优秀组织单位；连续被评为省、市级优秀组织单位。

1993—2010年，县总工会开展创建“劳动关系和谐企业”活动的企业81家，占独立建会99家企业工会的82%。省级以上工业园区、开发区开展创建率100%。县长运公司等10家企业被县政府授予“劳动关系和谐企业”称号。县电力局等两家企业被市政府授予“丽水市劳动关系和谐企业”。评选出县级劳模8人,推选全国劳模1人,全国“五一”奖章获得者1人,省部级劳模2人。同时,开展“四位一体”职业技能提升工程,与团县委合作开办5个班,参加培训职工256人,被评定县级职业技能带头人2人。

建立劳动争议调解组织88个,调解委员264人;劳动保护组织92个,检查员162人。

扎实推进工资集体协商制度。至2010年,全县99家企业,签订集体合同90家。其中,新签8家,续签48家。独立建会企业工资、集体协商和集体合同签订率90%。

制定《学习宣传贯彻浙江省企业民主管理》实施方案。完善基层工会职代会报告制度、公有制企事业单位职代会、厂务公开巩固率100%,事业单位职代会和厂务公开建制率98%,非公有制企业职代会建制率80%,厂务公开建制率75%。其中,6家规模以上非公有制企业职代会、厂务公开建制率100%。签订女职工权益保护专项合同17份,每年“三八”期间,开展女职工妇科病普查普治工作,仅2005年,受检女职工1450人。

每年对特困和困难职工情况进行摸底调查,实行动态管理。2000年,调整建立困难职工档案126户,落实享受特困证优惠户10户,每户每年补助600元;帮扶结对53户,落实资金20500元。至2010年,累计建立困难档案791户,结对203户,发放和协助落实资金31万元。开展维权帮困送温暖工作“达标”“创优”活动,经省总工会考核检查,职工帮扶中心已达到省级标准。

1995年7月,建立“送温暖工程”领导小组,年末共筹资金12万元。之后,此项资金逐年增加。2000年始,县委、县政府每年拨专款2.8万元。

2006年2月,协同经贸、民政等部门,解决二轻系统企业80人职工的医保问题。在“金秋助学”活动中,共资助困难职工子女65人(次),资助金额6.79万元。给困难职工发放杉杉服装公司和意尔康公司捐赠的衣物等价值1.2万元,大米600千克。

坚持每年的“两节”送温暖走访慰问工作。至2010年末,走访慰问1877人(户),发放慰问金47.5万元。1995年7月,建立“送温暖工程”领导小组,年末共筹资金12万元。之后,此项资金每年都有一定的增加。2000年始,县政府每年拨专款2.8万元。开展困难劳模慰问活动,为全国劳模组织体检,建立健康档案。1996年、1997年分别组织先进职工40人和78人到北京疗养。2006年,组织全国劳模到海南疗养。

2010年,全县建立协调劳动关系领导小组和三方协商会议制度22个。总工会参与事故调查28起,参与劳动争议调解40起,协调解决职工工伤医疗费21万元。在“春雨”活动中,为民工27人追回拖欠工资9万元。

基层组织和自身建设

至2010年,全县有基层工会226个,会员12490人,涵盖单位531个,建立女职工组织53个,女委员132人。非公有制企业工会组建率100%,入会率95%,改制企业巩固率100%。表彰先进集体100个,先进个人250人(次)。县邮电局、县烟草局、县长运公司、县电力局、东坑镇、英川镇等单位分别获得全国、省级、市级“模范职工之家”“先进职工之家”称号,被评为省级工会优秀积极分子2人。

1993—2010年,县总工会党支部被评为先进党支部和先进党组织4次,获全市总工会重点工作考核一等奖3次。2003年度、2004年度综合目标管理,被评为县级优胜单位。财会工作被市总工会评为市级先进集体5次。2006年,被省总工会评为先进单位。2006—2010年,被市委、市政府授予“文明单位”称号。

1993—2010 年景宁基层工会情况一览

表 26-1-1

年份	基层工会数(个)			职工数(人)				会员数(人)				干部培训(人)	涵盖单位(人)
	总数	其中		总数	其中			总数	其中				
		独立	联合		女职工	农民工	畲族		女会员	农民工	畲族		
1993	175	—	—	7222	3062	1644	617	7012	2772	1420	554	—	—
1995	167	—	—	7379	2860	—	—	7090	2678	—	—	—	—
2000	124	118	6	5022	2042	—	—	5022	2042	—	—	408	—
2002	138	132	6	—	—	—	—	6334	—	—	—	170	—
2003	135	129	6	—	—	—	—	6470	—	—	—	150	—
2004	142	136	6	—	—	—	—	6626	—	—	—	—	—
2005	154	147	7	—	—	—	—	6864	—	—	—	240	—
2006	159	150	9	7897	3018	—	—	7743	2956	—	—	—	—
2007	177	168	9	8769	3446	—	—	8596	3333	2510	—	—	—
2008	198	187	11	9587	3915	—	—	9399	3834	—	—	—	463
2009	216	205	11	10787	4452	—	—	10575	4394	—	—	—	—
2010	226	214	12	12612	5519	5489	—	12490	5457	5443	—	—	531

第二节 共产主义青年团

组织机构

1996 年，中国共产主义青年团景宁畲族自治县委员会(以下简称团县委)机关行政编制 4 人。设书记 1 人，副书记 2 人，办公室工作人员 1 人。办公室职能还包含县希望工程领导小组办公室、少先队景宁畲族自治县工作委员会、县直属机关团委、县预防青少年违法犯罪工作领导小组办公室等四个方面工作。

2010 年，设基层团委 42 个。其中，乡镇(管理区)团委 22 个。14~28 周岁青年 11975 人，团员 9065人。

代表大会

1997 年 9 月 24 日，中国共产主义青年团景宁畲族自治县第五次代表大会在鹤溪镇召开，出席代表 161 人，会议选举产生中国共产主义青年团景宁畲族自治县第五届委员会。

2000 年 11 月 22 日，中国共产主义青年团景宁畲族自治县六次代表大会在鹤溪镇召开，出席代表 167 人，会议选举产生中国共产主义青年团景宁畲族自治县第六届委员会。

2003 年 11 月 13 日，中国共产主义青年团景宁畲族自治县第七次代表大会在鹤溪镇召开，出席代表 120 人，会议选举产生中国共产主义青年团景宁畲族自县第七届委员会。

2007 年 1 月 10—12 日，中国共产主义青年团景宁畲族自治县第八次代表大会在鹤溪镇召开，出席代表 116 人，选举产生中国共产主义青年团景宁畲族治县第八届委员会。委员会由委员 23 人和候补委员7人组成，八届一次全体会议选举产生常委7人。其中，书记1人、副书记2人。本届内由县委任命书记1人，副书记2人，免去书记1人，副书记1人。

主要活动

思想政治教育活动　1993—2010年，团县委把青少年思想政治教育放在共青团工作首位，团结带领广大团员深入学习马列主义、毛泽东思想、邓小平理论、“三个代表”重要思想、科学发展观和党的路线、方针、政策，以中国特色社会主义理论武装全体团员，以共青团特有的政治氛围、政治导向、政治要求构筑青少年精神支柱。注重开展形式多样、生动活泼的爱国主义、集体主义、社会主义和革命传统主题教育活动，增强青少年民族自尊心、自信心和自豪感，引导青少年树立正确的人生观、世界观和价值观，努力培养合格的社会主义事业接班人。

理论学习活动　1994—1996年，组织学习中共十四大精神和《邓小平文选》第三卷、《邓小平建设有中国特色社会主义理论》。1997—1998年，组织学习中共十四届六中全会和党的十五大精神。1999年，团县委领导班子开展“三讲”教育活动。2000年5月，召开“解放思想大讨论”学习报告会，开展“解放思想大讨论”征文活动。2001年，开展“三个代表”重要思想学习教育活动，重点抓好市、县、乡农村团员“三个代表”重要思想学习教育活动；组织学习江泽民“七一”讲话精神。2002年，组织学习中共十六大精神，团县委机关开展“立党为公、执政为民、自加压力、加快发展”主题教育活动。2003年，开展“贯彻十六大，创造新业绩”主题教育活动和“两个务必”学习教育活动。2004年，开展“坚持以人为本，树立和落实科学发展观”大讨论活动。2005年，组织党员团干部开展保持共产党员先进性教育活动。

主题教育活动　1994年1月，开展“元旦”拥军优属学雷锋活动；3月，联合县委宣传部开展“学习徐洪刚，争做四有新人”活动。10月，开展社会主义市场经济知识竞赛。1995年，联合县关工委、教育局开展纪念中国抗日战争和世界反法西斯胜利五十周年活动。1996年3月，开展“热爱祖国、热爱人民、热爱岗位、树立畲乡青年形象”即“三热爱一树立”主题活动。1997—1999年，以迎接香港、澳门回归和建国50周年，进入新世纪等为契机，通过征文、演讲、知识竞赛、“重走革命路”等形式开展爱国主义教育。2000年8月，联合县委宣传部、县委党校开展“崇尚科学文明、反对迷信愚昧”知识竞赛活动。2001—2002年，深入学习贯彻《公民道德建设实施纲要》。2003年，开展以抗击非典为内容的“青春筑城活动”。2005年，开展增强共青团员意识主题教育活动和“青春献祖国，永远跟党走”主题团日活动；联合县委宣传部等单位开展未成年人思想道德建设知识竞赛和“中华传统美德”征文朗诵比赛；2010年，举办首届好青年创业大赛。

“五四”纪念活动　1997年，以“迎香港回归”为主题，开展“五四”系列活动，举行演讲比赛、知识竞赛、环河接力赛、“青春杯”篮球赛和“重走革命路”拉练活动。1998年，举行18岁成人宣誓仪式和青少年爱国主义教育基地挂牌仪式，组织青少年开展“革命传统教育月”活动。1999年，召开纪念“五四”运动80周年座谈会及知识竞赛，“祖国在我心中”读书征文比赛。2000年，举办纪念“五四”运动81周年大型歌舞晚会；举办电脑展览展示会和庆“五四”游园活动。2010年，举办青春力量主题实践活动。

服务经济社会发展　紧扣经济发展、社会进步工作中心，抓住青少年成长成才这一需求，团结带领全县广大团员青年积极投身改革开放和全面建设小康社会的伟大实践。

服务农村青年成长成才　团县委通过举办青年电子商务实用人才培训班、开设青年创业就业小额贷款服务等，深入实施农村电子商务工作、“村村都有好青年”发展计划等，切实服务青年就业创业。并建立青年创业导师团，在山山商城等地成立青年就业服务中心，在星天地网络有限公司等地建立创业就业

见习基地25家，成立景宁智联职业技能培训有限公司等培训点7个。至2010年，先后组织农村青年电商实用人才培训班8期，培训农村青年劳动力1450人(次)，培养各类农村青年致富带头人150人，落实和推进“农村青年小额信贷帮扶”工程，共帮助创业青年426人争取到2200万元的小额贷款。

参与精神文明　1993—2010年，团县委引导青年立足本职工作，开展青年文明号创建活动，促进职业道德和职业技能的有机结合。已有省级青年文明号5家，丽水市级28家，县共青团示范岗35家。开展“青年文明号牵手贫困学子”活动，结对贫困学生145人。开展青年志愿者服务活动。团县委先后出台青年志愿者招募制度和注册制度。建立志愿服务中心22个，志愿服务总队9个，志愿服务站6个。并对青年志愿者2300人进行培训。在22个乡镇(管理区)设立法律志愿援助站。结合“3•5”学雷锋活动和“国际志愿者日”活动，从环境卫生、植绿护绿、普法宣传、助残帮孤等热点问题入手，组织开展形式多样的志愿服务活动。围绕畲乡“三月三”等重大节庆活动和救灾等重大任务，组织青年志愿者服务活动，累计有5000人(次)参与志愿服务。积极争取大学生志愿者服务欠发达地区计划，先后有大学生志愿者15人到景宁服务。

助学行动　县希望工程自1994年始实施，团县委注重加强宣传工作，开展不同形式的捐资助学行动，吸纳更多的社会资金救助贫困学生。加强思想教育，实现爱心助学希望工程工作的社会化推进、项目化运作、制度化操作、品德化运营。实施“爱心助成才、共圆大学梦”党团员教育主题活动、贫困生暑期勤工俭学、大学生暑期社会实践、贫困生状况调查等活动。建立和完善爱心助学工作联席会议、资金管理办法、贫困生学子库、受助生信息反馈、受助生意识教育等系列制度。自2010年始，先后从省、市团组织、外地企业、本地企业家和社会爱心人士，筹措爱心助学资金58.8万元，发放58.8万元，资助贫困学生510人。

自身建设

党建带团建　团县委与县委组织部联合发文，明确标明，乡镇公务员的团干部享受同级党委委员工资待遇，并列席同级党委班子会议，每年各乡镇团组织工作经费不少于2万元。

组织建设　团县委切实抓好团的组织建设工作，紧紧围绕创先争优活动的主线，全面开展基层团组织规范化建设，着力提升基层团组织工作活力，进一步加强团员青年队伍建设，为全县团的事业持续健康发展提供坚实的组织保证。并组织开展“基层团建百日集中行动”“基层团组织格局创新”“基层团委换届直选”“电力握手城乡区域共建”等活动，不断夯实团的组织基础，统筹推进团的组织覆盖。22个乡镇(管理区)完成组织格局创新，新建“两新”团组织81个，驻外团组织6个。积极开展创建创先争优团建示范点、合格团组织和活力团组织、“青年示范村”等工作，着力抓好团干部队伍建设，实行团干部上岗资格证制度，累计举办各类团干部培训班、学习会60期，培训团干部2000人(次)。规范团员民主测评、“三会一课”、推优入党、关系转接等制度。

学校团建　在全县5所中学陆续建立团组织，开展共青团相关工作。

少先队

组织机构　2007年6月，召开中国少年先锋队景宁畲族自治县第一次代表大会，出席代表107人。其中，少先队代表56人，辅导员代表51人。2007—2010年，委聘专人任县少先队总辅导员。

主要活动　自2007年始，组织利用传统节日、主题队日广泛开展“永远跟党走”“民族精神代代传”“党的教导牢记心间”“人人争当四好少年”等一系列加强青少年思想道德建设的主题教育活动，进一步深化雏鹰争章、手拉手、彩色的旅程、保护母亲河、节约资源、少先队员素质拓展等实践活动，促使少年儿童从小养成优良品德和高尚情操。

第三节　妇女联合会

景宁畲族自治县妇女联合会（下称县妇联），充分发挥组织、引导和服务妇女群众与维护妇女儿童合法权益的职能作用，最大限度地调动广大妇女的积极性、主动性、创造性，引领广大妇女在建设繁荣和谐新畲乡中建功立业。县妇联代表和维护妇女儿童的合法权益，促进男女平等，在深化“双学双比”“巾帼建功”“文明家庭创建”等活动中，充分履行团结教育妇女，维护妇女和儿童权益等重要职能，引领全县8万多妇女在政治、经济、文化和社会各个领域中发挥重要作用，促进经济和社会各项事业的发展与进步。

妇女权益维护

1993—2010年，县妇联定期开展《婚姻法》及有关法律法规宣传教育活动，每年“三八”妇女节，开展妇女维权周宣传活动。1993年后，全面实施《中华人民共和国妇女权益保护法》，县妇联发挥妇联系统人民陪审员、女法律工作者联谊会和法律援助救助中心作用，配合有关部门打击侵害妇女儿童合法权益违法犯罪活动，坚持重要信访案件领导接访包案制度，先后建立联席会议制度、“110”妇女儿童救助中心、法律援助中心和维权合议庭。2006年，在全县4个社区，285个行政村设立维权站。畅通妇女维权渠道，做好“148妇女维权热线”接访、电访处理，有效化解矛盾。至2010年，共接待处理来信来访320件，结案率100%；“110”家庭暴力中心受理救助案件20起。1998—2003年，共解救被拐妇女儿童75人，使家庭暴力案件得到有效遏制。2008年，县妇联被评为浙江省先进妇女组织。2010年，荣获全国维护妇女儿童权益先进集体。

妇女“半边天”作用

来料加工　2005年始，县妇联开展送观念、送路子、送技术、送信息活动，发展来料加工业，把发展来料加工业作为妇女得实惠的主业来抓。至2010年，来料加工点分布22个乡镇（管理区），有相对集中的加工点93个，从事来料加工人数11000人，累计实现加工费收入2亿多元。加工品种涉及工艺品、彩灯、针织、钩针、缝纫、钉珠、磁环、电子开关、节能灯、饰品、鞋帮等，来料加工成为新的经济增长点和增收路子。全县共培养发展有文化、懂技术、会经营的经纪人120人。

巾帼建功　健全完善“巾帼文明岗”机制，开展城镇妇女职业技能培训，引导妇女转变择业观念，树立艰苦创业，竞争就业和灵活就业。至2010年，创建巾帼文明岗受国家级表彰1人，创建省级巾帼文明岗5个、市级巾帼文明岗6个、市级巾帼示范村3个。获省级“巾帼建功”标兵1人、市级“巾帼建功“标兵1人、市级“巾帼扶贫工程”先进集体2个、浙江省百名来料加工优秀经纪人3人、省“巾帼扶贫工程”先进个人1人、市级“巾帼扶贫工程”先进个人2人。

双学双比　县妇联组织农村妇女开展“学文化、学技术，比成绩、比贡献”（简称“双学双比”）活动。1993—2010年，全县女劳力24477人中，有14575人报名参赛，参赛率60%。举办各类实用技术培训班559期，受训妇女25000人（次）。培养农村女能手、“妇字号”龙头企业、“双学双比”生产示范基地、“妇

女营销大户”，发展效益农业，加快致富奔小康步伐。被评为全国“三八红旗手”1人、省级“双学双比”女能手1人、省级“妇字号”农业示范龙头企业1家、省级“妇字号”示范农家乐1家、市级“妇字号”龙头企业2家、市级“双学双比”生产示范基地3个、市级“妇女营销大户”3人、丽水市十大杰出女性1人、丽水市十大杰出女性提名奖1人。

参政议政 妇联的基本职能是：代表和维护妇女儿童的合法权益，促进男女平等。借助妇联自身优势，培养推荐优秀年轻女干部。2008年，出席市人大会议女代表6人，占比22%。出席市政协会议女委员3人，占比27.3%。全县女干部和女党员数量逐渐增长，比例分别达到15.5%、38%。至2010年，全县副处以上女干部5人，占干部总数的15.6%。副科以上女干部78人，占干部总数的15.5%，妇女干部所占比例位于全市前列。

1993—2010年，县妇联召开4次妇女代表大会：1993年11月16—18日，召开第三次妇女代表大会，代表159人。1998年10月28—29日，召开第四次妇女代表大会，代表145人。2003年10月16—18日，召开第五次妇女代表大会，代表120人。2008年12月11—13日，召开第六次妇女代表大会，代表120人。每次大会均听取和通过县妇联工作报告，选举产生新一届县妇联执委会。

1997年，鹤溪镇包凤村党支部书记雷汤菊当选中共十五大代表。2002年，鹤溪镇扫口村党支部书记蓝水梅当选中共十六大代表。2007年，沙湾镇张庄村党支部书记蓝晓娟当选中共十七大代表。2008年6月，郑坑乡团委书记雷洁畅当选共青团全国十六大代表。同年10月，鹤溪镇政府副镇长雷魏芬当选中国妇女十大代表，景宁景昌建设有限公司职工雷小英当选中国工会十五大代表。

未成年人思想道德建设

重视家庭教育 开展平安家庭创建和特色家庭创建。开展学习型家庭、文明家庭、绿色家庭、平安家庭、双合格家庭、廉洁家庭等创建工作。至2010年，平安家庭创建率，农村86%、社区84.5%。评选一批平安家庭示范户。其中，国家级绿色家庭1户、省级绿色家庭5户、省级学习型家庭1户、省级文明家庭1户、省级平安家庭1户、浙江省第二届春蕾工作先进个人1人、市级文明家庭10户、市级绿色家庭3户、市级美德家庭2户。成立家庭教育讲师团，以“为国教子、以德育人”为主题，以家长学校为主阵地开展形式多样的家庭教育学习活动，普及家教知识，举办家庭教育讲座60起，建立家庭教育咨询站27个 。

关爱留守儿童 2007年，县妇联与教育局摸底调查，全县有留守儿童1689人。通过开展“代理家长与留守儿童结对”活动，至2010年，结对留守儿童362人，建立留守儿童之家10个。联合县电信局、县电力局共同出资在留守儿童之家安装IC卡电话，并向有关小学留守儿童赠送亲情电话卡118张，及时加强留守儿童与其父母的沟通。

第四节 科学技术协会

1993年至1998年6月，景宁畲族自治县科学技术协会（以下简称县科协）和县科学技术委员会（以下简称县科委）合署办公。1996年6月11日，召开县科协第一次代表大会，与会代表150人，特邀代表46人，选举产生第一届委员会委员27人。大会提出“动员全县科技工作者为振兴景宁经济而努力奋斗”。1998年7月，县科协与县科委分设，独立建置。内设办公室和科普咨询部。2002年6月，内设综合办公室、科普活动中心，参照公务员编制3人，事业编制人员2人。

2005年，县委出台《关于进一步加强党对科协工作领导意见》。结合景宁实际，按照社团管理章程和有关规定，对原有28个学会（协会）进行调整、整顿、撤并重组。2006年6月，县编委出台《景宁畲族自治县科协职能配置、内设机构和人员编制方案》，内设综合办公室，参照国家公务员制度管理，事业编制4人。办公地点复兴路32号2楼。2003年11月21日，召开县科协第二次代表大会，出席大会的正式代表80人，特邀代表、列席代表70人，选举主席1人，副主席1人，常委7人，委员15人。2010年末，保留县级学会（协会）19个，会员3280名。

景宁科学技术协会历届代表大会情况一览

表26-1-2

届别	会议日期	正式代表（人）	议　程	选择举情况
第一届	1991.6.11	150	一、7年来的工作报告 二、制定科协章程 三、审议通过县级学会、协会组织通则	正式选举产生第一届委员会委员27人。其中，主席1人，副主席1人，常委11人
第二届	2003.11.21–22	80	一、听取并审议通过景宁畲族自治县科学技术协会第一届委员工作报告 二、听取并审议关于修改《科协章程》的报告，通过科协新的章程 三、选举景宁畲族自治县科学技术协会第二届委员会	正式选举产生第二届委员会委员15名。其中，主席1人，副主席1人，常委7人

第五节　工商业联合会

1995年8月31日，成立景宁畲族自治县工商业联合会（以下简称县工商联）。

1995年11月7—8日，召开第一次会员代表大会，参加代表70人，选举产生第一届执行委员会执委成员25人；一届一次执委会选举会长1人，副会长3人（其中，1人兼秘书长）。

2000年10月8—9日，召开第二次会员代表大会，参加代表91人，选举产生第二届执行委员会，执委成员26人；二届一次执委会选举常务委员10人，副会长5人（其中，1人兼秘书长），会长1人。

2006年10月19—20日，召开第三次会员代表大会，参加代表63人，选举产生第三届执行委员会，执委成员31人；三届一次执委会选举常务委员15人，副会长7人，会长1人，秘书长1人。

县工商联结合非公有制经济发展的实际，立足"打基础、强管理，行职能、树形象，抓重点、出成效"的思路，实施非公经济人士素质提升、组织网络拓展两项工程，创建参政议政、商会服务两个品牌，搭建与党政部门合作、内引外联、上下联动和左右互动三大平台（浙江省工商联"223工作计划"），努力发挥"桥梁、纽带和助手"作用，为促进非公有制经济健康发展和非公有制经济人士健康成长，构建社会主义和谐社会作出积极的努力与探索。

商会建设

1999—2010年，先后成立北京、天津等6个异地景宁商会和县内2个行业性商会，发展会员900人。为景宁非公经济人士搭建合作交流平台，延伸工商联的工作抓手，丰富服务工作载体。

1999—2010 年景宁商会情况一览

表 26-1-3

编号	商会名称	会员人数	理事人数	副会长数	成立时间
1	北京景宁商会	185	121	49	1999.6.8
2	天津景宁商会	132	50	26	2007.1.20
3	县食用菌商会	145	30	22	2007.2.6
4	兰州景宁商会	72	42	22	2008.5.11
5	县温州商会	71	24	6	2008.6.9
6	温州景宁商会	121	63	25	2008.12.20
7	宁波景宁商会	83	33	15	2009.5.24
8	义乌景宁商会	79	35	13	2009.11.1

非公有制经济人士工作

1993—2010 年，县工商联共有会员 3200 人(次)，先后参加各级工商联和相关单位举办的经济论坛、管理培训班、浙商年度大会、景商提升培训班及各类经济讲座、形势报告会 40 期(次)，提升非公有制经济人士综合素质。通过每年组织会员参加回报社会扶贫助困活动，扶持乡镇改善基础设施、慰问困难群众、捐资助学，累计捐赠额逾 500 万元。2008 年，汶川大地震，县工商联商会组织的捐款超 30 万元，非公有制经济人士的系列慈善义举得到社会各界好评。

参政议政

1993—2010 年，工商联会员当选市、县人大代表 14 人，市、县政协委员 17 人。他们在经济、社会、科技各个领域开展调查研究，在人大、政协会议上提交建议、提案 70 个，发言 18 人(次)，为促进投资创业环境优化，加快产业经济转型升级建言献策，得到政府和有关部门认可。2009 年，县工商联承担《景宁人外出创业群体经济发展研究》课题，获得县政府“十二五”规划前期重大课题研究三等奖。

助力经济发展

县工商联利用《商会工作通讯》、“中国畲乡非公经济”网站、手机短信服务平台，及时向会员传递国家有关经济政策及商品的产、供、销动向，主动参与会员经济活动的关系协调，帮助会员解决生产经营中遇到的困难。协助环保、水电、矿业等部门解决有关矛盾。争取各商业银行授信贷款 20 亿元，支持微小企业发展。

在全市率先提出实施农特产品“进京工程”。设立“农民异地创业发展办公室”，拓展服务“景宁人”经济发展的职能，联合人事、司法等有关部门打响“景商服务工程”品牌。承办“三月三”经济发展论坛，实施景商创业回归工程，引导外出人才资金回流。争取省工商联出台浙联发〔2010〕35 号《关于扶持景宁畲族自治县加快发展的意见》，获得省光彩事业项目资金 195 万元，扶持民族村发展项目 9 个。

县工商联先后 3 次被评为浙江省工商联系统宣传教育工作二等奖，1 人获得省工商联先进个人。

先后被评为市工商联系统招商引资、组织建设工作先进单位。2008年，获县年度工作目标管理考核评比“创业创新奖”。2009年，获“中国畲乡三月三”活动先进集体。

第二章　其他社会团体

1993—2010年，其他社会团体发展迅速，各种协会、学会相继成立。2010年末，经核准登记的社会组织128家。其中，社会团体90家。社会组织遍布城乡，其活动范围涉及社会发展和人民生活的各个领域，在社会活动中发挥着重要作用。

第一节　文学艺术界联合会

机构

1991年2月1日，成立景宁畲族自治县文学艺术界联合会(以下简称县文联)，会员110人。正科(局)级全额拨款事业单位，参照《国家公务员暂行条例》管理。县文联成立始，一直与县委宣传部合署办公。主席由宣传部副部长兼任，文联干部兼宣传部工作。2009年1月，设专职主席，文联从宣传部分出，独立财务核算，拥有办公场所。核定编制4人。其中，主席、副主席各1人、股级职数1人、办事员1人。2010年，在职2人。

民间文艺团体

2010年，所属作家、美术、书法、摄影、戏剧、电影、民间文艺、舞蹈、音乐家协会及诗词楹联学会共10个，会员340人。其中，市级会员163人、省级会员61人、国家级会员20人。

文艺作品

1991年6月，县文联创办文艺年刊《景宁文艺界》。2009年，创办文艺刊物《畲山风》，每年分春夏、秋冬两期。至2010年，已出版4期。诗联学会创办的诗联季刊《沐鹤诗芯》(后更名为《畲乡诗联》)，出刊50期。2004年，配合相关部门建成封金山、大漈两个国家级民俗摄影创作基地。此后相继建成东坑深垟、郑坑吴布、雁溪三个市级摄影、美术创作、文学创作基地。1993—2010年，景宁以畲族文化为依托，广大文化工作者在畲族舞蹈、畲族歌曲、摄影、诗词等方面创作出许多优秀作品。

第二节　残疾人联合会

景宁畲族自治县残疾人联合会(以下简称县残联)的前身为县民政局下属机构。1991年，定为副局级事业单位，归口县民政局。1993年6月，为科(局)级单位。县残联履行“代表、服务、管理”三大职能，即代表残疾人共同利益，直接为残疾人服务，发展和管理残疾人事业。

县残联下设综合办公室、劳动就业服务所、康复科、残疾人用具用品联络站。负责残疾人就业、培训、教育、康复、扶贫、维权和残疾人就业保障金的收缴、使用和管理等工作。建立县、乡两级残疾人劳动就业服务所，为城乡残疾人提供就业服务。

1994年，全县24个乡镇建立残联，142个村居建立残疾人协会，选聘残疾人专职委员26人，分别建立盲人、聋人、肢残、智力残疾人亲友会，精神残疾人亲友会等专业协会。1996年3月，被省政府评为残疾人工作先进县。1998年8月，国务院残工委督查组就残疾人扶贫解困和基层残联组织建设到景宁调研指导。

1992年末，共有五类残疾人8014人，占全县总人口4.66%，平均每5.3户有1名残疾人。至2010年，全县有残疾人10810人，占全县总人口的6.36%，涉及五分之一的家庭，80%在农村。其中，持证残疾人4598人，分别为视力残疾734人，占总数的16.1%；肢体残疾2453人，占总数的53.3%；智力残疾271人，占总数的5.5%；听力语言残疾454人，占总数的9.9%；言语残疾50人，占总数的1.1%；精神残疾185人，占总数的4%；多重残疾417人，占总数的9.1%。

残疾人就业

县残联采取集中和分散、优惠和扶持相结合的办法，解决城镇残疾人，特别是应届历届大中专毕业的残疾人，到福利企业集中就业。按比例在机关团体、企事业单位、城乡经济组织中就业。因人而异，因地制宜，机动灵活，鼓励从事个体工商业。在农村，则根据残疾人自身特点，加强实用技术培训，提升种植业、养殖业、来料加工、编织、缝纫、修理等能力，自行解决就业。

1993年，在18家福利企业中安排残疾人就业96人，联系盲人赴杭州推拿学校学习1人。至2010年，安排大中专毕业残疾人11人，福利企业集中安排220人，按比例分配就业80人。建立残疾人示范基地8个，安排残疾人就业96人。全县来料加工基地4个，安排残疾人60人。每年选送残疾人参加省、市残联举办的木雕、美容美发、电脑、盲人初级保健按摩技能培训班培训，提高残疾人就业能力。

残疾人康复

景宁是中残联浙江省的康复扶贫试点县，成立残疾人康复中心领导小组后，为残疾人提供有效的康复服务。每年以“爱耳日”“爱眼日”“全国助残日”“世界精神卫生日”为契机，开展“视觉第一中国行动”“听觉重建启聪行动”“给你一条腿，让你站起来”“还你美好人生”及助听、助行工程等活动，普及残疾人预防知识，增强康复意识，帮助残疾人及其亲友树立康复信心，营造康复氛围。

至2010年，全县实施白内障复明术1278例。发放低视力助视器51台、助听器877台、轮椅967辆、装配假肢68条、各类辅助器512件、培训盲人定向行走训练15人、聋儿康复训练18人、聋儿家长18人、智残儿童康复训练27人、智残儿童家长16人、肢体残疾人社区康复训练145人、肢残儿童机构康复训练7人、脑瘫儿童康复训练17人，将残疾人康复工作落到实处。

残疾人扶贫

县残联采取因地制宜、就地就近、到户到人的方法，通过政府安排资金、扶持经济实体，依托扶贫基地辐射、单位包村、干部包户、助残志愿者与贫困残疾人结对和利用残疾人保障金等渠道，将贫困残疾人列入最低生活保障范围。凡重度残疾人采取集中托养、居家供养，日间照料的补助方法，为无房、危房的残疾人，通过新建、置换、修缮的安居工程予以救助。通过免费施行康复手术，实现康复脱贫，每年开展残疾人实用技术培训，实现就业扶贫，通过资金救助、低息贷款、送温暖、助学、减免养老、医疗保险金，每年20%的残疾人保障金用于残疾人扶贫。针对残疾人家庭的水、火灾害和重病、危病实际，县残联依靠政府，动员社会多方集资，给残疾人以特殊扶助。每年的“残疾日”、春节开展慰问，对无劳动能力、无抚养人或抚养人不具有抚养能力、无生活来源的残疾人，以及在县外、省外因多种原因，缺少路费回家，甚至流浪乞讨的残疾人给予及时扶助。至2010年，共有245户特困残疾人家庭得到定期生活救助；修建农村安居房240户；补助残疾人2549人参加城镇、农村医疗保险和个体户养老保险；扶持农村残疾人发展种养业、个体工商业、来料加工229户；下达扶贫贴息资金36万元，为贫困残疾人赠送电视机、录音机、电话（送话费）、轮椅等。给予特别扶助残疾人824人（次），资金70万元；残疾人节日慰问928人（次），资金41万元；扶助在县外、省外残疾人190人（次），资金2万元。

2008年，景宁硕园爱心灵芝专业合作社将181户农村残疾人家庭列为会员，由县残联从残疾人就业保障金中支付每户500元资金，使每个残疾人家庭每年获得500元的分红（这种扶贫模式全省尚属首例）。2010年，评为浙江省示范性专业合作社。

残疾人教育

1993年，全县有残疾儿童30人得到就读机会。其中，1人考上中专，2人考上大专。

梧桐乡残疾女孩兰某某通过电视学习编织，2006年2月，在杭州吴山广场，用40分钟编织99朵玫瑰花被市民、游客抢购一空。《钱江晚报》以《残疾女孩的99朵“玫瑰花”情意比真花还浓》为题予以报道，并先后在浙江省残疾人大赛上多次获奖。

至2010年，共选送残疾儿童34人到少年特殊教育学校接受教育，落实结对助学176人（次）。每年举办手语翻译、文艺体育培训，增强残疾人文化素质。在第七届全国残疾人文化艺术会演中，选送的小品《爱在身边》获戏剧小品类银奖，参加省、市残疾人运动会，共夺得金牌11枚，银牌8枚，铜牌4枚。

残疾人维权

加强残疾人法制宣传教育，提高残疾人法律意识、维权意识和维权能力，确保需要法律援助的残疾人“应助尽助”。维护残疾人的合法权益。残疾人来信来访，做到件件有落实，结访率为100%。

开展“扶残助残法律援助”专项行动，建成残疾人法律援助工作站，为残疾人提供优先、优质、优惠的法律服务和法律援助。至2010年末，城乡法律服务机构、基层调解组织共为残疾人法律援助35人（次）。

第三节　红十字会

2008年9月19日，景宁畲族自治县红十字会（下称县红十字会），由原县卫生局管理改为县政府直属，列入群团机关管理（景编〔2008〕52号文件）。县红十字会为中国红十字会的正科级单位，工作人员参照公务员管理，设办公室、赈灾救济科。

同年12月，县红十字会第二次会员代表大会召开，选举产生县红十字会第二届理事会理事23名，并选举产生新一届会长、常务副会长和专职副会长。2010年1月，县委，县政府出台《中共景宁畲族自治县委办公室 景宁畲族自治县人民政府办公室关于进一步加强红十字会工作的意见》。22个乡镇（管理区）均成立红十字会组织，254个行政村和5个社区，成立红十字会小组。

通过“红十字博爱周”“博爱送万家”“防灾减灾日”等活动，对红十字“人道、博爱、奉献”的宗旨和有关红十字法律法规进行宣传。

第四节 慈善总会

慈善组织

2006年7月21日，成立景宁畲族自治县慈善总会。有会员67人。其中，单位会员61人。第一次会员大会选举会长1人、副会长10人、秘书长1人、理事39人。办公地点设在民政局机关院内。

慈善活动

慈善工作以募集善款与救助帮扶为要务。2006—2010年，组织开展“慈善捐赠月”“慈善一日捐”“为四川汶川大地震募捐”等形式的大众性捐赠活动；创建开办红星社区“慈善爱心超市”；连续3年春节与鸿宾大酒店合作举办“慈善年夜饭”；会同杭州万向集团开展“四个一万”助学工程；每年实施助学助困助老助残等慈善救助活动。

慈善资金

2006—2010年，筹集慈善资金1112.47万元。其中，创始本金361万元，一般捐赠143.06万元，专项基金608.41万元。各类救助支出资金754.73万元，受助23500人。其中，赈灾援助四川汶川及海地等地震335.86万元、援助新农村建设133.35万元、助困63.02万元、助医31.16万元、助学82.09万元、资助非营利机构109.25万元。结对贫困学生2458人。其中，孤儿及单亲家庭子女121人。按《慈善总会章程》《慈善资金管理使用办法》，被救助对象需填写申请表，经村（居）委会签署意见，乡镇民政办盖章同意方可获得帮扶救助。定向捐赠款完全尊重捐赠人意愿使用。慈善资金收支情况，每年审计1次，并定期通过网站、报刊公布慈善资金使用情况，坚持公正、公开、透明原则，接受社会和审计部门监督。

第五节 其他社团

社团类别

1993年，全县有各类社团41个。2001年，社会团体31家。其中，联合性4家，行业性7家，专业性20家；民办非企业单位109家。其中，教育行业42家、科技行业25家、卫生行业30家、体育行业3家、劳动行业1家、中介服务8家。2007年，制定《关于景宁畲族自治县行业协会与行政机关脱钩的实施意见》，有 4 个行业协会实行脱钩。社团 47 个家，民办非企业单位 38 家。其中，教育类 18 家、科技类 8 家、民政类 5 家、文化类 2 家、体育类 3 家、劳动类 1 家、法律服务类 1 家。2010 年，经核准的社会组织 128 家。其中，社会团体 90 家。

学(协)会组织

1993 年，县级学(协)会 28 个。2010 年末，县级学(协)会 19 个，会员 2031 人。1993—2010 年，县农学会撰写论文在省级以上刊物发表 213 篇。

2010 年景宁学(协)会情况一览

表 26-2-1

学(协)会名称	主管单位	成立时间	会员人数
林学会	林业局	1984.9	120
食用菌学会	农业局	1985.3	138
农学会	农业局	1985.5	90
畜牧兽医学会	农业局	1985.5	65
生物学会	教育局	1985.9	27
特产学会	农业局	1986.4	22
珠算学会	财政局	1986.8	34
会计学会	财政局	1986.8	510
医学会	县医院	1988.1	378
护理学会	县医院	1988.1	157
农村卫生协会	卫生局	1988.2	144
药学会	药监局	1988.12	115
水利学会	水利局	1989.6	35
水产学会	水利局	1989.6	13
教育学会	教育局	1991.9	71
标准计量质量学会	质监局	1993.3	29
自然科学教育学会	教育局	2003.2	35
兰花协会	农业局	2006.9	36
惠明茶协会	农业局	2006.10	81

第二十七篇　精神文明建设

进入20世纪90年代，随着改革开放不断深化和扎实推进，在中共十二届六中全会通过的《中共中央关于社会主义精神文明建设指导方针的决议》和中共十四届六中全会通过的《中共中央关于加强社会主义精神文明建设若干重要问题的决议》的指导下，景宁依照中央两个文明一起抓的战略方针，在努力推进经济建设，脱贫致富奔小康的同时，把精神文明建设放在物质文明建设同等重要的位置。

1994年，根据中共中央《爱国主义教育实施纲要》《浙江省爱国主义教育基地建设管理和使用试行办法》的规定要求，确定寨山革命烈士陵园、大漈时思寺、县档案馆、畲族博物馆等6处为爱国主义教育基地。组织开展革命传统、艰苦创业精神和乡土民情教育。通过文明素质工程、学校特色教育以及“中国畲乡三月三”“中国最佳民族风情旅游名县”“惠明茶”等特色地域品牌创建，广泛开展爱国主义教育。围绕《公民道德建设实施纲要》，开展社会公德、诚信文明教育，制定并实施“居民文明守则”“畲乡居民‘十要、十不要’”“门前三包”等公约，一步一个脚印，扎实稳步推进。全民动员，全民行动，推进文明社区、文明单位、省级文明卫生城市等创建活动，居民素质不断提高，社会环境、生活环境得到明显改善。

以宣传贯彻中共十七大精神为契机，全民参与，广泛开展解放思想大讨论，组织农村文明创建。通过开展“五好家庭”“文明家庭”“文明村”及“百村千户文化示范工程”“文明单位”“文明街道”等各类群众性创建活动，取得一大批精神文明建设成果，文明新风不断涌现，公民思想道德素质逐步提高。

第一章　爱国主义教育

1993—2010年，通过爱国主义教育，要求人们正确认识祖国的历史和国情，增强热爱祖国的情感和振兴祖国的责任感，树立民族自尊心与自信心，弘扬伟大的民族精神，倡导社会主义基本道德规范，扶正祛邪，扬善惩恶，促进良好社会风气的形成和发展。高举爱国主义旗帜，锐意进取，自强不息，艰苦奋斗，发扬顽强拼搏精神，把爱国之志变为报国之行。

第一节　基地建设

1994年，根据中共中央《爱国主义教育实施纲要》《浙江省爱国主义教育基地建设管理和使用试行办法》的规定，县委、县政府先后命名寨山革命烈士陵园、畲族博物馆、大漈时思寺、上标水力发电厂、李振彪烈士墓、县档案馆等6处为县爱国主义教育基地。

寨山革命烈士陵园

寨山革命烈士陵园位于县城西，1951年建纪念碑，1988年扩建为烈士陵园。陵园占地面积2000多平方米，由县民政局建设并管理。

畲族博物馆

畲族博物馆前身为畲族文物陈列室。位于鹤溪镇文化路27号县文管会内。馆藏文物1800件，以畲族文物为主，分生产工具、生活习俗用具、头饰服饰、宗教礼仪器具等类。1995年，县委、县政府命名为爱国主义教育基地。2008年10月，陈列室移至文化中心畲族博物馆。

大漈时思寺

大漈时思寺位于大漈乡大漈村村南，建筑风貌独特。1984年修复,由县文物管理委员会和大漈乡共同管理。2001年6月25日，被批准为全国重点文物保护单位。

上标水力发电厂

上标水力发电厂位于雁溪乡雁溪村。1996年，县委、县政府命名为爱国主义教育基地。1998年，增建爱国主义教育展示厅。

李振彪烈士墓

李振彪烈士墓位于九龙乡后斜门岗。最初建于1956年，座落王湾行政村高演自然村，占地面积

100平方米。2001年4月，对烈士墓进行整修。2004年，因滩坑库区影响和九龙中心村建设，烈士墓整体迁至后斜门岗。属县级文物保护单位。

县档案馆

县档案馆建于1987年7月，建筑面积1680平方米，馆内设150平方米爱国主义教育基地展厅。馆藏档案资源5万卷（册）。其中，民国档案5665卷。馆藏档案记载着景宁人民革命历史和中华人民共和国成立以来各个时期的档案资料，反映近百年来景宁的政治、经济、军事、社会各方面的历史面貌。

第二节 教育活动

爱国主义教育以革命英雄主义、革命传统、艰苦创业精神及美丽家乡等为主要内容。

革命传统教育

以寨山革命烈士陵园和李振彪烈士墓为革命传统教育载体，每年清明节，组织县机关干部职工和少先队员祭扫烈士墓、缅怀烈士事迹，组织新入队的少先队员在烈士墓前举行入队宣誓仪式。“七一”期间组织党员干部到基地开展党史教育，组织新党员在烈士陵园举行入党宣誓仪式，“八一”“十一”等重大节日举办各种纪念活动。

艰苦创业精神教育

组织干部职工到上标电厂参观，学习企业员工艰苦奋斗、开拓进取的创业精神；勇于向困难挑战、向管理要效益的创新精神；爱岗敬业、忘我工作的奉献精神和安全文明生产双达标、遵守纪律的爱国情操。

乡土民情教育

大漈时思寺及县档案馆是进行乡土民情和热爱家乡教育的生动载体。大漈时思寺为江南宋代古建筑典范，历史悠久，保存完好。景宁档案馆馆藏的知名人士档案和重要历史文献，地方特色明显。县内单位、团体、学校经常组织人员参观、学习，进行乡土民情和爱国主义教育，传承历史文明，弘扬景宁人文精神。

第三节 教育途径

爱国主义教育主要通过实施文明素质工程、特色创建活动和学校特色教育等途径来实现。

文明素质工程

主要内容为建立畲族文化培训中心、创建国家级文明卫生县城、完善公共文化服务体系，加强畲族文化的研究、传承、弘扬和创新，强化畲乡文明素质建设，将创建文化强县、文明县城、深化爱国主义教育、培养文化人才与经济发展有机结合。

特色创建活动

以“中国畲乡三月三”“中国最佳民族风情旅游名县”“浙江畲族山歌之乡”“惠明茶”等特色地域品牌创建及特色农产品宣传为途径，广泛开展爱国主义教育，激发公民爱国主义热情和建设美好家乡积极性。

学校特色教育

在中小学校推行“畲汉”双语教学，开设民间文学、民间手工、民俗表演等为主要内容的畲族文化课程，普及畲族文化知识。开展“五爱”和“四有”新人教育。依托“美德少年”评选、“公德行动大家做”、创建“留守儿童”之家、“创新集体游戏大家玩”、未成年人读书节、七彩的夏日等系列活动。普及具有畲族标志特征的一首歌、一段舞蹈、一套服饰、一句问候语、一个礼仪动作“五个一”软氛围工程，进行爱国主义教育。

第二章　思想品德建设

1993—2010年，宣传部门与工、青、妇等人民团体齐抓共管，各地各部门通力协作，开创公民思想道德建设新局面。使“爱国守法、明礼诚信、团结友善、勤俭自强、敬业奉献”成为公民的基本道德规范。

第一节　主题思想教育

20世纪90年代始，景宁经济快速发展。围绕奋发图强、勇于创新、和谐发展的创业氛围，结合景宁实际，倡导树立全民勤劳、诚信、感恩的核心文化价值观，挖掘并提炼具有时代特征、民族特色的畲乡精神，成为时代要求。

2003年，经总结提炼，畲乡精神的内容概括为：“淳朴厚道、坚韧不拔、兼收并蓄、敢闯天下、实事求是、讲求实效、尊重规则、信守诺言、崇尚学习、善于创造、人心向善、从善如流、爱国守法、明礼诚信、团结友善、勤俭自强、敬业奉献。”随后，以宣传畲乡精神与公民道德、社会责任、科学精神、廉政文化建设等为内容广泛开展主题思想教育，提高公民的思想道德素质，树立良好道德风尚，构建起与畲乡经济发展相适应的文明素质体系，促进畲乡精神文明建设和经济社会的发展。

第二节　社会公德教育

1996—1998年，围绕《公民道德建设实施纲要》，开展领导干部从政道德、企业经营诚信、青少年行为规范、做文明市民、做新型农民等方面的社会公德教育活动。

公德教育内容

倡导以爱岗敬业、诚实守信、办事公道、服务群众、奉献社会为主要内容的职业道德，在工作中做一个好建设者。

倡导以文明礼貌、助人为乐、爱护公物、保护环境、遵纪守法为主要内容的社会公德，在社会上做一个好公民。

倡导以尊老爱幼、男女平等、夫妻和睦、勤俭持家、邻里团结为主要内容的家庭美德，在家庭里做一个好成员。

倡导以正直善良、刻苦勤奋、自强自立、克己奉公、见义勇为为主要内容的个人品德，做有修养的有为公民。

居民文明守则

鹤溪镇居民守则：爱国爱乡，勤劳创业，遵循公德，规范言行，团结进步，美化环境。

鹤溪镇居民六不公约：不随地吐痰，不说粗脏话，不损坏公物，不乱扔垃圾，不乱搭乱建，不乱涂乱画。

畲乡居民"十要、十不要"

要遵纪守法	要勤奋学习	要诚实守信	要勤劳俭朴	要爱护公物
要团结互助	要礼貌待人	要尊师重教	要尊老爱幼	要讲究卫生
不随地吐痰	不乱扔乱倒	不乱贴乱画	不损坏公物	不赌博迷信
不聚众闹事	不妨碍交通	不酗酒斗殴	不谩骂争吵	不虐待妇老

门前三包

包卫生：无垃圾污物，无果皮纸屑。

包绿化：包植树种花，包培育管理。

包秩序：无摆摊设点，无乱堆乱放。

第三章　城市文明建设

20世纪90年代始，开展城市文明创建活动。成立创建省级文明县城工作领导小组，相继出台《景宁畲族自治县县级文明单位管理办法》《关于深入开展创建文明行业活动的实施意见》《关于评选县级文明行业的通知》《关于开展创建省级文明县城的实施意见》等文件，开展丰富多彩的宣传和创建活动。经过10年群众性创建活动，城市环境状况和市民的精神面貌发生根本变化，城市文明程度显著提高。2009年1月，景宁被省爱卫会授予"浙江省卫生县城"称号（浙爱卫〔2009〕2号）。2010年1月，景宁被省委、省政府授予"浙江省文明县城"称号（浙委〔2010〕2号）。

第一节　文明社区创建

文明社区创建

2000—2010年，开展居民小区文明示范点建设，推进文明社区创建工作。借鉴物业管理经验，向小区居民收取一定服务费，用于宣传教育、环境卫生、社区服务以及平安建设。开展平安、法制、卫生、科技、文化“五进社区”活动。多渠道筹措资金加强道路等硬件设施建设，改善小区居民的生活环境。开展书画、拔河比赛、文艺晚会等活动，丰富居民的精神文化生活。2001—2002年，开展“我为大家巡一夜，大家为我守一年”的零点巡逻工作，发动干部、职工、群众群防群治，有92个单位部门参与巡逻，累计出动巡逻队员1403人次，发放安全提示卡427张。园丁新村、商业宿舍、上电宿舍、县府宿舍被评为全县首批文明示范区。

社区服务

2000—2010年，加强社区服务中心和服务站的建设，开展便民、利民服务，面向困难户的特殊服务。社区服务站组建志愿者服务队30支，服务内容延伸渗透到医疗保健、扶贫帮困、文化娱乐、治安巡逻、环境保护等方面。5个社区分别建立市民学校、卫生、联席会议及考核等四项教育、管理制度。5个社区市民学校共开课10次，接受教育3000人(次)。

第二节　文明单位创建

文明单位创建始于20世纪90年代，1993—2000年，先后创建农业银行、运管稽征所、浮亭岗村等文明单位。

2001年，县委出台《景宁畲族自治县县级文明单位管理办法》。2002年，县委出台《关于深入开展创建文明行业活动的实施意见》和《关于评选县级文明行业的通知》等文件。县国税局等18个行业申报县级文明单位。经考核评审，国税局等4个单位为首批县级文明单位。

2005—2010年，全县14个单位获省级文明单位称号，3个行政村获省级文明村称号，1条街道获省级文明街道称号。

第三节　省级卫生城市创建

爱国卫生运动

1997年始，开展省级卫生城市创建工作。以整治卫生死角、乱贴乱画、乱搭乱建等现象为主，清除卫生死角100处，疏通阴沟50条，铲除蚊蝇匿孳生地20处。

示范创建

1997—2010年，不断开展文明示范创建活动。

创建人民中路文明示范街。解决环境卫生、交通秩序、商店经营、绿化亮化等方面存在的突出问题，经过多年整治创建，人民中路逐渐成为街道优美、整洁靓丽、车辆畅通、商店诚信的文明示范窗口。

创建文明示范小区。由每个社区分别选择1~2个居民小区开展示范创建工作。其中，园丁新村、商业宿舍、上电宿舍、县府宿舍等小区的创建工作取得显著成效。并在居民小区中，先后举办12场（次）广场文艺演出活动，丰富居民广场文化活动。

整顿清理

整顿和规范户外广告。1997—2010年，对户外广告设置位置、内容、形式等作明确规定，发放《关于户外广告管理规定的通告》1000份，《户外广告整改通知书》200份，通过集中整治，严格规范审批程序，使户外广告管理规范化，市容美化整洁。

整治鹤溪河道。1998—2005年，共投资474万元，新建城市防洪干堤1000米，加固干堤200米，河道疏浚800米，对县城段1500米范围内的非法种植、乱搭乱建等进行依法清除，共清除垃圾12万立方米。

整治马路市场。1998—2010年，重点对3个菜市场、寨山桥头周边以及过境路等主要路段的流动摊贩、占道经营、交通混乱等进行整治。并集中整治违规燃放烟花鞭炮、放养家禽家畜等“双违”现象，兴建垃圾中转站、垃圾填埋场。

第四章 农村文明建设

1993—2010年，认真贯彻中共十二届六中全会通过的《中共中央关于社会主义精神文明建设指导方针的决议》和中共十四届六中全会通过的《中共中央关于加强社会主义精神文明建设若干重要问题的决议》，全面开展农村文明家庭、五好家庭、文明村等创建活动。

第一节 思想舆论宣传

中共十七大精神主题宣传

1998—2006年，以贯彻十七大精神为重点，开展“三情”主题教育、“创业创新”“帮扶帮困”“演讲征文”等系列活动，采取百名干部下基层、百场文艺演出下基层、百个专题采访下基层等形式，使十七大精神家喻户晓。活动期间，领导干部下基层宣讲320场（次），慰问困难群众570人，举办骨干培训班 90 期，文艺演出 280 场，解决急难事 1200 件。立足欠发达民族地区县情实际开展“三情”主题教育，以展示感化与说教转化、组织推动和社会联动、虚功实做与服务发展的创新做法受到省市宣传部的肯定，《浙江宣传》《丽水宣传信息》作专题报道。

解放思想大讨论活动

2001 年，围绕景宁发展方向、定位、目标等，组织开展“解放思想大讨论”，最后形成“创畲乡生态优势，建风情旅游名城”的战略决策。

2008 年，组织开展“解放思想大家谈”百场讨论会、发布“保护生态家园景宁宣言”、推动“服务创业、再增感情”为群众办实事、“亲近自然、保护生态”等十大活动，以“全力创业创新、同心奋进跨越、共建生态文明”为主题，突出喜闻乐见、改善民生、为民惠民方面的宣传。活动期间，编发专刊 20 期，开设讲座 132 场，讨论会 160 场，撰写心得体会 800 篇，为民办实事 320 件，引进项目 6 个，带动投资 4.5 亿元。

2008 年，省委、省政府专题为景宁发展出台《关于扶持景宁畲族自治县加快发展的若干意见》（浙委〔2008〕53 号）文件，制定 21 项优惠政策。县委迅速在全县农村开展“忠诚于党、感恩于政策、造福于民、服务于发展”主题教育活动。

第二节　文明村创建

创建活动

1993—2000 年，开展五好家庭、文明家庭、文明村等多形式文明创建活动。

2001—2010 年，县委出台《关于深化“双建设、双整治”工作，开展“百村千户文化示范工程”结对共建活动的实施意见》。全县城乡联动，广泛开展“百村千户文化示范工程”结对共建活动。各级文明单位与 100 个行政村和 1000 户家庭结对共建。2002 年，县文明委出台〔2002〕6 号《关于在全县开展创建“十星级文明家庭”活动的通知》，全县城乡普遍开展创建文明家庭活动。创建活动面达到 70%，部份乡镇达到 100%，创评活动逐年进行。

2005 年，首批 62 家文明单位与 85 个综合条件较好的行政村（户）进行结对，结对村（户）15 个。各文明单位发挥自身优势，同结对村（户）制定“三个文明”建设规划和文化示范村（户）建设规划，送科技、文化、法律、卫生下乡，进行政策法规、实用科技、健康生活、文明素养教育，向农民传授现代文明生活方式。对结对村的改水、改厕、改路和绿化环境所需经费给予援助。并发动员工捐赠图书资料，帮助结对村建成一个 500 册以上图书阅览室。

2005—2010 年，建成市级文化示范户 70 户。

2009—2010 年，建成文明户 115 个。其中，获市级文明户 10 个，县级 105 个。

生态文明村

2008—2010 年，全面推进生态文明村创建工作。着力发展生态经济，美化生态环境，抓好生态文化。拆除违章建筑 6756 平方米，新增村内道路硬化 69.4 千米，新增卫生厕所 5113 户，新建多功能文化活动室 40 个。深垟、周湖、大均、东车村为首批生态文明示范村。

2005—2010年省级文明单位、文明镇、文明村

省级文明单位(14个)

中国人民银行景宁畲族自治县支行

县中心幼儿园

浙江景宁上标水力发电有限责任公司

县国家税务局

县电力工业局

中国建设银行股份有限公司景宁支行

中国电信股份有限公司景宁分公司

县公路管理局

中国移动通信集团浙江有限公司景宁分公司

中国农业银行股份有限公司景宁县支行

县人民医院

县公安局消防大队

县人民法院

县道路运输管理局

省级文明镇(1个)

鹤溪镇

省级文明村(3个)

雁溪乡浮亭岗村

东坑镇桃源村

标溪乡东车村

第三节 活动场所建设

主要设施

1995—2008年,全县各乡镇先后开展创建健康活动场所,投入健身设施资金110万元,配置体育设施2510件。建设羽毛球场、篮球场、排球场,露天广场等健康活动场所,安装乒乓球桌、健身器材等体育活动设备,组织农村广大群众,参与全民健身活动。

活动内容

农村健身活动以老年人为主体,在县体协的指导和推动下,活动广泛而活跃。梧桐乡老人协会"迎奥运"活动,举办健身操、太极拳、门球、气排球、医疗保健操体育项目比赛10场(次),自编20个文艺节目赴全乡各村演出。宣传和普及奥运知识,使群众了解奥运、关注奥运、支持奥运。

第二十八篇　政　法

县政法机关是依法治县的主力军，遵守法律，依法办事，积极组织、协调、指导社会稳定工作。县公安机关在惩治刑事犯罪、实施治安、户政、消防和道路交通管理、开展社会治安综合治理等工作中发挥职能作用。县人民检察院、县人民法院通过依法行使职权，维护社会主义法制，保护国家、集体和公民财产，保障改革开放顺利进行。1993—2010年，县人民检察院批准逮捕各类犯罪嫌疑人1535人，提起公诉1884人，为国家和集体挽回经济损失2300万元。县人民法院共审结各类案件11763件，执结案件5784件。司法行政机关在普及法律常识，指导和管理人民调解，提供法律服务，参与社会治安综合治理和推进民主法制建设中发挥重要作用。

第一章 公 安

县公安机关在惩治刑事犯罪，实施治安、户政、网络、出入境、消防和道路交通安全管理，开展社会治安综合治理、平安创建工作等方面发挥职能作用。1993—2010年，共侦破各类刑事案件5619起，查处治安案件1658件，处理交通事故8208起。

第一节 刑事侦察

集中打击刑事犯罪

1993年3—5月，县公安局开展打击流氓团伙、车匪路霸、破坏农业生产为主要内容的“春季攻势”专项斗争。1994年3—5月，全县集中开展反盗窃、打击流氓恶势力、打击破坏春耕生产为内容的“一反两打”春季行动。

1996年4—9月，深入开展“严打”工作，破获各类刑事案件166起（其中，大案34起）。查处各类治安案件420起。抓获各类违法犯罪嫌疑人754人（其中，逃犯24人）。摧毁各类犯罪团伙17个，73人；流氓、赌博团伙45个，207人。

1998年4—9月，县公安局在全县范围内开展以“反盗抢、除三害”为重点的夏季严打整治行动。10—12月，开展以“反窃车、破大案、追逃犯、打流窜、严整治、强防范”为主要内容的冬季严打整治行动。

2000年1—7月，组织开展“打击拐卖妇女儿童违法犯罪”专项斗争，破获拐卖妇女儿童案件42起。其中，省厅挂牌督办案件1起，市局挂牌督办案件1起。摧毁拐卖妇女儿童犯罪团伙5个，16人。抓获“人贩子”46人，解救被拐妇女46人，被拐儿童15人。

2001年，在全县开展“打黑除恶”严打整治行动，摧毁“徐山帮”“红星帮”等3个尚未完全形成气候的流氓恶势力团伙，抓获团伙成员48名。其中，16名骨干分子被劳动教养。2005年后，以鹤溪镇为重点，继续开展“清查”、打击“两抢”、治安大整治等专项行动，巩固社会治安秩序。

2006年，开展自行车被盗案件的专项行动。立盗窃自行车、电动车案件26起，涉案车辆27辆，查破（处）案件24起，抓获处理8人，收缴返还车辆60辆；立摩托车案46起，破获盗窃摩托车案8起，抓获窃车嫌疑人5人，收缴返还摩托车21辆。

2007年1—10月，开展打击“三电”违法犯罪专项行动。立盗窃电力设施案件11起，破10起，抓获犯罪嫌疑人5人。立治安案件1起，查处1起，查处违法人员1人。

2010年，开展上网追逃“清网行动”，抓获各类上网逃犯34人。其中，本省外市4人，外省5人，本市25人。

1993—2010 年景宁刑事立案、破案情况一览

表 28-1-1 单位:起

年份	案件数			重特大案件		
	立案	破案	破案率(%)	立案	破案	破案率(%)
1993	204	148	72.5	67	45	67.2
1994	298	274	91.9	69	64	92.7
1995	236	198	83.9	60	40	66.7
1996	244	215	88.1	98	82	83.4
1997	310	260	83.9	72	58	80.6
1998	374	258	68.9	101	67	66.3
1999	516	269	52.1	160	74	46.3
2000	613	366	59.7	—	—	—
2001	579	394	68.0	—	—	—
2002	560	405	72.5	—	—	—
2003	590	414	70.2	—	—	—
2004	591	379	64.1	—	—	—
2005	805	247	30.7	—	—	—
2006	626	332	53.0	—	—	—
2007	572	325	56.8	—	—	—
2008	566	371	65.5	—	—	—
2009	569	371	65.2	—	—	—
2010	572	393	68.7	—	—	—

侦破恶性刑事案件

1993—2010 年,全县发生爆炸案件 7 起,破案 7 起,破案率 100%。发生纵火案件 10 起,破案 8 起,破案率 80%。发生杀人案件 36 起,破案 33 起,破案率 91.7%。其中,2001—2010 年,连续 10 年实现命案必破。

1998 年 6 月 3 日凌晨,鹤溪镇环城东路一住宅楼发生爆炸案,该楼徐某某房屋被炸,其妻当场被炸身亡,其女徐某受伤,案发第三天侦破,抓获犯罪嫌疑人。

2002 年 8 月 31 日,景南乡东塘村发生一起抢劫案。泰顺县出租车驾驶员夏某某被打伤,4 名不明身份的男青年持手枪威胁村民向深山逃窜。案发后,县公安局立即组织警力,通过连续 9 天 8 夜的大围捕,将 3 名穷凶极恶的犯罪嫌疑人李某茂、董某炬、徐某华抓获。9 月 19 日,走投无路的另一名犯罪嫌疑人陈某洲在福建省南平市公安局延平分局投案自首,缴获美式 9 毫米口径手枪 1 支、子弹 5 发及炸药等物,摧毁一个专门从事盗窃和抢劫的犯罪团伙,深挖该团伙持刀、持枪抢劫、撬盗保险箱等案件 30 起,被省公安厅荣记集体二等功 1 次。该案与 2001 年“12.11”陈某军抢劫杀人案被评为“丽水市 2001—2002 年十大精品案件”。

2005 年 6 月 1 日上午,英川镇黄谢圩村五六十名村民冲入黄谢圩电站工程工地,发生违法行为,打伤电站工人,毁坏工地设备,造成电站损失价值 100 多万元。随后,警方经过侦查,组织警力抓获违

法犯罪嫌疑人9人,依法逮捕3人。

侦破经济案件

1996年,立经济案件10起,破案10起,破案率100%。

1997年,受理各类经济案件举报23起,立案侦查15起,侦破13起,破案率86.6%。其中,重特大案件8起。12月,侦破民族商行被诈骗价值78万元香菇涉外案件,抓获犯罪嫌疑人3名。其中,香港永久性居民2人。

1998年,受理各类经济案件举报21起。其中,立案侦查9起,破8起,破案率88.9%,抓获犯罪嫌疑人9人,挽回群众损失27.64万元。

2001年,立经济犯罪案件20起,破案17起,破案率85%,涉案金额446万元,追缴赃物、赃款计人民币315.58万元。

2004年3—10月,与国税局、地税局联合开展打击虚开货物运输发票和制售假发票等涉税违法犯罪专项整治行动,共受理涉税案件2起,价税合计3305095元,税款555946元,追缴欠税125573.35元。

2007年,立经济案件10起,破案8起,破案率为80%。抓获经济犯罪嫌疑人19人。其中,刑拘7人,逮捕3人。

2009年,受理各类经济案件10起,立4起,破3起,破案率75%,抓获经济类犯罪嫌疑人9人。成功侦办涉案金额1.4亿元的梅某某非法吸取公众存款案,未还集资款2306万元,追回赃款925万元,返还率40.1%。

2010年,开展打击经济类犯罪专项行动,收缴假发票2133份,联合发放银行卡催缴单40份,催缴欠款20万元。受理经济类案件9起,立案2起,破2起,破获年前案件3起,破案率100%,挽回直接经济损失91万元。

第二节 治安管理

公共场所、特种行业管理

1994年,对全县187家旅馆业、8家旧货业、13家舞厅和卡拉OK厅加强治安管理。

1996年3—5月,在全县范围内开展基层基础工作大排查。

2001年10—12月,对全县公共娱乐场所进行专项整治,整改歌舞厅7家、美容美发厅6家、录像放映室1家。取缔美容美发厅10家,吊销歌舞厅治安许可证1家。经过整顿,保留歌舞厅10家,美容美发厅44家,酒店内附设桑拿浴1家,茶楼4家。

2006年3月21日,联合文化、广电、工商、消防等部门召开娱乐场所经营业主会议,出台六条措施:取得营业执照的娱乐场所及时向公安机关备案;督促娱乐场所强化内部安全防范制度;各娱乐场所限期在4月10日前完成闭路电视监控设备(共装监控探头48只);配备迪斯科舞厅安全检查设备;逐步向娱乐场所配驻保安人员;整改硬件设施设置不符合要求的包厢、包间,消除各类安全隐患。

同年,对全县公共场所、特种行业进行大整治。其中,娱乐场所12家,旅馆126家,机动车修理店

22家，寄售店2家，二手手机店5家。

同年8—11月，对全县16家废旧金属收购点进行大检查，并开展清理整顿，被限期停业整改5家，停产、转产5家，追究刑事责任1家，吊销营业执照1家。

危险物品管理

1994年，收缴管制刀具117把，炸药18千克，雷管161枚，土铳8支。9月20—25日，举行爆破员培训班，受训人员80人。

1996年，缴获枪支408支，子弹22发，炸药20箱，雷管12枚。

1998年，实行每月1次安全检查制度，发现隐患11处，发出整改通知书11份，收缴炸药576千克，雷管385枚，导火索70米，处罚违反民爆管理人员5人。

2001年，开展"治爆缉枪"专项行动，收缴各类非法枪支1813支，炸药771.1千克，雷管3230枚，导火索3157.8米，烟花爆竹3000包。

2004年6月30日、7月5日，县公安局委托浙江利民化工有限公司和浙江永新化工有限公司集中销毁一批变质、过期失效的民用爆破器材，销毁铵锑炸药543.65千克，粉状乳化炸药135.65千克，导火索13332.65米。

2006年，破获涉危刑事案件2起，收缴土铳6支，火雷管8发，管制刀具13把。委托永新化工有限公司销毁变质过期炸药200千克，委托南京理工大学科技化工厂销毁导爆管雷管8201枚。

2007年，查处违反民爆物品管理案4起，违反枪支管理案2起，打击处理涉爆违法犯罪人员9人，行政拘留9人；收缴导火索30米、各类擦炮100盒，各种枪支4支，管制刀具30把。

2008年，共收缴管制刀具15把，土铳22支，汽枪4支，猎弹33发。销毁炸药5876.1千克，雷管27377枚，导火索29654.6米。

2009年，组建爆破服务公司，取消工程为一个购买单位的旧模式，由爆破公司提供"购买、运输、储存、保管、使用、清退"一条龙服务，最大限度地减少爆破器材的流失和监管失控，真正形成涉爆活动全封闭式管理。

2010年，紧紧围绕"消除枪爆隐患、平安迎接世博"这一主题，开展治爆缉枪专项行动，办理爆炸物品购买许可证1000份、运输证600份，办理爆破工程审批8起，录入采集爆炸物品购买、运输、领用发放等涉爆信息2000条。检查涉危单位70家(次)，发现隐患10起，消除10起，责令限期整改3家，调整不适合岗位"三大员"4人。

查禁"黄赌毒"

1993年5—10月，开展打击团伙犯罪、打击拐卖妇女儿童犯罪、打击车匪路霸、严禁卖淫嫖娼的"三打一禁"专项斗争。全县共破获各类案件510起。其中，重大案件36起，卖淫嫖娼2起。查获犯罪团伙54个。其中，抢劫团伙1个，流氓团伙3个，卖淫嫖娼团伙2个。解救被拐妇女、儿童7人。1994年，查处赌博案件74起，492人。

1996年10月，开展扫"六害"(毒品犯罪、卖淫嫖娼、制黄贩黄、赌博、拐卖人口、利用封建迷信骗财害命)专项整治行动，查处"六害"案件91起。其中，卖淫嫖娼20起，传播淫秽物品10起，拐卖妇女1起，收缴淫秽非法录像带3273盒，淫秽碟片18盒，取缔卖淫、贩黄、赌博窝点43个。

1997年4—9月，开展禁赌、禁毒、禁黄的"三禁"统一行动，成立公、检、法、司、工商、教育、卫生、医疗等19个部门为成员的“三禁”领导小组。县委、县政府颁发禁毒、禁赌通告，召开动员大会，举行千人游行宣传活动。破获黄赌毒案件95起。其中，涉毒案件9起，铲除罂粟5289株，没收罂粟籽150克。赌博案件60起，涉赌人员433人；取缔赌博窝点9个；收缴赌资2.56万元，罚没款90万元。卖淫嫖娼案件26起，处罚91人。

2004年3月25日至5月25日，在全县开展禁种铲毒专项行动，张贴宣传画1000张，发布禁毒公告1300张，查处非法种植人员15人，立案处理6人，铲除罂粟1212株。

2006年，落实省公安厅禁赌电视电话会议精神。6月，破获一起在职人员为主的聚众赌博案件，犯罪嫌疑人叶某被依法移送起诉，对其他参与赌博的11人（其中，工作人员7人）进行行政处罚，并追缴非法所得24万元。集中开展打击街面赌博专项行动，查处泰顺籍43人、项某某等32人、叶某某等17人3个特大赌博团伙案。全年查处赌博案件46起，184人。

2008年，组织警力600人（次），对全县所有麻将室、茶楼等公共娱乐场所进行清查，清查茶楼、麻将室358家，查处赌博案件31起，涉黄案件10起，罚没款70万元，行政拘留13人，行政罚款184人，移送起诉4人。取缔麻将室18家，收缴游戏机150台，麻将桌16张，麻将150副，当场批评教育1856人。同年，铲除罂粟2000株。

2009年，全县查获涉黄案件5起，涉赌案件20起，涉毒案件9起，收缴赌博机100台，抓获违法犯罪嫌疑人148人。其中，行政拘留42人，罚款96人，刑事拘留10人。同年6月6日，查获地下“六合彩”赌博案1起，现场抓获违法犯罪嫌疑人8人，赌资34万元。

2010年4月15日，侦破贩毒团伙案1起，抓获贩毒人员3人，上网追逃1人。缴获冰毒41克、神仙水1瓶、印度大麻6根。同年，破获引诱、教唆、强迫他人吸毒案件1起。查处吸毒案件17起，治安拘留22人，责令接受社区戒毒4人，强制隔离戒毒2人。并聘请国家级非物质文化遗产代表性传承人、浙江省民间艺术家蓝陈启为畲族禁毒形象大使。开通景宁禁毒网，建成景宁禁毒教育基地。同年，立赌博案件33起，缴获赌资310万元，查处违法人员180人。其中，行政拘留68人，行政罚款95人，刑事拘留11人，取保候审6人。同年，组织开展“冬季扫毒”“挤压犯罪空间”专项行动。

巡逻防控

1995年12月，经省公安厅批准，组建巡特警大队。1996年8月始，对县城范围内开展全年昼夜治安巡逻。

2006年，在鹤溪镇派出所设立巡防中队，负责县城巡查和防范工作。同年，新增协警15名，组建一支30人的协警队伍，全面开展网格化巡逻，设卡盘查，重点强化城区夜间巡逻密度，提高抓现行能力。同时，筹措资金85万元，设立2个固定出城卡点，在重要地段、案件高发区域安装监控探头22个，12月16日开通使用，建成城市动态视频监控系统。

2007年2月，重新设立由35人组成的巡特警大队为专业巡防队伍，增加机关值班民警夜巡和武警中队双休日步巡的警力，以步巡和车巡相结合，实施全天候不定时网格化巡逻，构建点控制、线巡逻、面防范的动态防控网络。2007年，通过巡逻抓获违法嫌疑人68人，破刑事案件53起，调处各类矛盾纠纷165起。

2008年，在三轮车夫、环卫工人、出租车司机、各单位门卫保安中物色治安积极分子，组建出租车司机37人，三轮车夫100人，环卫工人50人的防控队伍。全县共组建、完善治保、调解组织及护村队237个，804人，确立治安信息员95人。2008年，通过巡逻抓获违法嫌疑人45人，破刑事案件43起，调处各类矛盾纠纷 130 起。

2010 年，投入 1000 万元，建成社会治安动态视频监控系统“天网工程”。在县城主要交通要道设立点位 68 个、架设摄像机 130 台，初步形成城区车行道全覆盖的视频天网。

第三节　户政管理

居民身份证管理

1996 年，实行农村户口城市化管理，建立常住人口登记表和发放居民户口簿，编制门(楼)牌，建立健全各项户籍登记管理制度。

1997 年 6 月，在全县进行户籍制度改革。

1998 年，派出所全面接管辖区内各乡镇户籍管理工作，并将原始户籍档案进行移交接管，至 1999 年 4 月，全面完成人口核对、编制门牌、信息录入工作。

1999 年 11 月，实现地区(丽水市)、县、派出所信息管理三级联网，完成原 15 位数居民身份证号码升为 18 位数。

2005 年 5 月，启动第二代居民身份证换发工作，停止第一代居民身份证发放。

2007 年，开展县内“网上迁移”(不再要求开具户口准迁证、迁移证)、省内办理“二代证”人像异地采集、异地办证等新业务。

2008 年 2 月，行政审批科入驻县行政审批中心，负责全县户籍管理工作。

1993—2010 年景宁居民身份证办理情况一览

表 28-1-2　单位：份

年份	居民身份证	临时身份证	年份	居民身份证	临时身份证
1993	9371	802	2002	9630	640
1994	9895	410	2003	—	—
1995	8624	774	2004	—	—
1996	6264	900	2005	—	—
1997	10479	950	2006	40098	427
1998	17335	1004	2007	31841	607
1999	10000	1300	2008	16532	770
2000	10685	1500	2009	17387	772
2001	9531	930	2010	10609	956

暂住人口管理

1994 年，县公安局开展对暂住人口、出租私房进行清理整顿，做到底数清、情况明、档案全，管理力量、制度、措施三落实。共办理暂住证 5265 本。

1995 年，根据省公安厅“一管两打建机制”总体目标，深入开展外来人口整治工作，共建立暂住人口管理组织 38 个，调整充实专兼职管理人员 123 人，登记暂住人口 5908 人，发证 3770 人。

1998 年，登记暂住人口 5488 人，发放暂住证 3661 本，登记出租私房 1081 户，发证 1035 本。

1999 年，登记暂住人口 5603 人，发放暂住证 3761 本，登记出租私房 1089 户，发证 1045 本。

2006 年末，全县在册暂住人口 15765 人，新登记 17442 人；在册出租私房 3185 户，新登记 2763 户。

2007 年 4 月，在县城各社区暂住办实行的“暂住协管旅馆业登记制度和租赁房仿自行车牌照打钢印管理法”的管理办法，并在原来 14 名暂住协管员的基础上，新增加 25 名，进一步强化流动人口和租赁房屋治安管理，全年新登记暂住人口 17615 人，年底在册暂住人口 18029 人；新登记出租房屋 1571 户，年底在册出租房屋 4455 户。

第四节 出入境管理

1994年，受理因私申请出国(境)及往来港澳台 21 人(次)，批准 15 人，入境外国人、华侨及港澳台同胞 38 人(次)，在全县有关涉外单位和三资企业中建立外管联络员 17 人，办理边境通行证 354 人(次)。

1995 年，受理因私申请出国(境)及往来港澳台 18 人(次)，批准 10 人，入境外国人、华侨及港澳台同胞 20 人(次)，办理边境通行证 416 张。

1996 年，受理因私申请出国(境)及往来港澳台 31 人(次)，批准 29 人，入境外国人、华侨及港澳台同胞 15 人(次)，全县共建立外事联系民警 13 人，在居委、村委建立涉外联系员 201 人，对 1 名台胞逾期居留进行治安处罚，办理前往深圳、珠海等边防通行证 260 人(次)。

1997 年，受理因私申请出国(境)及往来港澳台 64 人(次)，批准 55 人，入境外国人、华侨及港澳台同胞 8 人(次)。

1998 年，受理因私申请出国(境)及往来港澳台 161 人(次)，批准 121 人，入境外国人、华侨及港澳台同胞 21 人(次)。对 2 名非法入境的越南籍妇女进行遣返。

1999 年，受理因私申请出国(境)及往来港澳台 210 人(次)，入境外国人、华侨及港澳台同胞 25 人(次)。

2000 年，受理因私申请出国(境)及往来港澳台 298 人(次)，入境外国人、华侨及港澳台同胞28 人(次)。

2001 年，受理因私申请出国(境)及往来港澳台 368 人(次)。

2002 年，简化公民出国(境)及往来港澳台申请手续。7 月 1 日，公民申请护照采用数码照相，直接传送至省公安厅护照制作中心，加快护照申领速度。

2002 年，受理因私申请出国(境)及往来港澳台 508 人(次)，获批 276 人(次)，登记入境 158 人(次)。

2003 年，受理因私申请出国(境)及往来港澳台 431 人(次)，获批 278 人(次)。查处 2 起冒用他人护照偷渡案件，查处“三非”(非法入境、非法居留、非婚生儿童)人员 3 人。

2004 年，受理因私申请出国及往来港澳台(境)345 人(次)。

2006 年 5 月重新选址、装修出入境窗口，7 月底搬入新的接待场所。

2006 年，组织开展“三非”(非法入境、非法居留外国人、非婚生儿童)外国人清理专项工作、“天山行动”反偷渡专项行动。在专项行动中，排查出非法入境、非法居留外国妇女 2 名，非婚生儿童 2 名。

2007 年，办理护照 562 本，港澳台通行证 403 本。

2008 年，办理护照 654 本，港澳台通行证 378 本。

2009 年，办理护照 519 本，港澳台通行证 578 本。

2010 年，办理护照 640 本，港澳台通行证 936 本。

第五节 监所管理

1993 年，看守所严格执行公安部《关于公安机关看守所安全检查与值班巡视暂行规定》，建立每月 2 次安全检查制度，落实 24 小时双人值班巡视制度。

1994 年，收各类案犯 398 人(次)。其中，直捕 26 人，收审 158 人，治安拘留 214 人，

1999 年，开展狱内政治攻势和追逃，制定“创人民满意”活动规定，对在押人员依法实行严格管理、文明管理。

2000 年，实行民警管教巡查合并制，制定《看守所民警目标考核管理细则》，责任到人。

2006 年，共收押刑事拘留人员 99 人，逮捕 7 人，其他市县(区)转入 20 人，处理出所 108 人。其中，投送监狱 26 人，刑满释放 19 人，转取保候审 45 人，转其他所 13 人，其他处理 5 人，平均月关押 45 人。收押治安拘留 137 人；收押司法拘留 15 人。进行监所安全大检查 23 次，召开狱情分析会 23 次，对在押人员个别谈话 1698 次，物建狱内安全耳目 23 名，召开“三小家” 联席会议 11 次。提供破案线索 13 条，破获各类刑事案件 37 起。

2007 年，加强狱侦工作，提供线索 13 起，破获案件 36 起。全年收押 145 人。其中，刑事拘留 119 人，追逃 2 人，其他市县(区)转入 24 人。出所 144 人。其中，刑满释放 21 人，投送监狱 16 人，撤案释放 6 人，取保候审 60 人，转外省区市 4 人，转本省区市其他所 27 人，其他处理 10 人。拘留所新收行政拘留 138 人，出所 135 人。其中，投送劳教 1 人。

2008 年 7 月 28 日，投资 650 万元的看守所办公综合楼，一期工程占地面积 3300 平方米，建筑面积 3000 平方米，同年投入使用。

2009 年，共收押 193 人。其中，接转上年 38 人，新收押 155 人。处理出所 137 人。其中，刑满释放 21 人，投送监狱 27 人，其他处理 89 人。关押 59 人，未决犯 47 人，留所服刑 8 人，待投送执行 1 人。拘留所收拘 195 人。其中，司法拘留 12 人。

2010 年，实现看守所连续十年无事故，荣获公安部颁发的“三级看守所”称号。

第六节 交通管理

秩序整顿

1993 年 3—5 月，开展打击流氓团伙、车匪路霸、破坏农业生产为主要内容的“春季攻势”专项斗争。5—10 月底，开展打击团伙犯罪、打击拐卖妇女儿童犯罪、打击车匪路霸、严禁卖淫嫖娼的“三打一禁”专项斗争，破获车匪路霸 5 起，拐卖人口 4 起，查获车匪路霸团伙 2 个。

1994 年 7—9 月，组织开展“纠违章、压事故、保通畅”专项治理工作，出动警力 970 人(次)，纠正违章 5000 起，治安拘留 4 人，吊扣驾驶证 27 本，罚款 2.9 万元。

1998 年 10—12 月，根据省、地公安机关的部署，县公安局开展以“反窃车、破大案、追逃犯、打流窜、严整治、强防范”为主要内容的冬季严打整治行动。

2003 年，开展道路交通安全专项整治工作，全力控制辖区交通事故和死亡人数，交通管理工作荣

立集体三等功。

2004年5月1日，实施《中华人民共和国道路交通安全法》，开展无牌无证、假牌假证、机动车排查整治“百日攻坚战”行动。

2006年，组织开展自行车被盗问题专项行动。立盗窃自行车、电动车案26起、涉案车辆27辆、查破（处）此类案件24起、抓获处理人员8人、收缴返还车辆60辆；立摩托车案46起，破获盗窃摩托车案8起，抓获窃车嫌疑人5人，收缴返还摩托车21辆。

2006年，全县发生道路交通事故76起，死亡7人，受伤124人，直接经济损失40万元。

2007年，对全县19座以上营运客车及其驾驶员的基本情况进行排查，与123位客车驾驶员签订交通安全责任书，并建立台账，向客运公司发出对两名不合格驾驶员予以调岗的抄告单；确定专人定期对客运门检制度、车辆列检情况、行车记录仪安装使用情况进行检查。

2008年，开展平安畅通县建设，全县发生道路交通事故24起，死亡5人，受伤31人，直接经济损失74304元。

2009年，组织开展严重道路交通违法行为的集中整治，加强对机动车严重超速行驶、非法改装机动车、公路客运车辆交通违法、酒后驾驶以及低速载货汽车、三轮汽车和拖拉机违法载人等严重违法行为进行整治，强制报废农用三轮车8辆，查获超员客车20车（次），卸客转运100人（次），清理违法占用公路50处。开展集中整治酒后驾驶的严重交通违法行为，查获酒后驾驶70起。其中，醉酒后驾驶13起，行政拘留13人，暂扣机动车驾驶证64本。

2010年，深化酒后驾驶整治行动，查处酒后驾驶交通违法行为621人（次）。其中，醉酒后驾驶90人，暂扣机动车驾驶证447本，行政拘留90人。

安全宣传

1997年，设立宣传教育科，对驾驶员进行安全学习教育，不定期为中小学生上交通安全课。

1998年，落实《交通安全宣传教育三年计划》，全年办培训班32期，受培训人员3500人（次），不定期到中小学校开展交通法规教育，并在外舍乡岭北、澄照乡三石、东坑镇白鹤等村开展创建交通安全村活动。

2006年12月，会同县教育局开展送知识下乡、安全进校园活动，对英川、沙湾、东坑、渤海、梧桐、澄照等主干道沿线13所中小学校开展交通安全宣传教育，共为中小学生上交通安全课20次，发放交通安全宣传资料3000份，光盘100个，宣传挂图50套。

2007年，播放安全宣传电影80场（次），张贴标语、横幅200条，发放宣传资料20000份。

2009年，组织开展人力三轮车从业人员交通安全法律、法规及安全知识培训，受训350人。

机动车管理

1994年，考核、培训地管（原丽水地区管理）汽车驾驶员196人，县管车辆驾驶员346人，办理汽车新牌照168辆，摩托车、农用车新牌照261辆。

1996年，培训县管机动车驾驶员450人，选送地管驾驶员57人，办理汽车牌照601辆。

1997年，办理新增汽车牌照21辆，摩托车271辆，农用车44辆，培训小汽车驾驶员80人，农用车驾驶员102人，摩托车驾驶员391人。

2004年，实施“机动车新登记办法”，上牌一律实行“电脑选号”。

2007年，进一步简化办事流程，规范办事程序，推行机动车注册登记“一站式”服务，在任何窗口只要群众提供的手续齐全、有效，只在一个窗口就可以办完所有事项。1月，投资20万元，购买20台电脑，建立摩托车驾驶人科目无纸化考场。

2010年，进一步规范车辆管理工作，注册登记上牌2613辆。其中，小型汽车1021辆，二、三轮摩托车1485辆，大型汽车54辆，轻便摩托车53辆；年检5334辆，转移登记281辆，变更登记42辆，补证换证182辆，新增驾驶员1162人，换证2970人。

第七节　森林公安

1984年10月，成立景宁畲族自治县公安局森林派出所，1989年，改称为景宁畲族自治县公安局林业公安分局。2002年，更名为景宁畲族自治县公安局森林分局。1993—2010年共查处各类涉林违法犯罪案件1257起，依法处理1322人。

第八节　公安机构

1993年1月，县公安局内设秘书科、政保科、预审科、治安科、保卫科、政工科、刑侦队、看守所、交通警察队、劳改队、户政科、监察室、鹤溪镇派出所、城郊派出所、沙湾派出所、英川派出所、渤海派出所、东坑派出所、水上派出所等19个科、队、所。2010年12月，县公安局内设指挥中心（办公室）、政治处、纪检监察室、警务督察大队、法制室、警务保障室、国内安全保卫大队、治安管理大队、刑事侦察大队、交警大队、禁毒大队、经侦大队、看守所、丽景民族工业园分局、鹤溪镇派出所（巡特警大队）、沙湾派出所、东坑派出所、渤海派出所、英川派出所、城郊派出所（水上派出所）共20个科、队、所。

1996年1月13日，县公安局从鹤溪镇环城东路198号搬至人民中路282号。

第二章　检　察

景宁畲族自治县人民检察院（以下简称县检察院），严格履行法律赋予的职责，依法行使法律监督职能。1993—2010年，办结各类案件554件，批准逮捕犯罪嫌疑人1535人，为国家和集体挽回经济损失2300万元。

第一节　刑事检察

刑事检察为检察机关承担的侦查监督、审查起诉、刑事审判监督等业务，由侦查监督科对刑事犯罪案件开展审查批准逮捕、决定逮捕及刑事立案监督、侦查活动监督。公诉科负责审查起诉、出庭公诉等，同时承担刑事侦查监督和刑事审判监督。

审查逮捕与起诉

1993—1997年，共批准（或决定）逮捕各类犯罪嫌疑人415人，提起公诉374人，不捕41人，不诉61人。共依法追捕19人，追诉6人，移送丽水地区检察院起诉23人。

1998—2002年，共批准（或决定）逮捕各类犯罪嫌疑人564人，提起公诉572人，不捕82人，不诉20人。依法追捕6人、追诉19人，移送丽水市检察院起诉30人。

2003—2007年，共批准（或决定）逮捕各类犯罪嫌疑人353人，提起公诉590人，不捕48人，不诉42人。依法追捕8人、追诉16人，移送丽水市检察院起诉9人。

2008—2010年，共批准（或决定）逮捕各类犯罪嫌疑人203人，提起公诉348人，不捕31人，不诉37人。依法追捕12人、追诉28人，移送丽水市检察院起诉9人。

刑事立案监督

1996年前，《中华人民共和国刑事诉讼法》对刑事立案监督未作明确规定，在实践中通过检察建议、跟踪监督行使检察职能。1997年1月，修改后的《中华人民共和国刑事诉讼法》开始实施，赋予检察机关对公安机关办理的刑事立案活动以监督权。对公安机关应当立案而未立案或不应立案而予以立案进行监督，1998—2002年18件；2003—2007年36件；2008—2010年12件。

刑事审判监督

监督的内容是：法庭组成人员是否合法；审理案件是否依法定程序进行；当事人和其他诉讼参与人的诉讼权利是否得到保障；审理案件过程中就程序问题所作的决定是否合法；法院所作的判决或裁定是否正确。概括说，对法院的判决、裁定确有错误和量刑畸轻畸重的案件，按照上诉程序提出抗诉或按照审判监督程序提出抗诉。

1993—1998年，对法院刑事判决提出抗诉6件，法院改判2件。1998—2002年，对法院刑事判决提出抗诉5件，法院改判4件。2003—2007年，对法院刑事判决提出抗诉2件，法院改判2件。2008—2010年，对法院刑事判决提出抗诉2件，法院改判1件。

第二节 反贪污贿赂

反贪污贿赂局的主要职能：对国家工作人员的贪污、贿赂、挪用公款等职务犯罪进行立案、侦查工作。

1993—1997年，立案侦查贪污贿赂案件46件，大要案39件，占1993—1997年经济犯罪案件立案总数的62.9%，为国家、集体挽回经济损失700万元，追缴非法所得286万元。根据修改前刑诉法的规定，查办一批偷税漏税、虚开增值税专用发票等经济案件，立案8件8人，追缴赃款赃物及非法所得折合人民币80万元，为国家和集体挽回经济损失1000万元。在立案侦查涉嫌犯罪的案件中，查处科局级国家工作人员23人。

1998—2002年，立案侦查贪污贿赂案件71件。其中，查办贪污贿赂、挪用公款分别在5万元以上大案 11 件，查处科局级国家工作人员 14 人，为国家、集体挽回经济损失 200 万元。

2003—2006 年，立案查办贪污贿赂案件 33 件。其中，贪污贿赂、挪用公款分别在 5 万元以上大案 17 件，查处科局级国家工作人员 5 人。通过办案，为国家和集体挽回经济损失700 万元。

2007—2010 年，立案查办贪污贿赂案件 50 件。其中，贪污贿赂、挪用公款分别在 5 万元以上大案 25 件，查处科局级国家工作人员 15 人。通过办案，为国家和集体挽回经济损失 400 万元。2007 年，被丽水市检察院记集体三等功。

第三节　反渎职侵权

反渎职侵权局的主要职能：立案侦查国家机关工作人员渎职犯罪和国家机关工作人员利用职权实施非法拘禁、刑讯逼供、报复陷害、非法搜查侵犯公民人身权利犯罪以及侵犯公民民主权利的犯罪等案件。反渎职侵权局以办案为中心，坚持“依法、文明、稳妥、安全”办案。

1993—1997 年，根据修改前刑事诉讼法的规定，立案查处 5 件玩忽职守、重大责任事故、非法拘禁等渎职和侵犯公民人身权利、民主权利案件。

1997 年 1 月和 10 月，修订后的《中华人民共和国刑事诉讼法》《中华人民共和国刑法》相继实施。高检院与有关部门联合出台《关于人民检察院直接受理立案侦查案件范围的规定》《人民检察院刑事诉讼规则》等规定，缩小案件管辖范围，提高刑事立案标准。

1998—2002 年，共查办渎职案件 8 件 8 人。2002 年，查办渎职犯罪案件 8 件，为国家和集体挽回经济损失 200 万元。

2003—2007 年，共立案查办国家工作人员渎职犯罪案件 17 件。开展严厉打击侵犯公民人身权利、民主权利犯罪，严厉打击破坏社会主义市场经济秩序渎职犯罪，查办危害能源资源和生态环境渎职犯罪、危害民生民利渎职侵权犯罪等专项活动。

2008—2010 年，共查办国家工作人员渎职犯罪案件 6 件 13 人。2010 年，查办危害能源资源和生态环境渎职犯罪成绩突出，被最高人民检察院评为“查办危害能源资源和生态环境渎职犯罪专项工作”先进单位。

第四节　民事行政检察

民事行政检察：对人民法院的民事审判活动和行政诉讼活动实行法律监督。1994—2010 年，共受理各类民事、行政申诉案、行政执法监督等案件 351 件，立案调查 200 件。其中，提请市检察院抗诉 52 件，建议市检察院提请省检察院抗诉 81 件，立案后发检察建议和意见 45 件，作出调解、息诉、支持或督促起诉 110 件。

支持起诉

县检察院履行职责，提起民事公诉保护国有资产。2007 年，支持县国土资源局诉某矿业有限公司的采矿权转让侵害国有资产利益，后被告主动履行义务。此案为丽水市首例由检察机关自行起诉的民事公益诉讼案件。2008年2月21日《检察日报》头版作报道。

督促起诉

2005年始，县检察院探索民事督促起诉，履行保护国有资产和公共利益民行检察新职能。对土地出让金拖欠单位及拖欠金额进行调查摸底，向县人大作专题汇报。其中，金岚水电开发有限公司和佳力水电开发有限公司在2003年底和国土局签订土地使用出让合同，分别应付土地出让金135万元和44万元，两公司拖欠未交。发现线索后，检察院针对此类问题向县国土局发出《督促起诉通知书》，共追回国有资产340万元。同年《丽水日报》等媒体对此案作全面报道。

民事和解与息诉

2006年后，县检察院开展民事和解与息诉工作。2010年，调解赵某与县人民医院租赁合同纠纷案，由于有关行政部门交叉管理及工作疏忽，导致赵某与医院签订违反法律强制性规定的合同并已实际履行。在检察院及相关部门共同配合下进行协商和解，使各方减少损失，以最轻微社会影响力的调解方式结案。和解息诉挽回当事人损失，避免造成恶劣的社会影响。

执法监督

2009年，以民事执行监督为切入点，对法院执行过程中的违法行为进行监督。2010年，对城建、环保、民政等单位在行政执法中的违法行为进行监督。

第五节　控告申诉检察

控告申诉检察

1993—2009年，县检察院控告申诉检察科主要负责控告申诉检察工作。2010年始，控告申诉检察科兼举报中心、刑事赔偿办公室。举报中心负责举报线索的受理、审查、答复、奖励等工作。刑事赔偿办公室主要办理刑事申诉、国家赔偿案件，开展刑事被害人救助和举报奖励工作，进行法律宣传和咨询活动。

“举报宣传周”活动

1999年始，每年集中开展“举报宣传周”活动。通过重点集镇设摊发放资料、现场咨询、广播电视及报刊杂志等方式加强宣传。2008—2010年，每年的“举报宣传周”确定一个宣传主题。分别是“依靠群众，惩防并举”“反腐倡廉保民生，公平正义促和谐”“依靠群众，反腐倡廉，服务大局”。

创建“文明接待室”活动

1993年后，落实最高检和省院创建文明接待室的要求，按照目标责任制考核项目，加强“硬件”“软件”建设。2000年，实现举报线索微机化管理，把举报工作纳入规范化管理的轨道。2003年，设立举报中心接待室，在接待室里配备沙发、空调、电脑、打印机、传真机、举报电话自动受理系统等。专门设置候谈室、心理疏导室等，并建立信访接待制度，为接待工作创造良好的环境。举报中心接待室被评为“市级文明接待室”。2010 年，在创办“文明接待室”的同时，健全举报网络，连续增加举报箱，在电台、畲乡检察网、报纸、畲乡检察微博上公布举报电话和网址。同年，被评为“省级文明接待室”。

检察长接待日制度

1997 年，设立检察长接待日，实行预约接访和定期接访制度，由正、副检察长接待来访群众。分管检察长对重要、疑难复杂上访、信访件亲自督办。完善举报工作机制，开展交办和催办工作，定期分析信访态势，排除不稳定因素。

“检察开放日”活动

定期开展“检察开放日”，邀请人大代表、政协委员、社区群众代表以及新闻媒体工作者等各界社会人士参观办案场所，通报检察工作情况，听取对检察工作的意见和建议。

首办责任制

对本院管辖的控告、申诉案件，按照内部业务分工，明确责任及时办理。对控告、申诉案件落实首次办理责任制度。首办责任制的目的是为群众解决实际问题，此制度对涉及检察机关的信访案件能在初发环节化解，提高办理控告、申诉案件的质量和效率。

2003 年，最高人民检察院颁布《人民检察院控告申诉首办责任制实施办法(试行)》，县检察院结合工作实际推行首办责任制，逐步形成全院“一盘棋”的大控申格局。2006 年，制定《控告申诉首办责任制实施细则》，明确各部门的职责分工，重点抓好检察长接待案件的处理工作和涉检案件的查处工作。2008 年受理各类信访件 124 件、2009 年 58 件、2010 年 60 件，来信来访总量维持平稳。建立健全工作机制，增强化解矛盾的主动性，促进社会和谐。

刑事申诉办理

1993—2010 年，共受理刑事申诉案件 18 件。其中，对法院判决提出申诉 1 件，经审查不予抗诉 12 件，提出抗诉 1 件；对检察院处理决定不服提出申诉 5 件，经立案复查后维持原决定 5 件。共息诉申诉案件 18 件。

司法救助和刑事赔偿

1995 年 1 月 1 日，国家颁布《中华人民共和国国家赔偿法》。开展国家赔偿法培训学习和宣传活动，设立专门机构“刑事赔偿工作办公室”，刑事赔偿工作逐步走上规范化。

2009 年，启动司法救助程序并贯穿在检察整个办案环节。以主动救助和被动救助相结合的方式开展特困刑事被害人救助，至 2010 年末，救助 6 件 8 人(次)，发放司法救助金 20000 元。

第六节　监所检察

监所检察工作，重点是依法对刑罚执行和监管实行监督，维护监管秩序稳定，维护被监管人合法权益，保证国家法律法规在刑罚执行和监管的正确实施，保障刑事诉讼工作顺利进行。监所检察工作主要是看守所检察和监外执行检察。2002年，驻所检察室规范化建设以105分通过省院考核验收，名列全市第一。2010年，被最高人民检察院评为“三级规范检察室”。

收押、出所检察

通过查阅收押、出所凭证、出所登记或现场监督等方式进行检察，对看守所的收押与出所管理工作是否符合有关法律规定，发现问题及时提出意见和建议。

羁押期限检察

建立看守所在押人员台账，了解和掌握在押人员在各个诉讼阶段的羁押期限。查阅与核对看守所登记和换押手续，记录诉讼环节及其羁押期限变更换押情况。及时提醒看守所履行羁押期限预警职责，防止超期羁押的发生。

教育管理活动检察

查阅在押人员名册、伙食账簿、会见登记及会见手续。对监区、监室、提讯室、会见室进行实地检察和巡视检察。在法定节日、重大活动之前或期间，督促看守所进行安全防范和生活卫生检查。向在押人员及亲属和监管民警了解情况，听取意见。

留所服刑检察

按照《人民检察院看守所检察办法》的规定，对看守所办理罪犯留所服刑是否符合法律规定进行检察，及时纠正违法留所服刑。

减刑、假释、暂予监外执行检察

对看守所提请或呈报减刑、假释、暂予监外执行的罪犯是否符合法律规定条件进行检察。

1993—1997年，驻所检察1888天，执法检察352次，提出检察建议158次，提出纠正意见76次，进行安全检察610人(次)，参与搜监65人(次)，发现安全隐患94人(次)，提出安全防范建议79人(次)，清除隐患152次，上大课55人(次)，个别谈话教育469次，受教育面达1500人(次)，督促在押人犯检举揭发犯罪线索20条，破案1件。

1998—2002年，驻所检察1798天，执法检察467次，提出检察建议207次，提出纠正意见139次，进行安全检察643人(次)，消除安全隐患133次，上大课59次，个别谈话教育596次，督促在押人犯检举揭发犯罪线索27条。

2003—2010年，驻所检察3088天，执法检察693次，提出检察建议307次，提出纠正意见264次，进行安全检察989人(次)，消除安全隐患216次，上大课90次，个别谈话教育1054次。

监外执行检察

监所科对监外执行依法实行法律监督。采取定期与不定期，全面检察与重点检察，会同有关部门联合检察等方式对全县被判处管制、缓刑、假释、保外就医、剥夺政治权利等5种人进行监外执行检察。检察内容包括交付执行、监管活动、变更执行(收监执行、减刑)、终止执行等。自2008年开展社区矫正工作试点以来，走访全县乡镇司法所，查阅监外执行罪犯档案材料800份。向有关部门提出检察建议书17份，纠正违法通知书1份，协助和督促落实帮教措施，确保社区矫正工作的规范进行。

第七节 检察司法警务

司法警察的任务是通过行使职权，维护社会法制，维护检察工作秩序，保护公民的人身安全、人身自由和合法财产；预防、制止妨碍检察活动的违法犯罪行为，保障检察工作的安全、顺利进行。2008年4月，根据最高人民检察院印发的《人民检察院司法警察暂行条例》对司法警察实行编队管理的要求，县编办〔2008〕6号《关于同意景宁畲族自治县人民检察院增设法警大队的批复》，设立司法警察大队。2010年，县检察院法警大队获得全国检察院编队管理先进单位荣誉。

司法警察的职责是保护人民检察院直接立案侦察案件的犯罪现场，执行传唤，参与搜查，执行拘传、协助执行其他强制措施、协助追捕逃犯，提押、看管犯罪嫌疑人、被告人和罪犯，送达法律文书，参与执行死刑临场监督，负责专门接待群众来访场所的秩序和安全、参与处置突发事件。

2008—2010年，法警大队共出警144次，送达法律文书36次，协助和看管嫌疑人82次，传唤和拘传嫌疑人36人。

第八节 检察机构

1993—2007年，县检察院办公地点在县城复兴西路35号。2007年10月，迁至宫垟路2号新大楼，建筑面积6000平方米。

1993年，县检察院设办公室、刑事检察一科、刑事检察二科、法纪检察科、林业检察科、监所检察科、信访科、研究室、经济罪案举报站、驻县财税局税务检察室、贪污贿赂侦查局（原经济检察科）、思想政治工作科与工会。1994年，增设民事行政检察科。1996年，贪污贿赂侦查局更名为反贪污贿赂局。

1997年9月，原检察院驻县财税局税务检察室撤销。10月，根据省委办公厅关于机构改革的意见，刑事检察一科更名为审查批捕科，刑事检察二科更名为审查起诉科，增设检察技术科。1998年4月，原政工科更名为政治处。2002年5月，审查批捕科改名为侦查监督科，审查起诉科更名为公诉科，法纪检察科更名为渎职侵权检察科。2007年9月，渎职侵权检察科改名为反渎职侵权局。2008年4月，增设职务犯罪预防科与法警大队。

2010年，内设机构13个，分别为办公室、政治处、监察室、侦查监督科、公诉科、反贪污贿赂局、反渎职侵权局、监所检察科、民事行政检察科、控告申诉检察科（兼举报中心、刑事赔偿办公室）、职务犯罪预防科，法警大队、检察技术科。派出机构1个，为检察院驻县看守所检察室。在编人员54人。其中，检察长1人，副检察长3人，党务工作1人，政治处主任1人，检察委员会委员8人，反贪局局长1人，反渎局局长1人，检察官27人，法警5人，书记员6人。

第三章 法 院

景宁畲族自治县人民法院(以下简称县法院),坚持以事实为依据,以法律为准绳,紧紧围绕县委的中心工作,充分发挥审判职能,为经济社会发展保驾护航发挥积极作用。1993—2010 年,县法院共审结各类案件 11763 件,执结案件 5784 件。

第一节 刑事审判

县法院立足维护国家安全和社会稳定,发挥刑事审判打击惩处职能,从严惩治放火、投毒、非法制造买卖枪支弹药、交通肇事、重大责任事故等危害国家安全和公共安全的犯罪行为;依法审理故意伤害、盗窃、抢劫、抢夺、聚众斗殴、赌博等严重危害社会治安和侵害公民生命财产安全的多发性案件,合同诈骗、虚开增值税发票等破坏社会主义经济秩序类案件,及贪污、受贿、滥用职权等职务犯罪案件。1993 年,受理案件 68 件,旧存 12 件,办结 68 件,结案率 85%;2010 年,收受案件 94 件,旧存 4 件,办结 98 件,结案率 100%。1993—2010 年,共受理并审结刑事案件 1573 件。2006 年,审结被告单位景宁畲族自治县巨达运输服务有限公司涉嫌虚开用于抵扣税款发票罪,该类型刑事案件为景宁首例。

县人民法院下乡巡回办案

县法院坚持“宽严相济、不枉不纵”的刑事政策,尽量减少社会对立面,注重对被害人权益的保护,追求案结事了。审理过失犯罪案件,注重对受害人物质损失的赔偿和补偿。2007 年,在审理被告人叶某某失火一案时,综合考虑被告人自动投案,受害人没有提起附带民事诉讼且联名要求法院不予处罚被告人等量刑要素后,同意被告人亲属交款 3 万元,转交林业部门植树造林弥补受害人的物质损失,而对其适用缓刑。对未成年人犯罪和轻微刑事犯罪,做到惩罚与教育、挽救、感化相结合,尽量适用非监禁刑。2009 年,在审理被告人李某某(青岛某大学学生)利用计算机技术敲诈勒索一案时,主动征求学校和教师意见,并结合案情综合考虑,作出对被告人免予刑事处罚的判决,使其能重返大学校园。该案被中央电视台选为“宽严相济”的典型案例,在《经济与法》专栏播出。

1997年10月1日始，法院执行修改后的《中华人民共和国刑事诉讼法》，刑事案件庭审模式由审问式改为控辩式审理。对于事实清楚、情节简单、犯罪轻微的刑事案件适用简易程序审理，减少庭审用时，提高办案效率。

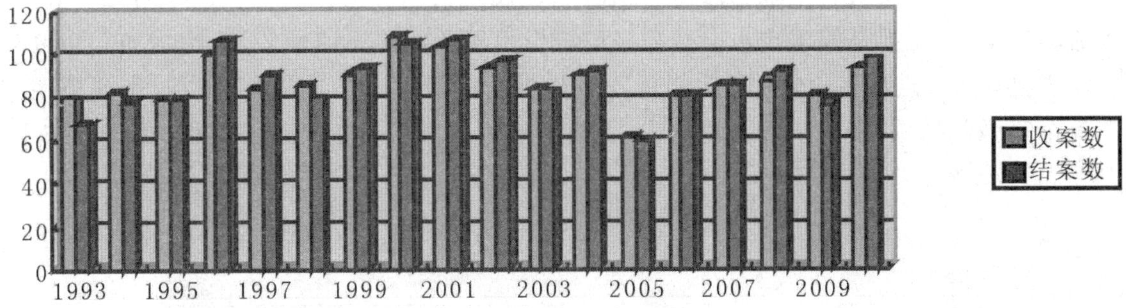

图28-3-1　1993—2010年景宁刑事案件收结案情况

第二节　民事审判

民事审判坚持“调解优先、调判结合”的原则，以“案结事了、胜败皆明、定纷止争”为目标，注重诉讼调解，完善调解机制，努力将调解工作贯穿于案件审理全过程，尽可能多地运用调解、和解方式解决纷争。对涉及婚姻家庭、相邻纠纷、人身损害和矛盾易激化案件，加强教育疏导，实现互谅互让，妥善化解矛盾，促进社会秩序的和谐稳定。同时减少诉讼环节，降低诉讼成本，提高诉讼效率，发挥保社会平安、人际和谐的作用。2004年，成立庭前调解速裁组。2007年，成立民事案件巡回审判组，出台具体实施意见，在县城以外的重点集镇设立4个巡回审判站。2008年，在全县各乡镇(管理区)设立22个便民诉讼联系点。1993—2010年，法院受理民事案件4904件(含旧存)，审结4886件。2010年，调解撤诉率为71.89%。

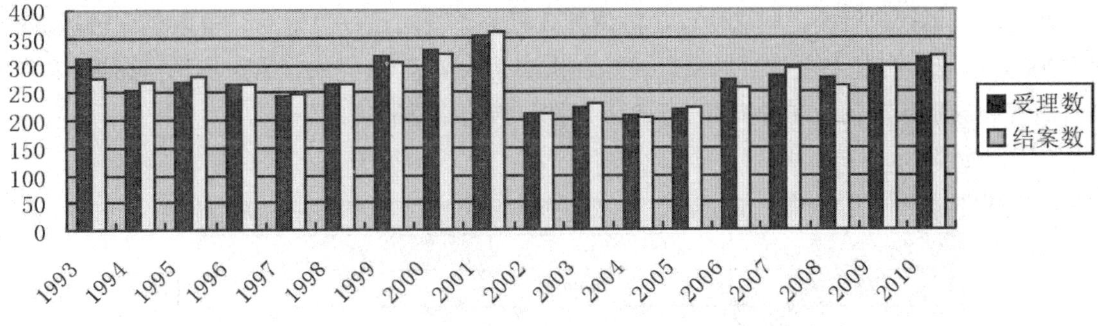

图28-3-2　1993—2010年景宁民事案件受理、审结情况

第三节　商事审判

运用法律调节手段，依法调处社会经济运行中的各种矛盾纠纷，规范和倡导诚实信用，保护各类

市场主体的合法权益，制裁违法行为，维护公平竞争和社会正义。1993—2010年，县法院受理各类经济（合同）纠纷案件4998件（含旧存），审结4971件。2010年，受理经济类案件588件，为1993年128件的5倍。

2005年，民间借贷标的额（157.67万元）首次超过借款合同标的额（77.46万元），体现民间资本流动性增大，主要是筹建小水电站等民间投资引发的纠纷迅速增多，风险增加。2009年，贯彻落实省高院《关于为中小企业创业创新发展提供司法保障的指导意见》精神，依法慎用、巧用财产保全等强制措施，妥善审理在调结构、促转变过程中发生的各类经济案件，促进经济平稳较快发展。

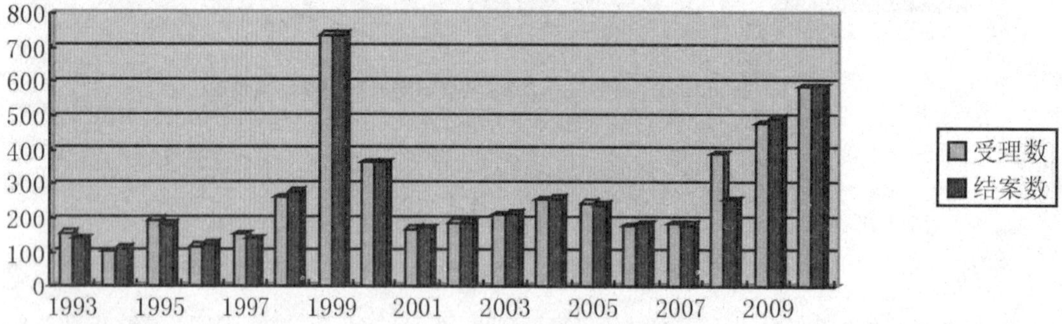

图28-3-3　1993—2010年景宁经济案件受理、审结情况

第四节　行政审判

县法院行政审判庭承担行政诉讼案件审理、非诉案件审查、非诉案件执行三项工作。1993—2010年，共审理审结各类行政诉讼案件188件，整体呈下降趋势。在行政案件审理中，坚持严格依法办案，注重对行政案件的沟通协调，注重办案的社会效果、法律效果和政治效果的统一。对违法的行政行为，通过及时向被诉行政机关提司法建议，协调行政机关改变违法行政行为，争取以原告撤诉的形式结案。2005年，部分三轮车主诉县城镇管理综合执法大队换证案，经法官组织协调而撤诉，妥善处置，受到省高院领导批示表扬。2009年始，行政审判推行指定管辖制度。

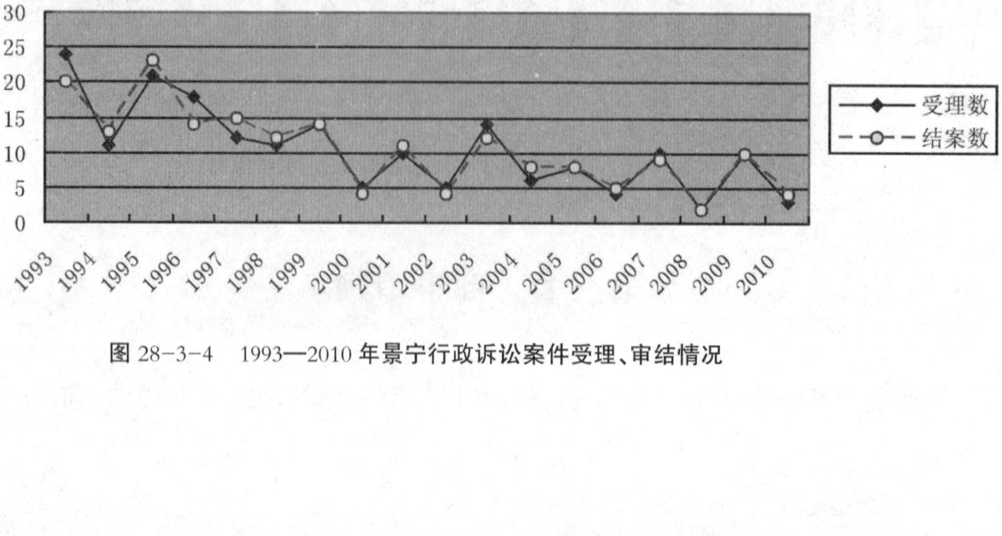

图28-3-4　1993—2010年景宁行政诉讼案件受理、审结情况

第五节　审判监督

2000年9月，撤销告诉申诉庭，设审判监督庭，申诉复查由该庭负责，主要审理中院指令再审和法院按审判监督程序提起再审的案件及检察机关提起抗诉的案件。经健全和完善各项诉讼机制，加强对审判工作的管理和监督，办案质量与效率不断提高。2009年起，落实阳光司法制度；2010年，定期开展法院“公众开放日”活动，推行新闻发布会制度，提升司法透明度。1993—2010年，受理中院指令再审、法院按审判监督程序提起再审的案件和检察机关提起抗诉案件63件，结案63件。

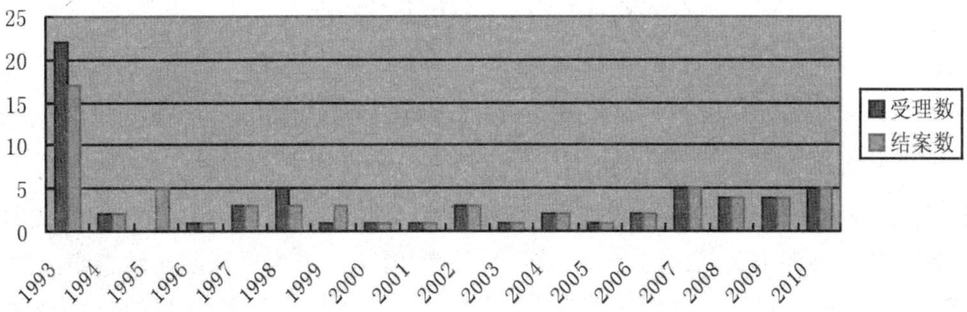

图28-3-5　1993—2010年景宁再审、抗诉案件受理与审结情况

第六节　执　行

1993—2000年，县法院设执行庭，受理和执行由各审判庭作出已发生法律效力的案件，原各人民法庭承担所在法庭审结的部分案件执行工作。2001年，根据《浙江省法院执行改革方案》，开展以执行命令权、执行实施权、执行裁定权“三分离”为核心的执行权运行机制改革；同年12月，成立执行局，下设执行一庭、执行二庭，实行执行分权。2006年，建立启动资金15万元司法救助基金。2007年，成立综合治理执行领导小组，下发具体实施意见。2009年，新《人民法院诉讼费交纳办法》实施，法院不再收取其他诉讼费和执行案件预收执行费。对拒不履行的被执行人，在媒体上发布敦促执行公告，设立“老赖曝光台”。

1993—2010年，县法院受理执行案件5826件（含旧存），执结5784件。2003年，被省高院授予“执行工作良性循环法院”。2010年，执结率为91.80%，执结标的3957.02万元；执结标的清偿率79.33%，列全省第六，全市第一。2006年，执结天安保险股份有限公司丽水中心支公司赔偿陈某和余某111374.35元的交通事故理赔款案件，属县法院执行的第一件由保险公司在机动车第三人强制保险责任限额范围内予以赔偿的案件。

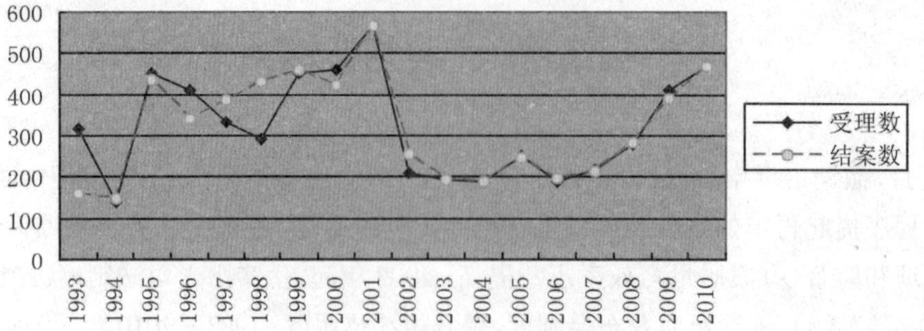

图 28-3-6　1993—2010 年景宁执行案件情况一览

第七节　司法警务

1995 年 5 月，设立县人民法院司法警务大队，承担预防、制止和惩治妨碍审判执行活动的违法犯罪行为，维护审判执行秩序，保障审判执行工作顺利进行等职责；初任司法警察 7 人。2009 年 11 月，根据《人民法院司法警察暂行条例》规定，司法警察大队下设警务中队、执行中队；2010 年，增设安保中队、处理突发事件中队。2010 年末，有司法警察 16 人。县人民法院司法警察大队设立以来，被浙江省高级人民法院授予“优秀司法警察大队”荣誉称号 1 次，“全省十佳优秀司法警察”1 人。

第八节　法院机构

1993 年，县法院内设办公室、政工科、纪检监察室、刑庭、民庭、经济庭、森林法庭、行政庭、告诉申诉庭、执行庭、法医门诊室及城郊、英川、沙湾、渤海、东坑 5 个法庭，全院在职在编干警 60 人。1995 年 5 月 20 日，县编办批复同意建立司法警察大队，于 1996 年 3 月 13 日挂牌正式对外办公。1998 年 4 月 1 日，原政工科更名为政治处。1999 年 7 月 7 日，撤销英川人民法庭，将原区域并入沙湾人民法庭管辖。1999 年 8 月，设立司法行政科。2000 年 9 月 7 日，撤销城关、东坑、渤海人民法庭，将城关法庭变更为民事审判第二庭；同时撤销告诉申诉庭，设立案庭和审判监督庭。2001 年 12 月 14 日，执行局挂牌成立，下设执行一庭、执行二庭。2002 年 5 月，撤销经济庭，成立新的民事审判第二庭。2003 年 5 月 26 日，撤销沙湾人民法庭。2007 年 8 月 2 日，建立审判保障服务中心，为县人民法院下属全民事业单位。2010 年 3 月，成立共青团景宁畲族自治县人民法院委员会。同年 12 月，法院在职在编干警 69 人。

2005 年 5 月，落实全国人大常委会《关于完善人民陪审员制度的决定》，县人大常委会任命人民陪审员 7 名，任职 5 年。2008 年，县人大常委会选任人民陪审员 7 名。2010 年，县人大常委会选任人民陪审员 9 名。

2005 年 9 月 26 日，县法院敬山宫 1 号审判综合大楼落成，大楼占地面积 10000 平方米，建筑面积 9285 平方米。2007 年，建成 1 个数字化审判庭，为全省 3 个试点之一。2010 年，建成“一标三简”4 个数字化审判庭。

第四章　司法行政

县司法行政机关在普及法律知识，指导和管理人民调解，提供法律服务，参与社会综合治理和推进民主法制建设中发挥职能作用。

第一节　法制宣传

根据中央宣传部、司法部关于在公民中开展法制宣传教育的规划，景宁畲族自治县司法局（以下简称县司法局）在完成“一五”普法任务基础上，继续有组织、有计划、分层次、分部门、深入地开展法律知识宣传、学习，提高干部群众的社会主义法律意识和民主意识。

法律普及工作

“二五”普法　1991—1995 年，开展“二五”普法。服务于改革开放、整顿市场经济秩序大局。1993 年，县司法局拟订并实施以《中华人民共和国宪法》为核心，以《中华人民共和国刑事诉讼法》《中华人民共和国预防未成年人犯罪法》《中华人民共和国民法通则》《中华人民共和国刑事诉讼法》《中华人民共和国国旗法》《中华人民共和国义务教育法》《中华人民共和国治安管理处罚条例》等为重点，面向机关干部、青少年、在校中学生的普法宣传教育。1994 年，创办《景宁法制报》。共举办各类辅导班、报告会、讲座 75 次，受教育达 24000 人（次），印发资料 27000 份。

“三五”普法　1996—2000 年，开展“三五”普法。1996 年，县委出台《开展法制宣传教育的第三个五年规划》。县四届人大常委会第十二次会议作出《在全县人民中开展法制宣传教育的决议》。9 月 27 日下午，在影城召开全县“三五”普法动员大会。同月，县司法局、普法办联合下发景司〔1996〕14 号文件，组建“三五”普法讲师团，分赴各乡镇和基层单位，进行普法宣传。“三五”普法期间，全县举办 160 场（次）的普法讲座、报告会、普法辅导课，38700 人（次）参加《中华人民共和国刑法》《中华人民共和国劳动法》《中华人民共和国妇女权益保障法》《中华人民共和国刑事诉讼法》《中华人民共和国预防未成年人犯罪法》《中华人民共和国民法通则》等法律法规知识学习。编制、印发普法教材 25000 册，青少年法律知识读本 4000 册，27700 人（次）参加普法知识考试，合格率 99%。

“四五”普法　2001—2005 年，开展“四五”普法。坚持以江泽民“三个代表”重要思想为指导，紧紧围绕改革、发展、稳定的大局，深入开展法制宣传。2001 年 7 月，县委下发第四个五年普法规划。对各级领导干部、司法和行政执法人员、青少年、企业管理人员进行《中华人民共和国宪法》《中华人民共和国行政法规》《中华人民共和国教育法》《中华人民共和国教师法》等基本法律知识宣传教育，为营造构建和谐社会创造良好法制环境。“四五”期间印发宣传资料 46800 册，图片资料 3000 份。利用“12·4”法制宣传日开展专题法制宣传活动，开设法律知识讲座、报告会、辅导课 200 场（次），受教育 42000 人

(次)。全县副科以上干部、教师、县直属机关干部、乡镇干部参加各年度普法考试3100人,合格率100%。组织7100人(次)在校中学生参加普法知识竞赛。整理收集全县24个乡镇,45个部门的普法台账,归档19个卷宗,3000份资料,装订47册。

“五五”普法 2006—2010年,开展第五个五年普法活动。中央提出科学发展观和构建和谐社会目标,倡导坚持社会主义法治理念。2006年,开通《中国畲乡法治网》,组织法律进机关、进乡村、进社区、进学校、进企业、进单位。由综治委发文,全县每所学校、幼儿园配备1名法制副校长。期间,举办各类普法知识培训班、讲座、辅导课153次,参加培训28000人(次),印发普法书籍15000册,各种普法宣传资料32000份,参加普法建档考试17000人(次),合格率99.5%。2010年7月27日,顺利通过全市“五五”普法总结验收。

民主法治村建设

2003年,开展创建“民主法制村”试点工作,2004年,在全县各行政村全面铺开。2006年,澄照三石村被评为全国“民主法治示范村”。至2010年末,建成全国“民主法治示范村”1个,省级“民主法治村”2个,省级“民主法治社区”1个,市级“民主法治村”36个,市级“民主法治社区”1个,县级“民主法治村”181个,县级“民主法治社区”2个。全县行政村创建“民主法治村”达标率85.8%,创建“民主法治社区”达标率100%。

第二节 法律援助

1998年,成立县法律援助中心。先后有19个乡镇,挂牌成立法律援助联络站。2000年,成立“维护国防利益法律援助站”,为军烈属提供无偿法律援助。2002年10月15日,在全市率先开通“12348”法律服务专用电话。利用“12348”法律服务专用电话、“148”法律服务专线,提供法律咨询1719件。2006年,成功援助解决秋炉乡发生的劳动事故2人死亡案件。至2010年末,22个乡镇(管理区)和7个机关部门分别建立法律援助工作站,法律援助792件。其中,刑事案件34件。1人被评为省司法系统法律援助先进个人。

1993—2001年景宁法律援助情况一览

表28-4-1 单位:件

年份	总数	刑事	民事
1993	9371	802	9630
1994	9895	410	—
1995	8624	774	—
1996	6264	900	—
1997	10479	950	40098
1998	17335	1004	31841
1999	10000	1300	16532
2000	10685	1500	17387
2001	9531	930	10609

第三节　社区矫正

安置帮教

1995 年，县司法局设立劳动改造和劳动教养（以下简称两劳）回藉人员管理股。1996 年 7 月，24 个乡镇分别建立“两劳”人员管理工作站，285 个村、8 个居委组建安置帮教工作小组，逐步形成县、乡、村三级安置帮教网络。对在册的列管刑释解教人员 426 人，按一人一档要求逐一登记建档。1997 年，根据《两劳干警守则》《两劳人员管理制度》，利用乡镇、村、居委，两劳人员管理工作网络，逐层签订《责任状》。1999 年 4 月 12 日，县地税局、司法局联合下发景司〔1999〕（11 号）文件，落实“丽地司《关于刑释解教人员帮教安置企业享受税收优惠政策的通知》；2003 年，首次将“两劳”归正人员列入免费职能技术培训；2005 年 6 月 10 日，在浙江丹迪琳有限公司建立全市首家“归正人员安置帮教基地”。

1996 年，王某某假释回家，经帮教组织开展多方帮教，决心痛改前非，带动当地群众共同致富，成为当地颇有名气的农民企业家。2002 年 9 月 2 日上午，景南乡西垟村归正人员吴某某不顾个人安危，协助警方在大山深处抓获“8•31 持枪抢劫出租车案”第一名犯罪嫌疑人，同年 9 月 25 日，受到县委、县政府的表彰。

2000 年，组织基层党员干部，采取“一帮一”办法，对全县刑释人员 200 人开展结对帮教。至 2010 年末，在册列管 5 年刑释解教人员 287 人，帮教率 100%，重新犯罪率 1.1%。

社区矫正

2008 年 10 月 16 日，县委、县人民政府召开全县社区矫正动员大会，宣布建立县社区矫正工作委员会。县司法局增设“社区矫正管理科”（与“两劳”回藉人员管理科合署），负责社区矫正工作。全县 24 个乡镇 283 个行政村相应成立社区矫正工作领导小组、社区矫正安置帮教工作站，形成县、乡、村三级矫正、安置、帮教网络。至 2010 年末，在册社区矫正对象 183 人。1 人被评为“2009 年度全省社区矫正落实年活动先进个人”。

县司法局积极配合公、检、法维稳治安，组织 30 批，100 人（次），在鹤溪、景南、英川等乡镇处理“地下六合彩”事件。2010 年，2 人被省司法厅评为“世博”安保先进个人，1 人被省司法厅授予 2010 年度社区矫正“环沪护城河”工程先进个人称号。

1996—2010 年景宁帮教归正、社区矫正管理情况一览

表 28-4-2　单位：人

年份	5 年管理期限人数	社区矫正人数	当年列管人数
1996	426	—	41
1997	421	—	36
1998	410	—	25
1999	376	—	83
2000	396	—	103

续表 28-4-2　　单位:人

年份	5年管理期限人数	社区矫正人数	当年列管人数
2001	378	—	85
2002	453	—	146
2003	422	—	131
2004	395	—	109
2005	406	—	107
2006	402	—	115
2007	326	—	97
2008	325	182	64
2009	285	171	45
2010	365	183	83

第四节　人民调解

1993年,县司法局采取"先试点后推开"的方法,先后出台《景宁畲族自治县人民调解委员会责任制试行办法》《民间纠纷调解处理实施办法》等指导性文件。1996年,在24个乡镇相继建立人民调解委员会。1997年,全县285个村、8个居委会建立起人民调解委员会组织。1999年,健全乡镇司法所机构,配备专职司法助理员5人、兼职司法助理员50人,24个乡镇级、270个村级调解委员会组织进行标准化建设,标准化达标率为96%。2001年,东坑镇桃源村调解委员会被评为省级先进调解委员会。2005年,东坑镇调解委员会,从"模拟沙盘调解山林纠纷"、马坑"模拟光盘"调解民事纠纷的经验在全县推广。2007年,实施"以奖代补"激励机制,调解成功率99%。2008年,东坑镇人民调解委员会被省委、省政府授予"优秀人民调解委员会"称号。至2009年,建标准化调解委员会333个,培训人民调解员1200人。2010年7月,成立景宁畲族自治县医患纠纷调解委员会。11月,组建县人民调解中心。建立人民调解、司法调解、行政调解的有效衔接机制;建立专业性、行业性人民调解组织相结合机制;建立人民调解协议与法院司法确认机制;形成"大调解"工作格局。

1993—2010年景宁调解情况一览

表 28-4-3

年份	受理(件)	成功调解(件)	婚姻家庭(件)	经济活动(件)	征地拆迁(件)	成功率(%)
1993	1982	1841	—	—	—	92.6
1994	1798	1761	—	—	—	98
1995	1593	1511	—	—	—	96.2
1996	1258	1183	—	—	—	94
1997	999	964	97	128	—	96.5
1998	973	935	106	260	—	96.1
1999	1149	1098	106	413	—	95.6

续表 28-4-3

年份	受理(件)	成功调解(件)	婚姻家庭(件)	经济活动(件)	征地拆迁(件)	成功率(%)
2000	1105	1061	380	388	—	96
2001	968	934	139	151	—	96.5
2002	1081	1040	355	349	—	96
2003	1056	1055	358	348	—	97
2004	1031	1031	271	148	71	97.6
2005	1106	972	109	184	—	87
2006	1227	1175	121	339	18	95.8
2007	2815	2706	131	104	925	96.1
2008	2954	2865	385	224	251	97
2009	2560	2509	577	402	131	98
2010	2531	2463	162	127	53	97.3

第五节 公证服务

1997 年，县司法局出台《错证追究赔偿制度》。1998 年，法律服务面向“三农”（农村、农民、农业），公证介入“第二轮农村土地承包工作”，为 40000 农户提供法律服务，办理公证事务 2303 件。1999 年，公证处被省司法厅授予“人民群众法律服务单位”，被丽水地区司法局授予“文明公证处”。2000 年，根据国务院批准的《关于深化公证工作改革的方案》，公证处改制，建立律师、公证、法律服务工作者诚信档案，按市场规律和自律机制运行（因公证业务量少，2001 年报经丽水市司法局审批，“暂缓公证工作改制”，保留行政体制）。2005—2008 年，为滩坑电站库区移民 2166 户无偿办理公证事项 2016 件。1993—2010 年，县公证处共办理各种业务 17353 件。

1993—2010 年景宁公证业务一览

表 28-4-4 单位：件

年份	总数	涉外类数	经济类	民事类
1993	113	16	59	38
1994	233	19	181	33
1995	87	31	21	35
1996	640	27	498	115
1997	708	15	650	43
1998	350	21	246	83
1999	623	27	485	111
2000	775	86	482	207
2001	560	120	130	310
2002	568	215	216	137

续表 28-4-4 单位:件

年份	总数	涉外类数	经济类	民事类
2003	478	144	105	238
2004	639	176	163	300
2005	616	185	190	241
2006	634	278	163	193
2007	835	291	245	299
2008	722	276	172	227
2009	1114	203	292	619
2010	726	190	228	308

第六节 律师管理

机构沿革

1993 年 10 月 2 日，成立经贸律师事务所。1995 年 8 月，县律师事务所更名为(浙江·景宁)申信律师事务所。同年，县司法局出台《景宁畲族自治县司法局依法治局若干规定》《错证追究赔偿制度》等系列文件，对无证从业人员、无序竞争现象、不良职业行为等进行整治。发放“律师卡”，向社会公开承诺，接受监督。2000 年 10 月，司法体制改革，申信律师事务所与县司法局脱钩，成为社会中介服务单位。2005 年，申信律师事务所与龙泉佳音律师事务所、丽水万泰律师事务所合并，成立“浙江万申佳律师事务所”。2006 年，分设浙江万申佳律师事务所景宁分所，后更名为“浙江万申佳(景宁)律师事务所”，性质为合伙联办。行业上接受司法行政机关的监督、指导；业务上，执行律师协会章程和行业规范，实行行业自律。有在册执业律师 15 人。自与司法局脱钩以来，办理各类诉讼、非诉讼案件和刑事案件辩护，累计 2300 件。1999 年，申信律师事务所被地区司法局记集体三等功，被省司法厅授予“人民满意律师服务单位”，同时被评为全国政法系统“十佳”先进集体。

法律服务

1993 年，成立法律服务中心。1995 年，根据“三定方案”成立第一至第六法律服务所，负责基层法律服务工作。1998 年，县司法局公职法律服务所，更名为法律援助中心，与申信律师事务所合署，一套人马两块牌子。2001 年，成立景宁畲族自治县新泰法律服务所。

第七节 司法机构

内设机构

县司法局内设办公室、宣教科、基层工作科、公证处、律师事务所。1994 年，投资 60 万元，在惠明路42号，兴建办公用房，建筑面积750平方米，2000年10月交付使用。

1997年，县司法局内设机构改为：办公室（政治处）、法制宣传教育股（与法制培训中心合署）、行政法制股、基层工作管理股、公证管理股（与公证处合署）、"两劳"回籍人员管理股。1998年，成立法律援助中心，司法局内设机构增至7个。2000年10月，司法体制改革，申信律师事务所与司法局脱钩，成立"浙江万申佳律师事务所景宁分所"。2001年，根据丽地司〔2001〕13号文件，撤销原有的第一至第六法律服务所和法律服务中心（保留法律援助中心），成立景宁畲族自治县新泰法律服务所，有法律服务工作者4人。2008年10月，成立社区矫正科（与"两劳"回籍人员管理股合署）。至2010年末，核定编制38人（含后勤服务人员）。其中，局长1人，副局长2人，纪检组长1人，股级职数13人。

基层机构

2007年，为落实省委办、省政府办关于《进一步加强基层司法所建设的意见》提出"一乡一所"的要求，成立鹤溪、沙湾、英川、东坑、渤海、梅岐、毛垟、澄照、陈村、大漈、外舍11个乡镇司法所。至2008年末，全县22个乡镇（管理区）均成立司法所，配备兼职司法助理员50人。各乡镇司法所办公室、调解室、接待室、谈话教育室、档案资料库等四室一库办公场所及办公用具，达到省委办、省政府办提出的目标要求。2009年8月，鹤溪、东坑、渤海、沙湾、英川5个镇司法所升格为县直属所，核定行政编制17人，实行与乡镇（管理区）双重管理体制。2010年，鹤溪镇、东坑镇等6个司法所先后被省司法厅命名为"示范司法所"称号。

第二十九篇　军　事

1984年8月1日，根据浙江省军区的批示，成立景宁畲族自治县人民武装部（以下简称县人武部）。1987年11月，经武警浙江省总队批准，新组建的武警景宁畲族自治县中队入驻景宁。县人武部、县武警中队、县消防大队坚持岗位练兵，积极参与抗灾抢险和地方经济建设。至2010年，驻景宁部队为景宁的经济发展和社会进步发挥重要作用。

第一章　人民武装

县人武部为景宁行政区的军事指挥机关，它既是县委的军事机关，又是县政府的兵役工作机关，接受县委、县政府和上级军事机关的双重领导。1993—2010 年，县人武部遵照上级指示要求，开展国防动员演练，依照兵员征集各项条件，严格把关，为部队输送优质兵员，积极参与抗灾抢险，支援地方建设。

第一节　国防动员演练

1997 年 9 月 27 日 8 时至 29 日 18 时，根据丽水地区战争动员委员会和丽水军分区指示，县人武部组织机关干部 9 人，进行应急民兵动员演练。下发各类指示、命令、通知、通报等 43 份，完成上级赋予的应急动员演练任务。

2002 年 7 月，县人武部组织 70 人参加退伍军人集结动员演练。

2006 年、2007 年县人武部分别组织两次演习，县国防动员委员会领导及各成员单位参加演习。

县国防动员委员会组织民兵应急分队防暴演练

第二节　征　兵

1993—2010 年，县人武部组织实施县域的征兵工作，制定征兵的具体计划、工作安排、任务分配、各种保障方案和保证新兵质量的具体措施；组织征兵宣传动员、目测摸底、体检、政审、审批定兵和新兵交接运输等各阶段的工作；检查征兵政策的落实情况，掌握征兵情况，分析征兵形势，定期向上级汇报征兵进展情况；负责接兵部队接待工作，主动介绍情况，充分发挥接兵干部在征兵工作中的作用，组织新兵被服发放；总结征兵工作，进行新兵数量质量情况统计，提出改进征兵工作的意见建议，并处理好退兵等善后工作。征兵办公室设 6 组 1 站即秘书组、宣传组、纪检组、体检组、政审组、保障组、体检站。征集条件主要分年龄条件、身体条件、政治条件、文化条件等

年龄条件　义务兵年龄条件按照《中华人民共和国兵役法》规定，通常征集当年 12 月 31 日前

年满18~22周岁的男性公民。当年未被征集、年龄在22周岁以下的，次年仍可被征集服现役，多数年份征集年龄是18~20周岁。青年公民达到应征年龄，首先要参加体检，身体合格才审查其他条件。

政治条件　兵员征集的政治条件，依据不同时期，有不同规定，对应征兵员实施政治审查，确保人民军队政治上、组织上的纯洁。

文化条件　1992年前，对征集对象的文化程度没有作出明确规定。1993年始，农村征集对象，以具有高中以上学历者优先。女兵的文化程度要求，从原来的初中毕业提高到高中毕业。少数民族青年文化程度可放宽到初中毕业。

1999年12月，景宁建立畲族自治县后第一次为西藏军区征集一批兵员。县政府根据实际，专门为征集工作下发《关于做好进藏兵征集工作的通知》景政〔1999〕36号文件，通知规定：提高优待金标准，按内地兵标准的4倍发给；办理农转非，服役期满退伍后，优先安排到经济条件较好的城镇企事业单位工作，服役期满退伍后，一次性发给1万元安家费。景宁西藏兵退伍后均安置到事业单位。

第三节　机构队伍

县国防动员委员会

1998年9月20日，成立景宁畲族自治县国防动员委员会（以下简称县国动委），是县委、县政府、县人武部领导下的议事协调机构。其主要任务是：贯彻执行党中央、中央军委确立的新时期军事战略方针、政策、指示，组织实施国防动员工作。制定国防动员工作地方性法规和措施。协调国防动员工作中经济与军事、军队与政府、人力与物力的关系，提高平战转换能力。加强人民武装工作建设，落实军事斗争准备，组织领导民兵预备役和加强国防动员的政治宣传工作。县委、县政府、县人武部联合印发《关于组建景宁畲族自治县国防动员委员会的决定》。县委书记为第一主任，县人民政府县长为主任，县人武部部长为常务副主任，常务副县长、县人武部政委为副主任，县人武部副部长任秘书长，县委办、政府办、人武部、组织部、宣传部、计委、经委、外贸、财税、人事劳动、民政、公安、交通、广电、卫生、电信、邮政及公路段等单位负责人为委员。

1998年12月，县武装委员会与县国动委合并，称景宁畲族自治县国防动员委员会，行使县委、县政府、县人武部赋予的人民武装动员、国民经济动员、人民防空、交通战备工作的职能。一般以国动委名义协调经济与军事、军队与政府、人力与物力的关系，以增强国防实力，提高平战转换能力。

2001年6月26日，县国动委下设6个办公室：综合办公室设在人武部，主任由县人武部副部长兼任，政治动员办公室设在组织部，主任由组织部副部长兼任，经济动员办公室设在发改局，主任由局长兼任，交通战备办公室设在交通局，主任由局长兼任，人民防空办公室设在政府办，主任由县府办主任兼任，人民武装动员办公室主任由县人武部副部长兼任。

2003年5月12日，县国动委下设8个办公室。分别为：综合办公室设在县人武部，由县府办主任兼任主任，政治动员办公室设在县人武部，由人武部政委兼任主任；人民防空办设在县府办，由政府办副主任兼任主任；人民武装动员办公室设在县人武部，由县人武部副部长兼任主任；经济动员办公室和信息动员办公室设在发展计划局，由局长兼任主任；交通战备办公室设在县交通局，由局长兼任主任；科技动员办公室设在科学技术局，由局长兼任主任。县国防动员委员会领导小组因人事变动而调整。

县人民武装部

县人武部受县委、县人民政府和上级军事机关的双重领导。县委书记兼任县人武部党委第一书记，县人武部主官 1 人进县委常委，主官 1 人参加县政府常务办公会议。在乡镇和县直属机关设立人民武装部，配备专职武装干部，参加同级党委会议。

1986 年 6 月，根据中共中央、国务院、中央军委《关于县（市）人民武装部改归地方建制有关问题的通知》，县人武部改归地方建制，其机构称“浙江省景宁畲族自治县人民武装部”，为副县级单位。编配部长、政治委员，设军事科、政工科、办公室。一般干部按主任科员、副主任科员、科员、办事员确定职务等级，仍称科长（主任）、参谋、干事、助理员。其工资和福利待遇按当地公安干警的标准执行。人武部的职责和工作任务不变，负责辖区内的民兵和兵役工作，为本地区的军事领导指挥机关，既是县委的军事部，又是同级人民政府的兵役工作机关。

1996 年 4 月 1 日，根据中共中央、国务院、中央军委中发〔1995〕12 号文件，将地方建制的县人武部收归军队建制，称“中国人民解放军浙江省景宁畲族自治县人民武装部”，为正团级单位；设军事科、政工科、后勤科。人武部为本地区的军事领导指挥机关，接受上级军事机关和同级地方党委、人民政府的双重领导。县委书记兼任县人武部党委第一书记，县人武部的主官 1 人参加同级地方党委常委会，主官 1 人参加同级人民政府常务办公会议。同年县人武系统编制从 70 人缩编为 58 人。其中，县人武部现役干部 11 人，乡镇专武干部 36 人。之后，县人武部机关干部编制又数次缩减。

2000—2010 年，县人武部下设军事科、政工科、后勤科，现役干部编制为 7 人。2010 年末，全县设乡镇（管理区）人武部 22 个，县直属机关人武部、经贸系统人武部各 1 个。

1994—2010 年景宁人武部部长、政委名录

表 29-1-1

职　务	姓　名	性　别	民　族	籍　贯	任职时间
部长	叶汝明	男	汉	浙江景宁	1994.7—1999.11
	甄荣泗	男	汉	浙江浦江	1999.11—2000.7
	宋心安	男	汉	上海崇明	2000.7—2001.5
	王支平	男	汉	江苏南京	2001.5—2002.4
	李根林	男	汉	浙江丽水	2002.4—2004.4
	吴盛华	男	汉	浙江龙泉	2004.4—2006.3
	厉晓良	男	汉	浙江东阳	2006.3—2009.3
	胡启强	男	汉	江西资溪	2009.3—2010
政委	张盛忠	男	汉	浙江景宁	1994.7—1996.4
	田仕军	男	汉	山东郯城	1996.10—1999.12
	甄荣泗	男	汉	浙江浦江	2000.1—2002.4
	王支平	男	汉	江苏南京	2002.5—2004.5
	李根林	男	汉	浙江丽水	2004.5—2005.5
	韩颖龙	男	汉	江西贵溪	2005.5—2008.3
	贲卫红	男	汉	江苏南通	2008.3—2010.5
	李广运	男	汉	浙江长兴	2010.5—2010.12

第二章 民兵组织

民兵组织是国防武装力量的组成部分，是人民军队的助手和后备力量，担负着中国特色社会主义现代化建设、维护社会治安、抵抗侵略、保卫国家安全的重任。

第一节 军事训练

民兵分队的军事训练，主要是训练民兵熟练使用掌握手中武器技能、战术和专业技术。平时能执勤和处置突发事件，战时能完成战斗任务。

1997年5月12—26日，组织民兵应急排、班进行军事训练。在年度军事复训中，进行队列、射击、投弹、捕俘拳和按预案进行应急演练等科目训练，合格率为100%。

1998年以后，落实南京军区司令部制发的《民兵应急分队升级训练纲目》要求，坚持以军委新时期军事战略方针为指导，以应用训练和成建制训练为主，从难、从严、从实际需要出发，努力提高整体遂行作战任务和应付突发情况的能力。县人武部根据上级分配的年度训练任务，完成训练课目，成绩合格。

县国动委组织民兵围捕敌特分子演练

2000—2010年，每年组织民兵应急分队训练。突出抓好民兵应急分队、专业技术分队、对口专业分队、民兵信息员队伍和城市民兵队伍建设。各类分队的训练，根据平时、战时所担负的不同任务，需要什么训练什么，增强训练的针对性、有效性和实战性。

第二节 民兵活动

1996年4月，成立县民兵应急大队并举行阅兵式。6月，鹤溪镇包凤村党支部书记、民兵连指导员雷汤菊出席中共浙江省第十次代表大会。10月18日，召开全县首届民兵代表大会，出席大会269人。并组织9000人（次）参加全国“迎接香港回归祖国，纪念建军70周年”国防知识竞赛活动。

1997年9月12—18日，雷汤菊出席中国共产党全国第十五次代表大会。9月28日，县人武部被评为全国民族团结进步先进模范集体，县人武部部长甄荣泗参加建国50周年国庆观礼团、全国民族团结进步模范大会，并获国务院“第三次全国少数民族团结进步奖”。

2003年3月5日，草鱼塘林场场长、民兵班长蓝钱根出席全国第十届人民代表大会。

第三节　组织队伍

1981年，中共中央、国务院、中央军委批转总参谋部、总政治部《关于调整民兵组织问题的报告》的精神，缩小组建范围，精简民兵人数，简化民兵组织层次。民兵年龄由16~45岁，调整为18~35岁，基干民兵年龄由16~35岁，调整为18~35岁。

1984年，建立景宁畲族自治县，同时建立县人武部。按上级要求，开展人民武装工作。民兵整组重点为调整民兵布局，改革过去“一刀切”平均摊派的做法，实行“三多三少”① 的编制原则。1988年12月，县人武部印发《景宁畲族自治县1995年前基干民兵组训装协调发展规划》，提出逐年调减基干民兵人数。基干民兵中，经过军事训练合格人员、退伍军人和地方专业对口人员纳编比例分别达到75%、20%和5%。

1995年，进行规范化整组。基干民兵、应急队员由民兵连长推荐，群众监督，乡镇党委批准，提高队伍纯洁性。2000年以后，基干民兵实行相对集中编组。新编入基干民兵、应急队员，由基层人武部、公安派出所进行联审，确保民兵政治合格。同时，完善民兵干部配备，基干民兵营、连配备营、连长、指导员正副职，由乡镇人武部、党委书记等领导兼任，厂矿企事业单位民兵连长由厂矿主要领导担任，村民兵连长选拔年轻、有事业心的退伍军人担任，实行民兵连长例会制，推行民兵连长进村“两委”班子。

1995—2010年，南京军区《民兵组织整顿暂行规定》和《浙江省民兵实施办法》规定，凡编入基干民兵组织的人员，在做好调查摸底的同时，重点把好政治质量关，重视民兵应急分队建设，合理布局。

第三章　驻景宁部队

驻景宁的部队有中国人民武装警察部队景宁畲族自治县中队、景宁畲族自治县公安局消防大队。驻景宁部队肩负军事业务训练、维护县域治安、抢险救灾、为景宁经济社会发展保一方平安等重大使命。

---

① “三多三少”编制原则：即交通便利人口集中地区、重点地区、经济发达地区多编；偏僻山区、一般地区、贫困地区少编。

第一节　武警部队

队伍建设

1987年11月，经武警浙江省总队批复，组建武警景宁畲族自治县中队(下称县中队)。

1996年，县中队组建防暴小分队，以“四贴近”要求狠抓规范化训练。

1999年6月1日8时，根据新颁布的《执勤规定》要求和上级指示精神，县中队从内看守撤出，正式转为外看守。

2002年，县中队开展军事训练小帮教、小测试、小竞赛、小评比(简称“四小”)活动，调动官兵训练积极性。

2010年，县中队始终坚持以勤务法规为依据，全面规范执勤秩序，加大执勤内部检查监督力度，确保执勤目标万无一失，连续24年执勤安全无事故。

重大警情

1998年6月22日上午，毛垟乡新建垟自然村遭受泥石流袭击，致36户民房被冲毁，23人罹难。县中队官兵们主动承担急难险重任务，连续奋战5天，清理淤泥300立方米，搬运木头30立方米，挖出罹难遗体4具，被县委、县政府荣记集体三等功。

2002年8月31日，4名持枪歹徒从泰顺劫持一辆出租车到景南乡境内，逃窜到深山，案发后县中队协同公安机关展开围捕侦破行动，经过9天8夜的奋战，一举侦破全案，先后抓获犯罪嫌疑人3人，自动投案1人，缴获枪支1支，子弹5发。

2003年，县城人民中路发生一起金店被盗案，县中队协同公安机关成功破获案件，挽回损失300万元。

2004年7月13日，景南乡何山头村一外地人，携炸药包占据一幢民房，扬言要炸毁房屋。在犯罪嫌疑人点燃燃气灶，火苗蹿向炸药包的千钧一发之际，陈德根等2位武警战士冒着生命危险，冲进屋内，抢出炸药包，并将犯罪嫌疑人抓获。

2005年9月，鹤溪镇遭遇50年一遇特大洪水。一天夜里9点，抗洪小分队倾城出动，在洪水淹没道路，路基被冲垮，过往车辆、行人摸黑前行，存在安全隐患的情况下，武警官兵手拉手，站在急流中充当警戒，坚持到凌晨4点，确保过往车辆、行人安全通行。

第二节　消防部队

消防职责

消防部队系中国人民武装警察部队体系的警种，也是国家机关的重要组成部分，担负着消防保卫任务和应付突发事件双重职能。县消防大队不仅是武警部队的军事机关，也是县公安机关的一个重要职能部门，受上级消防支队和公安机关的双重领导。其主要职责是进行经常性消防技能训练以及各种工具使用训练，提高灭火救援能力，熟悉辖区单位生产性质、建筑结构、交通、水源等基本情况，开展消防知识宣传、监督管理、消防许可及抢险救援等。

队伍建设

1984年，设立中国人民武装警察部队景宁畲族自治县消防中队（以下简称县消防中队），1994年，升格为县公安消防大队，下辖消防中队，编制25人。2007年，县消防大队从复兴东路53号迁至人民北路119号。2008年，县消防大队在扑救2007年11月19日沙湾火灾中表现突出，被浙江省公安厅荣记集体三等功1次。2010年8月，县公安消防大队被县政府授予"畲乡铁军"荣誉称号。

主要工作

开展消防安全监督　1993年7月，根据公安部《关于大型集贸市场、商业城、商业街等公共场所消防安全监督管理工作的通知》，会同城建、工商等部门，对县城主要街道、影剧院、歌舞厅、宾馆、饭店、商场等人员密集场所、易燃易爆场所加大执法监督检查力度。1999年发现火灾隐患273处。其中，重大隐患17处，下发责令限期改正通知书78份，重大火灾隐患限期整改通知书5份，责令当场改正通知书7份。2001年，在对公共聚集场所消防检查中，发现火灾隐患68处，发出各类法律文书21份，消除火灾隐患49处，处罚单位7家，责令停产停业单位7家。2009年，全面加强消防安全检查，检查单位307家，发现火灾隐患637处，整改火灾隐患621处，填发整改通知书78份，办理行政处罚案件6起，累计罚款0.7万元，责令停产停业3起。

宣传消防安全知识　1997年，深入中小学校，开展"千校万生消防大行动"活动。1999年4月30日，召开全县消防安全重点单位消防管理工作会议，与25个消防安全单位签订消防安全责任书。2005年，通过开展"多合一"建筑消防安全专项整治，消防产品专项治理，建筑固定消防设施专项治理等活动，全面加强消防安全工作。2008年，开展多警种跨区域演练1次，组织各类场所实地演练50次，开展重点单位演练50次，修订完善各类预案50份，保养消火栓147个。2009年，全面加强消防安全知识宣传，印制《消防法》宣传挂图500套、宣传手册2000份，悬挂横幅300条，营造良好氛围。

应对重大火灾事故　1993—2010年，景宁县消防中队（大队）每次接到火警报告后，坚持快速出警，及时应对火灾事故，尽量把损失降到最低限度，保护好人民生命财产安全。1994年，发生火灾14起，其中，重大火灾4起，经济损失95万元。1995年，发生火灾9起。其中，重大火灾8起，直接经济损失112.6万元。1997年发生火灾13起，死亡2人，伤3人烧毁建筑面积2375平方米，直接经济损失42.4万元。1999年发生火灾8起，直接经济损失58.4万元，无重特大火灾事故。2000年，发生火灾8起，直接经济损失11万元。2006年，发生各类火灾4起，直接财产损失10.15万元，烧毁建筑940平方米，受灾4户。公安消防部队接警出动52次，抢险救援48次，出动消防车97车（次）、消防官兵605人（次），抢救财产价值177.5万元。2007年，发生火灾6起，死亡1人，受灾44户，烧毁建筑5289平方米，直接财产损失405529元。公安消防部队接警出动84次。其中，参加火灾扑救6次、抢险救援68次、社会救助16次，出动消防车146辆（次），参战指战员560人（次），抢救人员9人，疏散人员33人，抢救财产价值90万元。2008年，发生火灾4起，直接财产损失84705元。公安消防部队接警出动38起（含增援），出动消防车75辆（次）、消防官兵453人（次），抢救被困人员6人，抢救财产价值97.1万元。2010年，发生火灾5起，直接经济损失20.27万元。

第四章 人民防空

人民防空是政府动员和组织人民群众防备空袭、消除后果采取的措施和行动，是现代国防的重要组成部分，是国民经济和社会发展的重要方面。县人民防空办公室机构成立后，即开展各项防空业务建设。

第一节 防空业务

应急防空

2007年8月，安装第一台人民防空警报器，9月22日下午3时防空警报试鸣成功。

2008年4月11日，成立景宁畲族自治县人民防空指挥部(以下简称县人防指挥部)。组建人防专业队84人，设1支大队、3支中队、9支分队。6月13日，进行集结点验训练，参训率、合格率95%。

同年5月19日，完成“5·19”全国哀悼日人防警报鸣放任务。8月21日，在县城八一宾馆楼顶、沙湾镇人民政府大楼各加装1台人防警报器。同时对安装在县疾控中心的1台人防警报器进行灾情警报信号与电声警报语音发放功能改造升级。9月20日，组织县城的2台人防警报器、沙湾镇1台人防警报器进行试鸣，鸣响率100%，覆盖率达到95%。同年12月15日，省人民防空办公室主任李杭带领相关处室负责人到景宁调研人民防空工作。12月23日，在人防办机房安装短波电台。24日，在人民防空办公室机房安装综合业务网设备，接入全省人民防空综合业务网。

2009年5月12日，为防灾减灾日，县人防办和教育部门组织学生防空防灾应急疏散演练观摩会，县委党校、教育局、广电局、畲乡报社、人防重点镇领导、开展人防宣传教育的学校负责人、社区主任等参加观摩。人防办完成人防专业队年度整组任务。6月19日，道桥抢修分队与医疗救护分队在县民兵训练基地进行公共科目集中训练。8月24日，县人民防空指挥部在人防办五楼会议室参加全省演习。9月19日，县人防办组织警报试鸣，警报器完好率、鸣响率100%。同年11月10日，省人民防空办公室副主任吴彩星带领相关处室负责人到景宁调研人民防空工作。

2010年4月14日，在县城民族经济开发区管委会大楼楼顶新安装1台人防警报器，同时对原有3台人防警报器进行灾情警报信号与电声警报语音发放功能升级改造。4月27日，县人防办在景宁中学组织“2010年校园师生应急疏散演练”，县应急办、教育局、消防大队、县城中小学、社区参加演练。5月11日，县人防办在城西社区组织人员开展应急疏散演练，县应急办、民政局有关人员参加观摩。5月12日，县人防办组织警报试鸣，警报器完好率、鸣响率均为100%。6月22日，运输保障分队和通信保障分队在县民兵训练基地进行公共科目集中训练。8月27日，成立县民防救援队伍。

宣传教育

2007年9月，开展人民防空教育进学校。同月18日晚，在人民广场举办庆祝中华人民共和国成立60周年暨人民防空宣传晚会。

2010年5月12日，在人民中路组织“防空防灾”知识有关图片展出和发放资料1000份。

第二节 机构 职责

组织机构

景宁畲族自治县人民防空办公室(以下称县人防办)，2007年5月14日正式开展工作。县人防办与县人民政府办公室合署办公，下设人防工程管理所(事业单位)。至2010年末，有干部职工5人。

工作职责

研究起草人民防空行政管理的规范性文件，并负责组织实施；依法督促检查城市建设、基本建设中贯彻执行人民防空要求的情况。

根据国民经济和社会发展规划以及国防建设需要，负责编制人民防空建设规划与计划，参与地下空间规划编制。

负责人民防空组织指挥工作、信息化建设、经费和资产管理、科学技术管理工作；组织人民防空工程建设，开展人民防空宣传教育工作。

会同有关部门提出重点防护目标并报县政府审批，指导重要经济目标单位制定防护措施和战时抢修方案。

组织训练通讯、防化防疫、医疗救护、抢险抢修、消防、治安、运输等群众组织；组织人民防空志愿者队伍建设。

根据县委、县政府和军事指挥机构决定，战时发布人民防空的有关命令和指示，适时开设指挥所实施有效指挥。

第五章 拥政爱民

拥政爱民是人民军队开展拥护政府、爱护人民的活动，是军队群众工作的重要内容，是人民军队的优良传统。1993—2010年，县人武部、县武警部队、县消防大队分别组织地方民兵与发挥驻军优势，听从指挥，支援地方抢险救灾、处置突发事件、为民解困，捐款捐物结对扶贫，支持地方发展。

第一节 支援地方发展

支援抢险救灾

1993—1998年，县人武部、武警部队、消防大队多次组织民兵、部队官兵赶赴澄照仙山、外舍等泥石流、重大火灾事故一线现场，支援抢险救灾。

1998年6月，毛垟乡新建垟村发生山体滑坡，县人武部接到救灾命令后，迅速组织民兵100人投入抢险。

县人武部组织民兵在救灾抢险现场

2005年6月18日，县人武部组织县民兵应急分队配合英川镇政府，对茶园村因受地质灾害影响，疏散村民500人转移至王宅村、英川村。

2005年9月1日，为抗御13号强台风“泰利”，2天内先后组织18支民兵应急分队600人、普通民兵2300人(次)参加抗灾，解救转移遇险群众1216人(次)。

2006年8月，为抗击第8号超强台风“桑美”，县人武部组织民兵预备役人员187人(次)，疏散危房内各类人员316人。2007年10月，为抗击16号超强台风“罗莎”，组织民兵预备役人员874人(次)。2008年2月，景宁遭受有史以来最大暴雪，县人武部组织民兵200人(次)参与抗冰雪灾害抢险，运送物资5万千克。

2008年，先后6次组织乡镇应急民兵1400人参与地方抢险救灾活动，共扑灭山火4起，抗洪抢险4起。1月，在抗击冰雪灾害时，组织辖区内民兵800多人(次)，以应急分队为主力，清扫公路积雪。组织民兵抢修队参加电网抢修工作，累计出动民兵148人(次)，运送物资6万千克，修复电线杆22根，线路3.2千米，为全县尽快恢复电网供电作出贡献。在扑灭森林火灾、防汛抗洪中累计出动民兵17批次500多人(次)。汶川大地震发生后，县人武部组织全体干部、职工和广大民兵预备役人员积极向灾区捐款、捐物，共捐款5000元，缴纳特殊党费6000元。

2009年8月15日，上海3名“驴友”和1名当地向导在炉西峡被水洪冲走。县公安局110指挥中心接到报警，立即派出8个搜救小组赶赴炉西峡事发地。县人武部迅速启动预案，先后组织民兵应急队员150多人(次)，配合搜救工作。2010年，县人武部组织民兵1000多人(次)，配合县林业局执行护林防火、植树造林任务，铲除防火隔离带100千米，扑灭大小山火38次，挽回经济损失100多万元。全年组织民兵出勤96人(次)，配合县公安分局开展重大节日治安巡逻及“畲乡三月三”大型文艺晚会等群众性集会现场执勤，维持活动秩序，确保人员安全，社会稳定。

1993—2010年，县武警部队处置突发事件59起，抓获各类犯罪嫌疑人73人，参加抢险救灾158次，为群众排忧解难。

2006—2009年，县消防大队共接警出动375次，出动消防车706辆(次)，出动警力414人(次)，解救被困人员140人，疏散受困人员2600人，抢救财产价值2000万元，保护人民群众财产价值近亿元。尤其在沙湾"11·19"火灾扑救、上海"驴友"炉西峡遇险搜救事件、"6·19"化学品泄漏处置等各类灭火抢险救援事件中表现突出。县消防大队荣立集体三等功2次，获省级"先进基层党组织"表彰2次、"基层建设先进大队"表彰4次，连续6年被评为市级文明单位和青年文明号；官兵荣记个人三等功12人(次)。2010年7月30日，县政府授予县消防大队"畲乡铁军"称号。

支持扶贫结对

2002年，县消防大队官兵在抢救伤员任周元时，得知其家庭困难情况后，立即组织捐款，并在团县委的协调下与双胞胎女儿建立长期助学结对。2007年，县人武部干部职工每人每月拿出1天工资，与大均乡10户贫困户结对扶贫，捐款1.16万元。全年为农村贫困家庭捐款2000元；为慈善事业捐款5000元；为陈村乡移民工作捐款7000元。2008年，人武部结对帮扶大均乡10户贫困户，捐款1.2万元。交特殊党费11450元，为移民工作捐款5000元，为地方创建卫生城市捐款5000元。

第二节　军民联谊

节日慰问

1993—2010年，县委、县政府重视地方人武部与驻景部队官兵的工作和生活。每年"八一"建军节，县委、县府主要领导前往驻景部队营区慰问、走访驻景部队官兵，共叙军民友情，解决实际困难，密切军民鱼水关系。每逢元旦、春节，各级组织普遍召开拥军优属座谈会，听取烈军属的呼声与要求，及时帮助解决困难。每年春节向全县烈军属、退伍、转业军人发慰问信、送年画、送光荣镜框等。此外，每年清明节，组织干部、群众、学生等，向革命烈士墓敬献花圈，举行悼念活动，缅怀先烈。

军民共建

1993—2010年，县消防大队与有关学校、社区、县文明办等经常开展军民联谊、文明创建等共建活动。

2008年12月，完成迁建县消防大队营房项目，营房占地8670平方米，建筑3100平方米，总投资650万元。2009年，县政府筹集资金，对设备老化的县实弹射击靶场进行修缮。2010年，县政府拨出专项资金，对武警景宁中队营房进行改造装修，改善了驻景武警官兵的居住条件。

2010年，县人武部和驻景部队与辖区各企事业单位、社区、学校签订双拥共建协议45份。"八一"建军节前夕，与县文化中心签订免费借阅图书、观看电影、义务文化辅导共建协议。同年，组织辖区民兵1200人(次)，清扫社区、公园卫生死角21处，清运垃圾6万千克，清理杂草4000多平方米。全年组织民兵出勤210人(次)，配合县公安局开展节日治安巡逻。积极开展维稳和维权工作，妥善处理涉及军人军属权益案件2起，并建立健全上访人员有关信息，对重点人员实施专人稳控，确保无社会集结串联上访事件发生。

第三十篇　教　育

1986年,《中华人民共和国义务教育法》颁布实施,景宁把教育放在优先发展的地位,对教育的投入逐年增长。1993年,根据国务院《中国教育改革与发展纲要》,先后进行教育体制改革、教学改革、学校布局调整。

20世纪90年代始,实施布局调整,撤、并双管齐下,小学由1991年462所调整到1999年188所。2001—2005年,按照"小学向中心镇和中心村集聚"原则,农村学校网点继续撤并。2006年,根据滩坑库区建设要求,撤并库区7所学校,建成库区九龙小学。通过联、改、撤、并,小学从1999年的188所降到2010年的18所。学校撤并后,实现"一乡一校"和集团化办学模式,教育资源整合共享,教育质量明显提高。

1997年12月16日,景宁被省政府授予"基本普及九年义务教育、基本扫除青壮年文盲县"称号。同月30日,景宁被国家教育委员会授予"普及九年义务教育、扫除青壮年文盲县"称号。2000年,通过省教育厅"普及实验教育县"验收。2005年,通过省政府"两高普九"验收。至2007年,景宁被评为省级教育强乡镇13个,市级教育强乡镇5个。截至2010年,投资达23172.8万元,极大地改善硬件基础设施、办学环境,县城各类学校规模基本达省一级办学要求。2010年9月17日,景宁被省委、省政府授予"浙江省教育强县"称号。

第一章　基础教育

1993 年，学前教育以县中心幼儿园为核心，社会力量办园为主体。2002 年，教育局出台《景宁畲族自治县社会力量办的幼儿园（班）等级考核细则》，学前教育走上制度化、规范化、科学化管理轨道。2010 年，公办幼儿园达 18 所，在园幼儿 2863 人，民办幼儿园 21 所，在园幼儿 1654 人。通过联、改、撤、并及库区移民，全县小学网点大调整，实现"一乡一校"，结束村级学校"复式教学"的历史，优化教育资源合理配置。2010 年，教育局出台《关于"强校接管农村学校"和"互助共同体"的实施意见（试行）》，将全县 5 所初中学校纳入民族中学教育集团、城北中学教育集团。2001 年 10 月，景宁一中通过"浙江省三级重点普通高中"评估验收。2005 年 5 月，景宁一中通过"浙江省二级重点普通高中"评估验收。2007 年 1 月，浙江省教育厅确认景宁中学为"浙江省一级重点普通高中"。2009 年 8 月，沙湾中学高中部撤销，景宁仅有 1 所普通高中。

第一节　学前教育

沿革

1993 年，景宁学前教育以县中心幼儿园为核心，社会力量办园为主体，形成公办、民办、联办等多种形式办园的格局。全县幼儿园共 21 所。其中，教育部门办 1 所，其他部门办 4 所，私人办 16 所。在园幼儿 973 人。

1997 年，景宁兴起社会力量办园。1998 年 7 月，景宁教育局从县妇女联合会接管全县民办与社会力量合办幼儿园 40 所，在园幼儿 908 人。至此，幼儿园共 41 所，在园幼儿 1249 人。学前教育纳入教育局常态化管理。

2001 年，景宁撤销不具备办园条件的幼儿园 9 所。2002 年，出台《景宁畲族自治县社会力量办幼儿园（班）等级考核细则》，按幼儿园等级实行收费标准，幼儿教育走上制度化、规范化、科学化管理轨道。

2004 年，县政府出台"民办农村幼儿园可无偿使用闲置校舍、划拨教育补贴经费、各乡镇中心学校创办附设幼儿园"的政策。幼儿园共 100 所，在园幼儿 4038 人。2006 年，公办幼儿园发展到 15 所。公、民办幼儿园在园幼儿人数首次持平。

2007 年，景宁注销 34 所办学条件简陋、质量低下的民办幼儿园办学许可证，启用新的国家级办学许可证，规范办园管理行为。幼儿园 63 所，在园幼儿 3948 人。

2008 年，县中心幼儿园被确认为省二级幼儿园。幼儿教师编制首次核定为 164 人。实验幼儿园和蓝天民办幼儿园新园区工程破土动工。实验幼儿园总投资 2000 万元，占地 8700 平方米；蓝天民办幼儿园投资 1100 万元，占地 4025 平方米。2010 年 9 月，两园投入使用。

2010年，县政府下发《景宁畲族自治县人民政府关于促进学前教育发展提升学前教育质量的实施意见》，县财政每年安排学前教育发展专项资金150万元。学前教育列入政府议事日程，确立公办幼儿园在幼儿教育中的主导地位。2010年，公办幼儿园达18所，在园幼儿2863人；民办幼儿园21所，在园幼儿1654人。学前三年入园率达92.15%，教职工352人，教师学历合格率达88.6%。其中，大专以上学历211人。至2010年末，获国家级奖励1人、省级奖励3人，市教坛新秀9人。

学制与教材

1993年，景宁学前教育学制为3年，也有1至2年，幼儿园招收4—6周岁幼儿。分设小、中、大班。2000年秋季，改招收3—5周岁幼儿。

1993—2001年，幼儿教学均使用浙江新时代出版社出版的《幼儿园系列教材》；按国家《幼儿教育纲要（试行草案）》规定，开设卫生习惯、体育运动、思想品德、常识、语言、画画和音乐等课程，同时，根据年龄段特点，开设拼图、剪纸、木制玩具动手操作课程。2004年，统一使用教育局核定的教材。2007年，中心幼儿园编写乡土教材《畲乡幼儿本土活动课程》。2008—2010年，采取以主题（单元）活动方式设计课堂教学内容；课程、教材自主、多元化。

保育与教养

1993年，幼儿教育教学管理实行自主型方式，由幼儿园园长与分管教学人员自行制定、设计教学计划，不少幼儿园实行以识字、数数为主课程的教学模式。1998年，改变幼儿小学化教育态势。2004年，规定幼儿保教以游戏、观察及手工劳动为主，以开发幼儿智力，培养个性。

1993年，景宁执行国家《幼儿工作规程》，工作人员须持证上岗，对幼儿的生活规律、卫生习惯、言行举止、文明礼仪等行为渗透到保育与教养的各个环节中。1995年，县中心幼儿园配设专职保健员。2000年，幼儿园设专职或兼职保健医生；建立幼儿健康档案、营养管理制度等。2006年，幼儿园配紫外线消毒灯等环境消毒器。

幼儿园选介

中心幼儿园　位于鹤溪镇新华路22号。前身为1956年创办的鹤溪镇百岁门鹤溪小学附设幼儿园。1959年，搬迁至上桥头民主弄12号，改称鹤溪镇机关幼儿园。1984年11月，归县教育局管辖，改称景宁畲族自治县教育幼儿园。1989年12月，与县机关幼儿园合并，建立景宁畲族自治县中心幼儿园。1991年2月迁入新华路22号，占地2235平方米，建筑面积2089平方米。因生源扩大，2003年9月租用金童幼儿园场所，设立县中心幼儿园金童园区。园内设施较为齐全，大型玩具4套，教学电视机9台，录音机21台，办公电脑14台，钢琴（含数码钢琴、电子钢琴）16架，风琴15架，

县中心幼儿园外景

空调34台，照相录像机4台，达省二级园标准。1996年被评为省卫生工作先进单位，2000年被省人民政府授予省文明单位，2005年被授予省巾帼文明示范岗，2008年被认定为省二级幼儿园。

幼儿园致力于教育科研与实践，先后有32个课题获省市一、二、三等奖。有市学科带头人1人，市教坛新秀5人，获省市师德楷模、优秀教师、优秀教育工作者、优秀班主任等荣誉11人。

2010年，教学班18个，在园幼儿665人，教职工45人，专任教师专科学历合格率达100%。

实验幼儿园　位于鹤溪镇团结东路48号，2008年动工兴建，按省一级幼儿园标准建造，总投资2000万元，于2010年9月投入使用。占地面积8728平方米，建筑面积6701.10平方米，绿化面积2871.72平方米，绿化率32.9%。每班配备钢琴、电脑、空调、电视、空气消毒机等。室外有安全、舒适的大、中型玩具。幼儿园结合园本课程建设，创设了教师书吧、美术室、幼儿书吧、棋乐吧、建构室、科学探索室、感觉统合训练室等专用活动室，属省一级幼儿园。

县实验幼儿园

2010年，有大、中、小班级18个，在园幼儿600人，在岗教职工77人。

幼儿园获得“浙江省绿色学校”“浙江省巾帼文明岗”“浙江省A级食堂单位”“浙江省首批餐饮服务食品安全示范单位”“浙江省首批体育示范园”“丽水市安全教育与演练示范学校”等称号。

蓝天幼儿园　创办于1994年8月，原址在商业局，仅5个学生。1996年迁址县青少年宫，1998年迁至县商贸城，10个班，在园幼儿最多时达440人。2010年迁至鹤溪镇环城东路17号，新园区占地面积4028平方米，总投资1100多万元，园内设施齐全，装备先进，管理有序。

2002年，推行《马宏细儿双语教学法》，2010年引进《蒙氏教育》模式，理念先进，管理精细，曾得到省督学董惠铭等专家的肯定。2010年，共11个班，在园幼儿335人，教职工40人，学历合格率100%。办学以来，获省、市级课题论文奖18项，先后被评为省优秀民办幼儿园、全国优秀民办幼儿园，达省二级幼儿园水平。

第二节　小学教育

沿革

1993年，景宁有小学349所。1997年，小学减少到331所。

1998年9月2日，县政府出台《关于全县学校布局调整的实施意见》，撤、并、改人口少、办学能力低的自然村小学69所，小学调整到262所。同年，鹤溪镇、外舍、大均、澄照、梧桐、大漈乡实施义务教育，7—11周岁儿童入学率达99.84%，12—14周岁普及率达99.02%。

1999年，景宁再撤、并、改小学74所，小学从262所调整为1999年的188所。2000年，小学“五年制”改为“六年制”。同年9月，景宁育才民办学校从鹤溪镇学田村迁至鹤溪镇鸭卵坑村，学校规模扩大，农民工子女入学难得到缓解。2001年，市教育局出台《丽水市2001—2005年中小学布局调整规划》，2006年，景宁实现"一乡一校"，结束村级学校"复式教学"的历史，实现教育资源合理配置。

2010年，教育局出台《关于"强校接管农村学校"和"互助共同体"的实施意见（试行）》，中小学实行集团化办学。通过联、改、撤、并及库区移民，小学从1999年的188所，448个班，调整为18所，241个班。

1993年景宁小学办学情况一览

表30-1-1

乡镇名称	学校数（所）	班级数（个）	学生数（人）	小学校名
县属	1	20	1061	县中心小学
鹤溪镇	13	36	1110	鹤溪、张村、浮丘、余山、新华、王木坑、石垟、旱岗、惠明、三枝树、东弄、粗滩、敕木山
外舍乡	13	21	412	外舍、白岸、王金垟、岭北、金村、坑山后、坳丘岗、石龙、官山、岚头、新华、汇田、岗石（白岸、大坪、大常）
大均乡	6	11	269	大均、新亭、张寮、李宝、伏叶、叶坑（派庄、田寮、大赤坑、白锄、跃坑头）
澄照乡	11	22	491	澄照、坦垟、漈头、金丘、朱排、朱坑、梅坑、小东岱、下泥、仙山、东岱
梅岐乡	10	16	344	梅岐、岳崇、张山、桂远、横坪、竹山、古楼、李山头、石门、窑岗（山前）
渤海镇	25	42	973	渤海、大都、门潭、东山、安亭、梅坑、石塘山、东畔梅源、石塘口、竹山、桥头、鲍山头、马里赛、垟团、沈坑、渤海坑、上寮、乌坦、湖坑、驮圩、后砻、鳗段、林圩、外湾（西山、干坑、张坑、石木底）
金钟乡	17	28	576	金钟、垟坑、杨山、大畈、上斜、徐山、李坑、拌垟、黄石、甲头岗、小粗、陶州、大吴山、古传、吴山岗、陈原头、龙须坦
郑坑乡	6	10	267	坑下、柳山、半岭、吴布、羊角岗（叶山头村、齐坑村、通天岙村）
大顺乡	14	31	759	大顺、新四、岭里、徐垟、田坑、高沈、圭根、坑口、炉西峡、半岭、高岩、长汀、后斜、毛山（翁坑、朱岭下、叶山垟、朱岭头、朱山、垟佑、西丰坑、高燕）
陈村乡	20	34	839	陈村、顺利、金田、黄寮、后坪、塘堡、井边、鹤口、上山岭、李坑、徐岙、松团、金山、库坪、罗埠垟、下朱、外山、朱山、鲍岸、萍田（东寮、五布底、杨梅隆、菊花井、高斜、满头垒、坪盘、朱岭头、坦头、坭翁、横坑、沙坑）
英川镇	37	73	1560	英川，梅漈、底垟，坑垟，董川，金林，新村，叶坪头、隆川，隆上，若寮，凤垟，张川，寨后，黄万，毛坑头，大湾，白坦，黄垟口，陈坑，黄湖，木耳口，榅堆，茶园，黄谢圩，湖后，后坑，柳八漈，洪源，梨树突，木岱根，周占，鲍岱，石漈，外处岙，五架，半岭（黄伍岱，上村垟，樟表坑，雁湖，黄茅岭，毛师坑，驮突，漈下）
葛山乡	11	22	423	葛山、印章、岭头、粗砻、岗头、西山、岙根、金岱、湖处、林茆、岱头（上坞、大坪、半岭）
鸬鹚乡	13	25	495	鸬鹚、夏山头、仁字坑、南坑下、茶亭、山下、黄桑南、榅枫、油坑湾、吴山、徐漈、驮戥、罗坑头（外弄、企岩头、塔后、黄弄）
沙湾镇	38	72	1766	沙湾、叶桥、莲川、林坑、水井、严坑、仙姑、道化、张庄、季庄、坑头、旺水、徐山、七里、七里坳、林斜、鳗段、新庄、陈司坑、岱头垟、古楼、后塘、蔡湖、蔡湖垟、小地、赤岩、本岱、上处垟、流坑、东堡、后村、李处、何处、陈田、林谢、水碓垟、鸬鹚口、坑头源（毛山头、鸬电）
标溪乡	12	20	430	标溪、预章、何庄、枫林口、处基、东车、马地垟、叶谢、马山、箬要、张山、角坦、回坪
梧桐乡	11	21	480	梧桐、角耳湾、高演、山前、林山、梧桐坑、金兰、王山头、坦坑、东源、马兰坦（坑底垟、张司洞、茶树岗、李庄、梅坦头、吴太山）

续表 30-1-1

乡镇名称	学校数（所）	班级数（个）	学生数（人）	小学校名
大地乡	18	29	640	大地、垟头、驮垟、柳山头、垟白岱、叶坑、净水、桃垟、张坑、水溪、余公岱、郑公垟、西坑、蔡放、安俸、黄坑、董岭、曲坑
家地乡	8	11	288	家地、苎岱、坪坑、上漈坑、下漈坑、石壁、谢坑、梅山头（深度）
毛垟乡	9	20	495	毛垟、库头、炉西、上坑头、陈坪、燕安、底垟、库下、上沙湾（大支、半岱、章舟垟、牛岱、库头岭、谷坞）
秋炉乡	13	29	632	秋炉、半山、第一坑、后坑、新塘垟、山头、湖后、下圩、伏岩、风口、坑口、梅花岗、四坑（万岱坑）
东坑镇	18	33	805	东坑、章坑、白鹤、北溪、罗山、何村、林山、竹埠、徐砻、北山、杨斜、桃源、漈垟、叶源垟、黄山头、吴山头、大张坑、茗源（周杉、孙山）
大漈乡	5	10	263	大漈、小佐、林源排、半山（小岭坑）、彭村
景南乡	9	15	385	景南、上渔、东塘、石立、程田、缪坑、上标垟、岭头、中屋
雁溪乡	10	14	319	雁溪、东山、黄桐、浮亭岗、石梯、高宅、梅坞、拓湾、岙头、石柱（全坦、半溪、西山寮）

说明：有“（ ）”为简易学校。

2010 年景宁小学情况一览

表 30-1-2

学校名称	班级数（个）	学生数（人）	学校名称	班级数（个）	学生数（人）
县实验一小	47	2187	大地乡校	6	70
县实验二小	52	2355	大漈乡校	6	97
县民族小学	46	2416	郑坑乡校	6	106
沙湾镇小	12	306	梧桐乡校	6	158
英川镇小	6	109	毛垟乡校	6	81
东坑镇小	9	234	鸬鹚乡校	6	100
大均乡校	6	83	雁溪乡校	4	15
标溪乡校	6	77	景南乡校	6	107
秋炉乡校	4	27	九龙乡校	7	145

教学

1993—1999 年，景宁小学学制为五年。2000 年秋始，五年制改为六年制，招收 6 周岁儿童为六年制新生，同时招收 7 周岁儿童为五年制最后一届新生，两种学制并存至 2005 年，2006 年始，实行六年制。

1993 年秋，景宁统一使用浙江省设置的九年制义务教育五年制小学课程。1995 年始，景宁执行省教委《关于实行每周 40 小时工作制后调整中小学教学计划的意见》。2000 年秋，使用浙教版《义务教育六年制小学课本》。2001 年，信息技术课列入小学必修课。2004 年秋，各小学起始年级实施新课程改革，小学三年级开始开设英语课。《常识》改为《科学》，语文教材采用“人教版”，数学教材采用“北师大”版，小学低段《思想品德》改为《品德与生活》，中高段改为《品德与社会》。选用省编《人·自然·社会》与丽水市编乡土教材《浙江绿谷》，一年级始开课，1995年，《畲乡景宁》乡土教材在全县统一使用。

小学选介

第一实验小学　位于鹤溪镇人民南路298号，学校创于清光绪三十二(1906)，学校源起雅峰书院，时称官立务本学堂；后十易校名(民国19年改称景宁县立第一小学；解放后，该校与景宁县简易师范附小、私立桐琴小学合并，迁至鹤溪镇百岁门56号，称景宁县鹤溪小学；1958年改称景宁县城郊区小；1963年始，分别改称云和县鹤溪小学、云和县鹤溪五·七学校、云和县红星区中心小学。1981年称景宁城郊区小；1984年改名景宁畲族自治县中心小学；1996年改名景宁畲族自治县第一实验小学。3次迁址。2010年定名景宁畲族自治县实验一小教育集团总校(接管鹤溪镇民族小学)，下辖5所子校，47个班，在校学生2187人，在职教职工159人，专任教师145人。学校被评为全国艺术教育先进单位、浙江省示范性小学、浙江省文明学校、浙江省教育科研200强学校、浙江省艺术教育(口风琴)特色学校、浙江省体育(乒乓球、田径)特色学校。学校占地面积14000平方米，建筑面积9900平方米。

县实验一小学生“千人口风琴”展演

第二实验小学　学校创建于1958年9月，时称鹤溪镇学田小学。占地面积10000多平方米，校舍建筑面积达9000多平方米。1984年下半年改为鹤溪镇中心学校，1996年更名为景宁畲族自治县第二实验小学，2006年接管城北校区，2010年，改称景宁县实验二小教育集团总校，下辖5所子校，教学班50个，在校学生2355人，教职员工168人，专任教师122人。学校被评为全国校园文化工作先进单位、浙江省示范小学、浙江省文明学校、浙江省校本教研示范校、浙江省舞蹈特色学校、浙江省现代教育实验学校、浙江省教育科研先进集体，浙江省课外导读先进集体等荣誉。18次获得浙江省、丽水市教育科研先进集体、群众体育先进集体、舞蹈艺术教

县实验二小

育特色学校等荣誉。

民族小学　景宁畲族自治县民族小学创办于2007年9月，坐落于石印山南麓。学校按省一类标准建设，占地52669.44平方米，建筑面积23802.38平方米，总投资5000多万元。300米标准跑道、多功能报告厅、体艺馆、篮球场等教学设施一应俱全，图书馆藏书近5万册，所有教室均安装多媒体教学设备。

2007年9月，招收一、二年级新生745人，班级16个。至2010年9月，教学班级48个，在校生2416人，教职工132人，其中省特级教师1人，省优质课一等奖获得者2人，市学科带头人4人，市优质课一等奖获得者6人。

2010年8月，将发展校园足球运动纳入三年发展规划。学校先后荣获"浙江省标准化学校""浙江省绿色学校""浙江省红旗大队""浙江省廉政文化示范单位""浙江省青少年体育俱乐部"等荣誉称号。

第三节　初中教育

沿革

1993年9月，初级中学21所，班级140个，专任教师311人，在校生6255人。

1994年11月，初中学校分成三类，一类3所，二类6所，三类13所。

1997年，景宁普及九年义务教育通过省政府评估验收。

1998年7月，大都初级农职业中学并入渤海中学；9月，道化初级农职业中学改为普通初级中学(独立初中)。2001年7月，英川小学和英川中学整合为"九年一贯制"学校；9月，英川镇校班级25个，在校生1026人；陈村民办初中并入渤海中学。

2001年9月，全县初级中学6所，在校生4813人，初中专任教师436人；九年一贯制学校1所，在校生1026人；乡镇中心学校附设初中部2个，在校生439人；私立初中2所，在校生444人。2003年8月，道化中学并入沙湾中学。9月，渤海民办初中并入景宁私立育才中学。2004年9月，乡镇中心学校附设初中部全部撤并。2005年8月，毛垟中学并入沙湾中学。2006年私立育才初中停办。2007年7月，滩坑库区移民，渤海中学并入城北中学。2009年8月，沙湾中学高中部停办，留初级中学；英川镇中心学校初中部(英川中学)停办，并入沙湾中学。景宁中学附设初中班改名为城南中学。9月，全县初级中学5所，班级80个，在校生4092人，专任教师298人。

2010年，出台《关于"强校接管农村学校"和"互助共同体"的实施意见(试行)》，将全县5所初中学校列入民族中学教育集团、城北中学教育集团。

1993年景宁初中办学情况一览

表30-1-3

学校名称	班级(个)	学生(人)	专任教师(人)	学校名称	班级(个)	学生(人)	专任教师(人)
景宁一中	12	674	37	大均初中	3	128	5
民族中学	12	626	35	梧桐初中	6	229	14

续表 30-1-3

学校名称	班级(个)	学生(人)	专任教师(人)	学校名称	班级(个)	学生(人)	专任教师(人)
沙湾中学	12	639	28	景南初中	3	111	4
渤海中学	11	536	28	大地初中	3	94	—
英川中学	12	604	30	鹤溪初中	4	146	12
东坑中学	12	658	25	外舍初中	7	299	17
毛垟中学	8	344	14	澄照初中	9	358	21
鸬鹚初中	8	365	17	梅岐初中	3	84	—
隆川初中	3	151	7	沙湾初中	3	112	3
大漈初中	4	171	7	叶桥初中	3	78	—
大顺初中	3	124	4	标溪初中	3	130	3

2010年景宁初中办学情况一览

表 30-1-4

学校名称	学校创办时间	班级数(个)	学生数(人)			专任教师数(人)
			初一	初二	初三	
民族中学	1986.9	36	636	548	617	112
城北中学	1997.9	24	381	444	416	80
沙湾中学	1958.9	10	135	44	136	41
东坑中学	1958.9	6	51	80	65	23
城南中学	2007.9	6	98	85	92	15

教学

1993年，景宁实行九年义务教育。其中，初中段为三年制。同年秋季，统一使用浙江省义务教育初中课本(试用版)。开展教育综合改革，部分学科调整为：历史、地理综合为社会，物理、化学、生物综合为自然科学；同时，增设公民课。在普通中学实行“3+X”培训，即在初三毕业后，全体学生接受半个月或1个月不等的农村实用技术培训。1994年，初一年级进行综合理科教材试教，即把传统的物理、化学、生物及历史、地理合成一门学科教学。

2004年始，省编《人·自然·社会》、市编《浙江绿谷》、景宁编《畲乡景宁》等乡土教材在各校使用，有的学校还编写技术课程，民族中学的《畲语读本》统一在初一年级开课。

初中选介

民族中学　景宁畲族自治县民族中学创建于1986年，是一所招收畲族青少年为主的初级中学。

学校原址在鹤溪镇敕木山路38号。2008年，迁至县城吾弄湾新校园（景宁城南街道鹤川路1号)。校园占地面积52372平方米，校舍建筑面积27842平方米。2009年，班级36个，学生1801人。其中，民族学生400人，占学生总数的21%。教职工130人。其中，中学高级教师20人，中学一级教师

76人，市级教坛新秀4人。

学校开设传承民族传统与现代气息相结合的校本课程，以音乐、体育、美术、劳技教育为载体，提升特色教育水平。师生创作畲族山歌《敬酒歌》、畲族舞蹈《采茶舞》《水小舞》、民族体育节目《操石磉》《操杠》《赶野猪》《畲族美术》《畲族彩带》《畲族工艺》《畲族壁挂》等；每年农历“三月三”，学生皆参加畲族风情节活动。学校先后被授予全国民族教育先进集体、全国民族中学理事校、全国体育达标先进集体、全国青少年爱国主义教育先进集体、全国贯彻《学校体育工作条例》优秀学校、省依法治校示范校、省卫生先进单位、省校本教研示范校等荣誉称号。

县民族中学师生表演畲族传统体育项目——摇锅

城北中学　景宁县城北中学位于鹤溪镇团结东路71号，是一所公办全日制普通初中，创建于1997年9月，是“浙江省扶贫建校”的成果。学校占地面积28421.95平方米，建筑面积12505.03平方米。2010年，全校有教学班24个，在校生1241人，寄宿生404人；教职工96人，专任教师80人，中学高级教师16人，中学一级教师55人。学校的发展经历“创建、扩建期、集团”三个时期，三个时期分别解决“就读难”“读好书”“优质资源共享”的问题。学校先后获得省示范初中、省篮球传统项目学校、省现代信息技术实验学校、省活动课程实验基地、省青年志愿者服务杰出集体、省绿色学校荣誉。

第四节　普高教育

沿革

1993年，全县有景宁一中、沙湾中学2所完全中学。其中，高中班级18个，专任高中教师60人，在校高中生756人。1995年，浙江省教委颁布《关于改革和发展普通高中教育的若干意见》，全省迎来普通高中新一轮发展，景宁一中通过了浙江省重点中学合格督导评估。1996年，景宁教委与温岭市教委建立长期合作关系，景宁一中与温岭中学结为友好学校。1998年9月，景宁一中高一年级开始扩招为6个班，全校共有班级16个，在校生844人。2001年7月，景宁一中初中部停招，成为普通高级中学。10月，景宁一中通过“浙江省三级重点普通高中”评估验收。2005年5月，景宁一中通过“浙江省二级重点普通高中”评估验收。2007年1月，浙江省教育厅确认景宁中学为“浙江省一级重点普通高中”。9月，景宁中学开始设立初中部，招收初中班2个，共80人。2010年，全县省一级重点普通高中1所，班级33个，在校生1650人，专任教师125人。

1993—2010 年景宁普通高中情况一览

表 30-1-5

年份	学校数（所）	班级数（个）	招生数（人）	毕业生（人）	在校生（人）	年份	学校数（所）	班级数（个）	招生数（人）	毕业生（人）	在校生（人）
1993	2	18	226	277	756	2002	2	36	760	367	1837
1994	2	16	232	255	690	2003	2	41	768	468	2101
1995	2	16	322	247	728	2004	2	44	878	607	2286
1996	2	17	243	197	734	2005	2	44	670	708	2118
1997	2	18	363	172	914	2006	2	42	584	658	1951
1998	2	19	400	309	981	2007	2	37	571	734	1729
1999	2	24	414	241	1105	2008	2	37	571	734	1729
2000	2	26	522	325	1254	2009	1	32	544	520	1611
2001	2	30	634	351	1494	2010	1	33	605	548	1650

教学

1993 年，统一使用人民教育出版社出版的《高级中学课本（必修）》教材；1996—2000 年秋季始，使用人民教育出版社出版的《高级中学教科书（必修）》；2000 年秋季始，使用人民教育出版社出版的《全日制普通高级中学教科书（试验修订本必修）》；2006 年秋季始，数学、英语、思想政治、历史、物理选用人教版；语文、化学选用苏教版，生物、信息技术选用浙教版；地理选用湘教版；音乐选用人音版；选修教材中，语文、物理、化学选用浙教版；数学、英语、历史选用人教版；地理选用湘教版。

1993 年，为组织学生参加浙江省普通高中证书会考，学校坚持月考制度，坚持期末参加全市统一检测制度。1996 年，景宁一中与温岭中学结对扶持。1999 年高考，景宁一中上重点线 18 人，上本科线 40 人，上线率达 50.5%。2007 年，经省政府牵头，景宁中学分别与北仑中学、鄞州中学结为对口支援学校。温岭中学、北仑中学、鄞州中学分别从 2007 年、2008 年、2009 年开始每年各为景宁培养借读生 10 名（学籍挂在景宁中学）。2008 年，景宁中学高考取得新突破，上重点线 19 人，上本科线 277 人，本科率达 56.2%，上线率 98.8%。2010 年，景宁中学高考一本上线 17 人，本科率达 44.4%，上线率达 94.3%。

1993—2010 年景宁高考录取情况

表 30-1-6

年份	1993	1994	1995	1996	1997	1998	1999	2000	2001
录取人数	118	132	158	96	99	104	108	164	245
年份	2002	2003	2004	2005	2006	2007	2008	2009	2010
录取人数	316	456	513	618	625	505	571	524	559

高中选介

景宁中学　坐落于鹤溪镇人民南路 1099 号，学校占地面积 10.33 公顷，建筑面积 47736 平方米，浙江省一级重点普通高中。学校前身为“景宁县立师范讲习所”，创建于 1938 年初，学校无固定校址，先后借用学田洪家祠堂和孔庙上课。学生仅一个班 44 人。1940 年初，第一期学生毕业，学校停办。1943

年9月，学校在城郊敬山宫再度复办，更名为“景宁县立简易师范”。至中华人民共和国成立初，共办了六届，培养学生269人。其间，于1945年举办过一期一年制国民教育师资培训班，学员50人。1947年和1948年又连续招收附设初中3个班，共有学生125人。

1949年8月，筹建景宁县立初级中学。校址由城郊敬山宫迁入县城鹤溪镇文化路8号。1958年，学校开办高中部，改名为“景宁中学”。1960年冬，景宁撤县并入丽水县，学校更名为“丽水县景宁中学”。同年，学校兼办师范部、农职班和工业班，办学规模扩大。1962年4月，景宁归属云和县，学校随之改名为云和县景宁中学。学校初、高中学制分别在1978年和1984年由2年改为3年。1984年，学校改名为“景宁畲族自治县第一中学”。

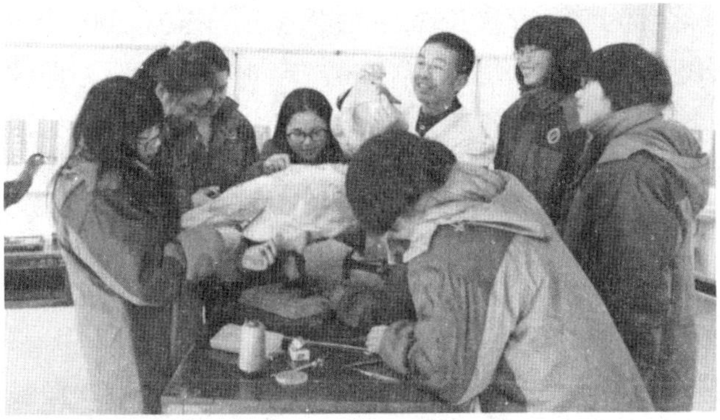

景宁中学生物老师指导学生制作动物标本

1999年，吴茁青在高考中夺浙江省理科“状元”。21世纪初，由于部分教师与优秀学生外流。高考上重点线人数逐年下降。

2001年7月，根据省教育厅省级重点中学评估的要求，学校最后一届初中学生毕业，初、高中分离。10月，学校通过浙江省三级重点普通高中评估验收。同年12月17日，景宁一中生物馆被省委宣传部、省科技厅、省教育厅联合命名为“浙江省科普教育基地”。

2003年初，县委、县政府决定景宁一中整体迁建，2004年末完成前期工作。同年8月学校被评为“浙江省绿色学校”荣誉。2005年5月，景宁一中被浙江省教育厅确定为浙江省二级重点普通高中。12月，学校被中国教育学会德育专业委员会评为“全国德育科研先进学校”。

2006年9月，学校迁入新址。学校由副科级单位升格为正科级单位。11月，县政府批准学校恢复“景宁中学”校名。2007年1月12日，景宁中学被浙江省教育厅确定为浙江省一级重点普通高中。同年，高考上线率达到94.5%。

2010年，学校有班级33个，学生1650人，在岗教职工158人。其中，中学高级教师49人，中学一级教师57人。

沙湾中学　创办于1958年，坐落于沙湾镇沙湾村，原校名为丽水县沙溪初级中学，为公办学校。1963年，更名为云和县沙溪初级中学。1971年春季创办高中。1984年，更名为景宁畲族自治县沙湾中学。2009年，学校校园面积16759平方米，建筑面积9212平方米。

沙湾中学校园

1995年，学校有24个班级，由于学校规模所限，1999年9月，初一4个班迁到道化中学，初二再转入沙湾中学就读。2003年道化中学并入沙湾中学。2004年，学校有28个班。其中，初、高中各14个班。在校生1400人，教职工128人。2009年，撤高中部，成单设初级中学。共有7个班级，在校生302人，教职工43人。其中，专任教师29人，中学高级教师3人、中学一级教师13人。

第二章　成人职业技术教育

1993 年始，在职干部职工通过参加自学考试、电大函授、教师进修等渠道，获得专科、本科学历。

2001 年，8 名职高学生参加高职院校招生考试，全部上线，首次实现上线生“零”的突破。2004 年 8 月，县职高被国家科技部确认为首批“星火计划农民科技培训星火学校”，2007 年，面向社会举办职业技能培训班，与浙江林学院、浙江旅游职业学院等签订“对口帮扶”及合作办学协议。2010 年 1 月，职高被吸收成为浙江旅游职业学院生源基地。至 2010 年，培训项目 29 个。

景宁技工学校原以青年补习高中文化课为主，1993 年后，常年开设计算机培训班。

1997 年始，通过挂靠、委托等方式开展培训，2001 年，景宁启动“百万农民培训工程”，2003 年，启动企业职工和农民“双证制”教育培训工作。2004 年，全面实施“五万农民素质培训工程”。2008 年，县职高国家星火计划农民科技培训学校确立“以服务为宗旨，以就业为导向”的办学思想，开展职业技能、农村预备劳动力培训。1993—2010 年，村、乡成人文化技术学校、县职业高级中学先后组织 40 多种培训，共 2526 期。

第一节　培　训

新教师试用培训

1994 年始，浙江省实行新教师适用期培训制度，新教师必须参加 120 学时培训，经考核合格，获得新教师试用期培训合格证书，才予以转正定级。2001—2010 年，景宁培训幼儿园、中小学合格新教师 502 人。

教师上岗培训

1993 年后，景宁继续开展对小学教师 120 课时全员岗位培训，采用省编小学教师继续教育教材，开设教师职业道德等七门功课。通过培训，达到规定要求，颁发浙江省小学教师岗位培训合格证书，并在 1998—2010 年，连续开展小学教师电化教育全员培训、教学基本功培训（包括普通话、三笔字、简笔画等）、小学教师学科技能等培训。先后开展中小学新教师试用培训、中小学教师岗位培训、中层以上干部岗位培训、中小学“校本”培训、新时期教师培训。2005 年始，景宁实施中小学教师素质提升工程，启动中小学教师远程继续培训工作，培训 1268 人，班主任全员培训 482 人。2008 年始，实施农村中小学教师“领雁工程”，选派骨干校长、教师 97 人参加省市级农村中小学教师“领雁工程”培训。2009 年启动县级“领雁工程”。1996—2010 年，景宁正式推行中小学继续教育登记制度，在岗教师每年必须参加 48 学时岗位培训，5 年累计 240 学时并考核合格。

学校干部培训

推行新任校长"持证上岗"制度。1996年始，教师进修学校负责全县新任小学校长和后备干部的岗位培训工作。1999年，启动中小学名校长工程；2001年，县属中学校长和乡镇学校中层以上干部80多人参加国家教育部举办的浙大魏贤超教授现代教育理念培训。2008年10月培训后备干部59人。2010年9月，实行小学阶段班主任培训持证上岗制度。

电大函授培训

1993年，景宁电大工作站开设汉语言文学、法律、金融3个专业，招生62人。1994年，随着专业的增设、学员的增加，开展广播电视远程教学。1995年秋，浙江省教育委员会批复，同意景宁电大工作站为注册试听生试点单位。当年，工作站招收首批财会、法律专业注册试听生52人。同年，建立电视中专景宁分校，扩大办学规模，在校生156人。1996年3月，省委组织部和省教委决定，举办乡镇经济管理专业中专班，培训乡村基层干部（18—45周岁），学制分脱产2年、业余3年，景宁电大工作站招收该专业新生56人。

2001年9月，景宁电大工作站与县教师进修学校同时迁至鹤溪镇叶府前8号，原浮丘小学原址合署办公。同年秋，景宁电大工作站实施电大远程开放教育模式，成为浙江电大"人才培养模式改革和现代远程开放教育教学试点单位"，开设专业8个，学员增加到268人。2002年，招新生252人。2003年12月，景宁电大通过省电大专家评审组评估，验收合格。次年秋，景宁电大圆满通过"中央广播电视大学人才培养模式改革和开放教育试点"项目的总结性评估。

2005年9月，景宁电大工作站与景宁教师进修学校分署办公。同年，开设本科专业，招收法律本科新生22人，报考人数逐年增加。2006年，景宁电大工作站升为副科级事业单位。2007年，电大从浮丘校址（叶府前8号）搬迁到原职高校址（城南路118号）。2008年6月，经省电大批准，升格为浙江电大景宁分校。同年8月，教职工增至12人，首次成立电大分校党支部。2009年8月，景宁分校根据教育部"一村一名大学生计划"的实施意见，招生面向农村干部、优秀青年，录招专科学生100人，开设专业有：农村行政管理、茶叶生产加工技术、观光农业和林业技术。2005年始，先后建立法律、金融、园林技术等7个校外实践基地。

至2010年，电大景宁分校开设本科专业5个，专科专业16个，中专专业1个。电大景宁分校毕业生1689人。其中，本科276人。有编内正式教职工12人。其中，副高级3人；向丽水电大和社会各界聘任专业对口、有经验的正、副高职称的兼职教师17人。同年，获省级招生先进单位。

第二节　教师进修学校

1985年，景宁县教师进修函授辅导站成立。1999年6月，更名为景宁畲族自治县教师进修学校，担负着全县在职教师的进修工作。

1993—1996年，教师进修学校主要承担小学教师中等师范学历函授教育的组织和辅导任务；其间，函授教师共毕业207人。

1996年，中师函授教育工作结束，工作重点转向高师函授自考的组织辅导和教师业务能力培训，其中中文专业专设教学班，以函授形式组班教学。当年，高师函授毕业70人。至2010年，本科函授毕业337人，专科函授毕业195人，小教大专函授毕业25人。

第三节　自学考试

1993年，景宁自学考试首设高等师范，共10个专业，学员105人。同年，参加自考406人，大专毕业25人。1995年，朱少华成为景宁第一位农民自学考试毕业生。同年6月，景宁首批高等自学考试本科毕业生2人。1997年，自学考试向农村延伸，首设7个乡镇自考联络点。1999年，设5个自考中心工作站、24个乡镇自考联络点。2000年上半年起，在准考证上使用3M防伪贴膜。由人工操作改为计算机管理，采集肖像信息。自学考试考务考籍管理由专业管理变为课程管理。2001年始，自学考试由每年2次考试机会增至4次。2002年，自学考试毕业证书实行电子注册。

1993—2010年，先后开设行政管理、汉语言文学、会计、法律、应用电子技术、市场营销、刑事侦察、文秘、农业经济管理、商业企业管理、中医、护理本科、乡镇建筑与管理、小学教育、国际贸易等专科专业。1995年始，相继开设汉语言文学、法律、公安管理、计算机及应用教育、金融等本科专业。至2010年末，报考各类课程学员12042人次。其中，毕业565人。

第四节　职业教育

职业中学

道化农业中学创办于1956年。1987年改称景宁畲族自治县职业高中。1993年9月，学校从沙湾镇道化村迁到县城城南路118号。1992年，全县职业初级中学2所（沙湾镇初级农职业中学、大都农中），班级8个，学生370人，教职工42人，学校占地面积6735平方米，建筑面积3759平方米。1998年9月，生源减少，大都农中停办，并入渤海初中；沙湾镇初级农职业中学改为沙湾镇初级普通中学。同年，全县仅存1所职业高中，开班7个，在校生245人。县高级职业中学，开班4个，学生116人，教职工37人。学校占地面积7050平方米，建筑面积1491平方米。

县职业高中数控专业学生实训

1993—1997年，县高级职业中学与县委党校合并兼办培训中心，中心主任由时任县委党群副书记兼任。

1994年始，职业高中面向外县招生。1996年始设专业班，先后开设预备役军人班、缝纫、糕点、食用菌、计算机、家电、文秘、旅游专业课。同年，县职高与临安职业技术学院签订合作协议。

2001年，实行高一文理分班，高二

分专业，高三分流，突出以谋求职业、增强社会服务能力的培养。

2004 年 8 月，县职高被科技部确认为首批“星火计划农民科技培训星火学校”，2007 年 1 月揭牌。同年，面向社会举办职业技能培训班，为企业职工、新型农民、进城务工人员进行职业技能培训。

2005 年，县职高与临安市职业中专实行“2+1”办学形式，招收“临安班”高一新生 42 人。2006 年 9 月，县职高从城南路 118 号搬迁至文化路 8 号(原景宁中学校址)。2009 年 10 月，浙江林学院、浙江机电职业技术学院与景宁职高签订“对口帮扶”仪式。2010 年 4 月，浙江旅游职业学院与景宁职高签订“3+2”五年制高职合作办学协议。

2008 年 10 月，浙江旅游职业学院与景宁职高签订对口扶持工作协议，2010 年 1 月，县职高成为浙江旅游职业学院生源基地。至 2010 年，培训项目 29 个，受训人员 10098 人次。

2010 年，县财政投资 3000 多万元，对原景宁中学的旧教学楼、学生宿舍、实验楼、操场进行拆建和全面改造。2010 年末，县职高有教职工 78 人。其中，取得国家职业资格考评员 10 人、“双师型”教师 29 人；在校生 924 人，班级 20 个，开设专业 6 个。占地面积 25336 平方米，建筑面积 14270 平方米。

1993—2010 年景宁职业中学办学情况一览

表 30-2-1

年份	学校(所)		班级(个)		毕业生(人)		招生数(人)		在校生(人)	
	初中	高中	初中	高中	初中	高中	初中	高中	初中	高中
1993	2	1	8	3	3	117	205	83	370	116
1994	2	1	10	7	7	33	164	137	386	247
1995	2	1	10	6	6	110	155	97	367	255
1996	2	1	12	4	4	158	99	64	383	121
1997	2	1	10	5	5	57	81	131	306	181
1998	—	1	—	7	7	50	—	150	—	245
1999	—	1	—	8	8	95	—	85	—	208
2000	—	1	—	11	11	30	—	145	—	258
2001	—	1	—	11	11	66	—	179	—	309
2002	—	1	—	9	9	45	—	213	—	434
2003	—	1	—	11	11	83	—	267	—	544
2004	—	1	—	11	11	131	—	212	—	550
2005	—	1	—	12	12	144	—	253	—	624
2006	—	1	—	14	14	199	—	413	—	794
2007	—	1	—	19	19	196	—	369	—	1014
2008	—	1	—	20	20	210	—	351	—	1020
2009	—	1	—	19	19	318	—	286	—	871
2010	—	1	—	20	20	307	—	518	—	924

实用技术培训

景宁技工学校原为青年补习高中文化课为主，1993 年后，常年开设计算机培训班。1997—2003 年，挂靠浙江长征职业技术学院，开设财务、企业管理中专班。2004 年始，与团县委联合举办培训班，课程开设针对下岗工人再就业的需求而定。2010 年，委托景宁智联职业技能培训学校，培训科目有：计算机操作、电焊工、维修电工、餐饮服务、网络经营等。

1994年8月，县教育局专设成职教股，加强农、科、教三结合，推进“星火计划”“燎原计划”的实施。1995年，全县24个乡镇均建立成人技术学校，英川镇、大均等5个乡镇组织实施“燎原计划”。

2001年，全县启动“百万农民培训工程”，以农业专业大户、营销大户、科技示范户为重点，开展致富带头人、农村劳动力转移培训。2003年，启动企业职工和农民“双证制”教育培训工作。2004年，按照“大就业、大培训”的工作思路，以高山蔬菜、名优茶、食用菌等为主导产业，全面实施“五万农民素质培训工程”。英川镇出资3万元选派农业产业带头人50人到浙江大学培训。2006年，遵循“专业不强培训补”的原则，走“产、教、科”一体化之路，选派专业教师下乡对回乡青年、下岗职工开展职业技能培训和“绿色证书”培训。2008年，县职高国家星火计划农民科技培训学校确立“以服务为宗旨，以就业为导向”的办学思想，开展职业技能、农村预备劳动力培训。

1993—2010年，村、乡成人文化技术学校、县职业高级中学先后组织40多种培训，共2526期，预备劳动力培训和劳动力转移受训人员216183人次。发“绿色证书”3579人，职业资格证书6852人。培训科目主要有：种植业、养殖业、餐饮业、美发师；缝纫、电工、焊工、机电维修、计算机操作、数控车工、起重机械操作、数控技能、消防现场救护；导游、涉外秘书、评茶师、茶艺师、绿色食品认证、超市经营等。

第三章 师资队伍建设

景宁素有尊师重教之风，县委、县政府高度重视教师的培养、聘用。1988年始，对有专业技术的教师实行职务聘任制，让业绩与待遇挂钩。2002年启动名师、名校长工程，培训师资和学校中层干部。2010年，全县教职工总数1656人，有高级职称教师195人，中级职称教师660人，省特级教师3人，全国优秀教师2人。

第一节 教师任用

教师资格认定

1991年以来，县教委一边抓教师的学历教育，一边抓教师专业合格证书的考试与发证。

1996年，县教育局对1993年12月底前在岗、具有教师职务、考核合格的教师进行教师资格过渡，发放教师资格证书，全县共有教师1084人通过考试获得教师资格证书。

2002年2月，市教育局规定：高中、职高教师资格由市级教育行政部门认定，初级中学及以下教师资格由县级教育行政部门认定。2003年11月，首次向经过考查符合教师资格的社会人员发放教师资格证书。2005年始，新进高中任教的教师，必须取得高中教师资格证书。至2010年末，共2106人通过考试获得专业合格证书。

教师职务评聘

1987 年 12 月，景宁首次实行教师职务评聘制。1988 年 5 月，获高级职称教师 7 人，获中级职称教师 176 人，获初级职称教师 831 人。2006 年，县委、县政府确定增加 100 个中级职称指标，经推荐、评审，获中级职称教师 100 人，获高级职称教师 18 人。

1993—2010 年，景宁获中学高级教师资格 194 人。2010 年，全县在职教师 1548 人，高级职称 131 人，占 8%，中级职称（中一、小高）870 人，占 56.2%，初级职称 459 人，占 29.65%，未评职称 103 人，占 6.65%。

教师聘用制度

1993 年，教师进城选调首次推行“双向选择”制度，即符合进城条件的教师与需要教师的学校双方自愿选择，首次打破组织选调教师的格局。

1995 年，景宁面向社会招聘具有高中学历以上有志从事教育的青年为正式教师 15 人。同年，在编民办教师转为公办教师 21 人，有实践经验的代课教师，经进修后转为公办教师 55 人。

1996 年 3 月，为实现省委、省政府提出的 1997 年前“统筹解决浙江省民办教师的问题”的要求，全县民办教师转为公办教师 49 人，一次性解决民办教师的编制问题。同年，县教育局首次在景宁一中进行教师聘任制试点。

1999 年始，大中专师范院校毕业生实行招聘制。2001 年始实施教育人事制度改革，对符合条件者一次性离岗退养。

2006 年，因专业教师紧缺，实施“引才工程”，与县人事部门协同，从师范类大学直接引进全日制本科以上学历，紧缺专业的优秀毕业生 21 人。

2009 年，景宁新录用教师 68 人全部安排在县城学校锻炼 1 年，然后再到农村学校任教。同年，景宁县委组织部、县教育局、县人事劳动社会保障局联合出台《关于加强教育系统教师队伍稳定和管理的意见》，对稳定教师队伍起到了积极作用。

第二节　师资分布

1993 年，景宁中小学教职员工 1386 人。其中，公办教师 1008 人。民办教师、代课教师人数多，合格学历达标率低，教师分布不合理。僻远山区的乡级学校，公办教师数量不足。从省内外引进一批紧缺学科教师，将优秀民办教师选送到省师范院校培训，合格后转为公办教师，全县公办教师的比例由 1993 年的 76.13%提高到 2001 年的 100%。

1992—2010 年，景宁有全国优秀教师（教育工作者）2 人。省特级教师 3 人（退休 2 人，在职 1 人），省级优秀教师（先进教育工作者）9 人，省级师德楷模 2 人，省农村突出贡献奖 1 人，省教坛新秀 5 人，省优秀班主任 1 人；市级名校长 3 人，市级学科带头人 11 人，市教坛新秀 19 人；县级名校长 8 人，县级名师 69 人。

2010 年，全县教职工总数 1656 人。其中，专任教师 1407 人。专任教师学历合格率，幼儿园 98.89%，小学 100%，初中 100%，普通高中 100%，职业高中 100%。全县教师高学历（幼儿、小学教师大专毕业以上，初中教师本科毕业以上）分别为：幼儿园 67%，小学 88.92%，初中 86.51%。

1993—2010 年景宁教师队伍情况一览

表 30-3-1 单位：人

年份	高中教师	职高教师	初中教师	小学教师	幼儿教师
1993	65	32	447	776	66
1994	71	68	449	782	75
1995	67	73	472	789	30
1996	78	79	503	824	30
1997	82	60	521	952	34
1998	89	40	611	967	33
1999	99	44	610	1054	165
2000	99	44	618	1038	155
2001	122	48	624	997	87
2002	141	55	611	1021	81
2003	152	57	604	1015	93
2004	162	66	571	1012	122
2005	162	66	529	875	120
2006	164	73	375	840	128
2007	168	74	331	796	124
2008	168	74	331	890	133
2009	174	83	343	911	317
2010	162	78	314	749	353

第三节 教师培训

1993—2000 年，景宁着重解决教师学历水平偏低、专业水平不高的问题，利用中师、高师函授、中等、高等自学考试、电大教学、选送教师到师范院校学习等途径来提高教师的学历和专业水平。景宁参加高师自考取得学历的教师 87 人，参加小学教育自考函授毕业的有 286 人。同时，注重校长、新教师的上岗培训和全员的政治理论学习。2000—2005 年，景宁以中青年教师为重点，实施景宁“名师”工程和紧缺专业学科教师培养。期间，教师参加省、市级培训 689 人次，县级 2468 人次，校级 9758 人次。2002 年，景宁委托浙江教育学院信息技术分院为景宁培训专业教师 59 人，为全县城乡各中小学普及信息技术教育输送师资力量。2006—2008 年，县财政拨出专项资金 25.7 万元，公费选派紧缺专业学科教师 42 人到丽水师范院校脱产进修学习 2 年。2006—2010 年，景宁实施教师素质提升工程和教师领头雁工程培训。期间，校长赴宁波市学校挂职锻炼 15 人，小学英语教师到杭州外国语学院接受培训 30 人，校长赴鄞州教师进修学校培训学习“现代教育管理理论和实践”理念 33 人。全县教师全面参加教师素质提升培训 1268 人。同时，还加强县内“集团化校本”培训，全县“五大教育集团”开展各类校本培训 21 次，参训教师达 1147 人次。

第四节 教师待遇

政治待遇

参与学校管理 1991年，景宁建立教职工代表大会（简称“教代会”）制度，教代会每3年为一届，每年召开1次教职工代表大会，教职工代表为维护教师权益，有权参与学校的重大决策，民主评议学校中层干部，参与校务公开工作。

参与干部民主评议 1987年，教育系统试行民主评议干部制度，将党组织行政考核干部和教代会评议干部“三评合一”，将“教代会”民主评议干部的民意作为基层意向，作为考察、任免、选拔、奖惩干部的重要依据之一。

参政议政 1993—2010年，教师当选省党代表1人，省人大代表3人，省政协委员1人。当选市党代表6人次，市人大代表2人次，市政协委员1人。当选县党代表30人次，县人大代表31人次，县政协委员62人次。

经济待遇

工资 1993年，教育系统实行专业技术职务等级工资制，也称套改。其中，有一类按工资额套改，即按现行基础工资、职务工资、工龄教龄津贴三个部分组成；另一类按套改执行，可先按低一级职务套改，再套入现职。1997年7月，2001年1月、10月连续调整了工资标准。

2003年，景宁机关事业单位工作人员，依照职务从生活补贴、岗位补贴、目标考核奖三个方面进行工资调整。2006年，景宁事业单位实行岗位绩效工资制度，工资由岗位工资、薪级工资、绩效工资和特殊岗位津贴组成。

离退休人员待遇，工资按在职工资的100%发放，此后，不再享受奖金等。在职人员调整工资时，机关事业单位与学校离退休人员调整数额略低于在职人员。

2009年1月，景宁义务教育阶段教师开始实行绩效工资。

2010年1月，景宁普通高中教师及教育行政所属的事业单位的职工开始实行绩效工资。

住房补贴 1992年前，景宁教师没有住房补贴。20世纪90年代实施房改政策以后，部分教师享有学校或单位的房改房。1996年，县政府专门划地建“园丁新村”集资房8幢，170套，缓解教师买房难；2009年，凡无住房的教职工均参加摇号，可以获准购置正达阳光城的经济适用房。对均未享受房改房、集资房和经济适用房的教职工可于退休时一次性享受住房补贴。

祝寿慰问 2003年，景宁制定教职（干部）工慰问的若干规定，对年满70岁、80岁、90岁、95岁的离退休教职工送寿联祝寿，对患重病或重大意外事故住院的教职工进行慰问，祝福。

奖励与津贴 1984—2010年，景宁教师享受畲族自治县补贴，每人每月10元。2004年始，全国劳动模范每月享受荣誉津贴150元，1989年前获此称号的每月再增加50元，省部级劳动模范每月享受荣誉津贴120元，1989年底前获此荣誉称号的每月再增加30元。2008年，市级劳动模范每月享受荣誉津贴100元。

20世纪80年代初，景宁一中特级教师月津贴30元、小学特级教师月津贴20元。后来，中小学特级教师月津贴增至80元。2008年，调至每人月津贴300元。被国务院批准享受政府特殊津贴的，中央财政专项资金一次性奖励20000元,享受月津贴2000元。

1989年,景宁为96名中专毕业志愿在农村任教10年以上的教师,办理子女“农转非”手续,1991年始,景宁对有30年教龄的退休教师增补工资,达到在职工资的100%。

丧葬、抚恤、遗属生活补助费　20世纪90年代以来,景宁教师的各种优抚补贴逐步提高,1993年,教师死亡,享一次性丧葬费2000元;2005年5月始,丧葬费增至4000元。2004年9月之前,抚恤金按病故日始,享教工原工资的10个月累计一次性发放。2004年10月1日始,调整为原工资的20个月补贴,2006年7月1日始,以本人生前最后1个月的基本工资为基数,按20个月一次性发放。

1993年,景宁遗属困难补助,非农村户口的每月240元,农村户口的每月190元;2010年,非农村户口遗属困难补助调整为每月740元,农村户口的调整为585元。

公费医疗　教师享受公费医疗制度,医疗费按单位发放的数额包干使用。1988年,每人每年88元,1994年提高到168元。门诊医疗费按工龄自付一部分,工龄30年以上自付5%,其余自付10%。

2001年始,景宁教师公费医疗费按每人工资额和工龄计算,工龄20年内的按上年工资额的6.5%付发;工龄20~30年的按上年工资额的7%付发;工龄30年以上的按上年工资额的8%付发;退休人员按上年工资额的9%付发。2009年始,由县财政拨款,教师每2年享受1次免费健康体检。

假期　景宁教师除享有寒暑假外,还享有事假、病假、婚假、产假、丧假的权利。

第四章　经费　设施

景宁将教育放在优先发展地位,经费投入逐年增长。1993年,投入1059.4万元。1997年,投入经费达到国家“两基”要求的指标。1999年,投入经费实现了国家“普实”要求。2010年,景宁完成国家教育强县的规定指标,教育经费投入增到23172.8万元。

第一节　经　费

经费来源

1993年,景宁教育经费总收入1211万元。其中,财政拨款经费836万元,教育费附加112.2万元,勤工俭学14.2万元,捐助款69.2万元,学杂费122.8万元,其他收入56.6万元。

2010年全县教育经费总投入23172.8万元。其中,省财政补助2577.8万元,县财政拨款20288.1万元,教育费附加303万元,捐助款3.9万元。

1993—2010 年景宁教育经费一览

表 30-4-1　　单位:万元

年份	省财政补助	县财政拨款	集资办学资金	教育费附加	年度总计
1993	42.00	836.00	69.20	112.20	1059.40
1994	98.30	1192.00	130.00	103.30	1523.60
1995	395.00	1582.20	324.20	75.80	2377.20
1996	10.00	1507.20	246.20	194.30	1957.70
1997	360.00	2023.50	53.10	239.70	2676.30
1998	145.40	2240.80	78.00	129.50	2593.70
1999	105.00	2258.20	106.00	60.10	2529.30
2000	40.00	2532.00	75.50	137.90	2785.40
2001	176.40	3029.30	109.30	166.70	3481.70
2002	480.00	5143.40	154.70	554.50	6332.60
2003	465.00	5496.60	40.40	270.60	6272.60
2004	479.00	8098.30	66.40	368.50	9012.20
2005	280.00	6876.90	247.30	381.30	7785.50
2006	709.00	10035.80	133.80	572.20	11450.80
2007	2772.20	11560.20	74.30	1306.50	15713.20
2008	3999.70	15207.50	0	333.90	19541.10
2009	2446.00	15016.90	30.00	378.00	17870.90
2010	2577.80	20288.10	3.90	303.00	23172.80

经费使用

景宁预算内的教育经费,即由政府财政拨款的教育经费,包括人员经费、公用经费、教育行政费和基本建设专项经费等。

人员经费　1993 年,694.9 万元,1996 年 1238 万元,2010 年 13579.9 万元。

公用经费　1993 年,141.1 万元,1996 年 220.8 万元,2010 年 5660.5 万元。

项目经费　1993 年, 23.6 万元,1996 年 22 万元,2010 年 3087.2 万元。

经费管理

机构与管理　1993 年,教育局计财科,负责县属学校的教育经费管理,指导、监督全县各校的经费管理与使用,协助乡镇政府管理教育经费的使用。各校设立总务处,对教育经费"实行独立核算,统一记账、报账"。教育经费实行"预算定额包干、分级办学、分级管理"的模式,县属学校的人员经费和公用经费、专项经费等预算,由县财政局直接下达到县教育局统一管理、拨付;乡镇学校的人员经费与公用经费预算,由财政局直接下达到乡镇政府统一管理并下拨到乡镇学校。

中小学收费管理　1995—1997 年,县教育局、财政局、物价局就进一步加强中小学经费管理事宜,先后下发 4 个文件。规定全县范围内学校实行教育收费登记证制度,收费登记证由县物价局统一印制,每生一证,实行收费"三公开",中小学代管费和代购项目,每学期必须向学生列出代管费收支明细项目,多还少补;学校预算外收入实行财政专户储存,设立"收入""支出"两个专户进行管理。对预算外资金收入和支出都确定具体的开支范围,学校领导干部在一届任期内或换岗前,都必须接受财务审计。

2004年7月，县属学校财务统一进入教育会计核算中心，会计核算中心下设沙湾、英川、渤海、东坑4个核算组，同时，撤销各校会计人员。2007年，农村义务教育经费投入和中小学日常公用经费，列入省财政转移支付和县财政分担，县财政分担日常公用经费小学180元/生/年；初中240元/生/年。同年，首次将中小学校舍维修改造专项资金列入预算。2009年，全县中小学、幼儿园食堂财务收支进入教育会计核算中心统一核算。

第二节 校 舍

希望工程

1993年，"希望工程"项目启动，景宁首次受助"希望工程"基金会资金20万元，建造鸬鹚乡校希望小学教学楼。1994年，省轻工业厅扶持县实验二小建造庆同楼、育才楼。

扶贫建校

1995年，省政府号召社会各界施行"扶贫建校"善举，万学远省长提出：举社会之力助贫困地区建100所初中的目标，景宁借东风，启动扶贫建校首个扶贫工程——城北中学。城北中学教学楼和男、女生宿舍楼、厨房等16个项目，总建筑面积为12505.03平方米，总造价为1093.71万元。其中，"扶贫建校"资金290万元，由省供销社、省轻工厅、省外纺进出口公司、钱江啤酒集团公司、省人民银行、绍兴市、鄞县、国际信托投资公司等部门扶助。同年，落实"扶贫建校"项目的学校有：民族中学、家地乡校、澄照乡校、郑坑乡校。

1996—1997年，黄谢圩小学获得扶贫建校资金。

1998年，景宁启动县中心小学（县实验一小）教学楼、鹤溪镇小学（县实验二小）教学楼、景南乡校教学楼和学生宿舍楼、毛垟乡校教学楼、金钟乡校教学楼、大地乡校教学楼等8个"扶贫建校"项目，县财政拨付"扶贫建校"配套资金300万元。

2004年，梅岐乡校整体迁建，总投入120万元；秋炉乡校综合楼、实验二小综艺楼建设项目，分别投入85万元、350万元；沙湾中学教学楼、操场、绿化工程等建设项目，总投入100万元。沙湾中学教学楼和男生宿舍楼、英川中学教学楼和学生宿舍楼、渤海中学教学楼和综合楼、道化职业中学学生宿舍楼、东坑中学综合楼和男生宿舍楼。"扶贫建校"惠政一直延续到2006年。

1993—2006年"希望工程""扶贫建校"工程情况一览

表30-4-2　　单位：万元

校别	楼名	资助单位	金额	建造时间
鸬鹚乡校	希望小学教学楼	希望工程基金会	20	1993
实验二小	庆同楼、育才楼	省轻工业厅	20	1994
民族中学	温景楼	温岭市政府	65	1995
家地乡校	南东希望小学	上海南东信用社	20	1995
澄照乡校	恩美楼	沈炳麟	78.75	1995
郑坑乡校	教学楼	鄞县外经贸委	16	1995
黄谢圩小学	教学楼	黄巧灵	20	1996
三枝树小学	教学楼	中国传化集团	20	1996
东坑中学	国信楼、绍兴楼	国际信托投资公司、绍兴市政府	30	1996

续表 30-4-2

校别	楼名	资助单位	金额	建造年份
东弄小学	教学楼	鄞县供电局	10	1996
莲川完小	教学楼	省扶贫办	20	1997
葛山乡校	教学楼	湖州市建设委员会	20	1997
外舍乡校	教学楼	省佛教会	20	1997
英川镇小	教学楼	省民委、省教委	30	1997
家地乡校	南东希望小学	上海南东信用社	20	1997
景宁中学	中保楼食堂	日本驻上海总领事馆	100	1998
金钟乡校	教学楼	澳门贺田工业有限公司	20	1998
景南乡校	国际交换景南希望小学	省政府	20	1998
秋炉乡校	浙大设计院希望小学	浙江大学设计院	25	2003
沙湾镇小	体彩希望小学	省体育彩票中心	25	2006

校安工程

2009 年，景宁启动实施“全国中小学校舍安全工程”，对全县 24 所学校，204 个建筑单体的结构和抗震能力进行鉴定排查。加固校舍 53 幢，面积 49624 平方米，占总校舍比为 22.5%，总投入为 2182 万元；拆除校舍 45 幢，面积 22209 平方米，占总校舍比为 10.5%。11 所学生宿舍进行消防整改，12 所学校安装防雷设施，消防与防雷整改项目共计 23 个，整改面积为 46265.46 平方米，总投入为 48.2 万元。全县整改总面积达 72793 平方米，实际总投入为 7080.2 万元。

1993—2010 年，通过“希望工程”“扶贫建校”“校安工程”等项目的实施，迁建景宁中学、民族中学、秋炉乡校、梅岐乡校、东坑镇小、九龙乡校，新建城北中学、民族小学、实验幼儿园。

1993—2010 年景宁校舍异地重建一览

表 30-4-3

校别	用地面积(平方米)	建筑面积(平方米)	投入经费(万元)	建造时间
景宁中学	103300.00	47736.00	7160.40	2006.9
民族中学	52372.00	27842.00	5568.40	2008.10
秋炉乡校	3484.56	1477.89	152.00	1994.8
梅岐乡校	2507.00	2047.00	158.40	2005.3
九龙乡校	10208.00	4236.00	699.00	2006.9
东坑镇小	7805.96	3733.71	228.00	1999.9

1993—2010 年景宁新建学校一览

表 30-4-4

校别	用地面积(平方米)	建筑面积(平方米)	投入经费(万元)	建造时间
城北中学	28421.95	12505.03	1093.71	1997.9
民族小学	52669.44	23802.38	4079.50	2007.9
实验幼儿园	8728.00	6701.10	1182.00	2010.10

2007—2009 年景宁校舍置换一览

表 30-4-5

学 校	原校址	现校址	置换时间
职业高中	环城南路 118 号	原景宁中学	2007.9
电视大学	原浮丘小学	原职业高中	2007.12
实验一小	百岁门 56 号	原民族中学	2009.4

第三节　设　　备

1993 年，景宁县属、乡镇及中心学校、完小级学校均配齐“三机一幕”(电视机、收录机、投影机早期幻灯机、银幕)、风琴、电子琴等；县属、镇级学校配有部分物理、化学实验室与音乐、美术教室。图书室及藏书室、体育器材普遍不足，各类专职教师偏少。

1997 年，景宁启动“教育现代化工程”计划，强调落实教学实验仪器的配备，县财政拨专项经费，同时要求各级政府筹措资金增添共同实施此任务，上下一致努力，1998 年 12 月，经省教委验收合格。1999 年被省认定为“浙江省中小学实验教学普及县”。2001 年 11 月，顺利通过市级复查验收，达到国家级标准。

2004 年 7 月，县政府投资 100 万元建立景宁教育城域网，10 月，全县所有学校都联通因特网。县教育局科室、全县中小学、远程教育、媒体教学、信息交流、教育教学管理，实现了办公无纸化。

2005 年，景宁坚持“适度超前、科学规划、软硬件建设并重”原则，政府投资为 8 所中小学配备计算机教室、多媒体教室(配投影机、音响、电脑、电视机等设备 1 套)以及校园监控系统。班配率 2.2:1，同年 11 月，全县实验教学、实验仪器配备、管理使用通过县级复查验收。2007 年，民族小学建立图书配送中心，覆盖全县中小学校。

2010 年，全县投入 2000 万元配置音、体、美、卫器材和图书资料，全县 24 所中小学均达到省定标准；投入 700 多万元购置学前教育的平板电脑、大中型玩具、幼儿桌椅、电子琴、消毒柜等设施。全县乡镇幼儿园“软硬件”设施，均达省定标准。

2010 年景宁中小学电教设备一览

表 30-4-6

校别	电脑(台)	多媒体(套)	功能室(个)	价值(万元)
景宁中学	350	38	16	472.40
民族中学	268	34	24	253.11
城北中学	230	24	10	191.95
沙湾中学	133	7	11	100.41
东坑中学	59	7	7	84.85
实验一小	251	37	14	207.86
实验二小	243	43	11	242.09
民族小学	238	29	18	163.90
张村小学	45	5	7	24.93

续表 30-4-6

校别	电脑(台)	多媒体(套)	功能室(个)	价值(万元)
大均乡校	23	33	4	16.13
澄照乡校	47	1	6	33.23
九龙乡校	29	1	4	24.56
郑坑乡校	19	1	4	18.00
沙湾镇小	71	5	4	56.23
标溪乡校	26	5	4	11.85
梧桐乡校	36	1	5	20.19
大地乡校	22	2	3	20.80
毛洋乡校	32	3	3	15.85
秋炉乡校	20	2	4	14.94
英川乡校	70	6	3	55.45
鸬鹚乡校	47	3	4	43.27
东坑镇小	42	5	3	42.08
景南乡校	36	3	9	28.49
大漈乡校	8		3	5.10
雁溪乡校	22	2	4	15.06

第五章　教育改革

1993 年始，实施教育改革，主要涉及教学、考试制度、人事制度等方面。教学改革着重通过机制改革完善各类学校的教育目标管理细则，从而促进教材、教学改革。考试制度的改革，促进学生注重平时学习积累，注重德、智、体全面发展。人事制度改革主要体现在教师进城推行“双向选择”。实施带、帮、学等方式，将获得县市名师，调配到乡镇任教，乡镇教师选调到县城学校挂职锻炼，“双向交流”，现场体验，激活了广大教师的积极性。

第一节　教学改革

机制

1992 年始，教育局以机制促改革，完善各类学校的教育目标管理细则，实行网格式年终考核机制；细化考核指标，把学校教育管理的 4 个一级指标分解成 36 个二级指标，再把 36 个二级指标细化为 68 个三级指标和 100 个四级指标；激励与考核结合，按这 100 个指标对学校工作进行量化计分考核，量化考核的结果为当年评选先进学校、合格学校的依据。同时，考核成绩差、管理不善的学校和校长实行黄牌警告。学年内违反法律法规、发生重大责任事故、受县级及以上部门行政、刑事处分造成不良影响的,实行一票否决。

教材

1993 年 9 月始,景宁小学一年级和初中一年级除使用浙江省八年过渡制义务教育教材外,增加丽水地区初中综合性乡土教材。1994 年,景宁教育局组织编写乡土教材《畲乡景宁》,获丽水地区教育科研二等奖。1995 年秋,全县统一使用《畲乡景宁》。2003 年,丽水市教育局编写《浙江绿谷》共 9 册,作地方校本教材,景宁也统一使用。

教学

1992 年,景宁探索在课堂教学中实施素质教育,初中语文、数学等学科在沙湾中学、毛垟中学、外舍初中等学校开展"目标教学法"试验。1993 年秋季始,景宁小学、初中起始年级全面实施九年义务教育课程,使用浙江版义务教育教材,成立新教材试验领导小组,配强师资队伍,齐心协力推进改革。

1994—2000 年,景宁以沙湾学区为试点,创新教育理念,开展小学数学"疑轴式"课堂模式研究,按"自学寻疑——反馈选疑——探究解疑——练习存疑"的程序进行。2000 年,景宁启动课堂教学改革,学习缙云县课堂教学经验,推广"目标意识、主体意识、反馈意识、情感意识"十六字课堂教学法,效果明显。2001 年,景宁初中实行二考合一,15 项指标有 4 项居全市第一,6 项第二,4 项第三,1 项第四。

2002—2005 年,景宁出台的小学教学工作实施意见和景宁县课程改革实施方案,积极推动中、小学新课程标准的培训和课堂教学的改革。2006 年,举办民族中学、城北中学、实验一小、二小中小学语、数、英、科四大学科课堂教学展示活动,强调教师点拨,学生互动调气氛出效果。同年,教育局把推进农村学校小班化教学列入教学研究课题,16 所农村小学的"自然小班化"通过实践,取得良好效益,其经验先后被《浙江教育报》《丽水日报》介绍推广。

2007—2010 年,景宁开展新一轮课堂教学改革。县城中小学开展"本真化"课堂教学改革研究,建构民族中学"本真·目标"课堂、城北中学"本真·自主"课堂、实验一小"本真·智慧"课堂、实验二小"本真·精致"课堂、民族小学"本真·简约"等课堂模式。初中三个年级 10 个学科经丽水市教育局检测,有 4 科成绩居全市第二、1 科第三、1 科第四、4 科第六。小学六年级 2 门学科经丽水市检测,实验一小的英语居全市第五、二小居全市第二;实验一小的科学居全市第六、二小居全市第四。

第二节 考试制度改革

理科综合改革

1994 年,初一学生推行综合理科教材试教实验,把传统的物理、化学、生物及自然、地理等学科合成一门学科。1995 年,全面施行理科综合改革。2001 年始,综合理科课程实验常态化。

综合素质测评

1993 年,景宁中小学语文、数学、自然、历史、地理、体育,以学期末考试成绩与平时成绩相结合,综合考评学生学科成绩，而美术、音乐、劳技采用考查方式考评成绩。

2001年始，推行学生综合素质测评，规定文化学科采用“等级+评语”的方法。等级分：优秀、良好、及格、不及格。统一采用丽水地区印制的“素质教育测评报告单”。同年，县中小学推行音、体、美、劳学科技能考核，分优、中、差三个等级评价学生学科成绩。2002年，初中生开始实施学生艺术特长水平测试，达到规定标准等级的可在高一级学校招生中加分记入成绩。

2006年，丽水市启动教学质量调测方案。景宁教育局推行教学过程监控管理。初中试行《学生成长记录册》，全程、全面、客观、公正记录学生成长状况。同年12月，浙江省教育厅也要求高中生建立“高中电子学籍管理系统”，全程、全面记录学生各方面成长状况，为学生升入高一级学校提供录取参考。至此，学生成长有评估，录取有依据。

考试方法改革

小学　1993—1999年，景宁凡年满七周岁儿童一律按学区免试入学就读一年级。2000—2010年，凡年满六周岁儿童一律依法按学区免试入学就读一年级。每学期只举行一次检测。2001年始，音、体、美、劳学科实行技能检测，以优、良、合格、不合格四个等级考评学生的学习情况。2009年起，丽水市所有义务教育阶段学校实行样本抽测，同时，建立小学生学习质量调查报告制度，此举为改进教学方法提供可参考依据。

初中　1993年始，景宁与丽水地区同步取消小学升初中统考，分学区就近入学。学校组织一次入学与最后学期的检测，提供初中起始年级学生基础知识情况。1993年，景宁初中学校一直执行丽水地区1991年开始的初三学年的语文、数学、英语、物理、化学、生物（2004年起为自然科学）毕业考试和升学考试合并为“二考合一”办法。初一、二年级的动物、历史、地理（社会）也实行会考制度。

1993年始，高中招生加试体育（1993年考试项目为中长跑、立定跳远、掷铅球），以满分30分记入升学总成绩。

1995年，初中的“二考合一”改为会考，初中一、二、三年级全面实施，农村初中分一、二、三类，试卷结构有难易区别。

1999年，高中招生试卷分主、客观卷，英语考试分听力、笔试。

2000年，语文考试分听力与笔试两部分，“自然科学”统一用省命题试卷。

2001年，政治社会学科实行开、闭卷考试，并把乡土教材内容列入考试范围，以3%记入试卷分值比例。

2007年、2008年，初中升学的体育考试以15分记入总分。2009年又恢复30分记入总分。

2010年，初中升高中考试由丽水市统一命题，学科为：语文120分，社会、思品80分，数学120分，英语120分（其中，听力20分），科学160分，体育30分，实验操作15分，信息技术测试5分，总分650分。

第三节　人事制度改革

教师聘用制度

1993年，景宁教师进城选调首次推行“双向选择”法，即符合进城条件的教师与需求方学校双方自愿选择，首次打破组织选调教师的旧格局。

1995 年，景宁教育局首次在景宁一中实行教师聘任制试点，对个别能力和责任心较弱的教师进行分流。同年，景宁面向社会招聘有志从事教育，并具有高中以上学历的青年 15 人为正式教师。

2006 年，景宁实施“引才工程”。教育与人事部门联合，引进全日制本科以上学历的化学、物理、英语等紧缺专业的优秀毕业生 21 人。同年 7 月，景宁教育局实施带、帮、学策略，将获得县市名师、中学高级、小教高级称号或职称的教师，调配到乡镇任教；乡镇教师选调到县城学校挂职锻炼，“双向交流”，现场体验，激活了广大教师的积极性。

2009 年始，景宁教育局将新录用的教师安排在县城学校试教 1 年，再分配到村校任教。同年，组织部、教育局、人事劳动社会保障局高度重视教育系统教师队伍的稳定和管理，发文强调对新聘用的、外地引进的、被选派到上一级学院培训的以及当地名师、学科带头人、拔尖人才，在服务期未满 5 年的一律不得外调或转行（组织选调除外）。

中层干部选拔

2006 年，景宁教育局发文，实行民主推荐、组织考察、局党委审定、认定初选名单、再经考核等程序，正式确定一批后备干部，经培训后予以备案。

上岗制度改革

2001 年始，教育系统实施人事制度改革，教育局出台《关于 2001 年全县各中小学规模、教职工可聘数和教职工离岗退养等问题的通知》规定，凡男满 57 周岁、女满 52 周岁的教师一律离岗退养，不影响工资、工龄、正常晋资，但不参加职评、不享受学校内福利津贴；男满 50 周岁、女满 45 周岁的教师也可申请离岗退养，待遇与前者同，但每月须上交工资 1000 元。文件下发后，一次性离岗退养 175 人，并清退所有代课教师，教师队伍整体素质相对提高。同年，通过笔试、面试，择优录用新教师 47 人。教研室中学数学、英语、自然科学、小学语文教研员，首次实施公开竞聘上岗。此后，大中专师范院校毕业生实行招聘制，一改包分配制度。2004 年，教育局出台《关于开展中小学校长、中层干部竞聘试点工作的意见》，民族中学、实验一小、鸬鹚乡校实行中层干部、校长竞聘上岗试点。2008 年 2 月，报县委组织部批准，教育局教育科长、纪检督导室副主任、自考办副主任、教研室副主任职位实行竞聘上岗，通过笔试、演讲、考评，录用 4 位中层干部。3 月，对办公室秘书、小学英语、科学教研员实行竞聘上岗。

2009 年，对新教师试用期实行笔试、教学实践考核，成绩分别占 20%、80%，对于考核成绩不合格者解除聘用资格。

2010 年，景宁教育局制定《中小学中层干部竞聘上岗暂行规定》，对竞聘人员的范围、条件、程序作明确的规定，竞聘上岗制从此走上规范化。

第四节　创建教育强县

教育“两基”

1993 年，《中国教育改革和发展纲要》提出，到本世纪末在全国 85%人口的地区“基本普及九年义务教育，基本扫除青少年文盲”(简称“两基”)，浙江省的“两基”评估验收工作，按照省政府的总体部署，至1997年全面实现。1994年始，景宁“两基”工作全面铺开，在全县挨家挨户地开展调查摸底工作，建立青壮年文化底册、文盲半盲名册等21种基础档案和成技校建设等11种基础档案。对24个乡镇的扫盲工作开展6次督查和评估，保证全县“两基”工作进度和质量。

1995年4月，景宁成立“两基”工作领导小组。同年7月，景宁重点实施对办学方向、德育工作、教育经费、师资队伍、办学条件等5项工作提升。对乡镇政府重视教育程度、教育经费筹措、办学条件改善、师资队伍建设开展全面督查。

1996年，重点抽查全县乡镇清退童工、征收教育事业费附加两项工作，开展以德育教育为重点的检查整改复查，巩固教育工作成果。同年4月，县人大和县政协对“两基”工作开展依法监督和民主监督。组织3个督查组，历时10天，对全县5个学区片有关乡镇和县财税局等部门进行了督查。督查内容涉及政府行为、教育投入、动员流生返校工作、依法治教等工作落实到位情况。对存在问题提出整改建议并监督实施。

1994—1996年，县财政对教育投入比上一年增长比例分别为13.2%、12.9%、15.5%，财政拨付的生均公用经费逐年增长；教育经费支出年均增长36.5%，高于财政总收入年均增长比例6.3%，高于县财政总支出年均增长比例12.7%；教职工工资按时足额发放到位；财政年终经费追加优先考虑教育项目。

1994—1996年，全县扫除文盲3398人、半文盲1555人，非盲率提高5.48%。1996年10月，景宁通过省政府“基本扫除青壮年文盲”评估验收。

1997年10月17日，景宁通过省政府“基本普及九年义务教育”评估验收，被省政府授予“基本普及九年义务教育，基本扫除青壮年文盲县”称号。11月，通过国家教委对景宁“两基”抽查验收，12月，被国家教委授予“普及九年义务教育和扫除青壮年文盲县”称号。

教育强县

1997年11月，景宁重视巩固提高“两基”成果，将创县、市级合格学校、省级合格学校作为新目标，力争教育强乡镇、教育强县评估合格，并对中小学普及实验教学、信息教育等纳入督导。1998年，有17个乡镇创建市级教育强乡镇并通过评估。2002—2007年，东坑、英川、沙湾等13个乡镇创建省级教育强乡镇并通过验收。

2005年11月25日，县委书记武昌专题进行教育调研，把教育工作列入重要议事日程，教育被列入全县“十一五”经济社会发展总体规划。

2006年，政府工作报告提出了坚持优先发展教育，按照“一年打基础、两年求突破、三年上水平”的总要求，推进教育事业大发展。之后，县委、县政府经过多次研究论证，决心举全县之力实施“城区教育资源优化整合工程”。

经过实地察看，全面分析论证，以“合理布局、适度超前、盘活资源、标准建校、城乡统筹、均衡发展、一次规划、分步实施”的目标定位，编制了《景宁畲族自治县教育事业发展“十一五”规划》。其中，包含“十一五”学校布局规划。总规划中明确提出创建省级教育强县目标，并限期在2009年达成这一目标。

2006年春节过后，县委常委会将教育问题作为第一个议题进行研究，常委会通过了布局调整规划和城区教育资源优化整合方案:在县城实施“五项工程”,即一扩一建三迁,扩建城北中学、新建民族小学、迁建景宁中学、迁建民族中学、迁建县实验一小。后来,在具体实施过程中,又增加新建省级示范性幼儿园。借助职业高中搬迁景宁中学原址的机遇,城区教育资源优化整合工程全面启动。总投资达2.6亿多元。

2006—2010年,每年建成一所新学校,城区高中、初中、小学、幼儿教育资源实现一年一变样,办学条件发生翻天覆地的变化。2006年,完成“景宁中学迁建”,实现全封闭式管理并升格为省一级重点普通高中,完成“职业高中搬迁”“电大搬迁”,并于2008年从电大工作站升格为电大分校;2007年,完成县民族小学新建并投入使用;2008年,在基本完成民族中学迁建投入使用的同时全面启动“旧民族中学维修改造”;2009年,完成“城北中学塑胶运动场扩建”“实验一小搬迁”,全面启动“省级示范幼儿园”即实验幼儿园兴建,并于2010年秋季投入使用。

通过城区教育资源优化整合,办学条件有效改善。全县学生在县城就读率“十五”期末小学39.8%、初中52.9%、高中76.6%。2009年上升到小学75.4%、初中84.2%、高中100%。学生享受到优质教育资源,提前实现“十一五”预定目标。

创建省教育强县评估验收工作反馈会

2010年4月20日至22日,以省督学、浙江教育报刊总社社长、总编董惠铭为组长的省教育强县评估验收组一行5人对景宁畲族自治县创建省级教育强县工作进行评估验收。评估验收组对照浙江省教育强县评定操作25项指标和相关要求,走访了17所学校,从教育事业发展水平、教育条件保障实力、教育管理水平、全面推进素质教育等四个方面对景宁“省教育强县”创建工作进行全面总结和深入分析,一致认为景宁已经达到省教育强县标准,顺利通过评估验收。9月17日,景宁被省委、省政府授予“浙江省教育强县”称号。

第六章　教育管理

教育管理机构设置逐步科学,1991年设立县教育局督导室,1998年设立县政府教育督导室[①],对全县各级各类学校的教育工作和乡镇及部门贯彻党的教育方针、政策、法律、法规情况进行监督、检查、评估、指导,实现教育管理目标。

① 县政府教育督导室,属副科级机构,设专职督学,与县教育局督导室合署办公。

第一节 教育督导

负责全县教育督导工作，制定教育督导计划和方案，并组织实施。对全县各级各类学校贯彻执行党的教育方针、教育工作及教育目标的实现情况进行检查、评估、指导，规范办学行为，提高教育质量。对乡镇政府和部门贯彻执行党的教育方针、政策、法律、法规情况进行检查、评估、指导，护航教育优先发展战略。对教育工作中的一些问题进行调研，提出意见和建议。

1994年，县教育局督导室制定《学校目标管理责任制》考核方案，对全县中小学校的学年办学情况进行考核。在随后的实践中，督导室对《学校目标管理责任制》考核方案内容进一步完善，并形成学前、中小学、职业高中、成职教等《学校目标管理责任制》系列考核方案，使学校目标管理责任制考核逐渐走向科学化、规范化。通过每年对学校目标管理责任制考核，逐步规范学校办学行为，助推教育质量提高，考核结果也成为评选先进学校的依据。

1994年，景宁启动“基本普及九年义务教育，基本扫除青壮年文盲”(简称“两基”) 工作，按照省政府部署，力争1997年实现“两基”。督导室在实现“两基”工作中，在丽水地区率先编纂《“两基”评估验收手册》，发放到全县，宣传“两基”工作，让大家了解“两基”内容。按照全县“两基”工作部署，组织开展对乡镇和学校扫盲工作、普九工作、教育经费、师资队伍、办学条件等内容的全面督查，指导“两基”工作，提高“两基”水平。景宁按计划在1997年10月前通过省政府“两基”评估验收，并获国家教委“基本扫除文盲、基本普及九年义务教育先进县”称号。

1997年后，巩固提高“两基”成果是景宁教育的重要工作之一，创建教育强县是《景宁畲族自治县教育事业发展“十一五”规划》目标。督导室根据全县工作部署，组织开展对全县中小学校创县、市、省级合格学校的督导评估，促进办学水平提高。组织开展对全县中小学校普及实验教学、信息技术教育督导评估，保障中小学校普及实验教学通过省政府评估验收和教育信息化服务水平总体提升。组织开展对乡镇、部门及中小学校创建教育强县检查、评估、指导，1998年，有17个乡镇通过创建市级教育强乡镇验收。2002—2007年东坑、英川、沙湾等13个乡镇通过创建省级教育强乡镇验收，夯实创建教育强县基础。2010年4月，景宁通过省政府创建教育强县评估验收。

1993年始，全县小学校网布局进一步调整。随后出现“一乡一校”办学模式，农村寄宿制小学出现，小学一至三年级和学前教育低龄寄宿生急剧增加。如何让农村寄宿制小学变成寄宿生的“家”，对低龄寄宿生进行生活指导，安全教育，丰富课余活动内容，使寄宿生安心，家长放心。如何安排“一乡一校”后富余教师，如何确定师生比，如何安排生活指导师等等，是学校管理的新问题，基础教育面临的新课题。1999年，督导室专题对大均乡校进行调研。首次提出农村寄宿制小学需增加保育工作，开设保育课程的命题。同时，建议组建课题组开展农村寄宿制小学保育工作的研究和实践。2000年，由督导室组织实施的课题组开展研究，随后制定《景宁县农村寄宿制小学保育工作规程》，将“农村寄宿制小学保育课程”纳入地方课程，规定全县中心完小以上学校，每15~30名三年级以下寄宿生配备1名保育教师。围绕寄宿生保育工作“吃、穿、住、行、育”五个方面，编纂出版《农村寄宿制小学地方课程〈成长读本〉》教材3册，和配套的《农村寄宿制小学地方课程〈成长读本〉》教师用书3册，在全县农村寄宿制小学试用。2002年，“丽水市寄宿制学校学生管理工作现场会”在景宁召开。2003年，《农村寄宿制小学保育工作研究与实践》课题获省政府第二届(1998—2002年)浙江省基础教育教学成果二等奖。

2010年，县教育局建立督学责任区制度，在“两基”工作、小学保育、普及实验及信息技术教育等方面开展督导评估，完善督导工作。

第二节 机构设置

职能科室

1993年，县教育局局属管理机构设行政股室、事业科室。行政股室：人事股、教育股、计财股、监察室、督导室。事业科室：教综室（教研组、仪器组、教科组）、招生办、自考办、函授站、勤工俭学办公室、电大工作站、教育工会。随后，部门科室进行调整，名称进行更改。1994年，教育股分设为普通教育股和成人教育股。1996年12月，更名为普通教育科和成人教育科，1999年两科室再并为教育科。1996年，人事股、财务股更名为人事科、计财科，监察室更名为监察审计室。2001年8月，督导室与纪检、监察、审计合署办公，2002年，更名为纪检审计督导室，2011年，单设督导室。

1998年，勤工俭学办公室从教研室分离，设独立股室。2008年4月，电教仪器站与勤工俭学办公室合并。2003年8月，招生、自考合署办公，更名招生自考办公室。

2004年7月，教育会计核算中心成立，县属学校统一纳入（会计）中心核算。沙湾、英川、渤海、东坑分片设核算组。2005年4月25日，成立扶困助学办公室。2007年6月，建立县扶困助学领导小组。

派出机构

1984年成立鹤溪、东坑、渤海、沙湾、英川区辅导中心学校，作为派出工作站。1985年，景宁畲族自治县教师进修函授辅导站成立；1999年6月，更名为景宁畲族自治县教师进修学校。1992年，机构改革时撤区并乡，撤消原区辅导中心学校，在原区辅导区域范围内设学区片督导组。1995年9月，原学区片督导组更名为学区教育办公室。2007年，由于滩坑电站库区建设，撤渤海学区教育办公室，并入鹤溪镇教育办公室。2008年，县政府编制调整，撤消学区教育办公室。

附设部门

1992年，县教育局勤工俭学办公室创办校办企业公司；2001年，成立阳光教育服务公司。

第三十一篇　科学技术

1993 年，县级学（协）会 28 个，2010 年，景宁科研机构 8 家，专业技术人员 3408 人，县科协下属学术团体 19 个，会员 2100 人。

1997 年 4 月，景宁确定“科教兴县”的战略地位，科技普及、科技创新、科技推广、科技扶贫广泛开展，科技队伍不断壮大。1999 年，景宁被评为浙江省地方党政领导科技进步目标责任制考核优秀单位。2000 年 9 月 15 日，景宁被科技部授予“全国科技工作先进县”称号。此后，连续 5 年通过全国科技工作先进县考核。2000 年 11 月 13 日，景宁与浙江大学科技扶贫结对仪式在杭州举行，聘任陈子元院士、教授等 18 人为县政府名誉顾问、顾问和科技经济专家。

20 世纪 90 年代始，上级陆续选派优秀中青年干部到景宁任科技副县长。2003—2010 年，省、市、县选派自然人科技特派员 133 人次，选派法人团队科技特派员 3 个，实施各级科技开发项目 133 项。引进新品种 107 个，推广新技术 364 项。2005—2010 年，景宁先后 5 次被省委、省政府授予“省科技特派员管理先进单位”。1 人被评为国家级优秀科技特派员。

至 2010 年，开展农民技术职称晋升和评定 9 次，拥有农民技术职称 1379 人，招收“农函大”培训生 5968 人，开设种植、养殖、农业经济管理等专业班 15 批，结业学员 5920 人，扩大农民技术员队伍。

第一章 科技成果

1993—2010年，景宁科技人员直接或参与完成并获得省级以上奖励的自然科学研究成果7项，涉及农、林、中药材等自然科学领域。1996年，1项涉农科技项目获国际杰出项目奖。

第一节 科技创新

1992年，景宁开展马铃薯耕作制度改革、引种繁种和种薯品比鉴定等一系列研究。1998年始，开展中药材产业提升关键技术开发、推广、灵芝复合茶系列产品的研制与开发、惠明茶开发等一系列科技创新活动。2010年，景宁逐步构建以科学研究为先导的知识创新、以标准化为轴心的技术创新、以信息化为载体的现代科技引领管理创新体系。

第二节 获奖项目

1993—2010年，县科技部门，加强科技成果的鉴定、评审（验收）工作，有600多个项目通过鉴定、评审（验收），有83个项目获国家、省、市、县科技进步奖和星火奖。1996年，《浙西南马铃薯发展途径及高产高效栽培技术研究》课题获得省人民政府丰收一等奖。

1996—2008年景宁科技项目获省级奖励情况一览

表31-1-1

获奖项目名称	主要操作、协作单位		获奖级别	获奖年度
厚朴丰产栽培及经济性状的研究	县科技开发服务部	完成	三等奖	1996
	县林业总场	协作		
县中药材规模开发	县科技开发服务部	完成	三等奖	1999
	县林业总场	协作		
厚朴生产质量管理规范化技术研究	丽水市林业研究所	完成	三等奖	2003
	县科技开发服务部	协作		
厚朴、肿节风、雷公藤三种木本药材种质资源评价与利用研究	浙江林业学院	完成	二等奖	2008
	县科技开发服务部	协作		

第三节　专　利

1999年始，景宁加大知识产权认定、保护力度。专利申请量和授权量逐年增加。2005年2月，设立景宁畲族自治县知识产权（专利）办公室。2006年，召开加强自主创新和知识产权保护座谈会，制定《景宁畲族自治县专利申请与实施奖励办法》。2009年，景宁畲族自治县香雨有机茶有限公司被认定为市级专利示范企业。2010年，浙江奇尔茶业有限公司被认定为市级专利示范企业。

2006—2010年，外舍村青年、中国发明协会会员厉富伟共申请实用新型专利15项，授权15项。

2001—2010年景宁专利申请与授权一览

表31-1-2

年份	发明		实用新型		外观设计		小计	
	申请量	授权量	申请量	授权量	申请量	授权量	申请量	授权量
2001	3	2	1	1	6	2	10	5
2002	2	1	1	1	8	4	11	6
2003	3	0	2	1	7	5	12	6
2004	1	2	2	2	0	0	3	4
2005	0	0	10	3	5	0	15	3
2006	12	1	7	9	4	1	23	11
2007	3	0	7	7	17	1	27	8
2008	18	0	9	4	18	11	45	15
2009	9	1	14	9	48	54	71	64
2010	3	1	23	19	86	52	112	72

第四节　科技成果选介

景宁科技成果主要有：马铃薯、水果、中药、茶叶、食用菌、大漈冷水茭白以及远程视频教育资源模式等。

浙西南高产高效马铃薯

1992年，县农业局成立马铃薯高产高效科研课题组，开展马铃薯耕作制度改革、引种繁种和种薯品比鉴定等一系列研究，并组织农民大力推广应用研究成果。1992—1996年末，累计推广马铃薯高效高产栽培面积8340公顷，与课颗实施前相比较，平均每公顷增产鲜薯4812千克，平均每公顷增收3608.6元。5年累计增产鲜薯4013万千克，增加收益3009.6万元。其中，1996年全县种植马铃薯2266.67公顷，总产量440万千克，产值达1650万元。1996年12月6—16日，在菲律宾举行的国际马铃薯科研课题评选会上，40多个国家的专家带科研课题参加评选，4个项目获奖。其中，县农业局主持的马铃薯高产高效课题组的科研课题《浙西南马铃薯发展途径及高产高效技术研究》被国际马铃薯中心授予杰出项目奖，获第一名。

绿色商品梨培育

山地商品梨新品种产业化开发，属2004年国家星火项目。项目依托浙江大学雄厚的技术力量，建立优质“英川牌”新品种梨基地13.4公顷，辐射商品梨生产技术134公顷，“英川牌”商品梨通过绿色食品认证，荣获浙江省“十大名梨”称号，是国内首个达到国家规定的绿色果品（A级）标准的梨产品。

灵芝复合茶研制

灵芝复合茶系列产品的研制与开发，属2009年国家科技人员服务企业行动项目。利用传统中药制作工艺结合现代食品深加工技术，技术规程拥有灵芝复合茶工艺流程生产线1条，研发新产品2个，获专利2个。

出口食用菌生产

出口食用菌质量安全与标准化生产技术集成和中试，属2010年国家农业科技成果转化项目,由县百菇源食用菌专业合作社与浙江省农科院、丽水市食用菌研发中心合作开发，研发香菇、黑木耳、大球盖菇等食用菌生产基地146.67公顷，示范基地13.33公顷，栽培香菇1000万袋、黑木耳800万袋、大球盖菇20公顷，带动农户1000多户。

大漈冷水茭白培植

2003年，大漈乡依托省科技特派员科技帮扶，实施“大漈高山蔬菜、茭白无公害生产技术研究与示范”等省科技特派员专项项目，当地农民注册“雪松”牌高山蔬菜系列商标，发展社员130多户，带动农户680户，基地面积从2003年试种的0.73公顷发展到2010年的333.33公顷，每公顷产值82500元，直接增收2000多万元。

2008年，全县以大漈乡为核心建立666.7公顷高山冷水茭白示范基地，辐射景南等5个乡镇。产品通过省无公害产品论证，被评为优质、绿色农产品、食品称号，上海、江苏、杭州、宁波、温州等地的客商陆续上门订购，大漈高山冷水茭白成为大漈乡农业增效、农民增收的一大主导产业。

第二章　科技普及

1993年始，景宁重视科普宣传，通过编写乡土科普读物等形式进行科技普及。并通过科技讲座、展览、咨询、培训、学术交流、科教电影、科普广播、活动中心、画廊、大蓬车等活动，开展科普宣传，提高民众的科技素质，促进地方经济发展。2010年，县科普活动中心被市科协授予科普教育基地，景宁科普设施被省科协评为“优秀科普设施项目”。

第一节 科普宣传

科普画廊

始建于1999年，至2006年末，全县建科普画廊31处，285个行政村均建立科普宣传栏、科普网站。

科普宣传周

县科协在每年9月份的第三周举行大型科普宣传周活动。通过科普图片、科技报告会、科普一条街、科普三进活动（即进乡村、进社区、进校园）等形式宣传农业科技；利用学会特点，开展无偿咨询指导。如医学会免费检测血压、血糖、免费门诊开处方；农林学会开展无偿培训春播、春种、春管、造林等农林新技术；利用大型科普图片宣传崇尚科学、破除迷信、反对邪教，促进公众身心健康。关注气候变化，做好宣传、防范“非典”“禽流感”等流行性疫情的侵染，保障人民健康安全。1993—2010年，共巡回展出科普报、摄影图片共80期，19050次，印发宣传资料累计34000份册。

科普读物

1993年始，景宁重视编写乡土科普读物，内容侧重农业科技、生态环境保护等，形式有汇编资料、通俗读物、快报、简报等。其中，《景宁一中生物馆》《绿色之源》《生态安全环境友好》《马铃薯免耕稻草全程覆盖栽培技术》《生态田鱼养殖技术》等科普读物深受欢迎。

第二节 青少年科普

20世纪90年代初，县科普机构联合县教育学会、县生物学会、珠算协会等多次参加全国、省、市举办青少年科技创新大赛和小发明、小制作比赛、中小学生科普征文大赛、信息学（计算机）奥林匹克大赛。1998年来，联合生物学会，开展青少年生物科技实践与科技创新教育，至2010年共指导学生科技课题或科技作品120多项。其中，《几种花瓣细胞液浓度的测定》《望东垟动物多样性考察与恢复研究》等优秀成果参加浙江省青少年科技创新大赛和省研究性学习评选，获省级一等奖2

县科协开展为外来务工人员子弟学校配选科普套餐活动

项、二等奖5项、三等奖15项，获国家实用新型专利4项。2008年，第23届全国青少年科技创新大赛，景宁中学张兆良老师获全国科技辅导员创新项目二等奖和优秀科技辅导员基本技能一等奖。

第三节　科普活动中心

县科普活动中心位于鹤溪镇建设路18号，与县老年活动中心合署，总面积600多平方米，投资45万元。2007年，县科普活动中心投入使用，内设多媒体教室、电子阅览室、图书室、农函大教室、青少年科技教育室。2007年，全县乡镇建立科普活动室22个。

第三章　科技服务

1989年12月7日，成立景宁畲族自治县科技开发中心，1990年12月4日，更名为景宁畲族自治县科技开发服务部，隶属县科技局全额事业拨款单位。1989年，批复事业编制7人。2005年，划出事业编制2人，成立景宁畲族自治县科学技术局专利办公室。2010年，科技开发服务部编制5人。1993—2010年，县科技开发服务部在国家级、省级刊物上发表论文27篇，参加研究项目25项，有18个项目获奖。20世纪90年代，中国人寿保险公司、省林业厅、浙江大学等上级相关部门，先后选派优秀中青年干部来景宁任科技副县长。2003年始，选派科技特派员深入乡镇村开展科技服务，加快了景宁"科教兴县"战略的实施。

第一节　科技示范

2005—2010年，景宁有省级、市级科普示范村1个、4个；省级示范乡镇、市级社区2个、3个；省级、市级、县级科技示范户30户、61户、1048户。

科普进社区主题宣传活动

1999—2000年，景宁从长兴县引进瓜蒌(栝蒌、吊瓜)，先后在外舍、澄照、大顺、沙湾、秋炉、陈村等地试种，2001年全县推广种植33.33公顷。2002年，在长兴科协的支持下，引进吊瓜加工技术，产品深受青睐，2003年推广面积达73.33公顷。2010年达到776.67公顷，此技术推广辐射到庆元、云和等县。

2003年，鹤溪镇城北村创建"省级农村山地综合开发科普示范基地"，从宁波象山引进天草、南香、太田、不知火等四个日本柑橘新品种进行高接换种获得成功。

澄照乡三石村惠明茶、大漈乡高山蔬菜、景南乡竹笋两用林基地及澄照乡三石村种畜繁殖推广基地等都起到很好的科技示范。

第二节 测报机构

地震监测

2003 年 5 月 30 日，成立县科技局地震(监测)办公室，核定全额拨款事业编制 1 人。2008 年 9 月 19 日，增挂景宁畲族自治县地震局牌子。2010 年 2 月 20 日，增加全额拨款事业编制 1 人。

景宁遥测地震台 设在县科技局内，采用井下观测。2005 年 7 月，景宁地震台项目启动。2006 年 3 月，投入试运行，2007 年 11 月 11 日，通过专家验收。该项目是浙江省“十五”网络项目测震分项的单位工程，由中央和地方政府共同投资 24.41 万元。

景宁 GNSS(全球导航系统)基准站 位于城北村岗山头，用地面积 460 平方米，总投资 442571 元。2010 年 4 月，基准站项目工程开工，2010 年 9 月 30 日，投入试运行，2012 年 9 月 6 日，通过专家验收。

气象测报

1955 年，鹤溪镇金仙寺设立县气象观测站。1965 年搬迁至云和县，1995 年 12 月 8 日，成立景宁畲族自治县气象局。县气象局观测的项目有气温、地温、降水、日照、风、气压、湿度、蒸发、雷暴等。1996 年，开通省、市、县三级气象台(站)微机远程终端通信网络。1998 年后，建成气象卫星地面接收站、华东区域雷达网探测资料接收系统和局域网，实现资料处理和信息传输电脑化。相继完成会商系统、气象监测预报信息处理平台等项目建设。根据景宁山区立体气候特征，完善地面气象要素自动监测网，按照一般区域 10 千米、关键区域 5 千米间距的要求，建成覆盖全县各乡镇的自动气象探测站 21 个，完成近 50%。在台风等灾害性天气预报决策服务中，发挥重要作用。

气象监测预报服务从 1995 年前通过有线广播向公众提供天气预报，发展到为当地政府提供情报决策服务、为社会公众提供公益服务和为特殊用户提供专业服务，同时通过电视、天气预警系统、“121”电话自动答讯系统、电子显示屏、政府网和《畲乡报》等传递气象信息。

水文测报

1993—2010 年，投资 700 万元，建成雨量水位监测站 78 个，简易水位站 48 个，简易雨量站 179 个，及时对汛情作有效监控和提供洪水灾害预警第一信息，同步传输到县、乡、村三级负责人的手机上。

病虫害测报

景宁病虫观测站设在鹤溪镇张春村，1993 年，迁至澄照乡水碓垟。安装自动虫情测报灯，2000 年前，只监测主要粮油作物、年发布病虫情报 12 期；随着种植结构的调整，从粮油作物拓宽到茶叶、蔬菜、水果、烟草、中药材和花卉等作物的监测预报，利用县政府网“关注三农”、景宁“农技 110”、广播、电视和报纸等媒体，平均年发布农作物病虫情报25期以上，分发面达全县各乡镇(街道)和农户，为指导农户科学防治病虫害提供保障。

第四章 科技管理

1990年始，县委、县政府出台对有贡献的科技人员实行奖励办法和专业技术拔尖人才的管理办法、人才引进办法、农村实用人才培养的意见。2008年，浙江省科技厅出台对景宁的特殊帮扶政策，建立科技厅领导联系景宁制度，包括科技项目、特派员项目和重大专项项目对景宁提供科技支撑；政策出台后，浙江大学、省农科院先后组织优秀科技人员到景宁开展技术服务。县政府科技经费逐年递增，年人均科普经费从1993年的0.1元增加到2010年的1.47元。

第一节 科技政策

1990年始，县委、县政府出台对有贡献的科技人员实行奖励办法和专业技术拔尖人才的管理办法、人才引进办法、农村实用人才培养的意见。如被评为县拔尖人才，每人每月享受政府岗位津贴500元、科技新秀每人每月享受政府岗位津贴200元。2010年，被评为科技进步奖，奖励25000元，有突出贡献的专业科技人员奖金20000元。

2008年8月5日，浙江省科技厅出台对景宁的特殊帮扶政策，建立科技厅领导联系景宁制度，包括科技项目、特派员项目和重大专项项目对景宁提供科技支撑；把实施农村新社区建设列入省科技厅年度重点科技计划，而不占丽水市指标，并在推荐申报国家科技部项目时给予重点倾斜。政策出台后，浙江大学、省农科院先后组织优秀科技人员到景宁开展技术服务。至2010年，实施省级特殊帮扶科技政策1项，县级科技政策12项。

第二节 科技项目

1993—2003年，景宁申报国家级科技项目为空白。2004—2010年，实施国家级科技项目7项。其中，获奖1项。1993—2010年，全县实施各类项目605项。其中，国家级7项，省级158项，市级32项，县级408项。

1993—2010年景宁列入国家科技计划项目实施一览

表31-4-1

立项年份	计划类别	项目名称	承担单位	完成年份	效果
2004	国家星火项目	山地优质绿色商品梨新品种产业化开发	县南川食品有限公司	2006	—
2004	国家、省星火学校建设项目	县职业中学技能培训	县职高	2006	—

续表 31-4-1

立项年份	计划类别	项目名称	承担单位	完成年份	效果
2006	国家科技富民强县专项(一期)	景宁惠明茶产业化开发	县人民政府	2008	省级评比优秀
2008	国家星火项目	中药材产业提升关键技术开发与推广	县农业开发公司	2011	—
2008	国家科普专项	农村远程视频教育资源建设模式研究	县科技局	2009	—
2010	国家科技富民强县专项(二期)	景宁惠明茶产业化开发	县人民政府	2012	—
2010	国家农转化项目	出口食用菌质量安全与标准化生产技术集成和中试	景宁百菇园食用菌专业合作社	2012	—

第三节　科技信息

2002 年始，县委、县政府努力打造“数字景宁”，大力推进科技信息化建设。

科技信息化

2002 年 6 月，景宁畲乡科技信息网，域名 www.jingning.info 申请获批。服务器空间由丽水市新科技信息中心提供，网络纽带将景宁科技最新动态、科技成果等信息及时链接各地，为经济发展和经济决策提供服务注入活力。2010 年 8 月 14 日网站改版。

网上技术市场

2002 年，浙江网上技术市场景宁分市场和浙江省科技厅电子政务系统建立，至 2010 年末，网上技术市场景宁分市场加盟企业 403 家，发布企业技术难题 132 项，签约项目 86 项，合同成交额 2614 万元。2005 年，在全县 24 个乡镇建立农村远程教育站点，利用网络可视系统开展农村实用技术培训。

学术交流

论文评选　丽水市开展第五届至第十二届自然科学优秀论文评选活动，景宁申报省级、市级论文 376 篇、104 篇。其中，获市级一、二、三等奖分别为 2 篇、15 篇、87 篇。

学习研讨　1993—2010 年末，全县 19 个学会(协会)共举办学术会议 161 次，参加会员 13280 人次，交流论文 2000 多篇。承办丽水市县级科协学会研讨会 3 次，参加学习交流 150 人次，交流论文 27 篇。

考察访问　1997 年始，通过国际民间渠道，出访欧洲及日本、韩国共 4 批次。分别在德国、法国、荷兰、日本、韩国考察农作物种子无性繁殖、农业科技现代化、农业科普、青少年科普，与台湾地区民间科技团体开展交流活动。

第四节　科技经费

1993—2010 年，科技经费 17582 万元。其中，科技三项经费累计 2780 万元。科普经费逐年提高，从 1993 年的人均 0.1 元增加到 2010 年的 1.47 元。

1993—2010年，获国家级、省级、市级科技经费资助分别为450万元、3176万元、122万元。

第五章 机构队伍

1993年，景宁高级职称专业技术人员21人，中级376人，初级906人。至2010年末，高级职称133人，中级1185人，初级1256人，未聘任67人。2010年，全县有科研机构8家，专业技术人员3408人，县科协下属学术团体19个，会员2100人（详情见第二十六编人民团体），开展9次农民技术职称晋升和评定，拥有农民技术职称1379人。

1999—2010年，景宁招收“农函大”培训生5968人，开设种植、养殖、农业经济管理等专业班105个，15批学员结业，5920人领取结业证书，扩大农民技术员队伍。20世纪90年代起，上级有关部门选派优秀中青年干部来景宁任科技副县长。2003—2010年，省、市、县选派自然人科技特派员133人次。实施各级科技开发项目133项，年项目总投资610万元，实现年利润360万元。组建农村经济合作组织或专业协会44个；引导3640农户直接参与项目建设，引进新品种107个，推广新技术364项，培训农民1.82万人次。实现3520户农户增收，新增就业1.5万人，辐射带动就业3万人。

第一节 科技队伍

专业技术人员

2010年，全县拥有各类专业技术人才3408人。其中，工程技术人员209人，农业技术人员219人，卫生技术人员394人，教育技术人员1522人，其他专业技术人员1064人。

2007年，评选出县拔尖人才10人和县科技新秀15人，每人每月分别享受政府岗位津贴500元和200元。2006年，评选科技进步奖6项、每项奖励24000元，突出贡献科技人员2人，每人奖励20000元。2008年、2010年分别评选科技进步奖5项、6项，分别奖励19000元、25000元。2010年，突出贡献科技人员2人，每人奖励20000元。1993年始，全县共引进各类科技人才236人，至2010年，仍服务景宁的有138人。

1993年，景宁高级职称专业技术人员21人，中级376人，初级906人。2007年，高级职称108人，中级1154人，初级1452人，共2899人，未聘任185人。

2010年，高级职称133人，中级1185人，初级1256人，未聘任67人。

农民技术员

1993—2010年，全县开展9次农民技术职称晋升和评定，拥有农民技术职称1379人。其中，高级技师4人、农民技师152人、助理技师343人、技术员485人、助理技术员395人。

1999—2010 年，景宁招收“农函大”培训生 5968 人，开设种植、养殖、农业经济管理等专业班 105 个，15 批学员结业，5920 人领取结业证书，扩大农民技术员队伍。

科技特派员

20 世纪 90 年代始，中国人寿保险公司、省林业厅、浙江大学等部门，选派优秀中青年干部来景宁任科技副县长。2003—2010 年，省、市、县选派自然人科技特派员 133 人次。其中，省派 98 人次，市派 29 人次，县派 6 人次，选派法人团队科技特派员 3 个，实施各级科技开发项目 133 项，年项目总投资 610 万元，实现年利润 360 万元。组建农村经济合作组织或专业协会 44 个；引导 3640 农户直接参与项目建设，引进新品种 107 个，推广新技术 364 项，培训农民 1.82 万人次，发放各类科普资料 3 万份。实现 3520 户农户增收，新增就业 1.5 万人，辐射带动就业 3 万人。

2010 年，全县乡镇入驻省科技特派员 22 人，探索出四种有效模式：科技特派员+企业+农户运行模式；科技特派员+协会+农户运行模式；科技特派员+种养大户+农户运行模式；科技特派员+示范基地+农户运行模式。2005—2010 年，景宁 5 次被省委、省政府授予“省科技特派员管理先进单位”。2010 年，被丽水市委、市政府授予“市科技特派员管理先进单位”，入驻梧桐乡的江建铭老师被评为国家级优秀科技特派员。

第二节　管理机构

科技领导小组

1996 年 7 月，成立景宁畲族自治县科技领导小组，科技副县长任组长，各乡镇成立科技领导小组。24 个乡镇成立科技工作室，各乡镇配备科技副乡镇长。

科学技术局

1998 年 5 月前，县科学技术委员会（简称科委）与县科学技术协会合署办公。1998 年 7 月，县科委独立办公。

2001 年 10 月，景宁科委更名为景宁畲族自治县科学技术局，内设办公室、计划综合科、地震局、知识产权（专利）办公室；下属事业单位有科技服务部。

第三十二篇　文　化

自治县成立后，景宁的文化事业不断发展。21 世纪初始，按照“县有三馆、乡有一站、村有一室”的城乡文化设施一体化格局，初步构建了“县、乡、村”三级公共文化服务设施网络。先后建成影剧院、非物质文化遗产展示体验馆、省级体育休闲公园、广播电视综合大楼、畲族民俗博物馆、文化广场、体育馆、400 米田径运动场、“天天乐”广场等。至 2010 年，全县所有乡级建成 500 平方米以上文化站、镇级建成 1000 平方米以上的综合文化站。利用村级组织活动场所和闲置校舍、旧礼堂、旧祠堂等，采用多种方式实现了乡镇综合文化站、村级文化活动室、农家书屋、图书流通服务点在全县范围 100%覆盖，90%的行政村安装体育健身器材，全民健身广场活动持续增强，全面发展社区体育、农村体育、老年人体育、少数民族体育。创设“文艺直通车、电影大篷车、图书流通车”三个载体，开展“百场演出、千场电影、万册图书”下基层活动。

群众文化专业队伍、民间业余团队不断壮大。2008 年 11 月 3 日，景宁被文化部命名为“中国民间文化艺术之乡”。2010 年，拥有业余团队 69 支。景宁畲族民间艺术团走出国门，参加国际文化交流和国际民俗节活动。大型畲族风情歌舞剧《畲山风》《畲家谣》以及广场舞蹈《木拍灵刀舞》均获省级以上大赛金、银奖。“中国畲乡三月三”获得“全国最具特色民族节庆”称号、中国畲族民歌节获全国最具规模的畲族民歌赛事品牌。“一乡一品”乡级节庆，活跃乡村文化娱乐活动。

至 2010 年末，有全国重点文物保护单位 1 处、县级 31 处，文物保护点 5 处。先后修复东坑下桥、莲川大地桥、敕木山畲族民居（第一幢），完成陈坦庵基整体搬迁、刘基母富氏墓整体搬迁等工程。

第一章　群众文化

1993年始，景宁群众文化围绕“月月有主题，周周有活动”目标，以“文艺直通车”“电影大篷车”“图书流动车”等形式，积极组织开展各项活动。先后推出大地飞歌、农民艺术节、文艺直通车、未成年人读书节、未成年人暑期系列活动、邻居艺术节、春节元宵“文化大拜年”等文化品牌活动。至2010年，举办、承办、协办庆元旦迎新春晚会、“五四”运动文艺晚会、“六一”文艺晚会、“七一”晚会、“八一”文艺晚会、中秋节文艺晚会、重阳节文艺晚会等各种专题文艺晚会394场次，送戏下乡1246场，全县举办各类舞蹈、声乐、戏曲、书画、摄影培训500多班次。其中，群众文化品牌活动有畲族服饰大赛、暑期消夏电影纳凉节、未成年人读书节、传统民族体育节、凤舞畲山大舞台·暨大地飞歌、春节元宵期间“文化大拜年”系列活动、中国畲族民歌节、文物保护·你我同行等。

第一节　文艺活动

景宁文艺会演主要由畲族文化馆和浙江畲族民间艺术团承办，文艺会演内容与形式丰富多彩，1993—2010年，景宁具有一定规模的演出2000多场次，观众50万人次，参加省内外调演获得奖项500多个。

群众文化

精品文化活动　1994年8月26日，景宁组建“浙江省畲族民间艺术团”。以县长雷文先为团长、省群艺馆余东东馆长为副团长、县民族文化工作队队员为主体，代表浙江省走出国门，到日本参加“福井环日本海国际文化艺术节”文化交流演出，第一次将畲族文化推出国门，走向世界。

精品剧目　《畲山风》是一部四幕畲族歌舞风情剧，酝酿于1996年。1998年9月，在景宁试排，11月，作为“1998年浙江景宁畲乡风情节”重要项目公开演出，后进京演出，并作为中共浙江省委第十次代表大会献礼剧目在杭州演出；1999年12月，《畲山风》获浙江省第六届精神文明建设“五个一工程”奖。2001年，修改与完善剧本、舞蹈、服装、道具、背景。9月，代表浙江省到北京参加第二届全国少数民族文艺会演，获创作、演出双金奖和其他单项奖15项。2002年5月，《畲山风》获浙江省第四届鲁迅文学艺术奖。

《畲家谣》为《畲山风》后推出的又一精品力作，作品以瓯江上游流域畲汉民俗及民间艺术为主要创作素材的一部大型风情音舞诗。全剧四幕，第一幕《水吟》，第二幕《火咏》，第三幕《风语》，第四幕《山颂》。全剧通过对瓯江流域民俗风情内涵的探询，启发人与自然和谐关系的思考，表现畲汉人民相亲相爱，畲汉文化交融交汇共同发展主题。2006年，《畲家谣》获第三届全国少数民族文艺会演创作金奖等奖项。

《诗画·畲山》为县委、县政府倾力打造，由本土编导和演员担纲的一台大型畲族风情歌舞剧，在2009年中国畲乡“三月三”迎宾晚会中首演成功。

1993—2010年景宁专题文艺演出情况一览

表32-1-1

年份	场次	年份	场次	年份	场次
1993	12	1999	12	2005	30
1994	15	2000	16	2006	20
1995	13	2001	12	2007	30
1996	12	2002	23	2008	32
1997	14	2003	25	2009	40
1998	15	2004	28	2010	45

1993—2010年景宁送戏下乡一览

表32-1-2

年份	场次	年份	场次	年份	场次
1993	45	1995	53	1997	55
1994	48	1996	50	1998	53
1999	63	2003	69	2007	85
2000	71	2004	73	2008	96
2001	67	2005	75	2009	102
2002	64	2006	82	2010	95

《千年山哈》是在《诗画·畲山》的基础上加工和修改的一部大型畲族风情歌舞。全剧由序、传师、耕山、盘歌、礼嫁、尾声六部分组成。集聚畲族最具影响力和文化内涵的历史传说，综合宗教文化、耕猎、茶织、歌会、婚恋等主题内容，以音舞诗画的手法荟萃畲族山歌舞蹈，工艺建筑，服饰茶艺，体育竞技等文化艺术精华，展示畲族的特色风俗和精神内涵。该剧在第十三届国际摄影艺术展览暨2009年中国·丽水摄影文化节献演获得成功，得到专家和来宾的高度评价。2012年6月，《千年山哈》作为浙江省唯一剧目参加第四届全国少数民族文艺会演，获表演金奖等9个奖项。2012年10月，《千年山哈》获得浙江省第十一届精神文明建设“五个一工程”奖。

1994—2010年景宁文艺会演获奖情况一览

表32-1-3

演出时间	演出剧目	获奖
1994.7	《灵刀舞》	福井环日本海国际文化艺术节演出感谢奖
1997.11	《火车进畲寨》	浙江省第五届音乐舞蹈节表演二等奖
1998.10	《畲乡唱晚》	浙江省畲族新歌大奖赛一等奖
1999.10	《畲山夏夜》	浙江省群众舞蹈大赛节表演二等奖
2000.2	《凤凰的传说》	首届中国民族服装服饰博览会表演优秀奖
2000.5	《金桂花开山哈村》	全国首届农民歌手大赛优秀奖
2002.1	《木拍灵刀》	浙江省广场民间(鼓乐)舞蹈大赛创作金奖、表演金奖

续表 32-1-3

演出时间	演出剧目	获　奖
1999.12	《畲山风》	浙江省精神文明建设“五个一工程奖”
2001.9		第二届全国少数民族文艺会演创作，表演双金奖
2002.5		第四届浙江鲁迅文学艺术奖优秀成果奖
2003.9	《畲族彩带献给你》	浙江省抗击“非典”群众文艺作品大赛一等奖
2006.9	《生肖戏魅》《古窑瓷韵》《古道问茶》《山水传情》《灵刀豪气》	第三届全国少数民族文艺会演优秀节目奖
2006.9	《畲家谣》	第三届全国少数民族文艺会演创作金奖、优秀演员奖
2007.4	《畲族云彩》	“中华畲族民歌邀请赛”省级创作奖
2007.11	《畲民和党最亲热》	浙江省第八届广场文化艺术节暨第五届“嘉兴南湖合唱节”银奖
2008.4	《劳动歌》	中国畲族民歌节金奖
	《唱吧，跳吧，泼妮崽》	中国畲族民歌节优秀奖
2008.4	《畲山惠明茶》	浙江省第七届音乐新人新作演唱演奏大赛银奖
2008.6	《畲族彩带编织》	澳门民间艺术展览感谢奖
2009.4	《幸福畲乡》	全省第三届检察机关文艺会演省级一等奖
2009.4	《畲乡惠明茶》	第二届中国畲族民歌节银奖
2009.11	《采茶的泼妮崽》	浙江省档案系统文艺汇演省级二等奖
2009.12	《敕木茶歌》	第二届中国畲族民歌节铜奖
2010.4	《山哈泼尼崽》	浙江省舞台舞蹈群星奖比赛省级银奖
2010.4	《茶山情歌》	第二届中国畲族民歌节金奖
2010.10	《祈福灵刀》	丽水市第三届乡村文艺会演市级金奖
		第三届中国畲族民歌艺术节金奖
2010.10	《畲民和党最亲热》《茶山情歌》	首届浙江文化艺术节庆祝新中国成立61周年“祖国颂”全省合唱大赛省级金奖、特色风采奖
2010.10	《茶山情歌》	第十二届中国上海国际艺术节“浦东塘桥杯”长三角地区与昂生态民歌邀请赛银奖
2010.11	《采茶的泼妮崽》	省直工委“创先争优”文艺会演省级一等奖

传统文化

“中国畲乡三月三”(以下简称“三月三”)　农历三月初三，为畲族的传统节日。

每年此节，畲族聚居的村，常由族中长者领头，进行隆重的祭祀先祖仪式，还要吃以乌枝树叶汁浸泡过的“乌饭”以示对祖先的怀念。祭祀之后，四面八方集聚而来的男女还会进行多种形式的对歌活动。年轻的借此机会谈情说爱，十分热闹。至20世纪60—70年代，公开性的祭祀、对歌活动几乎绝迹。

1984年，景宁建立畲族自治县后，“三月三”节事活动大致经历三个阶段的发展历程：初始阶段：20世纪90年代末，为挖掘、研究和宣传民族文化，政府相关部门鼓励一些畲族村落恢复相关活动。当时称“三月三畲族民间歌会”，主要用于对外展示，形式相当简单，以小规模的对歌活动为主，略去与祭祖相关的忌讳性内容。这一时期的“三月三”活动完全属于民间性质，建立自治县后的第二个十年间，景宁曾断断续续举办过几次全县性大型文化活动，都未同“三月三”节俗结合。第二阶段：2002—2006年，“三月三”活动转而成为党委、政府部门牵头的常规性活动，强调与旅游结合，规模也渐渐扩大，但在策划和操作上采用的是部门分块，独立负责，各自为战的组合型办节模式。2007年始，为第三阶段，“三月三”与原有的文化节、风情节合并为“中国畲乡三月三”，节徽、节旗全部统一。按照“文化搭台、经济唱戏”的思路，“中国畲乡三月三”不再是简单的民俗，而被赋予“凝聚畲族文化精髓，展示畲乡风情”的品牌意义。“三月三”逐步成为景宁畲族文化展示的核心平台和对外宣传的品牌载体，也真正成为全县畲汉人民的欢乐节日。同年，景宁“三月三”被列入浙江省第二批非物质遗产名录。2008年6月7日，“中国畲族三月三”被列入第二批国家级非物质文化遗产名录。

2009年，成立景宁建设全国畲族文化发展基地办公室。此后，“中国畲乡三月三”节庆活动从总体策划到牵头具体实施工作，一并由该办公室专项负责。活动主题有“弘扬优秀传统文化，发展区域特色经济、走进畲乡山水，亲历民族风情、增进民族团结进步，发展畲乡旅游经济”等。活动内容有：中央民族歌舞团“畲乡行”大型广场文艺演出、畲族文化旅游研讨会、经贸洽谈会、民间文艺踩街、惠明寺开光、浙江省畲族新歌大奖赛、畲族服饰大奖赛、畲族婚俗演示、畲族歌舞篝火晚会、畲乡风情摄影展、商品交易会、海峡两岸少数民族发展座谈会等。

1998—2010年景宁“三月三”活动一览

表32-1-4

年份	活动名称	活动主题	活动内容
1998	1998年浙江景宁畲乡风情节	弘扬优秀传统文化 发展区域特色经济	1.大型文艺演出暨开幕式。2.民族风情歌舞剧《畲山风》演出。3.浙江省畲族新歌大奖赛。4.畲族服饰大奖赛。5.畲族婚俗演示。6.畲乡风情摄影展
1999	1999年浙江景宁三月三畲乡风情旅游节	展示畲乡风情 发展旅游经济	1.开幕式暨迎宾晚会。2.婚俗演示。3.摄影展
2001	2001年中国畲乡风情节	走进畲乡山水 亲历民族风情	1.开幕式暨中央民族歌舞团“畲乡行”大型广场文艺演出。2.畲族文化旅游研讨会。3.经贸洽谈会。4.民间文艺踩街。5.惠明寺开光。6.商品交易会
2004	2004年畲乡·景宁三月三节庆活动	增进民族团结进步 发展畲乡旅游经济	1.开幕式暨畲族文艺表演。2.体育场篝火晚会
2005	2005年中国畲乡·景宁三月三歌会	弘扬畲族传统文化 推进畲乡经济发展	1.开幕式暨三月三歌会表演。2.书法作品展。3.畲乡民俗工艺品展。4.民族商品交易会。5.民俗摄影作品展
2006	2006年中国畲乡三月三暨景宁乡村旅游展	展现畲乡风情 发扬畲族文化	1.开幕式暨畲族歌舞篝火晚会。2.畲乡菜大赛。3.“畲乡乐”系列活动。4.路福作品研讨会
2007	2007年中国畲乡三月三暨中央电视台《乡村大世界》走进景宁活动	和谐畲乡 欢乐畲乡 特色畲乡	1.开幕式暨中央电视台《乡村大世界》大型文艺演出。2.音乐家“畲乡行”。3.旅游推荐暨经贸洽谈会。4.民间文艺踩街
2008	海峡两岸各民族欢度三月三节庆活动暨2008年中国畲乡三月三活动	激情三月 浪漫畲乡 民族同欢	1.开幕式暨东南电视台大型文艺演出。2.中华畲族民歌节。3.“千年山哈”民俗篝火一条街狂欢活动。4.中国畲乡三月三民间歌会。5.海峡两岸少数民族发展座谈会。6.旅游资源推介会暨旅游项目签约仪式。7.民族中学与台湾来义中学交流结对仪式

续表 32-1-4

年份	活动名称	活动主题	活动内容
2009	2009年中国畲乡三月三暨大型畲族风情歌舞《诗画·畲山》首演活动	诗画畲乡 浪漫景宁	1.开幕式暨大型畲族风情歌舞《诗画·畲山》首演。2.第二届中国畲族民歌节。3.畲乡经济发展论坛。4.第三届中华畲族服饰风格设计大赛。5.第三届传统体育节。6.婚嫁表演
2010	2010年中国畲乡三月三暨中央电视台《激情广场》走进景宁活动	两岸同歌 激情畲乡	1.中国畲乡三月三开幕式暨中央电视台《激情广场》大型歌舞互动演出。2.第四届传统体育节暨千人集体押加大赛。3.台湾南投县原住民文化艺术团专场演出。4.集体畲族婚礼仪式暨行嫁踩街活动。5.民俗风情一条街展示。6.经贸项目推荐会。7.台湾南投县—景宁畲族自治县民族文化交流座谈会。8.中国畲族民歌艺术节

自古以来逢年过节或重大庆典，景宁乡村均举行一些娱乐活动，诸如木偶戏、菇民戏、花鼓戏之类，还有鱼灯、舞狮、舞龙等。

鱼灯 盛于九龙乡，被称九龙鱼灯，又称金田鱼灯，是独具地方特色的民间舞蹈，也是传统性的大众娱乐活动。九龙鱼灯分布在九龙乡黄寮、小顺、大顺、岭里、圭背等村，其形成和发展与明代开国功臣刘基关联紧密。相传在元末，群雄竞起，青田县(现文成县)南田人刘基，为助朱元璋灭元兴明，暗地招募义兵，为防嫌疑就以鱼灯舞形式操练兵阵，从此鱼灯成为青田以及相邻的九龙乡的民间传统灯舞。每逢春节，九龙乡金田等村的村民都以舞鱼灯为乐，这些鱼灯都以淡水鱼的形象而制作，它们因道具制作精美、舞蹈形象生动、表演粗犷奔放而闻名。鱼灯的动作多依据鱼类的生活习性而编排，并渗透着大量军事上的阵图。其特点为“背得活，舞得泛，跳得高，进得快”。极具独特军事操习风格的民间舞蹈。

板龙 古时用以祭神和娱乐，家家可参与，表演板龙要有艺术技巧，既惊险又刺激，为重大节庆时的大型群众文娱活动。景宁板龙以大漈、英川两地为代表。板龙用厚条木板制作，每节板龙宽约0.2米，长约1.2米，两头打圆孔，以圆木棒穿入圆孔将两节木板衔接起来。龙头、龙尾用竹篾制模，外糊纸，以红、绿色描鳞、眼、舌，龙身用木棍将条板一节节连接而成，长短各异。长则100多节，短则20多节。上饰花卉，方形花灯等，由各户自行制作。舞龙时，一人一板，由健壮劳力扛着前进，有圆盘，之字盘等队形。

炭布龙 约300年前从福建传入。炭布龙的龙头、龙体、龙球，皆用竹篾编制，共为9节，头节为龙头，长1.8米，中间各节长1.5米，尾节为鱼尾状，长圆形。外用宣纸糊或透明薄布包扎，每节内点燃蜡烛，然后用红布连接为一体，成为一条完整的炭布龙，也叫“拉布龙”或“九节龙”。20世纪90年代，龙身内改用小电瓶灯。炭布龙由10人表演，每节1人，龙珠1人，打乐成员若干。统一着黄色服装，腰扎红绸带。舞龙时，龙珠引路，布龙跟随起舞。表演主要动作有“双龙戏珠”“盘龙”“跳龙门”“龙穿井”“腾龙翻滚”等。龙到之处，农户奉香烛放鞭炮迎接。

特技 在景宁畲民中保存着流传千年的绝技，这些传统民俗技艺与舞蹈表演，一般在正月元宵节前到各村寨地主庙进行，旨在祈求保四方太平，风调雨顺，国泰民安。表演时说唱的内容皆为修身养性、赏善罚恶、积德为乐、功德无量之类，深受民众喜爱。

爬刀梯 梯架由毛竹制作，高12米，梯步由36把柴刀构成，表演者要赤脚一步步踩着刀口攀到梯顶，并在上面进行系列表演，然后一步步下来，两只脚掌丝毫未伤。刀梯的刀是上山砍柴用的土刀，由畲民自发提供，表演前村民把刀磨得锋利光亮，各自做上记号，锋利表示吉祥，光亮表示如意。

趟火坑 在木炭堆上铺上砖块，然后将木炭连同砖块一起烧红，表演者赤脚在烧红的砖块上行走

而不会烫伤叫趟火坑。此表演一般在夜晚进行，分为7、9、36、72、108五种火坑，数字表示几箩木炭，上面铺上7块或更多的砖，烧红的砖表示坑的蹬步。表演时有人还要拿着大芭蕉扇对着火堆使劲地“煽风”，哧哧的火苗表示来年风调雨顺，火堆扇得越旺越红表示国泰民安，生活红火。

舞狮子　景宁民间舞狮活动由来已久，人们认为舞狮可以驱邪辟鬼，故每逢喜庆节日，都喜欢敲锣打鼓，舞狮助庆。景宁狮子头属南狮中的佛山装狮，狮头较大而圆，额位宽而有势，嘴较平阔。狮身由彩麻等制作而成的。每头狮子有两个人合作表演，一头一尾，也有独人舞的小狮仔。

南狮属文派舞狮，只在地面上舞。以活泼可爱的顽皮形象为特点，地面表演主要有闪、扑、挪、腾、滚或滑稽技艺动作逗引人们。具体有拜堂，呷四角头，翻白，捉虱子等。时而嬉戏欢乐，时而幽默诙谐，将喜、怒、醉、乐、猛、惊、疑、动、静、醒等神态表演得惟妙惟肖、出神入化、淋漓尽致。因舞狮表演者，两人在狮被内无法商量动作步伐，故所有动作的起止大都靠锣鼓指挥节奏，往往习舞狮者要先学习锣鼓节奏，只有熟悉了舞狮锣鼓节奏后才能习舞狮。习舞狮必须掌握、领会舞狮鼓乐的轻、重、快、慢、缓、急节奏，每一姿态必随鼓乐节奏改变而改变，寓喜怒哀乐于抑扬顿挫之鼓乐中。

春节期间，狮子队除大年三十在本村表演外，初一始，便到邻村去表演，如遇做大寿、结婚、生小孩等有喜之家，狮子队会送上全同帖（即演齐全套技艺）。也有的人常刁难舞狮队，让舞狮者扒煨过的柚子，端着茶水打滚等，如能顺利过关，主人会另加红包，并博得阵阵喝彩。

沙湾镇林斜村、标溪乡标溪村、预章村等狮子班技艺高，活动频繁。

第二节　电影放映

1992年10月，景宁影城建成开业。1992年后，有线电视、激光影碟、电脑网络以及其他娱乐业快速发展，景宁电影市场受到冲击。2002年后，探索开拓农村电影市场，组建以大篷车电影队为首的5支农村流动电影放映队，依靠部门单位企业赞助，以免费送电影下乡村的放映模式，年放映500多场次，解决农村群众看电影难的问题。2004年始，景宁逐年提高农村电影补贴经费，农村电影市场发展较快。2005年，县电影发行放映公司获全国“送电影下乡”先进农村电影放映单位，受到文化部的表彰。2007年，获全国2006年农村电影放映工作先进集体荣誉称号。2009年10月始，运用农村电影数字化放映，至2010年10月，农村全面实现电影放映数字化，全县农村数字电影放映设备6套，年放映1581场次。

第三节　图　书

藏书

县图书馆　1984年11月，成立景宁畲族自治县图书馆。1998年12月，投资150万元，建筑面积1826平方米的新馆正式投入使用。2002年，县图书馆建立电子阅览室，2007年，实现图书馆管理自动化，2008年，着手建设畲族文化资源数据库。

2003年始，县图书馆先后开展“图书流通点”“送书下乡”等活动，建设畲乡书屋11个。2010年，馆藏图书50000多册，中文期刊200多种、中文报纸100多种。其中，畲族文献166多种，326册。有阅览座位120个，内设外借室、阅览室、采编室、少儿阅览室、地方文献室、资料室、电子阅览室、文化信息资源共享工程景宁县支中心等。县图书馆每周开放6天，2010年持证读者3600多人，全年流通量为5万册次，阅览室接待读者4万人次。

2000年始，县图书馆连续被评为县级文明单位。2006年、2008年，由中宣部宣教局、文化扶贫委员会等九部门共同举办的农民读书节征文活动中获优秀组织奖。2008年、2009年，连续两年获浙江省未成年人读书节活动组织奖。2009年，获丽水市全民读书月创新奖。2010年，县图书馆获浙江省第六届未成年人读书节创新奖。2010年，县图书馆馆员7人。其中，副研究馆员1人，中级职称4人。

乡镇文化站图书室　1993—2010年，各乡镇文化站均建有图书室，但普遍比较简陋，图书量少，门类单一，添置新书有限。

学校图书室　1993年，全县中学、镇中心小学、县实验一小、实验二小等学校设有图书室，共藏书16774册。2010年，全县25所中小学都设有图书室。其中，景宁中学67779册，民族中学36819册，城北中学25319册，沙湾中学20000册，实验一小27000册，实验二小31800册。

私人藏书　私人藏书逐年增多，数量5000册以上的有10多人。内容涉及文学、历史、哲学、教育、法律、音乐、书法及地方文献古籍等。

发行

1993年10月5日，县新华书店与县教育局整合全县文教图书市场，联合成立“县文教联合发行站”。1996年6月18日，鹤溪镇人民南路127号新装修门市部开业。1997年，县新华书店被评为全省中小学教学辅导用书发行一等奖，新设网点渤海门市部开业。1999年7月，县新华书店中心门市部，由原来人民中路127号搬迁至146号营业。2000年，浙江省景宁畲族自治县新华书店变更为浙江省景宁畲族自治县新华书店有限公司，全体员工实行岗位聘任制。2002年，实行岗位工资制，2005年，县新华书店有限公司与全体员工签订改制后劳动合同。1993—2010年，县文教联合发行站为澄照、大漈、东坑、渤海、沙湾、英川等乡镇中小学校开展送书下乡活动，并每年开展一系列读书活动以及文教书籍流动供应活动。2010年，景宁县新华书店图书销售1035010册，销售额1074万元，员工22人。

1993—2010年景宁新华书店图书发行一览

表32-1-5

年份	图书销售（万册）	销售额（万元）	网店面积（平方米）	年份	图书销售（万册）	销售额（万元）	网店面积（平方米）
1993	16.48	128	124	2002	23.47	384	210.4
1994	19.57	158	156	2003	72.92	400	210.4
1995	21.43	245	156	2004	70.89	404	152
1996	23.48	345	188	2005	69.31	442	152
1997	24.39	400	216	2006	72.46	489	152
1998	25.39	402	216	2007	82.68	633	655
1999	24.24	364	210.4	2008	85.50	699	655
2000	21.37	332	210.4	2009	89.89	769	655
2001	23.18	385	210.4	2010	103.50	1074	655

第四节 文化市场

管理机构

2006年7月，县文化市场行政执法大队成立，核定专项执法编制6人，集中开展净化出版物市场、网络侵权盗版、文化娱乐市场专项整治行动、印刷企业的监管等工作。

专项治理

1993年，县城有歌舞厅5家，音像厅6家。2000年始，娱乐场所快速增多。2007—2010年，执法大队派出1397人(次)，检查网吧689家(次)。其中，违规13家(次)；派出465人(次)，检查音像232家(次)；派出355人(次)，检查电子游戏177家(次)；派出493人(次)，检查娱乐场所246家(次)；派出249人(次)，检查印刷123家(次)；派出382人(次)，检查出版物191家(次)；派出160人(次)，检查不可移动文物78点(次)等。行政处罚立案调查26件。其中，网吧20件，办结案件26件，警告23家。2010年，全县有网吧8家、印刷企业3家、音响店2家，出版物出售5家、打字复印12家。

第五节 文化设施

1998年10月，县图书馆大楼竣工并投入使用，建筑面积2086平方米、总投资150万元。2008年始，景宁贯彻落实"生态立县、产业兴县、文化名县"战略，先后建成图书馆、文化馆、畲族博物馆、影剧院、畲族民俗博物馆、文化广场3个，同时，配备大篷车。

影城

1992年10月，景宁影城正式对外开放，建筑面积4871平方米，座位931座。地处鹤溪镇繁华中心地段，是一座集电影、会议、演出一体的多功能文化活动场所。

大篷车

2006年，省政府配送"文化大篷车"给浙江畲族民间艺术团专用，方便送戏下乡演出活动，丰富农村文化生活。2006—2010年，送戏下乡460场。

畲族文化中心

2007年，畲族文化中心建筑群开始筹建，文化馆、图书馆、博物馆三馆合一，占地面积26500平方米。文化中心剧场是景宁设备最先进的演出场所，文化中心露天舞台，成为举办各类文艺演出，丰富民众文化生活的重要演出场所。此外，县城大型演出场所还有县体育广场、石印山广场等。至2010年末，全县大小演出场所193个。

第六节　文化馆(站)

县文化馆

1950年4月,成立景宁人民文化馆,先后更名为红星区文化站、城郊区文化站、景宁区文化站。1984年,改称景宁畲族自治县文化馆,馆址位于景宁鹤溪镇建设路18号,建筑面积1201平方米。2007年6月28日,畲族文化中心(博物馆、文化馆、图书馆)开工建设,2012年3月25日正式投入使用。其中,文化馆占地5040平方米。设演艺厅、室外露天舞台、排练厅、音乐室、舞蹈室、摄影室、文学室、美术室、戏剧室、艺档室和财务室等。2010年末,共有在编人员19人。

乡镇文化站

1984年始,景宁乡镇文化站基础建设步伐加快,至2010年末,全县文化站建筑用房,乡文化站达500平方米以上,镇文化站达1000平方米以上。全县省一级站2个,二级站9个,三级站5个,实现乡镇综合文化站全覆盖。沙湾镇、大均乡综合文化站先后被命名为省政府“东海明珠”工程。沙湾、东坑、英川、鹤溪、标溪、大漈等6个乡镇先后被市政府命名为“山花工程”。

乡村文化室(中心)

1992年前,景宁利用村级闲置校舍、旧礼堂、旧祠堂改建成为村级文化活动室15个。1993年始,陆续建成乡村文化室(中心)9个,至2010年末,全县实现文化活动室全覆盖。县文化主管部门为村级文化活动室配送电脑、DVD、音响、话筒、腰鼓、锣鼓等文化活动设备。

第七节　文化队伍

浙江畲族民间艺术团

1984年,景宁建立畲族自治县后,将原云和县民族文化工作队更名为景宁畲族自治县民族文化工作队。1988年12月13日,县编委同意县文化馆挂民族文化工作队牌子,但没有单独建制,没有增编。1997年,景宁编委正式批准景宁畲族自治县民族文化工作队建制、单位性质和人员编制。

2001年,景宁制定《景宁畲族自治县民族文化工作队改制方案》,将“民族文化工作队”改名为“浙江景宁畲族民间艺术团”纳入该方案。经县委、县政府批准后,于2002年上半年开始实施方案,演职人员25人。同年,成立浙江景宁畲族民间艺术团,为域内唯一的综合性艺术团,浙江省唯一一个以表演畲族民间特色歌舞节目为主的畲族民间艺术团体。县财政在安排正式编制人员经费基础上,每年追加艺术团专项经费18万元。建立由财政扶持和艺术团市场运作相结合的“政府补助、市场运作、人员招聘、能进能出、工资浮动、绩效挂钩”新机制。2010年6月,浙江景宁畲族民间艺术团应邀到台湾南投县进行文化交流演出活动。曾应邀赴北京、上海、江苏、福建以及浙江省内大部分市县开展文化艺术交流活动。

民众业余团队

至2010年末，全县业余团队69个，演出活动1000多场/年。其中，有以编演当地民风民俗节目为主的畲乡宏顺戏迷演唱团；以演唱流行歌曲、花鼓戏为主的宏顺艺术团；以越剧、黄梅戏、京剧为主的畲乡草根戏迷俱乐部演出队；以唱畲族山歌的原生态韵味的岗石村生态畲族女子山歌队和东弄畲族文艺表演团队；以唱红歌为主的畲乡红歌演唱队。在重要节日期间，开展各项文化艺术活动，为传播先进文化，倡导积极健康的生活方式作出贡献。

各乡镇积极开展"一乡一品"文化节、乡村"春晚"、乡村联谊会、社区联谊会等一系列文艺活动。

第二章　物质文化遗产

2008年，县政府颁布《景宁畲族自治县人民政府关于进一步加强文化遗产保护工作的实施意见》。2010年，县人大常委会通过《景宁畲族自治县民族民间文化保护条例》。经过第三次全国文物普查和非物质文化遗产普查，共登录不可移动文物763处，搜集各类非物质文化遗产信息线索38000条。至2010年12月末，全县有全国重点文物保护单位1处，县级文物保护单位32处；国家级非遗项目2项、省级非遗项目13项、市级非遗项目31项、县级非遗项目79项。

第一节　文　物

2008年1月，景宁按照国家第三次全国文物普查的统一部署，开始文物普查工作。1—7月，成立县文物普查领导小组及工作机构，制定普查实施方案，组建普查队伍，确定技术标准和规范，开展各级培训，编制并落实经费预算等。2008年7月至2009年12月，以县区域为基本单元，实地开展文物调查和信息数据登录工作。2010年1月至2011年12月，汇总、整理调查资料，开展数据库建设及文物普查和专题调查报告编制，并以文字报告公布相关成果，对普查工作总结表彰。完成254个行政村的普查，覆盖面达100%。完成1380个自然村的普查，覆盖率达98%。共调查文物点1212处，重点记录770处。其中，复查30处，一般记录437处，消失文物5处。通过普查，全县共登录763处不可移动文物普查的数据资料。

从重点登记的类别来分，新发现文物中包括古建筑526处、古墓60处、古遗址19处、石刻5处、近代重要史迹及代表建筑155处，其他5处。

不可移动文物

2001年6月25日，大漈时思寺被国务院列入第五批全国重点文物保护单位。至2010年末，景宁有全国重点文物保护单位1处、县级32处，文物保护点5处。县级文物保护单位有李振彪烈士墓、胡桥、何八公古墓、雁溪何马二仙宫、大漈彭氏宗祠、大漈银坑洞、大张坑青花窑址、梨树突红军标语、葛山方井、蔡湖银坑洞、库头抗战标语、城郊孔子庙、桂山石印题刻、渤海陈坦庵墓、严氏节孝木牌坊、包坑口三合堂、道化仙碓、潘氏节孝坊、西坑水头大殿、严氏宗祠、徐山永镇桥、芎岱岭脚桥、梅家老屋门楼共23处。

先后修复东坑下桥、莲川大地桥、敕木山畲族民居（第一幢），完成陈坦庵墓和刘基母富氏墓的整体搬迁等工程。

2010年景宁各级文物保护单位一览

表32-2-1

序号	保护单位名称	座落位置	类别	年代	级别	公布年份	批次
1	时思寺	大漈乡大漈村	古建筑	元至清	国家	2001	第五批全国重点文保护单位
2	李振彪烈士墓	九龙乡王湾村	古建筑	现代	县级	1983	第一批县级文物保护单位
3	胡桥	大漈乡大漈村	古建筑	清康熙	县级	1987	第二批县级文物保护单位
4	护关桥	大漈乡大漈村	古建筑	清乾隆	县级	1987	第二批县级文物保护单位
5	何八公古墓葬	景南乡东塘村	古墓葬	南宋	县级	1987	第二批县级文物保护单位
6	雁溪何马二仙宫宫	雁溪乡雁溪村	古建筑	清乾隆	县级	1987	第二批县级文物保护单位
7	大漈彭氏宗祠	大漈乡彭村	古建筑	清乾隆	县级	1989	第三批县级文物保护单位
8	大漈银坑洞	大漈乡大漈村	古文化遗址	明代	县级	1989	第三批县级文物保护单位
9	东坑上桥	东坑镇东坑村	古建筑	清同治	县级	1989	第三批县级文物保护单位
10	东坑下桥	东坑镇东坑村	古建筑	清康熙	县级	1989	第三批县级文物保护单位
11	大张坑青花窑址	东坑镇大张坑村	古文化遗址	明代	县级	1989	第三批县级文物保护单位
12	梨树突红军标语	英川镇李树突村	近现代史迹	现代	县级	1989	第三批县级文物保护单位
13	葛山方井	葛山乡葛山村	古文化遗址	明万历	县级	1989	第三批县级文物保护单位
14	蔡湖银坑洞	沙湾镇蔡湖村	古文化遗址	明代	县级	1989	第三批县级文物保护单位
15	库头抗战标语	毛垟乡库头村	近现代史迹	现代	县级	1989	第三批县级文物保护单位
16	城郊孔子庙	鹤溪镇人民南路72号	古建筑	清道光	县级	1989	第三批县级文物保护单位
17	桂山石印题刻	鹤溪镇石印山	石刻	清康熙	县级	1989	第三批县级文物保护单位
18	渤海陈坦庵墓	渤海镇渤海村	古墓葬	明嘉靖	县级	1989	第三批县级文物保护单位
19	高演环胜桥	梧桐乡高演村	古建筑	清乾隆	县级	1989	第三批县级文物保护单位
20	严氏节孝木牌坊	大漈乡小佐村	古建筑	清道光	县级	1996	第四批县级文物保护单位
21	包坑口三合堂	英川镇包坑口村	古建筑	清道光	县级	1996	第四批县级文物保护单位
22	道化仙碓	沙湾镇道化村	古文化遗址	明宣德	县级	1996	第四批县级文物保护单位
23	章坑接龙桥	东坑镇章坑村	近代建筑	民国六年	县级	1996	第四批县级文物保护单位
24	潘氏节孝坊	鹤溪镇包凤新村	古建筑	清同治	县级	2004	第五批县级文物保护单位
25	西坑水头大殿	大地乡西坑头村	古建筑	清光绪	县级	2004	第五批县级文物保护单位
26	严氏宗祠	大漈乡小佐村	古建筑	清康熙	县级	2004	第五批县级文物保护单位
27	大赤坑桥	大均乡大赤坑村	古建筑	清嘉庆	县级	2004	第五批县级文物保护单位
28	徐山永镇桥	外舍管理区徐山村	古建筑	清同治	县级	2004	第五批县级文物保护单位
29	芎岱岭脚桥	家地乡芎岱村	古建筑	清同治	县级	2004	第五批县级文物保护单位
30	梅岐桥	梅岐乡梅岐村	近代建筑	民国元年	县级	2004	第五批县级文物保护单位
31	莲川大地桥	沙湾镇小地村	古建筑	清嘉庆	省级	2005	第五批省级文物保护单位
32	梅家老屋门楼	鹤溪镇大众街21号	古建筑	清代	县级	2009	第六批县级文物保护单位
33	鹤溪潘家大屋	鹤溪镇戏台后	古建筑	明代	县级	2009	第六批县级文物保护单位

可移动文物(馆藏文物)

1986 年 6 月,成立景宁畲族自治县文物管理委员会,下设县文物管理委员会办公室。1997 年,景宁畲族博物馆机构成立,位于文化路 27 号,干部职工 5 人。同年,景宁筹建新畲族博物馆,先后到福安、霞浦、宁德、罗源、苍南等浙闽一带畲族聚集地,有针对性的征集畲族文物,文物种类涉及畲族生产生活用品、畲族服饰、畲族银饰、畲族刺绣、畲族祖图等藏品。经过多方征集,藏品增加到 1000 多件。1998 年,景宁畲族博物馆库房面积增至 170 平方米。2000 年 7 月,景宁文物办参加在昆明举行全国首届民族服饰博览会,送展的畲族服装获“最佳设计奖”“优秀展品奖”“优秀陈列奖”。

2006 年始,新建中国畲族博物馆,馆址坐落于鹤溪镇人民南路鹤溪新村以南,占地面积 3400 平方米,建筑面积 3554 平方米,展厅面积 1500 多平方米,临展厅面积 600 平方米,总投资近 4000 万元。2010 年 10 月博物馆试运行。

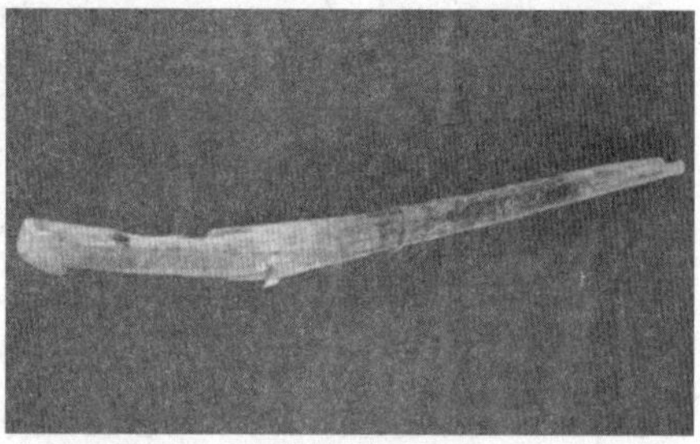

土药炮

中国畲族博物馆馆内藏品 1547 件。其中,省二级文物和省三级文物各 1 件。藏品主要分为畲族民俗文物、生产生活用具、畲族服饰、祭祀用品、书籍等,主要来源于民间征集和社会捐赠。其中,特色藏品有畲族祖图、畲族服饰、彩带、头饰以及狩猎器物等。

土药炮,省二级文物。该土药炮由铁和木混合制作而成,通长 230 厘米,属于军用武器文物,为攻打国民党碉堡所用。

印泥盒

印泥盒,省三级文物。该印泥盒属于民国 8 年(1919),呈长方体,长 12 厘米,宽 8 厘米,厚 5 厘米。质地为瓷,由盒盖和盒底两部分组成,上面分别印有图案,盖子右上角破损。

满字谷印,澄照半山村所征,直径 27 厘米,厚 10 厘米,木质。旧时,谷仓为防盗、防鼠,加盖谷印,做记号用。

满字谷印

双排字彩带,畲族妇女用棉纱线编织的彩带,上面织着“幸福、吉祥、稻田、山水”等双排字的带子,常用于姑娘出嫁的陪嫁品之一,也是男女恋爱互赠的信物。

民间藏品

陈晓琴畲族民间陈列馆创办于 2007 年,位于景宁畲族自治县人民中路 211 号。展馆两层,内设两个展厅:一楼为畲乡民间银饰展厅,二楼为畲族民间服饰展厅。另在大均 AAAA 级景区设立一个展厅,实行免费开放,成为中外游客了解畲族民间传统文化的重要场所。共有展馆面积 1200 多平方米。

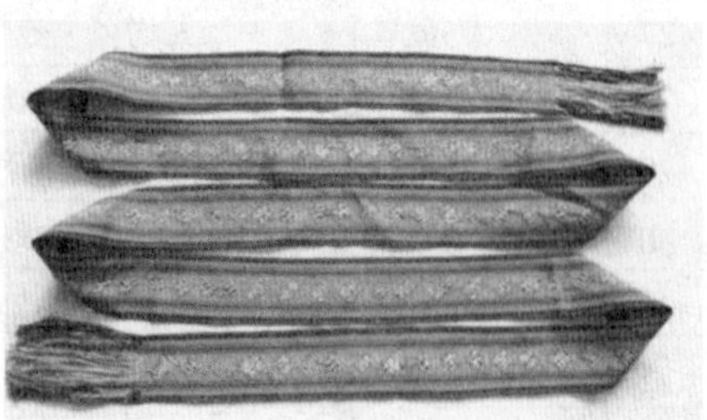

双排字彩带

馆内藏品 2 万多件。其中,畲族民间刺绣 8700 多件,银饰品 3600 多件,服饰彩带 4800 多件,房屋构建、生活家具、农耕工具等 3300 多件。在 2 万多件藏品中,400 多件属于清代和民国初期的精品,具有较高的收藏价值和观赏价值。

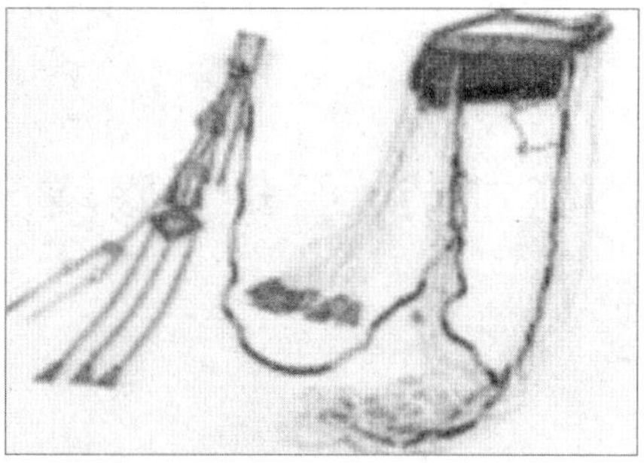
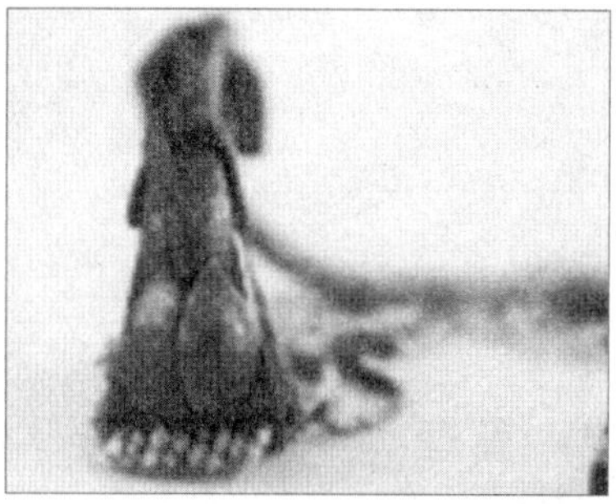

景宁畲族自治县畲族妇女头饰(近代)

畲族宗教头饰(法师头冠)(近代)

浙江景宁畲族凤冠，一个完整的凤冠大致可以分为黑色缠头纱、凤箍和抓3个主要部分，主要以银饰制成。椎髻高钗是模仿凤头；缀在凤冠银链上的银片，形如翎羽，应是模仿凤羽；而盘垂的瓷珠，叮咚作响，宛如凤鸣。浙江近现代畲族女子头饰仍保留其“椎髻”“戴竹冠”“垂璎”以及竹制筒状、裹红布，两侧挂链珠等特色，但由于地区的不同，其构造和复杂程度也有差异。其中，尤以景宁凤冠的构造最为复杂。景宁凤冠如上图所示，其型制严格保持传统手工技艺，如《浙江景宁敕木山畲民调查记》一书载银匠说：“头饰一定要按照自古流传下来的方式制作，畲民不能容忍丝毫改变。”

畲族宗教头饰(近代)，一般为主持武道宗教活动的祭师“师公”进行宗教活动时所用。皮质，半圆形，两端系带。

畲族红绸功德衣(民国)，民国畲族宗教传统服饰，畲族男性生前主持畲族传统祭祖仪式“做功德”时穿着，去世时也作为寿服入殓。衣身宽大，对襟，连袖，侧红色边开衩。面料为绸料，沿领口、襟边、袖口及下摆镶一道蓝色宽贴边，前面近腰处有两根蓝色系带。

畲族红绸功德衣(民国)

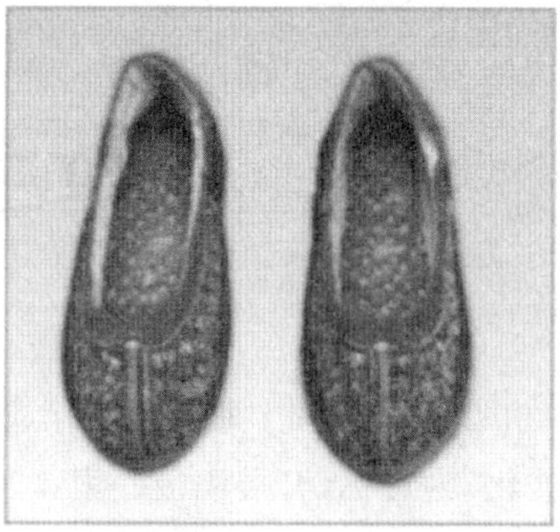
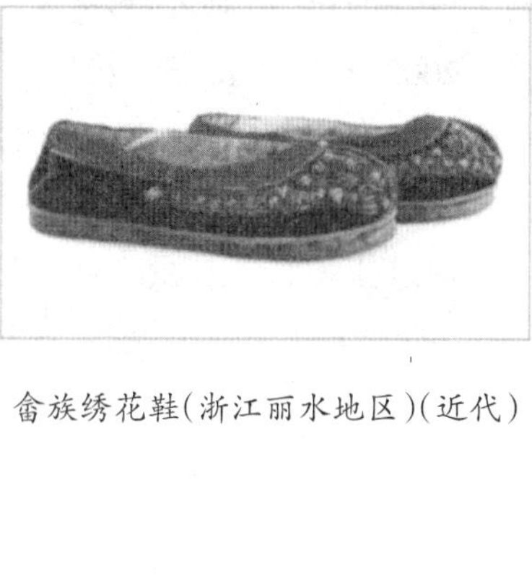

畲族绣花鞋(浙江丽水地区)(近代)

第二节 管理 修缮

管理

2005年，景宁加强对文物的管理和修缮，组织3个检查组，对全县34处文保单位和文物点进行消防安全大检查，制作古建筑消防安全警示牌47块、廊桥保护公约牌10块，用于悬挂和张贴。2007年，全县28处县级以上文保单位聘用22位业余文保员，由文物部门进行统一管理。同年，在滩坑电站蓄水前，对县级文保单位陈坦庵墓进行整体搬迁。2005年，基本完成库区文物迁移的前期准备工作。

修缮

1999年，县文物部门从金华定制一批瓦片，对大漈时思寺遭受风雨侵蚀的部分进行维修。2001年6月，大漈时思寺被国务院批准列入第五批全国重点文物保护单位名单。2006年，景宁委托浙江省古建院编制大漈时思寺保护规划与维修方案，经过国家文物局立项批复。2007年10月，大漈时思寺保护规划专家论证会在景宁召开，浙江省文物局、省建设厅、省文物考古研究所、浙江大学、东南大学、省名城保护专委会、市文化广电新闻出版局、县政府、县委宣传部、发改委、城建委、文化广电新闻出版局、财政局、国土局、大漈乡政府等单位的专家、领导参加会议。与会专家实地考察时思寺，听取方案设计单位浙江省古建筑设计研究院对设计方案的介绍，并对编制的保护规划方案进行评审，为下阶段规划的修改工作打下基础。2008年11月，景宁畲族自治县文物保护管理所暨大漈时思寺文保所正式挂牌成立，为文物保护管理工作提供重要的保证。

2010年，东坑斜桥完成异地复建。

第三章 非物质文化遗产

2006年，景宁非物质文化遗产保护工作按照“文化名县”的战略部署，以“文化先行”和构建“幸福文化”为目标，开展积极探索。2007年，景宁被定为浙江省仅有的6个非物质文化遗产保护综合试点县之一。同年，被命名为“畲族山歌之乡”。2008年11月3日，被文化部命名为“中国民间文化艺术之乡”，2009年3月28日，文化部授予景宁为“中华民族艺术之乡”。至2010年末，景宁非遗成果入选国家级非遗名录2项、省级名录13项，抢救畲族祖图、畲族刺绣、畲家医学祖传方剂等一批濒临失传的畲族文化精品。国家级传承人1人，省级9人。

通过摸索、实践，景宁逐渐形成“非遗传承有形化、非遗展示载体化、非遗成果品牌化、非遗工作整体化”的景宁非遗保护模式，得到省市文化主管部门的肯定，并被概括总结为“景宁经验”，在全省进行推广。

第一节 种 类

2003年,景宁启动非遗普查工作,重点对民族民间艺术资源进行全面调查,全县遗存民族民间艺术项目204项。2006年,成立景宁畲族自治县非物质文化遗产保护中心。2007年,在全县22个乡镇(管理区)开展口头文学、传统技艺、礼仪节庆、民间信仰、民间知识等16个门类的非物质文化遗产普查,共搜集各类信息线索38000条。其中,有高价值的线索15600条,16个门类,70个种类,2000多个项目。

普查结束后,全县22个乡镇(管理区)分别编辑《非物质文化遗产资料汇编本》;县非遗办公室编辑成畲族和汉族《景宁畲族自治县非物质文化遗产资料汇总本》;整理普查资料26册35万字,拍摄照片1600幅,录音136小时,录像248小时,建立非物质文化遗产资料档案室;对全县208个非物质文化遗产项目进行完整的资料收集整理,基本摸清非物质文化遗产家底,建立非物质文化遗产档案库。

第二节 非遗简介与名录

2010年,全县列入非物质文化遗产名录共125项。其中,国家级项目2项,省级项目13项,市级项目31项,县级项目79项。

畲语

畲语,是中国少数民族语言中,历史悠久、词汇丰富、具有较强的表达能力的语言,属汉藏语系。发展过程中,畲语声母单纯,韵母发达,声调复杂,音节多,变调现象普遍。畲语是畲民族生产、生活和发展的纽带,畲语的交际功能和历史传承性决定了畲语的长期性和稳定性。2009年,“畲语”被列入第三批浙江省非物质文化遗产名录。

畲族民歌

畲族有本民族的语言。唱畲歌是畲族人民劳动和生活中一种最为重要的文化交流形式,男女老少,人人善歌。畲民以歌代言,以歌叙事,形成劳作对歌、来客盘歌、婚庆喜歌、祭祀颂歌、丧葬哀歌等歌俗。畲族民歌,无论其曲调还是歌词、题材内容极为丰富。具有本民族鲜明而浓郁的特性,特别是畲族民歌中独特的“三条变”格式的“复沓”手法,是中国民族文艺宝库中的瑰宝之一。

2008年,“畲族民歌”被列入第一批国家级非物质文化遗产扩展名录。农历三月初三是畲民的传统节日,是畲族1000多年农耕文明的印证,畲民对其重视程度如同春节。畲族村寨畲民常选择这天作为畲家男女定情、婚配的日子。三月三基本内容有:对歌、吃乌饭、赶舞场、传统体育竞技等。三月三包涵了民族音乐、舞蹈、服饰、体育,以及人际交往、商贸、旅游等文化样式,涉及生活的各个方面,是畲族传统文化的综合展现,具有淳朴的民族特征和浓郁的乡土气息。2007年,“畲族三月三”被列入第二批浙江省非物质文化遗产名录,2008年,被列入第二批国家级非物质文化遗产名录。

畲族民歌演唱代表人物蓝陈启,1938年生,曾用名蓝陈契,畲族,鹤溪镇双后岗人。2008年被命名为浙江省第一批非物质文化遗产项目代表性传承人。2009年，被命名为第三批国家级非物质文化遗产项目代表性传承人。

蓝陈启自幼学唱畲歌，嗓音浑厚、古朴圆润。不仅能传唱畲族史歌、生活歌、劳动歌、小说歌、情歌等，还能根据生活、生产实践临场发挥即兴创作山歌，是当地远近知名的畲族歌手。1994年，蓝陈启参加"福井环日本海国际文化艺术节"活动，将原汁原味的畲族民歌唱出了国门。2008年，获得"畲族歌王"称号。作为畲族形象代言人，畲族文化代表性人物，其事迹在《浙江日报》《浙江老年报》及省、市、县电视台等多家新闻媒体报道。成为《浙江老龄》《瓯江警声》等刊物的封面人物。先后五任浙江省委主要领导考察景宁时，专门看望蓝陈启，同时，还受到过党和国家领导人的接见。

畲族婚俗

畲族入迁浙江后，大多居住在交通闭塞的山区，较长时期仍保留着本民族的生产习俗，岁时习俗和礼仪习俗，最有特色的当属畲族婚俗。畲族实行一夫一妻制，同姓远房可嫁娶，请媒人介绍成亲的占多数，也有个别青年男女通过对歌找恋人，自许终身。婚嫁方式有女嫁男方、男嫁女方、做两头家、子媳缘亲等4种，尤以女嫁男方为多。女嫁男方一般经过相亲、定亲、送糯米、选行郎、送彩礼、拦路、借镬、杀鸡、劝酒、对歌等程序。其中拦路、借镬、杀鸡、劝酒、对歌等最具畲族特色。婚俗是畲族人文历史的缩影。

2007年6月5日，"畲族婚俗"被列入第二批浙江省非物质文化遗产名录。

畲族祭祀仪式

祭祀仪式是畲族民间习俗的重要组成部分，有传师学师和做功德等，遍及浙江畲民聚居区域，畲民世代相传，普遍盛行。传师学师是畲族祭祀祖先的典礼，又称"做阳""做聚头""寿禄"和"祭祖"。做功德是畲族成年人死后，家属为其"超度亡灵"而举行的祭祀仪式，也称"做阴"。祭祀仪式是畲族1000多年农耕文明人文历史的缩影。其中所蕴含的民俗礼仪、舞蹈动作、演唱音调等都不同程度地印证景宁畲族先民开基创业刀耕火种的农耕文化。"传师学师""做功德"又是景宁畲族的民族信仰文化的体现。2005年5月18日，"畲族祭祀仪式"被列入第一批浙江省非物质文化遗产名录。

畲族祭祀仪式代表人物蓝土成，1949年生，畲族，郑坑乡塘丘人。传师学师、做功德第六代传承人。县级非物质文化遗产"传师学师"代表性传承人，丽水市非物质文化遗产"畲族祭祀仪式"代表性传承人。蓝土成的爷爷是当地传师学师和做功德的领头人，由于家庭的熏陶，从小就对传师学师产生极大的兴趣。年幼时学习《三字经》《记账行用》《山书》(用畲语讲解)中难度较高的课本《甲子歌》，继而又学"传师学师""做公功德""拔伤"等方面的经文。除父亲的言传身教外，凡是村里和邻村有做佛事的，不管有多远、有多忙，都要去看，学习和总结他人经验。到23岁，已有了自己的法名"蓝法祥"，由于经文娴熟、动作舞步优美、精通程序，整个活动环环相扣，不丢句落段，传授弟子30多人。除了传师学师、做公功德之外，还擅长画画、木头雕刻，集多技于一身。

畲族彩带编织技艺

彩带编织技艺是畲族妇女长期生产、生活实践的精华，具有广泛的群众性，世代相传，民间俗称织花带。彩带的用途广，可当裤带、拦腰带、刀鞘带等，也用于珍藏。彩带织得是否精细，往往是衡量一个女子是否心灵手巧的标准。畲族传统彩带的织纹图案保留着畲族先民的祈祷符号，存世只有67个字。

2007年6月5日,“畲族彩带编织技艺”被列入第二批浙江省非物质文化遗产名录。

畲族彩带编织技艺代表人物蓝延兰,1968年生,畲族,鹤溪镇东弄人。丽水市民间艺术家协会会员。蓝延兰出生在彩带编织世家,她祖先是清末有名的彩带编织艺人,识字虽少,却能把织带工艺与汉字相结合。曾织造《皇帝朝纪》字带,带上织“风调雨顺、国泰民安、皇帝朝纪、宋元明清、顺治康熙、雍正乾隆、嘉庆道光、咸丰同治、光绪宣统、福禄寿喜、龙飞凤舞、荣华富贵、金玉满堂”两行共104个字,中间还织上50多个原始文字织纹,成为当地后代畲族织带的样版。受家庭艺术熏陶,蓝延兰6岁开始学织彩带,经30多年探索,成为新一代畲族彩带编织的佼佼者。为不让畲族彩带艺术失传,蓝延兰成立“畲族彩带艺术工作室”,带起学徒。

《中国特产报》《浙江日报》《浙江画报》等多家新闻媒体分别以《彩带传人蓝延兰》《畲族彩带飘四海》《畲族彩带》等为题,报道蓝延兰事迹。

畲族服饰

景宁畲族服饰特色明显,分男装和女装。女装最为繁复,一套完整的畲族妇女盛装包括头饰、上衣、围腰、腰带、脚绑、鞋等件套,其色调以青、蓝色为主,彩带花边则以红、黄、绿、白为主。其中,最具特色的是“凤凰装”,以凤凰形态贯穿整体,寓意吉祥如意。

景宁畲族服饰有着极其独特的历史内涵和文化意蕴,伴随着服饰工艺而产生的织布歌、彩带歌等是中华民族口述文学的瑰宝。另外,畲族服饰还按畲族人的年龄、婚否、爱情及社会地位等制作各异。2009年,“畲族服饰”被列入第三批浙江省非物质文化遗产名录。

畲族医药

旧时,畲民居住地交通不便,缺医少药,在与疾病作斗争过程中,探索出诸多行之有效的方法,经过长期积累,形成独特的畲医畲药理论。清末民国年初,东坑镇黄山头村雷仁祥,又名雷大相,学武医伤,医技宗法少林,传武授医,名振邻县,流传甚广,后人称之为“大相师伤科”。雷建光为世家祖传畲医畲药骨伤科诊疗第5代传人,浙江省第三批非物质文化遗产《畲族医药》代表性传承人,1969年生,畲族,东坑镇黄山头人。1986年始,随父学习畲族医药,1993年,乡村医生培训学校毕业,2009年毕业于杭州高等专科医学。雷建光采用独特的复位手法,并将自己制作的畲医畲药万愈跌打膏与西医医治有机结合,治愈率90%以上。2008年《畲医畲药》参加中国(浙江)首届非物质文化遗产博览会获得铜奖。2009年荣获浙江西湖博览会优秀奖。

“畲医痧症治疗方法研究”项目获首届民族医药科学技术进步三等奖,《中国畲族医药学》获首届中国民族医药学术著作奖一等奖,《畲族医药研究与开发》项目获浙江省人民政府科学技术奖,《畲医痧症治疗方法研究》获浙江省中医药科学技术奖二等奖等。2008年“畲族医药(痧症疗法)”被列入国家第二批非物质文化遗产保护名录。

菇民习俗

景宁是中国香菇生产的发祥地之一,伴随着人工栽培香菇“砍花法”和“惊蕈术”的发明,菇民们在长期的生产实践中,创造丰富的菇民文化,形成独特的生产生活习俗。菇民习俗主要包括:菇民信仰及行会、菇民戏、菇民山歌、菇民独特语言(山寮白、暗语)、菇民庙会(即节庆)、菇民文教习俗、菇民歌舞、菇民武术、菇民出门回家习俗、菇民医药等习俗。菇民习俗是关于菇民生产、生活、信仰、行会、文教、娱乐、医药等的综合习俗，这些习俗之间相互依存，有极强的综合性与独特性。2009 年，“菇民习俗”被列入第三批浙江省非物质文化遗产名录。

菇民戏

菇民戏原名“英川乱弹”，民间称“生戏”，发祥于宋、元，形成于明代，盛行于清末，发源并流行于景宁英川、沙湾、龙泉、庆元交界一带及江西、福建菇区。

菇民戏代表人物毛锡祥（1926—1992），英川镇柳八漈人。英川菇民戏又称二都戏的传承人，英川菇民戏传入英川镇柳八漈村已有 200 多年历史。20 世纪 80 年代，文化部派人会同丽水文化局前来考察得出结论取名为“乱弹戏”。毛锡祥自幼聪明好学，深得再昌、恒权、陈邱等多位名师的指点，成为柳八漈乱弹戏的第 20 代传承人的代表。他演出的角色有花脸、老生、老旦，在福建一带享有名气。20 世纪 90 年代初，他还带病为丽水文化局作曲家演唱记谱，为乱弹戏留下一份珍贵历史遗产。

菇民戏代表人物刘德康，1931 年生，绰号“狮子犬”，英川镇寨后人。幼年丧父，13 岁在当地一家剧团学演本土菇民戏。开始只演小兵小卒，经 8 年磨炼后演主角。早期演小旦，24 岁转演小生、武生。随团赴福建省松溪、寿宁、浦城、建阳、政和等县以及景宁、庆元、龙泉等县演出。由于他能演翻空斗的武戏，把赵子龙、薛仁贵等武生角色演得形象逼真。后又转演老生等角色。近 60 年来，一人能担当英川乱弹戏中所有男女角色。

“文化大革命”期间，英川乱弹戏遭禁演，剧本、戏服被烧。“文化大革命”后，景宁各地先后组建多个菇民戏剧团，他和柳朝奎等老艺人被争相聘请为师傅。1981 年，英川菇民戏剧团恢复，刘德康继续为英川乱弹戏的挖掘与弘扬默默奉献。

木偶戏

提线木偶戏，相传从福建泉州传入景宁，明清之后盛行。20 世纪 60 年代后期，木偶戏受严重冲击，濒临失传。20 世纪 80 年代，木偶戏得以恢复和发展。2006 年后，非物质文化遗产逐步得到重视，雁溪东山班的徐国庭等一批老艺人，积极参与挖掘、整理木偶戏遗产，培养木偶戏艺人，使木偶戏再度获得了新生。

木偶戏代表人徐国庭，1951 年生，雁溪乡东山人。木偶戏和雕刻木偶第四代传承人。17 岁开始，随父学木偶雕刻，成了年轻的雕刻师傅。一条木偶担 60 个角色，无论正、反面人物都雕得惟妙惟肖。1978 年始，先后在福安、景宁、宁德、寿宁、庆元、文成、平阳等地表演木偶戏，深受欢迎。主要剧目有《龙骑虎背》《征东征西》《粉粧楼》《五虎平南》《杨家将》《岳飞传》《胡家传》《包公传》《呼家传》等。2009 年，景宁第二届“大地飞歌，农村农民文化艺术节”，他制作的马灯做成了马灯舞队，演出获一等奖，人们称“雁溪乡的马是活的”。

银雕技艺

银雕技艺始于明朝洪武十五年（1382），陈家郁先祖陈思功一支迁徙浙江景宁县落户，至此开始“玉山号”银雕纯手工技艺的传承和发展，600 多年的历史，历经十三代。陈家郁，1937 年生，英川镇黄垟口人。老银匠，县、市级第一批非物质文化遗产代表性传承人，浙江省民间优秀艺人。12 岁开始随父学习银器制作的基本功。坚守老银铺 60 年，严守打银祖训行规，历经数十年的摸索、磨砺，“操、凿、启、解、拔”的技术日臻成熟，工艺独特，款式、图案奇特，还可以随时制作客户亲手设计的款式，让客户拥有独一无二的饰品。

银雕技艺另一代表人物朱大美(1900—1980)，祖籍文成，从小随父母迁入景宁标溪村，是朱氏银店第11代传承人，其民间银器制作工艺享誉浙闽交界一带。10岁那年，正式跟随父亲学习民间银器加工传统技艺，当了一辈子"银匠"。制作过程的化银水、铸毛坯、打叶出条、压大形、上胶版、錾花、焊接、抛光、美货、上翠蓝等工艺样样在行。在"银匠"生涯中，制作的银器有银筷、银汤匙、空心手镯、长簪、耳环、银花串、银泡、叮当脚镯、"长命锁"等。他做的长命锁造型奇特，锁面凹凸有致，一面是即将奔月的嫦娥置身云雾缭绕之间，另一面刻有"吉祥如意"字样。

传统手工技艺大漈罐

大漈罐制作始于北宋，兴于明朝，曾有过辉煌历史，深受庆元、云和、寿宁、泰顺、文成等闽浙一带百姓的喜爱。随着电器、塑料制品进入农村，20世纪80年代初，粗放式生产的大漈罐手工业社解散，大漈罐渐渐走向衰落。20世纪80年代末，潘任根(1934—2014)，大漈乡潘宅人,大漈罐制作的第30代传承人。在自家设立大漈罐家庭作坊，重启大漈罐制作，并在农村恢复罐窑，重塑烧罐技术，传承祖辈的技术，通过到外地考察学习，引进先进工艺，提升大漈罐的品质和美誉度。同时，还把生产技术传授给梅明朋、梅荣技等50多位中青年人，使大漈罐的工艺和文化得到传承。先后获"丽水市级非物质文化遗产项目'传统手工技艺大漈罐代表性传承人'""浙江省优秀民间陶艺人才"等称号。

木雕刻

景宁木结构的房屋、亭阁、庙宇都需雕刻马腿、挑角龙等。代表人物蓝厚仁，1943年生，畲族，沙湾镇张庄人。县级非物质文化遗产(畲族雕刻)项目代表性传承人。

1963年起，师从木雕巧匠蓝凤新。蓝厚仁心灵手巧，在伯父的严格训导下勤学苦练，艺术上日臻成熟。

沙湾镇朝阳台、双后岗八角亭、大均之窗的双面雕花大门，龙泉市龙南乡岱根垟村庙等多处仿古建筑，都出自他之手。重修惠明寺时，要在构件上雕刻一对仿古挑角龙，外聘的雕刻工匠屡试不成，后来是蓝厚仁攻破这一难题。通过长期的实践，逐步形成了独具特色的技艺风格，刀功潇洒而不生硬呆板，层次清晰，轮廓隽秀。成为远近闻名的"木雕师"。

20世纪80年代，根雕悄然兴起，代表人物吴家荣 ，1961年生，号"无一刀"，英川镇跃垟人。浙江省优秀民间文艺人才，中国根艺美术学会会员。意外失去右手20多年来，以顽强的毅力，创作根艺作品数百件。其中，以凤凰造型的大型根艺作品《畲乡凤》最为代表性，作品长5.3米，高2.5米。2005年始，有《英川板龙》《雄风》《力》等20多项作品获奖。

2010年景宁非物质文化遗产保护名录

表32-3-1

项　目	保护单位	级别	批次	项　目	保护单位	级别	批次
畲族民歌	县非遗保护中心	国家级	1	畲族三月三	县非遗保护中心	省级	2
畲族三月三	县非遗保护中心	国家级	2	畲族婚俗	县非遗保护中心	省级	2
畲族祭祀仪式	县非遗保护中心	省级	1	畲族彩带编织技艺	县非遗保护中心	省级	2
畲族民歌	县非遗保护中心	省级	1	菇民戏	县非遗保护中心	省级	2

续表 32-3-1

项　目	保护单位	级别	批次	项　目	保护单位	级别	批次
问凳	县非遗保护中心	省级	2	炼火	县非遗保护中心	市级	4
畲语	县非遗保护中心	省级	3	畲族操杠	县非遗保护中心	市级	4
菇民习俗	县非遗保护中心	省级	3	传师学师	郑坑乡	县级	1
抢猪节	县非遗保护中心	省级	3	做功德	鹤溪镇 郑坑乡	县级	1
畲族服饰	县非遗保护中心	省级	3	金田鱼灯	陈村乡	县级	1
赶野猪	县非遗保护中心	省级	3	畲族民歌	鹤溪镇 外舍乡	县级	1
操石磉	县非遗保护中心	省级	3	汉族民歌	鸬鹚乡	县级	1
畲族民歌	县非遗保护中心	市级	1	菇民戏	英川镇	县级	1
菇民戏(景宁英川)	县非遗保护中心	市级	1	木偶戏	英川镇	县级	1
操石磉	县非遗保护中心	市级	1	畲族彩带	鹤溪镇	县级	1
问凳	县非遗保护中心	市级	1	大漈罐	大漈乡	县级	1
畲族彩带编织技艺	县非遗保护中心	市级	1	畲族服饰	鹤溪镇	县级	1
惠明茶手工制作技艺	县非遗保护中心	市级	1	畲族三月三	县非遗保护中心	县级	1
香菇“砍花法”技艺	县非遗保护中心	市级	1	畲族婚俗	县非遗保护中心	县级	1
畲族服饰	县非遗保护中心	市级	1	惠明茶手工技艺	鹤溪镇	县级	1
畲族祭祀仪式	县非遗保护中心	市级	1	香菇手工技艺	英川镇	县级	1
畲族三月三	县非遗保护中心	市级	1	操石磉	县体育局	县级	1
畲族婚俗	县非遗保护中心	市级	1	稳凳	县体育局	县级	1
畲语	县非遗保护中心	市级	2	汤夫人传说	县非遗保护中心	县级	1
马天仙传说	县非遗保护中心	市级	2	畲语	县非遗保护中心	县级	2
畲族头饰制作技艺	县非遗保护中心	市级	2	马天仙传说	鸬鹚乡	县级	2
黑木耳栽培	县非遗保护中心	市级	2	畲族古老歌	县非遗保护中心	县级	2
大漈罐制作技艺	县非遗保护中心	市级	2	打盐霸故事	鹤溪镇 外舍管理区	县级	2
菇民习俗	县非遗保护中心	市级	2	香菇山风传说	英川镇	县级	2
抢猪节	县非遗保护中心	市级	2	陈鎏的传说	县非遗保护中心	县级	2
赶野猪	县非遗保护中心	市级	2	木郎系列笑话	县非遗保护中心	县级	2
畲医畲药	县非遗保护中心	市级	2	放排歌	梧桐乡	县级	2
高皇歌	县非遗保护中心	市级	3	汤夫人歌	鹤溪镇	县级	2
锡器打制技艺	县非遗保护中心	市级	3	菇歌	英川镇	县级	2
风炉烧造技艺	县非遗保护中心	市级	3	板龙	英川镇　鸬鹚乡	县级	2
成丁礼	县非遗保护中心	市级	3	舞狮	鹤溪镇　渤海镇	县级	2
九龙鱼灯	县非遗保护中心	市级	4	炭布龙	鹤溪镇 大漈乡	县级	2
木偶戏	县非遗保护中心	市级	4	炼火	鹤溪镇 外舍管理区	县级	2
摇锅	县非遗保护中心	市级	4	畲族拔伤	鹤溪镇 外舍管理区	县级	2
畲医正骨疗法	县非遗保护中心	市级	4	门头鼓词	梅岐乡 大漈乡	县级	2
黄粿制作技艺	县非遗保护中心	市级	4	闹旱船	大均乡	县级	2

续表 32-3-1

项　目	保护单位	级别	批次	项　目	保护单位	级别	批次
花鼓戏	渤海镇　鸬鹚乡	县级	2	锡器打制技艺	鹤溪镇政府	县级	3
银饰制作技艺	英川镇	县级	2	汉族彩带	英川镇政府	县级	3
畲族头饰制作技艺	鹤溪镇	县级	2	打草鞋	县非遗保护中心	县级	3
畲族纺织制作技艺	鹤溪镇	县级	2	传统手工打铁技艺	县经贸局	县级	3
棕编制作技艺	外舍管理区	县级	2	手工竹	县文化馆	县级	3
黑木耳制作技艺	景南乡	县级	2	“山哈酒”酿造技艺	鹤泉酒厂	县级	3
民间根雕	景南乡	县级	2	尝新节	县非遗保护中心	县级	3
剪纸	鹤溪镇、渤海镇	县级	2	白露(做路福)	县非遗保护中心	县级	3
刺绣	英川镇	县级	2	菇民武术	英川镇政府	县级	3
赶野猪	鹤溪镇	县级	2	汉族狩猎习俗	大地乡政府	县级	3
畲族棍	县民族中学	县级	2	毛氏祭祀	毛垟乡政府	县级	3
菇民习俗	郑坑乡　澄照乡	县级	2	成丁礼	县非遗保护中心	县级	3
畲医畲药	英川镇	县级	2	畲族操杠	县民族中学	县级	4
抢猪节	东坑镇　大均乡	县级	2	畲族打尺寸	县民族中学	县级	4
吊九楼	大漈乡	县级	2	菇民防身术	英川镇	县级	4
迎神(马天仙信仰)	梅岐乡	县级	2	咸菜制作技艺	东坑镇　大漈乡	县级	4
迎神(何八公信仰)	鸬鹚乡　英川镇	县级	2	棕鞋制作技艺	步步好鞋垫厂	县级	4
九龙山的传说	雁溪乡	县级	3	黄粿制作技艺	英川镇　鸬鹚乡	县级	4
何八公的传说	九龙乡政府	县级	3	箍桶	大漈乡	县级	4
三公主的传说	雁溪乡政府	县级	3	度关	梅岐	县级	4
高皇歌	县非遗保护中心	县级	3	畲乡二月二	鹤溪镇　东坑镇	县级	4
劳动号子	县非遗保护中心	县级	3	喊山节	鹤溪镇	县级	4
风炉烧制技艺	县非遗保护中心	县级	3	—	—	—	—

第四章　文学艺术

1993 年始，县文学艺术联合会和县诗词楹联学会分别创办文艺期刊《畲山风》与《畲乡诗联》，搭建文艺创作平台，创作人员及业余文艺爱好者，相继创作出一批有民族特色的文艺作品。

1993—2010 年，全县在国家级刊物发表或获奖作品：文学类 51 件、音乐类 1 件、书法类 11 件、摄影类 25 件、民间文艺类 2 件、诗词楹联类 56 件。在省部级刊物上发表、获奖：文学类 16 件、音乐类 16 件、舞蹈类 2 件、美术类 1 件、书法类 12 件、摄影类 48 件、民间文艺类 1 件、诗词楹联类 89 件。在市级发表、获奖：文学类 67 件、戏剧类 2 件、音乐类 28 件、舞蹈类 4 件、美术类 1 件、书法类 10 件、摄影类 56 件、诗词楹联类 125 件。

第一节 文 学

小说

景宁人尝试小说创作始于20世纪90年代，期间，陆续有作品在各级报刊杂志上发表并获奖。

1993—2010年，发表的小说有：叶兴炎小小说《伍家申请书》《橘子情》《阿毛》等10篇、李人海小小说《回乡》、周树根小小说《粉皮》《拐杖》《贾局长养“小秘”》、林海明魔幻长篇小说《小魔女泡泡》，刘远平小小说《王局长拒礼》《乡长的远房舅舅》。韦天发表《官门官道》等小说20多部。其中，《摘贫帽》入选鲁迅文学奖评选。

散文

1990年前，散文创作不多，在刊物上发表更少。1993年始，散文创作悄然升起，一些散文作家崭露头角，逐渐走向繁荣。主要有：沈林海散文《华东的香格里拉》《远山的畲歌》《大均觅芳》《两岸同歌 激情畲乡》、周树根散文《“分”的分量》、林平散文《一位生物教师的环保情》等17篇、刘远平散文《我见证畲乡三十年“光明”》《村头那株苦槠树》《大锅饭》等7篇、吴东浩散文《二升乌豆》《踏上红豆杉古道》等9篇、任惜春散文《儿时照泥鳅》等5篇、陈华敏散文《左溪散记》《畲乡古廊桥》《弘扬孝文化 善待老年人》、李岘闻散文《惊蛰》《农事的种种生活》《农事生活》。

著作

1995—2010年，出版文学编著作有：雷文先等合编《畲族文化和历史》；陈孟燕撰《梁山伯与祝英台后传》；路福撰《路福纪事》《路福纪事2》；毛荣耀撰《灯下随笔》《带溪记事》；童邦树撰《在木材水运中出现的水闸》；任韩高撰《畲山之风》；彭岳舜编《水下故园》；李开晴撰《大均景观》；柳育泉撰《中医临床思辨录》；周光平、留景蒙、季彤曦、陈华敏等合编的《魅力畲乡》；许元昌撰《马天仙与马仙殿的传说》；吴建强编《鹤溪古城》。

寓外景宁籍的专家学者的专著，主要涉及医学、军事、人才管理等方面。

林兰医学专著有《糖尿病中西医结合论治》《中西医结合糖尿病学》《中西医结合糖尿病研究进展》《糖尿病证治研究》等6部；张启瑜医学专著有《钱礼腹部外科学》《腹部外科症状诊断与鉴别诊断学》《胃十二指肠疾病的外科治疗》《结直肠疾病的外科治疗》《腹部创伤学》等；吴文华与他人合编《西班牙语常用动词用法词典》《怎样向外国申请专利》；蓝志龙文史专著《中国民间文学三套集成庆元县卷》；周志坚文史专著《中国民间文学集成浙江景宁卷》；雷群芳专著《本科生教材》3册；任迎伟专著有《关系强度视角下创业行为研究》《职业经理人的管理学思维》《金牌律师服务：服务型律师事务所创建指引》等多部教材；陈武雄军事专著有《联合信息作战》《联合防空信息作战》等。

诗歌楹联

1994年，成立景宁畲族自治县诗词楹联学会，县诗词学会创办季刊《沐鹤诗芯》，至2010年，有会员67人，出季刊《沐鹤诗芯》50期、诗词集《沐鹤诗苑》4集。会员作品时常在《中国楹联》《中华诗词月刊》《浙江诗词楹联》等刊物发表。诗词楹联创作日趋繁荣。 20 世纪 90 年代始，青年诗歌创作爱好者，创作出一批诗歌。其中，沈林海诗歌《教师节，淋着雨》《三月，雷锋的季节》被收入中国新诗歌总集；2009 年 6 月 9 日，吴东浩诗歌《立春》在国家级刊物《黄河诗报》发表。

2009—2010 年，县诗词楹联学会搜集整理《畲乡景宁古诗词选》。其中，收录潘特竦、潘翼、严用光、柳光华等人的诗词联赋。

第二节 美术 书法

美术

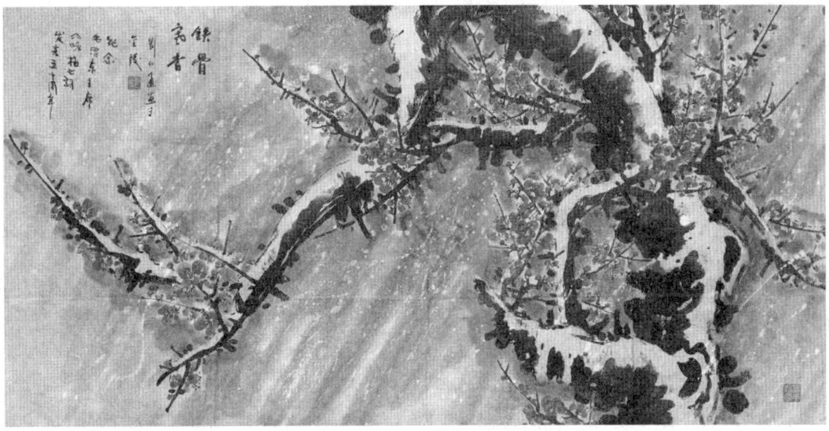

刘仁通作品

景宁畲族自治县美术家协会组建于 1993 年，2010 年，有会员 45 人。其中，省级会员 1 人，市级会员 6 人。美术家协会自 1995 年始协助中小学创办画社，组建美术高考培训班。

1997 年始，景宁美术高考专业上线率为 100%，1999 年，毛云飞获全省美术类高考术科第一，2001 年，叶峰获中国美院高考术科总分第一。蓝良明的油画《通往 80 公社的小路》《温州一家人创作基地》《村口》入展省美展，并入选《最前线》画册；油画《碧水廊桥》入选省美协举办的“水之韵”美术作品展，并入选画册。鹤溪街道塔堪村雷发荣的油画、渤海镇安亭村刘荣明、秋炉村陈武平的壁画、标溪乡预章村陈遥平的油画等一批民间绘画作品进入莲都古堰画乡、广州深圳等地的绘画市场。

书法

1986 年 10 月，成立景宁畲族自治县石印山墨会。1991 年 1 月，成立景宁美术书法协会；1992 年，景宁美术书法家协会分设。2010 年，有县级书协会员 30 人。其中，省级会员 5 人，市级会员 6 人。

1993 年始，县书法家协会围绕艺术创作、学术研究、书法教育、对外交流等开展工作。2003 年举办全省书法名家畲乡行采风，并出版《百名书法家畲乡行》；2005 年举办 “青田景宁双鹤书展”，刊发《名家写畲乡》。2009 年 9 月，举办景宁县首届书法篆刻作品展。2010 年 6 月，举办景宁县“国土杯”廉政书法展。每年还与县农业银行联合为群众义务写春联等。

刘建华书法作品在纪念张爱萍将军百年诞辰全国书法大展获优秀奖。作品分别入选纪念虞世南诞辰 1450 周年全国书法大展、西泠印社诗书画印大展、浙江书法精英展、“沙孟海奖”第七届全浙书法大展。2005 年始，其篆刻作品入选浙江省第三、四、五、六届中青年书法篆刻展。

陈丽成书法作品入选“沙孟海奖”第七届全浙书法大展。任周良篆刻作品发表于《书法导报》《浙江税务》《浙江财税与会计》等国家、省级报刊杂志。

叶根友创作不同风格书法字体 30 多款，中国国民党主席连战、中国亲民党主席宋楚瑜、张学友、刘德华等收藏其不同风格作品。2002 年 10 月 1 日，叶根友连续书写 17 小时 13 分钟，创下 7659 个“连笔空心字”的吉尼斯纪录。

第三节　摄　影

1992 年，成立景宁畲族自治县摄影家协会。至 2010 年，有会员 35 人。其中，国家级会员 5 人，省级会员 10 人。2004 年，创建封金山、大漈两个国家级民俗摄影创作基地，此后相继建成东坑镇深垟、郑坑乡吴布、雁溪乡雁溪三个市级摄影、美术创作基地。2006 年，举办中国畲乡首届旅游风光等摄影展，并为历年畲族三月三活动组织摄影采风；至 2010 年，先后组织“邮电杯”“畲乡红盾杯”“爱我畲乡，建我家园”“运管杯”等摄影比赛,会员在国家级、省级比赛获奖作品 200 多幅，在各类刊物上发表作品 120 多幅。

李肃人的《赴会》《青春餐馆》，于 2000 年 2 月在中国摄影家协会、浙江省摄影家协会和浦江县人民政府举办的“新千年”中国浦江元宵民俗风情全国摄影艺术大赛中获优秀奖。陈江浩的《晶莹》《构筑》，于 2003 年 12 月在《中国摄影》杂志社举办的“金山顶尖杯”摄影与数码创意设计大赛中获优秀奖。蓝三峰《畲家乐》获文化部、中国民俗摄影协会主办的“1999 国际老年人文化艺术系列活动”《辉煌到永久》首届全国老年人主题摄影大赛一等奖；《畲家婚礼》入选第三届济南国际摄影双年展，并入选 154 届英国皇家摄影学会国际摄影展。

2010 年，县老年大学开办摄影班。通过畲山风论坛网站，建立摄影版块宣传畲乡。

第四节　音乐　舞蹈

音乐创作

1993—2010 年，县文艺工作者创作一批音乐舞蹈作品，在省级以上各类大型比赛中频频获奖。其中，歌曲《景宁商业大楼之歌》(苏云辉词，邱彦余曲)，获 1993 年“第二届全国工人歌曲征歌评选”银奖；歌曲《告诉你》(刘利佩词，邱彦余曲)，分别获 1993 年文化部群星奖优秀节目、浙江省第四届音乐舞蹈节创作二等奖；歌曲《畲乡唱晚》(李道一词，邱彦余曲)，获 1998 年“浙江省畲族新歌大奖赛”创作一等奖。

舞蹈

畲族风情歌舞剧《畲山风》(李平编剧，邵小眉导演，陈江风、邱彦余、刘程远作曲)，分别获 1999 年浙江省第六届精神文明建设“五个一”工程奖、2001 年“第二届全国少数民族文艺会演”创作、演出双金奖、2002 年“第四届浙江鲁迅文学艺术奖”；舞蹈《木拍灵刀舞》(邱彦余编曲，雷森根编舞)，获 2002 浙江省广场民间鼓乐舞蹈大赛创作金奖；歌曲《三月三》(薛霄九词、潘力峰曲)，获 2003 年浙江省共青团精神文明“五个一工程”奖；舞蹈《球娃梦》(沈月琴、吴海东编导，邱彦余、陈江风作曲)，获 2004 年浙江省群星奖和第五届全国魅力校园金奖；大型畲族舞蹈诗《畲家谣》(李平编剧，邵小眉导演，刘程远、陈江风、邱彦余、朱闽江作曲)，分别获 2006 年“第三届全国少数民族文艺会演”创作金奖、演出银奖；

歌曲《畲乡风雨桥》(薛霄九词、潘力峰曲、洪艳演唱)，获2007年全国第九届共青团精神文明建设“五个一工程”优秀文化作品奖；歌曲《山里的妞妞啊罗喂》(陈江风词、潘力峰曲、叶馨演唱)，获2008年第八届中国少年儿童歌曲卡拉OK电视大赛作品征集评选一等奖；歌曲《畲家的美丽》(薛霄九词、潘力峰曲、洪艳演唱)，获2007年第八届“奥运之春·中国民族民间歌曲演创高端选粹”“中国民歌精品”金奖；歌曲《畲家三月三》(邱彦余词，陈江涛曲)，获2009年“浙江省第八届音乐新作演唱演奏大赛”创作金奖；歌曲《畲水秋歌》(陈江风词、潘力峰曲、008组合演唱)，分别获2008“江南风”长三角歌曲新作大赛创作大奖、2010年文化部与重庆市委市政府主办的首届中华红歌会新歌征集评选三等奖、浙江省第十届“五个一工程奖”；歌曲《摇竹娘》(雷雅莉词、潘力峰曲、谢杨顺子等演唱)，分别获2009年浙江省“群星奖”首届少儿组唱表演唱大赛创作一等奖、2010年第九届中国少年儿童歌曲卡拉OK电视大赛作品征集评选银奖；歌曲《畲民和党最亲》，获2009年浙江省庆祝新中国成立60周年合唱大赛金奖；歌曲《锦绣畲乡》(严慧荣词、潘力峰曲、何晶演唱)，获2010年“浙江省新农村题材音乐大赛”创作金奖。

第五节　戏　剧

景宁地方戏剧，主要有花鼓戏、菇民戏、木偶戏等。

花鼓戏

花鼓戏又称“凤阳花鼓”，在明初(1370)由安徽省凤阳县传入。后历经民间艺人反复修改、创新，逐渐自成风格，代代流传。景宁花鼓戏一般是一男一女(夫妻)两人，常年四处演出，男拉胡琴，女打小鼓小锣，称为“门头花鼓”，后来成为广大农村春节期间的一项主要文化娱乐活动。正月初二起灯出门，由近而远逐村进行演出，至正月二十四日回村收灯停演。20世纪60至70年代最为盛行，全县各地有100多支花鼓戏班。

花鼓戏戏班一般由16人组成，台前由生、旦、花(旦)、丑(旦)等角色组成，锣鼓用于过门或节目段落之间，乐器有京胡、板胡、二胡、笛子、唢呐及锣鼓等。花鼓戏表演形式丰富，一般分为三个部分：第一部分是《串灯》；第二部分是正式演出；第三部分是《报符》。

菇民戏 (菇民戏传承详见第三十二篇第三章第二节)

菇民戏原名“英川乱弹”，是在婺剧词曲的基础上，吸取徽戏、赣剧、瓯剧等特点发展起来的富有景宁地方特色的戏种，是一种介于歌舞、曲艺和小戏之间的具有浓郁乡土气息艺术形式，经过发展，戏剧的伴奏、曲调、唱腔、对白等逐渐转变富有英川地方特色。演员本身都是菇民，他们在劳作空隙时演唱、表演，丰富深山寂静生活，菇民戏被浙江省人民政府批准列入“非物质文化遗产”保护。

菇民戏为多声腔剧种，曲牌丰富，唱腔优美。它的主要唱调有西皮、阴调、二簧、文宫、后宫等。伴奏乐器有二胡、唢呐、大锣、小锣、月琴、笛、鼓、板等。角色有大花、二花、三花、四花、老生、正生、小生、老旦、止旦、小旦、花旦、丑、梅香等。演出服饰有袍、甲、孔明服等16种，传统剧目128本。

木偶戏 (木偶戏传承详见第三十二篇第三章第二节)

参加丽水专区木偶现代剧公演纪念

木偶戏种类有布袋木偶、杖头木偶、提线木偶。景宁盛行提线木偶，主要戏班有：浙江红星木偶剧团(英川班)、葛山班、寨后班、张坑班、东岱班、雁溪东山班等，活跃于龙泉、庆元、景宁各县及闽北浙南一带。刘依瑞为木偶表演的祖师爷，吴汉现、丐婆奶、周大亨(大义、大俊)兄弟、刘依涓、刘德明、张文郁、张步红、徐国庭等为骨干。1965年，英川班获丽水专区“演出技艺一等奖”“现代剧创作一等奖”。1981年11月12日，张步鸿代表云和县赴北京参加文化部艺术一局举办的“全国木偶剧会演观摩”。

景宁木偶戏班规模小，设备简单，行动方便，很适合山区农村演出，一般每个木偶班只有5—7人。木偶却有近40个，生、旦、净、末、丑各种角色齐全，人物主要有文武、小生、须生、丑生、红脸、花脸、花旦、刀马旦、青衣、闺门等。必要时还可通过换服饰头盔来增加演员数量，老生、小生、花旦、老旦以及“千军万马”均由表演师操作。既有类似旁白的情节叙述，又有现场动作表现，既有唱调，又有对白，戏入打斗情节，刀来枪往吆喝阵阵。其音乐和唱腔有开场曲、高腔调、平调、诗调、采花调、喜调、叹调、哭调等，以对话为主，也兼有歌舞。多幽默性笑料，讲究音调的夸张，以突出人物的性格，属板腔板体和联曲体相结合的形式。

第五章　档案　方志

1987年7月8日，成立景宁畲族自治县档案馆，与县档案科合署办公，归口县委办公室。1988年8月8日，成立县档案局，归属县政府序列，同年12月6日，撤销县委档案科，县档案馆仍为股级单位，归属县档案局。1996年实行党政机构改革时，县档案局与县档案馆合并，实行两块牌子、一套人马，为县政府直属正科级事业单位。主管全县的档案事业，对全县各机关、团体、企事业单位和其他组织的档案工作实行监督指导；负责全县机关及所属单位档案史料的接收、收集、整理、保管和提供利用。

1990年11月，成立县志编纂委员会及办公室。2002年9月，县地方志办公室和县档案局、县档案馆合署办公，归口县委办公室管理。为正科级全额拨款事业单位，参照公务员制度管理，内设地方志编辑科，负责地方志资料的收集、编辑等工作。2008年4月29日，地方志办公室从档案局划出，与县委党史研究室合署办公，为正科级全额拨款事业单位，核定参照公务员管理事业编制5名。

第一节　档　　案

档案征集

1993年始，县档案馆面向基层开展档案资料征集活动，征集到历史名人的文集、传略、外传、纪念集、照片、题词等珍贵历史资料；党和国家领导人为景宁题词真迹、活动照片；反映畲族特色的重大活动资料和照片，如“畲乡风情节”等；记载畲族历史的《盘瓠世考》族谱。2002年12月，从县公安局接收民国司法档案45卷。档案所属时间为1923—1948年，主要记载民国时期景宁司法处有关组织活动、工作报告及民事、刑事状等情况。至2010年末，接收县委县府及各机关部门的档案17232卷(件)。其中有文书档案、会计档案、科技档案、声像档案、人物档案及实物档案。接收乡镇档案8127卷(件)。

收藏管理

1993年始，抢救和保护重点档案1万多卷。2000年9月，县档案馆编制《景宁畲族自治县档案馆指南》，分为县档案馆概况、馆藏民国时期档案、馆藏中华人民共和国时期档案3章，明确具体措施，便于档案管理。至2010年末，有馆藏全宗115个、46467卷(件)。其中，民国档案5665卷。实物档案191件，题词奖状类等117件，资料4585册，照片档案3962张，底片2828张。按其类别分别为民国时期档案、中华人民共和国成立后文书档案、专业档案、科技档案、声像等实物和资料档案。

开发利用

至2010年末，编写完成《景宁畲族自治县大事记汇编》《优惠政策汇编》《景宁惠明茶》《景宁历代人口情况》《景宁畲族自治县档案馆成立十周年纪念册》《景宁畲族自治县创建文明县城剪集》《景宁畲族自治县档案馆指南》等资料。同时，编制各种检索工具、汇编全宗案卷目录、全宗卷和部分全引目录、报刊资料总目录等；县档案馆共向社会开放档案全宗86个，8360卷。面向政府部门查阅利用的档案内容，有编史修志、工作查考、学术研究、经济建设等；面向群众查阅利用的档案内容，主要有山林权证、房产土地、结婚登记、知识青年下乡、精简下放、职工工龄、工资册及诸多落实政策的相关资料。

第二节　方　　志

志书编修

明景泰三年(1452)景宁置县，明嘉靖六年(1527)始修县志，其后曾八修县志，六成其书。

1990年5月，景宁畲族自治县第三届人民代表大会第一次会议上，县委、县政府将编纂《景宁畲族自治县志》作为政府大事之一。11月21日，成立《景宁畲族自治县志》编纂委员会，县长任编纂委员会主任，柳意城任主编，正式启动县志编修工作。为客观真实地反应畲族区域自治地方的经济社会发展变化，突出时代特色和地域特点，该部县志定为重修，上限不限，下限至1992年。全书共30编、129章，约82万字，1995年12月由浙江人民出版社出版发行。

1990年始，景宁相关单位着手编修专业志。受条件所限，仅有少数专业志出版发行，其余部门志书为内部印发。

1993—1995景宁公开出版的专业志一览

表32-5-1

志名	主编	出版单位	出版时间	字数
景宁畲族自治县交通志	陈清	海洋出版社	1993年12月	21万
景宁畲族自治县教育志	陈既生	西安地图出版社	1995年12月	40万

1991—1996年景宁内部印发的专业志一览

表32-5-2

志名	主编	出版年份	字数	志名	主编	出版年份	字数
景宁畲族自治县畲族志	雷先根	1991	17万	景宁畲族自治县卫生志	胡余荣	1994	22.7万
景宁畲族自治县卫生防疫志	郑政球	1992	15万	景宁畲族自治县水利志	叶心青	1995	12万
景宁畲族自治县财税志	占天寅	1992	21万	景宁畲族自治县工会志	杨柳水	1996	14万
景宁畲族自治县粮食志	王祥琪	1993	13万	—	—	—	—

族谱选介

《道化韦氏宗谱》 不分卷，1册，共694页。共印100本，2009年续修(为第六次修订)，县档案馆收藏1本，文化馆收藏2本。该谱详细记载道化韦氏的源流支系及分居福建、泰顺、景宁大都等分支系，并收集明宣德己酉年、明万历癸巳年、清乾隆丙戌年、清道光戊戌年、清光绪庚子年的修订谱序以及谱例、谱训、祠规、村景全图、坟山图和道化村百年大事记等。根据宗谱记载，道化韦氏以宋太后宗戚，至高宗时金兵扰攘，随宋皇室南行，遂居临安，之后鲁分公评事括之松阳，其子兄弟4人迁居鹤溪莘田，明景泰三年景宁设县，后择居道化，该宗谱道化韦氏各房，大都、泰顺、寿宁外韦、寿宁内韦、屏南、宁德、柘荣、霞浦、福鼎韦氏均有保存。

毛垟《毛氏宗谱》 据记载，毛垟毛氏由八十五世先祖骏声公从汇下迁至毛垟定居后，共修谱11次。

宋宝祐五年(1257)八十二世老人璟序第一次修谱；第十次修谱于民国22年(1933)始，由族长其本公会同28位族众主事，请景宁劝学所所长严品端撰写，阅历6年之久，分7本庄印28部，分各房珍藏，为本祠唯一幸存之谱，其余年代均已绝迹。

毛垟《毛氏宗谱》第十次重修的族谱，共7卷，约20万字。全谱共分六房太公分别撰写。主修为二十世孙祠长其本，监修廿三世孙宗逊、孔恩。《毛氏宗谱》分总目、首卷、例言、序文、志诗传、行实、缘赞；卷首下：源流系图、本支总系。第一卷仁房五公世系；第二卷：为忠房公五公派盛浩公世系、永安公世系；第三卷：永筜公世系，一匡公世系、一聪公世系、六仪公世系、大翮公世系；第四卷六韬公霸公、六章公世系、六羽公世系；第五卷：六符公世系、一羽公世系；第六卷：盛霸公世系、盛治公世系。本重修本，为绵纸、线装，木刻字本，黑体黑色。页面21厘米×29厘米，10行20字，有白口、有口题，有页码。毛垟村毛建荣家中有藏本。复印本由县档案馆收藏。1992—2006年，毛氏二十四世孙大寿先生分别为各房修族谱。

高演《任氏宗谱》　1部，10册，任氏家谱历经多次修谱。第一次为清乾隆三十六年（1771），广西正典翰林院庶吉士吴嗣富创谱；第二次清道光十六年（1836）萧山任载顿撰修；第三次为清光绪十七年（1891）大漈小佐严用光撰修；第四次为民国20年（1930）严用光之子严品端撰修。1995年，有几房续修家谱。自古宗谱目录列：任氏宗谱序、重修序、始祖墓图、祠堂设计图、行宫图、世系图、行传等。谱序纪录：始祖梁朝御史乐安昉公（公元502年至55年）之第22代月公，于南宋末年，从萧山迁至丽水仁溪（现莲都任村），繁衍至第五代的熇公，于元朝从丽水仁溪迁居景宁鹤溪，熇公之第九代纪公（字，以良），于明永乐十九年（公元1421）迁居高演，故纪公为高演的任氏始祖。任氏耕读两途，人才良秀。宗谱草纸线装，印刷体，墨色。页面29厘米×20厘米，墨框23厘米×15厘米，单行，10行，每行21字。现留8册保存完好，内有高演八景古诗词160首。梧桐乡坦坑村任啟厚收藏。

朱坑《朱氏宗谱》　始修于元代至正年间（1341—1370），其后，明代万历、清代顺治、雍正、嘉庆、咸丰、光绪等年代曾数度续修。现存三部：清咸丰版（1861）四册、光绪版（1907）6册、1997版。收藏者朱陈光祖籍沛国郡，住澄照乡漈头村，后移居丽水。《朱氏宗谱》分别存放县档案馆、县畲族博物馆和县图书馆各2套。朱氏祖先为了方便后代繁衍后认祖，打制铜人18个分发给兄弟。朱坑村原有1个，战乱时遗失。现有渤海东湖村1个，存于中国畲乡博物馆。

渤海回图《陈氏家谱》　据载：陈氏之族，溯源流长，陈姓祖先是舜的后代，西周初年，舜的34代孙妫满，被周武王姬发封陈（姓）侯（今河南省淮阳县）。陈氏宗族曾封颍川、汝南、回图、平与、广陵、下邳、东海、河南等郡。陈氏家族起源于颍川郡，自汉太傅陈蕃，字仲举，官至尚书令，敕赠汝南郡。迄今两千余载，读书敦行之士代常百辈，可谓簪缨继迹，甲第蝉联，真乃遥遥门座，赫赫宗风。至陈氏34代广，字师讷，封为吴越王上军讨击副使，银青光禄大夫，奉镇瓯栝（温州、处州），晋封“昭德回图郡勋臣”，易汝南为回图，为陈氏回图郡之始祖。

陈氏从湖南长沙迁入青田永惠里。嗣后，青田四世彦淮公字天麟，又名尧臣，任长沙县宰，育五男椋榉栋椠梁。宋祥兴元年（1278），从青田永惠里分成两支：四子椠迁居渤海。次子榉迁入忠溪村。回图忠溪十九世基，于明永乐年间（1403—1424），从忠溪迁居鹤溪塔头（今鹤溪街道大众街陈宅里）。

渤海《回图陈氏家谱》始见于淳熙丙午，重修于洪武辛未、嘉靖乙巳、康熙丙申、乾隆壬辰丁巳、嘉庆戊辰、道光丙午、光绪己丑、民国壬午，第十次修谱于1995年11月，全书共7册，目录：序文、凡例、村图、风景名胜、祠堂、人物传记、族规祭典，465页，此书页面20厘米×26厘米，打印。藏县档案馆、县图书馆。

陈宅底《回图陈氏宗谱》始修缮于洪武辛未（1391）孟春。康熙壬寅、乾隆戊午、嘉庆丁卯、咸丰庚申、民国壬子（1912）、民国戊午（1918）曾六度重修宗谱，全书6册（复印件）。敬山宫《回图陈氏宗祠》批准为县级文物保护点。

陇西均川《李氏宗谱》　宋建中靖国元年（1101）初修，至2001年，13次修谱，2002年续修，采用分“天”“地”“人”三房排列，1/16开本，50万字，8面彩色家乡环境和开基祖宗画像插页。

族谱顺应国家人口政策的潮流，把独生女招赘载入其中，并将双方的独生子女冠以父母的姓氏入谱；该谱具有书卷味，谱中收录游记等10篇，诗词近90首；有地方特色，将民间体育活动“操石磉”列入其中，为各地宗谱不多见。

吴兴潴川《沈氏宗谱》 始修于清康熙二十一年(1681)，2006年第六次续修。1/16开本，410页，21万字，8个彩色插页。

宗谱中列入《大都文化教育事业的发展概况》和族人的学历状况；因地制宜，由于滩坑电站建设，千峡湖蓄水，淹没大都，族人迁往省内各处，宗谱详细记载了他们的迁入地，便于大家相互联系；旅居海外的族人也回故乡参与修谱。

大漈小佐《严氏宗谱》 小佐严氏族谱自康熙三十二年(1693)先祖显升、显俊、显宗公始创，乾隆元年(1736)、乾隆五十九年(1794)、清道光九年(1829)、民国元年(1912)、1986年五度续修。其中，乾隆、清道光、民国元年、1986年版由村委收藏，乾隆、清道光、民国元年复印版县档案馆亦有收录，1986年版分别由县图书馆收藏和小佐严氏二十三世孙严慧荣保存。其中，1986年续修的《严氏宗谱》汇成7卷共808页，20厘米×29厘米，第一册为谱序、家法家训、春秋祭规、地理志、墓志等，第二册为爱山亭记、史传、志传、家传、小佐十景、仕宦表、科第表等，第三册为严姓源起、远祖世系、小佐严氏始祖千七公世系，第四至第七册为世系繁衍详录。综览谱牒，纲目备举，图文并茂，上溯姓氏渊源，下明宗支世系。理千载之脉络，翔五百年之史实。

小佐严氏本为庄姓，鼎创汉朝，避汉明帝庄讳，易庄为严。魏晋时有复姓庄，故有"庄严同宗"之说。鼻祖忌公，西汉名儒，立世至今二千余载，支属蕃茂，繁衍天下。严子陵后裔德公自严州迁至龙泉，围公次子主玉及长孙源兴，明景泰三年递迁景宁大漈。九世至千七公，又迁居小佐，千七公为小佐严氏始祖。小佐村124户，332人，从小佐分衍流布在景宁的严氏村落有10多个，千七公后裔人口近5000人。

山外《钟氏宗谱》 山外钟氏宗谱不分卷，1册，162页。佚名撰。浙江畲族钟氏家族谱牒，清宣统元年(1909)创修。目录列：钟氏宗谱序、重修盘瓠实祠序、凡例、排行字母、坟图、世系图、行传等。牒文记载：创修宗谱的意义及其规范、始祖盘瓠的传说、27位先祖爵封官宦名录、历代祖宗迁徙路线等，详载明万历三十七年(1609)二世祖钟隆熙从福建罗源大坪迁徙山外开基创业，传至"贻"字辈，十六代裔孙繁衍生息的情况。对研究畲族钟氏的史源和迁徙路线有参考价值。清宣统元年(1909)景宁雷元泰抄本。本色草纸、布面线装，楷书墨色。页面26厘米×18厘米，墨框22厘米×13厘米，四面单栏，8行19字。白口，有口题、页码。保存完好。鹤溪镇包凤村钟福源存，复印件藏浙江丽水学院畲族文化研究所。

大漈《梅氏族谱》 自北宋庆历八年(1048)以来，多次编修。保存完好的最早族谱为明万历年的族谱。现存谱序中对清顺治和康熙年间修的族谱虽有记载但未能找到族谱。明万历十六年(1588)，手写本，西岸底村梅中青家保存1本；清顺治八年(1651)手写本；清康熙四十四年(1705)手写本；清乾隆三十一年(1766)，手写本，西岸底村梅盛开保存有2本；清道光八年(1828)，手写本，云和文物馆保存1本；清光绪二十一年(1895)，手写本，云和文物馆保存1本；民国23年(1934)，雕板印刷，云和文物馆保1本，大漈漈头村梅昌存家保存1套；公元1987年新修族谱，手写本，大漈各大支房均保存1套，每套8本。

大漈梅氏于北宋庆历八年(1048)由云和迁至大漈。其开山太祖为梅奉因、梅奉安两兄弟。奉因、奉安的后裔除一部分留在大漈外，其他的又迁徙至云和、龙泉、文成、泰顺、建德、桐庐、寿宁、福鼎、霞浦等地。直至现在，其后代已经延续到第三十五代，人口2万人，景宁境内5600人。

大漈《彭氏宗谱》 活版印刷，共6卷7本。记载着彭氏祖宗自黄帝到寿星彭祖，彭祖始至其第八十三代孙彭原止的迁徙原因、地址等简况，以及彭原自北宋仁宗天圣癸亥年(1023)，迁徙彭村至今的三十三代繁衍外迁简况。其内容由目录、凡例、历次修谱序、历世簪缨表、仕宦志、纶音(封建皇帝圣旨)，府、县尹邀请乡饮请帖(文字)，考取功名报单。族中贤者传、贞节孺人传、乡绅赞、家训13条、彭家堡义塾志、南浦先生劝勒墓石文、村彩图、部分祖墓彩图、少量先人风景诗、重点古建为首者、讳字排行表等组成。到彭村后，谱书续修过8次，最后一次续修于民国30年(1941)。录旧序文12篇，其中最早的序是唐宝历三年(827)，其次是梁乾化四年(914)。谱书字迹工整清晰。对大漈地方历史及民族忠孝文明文化有一定的研究参考价值。

乌饭恰《蓝氏宗谱》　不分卷，1册，133页。民国19年(1930)景宁蓝奇李、蓝春熊撰，浙江畲族蓝氏家族谱牒。目录分列蓝氏宗谱序、统纲一览表、蓝氏五音志、谱例、村境、蓝氏源流序、排行字母、重修盘瓠氏祖祠序、历朝诏恩荣录、蓝氏宗谱世系源流等。《蓝氏宗谱序》叙述创修宗谱的重要性及倡举人员。《统纲一览表》记载"星"字至"奕"字辈十一代祖宗排列。《谱例》有修谱程序、排列方式等8条。《村境》东南西北中西咏诗5首。《蓝氏源流序》讲述盘瓠传说、历代官名录等。《世系源流》记载一百三十八代裔孙繁衍生息的情况及宇南公从福建迁徙浙江景宁大墓庵，开基创业传至十三代裔孙生卒娶葬的情况。对研究畲族蓝氏支族的迁徙有参考价值。民国19年景宁吴邦彦手抄本。草纸线装，楷体墨书。页面30.5厘米×20.5厘米，墨框28厘米×18厘米，四周双栏，8行18字。保存完好。英川镇乌饭恰村蓝廷芳存，复印件藏浙江丽水学院畲族文化研究所。

包凤《雷氏宗谱》　不分卷，1册，256页。清光绪二十六年(1900)景宁雷玉麟、雷振民等撰，浙江畲族雷氏家族谱牒。明万历十四年(1586)创谱，经天启二年(1622)、顺治十六年(1659)等9次续修。内容分列雷氏宗谱太祖老序、新族谱序、盘皇敕赐开山公据、重建盘瓠祠众谱序、雷氏支谱凡例、雷氏族谱迁徙序、世祖像图、坟图、世系图、行传等。牒文简载盘瓠传说。详细记载：太祖于唐会昌八年(848)从辛虞县普城山始迁，经江西道州、湖南茶陵、广东揭阳、福建连江、赵判、罗源等地8次迁徙。明万历三十四年(1606)雷进明从罗源十八都苏坑境高南坑迁景宁包凤村居住，开基创业，建造宗祠，传至十五代裔孙繁衍生息的情况。以后裔孙又分迁泰顺、平阳、青田、龙游、遂昌等地。对研究畲族的史源、迁徙路线有参考价值。清光绪二十六年(1900)景宁雷秉荣抄本。绵纸线装，楷书墨色。页面29.5厘米×19.5厘米，墨框23厘米×16厘米。四周双栏，8行17字。白口，有口题、页码。保存完好。鹤溪镇包凤村雷刘富存，复印件藏浙江丽水学院畲族文化研究所。

景宁《潘氏族谱》　历代皆有修编，历经战火，版、册俱散佚。唯自清代至民国者有存，所知者，七次纂修而六次成书。今传本《景宁潘氏家谱》，为民国18年(1929)续修本(题签"潘氏家谱")，承袭康熙五十四年(1715)潘可藻纂修本、乾隆三十六年(1771)潘宗箕续修本、嘉庆十三年(1808)潘国梅续修本、咸丰元年(1851)潘澐续修本、光绪十二年(1886)潘蕃续修本，并以木活字印行传世。谱有载记，景宁潘氏先祖因避战乱，于五代末期自杭州迁至处州(今景宁县区域)，后生齿日繁，耕读传家，英才迭出，遂为景邑望族。先贤者，有潘特竦、潘应芾(宋附马)、潘翼、潘琴、潘辰、潘可藻等，其中不乏朝中重臣、文坛大家、乡里贤达，俱记在谱。今其本共13卷，线装18册，纵横28厘米×26.5厘米，版心21.8厘米×14.3厘米，墨框，10栏。

第六章 传 媒

1993年，景宁县城开通有线电视。1994年1月，国家广播电影电视部地方司批准建立“景宁畲族自治县有线电视台”。1995年建成沙湾、渤海等3镇2乡有线电视系统（独立网），安装用户5000户。

1996年始，县广播电视技术综合大楼建成，调频广播、有线电视、无线电视全面发展。建成中央广播电视第一套节目无线覆盖工程，转播中央、浙江、丽水、景宁4套调频广播节目和转播中央1套、中央7套、浙江卫视、丽水新闻综合台等4套电视节目，扩大景宁无线广播电视覆盖面。

1998年始，实施第一轮广播电视“村村通”工程，首建张村、澄照乡网络，与省、市有线电视联网。随后以县联网、乡镇联网、小有线、无线覆盖等4种形式，覆盖423个电视“空白自然村”。1998年，投资50万元，建成景宁支线（岚头岭至景宁）、景宁复线（景宁至泗州岭）光缆杆路21.6千米，实现与省、市有线广播电视联网，网络下传35套电视节目和4套调频广播节目。2005年，景宁有2个镇，17个行政村，54个自然村联网，用户9512户。

2006—2008年，实施建设新一轮广播电视“村村通”工程，全县22个乡镇（管理区）、254个行政村、409个20户以上自然村相继联网，数字电视进入千家万户，接收终端33295只，实现乡镇所在地互动点播，形成县、乡、村三级统一贯通，互连互通的传播格局。2008年5月20日，九龙乡举行有线广播电视“村村通”开通仪式，标志景宁有线广播电视全覆盖。景宁广播电视台被评为全国广播电视村村通工作先进集体。

2009年，利用同频同缆传输广播信号，实现各村在行政区域内通广播，共建21个乡镇广播站，240个村级广播室，安装调频音箱（喇叭）1295只，农村有线广播焕发生机。为确保广播电视公共资源共享，为全县4324户低保用户免费安装有线电视。同年9月26日，县广播电视台被国务院授予“全国民族团结进步模范集体”称号。

1995年2月20日，《畲乡报》创刊，每周刊出一期，为中共景宁畲族自治县委机关报，2000年7月1日改出周二报，2003年7月扩为周三报，每周二、周四、周六出报。中国景宁新闻网于2010年6月1日开通运行。共设一级栏目22个，二级栏目60个，并为全县22个乡镇（管理区）分别建立子页面。

第一节 广 播

有线广播

1992年，撤区扩镇并乡后，景宁撤销区广播电视站5个、乡广播电视站13个，扩并为乡镇广播电视站24个，中继转播站13个，乡以下广播专线减至2010千米。1994年，全县行政村283个。其中，未通广播行政村 56 个；自然村 1223 个，乡以下 2100 千米线路中断 767 千米，用户喇叭数字下降至 16000 只，入户率 37%，部分喇叭成为“哑巴”。1995 年始，景宁居民用户需求转向，投资转向，重电视，轻广播。1996—1997 年，县广播主管部门提出“确保村通率，发展村广播室，提高听到率”的目标，但收效甚微。1998—2004 年，景宁有线广播事业发展步履维艰，最终以“线断、杆倒、网破”而消失。2009 年，实施有线广播“村村响”工程，工程依托有线电视光缆网络，利用广播电视同频共缆传输，实现各村在行政区域内通广播。建 21 个乡镇广播站，240 个村级广播室，安装调频音箱（喇叭）1295 只，通乡镇率 100%，通行政村率 96.4%，总投资 131.43 万元。2010 年始，建立有线广播“村村响”工程的长效管理维护体系，按照接响一处，巩固一处的原则，防止出现“返盲”，确保有线广播长期通、优质通。

调频广播

1985 年，景宁开通调频广播，填补景宁无线广播的盲区，调频广播发射台建在敕木山差转台，发射功率 50 瓦，发射频率 88.7 兆赫兹，转播景宁人民广播站节目。在全地区率先开通调频广播。沙湾、英川等 9 个站分别接收调频广播信号转播，替代原广播专线输送信号，每天转播景宁人民广播站节目 8 小时。

1995—1998 年，全面改造敕木山调频广播台，增大发射功率，全县 24 个乡镇站可接收县站信号。增转浙江人民广播电台节目，发射功率 50 瓦，发射频率 98 兆赫兹。改造调频广播接收发射系统设备，增转丽水广播电台节目，发射频率 93 兆赫兹。

2000—2008 年，重建敕木山转播台机房 265 平方米，配置 50 瓦调频发射机 1 套，加大功率，增加覆盖半径和覆盖效果。石印山转播台搬迁至广播电视大楼楼顶，转播浙江人民广播电台节目（功率 50 瓦、频率 98 兆赫兹），丽水人民广播电台节目（功率 50 瓦，频率 93 兆赫兹）2 套调频节目。实施中央无线广播电视覆盖工程，在敕木山台增加调频广播发射系统 1 套，功率 300 瓦，频率 104.5 兆赫兹，转播中央人民广播电台中国之声节目。

2010 年，敕木山台共转播中央、浙江、丽水、景宁 4 套调频广播节目。广播电视大楼楼顶台转播浙江、丽水人民广播电台 2 套调频广播节目。

广播设备

1996 年 10 月，景宁广播电视大楼投入使用，县广播站机房设备更新，配调音控制台 1 座，20 路调音台 1 座，采访机 2 台，录音卡座 2 台，压限器 1 台，激光放音机 2 台，250 瓦高保真扩音机 2 台，广播机房设备达到部颁甲级标准。

2003 年，景宁购置 50 瓦发射机 2 台用于敕木山转播台无线电视发射，随后相继购置广播发射机 2 套。2005 年，购置广播配音工作站 1 套，广播播出服务器 1 套，改卡带机手动播出为自动播出。2008 年，敕木山台增加调频广播发射系统 1 套。2010 年，敕木山转播台发射信号源由原微波发送改为光缆传送，提高了信号稳定性、抗干扰性、安全性。

广播宣传

1993 年，广播宣传试行责任编辑制度，每月由 1 名责任编辑确定报道计划，主持编播例会，主编《畲乡之声》刊物，处理听众来信。有《景宁新闻》《午间新闻》《丽水地区新闻联播》等三档自办新闻节目。为1993年全省有自办三档以上新闻节目的3个县站之一(景宁、海宁、桐乡)。年来稿量8899条,通讯员100多人,全天播音时间为7小时50分。

1993—1995年,定期发行通联刊物《畲乡之声》,开办《畲语新闻》栏目,汇集本周要闻,邀请畲族青年用畲族方言在广播中播出。制作一批景宁畲族自治县设县10周年成就专题,开设《日新月异话畲乡》《兴业之路》《畲乡风情》等栏目。成功转播"十周年县庆"开幕式实况。

1996—1998年,广播自办节目增加《畲乡风情》《菜篮子信息》《轻松调频》《党员风采》等具有畲乡特色、贴近生活的栏目。同时配合省电台进行《农村大市场》节目"脱贫奔小康"景宁篇特别报道,采取异地主持、现场直播、听众参与等形式。县人民广播站呼号改称"景宁畲族自治县人民广播电台"。每天播出7小时30分,98兆调频转播12小时,向观众提供新闻,专题、文艺等四大类共十档节目。同时,开辟《校园之声》栏目,邀请县城中学生共同主持,设校园新闻、校园热线、菁菁校园、点歌台等节目。2000年获得浙江省青少年维权岗位殊荣,为丽水市年度广播电视媒体唯一获奖栏目。2002年始,广播新闻采用电视新闻稿件,一稿二用,年用稿3015篇,广播通讯员队伍自然消失。

2006—2010年,广播节目实行全天候播音,由以往的每天7小时30分延长至15小时40分,每周自办节目在二十五档以上,年用稿3270篇。其中,省级台录用10篇,市级台录用260篇。开设栏目《畲乡风》《畲乡新农村》。广播节目由单一的《景宁新闻》增加为《科技新闻》《五彩园地》《农业史活》《综合新闻》《社会主义新农村》等5个栏目,实现节目的多元化。

1991年4月,鹤溪镇站开始定期开办节目,有《鹤溪新闻》《科技知识》《政治时事》讲座等。

1993—2010年,广播新闻用稿72160篇。其中,中央台录用3篇,省级台录用156篇,地(市)级台录用5662篇。

第二节 电 视

有线电视

1993年,县城开通有线电视,县城首批安装用户终端1800个。建成东坑、沙湾、渤海、英川、大均、大顺、毛垟等7个乡镇所在地有线电视系统(独立网),收看电视节目8套,乡镇有线电视用户终端12000个。

1994年1月,国家广播电影电视部地方司批准建立"景宁畲族自治县有线电视台",同年,县城有线电视用户终端达3200个。1995年建成沙湾、渤海等3镇2乡有线电视系统(独立网),安装用户5000户。

1996—1997年,县城开通中央3频道、5频道、6频道、8频道共4套加密电视,传送20套电视节目,3套调频广播节目。安装用户4000户。24个乡镇所在地能收看3—9套电视节目(独立网),安装用户终端17000个。1998年,县城与省、市有线广播电视联网,网络下传27套电视节目和4套调频广播节目。1999年,投入10万元,架设景宁至张村片第一条光缆线路5千米,6个行政村联网用户350户。随后投入50万元,架设景宁至澄照乡光缆线路7.41千米,有5个行政村联网,安装用户终端1150个。

2000—2003年,投入22万元对县城部分地段采用光缆地埋,开通9个光节点,安装用户终端382

个，投入12万元对县城网络进行混合光纤同轴电缆网改造，开通10个光节点，实施“农村广播电视入户工程”，以县联网、乡镇联网、小有线、无线覆盖等4种形式覆盖423个电视“空白村”自然村，安装用户9387户，总投资344.65万元。

电视台机房

2005—2008年，县台传输播出机房设备实现数字化，音频工作站、县城新安装用户终端454个，县网用户达7000户。实施县城旧网改造工程，对县城所有光节点、放大器进行调整，更换330米为550米光缆线路25千米。完成澄照乡四格、田源2村联网工程，安装用户382户，县网用户终端达9512个。85%的农村居民用户收看到省、市、县新闻节目。至2008年，新一轮“村村通”工程建设全部完成。

无线电视

2000年3月，投资28万元，重建敕木山差转台业务用房。增加发射机1套，功率50瓦，接收丽水电视台（12频道）节目。2007年8月，投资138万元，实施建设中央广播电视第一套节目无线覆盖工程，架设景宁至敕木山节传光缆13千米（其中地埋3千米）、新建29.8米发射铁塔1座，更换30千伏电力变压器1台，安装调频广播发射系统1套，功率300瓦，频率104.5兆赫兹，转播中央人民广播电台中国之声广播节目；安装电视发射系统2套。其中，1套功率300瓦、频率34CH，转播中央第1套节目；1套功率300瓦、频率40赫兹，转播中央第7套电视节目。2010年，敕木山转播中央1套、中央7套、浙江卫视、丽水新闻综合等4套电视节目。广播电视大楼楼顶6频道和敕木山34频道重复覆盖，暂停发射。保留卫星接收发射中央1套、浙江卫视、浙江7套、丽水新闻综合等5套模拟电视节目，免费为县城临时居住户收看无线电视节目。

数字电视

2009—2010年，景宁实施数字电视整转工程，对县城43个小区12800个用户终端进行数字电视整转。

双向网络

2010年，景宁实施双向网络改造工程，开通163个光站，改造线路800千米，改造用户终端12000个，实现数字传输和数字播出双向互动，变看电视为用电视。同期按照EPON技术改造广播电视HFC双向网，实现乡镇所在地互动点播，形成县、乡、村三级统一贯通，互连互通的传播格局。同年，全县有线电视用户达32000户。

电视设备

电视自办节目采、编、播设备，逐年从低档向高档、从线性编辑到非线性编辑过渡。1993年，景宁购置3套6K-3线性编辑机新闻制作设备。1997年，投资150万元购置冠中非线性编辑机1套，AGDP200F一体机、DC一体机、AG8700编辑机、AG8600编辑机、AGDD800、AGEE1摄像机、字幕机等各1套。

2001年，投资20万元，添置数字摄像机、录放机、编辑机等一批设备，提高新闻制作能力和宣传质量。2002年，投资18万元，购置1套索贝CY-777编辑机1套，冠中JD-DV/2001B编辑机1套，用于新闻和广告节目制作；4频道发射机2套，用于安全播出备份。电视发射机3套。

2005—2009年，投资300万元，升级改造机房设备进行数字化，购置硬盘自动播出系统1套、极速EE非线性编辑机3套、音频工作站2台、电视监视墙7套、主播控制台5套、副控制台3套、遥控烟雾机1套。电视节目从手动磁带播出为全自动硬盘播出，新闻制作线从1条增加到3条，实现采编播网络化、数字化、一体化。电视机房设备达到部颁甲级标准，增加电视发射系统2套。投资12万元购置大洋配音工作站1套、大洋红桥二代编辑机1套、大洋红桥三代编辑机2套、浪潮存储服务器1台，制作广告和对农节目，提升节目制作的能力。

前端设备

2010年8月，投资123万元购置数字电视前端系统相关设备，与丽水华数数字电视机房进行信号对接，将100多套的数字电视节目送进千家万户。10月，购置数字电视互动点播系统相关设备，完成信号对接投入运行，改变从被动看电视为主动用电视方式。

配套设备

2005年11月，投资10万元，安装专用变压器1台，确保机房用电。2006年2月，投资10万元，购置模拟电视信号自动监测报警系统1套，确保广播电视安全播出。11月，投资3万元购置IBM网站服务器1台，组建广播电视台门户网站。

电视宣传

1993年前，不定期通过石印山转播台向县城播放景宁电视新闻，年拍摄新闻200多条，同时向省、地电视台投稿片。1993年5月，景宁有线电视台(筹)正式通过传输网络播发《景宁新闻》电视节目。1994年1月，经国家广播影视部地方司批准同意建立有线电视台，呼号称“景宁畲族自治县有线电视台”。1994年，首次成功直播景宁畲族自治县成立十周年庆祝大会现场实况，年用稿346篇。其中，省级台录用7篇、地级台录用110篇。1995年6月，《景宁新闻》更名为《畲乡报道》，1996年10月，电视新闻从单一的《畲乡报道》，增设《每周一歌》《下周荧屏》等六档栏目。《畲乡报道》除在县城有线电视网络播放外，复送至沙湾、东坑、大均等7个乡镇有线电视网络播放，年用稿832篇。其中，省级台录用10篇、地级台录用130篇。

1997—1998年，《畲乡报道》改每周两档为三档，电视男女主播着畲族服饰出镜；制作《历史的跨越》《京城商海景宁人》《景宁人在温州》等电视专题片；协助中央、省、地电视台摄制《畲乡风情》《山水孕育畲乡人》等大型电视专题片，在中央台和省台播出。

2001—2003年，开设《畲乡风》栏目，为乡土文化及现代生活类综合版块电视专题，囊括知识服务、文化信息、人物介绍、法制宣传、综艺娱乐等方面内容，获丽水市优秀栏目奖，为丽水市电视媒体五个优秀栏目之一。拍摄《走进畲乡》上下两集电视专题片，在省经济生活频道播出。电视专题《大山无痕——访蓝钱根》《巾帼创业带头人——蓝水梅》被丽水市委组织部列为年度党教片。制作的《大漈雪瀑》《飞云峡》两个景区专题，入选全市十佳峡谷景区。先后有《畲乡风情》《聚焦畲乡》《时思寺》《十六大代表——蓝水梅》等9个电视专题片分别在中央电视台国际频道、北京电视台、浙江经济台、温岭电视台播出。与县委组织部联合开办《畲乡党建》栏目，通过电视媒介系统地、全方位地报道基层党组织，一线共产党员为畲乡建设和地方经济发展所做出的业绩。护林模范蓝钱根同志先进事迹在中央4频道播出。

2004年，《畲乡报道》实行日播。改版《畲乡风》栏目，增设《畲乡视点》《畲乡科技》栏目，以第一现场镜头，真实追踪社会热点、难点问题；以"三农"为宗旨，开设《情系滩坑电站 心系库区移民》栏目，追踪报道移民工作动态，述说库区移民心声，报道移民干部艰辛。年用稿2300篇。其中，市级台录用800篇。

2005—2006年，《畲乡报道》改名为《畲乡新闻》，报道畲乡景宁经济社会各个领域的重大事件及事件动态。开设《移动新闻直通车》栏目，记录发生在老百姓身边的新闻，以关注百姓难事、急事，报道社会新事、趣事。开辟《畲语新闻》，聘请畲语方言纯正的学校老师（男）为节目主播，节目同步配以汉字字幕，以畲族语言播报，对一周要闻进行辑选回顾，开创浙江省广电媒体采用少数民族语言播音的先河。美国《华尔街日报》中文版、《浙江广播电视》《丽水日报》等媒体先后报道《畲语新闻》以民族方言播音的栏目。同时，开设谈话类节目《走进演播室》，以新闻当事人直接对话的模式，融主持人与当事人为一体，向观众提供展示自我视听平台。首次成功现场直播县第七次党代会实况。电视节目由原每天8小时40分钟延长至14小时。

2008—2010年，拍摄制作32集乡土文化电视纪录片《魅力畲乡》，以畲乡八景、八村、八奇、八菜为主要内容，记录再现改革开放30年民族自治县所取得的成就。借助《丽水广播电视报》平台，出刊《魅力畲乡》52期（每周一期），并在丽水电视台文化休闲频道全集播出。《魅力畲乡》由中国电影出版社公开发行。配合丽水电视台及各县、市、区广播电视媒体开展记者大联动活动，采制了《景宁打造新一轮景宁人经济》等一组综合新闻。通过市级媒体合力宣传景宁经济的快速发展。同时，开办《畲乡新农村》栏目，形成生活类综合板块《畲乡风》，谈话类节目《走进演播室》，基层组织《畲乡党建》，党风廉政《廉政畲乡》，农科普综合板块《畲乡新农村》等五大电视专题栏目。电视新闻"建材下乡接力家电下乡，农村住房建设提速"在中央台《新闻联播》头条播出。共有6篇电视新闻分别在中央台《新闻联播》、央视整点新闻、中央7频道、中国教育台播出。

1993—2010年，电视新闻用稿28051篇。其中，中央台录用13篇，电视专题2个。省级台录用346篇，地（市）级台录用7660篇。

第三节 管 理

人事管理

1995—1998年，建立各科室岗位工作职责，制定并完善广播电视台奖励办法等制度。局机关实行全员聘任制，局长聘任股长，股长聘任职员，层层落实工作责任制。

2004—2008年，景宁推行新闻记者稿酬制，按新闻稿件质量打分记酬，采编人员按照一线记者的分值比例考核，网络工程技术人员实行实绩与考核工资挂钩，体现按劳分配原则。同时，实行新闻稿酬制度和栏目制片人制度，奖罚分明，多劳多得，每月兑现。上班改为指纹签到制，出台月工作出勤考勤奖制度，将签到在岗和请假的工资、奖金直接挂钩。汇编下发各类制度32个，逐步实现以制度管人。2010年，重新编辑《汇编制度》，收集1984—2010年期间所制定编发的规章制度及条目，设行政管理、财务管理、新闻宣传、事业建设、安全管理和区域站管理等6章，共计56节。

安全播出管理

2001年始，制定一套完整的紧急情况处置预案。处置预案分别将应对情况、预案目标、指挥系统、技术操作、信息联络、社会协调、行动保障等目标、人员的职责作出明确规定，并逐一予以落实；播出机房实行24小时专人值守，重要时段实行每天安全播出零报告制度；落实中央一套、浙江一套节目和前端机房主要设备信号源的备份；加强与610办公室、公安110联动，不定期开展广播电视通信网络安全播出预警演练，指挥、协调、实施处置突发事件，减少突发事件所造成的社会危害和损失，迅速恢复正常宣传与节目传输秩序，消除安全播出隐患。2002年，景宁广播电视安全播出实现零事故，受到国家广播影视总局的通报表彰。2006年，广播电视安全播出实现零秒停播，获浙江省人民政府嘉奖。2008—2009年，在广播电视大楼安装警报系统、监控系统，确保机房重地安全播出。投资40万元，添置、整改广电大楼的消防设施，安全播出实现零事故，获省、市年度安全平安单位奖。

社会管理

1997年，成立县广播电视稽查大队，开展重点查处境内非法销售、安装和设置卫星地面接收设施、未批先建、擅自扩大收视范围和变更收转卫星；查处破坏偷盗广播电视设施、私拉乱接有线电视信号等工作。1998年，设立保卫科，工作职能与稽查大队一致，业务接受县公安局指导，加大执法力度，提高依法管理水平。2001年11月，广播电视行政管理职能由县文化体育广播电视局承担。2009年始，实行计算机系统收视管理制度。

财务管理

1996年10月，广播电视大楼建成投入运行，电视广告业务明显上升，年收入5~6万元，2002年后，电视广告业务额逐年递增。2002—2010年广告收入分别为：58.2万元、60.8万元、63.8万元、68.5万元、73.3万元、88.6万元、96.7万元、142.3万元、108.9万元。2002年始，广播电视器材实行政府采购制。凡添置大宗办公用品、广播电视器材，均通过政府采购办审批或指定点购置，对工程施工队、电视广告业务实行社会公开招投标。广播电视台本级财政财务收支由计划财务部统一核算，执行《事业单位会计制度》。2008年始，乡镇区域站财务实行统一核算，采取基层报账制。

第四节 机 构

1993年，成立景宁畲族自治县广播电视局，位于文化路19号简易房，外挂广播电视局、人民广播站、电视摄制站三块牌子，一套人马。7月，增设有线电视办公室，1994年1月，经广播影视部批准同意景宁畲族自治县筹建有线电视台，呼号为“景宁畲族自治县有线电视台”。同年，根据县委〔1993〕82号文件精神，乡镇广播站改称乡镇广播电视站。

1996年10月，局机关迁入县城府前西路1号广播电视大楼，下设办公室、财务室、总编室、总工室、农管站、音像稽查站等6个职能科室，撤销广播电视服务公司，局机关有干部职工59人。

1998年1月13日，成立景宁畲族自治县人民广播电台。17日，景宁畲族自治县人民广播电台和景宁畲族自治县有线电视台合并为景宁畲族自治县广播电视台。开办1套广播节目和1套电视节目，对外呼号称:“景宁畲族自治县人民广播电台”“景宁畲族自治县电视台”。县广播电视局、广播电视台实行局、台合一的管理体制,即二块牌子,一套班子,由县广播电视局统一领导和管理。

2001年9月机构改革,县文化局、体育局、广播电视局三局合并,称“景宁畲族自治县文化体育广播电视局”。广播电视台为县文化体育广播电视局下属事业单位,设总编室、农管站、运维部、音像稽查站等4个部室,原有人员编制不变。

2004年2月,经景宁畲族自治县人民政府批准,文化体育广播电视局与广播电视台实行分设。6月,经景宁畲族自治县编制办批准,设立广播电视台机构,为副科级事业单位,原有人员编制不变。

2005年9月,县文化体育广播电视新闻出版局,广播电视台分设,广播电视台与广电行政管理部门政事分开,为县人民政府直属正科级事业单位。乡镇广播电视站作为县广播电视台的延伸机构,隶属于广播电视台。

2008年8月,广播电视台对22个乡镇(管理区)广播电视站实行统一管理。英川、沙湾、东坑、鹤溪、渤海等5个区域广播电视管理站分别配齐正、副站长、报账员,有固定办公房和正常办公设备及工具车辆。

2010年,内设机构调整为8个职能科室,5个区域广播电视管理站。即办公室、电视新闻部、广播新闻部、广播电视专题部、广播电视节目播出部(广告部)、广播电视网络中心、农村广播电视公共服务部、计划财务部(收费稽查部),鹤溪、东坑、渤海、沙湾、英川5个区域站。核定台机关股级职数13人,区域站股级职数8人。

县编委核定广播电视台事业编制100人。2010年,全台在职干部职工111人。其中,台机关61人、乡镇区域站30人、聘用工20人、退休61人;副高级职称1人,中级职称33人、初级职称56人。

第五节　报刊　网络

1995年2月20日,《畲乡报》创刊,属县委宣传部主管。1995年1月13日,为适应改革开放和市场经济发展的新形势,宣传贯彻党的路线、方针、政策,及时反映景宁畲族自治县改革和建设的新动态,满足全县人民对政治、经济、文化生活的需求,中共景宁畲族自治县委决定成立畲乡报社,为县委直属正科级全额事业单位。畲乡报社以《畲乡报》和中国景宁新闻网两大新闻媒体为平台,宣传贯彻党的路线、方针、政策,紧紧围绕县委、县政府的中心工作,及时反映全县改革和建设的新动态,引导正确舆论,满足全县人民对政治、经济、社会、文化生活的需求。

报刊

1956年8月1日,中共景宁县委机关报《景宁报》创刊,1957年2月休刊。1958年6月1日复刊。1960年2月,撤县停刊。

《畲乡报》于1995年2月20日创刊,每周刊出一期,为中共景宁畲族自治县委机关报,2000年7月1日改出周二报,2003年7月扩为周三报,每周二、周四、周六出报。2003年下半年,在全国县级党报整顿中,全国大部分的县级党报停止出版,景宁作为全国唯一畲族自治县,《畲乡报》得以保留,是浙江省唯一保留的县级报。《畲乡报》至2010年12月末,已出刊1696期。

网络

中国景宁新闻网是由中共景宁畲族自治县县委、县人民政府为适应新形势下网络宣传工作需要而创办的一家县级新闻门户网站。经省委宣传部同意，浙江省人民政府新闻办公室于2010年5月31日批复，同意建立浙江在线景宁支站（中国景宁新闻网）（浙新办〔2010〕23号），为浙江在线新闻网站直属支站，由县委宣传部主管，景宁畲族自治县畲乡报社主办。

“中国景宁新闻网”于2010年6月1日开通运行。共设一级栏目22个，二级栏目60个，并为全县22个乡镇（管理区）分别建立子页面，内容涵盖全县经济、政治、社会、文化等各个方面，成为畲乡新闻资讯中心、网上服务中心和交流互动中心。2010年12月末，网站点击量已突破540万次，日最高点击量达56519次，日平均点击量达3.6万多次，注册网民27578人，网站受众已覆盖全国31个省、自治区、直辖市、港澳台地区以及全球37个国家和地区。2010年度荣获浙江在线新闻网站全省十佳进步网站。

第七章　体　　育

1993年，建立景宁县体育总会，陆续建乒乓球协会、老年体育协会、武术协会、户外运动俱乐部、足球协会、国际体育舞蹈协会、羽毛球协会、钓鱼协会、陈氏小架俱乐部等单项体育组织，单项体育协会和全民健身辅导站（点）达23个，经常参加各种体育锻炼的人数达4万以上。

1993—2010年，参加省市及以上体育竞赛55次。2006年始，每年“三月三”举办畲乡传统体育节，至2010年，举办5届。2001—2010年，景宁体育彩票销售总额达4578.92万元，筹集公益金91.58万元。

第一节　群众体育

群众体育项目主要涉及田径、篮球、接力赛、气排球、乒乓球、羽毛球、拔河、广播体操等，新型的气排球、门球、地掷球、体育舞蹈等竞赛也相继开展。

1993—2010年，举办农民、工人、老年体育赛事，参赛人员逐年增加。

2008年，蓝李峰成为丽水市12位北京奥运会火炬手之一，同年5月17日，作为第74棒火炬手，参加温州站炬传递，传递距离80米。

农民体育

2008年10月15—16日，举办“景宁畲族自治县‘运管稽征杯’首届农民运动会”。运动会分为团体项目和个人项目，其中团体项目是抗洪抢险，个人项目主要有：抛秧苗、车轮滚滚、磨豆腐娘、自行车负重、跋山涉水、南水北调、插秧、踏地等。

职工体育

每年“五一”节期间，县总工会组织举办各项体育活动，有登山、田径、接力赛、气排球、乒乓球、拔河、广播体操等。1993—2010年，景宁共举办18次。2010年，县总工会组队参加浙江省首届体育大会"开幕式"职工排舞大赛，获表演金奖。

老年人体育

1993年，全县60岁以上老年24294人，占总人口14.27%。其中，老年体育协会会员7200人，占老年人29.63%。各级老年体协组织304个，体育协会会员8241人。

至2010年，全县有门球场12个，气排球场13个，地掷球场4个，乒乓球场3个。县老年体协下设门球、气排球、地掷球、乒乓球、拳剑操、科研小组等6个专业分会，30余个辅导站（点），有辅导员60人。门球队33支，380人；气排球队20支，190人；地掷球队40支，300人；乒乓球运动员80多人；拳剑操分会会员500多人。还有木兰扇、木兰拳、健身球、柔力球、功夫扇、太极拳剑、36式太极刀、健身秧歌、健身气功、回春医疗保健操、腰鼓队、军鼓队等29个。创建浙江省小康型老年体育乡镇（街道）16个、老年体育特色项目之乡（街道）1个、省老年活动中心（俱乐部）1个。

举办各种培训班40多期，培训辅导员980多人。其中，三级社会指导员189人，选送省、市培训一、二级社会指导员、裁判员、教练员等30人。举办县级老年人体育运动会两届，参加人数4500多人。

1998年，承办全市第八届门球赛；2001年，承办全省中老年篮球邀请赛、市第九届地掷球赛，篮球赛共有代表队16支，参加人数130人。

2004年，景宁2600人参加全省百万老人健步走，3000人参加全国百万老人健步走，2540人参加了全省健身球千队万人通讯赛。2005年6月，庆祝浙江省老年体协成立十周年，鹤溪镇组织2180人参加健步走，参加人数占全镇老年人的71.12%。

2004年，获浙江省老年体协"健身球通讯赛"组织奖。2006年，获百万老年人迎十届省运会健身走二等奖。2008年，获县文化工作先进集体称号。2009年，获全国群众体育工作先进单位。

残疾人体育

景宁县重视残疾人体育活动，加强残疾人体育训练。2002年，组队参加丽水市第一届残疾人运动会。2010年4月16—19日，组队参加丽水市第二届残疾人运动会，获金牌11枚、银牌8枚，铜牌3枚。

第二节　学校体育

历年来，县体育和教育部门密切合作，围绕以田径运动为主，篮球为辅，带动其他运动项目均衡发展，学校竞技体育、运动成绩、场地设施得到提高和发展。

体育教学

1993年9月，景宁正式配备专职体育教研员，学校体育教学走上科学化、规范化。1993年始，全面推行《国家学生体质健康标准》测试活动，全县47所中小学校，43所开展达标活动，占学校总数91.5%，应参加达标学生11849人，达标10962人。其中，优秀2041人，良好3479人，及格5442人。2003年，达标活动停止，此后按《国家学生体质健康标准》测试达标。

1993年始，中小学校体育教学从过去的以竞技教学为主要目标逐步转变到以健康教育为主要目标，初中升学体育考试满分为30分。2007—2010年，全县中小学生每学期进行体育技能测试。县中小学每周2节体育课，每天安排大课间操、眼保健操，课外体育兴趣活动。1993年，统一使用浙江省《体育与保健》教材，2004—2010年使用华师大或北师大《体育与健康》教材。

师资培训

1993年至1999年4月，县教研室组织体育教师培训工作。

1999年5月，景宁畲族自治县教师进修学校设立，体育教师培训工作由教师进修学校牵头，县体育局、教育局负责，县教研室、县体育中心实施培训。

1993—2010年，先后组织篮球、田径、乒乓球、中小学广播体操、民族体育项目、足球、游泳等技能和裁判培训。至2010年，全县受训的体育教师1650人次。

体育传统学校

2007年始，城北中学、民族中学、民族小学、实验一小、实验二小五所学校分别被认定为省、市、县级篮球、足球、田径、民族体育、乒乓球传统体育项目训练基地或特色学校。

运动场地

1993年，有47所学校。2010年，全县有26所学校，有200米、300米、400米运动场的学校分别9所、2所、1所，共有篮球场47个。

2006年9月，景宁中学整体迁至张春新址。有8×400米标准田径运动场和足球场，体艺馆1个，标准篮球场8个（1个室内）、标准网球场2个、标准排球场3个（1个室内）；还有室外标准羽毛球场2个和室内250平方米乒乓球室1个。

2010年景宁中心学校体育设施一览

表32-7-1

序号	学校	跑道（米）	篮球场（个）	足球场（个）	序号	学校	跑道（米）	篮球场（个）	足球场（个）
1	景宁中学	塑胶400	6	1	13	东坑镇中心小学	塑胶200	2	—
2	职业高中	塑胶200	1	—	14	大漈乡中心学校	塑胶200	1	—
3	民族中学	塑胶300	4	—	15	景南乡中心学校	泥地200	1	—
4	城北中学	塑胶300	4	—	16	雁溪乡中心学校	—	1	—
5	沙湾中学	塑胶200	1	—	17	英川镇中心小学	水泥60	1	—
6	东坑镇初级中学	泥地200	1	—	18	鸬鹚乡中心学校	—	1	—
7	第一实验小学	塑胶200	2	—	19	沙湾镇中心小学	—	1	—
8	第二实验小学	塑胶200	2	—	20	梧桐乡中心学校	泥地200	1	—
9	民族小学	塑胶300	4	—	21	标溪乡中心学校	泥地60	1	—
10	大均乡中心学校	塑胶100	1	—	22	毛垟乡中心学校	—	1	—
11	郑坑乡中心学校	—	0.5	—	23	秋炉乡中心学校	—	1	—
12	九龙乡中心学校	塑胶200	2	—	24	大地乡中心学校	—	1	—

中小学生体育竞赛

1993年，东坑镇中心小学承办第一届全县小学生篮球赛。1996年始，县体育局、教育局每年联办田径、篮球、乒乓球赛。1998年，全县小学生篮球赛由沙湾镇小承办。第二实验小学获得冠军。2001年，全县小学生篮球比赛由东坑镇中心小学承办，第一实验小学获得冠军。2006年，全县小学生篮球比赛由英川镇中心学校承办，第一实验小学获得冠军。

2007—2010年，全县小学生篮球比赛由县第一实验小学、第二实验小学轮流承办。

第三节 赛 事

县级体育竞赛

全民运动会 1995年、2005年、2009年，景宁在县体育场举办首届、第二届、第三届全民运动会。1999年、2008年于县体育场举办县首届老年人运动会、县首届农民运动会。

篮球 1993年，举办首届县级篮球联赛，至2010年共举办16次。其中，2007年举办乡镇干部篮球赛，2008年、2009年、2010年举办副科级以上领导干部篮球赛。2010年，举办景宁首届体育健身大会"医院杯"甲级全民篮球赛和"北京创业杯"乙级全民篮球赛。

乒乓球 1997年前，县级乒乓球赛间断5年。1998年，景宁举行"科兴杯"全民乒乓球比赛，此后，每年举办一至二次不同类型的乒乓球赛，至2010年，举办各种乒乓球比赛共计16次。

羽毛球 2001年举办县首届"水利杯"羽毛球赛。至2010年，共举办县级羽毛球赛10次。

田 径 1997年，举办县首届学生田径运动会，至2010年，校园田径运动会共举办14次。

足 球 2007年首次举办县室内足球赛，2009年始，县民族小学开始主抓校园足球比赛。

武 术 2008—2010年，每年举办县级传统武术比赛。

参加省市及以上体育竞赛

1993—2010年，参加省市及以上乒乓球、田径、其他竞赛分别5次、37次、13次。其中，2002年，丽水市中小学生乒乓球赛荣获3枚奖牌。2004年，丽水市少儿乒乓球锦标赛，获团体男甲第四名、女乙第五名、体育道德风尚奖。2005年，丽水市首届运动会（青少年部）乒乓球赛，获团体男、女丙组第四名，男乙第五名和体育道德风尚奖。2007年，丽水市少儿乒乓球锦标赛，获女丁、男丙团体第四。2008年，丽水市少儿乒乓球锦标赛，陈艺欣获女丁单打第三名。

1993—2010年景宁参加省、市田径赛一览

表32-7-2

年份	竞赛级别	竞赛成绩
1993	丽水地区学生田径运动会	团体第四名
1999	丽水地区中学生田径运动会（遂昌）	3枚奖牌
2001	浙江省青少年田径锦标赛（缙云）	团体第三名

续表 32-7-2

年份	竞赛级别	竞赛成绩
2001	浙江省第五届田径运动会(天台)	团体第三名
2001	丽水市田径运动会	团体第三名
2003	“飞跃杯”浙江省青少年田径锦标赛	1金1银
2003	丽水市中小学生田径运动会	2金1银
2004	“海亮杯”浙江省第六届田径运动会	1金1银
2004	浙江省青少年田径锦标赛	1银2铜
2004	“同心杯”丽水市中学生田径运动会	1金3银3铜
2005	丽水市运动会	2金9银12铜
2005	浙江省第七届田径运动会(玉环)	4银5铜
2006	浙江省第十三届运动会(台州)	团体第三名
2006	浙江省田径苗子精英赛(温岭)	团体第三名
2006	丽水市田径运动会(云和)	团体第三名
2007	全国第八届农民运动会	2金1银2铜
2007	浙江省青少年田径锦标赛(绍兴)	1金3银2铜
2007	浙江省第八届田径运动会(宁波)	2金1银5铜
2007	丽水市中小学生田径运动会(庆元)	团体第四名
2008	浙江省青少年田径锦标赛(平湖)	1金3银2铜
2008	丽水市中小学生田径运动会(青田)	2金4银5铜
2009	浙江省青少年田径锦标赛	1金4铜
2009	丽水市第三届运动会	1金4铜
2010	丽水市田径运动会	1金9银3铜
2010	丽水市首届田径运动会	1金9银3铜
2010	浙江省第十四届运动会(嘉兴)	3人进入决赛得分
2010	浙江省青少年锦标赛	200米栏铜牌
2010	浙江省首届体育大会	2金2银3铜
2010	浙江省第四届少数民族体育运动会	3金5银9铜

1993—2010年景宁参加省、市中学生篮球赛一览

表 32-7-3

年份	竞赛级别	竞赛成绩
1993	丽水地区中学生篮球赛	冠军
1993	浙江省传统学校中学生篮球赛	冠军
1994	丽水地区中学生篮球赛	冠军
1994	浙江省第十届运动会青少年部篮球赛	第三名
1995	丽水地区中学生篮球赛	冠军
1996	丽水地区中学生篮球赛	冠军
1997	丽水地区中学生篮球赛	冠军
2002	浙江省中学生篮球赛(宁波)	第三名

续表 32-7-3

年份	竞赛级别	竞赛成绩
2002	浙江省青少年篮球男子组比赛(青田)	第三名
2004	浙江省青少年篮球男子组比赛(平湖)	第二名
2004	丽水市重点中学篮球赛(云和)	第三名
2005	丽水市首届运动会青少年部高中篮球赛	第三名
2007	浙江省青少年篮球赛	第二名
2007	丽水市重点高中篮球赛	第二名
2009	丽水市运动会青少年部篮球赛	金牌

2005—2009 年景宁参加省、市级其他项目竞赛一览

表 32-7-4

年份	项　目	竞赛级别	竞赛成绩
2005	跆拳道	丽水市首届运动会(青少年部)	男女组共荣获 3 铜
2005	羽毛球	丽水市首届运动会(青少年部)	男子组荣获 1 铜
2005	游 泳	丽水市首届运动会(青少年部)	仰泳第五名
2006	武 术	第三届浙江国际传统武术大会	1 金 1 银
2006	武 术	丽水市"春光杯"首届传统武术大赛	2 金
2008	跆拳道	丽水市跆拳道锦标赛	3 金 2 银 2 铜
2009	跆拳道	丽水市第二届运动会	1 金 2 铜
2009	足 球	丽水第二届市运动会	女子队获 1 金
2009	游 泳	丽水市第二届运动会	2 铜

承办省市级体育比赛

由于设施落后,1996 年前未承办过省级赛事。随着体育设施的不断完善,1997 年起陆续承办省、市级运动会。1997 年承办丽水地区学生田径动会,参赛运动员 350 人。2006 年承办丽水市第二届传统武术比赛,27 支代表队参赛。2010 年承办省第四届中学生篮球赛、省首届体育大会(高脚竞速、板鞋竞速),11 支代表参赛。其中,县体育事业发展中心雷杰获高脚竞速男女 4×100 米混合接力赛第一名、高脚竞速男子 200 米比赛第二名。

第四节　体育管理

1993 年,成立景宁畲族自治县体育运动委员会。 1998 年,体育运动委员会更名为体育事业发展局,下设竞训科。2003 年 12 月,并入文化广电新闻出版(体育)局,同时设体育科、体育事业发展中心,研究制定全县体育事业和产业发展规划并实施、监测;指导全县体育彩票的发行,协同部门做好县体育设施布局和建设;负责全县体育社团的资格审查;依法管理健身计划等。

体育设施

1994年，县人民政府投资100万元，兴建400米标准田径运动场，占地面积21152.15平方米。2001年拨款10万元修缮田径运动场。

2000年动工兴建景宁体育馆，占地面积27400平方米，建筑面积3665平方米，1500个座位，总投资800万元，于2001年10月9日开馆。2009年改造基础设施，建成21115.5平方米运动场和1000平方米的室外球场，2009年6月景宁体育设施正式对外免费开放。馆内配备专业比赛灯光、进口音响设备等，成为景宁篮球、排球、乒乓球、羽毛球、武术、跆拳道、棋类等体育项目培训教学的主场所，承办篮球、羽毛球、乒乓球等竞技体育比赛和文艺演出。

至2010年，建成门球场12个（含乡镇4个），地掷球场4个，气排球场13个（含乡镇4个），乒乓球场3个。125个行政村配置体育健身路径。

2010年景宁体育设施一览

表32-7-5

名 称	处于位置	建筑年份	建筑面积（平方米）	使用面积（平方米）	容纳人数（人）
体育馆	体育路8号	2001.10	3665	2740	1500
运动场	体育路8号	2009.4	21152	19800	3000
乒乓球馆	体育路8号	1988.5	370	323	80
室外球场	体育路8号	2009.4	1000	823	200

体育彩票

2001年始，景宁体育彩票发行，至2010年，有专营店10家。其中，县城8家，乡镇2家。自2001年开始发行以来，销量额逐年提升，至2010年，景宁体育彩票销售总额达45789240元，共筹集公益金约915784.8元。

2006年，省体彩中心在省青少年发展基金会的牵线搭桥下，捐助70万元，为沙湾镇中心小学建“梦想操场”和“希望书库”。

组织机构

1993—1996年，县文化局位于文化路6号，局设办公室、群文股。2001年，县文化局、体育局、广播电视台合并，更名为：景宁畲族自治县文化体育广播电视局。2005年又更名为：景宁畲族自治县文化广电新闻出版局，设立景宁畲族自治县体育局，与县文化广电新闻出版局合署办公。内设机构：办公室（挂文化市场管理办公室）、文化科、广播电视科、新闻出版科、体育科。县体育事业发展中心为下属事业单位。至2010年，以上设置未改变。

第三十三篇　卫　生

1993 年，景宁有卫生医疗机构 225 家，卫生技术人员 374 人，病床 229 张。1994 年，实行乡镇卫生院《综合目标管理》试点。1999—2001 年，采取以“合作经营责任制”“承包经营责任制”“租赁经营责任制”等多种管理模式，加快乡镇卫生院的改革。推行全员聘任制，先后对取得中级任职资格的医务人员进行竞聘考试，择优上岗。所有医疗机构，实行药品集中统一招标采购制度。2008 年 2 月 18 日，成立县卫生局推进城乡社区卫生服务工作领导小组，推进全县社区卫生服务体系建设。2010 年始，全面推进“2+X”改革，进一步推进乡村卫生一体化管理。建立健全村卫生室 73 个，建成 146 个行政村定期巡诊点，630 位原乡村医生落实了社会养老统筹。按时启动国家基本药物制度的实施。

1993—2010 年，有 26 个乡镇卫生院及分院安排新建、扩建、修建项目，面积达 41090.08 平方米，总投资 3700.09 万元(滩坑电站库区淹没范围内 1 个镇 4 个乡 7 个卫生院缓建)。2000 年，景宁卫生系统危旧房改造建设工作，被省政府、省卫生厅评为“农村危旧房改造建设工作先进县”。2010 年末，景宁各类各级医疗机构 99 家。其中，公立医疗机构 31 家，社会办医疗机构 68 家，医疗机构准入合格率 100%。医疗卫生工作人员 570 人。其中，注册执业医师 180 人，执业中医师 51 人，执业助理医师 108 人，执业助理中医师 21 人，注册护士 143 人，乡村医生 67 人。

第一章　卫生保健

1992年6月，县政府成立初级卫生保健委员会，副县长任县初级卫生保健委员会主任。同年8月，县人大常委会审议通过《景宁实施初级卫生保健规划》，作出《关于加强初级卫生保健工作的决议》。

1992年，景宁“地甲病基本控制”考核达标。1993年始，贯彻执行《食盐加碘消除碘缺乏危害管理条例》，统一供应小包装碘盐。1999年，省地考核组确认景宁达到“消除碘缺乏病阶段目标”。2006年，制定《2006—2010年碘缺乏病防治规划》，确定2009年底实现消除碘缺乏病的中期目标。

2002—2008年，县卫生监督所先后就预防禽流感、传染病的报告情况及发热呼吸道病人的就诊处置情况、县医院感染控制情况开展执法检查。2009年，开展卫生系统甲型H1N1流感应急处置综合模拟演练，对卫生院、个体诊所、医务室等医疗机构和托幼机构甲型H1N1流感防控监督检查，规范甲型H1N1流感诊疗行为，落实防控措施，联合疾控中心对各医疗单位和学校、幼儿园手足口病防控工作督导检查。至2010年，景宁已建成一个及时响应卫生应急、重点传染病防控、传染病疫情网络直报及突发公共卫生事件报告管理、慢性病综合管理、健康教育与健康促进等工作网络平台，并抓好免疫规划、疫苗接种、食品安全、饮用水管理工作。

每年4月为“爱国卫生活动月”，开展环境卫生大整治、除四害（灭鼠灭蚊灭蝇灭蟑螂）等群众性爱国卫生运动。1997年，制定《创建卫生县城规划》和《城乡爱国卫生管理办法》，同年末，获“地级卫生县城”称号。2004年1月15日，决定开展创建市级卫生县城，同年末，经考核，丽水市爱卫会授予景宁“市级卫生县城”称号。2006年，提出创建省级卫生县城目标。2009年1月23日，景宁获“浙江省卫生县城”称号。

第一节　疾病控制

2003年始，景宁分批开展规范化门诊创建活动。2004年，执行新修订的《中华人民共和国传染病防治法》，实行有计划的传染病网络直报制度。至2010年，全县急慢性传染病形成信息化管理，覆盖全县所有乡镇，建成一个及时响应卫生应急、重点传染病防控、传染病疫情网络直报及突发公共卫生事件报告管理、慢性病综合管理、健康教育与健康促进等工作网络平台。

病毒性肝炎

乙类传染病，已确定该病毒有甲、乙、丙、丁、戊五型。1993—2010年，共报告2798例，2004年死亡2例，2006年死亡2例，2009年死亡1例。每年均居传染病发病的前三位。

1993—2010 年景宁病毒性肝炎发病情况一览

表 33-1-1

疾病＼年份	1993	1994	1995	1996	1997	1998	1999	2000	2001
病毒性肝炎(例)	73	78	45	81	83	160	235	407	222
疾病＼年份	2002	2003	2004	2005	2006	2007	2008	2009	2010
病毒性肝炎(例)	147	193	171	146	167	118	114	147	210

细菌性痢疾

1993—2005 年，景宁发生群发性细菌性痢疾 2 起。1994 年 7 月，顺利乡顺利等 6 个行政村 29 个自然村细菌性痢疾暴发，201 人发病，罹患率 50.96%。县卫生防疫站经过细菌培养，鉴定为福氏痢疾杆菌 2a 血清型菌。县防疫站指导落实防治措施，控制疫情。

卫生防疫措施

2005 年 10 月 23 日，沙湾村头老自来水厂与新自来水厂混合供水时，因水源污染导致细菌性痢疾暴发。10 月 26 日、11 月 1 日，沙湾镇小学、沙湾中学师生相继爆发细菌性痢疾，分别发病 44 例、49 例。经化验，致病因素为志贺氏菌属细菌，治疗平复，无死亡病例。2006—2010 年，未发现群发性细菌性痢疾。

麻疹

1993—1999 年，景宁麻疹发病率逐年减少，1999 年，患麻疹仅 1 人。

2001 年，麻疹发病率剧增，18 个乡镇，77 个行政村发病 148 人，死亡 1 例。其中，郑坑乡发病率最高，为 298 人/ 10 万；大顺乡最低，为 14.33 人/10 万。年龄最小者 4 个月，最大者 45 岁。患者中免疫史为未接种的占 30.4%，不详的占 25%，1 次者 33.8%，2 次以上者 9.5%。卫生防疫人员采取免疫球蛋白、麻疹减毒活疫苗应急接种等措施后，麻疹流行逐渐得到控制。当年全县发病率为 83.71 人/10 万。

2002 年始，开展 9 月龄至 7 岁的 9429 名儿童麻疹疫苗加强免疫。此后，景宁的麻疹呈低水平发病，均没有死亡病例。

1993 — 2010 年麻疹发病情况一览

表 33-1-2

疾病＼年份	1993	1994	1995	1996	1997	1998	1999	2000	2001
麻疹(例)	96	69	27	14	35	4	1	27	148
疾病＼年份	2002	2003	2004	2005	2006	2007	2008	2009	2010
麻疹(例)	4	—	5	15	1	6	6	1	1

结核病

1993 年，景宁被列为省第二批“加强和促进结核病控制”项目县。1994 年 9 月始，开展肺结核患者查治管工作，制订“项目实施意见”“管理细则”“减免规定”，由国家、省、县三级落实资金，使用卫生部定点生产的板式组合抗痨药品。1998 年始，每年利用“3 月 24 日世界结核病防治日”开展宣传，设立结核病防治门诊，承担患者的查痰、定诊、配发药品、随访督导，为患者免费提供药品。

2002 年，景宁启动实施“浙江省 CLDA—WHO 结核病控制项目”。“传染性肺结核患者”免费检查治疗 100%，非传染性肺结核患者药费查治减免 30%~50%，加强化疗督导管理，采用家庭督导员全程管理。

2005 年 1 月，启动实施中国疾病控制结核病管理信息系统。2007 年始，涂阴病人、涂阳病人采用全程管理模式管理。2010 年 1 月，结核门诊正式转交县人民医院管理。8 月，景宁发现首例耐多药结核，纳入肺结核全球基金项目管理治疗。

非典型肺炎

2003 年，非典型肺炎（简称 SARS）爆发，卫生部将其列为乙类传染病，按甲类管理。同年 4 月，景宁成立工作领导小组和预治专业小组，出台《景宁畲族自治县非典型肺炎应急处置方案（试行）》。据统计，至 5 月 3 日，返乡人员 3125 人。其中，北京 567 人，广东 67 人，山西 4 人。为加强返乡人员登记管理，给每位返乡人员发放《健康意见指导书》，各级医疗机构实行“零病例”日报制度；

5 月 5 日，朱某等 10 人乘坐有“非典型肺炎”患者的北京至温州 K101 次列车 4 号车，被定为“密切接触者”。11 日，接县非典办“立即予以隔离”通知，县卫生、公安、乡镇等相关人员连夜赶赴渤海、郑坑、景南寻找。12 日，10 名“密切接触者”统一隔离至草鱼塘林场，同时开展流调、消毒等工作。20 日，隔离观察期限满，县防非领导小组同意解除隔离。

5 月，出台《进一步加强疫区返乡人员管理通知》《加强公共场所和有关生产经营单位防治非典型肺炎卫生监督工作的若干意见》《关于规范传染病非典型肺炎疫情报告的紧急通知》，进一步加强对“非典”疫区返乡人员的管理，补充发热门诊、体检站、随访观察、首诊中发现发热（体温 38 度以上超过 1 天）病人处置事项，出台《高考期间非典防治工作方案》。6 月，开展防治非典工作中失职违纪行为检查。10 月，成立专家指导组，建立 SARS 疫情信息网络，确定各乡镇专人联系员。11 月，制定《传染性非典型肺炎防治方案》，坚持安全生产情况通报、疫情零报告制度和分级、降级、解除管理。至 2010 年，全县无一例“非典”病例发生。

手足口

2008 年，卫生部将其纳入丙类传染病。同年，景宁报告 53 例。2009 年，景宁报告 373 例。2010 年，景宁报告 612 例，均无死亡病例。

甲型流感 H1N1

2009 年，中国将原人感染猪流感改称为甲型 H1N1 流感。4 月 30 日，卫生部将其纳入乙类传染病，依照甲类传染病采取预防控制措施。此后，9 号公告将其改为乙类传染病管理。同年，景宁免费接种 H1N1 流感疫苗 2730 人，报告甲型 H1N1 流感 33 例，发病率 19.29 人/10 万，无死亡病例。2010 年无病例报告。

鼠疫

1993年，景宁继续开展固定点、流动点、历史疫区鼠密度、媒介蚤情定期监测，采集鼠血清送检Fl抗体，采集鼠肝脾细菌学培养。

1995年，境内发现FI抗体阳性血清4份。

1996年始，景宁增加鼠血清监测量。1996年3月至6月，景宁莲川捕获蚤标本属新发现蚤种。

经省防疫站专家鉴定为“台湾栉眼蚤浙江亚种”。1993—2002年，采集送检鼠血清11437份，肝脾培养6523份无阳性。1993—2010年，全县无疫情发生。

狂犬病

2010年10月15日，九龙乡金山村村民季某，男性，53周岁，被家中小狗咬伤，伤口未进行规范处置。11月25日，季某被丽水市中心医院临床诊断为“狂犬病”，医治无效，为景宁第一例狂犬病死亡病例。1993—2010年，景宁狂犬病人数较少，注射狂犬疫苗方面未作详细登记。

地方性甲状腺肿

1992年，景宁“地甲病基本控制”考核达标。1993年始，加强食盐加碘工作管理。1994年，“地甲病”更称为“碘缺乏病”，服用碘油丸。同年10月1日始，景宁贯彻执行《食盐加碘消除碘缺乏危害管理条例》。1995年8月1日始，景宁统一供应小包装碘盐。1999年，景宁达到“消除碘缺乏病阶段目标”。2001年，景宁抽查学生甲状腺肿大情况，抽查270人，肿大18例，占6.7%。抽检碘盐150份，合格144份，合格率96%。2006年，景宁制定《2006—2010年碘缺乏病防治规划》。2007—2010年，实现消除碘缺乏病的中期目标。

2003—2010年景宁居民缺碘病监测一览

表33-1-3

年份	监测份数	合格份数	合格率(%)	非碘份数	非碘盐率(%)
2003	288	261	90.63	19	6.6
2004	288	263	91.32	17	5.9
2005	288	260	90.28	8	2.78
2006	288	265	92.01	9	3.12
2007	288	267	92.71	5	1.74
2008	288	277	96.18	5	1.74
2009	288	277	96.18	3	1.04
2010	288	277	96.18	10	3.47

高血压

2002年，上海市高血压病研究所在鹤溪镇、外舍乡等10个行政村对15—74岁畲族农民抽样调查1593人，检查项目包括测量血压、身高、体重、腰围、臀围及采血检测血清胆固醇、甘油酯、高密度胆固醇酯蛋白、空腹血糖等，了解农村畲族群众高血压患病情况、高血压危险因素、与高血压患病之间的关系，建立健康档案。结果显示：农村畲族人群高血压总患病率为24.1%(其中，男性28.49%，女性21.01%)；经对389例患者分析，显示高血压并存多种危险因素；对检出的350例患者予以免费治疗和跟踪服

表 33-1-4

2003—2010 年景宁出生儿童“五苗”全程接种率一览

年份	应接种人数	建证		建卡		BCG		OPV		DPT		MV		HepB		HepB 首针及时		五苗全程接种率	
		人数	建证率(%)	人数	建卡率(%)	人数	接种率(%)	人数	接种率(%)	人数	接种率(%)	人数	接种率(%)	人数	接种率(%)	人数	接种率(%)	人数	接种率(%)
2003	1785	1785	100	1785	100	1781	99.78	1777	99.39	1766	98.94	1772	99.27	1776	99.50	1755	98.32	1747	97.87
2004	1635	1635	100	1635	100	1633	99.88	1635	100	1634	99.94	1630	99.69	1635	100	1625	99.39	1628	99.57
2005	1930	1930	100	1930	100	1928	99.90	1921	99.53	1906	98.76	1904	98.65	1907	98.80	1845	95.60	1904	98.65
2006	1989	1989	100	1989	100	1987	99.89	1989	100	1975	99.26	1983	99.69	1985	99.79	1926	96.83	1975	99.26
2007	1676	1676	100	1676	100	1671	99.81	1649	98.39	1606	95.82	1598	95.35	1671	99.70	1662	99.16	1608	95.94
2008	1623	1623	100	1623	100	1620	99.82	1621	99.88	1615	99.51	1617	99.63	1621	99.88	1601	98.64	1597	98.40
2009	1544	1544	100	1544	100	1510	97.80	1540	99.74	1531	99.16	1526	98.83	1540	99.74	1521	98.21	1515	98.12
2010	1483	1483	100	1483	100	1482	99.93	1441	97.17	1420	95.75	1483	100	1469	99.06	1425	96.09	1419	95.68

表 33-1-5

2003—2010 年景宁免疫规划调查接种率一览

年份	调查人数	建证		建卡		BCG		卡疤		OPV		DPT		MV		HepB		HepB 首针及时		五苗全程接种率	
		人数	建证率(%)	人数	建卡率(%)	人数	接种率(%)	人数	卡疤率(%)	人数	接种率(%)	人数	接种率(%)	人数	接种率(%)	人数	接种率(%)	人数	接种率(%)	人数	接种率(%)
2003	210	209	99.52	209	99.52	209	99.52	204	97.14	200	95.24	200	95.24	203	96.67	207	98.57	201	95.71	201	95.71
2004	217	217	100	217	100	217	100	216	99.54	213	98.16	213	98.16	216	99.54	213	98.16	211	97.24	207	95.39
2005	223	223	100	223	100	223	100	221	99.10	220	98.65	220	98.65	220	99.10	221	99.10	180	80.72	220	98.65
2006	211	211	100	211	100	211	100	211	100	210	99.53	209	99.05	206	97.63	210	99.53	211	100	202	95.73
2007	216	216	100	215	99.53	216	100	213	98.61	213	98.61	214	99.07	214	99.07	214	99.07	213	98.61	213	98.61
2008	210	210	100	210	100	210	100	210	100	210	100	209	99.52	210	100	210	100	210	100	209	99.52
2009	210	210	100	210	100	209	99.52	210	100	208	99.05	209	99.52	208	99.05	209	99.52	209	99.52	205	97.62
2010	210	210	100	210	100	209	99.52	210	100	209	99.52	209	99.52	205	97.62	210	100	210	100	204	97.14

务。2008年，首次开展社区慢性病基线调查和社区诊断，进行规范化管理。

艾滋病

2005年，景宁报告首例艾滋病感染者。同年，成立景宁畲族自治县防治性病艾滋病协调领导小组，制定《艾滋病防治工作实施办法》。至2010年末，8位患者接受国家免费抗病毒药物治疗，景宁报告HIV/AIDS 28例。其中，死亡2例。

免疫规划和疫苗接种

1993年末，除梅岐、陈村乡外，全县农村均实施计划免疫保偿制度，周岁内儿童入保918人，保偿率78%。1995年，以县为单位按月接种卡介苗、"百、白、破"三联、脊髓灰质炎糖丸、麻疹疫苗等"四苗"单苗接种普及率达85%。1996年4月，以乡镇为单位的"四苗"接种率达85%，通过卫生部考核。1998年，景宁开展EPI法调查，"四苗"全程接种率87.14%。至2002年，全县服苗儿童110212人次。2003年，疾控中心和沙湾、英川、渤海、东坑4所中心卫生院建成预防接种规范化门诊。2004年，景宁执行新《中华人民共和国传染病防治法》，实施有计划预防接种制度。2005年6月1日始，实施《疫苗流通和预防接种管理条例》，9月，实施《预防接种工作规范》。2005年，14家合格接种门诊通过评审。2006年11月19日，疾控中心预防接种门诊撤销，成立鹤溪镇卫生院预防接种门诊，县城儿童预防接种工作移交至鹤溪镇卫生院。2007年，扩大流脑、乙脑、麻腮风疫苗为儿童免疫规划疫苗，共有9种疫苗可预防11种传染病，全县19家接种门诊完成儿童免疫规划信息管理系统建设。2009年7月始，将甲肝疫苗新增纳入国家扩大免疫规划，百白破、流脑疫苗渐改为无细胞百白破疫苗及A+C群流脑疫苗，扩大国家免疫规划后为12苗防15病。2010年，按容量比例概率抽样（PPS）方法，全县调查儿童211人，结果显示"五苗"全程合格接种人数210人，合格率99.52%。鹤溪等8家社区卫生服务中心创建市级规范化预防接种门诊。

第二节　妇幼保健

孕产妇保健

1989年9月始，景宁先后被列入"加强中国基层妇幼卫生/计划生育服务"（1990—1995年）第一周期项目县、"加强中国基层妇幼卫生/社区和家庭促进项目"（1996—2000年）第二周期项目县。

2000年2月16日，景宁获准"日本利民援助工程"。2003年，景宁被列入浙江省母婴健康工程项目县，实施母婴健康工程。确定县人民医院为孕产妇、新生儿抢救中心，沙湾、东坑中心卫生院为孕产妇、新生儿抢救分中心，县人民医院为危重孕产妇、贫困孕产妇开通孕产妇抢救"绿色通道"。各中心卫生院开展规范化产科门诊建设，用房按规范要求分4室，配备婴儿辐射台、新生儿喉镜、舌钳、立式血压计等必要设备。实行定点分娩制度、接生许可证制度。

2004年，景宁制定《2004—2005年母婴健康工程工作计划》。实行孕妇首诊负责制和高危孕妇首诊负责制。同年，设立孕产妇抢救基金，为21个乡卫生院添置多普勒胎心仪。

2005—2007年，县人民医院、妇保所设孕产妇高危门诊，开展高危筛查，全县孕产妇高危筛查1485人，筛查率91.20%。其中，筛出高危孕产妇129人，占孕产妇的8.69%。开展孕妇营养咨询、氧疗、胎心监护等保健项目。

2008年，景宁制定“危重孕产妇抢救应急预案”，创建短信群发业务平台，2009年5月，景宁开展“危重孕产妇抢救应急演练”。

2010年6月9日，景宁启动“农村孕产妇住院分娩补助项目”，农村孕产妇住院分娩补助人均500元，是年，景宁478人次得到补助款23.9万元。

1993—2010年景宁孕产妇保健一览

表33-1-6

年份	产妇数	活产数	住院分娩		高危产妇数	高危产妇住院分娩率(%)	孕产妇系统管理		育龄妇女			孕产妇死亡
			人数	率(%)			人数	率(%)	人数	妇女病普查数	占比例(%)	人数
1993	1521	1501	1136	74.7	300	96.0	1428	93.9	—	570	—	1
1994	1644	1628	1264	76.9	311	94.85	1537	93.4	—	180	—	2
1995	1651	1637	1264	76.56	310	93.23	1532	92.79	—	1780	—	0
1996	1820	1818	1425	78.4	273	98.17	1202	66.1	—	1063	—	0
1997	1698	1699	1453	85.52	220	97.72	1157	68.14	—	1389	—	0
1998	1563	1564	1355	86.6	241	98.34	1091	69.8	—	1246	33.51	2
1999	1748	1753	1605	91.39	252	98.83	1224	69.82	—	1073	27.39	0
2000	1849	1855	1760	94.88	316	99.68	1393	75.09	—	975	23.49	0
2001	1731	1727	1679	97.01	248	99.75	1395	80.59	—	1181	25.9	1
2002	1891	1890	1855	98.65	283	99.65	1507	79.74	—	1272	27.53	0
2003	1841	1839	1812	98.42	344	99.71	1459	79.25	—	1002	22.30	2
2004	1815	1818	1779	98.02	555	99.82	1487	81.93	—	375	34.03	0
2005	1718	1718	1693	98.54	713	99.72	1509	87.83	—	852	19.55	1
2006	1631	1636	1612	98.53	667	99.85	1469	90.07	—	1903	31.20	0
2007	1599	1613	1588	99.31	663	99.85	1481	92.62	34871	8074	23.15	1
2008	1514	1523	1515	99.47	658	100	1419	93.17	36565	10834	12.76	0
2009	1412	1424	1418	99.58	532	100	1326	93.12	38185	6353	16.64	0
2010	1421	1428	1419	99.86	662	99.86	1338	94.16	31710	13298	41.94	0

婚检和优生服务

1993—1997年，全县开设婚前医学检查单位5家，年检2588人，查出患内科、生殖系统等疾病200人，建议暂缓结婚61对。开展计划生育四项手术5514人。实行“一县一点”婚前检查制度，妇保所为责任单位，婚前医学检查率51.99%。

2002年，景宁设婚前保健科，年婚前检查率97.39%。2003年10月1日始，景宁实施《婚姻登记条例》，婚前医学检查改为自愿。2004年，景宁

县卫生局举办景宁首届妇幼卫生知识竞赛

施行计划生育手术222例。2004—2007年，景宁婚前医学检查率均低于1%。其中，2005年最低，为0.33%。2008年3月1日，下发《关于开展免费婚前医学检查工作的通知》，年婚前医学检查率31.24%。2009年5月，出台《关于开展免费婚前医学检查和免费孕前优生检测工作的实施意见》，将免费婚前医学检查和免费孕前优生检测工作纳入统一管理，同年，免费婚检率61.98%；计划生育手术204例。2010年，景宁深入乡镇宣传，年免费婚检率94.56%，比2009年提高32.58个百分点；计划生育手术137例。

产前筛查

2005年始，开展孕妇产前筛查，项目包括21-三体综合征、18-三体综合征、神经管畸形等。2006年，产前筛查实行专人负责。2008年，筛出高风险孕妇29人，确诊1例21-三体综合征（行治疗性引产）。2010年，筛查人数689人，筛查率62.49%。

叶酸增补

2010年初，景宁制定《农村妇女增补叶酸预防神经管缺陷项目实施方案》，3月5日，项目正式启动。全县农村待孕妇女免费发放叶酸576人次，发放叶酸1594份。

儿童保健

1993年，继续开展0—2岁儿童和0—6岁儿童系统管理和保健管理。1994年，组织医务人员42人参加新生儿窒息与保暖、人际交流技巧与咨询等儿保知识培训，全县围产儿死亡率28.5‰，母婴保健保偿投保率51.2%。

2002年，全县仅鸬鹚、雁溪、秋炉3个乡卫生院配置专职儿保人员，其余乡镇卫生院由妇保人员兼职。2004—2007年，实行防保体制改革，各乡镇卫生院配备相对专职儿保人员。县妇幼保健所在全市率先开展省级儿童保健规范化门诊创建，为25个乡镇卫生院添置儿童测量床，年末，通过省卫生厅考核验收。拓展儿童心理、营养咨询、智力测试、婴儿泳疗项目。购置儿童生长发育软件，开展儿童生长发育、营养膳食管理等业务培训。实行体弱儿县乡联管，乡、镇筛出的体弱儿每年至少转县妇保所复诊检查1次；大均乡卫生院率先开展市级儿童保健门诊规范化创建。

2008—2010年，景宁增添视力筛查仪，开展儿童视力筛查。英川、沙湾、东坑、景南、澄照、九龙6个乡镇卫生院，开展市级儿童保健规范化门诊创建。将全县0—2岁体弱儿集中到县妇幼保健所开展（筛查）。5岁以下儿童死因前5位依次为先天性心脏病、早产、低出生体重、出生窒息、意外死亡、其他先天性异常、败血症。2010年，鸬鹚乡卫生院开展市级儿童保健规范化门诊创建。

新生儿疾病及听力筛查

1999年始，景宁开展新生儿疾病筛查，项目包括苯丙酮尿症（PKU）和甲状腺功能低下症（甲低、CH）。购置丹麦尔听美（Otometrics）公司生产的新生儿听力筛查仪，开展新生儿听力筛查。2004年，筛查1160人，筛查率63.92%，无听力异常病例。2005年，检查发现外耳道闭锁1例，转送上级医院治疗。2006年，筛查1300人，筛查率85.47%。其中，初筛未通过75人，复筛未通过3人（其中2例确诊听力异常，行康复治疗）。2008年4月，景宁人民医院开展新生儿听力筛查。2009年，景宁筛查率90.58%，未发现听力异常确诊病例。

2010年，景宁筛查率82.30%，无听力异常确诊病例。

2000—2010 年景宁新生儿疾病筛查一览

表 33-1-7

项目\年份	2000	2001	2002	2003	2004	2005	2006	2007	2008	2009	2010
检查人数(人)	23	384	667	633	735	915	1270	1563	1395	1285	1219
检查率(%)	3.83	47.5	57.8	52.6	65.3	56.7	81.4	94.1	96.7	100	99.4
甲状腺功能低下症(CH)	0	1	0	1	0	0	2	1	1	0	2
苯丙酮尿症(PKU)	0	0	0	0	0	0	0	0	0	0	0

第三节 卫生监督

公共场所卫生

1993 年后,县卫生防疫站围绕公共场所卫生开展法制宣传教育和执法监督。

2001 年,成立景宁畲族自治县卫生监督所。2003 年,试行食品卫生监督量化分级,推动食品与公共场所行业卫生许可管理。同年,共审核换发卫生许可证 865 本,年检审验卫生许可证 721 本。

2004 年,景宁落实"创建市级卫生城市、文明县城"工作,各公共场所亮证率及从业人员持健康证上岗率达 100%。4 月始,卫生许可证审办、从业人员(培训)合格证办理进驻县行政审批中心,设立卫生的服务窗口。

2008 年,景宁按照《浙江省卫生县城创建标准》,对小旅馆、小美容美发店、小浴室、小歌舞厅、小网吧采取"示范一批、规范一批、整治一批、分流一批、取缔一批"的举措,劝说关停转行 26 家,取缔 20 家。2010 年 7 月,景宁实施行政审批制度改革。同年,公共场所依法监管量化分级率达 95.58%。

食品卫生管理

1995 年 10 月 30 日,《中华人民共和国食品卫生法》(下称"卫生法")公布实施,通过宣传周活动,开展《中华人民共和国食品卫生法》知识竞赛、座谈、巡回宣传相关法律知识。1998 年 6—11 月,查获以非食用油——"喷涂油"加工的违法饼干 160 箱,予以销毁。

2002 年,采取与餐饮业主和熟食制品加工经营者签订责任书、规模聚餐申报制度、农村厨师食品卫生知识培训等措施。对发生在雁溪、大均、汤坑、鹤溪镇 4 起因聚餐所致食物中毒事件展开调查、处置,对 3 户达不到要求又拒不改正者依法吊销卫生许可证;办结 17 件投诉举报案。2003—2005 年,实现食品卫生监督由定性管理向定性定量的动态管理和标准化管理转变,按照《浙江省食品卫生许可证发放管理办法》,对 89 家逾期未参加年度复核的食品生产经营单位予以行政处罚。2006—2008 年,对农村示范餐饮店、畲(农)家乐实行长效管理,向各餐饮经营业主发放《浙江省餐饮经营单位食品及原料采购索证台账》,台账登记工作实施率 100%,小型餐饮单位与持长期卫生许可证的餐饮单位量化评分管理实施率 100%,增发《餐饮业卫生管理台账》。

2009—2010 年,景宁树立餐饮单位典型样板,实行卫生信息公示制度。在县农村工作办公室、旅游局、财政局、卫生局统一组织下,对全县所有的农家乐进行星级评定/复评工作。制定《小餐饮行业卫生监管长效工作机制》,餐饮经营引入"信息公示制""等级管理制""业主承诺制""小五常""示范街、示范乡镇、示范店”创建机制。

涉法经营监督

1993年8月，景宁开展检查整顿个体医、个体药店、医疗站，查封4家个体医，没收部分药品。1994年5月，景宁取缔不合格个体医5家。9月1日始，施行《医疗机构管理条例》。1995年，印发《关于加强药品进货渠道管理的通知》。1996—1998年，制定《医疗机构设置规划》，组织乡镇卫生院、村卫生室、个体医150人参加浙江省医生执业考试。实施《医疗机构设置审批制度》，成立由27人组成的卫生执法大队，打击取缔“无证行医、非法经营药品、自行分设机构、单位医务室擅自对外行医”等行为。为符合设置规划的109家医疗单位颁发执业许可证。1999年5月1日，《中华人民共和国执业医师法》开始实施，225人获准执业医师资格认定。2000年，查处非法渠道进货的一次性输液器1148付、注射器550付。2001年，《中华人民共和国药品管理法》修改，实行凭购药证定点采购制度，分5片组织卫生院、卫生室负责人、个体医进行学习考试。

2002年，景宁药品监督职能划转药监局，《医疗事故处理条例》颁布实施。同年，组织176人参加相关法律法规的培训考试，成立医疗市场整顿办公室，公告并依法处理21家非法从事医疗活动者。2003年，成立巡回监督二科。专线整顿取缔20户，立案查处14户，罚款40500元，没收违法药品、医疗器械50件，1家中医伤科诊所和1家西医内科诊所的医疗机构执业许可证医疗机构执业许可证，被依法注销。2005年始，医师、护士执业注册受理、审发证事务归行政审批中心卫生窗口办理，医疗机构现场审核、日常执业监管、违反案件查处、医疗纠纷调查等由巡回监督科负责。2005—2007年，根据《打击非法行医专项行动方案》，查获“黑诊所”4户，罚款4500元。查处非法行医38户（其中无证接生22户），查获并没收药品、医疗器械37件，立案处罚38户（执结30户）。现场检查南山骨伤科、博爱门诊部等医疗单位，对南山骨伤科的超范围诊疗行为予以立案调查。

卫生监督分所授牌仪式

2008—2010年，景宁查获非法行医行为11起，查办农村“接生婆”69人。罚没款36500元。根据《浙江省2008年中小医疗机构依法执业分级监管实施方案》，开展全县分级执业监管乡镇卫生院22家、城区个体诊所9家、社区卫生门诊1家、门诊部1家。统一制发《景宁畲族自治县中小医疗机构安全管理工作台账》，景宁成立县公安局驻卫生局打击非法行医联络室，建立联席会议、联合办案、涉嫌违法犯罪案件移送等制度。

第四节　爱国卫生

1993年始，景宁开展公共环境卫生、防病治病、病媒生物防治、健康教育、卫生知识普及，加强群众性卫生监督，改善城乡生产、生活环境，推进改水改厕。

城镇改水

1993 年，县城 1.8 万人，年供饮用水 154950 万千克。

2003 年，启动兴建县第二自来水厂，龙潭桥水库为水源。经丽水地区环境监测站监测，水质硫化物为 II 类，其余均为地面 I 类水，库区被划分为 II 类水质多功能区，库区植被达 63%。2006 年 6 月，县第二水厂工程建成投入运行。设计日供水 4000 万千克，一期日供水 2000 万千克，向县城 4.52 万居民提供饮用水、生活生产用水，县城区供水量不足、水质污染的问题得到改善。

农村改水

1994 年，国家开始实施“八七扶贫攻坚计划”。至 1997 年，解决 67 个行政村的人畜饮水困难，受益 2.95 万人，牲畜 1.35 万头。2000 年，国家决定“十五”期间利用国债资金实施“农村饮水解困”工程，景宁启动“农民饮用水工程”，解决 1.25 万人的饮水困难。

2003 年，根据浙江省统一规划，景宁开始实施“千万农民饮用水工程”。8 月，兴建沙湾、东坑自来水工程。供水 4 个行政村 8500 人，供水规模 0.17 万立方米/日。2004—2006 年，建成英川镇、毛垟、徐垟、岚头、鸬鹚、大地、徐山、澄照、九龙、梧桐、郑坑等乡村的饮用水工程。新增供水规模 0.7 万立方米/日，供水 58 个行政村，受益人口 42697 人。2007—2009 年，建成景南，秋炉，大漈、雁溪、标溪、周湖、葛山、大均、滩坑库区、白沙岱、家地、梅岐、汤北等乡村的饮用水工程。供水 158 个行政村，受益人口 74673 人。

2010 年，景宁建成鹤溪镇、季庄等镇村的饮用水工程，供水 27 个行政村，受益人口 12825 人。

改 厕

1993 年，县爱卫会在东坑镇罗山村等地，实施以村为单位集中统一兴建卫生厕所。

2000 年始，建设农村无害化厕所。至 2002 年，全县改厕 20330 户，占农村总户数的 41.4%。其中，三格式厕所 1910 户，其他类型卫生厕所 18420 户。2003 年始，通过“十村示范，百村整治”工程，至 2008 年，建成农村公厕 65 座（农村厕所未改造 35585 座，占 62.4%），改建或新建的封闭式厕所 18217 座，占 37.6%。其中，三格式无害化厕所 6783 座，占 12.6%，室内卫生厕所占 20%。

2009 年始，根据国家重大公共卫生服务规划，全县采取补贴奖励的优惠政策，至 2009 年末，全县农村 41489 户中累计改造卫生厕所 35120 户，卫生厕所普及率 84.65%。其中，三格式和沼池式无害化卫生厕所 18177 户，农村公厕 108 座（每座公厕约 30 户受益），无害化卫生厕所普及率为 51.6%。全县中央资金改厕项目 41 个整治村上报 2077 户改厕任务，完成无害化卫生厕所 1933 户，建成率 93%，中央资金每户补助 300 元，合计 57.99 万元。

至 2010 年末，全县 22 个乡镇（管理区）254 个行政村全部建成 1 个以上农村公共厕所，1031 个自然村的卫生厕所普及率 98%。全县享用中央资金农村改厕项目 34 个整治村，上报 2000 户改厕任务，完成无害化卫生厕所 1923 户，建成率 96%，中央资金每户补助 300 元，合计 57.69 万元。

创　卫

2008年5月23日，召开全县创建省级卫生县城动员大会，县爱卫办制定《创建省级卫生县城工作计划》《灭鼠、灭蟑、灭蝇消杀服务方案》。县直机关各单位、鹤溪镇政府与各社区分管负责人参加灭蟑、灭鼠技术培训。全面开展灭鼠、灭蟑先进城区创建，投放灭鼠药（溴敌隆）3000千克，使鼠密度降至国家标准的3%以下，灭鼠效果为70%以上。编发《创建省级卫生县城市民读本》9800册，印制《鹤溪镇居民‘八不’公约》宣传牌2000块，通过对小学四年级、中学高一年级学生、市民进行健康知识测试，知晓率达91%；同年11月13日，各成员单位自查考核组对城区5家宾馆、28家餐饮店、4家面包房、3家医疗单位、6家超市及4个社区各类场所2069间开展自我评估验收：有蟑螂31间，74只，阳性率为1.50%，密度指数为2.39只。有卵鞘29间，卵鞘67只，阳性率为1.40%，密度指数为2.31只/间。有蟑迹30间，阳性率为1.45%。县城社区灭鼠范围在90%以上，灭鼠率在80.1%。各项指标均符合国家标准。

至2008年末，全县粪便无害化处理率达80%以上，全年环境空气质量优良率达95.9%，城区饮用水源水质达标率100%，地表水水域环境功能区达标率达90%以上，连续3年未发生特大环境污染与破坏事故。城区自来水厂与自来水管网日供水能力3000万千克，农贸市场猪肉销售均设定点屠宰、集中检疫，蔬菜农药残留快速检测后予以公示，大、中型餐饮单位与学校食堂，实行食品卫生监督，量化分级管理率为95%。鹤溪镇有3个村获得省级卫生村荣誉，2009年1月23日，景宁畲族自治县被浙江省爱卫会授予“浙江省卫生县城”称号。

1994—2010年景宁城区使用灭鼠药一览

表33-1-8

用药时间	药物名称	数量（千克）	专项经费（万元）
1994.4	溴敌隆	50	3.80
1995.4	溴敌隆	190	2.00
1996.10	溴敌隆	1300	2.40
1997.9	溴敌隆	1500	2.40
1998.10	溴敌隆	2600	2.40
1999.4	溴敌隆	1000	1.00
2000.9	溴敌隆	1000	1.00
2001.4	溴敌隆	300	1.00
2002.10	溴敌隆	3000	3.50
2003.4	溴敌隆	3000	3.00
2004.4	溴鼠灵	2000	8.00
2005.4	溴鼠灵	2000	2.50
2006.4	溴鼠灵	2000	5.50
2007.4	溴鼠灵	3000	6.50
2008.4	溴鼠灵	3000	24.00
2009.4	溴鼠灵	3000	20.00
2010.4	溴鼠灵	3000	15.00

1994—2010年城区灭鼠测试一览

表33-1-9

年份	粉迹法								
	灭鼠前				灭鼠后				效果(%)
	布粉块数	有效粉块	阳性粉块	阳性率(%)	布粉块数	有效粉块	阳性粉块	阳性率(%)	
1994	450	435	26	5.98	450	443	13	2.93	51.00
1995	450	440	15	3.41	450	441	6	1.33	61.00
1996	400	388	13	3.35	375	372	10	2.7	19.40
1997	350	340	26	7.65	350	349	6	2.18	71.50
1998	420	403	31	7.69	420	407	11	2.70	64.80
1999	400	392	23	5.86	400	376	12	3.19	45.60
2000	500	489	23	4.70	500	488	13	2.66	43.40
2001	450	430	23	5.35	450	446	13	2.91	15.60
2002	500	482	48	9.96	500	489	14	2.86	71.28
2003	450	428	42	9.78	450	441	13	2.95	70.00
2004	643	630	45	7.14	658	647	12	1.23	82.77
2005	1010	994	82	8.25	1010	995	14	1.41	82.93
2006	634	615	57	9.27	619	610	11	1.80	80.60
2007	1951	1834	195	10.63	1987	1882	44	2.34	77.99
2008	2340	2241	198	8.84	2445	2358	62	2.63	70.25
2009	1538	1357	78	5.74	1566	1451	42	2.89	49.65
2010	1894	1749	101	5.78	1887	1767	37	2.09	63.84

第五节 无偿献血

1999年10月15日，景宁首次开展无偿献血，中共党员领导干部带头无偿献血。此后，无偿献血人数与献血量呈上升态势，但与临床用血需求仍相差甚远。

2004—2010年景宁无偿献血一览

表33-1-10

年份＼项目	无偿献血人次	无偿献血量(升)	无偿献血占临床用血比例(%)
2004	783	186.3	—
2005	743	218.0	—
2006	688	226.5	—
2007	870	272.6	110.2
2008	839	288.8	118.7
2009	799	290.3	107.4
2010	938	335.4	125.2

第二章　卫生行政管理

1993年始，医政管理工作先后开展创建“安全质量年”，创建示范病区、示范科室、示范卫生院、信用医院等活动。开展个体医考试考核与整顿工作，取缔不合格的个体医疗机构，处罚无证游医，无证药贩。1999年，制定医疗质控考核方案，宣传贯彻《执业医师法》。2003年始，举办《医疗事故处理条例》等法律法规培训，全县未发生较大医疗纠纷。2007年—2010年，审核具有麻醉药品配备与使用的医疗机构。依法办理执业医师（助理执业医师）注册，护士换新证及注册工作。开展民办医疗机构分级量化管理，建立医疗质量观察员制度，开展实施基本药物制度督查工作。建立医患纠纷人民调解制度，医患医疗投诉绝大多数得到协商解决。

2002年前，药政工作由县卫生局承担。2002年5月17日，成立景宁畲族自治县药品监督管理局，2005年3月，县药品监督管理局改名景宁畲族自治县食品药品监督管理局。2006年6月，设食品安全委员会办公室。1994年始，药政主要工作是制定《关于进一步加强药品进货渠道管理的若干规定》，查处伪劣药品，查处无证经营药品户、无证行医，处罚违反《药品管理法》的单位和个人。2002年始，聘请农村食品药品监督员261人，对药品、保健食品加大查处，无重大药品安全事故。2010年，景宁食品药品监督管理局被评为浙江省农村药品“两网一规范”建设示范县达标单位。

第一节　医政管理

1994年，景宁开展“1994年安全质量年”活动，组织创办示范病区、示范科室、示范卫生院，举办“护理知识竞赛和技术操作”比赛，巩固“三基、三严”培训，开展个体医考试考核与整顿工作，取缔5家不合格的个体医疗机构，处罚无证游医5人，无证药贩10人。

1999年，制定医疗质控考核方案，宣传贯彻《中华人民共和国执业医师法》，各医疗单位年终评比实行医疗事故一票否决的规定。同年，报告医疗纠纷5起，未发生医疗事故。

2001年11月，县计划生育委员会与县卫生局合并，设立医政防保科。

2003—2007年，景宁开展“信用医院”创建，举办《医疗机构管理》《中华人民共和国执业医师法》《中华人民共和国母婴保健法》《消毒管理办法》《医疗事故处理条例》等法律法规培训，全县未发生较大医疗纠纷。2007年，经审核，景宁具有麻醉药品配备与使用的医疗机构6家。2008年始，景宁开展依法办理执业医师（助理执业医师）注册，护士换新证及注册工作。依法对3家医疗机构核发麻醉药品与一类精神药品购用“印鉴卡”，29人通过民族医（中医）医师资格认定。核发麻醉药品配备与使用9家，开展民办医疗机构分级量化管理9家，处理药品及医疗器械的不良反应3起。景宁建立医疗质量观察员制度，确定医疗机构废弃物统一由丽水民康医疗废物处理有限公司收集处理，组织基本药物制度培训3场，197人次参加。联合发改、组织部门开展3次实施基本药物制度督查工作。建立医患纠纷人民调解制度，接到医患医疗投诉14起，协商解决8起。其中，1起送市医学会技术鉴定，定性为：三级丙等医疗事故，医疗机构负次要责任。

2010年末，景宁各类各级医疗机构99家。其中，公立医疗机构31家，社会办医疗机构68家，医疗机构准入合格率100%。医疗卫生工作人员570人。其中，注册执业医师180人，执业中医师51人，执业助理医师108人，执业助理中医师21人，注册护士143人，乡村医生67人。

第二节 药政管理

机 构

1993—2002年，药政工作由县卫生局承担。2002年12月，成立景宁畲族自治县药品监督管理局，为丽水市药品监督管理局直属机构。承担原卫生局的药政、药检职能和原质量技术监督局的西药、中药和医疗器械质量监督管理职能、原县医药管理局的药品、医疗器械生产流通监督管理职能。将县药品监督检验所划入县药品监督管理局，为其直属事业单位。2003年，撤销县药品监督检验所，将其职能、编制、人员划到县药品监督管理局。2005年3月，县药品监督管理局改名景宁畲族自治县食品药品监督管理局。2006年6月，设立食品安全委员会办公室。

管 理

1994年，县药品监督检验所对430个单位开展5次检查，被检查1100人次，查处伪劣药品439种次。1996年，制定《关于进一步加强药品进货渠道管理的若干规定》，检查308个单位次，查处无证经营药品户6户，没收药品价值3.3万元；查处无证行医10家，处罚8家违反《中华人民共和国药品管理法》的单位和个人，罚款金额1900元，没收药品价值5万元。

1997—2001年，协助工商、计量部门，查处伪劣药品1359种次，在《药政药检简讯》和《畲乡报》上作通报。查处无证个体开业医59家，检查药品使用单位681个单位。对一次性输液器、一次性注射器进行突击检查，查获从非法渠道进入的一次性输液器1148付、一次性注射器550付，价值2272元。

2002—2010年，共出动执法人员9126人次，检查单位（个人）3107家次，查处各类违法违规案件513件，没收销毁假劣药械货值48.5万元，罚没款61.5万元，受理举报投诉45起（办结45起），查处违法违规药械、保健食品广告54条次，完成监督抽验325批次、快检410批次，无重大药品安全事故。2002年始，聘请农村食品药品监督员261人，对药品、保健食品加大查处，皆安全无事故。2010年，被评为浙江省农村药品“两网一规范”建设示范县达标单位。

第三节 设施改造

1993—2010年，除滩坑电站库区淹没范围内1个镇4个乡7个卫生院缓建外，有26个乡镇卫生院及分院安排新建、扩建、修建项目，面积达41090.08平方米，总投资3700.09万元。2000年，景宁县危旧房改造建设工作，被浙江省政府、省卫生厅评为“农村危旧房改造建设工作先进县”。

1993—2010年景宁卫生系统危旧房改造一览

表33-2-1

单位名称	开工时间	竣工时间	建设方式	建筑面积(平方米)	总投资(万元)
雁溪卫生院	1993.6	1994.5	新建	440	17.20
沙湾中心卫生院	1993.9	1994.5	加层维修	168.5	5.00
英川中心卫生院	1995	1993.12	扩建	84	5.50
澄照卫生院	1996.1	1996.6	购房维修	370	9.10
鸬鹚卫生院	1996.1	1997.6	维修	386	3.30
葛山卫生院	1997.11	1997.1	维修	520	5.00
沙湾中心卫生院	1997.9	1998.4	新建	1278	90.00
北溪卫生院	1998.4	1999.7	维修	209	0.70
梅岐卫生院	1998.11	1999.9	维修	140	2.50
妇保所门诊大楼	2000.2	2002.7	新建	6160	350.00
英川中心卫生院	1998.7	1999.9	新建	770	46.00
渤头卫生院	1998.11	1999.4	维修	202	2.40
叶桥卫生院	1998.10	1999.5	新建	409	23.00
景南卫生院	1998.10	1999.5	新建	549	35.30
郑坑卫生院	1999.1	2000.10	维修	318	3.20
大渤卫生院	19999.9	2000.9	维修	327	2.40
上标卫生院	1999.8	2000.3	新建	480	28.00
东坑中心卫生院	1999.8	2000.10	新建	1103	83.00
县医院供应室	1998	1998.7	改造	454	5.00
县医院住院楼	2001	2002.9	扩建维修	4700	215.00
鹤溪中心卫生院	2002	2002.8	维修	550	10.00
白鹤卫生院	1999.8	2000.4	新建	560	36.50
梧桐卫生院	1999.10	2000.3	加层维修	161.5	9.80
沙湾中心卫生院	1999.11	2000.8	新建	748	42.40
毛垟卫生院	1999.11	2000.10	新建	590	47.00
秋炉卫生院	1999.10	2000.5	扩建维修	197.5	10.30
大地卫生院	1999.7	2000.6	新建	549	38.50
大均卫生院	2001.3	2002.3	新建	657.5	65.00
鸬鹚卫生院	2002.11	2003.8	新建	600	37.00
黄谢圩卫生院	2002.12	2003.10	新建	200	12.00
鸬鹚卫生院	2003.1	2003.6	新建	869	77.11
葛山卫生院	2006.4	2006.7	新建	253	26.00
葛山卫生院	2008.4	2008.6	附属	50	13.20
英川卫生院	2006.5	2006.10	新建	886	104.40

续表 33-2-1

单位名称	开工时间	竣工时间	建设方式	建筑面(平方米)	总投资(万元)
英川卫生院	2010.6	2010.8	维修	220	24.00
沙湾中心卫生院	2010.6	2010.8	维修	1100	42.00
叶桥卫生院	2009.9	2009.11	维修	380	17.00
雁溪卫生院	1993.6	1994.5	新建	440	17.20
沙湾中心卫生院	1993.9	1994.5	加层维修	168.5	5.00
英川中心卫生院	1995	1993.12	扩建	84	5.50
澄照卫生院	1996.1	1996.6	购房维修	370	9.10
鸬鹚卫生院	1996.1	1997.6	维修	386	3.30
葛山卫生院	1997.11	1997.1	维修	520	5.00
沙湾中心卫生院	1997.9	1998.4	新建	1278	90.00
北溪卫生院	1998.4	1999.7	维修	209	0.70
梅岐卫生院	1998.11	1999.9	维修	140	2.50
妇保所门诊大楼	2000.2	2002.7	新建	6160	350.00
英川中心卫生院	1998.7	1999.9	新建	770	46.00
漈头卫生院	1998.11	1999.4	维修	202	2.40
秋炉卫生院	2008.8	2008.12	新建	256	39.95
毛垟卫生院	2010.9	2011.11	新建	400	92.60
大地卫生院	2008.7	2008.9	维修	550	18.00
梧桐卫生院	2008.7	2008.9	维修	400	11.07
标溪卫生院	2007.1	2007.7	新建	353	36.81
上标卫生院	2009.6	2009.8	新建	450	5.20
雁溪卫生院	2008.7	2008.9	新建	380	9.95
东坑中心卫生院	2010.10	2010.12	维修	1103	2.50
大漈卫生院	2007.9	2007.12	新建	420	42.10
县疾控中心	2005.10	2006.12	新建	2535	550.00
东坑中心卫生院	2007.1	2007.8	新建	567	51.00
家地卫生院	2007.1	2007.6	新建	266	39.30
景南卫生院	2009.9	2009.10	新建	350	21.40
渤海中心卫生院	2007.4	2007.8	新建	800	97.00
郑坑卫生院	2007.1	2007.5	新建	266	30.00
九龙卫生院	2005.11	2006.4	新建	1066	118.70
澄照卫生院	2009.3	2009.12	新建	560	98.39
卫生监督综合楼	2009.4	2010.12	新建	2649	881.31

第三章　卫生医药体制改革

1994年，率先在东坑片乡镇卫生院实行《综合目标管理》试点，促进农村卫生事业健康发展。1999年，推出采取以“合作经营责任制”“承包经营责任制”“租赁经营责任制”等管理模式，加快乡镇卫生院的改革。2001年始，全面推行全员聘任制，县医院先后对取得中级任职资格的医务人员进行竞聘考试，择优上岗19人。具有执业护士资格、护师以上职称的护理人员24人参加竞聘选拔，聘任护士长8人。

2001年，全县卫生系统所有医疗机构，实行药品集中统一招标采购制度。2008年2月18日，县卫生局成立推进城乡社区卫生服务工作领导小组，加强全县社区卫生服务体系建设。

2010年始，全面推进“2+X”改革，强化乡村卫生一体化管理。建立健全村卫生室73个。其中，新建45个，修建28个。建成行政村定期巡诊点146个。为全县原乡村医生630人落实社会养老统筹。同年，按时启动国家基本药物制度的实施。

第一节　卫生体制改革

初级卫生保健

1992年6月，成立景宁畲族自治县初级卫生保健委员会，7月中旬，全县24个乡镇相继成立初级保健领导小组。同年8月，县人大常委会审议通过《景宁畲族自治县实施初级卫生保健规划》，作出《关于加强初级卫生保健工作的决议》。并在东坑镇、英川镇、景南乡和鹤溪镇余山村开展初保试点工作，逐步在全县铺开。

1997年4月，省政府组织评审团对县初保工作进行评估。其中，农村健康教育、乡镇卫生院、卫生室建设、农民基本医疗服务、食品卫生、疾病预防、卫生保健、改水改厕工作基础扎实，初保投入、卫生服务功能明显增强。1999年，继续实施《2000—2010年浙江省农村初级卫生保健规划》，县政府下达《关于以乡为单位开展农村初级卫生保健达标工作的通知》，要求全县30%乡镇开展初保工作。2000年，全县24个乡镇都已开展初保达标准备工作，梧桐、雁溪、金钟、秋炉、沙湾、英川、鸬鹚、澄照、大漈、大均等10个乡镇通过验收。

卫生监督体制创新

2001年4月27日，县政府出台《景宁畲族自治县卫生监督和预防保健体制改革实施方案》，撤销原卫生防疫站，分别组建县卫生监督所和县疾病预防控制中心。新组建卫生监督所，重点打击无证行医、无证卖药和假冒伪劣药品、食品安全。县依法行政防保体制改革的经验，在全省卫生监督会议上得到肯定。

新型合作医疗制度

20世纪90年代，景宁合作医疗大量解体，多数农村看病难，传染病流行，庸医、假药和封建迷信乘虚而入，农民因病致贫，因病返贫屡屡出现。2004年，成立县新型农村合作医疗管理委员会，县卫生局内设新农合办公室，县人事劳动社会保障局内设新农合报结中心，各乡镇相应建立农村合作医疗管委会，设立办公室。同年，出台《景宁畲族自治县新型农村合作医疗制度实施办法》(下称《实施办法》)，从2005年1月1日始施行。

2005年，重修《实施办法》。2006年1月1日起施行。新型农村合作医疗基金采用省财政、县财政、农民个人"三级筹资"，县财政专户统一管理。筹资标准:所有对象以户为单位参加农村合作医疗，按每人每年20元标准缴纳，省、县财政对参加合作医疗的农村人口给予每人每年20元补助，合作医疗大病统筹基金每人每年为40元。

2009年筹资标准提高到每人每年140元。其中，个人每年缴纳35元，县财政每人每年补助41元，中央，省财政补助64元。

2005年1月1日始，景宁实施新型农村合作医疗制度，农民得到真正的实惠。至2010年，全县参保人员127281人，基金支出550.89万元。

公共卫生服务均等化

2009年始，景宁农村居民的基本卫生服务、重点人群的重点服务、卫生安全的健康教育、管理、基本医疗、惠民、便民服务；儿童、妇女、老人和困难群体的保健；重点疾病社区管理、公共卫生信息收集报告、环境卫生协管、卫生监督协查等得到有效提升。

2010年，全县农民健康体检59201人次(60岁以上老人14740人次)，建立城乡居民健康动态管理档案73449份，重点管理高血压患者5979人、糖尿病患者461人、重症精神病患者108人，3岁以下儿童保健5038人，免费发放叶酸1315人次，免费婚检3494人，为农村孕产妇分娩补助1025人次，15岁以下人群乙肝疫苗查漏补种3020人，白内障免费复明手术30例。

2010年，建成三格式无害化卫生厕所970个，财政人均基本公共卫生服务经费年标准提高到25元。同时，落实传染病病房、从事高风险岗位的待遇政策，设立鼠防、血防和其他疾病预防控制机构，继续实施艾滋病母婴传播阻断项目，落实"四免一关怀"政策。

农民健康体检

1993—2002年，景宁未开展农民体检工作。2003年，县政府出台《景宁畲族自治县社区卫生服务实施方案》，初次开展农村人口健康体检，工作进展顺利。2006年始，建立农民健康档案。

2006—2010年景宁农民健康体检情况一览

表33-3-1　单位:人

年份 项目	2006	2007	2008	2009	2010
参保人数	104969	113670	128305	128305	127281
体检人数	78331	34051	41460	50173	42626

续表 33-3-1

项　目 \ 年　份		2006	2007	2008	2009	2010
体检结果	高血压	5391	1032	1888	2004	2572
	肾炎、贫血、房颤、	34	0	1503	2480	556
	糖尿病	135	53	240	491	245
	肿瘤	80	51	246	271	103
	性阻塞性肺疾病 COPD	203	65	79	101	84
	胆结石、(胆囊炎)	855	216	650	1018	82
	建立健康档案	78331	34051	41460	50173	42626

第二节　医药体制改革

院(站、所)科两级管理

1993 年,县人民医院实行院、科两级管理,采用综合目标管理责任制,分级实施多劳多得、按劳分配、奖勤罚懒、兼顾公平的分配原则,经济核算到科室,奖罚制度到本人,档案工资实行浮动制。1994 年,县妇保所、防疫站建立新的运行机制,实行站(所)、科两级管理,分片负责,各岗位职责明确,打破"大锅饭"及"一潭死水"的局面。

人事、分配机制调整

采取公开招聘、聘任、选举形式,择优聘任医疗机构负责人。职工实行"竞争上岗,双向选择,择优聘任"。打破档案工资,向关键岗位和优秀人才倾斜。1994 年,县人民医院出台《综合目标管理责任制补充意见》。2001 年,县人民医院采取末位淘汰、择优上岗,对待岗的中级以上人员实行高职低聘制。对取得中级任职资格的 19 位医务人员进行竞聘考试。2002 年,县人民医院护士长岗位公开竞聘,具有执业护士资格和护师以上职称的护理人员 24 人参加竞聘选拔,共选拔护士长 8 人。

产权制度改革与优化重组

1994 年,景宁率先在东坑片乡(镇)卫生院实行产权制度改革,出台《抵押综合目标管理承包责任制》。白鹤、北溪、雁溪、景南、上渔 5 所面临倒闭的卫生院,通过改革取得成功。

2000 年,毛垟乡卫生院,推行合作经营目标管理责任制,家地乡卫生院实施卫生院医疗服务所有权和经营权分离的产权《租赁经营管理责任制》制度改革方案。2001 年,大地、大均乡卫生院实行合作经营目标管理责任制。

2002 年 3 月,渤海中心卫生院率先开展全民卫生事业单位产权制度改革。健全机制,加快乡镇卫生院卫生改革步伐。

20 世纪 90 年代初,乡镇卫生院分散经营现象比较普遍。1999—2001 年,撤并和统一管理大漈、梅岐、鸬鹚、英川、大均、毛垟、大地、渤海、东坑等乡镇所在地医疗机构 9 个。

2001 年,全县扩大到 24 个乡镇,对原沙湾镇中心卫生院和镇卫生院、个体医、村卫生室 5 个医疗机构8个医疗点实行卫生资源优化重组，撤并为一个法人医疗机构，分设一个社区卫生服务站。同年，对大地乡卫生院各分点实行撤并。全县撤销医疗点4家、个体医疗机构12家，恢复乡镇卫生院整体功能4家，恢复乡镇卫生院管理、防疫、妇幼保健整体功能。

2001年10月始，开展医疗机构分类管理核定和注册。县卫生局出台《关于景宁畲族自治县医疗机构分类管理意见》，认真核定并注册全县医疗机构149家。其中，县属医疗单位3家，乡镇卫生院36家，学校医务室3家，村卫生室94家，被核定为政府和集体办非营利性医疗机构，12家个体诊所核定为非政府办营利性医疗机构。

实施国家基本药物制度

2000年，景宁制定《景宁畲族自治县药品安全管理实施方案》。2001年，全县卫生系统医疗机构，实行药品集中统一招标采购制度，统一定点采购。县医院对临床使用量较大的15个品种药品实行公开招标采购，病人实际优惠15.7万元。县人民医院、沙湾中心卫生院连续两年被评为市级"药品质量信得过单位"，2002年，县人民医院被省卫生厅评为"放心药房"。

2003年，县卫生局实行医药分开核算、分别管理，加强药品全面管理，抑制医药费过快增长，解决以药养医，切断医疗机构和药品营销之间的直接经济利益联系，以抑制医药与经济利益联系，县人民医院药品收入实行收支两条线管理，药品收支结余全部上缴卫生行政部门，纳入财政专户管理，合理返还，但实施起来比较困难。

2010年，按时实施国家基本药物制度，严格要求实施单位将现有库存药品全部按进价（零差率）销售，确定药品配送商为5家，所有社区卫生服务机构（乡镇卫生院）统一配备使用基本药物、统一集中网上采购、统一配送、统一结算和统一实行零差率销售。2010年6月1日始，参保农民在各乡镇社区卫生服务中心（站）就医，门诊有效医药费报销比例从原来的20%提高为25%。自实施国家基本药物制度后，全县药品价格总体下降34%，门诊急诊人次上升41%，门诊人均费用下降32.2%。

农村医疗卫生服务体系改革

2008年始，先后出台《景宁畲族自治县推进城乡社区卫生服务工作实施方案》《进一步完善乡镇社区卫生服务机构设置的意见》及4个配套政策文件，具体为"五定"（定性、定编、定人员、定保障、定机制）。

2009年，景宁启动实施改革方案。2010年，全县新设置社区卫生服务中心21个，分中心1个，社区卫生服务站13个。编制按每万服务人口15人、每个床位0.7人的标准配备。

2010年，全县核定社区卫生服务人员编制338人，比原来增加108人。确定全县乡镇社区卫生服务机构为公益性事业单位，实行差额拨款，药品价格实行零差价，统一所有乡镇卫生院（社区卫生服务机构）的性质。

公立医院改革

2009年，县人民医院根据医改要求，筹建二级甲等综合性医院。2010年始，县人民医院创建二级甲等综合性医院，同年，完成建设住院大楼改扩建项目，规模6750平方米、投资1720万元。新增床位70张，开放床位280张。手术室、ICU病房投入使用，建立中心供氧系统，添置全数字放射影像系统、内镜系统、检验系统、手术系统等大型医疗设备，增强医技科室的诊断能力与水平。创建期内充分利用浙医一院、浙医二院、省妇保、省儿保医院等省内一流名院结对帮扶的机会，派出人员赴上级医院进修、学习90人次，参加学习交流、知识培训200人次。2010年，景宁加强名医队伍建设，医院职工总人数336人。其中，技术人员287人，高级职称技术人员24人、中级职称技术人员99人，1人为县级拔尖人才，2人为县级科技新秀。获县（市、区）级课题立项5项，获县（市、区）级科技成果3项，省级以上医学类刊物发表论文76篇。

2010年，县医院设置专科病区9个，专科门诊30个，组织医技人员学习临床诊疗指南、临床技术操作规范、医疗机构管理规范，建立医疗质量管理委员会，由相应职能部门、临床医技科室、质控组织组成的质量管理网络。入出院诊断符合率99%，手术前后诊断符合率98%，急危重症抢救成功率85.71%，门诊处方合格率97.2%，成分输血使用率99%、红细胞使用率99%，院感率3.2%、院感漏报率4.5%，抗菌药物占药品消耗比例27.93%，无菌手术切口甲级愈合率97.2%，无菌手术切口感染率0.43%。

同年，实行重点学科创建工作，外科加强胃癌、肝癌、乳腺癌、甲状腺癌、肾癌、颅内血肿、脑肿瘤、腰椎间盘突出等手术，妇产科加强腹腔镜下子宫、附件、胆囊、肾上腺、宫颈癌、盆腔淋巴结清扫术，心血管内科加强心源性休克、顽固性心力衰竭、急性心肌梗死救治诊疗技能。

2010年，门诊26.04万人次，住院7527人次，床位使用率94.18%。

第四章　机　　构

1993年，景宁有各类卫生医疗机构225家。其中，县级4家，区级5家，乡镇级34家，学校、林业、工矿共7家，村级医疗站142家，个体门诊33家。共有卫生技术人员374人，病床229张，平均每万人有卫技人员21.6人，床位13张。

2010年，景宁各类医疗卫生机构110家。其中，政府主办公立医疗卫生机构28家。分别为：县直属医院、疾控中心、妇保所、卫生监督所、医疗卫生服务中心、爱卫办6家；社区卫生服务中心（乡镇卫生院）22家。社区卫生服务站11个，单位办医5个，社会办医10个，村级卫生室56个。医疗卫生工作人员558人。其中，执业医师、执业助理医师共435人，注册护士38人，高级职称15人，中级职称132人，初级职称324人，公务员管理人员14人。注册乡村医师26人。

1993年末，景宁各卫生院设中医科，开展中医医疗业务。1997年，全县乡镇卫生院设中医病床15张，中医生65人。2006年，24个乡镇卫生院，设中医科有16个；中医类医师58人。其中，执业医师31人，执业助理医师27人。2009年4月，全县原经医疗机构核定的无医师执业资格的人员29人，经审核并通过考试，确认执业助理医师资格，类别为中医。至2010年末，景宁注册中医类别有89人。其中，执业医师67人（含师承25人），执业助理医师22人（含师承9人）。

第一节　医疗机构

景宁畲族自治县人民医院

1993年，县人民医院被评定为二级丙等医院，坐落于大众街百岁门，占地约1.53公顷，医疗用

县医院与浙江大学附属第一医院结为协作医院暨开通“网络医疗服务平台”

房建筑面积7379平方米。2001年,自筹资金210万元，选址鹤溪中路1号扩建“德恩楼”，建筑面积3600平方米。2003年，鄞州区政府投资50万元，协助扩建门急诊大楼5200平方米。2005年,投资110万元新建传染病房740平方米。2007年，投资450万元,新建住院楼建筑面积3200平方米。2005年,被评定为二级乙等医院。2008年7月3日,与浙江大学附属第二医院结为协作医院暨开通名医远程会诊中心。2009年,利用国债资金和地方配套资金1300万元,改扩建“德恩楼”,面积8300平方米。2009年5月22日,与浙江大学附属第一医院结为协作医院暨开通“网络医疗服务平台”,至2010年,全院占地面积14800平方米,建筑面积20000平方米。2010年,启动“二级甲等综合医院”创建，2011年11月,通过省卫生厅验收。

2010年,全院职工336人,专业技术人员287人,专业技术人员占职工总人数的85.4%,本科67人,大专62人。2010年,获主任医师资格15人,获副主任医师资格84人,获初级职称资格135人。

2010年,全院一级、二级临床专科分别为12个、16个,病区5个,医技科室7个,核定床位210张,开放床位280张。

医院购置的主要设备:进口磁共振系统2套(1.6T和0.5T)、螺旋CT2台(16排螺旋CT和2排螺旋CT)、Philips FD20数字血管造影机DSA、GE-E9、GE-E8三维彩超、IU22等高档彩超6台、奥林巴斯CV260高清胃镜2套、奥林巴斯260肠镜系统,美国史赛克高清腹腔镜、宫腔镜、关节镜手术等系统。建立了手术室层流系统;建设HIS、全院PACS系统、医技LIS、电子病历等系统。开通浙医一院、浙医二院的远程会诊与远程教育培训、病理远程会诊系统。

医院医疗科学技术进步:消化内科内镜下黏膜剥脱术(EMR)与超声内镜检查技术;重症医学科的CRT联合灌流、临时起搏器安装术、经膀胱测腹内压;耳鼻喉科常态化阻塞性睡眠呼吸暂停综合征(鼾症)的治疗,耳部显微手术及部分耳部肿瘤;肾内科自主动静脉内瘘术;规范肛肠外科、肛周疾病的诊断与治疗,结肠镜下治疗;肝胆外科ERCP、ESP胆管支架植入、肝癌切除术等;掌握骨科MIPPO技术,并用于创伤骨科、脊柱外科等,常规膝关节镜下手术治疗;超声科自主掌握股骨超声、甲状腺细针穿刺、乳腺肿块穿刺活检、肝肾囊肿的介入治疗;病理科甲状腺冰冻切片快速诊断等新技术、新项目42项。

乡镇卫生院选介

乡镇卫生院前身是公社卫生所(诊所)。曾多次更名,1984年恢复乡制,属集体所有制卫生事业单位。1992年,撤区设镇,改称镇中心卫生院,属全民所有制卫生事业单位。同年,乡镇卫生院设鹤溪、沙湾、英川、东坑、渤海5所中心卫生院,34所乡镇卫生院。2009年,乡镇卫生服务机构体制改革,所有中心、乡镇卫生院改称社区卫生服务中心,重新设置规划为社区卫生服务中心21个、分中心1个、社区卫生服务站13个。

鹤溪镇中心卫生院　鹤溪镇中心卫生院的前身为鹤溪联合诊所。1992年5月，卫生院与城郊区卫办合并为鹤溪中心卫生院。1993年，职工25人。2009年，设全科门诊、妇产计生门诊、计划生育咨询、外科、骨科内固定、预防保健、骨伤、中医骨伤、注射、B超、化验、老年保健、医技、康复等科室，下设张春、城南、城北、城西、红星、仙童社区卫生服务站。同年3月，迁至复兴东路53号，原景宁畲族自治县消防队旧址，占地面积2573平方米，建筑面积2445平方米。同年6月11日，乡镇卫生服务机构体制改革，撤销城郊区卫办建制，合并成立鹤溪镇社区卫生服务中心。

2010年，有卫技人员53人。其中，高级职称1人，中级职称7人，初级职称7人，本科8人，大专17人。

沙湾镇中心卫生院　沙湾镇中心卫生院前身为沙溪区卫生所，1992年撤区设镇，更名沙湾镇中心卫生院。1993年，在职30人。1997年，投资120万元新建业务综合楼1幢4层，建筑面积1278平方米，1998年9月，迁至洪畈新村综合业务大楼。2000年9月，沙湾镇卫生院、沙湾中心卫生院实行卫生资源优化重组，设立一个法人机构，同年，建职工宿舍楼1幢4层，建筑面积920平方米。2009年，乡镇卫生服务机构体制改革，称沙湾镇社区卫生服务中心。设内科、外科、儿科、妇产科、中医、放射、化验、心电图、中西药房、手术、骨伤、皮肤、痔疮、针灸、急诊、口腔、全科和五官科、医疗，抢救、观察、处置、康复治疗、预检分诊、预防接种、孕产妇、儿童保健、消毒供应等科室，床位24张。同年，投资38万元维修扩建业务综合楼（食堂）。

2010年，有卫技人员36人。其中，中级职称5人，初级职称10人；本科学历2人，大专学历9人。医疗用房2418平方米。

东坑镇中心卫生院　东坑镇中心卫生院的前身为东坑区卫生所，1992年撤区设镇，更名东坑镇中心卫生院。1999年8月，投资83万元，在原址建医疗业务用房一栋，占地面积172.3平方米，建筑面积1103平方米。2000年1月，东坑镇卫生院并入东坑中心卫生院。同年，投资56万元，建医技综合楼一幢，占地面积172.3平方米，建筑面积1200平方米。2009年9月，乡镇卫生服务机构改革，改称东坑镇社区卫生服务中心。设内外科、妇产、中医、放射、化验、注射、全科医疗、中西药房、挂号收费、财务等科室。

2010年，有卫技人员22人。其中，初级职称11人；本科文凭2人，大专学历7人。

英川镇中心卫生院　1980年，英川区卫生所与公社卫生院合并，1992年，更名英川镇中心卫生院。1993年，设门诊和病房，分设内科、外科、小儿、急诊、妇产、中医、口腔、放射、皮肤、手术、化验、药房、输液、心电图、胃镜、B超16个科室，全院职工27人。2008年，将设在川中路41号的门诊分部并入总部。2009年乡镇卫生服务机构体制改革，改称英川镇社区卫生服务中心。设全科门诊，预防接种、孕产妇、儿童保健4室，设病床22张。下设隆川社区卫生服务站。

2010年，全院占地面积1732平方米，建筑面积1600平方米，拥有固定资产230多万元。有卫技人员19人。其中，中级职称2人，初级职称7人；本科1人，大专9人。

渤海镇中心卫生院　1992年建镇，渤海卫生所改称渤海镇中心卫生院。

1993年有卫技人员22人。开设挂号收费、内、外科、妇产、防疫、化验、B超、心电图、药房、治疗、办公室等科室。1998年，增设住院部、中医、急诊、发热门诊、小儿、药房、输液、放射、口腔等科室，并重新恢复外科手术室。

2006年，滩坑电站水库蓄水，投资140万元，新医院迁至鲍山头行政村羊降村，占地面积2000平方米，建筑面积800平方米。2009年9月，乡镇卫生服务机构体制改革，改称渤海镇社区卫生服务中心，增设公共卫生和全科门诊2室。

2010年，有卫技人员15人。其中，中级职称3人，初级职称5人，本科2人。

第二节 卫生机构

疾病预防控制中心

1984年10月，建立县卫生防疫站，址设鹤溪镇百岁门42号。2001年，更名为景宁畲族自治县疾病预防控制中心。2005年，投资550万元，在鹤溪镇环城南路新建疾病预防控制中心综合大楼，占地面积3000平方米，建筑面积2210平方米。2007年1月，迁入新址。

2010年，在岗卫技人员18人。其中，副主任医师129人，主管医（技）师829人，医（技）师529人。内设办公室、疾病控制科、重病科、检验科、健康教育科、卫生监测科等科室。

妇幼保健所

1984年10月，建立县妇幼保健站。1992年，改称景宁畲族自治县妇幼保健所。

2000年，县妇幼保健所获“中日利民援助工程”款6.39万美元，在鹤溪镇环城南路13号新建业务综合大楼。2002年9月30日，县妇保所综合大楼落成迁入新址，占地面积6160平方米，建筑面积l818平方米，一期工程投资350万元。

2010年在编职工21人，有工作人员23人。其中，卫技人员19人，副高职称2人，中级职称9人。内设办公室、妇女保健科、儿童保健科、婚前保健科、特检科、综合科等科室。

卫生监督所

2001年，县卫生防疫站撤销，分设卫生监督所、疾病预防控制中心。县卫生监督所，址设鹤溪镇人民中路272号。2007年9月，成立东坑、渤海、沙湾分所。

2009年，卫生监督所迁至鹤溪镇城南新业务综合大楼，占地2649.08平方米，总投资923.71万元。

2010年，编制15人（正式职工9人）。其中，副主任1人，科员7人。内设科室：综合管理、办证窗口、投诉举报、巡回监督。

爱国卫生委员会办公室

1982年，建立鹤溪镇爱国卫生运动委员会办公室。2001年，鹤溪镇爱国卫生委员会办公室并入县爱国卫生委员会办公室。2003年，迁址鹤溪镇人民中路272号五楼。

2010年，内设财务、综合办、病媒生物、城镇卫生、农村改水改厕等科室。工作人员7人，中级职称2人，初级1人。

医疗卫生服务中心

2010年5月，建立县医疗卫生服务中心，址设原卫生局大楼三楼。属卫生局下属股室医疗卫生服务中心，内设综合管理、财务管理科，有工作人员6人。其中，中级职称3人，初级职称2人。

第三节　社会办医

村卫生室

l993 年，景宁村级医疗站 142 个，占全县 285 个行政村的 49.8%；142 个村医疗站中，个人办 137 个，乡卫生院设点 5 个。全县获得“乡村医生证书”159 人，被定为卫生员 126 人。2010 年，村卫生室 29 家。

个人办医

1993 年，全县社会办医 33 家。2010 年，个人办医 10 家。其中，中医诊所 3 家，普通诊所 4 家，口腔诊所 1 家，中西医结合 1 家，综合门诊部 1 家。

原有林业、工矿企业单位医务室，因企业转型、倒闭等原因先后撤销。2010 年，单位医务室共有 12 家。其中，预防保健 10 家，全科 1 家，计划生育 1 家。

2010 年景宁村级卫生室一览

表 33-4-1

机构名称	法人姓名	村医姓名	服务对象	机构类别	诊疗科目名称
鹤溪镇周湖村卫生室	雷兴陈	洪　海	社会	村卫生室	预防保健科/全科医疗科
鸬鹚乡茶亭村卫生室	吴晓平	徐妙娟	社会	村卫生室	预防保健科/全科医疗科
大地乡叶坑下卫生室	柳少平	严加龙	社会	村卫生室	预防保健科/全科医疗科/中医科
毛垟乡库头村卫生室	陈盛元	梅　寿	社会	村卫生室	预防保健科/全科医疗科
家地乡谢坑村卫生室	吴松和	吴俊旺	社会	村卫生室	预防保健科/全科医疗科/中医科
东坑镇章坑村卫生室	章光炎	章裕荣	社会	村卫生室	预防保健科/全科医疗科
梧桐乡梧桐坑卫生室	李小伟	李开林	社会	村卫生室	预防保健科/全科医疗科
葛山乡岭头村卫生室	吴世兄	刘专志	社会	村卫生室	预防保健科/全科医疗科
东坑镇深垟村卫生室	雷建光	孙大相	社会	村卫生室	预防保健科/全科医疗科
毛垟乡炉西村卫生室	陈孟德	毛道寿	社会	村卫生室	预防保健科/全科医疗科
梧桐乡金兰村卫生室	梅显荣	梅永佳	社会	村卫生室	预防保健科/全科医疗科/中医科
梧桐乡高演村卫生室	任启兰	任梅余	社会	村卫生室	预防保健科/全科医疗科
鸬鹚乡夏山头卫生室	商庆火	商家和	社会	村卫生室	预防保健科/全科医疗科
东坑镇桃源村卫生室	吴兵种	吴国琮	社会	村卫生室	预防保健科/全科医疗科/中医科
大地乡桃垟村卫生室	林日利	严振明	社会	村卫生室	预防保健科/全科医疗科/中医科
鹤溪镇城西村卫生室	徐伟平	叶川海	社会	村卫生室	预防保健科/全科医疗科
澄照乡东升村卫生室	雷根水	张秀平	社会	村卫生室	预防保健科/全科医疗科
标溪乡预章村卫生室	刘贤洪	杨良成	社会	村卫生室	预防保健科/全科医疗科/中医科
外舍区岗石村卫生室	兰福进	潘德旺	社会	村卫生室	预防保健科/全科医疗科
家地乡彑岱村卫生室	陈文良	陈有才	社会	村卫生室	预防保健科/全科医疗科
大地乡水溪村卫生室	叶其忠	张继海	社会	村卫生室	预防保健科/全科医疗科
标溪乡东车村卫生室	严建云	徐伟雄	社会	村卫生室	预防保健科/全科医疗科

续表 33-4-1

机构名称	法人姓名	村医姓名	服务对象	机构类别	诊疗科目名称
鹤溪镇双后岗卫生室	蓝文卫	叶哲贵	社会	卫生(室)	预防保健科/全科医疗科
英川镇榅堆村卫生室	毛昌斌	吴建云	社会	村卫生室	预防保健科/全科医疗科
梧桐乡角耳湾卫生室	叶明卫	陈杨海	社会	村卫生室	预防保健科/全科医疗科
雁溪乡大丘田卫生室	高俊兵	洪慧斌	社会	村卫生室	预防保健科/全科医疗科
大地乡净水村卫生室	林万徐	林作梗	社会	村卫生室	预防保健科/全科医疗科
英川镇黄洋口卫生室	刘松远	周大胜	社会	村卫生室	预防保健科/全科医疗科
鹤溪镇王木坑卫生室	张日彪	吴胜平	社会	村卫生室	预防保健科/全科医疗科

2010 年景宁个人办医情况一览

表 33-4-2

机 构 名 称	负责人姓名	所有制	机构类别	服务对象	经营性质
景宁雷建光骨伤科诊所	雷建光	私人	中医诊所	社会	营利性
景宁王达楚中医推拿诊所	朱宝珠	私人	中医诊所	社会	营利性
景宁梅显友中医内科诊所	梅显友	私人	中医诊所	社会	营利性
景宁陈孟友中西医内科诊所	陈孟友	私人	普通诊所	社会	营利性
景宁吴光地诊所(原为城北村卫生室)	吴光地	私人	普通诊所	社会	营利性
景宁蓝钱进口腔诊所	蓝钱进	私人	口腔诊所	社会	营利性
景宁博爱诊所(普通合伙)	陈丽梅	私人	综合门诊部	社会	营利性
景宁陈济生中西医诊	陈佩英	私人	普通诊所	社会	营利性
景宁林松彪中西医结合门诊部	林松彪	私人	中西医结合	社会	营利性
景宁吴守标中西医诊所	潘力华	私人	普通诊所	社会	营利性
南山骨伤科综合门诊部	林旭东	私人	综合门诊部	社会	营利性

2010 年景宁单位医务室一览

表 33-4-3

机 构 名 称	法人姓名	负责人	所有制	服务对象	机构类别	经营性质	诊疗科目
景宁中学卫生室	范光明	陈 玲	全民	内部	卫生所(室)	非营利	预防保健
第一实验小学卫生室	彭 林	杜伟珍	全民	内部	卫生所(室)	非营利	预防保健
民族小学卫生室	柳敏敏	叶 珍	全民	内部	卫生所(室)	非营利	预防保健
城北中学	毛玉伟	蓝丰美	全民	内部	卫生所(室)	非营利	预防保健
中心幼儿园	张淑慧	林松英	全民	内部	卫生所(室)	非营利	预防保健
中心幼儿园(下半年)	蒋美岳	陈丽珍	全民	内部	卫生所(室)	非营利	预防保健
实验幼儿园	张淑慧	林松英	全民	内部	卫生所(室)	非营利	预防保健
实验二小	马庆强	柳敏华	全民	内部	卫生所(室)	非营利	预防保健
沙湾中学	金益华	叶家松	全民	内部	卫生所(室)	非营利	预防保健
民族中学	陈战耕	金秀云	全民	内部	卫生所(室)	非营利	预防保健
县公安局医务室	周光洪	陈晓平	全民	内部	医务室	非营利	全科医疗
县计划生育宣传技术指导站	吴月珠	王 山	全民	社会	计育服务中心	非营利	计划生育

第三十四篇　畲　族

畲族始祖约起源于公元前23世纪的高辛帝时期，先祖从帝都城“亳”迁居广东潮州凤凰山开垦屯田、繁衍生息。至唐代中期，统治者视畲民为“蛮僚”，无端镇压，畲民被迫离开凤凰山，经千年迁徙散居全国八省。景宁雷、蓝、钟三姓族谱载，畲民皆从福建连江、罗源、古田、福安迁入，各姓均认同祖籍都在广东潮州凤凰山。畲民大都迁居于山区或半山腰，生产条件较差，生活极度困苦。畲民自称“山哈”，通用汉文，族内所有活动都以畲语交流。

1949年10月，中华人民共和国成立后，国家实行民族平等政策。浙江、福建等省畲民迫切要求中央人民政府确认畲民为单一民族。1953年，国家民族委员会派出以中央民族学院教授施联朱、黄淑娉、陈凤贤等民族学学者组成畲民识别调查组，分赴浙江省景宁县东弄、福建省罗源县八井、漳平县山羊隔等畲民集聚村开展识别调查。1955年，国家民族委员会再次派出识别调查组，到广东省凤凰山区的潮安、饶平、丰顺；莲花山区的惠阳、海丰；罗浮山区的博罗、增城等地开展识别调查。根据识别调查材料，1956年12月8日，国务院正式确认公布“畲族”为法定族称，成为中华人民共和国56个民族中的一族。

1984年，建立景宁畲族自治县后，国家民委、省、市、县各级党委、政府更加重视民族工作，相继出台多项民族扶持优惠政策，使畲民在政治、经济、文化、教育、医疗方面都发生重大变化。2000—2010年，县委、县政府加大资金投入，分别实施“康庄工程”“村庄整治”“整村搬迁”等项目，改善民族村生产生活基础设施。一批畲族特色村寨和“畲家乐”如雨后春笋快速发展，畲民生活水平、生活质量明显提高。

凭着畲民勤劳、勇敢、团结、友善的民族精神以及顽强的意志毅力和丰富的记忆力，使畲族的畲歌舞蹈、婚丧礼俗、宗教信仰、古籍族谱、传统武术以及医药、编织、服饰等民族传统习俗和文化，世代得以保护、传承、弘扬，千年得以延续。畲民勤奋好学、心灵手巧、能歌善舞，跟随时代的步伐和潮流，推动着景宁民族事业繁荣发展，畲族文化正以新的姿态走向世界走向未来。

第一章　畲族源流

据史书·谱牒载，“畲族始祖约公元前23世纪的高辛帝时期，从帝都城‘亳’①迁居广东潮州凤凰山开垦屯田、繁衍生息，成为开发南疆的先行者和世居族群。至唐代中期，封建统治者为巩固政权，借故发动战争，掠夺地域，无端镇压被称作‘蛮’‘蛮僚’‘峒蛮’‘峒僚’的畲民。族民不忍压迫，勇敢反抗，但为求生存、永保血脉延续，只得向外界迁徙，历经千年辗转”。2010年末，全国70多万畲民散居在粤、闽、浙、赣、皖、湘、鄂、黔等8省。景宁畲族宗谱载，“畲族祖籍发源于广东潮州凤凰山，经多处辗转后，从福建连江、罗源等县迁徙景宁”。

第一节　畲族起源

有关畲族的源流，学者们众说纷纭，有的说为畲、瑶同源；有的说为古“越人”后裔；有的说是神话传说，但至今尚无定论。广东、福建、浙江、江西的畲民都认同自己的祖先来自广东潮州凤凰山。

起源

畲瑶同源　汉文史书把畲族称“瑶人”或“畲瑶”；畲族族谱中也有自称为“瑶人”或“瑶家”；在粤东有操苗、瑶语的畲族；在海丰、惠阳被称为“畲人”；在增城、博罗被称为“山瑶”。据畲族保存的《开山公据》（又名《抚傜券牒》）和部分瑶族的《迁徙榜牒》（又名《过山榜》），同样流传着具有氏族图腾信仰的盘瓠传说。畲族原有盘、蓝、雷、钟四姓，可现实中，畲族盘姓很少，瑶族却有不少姓盘，以此证明畲族与瑶族在历史上有着一定的渊源②。

越人后裔　根据史籍关于古越人和畲族在分布地域上的对照、民间传说和历史记载的偶同或从族称义、音的演变去推论，以及畲、越具有共同的盘瓠传说、共同的生产方式、生产水平和共同的风俗习惯等，认为畲族乃古“越人”后裔③。围绕这一说，又有许多不同的说法，如认为畲族乃春秋时期越王勾践或范蠡的子孙；有认为畲族是中国秦、汉时代的越人后裔；还认为畲族是源于汉晋讨伐的“山越”，与汉高祖十年（公元前196）封地在闽、粤、赣3省交界地区的越人后裔南海王有密切的渊源关系等。

神话传说　畲族宗谱和世代传承的长篇史诗《高皇歌》（俗称《长联》）载：“吾祖原天星下降于高辛帝后，变生于耳，帝赐名龙麒，其时番王作乱，疆土难以收伏，吾祖入番邦，斩敌首复疆土，帝遂以女三公主萧氏招为驸马，并加封忠勇王，封府广东。”三公主萧氏生有3男1女，上殿讨姓。帝见之大悦。赐长子姓盘，名自能，敕封为立国侯；赐次子姓蓝，名光辉，敕封为骑国侯；三子上殿晋见正好雷公响，即赐姓雷，

① 高辛帝都城亳：即今之河南偃师县。

② 有学者认为，畲、瑶两族是同源于汉晋时代居住在长沙一带的“武陵蛮”（即“五溪蛮”），后来由于历史的原因而分散，到东部的发展成为今天的畲族。

③ 认为畲族是汉晋时代“山越”的后裔，还有观点认为是春秋时期越王勾践或范蠡的子孙。

名巨佑，敕封为武骑侯；一女淑玉如花，招婿钟姓，名志深，敕封为敌勇侯。各地谱牒亦载："吾祖化剑为犁，奉敕书携子孙，刀耕火种开发南疆、生息、繁衍南疆。"据《高皇歌》载："颛顼以后是高辛，三皇五帝讲灵清，帝喾高辛是国号，龙麒出世实为真。""盘蓝雷钟在广东，出朝原来共祖宗，今下分出各县掌，话语讲来都相同。盘蓝雷钟一路人，莫来相争欺祖宗，出朝祖歌唱过了，孙子万代记在心。盘蓝雷钟一路郎，亲热和气何思量，高辛皇歌传世宝，万古留传子孙唱。"

祖居

祖居粤、闽、浙、赣的畲族人都认为祖籍在广东潮州凤凰山，各地基本无争，景宁畲族宗谱记载也认同祖籍在潮州凤凰山。

广东潮州凤凰山主峰

凤凰山为潮州市境内的主要山脉，位于潮安县境内。《潮州府志》记载："至少在四千年前就已经有人在潮州这块土地上劳作、生息。"现散居于东南各省的畲族百姓，都把潮州视作始祖开基地和民族发祥地。《明成祖永乐实录》卷五四记载："海阳县凤凰山诸处畲蛮，遁入山谷中，不供傜赋。"凤凰山如今居住的畲民人口较少，但可见古时败墙碎瓦痕迹和田地翻锄整场残迹。相关史料对畲民祖先居住凤凰山时的庙宇、宗祠、坟墓有具体记载。《云霄厅志•唐宦绩（卷十一）•名亦（卷十六）》有对庙宇的记载："有云霄镇五通庙石柱镌有盘、蓝、雷氏字样，盘、蓝、雷氏系陈政所征蛮僚，庙柱为蛮所舍，则建庙必在开屯之先，云霄宫庙维此最古。"苍南县《雷氏宗谱》有对宗祠的记载："清道光乙酉（1825）举人候选知县雷声华在《祠志》中记载：'凤凰山原有祠址与南京（古地名今为成都，下同）一脉相连，因世远年湮，祠宇倾圮，祖灵未妥，今族众捐资将凤凰山旧址重修。'"据世居潮州的清道光二十六年（1846）科举人雷嘉澍所写的《祠志》中记载："顾我盘、蓝、雷、钟四姓大宗祠，肇基于广东凤凰山，建祠之地即吾祖居址也"，并记述宗祠方位："夫我祖之祠宇镇会稽山之阴，凤凰山之下；面前诸峰，林壑尤美；祠后连山绝壑，长林古木；左望会稽山，右至七贤洞"。畲族《祖歌》和族谱中还有对祖坟的记载："凤凰山上安祖坟，荫出盘、蓝、雷子孙""祖坟四至，前至雷家坊，后至观星顶，左至会稽山，右至七贤洞"。现坟墓附近与不远处有雷厝田、雷家坟、高皇寮等畲族文化特征的遗名和古迹。

第二节　称谓　字辈

畲族的"畲"为他称，畲民自称"山哈"，畲民祖先还有多种称呼，自称"山哈""山客""山达"等，皆表明自己是"外地来客"之意。为躲避统治阶级追杀，畲民以"山客""山哈"之名求生，并以排列字辈来辨别因逃难分散于四处深山中居住的畲民子孙。

称谓

"山哈"寓意　唐总章二年至唐开元三年（669—715），唐代官僚为扩大地域，借"靖边方"之名，委派陈政、陈元光父子及陈珦发起历时46年的"靖边方"战争，陈珦杀害了义军首领蓝奉高及部将，将漳州州治迁至李澳（现漳浦县城）。据《云霄厅志》记载，陈珦采取"剪除顽梗、训诲亡（士）民、泽治化行"等强硬教化手段，驱散早在公元七世纪之前就在闽、粤、赣交界繁衍、生息的土著畲民。畲民为避死求生，放弃赖以生存的故土,“只望青山而去”,逃入荒山。过着“伐山林、垦山地”的游耕生活。畲族有自己的语言,畲语称“山哈”【shān hā(san hek)】,“哈”即为“客”。畲民祖先为避官僚追杀,自称“山客”“山哈”“山达”,表明自己是“外地迁来居住的客户”。“畲”为他称,为使避难于各地的畲民能认祖归宗,畲民祖先非常小心地甄别外来的本民族陌生人,要求来者不仅能讲“山哈”话,还能对答秘语,验证是否真“山哈”,凡能对答者即被认定为真“山哈”,且以上客待之,若不能对答则不予理睬。常见秘语有:问:什么字头(指姓什么)?来者姓蓝的答:“钉角”,姓雷的答:“盖耳”,姓钟的答:“千字头”。问:一个桔分几爿?按家中有几个兄弟回答。问:牛崽过栏没有?已结婚的答:“已牵过栏”;未结婚的答:“没有”。问:家中有几个碗?按家中有几个人回答。问:毛竹开桠没有?来者有子女的答:“已开桠”;没有子女的答:“未开桠”。问:门前有几个踏步?按家中有几代人回答。

“畲”字释义 畲族的“畲”字,作为民族名称读 she。“畲”字早在春秋战国的《诗》《易》等经书中就有。《诗经》的《周颂·臣工》有“新畲”,《周易》的《无妄》有“不耕获,不菑畲”。“畲”字的含意是将荒芜土地垦成可耕种的畲田。“畲”字的另一含意为火种。《集韵》及刘克庄《漳州谕畲》有“畲,火种也”。处州知州范成大《劳畲耕》亦有“畲田,峡中刀耕火种之地也”。可见“畲”字有开荒辟地,刀耕火种之意。清光绪《龙游县志·风俗》载:“民以畲名,其善田者也。”据清同治《景宁县志》卷十二《风土·畲民附》亦有(畲民)“佃耕以活,邑之陇田,其所治者半”。

族称由来 “畲”,被用作一个民族的称谓,始于公元十三世纪中期。南宋末年史书上有“畲民”和“輋(she)民”之称。据刘克庄《漳州谕畲》一文载:“畲民不悦(役),畲田不税,其来久矣”。据《宋季三朝政要》中载:文天祥、张世杰抗元斗争,称居住在闽、粤、赣三省交界的民族武装为“畲军”。明清以后,闽、浙普遍有“畲民”之称谓。地方志中也沿用并列为专章叙述。《景宁县志·风土篇》载有《畲民篇》;《云和县志·风俗门》载有《畲民条》;《龙泉县志》有“(民)以畲民,其善田也”;《处州府志·艺文志》载有《畲客三十韵》《说畲》。粤、赣等省有“輋(she)户”“山輋”等称谓。民国时期称畲民为“瑶民”“苗民”。1949年10月中华人民共和国成立之初,仍称畲民为“瑶族”“苗族”。

“山哈”迁入景宁均以大分散、小聚居形式与当地汉人杂居,在社会生活、经济往来和文化交流中与汉人亲密相处。畲民除民族语言、民族性格、风俗习惯和民族精神等保留着畲族独有的特色外,在生产方式和生活习惯诸多方面与汉族差异不大。两族人民常以“客家人”“你边人”“我边人”互称,表示尊重,仅有少数性格豪爽的畲汉人士直呼畲民为“畲客人”。

字辈

畲族注重排行论辈,讲究传统规矩。“排行算来你细听,雷姓无念钟无千,男人无一女无二,蓝姓排行六行全。”蓝姓按“念、大、小、百、千、万”6字,雷姓无“念”,钟姓无“千”,按5个字排行,周而复始。还规定男性排行不用“一”,女性排行不用“二”,据说此数字留给不满16岁夭折者。排行一般以支族或本村房谱为单位,一般每年排1次,由族中辈分较高者暗中研究,把该年所出生男女人丁按辈分排行及出生年月日大小写上族谱。如果有奏名学过法者补写上奏名学法者的法号。

景宁畲族蓝姓字辈行第排列一览

表 34-1-1

世别 行别	一	二	三	四	五	六	七	八	九	十	十一	十二	十三	十四
字辈	而	传	政	富	月	光	昌	盛	元	文	士	开	玉	日
行第	念	大	小	百	千	万	念	大	小	百	千	万	念	大

景宁畲族蓝姓字辈排行一览

表 34-1-2

世　祖	行第字辈	字或乳名	奏名法号	婚　配
一	念四十六郎而题	题妹	—	钟百七娘
二	大五十一郎传令	传森	—	雷小四十三娘
三	小三十三郎政祥	时政	法祥	钟大十八娘
四	百九十八郎富隐	隐子	—	蓝万廿四娘
五	千五十五郎月亮	月光	—	雷大十一娘
六	万十六郎光州	广州	—	雷小十五娘
七	念减十一郎昌盛	昌成	—	钟万七娘
八	大三十五郎元通	圆通	法通	雷大十六娘
九	小十九郎文富	文发	—	雷小二十一娘
十	二十九郎士根	根奶	—	蓝大三十娘

说明:从上表看,排行按念、大、小、百、千、万六世(代)一循环,娶妻无须同一排行。妇女随娘家排行,行次与兄弟同,但不与兄弟一起排,而与姐妹一起排

第三节　宗祠　堂号

景宁畲族各姓都建有宗祠,一般建在开基早、人口众多之村。有祠堂必有堂号,不同姓、不同郡,堂号亦不同。修建宗祠旨在思念敬仰祖先、传承家训,弘扬坚韧勇敢、不屈不挠、团结一致的民族精神,承载着族人的血脉。

金丘蓝氏宗祠

宗祠分布

鹤溪镇敕木山、周湖(暮垟湖)、东弄,澄照乡金丘、四格,英川镇(乌饭恰)新村等村建有蓝姓宗祠。鹤溪镇包凤、周湖、惠明寺、外舍王畈,东坑镇大张坑、吴山头、黄山头、大均乡李婆坑、澄照乡田源、后山、东畔等村建有雷姓宗祠。鹤溪镇包凤叶山头村、郑坑乡柳山半岭村建有钟姓宗祠。祠堂大门匾额分别题刻“蓝氏宗祠”“雷氏宗祠”“钟氏宗祠”。宗祠内有匾额,如蓝姓宗祠内中堂题有“敬业堂”“汝南堂”“种玉堂”等匾额;中堂正中置放总牌位:“奉帝喾高辛氏敕封驸马忠勇王龙麒妣三公主萧氏护国候蓝氏光辉历代祖宗位”,右首为“裔孙首事蓝××”;左首为“派下裔孙蓝 ××”,总牌位两边按族辈依次排列各房先祖牌位。各姓祠堂内布局大致相同。

郡望堂号

“郡望”,为“郡”与“望”之合称。“郡”是行政区划,“望”是名门望族,“郡望”,即某一地域范围内的

名门大族。《蓝氏宗谱》记载:“本氏汝南郡系出于姓,春秋时,楚公子置封于蓝,谓之蓝尹,后遂以邑为氏,此汝南郡之所由始也。”所以,畲族蓝姓有:“源自春秋流芳远,望出汝南世泽长”的祠联。史料记载,蓝姓有三郡:汝南郡、中山郡、东莞郡。汝南郡为中国古代郡名,以汝水之南曰汝南而得郡名。于西汉初置郡。隋大业二年(607)置汝南郡下辖11个县,隋时有152785户。雷姓郡望为“冯翊”,雷姓有二郡:冯翊郡、豫章郡。汉武帝太初元年(前104)设置“左冯翊”行政区,与“右扶风”“京兆尹”合称“就畿三辅”。到三国曹魏黄初元年(220)左冯翊改名冯翊郡,隋时下辖8个县,91572户。钟姓郡望为“颍川”,颍川郡为古郡名,秦王政十七年(前230)置郡,以发源于河南嵩山之颍水而得名,治所在地阳翟(今禹州),隋时下辖14个县,195640户。

堂号,本意是厅堂、居室之称。在氏族中,堂号是家族门户的代称,它是一个家族追寻源流世系,区分族属支派的标记,比姓名更重要。堂号历史悠久,应用广泛,不仅用在祠堂、族谱,而且用在店铺、书斋及厅堂等处。堂名的来历较广,有以族望地名为堂名,如“汝南堂”“颍川堂”“冯翊堂”等;也有以先祖字号为堂名,如“敬业堂”“种玉堂”“谦让堂”“戒君堂”“钦义堂”等。

“敬业堂”,以始祖入迁景宁的高辛175世嫡裔孙蓝万七郎敬泉为堂号。“种玉堂”,源于肇姓始祖蓝田公的字号“种玉”。江西瑶湖(今南昌),湖北大冶《蓝氏宗谱》记载:“肇姓始祖为蓝田公,世系中记述:‘一世祖田,高辛氏之裔,字种玉,生于殷纣戊申年(前1093)正月初一丑时,为纣大里,官命从西伯伐崇得功,周追封蓝候。’居陕西霸桥里,卒于周丙寅年(前1015)十月十八日亥时,寿78岁,葬里许。妣契和氏,生于殷巳酉年四月十九日丑时,殁于周癸亥年十二月初三日午时,合葬,生子一,乾。”所以蓝田公字种玉,后裔用肇始祖的字号作为堂名。且有楹联“汝水源流远,蓝田世泽长”“种传四海皆有庆,玉出蓝田即望馨”之句。

“谦让堂”,“东汉雷义和同郡陈重是好友,太守举陈重孝廉,陈重要让给雷义,太守不允。刺史举雷义茂才,雷义又要让给陈重,刺史不听,雷义遂装疯披发而去。”雷义后裔以“谦让堂”作为堂名。且有楹联“情逾胶漆,光烛斗牛”“雨打芭蕉听绿韵,田收稻谷舞香风”之句。

“颍川堂”,颍川郡在汉晋三国时期为士族豪门、才智之士聚居地之一,钟姓以郡望作为堂号,凡贴有“颍川堂”的家居、祠堂等人士,便是从颍川迁徙而来的某姓氏后裔。有堂联为证:“颍川世泽,太傅家声”“荥阳世泽,花县家声”“诗书悦性,山水知音”之句。蓝、雷、钟通用堂联:左首为“名垂后裔王子王孙免差徭。”右首为:“功建前朝帝喾高辛亲敕授”。或左首为:“名昭定国宗支祖派现沾恩”,右首为“绩著平番帝世王朝连赐宠”。

第二章　迁徙繁衍

唐代中期,畲民逐渐由南向北迁徙,聚居闽、浙、赣边界,于深山僻壤处劈山造田,谋求生计。自唐代至明清,先后有20多支畲民结伴从福建连江、罗源、古田、福安迁徙景宁,“开山劈荆、拓荒造田、游耕狩猎、繁衍生息”,逐渐形成“大分散小集居”的畲族村落格局。从明景泰至清末,由于居住地土地贫瘠、人口繁衍增多,景宁雷、蓝、钟各姓畲民后裔又有100多支分迁于四川、安徽、福建3省及浙江10多县。

第一节　迁入景宁

迁徙路线

据浙江苍南、福建闽东和罗源等县多部族谱、志书载:“唐光启二年(886),有盘、蓝、雷、钟四姓360多人,从福建漳浦县赤岭等地乘船北上,盘姓玉碧一船途中被暴风刮飘不知去向,余从连江县马鼻道上岸,徙居罗源县大浿头,定居罗源北部等山区”。

另据史料载,景宁包凤雷进明[①]支族、山外村钟隆熙支族、王畈村雷虔山支族、大垟岗村蓝法乾支族、石圩村蓝世全支族,始祖自唐乾元元年(758)离开祖籍广东潮州外迁,于唐乾元六年即唐广德元年(763)迁至宁州府(江西)高山居住;后又经道州府(湖南)、吉州府小场岭(江西)、吉州道普山(江西),长乐县十都黄四山(福建),揭阳县三十六都黄冈山(广东),福州府连江等地,历经470多年的迁徙,于宋端平年间(1234—1236),迁徙福州府罗源县。雷姓住十八都苏坑境高南坑村;钟姓住十七都晋安大坪村;蓝姓住梅溪村。

景宁畲族家谱及史料记载,畲族各姓最早迁徙景宁的时间次序为:先祖雷进裕于唐永泰二年(766)从福建罗源县迁入景宁叶山头;先祖钟日章支族后代发彩公,于明洪武八年(1375)从福建连江县迁入景宁油田锦岱垟岭脚村;先祖雷尚文支族于明嘉靖八年(1529)从福建罗源县迁入景宁油田村;先祖蓝富清、富生、富孔兄弟于明万历十二年(1584)从福建罗源县十八都塔底坑迁入浙江处州府景宁六都张村暮垟湖土名明岗、彭坑村。

各姓迁入

雷姓迁入　1995年12月第一版《景宁畲族自治县志·大事记》载,“唐永泰二年(766)畲族雷进裕一家5口与僧昌森、子清华,从福建罗源十八都苏坑境南坑徙居境内鹤溪村大赤寺[②](今澄照乡大赤垟村,寺已废),后居叶山头(今鹤溪镇辖),为畲族徙居景宁之始。”《景宁畲族自治县志·畲族》中记述,“据张春乡惠明寺村和敕木山村保存的《唐朝元皇南泉山迁居建造惠明寺报税开垦》[③]一文记述:‘唐永泰二年丙午岁(766),雷太祖进裕公一家五人与僧昌森、子清华二人,从福州罗源十八都苏坑境南坑,一同来到浙江处州青田鹤溪村大赤寺(今景宁畲族自治县澄照乡大赤垟村),后居叶山头(今鹤溪镇包凤行政村)砍伐山林,开垦田园’。”

据其他雷姓家谱记载,雷姓迁入景宁的时间依次为:

---

① 据包凤《雷氏宗谱》记载,雷进明为包凤村开基太祖,开基年份为1606年。

② 大赤寺原称澄照寺,始建于唐咸通二年(861),原基在佃源,毁后,于宋乾道二年(1166)迁至大赤洋,故又称大赤寺。

③《唐朝元皇南泉山迁居建造惠明寺报税开垦》原为《唐朝元皇南泉山迁居建造惠明寺报税开垦重修存根簿》,记述自唐永泰二年(766)至清道光五年(1825)修建惠明寺的募捐账。惠明寺建于唐咸通二年(861)。原文载“唐朝元皇三年庚子岁僧昌森住江西广信府沿山县,永泰二年丙午岁(766)僧昌森从江西来到福建福州府罗源县十八都苏坑境高南坑居住,遇雷太祖名进裕公。与僧昌森子名清华二人,雷太祖父子男女五人,一同来到浙江处州府青田县鹤溪村大赤寺,僧太祖父子二人居住大赤寺,雷祖居住叶山头。二姓人贞元三十四年来到南泉山居住,雷太祖砍伐山林,开垦田园。元丰皇二年辛巳岁僧姓太祖所造惠明寺,雷姓太祖砍木柴烧瓦同造寺院,僧姓太祖四处捐缘建造寺院报税开垦田园。”

雷尚文支族，明嘉靖八年（1529），从福建罗源县迁徙浙江处州府景宁县二都油田村居住。雷世隆支族始祖君达，原居广东潮州揭阳县高桥黄坑。后辗转迁居福建罗源，于明万历七年（1579），从福建罗源县黄重下牛栏坪（今霍口乡大王里村），迁入浙江处州府景宁县一都佃源村。

雷进明支族，明万历三十四年（1606），从福建罗源十八都苏坑境高南坑，迁至浙江处州府景宁七都包凤村。

雷虔山支族，一家48口，于明万历四十一年（1613），从福建罗源县十八都应德铺庄梅溪里，迁徙浙江处州府景宁二都王畈村。

雷孔华支族，清康熙三年（1664），从福建古田县九都黄泥田畈水缸丘，迁入浙江处州府景宁叶山头李树坪村。

蓝姓入迁　蓝姓迁入景宁的时间，不同地方的家谱有不同的记载。据英川镇乌饭恰村（今称新村）《汝南蓝氏宗谱》载：先祖高辛103世裔孙蓝万二十郎行谌，汉时仕蜀都校尉，授南京都指挥（古地名志记载汉时四川成都称南京），其子孙由粤迁居南京；141世裔孙蓝大一郎一可，字巍轩，生于隋开皇十二年（592），由南京迁居闽汀上杭大垟埠；153世裔孙蓝小二郎玉斯，生于唐乾符六年（879），由闽汀上杭迁居福建罗源县南乡九部清格林家庄；154世裔孙蓝百三郎边达，字景山，生于唐天复二年（902），宋太祖时，由罗源迁居福建连江县西乡林九峰傅庄；159世裔孙蓝大五郎星耀，生于宋天圣二年（1024），由连江县迁居福建古田县小茶岭居住；170世裔孙蓝念十郎丹山，字元和，生于大德十一年（1307），由古田县小茶岭迁居福建福安县东门髻蓝；175世裔孙蓝万七郎敬泉，字临崑，生于明景泰二年（1451），于明正德年间（1506—1521），与胞兄蓝敬华、蓝敬泰、胞弟蓝敬连等全家十六人，从福建福安县东门髻蓝迁居浙江处州府云和县岩下村；183世裔孙蓝大十四郎万育，生于明天启六年（1626），与其胞弟蓝大十七郎万连，生于明崇祯三年（1630），携子日兴、日良、日田、日根、日意、日洪，从云和岩下村迁居景宁六都驮磨庵村（今澄照乡金丘）。据《浙江省少数民族志》载，蓝敬泉为龙麒175世裔孙，生于明景泰二年（1451），于明正德年间（1506—1521）由福安县迁居浙江处州府云和县岩下村。清康熙五年（1666）蓝敬泉支族183世裔孙蓝大十四郎万育、蓝大十七郎万连两兄弟从云和县岩下村迁入景宁六都驮磨庵（金丘）。

据蓝姓其他史料载，蓝姓迁入景宁的时间依次为：

据敕木山汝南郡《蓝氏宗谱》载，蓝富清、富生、富孔三公，明万历十二年(1584)，从福建罗源县十八都塔底坑村迁入浙江处州府景宁县六都张村暮垟湖土名明岗、彭坑村。

蓝法乾支族，明万历四十年（1612），从福建罗源县重上里官坑迁入浙江处州府景宁六都大垟岗村。

蓝世全支族，明万历四十四年（1616），从福建古田县南乡里秀山垌，迁入浙江处州府景宁二都油田圩村。

蓝敬方支族，明万历四十八年（1620），从福建罗源塔底迁徙浙江处州府景宁六都彭坑村。

钟姓迁入　据莲都区丽新畲族乡黄家弄村《钟氏宗谱》载：先祖钟日章支族始祖原住广东琼州府琼山县金村。元元贞年间（1295—1297）景谅公迁居广东朝阳县南门，元延祐七年（1320）发彩公迁居福建连江县清河里。于明洪武八年（1375），从福建福州府连江县清河里迁居浙江处州府景宁二都油田锦岱垟岭脚居住。

钟智恩支族于明万历三十六年（1608），从福建罗源县十七都晋安大坪村，迁徙浙江处州府景宁县包凤村住三五年后转迁山外村居住。

钟隆熙支族于明万历三十八年(1610),从福建罗源县十七都大坪村,迁徙浙江处州府景宁山外村。

钟石洪支族28人,于明万历四十二年(1614),从福建宁德县十都安乐垟龙坑头,迁入浙江处州府景宁二都油田锦岱垟岭脚村。

迁入景宁居住还有:云和县青石岩蓝谨传支族分迁景宁石圩、菖蒲湾、汇下、东背、老鸦尖、石灰炉、叶府前、百岁门、吴宅岗、炭窑基、官山、北岸坑、犁头岗;云和县安溪蓝风进支族分迁景宁杨畲、驮岗山、金山垟;平阳县陶岙门前钟奇元支族分迁景宁东坑岭后、三枝树;平阳县蒲门蓝意必支族分迁景宁上坪村;平阳县蓝朝聘支族分迁景宁下斜、徐垟、龙须坦等村;杭州钱塘九龙雷顺星支族分迁景宁五都东畔村。

迁徙分布

景宁畲族大部分于明代迁入,少部分为清代迁入,迁入时基本居住在鹤溪周边村庄。景宁是浙江畲族迁入最早的落脚地。

明清时期景宁畲族迁入一览

表34–2–1

支族名称	迁入时间	迁出地	迁入地(村)
惠明寺雷进裕支族	唐永泰二年(766)	福建罗源县十八都苏坑境南坑	景宁鹤溪村叶山头
锦岱垟岭脚钟日章支族	明洪武八年(1375)	福建连江县清河里	景宁二都油田锦岱垟岭脚
油田雷尚文支族	明嘉靖八年(1529)	福建罗源县	景宁二都油田
佃源雷世隆支族	明万历七年(1579)	福建罗源县黄重下牛栏坪(今霍口乡大王里)	景宁澄照佃源村
彭坑蓝富清三兄弟	明万历十二年(1584)	福建罗源十八都塔底	景宁六都彭坑,后迁移到白沙峰、古基、敕木山
包凤雷进明支族	明万历三十四年(1606)	福建罗源十八都苏坑境高南坑	景宁七都包凤
山外钟智恩支族	明万历三十六年(1608)	福建罗源十七都晋安大坪	景宁六都山外
山外钟隆熙支族	明万历三十八年(1610)	福建罗源十七都晋安大坪	景宁包凤住三五年后转迁山外村
大垟岗蓝法乾支族(蓝高元)	明万历四十年(1612)	福建罗源县重上里官坑	景宁六都大垟岗
王畈雷虔山支族	明万历四十一年(1613)	福建罗源县十八都应德铺庄梅溪里	景宁二都王畈
锦岱垟岭脚钟石洪支族	明万历四十二年(1614)	福建宁德县十都安乐垟龙坑头	景宁二都油田锦岱垟岭脚
石圩蓝世全支族	明万历四十四年(1616)	福建古田县南乡里秀山垌	景宁二都油田村
彭坑蓝敬方支族	明万历四十八年(1620)	福建罗源塔底	景宁六都彭坑
叶山头雷孔华支族	清康熙三年(1664)	福建古田县九都黄泥田畈水缸丘	景宁叶山头梨树坪
驮磨庵高辛175世裔孙蓝万七郎敬泉支族183世蓝万育、万连	清康熙五年(1666)	福建福安县东门髻蓝经云和岩下	景宁六都驮磨庵

第二节　繁衍分迁

畲族多居贫瘠之地，经数百年繁衍，人口增多与生活所需之矛盾日益突出，并受封建统治及当地土豪压迫歧视，后代支裔被迫迁往异地。部分分迁景宁县内，部分分迁县外、省外。从明景泰四年(1453)起至清宣统三年(1911)近500年，景宁畲族迁出100多支。

分迁县内

雷姓雷进明支裔分迁景宁各地16支；雷进裕支裔1支；雷孔华支裔33支；雷虔山支裔6支；雷世隆支裔5支。蓝姓蓝敬泉支裔183世裔孙蓝万育、蓝万连两兄弟后裔分迁景宁各地25支；蓝敬方支裔9支；蓝文发等支裔5支。钟姓钟隆熙支裔分迁景宁各地3支；钟智恩支裔1支。

分迁县外

包凤雷进明支裔分迁丽水、松阳、云和、遂昌、青田、平阳、泰顺、文成、龙游、兰溪和福建霞浦等2省11县；叶山头雷孔华支裔有27支分迁浙江、福建省永安等2省7县；佃源雷世隆支裔、王畈雷虔山支裔、油田雷尚文支裔分迁19县。175世裔孙蓝万七郎蓝敬泉支族183世裔孙蓝大十四郎万育、蓝大十七郎万连两兄弟于康熙五年(1666)迁入景宁县六都驮磨庵，后裔分迁兰溪、建德、龙游、江山，临安、余杭、寿昌、泰顺、庆元、龙泉、松阳、遂昌、福建省寿宁、浦城、安徽省宁国、四川省同庆府等4省17县；四格蓝文发支裔、彭坑蓝敬方支裔、大垟岗蓝法乾支裔、石圩蓝世全支裔等分迁17县。锦岱垟岭脚钟日章支裔分迁遂昌、丽水、云和、松阳、宣平、武义、龙游、建德等9县，钟石洪支裔分迁遂昌、宣平、松阳、文成、龙游、桐庐、青田、龙泉、庆元、泰顺、云和、福建省松溪、浦城2省13县；山外钟隆熙、钟智恩支裔分迁5县。

景宁畲族分迁情况一览

表34-2-2

支族名称	分迁地	
包凤雷进明支族	景宁县	三石垟、白座、惠明寺、粗滩、河畔、驮吾、坪头地、北山、冷水湾、郑山头、三垟、张庄、深坑垄、湖车、乌铁岩、大张坑
	丽水县	利山、上衍、张坳、尖山丘、双坛、望京头、官畈、金村、官山、尖岙、大路坳边
	松阳县	老鸦坑柿树下、茅弄、西坑口、源底、马蹄湾
	青田县	连云寺、黄山头、堂后、田坑、大岩下、二十四都阴山、八都七源
	云和县	坪垟岗、西坑、严山、坪地、牛塘
	平阳县	牛角湾(今属苍南县)、林处、二十三都
	遂昌县	东风、前寮
	泰顺县	八都
	文成县	西坑、塘垄、周山垟
	龙游县	金岭、无均
	兰溪县	—
	福建省	霞浦县

续表 34-2-2

支族名称	分迁地	
六都驮磨庵(183 世裔孙)蓝大十四郎万育、蓝大十七郎支族万连	景宁县	驮磨庵、四格、敕木山、田寮、东源、潘庄、驮坪、乌饭恰、郑坑、陈后、前坞、岱根垟、泥岱、老鸦尖、天堂坪、赤岩、大均坑头、练家庄、黄水坑、石坞坑、延坞、寨下、周湖岭、避标山
	云和县	岩下、吴坪、南山、西尖、杉坑岭
	兰溪县	柳塘张、双塘下、魁塘畈、明真山脚、石捌塘下、西方坞、汪高楼、坂山、外垄山、内垄山、紫微塘下、恢塘畈、银应坑、余垄、上朱塘、西方坞后山、紫微塘、柳家上手、柳塘畈
	龙游县	项家、猫狸洞、填补、下壮山、崩坑、枣树园、新铺、杨家坳
	庆元县	坪岭岗、周墩、大柘、坞台岭
	松阳县	街大畈
	泰顺县	石余坑、长坪
	建德县	黄鸟
	临安县	红花塘
	龙泉县	大虹桥头、坛坞
	遂昌县	北乡、西乡
	余杭县	王家庄、叶坞、填皮山、上金
	寿昌县	里塘坑
	江山县	南乡
	安徽宁国县	十三都小坑
	福建寿宁县	东岭
	福建浦城县	—
	四川同庆府	—
四格村蓝文发(云和小窟蓝敬泉九代孙)	景宁县	四格、金丘
	泰顺县	石盂坑、鳌岭、翁地、芭蕉垄、司前、横路、桥底、石化后、北岭、银洞坑、大发垟、察溪、秀洞、沈山、墩头、官垟半岭仔
	丽水县	岙头、上双坑、陈岙、山根、仁和寺、坝岗头
	松阳县	大纺车、万岭脚、岗丘
	青田县	黄山头
锦岱垟岭脚钟日章支族	宣平县	黄家弄、上塘、上井、郑坑、黄庄、赤坑垵
	丽水县	赴弄源、下林、二十七都杨梅园、富村畈、十都白水坑、碧湖岭根、余村
	遂昌县	小忠、乌坛、湖山
	松阳县	高岭
	龙游县	—
	云和县	—
	建德县	—
	龙泉县	张源
	武义县	陶庄弄、范岭脚

续表 34-2-2

<table>
<tr><th>支族名称</th><th colspan="2">分 迁 地</th></tr>
<tr><td rowspan="4">山外钟隆熙支族</td><td>景宁县</td><td>大赤垟、一都半岭、大均坑头、上村垟</td></tr>
<tr><td>宣平县</td><td>下河源、黄庄、狮仔山(今丽水)、种子源、白马下、枫树塘、坟山脚</td></tr>
<tr><td>松阳县</td><td>石马下、小茶、岗丘、细坑口、焦树、弄背、黄店</td></tr>
<tr><td>泰顺县</td><td>大安南、陈广、左溪、北山、北坑、翁地、大山、安南岗</td></tr>
<tr><td rowspan="7">王畈雷虔山支族</td><td>景宁县</td><td>坑圩、暮垟湖、锦岱垟、石圩、郑店、域俊坑</td></tr>
<tr><td>云和县</td><td>叶村坪、大坑底、泉溪、朱源、下坑(茶园)</td></tr>
<tr><td>丽水县</td><td>石牌、黄店、柳家上、郎奇前街</td></tr>
<tr><td>遂昌县</td><td>上塘(朱家)、古院、新庵、定村、内坞、三墩桥下、米筛坞、金钩</td></tr>
<tr><td>宣平县</td><td>蔡弄源、赤坑垵(今为丽水)</td></tr>
<tr><td>龙游县</td><td>马戌口</td></tr>
<tr><td>平阳县</td><td>—</td></tr>
<tr><td rowspan="5">大垟岗蓝法乾支族</td><td>丽水县</td><td>派塘、麻地窟、吴宅塘、沙旺、西弄、陈岗后(定岗)、南坑口、后桑、凉塘、堰古、大陈、上中堂、路湾、朱村坝</td></tr>
<tr><td>松阳县</td><td>金竹后、上鸟、下鸟、磨坛下、柴头</td></tr>
<tr><td>龙泉县</td><td>黄岭上</td></tr>
<tr><td>遂昌县</td><td>大垅头</td></tr>
<tr><td>宣平县</td><td>东头、章坑、坛背水口(今属武义县)</td></tr>
<tr><td rowspan="5">彭坑蓝敬方支族</td><td>景宁县</td><td>后垟、东弄、暮垟湖、敕木山、周坑、金丘、大均坑头、张司洞、三垟</td></tr>
<tr><td>丽水县</td><td>黄店、白坛下</td></tr>
<tr><td>青田县</td><td>颜宅</td></tr>
<tr><td>云和县</td><td>苦枝弄、外垟</td></tr>
<tr><td>遂昌县</td><td>塘前里</td></tr>
<tr><td rowspan="4">石圩蓝世全支族</td><td>丽水县</td><td>坦头嘴、庵前、野猪弄、仁和寺、道士畔</td></tr>
<tr><td>云和县</td><td>枫树岗、桑坑、下坑、书堂</td></tr>
<tr><td>松阳县</td><td>南坑源、保暮、大林</td></tr>
<tr><td>龙游县</td><td>里金塘</td></tr>
<tr><td rowspan="5">油田桥雷尚文支族</td><td>宣平县</td><td>黄家弄、上塘畈、狮子山(现属丽水)、后处垟、车门、铺头岗(现属武义县)</td></tr>
<tr><td>遂昌县</td><td>湖山、上高、金钩</td></tr>
<tr><td>龙游县</td><td>固溪、下北山、红洞山、眠术形</td></tr>
<tr><td>云和县</td><td>长田岭脚</td></tr>
<tr><td>松阳县</td><td>南州</td></tr>
<tr><td rowspan="4">佃源雷世隆支族</td><td>景宁县</td><td>水碓垟、大畈垟、垟细丘、潘庄、小余山</td></tr>
<tr><td>丽水县</td><td>小都半岭、坑下、半山、碧湖半岭、汤庵、三角圩、路湾、鹁鸪尖、大坪(大力岗)、大路坑边、凉塘、望城岭、下河山</td></tr>
<tr><td>遂昌县</td><td>燕堂斗米岭脚、东风桥头、仓角坞、上广、苏村</td></tr>
<tr><td>宣平县</td><td>东畈、沙溪口、牛寨、郑坑(今属丽水)、上陈(今属武义)</td></tr>
</table>

续表 34-2-2

支族名称	分迁地	
佃源雷世隆支族	松阳县	杨家坞、石马源
	泰顺县	林山
	云和县	雾溪、旱畔
	寿昌县	樟树岭
	龙游县	庙下翠店、大垟坪
惠明寺雷进裕支族	景宁县	叶山头
叶山头雷孔华支族	景宁县	包凤、亭后、贵章、罗岗头、张庄、黄胆坑、张山、吴宅岗、龟庄、三垟、管田、寨下、源庄、河畔垟、遮头、暮垟湖、坪磨坳、山下、大赢后、大坪、桥湖寨、吊笔峰、香炉丘、大端岭、半山、白银岗、秀山岗、水碓垟、茶下、司坑、留坑、小李塘、驮吾
	兰溪县	柳塘畈、魁塘畈、洪东山、李塘坝、余垅、破塘下、湖西塘、明真山脚、东山下、天井背、颜院坞、玉石山
	龙游县	鸡冠山、上坞、张家山、美叶山、塔石头、山湾张
	庆元县	小林坑、源头
	淳安县	梓桐山
	青田县	黄山头
	福建永安县	二十七都白菜坑
山外钟智恩支族	景宁县	大赤垟
	丽水县	周井、周坑、张坳、周斜、鲤鱼头、余村、火烧畔
	云和县	樟树垟
彭坑蓝富清支族	景宁县	白沙岗、古基、敕木山则民丘
	丽水县(今莲都区)	高溪乡
锦岱垟岭脚钟石洪支族	遂昌县	蔡村、项村、杉树垵、瓦窑坪、苦竹坞、水阁(丽水)、井头坞、李家山、排前、白麻、木杓山、上坦、洞康、坞坦下、黄皮下、黄皮垟、小驮垵、石岩下、坑春、下杭、培坞、象冈、坦塔潭、大猫头、垄坞、岩里、三仁、石练、定村、高怒、潘石、下溪包、增树岭、苦竹垵、横町、东兑、黄子坞、荫章源、叠石
	宣平县	车农坦、尖山脚、大路山、赤岩畈、台山脚、范岭脚(今属武义)、樟塘垵、郑坑、上井、范用、富村畈(今属丽水)
	松阳县	徐山、官寮、大石、南坑、岭下、白沙
	文成县	樟树垟、高丘、半路垟、孙岙、半山、下铺、龙丘岗、肖山、天雷岗、丁坑岭、草山
	龙游县	坞里山、九龙山区、马戌口、水城
	青田县	箬坑
	龙泉县	刘后低吴、永坞、彩金田
	泰顺县	横坑
	云和县	坳后、西弄
	庆元县	白应堂
	桐庐县	金瓜山、铁锡湾
	福建松溪县	吴村汤溪源
	浦城县	清扬田

第三节　人口规模

人口统计

民国前，景宁没有畲民人口统计记载。据1995年版《景宁畲族自治县志》载：民国16年（1927），景宁县政府向省政府报称：邑内畲民男约10000多人，女约7400多人，共计17400多人。民国32年（1943），户口总登记，畲民人口12014人，占全县总人口的11.12%。民国33年（1944）统计，畲民2495户，男5537人，女5268人，合计10805人，占全县总人口的10.24%。

据1950年初统计，景宁畲民2479户、9815人。据1953年第一次全国人口普查，景宁畲民10594人，占全县总人口的11.34%。据1964年第二次全国人口普查，景宁畲族人口11410人，占全县总人口的10.83%。据1982年第三次全国人口普查，景宁畲族人口16020人，占全县总人口的10.02%。据1990年第四次全国人口普查，景宁畲族人口17378人，占全县总人口的10.04%。据2000年第五次全国人口普查，景宁有21个民族，常住48108户，153011人。其中，汉族136505人，畲族16144人，畲族人口占全县常住人口的10.56%。据2010年第六次全国人口普查，景宁有25个民族，比2000年增加4个。常住38355户，107106人。其中，汉族91922人，畲族14529人，畲族人口占常住人口13.57%；其他23个少数民族人口655人，占总人口0.61%。

人口分布

据1988年调查：全县畲民4011户，人口17012人，分布35个乡镇，158个行政村（含居民委员会，下同），418个自然村，分别占乡镇、行政村、自然村数的94.59%、55.05%、30.28%。其中，100人以下19个乡，101~500人6个乡，501~1000人3个乡，1001~1500人5个乡，1501~2000人1个乡，2001人以上1个乡；100人以上行政村58个，自然村48个。其中，张春乡惠明寺村60户皆姓雷，东弄村61户、敕木山村57户皆姓蓝。

1984年景宁畲族人口分布一览

表34-2-3

区（镇）公社名称	总户数	其中畲族户数	总人口			其中畲族人口			畲族占总人口%
			合计（人）	男（人）	女（人）	合计（人）	男（人）	女（人）	
鹤溪镇	2343	415	9271	5013	4253	2013	1051	962	21.71
景宁区	5425	1312	25356	13607	11749	6717	3529	3188	26.49
外　舍	—	—	3214	—	—	1158	—	—	36.00
白　岸	—	—	2488	—	—	122	—	—	5.00
大　均	935	289	4503	2367	2136	1470	757	713	32.60
澄　照	—	—	4974	—	—	1170	—	—	23.50
漈　头	—	—	1939	—	—	730	—	—	37.60
张　春	766	429	3743	1964	1779	2040	1090	950	54.50
梅　岐	883	—	4141	2303	1838	—	—	—	—
渤海区	8101	586	34177	18596	15581	2833	1541	1292	8.30

续表 34-2-3

区(镇)公社名称	总户数	其中畲族户数	总人口			其中畲族人口			畲族占总人口%
			合计(人)	男(人)	女(人)	合计(人)	男(人)	女(人)	
顺　利	—	—	3667	—	—	48	—	—	1.30
新　四	567	3	2206	1209	997	3	3	—	0.14
东坑区	4980	381	22835	12309	10526	1875	975	900	8.21
东　坑	1177	230	5236	2880	2356	1156	617	539	22.08
白　鹤	—	—	1795	—	—	258	—	—	14.40
北　溪	—	—	1651	—	—	403	—	—	24.40
大　漈	717	6	3206	1757	1449	27	12	15	0.84
景　南	—	—	2462	—	—	2	—	—	0.1
雁　溪	—	—	3550	—	—	4	—	—	0.1
上　渔	—	—	2217	—	—	—	—	—	—
家　地	517	2	2472	1289	1183	2	—	2	0.08
英川区	5850	163	28182	14987	13195	790	419	371	2.80
隆　川	1249	6	5862	3108	2754	22	13	9	0.37
鸬　鹚	1282	101	6187	3228	2759	502	259	243	8.11
黄　湖	1218	1	5953	3224	2729	1	—	1	0.02
英　川	1038	52	4974	2655	2319	262	145	117	5.30
葛　山	1063	3	5206	2772	2434	3	2	1	0.06
沙湾区	8529	460	42496	22657	19839	2001	1021	980	4.70
梧　桐	1218	281	5822	3047	2775	1237	626	611	21.30
标　溪	903	14	4451	2317	2184	69	35	34	1.60
莲　川	—	—	3427	—	—	3	—	—	0.1
叶　桥	—	—	3605	—	—	1	—	—	0.03
沙　湾	1944	159	9258	5053	4205	639	359	330	7.40
大　地	1300	—	6645	3578	3067	—	—	—	—
毛　垟	854	2	4286	2304	1982	2	1	1	0.05
秋　炉	937	—	4761	2499	2262	—	—	—	—
合　计	35228	3317	162317	87169	75148	16229	8536	7693	10.00

2010年景宁畲族人口分布一览

表 34-2-4

乡镇	行政村(社区)	自　然　村	户数	人口数
鹤溪镇(外舍管理区)寨山桥以北村与社区	岗石	石圩、岭脚、大墇、丫鹊岗、杉树墇、犁头岗、金大四、岩头背、齐岱、和尚垟、潘澳、岭脚	97	413
	岭北	北岸、雷保户、昌蒲墇、双坑、十二渡、半岭、官山、门前墇、鸡墇	60	329
	小金洲	坦皮寮、梅山、岙丘岗、坑底岙头、西山、岗头、昌蒲垟、甲头岗(注:甲头岗12户58人,昌蒲垟9户37人,岙头4户24人,岗头1户8人,西山8户44人)	51	237

续表 34-2-4

乡镇	行政村(社区)	自然村	户数	人口数
鹤溪镇(外舍管理区)寨山桥以北村与社区	大吴山	大吴山、吴四、龙须坦、梅丁岗、郑山、石门楼	43	211
	王金垟	王畈、金岱垟、杨柳伴、坑底、徐垄、山脚、东岗、坳丘	81	395
	城北	学田、三角塘头、玄坛殿、山后、新田、鸭卵坑	54	256
	外舍社区	汇边、坪头地、汇下、大坪	60	251
	仙童社区	—	47	96
	金仙寺社区	岭脚、栋底、石垟、金仙寺(溪口、坑底、掌岸、石垟已移民)	250	1083
鹤溪镇寨山桥以南村与社区	周湖	暮垟湖	51	233
	双后岗	双后岗、对面山	50	241
	旱塔	旱岗、塔墈、枫树垄	54	268
	敕木山	敕木山、九重垟	57	296
	惠明寺	枫树垄、惠山头、水碓坑、坟山、惠明寺、岗尾	60	266
	东弄	岗头、周坑、东弄、东弄新村	84	395
	包凤	包凤、新村、叶山头、潘山岭	79	411
	浮垟	叶府前、钓台岗、石牛山、雷公岩、包山	54	281
	鹤溪	半垟、后坑、百岁门、南门弄、横岸、鱼塘岸	65	306
	滩岭	外塆、粗滩、岭脚	50	263
	三支树	金山垟、三支树	23	118
	城南社区	百岁门、垟后、百塔(注:百岁门8户25人,垟后10户14人,百塔25户51人)	23	118
	城西社区	浮丘	25	41
英川镇	新村(乌饭恰)	乌饭恰、梅库	47	185
	董川	上村垟(东岱岗)	22	102
	黄垟口	仙后	9	29
大均乡	李宝	大门坑、吴山头、李婆坑、树岗、三宝石、毛桐岗、跃坑头、长大后	82	445
	伏叶	半山、口赤、叶坑、白锄、黄泥田、潘寮、香菇厂	69	396
	三格	坑头、三格过坑	36	171
	泉坑	水碓垟、畔灶、张荒岱、泉岱、中央岗、田寮、埠头	70	333
澄照乡	三石	杨山、小余山、石灰炉、樟树湾	43	241
	米岩山	大畈垟、石瓦隆、下泥山	72	386
	张后山	后山、外垟、仙山	75	334
	四格	四格	46	197
	金坵	金坵、坑头、大畈	56	284
	东岱	小东岱	29	125
	东升	溪下库、坦头岭、山后	20	81
	东畔	滩树岭、佃源、水井湾、东畔	27	162
	朱排	朱湾头、底尾、外福岗	12	42

续表 34-2-4

乡镇	行政村(社区)	自然村	户数	人口数
大漈乡	琴山	犁头尖	7	28
东坑镇	马坑	前坑、大坪、竹后、岭后、水流田	49	233
	竹埠	沙湾、马湾、石排、竹埠	35	180
	何村	何村、林山、杉树岙、周湖岭、平桥	89	471
	徐垄	徐垄、源后	23	108
	东坑	东坑、大岩岭、瓦窖坪、黄寮湾、蛤蟆垟	41	141
	大张坑	大张坑	40	214
	吴山头	吴山头	45	205
	深垟	黄山头	26	179
	桃源	桃源	22	105
	北山	北山、北山寮、桥下坑、底堡	12	66
雁溪乡	浮亭岗	浮亭岗	2	4
郑坑乡	柳山	天堂、半岭、石笋坪、山垟、柳山外村	60	334
	郑坑	塘垳、胡车、叶山头、桃山	37	231
	吴布	通天岙、犁壁漈、吴村、麻寨山、冷水湾	86	474
	张坑下	黄山、漈下	5	35
	羊角岗	南排、毛窠、横坑	14	68
渤海镇	安亭	上寮、双叶湾、底梅源	69	449
	叶处	岩头背、渤海坑、水岙后、四十罗、竹山、金头汇	42	192
	旦水	乌坦、坪头、犁斜坑	41	180
	梅坑	高山、东坑、下朱山、上朱山、马里赛	17	82
	鲍山头	鲍岸、石埠山、垟岗	11	35
	石塘山	上村、石塘口、隔溪、塘底湾、山茶湾	16	80
	大都	小均、瓦窑岗、外山、外湾、山前、外粗	30	161
九龙乡	徐垟	北山岗	8	19
	顺利	隔坑、小顺、下朱、平田	20	74
	陈村	大岙、东边、朱村、下村	9	28
沙湾镇	沙湾	对面岗	25	67
	严坑	潘庄	4	27
	季庄	季庄、古楼	29	115
	张庄	张庄、毛风坑	55	246
	七里	瓦窑岗	9	16
	毛山头	水竹湾	10	46
	林斜	田湾、鳗段、林斜	24	120
	道化	鸬鹚口	22	84

续表 34-2-4

乡镇	行政村(社区)	自　然　村	户数	人口数
梧桐乡	东源	张司洞、金水坪、新建、上寮、突石下	52	293
	王山头	秋兰、犁头湾、叶振、外湾、坦坑、龙湾头、王山头	46	172
	秋兰	秋兰、茶树岗、枇杷岗	24	151
	角耳湾	外村上处、入隆湾、内湖、马兰坦	31	121
	梧桐坑	多昌岗、八条颂	7	22
	金兰	处后	12	44
	林山	林山下、苦竹坪、白岩头	38	193
	山前	金处、山前、月坵、山后寮、面坵岗	27	113
	高演	下庄、瓦窑岗	13	63
	李庄	白沙岗	13	57
标溪乡	处基	泥岱	10	37
	预章	天堂坪	7	29
鸬鹚乡	驮戥	驮戥、外弄	45	175
	茶亭	罗坑头、双坑、地坤、对村	25	102
	徐崇	徐崇	6	33
	山下	大坪	8	31
	鸬鹚	垟细坵	12	35
	南坑下	驮吾、吴山、后龙	17	81
	黄山南	南山	7	28
合　计			3368	16579

第四节　居地环境

居地高程

景宁畲族大多居住在海拔500米左右的半山腰，部分在城镇附近及沿溪平坦处，村庄分布较散。环敕木山一带是景宁畲民最早聚居核心区，分布畲族村落20个，畲民8000多人。畲民居住地海拔较高的有：大均乡三格村970米；东坑镇大张坑村930米，吴山头村850米，黄山头村720米，马坑村630米；沙湾镇张庄村780米，季庄村700米；渤海镇上寮村750米；鹤溪镇敕木山村740米；郑坑乡郑坑村660米。居住在海拔600米以上的畲民有3400多人，约占全县畲族人口的20%左右。居住地海拔较低的有：大都小均村120米；鹤溪镇栋底村180米；外舍王畈村200米。居住在县城周边和城郊低海拔的畲族人口约占17%。

特色村寨

畲族村地处半山腰，立地条件相对欠佳，开门见山，出门爬坡。但畲族村山青水秀，风景迷人，特色明显。2000—2010年，在各级党委政府关心支持下，鹤溪镇双后岗、东弄、周湖、东坑镇深垟、马坑、桃源、大张坑、大均乡李宝、外舍岗石等畲族村，经过村庄整治，环境改善，整体面貌发生翻天覆地变化，成为景宁畲族特色村寨样板。鹤溪镇敕木山村是典型畲族村落，坐落景宁敕木山半山腰。民国17年(1929)夏天，在上海同济大学任教的德国学者哈史图博和中国学生李化民深入敕木山开展民族学考察，撰写了《浙江景宁敕木山村畲民调查记》，详细反映畲民生产、生活状况。至2010年，畲族传统文化特色保留较为完整，属畲族村落“大分散小聚居”格局中的小聚居典型。

大张坑畲族村寨

2010年景宁主要畲族村海拔一览

表34-2-5　单位：米

村　名	海拔	村　名	海拔
鹤溪镇包凤	400	渤海镇竹山	400
外舍王畈	200	郑坑乡吴布	520
澄照乡米岩山	500	英川镇乌饭恰	410
大均乡李婆坑	500	鸬鹚乡驮戥	445
东坑镇大张坑	930	澄照乡金丘	450
渤海镇上寮	750	东坑镇马坑	630
沙湾镇张庄	780	梧桐乡秋兰坑	550
澄照乡四格	510	大均乡三格	970
鹤溪镇惠明寺	630	东坑镇吴山头	850
郑坑乡郑坑	660	鹤溪镇东弄	430

第三章　民族政策

1984年，景宁建立畲族自治县后，国家民委、省委、省政府先后出台许多优惠扶持政策，在政治、经济、文化、教育、医疗、生育、住宅等方面，给予畲民以特殊关爱，对民族村基础设施建设、生产发展、生活改善、环境整治、人才培养等给予特别政策优惠和经济扶持，加快畲族村寨经济发展。

在自治县，民族政策具有共享性，许多民族政策不是局限于畲民享受，至2010年，景宁有畲、苗等少数民族24个，包括汉族在内25个民族，都能享受到民族优惠政策。

2008年5月，省委、省政府下发浙委〔2008〕53号文件，就扶持景宁加强基础设施建设、大力发展特色产业、加快发展社会事业等方面提出21条意见，文件为景宁指明工作目标："到2012年，使景宁经济综合实力进入全国120个民族自治县前10位，接近全省基本实现全面小康社会的目标，并成为全国畲族文化发展基地。"作为省委专门为景宁发文尚属首次，而且文件内容丰富、含金量高。之后，为贯彻落实省委53号文件精神，省级机关部门纷纷制订实施意见，加大力度扶持景宁加快发展。省财政厅出台浙财预字〔2009〕19号文件，从完善财政体制入手，加大财政投入，实行税收增量免上交省的政策，并设立专项扶持资金，从2008年至2012年，省财政在保持年度专项补助的同时，每年再安排5000万元专项资金，用于景宁基础设施建设、教育文化事业、生态环境保护等项目。对景宁新老企业实行税收优惠政策和关注人才培养工作。省农业部门就推进景宁现代农业发展提出大力培育和扶持现代农业主导产业和发展主体、提升特色农产品附加值和品牌建设能力、提高农村劳动力素质和科技应用水平等方面扶持意见。省委、省政府及部门对民族自治县的特殊扶持政策，涵盖面广，受益面大，推动了景宁快速发展。

第一节 扶持政策

长期以来，畲族居住地生产生活条件相对恶劣。土地贫瘠、质硬、沙石多，耐旱力差，特别是山垄水田既小又散，素有"斗笠田""棕衣田"之称。耕作费时费力，产量低。包凤村畲民山歌唱曰："山哈住在高山头，种田一亩上百丘，山哈种田真辛苦，不及下老(汉族)种一丘。"畲民居住地大部分在山区、半山腰，交通不便，吃山坑水，卫生无保障，基础设施相对落后。畲民的教育、医疗条件也相对较差。1949年，中华人民共和国成立后，景宁畲、汉人民经历过合作社、公社化、集体化的历程。1984年，景宁设立畲族自治县后，省、市、县各级党委政府相继出台多项民族优惠政策，从生产、生活、教育、医疗、生育、招干等方面加大对畲族村及畲民的扶持力度，使畲族村面貌迅速得以改变，畲民生活水平大幅提高。

民族优惠政策

1984—2010年，特殊优惠政策体现在教育方面有：在本县就读的少数民族高中生、初中生、小学生每学年享受不少于300元、200元的生活补助费。在本县就读的少数民族高中生可减免一半以上学费；对初中升景宁高中的少数民族学生实行加30分录取政策；高考少数民族考生加10分录取；2008年后，对户籍在本县，且在当地完成三年高中教育的汉族考生，可以在其统考成绩总分的基础上加5分投档，由高校审查决定是否录取。医疗卫生方面：对少数民族群众参加城乡医疗保险，其个人缴费部分给予50%的补助；住院经费补助5%。计划生育方面：夫妻双方均为少数民族的可生育第二胎子女。夫妻双方均为农村居民，其一方是少数民族并具有本省两代以上户籍的，可生育第二胎子女。社会保险方面：每年从少数民族发展资金中，给予少数民族住宅保险费补助。招录国家工作人员方面：每年招录公务员、机关事业单位工作人员、"招聘村干部"的总额中，少数民族公民名额分别不低于11%(按少数民族占全县人口的比例)。参与政治社会活动方面：凡少数民族和汉族混居的地方，选举县、乡镇人大代表，少数民族代表名额和汉族代表名额互不占用，确保足额选出少数民族代表。在县级领导班子和机关乡镇党政领导班子中，必须按规定配备少数民族干部。

经济扶持政策

1984年，建立畲族自治县后，针对景宁贫困落后状况，国家民委及省、市、县各级政府先后出台经济扶持政策，帮助畲族村和畲民发展经济，提高畲民生活水平。县政府每年按上年度地方财政收入安排2%作为少数民族发展专项资金。2000—2010年，县政府拨款600万元，实施“万名畲民万亩茶”项目，用于发展惠明茶；拨付专项资金500万元，扶持畲民发展蔬菜、药材、油茶、水果、毛竹、食用菌、小笋竹等特色经济。在畲村培育扶持一批种植大户、养殖大户，使畲村出现专业村。2010年末，畲族村有耕地933公顷，林地18000公顷，茶园1410公顷、笋竹林3233公顷、水干果475公顷、药材379公顷、其他经济产业3840公顷。

2000年后，政府注重民族村基础设施建设，逐年增加扶持资金。2003年，建立县领导和部门联系民族工作重点乡镇、村制度和蹲点调研制度，加大帮扶力度。分别实施“康庄工程”“村庄整治”等项目，帮助民族村改善生产生活基础设施，把康庄路、油路修到村里，村道浇灌水泥路。开展危旧房改造和改栏、改厕，改变农村脏乱现象，村容村貌大改观。根据畲族村居地条件差的实际，各级政府鼓励畲民往中心村、中心镇及下山脱贫点搬迁，并积极谋划有条件的畲村实施“整村搬迁”。畲族村寨面貌的变化，推进“畲家乐”旅游经济发展。

2010年，景宁有畲族行政村41个，30人以上自然村163个（畲族行政村中占115个），50人口以上自然村140个（畲族行政村中占102个），少数民族（畲族和其他少数民族）总人口18810人。2010年末，畲族农村人均收入5470元。41个民族村全部开通公路、安装自来水、广播、有线电视和程控电话；40个村实施村庄整治；10个村进行民族特色村寨建设；5个村被评为省民族团结进步小康村。30个规划搬迁的自然村，有6个完成搬迁。

2007年景宁畲族村基本情况一览（一）

表34-3-1

乡镇名称	畲族村名称	户数（户）	人口（人）	畲族人口（人）	人均收入（元）	年2500元以下低收入人口（人）	低收入人口占村人口比例（%）	本乡镇年人均收入（元）	全县年农民人均收入（元）
梧桐乡	东源	114	432	330	3356	112	25.90	3510	3237
	王山头	123	472	206	3318	153	32.40	3510	3237
	林山	123	502	292	3028	107	21.30	3510	3237
	秋兰	121	476	218	3302	93	19.50	3510	3237
大均乡	泉坑	171	652	378	2982	182	27.90	3133	3237
	三格	54	233	174	3004	86	36.90	3133	3237
	李宝	123	475	428	2964	185	38.90	3133	3237
	伏叶	204	819	449	2989	269	32.80	3133	3237

续表 34-3-1

乡镇名称	畲族村名 称	户数(户)	人口(人)	畲族人口(人)	人均收入(元)	年2500元以下低收入人口(人)	低收入人口占村人口比例(%)	本乡镇年人均收入(元)	全县年农民人均收入(元)
鹤溪镇(外舍管理区)	包凤	116	474	474	3201	28	5.90	3772	3237
	旱塔	88	307	307	3279	20	6.50	3772	3237
	双后岗	77	320	320	3297	17	5.30	3772	3237
	惠明寺	70	306	306	3320	23	7.50	3772	3237
	敕木山	60	252	252	3205	21	8.30	3772	3237
	周湖	58	230	230	3276	17	7.40	3772	3237
	东弄	94	353	353	3251	19	5.40	3772	3237
	滩岭	100	425	425	3285	22	5.20	3772	3237
	浮丘	169	592	350	3462	17	2.90	3772	3237
	三枝树	100	360	138	3294	19	5.30	3772	3237
	岗石	144	503	443	3015	204	40.60	3015	3237
	王金垟	238	834	392	3070	281	33.70	3015	3237
	岭北	198	694	390	3015	304	43.80	3015	3237
	陶州	125	501	163	2970	187	37.30	3015	3237
	大吴山	101	412	138	2961	120	29.10	3015	3237
渤海镇	安亭	228	990	427	2786	395	39.90	2936	3237
澄照乡	四格	97	350	202	3380	83	23.70	3437	3237
	米岩山	96	386	380	3125	134	34.70	3437	3237
	张后山	91	313	313	3320	84	26.80	3437	3237
	金丘	203	796	372	3750	50	6.30	3437	3237
	东岱	48	189	137	2500	60	31.70	3437	3237
鸬鹚乡	驮戥	137	469	202	3371	142	30.30	3490	3237
沙湾镇	张庄	165	538	227	3364	139	25.80	3347	3237
郑坑乡	郑坑	180	788	312	3120	260	33	3008	3237
	柳山	172	743	343	2960	231	31.10	3008	3237
	吴布	210	850	470	2870	230	27.10	3008	3237
英川镇	新村	68	240	210	3261	155	64.60	3153	3237
东坑镇	马坑	147	570	284	3340	100	17.50	3520	3237
	何村	224	806	415	3491	131	16.20	3520	3237
	竹埠	88	325	156	3516	58	17.80	3520	3237
	吴山头	65	251	211	3415	80	31.90	3520	3237
	大张坑	61	241	208	3361	88	36.50	3520	3237
合 计	41	5572	20887	12525	2201.44	4945	—	3411.561	3237

表 34-3-2

2007 年景宁畲族村基本情况一览(二)

乡镇名称	村名	总户数（户）	总人口（人）	畲族户数（户）	畲族人口（人）	占总人口比例(%)	耕地面积（公顷）	山林面积（公顷）	经济林木（公顷）	水干果基地（公顷）	笋竹两用林（公顷）	药材（公顷）	茶叶（公顷）
鹤溪镇（外舍管理区）	城　北	506	1379	210	575	41.6	27.47	204.93	—	160.67	6.67	—	—
	包　凤	116	466	113	452	97	19.40	97.53	—	6.8	35.2	—	—
	浮　丘	153	578	79	296	51.2	21.33	170.27	—	18	—	3.33	—
	旱　塔	81	304	80	300	98.7	10.87	81.93	—	—	—	—	—
	双后岗	72	304	61	258	85	12.20	81.07	—	—	10	—	—
	东　弄	91	357	91	355	99	16.20	194.20	—	—	26.07	2.07	—
	周　湖	57	232	57	230	99	10.87	79.47	—	3.33	—	—	—
	惠明寺	69	292	69	286	97	22	168.73	—	—	—	—	73.33
	敕木山	60	249	60	245	98.7	18.67	237.53	—	—	—	—	73.33
	滩　岭	99	417	64	263	63	13.40	486.67	—	6.67	133.33	46.67	—
	三杈树	95	349	32	119	34	17.33	239.27	—	8	6.67	—	—
	王金垟	186	777	118	398	51	44	307.67	39.4	14.67	13.33	—	—
	岭　北	188	800	110	376	47	33.13	1088.73	49.27	28.67	6.67	—	—
	岗　石	138	557	101	378	68	44.07	383	13.67	12.67	3.33	—	—
	陶　州	110	468	39	157	34	15.47	593.33	—	—	—	—	—
	大昊山	108	413	23	132	32	19.29	1053.33	—	—	—	—	—
澄照乡	米岩山	95	367	93	358	98	32	313.33	100	—	13.33	16.67	26.67
	四　格	94	376	47	207	55	17.60	72	26.67	—	13.33	40	—
	东　畔	104	404	34	126	32	30.8	466.67	33.33	6.67	80	13.33	20
	金　丘	205	801	115	334	41.8	422.53	234.13	12	10	—	10	6.67
	张后山	91	347	91	347	100	16.07	622.53	—	—	6.67	—	—

续表 34-3-2

乡镇名称	村名	总户数（户）	总人口（人）	畲族户数（户）	畲族人口（人）	占总人口比例(%)	耕地面积（公顷）	山林面积（公顷）	经济林木（公顷）	水干果基地（公顷）	笋竹两用林（公顷）	药材（公顷）	茶叶（公顷）
东坑镇	大张坑	62	239	58	220	90	15.07	185.33	—	—	13.33	—	—
	吴山头	69	247	62	212	90	6.57	618.87	—	20	—	3.13	—
	竹　埠	93	380	57	210	60	20.07	1000	—	—	8.67	4.67	—
	何　村	203	824	101	420	51	43	833.33	—	4.47	20	—	—
	马　坑	157	598	70	263	53	22.13	339.95	—	—	4.33	—	—
渤海镇	安　亭	228	993	98	433	43.6	50.6	503.67	90	—	—	—	—
郑坑乡	郑　坑	181	753	53	232	30	46.53	678.07	40	0.67	13.33	20	26.67
	柳　山	202	785	81	298	37	45	820.73	20	1.33	6.67	6.67	26.27
	吴　布	232	885	122	465	52	51.13	901.4	20	1.33	20	20	—
大均乡	伏　叶	201	830	98	456	55	60.87	2093.6	86.67	13.33	13.33	26.67	—
	泉　坑	166	674	78	382	57	41.87	1186.27	9.33	16.93	—	—	—
	李　宝	123	478	221	435	91	28.67	561.13	13.07	15.33	—	20	—
	三　格	55	235	38	169	72	19.93	0.23	18.67	—	13.33	16.67	26.67
梧桐乡	东　源	116	459	76	268	58	27.2	401.4	13.33	3.33	13.33	33.33	—
	王山头	126	478	28	256	53	27.33	197.13	13.33	10.67	6.67	3.33	—
	林　进	115	529	41	210	36.7	27.6	473.33	40	3.33	33.33	13.33	—
	秋　兰	117	453	51	220	48.6	15.93	301.07	13.33	3.33	13.33	3.33	—
沙湾镇	张　庄	140	552	58	253	45	28.87	217.27	2	20	5.33	—	—
鸬鹚乡	驮　戥	138	476	50	203	42	27	218.47	26.67	3.4	—	—	—
英川镇	新　村	69	261	55	230	88	13.87	66.67	—	3.33	0.67	—	—
合计	41	5511	21366	3183	12027	—	1483.92	19037.21	680.73	396.93	540.27	296.53	280

2010 年景宁畲族村经济发展情况一览

表 34-3-3

乡镇	行政村	基本概况							资源基本情况						产业发展情况				自然村建设情况					
		所辖自然村	人口（人）	户数（户）	常住人口（人）	少数民族（人）	人均收入（元）	低保人口（人）	旅游资源	农家乐（人）	专业合作社（个）	村集体收入（万元）	茶叶基地（公顷）	笋竹林（公顷）	水干果（公顷）	药材基地（公顷）	油茶基地（公顷）	其他产业（公顷）	村庄整治（个）	自来水（个）	康庄路（个）	机耕路（个）	三通情况（个）	下山脱贫（个）
鹤溪	10	24	3847	1169	3821	3101	5863	264	古屋	15	18	27.79	548.93	617.6	10	113.3	6.87	296.9	16	19	15	9	20	规划 6
外舍管理区	6	21	5946	1988	4254	2267	5721	383	山水	11	2	10	52	678	172.7	—	57.9	23037	8	15	3	14	10	规划 8
东坑	10	19	5270	1504	3795	2100	5832	140	休闲观光	8	28	14.25	61.93	774.4	10	—	—	210.7	7	14	13	3	12	规划 5，下山 2
梧桐	9	16	2369	536	1391	1422	5162	71	休闲	—	6	—	56.8	110	5.6	10	13.3	43.27	6	15	5	3	10	规划 1
郑坑	5	15	3500	802	1998	1469	5136	160	休闲	3	4	25.29	30.53	140	20.5	30.67	—	412.6	12	通 8	13	2	13	—
大均	4	16	2203	556	1591	1450	5551	130	民族风情	16	5	6.2	33.67	299.4	13.3	160	33.3	77.53	10	13	13	-	9	规划 1
澄照	8	18	4566	1375	4222	1899	5300	169	民族风情	5	12	112.2	611.67	369.2	99.6	48.27	3.33	293.3	11	16	18	-	17	规划 3
渤海	4	8	1229	288	536	655	5345	46	民族文化	—	3	—	—	133.3	—	—	3.33	—	2	3	3	1	6	规划 3，下山 2
沙湾	5	10	3114	843	1604	839	4919	82	古屋	2	10	0.58	13.33	61.33	122	16.67	200	28.67	3	10	6	4	10	规划 1，下山 1
鸬鹚	7	7	2360	648	591	609	5378	36	南坑源	1	1	3	—	41.33	13.3	—	40	152	2	5	4	1	4	规划 1，下山 1
英川	2	3	342	95	112	272	4800	15	休闲观光	—	—	1	—	2.53	—	—	—	13.33	—	2	1	—	1	—
大漈	1	1	13	4	4	13	5100	—	休闲观光	—	—	—	0.13	1	—	—	—	—	—	否	通	—	通	—
九龙	1	1	38	11	—	38	5412	—	休闲观光	—	—	—	—	5.67	—	—	—	—	—	通	通	—	通	—
标溪	2	2	893	—	775	63	4761	—	休闲观光	—	1	—	0.867	-	8	—	—	21	1	2	1	1	1	规划 1
雁溪	1	1	763	—	36	7	5537	—	休闲观光	—	—	—	—	35.87	—	—	—	466.8	1	通	通	-	通	—
合计	75	160	35677	10033	24690	16183	5470	1496	—	61	91	200.3	1409.71	3232.87	475.13	378.93	358.07	3839.53	79	123	94	38	114	规划 30，下山 6

第二节 民贸经济

2006—2010年，国家出台“给予民族贸易和民族特需商品生产企业发放民贸贷款”的优惠政策，解决民贸企业资金不足之困。

民贸企业认定

2006年，景宁有民贸企业38家，主要从事日用百货、农特产品、农用物资、药品、民族服饰、民族工艺品等生产加工和销售。2008年，为加强对民贸企业的管理和服务，县机构编制委员会批准建立全额拨款事业单位——民贸企业服务中心，安排编制2人。同年5月，开展民族贸易企业认定工作，进一步规范民贸企业政策享受权限，景宁被认定为民族贸易企业共27家。其中，景宁龙凤民族服饰有限公司，专门从事民族服饰银饰加工、生产、销售和民族工艺品开发研究，被认定为国家“十一五”少数民族特需商品定点生产企业。

民贸扶持政策

“十一五”期间，在国家、省、市民委的大力支持下，民贸企业享受流动资金贷款优惠利率、减免民贸企业销售货物增值税与特需商品定点生产企业技术改造贷款财政贴息政策。其中，减免民贸企业销售货物增值税政策执行至2009年9月止。2006—2009年，各民贸企业享受增值税减免数额达1225万元。其中，2006年38家企业减免税金256万元；2007年35家企业减免税金231万元；2008年27家企业减免税金438万元；2009年27家企业减免税金300万元。2010年，大自然食品有限公司和康宁医药有限公司累计贷款7608万元，共享受民贸企业银行贷款贴息128万元。特殊优惠政策促进景宁民族经济的发展和繁荣，“十一五”期间景宁民族贸易企业商品零售总额达到9.8亿元。2009—2010年，国家民委扶持景宁龙凤民族服饰有限公司技改补助资金75万元，公司投入技术改造资金135.12万元，对畲族传统刺绣品进行挖掘开发，对生产工艺进行技术改造。

2008年景宁民族贸易企业一览

表34-3-4

序号	企业名称
1	浙江景宁畲族自治县新华书店有限公司
2	浙江康宁医药有限公司
3	景宁畲族自治县兴合实业有限公司
4	景宁畲族自治县商业综合公司
5	景宁畲族自治县农业生产资料有限公司
6	景宁畲族自治县英川供销合作社
7	景宁畲族自治县东坑镇供销合作社
8	景宁畲族自治县鹤溪供销社
9	景宁畲族自治县沙湾供销社

续表 34-3-4

序　号	企业名称
10	景宁畲族自治县渤海供销合作社
11	浙江景宁大自然食品有限公司
12	景宁畲族自治县供销合作社联合社
13	景宁畲族自治县土特产有限公司
14	浙江省盐业集团景宁畲族自治县盐业有限公司
15	景宁畲族自治县化工建材公司
16	景宁畲族自治县龙凤民族服饰有限公司
17	景宁畲族自治县惠明茶业有限公司
18	景宁畲族自治县物资再生利用有限公司
19	景宁畲族自治县生猪定点屠宰场
20	浙江奇尔茶业有限公司
21	景宁畲族自治县东川商贸有限公司
22	景宁进出口有限公司
23	浙江贝尼菲特医药有限公司
24	景宁畲族自治县惠农农业生产资料连锁配送有限公司
25	景宁供销超市有限公司
26	景宁畲族自治县万家商贸有限公司
27	景宁畲族自治县畲山凤民族工艺品开发有限公司

第四章　政治活动

清末至民国，畲民长期被视为“蛮僚”“贱民”。为维护自身利益，畲民英勇奋起反抗，反耻辱、反官税、反盐霸的斗争此起彼伏，练就了正直、仗义、勇敢、不屈的意志。第一次国内革命战争时期，中国工农红军挺进师进入浙西南，畲民支持红军活动、冒险救治伤员。抗日战争年代，畲民支持游击队、开展减租减息。解放战争期间，建立民兵组织、开展对敌斗争，支持景宁解放事业。1949 年 10 月，中华人民共和国建立后，畲民拥护共产党领导，支持社会主义建设，积极参政议政。各级党委和政府给予畲族史无前例的政治地位，组织先进代表和劳模上京观礼并赴全国各地参观学习，安排代表参加全国至基层党代表会议、人民代表大会、政协会议、群团会议。在县内招考公务员、事业人员、任用干部、选举代表、升学考试等方面给予特别关爱。依照《景宁畲族自治县自治条例》规定，每届选举畲族公民担任县长，一批优秀畲族干部走上部门领导岗位和进入县级领导班子，畲族政治地位提高。

第一节 革命活动

清末与民国时期

清光绪八年(1882),东弄村蓝培开、蓝炳瑞等3人曾前往处州府参加武生会试,蓝炳瑞步箭、马箭皆中,考官却以畲民“身家未为清白”为由不予录取。蓝培开不满此不公正待遇,回乡组织畲民20多人到处州府衙据理力争,蓝炳瑞终得武生员功名。

民国4年(1915)10月,景宁县税官、税警持枪到敕木山等村闯民宅横蛮征税,激起畲民公愤,群起痛殴税警。民国16年(1927)11月5日,金丘大畈村蓝东林和潘德金等人组织“二五减租请愿团”率千余农民进城游行,向国民党景宁县党部请愿,争取了减租。民国19年(1930)外舍周裕兴盐行实行垄断,抬高盐价,盘剥农民。1月15日(农历十二月十七日),蓝正新等人带领包凤、敕木山、四格等27个村200多人赶往外舍盐行,与盐霸评理,迫使盐行降低盐价。民国22年(1933)6月,畲民因不堪民族压迫,蓝正科等10人联名上书南京国民政府、浙江省政府,坦陈畲民遭受四大压迫之苦。

民国16年(1927)至1949年5月,在革命最艰苦的日子,畲民能挺身而出,积极主动支持红军和地下党开展革命活动,勇敢组织民众对敌斗争,他们延续着大义、传承着信心和责任,体现畲族人的忠勇精神。

民国24年(1935)3月,以粟裕为师长、刘英为政委的中国工农红军挺进师进入浙西南,开展游击战争。挺进师主要活动地在庆元、龙泉、景宁、云和、遂昌、丽水、松阳、平阳、泰顺、文成等县,许多畲民积极参加。民国25年(1936),红军挺进师第一纵队战斗在文成、景宁边界山区,苦于伤病员无处医治。郑坑乡毛窠村畲家老妈钟金钗,从小认识草药,知晓家传医术,冒着生命危险为红军挺进师伤病员送药送粮,共治愈伤员40多人。敌人抓不到钟金钗,就捣毁她家房屋,并将她的丈夫抓去严刑拷打致残。钟金钗就在山上搭寮居住,继续为红军服务,被誉为“畲族革命老妈妈”。

民国26年(1937),郑坑建立“中国共产党毛窠村党支部。”相继建立苏维埃政权,实行土地革命。随后,许多畲民建立贫农团、抗租团、青年团、妇女会,开展打土豪分田地斗争。

民国30—31年(1941—1942),中共青(田)景(宁)丽(水)县委下属景宁县东坑区工委钟周堂等地下党员,在杨斜、北山寮、吴山头、坑头、北溪、大张坑等畲族村,以办冬学夜校形式宣传革命道理、发展党员、建立党支部。发展畲族党员50多人。其中,大张坑全村43户,有39户是党员,积极开展减租减息运动。

民国30年(1941)3月,在中共丽云区委的领导下,县游击队在高沈山区击毙浙江保安三团中校团长,打击顽固派的反动气焰。东坑区下坑村畲民蓝福生、雷进福等将外出做工挣的钱粮送给游击队,无私帮助游击队解决困难。

民国34年(1945),中共青景丽县委派刘斌发、钟周堂等到东坑区恢复党组织工作,处决叛徒许如益,镇压反动乡长梅德奎,打开与闽浙边界革命老区联络通道。之后到景宁城郊的敕木山、东弄、包凤、后山、大畈垟、下泥山、水碓垟、三格坑头、秋兰坑和渤海的郑坑、大都、小顺等畲民村开辟据点,发展党组织,在畲族村建立30个党支部。

民国36年(1947),大张坑畲族村民兵连成立,雷日连为连长。全村不仅组织男青壮年40多人全部参加,还组织一支24人的妇女民兵队,一面发展生产,一面站岗放哨为游击队送情报。

民国37年(1948)7月,东坑畲汉武装民兵配合武工队攻打东坑区公所,歼敌30多人,缴获机枪和步枪30多支。

1949年2月9日,东坑、梅岐畲汉民兵和群众1200多人,紧密配合游击队围攻国民党军盘踞的梅岐碉堡,经两昼夜战斗,摧毁碉堡,取得胜利。2月17日,景宁、泰顺两县的畲汉民兵200多人配合浙南游击队,攻入泰顺县城,歼灭守敌浙江保安团360多人,缴获大批武器弹药。

1949年5月11日,在景宁县委领导下,大张坑村民兵队与全县各路畲汉民兵3000多人,准备包围县城鹤溪镇,国民党县长连夜逃跑。12日,景宁县城解放。

1937—1949年,一批优秀畲族党员担任农村党支部书记,为景宁的解放事业作出了积极贡献。

1937—1949年中国共产党景宁畲族村党支部一览

表34-4-1

党支部(小组)名称	支部书记	任职时间	党支部(小组)名称	支部书记	任职时间
郑坑毛窠	钟福体	1937—1945	东坑林山	蓝圣顺	1947—1949.9
上岗隆	雷训蒙	1939.4—1943	东坑蜈蚣钳	蓝钱瑞	1947—1949.9
大都小均	雷庚顺	1940—1944	东坑源后	钟正庚	1947—1949.9
小顺、下朱、源头	雷道利	1940—1946	东坑驮坪	蓝日福	1947—1949.9
大均南林	雷明斌	1941—1945.8	东坑蛤蟆垟	钟以叨	1947.7—1949.9
大均叶坑	雷火进	1941—1945.8	东坑大坪	蓝日福	1947.1—1949.9
大均口赤	蓝正丰	1941—1945.8	东坑竹埠	雷庭均	1947.1—1949.9
东坑桥下坑	雷进福	1942—1944	东坑石排	雷六庚	1947.1—1949.9
东坑徐垄源后	钟正庚	1942—1944	北溪吴山头	雷振高	1949—1949.9
东坑竹埠	雷廷俊	1942—1944	北溪大张坑	雷春水	1947—1949.9
东坑石排	雷余进	1942—1944	白鹤桃源	雷传瑞	1949.1—1948.9
东坑驮坪	蓝日福	1942—1943	梧桐秋兰坑	蓝仁兴	1945.1—1949.9
东坑蛤蟆垟	钟以叨	1942—1944	梧桐突石下	蓝金树	1945.1—1949.9
东坑黄寮湾	钟炳林	1942—1944	梧桐张司洞	蓝学芳	1949.1—1949.9
白鹤黄山头	雷方祥	1942—1944	梧桐茶树岗	雷进明	1947.1—1949.9
北溪大张坑	雷景三	1942—1944	标溪处基	蓝瑞根	1947.11—1949.9
大均三宝石	蓝木新	1942—1945.8	沙湾潘庄	蓝树根	1947.11—1949.9
大均李婆坑	雷龙更	1942—1945.8	外舍雷宝户	蓝石生	1945.9—1949.9
大均坑头	蓝六元	1942—1945.8	外舍十二渡源头	雷庭松	1945—1949.9
梧桐秋兰坑	蓝仁兴	1942—1945.8	大均叶坑	雷火进	1945.9—1949.9
梧桐突石下	蓝金树	1942—1945.8	大均口赤	蓝正丰	1947—1949.9
梧桐张司洞	蓝长兴	1942—1945.8	大均坑头	蓝六元	1947—1949.9
外舍十二渡	雷庭松	1943—1945.8	大均三宝石	雷进锋	1947—1949.9
外舍雷宝户	蓝石生	1944—1945.8	大均李婆坑	雷龙更	1947—1949.9

续表 34-4-1

党支部(小组)名称	支部书记	任职时间	党支部(小组)名称	支部书记	任职时间
小顺下朱、源头	雷道利	1945.7—1946	张村敕木山	蓝宝生	1947—1949.9
东坑北山寮	雷有森	1947—1949.9	张村东弄	蓝登成	1948.2—1949.9
东坑桥下坑	雷振福	1947—1949.9	外舍石圩	蓝明斋	1949.1

社会主义时期

1950年5月17日,流窜青田、景宁边界的刘志昌股匪60多人,分两路扑向景宁县大张坑村,妄想抢夺1949年景宁县人民政府奖给大张坑村的5支步枪。大张坑村民得到情报,连长雷日连和队长雷景三带领民兵埋伏山上,在来敌必经之路袭击股匪,股匪人伤弹尽,慌忙逃窜。景宁县人民政府嘉奖大张坑民兵连"剿匪模范民兵队"荣誉。

1950—2010年,在社会主义建设时期和改革开放时代,畲民听党话跟党走,积极投身社会主义建设事业,在推进新农村新畲寨、精神文明、生态文明、传承弘扬畲族文化等事业建设中发挥着重要作用。涌现出双后岗、金丘、岗石、李宝、大张坑等一批畲族先进村。雷桂梅、雷汤菊、蓝水梅、蓝晓娟、蓝钱根等一批畲族优秀人才脱颖而出。

第二节 参政议政

参加各级会议

1949年,中华人民共和国成立后,在中国共产党的领导下,实行民族平等团结政策。景宁畲民拥护共产党,拥护社会主义制度,积极参与国家政治和社会主义建设。各级党组织和人民政府重视发现并培养畲族骨干人士,不同时期,畲民参政议政的民主权利都能得到充分体现,畲民政治地位不断提高。

1969—2010年出席中国共产党全国代表大会景宁畲族代表一览

表 34-4-2

次别	姓名	性别	民族	籍贯	所在单位及职务	出席时间
第九次	雷桂梅	女	畲	浙江景宁	中共鹤溪镇党委副书记	1969.4
第十次	雷桂梅	女	畲	浙江景宁	云和县革命委员会副主任	1973.8
第十一次	蓝盛花	女	畲	浙江景宁	共青团云和县委副书记、中共云和大都公社党委副书记	1977.8
第十二次	蓝盛花	女	畲	浙江景宁	中共云和县委常委、共青团云和县委书记	1982.9
第十三次	雷喜庆	男	畲	浙江景宁	中共景宁畲族自治县委副书记、人大常委会主任	1987.10
第十五次	雷汤菊	女	畲	浙江景宁	中共景宁畲族自治县鹤溪镇包凤村党支部书记	1997.9
第十六次	蓝水梅	女	畲	浙江景宁	中共景宁畲族自治县鹤溪镇扫口村党支部书记	2002.11
第十七次	蓝晓娟	女	畲	浙江景宁	中共景宁畲族自治县沙湾镇张庄村党支部书记	2007.10

1975—2010年出席全国人民代表大会景宁畲族代表一览

表 34-4-3

届别	姓名	性别	籍贯	所在单位及职务	出席时间
第四届	蓝盛花	女	浙江景宁	共青团云和县委副书记	1975 年省级选举推荐
第七届	钟小毛	男	浙江龙游	景宁畲族自治县县长	1987 年省人代会选举
第八届	雷文先	男	浙江丽水	景宁畲族自治县县长	1993 年省人代会选举
第十届	蓝钱根	男	浙江景宁	中共景宁林业总场党支部书记、草鱼塘分场场长	2003 年省人代会选举
第十一届	钟昌明	男	浙江龙泉	景宁畲族自治县县长	2008 年省人代会选举

1988—2010年出席全国群团代表大会景宁畲族代表一览

表 34-4-4

次别	姓名	性别	民族	籍贯	所在单位及职务	出席会议名称	出席时间
第十一次	雷益珠	女	畲	浙江景宁	东坑区中心小学教师	全国工代会	1988.9
第十五次	雷小英	女	畲	浙江景宁	浙江景昌建设有限公司工会主席	全国工代会	2008.10
第十二次	蓝振山	男	畲	浙江景宁	澄照乡四格村农民	共青团全国代表大会	1988.5
第十六次	雷洁畅	女	畲	浙江景宁	郑坑乡团委书记	共青团全国代表大会	2008.6
第六次	雷振莲	女	畲	浙江景宁	沙湾公社张庄村农民	全国妇代会	1988.9
第九次	雷冬美	女	畲	浙江景宁	景宁万茂物产有限公司经理	全国妇代会	2003.8
第十次	雷魏芬	女	畲	浙江景宁	郑坑乡人民政府乡长	全国妇代会	2008.10

1966—2010年出席中国共产党浙江省代表大会景宁畲族代表一览

表 34-4-5

次别	姓名	性别	籍贯	所在单位及职务	出席时间
第六次	雷桂梅	女	浙江景宁	中共丽水地委常委、丽水地区革命委员会副主任	1978
第七次	蓝盛花	女	浙江景宁	中共云和县委常委、共青团云和县委书记	1983
第八次	雷文先	男	浙江丽水	景宁畲族自治县副县长	1988
第九次	钟琳花	女	浙江景宁	中共景宁县委统战部部长、景宁畲族自治县政协副主席	1993
第十次	蓝春土	男	浙江兰溪	中共景宁畲族自治县委副书记、县长	1998
第十一次	蓝水梅	女	浙江景宁	鹤溪镇扫口村党支部书记	2003
第十二次	蓝晓娟	女	浙江景宁	沙湾镇季庄村党支部书记	2007

1958—2010年出席浙江省人民代表大会景宁畲族代表一览

表 34 4-6

届别	姓　名	性别	籍贯	所在单位及职务	选举推荐时间	备　注
第二届	雷益珠	女	浙江景宁	景宁县张村乡滩岭农业生产合作社副社长	1958 年 5 月景宁县三届人大一次会议选举	—

续表 34-4-6

届别	姓 名	性别	籍贯	所在单位及职务	选举推荐时间	备 注
第三届	雷桂梅	女	浙江景宁	中共鹤溪镇红星大队党支部副书记	1964 年 7 月，云和县五届人代会二次会议选举	—
第五届	雷桂梅	女	浙江景宁	中共云和县小红星大队党支部书记、中共丽水地委常委、地区革委会副主任	1977 年 10 月，丽水地区革委会扩大会选举	—
第五届	雷方岳	男	浙江景宁	中共云和县北溪公社书记、深垟大队党支部书记		—
第六届	蓝培田	男	浙江景宁	云和县张村公社张村大队生产队长	1983 年 3 月，云和县七届人代会二次会议选举	—
第七届	雷喜庆	男	浙江景宁	中共景宁畲族自治县委副书记、景宁畲族自治县人大常委主任	1987 年 6 月，县二届人代会一次会议选举	省人大常委会委员
第八届	雷木森	男	浙江景宁	中共景宁畲族自治县委常委、景宁畲族自治县人大常委会主任	1993 年 5 月，县四届人大一次会议选举	—
第九届	蓝高飞	男	浙江松阳	中共景宁畲族自治县委常委、景宁畲族自治县人大常委会主任	1998 年，县四届人大六次会议选举	—
第十一届	蓝建梅	女	浙江景宁	景宁畲族自治县城北中学教师	2008 年，丽水市第二届人代会三次会议选举	—

1958—2010 年出席中国人民政治协商会议浙江省委员会景宁畲族委员一览

表 34-4-7

届 别	姓名	性别	籍贯	所在单位及职务	出席时间
第一届	蓝启成	男	浙江景宁	景宁县澄照乡干部	1950
第三届	雷仁根	男	浙江景宁	云和县鹤溪镇包凤村农民	1959
第四届	雷仁根	男	浙江景宁	云和县鹤溪镇包凤大队副大队长	1965
第五届	雷方岳	男	浙江景宁	云和县东坑区副区长	1978
第六届	钟琳花	女	浙江景宁	中共景宁畲族自治县委统战部部长、县政协副主席	1988
第七届	钟琳花	女	浙江景宁	中共景宁畲族自治县委统战部部长、县政协副主席	1993
第八届	雷香兰	女	浙江景宁	景宁畲族自治县妇联主席	1998
第九届	雷华英	女	浙江景宁	中共景宁县委常委、统战部部长、县政协副主席	2003
第十届	雷华英	女	浙江景宁	中共景宁县委常委、统战部部长、县政协副主席	2008

2000—2005 年出席中国共产党丽水市代表大会景宁畲族代表一览

表 34-4-8

次 别	姓名	性别	所在单位及职务	选举推荐时间
第一次	钟琳芳	男	景宁畲族自治县公安局政委	2000.9.28
	蓝水梅	女	中共鹤溪镇扫口村党支部书记	
	蓝春土	男	中共景宁畲族自治县委副书记、县人民政府县长	
	蓝石花	女	景宁畲族自治县科技局局长，党组书记	
	雷利德	男	中共景宁畲族自治县大漈乡党委书记	

续表 34-4-8

次别	姓名	性别	所在单位及职务	选举推荐时间
第二次	蓝延中	男	中共景宁畲族自治县民族中学党支部书记	2005
	蓝明法	男	中共景宁畲族自治县委组织部副部长、机关工委书记	
	雷文先	男	中共景宁畲族自治县委副书记、县人民政府县长	
	蓝钱根	男	景宁畲族自治县林业总场场长	
	雷李木	男	中共景宁畲族自治县鹤溪镇党委书记	

2000—2010 年出席丽水市人民代表大会景宁畲族代表一览

表 34-4-9

届别	姓名	性别	所在单位及职务	选举推荐时间
第一届	蓝高飞	男	景宁畲族自治县人大常委会主任、党组书记	2000.12 县五届人大第四次会议选举
	蓝良兴	男	中共景宁畲族自治县委常委、政法委书记	
	蓝春土	男	中共景宁畲族自治县委副书记、县人民政府县长	
	雷一培	男	景宁畲族自治县文化工作队副队长	
	雷　萍	女	中共景宁畲族自治县委副书记、县人民政府县长	2003.3 县六届人大第一次会议补选
第二届	蓝小明	男	景宁畲族自治县发改局局长、党组书记	2005.11 县六届人大第四次会议选举
	蓝晓娟	女	中共景宁畲族自治县沙湾镇张庄村党支部书记	
	雷　萍	女	中共景宁畲族自治县委副书记、县人民政府县长	
	钟昌明	男	中共景宁畲族自治县委副书记、县人民政府县长	2007.3 县七届人大第一次会议选举
	蓝良兴	男	景宁畲族自治县人大常委会主任、党组书记	

2001—2010 年出席政协丽水市委员会景宁畲族委员

表 34-4-10

届别	姓名	性别	所在单位及职务	参加第一次会议时间
第一届	雷松美	女	景宁畲族自治县文化局副局长	2001 年 3 月
	蓝明法	男	景宁畲族自治县人民法院副院长	
	蓝荣新	男	景宁畲族自治县实验一小教师	
	雷香兰	女	景宁畲族自治县政协副主席	
第二届	雷华英	女	中共景宁畲族自治县委统战部长、政协副主席	2006 年 3 月
	雷魏芬	女	共青团景宁畲族自治县委员会办公室主任	
	钟利海	男	景宁畲族自治县教育局副局长	
	蓝利明	男	景宁畲族自治县电视台新闻部主任	

1950 年 9 月 25 日，景宁县召开第一次各界人民代表会议，至 1953 年 8 月 8 日，三年间召开过 7 次各界人民代表会议，有 170 人(次)畲族代表参加会议。

1955 年 11 月 20 日，景宁县第一届人民代表大会召开，至 1980 年 11 月，共召开过七届人民代表大会，有 125 人(次)畲族代表参加会议。

1984年12月，景宁畲族自治县建立后召开第一届人民代表大会，机关企事业单位和各乡镇(区)有69名畲族代表参加会议。至2007年3月，共召开过七届人民代表大会，有265人(次)畲族代表参加会议。

担任各种职务

1984—2010年，在历届人民代表大会常务委员会组成人员中，共有畲族代表11人(次)分别担任主任副主任，19人(次)担任常务委员会委员。

在历届县人民政府组成人员中，共有畲族公民15人(次)分别担任县长、副县长。

在历次中国人民政治协商会议景宁畲族自治县委员会会议中，共有畲族公民146人(次)担任政协委员；其中9人(次)担任县政协副主席，32人(次)担任县政协常务委员会委员。

第三节 先进荣誉

集体先进荣誉

1949年，中华人民共和国成立后，在社会主义建设中，畲汉民众团结一心，推动着经济发展和社会进步，先后涌现出一批又一批民族团结进步先进集体和个人，受到各级党委和人民政府的表彰。1954年、1956年，景宁城区学田乡红星农业生产合作社分别获浙江省农业爱国丰产模范单位、模范生产合作社。1959年，景宁县红星公社张村生产队，获浙江省农业社会主义建设先进单位。同年12月，又获全国农业社会主义建设先进单位。1962年，鹤溪镇包凤大队，获浙江省农业先进单位。1987年，澄照乡三石村、郑坑乡柳山村、石笋坪自然村、白鹤乡桃源村，获浙江省民族团结进步先进集体。1991年5月，东坑镇徐垄村获全国民族团结进步先进单位。1992年3月，县民族中学获全国民族教育先进单位。1994年，县民族事务委员会获国务院第二次民族团结进步集体。1995年，中共鹤溪镇委员会、鹤溪镇人民政府，获浙江省民族团结进步先进集体。

个人先进荣誉

中华人民共和国成立后，党和政府十分重视民族工作。畲族干部、群众自强不息，吃苦耐劳，敢于担当，在社会主义事业建设中，从各条战线上涌现出许多成绩突出的先进典型和个人，党和政府给予很高的荣誉和地位，树立各级劳模和先进典型。1957年后，逢“国庆”“五一”等重大节日，国家多次组织少数民族代表赴北京登天安门观礼台，观看升国旗，并到祖国各地参观学习。参加国庆活动，20世纪50年代有雷玉花、蓝周勤、雷木森。20世纪60年代有蓝延志、蓝增元、雷喜庆。20世纪70年代有雷喜庆、雷桂梅。20世纪80年代有蓝茂森、雷明亮。20世纪90年代有雷文先、蓝廷芳。21世纪有蓝书怡等。曾在“五一”国际劳动节赴京参观学习的代表，20世纪50年代有雷延明、蓝兰根、雷朝元、雷宗庆、雷回春、雷延花。20世纪60年代有雷树花、钟可仙、雷玉莲。20世纪70年代有雷方岳等人。曾参加过全国少数民族干部参观团到祖国各地参观学习的畲族代表20世纪80年代有蓝细林、钟琳花。

畲族个人在全国获奖的有：20世纪50年代，“全国劳动模范”1人，“全国农业先进分子”1人；20世纪60年代，“全国先进民兵”1人；20世纪70年代，“全国新长征突击手”1人；20世纪80年代，“全国公安二等功臣”1人；20世纪90年代，“全国农村电气化试点先进工作者”1人，“全国民族团结进步先进个人”1 人，“全国少数民族计划生育先进个人”1 人，“全国劳动模范”1 人。2004 年 4 月，中华全国总工会授予“全国五一劳动奖章”1 人。2007 年，荣获“第十二届中国杰出青年农民”称号 1 人。

畲族个人在全省获奖的有：20 世纪 50 年代，获“浙江省劳动模范”2 人；20 世纪 60 年代获“省先进工作者”3 人；20 世纪 80 年代获“浙江省劳动模范”5 人、“浙江省民族团结进步先进个人”6 人；20 世纪 90 年代获“浙江省民族团结进步先进个人”2 人、“浙江省劳动模范”1 人。2005 年获“浙江省民族团结进步模范个人”1 人。2010 年获“浙江省民族团结进步先进个人”1 人。

1957—2007 年景宁畲族(个人)获全国表彰名录

表 34-4-11

姓名	性别	年份	称　号	所在单位
雷马翠	女	1957	全国劳动模范	景宁县鹤溪镇潘山岭村农民
雷步龙	男	1958	全国农业先进分子	景宁县张村乡三枝树大队党支部书记
雷桂梅	女	1960	全国先进民兵	云和县鹤溪镇学田村民兵干部
蓝细林	男	1979	全国青年新长征突击手	云和县鹤溪镇团干部
雷喜庆	男	1980	全国公安二等功臣	云和县公安局局长
雷木森	男	1990	全国农村电气化试点先进工作者	云和县人大常委会副主任
雷木森	男	1991	全国民族团结进步先进个人	云和县人大常委会副主任
雷云菊	女	1992	全国少数民族计划生育先进个人	景宁畲族自治县东坑镇政府干部
雷汤菊	女	1995	全国劳动模范	景宁畲族自治县鹤溪镇包凤村党支部副书记
蓝钱根	男	2004	全国五一劳动奖章	景宁畲族自治县草鱼塘林场场长
蓝晓娟	女	2007	第十二届中国杰出青年农民	景宁畲族自治县沙湾镇张庄村党支部书记

1951—2010 年景宁畲族(个人)获省级表彰名录

表 34-4-12

姓名	性别	年份	称　号	所在单位及职务
蓝明斋	男	1951.2	浙江省三等农业劳动模范	景宁县外舍乡岗石村农民
雷马翠	女	1957	浙江省劳动模范	景宁县鹤溪镇潘山岭农民
钟雷进	男	1960.2	1959 年度省先进工作者	景宁县郑坑乡吴布村农民
雷木森	男	1960.2	1959 年度省先进工作者	景宁县沙湾公社中心小学教师
钟可仙	男	1960.2	1959 年度省先进工作者	景宁县金钟公社金钟村农民
雷益珠	女	1980	浙江省劳动模范	云和县东坑完全小学教师
蓝福仁	男	1982.10	浙江省劳动模范	云和县东坑公社北山大队农民
雷永隆	男	1985.12	浙江省劳动模范	景宁畲族自治县郑坑乡柳山村农民
雷益珠	女	1985	浙江省劳动模范	景宁畲族自治县东坑中心小学教师
雷德元	男	1986	浙江省劳动模范	景宁畲族自治县鹤溪镇包凤村党支部书记
钟根儿	男	1987.9	省民族团结进步先进个人	景宁畲族自治县鹤溪镇学田村党支部书记
雷成庆	男	1987.9	省民族团结进步先进个人	景宁畲族自治县张村乡惠明寺村村委主任
雷志贞	男	1987.9	省民族团结进步先进个人	景宁畲族自治县漈头乡米岩山村村委主任

续表 34-4-12

姓名	性别	年份	称　号	所在单位及职务
钟元长	男	1987.9	省民族团结进步先进个人	景宁畲族自治县金钟乡陶州村党支部书记
蓝宗元	男	1987.9	省民族团结进步先进个人	景宁畲族自治县沙湾镇七里村农民
蓝木森	男	1987.9	省民族团结进步先进个人	景宁畲族自治县英川乡新村党支部书记
雷启勋	男	1995.7	省民族团结进步先进个人	景宁畲族自治县民委主任
蓝钱根	男	1995.7	省民族团结进步先进个人	景宁畲族自治县草鱼塘林业总场场长、党支部书记
蓝水梅	女	1998.9 1999	省民族团结进步模范个人 浙江省劳动模范	景宁畲族自治县鹤溪镇扫口村党支部书记
雷华珠	女	2005	省民族团结进步模范个人	景宁畲族自治县梧桐乡王山头村主任
钟昌明	男	2010	省民族团结进步先进个人	景宁畲族自治县县长

第四节　民族干部

畲族干部配备

1949—1984 年，由于文化基础等原因，畲族干部为数不多。部分畲族青年师范毕业后，被分配在学校任教。部分大学毕业生被分配在行政队伍。还有部分通过招工招干等形式，进入行政半脱产或部门系统工作。

1984 年，建立景宁畲族自治县后，按民族政策有关规定，民族乡镇及每个部门领导班子，至少配备 1 名副职以上民族干部，因人才稀缺，设县之初，不能足额配备民族干部。

1988 年，景宁正式干部 2593 人。其中，畲族 200 人，占全县干部总数 7.71%。畲族干部中，行政干部 91 人，教师 84 人，企事业干部 23 人。副县级以上领导干部 24 人。其中，畲族 5 人，占 20.8%；正科级领导干部 58 人。其中，畲族 3 人，占 5.17%；副科级领导干部 67 人。其中，畲族 16 人，占 23.8%。

2010 年 6 月末，景宁畲族干部 409 人。其中，行政机关干部 121 人、公检法机关 21 人、教育 149 人、卫生 34 人、乡镇 84 人。畲族干部占机关事业干部总数的 8.3%。其中，公务员占 9.8%，事业干部占 7.7%。实职正科级 20 人，副科级 34 人，占科级干部总数 10%。

2010 年末，据人事部门统计：景宁公务员 1459 人。其中，畲族 140 人，占公务员总数的 9.59%。事业单位工作人员 3468 人。其中，畲族 267 人，占 7.69%。在事业单位工作人员中：教育系统 1609 人。其中，畲族 156 人，占 9.6%。卫生系统 721 人。其中，畲族 38 人，占 5.27%。文化系统 236 人。其中，畲族 16 人，占 6.77%。

领导职务配备

景宁严格执行《景宁畲族自治县自治条例》中"自治县县长由畲族公民担任"和有关民族政策规定，依法选举畲族干部担任县级领导干部。1984—2010 年，景宁历经七届选举，畲族干部有 18 人担任县委、县人大、县政府、县政协领导职务。

中共景宁县委一至七届畲族领导干部一览

表 34-4-13

名称、届别	职务	姓名	籍贯	任职时间
中共景宁畲族自治县委员会 1984.9—1984.12	副书记	雷喜庆	景宁	1984.9—1984.12
		雷明亮	丽水	1984.9—1984.12
	常委	蓝加偶	丽水	1984.9—1984.12
		蓝梅英	丽水	1984.9—1984.12
中共景宁畲族自治县第一届委员会 1984.12—1987.4	副书记	雷喜庆	景宁	1984.12—1987.4
		雷明亮	丽水	1984.12—1987.4
	常委	蓝梅英	丽水	1984.12—1987.4
中共景宁畲族自治县第二届委员会 1987.4—1990.3	副书记	钟小毛	龙游	1987.4—1990.3
		雷喜庆	景宁	1987.4—1990.3
中共景宁畲族自治县第三届委员会 1990.3—1993.4	书记	钟小毛	龙游	1990.11—1992.11
	副书记	钟小毛	龙游	1990.3—1990.11
		雷文先	丽水	1992.11—1993.4
	常委	雷文先	丽水	1990.3—1992.11
		雷木森	景宁	1992.12—1993.4
中共景宁畲族自治县第四届委员会 1993.4—1998.3	副书记	雷文先	丽水	1993.4—1997.6
		蓝春土	兰溪	1997.6—1998.3
	常委	蓝高飞	松阳	1994.2—1998.3
		蓝良兴	云和	1997.10—1998.3
		雷木森	景宁	1993.4—1997.6
中共景宁畲族自治县第五届委员会 1998.3—2003.3	副书记	蓝春土	兰溪	1998.3—2002.12
	常委	蓝高飞	松阳	1998.3—2001.12
		蓝良兴	云和	1998.3—2003.3
		雷　萍	丽水	2002.12—2003.3
		雷华英	景宁	2002.12—2003.3
中共景宁畲族自治县第六届委员会 2003.10—2006.12	副书记	雷　萍	丽水	2001.8—2006.12
	县委常委	蓝良兴	云和	2001.8—2006.12
		钟昌明	龙泉	2004.11—2006.12
		雷华英	景宁	2003.3　2006.12
中共景宁畲族自治县第七届委员会 2006.12—2011.12	副书记	钟昌明	龙泉	2006.12—2010.12
	县委常委	雷华英	景宁	2006.12—2010.3
		蓝小明	景宁	2010.10—2010.12

景宁县政府一至七届畲族县长、副县长一览

表 34-4-14

届别	职务	姓名	籍贯	任职时间
第一届	县长	雷明亮	丽水	1984.12—1987.5
第二届	县长	钟小毛	龙游	1987.5—1990.5
	副县长	雷文先	丽水	1987.5—1990.2
第三届	县长	钟小毛	龙游	1990.5—1992.11
第四届	县长	雷文先	丽水	1993.5—1997.6
第五届	县长	蓝春土	兰溪	1998.4—2002.12
第六届	县长	雷　萍	丽水	2003.4—2006.3
	副县长	钟昌明	龙泉	2003.4—2006.3
第七届	县长	钟昌明	龙泉	2007.3—2010.12
	副县长	蓝小明	景宁	2007.5—2010.12

景宁县人大常委会一至七届畲族主任、副主任一览

表 34-4-15

届别	选举时间	主任		副主任	
		姓名	任职时间	姓名	任职时间
第一届	1984.12	雷喜庆	1984.12—1987.6	蓝盛花	1984.12—1987.6
第二届	1987.6	雷喜庆	1987.6—1990.5	—	—
第三届	1990.5	雷文先	1990.5—1992.11	蓝新友	1990.5—1993.5
第四届	1993.5	雷木森	1993.5—1998.4	蓝新友	1993.5—1998.4
第五届	1998.3	蓝高飞	1998.4—2001.2	蓝新友	1998.4—2003.4
第六届	2003.4	—	—	蓝新友	2003.4—2006.9
第七届	2006.12	蓝良兴	2007.3—2010.12	—	—

景宁县政协一至七届畲族副主席一览

表 34-4-16

届别	届期时间	姓名	就职时间
第一届	1984.12—1987.5	蓝梅英	1984.12—1987.5
第二届	1987.5—1990.5	钟琳花	1987.5—1989.4
第三届	1990.5—1993.5	钟琳花	1990.5—1992.4
第四届	1993.5—1998.4	钟琳花	1993.5—1998.4
第五届	1998.4—2003.4	雷香兰 蓝良兴	1998.4—2003.4 2001.4—2003.4
第六届	2003.4—2007.3	雷香兰 雷华英	2003.4—2007.3 2003.4—2007.3
第七届	2007.3—2010.12	雷香兰	2007.3—2010.12

第五章　畲族教育

畲族有自己的民族语言，通用汉字。封建社会，畲族教育受歧视，青少年无校就读，畲民只能一代又一代通过口耳相传及言传身教传授知识，或通过家教认识汉字。直到民国初期，社会有了进步和发展，畲民集聚村才出现私塾，其子女可在私塾读书。20世纪20年代，民国政府有所重视畲民教育，开始动员畲民子女读书，由于畲民家境贫困等原因，就读者甚少。1949年10月，中华人民共和国成立后，党和政府全面重视畲民教育，在畲族村建立畲族学校，努力培养畲族师资，畲族教育出现生机。1984年建立畲族自治县后，政府逐年增加教育投入，实施“扶贫建校”“希望工程”，修缮破旧校舍，拆除危房校舍，改善教育基础设施。2005年后，政府先后投入1.5亿元资金，发展畲族村幼儿园、创办民族小学和迁建民族中学，加大力度发展民族教育。县政府出台优惠政策关爱畲族学生，多层次鼓励畲族学生奋发读书。1997年，景宁全面实现普及九年义务教育和基本扫除青壮年文盲的目标。1993—2010年，畲族学生高考上线达419人，一批从事教育、文化、卫生、行政的畲族优秀青年脱颖而出。

第一节　教育方式

清代与民国时期教育

明清时期，大批畲民从福建迁入景宁各地。清代封建官府作出“畲民皆作舆名，为人身役，身家未为清白，不准与考”的规定，畲民受教育的权利被剥夺，畲民基本上成为文盲。畲族因无完整的民族文字，不能独立办学，上辈对下辈只能用原始方法进行文化教育，基本要求是能识一些汉字、能认能写自己名字、能识得钞票大小、能够记成简单账簿。畲民青少年不能入学读书，靠在生产劳动活动中，由上辈传授生产技能和种植知识，在日常生活中，靠口传、言教畲族山歌和传授字、词、历史常识。比如用“双木并排本是林，三国之中出孔明，孔明设计空城计，赢过司马百万兵”“人王肚内两点沙，东门头上长草芽，交丝旁边十一口，我王头上生角丫”等字谜进行教育。或以诵读书本方式识字，以及用汉字抄写《奏名学法》《做大功德》等宗教文本来识字，逐渐增加识字量。

社会发展和进步，使畲民认识到学文化的重要。1912—1915年，民国之初，畲民求知欲更加增强。包凤、东弄、惠明寺、锦岱垟、吴山头、大张坑、金丘、四格、季庄、山前、驮戥、黄山头、石门楼等21个畲民集中村，自筹粮款，办起私塾。教材有《三字经》《记账行》等。因无规范教科书，师资素质低，语言不通等原因，教学质量差，收效甚微。

民国6年(1917)，民国政府开始重视畲民教育。景宁县公署首次“劝令畲民子弟入校读书”：“本县各校招考学生，如有畲民志愿投学者，务当一并收留，毋得仍前歧视。”7月19日县长余光凝训令校长，嗣后如畲民志愿就学者务当一律收取。令云："禀照本邑畲民向不读书，惟事耕作，当科举时代几无一士与试…… 本知事下车以来，睹此情形，殊深怜悯，欲启发其知识，增进其聪明，除教育外其道无由。当强剀切布告劝令入校读书在案，嗣后各校添招学生，如有畲民子弟志愿就学者，务当一律收取，以容造就……"仰该校长即便遵照此令。虽则如此，但畲民生活贫困，无力求学入校。

民国15年(1926)7月19日，县长黄强给省政府呈文："查景宁畲民先时由闽入处，数百年于前，据近年户口调查，畲民男10000余人，女7400余人，共计男女17400余人，大半窜居山坳、傅茅以处，樵耕以活，男女工作，出入相偕，菜饭布衣，别饶趣乐。唯本地土著，以其风俗之异……庆吊酬酢，既不相通，婚姻教育，亦与相隔。相传已久，成为惯例。窃职经布告已累，凡有境内畲民，一律开放，破除阶级，相互平等，并令饬教育局长转函所属学校，容受畲民子弟暨设法劝导入学，以期提高知识，改良职业，既收开化之功，自无界域之别。后虽令饬，全县各校容许畲民子弟入学，然能上学者为数极少。"至民国16年(1927)，县长黄强仍在倡导"劝畲民弟子入学"。

民国21年(1932)，县政府据省令，拨银元182两，首创畲族小学，即第一区城东乡惠明寺初级小学，设一班，34人，配一教员，采用畲语、方言、国语教学。

民国23年(1934)，鹤溪镇栋底村雷应祥，招邻里赞助，筹集银元100两，入处州师范就读，为景宁第一位接受中等教育的畲族学生。民国26年(1937)，在畲族聚居的澄照乡四格村、张春乡东弄村设立一年制短期小学，对畲族儿童进行启蒙教育。民国27年(1938)，雷应祥处州师范毕业后，回景宁县立沙溪小学任教，为景宁第一位畲族教师。

民国34年(1945)，景宁县政府再次劝导畲民上学，云："本邑畲民自劝即司耕作，解读书识字者，各区乡长与民众接近机会较多，对畲民应极力劝导，令其子弟入校就学读书。其年长失学者，则应入民众学校以灌输知识"。民国36年(1947)，浙江《心报》专稿提到："景邑畲民教育极端落后，迄今尚处原始阶段，近年始有求学于小学者，欲求畲族教育之发展，尚须经过一个奋斗的阶段"。

中华人民共和国时期教育

1949年5月12日景宁解放。同年10月，据县军管会统计，景宁县城区、东坑、渤海、大漈四个地域有畲族人口8884人。其中，高小、初小毕业42人，受过中等教育10人，仅占0.58%。畲族人口文化水平严重过低，畲族教育问题引起县政府重视。同年末，政府极力倡导畲族子弟入校就学，推动畲民子女教育。1951年，畲族在校小学生75人，畲族教员2人，畲族学龄儿童入学率8.89%。

1952年至1953年1月，上级政府下拨景宁少数民族教育事业补助费1500万元(旧币)，用以创办畲族小学。1953年1月20日统计，景宁开办畲族小学17所，在校生391人。并在113所小学中兼收畲族儿童541人，有畲族教员4人。

1954年下半年，畲族教育再次被列入县文教科及各区中小学议事日程，县人民政府拨款2200元用于修建校舍、增设教学设备、免收学杂费、补助生活困难的畲族生。同年11月统计，景宁畲族小学17所，在校生362人。其中，张村、敕木山、粗滩小学学区内畲族学龄儿童入学率均达100%，在118所小学中兼收畲族儿童332人。

1955—1960 年景宁畲族小学教育发展一览

表 34-5-1

年份	畲族小学（所）	兼招畲族儿童（人）	在校畲族学生（人）	畲族教职工（人）	畲族教职工任职情况
1955	14	71	677	8	—
1956	17	71	672	9	校长 1 人
1957	17	72	673	13	校长 2 人
1958	19	78	1287	13	校长 1 人、教导主任 1 人
1960	20	78	982	13	校长 3 人、教导主任 1 人

1960 年 1 月 7 日，国务院批准撤销景宁县建制。同年 9 月，浙江省少数民族师范学校从云和迁至景宁鹤溪镇原县政府旧址。其间，正遇国家三年困难时期，办学非常艰苦，很多家庭缺钱缺粮，无力送子女读书，少师班级逐年减少。1960 年，9 个班在校生 403 人，教职工 27 人。1961 年，8 个班在校生 283 人，教职工 32 人。1962 年，少师减少到 5 个班，在校生 130 人，教职工 28 人。面对困难，全校师生自力更生，课余时间上山砍柴，下地种菜，解决数百师生的柴薪和菜蔬问题，度过少师办学史上最艰难时期。师生艰苦奋斗、勤俭办学的作风，给景宁人民留下深刻印象。1963 年 1 月，浙江省少数民族师范学校由景宁迁至丽水三岩寺。

1964 年，景宁创办畲族耕读小学 26 所。1969 年，设畲族简易小学 3 所，在畲族聚居村澄照、外舍、张春、大均、北溪 5 个公社学校附设初中班 5 个。

1970 年，景宁境内增设畲族小学 4 所。同年，畲族青年被推荐上大专院校读书 4 人。

1976 年，景宁畲族学龄儿童入学率约 78%。同年，畲族高中毕业生被推荐上大专院校 7 人，上中等师范学校 7 人。

1978 年，恢复高考，至 1984 年，景宁境内有畲族学生 16 人考上大专院校，36 人考入中等专业学校。

1983 年 9 月，景宁境内在校畲族小学生 180 人，畲族小学教师 46 人，在校畲族中学生 115 人，畲族中学教师 3 人。

1984 年 2 月，景宁畲族小学生 2480 人，畲族在校生比例超过 25%的学校有 77 所。其中，达 100%的有 27 所。

1984 年 10 月，县委、县政府把民族教育和民族特色教育列入重要议事日程，相继出台兴建省级标准民族学校、降低少数民族考生录取分数、减免学杂费等有利民族教育发展的优惠政策。先后采取基本扫除青壮年文盲、注重民族幼儿教育、普及九年制义务教育、创新民族特色教育、改善办学条件等一系列举措，推动民族教育事业发展。

1989 年 9 月开始实施，并于 1995 年、2007 年两次修订的《景宁畲族自治县自治条例》强调：把民族教育事业放在优先发展的战略地位；对民族教育专项资金要有倾斜安排，大力发展民族小学和民族中学，改善学校办学条件和教学设施；按规定发放少数民族学生生活补贴；农村小学适当放宽师生比例，促进农村教育的均衡发展。自治县考生享有降分录取高校的待遇和同等条件优先录取、定向招生、确定名额等优惠政策。

1989—1993 年，政府逐年增加教育资金投入，县财政局拨出专款 247 万元，专用于修建畲村校舍、购置教学设备和少数民族困难学生补助。1994 年后，统战部和民族事务科每年将补助款的 15%~

20%作为民族教育经费，拨给畲族学校，优先解决民族学校危房修理、教学设施添置等。1995—1998年，省下达安排的民族事业补助款，用于“扶贫建校”“希望工程”的资金占总额的29%。两期“扶贫建校”共落实项目28个，到位资金1902万元，民族乡镇学校占有较高比例。1996年，对畲族小学、初中、高中生免收学杂费，全年减免学杂费及生活困难补助费达13.4万元。县委、县政府还出台少数民族大学生奖励办法：凡参加当年全国高等院校招生考试，被重点高校、一般院校、高职（专科）录取并就读者，给予每人一次性奖励5000元、2000元、1000元的奖励。

2007年，浙江省财政厅与教育厅联合下发景宁民族教育资金为120万元。2010年，县人民政府提出“布局规划、完善体制、强化职责、增加投入、落实政策、规范管理”的要求。此后，县财政每年安排学前教育发展专项资金150万元，有力推动学前教育发展。

第二节　教学内容

基本扫除青壮年文盲

20世纪90年代，浙江省全面实施普及初等教育和基本扫除青壮年文盲，并定期开展评估验收。1992年景宁畲族人口17369人，按照“基本扫除青壮年文盲”标准，要求达到非盲文化程度1130人，占畲族总人口7.55%。其中，初小文化程度1000人，高小文化程度130人。畲族人口文盲率高达92%以上。

1993年，为实现“基本扫除青壮年文盲”的目标，景宁创办畲村夜校47所，学员4228人。畲村夜校主要开设识字课、珠算课，不定期地邀请乡政府农技员、林技员讲授农林技术；邀请县林业局、农业局、水利局的专家授课。把实用技术课与文化课有机结合，收效显著。1993—1997年，景宁畲村夜校都处于“扫盲”状态，畲民积极为“两基”验收作出努力。1996年10月，景宁通过省政府基本扫除青壮年文盲评估验收。

创办畲村幼儿园

1992年，景宁共有幼儿园15所。部分民族村开始创办幼儿园。较早的有金丘、王金垟、季庄、双后岗、桃源、深垟等村，部分学校开办民族学前班、幼儿园，入园幼儿达200多人。双后岗在园幼儿30多人，每个幼儿每月入园费为1元，其余费用由村委提供，幼儿园教师工资与公办教师待遇相同。幼儿园开设学话（普通话）、识字、唱歌、游戏、剪纸、劳作等课程，为合格达标的畲族村幼儿园，得到省妇联等有关部门表彰。

1993年，包凤、东弄、四格、大张坑、石门楼、锦岱垟、驮戥、山前、坦垟、坦坑、吴村、半岭、叶山头、上寮、黄山头、吴山头、何村、水碓垟、李婆坑、惠明寺等民族村幼儿园相继开班，畲族村办园率和畲族幼儿入园率都达到历史最高水平。

1998年，根据省政府有关文件精神，景宁幼儿园管理和幼儿教育管理归属教育行政部门。2006年，县教育局组织开展园校结对、师徒结对、园长资格培训、幼师岗位培训、保育员培训、下乡送教等活动。此后，畲族村和畲民子女学前教育得到较快发展。

1992—2010年景宁幼儿园情况一览

表34-5-2

年份	园数(所)			班级(个)	在园(班)人数(人)	畲族	教职工数	畲族	园舍	
	合计	其中							占地面积(平方米)	建筑面积(平方米)
		教育部门	集体或民办							
1992	15	1	14	34	989	—	66	1	2667	1542
1993	21	1	20	35	973	—	73	2	2667	1721
1994	21	1	20	34	949	—	75	2	2667	1721
1995	19	1	18	30	943	—	30	2	2294	1485
1996	11	1	10	18	460	—	30	2	2294	1485
1997	31	1	30	53	1442	—	34	3	2294	1688
1998	41	1	40	59	1249	—	33	5	2294	1688
1999	42	1	41	81	2323	110	165	12	2294	1688
2000	—	—	—	—	—	—	—	—	—	—
2001	41	1	40	118	2506	258	87	3	17544	12888
2002	38	1	37	140	3072	—	—	—	—	—
2003	46	1	45	162	3313	323	93	3	20000	17325
2004	70	1	69	192	4038	404	122	4	23216	17468
2005	65	4	61	191	4062	429	120	7	23348	20171
2006	64	16	48	173	4031	408	128	8	26949	22031
2007	63	20	33	161	3948	485	309	8	25739	20929
2008	53	17	36	151	3957	475	300	8	27837	20786
2009	47	19	28	153	4241	563	317	10	27244	21102
2010	39	18	21	166	4532	604	352	12	37582	33476

普及九年义务教育

1986年，县民族中学建成，秋季始招生。1988年11月，通过省普及初等教育验收。全县畲族小学生1539人，入学率达98%。景宁教育局坚持每年将民族部门下拨的民族补助款中的20%用于民族教育研究，推动教育教学质量明显提高。1993年，民族中学荣获省"实施国家体育锻炼标准先进学校"称号。

1994年，景宁初中畲族生入学率56.51%，鹤溪镇、外舍乡、大均乡、澄照乡、渤海镇、梧桐乡等6个畲族乡镇基本实现普及九年义务教育。同年，澄照乡漈头中心小学荣获"省民族教育先进集体"称号，县民族中学再次荣获省"实施国家体育锻炼标准先进学校"称号。

1995年，景宁小学学龄儿童入学率达到99.30%，小学在校生巩固率达到99.95%，毕业班毕业率达到100%；12~15周岁少年初等教育普及率达到98.06%。2000年，景宁小学学龄儿童入学率100%，

1992—2010 年景宁普通中小学畲族师生数一览

表 34-5-3

年份	学生总数（人）	其中畲族学生数（人）	教师总数（人）	其中畲族教师数（人）
1992	23618	2391	1223	96
1993	21305	2403	—	—
1994	21054	2442	1231	90
1995	21313	2234	1261	103
1996	21722	2189	1327	88
1997	21359	2090	1473	130
1998	19554	1983	1578	135
1999	17721	1849	1664	155
2000	17055	1776	—	—
2001	17733	1757	1621	162
2002	16975	1798	1632	164
2003	16433	1797	1619	167
2004	15631	1771	1583	166
2005	14658	1813	1404	154
2006	13926	1719	1369	150
2007	13361	1714	1295	139
2008	13275	1707	1389	141
2009	13934	1832	1428	158
2010	13971	1866	1225	141

在校生巩固率 100%，小学毕业率 100%；12~15 周岁少年初等教育普及率达 99.06%。同年，小学、初中、高中畲族在校生 1977 人，少数民族教师 149 人。

1995 年，景宁一中设立民族预科班，每年招收学生 50 人，学制为四年。1999 年、2002 年，景宁一中民族预科班迁到民族中学，招生名额和学制不变，第二年直接升入景宁一中。

1997 年 10 月，景宁通过省政府基本普通九年义务教育验收。至此，景宁实现“两基”目标，民族教育均衡发展得到历史检验。

2003 年，滩坑电站兴建，库区淹没涉及景宁陈村、大顺、渤海、金钟、外舍等乡镇学校。2005 年，县教育局向浙江省教育厅提出安排滩坑库区学校复建资金、少数民族初中升高中专项助学金和提高民族自治县四项工程专项资金补助比例等三个方面的请求，省教育厅根据景宁实际情况，都予以批复办理。

2006 年，县民族小学新建工程启动。规模为 48 个教学班，占地面积 52669.44 平方米，建筑面积 23802.38 平方米，包括公共教学楼、行政图书馆、体艺馆、食堂与宿舍，以及运动场、配电房等配套工程，总投资概算为 4950 万元。2007 年 9 月，县民族小学建成并开始招生，2009 年 1 月 15 日，工程通过整体竣工验收。县民族小学的建成，缓解了县城小学教育就学矛盾和教育资源紧缺的状况。

2008 年，县民族中学迁建工程启动。规模为 36 个班，可容纳 1800 个学生。占地面积 52372 平方米，建筑面积 27842 平方米，按省一类学校标准建设，分教学区、生活区、运动区，总投资概算为 8491 万元。

2009 年，景宁域内普通高中一所，普通高中在校生 1611 人。其中，畲族学生 187 人，占比为 11.61%，符合各民族教育均衡发展的要求。

2010 年 4 月，县教育局召开教育科研大会，规范学校教育科研工作，提高教育科研实效，促进民族教育事业全面发展。同年 9 月 17 日，景宁被省委、省政府命授予“浙江省教育强县”称号。

创办特色教育

畲族的语言、畲歌、体育、手工艺、节庆习俗等方面具有鲜明的民族文化个性和民族特色。景宁民族学校重视民族特色教育，注重在立足民族文化个性的基础上展开教学活动。

1987 年后，景宁民族中学组织教师编写有关畲族历史的校本课程，开设《畲族简史》选修课。首创“校园畲语新闻”栏目，在校园播放畲语新闻。将“操杠”“操石磉”“赶野猪”“打尺寸”“问凳”等畲族传统体育项目列入教学计划。“操石磉”体育项目曾代表浙江省参加全国首届少数民族体育运动会开幕式表演。1997 年，民族中学组建的“畲族山歌队”，参加中央七频道《农民春晚》演出。2003 年 9 月，全国第一本《畲语读本》由民族中学承担编写，由县委、县政府举行发行仪式，并将此读本作为县机关单位干部学习的乡土教材。2007 年农历“三月三”，中央电视台“乡村大世界”走进景宁，民族中学创练的具有畲族特色的体育类、文艺类、习俗类节目，参加“三月三”节庆活动演出。“操石磉”“操杠”“赶野猪”等民族体育项目在中央电视台播出。2009 年，民族中学启动建设“民族体育传承馆”。同年，县民族小学将畲族文化引进校园引进课堂，开展畲语进课堂教学实践，并整理收集原生态畲族歌曲，人人学唱畲歌。学校教师创作一系列畲族民俗原创舞蹈，包括“木偶咿呀”“谷子熟了”“戏雨卜妮仔”“火筒舞”“竹筒舞”等充满生活气息的民族舞蹈，提升校园文化内涵。“木偶咿呀”获丽水市绿谷之秋文艺会演一等奖。音乐、体育教团创作的大型畲族韵律操，成为大课间的健身操，韵律优美、节奏明快、富含青春气息。美术教师通过对畲族美术教学的实践与研究，将畲族美术分为畲族服饰、畲族建筑、畲族工艺、畲族风俗画四大类融入教学和实践活动。2010 年，县民族小学《畲族民间图案艺术融入美术教学的实践和研究》获丽水市教研类课题三等奖。

2003—2010 年，景宁中学在每年 5 月，将书法、演讲、诗歌朗诵、十佳歌手赛、歌舞等特色文化，在校园文化艺术节大型晚会上展示，民族文化特色明显，亮点纷呈。在“一校一品”创建中，县民族中学侧重于传统体育项目；民小立足教育性、儿童型、民族性的融合，将畲族“木拍舞”“畲之坊”等富有民族特色的传统文化融入课堂；标溪乡校的“抖空竹”；大均乡校的“七彩葫芦娃”；大漈乡校的民族“花样跳绳”；郑坑乡校的畲族剪纸；梧桐乡校的“经典阅读”和“凤凰评价”等个性化创品牌特色教育活动，都围绕民族文化的弘扬与传承这个主题。

第六章　畲族文化

畲族人民在生产生活中积淀的丰富文化底蕴几千年经久不衰。畲族畲歌、舞蹈、文著、经文、故事等，内容丰富，内涵深厚。畲族是一个能歌善舞的民族，其畲歌、舞蹈，是畲民在生产、生活、娱乐、婚丧等活动中各种悲欢离合情绪最好的表达交流方式，无可替代。设立畲族自治县后，经过文艺工作者的挖掘、创作、提炼，亮相舞台，具有浓郁民族特色，成为广大观众喜爱的文艺精品。畲族重视文化。其保存留传的文著、记述、文书、四字文、千字言、医书、私塾书、账簿、故事，无不体现出灿烂的中华文化之精髓。受畲族古老传统思想文化影响，具有独特民族宗教信仰的传师学师、闾山学法、做功德等道教活动常年不断，隆重而庄严。

第一节　畲　歌

畲歌在畲民中称 gǒ，为畲民口头文学形式，流传甚广。自古以来，唱畲歌是畲族特色，畲族群众素有会说话就会唱畲歌之说。婴幼儿在襁褓、摇篮中接受母亲歌声的熏陶，会走路时便会唱儿歌、童谣，青年人便自然成为唱畲歌的主力军。畲民常以歌为乐，与歌相伴，以歌代言，以歌叙事，以歌抒情，用歌传情，甚而以歌代哭。在婚嫁、年庆、闲暇、劳作、待客、恋爱时都以歌代情。在丧葬时以歌代哭，感谢父母的养育之恩，悼念父母关爱之情，祝福先人一路走好之意。

畲歌除儿歌、童谣之外，基本是 7 个字 1 句，4 句为 1 首，偶有以 3 个字或 5 个字起始的，歌词一、二、四句要押韵，需同韵才朗朗上口，歌者自幼掌握这一基本规律，在长期歌乐氛围中，多数畲民都能即兴编唱，出口成歌。多数畲歌，首句以即兴开始，再继以叙事、言情。古时，畲民绝大多数人是文盲，但通过唱、听便能口耳相传，代代延续，其中不乏许多歌手、歌王。稍有文化者，就能创编、收集大量畲歌歌词，编辑成册，供他人学习、传唱，还把歌本作为识字课本自习，自娱自乐。

畲歌的曲调、旋律有一定规律，其音阶为五音，即 1、2、3、5、6。畲歌分为短歌、中短歌、短联歌和长联歌几种，一般 4 句 1 首为短歌；内容多而独立一首的叫中短歌；3、4 首甚至 10 多首歌为一联叫短联歌；几十首以至上百首为一个整体叫长联歌。平时以短歌或短联歌为多，一般歌手即兴所编多为短歌、短联歌，长联歌一般都有歌本，避免歌词遗忘。畲民把歌词叫作歌言，按畲歌内容分为历史叙事歌、祭祀歌、风俗歌、劳作歌、情歌、杂歌、文学故事歌、儿歌、童谣、哀歌、哭歌、革命畲歌、新畲歌、诉苦歌、礼俗歌、劝世歌、常识歌、拆字歌、对歌、谜语歌等类型，凡涉及生活、生产的内容无所不包。还有新编《打盐霸》《打酒员》等革命畲歌。

景宁重视畲歌挖掘、保护和传承。2002 年 4 月，在澄照乡封金山举办“首届畲族三月三民间歌会”，之后至 2010 年，多次举办民歌创作、演唱赛会。2008 年 10 月，“中国景宁三月三民歌节”，被省文化厅列为浙江省重点文化节庆活动。

历史叙事歌

《高皇歌》《迁徙歌》《封金山》《两史妹》《洛阳桥》《大洞源》《小洞源》《汤夫人歌》等为长联歌，流传甚广，几乎各畲族聚居村都有歌本。

高皇歌　历史叙事歌，类似藏族史诗格萨尔王传，被称为畲族史歌，叙说畲族源流、发展，歌词长、内容多。畲民视《高皇歌》为传世之宝，代代传唱。全歌 112 段，448 句，详见 1995 年版《景宁县志》。

汤夫人歌　历史传说歌，歌词叙述南宋时代，汤三相公择基丘坪开垦荒田，两女每天给爷送饭。一日，爷告诉女儿，上丘无水，不能耕作，姐妹俩即取芒干引水至高田，而后成仙上天，在半空中又敕封爷当“土地爷”。赵构临安建殿缺木，汤夫人又作风吹“敕木”到临安。汤夫人成真仙之后，“保佑村坊人丁

兴旺，保佑村坊五谷丰登”。人们为纪念汤夫人，在敕木山顶建“汤夫人殿”并编歌流传于后世。对研究畲族信仰宗教文化有参考价值。1984 年，张村乡双后岗村蓝陈启唱译，沈毅记录。62 行。收入景宁民间文学集成办公室 1989 年编印的《景宁畲族自治县民间文学集成·畲族分卷》。

礼俗歌

保护歌　属祈祀歌，歌词内容是“好风水保佑家门大吉、阴出子孙多兴旺、阴出儿孙状元郎、阴出田地谷满仓、阴出大小身安康”。民国 7 年（1918）景宁雷开梁有手抄本，歌词 68 行。景宁渤海镇安亭村雷庆梁存，对研究畲族信仰风水有参考价值。复印件藏浙江丽水学院畲族文化研究所。

唠歌本头　属杂事歌，歌词内容以对歌开始，男女双方互相礼貌谦虚的歌言，接着以敬茶歌引入恋情，是唠歌过程中的套路。民国 34 年（1945）景宁雷祥开手抄本，歌词 116 行。景宁渤海镇安亭村雷梁庆存，对研究畲族对歌的程序和方法有参考价值。复印件藏浙江丽水学院畲族文化研究所。

畲族“十进”词　“十进”词是孝子在向娘家亲跪献酒时，娘家人要唱保佑儿孙后代 10 个方面的歌词。如“一进人丁兴隆多，二进谷米满仓和，三进买田又买地，四进代代有官做”。可重复进，内容全面。民国 26 年（1937）景宁蓝培根撰，6 纸，属畲族民间宗教习俗文书，本色草纸，楷书墨色。纸幅 19 厘米×12 厘米，6 行 17 字，保存完好，对研究畲族风俗有参考价值。郑坑乡塘丘村蓝庆贤存，复印件藏浙江丽水学院畲族文化研究所。

风俗歌

婚嫁歌　唱婚嫁歌要按一定习俗仪式程序进行，其内容有统一版本，不可即兴随口编唱。内容有拦路歌、借镬歌、劝酒歌、撬蛙歌、行郎劝酒歌、催亲歌、回盘歌、送神歌、十二生肖歌等。

祭祀歌　在办丧事时，穿插于“小功德”“大功德”之中，内容有面子歌、过九重山、劝亡歌等。哭歌亦贯穿其中，以山歌形式为祖先歌功颂德，祝愿先辈在天之灵安息，保佑家人平安吉祥。丧事堂歌有：老人归阴歌、报丧办丧歌、先生踏地择日歌、守孝二十四山报地头歌、买水洗浴歌、火化歌、操作道场歌、安祖歌、出白歌、破壁起煞歌、坚灵安灵歌、做七拜七歌、孝子开门祭歌、孝度请祭歌、奠酒歌、炊孝饭歌、接娘家歌、做娘家歌、做睦尊歌、火安降歌等。祭祀歌如：正月哩哩正月正，正月正哟祭祖公；祖公凛凛坐上位，保佑子孙吉福多……九重山背九重人，九条江水到闾山；上是青山青渺渺，下是江水淼茫茫。功德歌：正月做倮等亲戚，乃着仙人来引路，忙忙切切向前行……哀歌：娘呃……听人哭娘好哭哭，我孃哭娘难起头，从小孝堂未去看，今天哭娘哭不来……

生活歌

读书歌　歌词开头说“我娘未送我读书。我亦不识字一个，擎起笔头不会写，人人把我不算数”，描写畲民生活贫穷而造成多数子女无上学的状况。接着叙述“教书先生”认真教学和耐心指导，受到畲族家长们的尊敬，如“先生来透（倒）我爷家，我爷温酒又烧茶，鸭卵成双拿来煮，鸡卵成双煮卵茶”。民国 6 年（1917）雷世云手抄本，雷宗高译述、沈毅笔录，60 行。对研究清末民初畲族文化生活有参考价值。收在景宁民间文学集成办公室 1989 编印的《景宁畲族自治县民间文学集成·畲族分卷》。

宝贝歌　属叙事歌，歌词叙述人们生产、生活不可缺少的禾苗、棉花、豆苗、竹笋、食盐、茶叶、铁器、字墨、火星等 12 种物品各有所用，缺一不可，最核心的宝贝是“人”，世界是靠人创造出来的，正如“十二宝贝孝爷驰，世人都是爷驰生，鸟兽本在山林大，郎妹本应孝爷驰”，24 行。对研究畲族文化生活有参考价值。收在景宁民间文学集成办公室1989年编印的《景宁畲族自治县民间文学集成·畲族分卷》。

生意歌　属叙事歌，歌词叙述做生意要勤算账、折零卖、货对货、货物全、好货源、算成本、看顾客、讲信用、有群众、做俱全等十条生意经。倡导搞好货物流通，为自己赚钱，也为他人生产生活服务。1987年景宁雷宗芳唱译，柳潭记录，20行。对研究畲民初期经商知识有参考价值。收在景宁民间文学集成办公室1989年编印的《景宁畲族自治县民间文学集成·畲族分卷》。

情歌　情歌数量极多，为畲族山歌的主要成分，歌唱青年男女之间真挚、纯朴、坚贞的恋爱之情，憧憬美好生活，向往美满婚姻。如："郎住上村娘下村，隔山行路要造桥，竹篙打水水纷纷，平地有树好花苑，保佑天年作大水，二十满姐油油嫩，大雨打来共一村，郎好度娘结头对。"

杂歌　有《大讲歌》《谜语歌》等，内容极多，歌手均以对唱方式为多，即兴编唱，比智慧、拼才气。大讲歌，所谓大讲就是不切实际的吹牛，看谁吹的炫，如："未见是未见，箍个脚盘大似天，七百竹郎来洗脚，还是空着一大边。"谜语歌，如："你娘是个歌老师，我娘不是歌老师，知道什么纸生风，纸扇摇摇就生风，知道什么纸包火，纸做灯笼包住火，外头好看肚内空，"等等。

劳动歌　劳动歌、时令歌是歌颂祖辈重视耕种劳作规律，告诫后人遵循自然规律，不可违逆。如："立夏过了小满时，正是头季做苎时，记得古人一句话，芒种过了苎粘皮……"

儿歌

歌词旨在启发儿童认识各种动植物的生态变化和畲民生活习俗，教育孩童为人处事道德行为，寓教于乐，也不乏童趣。如细崽歌，"细崽侩，棕榈骨头来当犁，鸡公吊来当牛牯，犁来犁去唔见泥""细崽要哭要吃粥，老鼠崽，做把戏，鸣公咕嗒老鹰来，拎个石头给你背，狗崽若吠有丐食，起幢察崽给你掌，细崽闩门不肯开，一下压倒就过世。"有些内容不仅劝诫孩童要团结、勤劳、向学，还带有朴素的哲学思想，犹如启蒙教材。1987年景宁金钟乡雷根法唱译，陈新民记录，86行，可资研究之参考。收在浙江省畲族民间文艺学会1993年编印的《浙江畲族民歌集》。还有童谣："年妹公，涕侬浓，爷担铁，崽担铜，担到县，屁股痛，黄泥蚁儿扛啊找，扛到大路上。阿哥有力扛块肉，阿弟无力手来帮。"

第二节　舞　蹈

舞蹈

畲族舞蹈主要体现在宗教祭祀活动中，主要有奏名学法、做功德、拔伤、打隍、背老伽等。其舞蹈有安祖舞、迎神舞、功德舞、铃刀舞、木柏舞、祭祖舞、过九重山舞等。舞姿多是耕作劳动、祭祀动作，如登山步、扛樗、狩猎、坐蹲步、丁字步、悠荡步、软步、两宗半等。舞者有独舞、双人舞、四人舞、团体舞，舞步刚柔相济，粗犷朴实，讲究对称，节奏感强。舞者道具有椿担、木拍、筷子、铃刀、龙角、竹捧等，边舞边打击，边摇铃刀，边击木板，边敲竹棒、椿担，边击打筷子等。

作品

中华人民共和国成立的60多年来，文艺工作者在宗教祭祀舞蹈的基础上，挖掘整理并创作出大批畲族舞蹈，如：《采茶舞》《畲民欢乐舞》《月圆》《庆丰收》《畲娃球梦》《彩带歌》《赶歌会》《逗赤郎》《幸福水》《巧相亲》《插花娘》《采樵舞》等。1978年，中共十一届三中全会召开后，国家实行改革开放政策，迎来畲族舞蹈创新的美好春天。1980年，景宁畲族舞蹈参加北京首届少数民族文艺会演，演出节目有《凤凰彩带飞北京》《银耳花开》《新女婿》等，连演三场，大获好评。1994年，景宁畲族舞蹈首次跨出国门，畲族民间艺术团赴日本福井环日本海国际民间艺术节演出《铃刀舞》《木拍舞》《采樵舞》等舞蹈节目，震撼世人。

1998年，景宁创编的大型畲族风情歌舞《畲山风》赴京演出获得成功；2001年代表浙江省赴北京参加第二届全国少数民族文艺会演，获各界好评。2010年《做功德》《传师学师》编入《中国民间舞蹈集成浙江卷》。

第三节　图　像

祖图长轴

周湖雷氏祖图长轴　1帧（两段）。畲族祖图之一，“学师”祭祖和“做功德”丧仪中挂于两廊壁楣或大门外墙上供人观看，是连环画式多幅画面组成的伏羲神话与盘瓠故事糅合的“龙麒”图腾传说画卷。清光绪二十六年（1900），景宁暮垟湖（周湖）、香炉丘等村由雷承森等主持绘制。画中故事：高辛帝宫大耳婆耳中取出一虫盛于篮，变成一丈三尺长金龙，乃上天星宿下凡，号“龙宠”。龙宠揭榜后漂洋过海去征番，取“燕王”头献上，帝赐“三公主”为婚，龙宠于金钟变身后封“盘瓠王”，送往“赤岩洞”，赴“蟠桃会”。后生三子赐盘、蓝、雷三姓，至闾山学法、打猎殉身、做法事发丧、公主送葬等。棺安“凤凰山龙虎穴”，坟两侧绘有一龙一虎（其形与河南濮阳古墓蚌塑相似），再是“超度引魂入祠”（“雷氏宗祠”中立“盘瓠王、高公主”灵位，上祖公、中祖公、下祖公灵位和“大小千万念”项祖公、祖婆之灵位）。诸说多有不同，可供研究之参考。清光绪二十六年（1900）景宁雅峰任凤翔画稿。白常熟布，画面五彩，注文墨色。画幅前段33厘米×662厘米，后段33厘米×625厘米，无边栏，保存完好。

太公画像

周湖畲族三代容　1帧。畲族三代祖公祖母图像。“学师”祭祖和“做功德”丧仪中挂于中堂或“师爷间”正壁受祀。清光绪二十六年（1900），景宁暮垟湖（周湖）雷承森等主持绘制。图像左侧画三代祖公像，右侧画三代祖婆像，总体代表“上祖公”“中祖公”“下祖公”与祖婆的神位，也即该支系所有已故的祖先神灵。画像左下角绘一男侍，手执长烟袋；右下角画一女侍，手端茶盘。两侍形象较小，背景是花卉画屏。整图反映畲族祖先崇拜现象。清光绪二十六年（1900）景宁雅峰任凤翔画稿。白色宣纸，墨色五彩。布幅125厘米×65厘米，画面112厘米×61厘米，四周有破损。

第四节　文　著

纪实文

南泉山迁居建造惠明寺报税开垦呈文　1件，8页。清道光五年（1825），惠明寺端鹤禅师抄录的景宁南泉山惠明寺建造报税开垦和寺庙兴衰及募捐修建情况的存根，并有畲民雷进裕等与寺僧一同迁入浙江景宁的记载(原文见本篇第二章第一节雷姓迁入)。文又载：咸通二年(861)九月，张伯二、梅瑞徐各捐赠银数十两，雷太祖之子明玉捐租谷十五担，潘进士、梅得清和张姓祖又于明天顺六年(1462)捐银并拨租一亩；清康熙十九年(1680)，惠明寺僧归仙，无人掌管，"潘、梅、张、雷四姓坐落斟酌商量"，叫大赤寺僧来住寺院、修理大殿；此后乾隆至道光年间，张、潘、雷、蓝、金、郑诸姓村民或助银两或拨租田，详记在案。最后署"南泉山惠明堂本寺僧端鹤师抄存实奉"。抄本详实地记录惠明寺的建造及景宁畲、汉群众资助情况，有史料价值。草纸竖书，楷体墨色。页面21厘米×12厘米，5行。第2—3页、第4—5页、第6—7页之间对折的上端版口处残缺，在第2—3页空缺处，"元丰皇二年"5字写在衬纸上(本为"咸通皇二年")，其右侧原纸上书"建文三年"4小字，两处字体与原文不同，系补抄惠明寺村抄本。

景宁畲民　3纸。清同治十一年(1872)《景宁县志》《风土·畲民(附)》载："畲民瑶壮别种盘瓠之后也，自粤而闽以暨处之松、遂、云、龙诸邑皆有""姓惟三，曰雷曰蓝曰钟""习攻猎""畏官法""无寒暑皆衣麻""不谋萃聚，不杂土著"等，叙述畲民的祖源、分布地域及畲民的衣着、婚嫁、丧葬等风俗情况，对研究畲族的历史具有参考价值。本色草纸，宋体墨色。纸幅27.5厘米×18厘米，共10行，保存完好。

敕木山畲民调查记　不分卷，1册，131页。民国21年(1932)德国学者史图博、李化民撰。1929—1931年，作者到景宁县敕木山畲村进行周密社会调查后所作的调查报告。此书对畲民居住地环境、畲族服饰、经济状况、民族性格、社会生活、氏族结构和生育、婚姻、立嗣、丧葬、语言、文学以及畲民与瑶人的关系、会稽山畲民的历史等作了全面客观的记录与探索，是一部珍贵的人类学资料。对研究畲族的历史社会和生活现状有重要的参考价值。德文版载1932年国立"中央研究院"科学研究所第六号专刊，1984年中南民族学院民族研究院翻译成汉译本。白色草纸、宋体墨书。页面29.5厘米×19.5厘米，23行25字，保存完好。

景宁惠明茶　1纸。民国22年(1933)景宁柳景远撰。据《景宁县续志》卷七《物产》篇，对景宁惠明茶参加国际评奖有详细记载："茶叶各区皆有，惟惠明寺及漈头村出产优佳。民国4年(1915)得美利坚巴拿马万国博览会一等证书及金质褒章。"对研究景宁茶叶，提高品牌有史料价值。绵纸，宋体墨书。纸幅27.5厘米×18厘米，7行12字，保存完好。

畲民生活在景宁　3页。民国36年(1947)1月景宁柳意城撰，浙江民间文牒文书。文书叙述占八分之一人口的景宁畲民，政治地位低下，住茅棚、食瓜薯、穿麻布的生活，畲民普遍无文化，能识字者也只有小学文化，能以独立的语言体系，简解景宁畲民结婚、丧事等风俗情况。畲民呼吁景宁教育界要加强畲民文化教育，提高畲民文化素质，以除无文化之苦。有史料价值。没光纸铅印版，纸幅19厘米×12厘米，24行28字，保存完好。

医药用书

药性辨　不分卷，1册，21页。清光绪三十二年(1906)，景宁雷马迁撰、抄，浙江畲族医药用书。该书记载65种草药名称及药性，并写明用于何病与用量。例如《治痢奇方》，按便色的全红、半红半白、黄、黑及兼坠肛等不同症状配有不同的药方，并指出便红生血、面色如涂硃、发热不休者死，其他症状可医，若外感发热还配发汗药。另有《产母药》《半日病药》《小肠气病药》3个草药方。对研究畲医畲药有参考价值。草纸线装，楷书墨色。页面17.5厘米×11.5厘米，7行18字，保存基本完好。

麻疹症辨 1册，56页。民国4年（1915）景宁雷□□撰、抄，浙江畲族民间医药。内容记载：麻疹症的疹源、麻疹症轻重、麻疹症主治方法、麻疹症未出症治、麻疹症见形症治、麻疹症收没症治、麻疹治论、麻疹五不治、麻疹诸症诊断形式的研究，并区别大人与小孩、麻疹与牛痘的不同用药和不同剂量等，共列出50多个草药处方。对研究畲族民间单方医术有参考价值。草纸线装，楷书墨色。页面21厘米×13厘米，7行19字，保存完好。

雷存根祖传药方 1册，18页。民国15年（1926）景宁雷存根撰、抄，浙江畲族民间中草药处方。内容记载：治疗肺痨、祛风寒、理气、补血等不同症状的疾病有祖传中草药处方22例，详细记载每例处方中草药的名称、数量、配制及治疗方法。对研究畲族民间祖传医药有参考价值。草纸线装，楷书墨色。页面15.5厘米×10.5厘米，8行16字，保存完好。

雷马福草药方 1册，115页。民国15年（1926）景宁雷马福撰、抄，浙江畲族民间医药处方。内容记载：治疗人水症、渴水心头痛、产后儿袋列落、妇女败血、妇女月风、妇女血晕、跌打损伤、解砒霜毒、水湿症、水火不通、男女落白、吐黄痰、伤寒、小儿风症等250多种疾病的草药配方。对研究畲族民间草药医疗有参考价值。草纸线装，楷书墨色。页面17厘米×14厘米，6行16字，保存完好。

雷祖书草药方 1册，17页。民国21年（1932）景宁雷祖书撰、抄，浙江畲族民间草药方。内容记载治疗小儿科、妇科、男科、通病等疾病的19例草药配方。对研究畲族民间祖传草药方有参考价值。草纸线装，楷书墨色。页面16厘米×10厘米，16行15字，保存完好。

雷大相祖传秘方 1册，41页。民国25年（1936）景宁雷宜林撰、抄，浙江畲族民间医药。内容记载：治疗眼睛生白珠、眼睛红肿、小角淡红赤痛、黑珠四周红、眼骇飞痒等18种症状和用药配方，10种咳嗽症状和用药配方，15种跌打损伤症状与用药配方，30种其他疾病症状的用药与配方。对研究畲族民间医药有参考价值。草纸线装，楷书墨色。页面14.5厘米×11.5厘米，墨框10.5厘米×10厘米。四周单栏，9行16字，保存完好。

雷马迁祖传药方 1册，37页。民国□□年景宁佚名撰、抄。浙江畲族民间医药处方。此书将药方归纳为"汤、散、膏、丸"四大类中草药配方，如"滋荣散坚汤""益气养荣汤"等94例，"加味逍遥散""防风通圣散"等45例，"清音噙化丸""顺气归脾丸"等19例，"紫霞膏""大红膏"等7例。四大类药方共165例，每例处方详细记载中草药的名称、数量、配制及治疗方法。对研究畲族民间传统医药有参考价值。草纸线装，楷体墨书。页面17厘米×10厘米，16行42字，保存完好。

应用文牍

明心宝鉴 1册，110页。清乾隆五十一年（1786）景宁雷可天撰、抄，浙江畲族民间伦理学教本。书中内容借以古圣人之名言而编，篇题为"继善、天理、顺命、行孝、正己、安分、存心、戒性、勤学、训子、省心、立身、政治、治家、遵礼、安义、存信、言语、立文"的"为人"文章19篇，有益于传统美德教育。对研究清代畲族民间教育有参考价值。草纸线装，楷书墨色。页面18.5厘米×13.5厘米，9行20字，保存完好。

猜"字"文 1册，13页。清道光四年（1825）景宁雷仁赢撰、抄，浙江畲族民间私塾教本。是书以猜字谜为题，内容设"满、范、黄、龙、宝"等33个字谜底，每字谜底为4句，供学童学习。如"香"字谜："千字不成千，八字排两边，日头下头出，送佛上西天"。易学易记，并有开发儿童智力的作用。对研究畲族民间私塾文化教育有参考价值。草纸线装，楷书墨色。页面19厘米×11厘米，6行10字，保存完好。

金丘蓝氏宗谱排行簿 1册，70页。清道光二十年（1840）佚名撰，浙江畲族宗谱附属文书。此簿排行是根据蓝姓宗谱“大、小、百、千、万、念”6字排出“行”周而复始进行。“位”是按照金丘蓝氏宗谱入谱人员出生时间先后排出“位”数的宗谱附件。由族长登记排行排位。本簿排出“大”行37位,“小”行43位,“百”行58位,“千”行64位,“万”行82位,“念”行22位。对了解畲族宗谱排行位的方法和规定,有参考价值。本色草纸,楷体墨色。页面25厘米×17厘米,10行,保存完好。

知理四言杂字书　1册,47页。清同治八年(1869)景宁雷玉德撰,浙江畲族民间私塾教本。书以四言为一句,内容书写农家具、农作物的名称和人生活动的常用知理,面广量大,浅学易懂,有益提高学童的道德理念。对研究畲族民间教育有参考价值。清同治八年(1869)景宁雷成连手抄本。草纸线装,楷体墨色。页面18厘米×10.5厘米,6行8字,保存完好。

字窠杂本　不分卷,1册,42页。清末景宁钟法顺撰、抄,浙江畲族民间实用字典。收集单词2560个,并在右下角注上畲语读音的小汉字。如“垈”坚、“罾”利等,是一本典型的畲语字典,对研究畲族文化有参考价值。草纸线装,楷书墨色。页面22.5厘米×18厘米,8行8字。首页破损,其余保存完好。

大方六言杂字　不分卷,1册,58页。清末,佚名撰,浙江畲族民间私塾教本。以六言体为格式,内容分天文、地理、人物称呼、时令、人事、身体、病症、词讼、衣服、宫室、饮馔、器用、工匠、军器、首饰、船器、法具、花木、蔬菜、杂卖、颜色、鸟兽、药方、丧礼、勉学25个方面的词、理。对研究畲族民间文化教育有参考价值。清末景宁蓝日荣抄本。草纸线装、楷书墨色。页面19.5厘米×11厘米,6行12字,保存完好。

对联　1册,25页。民国16年(1927)景宁雷凤亲撰,浙江民间实用文书。文内载:雷凤亲自编民间实用对联供畲民使用,对联分为茶堂庵联、门联、婚联、春节联、世家联、寿联、迁居联、香火联等,内容丰实,尽其选用。对研究畲族民间实用文书有参考价值。本色草纸,楷书墨色。纸幅20.5厘米×14厘米,10行,保存完好。

东弄畲民私塾教材　3纸。民国17年(1928)景宁雷云生撰,浙江畲族民间私塾教育文书。文内记载:雷云生先生为指导畲族学生练好字,将锦岱垟、杨柳丛、王畈、石圩、外舍、山后、瓦窑、吴宅岗、老鸦尖、大湖、石牛山、鹅抱蛋、叶山头、山外、包凤、塔墈、门山前、惠明寺、敕木山、暮垟湖、惠山头、周坑、金山垟、东衕共24个村61个字样为教学方法,辅导学生练字。对研究民国时期畲族教育有参考价值。本色草纸,楷书墨色。纸幅23厘米×20厘米,8行。首页记载民国17年九月初一,吴宅岗雷金龙320斤(以稻谷抵一年学费)。保存完好。

七言　1册,60页。民国18年(1929)景宁雷开富撰、抄,浙江畲族民间私塾教本。以七言体编写散文式读本,内容涉及面广而事杂,时而气象变化,时而历史君皇,时而人为言行、农时季节、地理草木、病理药物等。前后有不连贯但可供有一定文化基础的人学读。对研究畲族民间私塾文化教育有参考价值。草纸线装,楷书墨色。页面21.5厘米×11厘米,6行17字。保存完好。

天文章　1册,29页。民国35年(1946)景宁蓝培景撰、抄,浙江畲族民间私塾启蒙课本。以七言体为主,内容反映事物变化及事理的融合,有历史、地理、哲学等多方面知识,全书分天文、时景、地理、人伦、身体、学问、屋宇、器用、女工、农具、商货、诸果、禾谷、蔬菜、食味、衣服、花木、竹木、鸟兽虫鱼、珍宝、君臣、人物、古今等章节。对研究畲族民间文化教育有参考价值。草纸线装,楷书墨色。页面14厘米×11厘米,6行14字。保存完好。

雷顺元私塾教本　1册,41页。民国36年(1947)景宁雷顺元撰,浙江畲族民间私塾教科书。以汉字代用畲语读音,有五言体和七言体,内容从农家角度教育学童要勤劳、勤读、勤礼,做一个“诸人恭敬不相记,黄柳开时莫及第,人人尽说好男儿,父母问是心欢喜,一举成名天下知”的贤人。对研究畲族民间教育有参考价值。民国36年(1947)景宁雷马福手抄本。草纸线装,楷书墨色。页面20厘米×13厘米,6行14字。保存完好。

四千字文　1册,60页。民国37年(1948)景宁蓝培荣撰、抄,浙江畲族民间实用文。内容以阴阳地理、自然天体、人所称谓、行为善恶等万物变化为词,易读易记。对研究畲族民间实用文有参考价值。草纸线装,楷书墨色。页面18厘米×11厘米,5行8字。

人伦集字　1册,41页。民国37年(1948)景宁蓝培景撰、抄,浙江景宁畲族民间私塾读本。以四言体格式编写,内容按人伦、时序、食品、衣服、器用、庇隐、花木、飞禽、走兽、地域、图类、果类、菜类、木类、首饰、布锦、谷类17种类型名词进行串联,易懂易记。对研究畲族民间私塾教育有参考价值。草纸线装,楷书墨色。纸幅17.5厘米×10厘米,5行12字,保存完好。

应用杂文　1册,34页。1949年景宁蓝叶发撰、抄,浙江畲族民间启蒙教科书。内容以四言体的格式,将日常生活中所做的事和如何做人的理念相结合而编写的家庭课本,引导学童讲道德良心、讲文明礼貌、讲和睦相处等,浅出易懂,既能识字又能明理的初级文化教材。对研究畲族民间家庭教育有参考价值。草纸线装,楷书墨色。页面17厘米×9.5厘米,6行12字。保存完好。

第五节　铭　刻

墓碑

雷虔山墓碑　石碑1通。明万历四十四年(1616)雷德贵等立石,书、刻佚名。浙江景宁雷氏鼻祖墓碑。碑文中刻"福建雷百十四郎神公墓";左刻"本山坐庚向甲"朝向,并"(孝)男德贵、德兴、德誉仝立";右刻"万历丙辰岁秋季月日吉立",并刻有"起振、起隆、起壁、起林、起祯、起祥"六孝孙之名。"雷百十四郎"即雷虔山的阴位排项。雷虔山(?—1616),明万历四十一年(1613)从福建罗源县十八都应得铺庄梅溪里迁景宁油田王畈开基鼻祖。王畈《雷氏宗谱》有雷虔山"带三子一家四十六口"入迁的记载。对研究本支畲族人口发展和迁徙情况有参考价值。碑在景宁外舍乡王畈村张金坞山麓。一面有字,碑面80厘米×50厘米,面刻60厘米×40厘米,汉文4行,花岗岩阴刻,楷书。碑顶呈半圆形,刻有三小圆连一弧线的图案。保存基本完好。

雷大相墓碑　石碑1通。民国13年(1924)雷宜林立石,书、刻佚名。浙江景宁畲族名人墓碑。碑文横刻"冯翊郡、雷公墓"上下各3个大字,右直刻"民国十三年大吉,祀男宜林"。雷大相(1853—1924),清光绪八年(1882)从遂昌大柘上埯坞迁景宁东坑镇黄山头居住,精通伤科秘方,清末浙南一带著名拳师。对研究畲族喜爱武术、强身自卫精神有参考价值。碑在景宁东坑镇黄山头村田湾。一面有字,碑面150厘米×70厘米,面刻130厘米×50厘米,汉文3行,花岗岩阴刻,楷书。保存完好。

蓝宝荣墓碑　石碑1通。民国18年(1929)蓝德凤立石,书、刻佚名。浙江景宁畲族名人墓碑。碑文"黄清从汝南郡讳国学监生蓝宝荣公妣雷氏合安之墓",右刻"民国十八年吉旦",左刻"祀男蓝德凤、孙元才仝立"。蓝宝荣(1859—1929),清光绪八年(1883)与蓝培开、蓝廷福赴处州府应科举考试,被汉族童生串通监考官,污蔑畲民出于"兽类",历史不清白,不准与试,蓝宝荣等为捍卫民族平等与合法权益,组织青年极力反抗,促进官府调停,获得科考权利,蓝宝荣是年考取"邑庠生"学位。可资研究之参考。碑在景宁鹤溪镇敕木山村瓦窑岗。一面有字,碑面200厘米×50厘米,面刻180厘米×50厘米,汉文

7 行，花岗岩阴刻，楷书。保存基本完好。

匾刻

艮启震明　石匾 1 块。清光绪年间（1875—1908）蓝雷有立。书、刻佚名。景宁鹤溪镇东弄村蓝启宏祖宗为求得好兆头之意，在大门上方嵌石匾一块，匾文为“艮启震明”4 个大字。按八卦之说“艮”代表山，“震”代表雷，大门朝东，屋靠敕木山脉，意欲山脉起动、光明来临之意。可资研究之参考。匾在景宁鹤溪镇东弄村蓝启宏大门上方。一面有字，匾面 120 厘米×55 厘米，汉文 1 行，花岗岩阴刻，楷体。匾宽和字体填有墨色。保存完好。

灵昭鹤水　木匾 1 面。民国 12 年（1923）蓝聚东、蓝德璜、蓝盛璟为景宁鹤溪镇东弄村汤三公殿立，佚名撰、书、刻。匾文“灵昭鹤水”，右边竖刻“民国十二年季春谷旦”，左边竖刻“沐恩商业弟子蓝聚东蓝德璜蓝盛璟敬酬”。东弄村在敕木山东侧山脚，常遭旱灾，村民为祈雨建汤三公殿，匾文“灵昭鹤水”含义是“有神灵招引鹤溪水来灌溉农田”。对研究畲族农村风俗文化活动有参考价值。匾在景宁鹤溪镇东弄村汤三公殿，照片存浙江丽水学院畲族文化研究所。一面有字，木质，楷书，阳刻，黑底红字，匾面 60 厘米×140 厘米。保存基本完好。

第六节　文　书

契据协议

汤攀桂等卖坟地契　1 纸。清道光六年（1826）十二月景宁汤攀桂等撰，浙江民间经济文书。文中记载：雷陈旺、雷金法采有吉地 1 穴安厝先人，此坟地脉从本家山来，兹向本家众边取买坟垅直上 2 丈，养绿护荫。本家众出卖契 1 纸，将坟地售与雷边。三面作价银 2 两整，即日收讫无少。对研究清代畲族经济活动有参考价值。本色草纸，楷书墨色。纸幅 30 厘米×17 厘米，13 行 17 字。有立卖契约人、见证人等一并画押。保存完好。

雷成会分关书　1 册，15 页。清光绪四年（1878）景宁雷成会撰，浙江民间合同文书。文内记载：雷成会、雷成贤兄弟 2 人商议，为父承担烦琐家事邀请长辈亲眷公监，将田产抽出祭祖田、父母田，余下兄弟 2 人均分。祭祖田 4 处田租 275 斤由兄弟两人轮流耕作，并承担祭祖事务；父母田 2 处田租 250 斤，由父母自耕；雷成会、雷成贤各分得田 3 处，田租 172.5 斤，山林 2 处，房屋 3 间，牛栏 1 间。对研究清代畲族分家、资产分配的情况有参考价值。本色草纸，楷体墨色。纸幅 16.5 厘米×9 厘米，5 行 31 字。尾页有见证人雷陈根、雷马林，代笔人雷林金等一并画押。保存完好。

收据摺簿

蓝根成令税收据　1 纸。民国 13 年（1924）12 月蓝李生出具给蓝根成代收七月令税的收据。文内记载：“蓝李生（保长）为按时完成纳税任务，向蓝根成代收七月令税 3 角 7 分 5 文而立此收据。”略知彼时交纳令税的情况，有参考价值。本色草纸，刻板印刷格式文书，行体墨书填发。纸幅 21.5 厘米×11.5 厘米，4 行 17 字。保存完好。

蓝来贵捐谷收据　1 纸。景宁县惠明寺小学出具给蓝来贵办学捐谷的收据，浙江民间经济文书。

民国25年(1936)11月,蓝来贵按景宁县乡镇初级小学集资办学的规定,捐谷10斤。略知彼时政府对教育事业经费的筹集措施,有史料价值。本色草纸,刻板印刷格式文书,楷体墨书填发。纸幅19.5厘米×7厘米,5行25字。收据左侧中间盖有景宁县政府骑缝印。保存完好。

雷明德户摺　1纸。1912年至1949年5月期间,景宁县公署颁发给雷明德的户摺。文书内容:有业户须知(8条),业户的田地、山产所坐落的土名、面积、税额等详细登录。户摺是业户承粮之依据,凡有民田买卖、继承等行为都必须按规定期限内凭原有户摺换取新户摺。略知彼时户摺的重要性及其管理办法,有史料价值。本色草纸,刻板印刷格式文书,楷书墨色填发。纸幅43厘米×29厘米,22行32字。左侧盖有"景宁县知事"篆体方印。

账簿账册

雷政钏娶媳妇礼簿　1册,10页。清光绪三年(1877)九月景宁雷政钏撰,浙江民间账本。文内记载雷政钏娶媳妇时亲朋好友送的礼包,均为铜钱。如"雷进德(送)来礼包六十文"等。对研究清代畲族农村社会经济活动有参考价值。本色草纸线装,行体墨书。页面17.5厘米×9厘米,12行15字。首页有彩语"会亲大吉"。

蓝来贵嫁女账簿　3纸。民国12年(1923)景宁蓝来贵撰,浙江民间经济文书。文内记载:民国12年12月18日蓝来贵女儿婚嫁,许多亲朋好友前来祝贺送礼,有赠布半匹或3尺或1尺不等,有的送布又送铜元,有的还送红包等等,均计入礼簿。略知彼时畲民因经济贫困、生活水平低而婚嫁简办的习俗,有参考价值。本色草纸,草体墨色。纸幅19厘米×11厘米,5行9字。保存完好。

钟大十四郎素簿　11页。清同治五年(1866)佚名撰,浙江民间经济文书。内容首页记载:钟大十四郎于清同治五年(1866)三月二十九日戌时去世,享年74岁,尸衣有帽1顶、粗衣4件、裤2条、袜1双、鞋1双、被1床等,葬品极稀。次页起记载:奠礼,如女婿奠礼米2斗、豆1斗、鸡1只、肉1斤、酒1坛、香纸币烛俱全等,凡有前来奔丧奠礼者,皆一一入账。对了解此时畲民的生活水平和治丧的习俗有参考价值。本色草纸,楷体墨书。纸幅19.5厘米×10.5厘米,5行14字。保存完好。

蓝百二郎素簿　4纸。清光绪三十年(1904)景宁蓝雷富撰,浙江民间经济文书。文书记载:蓝百二郎(蓝雷富之父)于清光绪三十年(1904)八月初九日辰时归阴,诸亲朋邻友前来奔丧奠礼,资助丧户困难,有的送米1斗,有的送酒1瓶等各种物品,都计入素簿。可资研究畲民生活状况以及办丧事风俗,有参考价值。本色草纸,楷体墨色。纸幅19.2厘米×12厘米,6行6字,保存完好。

入籍缘簿　1册,16页。清光绪三年(1877)蓝雷钟撰,浙江民间经济文书。清光绪三年,鹤溪镇东弄村畲民为置办《奏名学法师担》,向粗滩庄、金山垟庄等13个村庄奏名学法过的173人集资捐洋,入籍缘簿,其师担可供以上13个村庄的畲民使用。略知彼时畲民对《奏名学法师担》的宗教文化信仰,有参考价值。本色草纸,楷体墨色。纸幅26厘米×15厘米,10行8字。保存完好。

狮子会账簿　7纸。民国10年(1921)1月景宁蓝根生等撰,浙江民间经济文书。文内记载:景宁县鹤溪镇东弄村畲民为欢度节日,开展文化娱乐活动,组织狮子灯。每逢新年正月初二开灯,元宵杀灯。期间到临近畲汉各村各户登门舞狮,户主会献上1个红包,由带队负责人登记入账,规定正月二十日结算盈余情况。民国10年(1921),面算结存英洋15圆6角;民国11年(1922)结余英洋1圆9角2分;民国12年(1923)结余英洋26圆7角。略知彼时畲民对节日文化娱乐活动状况和经济管理办法有参考价值。本色草纸,楷体墨色。纸幅19厘米×11厘米,3行19字。保存完好。

蓝氏宗祠祭祀簿　1册,12页。民国14年(1925)佚名撰,浙江民间经济文书。文内记载:鹤溪镇东弄蓝氏宗祠于民国14年8月18日竣工开祭，以后每年春秋各祭1次，祭品计定名称和数量不可超买，要入账结算，否有盈亏。本祠堂共有18户入祠，规定子孙16岁者入祠必交2圆。民国16年(1927)2月18日共入祠7人，收洋14圆，归属宗祠资金。祠堂有田产租谷4担，专供祭祀开支。略知彼时祠堂管理的有关规定，有参考价值。本色草纸，楷体墨色。纸幅19厘米×11.5厘米，66行。保存完好。

大张坑村雷氏宗祠账簿　1册，18页。民国19年(1930)1月景宁佚名撰，浙江民间经济账本。文中记载：景宁大张坑村建造雷氏宗祠时村民所捐的钱、酒、谷、油、鸡、砖瓦和工夫等数目，如"雷春连四月十二日付大洋一圆，茶油二两；七月二十三日付来酒一瓶，又酒半斤……"对研究当时畲族农村社会经济活动有参考价值。本色草纸线装，行体墨书，页面13厘米×20.5厘米，11行16字。保存完好。

雷进贵流水账　1册，56页。清同治十一年(1872)景宁雷进贵撰，浙江民间经济文书。文书记载：景宁郑坑乡吴布村雷进贵户，自1871—1879年间与外来发生钱物等一切往来的业务，账中所谓"生谷"是指借给别人的稻谷到秋后归还时一般加两成利息。可资雷进贵家庭的经济基础和治家能力，有参考价值。草纸线装，草体墨色。纸幅21厘米×13厘米，11行12字。保存完好。

钟水林记账法　1册，32页。民国14年(1925)6月钟水林撰，浙江畲族民间财务管理文书。文内记载：钟水林自编记账法，内容用四言体编写的记账必学的基本知识，如记账程序、记账时间各种不同的计量单位、物品名称、大写字样、常用词语等记账方法。对研究畲族民间社会经济活动有参考价值。本色草纸，楷书墨色。纸幅20厘米×13.5厘米，6行。首页有"记账总簿，钟日科读"。鹤溪镇敕木山蓝培发存。

集资共建"蒋岸渡"亭　1纸。民国20年(1931)景宁吴吕熙撰。据《景宁县续志》卷二《建制》中《津梁》节记载："蒋岸渡，在溪口村上游，民国二十年里人徐长勋、胡元贞、刘日璇等倡捐设渡亭1所，田名租数列后：排会众坑底湾田租1石；毛银生坳丘岗田租5斗；雷陈庆三角坛头田租1石；吴根森枚山田租5斗。"略知彼时畲汉两族共同集资办渡，为社会公益事业做贡献，有参考价值。棉纸，宋体墨书。纸幅27.5厘米×18厘米，5行。保存完好。

其他公文

景宁县公署民事判决书　7页。民国3年(1914)9月30日，景宁县知事秦琪撰，浙江民事诉讼文书。文内记载：原告蓝玉蕃、蓝世孙。被告雷金宝、雷根生。判决主文"张山屋后土名黄谢山场由尖直落至排路为界应归原告所有，被告所砍黄谢山场山木应照数归还原告，此判"。并详载"事实"与"理由"全文，"如不服判决，应于二十日内申明上诉。知事秦琪"。对民国时期法学研究有参考价值。本色草纸，宋体墨书。纸幅38厘米×28厘米，12行23字。文书首页"景宁县公署民事判决书副本"，末页"中华民国三年九月三十日，书记邓谦"并盖有"景宁县知事印"。保存完好。

永嘉审判厅决定　2纸。民国5年(1916)12月9日，永嘉地方审判厅出具给雷根生等五人的决定书(副本)。文内记载：潘汝霖与雷根生等人为山林纠纷一案经景宁县一审判决，被告不服，再次向永嘉地方审判厅诉讼。永嘉地方审判厅经查现行法例，诉讼有一定程序，呈诉人与蓝玉蕃等争山一案，早经判决确定，嗣周山邻潘汝霖等诉请景宁县明定界地，又起事端，据称求讯不行一节，着向原审具状呈催，诉请吊卷提审之处，实与诉讼程序不合，确难照准，特为决定。略知彼时诉讼的程序，有参考价值。本色草纸，宋体墨书。纸幅37厘米×28厘米，20行。左侧盖有"浙江永嘉地方审判厅印"、永嘉地方审判民事庭审判长韩照、推事吴瑛白印。保存完好。

浙江第一高等审判分厅通知书　2纸。民国8年(1919)6月19日、民国9年(1920)4月浙江第一高等审判分厅分别两次发给潘汝霿、雷根生等人的通知书，浙江官府法律文书。文内内容："据潘汝霿等与雷根生等为山场涉议一案不服，永嘉地审厅第二审判决声明，上告到厅合即抄录原状，通知该被告人雷根生等，照章于七日内，呈递辩诉状，以凭合办，毋得自误切切。"略知彼时打官司的程序，有史料价值。本色草纸、楷体墨书。纸幅17厘米×12厘米，9行。左侧盖有浙江第一高等审判分厅篆体方印。保存完好。

第七节　宗教经文

科仪唱本

大夜本经文　不分卷，1册，201页。清康熙五十六年(1717)景宁雷日长撰、抄，浙江畲族功德经文。此书为师公做功德时的唱辞，内容有把坛界、奏牒、告神退兵到灵前、灵前变身、过十王、解结、过十八层地狱、救苦行道、亡师十别、散花致语、五更汉等20多篇段，还有《日光经》《观音救苦经》《妙沙经》等7种经文。对研究畲族宗教文化有参考价值。草纸线装，楷书墨色。页面17.5厘米×12.5厘米，6行20字。前10页左右下角残缺，其余保存完好。

请祭谢恩、劝亡魂　不分卷，1册，8页。清道光十二年(1832)景宁雷日章撰、抄，浙江畲族功德经文。请祭谢恩内容：做功德时，师公带领孝男孝女在灵堂香案桌前祭唱谢恩父母，唱一段，谢拜一次，连续唱12段，谢拜12次。劝亡魂内容：师公对死者亡魂的祝福话，告诉亡魂孝子孝女及六亲九眷献上各类美食与酒，请亡魂受领，超度亡魂上西天，并保佑儿孙平安等念词。对研究畲族宗教文化有参考价值。草纸线装，楷书墨色。页面20厘米×14厘米，7行14字。保存完好。

景宁太上救苦仪文　不分卷，1册，212页。清咸丰七年(1857)景宁油田源雷声昌撰，浙江畲族功德经文。供师公在做功德时的唱词，篇目分收蛮兵、呼师爷、变角、请师爷、造井变身、打五岳门、读书、祝别奠酒、造桥、变身、奏角上衙、十别拜叹、再奠十别、三奠酒、朝宫、话见灵酒、五更叹、妆轿、五营寨、退兵行丧、山头发火、劝亡魂等，并附各种牒文和钱状式样。主要内容是请来各路天神、打开地狱、引亡魂到灵堂、造起上天之金桥、向亡师祭酒十别、印亡师到太上老君殿拜各位天神、行丧为行棺之前师公告诉亡师墓址、劝亡师上轿等。对研究畲族历史宗教文化有参考价值。清咸丰七年(1857)景宁雷玉发抄本，清同治五年(1866)景宁蓝德仙、松阳蓝程钰有同款抄本。草纸线装，楷书墨色。页面19.5厘米×10.5厘米，5行15字。保存完好。

蓝汤福请"醮"经文　不分卷，1册，130页。清光绪五年(1879)景宁蓝汤福撰、抄，浙江畲族巫术经文。内容是巫师在做"醮"时的念诀和唱词，段落分：请符官、宣疏、请天上各神、请水洗坛、念咒破秽、请天尊、劝下马杯、乞佑、使张赵贴身、送白虎、奏天曹、接星辰解厄、送星辰、念日光经、劝上马杯、酒净水收坛等。此外要将病人名、巫师名、患何种病等情况填入奏疏。通过做"醮"，驱走病魔，达到病愈和平安。对研究畲族宗教文化有参考价值。草纸线装，楷书墨色。页面19.5厘米×11厘米，6行15字。保存完好。

功德歌　不分卷，1册，205页。清光绪十八年(1892)景宁雷云监撰、抄，浙江畲族做功德挽歌。此书前部分内容记载：师公请灵辞及安葬文书，后部分内容为哀悼祭祀亡人，以歌代哭的灵堂哀歌。歌题有：《灵前起唱》《正月歌》《大(小)离别》《媳妇苦》《杨大》《舜歌》《孝顺歌》《二十四孝歌》《保佑歌》《五更歌》等，还有师公舞蹈歌《牛子传》《安灶君》和《请亡灵》《请师爷神》的念词。对研究畲族宗教文化有参考价值。本色草纸，楷书墨色。页面20厘米×10厘米，6行14字。保存完好。

话见灵酒　不分卷，1册，66页。清光绪二十三年(1897)景宁雷陈和撰，浙江畲族做功德经文。此书记载做功德时师公对亡故仙师及地方神的敬酒辞。对研究畲族宗教文化有参考价值。清光绪二十三年(1897)景宁雷明亲抄本。草纸线装，楷书墨色。页面19厘米×11.5厘米，6行15字。保存完好。

丙歌　不分卷，1册，34页。民国8年(1919)景宁雷乾有撰、抄，浙江畲族传师学师经文。此书是在奏名学法中给新罡弟子"度水"后师公"坐筵"时唱的歌，歌词内容主要是讲"奏名学法"的好处。如"蓝雷三姓学师郎，收神捉鬼法来强，手弩马鞭下罗网，有罪鬼神难抵挡"。对研究畲族传统宗教文化有参考价值。草纸线装，楷体墨书。页面20厘米×12厘米，6行14字。保存完好。

经咒符牒

《朝会》牒式　不分卷，1册，195页。清嘉庆九年(1804)景宁雷法隆撰、抄，浙江畲族奏名学法经文。此书是师公在传师学师中所用的各种奏牒和符书式样。内容由破秽牒、证诰牒、过香牒、请符牒、进教牒、王符司斩鬼牒、南蛟牒、九凤牒等18例牒式，部分牒式附有各种符书式样。对研究畲族传统宗教文化有参考价值。草纸线装，楷体墨书。页面26厘米×19厘米，7行18字。保存完好。

唤诸天愿　不分卷，1册，64页。清光绪二十九年(1903)景宁雷清元撰、抄本，浙江畲族巫术经文。此书内容分唤诸天愿、关童讳字式、煮油正法、变壮刀梯法等。《唤诸天愿》叙述三界神灵的称呼和职责，祈祷神灵保佑无病无灾，延寿安康、合家清吉。《关童讳字式》列举"急、降、末、临"等90个字式样和23条符样。《煮油正法》《变壮刀梯法》经文是巫师在施法操作过程中有驱邪应正和诱贼破安之谜术。对研究畲族传统宗教文化有参考值。草纸线装，楷书墨色。页面18.5厘米×10.5厘米，6行14字。保存完好。

师人阴事牒状式　不分卷，1册，45页。清光绪三十四年(1908)景宁蓝炳文撰、抄本，浙江畲族做功德经文。此书记载做功德时所用的报病牒、申死牒、冲天界牒、关诰牒、老君钱状、亡人钱状、十三钱状、开路天王旗、孝堂对联等各种文牒的格式。对研究畲族传统宗教文化有参考价值。草纸线装，楷书墨色。页面19厘米×11厘米，6行19字。保存完好。

度亡科文　不分卷，1册，99页。清嘉庆二十年(1815)景宁雷子焱撰，浙江畲族做功德经文。此书记载天地神咒、日光经、妙沙经、解冤经、丰都经、眼明经、玉皇宝诰、北斗咒、脱斗咒等经文，是师公在做功德道场上请太上老君等神湧水净坛超度亡魂上西天的咒经。对研究畲族宗教文化有参考价值。民国29年(1940)景宁雷法兴抄本。草纸线装，楷书墨色。页面17.5厘米×9.5厘米，7行17字。保存完好。

禁见书　不分卷，1册，17页。民国3年(1914)景宁雷春太撰、抄，浙江畲族巫术经文。内容记载：巫师为病人治病时的各种咒辞，边念咒语边打入病房，以"武法"驱魔鬼或"以吓治吓"的巫术治病法。对研究畲族传统宗教文化有参考价值。草纸线装，楷书墨色。页面18厘米×10厘米，6行14字。缺封面，保存基本完好。

做"醮"经文　不分卷，1册，29页。民国20年(1931)景宁钟相银撰，浙江畲族巫术经文。内容记载师公为病人治病，解去病人心中的冤结，方法是烧起奏牒、贴上符书、请神驱鬼，念解除冤结的咒语，再以十二巡酒敬神的做"醮"法。对研究畲族传统宗教文化有参考价值。草纸线装，楷书墨色。页面19.5厘米×11.5厘米，8行10字。保存完好。

请"醮"经文　不分卷，2册，196页。清光绪二十二年(1896)景宁雷法朝撰，浙江畲族巫术经文。内容记载师公请"醮"操作过程中所吟唱的词句，篇段有：设闾山法院、召符官变坛、送符官、劝酒、造符官、退符宫等咒语，有龙头泰状、催现生气牒、天曹启牒、迎龙起马牒、五海龙王牒等12种牒文格式。对研究畲族历史宗教文化有参考价值。草纸线装，楷书墨色。页面19厘米×11厘米，7行18字。保存基本完好。

开光符书　不分卷，1册，15页。民国33年(1944)景宁钟贵金撰、抄本。浙江畲族巫术经文。凡新建庙宇、新塑神佛像、新添法器等都要“开光”才算“神圣化”。内容记载巫师在操作“开光”时所念的“催光咒”“催土地咒”经文和要写的“门神符”“催光符”“退光符”等多种符样。对研究畲族宗教文化有参考价值。草纸线装，楷书墨色。页面19.5厘米×10.5厘米，5行15字。保存完好。

科仪程式

雷法忠秘法　不分卷，1册，91页。清康熙十九年(1680)景宁雷法忠撰、抄本。浙江畲族巫术经文。内容记载：师公出门“作法”前在家中要作诀、踩八卦、念咒藏身等19道程序。从走出家门带阴兵起行、穿草鞋、打伞、过溪过桥、进病人家等念19项秘咒，然后起“闾山大洞府”，请来符官，藏身、变花船、变桥、诸瘟神进花船及化很多美女、食品招待，把瘟神送走。对研究畲族传统宗教文化有参考价值。草纸线装，楷书墨色。页面18.5厘米×10.5厘米，5行18字。保存完好。

奏名学法　不分卷，1册，249页。清乾隆六年(1741)景宁雷法勤撰，浙江畲族度法经文。是传师学师中主持师公所掌握各段落的内容，有请神到龙坛、湧水、发灯、洗坛、念天地咒、兒五营、把坛界、告神参牒、过九重山、上天街、拜神仙、入戒坛、度香气、交十八神法器、教诀咒、六曹度诀、走头状、破秽、参牒说书、兵字歌等段落的唱词和操作的文书。对研究畲族传统宗教文化有参考价值。草纸线装，楷体墨书。页面25厘米×20厘米，8行16字。保存基本完好。

太岁法科、度星法科　不分卷，1册，106页。清乾隆五十一年(1786)景宁雷可天抄、撰，浙江畲族巫术经文。内容：巫师为病人治病，要设道场，用“九风破秽法”净坛，请来“太岁”神、“星君”神，排兵驱赶“白虎”恶鬼，为病人度过星辰不顺的厄运。对研究畲族传统宗教文化有参考价值。草纸线装，楷书墨色。页面24厘米×16.5厘米，9行14字。保存基本完好。

做圣课式　不分卷，1册，88页。清嘉庆二十三年(1818)景宁雷法昌撰、抄本。浙江畲族做功德圣书。“做圣”即做醮的别称，区别于不提“神坛”“闾山法院”“道场”之称，可直接到弟子家做圣。内容是座前造井收师、请师爷、话酒、禁魂、踏魂、整花、破秽、变身等咒语。做阳圣给户主引朝度香气，驱鬼除病，保佑全家安康。阴圣为先师超度亡魂，似简易功德。对研究畲族传统宗教文化有参考价值。草纸线装，楷书墨色。8行19字。保存完好。

做师文书　不分卷，1册，130页。清咸丰十六年(1856)景宁雷世乾撰，浙江畲族奏名学法经文。是师公为学师者奏名学法的用书。内容有翻楼子弟监除、净水洗坛、妆凳请神、拜茶、告神斟酒、勤酒十二巡、受酒等各段落的唱词和师公操作行为，有牒文、符书的式样。对研究畲族传统宗教文化有参考价值。草纸线装，楷体墨书。页面22厘米×12.5厘米，墨框20厘米×10.5厘米，四周双栏，6行24字。1~2页残损，其余保存完好。

做功德文书　不分卷，1册，111页。清光绪十四年(1888)景宁蓝法庚撰，浙江畲族做功德用书。内容有做功德用的各种符牒、灵堂用的对联、“座”(灵台上纸糊的宫殿)的样式、安葬用的“契”及请灵和请师爷的念辞等，是做功德主持师公必备之书。对研究畲族宗教文化有参考价值。草纸线装，楷书墨色。页面19厘米×11厘米，6行14字。保存完好。

做阳文书　不分卷，1册，27页。清光绪三十年(1904)景宁雷宗贵撰，浙江畲族奏名学法经文。主要内容有奏明览头、引朝、度水、三朝等，详载做阳全过程。如《引朝》：请三清、太上老君、六曹、师爷、猎神等神到场并安位请酒。《度水》：早朝后，举行结界、行坛、湧水、招兵、出兵、上九重天、造桥、回天街、

接西皇母水等。《三朝》:退街、祭祀、退神等段落。对研究畲族传统宗教文化有参考价值。草纸线装,楷体墨书。页面 17 厘米×14 厘米,12 行 13 字。保存完好。

做阴事科文　不分卷,1 册,122 页。清光绪三十年(1904)景宁雷秉荣撰,浙江畲族奏名学法经文。是师公从请动师爷去奏名学法者开始,到做完奏名学法止的科文。内容有请师爷、大安、话酒、入坛、拜师爷、引朝大度、湧水、告神参牒、作变、起老太君殿、告神敬酒、打鼓榔槌等 18 段的唱念词和操作行为。对研究畲族传统宗教文化有参考价值。草纸线装,楷体墨书。页面 20 厘米×10.5 厘米,7 行 19 字。保存完好。

阴事款头　不分卷,1 册,66 页。清光绪三十四年(1908)景宁蓝有才撰,浙江畲族功德经文。内容:做三天三夜功德段落的款头安排,主要叙述草安、大安、收蛮兵、女人功德、楼鹤等每个段落的仪式及操作过程。附牒书、钱状、钱匮、土地钱、开路旛、地基契、男女衣装历等各种牒文格式,项目多,内容全。对研究畲族宗教文化有参考价值。草纸线装,楷书墨色。页面 19.5 厘米×11 厘米,6 行 17 字。扉页至第四页盖有太上老君方印,末页画有"盘古帝印""八卦图"并盖有太上老君方印。保存完好。

退产书　不分卷,1 册,40 页。民国元年(1912)景宁钟相银抄撰,浙江畲族巫术经文。内容:巫师为犯"天狗""流霞"难产的产妇所施的巫术,通过织"布桥"、请"天神",把"流霞鬼"从布桥上驱走;施"法术"斩掉天狗,解除产妇之危;对研究畲族宗教文化有参考价值。草纸线装,楷书墨色。页面 19 厘米×11 厘米,6 行 19 字。保存完好。

请集保福书　不分卷,1 册,17 页。民国 37 年(1946)景宁雷法堂撰、抄本。浙江畲族祀禳经文。请集保福是每年在社址举行做福,祈祷全村太平、粮丰畜旺的众民活动。此书内容是师公做福时念咒净身,请三界诸位神灵,敬神酒,求神保佑村民平安幸福。对研究畲族传统宗教文化有参考价值。草纸线装,楷书墨色。页面 19.5 厘米×9.5 厘米,6 行 15 字。保存完好。

第八节　故事　谚语

畲族民间神话、故事、谚语承载着灿烂的历史文化,积淀了几千年的畲民情感、希望与期盼。其题材广泛,内容丰富,哲理有趣,结构完整,思想健康。各种人物、风俗、地名、动植物等传说在民间广泛流传,给人以启发、警示、教育。

神话传说

神话　涉及人类起源、民族起源与诸神传说等内容,有些已融入畲歌传唱。"山歌自神话而来",凭借畲歌形式神话得以传承和广泛流传。反映人类起源、民族起源的神话有:《造天地》《盘古开天》《火烧天·火烧地》《桐油火》《天眼重开》《高辛与龙王》《龙女与凤冠》等,传颂人敢于与自然、与妖魔鬼怪顽强斗争的历史,赞扬畲族人民勤劳勇敢的精神。反映诸神起源的有:《太阳与月亮》《金水湖与银水湖》《雷公与闪电》《天娥少娘》《麦雨》《猎神》《廿四名大神》等,说的是日、月、雷、电诸神和麦神、歌神、猎神的故事。如猎神是畲民敬仰之神,畲民在出猎时都要祭拜猎神,以祈求猎神保佑,铳响有获。《太阳与月亮》中说太阳是女子所化,月亮是男子所变。神话《神仙一局棋,人间没尾巴》,相传有一对夫妇,没田地种,生活来源靠上山砍柴卖过日子。一日,夫妇砍柴回来,看见路边一块岩石背上坐着两个人在下棋,夫妇俩放下柴火,也凑上去看他们下棋。原来下棋的两个人是神仙,他们俩一边下棋一边吃桃,桃核随地扔。此时,夫妇俩嘴馋,肚子也有点饿,就随便捡起桃核来啃。神仙吃过的是仙桃,他俩啃的是仙气,也能长生不老。当两位神仙下完一局棋后，对夫妇俩讲："你们已经看了三年了，还不快点回去，家里人都急死了。"夫妇俩不相信，争辩着说："我们俩才看了一会儿，哪里有三年？"神仙讲："不信，你们摸摸尾巴看？"夫妇俩一摸，一条原本好好的尾巴早就被白蚁蛀到屁股的尾骨边了，尾巴壳也掉落地上。因为砍柴夫妇得仙气，子孙兴旺，所生的儿孙都没有尾巴。从此以后，人就没尾巴了。1987 年景宁雷正发讲述，柳潭笔录。收入景宁县文学集成办公室 1989 年编印《景宁民间文学集成·畲族卷》。

传说　人物传说有《蓝进华分梨》《雷祖告状》《蓝帮光赴考》《蓝玉闹衙门》《雷大相》《雷马第》《插花娘》《雷爱勤扇雨》《蓝土招亲》《蓝丽妃子》等，均从不同角度反映畲族人民对命运的抗争和献身精神。风俗传说有《畲族唱歌的来历》《三月三乌饭》《头饰别柳条》《畲家两头家》《赤郎》《穿木履的传说》等，分别对风俗来历作出具体解说。地名传说有《银坑》《雷公岩》《滚石坦》《羽中庚滕》《四姑》《白鹤岗》《兄弟山》《鲤鱼头》《畲王汉将》等，内容多为劝善惩恶。动植物传说有《牛和狗》《搁工鸟》《怪姑娘》《甲龙与龙甲》等，反映畲民乐于助人的高尚品质与敢于献身的忠勇精神。

故事

故事主要有幻想故事、生活故事、人物故事、寓言和笑话。畲族民间故事取材广泛，虚实兼之，褒贬分明，寓意深刻，结构完整，形象鲜明。它不仅借神话、传说内容，也写真实的人物，不仅选用畲族题材，也撷取汉族生活趣闻，反映的内容多为赞扬善良、聪明能干、吃苦耐劳、无私无畏之美德和积极向上的勇敢精神。幻想故事有《仙桃》《畲岚头》《两兄弟》等，表现畲民对美好生活的追求和向往。生活故事有《歌为媒》《嫁女丘》《老虎还妻》《放牛郎与拳师》《小孩子·大志司》《难上加难》等，反映畲民的善良、智慧。《高明先生踏风水》反映畲民破除封建迷信的淳朴思想。人物故事有《山茶花与无底桶》《小后生三戏老巫婆》《孝女婿》《府台审石板》《钟土根》《蓝聪妹》《巧姐》《宰羊》等，反映畲族人民的聪明才智。寓言、笑话有《粗尾巴的狼》《三兄弟讲戏》《长年客料理》等。

《麻雀、老鼠和没良心的人》　畲族民间动物故事。据传，古代百姓种谷十分容易，造成不爱惜粮食，天上派布袋佛将凡间所有的谷种收到布袋里，老鼠怕日后没得吃，就偷偷地咬破布袋，和麻雀一起把谷种藏起来。凡间人没有吃，个个饿得皮包骨，麻雀和老鼠看到人挨饿的痛苦，便将藏起来的谷种送给人类。人们得到谷种，克服饥饿，为感谢麻雀和老鼠的功劳，每年秋收时，便在田后坎留三行稻谷给老鼠吃，田边留三行给麻雀吃。可后来人们觉得可惜，就留两行，两行又只剩一行，最后一行也不剩。老鼠、麻雀只好上天告状，玉皇叫麻雀抢点吃吃，送老鼠一对金牙，叫它偷点吃吃。所以，至今麻雀叽叽喳喳到处抢谷吃，老鼠秋后入宅咬仓偷谷吃。可资研究之参考。1987 年景宁雷正发讲述，柳潭采录整理。700 字。收入景宁文学集成办公室 1988 编印的《景宁民间文学集成·故事卷》。

夫妻学功夫　畲族民间传说故事，流传于浙南一带。故事讲一对畲民夫妇，丈夫外出寻师学功夫，妻子在家养猪，天天将小猪从楼下抱到楼上喂养，日复一日，年复一年，3 年后，丈夫回来时猪已长到 300 多斤重。妻子叫丈夫把猪抱上楼，丈夫死活也抱不动，而妻子腰不弯，气不喘把猪抱上楼去。丈夫看了叹道："真是处处好练功，日久成真功。"从中悟出功夫要靠"练"的道理。对研究畲民习武练功有参考价值。1987 年景宁雷应元讲述，柳潭记录。200 字。收入景宁民间文学集成办公室 1989 年编印的《景宁畲族自治县民间文学集成·畲族分卷》。

雷二九善得银财　畲族民间传说故事。讲述一位神仙化装为烂头烂脚的讨饭人，到某村吴财主家借宿，被吴财主骂了一顿。讨饭人又到雷二九家借宿，雷二九顺口答应，烧晚饭让他吃饱，自己却饿着肚子。雷二九还按讨饭人的要求，烧热水用豆腐桶给他洗澡。讨饭人洗后对二九说："伯伯，你这豆腐桶盖我盖了，我洗身体的水，你莫倒掉，等7天以后再去开盖。”过了7天，雷二九开盖一看，豆腐桶里全是白银，雷二九发了财。此事传到吴财主耳边，吴财主也把所有的讨饭人都请回家吃饭、住宿，招待讨饭人，结果也碰上烂头烂脚的讨饭人，吴财主按照雷二九的办法给他洗澡，过了7天，开盖一看，豆腐桶不但没有白银，反而爬满蛆虫，气坏吴财主。故事教育人们做事要讲道德，好人自有好报，反之会受报应。对研究畲族民间文化有参考价值。景宁雷正发讲述，雷先根记录。500字。景宁民间文学集成办公室1989年编入《景宁畲族自治县民间文学集成·畲族分卷》。

第七章 畲族体育

畲族体育是畲族人民历尽沧桑，从生产、生活、娱乐活动过程中积累和总结出来的产物，在一定程度上反映畲族的历史、政治、经济、文化、宗教以及风俗习惯。在畲族体育项目中融入了十分浓厚的生活情趣，不仅能增强体质，还具有很强的娱乐性。尤其是畲族功夫等体育项目技艺高超，演艺精彩，多次参加全国全省性少数民族体育运动会，获得许多荣誉。

畲族体育源于不同的自然环境、社会环境及生产生活实践，其内容丰富，形式多样，既有竞技性、娱乐性，又有交融性和观赏性，内外兼修，形神兼备，具有鲜明的民族特色和丰富内涵。早在南宋嘉泰年间（1201—1204）景宁就有武术传播，至今已有800多年历史，武术大师、武术名村、武术名人众多，且独具特色。古时，在劳动歇息时，人们利用随身的扁担、竹枪、木棍等劳动工具进行单练、对练，摸索总结套路进行操练和比试。诸如七星棒、双头棒、小四门棒、大四门棒、中拦枪棒等，这些弄枪舞棒的技巧，经过整理、改进、完善，已成为畲汉民众喜爱的传统体育活动。

第一节 特色体育

畲族传统体育项目主要有《打尺寸》《操石磉》《大猫抓猪崽》《跋山涉水》《赶野猪》《摇锅》《操杠》《问凳》等。

打尺寸

据传，唐代畲族英雄蓝奉高率畲民在福建汀州城抵抗官军袭击时，凭畲民狩猎之技，手执弓弩、竹箭，百发百中，把官兵打得落花流水。官军调来大批援兵，蓝奉高见情势寡不敌众，便命令畲民渡江撤退，自己一人断后，当他刚刚渡过汀江，官兵便追到岸边，官兵隔江射箭，箭似飞蝗般向他飞来，蓝奉高左手持断弓，右手持竹箭，左拨右挡，打落飞箭。官兵被他的勇猛所震慑，不知对岸虚实，不敢贸然过江，蓝奉高率畲民终于守住汀州城。畲族子孙为纪念他勇敢抗敌的精神，把他的断弓化为尺、竹箭化为寸，利用农闲在空地上练打尺寸术，掌握以尺弓击寸箭的本领。后来逐渐演变为传统的体育项目。

打尺寸的“尺”，为长约1米，直径2厘米的木棍；“寸”，为长40厘米、宽3厘米、厚0.5厘米的竹片。比赛在平整的区域内进行，设投寸区、击寸区、落寸区。击寸区为直径2米的圆形区域，投寸区的投手和击寸区的击手平行，投寸区与击寸区的圆心为4米，落寸区是圆心为60度角的扇形区域。

比赛规则，两人为一队，也可多队同时进行。每队由1人投寸，1人击寸，投10个寸为一轮；被击落之寸的中心点落在落寸区内为有效寸，反之则无效，不计成绩。投者若不小心落寸，按未投准击寸区处理。击寸者双脚或寸的主要部分不能超出击寸区，脚或寸出线，按犯规处理，击出寸为无效寸，不得分。落寸区内所有有效寸中心点距击寸区圆心的距离总和为该队成绩，以决名次。

操石磉

又名蹴石磉，它是畲族一项古老的民间传统体育项目，即滚石块之意。石磉，用石头凿成的六棱柱，大小、长短不等，大的几百斤，小的十几斤。操的重量以人的力量大小而定。活动可在街道、空地及球场进行。器材简单，场地易寻，趣味性强，人人皆可参与。此活动可提高上下肢及腹背部耐力，增强平衡、协调能力，尤可作为短跑运动员腿部力量训练项目。分单人操、双人操和三人操3项。

单人操有4种方式：

前操石磉。石磉横放在操者身前，口令开始后，用左右脚交替向前推滚石磉，使石磉向前滚动。

后操石磉。石磉横放于操者身后，口令开始后，用左右脚交替向后推动石磉，使石磉连续向后滚动。

磉上前操。操者站在石磉上，双脚交替向前搓石磉，使石磉持续向前滚动。

磉上后操。操者站在石磉上，双脚交替向后搓石磉，使石磉持续向后滚动。

双人操有4种方式：

双人前操：一人抱住另一人，被抱的人用脚交替向前推石磉，使石磉持续向前滚动。

双人磉上同向前操：用的是长磉，两人同向站在石磉上，两人双脚交替向前搓石磉，使石磉持续向前滚动。

双人磉上同向后操：用的是长磉，两人同向站在石磉上，两人双脚交替向后搓石磉，使石磉持续向后滚动。

双人磉上反向操：用的是长磉，两人互相反向站在石磉上，两人双脚交替向前后搓石磉，使石磉持续滚动。

三人操：两人共同抬扛，另一人双手撑在背后的扛上，双脚交替向前推动石磉前进。

大猫抓猪崽

大猫抓猪崽流行广泛，简单易学，对场地要求不高，只须半个篮球场大的平坦场地即可，深受青少年的喜爱。此活动适合于田径、篮球运动员的耐力、协调性、防守能力训练。

队员：每队11人。

场地：比赛场地为半个篮球场，端线中间有一半圆是大猫的起始区，该区前方1米处划一条0.5米长的横线为猪妈妈的起始区。

比赛时间：每局10分钟，共2局，得分多的队为胜，如果两队得平分，就加赛2局，每局5分钟，直至分出胜负。

比赛方法：第一局，甲队大猫抓乙队猪崽。准备阶段：大猫站在本区内，乙队猪崽成纵队排在猪妈妈后面，每个猪崽的手紧紧抓住前面猪崽的腰带，裁判员宣布开始，大猫从本区出发抓猪崽队伍中的最后一个猪崽，大猫的手只要碰到最后一位猪崽的身体或衣服，大猫队就得5分，被抓的猪崽就离队出场，比赛重新开始。在比赛过程中猪妈妈可以用身体和手臂阻挡大猫，但不能用手拉或抱住大猫，否则每次对方加1分，如果猪崽队伍逃散了，每次对方得1分，如果比赛中有摔倒现象，裁判应立即终止比赛，需重新回到起始位置继续比赛。每次大猫得分，判决要鸣哨，并且回到起始位置重新开始比赛。第二局，乙队大猫抓甲队猪崽，方法同前。

跋山涉水

秋收季节，畲农喜获丰收，从野外农田运回谷物，沿途经过独木桥，翻越山岭，穿过树林，趟过小河，将这些劳动场景演变为负重障碍接力跑项目。此项运动极具趣味性，可锻炼人的体力、协调性和吃苦耐劳精神。

参加队员：参加比赛的团队人数和男女比例要相同。

场地设置：比赛场地由两个长28米，宽2米的长方形场地合并而成，在起点到14米处设独木桥（长凳子）；从28米返回到7米处设小山丘（跨栏）；在13~15米处设小河（即踩相距摆成的木桩）。

比赛方法：①采用接力跑方式进行，道宽2米；②肩挑若干千克的一担谷物；③起跑要求：a、各就各位，参赛人员上道；b、鸣枪（哨）参赛队员开始捆绑麻袋，首先由队员1人挑谷物向前跑；④要求：比赛中若麻袋脱落必须自己装好，继续比赛。过独木桥时，若掉下桥来，必须回到独木桥起点继续参赛。翻小山丘时不可用脚踢栏架；过小河时，须踩过每个木桩，跑到终点将担子交于下一名队员继续比赛，依次逐个接力，速度快者为胜；⑤终点要求：以身体躯干触及终点线垂直平面的瞬间立即按表；⑥参赛队员接力顺序可自行安排。

赶野猪

即打蔑球。大多数畲族人家居于山区，以种水稻、番薯、大豆、玉米等农作物为生。作物成熟时，山里的野猪常成群到田地里糟蹋农作物，严重时竟颗粒无收。畲民需集中组织赶、打野猪，为掌握其方式方法，农闲时畲民便在谷场、院子中扎几个蔑球代表野猪，演练赶、打的技巧。这样演练，以提高技巧，且健体强身，锻炼意志品质。经过漫长的演变，逐渐发展成畲民普遍喜爱的传统体育项目——打蔑球。

打蔑球，由两个队在一个两端各有一个进球门的长方形场地上进行，按一定的规则进行对抗比赛的一项体育活动。比赛时，每队5人，主要通过球板进行传、接、带、射、抢等技术进行竞争。进攻队力求将球用球板打进球门；防守队极力阻止，破坏对方进攻，转守为攻。“赶野猪”不受年龄大小限制，技术多样，战术灵活，对抗激烈，能有效提高人的行速、耐力、灵敏度等素质，有利于培养勇敢顽强、聪明机智的意志和密切协作的团队精神。

打蔑球的场地和器材：

场地：由发球点、罚球点、守门员区、禁区、边线、端线、球门组成。边线长24米，端线长12米，禁区宽0.4米，罚球点离禁区1米。

器材：蔑球由蔑匠用竹编制成圆形球体，直径15厘米，重量200克。

球板：用毛竹制成的毛竹板，长60厘米，上宽2厘米，下宽6厘米，厚度0.5厘米。

球门：竹制，长方形，放在球场四个角，门高0.5米，宽1.2米。

竞赛方法：①各队派队员5人上场，其中1人为守门员；②时间：上半场20分钟，下半场15分钟，共 35 分钟；③胜负：规定时间内进球多的一队为胜，如果两队得同分，则加罚点球决定胜负，每次罚 3 个，直至决出胜负；④场地：由抽签决定发球权，上、下半场双方互换场地。

摇锅

源于古时畲族的端午节习俗。相传很久以前，每逢端午节，畲民家里都要包粽子，为让粽子口味更好，颜色更靓，保存更长，畲民到山上砍来毛竹叶、楮树叶等放在屋外空旷处的大铁锅内烧成炭火，待炭火成灰冷却后，用沸水泡灰，经澄清后取其碱水浸米包粽。由于烧炭火的铁锅很烫，由 1 人或多人将整口铁锅摇回屋里，久而久之，畲民悟出摇锅须人与锅、人与人之间协调平衡，渐渐懂得摇锅具有可操作性和娱乐性，于是将摇锅发展成传统体育项目。

器材：铁锅，直径 1~1.5 米。起初由 1 人站在锅内弓着背，扶着铁锅摇着前行，发展到人站在锅里，用脚摇晃着前行。摇锅讲究技巧，摇锅之人站在锅内，双脚叉开站到离锅沿稍下位置，自始至终尽量使身体重心与铁锅保持平衡，靠双手左右上下摆动与双脚的协调配合才能前行，否则，圆锥体的锅底一旦失衡，就会人锅翻仰。动作娴熟者，在锅上驾驭自如，边歌边舞，旋转着锅一路前行，犹如跳着锅中芭蕾。

场地：摇锅要在平坦、阔敞的马路、操场等场地上进行。比赛开始时，参赛者要统一站在同一条起步线上，随着口令同时起摇，谁先摇到终点谁为赢者。

操杠

相传，古时畲民为抗击匪患，经常组织操杠演练、竞赛，以有效提高腿力、臂力和作战技能，之后逐渐演变为传统体育项目。

场地：选择平坦的道路、场地即可。

器材：宽 0.2 米、长 4 米左右的板凳和 2 米长的木棍或竹棍若干条。

规则：参赛选手两人相向站在板凳上，进行对抗比赛，设法将对方推或拉下板凳为胜。

操杠

操杠的形式多样，有腹操杠、肩操杠、金鸡独立操杠、操杠争花、蹬腿部操杠和操绳杠等 6 种，不同的操杠形式采用不同方式来施展顶或拉的动作。

金鸡独立操杠。两名运动员分别以单腿站立在凳的两端，双手持杠，裁判下令开始使力，以手力将对方推下凳为胜。

蹬腿部操杠。竞赛方法和规则与金鸡独立操杠相同，只是操杠时双方须一腿全蹲，另一腿前伸，并连续作蹬腿，直至一方胜出。

十字操杠。比赛由 4 人（或 4 组）参加，开始每人持十字形杠的一端，裁判下令后双方开始使力，能将身后的小圈拴起者为胜。

问凳

相传在很久以前，一对夫妇在山洞里久居，养了1头猪。一天，猪突然失踪，夫妇俩寻遍山上山下都未找到，筋疲力尽的夫妇俩很生气，背靠背坐在一块木板上，木板下面横垫着一根圆木。由于俩人气得直跺脚，坐着的木板便一圈圈地转动起来了，转了几圈后，夫妇俩被旋得晕头转向。突然妻子自言自语地说"猪在东南方竹林中吃竹笋"。随后夫妇俩就往东南方向的竹林中寻找，果然，猪真在那里。此事一传开，畲家人便认为板凳能显灵。于是，畲族人若遇生病、天灾人祸、东西遗失、母鸡啼鸣、半夜鸡叫等意外事情，就去请卜，被称为"问凳"。渐渐地，"问凳"被演变成畲家的传统体育项目。

场地器材：做一个高约2米的木制三角架，称作"问凳架"，在三角架顶端架一条长约10米长的木板，在板的两端0.5米处装上一只脚，叫"问凳板"，组成简易的"问凳"器具。

竞赛规则：竞技者面对面坐于凳板两端，在阵阵鼓声中靠腿的蹬力进行旋转，只要板凳一端着地，另一端的人就会随凳翘到2米多高。两竞者一上一下，互换翘起与着地方向，犹如凤凰凌空飞舞。同时还进行套圈比赛，选手各持10个竹制小圈，在不断飞速旋转、翘板凳的过程中，将圈套在离凳2~3米远的旗杆上，以套中多者为胜。此外还有插旗比赛，竞技者手持红旗分别坐在凳板的两端，裁判一声令下，转动板凳，在快速旋转时，选手将旗插到近处旗杆上，以先插好者为胜。

武术

畲族武术与南少林武术有密切的渊源。清乾隆二十八年（1763），少林志士四起反抗清廷，清王朝派兵镇压，并焚毁泉川南少林寺，寺僧林铁珠因此流落民间，几经辗转，孑身逃到福建畲民聚居村落，隐姓埋名在畲村安居。林铁珠一面苦练武功，一面开设武馆教畲民习武，不少畲民青年将祖传的功夫与林铁珠之武艺结合，武艺精进。之后，畲族拳师博采众长，创立了独具一格的畲族武术风格，具有"一力、二硬、三快"之特点。

畲族拳术和棍术主要由文成畲家传入，历百余年。郑坑乡郑坑村桃山蓝李良即为传承人之一。拳术套路主要有五步虎、七步、八步、四门拳。其中，以五步虎拳法最负盛名。还有长短拳、盖拳、冲天炮、双拳等。畲家拳也有从福建畲族地区传入。东坑镇黄山头村雷大相为清末相邻各县较为闻名的拳师和伤科草药民医，人称"大相师"，其佳话至今流传不息，其医药技术已有孙辈第五代传人。

棍术以盘棍最为实用，其套路攻防兼备、较为综合。盘棍含交子棍、四门棍、打棍肚、捡棍。"交子棍"主要练棍的两端；"四门棍"则突出训练步法及身法，在进退中掌握攻防技巧，为盘棍中难度最大的套路；"打棍肚"则练棍的中部，以击打力道与防守技巧为主；"检棍"则以训练灵敏度为主。

第二节 民族体育赛事

景宁畲族体育项目一直受到各级体育界的重视，特别是建立自治县以后，不断挖掘提炼传统体育项目，使之得以弘扬与传承，并积极参加国家与省级少数民族传统体育运动会，提升景宁知名度。

参加全国少数民族传统体育运动会

1986年8月10日至17日，在新疆乌鲁木齐市举行全国第三届少数民族传统体育运动会。景宁蓝进平、蓝宗菊参加《操石磢》《打尺寸》《肚顶棍》等项目。其中,《操石磢》获二等奖,《打尺寸》《肚顶棍》获三等奖。

1999 年 9 月 24 日至 30 日,在北京举行全国第六届少数民族传统体育运动会。景宁雷严飞参加蹴球项目,获男子单蹴第六名。

2003 年 9 月 20 日至 27 日,在宁夏银川市和石嘴山市举行全国第七届少数民族传统体育运动会。景宁珍珠球项目代表浙江省参加运动会。

2007 年 11 月 10 日至 18 日,在广东省广州市举行全国第八届少数民族传统体育运动会。景宁参加项目《赶野猪》《畲族武术》,领队徐柏林,编导蓝进平,教练陈锋,参加人员有潘晓泉、徐稼明、陈立成及运动员蓝延中、蓝芳、蓝建梅、雷一培、雷晓敏、蓝爱芳、钟玮靖、钟雷珊、蓝香、蓝海英、雷晨夕、蓝景雅、蓝慧萍、雷海燕、钟菊花等 20 多人,《赶野猪》获二等奖,《畲族武术》山哈搏击拳获第五名、山哈护身剑获第三名,《押加》获第八名。

参加浙江省少数民族传统体育运动会

1986 年 4 月 21 日至 26 日,在景宁鹤溪镇举行浙江省第一届少数民族传统体育运动会。景宁参加项目《操石磢》,参加运动员为蓝进平、蓝宗菊、雷森根等 5 人,《操石磢》获一等奖。

1990 年 10 月 25 日至 28 日,在丽水举行浙江省第二届少数民族传统体育运动会。景宁参加项目《畲族武术》,主要为八步拳、盘拳、盘棍、大四门拳,参加运动员为雷长彬、雷松明 2 人。

2006 年 11 月 3 日至 6 日,在杭州市萧山区举行浙江省第三届少数民族传统体育运动会。景宁参加项目《赶野猪》《畲族武术》、陀螺和射弩,参加运动员为蓝进平、雷永敏、蓝国忠、钟菊花等 15 人,《赶野猪》获一等奖,《畲族武术》的畲族拳获第一名,山哈护身剑获第二名。陀螺和射弩项目为首次参加省少数民族传统体育运动会。

2010 年 11 月 22 日至 25 日,在丽水市举行浙江省第四届少数民族传统体育运动会,景宁参加项目《摇锅》《赶野猪》《畲族武术》,教练员为蓝进平、陈锋,参加运动员为雷丽丽、蓝紫娟、雷晨晨、雷景玲、蓝健翔、雷芳、蓝芳、蓝海勇、蓝丽君、蓝丽勇、雷小勇、钟伟彪、蓝杰、雷文俊、雷杰、蓝丽军、蓝富珍、蓝李良、蓝庆贤。《摇锅》获一等奖,《赶野猪》获二等奖,《畲族武术》的畲族拳获二等奖、畲族棍获三等奖。双蹴项目获男子、女子第三名。珍珠球项目获男子第二名。板鞋赛项目获女子 60 米第三名,男子获 100 米第二名。押加项目获 61 公斤级金牌。陀螺项目获男子团体第三名。射弩项目获团体第二名、男子立姿第一名、跪姿第二名、女子跪姿第二名。女子武术器械获第三名,男子武术对练获第三名。

参加其他赛事活动表演项目

1999 年 3 月,蓝芳、蓝伟芬首次参加全国蹴球邀请赛获女子双蹴第六名。

2002 年 11 月,景宁代表队参加浙江省民运会选拔赛,珍珠球项目获冠军;蓝秋虹、蓝慧红获女子双蹴第三名。

2003 年,景宁代表队参加浙江省民运会选拔赛,表演项目《操石磢》《赶野猪》均获三等奖。

2006 年,景宁代表队首次参加全国板鞋竞速邀请赛。

2006 年,景宁代表队参加浙江省民运会选拔赛,珍珠球项目获冠军;高脚竞速获男子 200 米第一名、100 米第二名。

2008年，景宁体育中心跆拳道队女教练雷严晶作为民族代表参加北京奥运会开幕式和闭幕式。

2010年，高脚竞速参加浙江省首届体育大会获3金2银。

2010年，景宁代表队参加浙江省民运会选拔赛，表演项目《摇锅》获一等奖，《赶野猪》获二等奖。

第八章　畲族医药

明清至民国时期，畲民居住村大多交通不便，经济落后，生活困难，畲民常受疥疮、疟疾、痢疾、天花、肝炎、结核病、地方性甲状腺肿大、妇女病、血丝虫等多种疾病的威胁。畲民为求生存，积极与疾病作斗争，畲医在临床实践中，积累丰富的防病治病经验与医疗技术，形成富有特色的医疗和医药理论。

第一节　医药理论

畲民有自己的民间医生和世代相传的祖传秘方。在长期实践中，畲医摸索出独特的诊治疾病的理论、方法，其医药在畲族地区为畲民的医疗、保健发挥重要作用。东坑镇黄山头村畲医雷建光，从清代前辈算起，已是第五代传人，应用祖传畲医秘方研制成“万愈跌打膏”，对跌打损伤有特效。经他治疗的上万名病人中，使用“万愈跌打膏”有效率达80%以上。2008年，雷建光被评为“浙江省非物质文化遗产(畲医畲药)项目传承人。

畲医理论

六神学说　指导畲医临床防病治病的主要理论。“六神”由心神、肝神、肺神、脾神、肾神、胆神组成。六脏腑生理功能，各司其职，相互协调，相互作用，共同完成人体的生命活动。认为气、血、精是组成人体并完成机体各项活动的基本物质基础，在“六神”主宰的化生下生成并发挥人体三十六骨节、七十二筋脉、十二条血路、二十八脉等各项功能作用。若六腑脏神魂失守，六神就不能发挥神的主宰功能，气、血、精化生不足或运行、输布失常，机体的各项功能活动就会发生病理变化，如不及时予以调理、治疗，就会影响甚至危及人体的健康。

阴阳理论　在脉诊中，把脉分为阳脉和阴脉，阳脉：脉象宏大、快速，为得心火亢盛症或痛症的阳病；阴脉：脉象沉弱，为得虚症、寒症或是寒邪湿困的阴病。在舌诊上，阳舌象：舌质绛红晦暗、苔黄燥裂纹者，主热症、实症，为阴虚火旺实热病；阴舌象：舌色淡白、紫舌色者，主寒、主虚症，为得血虚气虚虚衰病。在疗法上，对热病需服凉药，对寒病湿病需服热温药，热来寒降，寒病热调，阴阳交错进行降温、升温，维护人体的气、血、津液润和，调节肌体脏腑的阴阳平衡。

痧积理论　痧积理论是指导畲医临床防病治病的又一理论。痧积有侠义与广义之分。狭义之痧积也称小儿痧积，指小儿因饮食不当、吸奶过急、天赋不足等因素而至小儿面黄肌瘦、小腹膨隆等症。广义之痧积泛指风、寒、痧、食等因素而引起的诸多杂病的总称，畲医统称为痧积。认为人体的许多疾病

都由疳积引起，其病机是因风、寒、痧等邪气侵犯了肌体。疳积病在临床上根据病因及病变部位分为风积、寒积、痧积、食积、木积、土积、水积、火积、金积、气积、血积、痰积等。现代临床医学中诸如冠心病、脑梗塞、三高症、糖尿病、脂肪肝、肿瘤等疾病，畲医皆能以疳积进行辩证施治。

痧症理论　畲民在与疾病斗争的实践中，不断认识和总结了独特的痧症理论，施以发痧疗法。许多畲医和畲民至今仍传承和掌握着多种发痧技术，常有立竿见影，手到病除之效。畲医认为痧症的发病原因广泛而复杂，其病因主要为"痧气"，有"痧气"致病学说。痧气分为外感和内伤，外感最常见的有风、湿、火三气入侵，阴滞脉络，使肌体脉络不畅；或三气相搏而生，或三气挟杂寒、暑之邪，趁机而入；或因感染时行疫气而患；或因秽浊所触而发。内伤主要为贪杯淫色，饥饱损伤，过食肥厚，偏喜辛香热辣之品而成。畲医对痧症的病名据称有 72 种，一般会按发病部位、病症体貌，仿动物形态或按致病因素等来命名，如按发病部位取名的有喉痧、小肠痧、大肠痧、黑眼痧等：按病症体貌特征取名的有哑巴痧、反弓痧、肿身痧，栀黄痧等：按致病因素取名的有斜腰痧、风痧、闷痧，瘟痧等：按动物形态取名的有蛇痧、奔牛痧、猪痧、老鼠痧等。痧症发病极为广泛，涵盖内、外、妇、儿、五官、皮肤、骨伤科等。

伤论

畲医对伤的认识与中医不同，并不限于机体某部位突然受到外界的强力打击(跌、打、扭、压等)而致局部筋骨或软组织损伤所造成的"伤"，而把受到风湿寒邪袭击而转化的疼痛，甚至连风湿关节炎形成的痛也认为是风伤。畲医把伤与时辰连在一起，认为人体有十二处气血调和往来之处，按照十二时辰(或六时)与二十四节气(四季)的变化，周而复始地循环。若某一处气血受伤，就会造成血脉不畅转为"穴伤"或称"内伤"。畲医根据伤势分为内、外两种，再根据症状分成若干种。内伤指受伤后引起气血经络腑脏病变，气血阻滞或凝结，诸如伤脑(类似脑震荡)、伤气(类似气胸等症)、伤血(类似内脏破裂)、气血两伤、伤筋(类似韧带断裂或挫裂)等。外伤指身体外部的皮、肉、筋、骨损伤，包括开放性骨折、皮肉破裂等。此外，根据受伤的部位、症状，再将伤分为外伤(皮肤或浅层组织受伤而出现皮下瘀血)、创伤(跌伤或弹击、刀砍等外伤)、骨折(柳枝骨折、开放性骨折等)、内伤(内脏损伤)、穴伤(俗指点穴产生气血循行紊乱或阻滞)、食伤(暴饮暴食而引起积滞不化、疳积等)六种，各种伤症都有体征，比较明确。

风症论

畲医对风症含义认识很广，认为"病痉"与津液气血有关，男女皆有，如过汗变痉、风病误下变痉、疮家误下变痉、产后汗多遇风变痉、跌扑破伤感风变痉、失血过多变痉等。小儿初生，阴气未足，性禀纯阳，易致生热，热盛则生风生痰。若腠理不密，更易感寒邪，寒邪中入，先入太阳经，太阳之脉，起于目内眦，筋脉牵强，遂有抽掣搐弱。畲医将频繁抽风和意识不清的都称为"惊风"，一般分为急性慢性二类，有急惊属实、慢惊属虚的说法，发病原因主要是外感，症状为内蒸痰热、久吐久泻、脾虚肝盛等，小儿风症分为 72 种，阳风、阴风、半阴半阳风等各 24 种。

畲药理论

畲医认为，药有阴阳之分，阴阳学说是用来解释自然现象的一种理论，认为人类的健康只有维护阴阳平衡才能保康健体，延年益寿。畲医善于运用阴阳学说来辨证论治，特别是判断药性，配剂方药都十分讲究，并在漫长的发展过程中逐渐形成具有畲族特色的医药观，总结出畲族医药阴阳之说，治病用药讲究阴阳平衡。气与血是人体生命所在。气血失平必然得病，畲医药所谓阳药，即治理气血凝寒衰降，湿困之症；阴药治理亢盛、炎症；和药则具平衡和滋补功能，使气血正常。

种属类别　1981年，县药检所历时两年3个月，对县域中草药资源和畲族民间草药进行调查，编写了《药用植物名录》，该书共收载药用植物1043种。《中国畲族医药学》收集了畲族民间常用处方1600个，经分析、处理、归纳出1000多个处方（部分未经验证，仅供参考）；民间常用药2952种，筛选出1430种，精选出517种，分属144科、312属、494种、2亚种、17变种、3变型、1栽培变种，皆以天然植物为主。《中国民族药志》称畲药300多种，其中20种已被载入该书。浙江省食品药品监督管理局编写的《浙江省中药炮制规范》（2005年版）收载的畲药有11个品种，其中食凉茶以药材标准形式收载，11个品种是：食凉茶、小香勾、白山毛桃根、山里黄根、美人蕉根、盐芋根、铜丝藤根、嘎狗黏、嘎狗噜、搁公扭根、三脚风炉。

药性药理　畲药分阳、阴、和3种。阳药性能温热；阴药性能寒凉；和药性能不寒、不热。阳药治理气血凝寒衰降湿困之症，一般长在朝阳之地；阴药治理亢盛、热炎症，一般长在阴山沟壑；和药则具平衡和滋补功能，使气血维持在正常的健康水准，一般生长在低谷。治疗各种炎症、中毒、菌痢、疥疮等热性病，一般用清热解毒的凉寒药，如八角金盘、六角莲、千里光、白花草、大青、金花草和银花草等；治疗肺结核、肺炎、气管扩张、气管炎等病疾，一般用石仙桃、石蚕、息力柴、功劳树和灵芝等；润肺化痰、清热解毒或治疗咳嗽、哮喘、肺气肿疾病选用灯笼草、粪桶草、清明草、苦草、苦胆草、狗尿满堂等。畲药中的苦楝果、土荆芥、喇叭竹、山板竹、凉参等，都是清凉解毒的良药。和药有党参、甘草、黄芪、鸡卵柴等。可归结为“百草治百病，百病行百草”。

第二节　治病方法

畲医治疗常见病，主要分内科、外科、妇科、痧症、小儿疳积、五官口腔科、外伤蛇伤骨伤等。常用方法主要有外治疗法、痧症治疗法、正骨疗法、解毒通利法、食物疗法和心理疗法。

疾病诊断

畲医治病先诊断疾病，再按病命名。畲医对疾病的命名类同中医、西医，也有特殊的疾病命名，如“蛇”、热蛇、飞丝入肚、风寒入肚、吊气、头养风火、风动头晕、风火烧、风气阴子肿、骨底烧、寒火烧黑风、横胎红痢、落白、冷汗症、湿热痢、铁板症中风、吊眉疯、鸡爪风、寒邪伤经、阴毒、虚汗症、鬼剃头、黄风、黑风、红风等等。

外治疗法

畲族民间特色外治疗法有20多种，被广为应用的有刮法、挑法、捏抓法、熏法、吹法、搓法、熨法等，这些方法用于治疗常见病、多发病，具有操作简便、不良反应少及价廉效显等优点。畲医认为无毒不生病，生病必治毒，治毒即排毒、除毒，畲医称为解毒通利法。医技方面还注重内服外敷结合，或几种兼用，有针灸、拔火罐等，在背部以针刺几处小出血点，竹罐里放入点燃的烧纸片，等火旺马上盖置于针刺处，吸出瘀血，即刻见效。刀伤小出血，可刮油茶树皮粉敷、口嚼香绳刺叶成糊外敷。

痧症疗法

治痧是畲族医药中最具特色的治法之一。“痧症”即中暑、感冒(暑热型)周身不适，采取捏、刮、抓、撮、挑、扭、搓等疗法，如扭痧，在胸口和颈上扭几把（用口水作润滑剂），或在背部用牛肋骨和茶碗作刮痧具（用植物油作润滑剂），效果立显。病情急重者采用针刺、放血挑痧或配合药物治疗。肌体受热、寒、湿之邪侵蚀，忽冷忽热，头晕胀痛，重者神智昏迷，属中邪恶。中热邪发热痧；中冷邪发冷痧；若热湿之邪相夹，则发斑蛇痧。治疗痧症则先通利血脉，对病者通络抓脉络穴位，行穴位拍痧、吸痧、抓痧、挑痧等疗术，打通筋脉、畅通血流，再内服解毒、排邪恶之药。少儿惊吓风：高热不退，四肢抽搐，血凝气滞，生命垂危，用惊吓草单味服用，效果甚好；也可配鸡骨柴、鲤鱼胆、臭草等10多味草药内服，并配用穴位急救，用银针灸穴等。

正骨疗法

接骨多以手法复位，草药外敷，再加固定之法。草药用糯米饭、茶油或蛋清调匀后敷于伤处，用小夹板（小竹片、杉树皮等）固定，初时强调静，后期则动静结合。正骨时，有采用针刺镇痛，或在局部喷洒清水或酸醋，继之拔伸牵引，捏搓推拿，提按端挤，旋转屈伸，因势利导，使之整复。畲医认为早期局部肿胀疼痛较轻者可一次性整复，时间延长则肿胀、疼痛，操作难度增加，备受痛苦。

风症疗法

擅长用纯甘味淡的鲜草药配剂成方，例如急惊风，主症：发高热、四肢抽搐、指纹紫色、直透气关。处方：白晃鸡骨柴、蝉衣、惊吓草等清热解毒草药配剂；又如治疗疳积风，主症：腹胀大、貌似老人，一般配服金橘、鸡金皮、夜关门等鲜草药。

解蛇毒疗法

以苦草（味似黄连）解毒，青蛇、蝮蛇、蕲蛇、眼镜蛇等咬伤后先用高浓度白酒或清水洗伤口，将苦草咀嚼成糊状即敷伤口，再用苦草浓煎内服，蛇毒可渐排出，慢慢可愈。

第三节　用药特点

畲医用药不同于西医与中医，主要特点以水煎内服为主。在全国畲族医药调查与整理的1000多个处方中，粗略归纳为100多种。所有处方中水煎服药约占65%，炖服不足总处方1/10，炖服主要是放到动物脏器内（如鸡、猪肚、羊肚等）煮汤服用，或加猪、鸡内脏、猪蹄、夹心肉等煮汤，或加其他药引同服。外用类约占1/4，用各种敷料调糊外敷。其中，动植物油类外用药占大半。另有为数不多研成粉状，用水或黄酒冲服，也有用泔水及蜂蜜磨服，还有其他应用药引及内外合用等方式同时进行。

植物药用法

用药90%以上均为植物药，少量用动物药，几乎不用矿物药。畲医治病多用鲜草药，用药讲求新鲜，随手采顺手医，一般不用陈年药。常用的鲜草药有：治跌打损伤，用落得打鲜根，捣烂外敷；治肺炎，用狗尾草、金锦香鲜品，煎汤服；治阑尾炎，用败酱草、鬼针草、田基黄、苦职等鲜品，开水炖服。

药引与敷料用法

畲医治病喜用药引与敷料，常用的药引有酒、人乳、蜂蜜、米泔水、鸡蛋、嫩鸡、乌骨鸡、猪肚、猪骨、猪肝、猪心、猪大肠、猪蹄筋、猪骨髓、夹心肉、羊肚等。敷料有麻油、山茶油、鸡蛋清、糯米饭、黄酒和酒糟等。畲医认为禽畜的内脏或肌肉与人体相应的内脏或组织有特殊的补益关系，比如治疗四肢关节病痛，其药物多配用猪蹄。治关节炎风湿痛就用干品榛寄生（山毛榉类桦木科）100 克配猪蹄 1 个黄酒适量炖服；治头风痛就配用黄精 80 克煎汤取汁，加羊或猪脑 1 个、冰糖适量炖服等。

药剂量用法

畲医用药剂量较大（与用鲜药有关），据全国畲族医药调查与整理的 1000 多个处方分析，用量小于 5 克（含 5 克）的药物 352 种，用量为 5~10 克（含）的药物 391 种，用量为 10~20 克以上的药物 520 种，用量为 20 克以上的药物 420 种。

虽然畲族传统医学与中医学之间有着天然联系，但它不同于中医，有自己独特的学术理论和治疗方法，具有典型民族特色。

第四节　畲医养生

疾病预防

畲民有许多季节性预防疾病的习惯，如立春，各家各户燃烧艾叶、石菖蒲以涤秽浊疫气，杀除藏匿椽边瓦沟墙缝的毒虫臭豸；春天挖积雪草炖猪肚内服，防夏季暑气，用过路蜈蚣炖黄豆防治劳伤；端午节各家门前插菖蒲、艾叶，饮雄黄酒，包粽子加香蒲叶，水缸加明矾、雄黄、贯众等沉淀消毒；夏暑用水煎鱼腥草或山鸡椒、车前草、仙鹤草、夏枯草、淡竹叶、败酱草等，以清热解毒、消暑利尿、抗菌消炎；采集荠菜、金银花、仙鹤草、益母草、淡竹叶等洗净、晒（晾）干作为常年保健备用药材。

治疗结合

有些一时难以治愈的疾病，需用中草药慢慢疗理调养，通过服药治疗和食疗保健养生。

内科：胃脘痛，用雷独草（夏枯草）25 克，马蹄金 20 克，羊仔耳（毛道士）15 克，山猫绳 10 克，棕树根 20 克，煎汤取液炖猪肚疗理。胸部受伤咳嗽，用老鸦碗 50 克，土人参 9 克，煎汤取汁约 1000 毫升，加入猪肺和猪心，煎汤时将猪肺气管垂至锅外，旺火烧锅，猪肺在沸水中煮，使气管膨胀，将气泡涎沫滴出至尽为止，猪肺煮熟后切片加油盐酒炒香，再放回锅中文火炖 90 分钟，喝汤食肉。虚寒型哮喘，用干品单叶铁线莲 9 克，八角金盘 3 克，煎汤取汁 1000 毫升，加入猪肺（处理方法同上），炖 2 小时后食用。急性肝炎，取兰金苋鲜叶 50 克，加入猪肝、食盐适量，水煎服，或当菜食用，冬季无叶用根或茎亦可。头风痛，用百江通干品 100 克煎汤取汁，加羊（猪）脑 1 个、黄酒适量炖服。糖尿病，用夜关门根干品 150 克炖公鸡 1 只，喝汤吃肉（汤每次用量 15 克内）。

儿科：小儿疳积，取红跳墙鱼熬油调米饭食用，或用活血丹 15 克加鸡肝 1 具或猪肝 100 克，或用莲子草炖田鸡（青蛙）食用；小儿淋浊（尿道炎），用金耳坠（枸杞）根皮干品50克炖猪小肚(膀胱)1个煮食；小儿骨迟、行迟，用山哈清炖服；小儿哮喘，用野鸽子1只先炖，后加肉桂2克服汤吃鸽肉。

妇科：胎动腹痛，用三七黄、白木桑根、羊圈藤、金橘根、胡毛党（猕猴桃）炖母鸡；子宫脱垂，用白毛桃根250克，瓜蒌根120克，炖猪大肠头1段，或棕树根250克，三月泡120克，野葡萄根250克，猪膀胱1个，用开水炖，加黄酒冲服；痛经，用土牛膝鲜根50克，煎2枚鸡蛋，冲入适量黄酒食用；白带过多，用青葙子50克，煎鸡蛋2只食用。

骨伤科：四肢关节疼痛的药物多配用猪蹄（猪七寸）。治关节风湿病，用干品榛寄生100克，配猪蹄1个、黄酒适量炖食；或牛乳柴鲜根90克，加猪蹄1个、黄酒适量炖食；关节炎，用白梁莨鲜根100克，加猪蹄1个，文火炖食；关节酸痛，用算盘子干品100克，加猪蹄1个，黄酒适量炖食；防治风湿痹痛等病，在黄酒中加竹篁（竹花）制成竹篁酒服用；腰肌劳损，用飞天趋楚10克，金鸟仔根15克，穿山龙根12克，猪脚或猪脊骨120克，炖服，喝汤食肉。

五官科：夜盲症，用百江通20克，猪肝125克（或鸡、鸭肝1具），冰糖60克，煮食；鼻渊，取白花地丁（须毛蔓茎）叶适量，加冰糖捣烂，外敷鼻头，再用白花地丁根30克，瘦猪肉125克，炖熟后加冰糖少许内服；扁桃体炎，用金针根（萱草）、棕根各30克，腌猪肉60克，煎汤含咽。

第九章　畲族习俗

畲族历史悠久，其风俗习惯及所有社会活动都凭畲语口耳相传。二千多年来，畲族人口繁衍于全国8省，虽无畲族文字交流，但畲语却全国相通。尽管各地方言不同，而畲族的语言、穿戴、习俗却仍保持和传承着原始的民族特点。特别在景宁一些边远的畲族山村，民族传统特色浓厚。畲族人对婚嫁丧葬非常重视，操办也特别讲究，有独特的规矩和程序。少数畲族村寨还保留着传师学师等习俗。随着社会的变迁和生活方式的改变，以及畲汉杂居等诸多原因，畲族的部分传统习俗已慢慢消失。人民政府采取措施，将畲族的部份传统习俗列入非物质文化遗产名录加以保护和传承。

第一节　婚　嫁

畲族实行一夫一妻制。男大当婚、女大当嫁，男女青年达到婚龄，即可谈婚论嫁。可自由恋爱、自许终身，也可托媒人介绍成婚，同姓远房可成眷属。婚嫁方式有婚娶、招儿、做两头家、子媳缘亲等4种。

婚娶

畲族青年男女结婚，往往都由父母操办，男方叫娶媳妇或娶亲，女方叫嫁女或嫁囡。男女婚配成亲是终身大事，操办既慎重又隆重，民族特色明显，从谈婚到成亲，操办环节很多。

定婚　婚姻经人介绍，男方若同意，就请媒人陪同到女方家相亲，畲语叫“太布娘”（看老婆）。女方若同意，则由母亲或姑姨陪同到男方了解家况，畲语称“太人家”（看人家）。男女双方都同意，男送礼于女，女赠男彩带。随后，男方要备礼1份，一般为食品、“帕儿”（麻织的红布）和戒指，由媒人出面送至女方家，与女方共同商议“定婚”事宜。

女方要请近房亲戚喝“定婚酒”。定婚后，由男方择定婚嫁“吉日”并通知女方，女方若无疑意，男方要在“吉日”前一月向女方家送去嫁娶酒席所需的物品。

婚嫁

迎亲　“吉日”头天，男方安排迎娶代理人（汉族称“请奉客”）、赤郎（歌手）1人、赤娘2人（伴娘或“接姑”）、伴郎若干人（送礼物和抬嫁妆）组成迎亲队伍，由媒人带领前往女方家接新娘（俗称接“新客”）。畲族对迎亲人数有讲究，无论进女方门或进男方门都要安排偶数。迎亲队伍一般是早上出发，到女方家门外，由媒人先放3个火炮，喜报迎亲队伍来到，女方接着放鞭炮相迎。此刻，女方姑姨舅姆按习俗拿来杉树枝拦在门口不让客进。聪明的赤郎立即敬上红包（称“接礼包”），姑姨舅姆才会放客进门。接着，行“捉田螺”仪式，在中堂桌摆上果品，由迎亲队伍和女方亲朋好友中各选4人，面对面分站两边。仪式开始，每人双手合握，低头弯腰，互相作揖行礼。礼毕，请行郎吃鸡蛋或甜食点心。吃罢，又行“脱鞋礼”，请迎亲队伍的人员脱去草鞋，洗净脚，穿上布鞋。然后，“请风客”将男方礼品清点给女方。礼品中必备送给岳祖父、岳父、舅公每人鞋1双、猪腿1只；送给岳祖母、岳母每人绉纱1条、鞋1双，岳母另加衣料1件。送给岳母的礼品称“老鼠尾”。送给新娘的礼物有衣、鞋、袜及凤冠首饰一副。

借锅　女方嫁女要请六亲九眷、左邻右舍喝喜酒，方言叫请“嫁囡酒”。酒席要办两餐，中餐宴请迎亲队伍，由女方负责，称“落脚酒”，晚餐“嫁囡酒”称“请大酒”由男方宴请。请酒前，要举行赤郎“借锅”与“杀鸡”仪式。男方要“借”女方饮具办酒席，故称“借锅”。到中堂祖宗香案上点燃香烛，厨房里姑娘、妇女们围在灶边，赤郎来到灶前，姑姨舅姆端着盛有1块猪肉、2块豆腐并点着香烛的米筛，向赤郎作揖；赤郎向姑姨舅姆和灶神连连作揖，接过米筛放回灶台，口念歉词：“郎儿掌（住）山头，多见森林，少上书堂，口源来短，古礼难周全，念错莫要怪，姑姨舅姆多原谅。”借锅词第一段：今脯（今天）来到太公乡，太公（外公）掌的好寮场。门前麒麟对狮子，寮后金鸡对凤凰。龙马相会对寮场，观音坐落在中央。金字寮门八字开，郎儿借锅上门来。

念完借锅词后，又念借炊具之谜词，女方厨房凡能藏起来的炊具事先已被姑嫂们藏起，赤郎只得念一件取一件。如果有遗漏未念到的，就不拿出来，也不告诉是什么，而要赤郎重新念借炊具之谜词。“谜语”词是按炊具形象由赤郎随口编的。多数人这样念：

借你阿姨四四方方一堵墙	（锅灶）
中央开个大龙潭	（铁锅）
借你阿姨铜镜双双对月光	（锅盖）
借你阿姨金鸡来洗浴一对	（木杓）
借你阿姨鲤鱼翻白一对	（菜刀）
借你阿姨玉女吹箫笑咪咪一对	（火筒）
借你阿姨双龙抢珠城门内一对	（火钳）

借你阿姨三脚落地火焰山一对　　　　（风炉）
借你阿姨两耳朝天喜洋洋一对　　　　（菜锅）
借你阿姨仙女点香来洗坛一对　　　　（竹刷）
借你阿姨凤凰伸腰五味香一对　　　　（锅铲）
借你阿姨九龙高山喷云雾一对　　　　（饭甑）
借你阿姨五龙载水落凡来一对　　　　（饭捞）
借你阿姨锡将军来坐桌一对　　　　　（酒壶）
借你阿姨江西兰花金玉盏一对　　　　（饭碗）
借你阿姨象牙银线成双对一对　　　　（筷子）
……

借你阿姨零零碎碎，借对阿姨来烧火，借对舅儿来背桌，桌上吃酒保安康。

炊具“借”齐开始杀鸡。鸡是男方挑来敬“祖公”神位的，师公告知先人：“今新娘嫁某某村某某家。”并在地上摆上碗，赤郎执刀杀鸡，鸡血不可滴地，若滴地上，滴1滴罚喝酒1碗。有经验的赤郎会先在地上铺上拦腰裙再放上碗，在鸡颈部一刀下去，滴血到碗中，立即把鸡头夹入鸡翅膀下捏紧，快步提鸡走人。杀完鸡，菜刀放回米筛，敬上“厨师包”，向厨师作揖，“借餐具”仪式完毕。

嫁囡酒　嫁囡酒虽由男方宴请，但毕竟是在女方家，上酒席了，岳父先恭请女方舅公、舅舅等宾客坐中堂首席“主位”，也请媒人坐首席，右边第二位为“请奉客”，由舅舅作陪斟酒，赤郎、行郎、赤娘同桌，如迎亲人员超过8人，则要再摆一首席，称双连桌。岳父主人斟酒举杯，恭请客人入座，逐一作揖，先干为敬，众宾客纷纷将杯中酒喝干，以表谢意。

席间，行举盘宣（敬）酒仪式，畲语称“撬蛙”，即女方请来歌手，对舅公等贵宾敬酒唱山歌，舅公等贵宾要备红包贺喜，场面热闹、庄重。女方端长方形木茶盘，盘内点红烛一对，放酒杯2只、红包1个，由姐妹陪新娘从首席开始，按辈分介绍新娘所要宣酒的客人称呼，然后女歌手开始唱宣酒歌：“一双酒盏花又红，端上桌来宣××（新娘对客人称呼），宣您××食双酒，酒筵完满结成双。”先宣首席第一位客人舅公，歌罢，姐妹斟满一杯酒敬给舅公，舅公回赠红包到茶盘内，将酒一饮而尽。首席的客人一一宣过后，到各桌也一一宣酒，每人都要回赠红包。这些红包分些给姐妹，叫“姐妹钱”，分些给女歌手（对歌礼金），大部分给新娘带到夫家去，用于日后为小孩打制银牌首饰。宣完酒，女歌手就在酒席间寻“赤郎”对歌，歌头是：

女方唱：“掉脯（昨天）听说赤郎来，姐妹双双站门背。姐妹双双去修路，修条大路赤郎来。”赤郎答：“今脯（今天）寮里起身来，收拾南货（礼物）两三回。收拾南货饼搭面，担落娘洞（女家）度花栽。”

起歌头后，对歌者边吃边唱。女方会把村中能唱畲歌的女子都请来与赤郎们轮番对歌，唱“度亲歌”“嫁囡歌”“采茶歌”“成双结对歌”“恩爱夫妻歌”等，一直唱到凌晨新娘快要动身时止。如果是富裕人家，会有两天的宴请，对歌就要对两夜。对歌到半夜，有点心招待客人，畲语称“办回盘”。唱到最后要唱“送歌神”歌，即唱“十二生肖歌”加上四首“结尾歌”，最后一首是：“唠歌唠到天大光，送你歌神出外乡。唱条歌儿安香火，一年四季保安康。”按畲族习俗，姑娘出嫁要赶早，当天不走别人走过的路，故凌晨新娘就要打扮起身。此时还要唱“催亲歌”“催亲歌”的最后一首是：“五更鸡啼催天光，劝你主家扮新娘。子时上轿把路赶，卯时夫妻好拜堂。”

出嫁　对歌结束，供“祖公爷”，即将男方挑来的鸡、猪肉等祭品供在祖先香案前，告知祖先“新娘某某今天要到某某地去成家立业，请祖宗保佑她平安无事。”赤娘会点燃红灯笼挂在轿前。如新娘是步行的，2个赤娘则各提1盏红灯笼陪行。有的用桅灯，一路上切忌灯火熄灭。出娘家门，由1位父母健在的姑娘打伞递给新娘，新娘要回赠“开伞红包”，才接过伞，盖上盖头。起步动身的脚步有特别讲究：在中堂进前三步，后退二步才开始走出门，畲语叫“拔风水”，这时大小鞭炮齐鸣，欢送新娘启程。新娘头梳发髻，戴上凤冠，身穿花边衫、花边裤，腰围自织三十二线文字图案的彩带围腰裙，脚穿绣花鞋，手戴银镯、戒指。

按照畲族婚嫁习俗，新娘要赶在天未亮前到达夫家。出门后忌回头看，回头看对夫妻姻缘不利。新娘须随身带些桂圆，路遇行人，特别是孕妇，便丢下几颗，以示吉利。如果前后村或同村有新娘同一天同走一条路，或同走其中一段路，都须谦让予远路的先走，避免抢路之嫌。新娘一切须皆新，前面有人走过就意味着走旧路，为此，步后者就得牵来1头牛，牛头系上大红布花，牵在新娘前面踏路，被牛踏过的路意为新路。后来，干脆用牛踏路，寓意婚后生活美满幸福，家景好的娘家，还将踏路牛作为嫁妆。

天未亮前，迎亲队伍把新娘接回到男方家大门前停下，夫家人即放鞭炮迎接，此时孕妇要避开，避免“冲喜”。男方叔伯要来秤嫁妆，有人必问“有重(冲)吗？”，秤者随口回答：“无重(冲)！”这样，算是行过“冲喜”仪式，即将嫁妆搬入新房。以前在嫁妆中，除有新衣服若干外，还有方桌、木箱、竹笼、锄头、蓑衣、斗笠、梳子、镜子、牙刷等生产生活用具，以防婆家嫌穷。今农具已不佐兴，换成家用电器，木制家具，但精制的竹制品线篓、火笼还常见。在嫁妆的箱柜中放一些稻谷、黄豆、花生等，以表带种出嫁，能在夫家落地生根、开花结果之意。

“冲喜”后，新娘入门到中堂，有一位父母双全的赤娘接过新娘手中的红伞，新娘则回赠给赤娘一个“接伞包”，称拜香火。赤娘将灯笼挂在祖宗香案左右。新娘由赤娘领着绕过香案，再到厨房点燃灶火，以示今后成为这里的主厨。祖宗香案祭礼毕，新郎、新娘各站中堂左、右两边，行“拜堂礼”，先朝天井叩拜天地三拜，再朝祖宗拜三拜。以前是跪下拜，调皮的新娘往往把新郎的长衫角跪住，不让新郎先起来，习俗有规矩，谁先起来谁在过日子中享有主动权。旧时，有的新娘是坐轿的，则把轿停放在天井，伴娘把轿前灯提到香案后，扶新娘出轿，两位老妇拿3只布袋铺在地上让新娘踏过，后面踏过的又收起来铺到前头让新娘踏过，这叫“传代”。铺到中堂行拜堂礼后，再铺到洞房门口，新娘边走边撒花生，让小孩们抢。拜堂完毕夫妻双双入新房，坐在床前，姑嫂端来点心，让新娘吃，但此时千万不能吃，要待全部点心上齐，赤娘、小舅子及村中父母双全的小男孩、小女孩全部入座才能同吃，称为“吃大菜”，意为团圆吉利、美满喜庆。

男方酒宴安排在中午，中堂摆双连桌，新娘要为客人泡糖茶、分瓜子、分糖果，新郎则顾分烟。畲家不兴闹新房，晚上不对歌，因新娘趁黑赶路，一夜未睡，特别辛苦，到10点钟，就让新郎新娘入新房安睡，不举行什么仪式。也有少数人家把酒宴安排在早餐。

回门　新婚第三天，新郎要陪新娘去娘家叫做“回门”，带饼干、面条、白鲞等礼物，分给岳父家至亲每户一份。岳父家叔伯要办酒席宴请新娘新郎。回门后，夫妻双双参加生产劳动。

婚后第一个春节，夫妻俩回娘家做“新客”，带去回门时同样的礼物，叔伯还要办“新客酒”，并给大红包，畲语称“割韭菜”。有的则回2个大圆黄糕，叫“捉猪崽”。1980年浙江省上京演出的畲族舞蹈《新女婿》，展现了新女婿第一次去岳父家拜年，被姑娘们抹锅烟嬉耍的生动有趣场面。

招儿

畲族普遍有男方到女方家“当儿”现象，女方称“招儿”。这不是因无儿而“招儿”，而是故意把女儿留在家里“招儿”，而把儿子给别人家叫去“当儿”。“招儿”时，女方要付给男方家一份财礼，婚礼仪式与娶媳妇基本相同。只是新郎到新娘家多为步行，嫁妆也较少。男子到女方家，改为女家的姓，享受亲生儿子的家庭地位和财产继承权。在畲族村，也有汉族男子到畲家来“当儿”的情况，他们学畲语、唱畲歌，完全溶入畲族家规。

做两头家

做两头家，即夫妻俩要赡养双方父母，种两家田。双方都是独生子女，或有一方弟妹尚未成年、父母有病，缺少劳力。有的是先两头做，等几年兄妹长大后，看哪边好就在哪边落户。举行这种婚礼，不要赤郎、行郎，也没有嫁妆，先是女方到男方摆酒席，然后双双回到女方摆酒席，仪式也较简单。双方是独生子女的，须做一辈子两头家，等子女长大后再分别继承一方。做两头家，现在越来越多，双方平等，同甘共苦。

子媳缘亲

子媳缘亲指童养媳到婚龄举行婚配礼。旧时代，许多畲族家庭生下儿子，怕娶不起媳妇，便去领养他人女婴。等到抚养长大，符合婚龄，简单办些家具，布置好新房，选个吉日，办场“缘亲”酒席，请亲戚、村邻来喝喜酒，就算成亲，没有嫁娶婚礼仪式。穷户人家，趁过年办点年货，杀只鸡、煮些点心，请邻舍证婚，给儿子与童养媳举行拜堂仪式，故有“大年三十缘亲”之说。20 世纪 50 年代后，子媳缘亲不再存在。

第二节　丧　事

畲族称人死亡为“老了”“过山了”“过辈了”“归去了”“去世了”“百岁了”等。畲族人死亡后操办丧事很有讲究，其规矩、程序、仪式多而复杂，死亡的对象不同操办丧事的档次也不同。信佛、学师、白身、非正常死亡者的丧俗待遇各有区别。

丧事规矩

男性生前学师的人死后称“亡故仙师”，未学过师的人死后叫“白身亡人”。“亡故仙师”和做过西王母的女性死后要做功德，少者一天一夜，多者三天三夜；“白身亡人”无须做功德，需要做也只能做一天一夜，叫“白身功德”。非正常死亡者，一定要做“拔伤”，过“伤门”，意思是祝亡人在阴间不生病，愿伤病不遗传给家庭健在成员。

“学过师”的男性老人，生前要为自己准备 4 件物品：1 件“赤衫”或“乌兰”；1 顶形如诸侯帽的头冠（传师帽）；写好过山八牒、过水八牒、过乡八牒的所谓“度身二十四牒书”；买 8 尺红布（用于死后缚在头上两端垂到小腿）。4 件物品打成包袱，叫“度身包”。“学过师”当过“西王母”的女性，寿服为花边衫、红裙，也写二十四牒书，打成包袱，叫“更绿包”。这些包每年六月六由本人翻晒一次，死后由长子或长女解开。未“学师”的女人死了，只能穿生前留下最新的 7 件衣服。

“学过师”的人死后称为“亡故仙师”，其意是说他骑马带兵去上朝了，临终时不准子孙啼哭，而是先要高高兴兴杀只鸡，备好米、灯、茶、酒、纸、烛等祭品，由师爷在床前立一香案，点上 3 支香和 1 盏“长命灯”，泡 3 杯茶，斟 3 杯酒，在床前“收魂兵”。师爷吩咐死者：“灵魂亡故仙师某某郎，吃顿动身酒，送你一程，好好上路。”祭毕，子女们为死者象征性净身，解开“度身包”，戴上头冠，穿上寿服，胸前挂块红方印，红方印上刻有“日月紫微星太上老君”9个字，修好遗容，这时才准许子孙哭祭，表示送他“上路”。未学师者死亡，动身酒之祭，只在床前点上香和长命灯，子孙围在床前悲哭，送他“上路”。

丧事仪式

择吉报丧　人死后，孝子请风水先生择好入棺、做功德、行棺、安土4个吉日时辰，并向叔伯、村邻报丧。向村中长辈报丧，行单脚下跪礼，叫声“爹(娘)哎”，对方将其扶起。如果死者是本家出生者，孝子即向长辈直接取得“大位名”。向亲戚报丧，行半跪礼，若死者是母亲，去母亲的娘家报丧，孝子要反穿上衣或白麻布衫，腰扎稻草绳，见舅父要下跪，向舅父讨来母亲的“大位名”。

买水洗浴　死者殡殓前，举行向水母娘神买水洗浴仪式。孝男孝女身穿孝服，手提水桶，雨伞半撑，由师公带到水井或溪坑边点上香烛，由师公念买水咒语，请“水河神”向水母娘买水。孝男孝女买来半桶水，烧纸谢过水母娘，一路以歌代哭提水回家。歌词为：“水井坑头管水娘，三贯纸钱奉献上。我某某(对死者称呼)要殡殓，向你买水洗身光”。为死者洗浴，将“买”来的水温热，以白布蘸水，在死者身上象征性胸前擦3下，后背擦4下，“洗”完浴便开始更衣。

接命家　即接死者的娘家人，娘家亲人前来奔丧，一般都会约伴组成“做命家”之队伍。快到村时放3个双响火炮，予以报信。孝子孝女听到鞭炮声，马上放下手中活，回鸣3个双响火炮，各人持3支燃香到大门口跪拜“接命家”“命家”中的1人在前头一一接过孝子孝女手中的香，第二人躬身双手扶起孝子孝女，并说“孝男进喜!”，孝子孝女作揖后起身，畲语叫“吊水碓头”。娘家人进入灵堂，便把孝子孝女递来的香插入香案，又另点3支香，朝天三拜，朝地三拜，然后朝拜中堂四角，称拜“四角天王”，走到灵台又拜，把香插入香案。孝子从大门进灵堂后，又跪到棺材边哭拜，“命家”点完香立即将其扶起，又行“吊水碓头”礼。如果死者子女不孝，“命家”会责备，不行“吊水碓头”礼，怒者还会掀掉棺材盖露死者冷容。如果“命家”对子女行孝满意，看过死者遗容后，便同意盖棺行“吊水碓头”礼。

宣命家　晚上，在屋内偏间摆起三连桌，桌上放4种瓜子，叔伯们陪“命家”入席，进行“宣命家”仪式，即向“命家”敬酒，听“命家”嘱咐。主家端上茶点，孝子端来盆子，2杯满酒、1对蜡烛、向“命家”作揖，并跪在桌旁唱“宣命家”歌：“一双酒盏花来轮，端在桌上宣命家。宣你命家食双酒，我娘大位是你封”。“命家”接着就念“十进”词：“一进人丁实是多，二进谷米满仓有，三进金银多财宝，四进牛马六畜多，五进寮场风水好，六进人老好地葬，七进子孙会当官，八进长命又富贵，九进孝男事事顺，十进孝女好风光。”有的反复唱“四进”歌，把“十进”的保佑内容都概括进去。有的接着唱“畲族搬迁史”：“当初出朝在广东，广东朝山十八重，广东寮场风水好，又姓蓝雷又姓钟。广东出来到福建，二边龙手生得对，二边龙手生得好，荫出子孙会做官。顶先出来到罗源，罗源是个好地盘，罗源地盘生得好，荫出子孙做状元。罗源出来到浙江，浙江住得好田场，浙江地盘风水好，荫出子孙会做皇。”如果“命家”人回答不了，孝子可以罚“命家”喝黄酒1碗，整个程序按兄弟、姊妹大小依次进行，“宣命家”词的最后两首是：“门前一片竹叶青，你娘归阴摆大厅。生时子孙是孝顺，孝顺你娘好名声。门前一片竹叶黄，你娘归阴排厅堂。你娘归阴日子好，荫出子孙有功名。”念完后，“命家”扶起孝子孝女，“宣命家”仪式结束。也有免“宣命家”礼节的，守孝到半夜，主人设宴谢“命家”，每人礼加鸡腿1只。

丧礼　畲族丧礼热闹隆重。孝堂一般设在中堂，亲生儿女办好“祭礼”，在桌案上摆放猪头1个、鸡1只，黄酒1壶，及烧纸、鞭炮、香烛，素菜8样。村邻、亲戚会送上“奠币”若干元，或送1付烧纸香烛来参加丧礼。有些亲友，根据死者家况，缺什么就送什么，柴、米、油、盐、菜、豆都可以，做豆腐也行。每逢丧事，畲族村邻不用请都会赶来帮忙，“命家”以外的至亲亲戚按吉日前来参加丧礼，孝子见面，一边称呼一边行礼，右脚在前，双膝弯曲，双手前伸，躬身叫“爹(娘)哎”，对方扶住双手还礼，此称“半跪礼”。

做功德、念经、哭歌　孝堂布置好后，有条件的家庭要请“师公”做功德，做功德要按《功德本》来做，各地大致相同，分5个段落：报地头、请师爷、造水、朝祖、招魂等情节，仪式复杂，三天三夜才能完成。若要缩短时间，可据实情选段来做，一天一夜即可。不论功德做不做，都请“师公”(畲族法师)念经文，先是“开路经”，之后有“日光经”“观音经”“妙沙经”“北斗经”“解冤经”“化钱经”“玉皇宝浩”“谢恩经”“丰都经”“小观音经”“三官经”“目连经”“眠明经”等14种，念完一本经，停一段时间，不计次数反复地念，直到出丧为止。在举行念经或做功德仪式的同时，棺材两边摆上长凳，凡是死者的下一辈人，或亲戚村邻，等念过“开路经”后即入座唱哭歌，一直唱到出丧。其内容大多是对死者的怀念，对孝顺子孙的赞扬，或对不孝子女的斥责。曲调低沉悲切，各地唱法基本相同。景宁的哭歌，把称呼放开头和中间，四句连唱。下面是其中一首：

6 3 5 6 | 6 3 3 56 | 5 3 1 3 | 6 3 3 3 | 5 – 6 – |
若 讲 苦 头 就 是 我 啊，无爹 无娘 真无 干啊，娘 哎

3 5 3 – | 1 6 5 1 | 3 1 3 56 | 3 1 3 6 | 5 3 3 3 |
嗨！ 落 田 做 事 无 人 带 啊，上 山 乃 听 水 落 潦 啊

5 – 6 – | 3 3 5 – ‖
娘 哎 嗨！

第三节　传师学师

景宁畲族传师学师俗称“奏名学法”“做阳”。在畲族民间流传，历史悠久，其原始宗教活动具有道教性质，为畲族的重要传统习俗。根据家庭条件，小孩年满16岁就可拜师学法。畲族《祖图》《祖歌》记载：“龙麒自愿官唔爱，一心闾山学法来。学得真法来传祖，头上又何花冠戴”“闾山学法法言真，行罡作法斩妖精，十二六曹来教度，神仙老君救凡人”“香烧炉内烟浓浓，老君台上请仙宫。奉请师爷来教度，灵感法门传子孙”“龙麒落棺未安葬，功德日夜做得忙；闾山法主来安位，又请三清师爷官。河南祖师安两边，超度功德做你先；天神下降来超度，超度龙麒上西天。”表明传师学师与道教闾山派有一定的联系。

闾山法，又称闾山派、闾山道、闾山教等，最早源于闽越故地的原始宗教，相传发源于闽江神秘世界闾山，为华南道教的重要流派，以福建为中心，流传于福建、广东、江西、江苏、浙江、湖南等地。据畲族神像图显示，其供奉的是“三清天尊”，分别为原始天尊、上清天尊、太上天尊。而太上老君是公认的中国道教始祖，闾山派属道教正一派的一个支教。闾山法有三戒：“不偷盗、不邪淫、不妄语”，拜师学法者必须具备此三戒。

传师学师是畲族法师向“弟子”进行传师。凡要学师者，先要将“师担”挑回家，即两只扁桶或竹箱，内置三种图、师爷杖、香炉、龙角、龙刀、铃钟等。中堂照壁挂三清太上老君图，设立香案，师爷杖放在香案旁，中堂两边板壁挂左、右营兵马图，“长联”(畲语叫法)挂在走廊或大厅外，不受香火。

随从“师担”学师者，都要把法名和学师的时间写在1条红布条上，系在师爷杖上。“学师”至少

由12人组成，分别是东道主(主师公)、证坛师、保举师(即介绍人)、引坛师、度法师、监坛师、净坛师、专职师、下老师、西王母(保举师的妻子)、陪伴(陪西王母的姑娘)、东王公。这里的“下老师”为汉人，畲族称汉族人为“下老”，相传畲族在迁徙开始时，一位汉族的篾匠帮过忙，后来这位篾匠眼瞎了，畲族人就赡养他，学师时也请他参加，他死后一直保留他的地位，以示敬仰。

传师学师吹龙角

学师仪式分3个段落，第一段落是学师“弟子”祝拜天地、祖师爷和本师公，举行接神、三拜、取名等仪式，给“弟子”取法名，向相师爷烧奏学师文牒。第二段落是设坛学师传师，在中堂设法坛，在法坛上把神水、头冠、衣衫、龙刀、龙角、板鼓等传给学师的“弟子”，其中穿插洗坛、置坛坐坛、传度、折坛、坐筵等仪式。最后是学师坐龙坛，过九重山、五岳山，打杖回家。学师要三天三夜才能完成。

学法的人死后，做功德时的待遇比一般人要高。景宁渤海镇安亭行政村上寮自然村设有“奏名学法堂”，民间传承者极少，正面临失传。

第十章　畲族语言

全国70多万畲民，分布于福建、浙江等8省，除语言稍带地方口音外，基本相通，这也是最初确定一个民族的重要依据之一。当今，受畲汉杂居、移民、流动、不传等因素影响，有的年轻畲民已不会讲畲语。故研究、学习、推广畲语已成当务之急。

第一节　声 韵 调

采用汉语拼音注音，因畲语中无汉语普通话中的翘舌音，舍去zh ch sh r 4个声母，新增加gi ki hi ni ŋə 5个声母，新增加的声母下加一短横“—”，以示与原汉语拼音声母区别。

声母

畲语声母共有24个

b p m f d t n l g k h j q x z c s y w gi ki hi ni ŋə

韵母

采用汉语拼音注音，因畲语中无汉语普通话中的uang、ueng发音，舍去汉语拼音方案韵母ueng、uang 2个韵母，新增加oi eo eu ea io iio oai ŋ m em 10个韵母，新增加的声母下加一短横“—”，以示与原汉语拼音韵母区别。

畲语韵母共有43个。

a ai ao an ang o ou ong ei en eng i ia ie iao iou ian in iang ing iong u un (uen) ui(uei) ua uo uai uan ü üe üan ün e oi eo eu ea io iio oai ŋ m em

声调

采用汉语拼音方案声调标音法,因畲语比汉语普通话声调多,新增加"~""^"">"3个声调标音符号,轻声不标调。畲语声调共有8个。

畲语声调一览

表34-10-1

调号	1	2	3	4	5	6	7	8
调称	高平	中平	低平	高升	中升	中降	高降	低降
调值	55	33	22	35	23	31	53	21
古声	去声	上平	下平	上声	上声	去声	入声	入声
符号	∧	—	—	/	>	∨	＼	＼

畲语486个音节中与汉语普通话音节相同的有328个,67.5%音节是汉语普通话所有的;与汉语普通话不同的158个,占32.5%,它的声韵配合度甚高。其中,尤以d(32个)、l(33个)、p(32个)、t(30个)、y(27个)、m(26个)、n(25个)、s(25个)为最多,只有f的能拼度最低(10个),可见其发音清晰、响亮、悦耳。采用汉语拼音注音扩大了拼读范围,如:do、to、no、go、ko、ho、jo、qo、xo、zo、co、so等。

声调例字

中平声(一声) 如:

qūn` tān 春天　dōng` gēa 扁担　kōi` qiā 开车　cū` xīn 粗心　giīn` gēo 南瓜

高升声(二声) 如:

fú` lóng 火笼　xú` tóng 水桶　tái` dóng 看懂　déa` bán 短板　zói` niú 子女

中降声(三声) 如:

dǎo` lǔ 道路　fǔ` x i iǒ 和尚　xǐ ` pěa 吃饭　sǐ ` zǐ ` yǎn 自治县

高降声(四声) 如:

hà 客　gùi 国　soài 雪　jù 竹　lù` gù 六谷　Tài` tèo 铁塔　xòi` foài 说法

低平声 如:

lai` tan 犁田　liong` xeu 龙船　meo` fea 麻烦　wio` ŋəao 黄牛　xi` xin 时辰

高平声 如:

Xu` zoi 小雨　ji 姐妹　lao 老师　hao 好看　fu 火车　an 燕子　ju 煮饭　gu 鼓励

中升声 如:

niiao 猫　sun 孙　kii 柿　jiao 辣椒　lao 我寮　yio 看羊　io 阿翁

轻声 (同汉语拼音,略)

第二节 词 汇

构词

名词 lao`kiŏ 蜘蛛 wio` nĕ 蜻蜓 xia` yéu 蚯蚓 gao` sè 跳蚤 pǎ`mǔn 苍蝇 giái 青蛙 Fu` liū 泥鳅 qia`ŋəao 鹅 ŋəao`à`dēng 钉鳗 kiō 蜈蚣 lao xú 老鼠 mín 刺猬 sǒu 高粱 liong`gào 穿山甲 kiun 柏子 nan`jǐ 丝瓜 bùi`lí 山楂 kii 柿子 dāo`bāi 菜刀 dōng`gēa 扁担 nii`niǎn 耳环 xiu`kiiǎn 手镯 giian`ho 喉咙 hiī`dōo 翅膀 Xīn` piū 媳妇 nia`kiiú 娘舅 dāi`gǒng 岳父 mun`diǎn 门槛 lao 房子 mun`tǒu 上面 ēm`bu 晚上 nii`jiū 中午 kéo`bān 外面 xi`tǒu 后面 gāo liong 彩虹 lao`gōng`cāng 白眉鸟 niiĕ`tou`kiǐu 向日葵 lǒ`xú 下雨 bū`niu`zoi 小姑娘

动词 tái 看 méa 拔 yǎi 撒 tō 拖 toāi 筛 gēo 卦 dà 压 gǔi 掘 jò 砍 hang 走 záo 跑 oi 要 niāng 看 kĕa 提 diŏ 扔 būi 飞 tao 跳 kiia 抬 dēm 担 biē 背 wó 叫 dáng 打 pǔ 缚 xiá 写

形容词 hǎo 亮 gǎo 厚 gāo 高 qià 红 dō 多 sāi 小 sān háo 漂亮 hao`gū 舒服 nǎo`nún 热闹 qīng`kiī 干净 zeo`xi 结实 sao 瘦

量词 hang 支 dōu 棵 soi 排 nóu 朵 giūn 斤 béu 本 goāi 个 tŏi 袋 doi 台 cūn 寸 pì 匹 dēu 吨 lon 堆 dōu 株

代词 ŋə oāi 我 giī 他 niī 你 toǎi` lǐ 大家 xī`nèo 什么 nii`di 那里 niī`nāi`niin 你们 nang`zao 哪里

副词 ŋ`xī`gǎo 非常 kāo 更 lǎ 很 yǎ 也 zāi 再 gu 还 ŋ 不

介词 qou 朝 láo 在 dōi 对 wĕi 为 biō 帮 bí 比 sui 跟 ni iŏ 让 nóng 和、与、同 būn 被 miŏ 往 lŏ 到

连词 nǎ` xī 如果 nǎ`ōi 只要 gu`ōi 还要 yin`wei 因为

构词特点

单音节词多 wo 水稻 nèo 东西 kōi 整理 ní 蚂蚁 qǔ 筷子 nián 眼睛 sun 侄子 giái 青蛙 kiī 柿子 sǒu 高粱 mao 没有 géa 稻草

保留的古汉语词汇 xi 奚—什么 zao 走—跑 niai 啮—咬 mo 莫—不要 xi 食—吃 qia 赤—红 wo 禾—稻 kii 崎—陡 jo 着—穿

第三节 语 法

畲语语法结构与汉语差不多，以特定的语序、虚词和语感来表达思想感情，但也具有一些本民族的特点。

反问句式表示断定

如：①我讲阿吾喔？(我说的没错) ②难怪吾？(难怪，是这样) ③就是其顶号啊？(不一定就是他最好)

词序与现代汉语不同

谓语前置　①烂手爪啦！(手指烂起来了) ②做认真点！(认真点做) ③你行先！(你先走)

宾语前置　①饭吃了就来。(吃了饭就来) ②你寮人客来啦。(你家来客人了) ③茶泡好。(泡好茶)

定语、状语后置　①其寮牛买来了，壮壮咯。(他家买来了肥肥的牛) ②你寮田禾见坵都有水。(你家每坵稻田都有水) ③楼下老鼠绝个都死掉了。(楼下个个老鼠都死掉了)

补语前置　我寮猪要好吃甚。(我家的猪要吃好料)

省略句子成分　例：①(我)见日都凑着你。(省主语) ②你也真是(太客气了)！(省谓语) ③奚个鬼捻着(你)啦！(省宾语) ④打(得)其半死烂活。(省助词)

使动、意动、被动的用法　例句：①个(这)真气人。(这件事真使人气恼)——使动 ②懒意人。[(我觉得)身体不舒服。]——意动 ③莫打水。[不要(被)雨打(湿)]——被动

借助语气词加强陈述、感叹或反问的力量常用复音重语气词　如：①我真吾去罗喔！(我真的不去啦！) ②真倒霉哩海！(真倒霉啊！) ③体面甚啦啊！(很体面啦！) ④硬的倒就莫爬起来啊吓！(硬的住就不要起床吧！)

第四节　畲语　畲字

畲语

畲语主要在畲民中运用，在畲民、畲民家庭、畲族集聚村之间的交流沟通基本用畲语，畲汉混居的村偶有少数汉民会讲畲语，并能流利对话交流。年轻一代畲民，特别是跟随父母离开祖地时间较长者，不一定会讲畲语，这部分畲民家庭存在畲语失传迹象。景宁设立畲族自治县后，县委、县政府重视畲族文化、畲族传统以及畲语的传承、推广，县民宗局编写畲语读本；县民族中学开设畲语班，推广畲语学习；县电视台开办畲语栏目，每周播出畲语新闻一期；广播电台每周播出畲语新闻一期。

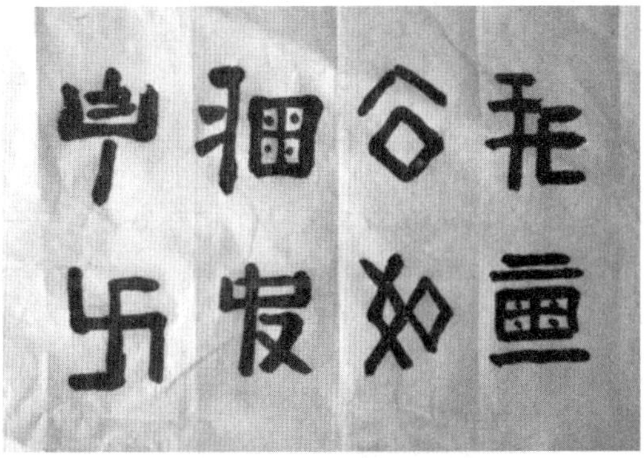

畲字：幸福吉祥　万事如意

畲字

已发现并保留的畲字很少，无法开展文字交流。畲族普遍使用汉字，但汉字还不能全部表达畲语的语音和词意。在实际生活中，畲族流传并通用一些自造字，表示畲语的音义或借用汉字表示约定俗成的畲语词义，字形特别，是畲族造字的一种迹象，常见于畲族民歌手抄本中与畲族妇女所织的彩带上。

据清代福州闽学专家蔡永兼(1776—1835)及现代史学考古专家考察,发现福建华安县太溪摩崖石刻有一些特殊的文字。专家认为:“仙字潭古为畲家故乡,后畲家逐走傣人,刻石记事。又有漳岩之龙门,张郡之兰太武祝贺加刻文字,故为畲家等三种古文”。1915年,岭南大学教授黄仲琴实地调查后也认为,石刻“疑即古代蓝雷民族所用”。据此分析,畲族本有“文字”,惜已失传。

第三十五篇　移　民

20 世纪 60 年代，景宁始开展移民工作，重点安置新安江电站库区移民。20 世纪 80 年代后，兴建上标电站，动迁安置移民 800 多人。之后，移民工作涉及电站开发、公路建设、旧城拆迁、工业园区开发等重点项目建设，受重大自然灾害及地质灾害影响也需搬迁移民。

1993—2010 年，景宁境内英川、白鹤、滩坑等大中型水电站先后动工兴建，淹没村庄近百个，动迁移民 2 万多人。滩坑电站景宁库区涉移民 7128 户，20994 人。移民工作任务重，工作量大，县委举全县之力，抽调干部 724 人从事移民工作。县内安置 2470 户，5022 人；县外安置 4658 户，15972 人。

1998 年后，景宁先后启动旧城拆迁改造、云景高速公路建设、丽水经济开发区景宁民族工业园、外舍防护工程建设等重点项目，受影响群众 5000 多人，全部妥善安置。

1993—2010 年，受泥石流、地质灾害、地质隐患影响，县委、政府先后采用就近重建、避险搬迁、异地安置等措施，动迁移民 1000 多户，3200 多人。

2010 年末，景宁 22 个乡镇（管理区）中，拥有移民分布 17 个，占 72%，移民扶持人口 9661 人，占总人口的 6.8%。

第一章 重点建设移民

1993—2010年，正值国家国民经济建设实施第八至第十一个《五年发展计划》时期。国家民委与省委、省政府先后出台扶持优惠政策，加大对景宁重点建设扶贫力度。县委、县政府提出“水电兴县”发展战略，发挥地理环境优势，利用丰富水力资源，开发建设白鹤、英川等一批水力发电站，涉移民1000多人。尤其是省重点水电项目滩坑电站建设，涉景宁移民2万多人。在此期间，景宁还先后进行旧城拆迁改造、高速公路、丽水开发区景宁民族工业园等重点项目建设，涉移民3000多人，这些重点建设所涉移民均得到妥善安置。

第一节 水电建设移民

滩坑水电站移民

2003年5月，国务院正式批准立项建设滩坑水电站，因电站规划设计坝址位于青田境内“滩坑”而得名。电站水库总库容41.55亿立方米，装机容量60万千瓦，年发电量10.35亿千瓦时，工程概算投资48.3亿元，受库区淹没影响，景宁境内动迁移民20994人，列入浙江省政府一项扶贫工程。

九龙移民安置小区

移民工作机构 1998年12月，滩坑电站景宁库区移民领导小组成立，开展电站建设前期各项准备工作。1999年5月，滩坑电站景宁库区移民安置办公室（临时机构）建立，抽调人员对库区涉淹物进行测量和登记造册。2002年9月，县编委（景编〔2002〕5号）确定移民办为正科级全额拨款事业单位，设综合科（资金管理科）、动迁安置科、扶持发展科等科室。同年12月15日，县移民办正式挂牌。2003年6月，滩坑水电站景宁库区移民和复建工作指挥部成立，指挥部内设办公室，下设移民办、复建办。2006年4月，滩坑水电站景宁库区移民和复建工作指挥部根据工作职能和任务，重新分设办公室、人事监察室、动迁处、安置处、政策研究处、复建处、计财处、保卫处等8个职能处室，专门负责指挥和协调滩坑水电站景宁库区移民和复建工作。同时，在省内县外安置地设金华、绍兴、宁波、莲都等移民工作联系站，从事移民服务工作；在县内成立并派驻鹤溪镇、外舍乡、金钟乡、渤海镇、大顺乡、陈村乡6个滩坑水电站景宁库区移民工作组。全县抽调移民干部724人。其中，正科以上干部84人，副科以上干部223人。

库区移民动迁安置　滩坑水电站景宁库区涉淹陈村乡、大顺乡、渤海镇、金钟乡、外舍乡、鹤溪镇6个乡镇，47个行政村。淹没渤海镇、陈村乡、大顺乡、金钟乡、外舍乡4个乡镇政府所在地。淹没行政村有陈村乡：陈村、金田、黄寮、鹤口、井边、鲍岸、顺利、塘堡；大顺乡：大顺、圭背、新长汀、王湾、圭根、炉西坑；渤海镇：渤海、旦水、大都、石塘口、沈坑、叶处、鲍山头、梅坑、门潭、湖坑、鳗段、后砻；金钟乡：金钟、录草、小粗、陶州；外舍乡：外舍、岭北、西岸、西汇、白岸、石龙、大常、汇田、岗石；鹤溪镇：溪口、掌岸、石垟、扫口、下场、鸭卵坑。淹没区36.11平方千米。其中，农用地2190公顷（耕地684公顷、园地86公顷、林地1420公顷），淹没公路138.9千米，35千伏电力线路13千米，10千伏电力线路98千米，低压线230千米，通信电缆73千米；搬迁工矿企业18家，淹没各类房屋建筑面积825690.6平方米。

渤海梅坑移民安置小区

滩坑电站景宁库区移民7128户20994人。县外安置4658户15972人。其中，安置丽水市莲都区1133户3717人，龙泉市547户2020人，遂昌县574户1954人，松阳县554户1932人，缙云县314户962人；金华市义乌市170户606人，东阳市165户606人，永康市160户606人，浦江县51户195人；绍兴市绍兴县313户1132人，诸暨市348户1147人；宁波市鄞州区178户593人，奉化县151户502人。县内安置2470户5022人。分别安置于金惠、朝阳、叶源、绿草、梅坑、九龙、王金垟、双坑口、鲍山头、畲斗湾、鹤溪小区11个安置点。2005年7月29日，滩坑电站景宁库区首批外迁移民外舍乡18户66位移民搬迁奉化移民新居。2010年末，移民安置工作基本到位。

库周基础设施复建　根据乡村淹没和人员减少情况，景宁撤销原陈村乡、大顺乡建制，设立九龙乡，乡政府驻地原大顺乡新四村；迁建渤海镇，镇政府驻地鲍山头村。

九龙乡复建后辖21个行政村、总人口8103人，区域面积209.2平方千米。复建项目总用地16万平方米。其中，小学和幼儿园建筑面积6800平方米；卫生院2110平方米；乡政府行政中心3120平方米；市政公用设施8166平方米；其他建房75783平方米。

渤海镇复建后辖14个行政村，区域总面积108.4平方千米，镇域人口规模为6403人，用地规模16万平方米。其中，中小学校建筑面积9550平方米；医院、敬老院3910平方米；镇政府用房2930平方米；行政中心2360平方米；市政公用设施11491平方米；其他建房71231平方米。

2010年末，九龙、渤海集镇复建任务完成，功能基本恢复。金惠、朝阳、叶源、绿草、梅坑、九龙、王金垟、鹤溪小区、鲍山头等9个安置点市政工程完工，畲斗湾和双坑口2个安置点一期市政完工，完成投资2.2亿元。同时，为引导库周群众下山脱贫，积极为库周群众的生产生活创造条件，先后投资1.34亿元，建成渤海梅坑、外舍双坑口、绿草屋后、九龙畲斗湾和西岙等下山移民安置点，有2500多库周群众搬迁入住新居。

滩坑库区涉淹省、县、乡道公路78.79千米，简易公路171.64千米，人行道599.5千米，桥梁59座。2005年11月22日，经省发改委、省交通厅批准复建，复建公路全长122.6千米。其中，"青景庆"公路主线66.36千米，九龙支线3.9千米，按三级公路标准施工；228省道汇田大桥至溪口二桥段5.62千米按二级公路标准设计，2011年5月19日交付验收。2007年5月，复建库周通村公路30条，计

移民后期扶持工作会议

等级公路里程220.7千米;解决库周69个行政村2万多民众出入通道。其中,康庄公路18条140.6千米,库区复建公路12条80.1千米,耗资1.7亿元。新建步行道81条115千米。2007年8月,库区渡口码头开始复建,新增鹤口、门潭、绿草等渡口12处,新建码头29处。

安置补偿与后期扶持　滩坑水电站景宁库区移民以及"清库影响对象"采用"有土安置""货币安置""自谋出路""自谋职业"等多种方式安置。移民安置补偿补助包括生产安置费、基础设施费、搬迁运输补助费、专项预备费、建房补助费、过渡期生活补助费、过渡期生产补助费、实物补偿费、迁徙损失误工补助费等。

滩坑电站移民安置补偿补助标准一览

表35-1-1　　单位:元

补偿项目＼安置方式	标准	统一定点	投亲靠友	自谋出路	自谋职业	养老保障	—
生产安置费	10000	安置地	安置地	10000	1000(扣除征用宅基地费用)	统筹投保	—
基础设施费	4975	28000(自购建房)	2800	4975	2800(自购建房)	2800(自购建房)	—
搬迁运输费	100	迁入地统筹	100	100	迁入地统筹	迁入地统筹	—
专项预备费	700	500	500	500	500	500	—
建房补偿费	2500	2500	2500	2500	2500	2500	—
过渡期生活补助	900	900	900	900	900	900	—
过渡期生产补助	1500	1500	1500	1500	1500	1500	—
搬迁运输补助费	480	迁出地统筹	480	480	迁出地统筹	迁出地统筹	—
搬迁损失误工补助	500	480	480	480	480	480	统一投保20元
奖　励	—	—	—	5000	—	—	—
合　计	21655	8680	9260	26435	18680(扣除征用宅基地费用)	8680	—

2006年,启动大中型水库移民后期扶持措施,先后编制《大中型水库移民后期扶持规划》《大中型水库库区和移民安置区基础设施建设及经济发展规划》《小型水库移民解困规划》,累计发放直补资金1940.5万元。实施移民后扶项目222个,落实移民直补资金1826.1万元,真正让移民"移得出,稳得住,富得起"。移民人均收入从2005年2300元增加到2010年5600元。2006—2010年,全县共拨移民扶持专项资金2719.15万元,支付2377.97万元,报结率87%。

中小型电站建设移民

1993—2010年,充分利用自然资源开发小水电。其中,经国务院、浙江省政府批准立项开发的中小型水电站2座,即白鹤水电站,装机2.5万千瓦。英川水电站,装机4万千瓦、电站建设涉及移民 1000 人。

白鹤水电站　1998 年 5 月动工，2000 年 6 月竣工，耗资 1.89 亿元，装机 2.5 万千瓦，年发电量 6067 万千瓦时。涉及东坑镇 2 个行政村 2 个自然村，征用土地 92.8 公顷。动迁农民 57 户 214 人。其中，竹埠行政村小沙湾自然村 24 户 78 人；何村行政村平桥自然村 17 户 72 人；两村"清库影响对象"16 户 64 人。移民安置采用"库边后靠"与"货币安置"等方式，小沙湾村"库边后靠"2 户 8 人，大部分移民安置在东坑移民安置点和马坑新村规划点，小部分自主分散安置。

英川水电站　1999 年 12 月动工，2002 年 5 月竣工发电。装机 4 万千瓦，年发电量 11000 万千瓦时，投资 3.2 亿元。库区移民涉及木耳口行政村的木耳口、西坑口、茶堂自然村，鲍岱行政村的郑元、桥头自然村，湖后行政村的半岭自然村，6 个自然村动迁农民 254 户 874 人。其中，"库边后靠"安置 4 户 8 人；"投亲靠友"迁居于云和、龙泉安置 82 户 312 人；"无土安置"于鹤溪镇鹤川小区 168 户 554 人。

第二节　其他建设移民

1998 年后，景宁先后启动旧城拆迁改造、云景高速公路建设、丽水"七百秧"工业园开发等重点项目。

旧城拆迁改造

1998 年，旧城改造工程启动。至 2010 年末，先后实施童弄街居住区、石印山居住区、城南道路拓宽一期工程、团结东路拓宽工程、环城东路和人民北路改造工程等城市房屋拆迁改造项目，涉及动迁单位 26 家、居民 1148 户。动迁单位全部实行货币安置。动迁居民采取三种安置方式：农业户口 530 户，实行异地土地安置，分别安置于城西车站路、果园路与城南鹤溪小区、团结东路北侧等处，建筑面积 19.28 万平方米；非农业户口居民 638 户，实行货币安置与产权置换安置。其中，464 户选择货币安置；174 户选择产权置换安置，安置在政府统一建造的旧城拆迁安置点，置换建筑面积 1.7 万平方米。

云景高速公路

2008 年 3 月，云景高速公路建设启动，道路规划设计经过外舍岭北行政村双坑自然村，涉动迁安置 35 户 102 人，村民选择"有土安置"方式，迁居于双坑口移民安置点。

"七百秧"开发区

2008 年，丽水市委市政府批准，将丽水开发区"七百秧"4 平方千米丘陵地划拨景宁开发。"七百秧"开发区后改称"丽景民族工业园"，涉动迁安置 4 个行政村 11 个自然村，793 户 1825 人。其中，金山行政村横坑自然村 24 户 56 人，里坑行政村里坑、前田、黄弄 3 个自然村 331 户 893 人，陈店行政村天师殿、陈店、周庵 3 个自然村 250 户 480 人，章巷行政村处基、章巷、大弄口、里弄 4 个自然村 188 户 396 人。拆迁补偿标准按《丽水市市区集体所有土地房屋拆迁管理办法》(丽政令〔2009〕63 号)执行。安置方式以货币安置为主，农民公寓和产权调换地点及迁建地点在余庄前地块。

第二章 自然灾害移民

景宁属浙南地区，多雨、潮湿，地质构成复杂，是全省地质灾害重点防治县之一。受季节性及台风等极端气候影响，降雨量充足，自然灾害危害程度明显。接受泥石流、山体滑坡造成重大损失教训，县委、县政府高度重视地质灾害危害的防范。

2006—2010年，在排摸险情点基础上，重点实施地质灾害隐患点避让搬迁，先后安置灾民、移民2000多人。2010年6月，景宁启动地质调查。经查明，需防治的地质灾害隐患点128处，不稳定斜坡30处，滩坑电站库岸隐患点22处。隐患点涉及全县22个乡镇(管理区)，有6608人的生命财产安全受到灾害威协。其中，A类隐患点2个，B类隐患点19个，C类隐患点107个。灾害类型以滑坡为主，崩塌和泥石流次之。地质调查摸清底细，为有针对性避让搬迁提供了科学依据。

第一节 地质灾害移民

东岸泥石流移民

1994年8月21日，遭受17号强台风袭击，死亡24人。澄照乡日降雨量304毫米，仙山行政村东岸自然村遭受泥石流灾害，死亡10人，受伤8人，32户119人房屋冲毁。灾后政府补助每户3000元，重建房屋。

新建垟山体滑坡移民

1998年6月22日，毛垟乡新建垟自然村河对岸发生山体滑坡，10万立方米泥石流从山上瞬间滑下，截断溪流，直冲村庄，14幢房屋被毁，致36户128人受灾，死亡19人，失踪4人，重伤23人，轻伤31人。灾后，政府统一规划、审批，复建楼房64直，安置64户219人。其中，重灾户27直，由政府拨款重建。

第二节 地质隐患移民

灾害搬迁

2005年夏，50年一遇的“泰利”台风，连带暴雨袭击东坑镇，造成何村行政村平桥自然村屋后的山体开裂下沉，极有可能引发山体滑坡，居住在山下16户50多人的生命财产受到威胁。8月10日，省委书记习近平来到平桥，观察出现裂缝的后山，仔细询问群众的生产生活情况。习书记当场指示："要尽快组织村民做好房屋转移搬迁；在汛期或台风暴雨再次到来之前做好群众避灾转移工作。"

县委、县政府按照习书记指示，迅速出台避灾搬迁、下山脱贫等政策，将平桥地质灾害点16户57人分两批搬迁到东坑村和竹埠小区。其中，6户23人安置在东坑村，10户34人安置在竹埠小区。既解除平桥地质灾害威胁，又让群众住进宽敞明亮、设施齐全的新房。在完成平桥地址灾害点搬迁工作后，东坑镇进一步对马坑驮坪、白鹤驮岗等偏远山村和地质灾害点进行搬迁，先后建成马坑移民小区、白鹤新村等安置点。马坑村成为浙江省农房改造建设示范村，白鹤村成为丽水市花样村庄发祥地。

避险搬迁

2006年至2010年末，景宁地质灾害隐患点搬迁涉及鹤溪、英川、澄照等13个乡镇，为1614人解除地质灾害威胁。完成项目投资1621.64万元。

2006年，澄照乡朱排村搬迁30户134人，安置朱排移民点；英川镇茶园村搬迁，分散安置72户240人；英川镇温堆村搬迁，分散安置7户22人。

2007年，鹤溪镇三枝树搬迁100户321人，安置三枝树安置小区；鹤溪镇潘山岭搬迁32户107人，安置潘山岭新村；外舍乡驮坟村搬迁，分散安置22户60人。

2008年，英川镇岙丘村搬迁，分散安置26户93人；英川镇金林村西坑村搬迁，分散安置16户60人；大均乡新庄黄八坑村搬迁21户77人，安置新亭安置点；外舍管理区外祖村搬迁，分散安置19户65人；梅岐乡岗楼村搬迁，分散安置8户28人。

2009年，雁溪乡石梯村搬迁，分散安置19户82人；东坑镇汤北村汤坑自然村搬迁3户14人，安置东坑镇东坑村；秋炉乡坑边村田寮自然村搬迁20户83人，安置秋炉乡坑边村。

2010年，葛山乡岭头山后村搬迁，分散安置6户21人；梧桐乡王山头村叶振自然村搬迁27户92人，安置梧桐乡金岚村隔溪移民安置点；澄照乡张后山村张山自然村19户72人，安置澄照乡张后山村；东坑镇杨斜村4户10人搬迁安置本村；景南乡程田村3户11人搬迁安置本村；东坑镇徐砻村2户8人安置本村；梅岐乡栋头村下庄2户6人安置本村；九龙乡桂根村石水缸自然村2户5人搬迁，安置鹤溪镇双后岗生态移民小区；九龙乡桂根村桂根岭头自然村1户3人搬迁，安置鹤溪镇双后岗生态移民小区。

第三十六篇 社会服务

1993—2010年，景宁加快扶贫力度，推进经济社会发展，城乡基础设施建设步伐加快，社会需求不断增加。随着市场经济不断完善。一批具有新时期特色服务机制、服务机构涌现。大批新兴服务项目进入民众视野，取代计划经济时期许多政府职能。律师、会计、监理、经纪、物业、广告、评估、测绘、保安、快递等新兴中介服务项目悄然兴起。服务民众，服务社会，服务经济发展，保民众一方平安，促社会安宁稳定。

随着人民生活水平逐步提高，家庭收入增加，消费观念改变，生活方式更新，对社会服务机构有着新需求。伴随城镇化建设步伐加快，建设力度加大，人流物流激增，促进住宿、饮食、休闲、娱乐、旅游、农家乐、理发、美容、摄影、文印、租赁、电器维修、交通运输等与人们生活息息相关的大批产业发展。社会服务业进入新的发展时期，充满着鲜明现代气息与时代特征，展现出景宁经济社会发展新风貌。

第一章　中介服务

随着经济发展与社会进步，新生事物不断涌现，各种中介组织应运而生，其服务成为社会政治、法律、经济、生活等不可或缺行业。中介服务机构涉及社会方方面面，其行业发展壮大，对促进经济社会发展起桥梁与纽带作用。中介服务机构包含律师事务、法律援助、会计事务、代理记账、工程监理、劳动中介、房产中介、物业管理、经纪事务、广告业务（电视广告、中邮专送广告、《畲乡报》报业广告、中国景宁新闻网公益广告）、房产评估、保安服务、物流快递、测绘设计（水利水电勘测、工程技术服务、房地产测绘）等。中介服务，方便民众，是民众日常交往所需，社会有序稳定之锚。

第一节　律师事务

组织机构

1993年，景宁成立经贸律师事务所，1995年，更名为（浙江·景宁）申信律师事务所，为司法局内设机构。同年，成立景宁法律服务中心。1995年，成立第一至第六法律服务所，承担社会法律服务事项。2000年10月，司法体制改革，申信律师事务所与县司法局脱钩，成为社会中介服务组织。同年，根据社会发展需要，成立“维护国防利益法律援助站”。2001年，景宁司法局发文（景司〔2001〕17号）撤销原第一至第六法律服务所和法律服务中心，成立景宁畲族自治县新泰法律服务所，有法律服务工作者4人。2005年，景宁申信律师事务所、龙泉佳音律师事务所、丽水万泰律师事务所合并，成立浙江万申佳律师事务所。2006年，分设景宁分所，更名为“浙江万申佳（景宁）律师事务所”，性质为合伙联办，在册执业律师15人。之后，在22个乡镇（管理区）和县残联、县妇联、林业局、看守所、团县委、人武部、总工会等重点部门建立法律援助工作站。

服务项目

1994—2000年，法律服务由律师事务所与法律服务中心共同承担。2000年，“维护国防利益法律援助站”，为军烈属提供无偿法律援助，保障军烈属合法权益。随着社会经济快速发展，人们的法制观念逐步增强，通过司法途径解决社会、经济纷争已成趋势。景宁新泰法律服务所、浙江万申佳（景宁）律师事务所成立后，承担全县社会的法律咨询、法律援助、法律顾问、刑事（民事）代理、诉讼代理、非诉讼代理、法律代书等法律服务。至2010年末，利用“12348”法律服务专用电话、“148”法律服务专线，提供法律咨询1719件。各乡镇、部门法律援助工作站，提供法律援助案792件。其中，刑事案件34件。

2003—2010年景宁法律服务情况一览

表36-1-1 单位:件

年份	民事诉讼	经济诉讼	行政诉讼	法律咨询	代写文书	法律援助
2003	71	34	1	500	10	—
2004	99	20	3	1980	15	8
2005	79	8	6	1250	65	4
2006	116	8	4	1150	25	14
2007	98	25	1	1335	65	38
2008	107	13	2	1215	72	33
2009	159	95	4	1378	91	34
2010	137	131	3	995	92	99

第二节 会计事务

景宁会计师事务所

1992年5月,注册成立景宁会计事务所,属企业性质,主管单位为财政局。1999年12月,省财政厅下达批复文件,同意成立景宁正威联合会计师事务所。2000年,正威联合会计师事务所从财政局脱钩并进行改制。从业人员7人。其中,会计师4人,初级3人。经营业务为审计、验证资本、资产评估、会计咨询、代理记账、其他会计服务等。

2002年5月,景宁正威联合会计师事务所成为景宁指定会计电算化初级知识培训点。

代理记账服务机构

景宁长江会计代理服务有限公司　2006年8月28日注册成立,公司从事代理记账业务。从业人员3人。其中,会计师1人,初级2人。经营业务为代理记账、财务咨询业务。

景宁园立会计咨询事务所　2007年12月6日注册成立,事务所从事代理记账业务。从业人员3人。其中,会计师2人。经营业务为会计代理业务、咨询业务。

景宁商嘉代理记账有限公司　2008年9月25日注册成立,公司从事代理记账业务。从业人员7人。其中,会计师2人,初级1人。经营业务为代理记账、财务咨询业务。

第三节 工程监理

监理公司

1999年10月,景宁中正建设监理有限公司注册成立,2003年并入丽水浙江方圆咨询有限公司。2010年,丽水方朝建设工程管理公司从云和县迁至景宁丹迪林服饰公司商贸综合大楼6楼。公司属私营企业，注册资金50万元，员工28人。其中，中级技术职称人员26人。公司具备建筑工程监理丙级、工程造价咨询乙级、招标代理暂定级资质。

公司业绩

2003—2010年，景宁建设项目与政府投资建设项目逐年增多，监理业务增加。政府把工程监理作为施工许可前置条件。2010年，丽水方朝建设工程管理公司迁入景宁后，完成工程造价咨询500项，建设项目意见书和项目可行性研究报告咨询50项，建设工程监理项目200个，工程监理营业收入600万元。

第四节　经纪事务

景宁自改革开放以来，经纪事务作为新兴行业顺应时代要求应运而生。

经纪人

2005年，县妇联整合资源，发展来料加工业，增加妇女就业机会，推动妇女事业发展。至2010年，培养发展经纪人120人，从来料加工中带动参与就业11000人，累计实现加工业收入1.94亿元。依托经纪人组织和带动，共举办各类实用技术培训班559期。通过评选"双学双比"生产示范基地、"妇女营销大户"活动，推动农村妇女积极参与农业产业结构调整，发展效益农业，加快致富奔小康步伐。东坑镇大张坑村妇女柳小红被评为省级"双学双比"女能手；景宁畲族自治县中信实业有限公司被授予省级"妇字号"农业示范龙头企业；大均乡农家乐"山乡凤珠"被授予省级"妇字号"示范农家乐。

劳务中介

2001年9月，成立景宁博业职业介绍中心，隶属县人力资源和社会保障局就业处下属的国有企业。业务范围是向社会开展职业介绍、职业指导、劳动保障事务代理等。中心成立后，累计向杭州、宁波、新安江、富春江等地介绍劳务人员500多人。

房产中介

20世纪末，房产交易日趋活跃，房产中介风靡而生，从少量到批量，从不规范到规范，从无序到有序，逐渐规整。2010年，有景宁百邦房产信息咨询服务中心、景宁通和房屋中介有限公司2家房产中介机构。

景宁百邦房产信息咨询服务中心　2001年3月成立。民营企业，经营地点位于新华路129号，从业人员3人。其中，房产经纪人2人。中心经营房产中介、家装设计、投资咨询、家政服务等业务，至2010年促成房产交易1300宗，建筑面积16万平方米，交易额3.5亿元。中心坚持诚信服务，获丽水市巾帼社区服务实体、浙江省重合同守信用企业等称号。

景宁通和房屋中介有限公司　2006年11月20日成立。民营企业、有限责任公司，注册资金50万元、经营地点位于鹤溪镇人民中路280号1楼。公司从业人员5人。其中，中级技术职称人员3人，房产经纪人2人。至2010年，促成房产交易375宗，建筑面积4.83万平方米，交易额1.92亿元。

第五节 物业管理

物业管理机构

景宁物业管理发展较迟，2006—2010 年，仅群星电力物业管理和富安物业管理 2 家物业管理公司，群星电力物业主要在电力系统内开展物业管理服务业务。富安物业管理在石印小区开展物业管理服务业务。正达阳光城小区建成后，由丽水正达物业管理有限公司管理，为景宁首个采取全封闭管理服务的居住小区。2010 年，景宁物业管理费收费标准：住宅 0.58 元/平方米·月、商铺 0.8 元/平方米·月、车库 10 元/个·月。物业管理收费标准低，收费难，物业管理企业营运维艰。

物业公司简介

景宁群星电力物业管理有限公司　2006 年 12 月成立，注册资金 50 万元。公司受托从事电力系统内部物业管理，未对外开展业务，后并入丽水市电力局物业管理公司。

景宁富安物业管理有限公司　2007 年 3 月成立，注册资金 50 万元，私营企业，属三级资质物业管理，从业人员 13 人。服务范围为石印小区，2010 年营业收入 49443 元，亏损 4890 元。

第六节 广告服务

1978 年前，景宁由于经济发展水平低，商品不多，信息闭塞，交通不便，无广告业务。20 世纪 80 年代后，改革开放政策使人流、物流迅速增长，广告服务业逐渐发展。

电视广告

20 世纪 80 年代，电视开始普及，为民众了解外界信息提供最快渠道。同时，企业产品推介名目繁多，电视广告应运而生。最初，电视台并无固定广告从业人员，经多年经营，采取广告业务承包法。2002—2010 年，每年广告费收入分别是：58.2 万元、60.8 万元、68.5 万元、73.3 万元，88.6 万元、96.7 万元，142.3 万元、108.9 万元。

中邮专送广告

2006 年 1 月，创办中邮专送广告业务，通过邮政网络传递商业信息，采用随报投递或单独投递印刷品广告业务。2006 年，利用邮送广告，业务量达 3.07 万份，至 2010 年增至 8.15 万份，业务收入 2.04 万元。

《畲乡报》报业广告

1995 年 1 月 13 日，成立畲乡报社。同年 2 月 20 日创刊，每周一期。2000 年 7 月 1 日改为每周二期。2003 年 7 月扩为每周三期。至 2010 年 12 月末，共刊出 1696 期。《畲乡报》为县委机关报，每期发行量4500份左右。刊登广告内容为专题、专栏、招投标公告、公示、招聘启事、通知、标语宣传、软文广告、遗失启事、商业平面广告等，为推动景宁政治、经济、社会、文化建设发挥积极作用。年广告收入20万元。

中国景宁新闻网公益广告

2010年6月1日，中国景宁新闻网开通并运行。设一级栏目22个，二级栏目60个，并为22个乡镇分别建立子页面。内容涵盖经济、政治、社会、文化等各个方面，成为景宁新闻资讯中心、网上服务中心与交流互动中心。中国景宁新闻网广告以公益广告为主，主要内容为：与浙江在线合作开展"彩票代购""网上医院预约诊疗服务平台""网络团购"等业务；与县府办、县委宣传部、县电视台、县文联、县运管所等单位制作横幅广告或者漂浮广告，推出"十件大事征集""畲族服饰征集评选""畲语三十句培训""台标设计征集"以及摄影大赛等活动；与中青旅景宁连锁店、浙江名龙医药包装有限公司、景宁中信实业有限公司、景宁启鹏广告公司、信用联社、景宁和顺农业开发有限公司、运管所等单位开展广告合作。同时，将论坛活动赞助与广告结合，带动"活动兴网"。

第七节　评估事务

评估机构

评估事务属于新兴业务，景宁发展较迟。2002年，成立土地与房地产两家评估公司。景宁百信房地产评估事务公司，具有房地产评估三级资质（资质号为浙建房估证字〔2006〕058号），主要经营房地产价格（项目）评估、房地产咨询、房地产测绘等。景宁诚信土地评估咨询有限公司，准B级资质，主要经营地价评估、地价咨询等。

公司简介

百信房地产评估事务公司　2002年1月成立，公司原隶属县房地产管理处，经改制脱钩而组建，注册资金50万元。公司具有房地产评估三级资质，有工程技术人员7人、注册执业估价师4人、估价员3人。公司不断扩大业务范围，从原来单一经营房地产转让价值评估拓宽至拆迁补偿、租赁、抵押、入股、合资兼并、民事案件等所涉及的房地产评估业务。2002—2010年，公司受理评估项目11362件，评估建筑面积238.27万平方米，评估额38.95亿元。

诚信土地评估咨询有限公司　2002年3月14日成立，县国土资源管理局为主管单位，注册资金20.8万元，从业人员6人。2002—2010年，主要从事地价评估、咨询等业务。

第八节　测绘设计

20世纪90年代后，景宁加快城乡建设步伐，与此同时，测绘设计行业开始起步。2010年末，景宁测绘企业4家，从业人员40人。测绘项目服务总值666.8万元。

景宁畲族自治县城建测量队　1994年9月成立，注册资金25万元，性质为国有企业，含丁级测绘资质，办公地点位于鹤溪镇建设路3号。至2010年末，有中级技术职称3人，初级技术职称人员7人。技术装备有南方S86GPS-RTK 3台套、GPT-3002LN、GTS-3IID、2IID、102全站仪各1台、惠普彩喷A1幅面绘图仪1台、惠普彩喷A0幅面绘图仪1台、数字化仪板1台、微机4台、手提计算机2台、南方CASS软件2套以及J2、J6经纬仪、中程红外线测距仪各1台、S3水准仪1台、佳能打印机2台等仪器。能承担大面积大比例尺数字化成图、土地征用地籍图、城乡建设工程测量、规划建筑施工放样、小水电开发控制测量等测绘业务。先后完成县域范围内24个乡镇所在地及中心村的1:500比例尺数字化地形测量，测图面积累计80平方千米。2010年，完成测绘项目服务总值262万元，实现利润81万元，上缴税金20万元。

景宁众信房地产测绘事务所　2003年10月成立，注册资金25万元，性质为合伙企业，丁级测绘资质。事务所职工7人。其中，中级专业技术人员2人，初级专业技术人员5人。技术装备有浙大升腾测绘办件系统一套，手持式激光测距仪3台，全站仪1台。从事房产测绘所涉及的房产面积预测算、房产面积测算、房产变更调查与测量等测绘业务。事务所成立后，完成县城所有旧城拆迁改造项目房产测绘和房地产开发、拆迁安置、移民安置等房产测绘业务。2010年，完成测绘项目服务总值59万元。

景宁瓯能水利电力勘测设计有限公司　2006年成立，注册资金100万元，性质为私营企业，含丁级测绘资质。至2010年末，有中级技术职称人员3人，初级技术职称人员4人。技术装备有台、南方CASS软件1拓普康GTS-102N全站仪2台、测距仪(手持)3套、惠普彩喷A1幅面绘图仪1台、惠普彩喷A0幅面绘图仪1台、数字化仪板1台、微机4台、手提计算机1套、索佳S3水准仪2台、佳能打印机2台等仪器。能完成大面积大比例尺数字化成图、土地征用地籍图、城乡建设工程测量、规划建筑施工放样、小水电开发控制测量等测绘业务。2006年以来，完成多个水电站测绘业务和多个水利、防洪工程现状地形图测绘业务。2010年，完成测绘项目服务总值32.8万元。

丽水恒远工程技术服务有限公司　2006年5月30日成立，原名景宁华友测绘有限公司，2009年更名丽水恒远工程技术服务有限公司，为合伙企业，注册资金50万元，丁级测绘资质。公司员工13人，其中，中级职称3人，初级职称6人，技术员4人。有全站仪、水准仪、RTK、GPS、绘图仪及微机等测绘所需设备，办公场所300平方米。主要从事控制测量、地形测量、城乡规划定线测量、城乡用地测量、规划检测测量、市政工程测量、水利工程测量、建筑工程测量、线路工程测量、竣工测量、地籍测绘等测绘业务。至2010年末，完成主要项目有：庆景青公路滩坑电站淹没段复建工程（景宁段）等500多个用地项目的勘测定界；丽水产业集聚区生态产业低丘缓坡开发项目景宁组团（澄照农民创业园）等100多个土地征用项目的测量；土地整理、复垦、开发项目等宗地图测绘7000多张。2010年，完成测绘项目服务总值312万元。

第九节　保安服务

保安组织

景宁保安服务有限责任公司　2006年9月成立，注册资金10万元，公司地址：鹤溪镇人民中路

282 号。2010 年 5 月，根据国务院《保安服务管理条例》“保安公司有不低于人民币 100 万元的注册资本”的规定，保安公司增资 90 万元，注册资金达 100 万元。2010 年末，公司人员增至 70 人，客户服务单位 20 家。

服务范围

2006—2009 年，景宁保安服务有限责任公司主要开展派遣业务，派遣单位包括党政机关、金融系统、重要企事业单位、娱乐场所、旅游景点及学校幼儿园等，并参与县境大型重点活动的安全保卫，履行国务院《保安服务管理条例》规定的相关职责，成为景宁维护社会稳定、确保重点单位安全的一支重要辅警力量。

第十节　物流快递

物流快递业务

2000 年后，经济社会快速发展，“网购”悄然兴起，新的购物方式逐渐被城乡居民所接受。2005—2010 年，一批为“网购”配套服务的投递企业应运而生；申通、中通、圆通、韵达、顺丰、汇通等物流快递公司相继成立，发展迅猛。

据申通、中通、圆通等快递企业统计，景宁每年向外地投送农副产品 160 万件，主要商品为景宁特产香菇、茶叶、黑木耳、笋干、野菜、木制玩具、木制花架等，产品外销上海、江苏、广东、福建及浙江各地，年产值 5000 万元。

公司选介

省邮政速递有限公司景宁营业部　2010 年成立，营业地址在鹤溪镇人民中路 209 号，营业场地 160 平方米，员工 10 人。其中，正式工 3 人、劳务工 6 人、外包工 1 人。岗位设业务管理、账务员、客户经理、封拣封发、营业收寄、代班人员、外包工、揽投员等。2010 年，邮件寄递量 7 万件，年经营收入 114 万元，“思乡月”和同城业务 6.8 万元。

景宁申通快递有限公司　2010 年 10 月成立，注册资金 50 万元，经营地址鹤溪镇兴工路 45-17-21 号，就业人员 27 人，经营项目为国内物流快递，每年外运货物 108 万件，主要为景宁产香菇、黑木耳、茶叶，野菜、木制花架等。年运进景宁物流 25.2 万件，年营业收入 500 万元。

景宁中通物流有限公司　2009 年 9 月成立，注册资金 1018 万元，经营地址鹤溪镇团结东路 23 号，从业人员 30 人，主要经营国内货运速递，年物流外运 15 万件，主要商品为香菇、茶叶、黑木耳、木制玩具等，年输入景宁货物 40 万件，年经营收入 800 万元。

景宁圆通速递有限公司　2010 年 11 月成立，注册资金 50 万元，经营地址鹤溪镇兴工路 45—15 号，从业人员 7 人，主要经营国内网购商品速递，年外运货物 5 万件，主要商品为景宁产农副产品，网购物流运送景宁商品年 28.8 万件，年经营收入 50 万元。

第二章 生活服务

“衣、食、住、行”与人们日常生活息息相关。社会服务一直存在，改革开放前，民众生活水平不高，人们对此要求不高，社会服务简单，产业发展受到市场制约。改革开放后，人民生活水平逐步提高，流动人口增多，新型生活方式成为新时尚。

1993—2010年，随着人们生活、工作节奏的加快，经济收入增加，消费观念转变，随之，一批宾馆、饮食服务、休闲娱乐、农家乐、美容美发、家政租赁、摄影文印、维修、旅行等新生活服务行业兴起，服务设施和服务质量不断提升，既为第三产业发展奠定基础，又为民众生活提供方便。

第一节 住宿 饮食

住宿业

1993年，景宁畲族自治县工商行政管理机关注册登记住宿业主为28户。其中，国有3户、集体22户、个体工商户3户，注册资本400.48万元。

1999年，景宁畲族自治县工商登记住宿经营业主71户。其中，个体经营64户，注册资本14万元，营业额912万元。

2010年，景宁畲族自治县工商登记住宿经营业主196户。其中，国有3户、集体24户、个私工商户169户，注册资本2416.7万元。同年末，经消防验收、整顿，注销不符合经营住宿业个体工商户125户，占开业总数63.7%。

饮食业

1993年，景宁畲族自治县工商行政管理机关登记注册饮食业368户，注册资本1105万元。

1999年，景宁畲族自治县工商行政管理机关登记注册经营饮食业403户，注册资本1281万元。其中，个体工商户379户，注册资本984万元，营业额3444万元。

2010年，景宁畲族自治县工商行政管理机关登记注册饮食业1052户，注册资本6631万元。其中，个体工商户1026户，注册资本3254万元，营业额16678万元。

第二节　休闲娱乐　农家乐

休闲娱乐

1993年，景宁工商行政管理机关注册登记娱乐经营业46户，注册资本427万元。主要休闲娱乐业务为歌厅、舞厅、足浴、推拿、茶馆、咖啡店、儿童活动馆等。

1999年，景宁工商行政管理机关注册登记娱乐经营业39户，注册资本305万元。其中，个体工商户34户，注册资本225万元，营业额912万元。

2010年，景宁工商行政管理机关注册登记娱乐经营业64户，注册资本1067万元，营业额1920万元。

农家乐

2006年，景宁先后建成大漈、大均、伏叶3个“农家乐”休闲旅游村，累计投资736万元。发展“农家乐”经营户60多户。其中，定点挂牌27户。“农家乐”从业人员280多人，全县年接待游客8.3万人次，营业收入375万元。

2007年，继续发展“农家乐”、休闲旅游业，新增“农家乐”经营户10户。县重点扶持鹤溪镇双后岗村“农家乐”经营户5户，扶持资金20万元。同年12月25日，举办“乡土厨师亨饪大赛”，评出畲乡十大名菜与八大名厨。全县“农家乐”休闲旅游村（点）12个，全县年接待游客17.91万人次，实现营业收入537.06万元。

2008年，县政府出台《景宁畲族自治县促进农家乐休闲旅游业发展的若干意见》，专项投资1367万元，发展“农家乐”“畲家乐”休闲业。策划大均、大漈、封金山、草鱼塘、梧桐坑、深垟石寨等8条精品休闲旅游线路。举办2008海峡两岸欢度“三月三”节庆、2008年浙江省农家乐休闲旅游避暑度夏专场推介展示会、开展千名机关干部“走进示范村、吃住农家乐、感受新农村”主题活动。评选出农家乐“一星级”10户，“二星级”19户，“三星级”25户，“省级特色村”“市级特色村”各1个。全县年接待游客20.51万人次，营业收入717.85万元，同比增长33.7%。

2009年，新增旅游村1个、旅游点2个、经营户10户。从业人员321人，出台《景宁畲族自治县农家乐休闲旅游业发展规划》。完成农家乐经营户星级评定57户，大漈龙溪山庄被评为丽水十大休闲山庄。全县年接待游客23.7万人次，实现营业收入818万元。

2010年，对茶叶、毛竹、药材、食用菌、高山蔬菜、山油茶和来料加工业、农家乐休闲旅游业等特色产业实行“一业一策一领导”的产业发展措施，落实“一个产业、一项政策、一块资金、一支队伍、一名领导牵头负责”的发展机制。至年末，景宁农家乐休闲旅游村5个，农家乐休闲旅游点18个。发展经营户82户，从业人员839人，完成农家乐经营户星级评定78户。全县年接待游客28.5万人次，实现营业收入997.5万元，比上年增长21.94%。

农家乐休闲旅游村选介

东坑镇根底岘村　位于距离东坑镇政府11千米。自然环境山青水秀，空气清新宜人，庭院干净，清闲雅致，布满精心种植的花草，餐厅清洁，咸菜和农家美食清爽可口，游客慕名纷至沓来，让人体验深山隐居的感觉。全村发展"农家乐"6家。

东坑镇根底岘村

大漈乡垟心村　垟心村距离大漈村1.5千米，海拔1050米。全村一户一宅，黄色泥墙，庭院植花，多种果树，田园风光，环境优美，空气清新，避暑胜地。餐位450个，床位60个。

大均乡伏叶村　距县城13千米，离大均"畲乡之窗"景区1.5千米。村域面积16平方千米，村庄依山傍水，环境幽静，景色秀美，田园风光怡人，民族风情浓郁，建成"农家乐"7户。其中，四星级1家，三星级6家。被游客誉为"田园伏叶、人间仙境"。先后获"浙江省农家乐特色村""浙江省特色旅游村"等荣誉称号。

第三节　理发　美容

行业概况

1993—1998年，随着县城与集镇人口增多，理发美容行业迅速发展，从业人员不断增加，理发、染发、烫发、焗油、婚事化妆、造型等营业范围逐步扩大。

1999年，经景宁工商行政管理机关注册登记的理发与美容个体户经营户267户，注册资本24万元，年营业额1501万元。

2010年，经景宁工商行政管理机关工商注册登记的理发及美容业经营户672户，注册资本478万元，营业额5864万元。

经营户选介

鹤溪秀珠理发店　1993年6月登记，注册资金1万元，经营地址鹤溪镇人民南路梁弄底6号。属理发世家，连续3代从事专业理发，为合作化时期鹤溪手工业社理发店7人之一的唯一女性，在岗54年。年经营收入6万元。

景宁韩发造型　2008年7月成立，注册资金15万元，经营理发、染发、烫发、婚庆化妆造型，经营地址鹤溪镇人民中路童弄街1弄3号。从业人员6人。其中，有发艺造型师4人，五级技能2人。年经营收入50万元。

小阿灵形象设计中心　2008年12月成立，注册资金8万元，主要经营项目为美发、烫染、假发设计，经营地址鹤溪镇惠明路71号。从业人员8人。其中，发型设计师5人，五级技能3人。"小阿灵"多次在丽水市发艺技术技能比赛中荣获奖项，夺取名次。年经营收入30万元。

景宁花之都美容中心　1998年1月成立，注册资金5万元，经营项目为生活美容，兼营化妆品销售，经营地址鹤溪镇振兴路17号。从业人员6人。其中，有高级美容师1人，中级美容师3人。年营业收入 20 万元。

景宁哆来咪发艺中心　2009 年 9 月成立，注册资金 8 万元，经营理发、焗油、发艺造型，经营地址鹤溪镇惠明路 123、125 号。其中，从业人员 7 人，有发艺造型师 2 人，五级技能 5 人。年营业收入 30 万元。

景宁美尔发艺　2000 年 3 月成立，注册资金 1 万元，经营理发、美发。经营地址鹤溪镇人民中路 213 号。从业人员 2 人，均为初级理发师。年营业收入 12 万元。

第四节　家政　租赁

家政服务

景宁家政服务起步迟、发展慢、规模小，1993—2009 年，以从事家庭卫生服务为主。2010 年，经工商重新注册登记、换证，从事家政服务行业仅 5 家，注册资金 120 万元。

鹤溪好帮手中介服务有限公司　2010 年 6 月成立，注册资金 100 万元，经营房地产中介服务等。公司地址：鹤溪镇振兴路 6 号，从业人员 10 人。

景宁石印便民家政服务中心　2010 年 1 月成立，注册资金 3 万元，从事月嫂、家庭卫生等服务。地址位于鹤溪镇石印山小区 B 区 5 幢 2 单元 103 室，从业人员 2 人，年营业收入 6 万元。

租赁服务

2010 年，经工商重新注册登记和调换证书，租赁经营 52 户。其中，汽车租赁 13 户，注册资本 65781 万元，个体户 14 个；营业额 3940 万元。

景宁联营出租车服务有限公司　2001 年 8 月成立，注册资金 80 万元，公司地址：鹤溪镇环城东路 54 号，从业人员 25 人。其中，具有技术职称准驾车型 A1 的 1 人、准驾车型 A2 的 7 人、准驾车型 B2 的 1 人、准驾车型 C1 的 2 人；公司备有出租车 20 辆，出租联营年收入 140 万元。

景宁顺达汽车租赁有限公司　2008 年 9 月成立，注册资金 508 万元，主要经营汽车租赁、货运、仓储等；公司地址：鹤溪镇鹤溪中路 113—117 号，从业人员 149 人。公司备有各种小车、面包车、重卡货车 30 辆；分设义乌、永康、泰顺、温州、瑞安、上海、丽水、云和等营业点和县内毛垟、英川、沙湾、东坑、大漈等接待点，年经营收入 1000 万元。

第五节　摄影　文印

2010 年，经重新工商注册和调换证书，景宁从事摄影、文印经营 27 户，注册资本 1074 万元；营业额 1033 万元。

摄影

景宁纽约婚纱摄影　1995年4月成立,注册资金10万元,经营内容为婚纱摄影、证件照相等,经营地址:鹤溪镇人民中路194号。在业人员6人,年营业额68万元。

景宁伊娜爱贝儿童摄影　2010年5月成立,注册资金15万元,经营项目有儿童写真、全家福、户外照相等,经营地址:鹤溪镇人民中路34号二楼。在业人员6人。其中,摄影师3人、化妆师3人。年营业收入10万元。

景宁慧光摄影　1997年6月成立,注册资金1万元,经营项目为室内照相、婚纱摄影及照相器材零售,经营地址:鹤溪镇府前西路34号。从业人员2人,年营业额30万元。

文印

景宁三金印刷有限公司　2000年3月重新登记,注册资金310万元。经营项目为书簿印刷、包装印刷、信封印刷、广告制作、标牌设计等。经营地址:鹤溪镇梅树圩8号。从业人员18人。其中,印刷技师6人。年营业收益600万元。

景宁文华印刷厂　1997年12月成立,注册资金50万元,经营项目为书簿图表印制、广告设计制作,企业地址:鹤溪镇府前路9号。从业人员7人,年经营收入120万元。

景宁鸿泰广告装饰有限公司　1997年11月成立,注册资金3万元,经营项目为文本印刷、广告制作。企业地址:鹤溪镇复兴西路36号。从业人员11人,年经营收入100万元。

景宁瑞丰印刷厂　2000年8月成立,注册资金15万元,主要经营书簿图表印刷,经营地址:鹤溪镇惠明路149号。从业4人。其中,技师1人。年营业收入6万元。

第六节　维修　出行

随着社会快速发展,人民生活水平提高,电视、电脑、汽车和日常家电的社会拥有量逐年增加。汽车、电脑、电视、手机、摩托车、电动车、人力车、农机具、钟表等家用电器维修业应运而生。使出行便捷、舒适、安全,为现代生活基本追求。

维修业

1993年,个体工商户90户,注册资本21万元,营业额690万元。2010年,登记在册日用品维修175户(其中个体工商户131户),注册资本14965.31万元,营业额1575万元。

景宁汽车长途运输公司汽车修配厂　2006年11月成立,注册资金30万元,主要从事大中型客车、大中型货车维修、保养,企业地址位于鹤溪镇环城西路151号。从业人员24人。其中,助理工程师1人、高级技师5人、初级技师8人。企业年营业收入50万元。

景宁宏达汽车维修有限公司　2003年4月成立,注册资金30万元,主要从事小型汽车维修、保养,公司地址位于鹤溪镇环城西路32号。从业人员12人。其中,高级技师2人、技术员(机修、电器、喷漆、质量检验)4人。年营业收入60万元。

景宁昌达汽车修理厂　2008年12月成立,注册资金50万元,主要从事一类机动车维修、保养,修理厂位于鹤溪镇环城西路 15 号。从业人员 18 人。其中，高级技师 1 人，专业技师 5 人，专业电工 2 人。年营业收入 80 万元。

出行

公路出行　1990 年，景宁公路通达行政村 94 个，通村率 33.81%，公路总长 444.18 千米，公路密度为 22.78 千米/百平方千米。2010 年末，公路通达行政村 249 个，通达率 98.03%，公路总长度 1808.15 千米，公路密度为 90.37 千米/百平方千米。其中，准四级公路（含）以上公路通达村 231 个，客运班车通达村 173 个，通达率 68.11%。

1990 年，景宁有经营班车、出租车和公交车的运输企业 3 家、人力三轮车公司 1 家。景宁长途客运公司等企业拥有大型、小型客运班车 92 辆 1274 座；经营客运班线 19 条。其中，县内 10 条，日发 38 班车次，年客运量 69.08 万人次，客运周转量 2753 万人/千米。2010 年，客运班车、公交车、出租车等客运车辆 130 辆 2069 座。经营客运班线 46 条，日发 214.5 车次，客运量 209 万人次，客运周转量 9958 万人/千米。城镇及城乡、乡村的公交车、康庄小巴 8 路 48 班，行车里程 144 千米。

1993—2010 年，景宁新建客运站、客货运一体站 12 个。在全县 183 条 1236.03 千米农村公路线上临水、临崖、高边坡等地段，投入资金 149.88 万元，安装防护栏和标志、标线等安全设施。至 2010 年末，景宁有客运站和客货运一体站 18 个，候车站（亭）60 个，占地面积 32115.55 平方米、建筑面积 10897.82 平方米。

水路出行　1993—2008 年，景宁境内有码头 2 座，渡口 47 处，靠木船“摇橹摆渡”。2008 年 6 月 27 日，九龙乡第一艘 30 座小客轮试水，钢质渡轮代替木船渡运。同年，7 艘 30 座小客轮运抵景宁。2009 年，13 艘 550 吨位渡轮交给滩坑电站库区的乡镇管理。在千峡湖库区开设九龙—鹤口航线 5 条，日定时航班 8 班次。

2005—2010 年末，景宁在滩坑电站库区保留老渡口 8 处，再投入资金 2704.34 万元，新建码头 30 座，渡口 12 处，年航运量 88.56 万人次。开通九龙—桂根的学生接运船。在码头、渡口、航道安装警示、指示、渡口牌 135 块、航标 52 座、渡口守则 31 块，设置航渡监控点 10 个、码头护栏 8000 米、码头（渡口）边坡防护 29884 平方米，确保航渡安全。

第三十七篇 人民生活

1984年，景宁刚建立畲族自治县之初，农民人均纯收入148元，为全国重点贫困县。20世纪90年代，被确定为浙江省重点扶持的26个欠发达县之一。1992年，景宁农民人均纯收入173.7元。1993年后，在省政府、省挂钩扶贫部门与结对县市的帮扶下，景宁贫困面逐步缩小。县委、县政府鼓励农民劳务输出，大批农户外出经商，农村土地逐渐流转，推进规模经营与效益农业，社会经济快速增长。1995年，县委提出"脱贫致富奔小康"奋斗目标，经3年扶贫攻坚，1998年1月5日，省委、省政府宣布景宁畲族自治县为"光荣脱贫县"。1999—2010年，景宁以小康建设为目标，培育茶叶、食用菌、中药材、小水电、高山蔬菜等特色产业。积极推进小康村、特色村、新农村建设，发展农家乐，加速经济发展。支持鼓励在外创业人员发展小宾馆、小超市，农民收入大幅提升，生活水平不断改善。2010年末，农民人均纯收入6202元。城镇企事业单位职工也享受改革开放带来的红利，居民收入成倍增长，人均可支配收入17901元。

1993—2010年，随着城乡居民收入增长，消费水平与生活质量显著提高，住房已成为老百姓提高生活水平的重要追求。政府出台政策，大力推进城镇住房制度改革、加快旧城拆迁、房地产开发、住宅小区建设，城镇居民人均居住面积大幅增加。落实农村危旧房改造、中心村、小集镇、下山脱贫、避险搬迁、移民安置等惠民政策，普遍改善农民的住房条件。

居民消费观念逐步改变。2010年末，农村居民生活消费支出4790元，比2003年增加2497.3元。城镇居民人均消费支出11893元，比2004年增加5382元。消费结构呈现以注重服饰穿戴、饮食质量等基本生活为重向改善住房、电器、教育医疗等方面转变。

1995年，景宁退休费统筹办公室更名为社会保险事业管理处。2009年，成立社会保险事业管理中心，开展养老保险业务。2010年末，机关事业单位、国有、集体、私企和外商投资企业实现养老保险全覆盖，完善城乡居民基本医疗保障体系，落实职工工伤、生育、失业保险。健全失地农民、城乡居民最低生活保障制度，实现人人享有基本保障，促进社会稳定。

第一章　收　入

1993—2010年，景宁农村实行土地流转，土地向经营大户集中，逐步实现规模经营，大幅提高农产品产量、质量，农业经济效益日益明显。同时，大批农户劳务输出，外出经商创业，收入大幅提升。期间，国家民委和省、市各级政府出台优惠政策，促进景宁民族地区经济发展和加快脱贫致富奔小康，社会经济快速发展，城镇居民也享受改革开放带来的红利，不断增加工资收入，生活水平逐步提高。

第一节　乡村居民收入

收入增长

1992年，景宁农民人均纯收入为173.7元，1993年462元；1997年农村实行第二轮土地承包制后，部分农民的生产观念发生变化，开始从传统农业生产方式向现代农业和科技农业生产模式转变。土地、山林开始流转，出现一批专业户、专业合作社、专业公司。农民因地制宜，发展茶叶、食用菌、蔬菜、药材、竹笋基地等，经济效益明显，农民人均纯收入快速增长。1997年，人均纯收入1530元，至2010年，达到6202元，是1993年的13.4倍。

收入构成

景宁农民经济来源，主要由种养业、林业、运输业及工资性、财产性、转移性收入构成。据统计部门抽样调查资料载，2003年，农民工资性收入（企业收入）944.6元、家庭经营性（种养业为主）收入2801.9元、财产性收入195.2元、转移性收入166.1元，扣除成本支出，人均纯收入2830元。2010年，农民工资性收入（企业收入）2646元、家庭经营性（种养业为主）收入3343元，财产性收入265元、转移性收入795元，扣除成本支出，人均纯收入6202元。景宁农村还有4万多人劳务输出在全国各地经商创业，也是农民增收入的重要来源。

第二节　城镇居民收入

平均工资

2010年，职工年平均工资比1994年增长8.1倍。其中，国有单位年人均工资增长8.2倍，城镇集体单位年人均工资增长7.3倍，其他单位年人均工资比1996年增长5.1倍。2010年，国有单位职工年平均工资比城镇集体单位职工年平均工资高73.4%，比其他单位职工年平均工资高53.4%。

1994—2010年景宁职工年平均工资情况一览

表37-1-1 单位：元

年份	职工年平均工资	其中		
		国有单位	城镇集体单位	其他单位
1994	4428	4876	3121	—
1995	4933	5215	4127	—
1996	5406	5687	4247	4841
1997	6257	6688	4731	4234
1998	6559	7005	3900	8377
1999	7754	8242	4798	6911
2000	9210	9752	6039	6000
2001	11832	12591	7084	9175
2002	13813	14740	8314	9680
2003	15771	16671	11721	10687
2004	19393	21165	13043	11480
2005	20452	22197	14282	13307
2006	23388	25144	17843	15829
2007	26901	30763	20199	16382
2008	30276	34583	20531	19510
2009	35987	40776	24363	23242
2010	40003	44647	25754	29112

居民可支配收入

2000年，丽水市抽样调查资料表明，景宁城镇居民人均可支配收入7190元。2004年，景宁城镇居民人均可支配收入为10150元。2010年，城镇居民人均可支配收入17901元，比2004年增长76.4%，年均增长率9.9%。

2000—2010年景宁城镇居民人均可支配收入情况一览

表37-1-2 单位：元

年 份	2000	2001	2002	2003	2004	2005	2006	2007	2008	2009	2010
收 入	7190	7870	8640	9420	10150	10830	11798	13320	14932	16157	17901

第二章　住　　房

社会经济的发展，住房已成为老百姓提高生活水平的重要追求。“居者有其屋”成为政府改善人民生活的施政体现。1993—2010年，政府出台诸多政策，开展农村危旧房改造、中心村、小集镇、下山脱贫、避险搬迁、移民安置等住房建设，普遍改善农民住房条件。大力推进城镇住房制度改革、加快旧城拆迁、房地产开发、住宅小区建设，城镇居民人均居住面积大幅提高。

第一节　乡村居民住房

住宅改建

1992年前，农村居民住宅大多为土木结构的瓦房或草房；20世纪90年代中期，农民收入增多，改善居住条件成为首选。1993—2010年，审批住宅用地736宗，面积60.19公顷；2008—2010年，乡村移民及脱贫安置用房新建67.6万平方米；在政府政策扶持下，三枝树、水碓垟、马坑、梧桐、七里等一批村庄实施旧村改造，统一规划，建成整齐的现代化新村。2010年，农民人均居住支出1405元，比2003年的346.6元增长3.05倍，年均增长22.2%。由于新农村建设步伐加快，小康示范村、特色村寨建设和旧村改造、村庄整治力度加大，农村住宅进行外墙粉刷，室内装修，农村居民居住环境、居住条件有很大改善。

住宅面积

2010年，景宁乡村房屋19766幢，建筑面积550.8万平方米。按建造年份划分，1949年前，建造房屋2598幢，71.2万平方米；1950—1989年，建造房屋13859幢，348.4万平方米；1990—2010年，建造房屋2976幢，131.2万平方米。按建筑结构划分，钢筋水泥混合结构房屋1983幢，72.1万平方米；砖木泥墙房屋4124幢，83.2万平方米；其他类型房屋10340幢，304.9万平方米。按建筑层数划分，三层以上房屋1708幢，125.8万平方米；二层以下房屋18058幢，425万平方米。2010年，农村居民人均住房面积38.76平方米，比1992年14.28平方米，增加24.48平方米。

第二节　城镇居民住房

1993—2010年，景宁城镇建设快速发展，各类建筑面积新增194万平方米。其中，公共建筑面积44.9万平方米，个私建筑面积53.3万平方米，商品房、集资房、经适房、政府建设用于移民、拆迁、下山移民等安置房73.5万平方米。2010年，县城建成区面积达3.07平方千米。人均建筑面积38.5平方米，比2004年25.3平方米增长52.0%，年均增长7.2%。

出售公有住房

1993年，城镇住房制度改革方案出台并实施。景宁80个行政企事业单位出售所有住房，出售建筑面积11.93万平方米，购房职工1825户，购房价格分综合价（270元/平方米）、标准价（180元/平方米）二种，筹集房款1721.6万元。

集资合作建房

政府鼓励有条件的单位，以职工个人出资为主，单位适当补助的形式集资合作建房；1993—2000年，县城22家行政企事业单位，450多户职工参加合作建房，集资建房面积5.06万平方米。

商品房与经济适用房

2000年后，红星路西侧建经济适用房100多套，1.2万平方米；2009年，正达阳光城建成限价商品房194套，2.39万平方米。县城南拓北扩，先后建成石印山、鹤溪花园等多个住宅小区，城镇居民住房质量提高，面积增加。

第三章 消 费

1993—2010年，农村与城镇居民经济收入的逐年增加，消费购买力、消费结构与观念不断提高，从注重服饰穿戴、饮食质量等基本生活向改善住房、家用电器设备、通信、交通、医疗保健等综合生活水平与文化娱乐转变。农村与城镇消费水平差距逐渐缩小，生活水平和质量明显提升。

第一节 乡村居民消费

生活类消费

1993年后，农民消费观念改变，饮食、衣着消费水平不断提高，农民餐桌上禽蛋鱼肉分量有所增加。条件较好的农户开始修建砖木结构住宅，居住环境逐步改善。2003年，农村居民人均生活消费支出为2472.7元。其中，食品支出为1142.5元，衣着支出为108.6元，居住支出为346.6元，家庭设备用品及服务支出103.6元，医疗保健支出258.7元，交通和通信支出246.2元，文化教育娱乐用品及服务支出249.5元，其他商品和服务支出17元。2010年末，农村居民生活消费支出4790元，年均增长9.9%。其中，衣着消费占人均消费总额的6.1%，衣着由“单一化”向“多样化”“优质化”“新潮化”转变。

耐用品消费

农民住宅类消费占比较高，交通便利之村农民自建2~3层住宅小楼成普遍现象，人均居住面积40平方米以上，大型家具与耐用品进入普通家庭。2010年，每百户中生活耐用品拥有量：摩托车35辆，电话机46部，洗衣机52台，电冰箱52台，空调6台，家用汽车2部，彩色电视机100台，移动电话96部，影碟机51台，家用计算机16台。

第二节　城镇居民消费

消费支出

城镇居民生活水平明显改善，2004—2010年，食品支出占消费支出的比例介于40%到49%之间，达到恩格尔系数标准的小康水平。2010年，人均消费支出11893元，比2004年6511元增长82.7%，年均增长10.6%。

2004—2010年景宁城镇居民消费支出一览

表37-3-1

名　称	单位	2004年	2005年	2006年	2007年	2008年	2009年	2010年
消费支出	元	6511	6525.42	7515.14	8822.49	10108.2	10974.6	11893
食品支出	元	2665	2997.74	3338.78	4101.2	4691.4	5267.2	5652.1
恩格尔系数	%	40.93	45.94	44.43	46.49	46.41	47.99	47.52

消费结构

2010年，县城居民人均食品支出5652元，比2004年2665元增长112.1%，年均增长13.3%。交通与通信支出1475元，比2004年748元增长97.2%，年均增长11.9%。家庭设备用品和服务支出390元，比2004年360元增长8.3%，年均增长1.3%。医疗保健支出692元，比2004年584元增长18.5%，年均增长2.9%。衣着支出1269元，比2004年625元增长103%，均增长12.5%。教育支出1204元，比2004年850元增长41.7%，年均增长6.0%。居住支出973元，比2004年597元增长63%，年均增长8.5%。杂项商品娱乐文化和服务支出237元，比2004年82元增长189.1%，年均增长19.4%。

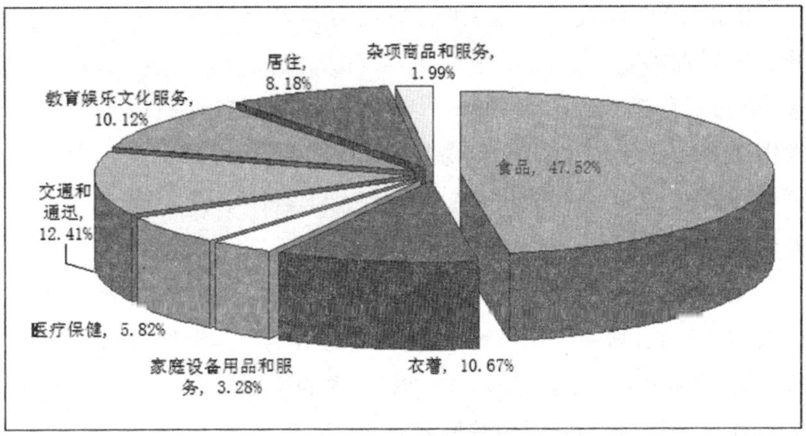

图37-3-1　城镇居民消费结构一览

第四章 保 障

1987年3月，成立景宁退休费统筹领导小组办公室，负责办理集体单位合同制工人社会劳动保险，全民企事业单位实行离退休基金统筹。1995年退休费统筹领导小组办公室更名为县社会保险事业管理处。2009年10月，成立社会保险事业管理中心，负责全县机关事业单位、各类企业和个体工商户、自由就业人员的养老保险业务。2010年，养老保险实现机关事业单位、国有、集体、私企和外商投资企业全覆盖。养老、医疗、工伤保险等保障事业的发展，实现人人享有基本保障，社会稳定和谐。

第一节 养老保险

企事业单位职工养老保险

2002年，县机关事业单位纳入养老保险体系，以确保基本养老金按时足额发放为目标，积极推进养老保险扩面工作。2007年，加强内部控制建设，规范经办管理，推进职工社会保险费足额征收，实行离退休人员生存年度认证制度，建立养老金防冒领机制，保障基金安全。2010年，景宁企业参保单位564个，参保人数为12827人。其中，在职11108人，离退休1719人。全年收取企业职工基本养老保险费3510万元，支出基金3244万元，当年结余266万元，累计结余5921万元。机关事业单位参保人员4709人。其中，在职3398人，离退休1311人。收取机关事业单位工作人员基本养老保险费2569万元；支出基金2072万元，当年结余497万元，累计结余3762万元。

城乡居民养老保险

依据1992年民政部《县级农村社会养老保险基本方案（试行）》与1995年省政府《浙江省农村社会养老保险暂行办法》，1995年，在东坑镇试点施行暂行办法取得成效。1996年，22个乡镇（管理区）全面推行试点经验。1995—1997年，保险费累计收取145万元，累计参保人数13648人，人均一次性缴费103元。1998年，国务院将此项工作从民政部门划归劳动保障部门。2010年，景宁22个乡镇（管理区）、254个行政村、27家福利企业累计参保人数12365人，基金结余317万元，按规定领取养老金321人。

2010年，县政府出台《景宁畲族自治县城乡居民社会养老保险实施细则（试行）》，首次把城乡居民纳入养老体系，城乡居民同享“退休养老金”，实现养老保险制度全覆盖。2010年，年满60周岁未享受国家机关、事业单位、社会团体离休、退休、退职待遇与职工基本养老金待遇的城乡居民21336人，从2010年1月起每月享受60元的基础养老金。其中，农村复员退伍军人564人另按规定享受优待养老金。城乡居民社会养老保险参保缴费人数32083人，综合参保率达60%以上，逐步实现人人享有基本保障。

1993—2010 年景宁基本养老保险情况一览

表 37-4-1

年份	在职参保人数(人)	离退休人数(人)	保险费征收额(万元)	养老金发放数(万元)
1993	2433	538	426	480
1994	2702	596	474	532
1995	2767	685	485	611
1996	5011	864	879	771
1997	5402	976	947	871
1998	5370	987	942	881
1999	6403	1002	1123	894
2000	5831	1015	1022	906
2001	6112	1028	1072	917
2002	6481	1042	1157	930
2003	6347	1056	1127	944
2004	11208	2085	2677	2141
2005	11684	2200	4853	2361
2006	12225	2322	3423	2698
2007	13685	2420	4571	3518
2008	15093	2569	5252	3828
2009	16737	2813	5213	4514
2010	17536	3030	6079	5316

第二节　医疗保险

城镇职工基本医疗保险

1984—2000 年，由县卫生局公费医疗办公室办理公费医疗有关业务。2001 年 8 月，成立县医疗保险事业管理处，同年 12 月，根据国务院关于建立城镇职工基本医疗保险制度的决定(国发〔1998〕44 号)精神，县政府出台《景宁畲族自治县城镇职工基本医疗保险暂行规定》，全面开展城镇职工基本医疗保险。

2001—2002 年，县政府出台《景宁畲族自治县城镇职工基本医疗保险实施细则》《景宁畲族自治县医疗保险医疗管理试行办法》《景宁县城镇职工基本医疗保险办法》和县政府办公室出台《关于企业职工基本医疗保险的补充规定》等文件，扩大基本医疗保险参保范围，将参加基本养老保险的个体工商户与灵活就业人员纳入基本医疗保险体系，医保覆盖面不断扩大。通过调整起付线、提高统筹基金年度最高支付限额等手段逐步提高城镇职工基本医疗保险参保人员的待遇水平。强化基金管理,加强定点医疗机构监管，不断改进医保网络系统建设，在强化医保定点医疗机构协议管理的同时，加大对医保违规行为的查处，确保基金平稳运行。2009 年 10 月，成立县社会保险事业管理中心，负责养老、医疗、工伤、生育等社会保险工作。至 2010 年 12 月末，城镇职工基本医疗保险参保人数 13885 人。

2010年景宁城镇职工住院医疗费报销标准一览

表37-4-2

单位:%

各档金额	在职职工	退休人员
起付线以上至5000元	75	80
5000元以上至1万元	80	85
1万元以上至2万元	85	90
2万元以上至封顶线	87	92

城镇居民基本医疗保险

为进一步完善城镇居民医疗保险体系,2008年,县政府出台《景宁县城镇居民基本医疗保险试行办法》,当年全县城镇居民参保14434人。至2010年12月,城镇居民基本医疗保险参保17566人,当年收取城镇居民基本医疗保险统筹基金263万元,支出基金202万元,结余61万元,累计结余257万元。

新型农村合作医疗保险

2005年,启动实施新型农村合作医疗保险。成立新型农村合作医疗管理委员会和监督委员会,卫生、财政、审计、劳动、民政、监察、物价、药监等部门为成员单位,县、乡两级成立合作医疗管理办公室,具体负责合作医疗的日常事务,县政府出台《关于进一步加强和完善新型农村合作医疗管理工作的通知》《关于进一步加强新型农村合作医疗村级结报工作的意见》等指导性文件。2006年,各级政府逐步增加投入,新型农村合作医疗补助标准逐步上升,结报比例与封顶线也随之相应提高,农民参合率不断提高。至2010年末,新型农村合作医疗保险参保人数127281人,参合率达91%。2010年共收取新型农村合作医疗统筹基金2532万元,支出基金1923万元,当年结余609万元,累计结余1749万元。

城乡居民医疗保险

2010年,对原有的城镇居民基本医疗保险与新型农村合作医疗两项制度进行优化整合,完善覆盖城乡居民的基本医疗保障体系。重点调整参保对象、筹资标准、报销比例、提高最高支付限额等内容,完善覆盖城乡居民的基本医疗保障体系。取消城乡户籍差异,凡具有景宁户籍除已参加城镇职工基本医疗保险外的城乡居民,统一参加城乡居民医疗保险。逐步扩大与提高门诊费用报销范围与比例,推行门诊统筹制度,政策范围内住院报销比例提高至60%。在校学生特设学生医疗保险,为在校生建立风险补助。同时,对少数民族参保对象进行缴费补贴。2010年11月,县政府出台《景宁畲族自治县城乡居民医疗保险试行办法》,建立统一的城乡居民医疗保险制度,成为丽水市首个实现医疗保险“城乡一体化”的县市。

第三节 职工保险

工伤保险

2004年1月,景宁施行《工伤保险条例》,将各类企业、事业单位、民间非营利组织等逐步纳入,积极扩大工伤保险覆盖面,坚持工伤保险全员参保原则,按照《关于做好建筑施工企业民工工伤保险工作的通知》，联合财政、地税、建设、交通、水利等部门，做好建设项目施工企业、农民工参加工伤保险工作。提高相关企业参保意识，强化保险费的征缴力度，维护职工合法权益，化解企业风险。促进工伤预防，规范工伤认定，完善工伤相关业务流程，逐步建立起统一协调规范的管理体系。至2010年，工伤保险参保人数9823人，收取工伤保险费186万元，支出基金42万元，当年结余144万元，累计结余625万元。

生育保险

1995年，县政府出台《景宁畲族自治县女职工生育保险暂行办法》。2006年，县政府出台《景宁畲族自治县生育保险暂行办法》，自2007年1月1日起施行。至2010年，生育保险参保人数8193人，共收取生育保险费124万元，支出基金131万元，当年赤字7万元，累计结余229万元。

失业保险

1994年，全县183个单位5439人参加失业保险，发放失业救济金511人次，支出失业金40537元。2010年，事业单位社会保险实行自行申报，失业保险扩面征缴工作取得新的突破。失业保险覆盖到机关公务员、无雇工的城镇个体工商户、自由职业者外的所有类型的用人单位及职工。2010年末，全县参保失业保险人员10052人，征缴失业保险金389.67万元，共支出基金69.91万元，累计节余失业保险基金1139.46万元。根据失业保险条例中规定，企业、事业单位、社会团体、民办非企业单位按本单位全部职工工资总额2%缴纳失业保险费；职工个人按照本人工资1%缴纳失业保险费。其中，农民合同制职工本人不缴纳失业保险费。2009年8月后，农民合同制工人可以缴纳个人部分失业金，失业后享受居民同等待遇。

第四节　基本生活保障

征地农民基本生活保障

2005年，县政府出台《景宁畲族自治县被征地农民基本生活保障实施办法》《关于执行被征地农民基本生活保障试行办法的补充意见》，全面开展被征地农民基本生活保障工作，有力维护征地农民的合法权益，促进社会和谐与稳定。按照“应保尽保、即征即保”原则，至2010年12月，景宁被征地农民基本生活保障新增参保166人，累计参保1162人，当年共收被征地农民保险费620万元，支出基金182万元，当年结余438万元，累计结余3358万元。

城乡最低生活保障

1997年12月，县政府出台《景宁畲族自治县城乡最低生活保障线制度暂行办法》，景宁实行城乡最低生活保障制度。

2001年，县政府出台《景宁畲族自治县最低生活保障实施办法》，对低保资金来源和管理、保障标准和确定、审批程序、保障金发放做出明确规定，形成制度统一、整体覆盖、城乡联动、标准有别、管理规范、法制保障的最低生活保障制度。加大对农村低保资金投入，本着公正、公平、公开原则，将所有符合保障标准困难家庭列入低保范围，规定低保对象在救济、技能培训、住院、经商等11个方面可享受优惠。至当年末，全县有最低生活保障对象4519人。其中，城镇对象392人，农村对象4127人，年保障资金80.64万元，基本实现应保尽保。

随后逐年调整城乡低保标准，2002年，城镇居民低保标准从原来的120元/月调整到150元/月，农村低保标准从原来的80元/月调整到90元/月。至2010年，全县城镇农村享受城乡最低生活保障救助对象4376户6058人，最低生活保障资金906.11万元。其中，城镇低保对象242户377人，年低保金78.3万元，按320元/人·月发放；农村低保对象4134户5681人，年低保金827.81万元，按295元/人·月发放；特困群体的基本生活有了保障。

第三十八篇　习俗　宗教

俗话说“十里不同风，百里不同俗。”习俗即风俗，它是人类长期生活形成的一种习惯，有一定的稳定性。习俗显现社会兴衰足迹，包含着特有含蓄的文化底蕴，虽然饱经沧桑，历经磨难，却始终为世代人们所延续、坚守与发扬，被约定成俗地传承、孕育着一方民族之精神，创造出绚丽多彩的民族文化。但随着时代变迁与社会进步，习俗也在不断演变。

景宁各地生产习俗、生活习俗、礼仪习俗、社会习俗、岁时习俗大致相似。因地域环境、自然因素、气候条件的不同，生产方式、生活习惯亦有诸多差异。山区农民，自古以耕种、狩猎为生，并顺应环境、抗逆自然，凭聪明才智与生产技艺，勤耕细作，发展经济，改变生活。社会的进步，环境的改变，古老的生产方式逐渐被新模式新技术取代，传统的生活方式、工艺技能已发生根本性变化，许多传统习俗，不能再适应时代发展节奏。落后、封闭的生产方式与古老的社情古风大多数只能成为记忆。

生产方式、生活习俗往往与人们的宗教意识有着千丝万缕的联系。宗教流传于中国社会并被部分群众所信奉而贯穿于生产、生活中。景宁的宗教类别有佛教、道教、天主教和基督教。佛教传于唐代，时间早，影响面广，建有规模较大的寺、庙、宫、庵等活动场所。受封建传统思想影响，景宁信仰佛教、道教者相对较多。道教流传于民间，固定活动场所少。天主教和基督教由西方转入，时间迟，有固定活动场所。

第一章　习　俗

景宁农民自古以农耕为业，面朝黄土背朝天，遵循时令节气与耕作方式，勤耕细作，获取生活所需。经验丰富的山民，能看云识天气，何时播种、何时积水、疏水，全在心里；对付危害农作物的飞禽走兽，方法巧妙、技艺高超，能据不同环境、不同季节、神秘捕之，既能除害又能丰富食膳。封建社会，生产能力落后，生产、生活所需之农具、用品、衣物等，皆由铁匠、木匠、竹匠、泥匠、石匠、裁缝师等纯手工制作，能工巧匠的技艺与辛勤劳动推动着社会生产力的发展。

在景宁还流着传统的生活习俗，但不同地域不同时令，生活习俗亦有区别。景宁普遍受人重视的节日是春节、清明节、端午节等，人们借逢年过节，制作一些精美食品，在祠堂、社址举行祭祖、祈福，完事后亲人团聚，共享美食。在日常生活中，根据传统生活习惯，制作特色食品、咸菜等供享用。在服饰穿戴、日用器具方面，根据家庭经济状况和生产生活习俗置办。

景宁最大的礼仪习俗是举办婚丧红白之事，尤其是婚礼，为人生终身大事，都会尽力隆重操办。丧俗程序复杂，操办者视家庭经济状况，条件好者操办好点，条件差者简陋一些。社会习俗和岁时习俗，景宁各地情况不同亦有区别。

第一节　生产习俗

几千年来，景宁农民遵循二十四节气之自然规律，妙用天象，巧取地利，适时耕作，春播夏锄、秋收冬藏，丰衣足食，安居乐业。景宁生态植被保护良好，野猪、野兔经常出没糟蹋农作物，甚至有成群野狼祸害耕牛之况发生。20世纪70年代前，农民为守护庄稼，常进山猎捕。生长在山涧、溪流、稻田的鱼、虾、泥鳅等水生动物丰富，善捕者能捕之。

景宁民间的能工巧匠精通手工技艺。金、银、铜、铁、锡艺人，被称为打五金或打小铁艺人。艺人以精湛的技艺、丰富的想象力，制作各类生活用品，神态各异，栩栩如生，闪烁着手工制作灿烂的文化。

农事耕作

农事活动为水田与山地耕作。田活主要是种稻谷，类别有籼稻、糯稻、粳稻。高山地带冷水田多，还适宜种植粗皮稻、野褚糊、红米稻等特殊品种。山地活主要是种番薯、黄豆、玉米等杂粮。景宁山多田少，旧时水田种的是老品种水稻，产量低，粮食紧张，靠杂粮补充。1979年后，农村落实联产承包生产责任制，推广杂交水稻种植，粮食产量连年丰收，大米成为主粮。农耕在农村有一套流程与俗语：种落泥（播种）、开秧门（插田拔秧）、关秧门（插秧完毕）、分龙雨（夏至后第一日为分龙日，此日宜雨，晴则兆旱）；割柴叶（割新枝嫩叶踏入田中作基肥）、烧山灰（铲杂草晒干，堆叠盖土焙泥灰）、割稻客（外地来割稻的打工者）、添牛料（给耕牛补充营养食料）等。农事耕作看似粗活，实际上是细活，每个生产环节技术含量都很高。“春天一锄头，冬天一箩头”“一年之计在于春”等农谚就印证农活的环环相扣，直接关乎收成的好坏。

稻田耕作　选水足、土肥、向阳、无天然灾害、便于管理的水田做秧苗基地，秧苗的出苗率与苗的健壮程度直接影响稻谷的产量。俗话说“会种种一丘，勿种种千丘”。做秧田，要把握铲岸做岸、翻土浸水、耖田施肥、分畦压平、播撒谷种等环节。播种前须选好良种、浸种催芽、适时播种。谷种下田后要关注水的深浅、防止鸟害病虫。播种30~45天左右可拔秧扦插。大田耕作，要做岸整堪、犁田耖田、施肥(割绿肥踏田)插秧，并要加强管理、及时除草、预防干旱、防病治虫、适时收割。

旱地耕作　旱地大多分布在缺水的山丘，地势不平，宜种小麦、大麦、荞麦、番薯、马铃薯、玉米、黄豆、黄粟等杂粮。也可因地制宜，种植药材、茶叶、水果及各种瓜豆蔬菜。耕作程序是深翻整土、下足基肥、按时播种、除草防虫、追肥管理、适时收获。

收藏加工

收藏　稻谷、麦类、黄豆等主要农产品成熟、收割、晾晒、扬杂后都要入仓储藏。番薯收回后，部分放入地窖保暖过冬以备留种或鲜食，多数用于刨丝晒成干番薯丝。黄豆连枝杆收回后晾干，经暴晒用棒打脱豆粒，扬去杂质，入陶缸、泥罐储藏以防潮湿与鼠害。主杂粮都储藏于谷仓、谷箩、谷柜。旧时，还会在入仓或入箩的谷物上盖个木印，以作记号。

晒番薯丝

加工　旧时没有碾米机，稻谷脱壳靠踏碓、水碓、捣臼、石磨、水磨、竹砻、石碾盘等。脱壳后用米筛、糠筛、风车等剔净米糠。人们根据粳米、籼米、糯米的不同质别，制作米饭、稀饭、年糕、糍粑、粉皮、汤圆等多种特色食品。

狩猎捕捉

狩猎　景宁猎捕的野生动物以野猪、野兔为主。猎捕器具主要有土铳、弓弩、弹馅、毒矢和笼、吊等。用巧妙方法设陷阱、扳石克、置诱笼、藏吊机、放饵弹、熏兽洞及吊绳、挖洞、石压、铁夹、铁闸等；对凶猛、狡猾的野猪还驱使猎狗围赶、狂吠、撕咬以助阵。设陷阱，在野兽经常出没之道挖2米多深的坑，上盖树枝、泥土，野兽一旦踩上掉入陷阱，则无可逃生。有的野兽穴洞很深很小，人无法进入，则用树枝、干草于洞口烧得烟雾缭绕，并往洞里扇风，使烟雾从另一端洞口漫出，人在洞口候其逃出而逮之。

捕捉　捕捉的水生动物以溪鱼、泥鳅、黄鳝、鱼鳗、龟鳖、河虾、田螺为主。民间捕捉器具有渔网、鱼帘、虾篓、鱼篓、鳗钳、鳅钳、鳅叉、吊杆、松明火蓝灯等。鱼帘捕鱼，鱼帘用竹条编成，底部封口，选择溪滩落差50~70厘米的河段，筑成八字形石坝，将鱼帘放在石坝中，俗称“鱼帘港”。上下两端落差约20厘米，鱼帘上以树枝荆棘蔽之，鱼若顺流而下进入鱼帘便无法脱身。捕鳗，则在夜间进行，河鳗大多在溪滩缓流处隐蔽待食或漫游觅食，乘其不备用铁钳突然钳取。捕河虾，用竹条编成虾篓，放入溪潭边或山塘边捕之。编虾笼有讲究，于篓口内置两层倒刺，可进不可出，篓尾设开启口，便于放入诱饵和取出鱼虾。摸田螺，晴天傍晚时分，田螺均爬出泥面、或躲于草丛，无论水清或混浊都容易摸获，尤其是春夏雷雨来临之前更易获取。抓泥鳅,春夏晚间,天气暖和,泥鳅会钻出水田泥面,提松明火照明,用鳅叉或铁钳容易捕之,俗称照泥鳅。白天则可“吓泥鳅”,用数节小竹筒套在一条竹篾上,将竹篾两头扎紧,俗称“鳅吓”。一手摆动“鳅吓”不停地赶,一手提着畚箕兜拦住被赶来的泥鳅。

杂项制作

五金加工　为金、银、铜、铁、锡器具加工,俗称打小铁。其中,铁匠最为艰辛,凭力气、技艺将生铁或熟铁锻造成各式各样的农具,如锄头、斧头、柴刀、剪刀等。制作铁器具要设铁铺、铁砧(打铁平台)、铁炉(火炉)、手拉风箱(调控火力)等。铁炉以木炭为燃料,也叫铁炭。炭须经黄泥水浸泡后,耐烧且高温。银器制作应用最为广泛,银器制作过程有30多道工序,全部手工完成。主要包括“操、凿、起、解、披”五大技法和“平雕、浮雕、圆雕、镂空雕”四种工艺。银匠能制作各种头饰、项链、手镯、戒指、吊坠以及神态各异的小佛像、福、寿字牌、铃铛等。古时,小孩的帽子就缀着意为辟邪、祈福之吉祥物的银器,极受青睐。金的制作工艺很精巧,制作品种与银类似,琳琅满目;铜制品有铜罐、铜壶、菜锅、茶壶、脸盆、火笼、铜锣、铙钹、唢呐、门钹(门环)、古锁、铜环、铜角等;锡制品有大小不一的锡瓶、酒壶、烛台等。

木匠　景宁木匠有做大木(建房)、做小木(家具)、“箍桶”(器具)三类。大木老司按主人要求建造房舍,构造简朴,风格传统。手艺高超的木匠不仅能建造各式宫殿楼宇,还能在马腿、花窗及家具的床、柜、椅上雕刻栩栩如生的飞禽走兽、花草虫鸟、佛像名人;小木老司能做桌、凳、椅、箱、柜、床等家具;“箍桶”老司能按需制作水桶、稻桶、豆腐桶、饭甑、脸盆、脚盂等。畲族曾出过名木匠,被世称“样式雷”的雷发达,为明末清初建筑艺术大师,参与设计的建筑除故宫外,还有圆明园、颐和园、静宜园、静明园、承德山庄、升八庙、东陵、西陵、万寿山、北海、中海、南海等皇家著名建筑,在建筑物上雕刻的花纹图样精美绝伦,为世界建筑史之巨匠。现代畲族民间艺人中,仍有师傅能在木质结构房屋的前梁、马腿、门窗及宗祠的“栏观”“位牌”等处雕刻各种花鸟、虫鱼、人物、仙佛、龙纹、祥云等,形象生动,惟妙惟肖。

竹匠　景宁使用竹器种类繁多,历史悠久。竹匠用竹制作水上运输工具,如:竹筏、船篷、船篙;家用器具如:桌、椅、凳、榻、箱、柜、书架、鞋架、圈椅、躺椅、靠背椅、折叠椅、梳妆台、沙发、茶几、屏风、扁担、竹筐、谷箩、鱼篓、菜篮、畚箕、斗笠、炭篓、火笼、米筛、竹篮、笊篱、菜盖、线篓、晒匾、竹筛、篾席等器具及红盘、首饰盒、祭祀篮、花篮等精致礼盒。有的竹匠艺人还在竹制品上雕刻、编制各种图案、文字,甚至利用竹根雕刻各种摆件,美观雅致。

石匠　景宁石匠有粗工、细工之分。粗工按需将岩块开采并切成大小长短不一的原料石;细工按需或磨或雕进行精加工。细工以筑石桥、砌墙脚、砌岩堪、砌堤坝、砌坟墓为专长。以料取材,将石料加工成各式各样的生活用具与建筑材料,如石磨、石臼、石水槽、石水缸、石脚盘、石板、石碑、石门楼、石狮子等。能在石板、石柱、石梁上雕刻精细的龙凤、人物、花鸟、虫草及各种文字图案。

泥匠　景宁泥匠以制陶与制砖为长。景宁制陶地在大漈,产品有盆、缸、罐等,俗称“大漈罐”,工艺始于明代天启年间(1621—1627)。陶器用黏土成型,干燥后置土窑内1000℃以上高温烧制而成。因大漈陶土质纯净,技术成熟,曾盛行一时,20世纪70年代后,市场出现瓷、铁及塑料制品而逐步衰退;砖匠专门烧制砖瓦,挖韧性黏土借牛力踩踏或机械绞细,经制坯、晾干、入窑、火烧等环节制成。

纺织布带

纺织布带为景宁民间重要工艺,20世纪70年代前在农村仍普遍存在。纺织是将蚕、棉、麻丝捻成线,然后按需要织成各种布、带。

木制织布机

纺纱　也称捻线。织布、带须先纺纱，纺纱主要工具为棉搅车、弹弓、弹棉槌、纺车、纺锤、手摇纺车、脚踏纺车等。纺锤可随身携带操作，是将棉、麻捻成线的古老简便的纺纱工具。用纺车纺的纱较为均匀，每锭存量较大。纺车有手摇与脚踏两种，要有固定的存放场所和操作空间。纺纱分纺蚕纱、棉纱、麻纱。蚕纱要先抽蚕丝，将蚕茧入锅煮泡至透后，把丝头捞出拴在络车上抽丝，卷成纱团晾干待用。棉纱是用干燥棉花，轧净棉籽，用弹棉机或手工把棉花弹松，捻成细线条，再纺成线纱。麻纱是用麻捻线，将土麻剥下麻皮，经水煮去表皮、晾晒后，凭手工捻成线，再经纺车纺成麻线纱。

织布　棉纱织的布叫棉布，麻纱织的布叫麻布，蚕丝织的布叫丝布。棉布粗糙、暖和，一般都用作缝制衣裤、帽、布裙。麻布质硬、耐用，主要用来缝制衣服、布袋、蚊帐、豆腐袋、被单(夹被)、布裙和拦腰、孝服等。丝布较少，只织手帕、头帕。织布用木制织布机、络车(卷纬工具)等。织棉布要先用清淡米糊将棉纱打上浆，晒干再上织布机，按织布的用途设计好宽度尺寸，将经线穿过“扣箕”眼，在“梭子”内放入卷好的纬线。织布开始，双脚踩动木制踏板使经线上下交替，梭子左右穿梭，每穿一梭即一纬线，再用“扣箕”扣紧每一纬线，如此反复，手脚并用，以少积多，慢慢织成布匹。织麻布与织棉布工序雷同。

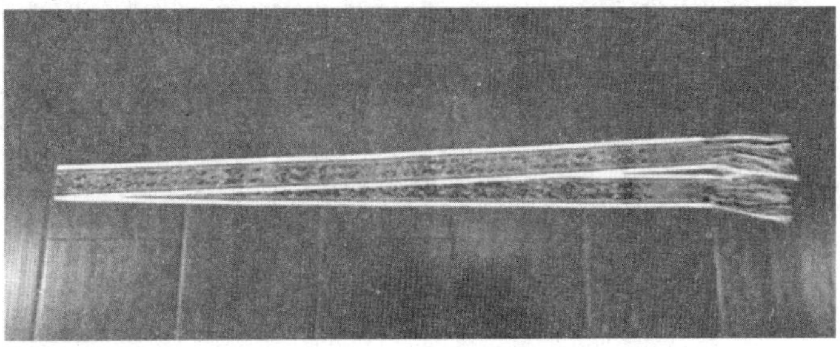
织有文字的彩带

织带　织带是景宁畲汉妇女的拿手工艺，用料以棉纱为主。用织带架，也可不用织带架，只用3根短竹杆，牵好经线，提好综，织带时一头挂在门环或柱子上，一头拴在腰上便可操作。织带原理与织布差不多，织成的带可作围裙带、背带等。在畲族地区，该手艺一直流传至今，畲族女孩十来岁便开始学织彩带，动作娴熟工艺精巧的妇女，能织出多种精美字画图案。

杂项手艺

串蓑衣　蓑衣是景宁农民下地劳作遮雨不可缺少的物件。蓑衣以毛棕为原料，串蓑衣工艺复杂，要整理棕片，刮去棕瓢，理直棕毛，拉出棕丝，捻成棕线，然后将棕片放在桌上按式样折叠好，先串蓑衣领，后串蓑衣挑、蓑衣帷等。串衣工匠不能坐，不能蹲，只能站着，左手压住衣坯，右手一针一线地串。

搓绳　景宁绳子种类多，用途大。原料用毛棕、土麻、竹丝、稻草、乔木皮等，绳用来捆扎稻草、薯藤、青草、郎衣、豆枝及牵牛、吊挂物件等。家用绳都用手工搓成。

编草鞋　又叫“打草鞋”。景宁农民上山都穿草鞋，既经济又防滑。编草鞋以绳为经，用土麻、稻草、棕丝、竹丝、布条等作纬料。操作时，把经线拴在草鞋编织架上，按不同原料，编织不同的草鞋：如稻草鞋、络麻草鞋、竹丝草鞋、布条草鞋等。

弹棉被　景宁弹棉被工艺简单，但费劲。按选定的重量将棉花放在木板架上，工匠背起弹弓，左手举棉弓，右手握弹槌，熟练地弹着棉弓上的牛筋，借牛筋的震动弹松棉花，再将弹松的棉絮均匀地摊在木板上，用几十斤重的木磨盘将棉絮压平、压实，称为磨棉絮。压平后在棉絮的两面布上白纱线、红纱线，再继续反复磨压，使棉絮与纱线缠合得又实又紧为止。

编凉席　景宁凉席有2种，用龙须草编织的叫草席，以细麻绳为经，龙须草为纬，编织时要2人合作，1人穿草，1人扣草，一草一层，层层紧扣，直到符合尺寸。草席坚韧、凉爽、环保、耐用；用竹篾编织的叫篾席，竹匠选质地较软的竹子，劈成薄片，然后入锅水煮，晾干后，按尺寸大小编织。

纳鞋底　做鞋是旧时景宁农村妇女的专长，姑娘十三四岁就开始学。做鞋功夫在于纳鞋底，鞋底的针线穿得越密越结实越耐磨，俗称"千层底"。叠鞋底时用少量淀粉糊，将破旧布片按尺码层层叠齐。晒干后用麻线钉密抽紧，麻线为手工搓成，粗细均匀。

制秤　旧时，景宁师傅用木杆制作秤杆，在秤杆上刻出重量标志，钉上秤星，俗称钉秤。老秤1斤为16两制，以石头作秤砣。新秤为10两制，皆用方形或圆锥形铁砣。大秤可称几百斤物品，小秤只称几斤几两几钱(克)，制秤时根据秤杆、秤砣的大小而定。

裁缝　旧时，缝制服装为传统职业，由裁缝师独自完成量体、裁剪、缝纫、熨烫等工序，俗称"一手落"。景宁服装的款式有长衫、短衫、短袖、上衣、裤子、棉衣等。材料有麻布、棉布等。手工裁缝，一天只能做1件上衣，工钱低，每天仅3升大米，年纪大的师傅会带学徒作帮手。

工业作坊

造纸　景宁造纸原料为松木、杂竹，资源丰富。自古城关、北溪、金钟等地有作坊。金钟乡大吴山村造纸历史悠久，专做毛坯纸。利用嫩毛竹将其敲扁放水碓捣碎，投入池中浸泡发酵成为纸浆，然后捞出制成纸，贴在烤房壁上焙干，切成大小纸片，打包即成。景宁造纸厂利用松木造纸，因污染水源被关停。

印染　景宁民间印染历史较久，古老方法是利用野生的靛青、绿柴叶、柏树叶、乔木皮等，将其捣烂取汁，冲水配制成色，可将布料染成蓝、绿、黑、紫、红等颜色。民国期间在县城、渤海、外舍等地开有印染作坊。

第二节　生活习俗

景宁的生活习俗，经几千年历史洗礼和文化滋润，蕴含着人类的智慧，独特而温馨，至今仍在传承、发扬。特别是饮食制作、衣装穿戴等方面具有独特风格。不同时令、不同地域就有不同的习俗，尤其是逢年过节，在亲人团聚时制作一些精美食品以表示对历史、长辈的眷念、怀故，在祠堂、社址举行祭祖、祈福，祈愿天神、社神、先祖、灶神护佑子孙安康，六畜兴旺，启示后辈不忘祖训、做人先立德、老实做事，正直做人。借机营造家和融融之气氛，隆重享受年节之快乐。山区农户喜热食，火锅烹饮是一大特色，家家户户都有火锅(俗称风炉)，肉类鱼类，山珍野菜，皆边煮边食，宴会酒席也用火锅，部分农家，即使是三伏天还用火锅，鱼肉味美汤鲜。

五谷杂粮

古话说，"人是铁，饭是钢""民以食为天"。人所食作物以稻谷、番薯为主，所制食品也大多以大米、番薯为主。大米分糯米、粳米、籼米三类。糯米黏性最强，粳米次之，籼米再次之；同样重量而不同品质的米所煮出的饭量有所不同，籼米最见量，粳米稍之，糯米最不见量。景宁畲汉杂居，制作技术互相影响，取长补短。景宁人做饭工序很有讲究。

饭甑饭　将籼米放入锅中水煮至米软化膨胀半生半熟时，用笊篱将米饭捞起沥干米汤，倒入饭甑，锅中放适当清水，然后将饭甑置于锅中蒸至饭熟，饭甑饭带有木质的清香。

赤豆饭　将糯米和赤豆分别浸泡数小时，先把赤豆煮熟，加适量油、盐、姜、酒炒至入味，与糯米拌匀，倒入饭甑蒸熟即可，为山里款待上客之美食。

乌米饭　为畲家的特色米饭。采集乌饭荏（嫩柴叶）手揉或臼捣取其汁，以汁浸糯米数小时，入饭甑蒸熟，油亮黑黏，香气扑鼻，养胃生血。

做乌米饭

番薯　生鲜番薯可直接煮、蒸、煨、烤，熟透即吃。景宁困难时期，番薯当主粮。番薯可刨丝晒干，储于仓或桶，供全年食用。干薯丝与糯米浸泡后混合蒸熟，香糯可口。番薯淀粉晒干，可制番薯粉丝。番薯煮熟切条晒成半干，制成番薯条，味甘甜，可作干粮或零食。生番薯切片，水煮半熟，捞出晒干，可用砂炒或油炸，称番薯片，脆甜味香。番薯丝还可用来酿酒。

马铃薯　俗称“洋芋”，可作主食也可作菜食。马铃薯伴苦马菜，味鲜可口。煮熟去皮切片晒干可制成“洋芋干”，油炸或浸泡炒熟为上等下酒菜。

大小麦　景宁宜种大、小麦，大麦粉可做大麦馃或伴麻叶煎麦饼。小麦粉可做面条或馒头、包子、水饺。

玉米　俗称“苞萝”，连棒煮熟吃玉米粒，干玉米可磨成粉制粉糊食用，磨粗粉可拌大米蒸饭，叫苞萝饭，营养价值高于其他杂粮。玉米亦可用于酿酒。

小米　俗称“黄粟”，20世纪80年代前，山农常烧山种植，煮粥或磨粉制糊，营养丰富，是养胃佳品。

山珍野菜

山珍　景宁山中野生的香菇、黑木耳、松毛菇（牛肝菌）、桐子树菇、柏树菇等珍稀食品，被称为山珍，数量少，但品味好。食用菌产业发展后，人工培植的香菇、黑木耳、白木耳、平菇、竹荪、金针菇、鸡腿菇、猴头菇、灰树花等，产量较高，成为出口商品，同时，也是餐桌上不可或缺的山珍美味。

野菜　景宁野菜种类较多，有蕨菜、苦益菜、荠菜、山靛青、马兰头、憨驴菜、鱼腥草、灰灰菜、马齿苋等。景宁山区有毛竹、杂竹13400多公顷，竹笋品种繁多，有毛笋、雷笋、金笋、红雷笋、乌桂笋、石笋、四方笋、牡丹笋、蛙笋、苦笋、小笋等。竹笋味道甘甜，可鲜烧火锅，可晒笋干，还可切片煮熟加盐制成特色咸菜。在冬季，冬笋更是一道名菜。蕨菜在开水中煮熟，炒吃。“苦益菜”，采摘时间特长。医书载，苦益菜性温、解毒。《景宁县志》（同治版）【诗经】中载有“采薇东篱下”的“薇”就是指苦益菜。苦菜，俗称“犁头菜”“憨驴菜”，生长在海拔800米以上高山地带，水煮熟漂其苦味，与肉火锅滚着吃。荠菜、鱼腥草、马兰头、山靛青、苦槠干等，天然无公害，人人青睐。

肉食水产

肉食　景宁肉食以猪肉为主。农村大部分农户养猪，食用油以猪油为主。农家杀猪，要请亲朋邻舍吃一餐"散猪福"或"杀猪丧"。肉食还有鸡、鸭、鹅、牛、羊、兔等。

水产　景宁水产有野生鲤鱼、草鱼、石斑鱼、黄刺鱼、鲶鱼、田螺、泥鳅等。

蔬菜瓜果

蔬菜　景宁蔬菜品种多。菜类有白菜、芥菜、芹菜、大白菜、油冬菜、卷心菜等;豆类有毛豆、豇豆、凉豆、刀豆、四季豆等;瓜类有南瓜、冬瓜、北瓜、丝瓜、蒲瓜等。还有茄子、辣椒、茭白、萝卜等。山萝卜是山区特产,小暑前后播种,白露前后可收,山萝卜不用肥料、农药,鲜嫩味甘。

水干果　景宁多数村种植板栗、桃、李、柚、梨、枇杷等水干果,海拔低的村种植柑橘、椪柑、温州蜜橘。20世纪70年代开始引种嫁接碧湖杨梅等新品种。黄柿种植历史久远,20世纪80年代开始引进嫁接蟠桃型、扁圆形新品种,口感甜软,可生吃或晒干。野生猕猴桃较多,白露后采摘。敕木山有野生山核桃,畲语称"假桐",含油量高,壳厚,炒熟用锤子敲开方能取肉,味香。野生草莓有藤本和木本两种,色泽红亮、味鲜醇甜。山中的金樱子(方言称籽驮,畲语称山粗)、茶籽泡、乌枝、山楂、乌桐灌、糯饭团、耕藤籽等都是人们喜食的野果。20世纪80年代后,栽培西瓜、甜瓜、草莓等,市场物产更丰富。

食品制作

景宁地域偏僻,农居分散,生活习惯大同小异,但在食品制作上却各有特色。将主粮或杂粮经加工制成主食、甜食、点心;将各类蔬菜、野菜、黄豆,通过加工制成咸菜等鲜美食品,以招待客人,丰富生活。

熬糖油　旧时,农民把糖油当补品。每年秋冬,将大麦浸水数天,催其发芽寸许,选上等糯米浸泡数小时,蒸成饭,将麦芽捣成汤汁与糯米饭拌匀,待其发酵蚀成饭糊后,装入糖袋挤压出水,将糖水入锅武火熬1小时,文火熬6~7小时,熬至味厚色黄而稠时即成糖油,装入陶具,随时用筷子缠糖取食。也可将糖油熬至膏状,倒在炒干的细糠上凝结成糖饼待用。

做米糖　按熬制糖油之法,把糖油熬至可拉成丝且挂着不断时,趁热拉成指头大小,待凉即凝成糖,按长短需求截段即可。拌入熟米粉或熟豆粉之类以防粘连,随即装入瓶罐,盖紧不透气。中药称为饴糖,为脾胃驱寒补气之佳品。

炒米糖　将麦芽糖油放锅中熬到发大泡,加入备好的爆米花、熟芝麻或花生米(花生米去衣),在锅中文火拌匀后压紧出锅,放在木框架中压紧压平,拆除木框切片,待凉后装入饼干箱。

糍粑　将糯米浸涨倒入饭甑中蒸熟,倒入石臼捣成团,搓成月饼般大小,表面洒上红糖芝麻粉,就成糍粑,趁热吃,香糯细软可口。村民常在中秋节、重阳节、冬至以及老人生日等节日制作。有俗语:"大人生日一臼粿,小孩生日一双蛋"。民间若杀鸡、做糍粑,那一定有贵客临门。

做糍粑

年糕　又叫过年粿,现在普遍用粳米粉揉成团蒸熟,放进年糕机挤出来即成。民间做的"黄粿"年糕,有其特殊的制法与风味。先选几种特殊灌木烧成灰,用开水泡出其碱水，以碱水浸米一夜，入饭甑中蒸透，放石臼打细打嫩成团，搓成0.5~1千克重的馃条，待凉变硬后用碱水泡浸储存，一般腊月做的馃，可保存到来年三月不坏。加鸡蛋、豆芽、青菜油炒或糖水蘸着吃，味香质软，久食不厌。也可在馃条上用“双喜”“寿桃”等模具，印上精美的图案与文字，当作送礼物品。

糖糕　糯米加部分粳米磨成粉，将米粉、红糖调成糊状，入蒸笼蒸熟，表面撒上芝麻、花生、红枣等，即美观又香甜可口，糖糕冷却后存放，要吃时再蒸软即可。籼米也可做成米糕，将米粉调成糊状，放入蒸笼蒸熟一层再加一层。加入碱水的叫黄米糕，只加点食盐的，叫白米糕，俗称“千层糕”。

立夏羹　将腊肉、乌贼、笋粒、蚕豆、豆腐干等加料酒、姜、蒜炒香入味作佐料备用。籼米水浸透磨浆入锅，文火搅拌成糊状，伴入炒好的佐料，文火煮透，让佐料的香味与“米糊”完全融合，味美香醇。

炊米干　选用优质糯米，水浸透后入饭甑蒸熟，晒干存放备用，为农家常备方便食品。煮食米干，简单方便，立等可食。米干蛋粥是招待客人的上乘点心。米干咸蛋粥或咸肉粥，供老幼体弱者食用，有强身健体之效。

蒸粉皮　选优质籼米在水中浸泡10小时左右，磨成米浆装桶备用。锅中煮水，放上篾具，铺上炊巾，每次倒匀一勺米浆，盖上笼盖，3分钟即熟，一次一张，取出入碗，浇上汤汁、香料即可食用，为方便美味之早餐。还可将粉皮晾干切丝晒干存用。景宁以英川粉皮影响最广，其历史可追溯到明洪武年间(1368—1398)，英川流传着“秋后背井离乡做香菇，粉皮干送行最含情”的习俗。英川粉皮嫩、滑、软、韧，配以虾皮汤、鲤鱼干汤特受喜爱。

制糕点　糕点制作的原料有粳米、糯米、玉米、小米、荞麦、高粱、番薯、马铃薯及黄豆、蚕豆、绿豆、扁豆、赤豆等。将原料磨细取粉，拌入配料及糖水，用模具印压成型，入笼蒸熟即可。糕点的种类有糖糕、方糕、松糕、蛋糕、千层糕等。

包粽子　原料以糯米、粳米、豆类为主。用箬叶、棕丝、纱线、龙须草等包装材料，粽的形状有三角粽、脚粽、床头粽。因配料和馅料不同，叫法也不同，有白粽、黄粽、豆粽、栗粽、肉粽、红枣粽等。

清明馃　清明节前，到野外采回青蓬，洗净捣烂碾细，磨好米粉（三分籼米七分糯米）拌入青蓬揉成团，用红糖、芝麻粉、豆粉、炒笋粒、酸菜、肉类等为馅，或咸或甜，做成包子大小，放柚叶或箬叶上入蒸笼蒸熟即可。

搓汤圆　春节与重阳节善食汤圆，以示家人团团圆圆。汤圆粉以糯米粉为原料，搓各自所爱的白汤圆、肉馅汤圆、芝麻馅汤圆、鸡汤馅汤圆等。

腌制咸菜

腌咸菜　白菜、萝卜、竹笋、蕨菜、茄子、黄瓜等均可制成腌菜。腌制的菜蔬要洗净晾干，拌入适量盐适度搓均，入缸压实密封置阴凉处，腌制时间不宜太短，一般需3周后才可食用。腌制器皿应选用竹筒、陶器、酒缸、玻璃瓶等。

煎菜糖　将萝卜、芋头、竹笋、番薯、南瓜等洗净，放入锅内加水加盐煎熬20小时以上，这样煎熬的食物又咸又黑又香，俗称“菜糖”。待凉后装入瓶罐压实，加少量卤汁，封严备用。萝卜要选小个头，晾至半干再煎，质量更好。竹笋要剥去外壳，洗净切块煎。

霉干菜　将萝卜叶、白菜、芥菜晒半干，洗净后撒上盐搓揉，放入木桶压实，腌制月余取出，切细晒干，再放蒸笼蒸熟，晒干备用。

豆类制品

霉豆　将青豆或黄豆清水煮熟，置大盘于阴暗处发霉，长白毛后，将盐炒干，与生姜、大蒜、黄酒等一起拌入，装瓶罐数日即可食用。

豆豉　黄豆、黑豆烧熟至无汤渍，晾干，盛入大盘，盘底放层南瓜叶，豆上也盖南瓜叶，发酵数日，长出白毛后装入陶瓷缸，加凉开水与盐放太阳底下暴晒数日，拌入生姜、烧熟的笋干和经火烤至半干的黄瓜等继续暴晒1周即可食用。

豆腐乳　将豆腐切成半寸小方块，太阳下晒至四角变硬，置阴暗处发霉，长白毛后，洒上炒过的食盐和红曲粉，装进瓶罐，加酒、蒜、凉开水、辣椒粉等密封，一周可食。

豆腐娘　水磨黄豆连渣带浆煮熟，又称“豆腐儿”，为景宁民间传统美食。制作时干黄豆用清水浸泡，待豆膨胀质地松软后，用石磨磨成糊状（青豆洗净直接磨），入锅放适量食盐，文火煮熟，加入炒好的虾皮、香菇、葱椒及适量黄酒等佐料，火锅滚食，鲜美可口。

山菜制作

山豆腐　采野生豆腐柴树叶，洗净，使劲搓叶出汁，用纱布过滤去渣取汁，加入柴灰碱水，或牙膏或乌贼骨粉，装入脸盘等器盂，待汁变硬，色碧绿，俗称“山豆腐”。加葱、姜、蒜，烧汤，清热解毒，消暑。

制山粉　挖蕨根或葛根洗净捣烂，入桶洗出淀粉，将含淀粉的水装在大桶里沉淀，经反复沉淀后倒去上面的浑浊泥水，取淀粉晒干备用。山粉白净，为烹调、做粉条之最佳材料。

食品作坊

酿酒　酿酒先要制曲，景宁传统工艺是将籼米用水浸透后蒸熟摊凉，加入小量曲菌苗，经过自然发酵制成米曲。原色的为白曲，添加红色的为红曲。酿酒前洗净酒缸晾干，放入水和米曲，米水比例为1:1.5~2.0，米曲比例为1:0.3。酿酒的米为糯米，洗净清水浸透，沥干入饭甑蒸熟，倒出摊凉至30℃左右，再倒入酒缸搅拌均匀，让其发酵7~8天。其间要密切注意天气温差变化，防止过热溢缸、过冷闷缸，每天须用“酒打”搅动1~2次，10天后遮盖缸口。若发酵正常，一般20~30天糯饭稀化渐澄清，缸面渗出黄色液体，即成黄酒，俗称“缸面清”。取酒时将“酒抽”插入缸中，使酒与糟分离，从“酒抽”内取酒。余下的酒糟，装袋压榨。为使黄酒保存长久，将酒倒进大锡壶隔水煮沸消毒，凉后装入干净酒坛，用干荷叶、笋壳箍紧坛口，再用拌有谷糠的黏土密封。黄酒存放时间越长越醇，存放3年以上称陈老酒，色黑味醇。若做白酒，即将黄酒连糟一并放蒸馏器蒸馏，俗称“米烧”。

榨油　景宁传统榨油坊由一个双灶台、一个碾盘、一根榨槽木和一个悬空的石制油锤组成。榨油要经原料炒熟—碾粉—蒸粉—做饼—入榨—出榨—入缸7个步骤。油茶籽、油菜籽为人工种植，品质上等，茶油菜油为健康环保的传统食用油。另外山野中的柏籽、桐籽、山苍籽采摘回来可制成其他用油和药用油。柏籽油分白油和青油两种，白油用来制作蜡烛，青油用来点灯或制膏药。桐籽榨出的油用于油漆。山苍籽榨出的油药用价值很高。

服饰穿戴

景宁的服饰、首饰古朴、典雅。古时，服饰分上衣（衣）和下衣（裳），上衣为服，下衣为裙、裤；还有鞋、帽、带等。首饰有簪、珥、镯、环、手链、戒指、玉佩等。

衣服　古代统称衣服为衣裳，农村俗称“大襟衣裳”，衣裳前幅叫“襟”，后幅称“裾”。宽袖单衣称“缝掖”；破烂衣裳称“褴褛”；华丽衣裳称“华裾”；孩童服装称“襁褓”。衣服款式随时代变化而变。清代前，男子都穿长袍、长衫；女子佐兴穿旗袍。民国后才有中山装、西装、短装、休闲装。20世纪50年代，在农村还常见有人穿长衫。畲族的传统服饰，多以自家纺织的苎麻为主料，用野果及树皮染色，色调以青蓝为主。民国前，男子的大襟长衫开襟处镶有月白色或红色布边，下摆开叉处绣有云纹。现为直襟短花边衫，领、袖、襟处镶有花边，衣袋绣有花朵，称花边为“蓝观”。妇女上衣为左社大襟衫，衣长过膝，习惯在衣服的领、袖、襟处刺绣精美图案花边花纹，色彩鲜艳，花色繁多。《处州府志》记载，畲族妇女“衣过膝，色或青或蓝，缘则以白色或月白色为之，间赤用红色，仅未嫁或新出阁之少妇尚之。腰围蓝布带，亦有丝质者。裤甚大，无裙。”

裙裤　古代人以裙遮羞，以裙作裤。裙有长裙、短裙、围裙、连身裙之分。农村有半边裙，俗称“拦腰”，用麻纱布、棉纱布缝制。拦腰有保暖、护肚、壮腰等作用。裤有长裤、短裤、背带裤等。旧时老人穿大腰裤，称“统裤”“便裤”，腰围圈用白布缝制，特大。

布带　用布缝制，又宽又长。练武之人或从事重体力劳动者扎在腰身的叫布带；专用于背孩童的叫背带；扎在小腿上保护肌肉损伤的叫绑带，又称“绑腿”；受伤时包扎药物的布条也叫“绑带”。

鞋帽　古称鞋为“履”。用皮、布、木、草、丝为制作材料。用木板做的叫“木屐”；用布做叫布鞋；用稻草、竹丝、麻丝做成的叫草鞋。帽有实用性与装饰性。古时的小孩帽特具风格，冬帽在两层柔软布料中间夹层棉花，按大小所需缝制成帽，帽额上和两侧皆剪贴有刺绣花纹，或镶上有福字和神情善美的小佛像、花鸟等银牌、银器及银铃，有辟邪之意，帽两边能包住两耳，既保暖又高贵典雅。

首饰　多为女性与儿童所用。女性首饰有镯子、戒指、耳环、扁簪、插钗、银牌、头冠、梳篦等。儿童首饰有手镯、银牌、耳环、银铃之类，有为孩子镇惊驱邪之意。畲族妇女头饰叫笄（畲语音 gie），由凤冠演变而来，女子结婚后才能戴笄。笄，用银、玻璃珠、毛竹脑、棉布制成，款式多样，象征吉祥之意。头上的三角形支架由一个三边为棱柱形的竹根片制成，它的长轴放在中轴面上。用银片红布做成“头面”，并用“乌针”来固定后面的“银骨挣”，装饰点缀成优美的图像，朴素美观大方。

农事器具

劳作用具　20 世纪 60 年代前，景宁农事主要靠手工劳作，水田作业用铁锄、阔板锄、葫芦锄；翻耕泥土、破碎土垡、平整田地以牛拉着犁、耙、耖、砺礋等代替人力；水田除草用耘耥、田圈等；旱地作业用狭锄、齿锄、草刀、半路刀等；收割稻谷、麦类工具用镰刀、掐刀、短镢、稻桶、稻梯等；晒干净杂工具用篾簟、番薯丝略、谷箩、畚斗、谷筛、米筛、糠筛、扫把、风扇车等；挑水用水桶；舀水用松木勺、瓜瓢；施肥用尿桶、粪桶、粪勺；砍柴、劈柴用柴刀、斧头；切树木、锯木板用条锯；身上避风挡雨遮阴用簑衣（棕衣）、斗笠（箬帽）。

农具

挑担用具　20 世纪 60 年代前，运输货物主要靠肩挑，用具为木扁担、竹扁担、抵棒、驮具等；装货物用畚箕、箩筐、篾篓、罐篓、炭篓、菜篮、木桶、木箱、竹笼、布袋、麻袋、抽袋、担筐等。

家用器具

居室用具　20 世纪 90 年代前，景宁普通家庭居室家具有：木床、竹床、棕绷床；桌、椅、凳；木箱、竹笼；屏风、镜台；床头柜、双门柜、三门衣柜等。富裕人家的高档家具，种类繁多，品种齐全。有用铜、铁、木雕花的；还有用红樟制作的桌、椅、凳、衣柜、衣架、巾架、花架、屏风、盆架、镜台、烛台等，雕刻图案惟妙惟肖、工艺精湛，古典雅致。

厅堂用具　厅堂高、大、宽、亮，为会客、设宴、吊丧之场所，故厅堂家具有圆桌、方凳、沙发、茶几、高几、长案、花瓶、靠背椅等。

书房用具　书桌（包括方桌、长桌、铜桌）、凳椅（有方凳、条凳、藤椅、太师椅、靠背椅等）、书架、书柜及纸、砚、笔、墨文房四宝。

满间床

厨房器具

灶具　炉灶每家必备，种类繁多。有平灶、抬灶、烟囱灶、陶缸灶、风炉灶，省柴灶、沼气灶等。灶分单口、双口、三口及一字灶、品字灶。各灶用途不同，分别用于烧菜、煮饭与和煨猪食。

炊具　炊具有铜器、陶器、木器、竹器等。种类有锅、瓢、铁勺、铁（铜）镬、铜罐、铜勺、菜刀、锅铲、火钳、火筒、木勺、饭甑、饭桶、筷笼、竹刷、笊篱、食品罩等。盛器有米缸、水缸、酒缸、盐缸、酒坛、油瓶、酱醋瓶等。

日常用具

生活用品：脸盆、脚盆、澡盆、尿盆；夜壶、马桶；头梳、篦儿；座桶、水桶、豆腐桶、杀猪桶等；腰带、鞋、袜；头巾、毛巾、汗巾、浴巾、手绢、帽子、擦脚布等。

餐饮用品：碗、盘、碟、筷、勺、汤匙；茶盆、茶瓶、茶杯、茶碗、茶壶、锡酒壶；瓷杯、搪瓷杯、高脚杯等。

取火用品：火钳、火铳、火刀（含火石）、蜡烛、火柴等。

取暖用具：火炉、火笼、火盘、暖手炉等。

制凉用品：莆扇、篾扇、纸扇等。

床上用品：被、褥、毯、枕头、草席、篾席、棕垫、稻草床垫、稻草枕头等。

出门用具：提包、雨伞、包袱、褡裢等。

幼儿用品：木（竹）座框、站桶、摇篮（悬式、落地式）；竹碗、竹筷、奶瓶、小板凳、小椅子、摇床、座椅、布裙等。

手工用品：有锤、凿、锯、钳、斧、刨、针、线、剪刀、顶针、鞋底钻、鞋底切刀等。

照明器具

20世纪50年代前，景宁乡村用竹篾、松明、青油、茶油、蜡烛、煤油照明，称火篾灯、土油灯、煤油灯、蜡烛灯、桅灯、气灯、吊灯等。至60年代后才普遍用上火电、水电。

度量衡器具

度　测量长度的器具，有寸、咫、尺、丈、寻、常、仞等。农村最长的尺称"丈杆"，长度与房屋正柱同高，方形，为建房用的丈量器具，木匠师傅专制，用于建新房时记录各方面数据于杆上，以便取料施工，房屋落成时"丈杆"置于房屋正梁旁永存。

量　测定计算容积的器皿。专用名称有升、斗、斛、豆、区、釜、钟、溢、掬等。如米斗，农村量米做饭，以升斗计量，斗中按不同分量分为4格，1斗约1250~1500克不等。

衡　测量物体轻重的器具。早时，以铢、两、斤、钧、石为重量单位。宋代权衡改制废弃了铢、絫、黍等名称，重量单位名称自大到小依次为石、钧、斤、两、钱、分、厘、毫、丝、忽。旧秤1斤为16两。

手工艺

剃头　民国前，景宁剃头师傅仅限于男性，乡下剃头由师傅包月、包年，师傅每月挨家挨户上门剃1次。男童不收工钱，但要负担师傅的食宿。师傅的剃头篮（工具箱）小巧轻便，篮内仅装几把剃刀，1把平剪，1条围布，1条擦刀布，1只挖耳筒（内装耳挖、耳镊子、耳毛刀、耳刷等）。民国后引进洋剪，即推子，始理平头、西装头，城乡陆续出现理发店。

刺绣　历来为景宁妇女传统手艺，习惯在服装襟边、领口、袖口、衣兜、肚兜、扇心、小孩围涎与帽子等处绣上花鸟、几何等图案，刺绣首先将图案粘贴到各种物体上再进行刺绣，工艺复杂、费时。绣花鞋是旧时畲族妇女刺绣工艺之一，鞋帮为青或深蓝色，四周绣花纹、图案，鞋头系红缨，女鞋纹饰多而精细，男鞋则简略。

福字刺绣

剪纸　唐宋以来，景宁民间广为流传剪纸图案，大多用于鞋、帽、衣服、包袱、烟袋等日常生活用品上所刺绣的纸底图案，与宗教祭祀活动的饰品、道具的图形相似，其图案花纹题材多为民间喜爱的人物、鸟兽与吉祥图案。畲族剪纸线条流畅、色彩鲜艳、形象生动，造型简练古朴，具有更加精致的特点。

货郎

馄饨担　20世纪70年代前，景宁县城中常见货郎挑着馄饨担作买卖，因锅、灶、柴、水、用具与馄饨、配料均一肩挑而故名。担火常旺，热水长沸，立等可食。扁担用毛竹制成，卖馄饨时货郎只敲竹梆不吆喝。至70年代后销迹。

卖肉篮　20世纪70年代前，景宁边远山区的农户，毛猪养大宰杀后，除自留部分外，其余由屠工代售。屠工肩挑肉篮，走村串户，口吹牛角号以招揽生意。20世纪80年代后，屠工吹号卖肉现象销迹。

第三节　礼仪习俗

“男大当婚、女大当嫁”“家里死了娘、秧苗放田黄”。这是景宁农村流传最广的俗语，阐析几千年来，男女婚配嫁娶、家庭老人去世，仍宗族最大家事，已成重要习俗。汉族与畲族婚俗有不同，而汉族各地大致相同，讲究的是一种礼仪，按规定程序仪式应操办到位，若有某个环节失误，会造成亲家亲戚不满，甚至影响婚姻基础的稳固。殡葬也是一种礼仪习俗，畲族操办有不同特点，汉族的程序大致相同，但会根据家庭经济条件及信仰有所区别，经济许可者举办的隆重热闹，经济稍困的家庭则简单操办。有特别信仰的家庭，丧事操办也不同，会增加诸如“做功德”“开路格”等封建传统活动。

婚俗

景宁畲汉两族均实行一夫一妻制，同姓远房可嫁娶。旧社会联姻请媒人介绍成亲的占多数。时代变迁，男女自由恋爱，或恋爱成功再托媒人的，其间略去相亲之过程。景宁婚嫁方式有女嫁男方、男嫁女方、做两头家、子媳缘亲等四种。男女青年达到婚龄，便托媒人说亲。条件成熟即带男青年到女青年家相亲。相亲是互相认识对方的相貌、试测对方的才智、了解家庭的家况等过程。如果双方同意，女青年也由母亲或姑姨陪同，到男方家了解家况。女方认同后，双方互送信物。

定婚　相亲后，男方父母请媒人跟女方父母协商，准备择日"定婚"。定婚时，男方要备一份礼物给女方，比如猪脚、白鲞、面条、饼干、红糖之类。礼物由媒人送到女方，女方父母请来同房叔伯"吃定婚酒"。并与媒人商定结婚财礼、酒席等事宜。

择吉日　男女双方商定后，男方父母要找个"风水先生"择个"黄道吉日"娶亲。由媒人把"吉日"单送给女方，女方父母再另找另一位"先生"复单，认为日子可行，就确定下来。再由男方请媒人正式送去"日子单"。

送担　结婚日子择定后，男方要根据女方请客的人数办好菜担，在结婚日子来临的前几天送到女方家，俗称"送担"，此担有财礼、猪肉、鸡鸭、海货等物品。

送担

迎亲　结婚"吉日"前一天，男方要安排赤郎（汉族叫请奉客，即男方父亲的"亲家"代理人）、赤娘（陪伴新娘的"接姑"）、行郎（送礼物与抬轿抬嫁妆者）等若干人到女方家。晚上，女方要操办"嫁女酒"。请六亲九眷、左邻右舍和男方来的迎亲队伍喝喜酒。第二天，若新娘坐轿，将新娘和父母置办给女儿的被褥、箱柜、化妆台等陪嫁物品抬到男方（有车后改用车送）。旧时，因家境不富，大多数新娘由亲兄弟陪同，走路到夫家。

婚宴　男方婚宴在"吉日"当天操办，新娘到后，同村叔伯、亲朋好友前来祝贺、喝喜酒、闹洞房。旧时，条件好的家庭都要杀猪、杀鸡、做豆腐、做"馍糍"，在自家操办。景宁各地风俗不同，酒席也有不同。景南一带有吃"东坡酒"习俗，即在桌上摆放风炉、菜刀、菜板等，生肉由客人自切自烧，也可分给每人带回家。

回门　婚后第三天，新郎新娘要办一份礼物回女方娘家探访，称"回门"，岳父家则欢欢喜喜地宴请新娘新郎。婚后的第一个春节，夫妻俩还要回娘家做"新客"。

丧　俗

送终　长辈临终时，儿女及直系晚辈要守在身边，目睹长辈瞑目，送终人多，说明老人命好，子女们孝顺。家人留恋长辈时的悲痛哭声，为送终的情感升华。

报丧　长辈"归西"后，孝子马上向村邻叔伯报丧，对村上大人不论男女行单脚下跪礼，对方扶起，村民不用通告，便会主动来帮忙。然后请风水先生择出入棺、做功德、行棺、安土4个吉日及时辰（火化后，择出殡、火化、入土时辰），并向亲戚报丧，也行半跪礼。

入棺　按所择时辰，子女要为死者"洗身""穿寿衣"。中堂摆上棺材，棺材下面铺层木炭，再铺上寿席，由子女抬尸入棺，以瓦作枕。右手放 1 根桃枝，意为让死者在阴间赶魔驱鬼，左手放 2 只炉灰粽，死者丢给阴间拦路狗吃，则一路顺风。再包两包烧纸灰当钱，意为带上钱随时可用。然后盖上寿被，棺盖则半掩，以等娘家亲人瞻仰遗容与检查是否穿足寿服，满意后才能盖棺。实行殡葬改革后，除用水晶棺存放之外，省去入棺等环节。

灵堂　因风水先生择的日子时辰要有利于亡者和孝子们，所择日子不一定按治丧时间紧密相连，若时间相隔太久，则入殓后移棺至中堂，等日子到再布置灵堂，若日子紧连，入棺后就开始布置灵堂。棺材尾朝天井的一头，扎一竹帘，挂上孝联，贴上大位名，帘前摆上桌子，有的人家在桌上摆 1 幢纸糊的漂亮房子，称"座"，桌上设一香案。将祭品摆满桌子，棺材头朝中堂内的一头，置 1 盏"长命灯"。在天井外或在棺材尾处摆设烧纸钱之炉。若要做功德，需在中堂两边挂上 34 条吊唁条幅。

安葬　景宁葬法历经岁月演变，同治版《景宁县志》文艺卷中有一篇讲火葬不孝的论文，证明景宁此前有过火葬。自古以来，景宁各地安葬都分两步，第一步临时在山边挖个泥洞，先把棺材安放洞中，3年后，等尸体腐烂再拾骨土葬。也有在山上搭个亭，称"阴亭"，把棺材安放亭中，3 年后再择日拾骨土葬。第二步是择好日子，请来"先生"拾骨，装入"金罐"（专盛尸骨的陶罐），安于墓地或岩洞中，垒石成坟。清末以来，盛行一次性完成棺木土葬，按地形而定，有开坡打泥腔入棺、有挖平地下棺（叫仰天窟）、平地砌石垒坟等不同葬法。各地还有少数人做"生基"，即人过半百，就择吉垒坟。把鸡蛋、五谷放到穴内，至人死后开穴入棺，或拾骨入坟。选择墓地讲究"风水"，请"风水先生"踩点，选朝阳、干燥、朝向好、靠山硬、左右有围山之地。

1993 年后，凡通公路的村都实行火化，人死后穿好寿衣、整好遗容，过了风俗丧礼仪式，就运往殡仪馆火化后安葬。

第四节　社会习俗

20 世纪 60 年代前，景宁部分地方封建传统思想仍普遍存在，信神、信佛、信鬼、信天命、信风水的人为数不少，逐渐形成农村生活中的习俗。特别是清明、冬至、春节等时令节气，会给已故亲人上坟烧香或在家中摆"庚饭"，以示拜祭祖先，孝敬上辈。更有人生病不求医生，请个巫师"问神""捉鬼"是常见之事。20 世纪 70 年代后，科普知识普及，人们相信科学，依靠科学，旧习俗慢慢淡化。

封建社会至 20 世纪 50 年代，景宁农村有做公益的习俗，根据各村实际，有条件的自发成立路会、桥会、庙会等民间组织，商议办理村坊修桥修路修建祖祠等事宜。修建前发动村民捐款捐物，出工出力。有的村留有少量公山公田，俗称路会田、桥会田、祠堂山、祠堂田，由村民轮流种植，将其收成用于各会费用。部分农村建立银会，"十人好帮一"，为困难的农户周转资金，还建立互助组织，若某家庭发生特殊情况，互助组织就会献计帮扶。

信　仰

农村信神信佛者为数不少，凡事给神佛、祖先烧香摆供，称"祭祀"，表示崇敬。祭祀的活动范围很广，比如过节气，设想所有的神佛、祖先都要过节，要用好吃的物品予以供奉，祈求保佑。母猪、母牛生小猪、小牛，也要做"三旦"，也向猪神、牛神供一供，表示感谢。

拜祭先祖　上辈人亡故归西后，孝子贤孙会通过一些方式祭拜祖先。景宁各地传统习俗有三种方式，一是在祠堂上香祭拜。二是在家里摆“庚饭”、上香烧纸。三是在墓地供品、上香烧纸。祠堂是一村或几村同姓人共同建立的祭祀先人的庙堂。本村有祠堂的，可把亡灵送入祠堂，本村无祠堂的，亡灵送入他村同姓祠堂。凡送入祠堂的亡灵则有一块牌位，称“兰观位牌”，也有称“灵牌”，刻有花边，简单的称“一支香位牌”。灵牌按辈分摆放。部分姓氏祠堂1年祭1次，时为二月十五或八月十五，祭祀时要杀猪宰羊，同一祠堂的人，每户派1人参加（女子和未满16岁男子不能参加），师公以舞蹈行祭，祭后设宴聚餐。农村老屋二楼中堂设有神龛，过年过节都要烧几炷香，以示对祖先的感恩怀念。坟墓也是祭祀祖先的地方，每年清明节子孙辈要上坟扫墓，点香摆供，压纸祭祀。无论采用哪种方式，其心里就是信仰祖先会在阴间保佑子孙万事太平。

“问花”请神　生老病死仍客观规律，但古时缺乏科学观念，迷信牛鬼妖魔。家庭若遇不顺之事，农村有一种请巫人问神的方式叫“讲花”或“问花”，畲族是男神童（问花郎），汉族是女神童（巫婆、问花娘），当“问花”娘（郎）附身后，“问花”娘（郎）请“白马三郎”去引求神者指定的一位先人的亡灵前来对话，先叫求神者讲清亡人坟地的位置，来此要经过那些路，“问花”娘叫“白马三郎”引路，并告诉亡灵到何处等。亡人引到后，“问花”娘（郎）即代表亡灵与其子孙对话，问清所求问题的根源和处置方法。还有请鬼、请水社神等，都是历史流传毫无根据的传统信仰，今年轻人很少信之。

善事

昔日，善事通常为民间团体组织的活动，如桥会、路会、庙会、封山会、银会等，称为行善举、办善事。

桥会　路会　浙南山区山高林密，道路崎岖。古时村与村都走人工修筑的石阶路或黄泥路。春后，路两旁杂木杂草丛生，难以行走。为共同解决这个困难，“桥会”“路会”便在民间应运而生。“桥会”“路会”民主推荐会长、副会长（亦称总理、副总理），并由记账、保管等人一起组成会班，负责组织民工投工投劳、资金管理、购置会田等事宜，并到各村集资银元，凡出资人都是桥会、路会会员，捐资情况将建牌竖碑予以公示。将每年白露日统一定为修路日，约定全村或几个村将通村路、田头路都修整1次。每到修路日，每户抽1人，自带锄头、畚箕、草刀，劈去路边杂木、杂草，填平路面，砌好倒塌的堪石，换掉毁烂的木桥。有的村有“会田”，将其出租收入用以维持路桥修缮。

封山会　封、禁山会是群众自愿参与、自我管理的民间组织。农户在山上所种养的油茶籽、毛竹笋，若无统一管理规定，会出现乱摘乱挖现象。没有规矩，不成方圆。故村里成立禁山会，制定规约，如每年油茶籽采摘前，作出封山规约：正常年景，霜降前3天为统一采摘时间，凡提前采摘的，作偷盗处理，处罚银圆1—2个。罚金的百分之五十奖励举报人，并予以保密。并规定每户轮流巡回护山，在主要山冈或山头打锣警告，口喊封山之规定。还规定：未采摘完不准拾赖，否则也作偷窃论处。封、禁山制度，要求人人自觉遵守，互相监督，以守约为荣，以偷盗为耻，代代延续。现以村规民约替之。

银会　银会有会约，由银会事先议定，明示银会是互助性质的“聚金会”。会约规定，入会须按期交纳会金、约定会金的使用时间、使用项目由抽签确定等。会金使用期有半年、1年、2年，时间太短或太长皆不宜，半年以内或超过2年的极少见。会员使用会金，采用“摇签”或“抽签”决定。每个会员认定一个号码，将号码写在竹签（或木牌或纸片）上，插入毛竹筒中，分别由每人摇（抽）出1签或由1人陆续摇（抽）出1签。摇（抽）出的第一个号码就是第一个使用会金之人，其后类推。银会的会员，基本是社会上有名望的人，如教书先生、地理（风水）先生、师公、族长等，会长则由发起人担任或会员民主推选产生。银会虽是临时发起建立的民间团体，但会长都能做到办事公道，清正廉明，银会极少发生贪污、赖账、争吵等情况。银会作为民间经济互助调剂的组织，为解决参会者家庭购置较大的农具、牲畜及解决建房资金困难，起到积极作用。同时，会员彼此间亦互信互任、感情至深。若会员某人家庭遇上困难或不幸，大家会集体协商共谋对策，尽心尽力给予帮助。

俗约互助　俗约互助是农村千年流传的习俗和传统美德，有些难事发生在农户中，凭单家独户之力根本不能解决，全凭村里不成文的规矩，发挥互帮互助精神，村人共同担当才能办妥，体现"一家有难，全村支援；一家有喜，全村共贺"之精神风貌。谁家要办红白喜事，村邻会丢下自家活，赶去帮忙操办，并按习惯与各人特长各负其责。厨师、煮饭、烧菜、号客、记账等各有固定人员，就是当赤郎、抬棺者都有固定人选，无需临时选人。"嫁女"时，村邻、亲戚都贺以衣料，"娶亲"贺以"红包"，丧事就送蔬菜、豆腐、米、酒；生小孩送布、鸡、蛋、面等。如果万一发生火灾，就送树木、送瓦片帮助盖房，送粮食送衣服解决生活困难。若是春耕犁田、插秧，缺乏劳动力，村邻也会去帮忙。哪家村民造房子，只要备足粮食、木材、瓦片就行，除木匠外，村邻伯叔、亲戚朋友自觉去帮工，主家只管饭不用付工钱，竣工摆酒宴那天请友人喝杯酒，就算回礼。祠堂祭祀也有专门班子负责。建有"狮子会"的村，有人管收入及开支、保管乐器、灯具、狮衣等，还轮流演"狮头"（即当年的主持人），这些都是热心人自觉参与的群众组织，没有报酬。

第五节　岁时习俗

景宁的传统习俗、节气，具有明显特色。过年过节，是人们对历史的眷恋与怀念，饱经沧桑、辛勤劳作的人们，在逢年过节时，举行祠堂祭祖、社址祈福，祈祝天神、社神、灶神护佑，寄托着一种情感。借助隆重的节日仪式，教诲后辈不忘先祖、常温家风村规、启迪规矩做人。

传统节日

春节　亦称"过年"，从腊月廿九、三十日"除夕"开始，直到正月十五"元宵节"结束，除亲人团聚外，娱乐活动有舞狮子、唱花鼓、舞龙灯等。为"过年"，城乡居民从腊月中旬便开始置办年货、做年糕、杀年猪、磨豆腐、拉米糖、蒸糖糕、发甜糕、炒瓜子、放烟花等。家家户户大门、窗户、柱子上贴上鲜红春联，图个吉祥平安。在猪、鸡、鸭圈门边贴上红纸，以示红红火火。大年三十要煮一甑饭，供大年初一吃，以示年年有余。除夕夜，家家灯火通明，灶前火炉塘焐大树根（方言大柴脑），叫"煨年猪"，盼来年能养大猪，火炉塘的火种要延续到年初四才可熄灭。除夕夜吃"隔岁"（即年夜饭）、放焰火，长辈给小辈发"压岁钱"。初一，男主人早起放鞭炮，以示"开门接福"。初一规矩很多，午餐前要点好香，摆祭品供神，叫"做新年"。初一可串门，但不许在别人家吃饭；逢人要讲吉利话，不许骂人打架；要吃斋饭；不许用菜汤浇饭，以祝愿出门不被雨淋；小孩不许玩剪刀等利器，以示一年太平吉祥。初二便出门走亲戚，但有"七不去，八不归"之说法；初一至初四不扫地，以示财福永留。初一、十五两天，对祖先、天神、社神、灶神、门神等都要早、晚各敬一次香，以示敬仰，祈求平安。

送年　初五早晨天蒙蒙亮，户主向祖宗敬3支香，由外往里扫垃圾，并将垃圾送往村口，把香插在地上，烧些纸钱，鸣鞭炮，口中念道："一切病魔鬼怪，送你去别处过年，快去，快去，别处也热闹……"初二如到水井挑水，也要敬上3支香在井边，以示喝水不忘水神恩德。

元宵　正月十五，亦叫"过小年"。凡有舞狮之村，十五日在自村熄灯。有的村十四、十五两日还要舞龙灯(方言“驮龙”),龙有板龙和布龙两种。

天日穿　正月二十,传说天要漏,以炒年糕形式“补天”。同时,凡想打耳孔戴耳锤、耳环,也要选这天,说是皮肤不会红肿。

社日　春分前后有社日,这天要“赶社”,家家小孩早早起来,拿着两节长毛竹做的“竹咽”,在田野中叫着“咽、咽、咽”,边走边敲着草木,意为祈祝无野兽来糟蹋庄稼。

二月二　“二月二、蕨驮地”,意为天气转暖。景宁人特别重视这日,冬笋出土,土麻发芽,若这天下雨,就不会倒春寒,若晴则会倒春寒,麻笋要冻坏,产量要大减。如这天下雨,麻山人要弄个丰盛晚餐祝贺。部分农户还有“炒爆花”习俗,用糯谷、花生、玉米、瓜子等在锅中炒,边炒边唱:“炒蜈蚣、炒蟋蟀、炒蟑螂、炒蚂蚁”,意为除死害虫,期望家庭平安,五谷丰登。

四月八　这天为牛歇力之日。神话传说:这日,天上有3个半馒头掉下来,让百兽来抢。所以,要把牛早早赶出去抢馒头。实质是农民关爱耕牛,希望耕牛在忙完春活后,到野外吃吃嫩草。还规定春社、春分不用牛,说是若用了牛,牛会得疯瘫病。同治版《景宁县志》载:古时汉族是“仲夏初八,乌饭供俘奢,女子始佩胜”。

分龙日　立夏后第一个辰日为分“龙”日。传说“龙”是天上负责运雨水的神,分“龙”日有很多“龙”被派到各地运雨。这天忌晒衣服、挑粪桶,别污秽“龙”而分不到龙雨受旱灾。

端午　俗话说“三日端午四日年”,说明端午节之隆重。端午节,家家包粽。为增添节日气氛,巧妇会包出多种名称的粽,长长的称牛角粽,也称“田柱”,意为防耕田倒塌;粽里包一片圆形箬叶,称钱粽,谁吃到谁就会赚大钱;粽里包1个小粽,称子粽或丁粽,让媳妇吃,能生子添丁;用几张笋壳叠起来,可装500克米,包成一个枕头样的大粽,为远行的家人备干粮,祈祷外出平安,财源滚滚,称包袱粽。户户在门边挂艾草、菖蒲叶,以驱鬼避邪,节后用它煎水烫洗,以驱风湿。用茜草根煮鸡蛋会变成红色,称“红卵”,分给小孩吃,意为喜庆吉祥。

六月六　传说,这天太阳辣、味苦,适宜晒冬衣及翻晒老人寿衣,可杀蛀虫。

七月半　又称“鬼节”,有“鬼儿满田坎”之说。在祖宗、社神、天神、门神、灶神等处上香敬神,祈祷鬼神不要到人间闹事,表达人们期盼、祝愿美好生活之意。

八月半　也称“中秋节”,蒸千层糕,备月饼。时值糯谷收割,做麻糍,庆贺五谷丰登,孝敬长辈。

重阳　农历九月初九日为“重阳节”,为中国传统节日。九月九日,两九相重,故曰“重阳”,也叫“重九”,古人认为是吉利日子。一般活动有出游赏秋、登高远眺、赏菊、吃重阳糕、饮菊花酒等。也为敬老日,倡导全社会树立尊老、敬老、爱老、助老的风气。

入年架　农历十二月二十三日为入年架日,户户打尘,干干净净送灶佛上天。

时令节日

立春　俗称交春,此日为春之首,景宁有“新春大如年”之说。交春后春水动,民间认为春前水浸物不腐,故浸年糕宜用冬水而不用春水。

惊蛰　惊蛰响雷,万物复苏。可上山植树。

清明　清明为重要时令节气。为祭祀祖先恩德,清明前三日后四日家人要上坟扫墓。家家户户要做“蓬麻糍”,也称“蓬饴”,畲语称“蓬”为“高耳”,称蓬饴为“高耳馃”。

立夏　立夏节气,农户做立夏羹。用笋丁、蚕豆、腊肉丁、花生米、炒蛋、乌贼丝、籽驮花(金樱子花)加葱、姜、蒜、料酒,炒入味,伴入籼米粉或粳米粉煮成的米糊中煮透,味美香醇。

秋分　春播秋收，到秋分时令，农事要做好秋收准备，农户开始修簟补箩。秋分为农历二十四节气中第十六个节气，时间一般在每年9月23~24日。秋分之"分"为"半"之意，古籍《春秋繁露、阴阳出入上下篇》中说："秋分者，阴阳相半也，故昼夜均而寒暑平。秋分的意思有二：一是太阳在这一天到达卷经180度，直射地球赤道，因此这一天24小时昼夜均分……"

冬至　俗称"冬节"，农户做黄馃。说这天为天赦日，农村建新坟墓都不用择日子。旧时为死者拾骨重葬的，都在这天进行。

第二章　宗　　教

惠明寺

宗教是人类社会发展一定阶段的历史现象，是建立在信仰基础上的意识形态。宗教信仰，宗教感情，以及同这种信仰和感情相适应的宗教仪式和宗教组织，都是社会的历史产物，也是人类对自然现象神秘感的具体反映和体现。中国历史上的佛教、道教与儒家思想，及西方传入的其他教共同构成中国传统宗教文化主体，流传于中国广大地区，被部分群众所信奉，主宰着人们的精神境界。景宁的宗教类别有佛教、道教、天主教、基督教，均受国家宪法和法律的保护。景宁信佛教、道教者多，但信徒不多。近代有少数人信仰天主教、基督教。

第一节　佛　　教

景宁何年传入佛教失考。景宁佛教最早记载起于唐，盛于宋、元、明，衰于清末。佛教作为古老的宗教，对人们的信仰有着深远影响，在封建时代，少有科普，人的思想迷于佛教，凡生病头疼、求子求学、办事百顺，在精神上往往寄托于求佛保佑。

佛教场所

据清同治《景宁县志》载，景宁有古刹70多处，其数量、规模当以唐代最盛。历史上最早、规模最大的佛教寺庙为回向寺，建于唐贞观年间（627—649），宋咸平元年（998）重建，治平二年（1065）改名金仙寺，后于元代、明代多次修建，毁于20世纪50年代初。建于唐咸通二年（861）的澄照寺、惠明寺、清修寺及始建于五代后唐末帝李从珂年间(934—936)的福善寺,也历经沧桑。除惠明寺、福善寺经多次修缮仍保留外,澄照寺(又称大赤寺)、清修寺等已毁。20世纪60年代前,在乡村的许多庙、殿、庵、桥里都供佛,场所较多,可大部分在20世纪60年代的“文化大革命”之初被毁。2010年末,民间信奉的佛殿,分布于敕木山、鸬鹚殿、福善寺、耀垟庙、寨山湾、石印山、余山、雁溪宫等各处。景宁民间信佛者近万人。

惠明寺为景宁重要佛教场所,坐落敕木山亚峰惠泉山上。初建于唐咸通二年(861),清嘉庆十九年(1814)僧源来建正殿斋房。同治四年(1865),僧端岳造后堂左右轩及山门。20世纪60年代寺毁,仅存山门、石道及两侧残墙。

1999—2001年,重建惠明寺。2001年10月16日,根据县政府《关于同意惠明寺为开展佛教场所的批复》(景政发〔2001〕81号),惠明寺开展佛教活动。新建惠明寺占地面积5000平方米,建筑面积1200平方米,拥有大雄宝殿、天王殿、三圣殿、地藏殿、千手观音殿、山门、客堂、斋堂、居士寮、僧寮、香房、浴室、放生池等。整个寺院为三进式建筑,一进天王殿,中供弥勒佛,后边供伟驮菩萨,两边供四大天王;二进大雄宝殿,中供释迦摩尼佛,两边为十八罗汉;三进三圣殿,供阿弥陀佛,左边供观音菩萨,右边供大势至菩萨。大雄宝殿外,左面为千手观音殿,右面为地藏殿。

2001年10月,惠明寺举行隆重开光大典。2009年9月,以《开展创建和谐寺观教堂》为载体,惠明寺僧人进城举行弘扬佛法活动。

2010年,景宁在册佛教场所仅惠明寺一所,住持为释传真(释圣林),信徒300多人。同年,惠明寺被评为省级达标场所。

佛教组织

民国29年(1940)7月,成立中国佛教协会景宁县分会,址设金锡庵。民国31年(1942)末,有会员43人。沙湾村柳景庭为景宁佛教协会会长,管理全县佛教事务,为人正直,教内威信颇高。2002年,景宁召开佛教协会筹备组成立大会,168人出席会议,选举释镇念为组长,柳森菊、潘昌树为副组长。2004年4月1日,景宁民族宗教事务局(景民宗〔2004〕6号)发出《关于佛教协会筹备组人事变动的通知》,释传真(释圣林)为组长,柳森菊、潘昌树为副组长,叶永启、梅美菊、柳正华、陈国微、刘景松、叶世长、陈云娟、胡云仙、项银娥为成员。2005年7月8日,释传真(释圣林)、柳森菊、叶永启出席丽水市佛教协会第一次代表大会,释传真(释圣林)当选为常务理事,柳森菊当选为理事。

第二节 道　教

道教创立于汉朝末年,是中国唯一的土生土长的宗教,集中国古代文化思想之大成,以道学、仙学、神学和教学为主干,触入医学、巫术、数理、文学、天文、地理、阴阳五行等学问,内容为讲求长生不老,画符驱鬼保平安之类。景宁的道教流传甚广,在农村活动频繁。凡信教者在患病期间或亡故之后,被认为是鬼神作怪,便会请来道士做道场,形式有请鬼、打璜、请水社神等,为生者求平安、为死者求安乐。《景宁县志》(民国版)载:“邑无道观,无入山修道之道士。”说明景宁历史上并无道观,道士均住俗家,分文教、武教。民国22年(1933)有俗家道士361人,司丧葬功德、招魂驱鬼、祈祷禳灾诸事。还有民间散居道士,主要道事是为死者超度亡灵。畲族民众信奉闾山法,亦是历史悠久的华南道教重要流派。

道教场所

道教场所大均浮伞祠

自有道教以来，景宁道教场所甚多，如城隍庙、东岳庙、观音阁、文昌阁、玄坦庙、药王庙、敬山宫、关王庙、五显庙、汤夫人庙、浮伞祠、何马二仙宫、大仙宫、马塔宫、鸬鹚殿、金灵殿、西坑殿、仙菇殿等。由于时代变迁，大部分庙宇已毁。至2010年末，重点在鸬鹚殿和浮伞祠及乡间部分庙宇。鸬鹚殿，又称马孝仙殿、马夫人殿和护国夫人庙。位于鸬鹚村横山西面脚下，系宗教与祭祀活动场所，供奉景宁地方神像马氏夫人。浮伞祠位于大均村头回龙岗尾，因唐代马孝仙持羹奉姑，至此水涨无船以伞渡河，后人为纪念马孝仙而建祠。畲族民众信奉的闾山法，其传师学师在渤海镇安亭村设有学师堂。汉族人举办请鬼、打璜、请水社神等道教活动，一般无固定场所，任意选择水边、中堂或屋边开阔场地进行。

道教人物

景宁历史上从事道教活动的专业人士各朝代皆有，但有名望的不多，据《景宁县志》(同治版)及有关史料、家谱记载仅有5人。

白鹤仙即浮丘伯，秦汉时齐(今山东)人。汉时隐居境内，沐鹤于溪，筑台垂钓。今鹤溪浮丘钓台岗因此得名。昔谬传为黄帝时人，乘鹤仙去，故立庙于下桥(今鹤溪镇人民南路)。

卢相公即卢敖，秦汉时燕(今河北)人，始皇招为博士，使赴海求仙，亡而不返，曾隐居炉西洞(今九龙乡炉西坑口)。其地有卢竹，相传无风能自动。

马天仙，又称马孝仙、马佛、马夫人，五代后晋(945)出生江南秀州华亭县仕宦人家，年幼时为逃避灾荒，随父和卢舅外迁，定居鸬鹚村。因马氏家贫，辟栌机杼以事姑，家离鹤溪百余里，晨往夕返，至食以羹，如出釜甑。途逢洪水，倒其伞自渡，乡人戍边多得其佑而立功生还，被朝廷封为“护国夫人”。为浙南、闽东等地畲汉民众普遍信奉的女神之一。

汤夫人，家住城东乌铁岩脚下汤村，生于宋徽宗年间(1101—1125)，名理，字妙玄，行四。传温良纯粹，神异幽娴，修道好善，事亲至孝。崇宁元年(1102)结庐山之巅，偕亲而去，服劳俸养，备极殷勤。高宗建都临安(今杭州)，经营宫室，神女运木显灵，以供国用。宋高宗降旨敕封:“灵应神女惠泽夫人。”

何八公，名璘，原景南乡东塘村人，南宋民间道士，为茅山派弟子，曾受命于高宗，于临安“设坛祈雨立沛”而受嘉，昔民以仙祀之，多处建庙，其弟何九公亦享祀奉。

第三节 天主教

天主教是基督宗教的主要宗派之一，在基督教中是历史传承悠久、文化沉淀深厚、信徒最多的派别。天主教(Catholic Church)即至一、至圣、至公，从宗徒传下来的教会——普世大公天主教会。源自希腊文的 καθολικ，译作整个、全部或普世的。因此也被翻译为“公教”。“公教会”的“公”原文起源自拉丁语的

传教士王厚斋

catholicus，意思是“普遍的”，翻译作中文“公”即“天下为公”的“公”，因天主教徒认为只有天主教会才是“全世界的”“一般的”“大众的”教会。教会早期，指整个神教会，不分国界、语言、种族与背景。只要属于基督教会者，都是大公或普世的教会。自明代始，就沿用“天主教”，此称为正式中文代名词。

景宁天主教在民国25年(1936)前后，由宗徒王厚斋从丽水传入金钟村，并在村头建造天主教堂，占地面积150多平方米，两层五直土木结构，总建筑面积190平方米。教堂原隶属丽水碧湖牧区，当时传教神父为孙公(加拿大籍)，每年前来传教一次。景宁天主教信徒人数不多,仅金钟录草周边村50多人加入，未办理登记手续。

第四节 基督教

基督教是以信仰耶稣基督为救世主的宗教。基督教于唐太宗贞观九年(635)传入中国，唐会昌五年(845)被禁止传播，元朝时再次传入中国，随着元朝灭亡曾一度中断。清道光二十年(1840)鸦片战争以后，基督教迅速发展。景宁基督教于清宣统二年(1910)开始传入，随后，相继分别在渤海、官渡、沙湾、英川、大漈、何庄、东塘、梅岐设立8个会点，至民国14年(1925)有信徒500多人。20世纪70年代初，信徒达700多人，影响面较宽。1984年设立景宁畲族自治县后，一直受到政府和有关部门的关注和重视。

发展过程

清宣统二年(1910)，法国基督教传教士奔德入境。景宁由传教信徒陈星如创建基督教会，地点在鹤溪镇桥底弄8号。

民国9年(1920)前后，青田县循道公会在景宁小顺、陈村、大顺等乡传教，设后坪、升山头、桂根等礼拜点。

民国14年(1925)中华基督教自立会青田分会在景宁后坪、松潭、徐垟、坦头、驮圩、鲍岸、圭背等地设立分会，至1949年，有信徒500多人，受洗礼300多人。

民国18年(1929)传教信徒陈体元创建基督教堂于渤海村下新处，开展传教活动。同年，德国牧师男女2人到沙湾传教，由柳毓起牵头设教堂发展信徒。

民国28年(1939)，金钟村高畔垟自然村，信徒潘耀岳在自家设立基督教传授固定场所。

中华人民共和国成立后，鹤溪、渤海、沙湾、英川、大漈、东塘等堂点先后停止活动，原属青田基督教之大顺、小顺等6个堂点于1958年停止日间活动，但夜间仍有唱诗祷告、讲道活动。在此期间，政府提出正确处理宗教和生产矛盾，开展宗教信仰自由政策宣传和反帝爱国教育，使教会活动做到合法、正常、健康发展。

1959年全县有信徒649人，1970年增至700多人。

1984年6月，景宁设立畲族自治县，政府重视基督教的管理。

1987年9月12日，景宁召开第一届基督教徒代表会议，成立县基督教“三自”爱国运动委员会与县基督教协会，统一管理基督教的教务与日常工作。会议通过《景宁畲族自治县基督教“三自”爱国运动委员会章程》，选举杨智齐为主任委员，陈圣光为副主任委员，选举刘芳兰为协会会长、严培根为副会长，赵幼庭为秘书长、鲍思聪为总干事。

1990年7月，召开第二届基督教徒代表会议，选举杨智齐为基督教“三自”爱国运动委员会主席，陈圣光、雷日发、叶秀康、刘祝珍、陈明旺为副主席，选举刘芳兰为协会会长，严振齐为副会长，赵幼庭为秘书长，刘芳祥为总干事，赵静为副总干事。

1995年3月3日，景宁宗教科《关于同意基督教“三自”爱国运动委员会基督教协会景宁畲族自治县第三届常务委员会组成人员的批复》(景宗〔1995〕1号)批准县基督教“三自”爱国运动委员会第三届常务委员会，赵静为主席，陈圣光、陈明旺、雷日发为副主席，刘芳祥为秘书长。杨智齐为协会会长，朱亮、黄家良、鲍思鹏为副会长，赵幼庭为总干事。

2000年9月6日,县基督教“三自”爱国运动委员会基督教协会召开第四届第一次代表会议，全县41个堂点147人出席会议,通过无记名投票产生新的两会班子，杨智齐为县基督教“三自”爱国运动委员会名誉主席，赵静为主席，雷日发、陈圣光、胡永聪为副主席，叶根为秘书长。叶根为协会代理会长，叶根、鲍思鹏、柳贤平为副会长，毛建满为总干事。

2009年12月，赵静、叶根、陈圣光、胡永聪、陈明旺、邱思兰出席丽水市基督教第一次代表大会。

2010年，景宁基督教有教职人员83人。信教人员中任县政协委员2人、政协常委1人。

活动场所

渤海基督教堂

根据《宗教活动场所设立审批和登记办法》之规定，至2010年末，景宁登记在册教堂有鹤溪镇、大漈乡大漈、景南乡忠溪、上标、家地乡家地、渤海镇渤海、九龙乡徐垟、岭里、上山岭、外山、坦头、九龙、山头、沙湾镇沙湾、新庄，外舍管理区徐山等16个；固定活动场所有澄照乡漈头、东坑镇东坑、九龙乡驮圩、金山、沙湾镇叶桥、梧桐乡梧桐、标溪乡标溪、大地乡大地、鸬鹚乡黄山等9个。临时点有澄照乡朱坑、金丘、炉西岭、大均乡大均、东坑镇白鹤、梧桐乡角耳湾、大地乡桃垟、鸬鹚乡芦山、徐祟、葛山乡半岭、西山、英川镇英川、坑头等13个。

第三十九篇　方　言

景宁方言是景宁及周边小区域内使用的一种语言，本篇景宁方言以景宁县城为中心的语言，使用范围相对较小，历经历史的演变，流传至今，逐渐形成自成体系的小地域方言，有独特的语音体系、词汇体系及语法特点，成为景宁畲、汉两族人民共同使用的语言，成为在社会生产、生活、政治文化中不可或缺的重要的交流工具。

景宁方言是畲、汉两族人民的共同语言。畲族是景宁畲族自治县除汉族外的另一个主要民族，畲族作为一个民族有它自己的语言体系，不过除了语言体系外，它是用汉字的，畲族人使用的词汇也基本同汉族人所使用的词汇相同。景宁畲民长期与汉族人民共同生活在一起，形成“大杂居、小聚居”格局。畲族成年人大都会讲景宁方言，使用景宁方言同汉族人进行交流沟通。景宁方言也是研究畲族语言的一个基础与有力的旁证。

第一章　语　言

景宁方言使用的区域空间很小，实际上就一县而言，东南西北中各地语音都不一样，对部分名词、动词称呼差异较大。在与邻县交界之地，即有景宁的方言、方言语音，又有邻县的方言、方言语音。语言作为人与人之间交流沟通的重要工具，发出的语音必须让人听懂听明白。景宁方言无独特文字，自古以来，要用文字形式出现的书信、契约、记事等，只能借用汉字来表达，而其字只代表语音，并不代表意义。有些是民间造字，则具有特定的字义。

第一节　语　音

语音是语言的物质外壳和语言的表达方式。每一种语言包括方言都有它自己的语音系统。景宁方言从方言分类学上属“吴方言”语系丽衢片的一个分支，除“吴方言”语系“保留全浊音，保留入声，不分平翘舌音、前后鼻音”等共同特点外，有自己独特的语音系统，很难用准确的音标给语音注音。如1995年版的“景宁县志”上是用国际音标给注音的，很多人不懂国际音标。其实，除研究语言语音的专家学者外，一般人是不能从那标出的声、韵母及声调读出该字的方言读音的，即使是给该字标出声、韵母、声调也难以读准。方言的读音只能靠口语上的代代相传。本编中景宁方言的一些字注音，用汉语拼音给注音，用汉语拼音的声母加上一个汉字给注音，或用另一个字的方言读音给注音。

第二节　读　音

景宁方言用的字由两部分构成，大部分来自《现代汉语词典》中，借用在方言用字中，其读音、字义发生了变化；有少部分属新造字，是民间蛮字或原属民间蛮字加以适当改造而成。现列举如下表中。(说明：方言词中，原字用“~”替代)。

景宁方言字义与字音对比一览

表39-1-1

字	读音	字义	方言词列举	字	读音	字义	方言词列举
驮	dó	大	~人，~煞，	趔	lié	跑	快~，~过山
屘	mēi	男孩子	生个~，~能(人)家	移	déi	穿	~衣裳，~布裤，~鞋
倌	guà	老年男人	老~头，死老~	谢	xó		尿~，尿~贴
囡	nàn	女孩子	驮~，~阵	狎	xiá	宠爱	好~，~~的，顶人~

续表 39-1-1

字	读音	字义	方言词列举	字	读音	字义	方言词列举
抐	nān	打	~人,~稻,~铁	踣	bō	跌倒	~倒,~半死,~地根
采	cēi	砍	~柴,~树	弗	fú	不	~听讲,~得了
采	cēi	代词	~堆(哪里),~人(谁)	呒	m 乌	没有,无	~用,~了
扜	yū	看住,顾住	~牛,~鸭;~水,~暝	桄	góng	横杆、横档	簟坪角~,横~
挩	tū	讨,摘	~饭丐;~菜,~豇豆,~梨	趌	c 啊	跳的意思	一蹽~过去,脚~痛了
佮	gé	和合	~桶,~缝;相~,~弗厘人	趴	bá 读爿	跨过去	~过去,到门口十几~
帨	jiāo	揩,擦	~面,~桌纷,~凳	搿	kō	握	~箸,~锄头,~笔
隑	géi	陡	壁栏~,~煞(很陡)	搌	pá 读派	用力断开	~布,~苞萝,~你作死
砧	dán		名词:板~,~牙;动词:面~起	拸	dó	拔	~草,~菜头,~豆
涹	wú	粪便	放~,耳朵~,牛~	揬	dò	折断	~豇豆,~凉豆,~洋芋
喷	pén	嗅,闻	~气味,乍~,~弗出气味	拕	tā 读他	拉	~羊,~竹丝,~鞋拕
暝	mán	夜里	~间,半~,整日整~	约	yá	拿	~衣服,~书,~东西
汏	dá	用水冲洗	~古(口)嘴,~茶碗	掮	guā	单手拎或背	~火笼,~箩头;~囡
淋	lín	汤汁浓度	有~,头~,二~	揿	dáng	用力放下	~凳上,~地根,~落去
趜	jiǔ	半蹲下	~下,驼背~	掇	dé,答	端	~碗,~瓯,~风炉
屄	bué	女人阴户	水~,~毛	釪	jié	草刀,柴刀	草~,柴~
毴	bā	女人阴户	水~,~毛,~骨	捞	lú	从水中捞	~饭,~番丝,~萍
朊	lé	男人阴茎	水~,~袋,~毛	清	qán	冷,跟热相反	冰~,~茶,身体滚~
撅	gé	翘起	头~天,单头~	乍	gá	坏	~人,记性~,~过(生病)
搭	niā	手掌一握能抓到的东西	一~米,一~菜	嫱	sāo	聪明,能人	~人,缘主~,~吓能
徛	gēi	站	~地根,~牢,~直粒	撞	jōng钟	糟蹋	~果东西,~你奶(ná)(骂人话)
哇	wā	多	~吓能(很多),~客,~花草	渍	zá,责	硬底部	田~,潭~,坢缸~
挦	sán 赠	玩耍	~新客,~作爽,会~煞	熻	hān	慢慢燃烧	~山灰,~火缸灰
煓	té	燃着有烟	~灰,~蚊虫,~番椒烟	岘	yàn	山岗山上背	岗~,岗头~,~背
门	jú,处	木头房子	盖~,掖 ~,~角头	牳	mú	雌性	牛~,猪~,鸡~,兔~
杴	qié 欠	厚木板梁	枞树~,落水~,出面~	鸠	xià	半大的雌性	牛~,鸡~,兔~
坢	bé,半	粪	~桶,~缸,~桶间	蹦	jū	跪	~下,一~弗愁一拜
迖	dá	篾器	秧~,篾~,粉皮~	朩	sáo	半大的	猪~,鸡~,介狗~
掖	guān 滚	里层布	鞋~,被~;~ (动词)	秝	ló	称	全~,~草,~半爿
螘	n 啊	蚂蚁	黑~,黄~,白~	鹋	hóng	雄性	鸡~,鸭~,兔~
棇	guǎn	竹制容器	水~(毛竹节做),米~	咤	dó	嘴叨去	猫狸~,给介狗~去
筅	hóng	竹杆	竹~,一竹~深	蓬	bán	草木丛生	草~,柴林~,箬竹~
踤	téng	平面凹进去或凹下去	~橱,地平板~了	榜	pān	树枝	树~,枞树~,柴~
陌	n 啊	表面凹下	头敲个~,桌敲个~	桐	huí	一种乔木	~柴,~树
渫	s 啊	开水中烫	~菜干,~卵,~粉皮	泭	fá	泡沫	水~,豆腐~,肥皂~
沸	béi	水烧开	茶~了,~菜,~肉,水~了	若	niá	小缺口	碗~,罐~,瓷杯~
碓	ké	压住,压平	麻~(压住麻丝),~田(平田)	缠	qián	串状物	一~粽,两~葡萄
英毛	yín	织	~布,~草席,~布袋	站	zhiàn	饱满	谷~,卵~

续表 39-1-1

字	读音	字义	方言词列举	字	读音	字义	方言词列举
扼	ŋá	摘	~金瓜,~苋菜,~火篾	艮	gán	什么	~样人,~事干
壮	cóng,种	肥胖	猪样~,~段(读邓),~煞	更	gǎn	关(动词)	~门,~栏,
						盖(名词)	驮镬~,火~
佢	gǘ	他,她	~拉(他们),~个(他的)	类	léi	掉了	东西~了,梨~下来
凿	só	骂	~人,~人毛,相~	坎	dā	行	一坎~(一行行),过~
拣	g 啊	挑选	~日子,~婿郎,~豆子	园	kōng	放,藏	碗~桌上,给他~起
摡	géi	整理	~衣裳,~桌,~卫生	緟	qiōng	叠	一緟~,外面~
傲	ŋáo	要	~读书,~吃,有病~讲	捱	ŋ 啊	形容词,不得了	吪~好,吪~牢,~弗牢好
嬉	xī	休息	该日~,~爽,清~清吃	改	géi	几或多少	~个,~百,~粒,十~个
捞	lō	寻找	~东西,掩~,~弗着	仠	gé	健壮	个老倌~煞,佢顾拉~
邓	dòng	下,落	~雨,~雪,~龙卜(冰雹)	伢	ŋ 啊	我	~自,~替自(我们自己)
漨	bēn	水开溢出	汤~上厘,水~出去	故	gú	还	~拉好,~拉近
撂	liā	绞干	~衣服,~被子,~菜干	以	yí	这	~边,~堆,~搭
渨	wé	沉没水中	~死,把兔子~死	阿	á	那	~边,~堆,~歇

说明:①该字原普通话读音,字义不再列出。②列出的方言读音有的用汉语拼音注音;有的用汉字的方言读音给注音;有的为二者结合;还有一个声母加个汉字注音。③同普通话读音完全不同,使用频率很高的方言,如人(nán,读能),猪(dí,读低),鼻(bá,读白),长(dán 读腾),给(kā,读卡),傢(gáo,读搞),段(dáng,读邓),困(kuēn,读昆),轧(gá,读涧),箕(yí,读衣),摘(dī,读低)茶叶,上(cán),下(yō,读野),识(zhí),去(kǘ)。了(①更多时候读 gáo,搞的第二声,②也可读 liáo,了解的了)。别(读排白)等。

第二章 词

景宁方言(以下只写"方言")的用词同普通话的用词一样,分为实词、虚词两大类,实词包括名词、动词、代词、形容词、数量词,虚词包括副词、介词、连词、助词、语气词、叹词等,虚词中的连词、助词、语气词、叹词等跟普通话的这类词差不多。

第一节 实 词

名词动词

方言的词汇十分丰富,估计有 15000 条以上,任一文编的《景宁方言》中便收有 12000 多条,还有不少词汇未予收集。这些词汇 90%以上是名词、动词(包括部分动宾、动补、"定+名"、"状+动"短语),现简单列举几例,以见一斑窥全豹。

例如称男人的便有以下词语，男子人（读能，以下同）、男子客、男子汉（均指成年男人），巸（méi）人家、儿人家（均指未婚男青年），后生、父（音，意即后，以下同）生，后生人、驮（dó）后生、驮父生、后生牯、父生牯、父生忐（tán）（以上均指有力气的有股牛劲的青年小伙子），细庚、细庚妮（ní，以下同）、巸、巸妮、巸囡（nán）（以上均指男性小孩子），调皮鬼、蛮（mán）牛、蛮牛段（读邓）（以上均指顽皮儿童），心肝、心肝宝贝、介狗、介狗妮、宝贝、宝贝儿（ní）、龙卵（均指对小孩十分宠爱的亲昵称呼），老成人、老纯（xén）人（老年男人的统称），老伯爷（yó）、伯爷、伯公（对老年男人较为尊重的称呼），老倌（guā）头、老头（不够尊重的称呼），死老倌、死老头、老弗（fú）死（带骂的称呼老年男人）。

再如有关"田"的名词列举如下：田（diá，音填，以下同）、水田、稻田（均指可种水稻的田），自有田、自家田、租田、出租田、纳租田、把（bó）田（中华人民共和国成立前大漈一带用米先付给租田主，相对较轻的纳租田），照祭田、祠堂田、会田，路会田、自留田（集体化时，有小部分生产队分给社员的一两分田）（以上均从田是谁所有的属性上给田的分类名称）。好田、生田（从土质上分），有水田、龙水弗旱田（指终年有水）、呒水田、旱田（从田是否常年有水上分），大坵田、田儿（ní，语气助词）、田耳朵（小坵田）（从田块大小上分），门区（读曲，即房子）沿田（指村边田），垟田（较大田垟中的田，一般较大坵，终年有水），山沿田、山边田（相对垟田，在山脚边，土质较差，怕旱），山垄田（两山夹一山塆的田）（以上以田所处的位置上分），梯田（沿缓山坡一级一级开发成的田，景宁山区大部分的田均是梯田），冷水田（田水来源是冷泉水或田后堪、田中央渗出的冷泉水，田水冷很不利稻苗的生长），烂糊田（田坭烂而较深），哄堆糊（田中央有冷水渗出，较大的一片田泥似乎漂浮在水上，深度有 0.7~1 米，不易耕作，有田主干脆圈出一块荒掉），猛（mán）水田（即在房子前或旁边，生活用水、猪尿、牛尿能流入该田，该田土质十分肥沃），猛田（肥沃田）、瘦（sāi）田（土质差的田），秧地田、秧地（旧时没有化肥、新品种，育秧是用固定的村边猛田）、白田（相对秧地田）。

方言的动词也十分丰富，在改革开放前，如缘主客或宅眷客（即家庭主妇）早上起床驮饭或抐（néi）饭（即烧早饭）照时间顺序要完成下列系列动作：担水（吃坑水、溪水、井水的地方早上起床去大小便后，第一件便是用良桶担水，倒入水缸）斗（即舀）水倒镬（煮饭锅），烧火、换镬（即用竹刷刷锅子），倒水或斗水到镬，斗镬热水洗面，量米，把（bō）番丝，亲（音，意即舀）茶壶，挂茶壶（把铜茶壶挂到灶门口上方的铁钩上），不时注意添火（即往灶膛塞柴），扫地根（扫地），潐（jiāo，即揩）桌凳，泡番丝（用饭锅米汤浸泡），摅（lū，即捞）饭，斗任汤（舀米汤），欧粥（煮煎粥，低山人不习惯吃粥，即用饭甑或炊鐏炊饭），斗粥（舀粥），换镬，上水（舀水到锅），炊饭，在煮粥或炊饭的同时，烧光灶（即菜锅灶）或挩（tū）风炉（把柴炭火拨到风炉上），倍（bēi）菜（即烧菜），高山吃粥的或低山吃番丝饭的便可拿碗箸到桌，再摆上咸菜，掇（dé）驮镬（菜锅）风炉上桌（高山这样做，低山一般把菜倒大碗或仍放驮镬掇吃饭桌上，粥吃了一般上山干活的仍要吃碗干饭叫添碗。）趁吃饭前几分钟，女主人赶快把泔水、猪饲料（一般头天晚上切好）倒入煮饭锅（有两只大铁锅的，早在一家人起床舀了热水洗脸，便把泔水饲料倒入），接着添柴烧泔；一家人饭吃饱了，摡（kēi）桌（即收碗箸）掇风炉驮镬、掇咸菜盘，洗碗，饲鸡、鸭，喂兔子、饲猪。早上家务劳动总算告一段落。（如要了解更多词汇，可参看任一文编写的《景宁方言》一书）。

数量词

数字词同普通话一样的，不过方言也有它自己独特的一些数字词，如用"改"代"几"，"改个"即"几个"，"百改个"即"一百多几个"，"改粒"表示多少；还常用"连""整"表整体数，如"连匹""整匹"表示"一匹（布）"，"连袋""整袋"表"一袋（米）"等，用"拢总""拢里拢总""佮（gē）起"表"总数"；用"三股

一、三股合一股”表“三分之一”；人民币的数字还有用量词代的，如“单角、单角头”表“一角”“单块、块钱、单块头”表示“一元”等。

量词中绝大部同普通话一样的，不过也有它的独特的，如喜欢用“支”代替普通话量词“条”或“根”，“一支皮带”“一支凳”“一支枪”“一支笔”“一支走廊”等，喜用“粒”代“只”“一粒蚊穷”“一粒虱”等，用“登”代“株”“一登菜”（一株菜）、“两登杉树”（两株杉树）等。也常借用名词作量词：一床被（一条被），一桌碗（旧时八只，现时十只）等。

在方言中，数量词合用，往往喜欢只用前一个量词，而省去后一个量词，如“尺八”（意是一尺八寸），“丈六”（意是一丈六尺），三斤六（意是三斤六两），角五（意是一角五分），两块六（意是两元六角），十块五角八（意是十元五角八分）等。

形容词

方言中的形容词基本同普通话中的形容词一样，很少有差别，不过也有一些它自己的独特的形容词，如用“生”代“坏”，“生人”（坏人）、“生煞”（很坏）；用“刁”代“聪明”，“刁吓能”（很是聪明），“刁囡”（聪明的女儿）；用“女曹，会”代替“贤惠、能干”，“佢缘主曹煞”（他妻子很是贤惠、能干）；用“轻可、生轻、屁轻”表示“轻、很轻”；用“毛术、过耻、灭门、天门煞”表“言行有些许丑恶、出格、坏得出格”。还有用“稀朊（lé）罕、兴朊很”代“稀罕”。还有“罪过”（可怜），“灰台”（晦气）、庇毛（差、坏）、铲头（喜欢讲难听话做乍人）、利世（丢人现眼）、结拔（①可耻②最落后③最末等）、跌股（倒霉、碰上天灾人祸）、歇作（十分困难、难办），仟（gé）、顾拉仟、仟勿过、仟煞（均指老人身体健康，还能劳动）等。

代词

方言中的代词到是几乎自成系统的，（一）人称代词，如用“佢”（gū，以下同）代“他、她”，用“拉”（lá，以下同）代“们”，“我拉”（我们），“你拉”（你们），“佢拉”（他们）；用“自”代“自己”，“我拉自”（我替自），“你自”（你自己），“佢拉自”（他们自己）；用“个”代“的”“佢个”（他的），“我拉个”（我们的），我自个（自己的）；用“大齐、大西、大家（gō）齐”代“大家”。

（二）疑问代词：“采（qēi）、岂（qī）”（哪），“采个、岂个”（哪个、谁），“采人、岂人”（谁），“采人个、岂人个”（谁的），“采样、岂样”（怎样），“采样办、岂样办”（怎么办）；“嘎（gá，以下同）、嘎西”（什么），“嘎人”（什么人），“呒嘎事”（没什么事），“做嘎西”（做什么），“艮（gán）样人、艮娘（nián）人”（什么人），“艮样话、艮娘话”（什么话）等。

（三）指示代词：“以”（这），“阿（aí）”（那），以边（这边），以个（这个），以些（这些），阿边（那边），阿样（那样）。“堆”（这），“堆个”（这个），“堆个羊”（这个羊）。“样”（这么），“样多”（这么多）；样好（这么好），样介（这样的），“事情样介”（事情是这样）。“改”（是几或多少，前已讲），“改山”（多么），“改山好”（多么好），“改山难为情”（多么难为情）。“采套”（什么时候），“采套厘”（什么时候来）等。

第二节　虚　词

普通话中大多的虚词同样适用于景宁方言。景宁方言中有较多的自己独特的虚话，这里只列一些常用的。列举的样式是一个虚词，紧接着列举一两个词组例。虚词及列举词组的普通话词义写在词后的小括号内。

副 词

煞(很),红煞(很红),高煞;尽(很),好尽(很好),熟尽(很熟);吓人(很),绿吓人(很绿),苦吓人(很苦)。交(gáo,遍),走交(走遍),向交(看遍、看完)。顶(最),顶好(最好),顶近(最近)。故、故的(均表"还"),故好、故的好(还好),故白、故的白(还白),故拉(还、还可以、相当),故拉好(还好),故拉新(相当新)。弗、呒(两个副词、例词已多)。信(刚刚或才),信讲过(刚刚讲过),信买厘(刚买来)。正正(刚刚),正正好(刚刚好)。单记(突然、忽然),单记忖着(突然想着)。切格莫(千万莫),切格莫去(千万莫去)。傲(要),弗傲(不要),番傲(不要)。傍早(趁早),傍早检讨(趁早检讨)。蒙(尽管),蒙说(尽管说),蒙吃(尽管吃)等。

介 词

用(以),用理服人(以理服人)。照(按、按照),照你所讲(按你所说),照佢意见(按照他的意见)。牢(在),佢牢车站(他还在车站),我牢家里等你(我在家等你)。单单(唯独),单单你不在(唯独你不在)等。

第三章 熟 语

景宁方言中有丰富的基本固定的词组、语句,这些词组、语句构成形式多种多样,内容丰富多彩,生动活泼,蕴含着深刻的哲理,词意、语意准确、明了,让人一听便懂,这些就是熟语,是方言中最精彩部分,也在交流中用得最多的,熟语易记、易懂、没有文化的人也懂得它所含的哲理。

第一节 词组 语句

景宁方言中基本固定的词组、语句有上千个,由3个字或4个字组成的固定词组类似普通话中的成语,那些由5个字、6个字或更多字组成的基本固定的语句,类似寓言格言,很有哲理,含义很深。

三字词语

一把骨(一支筋,人干):人特瘦。

三只手:指小偷。

内外拐:指收入减少或没有,而开支不减少甚至要增加,算下来,亏空可大了。

半耳挪(读 nuō,语气词):喻指似懂非懂的人。

生病除:成年生病的老病号。

米筛(sí)上,米筛下:旧时用来比喻上等人(有用人)、下等人(无用人)。

花草多、哇花草、花草精、花草足:四个词组均指主意多、话多,且还变来变去定不下来。

呒戒拆:指没有办法、没有应付的招数,不知怎么办好。

烂说八、说老八：形容很会说话，说得天花乱坠的人。

烂要渣：指爱哭的孩子。

赶后头：后头指娘家。夫妻吵架把娘家人赶来解决。

容上天、容出角、容出头：由于过分宠爱、纵容孩子，孩子根本不听大人话，无法无天地乱来

四字词语

刁花牵线：故意提起某话题，说及到某些人与事，引起新的矛盾，引起新的混乱。

天光墨暗、天光乌憨、天光乌荫、天光含憨：早上、傍晚近天黑那段时间。

白犁白插、白锄白插：指种田没有施任何肥料。

穷起蟹壳：意表示很穷。

捞门捞路：存心找问题，钻空子。

鬼头鬼脑、鬼头术出：意是偷偷摸摸，躲躲闪闪，不光明正大。

蛇驮𤆬(hán)驮：比喻指收入大开支也大。

欺侮捺善：和强人、乍人一起欺侮善良的安分人。

敲钟应瓮(读翁)、敲钟应鼓、敲鼓应钟、敲壁震柱：有"旁敲侧击"之意，名义上是说甲的不是，其实是说给乙听的。

五字词语

八字吭一撇、大未十三年(大未三年)：事情刚有个打算，远未正式开始。

人臭东西香：(人活着时很被看不起，也不给一些照顾，但人一死，东西便被拿去、占去。)

三忙夹四忙：形容忙得不可开交。

介狗龇肉骨、介狗争肉骨：喻没多大理由而争吵不休。

共脚袳(déi，穿)布裤：形容两个人好得不得了。

有货弗愁贫：意是只要有货物便不用愁了，货物即是钱财啊。

冰清火炉灰：形容冷冷清清，没一点动静。

肚皮掮壁脊、肚皮粘壁脊、肚皮贴壁脊：意为十分饥饿。

落索(垃圾)满脚丫：意是满地垃圾，脚都放不下。

倒算盘面困：形容该人精得很。

做人做名声、做人做个名：意是做人的最终目的是得个好名誉。

硬柴撅猪漛：意为态度生硬，不能好好处理问题。

生儿生名气、生囡生福气：意为生儿名气好不见得能享福，还是生囡的人有福气。

六字词语

人是铁饭是钢：意为吃饭对人的重要性。

百事莫与命争：①一句自我安慰的话；②旧时人们十分相信命运，常采取消极等待的态度，不积极发挥主观能动性，这是错的。

肚饱弗吓面污：①这在旧时饥不择食也谈不上什么清洁卫生，现在应讲清洁卫生。②为解决困难或得些好处，顾不上什么面子不面子，实属无奈之举。

屁香臭都弗识(zhī)(弗识屁臭)：比喻该人什么都不懂，什么都不知道。

粗糠(或砻糠)榨弗出油、炉灰筑(读竹)弗的墙：粗糠是榨不出油的，炉灰是柴草灰，没有一点黏性，用以筑墙也不行的。比喻那些根本不可能的事。

七字词语

十个指头有长短(十个指头伸出有长短)：比喻任何人都有他的长处，也有他的短处，有优点，也会有缺点，不可能十全十美。

吃厘麻糍吃厘粽：什么饭食都吃得去，表明身体很好。

约(意拿)着书皮当信读，捉着书皮当信读：看到、听到一点信息便到处宣扬。

向你吃盐向你酵(háo，意为咸死)：明知做不得的事许多人劝你不要做，但你一意孤行去做，人们只得看着你失败了。

有床弗困困地根(地上)、有床弗困倒地困：困是睡觉。意是指有福不知享受的人。

抐蛇弗死变蛇精：旧时迷信说蛇未打死，会变成蛇精把你吃了。蛇都会抽冤报仇，况且人呢。基于此，有些仇隙的都欲把对方置于死地而后快。

男人有钱便变坏，女人变坏便有钱：这是现时民间很流行的说法，男人一旦有钱，便会去寻花问柳，或去赌博什么的；女人只要肯出卖身体做二奶情人妓女便有钱。

结识衙门三代富：旧时的富人、商人都知道结识官府官员才能发财致富，现代人更是知道只有和官府官员结识才能发财致富。

亲爷弗认认大叔：正宗亲人不认，倒去认不大正宗的亲人，意是主次颠倒了。

破拜衣好座门头：拜衣是一种圆形的篾器，座是隔、拦。意是物可尽其用，不可随便丢弃。

路潭不如早脱鞋：告知出了事情还是趁早解决好，不要老拖着不解决

八字词语

牙齿对舌也会相龇：意是最亲亲人、朋友有时也难免有矛盾会争吵，不过吵过后便很快会重新和好如初。

呒双鼻头洞给气死：指事情做得十分不合情理，让人十分气恼。如不是有鼻头洞可透气，真会给气死。

九字词语

老嫫(妻子)草鞋秆，勿捶勿软；宅眷草鞋秆，勿捶勿软：旧时歧视妇女，说女人就要用打等强硬手段，才会服你老公。

爷亲娘亲不如手脚亲：还是靠自力更生好。

救蛇救主，莫救两脚主；救生救死，莫救两脚子：两脚主、两脚子即人。意即救什么也不可救人。这是由少数被救者的没良心甚至恩将仇报所引起的，是错误的，人还是应当救的。

十余字词语

山头读书弗如街坊听说：旧时由交通极不便也带来信息的极其闭塞，所在山头读书还不如在大地方的街边听人说说所得的知识、信息多。

未学会结猪(阉猪)先学会搂油:意是指正经本事还未学会倒先想学会怎样投机取巧从中捞好处了。

生儿当官弗当官,解解眼前宽:有传宗接代思想的人如有了儿子至少思想上是愉快的,至于儿子长大后的前程,那以后再说。

既要做婊子,又要竖牌坊:旧时牌坊是为年轻死了丈夫,守寡妇守得好的女人,皇帝下圣旨竖的,句意是讽刺那些不知耻辱的人。

春日一锄头,冬日一碗头:告知人们别懒惰,只要春天勤奋劳动,秋冬到了总有收获。

第二节　近似对仗句

由两个短语或短句组成一个近似对仗句式(不是对仗句)的句子,这前后两短语或短句句字数相同,还有些押韵的味道,意思是相对相比,或相反相成;也有前一句为后一句作铺垫,后一句为前一句作解释的。

排列次序由六字句、八字句、十字句至多字句排列,同字数的按开头第一个字的笔画从少到多排列。

二句式近似对仗句

儿好生,气难争:意是要把儿子教好的气并不是那么容易可争来的。

气难争,儿难生:争气、生儿都不容易。

驮毛头,老鼠尾:头起得很大,结尾很小,甚至不了了之。

先小人,后君子:事先能讲的条件应讲清楚,不要含糊,更不要客气。事做了,即使做不大好,甚至不大满意,也应像个君子,宽宏大量,以礼待人。

豆腐泭(bǘi),空巧活:眼前的一时满怀希望,由没坚实基础,也许不久希望即将破灭。

蛇吞蜷(jué),蜷吞蛇:蜷指石蛙,喻指两个人都想得到对方好处,结果是谁也没得到什么好处。

儿要亲生,田要深耕:田要深耕才有好收成,儿要亲生才能体贴父母,孝顺父母。

上得厅堂,下得厨房:旧时指聪明能干的女人,既能上场面讲话处理事情,也能下厨房烧饭菜。

日求三餐,夜求一忽:(忽是音,意即睡个完整好觉)这是旧时老百姓追求的幸福生活,特别是战争动荡年代更是如此。

吃人嘴短,拿人手软;约(拿)人手软,吃人嘴软:意即吃了人家的,讲的好话多了,批评人家话便少了、软了,拿了人家的,处理人家手段便会软了许多,一般不会再强硬处理了。

有借有还,再借弗难:这是一民间借贷的经典总结,定得遵守。

钉定的秤,生成的性:意是一个人与生俱来的个性特征是很难改变得了的。

细庚(音,指小孩子。)手热,老人口热:意是小孩子都喜动,整天手脚动个不停。老人话特多,整天说个不停,让人厌烦。

越嬉越懒,越吃越口淡:意指嬉不得,长时嬉习惯了,便成懒汉。

一升米落镬,廿四样家伙(升米落镬,廿四样家伙):意为不管活儿大小、多少,那些工具、过程都少不了的。

人多弗做事，鸭多弗生卵：旧时家庭鸭养多了由饲料有限于是鸭便不大生蛋了；人多了窝工误工多了，就做不了多少事，集体化时便是好例子。

天光弗见鸡，乌憨弗见鸭：形容一个人很是勤劳，早上女主人还未把鸡放出，他便干活去了，晚上鸭子归埘（读赛）了，他还未归。

甩（shé，丢）了（gáo）是块肉，捉起是块骨：有些东西丢掉可惜，留着又没多大用，真不知该如何处理。这种事日常生活中经常碰到，在现时还是果断丢掉为好。

有例莫倒例，呒例莫做例：这个“例”是指摆酒席这些事是有一些固定规矩的，不得随意更改的，否则会遭众人议论反对的。

会拣拣儿郎，弗拣拣田庄：指旧时拣女婿的两种观点，当然是前者胜于后者。到现时还是重在前者。

叔伯（或邻里）碗对碗，亲戚掯（kuā，拿）对掯：这是人际交往中人们都自觉遵守的交往原则；碗即是叫吃饭，掯是送人东西，人际交往就这么简单。

远水难救近火，远亲弗如近邻：告诉人们要处理好近邻关系，关系好了，能得到及时的经常的帮助。

抐死人要偿命，骗死人弗偿命；抐死人要偿命，气死人弗偿命：两句话均告诉我们说好话骗人，用难听话骂人、气人，都不构成犯罪，所你不要被人说好话骗了，更不要被难听话、气人话害自己气得不得了，甚至生病。

一年算得三套（或次）命，出个门头都要谨：谨是小心谨慎行事。劝导人们尽量少算命或不算命。

乡下碰着杀个鸭，城里碰着打个搭：也有人简化为“乡下杀个鸭，城里打个搭”。“城”一般指县城，“搭”指问候一声。意即乡下人与城里人待人接物有较大差别。乡下人热情得多。

生儿难的半暝子（夜里 11 点至 1 点），生囡难的午未时（白天 11 点至下午 3 点）：旧时说生儿、生女儿的最好时辰。

宁给刁人背包袱，莫给笨人做军师；宁给女曹 人掯包袱，莫给笨人做军师：该句话至今人们仍常说及。无数事实证明，帮不明事理的人出主意，拿计策，十个有九个都是以失败而告终的。也有人把前句“背包袱”说成“掯三母袋”。

自手盖处弗插针，上首盖处当柴砧：上首指长辈。形容自己亲手做成的东西特别爱惜，而上辈留下的便不那么爱惜，甚至破坏丢弃。

暝（夜）里想起去杭州，日里又是被里趣：形容只想不做的人。

人都忖自好，别（读 bā，以下同）人生；别人比自好，都难过：这是旧时很普遍的思想，由这一思想根深蒂固的存在，引起种种的明争暗斗，甚至会捏造事实欲置人于死地而后快。

香油罐就是香油罐，桐油罐就是桐油罐：喻指人的本性难改。

三句式近似对仗句

由三个短句构成，每短句字数相同，也有押韵味道。

吃闲饭，抐官鼓，鼓派（即破）有人补；吃闲饭，抐官鼓，鼓抐派，有人补：指为公众、为公家做事，省心，好混日子。

人生如做戏，会做做一台，弗做台角徛（读改）徛便落台：这是对人生很生动的总结。

四句式近似对仗句

由四个短语或短句构成，每句字数相同。

晒死胡庄(即何庄村),大漈盖仓;晒死大漈,胡庄吃屁:意思是旧时气候较冷,大漈冷水田越晒越有利水稻生长;相反的像何庄那些在半山冈上的田很是怕晒的,晒的时间一长,田旱了,便要减产甚至绝收。

山头三样宝,火笼当棉袄,火篾横横倒(指用毛竹剖成的火篾),番椒当油炒:这确是中华人民共和国成立前山里人贫穷生活的生动写照。

第三节 歇后语 天气谚语

歇后语

景宁方言的一部分。歇后语像猜谜语,前一句是谜面,后一句是谜底。人们在讲它时,往往只讲前一句而不讲后一句,因听的人大多已知道"谜底"是什么。也有倒着说的,如"人都吓死,死丐都吓过烂桥"。

例如:

一毛弗拔——小气。

一箩虾皮都是头——呒主。

一朵好花插在牛漯上——真可惜。

刁头(意即挑头)便知尾——真聪明。

口渴喝盐卤——呒办法。

五百对开——二百五。

牙齿对舌也会相龊——难免。

气力用戥(dān)称——弗肯出力。

平地踣(pō)好汉——弗注意。

冬至弗出年外——定了的。

老鼠碰见猫——吓死。

有事弗过第三——再也不放过(你)。

吃人饭,由人掼——主人说了算。

自股臀坐漯——讲弗得别(bá)人。

驮毛(老虎,以下同)修成佛——任做呒用人。

好怨弗怨,怨亲眷——呒风赖天。

呒树上竹——蒙样做(呒办法的办法)。

呒虱捋虱搔——自寻麻烦。

剃刀当草金子——呒办法。

热面塌冷股臀——犯弗着。

阎王吓带(音,意即坏)鬼——人都吓生。

猫抄仕箩(一种送礼器具)——帮介狗做好。(意即坏事做了,自己却得不到什么好处)

脚膊毛剃了走路——真懒。

鼻头溛炒糟吃——小术有名。(小气)

七拣八拣——拣个白懒哈(最差的)——真是命中注定。

姜太公钓鱼——愿者上钩——不强迫。

天气谚语

春暖春晴。

清明断雪,谷雨断霜。

恶(夏)雨(即夏秋天的雷阵雨)(一日)邓(意下)三通。(即热天雷阵雨一天要下三次)地上暖,天上孵雪卵。(冬天气候反常)

冰雪夹乌(阴天)烊(融化),便来第二场。

吃了端午粽,寒衣远远送(指高山)。

四六开天不过九。

天光(早上)赤花驮(朝霞),驮水(大小)满树桠(丫)。乌哈赤花驮晒死老鸦(乌鸦)。

落一莫落二,初三落雨到十二,十二蹋一蹋,落到廿七八。廿八不稀罕,落到三十晚。

第四章 语法特点

景宁方言属汉语言“普通话”里的一个小小的分支,普通话的语法规则是适用于景宁方言的,不过作为一种小方言“景宁方言”也有其自己的一些语法特点,现将其粗略地归结如下。

第一节 用词特点

前缀在名词、动词、形容词等实词前加“老、傍、夹、见”等,词义便不一样了。

“老”:名词前加“老”表示对长辈、亲人的尊敬,是爱称:老哥、老嫂、老弟、老叔、老驮、老驮个、老哥弟、老姐妹等。在形容词前加“老”,表示“很”:老重、老轻、老远、老快、老早、老厚、老长等。

“傍”,相当于“趁”:傍早,傍光,傍汤(趁机一起解决),傍热吃,傍热喝,傍你边(趁机沾光)等。

“夹”,相当于“勉强,将就”:夹蛮(勉强而为),夹白吃(吃饭没有菜),夹吓做(硬着头皮去做),夹淡吃(菜淡,将就着吃),夹蛮拕(带病工作)等,夹慌忙(将就着慌忙做些事),三忙夹四忙(意为很是慌忙)。

“见”,相当于“感觉、觉得”:见生、见怪(不好意思),见烦(烦躁),见好(感觉好)等。

“弗大”,相当于“不大,不太”:弗大囵(不大圆),弗大扁(不大扁),弗大好(不大好),弗大远(不很远)等。

“弗识(zhī)”,相当于“不知道,不明白”:弗识死、弗识自(均表不知自己身份,不知量力而行),弗识好生(分不清好与坏),弗识进退(不知道是继续下去还是退出),弗识屁、弗识屁臭(不明白是什么东西)。

“做假(gó)”相当于“假装、装”:做假死,做假癫,做假病,做假困,做假懵懂等。

“正正”,相当于“刚刚,刚好”: 正正好,正正是,正正碰着,正正走到,正正吃搞(gáo)(刚吃完)等。

后缀在名词、动词、形容词等实词后面加“了否(fèi)、着、头、子、记”等,原词义便变了。

“煞”加在感觉形容词末,表示“很”:清煞、热煞、好煞、生煞、躁煞、痛煞、痒煞、潭(湿)煞等。

“了否(fèi)”,起强调与肯定语气:(“了”也可读 gáo,搞)吃了否、讲了否、困了否、走了否等。

“着”,助词,相当于“到、及”:向着、忖着、碰着、赶着、捉着、抐着等。

“死”,加在形容词、动词后,相当于“不得了”:苦死、痛死、刁死、笨死、懒死、好过死、巧活死等。

“相”,相当于“样子、模样”:丐相、死相、吓人相、罪过相等。

“货”,相当于“东西、家伙”,意为不尊重:贱货、烂货、老货、死货、呒用货、吮朊货等。

“头”,在名词后加“头”,表方位、时间:额角头、处角头、桌角头、墙角头、田角头、天光头、乌憨(hē)头、正月正头等。加动词后跟“呒”相连用:呒做头(不好做人)、呒听头(不好听)、呒搞头(不能开玩笑,要认真)。

“个”相当于“的”:我个、你个、佢个、大齐个、细庚个等。

“儿(ní)”,作词尾,表示“小、巧”:鸡儿、鸭儿、兔儿、桌儿、凳儿、碗儿、金瓜儿;还表示“细小、低微”:国家儿、村儿、官儿、干部儿、细敢儿等。

“家”,强调身份:囡人家、儿人家、后生家、老人家等。(人读 nán,能,以下均同)

“子”,在名词词素后加“子”构成名词:茶子、油茶子、桐子、菜子、草子、桌子、凳子、箱子等。

“添”,相当于“再,再次,重复”:嬉记添、嬉套添、饭吃碗添、讲遍添、唱遍添、做遍添等。

“记”,在动词后加“记”相当于“一下,一会儿”:嬉记、困记、坐记、徛记、向记等;重叠词后加“记”相当于“的、地”:慢慢记、短短记、囫囫记、扁扁记等。

“厘煞”,在形容词后面加“厘煞”相当于“不得了”:苦厘煞、牢厘煞、热厘煞、生厘煞、小气厘煞、味道好厘煞等。

合成形容词有名词词素加形容词词素组成新形容词:铁硬、鞭软、墨黑、血红、雪白、屁轻、砧重、笔直、冰清(càn,以下同)、绡(xiāo)薄、纤(xiān)薄等;动词词素加形容词词素组成新形容词:飞快、滚囫、喷香、呼嫩等。

特殊副词

“鲜、死”作副词比较多,表“很、非常、极”,是倒置在动词、形容词后,而且“鲜”与“死”可互换,凡用“鲜”也可用“死”:恶鲜、恶死,好鲜、好死,快鲜、快死,香鲜、香死,烂鲜、烂死,聪明鲜、聪明死,干燥鲜、干燥死等。

带鲜的形容词还可重叠;A 鲜 A 鲜式:恶鲜恶鲜、好鲜好鲜、光鲜光鲜、快鲜快鲜、忙鲜忙鲜等。(以加强语气)

“A”鲜“A”式:恶鲜恶、白鲜白、快鲜快、深鲜深、慢鲜慢等。

AB 鲜 AB 式:老实鲜老实、干燥鲜干燥、漂亮鲜漂亮等。

“死人”,表“极”“很”,在谓语前作状语:死人好、死人生、死人香、死人臭、死人远、死人高、死人直、死人客气、死人作客(客气)、死人会唱、死人会跳、死人驮个(大个子)等。

“踮(dià)”,表“得了,够了,可以”,踮鲜拜(可以了,够了),歇踮(可以歇了);在动词后“踮”作后置状语,如:吃踮、讲踮、唱踮、读书踮、跑踮、做工踮、上班踮等。

"真",作副词表"很":真重、真轻、真好、真生、真笨、真兴鲜(新鲜)、真巧活等。

"很"副词放动词形容词后,词义未变:痛很、热很、好很、快很、高很、清很、清水很等。

"过",表"重新",组成动量短语作补语:衣裳买件过,书读遍过,田犁回过,账算回过等。还可在名词后加"再":衣裳再买件过,书再读遍过,田再犁回过,账再算回过等。

"顾",相当于"还":顾有、顾好、顾痛、顾痒、顾来、顾去等。

"顾的",相当于"还":顾的生好(还漂亮),顾的兴鲜(还新鲜),顾的拉曹(还能干),生意顾的拉好(生意还好)等。

"迈",相当"很、正常":迈好、迈长、迈高、迈听讲等。

"吪捱"相当于"非常":吪捱笨、吪捱好、吪捱远、吪捱深、吪捱嫩等。

"吪天捱"程度比"吪捱"还深、还严重:吪天捱痛、吪天捱生、吪天捱大、吪天捱远等。

第二节　语序颠倒

一般句式为:(定语)——主语——(状语)——谓语——宾语或(补语),可景宁方言中有不少的语序倒置的例子。

主谓颠倒

为突出谓语部分,大多带有语气助词。如:读书真用功嗯,以个囡。(这个女孩读书真用功啊)。好听否(fé),以支曲调。(这支曲调好听吗?)快毕业了,我拉。(我们快毕业了)

词序颠倒

景宁方言中,往往把禽畜中雌雄性称呼颠倒:如牛牯(公牛)、牛牳(母牛)、羊牯(公羊)、羊牳(母羊)、鸡荒鸟(公鸡)、鸡牳(母鸡)、鸭荒鸟(公鸭)、鸭牳(母鸭)、兔荒鸟(公兔)、兔牳(母兔)等,在生活中,也常见把术语、名词颠倒,如:鞋拕(tā)(拖鞋)、天晴(晴天)、闹热(热闹)、欢喜(喜欢)、落着(着落)、菜干(干菜)、了不得(不得了)、踏脚车(脚踏车)等。

连动式颠倒

兼语式谓语为突出后动词把前动词置于句末。如:真咔活(高兴)啊,我回想起。(我回想起真高兴啊!)放学否(féi),你啦?(你们放学了没有?)佢还未去,我料想。(我料想他还没有去)

状谓颠倒

如:你讲先。(你先讲)。你走先。(你先走)。你走慢粒啊。(你慢慢走啊)。赶前头介,快粒。[快些赶前头(那个人)去呀]。小王去杭州开会弗论。(小王大概去杭州开会了。)

宾谓颠倒

如:佢饭很会吃(他很会吃饭)。你番薯草铲了否?(你铲番薯草了吗?)

我读书去了。(我去读书了)

第四十篇　古建筑遗存

景宁地域大、耕地少、人口稀、建县迟。历史上具有文化底蕴的古建文物遗存总量不多。

据前志记载，西汉时，儒家大师荀子的学生浮丘伯，为躲避政治纷争隐居景宁浮丘，携双鹤在溪中沐浴，在岸旁筑台垂钓，留下千年佳话，这是景宁最早的人物记载。人去鹤飞，浮丘伯的传说，以留传的鹤溪、浮丘、钓台岗等遗址可佐证。

几千年来，诸多姓氏先后从各地迁徙景宁，深居山中，划地建村，耕种繁衍。随着各种封建思想、民间信仰及儒教、道教、佛教等渗入，在乡村中相继建成许多大大小小的寺院、庙宇、庵堂。古人根据经济条件和生活需求，还修建诸多古宅、桥梁、道路、街弄、宗祠、亭阁，以及散布于村镇乡野间反映旧时代生产、生活、思想、文化的遗址、牌匾、雕刻、墓碑、亭塔、壁画。这些古建文物，尽管其旧的意识形态在时代进步中已逐步淡化，但其建筑风格、艺术价值、思想境界仍是今人学习借鉴的典范。特别是部分古村落、古建廊桥、红色革命遗址、畲族特色村寨等，它将成为景宁未来发展的金名片。

20 世纪 80 年代后，景宁加快发展速度，推进小集镇建设、小水电开发、小村并大村、险情村搬迁、城镇拆迁改造等工作，城乡变化日新月异。惜在发展变化中，使部分村庄、古宅、古建受到损毁并消失。同时，也引起各级政府及文化部门的重视，加强了对保留的古村、古宅、古建、古物以及生产、生活留下的遗址的保护力度，并尽量发挥其保护利用价值。

第一章 古村 古宅

岁月轮回，春秋更替。景宁历史悠久，几千年来，各姓氏先辈迁居深山、拓荒耕种、传宗繁衍，选择风水宝地建设村庄，几十代人在此安居乐业。1978年，中共十一届三中全会后，景宁社会经济发展突飞猛进，城镇建设日新月异，人口集聚步伐加快，经济贸易日益活跃，外出淘金人口增多，农村常住人口骤减。20世纪90年代始，景宁推进小集镇建设、小水电开发、险情村搬迁、下山脱贫等工作，部分小自然村迁并到大村，部分行政村合并为大村，城镇部分街巷实施拆迁改造，城镇乡村面貌发生巨大变化。古时，景宁交通闭塞，经济落后，住户富少贫多，未曾建过高质量豪华型的宅第民居，而先辈们所建的普通型古村古宅，至今村之秀气，宅之精美，仍然灵气不衰，遗存的200多幢古宅仍熠熠生辉，正为国家级省级历史文化名村及传统古村落的创建增添光彩。许多村落依山傍水，大部分古宅皆为土木结构，部分古宅风格以四合小院为多，青瓦黛墙，古村古宅特色明显。鹤溪旧城中保留的明清时期少量古宅及分散于乡村中的古宅，多数年久失修，破烂不堪，面临倒塌，急需修缮。

第一节 古 村

景宁地处浙南山区，乡间村落群山环抱。几千年中，各姓氏迁居于青山秀水之间，建造起各式古朴民居，安居乐业，繁衍生息。

大漈乡彭村，建于北宋天圣元年(1023)。村内的宋代古井、清代宗祠、千年古杉、龙柏长廊、维新古庵、古木古桥以及天然山水等自然景观风貌依旧，千年古村古韵犹存。

大漈乡西岸底村建于北宋庆历四年(1044)。穿村而过的沐鹤溪把村分成两半，东称小街，西称大街，溪上有数条小桥连接两岸。街头街尾有两座明清时期所建的胡桥和护关桥，村尾有国家级文保单位时思寺、钟楼、梅氏宗祠。境内有千年柳杉王、石马潜渡、龙舌喷珠、雪花漈、九狮十三羊(洋)等自然景观。村内及街旁成排古宅青瓦白墙，并有清代举人桅杆衬托，小桥流水，风格独特。据梅氏宗谱记载，历史上梅氏出过进士9位、贡生23位。

沙湾镇道化村建于北宋皇祐二年(1050)。坐落瓯江小溪边，村内房屋均为泥木结构，墙脚及路道全用块石和鹅卵石铺筑，少量四合小院及清代建筑，独有风味。溪边水碓遗址，建于明宣德年间(1426—1435)，废弃的4个水碓臼及原碓基石保存完好，被列入县级文保单位。韦氏宗祠建于清乾隆五十年(1785)，规模壮观。村庄依山傍水，青瓦白墙，安于青山绿水之间，村域有道化尖峰、笔架呈祥、纱帽岩交、马头夕照、牛塘早雾、华山古秀、旗关古寨、仙碓呈奇等自然景观，更凭村边数株千年古樟及古桂衬托，风光秀丽，景色怡人。古代曾出过贡生及联捷进士数人。

梧桐乡高演村为典型古村落，据《任氏家谱》记载，元代前已有何夏二姓居住。明永乐十九年(1421)，任纪太公随母迁此投亲定居，任氏发展旺盛，在此繁衍生息22代，人丁兴旺、耕读两途、诗礼传家、物产丰盛、村庄发展。村内保留的孝诚宫、古戏台、明代古墓、清代古井、功名桅杆及古廊桥，各具特色。高演环胜桥被列入国家级文物保护单位。任氏世家出过进士 9 人、贡生 29 人、县令 1 人、司马 1 人、科考教谕 2 人、五品六品军功各 1 人。

大漈乡小佐村、澄照乡金丘村、漈头村、大均乡大均村、外舍管理区杨山村等建村均有七八百年，鹤溪镇东弄村、敕木山村、大均乡李宝村、东坑镇大张坑村、马坑村等畲族村寨，特色明显，为景宁美丽乡村的一个缩影。

1984 年，景宁建立畲族自治县之初，有行政村 273 个，自然村 1386 个。2010 年，景宁行政村 254 个，自然村 1031 个。行政村自然村大幅减少，其主要原因，从 20 世纪 80 年代开始，景宁利用得天独厚的水能资源优势，先后建设一批中小型水电站，受建库蓄水影响，淹没搬迁近百个村庄。进入 21 世纪后，大规模开展险情村搬迁及下山脱贫工作，先后从地质险情地及山高路远处搬迁近百个村庄。这些被淹和搬迁的村庄历史悠久，文化底蕴深厚，文物古迹较多。如大顺乡大顺村，位于小溪与大顺源汇合处，30 多座泥木结构老房紧靠石壁一字排开。据村头观音岩摩崖石刻记载，北宋元丰四年(1081)便有季氏人在此开基。村中建于清末民初的“梁宅”，门楼条石砌筑，青石雕花，宅内柱、梁、柱础、阶石全部雕花，外墙卵石砌功讲究，光滑匀称，别具特色。渤海镇渤海村，初建于南宋祥兴元年(1278)，北靠凤山，南临小溪，为县境东北部农副产品主要集散地。清知县袁衔《渤海》诗云：“前朝通百货，鱼盐称爽垲”。村内先后建成的“芳兰九畹”“怀德堂”、驮处、三间处门楼、栗树坪、大宅院、大门楼、文昌阁、马仙宫、下新处、凤山书院、殿堂、十三行围墙等古宅古建，选材讲究，斗拱翘檐，工艺精湛。陈村乡金田村，据陈氏家谱记载，先祖陈绍先于明万历年间(1573—1620)从云和迁此围滩开田，筑坝灌溉，安居乐业。族人先后建成“老处”桅杆宅、“新处”三元堂、“上新处”布政司宅、上寮、外寮等民居。古宅依山傍水，鳞次栉比，雕梁画栋，恢宏壮观。城外埠头外舍村为县境重要商品集散地，是水陆交通枢纽。清知县袁衔《外卸》诗云：“小市日趁虚，负载多群黎；黑棕裹椒笋，青箬包盐斋”，又云：“瓯船张风帆，来去如凫乌”。外舍街自古商铺林立，客商云集，较为繁荣。还有顺利、圭背、大都、绿草、油田，以及上标下洋、黄湖木耳口等都曾为县内知名古村，惜不复存在。

第二节　古　宅

城区古宅选介

鹤溪城较具特色的百年古宅有：梁家府古屋、鹤溪潘家大屋、潘家“爰得我所”、洪家“嘉庆己卯中式”、梅家门楼、梁弄底 12 号老屋、人民南路 58 号洪宅、水井弄“美在其中”老屋、大众街 21 号老宅等。

“梁家府”古屋　位于人民南路梁弄底 8 号。系明洪武十八年(1385)进士梁以孜(号琴泉)故居。因官任永城县丞，故称之为“梁家府”。建于明代洪武中后期，建筑面积约 350 平方米，明代拱斗特征明显，檐口梁、牛腿、檩条粗大，重檐屋面，屋顶形式独特，造型简朴，线条流畅；其梁枋镂空雕刻精美，工艺精湛，门楼里侧正中匾额有“名高月旦”4 个浮雕大字。该屋具有明代官宦式建筑风格。

鹤溪潘家大屋　景宁人称潘家大院，位于鹤溪镇东南老城区百岁门戏台后 15—16 号，始建于明代。相传为明代进士潘琴(1424—1514)故居，经后世子孙多次重修重建，只留局部为明代建筑，大部分为清代。该建筑坐西北朝东南，建筑占地面积 823.6 平方米，主体建筑共三进、六厢房，建筑面宽 20.5 米，进深 51 米，建筑面积 1045.5 平方米。一进及二进中间两厢房为单层建筑，其余为两层木结构建筑。第一进面阔 5 间，进深 2 间，风火山墙，后有隔墙，隔墙设有小门，通往二进。第二进天井左右侧各建有两开间厢房，二进主体面阔 5 间，进深 2 间，悬山屋顶，明间直通三进天井。第三进天井左右两侧各建有三开间厢房，三进主体与一二进大致相同，不过其进深尺寸更大。后有两厢房及后院滴水井。明间前门槛及垂花门整个建筑梁架形式为穿斗式梁架，梁上有精美斗拱，额枋上有精美雕花，檐口等构件古朴简洁。地面为三合土，后期为方便使用，厢房改为木板铺地，厨房地面为泥土夯作。天井地面卵石铺设，图案规则。屋面檐口瓦当精美。前正门门楼上有三爪龙和松鹤砖雕图。西侧大门有垂花门，两大门各有两对旗杆石基座。潘家大屋为明代官宦建筑，属景宁最古老、规模最大的民居，鼎盛时有大小厢房 71 间，大小天井 9 处。为县级文物保护单位。

潘家“爰得我所”老屋　位于县城鹤溪镇大众街 46 号。建于清乾隆中后期，坐北朝南，建筑面积 440 多平方米。房主潘文耀，清乾隆二十年（1755）生，清嘉庆十五年（1810）卒，庠生。该屋在临街处开有外大门，穿过弄堂通道进入里大门，门台匾额上用阳文凿刻“爰得我所”4 个大字。老屋由一正屋、两厢房及前天井围成大院。正屋面阔 5 间，进深 2 间，为两层木结构，瓦房，硬山屋顶，穿斗式梁架，五柱十一檩，夯土白粉墙围护，山墙两侧有高大马头墙，檐前通廊。室内地面为三合土夯实（部分浇成水泥地面）；檐口有多对精美牛腿，下檐口柱上的牛腿雕刻相当精美，上刻翠竹、玉兔、雄狮等图案。天井地面用卵石铺设，四周条石铺砌；天井两侧各有两开间厢房，为两层木结构，硬山屋顶，穿斗式梁架，厢房的牛腿、窗花雕饰精美。大门雕刻祥龙、八仙等图案。为县级文物保护单位。

洪家“嘉庆己卯中式”老宅　位于县城人民南路 62 号。房主洪绍祖，清嘉庆二十四年（1819）科武举人。房屋建于清嘉庆年间（1796—1820），坐北朝南，两层木楼房，三合院式，正厅三开间，右边有弄堂，天井两边各有厢房 2 间；后天井两侧向里延伸，建单层厨房。大门朝东开，木架斗拱式门楼，门台柱梁牛腿雕工细腻，重檐屋面皆用青瓦铺盖，三合土地面。该房构思新颖，建筑雅致。天井边有旗杆墩座碑石两对，上刻有“嘉庆己卯中式”字样。经风雨侵蚀，大门与柱子、牛腿上原釉色已剥落。四周为石砌夯土墙，墙上绘云钩花纹、龟板图案。照墙（屏风墙）呈凹字形，两边墙体稍高，马头墙封顶，左右两侧各开弧形小门，左侧门台上留有“别墅”2 个字痕。正厅檐口、柱头、梁枋的牛腿均为花雕，工艺精湛，图像逼真。前廊屋檐下的月梁制作精巧，造型讲究，色彩光泽，具有古典式民间别墅风格。

梅家老屋门楼　位于县城大众街 21 号。清末建造，坐南朝北，建筑占地面积 378.12 平方米。梅家老屋整体自南向北依次由门楼、天井、厢房和主屋组成。天井以卵石铺砌，图案精美，主屋面阔 5 间，进深 6 间，前檐带东西两厢，面阔 2 间，进深 1 间。青瓦屋脊，拱斗式翘檐，造型别致，工艺奇特，浮雕图像栩栩如生。临街处门楼三间四柱三楼，石垒墙脚，磨砖叠砌，瑞兽砖雕，墙体上有两条凸出的砖柱，气势宏伟，造型独特。门楣正中横额刻有“宣城衍庆”4 个大字，字迹清秀，笔锋有力。门楼建筑整体保存较完整，系清代门楼建筑风格。为县级文物保护单位。

乡村古宅选介

景宁乡村古宅较具特色的有：英川大厝、小地古宅、杨山 4、5、19、29、32 号老宅、库头古宅、秋炉古宅、金丘水碓头古宅、茗源民居、葛山刘氏古宅、水溪叶氏古宅、高演任氏三幢古居、小佐严氏老宅、大均清光绪民居、漈头仿西洋建筑的大和药号、明崇祯三年（1630）建造的潘家大屋、道光二十六年（1846）建造的于周老宅、咸丰十年（1861）建造的上园潘镜蓉老宅、光绪十四年（1888）建造的水井头寿章老宅、光绪二十一年（1895）建造的下村垟上幢维纲老宅和下幢澍（shu）棠老宅、光绪二十二年(1896)的下村垟维文老宅、光绪二十五年(1899)建造的水碓港维常老宅等。

英川大厝　位于英川镇英川村中央，建于清崇德二年(1637)，占地长50米，宽45米，面积约2250平方米，坐北朝南。天井长18米，宽16米。该屋为方正四合院，两层建筑，共20直，木质青瓦房。楼房二层有围廊，设有廊凳，四周相通，楼下厢房为活动板壁，逢大型活动，可卸下板壁拓宽场地。正南为一堵高墙，正中入口为大门，大门外为10米宽100米长的通道(古时通道上方为戏台，现无存)。东南西北四角各有一条弄堂从天井通向外界。阶沿用长条石铺设，阶沿与天井之间有条宽40厘米、深35厘米的水沟，与村中水系相通，用于消防。四合院东西对称、南北相顾、楼房方正，使天井、水沟、走廊、楼房构成4个正方形，吴氏先祖的设计隐含“罡”字含义，意为众星环拱“北斗”星座之寓。该屋规模恢宏，结构合理，功能齐全，做工精细。

小地古宅　位于沙湾镇小地村，为小地叶姓开基祖屋，建于清乾隆年间(1736—1796)，属穿斗抬梁式木结构乡土建筑，一进七开间两厢房，通高10米、进深23米、面阔36米，总面积800平方米。屋顶阴阳合瓦，用钩头滴水；正堂阑额横书“守正不阿”；横梁马腿镂雕牡丹、松鼠等奇花灵物，十分精巧；地面用黄泥、糯米、石灰、鸡蛋、沙石等混合材料铺成，渗水性好，坚固耐用，配有花纹图案。天井宽10米，深7米；大门为泥、砖、石混合建筑，马头风火墙；门楣上书“青峰远映”4字，大门左右书楹联：“圣恩春浩大，文治日光华”；大门前有石板桅杆夹1对。古宅虽有腐颓现象，但整体保护良好。

杨山古居　位于外舍管理区杨绿湖行政村杨山自然村，建于清代中后期(1800—1860)，横梁为抬梁和穿斗混用，土木结构，总建筑面积1200平方米。双连中堂，两进十一开，从中轴线依次为天井、中堂、后厅；前厅长20米，宽27米；三开厢房；天井深4.6米，宽5.6米；后厅厨房深4米，宽9米。整座房以风火墙围护，围墙不设大门，东西两端各开一个侧门，围墙壁上描有山水画、人物肖像、花鸟树木和民居建筑的水墨画，曲线优美，造型逼真。左门阑额上横书“燕语青风”，右门阑额上横书“凤鸣朝阳”，各边门前有石板桅杆夹1对。整座房的马腿无悬柱，雕刻的奇花异木、人物灵兽栩栩如生。地面用石灰、豆浆、糯米、黄泥、石子混合成糊泥铺设，地表光滑，淡黄色，不上潮，坚固耐用。

库头古居　位于毛洋乡库头村，为库头陈氏开基祖屋，修建于清道光年间(1821—1850)，坐北朝南。属穿斗抬梁混合式乡土建筑，泥木结构，风火墙筑成三叠，抛角高啄，墙基用青石砌成，表面平整。大门高7米，横额上书“南峰挹秀”4字，天井用鹅卵石铺成，深4米，宽5米。正堂一进七开间，通高10米，面阔32米，进深25米，面积达800平方米。横梁、柱、马腿等处雕镂花草人物及各种吉祥物，姿态各异，栩栩如生。两侧各有厢房2间，南面开侧门，上书“礼门义路”。

秋炉古居　位于秋炉乡秋炉村，为秋炉陈氏古居，建于清道光十七年(1837)，穿斗抬梁式建筑，一进五开间，左右两厢房，进深25米，面阔22米，通高5.5米，总面积600多平方米。横梁、马腿雕刻精细，大门为泥砖混合，整个建筑体现清末江南木结构风格。

水碓头夏氏古宅

水碓头古宅　位于澄照乡金丘行政村水碓头自然村，建于清代，为清光绪二十九年(1903)附贡生夏雨径故居。古宅三进两厢两层，正屋五开间，两厢三开间，有门楼、天井、中堂、后院，建筑面积950平方米，土木结构，雄伟大气，布局巧妙，尤其门楼特有气派，由2平方米的大石头垒竖而成，深厚泰然。门楼前有贡生石板桅杆夹1对。

茗源民宅　位于东坑镇茗源村，南宋开基，民宅为清末民初居多，风格为两层五开间或七开间两厢式，以木料构建为主。在众多古宅中，唯建于清末（1901—1911）吴献忠（又名吴潘文）民宅保存最为完整，占地面积5280平方米，建筑面积300多平方米，前有天井后有花园，两层10直土木结构，前排10根柱上的马腿雕刻着凤凰、麒麟、葵花、嫦娥奔月等图案，惟妙惟肖，十分精致。

葛山古居　位于葛山乡葛山村，建于清末（1901—1911），为葛山刘氏开基复建祖房，坐西北朝东南，占地面积1200平方米。大门用砖石砌成，两层重檐歇山顶，泥砖上有镂雕花草图案，额上用阴文书颜体"秀映南峰"4字，外有石板桅杆夹1对。天井宽12米，深10米；两厢房对称，各两开间，长8米，深8米；正房一进七开间，正堂上有匾额，横书"古朴可风"4字。梁架为抬梁和穿斗混合结构，横梁、悬柱、马腿镂刻着兰花、莲蓬、松鹤延年、麒麟呈祥等图案，雕工精细，形神俱佳。惜人物雕刻已损毁。

2010年景宁明清时代古宅一览

表40-1-1

乡　镇	古宅名称	建造年代	地　址	面积（平方米）
鹤　溪	鹤溪镇戏台后民居	明	城南戏台后15~16号	1045.5
	人民南路梁底弄民居	明	鹤溪镇人民南路梁底弄8号	948.64
	鹤溪镇文昌阁民居	清	鹤溪镇文昌阁4号	382
	人民南路民居	清嘉庆	鹤溪镇人民南路62号	220
	人民南路民居	清	鹤溪镇人民南路48号	354
	玄坦殿民居	清道光	鹤溪镇城北玄坦殿4号	—
	敕木山民居	清	鹤溪镇敕木山村3号	—
	大众街民居	清	鹤溪镇大众街21号	—
	水井弄民居	清	鹤溪镇水井弄7号	—
	叶府前民居	清	鹤溪镇叶府前15号	—
	叶府前民居	清	鹤溪镇叶府前16号	—
	叶府前二弄民居	清	鹤溪镇叶府前二弄1号	—
	人民南路民居	清	鹤溪镇人民南路12号	—
	大众街民居	清	鹤溪镇大众街46号	—
	雷氏民居	清	鹤溪镇包凤上村中央	—
	上张村民居	清	鹤溪镇上张村24号	—
	下张村民居	清	鹤溪镇下张村22~23号	—
	徐氏民居	清	鹤溪镇余山老村南侧	—
家　地	叶氏民居	清光绪	梅山头村西侧	—
景　南	何氏民居	清	缪坑桥头湾村东北侧	—
	西垟村民居	清	西垟村20号	—
	陈氏民居	清光绪	东塘坳底村东侧	—
	叶氏民居	清	鱼漈岭头村中心	—
	陈氏民居	清	忠溪上店村2号	—
	程田村民居	清	程田村13号	—
标　溪	严氏民居	清同治	处基桥头东北侧	—

续表 40-1-1

乡　镇	古宅名称	建造年代	地　址	面积(平方米)
标　溪	何氏民居	清同治	预章远程口西侧	—
	叶多林民居	清同治	标溪村中央	—
	严氏民居	清代	处基黄山头西侧	—
	徐氏民居	清代	东车村中部	—
	张氏民居	清代	标溪村中心	—
	严振朝民居	清代	叶谢村中心	—
	严振炳民居	清代	叶谢村北侧	—
渤　海	叶金兴民居	清代	后砻村	—
澄　照	夏氏民居	清代	金丘水碓头村中央	—
	夏氏民居	清代	大赤垟村 19 号	—
	杜氏民居	清代	大赤垟村 20 号	—
	杜氏民居	清代	坦头岭村 11 号	—
	潘振乾民居	清代	漈头村中央	—
	潘正欣民居	清代	漈头村西南侧	—
	潘正昌民居	清代	漈头村西南侧	—
	雷氏民居	清代	山后村东部	—
	潘氏民居	清代	三石村 15 号	—
	陈氏民居	清代	三石高冢村 3 号	—
	雷石根民居	清代	三石杨山村北侧	—
	郑氏民居	清代	炉西岭后砻村	—
	郑氏民居	清代	炉西岭梅树湾村	—
	郑氏民居	清代	仙山半山村	—
	朱坑村民居	清代	朱坑村 40 号	—
	洪氏民居	清代	三石叶八弄村	—
	朱氏民居	清代	漈头村北侧	—
	蓝氏民居	清代	四格上村	—
	大赤垟民居	清代	大赤垟 21 号	—
	林氏民居	清同治	东升双港村	—
	朱氏民居	清代	坦头岭村南侧	—
	半山民居	清道光	仙山半山 17 号	—
	梅光焕民居	清光绪	梅坑村北侧	—
	朱氏民居	清代	朱坑村北侧公路旁	—
大　地	叶氏民居	清道光	水溪村	—
	林作健民居	清代	桃垟村中央	—
	林日利民居	清乾隆	桃垟村西南	—
	徐氏民居	清代	垟白岱村中央	—
	大垟坑岩路民居	清代	驮垟大垟坑岩路 13 号	—

续表 40-1-1

乡 镇	古宅名称	建造年代	地 址	面积(平方米)
大 漈	严氏民居	清代	小佐村东侧	—
大 均	李氏民居	清代	新亭村中部	—
	大赤坑民居	清代	大赤坑 14 号	—
	李氏民居	清光绪	大均村西北侧	—
	李氏民居	清代	泉坑水碓垟村中公路旁	—
	吴氏民居	清光绪	梅山村西南	—
	雷氏民居	清代	伏叶伏坑村东侧	—
	李开林民居	清代	伏叶伏坑村北侧	—
东 坑	后坑民居	清代	马坑后坑村 2 号	—
	何村民居	清雍正	何村 37 号	—
	何村民居	清雍正	何村 5 号	—
	章坑村新桥北侧	清光绪	章坑村 38 号	—
	吴氏民居	清代	茗源村东北山脚下	—
	叶氏民居	清代	桃源村北侧	—
	吴山头民居	清代	吴山头村 46 号	—
	章氏民居	清代	章坑村新桥北侧	—
	方泗坑民居	清代	方徐村方泗坑 25 号	—
	徐砻村民居	清代	徐砻村 27 号	—
	何显仁民居	清代	徐砻村半山坡	—
	徐砻村 1 号民居	清代	徐砻村 1 号	—
	谢氏民居	清同治	徐砻村廊桥南侧	—
	吴道荣民居	清光绪	徐砻村公路东侧	—
	鲍氏民居	清代	东坑村西侧	—
	鲍氏民居	清代	东坑村河东路 7 号	—
	鲍氏民居	清代	东坑村河东路三弄 8 号	—
	雷氏民居	清代	大张坑村西北半山腰	—
葛 山	刘传寿民居	清代	岙根村西南	—
	刘传道民居	清光绪	岙根村东部	—
	刘氏民居	清代	岗头村东北	—
	刘氏民居	清代	林胡梅花岗村中部	—
	刘振仁民居	清咸丰	林胡梅花岗村东北	—
	吴氏民居	清咸丰	西山村中部	—
	何氏民居	清代	西山村东北	—
	刘氏民居	清代	西山下村东北	—
	刘氏民居	清代	岭头村西北	—
	王树新民居	清代	粗砻村南侧	—
	王金水民居	清代	粗砻村南侧	—

续表 40-1-1

乡　镇	古宅名称	建造年代	地　　址	面积(平方米)
	蒋氏民居	清代	粗砻村西侧	—
	刘远伟民居	清代	葛山村东南	—
	刘元基民居	清代	葛山村中部	—
九　龙	徐发达民居	清代	岭里底岸村中央	—
	高沈村民居	清代	高沈村中央 21 号	—
	沈氏民居	清代	高沈斜坑村	—
	田坑村民居	清咸丰	田坑村 42 号	—
	徐长彬民居	清代	岭里底岸村	—
	叶氏民居	清代	田坑垟头村	—
	外村 16 号民居	清代	徐垟外村 16 号	—
	沈氏民居	清代	岳口五坑底村	—
鸬　鹚	吴氏民居	清乾隆	鸬鹚下村	—
	吴氏民居	清嘉庆	鸬鹚上村	—
	吴氏民居	清代	黄桑南南山村北侧	—
	桑湾村中部民居	清代	黄桑南桑湾村中部	—
	何氏民居	清代	黄桑南桑湾村中部	—
	刘氏民居	清代	鸬鹚上村南部	—
	商氏民居	清代	夏山头村中央	—
毛　垟	横巷东弄民居	清代	横巷东弄 1 号	—
	横巷东弄民居	清代	横巷东弄 6 号	—
	陈氏民居	清代	炉西村北侧	—
	潘氏民居	清道光	上坑头村中	—
	毛氏民居	清咸丰	毛垟村中	—
	毛氏民居	清同治	上沙湾村中部	—
	叶氏民居	清代	上沙湾村中部	—
	陈氏民居	清代	库头村	—
梅　岐	李山头村民居	清代	留钱李山头村 9 号	—
秋　炉	陈氏民居	清代	伏岩村东南侧	—
	陈氏民居	明代	第一坑村西北侧	—
	张氏民居	清代	山头村南侧	—
	大众街民居	清代	秋炉村大众街 18 号	—
	陈氏民居	清代	半山苏占林村头	—
	陈氏民居	清代	坑边村中央	—
	范氏民居	清代	坑边村中央	—
	陈氏民居	清代	秋炉村	—

续表 40-1-1

乡　镇	古宅名称	建造年代	地　址	面积（平方米）
沙　湾	徐氏民居	清代	莲川村西侧	—
	陈氏民居	清代	岱根川南二巷 1 号	—
	叶加福民居	清光绪	小地村中央	—
	叶金田民居	清代	小地村东侧	—
	中心弄民居	清代	道化村中心弄 22 号	—
	中心弄民居	清代	道化村中心弄 21 号	—
	团结巷民居	清代	沙湾村团结弄 10 号	—
	周乃祥民居	清代	东堡村中	—
	新建巷民居	清代	沙湾村新建巷 2 号	—
	新建巷民居	清道光	沙湾村新建巷 1 号	—
	贡元巷民居	清光绪	沙湾村贡元巷 10 号	—
	贡元巷民居	清代	沙湾村贡元巷 13 号	—
	团结巷民居	清代	沙湾村团结巷 15 号	—
	和平巷民居	清代	沙湾村和平巷 3 号	—
	光明巷民居	清代	沙湾村光明巷 3 号	—
	驮处弄民居	清代	沙湾村驮处弄 3 号	—
	朝阳街民居	清代	沙湾村朝阳街 110 号	—
	叶维炳民居	清代	旺水村中央	—
	江乃泉民居	清代	沙湾村 32 号	—
	上街民居	清代	沙湾村上街 20 号	—
	仙菇民居	清咸丰	仙菇村 4 号	—
	中心弄民居	清代	道化村中心弄 12 号	—
	沿河弄民居	清代	道化村沿河弄 5 号	—
	水碓弄民居	清代	七里村水碓弄 11 号	—
	蓝一勋民居	清代	张庄村西侧	—
	严氏民居	清代	蔡湖村西侧	—
	朱氏民居	清代	蔡湖村西侧	—
	刘希青民居	清代	季庄村北侧	—
	李氏民居	清代	仙菇村 20 号	—
	蓝后明民居	清代	张庄村	—
	刘希忠民居	清代	季庄村尾	—
	翁氏民居	清代	季庄村尾	—
	梅氏民居	清代	季庄村头	—
外　舍	吴展明民居	清代	油田村尾	—
	王新华民居	清代	潘坑村中部	—

续表 40-1-1

乡　镇	古宅名称	建造年代	地　址	面积(平方米)
外　舍	王存富民居	清代	潘坑村北侧	—
	杨山村民居	清同治	杨绿湖杨山村 32 号	—
	杨山村民居	清代	杨绿湖杨山村 29 号	—
	杨山村民居	清代	杨绿湖杨山村 4—5 号	—
	杨山村民居	清代	杨绿湖杨山村 19 号	—
	夏世龙民居	清代	金包山村	—
	包山民居	清咸丰	金包山包山村 9 号	—
	陶州村民居	清代	小金洲陶州村 9 号	—
	陶州村民居	清代	小金洲陶州村 26 号	—
	驮湾村民居	清代	岗石驮湾村 5 号	—
	大吴山民居	清代	大吴山村 19 号	—
梧　桐	梧桐民居	清代	梧桐村 98 号	—
	林进民居	清代	林进村 3 号	—
	林进村西侧民居	清代	林进村西侧	—
	项德业民居	清代	山前村面丘岗村	—
	任公祖居	清代	高演村	—
	任水松民居	清代	高演村西侧	—
	任启瑞民居	清代	高演村中部	—
	张金生民居	清代	角耳湾村北侧	—
雁　溪	柘湾村民居	清代	柘湾村 1 号	—
	梅新荣民居	清光绪	黄桐村北侧	—
	何齐和民居	清代	雁溪村头	—
	彭端发民居	清光绪	雁溪村中心	—
	张炳珍民居	清代	石梯村中央	—
英　川	川南一巷民居	清道光	英川村川南一巷 12 号	—
	川南二巷民居	清代	英川村川南二巷 5 号	—
	川南二巷民居	清同治	英川村川南二巷 1 号	—
	耀垟中心路民居	清代	耀垟村中心路 13 号	—
	川南一巷民居	清代	英川村川南一巷 17 号	—
	川南二巷民居	清代	英川村川南二巷 3 号	—
	川南二巷民居	清光绪	英川村川南二巷 2 号	—
	王宅王家民居	清代	王宅村	—
	刘木根民居	清代	王宅村西北侧	—
	程氏民居	清代	王宅村北侧	—
	府前弄民居	清代	王宅村府前弄 2 号	—

续表 40-1-1

乡　镇	古宅名称	建造年代	地　　址	面积(平方米)
英　川	王家福民居	清代	王宅村南侧	—
	刘远盛民居	清代	王宅村东南侧	—
	毛长忠民居	清代	茶园村中央	—
	白坦上村民居	清代	白坦上村南侧山脚下	—
	全德作民居	清代	隆上村中央	—
	林兴徐民居	清代	隆上村中央	—
	叶林海民居	清代	茶园李树突村	—
	吴世亮民居	清代	隆川村	—
	林立雄民居	清代	隆川村	—
	夏世泰民居	清嘉庆	湖后后坑村	—
	张根妹民居	清代	湖后村湖平头	—
	周大科民居	清代	张川村南侧	—
	外处坳民居	清代	外处坳村 13 号	—
	吴国堂民居	清代	湖后后坑村	—
	张 祥民居	清代	湖后村湖平头	—
	张一民民居	清代	黄谢圩村	—
郑　坑	柳山村民居	清道光	柳山村 4—9 号	—
	张坑下民居	清乾隆	张坑下村 23 号	—
	马坳村民居	清代	郑坑马坳村 16—17 号	—

第二章　街弄　古道

景宁地处穷乡僻壤，村落分散，人口少，故村镇、县城规模亦小，街弄短而狭窄。境内山高岭长，坳频隘多，开门见山，出门爬坡，古道多为石阶路，出县都须翻山越岭行数百里远。古时山区交通工具只有轿和船。轿分竹轿、木轿两种。竹轿简单轻便，一般用 2 杆毛竹和 1 把竹椅扎成。遇有老人、病人、残疾人急于出行，就用竹轿由 2 人抬往。木轿为木制，方型、尖顶，构造复杂，雕花油漆，一般只供达官贵人或新娘乘坐。船有帆船、渡船等。沿溪一带，走水路办事运物，就靠帆船。

第一节　城乡街弄

古时，景宁城区仅由二三个村构成，人口千余，加之经济不振、市场萧条，故古街短小，弄堂狭窄。

乡村除渤海、大顺、外舍、大均、沙湾、毛垟、英川、东坑、大漈等村庄人口相对集中外，大部分村落和民居相当分散，难以形成街弄。

古城街弄

古城老街　鹤溪古城坐落鹤溪两岸，后坑穿城而过。鹤溪河两山对峙，地势狭长，中间平坦。鹤溪古城原有3条街：塔头街（1984年后改称大众街）、县前街、童弄街。塔头街居上，县前街居中，童弄街居下。塔头街上至百岁门，下至上桥头与县前街连接；中段为县前街，上至上桥头孔庙与塔头街连接，下至三角店（石印山小区一带）；童弄街上至大树脑，下至学田村。塔头街与县前街为商业街，相对繁荣；童弄街则以寺庙建筑居多。

古城里弄　鹤溪古城街弄交错，互为贯通。塔头街两边的里弄有：牌坊底、戏台后、桥底弄、鱼塘岸弄、南门弄，水井弄、水碓弄、猫儿弄、后坑弄、文昌阁弄、台门底弄、陈宅里弄等。县前街北面的里弄有：梁弄底、民主弄、砖街底、洪家弄、小砖弄、后街弄等。南面有汤钟弄、汤家弄、工商弄、横街等。童弄街里弄有：叶家弄、马家弄、陈家弄等。弄宽只1米左右，最宽处不超2米；长弄200米，短弄30~100米不等。

1984年，景宁建立畲族自治县后，加快新城建设和旧城改造步伐。1998年，拆迁改造人民中路东侧，拓宽人民路，童弄街拆除半边，其叶家弄、马家弄、陈家弄不复存在，建成仙童住宅小区；2001年，拆除老区委及原纺织器材厂、县前街、梁弄底、砖街底、民主弄、洪家弄，拓宽人民南路，建成石印山住宅小区。

2005年，景宁为推进旅游业发展，以仅留的大众街和未拆的古宅为依托，鹤溪古城申报省级历史文化名镇获得批准，使大众街、后坑、牌坊底、戏台后、桥底弄、汤钟弄、汤家弄、鱼塘岸弄、南门弄，文昌阁弄、台门底弄、陈宅里弄得到保存。

镇乡古街

渤海古街　渤海水栋路（也称城西路）沿溪而建，南北走向，全长2000米，起于大门楼渡口，终于陈氏宗祠，途经古建筑大门楼和陈氏宗祠；坑沿路（也称城中路），沿鲍宅坑两岸而建，东西走向，全长2000米，起于顶头处，终于坑口，沿途有古建下新处古宅和栗树坪老宅；荷花街（也称梅花巷），东西走向，全长600米，沿街建筑有春和店中西合璧洋楼、三间处仿宋式门楼、西厅仓洋楼、水井店洋楼；高升巷，全长500米，巷旁有芳兰九畹古宅；后坛弄，全长300米，弄边有古西厅仓遗址及老民宅。滩坑电站水库蓄水后，渤海整村淹没。

大漈古街　南北走向，北起胡桥，终于护关桥，全长1000多米，沿沐鹤溪而建。溪把村分成两半，东为西一村称小街，西为西二村称大街。街两头是明清时期所建的胡桥和护关桥两座古桥；街旁有清道光十四年（1834）科举人梅冬魁桅杆；有梅家小筑等成排古宅；有数条小桥连接东西两岸。小桥流水，独具风味。

大漈古街

大均古街　大均古街为古时景宁至沙湾、庆元、龙泉的必经之路。东西走向，长 300 米，宽 2.5 米，东起唐樟，终于浮伞祠。街路用鹅卵石铺设，沿街有牌坊、宗祠、古宅等，终端南面有观音祠、浮伞祠、龙岗叠翠景观。沿街有 13 幢明清时期所建古民居，门楼、门窗均为砖、泥、石结构，雕像生动，壁画清晰。民宅墙脚均用大小均匀的鹅卵石砌成，高 2.5 米，美观大方，风格独特。

大顺古街　南北走向，全长 1500 米，南起上湾，终于大顺坑口。依山傍水沿溪而建的单面街，建有"美人靠"作护栏和憩息之用。街面用鹅卵石铺砌，宽 3 米。沿街有 4 座门楼及 30 多幢小木屋，互相紧挨，古朴优美。自古以来为水陆码头和商品集散地。滩坑电站水库蓄水后，大顺整村被淹。

第二节　古道　古关口

古时，景宁交通闭塞，到周边县城或村落，除走水路外都得步行走古道。近者几十里，远则几百里，古道崎岖，山高路陡。关口即坳口，地势险要，为古代出入县城周边必经关口。

古道

浙闽古道　也称景寿古道。从县城南门出，经马岭头过大漈、上标、渔漈，越青草隘抵福建寿宁县城。其中，途经石佛岭古道，起于澄照乡行者寮村至大漈乡彭村。主要古道长 5 千米，建于宋代真宗与仁宗年代（998—1030），为旧时乡民往返县城主要通道，中段森林茂密，地势险要。

陈璗旧道　据《景宁县志》（1995 年版）载"陈璗旧道""在莘田岭后"。相传为明邑人"浙南银王"陈璗所辟,建于明朝天顺年间（1457—1464），从渤海坑出发，途经叶处大蟹岭，转包山砻，过外舍油田源，翻油田坳经半垟进入县城。

景泰古道　也称梨树坳古道。自县城东门出，经张村、三枝树，越梨树坳，过北溪，直抵东坑蜂桶隘至泰顺县城。其中，张村一带 5 千多米，俗称城东官路，清雍正十一年（1733）被大水冲塌，知县李应机重修。

景青古道　也称渤海驿道。为景宁至青田官道。从县城北门出，经外舍沿溪直下大常、金钟，过渡至绿草，过大顺、鹤口，越长山岭入青田境至县城。其中，外舍沿溪至金钟，称城北官路，清道光八年（1828）知县朱煌兴建。

景庆古道　也称高蚌驿道。自县城西门出，经包山、大均、梧桐、沙湾、毛洋、过下圩，越山头岭，经梧桐岭，穿兰溪桥抵庆元县。途中越 3 座海拔千米以上的大山，往返极为艰辛。其中，秋炉乡朝局村至山头村，5 千多米古道由块石砌成，路面光滑鲜亮，沿线植被完好，古树葱茏挺拔，枝繁叶茂，山涧水清鸟鸣，景色优美。古道乃明清时期往返景宁、庆元、福建等地的交通要道，老百姓称之为"官道"。现称秋炉古道，1935 年粟裕、叶飞将领等曾带领红军部队，穿梭此道开展革命活动。

岚头古道　起于岭北村双坑口至岚头村，古道由乱石砌成。古道旁松木参天，楮木蔽日，为古代景邑往返碧湖、丽水之要道。

古关口

通天门坳　位于城北 2 千米，为县城主要关口，地势险要，通往云和、丽水、青田、温州、杭州等地及物资运输主要通道。明代设立通天门关卡，置门楼。

苔湖岭坳　位于城西 2 千米，素有“官马大道”之称，为县城前往大均、梧桐、沙湾和龙泉、庆元等地的唯一通道。古时，坳门设亭，分上下两层，下层通行，上层为茶堂人员住所。在坳门亭上可眺望县城全景。

慕岭头坳　位于城西 5 千米,亦是官道之一, 出坳门通往澄照、大漈两乡。成为通往邻县文成、泰顺以及福建寿宁等地的主要通道。

油田坳　位于城东北部, 又称驮坳门，离城 2 千米，为旧时县城通往油田、渤海方向的便捷通道。陈鎏故道经此。

第三节　水路　水运

瓯江支流小溪，由西至东贯穿景宁全境流向青田通往温州，为旧时景宁通商的水路通道。景宁大部分农林产品皆用木帆船、木排、竹排水运到温州，而民众生产生活所需物资、日常用品基本上凭木帆船从温州逆流而上运至景宁各码头、埠头。两岸之间来往的水上交通工具用竹(木)筏、渡船为主。

水路

小溪水路景宁段两岸涉 11 个乡镇上百个村庄，古时没桥，两岸人员及物资来往全靠木船，故码头和埠头成为官道、乡道、村道必经之处。

码头　渤海、外舍是景宁主要码头和货物集散地。古时山区的木材、毛竹及农副产品等货物流通都由码头转运，靠水路发往重点目的地温州。农村所需油盐、布匹、日用品等，由水路用船运至码头再转运乡下。

埠头　主要有外舍、西汇、金钟、渤海、大顺、鹤口、大均、梧桐、标溪、沙湾等几十处。人们隔岸往来主要靠木制渡船。外舍、溪口大桥未建之前，至云和、丽水、杭州之客与货车要在外舍西汇以铁驳船过渡。

水运

木排　20 世纪 70 年代前，景宁山区木材外运销售的主要运输方式为放排。先人把树木砍伐晾干，截成 2~4 米段木，背到溪坑边，借用水的冲力把段木漂流到瓯江小溪各埠头或码头上，然后用 “排钉”(用硬杂木削制)、“箍儿”(用竹青制成的篾箍)、“穿柴”(长 4 米直径 4~5 厘米挺直的木棍)等配件把段木 10~20 根整齐排列钉在一起(俗称排秤)；再用长杉木原条和竹篾编制成数十米长的“篾辫”(俗称练)，把 10~20 个“排秤”纵向连接成一领 20~30 米长的木排，在排头和排尾各装一个大刀状的“木艄”为舵，分别由两名排工(俗称放排人)掌舵顺流而下运送木排。上至毛洋，下至青田温溪，全程 250 千米。一领木排可运送木材 30~40 立方米，成本低，但耗时长，放排既辛苦又危险，须识水性、有谋略、勇敢者方可操作。20 世纪 80 年代后，公路运输发展，放排水运被淘汰。

竹排　其水运原理与木排类似，竹排的制作方式是先预制一个直径约 30~40 厘米的坚实竹箍，再把几十根原竹尾部砸扁塞进竹箍箍紧扎实，让根部自然散开成扇状，再用连接木排用的数十米长的“篾辫”把若干扇状竹组纵向串连成排，然后在排头装上“木艄”，在小溪上顺流而下水运竹排。一般一领排 1 个排工掌舵即可运输。

竹筏　由 9~11 根直径 15 厘米左右的嫩毛竹制成。顺流载重 500 千克，逆水 300 千克，偶有乘客，筏

竹筏

上置大木盂，内设小凳，以便乘坐。为增加承载重量，可用双层毛竹制成竹筏。也有用5~7根毛竹制作的简易竹筏，方便家庭劳作捎带物品及在溪潭上撒网捕鱼等。

渡船　为两岸渡口之间来往的主要交通工具，用杉木制成，内外漆桐油以防渗水及防腐，长约8米，宽2米，船上可乘坐20~30人，用竹撑杆和木桨划船前行。

木帆船　俗称蚱蜢船。船体长10米，桅高约7米，船帆白色。20世纪50年代景宁在外舍设运输公司，共有木帆船100多艘。70年代前，木帆船为景宁水上主要运输工具。船上有篾篷，用来遮阳挡雨，也称篷船，以运输货物为主，每船仅坐1—2人。

第三章　宗祠　亭阁

先辈迁入景宁后，建村栖息，繁衍后代，安居乐业。人口增加后，在宗族思想的感染下，各姓渐建宗祠，族人皆以宗祠为集聚所，开展祭拜祖先、传授家训、褒奖典范等活动，维系宗族管理。祠堂一般建在村中央或村旁，规模颇大，建筑雄伟，有厅有堂，有厢有室。规模大的有多重祠门、多进祠房。均设序伦堂、报本堂及“东厢”“西厢”。建筑结构精细的有大梁斗拱，马腿上雕刻图案，祠墙祠门画有壁画。景宁的亭、楼、台、阁等古建甚少，遗存的部分楼台、亭阁皆得以整修。较多凉亭分布在乡村偏僻的古道、山岭、坳门和村道路边，随着乡村公路建设的发展，古道荒废，大部分凉亭已破旧倒塌。

第一节　宗　祠

景宁宗祠较为普遍，几乎每姓皆有，只是规模大小、风格各异而已，但并不是每村皆有。今修复保存完好，较有典型，具有研究价值的有毛氏、梅氏、潘氏、刘氏、严氏、韦氏、李氏、彭氏、蓝氏、徐氏、张氏等宗祠。

北宋至明代宗祠选介

中屋徐氏宗祠　位于景南乡渔漈行政村中屋自然村，占地面积400多平方米，始建于北宋后期(1101—1127)，徐氏祖先徐成之迁徙儒漈(即现在的渔漈)繁衍生息，生有长子徐仲生住中屋，次子徐仲贵分渔漈岭头。徐氏后人历代相传有31代，徐氏子孙500多人。徐氏宗祠土木结构，宗祠正梁横梁上镶有铜币，币上刻有太平天国字样。第一次修缮于南宋淳熙元年(1174年)十一月，第四次修缮于1982年。宗祠保存完好，为县级文物保护单位。

大均李氏宗祠　位于大均乡大均村，始建于明嘉靖年间(1522—1566)。老祠开三门，祠内悬“父子方伯”“兄弟进士”匾，今老祠已毁，仅留三门。据李氏先辈传说，为褒扬大均人李琮天顺六年(1462)年中进士(官任布政山西御史)，其弟李璋弘治十五年(1502)中二甲进士(官任布政史)，李璋子李錞嘉靖二年(1523)中三甲进士(官任光禄寺少卿)，故设三门。明朝曾于县城北建“兄弟方伯坊”“父子进士坊”；大均建“倚街进士坊”。

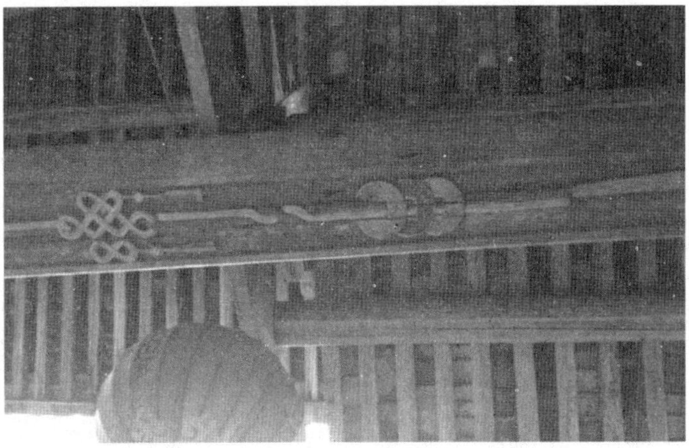

渔滐徐氏宗祠横梁上镶铜币刻太平天国字样

大漈梅氏宗祠　位于大漈乡西岸底村，建于明万历年间(1573—1619)，占地面积598.32平方米，纵轴线自东向西依次为祠厅、前厅、序伦堂、祭坛、南北厢房及报本堂，每进间设天井，三进建筑随山坡地势逐进升高，建筑结构精巧，规模颇大，气势宏伟；方柱、大梁、斗拱、雕画，显现明代建筑特点。宗祠与时思寺仅一墙之隔，与时思寺同被公布为国家重点文物保护单位。

寨后刘氏宗祠　位于英川镇寨后村，始建于明万历十一年(1583)，坐北朝南，占地面积500平方米，单层两进四合院式格局，粉墙青瓦，檐牙高啄，翚飞之势，庄严肃穆；正门四柱粗大挺拔，雕龙画凤，东西两翼各按小门，与正门成“丁”对，为平常出入道。堂内东西各置厢房，正堂为享堂，左昭右穆，列序先祖灵位。院落宽敞，中以拳石垒方台，台上多植奇花异木，为族人驻足寄思之所。宗祠于20世纪90年代重新修缮，至今保存完好。

彭村彭氏宗祠　位于大漈乡彭村，坐西朝东，土木结构。始建于明崇祯十七年(1645)，据《彭氏宗谱》记载，为原公下二十世孙三才公率兄弟7人鼎力建造，邑令徐日隆遊本祠赐“商贤名裔”匾额。清乾隆四十九年(1784)重建，历经多次修缮。宗祠占地面积475平方米，中轴线自东向西依次为台门、序伦堂、报本堂三进。每进之间有天井、露台。寝面面阔5间，通面宽13.5米，深5.3米。单檐歇山顶。由斗拱、斜撑、马腿承托出檐。鼓形柽础。序伦堂至报本堂前后两堂之间左右各有厢房1间。序伦堂为三间两廊，为拓展空间，上有柳杉抬梁长10多米，直径0.5米横跨大堂。宗祠内部及祠门全为木质结构，用料硕大，工艺考究，雕饰精美。祠门前设有照壁(墙)。宗祠保存完好，为县级文物保护单位。

清代宗祠选介

岭里徐氏宗祠　位于九龙乡岭里行政村底岸自然村，建于清代康熙三年(1664)，由伉、武诸公所建，共3间。乾隆五十八年(1794)建前堂及两轩。嘉庆九年(1804)建戏台，为两进式建筑格局，五间两轩一戏台，建筑规模400平方米，整体保存完好。

毛垟毛氏宗祠　位于毛洋乡毛洋村，建于清康熙二十六年(1687)，面积2000多平方米，设大门、仪门等五重门，有序伦堂、报本堂，还有“东序”“西厢”两室，建筑雄伟，有厅有堂，有房有舍，祠庙阔广，规模宏大，布局合理。

小佐严氏宗祠　位于大漈乡小佐村，建于清乾隆四十五年(1780)，道光元年(1821)重修，坐西南朝东北，建筑占地面积376平方米。祠堂前后两进，由两正堂、两厢房、台门、天井及旗杆石组成。前院为“序伦堂”，正梁上悬挂“耆年笃学”匾额，为清道光二十九年(1849)拔贡、雅峰书院院长严用光所立。

后院为正厅。主体建筑为单层木结构，牛腿等构件雕刻精美，文人墨客的题词保存较好。为县级文物保护单位。

道化韦氏宗祠 位于沙湾镇道化村尾，始建于清乾隆五十年(1785)，由族人捐资兴建寝庙三间，用于存放先灵牌位及祭拜活动。因基宽房窄，每逢祭祀之时，上辈人常嘱后辈要扩建祠堂。至道光十年(1830)族人再造序伦堂三间、两轩六间，四面围墙用石头垒砌，祠门用石板建造，门上有石材门额。祠堂坐南朝北，占地面积约200平方米。1963年祠堂毁，改办县农林中学。现学校已撤，祠堂重建。

驮垟毛氏宗祠 位于大地乡驮垟村尾，始建于清道光二年(1822)，占地面积500平方米，二进三开间二厢房，长24米，宽18米，为院落式建筑。横梁结构为抬梁与穿斗混用，土木结构。天井长5米，宽6米，块石铺地。

东弄蓝氏宗祠 位于鹤溪镇东弄村，始建于清道光年间(1821—1851)。坐西朝东，建筑占地面积191平方米。一进三间单层建筑，悬山顶，阴阳瓦，四周回廊相通，土墙夯制，地面三合土铺平。

预章刘氏宗祠 位于标溪乡预章村，建于道光二十九年(1849)八月，坐南朝北，建筑占地300平方米。祠堂前后两进，有两厢房。为单层木结构。民国31年(1942)抗日战争期间，绍兴稽山中学为避战乱，曾迁址此祠办学3年，故为稽山中学旧址。

金丘蓝氏宗祠 位于澄照乡金丘村，据《金丘蓝氏宗谱》记载：蓝氏宗祠清光绪十七年(1892)失火后，于宣统二年(1910)用50元大洋向本村财主潘伯贞购买地基，于土名法洞口重建。20世纪中期作集体仓库，后部分倒塌。2009年5月18日，由县民政局牵头重修。祠内设一世祖蓝光辉灵位，为镇祠之宝。

岭里张氏宗祠 位于九龙乡岭里行政村外垟自然村，建于清道光二十八年(1848)，青石大门门楣上题"张氏宗祠"，大门外两旁各竖两对清代贡生桅杆夹石板。祠堂内设戏台，四周夯土墙体，泥土地面。一进与二进间置天井，两侧有厢廊连接，天井内有放生池，建筑面积约300平方米。宗祠曾作学校之用，后撤走，2002年小修，现整体陈旧，但主体梁架结构完好。

坪坑周氏宗祠 位于家地乡坪坑村，建于清光绪五年(1879)，为泥木结构三进合院式建筑，坐西朝东，一进大门，经小天井，二进"*序伦堂*"，经天井及两面廊轩；沿台阶而上为三进大厅"*报本堂*"，为祭祀祖先场所，上设神橱，正中立开基始祖光正公位牌，前摆圆宝桌，大厅内有楹联3对，四面壁上分别有"*周氏来源*""*村名由来*""*周氏迁地*""*二十四孝*"4块壁挂。

第二节 亭 阁

景宁境内古建的亭、台、楼、阁并不多见，大多为近代所建。旧时的凉亭存量较多，约有100多座，分布在乡村偏僻的古道、山岭、坳门和路旁，大部分依山而建，构造简单，为行人乘凉歇脚之用。随着乡村公路建设的发展，道路荒废，凉亭也破旧倒塌无人问津。

凉亭

古时出行，山路崎岖，做善事之人会捐资或募资在偏远路旁、山坳关隘处搭建凉亭，为行人提供落脚歇憩、母婴喂乳、遮阳避雨之便，有的亭内还设有茶堂，为行人提供茶水。

石佛岭亭 位于澄照乡行者寮村至大漈的唐宋古道。坐北朝南，始建于宋末，凉亭东南西三面用

石块垒墙，内用4根木头作柱，上有抬梁，下有亭凳。此亭尚在。

佛堂凉亭　位于鹤溪镇滩岭行政村岭脚自然村东南，原景宁通往泰顺、寿宁的古道旁。据凉亭内“岭脚路碑”记载，始建于道光三十年（1850），修建于1994年，亭坐南朝北，宽3米，深2.5米，主体结构为4根石柱撑起亭顶，石柱为方形，高2.7米，宽0.38米，外围光滑，造工精细。石柱顶部凿有榫眼，顶架为木横条、木椽，青瓦盖面，亭三面用石块砌墙，路碑立于背墙正中位。

寨后奶亭　位于英川镇寨后至庆元县合湖乡之古道旁。始建于清代，地处要道，经多次重修扩建，三面泥墙，面积约30平方米。据传，清咸丰十一年（1861），太平天国义兵数百人曾在古道最险要的山岗上构筑“滚木石寨”，以抗击追兵，一场激战，伤亡惨重；周边民众为纪念义兵，凡路过此地都会采摘一些鲜花插于战场遗址，久而久之，此地被称为“插花岗”，石寨临近的村就被叫作“寨后”村。建在古道三叉路口上的凉亭为方圆数十里之内唯一能遮风挡雨之所，垦荒的村妇带孩子上山或路过此道的母婴都在此喂奶哺乳，渐渐地人们习惯称此亭为“奶亭”。

午荫亭　位于云和与景宁交界的泗州岭坳门，墙体用鹅卵石和块石砌成，与旁边的佛殿连成一体，墙体结实，犹如一座城堡，总面积300多平方米。南面的拱形石门尚存，上面刻有“松声”2字，与之对应的北面拱形石门已倒塌，一块刻有“竹韵”2字的石匾落在亭内，4字苍劲有力。亭的西面是佛殿，殿中央供泗州大圣菩萨像，两旁分立两位女菩萨塑像。亭内还有歇脚、厨房、茶房、客栈、马棚等遗迹。一块断了半截的残碑，有民国年间修建亭殿等募捐情况的记载，为瓯海道尹黄庆澜撰记，景宁县知事俞荣华书丹，省议会议员柳景元篆书落款，时间为民国8年（1919）11月。

楼阁

钟楼　位于大漈乡时思寺内，又称“心经钟楼”，为时思寺中保存最为完整的古建筑。木质结构，正方形，面阔与进深均为9.35米，三层歇山顶楼阁式建筑，斗拱七辅作象鼻昂，楼内四柱粗壮，往内倾斜，两头小中间大。早年三楼悬有心经铜钟，钟高1.8米，口直径0.8米，重400千克，由4位僧人募捐，于明洪武元年（1368）由平阳工匠铸造，钟上部刻有“塔山时思道场”，中部署佛教心经全文，下部列募捐僧人、工匠姓名、铸造年月。铜钟于20世纪50年代大炼钢铁时毁。

八字门楼　位于葛山乡葛山村，坐北朝南，为当地群众看戏、消暑纳凉的小楼阁，因其立柱八根，呈八字形排列而得名。门楼高5米、宽4米，建筑面积19.76平方米，重檐歇山顶，上层为小楼房，内设神龛。门楼正面悬挂“钭甲元陛”横匾，落款为“万历贰拾伍年岁在丁酉黄钟月谷立”（1597）。戏台另设，于门楼前10米处。

文昌阁　位于东坑镇桃源村村口，建于明万历五年（1577年），为拔贡秀才濮阳郡吴景公捐田租10担，纹银50两，率族人在村口虎爪岩上所建。三层结构，二层供文昌帝及魁星像，香火颇旺。清嘉庆元年（1796）七月，山洪暴发，山崩地塌，原风顺之水改道绕行，水满文昌阁，岌岌危耶。次年，仙宫建造，与之相呼应。道光十年（1830）村口建廊桥，青山绿水，仙宫琼楼，一桥抚琴，群景春深。清光绪年间，文昌阁损毁，百年间无问津者。1981年，村人再度重建文昌阁，按家谱描述而建，三层八角，三面青石垒砌，梁坚檐挑，气宇轩昂。

朝阳台　位于沙湾镇沙湾村中央，为明清建筑，原台毁，1984年复建，坐西朝东，通高5米，面阔4米，进深3米，占地面积140平方米，分上下两层，下层为台，钢筋混凝土结构，东西墙各开八角横窗一个；上层为亭，木结构，单歇顶，柱内缩，四面敞开围以栏杆，上为藻井，柱壁以书画为饰，形象逼真，通体中西合璧。

第四章　寺庙　井墓

随着迁入景宁县域人口的增加，道教、佛教、儒教等文化也随之兴起，相继建成寺院庙祠百多座。这些古建历经沧桑，有的倒塌，有的被烧，有的被拆，有的几经修复或重建，有的早就销声匿迹，现存寥寥无几。旧时，老县城居民都吃井水，故古井较多。大部分乡村家庭靠毛竹引山坑泉水或溪坑挑水饮用，只有少数村使用井水。古墓虽多，但上规模的不多，古墓用块石或条石砌成，因年代久远，石头风化，草木丛生，已难于考究建造年代及墓主身份。

第一节　古寺　古庙

据史料载，景宁有史以来各地规模不等的寺院、庙宇、佛殿有上百座。金仙寺、惠明寺、澄照寺、福善寺建于唐代；时思寺、维新庵、嵩岩庵建于宋代；其他庙、殿多建于明清时期。因年代久远，部分寺庙经过修复或重建才予以遗存，很多寺庙未被重视早已毁。

寺院

金仙寺　位于景宁县城西，建于唐贞观年间（627—649），初名回向寺，继改锡崇仙寺，规模为全县之最。宋咸平元年（998）重建。宋治平二年（1065）改名金仙寺。元朝至元二年（1265）、迄大德六年（1302）重新修建，壁绘浮槎诸图，焕然改观，有兴造碑等为志。明延祐六年（1319），可观僧秉承先师旨意建浮图（塔）于寺左，高7层，由塔基、塔身、塔顶三部分组成。泥砖砌墙，成内壁、外壁。塔室内空间为多角形，有梯盘旋而上。塔顶为梁架屋面，铁顶重万斤。明崇祯二年（1629）修改为钟楼，即披云楼，有铜铁二钟，诸堂厅宇添建增新，规模宏大，气势雄伟，为景邑庵寺首冠。寺宇为四进式建筑格局，一进三间，左右两间分别有四大金刚塑像把守头门；二进七间，又有四大金刚塑像，两边大小佛像难以计数，中间有一通道。左侧置大铜钟一座，名“心经钟”，另有小铜钟四座。明崇祯二年（1629）由住僧性明安等募铸。钟身分三层，上层铸有“佛口增辉，法轮常转，皇图永固，帝道遐昌”4行文字；中层有“必经后係，偈语……”等20字；下层分列“闻钟声烦恼轻，离地狱出火坑，愿祝天下太平，预保五谷丰登”。三进“大雄宝殿”，巍峨壮观，顶棚为清宫式建筑彩画，沥粉贴金，装饰华丽。正殿端坐如来佛塑像，两边是十八罗汉塑像；四进后殿，十二步台阶上去，中间是三眼太子塑像，两边大小神佛塑像层叠。农历十一月十七日为阿弥陀佛圣诞日，“三圣殿”钟鼓齐鸣，香烟缭绕。清同治十一年（1872），朔旦失火，塔顶焚坠地，损前殿。清同治十二年（1873）知县周杰重修建前殿，以梁架瓦饰修复塔顶。清光绪年间（1875—1908）寺毁。1952年4月初七日（农历）塔崩。

昔日，金仙寺山门古木参天，垂荫蔽日，空气新鲜，幽闲清净，为一方胜地。殿堂于20世纪50年代改建农场。如今仅存“放生池”一口，后殿靠山一处残墙仍依稀可见，少量的柱石与断块石板散落在遗址周围。

惠明寺　位于县城南敕木山亚峰惠泉山上，建于唐咸通二年(861)，有铁香炉2只，铁钟1只。清嘉庆十九年(1814)，僧源来重建正殿斋房。清同治四年(1865)，僧端鹤造后堂左右轩楹，并重修山门、前殿。整个寺院为三进式建筑，一进天王殿，供弥勒佛，两旁站立四大金刚；二进大雄宝殿，供释迦牟尼，左右两边为十八罗汉；三进为三圣殿，供观音佛塑像。后因年久失修，正殿残破，寺渐倒塌，仅存山门、石道及两侧残垣、天井。20世纪60年代全寺尽毁。1999年8月，民间捐款，政府资助，在原址重建。2001年9月竣工，占地面积5000平方米，建筑面积1200平方米。为省级文物保护单位。

澄照寺　位于澄照乡佃源村，始建于唐咸通二年(861)。宋乾道二年(1166)"僧师湛以其地隘弗称相"而迁建于大赤洋，改称大赤寺。元遭兵焚。明成化六年(1470)三瑞寺僧宏照重建，据同治版《景宁县志》载有碑与铁钟。清康熙三十八年(1699)焚毁，寺僧次第建造。澄照寺(大赤寺)为三进两殿两廊，规模颇大，总面积约1500平方米，前殿塑四大金刚和韦驮佛弥勒佛；正殿塑释迦牟尼、阿弥陀佛、文殊菩萨、普贤菩萨、观世音；两边立廿四诸天、十八罗汉；后还塑五显灵官、三观大帝；前后门立有石碑。澄照寺(大赤寺)曾为景宁名刹，民国时期至20世纪50年代初，曾在寺中办学。因缺乏管理，佛像被捣，木板被拆，寺全毁，遗址尚存。

时思寺　位于大漈乡西岸底村南，建于宋绍兴十年(1140)，初名"时思院"。明洪武元年(1368)，诚意伯刘基书额"时思道场"，明宣德元年(1426)改院为寺，清顺治、乾隆年间曾两度修缮。1949年后，因改寺办公、办学等原因，多年失修，损坏严重。寺院占地1193平方米，建有大雄宝殿、三清殿、马仙宫、心经钟楼。大雄宝殿为五间四进重檐，歇山顶木结构，重檐栌斗皆以四翘二踩双下昂出檐。1986年至1989年，浙江省文物局拨款对时思寺进行全面修整；1989年，时思寺经浙江省文物考古研究所专家鉴定为宋代建筑。1989年12月，浙江省人民政府公布时思寺为第三批省级文物保护单位。2001年6月25日，国务院公布时思寺为第五批全国重点文物保护单位。1949年5月12日，景宁县城解放不久，为避国民党残兵反扑，中共景宁县委机关曾迁往时思寺近两个月。

福善寺　位于英川镇隆下坳，又称福善庵，古称梅库坳亭殿。始建于五代后唐清泰至后晋天福年间(934—936)，后经南宋高宗建炎年间(1127—1131)、清康熙年初(1662)、清嘉庆十年(1805)、民国3年(1914)、1992年、2007年修建和扩建多次。寺院位居山坳关口，坐北朝南，北靠梅山寨，海拔925米，三面环溪；东西两侧谷底分别为隆川、英川两峡溪流；南朝箬寮尖(海拔1465米)。占地面积3100平方米，建筑面积1508平方米。其中，廊桥面积128平方米。寺内殿堂有前宫殿、中宫殿、东宫殿、西宫殿、后宫殿、韦陀宫、夫人宫和寺南廊桥(称舍得桥)上的天地水佛宫等，供奉着如来、观音、晏公、真武帝、圣母娘娘、十八罗汉、廿四诸天、五显大帝等佛塑像近百尊，殿内设有戏台、厢房、客房、食堂、茶堂、点心馆和庙祝及寺院理事会办公会议用房等设施。寺院东南西北各开一门，南门为正门。从寺院南大门进入，即为寺院前庭院，北面为"晏公殿"，建筑面积18平方米，为该寺最古老建筑。整寺以土木石相结合，以木结构为主。外墙白灰粉刷，朴实简洁；内壁红漆涂饰，瑰丽幽雅；殿堂雕梁画柱，金灿辉煌；具有唐代建筑风格。寺院群体结构严谨，殿堂设置门类齐全，建筑风格古朴典雅，建造工艺独特奇妙。其历史之悠久，规模之恢宏，设施之齐全，香火之旺盛，县内罕见。为县级文物保护单位。

福善寺为菇神庙宇，自古以来就是英川及其周边邻县菇民开展祭祀、聚会、交易、娱乐等活动的重要场所，20世纪60年代遭到破坏。改革开放以后，周边村民(菇民)自发募捐，对寺院进行修复和保护。每逢春节、清明、端午、迎神、尝新、重阳和初一、十五等节日及菇民出门种菇时节，香客不断。每年农历七月廿二日举行盛大庙会，演出传统戏7~10天，各地香(商)客云集，热闹非凡。每年6~9月菇事农事闲季，诸多菇事洽谈、合同签订、菇工招聘、经验交流、技术传授、产品销售、纠纷解决等活动均在寺内进行。

庙宇

孔庙　古称文庙。始建于明景泰三年（1452），原址位于城西，称城郊孔子庙。明崇祯十四年（1641）因庙柱倾斜，堂庑俱废，迁建于城北承恩门外。清乾隆二十一年（1759），再迁建至城东敬山宫左边。清道光二十五年（1841）正殿及东庑毁为殆尽。清道光二十七年（1843）启址重建于城内上桥头，现人民南路72号，坐北朝南，占地面积1146.25平方米，建筑面积928.5平方米。中轴线自南向北依次为棂星门、泮池、戏台、露台、大成殿。戏台完整，圆鼓、鼓镜础、上施方形澡井，单檐歇山顶，阴阳合并，有龙头鱼尾状脊兽。旧时，每年春秋二仲月主持人均择吉日于庙堂举行隆重祭礼，庄严肃穆，规格甚高。至民国，祭礼渐疏，祭器耗损，庙屋毁坏。1949年后，曾为县文化馆、老人协会所用，大成殿被拆，其他建筑部分已损，但结构完好。1987年被确定为县级文物保护单位。2000年，县人民政府拨款对孔庙进行整修，重建大成殿，占地建筑面积1400平方米，建筑精美，面貌焕然一新。

何马二仙宫　位于雁溪乡雁溪村，又称雁溪殿。建于清乾隆十五年（1750），占地面积674平方米，建筑面积504平方米。坐东朝西，土木结构。庙体结构为庭院式布局，共有四进，为五架梁木结构，重檐歇山顶，门厅施双翘，双下昂十一踩，浮雕牛腿，覆盆莲瓣础，藻井彩绘凤图，东西壁绘八仙。中轴线自西向东依次为台门、戏台、天井、正殿，两侧南北厢房。正殿面阔五间，通面宽17.50米，进深28.85米。存嘉庆十七年（1812）“何马二仙宫”碑，记载“大清乾隆十五年季冬月癸巳日竖造”文字。庙内摆设何八公与马孝仙神塑。庙体建材坚固，结构端正，保存完整。为县级文物保护单位。

汤夫人庙　位于敕木山顶东北侧岩壁之上，一石如钟乳状，中有岩穴，形同石龛，高3米，宽6米，深6米，庙宇建于其中，面积颇小，坐西朝东。两墙头石板刻有楹联：左首为“达上夫人迹”；右首为“兴中敕木山”。庙柱雕龙，柱正面刻联：左首“西饩神仙真佛国”；右首“心正做神保万民”。柱内侧刻联：左首“浣香流万古敕木镇千秋”；右首“灵踪昭宗室厚泽沛糙米鄰封”。额凿字，书“汤氏真仙”4字，为清宣统二年（1910）所立。内塑女仙汤妙玄像。汤夫人出生唐末宋初，该庙约建于北宋。石龛前沿用木石、瓦片遮盖。逢初一、十五，香客不断，祈祷者以香熏其石，乳流辄雨，题曰“灵液”。庙旁有一香泉，绝壁中出，滴水细涓，常年不绝，成雾缭绕，山崖之上勒有“浣秃泉”3字。

菇神庙　位于英川镇底垟行政村包坑口自然村南侧，坐西南朝东北，占地面积492平方米，建筑面积334.89平方米。清道光十九年（1839）由龙泉、庆元、景宁3县菇民合建，又名三合堂庙、菇帮公所，集议事、协调、香菇贸易于一体，在发展香菇生产、处理菇业纠纷、保障菇民权益中发挥重要作用。作为菇神庙，又是祭祀祖师爷吴三公的重要场所。庙为土木结构，简洁，宽广，殿上有佛龛，供五显大帝及马氏天仙佛塑像。塑像高大，气势庄严，前有祭台；两侧有石碑，记载该庙建造年代及捐款人名录。天井用卵石铺设，东北侧为戏台，原面积较大，20世纪70年代因修建公路拆除部分而缩小，改建后已失原貌。但整体构架

英川三合堂五显大帝殿

尚存，正殿、厢廊仍保持原貌。为县级文物保护单位。

耀垟大帝庙　位于英川镇耀垟村，始建于清同治十年（1871），2005年冬重修，占地面积436平方米，建筑面积372平方米。坐东朝西，土木结构。庙内东设戏台，西为大殿，中为天井，两边设厢房走廊。殿正中设神位，供五显大帝神像5尊，左右分别供千里眼、顺风耳神像，神像前设香火桌、香火炉。五显大帝神像左侧供土地公像及香火。菇民信仰五显大帝，奉为"菇神""财神"，每年农历六月六日举办庙会，敬拜菇神，演菇民戏5~7天。

石牛山神庙　位于渤海镇旦水村石牛山顶，建于明末清初（1621—1640），几经修整扩建，颇具规模。进山门入庙堂，正殿上方端坐着黄老真仙神像，满面笑容，容光焕发，栩栩如生；殿堂左边，摆设驯顺、温和、壮健的金色黄牛塑像，形象逼真，引人注目。殿堂烛光照人，香烟缭绕。经数百载岁月沧桑，至今香火不断，灯火辉煌，每逢农历初一、十五，周边丽水、青田、文成、庆元、龙泉、云和等地有虔诚信徒纷纷前来进香朝拜。滩坑电站蓄水后形成一个孤岛，景色更是迷人。

蓝氏地头庙　位于鹤溪镇东弄村，建于明末（1621—1636），为一座祭拜祖宗的民间庙宇。清咸丰年间（1851—1861）蓝氏后代对庙宇进行大规模翻修，庙体为戏台型建筑，梁柱、马腿雕花精湛，墙外体为粉红色油漆，绘有壁画图案，为县域内较有规模、保存完好的畲族地头庙。

行宫

漈头雷潘两姓行宫　位于澄照乡漈头村，建于清光绪十七年（1892），由汉族潘姓与张后山村畲族雷姓村民共建，深含畲汉两族团结之意，为古时村民看戏、迎神、祭祖之所，又因迎神节众村民抬着"太神神像"经过该村时要安奉太阳神神像于台上供大家朝拜，故取名"行宫"。为县级文物保护单位。

高演行宫　位于梧桐乡高演村，建于清朝乾隆年间（1736—1795）。坐北朝南，土木结构，一层合院式，占地368平方米，建筑面积237平方米。原为村中迎神、看戏、娱神、娱人之场所。院落由门楼、戏台、天井、供殿、厢屋、双边廊组成，门前立有两杆功名旗杆。行宫宽14米，进深27.3米，建筑面积382.2平方米。门房建筑五开间，进深九檩，山面三柱落地，悬山顶，穿斗式，正脊两侧翘起。戏台为重檐歇山顶，天花板成八角藻井形，撑拱雕刻精细，为草龙纹。两侧边廊宽一柱，做弧状撑拱，无装饰。正房三开间，进深十一檩，山面五柱落地，穿斗式。屋顶为阴阳瓦，室内地面混凝土铺地，条石阶沿，天井混凝土铺地。

佛殿

维新庵　位于大漈乡彭村村尾，原名维则庵，建于宋末元初年间（1250—1300），为彭氏原公第九世孙彭祥公所建，起初坐落彭村村头。明万历二年（1574），移建村尾改名维新庵，庵前后两进，两边有厢房相连，前屋为戏台，戏台左右两侧为走廊，廊边为舍房。戏台柱上方有雕花马腿，戏台中央天花板成八角藻井形。庵二进后屋为庵堂，为观戏及做佛事之所，后壁设佛龛，原供五显大帝佛塑像，后屋已毁。

浮伞祠　位于大均乡大均村头。始建于明嘉靖年间（1512—1566），从清代至民国历经4次修缮。正殿于清乾隆年间（1736—1795）重修。坐东南朝西北，建筑占地面积261.1平方米，全祠由正殿、厢廊、戏台及门厅构成，为单层木结构建筑，五架抬梁式，二重檐，歇山顶，翼角起翘，朱漆柱梁，墨绘壁画，小青瓦阴阳合铺。为县级文物保护单位。

鸬鹚殿　位于鸬鹚乡鸬鹚村横山岭后，又称马仙殿，建于明万历年间（1573—1620），原为茅屋，后建为祠。民国元年（1912）遭受水淹，几经翻修重建。殿旁建有"岭后祖殿""观音堂""上天殿"等。每年

农历七月七日马仙生日，香客如云，热闹非凡。

吴嶴殿　位于大地乡驮垟行政村吴嶴自然村，建于清康熙年间（1662—1722），殿址坐落村庄西面峰顶，土木结构，殿内供奉汤氏夫人像。原殿20世纪60年代被毁，20世纪80年代重建，老殿部分香炉、石板移至新殿，石板上仙迹依稀可见。整殿单层进深10米，面阔6米，通高5米。相传，当年村民到汤坑汤夫人发源地迎接神位，路过此处歇脚，见此地悬崖绝壁，风景优美，村民便就地建殿祭奉。

源尾殿　位于大地乡驮垟村村尾，又名双龙庙。建于清康熙年间（1662—1722），坐北朝南，土木结构，该殿整体建筑模仿郑公垟西坑村大殿样貌。殿无正门，两边开门，二进二厢房，四合院布局，前殿为戏台，后殿两层三开间两廊，上下层都供奉佛塑像，二层前廊及厢房二层可供观戏。整体建筑飞檐斗拱、雕梁画栋、气势恢宏，蔚为壮观。民国21年（1932）红军在驮垟村驻扎时，曾2次驻此大庙。为县级文物保护单位。

全灵殿　位于渤海镇安亭村凤凰山脚，建于清康熙年间（1662—1722）。庙旁百年柳杉挺立，面前山坑廊桥映衬，风景优美、环境幽静。全庙整体建筑约300平方米，五直两厢间，庙门朝向村方，以示神灵保佑村人平安。正殿摆设五显灵官神位，即：显高大帝、显聪大帝、显明大帝、显财大帝、显德大帝，名马灵耀。左厢楼陈列观音菩萨神塑，右厢楼放置黄老真仙塑像。天井上建有戏台。农历七月初三日为黄老仙神诞，村民习惯于每年该日为黄老真仙生日举行庙会。为县级文物保护单位。

龙舌漈头大殿　位于雁溪乡大丘田三塘自然村，又名三塘宫。始建于清道光年间（1821—1850），民国7年（1918）移建于此，面积400多平方米，殿内供奉雁溪何八公、何九公、马氏天仙、五显灵官大帝、土地公等神像。村民每年皆在此举办迎神节等重大节日活动，组织戏班演出、乡民祈福等活动。大殿依山而建，为四合院形式，四角治瓦和屋脊两头翘起，屋脊瓦中间段龙凤及其他动物雕塑栩栩如生、气势恢宏；外墙壁画和屋沿斗拱及其木雕塑精美绝伦。进入大门是戏台、两边为批沿廊道、四合院中间为四方天井、最底为供佛大殿。院内四壁均有景泰蓝壁画十分精美、戏台和大殿柱子粗大圆蕴，顶部斗拱层峦叠嶂，其美术风格及工匠技艺巧夺天工，为县内少有的古建筑，具有较高的建筑文化研究价值。

五显爷殿　位于东坑镇茗源村中央，建于清光绪二十三年（1843）八月，建筑面积300多平方米，高15米，殿顶盖顶两边上翘，大殿由18支画龙柱支撑，前排最大的两根柱围径1米，天平由16块方格木板封顶，每块木板画有花、鸟、鹿、凤凰等不同图案。后排设有戏台，中央为正方形天井。殿内摆设五显爷佛像5尊，全殿保存完整。为县级文物保护单位。

黄老仙殿　位于鹤溪镇严坑村。建于清光绪二十三年（1843），建筑结构为地方传统戏台型，殿体分三个部分：戏台阁、内大殿、香房，为三进七间。两边供佛像的香房把戏台阁和大殿连接在一起，内大殿前的两根大型圆木柱上雕刻着精美的双龙图案，采用少见的阴雕技艺。黄老仙殿占地面积800平方米，为村民烧香求签、祭悼祖先的活动场所。殿体布局合理，结构完整。

水头大殿　位于大地乡郑公垟西坑村，建于清宣统元年（1909），坐南朝北，占地面积430平方米。大殿为两层，土木结构，中轴线自北向南依次为门房、戏台、天井、西殿和东西两厢房。平面呈四合院式，门房面阔三开间，门房前有照壁，戏台高1.5米，施八角藻井，戏台屋架为五架梁抬果式，屋面为两坡歇山顶，翼角起翘，屋正堂有饰物，脊两侧有人物图案砖雕，天井用块石围砌，中间设烟火座，正殿屋架为七架梁抬果式带前后廊，二层重檐歇山顶。一层殿内设神位，佛龛依次供奉元帅相公、马氏天仙、汤氏夫人、陈氏夫人、五显灵宫大帝。二层柱网与一楼相同，神位设于四柱至五柱之间，施八角藻井无天花，梁柱制作规整，檐檩下大梁雕有鸟鹿、葵花、虫草等图案。厢房面阔四间，屋架为三架梁抬果式，二层单檐歇山顶，檐柱马腿雕花，为观戏之所。大殿建筑精美，结构保存较好。为县级文物保护单位。

嵩岩庵　位于景南乡缪坑村，为多神信仰的山区宗教性建筑，既有地方神又有道教、佛教。以南宋初民间道士何璘又名何八公为主神。庵始建于南宋（1127—1279），经历代修缮，民国初仍遗存有殿堂和长老用房7座、各种木雕佛像160多尊，毁于20世纪60年代，遗存天井及3道庵门。1985年重修，建五开间主殿1座，殿左右两侧三开间厢房各1座，建筑面积1500平方米，为传统的穿斗抬梁式建筑，主殿为泥墙土木结构。庵旁嵩岩石壁长数百米、高达数十米，有瀑布从壁间飞泻而下，周边生态良好，景色美妙。

第二节　古井　古墓

据清同治十一年（1872）版《景宁县志》载，景宁县城内有八大古井，名曰：县前井、上桥井、塘衙井、桥儿井、上叶井、武庙井、钱山井、玉泉井，惜大部分井已不存在或改变原貌。2010年，景宁仍保留人民南路48号潘氏民宅古井；学前弄12号民宅古井，水井被填，仅留井圈；百岁门祠堂古井，被异物掩盖；其他名门大户自家开挖的古井，没有列入八井。这些井自古以来一直延用至20世纪60年代。1949年后，政府投入资金修缮，改善人民生活用水，为部分水井的井口边沿浇上水泥，防止雨天污水流入井内，还在井口圈加筑护栏。20世纪70年代，城区创建自来水厂，古井逐渐停用。县内古墓不少，但名墓不多。一些古墓虽大，因用乱石砌成，年代久远，杂草丛生，石头风化，刻字模糊，已无法考研其墓主及年份。

古井

县前井　又称"官井"，位于老县衙大门对面坑边。与县衙同建于明景泰年间（1456），原井口呈畚箕状，井壁用卵石砌筑，取水时沿着石阶而下，井深约2米，常年不干涸，山洪暴发时坑水混浊，井水依然清澈如镜，味道甘醇，为古时县衙官员饮用水之井，故被称"官井"。据传，此水源于敕木山泉，在明清时期，县衙曾有官员上敕木山勘察山之界至，书写界碑后，将朱笔放入山泉中冲洗，赤水竟然流入县城官井中，井内红成一片。20世纪60年代修挖河道时，井口改为正方形。嗣后，在拓宽道路时被填埋。

武庙古井

上桥井　位于后坑边，沿坑而筑，与县前井同建于明景泰年间（1450—1457），井口呈畚斗形，设有护栏，高1米，井壁卵石砌筑，井内设石阶，取水时沿阶而下，为后坑居民所用之水井。

上叶井　位于叶府前村叶氏宗祠墙外坑边，与祠堂同建于清代嘉庆二十二年（1807），井口呈畚箕状，井壁卵石砌筑，井深2米多，沿石台阶而下取水，为叶氏家人用水之井。

桥儿井　位于桥底弄口，傍坑而建，井身圆形，用卵石砌筑；井口方形，护栏高0.5米，井深5米，为当年塔头街与桥底弄居民用水之井。

塘弄井　位于城隍庙内，建于明景泰年间（1452—1456），井深约8米，井水清澈如镜，井内壁圆形用卵石砌筑，井口圆形石圈护栏，所留麻绳勒痕明显。20世纪50年代城隍庙被拆，保留水井。

武庙井　位于仙童武庙内(今县职业高中校区),建于清顺治十七年(1661),原貌已改,井口被升高。

钱山井　位于城北玄坛殿旁,为古时寺庙僧人、香客和当地居民饮用水井。卵石砌筑,井口方形,设护栏,四周用石板铺盖。

玉泉井　位于城北莘田村,建井时间失考,因年久失修,井毁无存。

彭村宋井　位于大漈乡彭村村中心。建于北宋天圣年间(1023),共有两口,一口叫"水井头",背依山墩,三面为墈,前低后高,井为圆形内由乱石所筑,井口用石板作护栏。另一口叫"上仓井",与水井头相离仅40多米,同在一条平衡线上,建筑风格一样。据先辈口传,村为蟹形,井为蟹眼。井虽不深,却从不断水,至今在用。

葛山方井　位于葛山乡葛山村中心。建于明代嘉靖至万历年间(1522—1573),古井保存完好。该井处于两幢民宅弄堂之间,井口由一整块青石凿成,内圆外方;外边长0.80米,内圆直径0.45米,其厚度约0.20米,面饰云纹。为县级文物保护单位。

外寮勘井　位于沙湾镇莲川外寮村,水井建于石墈脚内,半圆形,石头垒筑,三面为石墙一面横放石条为井沿,井深数米,水清洌。

古墓

景南何八公墓　位于景南乡东塘行政村坳底自然村南侧。建于宋淳祐七年(1247),坐北朝南,建筑面积70平方米。古墓由墓体与墓坛两部分组成,墓体用圆形石块铺设而成,为土葬,立体结构简朴,无墓门、墓道或祭祀性建筑,呈草葬风格,墓长7米,宽4.5米。墓碑上阴刻"敕封何八相公讳璘公之墓"。何八公名何璘,为南宋初民间道士,景南雁溪一带何姓开基者。墓体保存完好,为县级文物保护单位。

门潭刘基母富氏墓　位于渤海镇大都行政村门潭自然村。坐落朱氏宗祠前面,坐西朝东。当地称"刘伯温母亲墓"。该墓建于元至正二十二年(1362),墓呈葫芦状,墓体后倾,墓碑立于墓体后侧,墓前一元宝状香炉,墓石隔板上刻有花、云纹图案,前方为祭拜台,两边各一墓台,总建筑面积130平方米。因滩坑电站库区淹没影响,现将原墓整体向山后迁移重建。

高演任氏太公墓　位于梧桐乡高演行政村南侧,建于明成化至正德年间(1465—1506),总面积50平方米。为高演任姓原公之墓,墓背由龟甲型石头铺设,墓体由3级台阶式条石叠成,每级左右有2根石柱,3级共有6根石柱,墓圈用乱石磊砌,墓圈古柏青翠,苍枝错节。

渤海陈坦庵墓　位于渤海镇渤海村北侧。建于明嘉靖八年(1529),坐北朝南,面积300平方米。墓设3级,坟堂用鹅卵石铺设图案花纹,外侧环墉用均匀条石砌成,坟圈和墓外围用乱石垒砌,规模宏大。陈坦庵名旭,字元明,号坦庵。生于明永乐十五年(1417),卒于明弘治四年(1491),享年75岁。陈氏自宋亡之时从青田永惠里迁居渤海开基,到陈坦庵为第9代,皆务农。坦庵的大半生生活贫苦,陈氏家族采银致富后,坦庵首倡捐资建祠堂,添祭田,置义塾田,建义渡义冢,设茶亭等;在晚年,为家族和地方上的公益事业做了许多好事,得到后人崇敬。其次子陈鎏为景宁银王。因滩坑水电站建设,2007年县文物部门根据修旧如旧原则,耗资近120万元对该墓进行整体向后山搬迁,迁建后保持原有风貌。为县级文物保护单位。

大漈梅会彩墓　位于大漈乡宫垟林斜山,又称猛虎出山。建于明万历年间(1573—1620),坐北朝南,为梅氏会彩太公墓,占地200多平方米,墓圈、墓台、墓碑、墓柱全部用石头雕凿,规模庞大,气势宏伟。墓外设石门楼,现楼顶已塌,石柱仍立。古墓曾3次遭盗,但整体依然完整。

岭里张氏墓　位于九龙乡岭里行政村外垟自然村。座落后山风坑岙蛇陇，也称驮坟山，建于明代万历年间(1580—1600)。墓主张文波，字国华，明嘉靖四十四年(1565)乙丑岁贡，官任宜城(今属湖北省襄阳市)主簿一职，并在襄阳、南漳等县任职多年后告老还乡。古墓建筑面积1300平方米，由墓门、墓室组成，设5级墓台，全用块石铺砌，石板雕刻精美。据传，原竖有墓碑，过几十年后，因台风过境，墓碑被一棵倒下的大树打碎，至清嘉庆十二年(1807)，由族内后裔张春福主持重立墓碑。古墓曾遭盗窃，墓背重修，墓体保存尚好。

杨山承事郎陈公墓　位于外舍管理区杨绿湖行政村杨山自然村后山。陈玺为明钦封承事郎，其墓始建于明代，坐西朝东，面积约20平方米。墓门立于墓前风水池上，高3米，宽2米，两边石柱，中间石梁枋，石柱两边云纹抱鼓撑，梁上写有“承事郎陈公之墓”7字，墓门条石上树根缠绕，景象壮观。

桃源林氏公墓　位于东坑镇桃源村南林源，墓地依山傍水，坐北朝南。墓主人为明代林政太公，曾任广东豫州推官。坟墓规模颇大，占地面积200多平方米。墓分3级，每级左右有坟柱，最前一对柱内侧有石鼓。墓前有坟桌，坟堂阔大，用石板铺设，墓圈为卵石磊砌，因年代久远，砌石已塌。

天堂湖潘澄清墓　位于澄照乡三石行政村天堂湖水库北侧。始建于清乾隆五十五年(1790)，附建坟庵1座，子孙曾为之守墓。重建于清咸丰八年(1858)，墓体坐北朝南，占地面积300平方米，分为3级墓台。墓圈、墓台、墓室、墓柱、墓门整体采用块石、条石磊筑。墓东侧设石柱门楼，稍矮，门梁上阴刻江西学政孙昌明所题“安固利后”4字，造型美观，气势宏伟。一级墓台有两对石桅杆夹，左刻“光绪庚寅科”，右刻“岁贡生潘文藻敬立”。潘澄清与夫人金氏、子潘仁表及媳王氏、二孙等合葬墓中。潘澄清(1766—1831)，字海涵，号玉壶，曾任雅峰书院主讲、文林郎。据族谱记载，从澄清起家族中兴，数代出现县学生、贡生，曾孙潘文藻、潘采藻、潘炳藻曾任六品、七品官员。

包凤叶公墓　位于鹤溪镇包凤村，建于清同治年间(1862—1874)，建筑面积80平方米。叶公叶自芳，清嘉庆二年(1797)生，22岁时不幸病逝。其妻潘氏在叶家守节扶孤50多年，于清同治十三年(1874)卒于正寝。古墓为叶公潘氏夫妻合葬墓，中轴线呈东南至西北朝向。墓环墉半径2.5米，高1米；中心封土圆丘为混凝土石砌，半径1米；神台，拜台，墓坛石砌规整，所刻字迹清晰可见，墓前石望柱高2米，上刻字隽永遒劲有力；墓前设有风水池，深半米，半径6米，墓地宏大，场面气派。为县级文物保护单位。

高演任氏圣纲公墓　位于梧桐乡高演行政村东面，建于清代，总面积40平方米。墓分3级，每级左右有2根坟柱，墓主人为高演第十一世圣纲公，墓文刻有：圣纲公，赐进士，清朝户部员外郎，曾任湖北学政、山东道察院江南副主考。功德惠及江南，《景宁县志》(同治版)行实赞。坟堂石板铺设，墓圈为圆石垒砌，墓基保护完好，墓旁松柏苍翠。

惠明寺叶乙照墓　位于鹤溪镇惠明寺村西侧。墓地坐西朝东，墓基成鸭梨状，圆形封土，直径8.5米，高2米，墓面宽19米，建筑规模宏大。前有石头贴面代替墓碑，墓面两侧下部用条石错缝垒砌，墓前有3对石柱，高2.5米，墓正面碑上用行楷体阴刻“义声载道”4字，为民国8年大总统徐世昌题褒。叶乙照为清末民初革命义士，景宁商界大家。

茗源合葬古墓　位于东坑镇茗源村尾庙林，建于清代，坐西朝东，墓呈半月形，占地20平方米。墓上有许多墓碑，据家谱记载，墓内共合葬24人。其中，有位叫厚朴公，寿终正寝后，被族人尊为古林守护神，感恩其护林功德，庄重地将其安厝在庙林里，并把分散在各处的23位先祖移此安葬一块，子孙在坟墓边种了棵厚朴树，以寄托哀思，年长日久，厚朴树成了“厚朴王”。后人撰写《厚朴赋》赞颂，曰：“厚朴为人，堪作典范，金声玉振，教化一方。”古墓管理完好。

第五章 牌匾 碑刻

景宁牌坊，多见于街坊、门台、寺庙及墓地，为封建社会表彰功勋、科第、德政以及忠孝节义所立的建筑物，其作用是宣扬封建礼教，标榜功德。也有作为祠堂附属建筑物，昭示家族先人的高尚美德和丰功伟绩，兼有祭祖的功能。还有作标明地名村名之用。牌坊景宁为数不多。牌匾、碑刻多见于古代出过名人之村及门楼、祠堂、庙宇等处，因历史变迁等因素，牌匾、碑刻毁多存少，更有部分散落民间，早已改为他用。

第一节 牌 匾

明代，景宁县城已建有牌坊。城北有“开国名贤坊”，为木质牌楼，为进士梁以孜立；百岁门有上牌坊（亚魁坊）和下牌坊（进士坊），为进士潘琴立，20世纪50年代前牌坊均毁，而在乡村仍有几处遗存。锦匾则在宋代便有，明清时期最多，主要存于宗祠、庙宇、楼阁、门台、门楼、中堂等处，至20世纪60年代，大多损毁，存世甚少。

牌坊

滐头蔡姑贞节坊　位于澄照乡滐头村，建于清嘉庆十一年（1806）。朝廷为表彰孝奉父母和抚养侄子而终身不嫁的贤惠姑娘蔡姑，赐建贞节坊。潘蔡姑，滐头村人，清乾隆十九年（1754）出生于滐川裕敦古宅即滐头潘家大院。清乾隆三十八年（1773），20岁时，二哥去世留下6岁儿子；6年后，三哥去世，留下9岁和7岁两儿，年迈之母悲痛欲绝，洗泪度日。蔡菇慰父母，许下诺言：在家侍养父母终身，抚育3个侄子和小弟，永不嫁人。至清嘉庆九年（1804），知县游朝佐闻此事，深受感动，手书“洲孝维风”牌匾赠予蔡姑。嘉庆十一年（1806），皇帝降旨旌表蔡姑，并赐银建造贞节坊。现贞节坊已倒塌，仅遗存横积石、撑鼓、垫石、地梁等。

小佐严氏节孝坊　位于大滐乡小佐村东南侧。始建于清道光十七年（1838），坐东北朝西南。节孝坊整体为木结构建筑，单层悬山顶两坡屋面，高低檐，小青瓦阴阳合铺，牌楼式大门。四周石基土墙，地面泥土铺平。正屋八柱十梁三开间两弄堂，抬梁式硬山顶，通高5米，面阔8.5米，进深5.1米。木牌坊上额正面刻“节孝”2字，下刻“为儒童严起尚之妻梅氏孺人立”，背面刻“芳流百世”4字。牌楼檐口梁枋、牛腿雕刻有人物、动物、花卉、云纹等，主题镂空，栩栩如生。它承袭了晚清繁华、细腻的风格，用料粗大，雕刻精致，木牌坊结构及文字保存较好。为县级文物保护单位。

包凤潘氏节孝坊　位于鹤溪镇包凤畲族新村中央，建于清同治年间（1862—1874）。该坊原为表彰潘氏忠贞节孝教子有方御批圣旨所建。牌坊立于叶公潘氏墓前风水池内，潘氏节孝坊规模宏大，造作精致，雕刻精美，青石构件古朴，主体保存完整。据族谱记载，叶氏祖公叶自芳，清嘉庆二年（1797）生，22岁时不幸病逝，其妻潘氏，系城里潘家大中公之女，夫君去世时，年方20岁，腹中有孕，生下一子，名曰“相雄”，后称“向荣”。潘氏在叶家守节扶孤50多年，于同治十三年(1874)卒于正寝。其子叶向荣孝敬老母，请旌恩准，于父母墓前庭建立“节孝坊”，于光绪七年(1882)九月竣工。节孝坊用石材造作，四柱三门，三层结顶，高5.6米，宽5.2米，重檐挑角，气势恢宏。柱呈方形，柱基坚实，柱靠整齐，龙凤雕梁，前方正额刻有“节孝”2字，上方赐刻“圣旨”牌位，后方正额有“贞节”牌位。中间刻有狮子、花卉、人物、日月等图案，碑柱上镌刻的楷书对联，字体端庄厚重，横梁正面镌刻所立牌坊年代等铭文。书刻：“为景宁县儒童叶自芳之妻潘氏而立”。远望则俨然一幢坚定不移之宫门。为县级文物保护单位。

锦匾

汤思退故居大门门台横额

海内名流　[南宋]隆兴年间

玄坛殿村周宅匾额

文献遗踪　[明]永乐二十年　兵部尚书题

梁家府古屋门楼内侧横额(浮雕)

名高月旦　[明]洪武年间

彭氏宗祠匾额

商贤名裔　[明]崇祯十七年县令徐日隆赐

岭根村张氏宗祠匾额

风可笃淳　[清]康熙十九年　景宁县署赠

潘家老宅大门门台横额

爰得我所　[清]道光十年

渤海外处岗陈宅匾额

鹿城博士　[清]嘉庆七年　知县罗修造

水井弄老屋大门门台横额

美在其中　[清]

梅家门楼横额

宣城衍庆　[清]佚名

漈头横额

洲孝维风　[清]嘉庆九年(1804)，知县游朝佐赠。

毛垟毛氏宗祠匾额

热心公益　[民国]20年县长楼铿

有功痒序　[民国]24年县长陈景元

英川包坑口三合堂匾额

泽沛苍生

金田“老处”匾额

包坑口“三合堂”匾额

第二节　碑　　刻

景宁古碑均为石刻，多见于墓碑及寺院庙殿，墓碑居多。寺院庙殿之碑及碑文遗存少，受风雨磨砺，风化严重，部分碑文已难辨认。有些石碑则在早年被毁或改作他用，域内现存甚少。石刻或许因景宁山高路远，文人墨客未曾到之，故境内摩崖石刻虽有发现，也为数不多，且较为分散。

碑文

崇山金仙寺兴造碑文　咸淳甲子[注：实为南宋景定五年(1264)]，鼎构丈室，翻盖大殿，初谋立涌壁乏材，忽天大雨，溪流暴涨，泛出一枯槎，质甚坚贞，通志载续郡志，槎长十余丈，而围半之横于寺前，质类沉香，形如怪石，遇一异事，剖而碎之，叠于壁间，成云霞岩壑之状。中塑大士罗汉诸像，浑若天成，一尘不染，亦奇观也，然今已久失所矣！

三合堂碑文　浙江处州府，龙、庆、景三县，多人在广东省韶州府(今韶州市)等处香菇生理。从前未建公馆，近今，以粮厘金置买栈房一所，在韶州府内，土名风度街花楼上大街，名为三合堂，盖取三县合置之义也。但业虽三邑所公共，契必归一家以存，拾因凭公议，将原买契存于龙邑余增蒸家，将原契字样，勒石竖于景邑包坑口五显大帝庙侧，碑久远得以查考，不至湮没无籍云。今将原买印契字样书，勒石于后。

立永远杜断买(卖)铺屋契人蔡廷桂，今有继母自置遗下已分古屋一座，门前铺面一间，在于韶州府城内，风度街花楼上大街，坐东朝西，前至官街，后至张相祠，小平(坪)一块，宽一丈三尺，深一丈五尺，侧有茅厢一间，宽七尺，深一丈五尺，左至邓宅，右至邓宅为界，中前至黄宅铺、陈宅铺，铺面宽八尺三寸，深长二丈左右墙为众。正厅宽一丈三尺，深长二丈五尺二寸；二厅宽一丈三尺，深长二丈五尺二寸；右厢挨邻到角截界；三厅阔一丈三尺，连厨房深长二丈四尺；右厢房宽七尺，共五空，右厢房阔七尺一寸，连五空，四至分明，一直连铺面共四栋，上有黄(横)梁瓦盖，中首楼栅楼板，明窗花门，扇下有丹墀，天井四面基址周全。其房屋不与亲房伯叔兄弟侄辈相干。今因需银应用，夫妻商议愿将此屋铺寸土不留同买与人，先招房亲后招四邻各不承取，凭中送至浙江处州府龙、庆、景三县人氏，在韶办香菇生理，三合堂众等承买为业，三面言明，是值翻银九百一拾六元，搭碎共重六百六十两正，韶平司马□足并无短少，即日当囊银两相交乞，其银交廷桂父子亲手接受。此系二家心愿，并无逼迫，明买明卖，一买千休，永断葛藤，任从三合堂修整起创，住居客寓，权租管业，蔡姓不得异言。其铺亦无重行典卖，又无寸土营房官地，亦无秋粮夏麦地税，日后不得翻补找价等弊，如有来历不明，不与买主之事，系卖者之当。今欲有凭，立永远断卖铺屋契一张，并付上地契一纸，并付前县宪给发谕贴一纸，共付三合堂囊等子孙永远权执为照。

同治二年十二月二十一日，立永远杜断卖铺屋契人蔡廷桂，男文发押、文用押；在场见人曹厚田、马丛魁、蒙钦达、彭跃通、黄振庭、周怡全、黄振烈、李文福、邓锡纶同押；中人邱学元、曾喜棠、何顺林、彭振光、叶初龙、梁永寿同押；地保姚正押；代笔人邱超押。

以上所载契据悉照原字样，微有增减并无相背，后欲查考，须向龙邑杨山头村余增蒸读看对同。

大漈彭村碑文　石碑原位于彭村马仙楼(宫)桥桥头，因宫移思时寺，桥亦毁，碑移存彭村维新庵保存，碑身为青石板，高1.64米，宽0.86米，厚0.20米，碑名横书阴刻“奉宪勒碑”4字。碑文竖书阴刻，题为“特授浙江处州府正堂随带加三级纪录二十二次恒　为晓谕事”，落款为“道光二十二年(1843)三月初九”。其正文内容意为征收税粮之告示，共345字。因年代久远，石板风化，文字剥落严重，隐约可猜，难以辨认。碑座为青石，高0.38米，长1.04米，中间开凿一小糟，可将碑身下端的凸形榫头插入，碑座已破裂。

石刻

竹山银坑洞摩崖石刻　位于梅岐乡竹山村银坑洞开采遗址。石刻约刻于元代至正年间(1341—1367)。在离溪60多米高的洞口有两处题刻。一处在悬空的石壁面上,一处在洞口左前方悬挂的幅面约3平方米左右的巨石"门帘"内立面上,此处现多点题刻,内容为反映采矿人祈求平安发财意愿。字体粗糙,朴实敦厚,当出自矿工或矿主之手。

竹山摩崖石刻　位于梅岐乡竹山村西侧龙潭桥溪坑中段岸边。刻于元代至正十六年(1356)。诗文共4行,文字内容难辨认,字体大小约120平方厘米,略扁,行楷体,显匠气。摩崖石刻规模不大,但能反映当时矿业科学历史,为考研元明时期社会、经济的重要例证。

石印山石壁镌刻　位于县城石印山老县衙(今属石印山小区)后山悬崖上。一处用篆体阴文镌刻"常荫"2字,呈图章状,两侧用楷体阴文落款,上款为"××公政德",下款为"士民公卯××"等残缺不全的字样。据初步判断,摩崖石刻时间在明景泰建县初期(1455—1456),因时代久远,岩石风化剥落,许多文字已消失。另一处刻有两行字,上行为"县署后山石印"6个大字,下行落款为"乙丑(1685)重阳前日龙坑张琢题"11个小字。

桂山石印石刻　位于县城石印山公园东侧。山巅之下有一石头,"方正如印",形似玉玺,所在地面为规则花纹卵石,坐东朝西。石头长1米,宽0.9米,净高2.3米,石刻于清康熙四十八年(1709)。石头西侧有"石印"2个大字,东侧刻有知县张琢诗一首:"一官碌碌系天涯,事简庭闲早放衙,惟有秋山一片石,年年相对夕阳斜。"为县级文物保护单位。

九龙岭里石刻　位于九龙乡岭里村村口老石阶路旁岩壁上。石刻无姓名年月落款,仅草书"龙潭秋月"4字。路下为悬崖峭壁,底部是溪坑深潭,山泉冲入溪潭洞穴,白浪翻滚,传为蛟龙所居。据说明代有一省巡抚督察官来到此地,见潭水碧蓝,深不可测,景色秀丽,即兴题写。里人铸其壁上,整幅石刻高0.5米,长2米左右。

大漈雪花漈摩崖石刻　位于大漈乡大漈村南侧雪花漈瀑布左侧石壁上。石刻刻于抗战期间(1942),系时任浙江省教育厅厅长许绍棣(1900—1980)在大漈游玩触景生情即兴而题。石刻横向布局,幅面尺寸约6000平方厘米,行书暗刻"雪花漈"3个大字,端庄稳重,上款为:"壬午年";下款为:"许绍棣"。

雪花漈石刻

大均摩崖石刻　位于大均乡大均村观音崖下侧峭壁上。离溪滩约有8米之高。该崖上刻有"浮伞踪迹"4字,为阴刻隶书繁体字,字体较大,隽永秀丽,苍劲有力。

仙菇村摩崖石刻　位于沙湾镇仙菇村西侧峭壁上。始建于清光绪三十年(1904)。本摩崖石刻分为两部分,一部分在山路峭壁边,刻有"光绪甲辰冬月邑令朱同国公到此"12个字,阴刻隶书,字高16厘米;另一部分在下侧溪边石壁上,刻有"放生潭"3字,阴刻楷体,字高120厘米,两处字迹均比较清晰。

日新山中山纪念林碑石刻　位于寨山西南侧日新山上。民国18年(1929)3月12日(孙中山先生逝世4周年纪念日),人们在日新山上营造"中山纪念林",并立石碑。碑顶小而尖,底部略大,形似利剑。碑刻"浙江省景宁县日新山中山纪念林"14个字。至今,石碑仍立于山上。

抗日阵亡将士纪念碑石刻　位于原纺织器材厂大门右侧(现石印山小区)。民国30年(1941),为纪念抗日阵亡将士,在此处建造纪念陵园和忠烈祠,次年3月落成并举行烈士入祠典礼。在祠前立纪念碑,纪念碑分为底座、护座和碑身三部分。底座之上用4块高约1.5米、宽约1米的石板合成一个护座。底座中心竖高约5米的三角尖顶石碑,形如刺刀,碑上用阴文篆刻"抗日阵亡将士纪念碑"9个大字,显得雄伟、壮观。陵园和忠烈祠在20世纪70年代旧城改造时拆除。

第六章　壁画　遗址

景宁壁画仅见于宗祠、庙宇及少量老宅的墙体,一般为清代所画,随着各处墙体的损毁而损毁,今存量极少。遗址涉及类别多,分散于全县各地,城区城门类、幢塔类,由于城镇建设发展遭到损毁,大多已不复存在。矿洞类、泥窑类、纸库类、古坝类、石碓类、红色革命遗址类散于乡野山村,略有遗存。

第一节　壁　画

景宁壁画常见于庙宇、祠堂、亭阁等处,经历漫长岁月洗礼,很多壁画损毁无存。2010年,景宁仅见于英川镇包坑口"三合堂"、高演老宅、杨山围墙、标溪老宅、雁溪何马二仙宫、莲川大地桥及部分宗祠、古宅等处,壁画遗存量极少。

庙宇壁画

三塘宫壁画　位于雁溪乡大丘田三塘自然村。三塘宫始建于清道光年间(1821—1850),民国7年(1918)移建于此,大殿依山而建,四合院式,院内四壁及外墙均有景泰蓝壁画,精美绝伦,其美术风格及绘画技艺巧夺天工,为县内少见。

三塘宫壁画

三合堂壁画　位于英川镇包坑口"三合堂"。建于清道光十九年(1839)。"三合堂"建筑风格古朴典雅,气派恢宏。堂内设有祭拜香菇始祖菇神坛、菇神塑像、佛龛、戏台、匾额、对联、壁画等一批代表明清时代技艺的建筑、雕刻、书法、绘画技艺珍品。“三合堂”壁画，画中包含尊像画、故事画、建筑画和装饰画，构图清晰、色泽鲜艳、内容丰富、技巧精湛，具有很高的艺术价值，属景宁为数不多的宝贵文化遗产。

屋墙壁画

高演围墙壁画　位于梧桐乡高演村，古宅建于清代中期，整幢房屋围墙外墙头下有曲线优美的卷浪花边水墨画，内围墙墙头下有不少扇形、长方形水墨壁画，内容为山水、人物肖像、花鸟树木，壁画整齐俨然，画中有桃花、金莲、翠竹、菊花、人物送别图、送别诗等。主人以梅、莲、竹、菊品格自喻自勉，跃然画中，画工精湛，栩栩如生。

杨山围墙壁画　外舍管理区杨山村古宅，建于清代中后期，在围墙壁上画的水墨画，其山水、人物肖像、花鸟树木，曲线优美，造型逼真。

第二节　遗　　址

景宁遗址不多，除矿洞外，其他遗址规模甚小。钓台遗址、浣沙潭遗址历史悠久，现只有传说不见其物。寺塔、城门为元及明代所建，随时代变迁，遗址也已无踪影。今惟少量矿洞、古坝、纸库、窑罐及红色革命遗址尚存。此外，还有外舍油田碗窑址、莘田风炉窑址、城西包山石灰窑址等零星窑址有待保护。

古迹遗址

浮丘伯钓台遗址　位于鹤溪镇浮丘村叶府前。浮丘伯生活于战国末期至汉初，主要从事教育，为儒家大师荀子之徒，弟子有申公、刘交等。汉初曾到过长安，因统治者以黄老思想为政治指导，浮丘伯没被统治阶层所重视而离开长安。经永嘉、青田，而后携双鹤隐居景宁。期间，在鹤溪河畔的岩石上筑台垂钓，故留下浮丘伯钓台遗址，坐落县城西南，石牛山之麓，今亦有钓台岗村名。明知县钟夏嵩《钓台烟树》诗云：“仙人栖隐处，临水石崔巍。岸草春先长，溪去昼自开。苍茫迴鹰鹭，芾接山下隈。不倦垂纶兴，携壶坐绿台”。清康熙年间，教谕郑兰谷修治，环植花木四时灿然，凿下“浮丘古迹”4字，款落“郑兰谷题”，留存于石壁间，并题诗一首：“前溪不见鹤飞来，片石垂钓尚有台。古树拂云千载幻，野花迎客一时开。只今沟水成烟涨，况复严陵尽草来。独羡浮丘辟谷去，仙风长共月徘徊。”历代名人，以浮丘钓台为休闲憩息之所，欣然前往下钩垂钓，吟诗作画，悠闲怡然。20世纪50年代之初，钓台悬崖石刻仍保存完好。后因兴修水利，炸石取材，千年古迹毁于一旦。遗址被村民用于建房，今叶府前2弄18号屋后尚有钓台残存石壁。

幢塔遗址　《景宁县志》（清同治版）古迹篇载，景宁有一塔，坐落金仙寺左，元延祐六年（1319）建，可观僧秉承先师旨意建浮图（塔），高7层，由塔基、塔身、塔顶三部分组成。内、外墙壁用泥砖砌。塔室内空间为多角形，有梯盘旋而上。塔顶为梁架屋面，置万斤铁顶。清同治十一年（1872）焚于火。1952年4月初，塔崩。

城门遗址　景宁县城古城门有洞天门（于城北莘岭，明正德年间知县陈杰建）、会衢门（于城北，旧承恩门改称）、广明门（于城南）、春华门（于城东，雍正年间知县李应机建）。尽毁无存。

道化仙碓遗址　位于沙湾镇道化村大桥旁，建于明朝年间，原为水碓房，坐东南朝西北，面积40平方米，现存废弃的4个水碓臼及原碓基石，呈环形。为县级文物保护单位。

英川堰坝址　位于英川镇英川村头上潭潭尾。始建于明末清初(具体时间无从考证),为英川全村村民饮水、舂米、消防、防洪、灌溉、水运放排的重要水利工程。古时,英川溪溪流湍急,至上潭潭头遇到陡峭石壁阻挡,溪流急转,犹如蛟龙冲向王宅田垟,每逢洪水,水灾暴发。上游放排运木没有港湾停歇,木排随波逐浪,凶险难挡,甚至人亡排散。明末清初旱季,村民砍来松树横堆潭尾,抬来巨石筑坝,填高河床,拦住溪水,将水分流。村民在山边石壁上凿出一条宽1.5米、长200多米的渠道,将水分流引至村中,形成水网,建起"水碓",设立"担水塘",起到防洪排涝防火重要作用,古堰因其多功能而久负盛名。为县级文物保护单位。

鹤溪古堰遗址　鹤溪河短,落差大,水流急。旱季水少,暴雨暴涨。故防洪与引水历来为官民烦恼。清同治《景宁县志》载:"有防洪堤十二处,堰坝五十二处。"多处防洪堤受水毁反复再修,至20世纪80年代,防洪堤基本上被重修。县城建设,截弯取直,拆旧建新,旧堤无存。20世纪70年代古堰仍保留10多处,新城拓展,农田减少,原梅钟亭、上傍山、下傍山、豸山脚、定良寮、油车水碓港等古堰至2010年全无存。

字纸库遗址

古代人尊重字、纸,凡写过的字纸不随便丢弃、任意踩踏,故建香炉式字纸库,专门用于集中烧毁焚化带有字的纸张。字纸炉用砖块和石板搭建。经过时代变迁,多数字纸炉已毁坏或废弃,现存稀少,仅见于叶谢、高演、渔漈、大漈、雁溪、苎岱等村。

叶谢字纸库遗址　位于标溪乡叶谢村尾岩头岗上。坐西北朝东南,建筑占地面积0.72平方米。该字纸炉为砖石结构,悬山顶,青瓦铺面,呈长方形。炉长0.9米,宽0.8米,高1.3米,底部以岩石为基,炉孔不规则,似梯形。后侧有一正方形小孔,供焚烧时散热。该炉用料较好,红砖颜色貌似新砖。

渔漈字纸库遗址　渔漈村字纸库有两处,分别在渔漈岭头及中屋两自然村,建于光绪三十年十月二十甲子日卯时(1904年10月),用经过雕凿的石板砌成,规模不大,炉长1.2米,高1米,宽0.8米,保存完好。

渔漈字纸库

矿洞遗址

银矿起于元代,盛于明代,在岭岙、渤海(朱山降、叶处、小粗口)、陶州、下场、道化、大垟、竹山、张墩、炉西、大漈、吴四、十八插、夏山头、郑公垟等村有遗址。洞高一般约1~2米,最小处仅供1人爬过,最大矿洞可容二三十人。

大漈银坑洞　位于大漈乡雪花漈南2千米小佐溪西侧半山腰上。为明代开采银矿所留遗址,大小洞穴11处。其洞口西朝小佐溪,离溪垂直高差50多米,离小佐公路高差50多米,地形险峻。最大洞室宽约10米,最狭处宽1.5米,高仅1米。洞口呈长方形,宽1米,高2米,洞深1000多米。入洞渐窄而下倾有8米左右,洞中有洞,洞洞相通,个别地方上下有三层。洞内蝙蝠多达上万只。大漈银坑洞规模较大,保存较好。为县级文物保护单位。

蔡湖银坑洞　位于沙湾镇蔡湖村西侧蔡湖坑上方,为明代银矿开采遗址。该矿洞规模较大,洞口朝南,为一狭长石缝,宽半米,高半米,山面陡峭,靠溪水向,被灌木淹没后较隐蔽,走到近处才可见。阴暗潮湿，长年滴水，洞内外仍散落大小不一矿渣乱石。银坑洞虽简朴粗犷，年代久远，但保存较好。为县级文物保护单位。

泥窑遗址

大漈陶罐窑遗址　位于大漈乡彭村、西一、潘宅等村。制陶始于宋代，至明代，工艺趋于成熟，大漈陶罐用大漈水田底下火山泥烧制，产品有火笼罐、煎药罐、金瓶罐、焐头罐等20多种，通称“大漈罐”。20世纪70年代后，由于铝制、塑料新型产品出现，替代量重貌粗的“大漈罐”，之后迅速衰落，从业者减少。为县级文物保护单位。

大张坑青花碗窑址　位于东坑镇大张坑村北侧2千米处。该址海拔880多米，两侧高山合围形成一山湾梯田，当地人称碗窑畈，东侧湾底为溪涧，溪水流经北溪入下游飞云江。窑址坐落溪涧梯田内，为明代青花瓷民窑遗址。发现烧制的产品有碗、杯、碟、罐、烛台等，纹饰简洁，胎质细腻，釉面光洁；分布面广，瓷片堆积多。保存尚好，为县级文物保护单位。

外舍油田青花瓷窑遗址　位于外舍管理区油田村后山坡上。瓷窑始于清代中期，主要生产青花瓷器，产品为碗、盘、盏、盅之属的日用器皿，碗占多数，胎质坚细，呈灰褐色，釉色浅淡，纹青花竹叶纵。产品系拉坯成型，烧造粗率，均为明火叠烧。器物外壁常有“长命高贵”“寿比南山”“贤”“玉叶”等吉祥语，书法草率不工。该遗址高程150米，面积600平方米，窑址无存。残缺的青花瓷器和破瓷碎片散布较多，堆积层最厚处达4米深。为县级文物保护单位。

红色遗址

岭里外垟红军标语　位于九龙乡岭里村。民国19年(1930)9月18日，中国工农红军第十三军路过岭里村开展革命活动，在张氏宗祠大门口桅杆夹写有“打土豪分田地”“红军好”等标语。

梨树突红军标语　位于英川镇梨树突村。村中有民国24年(1935)红军粟裕部队浙南挺进师活动时留下的标语，共两幅，分别留在梨树突村马天仙庙两侧墙上。一幅标语内容为：“工农行动起来打土豪分土地”落款为：“中国工农红军挺进师”，另一幅内容为：“红军是抗日反帝唯一武力”，落款为“红军”，用繁体字朱红色行楷字体书写，因年久已褪色，但字迹依然可辨。属县级文物保护单位。

库头村红军标语　位于毛垟乡库头村。抗日战争期间，红军挺进师和闽东红军经常在毛垟乡一带活动，在许多地方留下宣传抗日救国的标语。其中，在库头村村头的一堵外墙上写有“反对国民党出卖中国的中日提携协定”，落款“红军政工”。在库头村古戏台的外墙上写有《浙江省战时政治纲领》全文，由右至左侧写有10条纲领，具体内容因年久部分字已难辨认，落款为“景宁战时政治工作队”，时间“民国二十七年五月”。1989年7月，红军标语和《浙江省战时政治纲领》被列为县级文物保护单位。

景宁第一党支部旧址　位于梅岐乡桂远村。民国24年(1935)冬，红军挺进师某部在青田、景宁、泰顺、瑞安边境活动，青田县胡山村(现文成县胡山村)李达其主动为红军当向导，不久加入中国共产党。后来，李达其与挺进师干部张德寿到青田(今文成)、景宁边境一带开展活动，培养积极分子，发展地下党员，建立党组织。在梅岐乡桂远村、湖坑村、张山村先后发展了罗启通、罗明琪、罗瑞土、李振全等人入党，并于民国25年(1936)3月建立桂远村党支部、湖坑村党支部、张山村党支部，为景宁最早的党支部。这3个党支部旧址分别位于梅岐乡桂远村、湖坑村、张山村。

郑公垟红军洞遗迹　位于大地乡郑公垟村西。为明朝采挖银矿时留下的人工矿洞，革命战争年代，浙南游击队曾以此洞作为作战指挥中心。洞内有灶厨、木床等生活设施，为游击队长刘斌发等使用过的遗物。矿洞由7个大小不一却相互联系的洞组成。最高的洞高5米，宽4米；洞深1000多米，洞口大，进去百米后突然变小，只能一个人爬行进入，约15米后又突然变大，高8米，宽20米，长15米，面积达300多平方米。最小的洞高约3米，宽1.5米。洞内时有流水，洼处积水，岩体显红色。1985年郑公垟村被县政府列为革命老根据地村。

张坑红军洞遗址　位于大地乡张坑村人上岭。民国24年（1935）腊月，红军挺进师某部与国民党军第五十二师1个营约三四百人在大漈乡发生遭遇战，战斗结束后经过大地乡张坑村时，将4位伤员托付给张坑村村民救治。村民将伤员安置到张坑村人上岭的岩洞里。不久从附近村又转移来1位红军伤员。5位伤员经过张坑村村民110天的救治和保护，4位伤员康复归队，1位伤员因伤势过重病故。后来，村民把红军伤员住过的岩洞称为"红军洞"。

水溪红军屋　位于大地乡水溪村。该屋建于清光绪十三年（1887），坐南朝北，古屋为7直四合院，两层泥木结构。两重门楼、围墙高筑。内门内为住宅生活区，外门内设有踏碓、石磨、猪圈、厕所等附属建筑，设施齐全，生活方便，隐蔽安全。1935年中国工农红军挺进师粟裕部队约1个连60多官兵，先后3次经过水溪村，在该屋扎驻20多天。在房屋围墙上书写"打土豪，分田地"标语，宣传革命思想。红军临别时赠送村干部张世库2本政治书籍，一本为《政治常识》，一本为《指战员须知》，在保存67年后，于2002年送县档案馆保存。

第七章　古　桥

景宁县群山起伏，沟壑纵横，山环水绕。受山涧溪峡河流阻隔，村与村虽能互闻鸡鸣犬吠，但往来却要绕道而行，少则三五里，多则几十里。"逢山开路，遇水搭桥"，桥成为人类生产生活的必然选择。景宁人按照自然条件和客观环境，根据各处所需，就地取材，以木、石为材料，建造了诸多类型多样、形式各异、富有特色的桥梁。从矴步桥到独木桥，从简易桥到石板桥，从石拱桥到木廊桥，极大方便生产生活。

景宁的桥梁建筑大致有四种形式：一为民建，或一家一姓，或独资建造；二为众建，广募集资，民众合建；三为官倡民修，官方倡导，绅士认捐，民众出力；四为官建，官府拨款，主持兴建。

先人虽在不断地建桥，但受自然环境影响，桥梁被火烧、水冲、霉烂、蚁毁、倒塌等不在少数。2010年末，景宁尚存古石桥63座，古木桥49座。

第一节　石　桥

景宁石桥具有结构简单、经久耐用、维修方便的特点。古代，景宁民间喜建石桥，受客观环境及条件的制约，石桥规模都为中小型。石桥类型有石梁桥、石拱桥、石拱廊桥。

石梁桥构造简便，置石为梁，搁石过河，即可通行。石梁桥适合小坑小溪和狭窄深谷处。境内石梁桥以三折边石梁桥为主，也有石梁柱桥。三折边石梁桥的拱架呈八字形，折边结点处用横条石连接，连接处再并列顺铺石板及岸，八字撑石梁桥的桥墩一般都搭建在溪两边岸上或岩壁上，利于稳固桥基和泄泻洪水。石梁柱桥是在河床中央用石柱为架，石柱的底部直接嵌入开槽的岩石之中，也有用大石头和块石围砌，以稳定柱石。

石拱桥在墩台之间以拱形构件承重，在墩台支点处产生水平推力，使石材的耐压特性得以发挥；也有以片石砌块或弧形板石代替拱石的。跨度较大的石拱桥，因拱圈较厚，采取分层砌筑，先砌底层，待其合龙与拱架共同承重后，再砌上层，桥面铺设石板或块石。石拱桥为实体重型结构，跨越能力受限，拱石的开采、设计、加工、砌筑不易，建造工期长、花工多。石拱桥比石梁桥跨度相对大，受力性能好，结构坚固，造型美观，养护简便，经久耐用。

石拱廊桥是在石拱桥上建造廊屋，基础扎实，取材便利，结构简单。

石梁桥

景宁石梁桥有两类，一类是由 1 条或数条石板铺设而成，称石板桥；另一类是用条石 2 节或多节连接而成。石梁桥搭建快捷，近代仍有新建石梁桥。全县古石梁桥现存 4 座。

杨山路口石板桥　位于外舍管理区杨绿湖行政村杨山自然村 24 号路口溪涧上，建于清代嘉庆年间（1796—1820），桥身东西走向。长 6.5 米，宽 1.5 米，高 2.8 米，面积 9.75 平方米。该桥为平扳石桥，用条石 8 根石板 12 块组成。桥面由 3 段 4 排石板铺设，桥下分别用 3 根条石斜撑在两边桥墩上，用以支撑桥面，当中用长条石作横梁，桥墩用毛石堆砌而成。

杨山村头石板桥　位于外舍管理区杨绿湖行政村杨山自然村村头，建于清嘉庆年间（1796—1820），桥身东北至西南走向。长 5 米，宽 1.4 米，高 1.45 米，建筑面积 7 平方米。该桥为平板石桥，外观呈“K”字形，桥面用 4 排条石铺筑而成，桥下分别用 3 根条石斜撑在两边桥墩上，用以支撑桥面，桥墩用毛石堆砌而成。

杨山村头石板桥

杨山村尾石板桥　位于外舍管理区杨绿湖行政村杨山自然村东侧水口处，建于清代嘉庆年间（1796—1820），桥身南北走向跨于小溪上。长 6.6 米，宽 1.52 米，高 2 米，面积 10.03 平方米。该桥由条石 8 根石板 12 块组成，桥面用 4 排条石铺设而成，桥下分别用 3 根条石一头嵌入两边石墙，另一头斜撑桥面，接头处当中用条石作横梁，基脚稳固而扎实。

粗砻平板桥　位于葛山乡粗砻村北侧粗砻坑上，建于清代。桥身东西走向，长 7.9 米，宽 1.2 米，高 2 米，建筑面积 9.48 平方米。桥由条石构建而成，两块竖立的石条嵌在一块大石头上作桥墩，桥面用 5 块平整的石板铺设，整座桥古朴大气。

石拱桥

在地势优越、取料便利之地，建造跨度不大的石拱桥比较经济。景宁县石拱桥分布广，数量多，据 2010 年统计，有 53 座。

章坑杨春桥　位于东坑镇章坑村，建于宋代。桥身南北走向，系单孔石拱桥。长 15.2 米，宽 3.14

米，高 5.23 米，建筑面积 47.73 平方米。

章坑何宅桥　位于东坑镇章坑村村中央，始建于宋代，2007 年重建，但所用石料都是原桥材料。桥身东西走向，系单孔石拱桥。长 11.4 米，宽 3.5 米，高 3.4 米，建筑面积 39.9 平方米。

彭村石拱桥　位于大漈乡彭村至垟头自然村途中，建于元代中统年间（1260—1264），当地称“垟头桥”。桥身沿西北至东南走向，系单孔石拱桥。长 4 米，宽 3 米，高 3.5 米，建筑面积 12 平方米。

西前路石拱桥　位于大漈乡西岸底村，建于明代，桥身南北走向，系单孔石拱桥。长 8 米，宽 3.8 米，高 6.5 米，建筑面积 30.4 平方米。

潘宅石拱桥　位于大漈乡潘宅村，建于明代，桥身沿南至北走向，系单孔石拱桥。长 7.5 米，宽 4 米，高 6.3 米，建筑面积 30 平方米。

安亭村头石拱桥　位于渤海镇安亭村村头，建于明代。桥身东南至西北走向，当地人称其为“筑桥”，系单跨石拱桥。长 5.9 米，宽 2.5 米，高 2.1 米，建筑面积 14.75 平方米。

安亭村中石拱桥　位于渤海镇安亭村村中央，建于明代。桥身东西走向，当地人称其为“苍桥”，系单跨石拱桥。拱圈由长短不一的条石砌筑，桥面已重修，长 4.4 米，宽 2.5 米，高 1.8 米，建筑面积 11 平方米。

石圩石拱桥　位于外舍管理区岗石行政村石圩自然村南侧，建于明代。桥身东南至西北走向，系单孔石拱桥。长 7 米，宽 3 米，高 3.8 米，建筑面积 21 平方米。桥面由大小不一块石铺设。

底岸双龙石拱桥　位于九龙乡岭里行政村底岸自然村村口，建于明嘉靖十三年（1534）。桥身沿西北至东南走向，系单孔石拱桥。长 19.8 米，宽 4.6 米，高 7.8 米，建筑面积 91.08 平方米。该桥拱圈以杂乱块石砌筑，桥下巨石上凿有 2 个洞，内放铁块，俗称“蜈蚣铁”。

坦下水碓石拱桥　位于大漈乡西一行政村坦下自然村村口南面水碓边，建于清早期。桥身南北走向，横跨龙溪之上，系单孔石拱桥。长 7.5 米，宽 2.5 米，高 4 米，建筑面积 18.75 平方米。

张坑下石拱桥　位于郑坑乡张坑下村，建于清早期。桥身东北至西南走向，系单孔石拱桥，又称“永安桥”。长 10 米，宽 2.1 米，高 2.1 米，建筑面积 21 平方米。

吴四石拱桥　位于外舍管理区大吴山行政村吴四自然村，建于清早期。桥身东北至西南走向，系单孔石拱桥。长 11.5 米，宽 2.5 米，高 4.4 米，建筑面积 28.75 平方米。

黄桐口石拱桥　位于雁溪乡雁溪村东侧，建于清初。桥身东西走向，系单孔石拱桥。长 5.2 米，宽 2.6 米，高 3.8 米，建筑面积 13.5 平方米。

八漈垟石拱桥　位于景南乡程田行政村八漈垟自然村东侧，建于清乾隆年间（1736—1796）。桥身东西走向，横跨八漈坑，系单孔石拱桥。桥面铺设条石，拱下为毛石。长 14.7 米，宽 2.5 米，高 4.7 米，建筑面积 36.75 平方米。

小佐石拱桥　位于大漈乡小佐行政村南侧，建于清代。桥身南北走向，横跨于小佐坑上，系单孔石拱桥。长 15.2 米，宽 5.7 米，高 9.8 米，建筑面积 87 平方米。桥无围栏，东侧岩石上写有“同善桥”3 个大字，桥整体平面呈“工”字形。

半岱石拱桥　位于毛垟乡上坑头行政村半岱自然村，建于清代。桥身东北至西南走向，系单孔石拱桥。长 8.5 米，宽 1.7 米，高 3.2 米，建筑面积 14.45 平方米。

高宅岭下石拱桥　位于雁溪乡大丘田行政村高宅自然村东北侧，建于清代。桥身东西走向，系单孔石拱桥。长 4.5 米，宽 2.25 米，高 4.2 米，建筑面积 10.13 平方米。

后坑石拱桥　位于秋炉乡后坑村中央，建于清代。桥身南北方向，系单孔石拱桥。长14.4米，宽4.3米，高6.7米，建筑面积36.9平方米。

隆川村头石拱桥　位于英川镇隆川村村口南侧，建于清中期。桥身东北西南跨向，系单孔石拱桥。长21米，宽4.2米，高6.4米，建筑面积88.2平方米。村内林姓民国版《林氏宗谱》记载："该桥乾隆间筑琢石为梁，横自数板，来往赖之"。

隆川村尾石拱桥　位于英川镇隆川村东北侧，又称"村尾桥"，建于清中期。桥身东北至西南走向，系单孔石拱桥。长6.6米，宽4.4米，高6米，建筑面积29.04平方米。

隆川村中石拱桥　位于英川镇隆川村中央，始建于清乾隆年间(1736—1795)。桥身东南至西北走向，系单孔石拱桥。长16.8米，宽3.6米，高6.4米，建筑面积60.48平方米。该桥建在白坦洞和蒲苏洞两溪汇合处，又称"合涧桥"，初为木拱廊桥，已毁。现存石拱桥为清末年间改建，20世纪40年代重修。

忠溪石拱桥　位于景南乡忠溪村，建于清嘉庆年间(1796—1820)。桥身东北至西南走向，横跨于忠溪上，系单孔石拱桥。长8米，宽2.8米，高3.8米，建筑面积22.4平方米。

梅坑宗桥　位于澄照乡梅坑村西南侧，建于清朝中后期。桥身南北走向，系单孔石拱桥。长9.9米，宽3.5米，高4.1米，建筑面积34.65平方米。桥孔位于中心，呈倒"U"字形。

何庄石拱桥　位于大地乡水溪行政村何庄自然村，建于清道光二年(1822)。桥身西北至东南走向，系单孔石拱桥。长22.5米，宽4米，高6.5米，建筑面积90平方米。

东坑镇坑底村石拱桥

坑底石拱桥　位于东坑镇根底岘行政村坑底自然村两河交汇处，建于清道光年间(1821—1850)。桥身东南至西北走向，横跨于白露溪上，系单孔石拱桥。长15米，宽3.2米，高6.5米，建筑面积48平方米。

第一坑太平桥　位于秋炉乡第一坑村西南，建于清咸丰十年(1860)。桥身西南至东北走向，横跨第一坑溪流，系单孔石拱桥。长5.5米，宽2.5米，高2.3米，建筑面积13.75平方米。

东塘西石拱桥　位于景南乡东塘行政村东塘自然村西侧，建于清光绪十二年(1886)。桥身南北向横跨于东塘溪上，系单孔石拱桥。1948年桥面被水冲毁后重修，长14.6米，宽3米，高5米，建筑面积43.8平方米。

东塘东石拱桥　位于景南乡东塘行政村东塘自然村东侧，建于清光绪十四年(1888)。桥身东西向横跨于岩门溪上，单孔石拱桥。长11.4米，宽3.1米，高4.5米，建筑面积35.34平方米。

金丘石拱桥　位于澄照乡金丘村北侧，建于清中晚期，桥身东西向横跨金丘溪，系单孔石拱桥。长10米，宽3.7米，高4.6米，建筑面积37平方米。原用石子铺面，现用水泥铺面。

坑头源石拱桥　位于沙湾镇坑头行政村坑头源自然村东南侧，建于清末。桥身东西走向，横跨于坑头溪，系单孔石拱桥。长9.4米，宽3.2米，高4.6米，建筑面积30.08平方米。

坑垟石拱桥　位于英川镇坑垟村村口，建于清代中期。桥身东西走向，横跨岭坑垟溪上，系单孔石拱桥。长29米，宽4.2米，高7.4米，建筑面积121.8平方米。原为石拱廊桥，有廊屋5间，因损毁倒塌于2000年被拆，留石拱桥体。

岭脚石拱桥　位于鹤溪镇滩岭行政村岭脚自然村，建于清代。桥身东西走向，系单孔石拱桥。长

9.2米，宽3米，高5.8米，建筑面积27.6平方米。桥北侧巨石上现摩崖石刻，因风化严重字迹模糊。

王木坑石拱桥　位于鹤溪镇王木坑行政村下村自然村东侧，建于清代。桥身东西走向，系单跨石拱桥。长9.3米，宽4米，高5.2米，建筑面积37.2平方米。

徐砻石拱桥　位于东坑镇徐砻行政村上村自然村，建于清代。桥身东北至西南走向，系单孔石拱桥。长22米，宽3.4米，高3.5米，建筑面积74.8平方米。桥东有株枫树，其根穿过桥身之内伸到桥西头，长约20米左右，丝毫未损桥体，尤为罕见。

马婆坑石拱桥　位于雁溪乡雁溪村西北侧，建于清代。桥身东西走向，系单孔石拱桥。长5.5米，宽2.6米，高4.5米，建筑面积14.3平方米。

枫林石拱桥　位于标溪乡枫林口行政村枫林自然村西侧，建于清代。桥身南北走向，横跨筑桥坑，系单孔石拱桥。长6米，宽3米，高6.9米，建筑面积18平方米。

岭头石拱桥　位于葛山乡岭头村西侧，建于清光绪年间(1875—1908)。桥身东南至西北走向，跨岭头溪上，系单孔石拱桥。长12.1米，宽4.2米，高7.9米，建筑面积50.82平方米。桥面由毛石和条石铺设，桥身用块石砌筑，高大美观，当地人称“高桥”。

叶源普济桥　位于澄照乡三石行政村叶源自然村村中央，建于清中晚期。桥身东西走向，系单孔石拱桥。长5.9米、宽6.5米、高2米，建筑面积38.35平方米。该桥原为廊桥，于清庚子年倒塌，后未再修建。桥中央外侧写有“普济桥”三字。因沿溪路道扩建，引桥被筑入路中。

上渡万安桥　位于梧桐乡梧桐行政村上渡自然村西侧，建于清末，桥身南北走向，系单孔石拱桥。长25米，宽4.5米，高8.9米，建筑面积112.5平方米。

陶州石拱桥　位于外舍管理区小金洲行政村陶州自然村村尾，建于清末。桥身东北至西南走向，系单孔石拱桥。长8.6米，宽2.8米，高5.55米，建筑面积24.08平方米。桥东北端与公路相平，西南端由11级台阶拾级而上。

东岸石拱桥　位于澄照乡仙山行政村东岸自然村北面水口处，建于清光绪二十六年(1900)。桥身东西走向，系单孔石拱桥。长25米，宽4.2米，高5.5米，建筑面积105平方米。该桥原有廊屋7间，桥上供奉关羽等神仙菩萨，边有廊凳供村民祭拜、休息、聚集，现廊屋已毁。

伏岩口石拱桥　位于秋炉乡伏岩行政村伏岩口自然村村中央，建于晚清时期。桥身南北走向，横跨伏岩口坑，系单孔石拱桥。长7.3米，宽2.7米，高2.8米，建筑面积19.71平方米。

茶林石拱桥　位于大漈乡茶林村房溪上，建于清末。桥身南北走向，系单孔石拱桥。长12.5米，宽3.5米，高3.9米，建筑面积43.75平方米。

高沈垟佑口桥　位于九龙乡高沈村西北侧，建于清末。桥身沿南北走向，系单孔石拱桥，侧面呈“半圆形”。长21米，宽3.6米，高9.4米，建筑面积75.6平方米。

下坑石拱桥　位于毛垟乡沙垟行政村新建垟自然村下坑垟，建于清末。桥身南北走向，系单孔石拱桥。长11.6米，宽3米，高7.5米，建筑面积34.8平方米。桥南北两端拾级而上，南端4阶，北端9阶，桥体构造牢固。

新处永昌桥　位于大地乡水溪行政村新处自然村，建于清光绪十七年(1891)。桥身沿东北至西南走向，系单孔石拱桥。长19.7米，宽4.3米，高4.2米，建筑面积84.71平方米。桥身及拱圈由块石砌筑，桥面为沙石路面。东北端桥头立有石碑，上刻“永昌桥”。

新亭石拱桥　位于大均乡新庄行政村新亭自然村村头，桥南北走向，建于清中晚期，系单孔石拱桥。长13.5米，宽4.3米，高9.5米，建筑面积58.05平方米。该桥年代久远，但保存完好，高大古朴，工艺精湛，型制特别，颇为美观。

徐崇石拱桥　位于鸬鹚乡徐崇村村头，建于清晚期。桥身南北走向，系单孔石拱桥。长4.2米，宽3.2米，高3.8米，建筑面积13.44平方米。

小地石拱桥　位于沙湾镇小地村村头，建于清朝。桥身南北走向，系单孔石拱廊桥。长17.3米，宽4.2米，高3米，建筑面积72.66平方米。原系石拱廊桥。

毛垟广济桥　位于毛垟乡毛垟村炉西坑口，建于民国9年（1920）。桥身坐东朝南，系单孔石拱桥。长24米，宽5米，高15米，建筑面积120平方米。系时任毛垟乡乡长毛凤镳领头筹资建造。

田坑竟成桥　位于九龙乡田坑行政村小半岭自然村村东侧，建于民国12年（1923）。桥身南北走向，系单孔石拱桥。长6.8米，宽3.5米，高4.65米，建筑面积23.8平方米。桥北侧有一石碑，上刻竟成桥名及其由来。据载由田坑人叶志豪，字竟成，因洪水为患建造此桥。抗日期间，叶竟成不幸为国捐躯，后人为纪念他故称此桥为竟成桥。

第三坑石拱桥　位于秋炉乡新塘垟行政村第三坑自然村村南，建于民国12年（1923）。桥身南北走向，横跨第三坑溪流，系单孔石拱桥。长16米，宽3米，高2.7米，建筑面积48平方米。

横桥过埠石拱桥　位于沙湾镇坑头村，建于民国14年（1925）。桥身东西走向，系单孔石拱桥。桥长7.3米，宽1.7米，高2.8米，建筑面积15.5平方米。

石拱廊桥

石拱廊桥多用块石砌筑桥拱，以卵石或块石铺砌桥面，桥面上方建以木构桥屋，桥屋如同木拱桥廊屋，只是建筑构造有所不同。桥中大多设1个神龛，少数桥中设2—3个神龛，桥面宽度略小于木拱廊桥。现尚存石拱廊桥6座。

岗头水口石拱廊桥　位于葛山乡岗头村东南侧，原建于清乾隆元年（1736），因损坏严重，于1986年重建，桥身南北走向，跨岗头坑。长19.95米，宽4.75米，高8.65米，建筑面积95平方米。有廊屋7间，桥中央二楼为神台，供“观世音”神像，屋顶四角挑檐。桥身内侧设廊凳，供行人休息纳凉，桥面用毛石铺设。

叶桥水尾石拱廊桥　位于沙湾镇叶桥村村口，桥身南北走向，系单孔石拱木廊桥。始建于清道光八年（1828），1963年重修，长14.8米，宽4.9米，高3.2米，建筑面积73.92平方米。有廊屋6间，东侧设佛龛。桥身两侧有护栏，桥与两岸道路贯通，桥面用块石砌筑。

茶亭石拱廊桥　位于鸬鹚乡茶亭村村中央，系单孔石拱木廊桥。建于清道光二十一年（1841），曾于民国期间大修。长12.6米，宽4.3米，高3.8米，建筑面积52平方米。有廊屋5间，桥身内侧设廊凳，外侧有风雨板围护。东侧设有佛龛，内奉“观世音”菩萨。

印章石拱廊桥　位于葛山乡印章村，桥身东西走向，系单孔石拱木廊桥。桥建于清咸丰元年（1851），长20米、宽3.6米，高2.7米，建筑面积33.15平方米。有廊屋5间，桥身内侧设廊凳，桥面用大小不同的块石平铺。

梅漈安固石拱廊桥　位于英川镇梅漈村村口，桥身东南朝西北走向，系单孔石拱木廊桥。曾因洪水冲毁，于民国6年（1917）重建，长27.6米，宽4.6米，高7.5米，建筑面积122.36平方米。有廊屋11间，规模较大，桥身内侧设有廊凳，中间设佛龛，桥面有3块募捐牌。

石漈石拱廊桥　位于英川镇石漈村南侧水口处，桥身东西走向，系单孔石拱木廊桥。桥建于清代中晚期，桥上廊屋1988年倒塌，1989年重建。桥长24.6米，宽4.8米，高3.8米，建筑面积118.08平方

米。有廊屋9间，设有3间佛龛，建筑形式迥异，为重檐八角攒尖顶亭式屋盖，桥与村道贯通，桥身内侧设廊凳，外侧有风雨板围护。

第二节 木 桥

利用山上树木搭桥是修建桥梁的一大捷径。从搭建独木桥到双木桥，再到平板桥，技术不断创新。木桥经三五年雨打日晒会腐烂，在桥上再造桥屋，既能遮风挡雨，又能保护木桥免遭风雨侵蚀而腐烂。景宁山村人故意将桥址选在村"水尾"，用以"拦风水"。木廊桥不仅便于通行，还有歇憩、供佛、演戏、经商的功能。景宁各地兴建的木桥形态各异、经久耐用，作用大功能多。

木拱廊桥主要材料为老杉木，结构以榫卯相连，用小构件形成大跨度，通体不用一颗钉铆，完全靠力学角度、自身强度巧妙榫接，结构简单，坚固异常，为"河上架桥，桥上建廊，以廊护桥，桥廊一体"的古老而独特的桥梁样式。木拱廊桥的桥拱有"三节苗""五节苗""将军柱""剪刀苗""蚱蜢腿"等形式，其中"三节苗""五节苗"两个拱骨系统相互穿插，起着关键作用。再加上将军柱、剪刀苗和小排架等辅助系统形成一个整体，共同承担桥的荷载。

景宁县木拱廊桥主要分布在东坑、沙湾、英川一带。2005年末，浙江省泰顺、庆元、景宁和福建省寿宁、屏南、周宁、政和等7个县围绕木拱廊桥保护问题，联合向国家申报世界文化遗产预备名单。2009年9月30日，"中国木拱桥传统营造技艺"被列入联合国教科文组织《急需保护的非物质文化遗产名录》。

木梁廊桥以受弯为主的主梁作为承重构件，一般为并列的圆木贴紧靠实而成，结构简单，外形平直，建造容易，也较适合江南山区相对狭窄的山涧。

20世纪50年代初，景宁尚有木桥70多座，由于洪水冲毁、人为火烧、失修倒塌及建造公路、水库淹没拆除等原因，已损失家地广济桥、雁溪柘湾桥、英川梅漴桥、英川地道江桥等大批规模颇大的木桥。2010年末尚存49座。

木拱廊桥

木拱廊桥亦称虹桥、蜈蚣桥，用于通行、遮阳避雨、休憩娱乐、聚会祭拜。在各种桥梁中，廊桥造型最为别致，主要有木拱廊桥、木平廊桥。其中木拱廊桥是世界桥梁史上绝无仅有的品类，结构奇特，是一种下方采用独特的贯木拱（也称编木拱、叠梁拱）结构，上方覆以传统廊屋建筑的桥梁，具有极高的传统美学价值和重要的工程建构技术价值，被称为"桥梁的活化石"。景宁仅存14座。

东坑下桥　位于东坑镇东坑村，系单孔木拱廊桥，建于清康熙二十八年（1689），为全国现存最早廊桥之一，桥身东北至西南走向，横跨于东坑溪上。长29.15米，宽4.6米，高4.5米，建筑面积180.94平方米。桥身有廊屋11间，内侧设有廊凳，可供休憩，外侧设有风雨板。中间设有佛龛，原供观音菩萨佛像，又称"观音阁廊桥"，现无存。两桥头用青石台阶拾级而上。该桥建造年代久远，风格古朴，1989年被列为县级文物保护单位，2005年3月16日被列为省级文物保护单位。

莲川大地桥　位于沙湾镇莲川村东南侧，系单孔木拱廊桥，建于清嘉庆八年（1803）。桥身东西走向，横跨于大地溪上，长51.35米，宽5.65米，高7.5米，建筑面积290.13平方米。桥身有廊屋18间，内侧设有廊凳，可供休憩。该桥历史悠久，跨度较长，造型优美。1989年被列为县级文物保护单位，2005

年被列为省级文物保护单位。

东坑上桥　位于东坑镇东坑村，系单孔木拱廊桥，初建于清早期，现建筑为清同治八年(1869)重修，桥身东北至西南走向，横跨于东坑溪上。长23.7米，宽6.2米，高3.2米，建筑面积146.94平方米。桥身有廊屋9间，内侧设长板凳，中间设有佛龛，曾供奉“千里眼”和“顺风耳”，现无存。1989年被列为县级文物保护单位。

石枧坑廊桥　位于东坑镇杨斜行政村半岭自然村西侧，系单孔木拱廊桥，建于清代嘉庆十四年(1809)。桥身东西走向，横跨于石枧坑溪上，当地人称“半岭廊桥”，长23.8米，宽6米，高6.8米，建筑面积142.8平方米。桥身有廊屋11间，中间设有神龛，现无存。桥面由宽度不一的木板铺筑而成，桥设围栏，外侧有风雨板，桥两头檐下有两牛腿，造型优美，风格古朴，保存完好。

英川长滩桥　位于英川镇木耳口村西面，始建于清嘉庆年间(1796—1820)，重修于清宣统年间(1909—1911)，系单孔木拱廊桥，桥身南北走向。长26.4米，宽4.5米，高5.30米，建筑面积118.8平方米，有廊屋11间。1998年因英川电站建设廊桥被拆。2010年，在浙江省文物局大力支持下，复建于英川水库大坝边西坑港上。

章坑怀胜桥　位于东坑镇章坑村，系单孔木拱廊桥。始建于明嘉靖九年(1530)，清康熙六十一年(1721)遭破坏，清同治四年(1865)重建，清光绪三十年(1904)十二月二十日修建。桥身南北走向，长16.85米，宽7.45米，高6米，建筑面积140.8平方米。桥身有廊屋7间，内侧设有廊凳，中间设有佛龛，供奉关公，已毁。外侧均有两层风雨板，下层呈拱形。檐下牛腿雕有鹿、龙图案。该桥做工精细，风格独特，保存完好。

大赤坑桥　位于大均乡大赤坑村东北侧，始建于清嘉庆十五年(1810)，重建于民国12年(1923)。早期建筑称成美桥(成人之美意寓)，为晚清著名“景宁七子”大均人李瑞阳发起筹款建造。系单孔木拱廊桥。桥身西南至东北走向，跨于大赤坑溪上，长36.4米，宽5米，高6米，建筑面积211.5平方米。有廊屋15间，桥身内侧设有廊凳，中间设有佛龛，内供观音佛像。2004年被列为县级文物保护单位。

大赤坑木廊桥

徐山永镇桥　位于外舍管理区岭根源行政村徐山自然村，系单孔木拱廊桥，建于清同治三年(1864)。桥身东西走向，长30.4米，宽3.8米，高7.9米，建筑面积135平方米。有廊屋11间，中间设神龛，现无存。内侧有廊凳，两侧均有牛腿、挂柱，桥头有3级青石阶。该桥对称工整，造型优美，风格古朴，保护完好。2004年被列为县级文物保护单位。

芎岱岭脚桥　位于家地乡芎岱村岭脚处，系单孔木拱廊桥，建于清同治九年(1870)。桥身南北走向，横跨于芎岱溪上，长25.6米，宽5米，高7.9米，建筑面积165平方米。有廊屋11间，跨度较大，左右对称，结构合理，具有特殊的廊桥建筑艺术风格。2004年被列为县级文物保护单位。

永平廊桥　位于东坑镇何村村下，系单孔木拱廊桥。清光绪年间(1875—1908)始建于东坑下游五百米处，于民国15年(1926)移至此处。桥身西南至东北走向。长22.60米，宽约4.5米，高7.5米，建筑面积65.25平方米。桥身有廊屋9间，内侧设廊凳，中间设佛龛，供观音佛像。桥体对称工整，造型独

特，古朴优美，桥身稳固。

东坑畲桥　位于东坑镇何村行政村平桥自然村，建于清光绪二十年（1896），系单孔木拱廊桥，桥身东西走向，跨于飞云江上游白鹤段溪坑上。长37.4米，宽5米，高15.2米，建筑面积187平方米，有廊屋17间。1998年建白鹤水电站时被拆，复建于东坑镇深垟村水尾。

章坑接龙桥　位于东坑镇章坑村北侧，系单孔木拱廊桥。该桥建于民国6年（1917），桥身南北走向，横跨飞云江上游。长38米，宽4.5米，高19.6米，建筑面积171平方米。有廊屋17间，桥身内侧设有廊凳，外侧均有风雨板围护，梁上有6幅对联。桥两头檐口有悬鱼饰物挂件，寓意避邪。悬鱼后还有瓦片拼缀成的花纹，雅致精美。该桥为连接文成、泰顺等县的交通要道。接龙桥规模较大，结构完整，保存完好。1996年被列为县级文物保护单位。

北溪桥　位于东坑镇汤北行政村北溪自然村上村村中央，建于民国12年（1923），系单孔木拱廊桥。桥身东北走向，长17.5米，宽4.1米，高7.5米，建筑面积71.75平方米。有廊屋9间，桥两端与村道贯通，廊屋两侧设有廊凳，桥身中间设有佛龛，原供有佛像，现无存。北溪桥整体保存较好，为景宁通往东坑、福建的交通要道，具有浙南廊桥典型风格。

梅岐桥　位于梅岐乡梅岐村村口，为村中交通要道，系单孔木拱廊桥，始建于民国元年（1912），当年被洪水冲毁，次年在桥南侧15米处重建，又毁。民国14年（1925）再重建。桥身东西走向，长35.2米，宽4.65米，高4.6米，建筑面积353平方米。桥有廊屋11间，中间设神龛，现无存。内侧设有廊凳，可供休憩，外侧设挡风板。1996年对廊屋瓦片进行翻新，现保存较好，桥身稳固，造型优美。2004年被列为县级文物保护单位。

木梁廊桥

木梁廊桥是把木头架设在沟谷河流的两岸，然后在木梁上建造廊屋的桥梁。至2010年末，景宁有木梁廊桥35座。

大漈胡桥　位于大漈乡西岸底村中段，又称“胡大桥”。系单孔平板木廊桥，始建于明朝，清康熙二十三年（1684）重修。桥身西北至东南走向，横跨于溪涧上，长16.9米，宽16.9米，高7.5米，桥面呈正方形，建筑面积285.61平方米。有廊屋5间，对称工整布置。廊屋中间北侧设戏台，梁枋间有花篮形斗拱承托，梁上有多副对联，桥外侧有风雨板围护，造型独特，集娱乐、休闲、商贸、交通于一体，整体保存完好。1987年被列为县级文物保护单位。

大漈护关桥　位于大漈乡西岸底村东南侧，系双跨平板木廊桥。桥身西北至东南走向，横跨于溪涧上，地方人又称“水鹅桥”。始建于清乾隆四十六年（1781），长26米，宽6.5米，高9米，建筑面积169平方米。建筑风格为三层三檐楼屋式木梁廊桥，有廊屋9间。上层为关帝庙、中层为文昌阁、底层为魁星楼。该桥造型独特，保存完好。1987年被列为县级文物保护单位。

大漈护关桥

彭村马仙楼桥　位于大漈乡彭村西南侧，系一孔平板木廊桥，桥西北至东南走向。始建于清顺治元年（1644），长10米，宽5.6米，高6米，建筑面积56平方米。该桥东侧原为马仙宫，故又称“宫桥”。

桥身3间，两边内侧设有廊凳，外侧有护板挡风，桥两头有档墙。因马仙宫迁至思时寺内，恰逢河道整治、村路拓宽，老桥倒塌，于1997年拆除，重新迁建于上游彭村村尾，改名“和合”桥。

高演环胜桥　位于梧桐乡高演村北侧村口，系单孔平板木廊桥，始建于清乾隆七年(1742)，光绪三年(1877)大修。桥身东西走向，横跨于溪涧上，长30.6米，宽5.65米，高5米，建筑面积172.89平方米。该桥为三层木桥梁，上层1间居中，为“魁星阁”，长3.5米，宽3米；中层3间为“文曲星楼”，长6米，宽3米，檐口牛腿有简单花草雕刻；底层有廊屋11间，四周用木板围壁。每层设有楼梯，上两层北侧原摆有佛像，20世纪60年代被毁。环胜桥造型优美，风格古朴，型制特别，工艺精湛，较为稀有。现桥身稳固，保存较好。1989年被列为县级文物保护单位。

高演环胜桥

高演迴龙桥　位于高演村孝诚宫左侧，建于清朝中期。坐向朝东北，一层单孔木廊桥，长21米，宽6米、高9米，总占地面积126平方米，建筑面积108平方米。穿斗式结构，进深七檩，山面四柱落地，有廊屋6间，桥面铺设木条，屋顶为悬山顶，阴阳合瓦。

高演清风桥　位于梧桐乡高演北侧村口处，建于清乾隆三十八年(1773)，系单孔平板木廊桥。因桥外两侧为农田，站在桥上清风习习，故名清风桥。桥身东南至西北走向，横跨于溪涧上，长20.4米，宽4米，高4.5米，建筑面积为81.6平方米。有廊屋7间，三层，桥面铺平整块石，两侧廊屋作为通道。

雁溪石印桥　位于雁溪乡雁溪村村头，系平板廊桥，建于清乾隆五十三年(1788)。桥身沿东北至西南走向，长21.1米，宽6.15米，高2.8米，建筑面积129.76平方米。有廊屋7间，北侧两间为戏台，宽3米，长3.5米，高1.5米，桥中间设佛龛，供奉何八公、五显灵官。桥身内侧设有廊凳，外侧设风雨板。

徐砻廊桥　位于东坑镇徐砻村中心，系平板廊桥，建于清道光十一年(1832)。桥身东西走向，长13.5米，宽6.9米，高3.2米，建筑面积93.15平方米。廊屋为阁楼式建筑，内供潘九公，桥身内侧设廊凳，外侧设风雨板，檐口有悬鱼装饰。

谢坑富安廊桥　位于家地乡谢坑村中央，系平板廊桥。桥身东北至西南走向，始建于清嘉庆年间(1796—1820)，重建于清咸丰年间(1851—1861)，长22米，宽4.5米，高4米，建筑面积99平方米。有廊屋5间，桥面由木板铺成，南侧设佛龛，北侧搭建戏台，为重檐歇山顶，上有八角藻井，保存完好。

黄坑廊桥　位于大地乡董岭行政村黄坑自然村中央，系平板廊桥，桥身东西走向。建于清同治三年(1864)，长12.3米，宽3.9米，高5.5米，建筑面积47.97平方米。桥西侧三架梁上写有“保荫桥”3字。

东车廊桥　位于标溪乡东车村村口，系平板木廊桥，建于清同治五年(1866)。桥身南北走向，横跨于东车溪上。长12.5米，宽5.4米，高3米，建筑面积67.5平方米。桥有廊屋5间，原为三层建筑，一层摆放关仙像，二层摆放文曲星，三层摆放奎星，现一层佛像已无存，二、三层木板已失。

处基桥头廊桥　位于标溪乡处基行政村桥头自然村东北侧，系平板木廊桥，建于清同治六年(1867)。桥身南北走向，长12.6米，宽7.1米，高7.8米，建筑面积89.46平方米。有廊屋5间，桥东侧设有佛龛，供奉观音、陈夫人、汤夫人等佛像，两头引桥由毛石砌成，桥下由杂木支承。

安亭廊桥　又称安亭桥楼，位于渤海镇安亭村村尾，系平板廊桥，建于清光绪年间(1875—1908)，民国22年(1933)重修。桥身西南至东北走向，横跨于溪涧上。长10米，宽3.4米，高5米，建筑面积34平方米。桥身内侧设有廊凳，桥东南边设有佛龛，供奉玄天镇武上帝，桥外侧设有护栏与风雨板。

柳八漈廊桥　位于英川镇榅堆行政村柳八漈村南侧水尾处，始建于清光绪十一年(1885)，系平板廊桥。桥身东西走向，横跨水溪涧上，1976年重修，长18米，宽4.6米，高4.5米，桥上有廊屋5间，建筑面积82.8平方米。廊屋南侧设有佛龛，供观音佛像，无廊凳和风雨板，桥两头有单坡风雨檐。

驮垟廊桥　位于大地乡驮垟村西侧，建于清代，桥身东西走向横于水口坑上，系两层木结构平板廊桥。长7.5米，宽4.7米，高2.1米，建筑面积35.25平方米。有廊屋4间，桥中间设佛龛，桥身内侧设有廊凳。一层用于通行，桥面原为木地板铺设，现在桥面铺设毛石。桥二层为阁楼。桥两侧有风雨板围护。

旺水木廊桥　位于沙湾镇旺水村村口，系单跨简支木板廊桥。建于清末，桥身沿东南至西北走向，长9.9米，宽4.6米，高3.1米，建筑面积45.54平方米。有廊屋3间，东侧设佛龛，内供送子观音、关公等佛像。

上坪廊桥　位于沙湾镇水井行政村小溪与上坪自然村小溪汇合处，系平板廊桥。桥身南北走向，建于清末，长15.4米，宽4.5米，高4米，建筑面积69.3平方米。有廊屋5间，桥身东侧设佛龛，西侧设廊凳。

黄桐廊桥　位于雁溪乡黄桐行政村黄桐自然村西南侧湖坑上，建于清光绪三十年(1904)，系平板廊桥。桥身南北走向，长12.75米，宽3.6米，高1.9米，建筑面积45.9平方米。

湖坪头廊桥　位于英川镇湖后行政村湖坪头村村口，系单孔平板木廊桥。初建于清代中期，重建民国元年(1912)，廊屋于1984年重修，桥身东南至西北走向，长14米，宽4.5米，高4米，建筑占地面积49平方米。

石闩水口廊桥　位于梅岐乡高闩行政村石闩自然村北侧，系平板廊桥。建于民国元年(1912)，桥身东西走向，长16.6米，宽4.7米，高4.3米，建筑面积78.02平方米。有廊屋7间，桥身内侧设廊凳，北侧中间设佛龛，上有彩绘，中间为双龙戏珠图案，两边为麒麟图案，20世纪60年代损毁，佛已无存。

基隆坑廊桥　位于东坑镇马坑行政村基隆坑自然村西侧，建于民国6年(1917)，系平板廊桥。桥身东北至西南走向，横跨于基隆坑溪上，长14.7米，宽5.7米，高3.5米，建筑面积83.79平方米。有廊屋5间，桥中间设有佛龛，现无存。桥内侧设有廊凳，外侧有风雨板围护。

梅坞廊桥　位于雁溪乡梅坞村，又称“水尾风水桥”，系平板廊桥。桥身东西走向，横跨油坑溪，建于民国6年(1917)，长24.2米，宽7.4米，高2.9米，建筑面积179.08平方米。有廊屋9间，北侧中间建为戏台，上有八角藻井。南侧有廊凳，外侧木板护栏。

前坑廊桥　位于东坑镇马坑村西部，系单孔平板木廊桥。因前坑溪与后坑溪交汇于此，又名“双溪桥”。建于民国7年(1918)，桥身东西走向，长16.9米，宽2.7米，高15米，建筑面积45.63平方米。有廊屋7间，北侧设有佛龛，现无存。桥外侧有风雨檐围护，桥身对称工整，基础牢固，风格古朴。

黄垟口廊桥　位于英川镇黄垟口村东南侧，建于民国13年(1924)，系单跨平板廊桥。桥身南北走向，横跨黄垟口溪，长20.1米，宽5.2米，高6.9米，建筑面积104.52平方米。有廊屋7间，桥身中间设有佛龛，佛像已毁。

马坑廊桥　位于东坑镇马坑村西侧，系平板廊桥。桥身东南至西北走向，横跨于东坑河上，建于民国17年(1928)，桥长11.6米，宽6.1米，高2.1米，建筑面积70.76平方米。有廊屋4间，桥身内侧有廊凳，外侧有围栏及风雨板围护，地面铺板曾补建。现廊屋西北面屋顶檐口梁架被拆，桥头尚存青石台阶。

南垟廊桥　位于景南乡西垟村南垟自然村东侧，系平板廊桥，桥身东西走向，始建于清晚期，重建于民国 26 年（1937），长 13.6 米，宽 5.6 米，高 4 米，建筑面积 76.16 平方米。有廊屋 5 间，桥身内侧设廊凳，北侧设佛龛，供何八公等神像。

缪坑上廊桥　位于景南乡缪坑村东北侧，系木板廊桥，桥身东西走向，跨越缪坑溪上。建于民国 28 年（1939），长 12 米，宽 5.5 米，高 3.8 米，建筑面积 66 平方米。有廊屋 4 间，桥中间设有佛龛，内供观音、何八公、马仙娘等佛像。东侧建戏台，高约 1.5 米，上有八角藻井，无彩绘，北侧为廊凳。

漈头廊桥　位于大漈乡西一行政村漈头自然村龙溪上，又称“龙溪桥”，系平板廊桥，于民国 37 年（1948）从潘宅村村口移建至此。桥身东西走向，横跨龙溪，长 14.8 米，宽 5.6 米，高 3 米，建筑面积 82.88 平方米。有廊屋 6 间，对称工整，桥身外侧有风雨板围护，风雨板一侧有圆形五星作装饰。

孙山廊桥　位于东坑镇茗源行政村孙山自然村水口，系平板廊桥。始建于清同治九年（1870），重建于 1993 年，长 18.45 米，宽 4.05 米，建筑面积 91.33 平方米。有廊屋 3 间，对称工整，东西檐口下挂有悬鱼，阴阳青瓦合铺屋面。廊屋中间有佛龛，供观音佛像，现无存，门帘式隔板隔于桥道与佛龛，桥身外侧有风雨板围护。

后坑廊桥　位于英川镇湖后行政村后坑村水口。桥身自东南朝西北横跨上溪涧上，当地人称“水口桥”。始建于清中期，重建于 1963 年。长 16.7 米，宽 4.85 米，建筑占地面积 86.33 平方米。桥西南侧建有一神龛，供观音菩萨。

芎岱下村廊桥　位于家地乡芎岱村下村村尾，系平板廊桥，建于民国 11 年（1922）。桥身东北至西南走向，长 22 米，宽 5 米，高 2.8 米，建筑面积 110 平方米。有廊屋 9 间，桥面用木板铺设，引桥部分为毛石垒砌。阁楼式重檐，构造独特。

郑坑底村桥　位于郑坑乡郑坑行政村郑坑底自然村，坐东朝西。建于民国时期，建筑面积 51 平方米。神殿建在桥上，廊桥和庙宇合为一体。为单层木结构，殿后一佛龛，供观世音，左侧为龛栏，供奉马大元帅、马氏天仙、土地神君，殿前延伸一平板廊桥，南北走向，横跨于溪上，西边有廊凳供人休息。正殿围墙为石基土墙。

第一坑村新桥　位于秋炉乡第一坑村，系平板廊桥。建于民国 37 年（1948），桥身东南走向，横跨第一坑，长 11.2 米，宽 4.6 米，高 2.7 米，建筑面积 51.52 平方米。有廊屋 5 间，桥身内侧设有廊凳，中间设佛龛，供奉“观世音”。

忠溪廊桥　位于景南乡忠溪村中央，西南走向，横跨于忠溪上，系木质平板廊桥。始建于清康熙年间，民国 37 年（1948）因洪水冲毁而重建，1986 年部分梁架重修。桥长 9.3 米，宽 5.31 米，高 2.8 米，建筑面积 49.38 平方米，有廊屋 3 间。

张坑廊桥　位于渤海镇旦水行政村张坑自然村西北侧，系平板廊桥。桥身西北至东南走向，始建于清同治年间（1862—1874），重建于 1964 年，长 20 米，宽 3.7 米，高 3.8 米，建筑面积 74 平方米。桥有廊屋 7 间，南侧设佛龛，内侧有廊凳。

第三节　毁 损 桥

景宁有古建廊桥 100 多座，由于溪窄水急，常受台风、暴雨、洪水冲击，部分因管理缺失，或人为损毁，破坏严重。如规模宏大、风格独特的家地木廊桥、柘湾木廊桥，20 世纪 80 年代分别被洪水冲毁和被火烧毁。位于澄照乡大赤垟双港村口的继祖桥，又称双港廊桥。建于民国12年（1923），系单孔木棋廊桥，桥身东西走向，跨双港小溪，长70米，宽7米，高30米，面积500多平方米，有廊屋13间。20世纪50年代，计划在此建造水电站而人为拆除。21世纪初后，也因水电开发建设毁损了部分木廊桥。景宁明景泰三年（1452）建县后，古人在县城之水系鹤溪、后坑、叶府前溪上建了各式城桥多座，方便行人。后因灾情不断发生，加之城镇发展和城防建设需要，这些城桥都在近半个世纪中损毁。

继祖桥（双港廊桥）

毁损廊桥

英川茶堂桥　位于英川镇木耳口村北。建于清朝康熙三十五年（1696），系单孔木拱廊桥，长61.5米，宽4.88米，高8.7米，建筑面积300.12平方米，有廊屋15间。1998年，因建英川电站被拆除，其材料被保存。2004年，为保护民族遗产，弘扬民族文化，经有关部门同意，英川镇与北京中华民族博物院签订协议，将古廊桥材料运往北京，异地复建在北京中华民族博物院畲族博物分馆，恢复保护。

英川梅漈桥　位于英川镇梅漈行政村梅漈自然村。建于清嘉庆七年（1802），系单孔木拱廊桥，桥身东西走向，横跨英川港上，长39米，宽5米，高5.2米，建筑面积195平方米，有廊屋17间。该桥曾被著名的桥梁泰斗茅以升先生收录其主编的《中国古桥技术史》一书中。2005年6月10日12时，因梅漈桥周边村民在桥上进行端午节祭祀活动不慎被火烧毁。

东坑白鹤桥　位于东坑镇白鹤村，建于清光绪十四年（1888）。系单孔木拱廊桥，桥身东西走向，跨北溪上。长36米，宽5米，高5.3米，建筑面积180平方米，有廊屋11间。2005年9月1日20时20分毁于“泰利”台风引发的洪水。

东坑龙潭桥　位于东坑镇白鹤村西2千米处。建于民国18年（1929），系单孔木拱廊桥，桥身东西走向，跨北溪上。长21.20米，宽3.8米，高3.4米，面积80.56平方米，有廊屋9间。2005年9月1日20时许，毁于“泰利”台风引发的洪水。

毁损城桥

流经古城县衙前的溪坑为后坑，起源于乌铁岩，中途有宫垟、百岁门、砖街底等小山涧支流汇入，流经府前街入鹤溪河，将县城分成东西两半。加之鹤溪河、叶府前溪之隔，来往不便，古人先后在溪流上建了许多不同材料、不同形式的城中桥，有木廊桥、木板桥、石拱桥、石板桥等。县城古桥在历史上发挥了重大作用，但随着社会发展，人口增多，城区拓展，所有老桥都在旧城改造中拆除。

上桥　位于县衙大门左首，属单孔木廊桥，为明邑人汤汝迪所建。清同治元年（1862）遭匪患被毁，清同治十二年（1873）裔孙汤启选和汤启亨重建。民国元年（1912）毁于洪水，再复建，一直保存较好，20世纪70年代因城市改造被拆。

下桥　位于县衙大门右首，为单孔木廊桥。旧时为县前街通往张村的要道，曾毁于火，清康熙十四年（1675）重建，改名睡仙桥。清道光二十二年（1842）毁于火。清雍正十二年（1734）知年李应机并上桥同修。清嘉庆十二年（1807）桥毁，架木通行。20世纪70年代改建石拱桥。据传昔有仙人卧桥上，以扇挥蚊，上下半里蚊不集。清代训导陈元颖《睡仙桥诗》云：睡仙桥上睡仙眠，桥下溪流断复连，只恐睡仙睡不稳，挥蚊遗事至今传。

横街桥　位于县衙大门右首，睡仙桥下10多步，为单孔木廊桥，为旧时鹤溪汤、吴、叶三姓氏族祖先合资建造。道光二十二年(1842)毁，三姓氏族裔孙又合资架木修桥，后再次被毁。

后坑桥　位于上桥左，水井头弄口，以石为桥，已毁。

冬至桥　位于县城西门外，架木为桥，已毁。

鹤溪桥　位于会衢门外(今寨山桥)，长72丈，跨濑联洲直接寨山麓，主体为石拱桥，附桥为石板架筑而成。乾隆四十一年(1776)知县张九华建造，后毁于洪水。1966年，政府出资在寨山脚下复建石拱桥，为通往泰顺、文成、福建主要交通桥。

铺前桥　位于县西金锡庵右侧(今叶府前)架木为桥，已毁。

钓台上桥　位于铺前桥南20多步，石筑，毁于洪水。

望鹤桥　位于县西碧苔庵麓前溪，已毁。

慕弄桥　位于县南(今包凤村下)，为石拱廊桥，上盖屋5间，20世纪50年代毁于洪水。

第四十一篇 人 物

景宁境域历史悠久，山川毓秀，人文荟萃，重教之风绵延不绝，保家卫国素有传统，代有英杰，才俊辈出。他们曾经或驰骋在疆场，或活跃于政坛、文坛、杏坛，或闯荡于商海，各自在不同时期、不同领域，为国家、为民族、为家乡的安定、发展和繁荣昌盛，做出了不懈的努力和贡献。他们之中，绝大多数人值得后人敬仰和作为学习的楷模。为彰往昭来，使前有所瞻、后有所鉴，从众多人物中遴选具有代表性的人物，收入《景宁畲族自治县志·人物》篇。

人物分传略、简介、名录三部分。人物收录以本籍为主，兼涉客籍。入志人物排序：人物传略、人物简介原则上以生年为序，烈士以牺牲时间为序，劳模按层级，同一层级按获评时间为序，寓外博士、寓外正县(团)级以上名录按姓氏笔画为序。

限于资料，本志收录的人物难免挂一漏万，以待后世修志者补正。

第一章　人物传略

上一轮《景宁畲族自治县志》立传52人，清代以前16人，民国12人，中华人民共和国成立后24人。这一轮县志遵循生不立传之古训，收录已故人物20人（含补遗6人），按卒年排列。

吴九皋

吴九皋（1678—1761），字以声，号居易，英川镇英川人。吴氏十四世祖，贡生吴宗周之子。1731年创建英川“继志书院”。推行有教无类的教育思想，凡有志于学者，皆收而教之。书院凡十八间八亭，周以围廊，中凿方塘，知县李应机，教谕张处分别题以“方鑑”“源头活水”，其他各室有贡生叶有瑛题名：“丽泽、攻玉、隐术处、内省地、尚友”等门额，为当时景宁最著名书院。

吴九皋还在英川村口建 有“半轮明月亭”“芝兰室”，规划普渡桥、文昌阁、平水阁、庆远宗祠等工程，由其子孙一一建成，英川一时被誉为“世外桃源”“小武当”。

陈　鎏

陈鎏，（生卒不详）字廷用，行增六，渤海第十代祖先，出生于明朝天顺年间（1457—1464），秉性聪慧，广读诗书，业勤矿务，炼白银，富甲一郡，名扬省垣，谓之“浙南银王”。明正德七年（1512）流贼入侵浙界，捐资募义勇御之。嘉靖八年再度捐献巨资为朝廷军用，授赈边承事，封敌国公。他一生不求仕途，隐德不耀，事迹流传至今，深受众人敬仰，是唯一入《丽水地区人物志》的银冶家。他还擅长书法、诗词，其作品曾入《府志》。

陈之东

陈之东（1809—1860），名世豪，号问源，渤海镇渤海人。清道光十七年（1937）科拔贡生，授候选直隶州州判。英姿飒爽，知识渊博，潜心经史，文翰诗词，挥毫立就，楷书隶草，逼近诚悬，著有诗集。其中，《吟八景（八首）》《渤海即景》《忆花园怀古》《栖霞亭忆古松》等名作入选《陈氏家谱》及《县志》。晚年，讲学县城雅峰书院，门生遍及龙泉、庆元、缙云、青田，可谓桃李满栝苍。生平事迹载入《府志》《县志》人物志。

毛凤镳

毛凤镳（1866—1948），谱名其本，字在悟，号长毛，学名毛凤镳，太学生，毛垟乡毛垟人。

光绪二十九年（1903），凤镳行善布施，亲领群众筹资，在毛垟黄沙尾潭的悬崖峭壁上凿岩拓路改造蜀道之险隘。在道上建阁，名曰："迴龙阁"。光绪三十年（1904）后，为兴修水利，开凿河道捐款，从章舟闩至库头直至道化坝下，约四十五市里，凿炸险砻险滩，以保船只竹排通行安全，惠泽百姓。

民国3年（1914），建毛垟初级高等小学校。县长秦琪委其为名誉校长，组织当地秀才开展教学。民国9年（1920），组织重建炉西坑"广济桥"。民国17年（1928），县长楼铿声赠匾"热心公益"以彰功绩。民国23年（1934），县长陈硕英委毛公为毛垟乡乡长。民国26年（1937），开凿坛岩，险峻路道通至上沙湾。时任县长为凤镳公题"公捐匾"。"公捐匾"悬挂毛氏宗祠大厅。

林焕旺

林焕旺，男，（1925—1985），景宁大地乡桃垟村人。湘湖师范第十七届毕业，"知识青年远征军208师638团3营7连1排4班"，二等兵军衔。民国三十年（1941），考入处州中学简易师范，中途转学到湘湖师范（当时迁入景宁道化）就读。

1945年3月，正当中国要组织一支"知识青年远征军。"准备赴东南亚配合盟军对日作战，林焕旺响应"一寸山河一寸血，十万青年十万兵"的抗日号召，投笔从戎，毅然报名参军。经三次行军，后转驻嘉兴，开始预备军官教育。1945年8月15日，日本天皇宣布无条件投降，1946年5月，预备军官教育结业。林焕旺复员退伍，先后在诸暨等地任教。1948年，回景宁县简易师范学校任教。后经景宁县委书记兼县长刘斌发介绍，参加中共浙南地下党革命工作。

1949年5月12日，景宁解放，同月21日，刘斌发在鹤溪镇原国民党县府主持召开成立景宁县临时人民民主政府会议，任命林焕旺为文化科科长，负责接管景宁县的教育工作。

1949年5月25日，中共景宁县委迁驻大漈，决定举办第一期青年干部培训班，学员30多人，地点在时思寺。县委委派林焕旺为主持人兼讲师。同年7月，由时任宣传部长夏伯民和民运部长包玉甫介绍入党。

1950年初，林焕旺任县委调研组组长兼宣传干事。同年初夏，跟随刘斌发书记到浙江省委党校学习，学习结束后，任景宁县土改工作队副队长。土改结束后，1952年春节期间参加思想改造三反学习班。后因特殊情况回乡经商，工作之余仍不忘给年轻人讲解革命真理，弘扬抗战精神。

邵鸿书

邵鸿书(1910—1990),又名万青,别署高若虚,绍兴陶堰镇茅洋人。中山大学商学院毕业,1935年进日本东京帝国大学农经系研究院深造。回国后任广州勷勤大学经济系教授。1940年,出任绍兴稽山中学校长。1942年,绍兴沦陷,为避敌寇,率师生徒步行至浙南山区,在景宁标溪预章村办学三载,在颠沛流离中培育英才、救亡图存,为景宁培育学生数百。

1945年抗战胜利后,重返稽山中学任职,修葺校舍,置办设备,擘画经营,煞费苦心。陈仪主政浙江省后, 奉派以华东贸易代表名义设办事处于日本东京。1949年后,回浙江任省土特产公司副处长。后回绍兴师范、绍兴一中任教。

1957年加入中国民主同盟,曾任民盟绍兴市委第四、五届副主任委员、顾问,并任绍兴市人大代表,市政协第一、二届常委。1985年,得日本友人青江四郎赞助,在东京设立"中日友好邵氏奖学基金",推为理事长,以基金为本金,所获之息,奖励故乡在校学业优异之学生。1989年春,获全国"老有所为"精英奖。后长期从事社会办学事业,协助有关部门先后创办了市职工大学、越秀外国语学校、越新电大教育班等,为当地培养大批人。

陈宝东

陈宝东(1909—2002),字旭东,号建阳,陈村乡金田人。禀性聪颖,博学强记,私塾三年后,在父亲陈承芳身边熟读《医学三字经》《中医内、外、伤科三百首汤头歌诀》。十四岁随父从医,毕生好学,攻读《内经》《伤寒论》《金匮要略》《救伤秘旨·跌损妙方》等经典著作,总结祖辈五代骨伤治疗经验,以中医理、法、方、药的辨证施治理论,运用于治疗伤骨科,声名鹊起。丽水、青田、文成等地患者慕名前来求医。

耄耋之年,尚诊病处方,传艺授徒,一生弟子众多。系金田陈氏伤骨科第六代传承人,录有《伤骨科医案、精选良方》,2000年10月,县卫生局授予"祖传名医"匾额。

陈 典

陈 典(1912—2000),又名茂森,字隐农,渤海镇渤海人。自幼爱好绘画,年长赴上海美院专攻西画,后师从黄君璧先生习山水画,兼蓄中西画艺之长,师古而画,自成一家,任台北艺术大学教授。

抗日期间,投笔从戎,在军政部、国防部任职。1949年后,在台湾经济部、石门水库、铁路局等部门任职,兼任中兴大学、铭传管理学院客座教授。

作品以山水人物为主,尤爱画像。历时二载,于1968年绘成高四尺,长二百四十尺的《万象回春》图,获台湾中山文艺创作奖。1972年,《万象回春》图在美国费城、纽约、芝加哥、檀香山等地展出。1969年与1974年先后两次创作绘制群象图《和平、奋斗、新气象》和《自由、平等、博爱》,赠送美国总统尼克松。1978年应邀在新加坡、菲律宾、香港、韩国庆熙大学等地举办画展,并赠韩国总统朴正熙山水画

《和平统一》。

1982年，其画作再度在美国旧金山、纽约、洛杉矶，加拿大的温哥华等地展出。八十高龄仍完成巨幅《宇宙永恒》图，在中正纪念堂怀恩艺廊展出。1992年9月，应邀与大陆画家在北京、上海等地举行联展，为推动海峡两岸文化交流，促进民族团结发挥积极作用。

夏廷烈

夏廷烈（1918—1998），曾用名，夏世臣，又名夏冠甫，澄照乡水碓头人。

1938年，任景宁县自卫队第二队少尉指导员。同年，经考试录取入编黄埔军校西安七分校十六期十五总队二大队四队步兵科受训。1941年军校毕业，分配甘肃天水四四师补训处一团任排长，后升为中尉、连长。1946年升少校团副，兼拟教育计划，协助团长处理日常事务。

1948年升任第三营营长，担任新疆玛纳斯河守备任务时，带兵起义。1950年始，历任新疆绥来廿六师辎重营任营长、新疆绥来廿六师财务处供销科长、财务副处长、新疆生产建设兵团农八师145团副团长。1967年后，惨遭迫害。1972年，平反恢复工作，负责团场的经济管理和畜牧业建设，被誉为兵团的经济管理专家，应邀到新疆大学讲授“企业经济管理”课，被新疆“农垦经济报”聘为特邀评论员。

梅　林

梅　林（1918—2010），乳名枝繁，字雪峰，大漈乡大漈人。1949年前，曾任大漈小学校长、大漈乡乡长、县合作联社总务股长、县政府教育指导员、县政府县党部秘书、省政府人事处人事助理员。1949年后，参加浙江省干部学校学习班学习。期间，主动向组织交代自己的历史，学习结束后留校任教育干事。1975—1980年，以画画、油漆为生。1982年，应邀参与云和县县志编写工作。1985年，参与《景宁畲族自治县地名志》编写。

1986年9月，县政府为梅林先生纠错。1988年，梅林被县政协邀为第三届特邀委员。1993年，当选为景宁县第四届人大代表，大漈乡历届人大特邀代表。1993年12月，被浙江省书画研究会聘为会员。2009年9月，被浙江省文化厅评定为第三批浙江省非物质文化遗产代表性传承人。1980—2010年，梅林为大漈景区雪花漈、柳杉王、“国保”时思寺、护关桥的保护、维修、开发，践行自己的诺言：一诚，诚心诚意；二不，不计时，不计酬；三勤，口勤、笔勤、足勤。他废寝忘食，不计报酬，为家乡的文物保护事业做出卓著贡献，赢得社会各界高度评价。

严　律

严　律（1925—2004），澄照乡东畔人。景宁、云和两县知名教育工作者。1946年毕业于杭州师范，同年回景宁县鹤溪小学任教。1950年起，历任鹤溪小学、金丘农中、渤海中学校长（期间牵头创办金丘农中、渤海中学）。1960年起，任景宁县教育局副局长主持工作、景宁中学校长、沙湾中学校

长、云和中学校长、云和师校党支部书记、校长(校革委会主任)。他推崇“有教无类”的教育理念,积极执行“德、智、体全面发展”的教育方针,主张“教学相长”“学以致用”的教学方法。认为改变山区落后面貌的根本出路在发展教育,始终把抓教学质量放在重中之重。他丰富的国学、哲学知识在云和、景宁教育界享有盛誉。

46年教学生涯中,担任近40年的中、小学校长,为山区教育奉献毕生精力。淡泊名利,为人师表,1950年9月,当选为景宁县第一次各届人民代表会议常务委员会副主任,1952年9月,被温州专区授予“优秀人民教师”称号,1958年,荣获“浙江省文教战线社会主义建设积极分子”称号,终身享受省级劳模待遇。

傅宗元

傅宗元(1925—2010),大均乡大均人。中学高级教师,中共党员。1947年9月,进国立英士大学农业经济系就读,1949年5月肄业。1949年7月,入景宁中学任教,历任景宁中学教导主任、代理主委、校长、党支部书记等职。曾任云和、丽水、景宁等县人民政府委员,景宁畲族自治县第一届人大常委会副主任。

傅宗元老师古文学功底深厚,擅格律诗;精正、草、隶、篆诸体书法,仿毛体书法惟妙惟肖,原景宁“人民大会堂”题额出自其手(书)。因工作需要曾任教初、高中生物、初中英语、高中语文,教学成绩突出,深受学生爱戴。

退休后,继续发挥余热,积极为景宁中学的发展奔走出力。历任县关工委副主任、县老年大学古典诗词课老师、县退(离)休教师协会主席等职,撰写多篇教育论文发表于省级刊物。

赖冠成

赖冠成(1926—2004),秋炉乡下圩人。出生医学世家,毕业于浙江中医学院师资班,1955年继承医业,二度赴浙江省中医院校深造。曾供职于大地、大漈、梧桐、沙湾等乡镇卫生院。长期的临床工作积累丰富的经验,擅长儿妇内科兼治其他科,天花麻疹专技闻名遐迩。其著写《中医药在儿科防治天花、麻疹中的应用》《3560例麻疹症治》《内科急症》《十八与十九畏之探讨》《留邪强体和除邪务尽之我见》等20多篇论文先后在国家级、省级刊物上发表。《中医药治疗儿妇内急腹症》获“医杰杯”三等奖和“金杯奖”。《儿科吐泻辨证施治》获“国际马来西亚学术成果奖”。

严　瑜

严　瑜(1932—2003),大漈乡小佐人。1955年,参加省水利干部学校培训之后,历任景宁县农业水利局水利股长、丽水农业水利局水利股长、云和县农业水利局水利股长,云和农业水利局副局长、党

委副书记等职。当选为云和县第二届人民代表大会代表。在他献身水利事业36年之际，中华人民共和国水利部为他颁发荣誉证书，中共云和县委、县人民政府授予他“人民不会忘记你，共和国的奠基者、建设者”的光荣称号。1992年离休后，任云和县农业水利局老干部支部书记、县老年书画研究会会长、县诗词学会会长等职。

为山区水利事业的发展，他转战景宁、云和、丽水山水40年，始终坚持工作在第一线，亲自参与上标电站等工程的前期勘测工作，人称他为水利“活地图”。

潘欣坤

潘欣坤(1933—1997)，景宁大众街人。毕业于松阳中学，历任沙溪区中心小学教导主任，东坑区中心小学校长，景宁文教局视导教研组长，丽水县囿山小学校长兼支部书记，景宁鹤溪小学(现景宁县第一实验小学)校长，景宁城郊区校(教办)协理员。曾在处州师范小教研究班、浙江教师进修学院、杭州大学政治系学习进修。

20世纪60年代，他注重教学研究和教坛新秀的培养，鹤溪小学低段语文教师开展学习辽宁省黑山小学教改经验，开设集中识字、三算、俄语实验班，语文、俄语成绩名列全县第一；100以内的数学加减乘除口算学生能脱口而出，达到大纲“正确、迅速”的要求；同时，还开展语文阅读教学研究、数学应用题研究，教学质量名列全县(原云和县)前茅。1978年，县教育局进行“双基”落实检查，一年级数学、五年级语文名列全县(原云和县)第一。

在抓教育管理的同时，他仍致力于小学语文、数学等学科的教学与研究，精细到各学科的具体课时的重点、难点和关键作反复推敲，并逐一地作出合理化的分析，落实到课堂中。在担任教育行政管理期间，仍一直担任语文或数学学科的教学工作，深入教研组、深入课堂。通过传、帮、带，为景宁培养了一批地区级教坛新秀。

丽水、云和、景宁教育界公认他是一位见荣誉让，见困难上，潜心教学研究，屡见成效，以校为家，默默奉献的好校长。

张　彦

张　彦(1934—2010)，英川镇木耳口人。景宁一届、二届、三届、六届、七届政协委员。

1953年8月参加工作，1963年，在新疆建设兵团农场劳动，1978年起，在景宁中学任教。1984年，利用校园空地建立简易“动物苑”，带领学生抢救、饲养一些受伤的野生动物和制作动物标本。

坚持教学与科研相结合，初步掌握域内脊椎动物资源，新发现黑叉尾海燕、白腰雨燕、南草蜥、福建后棱蛇等浙江省动物新种。发表科普文章1000多篇，撰写论文90多篇。编著出版《浙江省科普教育基地——景中生物馆》等4本科普读物。

1997年始，10多次赴高山湿地考察。通过调查“豹”资源，2004年11月，争取到金钱豹特种邮票在景宁发行。

先后获“浙江省优秀教师”“浙江省劳动模范”“全国保护野生动物先进个人”“全国环境教育先进个人”“浙江省环保绿色志愿者”“丽水市十大环保标兵”等荣誉称号。

柳育泉

柳育泉（1934—2010），沙湾镇沙湾人。中共党员。历任东坑区完小教导主任、教育局教研室负责人、县机关干部学校负责人。1957年，蒙冤革职后，前往江西、福建谋生。之后，应聘到兰州市电车公司设计室工作，后辗转到新疆生产建设兵团，戈壁荒滩的严寒，冻坏膝关节，无奈之下，回乡立志学医自救。

1979年，平反昭雪，在沙湾中学任教，后改任校医。日诊夜读数十载，学有所成，求诊者纷至沓来。在国家级、省级医刊发表论文32篇。业绩入编中国世纪专家等辞书。2004年，将自己的临床经验辑成《柳育泉医案医话集》。受《中华医药》10万字医案约稿，以惊人的毅力撰写《中医临床思辨录》，于2009年由中医古籍出版社出版。中国著名书法家布尔固德曾为他挥毫题词“杏林仙掌”。

他经历坎坷，却能从历史角度审视人生，一向处事达观，常对年轻人说：人生在世，受大地、社会之恩养，要有所作为，要为社会作出回报。

潘景浩

潘景浩（1936—2007），乳名法印，澄照乡金丘人。1961年毕业于南开大学，山西大学化学系博士、教授。历任山西大学化学系副主任、主任；美国访问学者；中国化学会第25届常务理事；山西省化学会理事长；从事分析化学教学、科研工作46年，曾主持国家自然科学基金、山西省自然科学基金等10多项工作。2次获山西省科技进步二等奖、4次三等奖。培养博士生2人、硕士生21人。在国内外学术刊物上发表论文300多篇，出版著作2部。1986年获山西省劳动模范称号。

蓝钱根

蓝钱根（1957—2009），畲族，澄照乡金丘人。1980年1月始，历任金丘村村委主任、大仰分场党支部副书记、草鱼塘分场副场长、场长、林业总场场长助理、林业总场副场长、林业局党组成员、林业总场党总支书记。

第一、二、三、四、五、六届县人大代表，第三、四、五、六届县人大常委会委员。先后被评为县“八五”建功功臣、“十佳公仆”，省民族团结一家人先进工作者。2005年，被市林业局确认为先进教育先进典型。2003年，当选为第十届全国人大代表，第十四届全国工会代表大会代表。2004年，荣获浙江省劳动模范称号和全国五一劳动奖章。

张路福

张路福(1931—2010),原名张子琦,英川镇黄谢圩人。初小文化,农民,中共党员。省作家协会会员。

念完小学4年,去赣、皖一带为菇农打工6年,后来当过副食品营业员。1962年国家困难时期,响应党的号召回乡支农,一直在农村农耕劳作。坚持长年记劳动日记,留下大量反映农家生产劳动的第一手资料。农事之余琢磨文字,写下数十万字的文稿,500多首土诗。已出版《路福记事》《路福记事2》《土诗》《土诗2》等四部。2006年4月,省作家协会、浙江大学人文学院、《江南》杂志社联合在景宁举办"种字造文——路福作品研讨会"。

路福作品,曾入选首届浙江省未成年人读书节作家推荐书目,入选中央六部门"情系农家、共创文明"活动"百部农民作品"之《农民散文作品选》,中华读书报曾作专门报道,路福因此被认为是中国第一个真正意义上写书的农民。

第二章　人物简介

上一轮《景宁畲族自治县志》未设人物简介。参考其他县志,这一轮县志共收集人物简介22人。其中,畲族5人。人物简介主要作业绩介绍,不作评价,以示与人物传略的区别。按生年排列。

王正英

王正英(1919—2011),青田县章村乡人。1942年8月,参加革命工作,1944年4月,加入中国共产党,同年7月,任党支部书记,负责浙西南地下党的抗日联络站和妇女工作。1948年,在青田、景宁、丽水等地开展地下工作。1950年始,历任渤海区妇女干事、城区、东坑区、沙湾区、红星区、城郊区委委员,妇女主任,1983年离休。1978年9月,被评为浙江省三八红旗手;1989年3月8日,中华全国妇女联合会授予"长期从事妇女工作,为妇女解放事业做出了积极贡献"荣誉证书。同年,被中国老人体育协会、中国老龄协会、中华全国妇女联合会评为"第五届全国健康老人"。1995年,获全国抗日纪念章和浙江省委组织部抗日银质纪念章。2015年9月,获得中共中央、国务院、中央军委"中国人民抗日战争胜利70周年纪念章"。

潘景洛

潘景洛,1924年生,乳名倍印,澄照乡金丘人。天资聪颖,勤奋好学,博士。历任美国纽约大学、新泽西州纽约市理工大学教授。1972年2月21日,随同美国总统尼克松访华。

刘仁通

刘仁通，1930年生，鸬鹚乡后龙人。江苏省美术家协会会员，国家一级美术师。自幼爱好书画。1949年7月，考取华东军区军政大学，曾任南京陆军指挥学院教授。1986年离休后，参加金陵老年大学花鸟画研究班等八个书画学习班。1990年始，为金陵老年大学、南京军区老将军书画学习班授课。擅长花鸟画，尤以画梅著名。2008年，被国际奥林匹克艺术中心授予“国际奥林匹克艺术金奖”。2010年，被上海世博会大型书画展组委会评为“名家精品奖”，授予“百年世博功勋艺术家”称号。“百梅图”作品展，获“吉尼斯·亚洲之最”“军旅一枝梅”称号。作品被毛泽东纪念馆、周恩来纪念馆、新加坡艺术馆、世界教科文卫组织收藏。鸬鹚乡人民政府建有“仁通艺术馆”。

杜位臣

杜位臣，1932年生，又名福禄，标溪乡标溪村人（祖籍永康县）。景宁简易师范毕业，小教高级，中共党员，县一届人大代表，第二届、第三届政协委员。自小天资聪颖，笃学好古，辩才无碍。1948年6月入伍，历任渤海区教导主任、大地辅导区校长、沙湾区小校长、县教育局督导室首任负责人。

倾注毕生精力于山区教育事业，其成教工作经验在全地区推广，《成教工作新探索》等7篇论文在省级以上刊物发表，获浙江省教委“从事成人教育工作成绩突出奖”“浙江省中小学教师报晖奖励基金会优秀教师奖”“浙江省关心下一代工作突出贡献奖”。他推崇的“国学立品、立校”的教育理念为后人所传颂。

退休后，继续发挥余热，服务社会，连任三届景宁县教师退休协会会长、县关心下一代工作委员会副主任等职。

雷桂梅

雷桂梅，女，1933年生，畲族，鹤溪镇栋底人。1964年8月，响应毛泽东主席“大办民兵师”的号召，组织成立“民兵十姐妹班”，担任指导员。1968年4月始，历任浙江省革命委员会委员、云和县革委会副主任、丽水地区革命委员会副主任、中共丽水地委常委、丽水地区行政公署副专员。一生中三次受到毛主席接见。1960年4月，参加全国民兵代表会议，期间，国防部以毛泽东主席的名义，发给每位民兵代表一支五六式半自动步枪，10发子弹。毛主席、周总理等党和国家领导人亲切接见与会的6000名代表，并分两批与代表合影。1969年4月1日至24日，出席中国共产党第九次代表大会。1973年，出席中国共产党第十次代表大会。两次大会期间，都当选为大会主席团成员，并与毛泽东主席等中央领导合影。

周秀芬

周秀芬，女，1934年生，缙云县壶镇冷水人。浙江省小学数学教学研究会理事，浙江省首批特级教师。1958年丽水师范毕业后分配景宁鹤溪小学，一直工作到退休。对小学数学教学有系统研究，提出以学生为主、自学为主、练习为主的“三为主”原则。潜心研究学生心算能力培养，突出四则计算和简单应用题视算、口算、心算的基本训练，形成紧扣教学大纲讲、精、练、准的教学风格，并为此自制教具400多件。著有《教有所长 学有所得》《在低年级数学教学中加强听说训练》《铺路搭桥，帮助学生过河》等。1983年，被浙江省教育厅等七家单位授予“五讲四美为人师表优秀教师”称号。1986年，被浙江省人民政府命名为特级教师。1988年,被评为丽水地区有突出贡献的中青年专业技术人才,姓名被载入《中国普教系统优秀教师名录》一书。

雷喜庆

雷喜庆,1935年生,畲族,东坑镇大张坑人。1981年,中央民族学院干训部法律专业中专毕业。1954年4月,加入中国共产党。1951年3月,任景宁县公安武警中队战士。历任中共原云和县委常委、云和县委政法委书记、丽水地区公安局处长、丽水武警支队政委、中共景宁畲族自治县委副书记、县人大常委会主任。1990年7月,任丽水地委政法委专职副书记,主持日常工作。1987年11月1日,出席中国共产党第十三次全国人民代表大会。历任浙江省第七届、第八届人大代表、省人大常委会委员,省人大民族宗教华侨委员会委员。1964年、1978年,两次被推荐参加全国少数民族参观团,分别参加中华人民共和国成立15周年、29周年国庆观礼,受到毛泽东、刘少奇、朱德、周恩来以及邓小平等党和国家领导人的接见并合影留念。评为省级先进2次,记国家公安部二等功1次。

刘世祥

刘世祥,1936年生,英川镇寨后人。初中学历,高级农艺师。11岁始学做香菇,20岁就掌握砍花法植菇技艺。1956年参加工作。1977年,培养出东坑黑木耳地方良种,简称Au东5号,取得黑木耳人工栽培试验成功。1977年秋,在东坑区供销社开办景宁第一个菌种站,首推“新老结合香菇栽培法”。1984年始,获省科技奖3项,地区级2项。编撰食用菌类科技丛书15种、论文300篇,国家级刊录4篇,省级报刊录34篇。培训食药用菌技术人员416人。1996年退休后,为赣、皖两省食用菌开发服务7年。1997年12月,被丽水地区食用菌协会、微生物学会评为丽水地区食用菌行业杰出贡献功臣,省级砍花法栽培香菇技艺代表性传承人,被当地菇民尊称为“景宁当代吴三公”。

雷木森

雷木森,1937年生,畲族,沙湾镇张庄村人。1957年8月始,在张庄小学任教,历任沙溪小学辅导区校长、缙云县社教工作团工作队团委书记、共青团云和县委书记、中共云和镇委书记、镇长、云和县人大常委会副主任、中共景宁畲族自治县委常委、县人大常委会主任等职。1994年2月19日至1998年3月任浙江省人大常委会农村经济工作委员会委员。

1959年、1960年两次被评为省级文教战线先进工作者,享受省部级劳模待遇。1959年,参加中华人民共和国成立10周年国庆民族代表团,受到毛泽东、刘少奇等党和国家领导人接见。1990年11月,被国家计委、水电部授予农村初级电气化试点县先进工作者和全国民族团结进步先进个人荣誉称号。1994年参加建国45周年国庆民族参观团,参加全国民族团结进步先进集体和先进个人表彰大会,受到江泽民总书记、李鹏总理等党和国家领导人接见。

1998年退休后,任县关工委主任、老年体协主席。2002年,被浙江省关心下一代工作委员会评为关工委工作先进个人。2004年,被浙江省老龄工作委员会授予“老有所为奉献奖”。

林 兰

林兰,女,1938年生,鹤溪镇鹤溪村人。主任医师、中国中医科学院首席研究员、博士生导师。1963年,毕业于上海中医学院医疗系,师从程门雪、张伯英、金寿山、陆瘦燕等著名中医专家。1976

年，创建广安门医院内分泌科，任广安门医院内分泌重点专科主任、“全国中医内科内分泌学重点学科”学术带头人、中央保健委员会会诊专家。获国家（部级）重大科技成果奖1项、北京市科技进步奖3项、中国中西医结合学会科技成果奖3项、国家中医药管理局科技进步奖2项、中国中医科学院科技成果奖4项。出版专著4本，主编、主审学术著作4本，发表论文70篇。培养硕士、博士、博士后44人。多次被评为“全国三八红旗手”“优秀女科技工作者”。多次应邀国外学术交流，曾执行援外保健任务。

吴文华

吴文华，1944年生，英川镇黄麻岭人。1968年，毕业于北京第二外国语学院，西班牙语专业。1968—1970年，在天津7302部队锻炼和工作。1971—1980年，在北京红旗中学教西班牙语，担任西班牙语教研组组长和班主任。1981—1990年，在国家专利局法律部从事拉丁美洲国家专利制度研究。1991—1995年，被外交部借调到中国驻厄瓜多尔共和国大使馆工作，任二等秘书。1996—2000年，任中国驻古巴大使馆科技一等秘书。2001—2004年，任中国驻墨西哥大使馆一等秘书。2004年9月，退休（副司级）回国。与孙家堃、杨仲林、孙家孟教授合编《西班牙语常用动词用法词典》。与同事合编《怎样向外国申请专利》。退休后，曾担任中国政府援助古巴项目的西班牙语翻译，在古巴朗伯姆公司驻京代表处担任西语翻译。

吴锡金

吴锡金，1944年生，庆元县举水乡富石山人。浙江农业大学茶叶系毕业。1983年，云和县人民政府授予他“科技成果一等奖”，表彰他为金奖惠明茶恢复工作作出贡献。1972年起，与罗建标等共同筹备成立科研小组，与农业大学茶学系技术人员共同开展《高山好茶机理研究》。积累气象数据10万个、茶叶生化测定数据400个、土壤分析数据300个、水质测定数据200个。1987年，《高山好茶机理研究》获省人民政府科技进步四等奖。2003年始，在实践中发明《罩袋增湿法》，使茶树嫁接成活率达到95%以上，被国内外行家赞誉为：用简单方法，解决了茶树嫁接复杂问题，是最实用的科学技术。该技术向国家专利局申报技术发明专利。2009年，《罩袋增湿法》获丽水市人民政府科技进步二等奖。2010年，他被县人民政府授予第二届科学技术贡献奖。

孙梅菊

孙梅菊，女，1950年4月出生，祖籍浙江永康，1966年2月入伍，先后在景宁严村小学、田湾小学、外舍乡中心小学、鹤溪一小任教，2004年在景宁实验一小退休。

为成为一名优秀的数学教师，她通过自学及中师函授等方式，提高自身文化水平，并积极开展教学研究，撰写的《充分发挥课本作用，培养学生自学能力》《变题练习的设计》等论文在丽水地区教育界有较大影响。

为提高教学质量，她认真钻研教材，积极探索教法，尤其善于根据学生差异，因材施教设计教法与练习，培养兴趣，开发智力和能力，全面提高教学质量。1982—1993年，任教的学生参加全县统考，及格率和优秀率100%，平均成绩95分以上，七届毕业班升学成绩获全县第一名。学生口算能力，由平均每分钟8题提高到15题以上。1993年，她所带的10名学生参加全国小学数学奥林匹克决赛，2人获特等奖、1人获一等奖、3人获三等奖，总成绩名列丽水地区之首。

她认为教书首先是育人，多年的教育实践，摸索出一套转化后进生的成功经验：感情上宜信不宜歧，宜亲不宜疏，方法上宜导不宜压，情绪上宜稳不宜急，工作上宜细不宜粗。通过挖掘闪光点，尊重爱好，扬长避短，引导教育，润物细无声，让后进生得到温暖，得到信任，转化进步。如1993届毕业生王伟忠，接班时数学成绩只有17分，到毕业时数学成绩达到92分。三十多年的教书育人，她的工作得到认可，被评为丽水地区优秀班主任，县级优秀教师和优秀共产党员；任浙江省小学数学研究会理事；1994年8月，被浙江省人民政府批准为特级教师，个人事迹在全县巡回介绍。

邱彦余

邱彦余，1951年生，鹤溪镇外舍人。大学本科，副研究馆员、中国音乐家协会会员，浙江省畲族文化研究会理事。历任景宁县文化馆馆长、局长等职。为景宁策划、组织、导演大型文化活动近百场次，被评为全省文化系统先进个人。获文化部、国家民委通报表扬。在地市级以上发表文艺作品150件次，获奖60件次。其中，参与创作和表演的畲族舞蹈《凤凰彩带飞北京》、畲族歌舞风情剧《畲山风》、畲族舞蹈诗《畲家谣》、畲族音舞诗《千年山哈》，分别参加第一、第二、第三、第四届全国少数民族文艺会演，《畲山风》获创作金奖、《畲家谣》获表演金奖，《千年山哈》获浙江省人民政府鲁迅文艺奖，《畲山风》获浙江省委宣传部五个一工程奖。1994年，参加“日本福井国际艺术节”学术交流。从事畲族民间音乐搜集整理，选入市级《民歌集成》53首、省级《民歌集成》19首、国家级《民歌集成》12首。编写出版“浙江省非物质文化遗产代表作丛书”《畲族民歌》。

张启瑜

张启瑜，1952年生，英川镇黄谢圩人。博士生导师，教授，省外科学重中之重学科负责人。师从钱礼教授，20世纪80年代，创立消化道黏膜下不止血一层吻合法并推广应用；1992年，在省内率先开展腹腔镜手术。20世纪90年代，创新性地开展区域动脉灌注治疗重症胰腺炎的基础与临床研究。美国匹兹堡大学进修回国后，成功开展临床肝移植；国内首创选择性减断分流术治疗门脉高压症。连续三届任温州医科大学附属第一医院院长。历任国际肝胆胰协会中国分会委员，全国胰腺癌专业委员会委员，中华医学会浙江省分会外科学会副主任委员，中华医学会温州市外科学会主任委员。担任《中华肝胆外科杂志》《浙江创伤外科》等十多种杂志编委、副主编等。2006年以来，主编《钱礼腹部外科学》，担任卫生部统编本科教材《外科学》第七、八版编委。获“全国先进工作者”和“浙江省劳动模范”及“省级教学名师”称号。科研项目《供血动脉置管给药治疗重症急性胰腺炎的系统化研究》获浙江省人民政府科学技术奖三等奖。

蓝志龙

蓝志龙，1952年生，畲族，外舍乡岗石人。1975年8月，淮南煤炭学院毕业，在丽水地质大队任技术员。1980年起，历任庆元县图书馆副馆长、馆长、文联副主席、文化局副局长、局长、文联主席、县政协副主席、丽水市博物馆馆长、丽水市文联副主席。第九届、第十届全国政协委员。向全国政协提交《关于要求扶持建设景宁畲族博物馆》《保护民族文物势在必行》《保护江河源头生态环境必须建立补偿机制》《对浙江少数民族师范学校改革方案的意见》等8个提案。论文《畲族文物的保护与利用》获浙江省文物系统理论研讨会优秀论文奖，书画作品多次获省级、国家级联展一等奖、三等奖，主编《中国民间文学三套集成庆元县卷》。

蓝盛花

蓝盛花，女，1953年生，畲族，郑坑乡通天岙人。中共党员，1984年7月至1984年10月，任云和县人大常委会副主任。云和县第二届县人大常委会教科文卫民族工作组组长、县人大常委会民族工作委员会主任委员；第三届县人大常委会民族工作委员会主任委员。云和县第七届人民代表大会代表。1984年12月始，历任景宁畲族自治县人大常委会副主任、党组成员。县一届、二届、三届、四届人民代表大会代表、主席团成员、主席团常务副主席。

17岁那年，宣传婚姻法、践行婚姻法，积极抵抗包办婚姻，为解放妇女封建束缚树立榜样。1973年，被招收为半脱产干部，被任命为共青团云和县委常委、副书记，大都公社副书记。1975年，当选为第四届全国人民代表大会代表。同年1月13日至17日，出席第四届全国人民代表大会一次会议，当选为浙江代表团副团长、全国四届人大一次会议主席团成员，受周恩来总理接见。1978年，参加省团校学习。1979年，参加中央团校学习。1977年8月、1982年9月，分别出席中国共产党第十一次、十二次全国代表大会。

寿成超

寿成超，1955年生，曾用名，刘成超，祖籍英川镇寨后人。1965年，随父母到新疆生产建设兵团，1973年，在石嘴山市惠农县下营子乡插队，从事赤脚医生工作。1982年，毕业于中国医科大学医疗系，后在宁夏医学院生物化学教研室任教。1988年7月，毕业于北京大学医学部（原北京医科大学）生化与分子生物学专业，获硕士学位，在北京大学临床肿瘤学院（即北京市肿瘤防治研究所）任助理研究员。1990年9月，赴美国波士顿塔夫斯大学（Tufts University）医学院生化系研修。1994年9月，回北京大学临床肿瘤学院，历任副研究员、研究员、生化与分子生物学研究室主任、教授、博士生导师。2002—2010年，任北京大学临床肿瘤学院副院长。国家杰出青年科学基金获得者、北京市突出贡献专家、中国病理生理学会肿瘤专业委员会主任委员等。

承担国家“863”“973”和国家自然科学基金项目等20多项研究课题，研究项目获国家科技进步一等奖、北京市科技进步一、二等奖等五项。在Nature等刊物发表论文130篇，获中国和美国发明专利授权12项，参编学术专著十部，培养研究生70人。

赵龙妹

赵龙妹，女，1955年生，顺利乡顺利人。1978年，上海第二医学院毕业，在中国医学科学院肿瘤医院妇瘤科、防癌科、激光科、肿瘤内科从事肿瘤临床工作，任住院医师，主治医师。1996年，任副主任医师。在工作期间，参加“七五”攻关课题，肺癌的早期诊断中的部分项目“吸烟的心理分析和吸烟行为的干预研究”。“八五”重点科技攻关课题的主要参与人，课题有“激光等新技术在内脏、肿瘤的诊断和治疗的应用”“早期癌单用光动力学疗法”。深入到食管癌高发现场，进行食管癌病变阻断，早期癌单用光动力学疗法等工作，是本科题主要参与人员，此课题于1995年12月通过国家专家组验收。1994年7月始，主要从事肿瘤的生物免疫治疗以及肿瘤的化学治疗，对常见的实体肿瘤如乳腺癌、肺癌、胃癌、食管癌、大肠癌、淋巴癌、肾癌、黑色素瘤等具有独立分析和处理的能力，在本专业能独立处理疑难病人。除常规的化疗和生物治疗外，还参与世界乳腺癌专业组的科研课题。

吴汉林

吴汉林，1956年生，英川镇英川人。中共党员，1976年入伍，历任中国人民解放军空军第十三航空学校一团特设师、空军勤务学院航材管理系副教授，专业技术五级（副军待遇），大校军衔。1977年、1978年分别立三等功各一次，2001年5月，《门式与桥式起重机》获徐州空军学院优秀教材二等奖。2003年、2010年分别获中国人民解放军院校育才奖银奖，2010年11月，“航空精密仪器设备封存包装技术研究”科研项目，获中国物流与采购联合会科技进步二等奖。2010年11月，《航材封存学》获徐州空军学院优秀教材二等奖。2007年2月，《航材集约化保障研究》获中国军事写作学会优秀论文二等奖。主编《航空电子军械照相设备》《航空救生装备与发动机器材》《新机特设系统及航材保障特点》等教材18本。发表《快速安装活塞杆的有效方法》《新型制氮车膜器运行参数的试验与分析》《叉车冷却系统故障分析判断》等学术论文42篇。

张水松

张水松，1956年生，英川镇黄谢圩人。大学学历，中共党员，1976年2月应征入伍。在中国人民解放军空军工程兵第二总队服役。历任副班长、班长、排长、政治副指导员、指导员、政治部干事、教导员、政治部主任、政治委员等职，空军大校军衔。曾被评为南京军区优秀政治指导员、南京军区优秀政治部主任、南京军区从严治官先进个人，并于1985年、1988年、1994年、1998年、2004年先后5次荣立个人三等功。所在部队被评为“抗洪抢险先进单位”“工程装备管理三化达标先进单位”“精神文明建设标兵单位”“全国拥军爱民先进单位”“民族团结进步和拥军爱民模范集体”荣誉称号，先后荣立二等功一次，三等功二次。

林蕙青

林蕙青，1957年生，祖籍英川镇隆下人。1975—1977年，河北栾城县插队知青，1977—1978年，河北石家庄火车站工人，1978年，北京医学院公共卫生系学生，获高等教育学博士学位。1982年起，历任北京医学院教师、教育部、国家教委高教司医药教育处干部、国家教委高教司医药教育处副处长、国家教委高教司医药教育处处长（其间，1994—1995年在哈佛大学学习）、教育部高教司副司长（1999年起，兼任教育部国际合作与交流司副司长）、教育部高校学生司司长兼全国高等学校学生信息咨询与就业指导中心主任、教育部部长助理、党组成员、副部长。

第三章　人物名录

名录分烈士、获省部级以上荣誉等16个部分。其中，烈士4人（其中补录3人），获省部级以上荣誉200人次（其中补录4人次），出席省级以上党代会13人次、人代会11人次、政协代表（委员）4

人次、共青团全国代表1人、中国妇女全国代表2人、中国工会全国代表2人；寓外正县(团)级以上党政军干部38人；寓外正高以上职称17人；博士28人(含获博士学位后入外国国籍12人)；在景宁评聘的副高以上职称279人；国家级、省级"非遗"传承人13人；宋代进士3人(补录)。考虑到有些奖项的颁奖时间在下一年度，因此，颁奖时间截至2011年。

第一节 1993—2010年景宁烈士名录(含补录)

表41-3-1

姓 名	性别	出生年月	籍 贯	牺牲时间及地点	牺牲时单位及职务	批准机关及批准日期
潘德胜	男	1919.1	景宁大漈	1937.12.13于南京	国民党中央军校教导总队上等兵	民政部2017.1
梅 忱	男	1919.9	景宁大漈	1937.12.13于南京	国民党中央军校少校军医	民政部2017.1
梅震华	男	1919.11	景宁大漈	1937.12.13于南京	国民党中央军校教导总队上等兵	民政部2017.1
鲍伟平	男	1971.1	景宁渤海	2005.9.1于东坑	东坑石竹岙公路养护管理站站长	民政部2006.1

第二节 1993—2010年景宁获省部级以上荣誉名录(含补录)

表41-3-2

姓 名	性别	荣誉称号	当时工作单位	命名单位	授奖日期
何赞东	男	省劳动模范	丽水县文化馆	国家教育委员会、人事部	1951
严丽文	女	省级先进工作者	云和中学	省人民政府	1960
朱建华	男	二等功	铁道兵第十一师	铁道兵第十一师 天津市引滦工程指挥部	1983
徐振帮	男	全国优秀教师	城北中学教师	国家教育委员会、人事部	1993
梅永佳	男	全国优秀乡村医生	梧桐乡卫生院	中国农村卫生协会	1993
梅荣其	男	全国绿化奖章	县林业局	全国绿化委员会	1993
孙梅菊	女	特级教师	县实验一小	省政府	1994
张剑光	男	1994年度全国抗洪模范	县司法局	国家防汛抗旱总指挥部、水利部	1994
张盛忠	男	创先争优优秀人民武装干部	县人武部	省政府	1994
吴爱花	女	全国先进青年个体劳动者	英川镇王宅村	共青团中央、国家工商行政管理局、中国个体劳动者协会	1994
周 峰	男	浙江省"十一五"污染减排工作先进个人	县环保局	浙政发〔2011〕32号	1994
林 峰	男	全国第三产业普查先进个人	县统计局	国家第三产业普查协调小组	1994
雷木森	男	全国民族团结先进个人	县人大	国家民委	1994
雷汤菊	女	1994年省劳动模范	包凤村	浙政发〔1995〕52号	1995
雷汤菊	女	全国劳动模范	包凤村	国务院	1995

续表 41-3-2

姓 名	性别	荣誉称号	当时工作单位	命名单位	授奖日期
王光传	男	全国卫生系统先进个人	叶桥卫生院	卫生部人事部国家药监局	1995
朱　志	男	司法行政银星荣誉章	司法局	司法部	1995
刘金珠	女	浙江省民族团结进步先进个人	档案局	省政府	1995
刘敏敏	女	希望工程园丁奖	沙湾镇小	中国青少年发展基金会	1995
徐晓军	男	脱贫致富带头人	鹤溪街道城西村	省委、省政府	1995
柳娥娇	女	从事计划生育工作满十五年	县计划生育指导站	国家计划生育委员会	1995
雷启勋	男	浙江省民族团结进步先进个人	县民宗局	省政府	1995
雷森根	男	第二届全国少数民族文艺会演优秀青年演员奖	县文广局	国家民委、文化部、国家广电总局、北京市政府	1995
蓝钱根	男	浙江省民族团结进步先进个人	草鱼塘林场	省政府	1995
朱锡佳	男	司法行政银星荣誉章	县司法局	司法部	1995
王昌友	男	希望工程园丁奖	大漈乡校	中国青少年发展基金会	1996
毛宝兰	女	希望工程园丁奖	县实验一小退休教师	中国青少年发展基金会	1996
刘少东	男	省级优秀人民武装干部	雁溪乡政府	浙政发〔1996〕35 号	1996
陈少华	男	全国林业工作站先进工作者	县林业局	林业部	1996
吴聪慧	女	希望工程园丁奖	鹤溪镇小	中国青少年发展基金会	1996
梅荣其	男	全国绿化先进工作者	县林业局	全国绿化委员会、人事部	1996
雷应梅	女	全国妇幼卫生先进工作者	县妇幼保健所	卫生部	1996
蓝友军	男	全国希望工程园丁奖	大顺乡校	中国青少年发展基金会	1996
毛吉花	女	1994—1996 年度林业系统优秀财会人员	县林业局	林业部	1997
吴建华	男	全国农牧渔业丰收奖三等奖（项目第一完成人）	县农业局	农业部	1997
王宗绍	男	全国农牧渔业丰收奖三等奖	农业局	农业部	1997
朱岩生	男	见义勇为纪念章	澄照乡漈头村	省政府	1997
吴士英	女	第一次全国基本单位普查全国先进个人	县发改局	第一次全国基本单位普查办公室	1997
陈关福	男	全国食用菌先进工作者	县食用菌办	全国食用菌协会	1997
陈际春	男	第一次全国基本单位普查全国先进个人	县教育局	第一次全国基本单位普查办公室	1997
陈林生	男	浙江省全民国防教育先进个人	县教育局	浙省人民政府、省军区	1997
陈林生	男	1996 年度国防教育先进个人	县教育局	省国防教育委员会	1997
张昌寿	男	全国希望工程园丁奖	鸬鹚乡校	中国青少年发展基金奖	1997
林　峰	男	第一次基本单位普查全国先进个人	县统计局	省普工查办	1997
杨一平	男	第一次全国农业普查国家级先进个人	县统计局	全国农业普查办公室	1998
吴月娥	女	希望工程园丁奖	县实验二小	中国青少年发展基金奖	1998
林来根	男	全国司法行政系统政治工作先进个人	县司法局	司法部	1998
张娟菊	女	全国希望工程园丁奖	张春小学	中国青少年发展基金奖	1998
钟琳花	女	全国民族团结进步模范个人	县统战部	国家民委、民委政字〔1998〕85 号	1998
潘有兴	男	全国青年星火带头人	红星街道办事处	共青团中央、科技部	1998
瞿线花	女	全国教育系统劳动模范	九龙乡校	教育部、人事部	1998
陈瑞田	男	浙江省劳动模范	县工商局退休干部	省政府	1999

续表 41-3-2

姓　名	性别	荣誉称号	当时工作单位	命名单位	授奖日期
刘玉梅	女	省革命老区工作先进个人	陈村乡鹤口村	省革命老区开发建设促进会	1999
刘传英	男	首届“烛光奖”	葛山乡小学	教育部、中华慈善总会	1999
刘振德	男	首届“烛光奖”	沙湾镇小学	教育部、中华慈善总会	1999
雷一培	男	全国文化系统先进工作者	县文物保护管理所	文化部，人事部	1999
陈肖理	男	防治高致病性禽流感先进个人	县农业局	浙委发〔2004〕73 号	2000
蓝春土	男	1999 年全国科教兴县先进个人	县政府	国科发农社人字〔2000〕491 号	2000
蓝普蔚	男	全国少数民族计划生育工作先进个人	县计生局	国家计生委员国家民委	2000
梅明水	男	优秀共产员	沙湾镇严坑村	省委	2001
王存美	男	浙江省清理整顿农村合作基金会工作先进个人	县农办	省政府	2001
王跃聪	男	全国群众体育先进个人	县体育局	国家体育总局	2001
张玉伟	男	省清理整顿农村合作基金会工作先进个人	县农村信用合作联社	省政府	2001
杨克明	男	全国林业站先进工作者	沙湾镇政府	国家林业局	2001
徐晓红	女	第二届全国少数民族文艺汇演《畲山风》获金奖	县畲族博物馆	国家民委国家文化部	2001
蓝石花	女	全国“婚育新风进万家”活动先进个人	县计生委	国家计生委	2001
雷森根	男	全国少数民族文艺汇演优秀演员奖	县文广局	国家民委、文化部	2001
杨一平	男	第五次全国人口普查国家级先进个人	县统计局	国务院第五次全国人口普查领导小组	2002
张汤娟	女	全国残疾人康复工作先进个人	县残联	国务院残疾人工作协调委员会	2002
林兴忠	男	全国卫生监督工作先进个人	县卫生监督局	卫生部	2002
柳敏敏	女	省特级教师	县民小	省政府	2002
胡思丁	男	全国地方病防治工作先进个人	县疾控中心	卫生部、水利部	2002
徐晓红	女	荣获第四届浙江省鲁迅文学艺术奖	县畲族博物馆	省政府	2002
梅振众	男	第五次全国人口普查国家级先进个人	县统计局	国务院第五次全国人口普查领导小组	2002
彭岳舜	男	优秀编委	县政协	国务院发展研究中心经济要参编辑部、人民日报报社	2002
雷岳舜	男	全国先进村组织财会人员	三石村	农业部	2002
蓝普蔚	女	全国少数民族计划生育工作先进个人	县计生委	国家计生委	2003
陈小明	男	第二次全国基本单位普查全国先进个人	县统计局	第二次全国基本单位普查普查办公室	2003
沈必林	男	第二次全国基本单位普查全国先进个人	红星街道	第二次全国基本单位普查领导小组	2003
梅翠萍	女	浙江省抗击非典先进个人	县人民医院	省委、省政府	2004
蓝钱根	男	全国“五一”劳模奖章	林业总场	全国总工会	2004
毛金钱	男	优秀人民调解员	城北村	省人民政府	2004
陈世信	男	先进个人	县广播电视台	广电部	2004

续表 41-3-2

姓名	性别	荣誉称号	当时工作单位	命名单位	授奖日期
陈初南	男	为民好书记	澄照乡三石村	省委	2004
王宗绍	男	全省再就业先进工作者	人事劳动局	省人民政府	2004
汪代金	男	全国卫生文明建设先进工作者	景南卫生院	国家卫生部	2004
沈良奎	男	农村建设“三级联创”先进个人（省“双带好党员”）	沙湾镇刘坛村	浙委发〔2004〕45号	2004
汪代金	男	全国卫生文明建设先进工作者	景南卫生院	卫生部	2004
雷李会	男	第四届全国各族青年团结进步优秀奖	县市场监督管理局	团中央、国家民委、全国青联	2004
叶继承	男	第一次经济普查国家级先进个人	县统计局	国务院经济普查领导小组	2005
李光良	男	第一次经济普查国家级先进个人	鹤溪镇	国务院经济普查领导小组	2005
沈必林	男	第一次全国经济普查国家级先进个人	红星街道	国务院第一次全国经济普查领导小组	2005
严慧荣	男	全国群众体育先进个人	县广电局	国家体育总局	2005
陈华星	男	省民族团结进步模范个人	县财政、地税局	省政府	2005
张光凡	男	国家级优秀指导师	景宁一中	教育部	2005
张克进	男	第一次经济普查国家级先进个人	县统计局	国务院经济普查领导小组	2005
柳贤列	男	浙江省社会治安综合治理先进个人	县法院	省委、省政府	2004—2005
徐敏	女	浙江省优秀农村工作指导员	鹤溪镇	省委、省政府	2005
王世忠	男	滩坑水电站移民工作先进工作者	大地乡党委	省人民政府	2006
杨一平	男	全国1%人口抽样调查国家级先进个人	县统计局	国务院全国1%人口抽样调查领导小组	2006
李元超	男	农村电气化试点建设先进工作者	县水利局	国家计委、水利部	2006
杨娟英	女	全国人口和计划生育科技工作先进个人	县计划生育宣传技术指导站	国家人口和计划生育委员会	2006
张盛忠	男	2001—2005年省法制宣传教育先进个人	县人大	省委、省政府	2006
周运行	男	退伍军人安置先进个人	县民政局	省政府、省军区	2006
周利斌	男	“送电影下乡”活动优秀农村电影放映员	县电影公司	文化部	2006
洪银生	男	2005年冬季退役士兵安置工作先进个人	县民政局	省政府、省军区	2006
蓝宗菊	女	第三届全国少数民族文艺会演优秀青年演员奖	县文体广局	国家民委、文化部、国家广电总局、北京市政府	2006
蓝晓娟	女	浙江省优秀共产党员	梧桐乡党委	省委	2006
蓝景艺	女	全国结核病防治工作先进个人	县卫生局	卫生部	2006
叶英娟	女	第二次农业普查国家级先进个人	县统计局	国务院农业普查领导小组	2007
毛庭良	男	解放军士官优秀人才奖	鸬鹚乡农技站	中国人民解放军空军	2007
刘希平	男	全国卫生监督先进个人	县卫生监督所	卫生部	2007
刘德炎	男	第二次农业普查国家级先进个人	县农业局	国务院农业普查领导小组	2007
石爱玉	女	全省“千村示范万村整治”工作先进个人	县农办	省委、省政府	2007
金一庚	男	第二次农业普查国家级先进个人	鹤溪镇	国务院农业普查领导小组	2007
柳先海	男	第二次农业普查国家级先进个人	英川镇	国务院农业普查领导小组	2007
赵娟芳	女	第二次农业普查国家级先进个人	沙湾镇	国务院农业普查领导小组	2007
商伟青	男	浙江省优秀农村工作指导员	县委组织部	浙江省委省政府	2007

续表 41-3-2

姓　名	性别	荣誉称号	当时工作单位	命名单位	授奖日期
梅振飞	男	全省“千村示范万村整治”工作先进个人	郑坑乡党委	省委、省政府	2007
蓝成宝	男	全国计划生育协会先进志愿者	外舍乡管理区	中国计划生育协会	2007
蓝晓娟	女	中国杰出青年农民	梧桐乡党委	共青团中央	2007
叶再仁	男	滩坑水电站移民工作先进工作者	县政协	省政府	2008
刘月方	男	浙江省欠发达乡镇奔小康工程先进个人	县农办	省委、省政府	2008
刘春芝	男	滩坑水电站移民工作先进工作者	县审计局	省政府	2008
刘振花	女	全国计划生育流动服务车先进个人	县计划生育指导站	国家计生委、国家发改委	2008
刘德炎	男	第二次全国农业普查先进个人	县农业局	国务院第二次全国农业普查领导小组、国家统计局	2008
李光强	男	全省抗击雨雪冰冻灾害先进个人	县公路管理局	省委、省政府	2008
李景武	男	滩坑水电站移民工作先进工作者	丽景园管委会	省政府	2008
何慧丰	男	滩坑水电站移民工作先进工作者	县民政局	省政府	2008
沈必时	男	滩坑水电站移民工作先进工作者	九龙乡党委	省政府	2008
沈必景	男	滩坑水电站移民工作先进工作者	渤海镇	省政府	2008
沈立荣	男	滩坑水电站移民工作先进工作者	县科协	省政府	2008
邱松青	男	滩坑水电站移民工作先进工作者	县政协	省政府	2008
陈晓敏	男	滩坑水电站移民工作先进工作者	县委办	省政府	2008
陈初南	男	优秀共产党员	澄照乡三石村	省委	2008
陈瑞田	男	滩坑水电站移民工作先进工作者	县工商局退休干部	省政府	2008
张书灵	男	滩坑水电站移民先进个人	鹤溪镇扫口村	省政府	2008
季建伟	男	滩坑水电站移民工作先进工作者	县公安局	省政府	2008
周乃忠	男	滩坑水电站移民工作先进工作者	县总工会	省政府	2008
罗德伟	男	滩坑水电站移民工作先进工作者	县人大	省政府	2008
赵娟芳	女	第二次农业普查全国先进个人	县统计局	全国农业普查领导小组	2008
徐　雄	男	滩坑水电站移民工作先进工作者	县委办(信访局)	省政府	2008
柳先海	男	第二次全国农业普查先进个人	英川镇政府	国家统计局	2008
夏海丰	男	流通环节新产品质量和食品安全专项整治工作先进个人	县工商局	国家工商行政管理总局	2008
夏德福	男	滩坑水电站移民工作先进工作者	县公路管理局	省政府	2008
蓝金元	男	滩坑水电站移民工作先进个人	渤海供销社	省政府	2008
潘润洲	男	滩坑水电站移民工作先进工作者	县人大	省政府	2008
柳敏敏	女	浙江省劳动模范	县民族小学	省政府	2009
韦国玲	女	浙江省优秀志愿者	县人民医院	省委、省政府	2009
毛慧琴	女	全国农村水电及电气化建设先进个人	县防汛办	水利部	2009
叶玉珠	女	全国三八红旗手	县林业局	中华全国妇女联合会	2009
叶英梅	女	第二次经济普查国家级先进个人	县统计局	国务院经济普查领导小组	2009
叶春强	男	全国价格监管服务先进个人	沙湾镇	国家发展和改革委员会	2009

续表 41-3-2

姓名	性别	荣誉称号	当时工作单位	命名单位	授奖日期
刘德水	男	第二次经济普查国家级先进个人	东坑镇	国务院经济普查领导小组	2009
李光松	男	2007年冬季退役士兵安置工作先进个人	县编办	省政府、省军区	2009
严慧荣	男	全国文化系统先进工作者	县广电局	人力资源和社会保障部、文化部	2009
严慧荣	男	文化部非物质文化遗产保护工作先进个人	县广电局	文化部	2009
杨世菊	女	第二次经济普查国家级先进个人	鹤溪镇	国务院经济普查领导小组	2009
沈炎清	男	浙江省优秀农村工作指导员	县档案局(馆)	省委、省政府	2009
柳贤列	男	浙江省社会治安综合治理先进个人	县法院	省委、省政府	2009
林　峰	男	第二次经济普查国家级先进个人	县统计局	国务院经济普查领导小组	2009
林国斌	男	浙江省优秀农村工作指导员	九龙乡政府	省委、省政府	2009
周秋香	女	浙江省农村突出贡献奖	秋炉乡校	省政府	2009
雷海娟	女	第二次经济普查国家级先进个人	葛山乡	国务院经济普查领导小组	2009
潘娅红	女	省民族团结进步模范个人	梧桐乡政府	省政府	2010
毛静云	女	全国环境信访工作荣誉工作者	县环保局	环境保护部	2010
刘传清	男	上海世博会安保先进个人	县公安局	省政府	2010
张卫忠	男	2008年冬季退役士兵安置工作先进个人	县编委办	省政府、省军区	2010
张盛忠	男	全国优秀老区工作者	县人大	中国老区建设促进会	2010
李加兴	男	全国计划生育协会先进个人	县人力资源和社会保障局	中国计划生育协会	2010
李光松	男	全国老龄工作先进个人	县编办	全国老龄工作委员会	2010
何晓荣	男	全国地质灾害防治优秀群测群防监测员	鸬鹚乡黄桑南村	国土资源部	2010
胡克森	男	第一次全国污染源普查先进个人	县环保局	第一次全国污染源普查领导小组	2010
梁碧元	男	第一次全国污染普查先进个人	景宁县农业局	环境保护部、国家统计局、农业部	2010
蓝木宗	男	全国民委系统先进工作者	县民宗局	国家人力资源和社会保障部、国家民族事务委员会	2010
余赞洪	男	省劳动模范	县环卫所	省政府	2011
余赞洪	男	全国五一劳动奖章	县环卫所	中华全国总工会	2011
马尚付	男	全国法院党建工作先进个人	县人民法院	最高人民法院	2011
王光传	男	全国卫生系统先进工作者	叶桥卫生院	卫生部、全国中医药管理局、人事部	2011
邓盛花	女	全国卫生系统先进工作者	叶桥卫生院	卫生部、全国中医药管理局、人事部	2011
叶　瑛	男	全国优秀工会工作者	县工会	中华全国总工会	2011
叶卫民	男	浙江省上海世博会“环沪护城河”安保工作先进个人	县公安局城郊派出所	省委、省政府	2011
叶春强	男	全国价格监督检查办案能手	沙湾镇	国家发展和改革委员会	2011
刘德灵	男	“十一五”节能降耗工作先进个人	县人力资源和社会保障局	省政府	2011
刘秀丽	女	第二次全国R&D资源清查全国先进个人	县统计局	第二次全国R&D资源清查领导小组办公室(国清查办字〔2011〕6号文件)	2011

续表 41-3-2

姓　名	性别	荣誉称号	当时工作单位	命名单位	授奖日期
刘传清	男	上海世博会安保先进个人	县公安局	浙委〔2011〕4 号	2011
蓝江平	男	浙江省农村突出贡献奖	东坑小学	省政府	2011
吴　丹	女	浙江省“十小”行业质量安全整规工作先进个人	县质监局	省政府	2011
杨一平	男	浙江省“十一五”污染减排工作先进个人	县统计局	省政府	2011
陈国伟	男	2000-2011 年全国消协组织消费维权先进工作者	县工商局	中国消费者协会	2011
吴文伟	男	上海世博会“环沪护城河”工作先进个人	县长运公司	省政府	2011
林　敏	男	浙江省公益林建设先进个人	县林业局	省政府	2011
周利民	男	浙江省残疾人工作先进个人	县残联	省委、省政府	2011
周林明	男	浙江省公益林建设先进个人	县林业局	省政府	2011
胡克森	男	浙江省优秀农村工作指导员	县政协	省委、省政府	2011
赵卫东	男	第十三届中国浙江投资贸易洽谈会、第十届中国国际日用消费品博览会、第四届中国开发论坛积极分子	县经合办	中国浙江投资贸易洽谈会、中国国际日用消费品博览会组委会	2011
徐晓红	女	荣获第三次全国文物普查工作积极贡献纪念证书	畲族博物馆	国家文物局	2011
蓝华亮	男	浙江省优秀共产党员	鹤溪镇敕木山村	省委	2011
潘美林	男	浙江省农村公路工作先进个人	县司法局	省政府	2011
翁伟荣	男	浙江省农村公路工作先进个人	景宁县政府	省政府	2011

第三节　1993—2010 年景宁出席中共全国代表大会代表名录

表 41-3-3

次别	第一次会议开幕时间	代表姓名	所在单位
第十五次	1997 年 9 月 12 日	雷汤菊	景宁畲族自治县鹤溪镇包凤村
第十六次	2002 年 11 月 8 日	蓝水梅	景宁畲族自治县鹤溪镇扫口村
第十七次	2007 年 10 月 15 日	蓝晓娟	景宁畲族自治县沙湾镇张庄村

第四节　1993—2010 年景宁出席全国人民代表大会代表名录

表 41-3-4

届别	第一次会议开幕时间	代表姓名	所在单位
第八届	1993 年 3 月 15 日	雷文先	景宁畲族自治县人民政府
第十届	2003 年 3 月 5 日	蓝钱根	景宁畲族自治县林业总场
第十一届	2008 年 3 月 5 日	钟昌明	景宁畲族自治县人民政府

第五节　1993—2010年景宁出席共青团全国代表大会代表名录

表41-3-5

次别	第一次会议开幕时间	代表姓名	所在单位
第十六次	2008年6月10日	雷洁畅	景宁畲族自治县郑坑乡

第六节　1993—2010年景宁出席中国妇女全国代表大会代表名录

表41-3-6

次别	第一次会议开幕时间	代表姓名	所在单位
第九次	2003年8月22日	雷冬美	景宁万茂物产有限公司
第十次	2008年10月28日	雷魏芬	景宁畲族自治县鹤溪镇政府

第七节　1993—2010年景宁出席中国工会全国代表大会代表名录

表41-3-7

次别	第一次会议开幕时间	代表姓名	所在单位
第十四次	2003年9月22日	蓝钱根	景宁畲族自治县林业总场
第十五次	2008年10月17日	雷小英	浙江金昌建设有限公司

第八节　1993—2010年景宁出席中共浙江省委代表大会代表名录

表41-3-8

次别	第一次会议开幕时间	代表姓名	所在单位
第九别	1993年12月19日	陈铁雄	中共景宁畲族自治县委
第九别	1993年12月19日	钟琳花	中共景宁畲族自治县委统战部
第九别	1993年12月19日	潘介才	景宁畲族自治县二轻工业局
第十别	1998年12月21日	金建新	中共景宁畲族自治县委
第十别	1998年12月21日	蓝春土	景宁畲族自治县人民政府
第十别	1998年12月21日	赵晓慧	景宁畲族自治县人民医院
第十一别	2002年6月12日	林　一	中共景宁畲族自治县委
第十一别	2002年6月12日	雷华英	中共澄照乡党委
第十二别	2007年6月12日	武　昌	中共景宁畲族自治县委
第十二别	2007年6月12日	蓝晓娟	景宁畲族自治县沙湾镇张庄村

第九节　1993—2010年景宁出席浙江省人民代表大会代表名录

表41-3-9

届别	第一次会议开幕时间	代表姓名	所在单位
第八届	1993年1月6日	雷木森	景宁畲族自治县人大常委会

续表 41-3-9

届别	第一次会议开幕时间	代表姓名	所在单位
第八届	1993 年 1 月 6 日	任振芝	景宁畲族自治县梧桐乡高演村
第八届	1993 年 1 月 6 日	郑忠伟	景宁一中
第九届	1998 年 1 月 12 日	蓝高飞	景宁畲族自治县人大常委会
第九届	1998 年 1 月 12 日	郑忠伟	景宁一中
第十届	2003 年 1 月 16 日	林 一(2005 年 7 月调出)	中共景宁畲族自治县委
第十届	2003 年 1 月 16 日	武 昌(2005 年 7 月调入)	中共景宁畲族自治县委
第十一届	2008 年 1 月 16 日	蓝建梅	景宁畲族自治县城北中学

第十节 1993—2010 年景宁出席政协浙江省委员会会议委员名录

表 41-3-10

届别	第一次会议开幕时间	代表姓名	所在单位
第七届	1993 年 1 月 5 日	钟琳花	中共景宁畲族自治县委统战部
第八届	1998 年 1 月 11 日	雷香兰	中共景宁畲族自治县委统战部
第九届	2003 年 1 月 15 日	雷华英	中共景宁畲族自治县委统战部
第十届	2008 年 1 月 14 日	雷华英	中共景宁畲族自治县委统战部

第十一节 1993—2010 年景宁获省级以上“非遗”传承人名录

表 41-3-11

姓 名	性别	民族	项目名称	级别
蓝陈启	女	畲族	畲族民歌	第三批国家级非物质文化遗产项目代表性传承人(文非遗发〔2009〕6 号)
刘德康	男	汉族	菇民戏	浙江省第一批非物质文化遗产项目代表性传承人(浙文社〔2008〕3 号)
蓝进平	男	畲族	问凳	
蓝余根	男	畲族	畲族婚俗	
雷石连	男	畲族	畲族民歌	浙江省第二批非物质文化遗产项目代表性传承人(浙文社〔2008〕26 号)
雷驮仁	男	畲族	畲族三月三	
雷石才	男	畲族	畲语	浙江省第三批非物质文化遗产项目代表性传承人(浙文社〔2009〕65 号)
吴小珠	女	汉族	菇民戏	
张步鸿	男	汉族	菇民戏	
蓝延兰	女	畲族	畲族彩带	
雷建光	男	畲族	畲医畲药	
梅 林	男	汉族	抢猪节	
雷一彩	女	畲族	畲族服饰	

第十二节 1993—2010年景宁高级专业技术人员名录

表41-3-12

姓 名	性别	资格名称	取得时间	单 位
傅宗元	男	中学高级教师	1988.1	景宁一中
张式寿	男	中学高级教师	1988.1	景宁一中
吴大松	男	中学高级教师	1993.11	景宁一中
梅友诚	男	中学高级教师	1993.11	景宁一中
张 彦	男	中学高级教师	1993.11	景宁一中
毛荣耀	男	高级经济师	1994.8	中国人民银行景宁畲族自治县支行
吴砌川	男	中学高级教师	1994.11	景宁一中
叶之舟	男	中学高级教师	1994.11	民族中学
周俊华	男	中学高级教师	1994.11	景宁一中
郑忠伟	男	中学高级教师	1994.11	景宁一中
刘金珠	女	副研究馆员	1995.9	县档案局
吴兆林	男	中学高级教师	1995.11	景宁一中
潘昌海	男	中学高级教师	1995.11	景宁一中
吴宝英	女	中学高级教师	1995.11	景宁一中
孙俐华	男	中学高级教师	1996.12	景宁一中
汤建新	男	中学高级教师	1996.12	景宁一中
蓝奕平	男	中学高级教师	1996.12	民族中学
林昌伦	男	中学高级教师	1996.12	景宁电大
刘汉光	男	高级兽医师	1996.12	农业局
林昌庭	男	高级农艺师	1997.11	农业局
赵汉群	男	中学高级教师	1997.11	景宁一中
林昌鹏	男	中学高级教师	1998.11	民族中学
夏宗清	男	中学高级教师	1998.11	景宁一中
周洪喜	男	中学高级教师	1998.11	景宁一中
商娟娟	女	中学高级教师	1998.11	教育局
叶光发	男	中学高级教师	1998.11	民族中学
陈 蛟	男	中学高级教师	1998.11	沙湾中学
刘小平	男	中学高级教师	1998.11	景宁一中
吴少春	男	中学高级教师	1999.10	教育局
王芸生	男	中学高级教师	1999.10	景宁一中
徐振帮	男	中学高级教师	1999.10	城北中学
范光明	男	中学高级教师	1999.12	景宁一中
徐永胜	男	副主任医师	1999.12	人民医院
林国香	女	副主任医师	1999.12	人民医院
张娟萍	女	中学高级教师	2000.11	景宁一中
吴慧玲	女	中学高级教师	2000.11	景宁一中

续表 41–3–12

姓　名	性别	资格名称	取得时间	单　位
吴瑞华	女	中学高级教师	2000.11	景宁一中
金武松	男	中学高级教师	2000.11	景宁一中
马桂芳	女	中学高级教师	2000.11	景宁一中
叶国杰	男	中学高级教师	2000.11	沙湾中学
张　勇	男	中学高级教师	2000.11	教育局
刘　饶	男	高级工程师	2000.12	科技局
梅翠萍	女	副主任医师	2000.12	人民医院
王晓美	女	副主任医师	2001.12	卫生局
王松寿	男	中学高级教师	2001.12	景宁一中
陈孟兴	男	中学高级教师	2001.12	景宁一中
王多英	女	中学高级教师	2001.12	景宁一中
任传奎	男	中学高级教师	2001.12	景宁一中
周文江	男	中学高级教师	2001.12	景宁一中
柳　云	男	中学高级教师	2001.12	景宁一中
吴一夫	男	中学高级教师	2001.12	沙湾中学
潘正亮	男	中学高级教师	2002.11	城北中学
吴　健	男	中学高级教师	2002.11	民族中学
朱文广	男	中学高级教师	2002.11	沙湾中学
毛昌立	男	中学高级教师	2002.11	景宁一中
陈卫东	男	中学高级教师	2002.11	景宁一中
邢一江	女	中学高级教师	2002.11	景宁一中
刘俊波	男	中学高级教师	2002.11	景宁一中
柳　坚	男	中学高级教师	2002.11	景宁一中
赵益云	男	中学高级教师	2002.11	景宁一中
金利兵	男	中学高级教师	2002.11	景宁一中
韦朝辉	男	中学高级教师	2002.11	教育局
严振水	男	中学高级教师	2002.12	教育局
陈敬东	男	中学高级教师	2002.11	景宁一中
严小伟	男	中学高级教师	2002.11	景宁一中
毛华敏	男	高级律师	2002.9	浙江万申佳律师事务所
潘舸平	男	中学高级教师	2002.12	实验一小
潘作仁	男	高级讲师	2002.12	县委党校
潘蔷薇	女	高级会计师	2002.12	核算中心
刘伟英	女	高级会计师	2002.12	核算中心
雷森根	男	副研究馆员	2002.12	文体广电局
林兴忠	男	副主任医师	2002.12	卫生局
王存美	男	高级农艺师	2003.4	农　办
徐卫峰	男	高级会计师、高级审计师	2003.7	审计局
梅荣健	男	中学高级教师	2003.11	景宁一中
张志明	男	中学高级教师	2003.11	景宁一中

续表 41-3-12

姓　名	性别	资格名称	取得时间	单　位
彭　红	女	中学高级教师	2003.11	景宁一中
尤华芳	女	中学高级教师	2003.11	景宁一中
叶　筠	女	中学高级教师	2003.11	景宁一中
吴劭斌	男	中学高级教师	2003.11	城北中学
严秋影	女	中学高级教师	2003.11	城北中学
张　洁	女	中学高级教师	2003.11	民族中学
周竹娅	女	中学高级教师	2003.11	教育局
杜晓芬	女	中学高级教师	2003.11	景宁一中
林　浩	男	中学高级教师	2003.11	县教研室
吴聪慧	女	中学高级教师	2003.11	实验二小
潘正贤	男	高级农艺师	2003.12	农业局
叶玉珠	女	高级工程师	2003.12	林业局
刘希标	男	副主任医师	2003.12	县疾控中心
陈一萍	女	中学高级教师	2003.12	职业高中
毛晔德	男	中学高级教师	2003.12	实验一小
毛吉花	女	高级会计师	2003.12	财政局
叶贤长	男	高级会计师	2004.5	财政局
梁寿英	女	中学高级教师	2004.11	民族中学
吴大岩	男	中学高级教师	2004.11	景宁一中
张玮英	女	中学高级教师	2004.11	教育局
潘晓明	男	中学高级教师	2004.11	景宁一中
吴永礼	男	中学高级教师	2004.11	景宁一中
严小卫	女	中学高级教师	2004.11	景宁一中
沈芳林	男	中学高级教师	2004.11	民族中学
梅建平	男	中学高级教师	2004.11	教育局
严加贵	男	中学高级教师	2004.11	城北中学
李　荣	男	中学高级教师	2004.12	实验二小
柳敏敏	女	中学高级教师	2004.12	实验二小
柳笑仙	女	高级讲师	2004.12	县委党校
梅　景	男	中学高级教师	2005.11	景宁一中
潘方平	男	中学高级教师	2005.11	景宁一中
夏建民	男	中学高级教师	2005.11	景宁一中
陈炳火	男	中学高级教师	2005.11	景宁一中
吴伟春	男	中学高级教师	2005.11	景宁一中
梅　美	女	中学高级教师	2005.11	景宁一中
王敏健	男	中学高级教师	2005.11	职业高中
金美娟	女	中学高级教师	2005.11	职业高中
梅盛军	男	中学高级教师	2005.11	职业高中
陈　峰	男	中学高级教师	2005.11	城北中学
雷祖华	男	中学高级教师	2005.11	民族中学

续表 41-3-12

姓　名	性别	资格名称	取得时间	单　位
梅冬美	女	中学高级教师	2005.11	民族中学
叶世标	男	中学高级教师	2005.11	民族中学
柳花明	女	中学高级教师	2005.11	景宁电大
陈韶伟	男	中学高级教师	2005.11	景宁电大
王传松	男	中学高级教师	2005.11	城北中学
张怀海	男	中学高级教师	2005.11	实验一小
刘赵康	男	高级农艺师	2005.12	扶贫办
程义华	男	高级农艺师	2005.12	农业局
王建林	男	高级农艺师	2005.12	农业局
刘卫美	女	高级经济师	2006.4	农业局
丁四芳	女	高级农艺师	2006.12	农业局
林玉梅	女	高级兽医师	2006.12	农业局
王俊敏	男	高级农艺师	2006.12	县国土局
毛伟东	男	副主任医师	2006.12	人民医院
金国忠	男	中学高级教师	2006.12	景宁中学
余学章	男	中学高级教师	2006.12	景宁中学
王丽芬	女	中学高级教师	2006.12	景宁中学
毛小玲	女	中学高级教师	2006.12	景宁中学
毛玉伟	男	中学高级教师	2006.12	城北中学
梅爱昌	男	中学高级教师	2006.12	景宁中学
王晓红	女	中学高级教师	2006.12	景宁中学
吴家祥	男	中学高级教师	2006.12	城北中学
梅海英	女	中学高级教师	2006.12	城北中学
马如平	男	中学高级教师	2006.12	城北中学
李玉芬	女	中学高级教师	2006.12	教研室
蒋林菊	女	中学高级教师	2006.12	民族中学
柳育谈	男	中学高级教师	2006.12	民族中学
潘建芬	女	中学高级教师	2006.12	职业高中
项德林	男	中学高级教师	2006.12	职业高中
毛伟军	男	中学高级教师	2006.12	职业高中
徐柏林	男	中学高级教师	2006.12	职业高中
林兴国	男	副研究员	2006.12	实验一小
吴美英	女	副研究馆员	2006.12	县文化馆
叶　峰	男	高级会计师	2007.4	大际乡政府
周　东	男	高级会计师	2007.4	县地税局
胡益选	男	高级会计师	2007.4	县纪委
吴红梅	女	中学高级教师	2007.12	县教育局教研室
黄龙飞	男	中学高级教师	2007.12	景宁中学
林俊清	男	中学高级教师	2007.12	景宁中学
夏海燕	女	中学高级教师	2007.12	景宁中学

续表 41-3-12

姓　名	性别	资格名称	取得时间	单　位
张光凡	男	中学高级教师	2007.12	景宁中学
叶慧英	女	中学高级教师	2007.12	景宁中学
潘艺影	女	中学高级教师	2007.12	景宁中学
张伟清	男	中学高级教师	2007.12	景宁中学
叶　茗	女	中学高级教师	2007.12	景宁中学
鲍秋萍	女	中学高级教师	2007.12	景宁中学
任传顶	男	副研究员	2007.12	职业高中
贾金标	男	中学高级教师	2007.12	职业高中
严家寿	男	中学高级教师	2007.12	职业高中
何锦华	女	中学高级教师	2007.12	职业高中
张志盛	男	中学高级教师	2007.12	城北中学
陈方美	男	中学高级教师	2007.12	城北中学
翁晓华	男	中学高级教师	2007.12	民族中学
叶炜娥	女	中学高级教师	2007.12	民族中学
王秀琴	女	中学高级教师	2007.12	民族中学
蓝进平	男	中学高级教师	2007.12	民族中学
何阳宁	男	高级讲师	2007.12	县委党校
兰美娟	女	副主任护师	2007.11	县人民医院
陈学智	男	副主任中医师	2007.11	县人民医院
周贤东	男	高级经济师	2007.12	县农业局
陈　娟	女	档案副研究馆员	2007.12	县人民医院
李　勇	男	高级政工师	2007.12	县林业局
厉晓娟	女	高级会计师	2008.4	滩坑电站景宁库区移民和复建工作指挥部
梅建华	男	中学高级教师	2008.8	民族中学
项莉芳	女	副研究馆员	2008.11	县文物保护管理所
尚建基	男	主任医师	2008.11	县人民医院
周　艳	女	副主任医师	2008.11	县人民医院
梅　伟	男	副主任药师	2008–11	县人民医院
李克和	男	高级农艺师	2008.12	县经济作物总站
夏建平	男	高级农艺师	2008.12	县农业局
杜一新	男	高级农艺师	2008.12	县农业局
梅兴宇	男	高级工程师	2008.11	县广播电视台
邢方方	女	中学高级教师	2008.12	景宁中学
叶世斌	男	中学高级教师	2008.12	景宁中学
林　毅	男	中学高级教师	2008.12	景宁中学
练素恩	女	中学高级教师	2008.12	景宁中学
叶炜莉	女	中学高级教师	2008.12	景宁中学
严玉琴	女	中学高级教师	2008.12	景宁中学
徐丽芳	女	中学高级教师	2008.12	景宁中学
陈佩玉	女	中学高级教师	2008.12	景宁中学

续表 41-3-12

姓　名	性别	资格名称	取得时间	单　位
吴家亮	男	中学高级教师	2008.12	职业高中
赵槐珠	女	中学高级教师	2008.12	职业高中
梁清香	女	中学高级教师	2008.12	职业高中
韦朝丰	男	中学高级教师	2008.12	职业高中
吴一兵	男	中学高级教师	2008.12	城北中学
叶有东	男	中学高级教师	2008.12	城北中学
陈呈慧	女	中学高级教师	2008.12	城北中学
吴春美	女	中学高级教师	2008.12	民族中学
汤惠芬	女	中学高级教师	2008.12	民族中学
商培荣	男	中学高级教师	2008.12	民族中学
吴希英	女	中学高级教师	2008.12	实验一小
许元科	男	高级工程师	2008.12	县林业局
毛慧琴	女	高级工程师	2008.12	县水利局
金雯英	女	高级实验师	2009.11	民族中学
朱卫红	女	中学高级教师	2009.11	城北中学
蓝建梅	女	中学高级教师	2009.11	城北中学
吴慧清	女	中学高级教师	2009.11	城北中学
王桠华	女	中学高级教师	2009.11	城北中学
任文娟	女	中学高级教师	2009.11	城北中学
林　华	男	中学高级教师	2009.11	民族中学
彭家宝	男	中学高级教师	2009.11	民族中学
吴慧娟	女	中学高级教师	2009.11	民族中学
陈可伟	男	中学高级教师	2009.11	民族中学
柳相英	女	中学高级教师	2009.11	民族中学
吴丽珍	女	中学高级教师	2009.11	民族中学
林　华	男	中学高级教师	2009.11	民族中学
严振根	男	中学高级教师	2009.11	职业高中
叶春玲	女	中学高级教师	2009.11	职业高中
张立功	男	中学高级教师	2009.11	景宁中学
梅　敏	女	中学高级教师	2009.11	景宁中学
吴龙生	男	中学高级教师	2009.11	景宁中学
李兴钱	男	中学高级教师	2009.11	景宁中学
陈延付	男	中学高级教师	2009.11	景宁中学
鲍金丽	女	中学高级教师	2009.11	景宁中学
吴娟香	女	副研究馆员	2009.12	景宁县图书馆
陈华丽	女	副研究馆员	2009.12	县非物质文化遗产保护中心
占金妹	女	副研究馆员	2009.12	县文化馆
陈孟华	男	高级农艺师	2009.12	农业局农作站
梁碧元	男	高级农艺师	2009.12	农业局土肥植保站
王佩英	女	副主任医师	2009.12	县妇保所

续表 41-3-12

姓　名	性别	资格名称	取得时间	单　位
梅小娟	女	副主任医师	2009.12	县人民医院
杨娟英	女	副主任医师	2009.12	县计生指导站
陈益康	男	高级工程师	2009.12	县建筑工程质量监督站
陈秀亮	男	高级工程师	2009.12	县教育局校管办(借用)
刘秀美	女	高级工程师	2009.12	县水利局水利管理站
严益贵	男	高级工程师	2009.12	县防汛抗旱指挥部办公室
刘日林	男	高级工程师	2009.12	县营林公司
孙伟芬	女	中学高级教师	2010.11	景宁中学
柳向荣	男	中学高级教师	2010.11	景宁中学
陈建军	男	中学高级教师	2010.11	景宁中学
胡建民	男	高级实验师	2010.11	景宁中学
毛云长	男	中学高级教师	2010.11	城北中学
商庆平	男	中学高级教师	2010.11	城北中学
吴学民	男	中学高级教师	2010.11	城北中学
周新平	男	中学高级教师	2010.11	城北中学
林丽燕	女	中学高级教师	2010.11	城北中学
史玉灿	男	中学高级教师	2010.11	民族中学
陈战耕	男	中学高级教师	2010.11	民族中学
毛英妹	女	中学高级教师	2010.11	民族中学
任利锋	男	中学高级教师	2010.11	民族中学
徐永平	男	中学高级教师	2010.11	民族中学
朱颖衡	女	中学高级教师	2010.11	民族中学
陈水英	女	中学高级教师	2010.11	民族中学
商剑虹	女	中学高级教师	2010.11	沙湾中学
叶长有	男	中学高级教师	2010.12	县民族小学
杨万森	男	中学高级教师	2010.11	景宁职高
夏岳莲	女	中学高级教师	2010.11	景宁职高
季彤曦	女	副研究馆员	2010.12	县文化馆
梅丽红	女	副研究馆员	2010.12	县文化馆
周巧灵	女	副研究馆员	2010.12	县文化馆
梅慧鸿	女	副研究馆员	2010.12	县民族青少年宫
杨小红	女	副研究馆员	2010.12	鹤溪镇文化站
孙晓清	女	副主任医师	2010.11	县人民医院
吴芦英	女	副主任技师	2010.11	县人民医院
杨娟绿	女	副主任医师	2010.11	县人民医院
叶超英	女	副主任护师	2010.11	县人民医院
潘昌远	女	副主任医师	2010.11	县人民医院
季必池	男	副主任医师	2010.11	县人民医院
胡颖敏	女	副主任医师	2010.11	县妇幼保健站
何伟民	男	高级农艺师	2010.12	县农业局农作站

续表 41-3-12

姓　名	性别	资格名称	取得时间	单　位
刘德炎	男	高级兽医师	2010.12	县农业局畜牧兽医局
叶发宝	男	高级经济师	2010.12	县农业局农经站
周光平	男	高级政工师	2010.12	县电视台

第十三节　1993—2010年景宁寓外正高级专业技术人员名录

表 41-3-13

姓　名	性别	出生年份	籍贯	职称	评定年份	供职单位
梅中天	男	1934	大漈乡	高级经济师	1989.2	四川省宜宾市制材厂
林焕信	男	1936	大地乡	高级工程师	1995.12	西安市城市规划、设计研究院
叶树宁	男	1953	英川镇	副研究员	1996.12	广州地理研究所
毛卫民	男	1967	景南乡	教授	2003.12	浙江工业大学
叶碎林	男	1955	渤海镇	主任医师　神经外主任	2002.12	丽水市人民医院
叶一萍	女	1957	雁溪乡	主任医师　中医科主任	2002.12	丽水市人民医院
柳育健	男	1950	沙湾镇	主任医师	2002.12	丽水市中心医院
任翔英	男	1954	标溪乡	主任医师	2005.12	丽水市中心医院
杜晓燕	女	1958	鹤溪镇	外科主任医师	2005.12	温州医学院附一院
朱锡元	男	1967	澄照乡	主任医师　肛肠外科主任	2006.12	丽水市人民医院
潘聪慧	男	1962	鹤溪镇	主任医师	2006.12	丽水市中心医院
林海玲	女	1965	鹤溪镇	主任医师	2007.11	丽水市中心医院
叶冠雄	男	1963	沙湾镇	主任医师　普外五区主任 微创中心主任	2007.12	丽水市人民医院
蒋丽青	男	1966	鹤溪镇	主任医师 研究生管理办、 中西医骨科副主任	2007.12	丽水市人民医院
胡昌盛	男	1962	家地乡	主任医师	2008.12	丽水市人民医院
何光向	男	1957	葛山乡	主任医师	2009.12	丽水市人民医院
周小庆	男	1964	英川镇	主任医师　外科系主任 泌尿科外科主任	2010.12	丽水市人民医院

第十四节　1993—2010年景宁寓外博士名录

表 41-3-14

姓　名	性别	出生年份	籍贯	职称\学位	供职单位
王　龙	男	1987	梧桐乡	博士	杭州福斯特光伏材料有限公司
毛小伟	男	1967	秋炉乡	博士	美国加州太平洋公司任职
叶玉珍	女	1974	鹤溪镇	博士	美国印地安那大学助理教授
叶属峰	男	1971	梧桐乡	博士后	国家海洋局东海分局
任力伟	男	1965	鹤溪镇	博士	加州硅谷

续表 41-3-14

姓　名	性别	出生年月	籍贯	职称\学位	供职单位
苏延芳	女	1981	沙湾镇	博士	美国哈佛大学
李静怡	女	1972	梅岐乡	博士后	美国加利福尼亚州从事转基因研究
沈松海	男	1962	渤海镇	博士后	美国西雅图
陈兴伟	男	1978	沙湾镇	博士\注册工程师	美国路易斯安那州交通厅
吴耀敏	男	1970	鸬鹚乡	博士、电信主管	澳大利亚联邦经济监管委员会
张丽青	女	1965	大地乡	博士	上海交大
陈　莹	女	1980	毛垟乡	博士	国家商务部市场体系建设司
陈卫旗	男	1967	九龙乡	院长、博士	广州大学工商管理学院
陈　刚	男	1973	渤海镇	副院长、博导	浙大计算机学院
林海芬	女	1980	梧桐乡	博士	大连理工大学副教授
高　勇	男	1975	沙湾镇	博士	纽约
高　华	男	1976	沙湾镇	双博士	科罗拉多大学
柳　松	男	1961.9	沙湾镇	博士	美国 Pvoctorb Gamble 公司药物研究所
柳建光	男	1980	鹤溪镇	博士	财政部国库司国债发行兑发管理处副处长
柳志娟	女	1982	英川镇	博士	中国航天科技集团第八研究院
柳先辉	男	1979	英川镇	教授、博士、cad 研究所副所长	同济大学
赵　云	男	1974	鹤溪镇	博士	香港大学法学院
蒋　平	男	1978	英川镇	博士	中国运载火箭技术研究院总技术部
蓝　菁	女	1983	东坑镇	博士	日本东京大学经济管理
雷　宇	男	1977	沙湾镇	博士	北京中电博亚科技有限公司
雷群芳	女	1967	沙湾镇	博士	浙江大学实验与设备管理处副处长
潘李美	女	1976	外舍(管理区)	博士	北京西城区
潘忠伟	男	1979	鹤溪镇	博士	四川师范大学

第十五节　1993—2010 年景宁寓外正县(团)级以上党政军干部名录

表 41-3-15

姓　名	性别	出生年份	籍贯	职称\学位	供职单位
毛马金	男	1946	英川镇	副部长	温州市委组织部
王仕星	男	1962	英川镇	副局长	省气象局
王卫青	男	1975	葛山乡	队长	浙江省第七地质大队
叶　青	男	1968	澄照乡	县长	庆元县
叶　俊	男	1965	雁溪乡	处长	省环保厅
叶向阳	男	1967	沙湾镇	处长	武警浙江总队作战勤务处
叶沙平	男	1962	雁溪乡	局长	市环保局
叶汝明	男	1955	大地乡	纪检组长(正团)	市国土资源局
叶晓云	男	1962	雁溪乡	副局长	省粮食局
叶祥满	男	1955	雁溪乡	主任	浙江工业大学政策研究室

续表 41-3-15

姓　名	性别	出生年份	籍贯	职称\学位	供职单位
占志妙	男	1954	渤海镇	副主任、主席	丽水市人大常委会、市总工会
刘师荣	男	1930	东坑镇	副师职编辑	总参动员部
刘明聪	男	1937	葛山乡	主任	省人大民宗侨办公室
刘志勇	男	1949	英川镇	副局长(正团)	丽水市民政局
刘世书	男	1953	英川镇	局长	市水利局
任晓俐	女	1958	梧桐乡	主任、副局长	金华市国资委、财政局
任韩高	男	1963	梧桐乡	市社科联主席	市广电总台
陈三军	男	1956	沙湾镇	党委委员、纪委书记	省地质勘测局
陈兰慧	女	1967	九龙乡	办公厅主任	吉林省政府
陈武雄	男	1964	毛垟乡	大校、高级工程师	北京
陈崇东	男	1971	鹤溪镇	正处级秘书	省人大办公厅
张卫平	男	1955	英川镇	处长	铁道部石家庄工程学院
张国彬	男	1964	郑坑乡	副局长	文化部老干部局
何根洪	男	1971	鸬鹚乡	正团	中国人民解放军驻上海某部
吴利文	男	1953	鹤溪镇	局长	市审计局
吴建华	男	1966	英川镇	副局长	杭州市民宗局
沈金清	男	1956	渤海镇	主任	市政府处理和防范邪教问题办公室
沈根火	男	1966	陈村乡	大校	南京军区
郑忠伟	男	1959	大漈乡	书记	宁波市第二中学
张毅夫	男	1947	外舍(管理区)	书记	丽水地区机关党委
洪　宁	男	1964	鹤溪镇	院长	浙工大之江信息工程学院
徐成坤	男	1948	东坑镇	师级	南京军区
彭晓华	男	1958	大漈乡	副主任(副厅)	农业部渔政指挥中心
翁建荣	男	1967	沙湾镇	书记	平湖市委
雷一坤	男	1966	澄照乡	主席	云和县政协
雷云根	男	1952	梧桐乡	副师、大校	嘉兴武警部队医院
雷喜庆	男	1935	东坑镇	副书记	丽水地区政法委
潘利民	男	1969	外舍(管理区)	处长	省委610办公室涉外处
潘岱云	男	1936	鹤溪镇	副院长	宁波市中级人民法院

第十六节　宋代进士名录(补录)

表 41-3-16

时代	姓　名	公元纪年	科　名	职位及封赠
宋	王　毅	975	宋丙子科	建安县尹 严州知府
	梅景春	1268	恩列周三异榜 (咸淳四年)	永嘉主学

附　　录

一、法规与政策

浙江省景宁畲族自治县自治条例

（1989年4月15日景宁畲族自治县第二届人民代表大会第四次会议通过，1989年7月1日浙江省第七届人大常委会第十次会议批准，1989年9月1日起施行

根据1995年4月29日浙江省第八届人大常委会第十八次会议批准修改《景宁畲族自治县人民代表大会大关于修改〈浙江省景宁畲族自治县自治条例〉的决定》的决定第一次修正

根据2007年5月25日浙江省第十届人大常委会第三十二次会议关于批准《景宁畲族自治县人民代表大会关于修改〈浙江省景宁畲族自治县自治条例〉的决定》的决定第二次修正）

第一章　总　　则

第一条　根据《中华人民共和国宪法》《中华人民共和国民族区域自治法》和《国务院实施〈中华人民共和国民族区域自治法〉若干规定》，结合景宁畲族自治县的政治、经济、文化等特点，制定本条例。

第二条　景宁畲族自治县（以下简称自治县）是依法实行畲族区域自治的地方。

自治县的自治机关设在鹤溪镇。

第三条　自治县的自治机关依法行使县级国家机关的职权，同时依法行使自治权。

第四条　自治县的自治机关带领全县各族人民以马克思列宁主义、毛泽东思想、邓小平理论和“三个代表”重要思想为指导，按照科学发展观和构建社会主义和谐社会的要求，推进经济、政治、文化、社会建设，努力实现社会主义现代化，把自治县建设成为团结奋斗、繁荣发展的民族自治地方。

第五条　自治县的自治机关保证宪法、法律、法规在本县的遵守和执行，把国家的整体利益放在首位，积极完成上级国家机关依法交给的各项任务。自治县依法享受上级国家机关的扶持、帮助，加速发展社会主义现代化建设事业。

第六条　自治县的自治机关保障各族公民在法律面前一律平等。

自治县的各族公民都享有宪法和法律规定的权利；同时，必须履行宪法和法律规定的义务。

自治县的自治机关维护和发展各民族的平等、团结、互助的社会主义民族关系。

第七条　自治县的自治机关在不违背宪法和法律的前提下，根据有利于发展社会生产力，有利于增强经济实力，有利于提高人民的物质、文化生活水平，有利于各民族平等、团结、共同繁荣的原则，有权采取特殊政策和灵活措施，加速本县经济建设和社会事业的发展。

上级国家机关的决议、决定、命令和指示，如有不适合自治县实际情况的，自治县的自治机关在报经该上级国家机关批准后，可以变通执行或停止执行。

第八条　自治县人民政府组织实施本条例，每年将实施情况向县人民代表大会或者县人民代表大会常务委员会报告。

第二章　自治机关和人民法院、人民检察院

第九条　自治县的自治机关是自治县的人民代表大会和人民政府。

自治县人民代表大会是自治县的地方国家权力机关。它的常设机关是自治县人民代表大会常务委员会，对自治县人民代表大会负责并报告工作。

自治县人民政府是自治县人民代表大会的执行机关，是自治县的国家行政机关，对自治县人民代表大会和上一级国家行政机关负责并报告工作。在自治县人民代表大会闭会期间，对自治县人民代表大会常务委员会负责并报告工作。

第十条　自治县人民代表大会中各民族代表名额和比例，依据法律规定的原则，按省人民代表大会常务委员会的有关规定确定。

第十一条　自治县人民代表大会常务委员会的组成人员中，畲族公民应占适当比例，应有畲族公民担任主任或副主任。

第十二条　自治县人民代表大会有权根据自治县实际情况，依法制定、修改自治条例和单行条例。自治条例和单行条例的制定和修改，经自治县人民代表大会以全体代表的过半数通过，报省人民代表大会常务委员会批准后生效。

第十三条　自治县县长由畲族公民担任。自治县人民政府的其他组成人员，要重视配备畲族公民。

第十四条　自治县的人民法院和人民检察院的组织、职能和工作，依照法律有关规定执行。

自治县的人民法院和人民检察院的领导成员中应当有畲族公民。

第三章　经济建设

第十五条　自治县在上级国家机关的帮助、指导下，研究、制定和实施国民经济和社会发展规划，自主安排和管理本县的经济社会建设事业。

在上级国家机关制订中长期规划依法听取意见时，自治县应当根据本县的发展规划和重大项目

建设需要,积极提出意见建议。

自治县享受省人民政府比照西部大开发有关政策的扶持。

自治县在经济社会建设管理中,除法律、法规规定的权限外,还可以行使省人民政府赋予的其它管理权。

自治县的基础设施建设项目和资源开发、深加工项目享受上级国家机关优先安排的照顾。

对上级国家机关安排的基础设施建设项目,本县承担的配套资金应当减少或者免除。

第十六条 自治县依法保护和管理本县的自然资源,对本县可以开发的自然资源,优先合理开发利用。

自治县的自治机关对投资开发自然资源的单位和个人的合法权益给予保护。

自然资源的开发项目必须有利于本县可持续发展,照顾人民群众的生产和生活。

第十七条 自治县坚持珍惜土地,合理、集约利用土地的方针,全面规划,加强管理,保护、开发土地资源,促进国有土地资产的保值增值。

自治县依法保障农户土地承包经营权,并依照自愿原则,支持农户承包的土地经营权有偿流转。

自治县基础设施建设所占用的耕地,其开垦费按省定标准的下限收取。

第十八条 自治县加大农业投入,不断改善农业生产条件,大力引进和推广先进的农业适用技术,推进农业经济标准化、规模化和产业化发展。

自治县保障农民的生产经营自主权,实行多种经济形式和多种经营方式,发展种植业、养殖业和其他产业,扶持农业企业和各类农民专业合作经济组织,并在技术、信息和经营管理上做好服务,不断增加农民收入。

第十九条 自治县依法确定山林的所有权和使用权。

自治县确立以生态建设为主的林业可持续发展道路,坚持生态效益、经济效益和社会效益相结合,按照严格保护、积极发展、科学管理、持续利用森林资源的方针,依法加强森林资源和生态安全的管理。实施分类经营,保护和建设生态公益林、自然保护区,鼓励社会造林。建立森林生态效益补偿机制,加快投入,扶持发展高效生态林业,推进林业现代化。

第二十条 自治县坚持水资源合理配置,实现水资源可持续利用。大力发展水利产业,发挥水资源的综合效益。

自治县制定饮用水水源保护规划,依法划定饮用水水源保护区,切实加强饮用水水源保护,确保饮用水的清洁、安全。禁止在饮用水水源保护区排放污染物。

第二十一条 自治县依照国家有关法律、法规的规定,保护和管理自治县的矿产资源,对可以由自治县开发的矿产资源,优先合理开发利用。

第二十二条 自治县坚持环境保护与经济社会发展并重的方针,实行环境与发展综合决策,促进循环经济发展,实现经济效益、社会效益和环境效益的统一。保护和改善生产环境和生活环境,保障人民群众身体健康,促进经济和社会的可持续发展。

第二十三条 自治县大力推进新型工业化建设,重点扶持资源型、生态型和深加工型的工业企业,特别要扶持生产地方特色的手工艺产品和民族特需商品。加强横向经济联系,积极引进技术、项目、资金和人才。

自治县鼓励县内外的经济组织和个人在本县办企业、事业,给予享受优惠政策,并保护其合法权益。

自治县采取措施办好经济开发区。

第二十四条　自治县的民族贸易企业应根据方便人民群众生产、生活的原则，合理设置网点，主动参与市场竞争，发挥主渠道作用。在投资、金融、税收等方面享受国家规定的民族贸易政策的照顾。

自治县对少数民族特需商品实行定点生产，并按需建立储备制度。

第二十五条　自治县鼓励和扶持开放型经济的发展。在对外经济贸易活动中，享受国家规定的优惠政策。

第二十六条　自治县科学规划、加速推进城市化建设。多层次、多渠道筹措基本建设资金，完善公共设施，注重体现民族风貌，加强城市管理力度，充分发挥城镇在流通、信息、文化、技术等方面的中心辐射作用。

自治县积极培育新集镇、中心村，统筹建设社会主义新农村和新社区，按规划完善其基础设施和公共设施。

自治县享受上级国家机关对城市建设资金倾斜安排的照顾。

第二十七条　自治县积极发展交通运输事业，加速公路运输网络和水运建设，完善农村公路养护管理体制，充分发挥民间运输能量，改善交通运输条件。

第二十八条　自治县积极发展信息产业，加快信息网络建设，提高现代信息服务水平。

第二十九条　自治县按照统一规划、严格保护、突出重点、科学开发的原则，加大扶持力度，加快发展畲乡风情旅游业。

第三十条　自治县巩固和扩大扶贫开发成果，积极扶持地质灾害隐患点和高远山村农民异地移民，重点加强生产基地和基础设施建设，改善生产生活条件，与建设社会主义新农村相结合。

第三十一条　自治县自主管理县属的企业、事业，上级国家机关如要改变其隶属关系，应经自治县的自治机关同意。

自治县境内省属、市属的企业、事业单位，要尊重自治机关的自治权，接受自治机关的监督。

第四章　社会事业建设

第三十二条　自治县按照国家有关方针、政策，自主管理自治县的教育、科学、文化、广播、电视、卫生、体育、计划生育等事业，提高各族人民的科学文化水平。

第三十三条　自治县加快社会事业基础设施建设，发挥公共财政的主导作用，逐年加大投入力度。对教育科技事业经费投入的财政拨款增长幅度，高于财政经常性收入的增长幅度。

自治县享受上级国家机关安排社会事业建设专项补助经费的重点倾斜照顾。

自治县鼓励社会力量参与社会事业建设，接受各类组织和个人的捐赠，并按照规定给予捐赠者享受优待。

第二十四条　自治县把教育事业放在优先发展的战略地位。根据分级管理、以县为主的教育管理体制，全面贯彻教育方针，全面实施素质教育，普及十五年基础教育，大力发展职业教育，办好成人教育。

自治县按照有关规定享受对民族教育专项资金倾斜安排的照顾，安排专项资金改善学校办学条件和教学设施。

自治县保障少数民族学生完成普及教育阶段的学业，享受生活补贴。

第三十五条　自治县大力发展民族教育事业，办好民族小学和民族中学。高级中学招收新生时，对畲族学生适当放宽录取条件；民族小学可采用普通话和畲语结合教学。

农村小学可适当放宽师生比例，促进农村教育的均衡发展。

第三十六条　在各级招生主管部门的监督下，高等院校和中等专业技术学校在招收新生时，自治县考生享有降分录取的照顾。

第三十七条　自治县建立和完善科技服务体系和科学普及体系，积极运用上级国家机关对自治县的科技扶持政策，开发科技项目，推广应用科技成果，推进科技进步和创新。

自治县鼓励和支持科技人员开展各项科技研究和推广活动。对研究、推广有显著成绩的单位和个人给予奖励。

第三十八条　自治县兴办文化、体育事业，加大投入，完善公共文化服务体系。以弘扬畲族文化为重点，挖掘民间民俗传统的文化体育资源，开展群众性文化体育活动，积极建设文化畲乡。

自治县保护历史文物和名胜古迹，尊重畲族穿戴和礼仪，加强对非物质文化遗产的搜集、整理、研究和开发工作，促进文化产业的发展。

第三十九条　自治县重视广播、电视、新闻和出版事业的发展。在上级国家机关的帮助下，加快基础设施建设，普及广播电视，加强新闻宣传，突出民族特色，不断提高质量。

第四十条　自治县积极发展医疗卫生事业。在上级国家机关的帮助下，增加投入，加强公共卫生体系和卫生基础设施建设，建立并完善农村卫生服务体系、新型农村合作医疗制度和医疗救助制度。

自治县鼓励和支持畲族民间传统医药的研究和开发。

自治县组织和开展爱国卫生运动，依法加强食品药品管理、卫生监督，采取有效措施预防控制传染病、地方病和职业病，提高人民群众健康水平。

第四十一条　自治县依法做好人口和计划生育工作，控制人口数量，提高人口素质，稳定低生育水平。

第四十二条　自治县加快社会保障体系的建设，完善养老、医疗、失业、工伤、生育等保险以及城乡居民最低生活保障等制度，形成与本县的经济和社会发展相适应的社会保障体系。

第五章　人才队伍建设

第四十三条　自治县坚持人才强县战略，健全人才管理机制，采取措施培养、引进、用好人才，建设一支德才兼备、熟悉民族政策的人才队伍。

第四十四条　自治县的自治机关所属工作部门、自治县的人民法院和人民检察院的工作人员中，畲族公民的比例要逐步与畲族人口比例相适应。

第四十五条　自治县积极培养行政管理人才、企业经营管理人才和专业技术人才，特别要重视畲族人才和妇女人才的培养、选拔和使用。在后备人才队伍建设中，畲族公民所占比例要高于其人口比例。

第四十六条　自治县的国家机关录用人员时，对畲族公民应当适当照顾，可规定相应名额、岗位或者比例。

自治县的事业单位聘用人员时，畲族公民应当占有一定比例，条件可适当放宽。

自治县的企业单位招收人员时，对畲族公民可放宽条件。

第四十七条　自治县境内省属、市属的企业、事业单位，在招收人员时，应当优先招收自治县公民，其中畲族公民应有一定比例，并适当放宽录取条件。

第四十八条　自治县的干部、职工可以享受少数民族地区补贴和其他优惠待遇。

第六章　财政管理

第四十九条　自治县的财政是国家财政体制的一级地方财政。

自治县的自治机关依法享有管理地方财政的自治权，自主调整财政预算的收支，安排使用收入的超收和支出的结余资金。财政收入和财政支出的项目，享受上级国家机关对民族自治地方的优待。

自治县的自治机关加强财政税收管理，严肃财经纪律，严格执行财政税收法规，加强审计监督工作，提高资金使用效益，力争财政收支状况逐年改善。

第五十条　自治县通过上级财政转移支付的支持，保证国家机关正常运转，财政供养人员工资、津贴和补贴按时足额发放，基础教育正常经费支出。在执行预算过程中，遇到上级国家机关的政策调整或者受灾减收等原因，县财政受到增支减收时，报请上级财政在测算转移支付时作为因素给予照顾。

第五十一条　自治县人民政府对自治县各项开支标准、定员、定额，根据国家规定的原则，结合自治县实际情况，可以制定补充规定和具体办法，报省人民政府批准后执行。

第五十二条　自治县的财政预算支出，按照国家规定，设机动资金，预备费在预算中所占比例高于非自治县。

自治县在自主安排少数民族发展专项资金和民族工作经费的同时，享受上级国家机关安排的少数民族发展专项资金和民族工作经费。

自治县对国际组织和国外政府的赠款以及优惠的贷款，享受优先、倾斜安排的照顾。

第五十三条　自治县鼓励商业银行等金融机构对本县的各项建设事业，特别是重点建设项目和农村建设项目，加大信贷投入。

自治县享受国家给予民族地区的无息贷款、贴息贷款和低息贷款的优惠，并充分发挥其效益。

第五十四条　自治县执行国家对民族自治地方的税收政策。除国家规定的可减免税收项目外，对属于地方财政收入的某些税收项目，经省人民政府批准，可以实行减税或者免税。

自治县上划的增值税等共享收入的增量部分按照国家规定享受返还的照顾。

第五十五条　自治县征收的林业基金、矿产资源补偿费、新增建设用地土地有偿使用费和排污费，除上缴中央部分外，其余上缴部分按照省人民政府有关规定全额返还，由自治县按照法律、法规规定的用途和范围，专款专用。

第五十六条　上级国家机关拨给自治县的各项补助专款和专用资金，实行专款专用，任何部门不得克扣、截留、挪用，不抵减正常预算收入。上级国家机关给予本县免交或者返还的税费，不抵减各项补助专款和专用资金，不影响各项补助专款和专用资金的分配。

第七章　民族关系

第五十七条　自治县认真贯彻执行民族政策，教育各民族干部和群众互相信任、互相学习、互相帮助、互相尊重，维护和发展各民族平等、团结、互助的社会主义民族关系。禁止对任何民族的歧视，禁止破坏民族团结和制造民族分裂的行为。

第五十八条　自治县保障各民族都有使用和发展自己语言的自由，鼓励各民族公民互相学习语言，推广全国通用的普通话。

第五十九条　自治县的人民法院和人民检察院保障各民族公民都有使用本民族语言进行诉讼的权利，对于不通晓本地通用语言的诉讼参与人，应当为他们翻译。

第六十条　自治县保障各民族都有保持或者改革自己风俗习惯的自由；保障各民族公民有宗教信仰自由；在处理涉及各民族的特殊问题时，必须与他们的代表充分协商，尊重他们的意见。

第八章　附　则

第六十一条　十二月二十四日为自治县成立纪念日。

第六十二条　本条例经自治县人民代表大会通过，报省人民代表大会常务委员会批准后生效。

第六十三条　本条例的解释权属于自治县人民代表大会常务委员会。

景宁畲族自治县水资源管理条例

（2001年4月12日县第五届人民代表大会第五次会议通过 2001年6月29日浙江省第九届人民代表大会常务委员会第二十七次会议批准　2001年7月9日起施行）

第一条　为了保护、开发和管理水资源，根据《中华人民共和国民族区域自治法》、《中华人民共和国水法》及有关法律、法规，结合本自治县实际，制定本条例。

第二条　在自治县境内保护、开发和管理水资源，必须遵守本条例。

本条例所称水资源，是指地表水和地下水。

第三条　水资源属于国家所有。农村集体经济组织所有水塘、水库中的水，属于集体所有。

第四条　自治县对水资源的保护、开发和管理，坚持水资源可持续利用的方针，在科学考察和调查评价的基础上，坚持经济效益、生态效益和社会效益相统一的原则，按照流域规划、区域规划和国民经济发展总体规划实施，优先满足城乡居民生活用水，统筹兼顾农业、工业和其他行业用水的需要，兴利除弊，综合利用，讲求效益，发挥水资源的多种功能，提高水资源的利用率。

第五条　自治县鼓励和支持国内外的组织和个人，按照“谁投资、谁受益”的原则，依法采取各种形式，参与自治县水资源的保护、开发建设。自治县保护其合法权益，并给予享受民族自治地方、欠发达地区的优惠政策。

第六条　上级有关部门对自治县水资源保护、开发建设，在项目立项、建设资金投入、生态效益补偿等方面实行政策扶持。

第七条　自治县水行政主管部门负责自治县水资源的统一管理；其他有关部门按照自治县人民政府确定的职责分工，做好有关水资源管理工作。

第八条　自治县保护水资源涵养林（地）、水土保持林（地），优化自然植被，对25度以上的耕地按规划逐步退耕还林，防治水土流失，改善生态环境。

第九条　自治县水行政主管部门会同有关部门制定水资源保护规划，界定各类水资源保护区域范围，建立保护区。自治县水资源保护区，实行封山育林。

禁止开垦湿地。

禁止在河道管理范围内建筑壅水、阻水设施或者构筑物。

禁止排放未经处理达标的有毒有害废水，禁止在水域滩地内或者水库、渠道管理范围内倾倒、堆存废弃物和垃圾。

第十条　自治县支持运流式小水电站进行水库配套改造，提高水能利用率和调节性能。严格限制新建运流式小水电站。

第十一条　上级有关部门应当单独核定自治县电网输配电费用。经核准后，自治县境内的水电生产企业可与用户签订供电合同，降低用户电费。

第十二条　发电工程项目应当与电网配套工程和环境保护工程同时设计、同时建设、同时验收、同时投入使用。

第十三条　凡在自治县境内直接从地下或者江河、湖泊取水的，或者利用自治县水资源兴建引水、蓄水工程的，必须按规定向水行政主管部门提出取水申请，说明取水的地点、类别、用途、数量、方式和计划，经审查同意后，发给取水许可证，方可取水。

第十四条　自治县对下列取水免予申请取水许可：

（一）农田、果园、植树取水；

（二）家庭生活、畜禽饮用取水；

（三）用人力、畜力或者其他简易方法取水；

（四）为应急消除危害公共安全或者农业抗旱临时取水。

第十五条　在自治县境内直接从地下、江河和湖泊取水、蓄水的组织和个人，必须按规定向自治县水行政主管部门按时缴纳水资源费。其征收标准和方法，按国家和省有关规定执行，逾期不缴纳的，可按规定加收滞纳金。

第十六条　自治县对符合本条例第十四条规定和非经营性公益事业取水的，免征水资源费。

新办企业或者外资企业在免征所得税期间，经自治县人民政府批准，可少征、缓征或者免征水资源费。

第十七条　自治县征收的水资源费由自治县按照法律、法规规定的用途和范围，专款专用，不得挪用。

自治县水行政主管部门水资源费的征收、使用和管理，接受财政、物价、审计部门的监督和检查。

第十八条 在自治县境内的水工程企业，按国家规定的税率或者优惠税率，向自治县税务部门纳税。

第十九条 违反本条例规定，有下列行为之一的，由自治县水行政主管部门责令限期纠正违法行为，按有关法律、法规的规定予以处罚；对有关责任人员可由监察部门给予行政处分：

（一）无证取水的；

（二）违反取水许可证规定取水的；

（三）非法转让、出租、转借取水许可证的；

（四）不按规定安装量水设施的；

（五）拒绝接受用水计量检查、提供数据的；

（六）拒不执行取水量核减或者限制决定的。

第二十条 有下列情形之一，由自治县水行政主管部门或者有关管理部门责令其采取补救措施，限期恢复，赔偿损失，并按有关法律、法规的规定予以处罚；构成犯罪的，依法追究刑事责任：

（一）违反流域或者区域开发综合规划的；

（二）破坏水资源、污染水资源的；

（三）损坏各种水工程和供水、取水设施的；

（四）违反本条例第九条第二、三、四款规定的。

第二十一条 拒绝、阻碍水资源管理人员执行公务，违反《中华人民共和国治安管理处罚条例》的，由公安机关处罚；构成犯罪的，依法追究刑事责任。

第二十二条 自治县水行政主管部门或者其他有关管理部门的工作人员玩忽职守，滥用职权，徇私舞弊的，由其所在单位或者监察部门给予行政处分；构成犯罪的，依法追究刑事责任。

第二十三条 本条例自公布之日起施行。

景宁畲族自治县民族民间文化保护条例

（2010年3月23日景宁畲族自治县第七届人民代表大会 第四次会议通过 2010年7月30日浙江省第十一届人民代表大会常务委员会第十九次会议批准）

第一章 总 则

第一条 为了保护、继承和弘扬民族民间优秀传统文化，促进自治县经济和社会发展，根据国家有关法律、法规的规定，结合本县实际，制定本条例。

第二条 本条例所称的民族民间文化包括：

（一）畲族语言和畲族服饰；

（二）具有代表性的民族民间传说、谚语、民歌、诗歌、戏剧、曲艺、音乐、舞蹈、绘画、雕塑、工艺美术等；

（三）具有民族民间特色的礼仪、节日和庆典活动、宗教文化、民族体育和民间游艺活动；

（四）具有学术、史料、艺术价值的手稿、经卷、典籍、文献、谱牒、楹联、契约等；

（五）畲医畲药和其他民间传统医药；

（六）集中反映民族民间生产生活习俗的饮食、民居、器皿、用具等；

（七）具有历史、艺术、科学价值的古遗址、古墓葬、古窑址、古建筑、石窟寺及石刻、近现代重要史迹等；

（八）具有民族民间传统文化特色的代表性建筑、设施、标识和特定的自然场所和文化空间；

（九）民族民间传统制作工艺和工艺美术珍品；

（十）民族民间文化传承人、传承单位所掌握的知识和技艺；

（十一）其他需要保护的民族民间文化。

第三条　民族民间文化保护工作，实行保护为主、抢救第一、合理利用、加强管理、传承发展的方针。

第四条　自治县、乡（镇）人民政府领导本行政区域内的民族民间文化保护工作。

自治县文化行政部门负责本行政区域内民族民间文化的保护工作。

自治县民族宗教事务部门负责协调民族民间文化保护过程中涉及民族宗教事项的相关工作。

自治县发展和改革、财政、经贸、建设、环境保护、国土资源、教育、卫生、旅游、体育、广播电视、档案等有关部门应当按照相关法律、法规和各自职责，做好民族民间文化保护工作。

第五条　自治县依法享受国家扶持民族自治地方文化事业发展的政策待遇，享受上级国家机关对民族民间文化保护资金、城乡文化建设项目和资金的倾斜和照顾。

第六条　自治县的公民、法人和其他组织都有保护民族民间文化的义务。

第二章　保护与管理

第七条　自治县人民政府应当将民族民间文化保护事业纳入国民经济和社会发展规划，制定民族民间文化保护规划，与土地利用总体规划、城乡规划、旅游总体规划相衔接。

自治县建立县、乡（镇）、村三级民族民间文化保护体系。

第八条　自治县人民政府应当保障民族民间文化保护工作所需经费，并设立民族民间文化保护专项资金。民族民间文化保护专项资金实行专款专用，并随着财政收入增长而增加。

鼓励国内外机构、个人捐赠财物，用于自治县民族民间文化保护工作。

第九条　自治县人民政府应当积极组织开展对本行政区域内民族民间文化的普查、收集、整理等工作，并建立保护档案和数据库。对于濒危的、有重要价值的民族民间文化应当及时组织抢救性保护。

第十条　自治县人民政府应当建立健全民族民间文化保护名录，并向社会公布。

单位或者公民认为需要保护的，可以向自治县文化行政部门提出申请，经评审委员会评审确定后，由自治县人民政府公布。

第十一条　自治县征集和接受捐赠的民族民间文化实物资料属国家所有，单位和个人收藏的民族民间文化实物资料受法律保护。

鼓励拥有民族民间文化资料、实物的公民、法人和其他组织将资料、实物捐赠给国家收藏机构；国家收藏机构应当给予适当的奖励，并发给证书。

征集公民、法人和其他组织收藏的民族民间文化资料或实物时，应当遵循自愿的原则，合理作价，并由自治县文化行政部门发给证书。

第十二条 乡（镇）人民政府、村民委员会可以将本区域内有保护价值的不可移动的文物设立文物保护标志，在文化行政部门的指导下做好文物保护工作。

第十三条 自治县支持畲族特色村落和街巷的保护与发展。在新建、改建、重建过程中，其规划、设计和建设应当体现畲族文化内涵，保持畲族村落和街巷的建筑风格。

第十四条 限制经营列入民族民间文化保护名录的珍贵原始资料和实物，具体办法按照国家和省有关规定执行。

第三章 认定与传承

第十五条 符合下列条件之一的公民，可以申报或者被推荐为自治县民族民间文化代表性传承人：

（一）在一定区域内被公认为通晓某一种或多种民族民间文化内涵、形式、流程、规则的；

（二）熟练掌握某种或者多种民族民间文化传统技艺，在当地有较大影响或者被公认为技艺精湛的；

（三）积极开展传承活动，培养后续人才的。

第十六条 符合下列条件之一的团体、机构和民间组织，可以申报或者被推荐为自治县民族民间文化代表性传承单位：

（一）以弘扬本行政区域内民族民间文化为宗旨，积极开展相关活动，挖掘、发展民族民间文化内容和表现形式有独特之处的；

（二）掌握某种民族民间文化表现形式的技艺或者开展相关研究、传播民族民间文化取得显著成绩的；

（三）保存一定数量的民族民间文化表现形式的相关资料或者实物的，并采取有效保护措施，成绩显著的。

第十七条 符合下列条件之一的地方，可以申报为自治县畲族文化生态保护区：

（一）自然文化生态环境整体保存较好，并以畲族文化某种表现形态闻名的；

（二）具有畲族传统文化典型特征，定期组织畲族文化活动的；

（三）保存有大量畲族文化原始资料、实物，并有一定影响的。

第十八条 具有优秀民族民间文学艺术传统或者工艺美术品制作传统的地方，可以命名为民族民间文化艺术之乡。

自治县民族民间文化艺术之乡应当以其有代表性的文化艺术形式冠名，其文化艺术形态应当符合下列条件：

（一）历史悠久，世代相传，技艺精湛，有较高艺术性、观赏性的；

(二)有鲜明的民族风格和地方特色,在自治县内外享有声誉的;

(三)在当地有普遍群众基础或者有较高利用价值的。

第十九条　民族民间文化代表性传承人、代表性传承单位、畲族文化生态保护区、民族民间文化艺术之乡,由单位或个人申报,经评审委员会评审认定后,由自治县人民政府公布。

第二十条　自治县人民政府应当鼓励、支持和帮助代表性传承人、代表性传承单位依法开展传承活动。对积极开展传承活动的代表性传承人和代表性传承单位,自治县人民政府给予一定的补贴。

第二十一条　自治县文化行政部门应当积极组织开展多种形式的民族民间文化展示、交流活动。

自治县教育行政部门应当将畲族传统文化和特色民间文化编入地方课程。学校应当开展民族民间文化教育。民族学校应当开设畲语辅导课。

自治县民族事务部门应当组织编写畲族语言读本,定期举办畲语培训班。提倡服务行业和行政事业单位服务窗口的工作人员接受畲语培训。

自治县公共传媒机构应当积极做好民族民间文化的传播工作。自治县广播电视台应当开设畲语节目。

提倡自治县公民在重大节日和庆典活动穿戴民族服饰，服务行业和没有制式服装的行政事业单位的服务窗口工作人员工作时间穿戴畲族服饰。

第二十二条　每年的农历三月初三为“三月三”畲族传统文化节。自治县人民政府鼓励和支持开展盘歌、文艺表演、体育竞赛、学术研讨和其他民俗活动。

第二十三条　自治县享受上级国家机关在开展民族民间文化传承活动和人员培训等方面的重点扶持。

自治县人民政府应当加强对民族民间文化专门人才的培养，有计划地选送专业人员到高等院校深造。

第四章　研究与利用

第二十四条　自治县人民政府应当鼓励和支持民族文化艺术研究机构、其他学术团体、单位和个人从事民族民间文化的研究,促进文化产业的发展。

自治县人民政府应当重视民族民间文化知识产权的保护工作。

第二十五条　自治县人民政府应当采取有效措施,扶持特色文化品牌建设。

鼓励和支持民族民间文化艺术精品创作和展演，支持畲族专业表演艺术团体和民间表演艺术团体的发展。

鼓励和支持具有民族特色的传统工艺品和畲族日常生产生活用品等商品的开发、生产。

鼓励和支持畲医畲药的研究、开发和利用。

重视民族民间文化展览业发展,建立特色民族民间文化展示场馆。鼓励民间资本创办畲族服饰、畲族工艺美术、惠明茶文化、畲医畲药、畲族传统体育等特色民族民间文化展示场馆。

第二十六条　自治县人民政府应当采取有效措施,发掘、利用民族民间文化资源,开发传统民族民间文化产品,提升旅游业文化品位,拓展旅游服务项目,促进旅游经济的发展。

鼓励和支持合理利用民族村落、古村古镇,建设特色文化旅游村镇;依托畲族文化生态保护区,建设有代表性的文化旅游精品景区景点。

第二十七条　从事民族民间特色文化产品生产与销售、文化旅游项目开发和经营的企业，在投资、融资等方面享受国家和自治县规定的优惠政策。

第二十八条　对民族民间文化资料和实物进行摄影、录像、录音的，应当尊重畲族风俗习惯。利用民族民间文化资源和编撰出版民族民间文化书刊应当保持其原有内涵。

利用畲族文化开展活动，必须遵守国家法律、法规的规定，维护民族团结，不得扰乱公共秩序、危害公共利益、侵犯公民的合法权益和损害公民身心健康。

第五章　奖励与处罚

第二十九条　自治县人民政府对符合下列情形之一的单位或个人，给予表彰和奖励。

（一）抢救、保护、发掘、收集、管理、整理、研究、展示、演出、传承、教学、宣传、出版等民族民间文化工作成绩显著的；

（二）将个人收藏的珍贵民族民间文化原物或者载体捐献给国家的；

（三）为保护民族民间文化与违法犯罪行为作斗争表现突出的；

（四）其他应当表彰和奖励的情形的。

第三十条　违反本条例规定的行为，法律、法规已有行政处罚规定的，从其规定；构成犯罪的，依法追究刑事责任。

第三十一条　违反本条例规定，侵占、破坏列入民族民间文化保护名录的资料、实物、建筑物、场所等的，由自治县文化行政部门责令改正、恢复原状或者赔偿损失；有违法所得的，没收违法所得。

第三十二条　违反本条例第二十八条规定，伤害民族感情或者损害民族利益的，由自治县文化行政部门责令停止活动；情节严重的，由有关机关按照规定权限给予行政处分或者行政处罚；构成犯罪的，依法追究刑事责任。

第三十三条　自治县文化行政部门和有关部门工作人员玩忽职守、滥用职权、徇私舞弊，致使国家和集体所有的民族民间传统文化珍贵资料和实物受到损坏、被窃或者遗失的，由有关机关按照规定权限给予行政处分；构成犯罪的，依法追究刑事责任。

第六章　附　则

第三十四条　本条例自 2010 年 10 月 1 日起施行。

中共浙江省委文件

浙委〔2008〕53号

★

中共浙江省委　浙江省人民政府
关于扶持景宁畲族自治县加快发展的若干意见

（2008年5月16日）

景宁是我省唯一的少数民族自治县，也是全国唯一的畲族自治县。省委、省政府一直高度重视景宁畲族自治县（以下简称景宁）的发展，特别是党的十六大以来，省委、省政府按照科学发展观的要求，切实加大对景宁的政策扶持力度，景宁经济社会呈现出良好发展态势。但是，由于历史和自然等原因，景宁的发展基础还十分薄弱，发展水平还比较低。加快推进景宁经济社会发展，对于我省全面建设惠及全省人民的小康社会具有重要意义。根据中央有关文件和省第十二次党代会精神，现就扶持景宁加快发展提出如下意见。

一、总体要求和主要目标

1. *总体要求*。今后五年，扶持景宁加快发展，必须高举中国特色社会主义伟大旗帜，以邓小平理论和"三个代表"重要思想为指导，深入贯彻落实科学发展观，加快构建社会主义和谐社会，围绕经济、政治、文化、社会建设"四位一体"的总体战略部署，着眼于改善基础设施、加强公共服务、发展特色产业、保护生态环境和提高城乡居民生活水平，进一步拓宽扶持领域，加大扶持力度，创新扶持方式，积极推进景宁经济社会全面协调可持续发展。

2. *主要目标*。到2012年，使景宁经济综合实力进入全国120个民族自治县前10位，接近全省基本实现全面小康社会的目标，并成为全国畲族文化发展基地。

二、支持加强基础设施建设

3. *交通基础设施建设*。优先安排有关基础设施建设项目，重点支持云景高速公路开工建设。帮助做好庆景青公路等项目的建设和前期工作。支持景宁县乡公路改造和建设，加大资金补助力度。加快滩坑库区渡航船及配套码头建设，逐步解决库区群众出行难问题。

4. *能源基础设施建设*。加快220KV（鹤溪）景宁输变电工程建设，支持景宁做好土地征用和政策处理工作。加快景宁电网建设与改造，在安排农村电网改造与建设资金和农村电网养护费上给予重点倾斜。

5. *水利基础设施建设*。省级有关部门在安排万里清水河道、千万农民饮用水、城乡一体化供水、节水灌溉、生态流域建设、水土保持、重要堤防、千库保安、小流域治理等工程项目时，要对景宁予以倾斜。

6. *加快城乡建设*。省有关部门要积极指导景宁开展县域总体规划编制、城市总体规划修编和城市建设控制性详细规划编制。支持景宁乡镇行政区划作适度调整，加快中心镇和中心村建设，加大对景宁城市基础设施建设的立项支持和资金补助力度，并在土地指标分配上给予适当倾斜。在城乡规划和建设中，注意体现畲族特色。加快推进高山远山地区、地质灾害危险区下山脱贫，积极鼓励跨市、县域搬迁。进一步加强山区突发性地质灾害防治工作。落实大中型水库移民后期扶持政策，加快编制滩坑等水库库区和移民安置区经济社会发展及基础设施建设规划，并优先组织实施，重点给予扶持。省"千村示范、万村整治"工程、"低收入农户奔小康工程"专项资金要对景宁予以倾斜。

三、支持发展特色产业

7. 大力发展特色农业。支持景宁建设一批具有区域特色优势、农牧结合、循环利用的现代高效生态农业示范基地和无公害(绿色)农产品基地，以及特色畜禽标准化生态养殖基地，促进当地特色主导产业做大做强，提高农业资源开发利用和农产品加工增值能力。降低规模标准，扶持培育若干家省级农业龙头企业，享受比欠发达地区更优惠的政策。

8. 加快发展旅游业。加快编制景宁旅游总体规划和大漈、大均封金山、望东垟高山湿地景区及滩坑库区景区等重点景区景点的专项规划，以及一批旅游特色村庄的建设(保护)规划。省建设厅和省旅游局要加强工作指导，并从省旅游发展专项、风景名胜专项和村镇规划补助专项经费中统筹考虑相应经费补助，用于景区保护和建设。支持景宁加快景区设施及通往景区的道路建设，充分利用畲乡秀美的自然风光和独特的民族文化与民族风情，加快开发特色旅游项目和产品，鼓励发展农家乐和休闲观光农业。

9. 积极发展生态工业和服务业。按照全省产业布局规划，支持景宁因地制宜发展特色生态工业。省建设先进制造业基地和其他相关专项资金要适当向景宁倾斜，用于支持景宁发展低能耗、无污染或低污染工业项目。落实国家的相关税收政策，对景宁的民族贸易和传统手工业品生产，在金融和财政政策上给予倾斜。浙洽会、消博会、义博会等涉外投资贸易洽谈会，要为景宁在提供展示场地等方面给予优惠。支持景宁大力发展服务业，省服务业引导资金和其他相关专项资金要适当优先支持景宁发展服务业，帮助景宁改善农村商贸服务基础设施。

四、支持加快发展社会事业

10. 加快发展教育事业。进一步提高省民族教育专项资金总量和用于景宁的比例。加大对景宁教育基础设施建设的支持力度，重点支持景宁优化中小学教育布局，加快改建新建民族中学、民族小学等学校。积极帮助景宁发展职业教育，继续实施职业教育行动计划，争取五年内景宁初中升高中的比例达到全省平均水平，各级各类教育质量明显提高，使景宁教育普及工作与省内其他地区基本同步。支持景宁加快农村劳动力转移和培训。

11. 加大科技、人才扶持力度。通过派遣科技特派员，实施科技富民强省、农业科技成果转化、新农村建设科技示范村(试点)等科技专项，进一步扶持景宁科技进步和经济发展。浙江大学、省农科院与景宁进行对口科技扶持，每年分别在景宁实施两项以上科技项目。在安排省人才强省战略专项资金时，要加大对景宁人才培养和引进的支持力度。省内′高校和各级党校要把景宁干部的培训纳入计划，争取用1~2年时间，对景宁科级以上领导干部轮训一遍。有计划地组织省直单位、发达地区与景宁进行干部双向挂职锻炼；每年从录用到省级单位的应届优秀大学毕业生中选拔一部分到景宁挂职；每年安排一批景宁的教师、医生、工程技术人员到省有关单位学习进修；每年从省内大专院校、科研院所、卫生医疗机构和优质中小学选派一批优秀教师、骨干医生、工程人员和科研人员到景宁工作。

12. *积极发展文化卫生事业和文化产业*。省财政加大对景宁畲族文化事业和文化产业发展的扶持力度，重点支持建设畲族文化发展和研究中心，特别是在安排省新农村文化建设十项工程项目资金时，对景宁给予适当倾斜。大力扶持景宁实施广播电视村村通工程。加大资金和项目扶祷力度，支持景宁公共卫生和乡镇卫生院基础设施建设，加快公共卫生体系建设。

13. *加快公共就业服务和社会保障体系建设*。支持景宁实施积极就业政策，帮助困难人员就业，加快人力资源市场、基层就业服务场所、信息网络等公共就业服务体系建设。支持景宁加快建立健全养老、失业、医疗、工伤、生育、农村困难群众住房救助体系和新型社会救助体系，扶持发展社会福利事业，重点支持景宁加强社会保险扩面征缴工作，提高基金支付能力。支持景宁全面推进被征地农民基本生活保障制度，加快建立完善新型农村合作医疗制度、城镇居民基本医疗保险制度和城乡最低生活保障制度。

五、加大财政支持力度

14. *进一步加大财政转移支付力度*。2008 年至 2012 年，省财政在保持年庳专项朴助的同时，每年再安排 5000 万元专项资金，重点支持景宁加快基础设施建设、教育文化事业发展、生态环境保护等项目建设。在前期工作到位的条件下，优先考虑将景宁"十一五"规划内的项目列为省重点工程。对省重点建设项目，适当增加省投资比例，降低或免予地方配套，并在土地安排方面给予倾斜。逐步增加省少数民族发展资金，用于景宁的比例不低于总量的 14%。

15. *进一步拓宽资金扶持渠道*。支持景宁土地开发整理项目建设，加大对景宁土地整理资金补助力度。景宁征收的排污费等规费收入，除上缴中央部分外，其余部分留归景宁，专项用于景宁环境污染防治。

16. *加大生态保护支持力度*。切实加强景宁环境保护能力建设，重点支持景宁加强对瓯江、飞云江源头的生态保护，加快城乡污水和生活垃圾处理设施建设。对景宁的生态公益林保护工程逐步增加省级补助。景宁的省级自然保护区享受环境保护专项资金补助，其人员经费、日常公用经费等由省财政补助 70%。支持景宁在保护生态环境的条件下，合理开发小水电。

六、加强组织领导

17. *建立健全工作机制*。省委、省政府每年听取一次景宁的工作汇报，研究解决景宁发展中的重大问题。省委、省政府领导要深入景宁，及时了解民族工作中出现的新情况、新问题，加强工作指导。确定一名省政府领导联系景宁，负责重大事项的协调。

18. *依法行使自治管理权限*。全面贯彻《民族区域自治法》，认真实施《浙江省景宁畲族自治县自治条例》，支持景宁依法充分行使自治权。深化行政管理体制改革，根据景宁经济社会发展需要，扩大景宁部分经济社会管理权限。

19. *健全结对帮扶工作机制*。强化宁波市对景宁的结对帮扶机制，充分发挥鄞景开发区对景宁的帮扶作用。积极创造条件，促使景宁开发区享受省级扶贫开发区的扶持政策。加大温岭市对景宁的对口帮扶力度，重点做好产业对接。在新一跨结对帮扶中，建立省发改委、省财政厅与景宁的结对帮扶挂钩联系制度，并互派干部挂职。省直有关部门要积极支持景宁发展，帮助景宁争取国家的政策支持，包括项目专项资金和政策性贷款等。省民宗委要进一步加大对景宁经济社会发展的工作指导。

20. *重视和关心景宁干部的成长*。进一步选好配强景宁党委、政府领导班子，加强景宁干部的选拔、交流和使用，尤其要重视培养少数民族干部，适当放宽少数民族人员报考公务员的条件。

21. 加强舆论宣传。省内新闻媒体要大力宣传党和国家的民族政策和省委扶持民族地区加快发展的政策措施，总结宣传推进景宁加快发展的做法和经验。景宁广大干部群众要继续保持知难而进、奋发有为的精神状态，进一步发挥自身比较优势，转变发展观念，创新发展模式，努力促进景宁经济社会更好更快发展。

（此件发至县）

主题词：政策扶持景宁县发展意见

中共浙江省委办公厅　　2008年5月19日印发

中共景宁畲族自治县委文件

景委〔2010〕32号

中共景宁畲族自治县委　景宁畲族自治县人民政府
关于进一步加强民族工作　深化少数民族经济社会发展
扶持工作的意见

为了深入贯彻党和国家的民族政策以及中央、省、市民族工作会议精神，进一步加强民族工作，加快少数民族经济社会发展步伐，确保如期实现“全国十强、基本小康、文化基地”三大目标，努力推动在科学发展、促进社会和谐、增进民族团结上走在全国民族自治县前列。现就深化我县少数民族经济社会发展工作，提出如下意见：

一、统一思想，切实提高对扶持少数民族发展重要性的认识

我县是全国唯一的畲族自治县，全省唯一的少数民族自治县，做好民族工作责任重大，意义深远。长期以来，自治县沐浴党中央民族政策的阳光雨露，得到了省市党委、政府的特殊关爱，不断加大对少数民族的扶持力度，民族经济得到较快发展，社会各项事业有了长足的进步，平等、团结、互助、和谐的社会主义民族关系得到进一步发展，“畲汉一家亲”局面得到不断巩固。但由于历史、自然环境等多方面的原因，全县少数民族仍然存在人均收入水平较低、产业发展基础薄弱、社会事业发展缓慢等问题，整体发展相对滞后，与如期实现“三大目标”要求相比，还有较大差距。全县上下必须进一步统一思想、提高认识，从实际出发，从急需解决而又力所能及的事情做起，深化我县少数民族经济社会发展工作，继续加大各方面扶持力度，分阶段、分层次、有重点、有选择地解决少数民族经济社会发展中遇到困难和问题，努力加快少数民族的发展步伐。

二、加快少数民族乡镇和民族村经济发展

（一）加大少数民族聚居区扶持资金投入。县政府每年按上年度地方财政收入的20‰比例安排年度的少数民族发展资金，用于少数民族聚居区经济社会发展和民族团结进步事业。在资金管理上，要认真执行《少数民族发展资金和项目管理办法》，专款专用，任何单位和个人不得挪用、截留。其他渠道的扶持资金应照常安排，不得削减。全县7个民族重点乡镇（管理区）享受民族乡待遇。

（二）加大少数民族产业发展扶持力度。积极帮助少数民族群众推动产业结构调整，培育优势主导产业，推动少数民族群众增收致富。在一产方面，对少数民族群众从事全县有扶持的主导产业"惠明茶、毛竹、高山茭白、黑木耳、油茶、草本药材"等，在现行产业补助政策标准的基础上，再另行提高一定的补助标准给予扶持。在二产方面，切实增加对少数民族群众开展就业培训，不断提高他们实现异地就业与本地就业的能力。尤其是要积极发展来料加工业，切实增加少数民族妇女群众的收入。在三产方面，结合我县民族风情旅游业的发展，积极鼓励从事"畲家乐"及畲族服饰、畲族彩带、银器饰品等民族特色产品生产，并给予适当的经费补助。具体产业补助标准由主管部门会同财政、民宗等部门提出并组织实施。补助资金由县财政局另行安排。

（三）加快少数民族聚居地基础设施建设。不断深化对全县少数民族聚居地的整体规划，并纳入到全县经济社会发展的总体规划。深入编制民族重点乡、民族村经济社会发展规划，根据规划要求，进一步加快少数民族聚居地基础设施建设，积极创建民族团结进步小康村，全县每年安排2~3个民族特色村建设，每个特色村建设安排少数民族发展资金30~50万元，努力促进少数民族聚居地生产生活环境的进一步提升，全面推进社会主义新农村建设。农办、水利、环保等相关部门资金、项目要重点向少数民族聚居地倾斜，尤其是在安排"中心村建设""村庄整治""河道整治工程""水环境整治工程""危旧房改造"等专项资金、重点项目时，同等条件下要优先考虑民族重点乡、民族村。建设、国土等相关部门要支持和鼓励少数民族群众下山移民，少数民族村（包括自然村）整体下山建新村，且原住宅拆除并对宅基地实施复垦的，享受《景宁畲族自治县人民政府关于重点险情村避险工作的若干意见》（景政发〔2005〕47号）相关扶持政策并给予适当倾斜。每年要优先安排一定数量的建房用地和相应配套扶持资金，帮助少数民族群众实施下山移民，实行异地致富，少数民族集中的下山移民和危旧房改造村，要尽量体现畲族村落特色文化，被确定为特色村建设的新村享受特色村建设政策。全县每年从少数民族发展资金中安排少数民族农户政策性农村住房保险费项目。交通部门对少数民族聚居地的交通基础设施建设给予倾斜，对已实施通村公路的民族村，给予优先完善安保设施，对100人以上的民族自然村优先列入下一轮农村公路建设计划，资金存在缺口，从少数民族发展资金中予以适当补助；宣传、统战、文化等相关部门要加大原生态少数民族聚居村的保护力度，积极开展"民族特色村""畲族文化村"等创建工作。财政部门要加大各类资金统筹整合力度，在同等条件下优先安排少数民族聚居地基础设施建设所需资金。

（四）继续贯彻落实民族贸易政策。积极扶持民贸企业的发展，支持民族贸易企业内联外引，扩大民族贸易经营。少数民族村的股份制企业，少数民族职工达30%以上的企业，由少数民族控股的企业，专营少数民族特色产品的企业，以及发展前景好的企业，经经贸和民宗部门认定后，县财政给予适当补助。

三、发展少数民族各项社会事业

（一）抓好畲族文化的保护研究发展。切实加快全国畲族文化发展基地的创建步伐，深入实施《全国畲族文化基地发展纲要》，实施好《景宁畲族自治县民族民间文化保护条例》；不断丰富畲族博物馆陈展内容，加大对古民居、畲族宗祠等古迹的保护力度；办好民族艺术团、民族乡村文化站，开展畲族文化、畲族古籍、畲族传统体育项目的发掘、整理和研究发展工作；加大对畲族民间文化传承人的培养、认定工作，加大对传承人的资金补助力度，推进畲族古籍保护名录收集，建立“畲族文化研究发展中心”“少数民族传统体育项目训练基地”“畲族山歌”和“畲族语言”等民族文化传承基地，民族学校要将民族传统体育、畲族语言和畲族山歌等民族传统文化列入地方课程；推进畲族文化产业化发展，做大做强畲族风情旅游项目；全面发挥畲族文化研究中心作用，确保畲族文化的保护与传承进入常态。重视培养少数民族体育人才，力争每届全国、全省少数民族传统体育运动会都有我县的项目和运动员参加。以上所需资金由县财政统筹安排。

（二）办好畲乡人民满意的民族教育。加大民族教育投入，积极贯彻少数民族教育政策，办好民族特色学校，促进民族教育事业健康发展。结合“民族教育券”相关制度要求，由教育部门申报，民宗部门审核，分管领导审批，对在本县就读的少数民族高中生减免一半以上学费；给予在本县就读的少数民族高中生、初中生每学年不少于300元的生活费补助，小学生每学年补助不少于200元。同时设立“少数民族学生贫困助学和奖励基金”，对少数民族特困生给予扶持，并对考入大学就读的少数民族学生给予一次性奖励，鼓励社会各界结对帮扶少数民族贫困学生。对初中升景宁高中的少数民族学生实行加30分录取政策。以上各项所需资金在少数民族发展资金中列支。

（三）加强少数民族的医疗卫生保障工作。在全县实施少数民族群众参加城乡医疗保险补助政策，对享受低保待遇的少数民族群众参加城乡医疗保险，其个人缴费部分给予100%补助，其他少数民族群众给予50%的补助；对参加城乡医疗保险的少数民族农村困难居民，经民宗部门审定，给予大病住院医疗补助，以上所需资金从少数民族发展资金中列支。每年安排一定的扶持资金，深入推进畲医畲药开发、利用，加强畲医畲药研发应用人才培养，加快畲医畲药的规模化、市场化步伐。根据实际，在人口相对集中的少数民族村设立村卫生室，努力为少数民族群众提供便捷的健康服务。

四、重视少数民族人才培养使用

（一）切实提高少数民族干部的整体素质。根据实际需要，县委党校定期举办少数民族干部培训班；在推选参加上级举办的各类培训班时，要安排一定数量的少数民族干部参加学习；采取派送挂职锻炼、到高校深造、去发达地区参观学习等形式帮助少数民族干部增长才干。重视在少数民族群众中发展党员。

（二）加强少数民族人才队伍建设。把培养选拔少数民族干部纳入干部队伍和领导班子建设的总体规划。组织部门牵头抓总体，统战、民宗、人事等部门密切配合，注意发现推荐、培养少数民族干部。本县机关事业单位公开招录工作人员时，对少数民族公民适当放宽报考资格和条件。全县每年招录公务员、机关事业单位工作人员、干部总额中，少数民族公民分别不低于11%（少数民族占全县的人口比例），也可设立相应名额、单列岗位或者比例向少数民族考生招考。全县机关单位加强少数民族干部配备，县级相关部门要配备少数民族领导干部，7个民族重点乡镇（管理区）领导班子要配备少数民族干部；所有民族村的“两委”中要确保有少数民族村干部。在后备人才队伍建设中，少数民族公民所占的比例要高于其人口比例。

（三）有效保障少数民族的政治权利。按照“少数民族代表的比例要按照法律规定予以保障”和选举法中关于少数民族选举的规定，在县、乡（镇）人大代表选举中，对少数民族和汉族混居的地方进行单独选举或联合选举，规定少数民族和汉族代表名额互不占用，依法选出少数民族代表，切实保障少数民族的政治权益。

（四）做好少数民族科技和实用技术培训。科技和相关专业部门要优先安排少数民族乡镇（管理区）和民族村科技项目，推广实用技术。结合民族村产业结构调整和少数民族群众就业需求，举办各类科技和实用技术培训班。

五、加强对民族工作的领导

（一）把民族工作放在事关全局的重要位置来抓。县委、县政府每年至少听取一次民族工作汇报，专题研究一次民族工作；把民族工作列为乡镇（管理区）、部门工作的考核内容。各乡镇（管理区）、各部门要高度重视民族工作，明确一名领导分管民族工作，把民族工作列入本地、本单位的重要议事日程。

（二）大力营造良好的民族工作氛围。在全县各级各部门积极开展党的民族理论、民族政策、民族法律法规以及基本知识的教育和普及工作。把党的最新民族理论研究成果、民族政策法规列为各级理论中心组必学内容。县委党校要深入开展民族理论研究，并在干部培训中开设民族理论课程；小学高年级和初中设立民族知识课，高中设立民族理论和民族政策课；新闻宣传部门要切实加大对民族政策和民族知识的宣传教育力度；文化部门要通过群众喜闻乐见的形式开展民族政策和民族知识的贯彻普及。通过各级各部门的密切配合、全力合作，努力在全县营造各民族团结和睦、和衷共济、和谐发展的良好氛围。

（三）健全和完善民族工作机制。县委、县政府加强对民族工作的领导。成立县民族工作领导小组，统筹指导全县民族工作，协调解决民族工作中的重大问题，支持帮助少数民族和民族聚居地实现共同发展、跨越发展、和谐发展。建立县领导和部门联系民族工作重点乡镇、村制度和蹲点调研制度，深入了解少数民族乡镇、民族村经济社会发展中的困难和问题，为民族乡镇、村办实事、办好事，把联系点作为检查党和国家民族政策和民族法律法规贯彻落实情况的窗口。统筹安排省、市有关部门与少数民族乡（管理区）和村的挂钩扶持工作。力争全县7个民族重点乡镇有省市级部门挂钩扶持，确保少数民族村有县领导、县级部门的双重挂钩扶持。加强民族工作机构建设，配强民族部门领导班子和工作人员，保障民族工作经费，进一步落实民族工作部门的行政执法主体地位，逐步增强行政执法力量，并在工作经费和人员编制上给予照顾。

本意见自发布之日起实施，由县民宗局负责解释。

中共景宁畲族自治县委
景宁畲族自治县人民政府
2010年9月30日

主题词：民族工作　经济社会发展　意见

主送：各乡镇、管理区，县直机关各单位

抄送：市委、市政府，市委统战部、市民宗局

中共景宁畲族自治县委办公室　2010年9月30日

二、专　　记①

牢记“两个共同”关注民族地区发展

1998年1月至2008年1月，在我任职浙江省第九、十届人大常委会副主任期间，分管省人大民侨委工作和常委会外事工委工作（九届时还兼任了民侨委、外事工委主任委员），先后10余次亲赴丽水景宁畲族自治县（下称景宁），对民族地区的经济社会发展情况进行调研。

1998年7月，第一次去景宁调研，对景宁情况有个大概了解，当时农民人均收入1530元，贫困率3.2%。1999年8月至9月，我带领省人大民侨委的同志们赴温州、丽水2市的9县（市）13个民族乡，进行民族地区经济社会发展情况的专题调研，又一次来到景宁。回杭后，对这两个我省民族集聚较多地区经济社会发展的现状及存在的问题进行了分析研究，形成书面报告，向省委、省府办公厅报告。2000年4月，省委、省政府下发了《中共浙江省委、浙江省人民政府关于加快少数民族和民族地区经济社会发展的意见》浙委〔2000〕11号文件，文件特别规定在完善挂钩扶持制度、资源开发、基础设施建设等方面向景宁倾斜，明确继续扶持景宁发展贸易，省财政对景宁继续实行“两保两挂”、县办企业从开办之日起，可免征所得税2至3年等财政税收优惠政策。文件对继续支持办好景鄞扶贫经济开发区作了专门的规定。

2005年4月，我又一次去景宁时，当地政府在汇报中特别提到了要求继续支持景鄞扶贫经济开发区（下称开发区）建设的问题。开发区是1994年3月，省政府根据国家“八七”扶贫攻坚要求，为加快民族贫困地区的发展，运用“异地开发、体外造血”的办法，批准设立的新型扶贫开发区。开发区运行后效果良好，其税收收入占景宁县财政收入的三分之一以上。

2000年省政府依据国家有关法律法规，决定开发区三年过渡后实行属地管理（省政府〔2000〕29号会议纪要），对景宁来说，这个过渡政策的施行意味着一下失去三分之一以上的县财政收入，三年过渡期对当地政府是一个很大的压力。期间我们每次去景宁，当地人大和政府都将此事向我们提出，希望我们帮助呼吁，我们也用不同的方式向省委、省政府、省财政厅呼吁，寻找一种合法的途径，继续加大对景宁的扶持。

2002年12月16日，省政府召开会议，专题讨论依法理顺景鄞开发区管理体制的问题，议定了五条意见，其中规定，景鄞开发区的税收征管体制实行前三年“体制不变，确定上限，超收返回，不足不补”和后两年“理顺体制，两年过渡，保留支持，转移支付”的办法过渡。即：2003年至2005年三年，开发区税收征管维持现行体制不变，继续由景宁负责。景宁每年从开发区征收的税收，计入景宁财政总收入部分，大体按2000年、2001年两年征收的平均数5500万元为限。当年征收超过5500万元的部

① 专记中的文章选自2011年中国文史出版社出版的景宁政协第十四辑文史资料《畲乡景宁实录》，编者在编纂时，略有改动。

分，返回给鄞州区。不足5500万元的，按实际征收额计入县财政收入，不通过其他途径弥补。

从2006年1月1日起，开发区税收由鄞州区实行属地征收管理。由鄞州区以财政转移支付的形式支持景宁的发展，具体结算办法由双方协商确定，必要时，由省财政厅协调后执行。2008年起，开发区税收收入全部归鄞州区。就此，对景宁在开发区的优惠政策又延缓了两年。

2005年4月，我与省十届人大代表去景宁考察，欣喜地看到景宁在各级党委、政府的重视和各部门的帮助下，经济社会取得了较快的发展，民众生活水平有了较大的提高，但是仍面临着开发区结束后，财政收入锐减的情况。考察回来，我给时任省委书记、省人大常委会主任的习近平同志写了一封信，传达了视察组全体代表和我自己的意见，希望得到书记的重视，在对景宁支持不变的情况下，妥善解决开发区的问题。

2005年12月省委、省政府浙委〔2005〕21号文件《关于进一步加强民族工作加快少数民族和民族地区经济社会发展的意见》下发，文件规定要高度重视景宁畲族自治县和民族乡镇的发展，在安排扶贫专项资金时、在教育专项资金使用安排上给予重点倾斜。文件中特别针对景宁作了规定：比照有关西部大开发的政策，对景宁进行扶持；在基础设施建设项目上，适当降低配套资金的比例；加大财政转移支付力度；继续依法实施财政税收优惠政策。我认为省委、省政府对景宁政治经济社会的发展一直是非常重视的，对依据《中华人民共和国税收征管法》等国家法律法规，理顺税收征管体制，结束景鄞开发区的决定是非常正确的。在理顺过程中给予景宁一个过渡期，也照顾到了景宁财政困难的现状，关键是随后相继出台扶持景宁的一些政策，并不能马上具体到位。

2006年夏季，我带领省人大常委会少数民族权益保障法执法检查组在全省进行检查，8月7日又一次来到景宁。检查中我们发现，近几年来我省少数民族地区的经济实力明显增强，人民生活水平明显提高，城乡面貌明显改观，民主法制建设进程明显加快，但与全省相比，景宁的社会经济发展和人民生活状况还面临着许多新情况、新问题，一是经济总量小，群众和县财政收入低。二是社会和经济发展增速慢，与全省的差距在不断拉大。三是产业结构差，发展层次远低于全省水平。四是总投资额小。五是城市化率低。

为此，在2006年9月8日，我再次直书时任省委书记习近平同志，向他提出了我建议：一要调整帮扶策略，二要加大帮扶力度。并告诉他，景宁曾给我列出了11项基础设施建设项目都因经费缺口太大而举步维艰，凭景宁自身力量难以完成。2006年9月10日，习近平书记作出了重要批示：“孙优贤同志的建议值得重视。在全面建设小康进程中，景宁作为全省唯一的少数民族自治县如何跟上时代的步伐，应重点研究并采取进一步的举措，予以支持。请猛进同志和省委政研室同志一起研究提出建议，并加以协调解决。”2006年10月18日由时任常务副省长章猛进主持召开了由省委、省人大、省政府19个部门负责人及景宁县委县府负责人参加的“景宁县帮扶政策会议”，在会上章猛进副省长对许多问题逐一具体落实，也要求省委政研室会同有关部门出台长效扶持政策，省人大和法制办也要发挥立法优势，将对少数民族地区的帮扶工作纳入法制轨道。

2007年3月24日，党中央将习近平同志调任上海市委书记，离开了浙江省。同年5月25日，省十届人大常委会第三十二次会议批准了《景宁畲族自治县人民代表大会关于修改〈浙江省景宁畲族自治县自治条例〉的决定》（简称《自治条例》）。6月5日，景宁修改后的《自治条例》经报省人大常委会批准生效。同日，景宁县委、县人大、县政府一行，在县委书记、县人大常委会主任武昌的带领下，专程来到省里，召开了《自治条例》施行座谈会，我出席了座谈会。会议上武昌书记谈了《自治条例》修改施行情况，也谈了他们的担忧，

2006年3月，习近平同志任浙江省委书记、人大常委会主任时，在他的直接关心下，省政府召开了协调会，但会上所提省委、省政府要出台相关政策的事一直没有消息，他们担心换了新的书记后政策是否有新的变化。听完他们的讲话，我谈了六点意见，其中心思想就是：省委、省人大、省政府及各部门对你们的支持不会变，政策是有延续性的，你们的担忧是没必要的，关键是要调动全县干群的积极性，加强大家的创新精神，抓紧时间、共同努力。明年，我人大常委会副主任的任期届满，离任前我会向赵洪祝书记就有关扶持景宁政策出台的问题作一次专门的汇报，或者以写信的方式。如果我退前政策还不能出台，以后我退下来也可以以中国工程院院士的身份继续关心和支持你们，促进政策的早日出台。

2007年7月4日，在我离任前，我给省委书记赵洪祝写了一封信，信中我介绍了景宁的情况，及2006年10月省政府协调会的情况，敦促扶持政策尽快出台，并请赵书记在方便的时候视察景宁县。信送去两天后，赵洪祝书记亲自给我打来电话，并请省委办公厅给我送来了他的批示："谢谢孙优贤同志给我提供了景宁县的情况，我已初步考虑将其作为工作联系点。今后会多去一些的。"

令我感动的是赵洪祝书记在2007年8月9日带领有关厅局负责人一行考察了景宁，省委于2008年5月16日出台浙委〔2008〕53号文件，文件明确了对景宁加快发展的总体和主要目标，对基础设施建设、发展特色产业、加快发展社会事业、加大财政支持力度、加强组织领导都有了具体的扶持规定。特别值得一提的是文件规定省财政在保持年度专项补助的同时，每年再安排5000万元专项资金，重点支持景宁加快基础设施建设、教育文化事业发展、生态环境保护等项目建设。至此，对景宁后续发展的长期扶持不仅有了法律法规的保障，更有了具体的政策保障。我为景宁人民感到欣慰。

作者简介：孙优贤，浙江省九、十届人大常委会副主任。

阳光 雨露 畲乡情

——亲历省委省政府扶持景宁畲族自治县加快发展政策出台

2006年9月10日，对一般人来说是一个平凡的日子，但对景宁人来说，应该是一个难忘的日子。因为这一天，开启了省委省政府扶持景宁畲族自治县加快发展一系列政策的开端；因为这一天，意味着景宁碰上了加快发展的难得机遇。

一

就是在这一天，省人大常委会副主任孙优贤同志根据到景宁开展执法检查，回到杭州后调研组起草了一份执法检查报告。报告从促进民族地区加快发展，维护社会和谐稳定的高度，对扶持帮助景宁加快经济社会发展提出了具体建议，并专报省委主要领导。时任省委书记的习近平同志对此作出重要批示："孙优贤同志的建议值得重视。在全面建设小康进程中，景宁作为全省唯一的少数民族自治县如何跟上时代的步伐，应重点研究并采取进一步的举措，予以支持。请猛进同志和省委政研室同志一起研究提出建议，并加以协调解决。"

习近平书记的批示，是省委省政府对欠发达地区的关心，是对少数民族地区的关怀，更是对全省实现全面建设小康社会目标的战略考虑。

为落实习书记的精神，9月12日，章猛进常务副省长要求省委政策研究室牵头开展先行研究，拿出工作方案。李强秘书长同时批示"请一新同志商请省府办、民宗委提出意见。"随后，由省委副秘书长、省委政策研究室主任陈一新同志牵头，省委政研室、省政府办公厅、省民宗委三家单位负责人召开工作协调会，研究确定了《关于加强对景宁畲族自治县帮扶政策研究的工作方案》。接着，又召开了由省政府办公厅、省发改委、省民宗委、省财政厅、省农办、省教育厅、省民政厅、省国土资源厅、省建设厅、省交通厅、省水利厅、省文化厅、省国资委、省旅游局、省电力局、省发投公司等16家省直属部门和单位负责同志参加的会议，对《工作方案》进行任务分解，明确要求，落实责任。省直16个部门和单位根据工作方案的要求，分别开始专题研究，初步提出了进一步加强对景宁畲族自治县帮扶的意见建议。

省委政研室对16个省直部门和单位参加的会议材料进行了汇总和综合，并于9月30日报章猛进常务副省长。

10月18日，章猛进常务副省长再次主持召开由19个省直属部门和单位以及景宁县委，县政府主要负责同志参加的协调会，专题研究贯彻落实省委主要领导重要批示精神、加强对景宁畲族自治县扶持措施。会议听取了武昌书记关于景宁经济社会发展和政策要求等方面的汇报，在研究和讨论的基础上，各部门针对景宁提出的帮扶要求，提出了比较明确的十一个重点帮扶项目的帮扶措施。

十一个重点帮扶项目分别是：

1. 丽龙温高速公路云景段项目；
2. 庆景青公路滩坑库区复建景宁段项目；
3. 庆景青公路景宁大均至庆元段项目；
4. 220KV（鹤溪）景宁输变电工程项目；
5. 大均电站梯级开发项目；
6. 外舍防护工程项目；
7. 畲族文化中心项目；
8. 教育基础设施建设项目；
9. 大漈、大均、封金山等旅游项目的前期规划和基础设施建设；
10. 移民安置及基础设施复建项目；
11. 上标电站产权归属问题。

此外，省农办、省民宗委表示将在下山移民、村庄整治、民族发展等专项资金方面给景宁一定的倾斜。

会议就景宁提出的关于自治条例的修改问题提请相关部门落实措施。省人大、省法制办、省民宗委表示将根据有关的法律法规，全力做好《景宁畲族自治县自治条例》修改的相关工作。

会议还就景宁提出的其他帮扶要求：如，关于要求税费上给予特别优惠政策问题；关于在工程用地指标上给予特殊照顾问题；关于对景宁农村康庄工程提高补助标准问题等，省国土厅、省交通厅等部门都作出了积极的回应和落实。

章猛进常务副省长在会议上指出：景宁自身要进一步加强自力更生意识。借助这次省里加大对景宁帮扶力度的专题调研的动力，把工作重点放到凝聚人心、增强信心上，形成加快发展的合力，努力促进景宁经济社会更快更好的发展；省级各部门要一如既往地支持景宁加快发展。明确由省发改委、省财政厅等部门重点联系景宁，进一步加强对景宁的对口帮扶力度。要抓紧研究帮助景宁畲族自治县进一步增强经济社会发展能力的政策文件。明确由省委政策研究室牵头，研究制定关于帮助景宁畲族自治县进一步增强经济社会发展能力的机制性文件。要充分用好景宁民族自治县的立法权，为景宁加快发展创造良好的立法环境。

会议认为，省委、省政府高度重视少数民族地区的发展。这些年来，在省委省政府的领导下，在省级有关部门和社会各界的支持下，经过畲乡人民的共同努力，景宁经济社会发展取得了较为瞩目的成绩。但是，由于基础设施、资源环境和区位条件等因素的制约，景宁的发展仍然面临不少困难和问题。对此，习近平书记、吕祖善省长多次到景宁等欠发达地区调查研究，并就进一步加强帮扶工作提出要求。

会上，大家对扶持畲族自治县加快发展形成了共识，各部门领导都以自己的诚意和实际行动向远在景宁大山里的畲族人民送去了实实在在的关爱与支持。

二

就是在同一次会议上，还明确了一项重要任务，就是由省委政策研究室牵头，研究制定扶持景宁畲族自治县加快发展的政策意见。

2007年初，省委政策研究室根据省委主要领导和省政府专题会议要求，起草了《关于扶持景宁畲族自治县加快发展的若干意见》初稿。省第十二次党代会后，对《意见》初稿进行了修改补充。

我和省委政策研究室社会处的同志，亲身经历这个重要政策研究制定的全过程。

7月底，陈一新副秘书长带领社会处同志到景宁等地开展调研，就进一步扶持景宁畲族自治县加快发展、优化和创新欠发达地区扶持政策和帮扶载体等方面内容听取了有关县市的意见。在调研基础上，我们对《意见》进行再次修改，形成了征求意见稿。

2007年8月9日，赵洪祝书记到景宁调研，提出对欠发达地区必须创新扶持政策，突出重点、分类指导。赵书记指出："景宁畲族自治县作为唯一的畲族自治县和华东地区唯一的少数民族自治县，应当作为重中之重加以扶持，促进其走在全国民族自治县的发展前列。"

赵书记的讲话，为我们研究起草政策指明了方向。

2007年8月17日，《意见》征求意见稿下发27个省直有关部门及丽水市、景宁县征求意见。在征得27个部门及丽水市、景宁的书面或者口头反馈后，省委政研室根据征求意见的情况对《意见》作了进一步修改。

2007年11月16日，省委政研室就政策意见中所涉及的资金问题与财政厅有关处室进行了沟通。沟通过程中有同志建议，为保证现有政策的统一性和完整性，同时体现省委、省政府进一步加大对景宁扶持力度的精神，最好专门成立一个扶持景宁加快发展的专项资金。根据这一建议，我们在第15条增加了"2008年至2012年，省财政在保持年度专项补助的同时，设立促进景宁加快发展专项资金，每年安排5000万元，重点支持景宁加快基础设施建设，教育文化事业发展、生态环境保护等方面"等内容。

2008年1月，《意见》稿送达赵洪祝书记和吕祖善省长。

4月9日，赵洪祝书记专门听取了景宁的工作汇报，并对抓紧出台政策提出了明确要求。

4月10日，赵书记在《意见》稿上批示："同意，按有关程序办理。"根据赵洪祝书记的批示，省委政研室对《意见》稿进行了修改，并报赵洪祝书记和吕祖善省长。

4月16日，吕祖善省长批示："办公厅将此件征求有关部门意见，尽快提交。"

4月17日，赵洪祝书记批示："请抓紧研究。"

根据赵洪祝书记和吕祖善省长的批示精神，省政府办公厅将《意见》稿下发21个省直有关部门，并将部门反馈意见转交省委政策研究室。在此基础上，省委政策研究室对《意见》稿再次进行修改，于28日将《意见》修改稿报送省政府，吕祖善省长当日批示同意提交常委会讨论。省委常委会议后，省委政策研究室对《意见》再作进一步修改，按办文程序报审。这就是浙委〔2008〕53号文件出台的全过程。

《意见》分6个部分共21条。其中第一部分是总体要求和主要目标，具体阐明了扶持景宁加快发展的重要意义，明确了"十一五"时期扶持景宁加快发展的总体要求和主要目标。其他五个部门分别阐述了支持加强基础设施建设，支持发展特色产业，支持加快发展社会事业，加大财政支持力度，加强组织领导工作等方面具体的扶持任务以及工作目标。

在参与这个政策制定的整个过程中，我体会到了省委省政府主要领导的战略眼光，感受到了各部门对少数民族地区的关心和关爱，也目睹了省委政策研究室陈一新主任、沈建明副主任和社会处的全体同志为这项工作付出了大量心血。景宁政策是我在省委政策研究室参与起草的最后一个文件，不久我就到新的工作岗位赴任。日后每当我在电视报纸上听到看到景宁有新的变化、新的发展时，我都为自己能参与这一政策的制订而感到自豪，对自己付出的绵薄之力，感到欣慰。祝景宁明天更美好。

作者简介：张国强，浙江省人大常委会研究室副主任。

喜看今朝　往事历历
——忆筹建景宁畲族自治县

遥想昔日景宁县城，街道狭窄、尘土飞扬、行人寥寥。而如今，我们年轻的自治县，已是街道纵横交错、商铺林立、市面繁华。充满现代化气息的高楼，辉映着欣欣向荣的崭新风貌。规划井然的年轻县城，依偎在景观别致优雅鹤溪河畔，一幅幅畲汉人民幸福美好的生活画面，唤起曾经在这里留下辛劳与热情的我无限的感慨。

景宁是我难忘的地方，我对景宁的父老乡亲有着深厚的感情。我忘不了那片曾经工作过10余年的热土和勤劳纯朴的景宁人民。

我1950年到景宁县税务局当税务员，后因工作需要当过外舍税务站站长、渤海区税务所所长、渤海区共青团书记、渤海区宣传科长。1954年我被调到景宁县委当秘书，1955年任县委办副主任，1956年任县委办主任，直到1960年初撤并景宁县建制，我调到温州工作。1963年我又被调回当时包括景宁的云和县任县委办主任，后任云和县县长。因此，我对景宁的情况比较熟悉，对景宁的人民也很有感情，时常牵挂着景宁的发展，希望景宁人民能早日致富。

建国初期，景宁没有撤并县建制时，虽然景宁县城因受地域限制不是很发达，但当时景宁与云和相比，发展并不比云和差。撤并县建制后，由于主要建设都集中在云和县城，鹤溪城镇建设缓慢，商业衰退。自60年代初至80年代初20余年间，景宁几乎没什么变化。撤销县建制严重影响景宁的发展，人民群众的意见很大，要求分县的心情很迫切，民间酝酿分县活动很频繁。1981年起陆续有人上访，直至中央。景宁群众到地区上访，我都很热情地接待他们，安慰和鼓励他们说，松阳分县都批下了，景宁也应该能恢复县建制的，只不过是时间的早晚而已。请他们相信，我一定会尽力帮助反映情况，努力争取的。对群众迫切要求分县的心情我很同情，也认为分县对景宁的发展是有利的。他们上访所提的意见我也很重视，为此，我曾几次到景宁调研。有一次我陪当时的省委副书记薛驹同志到景宁调研，听取群众意见，借此机会我竭力向他反映景宁撤并县建制后出现的一些不利因素和问题，积极建议恢复景宁县建制。

1984年6月30日，国务院同意批准设立景宁畲族自治县，我和景宁人民一样很高兴，并由衷祝福景宁前景更美好。中共丽水地委非常重视景宁的分设县工作，把它作为当时的一件大事来抓。7月12日，地委书记张林耕主持常委会议，专题研究云（和）景（宁）分设县工作。地委领导分工负责，我分管党群工作，副专员陈士达负责向省里请示解决五个问题。一是县两套班子组成；二是区域的划分；三是两县编制；四是财政包干问题；五是交通问题（景青公路、沙鹤公路）。回忆当时常委会研究分县工作有这样一些内容：

一、确定了分设县时间要求。地委要求在一个月左右基本分好，10月1日分开办公。

二、确定分县的几条原则：

1. 景宁班子未建好前，由云和县统一领导部署，分工负责，地委工作组协助工作；

2. 要处理好分县与生产的关系，要求做到分县、生产两不误；

3. 提出工作要求：要讲团结、讲风格，要求分县工作要迅速、完满，做到大家满意；

4. 要求党员、干部、群众以大局为重，服从组织领导，一切工作都要从有利于分县工作出发，反对无组织、无纪律行为；

5. 确定了具体分掰“人、财、物”问题的意见：

人的问题，要求视工作需要，统筹安排，要双方兼顾，干部人事要搞好五湖四海。人事没搞好前，下动上不动。学校、厂矿、区乡不动，商业企业、机关动。干部人事冻结，个人要求调动两县协商。两县五大班子由地委讨论，报省里审批。部、委、办、局班子县里讨论，报地区审批。其他一般干部由部门讨论，报县委审批。两县干部各分50%，省里下指标后，不足额的双方各自招干。同时，年老、体弱的原则上留云和。要求机构设置要精干、放权，不强调上下对口。云和仅9万来人口，要适当并一些机构。人民代表要在分县后再补选。

财的问题，要求合理分配当年、历年财政结余款，要适当照顾景宁。各部门财务分割照此原则办。云和暂不上项目，已批建的办公楼、宿舍楼，没建的要停下。从85年起两县财政包干使用。

物的问题，现有建设项目以行政区划分；目前生产、生活资料供应，按照现有流通渠道供应；分到景宁的同志原办公用具、宿舍用具都带走，但要登记造册；固定装置不能拆开分；文书档案，原是哪县归哪里，只有一套的留在云和，有两套的各县分一套；交通工具逐层分配。

要求有领导、有步骤地实施分县工作。原则是先分财物，后分人员，先分下属，再分领导。要求云和县要建两套班子，一套抓分县工作，一套抓生产。要建立景宁县筹备小组，下设办公室，各局要专人负责。步骤上，首先要组织动员、统一思想、端正态度。其次，清理家底登记造册。再则，搞好“人、财、物”分配方案。然后，建立领导班子。最后，召开团结、友谊联欢会，让大家去的高兴，留的安心。

三、指出了分设县工作要注意若干问题：

1. 强调要贯彻民主集中制原则，领导不能轻易表态、许愿，反对分散、无政府主义。

2. 要加强思想政治工作，要坚持原则，耐心细致地做引导工作。

3. 强调两县定下的事要订好协议，未经双方同意不得推翻。

四、决定派出地委工作组协助云和县委搞分设县工作，由陈锦耀任组长，李治华、时养民、胡振康任副组长，抽调部门徐福龙、蓝玉章、陈利、胡如溪、季体藩、金醒生为组员。地委要求工作组成员在7月20日前要进点开展工作。

7月16日上午，我主持召开了地委工作组有关人员会议，向他们传达了地委对分设县工作的精神；并与工作组一起研究了分县有关工作。当日下午，我主持召开了地委工作组成员都参加的云和新老“六书记”会议。当时云和县委书记王勋、县长唐德贵、人大常委会主任周春和政协主席张鸿鹏、县委副书记吴金根都到场。会上，我首先宣布了工作纪律：“对个人去留问题不用说，组织会考虑，讨论分县问题可敞开思想说，但要注意保密；对两县历史问题，宜粗不宜细，要团结一致向前看，不要过多的扯皮”。接着就请“六书记”谈对分县的认识，并表态度。同时，具体讨论分县的各项原则，落实分县工作的分工及贯彻的措施。这次会议两天半时间，白天开会讨论问题，晚上由我和工作组长分别与书记们交谈，交流思想，但交谈内容对外保密。这次会议关键是解决“六人”思想问题，统一高层领导思想认识，并拟出贯彻意见。会后形成纪要，以便遵照执行。

此后，地委领导按分工对分设县工作加强领导，掌握动态，通过地委工作组协助云和县委及时解决分县中出的各种问题。

9月8日，我和徐松林、陈锦耀、李治华到云和召开云、景两县班子会。徐松林主持会议，陈锦耀宣布省委决定，会上，我作了讲话。9月9日，云、景两县班子最后一次一起开了会议。9月10日，地委工作组撤回丽水。

由于恢复景宁县建制，深得民心，极大激发了景宁片干部群众积极性，景宁的筹建工作非常迅速，筹建组在周金全同志带领下，班子团结协作、工作热情高昂、作风扎实，工作进展很快，为新县如期实现10月1日对外正式办公作出了积极的贡献。当时，鉴于景宁是畲族自治县，为了突出其特色，“县庆”安排在1985年的“三月三”畲族人民自己的节日举行。当年新县对外办公没搞任何仪式。次年“三月三”县庆我也去了，看到景宁人民那充满激情的自豪的欢歌狂舞，欢庆自己的节日，我感到无比的欣慰，并深深地祝福景宁明天会更好。

作者简介：高忠勋，政协温州市委员会第六届原主席。

忆《景宁畲族自治县自治条例》的制定和修改

从1988年1月到2007年6月，景宁畲族自治县完成了《景宁畲族自治县自治条例》(以下简称《条例》)的制定和两次修改工作，历时20年。我有幸参与这项工作的全过程，现对这一史实，作回忆追录。

《条例》的诞生

1984年成立景宁畲族自治县，经过三年的施政实践，认识到《民族区域自治法》是维护自治权的法律保障。但《民族区域自治法》是宏观的、原则的。为了全面贯彻、有效落实自治法赋予的自治权，就必须加强配套的法规建设。只有结合景宁的特点和需要，尽快制定《景宁畲族自治县自治条例》，才能维护和完善民族区域自治制度，充分发挥其优越性。为此，第二届县人大常委会将制定《条例》工作列为首要任务。1988年1月16日，成立以县人大常委会主任、县委副书记雷喜庆为组长，由15人组成了《条例》起草领导小组及其工作班子——写作组。

怎样开展工作呢？当时，大家心中无数，既无资料参阅，也无思想积累。幸好6月1日，全国人大民委副主任委员李学智一行15人的到景指导，又得到省人大常委会的帮助。省人大常委会组织一个学习考察团：以省人大民侨委副主任委员郑嘉顺为团长，率领省人大民侨委办主任钟贤清、法制委办汤达金、丽水地区统战部副部长雷松庭以及景宁畲族自治县人大常委会副主任叶岳清、办公室主任刘睦生、《条例》写作组陈既生、梅慧、雷振余等一行11人，于1988年6月11日，赴湖南省学习考察。湖南省人大常委会领导赵阳城等同志综合介绍《湖南省各民族自治地方制定自治条例工作经验》，湖南省民委领导介绍《实施自治条例的实绩》；对湘西土家族苗族自治州和新晃侗族自治县制定自治条例工作进行考察，通过考察使我们懂得了制定自治条例必须明确指导思想，正确处理国家法律与自治条例、权利与义务、自治民族与其他民族的关系；深入调查研究，从实际出发，突出重点，依法立法，坚持自力更生与上级扶持相结合；加强领导，全民动员，不断提高认识，以保证质量。

7月，全县各部门单位发动群众献言献策，对条例的起草提出建议和要求。9月中旬，我综合各方面的建议，结合兄弟自治县的经验，草拟《条例》征求意见稿，由县人大办批转全县各部门单位讨论。10月，把征求意见稿修改为《条例》初稿。再次通过各条渠道发动全县人民参与讨论，并要求各部门向自己对口的上级汇报，努力争取上级部门的支持和帮助。11月，经县委常委会同意后，形成《条例》送审稿，呈报省人大常委会内审。省人大领导与省有关部门经过四个月的磋商、协调，同意了《条例》内容，形成了《条例》草案稿，经县人大常委会审议，提交第二届县人民代表大会第四次会议讨论，于1989年4月15日通过。同年7月1日由省七届人大常委会第14次会议批准，于9月1日公布实施。

《条例》分设8章63条。它突出了政治功能：维护国家统一，坚持民族平等；它注重了社会功能：促进各民族团结、进步。《条例》确立了自治机关的职能、人员结构，国民经济和社会发展的方针政策，各民族之间的社会主义关系、民族干部的培养和使用等。同时，根据自治县的实际需求，确立自治县的立法权和变通权；确认对干部职工发放民族地区补贴，供销、商业、医药等企业享受民贸政策，民族高中班学习年限可延长一年；规定12月24日为县庆日，……从而进一步调动了17万畲汉人民当家作主的积极性，加快了社会主义建设步伐。

《条例》是浙江省第一个民族地方法规，参与工作人员都是边学边干的新手。所以，《条例》谈不上自治县的明显特色，沟通、协调也都比较容易。只是“对干部职工发放民族地区补贴”规定，在协调会上有人说，这是“添乱”。我们只好力陈景宁山区工作条件的艰苦和各自治地方都有补贴规定的事实，进行辩解。在当时主持会议的省府办公厅领导杨炳的支持下，勉强通过。另一条是“民族高中班学习年限可延长一年”的规定。省教委同意：只能办四年一贯制的高中班，不能办成3+1的高复班。此外，我们也很想在财政上得到一些特殊照顾，但苦于对民族政策理解不深刻，提不出合法合理的条文，只得照抄兄弟县的条款。

《条例》首次修改

1994年4月18日，成立修改《条例》领导小组，正式拉开了第一次修改的序幕。修改小组由15人组成，设立专门办公室。

从1985年到1994年全国人大对《宪法》作了两次修改，在我国实行社会主义市场经济。而1989年制定的《条例》是在计划经济仍占主导地位的大背景下开展工作的，如第22条、第23条、第37条都是按传统经济体制设计的，与修改后的宪法明显相悖。同时，国家也正在酝酿修改《民族区域自治法》。其次，1989年制定工作时间短，仅用18个月时间，显得匆忙。制订工作经验缺，当年的《条例》不仅是景宁县，也是浙江省的第一个民族地方法规，以致套用上位法或兄弟自治县法规的条文多，联系本县需求条文少；体现政治功能的较具体，反映经济、文化功能的条文较原则，操作困难。为了适应自治县经济社会发展的新形势，广大干部群众迫切要求修改《条例》。

1994年，我刚退居二线，到修改办后就成为专职人员。我根据全国省（区）市人大民委主任贵阳座谈会和省八届人大常委会第10次会议精神，制定工作计划，梳理应该修改完善的条款。5月24日和6月2日，我们相继得到全国人大民委副主任委员伍精华和全国人大民委副主任委员李学智的“面授”指导和鼓励，有力地推动了修改工作。在逐一听取县计经委、电力局、水利局、农业局、林业局、卫生局、教育局等部门的修改意向后，我们于6月10日完成《条例》修改的征求意见稿，印发全县各部门、乡镇，发动讨论。7月18日，在省人大民侨委领导雷喜庆、林东良等到景指导工作时，理出重点协调条款，确定修正案初稿，呈送省人大常委会初审。省人大常委会对《条例》增写“法律责任”条文，认为必须请示；同时，为了使《条例》修改工作与国家《民族区域自治法》修改工作衔接，也必须汇报。因此，省人大民侨委副主任委员张林耕，带领省人大民侨委办副主任林东良、秘书许勤德和县人大常委会副主任张景新、修改办主任陈既生、民委主任雷启勋、扶贫办主任毛海林等一行7人赴京请示汇报。全国人大民委副主任委员李学智和伍精华、法案室主任敖俊德、民委办副主任张会友、法案室二处处长南嘉、干部赵京辉、刘大友等7人听取我们的汇报，并发帖邀请我和张景新出席在北京人民大会堂召开的“《民族区域自治法》颁布10周年纪念大会”。在汇报会上，敖俊德介绍了《民族区域自治法》修改依据、原则和主要内容。告诉我们：修改稿已呈报全国人大常委会委员长会议。然后，他针对我县的修改工作指出：①《条例》的修改工作，不要等待自治法的修改。②坚持实事求是。一项优惠政策只要上级国家机关同意就行。因为各地不可能一个样，像新疆规定退休年龄提前，发放高寒地区补贴。浙江是富省，4500万人口扶持一个仅17万人口的自治县，完全有能力。③关于“法律责任”内容。写得原则不好操作，写得具体难度很高，牵涉面很大，所以不赞成在自治条例中写上。况且，自治法是国家机关法，都不写法律责任。④自治条例经省人大常委会批准后，报国务院备案，已上升为国家意志，也就不仅代表景宁人民，也代表浙江省各族人民的根本利益和共同愿望，对上级国家机关同样具有约束力。

1995年1月18日，省人大民侨委和法制委在杭州召开省民政厅、民委、税务局、财政厅、教委、外经委、银行等13个厅局负责人讨论修正案的第四稿。2月10日，省人大民侨委、法制委和省民委的领导会同我们一起分析研究来自各部门的建议和意见，逐条确定修正案的第五稿，结束了内审程序。2月22日，经县委常委会审定，3月22日，县人大常委会讨论了修正案第五稿，并修改为提交代表大会审议表决的“《条例》修正案（草案）”。4月14日，由第四届县人民代表大会第三次会议通过，于4月29日，省八届人大常委第18次会议批准，5月30日公布施行。

这次对原《条例》修改、补充25条，删去一条，合并一条，新增二条。全文仍为八章63条。它的特点是进一步发挥了《条例》的经济文化功能：①删改了反映计划经济需要的内容和不适合实际需要的条款；②增写自治县异地开发的企业享受优惠政策，新华书店也享受民贸政策的照顾；③自治县在税收的留成上享受照顾；④确认联合办学、当地负责的办学原则，享受少数民族教育补助专款，自治县考生享有降分录取的照顾……这次修改中尽管我们对一些优惠政策依法力争，据理坚持，但由于有的领导认为：给景宁的照顾已经够多，自治条例不是“照顾条例”……后来，还有人说，“你一定要这项照顾，我可以削减那项经费。”所以，仍有不少政策没有争取到位。如我们为了确保“吃饭财政”，要求预算“差额补足”，结果仍是“差额补助”；《民族区域自治法》规定上级国家机关帮助民族自治地方的多个条款，没有具体化，只停留在给予“优惠、”“照顾”、“倾斜”“扶持”等原则承诺上。这种缺乏约束力，缺乏法律责任的承诺，在实施时，该责任机关执行不执行，执行力度如何都没有衡量标准，以致无法检查落实，甚至助长了不正之风，依法扶持有时变成“恩赐”。后来有位县领导感叹说，《条例》只有“县长由畲族公民担任”一条是“硬”的。在协调过程中，个别领导把落实自治权益与扶贫政策混为一谈，把自己的职责误成“恩典”，把依法“放权让利”曲解为自治县“争权夺利”。这时，我们也不得不依法理直气壮地陈述理由，摆出依据，宣传有关民族政策。

《条例》再次修改

1999年，全国人大对《宪法》进行了第三次修改，2000年我国加入世界贸易组织，2001年国务院出台《关于西部大开发若干政策措施的实施意见》……自治县紧跟形势，2002年初，成立以县委副书记彭岳舜为组长，由18人组成的修改《条例》领导小组及其办公室，我仍被委为主笔，启动《条例》的第二次修改。

1月17日，召开会议审定工作计划，开展工作。2002年2月28日，全国人大常委会九届20次会议通过修改《民族区域自治法》的决定，2002年12月20日，浙江省颁布《少数民族权益保障条例》，一系列政策、法规都体现了上级国家机关扶持民族自治地方的政策有了较大的调整和强化。同时，我们又先后得到全国人大民委尹克升、省市人大民侨委张凤鸣、蓝高飞指导，在深入19个局(委)调查研究、听取意见后，于年底11月15日完成《条例》修改初稿。

2003年初，县领导班子换届后，修改领导小组组长由县委副书记苏昌晨担任，不久又改由县委副书记蓝良兴担任。领导小组成员和修改办人员也随之变动。我也因家庭需要于4月中旬辞去修改工作，移居杭州。2005年5月19日，国务院公布《国务院实施〈中华人民共和国民族区域自治法〉若干规定》，我县的《条例》修改工作又提上重要的议事日程。

2005年11月22日，我返回景宁。时隔29个月后，我重新在修改办上班，抓紧补学文件，查阅有关资料。11月30日，修改领导小组开会，修订工作计划，确定时间表。接着，我日夜兼程以国务院的若干规定为依据，充实、修改《条例》，仅用一周时间完成了第三稿，印发给各单位各部门讨论。12月17日，由县人大常委会党组书记、副主任张盛忠带队，一行9人赴湖南省江华瑶族自治县学习考察。江华瑶族自治县建县早，经验多。他们的新条例特点非常显著，如在“四费(林业规费、土地有偿使用费、矿产资源补偿费、水资源费)一税收(增值税、消费税)”的返还政策和人才优待措施(享受自治县津贴、生活补贴和奖金)上都体现了该县的自治权保障机制比我们成熟、有效。2006年1月6日，我们综合各方意见完成第四稿，作好准备，迎接1月10日省人大法制委汤达金的到来：审定《条例》修改条文，共商第五稿文本。接着，我遵照县委常委会、县人大常委会的审议意见和市人大领导的指导意见，于4月13日完成第六稿，工作又告一段落。

五个月后，即同年9月10日，当时的省委书记习近平对景宁的经济社会发展作了重要批示：“……在全面建设小康进程中，景宁作为全省唯一的少数民族自治县如何跟上时代的步伐，应重点研究并采取进一步举措，予以支持……”9月20日，在省人大民侨委和法制委的敦促下，修改工作立即再次启动。我又应县人大领导的邀请，于9月22日回到景宁，立即参与召集《条例》修改中有协调任务的重点局开会，跟国土、环保、林业、财政等局的负责人商定协调条款内容和依据，确定协调人员的安排和时间。报县委常委会同意后，以第六稿为《条例》修正案(送审稿)，呈省人大常委会内审、协调。

10月下旬，省人大常委会将我县的送审稿正式发函给各省厅，要求省厅回复书面意见。11月中旬，我们直接或间接地收到了省发改委、省财政厅、省林业厅、省国土厅、省环保局等的回复函。12月上旬，省人大民侨委领导又依据各省厅的反映，带领我们去省发改委、林业厅、财政厅等进行面对面的沟通。县委、县政府领导非常重视，县委书记武昌、县长钟昌明、副县长张晓强、江少伟都亲自参与，上下形成共识。12月中旬我根据与各省厅分别达成的共识，草就第七稿。12月31日，经县委常委会审查后，又于2007年1月9日，向省人大常委会副主任孙优贤汇报，听取指示。12日确定了《条例》修正案稿，17日送省人大常委会确认，完成了内审程序。县人大常委会审议《条例》修正案（草案）后，提交县七届人代会第一次会议表决。于3月22日大会全票通过。5月25日，省十届人大常委会第32次会议审议、批准。6月5日公布实施。

这次修改工作经历时间长。从2002年1月到2007年6月，计6个年头，跨越第五届、第六届、第七届共三届政府。其次，学习榜样多。我退休后，在县政研室工作，收集了许多民族法规和民族政策，如江华、通道、芷江、马边、杜尔伯特等自治县，湘西、恩施等自治州，以及云南省8个自治州、29个自治县的自治条例和单行条例。再者，政策、法律依据多。有《民族区域自治法》、《立法法》、国务院实施《民族区域自治法》若干规定、关于西部大开发若干政策措施实施意见、省少数民族权益保障条例、省委（2005）21号文件……16部以上法律、法规和9个以上的政策性文件，加上全县广大干部群众的齐心参与，省、市人大常委会坚强后盾，特别是国家副主席、当时的省委书记习近平的"9•10"批示，调动了省级机关积极性，促使《条例》修改工作顺利畅通，较充分地发挥了《条例》的经济功能。可以这样说，这次修改在落实自治法授予的自治权上有了较大的突破，维护了自治权益，正如一位领导说："这是现阶段最理想的成果。"

主要的成果：①确认"自治县征收的林业基金、排污费、矿产资源补偿费、新增建设用地有偿使用费，除上缴中央部分外，其余上缴部分按省人民政府有关规定全额返还"、"上划的增值税等共享收入的增量部分按国家规定享受返还的照顾。"以2005年为例推算：上述"四费"加水资源费和增值税返还等收入可达4862.83万元。当然，实施时自治县还要有对"四费"收缴任务、使用预算和审计管理的细则，明确各有关部门的职责。否则，省厅"放权"给自治县后，具体不检查管理了，而我们自己没有规矩，有关部门无所适从。一旦失管，变成部门利益，祸害意志薄弱的人。②自治县"享受省人民政府在职权范围内比照西部大开发的有关政策扶持"、"在经济社会建设管理中，除法律、法规规定的权限外，还可以行使省人民政府赋予的其他管理权"。自治县承担的建设配套资金"可享受减少或免除"……以上条款的内涵非常丰富：自治县比照享受西部大开发的扶持政策，有选择地享受"扩权强县"的特权，建设项目配套资金可减可免。但具体享受哪些政策和特权，项目资金减或免，《条例》不可能，也不应该具体细化。还需在实施中审时度势，筛选申报。但这已为自治县争取项目、争取优惠政策提供法律依据。③在财政管理上明确"通过上级财政转移支付的支持，保证国家机关正常运转，财政供养人员工资、津贴和补贴按时足额发放，基础教育正常经费支出。"这样就大家可安心工作，可较快实现教育的均等化。④保留"享受少数民族地区补贴"、自治县的"开支标准、定员、定额"，可以制定补充规定和具体办法。在大中专院校招生时，"自治县考生享有降分录取的照顾"等规定，为自治县培养、引进、留住人才提供法律保障。⑤县人民政府组织实施，每年报告一次，加强了《条例》实施力度。

《条例》的制定和修改，为进一步做好自治县各项工作保驾护航，提供了法律保障。我相信：随着《条例》的深入贯彻落实，《条例》的规定将转化为促进自治县发展、繁荣的强大动力，在实现自治县经济社会发展"走在全国民族自治县前列"的目标中发挥积极作用。

作者简介：陈既生，景宁畲族自治县教育局原局长。

筹建浙江景鄞扶贫经济开发区的回忆

1993年3月，景宁畲族自治县（以下简称景宁县）人民政府任命我为县政府驻鄞县（后改为鄞州区）办事处副主任，后又任驻鄞县办事处党组副书记，直到1996年10月调离办事处回景宁工作。在驻鄞县办事处工作的四个年头里，我参与了浙江省乃至全国少有的跨地区建立异地扶贫经济开发区筹建过程，即丽水地区的景宁在宁波地区的鄞县建立浙江景鄞扶贫经济开发区（景代表景宁县，鄞代表鄞县，以下简称为扶贫经济开发区）的筹建过程。

建立异地扶贫经济开发区的背景与正式提出

景宁是浙江省唯一的少数民族自治县，二十世纪八十年代中期，景宁是个典型的"老、少、边、穷"山区小县，总人口只有17万，也是浙江省三个国家级贫困县之一，脱贫致富的任务十分艰巨。省委、省政府为加快贫困县脱贫致富步伐，决定动员沿海发达地区的鄞县与贫困地区的景宁结对扶贫。早期实施的是"输血式"扶贫，由扶持方鄞县给钱给物帮助解决一些眼前困难，效果相对较差。后转为"造血式"扶贫，由扶持方鄞县自带资金、带技术人员到景宁办企业。时任鄞县县委办副主任张岳茂，曾数十次奔走景鄞之间，牵线搭桥，帮助协调解决创办企业过程中遇到的困难和问题。介于扶贫工作是一项政治任务，鄞县很快就帮助景宁办起了10多家企业，解决部分富余劳动力的就业问题，短期内也收到了一些效果。由于区位条件上的差异，原材料供应和产品销售在外，加上扶持方鄞县来的技术人员对山区生活环境难以适应，能坚持下来的企业不多，扶贫成果不明显，扶持方与被扶持方都感到困惑，仍在千方百计寻求有效扶贫开发的新路子。九十年代初期，景鄞两县开始实行互派干部挂职锻炼，鄞县首批到景宁挂职有四名干部，其中一名任景宁副县长，叫俞建中。他到景宁后，马上就深入到鄞县扶持景宁创办的企业调研，认真分析存在的困难与问题，感到鄞县到景宁帮助办企业，存在诸多不利因素，长期下去问题会越来越多，总不是个办法，经过认真思考分析后，大胆提出把扶持景宁创办企业的地点转移到鄞县去的设想。借鉴温州设立扶贫经济开发区的做法，俞建中副县长向景宁县委、县政府提出在鄞县梅墟工业区建立景宁工业城，逐步实行从就地式扶贫向开发式扶贫战略转移的意见与建议。景宁县委、县政府很快就讨论研究了异地扶贫开发问题。时任景宁县委书记陈铁雄等领导同志经过认真调查研究、深思熟虑后，决定把建立异地扶贫经济开发区作为改变景宁贫困落后面貌、加快脱贫致富步伐的重要举措，正式提出来，并希望省政府和鄞县积极创造条件，给予大力支持，尽快建立。

建立异地扶贫经济开发区的过程

鄞县梅墟工业区位于宁波市区通往北仑大榭岛开发区的交通要道上，投资环境十分优越。景宁这个国家级的贫困县要在那里建立扶贫经济开发区，可不是一件小事。为此，景宁县委、县政府高度重视，统一认识，积极行动，并很快就成立了建立扶贫经济开发区筹建领导小组。时任县长雷文先亲自挂帅，负责重大事项协调工作；时任县副县长傅元昌负责具体筹建组织实施工作；省里下派景宁挂职副县长庄作民负责向省政府和省直有关部门报批工作；鄞县在景宁挂职的俞慕安被聘任为县长助理、兼任县政府驻鄞县办事处主任，负责鄞县方的协调工作；我主要是负责具体事项的联络与落实工作。

1993年2月，雷文先县长多次主持会议，研究部署梅墟工业区景宁工业城筹建工作，要求尽快组建宁波景宁投资开发总公司，抓紧做好工业城有关优惠政策制订工作，3月底前办公地点和开办经费要落实到位，从而拉开了梅墟工业区景宁工业城筹建工作的序幕。1993年3月10日，景宁方与鄞县财税局、梅墟工业区管委会协商景宁工业城优惠政策条款，双方参加会议的都是具体操作部门，在讨论到企业税收返还、财政收入分成的比例上，因没有两县政府主要领导的授权，难以形成一致看法，最终没有形成可操作的条款。

由于是跨地区扶贫开发，在开发区域划定、规划区内土地价格确定、区内企业享受税收优惠政策、税收征管及财政收入分成等具体敏感问题上认识不一致。加上当时各地开发区过多过猛，圈地严重，中央已下决心，停止开发区审批的宏观环境，都对梅墟工业区景宁工业城筹建工作影响较大，筹建工作一时陷入困境。在近半年的时间里，我多次回景宁向县委、县政府领导汇报，对上述问题，若两县主要领导不能形成共识，整个筹建工作将无法继续下去。

1993年8月19日，时任县委书记陈铁雄一行9人专程赶赴鄞县，与鄞县县委领导商讨景宁工业城开发建设问题。陈铁雄书记表示，我们对工业城开发建设信心很足，想法没变，根据景宁的实际情况，我们想请鄞县参股共同开发，区内企业涉及少数民族优惠政策可以共享。鄞县县委领导表示，根据当前国家宏观调控趋紧，下步扶贫工作会有一些变化，两县以经济实体参股开发是一个可考虑方案。洽谈结果是双方各占50%的股份组建股份有限公司共同参与开发。1993年9月5日，鄞县县委领导一行12人赴景宁落实扶贫工作。两县就景宁工业城开发建设有关问题再次磋商，达成原则意见，同时还就下步扶贫工作的其他事项进行了会谈。1993年9月18日，由时任鄞县政府副县长陈迪明主持会议，就宁波景宁投资开发有限总公司组建的资金到位问题、机构设置问题、实施开发问题等有关事项达成协议，从而进一步确立了两县参股共同开发正式开始实施。1993年10月14日，宁波景宁投资开发有限总公司召开第一次董事会，决定聘请俞慕安同志担任总经理，我为总经理助理，参与总公司日常管理。

省政府批复同意建立异地扶贫经济开发区

建立异地扶贫经济开发区，无疑是开创了扶贫工作的新路子，在鄞景两县的共同努力下，梅墟工业区景宁工业城的筹建工作迈出重要的一步。能否报请省政府同意建立省级扶贫经济开发区，享受省级开发区优惠政策，进一步扩大影响，增强招商引资的吸引力是关键。

1992年9月，浙江省政府批准设立温州扶贫经济开发区。它是利用沿海开放地区优越的投资环境和国家扶贫的各项优惠政策，扶持扶贫项目，加快老少边穷地区资源开发和经济发展的一项重大扶贫举措。一年后，省政府在温州召开了全省扶贫工作会议，充分肯定了在沿海开放地区建立扶贫经济开发区的做法。景宁是国家级的少数民族贫困县，积极争取在沿海开放地区建立扶贫经济开发区，正是符合贯彻落实省政府重大扶贫举措的具体体现，只要我们工作做得扎实，就一定能得到省政府的支持。为认真贯彻落实全省扶贫工作会议精神，我们加快了报批省级扶贫经济开发区的前期准备工作。

建立景宁工业城的基础是土地。我们在筹建宁波景宁投资开发有限总公司的过程中，土地批租工作也在同步进行。经过实地勘察选址后，1993年9月12日，首期4.73公顷土地批租与鄞县国有土地管理局签订了国有土地使用权出让协议。10月20日，宁波景宁投资开发有限总公司与鄞县梅墟工业区签订了土地平整协议书，11月13日，鄞景两县召开有关部门参加联席会议，通过了规划平面图会审。1994年3月16日，景宁工业城的工商税务管理组对招商引进企业开始实施登记。

1994年3月20日，时任省政府副省长刘锡荣、秘书长钟伯荣，在时任宁波市常务副市长陈仲方、鄞县县委书记范文浩的陪同下，到景宁工业城视察，对筹建前期工作给予充分肯定，并对我们要求批准建立浙江景宁梅墟扶贫经济开发区表示抓紧给予审批。1994年3月30日，省政府批复同意建立浙江景宁梅墟扶贫经济开发区，规划面积为68.8公顷，并比照温州扶贫经济开发区享受规定的优惠政策。

温州扶贫经济开发区的优惠政策主要有：扶贫开发区可比照执行沿海经济技术开发区的政策规定，同时享受国家规定的扶贫优惠政策。一是开发区新增的税利，五年内不缴，留给当地和贫困地区使用；二是凡贫困县在温州扶贫经济开发区兴办的各类企业，地价从优；三是经税务部门核准，从投产之日起免征企业所得税三年；四是企业缴纳产品税、增值税、土地使用税有困难的，按税收管理权限报批，可以给予减免照顾。

建立异地扶贫经济开发区对景鄞两县的作用

浙江景宁梅墟扶贫经济开发区的批准设立，既能享受沿海经济技术开发区的政策规定，又可以享受国家规定的扶贫优惠政策和少数民族地区特殊的扶持政策，对投资者无疑会产生极大的吸引力，前来咨询的客商迅速增加。1994年4月，景鄞两县迅速召开以县委书记为代表的高层联席会议，研究开发建设的有关事项。会议决定成立扶贫经济开发区开发建设协调领导小组和管委会，领导小组组长由时任鄞县政府常务副县长殷志远担任；副组长由时任景宁县政府常务副县长吴利文担任；并兼任管委会主任。会议还讨论研究了扶贫经济开发区的利益分配问题。6月2日，浙江景宁梅墟扶贫经济开发区管委会成立。

鄞县地处浙江东南沿海发达地区，东南西三面与宁波市老三区紧密相连，县政府驻地在宁波市江东区内。历史上，鄞县一直苦于有县无城，不知情的人，到鄞县，找不到鄞县的县城。建立相对独立的县城，是历代领导和百姓的共同愿望。1993年，鄞县县委、县政府决定规划中心区建设，把县政府驻地从江东区迁到中心区。因中心区建设需要产业支撑和人口集聚，没有相应的优惠政策，产业和人口集聚又难以形成。鄞县认为可以借助扶贫经济开发区的政策优势，实现加快中心区建设的目的，因而要求景宁方积极向省政府争取，把扶贫经济开发区范围扩大到整个中心区。1994年12月，省政府再次批复同意扶贫经济开发区扩大范围，面积扩大到5.6平方公里，同时更名为浙江景鄞扶贫经济开发区。中心区可享受扶贫经济开发优惠政策，无疑对加快产业和人口的集聚产生巨大的推动作用。

1994年11月12日，国家民委经济司郭司长到扶贫经济开发区考察，充分肯定了浙江省政府对景宁的扶贫工作的高度重视，拿出了具体措施，对扶贫经济开发区的发展势头之好表示满意，并要求提高对扶贫经济开发区本身的重要意义认识。扶贫经济开发区不仅是景宁经济发展的重要窗口，更重要的是景宁重要的经济来源。要树立"立足宁波、放眼东方、回报景宁"的指导思想，把扶贫经济开发区办得更好。1995年10月，全国民委系统直属公司(集团)经理座谈会在宁波召开，时任浙江省政府副省长刘锡荣在会上介绍了浙江建立扶贫经济开发区的做法及取得的成效。这次会议对宣传景宁，提高景宁的知名度起到了一定作用。

1996年10月，我调离扶贫经济开发区回景宁工作，担任景宁县计划委员会副主任兼统计局局长。由于我参与了筹建浙江景鄞扶贫经济开发区的全过程，因而在担任统计局局长期间，对扶贫经济开发区的数据格外关注。从统计的数据看，扶贫经济开发区从1995年发生财政收入开始到2007年实行属地管理之前的12年时间里，景宁从扶贫经济开发区得到的财政总收入为4.7亿多元，平均每年近4000

万元;地方财政收入为1.7亿多元,平均每年1400多万元。2007年起,扶贫经济开发区实行属地管理,省政府出面协调,由鄞州区通过财政转移支付,每年划给景宁1500万元。这个收入对欠发达地区的景宁县来讲,无疑不是个小数目。收入的增加,也为促进景宁经济社会的加快发展起到较好的作用。

筹建浙江景鄞经济开发区的艰苦创业已经过去16年了,回想起在宁波1000多个日日夜夜的历历往事,以及在筹建过程中对扶贫工作执着的领导与热心人士至今仍记忆犹新。虽然在此不能一一予以叙述称赞,但我永远敬佩他们的扶贫帮困精神。

作者简介:陈小明,景宁畲族自治县统计局原局长。

我在“飞地”初腾的日子

《中共浙江省委 浙江省人民政府关于扶持景宁畲族自治县加快发展的若干意见》(浙委〔2008〕53号)文件,给“九山半水半分田”的景宁畲乡,注入了新鲜的血液。山清水秀的畲乡,沐浴在三月的阳光里。

2008年3月20日,丽水市委书记陈荣高同志,提出了一个极具创新意义和超前意识的大胆构想——在丽水经济开发区内划出一块地设立景宁开发区块(即丽水经济开发区景宁民族工业园,简称丽景民族工业园),作为景宁工业发展的“飞地”,扶持景宁工业经济发展。

陈荣高书记的提议,与浙江省委、省政府的扶持政策,前后呼应着为景宁畲族自治县异地开发工业经济的崭新格局拉开了帷幕。

丽水市委、市政府像呵护一个弱小的儿女一样,搀扶着我们年青又贫弱的自治县,积极为“丽景民族工业园”起步扫平一切障碍,铺平腾飞的道路。

12月17日,丽水市机构编制委员会下发《关于同意设立丽水经济开发区景宁民族工业园管理委员会的批复》(丽编委〔2008〕108号)文件,明确设置景宁民族工业园管理委员会,景宁民族工业园党工委、管委会为景宁县委、县政府的派出机构,代表县委、县政府对工业园实施统一领导、统一规划和统一管理。

2009年1月6日,丽水市政府正式任命我为丽水经济开发区景宁民族工业园管理委员会主任,兼任丽水经济开发区管理委员会副主任,景宁县委任命我为管委会书记,全面负责丽景民族工业园的筹备和建设工作。

1月7日早晨7点,天刚蒙蒙亮,冒着绵绵的冬季雨雾和冷冽的寒风,管委会班子及业务骨干一行十六人怀着激动、兴奋及复杂的心情,从景宁出发前往丽景民族工业园勘察现场。从丽水经济开发区的通济街穿过,进入了一条宽不过3米、蜿蜒曲折的农村机耕路,两边全部是农田,大约颠簸行驶了二十多分钟,停车徒步勘察,踩着泥泞的田埂,满眼望去都是连绵起伏的山包,密集交织的河道,错落分布的民房,一副世外桃源的农耕景象,没有丝毫工业开发的气息。我们的心凉了一大截,大家心情凝重,每人都有自己的心思,但是谁都没有讲泄气的话。踏勘完现场,在一个叫胡村水库的旁边,长满枯黄茅草的山顶上,召开了首次管委会中层以上现场会。为了鼓舞大家的士气,会议阐述了建设“飞地”的重大意义,同时也明确指出了在建设过程中必将充满各种各样的困难和挑战,最后对班子成员作了初步的分工,提出了近期工作任务,要求每位必须深入研究新工作,并梳理初步工作思路。

为了进一步统一思想，尽快确定工作思路和打开工作的突破口，积极筹备召开了工作务虚会。1月12日，在香江商务大酒店会议室召开了首次管委会工作务虚会。会议主要围绕干部的思想认识，开发建设过程存在哪些要素制约及如何破解，如何攻克前期工作及今后开发建设难题展开。随着探讨的深入，工业园建设的几大棘手问题和困难逐渐凸显，犹如一座座难以逾越的大山挡在了我们的面前：一是工程量大，据测算，整个工程需挖填方六千多万方，而且地形极其复杂，水库、河道、村庄交错，而且整个区块内679户1545人需搬迁安置。二是建设成本高，根据控规，区块场地平整大部分是高填高挖，填方最高约40余米，挖方最高约60余米，每亩约需50万元投入，工程总投资约30亿元。三是时间要求紧，按照省委省政府53号文件，要实现“景宁到2012年经济综合实力要进入全国120个少数民族自治县前10位”这一战略目标，能否按时保质顺利推进园区建设将起到十分关键的作用。四是项目前期要素不具备，丽景园区块作为丽水市城市发展备用地，尚不符合《城市建设总体规划》和《土地利用总体规划》，更不用说相关的土地规划指标和用地指标问题了，因此要在短时间内完成项目前期工作，困难重重。

同时，丽水市委、市政府还给我们下达了2009年9月份动工建设的死任务。

面对困难，我们没有退路，只有不断勇敢前进才有出路。此后的一段时间里，我每天有两件事必做，一是面对图版理清工作思路，二是找人调研寻找工作突破口。我们班子成员和业务人员也几乎是没日没夜地思考、探索，一次又一次地深入现场，爬遍区块的每一个山头和每一条山沟；一次又一次地召开务虚会，着力在法律、政策、技术等环节寻求突破口。随着思考的深入，我们的思路逐渐清晰，最终确定了以《丽景民族工业园控制性详细规划》编制审批为切入点，以项目包装为着手点，以土地二轮修编和明确政策处理体制机制为侧重点的工作思路。同时，要求各处室密切配合，倒排时间，并联式开展工作，力求在时间、质量上达到开发建设时序要求。

我们自己的思路理清后，接下来工作就是要与市直部门协调对接，争取他们的支持，争取进一步明确相关工作的体制机制。开始，因为工业园的很多前提条件不具备，虽然市政府及相关部门的领导非常重视，但是由于有的时候需要担一点责任，在具体办事过程中，有些部门的办事效率和速度难以跟上工业园工作安排的时序，前期工作推进速度缓慢。另外，体制机制问题也一直制约着政策处理工作的推进。我们的干部是心急火燎，但是因为没有办事主动权，再急也是于事无补。针对问题，我们采取了两方面的措施：一方面，建议武昌书记、钟昌明县长带领工业园管委会班子到市经济开发区、市发改委、市国土局、市建设局等部门进行了全面的对接，就目前碰到的困难进行了交流和汇报，争取得到市级相关部门全面、深入的帮助和指导。另一方面，建议丽水市政府同意园区内的相关审批、招投标等工作委托景宁办理。

通过衔接，在丽水市政府和丽水经济开发区的支持下，市政府下发了丽办抄〔2009〕59号和丽办抄〔2009〕108号文件，一是明确了丽水经济开发区管委会牵头，水阁和富岭街道办事处负责，丽景民族工业园管委会为主体的政策处理工作体制，并建立联席会议制度。二是对符合相关要求的建设项目审批和招投标事项统一由景宁县在报开发区预审后自行负责审批、实施。

相关工作机制明确后，我们的工作走上快车道。在短短的五个月时间里，我们按照各项工作节点倒排时间表，创新工作思路，克服各种困难，完成了项目建议书编制及报批、环评和地质勘探、可研报告编制和审批、初步设计编制和报批、施工图纸设计和审查、预算审计、施工监理标的发布和开标等一系列项目前期工作。顺利完成一期工程土地测量、地类确认、地上附着物清点登记和土地征收补偿款项支付等政策处理工作。在条件不具备的情况下通过“搭桥贷款”成功解决建设资金问题，确保了面积

80公顷的一期工程于2009年8月28日正式动工建设。截至2010年9月，一期工程已完成总工程量的80%，年底可向企业供地；面积113.33公顷的二期工程已经正式开工建设，预计2011年完工；面积123.33公顷的三期工程也已基本确定建设方案，创下了工业园建设的“飞地”速度。另外，通过创新思路，多方争取，丽景民族工业园道路网及配套工程列入省重点工程，53省道改建工程、水系改造工程、电力输送网工程等项目列入相关部门的建设计划，为推进工业园下步工作打下了坚实的基础。对于我们所取得的成绩，市委书记陈荣高给予了高度的评价。他说，丽景民族工业园建设工作思路清、目标明、措施实、行动快、效果好。

这种成效的取得，离不开各级党委、政府领导的特殊关爱，离不开省、市相关部门的倾心支持。2010年1月19日，省委书记赵洪祝、省长吕祖善一同考察工业园建设情况；4月26日，国家民委党组成员陈改户到工业园调研工作，8月30日，副省长金德水批示：“丽水市加强景宁民族工业园建设，事关畲乡发展大局，要求有关部门要给予大力支持。”开园以来，市委书记陈荣高多次到工业园调研，切切实实地为工业园排忧解难。要求各部门务必要帮助丽景民族工业园加快推进各项建设工作，以促进民族事业又快又好的发展。常务副市长沈仁康、统战部长蓝资霞、副市长蔡小华等市领导亲自帮助工业园协调相关部门加快推进建设工作，以及向上争取政策和融资支持。市发改委、国土局、交通局、林业局等相关部门也给予了工业园大力支持。丽水经济开发区把工业园的事当成自己的事来办。县委书记武昌、县长钟昌明多次到工业园现场调研指导工作，县人大主任蓝良兴、县政协主席彭岳舜带领班子成员视察工业园，县纪委及县属各部门积极为工业园的顺利建设提供了政策、人力、资金、氛围等全方位的保障。

这种“飞地”速度的创建，也与工业园全体干部“为大家、舍小家”的奉献和拼搏精神密不可分。我们的这些干部都是各自家庭的顶梁柱，上有老人下有小孩需要照顾，但是抽调丽水后，两地分居的状况和艰巨的工作任务使他们无暇顾家。在工作最为紧张的时期，大部分同志更是“五加二，白加黑”的加班加点。都是以小时计算着工作的进度，因此被迫放弃了许多与家人团聚的时间。期间，涌现出了许多令人敬佩又使人心酸的典型案例，有一同志动手术需休息一个月，只住了一个星期的医院就赶回上班；另一同志的父母双亲生癌症住院总共只请了两天假；还有一同志的爱人因过度劳累昏厥多次未能回家照看；多个同志的妻子生孩子也是一天假未请……像这样的事例举不胜举。另外，由于是异地办公，干部们住的是集体宿舍，一套设施简陋、周边噪杂的民房里住五位干部，一人一个单间，大家共用一个卫生间，晚上洗澡和早上洗脸要排队。干部们经年累月吃的是快餐，既吃得腻，又吃得不放心、不健康。干部们办公室是临时租赁的，去年40位干部就挤在六个办公室里，拥挤的办公场所、紧张的工作节奏和巨大的工作压力，常常使干部们产生烦躁的情绪。这一年多时间以来，我们的干部发扬艰苦奋斗的奉献精神，克服重重压力，顺利的完成了市委、市政府确定的工作目标，创造了我们用金钱都难以买到的“飞地”速度和“飞地”精神。

通过近一年多的开发建设，丽景民族工业园各项工作稳步推进，雏形基本显现。下一步，我们要精耕细作，将她建设成为景宁未来经济发展的希望之地。我想，一方面要充分用好用足政治优势和民族优势，向国家争取享受国家西部大开发政策，向国家开发银行争取长期的优惠贷款，为工业园建设营造良好发展环境；另一方面要继续加大项目争取力度，加快开展平台建设，强力推进招商选资。总之，要用我们的智慧，用我们的激情，描绘和勾画好她的发展蓝图。

“乘风破浪会有时，直挂云帆济沧海”——在不久的将来，这块承载着省、市党委、政府殷殷关怀之情、承载着17万畲汉人民热切期望的4平方公里沃土，将会为全国少数民族地区扶贫工作创造出崭新的模式。

作者简介：郭海光，中共景宁畲族自治县委常委、常务副县长，丽水经济开发区副主任，丽水经济开发区景宁民族工业园管委会书记、主任。

、

我经历的外舍防护工程建设

滩坑湖面水初平，万顷清江云雾腾。

敢借碧波成广厦，只为长堤锁蛟龙。

徜徉在外舍防护大堤上，面对着这个我为之奋战了一千六百多个日日夜夜的工程，我不由得思绪万千，百感交集。弹指一挥间，我已在这块土地上四易寒暑，和工程建设者一起，劈山凿河，筑坝围滩，挖山填湖，把这片昔日曾经的河滩，原本已经沉寂在滩坑水库万顷碧波之下的土地，被我们硬生生的抢了回来。遥想未来，朦胧中这块土地上似乎已显示出将来外舍新城的轮廓——崭新的城区，成为景宁人民实现梦想的舞台，成为造福子孙后代的福地。

此情此景，不由得为自己有机会在这片土地上付出的艰辛和努力而感到骄傲和自豪。

外舍防护工程属省级重点工程。它的建成，不仅可以在滩坑的淹没区里抢回约1.5平方公里土地，而且可以带动王金洋一带1.5平方公里土地开发利用，从而彻底解决景宁土地资源匮乏这个一直制约着经济发展的难题。首先是拓展县城用地，将为县城新增3平方公里的建设用地，相当于"再造一个景宁县城"；将为景宁国民经济和社会发展提供宝贵的土地资源和发展空间，促进产业的发展调整和人口的集聚。其次是防洪工程建成后，将极大改善防洪条件，外舍区片形成江、堤、林、路一体，全长2198.98米的主堤宛如一条乌龙，蜿蜒卧在瓯江小溪上，将滩坑电站的湖水挡在堤外，并为畲乡建设一个沿江水滨最亮丽的景观带。

2006年2月22日，县委、县政府决定成立外舍防护工程建设指挥部，由政府副县长潘晓泉担任工程总指挥，我任副总指挥。受命之际，上任之初，我甚感忐忑。领导对我的信任，让我深感肩上责任之重。随着滩坑水电站的上马建设，留给外舍防护一期工程建设时间只有1004天了，工程必须赶在滩坑电站蓄水前完成！也就是说，如果在2008年底不能完成防护堤建设的话，外舍圩、王金垟、北岸圩等地面高程低于160米以下约1.5平方公里土地将被淹没，什么工程建设就都成了一句空话。将使全县面临着巨大的投资浪费的风险，直接关系到景宁的县城总体规划蓝图能否实现。如不能如期保质完成建设任务，我们就是从外舍大桥上跳下去也无法向景宁人民交代。

"在其位，必谋其政；行其权，必尽其责"，在接受任命后，指挥部一班人抱定了"用前所未有的努力克服前所未有的困难，用前所未有的拼搏创造前所未有的奇迹"的决心，以饱满的热情、昂扬的斗志投入到工程建设中去。

工程建设的落地,政策处理是关键。为了确保滩坑电站建设和外舍防护工程的顺利推进，工程建设所需的1.5平方公里的土地需征用，外舍村近千村民将要全部动迁。指挥部的同志们日日夜夜，挨家挨户地进行政策宣传，动用一切力量和办法做村民的思想工作。把公正、公开、公平的政策认真的分析给群众听，使群众从中看得见国家的需要，看得见国家政策，从而使他们也默默地投入"动迁"工作中。我记得很清楚，当时，为了劝导村民签约，配合动迁，手机经常一说就是半个小时，一上门就是半天。可心里还想着，只要能说动群众，费点话费，浪费点时间，值得！为了能使工程建设顺利推进，指挥部决定政策处理服从建设需要，工程到哪里，政策处理就到哪里。经过艰辛细致的工作，外舍岭北村的群众在移民移到哪里都还没有定下来的情况下，为配合工程建设主动地拆房让地，群众的榜样力量带动了一些不想动迁的群众，使我们仅用了10个月时间，防护工程方圆近1.5平方公里的土地征用、房屋拆迁和坟墓迁移等政策处理工作全面完成，创造了当时被称为“外舍速度”的动迁成绩。为工程建设的如期完成提供了保障，令外来的一期施工单位的建设者们竖起了大拇指：“任务重，难度大，建设指挥部能在如此短的时间内完成，不容易”。

2006年3月8日，是一个值得记住的日子，外舍的滩涂上到处彩旗招展、机声轰鸣，外舍防护工程就在这一天开工了！这片昔日满目芦草、没膝淤泥，沉睡了千年的荒凉滩涂终于醒来了！景宁人民期待和关注的目光凝聚在了这里，这片滩涂上将崛起一个令人震撼的奇迹。

一期建设，就是与滩坑电站建设进行的一场时间争夺之战。当年的10月到次年的4月是工程建设的黄金季节，为了能在来年确保在建的防护大堤和王金垟排洪渠道能安全度汛，工程必须在汛期到来之前完成相对高程的填筑和支护。指挥部、设计处、监理部、项目部的所有干部和全体参建者，放弃了节假日，实行全天三班倒工作制，夜以继日地坚守在施工一线。只要工程建设需要，指挥部工作人员随叫随到，常常是凌晨一、二点钟出现在建设工地上。大家迎着寒风，雨天一身泥，晴天一身灰。三个春节，我们都只能在大年三十下午吃个简单的年饭；大年初一开年的鞭炮声响过后便是隆隆的机械声。工程建设中，指挥部狠抓技术革新，在大块体砼浇筑过程中，精心策划改进立模方法，大胆采用吊装钢模方法立模，大大加快立模速度，为完成近3公里长的砼大方脚的浇筑争取宝贵时间。经过建设各方的共同努力，如期完成建设任务，经受住2006、2007、2008年汛期和台风带来的几次洪峰的考验。工程建设锻炼了我们的建设团队，锻炼了我们建设者的意志。

2008年12月16日，防护堤龙口段顺利合拢，标志着2198.98米长的防护大堤以及1500米长250米宽的新河道、2400多米长的王金垟排洪渠全面完成合同工期，为外舍防护工程一期防护堤建设主体工程的建成画上圆满的句号，全体建设者为此欢呼雀跃。

“优质、高效、安全、廉洁”是外舍防护工程的建设目标。为实现这一目标，我要求部里加强和完善各项管理，规范建设投资行为，节约投资成本，防止腐败工程。工程开始就从完善《工程管理办法》、《财务管理办法》等规章制度入手，真正做到向管理要效益。对于工程用款严格按照预算控制、合同支付、集中审批、部门联审、专账核算、直接支付、专项审计等程序；所有工程变更、预算内追加工程款和招投标问题等都必须经工程领导小组讨论通过并审核确认。如在工程招投标过程中，坚持国家规定全部进行公开招投标，使各项工作的进行真正做到“阳光操作”。通过全面放开规划、设计、施工、监理等招投标市场，提高了竞标和中标单位的素质。

为确保二期工程早日开工，指挥部认真做好各类工程招投标计划安排，完成了大量的信息发布、报名登记、资格审查、预算委托、文件编制和招标等工作，为二期工程前期建设工作的顺利进行争取了主动。到2007年12月中旬，已完成二期外舍新区一期道路网项目和王金垟工业区项目近大部分的政策处理工作，为二期两个项目的开工建设打开了施工走廊，为下一步工作打下了坚实基础。

通过工程建设各方的共同努力，外舍防护工程建设指挥部先后被省人民政府，省发改委、省总工会评为“全省建功立业劳动竞赛先进集体”，被市委、市政府评为“市重点工程先进集体”，连续4年被县人民政府授予“重点工程推进先进集体”等称号。

"忆往昔，峥嵘岁月稠"。我作为一个当事人，身任外舍防护工程建设指挥部副总指挥、外舍防护工程投资公司的代董事长和总经理，欣慰终能不负众望，终于如愿以偿地完成了这项在景宁建设史上具有里程碑意义的工程。外舍防护工程一期建设的四年，不仅考验了我和全体的建设者，更是考验景宁县领导决策和执政能力的四年。这四年，有我们多少个不眠之夜，有多少次激烈的争论。每一个决策人，都从不同的角度，不同的高度，不同的距离，审视着这个项目，讨论着这个项目，评价这个项目。这一路，充满着决策的艰难，验证着抉择的英明。截至 2009 年 6 月，两期工程累计完成投资 4.3 亿元，并实现安全生产 1600 多天。

"看今朝，旖旎风光秀"。目前，外舍防护工程一期工程已进入筹备竣工验收阶段，我们正在积极努力，大踏步的推进二期工程——外舍新区道路网一期工程的建设，加快外舍新区道路网一期土石方工程的建设。遥望新城朦胧的轮廓，我不由憧憬着景宁明日将更加繁华、更加美好。

附 1：工程建设重要时间节点大事记

1. 2001 年某天，时任县委书记林一到外舍调研，提出"外舍建设—围滩工程"的设想，并于 2002 年 10 月组织成立了项目领导小组。

2. 2002 年 11 月 25 日，时任浙江省委书记、代省长习近平率省、市领导到外舍视察，为外舍防护工程提出具体指导意见。

3. 2003 年 7 月 31 日，县委在烟草大楼五楼会议室召开了党政联席会，做出了建设外舍围滩工程的宏伟决定。

4. 2005 年 6 月，县委书记的武昌就外舍防护工程多次召开常委会进行专题研究，最后促成项目上马。

5. 2006 年 3 月 8 日，外舍防护工程破土动工。

6. 2007 年 10 月 8 日，新河道启用，成功实现小溪截流

7. 2008 年 12 月 21 日，外舍防护工程一期建设主体工程防护堤"龙口"成功合拢，标志外舍防护工程防护堤圆满完成。

附 2：工程重点数据

一期工程累计完成投资 2.52 亿元，完成土石方 768 万方，石渣回填 317 万方，混凝土浇筑 5.7 万方，并实现安全生产 1150 天。

景宁建筑史上规模最大的水利工程；防护堤长 2198.98 米，平均高 29 米，底宽 110 米；新开挖建设 1500 米长的新河道，底宽 170 米，上口宽 250 米；防洪能力达到 50 年一遇；新建设王金垟排洪渠长 2244 米。

附 3：参与一期工程建设的单位

工程建设单位：

工程设计单位：中国水电顾问集团华东勘测设计研究院

工程监理单位：浙江水专工程建设监理有限公司

一标段施工单位：浙江省第一水电建设有限公司

二标段施工单位：浙江省建筑安装有限公司

作者简介：蓝朝星，景宁畲族自治县财政局副局长，外舍防护工程投资有限公司董事长兼总经理、法人代表，外舍防护工程建设指挥部副总指挥。

我所经历的滩坑水电站移民和复建工作

2003年5月13日，一个令瓯江两畔249万人民激动和永远无法忘记的日子。这一天，国务院正式批准滩坑水电站项目立项。瓯江畔人民半个世纪孜孜以求的夙愿，终于梦想成真。

滩坑水电站项目是省委、省政府五大百亿工程中"百亿帮扶致富建设工程"的一项重要工程。

滩坑水电站坝址位于青田县境内的瓯江支流小溪中游河段，距青田县城约32千米。水库总库容41.55亿立方米，装机容量为60万千瓦，年发电量10.23亿度，库面面积70.93平方千米。工程概算总投资调概批复后为65.86亿元。库区淹没涉及青田、景宁两县的10个乡镇80个行政村，需搬迁移民5万多人。

景宁库区涉淹2镇5乡48个行政村，需移民20900人，复建工程涉及渤海镇和九龙乡以及交通、电力、邮电、通信、广播电视等专业项目。

2003年1月来，我在鹤溪镇镇长，渤海镇党委书记岗位上，经历过乡镇一线移民工作；2006年11月，提任景宁畲族自治县副县长，兼任景宁库区移民和复建工作指挥部副总指挥、总指挥。在整个移民工作中，既经历了一线移民工作；又经历了移民总指挥身份的全局工作。

2003年1月18日，滩坑水电站进场公路开工仪式在青田县巨浦乡范村举行，标志着滩坑水电站建设正式全面启动。2003年4月，召开全县滩坑水电站移民工作动员大会，全县共抽调200多名干部，组成移民工作组分赴七个移民乡镇开展移民工作。移民的难处是"故土难离，乡情难舍，利益难割"。移民的工作主要分为四个阶段：第一阶段是宣传发动，指标分配落实，实地察看安置点，移民对接复核；第二阶段是移民建房、搬迁；第三阶段是库底清库；第四阶段是库周专业项目复建。工作组进村不久，宣传发动工作一开始就遇到移民的家难进、脸难看，话难搭、会议难开的尴尬局面；后面阶段的工作更是无从可谈，整个库区移民工作面临着难以想象的困难和考验。县委、县政府针对这种情况，召开会议研究对策，尽快完善移民工作相关制度，使移民干部有了明确的工作方向和工作责任、目标。

经过一年多的艰苦努力，2004年5月25至26日，我县首批52位移民代表赴东阳市南市街道、城东街道、南马镇、画水镇等12个安置点，"一户一人一点次"对接成功，标志着我县移民工作取得了实质性的进展。

一、深入一线，真情服务移民

2005年8月，一张调令把我从鹤溪镇调到渤海镇任党委书记。渤海是全县移民工作重点镇，难点镇。我刚到渤海镇，县移民指挥部将移民指标下达，正值移民工作的关键之年，任务最重的一年。由于移民户对安置地不了解，在个别情绪户煽动下，造成了移民多数出现情绪激动，多次围困移民干部、侮骂移民干部，甚至冲击镇政府会议场所，造成移民工作又一次进入低谷，不能顺利开展。我和工作组的干部一起，白天进村入户了解移民的思想动态，与移民朋友拉家常，谈移民安置后的良好发展趋势；晚上除了召开移民工作会议外，更注重分析每一个村每一户的移民思想动态和存在的问题。充分发扬"一切为了移民、一切服务移民""走千家万户、道千言万语、历千辛万苦、涉千山万水"与"不分分内与分外、不分工作日与休息日、不分白天与黑夜"的"四千三不"精神和"流血流汗不流泪、掉皮掉肉不掉队”的工作作风。与移民说道理、讲政策、谈感情、交朋友，用真心去服务他们。通过夜以继日地工作，逐步扭转了工作局面，为全面完成任务打下了扎实基础。经全体工作人员的共同努力，多数移民思想才慢慢转变过来。

从事移民工作的同志吃住在库区、工作在库区。一年、两年，甚至八年，遇到了一般干部没有遇到过的困难，经历了一般干部没有经历过的挫折。在做移民工作中时不时会遇上群众的不理解，移民干部始终做到打不还手，骂不还口，硬是十次、二十次、几十次，不厌其烦地去做移民群众的思想工作，从而逐步扭转了工作局面，也使一批干部在移民工作中得到了锤打和锻炼。

二、直面矛盾，合力破解难题

2006年10月，根据组织的需要我被提任为景宁畲族自治县副县长，11月份开始分管移民工作。2007年，省政府提出“滩坑水电站2008年1月完成清库验收、4月蓄水、7月发电”的工作目标，对景宁移民工作形成了倒逼机制。

2007年6月初，渤海镇被安置到缙云县新建镇凝碧村安置点移民户为88户259人，是该镇第三水平年移民人数最集中的一个点。渤海镇党委、政府和移民工作组集中力量对该安置点宅基地的分配工作进行了落实，其中鲍山头、门潭、大都、沈坑等4个村的45户129人，分别于6月14日和6月17日进行了分配。渤海村43户130人虽然经过多方面努力，多次召集户主进行分配，但由于各方面的原因，宅基地未能分配到户。7月，移民工作组人员多次到移民户中做了大量耐心细致的工作，但是大部分移民户的思想还是未通，工作推进难度十分大。渤海村该安置点的宅基地不能分配到户，不仅影响了该村的移民建房进度，而且对该安置点近500余名移民的建房进度产生了很大的负面影响，同时对整个库区的清库工作带来了更大的难度。渤海镇党委、政府和镇移民工作领导小组多次进行认真的分析和研究，在广泛调查走访的基础上，对具体原因进行了分析：

一是大部分移民户认为该安置点的房屋间距只有6米太窄，影响采光，同时认为生活用水不卫生，宅基地地质不好，生产用地面积小，所以不想到该安置点。二是在具体宅基地分配的操作方法上，虽然有部分移民愿意分配宅基地，但迫于其他移民的压力，谁都不敢带头抓阄。针对存在的问题和原因，镇移民工作领导小组与县移民指挥部共同制定了详细的工作方案，认真地组织实施，具体措施是：一是加强沟通，共同推进。缙云县政府对凝碧安置点的征地、规模、规划及安置人口等都做了大量工作，移民房屋间距原规划全部为6米，移民对此并不满意，要求调整为10米。我作为分管领导主动赴缙云县及时沟通，但介于安置地的征地、安置容量和当地民俗等原因难以调整，后来通过多次协调、多方努力缙云县政府为了推进移民工作，才将安置点的一条主通道调整为10米宽和两条次通道调整为8米宽。移民对生活用水的质疑，缙云县政府组织有关部门进行了监测，用科学事实让移民放心。二是包干到户，责任到人。落实移民干部包干到户责任制，渤海镇全体工作组成员每人直接联系到户，镇移民领导小组副科以上成员也直接联系到户，责任到人，任务未完成责任不脱钩。三是严肃政策、加强引导。通过移民干部进村入户的宣传引导，努力营造良好的工作氛围，向移民讲明政策，说明道理，消除移民各种活思想。四是多管齐下，多措并举。在县领导的高度重视下，专门抽调了县联系部门的主要领导、渤海籍在县城工作的人员、库区维稳组等三部分人员共同合力攻坚。五是讲究策略，因户制宜。针对走访了解的各移民户对宅基地分配的接受程度进行分类，有针对性地进行引导。主攻重点难点户，积极动员动摇户，兼顾中立户，并有针对性地做过细的思想工作。特别是对一些有意阻挠、无理取闹的采取必要的行政措施。六是关爱移民，真情投入。每一个工作组成员多次到移民户中走访，一边做移民的思想工作，一边力所能及地为移民解决一些实际的困难，使宅基地分配工作真正被移民所理解，所支持。最后，2007 年 8 月组织让我连续蹲点 6 天，组织近 150 名干部合力攻坚，通过努力和各种措施的有力实施，最终该安置点的宅基地分配工作顺利完成。

清库工作启动目标要求是"不留一幢房子，不留一个移民，不留一棵树，不留一穴坟"。2007 年 11 月，我县召开全县移民工作攻坚动员大会，组织开展"千人百日攻坚"活动。组织近 1000 名机关干部驻守库区乡镇，吃住在一线，进村入户，针对影响清库的各种难题，采取针对性措施进行破解。县委、县政府深刻认识到，县级领导干部身体力行，发挥表率作用，是加快推动移民工作的基础。为了强化这一基础，县级领导班子成员按照分工负责制深入库区蹲点，组织和带领移民干部进行攻坚，日夜奋战在移民工作一线。移民任务最重的是渤海镇，镇委书记季建伟深有感触地说，这一工作机制，一方面，使移民干部做事更有信心；另一方面，遇到问题，可以发现在现场、决策在现场、解决在现场，加快解决问题的速度。

——实行县直部门联系包干到村是景宁加快移民清库工作的一项重要举措。包村部门坚持深入群众了解实际情况，及时与乡镇一道认真梳理问题，研究突破难点、解决问题的办法。县委党校的常务副校长黄应光是个兰花爱好者，他了解到自己联系的包干村，有一位对拆迁有情绪的移民也喜欢种花，他就以花会友，最终做通了移民的思想工作。由移民"亲戚"关系的县直部门机关干部组成"亲友团"，深入到基层，夜以继日地帮助移民干部做移民的思想工作。据统计，攻坚期间，全县共组织了 700 个"亲友团"，大大加快了搬迁清库工作。

——"带头自拆，把表率作出来"。景宁不少干部特别是乡镇干部，他们既是做移民工作的移民干部，同时也是一名要面临搬迁拆房的移民户。这一特殊群体，自然成为了整个库区群众关注的焦点。渤海镇干部蓝光训第一个带头腾空并拆除了自家位于渤海镇老街上的店面房；干部陈贤峰紧跟着拆除了自家位于渤海镇老街上的四家店面房，在全镇引起了不小的轰动。从"百日攻坚"开始到 2007 年 11 月底，渤海镇 15 位干部职工涉及的 17 幢房子和店面，全部完成了搬迁拆房工作。一个移民干部就是一面旗帜，不少移民户都积极主动地配合搬迁工作。

——"帮扶解困，将真情融进来"。在时间紧、任务重的情况下，要让尚未选择安置方式的移民，尽快确定安置方式，尽快在规定时间内动迁、建房、搬迁、清库，其中遇到的困难可想而知。移民干部采取吃住在一线，带着感情，经常与移民交流，做深思想工作。为此，有的放弃节假日；有的家里老人小孩生病，没有回家照顾；有的结婚第二天，就回到工作岗位；有的远离家乡，住在安置点为移民办事；有的不厌其烦，上门七十多次；有的顶着风，上门做工作……

可以说，拆一幢房子，就有一故事。正是由于移民干部从移民利益出发，一点一滴地帮助移民解决实际困难，用真情感动移民，从而创造了 100 天完成动迁移民 1096 人，搬迁或库外过渡移民 3075 人，拆除房屋 1090 幢的奇迹。

2008 年 7 月 17 日，水位线到达 100 米；2009 年 8 月 10 日，水位线到 143.62 米；2010 年 6 月 26 日，水位线到达 160.15 米。一个 70 多平方公里的峡湖已形成碧波蓝水，展现在人们的眼前。

三、恢复建设，全力复苏经济

根据省政府〔2002〕69 次常务会议纪要精神，我县抓住滩坑库区复建的有利契机，加快了项目推进，开创了大投入、大建设的浓厚氛围。按照库区集城镇和专业项目规划方案，积极主动的与省有关专业部门衔接，累计投入库区基础设施建设资金 10 多亿元，极大提高和改善了库区交通、集城镇和专业项目基础设施标准。为 160 米以上库周群众提供了方便和发展空间。

集城镇复建初具规模。根据库区行政区划调整方案，即：撤销外舍乡、金钟乡，并入鹤溪镇；撤销原渤海镇，在原渤海镇移民之后管辖区域设立新的渤海镇；撤销大顺乡、陈村乡，合并建立九龙乡。九龙乡和渤海镇分别于2007年1月31日、2007年11月29日搬迁办公，其功能随复建工作的完成日趋完善。九龙行政中心综合楼、食堂、学校、卫生院、敬老院，供电所、变电所、派出所、车站、电信、邮政营业用房，一排排整齐划一的移民安置房，拔地而起、气势雄伟、充满现代气息。市政道路宽阔、四通八达，地下排污、排水、管网及自来水等公共设施齐全。一个崭新的新农村呈现在千峡湖畔，夕照金碧辉煌处，唯是移民新楼阁。移民生活也发生了质的变化，随着农业结构调整，生产方式的多样化，人口集聚优势的彰显，将原来只能自给自足，过着简单平凡的生活变成如今充分发挥富余劳动力所长：经营小百货、开个小吃店、开办来料加工、旅游开发、办农家乐……移民正步入生活有住房、安稳有基础、致富有条件的轨道……用移民的话说"移民谁不思旧景，搬入新居我更欢"。

2004年以来，全面开展了库区交通、教育、卫生、电力、通讯等22个专业复建项目。随着庆景青公路景宁段复建工程以及25条205公里的库周通村公路的建成通车，29座水运交通码头已投入使用，库区群众的安全、有序出行得到了保证。

为使库周群众"留得下，走得出，富得起，建设新家园"，做好库周影响村群众下山移民工作，在出台全县性的下山移民大政策的基础上，还研究了比其他地方更优惠的库周群众下山移民政策，规划建设外舍双坑口、绿草屋后、渤海梅坑、九龙畚斗湾、九龙西岙等五个下山移民安置点，基础投入就超过8000万元,使5000多群众喜迁新居。一个个规划整齐的新村，一座座光亮洁净的新屋，完全就是社会主义新农村的雏形。我们以"稳定、完善、繁荣、发展库区"为工作出发点，库区经济建设为中心，突出人口集聚、农民增收、村财增加、实力增强四个重点，强化开发性生产项目管理，努力提高投资效益，推进库区经济的持续健康发展。

四、不折不扣，悉心后扶工作

加强移民项目扶持力度，全面启动《库区和移民安置区基础设施建设及经济社会发展规划》《移民后期扶持规划》实施工作，先后出台了"联幢联户联人联心"和"一培二联三结合"制度和《滩坑水电站景宁库区特困移民帮扶办法》《关于加快滩坑库区经济社会发展若干意见》等政策。积极开展移民帮扶，落实后扶专项资金541万元。部署落实移民人口登记核定工作，目前已发放直补资金686万元。建立移民困难户建房补助制度，发放建房补助280万元。开展"移民创业活动"，培育了一批"移民创业能人""移民创业新村""移民创业贴心人"和"移民创业基地"，专业合作社、来料加工基地等移民创业实体应运而生，有效缓解了"移民就业、移民增收"等难题。认真开展"移民联心工程"，在各移民安置点建立"联心服务站"，落实联心服务人员，制定服务制度，实现"移民办、乡镇、村委、服务站"四级联动，把服务站建设成移民群众的"贴心人"、当地政府的"好助手"。

八年的滩坑移民工作，通过多方面的努力，景宁库区实现了移民动迁安置任务基本完成、库区集镇功能日趋完善、库底清理工作全面完成、移民工作顺利通过验收、移民后期扶持深入展开、基础设施不断改善、移民生活水平日益提高、电站按时蓄水发电的预期目标，为夺取移民工作的全面胜利奠定了坚实的基础。

作者简介：翁伟荣，景宁畲族自治县人民政府副县长，滩坑电站景宁库区移民和复建工作指挥部总指挥。

金色名片

——景宁“中国农村水电之乡”命名经过

作为景宁本土的水利水电工程人员，我做过许多水电项目，每完成一个项目的时候，我都会静静地凝视“中国农村水电之乡”这一金色的名片。她陈列于水利局展览馆里，也镌刻于景宁的每一个角落，每一片土地。

距景宁申请到“中国农村水电之乡”的荣誉已经六年了！昨天，我们攻克了一个年度最难的水电项目，成功的喜悦中，又一次面对“中国农村水电之乡”这张金色名片，回忆起2004年，那个与众不同的年份。

从2004年初，一直到收获的金秋十月，我与县委办，县府办，县水利局的一帮人都在为一个共同的目标而奋斗，那就是为景宁申报“中国农村水电之乡”。我们都竭尽所能。因为这不仅是一个称号，也是一张金色的名片，代表着景宁的水电发展成就，代表着景宁人民的梦想。

景宁地处浙江南部，属“九山半水半分田”的山区县，境内有瓯江小溪和飞云江上游两大水系，其主流长156.5千米，蕴藏着丰富的水力资源。景宁流传着这样的顺口溜，“山区要想变，先办小水电”，“山区要想富，办电找出路”。这样的顺口溜非常直接地表现了山区县的生态优势，“水”成了景宁的致富之源，成为景宁人民奔赴小康的支点。

自1984年设立自治县以来，历届政府根据我县县情，充分利用丰富的水力资源优势，依靠社会资金力量，大力发展水电事业。截至2004年2月，我县开发兴建小水电站106座，总装机17.84万千瓦，年发电量5.2亿千瓦时，年产值1.9亿元，创税利3000多万元。在建电站31座，待开发34座，全部项目如期完成，全县装机可达49万千瓦，年设计发电量12.5亿千瓦时，总产值可达约5.1亿元，将为政府提供各类税费约1亿元。

不仅如此，随着我县水电产业迅速发展，为社会积累了资金资本，培养了一大批企业能人，怀技走出景宁，加入了中西部开发的队伍。截至2004年2月，全县已有70个业主在中西部10个省、47个县立项电站104座，总装机96万千瓦，投资规模达41亿元。以上境内外项目全部完成，总装机规模145万千瓦，全县人均达8.5千瓦，受益人口达7万多人，实现了县政府提出的“以电兴县”、创建“中国小水电之乡”的目标。

当这一个一个数据实实在在地呈现在我们眼前时，心里不禁为景宁自豪，为她骄傲。确实，现在的景宁连最远最偏僻的小山村也是灯火通明了。而在景宁17万畲汉人口中，有1万人是小水电企业的股东，直接或间接参与小水电开发建设与管理的人数占到全县总人口的30%以上，水电更成了景宁人民致富的捷径。根据我县小水电建设所取得的重大成就，向国家申报“中国小水电之乡”称号的条件基本成熟。

2004年2月9日，县水利局、县小水电协会联合呈文县人民政府《关于要求申报“中国小水电之乡”的请示》(景水电〔2004〕1号)，专题向县委、县政府主要领导汇报申报我县为“中国小水电之乡”相关情况，得到当时县委书记林一、副县长李炀德的高度重视。县政府把申报工作列入2004年政府工作主要议事日程，申报工作由水利局牵头，县府办副主任严益民具体协作水利局申报“中国小水电之乡”

称号工作。

至此，申报工作紧锣密鼓地开展起来。我们一方面开始了解申报的渠道及程序，进行资料收集、整理等工作，另一方面在严益民副主任的带领下到云和县政府了解云和“中国玩具城”申报的相关情况，以资借鉴。云和的“中国玩具城”称号是由全国轻工业协会命名的，而当时没有全国小水电行业协会，申报渠道不畅。得知这一情况后，我们的心情都相当沮丧，没有小水电行业协会的引导，意味我们将要自己摸索出一条申报的渠道，走出一条别人没有走过的道路。

云和回来后，经各部门反复开会研究，决定3月份专程去浙江省水利厅汇报我县申报“中国小水电之乡”称号的有关情况。事实证明这一做法是正确的，“中国小水电之乡”的申报得到了省水利厅黄建忠副厅长、省水电中心主任叶舟的支持和重视。叶舟主任要求我们抓紧编写整理好申报材料，并以县政府的名义向省水利厅上报相关情况，同时表示他们帮忙与国家水利部协调此事。

自省水利厅回来后，我们再次把申报工作的进展情况向县委、县府汇报，得到县委、县府肯定。同时，考虑到申报材料的整理过于琐碎和庞杂，难度较大，县政府专门组建一支队伍，由县府办副主任严益民、水利局局长徐晓明、小水电协会会长吴成法及水利局有关科室人员组成。负责申报相关资料的收集、整理与编写。

3月底，我正看着相关的申报材料，琢磨着怎样才能加快进程的时候，电话响了。我接起电话，顿时激动起来，电话是省水利中心叶舟主任打来的。“莫非是与国家水利部的协调有结果了？”我紧握话筒候听着。

原来，叶舟主任得知国家水利部农村水电及电气化发展局局长程回洲在杭州开会，要我们抓住机会赶往杭州向程局长汇报。这确实是一个很好的机会！可避免直接去北京报告的冒失，同时减少费用。我们和李炀德副县长当即赶赴杭州，向程局长汇报申报“中国农村小水电之乡”工作，使他对景宁县小水电发展有一个初步的了解，他指示我们把材料先呈报上去。

回来以后，我们加快了申报材料的整理工作，并于4月15日完成，4月20日由县政府向省水利厅作《关于要求命名“中国小水电之乡”的称号请示》报告，并附上已整理好的申报材料。同时，我们与李炀德、严益民再一次前往省水利厅汇报。双管齐下，取得了很好的效果，省水利厅高度重视，并明确表态由厅里协调去北京申报事宜，并以省水利厅的名义呈报国家水利部《关于景宁畲族自治县申请“中国农村水电之乡”的请示》(浙水电〔2004〕17号)。

2004年5月15日，在浙江省水利厅黄建忠副厅长，水电中心叶舟主任的带领下，由李炀德、严益民、徐晓明等人赶赴北京作申报“中国农村小水电之乡”的专题汇报。国家水利部农村水电及电气化发展局局长程回洲，对我县水电行业取得的发展及成绩作了充分的肯定，对景宁县“民营经济发展水电产业，带领群众脱贫致富”的经营模式很感兴趣，并说有机会的话，一定来景宁看看，并口头同意命名我县为“中国农村水电之乡”。

8月，我县李炀德、严益民等又专程去水利部约见程局长，邀请他参加我县20周年县庆庆典，并在庆典上给我县授牌“中国农村小水电之乡”称号，同时请他为我县“中国农村水电之乡”亲笔提名，他都爽快地一一答应了。

2004年9月3号，水利部发布了《关于授予浙江省景宁畲族自治县“中国农村水电之乡”称号的通知》(水电办〔2004〕48号)，正式命名我县为“中国农村水电之乡”。景宁是第一个获得“中国农村水电之乡”的县级城市，同时这也是国家机关第一次命名的行业称号。

10月18日，程回洲局长在景宁二十周年县庆庆典大会上为景宁县授牌——“中国农村水电之乡”。县委书记林一代表景宁人民接过了这一神圣的匾额。这是景宁的骄傲，代表了千千万万景宁人民的心声。我开心地鼓掌，庆典中悠扬欢快的音乐伴着我的思绪，见证了这个让人心潮澎湃、激动万分的时刻。

2004年度，县委，县政府授予县水利局集体三等功。

现今，距获批“中国水电之乡”已将近6个年头，景宁水电行业发展迅速，到2010年，已经建成水电站154座，总装机容量31.52万千瓦，年均发电量7.5亿元。2009年为县提供各类税费近7000多万元，景宁的小水电已经真正成为景宁县经济发展的支柱产业。

“中国水电之乡”这一金色的名片熠熠生辉，映照着景宁大地。

作者简介：毛慧琴，景宁畲族自治县水利局小水电管理站站长。

“中国畲乡三月三”节庆模式的形成与发展

农历三月初三，是畲族的传统节日。

每年此节，畲族聚居地方常由村族中长者领头，进行隆重的祭祀先祖仪式，还要吃以乌枝树叶浸染过的“乌饭”以示对祖先的怀念。祭祀之后，四面八方集聚而来的男女还会进行多种形式的对歌活动。年轻的借此机会谈情说爱，十分热闹。上世纪六十、七十年代，公开性的祭祀、对歌活动几乎绝迹。

1984年，景宁设立自治县后，“三月三”节事活动大致经历了三个阶段的发展历程：初始阶段是2001年前的十多年，政府相关部门为挖掘、研究和宣传民族文化需要，鼓励一些畲族村落恢复了相关活动。当时称为“三月三畲族民间歌会”，主要用于对外展示，形式也相当简单，以小规模的对歌活动为主，一些当时认为有忌讳性的内容特别是与祭祖相关的都略去。这一时期的“三月三”活动完全属于民间性质，自治县设立的第二个十年间，景宁曾断断续续举办过几次全县性大型文化活动，都没同“三月三”节俗结合。第二阶段是从2002年到2006年，“三月三”活动转而成为党委、政府部门牵头的常规性活动，强调与旅游结合，规模也渐渐扩大，但在策划和操作上采用的是部门分块，独立负责，各自为战的组合型办节模式。2007年之后是第三阶段，统一了“中国畲乡三月三”品牌名称、品牌标识，内容、形式上实行整体策划，联合实施，强调文化品牌营销和氛围营造的核心地位，形成品牌型、一体化办节模式。“三月三”逐步成为景宁畲族文化展示的核心平台和对外宣传的品牌载体，也真正成为全县畲汉人民的欢乐节日。

从1994到2004年间景宁几次
大型文化活动回顾

这是自治县设立的第二个十年期。受当时大环境的影响，大家对民族习俗、地域文化的本质价值尚处于一种再认识的过程中，对挖掘民族特色，打造文化品牌还缺乏明确概念，因而相关文化活动在内涵、形式等设置上没有形成属于本民族、本地域的特色，影响力也相对有限。但这几次大型活动留下了十分宝贵的经验和教训，同时还在文化活动设施建设、文化内涵挖掘、人才培养等方面为下一阶段办节打下了较好的基础。

1994年，自治县设立十周年庆典。本次庆典活动是根据国务院《民族区域自治条例》相关规定举办的。由县委办公室主任彭岳舜担任组委会办公室主任，具体负责活动组织。我当时在政府办担任雷文先县长秘书，参与了其中一些工作。主体活动是庆祝大会和彩车游行。庆祝大会6月8日上午9时在新落成的体育场举行，国家民委、全国人大民委、浙江省和丽水地区党委、政府(行署)、相关部门领导出席。浙江省委副书记、省政协主席刘枫、国家民委教育司司长周明甫、丽水地委书记陈仲方、宁波鄞县县长潘姜成、景宁县委书记陈铁雄致辞，雷文先县长主持。仪式后，领导、来宾在主席台上检阅彩车和群众游行方队。彩车以县直各系统、各区、镇为单位分别制作，主题内容为展示十年来自治县政治、经济、社会发展成就。晚上，在新落成的景宁影城，县文化工作队为来宾作了招待表演。

庆典活动期间，还特别邀请了全国畲族文化研究知名人士在景宁召开畲族文化研讨会。会后，由施联朱、雷文先担任主编，中央民族大学出版社出版，将会议收集到的论文编辑结集为《畲族历史与文化》，作为自治县设立十周年的献礼书。迄今为止，它还是畲族历史、民俗、艺术等基础性文化研究方面最具权威性和系统性之作。

1998年景宁畲乡文化节。为提升景宁畲乡知名度，县委决定举办一次文化节活动。由宣传部副部长担任组委会办公室主任，具体负责活动组织。主体活动是开幕式表演和畲族民俗展示。开幕式在10月8日的晚上进行，地点安排在县体育场。金建新书记讲话，蓝春土县长主持。市民族部门领导、友好县市领导应邀参加。开幕式后，由县文化、教育等系统的文艺骨干为主体，自编节目进行文艺表演。由于场地缺乏封闭性，组织者经验不足，现场秩序较为混乱，造成一些不愉快影响。

本次文化节的亮点出现在畲族民俗展示上。县民宗局、旅游局在县城附近的双后岗、东弄等几个畲族村包装了系列畲族传统习俗活动，如传统婚俗、对山歌、功德舞、舂年糕、织彩带等，大多是首次对外公开展示，引起来宾们的浓厚兴趣。这几个村也成为景宁日后畲族原生文化对外展示的重要窗口。

1999年“作家当畲民”活动。基于以往几次活动中，畲族文化对外宣传效益欠佳的实际，我与省作协黄亚州书记商议，提出邀请知名作家到畲族村体验和创作的设想，以探索“花小钱、求实效”的畲族文化宣传新途径。这一创意得到金建新书记和蓝春土县长的认可，并确定由时任县委副书记的陈瑶分管协调。我当时任县政府办副主任，即领衔成立了活动办公室，具体负责方案策划和实施。

10月22日，叶文玲、黄亚州、王旭峰等浙、沪40多位知名作家，马世晓、何水法等知名书画家以及媒体记者共70多人，从杭州出发坐火车至丽水再转至景宁双后岗村。三天的活动时间，组织工作相当严密，作家、记者吃、住全部在畲民家中，每户2—4人。主体活动包括赐名仪式和篝火晚会、惠明茶艺、农耕生活体验等，恰逢自治县设立15周年小庆，县委宣传部时任部长彭岳舜牵头组织了一个小型广场焰火晚会，作家们与老百姓一起边看焰火边赏月。双后岗的畲民还自发上山打了一头野猪，夜晚时分，各家摆上风炉，温了米酒与作家们闲话桑麻，其乐融融。作家们感受颇深，写下不少诗歌散文。国家、省级20余家媒体对全程进行了跟踪报道。一个月内，省级以上报刊、电视发表各类新闻报道及文艺作品达80余篇。后由浙江省作协编纂成《畲乡三日》出版。整个活动费用计3万余元。

2001年，首届中国畲乡风情节。基于旅游业发展需要，县委、县政府决定举办一次大型文化旅游活动，由我担任组委会办公室主任。考虑是旅游节庆，故定名为“风情节”。策划时，我在主打活动的档次化和宣传模式的实效化方面动了不少脑筋。并和具体分管的副县长林美琴专程到北京相关部门寻求支持。为扩大宣传和影响力，我又同林一书记、蓝春土县长赴京争取，通过努力，国家民委同意作为主办单位，并确定由中央民族歌舞团来景宁作专场演出；人民日报、中央电视台四频道和国家民委系统主要媒体组团来景宁进行宣传报道。

10月8日上午9时，开幕式在体育场隆重举行。现场有8000余畲汉群众参加，全国政协副主席王文元出席并宣布开幕，国家民委、浙江省、丽水市委、政府及相关部门领导出席，国家民委副主任李晋有、副省长鲁松庭、市委书记丁耀民、县委书记林一致辞，蓝春土县长主持。中央民族歌舞团的节目使景宁畲汉群众第一次在本土领略到了高级别文艺团体的风采，引起较大的震撼，国家级媒体组合式宣传效益也相当明显，取得预期效果。

除主打活动外，节庆重大活动内容还包括经贸洽谈、文化研讨、景区旅游、畲族原生态习俗表演、民贸一条街等。这也成为以后历届节庆的基本活动内容，一直沿用至今。此外，还有几点值得一提，其一是在这届节庆上首次使用了"中国畲乡"冠名。其二是由我创意，蓝二峰制作的"三色渐变太阳凤鸟"写意图案作为节标首次使用，并最终得到各方认可，成为固定的"三月三"节徽沿用至今。其三是在探索市场化办节方面，组委会办公室自筹资金100余万元，政府财政实际补助20万元。

2004年，自治县设立二十周年庆典暨第二届中国畲乡风情节。基于民族自治地方"逢十大庆"要求和旅游发展需要。县委、县政府决定举办一次较大规模的节庆活动。以宣传部为牵头单位，由县人大办主任刘睦生担任组委会办公室主任。本次活动主打表演仍选择中央民族歌舞团，但表演时间移至晚上，借助灯光技术，艺术表现力大为增强。参加10月8日开幕式的有国家民委和省、市委、人大、政府、政协领导，省直、市直部门和友好县市的领导。全国人大常委会副委员长司马义•艾买提、国家民委主任李德洙等领导为二十周年庆典题词，浙江省副省长钟山宣布开幕、丽水市委书记楼阳生、景宁县委书记林一致辞，雷萍县长主持。现场观众达10000多人。

这次节庆活动较为成功的还有二点。其一是市场化运作方面，由组委会常务副主任郑利剑（时任县委副书记、纪委书记）牵头，采取副处级以上领导责任分工模式进行筹资，相关企业、单位共筹集资金300余万元。实现办节资金完全自给。其二是首届"畲族风格服饰设计大赛"。通过全国征集方式，共有80余件（套）作品应赛。浙江理工大学学生模特队对参赛作品进行了现场演绎。评委由省内知名服装设计师、大学教授、畲族文化专家等组成。现场评出风格类和实用类设计金、银、铜奖。这次大赛对推进畲族服饰设计研究，促进畲族服饰的艺术化、实用化方面有较大的促进作用。由时任政协主席彭岳舜联系设计制作的彩绣凤凰旗袍也成为其后景宁历届大型文化活动礼仪小姐标准服装。

从2002到2006年间景宁三月三节庆活动回顾

2001年底，我从县政府办公室调县旅游局任局长、党组书记。一直到2006年6月，期间作为主要负责人之一，参加了历届"三月三"活动的策划和实施工作。

2002年与2003年景宁畲乡"三月三"民间歌会。由县旅游局主办，县民宗局、文化局参与。活动经费由部门自筹。整体规模较小，地点均设在封金山，参与人员除省、市旅游局和县领导外，还有部分媒体单位、游客团队及当地群众。基本模式以对歌为主，包括原生态山歌和民歌，结合了畲族时装表演和舞蹈节目。此外，还有畲族民俗表演和篝火晚会。浙江日报和丽水电视台作了新闻报道。

2004年景宁畲乡"三月三"节庆活动。由二十周年庆典办负责，从这一届开始，确定宣传部为活动牵头单位。但具体操作上还是由文化与旅游部门为主体。开幕式安排在封金山，以《畲山风》中的《冬祭》片断表演表达"三月三"祭祖主题。晚上在县城运动场举办篝火晚会。考虑10月份还将举办自治县设县二十周年庆典活动，来宾邀请很少，只有省、市民族部门领导参加了活动。省民宗委主任钟小毛宣布开幕。

2005年与2006年中国畲乡"三月三"节庆活动。鉴于"三月三"活动已上升至县级层面举办,地点也移至县城,活动核心内容转到旅游,我提议更名为"中国畲乡三月三",但大家对文字表达的逻辑性有争议,宣传部发文时,仍在后面加了"节庆活动"四字。本次活动组织形式上采取部门分块负责制:宣传部总牵头并负责来宾邀请和对外宣传,具体活动由旅游局和文化局、民宗局分头进行策划和实施。民族部门负责民间歌会活动,旨在向来宾展示原生习俗;文化部门负责开幕式表演,两届开幕式均由县内艺术团表演;旅游部门负责主体活动设计和实施,2005年以畲族文化旅游为主题,安排了"寻找三公主""畲族服饰秀"及"练火""放焰口"等畲族民间绝技表演;2006年以乡村旅游为主题,在广场和县城主街安排了大规模的农活竞技、厨艺大赛等互动性活动,大众参与、欢乐共享的氛围效果特别明显,竞技性活动成为以后每届"三月三"必设项目。

2007年后的"中国畲乡三月三"节庆活动

2006年6月,我调县委宣传部任职,具体负责全县大文化建设和新闻宣传工作。此后几年,基于以旅游业为主导的文化产业建设和"畲族、畲乡、畲县"品牌宣传需要,县委、县政府对"三月三"活动提出了品牌化、档次化新要求。我在总结以往办节的经验教训基础上,提出四个方面的品牌建设内容,并在每年活动中积极付诸实践:一是品牌形象建设,将景宁原有的文化节、风情节、"三月三"整合成"中国畲乡三月三",以后每年一届,不再举办其它大型节庆;同时,统一节徽、节旗,征集节歌、口号。二是品牌内涵建设,按照"主题永不变,年年有新意"的思路,每年确定一个有震撼力的主打活动;畲族历史、习俗挖掘演示作为重头戏,每年应各有侧重。三是品牌平台建设,"中国畲乡三月三"要成为畲族民俗展示、交流的平台,文化产品会展、销售的平台,更要成为畲族文化传承、创新的平台。四是品牌凝聚力建设,对内营造欢乐、祥和氛围,对外展示神奇、浪漫风情,强调以大手笔、多途径宣传手段凝聚县内外人气。

2007中国畲乡三月三暨中央电视台"乡村大世界"走进景宁。

2007年"三月三",由我担任组委会办公室主任。方案设计时我首先考虑主打活动与主体宣传手段的设定。根据武昌书记"打造畲族在全国的影响力"的要求,我与时任宣传部长任韩高商议,从经费支出、宣传效果、活动规模等角度考虑,经过多方比较,确定央视七套"乡村大世界"作为合作伙伴。春节前,我与新任宣传部长叶金堂赴京谈判,敲定了宣传内容、模式及大型广场演出明星阵容。而后赴国家民委商谈领导和其它媒体邀请事宜,得到国家民委的热情支持。

开幕式和广场演出安排在上午9时正开始,国家民委、省、市、县领导,民族、旅游、文化界特邀嘉宾,中央电视台、人民日报、新华网等媒体记者及景宁本地群众10000余人参加。浙江省民宗委党组书记赵一新、丽水市委书记楼阳生、景宁县委书记武昌致辞,钟昌明县长主持。赵一新宣布开幕。

开幕式结束后,进行了二个多小时的明星演唱会,毕铭鑫主持,明星演员由我方提出名单,"乡村大世界"栏目组代邀,郃正宵等全部演员出场费合计20多万元,因为是首次在景宁举办类似活动,现场氛围特别热烈,场外山上、屋顶上站满了观众。由于安保工作严密,整个演出井然有序。"乡村大世界"编导组在后期制作中,将景宁本地畲族文化、旅游景区、特色产业均拍摄剪辑入内,形成一个多小时的片子,在央视七频道播出,效果良好。

“展示畲族文化，体现地方特色”，是我整体策划中最主要的原则。畲族文化的开发和展示从本届开始进入了常规化、系统化、计划化阶段。比如：“三月三”的对歌和祭祀主题活动，考虑其可看性及设施性限制，采用传统“民间歌会”模式展示，强调原生文化特征。这一模式在以后历届均被保留。又如传统民间体育竞技和农活竞技，设计目的是作为互动性活动，营造大众参与，欢乐共享氛围。地点从以前的广场移至大街上，热闹的场景真正让人感受到了节日的气氛。特别是一些农家日常活动，如锯木头、夹泥鳅、舂年糕等，任何人都能参加，现场比赛，胜者可以获得价值不一的红包或纪念品，特别受欢迎。宣传模式上，除传统的电视、报纸外，从本届开始与网络形成了固定的合作关系，浙江在线等网站开设了动态专题报道。摄影展也成为展示畲乡文化，宣传景宁旅游的常规性项目。

本届畲族文化挖掘、展示的主题重心在音乐上，我们设置了“全国畲族山歌邀请赛暨音乐家畲乡行”作为载体。山歌赛有闽、粤、浙、赣等省30多名歌手参加，展示了全国各地经典的畲族山歌调式。此外，还有景宁畲族传统民间歌会、村寨生活劳动现场表演唱、音乐家与畲族原生态歌手互动等系列活动。由浙江省音乐家协会组织，晓其、珊卡等三十余名词曲作家集聚景宁，吃、住在畲家，参与组委会安排的相关活动，对畲族音乐进行座谈探讨。并创作了一些畲族风格或畲族题材的音乐作品。

本届活动的高潮出现在三月初三晚上的“畲族文化踩街”活动。我们设计了十个主题：狮龙迎宾、大山之子、祭拜祖先、渔耕生活、射猎年代、畲家野味、五彩霓裳、凤凰传说、男婚女嫁、歌舞升平。十大主题包涵了最具代表性的畲族文化内涵，展示模式上突出原生态特征，引起来宾和本地群众较大的震撼感。数千米长街上，人头攒动，来自全国各地的摄影家争相拍摄，场面颇为轰动。

节庆运作体制方面到本届也已发展成熟，以后历届基本参照此体例：由县长任组委会主任，分管副书记，常委中的宣传部长、统战部长、公安局长，政府分管副县长为副主任，相关部门主要领导为组委会成员；宣传部为总负责单位，宣传部长为常务副主任。组委会下设办公室作为实际操作机构。设主任一名，一般由宣传部分管副部长担任，副主任兼各组组长若干名，通常由宣传、文化、民宗、旅游、公安、政府机关事务管理局等单位主要或分管领导担任，分别负责财务、演艺、经贸、民族、安保、后勤等主要工作；工作人员在相关单位抽调，要求责任心强，有相关特长和经验。专职抽调到“三月三”组委会办公室上班的一般有十多人，为期近二个月，结束后回原单位。经过几年的磨炼，景宁形成了一支优势互补的人才队伍，成为每年节庆工作的骨干。如牵头举办了2004年“自治县设立二十周年庆典暨第二届中国畲乡风情节”活动的刘睦生，以后历届都担任副主任兼秘书（综合）组长，负责文字、开幕式及领导联络等关键性工作，发挥了重要作用。又如安保工作，由于策划时考虑周到，公安部门的方案周全细致，干警富有经验，责任心强，因而尽管硬件条件欠佳，却一直保持了热烈有序和安全事故“零”记录。

2008中国畲乡三月三暨海峡两岸民族大联欢。

2008年“三月三”活动，仍由我担任组委会办公室主任，具体分管的县领导为宣传部长叶金堂。我在方案策划中提出三个“点”的基本思路：一是打造民族联欢“卖点”，考虑国家即将启动“海西经济文化区”建设，主打活动与宣传模式确定为与东南电视台联合，举办“海峡两岸民族三月三大联欢”活动；二是挖掘畲族文化“亮点”，将非物质文化遗产调查和畲族文化研究成果进行集中展示、宣传；三是营造大众参与“热点”，主要是想寻找一种既有畲族文化特色内涵，又能激起群众长远参与热情的载体，探索解决节庆持续性举办的动力和形式问题。

农历三月初三上午进行的开幕式和大型联欢表演由中华民族团结进步协会、景宁畲族自治县人民政府、东南电视台联合主办，全国人大原副委员长布赫宣布开幕，中华民族团结进步协会会长江家福、浙江省政府副省长钟山、丽水市委书记陈荣高、景宁县委书记武昌致辞，钟昌明县长主持。国家、省、市领导、来宾、媒体单位及县内群众1200余人参加。

联欢表演活动以大陆、台湾著名歌星、组合型民族歌手形成基本班底，畲族民间歌手、台湾民间艺人同台献演，台湾著名歌星周华健、高胜美等到场献演。节目由东南电视台、浙江有线电视台、景宁电视台、台湾原住民艺术团四方共同主持，东南台海峡两岸节目主持人叶青林是景宁人，这次还牵头联欢演出的策划编导，付出了很大的努力。

台湾代表团共有48人，以文化和教育界人士为主，其中原住民演艺人员27人，他们的表演原生自然，特色鲜明，大方热情，给观众留下很深印象。为做好接待工作，由雷华英以政协副主席身份总牵头，从杭州机场接机开始，我们工作做得十分细致，热情周到，细节到位，安排的内容很丰富。开幕式前，国家台办和国家民委领导也专门接见了台湾代表团主要人员，台湾屏东县来义中学还与景宁县民族中学结为“姐妹学校”。

夜晚的“千年山哈”民俗篝火一条街狂欢活动是整个活动的一个高潮点。我们在县城主街人民路上燃起三堆大型篝火，寓意“三月三”的节火。为来宾搭建了观礼台，在“千年山哈”文化主题表演性踩街完成后，举办大众参与篝火舞会，我们选择了一些民族团结主题的歌曲，现场氛围十分热烈。当“我们都是一家人”旋律响起时，台湾代表团及现场领导都纷纷参与。但由于场地设施限制，从安全性考虑，我们还是没能放开群众自由参与。真正的狂欢效果难以达到。

此外，从本届开始，畲歌赛模式有了突破，县文化部门通过争取，确定由国家文化部文化司、省文化厅与景宁畲族自治县人民政府联合主办，“景宁·中国畲族民歌节”成为固定形式在景宁每年举办一次，该节还成为省文化厅重点扶持的全省十八个重点节庆活动之一。由于办节层次提高，参赛节目层次也有所提高。

跟前几届节庆一样，本届活动中，领导层面还比较强调“文化搭台，经济唱戏”，我们安排了经贸洽谈、资源推荐、特色商品一条街等平台。由于各方面条件限制，效果较为一般。

2009中国畲乡三月三暨大型畲族风情歌舞“诗画·畲山”首演活动。

根据建设“全国畲族文化发展基地”和“畲族文化有形化、文化载体项目化、文化成果精品化”的要求，同时，考虑往年大型活动虽然热烈，宣传效益也不错，但有形的文化积淀还是不足。县委、县政府决定自主编创一台畲族风情大戏，2008年9月启动前期工作，由我具体负责。12月份，部务会确定由新任副部长夏雪松担任“三月三”活动组委会办公室主任，负责面上的工作。

农历三月二日晚上，是开幕式和大型畲族风情歌舞《诗画·畲山》首演。由于天下大雨，开始时间推迟到八点多。浙江省人大副主任吴国平宣布活动开幕，国家民委副巡视员王庆朔、省政协副主席黄旭明、市委书记陈荣高、县委书记武昌致辞，县长钟昌明主持。浙江省、丽水市和兄弟省、市、县领导、来宾、媒体记者，景宁县内群众近10000人参加了开幕式。

《诗画·畲山》前期策划筹备时，叶金堂担任宣传部长，具体分管，后期排练演出时，由新任宣传部长王军分管。我设定的编创目标除作为2009年“三月三”的开幕式表演外，还要为2011年全国少数民族文艺调演做准备，并要成为日后景区大型旅游表演。由于要求较高，时间很紧，加上是县内独力承办，压力相当大。我除负责整体策划、组织、运营工作，还直接作为主创人员担任编剧和艺术总监。聘请段建平任总导演，音乐、服装、声光、舞美设计制作也均延聘专业人员承担。但演员全部是本地教育、文化等30多个部门单位人员及社会青年，初排时有300余人，首演时登台演员有242人。演出采用广场形式，场面宏大，加上内涵深厚、艺术手法时尚唯美，开幕式当晚演出即引起观众极大的热情。第二天晚上加演时，观看人数更多，达13000余人。领导、来宾及本地观众给予了一致好评，网络媒体和街头巷尾都形成热议，达到了轰动效应。同年11月，作为丽水国际摄影节的开幕式演出，在新落成的市体育中心再次隆重上演，得到来自100多个国家和地区来宾、观众的好评。

本届三月三活动其它重要内容还包括第二届中华畲族服饰设计大赛、第二届中国畲族民歌节和畲乡集体婚典等文化活动。“服饰大赛”是在市委统战部的建议下举办的，市委统战部蓝资霞部长直接参与了相关筹备工作，最后确定由国家民族事务委员会文化宣传司指导，省民族宗教事务委员会和县人民政府共同主办。赛事奖项分风格（艺术）装和日常（实用）装两大类，吸引了全国不少服饰设计人员参与，浙江理工大学模特队担当服饰表演，由畲族文化专家、服饰界专家组成评委会，现场评定。“民歌节”由中国非物质文化遗产保护中心、浙江省文化厅和县人民政府联合举办，有闽、浙、粤等五省20多个县市的50多名选手参加，评出“十大畲歌王”。“婚庆暨行嫁踩街”通过网络报名，在全国筛选出12对新人参加，当大红轿子抬过大街时，引起群众广泛的热情，为节日增添了欢乐的氛围。

2010中国畲乡三月三暨中央电视台
“激情广场”走进景宁

我在2010年初借调至丽水市文广出版局任职。2010年“三月三”活动由新任副部长吴海东担任组委会办公室主任。我参与了活动前期策划、广场表演节目编导及与台湾南投县文化交流活动等部分工作。

按县领导的要求，我在调任前对主体活动作了思考。考虑工作启动时间迟于往年，宣传部又正逢人事大调整，为保证操作上的可行性，又达到武昌书记“影响力不低于往年”的要求，我提议与央视三频道“激情广场”合作，并进行了前期联络准备工作。春节之后，吴海东据此制订了方案，在县委扩大会议上通过。元宵节后，我与王军部长，吴海东副部长一同赴北京与“激情广场”栏目组的主持人兼制作人刘璐老师商谈合作事宜。由于去的时间晚了些，“激情广场”档期与时间安排有困难，合作事宜出现反复。我当时大病初愈，刚出医院即赴北京，感到特别的劳累。最后，在刘璐老师的支持下，还是达成了合作方案。

2月份时，台湾南投县代表团确定应邀来丽水进行文化经济交流。按市政府主要领导意见，该活动列入“三月三”的活动内容，由景宁县具体负责落实。县委统战部副部长、民宗局局长蓝木宗就具体活动安排与我商议。在我的建议下，组委会办公室和相关部门确定了台湾原住民艺术团专场表演、畲族与台湾原住民文化交流会、两岸民族同胞牵手“激情广场”三大主题活动。我通过电话与南投县文化局长（代表团秘书长）进行多次沟通衔接，在大的活动安排和关键细节上达成一致意见。

农历三月初三上午9时，开幕式开始，连续多日的阴雨天气今日终于放晴，现场气氛特别热烈。浙江省委宣传部长茅临生宣布开幕，省政协副主席王永昌致辞、市委书记陈荣高、县委书记武昌致辞，县长钟昌明主持，各级领导、来宾、媒体记者、外地游客及县内观众12000余人参加了开幕式。

开幕式后是“激情广场·红歌大家唱”，舞台按“激情广场”统一模式布置，台前是县内相关单位组织的四个红歌大合唱方队，经过专门排练，总人数达800余。由于活动形式内容贴近群众，加上刘璐热情洋溢的主持风格引导，台上、台下形成互动，氛围特别热烈。节目收尾时，台上畲族歌手与台湾原住民歌手一起唱响《我们都是一家人》，全体演员上台跳起畲族“同心舞”，给现场观众留下深刻印象。

与台湾代表团的交流活动很有收获。台湾原住民艺术团专场表演放在影城举行。土生土长的本色演员，古老独特的文化内涵，原生自然的表演风格，质朴热烈的表演形式都给观众留下特别的印象。我对其表演形式及“八部和声”等具体节目很有感触。我在搞旅游表演时也曾尝试过这种形式，它与美洲土著民俗表演风格相似，对异域和城市观众会产生新奇感和艺术冲击力。畲族与台湾原住民文化交流会主要是双方介绍民俗文化，探讨民族文化传承经验和方法，以增加了解，相互借鉴。我和民宗局的一位畲族干部作为景宁方主讲人向台湾团介绍了畲族传统文化及其传承，台湾代表团也有二人重点介绍了台湾原住民中布农族的传统文化艺术。

作者简介：麻益兵，丽水市文化广播新闻出版局社文处处长。

跨越“两基”新高峰 谱写教育新篇章

——通过“两基”评估验收工作回忆

1993年，《中国教育改革和发展纲要》提出，到本世纪末，在全国85%人口的地区“基本普及九年义务教育，基本扫除青壮年文盲”(以下简称“两基”)。第二次全国教育工作会议，对“两基”实施规划作出具体部署，提出东部、中部、西部“分三步走”的实施方案。全国各地的“两基”工作由此拉开了“攻坚”序幕。

我省的“两基”评估验收工作，按照省政府的总体部署，于1997年全面实现“两基”；我县作为新设的少数民族自治县，由于基础条件较差，被列为全省最后一批通过“两基”评估验收的县之一。

1993年，是我们年轻的自治县百业待兴的时期，也是我从景宁畲族自治县教育局副局长提任局党委书记、局长之年。面临“两基”评估验收这一历史使命，可谓是一场严峻的考验。

尽洗铅华成过往，今日回首，感慨之余，更多的还是奉献的欣慰。

我县1990年“四普”时全县青壮年非盲率为91.48%；283个行政村中非盲率达95%的只有43个，达标率仅为15.19%。当时，我县的办学格局是“村村有小学，乡乡办初中”“把学校办在家门口”。全县拥有小学556所之多；完中、独立初中、附设初中等共计24所，在校学生3万余人。校网布局散，办学效益低。虽然学校数量很多，但小学校舍大部分是乡村祠堂、庙宇及“文化大革命”时期建造的简易教室；全县校舍总面积仅为7.67万平方米，生均建筑面积不足2.4平方米；将近30%的校舍是危房，随时威胁着师生的生命安全。图书资料、教学仪器设备也远远不能满足教学的需要。师资队伍(尤其是小学)整体素质较低，小学、初中专任教师学历合格率还不到40%。

身为教育主管部门的决策者，为确保我县在1997年通过省政府对我县“两基”工作的评估验收，我以“无功则过”的标准严格要求自己；制定了“抓‘基础’、创特色、上台阶”九字方针，竭尽全力开展工作。

1996年4月10日晚，教育局四楼会议室灯火通明，40多名人大代表、政协委员与县领导一起认真研究和热烈讨论我县教育的“重中之重”——“两基”工作。会上，大家畅所欲言，对我县“两基”工作的一系列问题提出了许多宝贵意见和建议。时任县长雷文先在听取大家的发言后，激动地说：“今晚，我代表县委、县政府，感谢代表、委员为我县的“两基”事业出谋献策，并感谢全县人民和教育工作者为教育事业所作的努力！今年的教育工作任务很重，在九月份前，各乡镇必须要确保相关指标的达标率，扫盲经费要到位，县里原预算安排3万元，今年再增加3万元，还不够就按需要按实际开支后县里再研究解决。全力推进验收工作，坚决不拖全省全市的后腿……”

会后，我带领县教育局干部先后组织教育系统“两基”工作培训会10余次。并在丽水地区率先编撰了《基本普及九年义务教育、基本扫除青壮年文盲评估验收手册》，力求一本手册在手，全知“两基”工作大事。

我们充分利用《畲乡报》刊登有关“两基”评估验收的宣传文章；利用各种渠道，在全县范围内广泛宣传“两基”工作，形成全县干部群众合力抓“两基”的舆论氛围。

县人大和县政协对“两基”工作开展依法监督和民主监督。组织了3个督查组，历时10天，对全县五个学区片的有关乡镇和县财税局等部门进行了督查，督查内容涉及政府行为、教育投入、动员流生返校工作、依法治教等工作到位情况；对存在的问题提出整改建议并监督实施。

1994—1996年，财政对教育的投入比上一年增长比例分别为13.2%、12.9%、15.5%，财政拨付的生均公用经费逐年增长；教育经费支出年均增长36.5%，高于财政总收入年均增长比例6.3%，高于县财政总支出年均增长比例12.7%；教职工工资按时足额发放到位；财政年终经费追加优先考虑教育项目。各级政府领导秉承着“勒紧裤带办教育”的理念，千方百计逐年增加对教育的投入，基本保证了财政对教育投入的“三个增长”。

这些今天看来不足为奇的数字，在当时真的包含了我这个教育局局长许许多多的“苦口婆心”。

针对省政府提前一年，在1996年进行扫除青壮年文盲的评估验收的实际，我们提出了“治穷先治愚，治愚抓‘两基’和‘两基’并重，扫盲为先”的口号和工作方针。

时任县长雷文先多次指出：“扫盲是个大政，要像抓计划生育一样抓好扫盲工作。”时任副县长林美琴逢会就宣传我县实现“两基”的意义并深入基层亲自抓落实工作。在县“两基”工作领导小组的领导下，教育、妇联、共青团、财税、工商、文化，科技等部门发挥各自的优势，参与扫盲工作，形成广大畲汉人民学文化、学科技的热潮。全县从1994年起进行了逐村逐校，挨家挨户地调查摸底工作。通过努力，使全县建立起青壮年文化底册，文半盲名册等21种基础档案和成技校建设的11种基础档案。为了把各乡、镇、村扫盲工作抓紧、抓实，对24个乡镇的扫盲工作进行了6次全面的督查和评估，从而进一步保证了我县“两基”工作的进度与质量。

1994年至1996年全县扫除文盲3398人、文半盲1555人，非盲率提高5.48%。全县开展了各类实用技术培训1000多次，产生了巨大的社会和经济效益。1996年10月，我县顺利通过省政府“基本扫除青壮年文盲”评估验收。

上任以来的这千余个日日夜夜，真可谓是竭尽全力、疲惫不堪。当这份答卷交给上级领导的时候，辛劳与疲惫已成往事，心里只想着如何努力实现下一个目标：顺利通过“普九”验收。

1997年7月16日下午，在县府五楼会议室组织全县各工委、乡镇主要领导、各部门单位负责人、各中小学校长召开了迎验动员会。丽水地区行政公署副专员施基诚亲自到会并作重要讲话，代县长蓝春土作迎验动员报告，县委书记陈铁雄强调说，“‘普九’是我县人民群众的强烈愿望，是我县脱贫致富的迫切需要，是省政府下达的政治任务，广大干部群众要进一步提高认识，严字当头，狠抓落实，确保我县顺利通过‘两基’评估验收！”

“两基”评估验收工作是政府行为，作为县教委主任义不容辞要当好政府的参谋和一线指挥员。

为了提高办学效益和教育质量，在县政府的重视下，决定对全县学校网点布局进行科学、合理调整，我们采取“一次规划、分步实施”的工作思路，制定较为可行的校网撤并规划。通过县政府下发文件，各乡镇贯彻落实相关文件精神，有序推进学校布局调整工作。两年多来撤、并、改学校320多所，初步形成小学“一乡一校”，初中“一片一校”的格局，为提高教学质量和办学效益奠定良好基础。

全县校舍不足、危房比例高居30%，始终是压在我这个“穷当家”心头的一块石头。1995年，时任浙江省省长万学远发起在全省范围内开展“扶贫建校”活动，扶持贫困地区改善办学条件。我深深明白，这是千载难逢的最好机会。在县委、县政府的重视和支持下，县里迅速成立“扶贫建校”领导小组及办公室，我担任办公室主任。通过千方百计和四处奔波争取，全县得到援建的23个“扶贫建校”项目全部启动并投入施工，惠及11所学校。其中全新规划建设的城北中学，于1995年12月21日举行奠基，省长万学远亲临奠基仪式。23个项目除县、乡镇财政配套资金外，援建单位共计投资1174万元，全县中小学新增校舍30453平方米，大幅度提高生均校舍建筑面积拥有量和质量。同时，通过“浙江省青少年成才基金会”牵头开展的“希望工程”活动，全县又争取到20个项目，获得建设资金625万元，新建校舍20429平方米，惠及8个乡、2个镇的17所学校。至此，扩建校舍与破旧危房校舍改造圆满结束，并达到了“两基”评估验收标准。

县教委(县教育局更名县教委)班子把动员流生返校，杜绝学龄儿童、少年辍学上升到教育行业的根本职能，教育工作者的根本天职的认识高度，并列入业绩考核；校长、班主任与教师的业绩考核也把这两项指标作为重要依据；发动教师走家串户动员适龄儿童入学。通过有效措施和全面努力，使初等教育阶段适龄儿童入学率上升到99.75%；初级中等教育阶段的适龄少年的入学率达到95.95%。真正达到了国家规定的“普九”要求。

县教委班子在县政府的支持下采取有力措施，切实加强师德师风建设和教师继续教育工作，并引进了一批年富力强的教师，使教师队伍的年龄结构进一步趋于合理。通过努力，使小学和初中专任教师学历合格率与1994年相比分别提高18.5%和20.1%。

通过全县上下、各级各类学校教职工共同努力，初中升高中的比例逐年提高；小学、初中教学质量在全市名列前茅；高中教学质量明显提高，达到全市中等水平，陆续夺魁全地区文、理科高考状元四次，如1995年，全县高中升学率达到60.73%，1999年，景宁中学毕业生吴苗青荣获浙江省理科高考状元，被清华大学录取。学生参加各级各类知识竞赛频频获奖，共获得国家级、省级、地级奖项200多人次。自1991年以来，中学生男子篮球队参加全地区中学生篮球赛荣获四连冠。全县中小学的音、体、美教学走出了自己的特色之路，在全地区每年的音、体、美特招考试中，景宁被录取的学生数在全地区处于领先地位。

1997年10月17日，景宁“基本普及九年义务”教育工作顺利通过省政府评估验收组的评估验收；当年11月又顺利通过了国家教委的抽查，荣获“国家基本普及九年义务教育，基本扫除青壮年文盲先进县”称号。

在这里，我还是援引省政府“普九”验收组《关于对景宁畲族自治县“普九”工作的评估验收报告》中的几段文字吧。

该《报告》讲：“景宁充分动员全社会力量，合理协作推动‘普九’工作的有力开展。公安部门积极加强户籍管理，为‘普九’提供服务、保障。努力净化学校育人环境，维护正常教学秩序；妇联、团委积极开展‘春蕾计划’和‘希望工程’，人事、劳动、工商等部门杜绝童工童商现象的发生；土管、城镇、广电、司法、财政、民政、统计等部门也积极参与‘普九’，从本职出发，执行教育法律法规，使‘普九’顺利开展……”省政府“普九”验收组精准地勾勒出了景宁县全社会积极参与“普九”的氛围和整个蓬勃态势。

《报告》还讲：“教育行政部门和各中小学校充分发挥了智能作用，积极为政府领导当好参谋，埋头苦干，扎实工作，成为了‘普九’中主力军……广大干部和教师加班加点……为‘普九’大量基层性工作，付出了辛勤劳动……县委政府采取各种措施，努力抓好教师队伍建设……广大教师敬业爱岗，安贫乐教，为畲乡的‘普九’贡献出了全部力量。”今天，当我再查阅到这段文字的时候，当年那段全县上下发扬“三千精神”并形成合力抓“两基”，教育队伍全员积极奋斗的往事再次呈现在我眼前！

抚今忆昔，真可谓“人生感意念，功名谁复论”。殚精竭虑、负重拼搏的艰辛往事，像静夜里远处飘来的歌声，美好而悠长。

作者简介：陈林生，景宁畲族自治县人大常委会副主任。

回顾创建省级教育强县的过程

2010年4月，浙江省二十五个欠发达山区县之一的景宁畲族自治县顺利通过省级“教育强县”评估验收。

回望昨天，一步一个脚印的“教育强县”创建历程，我感慨万端……

在城镇化进程日益加快的大背景下，我县城区小学教育资源匮乏；初中学校规模偏小；职业教育现状滞后；普职比明显失调；普通高中教育总量不足；初中升高中比例偏低，与群众的教育需求矛盾日益突出。

作为教育局长，积极面对历史和客观环境留下的种种问题，交给畲乡人民一份满意的答卷，是历史赋予我的使命。

在夜深人静时，回想担任教育局长以来的近两千个“孜孜莫患劳心力”的日日夜夜，我既满怀感慨，也十分欣慰！

2005年12月份，我调任教育局长。尽管前几任老教育局长为教育工作奠定了扎实基础，但是，新的社会需求又向我们提出了新的标准。上级党政机关和教育主管部门的领导高度重视景宁畲乡的教育发展格局，把优先发展教育提到了前所未有的高度。连续几年大力投入，全力破解教育发展难题，大手笔推出“教育民生”工程——景宁城区教育资源得到优化整合。

2005年5月份，县人大常委会副主任陈林生牵头组织调研组对“县城教育资源配置”情况进行了为期一周的调研，并向县委、县政府提交了调研报告。11月25日，县委书记武昌专题进行教育调研，把教育工作摆上全县工作的重要议事日程，教育被列入全县“十一五”经济社会发展总体规划。

2006年2月8—9日，县委书记武昌带领县四大班子领导及县直部门主要负责人和各乡镇党委书记、乡镇长赴武义、缙云、云和考察。重点任务是学习他们城区教育规划，走访参观了大部分县城学校。在后来的全县工作会议上，武昌书记所作的《解放思想、振奋精神、攻坚克难、操作到位为经济社会发展走在全国少数民族地区前列开好局起好步》的政府工作报告提出了坚持优先发展教育，按照“一年打基础、两年求突破、三年上水平”的总要求，推进教育事业大发展。之后，县委、县政府经过多次研究论证，决心举全县之力实施“城区教育资源优化整合工程”。当时，连老百姓都说：畲乡教育的春天来了。

经过实地察看，全面分析，讨论论证，以“合理布局、适度超前、盘活资源、标准建校、城乡统筹、均衡发展、一次规划、分步实施”的目标定位，编制了《景宁畲族自治县教育事业发展“十一五”规划》。其中，包含了“十一五”学校布局规划。总规划中明确提出了创建省级教育强县目标，并限期在2009年达成这一目标。

2006年春节过后上班的第一周，县委常委会将教育问题作为第一个议题进行研究，我参加会议并作了详细汇报。常委会通过了布局调整规划和城区教育资源优化整合方案：在县城实施"五项工程"，即一扩一建三迁，扩建城北中学、新建民族小学、迁建景宁中学、迁建民族中学、迁建县实验一小。后来，在具体实施过程中，又增加新建省级示范性幼儿园。借助职业高中搬迁景宁中学原址的机遇，城区教育资源优化整合工程全面启动。总投资达2.6亿多元，为设立自治县头20年投入总和的3倍。

城区教育资源优化方案确定后，教育局迅速行动，成立了"城区教育资源优化整合办公室"，抽调精干人员全面展开工作，将每项工程落实到班子具体成员。每个成员联系一个项目具体操作。"实施城区教育资源优化整合工程，再造一个景宁教育，使景宁逐步走上小县大城发展之路；实施城乡统筹、以城带乡发展战略，走出一条城乡教育均衡发展之路，实现省级教育强县"的宏伟战略在景宁畲乡大地拉开帷幕。

按照县委、县政府"教育优先发展"战略，根据教育"十一五"规划，局班子协同作战，统筹推进"城区教育资源优化整合'一扩两建四迁'工程"。在每个项目实施中，为解决难题，县领导多次现场指导，现场办公，牵头召开协调会，确保了无障碍施工；为了让项目早启动，早竣工，相关部门献计出力。如城建、国土、发改、电力、公安、鹤溪镇政府等部门与教育紧密配合，在选址规划、征用土地、项目立项、资金统筹、开工建设、用电用水等问题上予以鼎立支持。特别是工程建设对于我，对于每个教育工作者都是一件极为生疏的工作。这几年，我们班子成员为加快学校建设没少奔波，放弃了许多双休日和法定节假日。四年来，我们七所学校建设都做到"矛盾问题处理到位，项目前期工作迅速，工程推进极富成效"。每年建成一所新学校，城区高中、初中、小学、幼儿教育资源实现一年一变样，办学条件发生了翻天覆地的变化。工程建设工期之短，项目建设速度之快，被称为"教育速度"。

2006年，完成"景宁中学迁建"，实现全封闭式管理并升格为省一级重点普通高中；完成"职业高中搬迁"；完成"电大搬迁"，并于2008年从电大工作站升格为电大分校。

2007年，完成县民族小学新建并投入使用。

2008年，在基本完成民族中学迁建投入使用的同时全面启动"旧民族中学维修改造"。

2009年，完成"城北中学塑胶运动场扩建"；完成"实验一小搬迁"；全面启动"省级示范幼儿园"即实验幼儿园兴建，并于2010年秋季投入使用。

通过城区教育资源优化整合，县城学校新增建筑面积约11万平方米，总量翻一番，县城建成了一批花园式的学校。教育资源全面优化，办学条件有效改善。全县学生在县城就读率"十五"期末小学39.8%、初中52.9%、高中76.6%。2009年上升到小学75.4%、初中84.2%、高中100%。学生享受到优质的教育资源，提前实现了"十一五"预定的目标。

2008年，省教育厅长刘希平对景宁县委、县政府倾注全力发展教育给予了"凝心聚力谋发展，用心用情办教育"的高度评价。这几年，武昌书记、钟昌明县长都把学校建设视为景宁名片，每当上级领导来景，几乎都要带到学校参观。省教育厅原副厅长张绪培看了景宁中学、民族中学、民族小学后说这几所学校五十年都不会落后。

创建教育强县不是我们的根本宗旨，它只是一个载体。城乡教育均衡发展，是我这几年来一直深思的问题。我县农村大部分学校都是建于扶贫建校年代，受许多客观因素制约，办学条件都还处于落后状态。如果要拿下教育强县这块牌子，农村学校必须全面提升办学条件，实现城乡教育均衡发展。为此，我们抓住"十一五"良机，依托全省农村中小学"四项工程"、标准化学校建设契机，为农村教育均衡发展，打响了第二场战役。

县政府在县财政比较困难的情况下，不惜投入巨资，改善农村学校办学条件。武昌书记在教育调研时讲，对教育的投入是要有感情的，有了感情才能理清思路，才能下大决心，才会不惜投入。在我多次向县政府领导汇报工作，要求安排资金时，钟昌明县长曾经对我说，钱花在教育上是值得的，是可见效益的，投在教育上的钱放心。正是这种对孩子的感情，对教育的感情，着眼未来的真知灼见，才会有这样的大手笔，大行动！

几年来，农村学校食宿改造累计总投资1172万元，完成了全县15所学校21个学生食堂、宿舍改造项目。改造食堂面积3100平方米，宿舍面积7547平方米。2007年至2008年投入650多万元，完成23所中小学校修建，使标准化学校比例达到91.6%；中小学校舍维修改造，投入约620万元。沙湾中学、英川镇校等13所中小学的“校舍、防雷设施、消防设施、校园绿化”等改造修理，维修面积将达32000平方米。乡镇幼儿园改造，投入320万元，13个乡镇小学附属幼儿园园舍进行维修，装备“平板电视、多媒体、大中型玩具、桌椅、消毒柜”等幼教设施。使一批幼儿园提升了等级。现如今，农村学校面貌焕然一新，走进乡镇最耀眼的莫过于学校。

2006年始，还实施了“教学设施装备工程”，为教育内涵发展“添砖加瓦”，在现代信息技术教育装备、音体美器材配备、教学仪器配备等学校内涵发展上，三年累计投入资金2200多万元，生均达1500元。全部更新义务教育阶段学校课桌椅。全县所有中小学配备计算机教室，生机比为8.7:1，师机比为1.4:1；所有学校配备多媒体教室，县城所有中小学多媒体进班级，农村学校多媒体班配率达到2.2:1。全县共有多媒体314套，占班级比例达83.3%；所有中小学的音体美器材、电教设备按照省一类标准配备；新配学校图书17多万册，全县中小学生均图书26.3册，26所中小学中有13所中小学图书按照省一类标准配备。

2008年，还在县民族小学建立了景宁县中小学图书配送中心，新配图书8万余册，覆盖全县所有农村中小学，定期为农村孩子提供课外读物，让农村孩子享受到阅读的快乐。

我从普通教师，到中学校长，再到教育局副局长、局长的岗位，多年来一直从事教育管理工作，深知教育质量是教育行业的生命线。在县委、县政府加大投入全面改善优化办学条件，在教育硬件大提升的背景下，如何强化内涵发展，全面推进素质教育，全面提高教育质量是教育发展面临的核心问题，是教育势必解决的关键问题。钟县长曾对我说，现在政府对教育该出的钱出了，教育硬件上去了，接下来是看教育内涵怎么发展，质量怎么提高的时候了。钟县长的话，既是领导的希望，也是百姓的心愿，更是我肩上沉甸甸的责任。

我县解决了“有书读”的问题后，“读好书”已经上升为人民群众的根本诉求。加快内涵发展，提高教育质量已势在必行，迫在眉睫。在我主持教育局工作以来，一面抓好学校基础设施建设这项工作；一面坚持硬件、软件同步发展的思路。在基础设施建设“补课”的同时，加快了提升质量的“赶趟”步伐。

2007年，制定出台了《景宁畲族自治县基础教育质量提升行动指导意见》，全面实施“人格奠基、教学质量提升、人才强教强校”三大工程。于2007年9月中旬，在影城召开了局干部、校长、教师共计九百余人参加的动员大会。县委副书记郑力平，县委常委、宣传部长叶金堂，县人大常委会副主任罗德伟，县政府副县长胡晓红，县政协副主席雷香兰等县领导亲临大会。县委副书记郑力平作了题为《坚定信心，提升形象，努力开创我县教育工作新局面》的重要讲话。他代表县委提出五点意见：一是要认清形势，乘势而为，坚定我县教育质量提升的信心和决心；二是要广泛动员、强化责任，营造一个有利于教育发展的良好社会环境；三是要把握重点，突破难点，打赢教育质量提升行动攻坚战；四是要加强领导，狠抓落实，确保“教育质量提升行动”取得实效；五是要多方联动，形成合力，突出抓好2008届高三工作。我代表教育局作了题为《深化改革、真抓实干、全面提升教育质量为办人民满意的教育而不懈努力》的工作报告，回顾了近年我县教育工作取的成绩，分析了我县教育存在的问题，全面部署教育质量提升工作，确定教育质量提升的具体目标；立思想、鼓实劲，出实招，强落实，求实效，全面推进“德育工作、教师队伍建设、教学质量提升”三大子工程；把发展教育的理念转移到科学和谐上来，把教育的工作重心转移到内涵建设上来，把育人模式转换到培养一切孩子和孩子的全面发展上来。

会议后，全县各校再次掀起“抓质量”的高潮。与此同时，教育局也多措并举，推进此项工作。在师资队伍建设上，建立教师培训经费保障新机制；建立骨干教师培养机制；拓展教师培训渠道；建立城乡教师互动机制；加速教师专业成长；建立新教师引进机制；制定教师流动政策；严格控制人才外流；千方百计提高教师工作待遇，想方设法调动工作积极性等手段来提升教师队伍素质，稳定教师队伍。在教育教学改革上，确立办学集团化、教研主题化方向，构筑集团化办学模式；规范课程设置，推进教学改革，开展“农村学校小班化课堂教学策略”课题研究；建立教学质量监控评价体系，并与人事制度改革相挂钩；改革招生制度，控制优质生源外流等一系列做法。在德育工作上，开展星级班主任评比，围绕“丰富学生活动、创建校园文化、打造平安校园”的实践载体，全面推进德育工作。

通过系列化的全方位努力，全县初中升高中比例从2006年的86.11%提高到2008年的95.46%；高考成绩有了新突破；初中小学质量稳步提升。教育的信任指数显著上升，优秀学生保留人数明显增多。从2006年到2009年，全县初中毕业生前100名分别留住5人、51人、62人、76人；外出就读学生也陆续回流，2008、2009两年中小学回流人数共324人。

创建省级教育强县，时间短，任务艰巨，并且是浙江省教育强县评估的最后一趟“末班车”，全省从2010年开始，从创建“教育强县”进入创建“现代化教育强县”。为此，我们在全力做好“硬件改善、内涵发展、质量提升”几项重中之重的工作外，成立了“教育强县创建办”，印发了《景宁畲族自治县创建省级教育强县实施意见》，明确各级政府和相关职能部门的职责、任务，并将25项指标细化分解到各相关职能部门、乡镇和学校，成立了以县政府主要领导为组长、分管县长为副组长、各相关职能部门主要负责人为成员的县创强工作领导小组。召开了全县创建省级教育强县工作动员大会、教育创强工作现场培训会，与各乡镇部门签订了《创建省教育强县工作责任书》。县委、县政府督查室强化创强工作过程督查，将教育创强作为一项重要内容纳入全县年度工作目标综合考核，建立督查通报制度。县教育局也建立了“每月一督查”制度；各有关职能部门紧紧围绕教育创强目标，按照县委、县政府的统一部署，各司其职，相互配合、密切协作，汇聚起发展畲乡教育事业的强大合力。同时，加强教育创强宣传，通过固定标语、简报、网站、报纸、创强专题片等多种宣传媒体，广泛开展各类宣传活动。使全县形成了“党以重教为先、政以兴教为本、师以从教为乐、民以助教为荣”的良好氛围。科教兴县，创建“教育强县”成为我县社会发展的主旋律。该项工作得到了上级领导的充分肯定，并且免去了初验环节。

2010年4月21~22日，以省督学、浙江教育报刊总社社长、总编董惠铭为组长的省教育强县评估验收组对我县的“创建”工作进行评估验收。评估组对照省教育强县评定操作25项指标和相关要求，从教育事业发展水平、教育条件保障实力、教育管理水平、全面推进素质教育四个方面对我县的“创建”工作进行全面评估。我县党政领导围绕“小县大城”战略制定的有效工作措施，以及“创建”工作明显的成效，给评估组专家留下了深刻的印象。董慧铭组长在反馈会上，用“六个最”高度评价了我县的教育事业的快速发展。他说，景宁最亮丽的风景线是学校；景宁变化最大的是学校；景宁社会事业发展投入中最大的是教育；景宁与发达地区差距最小的是教育硬件；景宁老百姓受惠最大的是教育；景宁党政领导政绩最明显的是教育。评估组的专家一致认为我县已经达到了省级教育强县标准，顺利通过了评估验收，同意我县报请省委、省政府批准公布。

纵观今日畲乡教育，他正以崭新的面貌，朝着教育现代化的目标阔步前进。

作者简介：翁建敏，景宁畲族自治县教育局局长。

争取景宁畲族自治县汉族考生高考录取加分优惠政策琐忆

青春韶华岁月，我走上教育岗位，历时20多年，从一名普通教师到第一任县人民政府教育督导室督学，与教育结下不解之缘。2003年6月调县政协后，仍关注我县教育事业，县教育局和学校编印的《畲乡教育》《景宁一中》《雅峰岁月》等刊物每期必看，闲暇与教育界老友聊天，也不忘谈有关教育的事。

每每谈及县委、县政府重视教育，投入2亿多元，整体搬迁景宁一中和民族中学，新建民族小学和实验幼儿园，办学硬件条件发生巨大变化，甚至比发达地区学校还要好，感到十分高兴。而面对当时由于各种原因造成名师和优生外流现象，如何依托现在一流的办学硬件设施，提高教育质量，振兴畲乡教育事业，更是乐于探究的话题。

正当全县上下重视教育谋发展，齐心协力抓质量的时候，曾经从事教育工作的我，又该为教育提质和振兴畲乡教育事业做点什么？这是一直萦绕在脑海中的问题。

2007年6月，县委书记武昌在全县干部大会上强调，我们要全面研究和充分利用民族政策，发展县域经济和社会事业。我听后豁然开朗——萌动了能否利用新修改的《浙江省景宁畲族自治县自治条例》有关条文，向上争取政策来助力景宁教育提质，振兴畲乡教育事业的念头。

会后，我立即到县人大办拿了一本2007年5月25日浙江省第十届人民代表大会常务委员会第三十二次会议批准，新修改的《浙江省景宁畲族自治县自治条例》仔细阅读起来。读到第三十六条："在各级招生主管部门的监督下，高等院校和中等专业技术学校在招收新生时，自治县考生享有降分录取的照顾。"我眼睛一亮，"自治县考生享有降分录取的照顾"，可理解为：凡是拥有自治县户籍的考生都可享受照顾政策。目前，全县少数民族考生已享受加10分投档照顾政策，依据这条，我县汉族考生同样可以依法争取享受照顾政策。

这是一个政策性很强的命题，要争取，就要有充分依据，这就要做仔细调研。于是，第二天就到县教育局走访相关人员，当我向翁建敏局长说明来意后，他十分赞同。随后又走访县招生办张勇健主任，他马上查阅资料，并告诉我："少数民族高考优惠政策一直都有，2004年及以前优惠政策是'边疆、山区、牧区、少数民族聚集地区的少数民族考生高考录取中在其统考成绩总分的基础上加10分投档'。2005年以后优惠政策是'少数民族考生高考录取中在其统考成绩总分的基础上加10分投档'。至于汉族考生的统一优惠政策没有，但从《景宁畲族自治县自治条例》内容看，汉族考生也可争取照顾政策。"

如果能争取到这条惠及百姓的照顾政策，对留住生源，甚至回流有现实意义，更为重要的是对教育提质，振兴畲乡教育事业，最终促进我县社会、经济事业发展，让景宁百姓感恩党和国家的民族政策有深远历史意义。

由于2007年我省高考录取优惠加分政策先于新修改的《浙江省景宁畲族自治县自治条例》出台，故当年不可能争取高考录取优惠加分政策，如果能在2008年争取到汉族考生高考录取优惠加分政策，那就是以最快的速度体现民族政策，造福于民。

从县招生办回来后，更坚定了尽快利用社情民意信息向上反映，争取我县汉族考生高考录取加分政策的决心。随后，我把想法向当时县政协主席彭岳舜作了汇报。彭主席认为，这是一件惠及全县人民，与畲乡社会事业，与寻常百姓都十分有利的大好事，给予我充分肯定和热情鼓励。

要撰写这条社情民意信息，法律和政策的依据有了，但可以享受的范围如何表述？第三十六条中“自治县考生享有降分录取的照顾”的“降分”表述与实际优惠政策的“加10分投档”的表述不一致如何处理？等问题既是技术问题，也是关键。经过反反复复的思考，反反复复的走访景宁一中、县招生办等，第一稿终于撰写出来摆在案头。

对第一个问题，享受范围界定为“景宁畲族自治县户籍，在本县高中就读（三年学籍）”两个条件。对第二个问题，由于条例中用“降分”表述，具有法律意义，不能随意更改，故撰写的社情民意信息题目仍用《关于落实景宁畲族自治县考生在高考录取中依法享有降分录取照顾政策的建议》，而在建议中则改用可操作的“加10分投档”表述处理。

面对这个初稿，我常常静思，反复斟酌，深深明白，这不是一个简单的社情民意信息，它关系到振兴畲乡教育事业的大事，更关系到千家万户共同关心的子女发展机遇问题。因而，深深地感到责任重大。

为让这条社情民意信息能够客观地反映民情，真实反映民意，表述到位，我将初稿送分管教育的副县长胡晓红和县教育局征求意见。胡晓红副县长看后，给予充分肯定，也给我很大鼓励和支持。

为让这条社情民意信息能够有足够的“分量”，征得彭主席同意，用我们俩人名义向省、市政协报送这条社情民意信息，同时报送省政协民情热线办公室。

社情民意信息向上级政协报送后，县委、县政府和县教育局高度重视，利用一切机会，各种场合，全力向省委、省政府和省教育厅领导沟通协调，争取重视和支持。

省政协民情热线办公室主任李孟亭，非常重视这条社情民意信息，把它作为扶持和促进民族地区教育发展契机的一件大事来对待。2007年12月26日，将社情民意信息及时转送省教育厅办理，并且多次向分管教育的省领导和省教育厅汇报、说明、协调，积极争取，做了大量工作。

通过多方共同努力，省委、省政府和省教育厅领导的重视，这条社情民意信息最终进入省委、省政府决策程序，得到落实。2008年4月18日，浙江省高招委、省教育厅出台《2018年浙江省普通高校招生工作实施意见》，在第50条中明确规定。

2008年4月23日，《浙江省教育厅关于对景宁畲族自治县高考考生有关录取政策的复函》送达省政协民情热线办公室。函复如下：“根据省人大审议批准的《浙江省景宁畲族自治县条例》，经我厅和省人大常委会法制工作委员会共同商议，决定对户籍在景宁畲族自治县，且在当地完整完成高中阶段教育的考生，从今年开始，在其高考统考成绩总分基础上加5分投档，由高校审查决定是否录取。少数民族考生，仍在其高考统考成绩总分基础上加10分投档，由高校审查决定是否录取”。

这个饱含对民族地区特殊关爱的优惠政策，像一阵春风吹拂着畲乡山山水水，惠及千家万户，在三个月后高考录取中，传出激动人心的喜讯。

2008年高考，我县有578名汉族考生享受5分优惠加分政策，有23名汉族考生分数批次分别上移，应届毕业生上第一批分数的人数提高了11.76%（2010年提高到29.41%），有103名考生被同批次但投档分数线更高、更理想的专业和高等院校录取，其他考生也提高了上线率和录取率。这对畲乡考生、家长、教育和社会都是一个鼓舞人心极大的福音。

对来自英川镇农村的张荣剑同学来说，更是改变人生契机和终生难忘的日子。他通过努力，取得664分的优秀成绩，名列全省第143名。而当年清华大学的投档分数线是667分，张荣剑同学获得5分优惠加分后，成绩变成669分，超过清华大学投档分数线2分，名次也上升到全省第121名，十分荣幸地被清华大学录取，成为当年丽水市唯一被清华大学录取的学生。

当景宁电视台记者踏进张荣剑同学临时租住房，采访他父母时候，朴实的一对农家夫妻，除了感激就是满眼热泪。这一场景，感动在场所有人，感谢党和国家民族政策对畲乡百姓最贴心的关爱。

县人民政府特意送锦旗给省政协民情热线办公室，感谢为汉族考生争取高考录取加分优惠政策所做的努力。

景宁汉族考生高考录取加分，这一能让景宁百姓享受，关乎畲乡发展与百姓切身利益的优惠政策，不但有助当时扼制学生外流势头并回落，而且吸引在外地就读学生回流，更助力提高教育质量，振兴畲乡教育事业，给我们带来无限欣喜，成为街头巷尾热议的话题。

作者简介：吴建强，政协景宁畲族自治县委员会秘书长

畲族博物馆建设始末

坐落于景宁畲族自治县鹤溪镇人民南路与鹤川路交汇处的畲族博物馆，犹如畲乡一颗璀璨的明珠，全景式地展现了畲族演变、迁徙、发展过程。畲族博物馆给我们留下了享之不尽的畲族、畲乡历史文化遗产，但对我而言留下的还有令人难以忘怀的回忆。

畲族博物馆筹建工作的酝酿

畲族人民自唐永太三年在景宁大地上繁衍生息以来，漫长的历史演进中，在民间蕴藏着丰富珍贵的畲族历史文化遗存，由于客观条件所限，这些文物长期得不到应有的保护，流失现象日趋严重。1984年畲族自治县成立以后，我县专门成立文物管理委员会，并有一个库房专门存放文物。但终因条件极差，难以对文物进行科学的管理和应用。至上世纪九十年代中后期，建立畲族博物馆，对畲族文物依法有效的抢救、保存和研究利用，已经成为自治县人民关心的一件大事。1998年县委、县政府把建设畲族博物馆列入年度重大建设项目之一。当时，畲族博物馆规划建筑面积3000平方米，作为中华畲族文化村建设的一个子项目运作，选址在景宁县城东面的吾安洞；工程概算资金350万元，并已筹集了落实资金100多万元。时任全国政协委员的景宁籍人士蓝志龙，在1998年全国政协九届一次全会上向全国政协提交了《要求扶持景宁畲族自治县筹建"畲族博物馆"》的提案，引起了国家文物局的高度重视，并于当年6月，安排建设补助资金50万元。至此，筹建博物馆的序幕全面拉开。

波折颇多的基建工作

畲族博物馆的建设并没有想象中的顺利，其中最大的问题是选址始终难以确定。1999年，畲族博物馆筹建工作因中华畲族文化村项目停止而几乎陷入停顿。中华畲族文化村停下来，但畲族博物馆

建设工作不能停。当时大家都非常着急，想方设法把畲族博物馆单独从中华畲族文化村建设项目中分离出来，并通过多种渠道积极向上级主管部门寻求支持。1999年7月，县委召开常委扩大会议，专题研究畲族博物馆建设工作。会议决定将畲族博物馆建设从文化村建设项目中分离出来，单独选址，单独建设。之后，县文化局很快成立了筹建工作小组。1999年9月通过立项，投资概算883万元，选址在英川移民新村（现鹤川小区）附近，10月份基本完成了选址的征地工作。期间，省文物局的领导也多次来景宁了解畲族博物馆筹建情况，并表示：只要今年动工，明年将作为全省第一个项目报国家文物局给予补助。后来，考虑到选址位于城郊接合部，环境卫生状况差，而且较为偏僻，畲族博物馆的社会教育功能难以发挥，对今后的发展较为不利，根据省市主管部门领导及有关专家的建议，决定改址。

经过多处实地勘察，和专家研究、论证。2个月后，即2000年1月，改址在县体育馆东侧小山坡（地名顾平头岗）。再次选址后，我们会同建设、国土、鹤溪镇等部门马上投身政策处理工作。由于当时正处于国家出台新的《土地管理法》，而地方土地补偿新标准尚未出台的真空阶段，畲族博物馆征地工作开展一段时间后只好暂停下来，而把工作重心转向建设方案设计。直到2001年5月，县政府出台新的《土地征用补偿标准》后，才重新启动了土地征用工作。经过近5个月的奔波，于2001年底基本完成了一期13700平方米的征地工作。

畲族博物馆的设计图纸几经修改，于2001年8月底确定后，本来马上启动基建工作。可是考虑畲族博物馆选址位于濒临环城东路的小山坡上，整体建筑依山而建，施工便道解决不了运输问题，建设成本大幅提高，883万元的投资预算缺口增大；同时，选址比县城街道人民路高40多米，高差较大，交通极为不便，不适合对外开放。更重要的是，当时我县提出"创畲乡生态优势，建风情旅游名城"的战略，要把畲族博物馆打造成一个具有全国影响力，能全面展示畲族风情的重要博物馆，而根据现有方案难以达到这种要求。因此，决定重新选择一个更加科学、合理的馆址。谁知这一选就是3年多。

三年来，我们除了考虑选址外，把更多的精力用在谋划如何更高层次、更高规格的打造畲族博物馆，全面展示畲族风情的设想上。结合景宁实际，经过多方考虑，2006年，县里决定将畲族博物馆与文化馆、图书馆"三馆合一"建设畲族文化中心，与畲族文化公园并联建造，落址于鹤溪镇南路与鹤川路交汇点，并委托浙江同仁建筑设计有限公司编制规划设计方案。根据规划，工程投资概算4000万元，占地面积3400平方米。经过各方紧张细致筹备，2007年6月28日上午在隆重的礼炮声中开工建设。2008年6月如期完成了畲族博物馆的土建工程。

文物的征集与陈展

文物的征集、保管以及如何科学地展示是博物馆非常重要的一项工作。没有丰富的藏品就难以提升博物馆档次。1997年下半年，在省文物局的支持下，筹集专款5万多元，深入全县20多个畲族群众较为集中的畲族村落，抢救性地征集到畲族文物1400多件，为畲族博物馆储备了一批重要的藏（展）品。之后又分别于2006年、2007年、2008年开展了三次规模较大的文物征集活动，共征集到畲族文物3000多件。在征集过程中，我们非常幸运地征集到一批濒临消失的珍品，如在包凤村钟永法处征集到的《盘瓠世考》；郑坑乡上寮村雷福元处的畲族祖图等。我至今难以忘怀的是去畲族的祖居地和发祥地广东潮州市凤凰镇的那次征集活动。2010年3月，我和县民宗局的雷依林等4人，一路颠簸来到了向往已久的凤凰镇。一来到镇里，我们就走访了很多人，非常遗憾的是在这里已经很少有人了解畲族的历史，收获并不多。在一位80岁高龄的老人指点下，我们又赴离凤凰镇100多公里之外的文曲镇李工坑村。该村300多人全部姓雷，都会畲语，还保持着较为原始朴素的畲族习俗习惯。听说我们来自浙江并想征集畲族文物用于筹建畲族博物馆时，他们非常热情好客地接待了我们，并拿出他们珍藏的服饰、首饰、拦腰、生产生活工具等供我们征集，一名叫钟或莲的妇女还拿来3件手工制作的畲衣，其中一件绣着凤凰等图案，非常精美。这次征集的经历，我们收获颇多，在征集到文物的同时，更得到启迪，让我们更全面地了解畲族历史文化的发展过程，为我们如何把畲族的历史文化更好地展示给观众，提供了有价值的参考思路。

畲族博物馆的室内文物的陈展工作深受社会各界的关注。为科学、合理地做好陈展工作，我们多次向社会广泛征求意见、邀请专家、学者、畲族民间老艺人参加陈展方案座谈会，择优方案后报县政府审批同意。总概算为2150万元的文物陈展工程，由浙江大学博物馆学教授、全国博物馆陈展设计知名专家严建强教授承担设计陈展方案，浙江黑曜石展示设计有限公司承担布展施工工程。整个布展借鉴了国内外成功经验，采用现代高科技手段，借用二维、三维技术，从畲族的起源、历史、居住地、生产交换、习俗、信仰、文化艺术等多个方面来保存与展示畲族历史文化。至2010年10月，布展工作基本完成。10月底，还专门组织畲族人大代表、政协委员、民间艺人等前来“挑刺”“找错”，对一些细节进行逐一修正完善。

积极提升畲族博物馆的文化品位

畲族博物馆作为建在全国唯一的畲族自治县境内的民族博物馆，被全国畲族同胞赋予了承担畲族文化遗产保护、传承、发展的重任。但作为一个县级博物馆，由于受行政区划和行政级别的限制，毕竟其财力、权限和影响力等都有限。因此，从建馆开始县委、县政府和省、市主管部门就明确要求全力把畲族博物馆打造成国家级的博物馆。并且2007年就被中国博物馆学会民族博物馆专业委员会增补为专委会委员单位。随着建馆工作的临近尾声，除争取在科学布展、丰富藏品等软硬件方面提升档次，努力打好向国家级博物馆靠近的基础之外，还积极通过多种渠道争取早日升格为中国畲族博物馆。

2010年6月，县政协副秘书长张思富向我反馈一个信息，说其他省有的地方通过政协社情民意信息渠道，正在争取当地的国家级畲族博物馆。希望我能尽快撰写一篇政协社情民意信息，通过政协渠道向上反馈要求将景宁畲族博物馆升格为中国畲族博物馆的信息，以引起上级部门的重视。听到这个信息后，我非常着急，连夜加班，以最快的速度撰写了《加强民族地区团结　促进畲族进步发展建议把景宁畲族博物馆升级为中国畲族博物馆》的社情民意信息。信息稿件提交给县政协办公室后，引起了县政协主席彭岳舜的高度重视，并且亲自作了修改。该信息提交到市政协办公室后，市政协办公室还邀请全国政协委员的雷后兴帮助修改把关。很快，市政协把这篇信息以雷后兴、彭岳舜和我的名义上报给了省政协办公厅，省政协办公厅以《政协信息（专报）》报送给了省委、省政府领导及相关部门。8月中旬，省文物局分管博物馆的副局长陈官忠打电话给我，说省委、省政府领导看了信息后非常重视并作了批示，最后他还向我详细了解博物馆建设进展情况，并认真核对了我在信息中提到的相关数据。没过几天，县政协办公室打电话告诉我，省委书记赵洪祝、副省长郑继伟都对该信息作了重要批示。省政府也根据县政府的请示意见，以省政府的名义向国家民委、文物局等相关部委要求将景宁畲族博物馆升格为中国畲族博物馆。

最近，我们已经得到浙江省文化厅的复函，由于“景宁畲族博物馆冠名‘中国’的审批难度较大”，现暂告一个段落。但在这次社情民意信息反映的过程中，我们得到了省委、省政府领导的高度重视，给了我们莫大的鼓励和动力。我们更有信心通过全方位的努力，不断提升畲族博物馆的内部建设和文化品位。

如今，畲族博物馆已成为畲乡的一个标志性建筑，成为解读畲族民俗的重要窗口，成为全国最具影响力的畲族文献资料展示和查勘中心。

作者简介：项莉芳，景宁畲族自治县畲族博物馆馆长。

探寻《浙江景宁县敕木山畲民调查记》

——德国学者八十年前撰写的畲族史料原版现身景宁

我一直以来偏好对古籍的搜集，工作之余每每翻阅景宁政协翻印的文史资料第四辑《浙江景宁县敕木山畲民调查记》，总是对德文版的《调查记》充满好奇，从而一个想找到原版书籍的念头慢慢的占据了我的脑海。

原版《调查记》现身景宁

《景宁畲族自治县志》(主编：柳意城)载："民国18年(1929)夏，德国学者史图博和上海同济大学教师李化民到景宁畲乡考察，撰写了《浙江景宁县敕木山畲民调查记》，对景宁畲族的族称、姓氏、风土人情等作了详尽的介绍，也是研究民族学的史料"。2006年夏，我怀揣《浙江省景宁县续志》(刘景元编撰、民国廿二年刊本、成文出版社出版)登门向刘景元之子柳意城先生讨教。在聊到当年他负责翻印的《景宁文史》第四辑《浙江景宁县敕木山畲民调查记》之时，柳意城先生表示"当年所掌握的材料，只知道史图博是同济大学的德国学者，李化民是同济大学的老师。详细情况由于当时条件限制没作进一步的考究。《敕木山畲民调查记》是一部研究景宁畲族文化很重要的文献，很有研究价值"。一位德国学者和李化民为什么会来景宁？《浙江景宁敕木山畲民调查记》是一本什么书？千年山哈，神奇畲乡，浩淼历史，尘封古籍，神秘作者，都令人欲探究竟。

2005年，我以网名"曲径"加入"中国书法江湖"网站，应鲁迅美术学院的牛子之邀，出任"书法江湖"网站总版主，并在网站结识了不少朋友。2007年初的一天，一位《书友爱书》栏目的网友告诉我：在北京有一本关于畲族调查记的旧书可能你有兴趣。我猜想，这可能就是那本中南民族学院出的译文本《调查记》，估计不一定是原版。于是，找了一位在北京工作的好友，请他帮忙进一步核实。这位好友很热心，也很内行，很快就证实了那是一本1932年(民国二十一年)出版的德文版的馆藏书。经过一番周折，终于如愿以偿地将这本失传已久并鲜为人知的馆藏书收入囊中。

关于《敕木山畲民调查记》

《浙江景宁县敕木山畲民调查记》(作者：哈·史图博(H.Stiibei)(德国)、李化民)前言称："这个材料是我们俩于1929年夏天，在穿过浙江南部和福建北部的旅行中收集"。"通过蔡元培博士的介绍，国立中央研究院给我们出版这篇论文，德国科学应急协会则支援了我们一笔旅费，对此，我们尤应表示谢意"。一个外国教授、一个穷学生(李化民当年来景宁时还是学生)，为了共同的目的，克服当年交通、生活等诸多艰难，从上海坐船出发，在温州登陆，途经处州、云和，来到浙江省的偏僻山区，深入景宁开展民族学考察(旅行示意图显示：结束景宁调查后，去了龙泉、松溪、浦城、崇安、南平，途经福州返沪）。在县城稍事停留后，经由银匠父子陪同下，在敕木山村与村民同吃同住 6 天。走访了暮垟湖村（周湖）、敕木山，考察了汤氏庙，登上敕木山顶。点点滴滴搜集，反反复复查证，忠实详尽地记录当时畲民的生活起居，撰写了“献给浙江的民族学”——《浙江景宁敕木山畲民调查记》。调查报告对景宁畲民的民族渊源、服饰饮食、农耕生产、体质特征、民族性格、婚丧风俗、图腾祭祀、宗教生活、语言民谣等都作了详尽记述，并留下当时珍贵的照片。“因为在敕木山村摄影后，底片是装在一件行李内的，搬运这行李的人在继续行进时，由于路上遇到暴雨，泡在水里很久很久，结果一大半底片弄坏了”，原著还是留下了 27 张珍贵的照片，给后人保存下了珍贵的历史资料，给研究我国畲族文化提供了宝贵的依据。

1932 年，《调查记》经蔡元培先生的审阅和推荐，由前研究院社会科学研究所作为专刊第六号正式在南京出版。当时，《调查记》以德文出版，在出版后近五十年间，一直未译成汉文，落得个“鲜为人知”的境地。对此，中央民族学院石钟健教授也作了评价，他说，史图博和李化民在以景宁敕木山为中心的畲民地区，作了踏实的调查访问，写出了翔明的记录，文字流畅，富于趣味。书中附有畲民分布图和习俗照片，可供研究参考。他调查的项目相当全面，包括饮食服饰、婚丧礼俗、奉先祭祖、敬事鬼神、语言民歌和姓氏传说等等。此外，对于“祖图解说词”、蓝姓家族“世谱”、敕木山等地的畲民的历史、畲和瑶的民族历史渊源关系诸方面所作的解释说明，也是非常出色的。上世纪 70 年代，由于石钟健教授的重视，由武昌的退休德文教师张世廉老先生翻译，经中南民族学院出版了中文版《浙江景宁敕木山畲民调查记》。

1989 年景宁县政协《景宁文史》第四辑根据这个中文版本进行了全文翻印。通过原版《调查记》与译本《调查记》的对比，发现译本有些地方采取了意译的方式，对一部分内容进行了改动，估计是当时翻译的德文老先生不懂畲语所造成的。比如，其中关于畲民起源的叙事诗，原版《调查记》很真实地从“一个小学生用作教本的一份没有封皮，没有标题，已读得破烂不堪的手稿”中进行摘录，非常符合畲语的表达习惯，这点可以从本县的畲族老同志那里得到了印证。因此，我有了一个这样的念头：期待在不远的将来，出现一位懂德文会畲语的高人，再现《调查记》历史原貌。我曾经多次带着原版《调查记》来到敕木山一带，试图寻觅当时的一些情况。当年接受调查的畲民如今都离开了人世，原著中的图片方位基本能够确定，但也发生了一些变化，而史图博当年住宿的房子还在，只是已经没人居住。现今畲民的生活也已经发生了翻天覆地的变化。

史图博、李化民其人其事

由于意外收获了原版《调查记》使我如获至宝，也因此油然而生对作者深深的敬意，从而产生进一步了解史图博、李化民其人其事的强烈愿望和浓厚兴趣。

史图博（H.Stiibei），1885 年 6 月生，德国人类学家，1924 年到同济大学任教，同济大学生理学教授，同济大学生理学馆主任。史图博非常喜欢中国，深深地被中国文化吸引，甚至将自己的籍贯定为“中华民国江苏省宝山县”。在同济大学迁到李庄期间，着长袍，穿布鞋，业余时间练汉字，一有空就钻到老乡家里神侃，遇见老乡远远地就打招呼，仙风道骨的史图博蹩脚的汉语慢慢熟络起来。乡民有事没事就把他拉到家里唠，自然是遇见什么吃什么。史图博总爱步行，不管刮风下雨。有一回因路滑他摔成骨折，学校要用滑杆接他上下班。史图博不干，坚持手拄拐杖，一瘸一拐地走进教室。1945 年 6 月，史图博 60 岁生日，校长徐诵明亲往祝贺，送“高山仰止”国画，表达了同济师生对他的敬爱。史图博高兴得像个孩子。

史图博治学非常严谨，他的课极难。学生口试，到他面前，三下两下便语塞。很多学生过不了史图博生理学这一关，没办法只有重修。史图博曾两度到海南黎族聚居地进行田野调查，对海南岛黎族进行全面、系统研究。1937年他出版了《海南岛黎族志》，该书发行后在国际学术界引起了广泛关注，被翻译成日文、俄文等多种版本。难怪乎有专家反思："就在我们身边的文化，我们却习以为常，一些方面的研究反而比不上外国人。"1989年9月，景宁文史《调查记》译文"代序"中写道："看了这个册子，其中一些细致入微的情节，就是我们在这里工作的干部和土生土长的景宁人也并非人人知晓。"

1949年的《同济大学概览》对他的评价却是："史教授虽然上了偌大年纪，可是精神还是那样的健旺，配上银白的长须，更显得肃穆非凡，灼烁的目光，好像在探索什么似的，一脸慈祥，言语幽默，在我们的脑海里深深地记忆着，体力说来经历了多少年的折磨，还是昂首健步，全无老态，迄今仍是孑然一身，从1924年开始就来本校服务，这一段漫长的岁月，就是在'一二八''七七'战争里，他都不曾把我们抛弃过"。1937年抗日战争爆发，国难当头，烽火连天的岁月，同济大学经历了六次艰难校迁，史图博不离不弃，上海德国医学院负责人欧特来信，提出用高薪聘请他到该院教书，遭到他的拒绝。难怪同济学生一致称其为"同济的精神堡垒"。

李化民（1905~1992）浙江龙泉人。著名内科学家、放射医学家、医学教育家、军事医学科学院一级研究员。1931年毕业于同济大学医学院，后赴德国留学和工作，曾获耶纳大学生理学博士。1936年回国后，受聘为副教授、教授，从事医疗教学工作。曾任同济大学医学院教授、内科主任。建国后，历任上海铁路医院副院长、上海铁路卫生学校副校长、1957年7月调任放射医学研究所研究员。1937年，"七·七事变"后，李化民随同济大学由沪西迁，跋涉数千里，辗转于浙、赣、湘、粤、桂、滇、川七省，1940年到达四川李庄。

一九四二年二月，爱国校长周均时辞职，丁文渊接替。丁是一个国民党的党棍和法西斯分子。一九四二年五月份举行三十五周年校庆活动时，丁硬要新生班会操，搞分列式，邀请国民党参军长检阅，还请驻军的乐队奏军歌。学校各处悬挂着国民党的国旗、党旗，从规定的长阔为五与三之比，改成了二十与一之比，拉长拖到地，完全仿照德国国社党旗的形式。史图博感慨地说："参加这次校庆活动，使我联想到一九三三年希特勒上台那年，在柏林大街上看到的令人十分厌恶的纳粹化情景"。国民党的统治越来越腐朽，丁文渊在同济的地位日益动摇，终于爆发了一次倒丁行动。这次正义行动，开始由李化民代表教授们去重庆，向国民党政府教育部和卫生署告状，得不到支持。李化民等二十四位教授，联名上书国民党政府教育部，再加上国民党内部的派系斗争，丁文渊终于被撵出了同济大学。奇怪的是1947年丁文渊又回到同济大学当上了校长。

一位是对中国文化几近痴迷的德国学者史图博，一位是浙江龙泉的老乡李化民，一同秉承同济大学"严谨，求实，勤业、勤学、勤交友"的传统，为了"一个大家不熟悉的民族""研究这个特殊的民族有多方面的重要性"，千里迢迢来到景宁也就不足为奇了。那么，1929年，敕木山一带的畲民生活状况又是如何的呢？这些在史图博笔下均有记载。1989年景宁县政协《景宁文史》第四辑专题进行了中文版全文翻印。

作者简介：任周良，景宁畲族自治县供销合作社联合社副主任。

三、其　他

（一）杂　记

惠明茶品质与微域气候关系研究

1983年浙江农业大学茶叶系（现浙江大学）副教授汪琢成等，设立《惠明茶品质与微域气候关系研究》课题，开展试验研究，研究成果获浙江省科技进步四等奖。

1. 品质生化检测。

1983年至1985年，经三年品质生化检测反复证实：惠明茶具有茶饮尽，味犹存优质味感，实质就是化学成分组合的协调平衡和各种味质成分的互补。

(1) 高含量的游离氨基酸。春茶的氨基酸含量一般都达到干物重的2.5~3.5%，有的年景高达3.5~4.5%。从组成上看，具甜鲜味的游离氨基酸占总量的75~90%，酸苦味氨基酸占总量的10~25%。

(2) 适量的儿茶素组合。儿茶素含量与组合协调口味感是重要的。惠明茶区与其他名茶区相比，茶期较早，多酚类的含量达一定水平，高于浙北茶区，其中儿茶素组合也较适宜，既有可口的味感，也有一定的浓度，同高含量的氨基酸浓度相组合，具协调味感互补作用。

(3) 儿茶素与氨基酸的互补协调。由于小气候因子受季节变迁的影响，茶树的物质代谢平衡点发生了相应的变化，必然破坏呈味物质的互补关系，故夏茶品质成分的组合失去春茶的最优组合，可口的味感也大为降低，但秋茶有所恢复。1985年景宁农业局组织的秋茶采制探索试验，说明惠明茶区的秋季某一段时间内，搞名茶采制仍具潜力。

2. 茶区微域气候。

试验点选择张村（270米）、三石（450米）、惠明寺（650米）、漈头（800米）、草鱼塘（1150米）5个不同海拔地段，试验综合比较表明由于海拔的差异带来小气候差别，其中日照、温度、雨天、空气相对湿度及雾天表现一定规律性，惠明寺、漈头村的雾天、雨天有突出观察数据，惠明寺与漈头由于海拔地形和生态因素处于较优地貌，是形成茶叶稳定优异品质的重要微域气候气象因子。

惠明寺茶叶史

景宁惠明寺茶叶，向来名高全县。我少时在务本学堂读书，教师率我们到惠明寺远足，寺僧待以清茶，各教师皆说，这是真惠明茶，要品尝一下。听说：寺僧每年选择寺旁生产的好茶叶，自行烘制，赠送县官要吏和檀越施主，人谓为贡茶。每年春末夏初，各村茶叶携到门口出售，惠明茶受人欢迎，即价格稍高不计。据说别地产茶，只能一泡，惠明茶可数泡有味，这因为惠明寺土质气候适宜种茶，尤其南屏敕木高山，面临鹤溪洼地，全年大多日子，在八、九时有重雾笼罩，更为茶叶品质优良的一个因素。一九一三至一九一五年时，我国应允参加美洲巴拿马万国博览会，上级行文征集产品送省汇转出国，政府曾指定人员，负责采集产品事务。采集范围甚广，凡农村矿药、手工制品以及兽皮蛇干均有送赛。惟惠明茶叶获博览会赠予一等金质奖章。据说制法是：把茶芽放进锅子里拌炒。这时火候要把握得适度。一是不可炒焦，二是拌时茶叶摊匀，使茶受热蒸发出水汽，随时走散，然后，起锅略行辗转搓挪，入焙笼烘燥，这样制成的茶叶色绿表有白毫，名叫白毛尖。

我在办理鹤溪镇合作社时曾拟发展惠明茶，数次到惠明寺发动社员垦山植茶，一面拟定装茶铁皮瓶式样及面上图案，曾将博览会原褒章彰寄与上海制瓶厂联系。瓶采扁方式，图案是画一白鹤飞翔溪上，远处云雾中截山峰约略露出宫殿式屋顶，意含鹤溪惠明寺。另一面，把褒彰正反面印上并加说明。哪知伪政府非但不帮助，而且出来阻拦。伪县长对我强下命令，说：无主山可垦，有主山不准。当时惠明寺村四周山地，除寺山共有外，其余尽给各姓民族占有。因受此打击，停顿下去……。

说明：叶桐（1890—1974），字芥帆，景宁鹤溪镇人，民国16年（1927），荐举景宁县政府实业科主任、建设科长，民国36年（1947）被举为景宁县第二届参议会议长。手稿是1973年4月7日，为惠明寺村热衷惠明茶挖掘恢复的青年（当时为鹤溪供销社干部）雷石才先生（1946—2011）所撰，《惠明寺茶叶史》回忆手稿翔实记叙了民国4年（1915）惠明茶出国参加美利坚巴拿马赛会产品征集过程和民国景宁惠明茶发展历程。

“惠明寺院茶”茶园遗址

佛教禅宗主张圆通，僧侣修禅，务于不寐，又不夕食，皆许饮茶。因茶有“提神、助消化、静心”三德，利于僧人坐禅。唐代（661—664），高僧惠明来到南泉山结炉修禅，种茶制茶，成了景宁最早的种茶人。惠明寺院历代寺僧，禅茶并重，在寺旁寺后植茶、培茶，俱成规模。寺院年年种植“寺院茶”，采焙“寺院茶”，烹煮南泉，用以供佛、自奉、招待文人名士，传佛教，倡茶道，弘扬惠明茶文化。2010年6月景宁畲族自治县惠明茶行业协会，在“惠明寺院”茶园遗址立项兴建“惠明茶发祥地”保护区，占地面积1.6公顷。

惠明寺惠明茶发祥地大门

泝（漈）茶桥

1984年，漈头茶场场长朱学苗为提高名茶品质，倡导茶园增施农家有机肥，提出在漈头坑兴建泝（漈）茶桥及茶园公路，不仅便利运送有机肥到茶园，更主要连接了漈头上下村，实为一座便民桥，得到政府及有关部门支持。泝（漈）茶桥为石拱结构，桥长22米，宽6米，拱宽12米，桥面两边护栏用石条彻围，“泝（漈）茶桥”三字，用青石镌书，清晰工整，彻于桥身前后两侧。

漈头泝（漈）茶桥

飞云江源头

飞云江源头历史文献记载不一。明嘉靖《瑞安县志》与《浙江通志》、清乾隆《温州府志》、民国《瑞安县志》所记载飞云江源头有二：一曰源出福建省政和县东北之温垟；二曰源出浙江省青田东南木凳岭。

《辞海》（1979年出版修订本）、《辞源》（1988年出版修订本）所载[飞云江]词条谓飞云江在浙江省东南部，源出泰顺县境。

《浙江省地图册》（1981年出版）、《浙江分县简志》（1984年出版）均记载飞云江出于景宁北溪敕木山。

1987年，编纂《飞云江志》，为了查清飞云江源头，由温州市和丽水地区水电局、温州市科协、飞云江领导小组组成河源考察小组，温州市水电局局长贾茂率同瑞安、平阳、文成、泰顺、景宁等县水利、科协、方志办的负责人、工程师、专家等18人专程到实地进行考察查勘。1987年10月17日，从飞云江上游的景宁县白鹤村出发，沿大白坑而上，至景南乡东塘溪合口处，又分东塘溪和忠溪两支，从水量、河道断面目测比较，东塘溪比忠溪的面积大、水量大。从而再沿东塘溪上溯探源，在海拔1450米处山谷中（即白云尖下坳口）找到了源头，白云尖海拔1611米。

10月18日，考察组从白鹤村出发，沿北溪而上，踏勘敕木山源头处然后根据两条溪流踏勘资料，参照浙江省测绘局1971年版航测地图及有关文献资料，进行计算分析，对比结果：白云尖下东塘溪来水量大于敕木山下北溪来水量2倍以上；东塘溪一般河床宽度36.7米，北溪一般河床宽度21.2米；白云尖源头至白鹤村河长18.6公里，流域面积81平方公里，敕木山源头至白鹤村河长13.7公里，流域面积45.6平方公里。1988年5月，景宁县水电局组织力量，再次进行测量复勘源头，验证了勘定河源在白云尖西北坡的可靠性。

1993年7月10日，在源头举行了揭碑仪式，参加代表有温州市政府副市长狄乃云、丽水地区水电局副局长吴丽松、温州市水电局局长程德风以及景宁、文成、泰顺、平阳、瑞安等有关县市政府、水电局负责人、温州市及各县市水利志主编等40多人。温州副市长狄乃云揭碑剪彩，瑞安市水电局局长陈邦焕宣读《飞云江源头碑记》，同时揭示特由浙江省政协副主席吴又新、原温州地（市）委副书记吴骏祥书写的“飞云江源头”题词碑刻。同年9月27日，景宁畲族自治县人民政府以景政〔1993〕52号文件批准飞云江源头碑为县级文物保护单位。《浙江省水利志》（1083页）。

景中生物馆

景中生物老师张彦认为生物课是一门实践性很强的学科，需要大量的标本，需要丰富第二课堂，来激发学生的学习兴趣。于是，他积极开展生物课科技活动，因陋就简，建立植物园，种植珍贵植物。1984年，他在宿舍前的空地开辟了动物菀舍，饲养了许多珍稀动物。节假日，带领兴趣小组调查野生动物资源，采集动物标本。节衣缩食，收养病残疾动物。1987年，浙江省机关团委得知这一情况后，立即组织募捐，两万多名团员人人解囊捐助，县财政也给予大力支持。兴建了一座古色古香，别具一格的生物馆。

2006年，景宁中学整体搬迁，2008年11月，新的生物馆在新校区落成并投入使用。新馆三层，建筑面积1450平方米，一楼陈列爬行类动物标本，二楼陈列禽类和哺乳类动物标本，另在新馆北侧附建了动物救助饲养区。新馆陈列各种乡土脊椎动物标本、部分昆虫标本共3000多件。其中，有国家I级重点保护动物云豹、白颈长尾雉、巨蜥等6种，国家II级重点保护动物标本大鲵、蛇雕、鬣羚等40多种珍稀标本，为脊椎动物多样性展示最为集中的场所。动物救助饲养区饲养着孔雀、秃鹫、猕猴等动物，是华东六省一市中学界自制动物标本最多的生物馆。饲养着国家Ⅰ、Ⅱ级保护动物，并陈列着数千件野生动物标本，为“畲乡野生动物大观园”。景宁中学生物馆被授予“浙江省青少年科普实践基地”“浙江省生态道德教育基地”“全国青少年科普教育基地”“斯巴鲁生态文明学校”等荣誉称号。

金仙寺志

崇山之麓有禅院焉，曰金仙寺，夫寺名金仙者，何益谓绩也，何以言之曰绩胜。余忆尚党包氏讳大，字宏模，六朝梁季人也。由丹阳避地崇山之下居，传二世其子讳八儿，字希驧，其为人也尚释道、乐施助。于唐初贞观元年春，每夜静时空中闻钟声梵语，遂悟为飞锡机兆，致斋奉道修疏。忽一日间，僧来募化本住基址，遂允诺徒居呇湖半岭，僧又湮没无闻，此一胜绩也！于是，涓吉是年之秋九月十六，改屋为庵，曰崇山庵。驧思父墓既厝于此家庙，可复建于此，一为寺庵，一为墓庵，将田产一百八十四亩并近庵园地山场施捨入庵。招僧修持，并奉墓庙香灯。迨历前唐、后梁、后唐、后晋、后汉、后周以迄。后宋咸平元年，经始改建时忽大雨，沐鹤溪泛流枯木数十章，外质坚、内纹异因取裁而削之，附丽殿壁以位罗汉，霞纹灿著，妙若天成，此又一胜绩也！非仙而何故？改庵为寺名曰金仙寺。况乎东望罗黛耸拔秀削，势欲参天，其下左旁之山岩似铁者，有之石如印者；有之回望寺西，孤峰特耸，俨若鸦立，左则山如金字，右则山似豸形；南望远山敕峦之峭拔尤美，汤女仙在此飞昇，女迹尚著；坦石西南之下，有石如牛驯伏山巅，白鹤仙即石驰鹤飞；举北望架山三峰削，出形似笔架；其东北有石如狮象出天然，而且四面旋绕，山远若近蝉为声应，地阔而幽，又非天造地设，更为境之一胜，欤居是区也！遗世独立，宜其羽化而登仙无何？历我国朝世运衰兮，真真浮图兮！延至道光间野僧永曜荡废寺产兮，钟鼓楼毁，今犹荒墟兮！虽然气运之盛衰，有定剥而必复，有此瑰奇大观，自必法界庄严法云拥护者矣！况当日广辟福田，捨基跋产，固大有功于佛门，岂神明任其废坠，而弗使其永垂千载乎！余故从而歌之曰：云山苍苍，流水泱泱，包公之德山高水长。

昔

大清光绪七年辛巳之秋月　谷旦

廪贡生亦瞻沈照莲盥沐　谨识

浣沙潭韵事

相传，南宋年间，永嘉郡太守谢灵运，下乡察访民情，游览了青田石门洞，来到景宁。有一天，在鹤溪河畔悠闲散步，只见河水碧波荡漾，景色如诗如画，偶然诗兴大发，正想吟上几句，突然发现堤岸柳荫下，有两位红衣女子在水边浣纱，轻盈的欢笑声，随风飘忽，声声入耳，于是转身向岸边走去。

此时，两女子见陌生人来到身边，立即收起笑声，低头不语。谢心想，何不来个投石问路，试探一下两女子的才气呢？便顺口吟道："浣纱谁氏女？香汗失新雨。对人默无言，何事甘辛苦？"两女子听了并不回答，只是抬头淡淡一笑，捡起纱，提起篮，转身就走。于是谢迈步追赶，大声吟道："我是谢康乐，一箭射双鹤。试问浣纱娘，箭从何处落？"吟毕，只见两女子'哧哧'一笑，答道："妾本潭中鲤，偶出滩头食。食罢自还潭，云踪何处觅？"话音刚过，两女子双双携手纵身跃入深潭，潭水溅起一阵水花，瞬间水面恢复如镜，顿时两条红鲤鱼，摇头摆尾潜入水底。此时，谢才恍然大悟，动情地取出门房四宝，在石壁上写下"浣纱潭"三个大字和落款：谢灵运题。后人把浣纱潭改称"鲤鱼潭。"以此作为纪念。

历尽千年轮回，这两条红鲤鱼终于修成正果，变成鱼精来到人间，与地方官员吟诗作答，妙语联翩，引人入胜，真是：红娘答嘲诗，韵事传千秋。如今，随着岁月的流逝和自然灾害的侵袭，河中的浣纱潭早被沙石填埋，遗址无可寻觅，只作为历史神话流传着。

景宁唐代至清代古刹名录

据《景宁县志》记载，境内从唐朝至清代共有古刹90多处，分别冠名寺、院、庵、殿、庙、堂、祠等。

以寺冠名的有11个：金仙（县西一里）、清修（下张村）、澄照（大赤垟）、普福（油田）、兴教（鹤口）、真寂（日水）、普觉（绿草）、普化（卢山）、时思（大漈）、惠明（惠泉山）、隆兴（大丘田）。

以院冠名的有3个：三瑞（外舍）、万安（雁溪）、兴福（上标）。

以庵冠名的有48个：金锡（县西洲溪中）、超果（金仙寺右）、碧苔（苔湖岭）、冈极（县南香山后）、栖真（惠明寺）、祥云（敕木山蒲垟）、梦云（澄照叶源）、仙岩（旧学后右）、西坑（包山西坑）、水月（大均）、福泉（吴坑）、玉林（大地）、张墩（张坑）、卢公（石壁）、碧仙（家地）、灵清（下漈坑）、维新（大漈彭村）、庆云

(高演)、崇宝(石梯)、资福(黄桐)、松岩(缪坑)、隐居(程田)、龟龄(渔漈)、永恭(渔漈)、万福(东溪)、龟山(东塘)、崇因(章坑)、米岩(岩下)、怀孝(漈头)、崇善(深垟)、上垟(黄碧岘)、平坑(桃源)、回龙(渤海)、万松(秋炉)、黄寮、仙山、镇峰、上堂、柳坑、香云、崇岩(缪坑)、积福、明照、福惠、清庆、溪洲、宝仓、隐居等。

以堂冠名的有10个:惠山(仙姑)、灵山(二都)、福惠(张坑)、回龙(中村)、广孝(中村)、普福(渔漈)、崇安(上标)、靖光(石立)、普光(东坑)、崇庵。

以殿冠名的有9个:鸬鹚殿(鸬鹚)、西坑殿(大地)、源尾殿(驮垟)、吴喚殿(驮垟)、五显爷殿(茗源)、金灵殿(安亭)、黄老仙殿(严坑)、玄坛殿(鹤溪)、龙岩殿(澄照)。

以庙冠名的有8个:孔庙(文庙、鹤溪)、白鹤仙庙(鹤溪)、关帝庙(武庙、鹤溪)、城隍庙(鹤溪)、汤夫人庙(敕木山)、石牛山庙(旦水)、三合堂庙(包坑口)、何马二仙庙(雁溪)。

以宫冠名的有5个:东岳宫(鹤溪)、敬山宫(鹤溪)、学前宫(鹤溪)、马仙宫(大漈)、路廊宫(澄照)。

另还有潘公祠、浮伞祠、文昌阁等宗教活动场所。

二十四节气农事歌

立春:立春春打六九头,春播备耕早动手。一年之计在于春,农业生产创高优。雨水:雨水春雨贵如油,顶凌耙耘防墒流。多积肥料多打粮,精选良种夺丰收。惊蛰:惊蛰天暖地气开,冬眠蛰虫苏醒来。稻田平整早翻晒,冬麦返青要灌溉。春分:春分春开天气新,昼夜时间两相均。从南到北农事忙,到处都是播春人。清明:清明春始草如茵,种瓜点豆好时辰。植树造林种蔬菜,五谷播下万家春。谷雨:谷雨雪断霜未断,杂粮播种莫迟延。家燕归来淌头水,苗圃枝接耕果园。立夏:立夏麦苗节节高,平田整地栽稻苗。中耕除草把墒保,温棚防风要管好。小满:小满温和春意浓,防治蚜虫麦秆蝇。稻田追肥促分蘖,抓绒剪毛防冷风。芒种:芒种雨少气温高,玉米间苗和定苗。糜谷荞麦抢墒种,稻田中耕勤除草。夏至:夏至夏始冰雹猛,除杂去劣选好种。消雹增雨干热风,玉米追肥防粘虫。小暑:小暑进入三伏天,龙口夺食抢时间。玉米中耕又培土,防雨防涝莫等闲。大暑:大暑大热暴雨增,夏种秋菜谨防洪。深水护秧防低温,监测预防稻瘟病。立秋:立秋秋始雨淋淋,及早防治玉米螟。伏翻深耕土变金,苗圃芽接摘树心。处暑:处暑伏尽秋色美.预防秋旱要灌水。粮菜后期勤管理,冬麦整地备种肥。白露:白露伏尽秋色美,玉主甜菜要灌水。粮菜后期勤管理,冬麦整地备种肥。秋分:秋分秋雨天渐凉,稻黄果香秋收忙。脱粒晒谷交公粮,山区防霜听气象。寒露:寒露草枯雁南飞,香芋甜菜忙收回,种好萝卜和白菜,秸秆还田秋施肥。霜降:霜降结冰又结霜,抓紧秋翻蓄好墒。防冻防火灌冬水,整修农具修粮仓。立冬:立冬地冻百天消,羊只牲畜圈修牢。犁田整地修渠道,农田建设掀高潮。小雪:小雪地封初雪飘,幼树葡萄快埋好。利用冬闲积肥料,庄稼没肥瞎胡闹。大雪:大雪腊雪兆丰年,多种经营创高产。及时耙耘保好墒,多积肥料找肥源。冬至:冬至严寒数九天,羊只牲畜要防寒。积极参加夜技校,增产丰收靠科研。小寒:小寒进入三九天,丰收致富庆元旦。冬季参加培训班,不断总结新经验。大寒:大寒虽冷农户欢,富民政策夸不完。联产承包继续干,欢欢喜喜过个年。

（二）古诗词

惠明五碗茶

（清）斐然

头碗清淡，二碗甘鲜，
三碗胜一碗，四碗五碗味原在。

说明：流传于惠明寺、敕木山村民间。斐然，一生嗜茶，系惠明寺僧会，康熙十年（1671）拔租建惠泉茶堂于县治东惠泉山梅庄（今惠山头）路旁，为惠明寺脚庵，给僧烧茶，以济行人。

惠领铺海

（清）李志

朱子性理天文篇，内自谓当登云谷，晨起，但见烟霞在下，茫然如大洋海，众山仅露峰尖，烟云环绕往来，山如移动，天下之奇观也，吾于惠明寺晨起由响岩而下，所见亦然，诚属八景外又一奇景。

说明：李志，清雍正（1723—1735）时文人，誉惠明茶区惠明寺云雾奇景为景宁八景之外又一景，感叹“惠领铺海”可与宋朱熹公（1130—1200）所称道的雾海奇景相媲美。

惠明寺茶歌

（清）严用光

敕木峰高插苍旻，　南泉列岫排嶙峋。
古柏老松何足数，　山中茶树殊超伦。
神僧种子忘年代，　灵根妙药先天春。
楼真庵接惠明寺，　脂柯肉叶无织尘。
滋云蓄雾灌泉液，　嫩芽初茁含清真。
寒食清明都过了，　采焙谷雨趁芳辰。
雀舌龙团分次第，　纸封瓶贮标题新。
寺里老僧偏解事，　新茗饷我笑言亲；
呼僮官井汲泉煮，　石乳清冷浮圆匀。
旗枪一一相排列，　满瓯色味良精醇。
我闻当年陆羽著茶经，苦荈香茗多良因。
四十三品别高下，　千秋俎豆祀茶神；
洛阳盧仝最相识，　饮过七椀无逡巡。

二公不到南泉地，　　坐令异卉嗟沉沦。
又闻武彝罗岕多佳品，年年纳贡旧章循；
入京马上争矜贵，　　黄封红裹呈枫宸。
浙江自昔产佳茗，　　天台天目若比鄰；
龙井雁湖俱清绝，　　往往茶事谈纷纶。
此山僻在东南奥，　　抱奇孕美无由伸；
仙人株生灵異石，　　欲传韻事难其人。
我作此歌示山衲，　　辞冗语诎空铺陈。
茶兮茶兮莫嫌知己少，灵芽秀液今沾唇；
会须品题到仙客，　　玉堂清宴娱嘉宾。
我且与茶坚久约，　　名山空谷长此藏奇珍。

说明：严用光(1826—1909)，享国华，号月舫，拔贡，景宁大漈小佐村人。咸丰年间(1860)，惠明寺僧端鹤师在南泉山惠明寺挹水南泉，煮泡惠明，招待用光，用光撰下《惠明寺茶歌》，留下："二公不到南泉地，坐令异卉嗟沉论……我且与茶坚久约，名山空谷长此藏"的名句，叹息唐撰著《茶经》的陆羽和对茶颇有见识的卢仝没有到过这偏僻的惠明寺，因使优异惠明好茶默默无人知晓，但坚信优异的惠明茶品质，将与名山空谷长此生存。

采茶词

(清)严用光

女儿颜色美如花，小队坠篛去采茶；
差喜今年春雨足，头网八饼味清嘉。

说明：诗文翔实记叙清代畲乡家家户户种茶、采茶、制茶(饼茶)真实写照。

碧苔庵

(清)夏禅周

杉皮为屋竹为墙，鼎沸松风沦茗香；
似有穌门长啸客，清音半落水云乡。

说明：夏禅周，清同治(1862—1874)时文人，诗文描绘了当时畲乡人竹楼休闲，煮泉品茗，悠闲田园生活，韵味惟妙惟俏，令人叫绝。

喝茶时唱的歌

(民国)史图博[德]　李化民

(一)

人客落寮就面坐，一碗浓茶无须讨；
路里颈燥忖茶吃，心里想来吃已多。

（二）

茶来吃了心头凉，一碗浓茶毋须讨；

茶来吃了带你眠，身盖金被花里临。

说明：史图博，德国人，解放前任上海同济大学教师，业余从事民族学研究。1929年夏天，和李化民到浙南和闽北，对浙江景宁县敕木山等地的畲民作了调查访问，写下《浙江景宁县敕木山畲民调查记》，调查记记述了畲民栽茶、采茶、品茶农耕生活，《喝茶时唱的歌》描绘了畲民以茶待客，热情好客传统习俗。

大漈古联《茶叶店》

（民国）朱鑫佰

玉碗清香浮雀舌，金瓯妙品渝宠团。

松涛烹雪醒诗梦，石馆煎香洗浴肠。

九曲名山采雀舌，一溪龙水煮龙团。

茶海飘香茶世贸，艺林酒丽铸人生。

石泉能解相如汤，火候问评故老诗。

说明：朱鑫佰，一生嗜茶，喜撰写楹联。杭州联合初级中学老师。抗战期间联合初级中学和省教育厅同迁景宁大漈，朱鑫佰老师随校到大漈任教，期间他品大漈茶，目睹茶客热闹交易，挥笔撰下大漈古联《茶叶店》。

景宁杂诗

（清）金士衍诗[①]　沈尹默手书[②]

青山罗列若城环，不见环城只见山。
行到偶然山断处，城门虽设未曾关。

山上多栽杉与松，绿阴叠叠复重重。
游人行向林间过，时觉山前雨意浓。

略见平沙便作田，一锄烟雨碧溪边，
高畴无旱低无潦，万口齐呼大有年。

县官有署傍山坡，一曲青溪门外拖。
政简刑清民意朴，讼庭寂寂落花多。

① 金士衍，字允升，号金磷叟，浙江镇海人，清举人，光绪二十六年（1900）任景宁县训导。工诗词，著《淡静庐诗剩》四卷。在景宁任训导期间，体察当地风土人情，写下《景宁杂诗》二十四首，颇具竹枝词的诗风，本诗为其中一首。这些诗作，不仅为景宁文化增添色彩，而且为了解清末景宁县情留下真实的史料。

② 沈尹默（1883—1971），浙江吴兴（湖州）人。曾任北京大学文学系教授、北平大学校长。五四运动时从事新文学运动，为《新青年》杂志编辑之一。提倡白话诗，旧体诗词功底亦深。1949年后，任中央文史馆副馆长，工楷、行、草书，尤精行书，自成一家，为世推重。1948年，寓居上海，应金氏后人之请，书录《淡静庐诗剩》。

山椒卜地建黉宫，歌咏先王雅与风。
释奠仲丁昭大典，子衿齐集鼓逢逢。

为虑岩疆伏莽深、特教武弁镇山城。
舆薪杯水成何用，仅有防兵十一名。

雅峰山下景清奇，书院经营此最宜。
肄业士多三舍满，得无增给诵弦资。

此间淮是众人钦，第一看来在子衿。
考贡若成恩拨岁，一时声价媲词林。

大刀磴石百钧弓，民俗由来重此风。
乡榜近年多获隽，连添两位解元公。

深山夜半忽鸣锣，疑是乡村剧盗过。
讵料病家延道士，持刀明火逐妖魔。

县署前称热闹区，数椽列肆杂民居。
山人近市持筐过，只见葱蔬不见鱼。

朝来柴担满村墟，谁说薪贵桂样如？
米饭人家尤罕见，半资苞谷半山藷。

日中无市可经营，鸡凤鱼龙素著名。
今日肉铺新豕宰，沿街招买大钲鸣。

数家烟火自成村，累石为墙白板门。
民俗除将耕耨外，一年生计在鸡豚。

秫酒花猪堂上陈，陈朱两族缔婚姻。
钗荆裙布箱笼好，嫁女夙规尚朴醇。

迎娶新娘礼甚便，竹舆挂彩两人肩。
日陈肴酒二三席，分宴宾朋四五天。

丧事人家最可哀，紙幡草荐薄棺材。
每逢长至节相近，入骨磁瓶土葬来。

每届春秋助祭来，大家祠宇一齐开。
子孙受胙纷纷集，首座巍然推秀才。

高蟠鸠结异恒人，短短衣衫不蔽身。
赤脚蓬头麻布服，终年作苦是畲民。

此邦土物向来稀，略产香菇品不低。
更有茯苓兼白术，盛名流播浙东西。

惠明山上惠明茶，未届清明已发芽。
活火清泉亲手煮，色香兼味尽堪夸。

碧山深处茁兰芽，春日芬芬品足夸。
一箭数花名蕙草，每逢秋夏发奇葩。

一种奇蛇药品珍，头生双角体生鳞。
时当子午方开眼，除却斯时眼不明。

大西门外一高墩，尚有浮丘古迹存。
道是当年垂钓处，今朝风雨冷荒村。

青山羅列若城環，君見環城只
見山。行到偶然山斷處，城門辟
漫東曾開。山上多栽杉與松，綠
陰疊疊復重重。遊人行向林間過
時，覺山前雨意濃。略見平沙

便作田，一鞠烟雨碧溪邊。高疇
無旱儉無潦，萬口齊呼大有
年。縣官有署傍山坡，一曲青
溪門外拖。漢簡刑清民意樸，
訟庭寂寂蔭花多。山耕卜地
建黌宮，歌詠先王雅與風。釋

奠仲丁昭大典，子衿齋集鼓逢
逢。為慮嚴疆伏莽深，特教
武弁鎮山城。興薪採水成何
用，僅有防兵十一名。鵓峰山
下景清奇，書院經營此最宜。
肄業士多三舍滿，渴無增給

誦弦資。　袁寧雜詩

鎮海金磚粵先生著有《清靜庵
詩集》四卷，歿後散佚，其哲嗣
雪塍、湘岫昆玉搜篋中拾得
遺稿若干首，手錄為書一通，景
寧雜詩八首題於帖末，全錄。　手跋

此間誰是眾人欽第一看來李子
衿孝貢若成恩拔歲一時聲價
壓詞林　大刀磴石百鈞弓民俗
由來重武風鄉榜近年多獲
雋連添兩位解元公　深山夜半
忽鳴鑼疑是鄉村劫盜過詎料

病家延道士持刀明火逐妖魔
縣署前稱熱鬧區數椽列肆
雜民居小人近市持筐過亦見
蔥蔬不見魚　朝來柴擔村墟誰
說薪貴桂樣如米飯人家尤罕
見半潰苞穀半山藷　日中至

市可經營雞鳳魚龍盡著名（魚燈年底）
（首之類二甚貴）今日肉鋪新家宰沿街招買大
鉦鳴（間數日宰一豕必鳴鑼以招買）數家烟火自成邨累
石為牆白板門民俗除將耕耨外一
年生計在雞豚　秫酒花豬
堂上陳朱兩挨綿婚姻敘荊裘

布箱籠好嫁女風規尚樸醇迎
娶新娘禮甚便竹輿挂綵兩人肩
日陳殽酒二三席分宴賓朋四五天
喪事人家最可哀番藷草薦誇
棺材每逢長至節相近入骨磁
瓶出舁來　每居春秋助祭來大

家祠宇一齋開子孫受胙紛紛集
首座巍然推秀才（名家祠堂皆推秀才主祭）高
蟷蝪結異恒人纔纔衣衫不蔽身
赤腳蓬頭麻布服（寒冬亦服麻布不御棉衣）終年
作苦是畬民（畬讀作茶山中另有一種人面上微有毛長年服夏布髻作鳩形窩處山中謂之畬民）
此邦土物向來稀唯產香菇

品不俗更有茯苓無白朮盛名流
播浙東西　惠明山上惠明茶未屆
清明已發芽活火清泉親手煮色
香無味儘堪誇　環山深處芳蘭
草春日芬芳品足誇一箭數花名
蕙草每逢秋夏發奇葩　一種奇

蛇藥品珍頸生雙角體生鱗時
當子午方開眼除卻斯時眼不
明　大西门外一高墩相傳浮邱古
迹存道是當年垂釣處今朝
風雨冷荒郊
右景寧雜詩補書竟戊子歲

日長至於滬上寓齋季慈

后　记

《景宁畲族自治县志（1993—2010）》在县委、县政府的正确领导下，经各承编单位和全县上百名修志人员六年来的努力，终问世。

2012年8月，县委办下发〔2012〕39号文件，公布县地方志编纂委员会成员，明确工作职责和目标任务，组建编辑部。同时，投入开办经费，落实编写场所，购置办公设备，基本达到领导、机构、人员、经费、条件“五到位”。

2012年9月，编辑部认真组织学习方志体例和篇目设计理论，向省方志办、市方志办专家、资深专业人士请教。借鉴外地篇目设计成功经验，结合本县实际，精心制定《景宁畲族自治县（1993—2010）》编纂方案、篇目大纲、大事记及人物标准，形成征求意见稿，呈报编委会审议。按照志书门类齐全、归属得当、层次分明、排列有序，突出时代特点和地方特色的要求，编制篇目大纲，印制《景宁畲族自治县第二轮修志工作手册》。在乡镇、部门落实编写人员的基础上，同年12月24日，县委召开全县地方志编纂委员会修志动员大会。蓝伶俐县长到会作动员讲话，市地方志办公室副主任朱放鸣和青田县志编辑部主编陈慕榕到会作培训指导，拉开修编《景宁畲族自治县志（1993—2010）》工作序幕。

2013年伊始，各承编单位落实责任，着手资料收集和编写。编辑部人员则分头到联系部门培训、指导，到档案、统计、报社等部门收集资料。至年底，先后收集1993—2010年大事记566条，邀请专业人员编写专辑30多万字，收集乡镇部门承编文稿资料130多万字。2015年在志稿资料长编基础上查漏补缺，形成征求意见稿，印发给编委各成员、乡镇部门领导及相关人士，征求意见。其后，分层次举行座谈会，广泛吸收建议，数易其稿。至2017年6月，形成志书初审稿。2017年9月，组织专家组对初稿进行评审，相关领导、专家、学者仁者见仁、智者见智，从不同的层次、角度共提出宝贵意见和建议800多条。根据专家提出的意见，编辑部再次组织修改、补充和完善，形成复审稿。2018年5月中旬，县方志办决定送市方志办复审。2018年7月9—10日，丽水市地方志办公室组织10位专家，对景宁县续志进行复审，专家再次提出大量修改意见，编辑部逐条采纳并进行大幅度调整、修改、完善，于2018年9月底形成终审稿。2018年11月6日，县地方志编纂委员会邀请专家参与，主持召开了县志终审会。

《景宁畲族自治县志(1993—2010)》采用小编体结构：序言、凡例、目录、总述、大事记、各分篇、人物、附录，后记为一级并列；主志采用章节体，全书设41篇、170章、604节及目四个层次。全志有纲有目、横排纵述、内容丰富、特色明显。

《景宁畲族自治县志(1993—2010)》的成功出版，幸于县委、县政府高度重视、省方志办、市方志办悉心指导；兄弟县方志办、全县各单位和部门的大力支持；全社会的广泛参与和全体编纂人员的辛劳付出。

修志是一项浩大而繁杂的文化工程。编纂开始便得到上届县委、县政府主要领导的关心支持，本届丽水市人民政府副市长、县委书记陈重、县长钟海燕十分关心编纂进程。浙江省地方志办公室、丽水市地方志办公室领导和专家潘捷军、章其祥、周祝伟、徐鹏、雷华英、汪羽中、虞文喜、朱晓亮、刘勇、田金友等多次到景宁指导，对景宁县志篇章结构、文风体例提出详细具体意见建议。县内许多同志为编写县志提供专辑资料、志书初稿和协助审阅志稿。编辑部成员均为老同志，大家齐心协力、任劳任怨、求真务实、敬业奉献，倾注了极大热情。当这部新志与读者见面时，特别感谢专家的指导，领导的关心，社会的支持，同行的帮助，各方的配合。谨向所有关心、支持、从事志书编修工作的同志，表示崇高的敬意与衷心的感谢！

六年来，我们倍感修志之难，常惴惴于资料之疏漏，选材之不精，记述之未妥，文句之不工，校核之未严。志书虽已出版，终因学识粗浅，错漏之处在所难免，特别在计量单位换算、同一数据校对等方面，可能存在误差，望读者不吝赐教，并及时批评斧正。

《景宁畲族自治县志(1993—2010)》编辑部

2018年11月

县志初审人员

（按姓氏笔划排列）

王仲平 刘 勇 刘缙饶 朱晓亮 邬必锋 吴 青 吴兆江
谷慧香 郑善九 洪关旺 徐 鹏 章建明 黄 芳

县志复审人员

（按姓氏笔划排列）

田金友 刘 勇 朱晓亮 汪羽中 周祝群 洪关旺 胡锡明
徐 鹏 章其祥 雷华英

县志参编人员

（按姓氏笔划排列）

马维静 王二杰 王建林 王振生 王增乐 毛鸣翔 毛昌立 毛昌会 毛建雄
毛荣耀 叶之舟 叶发庆 叶兴兄 叶青海 朱爱武 任一文 刘 仪 刘小林
刘世祥 刘汉光 刘远峰 刘金花 刘俊平 刘奕春 许元科 严柏林 杨金娟
李 丹 李一清 李光华 李丽俊 吴 伟 吴 兴 吴 哲 吴 菁 吴卫华
吴云根 吴巧巧 吴成法 吴启伟 吴明美 吴铭标 吴景清 何家伟 应俊林
沈林海 张成伟 张克进 张春荣 张玲玲 张赞崇 陈 舒 陈子坚 陈玉晶
陈叶明 陈伟一 陈华敏 陈延义 陈丽宏 陈利慧 陈景美 陈慧美 陈黎强
林 伟 林兴忠 罗德伟 金巍彦 赵慧聪 柳良望 项次欣 项莉芬 徐 伟
徐有荣 翁海娟 黄 琳 黄端聪 梅国玉 梅振生 梅振清 商 敏 商伟青
彭 荣 董 伟 蓝大增 蓝金荣 蓝庭芳 蓝普慧 蓝德正 雷 芳 雷朱华
雷丽丽 雷坤成 雷依林 雷晓华 雷雪松 雷媛媛 潘蔚畅